中国图书年鉴

ZHONGGUOTUSHU
NIANJIAN

1995

杨牧之　主编

湖北人民出版社

ISBN 7-216-02650-0

9 787216 026505 >

鄂新登字 01 号

中国图书年鉴(1995)　　杨牧之 主编

出版：
发行：湖北人民出版社

地址：武汉市解放大道新育村 33 号
邮编：430022

印刷：文字六〇三厂
开本：787 毫米×1092 毫米 1/16
字数：1843 千字
版次：1999 年 9 月第 1 版
印数：1—2 000
书号：ISBN 7—216—02650—0/G·692

经销：湖北省新华书店
印张：59.75
插页：7
印次：1999 年 9 月第 1 次印刷
定价：99.00 元

中国图书年鉴编委会

中国图书年鉴编辑部

主　　任　胡光清
副 主 任　刘　苏
成　　员　卢净璇　赖洁玉　李　鹏　章　玮

本卷文字编辑　（按姓氏笔画排列）
王　皓　卢净璇　刘　苏　李　鹏　赖洁玉
责任分类　李　鹏
编　　务　章　玮
电子技术编辑　陈　革
责任印制　杜义平　但汉青　肖正华　王铁兵
责任校对　和晓玲
封面设计　梁　崴

编 辑 说 明

一、编辑《中国图书年鉴》是继出版《中国图书大辞典》(1949—1992)之后的又一项图书出版事业的基本建设,其宗旨是总结图书出版工作经验,观察、分析图书出版的现状与发展趋势,为科研、教学、著述、学习和图书出版工作提供系统的参考资料。

二、《中国图书年鉴》与《中国图书大辞典》(1949—1992)的收书截止时间相衔接,对从1993年起国内出版的图书及资料进行收集整理,每年编辑出版一卷。编辑方法按每年新版图书品种总数的10%,选取优秀图书和有代表性的图书,以条目形式作介评,并按学科分类编排。

三、《中国图书年鉴》1995年卷,主要反映上一年度全国图书出版工作的情况和资料。其主要内容有"专论"、"图书出版评述"、"新书简介"、"获奖书目"、"统计资料"、"图书出版纪事"、"索引"等。

"专论"——选载对全国图书出版有指导性意义的重要论文。

"图书出版评述"——特邀国内有关专家、学者及图书编辑,对各类图书的出版动向作评论分析;选录各报刊杂志发表的有关图书出版评述的文章。

"新书简介"——从1994年新版图书总数中,择优选取5500余种图书立目并作介评,按《中国图书馆图书分类法》(第三版)体系分类编排。辞条以介为主,寓评于介,着重反映所诠释图书的基本内容及主要特征。

"获奖书目"——主要刊载荣获"国家图书奖"、"中国图书奖"、"五个一工程·一本好书奖"的书目。

"统计资料"——汇辑该年度全国图书出版情况,使用《中国标准书号》22类图书出版情况,各类课本以及少年儿童读物出版情况。

"图书出版纪事"——记录该年度有关图书出版的重大活动。

"索引"——为方便查阅新版图书,索引分"辞目分类索引"和"辞目笔画索引"两部分。"辞目分类索引"以《中国图书馆图书分类法(第三版)》为框架,其编排方式与新书简介的正文相同;"辞目笔画索引"按书名辞目首字笔画数顺序编排。各辞目前均标有六位数码,为该辞目的检索号,检索号前英文字母为该类分类代码。检索号按数序顺列,以便查找。本书索引均直接指向条目检索号,页码不参与检索。

四、编辑出版《中国图书年鉴》是一项文化积累和文化传播工程。此项工作得到了全国出版界同仁的大力支持与热情关心,在此谨致以诚挚谢意。由于我们的水平和经验所限,《年鉴》难免存有不足和缺憾之处,恳请广大读者和各界人士批评指正。我们将不断改进工作,提高质量,以满足广大读者的需求。

目次

专论 …… 1
’94全国图书选题评析 …… 1
总论1994年中国出版业的深刻变化 …… 5
图书出版评述 …… 9
马列主义、毛泽东思想类图书出版综述 …… 9
哲学类图书评述 …… 10
社会科学总论类图书评述 …… 12
政治、法律类图书评介 …… 14
军事类图书综述 …… 16
经济类图书综述 …… 18
文教类图书出版简评 …… 19
语言文字类图书述评 …… 20
文学类图书综述 …… 22
艺术类图书出版简评 …… 24
自然科学总论类图书综述 …… 26
天文学、地球科学类图书综述 …… 27
农业类图书综述 …… 29
建筑科学类图书综述 …… 31
综合类图书述评 …… 32
首届国家图书奖评选情况启示录 …… 33
1994年图书出版述评 …… 38
近年来经济类图书出版评述 …… 40
1994年小说扫描 …… 41
当前的学术著作出版问题 …… 43
中文图书出口业的前景 …… 45
台湾图书出版市场概述 …… 47
台湾的女性书 …… 49
新书简介 …… 51
A 马克思主义、列宁主义、毛泽东思想、邓小平理论 …… 51
B 哲学 …… 61
C 社会科学总论 …… 91
D 政治、法律 …… 105
E 军事 …… 152

F 经济 …… 159
G 文化、科学、教育、体育 …… 226
H 语言、文字 …… 277
I 文学 …… 305
J 艺术 …… 439
K 历史、地理 …… 479
N 自然科学总论 …… 569
O 数理科学和化学 …… 575
P 天文学、地球科学 …… 592
Q 生物科学 …… 609
R 医药、卫生 …… 617
S 农业科学 …… 661
T 工业技术 …… 680
U 交通运输 …… 771
V 航空、航天 …… 778
X 环境科学、劳动保护科学 …… 780
Z 综合性图书 …… 785
获奖书目 …… 795
1993 年度“五个一工程·一本好书”获奖图书 …… 795
第八届中国图书奖获奖图书 …… 796
统计资料 …… 799
1994 年图书出版情况 …… 799
1994 年使用《中国标准书号》22 类图书出版情况 …… 799
1994 年各类课本及少年儿童读物出版情况 …… 801
图书出版纪事 …… 802
索引 …… 810
辞目分类索引 …… 810
辞目笔画索引 …… 882

专　论

’94全国图书选题评析

杨牧之

审读图书选题是新闻出版署对图书出版进行宏观管理的一项重要工作，但今年又有特殊的意义，因为，我们正面临着新闻出版工作如何落实“阶段性转移”的战略任务。近期，我们对今年的图书选题作了一些评析，希望能引起出版社的注意。

截止到3月初，新闻出版署图书管理司对已报来的全国450家出版社的1994年图书选题进行了系统的审读。审读工作的指导思想是“一个指针，四项任务”。即以小平同志建设有中国特色的社会主义理论为根本指针，以江泽民同志要求的“以科学的理论武装人，以正确的舆论引导人，以高尚的精神塑造人，以优秀的作品鼓舞人”为主要任务。大力贯彻新闻出版署党组提出的新闻出版工作要“从总量增长为主要特征的阶段向以优质高效为主要特征的阶段转移”这样一个要求，着眼于为改革开放服务、为经济建设服务，着眼于高扬我们时代的主旋律。

一、总量分析

我们总计审读了450家出版社报来的选题59 784种，平均每家133种。如果以这个平均数计算，将未报来的100家出版社的选题，计13 000多种统计在内的话，1994年全国出版社的选题，合计约73 000种。考虑到年中的时候出版社一般还要调整选题（有增有减），以及有的出版社由于种种原因还有部分选题未报等因素，总数还会增加。就一般而言，出版社每年增补的选题约占年初所报选题总量的25%左右，也就是说，1994年的选题预计是73 000种，再加上它的25%，约计90 000种左右，会比1993年的出书总量（97 000种）有所下降。

就1994年选题来看，在总的减少、下降的趋势中，各社的情况也有所不同。一些老社、出版条件好的地区的出版社，选题控制得反而紧，如：军队17家出版社共报选题2 266种，比去年降低16.3%；浙江省局直属社共报选题828种，平均下降4%；广东省局16家出版社报来选题1 523种，比去年降低2.5%；江苏省局15家报来选题1 795种，也比去年有所下降；上海市33家出版社，品种总量继续控制在零增长。相反，出版条件不那么好的，特别是一些新建社，选题品种却猛增，如：有一家新建社，各方面条件都不算强，三四十人却安排了338种选题。这实在是多了。

今年四川各出版社选题有很大改进。全省20家出版社，共报来2 476种选题，平均每家124种，在全国的平均线以下。但重点书却有526种，占21.2%。

当然，不能一概说选题减少了，图书品种减少了就好，但从当前出版社的实际情况来讲，由于人员素质、经济实力、印刷发行条件等方面的限制，控制或适量减少图书品种总量，是保证图书质量，提高效益，促进繁荣的必要手段。

二、结构分析

从1994年的图书选题结构情况看，各学科分类比例大致平衡，选题结构比较合理。已审读的59 784种选题的分类情况大致如下：

科技类选题18 857种，占选题总数的31.5%；

社科类选题19 336种，占选题总数的32.3%；

文艺类选题8 760种，占选题总数的14.6%；

教育类选题9 251种，占选题总数的15.5%；

少儿类选题3 580种，占选题总数的6%。

在社科类选题中，数量最大的是经济类和法律类选题。这是正常的，因为这两类图书为现实和实践的服务更直接，已成为社科类选题和图书的两大支柱。科技类选题一般占全部选题的1/3左右，这适合以经济建设为中心、科技是第一生产力的要求。科技图书中又以应用技术类选题为最多，占科技类选题的30%以上。文学类选题的结构情况是:30家文学出版社平均每家选题116种,比去年平均200种下降40%,但重点书却有480种之多,占全部选题的13%,比去年的8%增加了5个百分点。这是个可喜的现象。

在整体结构中,很多出版社重视高品位、高质量的学术著作,如浙江人民社占49%,浙江文艺社占36%,浙江古籍社占22%,杭州大学出版社占71%。这种平均高水平的情况,值得倡导。

出版社按专业分工安排选题是保持合理结构的重要因素。专业分工,对出版社既有约束,又是其优势和长处所在。从今年选题情况看,超分工安排选题的现象大为减少。如四川7家大学出版社,今年对选题超分工现象严加控制,教材、学术著作占到70%以上,这是一个很大的变化。

但也有的出版社在这方面注意不够。有4家师范院校出版社的选题超分工现象严重。其中一家,大专教材、学术著作选题只占32%,辅导类读物选题达47%,幼儿读物选题达9%。这个结构显然是不合理的,因为大学出版社主要是为教学和科研服务,大专教材、学术著作比例太小,显然是与办社宗旨不相一致的。

从今年的选题结构来看,重版书的比例比去年又有所提高。重版书是反映图书的文化积累价值和图书整体质量水平的一个重要标志。据对部分出版社重版书比例的统计,重版率已达到选题总数的27%,比去年增加3%。如:商务、人民文学、人民教育、科学、中少等社及上海市33家出版社的重版率都在40%以上。一些地方出版社的重版率也有所提高,如山东科技社重版书达43.2%。成都地图出版社今年安排选题74种,重版书28种,占38%。一些年轻的社重版率也在提高,如中信社达35%。但也有不少出版社重版率还不到10%,有的甚至全是新书,没有能够拿来重版的图书。这一点应引起有关出版社的高度重视。

三、内容分析

如果说以上两方面是对1994年选题做的直观分析的话,那么,对选题素质优劣,品位高低的分析,便是对其内容做出的深入分析。这里,我们重点对社科类选题、文学类选题、少儿类选题和科技类选题做出分析。

(一)社科类图书选题的特点和存在的问题

特点一:宣传马列主义、毛泽东思想的选题占有十分突出的位置。继1992—1993年出版了新版《列宁全集》(60卷)、新版《毛泽东选集》(1—4卷)、《邓小平文选》第三卷之后,1994年这方面又有几个大的工程:《马恩全集》(第二版),这是经中央批准的又一大工程,计划15年出齐,去年开始发稿,今年计划出版前3卷;《列宁选集》(第二版),根据新版《列宁全集》重新编辑;《毛泽东文集》经中央批准,系"八五"重点规划选题,去年出版了一、二卷,今年将出版三、四卷,计划1995年全部出齐;重编再版《邓小平文选》一、二卷。

特点二:关于建设有中国特色的社会主义理论方面的选题,有很大的拓展,选题多而不乱,注重质量和效果。

特点三:经济类和法律类图书选题已成为社科类图书选题的两个支柱。1994年的这两大类选题贴近现实,实用性和可操作性强,如《实用期货贸易手册》、《中国大陆涉台法律》、《市场经济实用法律法规快通丛书》等。

特点四:有关集体主义、爱国主义和社会主义教育方面的选题大大增多和优化。

1994年社科类图书选题也有几个特别值得注意的问题。

问题一:特别应该注意以下4类选题:

(1)关于描写党和国家主要领导人生活和工作情况的图书选题。这类书并不是不许出,而是有分工,还要履行报批手续,要经有关权威部门审定书稿内容,这既是对读者负责,也是为作者和出版社负责。

(2)有关民族宗教问题的选题。这类图书如描写不当,容易引起不良后果,今后对这类选题应该十分慎重。中宣部、统战部、新闻出版署、国家民委和宗教局已经联合下发有关文件,请各有关出版单位严格遵照执行。

(3)有关在军事、外交方面防止泄密的问题,1993年教训不少,有关方面已有规定,请大家严格执行。

(4)有关"文革"的图书选题。去年这方面图书出了一些问题。诸如《文革酷刑录》、《文革死亡档案》等书,效果不好,应该吸取教训。应当肯定的是,任何历史都是可以而且应该研究的,但"文革"这段历史,背景确实很特殊,写得不好容易导致翻腾旧帐,引起矛盾，甚至会干扰以经济建设为中心。因此，应当十分慎重地对待有关"文革"图书的出版。确有研究价值的书稿，经过有关部门审批，还是可以出的，但那种专以记录"奇闻轶事"为能事的东西，就不要出了。

问题二：有关政治生活中容易导致不稳定问题的图书选题，要慎之又慎。另外，对政治生活的猜测，将道听途说的材料演绎成书，此类做法很不严肃，这种书不能出版。

问题三：宣扬封建迷信的图书选题。我们对这类书有过明文规定，任何出版社不能出版宣扬封建迷信的图书。

问题四：1994 年选题重复、追逐热点，仍比较严重。

热点一是股票、期货方面书，去年已出了 200 多种，今年仍安排了不少。

热点二是大型古文今译，吃老祖宗的饭，几十个人半年、一年就编译出上百万、上千万字的东西，质量很难保证。现在我们正组织力量就这方面的书进行质量检查。

热点三是中小学生的教参、教辅图书，许多出版社超分工的都是这类图书，给中小学生及家长造成很大的负担。

热点四是生活类用书，这方面的书安排得太多，而且大多重复，造成浪费。

（二）文学类图书选题的特点及趋势

今年文学类图书选题有许多可喜之处。

第一个可喜的现象是：当代长篇小说的选题有突出的增长。多年来，长篇小说的创作比较寂寞，好的长篇小说不多，令人交口称赞的就更少。今年这方面的图书可望有所突破。从选题上看有这样几个特点：

1. 量多。长篇小说选题数量的增多，说明文学图书的出版迈上了一个新的台阶，开始建设富有时代气息的新的文学大厦。30 家文艺类出版社报来的长篇小说选题有 600 多种，占整个文学类选题的 18%，比去年增加了 10%。

2. 作者阵容强大。如：谌容（《人过中年》）、张炜（《你在高原》）、韦君宜（《露沙啊，路在哪里》）、魏巍（《心程》）、周而复（《雾重庆》）、黎汝清（《故园暮色》）等等。这些作者都是久负盛名，颇有功力的。这就给小说创作的质量提供了坚实的基础。

3. 从内容方面看，多为严肃的纯文学作品，出版的品位在逐步提高。

第二个值得高兴的现象是：港台的通俗小说、浅层次的武侠小说选题大大减少。通俗文艺作品各文艺社报来的选题仅 100 种左右，而其中大陆版的通俗文艺作品又比港台的多。出版社将注意力由港台通俗作家身上转移到大陆作家身上来是明智之举。因为，无论从人数、作品分量和著作权方面来衡量，都是后者占有明显优势。

文学图书选题值得注意的问题：

1. 翻译作品数量急剧下降。

新中国成立以来，文学翻译工作成绩斐然，国外文学名著几乎都及时地翻译过来了。但这二年来翻译作品数量骤减，这既不利于中国文学的发展，不利于借鉴外国好的文学成果，也不利于改革开放，不利于深入了解世界的发展与变化。这一点我们应予以特别的关注。在所报来的文学类选题中，外国当代文艺作品的选题不到 100 个，有的文艺社过去以出版翻译作品著称，今年也只安排了几种选题，如有一个较有影响的地方文艺社，1993 年外国文学选题 60 余种，今年仅有 6 种。照这样下去势必导致图书结构的失调。

翻译作品中名著的大量重复出版值得注意。如《红与黑》已有 13 个译本，《呼啸山庄》和《简·爱》也有六七个译本，它们在质量上不见得超过傅雷、杨绛等名家。这样做恐怕不是明智之举。也有人认为，这是出版社在"跑马圈地"。

2. 小说创作中的性事描写过多过热。

我们不是一概反对性事描写，问题在于怎样写，写到什么程度。有的书中根本无需写什么性事，作者却去着力渲染，显然是另有所图。

3."明清艳情小说"热。

所谓"艳情小说"即夹杂有色情描写的古小说。这类书在清代即曾被查禁。新中国成立后，出版管理部门对此类书一直持严肃慎重的态度，但 1993 年，几家出版社不经报批，安排了此类选题多种，而且都以"足本""全本"自称。这类书中有许多露骨的性描写，对读者特别是对青少年读者身心健康不利。新闻出版署去年发了一个文件，规定了这类图书的出版要专题报批，并且开列了书目，一定要切实执行。

4. 港台图书的选题仍需要履行报批手续。一些出版社采取"先斩后奏"的做法，扰乱图书出版的管理工作。今后此类选题仍旧要实行专题报批、严格审核的制度。

(三)少儿类图书选题的优势及其不足

少儿读物是我国出版界成绩比较突出的一块，近几年进步尤其明显。1994年少儿出版社的选题计划，内容丰富，颇成气候。从整体规划上看，少儿社选题可谓琳琅满目，各有千秋。真可谓“小读者，大世界”。从已到的选题分布来看，各社多能根据自身的特点，进行规划。选题多的高达700多种(含重版书)，少的只有30余种。已到选题的出版社有25家，共申报选题约3 000多种。平均每个社的选题约120种。其中重点图书约250种，占整个选题的8.3%。

综观这些少儿选题，有以下几个特点：

1. 丛书、套书蔚蔚壮观

1994年少儿图书选题，几乎每个少儿出版社都安排了大部头的丛书、套书。这些选题既有系统，又有针对性，尤其是少儿百科方面的套书、丛书较多，而儿童文学、低幼读物，也多是以丛书、套书的形式出现。这类图书选题约占整个选题的40%，如果不算教材、课本类图书，便可达到90%以上。

2. 文化积累性图书仍占较大比例

这一类选题，在整个少儿图书选题中约占85%。除了上述的套书、丛书多是文化积累方面的选题外，还有相当比例的课本、教材和辅助读物。除此之外，则有10%的选题属于创作类。

3. 重版书比例较大，选题趋向成熟

少儿图书选题中，约有30%以上是重版书。有的出版社甚至达到50%以上。如：明天出版社1994年少儿选题有699种，其中再版图书达383种，再版率高达54%，是少儿出版社选题再版率最高的出版社之一。这说明少儿图书的选题较为扎实，有生命力，适合图书市场的广泛需求，呈现出一种趋向成熟化的态势。

尽管少儿图书选题比较丰富，也还存在一些薄弱环节和不足的地方。

1. 文学创作的选题仍是薄弱环节

文学创作方面的选题是少儿出版社的一个薄弱环节，当代题材的儿童文学创作更少，应该集中研究，进行攻关。

2. 知识读物中的科学幻想作品少

知识读物中优秀的科学文艺作品少，科学幻想作品更少。这不能适应四化的需要。科技是第一生产力，让孩子们展开科学的幻想翅膀，奋力飞翔，对于培养一代新人，大有好处。

3. 大部头“套书”、“豪华本”丛书太多

少儿图书越来越豪华，越来越高档，套书、丛书大量增加。少儿图书还是应该“小”一点、“薄”一点、实用一点。第一，让孩子们拿得动；第二，使孩子们买得起；第三，孩子们看一会儿就可以看完。

4. 少儿图书“成人化”现象仍很突出

从以往的少儿图书中发现，少儿图书“成人化”现象比较严重。有些书的读者对象并非是少年儿童，而是有钱又有闲的成人。1994年少儿选题中，“成人化”现象仍旧存在，集中表现在一些古文今译、依据名著编绘的套书选题中。少儿出版社应该时刻提醒自己，少儿图书的读者应是求知欲旺盛、理解能力有限、购买依靠父母的少年儿童。

(四)科技类图书选题的状况和建议

科技类图书的出版是图书出版中十分重要的一个方面。已审读的91家科技出版社选题，总计有18 857种，占所有图书选题的31.5%，平均每社选题有207种，超过了全国出版社平均数。

科技图书出版形势非常好。党中央明确提出我们的一切工作要以经济建设为中心；小平同志关于“科学技术是第一生产力”的论述，给科技出版工作以巨大的推动；国际国内的形势，高科技在军事上的应用，给人以震撼，让人深思。适应这种形势，新闻出版署及时提出科技出版社要“立足本专业，面向大科技”的要求。这一重大决策，大大解放了科技出版的生产力。1994年科技图书选题正是在这样一个大的背景下产生的，带有明显的时代特点，主要表现在三个方面：

1. 促进科学技术的应用推广，促进科学技术直接为经济建设服务的图书占主要部分。配合“科技攻关计划”、“星火计划”等较大规模的国家科技活动，大批不同层次的应用技术图书选题列选。

2. 高科技著作依然是科技出版社的重点图书，在出版的资金、质量和时间上都予以保证。高层次的科技著作出版难是科技出版界的一个突出问题，几年来，陆续有20余家科技出版基金相继建立，为缓解高层次的科技著作出版难起到了重大作用。今年将要出版的高层次科技著作约有900余种(其中有100余种由基金资助)。

3. 科技出版社执行立足本专业，面向大科技的政策后，大大拓宽了选题思路。围绕本专业分工，开拓相关相近的选题，眼界更宽，系统化更强。

此外，纵观整个选题，我们建议科技出版社在如下三个方面要引起注意：

1. 生活类图书选题安排过多，热度不退，应该注意调控。如室内装修、时装菜谱、美容美发、健美长寿等等，不但造成浪费，还会影响重点图书的出版。从图书的结构看，我国高水平的科技学术著作偏少，只占科技图书总量的10%左右，而生活类用书不少于20%。相比较，美国生活类图书只占5%，英国占6%。结构上的差异，说明我国科技图书的整体学术水平，亟待提高。

2. 翻译图书品种继续下降，近年来尤其明显。前几年，科技方面的翻译著作一般占科技图书年度出书总量的20—30%，1994年下降到5%左右，形势严峻。我国的科技水平在很多方面还是落后的，通过翻译国外的科技著作，引进国外最新科研成果，洋为中用，十分必要。科技出版社应该从大局着眼，尽量调剂资金，努力改变这种状况。

3. 科技出版社执行"立足本专业，面向大科技"的政策，首先要牢牢把握住"立足本专业"。如果忽视了这一点，本专业分工图书不占主体，出版社就会失去个性和特色，失去竞争能力。

总览1994年图书出版选题，令人振奋，令人高兴，但其中仍然不乏引人警惕注意之点。各出版社应该不断研究新情况、新问题，优化选题，调整结构。在图书内容方面，要大力弘扬时代主旋律，宣传建设有中国特色社会主义的理论和党的基本路线，宣传爱国主义、集体主义和社会主义，宣传人民群众从事改革和现代化建设的创造精神，宣传中华民族的传统美德。为我们伟大祖国的宏伟事业，作出我们应做的贡献。

（原载《新闻出版报》1994年4月11日）

总论1994年中国出版业的深刻变化

晓　宏

1994年的图书出版，虽不是石破惊天，但这短短的一年之中却发生了许多对图书出版而言是重大的、里程碑式的事件，足以让人们记忆隽永。

最深刻的是图书出版"观念"的变化

观念是人们对事物的态度与看法，观念又是自觉或不自觉地指导人们实践的一种思路与认识。对于图书出版的实践来说，观念是至高无上的。

图书出版的"观念"，最重要的是在于如何为自己"定位"，亦即如何确定自身的性质、地位、任务，这是指导出版实践的根本与出发点。不同的观念，不同的定位将推演出截然不同的图书出版发展模式。

近年来，关于在图书出版的"观念"或"定位"方面，典型的争议是：图书是商品，抑或不是商品；出版社是企业，抑或不是企业。这个看似简单明了的问题却引得人们执着争论10多年而不休，仅仅把它解释成人们的理论兴趣是很不够的，问题的要害是人们期望通过在理论上、观念上的界定，为自己的出版实践树起一杆旗帜来，以作为出版活动的出发点和根据。观念和认识上的差异并没有停留在理论和观念范畴，也反映在出书活动之中。近几年来，有的出版单位就是简单地按照企业的原则、图书是商品的原则从事出版活动，按此观念指导，"市场需求"和"读者需求"就成为确定选题、出版图书的最高原则，但是，与物质产品的要求不同，图书的市场需要和读者需要是存在良莠之分的，有健康的文化需求，也有不健康的文化需求。而出书又不加区分，造成一些低级庸俗图书拥入文化市场，也就不是什么奇怪的现象了。可以说，对图书出版的"观念"认识不清，是出现问题的重要原因。

1994年，图书出版的观念发生了什么变化呢？1994年召开了全国宣传思想工作会议，会上，江泽民同志明确提出：宣传思想工作要"以科学的理论武装人，以正确的舆论引导人，以高尚的精神塑造人，以优秀的作品鼓舞人"。这四项基本任务的提出，对图书出版起到了统一认识，明确出书指导思想的重要作用。图书出版中关于商品、非商品，企业、非企业的争议似乎偃旗息鼓，人们终于想起来应该换一个角度来考虑一下图书出版的"观念"问题。全国宣传思想工作会议之后，出版界不约而同地召开了一系列重要会议，主旨就是以江泽民同志提出的四项基本任务为主题，研究如何规范和确定出书的行为和指导思想。这些重要的会议有：南宁的全国人民出版社社长总编辑会议，珠海的文艺出版社社长总编辑会议，厦门的全国高校出版社社长总编辑会议，新疆的全国科技出版社社长总编辑会议，天津的全国少儿出版工作研讨会，北京的全国民族出版社社长总编辑会议，等等。这些会议，对于明确出书任务与方向，对于认识并深化图书出版的“观念”，起到了重要作用。同时这种思想观念上的认同也渗透到出版实践活动之中，已开始对出版实践产生重要影响。可以说，1994年出版界在观念上的变化是最深刻的变化，而且，这种变化还带动了其他具体方面的许多观念的变化。

数量与质量，孰轻孰重？

“数量第一”的观点曾经指导了我国的生产实践近20年，当我们回到了实事求是的思想路线上后，“数量第一”的观点仍有相当的思想基础，并在自觉与不自觉之中作用着实践活动。从图书出版的情况来看，十一届三中全会以后发展速度很快，这主要是由于“文革”期间停滞发展多年之后造成了很大一块空白，又由于人们在改革开放之后迸发出了极大的热情与能量，因此，在一定时期内，出版工作的规模与速度增长迅速应属正常。但是，如果不停顿地把这样的高速度一直保持下去就会出现问题，当我们在为近10万多种书的成绩沾沾自喜时，质量方面反映出来的问题是严峻的。其一，图书质量普遍滑坡，据新闻出版署组织专家对部分出版社的部分图书质量抽查的情况看，编辑质量不合格的图书比例平均不低于80%，让人触目惊心；其二，数量与规模的安排已超出出版社的实际承受能力，出版活动“体外运作”的现象，买卖书号的现象在去年还不能称之为个别现象，有的编辑，年发稿量竟达2000万字以上，有的几十人的出版社年出版图书几百种；其三，重复出版和平庸书大量出版的问题十分严重。诸如党史、哲学、经济等方面的书，重复不是几十种、几百种，而且成千上万种，大量的重复，使得难以集中起一流的作者，书稿质量首先就打了一个很大的折扣，在编辑、印制、校对方面仍然存在类似的问题；近10万种书中究竟有多少种平庸之作，虽然没有一个准确的数字，但社会普遍认为，其比例不会小于重复出版的数量。假如把二者合起来，由此造成的社会性浪费是惊人的，如果减少百分之十的品种，而总印量仍维持在原水平上(从近10年的情况看，图书品种增长的速度虽然很快，但总印量并未能相应增长)，从社会宏观来看，仅此一项节约的费用起码上亿元。即便在这样的情况下，仍然有的出版社不顾实际出书能力，提出“日出一书”的口号。

在这样的背景下，新闻出版署从出版的战略指导思想上提出，要实现从数量增长向质量效益的阶段性转移的目标。这一战略目标自1993年末提出，并未立即得到所有人的认同。改革开放以来，发展速度一直是衡量事业发展的标志，提到出版繁荣，首先让人们想到的是中国出书年近10万种，已毫无愧色地跨入世界出版大国的行列。审视问题的单一性使人们忘记从多个角度衡量出版繁荣。

从现阶段看，由于这些年数量的快速增长，着重地强调质量就显得必要和迫切，这是按照实事求是的原则确定的，是为了保护出版的持续稳定发展。由数量增长向质量效益的阶段性转移，在1994年得到普遍认同，并得以推行。据了解，1994年全国绝大多数出版社制定了新的质量检测规定，许多出版社聘请离退人员成立了专门的质量检查小组，并实行奖优罚劣制度。浙江、山东、辽宁、上海、陕西、广东、四川、湖北、天津等十几个省、市开始组织对本省市图书的质量检测。

阶段性转移的思想和质量第一的思想在1994年可以说已深入人心，其根源在于，这一战略指导思想于出版有利，于出版社有利，于编辑有利，更重要的是于社会有利，于读者有利。这是它能够得到社会拥护、出版界拥护的根本所在。如何把它坚持下去，切实取得成效倒是应该研究与重视的新问题。

书号控制——观其利弊，择善从之

对书号实行限量使用的办法，始于1994年。对于这一举措，不仅出版界有所议论，即便是在出版管理部门内部，也存在一些思想上的顾虑，要不要对书号限制使用，曾反复商研，主意难定。这件事情为什么这样举棋难定呢？一方面是怕被人们视为又回到计划体制的老路上去；一方面在于出版界从来没有这样做过，即便是在计划经济时期也未限制过出版社的书号，在书号范围内应是一件未曾有过的事情，还有一个重要原因是有些出版社自主决定出书数量惯了，很不愿意再多一项制约。

但是不这样搞又确实别无良策。关于压缩出书品种问题，在几年前新闻出版管理部门就提出“压缩品种，优化选题，调整结构，提高质量”的十六字指导方针，但是从这几年的实践情况看，品种不但没有得到压缩，反而逐年上升，且上升比例还挺大，这是为什么？其中原因有多方面的，比较复杂，如果说出版社缺乏自我约束机制，但是在整体制约机制未良好运转时，实际情况可能是一些自我约束好的出版社吃亏，而那些缺乏自我约束的出版社却得到便宜，这就显得不合理了，于是大家互相攀比，争相出书，广种薄收，以致品种的增多并未带来印量的增多，图书出版陷于盲目大量出书的劣性循环之中。

在这样的情况下，限制还是不限制出版社的书号使用量，没有一种方法是完美的，但是，观其利弊，在现阶段，采取出版社限用书号的办法不一定是最佳方法，但对出版整体是有利的，不这样做，喊了多年的"压缩品种"可能仍将压缩不下来，更为重要的是它还将影响到从数量增长向质量效益阶段性转移的大局。

限制书号的使用量，出版社抱怨也好，不理解也好，冷静下来思考，普遍承认这一举措在全局角度看是有益的，是控制数量，提高质量的有效办法。从对书号实行限量调控的实践看，虽然其中存在一些不足与问题，但效果仍是十分显著的，最值得一提的是，出版社粗放式出书的作法得到扭转，书号少了，不能敞开使用了，只能在精耕细作上下功夫。据估计，1994 年的出书品种按 1993 年的统计数下降不多，但实际出书数量要比 1993 年实际出书量下降 2 万种左右，这是由于出版社 1993 年报送出书统计有遗漏的原因。

繁荣并不表现在地摊和地下

曾几何时，地摊文学充斥市场，地下的非法出版活动异常频繁，不仅在昏暗的路灯下，就是大街闹市，也时而有书贩向路人大声叫卖那些充满挑逗性文字和画面的图书、杂志，不法书商更是在借此赚得大把昧心的票子，这是那些书商、书贩和读书品味低下的人所期待的"繁荣"，是不能暴露在阳光之下的"繁荣"，是地下的"繁荣"，是为了图书繁荣而必须扫除掉的"繁荣"。由于非法出版所得到的巨额利润，使一些不法书商不惜铤而走险，他们金钱开路，专门寻找出版部门的薄弱环节，买书号出书还是"温柔"的一类，有些专门干盗印出版和非法印制黄色淫秽图书的勾当，有的城市仅 3—5 个月就发现非法印制的黄色淫秽书 200 多种，这无异是在精神上杀人越货。

1994 年的打非扫黄工作比任何时候都显得重要和紧迫；同时也比任何时候都做得扎实有效。首先是在全国大中城市进行的图书市场清理检查工作，这项工作重点清查的是地摊、书摊和二渠道，有问题、格调低下的图书坚决不允许上市，并且坚决取缔非法的地下交易，不法书商和书贩们终于发现，昧心钱不像以前那样好赚了，而且是要为其付出沉痛的代价的。震惊全国的"9·18"非法出版大案的破获，成为一个契机，打非扫黄工作乘势而上，进一步扩大了战果。1994 年的全国扫黄工作会议，被认为是一次高层次的扫黄决策与协调会议，党和国家以及各有关部门和地方政府的高度重视，使扫黄工作不再像以前那样，扫完以后又卷土重来，且来势更猛，被人称为"越打越黄、越黄越打"。在全国扫黄工作会议之后，打非扫黄工作在向治本和根治方面扎实进行，对涉及到全国性的大案立专案，抽调精干力量专案侦破；对全国近 10 万家印刷厂开始实行重点清理整顿；对二渠道进行清理整顿，规范其行为；对书刊批发市场强化管理，实行批发进场，坐商归市。这些治理措施虽仍在进行之中，但是图书市场和书摊上的面貌已清爽了许多。低级的、不健康的读物已基本消除在公开的场合，但是，在地下，仍有人在冒险兜售黄色、淫秽出版物。进一步的任务应该是彻底取缔它们，或从宏观治理上把它控制在最低水平。

客观地讲，问题并不全部出在不法书商和二渠道身上，正式出版社有的也在违法出书，买卖书号的问题，自中宣部和新闻出版署发出严禁买卖书号通知之后，经过出版社的自查自纠，又发现个别出版社有新的买卖书号行为，为坚决刹住这股歪风，国家出版部门对其实行了严厉的制裁措施，不仅让这些出版社在经济上得不到任何好处，还要对出版社实行整顿或停业整顿，并且追究了有关责任者的责任。

挂历问题在 1994 年也得到了彻底治理。这是一个存在多年，但一直没有解决好的问题。原来一直由出版社出版、新华书店经销挂历，已快要被二渠道全面占领，关键的问题还不在这里，问题的根子在于，二渠道以高定价、低折扣的不正常经营方式占据了市场，在挂历画面选择上，越来越"露"，穿的越来越"少"，一到年末，满街挂的都是近似裸露的美女。而挂历的消费，又大都是公费购买，其不合理之处就越发明显。老百姓对此极为不满，辛辣地批评"不能再让美女在秋风中萧瑟了"。

为了维护国家的利益，为了维护消费者的利益，国家出版管理部门作出对挂历实行最高限价和限发行折扣的规定，对画面不洁的挂历禁止出售。这一举措，得到了广大群众的好评。

一切为了多出好书

图书出版所做的一切工作，归根结底是多出好书，这是检验出版工作的根本标志，也是衡量出版繁荣的根本标志。1994 年的图书和图书出版活动,是大收获、大展示的一年,限于篇幅,我们只能从中撷取很小的一部分作些介绍,并期望起到窥一斑而见全貌的作用。

——《邓小平文选》第一、二卷修订版的出版,标志着代表邓小平同志建设有中国特色的社会主义理论的基础著作配套出齐。这是党和国家政治生活中的一件大事。如果说《邓小平文选》第三卷集中反映了建设有中国特色的理论,那么修订再版的《邓小平文选》第一、二卷则真实记载了这一理论形成的过程。值得一提的是,修订再版的一、二卷在编校质量上达到了"一字一点"无差错的最高水平。

——《汉语大辞典》12 卷出齐。这是建国以来,继《中国大百科全书》出齐之后,另一部最重要的辞书工具书。该书收词 375 万多条,5 000 万字,插图 2 200幅,被誉为我国辞书史上的典范和里程碑。在该书出齐的庆功会上,江泽民、李鹏等中央领导同志亲切接见了参与编纂、出版的主要人员,亦为图书出版的殊荣。

—— 国家"八五"重点图书规划的实施进展顺利。国家"八五"重点图书规划,共收入重点选题 1 138种,总卷册逾万册,由全国近 400 家出版社共同承担。规划是我国历史上最大的一项出版活动,它充分展现出改革开放以来中国出版的实力与魄力。规划始于 1991 年,1994 年国家新闻出版部门对规划的实施情况进行了全面检查,检查结果表明,规划实施顺利,已出书比例达 67%,预计到明年底,将有 94%的选题完成出书任务(含 8%的大型选题将延续到"九五")。

——《汉译世界学术名著》已出版 300 种。商务印书馆安排的这套丛书,始于拨乱反正之后,由于历史原因,人为地留下了很大一块文化空白,这套丛书可以说起到了填补这一空白的主力军作用,在文化界、思想界影响颇大。这套丛书今后将长期出版下去,它为中国了解世界起到了重要的桥梁作用。

——《建国以来重要文献选编》(1—10 卷),该书由中央文献研究室编纂,中央文献出版社出版。是建国以来第一部系统公布从新中国成立到"文革"前党和国家重要文献的大型丛书。该丛书对于总结我国社会主义建设过程中的经验教训具有重要的文献参考价值。

——《巴金全集》26 卷本,该书收入作者自 1921 年以来除译文以外的全部著作及书信、诗文,是我国出版界的惟一健在作家的全集。

——第五届北京国际图书博览会。该博览会是我国举办的最重要的国际博览会之一,这一届国际图书博览会共吸引了 38 个国家和地区的 1 500 多家出版社参展,展出图书达 9 万种,其中海外原版书达 3.5 万种,在参展国家与地区、参展出版社及图书品种,以及版权贸易金额等方面都超过以往四届,获得了很大成功。

——第六届全国书市在武汉举行。这届书市盛况空前,规模超过以往历届。场馆占地面积 13 300 平方米,共陈列 7 万多种境内外图书、期刊等出版物,订货码洋达 2.2 亿元,销售 2 000 多万元。特别是展示馆中荟萃的 3 000 余种精品图书,充分展现了图书出版繁荣的新面貌。

——送书下乡活动受到社会重视,深受农民欢迎。这项活动于 1994 年底至 1995 年初展开,活动的主办者是中央宣传部、农业部、国内贸易部和新闻出版署。4 家商定,共选出适合农村需要、实用性和操作性强、价格适当的图书 300 种,其中农村类图书占 60%,送书下乡。为解决农民看书难、买书难问题带了个好头。

——《出版法》完成立法程序,提交全国人大审议通过。这是 1994 年出版最为重要的、最能够激动人心的事情。法是一个行业发展与成熟的标志,同时又是规范行业行为的规则。《出版法》如能出台,必将从总体上对各项出版规章作一个梳理,必将对图书出版繁荣起到巨大的保障作用。

在新的一年到来之际,图书出版,请记住金色的 1994 年。

(原载《中国图书评论》1995 年第 1 期)

图书出版评述

马列主义、毛泽东思想类图书出版综述

俞思念

本年鉴收入1994年出版的马列主义、毛泽东思想类图书计67种，选题比较广泛，内容也很丰富，反映了这一领域里的研究成果。总的来看，这一年马列主义、毛泽东思想类的图书出版，有如下可述可议的地方：

一、马克思主义经典著作的出版发行稳步发展

马恩列斯著作在我国的翻译出版是一项有计划、有步骤的工作，新的版本正在编译和筹备中。《毛泽东选集》第二版于1991年出版后，在近年的书市中仍占有引人注目的地位。1993年《邓小平文选》第三卷的出版，在全国形成了学习的热潮，并进一步持续发展。特别是《邓小平文选》第一卷、第二卷在本年度印行第二版，再次推动着学习建设有中国特色社会主义理论活动的开展。到1994年底，《邓小平文选》印行总数突破1亿册，充分说明人民群众对这一学习活动的自觉性和广泛性。

马克思主义经典著作的出版与发行在我国具有特殊的意义，这一类著作是图书出版的常备书籍，因而需要有一定的储备。近年来，为配合学习邓小平著作，对马列著作的需求也有所增加，有些学校和一些理论工作者开始抱怨不易买到马列原著，这种现象应当引起出版界的注意。

二、关于马克思主义的研究成果具有较高水准

我国对马克思列宁主义的研究一向十分重视，每年都有一批新著问世。本年度出版的《人的世界与世界的人》、《剩余价值理论研究》、《马克思恩格斯文艺学体系》、《马克思恩格斯军事哲学研究》、《马克思东方社会理论》等，亦是近年来具有较高水准的研究成果。但从总的来看，这方面的研究与出版还有一些需要改进和完善的地方，尤其是对马克思主义的研究与出版应有一个科学的总体规划。这里值得一提的是，从1989年开始陆续出版的《马克思主义哲学史》(黄楠森等主编，北京出版社出版)一书，1994年出了第4卷(预计共出8大卷，400余万字)。该书集中了一群悉心治学的专家，是一部很有份量的大作。如能隔几年就出一些这样的研究成果，这才是改革盛世的气象。我们期待着以后会有更多的，足可流传于世的宏篇巨制问世。

三、有关毛泽东思想研究成果的出版令人瞩目

1993年是毛泽东诞辰100周年，有关毛泽东研究的许多成果在1994年仍占相当份量。同时，由于毛泽东在百年中国的地位与历史作用，作为一代伟人，他在政治、经济、军事、文艺、外交方面的建树和在社会生活上的传奇色彩始终受到出版界的看重。所以，本年度出版的《毛泽东的世界丛书》、《毛泽东经济思想与当代中国》、《毛泽东外交思想研究》、《毛泽东建党思想史记》、《毛泽东财经思想研究》、《毛泽东军事年谱》、《毛泽东新闻思想研究》等，都是有一定深度的研究成果。李君如所著《毛泽东研究三部曲》之一的《毛泽东与近代中国》，是一部颇有特点的新作，其独辟蹊径的研究方法是值得称道的。

而另一类关于毛泽东研究的作品如《毛泽东诗词鉴赏》、《毛泽东诗词艺术》、《毛泽东和中国文学》、《书家毛泽东》、《毛泽东读古书实录》、《毛泽东手书选集》等，则再次迎合了广大读者欣赏毛泽东独有的艺术思想的需要。这一类图书的版本还为数不少，这也反映了毛泽东在中国人民心目中所具有的永恒魅力及在世界上的广泛影响。这一现象应引起理论研究者和出版者的关注。当然，这一类的图书已经出得比较多了，但可以考虑在书籍的印制上更精美些，以满足一些读者的收藏愿望。

有必要提到的是，北京大学图书馆编纂的《毛泽东选集索引》(人民出版社出版)，是一本极有价值的工具书。它以《毛泽东选集》第二版为底本，以书中关键词为主题索引，对研究毛泽东著作提供了很大的方便。

随着对毛泽东研究的深入,关于毛泽东的传记、诗词、读书批语、外交战略、人事交往等,都应给予深入研究并精心策划,这是出版工作中既有社会效益、又有经济效益的选题。

四、邓小平研究逐渐成为新的热点

邓小平研究包括两方面:一是邓小平生平事业,二是邓小平有关思想。

邓小平实事求是,大智大勇,开创了建设有中国特色社会主义的道路,其生平事业在中国人民心中树立起一座巍巍丰碑。认识邓小平生平事业,对深入理解其思想和中国人民正在进行的伟大实践是十分有益的。本年度出版的《邓小平在太行拾录》、《我眼中的邓小平》、《邓小平与中国》、《中国第二次革命的伟大开端——邓小平在1978》、《巴蜀情——邓小平与四川》、《邓小平与广西》、《总设计师和他的工程》等书,生动地记述了邓小平在各个时期的业绩、思路、工作与风采。

对邓小平有关思想的研究,包括十分丰富的内容,并且与各方面的实践结合起来,展现出建设有中国特色社会主义的强大生命力。这一类著作有《邓小平治国韬略》、《论邓小平人民民主专政思想》、《邓小平青年思想研究》、《邓小平法学思想论》、《邓小平教育思想研究》、《邓小平管理思想研究》、《邓小平思想通览》、《邓小平经济思想的渊源与发展》、《邓小平军队现代化建设思想研究》、《邓小平新时期军事思想研究》、《邓小平战略思想论》等,其共同点是从中国社会主义发展的新时期出发,深刻地阐发了邓小平思想的创造性和对于实践的指导意义。它既表明建设有中国特色社会主义在各条战线的胜利,也表明人民群众在实际工作中的认识和对理论研究的推进。

在邓小平有关思想的阐发上,还有一批书目是从各地的实际出发来论述建设有中国特色社会主义理论的,如《邓小平理论与广东实践》、《邓小平理论与实践研究丛书》、《邓小平理论与海南特区实践》等。这些书在总结经验中学习,在运用理论中提高,表现了马克思主义与中国实际相结合的自觉性,表现了邓小平一贯倡导的实事求是与理论联系实际的学风。应该说,某一地方的成功经验,也是对全局与整体的印证,是对建设有中国特色社会主义理论的发挥和发展。这一类的图书今后还会增多,其无疑是应予以大力支持的。

值得注意的是,本年度有关邓小平研究的论著,已经开始把建设有中国特色的社会主义理论称作为"邓小平理论"(如人民出版社 1994 年 4 月出版的《邓小平理论研究》一书),这为邓小平理论概念的提出作了前期论证和思想准备。

综上所述,1994 年马列主义、毛泽东思想类图书的出版工作取得了应有的成果,是与建设有中国特色社会主义事业和这一伟大理论的发展相适应的。但从图书出版工作的进一步要求来看,马列主义、毛泽东思想类图书的出版还有许多需要提高的地方。最主要是,在这一类图书的出版上也要树立精品意识,选择一批具有保存意义和长久价值的书目,逐步推出、不断修订、精益求精。可以考虑组织若干理论班子和写作队伍,长期合作,持之以恒,完成计划。图书出版是理论研究工作和文化建设事业的缩影。马列主义、毛泽东思想类图书出版的成绩与不足,也反映了我国社会主义思想文化建设的动向,因而应引起理论工作者和出版工作者的特别注意。

哲学类图书评述

李维武

1994 年出版的哲学类图书,从收入本年鉴的书目看,可以说收获不小。

在马克思主义哲学研究方面,出版了一批有关马克思主义哲学历史的专著及译著,如马泽民著《马克思主义哲学前史》(重庆出版社)、赵修义等著《马克思恩格斯同时代的西方哲学》(华东师范大学出版社)、黄楠森等主编《马克思主义哲学史》第 4 卷(北京出版社)、马尔科维奇等编《南斯拉夫"实践派"的历史和理论》(重庆出版社)。这些著作的出版,进一步拓展了马克思主义哲学历史的研究空间,深化了对马克思主义哲学的理解。最能反映马克思主义哲学中国化新进展的,是著名哲学家冯契的论文集《智慧的探索》(华东师范大学出版社)。这本论文集,从一个侧面反映了冯契晚年哲学探索的足迹和他力图重构马克思主义哲学体系的努力。论文集的最后一篇《智慧的探索——〈智慧说三篇〉导论》，阐发了他的“智慧说”的思想来源、基本思路及内容梗概，初步展现了他所建构的中国化和个性化的马克思主义哲学体系。冯契的《智慧说三篇》，由《认识世界和认识自己》、《逻辑思维的辩证法》、《人的自由和真善美》三书组成，这些著作由华东师范大学出版社于1996年作为《冯契文集》前3卷出版。

中国哲学的原典与研究著作，在1994年仍然是哲学类图书的一个重点。人民出版社的《中国大哲学家研究系列》，是一套受到中国哲学研究者们好评的丛书。这套丛书并不追求时下盛行的一次性“隆重推出”，而是努力实践“积水成渊”的精神，一本一本地出版有质量的中国哲学研究专著。继陈来著《有无之境——王阳明哲学的精神》于1991年问世后，这套丛书在1994年又推出了周桂钿著《虚实之辨——王充哲学的宗旨》和李明友著《一本万殊——黄宗羲的哲学及哲学史观》两种。日本学者安居香山、中村璋八辑，中国学者吕宗力等校的《纬书集成》（河北人民出版社），是一部大型的纬书辑佚汇编。纬书作为汉代经学的产物，在其神秘主义的色彩下，不仅包括了对儒家经书的解释和发挥，而且包含了许多古代自然哲学和自然科学的内容。汉代以后，纬书逐渐散佚，后虽有明清学者辑佚钩沉，但仍缺少总结性汇编工作。这套《纬书集成》，可以说弥补了这一缺憾，为深入研究汉代经学史、哲学史、思想史、科技史、社会史提供了方便的资料来源。杨向奎撰《清儒学案新编》（齐鲁书社），是对清代思想史、学术史研究的一大贡献。民国初年，徐世昌曾主撰《清儒学案》，但由于假手众人，取舍不严，缺乏学术思想内容，因而不为学术界重视。《清儒学案新编》则直承黄宗羲撰《明儒学案》的传统，由撰者一人独立地对有清一代思想学术进行清理分疏，上起明清之际，下至19、20世纪之交，列120人学案。每一学案分案主评传和学术思想资料选编两部分，以起到清代学术思想史与学术思想资料选编的双重作用。全书8卷，400余万字，从1985年出版第1卷到1994年8卷本出齐，真可谓“十年磨一书”。在20世纪中国哲学家著作中，有熊十力论著集之二《体用论》（中华书局）和冯友兰《三松堂全集》第13、14卷（河南人民出版社）出版，为研究这两位大哲学家在1949年后的思想发展提供了重要的资料。此外，还有一批研究中国哲学的专著值得重视，如任继愈主编《中国哲学发展史》隋唐卷（人民出版社）、杨国荣著《善的历程》（上海人民出版社）、徐梵澄著《陆王学述》（上海远东出版社）、沈嘉荣著《顾炎武论考》（江苏人民出版社）、刘邦富著《梁启超哲学思想新论》（湖北人民出版社）、胡伟希著《金岳霖思想研究》（湖北人民出版社）、张祥浩著《唐君毅思想研究》（天津人民出版社）、乌兰察夫等著《蒙古族哲学思想史》（内蒙古大学出版社）等。在中国哲学研究的工具书方面，有两种中华书局出版的索引值得重视，一是方克立等编《中国哲学史论文索引》1—5册，另一是程湘清等编《论衡索引》。

在西方哲学方面，一些现代西方哲学代表作的中译本相继出版，如上海译文出版社就出版了胡塞尔的《逻辑研究》第1卷、加达默尔的《哲学解释学》、阿佩尔的《哲学的改造》等；一些较有功力的研究专著也相继出版，如吴国盛著《希腊空间概念的发展》（四川教育出版社）、董光璧著《马赫思想研究》（四川教育出版社）、涂纪亮主编《现代欧洲大陆语言哲学》（中国社会科学出版社）、郑文辉著《欧美逻辑学说史》（中山大学出版社）等。这些译著和专著的出版，显示出中国哲学界研究西方哲学的兴奋点已移至现代西方哲学上。

美学与伦理学的研究著作也很有特点。对现代人类生存状态的深入思考，特别是对中国社会转型期人们生存状态的认真探讨，成为本年度美学、伦理学著作的一个重点。刘小枫主编《人类困境中的审美精神》（知识出版社），精选了由鲍姆加登至哈贝马斯共42位世界著名哲学家、诗人论美文选45篇，凸出了美学对生存论问题的关心和思考。仪平策等编著的《泛美学丛书》（春风文艺出版社），包括《美学与两性文化》、《美学与市场营销》、《美学与电子文化》、《美学与社会犯罪》4本书，以“泛美学”的观点探寻现代社会的文化特征，内部都与社会转型期人们所面临的诸多生存问题相关联。伦理学的研究著作可以说更集中在社会转型期如何转化传统资源、建设现代伦理这一紧迫问题上，如万俊人著《伦理学新论——走向现代伦理》（中国青年出版社）、何怀宏著《良心论——传统良知的社会转化》（上海三联书店）、赵春福等著《伦理精神与中国社会现代化》（北京出版社）。

宗教问题，自80年代“文化热”以来，渐成研究热点；而自冷战结束后，更成为全世界所关注的重大问题之一。这无疑导致了近年来宗教问题类图书的猛增。从本年鉴的书目看，在1994年所出图书中，宗教问题类图书占很大份量；一些非专业学术出版社，也花大气力出版此类书籍，如黑龙江人民出版社就出了一套《佛学丛书》,重刊各种佛教经典。可以说,在本年度中,与中国历史和现实相关的主要宗教都有研究著作问世,其中不乏深入探讨、专门研究之作。以佛教为例,有原典的点校新刊,如萧蓬父等点校的《古尊宿语录》(中华书局);有要籍的选择汇编,如苏渊雷等选辑的《佛藏要籍选刊》(上海古籍出版社);有宏观研究的专著,如郭朋著《中国佛教思想史》(福建人民出版社);有专题探讨的成果,如皮朝纲著《禅宗美学史稿》(电子科技大学出版社);还有对寺院文化的考察,如段玉明著《中国寺庙文化》(上海人民出版社);一些藏传佛教文献也得以整理出版,如青海民族出版社出版的藏文版格桑确吉嘉措编著《释迦牟尼大传》、阿底峡著《阿底峡传》。至于其他各大宗教,有关图书亦很多:道教研究有中国道教协会等编《道教大辞典》(华夏出版社)、卿希泰主编《中国道教》1—4卷(上海知识出版社)、汤其领著《汉魏两晋南北朝道教史研究》(河南大学出版社)等;伊斯兰教研究有中国伊斯兰百科全书编委会编《中国伊斯兰百科全书》(四川辞书出版社)、南文渊著《伊斯兰教与西北穆斯林社会生活》(青海人民出版社)等;基督教研究有杨天宏著《基督教与近代中国》(四川人民出版社)。民众宗教意识问题也开始有专书探讨,如侯杰等著《中国民众宗教意识》(天津人民出版社)。对于西方宗教问题研究,也在逐步深入开展之中,吕大吉著《西方宗教学说史》(中国社会科学出版社)、柴惠庭著《英国清教》(上海社会科学院出版社)就是这方面的新作。

从本年鉴的书目中可以看到一个值得重视的出版现象:有关卜筮、咒语、术数、风水之类神秘文化的图书正成热门。如广西人民出版社,在1994年就出了一套《中华神秘文化书系》,包括《神秘的五行》、《神秘的占候》、《神秘的术数》、《神秘的八字》、《神秘的符箓咒语》诸书,又出了一本《天国大智慧》,专论宗教谋略与方术谋略。相比之下,有关对科学进行哲学反思的书目,本年鉴则收录较少。但这并不意味着我们的出版社在1994年就很少出这类书。如浙江科学技术出版社出版的张巨青等主编的《认知与方法丛书》第2辑,包括《真理——科学探索的目标》、《科学思维的辩证模式》、《科学美学》、《科学思维的推理艺术》、《中国传统科学方法的嬗变》、《现代社会中的科学》、《生存的沉思——当代科技进步与全球问题》、《科学法学·科学伦理学》8本书,就是对于科学作哲学反思的系列著作。又如湖南科学技术出版社出版的罗杰·彭罗斯著《皇帝新脑——有关电脑、人脑及物理定律》,也是这类值得一读的译著。然而这些都未能在本年鉴的书目中反映出来。我们希望在以后的年鉴中,能多看到一些这方面的书目;也希望有关的出版社,能积极地为年鉴提供这方面的书目。

谈到1994年出版的图书,还有一本值得一提,这就是《顾准文集》(贵州人民出版社)。顾准并不是一位严格意义上的哲学家,但却是一位独立探索的思想家。他留给后人的,不仅是思想的火花,而且是探索的勇气。而这些都在这本文集中保留了下来。当回首20世纪下半叶中国思想史时,我们是不能忘记这位思想解放的先行者在那个教条主义盛行的年代里所作的勇敢探索的,当然也是不能忘记这本《顾准文集》的。

社会科学总论类图书评述

詹德优

1994年出版的社会科学总论类图书,本年鉴共选收101种,除丛书和个人文集外,主要是有关管理学、社会学、人口学、人才学等学科领域的著作。

诸多知名人士个人文集的出版,是本年度社会科学总论类图书出版的新景观。其中有被毛泽东评价为党内最懂农民运动者之一的王观澜的《王观澜文集》,该文集精选了作者生前留下的"有历史价值,能给人启示"的55篇文稿;著名外事活动家宦乡的《宦乡文集》,收录作者具有代表性的论文和讲话168篇,内容涉及政治、经济、军事、外交等诸多领域;将军、外交家、艺术家黄镇的《黄镇文集》,收入作者所经历的军事战线、外交战线、文化战线和第二线的重要著述100余篇,大部分是第一次公开发表;《德赛二先生与社会主义——陈独秀文选》则收录陈独秀的代表作数十篇,内容主要集中于"五四"前后对新文化的鼓吹、特别是对科学与民主的倡导,建党前后对社会主义的探索和宣传，以及较后时期一些有真知灼见的作品。

《七缀集》(修订本)是著名作家与学者钱钟书自编的学术论文集，共收录论文七篇，以艺术与文学、中西文化的对照，结合具体作品、作家和文艺现象的分析，探讨文学创作、翻译的规律及文艺批评应取的标准，阐述中外文化的交流与影响；文艺美学家宗白华的《宗白华全集》，收作者文学创作、学术著作及翻译文稿，其中有与郭沫若、田汉合作的《三叶集》、有被称为“比较哲学的经典之作”的《形而上学》和中国最早的三部美学专著《美学》及两部《文艺学》，有一半作品是首次面世。

著名社会学家费孝通的《芳草天涯——费孝通外访杂文选集》，收文 44 篇，时间跨度从 20 世纪 30 年代至 80 年代，地域包括英、美、澳、日等国。生动记述了西方人文景观、科技成果、社会问题，分析了中西文化的差异、交流和冲突，记录了作者的心路历程。

社会学图书的出版，在 1993 年的基础上有新的发展，本年鉴收录 25 种，约占收录总数的 1/4。其中有社会学理论探索的著作，如《马克思主义与当代社会思潮》以社会走向问题为中心线索，把当代各种社会思潮连为一体，综合地进行评析和介绍。《社会学概论新修》围绕“社会学是关于社会良性运行和协调发展的条件和机制的综合性具体社会科学”这一主导观点展开论述。《社会变迁与社会协调发展理论研究》论述了当代中国社会的改革与社会变迁，以及评述了西方社会学的理论观点。论述人类学和民族学的著作，如《无助——从无助到自助的哲学》从哲学、文学、生态学的交叉点上，探讨现代哲学人类学的课题；《民族心理与民族意识》和《早期中国“人”的观念》等，探讨了民族性和民族心理等论题。论述公共关系与社会行为的图书，如《公共关系学教程》是一部吸收国内外研究成果、体系新颖的公共关系学著作，《公关心理学》系从心理学角度研究公共关系学的著作，《谈判学》是系统研究谈判理论的专著，《评价活动论》乃运用心理学、决策学、价值工程、系统论等来研究评价活动，《交往行动理论》是德国哲学家、法兰克福学派第二代主要人物哈贝马斯的代表作。论述恋爱、婚姻、家庭、就业和青少年问题的著作，如《婚姻家庭关系要论》从社会学、法学、心理学、伦理学等视角，探讨了婚姻家庭关系，《当代大学生的择业心理与技巧》论述了大学生择业的市场预测、主导意识及技巧等，《当代青年社会学》从社会学角度研究了现代青年，《少儿生日礼品珍藏》图文并茂，有知识性、艺术性和趣味性。

人口学是本年度图书出版的又一热点，本年鉴共收录了 17 种著作。其中有总论人口学的著作，如《刘铮人口论文选》选收我国著名人口学家刘铮的论文 23 篇，概括了作者的人口学术思想。《人口政策学》、《当代人口与社会》和《人口——经济增长的理论研究》等，分别联系中国社会和经济发展现实，对人口政策、人口与社会发展、人口与经济增长进行了理论探讨。《中华人民共和国人口与发展报告》、《中国人口迁移与发展的长期战略》和《中国农村人口研究》等，分别研究了中国人口与发展、中国人口迁移与发展以及中国农村人口等问题。关于中国人口的调查及其研究，出版了一系列著作，其中人口学专家辜胜祖等主编的《当代中国人口流动与城镇化》，以人口普查和实地调查资料为依据，综合运用人口学、社会学、经济学的基本原理，对中国人口流动、人口城镇化以及二者之间的关系作了多层面、多角度的剖析与研究，提出了建设性的对策。此外，《人口质量的经济分析》、《中国古代人口史专题研究》、《中国常用人口数据集》、《中国城市人口迁移》、《中国农民的社会流动》、《河南人口·资源·环境丛书》、《贵州省人口地图集》、《内蒙古少数民族人口素质研究》等，较为深入地研究了中国人口问题以及提供了中国人口调查资料。

管理学著作，本年鉴共选收 28 种，约占收录总数的 28%，是收录最多的一个学科领域，主要涉及现代化管理技术与方法、决策学领域。前者如《办公自动化》、《微机在办公自动化中的应用》、《办公自动化教程》、《文书学理论与文书工作(修订本)》、《秘书学》、《实用秘书学》、《办公室的学问》等，分别论述了现代化的管理技术和文秘工作的理论与方法；后者如《给领导者 100 个思路》、《相似、预测、决策》、《仿真决策引论》、《管理决策的理论与实践》、《决策案例文库》、《韬略智慧系列丛书》等系研究决策理论、技术的专著及实证研究的资料书。《谋略库》、《新编智谋大全》、《中外诡谋全书》、《古今谋略辞典》、《中国谋略事典》、《智谋百科》等是提供决策知识、方法和事例的工具书。

人才学领域，本年鉴也收录了几种著作。其中《现代能力导向》对现代人如何提高适应社会生活能力进行了阐述，《人才资源学导论》主要就人才资源的个体育成、社会开发、宏观调控及微观管理等作了论述。

几部大型的工具书和丛书，知识性、资料性较强。其中《中国社会经济统计百科全书》比较全面收集了中国尚未建立的各类社会经济统计与学科知识资料。《济南名士丛书》整理收集了历代济南名士的著述，是一种新编地方丛书。《澳大利亚丛书》除提供有关澳大利亚的重大历史事件和自然与社会概况外，主要介绍澳大利亚的贸易、投资、金融及有关统计资料，对研究国别经济颇有参考价值。

此外，《谋事之基·成事之道——组织部长谈调研》、《中国社团史》、《中国现代社团辞典》、《中国近代社会思潮史》及《统计指标导论》、《统计制图》等，选题也很有特色。

从年鉴收录情况来看，1994 年度有关社会科学理论与方法论、社会科学现状、社会科学机构与团体、社会科学研究方法、社会科学教育等领域的图书甚少，统计学门类也比较薄弱。

政治、法律类图书评介

胡先媛

1994 年政治法律类图书的出版，据不完全统计，已达 3583 种，新出图书 3039 种，总印数为 7123 万册，其内容可以分为两部分来评述。

1. 政治类图书

政治理论方面的著作主要反映在党的建设、社会主义、人权及有关农民、青年、妇女问题等方面。党的组织建设是党建工作的一个重要方面，宣传学习组织工作方面的基本原理、基本知识，是党建读物出版的一个重要组成部分。在党的建设方面，出版了有理论性较强的著作，如赵云献著《马克思主义党学基础》集中共党史、马克思列宁主义政党学说史及党建理论于一体，所论及的马克思主义经典作家关于党建的基本理论观点，均有历史的清晰线索和内在严密的逻辑联系；还出版了一些理论联系实际的著作和务实的工作规程，如中共中央组织部组织局编的《民主集中制理论与实践》就注重理论与实践的结合，有较强的针对性和可操作性。还有孙鹏昶、王忠明主编的《党团务工作规程》、韩茂华主编的《党政机关事务工作》等。另外，在这类图书中，有关党风廉政问题的图书也有很多，如安启元主编的《建立社会主义市场经济体制中的党风廉政建设》、中共铁道部纪律检查委员会编的《清廉曲与警世钟》及王克荣、郑志飚主编的《中国共产党执政以来廉政建设史》等，说明人们对这些问题较为关注。1994 年出版的有关青年、农民问题的著作也较多，除了一些通俗读物外，多为理论研究著作，如刘锋著《中国现代化进程中的农民问题》构建了一个关于现代化进程中的农民问题的理论体系。而单光等主编的《中国青年发展报告》、石巧兰等著的《当代中国农村妇女问题概观》则是既有理论深度又有实际数据的调查研究著作。朱光磊主编的《大分化新组合——当代中国社会各阶层分析》运用阶层分析的方法，对我国 80 年代以来的阶层进行了总体论述。卫兴华主编的《中国社会保障制度》、郑功成的《中国社会保障论》、侯文若的《现代社会保障制度》等则是对社会热点问题的研究。

大量出版有中国特色社会主义理论的图书，是这几年图书出版的热点之一，社会主义、人权问题仍是人们普遍关注的问题。关于社会主义理论的图书主要有魏新生的《中国：走向成功之路》、荣开明、朱志杰主编的《改革：社会主义的必由之路》、邓全意的《新世纪的奠基理论》、丁祯彦等人的《中国特色社会主义概论》、徐鸿武主编的《科学社会主义（修订版）》、胡茂才主编的《科学社会主义》、张维久主编的《建设有中国特色社会主义理论与唯物史观的发展》及江流主编的《建设有中国特色社会主义理论研究丛书》，徐崇温的《当代中国的马克思主义》则通过多层次的历史比较，阐述当代中国的马克思主义——建设有中国特色的社会主义理论。

关于人权问题的研究，1994 年所出的图书大部分都是一些史类著作和带有总结、集成性质的汇编书籍，如黄枬森、沈宗灵主编的《西方人权学说》上下册，选编了从 17 世纪至 20 世纪 90 年代以来西方最有影响的思想家和著名学者的经典论述，较为完整地反映了西方人权学说发展的历史及西方社会关于人权的基本观点。萧宝保等著的《中国百年人权史》系统回顾了从鸦片战争到新中国成立以前中国的人权状况。刘书林等著《当代中国人权状况报告》、苏明主编的《中国人权建设》则较全面系统地论述了我国新中国成立以来人权的实际情况。此外,还有一些世界各国人权资料汇编,如《世界各国人权约法》、《人权基本文献要览》、《发展中国家与人权》等,为研究人权问题提供了基本和必要的参考资料。

政治学著作中,吴惕安等主编的《当代西方国家理论评析》对当代西方政治学在一些重大国家问题上的观点进行了分门别类的系统研究。顾肃的《西方政治法律思想史》研究、总结了西方(主要是欧洲和北美地区)有代表性的理论观点,并对各种政治法律思想的产生、发展、演变的社会条件及对后世的影响进行了分析。此外还有王楷模的《现代政治概论》、刘利主编的《转换中的世界格局与国际社会》、曹德本的《儒家治国方略》、李治安的《中国古代官僚政治——古代行政管理及官僚病剖析》等。

2. **法律类图书**

法理学类图书品种有:孙国华主编的《法理学教程》是在 1987 年出版的《法学基础理论》的基础上,吸收国内外法理学最新研究成果的基础上编写的大学法学各专业的基础教材。徐永康等著的《中国法制史》详细地介绍了我国各个朝代的法制演变史,对各朝法制的特点、立法依据、施行情况以及相关法律条文作了分析。徐鸿修、安也致著的《春秋贵族法规研究》对贵族法规的形成、特点、内容以及对后世法律的影响进行了研究。而胡星桥、邓又天主编的《读例存疑点注》则是对清末法律著作《读例存疑》的考证、阐述与注释。

有关部门法的图书出版很多,涉及的范围较广,其中宪法、刑法、经济法、知识产权法著作最多。文正邦等著《共和国宪政历程》,概述了中华人民共和国宪政发展的历程,从新的高度和视角上总结了中国社会主义民主和法制建设的若干重要经验和教训。王叔文的《澳门特别行政区基本法导论》和杨静辉的《澳门特别行政区基本法 100 问》则对澳门特别行政区基本法精神、内容和条文,作了全面系统的介绍。在这些著作中,既有围绕"二五"普法教育的通俗性读物,如《社会主义市场经济法律知识讲话》、《社会主义市场经济法律法规选编》、《房地产市场法律常识百题问答》、《中国刑法之最》、《怎样打官司》等,又有一些理论性、系统性较强的研究著作,如苏惠渔等编著的《中国刑法教程》分刑法概论、犯罪概论、刑罚概论、量刑概论、罪刑各论五部分全面论述了其概念、研究对象、本质、功能和目的、体系与种类及处理方法等。董安生的《民事法律行为》是专论民事法律行为制度的学术著作,张旭的《减免刑事责任理论比较研究》对法学研究中的热点问题进行了全面系统的研究,柳经纬主编的《中国民法》系统阐述了我国民法体系的基本概念、调整对象、本质作用和基本原则,并进行了具体的阐述。李洁的《犯罪结果论》、叶高峰主编的《暴力犯罪论》、赵秉志主编的《妨害司法活动罪研究》,则是系统研究某一类型犯罪问题的理论著作。青锋著的《犯罪本质研究》则是在我国刑法学中的犯罪本质理论进行深刻反思的基础上,初步建构一个以犯罪本质为中心的罪与非罪界说理论体系。除此之外,还有一些理论与事务兼备的读本,如黄进主编的《区际司法协助的理论与实务》,上篇为理论研究篇,在比较区际司法协助与国际司法协助、民事司法协助与刑事司法协助之异同的基础上,对司法协助的一般理论问题、中国内地与香港、澳门、台湾地区的民商事司法协助问题进行论述,分析、总结了国际民商事司法协助与区际民商事司法协助以及国际刑事司法协助与区际刑事司法协助的相同点与不同点。下篇为实证分析篇,主要总结了 1997 年以前中国大陆与香港、中国大陆与台湾之间的司法协助行为的性质特点及各种模式,分析了各种做法的利弊得失,并考察了这些做法在祖国统一后的应用价值。

除此以外,为了配合普法教育和实施各项法律,还出版了许多法律综合汇编及对法律条文和疑难问题的阐释,如《〈民事诉讼适用意见〉释疑》、《中华人民共和国最新公司法释义》及《市场经济法律丛书新经济合同法实用问答》等。

国际法方面,李玉泉主编《国际民事诉讼与国际商事仲裁》系统地阐述了国际民事诉讼和国际商事仲裁的基本制度,在比较和分析有关国际公约和国外立法的基础上,对我国的有关立法和制度作了详细的评述,是一部融学术性和实务性于一体的著作。江伟钰、江伟铿著的《国际环境保护法学》从国际法角度阐述了国际环境保护的重要性,列举了美、日、德、前苏联等国的环境保护法律和对策。叶兴平著的《和平解决国际争端》分三个层次分析、考察了现代国际法上这项重要制度。此外,还有曹建民等编的《国际公约与惯例》、强赤华编的《商标国际惯例》、乐美龙、黄硕琳主编的《国际渔业法规》、丁启明编《国际贸易法》等。

总之,我国出版界在 1994 年出版了几千种政治法律类图书,从不同层次和角度,研究、探讨了一些政治法律问题,取得了可喜的成绩。但也有一些值得注意的地方,如有些图书选题、内容重复过多,通俗普及性作品质量偏低等。我们相信随着学科的发展,这种情况将会逐渐得到改变。

军事类图书综述

陈代兴

本年鉴所收 1994 年出版的军事类图书 50 多种。从所撰写的条目来看,不仅在内容上丰富多彩,而且在形式上也多种多样。

一、综观军事类图书的思想内容,其中既有很多研究中外军事历史的图书,又有很多研究军事谋略理论问题的图书,还有很多军事科技、军事文化、军事后勤理论方面的图书。

(一)军事历史方面的图书内容丰富。军事科学本质上是一种历史性科学,因此,我国学术界一向十分重视中外军事史的研究。

先看中国军事史研究方面的图书。首先,从时序上看,这类图书可以分为两类:1. 中国近代军事史研究方面的图书。广西人民出版社出版的《太平天国军事史》,在客观评述太平天国的历次主要战争的过程和经验教训的同时,还深入论述了太平天国军队建设的历程与得失。海潮出版社出版的《近代中国海军》是一部多达近百万字的史学巨著,该书全面评述中国近代海军的创建、发展和重建过程;生活·读书·新知三联书店出版的《中国近代海军史事日志》则是一部具有编年体性质的军史图书;广西人民出版社出版的《中法战争史热点问题聚焦》则是一部史论特色很浓的学术著作。2. 抗日战争史研究方面的图书。我们知道,中国抗日战争是一场多民族、多政党团结一致,共同对敌的大决战。在研究这一历史时期的军事斗争史的图书中,既有研究中国共产党领导下的人民军队的抗战史的图书,如:广西师范大学出版社出版的《浴血奋战——抗日英雄八路军》,该书全面评述了中国共产党领导下的八路军的诞生、发展、不断取得辉煌胜利的全过程;又有研究国民党军队的抗战史的图书,如:广西师范大学出版社出版的《铁血远征——中国远征军印缅抗战》,该书详细记述了抗战期间国民党派往中缅边境的远征军的组成、出征、作战、胜败的全过程;还有重庆出版社出版的《中国远征军史》。其次,从地域上看,既有综合探讨全国范围内军事史方面的图书,又有一些地方志性质的军事史图书,贵州人民出版社出版的《遵义市军事志》细致研究了从南宋时代起遵义市范围内的军事机构设施、兵役制度、中央驻军、地方武装、重大战事、军事遗址等方面的情况。军事科学出版社出版的《第一二〇师陕甘宁晋绥联防等抗日战争史》着重描写了抗日战争时期中国共产党领导下的陕甘宁边区军民的英勇抗日的光辉历史。

再看世界军事历史方面的图书。从战争的形态或样式上看,这类图书可以分为两类:其一,是黑龙江人民出版社 1994 年 1 月出版的“二十世纪血战纪实丛书”,共分为《二十世纪血战纪实·空战》、《二十世纪血战纪实·陆战》、《二十世纪血战纪实·海战》、《二十世纪化、生、核战争·被禁止的战争》四个分册;其二,是黑龙江人民出版社 1994 年 11 月出版的“二十世纪特殊战丛书”,共分为《二十世纪特殊战·电子战》、《二十世纪特殊战·情报战》、《二十世纪特殊战·后勤战》、《二十世纪特殊战·经济制裁战》四个分册。黄河出版社出版了重点研究二战以来的历次重要高技术局部战争(如:第四次中东战争、两伊战争、英阿马岛战争、海湾战争等)的过程及特点的学术著作《高技术局部战争研究》。解放军出版社出版了具有世界军事编年体性质的《世界军事年鉴》。

(二)军事谋略理论研究图书日益增多。战争的进行离不开丰富的物质基础,然而军事谋略的运用得当与否对于战争的胜利亦有不容忽视的重要作用。因此,要想确保我国领土主权完整,切实赢得未来战争的胜利,就必须十分重视军事谋略理论的研究。这是我国研究中外军事谋略理论的图书日益增多的重要原因。这类图书可以分为三类:

1. 对中国古代军事学术著作进行阐释的图书继续涌现。这主要集中在对一些经典性军事理论书籍的阐释上面:(1)对《三十六计》进行阐释的书有武汉出版社出版的《三十六计》(秘本兵法)和岳麓书社出版的《白话三十六计》,(2)对《孙子兵法》进行阐释的有贵州人民出版社出版的《孙子全译》和军事科学出版社出版的《孙子学文献提要》。

2. 对外国军事学术著作进行译介的图书不断增多。商务印书馆出版了蔡鸿斡(翰?)等人翻译的美国海军战略理论家艾·塞·马汉撰写的《海军战略》，军事科学出版社出版了刘聪等人翻译的瑞士著名军事理论家A·H·若米尼撰写的《兵法概论》，上海人民出版社出版了郭太凤翻译的澳大利亚籍学者冯兆基撰写的《军事近代化与中国革命》。

3. 直接探索现代高技术局部战争理论的图书接连出现。解放军出版社出版了《高技术条件下军事斗争的发展和运动丛书》，共5本：《现代地面作战力量的发展与运用》、《海洋斗争与海上力量的运用》、《空中力量的发展和作战方法的变革》、《空间战场与弹道导弹力量的运用》、《美军新的作战思想和作战方法》。军事科学出版社出版了《高技术条件下的信息战》，军事谊文出版社出版了高技术局部战争一般理论的《高技术局部战争研究》。

(三)军事科技理论研究图书日渐繁富。科学技术是第一生产力，同时也是第一战斗力。因此，当今世界很多国家都非常重视军事科技的研究，我国军事科技理论研究正是在这样的形势下日渐火热的。电子科技大学出版社出版了《现代指挥控制通信情报(C3I)互通体系结构》，该书系统介绍了C3I系统的应用环境、计算机环境与通信环境，介绍了外军的C3I体系结构的发展动向，研究C3I互通的体系结构、接口标准和协议体系，探讨了具有中国特色的C3I开放系统。兵器出版社出版了《武器系统射击效力》，该书作者运用数学原理对武器系统的射击效力及有关问题做了明确的阐述；北京理工大学出版社出版了《自动武器构造》，解放军出版社出版了《野外生存》。

(四)军事文化理论研究图书异彩纷呈。文化也是人类社会一种十分稀缺的资源，大力开发军事文化资源对于夺取未来高技术局部战争的胜利具有十分重要的意义。军事文化理论研究的图书丰富多彩，其主要表现为：(1)军事伦理方面的书开始出现，国防大学出版社出版了《传统美德与军旅修养》，黄河出版社出版了《中华兵林传统武德观览》；(2)军事法学方面的书相继出现，解放军出版社出版了《军事法学》，陕西人民出版社出版了《中国军事法学教程》。(3)还有军事哲学方面的图书，如解放军出版社出版了《军事认识论》。

(五)军事后勤研究的图书不断增多。军事后勤是联系国民经济与军事活动的桥梁，随着世界军事斗争形势的发展，现代战争对军事后勤的依赖性越来越大，因此，要想赢得未来战争的胜利，不能不高度重视军事后勤理论的研究。黄河出版社出版了《军队后勤改革纵横谈》，该书的作者以报告文学的方式分析了我国当代后勤建设所面临的新特点、新问题以及在改革中前进的新形势；海潮出版社出版了《海军财务管理学》。

二、从图书的表现形式上看，既有很多的辞书性军事图书，又有很多少儿类军事图书，还有一些绘画本军事图书以及盲文版军事图书。

(一)辞书性军事图书。解放军出版社出版了《中国战典》，该书按"有战必录"的原则，记述了中华民族上起公元前30世纪，下至20世纪80年代的历次大小战争，并对历次战争的历史背景和战略战术的运用做了简要评述；上海科学普及出版社出版了《孙子兵法大辞典》，华夏出版社出版了《军队建设大辞典》。

(二)少儿类军事图书。中国少年儿童出版社出版了《军事五千年》系列丛书，该书从原始社会写起，一直写到明清时代，全书共6个分册。每一时代都选取了数十个小故事来表现当时的战争状况、军事人物的风采、军事体制的变化等内容；江苏少年儿童出版社出版了《高技术战争与当代青少年丛书》，共分为9个分册：《高技术时代的硝烟》、《决胜之秘》、《神奇的高技术兵器》、《军旅魔方》、《超凡的军队大脑》、《运筹帷幄之道》、《战争中心灵较量》、《当代雅典娜》、《新世纪的华夏卫士》，多侧面、多角度地介绍了现代高技术局部战争的状况，以启发广大青少年了解战争，爱军习武，立志保家卫国。

(三)绘画本军事图书。哈尔滨出版社出版了《绘画本武经七书》，该书在白话《武经七书》的基础上改编为绘画本，图文并茂，通俗易懂地介绍了《武经七书》的基本内容。长城出版社出版了《中国人民解放军工程建设画册》，该书收录了536幅彩色图片，展现了建国以来，尤其是党的十一届三中全会以来，人民解放军的国防工程、营房建设、离退休干部住房、后方基地仓库、企业化工厂、环境保护和绿化等八个方面的壮丽图景，颇能引人入胜。

经济类图书综述

黄　宪

1994年经济类图书的出版呈现出整体繁荣，重点突出，基础理论进一步深化的特点。

一、经济类图书的出版呈现整体繁荣、重点突出的态势

本年鉴所收入1994年出版的经济类书目有500多种，涵盖经济学各主要分支学科，涉及到社会经济生活的方方面面。从所检索的目录来看，无论是理论类、知识类、实务类、经济史类图书，还是学术专著类、教科书类、普及读物类、工具书类的图书都呈现出繁荣态势。每一类别都涌现出一些从不同角度，适合不同行业、不同部门、不同知识层次读者需要的经济读物。本年度出版的经济类图书还有明显集中化的趋势，其中实务类、工具书类、经济史类图书有近270余种，约占该类图书的54%。

1. 实务类图书居于主体地位，该类图书涉及的内容十分广泛，主要涉及对外贸易、收入分配、经济核算、旅游服务、市场营销、金融操作、房产交易等方面，其中以经营管理、会计核算、收入分配、国际贸易为主，分别占160余种实务类图书中的30%、25%、12%、10%。这些实务类图书适应了一系列政策变动后微观经济主体、专业从业人员等迅速适应环境变化的要求。此外，实务类图书的出版还出现了细分化的趋势。如财务类图书，出现了《国有林场与苗圃财务会计制度》(财政部编，东北林业大学出版社)、《建设银行会计》(东北财经大学出版社)等按具体行业细分的著述；经营管理类图书，出现了《蜂业经济管理》(杨玉华、曾志等编，江西科学技术出版社)，按产业细分的著述。这些图书的细分，进一步促进了经济类图书的整体繁荣。

2. 经济类工具书的大量涌现。经济类工具书是经济类图书的一个重要的组成部分，从所收入的书目来看，工具书多达70余种。这些书涉及市场经济、经济制度、体制改革、收入分配、经济政策、区域经济、企业改革、经营管理、公司理财、农业、工业、商业、旅游、交通、邮电、金融、税收、外贸、投资、证券、期货、广告等方面，其中外贸、金融、税收方面的工具书多达20余种，约占34%的比重，居于主体地位。有代表性的图书是：《汉英经济贸易实用大全》(陕西旅游出版社)、《国际经济全书》(中国经济出版社)、《金融辞海》(吉林人民出版社)、《金融市场操作全书》(刘鸿儒，郑家亨主编，中国统计出版社)、《新税制指南》(河南人民出版社)等，这些图书给专业研究人员和实务工作者带来极大的便利。

3. 经济史类的图书异军突起。本年度中，出版的经济史类书籍达30余种，约占7%的比重，包括经济史、商业史、邮政史、对外贸易史、交通史、物价史、盐政史、赋役制度史、思想史、城市发展史、银行史、货币史、中国经济改革史，其中经济史、贸易史和交通史16种，约占47%的比重。

1994年度经济类图书的整体繁荣，有着深刻的经济背景。1993年下半年，中国已经明显呈现出经济过热势头，为了克服新一轮的通货膨胀，实现经济的软着陆，中央先后出台了统一税率，实行中央和地方分税制，改革金融管理体制，进一步开放主要工业品价格，实行汇率并轨等一系列重大措施。这些措施的出台不仅促使人们去了解市场经济的基础理论，了解相关行业的具体操作知识，而且还促使各微观经济主体的管理者、各相关行业的从业人员去掌握相关的经营管理技能和操作技巧，以适应市场竞争的要求。此外，改革的整体推进，还向经济学家提出了许多具体的现实的问题，要求经济学家对这些问题从理论上加以阐释，有一部分专家学者就把目光投向过去，以期从历史中获得启迪和教益。同时，社会主义市场经济体制是一个复杂的系统，牵一发而动全身，这些措施的出台，必然要涉及到各方面的配套改革，人们要对这些问题进行研究和探讨，这就为经济类图书的编写和出版提供了广阔的空间，从而推动了经济类图书的繁荣。

二、基础理论进一步深化发展

理论类图书品种较多，内容丰富，历来是经济类图书的重头戏。本年鉴收入的书目110余种，约占22%的比重。从体例上看主要有学术专著、高校教材、普及读物，其中基础理论研究的著作多达60余种，并呈现出向深化发展的趋势。这种深化主要体现在两个方面：

1. 在新的实践基础上产生了一些新的理论专著。首先是在所有制形式的探索方面，潘强恩、鲍光前通过总结农村经济体制改革的经验，特别是股份合作制经验，在《共有制初论》(海天出版社)，提出了一个全新的概念——共有制理论，视共有制为公有制的一种形式。它突破了传统所有制理论框架，创造性地发展了马克思主义关于所有制的理论，为我国深化农村经济体制改革和中小企业改革提供了理论支持。其次是在建立现代企业制度过程中，为适应管理的需要而进行的理论创新，这方面代表性的图书有李兴让的《数理簿记与电脑簿记》(中国铁道出版社)，金敏求的《建筑经济学》(中国建筑工业出版社)，这些著作为相关专业的创新和发展提供了理论支持。

2. 对西方基础理论进行介绍和翻译的图书日益增多。在社会主义市场经济建设中，不可避免地会遇上市场经济中的一些共性问题，对西方市场经济的基础理论的引进，无疑对我国社会主义建设产生积极的影响，其中代表性的著作有：《现代经济西方经济学原理》(王秋石著，江西人民出版社)、《现代经济增长理论导引》(商务印书馆)、《价格理论》(商务印书馆)、《制度、制度变迁与经济绩效》(三联出版社)、《金融资本》(商务印书馆)等，其内容涉及到经济增长、宏观调控、价格、税收、金融、财富的分配、公司理财等，这些著作为我国高级管理层和决策层提供了有益的参考。

我们应该看到，1994 年经济图书在整体繁荣的态势下也存在着一些问题。一是各类学科图书结构失衡，一些基础学科和新学科的图书过少，有些甚至严重短缺，如经济法规类，本年鉴只收入 2 本；二是基础理论的研究缺乏前瞻性，在我国经济体制改革的整体推进的过程中，宏观调控、金融转轨、经济增长等方面都缺乏有效的理论支持，理论的研究明显滞后于实际经济的发展；三是经济类图书的出版短期行为严重，在基础理论的研究方面也呈现出铺摊子，抢跑道的倾向，缺乏应有的理论深度。上述这些问题，还有待于我们在今后的工作中努力改进，使图书出版更能适应社会经济形势的发展。

文教类图书出版简评

卢福咸

本年鉴收入文化、教育、体育、科学类图书(简称文教类)429 种，其中教育类图书 282 种，占 65%以上。这个比率大体反映了文教类图书出版和市场的实际情况。

在教育类图书中，各类学校的教学用书是主要组成部分，这是显然的事实，无需用统计数字来证明。近几年来，在大量出版各种教学用书，包括教科书和练习册的同时，许多出版社，主要是教育社和少儿社，还投入了大量的人力物力，组织编写出版教育理论、教育史和教育工具书，以及介绍研究外国教育情况与理论的著作，这成为文教类图书出版的一大特点。在这一方面 1994 年取得的成果是很可观的。如：湖北教育出版社的《中国教育大系》，全书 2200 万字，9 巨册，编纂者和出版者都为之投入很大力量，历时数年得以完成。该书包括了古今教育理论、制度、人物等等，全面系统地揽括了中国教育的诸方面，可视之为教育史和教育文献的汇要。湖南教育出版社的《中国教育思想通史》、教育科学出版社的《中华民族教育思想纂要》、河北教育出版社的《中国教育事典》等，都对中国古往今来的教育思想、教育制度、教育与政治、经济、文化的关系等方面，作了系统阐述与分析研究。为今天的教育发展提供了重要的参照资料。除了这类通史性的专著之外，还出版了一批分门类、分时期的教育史专著。湖南教育出版社的《中国书院史》，就中国古代书院这样一种特殊的学校形式，进行了系统的研究分析。论述了书院在发展学术，培养人材方面的历史作用。该社出版的《中国教会学校史》，论述了在殖民地半殖民地中国所特有的教会学校所产生、发展和消亡的过程，分析了这样一个特殊产物在近现代中国社会中的双重性。人民教育出版社的《中国近代课程史论》，抓住课程这个学校教育的核心，分析中国近代教育的发展变化，深入研究教育与社会变革，与科学文化发展的关系，这有重要的理论和实践意义。青海人民出版社的《藏族古代教育史略》,全书5章,从不同层面、不同角度分析研究了藏族古代教育的发展演变,这对今天西藏的教育发展是有借鉴作用的。另如:湖南师范大学出版社的《中国研究生教育史略》、河南人民出版社的《动荡转型中的民国教育》、华东师范大学出版社的《中国高等教育史》(上、下)、福建教育出版社的《台湾教育简史》、人民教育出版社的《中国教育督导史》等,从不同的学科领域,进行了比较深人广泛的研究探讨。

人民教育出版社的《叶圣陶教育文集》,不仅集中了教育家、文学家叶圣陶的教育思想论著,而且通过作者所创造的文学形象,反映了旧中国教师的思想和生活。

在教育工具书方面,也有许多重要成果。人民教育出版社的《中国教育年鉴》,标志着我国教育研究资料的整理与收藏,走上一个系统化、规范化的阶段。沈阳出版社的《中国学前教育百科全书》、河南教育出版社的《小学教育百科全书》、南海出版公司的《中国成人教育百科全书》、浙江教育出版社的《当代教师百科》等著作,都是为教育研究和发展所作的资料积累基本建设。四川教育出版社的《中国教育热点难点研究丛书》,第一辑8本,则是更贴近中国教育发展与改革实践而进行的总结与探索。

中国教育界在努力总结其历史经验的同时,也在积极学习外国教育的先进经验。介绍与研究外国教育情况的图书有:人民出版社的《美国学校数学课程与评价标准》,人民教育出版社的《外国教育思想史》、《美国教育史》,河北大学出版社的《近代欧洲对美国教育的影响》,山东教育出版社的《外国教育通史》,陕西师范大学出版社的《加拿大教育研究》,山西教育出版社的《当代日本教育思想》等。特别是河南教育出版社的《当今世界教育概览丛书》,全书180万字,12册,分别介绍了12个不同类型的国家教育的历史和现状,包括其思想理论、制度结构,以及成败得失等。此外,值得注意的是华东师范大学出版社的《中日两国教师教育之比较》、东北大学出版社的《面向21世纪中日美理工大学课程体系人才培养比较》等书,作者不是一般性地介绍国外教育的情况,而是联系中国教育的实际情况作对照分析。

除了教育类图书之外,其他文化、科学、体育类图书,仅占34%以上,数量较少,而所覆盖的面又较宽;因此,就从一个年度来看,很难在某一个小类形成出书的集中点。还应该注意到的是,具体的文化学图书、科学技术著作,从分类上看,它们又划归到相应的具体学科中去了,所以本类图书的出版显得比较分散,这也是原因之一。

值得注意的是,关于出版事业的图书在前40多年中,一是数量比较少,二是内容多集中在史料的汇集和关于从业人员的操作规程、要求等方面。而1994年却出版了多种关于出版事业的专著。如:中国书籍出版社出版了《王仿子出版文集》、《边春光出版文集》、《六十年出版风云散记》、《出版史研究》(第二辑)、《中国出版工作调查报告》,江西人民出版社出版了《中国共产党江西出版史》、《江西出版史志丛书》,湖北人民出版社出版了《中国出版业的发展与经济政策研究》,等等。这些著作是从社会政治、经济、文化的大环境中研究出版事业,研究其本身的规律,研究图书出版与大环境的关系,反映出中国出版业已走向理性发展的成熟阶段。

语言文字类图书述评

白巍岐

语言文字类图书,读者群很大,其出版状况,从一个侧面反映着我国的整个出版事业。1994年全国各地出版社出版的语言文字类图书1916种,《中国图书年鉴(1995)》选收的这类图书,多达224种,可谓收获丰硕。其中,汉语、外语、少数民族语的辞书工具书最多,所占比重高达44%。其他各类图书,如外语学习类、学术类、写作类等图书的比例也不小。这些图书在选题、编排上也都较过去有了长足的进步。

一、辞书工具书成绩显著

多年来,辞书工具书的出版热、销售热居高不下,始终保持着较大的数量增长。这固然是值得出版界和读书界欣喜之事,但是也要看到,在迅速增长的出版数量背后,掩藏着一个结构不甚合理的弊病:品种较少,一般性、常识性的语文工具书出版较多,所谓“新华小字典，用上五十年”的情况依然存在。但是，在1994年出版的辞书工具书中，这一状况已开始转变。

首先是多种大型辞书工具书的编纂出版，对研究汉语、汉民族历史文化的发展，提高中华民族文化在世界文化中的地位，意义重大，成为我国辞书出版业新水平的一个标志。汉语大词典出版社历时十余年编纂出版的13卷本《汉语大词典》，集古今汉语语词之大成，是同类词典中收词最多、容量最大的一部，不论是字词范围、释义注音、正谬补阙，还是引用文献，都以求真、求全、求确为准则，在海内外引起重大反响。中华书局、中国友谊版《中华字海》，收字8.5万余字，堪称字书之最。

其次，在语文类工具书中，除过去常见的字典、词典、成语词典等外，还出现了句典、语典、语音典、文体典等新门类，标志着我国工具书的编纂迈上了一个新的台阶。海天版《古汉语句典》，收入了古汉语的430余个句型，近6000个例句，可以帮助读者不仅从字词、而且从句的角度，举一反三，更好地学习古汉语。这种类型的工具书在外语中常见，而在汉语中可说是得风气之先。中国人民大学版《中国俏皮话大词典》，收入古今带谐谑色彩的固定短语，注音、释义、举例，并考订出处，为丰富汉语的语言材料，提高汉语的表现力作了有益的工作。同类图书还有商务版《俗语词典》、北方妇女儿童版《中华歇后语大词典》、四川辞书版《引用语辞典》、上海辞书版《当代港台辞典》等，收录范围大多从字、词上升到句和更为完整的话语。沈阳版《中国古代文体总揽》，实际是一部文体典，收入上古至清末的各类文体，进行了多级分类，并考辨源流，附有例证。这部书规模不算大，但在工具书的编纂中都却有开创性的意义。此外，湖北人民版《虚词历时词典》和《汉语异名词典》，在对字、词的研究上比一般辞书更为深入，也取得了显著的成就。

其三，少数民族语辞书工具书的编纂有新发展。这种新发展体现在两方面：一是不但出版了满、蒙、维、藏等较大民族的辞书工具书，也出版了傣、哈尼、苗等较小民族的辞书工具书，如云南民族版《汉哈尼新词术语集》、供锡伯族人民使用的新疆人民版《满汉词典》(锡伯文)等。二是部分辞书工具书呈现出当代发展的特色，有利于促进少数民族地区经济文化的腾飞，如云南民族版《西双版纳旅游会话手册》，汉傣文对照，囊括了现代旅游业的主要内容。

其四，学生专用书增长迅速。大部分出版单位都注意到中、小学生这一庞大读者群的特殊需要，结合学生的学业和心理编纂出版不同学习阶段学生专用的辞书工具书，受到学生的欢迎。广州出版社为六年制小学生编纂的《学生实用字典》，收入小学语文课本的全部字词，除了有一般字典的注音、释疑等内容外，还标上对应的英语单词和电脑汉字输入编码，富于时代感，编排上则每个字都配上插图、书法和谜语，对读者具有强烈的吸引力。江苏少年儿童版《现代汉语用法词典》，则增加了学生在说话、写作等方面应掌握的字词功能，着眼于应用，也很有特色。山西人民版《最新汉字实用字典》，也是较适于中、小学生使用的。

辞书工具书的出版确实成绩非凡，但也存在着选题“撞车”的现象。例如成语词典，共收入4部，其中有两部连书名都相同，所收词条也差不多，而且在同一个省出版，似乎就无此必要。

二、学术著作的繁荣景象

1994年出版的语言文字类学术著作，数量约占这类图书的1/4，比重并不算小，质量也较好。

最能体现学术著作水平和质量的，当推当代优秀中青年学者的代表作。河南教育出版社1994年推出的《著名中年语言学家自选集》，作者裘锡圭、徐通锵、陆俭明、邢福义等，作为当今语言学界的权威学者，其代表性著作反映着我国语言学界在古文字、语法、语音、修辞等领域所达到的水平，因而引起学术界的广泛注目。在他们的影响下，我国语言学研究一直呈现百花齐放的繁荣景象。在此类的学术著作中，更多的新天地获得探索，更多的新成果呈现在读者面前，成为出版繁荣的一大景象。苏州大学版《超越本体——马克思主义意义理论研究》，认真评估了各流派的学说，对符号意义问题作了新的理论建构。吉林教育版《文化的深层选择》，则从文化的新视角，来探讨汉语语法的结构、关系和特点。河南人民版《现代汉语学系列》，较全面地评介了西方语言学重要流派的学术成果，剖析其富于特色的研究方法，进而总结我国语言学的历史和现状，并力图展示其发展趋势。三秦版《石鼓新响》是研究石鼓文的专著，在考辨前人研究成果的基础上，正谬补阙，力倡已说，不仅重新排定了十鼓的次第，而且首次实现了十诗的通读，在古文字研究领域，也是别开生面之作。

对古代汉语的音韵、词汇、语法、修辞等方面的研究成果，在这一年的学术著作中也占有醒目的位置，形成一大特色。吉林大学版《音韵学概要》和厦门大学版《〈切韵〉综合研究》，分别引入今音学的研究和方言佐证的方法，把古音韵学研究提升到新的水平。山西教育版《训诂与训诂学》，是两位学者的专集，既有自己的训诂学理论观点，又有大量的词义考据实例，能对读者提供切实的帮助。商务版《古代汉语词汇学》，则以现代词汇学为指导，总结了古汉语词汇的词义、结构的演变规律和演变途径。安徽教育版《马氏文通及中国语法学》对马建忠的语法理论作了研究和述评，对其学术思想有新的发展。首都师范大学版《古诗文修辞艺术概观》，从字法修辞、句法修辞、篇章修辞等三个角度，探讨了古诗文中的语言修辞系统。

一些学术著作对过去较少有人涉足的论题展开研究，起到了在出版界填补某些空白的作用。例如关于文体问题的著述，近年渐显趋热。云南人民版《文体与文体的创造》，回顾并分析了古今名家关于文体的论述，自觉地把文体作为系统来研究，进而确认“形式”的重要地位和作用。东北师范大学版《文体学》，注意从多学科、多层面研究文体问题，以较强的逻辑联系建构了这一新的理论框架。这两部著作对于在我国确立文体学的学术价值，有很大意义。再如方言调查，这一年也有多种著作问世。华中师范大学版《宜昌方言研究》、鹭江版《厦门方言》、广东人民版《广东的方言》等书籍，继承了我国方言调查的优秀传统，不断开拓各方言区语音、词汇的研究阵地，这不仅有理论意义，而且对今后加强各方言区的经济和文化发展，有重大的实际价值。

写作方面的图书，也有良好发展。文心版《中国古代写作学概论》，描摹了古代写作理论发展的基本轮廓，并阐释、评介了各个时代写作理论的具体内涵。贵州民族版《扇形结构快速写作法》，是作者经过苦心钻研而提出的新的写作方法，主张由点到线，再到面，由单个信息点到多个信息点，来快速生成或结撰文章，很符合当今信息时代的要求。其他写作类书籍，大多是应用文体的介绍，也有一定的教学意义。

三、外语图书旺势不衰

由于我国改革开放、发展经济的大政方针早已确定，人民群众学习外语的热情始终很高，因而外语类书籍一直保持着多出、畅销的旺势。

1994 年出版的外语图书包括外语教材、教学辅导材料、工具书和外语学术论著，其中工具书数量最多，甚至略高于其他几类之和。外语(主要是英语)工具书的编纂，已不限于普通的字典词典，而呈现出两个新的特点：其一，一些出版社竞相出版直接服务于外贸、旅游、中外合资企业等工作领域的外语工具书。复旦大学版《商场情景英语》，编写了大量的情景对话和常用基础英语，为涉外商场的员工在与外宾交流时提供了必要的语言手段，实用性很强。高等教育版《留日指南与会话》，也为初到日本的留日学生提供了语言、求学、求职、生活等必要的咨询。武汉版《今日武汉电视英语》，以 30 个单元全面介绍了武汉的基础设施、投资环境，以及经济、教育等方面的情况，也很有利于武汉的对外开放事业。其二，为适应各类学生外语考试的需要，这一年出现了相当多的外语考试工具书。四川辞书版《英语考试词典》，系根据大学四、六级英语考试和硕士研究生英语入学考试的要求编写的，收词 7 000 余条，围绕考试热点，附有大量实例，有很强的针对性。上海教育版《成人英语复习应试手册》，根据成人学习英语的特点进行编写，除了全面、系统地完成教学大纲外，还配有考试题型分析，介绍解题技巧，因而受到成人高等教育学生的欢迎。中国书籍版《GRE 最新全真试题精解》，提供了大量有关 GRE 出题的“秘诀”，以及获取高分的诀窍，以便考生提高应变能力，发挥超常水平。这两个方面的新特点，也反映了许多读者对外语书籍的迫切需求。

除了英语书籍以外，法、德、日、俄、越、朝鲜等国家的语言文字类图书也在外语类图书出版中占有一席之地，它们从不同的角度折射出我国外语教学的发展和对外文化交流所取得的成就。

文学类图书综述

简定宇

1994 年全国出版的文学类图书，林林总总，品类浩繁。本书展示的 969 种图书，约占实际出版图书 7%，虽经多方认真推选，仍不免有遗珠漏万之感。

1994 年出版的文学理论、文学评论专著，总体来看，观念有所更新，方法更趋多元。尤其比较文学的研究，视野更加开阔，探索日渐深入。

《优孟衣冠与酒神祭祀——中西戏曲文化比较研究》(河北人民出版社)，从戏剧起源、戏剧观念、戏剧文体、舞台形象，全方位考查中西戏剧的异同。著者以翔实的史料，严谨的考辨，令人信服地论证了中西戏剧起源的原动力都是原始宗教。后来，由于中西文化背景的不同，导致戏剧观念的歧异，进而造成戏剧冲突、戏剧结构、戏剧语言、理想人物的千差万别。但是，18世纪以来，西方剧坛出现"中国热"，20世纪的中国出现了"西方化"，中西戏剧在共同的原动力——原始宗教启动之后，长期"分道扬镳"，"背道而驰"，继而又出现了"双向逆反"的趋势：中国"朝西看"，西方"朝东看"。这里，著者预示了未来中西文化共建世界文化的美好前景。

《大家庭的没落——福克纳与巴金家庭小说的比较研究》(广西师范大学出版社)，著者对两位作家以家庭为题材的小说进行了别开生面的研究，表明比较文学的研究，进入了具体而细微的层次。著者于表面异同之中，分析出内在异同，进而与中美两国的历史背景、文化特质联系起来，揭示其作品成因和创作规律。

《中西小说比较》(安徽教育出版社)、《中西叙事文学比较研究》(华中师范大学出版社)、《中国戏剧美学比较研究》(武汉出版社)等，也是适例。

在结构主义研究方面，前苏联文艺理论家波利亚科夫编的《结构——符号学文艺学——方法论体系和论争》(文化艺术出版社)是一部精心编选的具有学术性、思辨性的文论选集，曾经在前苏联文艺理论界引起极大反响，相信也会引起国内文艺理论界的注意。

《诗美思辨》(学林出版社)，也值得一读。著者将"诗美"分为人与文、胆与识、真与假、美与丑、通与变、文与质、刚与柔、主与宾、心与物、美与刺、意与境、长与短、隐与显、疏与密、繁与约、情与理、理与趣、意与象、情与景、形与神、虚与实、动与静、比与兴、字与句等24个题目进行阐释，对读者增强美学鉴赏力大有助益。

《论中国近世文学》(海南出版社)，收集了胡适、周作人的两篇论文：《五十年来中国之文学》和《中国新文学的源流》。胡适、周作人都是中国新文化运动的参加者，对白话文运动作出了巨大贡献。他们对新文化运动的源流、过程及其意义，发表的见解，无疑具有文学史、思想史价值。

另外，评论界对一些有争议的作家或长期受到不公正对待的作家给予了应有的关注。例如《解读周作人》(上海文艺出版社)、《张爱玲作品欣赏》(广西教育出版社)、《张爱玲研究资料》(海峡文艺出版社)、《沈从文笔下的中国社会和文化》(华中师范大学出版社)、《沈从文论——中国现代文学的反思》(天津人民出版社)等。

《沈从文论》研究视角比较独到，论点也颇为独到。他认为沈从文的全部作品贯穿着悲天悯人的生命意识，是一种"生命哲学"的艺术再现。作品中作者对民族生命力的萎靡进行了反思，并对重振民族生命力、意志力寄予了殷切期许。

1994年出版的小说作品，以历史为题材的长篇小说创作仍旧保持强劲发展势头，正面反映现实生活的长篇小说，也有不俗的表现。题材之多样，主题之开掘，人物之塑造，人性之发现，俱有展获。由于现代派、先锋派艺术尚未在长篇小说殿堂大展拳脚，我国长篇小说的创作基本上还是传统手法，但因作者的风格、个性、学养、志趣的不同，而异彩纷呈，各具特色。

王蒙的《失恋的季节》(人民文学出版社)，是今年较为突出的一部佳构。小说以青年诗人钱文的经历，正面反映1957年的"反右斗争"和随后的"三年自然灾害"。在那个特殊的年代，许多知识分子无辜罹难。有的死在狱中，有的赴海自杀，有的夫妻离异家破人亡……他们被流放到农村，流放到边疆，真诚地怀疑自己，出卖自己，也真诚地怀疑别人，出卖别人，人格与尊严荡然无存。作者以他特有的轻松幽默笔调，描写了这一灵魂裂变的惨烈过程。作者的幽默未必博得了全部读者或多数读者会心一哂，但这种"对历史微笑的批评"，仍然引起了评论界广泛的注意。

《柏慧》(北京十月文艺出版社)，作者张炜以一人称"我"的现实生活为线索，以三束信札的形式，通过幽雅委婉的内心独白，写出了几代知识分子的历史悲剧。小说描述了"革命的胜利者"在革命胜利后所遭到的厄运，描述了假知识分子对真知识分子的摧残，描述了当代拜金主义对大自然，对人性的摧残，具有一定的震撼力。

历史小说以二月河的《乾隆皇帝第一卷·风华初露》、《乾隆皇帝第二卷·夕照空山》(河南人民出版社)最为杰出，赢得了广大读者的喜爱。

乾隆登基之后，体恤民情，关心灾情，整饬吏治，严惩腐败，推行"以宽为政"方针，在文治武功方面创造了清王朝的盛世。小说第一卷写乾隆与棠儿私通，棠儿是傅恒的妻子，他就把傅恒调离京城。后来发现傅恒的治国才能，毅然斩断与棠儿的私情，对傅恒委以重任，表现了一代帝王以国为重的情怀，也表现了他潇洒、风流、多情的个人风采。第二卷围绕大小金川战事和追捕白莲教“一枝花”两条线展开，穿插“东巡”、“秋狩”、编纂《四库全书》等重大事件，使得情节更加曲折复杂，跌宕起伏。此外，小说还刻划了傅恒、刘统勋、纪昉等一批重臣形象。同时，还对曹雪芹的生活遭际作了浓墨重彩的描绘，曹雪芹的形象也得到了有力的艺术展示，使得这祯历史画卷更加壮阔更加丰满。

长篇传记文学《现代儒家梁漱溟》(接力出版社)表现了梁漱溟忧国忧民，仗义执言的儒者风采。儒家、儒者、儒宗、儒生在我国历史长河中形成一股清流。他们之中的优秀人物富贵不能淫，贫贱不能移，威武不能屈，成为了我们民族气节、风骨的载体和象征。在极左思潮肆虐的年代，人性受到扭曲，人格受到蹂躏，知识分子斯文扫地，尊严尽失。如今又人欲横流，拜金主义风靡域中，评介梁漱溟这个人物，无疑是作者，也是社会对气节、风骨回归的呼唤。

1995 年的散文的创作和出版，都较活跃，各种选本从不同的角度，不同的侧面争相面世。其中尤以台湾作家刘墉的《超越自己》、《肯定自己》、《创造自己》(漓江出版社)，独擅胜场。这三部书是作者在独生子考上美国著名的史岱文森高中并提前升入哈佛大学之后，以随笔形式写给儿子的一系列信件。教导青年人如何面对艰险的环境和未来的挑战，发挥潜能，超越自己；如何克服先天弱点，调整理想，肯定自己；进而鼓励青年人在年轻的时候就发出璀璨的光芒，创造自己美好人生。这是一套青年修养读物，由于它是父亲写给儿子的信件，寓教于爱，寓理于趣，一字一句无不含蕴父亲的关爱，父亲的勉励，父亲的期许，父亲的忧虑，理所当然受到青年人的欢迎。

总之，1994 年出版的文学类图书品种繁多，选题广泛，装祯也较前讲究。但是，仍旧未能出现学养深厚，笔力雄奇，具有高度学术性或艺术性的宏篇佳构。这是 1994 年出版界的缺憾，也是 1995 年读书界的企盼。

艺术类图书出版简评

卢福咸

《年鉴》选入 1994 年出版的艺术类图书 306 种，约占全年此类出书总数 3551 种(新版)的 11%。

历年来，在艺术类图书的出版中，美术方面(包括绘画和雕塑)的图书所占比率都是最大的，1994 年的情况也是如此。在本年鉴所收艺术类图书中，美术类图书 153 种，占 50%以上。美术类图书不仅数量可观，而且整体质量高，不乏具有艺术价值和学术价值的好书和精品。例如，从出版的画家个人作品集来看，天津人民美术出版社出版的《林风眠全集》(上下卷)，经过艰难的工作，收集了画家一生的代表作 400 幅，其时间跨度长达 70 余年，集中展示了林氏绘画历程的轨迹和卓越成就。中国连环画出版社出版的《张乐平连环漫画全集》，收入了画家从 1946 年到 1986 年的全部连环漫画作品。这些作品以连环漫画这样一个独特的艺术形式，从一个侧面反映了半个多世纪中国社会的变化，并以诙谐幽默的绘画语言，抒发了画家强烈的爱憎。西泠印社为纪念吴昌硕诞生 150 周年而出版的《吴昌硕作品集》(续编)，是在原出版的《吴昌硕作品选》基础上的继续和补充。至此，为鉴赏和研究一代宗师吴昌硕的艺术创作，提供了一份比较系统和集中的资料。陕西人民美术出版社出版了三位画家的作品集:《艾生黑白版画作品集》、《刘旷画集》、《潘晓玲作品集》。云南美术出版社出版了五位画家的作品集:《何永坤画集》、《孙建东中国画集》、《王玉辉画集》、《陈崇平画集》、《李忠版画集》。北京美术摄影出版社出版了《艾中信画集》。还有一些个人作品集，就不一一例举了。总的看来，本年度画家个人作品集的出版可说是硕果累累，较好地反映了在绘画方面不同艺术流派、不同创作方法、不同艺术风格争芳斗艳的情况。

在挖掘整理和弘扬光大古代美术遗产方面，也出版了许多好书。例如，新疆美术摄影出版社出版的《中国新疆古代艺术》，集百余年来考古发现的古西域艺术品之大成。天津人民美术出版社出版了《元四家画集》、《元明清名家绘画系列》。上海古籍出版社出版了《中国古代版画丛刊二编》,选收宋元明清版画精品20幅。吉林美术出版社出版了《中国历代艺术》(绘画编·上),选收从新石器时代至南宋的各类绘画作品271件,是一套很有价值的中国古代美术史资料。

一些重要的馆藏绘画作品的选编出版,也是引人注目的成果。如:西苑出版社出版了《中南海珍藏画集》(第二卷),收作品215幅,包括了齐白石、刘海粟、陈半丁等大师的各类精品。上海书店出版了《博古斋藏书画集》,选入明代以后的151幅书画名迹。上海书画出版社出版的《朵云轩藏书画精品集》,选收朵云轩近百年收藏精品561幅,包括了自唐代到现代的许多名家杰作。上海人民美术出版社出版的《上海美术馆藏品选集》(中国画·一),收入现当代各种风格形式的作品102幅。凡此种种,蔚为大观。

在本年度出版的美术类图书中,特别值得一提的是河北教育出版社出版的《中国漫画书系》,共18册(卷),按画家分卷,即包括了丰子恺、廖冰兄、张光宇、米谷等18位著名漫画家。每卷收入代表作130至150幅不等,并有画家生平及作品的介绍品评。此书可称得上是一部中国漫画发展史图录。

绘画与诗文结合的艺术形式,在反映生活,描写人物方面,受的限制少,具有特别的灵活性,而且雅俗共赏。所以往往用来描述诗词情境,讲解典故寓言、禅宗哲理。湖北美术出版社出版的《江湖百业图》,可称是1994年出版的这类图书的代表作,而且另具新意。该书以线描画的形式,绘出旧时社会底层各种手工劳作与生活风俗的场景。一画一景,配以诙谐的诗文。既是一部社会风俗史,也是一件可供欣赏的艺术品。

书法艺术有着悠久的历史传统和十分广泛的群众基础,拥有众多的创作者和欣赏者,所以书法图书的出版,长久不衰,仅次于美术类图书的数量。在本年鉴所收的艺术类图书中,书法图书43种,占14%,超过了音乐、戏剧类图书。由于古代书法的出版资源十分丰富,所以发掘整理和出版古代书法遗产,便是一个主要的方面。如:西泠印社出版的《宋拓本颜真卿书忠义堂帖》、甘肃人民美术出版社出版的《敦煌书法库》、人民美术出版社出版的《王宠墨迹大观》、安徽美术出版社出版的《敦煌写卷书法精选》、四川辞书出版社出版的《宋拓潭帖》、上海书画出版社出版的《王羲之、王献之全集》、《明清名家书法大成》,等等,都是可资收藏与欣赏的好书。

研究书法艺术、指导书法创作的图书也出得较多,如:河南美术出版社出版了《书法美学思想史》和《中国书法思想史》,江苏文艺出版社出版了《中国书法美学》,高等教育出版社出版了《书法教程》,等等。这些著作的出版,反映了书法艺术研究的新发展,表现了人们以现代的审美视角去观赏这个高雅的古典艺术。

硬笔书法的发展很快,市场上这类的图书也很多,但在本年鉴的条目中,此类图书的数量却极少。

随着流行音乐的兴起和卡拉OK进入许多家庭,爱唱歌,爱听音乐的人越来越多;但音乐类图书却呈现一种萎缩的趋势,一些大众音乐的图书更是如此。显然,这是由于电子音像产品的出现,对纸制图书市场巨大冲击的结果。从本年鉴所收近40种音乐类图书来分析,这些作品主要集中在音乐理论、音乐史(包括民乐和戏曲音乐)的研究和一些大型交响乐乐谱方面。如:高等教育出版社出版的《音乐美学》、山东友谊出版社出版的《中国艺术研究院音乐研究所所藏中国音乐音响目录》、《音乐学文集》、上海音乐出版社出版的《沈知白音乐论文集》、人民音乐出版社出版的《哈密木卡姆》和《先秦音乐史》、《祖国三部曲交响大合唱钢琴伴奏谱》、《交响叙事曲〈乌江恨〉总谱》、厦门大学出版社出版的《贝多芬钢琴奏鸣曲研究》、重庆出版社出版的《回首百年——20世纪华人音乐经典论文集》等,可视为有影响的代表作。

1994年的戏剧类图书,总的数量虽不多,但其中具有较高学术价值和艺术价值的书所占比率较大,而且主要集中在古代戏剧和地方戏的整理研究方面。如:上海文艺出版社出版的《昆曲曲牌及套数范例集》(南套)、《品戏斋神游录》、三秦出版社出版的《陕西省戏剧志》(安康地区卷、渭南卷、咸阳市卷)、《秦腔打击乐》、《秦腔优秀折子戏》、中州古籍出版社出版的《中国戏剧史编年》(元明卷)、文化艺术出版社出版的《古代戏曲美学史》等。在现代戏剧理论和工具书方面,也不乏好书,如北京十月文艺出版社出版的《论北京人艺演剧学派》、湖北辞书出版社出版的《中国戏曲表演艺术辞典》等。

综观1994年度艺术类图书的出版,虽有许多好书和精品,但主要集中在中国艺术上,而且多在挖掘先人遗产,梳理民族民间艺术方面。可是对于外国艺术,特别是对现当代外国优秀艺术的介绍和研究则显得不够。尽管有广西美术出版社的《世界美术大图典》、重庆出版社的《欧洲绘画大师技法和材料》、海南出版社的《世界美术名作二十讲》、上海画报出版社的《卡希人像摄影》等几种书,可是总的数量太少,而且又集中在美术方面,其他门类几乎未能涉及。这从一个角度反映了我们在国际版权贸易方面的发展缓慢,未能跟上政治、经济改革开放的总形势。

自然科学总论类图书综述

付立宏

1994年全国各出版社共出版自然科学总论类图书230种,本年鉴共收入自然科学总论类图书42种,其中少儿科普12种,原理与方法类10种,工具书5种,大众科普4种,科技史4种,文选3种,教材3种,科考纪实1种。

少儿科普读物的大量问世(占总量的28.6%),是本年度自然科学总论类图书出版的显著特点。青少年是祖国的花朵,是祖国的未来和希望,广大作者和出版社对此倾注大量心血,可谓具有战略眼光。新蕾出版社隆重推出的专门针对4～8岁儿童的科普读物《小太阳科学画丛》,分5册,即《太阳、地球和月亮……》、《阳光、空气和水……》、《雾、雨和雪……》、《草原、森林和海洋……》和《南极、北极和湖泊……》,从多角度、多方位讲述了人与自然的关系,揭示出自然中的科学与美,具有鲜明的时代特色和少儿特色:(1)融知识的开放性、连续性、趣味性于一体;(2)突出环保意识;(3)深入浅出地讲解高新科技知识;(4)传播科学方法;(5)配以绚丽多彩的图画。此外,上海科技教育版《小博士多多》、著名科学家谈家帧主编的《少年新科技全书》、《青少年科技丛书》、《神奇的压力》、《儿童百科知识图典·理科知识卷》、《天天问》以及《少年高新科技大观园》等,都以通俗易懂的语言、精美有趣的插图和丰富翔实的资料,介绍了许多为孩子们所喜闻乐见的科技知识。

有关自然科学原理与方法方面的著作备受青睐,这是本年度自然科学总论类图书出版的又一道风景线。尤其是系统科学研究的波澜再现,给人印象至深。周美立的《相似系统论》全面阐述了相似系统理论的基本概念、处理相似性的数学方法、自然界的相似现象与本质、相似性形成原理和演变规律,提出了相似熵的概念,并介绍了相似系统分析方法在诸多学科领域中的应用。中国系统工程学会编的《复杂巨系统理论·方法·应用》的内容十分丰富,如系统科学与系统工程综述,复杂系统的行为描述,开放复杂巨系统从定性到定量综合集成方法论,系统工程各类技术和方法,决策支持系统和专家系统以及系统工程在各类领域中的应用等,阐述了一系列新观点。加拿大拉波波特著、钱兆华译的《一般系统论——基本概念和应用》,把系统论、控制论、信息论、非平衡态热力学、组织理论、自创生理论、决策论、博奕论、图论、拓扑学等新兴学科的许多内容整合成一个整体,阐明了关于系统的一般理论。雷树的《动态大系统方法》从实用角度出发,重点阐述了大系统的辨识、在线和离线参数估值、并行处理和用图论解决大系统仿真的问题。此外,《科学技术与社会》、《现代科技概论》、《新科技革命概论》、《高科技时代——当代领导人与企业家》、《中国当代科技精华》以及《学科发展与科技进步》等图书,也通过各种翔实的材料和生动的事实,对科学技术的发展概貌、科技革命及其社会影响、高科技发展战略等问题作了全面系统的介绍和论述。

1994年出版的自然科学总论类的工具书既有专门性的学科辞典,又有综合性的思想宝典,还有语言词典。许国志主编的《系统科学大辞典》,收300多个辞条,分为系统论、控制论、信息论、运筹学、耗散结构论、协同学、混沌理论、突变论、超循环理论、灰色系统论、泛系理论、系统动力学、人物、著作等14篇。著名科学哲学家刘大椿主编的《世界科技思想论库》,按59个主题汇集了近千种中外名著中的科技思想论述。王行国编的《科学发现发明辞典》按学科分类,计有数、理、化、天、地、生、医、农、工、交、建筑、文体、新兴科技14类,并系统选择其发展史上重要的发现发明编纂辞条,共1080辞条,反映了各学科的发展进程及其知识结构的主要内涵。宇航版《新编英汉科技常用词汇》共收集各类词汇18 000条,固定词组3 500条,专业词组1 600条。机械工业版《日汉科技词典》是一部以工程技术为主的综合性双语科技词典,收词11万条,书后有7个附录,具有很强的实用性。

本年度出版的科技史志图书包括地方性专业志、综合性科技史和相对独立的技术史著作。《大连科学技术志》以时为经，以事为纬，全面系统地记载了大连市科技事业发展的条件、重要活动、成就及人物等方面的情况。《黔南布依族苗族自治州志·科学技术志·气象志》着重记叙了自新中国成立以来路南布依族苗族自治州科技机构建立的情况和农业、工业、交通运输、计量、邮电、广播、电视、医疗卫生、气象等方面的科技工作及其成就。《当代中国科学技术发展史》对当代中国科学技术发展的历史作了全面考察，侧重研究和分析了当代中国科技事业与社会经济的互动关系。《近现代技术史简编》着重探讨重大技术革命的历史背景和对社会各方面的影响，综述了世界主要发达国家实现现代化的历程、经验和教训，是一部近现代世界技术发展通史。

本年度出版的大众科普图书4种，内容涉及自然科学常识、科技国情、实用致富技术和现代高技术。《动脑筋爷爷》(第三辑)共8册，作者以动脑筋爷爷、小问号、小天真三个人物的故事为主线，介绍了环保、气象、体育、电器、卫生、化学和交通运输等自然科学知识。《科技国情小丛书》分别从工业科技、农业科技、国防科技、基础科学研究和高新科技5个方面，记载了我国科技发展历程，介绍了当今世界科技发展的趋势及国外高新科技的最新成就。《农家实用致富技术233》详细介绍了7大类233种农家实用致富技术。《现代高科技丛书》全面介绍了微电子、计算机、新材料、新能源等现代高新科技领域的知识和最新成果。本年度出版了一些有影响的科技教材。如宋健主编的《现代科学技术基础知识(干部选读)》科学地分析现代科技发展的基本特点，全面地阐述邓小平关于“科学技术是第一生产力”的思想内涵，对当代自然科学的一些基本理论问题、当代技术发展的重要领域及其应用前景作了深入浅出的论述。《现代科学技术简明教程》介绍了数、理、化、天、地、生等基础学科的最新知识，阐述了能源、空间、激光、计算机等现代技术的基本内容和发展前景。《全国电力工人公用类培训教材》将火力发电、水力发电、供用电、火电建设、水电建设、电力机械修造和城乡工矿企业电气等7个部分27个专业159个工种工人必备的共同性知识编纂成书，形成14本“公用类”培训教材。

此外，本年度还出版了《陈宗基论文选》、《钱三强论文选》和《中国青年科学技术论文精选》等科技文选著作，突出反映了我国科技精英的研究成果、科学思想、治学经验和学风品德。还有科考纪实图书《青藏高原腹地：可可西里综合科学考察》通过照片和文字，形象生动地反映了可可西里地区独特的地质演化、自然地理环境、生物的区系特征、形成和演化，以及描述了科考队艰难的考察历程。

天文学、地球科学类图书综述

闻立峰

本年鉴共收录天文、地理、地球科学类图书109种，其中学术专著70种，基础理论16种(含大学教材12种)，科普读物5种，文集8种，图集图册6种，科技史2种，工具书及其他类图书各1种。

地球科学是六大基础学科之一，它研究的空间广、时间长、内容复杂，是一门理论深邃、探索性强、应用广泛的科学。我国地质科学研究在国际地学界有其得天独厚的优势和雄厚的实力，1994年出版的地质学科的图书达94种，占86%。特别是反映我国学术地位与学术水平的科学专著从93年的57种(总数为139种)，今年增加为70种(总数为109种)，值得庆贺。据粗略统计，在94种地质科学类图书中，地层、古生物、地史学17种，矿床学15种，构造地质、区域地质学14种，地震学9种，石油地质学8种，物、化探7种，地球化学、同位素地质学6种，宝石类6种，水文地质、工程地质学4种，矿物、岩石学4种，遥感地质、地质灾害、钻探、岩石破碎各1种。这些图书从一个侧面反映学科优势，并充分体现解决人类生存和可持续发展的矿产资源、环境、灾害等地球科学问题在国民经济发展中的重要地位。

全球区域大地构造中最醒目、最重大的事件是青藏高原的崛起和环太平洋中新生代造山带的形成。中国得天独厚，拥有青藏高原，处于环太平洋造山带的重要地段，理应对区域大地构造的研究做出贡献。黄汲清院士早年的代表作《中国主要地质构造单位》,被誉为亚洲构造研究史上具有划时代意义的经典著作,后来被译为中、俄、日等文种出版,此次再版是将他1945年撰写的英文版与1954年出版的中译本合并出版。程裕淇院士主编的《中国区域地质概论》,是在各省、自治区、直辖市的《区域地质志》和1∶500万的《中国地质图》等资料基础上撰写而成的精湛总结。其特点是重实践、基础实、起点高、善创新,这是几代地学工作者顽强拼搏、占领地学新高地的巨著。李晋僧等著《秦岭显生宙古海盆沉积和演化史》,耿树方等著《秦巴金属矿产成矿概论》,车自成等著《中天山造山带的形成与演化》,庄育勋著《中国阿尔泰造山带热动力时空演化和造山过程》,青海石油管理局编写的《中国石油地质:柴达木盆地》,四川省地质矿产局编的《青藏高原东部松潘—甘孜印支造山带考察指南》、《龙门山推覆构造带与景观考察指南》,罗志立主编的《龙门山造山带的崛起和四川盆地的形成与演化》等代表性著作,用新理论、新方法、综合手段较详尽地研究了青藏高原、秦岭—大别山等关键地域造山带的结晶基底、地质特征、变质作用、岩浆活动、构造演化、矿产分布、成矿规律、地球物理场等课题,做出了有益的探索与重要的贡献。值得提倡的是,武奇龄等编的《青藏高原地质景观摄影图集》,精选400余幅典型景观图片和30余幅最新编制的地质剖面、示意图,并撰写了近20万字(中英文对照)的科学论述,形象、生动、全面、系统地展现了青藏高原的形成与演化、环境与资源以及民族风情与人文古迹的风貌,使科学融于艺术,摄影艺术以科学来表达,为不同文化层次的中外读者提供了学习与交流的广阔空间。

矿产资源、成矿规律、成矿预测的研究,对经济发展、科技强国至关重要。《中国矿床》编委会编著的252万字的《中国矿床》(共3册)这部巨著,是从已探明储量的149种矿种和2万余处矿产地筛选出33种矿床和387个典型矿床实例,来阐明我国矿床总貌、地位、特色及成矿规律,这是一次空前的历史性总结。《火山岩型铜多金属矿床VCPSD知识模型》,是我国杰出矿床学家宋叔和院士等几十年勘查和研究火山岩型块状硫化物矿床宝贵经验的总结。韦永福等编著的《中国金矿床》、钱自强等编著的《钾盐矿床》、陶维屏等著的《中国非金属矿床成矿系列——矿床含矿建造成矿系列形成模式》、史明魁等编著的《湘中锑矿》、福建省地质矿产局编的《台湾省区域矿产》、杨荆舟编著的《云南地质矿产》、许东禹等主编的《太平洋中部多金属结核及其形成环境》、王奎仁等著的《中国几个典型卡林型金矿床金的赋存状态研究》、罗祖虞著的《滇黔桂金三角金矿地质》、张均著的《现代成矿分析的思路·途径·方法——以胶东金矿为例》、邓自强等著的《中国岩溶型矿床初步研究》等代表性著作,从不同地域、矿种、矿床、方法手段等视角来深入研究,有深度、有特色、影响大,无疑对我国乃至全球矿床的研究做出了积极贡献。

钟筱春等编的《中国油气区第三系》,250万字,工程浩大,资料丰富,影响深远。张本仁等著的《秦巴岩石圈、构造及成矿规律地球化学研究》,研究思路新、综合手段全、研究成果有建树,填补了区域成矿地球化学背景研究的空白。袁道先院士等著的《中国岩溶学》,全面论述了中国岩溶的特征、发育条件、主要类型、资源、环境、开发利用等专题,为执行国际地质对比计划IGCP299项"地质、气候、水文与岩溶形成(1990—1994)"项目而撰写。冯增昭等著的《中国沉积学》,143万字,由74位沉积学专家撰写,这是一部起点高,能反映我国当代沉积学研究现状、水平和特色的巨著。刘祥重著的《重磁异常波谱分析原理及应用》,是这门新兴分支学科近30年来最新成果的总结。

从12种大学教材来看,作者的学术造诣高,写作态度严谨;教材的体系新,大都系部属规划教材。如荣获国际数学地质协会最高奖"克伦宾奖"的赵鹏大院士的代表性教材——《矿床统计预测》,是继1983年版后不断更新、充实、完善而成,深受选用院校师生厚爱。祝国瑞、张根寿编著的《地图分析》、赵中华主编的《航空摄影测量外业》、郭俊义编著的《物理大地测量学基础》均系测绘系统受欢迎的重点教材。朱亮璞主编的《遥感地质学》、张倬元等著的《工程地质分析原理》、陈荣书主编的《石油及天然气地质学》、陈好寿主编的《同位素地球化学研究》、谭龙华主编的《工业分析实验》、吴瑞棠、王治平主编的《地层学原理及方法》、傅英祺等编的《古生物地史学简明教程》均系地质矿产类有影响的规划教材。

宝石类图书的投资大,印装质量要求高,风险也大。李光聪编著的《宝石鉴定法(第三版)》、刘翔编的观赏石画册《石玩艺术》、周佩玲编著的《有机宝石与投资指南》、赵松龄、陈康德编著的《宝玉石鉴赏指南》、刘水著的《雨花石鉴赏》、上海古籍出版社编的《中华奇石》堪称此类图书的大众精品。

这次文集、图集专题性强,精雕细刻,很有魅力,特别是个人文集更是一代宗师的毕生执著追求、无私奉献和特殊贡献。如《谷德振文集》是为纪念著名工程地质学家谷德振80诞辰而编辑出版。还有《刘恢先地震工程学论文集》、《翁文波学术论文选集》等著作的出版意义也类同。

所收录英文版图书仅3部，量偏少但有份量。如黄汲清院士所著的《中国主要地质构造单位》、万天丰著的《中国东部中新生代板内变形构造应力场及其应用》、孟尔盛主编的《中国地球物理勘探史例》均属精品。

另外，杨雅秀、张乃娴等著的《中国粘土矿物》、邹成杰主编的《水利水电岩溶工程地质》、曹伯勋等著的《北京周口店新发现的洞穴堆积物研究》、马瑞士等著的《东天山构造格架及地壳演化》、刘英俊等著《江南金矿及其成矿地球化学背景》、肖庆辉等著的《推动我国地质科学前沿研究的谋划》、刘以宣著的《南海新构造与地壳稳定性》等著作，大都得到国际地学同行专家的好评。

天文、地理、海洋学图书各占2种，测量学7种，水利及其他各1种，其份量比去年急剧减少。赵君亮编的《宇宙灾变》，中国气象局编的《中国气候资源地图集》，褚亚平等编的《地名学基础教程》，冯志强、许祥平选编的《广州国际海洋工程地质讨论会文选》为其代表性著作。测量学除有3部优秀教材外，另有陈鑫连等著的《动态大地测量》、章登义等编《PC—E500综合应用及测量常用程序集》、朱华统等编著的《GPS坐标系统的变换》、许其凤著的《GPS卫星导航与精密定位》等代表性著作。

从有关出版社的出书数量看，地质出版社（18种），地震出版社（8种），石油工业出版社（7种），中国矿业大学出版社（7种），中国地质大学出版社（6种），成都科技大学出版社（5种）。6家专业社出书51种，占年出书总量的46.8%，而且精品多，传世巨著多，发挥了专业优势。其他36家省、市科技社和高校社共出书58种，占53.2%，为“服务经济、繁荣科技、开拓人才、学术交流”做出了不可磨灭的贡献。

农业类图书综述

赖洁玉

进入90年代以来，中国图书市场的“武打小说热”、“周易热”、“散文小品热”、“传记热”等等，热浪滚滚，此起彼伏。但令人不解的是，历来“以农为本”的中国，有关农业的图书却相形见绌，在图书市场上只占有很小的比例，这种现象是很值得分析和研究的。下面就《中国图书年鉴》(1995)收录的农业类图书作一评析，或可窥其一斑。

本年鉴共收农业类图书162种，其中种植业类87种，畜牧业类46种，林业类19种，水产、渔业类10种。

种植业类87种图书分布于农业基础科学、农业工程、农学（农艺学）、植物保护、农作物、园艺等门类。在农业基础科学类图书中，土壤学方面的专著占了很大的比例，并主要集中在以下三个方面：一、土壤分类学专著，如由席承藩著、中国农业出版社出版的《土壤分类学》，集作者50多年土壤研究之大成，详细阐述了土壤的形成与发展、土壤分类的理论基础与主要土壤类型。二、土壤资源分析与利用的专著，如《贵州省土壤》、《广西土壤》、《海南土壤》等，从土壤数量、质量、类型、分布、评价等方面对土壤资源作了全面的记述，对各类土壤的成土条件、成土特点、理化性状及生产性能作了分析，揭示了土壤的发生演变规律以及土壤资源利用现状中存在的问题和潜力。三、总结全国第二次土壤普查成果的专著，如《四川土种志》、《贵州土种志》、《中国内蒙古土种志》等。此外，新技术在农业上的应用，也是本年度农业基础科学类图书的一大景观。如上海科技版的《农业生物技术的原理与方法》、高教版的《生态农业技术》、安徽科技版的《单克隆抗体在农业上的应用》等。

农业工程与农学（农艺学）类图书，在本年鉴所收图书中显得比较薄弱。其专著主要有：由水利部农村水利司编的《灌溉管理手册》、王文焰等著的《波涌灌溉试验研究与应用》、浙江农大作物栽培研究所编著的《作物栽培学》、潘家驹主编的《作物育种学总论》以及中国农学会遗传资源学会编的《中国作物遗传资源》等。

植物保护是保障农业生产发展不可缺少的重要

环节。我国早在先秦就有关于螟虫、蝗虫、粘虫及地下害虫的记载，随着自然科学的发展，植物保护的技术也在不断提高。有关植物保护方面的图书层出不穷。本年鉴就收有15种，主要有农业部全国植物保护总站编的《棉铃虫综合治理技术新编》、《植物医生手册》以及中国农业科学院果树、柑桔研究所主编的《中国果树病虫志》等著作。

农作物类图书丰富，地域性强。由于中国幅员辽阔，所跨温度带范围广，自然地理条件多样，因此，受温度、光能、水分等条件制约的农作物品种丰富。如何揭示作物的土壤地质背景，选配、培育优良品种，提高作物的栽培技术等等，是人们所关心的焦点。本年鉴汇集有关这方面的图书15种，其中最引人注目的是由中国农业出版社出版的《金善宝文集》，它收入我国著名农业教育家、科学家金善宝1929年以来的作品共43篇。此外，河北科技版的《水稻生物技术》弥补了农业类翻译著作少见的缺憾。

园艺类图书异常突出。随着科技的发展，农业生产已超越了时空的限制，园艺学也随之而被捧为农业中的"佼佼者"，尤为注目的是观赏园艺已越来越受到都市人的青睐。本年鉴共收有园艺类图书23种，其中观赏园艺类图书8种。究其原因，随着人们生活水平的提高，空闲时间的增多，观赏园艺已成为现代化大都市一道亮丽的风景线。因此，观赏园艺类的图书数量还可能不断上升。

畜牧业在农业中是与种植业相互依存的两大支柱之一。本年鉴收录畜牧业类图书46种，仅次于种植业(87种)，约占农业类图书总数的1/3。其中有关种畜方面的专著有中国农业版的《猪的遗传改良》、《家蚕遗传育种学》，江苏科技版的《家畜繁殖原理及其应用》(第二版)等；饲料与饲养方面的专著主要有：内蒙古科技版的《仔畜饲养与管理》、湖南科技版的《特种珍禽高效养殖技术》、内蒙古教育版的《奶牛饲养管理》、上海科技文献版的《珍禽饲养手册》、青岛海洋大学版的《配合饲料大全》、中国农业版的《养猪学》等等；有关畜产品加工技术方面的专著有湖南科技版的《特种药用动物养殖与加工技术》等；有关兽医、兽药方面的专著有：内蒙古人民版的"兽医指南"丛书、山西科技版的《动物卫生病理学》、湖南科技版的《实用水牛疾病学》、北京出版社的《实用兽医手册》、中国农业版的《兽医临床鉴别诊断学》、《经济动物疾病学》等等。从数量上看，本年鉴的畜牧业类图书中，饲料与饲养、兽医、兽药方面的图书占据了重要位置。

林业类图书在1993年的基础上有新的发展。本年鉴收录19种，其中东北林业大学版的《中国森林生态系统定位研究》是林业部重点研究项目"森林生态系统定位研究"部分研究成果的总结，是北起大兴安岭、南至海南岛，东起沿海山地、西至青藏高原各主要森林类型中设立的11个森林生态定位站长期定位研究的阶段性成果。它涉及森林的结构、功能、动态、能量利用、养分水分循环以及经营管理的理论和技术。有关此类森林生态学的著作还有东北林业大学版的《天然次生林》、福建科技版的《滨海林麻黄林带生态系统》、湖南科技版的《拟生造林》等。此外，还有研究世界林业发展阶段、现状和趋势的《世界林业发展概论》以及关于林木遗传育种学的专著：《落叶松的遗传改良》、《乔灌木种子手册》、《中国主要外来树种引种栽培》等。

水产类图书本年鉴收有10种。主要是有关水产养殖方面的著作。如中国农业版的《海水鱼虾类养殖》、武汉出版社的《中华鳖养殖技术》、《罗氏沼虾养殖技术》、湖南科技版的《稻田高产养鱼实用新技术》等。

从本年鉴农业类图书收录情况看，尚有如下不足：一、农业类图书的出版长期滞后于农业科研发展与生产需要，图书出版的数量与我国农业在国民经济中的地位不协调，这必然会阻碍农业生产的发展。因此，重视农业图书的出版，挖掘农业类图书市场的潜力是出版者的当务之急。二、实用性强的图书少。这与农业的地域性有关。农业生产具有极强的地域性，它受地理条件(温度、光照、降雨量、地势等)、传统耕作经验以及交通条件的制约。因此农业类图书也就具有严格的地域性，这就要求出版者在出版农业实用性图书时一定要注明其适宜的地区，或者注明作者所研究的区域，这样才能有针对性地指导农业生产。当然，农业图书的地域性与出版利润的矛盾，这是一个需要进一步研究与解决的问题。三、适合农民阅读的农业科普类图书少。因目前农民的文化素质普遍偏低，农业科普知识贫乏。因此出版者应针对这一现象出版一些通俗易懂、图文并茂、一目了然的图书来满足农民读者的需求。

建筑科学类图书综述

陈纲伦

建筑科学类图书本年鉴收录共82种，其中学术专著14种，基础理论12种，大专教材12种，科普读物9种，工具书24种，图集画册9种，纪念文集及其他2种。

建筑科学知识结构较为复杂，专业种类和学科门类众多，一般以建筑学作为核心和前导。近年来，建筑设计及其理论研究有了可喜的新成果。中科院院士彭一刚先生所著《创意与表现》，系“当代中国名家建筑创作与表现丛书”之一；另有华南理工大学编辑的设计大师《莫伯治集》，以大量的实例和论著展示了两位著名建筑师的建筑观、设计方法和创作构思，对建筑设计和建筑教育均有深远的启迪意义，值得收藏。《邵逸夫先生赠款建筑工程项目论文选集》侧重于个案分析；《高等学校建筑规划与理论》则属于类型建筑的设计研究。

建筑基础理论研究的一个热点是中国传统建筑文化，此类图书数量大、种类多。民居乡土建筑类如《民居史论与文化》(广州“中国传统民居国际学术研讨会”论文集)、《福建传统民居》(丛书“福建大观”画册之一)、《云南大理白族建筑》等。园林建筑类专著有《江南园林论——中国古典造园艺术研究》，工具书《中国园林艺术辞典》。《中国城市史纲》是全国哲学社会科学“八五”规划重点课题研究成果，引入计量学方法，建筑、规划界的人阅读，可以借而攻玉。天津科技出版社出版《美国当代建筑》丛书，包括《美国当代环境艺术》、《美国当代建筑造型》、《美国当代室内设计》3种，从不同侧面展现了美国当代建筑与环境艺术。

建筑科学第二大支柱是建筑结构理论与方法。这类图书15种，比例不小，其中既有专著也有教材、手册。钢结构类有《钢结构》、《钢结构稳定理论与作用》等；混凝土结构类如《混凝土结构(上、下)》，作者结合构件和整体设计，阐述这种结构的基本原理、设计方法及国外有关科学试验新成果；工具书则有《混凝土结构构造手册》等。高层结构图书有《上海八十年代高层建筑结构设计》，钢管混凝土结构近年理论上有新的突破，黑龙江科技出版社出版的《钢管混凝土结构》对此作了介绍。大专教材既有《钢筋混凝土结构非线性有限元分析》；也有再版《结构力学》，其中收入“分共混合能量原理”等作者本人科研成果；还有续编《建筑师力学与结构选型(续)》，保持作者赋予本书的特色，建立适于建筑师理解和使用的建筑结构知识体系和计算方法。

改革开放以来，全国各地建筑工程量急剧增加，社会对于建筑建造与装饰类图书的需求量也随之增加。建筑材料方面，像《新型建筑材料》、《新型装饰材料手册》等书，提供了人们关心的建筑材料与建筑装饰材料的品种、规格、特征及应用设计与施工方面的知识。关于建筑设备方面的图书有《房屋卫生设备》、《化纤厂空气调节》等。建筑施工方面的图书，不但涉及通用施工，如《建筑施工组织》、《建筑施工技术》、《建筑施工常用数据手册》等书，而且涉及专项施工，如《钢筋混凝土构件施工计算》、《建筑电气安装工程图集》、《砖瓦工、抹灰工、木工、钢筋工技能训练》等书。相应地，有一批建筑监理图书如《建筑监理工程师手册》(简玉强等著，建工版；刘伊生著，建材版)、《建筑监理工程师实用手册》、《建筑工程监理工程师知识手册》等集中出版，反映了我国建筑工程管理规范化的发展趋势和研究成果。

康居工程的实施，使室内设计与装修的图书成为人们关注的热点。一些出版社也不失时机地出版此类图书，并大批地推向市场。《国内优秀室内室外设计作品图集》介绍成功实例，以图为主。《室内设计经典集》图文并茂，提供系统理论评析，适于不同文化层次读者学习参考。《室内装饰工程手册》侧重介绍公共建筑的室内装饰，阐述了流行的欧陆风格造型工艺。《世界最新建筑室内设计佳作选集》，为译著，分5种，内容涉及酒吧、商店等中小型公共建筑的改建或重新装修，反映了当今世界上一种新的建筑时尚。书中论述了充分利用经过变更或附加处理之后的建筑残余价值，对于节约资源和能源所具有的积极意义。侧重于居住建筑室内装修艺术与技术的著作有《室内装饰丛书》，一套3种，针对我国现行典型户型一室一厅、二室一厅、三室一厅，分别介绍其布置方法和经验。《现代住宅室内装饰设计大全》则针对一般家居的不同功能，从整体到局部、从家具到构件介绍其作用、形式和用材;《现代家庭居室装饰装修技术365题》也是按设计要素，分门别类介绍技术要点。钟训正院士是名建筑师，又擅长绘画，他编绘的《国外建筑装修构造图集》集600余幅徒手墨线外观及细部装饰设计大样，从中既能学到装修知识，也能学到建筑画技巧。

20世纪末，我国城市化水平已到达一个新的高度，市政工程的图书有《城市节能技术与管理》、《杰出科学家钱学森论城市学与山水城市》等，反映了对于城市科学理论的殷切期待以及相应的城市科学研究与实践的初步成果。钱学森先生所构想的山水城市，也许代表了未来21世纪具有中国特色的一种可持续性发展的城市模式和生活方式。

综合类图书述评

白巍岐

1994年出版的综合类图书2564种，入选《中国图书年鉴(1995)》的综合类图书，计63种，涵盖了这一类图书的主要亚类，由此可见全国各地出版社选送的该类书目，是审慎而全面的。

一、古文苑的异彩

有计划地印行各类古籍，古为今用，使古代文献能为当今社会主义文化建设提供资料和借鉴，一直是综合类图书出版业的重要任务。这一年度出版的古籍，成就显著，占了综合类图书的四成以上。各地出版社，都努力发掘富于地方色彩的古代典籍，整理出版，形成文化的盛事。江西人民版《江西历代刻书》，收宋元至民国江西境内官刻、私刻、坊刻各类书籍2840种，较全面地反映了江西省出版业的发展历程。上海古籍版《守蜀刻本唐人集丛刊》，原样影印了两宋时期成都、眉山等地刊刻的23种唐人文集，不但传播了李白、王维、韩愈等唐代名家的作品，更保存了蜀刻宋版书的原貌，在出版史研究上有很高的价值。湖北人民版《张居正集》，收录了这位湖北籍明代名相的奏疏、诗文、书牍等著述，唐都故地的三秦版《新编魏征集》，也收录了这位唐代名宦的著作和散见于其他文献中的言论。这两套书籍，为研究这两位历史人物的治绩和他们所处的时代，提供了相当全面的资讯。

在整理、校勘、编印古籍的过程中，一些出版社以富于战略性的眼光，着眼于中华民族文化的总体发展，推出了足以包容文化的基本内涵，足以建构文化的理论框架的大型出版物。湖北人民版《中国文化的基本文献》，从哲学、政治、历史、文学、科技等方面，编选、注释并评述了各个学科最基本的原典文献，科学而全面地反映了中国文化的发展，做到了学术性、资料性、普及性的较好结合。一些罕见的古籍也获得了“重见天日”的机会。团结版《秘书集成》，收教法、占筮、养生、技击、医术等5类122种古籍，均为原本影印，系建国后首次出版面世。这套丛书的推出，对于以现代科学观点探索少人问津的古代神秘文化，有很大意义。

可能受甲午中日战争百年忌的影响，一批近代启蒙学者、资产阶级革命家的个人文集，又受到出版界的重视，获得重新出版的机会。辽宁人民出版社隆重推出的《中国启蒙思想文库》，收入王韬《园文录外编》，薛福成《筹洋刍议》，郑观应《盛世危言》，郭嵩焘《使西纪行》，冯桂芬、马建忠《采西学议》，唐才常、宋恕《贬旧危言》，胡启、何礼垣《新政真诠》等多种著述。这套文库以宏大的规模，构成古籍出版的一大特色。这些文集，或者对清朝封建统治的种种倒行逆施、对封建社会的经济基础和上层建筑，进行猛烈的抨击，或者高度评价西方资本主义的政治体制和经济发展，或者急切地向朝野提出坚甲利兵、发展工商、变法图存的具体措施，或者热情地幻想中华大地民富国强，屹立于世界各国之林的美妙前景。这样的旧籍，仍能激动和警示当今世纪之交的读者，提醒我们勿忘国耻，奋发图强，不断提高我国的综合国力，使外侮永远成为历史的陈迹。类似的出版物，还有江苏古籍版《张謇全集》、花城版《丘逢甲文集》等，分别从经济、文学等角度，记录下这批先行者的历史足迹。

二、学术性工具书竞相争辉

1994年出版的综合性工具书，大部分是为学术研究服务的，有较浓郁的学术色彩。吉林文史版《中华古文献大辞典·文学卷》，选收词目不仅包括经典的、易见的著作，也包括了历来认为局限性较大的、名不见经传的著作，以及前人的著录要籍，比《四库全书总目提要》多出一倍以上。广西教育版《中国古代书目辞典》、山东人民版《中华文化奠基指要》等工具书，均以繁简不等的笔墨，评介了古代典籍的目录、版本、入藏情况和前人的研究成果，对于今人的文史研究有一定的参考价值。高等教育版《中国高等学校学报大全》，录入我国各类高等学校的学报1256种，充分展示了我国高等教育科研领域的主要阵容。

在这些学术性工具书中，有一部分还具有更为鲜明的专业背景，为学术研究提供的服务具有更强的针对性，深受学人的欢迎。书目文献版《中国现代文学书目提要》，收罗了现代文学出版物详尽的目录版本资料，为进一步研究准备了良好的条件。杭州大学版《韩国研究中文文献目录》，为这个较冷僻的学科提供了近百年来的中文检索资料。江西人民版《江西期刊综录》，收入百余年来江西境内出版的各种期刊1300余种，其中如江西苏区的各种期刊，为研究共产党领导下的人民出版事业，贡献了珍贵的史料。这一大批学术性工具书的出版，标志着我国工具书的编纂步入了更为专业化的阶段。

其他综合类工具书，较之过去出版的同类书籍，也更富于时代感，更具有为改革开放，发展经济的基本路线服务的特色。四川人民、四川教育版《新学科词海》，立足中国，放眼世界，收录的条目包括了各种新学科、新思潮、新成果及其有代表性的人物著作等，对读者开拓眼界，更新知识有很大的助益。上海三联版《浦东新区年鉴》，记录了上海浦东作为高新技术区得到进一步开发以来取得的新成就，展示了新风貌，为有志于投资浦东、发展浦东的各国各界人士，提供了全面的资料。此外，团结版《中国小百科全书》，四川辞书、四川教育版《中华小百科全书》，也都是较好的综合类工具书，体现了门类全、知识新的特色。

三、知识性图书平稳前进

知识性图书由于知识相对稳定，便于广大群众学习科学文化知识，因而历来是综合类图书中的重点。1994年出版的知识性图书，虽也较过去有发展，但内容和形式都略显平淡，较之上述两大类略为逊色。

入选《中国图书年鉴(1995)》的知识性图书，仍保持着普及百科知识的好传统，在平稳前进中也显示出新的面貌。上海文化版《中国一绝》，以通俗易懂的文章，配以精彩的图片，展示了古代哲学、文学、戏曲、书画、医学、科技等方面的精华，使读者对中国文化获得较深刻的了解。海燕版《可爱的家乡丛书》从历史、地理、人物、经济等十个不同角度，全面反映了中州大地的文化发展，散发着浓郁的河南乡土气息，在知识类读物中别具一格。学苑版《炎黄文化精品丛书》等，对古代与现代、文化与科技，虽各有侧重，但都能以有特色的选材和生动的语言传递有关学科的信息，因而受到青少年读者的欢迎。

首届国家图书奖评选情况启示录

王晓峰

国家图书奖：缘起和概要

国家图书奖评奖筹备工作始于1992年。有鉴于建国以来尤其是改革开放以来，全国各种图书评奖活动繁多，但没有一项真正意义上的国家级的评奖，在打非扫黄的同时，为了表彰并鼓励优秀图书，促进出版繁荣，新闻出版署经请示中央宣传部，并征得财政部同意，制定并颁布了《国家图书奖评奖办法》。

首届国家图书奖工作从93年3月正式开始到94年1月完成，历时10个月；第一届国家图书奖评选委员会主任为于友先，副主任为龚心瀚、徐志坚、刘积斌、刘杲、王朝闻、叶至善、卢良恕、邢贲思、任继愈、季羡林等13人，有学术界、出版界、教育界近70位著名专家学者担任评委；时间跨度达12年，有全国400家出版社(占全国出版社总数的76.9%)上报国家图书奖评奖办公室申报推荐参评图书共1105种；评奖办公室对参评图书进行资格审查后，按九个门类分类分送九个分评委会初评，各分评委会以无记名投票的方式确定本门类初评入选图书，形成“国家图书奖初评入选图书名单”189种，并在《光明日报》、《新闻出版报》等报刊上公布，征求社会反应和意见；后由评委会在综合考虑有关方面的意见和建议并对各分类得奖比例作了适当调整以后，经评委会大会统一投票表决，从192种(后增补3种)图书中产生135种图书获得首届国家图书奖，其中国家图书奖荣誉奖8种，国家图书奖45种，国家图书奖提名奖82种。这比原定的获奖图书45种、提名奖75种略多一些。考虑到1993～1994年度及以后的每两年一度的国家图书奖确定的数量为获奖图书30种、提名奖45种，1991～1992年度的数量为获奖图书15种、提名奖29种，实际获奖比例还是相当低的。

首届国家图书奖得以颁奖，是我国文化生活特别是出版业的一件大事。通过对首届国家图书奖评选情况和获奖图书数据的简要分析，给我们一些启发和昭示，也给我们一些激励和鞭策。

启示一：小概率事件是如何必然发生的

过去12年，以平均年新出图书4万余种计，评奖范围覆盖约50万种图书，申报和推荐的比例约为1/453，初评入选图书为3/10000，获奖图书(提名奖及以上)为2/10000，为申报推荐参评图书的12.2%。对于大多数参评图书来说，现象上看，获得申报推荐是2.2‰的机会，获奖机会是0.2‰，必然会发生小概率事件，但对于某些参评图书来说，其必然被评中的机会实际要大得多；对无差别的新书而言，申报推荐后的得奖机会由0.2‰增至2.2‰再增至122‰，即增加11倍再增加55.5倍，获得申报推荐的图书获奖机会骤然增加610.5倍，表明申报推荐活动对获奖意义重大。

据不完全统计，省级及省级以上各种图书奖的频度和覆盖面相当大，对有点份量的书来讲，几乎已到了“轮流坐庄”的程度；有些省的可供参评图书与获各种奖项的比例大约可以达到10∶1或者更接近的比例，有时甚至出现倒置(无新书可评)；别说是过去12年，即使是过去几年，以省际论，获省级及以上奖项的，可以说是数以百计不在话下(比如浙江直属社，过去4年的该项目指标为520种次)；当然，较多的情况是各种奖项相当集中地落在少数几种书上，某种意义上讲，缘于各级各类的评奖的相关关系不明确、不规范；出版单位参评与否随意性大；为提高获奖机会，往往总是简单地只申报推荐那些自认为是本社最好的几种，使实际获奖图书品种覆盖率一直很低；也是获奖图书反映出版者行为的信息含量降低、内容失真。由此可知，实际获奖的图书比较一般参评图书的机会又要大得多，因为通常总是“锦上添花”。

涉及111家出版社的192种图书进入初评入选名单，覆盖参评出版社的四分之一强(27.7%)，占全国出版社的五分之一(21.3%，这个较高的比例表明，照顾对出版社的覆盖率的努力是存在的，实际获奖时，这个比例下降了5.7个百分点，涉及23家出版社)；其中获得提名奖以上的135种图书涉及88家出版社，占参评出版社的22%，占全国出版社总数的16.9%(对于获奖图书而言，版本还是很重要的。这包括出版者以往的出版倾向、质量和其他形象宣传，对于知名出版者而言，同类图书、同等条件，机会又要大一些)；在192种初评入选图书中，合作出版图书8种，占4.2%(这个比例低得出乎意料，在参评图书中，内容形式相近甚至雷同的也是有的，特别是出版的热点和对重点书的某些偏见相当流行，事实说明，出版业在很大程度上讲，还陷于比较封闭和“自给自足”的“手工业作坊”式的状态，缺乏搞合作的内在需要和外在压力；甚至信用水平的不同，也会造成合作的困难，比如商务与某个边远地区的出版社合作，读者对版本的信心肯定会降低；一般地讲，合作出版有助于提高竞奖能力)；卷册数超过1册的有75种，占39.1%(与合作的较低比例形成对照，这个比例也反映出版者对出版物贪大、求全的某种倾向)。

有3种图书作为特殊原因被补进初评候选名单中参加评奖，它们是：获得国家图书奖荣誉奖的(社科类唯一一种)地图社的《中国历史地图集》(8卷)、获得国家图书奖提名奖的中国连环画的《地球的红飘带》(唯一的获提名奖以上奖项的连环画，与目前图书市场的连环画占有率和各种奖项的青睐相去甚远)、人民卫生的《本草纲目》(点校本)(上、下)(似乎也可以放在古籍类中，且同类或相近的书已经不少)。并分别排在荣誉奖的第4位、提名奖的第39位(艺术类倒数第4)、第75位(科技类倒数第8)。即使所谓“院外活动”不足道，考虑照顾各种关系和方方面面却是不争的事实。

总之，某些获奖图书之必然获奖这样的小概率事件，不外乎这样一些原因：出版者对它的偏爱及其积累、出版者的知名度和较高效率的公关、宣传方面的努力，当然，图书的特色、创意总应该是第一位的。

启示二：从获奖图书的分布情况可以得到的

1. 九大类及综合分类分布

就简单分为九大类的获奖图书的绝对数量而言，其由高到低的排位是：社科、科技、艺术、文学、工具书、少儿、古籍、民族文字、教育等。

综合分类分布：

按中图法分类，综合一级类目和二级类目的分布情况，较多的分布在(包括入围图书)：文学(主要是近现代中国文学作品、作品集、古典文学、外国文学名著等)、历史·地理(主要是中国史、文物考古、传记等)、艺术(主要是绘画〔中国画、特别是古画、艺术馆藏〕、大型画册等)、语言·文字(主要是汉语工具书等)、综合性图书(主要是百科全书等)，医药·卫生、政治·法律、数理科学·化学、天文学·地理科学、文教、农业科学和工业技术等门类也有一定的数量。

2. 地域分布

一般来说，在出版界习惯把出版社分为中央级出版社和地方出版社，基本上还是以属地为原则，北京除市新闻出版局直属出版社外，包括在京的大学出版社、军队出版社等均算作中央级出版社，地方的非省局直属社简单地也归在地方出版社范围内，在这个简单的区别下，有关获奖图书的分布(或者说比率)有以下这样一些特点：

荣誉奖 7∶2，国家奖 2∶1，提名奖 1∶1.34，获奖总数 1∶0.88，入围数 1∶1.1，入围落选 1∶1.7。就是说，在国家奖和荣誉奖中，中央级出版社占压倒优势，比例为 1∶0.43，尽管入围的总数地方出版社略为高出。

在中央级出版社中，获奖数加权排位前 10 位是：文物、科学、中华书局、人民文学、商务、人民美术、人民、人民卫生、地图、中国少儿；11～22 位的是地质、中国社科、中国大百科、法律、三联、民族、人民教育、冶金、解放军和三联(香港)(以上 20 家出版社均获得 2 种或更多的提名奖以上奖项)、农业、教育科学等。上述前 20 家中央级出版社获得全部荣誉奖的 87.5%，国家奖的 60.0%和提名奖的 36.6%，获奖种数占全部份额的 46.72%。

在地方出版社中，获奖数加权排位前 10 位是：上海、浙江、湖北、湖南、山东、广东、福建、四川、天津、山西；11～19 位的是江苏、内蒙古、北京、吉林、新疆、陕西、云南、安徽、宁夏。上述 19 家地方出版社获得全部荣誉奖的 25.0%，国家奖的 33.3%和提名奖的 54.9%，获奖种数占全部份额的 45.9%。

上海作为全国主要的出版基地，与一般意义的地方出版社不同，本届评奖也明显反映出沪版图书的极强的竞奖能力，高出一个很大的数量级别。上海 33 家出版社，有 12 家入围并全部有所收获，尽管就单个的上海出版社而言，没有一家可以跻身获奖出版社的前 10 位，多少有些遗憾，但有 8 家出版社具备问津全部获奖出版社排位的前 20 位的实力。就获奖图书加权得到的数据表明，上海各出版社的竞奖实力排位是：上海辞书、上海科技、上海人美、少年儿童、上海古籍、上海译文、上海书画、上海人民、汉语大词典、上海文艺、学林等。

有以下地方(省际)没有图书进入初评入选名单：黑龙江、甘肃、西藏、贵州、海南等 5 个。以下地方(省际)有入围图书但没有获奖：辽宁、江西、河北、河南、广西、青海等 5 个。以上 10 个地区，东北占 2 家，且辽宁一向被视为出版界的实力派，风头正健；河南是出版大省，有占全国 1/15 强的人口，河北是京畿等等，总之有些费解，或者也说明评奖的某些偶然性，值得研究。

3. 出版社专业分布

除了各中央级出版社大多在自己的分工范围内有显著的分布外，值得一提的其他一些专业分布，或者说有较强实力的专业优势的分布是：上海的辞书·工具书、美术画册、医药·卫生、电子、少儿，浙江的美术画册、少儿、连环画等，湖北的少儿、法律，湖南的教育、农业，山东的少儿、教育、美术理论，广东的中国文学、音乐、经济，福建的中篇小说、摄影，山西的经济、少儿，江苏的历史，天津的散文、美术画册，新疆的民族文字，安徽的外国文学和吉林的民族等。

4. 著作责任者分布

很显然，指望同一位著作责任者的书同时获奖是不现实的，本届获奖书没有主要著作责任者出现超过一次的。如果连入围一并计算，有王蒙一人。从分布看，除古籍、翻译书外，主要集中在北京、上海，中国科学院的直属单位，主要的大学、科研单位等。几乎可以这样讲，对学术界、文化界稍有了解的人，对这个获奖图书著作责任者名单都不会感到陌生，或者是近现代文化名人，或者是对科学技术发展有突出贡献的专家、学者，或者是出版界小有名气的同人(参与策划、主编)，传媒大量传递的不仅仅是著作责任者的信息，也包括图书本身。所以说著作责任者对获奖意义重大。

5. 出版时间分布

首届国家图书奖获奖图书时间分布情况是(年度/种数)：80 年/1 种、81 年/4 种、82 年/8 种、83 年

/8种、84年/8种、85年/5种、86年/10种、87年/9种、88年/7种、89年/15种、90年/15种、91年/23种、92年/21种、93年/1种。其中获奖高峰的出版时间为82～84、89～92,按获奖加权得分的出版时间排位为:91、92、89、90、87、86、82、83、88、84、85、81、93、80。

启示三:关于获奖书的一些特点

1. 国家图书获荣誉奖,基本上是国家级大工程,出版业的基础工程,全部是列入国家规划的重点书;耗资巨大,跨年度,有的用时超过10年;在某一方面填补空白,在学术上代表最新和最高成果;著作责任者均为学科带头人或知名学者,比如《中国大百科全书》历时15年,集中了全国22000名专家学者参加编纂:《中国美术全集》(古代部分)历时6年,参加各项工作的达4000余人。与一般图书比较,这两种书都明显高出一个档次。无疑的,本届国家图书荣誉奖的水平高于国家图书奖。

值得说明的是,《中国大百科全书》合集出版的时间是1993年1月8日,刚刚超过首届国家图书奖有关出书年限的规定时间,但有足够的理由说明其成书时间基本上可以算作1992年以前。而且这部书也是整个评奖条件下最有份量的图书。

获荣誉奖的图书中,工具书3种占37.5%,古籍整理2种占25.0%,其他社科、文学、文艺各1种占12.5%,民族文字、少儿、教育、科技类没有。

2. 国家图书奖获奖图书的门类排位是:社科、科技、艺术、文学、辞书·工具书、古籍等。从内容特征看,社科类、科技类各10种,艺术类6种,文学类5种,工具书4种,古籍、少数民族文字、少儿类各3种。从图书类型看(有复合选项),理论专著18种,占40.0%;图册、画集6种,占13.3%;语言类工具书4种,占8.9%;全集4种,占8.9%;古籍整理4种,占8.9%;翻译图书3种,占6.7%;人物传记3种,占6.7%;少儿读物3种,占6.7%;科普读物2种,占4.4%;当代文学作品2种,占4.4%。大致反映了目前出版业的出书特征和学术界的取向,既保持较高的学术品位,增加图书的信息、知识含量,又注重普及读物的出版,出书类型以上述几种为多。

全集、当代作品,著作责任者诸如莎士比亚、陶行知、巴金、钱钟书、冼星海等,在学术界、文化界均有不争的地位;人物传记3种,涉及2种:宋庆龄、周恩来;反映经济的2种,《孙冶方选集》、刘国光主编的《中国经济体制改革的模式研究》;工具书热并未能促使学科方面的工具书得以获得成功,获奖的4种工具书清一色的是汉语词典,显得覆盖面甚窄。同时,在名额如此紧张的条件下,同类图书都上,又说明其各有所长,具有相当大的出版意义上的成就,科技类覆盖学科主要是:医卫、农业、数学、地球科学等。

3. 国家图书奖提名奖获奖图书的门类排位是:社科、科技、艺术、文学、少儿等。由于国家提名奖以上奖项的产生相当严格,均有很充分的包括良好社会反响和经济效益等内容的材料,考虑到照顾方方面面的需要,以及评委会大会统一无记名投票的方式,某种意义上讲,对包括提名奖在内的获奖图书的统一描述,也许能更准确地反映出版者的用心和专家学者的取向。

4. 国家图书奖初评入选而未被提名的图书,比较一般参评图书而言,仍然是一种荣耀;值得一提的是,落选的排位也能说明一些问题:少儿、艺术、文学、科技、古籍、民族文字等。

启示四:关于出版者行为和专家建议

从评选过程和结果可以得到有关出版者行为和专家建议这样一些信息,可以抽象出的几点规律或者说倾向。

就入围图书的最后获奖率(数量、获奖图书与入围图书之比)而言,由高到低的门类排位为:社科(96.6%)、工具书(93.3%)、科技(77.1%)、教育(71.4%)、少数民族文字(70.0%)、古籍整理(60.0%)、文学(57.1%)、艺术(56.3%)、少儿(44.0%)。看来学术界对出版意义的评价还是比较传统的,即信息含量要高。

对九大类入围和获奖图书经过加权处理(质量、平均每种入围书得到的权数),可以给出入围书中各门类图书的竞奖实力,这与获奖率的排位有些区别,由高到低的门类排位为工具书、社科、古籍、科技、民族文字、教育、文学、艺术和少儿。

这个门类分布的情况也说明,出版者比较多地推荐了文学、艺术、少儿类图书,这既是所谓出版热点,某种意义上讲也是出版的误区。

参评的马列主义毛泽东思想只有2种,均获得提名奖;经济类4种(包括山西经济出版社的2种,分获国家奖和提名奖,这是本届评奖中唯一的同时获2项奖的责任编辑),获得国家奖1种、提名奖3种;法律3种,获国家奖1种,提名奖2种;摄影艺术2种,分获国家奖和提名奖;中国儿童文学5种,获国家奖1种,提名奖3种,这与大批少儿读物(主要是历史、科普等)落选形成鲜明对比,似乎专家们的意见更希望发挥专业社特点，以适应较高的内在质量的要求；翻译图书是个很有意思的现象，入围的5种，均获奖，其中国家奖3种，提名奖2种，但反过来看，又太少；翻译图书作为类型词在初评入选名单中的比重远高于同期图书出版总数中所占的比重，可以视为一种专家建议；值得一提的是：总体上讲，上述一些门类在出版数量上应该和可以更多一些，另外一些门类的图书数量也相对少了，如生物科学、文教、哲学等。

从国家图书奖提名奖、国家图书奖初评入选而未被提名的图书情况看，其中一些图书同样也具备或者说完全具备竞争国家奖的主要条件。浏览一过，有些图书还是印象颇深的；唯一一种有关邓小平的“邓小平的生平思想研究丛书”落选，甚至是唯一一本入围后落选的社科类图书，使举办了六届中国图书奖的辽宁省“剃了光头”；一些世界文学名著（包括托尔斯泰、雨果、泰戈尔等人的作品），一些国内著名作家的文集（包括王蒙、秦牧、孙犁、丰子恺等），一些精致的大画册（包括《中国美术馆藏品选集》、《西藏文物精萃》、《徐悲鸿画集》等），一些在少儿读物市场最受关注的图书，一些在出版史上或者说在出版改革进程中具有突出意义的、取得突破性进展和富有创意的图书（如《世界文学名著连环画》，引来多少效仿者和消耗多少的出版资源，印行数以千万计，影响不可谓不大），应该说自身条件并不差。而与此相应，科技图书的名额得到了强有力的保护，少数民族文字读物也得到较好的体现。应该说，大量的古籍、文学、艺术、少儿类图书的落选（其中文学、艺术、少儿几乎一半落选），不一定与其本身的内容、形式质量直接相关，而是在很大程度上反映了有关领导和专家学者对出版者出书行为的一种矫正，即要求增加直接与经济建设、科学技术发展相关的图书出版量，增加社会科学理论专著的出版量。教育类图书的情况也值得说明，入围的7种，国家图书奖1种（名额规定），落选2种，获得提名奖的4种，获奖图书占入围书的比例为71.4%，属于比较高的，反过来可知，尽管参评的教育社很多，但真正教育类的书较少，因此绝对名额虽少，但比例仍不低。

启示五：关于华东、浙江、浙江人美以及“竞奖策略”ABC

值得一提的是，华东地区在分地区的排位中无疑是第一位的，这不仅因为上海的原因，即使不包括上海的得奖得分，华东6省的得分也位居各地区排行的第一位。按大区的排位是（不含上海）：华东、中南、华北、西南、西北、东北。华东地区6省1市的获奖数占全部奖项的比例为：荣誉奖25%，国家奖17.8%，提名奖29.3%，入围26.3%；占地方出版社总获奖数的比例为：荣誉奖100%，国家奖53.3%，提名奖51.1%，入围41.7%；并且全部华东地区都有图书入围初选名单，除江西外，均有获奖。

浙江在这次国家图书奖评选中相当引人注目，如果上海不参加以各地方省区为单位的排位，浙江居于第一，将是不争的事实。特别是浙江人美，居然所有申报的5种书全部入围，且获得2项国家奖，其入围种数、获奖数、加权得分数等完全可以与任何地方出版社相比较，积分超过上海辞书、上海科技，可以排在全部400家参评出版社或88家得奖出版社的第10位。

地方出版社当中就单个而言，得分值得一提的还有：山西人民1项国家奖1项提名奖、内蒙古人民1项国家奖1项提名奖、山东教育2项提名奖1项入围、湖北少儿2项提名奖、江苏古籍2项提名奖、百花文艺1项提名奖2项入围、新疆人民1项提名奖2项入围、浙江少儿1项提名奖2项入围等。

归纳竞奖比较成功的出版者和参评图书，就竞奖策略而言，可以这样表述：

(1)结合各级各类评奖的设置，确定每种书的获奖预期，在图书的制作、宣传和营销上协调一致。(2)实行差别、倾斜政策，以增加某些图书的实际获奖机会。(3)提高出版社综合实力，加强自身形象的宣扬和积累，很大程度上讲，持续的、高效的公关活动和连续的、具有轰动效应和富有创意的新书的推出，是至关重要的；敢争一流社的勇气，对于地方出版社来说，是难能可贵的，很大程度上，这种勇气又为其成功补益良多。(4)发挥专业优势，张扬自己的强项，占据某些制高点，具有填补空白意义或者独创性意味，在非专业优势上赶时髦和凑热闹，可以蒙过读者却得不到专家的认可，竞奖是无力的；在文学、艺术、少儿等出版业“强手云集”的所在，一般地讲都难有建树。(5)在作者队伍的选择上，要追求一流，要围绕在文化、学术中心；选题立意要高，追求一种“超凡脱俗”的境界，从国家奖获奖名单中可以看到，在选择最高奖时，对作者、出版物的要求，都是非常特殊的，华东地区出版者的成功，更多的是在这方面的成功；有了成功的作者队伍，保持稳定也不易；涉及新人、新观点的，获奖预期要适当。(6)明确参评图书会遇到的主要挑战，注意图书市场的观念形态的变化信息，即使无法准确了解其他参评出版者的申报推荐情况，但如何使自己认为最好的与评选结果表明之最好的相接近、相吻合，是很有讲究的，重要的是明确自己的位置和专家的倾向，对关键的竞奖场面有一个自己的判断。(7)可能的话，找一些合适的合作伙伴共同承担，也具有较好的提高竞奖实力的意味。

启示六：关于评奖者和关于完善国家奖的一些考虑

首届国家图书奖的评选，应该说是相当成功的，对于国家的文化生活，尤其是对于出版业意义不同寻常。但把国家奖搞得更好，还有许多工作要做，包括总结经验、建立健全制度等。

关于评奖者，一般的看法认为，评委的学术权威性没有疑问，但地域分布不尽合理，大多数集中在北京，且以国家机关、国家级科研、学术机构为主；评委的学科分布，总体上讲偏于文科，人数也偏少，按各分评委会论，往往只有八、九个人或更少。由于评委的学科覆盖和人数等因素，对评委来说负担过重，对被评者特别是对落选者来说，机会有失公允，评选结果受到某些不确定因素扰动的机会增加，难免影响评选的公正性。

关于完善国家奖的一些考虑，主要是讲改善客观环境和创造更加公平的机会而言，其中包括建立健全与国家奖相配套的、具有可比性、连续性和良好衔接可能的各级各类图书评奖活动，特别是规范评奖的一些必要考察项目，使各级各类奖项具有鲜明的特性(不可替代性)、真实反映同类图书差异的信息，整体上讲形成多层次的、全方位的和完整的评奖体系，形成必要的社会分工，从而真正树立国家奖的权威性；另一方面，国家奖更有必要首先通过建立参评图书数据库等更全面的、能够准确了解和反映其实力的手段，量化评奖内容，增加评奖的透明度，使获奖名次更真实地反映参评图书的竞奖实力；换句话说，就是通过有关一本参评图书的各种信息(包括出版、发行、宣传、社会反响、专家评论、各种获奖情况、质量审读等等)，尤其是持否定或批评态度的专家评论，形成机器给出的判断(模拟的或实际的"评奖专家系统"，这在技术上没有障碍)，确定其相应的参评位置，这有助于对评委学科覆盖相对不足、地域限制和人际关系复杂等困扰作些弥补和补偿，也有助于增强评奖结论的说服力。

(原载《编辑之友》1994 年第 2 期)

1994 年图书出版述评

许力以

1994 年图书出版是整顿的一年，也是发展的一年。整顿是指领导部门大力进行扫黄，取缔非法出版物，严肃批评政治上的错误，同时积极宣传与提倡保护版权，使图书出版走上正确轨道。发展是指图书出版事业在总体上向前迈进了一步。1993 年全国出版图书 96761 种，其中新书 66313 种；1994 年出版图书的种数还未统计出来，但据权威人士透露，出版种数比 1993 年略有减少。数量少了，出书的品位有了提高，系列的图书大大增加了，装帧水平也有明显的进步。总的来看，图书质量提高了。对 1994 年图书出版的特点，试作分析如下：

一、出版邓小平同志建设有中国特色社会主义理论的图书很丰富。此种情况是 1993 年到 1994 年以来的重要特点。《邓小平文选》的出版工作各方面都抓得很紧，出版、印刷和发行部门作了大量工作。到目前为止，《邓小平文选》第三卷，已发行 3 千万册；第一、二两卷(第二版)已发行 7 百万套。现在海外也研究和关注邓小平同志的言论，连台湾也出版了《邓小平文选》，台北的环球出版公司取得该书的版权以后，正在广为销行。

为配合邓小平同志著作的学习，各地连续出版了邓小平同志思想的专题著作，如中央党校出版社出的《邓小平建党思想研究》，浙江教育出版社出的《邓小平教育思想研究》等，此类研究著作，自 1993 年以来，连年出版不衰。此外，还出版了一些大型的画册，如《邓小平——领一代风骚的伟人》，画册描述了小平同志各个时期的活动和贡献，还反映了八十、九十年代海内外对小平的影响。

二、古代历史名著的白话翻译读物，占有图书的重要市场。这类读物受到读者极大的欢迎。近几年来，读者阅读古籍的兴趣甚浓，因而一些出版社竞相推出白话文本。但各家出版的质量参差不齐，此事引起行政方面的重视，邀请专家讨论并指出其错误数量。据书店同志的反映和专家的意见，认为贵州人民出版社出的《中国历代名著全译丛书》较好一些。

值得注意的是，这类书籍重复出版太多，包括《资治通鉴》、《史记》等白话文本，不少于二、三种。更为突出的是，对古籍的整理，有些篇幅浩繁亦将出版几种版本。如有关《四库全书》，已组织出版《续四库全书》，计划收集《四库全书》编撰以来未收入的重要著作；还收入《四库全书》的存目部分原书，这部分原书是《四库全书》的编者或因其对王朝统治者不利或因与其观点不合，未加收入，只列其目录，现在选择存目，将原书出版，这种工作当然是有意义的。但是在编辑《续四库全书》同时，又另有组织出版《四库全书存目》的丛书，计划将存目的原书全部出版；还有组织出版《传世藏书》，这也是包罗古今，包罗《四库全书》及其存目部分；还有大家已知道早已组织出版的《中华大典》，已开展工作多年，国家并拨有专款资助此书出版。如此大规模的古籍整理，史书达几千部、文字几亿字以上，耗资皆几千万元，此事很值得共同研究的。

三、社会科学著作，仍以经济类书籍出版较为活跃，销售情况也较好。这类书题以通俗理论与市场实用者居多。如中国财政经济社出版的《向市场经济体制转轨丛书》，按财税、金融、汇率等分册出版；又如《走向市场经济丛书》，也与上书类似。这些丛书连年陆续出版，1993年、1994年分批推出，受到社会的欢迎。随着市场经济的发展，城乡经济加速开拓，从业者日众，甚至炒股票者也日益踊跃，因而实用经济书籍受到青睐。但是，重要的经济理论书籍还是不多见，值得重视的是山西经济出版社出版的经济学者文集，由学者本人选辑，这套有份量的丛书已出几年，1994年又出版若干种，引起学术界注意。

四、文艺作品出版数量很大，但有影响的长篇小说很少。1993年被炒得纷纷扬扬的《废都》，已成为河流中的泡沫，现在无影无踪。较热的另一部《白鹿原》虽有一些缺点，但还是得到广大读者称道。1994年30家文艺出版社出版有600种中长篇小说，发行量都不很大，也许在等待历史的评议。惟有翻译作品《尤利西斯》，同时出了两种版本，皆受到读者的注意。人民文学出版的版本，印了几万册。萧乾译的在上海译文出版社出的另一版本，可能印数还多一些。但是中国读者觉得这本书内容深奥，反映时代生活很生疏，艺术手法也特殊，读懂的人不多。

说到翻译作品，总的出版数量明显下降。人民文学出版社另设有外国文学出版社的名称，但翻译选题比前几年大为减少。有一家文艺出版社1994年出版的翻译著作，只为1993年的10%。一般社会科学与自然科学也如此。一家有影响的科学出版社，出版自然科学方面翻译的著作，1985年占全社出版物的42%，1994年只占6%；另一家专业性的工业出版社，前几年翻译著作均占全社出版物的20%，现在只占2%。各社差不多都是这样情况。究其原因：一是我国参加了版权公约，翻译原著需取得版权；二是成本增大，版权加翻译费用，使出版社难以承担；三是如要购得版权，还需申请外汇。虽然外汇的牌价作了调整，但取得外汇也不容易。有的出版社自己赚有外汇，但也不能随便取用。这种制度是应该改变的。不然不利于开展工作，不利引进。

五、少年儿童读物，成绩显著，成套的丛书大量推出。1994年少年与低幼读物，都很可观。系列的成套的书很多，而且针对不同年龄不同班次，目标很集中。许多少儿读物装帧质量很高，受到小读者的欢迎。近年陆续出版的较为突出的如新蕾的《中国历史名人丛书》(100册)、少儿社的《彩图幼儿知识百科》、中少社的《婴儿大世界》(100册)、和平社的《少年知识大世界》(20册)等。少儿读物再版率很高，不少出版社再版书有一半左右。儿童读物的发展突飞猛进，形势喜人。各地少儿社两个效益都好。

六、音像出版物走向普及，电子出版业开始起步。音像出版物在城市的学校中，已成为教学的重要工具；在家庭中也较为普及。电子出版业发展也很迅速。现在我国已有三家公司可以编辑出版CD－ROM出版物。在市场上出售的电子出版物，已近30种。1995年将更加看好。国家扶持电子出版物，计委在1994年又拨款1200万元投资建设电子技术中心，研制与开发电子出版物。电子技术中心计划从1994年开始到1996年建成，二三年内开始大批出产产品。这是一件重大的工作。目前世界的电子出版物的重点已从简单的光盘产品转移到开发集聚文字、图像、声音与动画于一体的多媒体出版物。如果我国不加紧开发，将落在后头，甚至读者的市场为外人所占领。我国出版的大型工具书与高级的画册，正在纳入电子出版物的轨道。

1995年，出版工作将会更加健康向前发展，由于改革开放已经多年，广大职工与领导已取得相当的经验，对外交流的扩大开展，大家都受到相当启发，领导上一面加强管理，一面促进繁荣，出版社对选题加强优化选择，使工作更加扎实。新的一年，将是更加丰富多彩的一年,广大的读者以殷切的心情寄以希望和期待。

(原载《中国图书评论》1995年第1期)

近年来经济类图书出版评述

萧 潇

1979年以来,经济类图书共出版约3万种,以超过30%的年平均增幅增长;在全国图书出版总品种的比例显著提高,从1987年的5%增长到1992年的8%左右,比较同期其他国家特别是一些发达国家,这个比例也已经不低(美国为11%,前苏联为6%,英国为8%,法国为5%)。此类图书从品种阵容上得到了加强;从学科覆盖率角度讲,基本出齐;从基本出版类目讲,大致包括教材、译著、专著、丛书、辞书等,也比较整齐;从内容和形式来看,经济类书刊的面孔也变得比较亲切和容易接受些了;从结构上看,部门经济学、应用经济学图书占到经济类图书总数的一半以上,重点转到反映改革开放实践、满足经济生活实际需求上来。可以说,1987年以来我国经济类图书的出版比以往更加注意到要适应经济建设和经济研究的需要,注意到满足日益增长的读者需要。

经济类图书的读者群和读者面在扩大。经济类图书已经和正在为培育更大的有效社会需求而努力,并且这种社会的需求对经济类图书出版的拉动越来越明显和受到重视。

较引人注目的是经济类工具书的出版。先后经历了经济学名词(简释、语种对照等)、综合性经济学辞书、经济性年鉴、专科性经济辞书、实务性经济管理辞书等几个发展阶段。其中最为突出的是《中国大百科全书·经济学卷》、《经济学大词典》以及各种经济性年鉴和实务性经济管理辞书。这类书的出版,对于我国经济学的成长具有重要的意义。

这几年较大量出版的是经济类普及读物。这与社会主义市场经济的建立和发展密切相关。比较而言,一种被动的社会需求拉动是目前经济类图书出版繁荣的更直接的原因。财会的"接轨",证券市场的兴起,金融、保险、审计、税收等经济生活所必需的知识,驱动着人们去寻求、购买有关的书籍。实用的教科书、复习用书意味的经济书籍成为普及类的主要品种。读者对象更多的是一些"被动学习者"。那些适合基层厂长、经理们的"管理学初步"一类的通俗读物不断花样翻新,尽管严格意义上用于管理的管理类图书还不在多数。可以说,普及经济类图书面向社会经济的广阔天地,一切都刚刚开始。从"北图"的读者调查到《经济日报》"十佳经济读物"评选,都可以看到实用性、普及性是压倒优势的需要;越是经济基础差、商品经济不发达,就越是需要这类通俗读物。所以说,经济类图书的功能,除了宣传基础知识、帮助人们树立正确的经济观念、引导社会经济生活按经济规律办事以及探索和积累经济理论建设之外,不论经济类图书内容热点变化和读者对象变化如何,注重实用性和普及性内容是最直接、最广泛的需要,同时也是经济类图书正常发挥其功能的一个现实的注解。当然,普及性读物要处理好适应与引导、满足与提高的关系,在选题上、文化形式上贴近生活、贴近读者,从更大范围和更高层次上提高人民群众的经济知识素养。

相对而言,满足较高层次读者的需要,反映现实经济的具有说服力的实证描述和政策建议,反映经济研究包括经济历史研究的新成果、新发现,反映国际经济学界的新动向、新经验等的学术著作的出版,进步不大。尽管在数量上有所增加,但诸如整体水平不高(尤其是知识含量不高)、规模不大、选择水平较低、实证性的量化的经济研究不足等问题依然存在,并且从某种意义上讲是更严重的。现实是对经济学专著的较高期望与理论远远落后于实践的矛盾更加突出起来。

毋庸讳言,经济类图书从结构、内容、质量、作用角度讲,与其社会使命和社会主义现代化建设的总体要求,差距还比较明显。

经济类图书出版的问题,总体上讲存在"四少四多"现象:高水平的经济理论研究专著少,而一般理论问题和雷同的编写多;及时、准确、系统翻译介绍国外特别是西方经济学理论成果和发展轨迹历史研究的专著少,而过时、残缺、选择性太强的编译多;对改革开放实践作超前性和总结性研究的专著少，而缺乏创体系结构、仅仅以诠释为主的编著多；经典的、严谨的教科书少，而短命的胡编乱抄的所谓教科书、辅导书多。

鉴于国内经济学理论研究比较薄弱，经济学视野比较狭窄，西方经济学理论著作的引进和译介工作相当重要。这既是开阔思路、建立和完善有中国特色的社会主义经济学的需要，又是我们走向市场经济的必要知识准备。在这一领域，由于长期以来受“左”的思潮的影响，不敢借鉴资本主义的经济学成果和先进的管理经验，译介品种占整个经济类图书种数的7%多一点。而即使是经济学理论十分发达的美国，翻译（进口）国外经济类著作的量也一直保持在全部图书的1/5以上。我们可以用萨缪尔森的《经济学》作例子。这是一部当代西方经济学的经典教科书。商务印书馆在1979年出版了该书的第10版中译本，早就售罄，别说是普通的经济学爱好者，即使是经济学专业的大学生，都难以得到。千呼万唤，到1992年初才由中国发展出版社重新组织翻译出版（1986年第12版）。这时已是这部印行数百万册、所有主要文字版本都有的所谓现代主流经济学经典教科书的第12版了。对于中国多数读者来说，大约10多年的世界主流经济学理论的发展情况，基本是不了解的，更不用说把握世界经济学的脉络，进入其前沿了。事实上，大胆引进、出版世界各国具有代表性、时代性、经验性、实务性和趣味性的经济理论、经济史、经济管理图书，在客观上是非常需要的。无论是萨氏的《经济学》之类理论专著，还是《哈佛学不到》之类普及读物，对于我国的市场经济建立，与世界经济接轨，都大有裨益。当然，翻译图书需要有较好的鉴别力和选择力。

经济类图书出版质量的问题，有社会经济发展阶段的现实制约因素，有作者、出版者、读者自身的制约因素。

从作者角度讲，理论准备不足，写作态度不严肃的弊病也不能不影响经济读物质量。选题内容的“时髦化”、论证推理的“模式化”、研究动机的“功利化”以及研究问题的“浅表化”，反映了作者层面的浮躁。一些并不懂经济的作者，因某些经济读物有较大需求而勉为其难。比如社会上股票热，有些编写者甚至自己都不知股票为何物，就大书特书，以其昏昏，使人昭昭，一直要搞到没人相信为止。

从出版者角度讲，情况也很严重。由于专业分工和旧体制的行政分割，实际承担经济类图书出版工作的人选相当狭窄，加之知识老化，观念形态的准备严重不足，鉴别书稿的能力普遍不高。从已出版的大量经济类图书来看，别说是缺乏创意，就是作者东拼西凑、浅尝辄止，甚至抄袭国外有关图书内容的也不少。赶潮头，争热点，受经济利益左右，更是普及类经济书籍出版的通病。比如股票一热，出版界也马上“发烧”，一下子出了250种以上的股票图书。房地产、期货交易等也是如此。敏感性是好的，但未免太急功近利，那些“入门”、“指南”之类，难免有卖狗皮膏药之嫌。

经济类书刊自身的合作和发展，应当是必要的和富有建设性的。经济类图书出版者可以并且应当通过参与或者主办期刊得到必要的和敏感的市场信息；经济类期刊的出版者也可以并且应当通过积累及时投入图书市场，从而把经济类书刊的出版有机地结合起来，相互补充、相互促进，共同繁荣。

（原载《中国出版》1994年第2期，本文有删节）

1994年小说扫描

李洁非

这不是一篇关于1994年文学的所谓“概观”、“综论”性质的文章，仅仅是扫描，或如北京人所言“瞜一眼”，瞜到什么就是什么。

一、“热点”不热

“热点”曾经是近年文学赖以生存的重要依托，我想其历史至少可以追溯到1985年的“寻根文学”。“寻根文学”不仅仅自己作为一个著名的文学“热点”而永久地留在了当代文学史上，更重要的是，它提供了一种成功的经验和一个模式，即通过寻找或者制造一个口号来建立一个火爆的文学现象。长达十年的时间内，这个模式似乎屡试不爽，频频告捷，令人颇有爱不释手之感，客观地看，它的一再奏效也说明这种做法的确适应了80年代中期以后文学的运作规律,因此,不论你是否赞成它,它都体现出一种合理性。

1994年,人们当然想要继续这么干,然而却意外地走了麦城。择其要者,去年,《钟山》和《文艺争鸣》联袂搞了"新状态文学";《北京文学》搞了"新体验小说";《青年文学》搞了"60年代出生作家作品大联展";《上海文学》搞了"文化关怀小说";较次要的还有《春风》搞的"新闻小说"等。这些"题目",不能说没有做出任何文章,在媒体的支持和批评家的参与下,它们多多少少都取得了一定的影响,但总的看相当有限,远远无法跟1989年"新写实"形成的反响相比。

最令人吃惊的在于,批评界一反常态,格外冷淡。以往,每一个"热点"出现时,批评家都会连篇累牍地发表评论,参加争鸣,而去年上述几个期待中的"热点"却再也没有产生这种吸引力,不光是无人喝彩,恐怕还可以说无人置喙,往往是始作俑者大张旗鼓发表宣言之后,便应者寥寥。这种难堪的情形不知该作何解释,究竟是批评家变得冷静了呢,还是他们压根儿就不再关心文学问题?也许这两种原因各占其半。从90年代初开始的批评界"人才流失",去年进一步加剧,又有一些曾经很活跃的批评家加入到别的行业中去;但从另一方面说,那些留下来的批评家,对于各种人为的"热点",态度肯定是趋于冷静了,他们不急于发言,而想等待实绩的产生。

二、长篇降温

在1993年,长篇小说创作异军突起,曾经使我们预期过一个真正的长篇小说繁荣时代的到来,但这一希望在去年即便不说完全落空,也无疑受到了重创。有报道说,去年各出版社的长篇小说作品严重积压,数以百计的稿件静躺抽屉等待出版,然而由于长篇小说销路明显比去年差许多,看来,这些待出的作品极有可能无疾而终。

乍一看,这种突然间的逆转是不可思议的,仅仅在一年前,长篇小说刚获得了创纪录的出版量和销售量,怎么很快就面临着如此严重的萎缩呢?然而回过头来重新审视1993年长篇小说,也不难发现在其兴盛的表象下潜伏着不少疑点。不可否认,1993年出版了一些长篇小说的上乘之作,例如张炜的《九月寓言》、王安忆的《纪实与虚构》等,但这样的作品在总数中所占比例微乎其微,它们的印行量也并不算大。真正支撑着所谓的"93长篇热"的,乃是《废都》、《白鹿原》、《骚土》这样一些作品,这些作品有着骄人的印数并且以其表现内容或某些描写而在社会上引起巨大轰动,于是导致我们对1993年长篇小说的深刻印象。然而,一时一地产生的高印数和轰动效应,究竟能在多大程度上表明作为一个艺术门类和体裁的长篇小说进入了繁荣期,这一点,我们当时有所忽略。换言之,读者踊跃的购买行为和对个别作品的关切,完全可能是十分具体的、特定的,而不是对整个长篇小说类型发生了兴趣。假使如此,1993年某些长篇小说的热销所带给我们的乐观情绪,就是一种错觉。不幸的是,1994年的状况似乎证明了这一点,那些一哄而上的出版商们最终发现,《废都》的成功仅仅是《废都》自己走运,而不曾意味着整个长篇小说都将走运。

三、一个句号

"新写实"之后,最广泛的创作现象,我想是"新历史小说",我在《"当代"小说重历史》一文里论及这一现象时,指出历史题材成为热门是与现实题材成为冷门相对应的。的确存在这种现象,近二三年,那些风头正健的当红作家,几乎人人迷上了历史题材,如苏童的《妻妾成群》、刘震云的《故乡相处流传》、刘恒的《苍河白日梦》、须兰的《宋朝故事》、叶兆言的《花影》,等等。这种对往事的迷恋究竟起于何种动机?有人说:"这种'反寓言'写作往往以对百年中国'现代性'的历史的'重写',对昔日的'伟大叙事'进行无情的颠覆。"这可以是一种可供参考的解释。总之,在这些作家眼里,"历史"(其实不单单是"百年中的'现代性'的历史",很多作品还遥遥地涉足于更古远的历史)才是一个特别巨大、让人琢磨不够的宝库,是真正能够施展他们思想和才华的领域。

无独有偶,这个想法看来也是电影界一些顶尖导演的想法。我们知道,张艺谋先后导演的几部片子中的大多数,如《红高粱》、《菊豆》、《大红灯笼高高挂》大约都属于"'历史'的重写"。陈凯歌也拿出了《霸王别姬》,以及正在制作中的《风月》。很难说清在小说界和电影界的"大腕"之间,到底是谁影响了谁,但显然他们都认为,用现代观点、现代技巧、现代包装翻新前朝旧事,是一种诱人的创作途径。

及至去年,这种相投的趣味终于闹出了同时出现五部以武则天为题材的小说的事件,这件事本身就够惹人眼目的了,随后,又因为五部小说共同的"版权购买人"张艺谋同小说作者之间的龃龉而益发引人注意。一位评论家略带嘲讽地称此为"一不小心出了五个'武则天'"。另一位评论家则发表了如下的忠告:五部作品的同时问世,造成了一个灾难性后果；对历史进行随心所欲的描述和演绎的一种文学创作方法，在厚重的历史面前，它显得过于轻佻。

这件事本身虽然具有戏剧性，但在其巧合当中，也不乏无言的提醒和警示。至少作为一个作家，如果我发现自己居然走入如此狭窄的小胡同里而与同道们频频撞车、碰面，心里是会不大舒服的。有此一条，也许，热衷于向小说界购买“新历史”故事的张艺谋无意中真的帮了文坛的一个忙，使大家发现这条道眼下太挤了，于是改辙更张，打道回府，而“新历史小说”便就此划上一个句号？

四、“旧”说回潮

1994年，诸“新”不灵，而某些“旧”说法、“旧”语词却死灰复燃。

笔者在去年1月分别在《中国青年》、《文学世界》两刊，发表了《文学——对现实无动于衷》和《一个急需正义感的文坛》两文后，被《新华文摘》编者合为一处，以《关于今日文坛》为题转载于该刊。文内，对近年文坛避离社会、疏远现世、对民众灵肉殊乏抚问的状况提出批评。

6月，《光明日报》、中国社会科学院文学研究所在北京合开“文学与道德问题研讨会”，与会者的发言记录整理后，整版发表于22日的《光明日报》。其中，谢冕这样说：“有的人是放弃了自己的责任。逃避！躲到历史、躲到闲适、躲进古老的后宫逸事中去了。”

11月，在上海举行的“面向新世纪的文学”讨论会上，关于文学与良知、信仰和各种美好理念的联系，成为与会者关注的一个主要问题，张炜、王安忆、刘醒龙以及笔者的发言，都涉及了同样的字眼和看法，因此17日的《文学报》以《用良心写作》为题报道了这次会议。

从创作现象看，《北京文学》发起的“新体验小说”，据该刊编者称起因亦在于对现实采取一种“介入”的姿态。该刊第11期发表属名石丛的评论文章，指出：“它（新体验小说）要重新确认社会生活对文学创作的重要意义，它再次提请我们的作家认真考虑对待社会生活的态度。”的确，就“新体验小说”的几篇代表作如《预约死亡》、《家道》来看，回到社会，回到现实，与生活对话，正是它们的一个突出特色。

也有不同的声音。我从刚收到的1995年第2期《长江文艺》上读到一篇《警惕泛道德主义倾向》的评论。作者惊呼：“我切切实实感到当今中国文艺批评界存在一种渐形强盛的泛道德主义倾向，尽管眼下这种倾向尚未取得压倒优势，但它的发展势头已足以使人正视它，对它保持足够的清醒，冷静而理智地对待它。”不过，以我个人看来，任何时候出现反调都是值得高兴的事。

（原载《中国图书评论》1995年第3期）

当前的学术著作出版问题

庞家驹

改革开放10余年来，我国的学术著作出版工作，随着出版业的迅猛发展，取得了很大的成绩。学术著作的品种与全国飞速增长的出书种数成比例地逐年增加；高水平的学术著作大量涌现，在一些全国性重大评奖活动中明显地表现出来；很多具有国际水平的、有中国特色的学术著作不断流向国外，从一个侧面显示出我国科学技术事业的水平和生机勃勃的面貌。形势是好的。这为进一步更好、更快地推动学术著作出版工作打下良好的基础。

但是，学术著作的出版也不无令人忧虑的一面。学术著作出版难的问题还没有基本解决；近一二年来学术著作的出版有些停滞，有的地方有所下降，在向社会主义市场经济过渡的大潮中出现一些新问题在冲击着学术著作的出版；学术著作的出版与党的十四大提出的加快实现建设有中国特色社会主义的宏伟目标还不甚相称。因此，在这里呼吁一下全社会都来重视学术著作的出版工作，也许并不是多余的。学术著作的出版问题不仅仅是出版界，更不是一个出版社所能解决的，它需要国家各有关方面的关心和通力合作。下面只就科学技术方面的学术著作出版问题谈谈我的一管之见。

首先说说出版学术著作的重要性。科学技术是第一生产力，振兴经济首先要振兴科技。这已成为举国上下的共识。而要把科学技术转化为生产力，一要靠科技信息的传播;二要有高水平的专业科技人才。科技信息的传播,既要及时引进国外先进科技,更要迅速总结推广国内自己的研究成果。科技书籍是最重要和有效的传播媒介;科技人才的培养需要有各学科领域各个层次的科技教材。因此,科技书籍的出版在国民经济建设中有其不可替代的重大作用。学术著作是一批代表最高科学水平的专门理论著作,因此对生产和科技发展更是重要的基础建设,具有更深远和关键的作用。世界各先进国家无不重视学术著作出版,这些国家的著名出版社也都以出版最新、最权威的学术著作相标榜而树立其国际声誉。日本在二战后复兴国家时期,把促进科学发展置于头等重要的地位,紧抓科技出版。当时许多出版社在纸张、印刷力十分短缺的条件下一拿到科学书稿就立即出版,原来非主要出版科学书籍的出版社纷纷投入出版学术著作的行列。日本在总结战后科学技术在很短时间内得到恢复的经验时,充分肯定了出版学术著作的功绩。这是值得我们借鉴的。

江泽民同志在党的十四大报告中指出:“当前国际竞争的实质是以经济和科技实力为基础的综合国力较量”。建立社会主义市场经济的目的,归根到底是要加快经济建设,迅速增强国力。学术著作的总体数量和水平反映着一个国家的科学技术水平和实力,是衡量国家综合国力的标志之一。因此,在建立社会主义市场经济的过渡阶段,不但不应放松,而应更加大力加强学术著作的出版。我们的出版界理当在这方面作出自己应有的贡献。

学术著作的出版也是对人类科学技术发展应尽的国际责任。科学是国际性的,需要相互交流,不断积累,螺旋上升。一个具有几千年文明历史,曾经在科学技术上对世界起过伟大作用的我国,在当前“大兴科技,振兴中华”的大好形势下,应当并有可能作出新的贡献。尽管总体上我国的科学技术还落后于西方先进国家,但也不可妄自菲薄。事实上,从基础理论到技术科学,从历史遗产到现代高科技,我国在许多学科领域里已取得大量有独创性、具有国际水平的科技成果,许多成果还只有在我国特定条件下才能取得。把这些成果全部通过学术著作传播出去,无疑会对人类科学技术的发展起很大作用,同时也大大有利于提高我国的国际威望。应该说,能出版多少堪与西方科学相媲美的高水平学术著作,也是国际竞争中对我国出版界的挑战。我们应迎接这个挑战。

我国的科技出版界对出版学术著作是重视的。成立较早、长期把出版学术著作放在重要地位的中央出版社和大学出版社,在相当困难的条件下,坚持党的出版方针,千方百计地出好一定比例的学术著作。近几年来许多地方出版社更是急起直追,他们的学术著作有大幅度的增长。如最早一批设立出版基金的山东科技出版社,五年内学术著作的出版量翻了一番,每年出版的学术专著上升到占全社图书年出版量的20%。这实在是可喜的现象。那末,为什么还存在着一些令人忧虑的问题呢?我认为有下列原因。

(一)学术著作一般说印数少、成本高、经济上亏损大。尽管这几年来有关领导部门和出版社作了很大努力,采取了一系列有效的措施,特别是中央、地方、大学各类出版社,在有关领导的支持下,已有20多家设立了学术著作出版基金,使学术著作出书难的问题局部有所缓解;但总的说还很不够。学术著作出版得越多的出版社,亏损越多,困难越大。对此,没有相当经济实力实在难以承受,致使一些有远见的社领导心有余而力不足,徒唤奈何。

(二)适应市场经济的体制改革还缺乏足够有力的措施来保护和促进学术著作的出版;经济压力使有些出版社淡化了抓学术著作的出版工作。有些做法,如将利润承包到编辑室甚至到编辑个人,不利于学术著作的出版。社会上“一切向钱看”的思潮对出版界有不小的影响。

(三)学术著作还存在一个写书难的问题。写一本学术著作本身是一个长期艰苦的工作,这是学术著作的特点。在全国优秀科技图书评奖中可以看到,得奖的优秀学术专著几乎无一不是积累了几年、十几年甚至几十年的研究成果才写出来的。只有几次研究成果往往还不足以成书。即使积累到足以写书的时候,还需要收集国内外有关的最新成果融合在一起,加以整理提高,经过一番创造性劳动才能成为系统理论。有的学术著作竟集中了上百人甚至上千人的研究工作,经过几位作者的长期总结提高才写成。这样的工作,没有作者们的高度事业心和社会责任感,没有领导单位和出版社的耐心扶植和大力支持,是很难完成的。可是当前一些有可能写学术著作的作者们,却又因为种种原因,没有充分的时间精力和必要的条件去写作。出版社还时有组稿难,或者列选了的选题迟迟没时间完成,甚至明确退约等现象发生。过低的稿酬也不免挫伤一些作者的写作积极性。由于没有经济支持,往往不能出版,有的作者不得不在落实经济来源之后才敢动笔。

以上问题，显然需要国家有关各方和出版社以及社会上一切有识之士都来更多关注、更加重视学术著作，才能从根本上逐步解决。

对此，我想提出一些希望和建议：

(一)国家有关领导部门从政策上给予学术著作以更多的经济支持。例如免除或减轻学术著作的税收；给予学术著作以一定的国家贴补等。学术著作出版难并不是我国一国的问题。有些西方国家也采取减免税或贴补的办法。日本对用西方语言出版的学术著作，由政府支付部分出版费用。我国近几年来，在有关领导单位支持下，在出版社设置学术著作出版基金的经验是成功的，值得推广和加强。国家自然科学基金会在科研经费中拨款设置优秀研究成果专著出版基金值得称道。学术著作本身就是科学研究成果的更高表现形式，是科研成果的组成部分，国家所拨科研经费理应包括出版专著费用在内。国家可否考虑作个规定：在所拨各部门科研经费中提出一定比例(这个比例是很小的)作为学术专著出版基金。各科研部门照此办理，必将极大地鼓舞和促进学术著作的出版。另外，设置一定奖金奖励优秀学术著作也很必要。这些年来的优秀图书评选活动，对促进学术著作起了积极作用。可惜奖金额实在太低。

(二)动员企业单位有识之士支持出版学术著作。现在不少企业单位赞助国家体育事业，是件好事。科技转化为生产力，归根到底是要被企业单位所用的。学术著作与企业单位的关系应该更加密切。如果企业单位与对口出版社挂钩，提供一点出版基金(对企业而言是非常有限的，比赞助体育事业也小得多)或设置奖金支持和鼓励出版优秀学术著作，将会起很大作用，企业单位也可从中得到好处。

(三)新闻出版署对学术著作的出版作出长远规划，加强宏观调控，对出版社多加检查和帮助。1992年新闻出版署抓了1000种重点工程的规划是很好的，但需要进一步具体落实；对国内外有影响的重点工程，更要帮助出版社创造条件付之实施。希望国家科委多加关心学术著作的出版。

(四)新闻媒介加强对学术著作的宣传。近年来报刊、广播、电视增多了对重要书籍与畅销书的报道，是令人高兴的事，但相对于其它方面的报道毕竟显得很不够。对科学家、科学成就、优秀学术著作的宣传更是凤毛麟角，瞬息即逝。我想只要新闻媒介稍稍改变这种倾向，适当关注一下科技与科技出版，就会对学术著作的出版产生很大影响。

(五)出版社要坚持为经济建设服务，为精神文明建设服务的大方向，把出版学术著作放在重要地位。在体制上、规划上、制度上给学术著作以保证，鼓励开发组织学术著作选题，对学术著作的出版过程开绿灯。许多出版社制订长远规划，优化图书结构，保证一定比例学术著作的出版。有些出版社或设专门机构与专人策划开发学术著作选题；或建立奖金，重奖优秀学术著作的责任编辑和作者；或在奖金分配制度上保证和鼓励学术著作的出版；或采取措施支持编辑为作者创造条件。这些措施和办法促使了学术著作的落实，取得了很好的效果，希望得到总结、交流、推广，以扩大其影响。

(原载《中国出版》1994年第1期)

中文图书出口业的前景

甄 西

为筹备全国图书出口工作座谈会，笔者随图书出口工作调研小组，考察了上海、福州、厦门、广州、深圳等地的图书出口工作。总的来看，中文图书的出口是有成绩的，存在着极大的潜在力，但也存在着一些亟待解决的难题。

图书出口的基本情况

我们所到的5个城市，都是沿海开放城市。随着改革开放的扩大和经济建设的发展，我国与世界各地的交往日益频繁，要求了解中国文化和各方面情况的人愈来愈多，特别是港澳台同胞、海外侨胞更是十分强烈，因此，对外宣传工作就显得更加重要。在这一大背景下，这些城市的出版对外贸易比较活跃，闯出了路子，取得了较为显著的成绩。

书刊是微利商品。专门从事书刊进出口业务的公司，以“多种经营，以副养主”、“形式多样，扩大出口”、“举办书展，增设网点”、“搞小出口”等办法，逐年扩大图书出口额，增加了创汇指标。我们在考察中了解到，福建省以进口印刷器材资助、支持图书出口，使该公司自1990年以来，年利润均在100万左右。广东省出版进出口公司实行以图书为主，兼营艺术品、文教用品，还承办来料加工等，完成了1993年创汇任务。上海图书出版贸易公司在开展图书报刊出口业务的同时，还开办音像出版社、计算机软件公司等，实现了超额完成利税任务。另外，我们还了解到，由于上海、福建、广东、各家公司的努力，使得我国在海外的图书市场有了扩大，和许多书商建立了持久的购销关系和良性的交易环境，积极协助我们举办中文图书展。

总之，我国的中文图书出口事业，在这些年是处于发展上升趋势的，渠道较过去大有增加，原来一些被动的做法也逐渐为主动搞好出口所代替。

有待解决的难题

建国初期，我国大陆就有了图书报刊出口业，截止目前，已有了25家出版进出口公司。如果再加上其它行业有进出口权的单位涉足出版出口。可以说，我们的出版外贸已有了相当规模。但是，实际成效，特别是中文书刊的出口成效仍不容乐观。那么，困扰我国中文书刊出口的难题是什么呢？从我们的考察来看，带有普遍性的问题有如下几个方面。

(一)汇率、税率变化带来的影响。

一是外汇汇率并轨。在并轨之前，各省市财政部门按一定比例拨给图书进出口公司平价外汇。但是，从1994年元月起，国家宣布外汇并轨，这就等于宣布没“差价饭”可吃了。而一些图书进出口仍在按照传统做法，这样以来，就使得图书出口的经济效益有所下降。

二是书刊出口的退税难以落实。按照国家规定，进出口公司有创汇任务，就会有退税指标。1994年以前，凭“专用税票”即可办理出口退税。1994年以来，实行“增值税专用发票”办理出口退税。但是，图书进出口公司有业务往来的出版社、书店、杂志社、邮局等都无法提供“增值税专用发票”，因而不能办理出口退税，拿不到退税自然就无效益可言。

三是进口税率过高。我们的书刊进出口公司，大多是以书刊进口带动书刊出口的。现在由于进口书刊定价高，再加上进口税率的变化，其价格达到了读者、学术团体、科研单位难以承受的地步，使得书刊进口处于窘境，从而也就影响了出口。

(二)各地书刊进出口公司各自为战，贸易条件不统一，形不成合力。

我们考察中发现，书刊出口往往不是统一贸易条件，一致对外，而是互相杀价，分别对外，多次出现“中国人与中国人打中文图书的价格战，还有的为了争取国外订户，各图书出口公司互相摸底，你的外汇比价是8%，我就把外汇比价降到7%，这样以来，给外商钻了空子，到头来吃亏的还是我们自己。还有一些公司的负责人，为了达到出国旅游的目的，不惜让出承办书展的主动权，甚至在和外商洽淡书展事宜时，预算表上公开列出接待中方费用是多少，外商应赚多少。等等。正因为如此，我们一些公司在国外举办书展，只有少数是效益颇丰的，稍有盈余的，或不赔不赚的，而大多数是只赔不赚的。

(三)在装帧设计、印刷制作、纸张选用方面与国际水平还有差距。

我们在考察过程中，听到不少公司的负责人介绍说，国外普遍认为，大陆的图书内容比港台图书内容要好，但是，外包装不过关，纸质较次，装帧简单，印刷粗糙，给图书出口带来不少麻烦。

图书印刷、装帧的质量不好，尽管这已不是一个新问题，屡屡提出，但改变的速度依然是迟缓的。它不仅影响着出口，还常常在出口之后，由于封面卷曲、书页残破，引起退货和罚款。这实在是必须尽快解决，也应该说是个不难解决的问题了！

开创新局面的条件

我们所考察的公司，大都成立于80年代以后，他们尝到了图书出口的酸甜苦辣，感受到了图书出口的艰难，同时也积累了相当的经验。目前，他们仍信心十足地开展着各项工作，还提出了如下建议：

1. 尽快成立书刊进出口商会，负责外汇并轨以后的书刊出口规划，统一对外贸易条件，协调解决各个企业公司之间的矛盾。

2. 转换经营机制，紧紧依靠现有的书刊出口渠道，大力开拓新的出口渠道，调整发货折扣，缩短账期，增加国外网点，使书刊出口的形势跟上我国经济发展的形势。

3. 交流，必须是双向的；贸易。也是双边的。这一规律同样适应书刊的进出口业。要坚持“以进带出”的传统做法，但更重要是走出去，实行国内同行联合起来办国际书展的办法。

4. 我国的图书出口，大体上还处在“成本高、利润低、创汇少”的阶段，要使图书出口增加，同时又有一个好的经济效益，还应该实行书刊业公司的多种经营，跨行业经营，坚持以“副”养“主”的做法。另外，根据国情，我国的出版口暂时不可能被赋予太多的外贸权，因此，对于已经有外贸权的公司来说，应当珍惜自己的外贸权，充分用好外贸权，使我国的图书出口业“图书出口多，利润多，创汇也多。”

5. 努力提高我国出口书刊的质量，要选用高级材料，设计要新颖，印刷要精美，装帧要考究，并富有中华民族特色，这样才能改变我国出口书价格偏低的现象。还有的公司负责人建议，希望国内建立若干个出版、印刷、发行外向型图书基地，或者是集团，或者是联合体，以整体优势出口我国的中文书刊。

总之，我国的中文图书出口前景是远大的，同时又存在着许多困难。但是，只要我们继承好的传统，克服不利的条件，坚持改革开放的方针，我国的中文图书出口业会迈向一个全新的阶段。

（原载《中国文化报》1994 年 6 月 10 日）

台湾图书出版市场概述

眭明泉　许连玫

近年来台湾的图书出版事业发展很快，据台湾1990 年出版的《民国七十八年图书出版年鉴》介绍：台湾县（市）以上的公立、民办、私营的公共图书馆500 余个；教育部门的大、中、专学校都设有图书馆；全省各类图书馆已初步建成计算机网络。台湾现有的公办、民营的图书出版商社达 3 900 多家，年出书20 000 余种，每年出版的期刊杂志近 5 000 种。台湾图书出版界之繁荣，市场生机之活跃，得益于他们独具特色的管理方法和经营技术。其主要特色表现如下：

1. 图书出版业从单一化走向多元化

在 80 年代之前，台湾当局对图书出版业，实施严格的“戒严管制”。图书出版机构大多为国营官办。管理形式单一，毫无生机可言。到 80 年代初，台湾当局在各方面的管制日渐松动，图书出版业也日趋活跃，民办和私营的图书出版机构逐日增多。时至今日，民办或私营的公共图书馆就有 100 余家（不含私立大、中、小学的图书馆）；民办或私营的图书出版商社已成为该行业的主力军。民办、私营的图书出版商社的规模比较小，员工大多数十人，十几人，有的甚至是夫妻家庭店，但能量与活力不能低估。较大的图书出版社、即年出书在 100 余种以上的有数十家。由于图书出版商社众多，竞争十分激烈。为立于不败之地，在市场竞争中，各出版社注重市场调查，努力贴近和适应读者、社会的需求。竞争使各图书出版商社找到自己应有的位置，形成各自不同的出书特点，不知不觉形成了图书出版业的社会分工。台湾的图书出版行业已从过去单一的模式，变成当今的多元化格局，发展繁荣了台湾的图书出版事业。

2. 贴近社会现实，满足读者需求

台湾的图书出版商社为获得和占领广大的社会市场，努力满足读者的不同口味和需求。台湾各类图书馆和书店均实行开架借阅和销售，方便读者和顾客。现代化技术的运用，使台湾全岛图书馆已初步实现计算机联网，管理已计算机化，文献信息的资源共享已成为现实。为使图书出版发行更贴近社会和生活，台湾的图书出版商社采用社会调查或民意测验等方法，了解社会和读者的要求。根据社会、读者的兴趣、热点或时尚，进行拟目选题，组织畅销书。台湾的热门畅销书可用大、白、奇、玄、新五个字来概括：大，动辄以世界、中国，给人以集门类知识大全之感觉，如《中国少数民族服饰》、《世界雕塑全集》、《中国书法大辞典》、《中国民俗大观》、《中国自然奇景大观》；白，书名直显浅出，点题得当，如《坐月子食谱》、《使肚子小下去》、《如何赚大钱》；奇，稍为转个圈，引发读者去琢磨。如《聪明女人不怕老》（衣装、保健）、《枕边情事悄悄话》（夫妻关系）、《上帝与情欲的挣扎》（性爱）等；玄，制造一个悬念，引起读者的兴趣与关心，如《谁杀了章亚若》、《蒋李斗争内幕》、《李登辉的一千天》等；新，主要是跟得紧，推得快，如《大陆房地产法令汇编》、《大陆涉外法现汇辑》等，此类书前标榜“最新”，稍一翻阅，发现他们确实依靠不断的增补和修订保持其新。一些大的、成熟的图书出版商社还有更高的追求。如新学友的总经理廖苏西姿女士认为应“创造读者需要”，“建立自我品牌”，认为“具有前瞻性的出版社应能创造市场需求”。台湾英文杂志社有限公司更明确提出“重视消费者权益”，“以读者的需求为经营目标”的口号。因此，出版商社普遍重视市场调查,研究读者的阅读兴趣和购书心理。在规划选题时注意听取各方面的意见,尤其是发行部门人员的意见。他们出版的每种图书都有明确的出版目标和销售对象。力求符合读者的真正需要。所以台湾的图书出版商社注重系列出书,出版成套读物。时报出版公司连续出版《人间丛书》、《文化丛书》、《名人伟人传记全集》;远流出版公司的《中国历史演义全集》,远东图书出版公司《西洋文学丛书》、淑馨出版社的《吾土吾民文化丛书》,新学友书局的《幼儿生活规范丛书》等在读者中都有相当的影响。其次,重视出版西方的图书。有人估计,每年台湾翻译西方的著述占出版量的10%以上,特别是工具书和新科技读物。由于现代技术发展迅速和社会市场的急需,翻译和编译比较及时。第三,随着海峡两岸人员交往、学术交流的增多,台湾图书出版界近几年较重视挖掘大陆的出版资源。他们认为,大陆著者实力雄厚、图书内容层次较高,质量也好。通过合作出版、版权交易等形式,台湾出版了不少大陆的图书。锦绣文化企业与大陆的人民美术出版社、大百科全书出版社、巴蜀书社先后合作出版《中国美史全集》(60卷)、《中国大百科全书》(选出60卷)、《古代文史名著选译丛书》(100种),在台湾发行的数量很大,很受欢迎。具有相当规模的台湾光复书局与大陆中国建筑工业出版社合作出版的《中国古代建筑》(10卷),汉光书局、淑馨出版社与大陆合作出版的艺术图书、科技读物,文物出版社与台北一些出版公司合作的古代艺术画册,在台湾市场占有重要地位,产生相当大的影响。1993年9月,福建出版协会访台团带到台湾的《中国少数民族美术史》、《中国水印版画》、《中国豆腐菜大全》、《简明中国文物辞典》、《道教与中国文化》、《中草药彩色图谱》等图书也引起台湾同行的极大兴趣,不少出版商社争相要求购买这些书籍的版权。大陆图书在台湾的出版发行促进了台湾广大民众对大陆的了解,弘扬了中国优秀的民族传统文化。

3. 舍得投资,注重图书的装帧设计及广告宣传

台湾图书出版行业十分注重图书出版物的装帧设计,封页和插图构思精细,肯下功夫。规模较大的出版商社都有美术编辑,小的出版社也有兼职的美术编辑、画家,或聘有美术顾问。台湾图书出版界视市场即战场,竞争激烈,不用心思不下功夫,难以立足。他们认为,要做到使读者一拿到书就喜欢,一看到书就想买。出版的图书杂志用纸和印刷装饰都精细考究,印刷的质量与香港欧美不相上下。胶印已取代铅印。印刷的现代化程度相当高。在台湾的新闻媒体、报纸、广播、电视及书店、街头,常常可以看到图书出版物的推销海报、广告、招贴。据说台湾图书广告的费用很高,往往占生产成本的10%—20%,有的高达30%。有人称,台湾无处不有广告战。其广告手法不外乎拟几条"画龙点睛"或造一些"耸人听闻"的广告词,以招徕读者,刺激人们的购买欲。在一些封页、海报、报纸的广告中常可以看到,"如没有外婆怎么办,怎么抱小孩、换尿布?月子里无暇细读,检最有用的,用大号字排的——《初为人母》";"谁杀了章亚若?病死?自杀?谋杀?章的猝逝保持了半世纪,答案呼之欲出——《谁杀了章亚若》;商务印书馆出版的《国宝荟萃》,直接成本约2000万元,做一个月的电视、报纸广告各花100余万元,还印发2万多张的海报;远流出版社曾租下七层楼高的巨型广告牌,为该社新成立的小说馆的新书做促销广告;大地出版社推出毛毛所著《我的父亲——邓小平》一书时,台岛各处可见"邓小平来了"的广告海报。报刊、电视有广告,载有广告的汽车到处跑。电台广播员的语调更具鼓动性,"邓小平曾和毛泽东共事50年,和蒋介石交手30载;在残酷的政治斗争中三起三落,他是如何经历惊涛骇浪的一生?他的政治手腕、人生历练、奋斗精神,值得我们学习,请看邓小平之女毛毛原著《我的父亲——邓小平》;写父亲更写历史——绝对公正,独家第一史料——绝对客观,邓小平口述监撰——绝对权威。请认明封底有作者毛毛玉照的才是正版"。广告一再强调"独家独版,完整出版"。台湾民众称之谓"邓小平登陆宝岛的广告叫你躲都躲不开"。出版商和经销商不惜花巨资做广告的目的,就是想依靠网罩式的广告战术,在短短的时间内让人们知道有这么一本书问世,挑起人们的购买兴趣、阅读欲望。

4. 开拓多渠道的经营网络,讲求经济效益

出书要讲社会效益,也要讲经济效益。台湾作为一岛之地,图书出版机构如此之多,竞争之激烈可想而知。图书出版商十分强调工作效率,各单位力求人员精干。出版商社一般仅数十人,十几人,甚至是以夫妻为主干的家庭店。台湾较有名气的英文杂志社编辑部,年出书100余种,仅17人;幼狮文化公司的一个很大面积的门市部,销售的品种除图书杂志外,还有音像制品、文化用品,还附设咖啡座,管理服务人员才12人,而且搞得井井有条。在经销的渠道上,培育独具特色、自我体系的书刊销售市场。以台北为例,台北的重庆南路号称图书街。在长约400余米的街道两旁布满了大小不等的图书杂志的店铺三、四十家。文源、大中国、五洲、文星、建宏等都是有二十年以上的老店；规模都不小；金石堂文化广场、光统图书百货公司等都是多层的高楼大厦，宽敞明亮，各种图书杂志及文化用品货达十多万种；正中、中华、商务、新学友等图书出版单位在此设有图书门市部。造成台北人想买书上重庆路的习惯。市区各处，及大学集中的街区也星罗棋布地设立不少出售书报杂志的书亭、报亭、形成图书市场的网络。为招徕顾客，台湾略具规模的书店、门市部都注重营业场所的设计布局，或者庄重典雅，或者富丽堂皇，形式不一，各具特色，综合营销。如金石堂文化广场，一、二层楼陈列各种图书杂志，以类区排列；三楼是学生文化用品，运动保健器具；四楼则卖卡片、磁带、各种图像，明星照片；地下的一层为儿童市场，儿童丛书区、小小剧场、智益玩具店等。为了在五花八门的图书出版物中能留住读者的目光，每家书店都刻意突出各种推荐书架、新书架的特点或新颖性。每种新书只陈列一本，售出方立即补上，一则说明都是畅销书，二则利用有限空间多排一些书种。在儿童书区，往往打扮成童话世界；立体的树、藤、花、鸟、动物陈列其内，孩童们一见倍感兴奋，成为小孩们最爱去的地方。一些书店利用节、假日召开座谈会、读书会、介绍会，或成立书友会等联络一些青年学生、或学者教授，欢聚一堂、作画赋诗、联络情感；也请一些知名度大的作家坐堂签名，吸引顾客。如逛了一圈书店，感到饿了、渴了、或累了的时候，大多数书店都设有咖啡座，精致幽雅，浓香的咖啡点心，悦耳的音乐歌曲，加上刚买到的新书一卷，边喝边看边休息，“寓买于乐中”。图书出版商社在各地还有自己的连锁书店。新学友书局在全岛有近20家书店，金石堂有28家书店、英文杂志社仅台北就有7个服务点。图书出版商社还与超级市场、专卖商店挂钩寄卖：在运动器材店寄销体育、保健类图书；在医药商店寄卖医务、药物类书籍；食品商店配卖各类食谱、烹调的图书。直销和邮购是图书经销的重要手段。早期台湾出版商社把图书发行交给总经销商或地区性的中盘商。80年代初，直销和邮购在台湾兴起，大大开拓了图书的发行销售渠道，目前台湾的图书利用书店、门市部的销售额仅占总营业额的一小部分。多数则采用主动上门推销——即直销的方式进行。推销人员带着书籍或资料，根据不同的对象挨家挨户上门介绍兜售。台英公司共有员工1500余人，发行推销人员有1200人；新学友有员工千余人，其中绝大多数从事发行推销工作。图书发行推销人员月薪较低，其收入大部分要靠推销的图书中取得。能干的推销员，其收入比职员高好几倍，甚至10几倍。干得出色还另有奖励，大部头工具书，或系列丛书完成多少部后，还可以带薪外出旅游几天。英文杂志社的《汉声儿童丛书》就是通过人员直销创下发行450万册的纪录；该社管理中心110人，46部服务车，平均每人每天直销送书500册；其订户部开展邮购、电话销售，每月处理杂志120种，邮寄杂志22万册，邮寄图书29000册。大型丛书《中国美术全集》一套60册，也是通过直销，8个月内全部售罄。台湾图书出版业的折扣比较高，批发折扣从5.5到6.5，赚头比较大。台湾的各级各类学校都拨有购书专款，其图书馆的购书则包给某一书店，书店按图书馆的要求配书。购书经费不得挪作他用。经销过程中，台湾图书出版商社的购书付费办法比较灵活。购书可以分期付款，一次性付款的则可获得优惠，以此来吸引读者，促进图书的销售。

台湾图书出版业有其特色和成功的一面，但也存在不足的地方。如受欢迎的选题一旦推出，就群起而仿效，不同出版社重复印刷出书的情况比较严重；由于竞争激烈，不少出版商社一味迎合读者的口味，低级庸俗的书琳琅满目，随意编写，无知识内容可言；从整体而言，台湾的图书出版业真正的文化氛围的意识有不少欠缺之处，而商业气味金钱至上的思想过于浓重。

（原载《台湾研究集刊》1994年第2期）

台湾的女性书

阎京萌

目前台湾地区女性出外工作已渐成趋势，职业妇女已成为社会运作的重要环节。较之传统社会，现在的女性大多扮演着多重角色，因此也承受着较大的压力。她们对心理咨询及解决工作、生活等方面问题的方法有着迫切的需求。市场经济下的台湾出版业因应女性自我成长的趋势，近年来推出一大批由女性作者所写，又以女性为主要诉求对象的女性书，以满足女性读者对咨讯的渴求。许多女性书一面世即成为畅销书，备受注目，形成书市热点，由此带动引发的女性书出版热对台湾出版界及读书界都产生了深刻的影响。

所谓“女性书”，在过去多是烹饪、美容、缝纫等家政类的书。以后随着受教育程度、经济能力及自我意识的提高，女性的社会角色开始转变，加上女权运动者的推波助澜，被压抑许久的女性开始向传统的男性社会挑战，认为男性做得到的，女性一样可以做到。这样的观念反映到书市上便出现了一阵“女强人”类书的热潮，此类书同时也赋与女性书以新意识。现在，女性书更是跳出了以往的范畴，内容大大扩展充实。目前台湾的女性书大致可分为以下几类：

一、心理励志类。这类书从女性的心理层面着手，激发女性内心对自我的期许，告诉女性实现梦想的可能。心理励志类书中很畅销的有薇薇夫人的《一个女人的成熟》，黄明坚的《女人也想出人头地》，施寄青的《婚姻终结者》，陈幸惠的《现代女性的四个大梦》等。

二、工作锦囊类。这类书向女性提供在职业战场上实践演练的战术和经验，具体指导女性如何在工作岗位上实现自我，如何开创自己的事业及兼顾工作与家庭。这类书中有代表性的如林芳瑜的《聪明女子》，玉谷真宝的《女性的自我实现》，纪文凤的《趋势女性》，以及律师邱彰的《通往金字塔的顶端——90年代女性工作手册》等。

三、生活指南类。针对女性日常生活方面可能遇到的问题，提供解决之道。这类书与女性生活有着最密切的关系，涉及女性生活的方方面面，数量最为巨大。其中不仅有从大的方面进行论述的曹又方的畅销书《做个全面成功的女人》，王碧莹的《做他永远的亲密爱人》等，同时也有相当数量处理生活细节方面的诸如《生气的艺术》、《现代女性的处世智慧》等。

四、理性开发类。这类书是站在高处关注女性问题的论著，其内容包括女性论述、两性研究及女性趋势等，是女性书发展的一个新的里程。此类书中早期出版的有吕秀莲的《新女性主义》，李昂的《女性的意见》。近年出版的不少是翻译书，如《内在革命》和《反挫》等。前一部是美国著名女权运动家葛萝利亚·史坦能的新著，是她重新思考和反省女权问题心历路程的记录，很具创意。《反挫》则是美国普利策新闻奖得主苏珊·法露迪的新作。书中引导妇女从全新角度来看待妇女运动、女性主义以及妇女的处境，提醒举世所有妇女力争上游，小心打击女性的势力无所不在。

台湾女性书的出版一方面在内容上有较广阔的覆盖面，同时在读者对象上也适应不同的读者层面。过去较多的是家庭妇女需要的书籍，现在更有大量适合职业女性阅读的图书，提供给有美满或不甚美满婚姻的女性的读物；而单身女性也能从众多女性书中找到帮助，寻求慰藉。

台湾近两年女性书大行其道，也对作家群产生了一定影响；不仅造就了一批女性作家，同时也使一大批已很有成就的女作家加入了女性书的写作阵营。她们共同探讨女性面临的种种挣扎和处境，试图理清其意义，并为之寻找出路。

女性书的大量推出对读者也产生了深刻影响。在台湾书业杂志评选的1993年度十大新闻中，“女性书成为阅读新趋势”被评为十大新闻之一。最近，台湾妇女新知基金会又创办了一家女性书专卖店，颇受注目。该店陈列了与女性有关的数千种图书，中外文兼备。书店经营者称，要为妇女开辟新的活动领域，并定期举办讲座和交流活动，把书店办成女性主动阅读的大本营。

（原载《中国出版》1994年第11期）

新书简介

A　马克思主义、列宁主义、毛泽东思想、邓小平理论

A000001　**邓小平文选(第1—3卷)**　邓小平著。人民出版社1993年10月、1994年10月版。70万字。3册。精装本:28.20、31.20、27.60元。大32开本:11.80、13.10、11.30元,普及本:7.10、7.40、6.50元。这是邓小平的主要著作集。第一卷是在1989年5月出版的《邓小平文选(1938—1965年)》的基础上增补了4篇著作,共收入43篇文稿。这些著作,集中了邓小平在这段时间内的主要言论,反映了他在抗日战争、解放战争、中华人民共和国成立后对军事、政治、经济、党的建设等方面做出的贡献。第二卷是在1983年7月出版的《邓小平文选(1975—1982年)》的基础上增补14篇著作,共收入重要讲话、谈话60篇。这些著作,集中反映邓小平关于社会主义首先要发展生产力、关于本世纪末实现小康、关于社会主义也可以搞市场经济、关于利用外资是一个很大的政策、关于民主和法制"两手抓",以及中国永远不称霸等重要思想。第三卷收入作者1982—1992年的讲话、谈话119篇,集中反映作者关于社会主义的根本任务、社会主义初级阶段、社会主义市场经济以及社会主义本质等基本理论。三卷在内容上融会贯通。第二、三卷清晰地反映了邓小平建设有中国特色社会主义理论形成的历史过程和这个理论的系统性、一贯性和全面性。邓小平对中国革命和社会主义建设的最大理论贡献就是提出了建设有中国特色社会主义的理论,为中国的现代化建设奠定理论基础,对改革开放具有重大的指导意义。(王能雄)

A000002　**中国第二次革命的伟大开端——邓小平在1978**　石钟泉、陈登才主编。辽宁人民出版社1994年版。17万字。9.00元。以丰富的史料,从史论结合的角度论述1978年在我国展开的一场关系到中国社会主义发展前途的历史性交锋。内容从邓小平复出工作,进而成为中央第二代领导集体核心,完整地、准确地掌握毛泽东思想的科学体系,结合我国实际情况开展思想解放运动,提出关于真理标准问题大讨论。特别是1978年12月召开的中国共产党第十一届三中全会,确定了解放思想,开动脑筋、实事求是、团结一致向前看的指导方针,使这次会议成为指导思想上拨乱反正的大会,实现了伟大的历史转折。全书再现邓小平在重新步入中国政坛前后的风风雨雨、曲曲折折。展示邓小平在1978年的革命风采、政治勇气,反映了他的革命意志和不屈的品格,描述了邓小平、陈云、王震、胡耀邦等老一辈革命家与"两个凡是"派进行斗争的曲折经历。从理论和实践上说明,中国第二次伟大革命是来之不易的,是历史和人民选择了我们的总设计师——邓小平。(于海宸)

A000003　**毛泽东诗词艺术**　张宪中等编写。辽宁人民出版社1994年版。17万字。5.85元。收集毛泽东诗词47首,分3大编。第一编为毛泽东诗词与军事指挥艺术透视。体现了毛泽东坚持武装斗争,建立农村革命根据地,以农村包围城市的战略思想,表现"红军不怕远征难,万水千山只等闲"的英雄气概和"宜将剩勇追穷寇,不可沽名学霸王"的彻底革命精神。第二编是毛泽东诗词与治国领导艺术透视。抒发了一个伟大的无产阶级革命家实现"太平世界,环球同此凉热"的崇高共产主义理想;展现了大好河山发生的翻天覆地变化;表现了革命英雄主义和革命乐观主义精神。第三编毛泽东诗词与人际交往艺术透视。反映了毛泽东的交友圈子和交友之道,以及他的性格、品德,展现一个伟人的情感世界。对每一诗作都介绍写作背景,有详细的艺术赏析短文,并注明参考资料。还收有毛泽东诗词手迹14幅插图。(于海宸)

A000004　**我眼中的邓小平**　郭恩敏等编。辽宁人民出版社1994年版。27.0万字。9.80元。汇集70余篇回忆文章。通过邓小平的亲朋故旧、战友同

事、下级干部、战士及海内外政治家、记者，直至普通农民的观察和记叙，如实地再现邓小平在中国革命，特别是在社会主义建设时期的人生经历、不同遭遇、工作作风、生活习惯、兴趣爱好、交际风格和骨肉亲情。描述了邓小平的个性、举止和人格情操。（于海寰）

A000005　**鲲鹏之梦**　副名：毛泽东诗化哲学评传。张育仁著。辽宁人民出版社 1994 年版。44 万字。18.00 元。品评毛泽东诗作的专著。共分 9 章：第一章论述毛泽东诗作是情感与理性的两只巨翼，横亘时空的中国诗化情结，称颂毛泽东诗词是古典哲学的诗化体悟者与革新者。第二至四章，论述毛泽东在壮年时期湖湘风俗给他的影响以及在岳麓书院对人生革命的探讨，读清代曾国藩有关政治、军事、治家等方面的典籍，受到的启示和影响。第五、六章写毛泽东与同时代哲学、诗人的比较，即与李大钊、瞿秋白、周恩来、鲁迅的比较；和中国历代帝王诗语的比较，即与秦始皇、曹操、唐太宗、宋太祖、梁武帝、朱元璋等的比较，进一步剖析毛泽东哲学、政治思想在诗作上的展现和伟大气魄。第七、八章是毛泽东运用诗的语言和党内、党外人士对话与中国古典诗人比较对话，显示其深沉、博大、浪漫主义胸怀和毛泽东的诗化政治哲学对中国历史的影响。第九章分析毛泽东诗作所具有的哲学境界，如："天地转，光阴迫"的时空观；"万类霜天竞自由"的自由观；"为有牺牲多壮志"的生死观；"拒腐蚀，永不沾"的道德观；"盗跖庄跻流誉后"的历史观；"战地黄花分外香"的战争观；"算人间知己吾知汝"的爱情观；"鲲鹏展翅九万里"的神话观，"无限风光在险峰"的审美观等。（于海寰）

A000006　**毛泽东和他的将帅们**　杨成武主编。河南人民出版社 1994 年 1 月版。83.2 万字。36.00元。由中国人民解放军 100 多位高级将领执笔，真实地记述他们对毛泽东的历史回忆。本书按历史的发展顺序编成，从秋收起义写到抗美援朝。内容既有高层的政治斗争、重大的军事决策、宏伟战争的场景，又有丰富的生活情趣和独特的丰采神韵，生动展现毛泽东的雄才大略和丰功伟绩。（胡茵）

A000007　**毛泽东名联趣话**　张世安著。山东人民出版社 1994 年 1 月版。21 万字。9.80 元。分上、中、下 3 卷，上卷荟萃毛泽东所说"历来不愿意正式发表"的对联 120 副，中卷辑录毛泽东有"一半版权"的对联 53 副，下卷采撷毛泽东鉴赏的对联 54 副及赞颂毛泽东的对联 193 副，总计 420 副。详述毛泽东 8 岁巧妙对联，一生对对联兴趣不减。著述中收录毛泽东名联原作，说明名联产生的时间、地点、事件和有关人物等历史背景，讲述一则则生动故事，赏析一首首精巧联作，令人从中读到历史、人生、智慧、路线、方针、政策、法规、方法、策略，从另一侧面了解中国共产党和中国革命，认识一代伟人毛泽东。作者对毛泽东每首名联都抱以务实态度，求本探源，如中卷的引联篇、集联篇、书联篇的 53 副对联，逐一寻究原始出处，说明毛泽东在新的特定环境下赋予对联新意。（姚梦林）

A000008　**邓小平的改革思想研究**　周銮书主编。江西人民出版社 1994 年 2 月版。19 万字。6.00 元。从 9 个方面阐述邓小平的改革思想：一、社会主义现代化建设的基本路线；二、社会主义现代化建设的根本任务；三、"两个基本点"的辩证关系；四、经济体制改革；五、政治体制改革；六、社会主义精神文明建设；七、中国共产党领导的多党合作制；八、"一国两制"的科学构想；九、加强党的领导，改善党的领导。作者论述了邓小平运用马克思主义的立场、观点和方法，吸取各社会主义国家改革理论与实践中的经验教训，形成有中国特色的改革理论。阐述邓小平以独特的逻辑思维方式，总结中国社会主义建设的历史经验，揭示经济和社会发展规律，逐渐形成具有中国特色的改革理论体系的过程。（徐建国）

A000009　**毛泽东手书选集・古诗词卷（上下）**　中央档案馆编。北京出版社 1994 年 3 月版。180.00元。收入毛泽东手书古诗、词、曲、文、赋、楹联 233 件。毛泽东有关古诗词的几件信函，也收进本卷。有关手迹的作品大部分为首次结集发表。从中可以看到毛泽东对中国历史、中国古典文学，尤其对古诗词曲学习研究的深厚功力及书法艺术的巨大魅力。（左汉桥）

A000010　**光辉的旗帜　行动的指南**　副名：学习邓小平同志建设有中国特色的社会主义理论（职工读本）。中共中央宣传部理论局、中华全国总工会宣教部编。中国工人出版社 1994 年 3 月版。14 万字。6.00 元。分 10 部分：一、导论：当代中国的马克思主义；二、走自己的路，建设有中国特色的社会主义；三、我们正处于社会主义初级阶段；四、社会主义的根本任务和根本目标；五、社会主义市场经济是中国经济的目标模式；六、改革开放是中国现代化的必由之路；七、四项基本原则是立国之本；八、社会主义精神文明是社会主义的重要特征；九、加强党的建设，全心全意依靠工人阶级；十、一国两制——统一祖国的科学构想。每部分篇首附有简短的内容提要，篇尾均备2至3个思考题。

A000011 **中国军事第一人毛泽东** 程秀龙著。山西人民出版社1994年4月版。34万字。18.00元。全面地论述毛泽东的战争观、深邃的军事思想体系、独具中国特色的现代军事思想、超群的军事谋略、卓越的战争指挥艺术、30种兵法、完整的建军思想和建军原则以及伟大马克思主义军事家的素养和风格。（周红）

A000012 **毛泽东邓小平思想政治教育理论与实践** 陈伯强、林修果等著。厦门大学出版社1994年4月版。31万字。18.00元。探讨毛泽东邓小平思想政治教育的理论渊源、历史分期、主要特点、基本内容、理论观点、科学方法等一系列重大理论与实践问题。探寻毛泽东邓小平思想政治教育理论的渊源，研讨中国传统文化对毛泽东邓小平思想政治教育理论与实践的影响。阐述毛泽东邓小平思想政治教育的五大内容，即马克思主义世界观教育、无产阶级政治观教育、为人民服务人生观教育、社会主义共产主义道德观教育、社会主义民主和法制以及党政纪律的法纪观教育。突出四大观点，一是政治工作是经济工作生命线和政治工作是我们"真正优势"的思想政治工作地位观；二是既承认社会存在决定人的思想又充分肯定人的思想对社会存在具有能动作用的辩证观；三是强调提高人的思想觉悟必须遵循人的思想产生的一般规律的思想政治工作规律观；四是坚持正确思想的产生离不开外部灌输的灌输观。归纳了三个原则，即实事求是原则；尊重人、理解人、关心人原则；思想政治工作与经济工作、业务工作相结合原则。突出邓小平在新的历史时期对毛泽东政治教育理论与实践的发展；探寻思想政治教育工作调动人的积极性的奥秘并提供了研究方法；总结了毛泽东邓小平对以往思想政治工作的重大失误的分析和批评。（黄茂林）

A000013 **邓小平著作选读（青年读本）** 中共中央宣传部、共青团中央编。中国青年出版社1994年4月版。19万字。6.80元。从邓小平1978～1992年已公开发表的著作中精选出一部分既具代表性，又适合青年特点的篇章，共54篇。以《解放思想，实事求是，团结一致向前看》作为开卷篇，其中还有：《坚持四项基本原则》、《目前的形势和任务》（节选）、《对起草〈关于建国以来党的若干历史问题的决议〉的意见》、《党和国家领导制度的改革》、《我国经济建设的历史经验》、《中国共产党第十二次全国代表大会开幕词》、《建设社会主义的物质文明和精神文明》、《利用外国智力和扩大对外开放》、《一个国家，两种制度》、《建设有中国特色的社会主义》、《我们的宏伟目标和根本政策》、《革命和建设都要走自己的路》、《改革是中国的第二次革命》、《政治上发展民主，经济上实行改革》、《对中国改革的两种评价》、《改革是中国发展生产力的必由之路》、《在中国共产党全国代表会议上的讲话》、《社会主义和市场经济不存在根本矛盾》、《坚持社会主义，坚持和平政策》、《在全体人民中树立法制观念》、《关于政治体制改革问题》、《用坚定的信念把人民团结起来》、《旗帜鲜明地反对资产阶级自由化》、《排除干扰，继续前进》、《用中国的历史教育青年》、《中国只能走社会主义道路》、《社会主义必须摆脱贫穷》、《改革的步子要加快》、《没有安定的政治环境什么事都干不成》、《我国方针政策的两个基本点》、《一切从社会主义初级阶段的实际出发》、《解放思想，独立思考》、《科学技术是第一生产力》、《压倒一切的是稳定》、《保持艰苦奋斗的传统》、《坚持社会主义，防止和平演变》、《善于利用时机解决发展问题》、《总结经验，使用人才》，以及《在武昌、深圳、珠海、上海等地的谈话要点》等。（冈宁）

A000014 **毛泽东与近代中国** 李君如著。福建人民出版社1994年5月版。35.4万字。12.60元。作者的"毛泽东研究三部曲"之一。把民主革命时期毛泽东的理论和实践，融人近代中国历史，再现毛泽东思想发生、发展的历史轨迹。书中采用许多尚未公开或是重新挖掘过的材料，并为每一思想的发生、发展提供不少国内国际背景材料，深化了对毛泽东思想的理解。对毛泽东创立的新民主主义理论的内部逻辑联系进行探讨，提出新的看法。把新民主主义理论划分为三个相互联系的组成部分，即近代中国国情论、新民主主义革命论和新民主主义社会论，其中新民主主义社会论是传统理论研究所忽视的一个领域。从实事论、求是论、有的放矢论等三方面阐述毛泽东思想的精髓——以实事求是为特色的毛泽东哲学思想。对毛泽东的"结合的"哲学的阐发，抓住了毛泽东哲学思想的总体特征，使人们看到毛泽东哲学思想与马克思主义哲学的血缘关系，以及毛泽东的理论性创造。对毛泽东提出并探索的实践规律或"行动的规律"进行研究，认为实践规律是主客体之间的对立统一规律、主体与客体之间矛盾双方的革命转化规律、主体根据客观实际发挥自觉能动性的规律，颇有理论深度。（李天兵）

A000015 **毛泽东建党思想史记** 于桂兰著。吉林人民出版社1994年5月版。25万字。14.90元。以毛泽东关于党的建设的科学论著及邓小平关于加强党的建设的理论为基础，以毛泽东建党思想体系的主体框架为主要脉络，按照总论、思想建设、政治建设、组织建设及新时期的发展顺序对毛泽东建党思想作系统阐述，较完整地反映毛泽东建党思想的理论体系。(关静)

A000016 **毛泽东和中国文学** 董学文著。春风文艺出版社1994年6月版。45万字。20.00元。共17章，前5章从纵的角度叙述毛泽东从少年时起，就涉猎中国文学，寻求救国救民之道。毛泽东在中年领导中国革命，仍致力于探索文艺革命和抗战文艺规律，制定了一系列文艺方针政策。如《新民主主义论》中提出"民族的形式，科学的内容，大众的方向。"《在延安文艺座谈会上的讲话》中提出："生活是创作的源泉"和"大众文学"的方向。新中国成立后，毛泽东制定了"社会主义文艺"方向，"百花齐放，百家争鸣"和"推陈出新"方针，是对"大众文学"的发展。但在批《武训传》、批俞平伯、冯雪峰、胡风等一次次运动中，已有"左"的失误，特别是发动"文革"，被张、江、姚所利用，弄得全国只有8个样板戏的绝境。作者指出，"急躁冒进"是造成毛泽东晚年悲剧的原因之一。后12章，分叙毛泽东对中国文学的诗词赋曲、小说、笔记、文论、楹联、民间文学都广泛浏览，深入探讨。大到对一个时代的文艺思潮，细至对一些作家的代表作品，毛泽东都有独到的评品和赏析。其总体倾向仍持"文学工具论"，文学"为政治服务"、"为阶级利益服务"观点。以史为经，以论为纬，力求将毛泽东的文学思想体系呈现在读者面前。(潘照坤)

A000017 **邓小平教育思想研究文集** 国家教育发展研究中心编。江西教育出版社1994年6月版。21万字。7.00元。1994年3月，国家教委国家教育发展研究中心在北京召开"邓小平教育思想研讨会"。研讨会交流了学习邓小平教育思想的心得体会，对邓小平教育思想的核心和特征，对如何落实邓小平所强调的教育战略地位，邓小平如何继承和发展毛泽东教育思想等问题进行了探讨和研究。编者精选其中29篇论文汇编成书。作者把邓小平教育思想作为一个完整的理论体系，并对其产生的时代背景、理论基础、基本观点、基本特征、核心内容以及历史地位等方面，作全面系统的论述。把邓小平教育思想的科学性与世界教育发展的历史研究相联接，尤其是紧密联系我国新时期教育发展的客观实际，分析教育改革的理论与现实问题。(段少文)

A000018 **毛泽东选集索引** 王世儒等编。人民出版社1994年6月版。79.3万字。30.00元。为北京大学图书馆索引编纂研究部计划编纂的大型《中国名人文集索引丛书》中的第一种。《毛泽东选集》第一至四卷，是毛泽东亲自主持编辑的，包括毛泽东在中国革命各个时期中的重要著作。索引以人民出版社1991年6月出版的《毛泽东选集》第一至四卷为底本编纂，是专供查检该书的工具。索引为主题索引，所有索引款目以抽取原书中的关键词组成，并在关键词下按序列出书中的语句；语句之后的数字，系指该句在原书中的卷次/页次/行次。索引的所有款目，均按汉语拼音音序编排，书前列有音序检字表，书后附有笔画检字表，查检方便。

A000019 **毛泽东读古书实录** 黄丽镛编。上海人民出版社1994年6月版。26万字。14.60元。记述毛泽东读书生活的普及读物。详尽叙述毛泽东一生——从幼年入学到晚年临终前酷爱中国古文化的读书轨迹。从中可以了解毛泽东博览古籍，评论古代人物和事件，以及是如何"古为今用"的。(严国珍)

A000020 **《剩余价值理论》研究** 李善明等著。西南财经大学出版社1994年6月版。27.5万字。11.80元。对马克思《剩余价值理论》这一杰作手稿中的若干重要理论问题进行的专题考察，阐明马克思主义政治经济学的理论来源——资产阶级古典经济学的基本理论观点，马克思对它们的批判、继承关系，以及在此基础上所创建的真正科学的经济理论，并运用于对资产阶级庸俗政治经济学的批判。共12章。第一章"绪论"，从马克思这一杰作的写作与出版问题、手稿的对象与方法、手稿与《资本论》第四卷的关系及其历史地位，以及关于政治经济学史的起点诸问题着眼，阐明政治经济学史的起点应当是配第，进一步证明：《剩余价值理论》手稿，最初不是作为一部系统、完整的政治经济学史著作、不是作为与"理论部分"相对应的《资本论》第四卷来写作的。在以后各章中，就重农学派的经济思想和魁奈的《经济表》、斯密的价值理论和剩余价值理论以及他的生产劳动和非生产劳动理论、李嘉图和斯密的费用价格理论、李嘉图的地租理论、剩余价值理论、利润理论、积累理论、晚期古典经济学家的经济理论、马尔萨斯的经济理论以及李嘉图派社会主义者的经济思想进行深入的探讨和分析。

A000021 **当代中国的精神支柱** 副名：邓小平的思想新论。宋海庆等著。中国国际广播出版社

1994 年 6 月版。17.2 万字。7.80 元。系邓小平建设有中国特色社会主义理论学习的辅导读物。从全新的角度，研究、阐发邓小平理论，其主要内容有：邓小平关于时代问题、国情问题的思想，关于社会主义和资本主义的思想，关于协调发展和社会稳定的思想，关于民族进步和人民幸福的思想及关于未来趋势的思想等。（胡杏天）

A000022 **时代的圣火** 副名：解放思想实事求是纵横谈。胡俊卿等著。白山出版社 1994 年 7 月版。18 万字。6.00 元。根据《邓小平文选》第三卷和党的有关决议，在历史和现实的对比中揭示解放思想、实事求是的理论意义和实践意义，论述邓小平对解放思想、实事求是思想路线的恢复发展和建设有中国特色社会主义理论的基本观点。全书共分 15 章：模式的诱惑、教条的桎梏、阶级斗争的迷雾、东方乌托邦、意志的陷阱、“左”的迷信、回到大地的怀抱、走自己的路、走上实践的法庭、“好猫”的标准、高奏经济主旋律、抓住看不见的手、别忘了另一只手、还要讲实干、实事求是——从毛泽东到邓小平。（耿树新）

A000023 **毛泽东诗词、对联心解** 陈国民编。北京出版社 1994 年 7 月版。31 万字。9.20 元。共收毛泽东诗词 80 首，对联 65 副。最早的作品是毛泽东年仅 7 岁（1899 年）时随口说出的“顺口溜”《舞狮》；最晚的是其年届 81 岁（1973 年）时口述，由别人记录的七言诗《读〈封建论〉，呈郭老》。全部作品分为三编：甲编 39 首诗词，是毛泽东生前正式公开发表过的；乙编 41 首诗词，是毛泽东生前未正式公开发表过的；丙编 65 副对联及题词，有的是同他人合作的，有的是出对、应对，也有的是口头创作。每编分别按创作时间的先后予以编排。“心解”部分是作者用通俗的语言，以事度事，以心度心，设身处地地对所辑录的作品进行直接的阐释。“注释”部分提供相当多的背景材料，有不少条目对所化生或相关的前人诗句提供了原始出处。（俞宗元）

A000024 **总设计师和他的工程** 副名：邓小平与有中国特色的社会主义。魏新生主编。湖北人民出版社 1994 年 7 月版。31.4 万字。9.80 元。共 19 部分。系统阐述中国改革开放和现代化建设的总设计师邓小平，对建设有中国特色社会主义的重大历史贡献。主要内容有：校正前进的指针——邓小平与解放思想、实事求是的思想路线；站在前人的臂膀上——邓小平与党对建国以来历史经验的总结；铸起新的灯塔——邓小平与党在社会主义初级阶段的基本路线；目标 2050 年——邓小平与现代化建设的战略部署；振兴经济添动力——邓小平与经济体制改革；推进民主觅途径——邓小平与政治体制改革；开启封闭的国门——邓小平与对外开放；插上腾飞的翅膀——邓小平与新时期的科技事业；奠定发展的基石——邓小平与新时期的教育事业；钢铁长城展新姿——邓小平与新时期的军队建设；独立自主见真谛——邓小平与新时期的外交；传统法宝显新威——邓小平与新时期的统一战线；团圆不再是梦想——邓小平与“一国两制”。（刘苏）

A000025 **走出战争迷宫** 副名：马克思恩格斯军事哲学思想研究。洪兵著。黄河出版社 1994 年 7 月版。20 万字。7.00 元。论述马克思恩格斯军事哲学思想的理论专著，分上、中、下 3 篇。上篇，以 6 章篇幅对马克思、恩格斯著作中的军事哲学思想进行筛选和整理；中篇，分 4 章对马克思、恩格斯历史唯物主义的战争观、辩证唯物主义的军事运动观和对立统一观等进行研究；下篇，用 2 章分别探讨马克思、恩格斯军事哲学思想的当代价值。其中对“作战工具与军队关系”、“个体与整体”、“结构与功能”、“消极力量与积极力量”、“真正的战争与习俗的战争”，以及马克思、恩格斯研究战争的方法等问题的阐述，有独到见解。将马克思、恩格斯军事哲学思想的研究，与毛泽东军事思想研究有机地结合起来，富有时代特点。（程鹏）

A000026 **邓小平经济思想的渊源与发展** 王珏等著。上海人民出版社 1994 年 7 月版。20.3 万字。11.00 元。关于建设有中国特色社会主义经济思想的渊源与发展的论著。由前言和 4 篇组成。前言概括本书的基本观点：（1）“建设有中国特色社会主义经济思想，是建设有中国特色社会主义理论的重要组成部分”；“坚持和发展毛泽东思想的突出范例”；“建设有中国特色社会主义经济思想，渊源于社会实践”；“是邓小平经济思想的渊源与发展的真谛所在”。（2）“从中国的国情出发，走一条中国式的现代化道路，是邓小平经济思想的一个重大贡献”，也是“建设有中国特色社会主义理论的一个主要内容。”（3）“发展社会主义社会的生产力是邓小平经济思想的核心内容。”（4）“改革经济体制，是邓小平经济思想中最为深刻的思想之一”；“改革经济体制，实际上是改变生产关系的具体形式，使之适应于生产力发展的要求，促进生产力的发展。”（5）“对外开放是世界历史发展的必然趋势，也是一国经济发展成败得失的关键因素之一。”以下四篇是对上述基本观点的阐发和补充。比如，第一篇为导论篇，论述了邓小平经济思想的历史、思想渊源和发展的基本内容，其中有中国社会主义的发展阶段、目前时期的主要矛盾、社会主义阶段的根本任务、社会主义建设的步骤、社会主义经济体制的改革、坚定不移地实行对外开放、“一国两制”实现祖国和平统一等7个方面。前言和4篇有机地联为一体。(徐永禄)

A000027 **毛泽东的世界丛书** 金羽等著。浙江人民出版社1994年7月版。185.1万字。7册。48.40元。丛书由7本组成，每本都从一个侧面反映毛泽东的个性及工作、生活情况。《毛泽东的人格魅力》(钱宏鸣、孙美娥著)力图从毛泽东的人格角度，探讨与分析发生在毛泽东身边的一些事情。《伟人的起步》(张华、黄俊平著)回顾了青年毛泽东思想的演进过程。《毛泽东的韬略》(谢伟民著)生动叙述毛泽东从学生时代智退北洋溃兵一直到解放战争、抗美援朝和建国后几次自卫反击战中的用兵思想和策略。《毛泽东与诗词》(陶柏康著)采取“本事诗”的写作方法，以毛泽东的经历和思想为主线，把他的诗词串连起来，在一定程度上达到“借诗见人”的目的。《博览群书的毛泽东》(侯俊智著)追忆了毛泽东一生各个时期绚丽多彩的读书生活，展现一代伟人毛泽东的丰富个性世界和某些鲜为人知的读书艺术。《毛泽东和他的一些亲人》(唐春元著)客观介绍毛泽东和他的亲人的关系，毛泽东对其亲人的教育和关怀，以及毛泽东的亲人对他的影响。《毛泽东和他的朋友们》(边泽、肖东编著)描述了毛泽东的交友风格和他的朋友世界。作者认为，强烈的时代精神，真诚、坚定的政治原则性，是毛泽东交友的特色。(潘邦顺)

A000028 **毛泽东军事年谱(1927～1958)** 中国人民解放军军事科学院毛泽东军事思想研究所年谱组编。广西人民出版社1994年8月版。120万字。32.00元(平)，38.00元(精)。系统论述毛泽东军事生涯、军事业绩和军事领导、指挥艺术的编年体历史巨著。按土地革命战争时期、抗日战争时期、解放战争时期和保卫社会主义建设四个时期，以年月日顺序历史地记述毛泽东全部的军事活动以及与之有关的政治活动、理论活动。真实地展现毛泽东创建、领导和指挥中国人民革命军队从军事上打败国内反动派和外国侵略者的光辉历程。(邓耘)

A000029 **邓小平战略思想论** 彭光谦、姚有志等著。军事科学出版社1994年8月版。27.5万字。15.00元。以邓小平建设有中国特色的社会主义理论为经，以邓小平在各个领域提出的重要战略思想为纬，紧密结合其战略实践，就邓小平战略思想的发展历程、科学体系、主要特色，展开专题论述。第一章(导论)着重论述邓小平战略思想的发展历程，并把邓小平战略思想的科学体系归纳为：谋求和平与发展的国际战略思想；以社会主义现代化建设为中心的国家发展战略思想；创造稳定的内外环境的国家安全战略思想。第二至七章分别以把握和平与发展的时代主题和两大全球性战略问题，坚持以和平共处五项原则为准则建立国际新秩序，力争以和平方式解决国际争端，中国应成为世界多极战略格局中的一极，以国家利益为最高准则处理国际关系，坚持真正的独立自主的战略路线为题，对邓小平国际战略思想展开论述。第八至十二章分别以坚持一个中心两个基本点的战略布局，抓住历史机遇加速发展自己，在世界高科技领域占有一席之地，以“一国两制”的战略构想和平统一祖国，冷静观察、稳住阵脚、沉着应付为题，对邓小平国家发展战略思想展开论述。第十三至十四章分别以实行国防和军队建设指导思想的战略性转变，坚持积极防御和实行现代条件下人民战争为题，对邓小平国家安全战略思想展开论述。第十五章(结束语)着重论述邓小平战略思想的特色：一切为了国家的富强和中华民族的腾飞；超前思维，反映时代的新要求；改革、开拓、创新，提出富有中国特色的社会发展新模式；把握机遇，全面运筹谋发展。(贺俊连)

A000030 **邓小平理论与海南特区实践** 陈录光主编。南海出版公司1994年8月版。29万字。9.00元。学习邓小平建设有中国特色社会主义理论论文集。文章以邓小平建设有中国特色的社会主义理论为指导思想，对海南特区的精神文明建设、农业发展、企业改革、科技发展、政府职能的转变等方面进行探讨。(刘孝阳)

A000031 **毛泽东新闻思想研究** 山东省新闻工作者协会等编。山东人民出版社1994年8月版。24万字。12.00元。系纪念毛泽东诞辰100周年学术论文结集。收论文39篇。从不同角度论述毛泽东在各个历史时期的新闻实践和他对马克思主义新闻学的伟大贡献，深入探讨毛泽东新闻作品的历史价值和审美价值，以及在新的历史时期邓小平建设有中国特色的社会主义理论对毛泽东新闻思想的重大发展。(冷西宏)

A000032 **邓小平：在历史的天平上** 俞吾金著。上海人民出版社1994年8月版。23万字。11.00元。研究邓小平理论思想与实践的专著。共分“重新认识邓小平”、“从历史深处走出来”、“打破僵化的观念世界”、“站在新的地平线上”、“塑造新的人格形象”、“历史将为他建造丰碑”6 部分。全面系统地评述邓小平的理论思想和改革实践，描述其三落三起传奇般的经历、坚韧超拔的人格力量和求实创新的作风，提出其所开创的“以经济建设为中心”、“社会主义市场经济”的道路，使中国社会充满生机和活力，奠定了其作为马克思主义发展史上又一个里程碑的地位。（邵敏）

A000033 **邓小平法学思想论** 杜耀富著。西南师范大学出版社 1994 年 8 月版。17 万字。6.60 元。共 4 篇。从根本理论、立场、观点和方法方面，评析邓小平对马克思主义、毛泽东思想法学理论的继承和发展。用实事求是的唯物观，坚持“两手抓”的辩证法，“综合治理”的系统论，概括邓小平法制思想的方法论特点。从法学基本理论、宪法学、经济法学、刑法学、行政法学、军事法制、“一国两法”等方面，论述邓小平在理论和实践上的新贡献。还特辟专章，详细论述邓小平对实行民族区域自治，对制定《民族区域自治法》，对成功地解决我国民族法制的主要问题等方面，作出不可磨灭的独特贡献。（黄发仁）

A000034 **邓小平理论与广东实践** 张难生、刘景泉主编。中山大学出版社 1994 年 8 月版。34 万字。12.00 元。由 5 部分组成：科学社会主义学说的重大突破，农村经济工作的飞跃，经济特区的伟大创造和远大前景，改革开放和市场经济的深入探索与光辉成就，“两手抓”的重要理论与实践。对邓小平建设有中国特色社会主义理论的基本内容、哲学基础及其伟大意义进行系统阐述；对广东创办经济特区、试办农村股份合作制、建立社会主义市场经济体制以及一系列改革开放的决策和实践进行思索与总结；对理论与实际中的热点与难点问题进行探索。（谭广洪）

A000035 **邓小平与广西** 中共广西党史研究室编。广西人民出版社 1994 年 9 月版。10 万字。4.00元。收入 36 篇文章，其中有红七军老战士和革命烈士亲属写作的回忆录，也有广西党史工作者经过深入调查写出的史料性文章。文章按历史顺序编排，从不同时期、不同角度，展现邓小平半个世纪前在广西的革命斗争历程，反映建国后邓小平关心、支持广西社会主义建设事业的感人事迹。（马丕环）

A000036 **邓小平治国韬略** 南俊英主编。河南人民出版社 1994 年 9 月版。23.6 万字。9.80 元。系统研究邓小平创建有中国特色社会主义的理论，把中国引上改革开放新时代的历史转变过程。并在此基础上总结了邓小平的治国韬略。建设有中国特色的社会主义理论，是邓小平治国的总纲领；他提出的四项基本原则，是立国治国之本；确定的改革开放，是强国富国之路；还具体分析了邓小平的治国目标与战略策略，即治国必须以经济建设为中心，坚决放弃过去“左”的以阶级斗争为纲的观念，抓住机会，发展自己，力争隔几年上一个新台阶。对邓小平的科教兴国的思想、健全民主与法制的思想，治党、治军要严的思想，培养人才的思想等，都作了具体的阐述，生动、形象地刻画了邓小平的治国韬略。（王恩荣）

A000037 **邓小平与中国** 张岳琦著。吉林人民出版社 1994 年 9 月版。35 万字。12.00 元。从哲学、经济、科学社会主义等方面研究邓小平关于建设有中国特色社会主义理论的历史发展及其现实意义。（关静）

A000038 **当代伟人的思维** 丁士峰等著。解放军出版社 1994 年 9 月版。15 万字。8.20 元。系“邓小平改革思想研究丛书”之一，是研究邓小平思维方式的理论著作。认为邓小平是思想解放的旗手，是思维方式变革的先锋，赋予当代中国人以崭新的开放性、开拓性、求实性思维，以马列主义为指导，以“解放思想，实事求是”为主线，突破传统思维方式，独辟蹊径地为探索中国特色社会主义提供新思路。研究并揭示邓小平充满活力的思维方式的鲜明特征，论证了邓小平思维理论的方位，指出它是对中华民族思维理论批判继承的成果，是对马克思主义思维理论的发展和丰富，是指导中国特色社会主义实践的锐利思想武器。（孙璞方）

A000039 **胡乔木回忆毛泽东** 胡乔木著。人民出版社 1994 年 9 月版。42.7 万字。24.00 元（平），28.00 元（精）。以 40 年代毛泽东的重要著作、活动为主线，以重大的历史事件（包括党内、国内、国际的事件）为背景，着力记述毛泽东思想的发展，记述毛泽东如何为中国革命制定具体政策、如何在历史转折关头作出重大决策，对毛泽东领导中国革命克服挫折，战胜困难，打败反动派，取得最后胜利的历史过程作条理化分析。在体例上，该回忆录由若干篇文章构成。它分为“谈话录”和“初拟稿”两部分。“谈话录”是作者与编写组成员进行 20 多次谈话的记录，内容大体分为两类：一类是对此书的构想和指示，另一类是对一些历史事件的回忆。在回忆中有十分具体的情节，描写了他作为一个重要目击者或参与者的感受和思考。“初拟稿”是按照胡乔木拟定的题目并根据他的要求和谈话精神撰写的19篇文稿。这些文稿把对40年代党史的研究推进一步。主要成果是:对有些重要问题的认识更为深入;某些模糊或错误的说法得到澄清。(王乃庄)

A000040 **邓小平管理思想研究** 余太和等著。山西人民出版社1994年9月版。29.5万字。10.00元。收入论文31篇,探讨邓小平管理思想的哲学意义、基本特色,重点探讨其经济管理思想,也包括党务、行政、人才教育、军队等方面的管理思想。(杨建军)

A000041 **毛泽东的探索——中国的1956~1976** 雍涛著。河南人民出版社1994年10月版。16.3万字。6.80元。共6章。对毛泽东生命的最后20年,以历史发展为线索,探讨毛泽东在中国社会主义建设道路过程中的成功和失败,经验和教训。前五章分阶段论述,最后一章从哲学上分析毛泽东晚期“左”的错误的思想根源。作者在书中主要研究毛泽东个人的思想理论与实践活动;提出“毛泽东晚期”的概念,认为这一概念是指从1956年我国三大改造基本完成后开始,直到1976年毛泽东逝世为止的20年时间;对毛泽东晚期的理论和实践的分析,既讲其正确的一面,又讲其错误的一面,重点分析其“左”的错误及其原因。(李自强)

A000042 **当代中国的马克思主义** 副名:邓小平建设有中国特色社会主义理论研究。禹舜等著。湖南出版社1994年10月版。41.1万字。19.60元。从马克思主义发展史的角度,将马克思主义作为一个不断充实发展的动态理论体系进行研究,全面、系统地阐述邓小平建设有中国特色社会主义理论与马列主义、毛泽东思想的继承和发展关系,以及在关于社会主义发展道路、发展阶段、根本任务、发展动力、领导力量、政治保证和依靠力量等诸多理论方面,对马列主义、毛泽东思想所作出的巨大理论贡献。(李雄伟)

A000043 **毛泽东财经思想研究** 程理嘉、刘东泉主编。江西人民出版社1994年10月版。18.3万字。6.40元。毛泽东财经思想研究论文集。主要论述毛泽东关于经济决定财政的观点;关于发展经济保障供给的观点;关于改善人民生活和增加财政收入并行不悖的财政方针;关于反对所谓“仁政”、竭泽而渔的财政观点;关于在财政支出中,反对浪费,厉行节约的财政思想;关于反对单纯财政的观点等。对以毛泽东财政思想作指导,推动我国财税体制的改革,也作了研究和探讨。(余晖)

A000044 **邓小平新时期军事理论研究** 姚延进、刘继贤主编。军事科学出版社1994年10月版。22.2万字。14.00元。系“邓小平新时期军队建设思想研究丛书”之一。系统阐述邓小平新时期军事理论。沿着邓小平新时期军事理论发展的历史脉络,阐述邓小平新时期军事理论的产生、发展过程和历史背景及其科学体系,指出其在新时期国防建设的指导作用和理论创新。作者认为,邓小平新时期军事理论是马列主义军事理论、毛泽东军事思想基本原理同新时期的国际国内形势及我国国防和军队建设的实际相结合的产物。作者着重对邓小平新时期军事理论中的战争与和平、战争与战略、国防建设和军队建设理论作了归纳,指出:和平与发展是当代世界的主题,霸权主义是当代战争的主要根源,这些论断构成其战争与和平理论的核心;实行现代条件下的人民战争,坚持和发展积极的防御战略,这些论断构成其战争与战略理论的核心;国防建设指导思想实行战略性转变,建设有中国特色的现代化国防的论断和建设强大的现代化、正规化革命军队,走有中国特色的精兵之路,这些论断构成其国防建设和军队建设理论的核心。(张大禾)

A000045 **论邓小平人民民主专政思想** 公安部《论邓小平人民民主专政思想》编委会编。群众出版社1994年10月版。25.1万字。14.00元(平),19.80元(精)。邓小平同志是当代杰出的马克思主义者,在新的历史条件下,他继承和发展了马克思列宁主义、毛泽东思想。在邓小平同志提出的建设有中国特色社会主义理论中,他的人民民主专政思想是一个重要的组成部分。共11章,40多个题目。着重从整体上研究、探讨邓小平人民民主专政思想;探讨它与马列主义、毛泽东思想关于无产阶级专政理论的继承与发展的关系;它在建设有中国特色社会主义理论中的地位、意义,它所反映的历史规律;它的基本内涵以及内在的基本范畴之间的关系。还探讨了人民民主专政与社会主义现代化建设、社会稳定、阶级斗争、精神文明建设、发展社会主义民主、加强社会主义法制、强化国家机器、严厉打击刑事犯罪、党的领导等问题。邓小平在对这些基本关系的理论概述中,从中国国情出发,提出许多新创见。本书从人民民主专政同整个社会主义事业的整体的、内在的必然联系中,研究和阐述邓小平人民民主专政的思想。(郝仲华)

A000046 **邓小平理论与实践研究丛书** 陈至

立等编著。上海人民出版社 1994 年 10 月版。138 万字。10 册。98.30 元。以邓小平的著作为依据,以实践的经验作铺垫,围绕着中国现代化目标,来阐发建设有中国特色社会主义的有关理论。共 10 册:1.《走自己的路》(俞新天著);2.《中国的发展离不开世界》(周尚文等著);3.《社会主义也可以搞市场经济》(龚金国等著);4.《科学技术是第一生产力》(王淼洋等著);5.《农业改革发展要有两个飞跃》(莫建备著);6.《加速发展、达到共同富裕的捷径》(夏禹龙著);7.《改革向前推进的一个标志》(桑玉成等著);8.《两手都要硬》(程伟礼著);9.《尊重知识,尊重人才》(沈荣华等著);10.《企业改革主要是搞活国有大中型企业》(黎明等著)。(郝盛潮)

A000047 **毛泽东诗词白话全译** 胡忆肖等编著。武汉出版社 1994 年 10 月版。19 万字。15.28 元。第一版收录毛泽东诗词 64 首,本次修订版增收 12 首,计 76 首。另附录一收录 5 首,附录二收录毛泽东关于诗的信函 12 封。以《解题》形式,简介每篇毛泽东诗词的出处、写作时间、写作缘由及有关人和事,然后将原诗(词)与白话文进行上下对照翻译。翻译采取夹注形式,对部分疑难字词逐一注释;并随文根据层次内容作归纳和点评。最后的《赏析》部分,则对全诗(词)从思想意义、结构特点和艺术特色等方面进行品析。(刘昌钊)

A000048 **邓小平建设有中国特色社会主义重要言论** 姜纪伦主编。贵州人民出版社 1994 年 11 月版。26 万字。7.50 元。邓小平理论选编。分 9 部分,阐述邓小平坚持把马克思主义基本原理同中国具体实际相结合,逐步形成和发展了建设有中国特色社会主义的理论,并继承和发展了毛泽东思想。(彭建)

A000049 **大战略——邓小平军队现代化建设思想研究** 鱼志清等著。蓝天出版社 1994 年 11 月版。27 万字。9.60 元。研究邓小平军队现代化建设思想的专著。共分 8 章,对邓小平新时期国防建设和军队建设理论的核心——军队现代化建设思想,进行全面、深入的研究和论述。其主要内容有:邓小平军队现代化建设思想的产生、形成和发展,及其基本内容和历史地位;邓小平关于战争与和平的新理论、军队建设必须以现代化为中心的思想;邓小平关于军队现代化建设是一项系统工程,必须具有中国特色、依靠科技进步、走改革创新之路的思想;新时期军队建设的任务、目标和实现现代化的途径和方针原则;邓小平设计和领导军队现代化建设的思想方法和工作方法。在研究、论述问题时,紧密联系我们党在历史上对某些重大问题的认识,联系二战结束以来世界发生的重大战争和各大国国防、军队建设的战略,联系我军建设的历史经验教训,深刻阐明邓小平军队现代化建设思想,是对毛泽东军事思想的继承、丰富和发展,是马克思主义军事理论与我军建设具体实际相结合的产物,是我军建设历史经验特别是新时期我军建设新鲜经验的科学总结。(许志强)

A000050 **毛泽东诗词鉴赏** 公木著。长春出版社 1994 年 12 月版。35 万字。16.80 元。收集毛泽东诗词 57 首。在每一诗词后面都有“题解”、“笺注”、“赏析”三部分。作者侧重于艺术方面,品赏毛泽东诗词,观点客观公正,自成一家之言。该书收集的毛泽东诗词较全,在鉴赏毛泽东诗词方面极具特色。(张中良)

A000051 **当代中国的马克思主义** 副名:邓小平理论。李君如著。河南人民出版社 1994 年 12 月版。24 万字。9.80 元。“马克思主义研究丛书”之一。共 5 部分:总论篇,根据篇,道路篇,目标篇,路线篇。勾画了邓小平建设有中国特色社会主义理论科学体系的轮廓,阐述这一理论的形成过程及其科学内容。作者认为,邓小平建设有中国特色社会主义理论是马克思主义和中国实际相结合的最新成果,它同毛泽东的新民主主义理论一起,是中国共产党人对马克思主义理论宝库的两大杰出贡献,是中国共产党人在把马克思主义中国化过程中的两大科学发现。(张存威)

A000052 **人的世界与世界的人** 副名:马克思的思想历程追踪。张曙光著。河南人民出版社 1994 年 12 月版。40 万字。13.00 元。从历史观和价值观的统一的视角研究马克思的思想,展示马克思的生命历程和心路历程,阐释和论证马克思主体过程思想的形成、展开、应用及其理论价值和时代意义。其主要特点是:第一,真正对马克思的思想理论给予科学的学术研究而不是意识形态的庸俗辩护;第二,指出马克思主义哲学是实践唯物主义哲学,是人学和世界观的内在统一,说明了人的发展、人的解放就是世界的人的形成过程;第三,在一系列有争议的重大理论问题,如马克思主义哲学的发祥地、历史决定论与历史选择论的关系、社会规律与人的活动、哲学价值观与劳动价值论、社会总体化与人的个体化等问题上,阐述已见并作全面论证。(张存威)

A000053 **书家毛泽东** 李树庭等编著。湖南文艺出版社 1994 年 12 月版。120 万字。120.00 元。收集毛泽东 1908～1976 年各个时期的墨迹。其中有许多是第一次公开发表,也有不少墨迹恢复了毛泽东当时书写的版式和原貌。对毛泽东手书古诗词中一些无年代的墨迹,依据毛泽东墨迹发展、演进规律,进行年代断定。并把毛泽东墨迹的风格演进,分为四个阶段:一、基础时期(1908～1935);二、追求时期(1936～1949);三、繁富时期(1950～1969);四、晚期(1970～1976)。对每一个时期书法创作的环境与条件、基本特点,以及对后一时期书法创作的影响,作详细分析;对每一时期书法艺术成就的变化,提出见解。对于其中部分墨迹,逐条作鉴赏分析。有关毛泽东墨迹的辨伪和版式问题,也作比较性的介绍。实事求是地肯定毛泽东在当代中国书坛的地位和影响。(谢柳青)

A000054 **马克思恩格斯文艺学体系** 李中一著。华中师范大学出版社 1994 年 12 月版。32.8 万字。12.80 元。以马克思恩格斯关于人类掌握世界方式的学说为基础,以人类实践——劳动掌握,以及在此基础上产生的审美——艺术掌握,为逻辑起点,构建马克思恩格斯较完整的文艺学体系。著者从艺术掌握的生产性、客体再现性、艺术产品内容的意识形态性、艺术产品形式的物质性、艺术产品功能的价值性几个方面,深入论证艺术掌握这一马克思主义美学文艺学的最基本也是最重要的命题。对马、恩关于艺术生产的起源、发展的历史动因、经济的决定作用和政治、哲学、道德、宗教、社会心理中介及艺术生产发展的内在动因、艺术生产同物质生产及社会一般发展的不平衡等艺术生产的源流问题,进行归纳介绍;从艺术生产过程、艺术生产力、艺术思维的运动规律、艺术生产方法等方面,详细论证马、恩关于艺术生产的学说;从语言、题材、主题、情节、典型人物、典型环境、艺术风格入手,探讨马、恩艺术产品的构成理论;从艺术欣赏的动力机制、艺术欣赏心理、文艺批评标准、文艺批评方法诸方面,阐释马、恩对艺术消费的精辟论述。在对马克思、恩格斯文艺学思想的准确把握与当代艺术思维的有机契合中,赋予马克思主义的文艺学以崭新的面貌和当代体系建构,展示马克思主义文艺学的历史价值,揭示其在当代社会环境中的广泛适应性和强大的生命力。(程继松)

A000055 **毛泽东诗词鉴赏大全** 季世昌编著。南京出版社 1994 年 12 月版。75 万字。60.00 元。收录正式发表的毛泽东诗词 91 首,楹联 64 副,手书 380 幅。其特点如下:继承我国古代诗歌评论的优秀传统,运用诗话、词话的方式,广泛搜集、整理毛泽东诗词创作的时代背景、创作缘由、修改过程、社会影响、艺术评价等丰富材料,使人们更好地理解毛泽东诗词的深刻含义;把毛泽东写的楹联也作为研究对象,扩大了对毛泽东诗词研究的领域;将毛泽东诗词研究和他的书法结合起来,使读者在吟咏毛泽东诗词佳句的同时,欣赏到其精妙的书法艺术。(杨青)

A000056 **邓小平在太行拾录** 中共长治市委党史研究室编。山西人民出版社 1994 年 12 月版。37.9 万字。17.20 元。真实记叙邓小平在 1937 年 7 月 7 日抗日战争爆发后,随同朱德、刘伯承等东渡黄河,开赴华北抗日前线;在出任八路军一二九师政治委员之后,遵照党中央和毛泽东的指示,和刘伯承一道率军挺进太行山区,开辟以太行、太岳山脉为依托的抗日根据地,同日本侵略者展开殊死的搏斗,巩固了根据地,为赢得抗日战争的全面胜利做出了卓越的贡献。从不同的侧面和角度,反映邓小平卓越的才能、超人的胆略、非凡的智慧及率先垂范、平易近人的优良品德。(田红)

A000057 **邓小平思想理论大辞典** 巢峰主编。上海辞书出版社 1994 年 12 月版。145 万字。90.00元。大型工具书。收词约 1300 条,收录有关邓小平思想理论的名词术语、学说论断以及相关的著作、文件、会议等条目。分重点条目、一般条目和附录三部分。重点条目采取百科全书式大条目的写法,每条有数万字,系统介绍邓小平建设有中国特色的社会主义理论以及邓小平的哲学、政治、经济、军事、法律、外交、文艺、科技、教育、党建等方面的思想。选词与释文紧扣邓小平的思想理论。释文完整地介绍有关思想理论的内容,如"民主"条分立四个义项,"改革"、"马克思列宁主义"、"毛泽东思想"等条目分层次介绍邓小平在这方面的有关论述。设有《邓小平生平思想大事年表》和《邓小平思想理论研究索引》两个附录。前者按时间顺序,收集有关邓小平的实践活动、思想理论以及重大背景等资料。后者则收集全国研究邓小平思想理论的图书和论文,分类编排。(张良一)

A000058 **毛泽东外交思想研究** 裴坚章主编。世界知识出版社 1994 年 12 月版。25 万字。12.00元。系外交部为纪念毛泽东诞辰 100 周年而举办的毛泽东外交思想研讨会的论文集。收 30 余篇文章。全面、系统地阐述毛泽东外交思想的各个层面,介绍有关专家、学者学习和运用毛泽东外交思想的

心得体会。(许淑珍)

A000059 **巴蜀情** 副名:邓小平与四川。四川美术出版社 1994 年 12 月版。128.00 元。画册以邓小平在四川的革命斗争经历为线索,选择有重要历史价值和现实意义的代表性图片,真实记录邓小平在四川各个时期的活动,体现了邓小平作为一代伟人的风貌。重点突出了邓小平作为我国改革开放和社会主义现代化建设总设计师,对四川各项事业的发展所起的重大作用。(黄波)

A000060 **邓小平青年思想研究** 郑洸主编。天津人民出版社 1994 年 12 月版。22.5 万字。10.00 元。研究邓小平有关青年和青年工作思想的著作。详尽阐述邓小平的青年观,以及他关于青年的培养目标、培养途径、青年人生观、价值观取向等重要问题的理论观点。(沈力勤)

A000061 **毛泽东经济思想与当代中国** 赵继峰著。新疆人民出版社 1994 年 12 月版。59 万字。18.80 元。系统阐发毛泽东经济思想的形成、发展和主要内容,以及毛泽东思想与邓小平建设有中国特色社会主义理论的渊源关系。从我国近代经济发展的特殊条件出发,分 4 个方面论述毛泽东把马克思主义经济理论与中国实际相结合,丰富和发展了马克思主义经济理论宝库。作者认为,毛泽东领导我国在社会主义建设中,曾发生过"左"的错误,但正确的思想仍起主导作用。至于毛泽东的晚年错误问题,作者从历史唯物主义和辩证唯物主义观点出发,作了客观的分析。(武致中)

A000062 **马克思东方社会理论** 刘启良著。学林出版社 1994 年 12 月版。24 万字。14.00 元。学术专著。对马克思东方社会理论作系统深入的研究,提出一系列新见解。主要内容有:马克思与历史主义传说,马克思的历史分期理论是三形态还是五形态,何谓"亚细亚生产方式",马克思晚年是否放弃了"亚细亚生产方式"理论,马克思对东方专制主义的论述,马克思晚年探索与俄国道路,俄国"跨越卡夫丁峡谷"的可能性。(张建一)

A000063 **邓小平思想通览** 张静如、张中主编。中国国际广播出版社 1994 年 12 月版。200 万字。98.00 元。分上、下卷。上卷为"思想理论",下卷为"研究状况"。以哲学、政治、经济、新时期军队建设、外交、文化、教育、科技、宣传、群众工作、建党、干部队伍建设和邓小平综合研究等 13 个方面,介绍其形成过程、基本内容、理论界研究状况和研究成果,全面阐述邓小平思想,真实地再现邓小平波澜壮阔的革命生涯。还附有重要研究专著、论文目录索引。(沈炽锐)

B 哲 学

哲学理论

B000001 **哲学热点新论** 高为学著。百家出版社 1994 年 10 月版。20.7 万字。10.00 元。论文集。汇集作者 1978 年以后撰写的大部分论文。论述了实践是检验真理的唯一标准的伟大意义;实事求是思想路线的基本内涵及其在新时期的新发展;邓小平建设有中国特色社会主义理论对毛泽东哲学思想的继承、运用和发展;并评析某些贬低毛泽东哲学思想和歪曲建设有中国特色社会主义理论的错误观点。(张磊)

B000002 **智慧的探索** 冯契著。华东师范大学出版社 1994 年 10 月版。40 万字。24.30 元(平),27.30 元(精)。论文集。选入作者 1979～1994 年间写作的论文、发言稿、序跋共 50 篇。按其内容可分为四组:(一)对知识与智慧关系的理论探讨;(二)关于逻辑与方法论的问题;(三)关于价值论和自由学说以及伦理学、美学问题;(四)会通古今与比较中西,即从哲学史的角度总结、研究哲学理论问题。作者自称:本书是作为《智慧说三篇》的"外篇"来编辑的,文章入选有两条标准:"每篇文章要有自己的真切的见解,而决非人云亦云";"全书以智慧学说为中心,各篇同我对知识与智慧的关系问题的探索有着直接或间接的联系"。全书以"智慧的探索"为主干,以"化理论为方法"(方法论)和"化理论为德性"(价值论)为两翼,通过会通"古今"和比较"中西"而达到新的哲理境界。收入《冯契文集》第八卷。(缪宏才)

B000003　**中国的个人崇拜**　孙春山著。河南人民出版社 1994 年版。15.3 万字。6.80 元。研究个人崇拜的表现、危害、实质、根源等内容。收入"当代中国国是反思丛书"。(牛亚和)

B000004　**虚假论**　副名:真实背向的理性沉思。高帆著。辽宁人民出版社 1994 年版。19.7 万字。10.00 元。分 6 章。一、假象与虚构的交媾。二、虚假之因的理性沉思。三、虚假的类型。四、构筑虚假的逻辑。五、假科学的形态剖析。六、以实制虚,以真制假,全面分析了如何制服虚假之道。收入"负面文化研究丛书"。(于海寰)

B000005　**衰落论**　副名:兴盛界线阐微。魏鉴勋著。辽宁人民出版社 1994 年版。18.1 万字。9.80 元。分 5 章。一、衰落是兴盛的负面;二、衰落的社会表现;三、衰落期的主要社会角色;四、衰落期的社会心理;五、衰落的历史分析。着重论述衰落作为一条规律是客观存在的。尽管在一定条件下,衰落可以向对立面转化,但这种转化并非是凝固的,其轨迹绝非封闭的、循环的,而是永远运动的,是波浪式前进,螺旋形发展,直到陈旧的东西被新生的东西取代为止。最后的衰落,依然不可避免。随之出现新的由盛而衰的运动。自然界也好,人类社会也好,无例外地都将按这个规律发展。无论是优胜劣汰或是新陈代谢抑或是革命战胜反动,总之,自然界的发展及人类社会的进步,最后还是都要走出衰落。人对衰落的科学态度,应该是正视它,分析它,掌握衰落的规律,让衰落的负面效应对人类社会的进步,发挥正面的作用。收入"负面文化研究丛书"。(于海寰)

B000006　**超前认识论**　刘泽民。陕西人民出版社 1994 年 2 月版。17 万字。6.25 元。共 8 章,分别对超前认识与相关学科及当代生活实践的关系,超前认识论的任务、内容和研究方法,超前认识的规定性,超前认识的可能性,超前认识系统,超前认识过程,超前认识运动规律,超前认识中的思维方式,超前认识结果及其检验等方面,进行分析探索。作者认为,不论是预测活动,还是确定目标、设计方案、进行决策,都是人们在现实生活实践中把握和创造未来的认识活动,都可以概括为超前认识,即思维对事物未来运动状况的反映。作者力图在马克思主义认识论的指导下,把预测学、未来学、决策学、管理学、设计学、领导学、技术学、谋略学、创造学等学科中存在的认识论问题提出来,上升到哲学的高度,从而把握超前认识的本质和规律,并为现实生活中的超前认识活动指明方向,提供方法论原则。(张海潮)

B000007　**分析哲学基础**　〔美〕彼得·A·弗朗奇等著,周继明等译。上海译文出版社 1994 年 3 月版。29 万字。10.30 元。从萌芽状态的分析哲学开始,逐一介绍各个发展阶段的代表人物和主要思想。论述布伦坦诺、弗雷格、罗素、维也纳学派、波普尔、维特根斯坦、皮尔斯、赖尔、奥斯汀、蒯因等人的思想观点。(洪纬)

B000008　**观念**　副名:纯粹现象学的一般性导论。张再林译。陕西人民出版社 1994 年 5 月版。31 万字。9.35 元。西方现象学创始人胡塞尔现象学著作中的代表作,由导论和四部分组成。第一部分,本质存在的性质和认识;第二部分,基本的现象学观;第三部分,关于方法和问题的纯粹现象学程序;第四部分,理性和实在。此书的面世,标志着胡塞尔已与传统"心理主义"彻底决裂和其现象学思想臻至成熟。由于胡塞尔的哲学与传统哲学之间不可因袭的巨大的断裂带,这部著作以学理艰深、表述独特而著称,内容涉及逻辑、数学,概念表述有英文、德文、希腊文、拉丁文,译者据吉布森的英译本(1931 年)数易其稿,历时五年才完成。(何大凡)

B000009　**马克思主义哲学前史**　马泽民著。重庆出版社 1994 年 6 月版。57.2 万字。14.50 元。阐述从黑格尔哲学解体中所产生的青年黑格尔运动的历史发展过程,包括青年马克思恩格斯怎样成为青年黑格尔主义者,对青年黑格尔运动作出了哪些理论贡献,又如何脱离青年黑格尔主义和转向社会主义。由前言、正文(11 章)、结束语三部分构成,讲述向资本主义过渡的新时代与德国哲学争取精神自由的斗争;黑格尔学派的解体和争取精神自由斗争的新阶段;青年黑格尔派的形成和青年黑格尔运动的兴起;马克思走向青年黑格尔主义的曲折道路;青年黑格尔运动的蓬勃发展;马克思对青年黑格尔运动的哲学贡献——《博士论文》;迎接同宗教反动势力决战的青年黑格尔派;恩格斯对谢林启示哲学的批判;在政府高压政策下青年黑格尔派的英勇斗争;马克思为争取人民的民主权利而进行政治斗争;马克思在主编《莱茵报》时期进行的反封建政治斗争等 11 个问题。这部前史有两个特点:第一,以史为纲,史中带论,按照事件发生的时间先后次序来编排和阐述青年黑格尔派各主要代表的理论批判活动,说明青年黑格尔运动产生、发展和瓦解的历史过程。第二,紧密结合当时德国国情,从德国当时阶级斗争实际出发,阐述青年黑格尔运动的产生、发展和瓦解的历史过程,探讨其发展的内在规律性。(周世慧)

B000010 **马克思主义哲学的新视野** 钱俊生著。河南人民出版社 1994 年 7 月版。29 万字。11.50 元。叙述现代自然科学发展的一系列重大成果，如现代结构物质观、量子力学、分子生物学等，从物质结构、运动形式和生命演化过程等方面，丰富和深化马克思主义的物质观；介绍意识产生和人脑功能的生理过程及人类无意识现象等有关意识研究的进展情况，从而使马克思主义的意识论有了坚实的现代科学基础；通过对微观认识论、发生认识论和信息科学的研究总结，说明马克思主义的认识论随着科学思维的发展，不断充实新的内容；关于对现代自然科学方法的产生和运用的内容分析，如系统科学方法、信息方法、自组织理论和方法等，使马克思主义的一般方法论呈现出新的面貌；还阐述现代科学技术所引起的巨大的社会变化，为马克思主义的社会历史观，在现代条件下补充了新的内容。收入“马克思主义研究丛书”。（李自强）

B000011 **当代哲学主流研究** 燕宏远主编。广西人民出版社 1994 年 8 月版。45.5 万字。11.50 元。介绍当代西方哲学中主要流派的历史、现状及其发展趋势。主要以人本主义思潮中的存在主义、法兰克福学派，科学主义思潮中的当代分析哲学、结构主义作为研究对象。主要内容有：苏联哲学的终结与后苏联哲学的展望；马克思主义哲学在中国的发展；卢卡奇·捷尔克——当代哲学的一幕悲喜剧；“实践派”与南斯拉夫马克思主义哲学；当代波兰哲学的多元化；民主德国哲学的兴衰；唯物史观在意大利的新形态；当代法国马克思主义哲学研究；当代英国马克思主义哲学研究；法兰克福学派与当代西方社会；存在主义与人；战后英美分析哲学；结构主义的历史与现状等 13 个问题。收入“当代哲学丛书”。（邓耘）

B000012 **马克思主义哲学原理** 薛岩彬等编著。河北大学出版社 1994 年 8 月版。29 万字。7.80 元。以教学大纲为依据，突出马克思主义哲学的科学性、完整性和严密性，并突出马克思主义哲学方法论功能的阐述。每章均附有复习思考题，以便启迪思路，提高自学的能力。（邹卫）

B000013 **文明精神结构论** 刘士林著。河南人民出版社 1994 年 8 月版。26.7 万字。11.80 元。对东西方各民族文明发展历程的追溯、展望和对比进行研究，揭示人类永恒的价值要素—真、善、美形成的“三元结构”，在不同文明类型中所呈现的个性和共性；探讨苦难与文明进化的内在关系；反思东西方历史上的宗教（道德）独断论、理性独断论现象；认为唯有真、善、美协调均衡，才能为人类文明的健康发展奠定精神基础。书中对古希腊、日本、俄罗斯、欧洲近现代精神文明的论述，对康德哲学中“区分思维与存在”的全新理解和评价，对“中学”与“西学”、传统与现代化关系的思考，具有创见。（陈金川）

B000014 **马赫思想研究** 董光璧著。四川教育出版社 1994 年 8 月版。19 万字。7.26 元。概述马赫的生平、著述和影响，评析马赫的多面形象：科学家、科学史家、科学哲学家和人文主义者，详论马赫与原子理论、马赫与狭义相对论、马赫与马克思主义的关系。（何杨）

B000015 **哲学方法论纲** 李茂等著。陕西人民出版社 1994 年 11 月版。35 万字。12.80 元。共 9 章。第一章哲学方法论的历史演变。依据主客体的辩证法以及其基本表现形式——真善美统一的总体原则，勾勒人类哲学方法论思想发展的三大圆圈。第二至八章，横向展开马克思主义实践哲学方法论的建构问题。分析实践唯物主义方法与方法论的实践基础和理论基础，具体考察论述求真、求善、求美诸方法的原则和程序。第九章，将实践唯物主义哲学方法论的研究，着重放在人和社会的发展上。论述主体素质与能力的提高与哲学方法论的关系。本书以主体实践活动引出方法，探讨哲学方法论，最后回到人的实践活动，始终围绕着主体活动及其内在内容，其目的乃是为了使人在实践活动中获得自我完善、自我发展。（潘丽华）

B000016 **哲学解释学** 〔德〕加达默尔著，夏镇平、宋建平译。上海译文出版社 1994 年 11 月版。20 万字。12.20 元。继其《真理与方法》之后，对哲学解释学的基本原理作进一步的阐述，并对哲学解释学与其他哲学流派的关系进行论证。（朱阿根）

B000017 **唯物辩证法的理论与方法** 阳作华著。华中理工大学出版社 1994 年 12 月版。23 万字。9.60 元。论述的内容有：辩证地看待马克思主义、辩证法的基本规律和范畴、认识的辩证法、历史的辩证法和当作方法的辩证法。（徐汉明）

B000018 **论真假** 刘永富著。西安交通大学出版社 1994 年 12 月版。36.5 万字。23.00 元。在肯定四种真假理论——符合论、融贯论、实效论、施行论的积极性的同时，指出它们各自存在的弊病、矛盾和对真假问题不能作前后一贯说明的种种问题。重新说明“实际”和“从实际出发”，并把“从实际出发”作为一条基本的方法论原则，用于本书的研究。从“我有所知”出发，详细地考察了“知与所知”、“实知与想知”范畴;提出并论证“知必有所知”、“所知必有所是”、“所知是什么是由我们实际从事的活动确立的”、“一切所是的所知都是由我们实际从事的活动确立的”四条基本命题;以此为基础,作者深入地考察了什么是真假,真假的确证,真假的模态,真假与善恶、美丑的关系;进而澄清、解决了物质与精神、物质与意识、主观与客观、观念与实在、存在与非存在、真与假等等的判定问题,以及真假的公验、真善美的关系等问题。(李升元)

B000019 **对人的哲学理解** 袁贵仁主编。河南人民出版社 1994 年 1 月版。46.9 万字。24.00 元。分“中国传统哲学”、“西方古典哲学”、“现代西方哲学”、“马克思主义哲学”四个部分,介绍古今中外哲学史上的主要哲学家关于人的学说的主要思想,以“人的问题”为单元,纳入“人的存在”、“人的本质”、“人的价值”、“人的发展”等专题中。溯其源、探其流、辨其优、考其失。在介绍某一观点时,尽可能地追溯它的文化前提,在一定程度上考察其后来的命运,把思想家关于人的学说的观点和其整个思想体系、生活经历结合起来,展示产生这些学术观点的社会环境和学术环境。(张存威)

B000020 **西方智慧通典——对多维世界的一百种眼光** 顾晓鸣主编。湖北人民出版社 1994 年 8 月版。145.7 万字。58.00 元。择取西方历史上 100 位世界级学术大师及其代表著作,进行介绍与评述,突现 100 种对读者有启示的理论视野和方法途径。为使 100 位世界级学术大师及其 100 种眼光能有机协调地统一于一个科学、合理的框架内,编者既顾及了框架的规整,又突出了大师之间的内在联系。100 位大师的 100 种眼光,被有序地分为十部分:一、综合的宏想;二、思辨的魅力;三、无穷的理路;四、科学视野的拓展;五、透视人的内在空间;六、符号的解析;七、文化的历史;八、社会的学说;九、现实的洞察;十、方方面面的真知灼见。这十部分几乎囊括了宇宙、世界、人生、历史、文化的方方面面,使读者能够从中获得智慧,真正了解和把握世界与人生。(邓宁辛)

B000021 **东西方哲学比较研究** 王淼洋、范明生主编。上海教育出版社 1994 年 10 月版。61 万字。20.00 元。13 章。第一章导论,从东西方哲学比较研究的对象、方法到东西方哲学的产生、交融等。其后 12 章,以中国、印度、西方为代表的三种不同类型的哲学为对象,循纵向时间和横向空间、历史和逻辑相结合的途径,从宏观上揭示东西方哲学发展的历程及其基本特征,同时对其第一哲学、自然观、认识论、逻辑学、方法论、科学思想、历史观、人的理论、伦理价值观、审美观、政治观和文化观进行系统的比较研究,揭示其发展过程中的共性、特殊性和规律性。对西方哲学史上盛行的本体论同中国哲学中的道论进行了比较研究;对中国的、印度的、西方的三种思维方式的产生背景、特征、各自短长、彼此互补等问题,中西方法论各自哲学的地位、两者的体系及各自和科学的关系作了研究等。(黄启贤)

B000022 **马克思主义哲学史(第四卷)** 黄楠森、商英伟等著。北京出版社 1994 年 11 月版。50 万字。12.80 元。8 卷本,本书为第四卷。阐述 19 世纪 80 年代至 1917 年俄国十月革命期间马克思主义哲学在俄国的传播和发展,以及俄国马克思者同民粹派、合法马克思主义者、经济派、孟什维克派、马赫主义者、第二国际修正主义者之间在哲学上的斗争。介绍普列汉诺夫在唯物史观、美学和哲学史方面的杰出贡献,指出他在马克思恩格斯与列宁之间起了承上启下的桥梁作用;对他的某些有争议的哲学观点作了恰当的评价。重点评介列宁的哲学思想。阐明列宁认识论专著——《唯物主义和经验批判主义》一书中,在哲学基本问题和哲学党性原则、物质观、反映论、实践观、真理观等方面的贡献,批驳当代国内外某些人对列宁哲学的攻击。还介绍列宁的《哲学笔记》。重新分析和评价了列宁的帝国主义理论和社会革命理论,指出《帝国主义是资本主义的最高阶段》一书是马克思《资本论》的直接继承和发展。(岳民英)

B000023 **理性的历史沉思** 徐圻著。贵州人民出版社 1994 年 12 月版。28 万字。10.00 元。分上、下两篇。论述“哲学唯心主义”、“怀疑主义”、“古希腊哲学”、“现代哲学”、“直觉思维”、“科学哲学”、“分析哲学”、“逻辑实证主义”、“量子力学的哲学意义”等问题。介绍斯宾诺莎、德谟克里特、霍布斯、洛克、贝克莱、康德、黑格尔、罗素、皮亚杰、萨特、弗洛姆、马尔库塞、本格等人的主要思想及观点。(夏昆)

中国哲学

B000024 **天人·人际·身心** 副名:中国古代“终极关怀”思想研究。韩东育著。东北师范大学出版社 1994 年版。25 万字。4.00 元。论述天人关系哲学、人际关系哲学和身心关系哲学的发生和发展的基本过程。作者认为,终极关怀是指在不违背宇宙自然和人类社会之规律的前提条件下，人类最初亦最终、最基本亦最高级的、恒而衡之的价值追求和实践选择。历史的检验和雅斯贝尔斯的真理性阐释，使我们感到，在“轴心期”中国时段的东周时期，诸子百家所探讨的，正是这种具有超时空意义的终极关怀哲学。（包瑞峰）

B000025 **周易的数学原理** 欧阳维诚著。湖北教育出版社 1994 年版。18.4 万字。4.85 元。作者以现代数学为工具研讨周易，提出“易卦是古人研究思维决策的数学模型”，“卦、爻辞是解释决策模型的例题”等重要假说。作者还对易卦的起源，易卦的卦序，大衍之数等，用数学的观点重新进行研究，提出新的观点、结论和证据。本书分八章。第一章绪论，粗略论述周易中的数学内容。第二章至第七章分别论述周易与集体论、布尔代数、群论、整数论、组合论、概率论等的联系。第八章是数学原理在易学研究中的应用。（朱恒足）

B000026 **老子考辨** 朱恩田著。辽宁人民出版社 1994 年版。23.0 万字。10.00 元。研究老子和《道德经》。分两部分，前一部分为考辨，考据老子其人，其事，哲学思想，《老学》的传授与演变，中国道教的形成以及老子对中国文化的影响。后一部分，对老子《道德经》的注释。按“题解”、《道德经》原文、“注释”和“译文”次序将《道德经》分为八十一章，逐段注释，加以剖析。围绕“道”这一中心概念，阐明老聃关于宇宙的起源，世界的存在方式，事务发展规律，以及人类社会的种种矛盾与其解决方式等问题。附有马王堆汉墓帛书《老子》释文全文，为现存《老子》版本中最古老而又极珍贵版本。（于海寰）

B000027 **大同书** 康有为著，邝柏林选注。辽宁人民出版社 1994 年版。22 万字。12.10 元。分十部分；甲部，入世界观众苦，反映康有为的资产阶级人道主义精神。这种精神是整部《大同书》的一个根本出发点。他认为，在宇宙间，“人”是最可宝贵的。基于这种思想，他在审视当时的中国，考察世界之后，对社会进行多方面的揭露，历数人们遭受的种种苦痛，指出造成人间种种苦难的根源皆因“九界而已”。所谓“九界”，即国界、级界、种界、形界、家界、业界、乱界、类界、苦界。要解救人们的苦痛，就必须“破除九界”。《大同书》甲部以后的九个部分，便是分别论述如何去除“九界”；乙部，去国界，合大地；丙部，去级界，平民族；丁部，去种界，同人类；戊部，去形界，保独立；己部，去家界，为天民；庚部、去产界，公生业；辛部，去乱界，治太平；壬部，去类界，爱众生；癸部，去苦界，至极乐。康有为认为，“九界”尽去，“大同”社会的理想境界也就实现了。《大同书》所包含的思想，不论是激进的资产阶级民主主义，或是空想的社会主义，也不论是对现实社会的批判，还是对未来理想的“大同”世界的炽热，在当时的中国来说都是惊世骇俗的，具有重要的启蒙意义。收入“中国启蒙思想文库”。（陈淑艳）

B000028 **仁学** 副名：谭嗣同集。谭嗣同著，加润国选注。辽宁人民出版社 1994 年版。15.7 万字。8.70 元。收谭嗣同著作 7 篇：《仁学序》，《仁学》包括自序，仁学界说，仁学上下，《以太说》，《北游访学记》，《北飞楼治事十篇》，《思维氤氲台短书》包括叙，报欠无征，《石菊影庐笔识》包括思篇。所选各篇均据 1981 年版的《谭嗣同全集（增订本）》。其中《仁学》在编入本书时，笔者又对各章内容作了分段。谭氏仁学，是一个典型的“启蒙思想”体系；而与以太相结合的“仁”，则是经过宇宙观提升本体化的资产阶级启蒙思想的最高表现。谭嗣同的思想也有博杂的一面，如他信奉佛教，相信灵魂不死，夸大心力的作用，等等。这在他的文章中都有反映。他所鼓吹的大同理想，也只是一种空想。但瑕不掩瑜，这种历史的局限性并没有掩蔽谭嗣同启蒙思想的光彩，这种光彩使他无可疑义地成为承前启后，继往开来的一代思想巨人。收入“中国启蒙思想文库”。（陈淑艳）

B000029 **尊隐** 副名：龚自珍集。龚自珍著，康沛竹选注。辽宁人民出版社 1994 年版。16 万字。9.30 元。收录龚自珍政治文章、上书、序跋、信件、碑铭、寓言故事、政治小品文、箴言等最具进步意义的文章 60 余篇。每篇文章都有题解和注释。文集中所收的《尊隐》、《明良论》、《乙丙之际箸议》、《古钩沉沦》、《拟匣正五事书》、《述思古子议》、《平均篇》、《农宗》、《送钦差大臣候官林公序》、《御试安边绥远疏》、《最录平定罗刹方略》等文章中集中反映了他的如下思想：一、社会批判思想，对封建社会黑暗腐朽的揭露和抨击，触及社会生活的方方面面。二、社会改革主张，提出政治上，要改革官僚制度，如限制君主权力，改革君臣关系，打破凭资格的用人制度等；在经济上，反对豪强地主的土地兼并，提出“田相齐”的主张；在思想文化上，提倡“经世致用”的学风，强调学术与政治的密切关系，主张学术应该为政治服务。三、禁烟抗敌的爱国主义思想，其一，坚决反对鸦片贸易，支持林则徐禁烟活动。其二，站在爱国主义立场上，要求加强边防，防范沙俄的侵略。收入“中国启蒙思想文库”。（陈淑艳）

B000030 **默觚** 副名:魏源集。魏源著,赵丽霞选注。辽宁人民出版社1994年版。18.6万字。10.30元。收录魏源政治,经济,哲学,史地等方面的文章73篇。比较有代表性的文章有《默觚》、《海国图志》、《道光洋艘征抚记》、《皇朝经世文编》、《明代食兵二政录》、《老子本义》、《论语孟子类编》、《圣武记》、《筹海篇》、《筹河篇》、《筹漕篇》等。这些篇章集中表达了魏源的哲学观点和政治理想。在政治上,他面对日益腐败的官僚政治,提出"非变革不能除弊","人才竞则军政修",把言论是否畅通作为政治清明与否的标志,要求国家允许庶民上书言事,参与国政;在经济上,他把国家的希望寄托于经济振兴,提出一系列富国必先富民的改革措施。他是第一个主张向西方学习的人。他的"师夷"思想在当时封闭、落后的中国激起巨大波澜。他希望通过"师夷长技"走富国强兵之路,在当时虽然无法实现,但这种放眼世界的宏大气魄和御海图强的爱国热情,却激励着无数中国人沿着他的足迹继续探索;在认识论上,他提出"及之","履之"为基础的先行后知的认识原则。他对理学家所奉行的历史退化论给予抨击,主张治不必同,期于利民,反对厚古薄今;在历史观上,他认识到"众人"在历史发展中的作用以及社会发展的必然趋势,具有鲜明的辩证性质。收入"中国启蒙思想文库"。(陈淑艳)

B000031 **訄书** 章炳麟著,向世陵选注。辽宁人民出版社1994年版。19.1万字。10.60元。采用《訄书》重订本,收录正文63篇,"前录"2篇,"附录"4篇。章炳麟的社会政治思想,反映在《客帝匡谬》、《分镇匡谬》、《刑官》、《通法》、《定律》、《明群》、《明独》、《地治》等篇中。其次,以进化唯物论和认识论为中心的哲学思想,反映在《原变》、《原人》、《族制》、《出言》、《颜学》、《王学》、《订实知》等篇中。第三,以重新评价孔子、儒学为契机的学术思想和对文化专制主义的批判,反映在《订孔》、《原学》、《学变》,儒家与诸子相比较的多篇论文和《清儒》、《哀焚书》等篇中。第四,立足于民族自尊的文化人类学思想,反映在《序种姓》上、下,《族制》、《方言》、《订文》、《订礼俗》等篇中。章炳麟还对中西文化进行多方面的比较分析。他在吸收西方社会学,人类学研究的有益成果的同时,特别注意维护华夏及其他弱小民族的固有传统,反对西方文化侵略。收入"中国启蒙思想文库"。(陈淑艳)

B000032 **论世变之亟** 副名:严复集。严复著,胡伟希选注。辽宁人民出版社1994年版。17.8万字。9.80元。收录严复文章22篇,其中他于1895年连续发表的《论世变之亟》,《原强》,《辟韩》,《原强续篇》,《救亡决论》,是宣传他变法主张的代表作。贯穿这些文章的基本观点是,中国如要救亡图强,必须大举学习西方近代思想文化。严复在这一思想指导下做了大量的翻译工作。他介绍的西学内容十分广泛,主线是以英国经验论哲学为背景的西方自由主义思想。严复本人也因此成为中国近代自由主义思潮的开创者和代表人物。严复的自由主义思想的主要内容是:提倡建立维护个人主义的法制和政治制度;提倡思想与言论自由;提倡经济上的放任主义;提倡功利主义的伦理观。严复的政治理论、经济思想、伦理学说以及社会价值观的自由主义思想理论,并不是西方近代自由主义的翻版,而是他综合西方古典自由主义各派理论之后,再结合中国近代社会历史条件进行的一种创造。收入"中国启蒙思想文库"。(陈淑艳)

B000033 **新民说** 梁启超著,宋志明选注。辽宁人民出版社1994年版。14万字。7.80元。收录梁启超1902年到1906年所发表的论文20篇。包括论新民为今日中国第一急务、释新民之义、就优胜劣败之理以证新民之结果而论及取法之所宜,论公德、国家思想、进取冒险、权利思想、自由、自治、进步、自尊、合群、生利分利、毅力、义务思想、尚武、私德、民气、政治能力等。大部分篇章写于梁启超思想最进步时期,个别章节流露出他转为保皇党以后的思想情绪。塑造近代社会的理想人格形象,是《新民说》的通篇主旨。梁启超认为新民就是同资本主义社会相适应的人。这种人有强烈的上进心,热爱自由民主,善于求强致富,遵守法律秩序,具有强健的体魄和健康的心态。所谓"新民"是相对于旧时代的老式人格而言的,梁启超所倡导的其实就是一种近代资产阶级的人学观念。在如何改造国民劣根性,造就一代新民方面,他主张:第一,推翻专制主义政体,从根本上消除造成中国国民性扭曲的病因。第二,学习其他民族的长处,培养近代人应有的品格。第三,继承祖国优秀的文化遗产,弘扬固有的民族精神。收入"中国启蒙思想文库"。(陈淑艳)

B000034 **强学戊戌时论选** 康有为等著,任菁选编。辽宁人民出版社1994年版。18万字。10.60元。收录康有为、梁启超、汪康年、麦孟华、徐勤、樊锥、皮锡瑞等人写于戊戌变法时期的文章或讲演共50篇。其中重点收康有为《变则通通则久论》、《上清帝书》二、四、六等16篇;收梁启超《变法通议》等12

篇。这些篇章的内容是:批判君主专制制度,宣传资产阶级的天赋人权、自由、平等观念。首先,他们对封建君主专制制度予以无情的揭露和批判。其次,从天赋人权思想出发,宣传资产阶级的平等观念。其三,用自由平等思想为武器,对封建纲常名教进行猛烈的批判。其四,要废除科举,改革旧的教育制度,主张引进西方教育制度,兴办新式学校。其五,重视介绍和提倡西方资产阶级的各种自然科学,传播科学,破除迷信。收入"中国启蒙思想文库"。(陈淑艳)

B000035 **蒙古族哲学思想史** 乌兰察夫等著。内蒙古大学出版社 1994 年版。28 万字。8.00 元。绪论,论述蒙古族历史与文化概观,蒙古族传统文化与蒙古族哲学思想,蒙古族哲学思想史研究的方法论;第一章,形成与发展(蒙古族史前史);第二章,崛起与统一(7 世纪至 13 世纪中叶);第三章,冲突与融合(13 世纪中叶至 14 世纪下半叶);第四章,变异与束缚(14 世纪下半叶至 19 世纪中叶);第五章,启蒙与觉醒(19 世纪中叶至 20 世纪初);第六章,黑暗与光明(20 世纪初至 1947 年)。在方法上,突出蒙古族与其他民族的文化交流,相互影响、吸收、扬弃的思维融合过程,努力发掘各民族哲学思想共同构成中华民族哲学的内涵。(朝克)

B000036 **中国传统思维方式研究** 高晨阳著。山东大学出版社 1994 年版。29 万字。8.80 元。运用中西文化比较法,重在阐明传统哲学对于对象的特定理解方式、把握方式及价值取向,确定它的历史价值和现代意义。分导论及上、中、下三篇,导论对思维方式从理论上予以界定,强调思维方式是文化结构的内核,在文化传承中起着"基因"的作用。上篇探索传统哲学对世界的理解,认为其基本特点是强调整体性,强调整体自身的调控、整合功能及其和谐性。中篇分析传统哲学把握对象的方式,本质上是直觉思维,运用的主要是意会和体认的方法,而不是逻辑的方法,而在治学倾向上则是经学思维。下篇把传统哲学的价值倾向概括为人本主义、群体本位和境界理想主义,其思维特点是重视自我意识,强调践履,属于内向型、实践型、内在超越型。(牟文华)

B000037 **中国哲学大辞典** 方克立主编。中国社会科学出版社 1994 年版。200 万字。50.00 元。对中国历代重要哲学派别、哲学家、哲学著作、哲学学说、概念、范畴、命题的介绍和解说。包容哲学的主要分支学科,如中国逻辑思想史、中国伦理思想史、中国宗教思想史、中国美学史等。所设条目较齐全,如"质用"、"心物"、"一多"等专门辞条。学科范围合理,如有关经学史的条目,只选收经学中与哲学有关的部分。加强了中国近现代哲学的内容。注意名词概念的多义性,对其多种涵义及其在历史上的发展演变,全面加以介绍;注意释文中的引文,尽可能选用最典型的资料。书后附有三套索引,以便检索。(李树琦)

B000038 **淮南子校注译** 陈一平著。广东人民出版社 1994 年 1 月版。83 万字。32.00 元。21 卷,每卷分为说明、原文、校勘、注释、译文等 5 个部分。前言 2 万余字,对本书体系与结构进行条分缕析,揭示全书的理论架构,并在评价中提出作者见解。本书以刘文典《淮南鸿烈集解》(中华书局 1924 年再版)为底本,参校 30 多种版本,总结和吸收前人的研究成果而又有所提高。每卷卷首的说明部分,解释题意,有助于理解这一卷,还可以通过这一卷来理解全书内容。在校勘方面,作者坚持不妄改原文的准则,取舍慎重,除出校说明依据外,还采用标示校删字、校增字的方法,便于读者识别;在注释方面,力避烦琐引证和疏而无当,力求简明扼要,尤其注意阐释古代典章制度以及天文历法、地理等知识;书后附录的《刘安小传》,叙述刘安富有传奇色彩的一生。(陈海烈)

B000039 **三松堂全集(第 13 卷)** 冯友兰著。河南人民出版社 1994 年 1 月版。73.1 万字。24.00 元。论文集,包括哲学论文、教育论文、散文等。与友人交往的函件之类的短文、哲学论文约占 3/5,侧重研究中国古典哲学,特别是对著名思想家的哲学思想的研究,如对孔子、墨子、孟子、董仲舒、程颐、程颢等人的研究。这些研究就某一个问题,或就人们争论的焦点,进行深入的探讨,表示个人的见解。本部分还包括冯友兰学习马克思主义哲学的体会,如《学习〈实践论〉的收获》、《〈实践论〉—— 马列主义的发展与中国哲学传统问题的解决》、《马克思主义在中国的发展》等,是记述他学习的过程与新的认识,教育论文是他在 30 年代主持清华大学工作时的报告、启事、呈教育部文等。(王恩荣)

B000040 **梁启超哲学思想新论** 刘邦富著。湖北人民出版社 1994 年 1 月版。31.2 万字。8.70 元。旨在对梁启超的整个思想特别是哲学思想的形成、发展和变化,作出系统的总结和全面的评价。为便于把握梁启超思想变化的脉络,作者把它分成前、中、后三个时期,并分别从中找出每一时期的基本特点,进行具体分析与系统研究,最后综合各种材料,阐明梁启超哲学思想具有结合型、时代型、主体型和折衷型的四个特征。其现实意义,是表现了爱国主义的精神、爱真理为真理而斗争的精神、注重国民的精神、注重古、今、中、西相结合的精神和思想解放的精神。进而,作者从更深的层次上对梁启超思想作专题研究,诸如对于梁启超对本体论、心物论、理智情意论,天人观、知行观的认识和理解,以及对梁启超的“以进化论为主的多元论”的社会历史观,从哲学上作细致的分析和论述。此外,作者对梁启超的“新民说”也作了深人的研究,认为“新民说”的思想实质,在于提倡国民的民族自觉、民主自觉和个性解放,它的社会意义,在于注意到人民群众的作用,提高反帝反封建的自觉性。对于梁启超的改良主义,对改良派与革命派矛盾的性质、两派分歧的实质,作者提出自己的见解。对改良主义的历史作用,作者从历史主义的角度,给予全面的评价。最后,作者还对梁启超的无神论思想、宗教鬼神观、人生观理论,以及梁启超对思想方法论的研究和应用作了评述。(洪涛)

B000041 **宋明理学** 吴乃恭著。吉林文史出版社 1994 年 1 月版。39 万字。15.00 元。论述宋明理学以及反理学的主要代表人物,理学创始人周敦颐、奠基人张载、二程,象数派大师邵雍,理学派的集大成者朱熹,心学派奠基人陆九渊和集大成者王守仁以及中国古代哲学的最高发展者和对佛老理学的批判总结者王夫之的思想。一,阐述理学家与反理学家的理论内容、命题和范畴,进行理论分析,总结经验教训。二,阐发独创性的新观点。如不囿于周学的太极唯心说,提出“无极而太极”、太极是混沌的元气宇宙生成论;一反邵雍的象数学是“虚无的太极”或“主体精神”的通说,从“合一衍万”的先天象数学、天地万物“本一气”、“一阴一阳之谓道”,论述宇宙生成论,太极的内容是“恍惚阴阳”的物质气,揭示天地人物之道体现的“一阴一阳”的辩证发展规律;评析朱熹理学的社会作用,结合宋代历史实际、给以一分为二的正确评价。三,高扬王夫之哲学的思想精华,突出王夫之哲学对老庄的虚无说、佛学的空无说,和程朱理学的“天—理”、陆王的“心即理”的唯心主义宇宙观的批判,对于批判地继承传统哲学思想具有重要的意义。(吕海江)

B000042 **唐君毅思想研究** 张祥浩著。天津人民出版社 1994 年 1 月版。31.5 万字。16.80 元。简介唐氏的生平,论述唐氏的人生哲学、道德哲学、宗教哲学、政治哲学、文化哲学、人文主义思想、儒学观、形上哲学、方法论、唐氏对西方思想的综摄和对儒学的发展。作者认为,唐氏对西方学术文化的综摄,并不是以“中学为体,西学为用”,也不是把两种不同的学术文化,以“体”、“用”的形式加以拼凑,而是“融汇西方学术文化,用以充实中国的传统文化”。正是因为如此,他才可能把儒学推进到现代的阶段。他上承熊十力、梁漱溟等人的思想,而下启第三代港台新儒家的思想,在现代新儒学的发展中,有重要的地位。收人“现代新儒学研究丛书”。(盛家林)

B000043 **孔子思想及其现代意义** 游唤民著。岳麓书社 1994 年 1 月版。29 万字。8.80 元。论述孔子思想对现代经济发展的促进作用,着重评介日本和“亚洲四小龙”将孔子思想运用于企业管理,促进企业发展的经验,以及对中国企业发展的重要借鉴作用。论述孔子思想与爱国主义的关系及对祖国统一、对发展现代教育的作用。(胡渐逵)

B000044 **中国哲学史通览** 任继愈、张岱年等编著。中国大百科全书出版社上海分社 1994 年 1 月版。34.5 万字。20.00 元。以《中国大百科全书·哲学》中骨干条目为基础,按学科的逻辑结构重新组合编排。分为中国哲学概述、先秦哲学、魏晋南北朝哲学、隋唐五代哲学、宋元明清哲学诸大块,叙述中国哲学、伦理学、美学、逻辑学以及中国的宗教哲学的发生发展史,展现自殷周哲学萌芽时期以来 3000 多年的中华民族世界观理论体系形成的历史概貌。其“史”由古代至当代,不仅介绍旧民主主义革命时期的哲学,还纳人现代的新民主主义革命时期的哲学和毛泽东的哲学思想。(郑父)

B000045 **体用论** 熊十力著。中华书局 1994 年 2 月版。53.5 万字。26.85 元。《熊十力论著集》第二卷,收录作者 1949 年以后的著作。《新唯识论(王辰删定本)赘语和删定记》进一步强调《新唯识论》的“体用不二”、“心物不二”;《体用论》在坚持《新唯识论》的基础上有新的见解和发展;《存斋随笔》批判佛学缘生之论消灭人生、毁弃宇宙的消极思想,发展《乾坤衍》的宇宙观和人生论。综合反映熊十力晚年的哲学思想。(陈雅)

B000046 **中国文化** 周仪、梁义华编译。广西教育出版社 1994 年 3 月版。15 万字。4.70 元。采取中英文对照形式,对我国文化传统——孔家学说、老庄哲学、墨家学说、佛教等作重点介绍,选编《论语》、《道德经》、《墨子》、《韩非子》、《孟子》、《荀子》、《易经》、《诗经》、《大学》、《中庸》、《尚书》等经典著作。介绍中国茶文化、中国酒文化、中国饮食文化等文化组成部分。(孙梅)

B000047 **清儒学案新编** 杨向奎编。齐鲁书社 1994 年 3 月版。400 万字。8 册。学案体学术思想史著作始创于黄宗羲所撰《明儒学案》，至民国初年，有徐世昌主撰《清儒学案》（以下简称《旧案》）行世，但《旧案》书成众手，别择未严。作者借鉴学案体例，重修《清儒学案新编》（以下简称《新编》）。分 8 卷，收入案主 120 人。案主取舍有别于《旧案》的依生年编次，而兼顾学术思想源流，即以学术源流为纲而列出子目，选取足以反映当时学术思想水平的学者，大体人自一案，清初诸大家及理学、朴学、经学各流派代表人物均予收入。《新案》的体例包括案主评传与学术思想史料两个部分。于案主评传部分重在学术思想内容的介绍、分析及评价，案主的师承、家学、交游等则随案记述，不另立门户。学术思想史料部分则旨在反映案主之学术思想风貌，针对《旧案》"庞杂无类"之弊，汰其繁冗，力求择取案主学术思想之精华，并尽量依据原著通行版本，精细校勘。（刘志义）

B000048 **周易六十四卦新探** 穆野著。三秦出版社 1994 年 3 月版。12.8 万字。3.60 元。用殷墟甲骨和西周甲骨研究成果对占卜和判词进行解读和论证，并用《说文解字》和《诗三百》予以旁证。认为《周易》八卦是周人对天地间万物进行思考的立体意识概念。在此基础上，提出《周易》研究的新观点，认为《易》是农耕文明初期周文王与其君子大人讨论建立农业文明社会秩序与科学管理的哲学论著。是调节以血族联邦为基础的农业文明社会人与人关系的经验总结；也是人如何顺应自然规律，从而发挥人的主观能动作用的经验概括。是周人伐纣灭殷，改天换地，移风易俗，知难行易的思想武器。该书认为周易上经主要论述治国征战的思想，下经则是探讨微观的国家统治术。（淡懿诚）

B000049 **善的历程** 副名：儒家价值体系的历史衍化及其现代转换。杨国荣著。上海人民出版社 1994 年 3 月版。28.6 万字。13.90 元。从价值观的角度，层层分析儒学的各个方面，包括儒学对自然原则与人文原则的理解，对人的自由的看法，对本体与存在关系的规定，关于人格境界的学说，以及对生命意义的阐释等等，并由此进一步透视儒学对整个中国文化的影响。作者还以相当篇幅，探讨了儒家价值体系的现代化及其在现代化过程中的多重意义，对如何转换儒学，提出富有启发的见解。（苏义宁）

B000050 **周易集解纂疏** 清·李道平撰。潘雨廷点校。中华书局 1994 年 3 月版。43 万字。25.00 元。唐李鼎祚《周易集解》有重要学术史料价值，保存了较丰富的汉魏古注。李道平的《纂疏》对《周易集解》进行了学术上的求真与溯源，是一部具有经典性意义的作品。点校者标点准确，并作了大量的引文稽核工作。（卢仁龙）

B000051 **老子指归** 汉·严遵著，王德有点校。中华书局 1994 年 3 月版。9.5 万字。7.00 元。是《老子》古注本之一。书中提出一个由道至德，由德至神明，由神明而至太和，由太和而至天地的十分独特的天地起源论，发挥了《老子》从无到有思想，具有一定的理论价值。本书原为 13 卷，后 6 卷在宋以后佚失，今仅存 7 卷。整理者从唐宋 50 多种注本中辑录出 80 余则佚文，从而大体窥得本书全貌。（王国轩）

B000052 **老学新探** 副名：老子与华夏文明。杨炳安等主编。中州古籍出版社 1994 年 3 月版。41.5万字。14.80 元。分上下两卷。上卷为老子新诠。以浙江书局刊明张之象本魏王弼《老子道德经注》为底本，参阅其他版本，对老子原文 81 章进行对校、他校、理校、厘定错讹。在吸收前人研究优秀成果的基础上，提出不少新见解。下卷为老子新论。就老子的主要思想分 14 个专题进行研究。内容为老子的社会历史观、老子与中国哲学、老子与中国儒学、老子与道教文化、老子与中国美学、老子与孙子兵学、老子与中国养生文化等。对老子"道"的学说，有新的界定，即唯心论和唯物论二者兼而有之。（孙宝瑞）

B000053 **周易的思维与逻辑** 李廉著。安徽人民出版社 1994 年 4 月版。17 万字。6.20 元。依据现代逻辑理论和哲学思想，对《周易》在逻辑上有关概念、判断、推理的最初思想与理论渊源，《周易》经卦、别卦中流转、变动、对偶和多值的辩证逻辑思想，进行探讨。还讨论了《周易》的结构符号系统、宇宙形象图式、形象思维方式、趋利避害的预测模式及其历史的局限。（丁怀超）

B000054 **道德经注译与析解** 〔意〕贺荣一著。百花文艺出版社 1994 年 4 月版。40.4 万字。15.50元（平），20.50 元（精）。为意大利学者贺荣一研究道德经的理论专著。作者用浅显易懂的白话，译出深奥难懂的道德经。每一章均有注释、考正、语译、章旨、析解。（甘以雯）

B000055 **庄子全译** 战国·庄周著，张耿光译注。贵州人民出版社 1994 年 4 月版。50 万字。14.80元。《庄子》的白话文全译本。以郭庆藩的《庄子集释》为底本，参考近现代《庄子》研究的重要成果，如章炳麟的《庄子解故》、马叙伦的《庄子义证》、刘文典的《庄子补正》等，同时对郭本的少数用字和句读也作了适当校正。全书分内篇、外篇、杂篇三部分，阐

释其以“道”为中心的哲学体系。收入“中国历代名著全译丛书”。(谢丹华)

B000056 **老子注三种** 清·姚鼐、近代·马其昶、奚侗撰,汪福润注译。黄山书社 1994 年 4 月版。23 万字。9.80 元。清代安徽桐城人姚鼐作《老子章义》、近代马其昶作《老子故》、当涂奚侗作《老子集解》,为世所重。本书合编三书,并附《老子》原文译述。马、奚两书,皆集注性质,除用先秦、汉初的《易传》、《孟子》、《庄子》、《韩非》、《荀子》、《吕览》等书“以子证子”互相参稽外,又博采魏晋以至近代诸家之注;而文字训诂,多本《说文》、《广雅》,不为臆说。其中《老子故》既多采魏源、高延第诸说,又录取其同时学者柯劭忞、王树楠、姚永概之论。马、姚两家,本以文章著名,精于“审文词往复之情”,著此书时,注意“寻其意绪语脉”,指其“前后措注之所以然”,对书中语言之层次、转折,体会较深,言之较明。(项纯文)

B000057 **实践与超越** 副名:王阳明哲学的诠释、解析与评价。丁为祥著。陕西人民出版社 1994 年 4 月版。22 万字。6.70 元。分上、中、下三篇。在为人与讲学统一的前提下,各篇或从人生境遇出发考其学说,或通过对其学说的解析而反观其人生,以不同思路从不同侧面揭示王阳明哲学的本真面目。上篇《王阳明哲学的形成与发展》,从王阳明坎坷沉浮的人生境遇展示其学说的历史成因和发展指向。中篇《王阳明哲学的结构与特征》从王阳明身心之学的角度分析其学说体系,并通过对其思想体系的透视来反观其人生。下篇《王阳明哲学的境界》,深入解剖王阳明哲学的终极关怀——人生境界,并以从“万物一体”、“廓然大公”到“无善无恶”勾勒王阳明在融合佛道基础上的思想轨迹与境界的实现进程。(何大凡)

B000058 **论衡索引** 程湘清等编。中华书局 1994 年 4 月版。405 万字。123.00 元。《论衡》是东汉唯物主义思想家王充的著作,本书是按字词检索《论衡》原文的工具书,依汉字拼音的音序排列,并附有经过精心校订的《论衡》原文及四角号码、部首、笔顺检字和人名、地名索引,是研究和利用《论衡》必备的工具书。(梁运华)

B000059 **中国唯物论史** 张岱年主编。河南人民出版社 1994 年 5 月版。74.8 万字。29.50 元。总结唯物主义发展演进过程。先秦时,老子提出“自然”观念,为唯物主义开辟道路,到荀子断言“天行有常,不为尧存,不为桀亡”,完全否定对于主宰之天的信仰。进至两汉,建立“天道自然论”。魏晋南北朝时期,唯物论的主要形式是“崇有”。隋唐时代,进一步批判“天人感应”的观点,提出“天人不相预”,“天人交相胜”。宋元明清时期,唯物主义大踏步前进,创建“气本论”的完整体系。通过这样的总结,揭示贯穿于中国哲学唯物论的优秀传统。阐述中国哲学在世界思想史上的重要地位。如南北朝的范缜,他提出“神灭论”,把形神比喻为刃利关系,这一论点在欧洲直到 18 世纪才被人提出来。明末清初的王太之,其哲学思想所达到的成就已经非常接近于辩证唯物主义学说,在一些方面超越了费尔巴哈,但他比费尔巴哈早近两个世纪。本书全面挖掘思想家著述之外许多方面的新材料,如自然科学家、兵家、医学家,以及布衣百姓的深刻见解,大大丰富我国唯物主义的思想宝库。(王恩荣)

B000060 **老子的文化解读** 萧兵、叶舒宪著。湖北人民出版社 1994 年 5 月版。90.5 万字。29.50 元。对《老子》所蕴藏的“哲学史前史”作新的探掘。上篇“《老子》与神话”,通过原型意象的模式分析推演和跨文化的比较对《老子》里的神话性思维、《永恒回归》母题、祭司王与大母神崇拜以及《老子》对“语言创世观”的解构等方面作哲学性的通解;中篇“道的原型意象”分析比较“道”的种种“物化形式”或“原型意象”,如像混沌(气)、朴(葫芦)、太阳(太一)等等,提出道的现实基础主要是日月运行之道,并且释读了“大象无形”、“大方无隅”、“大器晚成”、“大音希声”四悖论的内在含义;下篇“《老子》与性”则破译“谷神”、“玄牝”、“象帝”等神秘概念的原义及其与生殖崇拜、母性崇拜、童婴崇拜的潜在联系,还探索《老子》里某些类气功和性经验的哲学升华过程;余篇“从人类学看老子生平与心态”考据老子的某些事迹,提出这位“大耳朵的老思想家”原是巫史末裔,阴谋家之祖,其著作中不乏巫术经验之抽象,还从“农耕”与“游牧”人类两大文明形式的冲突的角度论述《老子》与《孙子兵法》都富涵着耕稼民族的文化心态和战略防御思想。(邓宁辛)

B000061 **儒学与东方文化** 徐远和著。人民出版社 1994 年 5 月版。20.8 万字。8.80 元。对中、韩、日三国的儒学进行综合性研究。在中国儒学方面,介绍孔子、董仲舒、柳宗元、程朱、许衡、王守仁、戴震等具有代表性的人物以及“五四”的时代课题,展示中国儒学从创始、嬗变直至终结的发展线索、整体风貌和理论特质。在韩国儒学方面,除揭示儒学在百济、新罗、高丽的传播外,还分析了李朝时期儒学大师李滉、李珥、韩元震等人的思想。在日本儒学方面，则在叙述其历史发展线索的基础上，着重说明日本化了的儒学对大和民族及日本社会所产生的深远影响。对五四时期的儒学批判运动提出自己的见解。论述儒家文化在现代社会生活中的定位问题，指出儒家文化已不再作为一种独立、完整的文化形态发生作用，而是被分解为无数“碎片”汇入时代思想的大潮，成为未来新的综合文化的有机组成部分。（王粤）

B000062 **中国哲学发展史（隋唐）** 任继愈主编。人民出版社 1994 年 5 月版。43 万字。18.20 元。多卷本《中国哲学发展史》的第四卷。认为隋唐这一段应突破以儒家为正脉嫡传的偏见，重视儒家以外的佛、道两家，特别是佛教在哲学理论上的独到之处，改变隋唐哲学部分过去只有韩、李、柳、刘等几位儒者的单薄状况，显示出“唐朝的哲学界，实在是一个群星灿烂的时代，比过去任何一个朝代都丰富充实”的盛世气象。本卷坚持中国哲学史就是中华民族认识发展史的观点，从时代思潮的中心课题出发，在魏晋玄学向宋明理学转化的内在联系中，研究处于二者之间的隋唐哲学和其作为在认识过程中连接二者过渡环节的地位和作用。卷中指出，隋唐哲学最突出的贡献在于把心性论研究推向新的高度，这是当时儒、道、佛三教开始共同关心的时代课题。其中尤以隋唐佛教讨论心性问题的范围为至广，钻研功力也极深，在道德观、社会观、本体论、认识论、心理活动、宗教实践等诸多方面都有创造性见解。为如实反映隋唐三教并立的特点，又指出三教开始趋于会通的总趋势，为下面宋元卷作准备。本卷采用不仅有别于其他中国哲学史，而且不同于自己的前几卷的独特方式来安排它的内容，分为“儒教编”、“道教编”、“佛教编”、“会通编”四编。其中，特以较多篇幅讨论了佛教中国化问题，确立佛学大家在中国哲学史上的适当地位。（王粤）

B000063 **一本万殊** 副名：黄宗羲的哲学与哲学史观。李明友著。人民出版社 1994 年 5 月版。26.8 万字。11.20 元。共 12 章，从理气、心性、性情、理欲诸方面，对有关命题作出诠释，着重揭示其哲学中的主体性学说和对于破除理学教条的意义，对以往研究中较混乱的观点予以澄清。对以往很少涉及的黄氏“真情为美”的文学思想、“破邪求实”的科学思想以及《明文海》的编纂等，也进行了专门研究，展示其哲学在诸领域的体现。特别是对 1985 年宁波天一阁新发现的黄氏佚著《留书》等人们难得一见的珍贵资料作专章研究和阐述。收入“中国大哲学家研究系列”丛书。（王粤）

B000064 **金岳霖哲学思想** 胡伟希著。湖北人民出版社 1994 年 6 月版。28.9 万字。8.65 元。分 6 个部分：导论——金岳霖与 20 世纪中国哲学精神；第一章——生平与学术成就；第二章——本体论；第三章——知识论；第四章——后期哲学思想；结语——哲学的生命在于开放性。最能反映金岳霖前后期哲学思想的三部著作是《论道》、《知识论》、《罗素哲学》。《论道》是一部主要研究“天道”，同时又探讨“人道”的本体论著作。《知识论》是一部消化吸收西方近代以来的认识论成果，又深入探讨认识论的著作。《罗素哲学》是一部反映金岳霖哲学思想从新实在论到辩证唯物论转变的著作。该书第二章主要研究《论道》，第三章主要研究《知识论》，第四章主要研究《罗素哲学》。该书清晰地揭示出金岳霖哲学思想发生、发展与转变的过程。（曾凡国）

B000065 **论语解注合编** 姚永朴撰，余国庆点校。黄山书社 1994 年 6 月版。20.5 万字。13.90 元（精），9.90 元（平）。正文十卷，收录《论语》及历代《论语》注释精华；别置《叙录》一卷，包括《孔子世系及生卒出处》、《论语纲领及读法》、《论语名义》、《采录诸家名字时代》及作者后序。作者为姚鼐四世侄孙，近代著名学者。解注部分除主要采取何晏《论语集解》、邢昺《论语义疏》、朱熹《论语集注》外，广泛选撷历代名家的见解，自汉至近代，并及域外，计达 329 人之多，其中清人之说，搜采尤广。作者荟萃贯串，并参以己见，堪称中外古今治《论语》之总结帐。既体现汉儒名物、训诂之长，又汲取宋儒阐发思想内涵的特色，更选录历代诸名家之见解，博采众长，兼备异说，于诸家之聚讼未明或难分轩轾者，以案语的形式论断，体现作者明读音、明句读、明假借字、明文字错讹及以训诂疏通众说的学术见解。本书于 1925 年由秋浦翰墨林刊行，本次点校即以此为底本。（诸伟奇）

B000066 **顾炎武论考** 沈嘉荣著。江苏人民出版社 1994 年 6 月版。48 万字。22.00 元。对顾炎武的学术思想从哲学、伦理、政治、法律、经济、教育、史学、文学等方面作较为全面的论述；对传奇生平中的许多行迹作探讨，否定北上抗清说和山西发金设票号的说法；对其一生的著作作详细考证，录有《日知录》、《天下郡国利病书》、《肇域志》的撰作、刊刻流传及评价；较客观地记录清政府以及后人对顾氏的历史评价。书末附有《天下郡国利病书》摘要、顾炎武年表以及顾炎武年谱考录。

B000067 **理学与中国文化** 姜广辉著。上海人民出版社 1994 年 6 月版。30.3 万字。19.80 元。从文化史角度阐述理学。作者以理学乃儒、释、道三家文化糅合的产物为主线，把理学放在整个中国文化范畴来谈其发轫、嬗变及影响。既有对理学的介绍，又有对理学巨子学术思想的剖析，并从整个中国传统思想中论述理学在宋明以后的影响。收入“中国文化史丛书”。(胡小敖)

B000068 **我的哲学思想** 副名：当代中国部分哲学家的学术自述。韩民青、夏永翔编。广西人民出版社 1994 年 7 月版。51 万字。27.00 元。由哲学家本人撰写，采取学术自述的方法，介绍像张岱年等饱经风霜、成绩卓著的老一代学者以及韩民青等崭露头角、成就斐然的年青一代学者共 41 人，他们的主要哲学观点及其为我国哲学研究事业做出的贡献，反映我国哲学界的现状。“当代哲学丛书”之一。(邓耘)

B000069 **晏子春秋选译** 王世征、谭宝善译注。人民文学出版社 1994 年 7 月版。12 万字。3.80 元。共选译《晏子春秋》109 章，其中绝大多数出自原书前六篇，少数出自第七篇。编次、标题均按原书。底本用清末苏舆校本，校点参照吴则虞《晏子春秋集释》。译文取直译；注释重在解释难懂的字词及典实；章末说明文字主要提示各章中心。收入“中国古典文学今译丛书”。(冯伟民)

B000070 **中国哲学史论文索引(第 5 册)** 方克立等编。中华书局 1994 年 7 月版。58.2 万字。29.30 元。本索引共 5 册，收录 1900 至 1984 年国内(包括台港地区)有关中国哲学史、思想史的论文篇目约 3 万余条。前四册已分别于 1986 年(一)、1988 年(二)(三)、1991 年(四)出版。本册收录 1950 年至 1980 年在台湾、香港地区中文报纸、期刊、论文集中所发表的中国哲学史论文篇目 6000 余条，对了解台港地区学者研究中国哲学史状况，具有参考价值。(高流水)

B000071 **三松堂全集(第 14 卷)** 冯友兰著。河南人民出版社 1994 年 9 月版。20 万字。13.50 元。分三个部分：一是哲学论文、教育论文、杂著的补遗；二是诗词，共收冯友兰一生所作几十首诗词，包括“文化大革命”中的咏史诗 25 首；三是全集闰编，所谓闰编，主要指：他在建国后历次运动中所作的检讨、自我批判等。这些检讨、自我批判多是在特定情况下，迫于压力，说的某些违心的话，这从粉碎“四人帮”后，他对某些问题又重新进行讨论、申明中可以看出来。作者之所以将这些东西拿出来出版，一是介绍当时的情况，二是对一些问题坚持自己的观点。更重要的是，对改革开放后，切实贯彻了“百花齐放，百家争鸣”的方针，表示欢欣鼓舞与拥护之情。(王恩荣)

B000072 **中国近代哲学的宏观透视** 魏义霞著。黑龙江教育出版社 1994 年 9 月版。28 万字。9.20元。分 4 部分，第一部分“中国近代哲学总论”，从揭示内在矛盾、基本特征、历史使命、内在意蕴和时代主题入手，勾勒中国近代哲学的整体概貌。第二、三部分是对第一部分有关问题的研究，其中“主观唯心论：中国近代认识史上一株不结果实的花”，论证主观唯心论是中国近代哲学的主流和理论归宿；“中国近代哲学与进化论”，以进化论为视点阐释中国近代哲学与自然科学联姻的基本特征。第四部分“中国近代哲学教论”，从范畴沿革、伦理观、人生哲学和思维方式等方面阐释近代哲学的鲜明特征和社会功用。(李彤)

B000073 **中国实学思想史(上、中、下)** 葛荣晋主编。首都师范大学出版社 1994 年 9 月版。135 万字。3 卷。125.00 元。论述上自北宋，下至晚清 800 余年间的实学思想。作者把实学界定为“实体达用之学”。根据这一观点，全书分三卷四编。“导论”是全书的总纲和指导思想，集中地体现主编的学术观点和研究成果；第一编论述北宋至明前期的实学思想；第二编从不同的层面揭示明中叶至清中叶实学思想的社会内涵；第三编主要是阐述晚清时期的实学思想及特点；第四编论述中国实学在日本、朝鲜的传播及历史影响。这部集国内外 30 多位实学研究专家，经 4 年多的共同努力所撰成的著作，揭示宋明实学的哲学基础——气学，使宋元明清学术格局由程朱理学、陆王心学的两足并存的局面变成理学、心学与气学三者对立的局面。阐述宋明理学思想体系中的实学成分，为理学研究开拓了新的学术领域；本书从宋明理学中分出“明清实学”，作为中国哲学史的独立发展时期，也是一个新的学术观点。(郭来泉)

B000074 **明代思想与中国文化** 宗志罡主编。安徽人民出版社 1994 年 10 月版。25 万字。9.00 元。明代思想发展史论文集。收入明代哲学、宗教及文化思潮的论文 20 余篇，论及思想的形成、发展及理论特征、历史影响诸方面。(丁怀超)

B000075 **韩非子妙语选** 张彦编。百花文艺出版社 1994 年 10 月版。13 万字。4.80 元。韩非，战国末期法家、哲学家的主要代表人物。其著作《韩非子》，是集先秦法家学说大成的代表作，提出以法为中心的，法、术、势相结合的法治主张。本书选录《韩非子》中的格言、警句和富有情趣的寓言故事，按类归属，并对原文作释义和引申，做到古为今用，又便于检索。附有《商鞅妙语选》。收入“中国古代妙语丛书”。（于明夫）

B000076　**新序全译**　汉·刘向著，李华年译注。贵州人民出版社 1994 年 10 月版。30 万字。14.00元。以《铁华馆丛书》本为底本，用《四部丛刊》本、影程荣《汉魏丛书》本通校，用王谟《汉魏丛书》本、崇文书局本参校。注释以史实、地名和典章制度为主要对象。全书采用叙事加议论的写作方式，借列叙古事来阐明自己的道德体系。收入“中国历代名著全译丛书”。（谢丹华）

B000077　**虚实之辨**　副名：王充哲学的宗旨。周桂钿著。人民出版社 1994 年 10 月版。32 万字。20.00 元。研究汉代哲学家王充的思想。共 12 章。前 11 章研究王充哲学宗旨，分别以“称治泰盛”、“祸福偶适”、“岁月禁忌”、“性命在本”、“圣神贤佞”、“鬼神考订”、“龙无实验”、“书多失实”、“广评诸子”（上下）、“天道自然”为题，提出许多潜心研究的新见。如，结合汉代天文学研究王充天论，认为他的宇宙论是“天地本原论”，而不是“气一元论”等。其主要特点是，力求避免按既定的理论格式去裁剪王充思想，坚持从王充所讨论的问题入手，将其一系列观点列出，从中研究整个思路。最后一章，对海外学者，主要是港台学者研究王充的著述，分为若干方面进行评述。收入“中国大哲学家研究系列丛书”。（王粤）

B000078　**论衡选译**　汉·王充著，刘钝文译注。人民文学出版社 1994 年 10 月版。16 万字。5.80 元。侧重介绍王充的文学理论，并兼顾其他名篇。计选译《艺增》、《语增》、《超奇》、《齐也》、《佚文》、《书解》、《对作》、《自然》、《问孔》、《自纪》共 10 篇。每篇均有简明注释和内容评介。底本用刘盼遂《论衡集解》、黄晖《论衡校释》。收入“中国古典文学今译丛书”。（冯伟民）

B000079　**存斋随笔**　熊十力著。上海远东出版社 1994 年 10 月版。14 万字。9.00 元。熊十力文集。“存斋”乃熊十力先生名己坐卧之室，以诸葛公“使庶几之志，揭然有所存，恻然有所感”之语为平生自励。“随笔”不同于有意持论、意匠经营之作，无预立之题目，信手挥笔，随时随机所写。然这实为熊十力先生心血之作。他晚年的哲学思想较前又有不少发展、变化，从“略释十二缘生”入手，完成其学术思想。（杨晓敏）

B000080　**陆王学述**　副名：一系精神哲学。涂梵澄著。上海远东出版社 1994 年 10 月版。14 万字。11.00 元。评介陆象山、王阳明精神哲学。分 19 章，即小引，定名，精神哲学的建立，为何与如何，朱、陆并尊，陆学非禅，论学之诗，所立卓尔，非惮之悟，姚江之成学，居夷处困，儒将事功，先知与彻悟，知行合一，教言摘录，王、湛新学，王、罗论学，陆、王被攻击，戴东原攻击程、朱牵连陆、王。（杨晓敏）

B000081　**中国古代人学思想概要**　肖万源、徐远和主编。东方出版社 1994 年 12 月版。17.4 万字。7.80 元。运用历史和比较的方法，依据典籍史料，以专题的形式，阐述儒家、道家、墨家、法家、经学、玄学、理学、道教、佛教等的人学基本思想，以及中国古代人学的特点，史论结合，纵横分析，既考虑到中国古代人学思想乃至中国传统文化的诸方面，又凸显儒家在中国古代人学思想乃至中国传统文化中的主体地位，勾勒出中国古代人学思想的基本概貌。（方国根）

B000082　**叶适评传**　张义德著。南京大学出版社 1994 年 12 月版。27.3 万字。18.00 元。叶适（1150～1223）是南宋永嘉学派的集大成者和主要代表，是与朱熹（道学代表）、陆九渊（心学代表）鼎足而三的思想家。分 10 章，分别论述叶适生活时代的社会和思想背景、叶适的生平和著作、永嘉学派、叶适思想的批判精神、叶适的政治经济和军事思想、叶适“物在”则“道在”的唯物主义思想、叶适“凡物皆两”和“中和”的辩证法思想、叶适“内外交相成”的认识论、叶适功利与义理统一的伦理思想，以及叶适的历史地位及其对后世的影响。作者依据马克思主义基本理论，系统、全面地介绍和评述了叶适务实的唯物主义思想、功利主义的伦理思想，主张改革政治、经济、军事上的积弊，以求裕民强国，实现抗金、恢复故土的深刻思想和宏图大略，以及在危难之际守土抗战的杰出功绩，再现这位南宋的改革思想家和爱国主义者的形象，对叶适立德、立功、立言的一生及其道德文章作了评价，并从横向比较和纵向联系中肯定叶适在中国古代思想史上应有的地位。收入“中国思想家评传丛书”。（马兰婕）

B000083　**白话四书**　金良年编。上海古籍出版社 1994 年 12 月版。15 万字。12.00 元。“四书”指《大学》、《中庸》、《论语》、《孟子》，宋人朱熹编集。朱熹认为，《大学》的“经”是“孔子之言，而曾子述之”，“传”是“曾子之意，而门人记之”；《中庸》是“孔门传授心法”，而由子思“笔之于，以授孟子”；二者加上记载孔、孟言论的《论语》、《孟子》，从中可见儒家的基本精神。本书分译文、名句、段意三部分。“译文”是对“四书”原文的白话直译，“名句”摘录流传较广的原文警句，“段意”对每章内容作诠解。书前有《前言》，各篇前有“解题”。(吕健)

B000084 **先秦数学与诸子哲学** 周瀚光著。上海古籍出版社 1994 年 12 月版。10.4 万字。5.90 元。论述先秦数学与诸子哲学关系。作者试图从中国自然科学史与哲学史的联接点出发，考察先秦诸子哲学思想，涉及的主要问题是：先秦数学发展的哲学意义；数学的发展对哲学思维的作用和影响；先秦数学的哲学基础；先秦诸子哲学对数学发展的作用；先秦诸子哲学思想和数学思想在人类认识史和科学思想史上的地位和价值。(王海根)

B000085 **冯友兰选集** 涂又光编选。天津人民出版社 1994 年 12 月版。35 万字。19.80 元。选收 20 篇文章，集中反映冯氏学术道路和学术思想。选录 20 年代至 40 年代文章 15 篇。主要内容有三：一是融会中国传统哲学与实用主义、新实在论之见解，提出“中道”的《人生哲学》。人生哲学成为冯氏抗战时期哲学创作的中心问题。二是 30 年代所著的《中国哲学史》部分章节。该书是中国第一部突破传统史学，采用新的观点和逻辑分析的方法，通贯先秦至清末的中国哲学通史。三是抗战期间创作的“贞元六书”。它把程朱理学与西方新实在论结合、构成富于思辨的哲学体系。选录建国后至 1990 年 6 月文章 5 篇。主要内容是 7 卷本的《中国哲学史新编》的《全书绪论》和《全书总结》。1949 年以前，冯氏的哲学思想是赞同“理在事先”的唯心主义。1949 年后他经过马列主义的学习，赞同“理在事中”的唯物主义。《全书绪论》反映了这种转变。《全书总结》是他对哲学、中国哲学、中国哲学史的总结，是冯氏的最后看法。收入“中国现代社会科学家选集丛书”。(赵振福)

B000086 **当代中国哲学热点透视** 郭建宁著。西安出版社 1994 年 12 月版。17.6 万字。以 1949～1993 年中国哲学界的重大热点问题为主线，研究、揭示当代中国哲学的发展历程、现状和趋势，总结当代中国哲学的经验教训。同时，还分析毛泽东对马列主义唯物辩证法的重大贡献及其哲学思想的若干失误。(赵全明)

外国哲学

B000087 **东方思想宝库** 卞崇道、宫静等主编。吉林人民出版社 1994 年 12 月版。400 万字。80.00元。采集数千年的思想文化史料，涉及除中国以外的东方各个国家和地区的文献资料。诸如：印度、日本、阿拉伯地区(含古埃及、巴比伦)、朝鲜、波斯(含伊朗)、越南、泰国、新加坡等。全书包括：论人、论神、论自然、论宗教、论哲学、论美、论文学艺术、论婚姻家庭、论伦理道德、论历史、论战争与和平等 22 篇 150 多个类目。(关静)

B000088 **西方的智慧** ［英］伯特兰·罗素著，瞿铁鹏等译。上海人民出版社 1992 年 3 月版。32.1 万字。14.20 元。继其《西方哲学史》之后，以西方哲学为研究主体，以非专业读者为对象，用通俗读物的方式，图文并茂地诠释西方的智慧。从古希腊罗马哲学开始，一以贯之地叙述到当代，其涉及范围较广，人物较多，对科学、艺术、政治等方面，都有精辟的阐述。(王鉴平)

B000089 **南斯拉夫“实践派”的历史和理论** 〔南〕马尔科维奇、彼德洛维奇编，郑一明、曲跃厚译。重庆出版社 1994 年 1 月版。38.1 万字。8.00 元。介绍南斯拉夫“实践派”的历史和理论的论文集。在当代“新马克思主义”流派中，20 世纪 60 年代初，因布莱德认识讨论会的分裂而崛起的南斯拉夫“实践派”是屈指可数的重要派别之一。该书由“实践派”的代表人物马尔科维奇和彼德洛维奇主编。由马尔科维奇撰写的导论，介绍“实践派”的兴衰历程及其基本哲学观点。正文部分由 22 篇论文组成，分成哲学、辩证法和历史唯物主义，社会、政治和革命，文化、思想和宗教，社会主义、官僚制度和自治 4 个部分，概要地反映“实践派”理论探讨的两大领域：对马克思主义哲学的重新思考和对社会生活实践的批判考察。这些“实践派”各领域代表人物的代表作，充分展示了“实践派”的哲学观、政治观、文化观和社会主义观，是研究西方马克思主义和社会主义理论的重要文献。(杨亚平)

B000090 **哲学的改造** 〔德〕卡尔—奥托·阿佩尔著，孙周兴、陆兴华译。上海译文出版社 1994 年 2 月版。25 万字。9.40 元。当代西方哲学中存在着两大思潮：以英美为主体的分析哲学和以欧陆为主体的人文哲学。两大思潮的哲学家之间极少沟通和接触。但最近几十年间，哲学家们开始进行“综合”和

“沟通”的努力。最为出色的，在英美一派可举罗蒂，而在欧陆当推本书作者阿佩尔。他提出“先验解释学”或“先验语用学”的概念，反映他思想中的多种因素：先验哲学、解释学、语言分析哲学、实用主义等等，综合了康德、海德格尔、维特根斯坦和皮尔士等人的思想，几乎涵盖整个现代西方哲学。在此基础上，作者提出了独特的以“交往共同体”为中心观念的先验解释学（语用学）理论。（赵凤珍）

B000091 **马克思恩格斯同时代的西方哲学** 副名：以问题为中心的断代哲学史。赵修义、童世骏著。华东师范大学出版社 1994 年 3 月版。52 万字。19.30 元。梳理 19 世纪中后期西方资产阶级哲学逻辑发展的历程。根据哲学时代的转换主要体现为哲学研究主题的转换的观点，分 5 篇，讨论元哲学、认识论、科学方法论、社会历史观、价值论。贯穿其中的论点是：这一时期的西方资产阶级哲学，与马克思主义哲学具有“同时代性”。同一时代背景下的各派哲学，面临同样或相似的问题，提出的答案可能不同甚至对立，但不会没有联系。比如元哲学问题，后黑格尔时代的西方哲学，都反对传统的思辨形而上学，但实证论和非理性主义则立场各异；马克思主义则在强调克服思辨形而上学的同时把辩证法挽救了出来；在方法论上，这一时期的哲学反映出从思辨性转向实证性的共同特点，但对实证科学内部经验与理论的关系的看法各不相同；在社会历史观上，实证论一派大多承认社会历史规律，但对规律与自由、社会与个人的关系执论不一，马克思主义则创立了唯物史观；等等。（缪宏才）

B000092 **亚里士多德全集（第九卷）** 苗力田主编。中国人民大学出版社 1994 年 3 月版。41.4 万字。28.80 元。收入亚里士多德著作五种。其一《政治学》是西方第一部成体系的政治理论著作，主要探讨国家的起源、本质、理想的社会政治制度等一些重大的政治理论问题；提出“人是一种政治动物”的著名论断，认为人按其本性必然由家庭、村社、城邦而建立国家；评价各种政体的优劣，强调公正、法律、人口、教育等对于优良的城邦所具有的意义。其二《家政学》讨论家庭乃至城邦的财产的管理方法和聚敛钱财的途径，提出处理一般家庭关系如夫妻关系、主奴关系等的一般原则。第三和第四种为《修辞术》、《亚历山大修辞学》，对修辞术进行定义，对演说技巧、修辞方法和法庭辩论技巧作经典性的论述。最后是《论诗》，亚里士多德在概括古希腊的艺术经验的基础上提出了摹仿说，认为艺术的本质是对自然与生活的摹仿，给人精神上的愉悦；他还讨论了史诗、悲剧和喜剧的特点，认为悲剧是通过怜悯和恐惧的净化引起观众的愉悦。亚里士多德政治学、修辞学和诗学方面的思想在西方思想史上产生了深远的影响。（李艳辉）

B000093 **现代欧洲大陆语言哲学** 涂纪亮主编。中国社会科学出版社 1994 年 3 月版。30 万字。15.00 元。沿欧洲大陆语言哲学发展的三条线索，即从新康德主义、现象学到存在主义；从古典释义学到哲学释义学和批判释义学；从普通语言学、结构语言学、结构主义与后结构主义，根据原始材料，介绍 19 世纪末以来各个哲学流派的代表人物和语言哲学家的语言哲学观点，重点研究其与英美哲学的相异之处：欧洲大陆语言哲学侧重于语言的本质和功能、意向和总向性问题，语言的结构，语言、言语和文字的区别和联系，理解、解释和说明的区别和联系等等，并指出英美和大陆哲学正走向融合的趋势。（冯春风）

B000094 **西方智慧之路** 袁实勇、秦平主编。云南人民出版社 1994 年 6 月版。27.44 万字。8.00 元。选取古代、近代、现代西方哲学史上有影响的 48 位哲学家，对他们的哲学思想，特别是哲学观进行评介。“导言”和“结束语”，通论西方哲学产生、发展以及归宿，给人们提供了思考西方哲学进展的新视角。（杨云宝）

B000095 **希腊空间概念的发展** 吴国盛著。四川教育出版社 1994 年 8 月版。8 万字。3.98 元。考察古代希腊哲学文献中的四个空间性述语，把古希腊三类重要的空间经验（处所、虚空、广延）概括为三种空间观——关系空间观、实体空间观和属性空间观。认为古希腊的空间观不同于背景化几何化的现代空间概念，又在很大程度上受当时宇宙观的影响。从朦胧的宇宙观下的“空间”观念逐渐走向近代的空间概念。（何杨）

B000096 **走向封闭的美国精神** 〔美〕艾伦·布鲁姆（Allan Bloom）著，缪青、宋丽娜等译。中国社会科学出版社 1994 年 3 月版。33.6 万字。16.50 元。美国芝加哥大学研究政治哲学和社会思想的著名学者艾伦·布鲁姆的代表作。分三个部分。第一部分为“学生”，其中对于以尼采、弗洛伊德、海德格尔为代表的相对主义价值观引发的种种社会表象——开放、多元化、自我中心、性解放等进行透视。第二部分“美国风格的虚无主义”对于欧洲大陆哲学和社会思潮的发展脉络，结合对第一部分言及的新思潮作了追述分析,对自我、创造力、文化、价值等概念的历史内容加以解剖。第三部分"大学"中,从西方现代思想史的发展过程中,揭示了人们关于理性、民主、思想自由展开的争论。作者就美国社会,尤其是美国的教育制度及其中的道德教育提出他的批评。随其多层面批判的展开,也显示美国校园中知识论领域面对的危机。对于美国以至当代西方的文化精神、社会伦理及政治思想的变化特点,有着较为客观中肯的总结和批评。(宋立道)

B000097 **美国社会生活与思想史** 〔美〕纳尔逊·曼弗雷德·布莱克著,许季鸿等译。商务印书馆1994年10月版。37.4万字。上册。13.90元。分4编39章。前几章叙述殖民地时期的情形,从中可以看到欧洲文化在北美产生的深刻影响。然后分三个时期论述:第一期,1776～1861年,即从建国起到内战前夕止;第二期,1861～1914年,工业及其他各方面都有迅速的发展;第三期,从1914年到60年代,即所谓"危机"时期。对每一时期,先述说美国人民的生活情况,再介绍社会思想状况。在生活情况方面,大都写得具体细致,如早期西部牛仔的生活,黑奴制的出现与发展,三K党的活动,现代嬉皮士等。书中还提到华工问题。在思想方面,作者列举每个时期的具有代表性的人物,包括思想家、教育家、经济学家、文学家、评论家、政治家、企业家、宗教活动家等等,扼要介绍他们的思想、主张、政策、措施等,分析他们对社会的影响。作者把两种不同的或互相对立的思想同时展示出来,以利于比较分析。关于美国社会思想在历史上的发展,各种思想的出现与影响,都作了简要介绍,有助于了解美利坚这个众多民族融为一体的国家是怎样在不断地思考和行动的。(李央)

思维科学

B000098 **心之旅初探** [瑞士]舒爱文著。北京出版社1994年10月版。9.5万字。5.80元。有关"静思"的著作。分三个部分。第一部分介绍思维过程本身,人们在日常体验中的思考范围和思维模式;第二部分讲人们自己提出的在日常行为中表现的价值观;第三部分谈个人和环境的关系,它们的相互关联、人们的自私和破坏性的表现。(龙杰)

B000099 **实用逻辑教程** 尹鑫主编。广西师大出版社1994年1月版。23.5万字。8.00元。按逻辑研究的问题,分为命题逻辑、词项逻辑、关系逻辑、模态逻辑、归纳逻辑等。讨论在表述和工作中的应用问题,如设专章论述议论文和决策思维的逻辑应用问题,以及与逻辑运用相关的谬误问题研究和分析。(赵小兵)

B000100 **逻辑百科辞典** 周礼全等编。四川教育出版社1994年2月版。100万字。39.50元。包括传统逻辑、数理逻辑、哲学逻辑、语言逻辑、归纳逻辑、辩证逻辑、中国逻辑史、西方逻辑史、印度逻辑史等内容。提供数种检索手段:条目分类目录、条目汉字笔画目录、主题词汉语拼音索引、主题词中外文对照表。(何杨)

B000101 **诡辩之谬** 刘源沥编著。蓝天出版社1994年3月版。15万字。5.40元。把诡辩的具体手法归纳整理成"借助外力"、"内容实质"、"逻辑规律"、"语言文字"、"思维形式"5个部分51条,启迪人们如何识破、揭露和对付诡辩。收入"韬略智慧系列丛书"。(许志强)

B000102 **逻辑研究 第一卷** [德]埃德蒙德·胡塞尔著,倪梁康译。上海译文出版社1994年7月版。23.6万字。10.70元。海德格尔和胡塞尔将《逻辑研究》称之为现象学的"突破性著作",并且被普遍看作是哲学自近代以来最重要的创作之一。本书共分两卷,第一卷《纯粹逻辑学导引》发表于1900年。此卷的前十章主要是胡塞尔对当时在哲学领域占主导地位的心理主义各种表现形式的批判。胡塞尔在这里反对任何从心理学的认识论出发来对逻辑学进行论证的做法。第十一章是联结《逻辑研究》第一卷和第二卷的关键。(刘李萍)

B000103 **普通逻辑简明教程** 沙青著。河北大学出版社1994年8月版。24万字。7.80元。在作者《形式逻辑纲要》的基础上修改编写。按现代逻辑学的要求,将传统的演绎逻辑划分为两大部分,即"名词逻辑"和"命题逻辑",并使各种判断及判断推理的内容相对集中起来。作者一反传统的观点,将逻辑规律只隶属于演绎,而不属于归纳。分为演绎逻辑、归纳逻辑、假说和论证三大部分14章,具体为演绎逻辑的基本规律、概念、性质判断、直接推理、三段论、关系判断及关系推理、复合判断、复合判断的推理、模态判断及其推理、归纳推理、类比推理、假说、论证。每章均附有思考题和练习题。(夏杏芝)

B000104 **欧美逻辑学说史** 郑文辉著。中山大学出版社1994年9月版。43万字。15.00元。对自古希腊西方逻辑学的形成到近代、当代的欧美逻辑学说进行评述。将欧美逻辑学说分为五个历史时期,指出逻辑学的产生和发展与哲学、语言学、数学密切相联;逻辑学的发展在各个历史时期既有时代特色,又有内部的继承和发展。突出三个发展高潮(古代、近现代、当代),尤其突出现代逻辑的发展。提出一些新见解,如认为亚化逻辑最根本的原则是无矛盾性而非同一性,五个时期和三个高潮的历史分期观点,逻辑是有关时代科学和方法论研究的函数观点,逻辑哲学的研究对象等观点。(施国胜)

B000105 **罪恶论** 副名:道德价值的逆向研究。李建华著。辽宁人民出版社 1994 年版。20.0 万字。10.00 元。分五章,一,德性的倒塌,忏悔的主题;二,罪恶理论的历史透视;三,罪恶之源;利己主义;四,罪恶种种;五,正心诚意,改恶从善。对罪恶进行理性探讨和剖析。人们永恒追求善良,而罪恶是人们反对、摈弃、憎恨、回避的社会阴暗面,但也是客观存在的文化价值现象。人们要想根除它,首先必须正视它,研究它。如果仅仅是情绪层面上对罪恶的愤怒,还不足以使它消除,只有从理性层次上,提高认识,才能真正的识别罪恶,抑止罪恶,最后消除罪恶。从而兼善天下,达到治恶的目的。收入"负面文化研究丛书"。(于海宸)

B000106 **价值·价值观的冲突** 熊则坤等著。中国人民公安大学出版社 1994 年 2 月版。16 万字。5.50 元。论述价值的本质和特征,价值的基本类型——物质价值、精神价值和人的价值,论述价值认识与事实认识的异同,价值评价和评价的标准,价值观念的特征和构成。并用价值理论分析现实生活中价值观的冲突,包括市场经济对人生价值观的双重影响。(孙刚)

B000107 **伦理学新论** 副名:走向现代伦理。万俊人著。中国青年出版社 1994 年 5 月版。30 万字。11.00 元。探讨重建中国现代伦理。作者考察西方近代文明进程中的伦理嬗变,概论早熟的中国农业文明的伦理特质,回顾鸦片战争后中国伦理现代生长的艰难曲折与历史抉择,综述目前伦理学领域具有代表性的伦理学说和观点,提出在文化、人与价值的交叉视境中,确定伦理现代化的基本内涵,从本体与方法两方面建构"人学价值论伦理学"的主要内容,具体分析现代伦理的四大基本原则:道德主体性原则、科学人道主义原则、功利与公正的辩证统一原则、个体与整体的价值同位和双向还原原则。(李丕光)

B000108 **当代中国道德价值导向** 朱贻庭等著。华东师范大学出版社 1994 年 7 月版。20 万字。10.60 元。提出"集体主义"才是当代中国的道德价值导向。作者认为,由于中国社会经济基础的根本性变革,社会道德生活出现某种无序状态,确立社会的道德价值导向,是道德建设的当务之急。书中首先考察中国传统道德价值导向——"宗族本位主义"的实质及历史命运,又剖析道义论和功利论的长短,指出"集体主义"的历史性,从道德价值论的角度重新阐释"集体主义"的内涵和特点,并论述了集体主义与公正原则,集体主义的具体化及其运行机制等问题。(缪宏才)

B000109 **中日价值哲学新论** 王玉梁、[日]岩崎允胤著。陕西人民教育出版社 1994 年 7 月版。43 万字。40.00 元。精选 1993 年 9 月在西安召开的"中日价值论学术讨论会"上的论文汇编而成,是中日两国 40 余位研究价值哲学的学者(含 6 位日本学者)的集体著作。共 10 编,包括中日两国价值论研究概况,价值论研究的方法论,价值的本质,价值的多样性,价值多元化与价值冲突,价值创造与实现,价值、情感、认识与评价,价值与历史观,人的价值观比较等。(王志章)

B000110 **伦理精神与中国社会现代化** 副名:兼论儒家伦理与中国社会现代化的关系。赵春福主笔。曹晨辉副主笔。北京出版社 1994 年 9 月版。32 万字。12.00 元。分 10 章。第一章中国社会现代化与现代伦理精神,研究中国社会现代化及其动力、儒家伦理意识的现代命运等;第二章伦理精神与社会主义市场经济,研究社会现代化与市场经济、市场经济与道德进步等;第三章伦理精神与社会主义民主政治,研究儒家政治理论与民主政治、社会主义民主的发育过程与公民政治伦理的培育等;第四章伦理精神与科学技术,研究儒家伦理与科学技术、科技发展与道德变革等;第五章伦理精神与现代管理,研究儒家伦理与现代管理、当代中国管理变革与现代管理等问题;第六章伦理精神与社会结构的改造,研究中国当代社会结构的改造及其伦理考察等;第七章伦理精神与现代生活方式,研究生活方式的变革和道德进步等问题;第八章伦理精神与城市化,研究中国城市化进程对道德的双重影响等;第九章研究伦理精神与人口、环境;第十章研究伦理精神与人的现代化。(杨钢)

B000111 **名人处世家书** 洞君等编译。大连出版社 1994 年 9 月版。16 万字。6.60 元。选辑 50 多位中国名人先贤的家书 100 多通,并译成白话。所选家书,大多是名人先贤们父诏其子,兄教其弟,夫示其妻,谈的都是立身处世的至论,做人办事的道理。对这些纯情至性的文字细心阅读，钻研玩索，对于今人感悟人生，理解生活，修身养性、建功立业，颇有助益。书中除对所列家书进行标点和校译外，在文前对其作者均有简要的评介。(李然)

B000112 **左宗棠处世箴言** 英才译校。大连出版社1994年9月版。16万字。6.60元。选辑左宗棠言论，分“立志篇”“修身篇”“治学篇”和“持家篇”，每篇分列条目若干。如“修身篇”，列有处世箴要“勤恒”、“慎交游”、“养生”、“知恩图报”、“谦退”、“戒恶”、“仁恕”等题，每题下又包括若干提示。如“慎交游——非其人不可亲昵/交游必择其胜我者/结交端人正士，为终身受用/朋友之间，居心宜直，用情宜厚”。每段原文后，均有释义。(李然)

B000113 **冯玉祥处世明言** 司马丁编。大连出版社1994年9月版。14万字。6.60元。分“治家”、“修身”、“劝学”、“理财”、“交友”、“为政”、“用人”、“治军”及“遗嘱与座右铭”九部分，每一部分又分若干条目。如“为政”部分的内容包括：“勇于公战，怯于私斗——当视做官为作奴仆/为官之道，唯公方能生明”；“赏功罚过——有功必赏，有过必罚/官气少一分则血气增一分/不汲汲于名利”；“努力国事——衙门一点朱，民间一片血/存心要实，作事要活”；“爱民之道——第一是不扰民/瞻一国之道路田野，可知其国之治乱”；“足食足兵——修明政治，以民为本，乃能树信于民/建设全国的交通网，刻不容缓”……还选录冯玉祥的“丘八诗”。(李然)

B000114 **仁山智水论人生** 副名：中国传统人生论述评。潘继恩编著。广东高等教育出版社1994年10月版。30万字。13.90元。概述两千多年来我国人生学的发展过程。作者把散落在浩如烟海的典籍中的先贤们的真知灼见整理出来，以儒家为主线，包括儒、墨、道、法、佛五大家的人生理论。(曾志明)

B000115 **蛮性的遗留(外一种：两条腿)** [美]J·H·摩耳、[丹麦]G·爱华耳特著，李小锋译。海南出版社1994年11月版。13.6万字。4.80元。论述“人性中有兽性的残余，文明中有野蛮的印记的观点。认为人类的行为与野兽颇有类似之处，由野兽进化到家畜，由野蛮人进化到文明人，是一个漫长的克服蛮性的过程。人之所以异于禽兽，就是因为人类具有良知，能够同情且有求进步的愿望。认为“文明是一列车，它拖着不少属于古代的东西——不只是残余的本能，且有残余的风俗、信仰、观念及制度。”人类为了创造更高级的文明，就需要发育良知，克服一切旧的残余的拖累。本书的外一种《两条腿》，既是一篇讲人类进化的故事，又是一篇动物生活的童话。收入“人人袖珍文库”。(王朴)

B000116 **良心论——传统良知的社会转化** 何怀宏著。上海三联书店1994年11月版。31万字。15.80元(平)，20.80元(精)。围绕传统良知理论的改造和转化，对恻隐、仁爱、诚信、忠恕、敬义、明理、生生、为为等传统良知的基本理论进行深入考察和分析，提出改造和转化的定向。作者认为，应该倡导借助一种新的眼光、一些新的方法、新的价值取向来利用传统资源。作者在方法论上，采用证伪方法，即不断限制研究范围(学科和时代)，并致力于分析清理，做到注意差别，给出界定，明确含义。收入“上海三联文体学术系列”。(阿培)

B000117 **当代人生哲学** 周根会等主编。天津人民出版社1994年11月版。27万字。9.00元。党的十四大以来，市场经济的大潮迅猛地冲击着人们的人生观、价值观、审美观乃至生活方式，许多新的思想观念像雨后春笋般地在祖国大地上到处萌生、发展。如何认识和评价这些新的人生现象与观念，如何引导人们树立正确的人生观、价值观，从而实现更辉煌的人生，是当代人生哲学首先和必须回答的问题。本书围绕以上这些问题，运用马克思主义哲学的基本观点，提出了与社会主义市场经济相适应的新见解。以帮助广大青年树立正确的人生观、价值观。书中提出的观点，推进了人生哲学的研究，有助于马克思主义人生哲学在建设有中国特色社会主义的事业中发挥更大的作用。(沈力勤)

B000118 **走向开放的道德** 钟明华等著。中山大学出版社1994年11月版。23.4万字。7.50元。以社会开放为背景，以道德开放为主题，探讨青年大学生是走向开放道德的现实主体；道德与社会的政治、经济、结构功能、人的观念等具有不同程度的联系；重建道德理想，理性的道德批判，确立道德合理化的基础——人性和科学的集体主义，把握道德发展合理性的目标——个性化和民主化，了解开放道德合理性的核心——公德心和责任心，并在开放的道德中确定道德教育的定位，建立教育的有效机制。(谭广洪)

B000119 **八面来风——人的价值和物的价值** 余心言著。青岛出版社1994年12月版。21万字。10.80元。对社会主义市场经济条件下人生观、价值观的思考，着重阐述精神文明和物质的关系。(高继民)

B000120　**丑陋论**　副名:美学问题的逆向探索。李兴武著。辽宁人民出版社 1994 年版。33.6 万字。11.00 元。研究负面文化。从丑(美的另一面)着手,对丑的不同层次之分别,丑与其他美学范畴的关系;社会丑的产生,它的现实性和历史性;社会丑的成因;能动型主体原因,受动型主体原因;以及现实丑可以转化为艺术美的条件,艺术中美丑因素关系等进行剖析。探讨西方丑艺术的崛起,人们审丑心理问题的释惑,自然美与丑的产生与社会意义,提出社会的发展就是要抑丑扬美,关键是造就美的人格,强调人格与社会美丑的统一性,防范异化的力量破坏美,从而达到抑丑扬美的目的。收入"负面文化研究丛书"。(于海寰)

B000121　**反理性思潮的反思**　副名:现代西方哲学美学述评。陈炎著。山东大学出版社 1994 年版。23 万字。7.00 元。以叔本华、尼采、弗洛伊德、柏格森、海德格尔、萨特等人的思想为切入点,对现代西方反理性思潮在哲学、美学、伦理学等领域中的演变过程和发展轨迹作梳理,提出如何整合人与自然、人与社会、主体与客体、自由与必然、感性与理性之间的关系问题。(周广璜)

B000122　**美学与电子文化**　徐宏力著。春风文艺出版社 1994 年 1 月版。21.9 万字。5.90 元。分 18 章,论述的内容有:仅次于上帝的力量、文明三段论、感觉革命、左脑的命运、瞳孔里的世界、一种原始欲望、真实的幻觉、看到的声音、逃离双倍的死极、艺术也是生产力、文化商品、艺术的生活化、通俗艺术、美与性、力量之恋、明星现象、电子权威、键盘敲出的形形色色等。收入"泛美学丛书"。(鲁野)

B000123　**泛美学丛书**　仪平策等编著。春风文艺出版社 1994 年 1 月版。79.3 万字。4 册。25.5 元。包括:《美学与两性文化》、《美学与市场营销》、《美学与电子文化》、《美学与社会犯罪》。内容都与社会转型期所面临的新形势新问题密切相关。在现代社会的背景下,以泛美学的观点寻找电子工业、人类两性、社会犯罪与市场营销的文化特征,并不恪守精确的学术界限,努力摆脱经验哲学的影响,寻找向现代化各个领域发展的机会。所以它具有辐射力与开放意识。泛美学研究有两种指向,一是平行移动,一是沉降移动。本丛书选择的都是平行研究的泛美学题目。美学向平行学科泛化可以提炼出许多关系范畴,在相互启发中开拓各自的思想,使它们在指导实践时具有更大的逻辑力量。(鲁野)

B000124　**思辨的美学与自由的艺术**　副名:黑格尔美学思想引论。邱紫华著。华中师范大学出版社 1994 年 1 月版。41 万字。12.00 元。对德国 19 世纪古典哲学家黑格尔的美学理论进行论述。在对黑格尔哲学中的理念(逻辑理念、自然理念、精神理念)概念及其"正反合"辩证思想的把握基础上,分八个方面梳理与阐释:1. 美的理念论。论述黑格尔美的理念论的具体内涵、特征及其与自然美理念、艺术美理念、理想的关系。2. 自然美。介绍自然美产生的原因及缺陷。3. 艺术美的本质与特征。4. 理想——艺术美的目标。5. 创作主体——艺术家的主体精神与客观性。6. 艺术的发展史:从艺术起源到象征型、古典型、浪漫型艺术的阶段划分。7. 包括建筑、雕刻、绘画、音乐、诗歌等在内的各门类艺术的美学特征与历史发展。8. 黑格尔美学范畴体系,包括美、丑,崇高、优美,悲剧、喜剧等。论述中,对黑格尔重艺术美、轻自然美的倾向,对现实性与合理性的关系命题的辩析,对理想、艺术解体、艺术史创始人等问题的再认识,均有独到见解。还对当前文坛上非理性的,自然主义倾向的,只讲叙述形式、消解艺术内容的,荒诞的现象,结合黑格尔理性主义美学思想进行评论。在论述黑格尔美学的合理内核与进步倾向的同时,对其主客颠倒的根本性错误,软弱、妥协、近视的一面作剖析。如,黑格尔对拿破仑的前后矛盾的看法,对普鲁士君主制是"最理想"的制度的颂扬,把艺术"理想"放在古希腊的作法,对灿烂的东方艺术的蔑视,把各门具体艺术划入其艺术史发展阶段的牵强附会,悲剧理论中的"正反合"理念窠臼等,均作了评析。(王文戈)

B000125　**科学美与艺术美**　刘福智著。河南人民出版社 1994 年 6 月版。20 万字。6.80 元。探讨和展示存在于科学与艺术中的简洁美、对称美、精确美、模糊美、空灵美等对横跨科学和艺术的众多学科和门类,进行综合的美的观照。(陈智英)

B000126　**现代西方美学史**　朱立元主编。上海文艺出版社 1994 年 6 月版。88.8 万字。34.20 元。作者认为,20 世纪各种哲学、社会思潮具有鲜明的反传统色彩,而现代西方美学的反传统倾向,则集中体现在对以黑格尔为代表的德国古典哲学与美学的反叛。黑格尔美学的基础是理性主义和"形而上"的思辨哲学,现代西方美学恰好同黑格尔美学的这两个基本方向背道而驰。20 世纪欧美美学的全部发展,同哲学相似,可以概括为人本主义美学与科学主义美学两大思潮的流变更迭。现代人本主义美学的基本特点是非理性主义或反理性主义,这是对黑格尔以理性主义为特征的传统人本主义美学的反动。另一方面,现代科学主义美学无论是审美经验的描述,还是语言和逻辑的分析,都是建立在实证主义和主观经验主义基础上的,都是从具体特殊的审美经验或事实出发来进行理论推演和一般概括的,这是从另一侧面对黑格尔的思辨美学的反动。(赵南荣)

B000127 **东方既白** 王朝闻著。重庆出版社 1994 年 6 月版。36 万字。8.25 元。美学文集。收入王朝闻 1989 年至 1993 年发表的美学短文 110 篇,涉及文学、绘画、雕塑、摄影、建筑等艺术门类之美。以谈论绘画、雕塑方面的文章为多,间有少数记游文章。作为书名的《东方既白》一篇,则是为《李可染书画全集》所写的总序。(陈琨)

B000128 **二十世纪西方美学精神** 徐良著。敦煌文艺出版社 1994 年 8 月版。18.5 万字。5.90 元。探索现代西方美学转折和形成的根源。通过美学与哲学、科学、心理学、语言学的比较,揭示美学在小说、音乐、戏剧等领域的表现和发展,勾勒出 20 世纪西方美学的时代精神。(马林楠)

B000129 **创造时髦** 副名:现代都市生活审美潮。刘仁圣著。百花洲文艺出版社 1994 年 11 月版。15 万字。7.00 元。把审美的目光投向高科技时代的物质生产活动、文化生活活动和自身美化活动。从新的视野管窥当今现代生活中各种美的现象,并进而揭示出本质和规律。(郑骏)

B000130 **人类困境中的审美精神** 副名:哲人、诗人论美文选。刘小枫主编。知识出版社 1994 年 11 月版。57 万字。22.50 元。精选 42 位世界著名哲学家、诗人的论美文章 45 篇,反映自鲍姆加登(1714～1762)至哈贝马斯(1929～)200 多年间哲人、诗人的美的探索历程。他们站在人生、艺术、文学、哲学的基点上,对美学展开各自不同的阐述,内容覆盖古典哲学、早期浪漫派哲学、唯意志主义、新康德主义、生命哲学、现象学、新实在论、存在哲学、解释学、分析哲学、哲学人类学、新马克思主义等各种哲学流派,以及象征主义、印象主义、表现主义、青年风格等诸多文学流派。主要选收影响较大而国内介绍甚少的人,选编材料除部分参考德国出版的多种有关选本和少量国内学术杂志上的译文外,主要选自各个人物的专著,按著者生卒年月先后编排。(东方)

B000131 **哲人与诗——西方当代一些美学问题的哲学根源** 章启群著。安徽教育出版社 1994 年 12 月版。20 万字。5.80 元。从哲学问题入手,把美学问题还原成哲学问题,把握美学问题的根源;涉及国内美学界未曾注意和忽略的问题,如胡塞尔现象学理论与现象学美学之间的关系究竟如何,认为胡塞尔的现象学,尤其是他的意向性学说,从根本上说是关于意识的学说,关注的是人的意识活动中意义生成的问题;选入的尼采、胡塞尔、弗洛伊德、维特根斯坦、海德格尔、马尔库塞、伽达默尔、德里达和附录中的巴赫金,基本上概括当代西方哲学的主要面貌,内在地勾勒当代西方哲学发展的一条线索,这条线索与浪漫主义以降哲学诗化的内在张力不谋而合,从而展示出一个鲜明的主题:哲学与诗的对话是否可解以及如何可解。(朱欣欣)

B000132 **禅宗美学史稿** 皮朝纲著。电子科技大学出版社 1994 年 12 月版。25 万字。9.00 元。禅宗美学是中国古代美学的一个重要组成部分。本书就禅宗美学史研究中的几个问题,进行阐述。上编为南禅美学思想的历史考察,从六祖"革命"与南禅生命美学的诞生讲起,通过对各流派禅宗美学的分析,勾勒出南禅美学思想的历史嬗变轨迹。下编为南禅思维方式与艺术审美活动,包括"返常合道"与审美悟境,"以悟为则"与审美认识,"般若观照"与审美体验,"不即不离与审美距离"等。(杜倩)

B000133 **效应形态论—审美世界的特质** 苗启明著。云南人民出版社 1994 年 12 月版。14 万字。6.50 元。对美的本质进行哲学探索。认为事物对其规定情境的形象反应形成其效应形态,在效应形态中,事物的形象突破其类别界限和心物界限而上升成为普泛样式与心灵样式,从而形成审美所特有的世界。(李志民)

B000134 **嵇康美学** 张节末著。浙江人民出版社 1994 年 12 月版。12.4 万字。5.70 元。论述"魏晋美学开风气人物"嵇康的美学思想。探讨嵇康以"自然之和"为轴心,把自然美、人格美和艺术美统一起来,多层面地考察嵇康美学(特别是其音乐美学)的若干重要范畴及其方法论特点,勾画嵇康的美学体系。考察嵇康美学的思想渊源、理论贡献及对后世的影响,阐明嵇康在中国美学史上的地位。将嵇康美学与西方康德·汉斯立克的美学思想作了比较研究,指出异同,辨明优劣。(潘邦顺)

B000135 **能力原理与测量** 李孝忠著。东北师范大学出版社 1994 年版。38 万字。分 17 章。阐述能力概念和能力结构等基本概念,评价在智力测验研究的各个时期的能力结构理论。分析遗传、素质、成熟等不同层次生物因素,胎儿、家庭、学校、社会历史条件等不同环境……用大量论据证明两因素

相互作用原理。论述能力高低是呈常态分配的原理。(张利辉)

B000136 **现代心理学** 陈中永著。内蒙古大学出版社 1994 年版。47.9 万字。15.20 元。以普通心理学知识为基础,以教育心理学知识为核心,吸收发展心理学、社会心理学、心理卫生学、实验心理学以及应用心理学的有关知识,拓展教材的针对性、综合性和应用性。同时,还选入许多教学实践中的参考资料,为读者自学和拓展视野提供方便。(佟靖仁)

B000137 **妇女心理学** 陈波静著。暨南大学出版社 1994 年版。19 万字。6.00 元。导言阐述研究妇女心理学的意义和方法,其余 7 章分析论述:妇女的年龄心理、爱情婚姻心理、家庭人际关系心理、成功心理、从政心理、犯罪心理及妇女的心理健康诸问题。(卓支中)

B000138 **现代西方心灵哲学** 高新民著。武汉出版社 1994 年 1 月版。50 万字。19.80 元。探讨西方现代心灵哲学的历史进程和最新发展趋势;考察心灵哲学的本体论——心身学说;认识论——自我意识、他心知理论、语义学、心理现象与行动哲学等之间的关系;分析民众心理学与认知心理学、日常心理解释模式与神经学科的解释模式及其相互关系,日常心理语言及其理论最终是否会被科学的物理语言及其理论所取代等尖锐的问题;介绍当代西方心灵哲学的一些前沿课题的最新发展态势。(周雁翎)

B000139 **超常儿童心理发展与教育** 刘玉华、朱源著。安徽教育出版社 1994 年 4 月版。25 万字。6.40 元。介绍国内外鉴别和教育超常儿童的原则、方法和经验。对我国各种类型的少年班和超常教育实验班从理论上进行分析和总结,特别是总结和介绍了中国科技大学少年班多年来得出的经验。在论述超常儿童的心理特征和教育特点的同时,也注意与常态儿童各方面的特性相比较,因而对常态儿童教育具有启发性。(殷振群)

B000140 **发现自由意志与个人责任** [美]里奇拉克著,许泽民、罗选民译。贵州人民出版社 1994 年 4 月版。23.2 万字。9.20 元。分 12 章。试图解释人的自由意志是怎样形成的,以及每个人在日常行为中为表达某种意图而承担的责任。共 12 章:寻求个人自由和责任,原因的种类与科学的兴起,决定论与心理描写,意义的含义,自由意志——一个受到围攻的概念,实验室里的目的论,自由意志心理学,心理疗法中的因与果,东西方的交汇,非控制论的大脑,通俗心理学为什么“灵”,我们的人类本性及其保持等。收入“现代社会与人名著译丛”。(谢丹华)

B000141 **恐惧与颤栗** 〔丹麦〕克尔凯·郭尔著,刘继译。贵州人民出版社 1994 年 4 月版。10.5 万字。4.40 元。借《圣经》中亚伯拉罕和以撒的故事,论述信仰和牺牲的观念。认为信仰从本质上是一种悖论;畏惧并非来自某一确定对象的威胁,而害怕则是来自一个客观的威胁物。全书由“可以对合乎伦理的东西进行神学的怀疑吗”、“存在着一种对上帝的绝对的义务吗”、“亚伯拉罕对撒拉、以利以谢和以撒隐瞒他的计划,这在伦理学上是可以得到辩护的吗”三个部分构成。收入“现代社会与人名著译丛”。(谢丹华)

B000142 **小学生心理健康丛书** 陈永胜编。山东教育出版社 1994 年 5 月版。58.3 万字。3 册。18.35 元。从学校心理卫生、心理诊断、心理咨询等不同角度,系统探讨了维护与增进小学生心理健康的理论、方法、途径和措施。既有新理论、新技术的介绍,又有新颖活泼的心理健康实验,还有典型案例的调查分析。(马惠敏)

B000143 **中学生心理健康丛书** 郑日昌主编。山东教育出版社 1994 年 5 月版。81 万字。3 册。22.10 元。全面系统地论述了中学生心理卫生的有关问题以及对学生进行心理诊断与心理咨询的方法。共 3 册。包括《中学生心理卫生》、《中学生心理诊断》、《中学生心理咨询》。《中学生心理卫生》提供了中学生心理健康教育试验大纲;《中学生心理诊断》提供了目前国内外广为流行的心理量表;《中学生心理咨询》介绍一些心理治疗的常用技术。(乔友复)

B000144 **死亡默想** 张文初著。海南出版社 1994 年 6 月版。19.6 万字。11.00 元。涉及死亡的焦虑与畏惧,死亡与性爱,死亡与艺术,死亡与民俗,死亡与生命的界定,古今中外的生死观,死亡与宗教,死亡与信仰,死亡与道德等方面。(洪声)

B000145 **智慧的发展** 副名:一种新皮亚杰主义理论。[加拿大]罗比·凯斯著,吴庆麟等译。上海教育出版社 1994 年 7 月版。35.2 万字。10.00 元。共 4 编 19 章。第一编,当前的理论探讨及其历史基础;第二编,不同发展阶段的智慧功能;第三编,阶段转换的过程;第四编,理论的应用与扩展。70 年代后期,智慧发展研究领域中,皮亚杰理论的弱点已众所周知,而新理论还一直未能提出。作者经多年研究后对皮亚杰理论作了重新修正,提出了新皮亚杰主义理论。本书特点是:1. 阐明这一新理论;2. 用这一理论解释并综合其他各研究派别的经验成果;3. 介绍作者的研究小组为检验和修正这一理论而收集的新资料;4. 指出这一理论与先前及当前其他一些发展理论的关系,从历史的观点来考察这一新理论。(张瑢)

B000146 **歪打正着——生活中的反常思维** 王宏金著。中国致公出版社 1994 年 7 月版。21 万字。6.00 元。介绍利导型、冲激型、迂回型三种类型 18 种歪打正着的一般发生规律,剖析歪打正着的心理过程,说明歪打正着是人的思维结果,是人的心理素质在一定情境中的反应这一本质。列举大量现实生活中的例子,并设计案例供读者思考,以便读者构建新的思维模式。作者指出,"应运生变"是歪打正着的精髓和内涵。并列出应运生变的五种形式:借力生变,审势生变,快速生变,超前生变和随机生变。智慧是源,计谋是流。任何方略大谋都是人类思维的派生物,研究歪打正着的现象或过程,实质是研究或解剖思维的奥秘,因此,从某种意义上说,歪打正着是思维的突破,是创造力的迸发。(明华)

B000147 **中国心理学思想史** 杨鑫辉著。江西教育出版社 1994 年 8 月版。21 万字。12.00 元。分 7 章。第一、二章,总论全书要旨,说明中国心理学思想史研究的对象、意义和方法论,以及其发展脉络;第三至六章,论述心理的实质、心理实验与测验的起源、普通心理学思想和应用心理学思想;第七章论述心理学史研究的现状和瞻望。作者认为,中国心理学思想发展脉络有五个特点,即唯物论与唯心论心理学思想的斗争与发展;儒墨道法释心理学思想的对立与融合发展;心理学思想的哲理说与生物本体说的结合发展;普通心理学思想与应用心理学思想的并行发展;传统心理学思想与外来心理科学影响的结合与发展。作为中国心理学思想,有五个实质的心理范畴,既先秦的人性说;汉晋的形神说;隋唐的佛性说;宋明的性理说;清代的脑髓说。(熊阳)

B000148 **记忆心理学** 杨治良主编。华东师范大学出版社 1994 年 11 月版。26 万字。11.80 元。对元记忆、记忆的场合和状态依存性等新近拓展的记忆心理研究领域的新假设、新理论、新方法和新成果作系统介绍。在内容上充实和发展传统的记忆心理研究,力求突破旧格局,建立新的记忆心理学体系。对思维研究、计算机人工智能研究提出见解。(张捷)

B000149 **社会生活与青年心理** 刘仲玺、张成诗著。东北林业大学出版社 1994 年 12 月版。16.8 万字。6.50 元。针对青年成长和发展中的智力、情绪、择业、交往、婚恋、消费等方面的心理问题,结合现代青年的生活实践,进行研究、分析和阐述。(戴千)

B000150 **跨文化智力心理学研究** 郑雪著。广州出版社 1994 年 12 月版。24 万字。9.80 元。以科学取证和比较研究的方法,阐述跨文化智力心理学的源起、科学内涵、研究方法及中国跨文化智力研究的理论意义和现实意义。利用实地调查的材料进行分析,将智力的本土研究与国际研究成果结合起来,有一定的创新。收入"教育心理学研究丛书"。(何祖敏)

B000151 **认知发展心理学导论** 副名:新皮亚杰派的理论及其观点。李雅林著。广州出版社 1994 年 12 月版。24.5 万字。8.80 元。整理 20 世纪 60 年代以来,信息加工思想引入认知发展领域之后所形成的新皮亚杰派的理论及其观点。介绍新皮亚杰派 6 个主要代表人物的理论,介绍新皮亚杰派的理论背景、主要思想、实验支持和发展方向等。收入"教育心理学研究丛书"。(何祖敏)

无神论、宗教

B000152 **中国佛教思想史** 郭朋著。福建人民出版社 1994 年版。140 万字。3 册。69.05 元。在作者已出版的《汉魏两晋南北朝佛教》、《隋唐佛教》、《宋元佛教》、《明清佛教》四部著作基础上修订而成。分上、中、下三卷。以时代为经,以各时期佛教传播状况为纬,详尽介绍汉唐至清代各时期汉地佛教流传过程中各派各宗的兴衰、演变和特点,以及上百个佛教代表人物和众多经书,着重阐述天台宗、唯识宗、华严宗、禅宗、净土宗等的有关教义、典籍以及变化、作用,反映佛教中国化的历史轨迹。书中列有各类比较表、师承表、著作表,并以注释形式,介绍大量佛教典故、专名和史实。(祝阔影)

B000153 **风水与中国社会** 刘晓明著。江西高校出版社 1994 年版。15.3 万字。7.00 元。研究中国风水文化在古代社会中的形成发展,风水的本来意义及其演变过程,否定其迷信虚妄的内容。收入"中华文化通俗丛书"。(陈昌怡)

B000154 **中国穆斯林朝觐纪实** 铁维英、李学忠著。宁夏人民出版社 1994 年版。18.8 万字。8.00元。据《古兰经》"凡能旅行到天房的人,人人都有为真主而朝觐天房的义务"赴圣地麦加同样成为中国穆斯林宗教生活中的一桩大事，它与念清真言、礼拜、斋戒、交纳天课一起列为五大宗教功课。本书详细记载了自明以来中国穆斯林朝觐的历史；生动地叙述了中国穆斯林不畏艰难，翻山越林、飘洋过海前往圣地麦加朝觐的感人故事；如实地介绍朝觐礼仪及一系列瞻仰巡游活动及朝觐须知；细腻地描绘朝觐的全过程——受戒、瞻礼、转天房、驻阿拉法特、进行射石和宰牲、辞朝。（汤晓芳）

B000155　**禅宗词典**　袁宾主编。湖北人民出版社 1994 年 1 月版。93.1 万字。19.80 元。收有关禅宗的词目共 6400 余条，包括中国禅宗文献里重要或常见词语、术语、行业语、典故语、成语、口语词、俗谚语等；兼收重要的中国禅宗人物、寺院、塔、山和典籍。由于中国禅宗在传播时有意采用了樵夫织妇口头语言以扩大影响，禅宗强调顿悟又使禅师说法时有意打乱逻辑顺序，使得禅语十分难懂。本辞典将重点放在释词语方面，将禅宗词语作为一个新的领域进行开拓研究，具有重要的词言学价值。词条按词目笔画编排，附有词目首字笔画索引、词目表、词目首字拼音索引、公案典故索引、人物词目索引、寺塔山词目索引和典籍词目索引。（李尔钢）

B000156　**中国道教（1～4）**　卿希泰主编。上海知识出版社 1994 年 1 月版。116 万字。全套 72.00 元。分 4 卷。第一卷，"历史概要"，历述道教产生的背景、渊源及各历史时期的发展概貌。"宗派源流"，对太平道、正一道等 20 多个道教主要派别作介绍。"人物传略"，重点介绍了 90 余名有代表性的道教著名人物，分述各自的教务活动、生平思想及文化贡献。第二卷，"经籍书文"、"教义规戒"两方面内容。前者除道书总集、类书外，还分门别类介绍近百种有关教理教义、戒律劝善、方术科仪、神仙道人传记、宫观名山等典籍。后者系统介绍道教教义的主要内容、派别观点、历史演变及社会影响。第三卷，"神仙谱系"、"科仪方术"两方面内容。前者除概述神仙谱系的形成、演变过程外，还介绍道教的尊神及民间的有关俗神。后者主要介绍道教的崇拜仪式及道人的修炼方式。第四卷，"文化艺术"、"仙境宫观"两方面内容。前者包括与道教有关的哲学、文学、美术、建筑、医学、服饰、节期等内容。后者介绍道教指称的仙境、名山及重要宫观。书末另有附录二。一为"中国道教大事年表"，二为"国际道教研究概况"。（褚赣生）

B000157　**止观坐禅法要译释**　隋·智𫖮著，孙映逵译释。文化艺术出版社 1994 年 1 月版。11 万字。4.05 元。为佛教天台宗实际创始人智𫖮所写的禅定学名著。全书 10 章，讲述止观坐禅精义，扼要而全面，以理统法，是一本权威性的坐禅入门书，千百年来为气功修持者奉为圭臬。现代气功修炼中的基本内容，如入静、观想和调身、调息、调心，多出于此书。本书为译释本，译释者在每章之前加上"题解"，每一节原文之后附有"译文"、"注释"、"按语"，详加解说，卷首的"前言"，对天台止观坐禅门作综合性的评述。（蔡宛若）

B000158　**中国民众宗教意识**　侯杰、范丽珠著。天津人民出版社 1994 年 2 月版。21 万字。8.80 元。论述民众宗教意识生成的社会土壤与文化背景、民众宗教意识的核心内容、民众宗教情绪的实用风格、民众宗教意识诸特征、中国民众的生死观、秘密宗教与民众宗教意识的关系、中国民众淡漠的宗教情绪与多神崇拜、宗教意识中的迷信色彩等。对中国民众的宗教心理、宗教情感、宗教观念、宗教行为进行分析研究，揭示中国民众宗教意识独特的文化传统和社会背景，及其对中国传统社会的影响。"社会史丛书"之一。（刘文君）

B000159　**释迦牟尼大传（藏文版）**　格桑确吉嘉措编著。青海民族出版社 1994 年 3 月版。50 万字。20.00 元。本书作者生卒年月不详。原版为北京雍华宫长条木刻版，以此为据整理成 16 开本出版发行。按释迦牟尼的十二功德写，即降凡、投胎、诞生、学艺、娶妻、出家、苦修、证菩提、降魔、证果、转法轮和寂灭。从《甘珠尔》中撷取精华，在记述释迦牟尼一生功绩的同时，对当时印度社会的各方面给予关注，即风土人情、社会背景、历史文化、生产状况和人们的价值取向等。作者对释迦牟尼的思想作研究，认为显宗和密宗是佛陀的思想要旨，代表了佛陀的世界观，是佛学的最高领域。显宗注重理论学习，通过了悟佛理，逐步达到最高的思想境界。密宗注重禅修，把佛陀的某一学说铭记在心，经常默思禅炼，使自己超凡脱俗。（完玛多杰）

B000160　**佛藏要籍选刊**　苏渊雷、高振农选辑。上海古籍出版社 1994 年 3 月版。14 册。861.00 元。依据佛教大小乘论说、显密二教教义和佛学各宗各派思想观点，选取佛藏中最重要、集中反映各宗各派学术观点的典籍，分册出版。其主要内容有：一、收《法苑珠林》类书一种。二、《经律异相》等类书及《出三藏记集》佛教经录共七种。三、《一切经音义》、《弘明集》等佛教音义、护教等五种。四、选收小乘佛教经典《阿含经》等六种。五、《摩诃般若波罗密经》及《小品经》等大乘经十八种。六、《摩诃僧祇律》佛教戒律等四种。七、选收《阿毗达磨发智论》《阿毗达磨大毗婆沙论》小乘论二种。八、小乘论《杂阿毗昙心论》等五种、大乘论《大智度论》一种。九、《大乘起信论》《瑜伽师地论》等大乘经论十六种。十、中国佛教章疏《妙法莲华经音义》《大方广佛华严经》等八种。十一、中国佛教人物著作、禅定语录、清规忏仪《摩诃止观》等十九种。十二、《佛祖统纪》《高僧传》四种。十三、《大明高僧传》《续高僧传》及佛教史传12种。十四、《大唐西域记》、《洛阳伽蓝记》《祖堂集》等四种。本书主要以日本《大正新修大藏经》和《续藏经》为底本，适当选自《宋藏遗珍》和《频伽藏》，整部书结构紧凑，便于查阅。(刘景云)

B000161 **道佛儒思想与中国传统文化** 张荣明主编。上海人民出版社1994年3月版。24.9万字。11.10元。道佛儒思想与方术文化论文集。重点论述:《老子》首章内涵的七种不同学科的解释;道教《步虚舞》产生的文化背景及音乐舞蹈要素的来源;佛教般若经传译与晋代仓垣水南学派的关系;儒学的三种历史形态;筮占与古代中国形上学;气功、特异功能、宗教方术与古代战争。(赵人俊)

B000162 **中国伊斯兰百科全书** 中国伊斯兰百科全书编委会。四川辞书出版社1994年3月版。205万字。89.00元。介绍伊斯兰文化的大型专科工具书。配有彩色照片164幅。分18类，收3000余条目。以经训典籍、教义学说、教法制度、宗教功修、教派学派、中外人物、《古兰经》人物及传说、教职称谓、圣地寺院、各国伊斯兰教等为专题进行编排。正文前有条目分类目录，后附有条目音序索引和笔画索引。附录有伊斯兰教大事年表、伊斯兰主要王朝世系表、中国信仰伊斯兰教少数民族概况表等。由全国100多位伊斯兰教研究学者(其中有7个民族的80多位穆斯林学者)组成的编委会编著。总主编宛耀宾为中国伊斯兰教协会副会长。(帅初阳)

B000163 **中国的佛寺** 吴英才、郭隽杰主编。天津人民出版社1994年3月版。46万字。13.80元。介绍中国著名佛寺164座。对每座佛寺都详述其建造年代、建筑特点、艺术价值和文化价值，以及在佛教历史中的地位和影响。此外，还引证历代文人墨客对各个佛寺进行礼赞的诗文楹联，除对诗文楹联加以介绍外，还对诗文楹联做了鉴赏分析。该书既有丰富的佛教文化知识和历史知识，又有文学欣赏价值，同时还可兼作名山古寺的导游手册。(樊金树)

B000164 **传统佛教与中国近代化** 副名:百年文化冲撞与交流。邓子美著。华东师范大学出版社1994年4月版。25万字。10.00元。从比较宗教的角度，描述中国佛教各宗派在近代的流变衍转。对近代学者高僧的佛教人生观、价值观、伦理观及宇宙论、认识论、方法论的新阐发，近代佛教在组织教育、文化艺术、社会慈善、心理调节各方面所发挥的社会功能一一条分缕析，有助于人们了解佛教文化在传统与当代之间的断层。提出在中西文化冲撞的近代中国，有一个佛学复兴运动，其意义与西方近代的宗教改革相仿佛。它以“人间佛教”为标志构筑了新的教义体系，并改革僧制，创办佛教教育事业，其影响至今犹在。(缪宏才)

B000165 **中华道学通典** 吴枫、宋一夫主编。南海出版公司1994年4月版。380万字。188.00元。综合研究道藏文献典籍，全面总结国内外道学研究成果的大型文化思想类书。分三部分。第一部分“道学经典释读”，以大藏经底本为主，选收有代表性的道学经典著作，如《道德真经》、《通玄真经》、《南华真经》、《冲虚至德真经》、《黄帝阴符经》、《太平经》、《周易参同契》、《抱朴子·内篇》、《养性延命录》、《太上感应篇》、《悟真篇》、《还源篇》、《紫清五论》等13部，反映道教的基本教义。为便于阅读理解，对正文中难字注音，难词注解，难句释读串讲，难段释义通读。第二部分“道家人物学说”，选收历代大师或有重要影响的道士900余人，各派或有影响的代表作500余种，主要派别70余家;按时序与地区选收名山宫观数百座。从中可以看到道教主要代表人物和历史上各主要教派的思想及信仰特点。第三部分“道学观点承传”，分自然观、社会观、道德观、教育观、养生观，采取以类目为单位，按时序排列，内容以人领文，对其观点主张、承传关系及与同期思想派别的观点异同进行提述，收有重点人物近百家，涉及著作近千种，观点近300余种。书后附有道学大事年表及辞目笔画索引。(任在齐)

B000166 **叹异抄** 〔日〕唯房圆著，毛丹青译注。文津出版社1994年4月版。5万字。12.00元。13世纪末日本净土真宗传人唯房圆追记该教派的创始人亲鸾大师的言论及其辨异集。净土宗和天台宗、华严宗、禅宗等中国教派都属大乘佛教，它的根本理想是通过念佛，使人们从世俗生活中解脱出来，恢复内心的宁静，体悟生命的原理。净土宗东传日本后，在1175年由法然正式创立并普及，成为发展最快的净土真宗新教派，深得武士和中下层民众的信仰。《叹异抄》是净土真宗一部最具盛名的经典著作，成书于13世纪末镰仓时代，在20世纪初已享有国际声誉,《叹异抄》还进入高等学府,在日本史、思想史和伦理学的教科书中均有评介,成为日本思想文化的一部代表作。由于《叹异抄》在日本思想文化史上的重要地位,对日本人的思想和社会生活有重要影响,因而被称为"东洋圣书"。不仅研究著作连篇累牍、名家辈出,而且走出国门,被译成英、韩等多种文字。本书是大陆中文首译本。(吕克农)

B000167 **阿弥陀经·大乘密严经** 梅庆吉主编。黑龙江人民出版社 1994 年 5 月版。37.3 万字。22.80 元(精)。《阿弥陀经》,又称《小无量寿经》、《小经》等,是我国佛教流派净土宗所信奉的三部经典之一。此经称西方阿弥陀极乐净土的众生"无有众苦,但受诸乐",只要专心称念阿弥陀佛的名字,一心不乱,就可往生西方净土。因其方法简单,在佛教界产生很大影响。此经所推崇的阿弥陀佛,是西方"极乐世界"的教主,是净土宗主要信仰对象。此经最早是由后秦鸠摩罗什翻译的。这次整理出版,采用明袾宏的疏钞本,由金陵刻经处于光绪十八年(1892)印制。《大乘密严经》,又称《密严经》,是我国佛教法相宗信奉的六部经典之一。此经讲佛在密严国对金刚藏菩萨提出的关于佛第一义法性问题,宣扬如来藏不生不灭。全书还对八识之一的阿赖耶识进行反复论述和解释。此经先后有两译,本书所用是唐地婆诃罗译本。本书根据民国八年(1918)金陵刻经处印行的单行本整理。收入"佛学丛书"。(安晓峰)

B000168 **维摩诘所说经·圆觉经** 梅庆吉主编。黑龙江人民出版社 1994 年 5 月版。31.2 万字。20.80 元。《维摩诘所说经》亦称《维摩诘经》或《维摩经》,此经认为,达到解脱,不一定非经过严格的出家修行生活不可,关键是主观精神方面的修养。在世俗生活中,只要心诚意净,就可达到菩萨境界。此经先后有三译,本书采用的是后秦鸠摩罗什的译本。《圆觉经》,全称《大方广圆觉修多罗了义经》,又称《圆觉修多罗了义经》。《圆觉经》属于华严部,此经是释迦牟尼应圆觉等 12 名菩萨询问因地修证法门,而为他们宣说的大圆觉妙理。共有 12 章,宣扬的主要内容是:"十方众生,圆觉清净",本来都可以成佛,只是因为有"恩爱贪欲"和"妄念",才进入生死轮回的。如果能够舍弃一切情欲,破除一切迷误,使心处于"清静"状态,"便得开悟"。这次整理出版的《圆觉经》,依据的是唐代佛陀多罗译,宗密疏本,版本依据的是明代嘉兴续藏经本。收入"佛学丛书"。(安晓峰)

B000169 **中国神话学** 潜明兹著。宁夏人民出版社 1994 年 5 月版。36 万字。16.50 元(精),13.50元(平)。涉及神话思维,神话哲学,神话与古代宗教,艺术与神话的起源,神话史研究,环太平洋文化圈比较神话学,神话类型学,神话与习俗,神话与仙话,以及对《山海经》的重点认识;龙、凤、鱼、虎、蛙、葫芦等文化与神话;生殖文化与生殖神话;萨满文化与神话,东巴文化与神话,史诗与神话;台湾、香港的神话学等。(高晓钤)

B000170 **中国禅学思想史** 〔日〕忽滑谷快天著,朱谦之译。上海古籍出版社 1994 年 5 月版。69.8 万字。29.20 元。忽滑谷快天是日本近代早期著名佛教学者,著有多种佛学专著,《思想史》是其代表作之一。此书主要根据汉译佛教经典和中国佛教著述资料,考察论述印度禅学的形成和禅学内容;作为佛教组成部分之一的禅学在中国的传播过程;从南北朝至清初的逐渐形成、盛行、衰落的演变历史。著名学者朱谦之先生将其中中国部分抽出,译为《中国禅学思想史》。该著共分六编,即准备时代,纯禅时代,禅机的时代,禅道烂熟的时代(前后期),禅道变衰时代。本书为了论述清楚,采用三段表述方法:每编前有概说,提示每一个禅宗发展阶段的要点;每一章前有"略论",讲各章中心内容和重要结论;各节为详述。此外,本书虽为禅学史专著,但涉及面十分广博,各篇章对不同时代的政治、文化背景、宋明理学的形成等多有介绍。(卢守助)

B000171 **古尊宿语录** 宋·赜藏主编集,萧箑父、吕有祥点校。中华书局 1994 年 5 月版。67 万字。2 册。35.00 元。是晚唐五代至南宋初期禅宗的一部重要语录汇编,收集上自南岳怀让,下至南岳下 16 世佛照德光,共 37 家禅师的言行,其中青原一系有 5 家,南岳一系有 32 家。虽然收录的禅师人数不及《五灯会元》多,但对禅师的言行记述则比较详尽,有行迹、拈古、偈颂、奏文等,不仅可以把握禅宗兴盛时期的梗概,也可以看到禅宗主要代表人物的思想全貌,是研究禅宗的重要资料。(毛双民)

B000172 **三教慧海** 曾凡等著。中州古籍出版社 1994 年 5 月版。107.5 万字。3 册。31.50 元。儒、道、佛三教,是中国传统文化和东方智慧的渊海。本书在编排上,三教各为一册,每册即每一教又分别从故事、名流、箴言三个角度切入,以三教典籍及相关文献为基础,加以概括、演绎和精选,突出学术性、趣味性和系统性,从而展示三教文化的方方面面。故事部分,通过生动传神的描写,表现三教的蕴涵及其影响;名流部分,则将三教名人的生平行迹娓娓道来,从人的角度认识三教;箴言部分,则从三教典籍

中精选有益社会人心，而且体现三教精神的精言妙语，分类编排，白话翻译。(郭孟良)

B000173 **白话天方性理** 清·刘智著，马宝光等译。中州古籍出版社1994年5月版。20万字。10.00元。《天方性理》采用"儒者之语"阐释天方典籍。刘智从数十部天方大经之中"择其理同而义合者纂为一书"。此书由本经、图解、传文组成。本经五章言简意赅；图解、传文五卷60篇，用来阐释显现本经的含义和道理。书中首阐大道的根原，即无形无象的真一本然。又从先天讲到后天，从有形讲到无形。从大世界天地讲到小世界人身，又从小世界人身讲到万化归一。对天人性命，大道原始的剖析，周到完善。白话本以"三成堂"版为版本。(孙宝瑞)

B000174 **天国大智慧** 副名：宗教谋略与方术谋略。吴继金著。广西人民出版社1994年6月版。29万字。7.50元。揭示宗教方术与谋略的联系，展示宗教方术向谋略方面生成、发展及在各领域中具体运用的过程，综合评估宗教方术的谋略价值。分"谋用篇"、"机理篇"、"批判篇"三部分。在"谋用篇"中，研究古代"受命于天"的帝王谋略，宗教方术与军事、与经济、与侦破术、与谋反术、与权变等的谋略，方术去病法、宗教与处世等谋略；"机理篇"中探讨"鬼神"与人类谋略智慧、宗教生存和发展、方术生存与发展、封建士大夫与宗教方术等谋略；在"批判篇"中批判和否定宗教方术的谋略，提倡禁祥去疑、不事鬼神。收入"谋略丛书"。(邓耘)

B000175 **道教大辞典** 中国道教协会、苏州道教协会编。华夏出版社1994年6月版。278万字。97.00元。以道教经书为依据，选用道教常用名词、术语短句作为词目，共13000余条。分23类，包括道教哲学思想、经典著述、内外丹法、房中服食、气功养生、神仙人物、斋醮仪范、法箓术数、名山宫观、宗派、医药、美术、文学、艺术等。(王炳旸)

B000176 **道教文化辞典** 张志哲主编。江苏古籍出版社1994年6月版。187.3万字。50.00元。收词目1万余条，分为文化一般、流派组织、道教人物、神仙传说、道教文献、众术丹法、斋醮科仪、道教习俗、文学艺术、名山宫观(附仙境)十大类。(王华宝)

B000177 **阿底峡传(藏文版)** 副名：噶当祖师问道语录。阿底峡著。青海民族出版社1994年6月版。50万字。16.50元。阿底峡(982～1054)法名(汉语为)吉祥燃灯智，又名殊胜，出生于东印度萨霍尔王室，原系超岩寺上座。吐蕃王室后裔智光和菩提光二人携带重礼，前去印度聘请他到西藏传播佛教。他精通显密二宗，并付诸修行次第。箸作有《阿底峡传》等20多种，这些著作对后弘期佛教的发展起过重要指导作用。他注重佛教原旨的讲修，广收门徒，为噶当派的建立出谋划策，遂成为该派开学祖师。他还著有8部医学论著，对西藏医学的发展也起到了重要的推动作用。本书分为10章。主要讲述阿底峡尊者本人的诞生地，家族历史，青少年时期的生活，学习，来藏后创建噶当派的经过，以及噶当派以十六明点为主的玄机奥旨。(侃耐让)

B000178 **犹太的思想** 〔美〕罗伯特·M·塞尔茨著，赵立行、冯玮译。上海三联书店1994年6月版。60万字。29.80元。探讨犹太人的宗教、思想和民族精神。作者罗伯特·M·赛尔茨是纽约城市大学亨特学院历史系教授，他从犹太教精神与希腊、罗马古代文明的交融、中世纪倍受伊斯兰和基督教国家仇恨和迫害的犹太教所表现出的创造力和生命力，犹太传统中的每一主要运动和潮流，以及各派别的主要代表人物、产生与兴盛的背景为线索，描绘圣经先知、中世纪理性主义者和神秘主义者、哈西德运动、革命派、改革派、正统派、保守派、世俗主义者和复国主义者等派别，为读者勾勒出一幅幅犹太历史、宗教、思想和文化史演进的画面，细致地描绘犹太思想发展的各阶段。(梁玉玲)

B000179 **禅宗名著选编** 净慧编。书目文献出版社1994年6月版。29万字。40.00元。以日本大正藏为底本，选录19篇禅学名著。(卢玉荣)

B000180 **佛教生活风情** 洪丕谟、姜玉珍著。中国国际广播出版社1994年6月版。22万字。7.00元。从佛教的宇宙观、人生观及僧尼的衣食住行、习俗礼仪、修行忏悔、庙会节日等视角展示僧尼生活，介绍寺庙布局，佛经佛像，法器陈设，以及佛教四大名山，八字祖庙等僧尼生活的天地。(王先豫)

B000181 **中国雕塑观音** 马元浩摄影。上海古籍出版社1994年7月版。文2万字。图90幅。60.00元。摄影画册。观音是以"普渡众生，救苦救难"为本愿的佛教形象。古往今来的观音造像，实际上反映人们心目中对观音的敬仰和赞美之情，表现人世间对真、善、美的向往和追求。本书汇集中国摄影家协会会员、英国皇家摄影家学会高级会士马元浩在全国拍摄的观音雕塑，上起北魏，晚至近年，包括正观音、白衣观音、水月观音、数珠手观音、紫竹观音、扬枝观音、日月观音、宝印观音、千手观音、渡海观音、送子观音、滴水观音、如意观音等种种观音菩萨的庄严妙相。间附与观音关系密切的善财童子、龙女、韦驮、大势至、阿弥陀佛等。末以明代双林寺彩塑菩萨群像作为大背景映衬观音，并附文介绍观音菩萨的行迹和种种传说。全书编排以雕塑作品的年代先后为序，意在使读者通过阅读和欣赏，比较中国雕塑艺术在不同时代的不同风格，增进对中国佛教文化和雕塑艺术的了解。（顾美华）

B000182 **英国清教** 柴惠庭著。上海社会科学院出版社 1994 年 7 月版。24 万字。8.00 元。清教于 16 世纪产生于英国，并随着英国社会政治的大变动而发展和演变，它不仅对英国的政治、经济、文化等领域产生深刻影响，而且跨越其生成的时空范围构成整个西方文明的一个重要因素。本书考察了清教在不同历史时期的形态、特质和作用，并从宗教、政治、伦理三个层面分析其对英国社会以及近现代整个西方文明、尤其是西方资本主义发展的意义和影响。（张广勇）

B000183 **神秘的八字** 副名：揭示人生运动轨迹的尝试。滕德润著。广西人民出版社 1994 年 8 月版。16 万字。5.80 元。从哲学的角度探讨中国古代对人自身运动规律的认识，用现代科学的观点来分析八字理论的可取之处与不足之处，揭示八字理论的实质。收入“中华神秘文化书系”。（邓耘）

B000184 **神秘的五行** 副名：五行说研究。刘筱红著。广西人民出版社 1994 年 8 月版。15 万字。5.50 元。论述金、木、水、火、土在古代被称为五行，古人认为这是组成世界的基本物质，五行有相生相克关系，以至成为中国古代占卜术理论依据的原因。收入“中华神秘文化书系”。（邓耘）

B000185 **神秘的符箓咒语** 副名：民间治疗法及避凶趋吉法研究。姚周辉著。广西人民出版社 1994 年 8 月版。14 万字。5.50 元。用大量实地考察和亲身体验的材料，从心理学、社会学、文化学、医学的角度研究论证中国古代形成的各种符箓咒语的民间小疗法。收入“中华神秘文化书系”。（邓耘）

B000186 **神秘的占候** 副名：古代物候学研究。张家国著。广西人民出版社 1994 年 8 月版。14 万字。5.20 元。论述古代以异常物候现象预测吉凶“占候术”的产生及形成。收入“中华神秘文化书系”。（邓耘）

B000187 **中国佛教大观** 黄卓越主编。哈尔滨出版社 1994 年 8 月版。121 万字。上、下册。68.80 元。分 11 编，介绍佛教在中国的发展概况。

B000188 **文白对照佛教十三经** 骆继光主编。河北人民出版社 1994 年 8 月版。55 万字。上、下册。26.00 元。从《大藏经》中精选十三部有代表性的佛教经典，其中，《修行经》讲述释迦牟尼出家修行、觉悟成道、宣讲佛法的经过；《圣谛经》阐述“四谛”、“八正道”等原始佛教的基本教义；《涅槃经》宣扬“佛身常住不灭”、“众生皆有佛性”的大乘佛教义理；《金刚经》论述“诸法空相”、“般若涅槃”的大乘佛教的基本义理；《六祖坛经》则汇集禅宗第六代祖师慧能的事迹和语录，可窥见禅宗的基本面貌；《阿弥陀经》是中国净土宗的基本经典，经中所描述的无限美好的阿弥陀佛净土，影响了中国百姓的天堂观念；弥勒佛和文殊、普贤、观音、地藏四大菩萨是中国人崇拜的佛教神祇，因此，也选录了《弥勒经》、《文殊经》、《普贤经》、《观音经》、《地藏经》等。每部经文之前加题解，后附注释，并将经文译为现代汉语。（王书华）

B000189 **禅宗灯录译解** 礼山、江峰主编。山东人民出版社 1994 年 8 月版。52 万字。20.00 元。以《五灯会元》、《景德传灯录》等禅门典籍为蓝本，描绘高禅师的奇形异状，阐发佛家哲理，汇参众说纷纭的禅门公案，梳理错综复杂的禅家宗派，弘扬禅家的开朗、宽容与主体精神，辑录禅宗佛教自达摩老祖以来数百年香火传续的传灯弘教史，对禅门五家七宗百余位大师的主要思想进行详细的解说。（于宏明）

B000190 **基督教与近代中国** 副名：非基督教运动研究。杨天宏著。四川人民出版社 1994 年 8 月版。36 万字。18.00 元。回顾基督教在华传教史，着重对发生于 20 世纪 20 年代的非基督教运动进行研究。包括晚清反教运动的历史回顾，新文化运动与非基督教运动的思想酝酿，非宗教大同盟运动，收回教育权运动，“五卅”事件与中国民族主义的高涨，北伐与反教活动的升级，教会方面对运动的反应，国民党政策的变化与运动的终止等。作者认为，与近代历史上具有盲目排外色彩的“反洋教运动”相比较，由政党和新型知识分子领导的这场运动具有较为明显的理性色彩。以“五卅”为界，这场运动可分为两大阶段。前一阶段主要是在思想文化层面上批评基督教，突出人神对立，继承近代启蒙主义运动的思想传统；后一阶段则完全演化成反帝政治运动，成为中国民族主义运动的组成部分。这场运动持续 6 年，促进了中国民族民主运动的高涨，对教会的本色化运动也是一次有力的推动。其局限性在于，运动的参与者大多对人类精神现象的复杂性缺乏足够的认识，加之未能真正弄清基督教与列强的关系，致使运动中出

现许多越出理性轨道的行为。对此,该书亦作了客观的陈述与分析。该书引用及参考的中、外文资料达300余种。(徐文礼)

B000191 **后藏志** 觉囊达热那特著。西藏人民出版社1994年8月版。13万字。4.00元。记载从江孜白居寺到日喀则扎什伦布寺年楚河流域的藏传佛教寺院的情况,特别着重宁玛派和竹巴噶举寺院的介绍,同时也涉及地方历史等。(刘金华)

B000192 **中国神秘文化辞典** 尹协理主编。河北人民出版社1994年9月版。131万字。64.00元。收入词目1700余条。把中国神秘文化分为三大系统:元气系统、预测系统和崇拜系统。包括总论、阴阳五行类、天人感应类、气功类、中医类、易理类、象数类、推命术类、相术类、占术类、堪舆类、巫术类、图腾类、道教类、佛教类、诸神类、鬼魅类、怪异类等19大类,每类之中又分为若干细类。每大类都有若干词条介绍门派、人物和典籍。词条大多从古籍中直接提炼出来,反映中国神秘文化的内容,同时又对其中包含的封建迷信作简略的批判,使合理的和不合理的、科学的与迷信的因素得以初步分解,为深入研究、分清中国神秘文化中的精华与糟粕提供了条件。(殷长存)

B000193 **文白对照道教十三经** 宁志新主编。河北人民出版社1994年9月版。113万字。上、中、下册。44.00元。从《道藏》中精选十三部有代表性的道教经典,其中,《道德经》是道教的基本经典,是道教关于宇宙观、社会政治理想、为人处世艺术的哲理性著作;《南华真经》、《冲虚真经》、《通玄真经》、《洞灵真经》被称为"道教四子真经",为道教修身养性、修道成仙法术提供理论依据;《太平经》内容包括天地、干支、五行、医学、伦理、政治思想及当时的社会状况,为早期道教集大成之作;《抱朴子·内篇》集战国以来历代神仙思想之大成,其炼丹方法、医学资料具有重要的科学价值;而《黄庭经》、《度人经》、《阴符经》等则反映道教发展过程中不同派系的义理。每部经文之前加题解,后附注释,并将经文译为现代汉语。(王书华)

B000194 **中国禅学思想史纲** 洪修平著。南京大学出版社1994年9月版。22万字。12.00元。叙述禅学思想在中土演变发展的历史。从印度禅及其初传开始,论述中土禅风之初成,自达摩起至五祖弘忍从禅学到禅宗的演化,神秀之北宗禅与惠能南宗禅之分化,惠能门下荷泽神会、南岳怀让、青原行思等各支系的发展演变,沩仰宗、临济宗、曹洞宗、云门宗、法眼宗等禅宗各派的始祖、特点、宗风与法脉,宋以来禅宗与理学之融合,以及明以后禅门的颓败与禅学的式微。作者对于禅宗全部历史的考察,旨在揭示,禅学在中土的发展始终与中国社会和传统思想文化的密切联系,及其经历了一个不断中国化的过程。正是由于禅学与传统思想文化的相互融合与渗透,禅学才在中国思想史上占有重要的地位并发生了很大影响。收入"中国思想家评传丛书"。(王其平)

B000195 **宗教学基本理论** 陈麟书著。四川大学出版社1994年9月版。11万字。5.00元。论述宗教多相属性、宗教功能的社会作用、宗教现象的发展规律性、宗教诸社会关系和宗教研究方法等。(罗庆华)

B000196 **中华太极图与太极文化** 束景南著。苏州大学出版社1994年9月版。28万字。10.10元。从丹学切入,于道藏典籍中考证出太极图产生、流布的基本过程。作者在阐释太极图所描述的内丹修炼原始功能的基础上,把太极图破译为世界上最早的"脑电图",借助丹易合流实现的太极思想在文化意义上的发展,太极图被解释为"具有普适性的物质运动的阴阳太极模型",它所描述的是宇宙物质运动中普遍存在的结构和原理,因而不仅成为中华文化的象征,而且亦成为东方文化的象征乃至地球文明的标志。(邱海云)

B000197 **汉魏两晋南北朝道教史研究** 汤其领著。河南大学出版社1994年10月版。21.7万字。6.20元。以历史朝代为线索,探讨道教的起源、形成,太平道与五斗米道的性质、葛洪创立神仙道教,官方道教的形成及特点,南北朝时陆修静、寇谦之对道教的改革与完善,早期道教对儒家思想和佛教教义的吸收、融合,道教与佛教的斗争及其对中国古代文化的影响,指出道教不同于世界其他宗教的三个特点:1.道教是独具特色的多神教;2.道教不轻生厌老,主张通过修炼达到长生久视,羽化成仙;3.道教的崇拜偶像不是实际的创始人,而是春秋时代的思想家老子。在对早期道教史的研究中,作者既肯定道教在号召人民起来反抗封建剥削和压迫时所起到的积极作用,又指出道教经过统治阶级的改造后成为统治者实行政治统治的工具;既批判道教的神学唯心主义思想体系,又肯定其思想体系中所含有的一定的唯物主义辩证思想;既指出道教炼丹、服药以求长生的荒谬性,又肯定它在客观上对中国古代科学技术发展作出的贡献。(刘小敏)

B000198 **妙法莲华经** 梅庆吉主编。黑龙江人民出版社 1994 年 10 月版。41.5 万字。25.20 元。亦称《妙法华经》、《法华经》。此经与《无量义经》、《观普贤经》合称“法华三部”，是天台宗和日本莲宗所信奉的主要经典。“妙法”，是取其教法微妙无上的意思，“莲花经”，比喻经义的洁白美丽。此经原来有二十七品，后增加到二十八品。阐述大乘佛教与小乘佛教的区别，认为小乘只是佛祖释迦牟尼为教化“钝根众生”而“曲为方便”的权宜之说，而其学说的真谛是教化众生具有佛的“智见”，从而达到成佛的目的。本经重点宣扬“三乘(声闻、缘觉、菩萨)归一(佛乘)”，用以调合大小乘的各种说法。此经先后有三译，其中以鸠摩罗什译本最为流行，影响最大。这里采用的就是鸠摩罗什的译本。此经的注释本很多，本书采用的是明末高僧智旭的注释本。收入“佛学丛书”。(安晓峰)

B000199 **首楞严经** 梅庆吉主编。黑龙江人民出版社 1994 年 10 月版。30.8 万字。19.20 元。全称《大佛顶如来密因修证了义诸菩萨万行首楞严经》。所谓“首楞严”，汉译为健相、健行、一切事竟，也就是佛所得之三昧之名。健相是指佛德坚固，诸魔不能破坏；一切事竟是指佛德之究竟。宣扬的是：一切世间诸所有物，皆即菩提妙明元心；心精遍圆，含裹十方，众生不明白自心“性净妙体”，故流转生死，当修禅定，以破各种“颠倒”之见，通过由低至高的修行阶次，达到“方尽妙觉，成无上道”。本书采用的是元乾沙门惟则的辑注本。收入“佛学丛书”。(安晓峰)

B000200 **正教箴言** 副名：伊本·努巴泰演说集。杨宗山译注。民族出版社 1994 年 10 月版。11 万字。6.50 元。宗教哲学论集。系 10 世纪阿拉伯著名演说家伊本·努巴泰多年宣教演说的汇编，又称《讲坛演说集》，俗称《呼图白集》。在我国各族穆斯林中流传较广，为各地清真寺阿訇在每周五聚礼和各种宗教节日里向广大穆斯林讲经劝教的范本。共收有演说词 55 篇，主要内容为劝诫穆斯林坚定信仰、遵守教规、戒恶行善。(杨青)

B000201 **宗镜录** 宋·释延寿著。三秦出版社 1994 年 10 月版。81 万字。82.00 元。佛教禅宗著名经典。杂糅各宗派经论而成，共 100 卷，可分 3 章，第 1 卷前半部分为标宗章，第 1 卷后半至第 93 卷为问答章，第 94 卷以后为引证章。中心思想是以“心宗”为准绳，调合佛教各宗派之间的分歧，极力宣扬唯心唯识，“真源觉海”，主张用唯心唯识的观念观察周围世界并指导人们的日常行为。书中引用各类佛教典籍 300 种，其中经典和语录类书各 120 部，论著 60 部。保存了一些重要的文献资料，如南岳怀让和青原行思的两段法语，在《景德传灯录》和《古尊宿语录》等书中均不见记载。再如问答章中引用的《中论玄枢》和《唯识义镜》，原书久已佚亡，唯赖此书得以窥其梗概。此影印出版所据底本为清光绪二十五年江北刻经处刻本。(赵建黎)

B000202 **马克思主义宗教观简明读本** 李康宁主编。新疆人民出版社 1994 年 10 月版。10.3 万字。3.70 元。讲述什么是宗教、宗教产生的原由及其发展规律、宗教的本质和社会作用、宗教与民族、宗教与科学、宗教与道德、社会主义时期的宗教、党的宗教政策、共产党员和共青团员要带头确立马克思主义宗教观。(王黎明)

B000203 **西方宗教学说史** 吕大吉著。中国社会科学出版社 1994 年 10 月版。75 万字。38.50 元。论述自古希腊以来西方思想界有关宗教问题的论著、思想体系、学派。以西方历史上宗教学者对宗教问题的理性探讨为研究对象，将公元前 6 世纪的泰勒斯作为西方宗教学说的开端，并根据各历史时期的宗教学说的主要理论表现形式概括为：中世纪的异端神学，文艺复兴时期的人文主义宗教观，16、17 世纪的泛神论思潮，17 世纪的机械论自然哲学宗教观，17、18 世纪的自然神论思潮，18 世纪的法国启蒙运动，18、19 世纪的不可知主义或怀疑主义宗教观，19 世纪德国的宗教批判运动和费尔巴哈的人本主义宗教观，19 世纪下半纪以来的比较宗教学(包括宗教人类学、宗教史学、宗教社会学、宗教心理学、宗教现象学、宗教史学等)。由于对研究对象严格界定，从而把宗教学说系统与宗教信仰主义区分开来，因此宗教学说史又是启蒙思想史；本书将历史上的宗教学说从其所依存的哲学体系中独立出来作为研究对象，从而摆脱了传统的哲学史评价模式，获得新的价值标准。(黄燕生)

B000204 **古代寺院生活探秘** 王征著。天津教育出版社 1994 年 10 月第 1 版。12.8 万字。5.00 元。简述古代寺院的起源、演变、佛寺在古印度的产生；中国最早的白马寺，介绍寺院经济及其兴废过程；古代寺院内供奉的佛像，分门别类介绍佛教人物，从释迦牟尼、文殊、普贤到观世音，从五百罗汉到四大天王、金刚力士等等，对他们的由来、演变，从佛教史的角度叙述得简明扼要。设专章介绍寺院的组织及其清规戒律，描绘僧人生活的图景，包括饮食起居、礼诵经文、游方参学等等，对佛教的密咒的来源

及其真谛也作了深入浅出的解说。(秦呈瑞)

B000205 **苏州道教史略** 赵亮等著。华文出版社1994年11月版。17万字。苏州道教源远流长，东汉、吴、东晋、南朝时期苏州道教已孕育和传播，隋唐时期，道教在理论、科仪、艺术以及炼丹术等各个方面都得到空前的发展，明清两朝从停滞走向衰落。苏州历代多高道名流，如晋代的杨羲，南北朝时期的杜子恭、顾欢，隋唐时期的周隐遥，宋代的叶绍先、何中立，元代的俞琰、莫月鼎，明代的周元真、张景忠，清代的施道渊等，他们都是致力宣道。苏州的道观甚多，其创建最早者为洞庭西山林屋洞旁的神景宫，最著名的宫观为苏州市内之玄妙观，创建于晋咸宁二年(公元276年)，唐玄宗开元二年(公元714年)改名为开元宫，宋大中祥符年间改称天庆观，元代始称玄妙观，该观现藏有唐吴道子云老君像及颜真卿所书碑刻等。(王文祥)

B000206 **佛学辞汇** 普布次仁编著。西藏人民出版社1994年11月版。70万字。55.00元。收集各种罕见而又难以理解的佛学经典中的精要名词约七万条，以科学的编排法，对词条进行通俗易懂的注释。(刘金华)

B000207 **净宗法语大观** 魏磊著。百花洲文艺出版社1994年12月版。38万字。21.00元。净宗是汉传佛教两显宗之一，在我国城乡广为流传，至近代已相传十三祖，自8世纪传入日本、东南亚乃至欧美各地。净宗历来大师辈出，著述丰厚，已成为中国文化的一部分。著者以“千经万论，处处指归”为旨，用净土“三经一论”作基干，尤其是《佛说大乘无量寿庄严清净平等觉经》即善本《无量寿经》，精心选录40余部经典和110余部论著的净土言教，按照净土缘起，极乐依正庄严和往生资粮的次第，逐段提要或简介论述，择难注释。后附净宗十三祖传略，集净土要义之大成。(黄朝晖)

B000208 **苏州佛教文化** 陈振刚等编。古吴轩出版社1994年12月版。220幅图。220.00元。苏州佛教文化摄影画册。分寺院、宝塔、佛像、佛事、文物、高僧、僧伽教育、友好往来、禅林风光九个部分。通过200余幅摄影作品，多角度、多层次地展示灵岩山寺、西园戒隆律寺、寒山寺、兴福禅寺等江南名刹的悠久历史、古老建筑、精美文物及旖旎风情。其中云岩寺塔、瑞光寺塔、报恩寺塔、罗汉院双塔、常熟方塔、吴江慈恩塔、保圣寺塑壁、紫金庵罗汉等，均为我国古代建筑及雕塑艺术的瑰宝。从一个侧面揭示苏州地方文化的深厚积淀和丰富内涵。(张维明)

B000209 **神秘的术数** 副名：中国算命术研究和批判。王玉德等著。广西人民出版社1994年12月版。19万字。6.00元。中国古代占卜、风水、占梦、占候、择吉、八卦、八字、奇门遁甲等算命预测吉凶等技艺通称术数。通过分析命、宿命论、命与人生及儒家的命理观、道家的命理观，概述传统文化与命理观的理论，同时以30多例个案的分析，揭开术数神秘的外衣，批判狡诈的算命方法。收入“中华神秘文化书系”。(邓耘)

B000210 **纬书集成** [日]安居香山、中村璋八辑。吕宗力等校。河北人民出版社1994年12月版。144.8万字。3册。360.00元。纬书盛行于汉代，当时被尊称为显学。纬书是辅经、补经的书，是对一批流行于西汉末年至东汉末年的带有相当神秘色彩的书籍的总称，内容包括天文、地理、哲学、伦理、政治、历史、神话、民俗、医学等，极为庞杂。早在一千多年前，纬书已遭官方禁绝，唐宋以来，已绝到难见任何一种纬书之原貌。在当代，日本学者安居香山、中村璋八在明清各种纬书辑本基础上，从各种史籍、类书、古籍旧注的征引中，钩沉辑佚，辑成《纬书集成》，为各国学者研究纬书、纬学提供了宝贵资料。我国学者吕宗力、栾保群对该书进行考证校勘、采用新式标点，增加若干校者按，做了一些删削合并的整理工作，将原书六卷八册编排合并为上中下三册，按照纬书的内容分为易、尚书、中候、诗、礼、乐、春秋、孝经、论语、河图、洛书凡十一编。纬书多伪托孔子所作，拉大旗以作虎皮。留给无从窥见纬书之全貌的后人的印象是，纬书是没有多少价值的充斥着迷信、神秘、荒诞色彩的糟粕之作。其实，纬书的思想内容及表现形式固然有相当之多的迷信、神秘、荒诞无稽的成分，其天文占、五行占、史事谶等等固然是该书这一特征的有力证据，但是，纬书并非是全然有害无益的糟粕之作，其神秘主义倾向主要来自儒家以外的文化传统，如占星家、阴阳五行家等等，而其哲学基础则是中国文化中独特的天人合一观念，书中透过迷信、神秘、荒诞的形式，曲折地反映了当时社会、人文和自然科学状况。纬书承继《易传》及阴阳五行的宇宙观，以象、数构筑其宇宙模型，书中对中古代制度的诠释，对古史、古神话、民风民俗的记载，以及关于地理、医学、农学、数学知识的陈述等等，对于研究两汉及中国古代思想史、社会史及科学史，有其参考价值。(李保平)

B000211 **初民的宗教与审美迷狂** 于乃昌、夏敏著。青海人民出版社1994年12月版。22.5万字。7.00元。分9章，从审美发生学角度对原始宗教作族际整合式的分析研究，得出人类生命意识和乐生需要是原始宗教孕育审美立化的心理机因这一观点，不仅动摇宗教与审美指向截然相悖的普遍看法，而且透视了人类生活审美化的宗教渊源，从而强调人类对自由本性的永恒追求。（李生才）

B000212 **伊斯兰教与西北穆斯林社会生活** 南文渊著。青海人民出版社1994年12月版。20.4万字。7.50元。从宗教社会学角度研究伊斯兰教产生、发展的社会条件及其社会作用，介绍和论述回族伊斯兰文化的价值观念、行为规范，西北穆斯林民族社区的形成以及穆斯林的社会经济活动、政治思想和政治行为、教育思想和教育现状及其生活方式、生活习俗等。主要以西北回族作为研究对象，也兼顾到其他三个穆斯林民族——撒拉族、东乡族和保安族。这里所说的“西北”，实际上只局限于甘肃、宁夏、青海。由于作者生活于青海，书中引用青海回族的资料较多一些。（马顾治）

B000213 **中国大佛** 吕立春总摄影。顾美华编撰。上海古籍出版社1994年12月版。文5万字。彩图200幅。100.00元(简精)，180.00元(精)。汇聚中国大佛庄严宝相的大型图册，包罗中国13米以上的大佛60余尊，详细介绍每一尊大佛的所在地、建造年代、特征和艺术风格，展现了中华文明蔚为壮观的一个组成部分。始于公元一世纪左右的佛教造像自印度传入中土后，北魏文成帝于公元460～465年在今山西大同西郊开凿“昙曜五窟”，建造了迄今中国佛教造像中年代最早的大佛像。之后，北魏、隋、唐、宋、西夏、明、清及近现代，都有大佛像的雕凿建造，遍布于全国的东西南北。中国大佛摄影组吕立春等一行4人于1992年6月起至1994年10月，行程八万，跋涉20多个省市自治区和港澳地区，克服了重重困难，完成大佛的拍摄。（顾美华）

B000214 **颠倒丛书** 江晓原等著。上海科技教育出版社1994年12月版。80.1万字。3册。51.50元。研究、考证我国古代某些旧术的学术著作。丛书已出3册：《历史上的炼丹术》、《历史上的星占学》、《历史上的风水术》。各分册分别介绍炼丹术、星占学、风水术的基本理论、具体术法和发展情况。客观地分析它们当年得以在社会上广泛流传的原因；并以相当的篇幅介绍炼丹术、星占学、风水术在国外的发展、流传情况，从深层次上对比分析它们在国内外有着迥然不同归宿的原因。在具体写法上，上述三册各有特色，《历史上的炼丹术》重在引发人们对“炼丹术为什么没能在中国转变为近代化学”的思考，《历史上的星占学》重在阐述星占学与古代天文学的区别及其留下的科学遗产，而《历史上的风水术》则重在考证。（孙肖平）

B000215 **中国寺庙文化** 段玉明著。上海人民出版社1994年12月版。76.4万字。36.00元。分8部分，从世界寺庙的概述导入介绍中国寺庙文化的形成、寺庙实体、寺庙经济、寺庙艺术、寺庙游俗、寺庙文化的效能及其播迁，对存在于中国民间的六大宗教的实体作详实而又见匠心的梳理。书中插页精美，文中插入的图片也恰到好处。（胡子静）

C 社会科学总论

C000001 **济南名士丛书** 徐北文等编选。济南出版社1989～1994年版。170万字。12册。91.00元。齐鲁古城济南，历代名人荟萃，祖籍客居济南的文人学士举不胜举，且大都有诗文著述传世。丛书整理收集了历代济南名士的著述。整理编选的原则是，与全国古代文化的整理挖掘紧密结合，同步运作。比如国内已有数种李清照词选，该书就编选包括李清照诗、词、文及存疑作品，年谱及研究论文索引等诸多内容。丛书已出版的内容有：《李清照全集评注》、《齐音》、《趵突泉志校注》、《李攀龙诗文选》、《边贡诗文选》、《重辑杜善夫集》、《段成式诗文选》、《二安词选》、《辛稼轩全集评注》、《王苹诗选》、《张养浩全集评注》等。（侯琪）

C000002 **中国家政大典** 林仙健主编。华南理工大学出版社1994年版。103.7万字。45.80元。收编1 700条辞目，插图70幅。内容分10个专题，即：(1)恋爱、婚姻、家庭；(2)家庭管理与家长；(3)家庭教育；(4)文明家庭与家庭成员间的关系；(5)家庭文化生活、娱乐与工艺;(6)美容及家庭美化;(7)烹饪及家用电器;(8)家庭卫生与保健;(9)传统伦理道德;(10)家庭社交及其文书。(罗月花)

C000003 **中国心——华夏民族性格的历史形成** 沈星棣、冯品英著。江西高校出版社1994年版。13.7万字。6.10元。"中华文化通俗丛书"之一。探讨华夏民族的多方面个性,尤其是中国古代知识分子性格特点的历史形成,弘扬忧国忧民、清正爱国等优良传统。(陈易怡)

C000004 **交往行为理论(2)—论功能主义理性批判** [德]哈贝马斯著,洪佩郁等译。重庆出版社1994年版。42万字。12.00元。继第一卷《行动的合理性和社会合理化》之后,通过对米德、杜尔克海姆所列举的从目的活动交往行动的不同变例,对杜尔克海姆的分工理论,对帕森斯的社会理论结构问题,对韦伯与马克思的社会理论异同点及对西方工业文明与其价值观的分析,论证功能主义及其对功能主义的理性批判,完成关于交往行动理论命题的论述,即解决晚期资本主义社会人的全面异化问题,根本的途径是改善人与人之间的交往关系并建立合理的行政机构,此观点有待历史检验。(张德尚)

C000005 **现代能力导向** 金哲等主编。重庆出版社1994年版。60.2万字。18.00元。对现代人如何提高适应社会生活能力进行阐述,其内容包括综合能力、思维能力、心理发展能力、时间运筹能力、决策管理能力、文化演进能力、经济运行能力、社会协调能力和预测能力等9方面,计174种能力,涵盖现代人生活的各个方面。(黄长军)

C000006 **秘书学** 陈合宜著。暨南大学出版社1994年版。34万字。15.00元。分秘书学概说、秘书人员与秘书机构、秘书工作概说、秘书实务等部分,共21章,对秘书学所涉及的内容作了探讨。其特点如下:对编、章的安排尽量体现秘书学知识体系的内在逻辑性;在搜集整理近10年来国内外秘书学科研究成果和秘书工作资料的基础上,有所开拓和创新;从纵向上描绘出中国秘书工作萌芽、发展、变化的轨迹,从横向上把中国大陆秘书工作与香港、台湾地区和日本、美国等国家的秘书工作进行比较,有深度和广度。书中的选例涵盖面宽,便于自学。(陈才俊)

C000007 **美学与两性文化** 仪平策著。春风出版社1994年1月版。21.6万字。6.60元。为"泛美学丛书"第一卷。从美学的新视角入手,分7章论证两性文化与美学的关系:"人类美感与生物本能"、"历史进化与美的生成"、"两性角色与审美模态"、"体态·裸像·服饰"、"男女之爱与人生之美"、"艺术世界中的情爱主题"、"中西方的两性文化与审美意识"。作者认为,美的本质反映和折射着人的本质。而男人和女人是人类直接呈现的生命形态。它既然深刻地规定着个体的人格与社会的构成,也必将决定着美的诞生。书中所讨论的男女关系,作为人类所经受的一种极其深重的个体与历史体验强有力地影响着美学与创造着美学。它将美与艺术世界变成实现两性文化的最高形式,变成男女情感、意欲与灵魂的栖息地,变成精神的最后家园。(鲁野)

C000008 **谋事之基·成事之道** 副名:组织部长谈调研。中共中央组织部研究室编。党建读物出版社1994年1月版。19万字。6.90元。汇集各省、区、市党委组织部领导和部分计划单列市、省会城市党委组织部部长有关调研工作的文章和讲话。内容包括:在新形势下加强调研工作的重要性、必要性;当前亟待进行调研的热点、难点问题;开展调查研究的方法;提高调研工作的质量和水平;调研成果的运用;加强调研队伍建设等。(建萱)

C000009 **领导班子配备艺术** 张旭升主编。党建读物出版社1994年1月版。8.3万字。4.00元。以邓小平建设有中国特色社会主义理论为指导,运用辩证唯物主义的立场、观点和方法,从社会学、心理学、系统论的角度,阐述新时期配备领导班子的一般原则、策略、方法和技巧等。共7章,包括领导班子配备的一般思路及原则要求,德才兼备的用人标准及其应用,正职的配备艺术,属职的配备艺术,优化领导班子群体结构,领导班子的不断调整及大胆选拔优秀青年干部等内容。(建萱)

C000010 **中国谋略事典** 李大根、刘国建等主编。湖北人民出版社1994年1月版。104万字。26.60元。以历史朝代为序,谋略事例为单元,共收谋略事例3 000余条,其中既有惊心动魄的决定某个朝代命运或浩浩族类幸福的宏谋大略,也有区区不见经传的为满足个人私欲的微谋小技。客观地从谋略的本体出发,着重介绍每个谋略的操作过程和技巧。(赖洁玉)

C000011 **人口质量的经济分析** 朱国宏著。生活·读书·新知三联书店(上海)1994年1月版。23万字。12.50元。收集、整理大量西方经济学中关于人力资本理论和发展经济学的文献资料,详细叙述西方人力资本理论的思想渊源和发展情况,特别介绍了在人力资本理论基础上发展起来的人口质量学。还对西方经济学家用来衡量人口质量存量的PQLI指数提出改进意义，在参考我国经济学大量资料的情况下，对我国的人口质量进行分析，在人口质量的实证研究方面作探索。（冯征）

C000012 **社会学概论新修** 郑杭生主编。中国人民大学出版社1994年1月版。46.3万字。12.80元。围绕“社会学是关于社会良性运行和协调发展的条件和机制的综合性具体社会科学”这一主导观点展开论述。社会运行概述部分，介绍社会学的研究对象、社会运行的条件和机制、社会与社会运行、文化与社会运行。对社会运行进行微观和宏观分析，既涉及具体社会问题，如人的社会化、社会角色和社会群体、家庭婚姻与性；也涉及宏观的社会学研究，如社会组织、社会分层与流动，社会变迁与现代化。还介绍社会运行的具体问题与对策、社会运行的研究手段。（王爱玲）

C000013 **新编秘书学** 黄桐华等编著。广西民族出版社1994年2月版。17万字。5.50元。主要内容有：秘书的一般常识、我国秘书工作的历史沿革、我国革命战争时期的秘书工作、社会主义时期的秘书工作、现代秘书人员的素质、秘书的思维方式与工作方法、调查研究、信息工作、协调工作、督查工作、文书工作、档案工作、会务工作、信访工作、保密工作、事务工作，以及办公自动化等。突出了改革开放和建设社会主义市场经济时期秘书工作的内容特点；注重秘书的基本素质和应用能力的培养；强调秘书工作的科学化和现代化。（覃承勤）

C000014 **办公室的学问** ［英］麦克·哈威著，何笑冰、刘昕生译。河南人民出版社1994年2月版。23.7万字。10.70元。管理学著作。运用人类行为科学、系统科学、人类工程学、心理学、统计学等方面的知识，全面论述各种不同类型办公机构职能运作的共性、办公业务的作用、办公室管理、提供办公服务、人事制度、公文来往活动控制等内容，并对现代办公机具及办公技术的运用作介绍。还具体提供办公行政管理的基本知识和制订高效率办公体制的办法。对从事办公行政管理的实际工作者及主管领导，具有参考价值。（刘玉军）

C000015 **仿真决策引论** 邱菀华著。江西教育出版社1994年2月版。40万字。9.00元。为适应我国社会主义现代化建设的需要，作者将自己在电子计算机仿真技术方面的研究成果、论文，以及参加国内外学术会议的资料汇集成册。（谭伟）

C000016 **中华人民共和国人口与发展报告** 人口与发展报告编写组编。中国人口出版社1994年2月版。6.00元。提交1994年国际人口与发展大会的我国政府文件。报告全面、客观地反映了70年代以来，特别是1984年墨西哥城国际人口会议以来，中国根据《世界人口行动计划》和《墨西哥城宣言》的精神，为解决人口与发展问题所采取的对策与行动；全面系统地介绍中国在使人口与社会经济协调方面的经验与成就，提出今后十年的规划与措施，阐明中国政府对全球人口与发展问题的基本观点和原则立场。（彭琰）

C000017 **十大公关谋略** 赵子清编著。湖南出版社1994年3月版。20万字。5.50元。从心理学的视角剖析实例，论述公共关系的十大有效原则、方法和技巧，即“借冕播誉——宣传性公共关系”、“巧结良缘——交际性公共关系”、“制造‘上帝’——服务性公共关系”、“广辟来源——征询性公共关系”、“不攻自破——公共关系的心理”、“一举成名——开拓性公共关系”、“锦上添花——发展型公共关系”、“转危为安——矫正性公共关系”、“造福于民——社会性公共关系”。一个关系即一个谋略。每个谋略由概述、公关实例以及对每个实例的精要点评构成。（易和声）

C000018 **交际之方** 田渴新编著。蓝天出版社1994年3月版。16万字。5.20元。“韬略智慧系列丛书”之一。分“言之悦”、“行之悦”、“意之悦”、“物之悦”4篇。从现实生活中选取材料，品评人们在生活中处事、交友的是非，阐明处理人际关系的艺术。（许志强）

C000019 **韬略智慧系列丛书** 唐彦生、周正抒主编。蓝天出版社1994年3月版。100.3万字。6册。34.80元。谋略通俗读物。包括《言辩之法》、《应变之谋》、《统御之道》、《蒙蔽之鉴》、《诡辩之谬》、《交际之方》6卷。将古今中外涉及政治、经济、军事、外交、文化和日常生活领域的言辩、应变、领导、交际的经验艺术及生动事例，分门别类加以整理归纳，使读者从中学到语言艺术、应变智谋、领导艺术、交际方法；从中外历史上的骗局轶闻、案例中撷取若干事例，把现实生活中的种种诡辩事例加以归纳，给人们以启迪。（许志强）

C000020 **统御之道** 刘源沥、曲波编著。蓝天出版社1994年3月版。14万字。5.40元。“韬略智慧系列丛书”之一。分“决策”、“治事”、“御人”、“辨奸”、“正己”5篇。将蕴藏在东方智慧之中的统御之术发掘出来，优选精集，分门别类，并与现代领导学

相结合,加以层层递进的分析、阐释,赋予其新的意义。(许志强)

C000021 **应变之谋** 朱少华编著。蓝天出版社 1994 年 3 月版。16 万字。5.40 元。“韬略智慧系列丛书”之一。分“远虑”、“近忧”、“处危”、“临机”之应变 4 篇。将古今中外涉及政治、军事、经济、文化和日常生活等领域的应变经验及生动事例,按照人们生活所要应变的不同境遇进行分类排列、归纳整理,给人以启示。(许志强)

C000022 **中国近代社会思潮史** 戚其章著。山东教育出版社 1994 年 3 月版。33.5 万字。10.60 元。分 4 章 12 节,详细论述海防思潮、洋务思潮、维新变法思潮、民主革命思潮的发生、发展、依次交替、前后贯通的历史过程及其对中国社会近代化进程的影响,烘托出近代中国的时代主旋律。以四个思潮的演进为经,以各个思潮所涵盖的内蕴为纬,分别通过对以“师夷长技以制夷”、求强求富、变法图存和实现民主共和为主要特征的海防、洋务、维新、革命四个思潮进行多层次、多视角的研究,进而廓清其内在联系和进步趋向,构成全书的体系。而以海防思潮作为中国近代社会思潮的起点则成为书中具有开拓性的构思。作者还洞悉思潮史一浪高过一浪的特质,在谋篇布局上形成高屋建瓴之势,认为维新与革命思潮既是对海防与洋务思潮的批判继承,又是对它们的发展。展示近代中国人民不甘落后、勇于进取、奋力拼搏、积极探索救国救民真理的历程。(陆炎)

C000023 **贵州省人口地图集** 本图集编辑委员会编。中国地图出版社 1994 年 3 月版。150.00 元。图集以 1990 年第四次全国人口普查的详细人口资料和计算机人口信息数据库为依据,采用计算机制图与手工编图相结合的方法完成。内容主要反映 1990 年贵州人口现实特征及其区域分布差异,并回顾贵州人口的历史,预测贵州人口的未来,表现人口生存的环境和社会经济状况,展示贵州人口的特点。全集有 96 幅图,大小地图 143 幅,包括序图、人口分布、人口性别年龄构成、人口变动、人口素质、人口在业状况、家庭婚姻生育、民族人口、人口预测等 9 个图组。并在图中的相应内容处安排了贵州民族服饰、居住地、地貌等典型专题照片,以反映贵州人口的地方特色。图集后附有每幅图的内容简介及图幅内出现的名词注释,以及第四次全国人口普查贵州省各地、州、市、县、区人口;贵州省各县市地面坡度(倾斜角)分级面积;贵州省按海拔高度分带的面积统计;按经差 5′纬差 5′的经纬网梯形划分的山峰密度与河网密度分布等 4 项附录。(傅马利)

C000024 **文书学理论与文书工作(修订本)** 武汉大学出版社 1994 年 3 月修订版。系国家教委选编供高校档案学专业使用的通用教材。汲取国内文书学著作之长,将基础理论、基本知识、历史沿革、技能传授、规律揭示相综合,依循文书、写作、办理、立卷、组织、制度的内在逻辑顺序,建立一个纵横交织的文学体系,从而对文书学的理论探索有新的突破。作者用定量分析以打破文书学专著定性叙说的模式。修订版在原有基础上作了改动,体现了党和国家新颁布的有关法规、条例的新精神,反映了近年国家机关文书工作实践及教学科研的新成果;充实了现行文书标准格式,增加其系统性;对写作、办文、立卷等作全面的修订和调整。(赵捷)

C000025 **婚姻家庭关系要论** 王卫东著。长春出版社 1994 年 4 月版。20.8 万字。17.50 元。从社会学、法学、心理学、伦理学等视角,探讨中国当代婚姻家庭关系的性质和特点、婚姻家庭关系的调整和维护、婚姻关系的内容和特点,以及其他家庭关系。作者以法律调控、道德调整、心理调适为三条主线,阐述建设符合中国特定环境的幸福婚姻和温馨家庭的正确途径。(董辅文)

C000026 **“两史一情”丛书** 马长冰主编。福建教育出版社 1994 年 4 月版。85.3 万字。9 册。63.00元。丛书为福建教育出版社、福建人民出版社、福建少年儿童出版社联合出版。福建教育出版社出版了其中的 9 本。它们是:反映我国灿烂的远古文化的《遥远的故事——中华文明之源》,介绍中华民族先贤先哲、仁人志士修身处世的高尚情操的《千古美谈——传统美德故事精编》,介绍历代著名思想家在哲学和史学方面的巨大成就的《龙人的智慧——中国古代史哲精华》,介绍中国三千年文学发展的灿烂成就的《中华文学三千年》,展现中外文化交流的《中外文化交流漫话》,介绍我国古代军事理论成就、古今大军事家辉煌业绩的《不朽的中华韬略》,以介绍我国艺术瑰宝的《民族艺术精华》,歌颂社会主义中国良好社会风尚,展示中华民族同舟共济、患难与共的向心力和生命力的《中华魂》,介绍人民解放军、公安战士、武警战士为捍卫祖国尊严、维护社会安定的动人事迹的《共和国卫士》。(朱平)

C000027 **无助——从无助到自助的哲学** 赵鑫珊、周玉明著。湖北人民出版社 1994 年 4 月版。20.1 万字。5.50 元。站在哲学、文学、生态学的交叉点上,探讨现代哲学人类学的课题。从刻画人的真实存在状况出发，讨论人的无助、自助、互助三者之间的关系，并由此追问现代人的本质。认为互助是世界人生本身所赋予的，是人的影子，是哲学的主题；改变环境，改造世界，变革不合理的世界是人的自助的主旋律；同时人人都身处人类社会互助的汪洋大海包围之中。人应从无助出发，寻找自助、互助，走出一个自助，是全书的最终结论。（陈冬新）

C000028 **孔子与现代管理** 潘乃樾著。中国经济出版社 1994 年 4 月版。23 万字。8.00 元。将孔子思想与西方管理思想进行比较，以求找到一条适合中国民族性的管理之路。（张晓甜）

C000029 **刘铮人口论文选** 中国人口学会、中国人民大学人口研究所编。中国人口出版社 1994 年 4 月版。35.4 万字。12.00 元。人口学论文集。选编我国著名人口学家刘铮的论文 23 篇。概括了刘铮的人口学术思想，主要包括：1. 马克思恩格斯创立人口理论的基本原理；2. 人口再生产类型决定于生产力发展水平和相应的社会经济条件；3. 两种生产相适应是人口与经济发展的一般规律；4. 我国控制人口增长政策的依据是历史唯物主义原理；5. 对中国人口死亡率模式和变化趋势的研究；6. 教育与人口现代化的辩证关系；7. 人口发展战略是一项社会系统工程；8. 人口学分为人口理论、人口统计学及人口经济学、人口社会学、人口生物学等分支学科。（刘大莛）

C000030 **资本主义管理大辞典** 喻世友主编。中国书籍出版社 1994 年 4 月版。65 万字。38.00 元。分管理理论、管理名著名人名言、企业兴衰实例分析、营销管理、生产管理、质量管理、物料管理、人事管理、国际管理、科技管理、行政管理、宏观经济管理、管理科学等 13 部分，涉及宏观经济管理、微观企业管理，管理的理论、技巧、方法和案例等。（章宏伟）

C000031 **黄镇文集** 《黄镇文集》编委会编。中国友谊出版公司 1994 年 4 月版。60 万字。25.00 元。收入将军、外交家、艺术家黄镇同志 100 余篇重要著述。大部分是第一次公开发表。文集以黄镇同志所经历的中国革命与建设的不同历史时期，以及所从事过的军事战线、外交战线、文化战线和第二线上为题，按照著述先后时间顺序编辑而成。还收有历史照片 17 幅，诗作 50 余首。附录部分有黄镇同志的自传材料及黄镇年谱。（徐国庆）

C000032 **新编智谋大全** 何竹道主编。哈尔滨出版社 1994 年 5 月版。54 万字。22.00 元。共 9 卷：本谋卷，介绍诸多基本谋略方法；军事卷，介绍军事方面的谋略方法；经济卷，介绍经济方面的谋略方法；外交卷，介绍外交方面的谋略方法；统御卷，介绍统御方面的谋略方法；生活卷，介绍生活方面的谋略方法；附属卷，介绍古今中外的著名谋略著作。每一谋略方法包括智谋方法的释义、实例、评论、使用等内容。（杨庆旺）

C000033 **公关警策 200 谈** 白巍主编。农村读物出版社 1994 年 5 月版。16.4 万字。4.80 元。由"案例警策谈"、"专家警策谈"二部分组成。案例部分，选取近年来在社会交往、经济活动、用人之道、企业公关等多方面功亏一篑的实例，并进行理性剖析。专家部分，编发了费孝通、潘光迥、任伯江等学者的专题论述，详细介绍公关学的历史和目前的误区。收入"公关丛书"。（刘予）

C000034 **决策案例文库** 张永谦、丁冬红等著。山西人民出版社 1994 年 5 月版。共 100 万字。5 册。36.00 元。内容包括在古今中外政治、军事、经济、科技领域中发生的重大的或有一定代表性的决策案例。《共和国的脚步》记述建国以来 16 个重大决策案例；《解放思想，敢闯敢试》记述改革开放以来 42 个决策案例；《现代科技发展的足迹》展示了现代科学技术发展中重大事件的决策过程，记载了当代中外科技史上的重要成就；《学坛风云录》记述了 1951～1976 年"学术批判"中 22 个有代表性的案例；《在历史的关节点上》从分析决策思想及其后果的角度，对历史上的重大决策案例作新的评价。（蒙莉莉）

C000035 **只要你过得比我好** 徐彬著。沈阳出版社 1994 年 5 月版。7.4 万字。3.50 元。"三十以后才明白丛书"的第二辑之一。作者以火热的激情，冷静的理性，生动的实例，精彩的议论，结合不同个人的内心感受，深入剖析一些离婚案例，从中引发教训、经验、哲理或感慨。（赵敏）

C000036 **特别的爱给特别的你** 侯亚娟等著。沈阳出版社 1994 年 5 月版。8.1 万字。3.50 元。"三十以后才明白丛书"的第二辑之二。以纪实的笔法，炽热的情感和冷静的思索，揭示"情人现象"这种阴差阳错式的爱、相见恨晚式的爱、喜新厌旧式的爱、斩不断理还乱式的爱，以及一切交杂的情感纠葛。（赵敏）

C000037 **澳大利亚丛书** 殷汝祥主编。天津人民出版社 1994 年 5 月版。100.8 万字。共 6 册。33.55元。共 6 册：《今日澳大利亚》、《澳大利亚贸易指南》、《澳大利亚投资指南》、《澳大利亚金融知识手册》、《澳大利亚历史年表》和《澳大利亚国际收支统计体系》。《澳大利亚历史年表》记载自1606年欧洲人第一次看到澳洲大陆到1988年澳大利亚建国200周年间的重大事件;《今日澳大利亚》介绍澳大利亚的自然条件、历史沿革、政治经济、医疗卫生、新闻科教、体育军事等方面概况;其余各册主要介绍澳大利亚的贸易、投资、金融,以及澳大利亚统计局关于澳大利亚国际收支统计数字的编制方法。(胡建中)

C000038 **少儿生日礼品珍藏** 成占民主编。新华出版社1994年5月版。60万字。10册。65.00元。丛书共10册:《书法初步》、《拼音读古诗》、《儿歌百首》、《世界著名童话》、《中外神话传说》、《少儿歌曲选》、《名人少年故事》、《自然奇观》、《动物世界》、《绘画入门》。全书图文并茂有知识性、艺术性和趣味性。(王连娣)

C000039 **实用秘书学** 吴光范等主编。云南教育出版社1994年5月版。40万字。12.00元(平);15.00元(精)。秘书学教材。绪论阐述秘书学的基本概念、研究对象、研究方法及本学科进展情况。另有20章。第一章论述秘书工作的特点、作用、内容、原则及秘书人员的修养。第二、三章阐述秘书与省情及云南秘书工作的历史沿革。第四至第十九章具体论述秘书的各项职责及其工作原则、内容、方法、要求,包括公文写作、文书处理、会务工作、议案办理、督(查)办工作、调查研究、信息工作、资料工作、接待工作、信访工作、保密工作、政府法制工作、协调工作、事务管理、领导人专职秘书工作等。最后一章论述秘书工作现代化,即思想观念现代化、工作方法科学化、办公手段自动化。附录有《国家行政机关公文处理办法》等与秘书工作有密切关系的党和政府文件、法律法规、知识、资料21种。本书列举云南实例较多,具有明显的地方特点。(易山)

C000040 **评价活动论** 马俊峰著。中国人民大学出版社1994年5月版。32.9万字。11.50元。以评价活动为研究对象,运用心理学、决策学、价值工程、系统论等现代科学成果,论述评价的发生和历史发展、评价在人类活动中的地位;对评价的本质、特征、类型和结构,评价活动过程的诸环节,制约评价的因素,评价失当的表现,评价的科学化等问题作了论述。收入"中国人民大学博士文库"。(林坚)

C000041 **管理决策的理论与实践** 田时新著。华中理工大学出版社1994年6月版。16万字。4.00元。分上、下两篇:上篇为不确定型决策分析;下篇为多目标决策分析。从管理的理论和实践的角度,系统阐述决策分析的基本思想和方法;以现代管理实践活动为背景,重点选择库存模型、资产定价模型、保险费的计算、相关产业的投入产出分析、MRP—Ⅱ生产控制、厂址选择等极有代表性的管理活动,作为决策分析理论的实际应用案例。从理论和实践上介绍管理与决策的知识,以及国内外企业管理的成功经验。为MBA(工商管理硕士)系列教材之一。(钟小珉)

C000042 **相似·预测·决策** 金山著。江苏科学技术出版社1994年6月版。23万字。7.80元。根据相似论理论对预测与决策进行分析研究,运用相似运动律、相似联系律和相似创造律,剖析其相似现象与本质的关系、静态相似与动态相似的关系以及宏观相似与微观相似的关系,提出根据相似性进行预测与决策的基本理论和方法。第一篇初步介绍进行相似预测与决策的基础。第二篇介绍相似预测的基本原理与方法,其中包括相似预测的目的、意义、程序与步骤以及7种主要方法。第三篇介绍根据相似预测进行相似决策的基本理论、要素、要求以及进行相似决策的基本程序和方法。收入"相似论丛书"。(贾丽华)

C000043 **人口—经济增长的理论研究** 张世晴著。陕西人民出版社1994年6月版。18.4万字。6.80元。为"青年经济学博士研究丛书"之一。以"差额人均收入"为基本测定指标,从人口因素和经济因素及其相互作用的合力效应中,对中国1952～1989年人口—经济增长的动态过程、变动趋势和特征、周期波动和生成机制,以及二元结构的变动过程进行理论分析和具体考察,分析实现人口—经济增长的前提和条件。共7章。第一章介绍研究的目标、方法及其展开研究的内在逻辑,摒弃以往人口经济学研究把人口和经济看作相互并列的外在因素,停留在发展过程和相互关系现象形态上的考察的作法,提出人口—经济增长即:"在人口增长条件下,经济增长中超过维持基本生活标准以上的那部分人均国民收入的增长"这一基本理论分析模型,把超过维持基本生活标准以上的人均国民收入即"差额人均收入"作为测量人口—经济增长的基本指标。这一理论分析模型的建立使分析的可信度大为提高。第二章讨论分析人口—经济增长的"人口规模—差额人均收入函数"、"边际差额人均收入增损模型"、"差额人均收入增长率模型"。第三章提出具体测定中国差额人均收入及相关变量的方法。第四、五章考察中国人口增长在人口—经济增长过程中的作用及强度变化，描述中国人口—经济增长的不同阶段及特征。第六章考察中国人口—经济增长的周期性波动及波动的根源、生成机制、影响。第七章从结构分析的角度，考察中国人口—经济增长二元结构的变动过程，分析人口—经济增长的部门结构达到最佳变动状态的条件，指出：人口膨胀—资源约束的总体环境、长期重型产业结构政策、限制人口流动的政策阻碍了中国人口—经济增长二元结构的调整；中国农业与非农业部门差额人均收入减损量的不平衡，决定农业人口向非农业人口的流动不能过快；中国非农业部门差额人均收入的不断提高，是人口—经济增长不断上升的重要原因。（马来）

C000044 **给领导者的100个思路** 王玉新著。中国经济出版社1994年6月版。24万字。10.00元。理论联系实际，从领导工作运筹、领导用人、人际关系、化解矛盾以及新思维、新方法等方面，以新颖的视角给领导者展现100个具体思路，具有很强的针对性，涉及领导者们急需解决的一些实际问题。（杨岗）

C000045 **当代人口与社会** 战捷主编。中国科学技术出版社1994年6月版。38万字。12.00元。依据当代中国人口与社会发展的现实，运用人口学、社会学的理论、技术和方法，对当代中国人口变动中的社会问题和社会发展中的人口问题，从多学科的角度进行系统的研究和论证。对中国人口现状与未来的变动趋势、生育率下降后的人口与社会问题、人口迁移与流动、当代婚姻家庭与社会、人口与资源环境、人口发展与社会保障等理论与实践问题，进行理论与实证性的研究和探讨。（陆全英）

C000046 **当代青年社会学** 谢维和等著。中国青年出版社1994年6月版。25.8万字。8.60元。从社会学角度研究现代青年的理论著作。分导论及9章：导论：社会的青年与青年社会；第一章：生命的历程——个体形成；第二章：追求与要求——青年与社会化；第三章：适应与偏离——青年与文化；第四章：边际与主体——青年的社会地位；第五章：认同与沟通——青年群体；第六章：结构与选择——青年的行为方式；第七章：承续与断裂——青年的时代性；第八章：困惑与迷乱——青年的社会问题；第九章：适应与变迁——青年政策与青年工作。（冈宁）

C000047 **马克思主义与当代社会思潮** 副名：当代社会走向中的思潮论争。王霁主编。中国人民大学出版社1994年6月版。28万字。8.40元。研究生教材，系中国人民大学新编百余种教材之一。分绪论和4章。绪论从总的方面论述为什么以及如何去掌握和辨析当代社会思潮的问题。4章则分别从当代资本主义的变动、当代社会主义的实践、第三世界的探索和人类历史走向四个方面剖析当代各种社会思潮。与通常把社会思潮分为哲学思潮、政治思潮、经济思潮、文化思潮而分类评述的做法不同，本书以社会走向问题为中心线索，把当代各种社会思潮连为一体，综合地进行评析和介绍。作者运用唯物辩证的方法对当代社会中出现的各种社会思潮的形式、发展、演变和观点，作客观的分析和鉴别。（姚洪芳）

C000048 **公关心理学** 张云著。复旦大学出版社1994年6月修订第二版。24.8万字。10.00元。从心理学角度研究的公共关系学或应用于公共关系领域的心理学。绪论介绍公关心理学的研究对象、研究任务和应遵循的原则。第二至四章论述公共关系客体——公众的心理特征、心理倾向和心理定势；第五至第七章论述公共关系过程中的心理互动：对公众心理的认知、和公众心理的沟通、对公众心理的影响；第八、九章论述公共关系主体——组织团体的心理问题：组织的社会形象、组织的心理氛围。（夏德元）

C000049 **决策与科学** 陈益升、孔昭君编著。科学技术文献出版社1994年7月版。12.9万字。4.50元。以国内外关于决策研究的现有成果为基础，阐明决策概念、决策主体、决策程序、决策前提、决策方法、决策验证、决策社会系统、决策科学化等内容，提供了有关科学决策方面的基础知识。附录收有万里、宋健在1986年全国软科学研究工作座谈会上的报告。收入“现代科学技术基础知识参考丛书”。（杨芸）

C000050 **人口与优生** 总参计划生育领导小组办公室编。科学普及出版社1994年7月版。14万字。5.00元。根据部队的实际情况编写的军队计划生育宣传普及读物。共7章。首先简要阐述马克思主义人口理论的基本观点，深入浅出地分析人口与社会、经济、生态环境的关系。剖析了当前世界和我国人口的现状及其发展趋势，指出在我国不能放松计划生育工作，实现既定的人口控制目标，坚持优生优育，提高人口素质的重要性。有2章专门介绍优生、优育、优教的基础知识，具有实际指导意义。（周晓慧）

C000051 **办公自动化** 韩玉瑄编著。辽宁师范大学出版社 1994 年 7 月版。44 万字。13.50 元。共分 9 章，主要内容有：计算机的发展，应用及其理论基础，微型计算机的基本操作和常用的 DOS 命令等。系统介绍办公自动化的理论和实践，计算机中英文操作，WS、WPS 汉字处理软件，计算机基本知识，Windows(窗口)操作系统，工具软件，计算机病毒及防治和 FOXBASE+ 数据库等内容。还介绍计算机操作的键盘指法训练和几种常用的汉字输入方法，特别是五笔字型输入法。讲述 PC 操作系统命令、CC-DOS 2.13H 汉字操作系统。附有大量实例。(果阳)

C000052 **中国常用人口数据集** 姚新武、尹华编。中国人口出版社 1994 年 7 月版。30.9 万字。5.00 元。统计数据集。汇集统计、人口、计划生育工作者经常使用但又不便查找到的人口数据。包括 1949 年以来历次的总人口、城乡人口、出生率、死亡率、迁移率、人口密度、人均国民收入、人均国民生产总值、农业人口与非农业人口等数据。既有全国汇总资料，又有各省、直辖市、自治区资料，还包括 1949 年以来四次全国人口普查数据及散见于各种资料中的重要人口数据。是联合国人口基金数据用户服务项目的成果之一。(彭琰)

C000053 **微机在办公自动化中的应用** 周颖主编。东北大学出版社 1994 年 8 月版。30.6 万字。9.80 元。共 7 章，第一章办公自动化概述，包括办公自动化的基本概念、发展沿革和展望。第二章文字处理系统，包括汉字 Word Star、英文 Word Star 6.0 的使用方法和 WPS 文字处理系统。第三章汉字输入法，介绍双拼双音输入法和五笔字型输入法。第四章表格处理系统，介绍 CCED 表处理和 OFFICE 表处理的有关知识。第五章 FOXBASE+ 关系数据库，主要阐述数据库的基本概念、FOXBASE+ 数据库管理系统及基本操作方法。第六章计算机局域网络技术。第七章企业财务管理信息系统。(刘振军)

C000054 **中外诡谋全书** 郭砚溪主编。哈尔滨出版社 1994 年 8 月版。40 万字。20.00 元。介绍中外古今的诡谋、权变诈术。分两大部分，即中国部分和外国部分。每一诡谋方法，都有方法的理论阐述，介绍事例以及对经验教训的分析。(杨庆旺)

C000055 **中国社会经济统计百科全书** 牟秉华等编著。湖北教育出版社 1994 年 8 月版。300 万字。61.35 元。内容包括：统计发展史、社会经济统计原理、人口统计、保险统计、旅游统计、价格统计、西方经济统计及计算机统计工作中的应用等。(覃建钦)

C000056 **中国现代社团辞典** 章绍嗣主编。湖北人民出版社 1994 年 8 月版。82 万字。30.00 元。收入中国现代 1919 年至 1949 年有影响的社团共 2100 多个，以社团名为辞目，少数成立于“五四”运动以前但在现代仍有活动的社团亦选收，若干与社团关系密切的党派、组织亦酌情收录。包括政治、文学、戏剧、音乐、美术、教育、体育、经济、宗教、学术 10 个类别。辞条详细介绍各社团成立的时间、地点、缘由，发起人及社团宗旨，该社团的主要活动和影响，社团的主要领导人和活动中坚分子，对于社团的更名、别称、主要刊物、改组情况和停止活动的时间和原因，也在深入考证的基础上作了介绍。由于 1919 至 1949 年在中国历史上是一个风云激荡的时期，数千计的社团在这一历史阶段的活动构成了这段历史的一个重要侧面。本辞典比较系统全面地介绍了这些社团，以辞典的形式，反映出一部中国现代社团活动史。词典按笔画编排辞条，附有辞目表及分类辞目索引。(李尔钢)

C000057 **中国古代人才鉴识术** 副名：《人物志》译注与研究。王晓毅著。吉林文史出版社 1994 年 8 月版。22 万字。8.00 元。对三国魏人刘邵所著《人物志》作译注与研究。《人物志》以阴阳五行学说为基础，以理性分析为主，兼融部分传统相术，构建人才学的理论体系。它全面论述各种类型人才在生理素质、气质、性格和才能等方面的差异，以及适宜从事的职业和所能担当的职务。详细介绍如何从形体、容貌、神态、言谈、举止和心理变化等方面去综合观察、鉴别人才，以及如何正确使用人才。作者对该书的整理如下：全面介绍《人物志》一书的生成始末、研究方法、基本内容以及学术价值；对《人物志》正文及刘昺的注文进行校勘，并对正文的文字难点进行今注今译；附录部分收有作者生平、作品序跋以及历代著录考辨等文献资料。(吕海江)

C000058 **内蒙古少数民族人口素质研究** 刘世海主编。内蒙古大学出版社 1994 年 8 月版。29.3 万字。10.00 元。学术研究文集。主要内容有，内蒙古政府副主席赵志宏撰写的“内蒙古少数民族人口素质分析”；其他人撰写的有：内蒙古蒙古族人口的历史与现状、平均寿命、死亡率特征及健康评价、生育状况与身体素质、民族婚配形式、优生学研究、地方病病因探讨；中国北方五群体(指鄂温克、鄂伦春、达斡尔、东部蒙古族、布里亚特蒙古人)ESD、PGM 和 HP 型的分布比较、中国北方七群体(同上，加包头市[西部]蒙古族、汉族人)GLOI 遗传多态性现象的研究;科尔沁草原蒙汉农牧民人口素质、边远村落张家窝堡优生学研究、呼盟少数民族优生学研究、伊盟伊旗霍洛苏木人口素质;达斡尔族人口素质、人口发展与素质、文化素质研究;鄂温克族人口发展与素质的提高、文化素质、血型遗传性研究;影响鄂伦春族身体素质的原因调查和对策、鄂伦春族的血型遗传学研究与身体素质;内蒙古民族人口高速发展原因及其对策的特殊性、人口素质的哲学思考等。(朝克)

C000059 **早期中国"人"的观念** [美]唐纳德·J·蒙罗著。上海古籍出版社 1994 年 8 月版。14.6 万字。7.20 元。研究中国先秦时期儒家和道家关于人、人性的观念,注意到它们对整个中国传统文化以至现代社会的影响,并同西方古代哲学特别是柏拉图哲学作了比较,阐明在人的理论及社会控制思想方面中西两种文化的特点及各自的历史价值。共 8 章:第一章,人性与自然平等;第二章,自然秩序与人心;第三章,儒家关于人的观念;第四章,通向特权之路;第五章,道家关于人的观念;第六章,通向"明镜"之路;第七章,在道路的尽头;第八章,古典遗产。另有《"德"概念的起源》,作为书的附录。(卢守助)

C000060 **科学思想史指南** 吴国盛编。四川教育出版社 1994 年 8 月版。20 万字。7.98 元。系科学思想史经典论述的译文集。文章计 9 篇。库恩:科学史;萨克雷:科学史;柯瓦雷:我的研究倾向与规划;柯瓦雷:哲学倾向对制定科学理论的影响;柯瓦雷:伽利略与 17 世纪科学革命;巴特菲尔德:科学史与历史研究;霍尔:再谈默顿或 17 世纪的科学与社会;霍尔:科学史可以是历史吗?布拉什:科学史应该被定为 X 级吗? 前两篇文章构成为科学史概论,介绍科学史学科的发展及编史方法的演变,其丰富的文献目录特别有价值。后七篇文章则构成思想史的编史纲领,论述了思想史学派的编史方法以及它与社会史方法的不同之处。(何杨)

C000061 **'94 国际家庭年丛书** 赵丰主编。天津人民出版社 1994 年 8 月版。80 万字。共 7 册。42.00元。丛书包括:《工资、外快哪个多》、《配偶、情人怎么过》、《租房、买房谁划算》、《国货、洋货你爱谁》、《上山、下海谁为先》、《父亲、儿子哪个大》、《大礼拜怎么过》7 种。内容涉及家庭方方面面的问题,既有对商潮大战下中国各类家庭收入方式的扫描,也有对家庭最敏感"神经"——家庭情感模式的多元化问题的触及,还有对家庭住房、家庭消费、家庭教育及休闲方式的选择等方面问题的探讨。(庞明星)

C000062 **三国人才对话录** 副名:《三国演义》与人才管理。黄新亚著。中国青年出版社 1994 年 8 月版。11.5 万字。6.70 元。采用现代人提问、三国人物回答并讨论的形式,阐述《三国演义》中人才与人才管理对争夺天下的重要影响,以及在当今的现实意义。主要内容包括:得人才者得天下;何谓人才;人心难测与人心难得;得人心者得人才;用人如器与扬长避短;人才之误与误用人才;知彼难,知己亦难;攻心为上的战略思想;天运与人事怎样统一;三国人才活动的现实意义等十个论题。(茅红培)

C000063 **七缀集(修订本)** 钱锺书著。上海古籍出版社 1994 年 8 月修订版。12.9 万字。15.20 元。作者自编的学术论文集,共收录论文七篇:《中国诗与中国画》、《读〈拉奥孔〉》、《通感》、《林纾的翻译》、《诗可以怨》、《汉译第一首英语诗〈人生颂〉及有关二三事》、《一节历史掌故、一个宗教寓言、一篇小说》。以艺术与文学、中西文化的对照,结合具体作品、作家和文艺现象的分析,探讨文学创作、翻译的规律及文艺批评应取的标准,阐述中外文化的交流与影响。此版经作者亲自修订,中外文都有修改增补,为《七缀集》的定本。(李祚唐)

C000064 **您好丛书** 阙国虬主编。福建教育出版社 1994 年 9 月版。4 册。20.60 元。以应用心理学的成果为基础,理论和实践相结合,深入浅出地解答人们日常生活中的心理问题。内容涉及人们日常生活的诸多方面,例如在爱情、婚姻、性教育、人际关系、子女教养、性别差异、角色心理,不同年龄人的心理问题与调适,各种长期困扰人们的心理现象的透视等方面,都有详细的介绍。丛书已出版 4 本:《教子有方——孩子发展和父母教养态度测试》、《悄悄话——中小学生热线电话咨询实录》、《重返伊甸园——中外性教育漫谈》、《男人女人不一样》。(朱平)

C000065 **统计制图** 王书宽主编。高等教育出版社 1994 年 9 月版。18 万字。4.25 元。系中等职业技术学校财经类教材之一。共 9 章。第一章总论,包括统计图的种类和构成、制图工具的使用;第二章统计图示用线、形、色及字;第三章条形图,讲述单式、复式和结构条形图等;第四章平面图,讲述圆形图、方形图、三角形图和多边形图等绘制方法;第五章立体图,讲述正立方体图、长立方体图、柱体图等绘制方法;第六章曲线图,讲述动态曲线图、次数曲线图、相关曲线图等绘制方法;第七章象形图,讲述平面象形图、立体象形图等绘制方法;第八章统计地

图的绘制方法;第九章讲述制图技术的综合运用。(李承孝)

C000066　**宦乡文集**　宦乡著。世界知识出版社1994年9月版。120万字。上下册。40.00元。采用编年体例,收录宦乡具有代表性的论文和讲话168篇,内容涉及政治、经济、军事、外交等诸多领域。他在1984年提出决定世界局势的是中、美、苏大三角关系,由此引起一场轰动。1987年,他又精辟地将当今时代概括为"一个世界、两种制度、政经多极、竞争共处","竞争—摩擦—协调,再竞争—再摩擦—再协调"。他在1979年就批驳了当今是"帝国主义走向全面崩溃,社会主义走向全世界胜利的时代"的错误观点,指出必须从当代世界的现实出发,用批判的眼光重新认识关于资本主义"垂死"的传统论断。在关于研究方法的论述中,他认为,一切科学,包括社会科学在内,如果不同实际紧密结合,是站不住脚的,是没有希望的。他强调,世界政治和世界经济已越来越不可分,若要全面、深刻地了解这个世界,就必须把政治和经济结合起来研究。他认为在研究国际问题时,要把马克思主义作为武器而不是变成教条,坚持实事求是的原则和百家争鸣的方针。(颜楠)

C000067　**智谋百科(共5卷)**　陈显泗编著。四川辞书社出版社1994年9月版。184万字。57.00元。共5卷:《军事智囊》、《经济韬略》、《公关魔方》、《政治智谋》、《司法妙计》。每卷分4部分:1.智囊库,为书的主体。收集散藏于古今中外典籍中的谋略事例,分类、整理、概括、提炼成为智谋条目,着重指出运用该谋略的关键。每条目下收列2至4个用谋的典型实例。智囊库按谋略不同的类型分类编排。2.综论,把谋略的反复运用上升为一般理论,以理论的不同层次进行编排。3.名家。4.名著。先中国后外国,以历史的先后介绍古今中外谋略名家和名著。全书收智谋1 000余条,典型用谋4 000余例,理论综述200余条,名家300余人,名著200余部。(冷雪)

C000068　**中国城镇人口迁移**　马侠主编。中国人口出版社1994年9月版。26万字。20.00元。内容涉及中国城镇人口迁移的各个方面,包括人口迁移的有关理论和模式,迁移的特点和人口构成,人口迁移与生育的关系,人口迁移与就业、体制、社会和经济地位变化的关系,对城市化的影响及各种迁移的比较,中国城镇人口迁移的模式和对策等。(李正光)

C000069　**人才资源学导论**　苏廷林、王通讯主编。中国人事出版社1994年9月版。45万字。18.00元。分5编22章。第一编人才资源学总论,包括人才资源概说、开发概说、资源学概说;第二编人才资源的个体育成,包括人才个体育成概述、基本条件、动力理论、行为选择和限制;第三编人才资源的社会开发,包括人才社会开发的系统工程、国家的人才开发、学校的人才开发、家庭的人才开发;第四编人才资源的宏观调控,包括人才资源宏观调控活动概说、人才资源总量的宏观配置、人才资源市场的宏观调控、人才资源环境的宏观改造、人才资源发展的宏观指导;第五编人才资源的微观管理,包括概述、组织的人才资源获得与配置、开发技术、资源利用、组织的人事监控活动、人才资源微观管理评估。(殷崇文)

C000070　**交往行动理论(1)—行动的合理性和社会合理化**　[德]哈贝马斯著,洪佩郁、蔺青译。重庆出版社1994年9月版。37.3万字。11.00元。德国哲学家、法兰克福学派第二代主要人物哈贝马斯的代表作。哈贝马斯在当代西方的社会理论、语言哲学、社会科学一般方法论及批判理论等思想成果的基础上,对其加以解析、辩驳、汲取,围绕行动的合理性和社会合理化问题,阐发交往行动这一基本范畴,建构交往行动理论的框架,提出交往行动必须符合的5条规则,总结他过去在其他许多著作中表述的三大思想,通过实用主义及结构主义的办法,制定了二元论的演变论的社会理论,试图使人们通过自己内在的活动,即学习、思维、辩论等主观因素,参与当代社会政治生活,推动当代社会发展。书中对于进步、理性与现代化的关系也有其深刻、独特的反思。(杨亚平)

C000071　**婚恋生活的自我调试**　庞玉珍、蒲越著。北方妇女儿童出版社1994年10月版。27.2万字。9.00元。从认知爱情、了解爱情起步,就理解伴侣的选择、恋爱中的艺术、婚姻中的追求与期待、美满家庭的建立、性生活的和谐、婚后情感的维系、夫妻冲突的调适与婚姻的自我检试等一系列问题作深刻论述。作者针对多彩又多变的婚恋现状逐层深入地揭示恋爱与婚姻的深广内蕴。论述了如何理解爱情的真谛,如何选择人生之侣,如何建筑爱的乐园、解决婚姻的矛盾等方面的问题。(李立舒)

C000072　**谋略库(续二)**　柴宇球主编。广西人民出版社1994年10月版。29万字。9.50元。从各种具体的谋略方法研究入手,逐个考证谋略方法的起源,对所选事例加以评述。分政治、经济、军事、外交、教育、统御、说辩、处世、修身、奸诈等10个谋略篇。还收集知名度较高的阴谋诡计，以警世人。按不同领域进行分类整理，把具体的谋略方法分类编排，按条目逐条编写。为便于查找，同一谋略类别里的条目，按第一个字的笔画顺序排列，也按条目第一字的汉语拼音编排目录附于书后。为“谋略丛书”之一。（邓耘）

C000073 **跨越中的思索** 王厚宏著。海南出版社 1994 年 10 月版。30 万字。11.80 元。文集。收集作者在安徽、海南的工作实践中所撰写的文章。其主要代表作有：分析海南基本省情的《全方位认识海南》，论述海南建省初期发展规律的《海南跨越中的回顾与前瞻》、《市场取向的改革效应》，对特区环境下加强党务工作提出见解的《谈谈市场经济条件下机关党建工作》、《把党委办公厅工作做得更好些》、《宣传工作要适应特区建设的需要》、《要唯物辩证地看干部》，阐述教育改革基本对策的《发展社会主义商品经济与深化教育改革》、《高等教育改革与发展的若干对策》，总结海南特区精神文明建设的《精神文明建设初探》、《精神文明建设要扩大覆盖提高档次》等。（符策霞）

C000074 **河南人口·资源·环境丛书** 李润田主编。河南教育出版社 1994 年 10 月版。170 万字。10 册。59.00 元。以人口、资源、环境与经济协调发展为指针，深入分析河南省的基本省情和人口、资源、环境的状况与特征，揭示人口、资源、环境与发展四者之间相互依存、相互制约的内在联系，展望未来经济社会发展的宏观趋势以及对诸方面因素的客观影响，探讨可持续发展的对策与途径。对河南省制定跨世纪的经济社会发展规划具有重要的决策参考价值。是一部宣传《中国 21 世纪议程》和可持续发展战略，向广大干部和群众进行人口观、资源观、环境观、发展观教育，进行爱祖国、爱家乡教育的好教材。丛书共 10 册：《河南人口的增长与控制》、《河南能源的开发与利用》、《河南金属与非金属矿产》、《河南水资源》、《河南旅游资源》、《河南农业自然资源》、《河南自然灾害》、《河南生态环境的保护与建设》、《河南城镇的发展与布局》、《河南人口、资源、环境与经济的协调发展》。前 9 册为专题研究分册，分别阐述河南人口、资源环境方面的状况，存在的问题及发展前景，提出进一步发展的对策和建议；最后为综合分册，对河南省人口、资源、环境与经济发展四者的关系，进行历史与现状的分析，并将国内外在协调四者关系上的对策和效果进行对比；采用定量分析的方法，提出河南省的发展目标以及所应采取的对策和措施。（李亚娜）

C000075 **古今谋略辞典** 周晓瑜、杨端志编。青岛出版社 1994 年 10 月版。75 万字。32.00 元。从古代经史子集以及笔记、变文、话本、诗、词、曲、小说直至近现代经典、小说中收集属政治、经济、军事、社会生活方面谋略手段的短语、格言、谚语和句群 3 000余条，并以辞典条目形式加以编纂，对每一词条给以简洁的解释，揭示出谋略的实质及实施方法。正文按音序排列，前后又分别编排了拼音音序索引和分类目录索引。（任兰沛）

C000076 **思辨随笔** 王元化著。上海文艺出版社 1994 年 10 月版。25 万字。15.80 元。笔记的合集，内容涉及思想、人物、历史、哲学、美学、鉴赏、考据、训诂乃至译文校订等。作者以传统的笔记体裁，或阐述某一观点，或记述某一学案，或考订一段文献。作者臧否古今人物，有自己的眼光，尤其对龚自珍，对“五四”人物，有一种很深的了解与同情，可以感受到某种抉入历史生命深处的穿透力。关于文艺批评，除了一系列独到的理论建树外，作者把握真实原则、人格力量原则。作者在书中表彰的西方文艺家，如巴尔扎克的坚韧，果戈理的良心，别林斯基的执着，以及罗曼·罗兰的“心的光明”等，今天仍然是当代文学艺术家值得珍爱的精神资源。（高国平）

C000077 **谈判学** 蒋春堂著。武汉测绘科技大学出版社 1994 年 10 月版。27.0 万字。8.50 元。系统研究谈判理论的专著，其特点如下：把谈判看作是人类行为的一个组成部分，用行为科学的方法加以分析。指出，任何谈判行为都具有较复杂的法律意义，并受到历史、国际关系、经济关系多种因素的影响。把谈判作为一门艺术。对不同领域、不同场合下的谈判所应采取的方法、策略和技巧以及谈判中的思维活动、心理活动和语言表达都作详尽介绍。把谈判活动看作是一个动态系统。一个具体的谈判过程始终处于变化发展之中，产生出千变万化的谈判策略，决定着谈判的发展和结局。所列举的典型案例和评析具有很强的说服力。（何正国）

C000078 **办公自动化教程** 宋映明等编著。中山大学出版社 1994 年 10 月版。40 万字。16.00 元。计算机使用技术普及教材。全书 10 章。前 4 章讲述计算机的基础知识；5—8 章介绍字处理软件 WPS、五笔汉字输入法、FOXBASE$^+$数据库、组合软件 LOTUS1—2—3 的使用方法。最后两章简介计算机网络基础知识、其他办公自动化技术和设备。附录中有 DOS 命令集、FOXBASE 命令集和 LOTUS 命

令树。(张亚拉)

C000079 **中国古代人口史专题研究** 袁祖亮著。中州古籍出版社 1994 年 10 月版。33.3 万字。9.80元。分 7 个专题。一、中国古代人口数量规模发展变化及其规律。指出人口数量规模的发展变化是既有极限,又无极限的。在某一社会形态,当人口数量规模超过该生产方式所允许的警戒线时,便会自发调整,重新趋于平衡。直至另一种新的生产方式出现时,原有的人口数量规模才会跨上新台阶。二、中国古代家庭的人口数量规模。在中国封建社会,家庭人口数量规模,更多地受制于统治阶级的剥削政策。随着剥削政策的严厉或宽松,出现家庭人口数量规模过大或过小的现象。三、中国古代人口的自然增长率。人口自然增长率是表现人口增长速度快慢的指标。作者研究了不同时期、不同地区、不同家族的人口自然增长率,发现某一家族人口的性别比例,几乎等同于整个地区、整个国家的性别比,男性约占 50%强,女性约占 50%弱。这种现象究竟是偶然性还是带有规律性,仍有待于进一步探讨。四、中国古代人口的平均死亡年龄。在相同生产方式下人口的平均死亡年龄基本相同,不同阶层的人有所差异。五、中国古代的制土分民思想。六、中国古代人口的地区分布和人口重心及其移动轨迹。人口的地区分布和人口重心移动轨迹,都与某时期某地区的经济发展状况有关。七、中国历史上一些有争议的人口数字的考疑。(孙宝瑞)

C000080 **实用文科知识辞典** 王国安、陈仁凤编。汉语大词典出版社 1994 年 11 月版。142 万字。36.00 元。共收词目 7 000 余条。涉及的学科内容有社会、历史、政治、经济、法律、宗教、民族、教育、文学、语言、艺术、民俗地理、名胜等等。词目内容包括有关学科的重要知识、概念、术语、代表性人物、重大事件、流派、重大课题、论著及研究信息等。以中国的学科知识词目为主,也收取部分外国的学科词目。(许汝国)

C000081 **人口政策学** 王俊祥著。河北大学出版社 1994 年 11 月版。20 万字。7.50 元。论述人口政策的本质及其形成过程,阐明人口政策的一般理论,说明其对于人口政策实践具有重要的指导意义。分析了各种具体的人口政策及其依据、作用、内容、目标措施和评估等问题,指出这些具体的人口政策构成人口政策学的体系。还分析了人口政策的协调、配套与发展趋势。作者认为,人口政策作为国家管理、调节人口过程的一种策略或手段自古有之,并且随着各国社会的进步和人口的发展而不断发展,现已成为一种普遍存在的社会现象,在调节人口过程中发挥着重要的作用。人口政策理论来源于人口政策实践,人口政策实践需要人口政策理论指导。科学地揭示人口政策的本质、作用基础、制约因素及一般规律,就能制定和实施正确的人口政策,并取得预期的政策效果。(夏杏芝)

C000082 **当代大学生择业心理与技巧** 陶国富等主编。河南人民出版社 1994 年 11 月版。24.2 万字。9.80 元。论述择业的市场预测,择业的主导意识;还具体介绍择业的心理准备、心理设计、心理障碍、策略指导、素质指导等技巧。旨在引导大学生确立科学的择业指向,调适不良择业心理,找准择业目标,以期实现自己的抱负。(陈智英)

C000083 **中国农民的社会流动** 袁亚愚主编。四川大学出版社 1994 年 11 月版。27 万字。9.50 元。共 11 章,分 3 部分。第一部分为总论,侧重理论阐述。第二部分为调研报告,偏重对实际情况的探讨和分析。第三部分是选辑原始资料,为研究者提供素材和数据。作者力图从理论上系统、科学地反映、分析正在进行的世界上最庞大的一次人口变迁过程——当代中国农民的社会流动。在实践上为处理我国当前农民社会流动中出现的问题,提供新的思路和见解。(曾春宁)

C000084 **公共关系学教程** 蒋春堂著。武汉测绘科技大学出版社 1994 年 11 月版。28.5 万字。11.80 元。吸收国内外先进成果,在体系构建上有独到之处。分原理、主体、客体、媒体四个篇章分别论述。明确指出现代公共关系学的研究对象是:社会组织与公众之间的关系及其变化规律;社会组织与有关公众之间进行信息传播交流与沟通的规律;社会组织运用公共关系作为一种重要管理职能的具体规律。为公共关系其它领域的研究提供理论依据。(何正国)

C000085 **当代中国人口流动与城镇化** 辜胜阻、简新华主编。武汉大学 1994 年 11 月版。34.9 万字。10.80 元(平);15.80 元(精)。以人口普查和实地调查资料为依据,综合运用人口学、社会学、经济学的基本原理,对中国人口流动、人口城镇化以及二者之间的关系作多层面、多角度的审视与剖析,并结合人口流动的国际经验和理论,对中国人口流动的原因、流向、模式、类型、特征、就业、人口控制和地区差异,以及三峡库区移民等问题进行分析。作者认为,对"民工潮"不能"堵",而应当"导",应学会利用市场机制实现劳动力资源的优化配置。中国的农业发展道路，应选择农村工业与城镇化、特别是农村城镇化同步发展的道路。作者建议，要推动农村土地使用权市场的发育，使耕地向种田能手集中，实现农业的规模经营和企业化经营。在农村城镇化问题上，作者不同意其他学者所主张的绝对的“大城市论”、“中等城市论”、“小城市论”，而主张走一条城市化和农村城镇化并重、“据点发展式”城镇化和“网络发展式”城镇化同步的二元城镇化道路。（刘爱松）

C000086　**奔向权力**　副名：掌握赢的策略。[英]赫尔加·德拉蒙德著。新华出版社 1994 年 11 月版。13 万字。8.80 元。从管理学的角度论述权力的创造和使用，并归纳出奔向权力的九大谋略：通往权力的途径、创造权力的要诀、权威就是力量、塑造掌权者形象、掌权有道、知识就是力量、资讯就是力量、现实就是力量、权力赢家。在每章后附有自我测验试题及答案。收入“成功者实用技巧丛书”。（闫秋华）

C000087　**宗白华全集**　宗白华著。安徽教育出版社 1994 年 12 月版。206 万字。4 册。66.00 元。共 4 卷，第一至三卷收文学创作与学术著作，其中有诗歌《流云》和散文《三叶集》(与郭沫若、田汉合作)，是作者的成名作；有《形上学》、《西洋哲学史》、《中国哲学史提纲》等哲学专著和论述叔本华、康德、孔子等哲学思想的论文，其中《形上学》写于 20 年代末期，被称为“比较哲学的经典之作”；《近代思想史提纲》、《中国近代思想史纲要》撰写于 50 年代初，是作者以马列主义毛泽东思想为指导，研究近代思想发展历史的尝试。写于 1924～1928 年的《美学》和两部《文艺学》，是中国最早的三部美学专著。前 3 卷著作约 150 万字，其中约 100 万字是编《全集》时从手稿笔记中整理出来的，如有些哲学、思想史专著以及美学、文艺学等都是首次面世。第四卷收翻译文稿。其中有康德《判断力批判》(上卷)、海伦·娜丝蒂兹《罗丹在谈话和信札中》、瓦尔特·赫斯《欧洲现代画派论选》、马赫《感觉的分析》(选译)等重要学术著作。歌德是作者青年时代致力最多的研究对象，本卷还收有作者翻译的歌德的诗歌、信札和研究歌德的学术著作。（许振轩）

C000088　**中国社团史**　王世刚主编。安徽人民出版社 1994 年 12 月版。41.6 万字。15.00 元。介绍中国古今社团产生、发展、演变的历程，论述各个历史时期不同类型社团的产生背景、活动形式、组织特征及其社会影响，构筑了一部专门史框架体系。把中国古今无数社团放在历史的链条上进行考察，从纵的方向把握社团演变的脉络，寻找发展的规律，从而证明中国社团滋生于中国社会的土壤之中，成长并活动于当时的历史环境之下，它的发展与同时代的政治、经济、文化息息相关。研究同一时期的社团，注重横向思考，把它们放在一个历史的横切面上进行比较，从而对各个时期各类社团的宗旨、性质、活动范围和社会影响均会有明确的认识，对中国历史有更为具体、深入的了解。（曹文益）

C000089　**统计指标导论**　王庆石著。东北财经大学出版社 1994 年 12 月版。20.6 万字。分 4 章计 8 节。第一章中论述统计指标的生成。作者对社会认识与社会测量问题进行探讨，叙述了统计指标的生成与发展，指出统计指标的开放性和发展性。第二章主要论述统计指标的结构，从概率论和数理统计的意义上分析统计指标的内在机理和特征，以及统计指标误差的产生及变化规律。重点阐述统计指标的数理依据和统计指标的误差理论，并提出对实践很有意义的统计学理论与方法。第三章研究统计指标数量化分析，包括人们社会认识的精确化形式和统计指标数量化的基本内容。并根据指标数量化的基本逻辑，作统计指标数量化分析，阐明统计指标数量化的意义。第四章对统计指标的体系问题进行探讨，通过统计指标体系产生的内在机理探索和关于社会经济统计指标体系中指标间信息重迭问题的理论讨论，阐发有关统计指标体系的观点。收入“中国当代经济前沿科学文库’94 卷”。（郭洁）

C000090　**社会变迁与社会协调发展理论研究**　王祥俊著。广西师大出版社 1994 年 12 月版。15 万字。3.50 元。12 章。论述当代中国社会的改革与社会变迁，企业结构的变迁及其协调，我国现阶段人际关系及其对社会协调发展的影响，当代中国农村变迁中崛起的“先富裕者”的形成、特点、社会作用、发展趋势等。评述西方社会学的现代化理论、“西方马克思主义”的社会变迁观。（覃丽梅）

C000091　**世界大热点丛书**　饶洪桥等著。湖南少年儿童出版社 1994 年 12 月版。29.6 万字。8 册。29.60 元。丛书包括《世界性的爆炸》、《现代战争之神》、《跟魔鬼扳手腕》、《拯救“生命之舟”》、《AIDS——超级杀手》、《高悬的达摩克利斯剑》、《动荡的婚船》、《第三种战争》。涉及人口、环境、艾滋病、毒品、核武器、恐怖活动、高技术战争、家庭婚姻等 8 个方面的问题。（刘杰英）

C000092　**王观澜文集**　王观澜著。人民出版社 1994 年 12 月版。25 万字。8.90 元。王观澜是我国老一辈无产阶级革命家,建国初期任农业部党组书记,后任全国人大常委兼农业部顾问。毛泽东曾评价他是党内最懂农民运动者之一。文集精选王观澜生前留下的"有历史价值、能给人启示"的文稿 55 篇,在文献和史实的结合上,反映了王观澜一生革命的侧面,也反映了中国革命波澜曲折的艰难历程及中国共产党人为追求真理而斗争不懈的精神。(张秀平)

C000093 **行为科学辞典** 贾轶峰等主编。山东人民出版社 1994 年 12 月版。53 万字。26.00 元。全面介绍行为科学所涉及的概念、原理、方法、学派及其代表人物等,反映了西方行为科学的研究水平,总结了中国共产党人在革命和建设中思想政治工作的经验。共收 1 500 多词条,按笔画顺序排列。(林治海)

C000094 **德赛二先生与社会主义——陈独秀文选** 吴晓明编选。上海远东出版社 1994 年 12 月版。36 万字。17.00 元。收录陈独秀的代表作数十篇,内容主要集中于"五四"前后对新文化的鼓吹,特别是对科学与民主的倡导;建党前后对社会主义的探索和宣传;较后时期有真知灼见的主要作品,展示陈独秀对中国的历史命运,对"中国向何处去"的问题所作的探索和思考。(戴群利)

C000095 **芳草天涯——费孝通外访杂文选集** 费孝通著。苏州大学出版社 1994 年 12 月版。23 万字。17.50 元。收文 44 篇,时间跨度为从 20 世纪 30 年代至 80 年,地域包括英、美、澳、日等国。生动记述西方学者的治学途径、学术氛围,世界科学技术进步所结出的丰硕成果以及同时产生的种种社会现象和问题;分析了中西文化的差异、交流和冲突,记录作者的心路历程。(徐斯年)

C000096 **中国人口迁移与发展的长期战略** 杨云彦著。武汉出版社 1994 年 12 月版。25 万字。15.00 元。共 10 章。第一章试图建立转变期的人口经济理论并探讨相应的发展战略;第二章讨论中国人口转变与长期发展的问题;第三、四章探讨人口迁移的一般理论和中国人口迁移的概况;第五章探讨人口迁移的机制;第六章讨论中国人口迁移主要是省际迁移的流向;第七章分析从农村向城镇的迁移及职业转换状况;第八章考察中国人口迁移的选择性;第九章以人口迁移和流动为主线对我国人口长期发展的前景进行定性和定量的探讨;第十章提出建立现代人口管理制度的基本框架。在研究方法上有以下特点:在社会主义市场经济理论指导下,借鉴发展经济学以及其它相关学科的理论展开研究,克服在一些实证研究中缺乏理论指导和总结的问题;在理论研究基础上根据系统、协调原则进行的对策研究,克服从局部看问题的局限性;多学科综合的理论与方法,从不同角度研究中国人口迁移问题。(周雁翎)

C000097 **青年学专题研究** 邹学荣等著。西南师范大学出版社 1994 年 12 月版。14.6 万字。6.80元。分 7 个专题,内容涉及青年学学科理论体系研究,青年本质研究,青年社会化过程中几个问题的研究,青年成才问题研究,西方社会思潮与我国青年教育问题研究,当代青年民主观问题研究,青年运动理论研究。(卢旭)

C000098 **管理干部岗位培训系列教材** 航天总公司人劳教部编。宇航出版社 1994 年 12 月版。400 万字。共 31 册。237.40 元。系列教材几乎包括航天系统所有管理门类。其中有概论性教材,如《型号管理概论》、《工业企业管理概论》等;有专业性管理教材,如《劳动管理》、《人事管理》、《环境保护管理》、《安全管理》、《科研技术管理》、《型号经济计划管理》等。系列教材具有较强的航天特色,并着重介绍国内外的先进管理经验和管理方法。(刘杭)

C000099 **民族心理与民族意识** 熊锡元著。云南大学出版社 1994 年 12 月版。16.1 万字。9.00 元。收论文 12 篇,力图通过对汉族、回族、傣族以及美利坚民族共同心理素质的分析研究,探讨民族心理与民族意识、社会主义与民族意识、民族意识与祖国意识、民族意识与民族主义等重要课题,提出作者自己的独到见解。(龙宝珍)

C000100 **社会科学论丛** 云南大学政治系编。云南大学出版社 1994 年 12 月版。20.9 万字。7.00元。教学科研成果论文集。结合我国当前改革开放的实际,对各种理论和现实问题进行科学研究。(龙宝珍)

C000101 **中国农村人口研究** 张纯元主编。中国人口出版社 1994 年 12 月版。23.5 万字。18.00 元。运用马克思主义人口理论,论述中国农村人口状况,为研究解决农村人口问题,提供了理论依据和实践步骤的设想。在解放前后农村人口资料基础上,重点研究新中国成立后我国农村人口状况,如:40 多年来我国农村人口数量的变化及特点,对农村人口素质进行城乡、中外的对比研究;描述了我国农村人口中劳动人口数量与质量;从"人口压迫生产力"与

"生产力压迫人口"两个基本点的研究中提出我国目前不单纯是人口压迫生产力,也有生产力压迫人口的一面。论述了改革开放以来农村人口转化的客观必然性及转化途径。对我国农村人口中被抚养人口的四种抚养形式:传统家庭抚养、集体抚养、国家抚养、自我抚养的互补关系的阐述很有特色。又从家庭规模、结构的变化与婚姻模式的转变对农村人口再生产的影响,总结出一些带有普遍性的规律,为深入研究人口再生产、人口发展趋势提供了依据。对农村劳动力发展趋势与农村人口发展趋势所做的预测亦有参考价值。(彭琰)

D 政治、法律

政治理论

D000001 **儒家治国方略** 曹德本著。吉林大学出版社 1994 年版。政治思想史专著。把儒家治国方略作为一个整体来研究,并归纳为仁政、民本、君臣、义利四个方面,从天命观、天道观、天理观上分析儒家治国方略的哲学基础,从人性观、修养观、境界观上探索儒家治国方略的理论依据,接着又分析儒家治国方略的兼容精神、深远影响和生命活力。突出了儒家思想文化在整个中国传统文化中的主导地位。作者认为,儒家治国方略不只是一个单纯的政治主张,而是一个历时悠久、深入人心与封建社会始终相适应的完整思想体系,是一种大文化现象。并提出在现代化过程中,应依据时代特点,对儒家的治国方略作出分析,引以为鉴。(刘子贵)

D000002 **人权问题纵横谈** 喻权域著。辽宁人民出版社 1994 年版。18.6 万字。10.00 元。系统阐述如下问题:争人权就是反特权、争平等;美国《独立宣言》与美国的人权记录;法国《人权和公民权宣言》与法国的人权记录;马克思主义的人权观;原苏联的人权宪法;中国人民争取人权的历程;新中国的人权事业;三代人权约法——联合国的人权宣言与人权公约;中美分歧与中美两国人权状况之对比;进一步发展我国的人权事业等。从理论和事实上,揭露和批驳美国等西方国家在人权问题上的虚伪性,以及对我国的污蔑与攻击。收入"中国人权丛书"。(王峰)

D000003 **人权基本文献要览** 董云虎编著。辽宁人民出版社 1994 年版。31 万字。16.00 元。共分三部分。第一部分是有关国家的人权文献,收入美、英、法三国的 6 个人权宣言和法案。第二部分是区域性国际人权文献,收入欧、美、亚、非四大洲各政府间国际组织或会议通过的人权宣言、公约、宪章和议定书,这些是各大洲系统从总体上阐述人权的文献。其中《圣约瑟宣言》、《突尼斯宣言》和《曼谷宣言》,系 1993 年世界人权大会美、非、亚三大洲区域筹备会议通过的人权宣言。第三部分是世界性国际人权文献,主要收入联合国系统通过的 15 个有关人权的宣言、公约、议定书和决议。其中除《世界人权宣言》、《国际人权公约》等最基本的人权文献之外,还收入联合国宪章有关人权的条款,以及对确立新的国际人权概念及探索国际社会促进人权的途径和方法具有决定性意义的若干文献,其中包括《德黑兰宣言》、《关于人权新概念决议案》及《维也纳宣言和行动纲领》等。所收文献都有述评,并阐明其特点。对一些特别重要、经常为人们所引用的文献,如美国的《独立宣言》和《人权法案》、法国的《人权和公民权宣言》等,在中文原文之后附上英文原文。收入"中国人权丛书"。(王峰)

D000004 **人事辅助决策信息系统的理论与方法** 莴俊良等著。内蒙古人民出版社 1994 年版。18 万字。8.50 元。从人类决策活动的一般规律出发,探讨人事决策的基本规律,指出人事决策科学化的途径在于实现"谋""断"分离和引入科学的方法以及现代技术手段。全书共 2 篇 8 章。上篇为理论篇,以绪论、人事决策、人事辅助决策信息系统概述、人事信息等基础理论为主要内容;下篇为方法篇,以人事辅助决策信息系统的计算机技术、人事辅助决策的数学方法、心理学方法及社会学方法等为主要内容。吸收了全国的有关研究成果及自治区各级组织人事部门在建立人才管理信息库、干部德才素质综合测评

和电子计算机在干部管理和考评中的应用成果。(萨日娜)

D000005 **民族问题概论** 金炳镐著。黑龙江朝鲜民族出版社 1994 年 2 月版。22 万字。7.50 元。内容包括民族问题概念、民族问题与社会发展、社会主义初级阶段的民族问题、聚居地区的民族问题、杂散地区的民族问题、农业地区的民族问题、民族问题与社会主义民主、法制、民族关系及其发展规律、马克思主义民族问题纲领原则、中国解决民族问题的理论和政策等。(尹武荣)

D000006 **科学社会主义** 胡茂才主编。华中师大出版社 1994 年 2 月版。27.1 万字。6.50 元。为国家教委师范司组编的全国师专通用教材之一,由绪论和 11 章组成。第一章,社会主义代替资本主义的历史必然性;第二章,社会主义代替资本主义的必由之路;第三章,社会主义社会;第四章,社会主义社会的国家;第五章,社会主义经济建设;第六章,社会主义精神文明建设;第七章,社会主义民主建设;第八章,社会主义时期的民族问题和宗教问题;第九章,社会主义社会的基本力量和统一战线;第十章,社会主义国家的对外关系;第十一章,社会主义国家工人阶级执政党的领导和建设。全书以中共十四大文件和江泽民同志《在庆祝中华人民共和国成立四十周年大会上的讲话》精神为指导,把科学社会主义的基本原理同现实的共产主义运动、同当代特别是我国社会主义建设的实践结合起来,旗帜鲜明地坚持四项基本原则,突出建设有中国特色的社会主义理论,具有极强的理论性和现实性。(李良明)

D000007 **西方人权学说(上)** 黄楠森、沈宗灵主编。四川人民出版社 1994 年 2 月版。43 万字。14.40 元。选编从 17 世纪至第二次世界大战结束这一时期西方最有影响的 33 位思想家,包括格劳秀斯、霍布斯、斯宾诺莎、洛克、孟德斯鸠、伏尔泰、卢梭、爱尔维修、狄德罗、霍尔巴赫、休谟、亚当·斯密、康德、边沁、葛德文、黑格尔、费尔巴哈、施蒂纳、托克维尔、林肯、马志尼、密尔、格林、教皇利奥十三世、索列尔、恩斯特、巴克、W.S. 麦基奇尼、杜威、罗素、胡克、波普、J. 伯恩哈姆、J. 马利坦等有关人权问题的论述。时间跨度长达三个多世纪,内容涉及人权问题的所有方面,较为完整地反映了西方人权学说发展的历史及西方社会关于人权的基础观点。(汪淼)

D000008 **马克思主义人权理论** 李洙泗主编。四川人民出版社 1994 年 2 月版。37 万字。12.00 元。选辑马克思、恩格斯、列宁、斯大林及毛泽东有关人权问题的论述,系统地反映马克思主义人权理论的全貌。共分 12 个方面:人与人权、人权的社会性和历史性、人权的具体性和相对性、人权的阶级性、资产阶级人权的历史进步性及根本局限性、社会主义人权的现实基础及社会主义人权的发展前景。附录有"主要论点编年索引",以便读者联系历史背景完整准确地理解和把握马克思主义的人权理论。(汪淼)

D000009 **西方人权学说(下)** 沈宗灵、黄楠森主编。四川人民出版社 1994 年 4 月版。46 万字。15.90 元。选编从第二次世界大战结束至 90 年代英、美、加、澳、法、奥、意、比、瑞士、日本等国的人权专家和著名学者如罗森鲍姆、福塞希、格维尔茨、麦克法兰、韦尔曼、温斯顿、米尔恩、胜雅律、里奇、特里格思、霍勒曼、亨金、罗尔斯、劳特派特、达姆罗施、拉姆查伦、白朗利等有关人权的经典论述,展现当代西方人权的丰富内容和各种流派的全貌。(汪淼)

D000010 **马克思主义党学基础** 赵云献著。人民出版社 1994 年 5 月版。41.8 万字。14.80 元。在学习和研究马克思、恩格斯、列宁、毛泽东、邓小平等建党思想基础上,运用唯物辩证法,本着理论和实际相结合、历史和理论相结合,以及为现实服务的精神,写成此书。该书兼顾马克思主义党学原理的历史轨迹和体系方面的系统性,着重于列宁特别是毛泽东党的建设思想和邓小平新时期党的建设思想,详细阐述马克思主义政党及其理论产生、形成的历史过程,包括马克思主义政党及其理论产生的必然性,科学社会主义是马克思主义政党学说的理论基础,共产主义同盟的创立是马克思主义政党的组织前提,《共产党宣言》的发表是马克思主义政党学说产生的主要标志等。详细介绍马克思、恩格斯、列宁、毛泽东、邓小平为建立、巩固、发展和改善无产阶级政党而进行的伟大实践。该书集中共党史、马克思主义政党学说史及党建理论于一体,所论及的马克思主义经典作家关于党建的基本理论观点,均有历史的清晰线索和内在严密的逻辑联系。(王能雄)

D000011 **科学社会主义(修订版)** 徐鸿武主编。高等教育出版社 1994 年 6 月版。27.4 万字。11.05元。高校政教专业教科书。简明阐述狭义上的科学社会主义,即马克思主义的三个组成部分之一。注意结合邓小平建设有中国特色社会主义理论,系统介绍科学社会主义基本原理。设专章"建设有中国特色社会主义",论述这一理论的形成过程、基本内容和伟大意义。以较多篇幅论述建立社会主义市场经济体制的必要性和主要途径。建设有中国特色社会主义理论的许多重要观点,分别体现在相关各章中,论证了建设有中国特色社会主义理论是马克思主义与中国实际相结合的第二次历史性飞跃,是对科学社会主义的重大发展。(王方宪)

D000012 **论国家** [德]弗·奥本海著。商务印书馆 1994 年 6 月版。10.5 万字。4.50 元。作者是德国犹太系社会学家、经济学家。他主张将普通社会学、社会经济史、应用社会学和社会哲学结合起来,形成综合社会学体系。著有《社会学体系》一书。本书是《社会学体系》的第二部的内容之一。论述了从古希腊到现代关于国家的各种理论、思想、使古希腊罗马时期的城市国家遭到灭顶之灾的可怕的社会弊病;论述了继发展的封建国家之后的国家形式、采邑国家、等级制国家、专制国家及现代立宪国家等。他预言国家会消亡,替代的是"自由民联合体"。本书是以社会学家的观点来观察国家,亦即"更多的是了解国家社会的内容和生活"。颇具特色,也具有某些现实意义。(陈静)

D000013 **现代政治概论** 王楷模著。陕西人民教育出版社 1994 年 8 月版。27 万字。8.80 元。政治理论著作。包括绪论和 10 章。绪论讨论了政治理论的体系建构、历史运演和基本功能,认为构筑政治理论的概论体系,应遵循范围适度、点面结合和由具体到抽象的基本原则。本书先述政治系统,浓缩政治概论的研究对象,以作为全书体系的逻辑起点;次述政治实体,分析构成政治社会的客体和政治活动的主体;再论政治权力,研究政治社会的核心问题;而后依次论述政治关系、政治制度、政治意识、政治行为,展示政治社会多层面的具体内容;最后以政治民主结章,揭示了现代政治社会发展的必然趋势。这种体系,具有演绎性质,体现了历史与逻辑的统一。作者提出一些新观点:认为政治系统既包括国家政治诸要素,也蕴涵非国家政治各要素;政治实体是政治主体与客体的统一,不只是拥有政治统治权力的组织与机构,还包括被统治的各实体;政治权力不等于国家政治权力,还包括非国家政治权力;政治民主源于社会民主,并最终复归于社会民主。(李崇君)

D000014 **当代西方国家理论评析** 吴惕安等主编。陕西人民出版社 1994 年 12 月版。30.2 万字。18.00 元。内容包括:第一章当代西方国家理论的流派;第二章国家的概念;第三章国家的类型;第四章国家的结构;第五章国家的职能;第六章国家的权力;第七章国家的利益;第八章国家的关系。对当代西方政治学在一些重大国家问题上的观点进行分门别类的系统研究,这对于促进我国政治学的发展和国家政治体制的改革和完善有借鉴作用。(张海潮)

共产主义运动、中国共产党

D000015 **国际共产主义运动史(修订版)** 周作翰、梁亚栋主编。高等教育出版社 1994 年 5 月版。35.1 万字。7.25 元。高校共运史教科书。以共产主义运动为主线,以共产主义政党领导的无产阶级和人民群众为实现社会主义和共产主义而斗争的活动为主要内容,系统阐述 140 多年的共运史进程。在总结历史经验上,突出无产阶级革命导师所写的重要著作,注重科学社会主义理论的基本知识。为适应现实需要,重点放在国际共运的现代部分,篇幅约占 2/3,对当代社会主义国家的改革,辟专章介绍;对不同类型的民主社会主义思潮,作了客观介绍和简要评述。(王方宪)

D000016 **中共党史专题讲义** 牛长林等编著。军事谊文出版社 1994 年版。25 万字。7.50 元。党史教科书。特点如下:突破按历史时期划分章节叙述的结构,采用按专题系统阐述的体例。《绪论》先对党的历史过程作概略叙述,然后把党的历史经验概括为党的创立和建设、新民主主义革命的道路、社会主义革命的道路、社会主义建设道路、毛泽东思想等 12 个大的专题,进行深入探讨。"史""论"结合,注重理论分析。每个专题都着重阐述中国共产党怎样把马克思主义同中国的实际情况相结合,创造出具有中国特色的理论。注重对现实的指导作用。在"建设有中国特色社会主义道路的探索"专题中,阐述与分析了对这条道路的理论和实践,以提高执行党的路线、方针、政策的自觉性。(赵爱华)

D000017 **刘少奇手迹选** 中央档案馆编。北京出版社 1994 年 1 月版。127 件。105.00 元。为缅怀伟大的马克思主义者和无产阶级革命家,中国共产党和中华人民共和国的卓越领导人刘少奇同志的丰功伟绩而编印。全面、系统地展现了刘少奇同志在长期革命实践活动中的重要史迹,收入 1939~1965 年刘少奇同志亲笔撰写的有关文件、电报、文章、书信和题词等珍贵文献。共汇编 127 件墨迹珍品,具有重要研究及收藏价值。(刘金奎)

D000018 **党员管理与发展** 中共湖南省委组织部党员管理处编。海南出版社 1994 年 1 月版。26.8万字。6.12 元。由 3 部分组成:党的组织领导人论党员管理和发展;党员管理与发展的文件摘编;党员管理与发展经验汇编。书中汇集了马克思、恩格斯、列宁、斯大林、毛泽东、刘少奇、朱德、周恩来、邓小平、江泽民、陈云等党的领导人关于党员管理与发展的重要论述,以及中共中央、中央组织部和湖南省委、省委组织部有关这方面的文件,同时选辑了75例比较成功的经验。(邹蕴玮)

D000019 **邓颖超文集** 中共中央文献研究室编。人民出版社1994年1月版。29万字。18.00元(精);14.50元(平)。邓颖超(1904~1992)是伟大的无产阶级革命家、政治家,著名的社会活动家,坚定的马克思主义者,中国妇女运动的先驱。她从早年投身五四反帝反封建爱国运动起,在70多年的革命生涯中,为中国革命和社会主义建设事业建立了不朽的功勋。在长期的革命实践中,她写过许多文章、书信,作过很多讲演、报告和重要谈话。文集收89篇著作,从不同的侧面反映中国革命和社会主义建设的历史进程,记录了邓颖超的崇高思想和革命活动,体现了她的高尚品德和精神风貌,是党和人民的宝贵的精神财富。编者对每篇文章作了题解和少量注释。还收录邓颖超不同时期的珍贵照片16帧,手迹4幅。(王能雄)

D000020 **在中国共产党第十四届中央委员会第三次全体会议上的讲话(1993年11月14日)** 江泽民著。人民出版社1994年1月版。0.8万字。0.80元(大);0.60元(小)。中国共产党第十四届中央委员会第三次全体会议1993年11月11日至14日在北京举行。全会通过《中共中央关于建立社会主义市场经济体制若干问题的决定》。中共中央总书记江泽民就当前形势、贯彻执行《决定》以及加强党的建设和党的领导问题发表重要讲话。关于当前形势。江泽民指出,现在我国经济发展,政治稳定,民族团结,社会进步,总的形势确实是好的。国际形势的发展变化总的来说也对我们有利。我们一定要抓紧有利时机,加快改革开放和现代化建设步伐,进一步增强我国的综合国力。关于贯彻《决定》的几个问题。江泽民强调,要正确处理改革和发展的关系;正确处理加强宏观调控和发挥市场作用的关系;要坚持两手抓、两手都要硬的方针;要充分调动一切积极因素,发挥各个方面的积极性。关于加强党的建设和党的领导。江泽民说:"建立社会主义市场经济体制,加快现代化建设步伐,是新时期的伟大历史任务。我们党要领导这样的前无古人的开创性事业取得胜利,必须切实加强自身的思想建设、组织建设和作风建设。"加强党的思想建设,用邓小平建设有中国特色社会主义理论武装全党;加强党的组织建设,必须坚决执行党的民主集中制原则,加强党的基层组织建设,加强各级领导班子建设;加强调查研究,改进工作作风和思想方法。(王能雄)

D000021 **民主集中制理论与实践** 中共中央组织部组织局编。党建读物出版社1994年2月版。25万字。7.00元。共分4部分:马克思、列宁、毛泽东、邓小平等无产阶级革命导师和领袖有关民主集中制的论述;党章、准则和党内重要文件有关民主集中制的规定;部分省部级领导干部和理论工作者谈民主集中制;党的地方和基层组织及领导干部贯彻民主集中制的体会。注重理论与实践相结合,有较强的针对性和可操作性,是各级领导干部和党务工作者学习、掌握民主集中制原则的参考读物。(建萱)

D000022 **在全国宣传思想工作会议上的讲话(1994年1月24日)** 江泽民著。人民出版社1994年3月版。1万字。0.80元。这次全国宣传思想工作会议,是在我国建立社会主义市场经济体制和现代化建设的关键时期,继全国经济工作会议之后,党中央召开的又一次具有全局意义的重要会议。江泽民总书记在会上发表重要讲话。他强调指出,我们的宣传思想工作,要以科学的理论武装人,以正确的舆论引导人,以高尚的精神塑造人,以优秀的作品鼓舞人,不断培养和造就一代又一代有理想、有道德、有文化、有纪律的社会主义新人,在建设有中国特色社会主义的伟大事业中发挥有力的思想保证与舆论支持作用。宣传思想工作关系到建设有中国特色社会主义事业的全局,对这项工作,各级党委务必十分重视,务必加强领导,切实负起责任。讲话分三部分:一、新时期加强宣传思想工作的重要性;二、宣传思想工作的根本指针和主要任务;三、加强和改善党对宣传思想工作的领导。江泽民说,当前和今后一个时期,要着重抓好四个方面的工作:第一,坚持用邓小平建设有中国特色社会主义的理论武装全党,是宣传思想战线最重要的任务;第二,坚持贯彻党的基本路线,做好正确引导舆论的工作;第三,加强思想工作,培养"四有"新人,促进社会主义精神文明建设;第四,坚持为人民服务、为社会主义服务的方向和"百花齐放、百家争鸣"的方针,弘扬主旋律,繁荣社会主义文化。在做好宣传文化工作、促进社会主义精神文明建设中,一是坚持把社会效益放在首位,在这个基本前提下实现经济效益和社会效益的统一。二是要用科学的态度对待我们民族的传统文化和外来文化。三是坚持精神文明重在建设，重在加强管理。在谈到加强和改善党对宣传思想工作的领导时，江泽民说，要把坚持两手抓、两手都要硬这个问题郑重地提到全党面前，提到各级党委的重要议事日程上来。江泽民说，建设一支政治强、业务精、作风正的宣传思想工作队伍，是做好宣传思想工作的组织保证。（王能雄）

D000023 **党团务工作规程** 孙鹏昶、王忠明主编。河北人民出版社 1994 年 4 月版。34.7 万字。9.80 元。以中国共产党的十四大精神为指导，以党的有关组织工作的政策、规定为依据，在总结长期从事党的组织工作经验的基础上编写。全书有 6 章，即：党的代表大会和党代表会议工作规程，党委会工作规程，党的纪律检查工作规程，基层党支部工作规程，团务工作规程，其它业务工作规程。各章均采用文字表述、统筹图表、工作范例三种形式，比较系统地阐述党、团务工作的有关规定、工作程序和实施步骤，具有较强的科学性、规范性和可操作性。（沙惠荣）

D000024 **中国共产党东北地方组织的活动概述** 本书编写组编。黑龙江人民出版社 1994 年 5 月版。38 万字。9.80 元。在东北三省党史工作部门多年征集的大量史料基础上综合编纂而成。对东北地区党组织从 20 年代初创时期到 1945 年“八一五”日本投降前的活动历史，从整体上作一个概略叙述。记述了东北地方党组织这一时期在国内封建压迫和日本帝国主义殖民统治下，领导人民艰苦奋斗、前赴后继争取解放的历史，分析了当时党在指导思想上和实际工作中的正确与失误、成功与挫折。（安晓峰）

D000025 **党的建设大典** 杨贵方主编。上海远东出版社 1994 年 5 月版。125 万字。78.00 元。全面、系统地反映中国共产党建设的理论和实践的大型资料工具书。分上、中、下 3 卷。上卷：党建理论。阐述党的领导，党的政治建设、思想建设、组织建设、作风建设等。中卷：党务工作。叙述党的组织工作、宣传工作、党员教育工作、思想政治工作、纪律检查工作、统战工作、群众工作等。下卷：党的建设史。叙述党在各个历史时期的成长过程、大事记、历次代表大会情况及公报、党内领导干部主要讲话、党中央的决议、党在不同历史时期所开展的各类运动等。有关资料、数据一般截止到党的十四届三中全会。（戴群利）

D000026 **走向 21 世纪的中国共产党人** 陈家超等著。北京出版社 1994 年 6 月版。32 万字。9.80元。分上、中、下三篇。上篇：过去——共产党员的足迹。回顾从 20 年代中国共产党创立时的 50 多人发展到今天的 5 千多万党员的战斗历程。论述了一代代共产党人为实现共产主义的伟大理想，前仆后继，流血牺牲，终于主宰了中华大地的沉浮，使她告别了贫穷落后，像巨人一样站立在世界的东方。中篇：现实——共产党人的境地。阐述在这个世纪的最后若干年，作为立足现实的共产党人，在新的历史进程中的伟大使命。下篇：未来——共产党人的前进。展望未来的 21 世纪，将是一个文化教育普及提高、科学技术高度发展、民主法制进一步完善提高的新世纪，对共产党人的要求，必须得有一个更高的标准，才能肩负起历史重任。结合时代特色与要求，从政治、经济、改革开放、价值观念以及环境的变异等各个角度研究共产党人应当以什么样的形象去体现一个工人阶级先锋队的成员，去完成时代所赋予的使命。（何画舫）

D000027 **来自亿元村党支部的报告** 中共中央组织部组织局编著。党建读物出版社 1994 年 6 月版。18.3 万字。5.90 元。汇集全国数百个亿元村党支部中的 51 个典型经验，讴歌了党的十一届三中全会以来我国农村发生的历史性变化和取得的举世瞩目的成就。它从不同角度、不同侧面反映了这些亿元村党支部坚持党的基本路线，紧紧围绕经济建设这个中心，带领群众深化农村改革，发展农村社会主义市场经济，加强自身建设和精神文明建设的先进事迹和精神风貌。（建萱）

D000028 **入党教材（新编本）** 中共中央组织部组织局编。党建读物出版社 1994 年 6 月版。12.6 万字。5.00 元。以建设有中国特色的社会主义理论和党的基本路线为指导，依据党的十四大和新党章，深入浅出地阐述了中国共产党的性质、党的指导思想、党的最终目标和现阶段任务、新时期共产党员的标准和条件以及如何用实际行动争取做一名光荣的共产党员。结合马克思主义党的建设理论，联系申请入党同志的思想实际，着重回答了中国共产党是什么样的党，共产党员应该是什么样的人，如何端正入党动机争取入党三个方面的基本问题。可作为党组织对发展对象进行入党前集中培训的实用教材和申请入党同志学习党的基本知识的通俗读本。（建萱）

D000029 **AB 团与富田事变始末** 戴向青等著。河南人民出版社 1994 年 6 月版。24 万字。9.50 元。肃 AB 团和富田事变是中共党史上的重大冤案之一。由于历史的原因，这一历史问题曾是党史研究的禁区。作者依据实事求是的原则，经过十余年的研究和实地调查，弄清了这场曲折复杂斗争的整个过程。一、介绍AB团的产生及其灭亡。AB团是国民党右派组织，并进行了一系列罪恶活动，1927年4月在南昌人民"四二"暴动中迅速灭亡；二、叙述冤案的形成。1930年5月，赣西南苏区凭曲打成招的口供，肃出了一大批"AB团成员"，随之在红二十军大肆捕杀所谓"成员"，促成富田事变；三、分析了其严重后果。富田事变被定为敌我矛盾，数以万计的干部群众被错误地打成"AB团分子"，有的惨遭杀害。分析了错案产生的原因，总结了教训。（蔡瑛）

D000030　**马克思主义中国化的历史进程**　杨奎松著。河南人民出版社1994年6月版。35万字。12.50元。以大量珍贵的文献档案资料，历史地再现以毛泽东为首的中国共产党人当年如何根据中国社会实际和中国革命的需要来理解、消化、吸收和解释马克思主义，成功地把马克思主义中国化，从而引导中国革命走向成功的历史进程。收入"马克思主义研究丛书"。（胡茵）

D000031　**党课教材(农村版)**　中共中央组织部组织局、湖北省委组织部编。党建读物出版社1994年7月版。14万字。6.20元。吸收全国各地农村党课教材的研究成果，以建设有中国特色社会主义理论为指导，密切结合农村实际，具有系统的理论性和现实针对性。为方便农村党员学习农业科技知识，附录还收入《农村科技常识五讲》、《农业实用技术书籍推荐目录》等。可作为集中培训农村党员的教材或参考书。（建萱）

D000032　**新时期军队党员党性修养讲话**　中国人民解放军总政治部组织部编。国防大学出版社1994年7月版。15万字。5.80元。以党的十四大文件和江泽民同志的有关论述为依据，联系当时的形势和军队共产党员的思想实际，全面、系统地阐述共产党员在新形势下为什么要加强党性锻炼和修养，如何进行党性锻炼和修养，怎样充分发挥先锋模范作用、做合格共产党员的基本道理、基本方法和有关要求。（卜延军）

D000033　**聚精会神抓好党的建设**　劳农、维平等著。解放军出版社1994年7月版。15万字。8.20元。阐述邓小平新时期党的建设理论的专著，是"邓小平改革思想研究丛书"之一。在导言中论证了邓小平新时期党的建设理论的基本特征，即继承性、创造性、时代性及三者的统一。集中研究和阐述党的思想建设的精髓即解放思想、实事求是的思想路线，党的政治建设的指针即基本路线要管一百年，并从党的建设的新环境，干部队伍建设的新视野，领导班子建设的新创见，党员队伍建设的新角度，党风建设的新课题，加强党的领导的新路子等方面，研究和论述了邓小平新时期党的建设理论的新观点和新思路。指出邓小平紧紧把握时代特点，根据新的实际情况，创造性地继承和发展了马克思的建党理论，对建设有中国特色的社会主义具有决定性的作用。（孙璞方）

D000034　**新时期高等学校党的建设概论**　崔惟琳主编。山东教育出版社1994年7月版。25万字。6.95元。以邓小平建设有中国特色社会主义的理论和党的14大精神为指导，结合高等学校的实际，简要阐述马克思主义党建学说的基本原理及其在中国的运用和发展，着重论述高等学校党的建设的历史经验、工作任务和工作方法。对高等学校加强党的建设，向广大师生员工进行党的基本路线和基本知识教育，改进和加强思想政治工作，均有重要指导作用和参考价值。（马惠敏）

D000035　**中国共产党陕西省组织史资料**　中共陕西省委组织部等编。陕西人民出版社1994年7月版。177万字。68.00元。收录从1925年10月陕西第一个党组织建立到1987年10月党的十三大召开期间，陕西现辖区范围内党、政、军事、统战、群众团体五大系统组织沿革变化及领导人任职名录。其特点是：一、资料全面、系统、可靠。本书征编8年中查阅档案169.3万卷，发函调信3.02万封，召开座谈会1.8万次，调查走访19.66万人次，征集资料70.6万份；二、编排科学，体例严谨。采用分期划块、纵横结合的编纂体例。建国前党、政、军、统、群五大系统资料合编，按党的历史发展分期；建国后党、政、军、统、群五大系统分编，各系统的资料再按党的历史发展分期。同时采用文字叙述、名录、图表相结合的编纂形式，简洁明了。（王敏）

D000036　**中国共产党执政以来廉政建设史**　王克荣、郑志飚主编。西北大学出版社1994年7月版。30.4万字。分12章，从奠定执政党反腐倡廉思想的党的七届二中全会写起，直到十四大以来至1994年为止，共写了建国45年来共产党在这两个方面的开创与建设、发展与成熟、艰难与曲折、经验与教训等，并提出一些很有价值的观点，总结出一些带有规律性的东西。作者论党风廉政建设，以建设社会主义事业为背景加以论述，指出，建国45年来取得的伟大成就，与共产党历来重视自身作风建设，特别是执政后始终把党风廉政建设作为关乎党的生死存亡问题的大事来抓是密不可分的。总结了党风廉政建设方面的成功经验与失误教训，对推动和促进反腐倡廉的斗争有重要指导意义。（张养年）

D000037 **中共广东党史概论** 黄振位著。广东高等教育出版社 1994 年 8 月版。24 万字。8.00 元。共 5 章，将广东党史分为广东党的创建时期、广东大革命时期、广东土地革命战争时期、广东抗日战争时期和广东解放战争时期 5 个阶段来叙述，从 1920 年广东共产党诞生写到 1949 年广东解放。全书围绕三条主线，全面地阐述了中共广东组织诞生和发展的艰难历程；广东党组织把马克思列宁主义和中共中央的路线方针运用于广东革命实际的探索过程；广东党组织领导广东人民进行长期革命斗争并取得胜利的光辉历程，清晰地展现了广东党史的基本面貌。着重阐述了广东党组织的创立；广东区委建立和发展的特点；大革命时期广东党组织有声有色的统战工作；广东党组织“以乡村包围城市”观点的最早提出；全国第一个苏维埃——海陆丰苏维埃政权的创建；抗日战争时期全国三大敌后战场之一的华南敌后战场的开辟。作者较好地处理了地方党史与中共党史以及中国革命史的关系，不忽视共性，又突出个性，在全党全国历史发展的背景下写出了广东的特色。（詹家豪）

D000038 **民主革命时期马克思主义在上海的传播** 周子东等编著。上海社会科学院出版社 1994 年 8 月版。22 万字。9.00 元。学术专著。上海作为近代中国第一大城市和中国共产党的诞生地，在马克思主义传播史上有其特殊重要地位。作者在书中理出一条清晰的历史线索：上海在上世纪末、本世纪初开始成为马克思主义传入中国的窗口；在十月革命和五四运动后，随着马克思主义与工人运动相结合而诞生中国共产党，上海迅速成为中国传播马克思主义的中心；大革命失败后，上海面临严重的白色恐怖与文化围剿，马克思主义的传播不仅没有中断，而且通过论战，深入到文学、哲学和社会科学的各个领域之中，为马克思主义与中国革命实践相结合提供了重要的理论准备；抗战开始后，传播马克思主义的中心转移到了延安，但不论沦陷时期还是解放战争时期，上海对马克思主义、毛泽东思想的传播仍然作出重要贡献。作者勾画出上海在马克思主义的传播与深入发展中的重要地位，通过对上海这个典型的研究而反映了马克思主义在中国民主革命时期所经历的合乎逻辑的发展进程。（陈国梁）

D000039 **党的基本知识新编** 潘春堂、俞锡扬等编著。河北大学出版社 1994 年 10 月版。23 万字。7.00 元。高等院校党校教材。内容主要包括：党的基本理论、基本路线、基本知识，建设有中国特色社会主义理论，加强党性修养，怎样争取入党以及入党文体知识等。以马克思主义建党理论为指导，以党的十四大精神为主线，以十四大通过的党章为依据，密切联系当代大学生的思想实际，较全面、系统地阐述党的基本知识及相关的党建理论，具有较强的思想性、针对性和适用性。（刁毅）

D000040 **发扬艰苦创业的新时代精神** 中共湖南省委宣传部编。湖南出版社 1994 年 10 月版。11 万字。9.20 元。阐释现代化建设所需要的创业精神的丰富内涵，以及发扬创业精神的重要意义。认为：“解放思想、实事求是”是创业精神的核心和精髓；“积极探索、勇于创业”是创业者必备的进取意识；“艰苦奋斗、知难而进”是艰苦创业精神主题中应有之义，是最具本来意义的艰苦创业精神；“学习外国、自强不息”是自信、自立、自强的独立自主精神；“谦虚谨慎、不骄不躁”是创业者必备的风格；“同心同德、顾全大局”是安定团结的要求；“勤俭节约、清正廉洁”是高尚情操和品德的体现，是创业精神的内在重要内容；“励精图治、无私奉献”是创业者的精神气质和共产主义情怀。它们是一个不可分割的整体，继承了毛泽东一贯倡导和坚持的艰苦奋斗思想。还对开展艰苦创业精神教育的有效途径和方法进行了探索。（黄楚芳）

D000041 **党务工作知识手册** 张镜源主编。中国人事出版社 1994 年 10 月版。150 万字。48.00 元。分上、下两编。上编为“总论”，内容包括党的基本知识和党务工作基本知识；下编为“党务工作者基本素养”，内容包括理论素养、文化素养和现代组织管理素养。最后附录了部分历史文献。（马艾林）

D000042 **高扬的旗帜** 中共湖南省委组织部编。海南出版社 1994 年 11 月版。26.5 万字。8.50 元。收录在建党 73 周年之际，中共湖南省委表彰的 20 个红旗党组织和 20 名模范共产党员的先进事迹。这些先进典型反映了当代共产党人的高尚品德和时代风貌，是社会主义建设各条战线上广大群众、党员心中高扬的一面旗帜。（唐亦安）

D000043 **建设有中国特色社会主义理论和党章学习读本** 中共中央组织部组织局编。党建读物出版社 1994 年 12 月版。9.1 万字。4.10 元。选编邓小平关于建设有中国特色社会主义理论论述的文章、十四大通过的《中国共产党章程》和十四届四中全会通过的《中共中央关于加强党的建设几个重大问题的决定》,是广大党员学习建设有中国特色社会主义理论和党章的通俗读本。(建萱)

D000044 **太岳革命根据地的党的建设** 中共山西省委党史研究室编。山西人民出版社 1994 年 12 月版。39.5 万字。19.00 元(平);25.00 元(精)。由概述、文献选编、大事年表 3 部分组成。概述主要是以太岳革命根据地党的建设的历史事实为基础,用史料说明党的建设的历史经验,作为在新时期加强党的建设的借鉴。文献选编主要是收录太岳革命根据地党的建设中的重要文献。大事年表主要收录党的建设中的大事要事,以年代先后顺序记述。太岳革命根据地的党的建设,是整个党的建设的一部分。在党的思想建设、组织建设和作风建设方面,太岳革命根据地的党组织,结合本区的具体实际,认真贯彻执行中共中央关于党的建设的一系列指示,进行不懈的努力,取得丰富的经验。这些经验与全党的思想建设、组织建设、作风建设在指导思想、原则、方针、内容、形式、方法等方面都是相通的。(蒙莉莉)

D000045 **建立社会主义市场经济体制中的党风廉政建设** 安启元主编。陕西人民出版社 1994 年 12 月版。23 万字。13.00 元(平);15.50 元(精)。紧密联系建立社会主义市场经济体制中的党风廉政建设的实际,分析和研究了改革开放新形势下党的建设所面临的复杂情况以及党的自身建设中出现的新问题。论述建立市场经济体制给党的建设所提供的有利条件,也分析了市场经济活动的消极因素给党风廉政建设所带来的负面影响,总结近年来全党抓党风廉政建设的实践经验,从宏观的角度,对新形势下反腐败的思路和抓党风廉政建设的原则、策略、方针以及建立完善的监督体系等问题,作理论上的概括。全书共 15 章,其内容是:新时期党风廉政建设面临的形势;新时期党风廉政建设的指导思想与方针;新形势下反腐败的思路、原则和对策;搞好党风廉政建设需要处理好的几个关系;党风廉政建设的重点是党政领导机关和领导干部;集中力量查办违纪违法案件;纠正部门和行业不正之风;加强党风廉政教育;监督检查工作;信访举报工作;强化党内外的监督约束机制;重视党风廉政的法规制度建设;党委领导下的各部门各行业齐抓共管;党风廉政建设的调查研究工作;充分发挥纪检监察机关的职能作用,等。(陈四长)

工人、农民、青年、妇女运动与组织

D000046 **青年革命传统教育系列丛书** 胡继兰等著。中国青年出版社 1991 年至 1994 年版。丛书分"革命领袖卷"、"革命将帅卷"、"革命烈士卷"、"革命战争卷",共 49 册。"革命领袖卷"有:《毛泽东》、《刘少奇》、《周恩来》、《朱德》、《任弼时》、《邓小平》、《李大钊》7 册。"革命将帅卷"有:《叶剑英》、《刘伯承》、《陈毅》、《罗荣桓》、《彭德怀》、《贺龙》、《徐向前》、《聂荣臻》、《左权》、《叶挺》、《许光达》、《陈赓》、《罗炳辉》、《罗瑞卿》、《徐海东》、《粟裕》16 册。"革命烈士卷"有:《廖仲凯》、《向警予》、《彭湃》、《韦拔群》、《邓中夏》、《瞿秋白》、《方志敏》、《刘志丹》、《赵世炎与夏之栩》、《董振堂》、《张自忠》、《马本斋》、《吉鸿昌》、《邹韬奋》、《杨靖宇》、《张露萍》、《王若飞》、《彭雪枫》、《红岩九烈士》、《青年英雄》20 册。"革命战争卷"有:《长征》、《辽沈战役》、《平津战役》、《淮海战役》、《西安事变》、《重庆谈判》6 册。作者怀着炽热的激情,怀着对中国共产党人长期奋斗精神的敬仰,以真实丰富的史料,生动感人的笔触,再现了革命先辈们历尽沧桑的革命生涯,彪炳千秋的卓著功勋及其动人的风采。(李萍)

D000047 **失败论** 副名:关于成功之母的幽思。王静芳等著。辽宁人民出版社 1994 年版。20 万字。10.00 元。分上下两篇,历数各种失败的原因和心态以及失败后的反应。最后两章提出预防失败的方法,指出失败是成功之母,奋斗是成功之父,以求、问、学、干作为开启成功之门的"金钥匙"。作者认为,失败是一种特殊的文化现象,是一种很普遍的客观存在。在一切文化活动中,在人的一切活动领域,失败总是与成功相伴随,一次成功的愉悦总是以许多次失败的痛苦为代价,没有失败就不可能有成功;不能超越失败,就不能获得成功。作者通过对失败的系统分析,探寻失败的一般规律和通向成功的道路。在讨论失败的归因时,从主体自身的心理病、错误病、非主体因素的干扰等三方面剖析失败的原因;进而转向对失败的类型的探讨,收入"负面文化研究丛书"。(于海寰)

D000048 **中国青年发展报告** 单光等主编。辽宁人民出版社 1994 年版。59 万字。24.00 元。系中国社会科学院社会科学研究所青少年研究室所承担的"八·五"重点课题,"中国社会主义现代化进程中的青年问题"的研究成果之一。全面地反映了自改革开放以来中国青年在各重大社会生活领域的发展与自身发展方面的基本状况，主要趋势及存在的问题。较深入地阐述了青年发展的一系列的理论问题，指出了现阶段直接涉及青年发展的我国的有关政策的基本框架是思想教育，它片面夸大了思想发展的后果；提出了青年发展是青年主体的发展，是青年和社会的关系的调整过程，是受制于各种社会现实因素以及社会发展的整合程度等，衡量和评价这种发展的尺度是青年的各种社会素质的提高，是青年对社会发展的贡献，是青年在社会发展过程中获得多大的发展机会以及青年和社会是否找到各自的最佳发展途径而又不致于形成相互冲突等理论线索。本书从青年的生理、心理、教育、职业、对外交往、社会参与、国防活动、生活方式、婚姻家庭等多重侧面进行描述，揭示了在中国社会的历史性变革时期青年发展的进步含义。（王峰）

D000049 **雏鹰行动宣传挂图** 团中央全国少工委编。山东美术出版社1994年版。5幅。12.00元。共青团中央、全国少工委推出的“跨世纪中国少年雏鹰行动”作为“跨世纪青年人才工程”的一块基石，是适应新时期少年教育工作要求及进一步加强少先队工作的重要举措。本挂图将“雏鹰行动”基本内容以及“雏鹰奖章”实施细则的操作办法和达标要求，以挂图的形式进行全面的展示。（杨文德）

D000050 **火红的青春** 中共上海市委党史资料征集委员会编。上海外语教育出版社1994年版。47.8万字。15.00元。关于解放前党领导上海中学学生运动的史料专集。全书50余篇文章，多角度地真实记述当年一代中学生在党的启蒙教育和组织领导下，发扬爱国主义精神，积极参加实际斗争，刻苦学习革命理论，努力汲取进步文化知识，投身革命洪流的战斗历程。其中有钱其琛、张承宗等扣人心弦、启迪人们思考人生道路的篇章；也有吴学谦的《解放前的上海学生运动》和各类型中学学生运动的专题总结。对新一代青年学生进行革命传统、爱国主义、集体主义、社会主义教育的生动教材。（金蕴华）

D000051 **人生宝鉴** 高占祥著。中国青年出版社1994年版。32万字。20.80元。人生修养读物。其宗旨是弘扬民族传统美德，指导品德修养。在介绍传统道德时，重点放在做人准则与社会公德上，放在实践的典范言行上，揭示了传统道德既有时代性，又有继承性。注意把弘扬传统美德提高到总结人生智慧的高度，把对真善美的不懈追求与做一个正直的中国人的基本要求结合起来。坚持了对真善美的理想境界的追求，把崇高的目标与现实的要求结合起来，既有广泛的适用性、教育性，又有深刻的思想内涵。全书选目共120篇，两篇一组：从“修身正心”、“志当高远”到“躬行践履”，“修德养身”，饱含着辩证的思考，避免片面性和绝对化。（郑一奇）

D000052 **少先队活动方案** 倪少成主编。江西教育出版社1994年3月版。21万字。4.00元。根据各个年级孩子们的不同特点，结合我国的一些传统节日和纪念日，安排了许多有趣而又有意义的活动。旨在帮助少先队辅导员安排好队日活动。（姚红红）

D000053 **英雄徐洪刚** 共青团上海市委宣传部编。上海交通大学出版社1994年3月版。9万字。2.90元。汇集徐洪刚英雄事迹报告团的演讲稿，以及有关徐洪刚英雄事迹的报道和评论文章。（陈克俭）

D000054 **100位作家的回信** 《少年文艺》编辑部编。少年儿童出版社1994年3月版。25万字。14.30元。收辑《少年文艺》月刊“绿叶信箱”专栏作家与少男少女谈学习、谈理想、谈人生、谈友谊、谈母爱、谈克服困难、谈青春等的回信100篇；分“学习篇”、“友谊篇”、“家庭篇”和“社会篇”。所收写回信的作者均不重复；其中有儿童文学作家，也有成人文学作家。在“学习篇”中，有陈伯吹的《时间效率第一位》、黎汝清的《不怕学历短，自学能成才》、程乃珊的《你正拥有无价之宝——青春》等；在“友谊篇”中，有葛冰的《要有一颗平常心》、谷应的《玩不得的“游戏”》、秦文君的《走出孤独》、康文信的《真诚——获得友情的钥匙》等；在“家庭篇”中，有王小鹰的《你是你母亲生活的光点》、柯岩的《致多梦时节的少年》、孙云路的《未来的路在你脚下》等；在“社会篇”中，有陈祖芬的《世界是由不安分的人创造的》、王安忆的《从“丑小鸭”的故事谈起》、张抗抗的《争取自己的前途》等。在这些作家中，尚有几位港台地区和马来西亚的华人作家，如香港的关夕芝、台湾的桂文亚，以及马来西亚的爱薇。儿童文学作家任大霖写了题为《第101片绿叶》的序言。冰心为本书写了“书信是读者与作家之间的桥梁”的题词。扉页后印有100位作家的签名。（洪祖年）

D000055 **少先队手册** 少先队上海市工作委员会、上海市少年儿童研究中心编写。少年儿童出版社1994年3月版。23万字。6.70元。分10篇。第一篇“期望篇”，辑有毛泽东、周恩来、邓小平、胡耀邦在各个历史时期给少年儿童的题词；第二篇“队章知识篇”,介绍少先队的创立者和领导者、性质、标志、呼声、作风等内容,并附有第一、二届全国“十佳少先队员”的名单和事迹;第三篇“队史篇”,介绍队史及少年英雄谱;第三篇“组织机构篇”,介绍小队、中队、大队及少先队工作委员会、理事会等性质和职能;第五篇“队的干部篇”,介绍各级队干部的分工、权利、义务、职责,以及队干部的修养和培训;第六篇“集体建设篇”;第七篇“活动篇”;第八篇“阵地社团篇”;第九篇“队前组织篇——儿童团”;第十篇“辅导员篇”。书后附录:中国少年先锋队章程,美国、苏联、法国等的少年儿童组织,十一则游戏,22首“少先队员爱唱的歌曲”。(洪祖年)

D000056　**人生的偶像崇拜**　孙季著。江苏人民出版社1994年4月版。14万字。3.80元。青年思想修养读物。展示偶像的历史演变、人生各阶段的偶像特点、社会各阶层偶像的内涵、偶像的内心世界、各种各样的特异偶像群体以及未来偶像发展趋势,揭示了畏拜、敬拜、慕拜三种不同的偶像崇拜心理,叙述了健康的崇拜心理等内容。(佘江涛)

D000057　**操纵人生命运的十大因素**　副名:青年人生心态和生活技巧。韩庆祥著。河南人民出版社1994年5月版。27.1万字。9.80元。从分析当代青年对影响其人生命运的十大因素的心态入手,阐释如何正确处理和对待这些问题的策略,重点论述了影响人生命运的知识、理想、职业、能力、金钱、交际、友谊、爱情等因素,提供了具有针对性、操作性的一系列方法和技巧。(陈智英)

D000058　**中华传统美德读本**　陈雪良主编。上海教育出版社1994年5月版。5.8万字。1.45元。青年修养读物。以倡导中华传统美德为主旨,培养“四有”(有理想、有道德、有文化、有纪律)新人为目标,用故事形式阐明新时代青年应具有的思想品德修养、知识修养、审美修养和人际关系修养等。内容集中为孝悌、尊师、宽恕、礼仪、仁爱、守信、爱国、气节、勤学、节俭、修身、志向等12个方面,涵盖了为人立身处世的基本道理,着眼点在于引导青年学生求真、求善、求美,做社会主义新人。在娓娓叙述故事时,强调要把学习知识同陶冶情操、养成良好的行为习惯结合起来,把个人成材同国家前途、社会需要结合起来,在青年学生中形成爱党爱国,关心集体,尊敬师长,勤奋好学,团结互助,遵纪守法的好风气。(耿坚)

D000059　**东方伦理道德与青少年教育**　罗国杰、张岂之主编。上海教育出版社1994年5月版。38.7万字。14.00元。学术专著。研究中华民族优良道德传统,对当代青少年的道德教育进行探讨。对儒家伦理道德的源和流,它对周边国家的影响,以及对东西方伦理文化进行比较研究。对被视为“儒家第一义”的义利观,对儒家理想人格“完人”,对儒家修养论、理欲关系、个人与社会的关系,以及“诚”、“信”、“孝”、“俭”等,都有深刻的见解。在揭示儒家伦理道德的局限性,剔除糟粕,批判地继承其合理的内核的同时,还吸收西方伦理道德中的合理成份和各种新鲜养料,赋予传统道德以新的内容。作者指出,对青少年进行社会教化,可借鉴中国古代讲求的“大化”与“自化”两个方面。“大化而化成”,是社会客观要求,也是个体成德自化的根据;“自化而化行”,是个体对道德的“内化”,即“内德于己”而成德,是个体的内在自觉和自律的过程。对“养其习于童蒙”的德教发蒙,以及家庭伦理教育等,也有论述。(耿坚)

D000060　**命运不是辘轳**　嘎拉著。沈阳出版社1994年5月版。6.8万字。3.50元。“三十以后才明白丛书”第二辑之四。以发生在人们身边的生动故事进行深沉思索;用富于哲理的语言,讲述命运这个人人关心的热门话题。(赵敏)

D000061　**我的未来不是梦**　于清一等编著。沈阳出版社1994年5月版。7.4万字。2.50元。“三十以后才明白丛书”第二辑之五。讲述人至三十而发生的种种心态、观念、情感方面的变化,这是人生旅途中一次重大的自我重新构建。作者指出,要在大遗憾中把握未来,失落中寻求渴望,困境中追求成功,从而踏上畅顺的人生之途,找到人生的特殊意蕴。(赵敏)

D000062　**当代中国青年价值观与教育**　黄希庭等著。四川教育出版社1994年5月版。41万字。13.10元。该书以马克思主义、毛泽东思想为指导,紧密联系改革开放实际,从理论上探讨价值观在人的心理和行为中的作用和地位,用实证材料来阐述当代我国青年价值观的特点。对我国青年价值观的各个方面,包括人生价值观、政治价值观、道德价值观、人际价值观、职业价值观、审美价值观、宗教价值观以及自我观、婚恋观和幸福观进行深入、系统、全面的研究,并根据青年价值观各方面的具体特点,从教育的角度对青年正确价值观的形成,提出一些合理的建议。(钟晓云)

D000063　**农民与城市化**　徐璋勇、袁建歧著。贵州人民出版社1994年6月版。17万字。6.80元。城市化是社会经济发展的必然,是工业化的伴生物。

作者参考近年关于中外城市化研究的大量资料，通过实证分析与规范分析相结合的方法，对中国城市化的历史、现状作出分析。认为，改革开放与经济发展，部分农民离开土地，进入城市。实践表明：农民是推动城市化的一股重要力量。收入“当代中国农民问题研究丛书”。（姚必强）

D000064 **农民与工业化** 陈文辉等著。贵州人民出版社 1994 年 6 月版。22.8 万字。9.00 元。研究农民与工业化相互关系的专著。以农民、工业化、经济发展这条主线，从不同角度系统地研究在经济发展的一个重要阶段——工业化阶段中，农民对工业化发展的重要作用以及工业化发展对农民的影响。首先从一般意义上引进了经济发展、工业化、农民的概念及其相互关系，然后系统地研究了我国在传统经济发展战略和新经济发展战略下工业化发展与农民的相互影响和相互作用。着重研究了乡镇企业发展问题，以及在不同发展阶段工农关系的特点和我国今后处理工农关系的政策取向问题。对处理工业化与农民关系，对我国经济发展模式选择等问题，提出有价值的对策性意见。收入“当代中国农民问题研究丛书”。（姚必强）

D000065 **农民与农村组织建设** 刘振伟著。贵州人民出版社 1994 年 6 月版。13.5 万字。5.00 元。深入浅出地介绍农村基层组织，包括基层党组织、政权组织、经济组织、群众自治组织、金融组织、供销流通组织的设置、运行机制。对农村基层组织如何适应社会主义市场经济体制，进一步深化改革作了分析。具有较强的政策性、理论性、实用性。收入“当代中国农民问题研究丛书”。（姚必强）

D000066 **《当代中国农民问题研究》丛书** 《丛书》编委会编。贵州人民出版社 1994 年 6 月版。以马克思主义为指导，坚持四项基本原则，把影响和制约中国现代化发展，决定中国现在和未来经济发展的根本要素之一——农民作为中心，以农业现代化为目标，从自然、社会、经济多角度对当代中国农民问题进行全方位的系统分析和研究，通过对农业现代化进程中生产力、生产关系、上层建筑、意识形态的全面考察和深层透视，充分认识中国的具体国情和特殊地位，以寻求中国农村现代化的发展之路。丛书共 9 种：《中国农村现代化与农民》、《农民与土地——历史·现实·未来》、《中国农民收入问题研究》、《中国农民与农村经济发展》、《农民与工业化》、《中国农民就业新探索》、《农民与城市化》、《传统农民向现代农民的转化》、《农民与农村组织建设》。（姚必强）

D000067 **送你一把金钥匙** 副名：献给跨世纪的接班人。李春霖著。内蒙古人民出版社 1994 年 6 月版。13 万字。4.00 元。用生动的事例，论证“小实验”、“小发明”在科学发展中的价值，分析实验、发明与人才成长的内在联系；介绍我国部分科学家走向成功的科学方法；阐述小实验与大发明的逻辑关系。（刘智聪）

D000068 **中国当代农村妇女问题概观** 石巧兰等著。山东人民出版社 1994 年 7 月版。18 万字。7.90 元。共 11 章，从农村妇女的婚姻、家庭、教育、生育到农村妇女的生活方式、社会流动、贫富差异、权益保障，直到农村老龄妇女问题都有论述，并有一章专门讨论农村妇女问题研究中有待进一步解决的热点问题，诸如当代农村妇女问题的特点、正确认识和估价农村妇女问题、农村妇女问题对理论的渴望与呼唤等。作者有着丰富的实践工作经验，注重调查研究，注意学术界妇女问题研究的动态，积累运用大量资料、尤其是第一手资料来研究中国当代农村妇女问题，使研究具有一定的深度。（姚梦林）

D000069 **青年与青年文化** 刘琮主编。山西人民出版社 1994 年 7 月版。23.5 万字。9.00 元。研究青年文化的专著。以马克思主义社会学观点为理论基础，从历史和社会的角度，对社会主义市场经济体制下的青年文化建设作深刻的研究和探讨。对当代青年的社会观念、经济观念、生活方式、价值天平等进行系统分析。阐述青年与社会的互动关系，并从宏观角度对青年文化进行了前景预测，提出了重新构建合理的青年文化体系。其特点是：一、把青年文化研究的焦点集中在如何对青年与传统、与社会诸矛盾关系的有效引导和调适上；二、摆正物质和精神的关系，有针对性地为社会价值大转换中的青年树立一种新的精神依托，有较强的理论性和现实性。（秦继华）

D000070 **金色帝国耕耘人——传统农民与中国社会** 葛承雍等著。天津人民出版社 1994 年 7 月版。18 万字。8.00 元。“社会史丛书”之一。对中国传统社会的农民阶层进行研究与论述。主要研究农民的阶级结构、经济地位，农民的社邑村落组织，农民的宗族、家庭、婚姻，农民的日常道德、宗教信仰、文化艺术，农民的反抗意识、封建意识、对外来文化的态度，农民的习俗等内容。在对传统农民阶层进行剖析时，注意宏观与微观研究相结合，在充分肯定农民阶层的优秀品质的同时，对其存在并影响整个中

国社会的“农民意识”进行深刻分析。(刘文君)

D000071 **第四次世界妇女大会知识手册** 全国妇联国际部、宣传部编。中国妇女出版社1994年7月版。4万字。2.00元。为迎接联合国第四次世界妇女大会在中国召开,宣传普及有关世妇会的知识,全国妇联决定在全国范围内开展一场轰轰烈烈的读书答题知识竞赛活动。本书是该项活动的指定用书。书中收集联合国世界妇女大会的背景、历届世妇会、关于“非政府组织论坛”以及第四次世界妇女大会的有关资料;列出《到2000年提高妇女地位内罗毕前瞻性战略》的50个问答;简介涉外礼仪的有关常识。书后刊登竞赛试题及竞赛办法。(薛宝根)

D000072 **少先队的光辉历程** 全国少工委编。百花文艺出版社1994年8月版。18万字。5.00元。通过50个真实的故事,生动地展示中国共产党领导的少年儿童组织70余年来活动的全貌。在中国革命史的大背景下,系统讲述少先队(及其前身)的成长历史,是面向全体少先队员的队史教材。为适应少年儿童的阅读特点,选材注重真实性和生动性,许多作品既有感人的斗争场面,又有曲折的故事情节;其另一特点是“用孩子的英雄事迹教育孩子”,介绍了小歌仙张锦晖、抗日小英雄王璞,以及刘文学、草原英雄小姐妹、韩余娟、赖宁等人的事迹。被列为“百部爱国主义教育图书”之一。(曾永辰)

D000073 **激情与理性** 副名:青年知识分子与激进主义思潮。杨雄著。河南人民出版社1994年8月版。26万字。12.00元。从青年知识分子与中国激进主义思潮的联系着眼,运用系统网络分析、结构分析、层次与中介研究等历史研究方法,通过对知识分子——青年文化——现代化——思想史之间互动关系的深入考察,纵横论述近代以来不同时期、不同阶段青年知识分子激进思潮的成因、过程、性质、特点和作用;并把它同西方启蒙思潮作比较,结合中国百年来近现代化的艰难历程及独特国情,提出自己的观点:激进主义在中国近代化进程中,作为一种特定时期的民族忧患意识,对于打倒封建王朝、破坏旧世界起过极为重要的作用,而当社会已进入和平建设的社会主义时期,若依旧一味追求批判、破坏的思想模式和那种不计代价的过激改革思路,则会给现代化进程带来无穷的危害。(袁敏)

D000074 **用智慧驾驭机遇** 姚金清著。海潮出版社1994年9月版。14.6万字。8.60元。青年修养读物。介绍数百位成功者所走过的历程,归纳出40种驾驭机遇的技巧,如:从业敬业、捕获灵感、奇妙联想、助人助己、突破逆境、不激不奋、好奇猎奇、留意意外、贵在有恒、德高行端、信息效应等,用以启迪人们主动去把握机遇、创造机遇、驾驭机遇。(陆羽白)

D000075 **新世纪对农村青年的呼唤** 赵世荣著。湖南出版社1994年9月版。19.2万字。7.50元。运用多学科知识和最新研究成果,论述新世纪的特点、新世纪对农村青年的期待;引导他们在跨世纪的历史新时期,奋发成才走致富路;启发他们如何缔造美满幸福的新生活,开拓新的未来,以激发这支农村经济建设的生力军的创造精神。(田树德)

D000076 **现代哲学思潮与青年思想教育** 车铭洲、王元明等著。高等教育出版社1994年10月版。32万字。7.55元。高校思想政治教育专业教科书。针对现阶段一些青年在个人与社会、批判与传统、理想与现实、真理与信仰、自由与选择、价值与人生、情爱与文明、自私与人性、民主与人权、一元与多元等问题上存在的片面认识,以哲学理论比较分析的方法,即摆出青年思想认识的问题,阐述西方哲学思潮中的相应内容,再以马克思主义的立场、观点和方法予以综合分析,突出理论的系统性和深度,在批判现代西方哲学思潮错误实质的同时,恰如其分地肯定其中某些值得借鉴的精华;指出青年思想认识的理论根据,分析其片面或不深刻的误区所在,引导青年提高理论思维能力和理论素养,正确对待某些重大人生问题。(王方宪)

D000077 **中华民族传统美德教育丛书** 陈子典主编。花城出版社1994年10月版。52.2万字。9册。41.85元。丛书共分《温》、《良》、《恭》、《俭》、《让》、《勤》、《勇》、《义》、《廉》等9册,每册收入40个古今名人故事,每个故事配有一幅插图。对青少年进行中华民族传统美德的教育。(杨光治)

D000078 **成熟与人生** 副名:走向成熟的思考。顾兴业著。上海教育出版社1994年10月版。11.3万字。3.55元。分11部分。第一部分,成熟——一个难解的谜,阐述社会心理学家对成熟的解释以及当代青年对成熟的探索;第二部分,成熟进程中的特定坐标——青年期,阐述青年成熟的轨迹以及青年的发展课题;第三至六部分阐述青年在认知、情感、行为、意志方面的成熟表现;第七部分,痛苦的成熟,阐述成熟过程中的矛盾、危机;第八、九部分,阐述如何把握成熟与幼稚的临界线;第十、十一部分,对成熟的一些错误认识,展开讨论,并分析现代青年中存在的某些社会幼稚病。(张璐)

D000079 **少年人生宝典** 林子云、金本主编。安徽少年儿童出版社 1994 年 11 月版。25 万字。6.50元。以邓小平提出的"做有理想、有道德、有文化、有纪律的社会主义事业接班人"的号召为主线，共分理想立志、品德修养、学习求知、性格锤炼、心理保健、社会交往、审美情操、兴趣爱好等 8 篇。作者针对当代少年的心态及生活实际，将每篇分解成二十几个问题，用谈心的方式，讲道理、举实例、教方法，引导他们树立正确的人生观和价值观，全面提高他们的科学文化水平和思想道德素质。（徐敏）

D000080 **"历史·现实·人生"系列** 邓鸿先等著。浙江人民出版社 1994 年 11 月版。98.2 万字。6 册。45.50 元。知识性通俗读物丛书。以丰富的史学遗产为依据，将中华民族的优秀文化传统总结和归纳成自强不息的进取精神、多民族国家的凝聚意识、近代国民捍卫国土的斗争、先民对自然关系的认识、史学的功用等七个方面，分别进行阐述，将史实描述和理论阐述相结合，将历史与现实相联系，是深入浅出的通俗读物。丛书有 6 册：个人·社会·历史——中国传统的人生价值与民族精神（邓鸿先）；寸寸河山 寸寸金——面对着神圣的国土（何 瑜）；大江东去——兴亡盛衰启示录（王培华）；天地生民——中国古代关于人与自然关系的认识（周尚意等）；历史·现实·人生——史学的沉思（瞿林东）；伟大的步履——中华民族的形成、发展及其凝聚力（陈琳周）。（叶晓芳）

D000081 **妇女工作新篇** 中华全国妇女联合会办公厅编。中国妇女出版社 1994 年 11 月版。14.1 万字。5.40 元。中国妇女第七次代表大会标志着我国妇女运动进入新的里程，各地妇女工作空前活跃，创造了许多新鲜的经验。本书汇编了各省市妇联的这些新经验：开展"双学双比"活动的现状与思考；"三八绿色工程"活动谱写致富新篇章；"巾帼创新业"活动为下岗女工再就业铺路架桥；如何适应新形势发展搞好家庭文化建设；开拓新路办实体等。（胡礼佩）

D000082 **新三字经** 《新三字经》编写委员会编。广东教育出版社 1994 年 12 月版。5 万字。4.00 元。借用千百年来我国人民乐于传诵的、适合青少年接受能力和审美情趣的三字经形式，在内容上创新，把中华传统美德、社会主义道德规范和现代文明修养熔于一炉，把思想性、教育性、知识性、可读性有机地结合起来。经文共 424 句，1 272 字，分七个部分。第一部分提纲挈领，从辩证唯物主义的立场，阐明"教"与"学"的关系，强调教育与培养是决定一个人成长的关键，引导家长重教、善教，子女乐学、善学，陶性冶性，立德立行。第二、三、四部分通过讲故事，引典故，树典型，着眼于引导青少年"在家做个好孩子"，"在校做个好学生"，"在社会做个好公民"。第五、六、七部分分别从我国历史悠久、人才辈出、山河壮丽等方面，引导读者"知我中华，爱我中华"，立志学好本领，提高素质，自觉挑起历史重担，从而"兴我中华，强我中华"。经文言简意赅，平白而有文采，讲究韵律，便于诵读记忆。经文由书法家以楷体书写，配有注音、注释和插图。（谢仪方）

D000083 **工会组织学** 王全信著。河南人民出版社 1994 年 12 月版。53.6 万字。17.50 元。研究工会组织理论与实践，以及工会组织工作内容和方法，包括工会组织的产生与发展、工会组织的特点及工会组织部的主要业务工作等内容。全书分 6 编：第一编，工会组织的历史渊源，简要概述了世界工会组织的发展变化及当今世界三大工会组织的状况。第二编，中国工会组织的特点（上）。根据新《工会法》和新《工会章程》，对中国工会的性质、地位、作用、任务、活动原则以及由此而建立的组织制度、组织机构等进行分析。第三编，中国工会组织的特点（下）。主要是对除国有集体企业之外，其他不同形式的企业和党政机关中的基层工会组织的特点进行讲述。第四编，工会代表大会及换届选举。第五编，工会组织部日常工作。第六编，法律法规及文件汇编，收录与工会组织工作有关方面的主要法律法规和重要文件。（张素秋）

D000084 **中国现代化进程中的农民问题** 刘锋著。陕西人民出版社 1994 年 12 月版。30 万字。20.00 元。共 12 章。构建了一个关于现代化进程中的农民问题的理论体系。界定了农民问题的内容和实质。认为，农民问题具有广泛的内容，对现代化进程有重大影响的主要是土地问题、物质利益保障问题、民主权利问题、农村工业化现代化问题、剩余劳动力转移问题、农村政权组织问题、农村社会组织问题、农业现代化进展问题。对农民问题的实质，作者认为是在保障农民的物质利益和民主权利，通过不断发展农村教育，提高农民素质的基础上，实现农村现代化和城乡一体化，缩小城乡差别和工农差别，为实现共产主义创造条件。对切实保障农民的物质利益和民主权利、人口与土地的矛盾、乡村工业化与城市化、剩余劳动力转移、农民与市场经济、农村组织体系等重大问题逐一作了探讨。认为，解决农民问题必须遵循保障农民的物质利益和民主权利、提高农民素质、实现农民现代化三大基本原则。对如何控制农村人口增长、耕地锐减、深化农用土地制度改革、进一步推动乡村工业化城市化、引导农村剩余劳动力转移和引导农民走向市场经济,加强农村基层党的组织、政权组织、经济合作(协作)组织建设,都提出具有切实可行的操作性的对策。并提出了解决农民问题的根本途径,即改变国家性全局性的决策上的"城市"偏向,调整农村产业结构、改革城乡分割的二元户籍制度等,具有重要的理论和实践价值。(王长海)

D000085　**妇女解放基础理论**　赵爱素著。中国妇女出版社 1994 年 12 月版。25 万字。11.50 元。培训基层妇女干部教材。详尽介绍马克思主义关于妇女解放理论的产生、发展、主要内容及研究这一理论的原则、方法和现实意义。深刻地揭示了私有制是妇女受压迫的根源;从理论与实践的结合上阐明实现妇女解放需要开展有组织的妇女运动;明确指出无产阶级解放的道路是妇女解放的根本道路。重点剖析了我们所处的社会主义时期妇女解放运动的规律;妇女参加社会劳动是实现妇女解放的先决条件;加强对广大妇女的教育,提高妇女的素质是推动妇女解放的关键;改革婚姻家庭制度是妇女解放的特殊需要。最后从马克思主义历史唯物主义观点出发,论述只有实现共产主义,才是实现妇女彻底解放的时代。(田景昆)

世界各国政治

D000086　**当代资本主义国家的议会制度**　郑允海等著。福建人民出版社 1994 年 1 月版。13.6 万字。4.80 元。"当代资本主义研究"丛书之一。分 6 章:第一章侧重介绍最具代表性的几个资本主义国家议会的历史沿革,说明议会是怎样产生、发展的。第二至四章分别考察议会的组织构成、职权和工作程序,对其运转机制进行系统介绍分析。第五章简要介绍议员制度方面的主要内容,说明议员的权利与义务。第六章评析当代资本主义国家议会,阐述它的基本特征、阶级实质以及借鉴意义。客观介绍当代资本主义国家议会的具体情况。各章之间既有联系,又有相对独立性,便于读者根据需要进行选择。(曹希莎)

D000087　**中外政治制度大辞典**　杨逢春主编。人民日报出版社 1994 年 1 月版。132 万字。48.00元。内容分为中外政治制度基本知识、中国政治制度、外国政治制度、国际政治组织四部分。其中,中国政治制度部分,除系统介绍中国古代、民国和当代政治制度外,还介绍 90 年代初台湾政治制度、香港和澳门政治制度及回归后政治制度的设计;外国政治制度部分,则从联合国 180 余个会员国中选择 34 个有代表性的国家。所收内容,包括宪政制度、议会制度、元首制度、政党制度、司法与监察制度、政府制度。其中政府制度又包括中央与地方政府及相互关系、行政区划、公务员制度、财政制度、军事制度。人物、官书、会议、事件、论著,一律未予收录。辞条选择上,注重选择能反映各国政治制度概貌的和具有典型性、有各国特色、有借鉴价值的制度。写作以准确、真实、客观、简明为原则,一般不加任何评论。排列上正文按国别排列,每个国家或地区的制度排列为:该国和地区创构政治制度的基本理论、宪法、议会制度、元首制度、政府制度、司法与监察制度、政党制度。所用资料,截止为 1993 年 10 月。(郭宝平)

D000088　**世界知识年鉴(1993/94)**　王明修主编。世界知识出版社 1994 年 2 月版。213.5 万字。65.00 元。供国内外读者了解和研究世界各国基本情况和国际形势发展中的重大问题的工具书。共分 5 部分:1. 国际大事,包括前南斯拉夫局势、欧洲一体化进程等 5 篇;2. 新闻事件、人物和名词;3. 各国概况,介绍 231 个国家和地区,一般包括国名(名称)、面积、人口、首都(首府)、国家元首、简况、政治、经济、军事、文化教育、对外关系等;4. 国际组织和国际会议,介绍 200 多个国际组织和国际会议;5. 便览。资料一般截至 1992 年底,作者均为我国长期研究国际问题的专家和学者。(陈平)

D000089　**各国出入境管理**　陈建兵编著。贵州人民出版社 1994 年 5 月版。16.9 万字。6.10 元。出入境制度不仅是一国有关人员在出入境方面法律地位的问题,而且涉及到国家主权。其制度通过国内立法确立,并受国家政策的制约。本书就出入境管理的国际通常惯例进行详解。收入"国际经济惯例丛书"。(姚必强)

D000090　**东欧中亚列国志**　金挥主编。当代世界出版社 1994 年 6 月版。42 万字。18.80 元。对东欧中亚地区的 27 个国家作全面分析介绍,突出介绍各国的政治局势、经济改革、投资环境、外资需求、技术引进与转让等方面的方针政策。(于洁)

D000091　**转换中的世界格局与国际社会**　刘利主编。武汉出版社 1994 年 6 月版。19.5 万字。

7.00元。二战后世界政治格局——雅尔塔体制，即美苏两个超级大国左右国际事务的二极政治格局，随着苏联的解体已不复存在，新的世界政治格局尚未形成。转换中的世界格局将是如何？作者认为：美国在政治格局中要确立其领导地位，实际上是主张一极政治，日本主张实行日美欧三极政治，西欧则主张实行美欧日三极新秩序。苏联解体后，以俄罗斯为首的独联体"松而不散"，在世界政治格局中举足轻重，南北美洲、中东、亚太地区的作用不容忽视，中国是发展中国家，是一个人口大国，在世界政治格局中具有重要地位。因此，新的世界政治格局不可能是美国独霸世界的一极政治，也不是日美欧或美欧日三极政治格局，而是向多极政治格局发展。和平和发展是世界的两大主题，各国应为建立和平、稳定、公正、合理的国际新秩序而斗争。（陈殿云）

D000092 **启示与抉择** 副名：周边国家民族问题与云南对外开放研究。刘稚著。云南人民出版社 1994 年 10 月版。23.8 万字。8.90 元(平)；12.40 元(精)。以马克思主义民族学理论为指导，以为我国尤其是云南的民族工作和改革开放服务为宗旨，运用整体研究与专题研究相结合的方法，对云南周边缅、老、越、泰诸国的民族历史、现状及民族问题与政策进行系统阐述和研究，并以此为实例对多民族发展中国家民族问题的产生和发展的规律进行探索；进而探讨云南与周边国家民族与民族问题的相互关系、跨境民族在云南对外开放中的地位和作用等重大现实问题。在对云南与周边国家的民族问题进行比较研究的基础上，对边疆民族地区的对外开放、共同开发提出具体的建议。（杨云宝）

D000093 **国际政治百科** 李学文等主编。北京燕山出版社 1994 年 12 月版。84.1 万字。45.00 元。国际政治是国际关系中最重要的国际社会现象。该书将 20 世纪以来国际舞台上出现的矛盾、冲突、威胁、缓和、争夺、危机、霸权等现象进行分析。（李天喜）

中国政治

D000094 **激扬与蹉跎** 刘文杰著。河南人民出版社 1994 年版。19.6 万字。7.40 元。对知识青年上山下乡运动进行反思。知识青年上山下乡运动，是延续 25 年的重大国是之一，曾牵动了两千多万城市知识青年的命运。这个运动和经济问题、人口问题、就业问题、教育问题、农业开发、垦荒保边等有着紧密的关系。作者探讨了上山下乡运动的整个过程，从不同角度进行系统分析、深刻反思，总结了上山下乡运动的经验教训，客观地评述这场令人深思的运动。收入"当代中国国是反思丛书"。（牛亚和）

D000095 **唐代名人科举考卷译评** 沈重等著。江西高校出版社 1994 年版。13.4 万字。6.00 元。"中华文化通俗丛书"之一，介绍中国科举考试的总体状况，重点介绍唐代科举考试的内容与程序等，从一个侧面反映了唐代唯才是举的用人政策。（陈昌怡）

D000096 **清官启示录** 张仁木等著。江西高校出版社 1994 年版。10 万字。4.00 元。"中华文化通俗丛书"之一，探讨历史上的"清官现象"，颂扬历代清正廉洁、公正执法的各类官吏。（陈昌怡）

D000097 **通向繁荣的道路** 副名：变革的中国：矛盾、困惑与选择。肖四如、张宇著。江西人民出版社 1994 年版。32 万字。11.50 元。研究中国的经济改革和发展道路。对中国自改革开放以来所取得的成就，遇到的难题以及所面临的矛盾、困惑和选择，作全面、深入的分析；针对当前的现实，提出一系列涉及深化改革所必须回答和解决的焦点问题，并进行了理论联系实际的认真探讨。其内容有：中国传统农业的改造，国有企业改革所面临的矛盾，中国工业化的道路，中国对外开放的战略，独具特色的中国改革之路，中国的经济增长与波动，资源、体制与人的关系，经济、政治与文化的矛盾和协调，中国通向繁荣的历史性选择等九个大的方面的问题。作者试图运用科学的理论方法，把握中国经济社会系统的本质联系，分析上述重大问题，探求中国经济通向繁荣的道路。（胡涤衷）

D000098 **建国方略** 孙中山著。牧之等选注。辽宁人民出版社 1994 年版。18.7 万字。10.30 元。由"孙文学说"、"实业计划"和"民权初步"3 部分组成。在第一部分"孙文学说"中，集中讨论"建国方略"的"心理建设"问题。认为要使革命建设有所成就，必须破除"知易行难"说这一心理障碍，而要树立与之相对立的"行易知难"的思想与观念。在第二部分"实业计划"中，提出了包括交通、农业、矿山等在内的庞大的实业发展计划，此发展计划由六个计划组成。在每一计划中，孙中山对各项具体建设措施都有详细的规划。在第三部分"民权初步"中，集中宣传了他的政治启蒙思想。指出民权就是人民有选举官吏之权，有罢免官吏之权，有创制法案之权，有复决法案之权，此谓之四大民权。只有人民享有这四大权利，方才可以称得上“民国”。而缔造民国的目的，就是保证人民享有四大权利，最终使中国成为世界上“至进步、至庄严、至富强、至安乐之国家，而为民所有、为民所治、为民所享”。收入“中国启蒙思想文库”。(陈淑艳)

D000099　**中国百年人权史**　萧宝保等著。辽宁人民出版社 1994 年版。33.9 万字。18.00 元。分上、下两篇，共 21 章。系统回顾从鸦片战争以来中国的人权状况。内容包括：鸦片战争前后中国的人权状况；太平天国：中国近代农民争取人权的伟大尝试；戊戌变法前：思想解放的初潮；戊戌变法：中国近代第一次人权运动；反抗侵略，争取国家主权和生存权利的斗争；清末的所谓新政与假立宪；辛亥革命：中国近代第二次人权运动；孙中山的人权思想；埋葬清王朝：中国近代争取人权的重大胜利；袁世凯复辟：中国人权遭受重大挫折；“五四”：中国人权史的新纪元；中国共产党人权观的确立；争“国权”争“人权”的群众运动；三民主义与人权；中国“自由派”知识分子的人权梦；土地革命时期的根据地人权建设；抗日根据地的人权保障事业；抗战时期国统区的人权状况；“宪政”与抗争；迈向新时期的解放区人权建设等。收入“中国人权”丛书。(王峰)

D000100　**猛回头**　副名：陈天华、邹容集。陈天华、邹容著，郅志选注。辽宁人民出版社 1994 年版。14 万字。7.70 元。收录陈天华的《猛回头》、《警世钟》、《狮子吼》、《绝命辞》和邹容的《革命军》。这些著作对人们从资产阶级改良思想跃进到资产阶级革命思想，起到推动作用。内容包括：一、宣传进化论，确立危机意识，以爱国主义激发人心。二、推崇革命，反帝反清反封建，为革命高潮到来甘为“马前卒”。三、倡导民主，批判儒家忠君思想，主张去奴隶性而立国民性。四、反对空谈，倡导理论联系实际，倡导科学、倡导文明。在对待西方列强的态度上，主张反帝要讲究策略，反帝与学习西方文明的成果是相辅相成的。反对卖国者和媚外者。陈天华、邹容的思想虽有一定的历史局限性，在一定程度上存在大汉族主义和对农民革命有着错误看法，但其著作所散发的爱国激情、变革热情有积极意义。收入“中国启蒙思想文库”。(陈淑艳)

D000101　**新潮**　副名：民初时论选。张骏严编选。辽宁人民出版社 1994 年版。19.6 万字。10.80 元。选编新文化前期文章 38 篇，另有附录 2 篇。收录著名人物陈独秀，李大钊，胡适，鲁迅，蔡元培，刘半农等人的文章，还选录一些不为人所知，而在新文化运动中又是不可忽视的人物，如：高一涵，傅斯年等人的作品。这些曾在《新青年》、《新潮》报刊上发表的文章有：《敬告青年》、《东西文明根本之异点》、《东西民族根本思想之差异》、《狂人日记》、《洪水与猛兽》、《吃人礼教》、《中国今后之文字问题》等。文章对封建主义意识形态进行批判，具有划时代的意义。以孔孟之道为代表的封建主义经《新青年》、《新潮》及其它支持新文化运动报刊的反复批判，已被越来越多的群众和知识分子所厌弃。与此同时，西方 17～18 世纪的启蒙学说及各种时髦学说被纷纷介绍与宣传，吸引了无数的知识分子，形成种种思潮，如民主主义、无政府主义、基尔特社会主义等等。许多思潮在社会实践的检验下，相继显露出它的谬误，直至马列主义成为最吸引群众的学说。新文化运动对封建文化的批判，对文化领域的变革产生过重要影响。收入“中国启蒙思想文库”。(陈淑艳)

D000102　**民声**　副名：辛亥时论选。胡伟希编选。辽宁人民出版社 1994 年版。17.6 万字。9.70 元。收录辛亥革命时期发表在报刊上的文章共 32 篇。其中有：说国民，与同志书，论文学与科学不可偏废，教育泛论，权利篇，公私篇，教育通论，新政府之建设，箴奴隶，革天，家庭革命说，生死界与名誉界，女子家庭革命说，哀女界，中国尊君之谬想，论中国教育之主义，毁家论，祖宗革命，三纲革命，无圣篇，文化偏至论，毁家谭，排孔征言，名说，立宪政治与舆论，宪法大纲刍议，辨孟子辟杨、墨之非，博爱主义，尚独篇，论道德，婚姻改良论，私心说等。这些文章既是维新运动时期思想启蒙的进一步展开，又开启了五四新文化运动思想启蒙的先河。书中所反映的辛亥革命时期的社会思潮主要有：第一，对封建专制政治的激烈批判。第二，要求人权与崇尚自由。第三，提倡伦理，道德革命，反对封建纲常。第四，提倡男女平等，主张妇女解放。第五，鼓吹“开民智，重视科学教育”。收入“中国启蒙思想文库”。(陈淑艳)

D000103　**当代中国人权状况报告**　刘书林等著。辽宁人民出版社 1994 年版。17.8 万字。10.00 元。共分 8 章，系统讲述新中国建立以来的人权状况。内容包括：中国公民的生存权利和政治权利；中国公民经济、文化和社会权利的发展；新闻出版的自由和权利；中国司法中的人权保障；妇女权利的解放与发展；青少年权利的发展；少数民族人权的发展；中国残疾人权利的发展等。作者以大量无可辩驳的事实，申明中国真实的人权状况，驳斥美国及西方的歪曲和诬蔑，揭露美国人权的虚伪性。指出，评价中国现实的人权状况，不能忽视本世纪中期中国人权状况的起点；不能忽视中国共产党人几十年来矢志不渝地为发展人民大众的人权而做出的一系列的努力；不能不考虑现实中政治、经济、文化以及人们普遍素质的发展水平和制约因素。收入“中国人权丛书”。（王峰）

D000104 **睡的人醒了** 副名：朱执信集。朱执信著，张廷华等选注。辽宁人民出版社 1994 年版。14 万字。7.70 元。收录朱执信论文、书函等 20 篇，包括《睡的人醒了》、《未来之价值与前进之人》、《生存之价值》、《人类的将来》、《人生问题》、《复查光佛函》、《危险之塞耳政策》、《新文化的危机》、《青年学生应该警戒的两件事》、《学者的良心》、《神圣不可侵与偶像打破》、《改革者的两重义务》、《开明专制》、《论社会革命当与政治革命并行》、《德意志社会革命家列传》等。这些篇章反映的启蒙思想，表现在：一、阐述进化论思想，进行革新意识的启蒙。二、宣扬唯物主义无神论思想，进行理性意识的启蒙。三、适应社会变革要求，进行价值理论的启蒙。四、猛烈抨击封建专制主义，进行民主意识的启蒙。五、初步接触马克思主义，进行新式革命理论的启蒙。朱执信活跃在辛亥革命前后，是中国近代继戊戌之后的第二次思想启蒙高潮中的思想家。收入“中国启蒙思想文库”。（陈淑艳）

D000105 **台湾能独立吗——透视台独** 黄嘉树著。南海出版公司 1994 年版。12.80 元。共分 9 章，由 3 大部分组成。第一部分介绍 40 年代末至 1986 年台湾当局开放党禁以前的台独发展脉络。揭露台独最初是日本极右军人为挽救其在台湾的统治而培养的“试管婴儿”，由美国人将其接生，并注入了大量的“生长激素”，形成一股企图分裂中国的反动势力。第二部分介绍民进党成立至 1992 年台独势力迅速膨胀的原因，指出台独这股祸水的泛滥，是与外国反华势力、特别是美国一些势力的支持和怂恿分不开的。第三部分通过对台独思想理论的分析与评判，对台独的未来命运进行预测。作者针对台独理论的特点，以法理的论证为纲，将历史论证与法理论证相结合，对台独的思想理论进行剖析和批驳。在论证过程中，不回避台独理论所涉及的诸如国际法、民族自决、住民自决等问题，运用逻辑推理，以及国际上有关的案例和台湾地区的考古成果，针锋相对地揭露台独理论在法理上的荒谬和逻辑上的混乱。以大量事实为依据，批判各种台独谬论——包括如何认识两岸的经济差距，如何评估台独引发两岸战争的可能性及后果等敏感问题，戳穿台独分子对其未来前途自欺欺人的幻想。（任在齐）

D000106 **性别与中国** 李小江等主编。生活·读书·新知三联书店 1994 年版。40 万字。18.00 元。学术论文集。1992 年 5 月，哈佛大学费正清东亚研究中心召开“用性别观念分析中国：妇女、文化与国家”国际学术研讨会，本书为这次研讨会的优秀论文集。内容分 3 部分：“妇女与国家、政治”，收论文 7 篇；“妇女与文化”，收论文 7 篇；“生育、人口与性”收论文 9 篇。作者把妇女研究、中国研究与历史研究、文化研究融为一体。关于“性别与中国”的题旨，作者认为，所谓“性别”在这里特指妇女，指的是中国社会与中国妇女的关系，其次是指用性别分析的方法透视中国。本书还涉及中国的妇女解放与西方女权主义，及西方女权主义在中国的影响和命运等。（冯金江）

D000107 **现代社会保障制度** 侯文若著。中国经济出版社 1994 年版。25 万字。12.00 元。根据我国社会主义市场经济体制的基本框架，从社会救助、社会保险（包括养老保险、失业保险、医疗保险、生育保险、工伤保险）、社会福利、社会优抚诸方面，阐述建立具有中国特色的现代社会保障制度问题。对我国社会保障制度的性质、特点与现状，以及世界主要发达国家（实行社会保障制度的具体做法及经验作全面介绍，并从实际出发，提出我国社会保障制度的改革重点、保障水平、指标体系和管理法制化等方面的若干设想。（魏民）

D000108 **改革：社会主义的必由之路** 荣开明、朱志杰主编。湖北人民出版社 1994 年 1 月版。24.3 万字。6.50 元。共 14 章：一、社会主义是在实践中不断发展的科学；二、社会主义首先在东方获胜的历史必然性；三、社会主义制度的历史实践及其失误；四、二战后两种制度的竞争及其比较；五、改革是社会主义的根本出路；六、计划经济转向市场经济是社会主义体制的历史性转变；七、社会主义改革是解放生产力；八、社会主义改革的目标模式；九、改革是对社会系统结构的全面改造；十、社会主义改革是一个艰难的历史过程；十一、社会主义改革成功的前提和保证；十二、正确认识资本主义；十三、大胆吸收和借鉴人类社会创造的一切文明成果；十四、改革与社会主义的繁荣和发展。该书运用历史与逻辑相统一的原则，阐述对于改革和社会主义的认识；通过回顾和考察，说明什么是社会主义和怎样建设社会主义；通过对于社会主义实践的反思，揭示改革的必然性；

从人们关心的问题入手，阐述改革的内容、实质、任务、目标、前提、保证、过程等一系列问题。其结论：改革是社会主义繁荣和发展的必由之路，是最终战胜和代替资本主义的必由之路。(曾凡国)

D000109　**唐方镇文职僚佐考**　戴伟华。天津古籍出版社 1994 年 1 月版。50 万字。18.80 元。唐方镇文职僚佐是指节度使、观察使、经略使等府幕下的文职僚佐，其中包括：副使、行军司马、判官、掌书记、支使、推官、巡官、衙推、参谋、孔目官、要籍等职。本书考证各方镇僚佐人数、活动及其作用，历史地反映出方镇文职僚佐对当时政治、文化、经济的影响，尤其是当时一些大镇，如并州、幽州、淮南、荆南、西川等，不仅人数多，人才也较集中，清楚地勾勒出人才流动的走向，这对研究唐代的历史、文学都有不可低估的价值。考订各方镇文职僚佐困难很多，因为这方面资料都散见于各种方志、笔记、传记、史书之中。作者查阅了大量文史资料，引用书目达 150 余种，订正错讹，详加考证。此书可作为研究唐代方镇方面的工具书。(韩嘉祥)

D000110　**中外反腐败实用全书**　梁国庆主编。新华出版社 1994 年 1 月版。254 万字。128.00 元。分为反腐败概况、反腐败制度、反腐败机构、反腐败理论、反腐败政策法规和反腐败案例 6 卷，每卷内容按中华人民共和国、中国古代、外国、港澳台地区的顺序分编，共 23 编，全面反映古今中外反腐败概貌。(许新)

D000111　**中国的第二次革命**　冯健等主编。新华出版社 1994 年 1 月版。24.8 万字。8.80 元。论述我国从党的十一届三中全会以来所开始的新的伟大革命。剖析了中国为什么必须走改革开放之路；什么叫有中国特色的社会主义；怎样建立社会主义市场经济，怎样加强党的建设、廉政建设和社会主义精神文明建设；如何以新思想、新风尚迎接 21 世纪等问题。(蒋茂兰)

D000112　**红卫兵狂飙**　江沛著。河南人民出版社 1994 年 2 月版。20.2 万字。7.20 元。“当代中国国是反思丛书”之一，是国内有关红卫兵历史研究的专著。分析红卫兵运动产生的背景、原因，记述红卫兵运动发展及其衰落过程，总结了这一运动给国家和民族及其个人带来的严重不幸后果和应吸取的惨痛教训。作者认为，红卫兵之所以产生于 20 世纪 60 年代中期的中国，除去广大青年学生的青春激情和不成熟外，主要是当时政治宣传的误导和对领袖的盲目、狂热崇拜的结果；红卫兵运动是“文化大革命运动”的先导和重要组成部分，红卫兵运动给整个国家和民族的破坏力是惨烈的，但作为这一运动主体的广大青年学生，本身又是这场运动的悲剧角色。作者强调，为使这一悲剧不再重演，除对广大青年学生进行科学文化知识和理想教育外，还应注重国家的民主和法制建设，反对个人迷信和个人崇拜以及个人专断；坚持以经济建设为中心，彻底抛弃无产阶级专政下继续革命和以阶级斗争为纲的错误理论。(张志林)

D000113　**中国：走向成功之路**　副名：建设有中国特色社会主义的思想历程。魏新生著。河南人民出版社 1994 年 2 月版。24.5 万字。7.80 元。以史为经，以论为纬，通过大量鲜为人知的重要史料，向世人全面、系统地记述了党的十一届三中全会前后，以邓小平为首的中国共产党第二代核心集体如何在新时期审时度势，把马克思主义的基本原理与当代中国实际和时代特征相结合，探索建设有中国特色的社会主义思想历程。指出，邓小平的建设有中国特色的社会主义理论是当代中国的马克思主义，全党与全国人民必须认真学习、深入领会，并在实践中正确地贯彻之。清楚地阐明这一历史时期重大的政治、经济及其意识形态领域中的风风雨雨，某些领导人的是非功过。展示了经过几十年的艰难曲折，中国共产党及其领导下的中国人民终于探索出一条适合自己国情和特点的道路。这一条路并最终引导中国人民克服盲目性，到达自由王国。收入“当代中国国是反思丛书”。(张志林)

D000114　**国家公务员制度全书**　程连昌等编著。吉林文史出版社 1994 年 2 月版。205 万字。85.00元。全面系统介绍公务员制度的大型综合性工具书。共分 4 篇，即中国公务员制度；中国台湾、香港、澳门地区现行公务员制度；外国公务员制度；各国公务员统计资料。全书紧紧围绕贯彻执行党的基本路线这个根本指导思想，继承我们党和国家几十年干部人事工作的优良传统，总结十余年来干部人事制度改革的成功经验，借鉴国外人事管理中反映现代人事管理规律的一些有益的做法。(林荣华)

D000115　**论当代中国民族问题**　郭大烈主编。民族出版社 1994 年 2 月版。36 万字。6.50 元。一部沿着中华民族历史发展的脉络，探索我国当代民族问题的专著。共分 10 章。第 1～3 章从历史角度论述多民族国家的形成、中华民族的形成、历史上民族观、民族政策和民族间发展不平衡与民族问题的由来以及中国共产党 70 多年来认识和解决民族问题所走过的曲折道路及经验教训；第4～9章分法制、经济、人口生态、教育、传统文化和民族关系等6个专题研究民族问题；第10章综合研究社会主义初级阶段民族问题的特征和发展规律以及当前解决民族问题的思路。（杨青）

D000116 **中国百强县市概览** 百强县市编纂委员会编。西安地图出版社1994年2月版。8.2万字。82.00元。是一部集地图、文字、彩照和专题图表为一体的综合性图集。它包括地图102幅，彩照300多张，专题图表180幅。主要分总图、图表和百强县市介绍2部分。总图、图表设有中国政区图，百强县市分布图和百强县市综合实力评定图表，百强各县、市包括县情简介，地图彩照和专题图表4部分内容。为适应对外交流，编有英文简介提要，各县市地图有政区图和县城城区图，彩照选择了各县市最具特色的名胜古迹、名优特产、明星企业等照片，专题图表根据各县市提供的统计数据编制而成，显示了农业增长、外贸出口、经济技术协作、远景规划等内容。（张英华）

D000117 **转型中的中国社会** 陆学艺等主编。黑龙江人民出版社1994年3月版。23万字。8.60元。将社会结构的变迁当作探索和描写中国当代社会转型的基轴和主线，论述处于转型中的中国社会的特点、文化心态等问题。改革开放以来，在中国社会生活的各个方面，诸如社会行为模式、家庭结构功能、文化价值取向等方面，发生引人瞩目的变化，作者认为，这些都应纳入社会学研究的范畴。（安晓峰）

D000118 **政府工作报告（1994年3月10日在第八届全国人民代表大会第二次会议上）** 李鹏著。人民出版社1994年3月版。1.9万字。1.10元。报告分七部分：一、1993年国内工作的回顾和1994年工作的基本方针；二、保持国民经济持续快速健康发展；三、加快建立社会主义市场经济体制；四、发展科技教育文化事业；五、加强社会主义民主和法制建设；六、积极促进祖国和平统一；七、关于外交工作。报告首先回顾1993年的国内工作。1993年是贯彻中共十四大精神，沿着建设有中国特色社会主义道路胜利前进的一年，改革开放和现代化建设取得了重大成就，各方面工作出现了新的局面。在动荡多变和经济不景气的国际环境中，伟大的社会主义祖国经济发展，政治稳定，民族团结，社会进步。报告积极稳妥地提出了1994年的任务，要深化改革，扩大开放，加强和改善宏观调控，大力调整经济结构，推动技术进步，积极开拓市场，提高经济效益，控制通货膨胀，保持国民经济持续、快速、健康发展。报告号召全国各族人民在邓小平建设有中国特色社会主义理论指引下，在以江泽民同志为核心的党中央领导下，同心同德，艰苦奋斗，夺取改革开放和现代化建设的新胜利。（王能雄）

D000119 **一得书** 谢觉哉著。人民出版社1994年3月版。16.7万字。13.00元。谢觉哉的杂文集。收录谢觉哉的有关杂文、杂感和言论等，其中大部分是40年代初期的作品。早在1942年，谢觉哉以“焕南”为笔名，在《解放日报》上辟出“一得书”专栏，接连发表60余篇文章。“一得书”配合当年整风运动而写，发表后受到毛泽东的好评。其特点是实事求是，联系实际，有的放矢；文章有感而发，情真意切，以理服人。（柏裕江）

D000120 **国情三字经** 刘裕昆著。少年儿童出版社1994年3月版。8万字。2.40元。用三字一句的韵文，向少年儿童介绍我国历史、地理、文化和现行的基本国策等各方面知识。正文共728句，2 184个字；分为：一、悠久的历史，二、屈辱的近、现代史，三、壮丽的山河，四、灿烂的文化，五、新中国的成就和政策五章。有注释200条。（洪祖年）

D000121 **中国古代官僚政治——古代行政管理及官僚病剖析** 李治安著。书目文献出版社1994年3月版。22万字。8.50元。共分9章。将中国古代官僚、官僚政治、官僚病与古代行政管理结合起来进行研究。通过描绘封建官僚行政管理的组织形式和活动内容，揭示其内部结构和运行机制，认识其本质特性，总结利弊得失。（卢玉荣）

D000122 **英雄战士徐洪刚** 肖获、华玉编。天津教育出版社1994年3月版。11.7万字。3.80元。辑录中央领导同志为徐洪刚同志的题词和有关徐洪刚英雄事迹的通讯报道文章20篇；还辑录天津市学习徐洪刚涌现出的见义勇为模范人物的事迹报道20多篇。文章多方面、深层次地展现了一代英模的风采，弘扬了全心全意为人民服务的精神。（冯今声）

D000123 **大分化新组合——当代中国社会各阶层分析** 朱光磊主编。天津人民出版社1994年3月版。37万字。12.80元。运用阶层分析的方法，对我国80年代以来的阶层分化进行总体论述。对产业工人、第三产业职工、“三资”企业职工、乡镇企业职工、退休职工、失业职工、农业劳动者、知识分子、官员、乡村干部、乡村知识分子、个体劳动者、私营企业主、军人、大学生、盲流、乞丐和娼妓等18个阶层和社会群体,从其基本特征、经济收入、生活方式、劳动方式、政治态度、思想文化状态及其历史演变和发展态势等诸多方面进行定性和定量的分析;并论述了当代中国各阶层之间的矛盾问题和正确处理当代中国各种阶层矛盾的原则和方法问题。总论部分阐述当代中国社会阶层分化的历史前提、历史契机、分化的4种基本阶层类型,以及分化的主要特征,认为当代中国社会阶层的分化与重组是一个“从身分到契约”的过程。结语从总体上展望了我国90年代阶层分化的主要特征,并预言个体劳动者、私营企业主、雇工阶层将会扩大,食利者群体将悄然出现,企业家阶层将会形成,国家公务员阶层将会在社会生活中扮演重要角色等等。(盛家林)

D000124　**新中国建设大辞典**　范茂发、朱元珍主编。中国轻工业出版社1994年3月版。143.9万字。68.00元。收集近4 000词条。共分7部分,包括经济建设、政治建设、法制建设、国防建设、精神文明建设、教育与科技建设、党的建设等。对于人们研究、查询中国社会主义建设各时期的政策、法规、事件及各条战线上的专门术语等,都会有所帮助。辞典设有两套目录:一是总检词目录;二是分部检词目录。为方便读者查阅,目录均按词目首字笔划顺序编排。(彭倍勤)

D000125　**中国社会保障制度**　卫兴华主编。中国人民大学出版社1994年3月版。29.8万字。18.20元。研究和探索中国社会保障制度的形成及社会性质与功能的理论专著。对中国社会保障制度的历史与沿革、社会主义初级阶段多元化和多层次的社会保障体制、中国的收入保障制度、健康保障制度、农村社会保障制度、中国的社会福利与社会保障体制、社会救灾体制等方面做了详尽的论述。对我国公务人员的离休退休制度、中国人民解放军成员的社会保障制度、我国的保险制度,以及社会保障业的经营、社会保障制度与社会保障立法等方面也有专门阐述。还着重探讨我国社会保障制度的变化过程及发展趋势,并从我国建立社会主义经济体制的最新目标出发,提出建立社会主义社会保障制度的目标模式及向这一目标模式过渡的各项措施。对我国社会保障制度的完善提出了有关的政策性建议。(孙瑗)

D000126　**国脉所系——现代化与稳定**　聂运林、李清泉著。福建人民出版社1994年4月版。26.5万字。10.60元。分“挑战”、“成因”、“对策”上、中、下三篇。运用辩证唯物主义和历史唯物主义的基本原理,总结中国社会主义现代化建设的经验教训,反思国际共产主义运动的历史,认为社会稳定是社会政治发展的有序状态,包括社会发展的规律性、社会生活的有序性、政治更迭的连续性和守常性3个要素。稳定与不稳定是社会矛盾运动的两种形态,既是相对的,又是绝对的。这种相对性与绝对性的辩证统一,构成了社会发展的波浪式运动。在现代化与社会稳定这对矛盾中,社会稳定是实现现代化的前提条件,现代化则对社会稳定有着决定性的影响。作者认为,我国社会主义现代化与西方国家现代化相比,具有后发性和赶超性,因而在前进中某些矛盾和问题出现的频率、强度,远超过西方国家遇到的同类矛盾和问题。我国社会主义现代化建设从整体上加强了社会的稳定,也引发了某些领域非稳定因素的出现,妥善解决我国现代化与社会稳定之间的矛盾,保持国家长治久安,关键是坚持邓小平有中国特色社会主义理论和党的基本路线不动摇,从社会动力机制和社会稳定机制两方面探讨社会稳定的良策。既要抓住机遇、深化改革、扩大开放、加快发展,又要抓紧社会主义民主法制建设和精神文明建设,建立健全社会保障机制,把改革、发展、稳定有机结合起来。(林荣)

D000127　**建设有中国特色社会主义理论研究丛书**　江流主编。江西人民出版社1994年4月版。200万字。10册。70.00元。丛书共10册:《中国特色的社会主义理论研究》,内容有中国特色社会主义理论的提出和形成、精髓、核心内容、历史地位,中国特色社会主义现代化建设的战略步骤,中国特色社会主义的经济制度、政治制度、精神文明建设,以及统一祖国的创造性构想、对外关系的战略思想等。《中国特色的社会主义政治》,介绍有中国特色社会主义的国家制度、政党制度、政治制度、国家结构形式等内容。《中国特色的社会主义经济》,内容有中国特色社会主义所有制结构的形成和发展,中国特色社会主义的经济运行机制、分配制度,新运行机制中的市场机制、宏观调控,分配关系的调整与完善,中国特色的经济发展道路。《中国特色的社会主义文化》,论述有中国社会主义文化的指导思想、性质特征、体系构建、建设方针,中国社会主义文化对人类文化的吸收与贡献,中国社会主义文化中各民族文化的发展以及其各项文化事业等。《中国社会主义民主与法制》,内容有社会主义民主的实质,社会主义民主制度,决策的民主化和科学化,社会主义法制与法治,市场经济和民主与法制,加强立法工作,实行依法行政，保障独立审判和检察，完善监督机制，廉政建设。《建设有中国特色的社会主义统一战线》，内容有统一战线的基本问题，马克思列宁主义关于统一战线的基本原理及其在中国的运用和发展，统一战线与人民民主专政，新时期的爱国统一战线，中国共产党领导的多党合作和政治协商制度，工人阶级内部统一战线和共产党与党外人士的联盟，“一国两制”与海外统一战线，加强和改善党对统一战线的领导等。《社会主义与中国宗教》，内容有中国宗教的历史与变化，社会主义社会与中国宗教，改革开放后的中国宗教，中国宗教的展望与思考。《中国的民族与民族问题》，内容有多元一体——统一的多民族国家历史透视，历史选择——实行民族区域自治制度的必然性，时代变迁——跨越社会历史的伟大变革，民族平等——处理民族问题的基本原则，民族关系——民族问题解决程度的基本标志，发展趋势——世纪之交国内外民族问题的特点。《中国社会主义道路与农村现代化》，内容有农村现代化的第三条道路，传统的农村社会，农村的社会主义改造，公社化与艰难的农村现代化历程，二元社会结构，家庭经营：农村现代化的新起点，乡镇企业与农村工业化，小城镇与农村城市化，城乡协调发展与区域现代化，农民的终结：农村现代化的走向，马克思主义与中国农村现代化。《社会主义市场经济与执政党建设》，主要内容有正确认识社会主义市场经济与执政党建设的关系，社会主义市场经济原则对党建的效应，社会主义市场经济对党建提出的新问题，国际经济交流环境中党的建设，在社会主义市场经济发展过程中搞好执政党建设的对策，发展社会主义市场经济拓展共产党执政的基础。（徐建国）

D000128 **中国人民政治协商会议第八届全国委员会第二次会议文件** 中国人民政治协商会议全国委员会办公厅编。人民出版社 1994 年 4 月版。5.3 万字。3.00 元（大 32 开）；2.00 元（32 开）。中国人民政治协商会议第八届全国委员会第二次会议 1994 年 3 月 8 日至 3 月 19 日在北京举行。《文件》汇编了全国政协八届二次会议的主要文件，包括：全国政协八届二次会议对八届全国人大二次会议的几个报告表明态度的政治决议，叶选平副主席代表政协第八届全国委员会常务委员会作的工作报告，李瑞环主席在政协第八届全国委员会常务委员会第五次会议上的讲话和八届二次会议闭幕会上的讲话，政协八届二次会议关于《中国人民政治协商会议章程》（修正案）的决议，政协第八届全国委员会提案委员会关于八届一次会议以来提案工作情况的报告和关于政协八届二次会议提案审查情况的报告，八届二次会议增选副主席名单（2 名）和常务委员名单（7 名）及其简历，补选秘书长名单及其简历，增补委员名单（30 名）等。还收入《人民日报》和《人民政协报》祝贺全国政协八届二次会议隆重开幕和胜利闭幕分别发表的社论。（王能雄）

D000129 **中华人民共和国第八届全国人民代表大会第二次会议文件汇编** 全国人民代表大会常务委员会办公厅编。人民出版社 1994 年 4 月版。14.2万字。6.70 元（大 32 开）；4.50 元（32 开）。收入李鹏总理作的《政府工作报告》、国家计委主任陈锦华作的《关于 1993 年国民经济和社会发展计划执行情况与 1994 年国民经济和社会发展计划草案的报告》、财政部长刘仲藜作的《关于 1993 年国家预算执行情况和 1994 年国家预算草案的报告》、田纪云副委员长作的全国人大常委会工作报告、任建新院长作的《最高人民法院工作报告》、张思卿检察长作的《最高人民检察院工作报告》及相应的决议。还收入本次大会通过的《中华人民共和国预算法》及有关的议案、说明和审议结果的报告。同时收入全国人民代表大会关于授权厦门市人民代表大会及其常务委员会和厦门市人民政府分别制定法规和规章在厦门经济特区实施的决定、全国人民代表大会关于将全国人大环境保护委员会改为全国人大环境与资源保护委员会的决定。（王能雄）

D000130 **中国社会保障辞典** 苏廷林等主编。首都师范大学出版社 1994 年 4 月版。99.9 万字。49.00 元。社会保障制度是社会化大生产的产物。建国以来，我国的社会保障制度对于保障劳动者的合法权益，促进经济发展和维护社会安定团结等方面都发挥了巨大作用。本辞典的特色就在于强调社会保障制度是对我国公民基本权利的进一步保护。辞典收编了各国都有的对养老、伤残、疾病、死亡等抚恤条目，还编了我国独有的对军人、军烈属的优抚条目，救灾、扶贫条目，和对妇女、儿童各种权益保障的条目，突出了社会主义国家社会保障制度的特点。鉴于社会保障制度的发展趋势最终将从国家包揽的形式逐渐过渡到由国家、集体、个人等多方面出资的形式，在附录中选编有关商业保险和港、澳、台的社会保险制度以供参考。作者认为，社会保障不仅包括对老、弱、病、残、孤的扶助救济，也包括劳动力的育成、培养、保护、管理以及医疗卫生和各种社会福利，它是保障国家公民生活安定、社会安全，促进社会福利水平和社会生产不断发展的总制度;是全面建立社会主义市场经济,维护国家安定团结的政治局面,推进四化建设的社会发展安全体系。(张成水)

D000131 **向命运挑战丛书** 耿志远、罗宏曾等著。天津人民出版社1994年4月版。120万字。4册。30.00元。从世界范围挑选出一批敢于向命运抗争的人物,介绍他们勇于追求、顽强拼搏的感人事迹。突出"不向命运屈服、要向命运挑战"的主题。丛书共4册:1.《政治家的超群谋略》,展示列宁、林肯、戴高乐、甘地等29位政治活动家的远见卓识与显赫功绩;2.《企业家的生财之道》,介绍汽车大王亨利·福特一世、东芝电气总经理土光敏夫、"世界船王"包玉刚等25位企业家的企业谋略;3.《科学家的攀登脚印》,记载中国"导弹之父"钱学森、炸药大王诺贝尔、控制论的奠基人维纳等40名科技精英勇攀科学高峰的故事;4.《探险家的胆识乐趣》,描绘22名探索天地奥秘的勇敢者的光辉形象。(成其圣)

D000132 **李纯青台湾问题论集** 厦门大学出版社编。厦门大学出版社1994年4月版。26.5万字。6.80元。论集是李纯青近半个世纪来有关台湾问题论述的精选。采用文本主要是《望台湾》和《台湾问题研究》两部著作。前者是他晚年亲自整理的旧作,其中补写了一部分新话,本书从其60多篇文章中选用37篇;后者是他在晚年写就,逝世后由他夫人谈家芳整理出版。这是他在长期思考、长期积累的基础上撰写的学术论文,分为历史、经济、政治三篇,每篇开门见山地提出人们关心或尚有争议的问题,进行分析说理,显示了作者渊博的学识和独特的文风,故本书全部收入。一部分未发表的手稿,是关于台湾问题的读书笔记。还有12封家书。根据文章内容,新编论集分为7篇,即一、台湾是中国神圣领土;二、统一与对话;三、"二·二八"起义;四、台湾历史;五、台湾经济;六、台湾政治;七、附录,包括读书笔记和书信。本书在一定程度上反映了几十年来台湾问题的演变过程,提供了研究我国对台政策的若干线索,对于研究台湾问题,深化民族共识,完成祖国统一大业,有一定的学术价值和现实意义。(周养性)

D000133 **东南亚华侨通史** 吴凤斌主编。福建人民出版社1994年5月版。71.4万字。26.35元。"华侨华人研究丛书"之一。分古代、近代和现代3编,共22章,系统论述秦汉至20世纪40年代之间东南亚华侨的产生、发展与变化的历史进程,探讨不同时期华侨人口及其职业构成、经济结构,华侨社团、教育和报业,研究华侨产生的原因、发展及其特点,以及历代政府对华侨的政策和态度,并以大量史实论证东南亚华侨对居住国和祖国的贡献,华侨在不同历史时期的历史地位和作用。东南亚的华侨、华人占世界各地华侨、华人总数的80%以上,他们出国时间最早,影响最大,东南亚华侨史在世界华侨史中占有极端重要的地位和作用。(黄纯初)

D000134 **大潮中的思考** 潘琦著。广西人民出版社1994年5月版。18万字。4.80元。论文集。内容分"政治篇"、"思想篇"、"经济篇"、"文教篇"4部分。反映作者自觉的十一届三中全会以来,对邓小平建设有中国特色社会主义理论、党的建立社会主义市场经济体制理论、改革开放的理论,进行深入学习和研究的成果。(邓耘)

D000135 **思想政治工作的公关艺术** 刘廷亚、石书臣著。河北大学出版社1994年5月版。17万字。5.50元。本书以探讨新形势下思想政治工作的方法为主线,有机地把思想政治工作与公关艺术密切结合起来,系统地归纳和论述了思想政治工作的公关艺术。主要内容包括:思想政治工作需要公关艺术、思想政治工作塑造形象的艺术、思想政治工作尊重"公众"的艺术、思想政治工作注重环境的艺术、思想政治工作的传播沟通艺术、思想政治工作了解"公众"意愿的艺术、思想政治工作协调关系的艺术、思想政治工作处理人际关系的艺术、思想政治工作注意交往礼仪的艺术、思想政治工作讲究公关辞令的艺术、思想政治工作处理危机事件的艺术。(刁毅)

D000136 **中国知识分子的人文精神** 张岱年等著。河南人民出版社1994年5月版。38.2万字。19.00元。"中国知识分子丛书"之一。着重论述从先秦到现当代中国知识分子的人格形成与变化,价值追求与道德理想以及他们的文化定位。透过从各个角度对中国知识分子的人文精神的分析,从深层次上探讨中国知识分子精神世界的本质。指出,中国传统文化以伦理本位为核心,演化成内涵丰富的富有生命力的人文精神,这种人文精神成为构成中国知识分子特有的精神气质和生命活力的内容。该书紧紧围绕中国知识分子的人文精神。提出一系列值得重视的问题,具有深刻的见解。中国知识分子的人文精神是中国文化最为宝贵的一个组成部分。作者注重从此方面加以挖掘与论证,立足点高,概括性强,是对当代中国文化建设的理论回顾和对当代文化建设取向的宣言。(陈智英)

D000137 **台港暨海外学界论中国知识分子**

汤学智等编。河南人民出版社 1994 年 5 月版。40.5 万字。19.80 元。“中国知识分子丛书”之一。为进一步开拓人们的视野，深化对中国知识分子问题的研究，为了解和认识中国知识分子提供一个窗口。本书主要选取港台暨海外学者有关中国知识分子的论述，从人文科学的不同视角去观察和剖析中国知识分子问题。系统地论述和探讨中国知识分子的传统角色与历史命运，不同时期和不同历史阶段不同知识分子的奋斗历程与性格特征，论述了中国历代知识分子的形成及独特的气质和价值。（陈智英）

D000138 **海峡两岸关系史** 唐林生、管任福等著。湖北人民出版社 1994 年 5 月版。19 万字。6.50元。叙述了两岸的历史源流、交往及其近代对西方野蛮“蓝色文明”的抗击，重点透析了国民党 1949 年退踞台湾、两岸分离后，两岸关系在两岸经济、政治及国际政局的影响、制约和策动下，由激烈的军事对抗转为全面的冷战到逐渐和缓、反复变化、相互交往的缘由和过程。述及了“汪辜会谈”及其影响、后果等。（施先稳）

D000139 **改革开放大典** 王慎之、杨贵方主编。上海远东出版社 1994 年 5 月版。216.9 万字。158.00 元。全面阐述改革开放的理论、路线、方针和政策，系统展示改革开放以来所取得的丰硕成果和宝贵经验的大型资料工具书。分 3 卷。上卷：成就要览。主要内容为改革开放综述，介绍农村改革、企业改革、行业改革、科教改革、宏观经济改革、对外开放、经济特区等。中卷：理论建设。主要内容为观念的解放、市场经济理论、经济体制改革总论、企业改革、产业结构调整、农村体制改革、外贸体制改革、精神文明建设、民主与法制建设等。下卷：政策论要。主要内容有经济政策、政治政策、社会和文化政策等。附录部分为邓小平在武昌、深圳、珠海、上海等地的谈话要点，1978～1992 年改革开放大事记。（戴群利）

D000140 **中国民族自治地方行政学** 张瑞才、晓根著。云南大学出版社 1994 年 5 月版。17.6 万字。7.00 元。民族自治地方的行政管理作为我国行政管理的一个重要组成部分，有其自身形成和发展的历程，并具有十分显著的特征，它的形成、发展和特点都是由我国的国情和民族自治地方的历史、民族等因素决定的。该书内容包括绪论、民族自治地方的行政环境、民族自治地方的行政职能、民族自治地方的行政组织、民族自治地方的行政主体、民族自治地方的行政决策与执行、民族自治地方的行政权力、民族区域自治法概述、民族自治地方的财务行政、行政改革与效率。其特点是应用当代行政管理学中的“行政生态环境”观点对民族自治地方行政环境进行全面剖析。（张丽华）

D000141 **北京的会馆** 胡春焕、白鹤群编。中国经济出版社 1994 年 5 月版。30 万字。10.00 元。介绍明、清、民国三时期各省、府、郡、州、县在京建立会馆和同乡会的专著。内含 22 省、市、自治区及工商、行会馆 500 余所。每座会馆的历史沿革、地理位置、今昔状况、人文轶事、掌故传说都有较详尽的说明。全书涉及古今著名人物、政治家、思想家、文学家、教育家有千余人。是一部具有史料性的工具书。（李阿红）

D000142 **华侨华人丛书：世界华侨华人概况（欧洲、美洲卷）** 刘汉标、张兴汉编著。暨南大学出版社 1994 年 5 月版。28.7 万字。21.00 元。按欧、美的国别介绍该国华侨华人的侨居简史与人口变迁、经济状况、华文教育、华文报刊、社团组织、主要人物、侨史大事记。系统、全面地反映欧美地区华侨华人的历史与现状，为侨胞、侨务工作者、华侨华人文化研究者提供了更为广阔的研究空间。（陈红）

D000143 **公安业务工作指南** 刘文、陈占旭主编。东北朝鲜民族教育出版社 1994 年 6 月版。300 万字。120.00 元。详尽叙述公安各项工作内容、方法、要求，突出介绍各项公安专业工作的方针、政策、原则以及公安干警应具有的素质、条件和岗位职责。全书共分为：概论、纪检工作、政治工作、教育工作、法制工作、办公室工作、文保工作、治安工作、侦察工作、预审工作、外管工作、警卫工作、禁毒工作、通讯工作、交通管理、刑事技术、计财装备、劳教工作、消防工作、边防工作、武警工作、铁路公安、林业公安、交通公安、民航公安、公共安全、科技成果、英雄人物、大事记、法律法规等 31 编。（徐文渊）

D000144 **中国考绩制度史** 阎德民等著。河南人民出版社 1994 年 6 月版。26.5 万字。9.00 元。中国考绩制度是中国古代官吏管理制度的重要组成部分。本书全面论述中国古代考绩制度的产生和发展，介绍先秦时期、秦朝、汉朝、魏晋南北朝、唐朝、宋朝、金元时期、明朝等考绩制度，总结了考绩制度形成及演进的历史，并指出了中国古代考绩制度在历史上曾经起过的进步作用，实事求是地评析了考绩制度的利弊得失。（陈智英）

D000145 **戴笠和军统** 江绍贞著。河南人民出版社 1994 年 6 月版。25 万字。11.20 元。戴笠是众所周知的蒋家王朝特务头子，由他创建和领导的军事委员会调查统计局(简称“军统”)是民国时期最大的一个特务组织,它作为蒋介石独裁统治的重要工具,对中国政治社会造成很大的影响。戴笠领导军统所进行的特工活动,经历了十年内战和抗日战争两个时期。他们自始至终都秉承蒋介石的旨意,从事反共反人民的活动。但在抗日时期,戴笠及军统的活动一方面与敌伪勾结,另一方面也进行过锄奸、反间、敌后游击等抗日活动。作者搜集大量当事人的忆述文章,台湾出版的有关专著和资料,以及各种有关的文献史料,本着实事求是的原则,缜密地加以考证,摒弃社会上流传的某些似是而非、道听途说的所谓“秘闻”,力求全面客观地反映戴笠的一生,以及军统组织的概貌。(张黛)

D000146 **中华优秀传统文化教育丛书** 王晓春、李康平等著。江西教育出版社 1994 年 6 月版。75 万字。5 册。30.00 元。丛书分“中华民族精神”、“中华优良传统”、“中华历史知识”、“中华优秀文学”、“中华物质文明”等 5 册。着重介绍中华民族传统的伦理美德、爱国主义传统、延安精神和雷锋精神。讲述中国古代神话、寓言以及在诗经楚辞基础上不断发展的中国文学,还有中华古老的文明,如古代的农业、医学宝库、天文、历法、地学,古代的数学体系、古代的建筑成就以及中华民族对世界历史发展的贡献,特别是今天中国人民在现代化建设中获得的巨大成果。在介绍中华民族创造物质文明和精神文明的同时还介绍中华民族灾难深重的历史。该丛书是青少年爱国主义教育读物。(陈定华)

D000147 **青海省情知识手册** 严正德编。青海人民出版社 1994 年 6 月版。21 万字。10.00 元。分 7 篇:基本省情篇、政治篇、民族宗教篇、经济篇、文化篇、特产风味篇。全面介绍青海省的历史、地理、民族、宗教、经济、文化、教育、科技、卫生、体育、人口等方面的历史与现状。书前有彩色照片 50 幅,青海政区、交通、旅游、西宁市彩色地图 4 幅。突出了青海的地方、民族特色;以经济建设为中心,着重介绍与反映青海省的丰富资源、潜在优势、产业现状,以及已取得的主要成绩;这既是青海历史与现实的缩影,又是青海省情的指南。(李声)

D000148 **中国概况** 陈仁凤主编。上海教育出版社 1994 年 6 月版。24 万字。8.70 元。介绍中国国情的读物。分两大部分:第一部分(上编)概述当今中国的政治、经济、文化教育、宗教、少数民族、山川地理、行政区划等;第二部分(下编)概述中国的社会发展、语言文字、文学艺术、古代科技、传统思想以及民风习俗等。以外国人特别是外国留学生为主要读者对象。(顾景祥)

D000149 **云南民族工作 40 年(上下册)** 马曜等编著。云南民族出版社 1994 年 6 月版。102.2 万字。60.00 元(精);50.00 元(平)。记述新中国建立 40 年以来云南民族工作的发展过程和经验。上册分为五编:一、云南各民族的地理环境及其历史社会和政治经济文化特色;二、以社会改革和经济建设为基本内容的 40 年工作历程;三、贯彻执行以民族区域自治为中心的各项民族政策;四、民族自治地方的经济建设;五、民族地区的文化建设。下册为附录、附表:附录有“云南民族工作大事记”、“云南历代政区沿革”、“民主改革前云南 25 个少数民族社会经济形态”、“云南少数民族历史人物简介”;附表包括“民族源流”、“民族支系名称”、“南诏大理纪年”、“1950 年各地土司情况”、“云南与周边国家跨境民族人口分布”、“民族自治州、县、乡情况”等。这是国内第一部正式出版的以省、自治区为主的民族工作史。采取论从史出的方法,充分运用档案中的可靠材料和民族工作的实践,如实地反映成绩和失误,对云南 40 年的民族工作加以总结,从中找出规律性的认识。(李安泰)

D000150 **勇攀金山的人们** 潘琦主编。广西人民出版社 1994 年 7 月版。17.6 万字。8.20 元。叙述一批模范人物、经济能人,介绍他们在市场经济的大潮中努力拼搏、带领群众走向富裕的不平凡的经历。(邓耘)

D000151 **中国历代选官制度** 陈茂同著。华东师范大学出版社 1994 年 7 月版。62 万字。28.00 元。上溯夏商周、下逮元明清各朝各代选拔官吏的种种措施、方法、途径,以及错综复杂的封建权力斗争。写作以时代为背景,以王朝为框架,以择官为纲目,以兴衰为镜鉴,详细剖析了原始部落社会的“选贤禅让制”、奴隶社会的“世卿世禄制”、秦王朝“军功爵位制”、两汉时期“察举征辟制”、魏晋南北朝“九品中正制”、隋唐“科举取士制”,以及元明清各朝沿袭和变革取士制度的具体情况。后半部为“皇权论”、“宰相论”、“将帅论”、“宦官论”、“外戚论”、“关系论”、“党争论”、“贤材论”、“荐举论”、“科举论”。对皇帝、宰辅、宦官等封建朝廷中这些特殊官员进行专题论述,深刻揭示了封建选官制的内幕。主要论点和创见有:(一)全方位透视封建选官制度的利弊得失。对选官标准、取士科目、选拔途径、监察考核、黜陟升降、官场荣辱、人才流向等一系列问题进行评述。(二)选贤任能是关系到国家兴亡、社会发展的头等大事。得人才者国兴,失人才者国衰。(三)封建宫廷的斗争主要是权力之争,也是用人权的斗争。用人唯贤和用人唯亲的斗争贯穿封建王朝始终。另有《历代职官沿革史》一书为姐妹篇。(张哲永)

D000152 **建设有中国特色社会主义理论与唯物史观的发展** 张维久主编。吉林人民出版社 1994 年 7 月版。38 万字。8.00 元。系统地回答了中国如何建设社会主义,如何巩固和发展社会主义的一系列基本问题,是对马克思主义唯物史的重大发展,是我们进行改革开放,进行社会主义现代化建设的指导性理论。(关静)

D000153 **中国历代廉政通观** 杨洪柱等著。济南出版社 1994 年 7 月版。130 万字。45.00 元。以中华书局标点的《二十五史》为基本依据,从爱民、勤政、执法、廉洁、俭约、谦让、戒子 7 个方面,系统地反映中华民族的优秀廉政传统。全书选编 1 475 个条目,对各个条目涉及的历史人物、历史事件和古地名、古年号以及其他费解的词语作必要的注释。其特点:介绍一些历史人物的廉洁事迹,其中以山东籍及在山东任职的人士占有相当比重。适量选录历代帝王的诏令和各级官吏的谏议。(丁少伦)

D000154 **走向辉煌(少年版、青年版)** 黄京尧、沈世豪等著。江西人民出版社 1994 年 7 月版。26.8 万字。2 册。6.40 元。为纪念中华人民共和国成立 45 周年而编写,旨在让广大青少年对这段历史有一个全面的了解和认识,以激发他们热爱祖国,热爱中国共产党,热爱社会主义的感情。该书分少年和青年两种版本,生动叙述中华人民共和国走过的 45 年的光辉历程、讴歌人民群众创造的辉煌业绩。(冯江南)

D000155 **井冈山精神教育丛书** 中共江西省委党史委员会编。江西人民出版社 1994 年 7 月版。135.3 万字。10 册。46.40 元。丛书收集一些中央领导同志在井冈山视察的纪实,一些老同志关于井冈山革命传统的谈话录和回忆文章,以及一些革命小故事。共 10 册,书名分别为:《光辉的第一山》、《光荣的赣东北》、《苏区干部好作风》、《军旗升起的地方》、《创造第一等的工作》、《呼啸的群山》、《真正的铜墙铁壁》、《井冈雄魂》、《安源红潮》、《红星照征程》等。(余晖)

D000156 **走自己的路** 副名:中国民主政治建设和改革论集。邱敦红著。江西人民出版社 1994 年 7 月版。41 万字。16.00 元。论述中国的民主政治建设和改革。分 3 部分:第一部分为理论篇,阐述民主政治的基本问题和据以建设和改革的理论原则。包括民主的基本问题、民主原则、党内民主、经济民主、学术民主、民主建设、走自己的路等;第二部分为制度篇,是本书的主体部分。包括人民代表大会制度、政府制度、司法制度、政党制度、选举制度、人事制度等;第三部分是辨析篇,分析批驳围绕我国政治体制改革而产生的各种错误思想和模糊认识,包括政治多元化、全盘西化、反封反资问题、人治与法制问题、自由、平等与博爱、人权等。各部分既可独立成章,又有紧密的内在联系。(陈翠玲)

D000157 **中国共产党主要领导人论民族问题** 国家民委政策研究室编。民族出版社 1994 年 7 月版。16 万字。7.20 元(平);12.00 元(精)。以时间为序,收入毛泽东、周恩来、刘少奇、朱德、邓小平、江泽民、李鹏等中国共产党主要领导人从 1921 年建党伊始至 1992 年间所撰写的有关民族工作的著作、讲话、报告、电文、新闻修改稿及信件共 81 篇。其中从建党到中华人民共和国成立的有 19 篇;从建国到历史性转变的有 47 篇;党的十一届三中全会后至 1992 年的有 15 篇。有些文稿是第一次公开发表。文稿集中体现了毛泽东思想中关于解决中国民族问题的理论和原则;再现了中国共产党和中华人民共和国在各个历史时期解决民族问题的历史轨迹;对现实的民族工作有重大的指导意义,是解决具有中国特色的社会主义民族问题的理论依据和原则。文稿具有极高的阅读、研究和珍藏价值。(周凤荣)

D000158 **论民族问题** 赵延年主编。民族出版社 1994 年 7 月版。39 万字。8.65 元。共收入论文 44 篇。所论述的问题多且广,其中包括如何进一步坚持和完善《民族区域自治法》;如何在改革开放中理顺与民族问题相互交织在一起的中央与地方、地方与地方之间的经济发展问题;如何尽快缩小在社会主义市场经济体制建立和发展中产生的东西部逐渐拉大的距离;如何解决在社会主义市场经济体制下民族之间经济权益上的矛盾;如何发展社会主义市场经济体制下城市民族经济;如何加强民族地区乡镇企业的中心作用;如何进行民族地区人力开发;如何对待新时期民族问题产生的范围、存在的形式及出现的新特点;如何解决各民族共同繁荣进步的制约因素;如何对待改革大潮中因打破地区和民族界限所出现的人口双向流动及所产生的民族关系的新情况、新问题等。尤其是把散杂居的少数民族及其经济的振兴也作为一个专题来研究并对其存在的问

题提出一些具体可行的办法,有较高的学术品位和指导意义。(周凤荣)

D000159 **从政史鉴(修订本)** 罗宏曾主编。天津社会科学院出版社 1994 年 7 月版。85 万字。45.00 元。共分五篇,前四篇为"从政之道"、"从政原则"、"从政方略"、"从政修养",末篇为"从政禁戒"。前四篇列举从政者中德高志远、勤政爱民、尊贤务实、刚正不阿、廉洁奉公的美德,末篇列举从政者中为人所不齿的败类丑行。集历代治国之道、执政准则,用人之方及从政艺术的经验教训之大成。作者认为,历史上的经验和传统文化精华,值得后人借鉴。诸如在治理国家、安定社会、修养品德、成就事业等方面,均有许多至理名言。"正奇互补"、"乱极而治"的朴素辩证法,"民为贵"、"天下为公"的民本思想,"先天下之忧而忧,后天下之乐而乐"的政治抱负等,至今仍闪耀着哲理的光辉。(许幼珊)

D000160 **新世纪的奠基理论** 邓全意著。西南师范大学出版社 1994 年 7 月版。30.4 万字。5.85 元。理论文集。共收入学习邓小平建设有中国特色社会主义理论论文 27 篇。全书抓住领导干部学习这个重点,认真贯彻邓小平的"学马列要精、要管用"的精神,边学习边思考,密切联系实际,立足于用建设有中国特色社会主义理论来分析、认识和解决问题。特别强调建设有中国特色社会主义的理论,是党和国家根本的指导思想,是我们集中力量进行社会主义现代化建设,做好各项工作的指导方针。我们党的各级干部,应带头学习邓小平的战略思想、理论观点,学会运用马克思主义立场、观点和方法研究新情况,解决新问题。(柏松)

D000161 **福建省社会发展成就画册** 《福建省社会发展成就画册》编委会编。福建科学技术出版社 1994 年 8 月版。168 码。105.00 元(精);90.00 元(平)。画册分 12 部分,约 400 幅彩色照片,介绍福建省社会事业发展成就。主要分为:科学技术,教育,人口、卫生、环境保护,文化、广播电视、出版,体育,旅游,社会保障、社会福利,公安司法,群众团体,少数民族地区,厦门特区。各部分还分为若干图组,分别体现社会事业各方面的主要成就和状况。画册讴歌了在党的领导下,福建人民团结奋斗,开拓进取,经济建设和社会事业取得令人瞩目的成就。反映科技事业欣欣向荣,教育事业蓬勃发展,城乡卫生保健条件不断改善,文化、体育、广播电视、新闻出版事业日益兴旺的景象。画册采用中、英两种文字介绍。(林为建)

D000162 **绍兴师爷** 王振忠著。福建人民出版社 1994 年 8 月版。12.8 万字。4.10 元。"区域人群文化丛书"之一。叙述明清时代特殊的官衙幕僚阶层——"绍兴师爷"的区域乡土背景,介绍他们在封建政治体制下的作用,以及他们的心理感受和对明清社会风尚的重大影响。本书史料取材范围广,包括政书、文集、尺牍、日记、笔记、戏曲、年谱、回忆录等。(林斌)

D000163 **福建兴业事典** 《福建兴业事典》编委会编。福建人民出版社 1994 年 8 月版。183 万字。48.55 元。分综合篇、地市篇、行业篇、科技篇、教育篇,以纪实手法记载福建省 1949 年中华人民共和国成立至 1993 年的巨变,尤其是改革开放以后的巨变。书后附篇为"先秦至民国的福建经济发展大事记"。(陈云)

D000164 **福建省毕业生就业制度改革研究** 骆烟良主编。福建人民出版社 1994 年 8 月版。16.4 万字。4.85 元。提出福建省高校毕业生就业制度向市场经济方向转轨的改革方案。认为毕业生就业制度改革分两步到位。第一步的对象主要为目前在校生,执行"指令性计划与市场调节双轨并行,一定期限内国家负责推荐就业措施";第二步执行"交费读书、供需透明、按劳分配、政府调控、双选就业"。(陈云)

D000165 **历史辩证法和现代社会主义实践** 孟庆仁著。广西人民出版社 1994 年 8 月版。22 万字。8.60 元。介绍现代社会主义实践中革命的根源、革命的道路、革命的路线等方面,概括了革命时期历史辩证法的丰富和发展。在总结经验的基础上,又以建设的根据、建设的道路和建设中的革命几个问题去说明建设时期历史辩证法的内容。作者认为经过世纪之交的伟大历史时期,现代社会主义运动定会出现一个在更高层次上的大发展。收入"当代哲学丛书"。(邓耘)

D000166 **从毛泽东到邓小平** 副名:中国特色的成功之路。韩荣璋、曲庆彪主编。湖北人民出版社 1994 年 8 月版。30 万字。11.50 元。从国际国内的历史出发,把有中国特色社会主义建设道路的探索,置于中国与世界交融、历史与现实契合的浑厚、恢宏的背景与氛围之中。展现当代马克思主义中国化的艰难历程和中国走社会主义道路的历史必然性,揭示开拓建设有中国特色社会主义道路的社会现实性及其在马克思主义发展史上所处的历史方位。对建设有中国特色社会主义理论的形成发展过程作了深入分析。一是毛泽东新民主主义社会理论的阐发与实践，为特色理论的探索与创立，提供理论参数；二是 50、60 年代的探索，为特色理论提供起点；三是十一届三中全会以后，邓小平继往开来，领导全国人民开始的改革开放，实现了全面探索有中国特色社会主义的伟大转折；四是党的十二大前后，以邓小平为首的党中央在全面开创社会主义现代化建设新局面这一思路上，认真总结经验，把马克思主义原理同我国的具体实践相结合，形成特色理论的雏形；五是十三大以后，基本实现马克思主义与中国实践相结合的第二次历史性飞跃，形成有中国特色社会主义理论的轮廓；六是十四大以来，邓小平不断升华这一理论，使其形成体系，标志着当代马克思主义中国化的基本实现。（雷振清）

D000167 **中国人权建设** 苏明主编。四川人民出版社 1994 年 8 月版。60 万字。25.80 元。分“中国人权立法”和“中国人权保障实践”两部分。第一部分选辑我国现行宪法、法律、法规中关于保障公民的各项权利——如政治、人身、经济财产、劳动和社会、文化教育、少数民族、宗教、妇女、儿童及老人、残疾人、环境、涉嫌人、刑事被告和罪犯等 12 个方面的权利——的规定和条文；第二部分通过大量的统计数字、典型事例及事实材料，详细论述我国人权保障的实际状况，其内容涉及在 20 多个方面对人权及基本自由的保障。是了解我国人权建设、人权状况及研究中国人权理论的参考书。（汪淼）

D000168 **近代旅日华侨与东亚沿海地区交易圈** 副名：长崎华商“泰益号”文书研究。[日]市川信爱、[中]戴一峰主编。厦门大学出版社 1994 年 8 月版。33.2 万字。12.00 元。由中（包括台湾）日学者长期合作、对近代旅日华商“泰益号”档案资料研究成果进行综合归纳。以“泰益号”遗存的文书资料作为研究基础，系统地研究了近代东亚沿海地区经济交流与发展的状况，对海外华侨在其中所扮演的重要角色作了评价。除序言外，共分 4 章。序言介绍研究课题的形成经过，研究的方法、意义及其价值。第一章为全书的背景部分，介绍近代日本华侨社会的形成和发展，以及华侨的经济状况，认为日本开港后的海外贸易主要不是由欧美商人承担，而是由中国商人尤其是华侨商人开拓。第二章则把“泰益号”的兴衰历史与长崎华侨社会的发展变化结合起来考察，介绍“泰益号”遗留的档案资料的概况。第三章以“泰益号”为个案，深入具体地考察了近代东亚沿海地区贸易网络的形成、演化、内部结构、运作方式等种种特点，包括长崎贸易网与福建会馆的活动，台湾与长崎的贸易特色，上海、长崎、台北的三角贸易圈，大连与门司、下关的贸易网以及厦门贸易网络等。第四章从其他领域和学科来说明本书的海上交易网络。运用家谱和族谱的资料、运用旧海关的资料、运用对日本华侨的故乡——福建省福清市进行的实证调查资料，来探讨东亚沿海贸易网络这一研究领域的发展与前景。（徐长春）

D000169 **建设中的全国模范自治州——延边** 文龙吉编。延边人民出版社 1994 年 8 月版。12.8 万字。24.50 元。综合性读物。介绍自治州成立 40 多年来取得的巨大成就和美好的发展前景。（崔日均）

D000170 **中国特色社会主义概论** 丁祯彦等著。广西教育出版社 1994 年 8 月第三版。42 万字。8.50 元。依据邓小平关于建设有中国特色社会主义的一系列论述，运用马克思主义的基本原理与中国实践相结合的原则，较全面地阐明了中国特色社会主义的依据、形成和发展，对社会主义初级阶段的理论、社会主义初级阶段的社会矛盾、基本任务、发展的动力、基本路线、政治保证、商品经济、所有制结构、分配制度、精神文明、经济发展的外部条件、党的建设、“一国两制”，以及对社会主义事业的展望等一系列理论和实践课题，进行较深入的探讨和系统概括。是一部多学科有机结合的综合性学术理论著作。（蒙子良）

D000171 **他山之石——海外反腐肃贪要览** 季正矩、陈德元编。北京出版社 1994 年 9 月版。26 万字。7.80 元。在参考国内外大量资料和成果的基础上，以国外学者对腐败问题研究的概况为起点，对国外反腐败的机构、措施、方法、成功经验等方面作详尽的描述和系统的剖析，并从国外反腐败的坎坷历程中总结一些国家反腐失败的惨痛教训。为深入、切实、有效地开展反腐败斗争提供借鉴。（龙杰）

D000172 **广州（画册）** 广州市人民政府新闻办公室、广州市人民政府外事办公室编。广州出版社 1994 年 9 月版。240 幅。150.00 元。大型彩色图片集。精选数百幅精美彩色照片，展现广州市的城市风貌和建设成就，重点突出改革开放以来所取得的重大成就和日益改善的人民生活。主要内容有：都市风貌、风光名胜、基础设施、农业工业、商业贸易、金融事业、外经外贸、文化教育、人民生活、友好交往等，并附广州市地图和地铁与轻轨线路规划图。全书用中英文两种文字说明。（麦志强）

D000173 **中国社会保障论** 郑功成著。湖北人民出版社 1994 年 9 月版。45.7 万字。16.80 元。分 4 篇 16 章,介绍中国社会保障的基本理论和中国社会保障思想、保障制度的形成及其历史发展过程,并联系我国实际,对中国社会保障制度的改革提出了一些具有创见性的构想。在渊源篇,介绍了古代社会保障思想溯源、古代社会保障制度及实践;在当代篇,介绍了新中国社会保障制度、社会保险、社会救助、社会福利、军人社会保障、医疗保障;在发展篇,介绍了经济发展与社会保障、社会发展与社会保障、社会保障法律制度、社会保障的改革与发展、新型社会保障体系结构及内容;在港澳台篇,介绍了香港、澳门、台湾地区的社会保障制度。附有图表说明。(张开群)

D000174 **上海改革开放风云录** 中共上海市委党史研究室编。上海人民出版社 1994 年 9 月版。187.2 万字。90.00 元。反映上海改革开放成就的文集。总述内容有:(一)概括 80 年代上海改革开放取得的成就;(二)阐述 90 年代上海改革开放进入新阶段,其工作重点在于加强基础设施建设、改变城市面貌,优先发展第三产业,加快发展高新技术;(三)深化改革,率先建立社会主义市场经济,切实搞好国有大中型企业,走上世界经济大舞台,搞活区县经济;(四)扩大开放,建立以浦东为重点的全方位开放格局;(五)精神文明建设取得新进展;(六)面向 21 世纪,谱写新篇章。还有"开发篇"、"工业农业篇"、"贸易金融篇"、"城建交通篇"、"政治法制篇"、"科教文化篇"、"党建篇"、"人物篇"共 251 篇文章,分别记述上海各系统和典型单位改革开放的新人新事。(沈澄梁)

D000175 **古今中外反腐倡廉要览** 中共天津市纪律检查委员会、天津市社会科学界联合会编。天津人民出版社 1994 年 9 月版。127 万字。45.00 元。配合反腐败斗争,加强党风和廉政建设编辑出版的综合工具书。以马列主义、毛泽东思想,特别是以邓小平建设有中国特色社会主义的理论和党的基本路线为指导,以党和国家反腐倡廉的有关文件精神为依据,以当代中国反腐倡廉的理论和实践为主体,掌握"以我为主、为我所用"的原则,选编古今中外的有关论述、法规和案例,以为借鉴。分 5 编。第一编介绍马克思、恩格斯、列宁、斯大林论党风和廉政建设;第二编介绍毛泽东、周恩来、刘少奇、朱德、邓小平、陈云以及江泽民等领导同志的论述和当代中国反腐倡廉的理论和实践;第三编记叙古代近代中国廉政概况;第四编写外国防腐反腐借鉴;第五编写国际反腐斗争简介。该书具有反腐倡廉的理(理论)、法(法律、法规、法制、案例)、史(历史)、事(事实、事件)兼备的特点。(高景萍)

D000176 **走向辉煌** 史莲喜著。天津人民出版社 1994 年 9 月版。29.7 万字。9.80 元。全面反映天津开发区 10 年建设经验和开发建设的历程。收录反映开发区经济、政治、法律、思想和文化等各个领域的文章数十篇,记述了天津开发区自 1984 年至 1994 年 10 年间的巨大变化。(杨乡桥)

D000177 **爱国统一战线与社会主义市场经济** 副名:武汉市第六次统战理论研讨会论文选集。魏联方主编。武汉出版社 1994 年 9 月版。28.7 万字。12.00 元。收入武汉市第六次统战理论研讨会论文共 56 篇,根据论文内容分为综合类、民主党派工作、工商联工作、知识分子工作、海外统战工作、民族宗教工作、人民政协工作、基层统战工作、统战人物工作、统战理论研究工作 10 部分。它是武汉地区从事统一战线理论研究的专家学者和在统一战线工作的实际工作者在学习贯彻中共十四大、十四届三中全会决定和全国统战工作会议精神的新形势下的理论和经验总结。(万忠)

D000178 **清廉曲与警世钟** 中共铁道部纪律检查委员会。中国铁道出版社 1994 年 9 月版。31.2 万字。8.00 元。分上下篇。上篇汇集全国铁路各条战线上廉洁自律、无私奉献的老先进和老典型,他们的事迹是广大党员、干部学习的好榜样。下篇选编 1992 年全路纪检监察机关查处的部分典型案例,并从思想根源、社会根源、经济根源等方面进行剖析,给人以启迪和教益。(荆志文)

D000179 **文献通考研究** 王瑞明主编。中州古籍出版社 1994 年 9 月版。32.1 万字。15.00 元。《文献通考》是元代马端临所著研究我国南宋以前各朝代典章制度的历史名著。本书是研究《文献通考》的论文集。共收文章 25 篇,对田赋、钱币、户口、职役、征榷、市籴、土贡、国用、选举、学校、职官、郊社、宗庙、王礼、乐、兵、刑、经籍、帝系、封建、象纬、物异、舆地、四裔二十四考进行全面地分析探讨。在充分肯定其史学价值的同时,从不同角度指出其不足。在研究方法上,主要侧重于同唐代史学家杜佑所著的我国第一部典章制度通史《通典》的比较上,辨析异同,现其特色,突出其历史进步价值。(孙宝瑞)

D000180 **中华美德图说** 钟起煌主编。21 世纪出版社 1994 年 10 月版。8 万字。320 幅图。8 册。64.00 元。所选题材从古至今,反映中华美德一脉相承的延续性。分为爱国篇、志向篇、团结篇、勤学篇、勤俭篇、敬长篇、遵纪篇、待人篇。每篇一本，下设21个子目，讲述63个真实的历史故事。全套书采用大幅彩图相配的形式，共有320幅图。每本之后附有英文故事梗概，之前有导读性的文章，“编辑叔叔对你说”。（肖飞飞）

D000181 **行政学教程** 王武岭著。河北大学出版社1994年10月版。24.8万字。7.50元。行政学是研究国家行政组织对社会公共事务进行有效管理的规律的科学。其主要内容无疑是研究国家行政机关的设置、职能、运转规律以及国家对经济和社会生活的管理，是一门实践性很强的应用学科。它的实践性的特点决定了行政学必然随着社会实践的发展而发展。党的十四大以后，随着我国经济改革的深入和社会主义市场经济体制的建立，向国家行政管理提出了一系列新课题。教材力图反映和探讨社会主义市场经济条件下我国行政管理的新情况、新特点。（夏杏芝）

D000182 **封建衙门探秘** 完颜绍元著。天津教育出版社1994年10月版。13.6万字。5.25元。剖析中国封建社会的最基层统治机构——封建衙门的方方面面。从衙门八字入手，以生动典型的材料，透视了县衙门的组织机构、人事制度，它的职能权限及官场中的各种舞弊丑陋现象。诸如吏员的升迁、俸禄、审案、断狱，以及官场的明争暗斗，贪赃枉法，吏滑如油等，揭示了衙门内幕的阴暗面。（孙丽亚）

D000183 **中国国民党百年风云录** 程思远主编。延边大学出版社1994年10月版。320万字。全面介绍中国国民党百年来的兴衰发展历程，对中国国民党在中国近现代社会政治生活中的作用以及国共两党关系发展进程作了较为系统的评述。此书对于客观地认识和评价中国国民党，了解中国国民党的基本情况，推进两岸关系的发展和祖国统一大业实现，具有积极的意义和作用。（陈萍）

D000184 **中华人民共和国公安规章汇编** 中华人民共和国公安部编。中国人民公安大学出版社1994年10月版。94万字。32.00元。收录1957年～1993年制定的现行公安规章291件，分3部分：第一部分，总类。第二部分，公安刑事司法规章。主要包括：刑法（总类、犯罪、刑罚、其它）、刑事办案程序（总类、管辖、证据、强制措施、期限、其它）。第三部分，公安行政规章。主要有：治安管理（户籍与身份证管理、公安秩序管理、特业管理、枪支与刀具管理、易燃易爆与危险物品管理）、交通管理（车辆管理、道路运行及证件管理、驾驶员管理）、边防及出入境管理（边防管理、出入境管理）、消防管理（消防监督、消防技术规范、消防组织）、治安处罚及行政强制措施（治安处罚、劳动教养及收容教育、队伍管理、其它）。（侯玲）

D000185 **中华的魅力** 杨洪范主编。当代世界出版社1994年11月版。54万字。28.80元。全书分独领风骚的古代文明、令人神往的名胜景观、使人陶醉的民族风情、不能忘记的近代屈辱、可歌可泣的革命史诗、艰难曲折的建设探索、震撼世界的改革大潮、世界瞩目的港澳与台湾、情系中华的海外赤子等10个篇章，从不同侧面展示中华民族独具魅力之所在。（钟清清）

D000186 **市场经济与精神文明建设** 李恩潮、蔡联仑主编。广西人民出版社1994年11月版。9.3万字。4.20元。从“社会主义市场经济与精神文明建设”、“建立健全社会主义市场经济法律体系”、“社会主义市场经济与党性原则”三方面，阐明社会主义市场经济与精神文明建设之间的关系及相互作用。收入“社会主义市场经济知识丛书”。（邓耘）

D000187 **新疆经济社会全书** 王桥主编。新疆人民出版社1994年11月版。58万字。80.00元。分20章：新疆概述，首府乌鲁木齐，各地、州、市，口岸和新开放城市，投资软环境——各项优惠政策，大型农垦农工商联合企业——新疆生产建设兵团，农牧林渔及荒地野生资源，能源工业和矿产，轻纺工业，乡镇企业，个体和私营经济，商品流通，外经外贸，财政·金融·税务，交通邮电，新疆科学技术事业，教育·文化·卫生，民族·宗教·风情，新疆山水·名胜古迹，与新疆相邻的周边国家概况。（罗五凡 罗克华）

D000188 **光辉的中华 伟大的民族** 副名：爱国主义教育学习提纲。陈漪明主编。中国人事出版社1994年11月版。16.76万字。6.00元。为配合中共中央宣传部制定的《爱国主义教育实施纲要》而编写的一部以青少年为主要读者对象的爱国主义教育读本。有5章29节。各章内容依次为：锦绣的河山和丰富的资源；悠久的历史和灿烂的文化；近代的屈辱和反抗斗争；没有共产党就没有新中国；光辉的十五年。书后特加三节内容，作为附录，名为富饶美丽的中原大地。（殷崇文）

D000189 **国民党政府政治制度档案史料选编** 孔庆泰著。安徽教育出版社1994年12月版。120万字。上、下册。37.00元。对国民党政府政治制度史进行研究，从中国第二历史档案馆浩瀚的馆藏材料中精心选辑。其特点有：一、所收档案史料绝大部分选自馆藏国民党政府中央各主要机关的原始档案；二、收录的档案基本上全文照录，保存档案材料的历史原貌；三、还收录孙中山有关政权建设的相关资料和北伐前的广州国民党政府档案内的有关政治制度方面的史料。(张崇贵)

D000190 **日本华侨史** 罗晃潮著。广东高等教育出版社1994年12月版。35.4万字。15.00元。叙述起于秦朝徐福东渡，到20世纪90年代的日本华侨史，时间跨度2000多年。内容包括华侨社会、经济、政治、文化、教育等方面，系统反映日本华侨社会产生和发展的历程和全貌。着重阐述日本华侨的经济贸易情况，文化教育活动。强烈的民族意识，以及对祖国的支援和贡献等方面，清楚地反映了日本华侨社会的特点。收入“世界华侨史丛书”。(詹家豪)

D000191 **论精神生产力** 刘贵访著。广西人民出版社1994年12月版。32万字。15.00元。收入40多篇经济论文。主要论述在生产力经济学领域作为精神生产力的科学，它在发展生产力、振兴经济中的地位和作用问题。全书分5部分：一、生产力经济研究；二、商品经济、市场经济研究；三、经济效益研究；四、粮食问题研究；五、其他经济问题研究。(邓耘)

D000192 **中国古代治安制度史** 朱绍侯主编。河南大学出版社1994年12月版。65万字。21.00元。社会治安，是任何形态的国家政权都十分关注的问题。中国古代由于军政不分、军警不分、司法刑狱不分，因而并不存在独立、完整、系统的治安制度，也没人写过中国古代治安制度史。本书从中国古代政治、军事、司法、监察以及其他各种制度中分离组合而成。其内容有：一，历代统治阶级的治安思想；二，历代有关治安的法制建设；三，历代政权结构中的治安职能；四，历代中央的治安保卫制度；五，历代地方(包括边疆)的治安制度；六，历代户籍管理制度、消防制度以及对驿传、关卡、市场、娱乐、赌博等管理制度；历代救荒及流民安置措施；八，对各类人员的管理措施等。(西伯)

D000193 **中国民主党派工作辞典** 孙连全、杜永生主编。黑龙江教育出版社1994年12月版。83万字。63.00元。共分总论、中国共产党关于统一战线与民主党派工作、多党合作和政治协商、中国民主党派、各民主党派章程、为社会主义现代化建设服务、民主党派自身建设、领导人重要讲话与重要文献、各民主党派重要会议、各民主党派重要人物、民主党派参加的重大历史事件、人民团体·报刊·出版社等12个部分，收1 587个词条。编者从1948年民主党派响应中国共产党“五一号召”开笔，一直写到1994年6月，系统概括中国民主党派工作的理论与实践，阐明民主党派工作与统一战线工作的关系，指明了具有中国特色的参政党在我国现代化经济建设、民主政治建设、祖国统一、振兴中华事业中的地位与作用、优势和前景，是一部史论结合的工具书。(王晓明)

D000194 **党政机关事务工作** 韩茂华主编。内蒙古人民出版社1994年12月版。28.8万字。12.00元。详细阐述党政机关工作的任务特点、工作职能及其重要作用和应遵循的原则，研究、探讨党政机关事务工作改革的方向及具体步骤等问题。其特点有：突出服务性，阐明搞好服务是党政机关事务工作的出发点和归宿；强调政策性，指明党政机关事务工作涉及党和国家的方针政策，关系到广大干部职工的切身利益，政策性很强。(常青)

D000195 **建设有中国特色社会主义理论形成发展大事记** 中共党史资料编辑部编。武汉出版社1994年12月版。45万字。24.00元。以大事记的形式反映邓小平建设有中国特色社会主义理论形成发展的过程，特别是从这一理论本身的进展以及它在实践中接受检验并指导实践发展这样两个方面来反映邓小平建设有中国特色社会主义理论的发展过程。对我国社会主义建设的经验和教训、成绩和挫折也作了实事求是的记录。(王业劲)

D000196 **华侨华人研究文献索引(1980～1990)** 曾伊平、陈丽娘编。厦门大学出版社1994年12月版。52.8万字。20.00元。研究华侨华人问题的工具书。收录1980～1990年国内外出版的中外文期刊和部分论文集的有关文献资料，是80年代以来我国较全面、完整的一部华侨华人问题资料索引。共收录中文条目约6 200条，外文(包括日文、英文和印尼文)条目共2 100条。索引按文种分别分类，中文部分共设六个大类：华侨华人总论、华侨华人政治、华侨华人经济、华侨华人社会文化、华侨历史和华侨华人人物研究。这改变以往把华侨华人问题资料统归于历史类的做法，较适应于当前华侨华人的研究。有关人物研究的中文资料按姓氏笔划排列。外文部分先按(世界)总论及国家和地区分类，下设综合、政治、经济、文化、历史、人物等类。这样分类有利于读者迅速、便捷地查寻有关资料的线索。(陈丽贞)

D000197 **中国地下社会(清前期秘密社会卷)** 秦宝琦著。学苑出版社 1994 年 12 月版。48 万字。20.00 元。全面论述清代前期(1644～1840)产生于中国下层社会带有自发结成的互济互助、自卫抗暴性质而不为政府认可的秘密教门和秘密会党的社会性质与社会功能,以及清前期秘密社会历史分期与发展脉络。由以下部分组成:总论、清代秘密教门溯源、清代秘密会党的起源、清初秘密社会的发展趋势、秘密教门的初步发展、八卦教、秘密会党的兴起与初步发展、黄天教及其支派、红阳教、混元教与收元教、川楚陕白莲教起义、乾嘉道时期秘密教门的零散活动、清朝中叶以后的罗教与大乘教、会党从秘密传播到公开反抗、嘉道年间秘密会党的发展、天理教与老理会、天理教起义、清茶门教与收圆教、嘉道年间的离卦教。最后附有清前期秘密社会研究论著索引,收录绝大部分有关中文、日文、西文的论著,时间截止为 1993 年底。(郭强)

D000198 **当代中国的马克思主义** 徐崇温著。中国青年出版社 1994 年 12 月版。21 万字。9.60 元。通过多层次的历史比较,阐述当代中国的马克思主义——建设有中国特色的社会主义理论。首先是当代中国的马克思主义和马克思主义经典作家在社会主义建设理论的基本观点方面的比较,同时在一些重大问题上和西方的也和原苏联东欧的有关理论观点的比较;其次是建设有中国特色的社会主义的实践和中共十一届三中全会前我国社会主义建设实践及原苏联东欧国家社会主义建设实践的比较;也穿插有和发达资本主义国家、我国的一些周边国家经济发展情况的比较;再次是时代和历史时期的比较。在进行这种历史比较的过程中,引用了经济史方面的数据和政治思想方面的资料,以及国外各派政治力量对当代发生的一些重大历史事件的种种反映和评论。对一些疑难问题进行解疑释惑的辨析。把社会主义放到人类历史的长河和世界政治的全局中,探索马克思主义的历史命运。收入"社科新论丛书"。(王瑞)

外国政治

D000199 **当代日本纵横** 甘峰、俞素美著。浙江大学出版社 1994 年 1 月版。22.5 万字。4.35 元。分 16 个专题,分别论述日本的经济、政治、外交、文化、艺术、社会教育等方面的内容,既有全景式描述,又有微观透视。(冯社宁)

D000200 **我当了七天汉城市长** 金尚哲著。新华出版社 1994 年 8 月版。16.3 万字。8.80 元。自传体政治类读物。作者记述 1993 年 2 月金泳三总统上台后,自己被任命为汉城特别市市长的经过。记述作者在当汉城市长时对市政改革的理想和发展汉城市的蓝图;上台 7 天内因报界攻击他在自己的住宅内"擅自改变土地形态"而受挫,为顾全大局他辞去市长职务;还介绍其在任法官、律师等人生历程中处理的几起与政治有关的重大案件。内容真实感人。(王苹)

D000201 **街角社会:一个意大利人贫民区的社会结构** [美]威廉·富特·怀特著,黄育馥译。商务印书馆 1994 年 10 月版。33.8 万字。12.60 元。"参与观察法"作为一种重要的社会学和人类社会学研究方法,其最早的范例当属马林诺夫斯基对澳大利亚特罗布里恩德群岛土著居民的研究。而美国社会学家威廉·富特·怀特则将这一方法成功地运用于城市社区和组织文化的研究。他于 1936 年至 1940 年对波士顿市的一个意大利人贫民区进行实地研究,以被研究群体——"街角帮"的一员,置身于观察对象的环境和活动中,对闲荡于街头巷尾的意裔青年的生活状况,非正式组织的内部结构和活动方式,以及他们与周围社会的关系加以观察,并及时作出记录和分析,最后从中引出关于该社区社会结构及相互作用方式的结论。本书是对这一观察研究过程的忠实记录。这开辟了在城市进行实地研究的新领域,并确立了研究标准,成为研究组织文化的一个样板。该书在 1991 年成为学术界关心的新焦点。作者在原书 1993 年第 4 版中增写了"50 年后重访街角社会"一节,对研究者与被研究者的关系作了阐述,并对一些质疑观点作了分析。(商正文 何世鲁)

外交、国际关系

D000202 **中国对外条约辞典** 朱寰、王恒伟主编。吉林教育出版社 1994 年版。110 万字。30.00 元。以在两个多世纪所签订的上千个条约为研究对象,客观介绍历届中国政府签约、修约和废约的历史进程,反映了中国社会闭关自守、被迫开放及至主动开放的历史转变。近代史上的每一个历史阶段的分界,是以重要条约的签订为标志的。例如,《中英南京条约》的签订,标志着清政府在军事上的失败,以及中国闭关自守阶段的结束,中国被迫纳入世界政治格局和经济体系。本书揭示了近代中国制度文明遭受的挑战,浓缩了中国社会与中外关系发展变化的信息。旧中国的对外条约1 000多个,由于历史久远,加上当时中国在世界上的地位低下,有关这些条约的资料或记载不全,或散落各处,甚至无中文文本,给学术研究造成了极大的不便。本书是我国第一部以条约研究为主要内容的辞典,是目前我国收录条约最多,反映与条约有关的人物、事件最全的工具书。关于对条约的评价,也有所突破。如传统观点认为,旧中国签订的1 000多个条约统属不平等条约,作者不拘泥于旧说,吸取最新研究成果,指出鸦片战争后的中外条约也有一些平等条约,并实事求是地评价了旧中国官方的修约活动。(房海滨)

D000203 **从尼布楚条约到叶利钦访华** 副名:中俄中苏关系300年。胡礼忠等著。福建人民出版社1994年1月版。33.3万字。12.70元。全面反映中俄、中苏关系的历史著作。简明地勾勒了两国间长达300年的双边关系的发展变化,描绘政治家们在外交方面的重大活动,以人民之间在经济、文化、科技、艺术等领域的往来交流;展现制约双边关系的国际风云,论述两国关系的变化对国际关系产生的影响。收入"从屈辱到崛起丛书"。(郑俊琰)

D000204 **蒙古与教廷** [法]伯希和著,冯承钧译。中华书局1994年3月版。17万字。7.60元。13世纪蒙古成吉思汗派遣大军西征,打开中国和欧洲直接交往的道路,导致罗马教廷向蒙古大汗不断派出使者。教廷档案馆保留的文书,教会史书中的有关记载,都是这方面的史实鉴证,并一直为西方学者所重视和研究。法国东方学家伯希和于1923年至1931年间刊布于《东方基督教杂志》第23、24、28期的《蒙古与教廷》是这方面的重要研究成果。中译者在1941年将此文译出但未刊行,直至50余年后方始出版。书主要分两部分:一是大汗贵由致因诺曾爵四世书及其注释和说明文字;一是聂思脱里派之审温·列边阿答及阿思凌、安德·龙如美三人的事迹及14世纪上半叶中国蒙古与罗马教皇交涉的研究。原书虽写于60多年前,但对开拓蒙古史研究的新领域,仍有很大影响。收入"中外关系史名著译丛"。(谢方)

D000205 **中国近代外交内幕** 拓晓堂著。书目文献出版社1994年6月版。15万字。6.80元。以纪实手法记叙中国近代史上11次重大中外交涉活动的经过,从一个全新角度,披露中国近代第一个"万年和约"、第一个出访欧美的外交使团,以及所谓"业余外交"等重大外交活动的真相,将风云变幻的外交领域,谈判桌上的针锋相对或奴颜屈膝、谈判桌下的贪婪愚昧或斗智斗勇,形形色色的众生相、遮掩的内幕,展示给读者。(卢玉荣)

D000206 **中华人民共和国外交史(1949～1956)** 裴坚章主编。世界知识出版社1994年7月版。32万字。18.00元。系统介绍新中国外交理论、政策和实践的大型丛书。首先介绍我国建国之初的国际形势和外交任务,记叙我国外交方针政策的形成以及在此期间我国外交战线取得的重大成就。以下各章分别介绍我国与苏联、美国、东欧、西欧、亚洲、西亚北非、拉丁美洲各国以及其他一些国家的关系。还专门介绍这一时期我国外交战线上的重大事件和行动:围绕朝鲜战争展开的外交斗争及我国在此问题上的外交方针和策略;关于印度支那问题的日内瓦会议及我国对该会议所做的贡献;我国为恢复在联合国及其他国际组织的合法席位而展开的外交斗争;我国为肃清帝国主义在华特权而采取的外交行动。附录收入这一时期我国的重要外交文件,包括我国与其他国家签订的双边条约、声明、领导人就重大国际问题的讲话以及与外交方针政策有关的国内法律文件等。(米小平)

D000207 **新中东** [以色列]西蒙·佩雷斯著,张胜平等译。新华出版社1994年8月版。11万字。7.00元。作者为以色列前总理。该书从和平的曙光、区域体系、安全的基础、投资与资金来源、生命之水、未来的世界以及难民问题等诸方面,描绘了一个重建的中东、没有冲突的中东、不能容忍落后与无知的新时代的中东的情景。作者认为,在经历热战与冷战的生命考验之后,已呈现出和平的曙光。寻求的目标是犹太人——阿拉伯人之间结束数百年来的敌对,开创和平与理解的新时代。(阎秋华)

D000208 **中华民国外交史** 石源华著。上海人民出版社1994年12月版。58.6万字。32.00元。断代专史。一反"弱国无外交"的陈说,以详实的史料、平实的陈述,再现民国时期的外交既有与诸列强的交往与争执,也有对周边国家及拉美、非洲等国的友好往来及外交活动,全方位地反映了在中华民国各个时期,中国在国际上的真实形象。(胡子静)

D000209 **中国百年外交风云录** 连生等编著。沈阳出版社1994年12月版。119万字。3册。58.80元。全方位、多角度描述中国百年外交风云,内容重点在中华人民共和国成立以后,时间截止1994年。细述了辛亥革命、军阀混战、中日战争、国共内战、朝鲜战争、越南战争、中国"文化大革命"直至中日、中美建交后一系列关键时期与重大事件中，中国及各国之间起伏沉落的外交历程；还细述（除职业外交家、军事家外）慈禧、李鸿章、袁世凯、蒋介石、汪精卫等人和毛泽东、周恩来、邓小平、胡耀邦等人一系列的外交活动，以及纳入外交范畴的民间交往与在经济、文化方面的重要事件。（任冬菊）

D000210 **中国外交概览（1994）** 裴坚章主编。世界知识出版社 1994 年 12 月版。52.9 万字。30.00 元。系统地向国内外人士提供中国外交政策与实践的情况与动向。主要概述 1993 年的中国外交，个别章节对有关的历史情况作了简要介绍。共分 6 大部分：第一、二章为综合部分，介绍 1993 年的国际形势和中国的外交政策；第三至九章按外交部各地区司主管工作范围，介绍 1993 年中国同亚洲国家、西亚北非国家、撒哈拉以南非洲国家、东欧中亚国家、西欧国家、北美洲大洋洲国家、拉丁美洲国家的关系；第十、十一章介绍 1993 年中国同联合国及其他国际组织的关系；第十二章介绍 1993 年中国外交中的条约法律工作；第十三章介绍 1993 年中国外交中的领事工作；附录收有 1993 年中国外交部组织机构表、部领导成员名单、同中国建交的国家及建交日期、中国驻外使节一览表等。本书由外交部外交史研究室编纂，外交部各有关地区业务司（室）撰稿。（孟淑贤）

法　律

D000211 **犯罪结果论** 李洁著。吉林大学出版社 1994 年版。25 万字。8.90 元。对犯罪结果这个自身内容复杂、各方联系繁多，对犯罪论体系诸问题均有重要影响的问题，进行全面、系统的分析和研究。其特点是：一、研究新问题，进行新论证；二、思辨性强，兼顾实用。能紧密结合我国的立法、司法实际进行论述；三、立足中国，重视与其他国家进行比较分析。（李洁）

D000212 **中华律师实用大全（增补本）** 范佑先主编。江西高校出版社 1994 年版。450 万字。2 册。190.00 元。分上、下册，4 篇 16 类。涉及律师制度、律师管理与律师业务、判例及我国现行法律法规的目录索引及有关知识性资料。增补本增加了该书第一版后至 1994 年 4 月期间，国家颁布或修改的法律、法规等有关内容。（刘小苏）

D000213 **中华人民共和国最新公司法释义** 相自成、扈纪华主编。群众出版社 1994 年版。26 万字。11.00 元。1993 年 12 月 29 日，第八届全国人民代表大会常委会第五次会议通过了《中华人民共和国公司法》。本书作者是起草公司法的参与者，对这部法律进行了逐章、逐条、逐款释义，准确、详细并具有权威性。（王健椿）

D000214 **《中华人民共和国农业法》普及讲话** 《中华人民共和国农业法》起草小组编。人民日报出版社 1994 年版。12.3 万字。4.00 元。全国“二五”普法教材。共分 8 讲：总则、农业生产经营体制、农业生产、农产品流通、农业投人、农业科技与农业教育、农业资源与农业环境保护、法律责任。分别就各法律条文的立法意图、法条内涵、实施措施等进行讲解。国务委员陈俊生在序言中强调了农业法的重要性和实施要求。中共中央宣传部、司法部、农业部、林业部、水利部《关于在“二五”普法中认真学习宣传贯彻〈中华人民共和国农业法〉的通知》也作了收录，还附录农业法全文。（郭宝平）

D000215 **社会主义市场经济体制法律集注** 崔勤之主编。人民日报出版社 1994 年版。229 万字。85.00 元。系法律类工具书。汇集有关市场经济的法律、法规和规章 338 个。特别是 1992 年邓小平南方重要谈话后，全国人大及其常委会、国务院及其有关部委、北京、上海、深圳市等地方人大和地方政府，分别制订和颁布的有关市场经济的法律、法规和规章。同时对所收录的法律、法规、规章中的重点名词，进行准确、简明的解释，对法律实施中可能遇到的问题，作了深入浅出的解答。在编排上，首先按部门法体系进行分类，然后分别按照法律、法规、规章的类别进行编排，每个类别依时间顺序进行排列。名词解释和问题解答分别放在各部门法律之后，依字头的汉语拼音字母顺序加以排列。为便于查阅，还附录 1986 年至 1993 年间明令废止的或自行失效的行政法规共 107 件的目录。（郭宝平）

D000216 **知识产权法概论** 丁乐超、李华文等著。山东友谊出版社 1994 年版。34.6 万字。13.80 元。论述知识产权法方面的有关知识。分为知识产权概述、专利法、商标法、著作权法、计算机软件的法律保护、集成电路的法律保护、知识产权的国际保护 7 部分。知识产权一章介绍了知识产权的范围、外在法律特征、意义和影响及发展简史；专利法一章论述了专利的基本概念、产生和发展，专利保护的主体、客体，授予专利权的实质条件，专利申请的提出和确立、审查与授权程序、专利权人的权利与义务，专利权的利用，专利侵权与救济，专利许可贸易，专利代理等内容;商标法一章论述了商标的概念、基本构成要求、分类及其作用,世界上几种不同的商标保护制度,商标权的概念与特征、主体与客体,商标注册人的权利,商标权取得的方式和原则,商标权的行使、转让、使用许可及管理等内容;著作权一章论述了著作权法概念,著作权的主体、客体及内容,著作权的归属与行使,与著作权有关的权益,著作权的保护期,著作权的保护、管理等内容;计算机软件的法律保护一章论述了计算机软件中应予保护的因素,当前可利用的软件保护途径与手段,软件权利人的权利等内容;集成电路的法律保护一章论述了集成电路法的保护对象,布图设计权,我国对集成电路布图设计的法律保护等内容;知识产权的国际保护一章介绍了知识产权保护的国际法,主要国际公约等内容。(张继红)

D000217　**经济法新编**　曲修山主编。天津大学出版社1994年版。41.4万字。16.80元。内容包括:企业法律制度、公司法律制度、经济合同法律制度、技术合同法律制度、涉外经济合同法律制度、国际贸易法律制度、知识产权法律制度、技术监督法律制度、建设工程法律制度、税收法律制度、证券法律制度、金融法律制度、房地产法律制度、反不正当竞争法律制度、经济仲裁与经济诉讼。(刘铁)

D000218　**中国知识产权实用手册**　谢启林等编著。中信出版社1994年版。22万字。10.00元。收编中国有关知识产权的专利法、商标法及其实施细则、著作权法及其实施条例、计算机软件保护条例和有关的国际公约简介;以问答的形式解答了知识产权领域常见的问题;为方便读者,还介绍了国家专利局、商标局、版权局和中国软件登记中心的机构组成、职能以及六省、区、市专利局、商标局、版权局(处)的地址,电话和邮政编码,同时还介绍了专利、商标、版权代理机构的地址、电话、邮政编码等。(龚援)

D000219　**美学与社会犯罪**　副名:泛美学丛书。陈炎、李有祥著。春风出版社1994年1月版。17.9万字。6.60元。《泛美学丛书》的第四卷。美学与犯罪也有联系吗?作者在绪论部分从社会意义、心理学意义与哲学意义等3个方面论述两者的必然联系。人人都需要审美,人人都可能犯罪。由于审美活动具有现实的假定性、历史的超前性和道德的颠覆性,因而人们的审美活动本身就常常包含着一种潜在的犯罪心理。审美可以诱导或激发人们的犯罪心理从而出现犯罪,但也可以宣泄或净化人们的心理活动,从而杜绝犯罪。(鲁野)

D000220　**自然保护区的法律保护**　彭守约等著。环境科学出版社1994年1月版。13.5万字。5.50元。作者曾参加起草我国自然保护区法规,他们结合多年来的自然保护工作实践,对自然保护区法律保护的意义、基本原则和基本制度、我国自然保护区的管理体制、自然保护区建立和管理的法律调整,以及违反自然保护区法的法律责任等问题,从理论和实践相结合上进行了较深入的阐述和探讨。(周煜)

D000221　**国际环境保护法学**　江伟钰、江伟铿著。环境科学出版社1994年1月版。22.7万字。8.50元。从国际法角度阐述国际环境保护的重要性,列举了美、日、德和原苏联等国的环境保护法律和对策。简要介绍环境污染的危害和防治,重点阐述南北两极、大气和外层空间、公海和其它无人管理的全人类共有领域的环境保护问题,并用先进典型事例说明环境、经济、法律和科学管理相结合的重要性。(周煜)

D000222　**法学大辞典**　周振想主编。团结出版社1994年1月版。500万字。198.00元。共收词目16 000余条。内容包括中外法理学、法社会学、劳改学、比较法学、中外宪法学、中外行政法学、行政诉讼法学、中外刑法学、犯罪学、刑事侦察学、司法精神病学、法医学、中外民法学、婚姻法学、继承法学、民商法学、经济法学、知识产权、国际公法、国际私法、国际经济法、中外刑事诉讼法学、民事诉讼法学、司法、检察制度、公证、律师、仲裁制度、中外法制史、中外法律思想史、各部门法史等学科中基本的概念、术语、原则、制度、学说、学派、人物、法典、著作、组织等。其特点有:在保留传统法学内容的基础上,注重吸收近年来国外和港、澳、台地区法学研究领域里的最新成果;所有法学科的内容只要独立成条,皆予收纳;全部词目都有相应的英译文,便于读者检索、核查。(曾新民)

D000223　**和平解决国际争端**　叶兴平著。武汉测绘科技大学出版社1994年1月版。28.5万字。15.00元。和平解决国际争端是现代国际法上的一项重要制度。全书在体系构建上分三个层次。首先,讨论了构成这项制度的法律基础——"和平解决国际争端原则"。追溯了该原则提出、确立和发展的轨迹,分析它的内涵,并对其理论和实际意义进行评估;其次,全面考察了当代国际关系中普遍适用的各项和平解决国际争端的程序。包括仲裁、司法解决、斡旋、调停、调查、调解、联合国与区域办法以及谈判等；最后，基于对现存各项和平解决争端程序的认识，重点对最近发展起来的一项新的解决国际争端程序——协商——作出理论的概括和实践的分析。还对协商程序的特殊意义以及促进协商程序发展的条件作了探讨。（何正国）

D000224 **宪法与民主政治** 许崇德主编。中国检察出版社 1994 年 1 月版。36 万字。13.50 元。分“宪法与民主政治的基本理论”、“宪法监督与解释”、“社会变革与宪法修改”、“宪法与人权”、“宪法与改革开放”、“比较宪政制度”、“中国地方制度”等 8 个部分。论述宪法与宪政、中国现代化进程中的政治改革、宪法实施的监督保障制度、宪法演变与宪法修改、宪法和人权、完善我国宪制、多国宪政制度的比较以及中国的地方制度等问题。（安斌）

D000225 **中华人民共和国消费者权益保护法问题解答** 贾明如等编著。中国经济出版社 1994 年 1 月版。21.3 万字。7.50元。为配合《消费者权益保护法》的实施，帮助广大读者正确地的理解该法的各项规定，使消费者了解自己的权利，懂得在合法权益受到侵害时应如何寻求保护；使经营者了解自己的义务，懂得侵害消费者合法权益所引起的法律后果；使有关行政部门执法人员、消费者组织了解各自应承担的职责，提高对保护消费者合法权益的认识和执法水平而编写。该书将《消费者权益保护法》出台的背景、意义、起草说明及总则、消费者的权利、义务、法律责任等作系统、全面的介绍。（苏耀彬）

D000226 **新修改的经济合同法问答** 吴炯主编。中国经济出版社 1994 年 1 月版。21.3 万字。7.30元。1993 年 4 月 2 日八届人大三次会议作出了关于修改经济合同法的决定。本书对经济合同法的基本精神和内容，特别是经济合同法的修改部分，做了分析和阐述。其特点有：一是以问答形式写作，回答问题简明扼要；二是内容全面，突出对修改部分的问题解答。全书按合同法的内容编排，顺次解答。附录收集经济合同法的全文以及经济合同示范文本格式。（李晓岚）

D000227 **《中华人民共和国公司法》条文要释** 李飞主编。长春出版社 1994 年 2 月版。24 万字。10.00 元。1993 年 12 月 29 日我国公布了《中华人民共和国公司法》，并于翌年 7 月 1 日起实施。为配合学习和宣传公司法，帮助读者理解它的内容和每一条规定的确切含义，全国人大常委会法制工作委员会直接负责和参加该法起草工作的部分人员编写此书。书中对该法 11 章 230 条逐条释义。（张耀民）

D000228 **法律顾问大全** 杨鹏等主编。福建人民出版社 1994 年 2 月版。68.8 万字。13.05 元。精选人民群众现实生活中常见的有关法律问题，有针对性地予以简明扼要的回答。共有 1992 道问答，分刑法、治安管理、劳动教养、民法、婚姻法、民事诉讼法、行政诉讼法、刑事诉讼法、权益保障法、律师、公证等。（施国忠）

D000229 **共和国宪政历程** 文正邦等著。河南人民出版社 1994 年 2 月版。25.5 万字。8.80 元。以《共同纲领》和新中国四部正式宪法的酝酿、产生、发展及其历史作用和命运为主线，紧扣它们所处的各个时期的政治、经济发展变幻的历史风云，描绘出 40 多年来中华人民共和国宪政发展的历程，展示了中国建设社会主义民主宪政的必由之路，从理论和实践两方面对中国民主宪政的发展进行了大胆探索，从新的高度和视角上总结了中国社会主义民主和法制建设的若干重要经验和教训。收入“当代中国国是反思丛书”。（段南萍）

D000230 **暴力犯罪论** 叶高峰主编。河南人民出版社 1994 年 2 月版。31 万字。12.50 元。系统研究暴力犯罪问题的理论著述。共分 11 章。阐述了暴力犯罪的概念、特征和范围，分析了反革命型暴力犯罪、危害公共安全型暴力犯罪、侵犯人身型暴力犯罪、侵犯财产型暴力犯罪及妨害社会管理秩序等暴力犯罪的犯罪形态、罪数、罪与罪之间的区别，研究了暴力犯罪的成立条件、认定和处理中的疑难问题及刑罚的适用原则，探讨了我国有关暴力犯罪的立法缺陷，就如何修改、完善我国立法提出了合理的建议。（段南萍）

D000231 **人民调解制度的理论与实践** 蒋月著。群众出版社 1994 年 2 月版。20 万字。7.00 元。记载建国 40 余年我国人民调解工作从发展到停滞否定又走向恢复乃至兴旺发达的历史进程。全面总结了人民调解工作正反两方面的经验教训，对现存的关于人民调解制度的肯定说、否定说、折衷说的理论及其纷争给予客观中肯的评析；从历史传统、文化原因、心理学基础和社会条件诸多方面，系统阐述人民调解在当代社会继续存在和发展的条件与基础；提出并分析了调解人员心理、纠纷当事人心理和旁观者的心理；就调解原则、调解方法、调解手段和措施等问题进行探索。结合改革开放后社会出现的新情况和新问题，尝试着借助现代科技与研究成果，改进调解工作及其管理，提高调解成功率和工作质量。

从理论与实践相结合的角度探索了人民调解制度在新形势下的自我改革和自我完善。(常玉兰)

D000232 **中华人民共和国法律汇编 1993** 全国人民代表大会常务委员会法制工作委员会编。人民出版社 1994 年 2 月版。23.6 万字。24.00 元(精);15.00 元(平)。收录全国人大、全国人大常委会在 1993 年内通过的法律和有关法律的决定。主要有:《中华人民共和国宪法修正案》、《中华人民共和国国家安全法》、《中华人民共和国产品质量法》、《中华人民共和国澳门特别行政区基本法》、《中华人民共和国科学技术进步法》、《中华人民共和国农业技术推广法》、《中华人民共和国农业法》、《中华人民共和国反不正当竞争法》、《中华人民共和国消费者权益保护法》、《中华人民共和国注册会计师法》、《中华人民共和国红十字会法》、《中华人民共和国教师法》、《中华人民共和国公司法》,以及关于修改商标法、经济合同法、个人所得税法、会计法等决定。同时还收入关于国务院机构改革方案的决定,关于设立中华人民共和国澳门特别行政区的决定以及关于《中华人民共和国澳门特别行政区基本法》的决定。(王能雄)

D000233 **市场经济法律丛书·中国反不正当竞争法实用问答** 陆宇等著。新华出版社 1994 年 2 月版。14.1 万字。6.80 元。系市场经济法律丛书的一个分册。以第八届全国人大常委会第三次会议于 1993 年 9 月 2 日通过的《中华人民共和国反不正当竞争法》为根据,按该法的章节顺序,分 29 个问题,以问答形式,对反不正当竞争法的调整范围、公平竞争应遵循的原则、对假冒他人商品的注册、名称、包装、装璜等不正当竞争行为怎样处罚、为什么暗中给予对方回扣属于不正当竞争行为,为什么经营者利用广告对商品进行虚假宣传属于不正当竞争行为、哪些行为属于侵犯商业秘密的不正当竞争行为,怎样追究其法律责任、哪些有奖销售属于不正当竞争行为、在招标投标过程中哪些行为属于不正当竞争行为、政府机关如何行使对不正当竞争行为的监督检查职权、各级人民政府应采取哪些措施制止不正当竞争行为等许多重点问题逐一做了明确的回答。卷首附有《中华人民共和国反不正当竞争法》全文。(张传秀)

D000234 **市场经济法律丛书·新经济合同法实用问答** 陈小平等著。新华出版社 1994 年 2 月版。13.5 万字。6.50 元。系市场经济法律丛书的一个分册。第八届全国人大常委会第三次会议通过了对原经济合同法中不适应市场经济需要的条文进行了重要修改。本书以保护经济合同当事人的合法权益为目的,以其在修改过程中大量第一手材料为依据,从便于实际运用和具体操作的角度出发,分 59 个问题,用问答形式,对新经济合同法中经济合同的合法性原则和平等原则、有效经济合同所需要的条件、签订经济合同的程序、经济合同应包括的主要条款、经济合同当事人应注意的问题、履行经济合同应遵循的原则、无效经济合同怎样处理、怎样签订各种经济合同、发生经济合同纠纷怎样解决、利用经济合同犯罪的特点等诸多方面进行深入浅出的介绍。卷首附有新经济合同法全文。(张传秀)

D000235 **环境保护法律全书** 周其华等编著。中国检察出版社 1994 年 2 月版。450 万字。148.00元。大型环境保护法律工具书。共 5 编:第一编为中华人民共和国环境保护法律法规。辑录建国至 1993 年 7 月全国各级人民代表大会及其常务委员会、各级人民政府及其主管部门制定颁布的现行有效的环境保护法律、法规、条例、标准,按先中央后地方、先综合后单项及颁布时间的先后顺序分类排列;包括:水污染防治、大气污染防治、噪声控制、固体废弃物污染防治、核污染防治、森林草原野生动物保护、水土保持、风景名胜环境保护、矿产能源开发环境保护、城乡建设环境保护、环境监测与统计、排污收费、环境标准。第二编为台湾、香港、澳门现行有效的环境保护法律法规。按地区和颁布时间的先后顺序分类排列。第三编为中华人民共和国建国以前的法律法规。按我国历史朝代先后顺序排列。第四编为国际环境保护法律。按我国加入和未加入及颁布时间先后顺序排列。第五编为外国环境保护法律。按国家和颁布的时间先后顺序分类排列。主要有:美国、英国、日本、韩国、德国、卢森堡、波兰、匈牙利、罗马尼亚、前苏联等。共收录 580 余个法律文件。由全国人民代表大会常务委员会法制工作委员会审定,并征求有关部门的意见,具有权威性、可操作性、适用性的特点。(虢峰)

D000236 **澳门特别行政区基本法导论** 王叔文主编。中国人民公安大学出版社 1994 年 2 月版。30 万字。9.10 元。澳门特别行政区基本法最根本的特点,就在于把维护我们国家的主权、统一和领土完整与授权澳门特别行政区实行高度自治紧密结合起来,是体现"一国两制"方针的全国性法律。根据"一国两制"的方针,该书对起草基本法的经过、基本法的精神、内容和条文,作了全面系统的介绍。对制定基本法中出现的许多理论和实际问题,从理论上予以剖析、论述，并通过与我国和外国有关立法进行比较，阐明基本法的特点。在作理论剖析和论述时，注意与澳门实际情况紧密结合；从结构上与《香港特别行政区基本法导论》有所不同，例如设专节对澳门与香港基本法关于权利的规定作了比较分析。（王淼）

D000237 **劳动争议处理指南** 杨忠仁主编。大连出版社 1994 年 3 月版。70 万字。25.00 元。该书旨在为从事劳动争议处理的工作人员处理劳动争议和劳动关系双方当事人运用劳动仲裁的手段维护自身的合法权益，提供有益的帮助。内容包括：程序法、实体法、名词解释、案例评析四个部分。以现行法规为重点，根据《条例》规定的受理范围，相应地选编10个劳动实体法规，充分体现针对性和适用性的特点；名词解释部分主要从《劳动法词典》和其它资料中选编；从大连市 1987 年以来处理的大量的劳动争议案件中，筛选整理出 40 多个典型案例，通过对争议情况、调查与处理和案例评析的表述，使人们对劳动争议案件处理中的事实认定、适用法规、处理程序等有明确的认识。（刘淑洁）

D000238 **民商法实务研究·物权卷** 杨振山主编。山西经济出版社 1994 年 3 月版。33.7 万字。13.80 元。主要内容有：一、物权的法律特征；二、所有权通论；三、动产所有权的取得；四、不动产所有权；五、共有；六、他物权；七、抵押；八、质权、留置权及典权。其特点为：所选案例为日常生活中所常见，如"一房二卖"怎么办，50 年前的典权人能否索要典价，公共巷道能否用来排水，集体对建在其宅地上的个人房屋有无处分权等；通过典型案例的法律适用的研究和法理的研究，使读者全面了解我国物权法的精髓及其方法论。收入"民商法实务研究系列丛书"。（王宏伟）

D000239 **中国刑法通论** 邵晏生、寇昉等著。陕西人民出版社 1994 年 3 月版。71 万字。38.00 元。从建立健全社会主义民主与法制的需要出发，着重研究刑法理论和实践问题。全书以现行的刑事法律（包括全国人大常委会颁布的有关规定）和近年来司法解释为依据，对如何正确理解、执行现行刑事法律作了认真探讨，对刑法的立法精神、指导思想、基本原理、具体罪名的应用等作了全面、深入的论述，同时认真总结了近年来刑法研究的新理论、新观点以及司法实践中存在的各种新的或有争议的问题，如法人犯罪、集团犯罪，以及其它特种犯罪等，阐明了自己的认识和解决办法。在此基础上，形成罪刑总论、罪刑各论和罪刑特论的刑法学新体系。还对刑法产生、发展的一般规律作了研究。（潘丽华）

D000240 **世界各国人权约法** 董云虎、刘武萍主编。四川人民出版社 1994 年 3 月版。145 万字。27.00 元。将 135 个国家宪法中有关人权的章节、人权宣言或法案共 160 余份文献，按欧洲、美洲、亚洲、非洲、澳洲分别汇编。介绍世界各国的人权立法、人权制度和人权状况。对于了解和研究世界不同地区、不同社会政治制度、不同发展水平、不同宗教和文化背景的各国人权观和人权制度的异同，及人权的内在结构和体系，具有重要的参考价值，对于我们建立健全有中国特色社会主义人权保障体系，有重要的借鉴意义。（汪淼）

D000241 **区际司法协助的理论与实务** 黄进主编。武汉大学出版社 1994 年 3 月版。17.5 万字。共分 2 篇 9 章。上篇为理论研究篇，在比较区际司法协助与国际司法协助、民事司法协助与刑事司法协助之异同的基础上，对司法协助的一般理论问题、中国内地与香港、澳门、台湾地区的民商事司法协助问题、中国内地与香港、澳门、台湾地区的刑事司法协助问题进行论述，分析、总结了国际民商事司法协助与区际民商事司法协助以及国际刑事司法协助与区际刑事司法协助的相同点和不同点。下篇为实证分析篇，主要总结了 1997 年以前中国大陆与香港、中国大陆与台湾之间的司法协助行为的性质、特点及各种模式，分析了各种做法的利弊得失，并考察了这些做法在祖国统一后的应用价值。（张琼）

D000242 **著作权法导论** 江建名著。中国科学技术大学出版社 1994 年 3 月版。45.2 万字。12.80元。内容包括著作权保护史略、著作权法、邻接权法、计算机软件的著作权保护和国际著作权公约五部分，计 15 章和一个附录。是国内最早的高校非法律专业知识产权课程教材之一。对"台湾著作权法"的概述独具特色。对著作权保护中的新问题以及著作权学术界正在研究或争论的问题，提出了独立见解。（郝诗仙）

D000243 **刑法哲学** [美]道格拉斯·N·胡萨克著。中国人民公安大学出版社 1994 年 3 月版。20.3 万字。6.30 元。从道德与政治哲学的角度，对刑法学中的一系列基本理论进行研究，对正统的英美刑法理论进行了有理有据的分析并提出尖锐的批评，在此基础上筑构了令人耳目一新的刑法理论。作者认为，整个刑法理论是围绕着刑事责任的基本原则展开的，而刑事责任的基本原则是以道德和政治哲学为前题并以限制国家刑罚权的滥用为核心的。

书中系统论述英美刑法中正统刑法理论关于刑事责任的八项基本原则，并运用正义、权利、道德与政治哲学的基本原理，分析了这八项基本原则的合理内核与不足之处，提出了富于创新的"控制原则"即刑事责任的确立应以行为人能够控制的事态为原则，把刑事责任施加于人们无法控制的事态即为不公正。逐一分析了理论界争论较多的不作为行为、无意识行为、身份犯、思想犯等的刑事责任问题，批驳了正统刑法理论在解决这些问题上的不能自圆其说的观点，论证了用"控制原则"解决这些问题的合理性。在研究方法上一扫英美刑法的证实主义传统，大量运用思辨的研究方法，不是通过罗列案例，而是通过不断地分析论证来阐述观点。(张智辉)

D000244 **澳门特别行政区基本法100问** 杨静辉编。江苏人民出版社1994年4月版。21万字。8.50元。学习《中华人民共和国澳门特别行政区基本法》的辅导读物。采用深入浅出的问答方式，对基本法的精神、内容和每一个条文作全面、系统的阐述，并对澳门的现状，包括澳门的政治法律制度，经济、社会、文化制度作了比较全面和客观的介绍。分6章：(一)澳门问题与基本法的基本原则；(二)中央与澳门特别行政区的关系；(三)澳门居民的基本权利和义务；(四)澳门特别行政区的政治体制；(五)澳门特别行政区的经济和文化制度；(六)对外事务及其他。还对澳门问题的由来、澳门基本法的起草经过等作了相应的介绍。(刘卫)

D000245 **西方政治法律思想史** 顾肃著。南京大学出版社1994年4月版。47.5万字。15.80元。以马克思主义的历史唯物主义基本原理以及关于国家和法律学说作为全面正确地分析和认识西方各种政治法律思想流派的理论武器，研究了西方(主要是欧洲和北美)地区的主要国家在历史发展的各个阶段重要的思想家关于国家和法律思想的产生、发展、演变，总结有代表性的理论观点，分析并比较对立派别的产生、争论和更替，了解各种思想产生的具体社会条件及其对后世，特别是对现实社会的影响。介绍的主要西方思想家包括：苏格拉底、柏拉图、亚里斯多德、伊壁鸠鲁；中世纪的奥古斯丁、阿奎那、但丁；文艺复兴时期的马基雅弗利、布丹；17世纪的格老秀斯、斯宾诺莎；法国启蒙时期的孟德斯鸠、卢梭；美国的潘恩、杰弗逊、哈密尔顿、托克维尔；德国的康德、黑格尔等。还论述了现代自由主义、民主社会主义与福利国家理论、当代主要政治思想、当代主要法律哲学等。(王其平)

D000246 **国际民事诉讼与国际商事仲裁** 李玉泉主编。武汉大学出版社1994年4月版。46.8万字。14.00元。系统地阐述国际民事诉讼和国际商事仲裁的基本制度，在比较和分析有关国际公约和国外立法的基础上，对我国的有关立法和制度作详细的评述，是一部融学术性和实务性于一体的著作。国际民事诉讼制度的主要内容包括外国人的民事诉讼地位、国家及其财产的司法豁免权、国际民事管辖权、国际民事诉讼的期间、诉讼保全和时效、国际司法协助以及外国法院判决的承认和执行等方面。国际商事仲裁制度的主要内容包括国际商事仲裁机构、国际商事仲裁的法律适用、国际商事仲裁协议、国际商事仲裁程序、国际商事仲裁裁决的承认与执行等方面。在解决国际商事争议方面，两者相辅相成，不可或缺。(郭园园)

D000247 **减免刑事责任理论比较研究** 张旭著。长春出版社1994年5月版。28.4万字。9.00元。刑事责任问题是法学研究中的热点之一。全书分上下两编。上编阐述减免刑事责任的历史演进、减免刑事责任的概念、根据、原则和类型；下编论述正当行为、防卫行为、避险行为等十余种减免刑事责任的情况。阐释了减轻刑事责任与减轻刑罚、免除刑事责任与不负刑事责任、不追究刑事责任的异同，阐明了减免刑事责任的哲学根据、伦理学根据和法律根据，提出并论证了减免刑事责任的公正性、合理性和个别性原则与经济性原则，同时对减免刑事责任类型进行详细分类和按类论述。(董辅文)

D000248 **红绿灯·图解未成年人法律常识** 辛晓谋等编著。晨光出版社1994年5月版。20万字。6.30元。共分4篇：《未成年人刑事法律篇》，提醒青少年把握好学习生活中的警戒线；《未成年人民事法律篇》，提示青少年，他们在学习生活中的民事权益将受到保护；《未成年人保护法篇》，告诉青少年读者，社会、学校和家庭应对其进行保护；《未成年人日常行为规范篇》，介绍青少年在日常学习生活中应遵守和培养的道德品质和规则。以浅显易懂的语言，把有关青少年的法律知识融进一件件发生在未成年人生活中的真实故事中，并配有与每个故事相关联的插图。让青少年在阅读时学到各种有关青少年的法律知识、道德规范，以便使他们在人生的一个个的十字路口做出正确抉择。(李晓霞)

D000249 **商标国际惯例** 强赤华编著。贵州人民出版社1994年5月版。15.9万字。5.79元。论述商标和商标管理、商标保护、商标注册、商标使用、商标代理、企业商标管理，介绍世界性保护商标权公约、地区性跨国商标保护公约、各国(英、美、法、德、日等国)商标管理制度。是商标国际惯例的专业参考书。收入“国际经济惯例丛书”。(姚必强)

D000250 **中国商法总论** 董安生、王文等主编。吉林人民出版社 1994 年 5 月版。23 万字。7.50 元。给广大的市场主体提供一定的法律帮助，使之了解商法，学会按商法行事，并运用商法保护自己的合法权益；对颇有争议的中国商法及商法学，提出系统的意见。(关静)

D000251 **香港台湾法律述略** 李玉臻主编。山西人民出版社 1994 年 5 月版。558 万字。15.50 元。分香港、台湾法律 2 编，简明扼要地介绍与发展香港、台湾关系密切相关的民事、行政、民事诉讼法律制度。(田红)

D000252 **市场经济法律丛书·消费者权益保护法实用问答** 石夫等著。新华出版社 1994 年 5 月版。13.1 万字。5.30 元。系市场经济法律丛书的一个分册。第八届全国人大常委会第四次会议于 1993 年 10 月 31 日通过的《中华人民共和国消费者权益保护法》是我国社会主义市场经济法律体系中的一项重要立法，也是我国制定的第一部以消费者为主体、以消费者权利为核心、保护其合法权益的专门性法律。本书以 28 个问题，就本书制定的目的，它的调整范围、经营者和消费者应遵循的原则、消费者在消费活动中应享有的权利、经营者应尽的义务、有关行政部门和大众传播媒介应怎样为维护消费者合法权益服务、消费者组织的职能、消费者和经营者发生消费者权益争议时应如何解决、对经营者侵害消费者合法权益的行政处罚有哪些主要法律规定、违犯《消费者权益保护法》应承担哪些刑事责任等重要问题都一一作了正确的回答。卷首附有《中华人民共和国消费者权益保护法》全文。(张传秀)

D000253 **’93 质量万里行** ’93 质量万里行电视宣传活动组委会办公室编。中国标准出版社 1994 年 5 月版。20.5 印张。200.00 元。由国家经贸委、国家技术监督局和中央电视台联合全国 29 个省(市、区)技术监督局、电视台共同组织的’93 质量万里行小分队，自 1993 年 7 月 20 日至 8 月 27 日历时近 40 天，分东北、东南、中南、西南、西北 4 路，驱车行进 3 万多公里，途经 23 个省(市、区)，宣传产品质量法，报道了 170 多家产品质量好的企业，采访了 40 多位省市领导人，参加 30 多次大型宣传咨询活动，对假冒伪劣产品及生产厂家进行曝光。此次活动对宣传贯彻产品质量法、提高全民族质量意识、加强技术监督工作、打击假冒伪劣产品，都起到了积极的促进作用。本书为大型彩色画册，记录了这次全国性活动的整个过程，包括党和国家领导人题词、产品质量法规、4 路采访纪实及总结表彰活动。收录照片 476 幅。(周俞斌)

D000254 **房地产市场法律常识百题问答** 周乃平主编。长春出版社 1994 年 6 月版。15.6 万字。6.00 元。共 3 部分。第一部分采用问答形式，介绍房地产及其市场的基本法律常识，包括房地产产权、投资、交易、估价、税费、纠纷调处、案件审理、征地拆迁、国外房地产等内容；第二部分精选了部分典型案例，供操作参考；第三部分选编了国家公布施行的有关法律、法规。(张耀民)

D000255 **新实用经济法** 黄昆等编著。东北大学出版社 1994 年 6 月版。32 万字。11.90 元。介绍经济法的概念、调整对象、地位、特征、作用、经济法律关系，并具体介绍企业法、公司法、经济合同法、涉外经济合同法、工业产权法、税收法、会计法和审计法、金融法、基本建设法、反不正当竞争法与产品质量法、消费者权益保护法、经济仲裁与经济司法等。(刘淑芳)

D000256 **中国市场经济法** 杨秀伦著。河北大学出版社 1994 年 6 月版。45.8 万字。9.80 元。大专院校经济专业、法学专业教材。分 5 编 28 章。第一编，市场经济法总论。阐述市场经济法的产生发展、市场经济法的概念与调整对象、市场经济法的本质特征与基本原则，以及经济法律关系。第二编，市场主体——企业组织法论。阐述国有企业法、集体企业法、外商投资企业法、私营企业法和个体经济法、公司法。第三编，市场运行秩序——市场行为法。阐述市场竞争法、经济合同法、技术合同法、产品质量法、价格法、资源法、工业产权法、证券法、票据法、保险法、海商法、对外贸易经济合作法。第四编，国家宏观调控——经济管理法论。阐述宏观调控与计划法、财政法、银行法、工商行政管理法、对外贸易管理法、审计法。第五编，市场经济法附论。阐述经济权力的保护方式与程序、国家赔偿法。(王善军)

D000257 **实用经济合同法新编** 曹桂山、袁树理编著。河北大学出版社 1994 年 6 月版。47 万字。16.80 元。以 1993 年 9 月 2 日八届全国人大第三次会议通过修改的《中华人民共和国经济合同法》为依据，为适应建立社会主义市场经济体制和实际经济工作的需要而编写。共分 3 编 31 章。第一编为经济合同总论,第二编为国内常见的经济合同,第三编为经济合同管理与经济合同纠纷的处理。还收录8个常用的经济合同法律、法规及条例。引用了经济合同签订、审查和执行等方面的最新法律、法规及研究成果,收录各类经济合同文本格式,并结合实际进行了深入详实的阐述。(邹卫)

D000258　**中国市场经济法**　宋才发、陈业宏著。华中师范大学出版社1994年6月版。44.17万字。13.00元。为适应中国市场经济发展的特点和需要,促进全国统一的开放的市场体系的建立,充分运用法律手段调整新的经济关系,使中国的市场经济尽快与国际经济接轨,作者在认真研究我国已颁布的经济法律、法规,并对其中不符合市场经济发展要求的条款作了有益补正的基础上,参照一般市场经济规则和国际惯例,撰写此书。对我国企业法、公司法、经济合同法、技术合同法、涉外经济合同法、国际货物买卖合同法、国际技术转让法、企业竞争法、工业产权法、产品质量法、市场管理法、价格法、票据法、房地产法、税法、外商投资企业法、对外投资企业法等市场经济运行中的具体法律问题,进行探讨,并附有一般经济实体、法人和执法者常感棘手的有关经济合同的参考格式,是一本寓理论性与现实操作性于一体、系统探讨市场经济法的专著。(段维)

D000259　**信托法原论**　张淳著。南京大学出版社1994年6月版。26.6万字。10.00元。信托作为一种财产处分方式,在西方许多国家均有较长的历史,并形成了较为完善的法律制度。在中国,自改革开放以来,各类信托有了一定的发展,信托法制建设也为国家所重视。该书通过法理分析与法律比较,对信托制度作了系统的分析,内容涉及信托定义及其性质与分类、信托当事人的关系、信托的设立与终止、信托财产与信托存续期限,以及三种基本类型的信托及其在运行时应遵循的规则等。(金眉)

D000260　**市场经济法律丛书·中国公司法实用问答**　王敏等著。新华出版社1994年6月版。22.7万字。9.50元。系市场经济法律丛书的一个分册。按1993年12月29日第八届全国人大常委会第五次会议通过的《中华人民共和国公司法》的结构顺序,逐章对公司的概念、有限责任公司和股份有限公司的区别、特征、组成、设立、公司章程、法律地位、权利义务、内部组织机构、财务会计管理、分配制度、公司的合并和分立、公司的破产、解散和清算、公司的法律责任等一系列的重要问题做了明确的解答。卷首有《中华人民共和国公司法》全文。(张传秀)

D000261　**民事法律行为**　副名:合同、遗嘱和婚姻行为的一般规则。董安生著。中国人民大学出版社1994年6月版。22万字。8.00元。论述民事法律行为制度的学术专著,"中国人民大学博士文库"之一。共分6章。基于从具体设权行为规则(如合同规则)到一般法律行为规则的法律抽象过程,相继探讨了各国民法中法律行为制度普遍存在的根源、法律行为制度的适用范围、法律行为理论基本概念及其关系、法律行为规则的基本内容、意思表示理论、对法律行为控制的法律方法等问题。对于我国民法理论中论述较多的内容则力图仅作简要概括。是研究民事法律行为制度的重要参考著作。(刘志)

D000262　**读例存疑点注**　胡星桥、邓又天主编。中国人民公安大学出版社1994年6月版。148万字。74.00元。《读例存疑》是清末法律学权威、刑部尚书薛允升的重要著作。该书对清代200余年间的条例进行系统完整的编纂整理,考证了每一条例产生的年代、背景和原意,探讨了它与正律之间的实质联系、差异及演变过程,论证了各个条例的合理性和必要性或其不足与弊端,就条例的存废、修补、适用以及与正律之间的协调衔接等提出有见地的建议。本书对原书进行了再整理,在适当的地方加了标点以断句;对某些地名、人名和专门术语,作考证注释。在编排体例上,对原作中的正律、条例、按语以及所加注释,分别用不同的字号印刷。内容包括刑法、民法、婚姻法、军事法、诉讼法、监狱法等,在形式上表现为名例律、吏律、户律、礼律、兵律、刑律、工律,共7部54卷436条。文后附有原作者薛允升传和注释索引。(汪伊红)

D000263　**中国刑法之最**　孙明编著。中国人民公安大学出版社1994年6月版。18.4万字。5.90元。在法学领域,先人们创造了璀璨的刑事法律文化,为炎黄后裔记录了无数个刑法史上的"第一"。为发掘中国刑法史学中的精粹,弄清中国刑法及其各项原则、各种制度沿革的历史脉络,了解主要的罪名、刑种及其他常识,全书立足于中国刑法"之最",采用纵横比较历史的方法撰写而成。对每一个"之最",首先列出一目了然的概括性答案,然后另起正文进行阐述。(王淼)

D000264　**知识产权法新论**　王登霄著。陕西人民出版社1994年7月版。34万字。13.50元。对我国十多年来相继制定的商标法、专利法、民法通则、技术合同法、著作权法、计算机软件保护条例和反不正当竞争法等一系列法律法规进行研究的专著，揭示其整体的规律和特性，完善其实施监督等措施。全书共6编：知识产权法总论、专利法论、商标法和商业秘密论、著作权法论、技术贸易合同论、知识产权争议的解决。（竹守章）

D000265 **劳动法全书** 袁守启等著。宇航出版社 1994 年 7 月版。509.6 万字。198.00 元。以《中华人民共和国宪法》为依据，以《中华人民共和国劳动法》为主线，以我国现行适用的（截止到 1994 年 4 月底）劳动法律、行政法规、部门规章、法规性文件为配套内容，兼顾国际劳工公约和建议书及各国劳动法、中国台湾、香港、澳门劳动法以及国际惯例。融劳动法规知识讲话、适用法规选编、案例分析、劳动法用语释义为一体，突出实用性、系统性。内容包括：中华人民共和国劳动法，中华人民共和国劳动法讲话，劳动法规知识讲话，现行劳动政策法规选编，外商投资企业适用法规目录，劳动争议处理与劳动行政复议和诉讼案例及文书，外国劳动法制，外国劳动法选编，台湾、香港、澳门劳动法规选编，外国劳动行政管理，国际劳工组织和国际劳动法，我国政府承认和批准的国际劳工公约，劳动法用语和名词释义。（战葆红）

D000266 **中国新闻出版法规简明实用手册** 新闻出版署政策法规司编。中国书籍出版社 1994 年 7 月版。30 万字。9.50 元。为贯彻落实新闻出版业要适应社会主义市场经济体制，加强新闻出版法制建设，提高依法管理的意识和力度，增强新闻出版从业人员的遵纪守法教育以及学法、知法、用法的需要而编。收集了自 1949 年至 1994 年 4 月有关新闻出版的法律、法规和规章；以及分散在其他法律、法规和规章中涉及到新闻出版工作的章节或条款。采用分类摘编的形式，分为新闻报道、宣传教育、名誉权、保密、著作权、书报刊管理、广播电视音像管理、印刷和发行、打非扫黄、经营管理、广告管理、外事、专业职务、语言文字、标准规范等 16 类。是广大新闻出版从业人员和行政管理部门必备的工具书。（张清雅）

D000267 **民国时期土地法规选编** 彭津主编。广东省地图出版社 1994 年 8 月版。29 万字。18.80元。汇集民国 4 年至民国 38 年（1915～1949 年）全国的主要土地法律和法规。新中国成立后这些资料除少量发表过外，绝大部分未经整理和发表。读者可从中了解我国土地管理的历史情况和土地立法的详情，对研究广东乃至全国的土地问题，完善土地管理体制和制度，起到参考作用。（王建勇）

D000268 **中国法制史** 徐永康、丁凌华等著。华东理工大学出版社 1994 年 8 月版。30.5 万字。12.00 元。专史。详细介绍我国各个朝代的法制演变史，对各朝法制的特点、立法依据、施行情况以及相关法律条文作了分析，对与法制相关的名人逸事也有论述。（朱先权）

D000269 **人格权法新论** 王利明著。吉林人民出版社 1994 年 8 月版。55 万字。16.50 元。从法律的角度，全面系统地阐述每个公民如何运用法律手段有效地保护自己的人格权，即人的生命健康、人格尊严、人身自由、肖像等各种权利，而执法人员如何运用法律解决日常生活中各种侵犯人格的纠纷案件，以维护公民的人格权和社会的安定团结。（关静）

D000270 **渔业水上交通安全管理法规文件选编（第二辑）** 农业部渔政渔港监督管理局编。科学普及出版社 1994 年 8 月版。19.2 万字。6.50 元。为帮助渔港监督工作人员及其他渔业管理部门的人员熟悉和掌握渔业水上交通安全管理方面的法规而编写。选编了全国人大常委会、国务院、农业部、有关部委及部分省（市、区）发布的关于渔业水上交通安全管理方面的法律、行政法规、规章和规范性文件 50 余个。（许昊）

D000271 **价值与结构——刑事程序的双重分析** 左卫民著。四川大学出版社 1994 年 8 月版。13 万字。6.80 元。分上、下两篇。上篇着力于对诉讼程序进行深层次的法哲学思索；下篇则对侦、控、辩、审程序进行全方位考察。其特点有：一、古老学术命题的新突破。在对两大法系人权观念及司法模式进行比较，并对两大人权观之生成原因进行探寻和价值评断之后，提出我国刑事诉讼制度设计和运用中应坚持的人权观，将集体人权观引入了刑事诉讼领域。二、时代紧迫感与哲学凝重感的有机结合。在对两大法系刑事诉讼基本结构进行考察后认为中国的诉讼模式基本上属于超职权主义模式，违背了诉讼民主化、科学性、效率性的基本要求。关于诉讼价值观的探讨，站在法哲学角度，其分析极具力度。三、对刑诉程序理论的全面检讨和新体系的建构。作者在对刑诉程序进行全面检讨的基础上建构一套完整的学术体系。（周光权）

D000272 **发展中国家与人权** 刘楠来主编。四川人民出版社 1994 年 8 月版。33 万字。11.50 元。辑录发展中国家有关人权问题的论述文章，其中有关于人权的具体性和多样性，各种人权的不可分割性以及发展权、自决权等方面的内容。充分展示发展中国家的人权观点和人权政策，以及他们在战后国

际人权活动中所发挥的重要作用。(汪淼)

D000273 **中国公司法与高新技术企业股份制改组实务指南** 中国国际广播出版社 1994 年 8 月版。375 万字。236.00 元。以《中华人民共和国公司法》为依据,以股份制企业组建和运行为重点,全面、系统、准确地解释《中华人民共和国公司法》的内容,具体阐述了公司制度、会计、财务等操作实务及其法律依据,同时按照高新技术企业特点,着重论述高新技术企业实行股份制的产权归属、无形资产评估、创业股的设立、有关优惠政策以及运行规则,介绍高新技术企业按股份制运行的操作过程及有关规定,分析高新技术股票发行、流通及交易的一般程序。附录《中华人民共和国公司法》以及股份制企业试点、企业登记、国有资产管理、证券交易的有关法规。(沈炽锐)

D000274 **法理学教程** 孙国华主编。中国人民大学出版社 1994 年 8 月版。44.8 万字。13.20 元。大学法学各专业基础教材。在总结中国人民大学出版社 1987 年出版的《法学基础理论》编写和使用经验的基础上,吸收国内外法理学研究的优秀成果,适应 90 年代和面向 21 世纪的需要编写而成。分绪论和 5 编,计 25 章。绪论对法学、法理学作了总体阐释;第一编阐述法的起源、本质和历史发展脉络;第二编阐释社会主义法的产生、本质、基本原则、作用以及加强社会主义法制建设的重大意义;第三编对法的创制、法律规范、法的体系和渊源作了阐释;第四编阐释法的实现和适用、法律关系、法律监督等;第五编则对西方法理学主要流派或思潮作了评介。是学习和研究法的理论,特别是中国社会主义法制建设中的基本理论问题的必读教材和重要参考书。(刘志)

D000275 **犯罪本质研究** 副名:罪与非罪界说新论。青锋著。中国人民公安大学出版社 1994 年 8 月版。19.4 万字。6.10 元。在对我国刑法学中的犯罪本质理论进行深刻反思的基础上,初步建构一个以犯罪关系本质为中心的罪与非罪界说理论体系。全书分三部分:犯罪本质拓论——罪与非罪新界说;犯罪本质诸层面新探——罪与非罪新界说展析及深化;犯罪本质及罪与非罪判定——罪与非罪界说的实践。(郑崇峰)

D000276 **DNA 在法庭科学中的应用** 杨庆恩主编。中国人民公安大学出版社 1994 年 8 月版。43 万字。18.00 元。自从 DNA(脱氧核糖核酸)分型技术引进法医领域以来,给法医物证检验带来了一场重大革新,国内外掀起研究应用高潮。DNA 技术已成为与犯罪作斗争及解决亲权争议的不可缺少的工具。作者广泛收集国内外的文献资料,结合目前学科发展现状,较系统地介绍 DNA 分型技术,主要涉及 DNA 基础结构、分型原理、检测程序、质量控制以及存在的问题等内容。该书从 DNA 的结构、功能及染色质、染色体谈起,详尽介绍基因、遗传编码、中心法则等基本知识,还讲述 DNA 分析的基本原理。着重介绍重组 DNA 技术、人类基因组 DNA 重复序列及其多态性、DNA 分离、DNA 指纹技术及应用、聚合酶链反应(PCR)技术及应用等核心内容。(王宝贤)

D000277 **公安行政法(高等学校法学试用教材)** 江波、湛中乐主编。中国人事出版社 1994 年 8 月版。32.93 万字。12.00 元。共 12 章,首章为公安行政法概述,其余各章分别论述公安行政主体、公安行政行为概述、公安行政处置、公安行政强制措施、公安行政处罚、公安行政调解与裁决、公安行政执行、公安行政复议、公安行政责任、公安行政执法监督、公安行政诉讼。书末有公安行政诉讼案例评析、主要公安行政法律、法规简介、几种主要的治安管理处罚法律文书样式、《公安派出所组织条例》、《中华人民共和国人民警察条例》、《中华人民共和国治安管理处罚条例》4 个附录。本书由司法部法学教材编辑部编审,为"中国部门行政法系列教材"之一。(殷崇文)

D000278 **国际贸易法** 丁启明编。高等教育出版社 1994 年 9 月版。22 万字。4.85 元。财经类专业成人教育教材之一。论述国际贸易法的基本理论、基本法律,并注重吸收国际贸易法的最新理论,重点介绍关税与贸易总协定,美国进口管制法及我国贸易管制、技术引进各项制度等最新内容,以适应我国市场经济下对外贸易发展的需要。为适应中等层次教学要求,着重介绍国际贸易条约、公约和惯例,各国的外贸规则和制度等。(梁旭)

D000279 **中国市场经济法律全书** 赵振宗主编。广西人民出版社 1994 年 9 月版。64 万字。22.00 元。收集中国建国以来,特别是改革开放以来最新颁布的 50 多种经济法律、法规,精选在经济生活中经常遇到的、群众最为关心的重要法律条目 1 200 多条,涉及公司法、企业法、经济合同法、技术合同法、专利法、反不正当竞争法、房地产法、股票市场法、审计法、会计法、劳动法等法律法规的内容,并分类加以阐释。书中根据全国人大常委会关于要建立社会主义市场经济法律体系的精神,首次把我国市场经济法律的内容划分为 6 大类:市场主体法、市场主体行为规则法、市场管理规则法、市场体系法、市场宏观调控法、社会保障法。这一划分是对构建中国社会主义市场经济法律框架的积极探索。(邓耘)

D000280 **中国刑法教程** 苏惠渔等编著。华东理工大学出版社 1994 年 9 月版。45 万字。16.50 元。法学著作。分刑法概论、犯罪概论、刑罚概论、量刑概论、罪刑各论五部分。汲取刑法理论研究和刑事司法实践中的新成果,全面论述刑法学与刑法的概念、研究对象、本质,我国刑法制定的依据和任务,我国刑法的基本原则、我国刑法的体系、渊源和解释、我国刑法的效力范围等。对犯罪的概念、本质、构成、客体、客观方面、主体、主观方面,排除社会危害性的行为、故意犯罪过程中的犯罪状态、共同犯罪、一罪与数罪进行介绍。并对刑罚的概念、功能和目的、体系与种类、非刑罚的处理方法作了介绍。对量刑的情节、数罪并罚、刑罚执行制度、时效、赦免等予以全面论述。最后分别论述了个罪的构成要件、基本特征及法定刑。(朱先权)

D000281 **中国诉讼法学** 沈福俊、叶青著。华东理工大学出版社 1994 年 9 月版。26 万字。11.00 元。法学著作。刑事诉讼法学、民事诉讼法学和行政诉讼法学是高校法律专业的必修课程。本书将刑事、民事和行政诉讼法学融为一体,以适应法律专业教学改革的需要。其特点是,既体现了三部诉讼法不同的性质和内容,突出其各自的个性;又反映了三部诉讼法的共性,避免了不必要的重复。该书以三部诉讼法为依据,结合司法实践而编写。(朱先权)

D000282 **涉外合同文书大全** 梁德超、赵景林主编。群众出版社 1994 年 9 月版。43.5 万字。17.70元。从涉外经济合同制作的实际出发,详细介绍涉外法律事务的基础知识、基本技能、基本方法。为使当事人在签订合同时了解有关的法律,掌握签订合同的要领和方法,不致在合同中出现大的纰漏,作者将每种合同分 4 部分阐述:(1)对合同的适用范围、特点、法定条件等作出恰当说明;(2)介绍国家统一规定的涉外经济合同文书样本;(3)对各种文书的基本内容和写法作了说明;(4)针对合同在签订和履行过程中可能出现的某些具体问题,作出解释。是为发展外向型经济提供法律服务的指导性图书。(常玉兰)

D000283 **新闻侵权与诉讼** 孙旭培等著。人民日报出版社 1994 年 9 月版。19.6 万字。5.90 元。共分 8 章。第一章绪论;第二章侵害名誉权;第三章侵害隐私权;第四章其他侵权形式;第五章新闻侵权的责任分担;第六章更正与答辩;第七章新闻纠纷的仲裁与调解;第八章起诉应诉与辩论;第九章新闻侵权的损害赔偿;第十章如何防止侵权和减少诉讼。书后还附有相关的主要法律条文及相关司法解释,相关的新闻道德规范。全面系统地论述新闻侵害公民名誉权、隐私权、姓名权、肖像权、著作权的确切涵义和表现形式,侵权的责任分担,如何通过诉讼,或者更正、答辩、调解、仲裁等非诉讼形式解决新闻纠纷,以及如何在采访、写作、编辑等环节上防止侵权。在论述中列举大量新闻案例,并附有案例目录。(郭宝平)

D000284 **中国民法** 柳经纬主编。厦门大学出版社 1994 年 9 月版。45.7 万字。11.50 元。民法基础教材。以《中华人民共和国民法通则》为经,以我国有关民事法律、法规为纬,系统阐述我国民法体系的基本概念、调整对象、本质作用和基本原则,并进行具体的阐说。"总论"部分讨论了公民(自然人)、法人、民事法律行为、代理、诉讼时效等。"物权"部分讨论了物、物权、所有权、用益物权、担保物权、共有和相邻物权等。"知识产权"部分讨论了专利权、商标权、著作权和其他智力成果权(如发明权)等。"债权"部分在概述债的概念、种类、发生、效力、移转、担保、消灭等基本范畴后,着力于讨论各类合同,如移转所有权的合同、提供劳务的合同、承包经营和租赁经营的合同、合伙合同和联营合同、保险合同及转移智力成果的合同等,并研究了其中不当得利和侵权行为的法律问题。"继承"部分讨论了法定继承、遗嘱继承以及遗产的处理。(王依民)

D000285 **《民事诉讼适用意见》释疑** 马原、梁书文编著。中国检察出版社 1994 年 9 月版。25 万字。8.50 元。共 18 个部分,包括管理、诉讼参加人、证据、期间送达、调解、财产保全和先予执行、对妨害民事诉讼的强制措施、诉讼费用、第一审普通程序、简单程序、第二审程序、特别程序、审判监督程序、督促程序、公示催告程序、企业法人破产还债程序、涉外民事诉讼程序的特别规定。针对重点条文和疑难问题进行阐释,力求说明制定条文或问题的精神、理论基础和实践意见。是各级法院审判人员、各级检察院检察人员、律师、教学科研人员、法律院校等必备的重要参考书。(云大慧)

D000286 **实用合同法** 王娣等著。中国经济出版社 1994 年 9 月版。32.5 万字。15.00 元。在介绍合同法知识的基础上,运用经济管理学、公共关系学、心理学等综合性知识,对合同法实践中的许多问题,进行了探索和研究,并提出解决问题的可操作性意见。并附有各类合同格式、合同订立的程序和技巧等内容。(王振岭)

D000287 **中国商法** 王书江等编著。中国经济出版社 1994 年 9 月版。40.5 万字。18.00 元。内容包括:总论,公司法,证券法,票据法,保险法,破产法。商法总论系统阐述有关商法的一些基本问题,具有较强的理论性。其他内容则更倾向于实用性,除介绍基本理论外,还介绍一些相关的具有实用性和可操作性的内容。(王振岭)

D000288 **关贸总协定与世界贸易组织中的知识产权** 郑成思著。北京出版社 1994 年 10 月版。23 万字。8.70 元。为适应"复关"后我国立法、司法、海关、外贸、企业等部门的需要,在研究与关贸总协定有关的现有知识产权公约的基础上,结合该协议的乌拉圭回合最后文本产生的背景及我国立法、司法、行政管理的现状,针对知识产权协议的基本内容与难点,逐一作出解释及评论。书后附有作者最新翻译的"关贸总协定与世界贸易组织的知识产权协议"中文本。(张秋月)

D000289 **个体户私营企业法律顾问** 沈乐平等编。广东旅游出版社 1994 年 10 月版。24 万字。9.50元。分 17 章,主要阐述个体工商户、私营企业与工商管理、税收管理、财务管理、经济合同管理、广告管理、物价、计量管理、产品质量管理、食品卫生管理、市场竞争管理等方面的关系,以及如何行使司法救济措施保护自身合法权益。(张卫成)

D000290 **国家公务员法比较研究** 金伟峰著。杭州大学出版社 1994 年 10 月版。22.5 万字。9.80元。关于各国国家公务员法的研究专著,分上、下编,共 14 章。采用横向专题比较的方法,对各国公务员法作了全面细致的考察和分析,内容涉及管理体制、职位分类、权利义务、工资福利、录用、培训、考核、职务升降、奖惩、调动、回避、辞职辞退、退休和监督救济等方面。主要选择了英国、美国、法国、德国、瑞士和日本等国的公务员法作为研究材料,综合探讨这些国家的公务员法律制度。在比较研究中既寻找共性,又反映差异;既考察法律制度本身,又试图揭示这些法律制度的深层背景、实际运行和未来走向。(余健波)

D000291 **检察机关自侦经济犯罪案件办案手册** 陈兴实主编。黑龙江人民出版社 1994 年 10 月版。40 万字。16.00 元。在司法实践的基础上,比较系统地论述了我国检察机关管辖的贪污案、挪用公款案、受贿案、行贿案、介绍贿赂案、巨额财产来源不明案、隐瞒不报境外存款案、偷税案、欠税案、抗税案、骗取国家出口退税款案、挪用特定款物案、假冒商标案以及检察机关认为应由其受理的其他案件等 13 类经济犯罪的具体犯罪构成以及办理这类案件应注意的问题。还收集整理了现行有效的国家关于经济犯罪的法律、有关机关的指示、政策规定等。根据办案需要,还将办案细则、免诉规定、赃款赃物移送处理、时效、标准等有关规定汇集在手册内。(安晓峰)

D000292 **国际公约与惯例** 曹建明等编。华东理工大学出版社 1994 年 10 月版。157 万字。3 册。62.00 元。法学著作。根据司法部规定的法律专业、经济法专业、国际经济法专业四年制教学方案,以及"国际公法"、"国际私法"、"国际经济法"教学大纲而编写,分国际公法卷、国际私法卷、国际经济法卷 3 本。(朱先权)

D000293 **中国历代刑法志注译** 高潮、马建石主编。吉林人民出版社 1994 年 10 月版。150 万字。70.00 元。分 4 部分:说明、原文、注释、今译。说明包括:历代刑法志的内容介绍、材料来源、文献价值、存在的问题等。关于注释,重点放在律令、刑名、制度、职官、事件、术语等一些问题的解释上,至于难懂的词语,只要通过译文能够解决的,一般不再作注。译文以直译为主,难以直译的句子用意译。(关静)

D000294 **定罪量刑的理论与实践** 高格著。吉林人民出版社 1994 年 10 月版。55 万字。20.00 元。从理论与实践的结合上,总结司法实践中定罪与量刑正反两方面的经验。一、具有针对性、实用性。定罪与量刑是司法实践中贯彻实施刑法,处理刑事案件需要解决的两个基本问题。该书理论联系实际,较好地反映了作为应用性学科的刑法学的方向和要求。二、以定罪与量刑为主题,从共性问题到个性问题展开全面系统又有重点的论述,形成一个具有一定独创性的新颖的逻辑体系。三、以马列主义、毛泽东思想为指导,吸收刑事立法、司法解释以及刑法学界最新研究成果,并提出自己的见解。(关静)

D000295 **预防犯罪导论** 张滋生、汤啸天著。群众出版社 1994 年 10 月版。26.5 万字。11.80 元。研究预防犯罪的学术专著。从阐述预防犯罪的基本原理入手,介绍古今中外预防犯罪理论的主要流派及发展。对预防犯罪的基本原理、主体责任、主要手段、基本环节、宏观对策、微观对策、常见犯罪等作了颇具深度的论述。尤其是对不同的时间、不同的空间、不同对象的预防犯罪作了独到分析。在介绍具体预防对策时，紧紧抓住法人犯罪、高科技犯罪、经济犯罪等热点问题，提出具体实用的防范对策。（常玉兰）

D000296 **中国检察官出庭全书** 张凤阁、江礼华编。山西经济出版社 1994 年 10 月版。110 万字。49.50 元。以出席法庭支持公诉为主题，集中阐述我国刑事诉讼制度的历史和现状，论述了出席一审法庭、出席二审法庭、出席再审法庭的理论与实务。还围绕出席法庭工作，编入与之相关的法律、法规、司法解释及司法文书，并对刑法颁布以来修改、补充的新罪名，对刑事诉讼中有关出庭工作的重大理论问题详加阐释。（张凤山）

D000297 **新编实用法学全书** 杨森等主编。中国检察出版社 1994 年 10 月版。220 万字。138.00 元。囊括法学基础理论、宪法学、刑法学、民法学、婚姻法学、继承法学、经济法学、行政法学、劳改法学、国际法学、刑事侦察和诉讼法学等各个法学学科的基本内容。既有各法学学科的基本理论阐述和基本知识介绍，又有案例评析，还有与之相关的司法文书格式，及有关的法律和法规，还有涉外的和涉港、澳、台的经济、婚姻、继承等方面的纠纷案件的处理。具有全面、系统、简明、实用的特点。（安斌）

D000298 **反不正当竞争法概论** 王名湖主编。中国检察出版社 1994 年 10 月版。32.7 万字。12.60 元。共 17 章。揭示竞争是市场经济的本质、商品经济的规律。社会在竞争中前进，市场在竞争中发展。告诫人们市场竞争呈二元化形态：即正态竞争（正当竞争）和负态竞争（不正当竞争），这是不以人们意志为转移的客观规律。指出，市场竞争中有负面效应并不奇怪，关键是如何有效地规范市场经济秩序，限制、禁止不正当竞争行为的产生与蔓延。阐述八届人大常委会第三次会议通过的《中华人民共和国反不正当竞争法》，揭开我国社会主义市场经济的崭新一页，标志着具有中国特色的社会主义竞争法律制度的确立。这对于规范市场主体行为，鼓励和维护公平竞争，制止不正当竞争行为，保护经营者和消费者的合法权益，保障社会主义市场经济的健康发展，具有重大的现实意义和深远的历史意义。内容丰富、结构合理。既有对古今中外反不正当竞争法律与规范的比较研究，也有当今国内市场竞争中新情况透析与实案研析；既有融经济法、行政法、刑法学于一体的理论深度，又具有立法与司法相结合，准确、实用之特点。（许维明）

D000299 **民法判解研究与适用** 杨立新著。中国检察出版社 1994 年 10 月版。51 万字。22.00 元。关于侵权损害研究的文集。共分 4 编。第一编为债权法判解研究与适用。包括：对债权占有人给付的效力、对债权之准占有人给付效力及适用的再思考、损害赔偿之债的损益相抵、损害赔偿之债的过失相抵、债权人撤销权及其适用、对完善我国债的保全制度的构想、对民间借贷之债司法解释的评释、保证人在主合同没有变更时的保证责任、奖券纠纷的性质及对策、储蓄存款损失的性质及其法律对策，共 10 篇。第二编为侵权法判解研究与适用。包括：新中国侵权法司法解释的现状及思考、规范性侵权法司法解释的内容及适用、批复性侵权法司法解释的内容及适用、公民身体权及其民法保护、劳动能力丧失及其损害赔偿、侵害生命权的间接受害人及其损失赔偿、侵害物质性人格权的慰抚金赔偿、侵害自由权及其民法救济、侵害肖像权及其民事责任、公民姓名权及其民法保护、侵权小说编辑出版者的民事责任问题、新闻侵权问题的再思考、对财产犯罪受害人起诉侵权问题的研究、国有公共设施设置管理欠缺致害的行政赔偿责任、工伤事故与损害赔偿、侵权案件程序法适用的有关问题共 16 篇。第三编为婚姻法判解研究与适用。包括：婚生子女否认与欺诈性抚养关系、对夫妻约定财产的研讨、夫妻共同财产范围的有关问题、对婚前个人财产转化为夫妻共同财产的评释、夫妻共同财产分割的实务、离婚子女抚养司法解释的新发展，共 6 篇。第四编为物权法及其他判解研究与适用。包括：善意取得制度研究、相邻防险关系探讨、对适用民法通则司法解释修改意向的评释、合伙纠纷与合伙诉讼、执行程序中的参与分配制度，共 5 篇。关于医疗事故、交通肇事、工作物致害等损害赔偿 60 多篇论文，分别收集在《民法判解研究与适用》第二集与第三集。

D000300 **妨害司法活动罪研究** 赵秉志主编。中国人民公安大学出版社 1994 年 10 月版。62.3 万字。21.50 元。妨害司法活动罪是各种妨害司法机关的正常司法活动，侵犯国家司法权正常行使的犯罪行为的总称，是具有共同特征的一类犯罪。本书共 4 个部分，除导论外，分为 3 编、27 章。导论部分概述了妨害司法活动罪的概念、特征、类型、立法模式、处罚、立法完善等问题；第一编为现行刑法中的妨害司法犯罪研究，分 14 章研究了各种妨害司法活动罪的构成、认定、处罚及立法完善问题;第二编分为10章,对建议增设的10种妨害司法活动新罪名之立法理由、犯罪构成要件界定及刑罚设计进行探讨和论述;第三编为台、港地区和外国刑法中的妨害司法活动罪,分3章进行介绍和研究。作者注重立法、司法与理论相结合,注重古今中外的比较研究,立足现行刑法的正确理解与适用,提出很多有新意的见解。(汪伊红)

D000301　**经济系统多发性案件预防**　顾道先、高宪昌主编。中国人民公安大学出版社1994年10月版。28.8万字。10.60元。主要由3部分组成:第一部分,案件预防工作的应用原理来自案件预防工作实践经验的总结、概括和升华。其具体内容包括:1.案件预防工作的性质、地位和原则;2.制定案件预防对策的总体构成和要素;3.案件预防工作的体系和运行机制。第二部分,经济系统敌情和刑事犯罪活动的状况与研究。包括:1.认识经济系统敌情和刑事犯罪活动应持的基本观点;2.经济系统敌情和刑事犯罪活动的主要动向和发展趋势;3.对经济系统敌情和刑事犯罪活动分析研究的重要性及其方法。第三部分,对经济系统各类多发性案件预防的措施和方法。在案件预防工作应用原理的指导下,针对各类案件的发生原因和不同特点,制定相应的措施和方法。附录收有关于经济系统多发性案件预防工作的法律法令、政策规定、行政法规、规章等方面的参阅目录。(侯玲)

D000302　**治安管理处罚心理艺术**　林二力著。中国人民公安大学出版社1994年10月版。18万字。5.80元。运用普通心理学的原理,结合大量的治安管理工作实践,就公安机关在办理治安调解案件中的心理活动及特点、各个裁决程序中的工作艺术及应变对策、应诉中的心理艺术及特点,从心理学的角度进行分析研究。(甄岳刚)

D000303　**春秋贵族法规研究**　徐鸿修、安也致著。广西师大出版社1994年11月版。7.7万字。2.90元。以往的史学研究,将有关春秋时期宗法贵族因“无礼”、“有罪”而遭受惩罚和被强加以各种罪名而遭受兼并的记载统统当作贵族兼并的史料处理,致使其中所含的法制史内容没有得到重视。为弥补这一缺陷,作者对上述记载重新整理,发现春秋时期的法律体系中存在着一种约束宗法贵族行为的法律规范,并定名为“贵族法规”。该书对贵族法规的形成、特点、内容以及对后世法律的影响进行了研究。(章丽梅)

D000304　**中华人民共和国法律全书(增编本)**　王怀安主编。吉林人民出版社1994年11月版。200万字。148.00元。按原《法律全书》的体例,将1993年全国人大常委会,国务院及其所属部门,最高人民法院、最高人民检察院所公布的法律、法规以及规章制度,司法解释编入。分为宪法编、刑法编、刑事诉讼法编等10编。(关静)

D000305　**国际渔业法规**　副名:全国渔业船舶职务船员培训统编教材。乐美龙、黄硕琳主编。科学普及出版社1994年11月版。31.8万字。16.00元。为帮助从事远洋渔业工作的管理人员、渔船船员熟悉和掌握国际渔业法规而编写。归纳介绍了与渔业有关的国际海洋法基本知识、多边和双边渔业协定、联合国大会有关渔业决议和有关国际会议精神,以及有关国家的渔业法律制度、国际渔业机构等。(许昊)

D000306　**社会主义市场经济法律法规选编**　全国普及法律常识办公室编。人民日报出版社1994年11月版。28.7万字。8.50元。全国“二五”普法统一教材。主要收录:规范市场主体的法律、法规,如企业法、转换经营机制条例、企业破产法、中外合资经营企业法、关于修改《中外合资经营企业法》的决定、中外合作经营企业法、外资企业法、公司法等;维护市场秩序的法律、法规,如反不正当竞争法、经济合同法、产品质量法、商标法、消费者权益保护法等;加强和改善宏观调控的法律、法规,如预算法、税收征管法、农业法、会计法等;促进对外开放的法律、法规,如外贸法等;关于社会保障的法律、法规,如劳动法等。(郭宝平)

D000307　**怎样打官司**　王宝生著。山西人民出版社1994年11月版。27万字。7.15元。将我国刑事、民事、行政三大诉讼的基本知识进行归类和整理,介绍打官司的一整套程序;运用通俗易懂的语言,生动具体的案例,表述了起诉和应诉、上诉和答辩的方法和技巧;介绍司法机关管辖的案件范围和种类;双方当事人依法享有的诉讼权利和应承担的诉讼义务;对民告官的案件种类、法律依据和方法进行详细论述;对各种诉状的格式和写作要领作了介绍,并附有各种诉状的实例和说明。(董高怀)

D000308　**职务犯罪的法律对策及治理**　樊凤林、宋涛主编。中国人民公安大学出版社1994年11月版。50万字。17.50元。以马克思列宁主义、毛泽东思想为指导,本着理论联系实际的原则,立足于我国国情和实际工作的丰富经验,并汲取与借鉴外国的立法例及其理论，对职务犯罪的法律对策及治理进行系统而深入的研究分析。全书分为5编。第一编：职务犯罪总论；第二编：职务犯罪构成论；第三编：职务犯罪罪因论；第四编：职务犯罪对策论；第五编：职务犯罪附论。（李文华）

D000309 **涉外经济法新论** 买万林主编。河南人民出版社 1994年12月版。36万字。13.20元。涉外经济法学是专门研究调整涉外经济关系的法律规范的新兴学科。本书用通俗的语言，对我国涉外经济法的基本理论、基本概念和有关的法律、法规，特别是对涉外经济合同法、对外贸易法、关贸总协定、国际货物买卖合同法、涉外金融法、涉外保险法、涉外税法、海商法以及涉外经济纠纷的处理等，进行系统的分析，对比和介绍了国外有关法律的规定，有关涉外经济法学研究的新成果。以我国最新颁布的涉外经济法规为依据进行论证，具有较强的实用性。（段南萍）

D000310 **知识产权法学** 王明锁主编。河南人民出版社 1994年12月版。26万字。13.00元。知识产权制度是保护科学技术和文化艺术成果的基本法律制度。随着科学技术和商品经济的发展，知识产权制度愈显重要。本书有6编32章，全面地介绍了知识产权法学的基本内容，如著作权法、专利法、商标法、其他知识产权法和知识产权的国际保护等。（张存威）

D000311 **中国竞争法** 邵建东著。江西人民出版社 1994年12月版。31万字。9.98元。分上、下两编。以我国 1993年12月1日施行的《反不正当竞争法》以及列入立法议程的《反垄断法》为研究对象，结合我国的实际情况，对中国竞争法的理论和实践进行了分析研究。上编，对与不正当竞争相关的共同理论问题作了探讨，并对每一类法定的不正当竞争行为的理论和运用作了评析。下编，以我国现阶段经济体制改革的总体目标为指针，借鉴发达国家对竞争和垄断进行法律调整的经验教训，对我国反垄断法应当加以规范的实体领域提出一些建议。（姚继舜）

D000312 **国家赔偿法概论** 胡玉鸿主编。江西人民出版社 1994年12月版。32.8万字。10.80元。以 1994年5月12日第八届全国人大第七次会议通过的《中华人民共和国国家赔偿法》为依据编写。全书共19章，全面阐释国家赔偿制度的概念和法律起源、国家赔偿的归责原则和构成要件及赔偿范围、赔偿请求、请求时效与期间、赔偿程序等司法内容和法律意义。（龚平如）

D000313 **社会主义市场经济法律知识讲话** 全国普及法律常识办公室编。人民日报出版社 1994年12月版。25万字。7.20元。全国“二五”普法统一教材。由全国普及法律常识办公室约请中央各有关主管部门参与各项法律、法规起草的专家，就立法意图、法律的主要内容、实施措施等加以讲解。共分14讲：国有企业法律制度、涉外企业法律制度、公司法、反不正当竞争法、经济合同法律制度、产品质量法、消费者权益保护法、商标法、预算法、新税制法律法规、价格管理法规、农业法、对外贸易法、劳动法。（郭宝平）

D000314 **中华人民共和国常用法律选编** 中国盲文书社编。中国盲文书社 1994年12月版。3.7万字。2.50元。盲文版法律书籍。选自法律出版社 1992年5月出版的《中华人民共和国常用法律》一书。包括《中华人民共和国国旗法》、《中华人民共和国国徽法》、《中华人民共和国婚姻法》等15项有关法律、法规。对盲人进行普法教育，介绍有关法律、法规，提高广大盲人知法、懂法、依法、守法的自觉性。（宋涛）

D000315 **西方五国宪法通论** 赵宝云著。中国人民公安大学出版社 1994年12月版。35.7万字。12.80元。以美国、英国、法国、日本、德国五国宪法演变的历史轨迹为主线索，探寻其最初立宪的始因，研究其不同时期制宪及修宪的概况；既研究其制定的成文宪法及宪法性法律，又考察英、美等国创立的不成文宪法惯例；既研究五国现行宪法内容，又概述英、法等国现行宪政制度。追根溯源，对五国制宪及修宪的内容、形式作归类，并对其原因、背景等作翔实考察。在诸如法国政体的归属类型、日本战后确立和平主义宪法原则的历史背景等方面提出独到见解。对五国宪法的内容作必要的分析批判，剖析其宪法原则与社会现实相悖之处，揭示其虚伪性，从而具有重要的现实意义。（李惠）

D000316 **法学与经济学的探索** 顾培东著。中国人民公安大学出版社 1994年12月版。34.5万字。12.20元。运用法哲学和法律经济学的研究方法，深入探讨市场经济中的若干法律问题，从价值层次、规范层次、运作层次上论述了直接规范经济活动的法律所应当体现的经济原理。并运用马克思诉讼法律思想探讨现实经济冲突及其诉讼机制，提出许多哲理横溢的新见解。（郑崇峰）

E 军 事

E000001 **军事五千年 1—6** 李光羽著。少年儿童出版社 1993 年 11 月至 1994 年 3 月版。155 万字。6 册。35.15 元。系《上下五千年》的姐妹篇,“五千年系列丛书”之一。主要写中华五千年有关军事方面的历史,其中包括原始军事——最早的兵器与战争,从上古以来历朝历代的各种内部的和对外的战争,中国古代战略、战术、兵制、兵法和兵器的发展和演变,中国历史上著名的军事家、战将、战役、战例等。6 册的主要内容有:第一册,写原始社会、夏、商、西周、春秋、战国、秦末的军事。共计 62 篇故事。第二册,写楚汉相争、西汉、东汉末的军事。共计 60 篇故事。第三册,写三国、两晋、南北朝的军事。共计 58 篇故事。第四册,写隋、唐和五代十国的军事。共计 61 篇故事。第五册,写北宋、南宋、元代,包括辽、西夏和金的军事。共计 65 篇故事。第六册,写明、清(截止中国古代史末)的军事。共计 53 篇故事。(洪祖年)

E000002 **二十世纪血战纪实·海战** 石庆环主编。黑龙江人民出版社 1994 年 1 月版。23 万字。7.90 元。记述 20 世纪发生的海战 15 例,如 1905 年日俄对马海战、1916 年英德日德兰海战、1942 年美日中途岛海战等。(安晓峰)

E000003 **二十世纪化、生、核战争·被禁止的战争** 李朋主编。黑龙江人民出版社 1994 年 1 月版。25 万字。7.90 元。分化学战、生物战、核战争三部分。记述战争给人类带来的巨大灾难及战争的残酷性。(安晓峰)

E000004 **二十世纪血战纪实·空战** 石庆环主编。黑龙江人民出版社 1994 年 1 月版。23 万字。7.90 元。记述 20 世纪发生在全球的重大空战 20 例,如:1940 年英德空战,1941 年日军偷袭珍珠港,1943 年美军击落山本五十六座机等。(安晓峰)

E000005 **二十世纪血战纪实·陆战** 张晓校主编。黑龙江人民出版社 1994 年 1 月版。23 万字。7.90 元。记述 20 世纪发生在全球的重大战役、战争,如 1916 年凡尔登战役、英意非洲克仑会战、基辅会战、莫斯科保卫战、列宁格勒保卫战等 23 个陆地战役、战争。(安晓峰)

E000006 **军队建设大辞典** 黄玉章等主编。华夏出版社 1994 年 1 月版。150 万字。56.00 元。汇集古今中外有关军队建设的词条 3 600 多条,包括军队政治工作、司令部工作、后勤工作、军队体制编制、装备、训练、军事院校、军事思想、军事历史、军事人物、军事科研、军事技术、军事地理、水文、气象、测绘、文体、海军、空军、战略导弹部队、炮兵、装甲兵、工程兵、防化兵、通信兵、武装警察部队、国防后备力量,战争、战略、战役、战术、军队组织指挥、军民共建、军地两用人才培养等 30 多类,是融学术性与实用性为一体的有关军队建设的工具书。(廖国珍)

E000007 **高技术条件下的信息战** 朱幼文等著。军事科学出版社 1994 年 2 月版。36.2 万字。9.50元。通过科学技术与武器装备的发展变迁、古今中外的战争实例与人和武器的关系,论述信息战的由来与形成、含义与特征及信息武器系统与信息战原则、信息战的应用与展望,并从战争史发展的角度阐述夺取信息优势是当代与未来战争取胜的关键性因素,以及信息战对军事理论、作战思想、军队体制与武器装备发展使用等方面的重大影响。(张大禾)

E000008 **军队后勤改革纵横谈** 王义华著。黄河出版社 1994 年 3 月版。27 万字。7.50 元。长篇报告文学。描叙改革开放以来,人民军队的后勤建设,包括被装、饮食、住房、医疗、生产经营、联勤联供等 6 方面所发生的可喜变化。既介绍改革开放的工作经验、作法和出现的勃勃生机,又介绍改革中出现的新情况、新问题,并采取摆事实、发议论的方法,探讨新的对策,以引起有关领导的思索。(李景荣)

E000009 **中法战争史热点问题聚焦** 黄振南著。广西人民出版社 1994 年 4 月版。25 万字。11.00 元。共分 8 章,书末附有中法战争史论著索引。从清末以来有关中法战争史的论著中,筛选出 65 个有争议的重要学术问题,按类编排,客观介绍争议各方的基本论点。其中有国内学术界的观点,也有法国和越南学者的观点。(刘君达)

E000010 **兵法概论** [瑞士]A.H. 若米尼著,刘聪、袁坚译。军事科学出版社 1994 年 4 月版。54.5

万字。15.80 元(平);22.00 元(精);汉译世界著名兵书。正文共 7 章 47 节,另有结论、补遗、续编(一)、续编(二)。基本内容包括:战争政策,军事政策或战争哲学,战略与战略计谋,大战术与交战,战略战术性混合作战,战争勤务或调动军队的实用艺术,军队的战斗部署和三个兵种(步兵、骑兵、炮兵)的单独使用或联合使用等。主要理论观点:战争有其基本原理,违背之,定会发生危险,能好好运用之,则差不多总是可以成功的;最合理的兵法理论应是以研究战史为基础的;战略是进行战争的科学,战术是进行战斗的科学;进攻优于防御,是一种最积极的战斗类型,而防御则是为在适当时机转入进攻所采取的临时待机行动;克敌制胜的唯一方法不是实施旨在威胁敌人交通线的机动,而是交战;为打败敌人必须采取坚决的战略,坚决把主力投到决定点上,力求对敌翼侧采取迂回包围,同时从正面进行闪电突击;若不能从敌翼侧采取迂回包围,则应从正面坚决突破,先将敌孤立分割成几部,尔后各个击破;初战告捷,应适时转入连续追击,以求全歼或彻底打垮敌军。此书是在总结法国大革命战争和拿破仑战争经验基础上写成的,曾被西方国家奉为兵学经典,并成为沙俄两代皇储和多国军官的必修教科书。但作为 19 世纪著名资产阶级军事思想家和资产阶级军事科学奠基人的若米尼,囿于其阶级的局限性,书中反映出一些形而上学和机械论的色彩,如其认为规律是永恒的、绝对的,不变的,夸大统帅在战争中的作用,低估政治、社会因素对战争的影响,未能揭示出战争的真正目的等。本书根据法文版本并参考英文和俄文版本翻译,是原汉译《战争艺术概论》的修订本。除更改书名外,还更正了原版本印刷技术性错误,修正了个别翻译欠妥的词句,根据英文版本补译了几段内容,按照俄文版本补充了目录,统一了人名、地名译法,增编了附录。(贺俊连)

E000011 **军事近代化与中国革命** [澳]冯兆基著,郭太风译。上海人民出版社 1994 年 4 月版。26.8 万字。12.75 元。军事史专著。系统研究新军的兴衰变迁,尤其在军事组织、后勤保障、军心向背等方面作深刻的分析。阐述社会结构和社会关系变化同军事近代化的相互影响,探索革命的原因和进程。还深入地考察了南北新军和新军军官的状况,剖析了近代中国军人的跋扈、政局混乱的原因。(华雄宏)

E000012 **世界军事年鉴(1993～1994)** 军事科学院《世界军事年鉴》编辑部编。解放军出版社 1994 年 6 月版。201 万字。85.00 元。论述年度内世界各国军事新情况、新进展为主要内容的信息密集型学术性资料工具书。设 9 个栏目:军事要事;各国军事概况;军事理论研究;军事技术;军事建设;国际组织、会议、条约;世界军事大事记;特辑;彩色图片。(谢钢)

E000013 **高技术局部战争研究** 王伟等著。军事谊文出版社 1994 年 6 月版。22 万字。10.00 元。阐述的主要理论问题有:高技术局部战争的形成和发展、高技术局部战争的主要特点、高技术局部战争在军事领域产生的影响、我国未来可能面临的局部战争、迎接高技术局部战争的挑战。还研究了五场高技术的局部战争,介绍战争的经过,研究高技术兵器在战争中所发挥的作用以及存在的弱点,以低打高可借鉴的经验等。附作战要图 10 幅。最后部分为第二次世界大战至今所发生的局部战争和武装冲突一览表,简介每场战争发生的时间、地点、参战国、作战简要经过。(张丽)

E000014 **中国远征军史** 时广东、冀伯祥著。重庆出版社 1994 年 7 月版。22.1 万字。9.95 元。中国远征军入缅作战,是二战期间中国军队在国外与盟国军队联合作战并取得胜利的一次战略战役。本书分析中国远征军组建的背景,介绍它的建制、演变,描述缅甸反攻战若干战略布置和战斗经过,对中国远征军在缅甸战场所起的作用作客观评价。(周定国)

E000015 **自动武器构造** 王裕安等编。北京理工大学出版社 1994 年 8 月版。40.9 万字。9.80 元。主要内容有:自动武器的基本知识与构造原理;12 种典型步枪、手枪、冲锋枪、机枪的用途、战术技术要求、分解结合方法、结构原理与动作;自动武器的典型自动方式,闭锁、退壳、供弹、发射和击发等主要机构与装置的作用、分类与特点;当前自动武器发展概况,武器保养常识,基本射表和射效矫正;主要术语英汉对照等。按照理论联系实际的原则,图文并茂,既讲自动武器的一般用途、战术技术性能和分解结合,又讲结构与动作原理。(倪福卿)

E000016 **海军财务管理学** 杜云然主编。海潮出版社 1994 年 8 月版。29.5 万字。9.80 元。收入海军后勤丛书。以军队财务的基本理论和全军统一的财务法规为依据,将全军财务与海军财务相结合,总结经验与服务现实相结合,论述经费分类、财务供应保障、经费预算、综合财务计划、各类经费管理、财务监督、财务分析、军队国有资产管理等内容。(陆羽白)

E000017 **近代中国海军** 《近代中国海军》编辑部编著。海潮出版社 1994 年 8 月版。95 万字。45.00元。海军学术专著。近代中国海军指晚清创建的近代海军和尔后的民国海军,时限从 1840 年起至 1949 年止。体例采取纵横结合的方式,对近代海军的创建、发展、重建等历史阶段作纵向考察,探讨中国海军走近代化道路的某些特殊性;从横向相对集中有关专题,对海军的组织体制、武器装备、教育训练、基地防务、海防经费、海防思想、海军军事学术作系统研究。对几次重要战争作切合实际的总结。对晚清和中华民国时期的海军建设和有关重要人物持客观公允态度。是研究中国海军历史的重要工具书。(陆羽白)

E000018 **高技术条件下军事斗争的发展与运用丛书** 尚杰等编著。解放军出版社 1994 年 8 月版。23 万字。5 册。11.00 元。研究高技术条件下陆海空军及弹道导弹部队战法与运用的丛书,共 5 本。具体书名与内容包括:《现代地面作战力量的发展与运用》、《海洋斗争与海上力量的运用》、《空中力量的发展和作战方法的变革》、《空间战场与弹道导弹力量的运用》、《美军新的作战思想和作战方法》。着眼于海湾战争所展现的现代高技术局部战争的特点,介绍在各种高新技术兵器装备各军兵种以后,对各军兵种传统战法、运用特点与指导思想、编组结构及在现代战争中的地位带来的挑战与冲击;指出信息战、立体战、高技术联合作战已经成为未来战场的主要特点;分析介绍了美军作战思想和作战方法的演变过程,重点剖析美军在海湾战争之后作战思想与作战方法的新发展;预测和展望了陆海空军及弹道导弹部队在未来战争中的战法及运用观点。(苏庆谊)

E000019 **军事认识论** 张家驹、楼焕甲著。解放军出版社 1994 年 8 月版。30 万字。14.80 元。把军事认识论作为一门相对独立的学科进行系统研究和阐述的学术专著。以军事认识这一人类特殊的认识活动为研究对象,以军事实践基础上的主观指导与客观实际的矛盾为主线,探索军事认识的产生、形成、发展的历史,揭示军事认识的特点、内容和形式,研究军事认识主客体相互作用的内在机制和一般规律以及军事认识论的一般方法论,体现历史与逻辑、理论与实践的统一,构建一个系统研究军事认识问题的理论框架。(孙璞方)

E000020 **中国军事法学教程** 陈学会著。陕西人民出版社 1994 年 8 月版。30.8 万字。9.90 元。共 20 章,由"绪论"、"军事法总论"和"军事法各论"三部分组成。(黄剑波)

E000021 **海军战略** [美]艾·塞·马汉著,蔡鸿幹等译。商务印书馆 1994 年 8 月版。31.9 万字。13.50 元。系美国海军战略理论家马汉(1840~1914 年)晚年完成的一部专著。共分 15 章,包括 3 个主题,即历史上海战史例述评、海军战略的基本原理以及原理的应用。主要观点是:确立海权论的海军战略理论。海洋是世界各国的共同财富,获得制海权或控制了海上要冲的国家,就掌握历史的主动权。海军战略具有四个要素,其中集中和达到集中的方法是海军战略的入门,占据中心位置就便于舰队实施内线机动,抢在敌方之前占据有利位置,而海上交通线是支持海上作战舰队的生命线。针对美国当时陆海军实力尚不够强的情况,作者特别重视弱势海军作战的研究。针对使用海军舰队担任直接防御海岸正面地段的做法,认为海军舰队是海上作战的主力,应充分发挥它具有机动性强的优势,正确运用海军兵力。强调海军基地是海军舰队生存的根据地和实施海上攻击的出发地,是支援海上攻势作战必不可少的依托,因而具有攻势属性。认为海战是以其作战目的而区分进攻和防御的,不论战役性质是进攻还是防御,舰队总是以攻击行动达成战役的目的,因而海上攻击是海军舰队的基本作战方式。(李失)

E000022 **现代指挥控制通信情报(C^3I)互通体系结构** 智少游著。电子科技大学出版社 1994 年 9 月版。54.76 万字。19.50 元。系统介绍 C^3I 系统的应用环境、计算机环境与通信环境,介绍外军的 C^3I 体系结构的发展动向,研究 C^3I 互通的体系结构、接口标准和协议体系,探讨具有中国特色的 C^3I 开放系统。共分 9 篇、18 章。第一篇为发展情况与互通体系,在简要介绍外军新一代 C^4I 体系的基础上,试图探讨其技术特点,作为对 C^4I 互通研究的起点;第二篇为战场应用,简要介绍战场管理、战场技侦和战场支援方面的功能;第三篇为应用环境,采用当前国际流行的模型对应用环境进行描述;第四篇为通信服务;第五篇为数据链路与机/舰载总线;接着是安全体系、异型体、多媒体等。(唐雅邻)

E000023 **战争借口** 文若鹏、易学明著。海潮出版社 1994 年 9 月版。17.5 万字。5.90 元。军事学术问题专著。以战争历史的画卷、战争内幕轶闻,展示战争与政治、外交的内在联系,揭示战争的起因,认识战争的性质。从各个角度对处于政治、外交、战争三者结合部的"战争借口"进行系统剖析,揭开"战

争借口”这块掩饰战争动机的面纱。(陆羽白)

E000024 **军事科学概论** 郑文翰主编。军事科学出版社 1994 年 9 月版。35.7 万字。11.80 元。分上下两编,上编主要回答以下各主要问题:什么是军事科学,它的研究对象、研究方法及学科体系是什么,它的学科属性、发展简史、分期及发展展望,它与相关学科的关系以及自身发展基本规律。下编分别介绍军事科学几大门类的基本知识及其相互关系,主要包括:军事思想、军事学术、武装力量、建设理论、军事历史、军事科学的边缘科学。根据世界军事科学和中国军事科学发展的历史与现状,提出军事科学体系由七大门类组成的方案,即军事思想(包括军事辩证法、古代军事思想、资产阶级军事思想、无产阶级军事思想等),军事学术(包括战略学、战役学、学术学、军队指挥学等)、武装力量建设理论(包括军制学、军事教育训练学、军事管理学、军队政治工作学、军事后勤学等),军事地理(包括军事地理学、军事气象学等),军事技术(包括兵器学、射击学、弹道学、军事信息学、军事工程学),边缘科学(包括军事运筹学、军事经济学、军事法学、军事未来学等)。还简明介绍军事科学七大门类 17 种学科的基本知识。(张健)

E000025 **武器系统射击效力** 潘承泮编著。兵器工业出版社 1994 年 10 月版。51.3 万字。23.00 元。应用数学原理对武器系统的射击效力及有关问题做明确阐述,如地面武器系统的射击效力,着发射击的高射武器系统的射击效力,空炸和近炸射击的高射武器系统的射击效力以及武器系统的精度检验与效力试验的各种问题。作者认为,武器系统射击效力是一门多学科综合性理论,它与近代数学(尤其是概率统计学和运筹学)、射击学以及武器系统工程学有着密切的关系,现在已经成为一个专门研究的领域。可作为军事技术运筹学与兵器系统工程学等专业研究生教材。(宁培毅)

E000026 **野外生存** 沈克尼、陶京天著。解放军出版社 1994 年 10 月版。8.9 万字。4.50 元。军事科普读物。以我国三北地区和西南边疆、沿海地区,以及主要周边国家浅近纵深的地理情况为依据,用通俗的语言、浅显的道理、形象的图示介绍野外判定方向,山地、雪坡、热带丛林地、沼泽地、沙漠戈壁的行进和涉渡河流,捕食兽类、鱼类和昆虫,采食野生植物,寻找水源与取火,饮水净化、海水淡化、食用解渴植物,野外露营,野外常见伤病防治等方法。(张照华)

E000027 **孙子学文献提要** 于汝波主编。军事科学出版社 1994 年 10 月版。56.7 万字。21.50 元。在广泛收集历代孙子研究文献的基础上,对这些研究文献作出扼要介绍和揭示。收录包括从先秦时期到 1992 年底国内外有关的文献共 1 849 种,其中国内著作类文献 519 种,论文、记载类文献 978 种,合计 1 497 种;国外著作类文献 237 种,论文、记载类文献 115 种,合计 352 种。涉及的作者有 20 多个国家的 1 297 人。对收入的文献,严谨考证,去讹存真,除误更正,并分别对其标题、版本情况、作者事迹和文献内容作出准确、精当的概括和介绍。收入文献按作者生活年代和文献完成时间顺序编排。书后附有“孙子学文献著述索引”、“孙子学文献作者索引”以及“孙子学文献收藏单位简、全称对照表”。收入“孙子兵法大全系列丛书”。(张大禾)

E000028 **三十六计(秘本兵法)** 陈弓编。武汉出版社 1994 年 10 月版。10.8 万字。4.80 元。依据《三十六计(秘本兵法)》整理出版。根据原书内容编有相关的故事来源、注释、战例、按语阐释等部分。对原书文字作较详细、确切的注释和部分语译,对原文中运用《易经》的语辞、内容、从解“易”到结合该计内容均作切合要旨的阐释。书中所叙战例,附于各计相关条目之后。(何小敏)

E000029 **三十六计** 孙海晨著。中国盲文书社 1994 年 10 月版。35 万字。4 册。320.00 元。英语盲文译版。原书由约 300 年前一位不知姓名的学者撰写,20 世纪 40 年代问世,引起军事权威和普通读者的重视。通过翻译古典作品,对三十六计中的每一计给予解释,以其它古典兵书上的引言为参考,并附以古代运用这些战术的成功战例。(宋涛)

E000030 **太平天国军事史** 张一文著。广西人民出版社 1994 年 11 月版。35 万字。12.50 元(平);16.00 元(精)。系“太平天国史丛书”之一。分“战争”和“军事”两编。“战争”编论述太平天国的历次主要战争,包括金田起义、进军金陵、北伐、西征、守卫天京、石达开远征、三破江北江南大营、三攻上海、第二次西征、开辟东战场、进军豫陕、天京保卫战及其陷落、太平军余部及捻军的继续奋战等。简述各个战役的全过程,深入论述其得失,最后一章,分析了太平天国战争失败的原因。“军事”编,论述太平军的领导体制与军队编制,军事纪律、思想灌输与军事训练,兵器、装备和筑城,阵法、战法与战略,以及太平天国的军事思想等方面的内容。书末附有地图 8 幅:太平军“首克武汉”,“北伐军怀庆之战”,“湖口之

战"，"一破江北、江南大营"，"三河之战"，"二破江南大营"，"安庆保卫战"，"天京保卫战"。(刘君达)

E000031　**传统美德与军旅修养**　总政治部宣传部编。国防大学出版社1994年11月版。17.9万字。6.60元。辑录当代革命军人可资借鉴的中华民族传统美德有关方面的内容。所设条目根据青年官兵在新形势下的人生追求、成才渴望、价值取向、审美特点，按照理想志向、道德情操、心理气质、思想方法、军旅实践的内在逻辑加以整理编辑。条目中的古文绝大多数翻译成现代文。对一些字词加以注音、注义。为阐发所选名言的内涵，不少条目之下还有编者附言，或以我国现代与外国的名言警句来映衬说明，或用历代典型生动的事迹予以烘托，或略加评析。(卜延军)

E000032　**绘画本武经七书(上中下)**　黄颇主编。哈尔滨出版社1994年11月版。2 000幅画。3册。58.00元。武经七书是我国古代著名兵学经典，收有《孙子》、《吴子》、《司马法》、《尉缭子》、《三略》、《六韬》、《孝卫公问对》等书，在中国古代军事理论史上有重要地位。本书在白话武经七书的基础上，改编为绘画本，图文并茂，通俗易懂地介绍武经七书的内容。(杨庆旺)

E000033　**20世纪特殊战·电子战**　兰黄明等编著。黑龙江人民出版社1994年11月版。16万字。8.80元。"20世纪特殊战丛书"之一。以纪实手法，着重描述从1905年日俄对马海战开始，到1991年海湾战争近90年来电子战的精彩场面。(安晓峰)

E000034　**20世纪特殊战·后勤战**　兰黄明等编著。黑龙江人民出版社1994年11月版。18.7万字。8.80元。"20世纪特殊战丛书"之一。着重描述从第一次世界大战到海湾战争近90年来后勤战的精彩场面。作者指出，后勤战是作战双方为夺取战争胜利而在后勤领域内进行的一系列作战行动，根本目的是削弱或破坏敌方后勤保障效能同时又保护己方后勤正常发挥效能，为夺取战争的胜利提供物质保证。(安晓峰)

E000035　**20世纪特殊战丛书**　兰黄明等编著。黑龙江人民出版社1994年11月版。共4种，分《情报战》、《电子战》、《后勤战》、《经济制裁战》。根据国内外大量的历史资料，以纪实手法展示20世纪人类发生的战争、战争手段。(安晓峰)

E000036　**20世纪特殊战·经济制裁战**　兰黄明等编著。黑龙江人民出版社1994年11月版。17.4万字。8.80元。"20世纪特殊战丛书"之一。辑录20世纪以来经济制裁战的制裁与反制裁、封锁与反封锁、禁运与反禁运等方面内容的资料。(安晓峰)

E000037　**20世纪特殊战·情报战**　兰黄明等编著。黑龙江人民出版社1994年11月版。21万字。8.80元。"20世纪特殊战丛书"之一。展示20世纪第一次世界大战至海湾战争期间，美、苏、英、法、德、日等国情报战中21例奇闻轶事，再现各位谍报大师各显神通的惊险场面和现代战争中情报秘闻的精彩片断。如谍报员采用人工窃取、摄像、窃听、破译等手段和运用雷达、电视、微光、激光、卫星、飞船、航天飞机、计算机窃密等现代科学技术，侦察搜集敌方情报，为制定战略方针、国防政策及指挥员定下作战决心提供重要依据。(安晓峰)

E000038　**中国人民解放军工程建设画册**　副名：当代中国建设。杜云生等著。长城出版社1994年12月版。2万字。大型彩色画册。展现40多年来，特别是党的十一届三中全会以来，人民解放军工程建设所取得的巨大成绩和丰硕成果。主要内容有军队的国防工程、营房工程、离退休干部住房、后方基地仓库、企业化工厂、环境保护和绿化等8大部分。从中看到具有相当规模的一大批适应战争需要，符合军队特点的指挥、作战、战备训练、科研试验等基本配套的工程保障设施和平战结合、坚固适用、方便生活的稳定性营区。收入536幅彩色图片，展现军队各类工程建设项目。其中有供战舰、战鹰驻泊、出港的各类军港、机场和能保障卫星、导弹发射的阵地设施，以及覆盖疆土、海域的指挥通信网、防御工事等；有布局合理、结构坚固、造型新颖、环境优美的各类营房；有符合战略战术储备要求和现代战争物资消耗特点的各类后方基地仓库；还有门类齐全的舰船、飞机、坦克、火炮等武器的修理生产线和军需生产的企业化工厂。(张维城)

E000039　**浴血奋战——抗日英雄八路军**　刘家国著。广西师范大学出版社1994年12月版。34.8万字。17.60元(平)；22.60元(精)。"抗日战争史丛书"之一。分20章。论述八路军的诞生、发展、胜利的全过程。(何林夏)

E000040　**铁血远征——中国远征军印缅抗战**　田玄著。广西师范大学出版社1994年12月版。43万字。18.80元。"抗日战争史丛书"之一。共19章。从"中缅印反法西斯战场的开辟"到"缅北滇西反攻胜利"，对远征军作战的前因后果、发展过程作详尽探讨，并论述当时国际政治、军事形势的发展、变化对远征军作战的影响，中国共产党、全体民众、华侨

对远征军作战的支援也有专章论述。(赵明节)

E000041 **孙子全译** 春秋·孙武著,周亨祥译注。贵州人民出版社 1994 年 12 月版。14 万字。6.50元。系《孙子兵法》白话文全译本。译本以上海古籍出版社印行的《十一家注孙子》原本为底本,共十三篇,进行全译全注。以权谋为经,以战争的一般进程为纬,分七部分:1. 揭示战争与政治、经济的关系;2. 提出争"全"、主动、求"势"的战略思想;3. 提出出其不意、灵活机动、以石击卵的战术思想;4."知彼知己,百战不殆"的军事规律;5. 提出新兴地主阶级的军事人才观;6."令之以文,齐之以武"的治军原则;7. 朴素的唯物论和辩证的思想方法。收入"中国历代名著全译丛书"。(谢丹华)

E000042 **遵义市军事志** 《遵义市军事志》编委会编。贵州人民出版社 1994 年 12 月版。28 万字。40.50 元。记述遵义军事历史和现状的地方性志书。时限文字资料,上起南宋淳熙三年(1176 年),下迄 1990 年;图片资料下迄成书之日。地限,民国及民国以前以遵义县境为范围,中华人民共和国成立后,以遵义市境为范围。按记、志、传、录编写,共 8 章 27 节。有建置沿革、地理位置、军事要隘、地方军事机构、兵役、驻军、地方武装、地方工作、民兵、重大战事、防空、战备、军事遗址、革命旧址、纪念建筑物等。(谢丹华)

E000043 **高技术局部战争研究** 李笃信、侯鲁梁著。黄河出版社 1994 年 12 月版。43 万字。15.00元。共分 11 章。第一、二章介绍军用高技术及其发展趋势,特别是当代外国的主要高技术兵器;第三章介绍第四次中东战争、两伊战争、英阿"马岛"战争、海湾战争等 9 场带有高技术特征的局部战争;第四、五章分析高技术局部战争产生的历史条件、战争的结局及其影响;第六章论述高技术局部战争的若干特点;第七至十章论述高技术局部战争中的"以劣胜优"、作战指导、高技术条件下攻防作战的新变化、战场机动与机动作战等问题。第十一章论述高技术条件下的电子战、导弹战、夜战和反空袭战。详尽地分析和探讨了高技术局部战争的特点和规律。(袁本忠)

E000044 **中华兵林传统武德观览** 王联斌、李志芳编。黄河出版社 1994 年 12 月版。51 万字。15.80 元。辑录历代兵家关于武德传统思想的精辟论述。共分 10 篇。《将德篇》论述将贵武德、择将重德等思想;《爱民篇》论述顺乎民意、利民安民、教民固民等思想;《卫国篇》论述治胜在人、安不忘危、忧国忘身等思想;《爱卒篇》论述爱兵知兵、官兵一心、甘苦与共、恩威并用等思想;《仁智篇》论述仁为兵本、谋为将本、仁者无敌等思想;《义勇篇》论述兵贵奋死、师重曲直、义生愤勇等思想;《誉辱篇》论述明耻教战、信赏必罚、赏罚至公等思想;《军纪篇》论述军以治胜、师出以律、攻防战守等思想;《正身篇》论述正己化人、宽容和辑、戒骄戒躁等思想;《励士篇》论述战在治气、率身励众、循循善诱、赏厚罚重等思想。(于仁和)

E000045 **高技术战争与当代青少年丛书** 林建超等著。江苏少年儿童出版社 1994 年 12 月版。110 万字。9 册。60.00 元。国防教育丛书。魏天柱的《高科技时代的硝烟》,介绍高技术战争的由来、样式和特征;李斌的《决胜之谜》,分析决定高技术战争胜负的原因,阐明在高技术条件下,人仍然是决定战争胜负的主要因素;汪庆荣的《神奇的高技术兵器》,揭示各种高技术装备的特点及在现代战争中的作用;王胜铎的《军旅魔方》,阐明高技术条件下军队编组结构的特点及各军兵种在协同作战中的功能;季卜枚的《超凡的军队大脑》,介绍现代化通信指挥系统的科学知识及在高技术战争中的作用;徐存悌的《运筹帷幄之道》,揭示高技术战争作战理论、战法的特点及其发展方向;李云清的《战争中的心灵较量》,介绍高技术战争中精神因素的作用和心理战的知识;孙全民的《当代雅典娜》,揭示高技术战争中女兵成才的九大优势;姜锋、万高潮的《新世纪的华夏卫士》,阐述高技术战争与国家安全、青少年成长的关系,探讨高技术战争对青少年思想、文化、智力、心理、体能等素质的要求及培养的途径。9 册书既能独立成篇,又首尾贯通、浑然一体,构成完整的现代国防科技知识体系。(孙全民)

E000046 **中国战典** 中国·军事博物馆编著。解放军出版社 1994 年 12 月版。560 万字。上、下册。288.00 元。以中国战争史为纲,按历史发展顺序编排,以条目释文形式,系统叙述中国历次战争的大型专业辞书。该书特点是:(1)按"有战必录"的原则编撰,收录的战争条目齐全。该书上起公元前 30 世纪,下止 20 世纪 80 年代末,凡有记载的在中国境内外与中华民族有关的战争、战役、战斗,一并收入,条目多达 12 800 条,照片 380 幅,彩色地图 105 幅。(2)在借鉴他人研究成果的基础上推陈出新,内容丰富。如对金文、甲骨文战争史料的研究,唐与吐鲁蕃等少数民族战争和五代十国混战史料的整理,蒙古西征和西南少数民族战争的发展,抗日战争国民党正面战场百余次重大战役战斗的探讨,建国后数百次反击作战、平叛和援外作战的首次发表,都取得瞩目的学术成果。(3)框架结构合理,条目层次分明,释文要素完整,体例规范。将历代战争分为12个历史时期,按历史顺序和条块结合的原则编排。条目设置按内容分为历史时期战争、战争、战役、战斗四个层次,再根据内容关联性设领条、属条或独立条,领条统领若干属条,相互映证,互为补充,使读者在微观和宏观上都能看到中国历代战争的概况。条目释文以史为据,作战时间、地点、对象、经过和结果五大要素记述完整,战争、战役领条对作战背景及战役战术运用做出简要分析。释文均使用统一规范的军语,历史朝代纪年均标注公元纪年,古地名加注今名,便于读者查阅。(谢钢)

E000047 **军事法学** 陈学会著。解放军出版社1994年12月版。60万字。39.00元。分军事法总论和军事法各论两编。军事法总论阐述军事法的历史发展、军事法的渊源和体系,揭示军事法的本质和作用、军事法的基本原则、军事法律规范和军事法律关系,论述军事法律行为、军事法律责任、军事法的适用和遵守及军事法的效力范围。军事法各论分别阐释我国现阶段施行的国防法、兵役法、国防动员法、国防教育法、国防科技法、军事实施保护法、军事行政管理法、军事训练法、军事院校法、军队政治工作法、军事人事法、军人优抚法、军事经济法、军事刑法、军事诉讼法等。着重研究和探讨创立有中国特色军事法学诸问题,提出有中国特色军事法学的概念和涵义。(孙璞方)

E000048 **第一二〇师陕甘宁晋绥联防等抗日战争史** 第一二〇师陕甘宁晋绥联防等抗日战争史编审委员会编。军事科学出版社1994年12月版。44.2万字。16幅图。44.00元。共10章56节,前6章写敌后抗日斗争;后3章写保卫党中央、保卫和建设陕甘宁边区为抗日模范根据地为主,同时记述晋绥军民执行"把敌人挤出去"的方针,为恢复和扩大解放区所展开的斗争;最后一章写抗日总反攻和取得胜利的战斗过程。对晋绥抗日根据地和陕甘宁边区在民主政权、财政经济、文化教育等方面取得的成绩和广大人民群众英勇参加对敌斗争、积极进行生产等,也有相应记述。还有大事记、序列表和团以上干部烈士名录等内容的附册。(吴振水)

E000049 **孙子兵法大辞典** 古棣主编。上海科学普及出版社1994年12月版。142.4万字。128.00元。共分8部分:(一)序言。(二)导论。(三)《孙子兵法》十三篇和孙子佚文的校正和译解。(四)辞汇解释,包括1.《孙子兵法》十三篇和佚文中名词、词组、专门术语、格言成语、句群、重要命题的解释等,2.《孙子兵法》十家注中涉及的历代战例介绍和有关辞汇解释。(五)文献概览,包括先秦、两汉、三国、魏晋南北朝、隋唐五代、两宋、明清、民国、中华人民共和国各时期关于孙子兵法研究文献的内容介绍和评述;文献中有直接研究孙子及其兵法的著作,有继承和发展孙子军事思想的历代兵书;近现代部分有各种专著、重要的论文。(六)《孙子兵法》研究信息,包括临沂银雀山汉商《孙子兵法》简介;《孙子兵法》作者和著作年代之争;孙子故里之争及孙子兵法研究机构与历次孙子兵法学术讨论会情况等。(七)《孙子兵法》在国外,介绍《孙子兵法》在国外的流传,国外研究和运用《孙子兵法》的成果。(八)《孙子兵法》论著目录。(王承忠)

E000050 **中国近代海军史事日志(1860～1911)** 姜鸣著。生活·读书·新知三联书店1994年12月版。57.1万字。68.00元。编年体海军史著作。按日记录1860年至1911年中国近代海军发展过程中的大事。不采稗史和有争议的笔记资料,行文直抒史实,不作分析和判断。附有150余幅历史照片,部分为首次发表。书中绘制16幅地图,并收有24幅1869～1910年中国海军舰只舰体图(平面图、正面图),均为首次发表。(潘振平)

E000051 **白话三十六计** 张少雄等编著。岳麓书社1994年12月版。14万字。5.50元。《三十六计》是我国古代一部专讲军事谋略的书。包括总说、三十六计和跋。跋已残缺。本书是《三十六计》的今注今译本。每一计分为原计、源出、典例、赏析四部分。其中原计部分有原文、注释和白话翻译。作者在编写过程中认真翻阅《周易》、《孙子》、《吴子》等书,核对源出,又参考了其他一些注家的注释,对有些注释的不妥之处作了纠正,说明原因。(皮朝霞)

F 经济

经 济

F000001 **实务问答系列** 《实务问答系列》编辑部编。中信出版社 1994 年版。6 册。为适应建立和发展社会主义市场经济，配合深化改革扩大开放的要求而编写。针对我国经济、贸易、金融、财税等领域面临的新情况，以及广大读者和业务人员普遍关心的问题，进行简明扼要的解答。阐述有关的方针、政策、法律、制度，以及具体业务程序和有关专业知识。系列丛书已出版的有：《中国股份制实务问答》、《中国公司法实务问答》、《财务会计改革基本知识问答》、《中国对外经济贸易实务问答》、《中国吸收外资问答》、《中国企业产权交易实务问答》等 6 种。(李德宝)

F000002 **国外市场经济的宏观调控模式与借鉴** 魏礼群、利广安主编。中国计划出版社 1994 年 3 月版。28.9 万字。9.00 元。序言从社会主义市场经济体制内在要求等 5 个方面，论述加强和改善宏观调控的必要性、紧迫性和借鉴国外有益经验的重要意义。正文论述美、日、德、法、英、韩、巴西、新加坡、墨西哥、埃及等 11 个国家在市场经济下各具特色的宏观调控模式，概括出现代市场经济宏观调控的通行做法和有益经验。作者指出，现代市场经济已不再是自由放任的市场经济，而是有宏观调控的市场经济。由于基本国情和经济发展阶段不同，宏观调控的范围、方式和程度各异，因而形成了美英式的相对自由市场经济、德国式的社会市场经济和日韩式的政府主导型市场经济等不同的模式。(利广安)

F000003 **中国经济新名词辞典** 王守安主编。南海出版公司 1994 年 4 月版。160 万字。68.00 元。收入有关社会主义基本经济理论、经济学新学科、国民经济管理、企业管理、经济法、生产力经济、技术经济、数量经济、消费经济、城市经济、区域经济、环保经济、人口经济、劳动经济、财政、税务、金融、保险、工商行政管理、物价、统计、会计、审计、农业经济、林牧渔业经济、乡镇企业、工业经济、基本建设经济、交通邮电经济、房地产经济、商业经济、物质经济、对外贸易、旅游经济等领域内的最新理论及概念。分 34 个类目 3 200 多个条目。(任在齐)

F000004 **市场经济大典** 朱胜文、王慎之主编。上海远东出版社 1994 年 4 月版。227.2 万字。158.00 元。全面阐述改革开放的理论、路线、方针和政策，系统展示改革开放以来所取得的丰硕成果和宝贵经验的大型资料工具书。分上、中、下三卷。上卷：一般理论。包括市场总论、历史纵览、思想流派、宏观调控、计划与市场、市场主体、市场体系、市场竞争等。中卷：应用理论。包括市场营销、市场调查、市场预测、市场决策、市场策略、市场法规等。下卷：具体实践。包括模式比较、市场经济工业国介绍、新兴工业化国家和地区介绍、发展中国家和地区介绍、世界区域市场概况介绍等。(戴群利)

F000005 **市场经济国际惯例** 孙祥剑主编。海南出版社 1994 年 8 月版。96 万字。98.00 元。对市场经济中各个行业、各个方面的国际惯例进行全面阐述和介绍。内容包括国际直接投资惯例、国际信贷、外汇交易中的惯例、国际税收惯例、国际结算惯例、国际保险市场中的通行惯例、国际租赁通行惯例、国际劳务合作惯例、国际会计准则、国外统计方法、国际经济竞争的规则、国际经济司法惯例、国际贸易、国际技术贸易惯例。还介绍了国外价格管理、税收管理、国外期贸市场、证券市场的通行规则、跨国公司的经营及其管理、发达国家的国有企业的管理、国外的社会保险及社会福利、劳动力市场的管理、国外旅游业及经营中的通常作法、国外房地产交易、国际广告法规等。所介绍的国际惯例即有管理方法的内容，也有经营方法的内容，具有较强的实用性和可操作性。其中介绍的发达国家在经济管理方面的一些通行做法，有的还不能称之为惯例，但却是这些国家在长期实践中积累的经验，具有借鉴意义。书后附录收录国际贸易、国际运输、国际支付及国际仲裁的有关公约、规则和惯例的文件。(黄宪平)

F000006 **市场经济与管理者丛书** 励永庄主编。上海人民出版社 1994 年 9 月版。245.2 万字。14

册。100.15元。丛书由空军政治学院组织编写,共分14册:《证券经济分析》、《市场营销学》、《实用经济法》、《新编财政与税收》、《国际贸易导论》、《现代会计基础》、《现代管理技术》、《现代金融基础》、《房地产经营》、《经济管理英语》、《管理经济学》、《社会主义市场经济理论研究》、《涉外企业经营管理》、《产业经济学》。(秦建洲)

F000007　**36小时学经济丛书**　[美]罗伯特·L·迪克森等著。上海人民出版社1994年9月版。142.6万字。6册。65.40元。根据美国麦格罗—希尔国际股份有限公司出版的“36小时丛书”翻译出版。中译本定为“36小时学经济丛书”,共分6册:《36小时会计课程》、《36小时市场营销课程》、《36小时现金管理课程》、《36小时商务统计课程》、《36小时管理学课程》、《36小时谈判课程》。每一册都由麦格罗—希尔公司约请专家撰写。丛书按照大学水准设计的,按照36小时学完全部课程安排进度。书中提供丰富的案例,每项实例之后均有理论分析。(秦建洲)

F000008　**期货·金融·房地产市场及其管理**　周玉梅、黄卫明等编著。工商出版社1994年12月版。22.60万字。7.20元。国家工商行政管理局市场监督管理司关于期货市场、金融市场、房地产市场及其管理系统知识讲座及相关法规的汇编。全面介绍期货、金融、房地产市场的基本理论、基本知识和基本技能,并针对工商行政管理部门的实际,重点介绍我国期货·金融·房地产市场的现状,指出目前存在的问题以及工商行政管理部门进行管理的对策。还编入我国期货、金融、房地产最新法律和行政规章。(李富明)

F000009　**河南公路运输史·现代公路运输**　编委会编。人民交通出版社1994年12月版。29.4万字。主要记述1949～1989年间河南公路运输事业的发展,运输管理机构的建立与变迁,以及工作中的经验教训。图文并茂,对经济史的研究及交通运输行业的管理具有参考价值。(王应荣)

F000010　**陈岱孙学术论著自选集**　陈岱孙著。首都师范大学出版社1994年12月版。45万字。23.80元。为首都师范大学出版社出版的《学术论著自选集》中的一种,分专著、论文、序言、自传、主要著作目录等部分。专著部分收作者的《从古典经济学派到马克思——若干主要学说发展论略》一书,在文字上作了部分更正和修改。该书分序论、第一章价值学说、第二章剩余价值学说、第三章社会总资本的再生产和流通学说、第四章经济危机学说。是作者向国内年轻学者介绍自己对西方经济学史的研究成果。论文部分收有作者从1935年～1990年期间所写有关西方经济学的文章20多篇。序言部分收有作者从1978年～1992年期间为国内外学者所写经济学专著作的序。(胡乃羽)

F000011　**市场经济大辞海**　张跃庆、张念宏主编。中国国际广播出版社1994年12月版。230万字。85.80元。主要内容分市场经济理论、市场类型、国际市场理论、市场调控体系、市场保障体系、国内市场、国际市场、市场经济思想史、国内市场经济法规、关税及贸易总协定、经济学家论市场、英汉对照市场经济词汇等12部分,包括基本的名词、术语、法令、规章等。其特点是,全面收入国际市场经济和国内市场经济的理论。系统反映近年来的新思想、新趋势。以“十四大”精神为指引,围绕建立有中国特色的社会主义市场经济体制为中心,发展和培育市场,建立健全市场管理调控体系。(吴晞)

政治经济学

F000012　**现代技术经济学**　张春风等主编。辽宁人民出版社1994年版。37.6万字。13.80元。系统阐述现代技术经济学的理论、方法和应用。共分3篇15章。第一篇现代技术经济学原理,内容包括现代技术经济学概论,技术进步促进经济增长原理,技术选择、预测、创新与评价原理,经济效益及其评价的一般原理,资金的时间价值原理;第二篇现代技术经济学的基本方法,内容包括技术经济分析的确定性分析法,不确定性分析法,综合性评价法;第三篇现代技术经济学的应用,内容包括投资项目可行性研究,价值工程新产品开发的技术经济分析,技术改造的技术经济分析,设备更新的技术经济分析,技术引进项目的技术经济分析,原材料、能源合理利用的技术经济分析等。可作高等院校经济管理、管理工程、技术经济等专业教材。(王峰)

F000013　**经济头脑生长点**　副名:当代少年跨世纪方案。段跃著。北京少年儿童出版社1994年1月版。10万字。4.00元。面对社会主义市场经济发展大潮对当代少年带来的强烈冲击和影响,作者在调查研究之后,深入浅出地讲解货币、商品、物价、工资、股票等基本经济常识;渗透经济生活中的平等观念、信誉观念、竞争意识、风险意识、敬业精神等现代经济观念;强调从小培养经济生活中需要的多种

素质、规范,学会正确处理现实生活中的实际问题。收入“当代少年跨世纪方案丛书”。(刘子君)

F000014 **当代资本主义的市场经济** 华民著。福建人民出版社 1994 年 1 月版。26 万字。9.70 元。“当代资本主义研究”丛书之一。共 9 章,主要分 3 部分。第一部分为市场经济原理与历史演迁。分析市场经济产生的基本前提;市场经济如何解决社会经济问题;市场经济与其他体制相比巨大的制度效率和社会政治反响;论述了西方国家市场经济从自由竞争时代向混合经济时代过渡的经济、社会因素。第二部分着重分析混合经济体制的基本特征、运行机制,诸如混合经济条件下如何进行社会资源配置、混合经济体制中的收入分配;混合经济体制中的政府管制和国家宏观调节等。第三部分论述当代西方发达国家五种典型的市场经济模式,即美国的“国家宏观调控型市场经济”、斯堪的纳维亚国家的“福利国家型市场经济”、德国的“社会市场经济”、法国的“计划导向型市场经济”、日本的“国家发展导向型市场经济”。还分别分析了每种市场经济模式产生的经济、政治和文化背景,比较了各种模式的体制结构和运行机制之异同。(刘进社)

F000015 **中国经济改革理论流派** 叶远胜著。河南人民出版社 1994 年 1 月版。43.5 万字。15.00元。将中国经济改革的理论流派划分为协调改革派,所有制改革派、宏观改革优先派、宽松学派、经营权主导改革派、分权改革派、体制变革派等七大流派,并详细阐述各个理论流派的形成过程、理论依据、战略主张、改革思路以及政策设计和政策实践等。并对各理论流派作简要述评和对比分析。(刘成斌)

F000016 **市场经济大辞典** 汪啸风主编。湖南出版社 1994 年 1 月版。155.3 万字。50.00 元。共收 5 200 余词条。分 12 个分卷,即市场经济基本理论、市场经济体制、市场经济体系、市场价格、市场经济主体与组织、市场经济客体与工具、市场经济运行(宏观)、市场经济运行(微观)、市场经济运行规则、市场经济调控、市场经济管理与监督、市场经济理论史。词条来源包括 4 部分:一、马克思主义经济理论中有关市场经济的概念,如价值规律理论、积累理论、竞争理论、地租理论等;二、西方经济学中有关市场经济的概念和范畴;三、反映我国改革开放以来市场经济发展成果的概念和范畴,包括这一时期的各种观点、理论思潮和实践成果;四、计划经济体制和计划经济理论的各种概念和范畴,主要用于比较和分析。(曾赛丰)

F000017 **产业结构经济学原理** 吴国华著。浙江大学出版社 1994 年 1 月版。32 万字。6.25 元。介绍产业结构的基本知识、基本理论、评价产业结构优劣的标准、影响产业结构的因素、调节产业结构的方式、产业结构的战略理论,分析了中国产业结构的现状,提出中国 90 年代产业结构的战略方向。(傅百荣)

F000018 **社会主义市场经济学** 黄河等主编。中南工业大学出版社 1994 年 1 月版。22.6 万字。5.50 元。高校政治理论课教材。根据中共十四大报告和十四届三中全会的基本精神,结合我国经济建设和高校教学改革的实际,吸收国内外有关市场经济研究的最新成果而编写。共 10 章,主要内容包括:建立社会主义市场经济体制的必要性与现实意义,社会主义市场经济的基本特征,市场价格机制,市场体系,企业经济行为,现代企业组织制度,个人经济行为,经济增长与经济发展,社会主义经济的宏观调控,市场经济条件下的对外经济关系,向社会主义市场经济过渡的现实途径与对策。(文接朝)

F000019 **宏观非均衡的微观基础** 杨瑞龙著。中国人民大学出版社 1994 年 2 月版。22.4 万字。14.80 元。以非瓦尔拉斯均衡理论构筑宏观经济分析的微观经济学基础的学术专著。在充分占有中外文献资料的基础上,全面评价与比较瓦尔拉斯与非瓦尔拉斯均衡理论,考察非瓦尔拉斯均衡理论对于建立社会主义宏观经济分析的微观基础的适用范围。根据我国的现实经济条件,拓展了非瓦尔拉斯均衡理论的假定条件,在比较不同体制下的宏观非均衡模型的基础上,对我国现实经济中的宏观非均衡态及其微观基础进行实证分析,着重研究我国现阶段市场非均衡下的经济主体行为规则、价格调整、数量调整及其宏观效应,提出了深化改革的思路。收入“经济科学文库”。(陈莹)

F000020 **中国共产党经济思想史论** 卫兴华、洪银兴主编。江苏人民出版社 1994 年 3 月版。42 万字。19.50 元。全面地论述和评介中国共产党自 1921 年成立起至 1992 年党的十四大召开这一段历史中的经济思想建设及其发展。分两大部分。第一部分包括第一编到第三编,即从党的诞生到“文革”结束,阐述以毛泽东为代表的中国共产党人把马克思主义的普遍真理同中国革命的实际结合起来,在探索有中国特色革命道路的长过程中,形成了新民主主义的经济思想,紧接着又积极探索社会主义经济建设的道路。第二部分突出地论述党的十一届三中全会以来党的经济思想的重大发展和作用。书中史论结合,既有经济思想发展的纵向脉络,又有重要经济思想的专题论述;既肯定正确经济思想所起的伟大历史作用,又指出错误经济思想所带来的消极后果。(吕佳)

F000021 **信息经济学** 靖继鹏编著。长春出版社1994年6月版。24.5万字。17.50元。研究信息经济理论的学术专著。重点介绍信息经济的基本理论问题、信息商品与价值、信息商品价格、信息商品市场、信息市场管理、信息市场环境、信息商品市场营销与策略、信息经纪人、信息产业、信息产业与经济测度方法、信息系统效益评价、信息工作经济管理、信息经济与社会等方面的内容,汇集汇评国内外最新信息经济理论,对信息经济理论提出新的见解。(成与光)

F000022 **生态经济持续发展的抉择** 副名:中国南方地区经济发展、人口、资源、环境综合分析及对策研究。吴人坚等著。复旦大学出版社1994年6月版。25.8万字。12.90元。应用传统和现代的生态经济综合分析方法对中国南方8个地区(包括城市和农村)生态经济的近期历史和现状进行实例研究,并探讨适合我国南方地区生态经济持续协调发展的途径和对策。第一篇为生态经济持续协调发展原理和方法,包括:生态经济研究的形成与发展,经济发展与资源的利用和保护,经济发展与环境保护,经济发展与人口,人口、资源、环境的相互关系,区域生态经济系统研究方法。第二篇为生态经济发展的地区分析实例,包括江苏南通、浙江舟山、福建龙岩、湖南湘西自治州、贵州遵义、云南昆明、湖北宜昌、广东清远。第八篇为中国南方生态经济发展综合评价与对策,在对南方8个地区经济指标、社会指标、环境指标、资源利用指标综合评价,以及经济、生态、社会综合评价基础上,对中国南方地区生态经济持续发展的对策方面就生态经济发展的综合建设、提高物质资料生产中的经济效益、资源的合理开发利用与保护、搞好环境建设、进一步控制人口增长等作了探讨。(蔡武城)

F000023 **区域经济评估、预警、调控** 刘思峰等著。河南人民出版社1994年6月版。26.8万字。8.00元。包括区域经济科学管理、区域经济预测、决策模型体系及系统软件几个方面的内容。其区域经济自组织机制、区域经济评估标准、区域经济警预、调控系统的论述具有开拓性;在区域经济预测、决策模型规范化、系统化方面有独到之处;针对传统模式的缺陷和不足,提出缓冲算子(弱化算子和强化算子)灰号数线性及非线性规划模型定位求解、灰色绝对关联度、灰色相对关联度、灰色综合关联度以及三角隶属函数评估模型、G—E组合模型等新概念、新模型。(刘成斌)

F000024 **计划与市场在东西方结合的理论、比较和运作** 杨玉川等著。陕西人民出版社1994年6月版。22.7万字。7.70元。系统地考察、比较、分析东西方国家计划与市场相结合的理论与实践,分析了计划与市场相结合的客观基础和基本内容,并密切联系我国的实际,对国民经济各个领域如何实现计划与市场相结合进行深入研究。共15章:第一章至第四章,主要从历史和现实的角度,对原苏联、匈牙利、波兰、南斯拉夫、法国、日本、韩国、中国等国家计划与市场的理论和实践,作纵向考察和横向比较分析,从而概括了计划、市场理论和实践的演进过程,总结了有价值的理论研究成果和实践中的经验教训;第五章至第七章,着重从理论的角度,对计划与市场的基本概念、属性、结合的必然性、基本形式、制约因素、评价标准等问题进行深入探讨;第八章至第十五章,从实践的角度,对我国国民经济的主要领域,如工业生产领域、农业生产领域、分配领域,以及基建、投资和交通运输领域、流通领域等,如何发挥市场的基础作用,以及计划的必要作用,都提出了相应的对策。(朱玉)

F000025 **新编经济学基础知识** 卫兴华等著。中国经济出版社1994年6月版。18.2万字。6.50元。系统阐述新编经济学的基础理论,主要内容包括:导论(政治经济学的发展),商品经济的产生和发展,商品,货币,市场和商品经济的主要规律,资本主义经济制度的确立,马克思主义创始人对资本主义经济制度的剖析,正确认识当代资本主义经济的新特点,社会主义经济制度的建立及其特征,社会主义初级阶段理论,我国现阶段的所有制结构,社会主义商品经济,我国现阶段的个人收入分配体制,我国社会主义经济体制改革,社会主义的对外开放,社会主义市场经济体制。收入"宣传·教育·行政·管理干部经济知识系列教材丛书"。(毛增余)

F000026 **市场经济基础知识** 吴敬琏等著。中国经济出版社1994年6月版。12.5万字。6.50元。介绍有关市场经济的基本理论知识,主要内容有:导论,市场经济形成的历史进程,市场经济条件下的企业,市场机制怎样实现它的基本功能,市场体系，"市场失灵"与"宏观调控"，尽快建立市场经济的基础结构，保持体制转轨所必要的良好经济条件和社会环境。列入"宣传·教育·行政·管理干部经济知识系列教材丛书"。（毛增余）

F000027 **西方经济学基础知识** 厉以宁等著。中国经济出版社 1994 年 6 月版。12.4 万字。6.50元。对西方经济学的基本知识作系统的介绍，主要内容包括：西方经济学概述，西方微观经济学的核心——市场机制的分析，西方宏观经济学的核心——宏观调节的分析，西方结构经济学的核心——资源配置格局调整的分析，西方制度经济学的核心——市场制度的分析。收入"宣传·教育·行政·管理干部经济知识系列教材丛书"。（毛增余）

F000028 **科学技术是第一生产力概论** 魏宏森、肖广岭著。中国经济出版社 1994 年 6 月版。15 万字。6.50 元。共 6 章。论述科学与技术，科学技术与生产力——由生产力到第一生产力，高技术的发展与科学技术是第一生产力，近现代三次科学革命、技术革命和产业革命，科学技术进步与经济发展，发挥科学技术第一生产力作用的机制。收入"宣传·教育·行政·管理干部经济知识系列教材"。（栾建民）

F000029 **当代资本主义的收入分配制度** 陈炳才著。福建人民出版社 1994 年 7 月版。18 万字。6.85 元。"当代资本主义研究"丛书之一。共 9 章，以介绍西方发达国家个人收入分配制度、社会收入分配制度以及政府对收入分配的宏观调控和管理政策为主要内容。第一章介绍西方发达国家分配制度的历史演变以及分配制度所产生的客观效果。第二章以日本和德国的劳资谈判为例，重点分析西方发达国家工人工资决定机制，还分析了国家公务员、科研人员、企业经理阶层等的工资决定情况。第三章分析西方发达国家工资结构、报酬形式，特别是对当代流行的奖励工资形式、分享经济形式的积极作用给予肯定。第四章以行业、性别、学历为例比较了西方发达国家工资收入差别。第五章详细介绍西方发达国家的社会保险制、养老制、医疗保险制。第六章以澳大利亚为例分析物价上涨时，政府如何进行工资补偿。第七章、第八章论述政府如何通过财政、法律手段调节社会分配；以英、美的收入政策为例，分析政府在收入分配制度中的干预作用。第九章对当代西方发达国家的收入分配制度做总评价。（刘进社）

F000030 **现代西方经济学原理**（上、下） 王秋石著。江西人民出版社 1994 年 8 月版。55 万字。2 册。15.80 元。分上下两册。上册从经济学基础、消费者理论、生产者理论、市场结构理论、分配理论、总体均衡和福利经济学等 6 个方面，系统介绍现代西方微观经济学原理；下册从国民收入核算及决定理论、IS—LM 模型、AD—AS 模型、宏观经济问题、主要经济学流派等 6 个方面，系统介绍现代西方宏观经济学原理。每篇前有简明提要，后有全篇小结和复习思考题。（冯江南）

F000031 **政治经济学原理** 刘熙钧、李秉濬著。厦门大学出版社 1994 年 8 月版。26 万字。8.60 元。系统阐明马列主义政治经济学（资本主义部分）的基本原理。分导论、自由资本主义和垄断资本主义三大部分。"导论"概括教材基本内容，阐释由抽象逐步上升到具体的叙述方法，介绍马克思经济学的逻辑体系和科学系统；并将资本主义以前诸经济形态的更替置于共有经济规律作用的范围内，设专节简述。"自由资本主义"部分基本遵循《资本论》关于生产、流通和分配的体系，着力阐发商品经济运行规律及其在资本主义经济中的表现。"垄断资本主义"突出联系当代资本主义实际的新情况，阐述国家垄断资本主义、资本国际化与国际垄断的新形式，以及发展中国家与发达国家之间的经济关系。其特点有：第一，对经济范畴，在质的分析基础上加强量的分析。如对相对价值形式四种繁杂的变化，提出 $XA'=\frac{a}{b}YB'$ 的公式，便于理解和计算；如对平均利润和生产价格，特意列四个表格，阐明平均利润和生产价格不等于中位构成的利润和生产价格等等。第二，对基本原理的不同理解，既作客观介绍，又提出作者的独特看法。如对于战后发达国家农业中的绝对地租问题，作者充分论证它是由农产品价值大于中小企业较低的平均利润的一部分所构成。（许红兵）

F000032 **高等学校试用教材·技术经济学** 杨季美等著。中国铁道出版社 1994 年 8 月版。41.6 万字。9.80 元。结合铁路部门的实践，以原理、方法、应用为纲，系统地阐述了技术经济学的基本原理、方法和应用。由 3 部分内容组成：技术经济分析的基本原理，包括技术方案经济分析的基础、资金的时间价值及等值计算等；技术经济分析的基本方法，包括财务评价、国民经济评价、多方案的比较和选择、不确定性因素分析及风险决策、技术经济预测等；技术经济分析原理和方法在实践中的应用，包括工业设备更新的经济分析、企业技术改造及扩建的经济分析、价值工程、建设项目可行性研究等。基本原理和方法两大部分内容的阐述以一般工业生产为对象；应用部分的内容，以铁路系统中的工业、运输、建筑为对象，并以这三大部门中所涉及的各类技术经济问题为典例，系统阐述技术经济学在铁路部门中的应用。(李晓军)

F000033　**社会主义市场经济学**　宋养琰主编。北京出版社1994年9月版。27万字。11.00元。前言叙述社会主义市场经济的提出和确立过程，回顾了邓小平历次关于社会主义市场经济的精辟论述。第一篇，市场经济的性质和功能。介绍市场经济的基本特征、市场经济和计划经济的区别、市场经济的国际模式等基础理论。第二篇，社会主义市场经济体制。从静态上分析社会主义市场经济体制的基本构件和框架，即企业制度、市场制度、分配制度、保障制度等重要问题。第三篇，社会主义市场经济的运行。从动态上阐述社会主义市场经济运行的主体、全过程及其规律，涉及到运行的主体及主体之间的关系，运行的动力及动力之间的矛盾和冲突及解决办法。第四篇，社会主义市场经济的宏观调控。对宏观调控体系、宏观调控政策以及法制建设等重要的现实问题，在理论上和实践上都作出明确回答，具有一定的可操作性。第五篇，我国经济参加国际市场大循环的若干问题。对我国参与国际竞争和合作、发展跨国经营的方式、方法和途径，作了全面论述。(魏化纯)

F000034　**场态经济学**　潘德冰著。湖北人民出版社1994年9月版。31.4万字。12.00元。从社会经济系统整体运行的质的角度出发，提出社会主义市场经济体制的最优的基本框架及模式，探讨了我国目前从现实体制向优化体制过渡的方式及过程(含框架与模式)；提出价值分配的控制原理及其具体操作方法，明确了社会主义条件下的产权关系；指出要保持市场经济秩序的良性运行及控制，其根本在于变革现行的社会场类型，而不是像当前所进行的体制外改革(政策性改革)那样，把适合(发达国家适用的)涡态场的一系列政策强加于我国传统的势态场上；进而提出现代企业制度的构建法则等，为中国的整体改革提供了思路。(喻华伟)

F000035　**制度、制度变迁与经济绩效**　[美]道格拉斯·C·诺斯著，刘守英译。生活·读书·新知三联书店(上海)1994年9月版。13万字。9.00元。美国新制度经济学的代表人物之一道格拉斯·C·诺斯关于制度领域研究的一部力作。通过将制度纳入新古典模型的约束框架，建立起制度制约与个人选择的联系，从而实现制度方法与新古典经济理论的整合；探讨人类迄今为止为相互交往所设置的各种各样的制度制约形式。通过将非正规制约与人们的行为决策巧妙地联系起来，为经济学家用经济方法分析非正规制度的作用开辟新领域。作者认为，制度决定经济的绩效，而制度变迁则决定了一个经济演进的方式。要在经济绩效方面取得成功，必须了解什么是制度，以及制度是如何演进的。要实现现代技术的巨大生产潜力，必须创造一个与之相适应的有效的制度框架，降低交易成本。(晓原)

F000036　**经济学大辞典**　梁小民等主编。团结出版社1994年9月版。329.2万字。198.00元。共设西方经济学、社会主义经济理论、统计学和计量经济学、综合经济学、产业结构5篇，4 195条词目。涵盖多种经济学科，反映当代经济理论和实践中的新概念，强调理论的系统性，经济学的实用性，力求全面反映经济理论的演进及基本范畴。所收条目，视其在经济中的地位、作用、学术价值的大小作不同的编排，重要条目一般给予系统描述，不受篇幅的限制。(赵润庭)

F000037　**思想市场**　副名：分析经济学说演化的一个模式。张旭昆著。浙江人民出版社1994年9月版。15.1万字。5.70元。作者将经济学论著看作是思想产品，把这些论著的产生看成是思想产品市场供求双方相互作用的结果，把经济学的发展演化看成是供求趋向均衡以及均衡状态发生变化的结果，通过建立供求分析模式把有关经济科学发展动因的外因论和内因论两种观点综合在一个统一的理论框架之中。借用经济学的方法和概念开辟了经济学说史研究的新领域。(黄毅)

F000038　**建立新型的社会保障和分配制度**　曹德锿、张敢主编。广西人民出版社1994年10月版。7万字。3.30元。从加快社会保障体系建设，建立新型分配制度两方面，阐明建立新型的社会保障体系和分配制度对我国市场经济发展的重要意义及作用。收入“社会主义市场经济知识丛书”。(邓耘)

F000039　**社会主义市场经济概论**　马忠桂等主编。广西人民出版社1994年10月版。8.3万字。3.60元。从“从计划经济到市场经济”、“社会主义市场经济的基本框架”、“不同类型市场经济比较”等方面，结合广西的具体情况阐述社会主义市场经济的基本理论和知识。收入“社会主义市场经济知识丛书”。(邓耘)

F000040　**资本理论**　副名：价值、分配与增长理论。柳欣著。陕西人民出版社1994年10月版。50

万字。15.20元。为“青年经济学博士研究丛书”之一。它以马克思主义基本理论为指导，试图在重新清理自“剑桥资本争论”开始延续至今的这场论战逻辑的基础上，否定现有的静态研究方法和理论，重新建立动态均衡的逻辑分析体系。共13章，除绪论外，分四篇：第一篇，资本争论；第二篇，静态分析；第三篇，动态分析；第四篇，动态均衡。绪论对经济学的历史发展与现状进行分析。从重建经济学公理化逻辑分析体系出发，把经济学的发展划分为四个时代，即“经济学的哲学时代”、“分析时代”、“实证的经验分析时代”、“争论的时代”。第一篇，论证自20世纪50～60年代，由罗宾逊和斯拉法拉开的“剑桥资本争论”的帷幕开始，到以新古典学派为一方的正统派和以新剑桥学派为代表的反对派之间的论战情况，从而揭示所要研究的问题。第二、三、四篇，从静态、动态、动态均衡几个方面对西方经济学资本理论中的逻辑矛盾进行分析；阐述技术变动是经济活动中最重要的因素，以及作为理论经济学核心的资本理论的复杂性在于技术关系和收入分配关系的相互作用；指出新古典学派把技术关系和收入分配分离开来的假设是不成立的，新剑桥学派排除技术变化和相对价格变动也不能说明资本的性质和收入分配与技术关系的相互作用，只有马克思明确地表述了技术变动与人们之间的利益矛盾(收入分配)的相互作用；考察了资本积累过程中技术进步与收入分配的动态的相互作用；批判了现有的静态均衡理论和研究方法，重构了动态均衡的逻辑分析体系。(朱玉)

F000041 **论财富的分配和赋税的来源** [英]理查德·琼斯著，于树生译。商务印书馆1994年10月版。21万字。9.00元。作者是英国资产阶级经济学家、古典政治经济学后期的代表人物。本书研究了地租的一切变化：从原始的劳役劳动形式到现代的租地农场主地租。考察了劳役地租向实物地租以及货币地租的转化，不同国家、不同时代以土地所有权的各种不同形态为出发点的劳役地租或农奴地租、分成制地租和印度农民地租等各种形式的地租。探讨各种土地所有制度下实际地租的情况，指出资本主义制度对地租的最后形态有所影响。认为随着资本主义地租转化为超额利润，土地所有权对工资的直接影响就终止。直接占有剩余劳动的人不是土地所有者，而是资本家。地租的相对量仅仅取决于剩余价值在资本家和土地所有者之间的分配，而不取决于对这种剩余劳动的榨取本身。特定地点地租增加的原因有三种：一是在耕作中积累的资本量增加，收获量因之增加；二是更适当有效地运用已有的资本；三是在资本量和收获量不变的情况下，将原收获量分配给生产阶级的部分减少，而分配给地主的部分增加。马克思说：“同李嘉图相比，琼斯不论在历史地解释现象方面，还是在经济学的细节问题上，都向前迈出了重要的一步。”(张宗理)

F000042 **技术创新经济学** 李廉水著。安徽人民出版社1994年11月版。31万字。14.00元。根据马克思主义经济学理论和方法来探讨技术创新问题，用经济学的观念来看待技术创新的价值，并用系统科学的手段来分析与技术创新相关的一系列问题。共分总论、基本理论研究、微观主体分析、宏观影响透视、支撑环境探讨等5编18章。探讨技术创新的商品属性、价值量的决定、研究技术创新过程和价值形成及增值过程，探索技术创新商品的价格决定和经济模型，从而阐述技术创新经济学的理论基础。通过研究技术创新的微观主体(企业)和宏观影响及技术创新的生成环境，来推动企业、部门、国民经济的发展，推动整个社会科技、经济、生态环境等的发展，推动人类的文明进步。(杜国新)

F000043 **新保守主义经济学** 副名：当代西方经济理论研究丛书。傅殷才主编。中国经济出版社1994年11月版。27.7万字。15.00元。新保守主义经济学也就是新自由主义，学派很多，内容庞杂，集中到一点，就是强调自由经营，充分发挥市场机制的自动调节作用。书中第一章概论，说明这个学派的共同点，即一般理论和政策主张；第二至七章分别介绍现代货币学派、理性预期学派、供给学派、伦敦学派、弗莱堡学派和公共选择学派。(李晓岚)

F000044 **巨人的呼唤——科学技术是第一生产力** 吴义生著。江西科学技术出版社1994年12月版。12万字。8.80元。“科学技术是第一生产力”的提出，有着深刻的历史、社会、经济、科技发展的背景和丰富的内涵。本书从三方面探讨了这个命题：论述了从培根、马克思到邓小平等人的观点，指出人类对科学技术在社会经济发展中的作用的认识，有一个不断发展、深化和提高的过程。2.从现代科学技术对社会经济发展的巨大作用，论述这一命题的深刻含义。3.从邓小平的理论和实践经历，探讨他提出这一论断的历史条件及其现实意义。(张旭初)

F000045 **公平分配** 钱世明主编。上海社会科学院出版社1994年12月版。31万字。14.00元。研究社会主义市场经济条件下公平分配的理论和对策。首先对公平分配这一经济学中永恒主题的理论作历史性的考察,简要评价各经济学派在公平分配问题上的基本观点。从微观和宏观两个层次给公平分配作出明确界定,认为公平与效率是同向交互的关系。作者把当前分配不公的总根源,归结为市场分配机制同政府分配机制板块式的双轨并存,认为治本之道是深化经济体制改革、实行两种分配机制在微观和宏观两个层次上的分工。这一思路有助于加深对问题的认识,也暗含了解决矛盾的总对策。作者把规范分析和实证研究相结合,利用所界定的公平标准,抽象出公平判断的理论模型,提出治理分配不公的战略抉择。收入"学者书库·论丛"。(陈国梁)

世界各国经济概况、经济史、经济地理

F000046　**南北关系:历史、现状、机遇与挑战**　谭崇台、薛进军著。湖北人民出版社 1994 年 1 月版。31.1 万字。7.85 元。南北关系一般指发达资本主义国家和发展中国家在政治和经济领域中的关系。本书分 4 部分介绍与分析南北关系在 20 世纪 60 年代的初步形成、60～80 年代南北对抗与南北合作阶段、90 年代以来南北关系的调整和发展阶段。第一部分,发展中国家与发达国家的形成与演变;第二部分,发展中国家与发达国家的经济关系;第三部分,发展中国家与发达国家的政治关系;第四部分,建立国家政治与经济新秩序。作者强调,利用发展中国家对发达国家的关系,尤其是学会利用发达资本主义国家之间的矛盾来发展我们的经济是十分重要的,我们还应学习发达资本主义的先进东西为我所用。(陈中琼)

F000047　**看不见的战争**　副名:世界经济摩擦论。李志岷主编。吉林人民出版社 1994 年 1 月版。22 万字。8.00 元。系统阐述和论证世界经济摩擦的历史发展过程,不同时期的表现和特点,以及新时期美、日与亚洲各国和地区之间的经济摩擦现状及发展趋势。(关静)

F000048　**现代经济增长理论导引**　[英]海韦尔·G.琼斯著,郭家麟等译,萧高励等校。商务印书馆 1994 年 3 月版。24 万字。9.50 元。共分 9 章。一、经济增长:理论、模型与"现实";二、增长理论的概念和方法;三、哈罗德—多马的经济增长模型;四、新古典单一部门的增长模型;五、两部门的经济增长模型;六、剑桥的批评家;七、关于技术进步的一些简单概念;八、技术进步的传导和原因;九、经济增长与福利。(张胜纪)

F000049　**韩国经济的崛起**　[韩]宋丙洛著,张胜纪等译。商务印书馆 1994 年 5 月版。23 万字。7.40 元。分 3 部分。第一部分介绍总的经济背景,简述朝鲜战争以后韩国经济发展的概况,其中有几章专门介绍韩国的人力资源和土地资源及韩国的历史和文化,以及新儒家道德标准对经济发展的影响。第二部分论述韩国国内的经济环境和经济增长,并分章论述韩国经济发展战略、经济增长模式、贸易制度、产业政策和管理模式。作者认为,韩国经济发展战略有三个特点:1.它是增长导向型而不是社会公平导向型;2.它是工业导向型而不是资源或服务导向型;3.其经济发展战略始终是外向型的,而不是内向型的或中性的。它的经济增长模式特点有:其发展战略是由"出口第一"的政策带动的,其贸易促进战略是政府干预型的;经济增长是以对人力资本的大量投资来实现的,以长时期的持续高速增长为特征。作者认为韩国的管理制度是日美两国管理制度的混合物,同时深受儒家思想的重大影响。第三部分论述韩国的对外经济关系并对其经济前景进行展望。韩国对外经济关系主要是韩美关系。1953～1962 年两国是受援国和援助国关系;60 年代到 80 年代中期,变为债务国和债权国的关系;1986 年以后,韩美贸易摩擦加剧。最后分析了韩国未来经济发展的前景。(张胜纪)

F000050　**世界经济学**　副名:理论·机制·格局。杜厚文等著。中国人民大学出版社 1994 年 5 月版。38.7 万字。11.50 元。从市场经济及运行方式的角度分析和概括世界经济的学术专著。阐述发达资本主义国家市场经济的基本特征、企业行为、政府行为等。分析世界经济运行机制中的国际贸易、国际投资、国际货币体系以及世界经济中的传导机制等;探索世界经济协调机制的形成与发展,国际贸易协调机制的建立,国际投资协调机制的作用,国际收支与汇率的协调机制,国内经济政策的协调以及国际协调作用的发展趋势等。研究世界经济格局的形成,发达资本主义国家经济的不平衡发展规律,发展中国家在世界经济格局中的作用和地位;介绍中国的对外开放政策及对外开放的模式选择。还对世界经济格局的发展趋势作科学预测。(孙瑗)

F000051　**美国经济史新编**　[美]杰拉尔德·冈德森著,杨宇光等译。商务印书馆 1994 年 6 月版。54.5 万字。19.90 元。运用经济方法来理解过去和现在的经济行为的论著。从哥伦布以前印第安人经济

谈起，一直讲到第二次世界大战后现代经济的发展。在介绍经济发展过程时也谈及政治、军事和公共机构的历史。主要内容有：美国革命的原因，早期工业化在经济发展中的作用，自由金融，战时南方经济，19 世纪末期财政经济状况，长期的自然资源供应，美国大城市的经济发展，20 世纪 20 年代经济高涨，大萧条，当代经济自觉增长问题等。作者从新的角度说明美国经济的发展道路。本书除具有新史学派注重历史研究客观性和计量分析等特点外，还保留传统历史学的一些优点。（程秋珍）

F000052 **当代世界政治经济概论** 刘永瑞、张骥编著。河北大学出版社 1994 年 6 月第 1 版。28 万字。7.50 元。以马克思主义有关经济与政治相互关系的理论为主线，对世界各种重大问题展开分析论述。在分析过程中，始终坚持将世界政治问题置于特定的国际经济的基础上，着重阐释当今世界政治赖以发生、存在和发展的深刻的经济根源；在分析世界经济问题时，注意研究世界政治变化对世界经济的巨大影响作用，力求实现经济分析与政治分析达到高度的统一。以当代内容为主，兼及历史与未来。（邹卫）

F000053 **当代西方经济分析** 孙执中主编。商务印书馆 1994 年 8 月版。21.8 万字。7.40 元。由 4 部分组成。第一，70 年代初西方经济发展的历史背景；第二，70 年代和 80 年代西方经济的周期发展；第三，西方经济在 70、80 年代面临的几个重大问题；第四，对西方经济未来发展趋势的展望。探讨了以下理论问题：为什么在 1973～1975 年危机后，高新技术产业蓬勃兴起，为什么资本主义世界经济却从此转入低速增长阶段？为什么 70 年代后资本主义国家的失业率居高不下？滞胀产生的背景及其实质是什么？资本主义经济周期发展的前景如何？在最后一章对西方经济的未来发展作了展望。（杨宝兰）

F000054 **当代国际关系与世界经济** 张丽东主编。浙江大学出版社 1994 年 8 月版。21.4 万字。5.80 元。分 10 章，从国际关系理论的评介和探索起步，描述世界政治经济格局，论述各主要国家和地区的政治经济，分析国际体系的发展。书中引进大量有关国际关系和世界经济的新理论、材料，对事物进行深层的阐析。（韩东）

F000055 **国家的作用——21 世纪的资本主义前景** [美]罗伯特·赖克著，徐荻洲等译。上海译文出版社 1994 年 9 月版。23 万字。14.70 元。论述资本主义国家现状及其下一世纪前景的学术专著。分析资本主义国家正发生的经济转型——从“高产量”到“高价值”的转换，以及由此导致的“符号分析人员”地位的上升和传统的“常规生产人员”和“直接服务人员”地位的下降。这给国民带来的后果就是：以拥有高技能和良好教育的幸运国民为一方，以缺乏技能的国民为另一方，出现两极分化。同时，曾决定国家及其国民经济命运的核心公司（高产量企业），也在日益丧失其国籍性，转化为全球网络（高价值企业）。这一切对传统的国家概念造成巨大的冲击，使不同国家和国民之间的界限逐步模糊。新的贫富分化带来政治、经济和社会的一系列新矛盾和新问题，对传统的国家和政府职能提出新的挑战。为此，作者开出了“积极的经济民族主义”的药方，一方面顺应国际化的潮流，一方面加强美国的经济竞争力。作者指出，一个国家特有的劳动大军是最关键的。最能吸引外国投资的是具有知识和技能的从事复杂生产的劳动力。只有着眼于提高全体国民的生产技能、效率和竞争力，才能使国家在 21 世纪立于不败之地。作者是美国总统克林顿的密友，现任劳工部长、克林顿的主要经济顾问，是美国新政府权力核心人物之一。（马胜）

F000056 **印度经济** [印度]鲁达尔·达特等著，雷启淮等译。四川大学出版社 1994 年 9 月版。131.7 万字。上、下册。48.00 元。分五大编，共 55 章：第一编，印度经济结构，阐明印度经济结构的转变，论证印度人力资源、职业结构、自然资源、基础设施与经济发展的关系；第二编，计划与经济发展，是全书重点，共 19 章，全面介绍印度的计划发展战略、各个时期的经济政策、公私营部门的发展、资本的形成与经济权力的集中以及贫困、失业、不均和地区平衡发展；第三编，国民经济中的农业，深刻阐述印度农业发展战略、农业政策、土地制度和土改革、作物结构和生产效率以及农业投入、农村信贷、销售和储存体系；第四编，印度工业，深入论述工业发展模式和发展计划以及大、中、小型企业的发展与改革；第五编，印度经济中的第三产业部门，论述外贸、外资、外援对印度经济发展的影响，以及印度财政金融体制及其改革和货币市场、资本市场的发展。原书系英文本，自 1965 年问世到 1992 年在印度已出 30 个版本。是研究和了解印度经济发展的重要著作。（雷启淮）

F000057 **韩国经济——面向 21 世纪** 李吉雄编著。延边人民出版社 1994 年 9 月版。58.7 万字。18.00 元。分为“韩国经济发展概况”、“韩国主要产业及企业”、“韩国的对外贸易”、“外汇管理、国际结算及仲裁”、“韩国关税”、“韩国的海外投资及吸引外资”等6章。介绍90年代韩国经济发展近况、地区布局、发展战略及政策、主要产业及发展动向、贸易管理体制与进出口结构、关税政策、海外投资及相关政策,以及1993年重新改订的法规法令。(李末玉)

F000058 **蒙古国投资、贸易、旅游指南** 敦道格、阿岩编著。内蒙古人民出版社1994年10月版。40万字。80.00元。详细介绍蒙古国自然资源、经济发展、行政区划、对外贸易、旅游业、政府机构、法律制度、公司企业等。可为有兴趣到蒙古国旅游、投资和进行贸易活动的单位和个人提供所需的资料和信息。(田建群)

F000059 **外国现代市场经济** 江春泽主编。人民日报出版社1994年10月版。32万字。11.00元。与《中共中央关于建立社会主义市场经济体制若干问题的决定》规定的基本体制框架相对应,介绍欧美日等发达国家现代市场经济的形成和模式,现代企业制度,国有企业及机制转换,市场体系,宏观调控,社会保障制度的理论、法规、制度、操作运行等方面的资料。这是在国家经济体制改革委员会国外经济体制司所编《国外经济体制研究》1992年、1993年共48期刊载的资料的基础上,补充若干资料汇编而成。其中美国的现代企业制度、美国和日本的期货市场、澳大利亚、新西兰的中介组织等章节系国家体改委等单位赴国外考察的第一手资料。(蒋映光)

F000060 **日本经济中的信息、激励与谈判** [美]青木昌彦著,朱泱、汪同三译。商务印书馆1994年10月版。25.6万字。8.50元。作者系日裔美籍学者,在1984至1987年间曾在美国斯坦福大学给本科生和研究生开设有关日本经济、比较产业组织和厂商理论的课程,并对这些题目作了研究。作者从信息、激励和谈判—对策理论的角度对日本经济作微观分析;用西方经济学家使用的术语描述和解释日本微观经济制度的竞争机制,还介绍文化因素的影响;用现代科学的分析方法研究书中涉及的问题,特别是对策理论。(朱泱)

F000061 **印度经济发展:经验与教训** 文富德著。四川大学出版社1994年10月版。26万字。7.80元。共9章:第一章,自然资源与印度经济发展;第二章,人口增长与印度经济发展;第三章,文化教育与印度经济发展;第四章,科学技术与印度经济发展;第五章,资本形成与印度经济发展;第六章,商品市场与印度经济发展;第七章,农业生产与印度经济发展;第八章,工业生产与印度经济发展;第九章,基础设施与印度经济发展。每章有专节阐述印度在有关方面的发展概况,论述印度所采取的有关政策措施及在有关方面的经验教训。中心论点是,发展中国家在经济发展过程中,不能照搬别国的模式,应根据本国国情,形成具有本国特色的经济发展模式。(文富德)

F000062 **宏观经济决策导向——致总统备忘录** [美]C·L·舒尔茨著,王慧炯等译。上海远东出版社1994年12月版。27.5万字。30.00元。以备忘录形式,提供有关宏观经济的基本知识、现状分析和对策建议。分4部分29章。第一部分背景介绍,包括供求产出关系、储蓄、投资等。第二部分需求管理,包括经济的繁荣与衰退、消费、进出口、外贸平衡、通货膨胀、资本输出、失业、货币政策等。第三部分增加供给,包括增长来源、教育、技术进步等。第四部分主要结论。(戴群利)

中国经济

F000063 **建立新经济体制的纲领** 马志朝等主编。河北人民出版社1994年版。22.5万字。6.90元。主要内容有:对当前新形势和新任务的认识,社会主义市场经济体制的基本框架,要把握的几个根本点;转换国有企业经营机制,建立现代企业制度,如对公司制的有益探索;完善企业领导和组织管理制度,加强国有资产管理,坚持公有制为主体,多种经济成分共同发展的方针;培育和发展市场体系,建立统一、开放、竞争、有序的市场体系,推进价格改革,搞活商品流通,发展中介组织,加强管理和监督;转变政府职能,建立健全宏观经济调控体系,积极推进财税体制改革,加快金融体制改革,深化投资体制改革,加快计划体制改革;建立合理的个人收入分配和社会保障制度;深化农村经济体制的改革;深化对外经济体制的改革,进一步扩大对外开放;进一步改革科技体制和教育体制;加强法律制度的建设;加强党的领导。(周建图)

F000064 **中国经济波动报告** 胡鞍钢著。辽宁人民出版社1994年版。31.3万字。30.00元。在对我国经济发展状况进行长期、周密的调查和分析后,提出经济周期波动是我国经济发展的重要现象的理论观点。主要内容有:一、论述中国经济周期波动的特点。经济增长存在明显的周期性波动,有起有落,大起必大落;各周期波动幅度差异甚大,改革以来其波动幅度呈明显减缓趋势;经济波动严重影响经济增长;两个周期构成一个中周期,平均每十年出现一次较大的经济调整;中国经济波动系数大大高于西方国家,远远高于世界平均水平;中国经济波动是以外部冲击为主,内部传导为基础的波动类型。二、叙述经济周期发展过程。每次经济周期大致经历经济复苏期或经济扩张期;经济繁荣期和经济高涨期;经济调整期或经济紧缩期;经济衰退期或经济低谷期。三、论述农业波动是经济波动的基础。四、分析中国经济波动的根源,主要来于外部冲击,亦即政治因素和行政手段,而非经济因素。五、指出急于求成的指导思想突出表现在过高估计经济发展形势,过高提出经济发展目标和要求,过高估计处理困境与危机的能力。六、认为"在高速增长中保持经济稳定,在经济稳定中实现持续增长",应是今后中国经济长期发展的指导方针。(刘洁)

F000065 **汉唐盐政史** 齐涛著。山东大学出版社 1994 年版。22.7 万字。5.40 元。全方位、多角度地考察、探讨汉唐时代盐政的发展与变迁,对一些重大问题,诸如汉唐盐业生产的变迁、秦汉盐政的初步定位、西汉昭宣以后盐政的嬗衍、魏晋南北朝盐政的纷杂、唐代榷盐法的实施与变迁、榷盐法与唐代社会的关系等,作全面深入的研究。作者认为,"位五位之首"的食盐,在人类的生存和繁衍过程中占有极为重要的地位,成为人类文明进步的重要标志之一。由于盐在中国古代社会所特有的社会属性、政治属性和商品属性,从而使得盐政成为中国历代封建王朝经济政治运行机制中最重要的一环。正因为盐利对于巩固和加强中央集权,对于维持政治、经济、军事秩序的正常运转有着重要的作用,所以,自汉代以来,盐政便与历代王朝的政治、经济、军事、思想等结下了不解之缘,也与历代王朝的兴衰息息相关。要把握中国数千年的社会历史,尤其是把握汉代以来中国社会的兴衰变迁,盐政是一项不可或缺的重要参数。书末附有 1911 年至 1993 年间发表的汉唐盐史有关论著索引。(周广璜)

F000066 **中国经济面临的危险——国家经济安全论** 赵英等著。云南人民出版社 1994 年版。41 万字。13.80 元。从经济发展的内外部风险、国际经济关系、国际经济安全政策、国家经济安全战略等角度,对我国经济发展与国家安全的相互关系展开全面研究。运用现代经济学的方法,对国家经济安全问题进行系统分析,提出国家经济安全研究的一般概念和理论框架;运用数量经济学和现代系统理论对国家经济安全问题进行数量研究,对建立国家经济安全状态的监测系统进行探索;重视国际间经济安全模式的比较研究,通过对发展与国家安全的论述,探讨了危机与危机管理的系统理论。(周祥)

F000067 **中国少数民族经济开发概论** 陈庆德著。民族出版社 1994 年 1 月版。22.5 万字。4.25 元。共分 12 章,即民族经济开发理论的发展;中国少数民族经济的发展;区域经济与民族经济;投资形成与民族经济的开发;少数民族经济发展与生产要素的开发转换;少数民族的市场经济发育与生产组织创新;少数民族商品经济中的城镇体系与功能;民族对外贸易与开放性经济体系的确立;民族经济开发中的政府行为;民族经济开发中的宏观政策体系;传统农业改造与少数民族经济的发展;向社会主义市场经济转变中的少数民族经济。将少数民族经济放在整个国民经济宏观系统中去考察、分析,并且与世界各国的民族经济发展方案选择进行比较研究,提出改变少数民族经济现状的见解。(周凤荣)

F000068 **台湾经验与大陆经济改革** 易纲著。中国经济出版社 1994 年 1 月版。40 万字。15.00 元。由 26 篇考察报告组成,分 6 部分。第一部分介绍台湾政府在经济发展中的作用。第二部分有 7 篇文章,分析台湾的工业,主要讨论台湾的国营企业、党营企业的经营情况及国营企业民营化的进展;台湾中小企业的产业结构和发展经验。第三部分讨论农业问题,有 2 章。主要分析农业发展成功的原因,以及现存的问题和对策。第四部分对台湾的金融及货币政策作详细介绍。第五部分介绍台湾汇率政策的演变过程,汇率及外汇储备管理。第六部分讨论对环境、科学、教育和文化等问题展开讨论。是中国留美经济学会 20 多名留美学者对台湾实地考察以后根据第一手资料编写。(苏耀彬)

F000069 **社会主义微观经济分析** 林岗主编。中国人民大学出版社 1994 年 1 月版。16.7 万字。4.70 元。该书被列入中国人民大学出版社《社会主义政治经济学系列教程》丛书,分 15 章。介绍市场机制的基本概念,企业的经营机制、收益和成本、生产行为、流通和分配、投资,农户的经营机制、生产,农户的兼业化、专业化、适度土地经营规模及与社会化服务体系的关系,居民的经济行为机制、要素供应和收入、消费和储蓄。多侧面地分析企业、农户、居民这三个微观经济主体的行为方式,并介绍微观经济分析的一些基本方法。每章后配有复习思考题。(王立梅)

F000070　**当前几项重大经济体制改革电视系列讲座专辑**　中央财经领导小组办公室编。人民出版社 1994 年 2 月版。10.7 万字。5.00 元。共 9 讲。第一讲主要阐述十四届三中全会《决定》的重大意义和主要内容；第二讲工商税制；第三讲外汇管理体制；第四讲财政分税制；第五讲金融体制；第六讲价格形成机制；第七讲投融资体制；第八讲外贸体制；第九讲现代企业制度。系统讲解上述改革的意义、内容、重点和实施措施等方面的内容。(杨素梅)

F000071　**流域开发论——兼论黄河流域综合开发与治理战略**　张文合著。水利电力出版社 1994 年 2 月版。24.3 万字。19.00 元。分上、下两篇，共 11 章。上篇为流域开发理论部分，包括 5 章。系统论述流域开发治理的作用与地位，流域综合开发系统分析，流域空间分析与生产力布局研究，流域产业结构，国内外流域开发的实践。下篇为黄河流域综合开发与治理研究，包括 6 章，系统论述黄河流域开发的条件评价，经济发展的基本特征与存在的主要问题，治理的总体战略，产业结构的调整与合理化，总体布局与分区发展的设想，开发中的若干重大问题与对策。(薛云霞)

F000072　**辽夏金经济史**　漆侠、乔幼梅著。河北大学出版社 1994 年 3 月版。38 万字。9.80 元。中国古代经济史继代研究之六。内容分 3 编 22 章，系统论述辽夏金经济的发展及其历史地位，用不同于以往学术界的新观点解释了其中的许多问题，如辽夏金的社会性质是由强宗大族所代表的社会经济制度决定的，等等。第一编，《契丹辽国经济史》，论述契丹建国前社会的发展、建国初期奴隶制与农奴制相结合的契丹经济体系、契丹辽国的社会生产、城市和商业贸易、赋役制度以及辽代的社会经济制度；第二编，《党项夏国经济史》，论述党项建国前后的经济活动、党项夏国的社会生产、商业贸易和西夏的宗法封建制；第三编，《女真金国经济史》，论述女真建国前后的经济活动及其社会性质的发展演变、金国的社会生产、商业贸易、土地制度、赋役制度和金代的社会阶级结构。(王善军)

F000073　**机遇与发展**　副名：实施“河北经济振兴大纲”的思考。孙宝存著。河北人民出版社 1994 年 3 月版。22.6 万字。6.00 元。收入 33 篇研究文章。围绕“抓住机遇，加快河北经济发展，努力实现《河北经济振兴大纲》提出的奋斗目标”而写作。文章多数是经济建设方面的内容，也有部分是精神文明建设方面的内容。体裁有应用文、调查报告和政论文。经济类文章有对发展战略的思考和探讨，也有关于工、农、财、金各业深化改革的对策和建议。孙宝存的“抢抓机遇，加快发展”、杜荣水的“对省情逐步深化认识的十一年”、牛凤瑞的“河北农业走向市场的战略选择”、宋珠贵的“利用京津，发展河北”、康文华的“做好环渤海湾这篇大文章”、薛维君的“企业管理要与市场经济对接”、柳民的“组建企业集团的理论思考”等文章。(何瑞桐)

F000074　**《中共中央关于建立社会主义市场经济体制若干问题的决定》名词术语解释**　钟财编著。人民出版社 1994 年 3 月版。17.6 万字。7.50 元。列释词目 200 条，都是《中共中央关于建立社会主义市场经济体制若干问题的决定》提出的或与之紧密相关的重要名词术语。所收词目按《决定》的 10 个部分、50 条的先后次序排列。释文对所列名词术语的定义，含括的内容，涉及的基本知识、地位与作用等，根据改革开放以来积累的经验，依据《决定》的精神，适应建立社会主义市场经济体制的需要，作出解释与介绍。(魏海源)

F000075　**机制转换中的宏观经济调控**　凌晓东著。中国计划出版社 1994 年 3 月版。25.4 万字。10.00 元。论述我国从传统的计划经济向社会主义市场经济转变中宏观调控的机制选择、方式分析和战略比较的学术专著。对调控的宏观层次问题进行系统分析，阐明机制选择的成本——效率原则，市场机制配置资源与优化组织的双重功能，与不同的市场局限性相匹配的政府干预的不同选择，产业政策的边际性质与同市场作用相协调的特点，比较了不同的经济发展战略及其效应。(陈国平)

F000076　**《关于建立社会主义市场经济体制若干问题的决定》50 题问答**　王郁昭、黄道霞主编。新华出版社 1994 年 4 月版。16.5 万字。7.00 元。卷首全文刊载《中央关于建立社会主义市场经济体制若干问题的决定》，然后按章节顺序，以问答形式，对《决定》的 50 项条目，逐条提出其主要问题，并作出问答。还提供一些有关《决定》的背景材料，我国改革的经验、教训，新出台的一些重要改革措施等资料。(白云章)

F000077　**中国经济改革的历史考察**　马家驹主编。浙江人民出版社 1994 年 4 月版。46.4 万字。12.50 元。系统地总结、探讨中国经济体制改革的专著。分为 14 章，各章的研究涉及 5 要素：1. 有关改革的理论和指导思想。2. 有关改革政策的制定和实施。3. 人民群众对上述指导思想与政策的反应和他们参加改革实践的活动，还有改革过程中政府机构和官员的活动。4. 改革在经济体制上逐步引起的变化。5. 不断变化着的经济体制下国民经济发展的状况和出现的问题。该书对改革理论和实践水乳交融式的探讨，构成一大特色。（黄毅）

F000078 **中国近代经济史** 蔡行秀等编著。东北大学出版社 1994 年 5 月版。27 万字。8.20 元。分 4 部分，第一部分鸦片战争前中国封建社会经济概况，介绍封建土地所有制和封建剥削关系、自然经济的统治地位和商品经济的发展、资本主义的萌芽、清政府的对外经济政策和中外经济关系。第二部分中国半殖民地半封建经济的形成，介绍两次鸦片战争和外国资本主义的侵入、太平天国的经济政策、中国自然经济的初步解体和资本主义近代工业的产生。第三部分中国半殖民地半封建经济的加深，介绍甲午战争后帝国主义在中国势力的扩张和对中国财政经济的控制、中国农村经济的半殖民地半封建化、中国资本主义经济的发展。第四部分中国半殖民地半封建经济的崩溃和新民主主义经济的发展，介绍四大家族官僚资本的形成与民族工业的破产、日本侵占区经济的殖民地化、国民党统治区经济的全面崩溃、新民主主义经济的产生、发展和胜利。（刘振军）

F000079 **宏观调控论** 李庆文著。黑龙江教育出版社 1994 年 5 月版。22 万字。6.30 元。着重论证发展市场经济必须加强和改善宏观调控的观点。在市场经济中加强和完善政府对经济的宏观调控，是极其重要的问题，它关系到我国社会主义市场经济的成败。作者结合经济工作的实践深入研究，提出独到见解。（张希玉）

F000080 **海南社会经济发展研究** 廖逊、符大榜主编。南海出版公司 1994 年 5 月版。67 万字。12.00 元。汇集海南社会经济发展的研究成果及论文。从海南的产业政策、产业结构、产业调整、产业发展的方向、经济体制改革、外贸体制改革、少数民族经济发展、农村经济的发展，土地开发利用，金融、教育等方面对海南社会经济的发展进行探讨，提出许多具体的措施。（刘孝阳）

F000081 **中国·陕西投资导引** 冯在才、王随学编著。陕西人民出版社 1994 年 5 月版。52.3 万字。35.50 元。为促进招商引资，加强陕西对外开放而编纂的大型资料性工具书。介绍西安市、铜川市、宝鸡市、咸阳市、渭南市、汉中地区、安康地区、商洛地区、延安地区、榆林地区及汉中市、岐山县、甘泉县等地、市、县的资源环境，对外经济技术合作优势及优惠政策，以及合作的具体项目等内容。书后附有英文对照说明，还附有 45 幅资料照片及导引地图。（崔茂盛）

F000082 **中国经济潮** 副名：增长与波动。景体华等著。北京出版社 1994 年 6 月版。23.5 万字。9.00 元。以中国经济高增长中潮起潮落为主线，揭示 1952 年～1992 年间周期潮形成的机理。着重研究三个问题：1. 我国的经济运行处于一种总需求大于总供给的非均衡环境之中，并分析了这种环境对经济的影响；2. 用实证方法描述我国在高增长条件下的经济波动，并在非均衡的经济现实中分析了波动形成的原因；3. 证明中国的经济是总量失衡与结构性失衡的交错。本书以经济运行的实证分析为线，对以往社会主义经济研究中提出的两个假设进行论证，以实证分析突破传统理论的框框。（阎华）

F000083 **社会主义市场经济体制的法律问题** 孙培人著。海南出版社 1994 年 6 月版。16.8 万字。8.90 元。从法律角度研究我国在建设社会主义市场经济体制过程中所面临的宏观经济调控和国有企业改革两大关键问题。在宏观经济调控方面，运用系统论和控制论的基本分析方法，对法律机制在宏观调控系统中的功能、作用、地位以及法律机制的内在机能等基本理论进行探讨；在国有企业改革方面，侧重于研究国有企业的产权结构改革以及相关的立法问题，对国有企业财产所有权、经营权、两权分离结构以及与此相适应的组织结构、公司股权性质等进行探讨。并对国有资产管理和运营，国有企业改革中的企业兼并、优化劳动配置、竞争与垄断、与国际惯例接轨等问题进行研究。（黄循伟）

F000084 **走向市场——经济学家的思路** 吴敬琏著。湖南出版社 1994 年 6 月版。13.7 万字。10.20 元。论述社会主义市场经济理论的论文集。共收集论文 11 篇。围绕社会主义市场经济基本理论、市场经济体制发育、市场体系的建立与完善、国有企业如何走向市场、地区经济均衡发展等方面的问题进行深刻论述。文章有对社会主义经济建设经验教训的总结，也有对西方市场经济理论和模式的分析。并针对我国的实际情况，提出一些新观点，对我国宏观经济政策的制订和微观经济领域的操作均有借鉴作用。（曾赛丰）

F000085 **走出国门——中国沿边沿海省市改革开放大思路** 曹伯纯等著。湖南出版社 1994 年 6 月版。7 万字。7.30 元。收录上海、云南、内蒙古、吉林、河北、黑龙江等6省区及大连、深圳两市主要负责人的署名文章，介绍当地在建设有中国特色社会主义理论指导下，结合实际，形成改革开放大思路的过程，以及实施改革开放战略的部署、重大措施的决策始末；阐述进一步扩大改革开放，打入国际市场，参与国际经济大循环，走出国门、走向世界的战略构想。认真总结这些沿边沿海地区改革开放、发展经济的思想与经验，并从理论上进行探讨。(黄楚芳)

F000086 **从计划经济到市场经济** 周叔莲著。经济管理出版社1994年6月版。35.1万字。14.20元。主要内容包括6部分：社会主义和市场经济；市场经济和企业制度；市场经济和产权制度；市场经济和企业管理；市场经济和产业政策；市场经济和地区战略等。以邓小平有中国特色社会主义理论为指导，对宏观经济领域、中观经济领域和微观经济领域的许多重大理论与实践问题进行研究，提出独到见解。例如，探索了计划经济、商品经济、市场经济等经济范畴，比较了社会主义计划经济和社会主义市场经济之间以及社会主义市场经济和资本主义市场经济的联系与区别，阐述了社会主义市场经济的本质、内容和特点。作者强调：承认社会主义市场经济是对马列主义经济理论划时代的贡献，对社会主义经济体制改革和社会主义经济发展，都具有极其重要和深远的意义。(苏全义)

F000087 **体制选择分析——从制度绩效角度理解改革** 李义平著。山东人民出版社1994年6月版。24.6万字。11.80元。运用新制度学派的方法分析中国经济体制变革的学术专著。以人与体制的适应、冲突和协调作为主线，把追求制度效率作为制度创新的原动力，认为每个国家都有自己的历史、传统和文化，现实的选择只能是在历史选择基础上的选择。把社会经济制度作为一个完整的系统，强调经济政策的设计离不开具体的条件和环境，认定改革的最终结果只能由利益调整的社会博奕过程确定。对我国经济体制的由来、现状和走向作深入的分析。(景洪兴)

F000088 **国有财产组织论** 周立群著。陕西人民出版社1994年6月版。28.9万字。9.70元。"青年经济学博士研究丛书"之一。共7章。第一、二章，对财产组织这一基本范畴进行规范分析和研究。认为，财产组织是经济体制的奠基石，国有财产组织的重构是经济体制改革最重要的工程。第三章，对传统国有财产组织形式——行政集权型财产组织进行理性剖析，并得出结论：以产品经济生产方式为基础的行政集权型财产组织，已成为社会主义市场经济发展的桎梏，对此进行改革已迫在眉睫、刻不容缓。第四至六章，循着财产(权)社会化、商品化——企业财产组织现代化、法人化——产权体系结构化、层次化——产权运作价值化、市场化的逻辑思路，提出国有财产组织本体性重构和企业制度创新的整体构想。这一充满理性的独特思路和科学构想，为我国建立社会主义产权市场，实现国有财产在效率原则支配下的合理流动和配置，促进企业财产组织的高效运作，具有一定的参考价值。第七章，研究企业财产组织的成长、国有资产管理与经营体系的变迁，以及国有所有制的历史命运。这是全书思路的逻辑延伸。全书对国有财产关系、产权结构、企业财产组织形态及其运作机理进行系统研究，对国有财产组织的历史、现状和创新、发展作深入的剖析和探讨，为建立适应社会主义市场经济发展的新型企业财产制度作理论阐释。(李晓锋)

F000089 **所有制范畴论** 副名：对马克思所有制理论的系统研究。龚唯平著。陕西人民出版社1994年6月版。26.5万字。8.80元。为"青年经济学博士研究丛书"之一。在对马克思所有制理论进行系统研究的基础上，着力揭示所有制范畴的基本规定性，通过对所有制形态历史演进的理论实证和对所有制范畴的结构分析，构建一个所有制基本理论的新框架。分3篇10章。主要内容有：第一章，通过对所有制定义之争的历史回顾与反思，提出所有制范畴研究的规范和途径。第二章，通过对所有制理论的学术史考察，提出一条所有制理论发展的历史线索。第三章，从对《资本论》的剖析中得出对所有制的基本界定。第四章，勾划出马克思所有制理论的总体框架，提出马克思进行所有制研究的四个历史特点、两个理论层次，并揭示其整体性特征。第五章，对前人在所有制起源问题上的理论探索进行总结。第六章，揭示原始公有制的起源并彻底解开所有制起源之谜。第七章，在对所有制起源论证的前提下，进而论证所有制的演进，以求彻底揭示所有制范畴的历史性。第八章，对所有制范畴结构分析的基本问题进行深入探讨。第九章，从主客体关系的层次上研究所有制结构。第十章，以所有制发展形态为对象研究形式转化和结构转换问题。(朱小平)

F000090 **中国现代市场经济研究** 白永秀著。陕西人民出版社1994年6月版。21.3万字。8.00元。回顾社会主义市场经济理论的产生与发展过程，论证市场经济与社会主义的相容性，说明社会主义市场经济存在的原因和客观必然性。围绕社会主义要发展什么样的市场经济问题，作者从生产力的角度展开分析，提出市场经济经历了原始市场经济、古典市场经济和现代市场经济三个发展阶段，并从国际国内、政治、经济、文化等方面论证我国只能发展现代市场经济的观点。(潘丽华)

F000091 **中国的过渡经济学** 盛洪主编。上海人民出版社 1994 年 6 月版。17.4 万字。14.30 元。经济学著作。过渡经济学是指一种研究如何从计划经济向市场经济过渡的经济学理论。本书集中了中国过渡经济学最具代表性的文献。(何元龙)

F000092 **社会主义市场经济与计划模式改革** 魏礼群主编。中国计划出版社 1994 年 6 月版。26.6万字。9.50 元。以计划模式改革为主题的论文集。共收 34 篇文章，分为社会主义市场经济中的计划与市场、深化计划体制改革的构想、宏观经济调控与计划手段、计划学的革新 4 部分，并附有"十五年来我国计划体制改革的进展情况"和"国外一些国家经济计划特点和制定计划方法综述"两篇资料。反映作者对社会主义市场经济体制下计划模式改革的构想及其理论依据的认识。(宋白)

F000093 **市场经济的宏观经济管理** 魏杰主编。中国经济出版社 1994 年 6 月版。19.1 万字。6.50元。介绍市场经济条件下的宏观经济管理的方式，主要内容有：宏观经济管理的体制和变量；宏观经济管理的核心，包括社会总需求与总供给的内在规定及变动，社会总需求与总供给的一般关系，社会总需求与总供给的平衡；封闭条件下的宏观经济调节，包括货币调节与货币政策，财政与财政政策，总供给与产业政策；开放条件下的宏观经济调节，包括国际贸易往来与宏观经济调节，国际资金流动与宏观经济调节，汇率变动与宏观经济调节。收入"宣传·教育·行政·管理干部经济知识系列教材丛书"。(毛增余)

F000094 **江西重点工程建设(1979～1992)** 江西省重点工程建设办公室编。江西科学技术出版社 1994 年 7 月版。23 万字。18.00 元。1979～1992年，江西省共批准重点工程建设 187 项，其中国家重点 13 项。本书编撰其有代表性项目 117 项。其中包括规模大、技术先进的基础设施和工业、水利项目；也包括为提高江西科学技术水平、改善人民文化生活的建设项目。书中所列项目均包括立项依据、建设规模、工艺技术、项目实施、投资效益等方面。各重点工程的资料和图片，是由各建设单位提供。这批重点工程的建成和投产，对江西省的经济发展和现代化建设具有举足轻重的作用，使全省的产业结构和工业布局得到改善，大大提高江西省工、农业生产的能力，增强江西经济发展的后劲。(张旭初)

F000095 **社会主义所有制结构改革** 吴宣恭著。浙江人民出版社 1994 年 7 月版。28.7 万字。10.60元。从我国的社会主义实践出发，根据马克思主义有关所有制的基本原理，系统地反映我国所有制结构的重大改革和历史变化。分别从社会总体以及不同性质和形式的所有制方面，论证所有制结构改革在理论和实践上的基本依据，分析改革引起的所有制、经营形式和具体产权结构的重大变化及其对社会主义国民经济的深远影响，总结所有制结构改革的主要经验和存在的问题，探索解决问题的对策和进一步开展所有制改革的原则与途径，预测我国所有制总体结构以及各种所有制的不同经营形式结构的发展趋势。(王放鸣)

F000096 **徽州朝奉** 王磊著。福建人民出版社 1994 年 8 月版。11.3 万字。3.70 元。"区域人群文化丛书"之一。"徽州朝奉"是中国近代历史中一个独特的人群，作者从阐述"徽州朝奉"产生的地理条件、历史背景入手，叙述这个人群如何从商，以及其经商风俗、经营行业、经商成功的秘诀，还介绍他们的生活方式，诸如丧祭礼俗、婚姻生活、饮食文化、建筑、戏剧、书画艺术等。(炳伟)

F000097 **中国少数民族经济问题研究** 滕品文著。甘肃民族出版社 1994 年 8 月版。15.5 万字。4.65 元。内容分两大部分。第一部分为民族经济理论探讨和研究。从全国各少数地区的人口、地域、物产、气候、习俗、生产、生活等实际出发，对民族地区经济发展的历史、现状进行系统的分析和研究：还有对民族地区的计划经济及原始经济状态的分析和认识；对民族地区地大人稀、资源丰富，所存在的潜能开发的分析和认识；对民族地区进入市场经济的必备的思想观念的转变和适应性的分析和认识；如何发挥少数民族地区经济优势，按市场经济规律发展自己的经济道路和办法；如何变民族地区的劣势条件为优势条件；如何促进民族地区经济发展的新思路。并提出具体的措施和办法，为民族地区经济发展提供了可资借鉴的理论依据。第二部分是作者在实地调查后形成的探索性报告和文章。作者以甘肃的有关民族自治州、县为重点进行调查，具有更强的针对性和说服力。充分运用数据的对比，分析存在的实际问题，提出本地区经济发展的构想。(孙德仁)

F000098　**市场经济条件下的经济发展**　洪银兴著。高等教育出版社 1994 年 8 月版。21.3 万字。9.30 元。以社会主义市场经济体制为背景，有选择地吸收西方发展经济学中带有普遍性的原理，研究这些原理在中国的适用度；总结我国已有的经济发展实践的经验教训，从中寻求我国经济发展的规律；依据发展经济学原理及经济建设的经验教训，对我国今后的长期发展提出对策性意见。内容包括：经济发展的体制背景，经济发展的目标分析，经济起飞起始阶段的约束条件分析，经济增长的因素分析，经济增长的波动分析，经济发展的结构分析，经济发展的区域结构分析，经济发展的外向效益分析，经济发展的企业家推动等。对解决我国经济发展中存在的问题，制订未来经济发展政策和策略具有现实的指导意义。(孙乃彬)

F000099　**外商对沪贸易投资指南(中、英文对照)**　《外商对沪贸易投资指南》编委会编。工商出版社 1994 年 8 月版。15 万字。60.00 元。全面介绍外商对沪贸易投资各方面信息，包括：上海浦东、闵行、虹桥、漕河泾各经济开发区概况；对沪贸易信息：上海进出口商品、上海产品维修站、上海常驻代表机构、上海国际经贸展览会、上海科技交流会、上海“三来一补”业务、上海国际经济贸易仲裁等；对沪投资信息：投资方式、投资方向和重点、投资程序、投资保障、外汇平衡、各项税费标准等；外商对沪贸易投资的有关政策、法规；对沪贸易投资审批、登记、服务机构，上海进出口企业、可供外商投资的企业和项目等。(李富明)

F000100　**广西区域经济政策与地区发展方略**　滕纪丰、朱坚真主编。广西人民出版社 1994 年 8 月版。26 万字。10.80 元。通过对广西及相关区域自然资源、区位条件、社会经济基础等方面的分析研究，对建国 40 多年来的区域经济政策进行综合评价，探讨社会主义市场经济条件下广西经济发展战略，勾画出未来广西区域经济政策的总体框架和相关区域及区域内部发展的大致思想，以促进广西与相关区域以及区域内部之间的互补互惠、协调发展，为有关部门编制广西中长期发展规划提供科学依据。收入“广西经济与社会发展战略研究丛书”。(邓耘)

F000101　**中日近代化比较研究**　王承仁等著。河南人民出版社 1994 年 8 月版。27.5 万字。10.80元。将中日两国置于近代西方资本主义冲击的大背景下，从政治、经济、外交、文化、教育、军事等方面对两国近代化进程进行比较研究，阐明两国近代化过程中的主要内容、基本特点及其发展的内在规律性，考察其成败得失，总结历史的经验教训。著者认为，近代化是由前工业社会过渡到工业社会的一个整体工程。考察和研究中日近代化问题应该有一个立足全局的整体观念。(鲁锦寰)

F000102　**当代中国的绿色道路**　副名：市场经济条件下生态经济协调发展论。刘思华著。湖北人民出版社 1994 年 8 月版。24.7 万字。10.00 元。以探索市场经济条件下生态经济协调发展为主线，以发展现代生产力为基调，系统阐明生态经济发展的历史和现状及其发展趋势，实现协调发展的实践基础和根本途径，当代中国绿色道路的基本问题。对中国现代经济发展的战略、模式、方向和道路作了切合实际的生态经济分析，并提出相应的政策性建议。作者认为，当代中国的绿色道路具有两个显著的时代特征：必须走现代市场经济的发展道路是当今世界发展的大潮流；走生态与经济相协调的持续发展道路是当今世界发展的大趋势。这两大历史潮流的有机统一即发展的绿色道路，是现代发展的希望所在。作者将我国经济运行与发展的探索放在人、社会与自然相互作用的基础上，揭示中国社会现代化建设的客观规律，寻求市场经济与生态经济协调统一的发展道路。(程世德)

F000103　**吉林省投资指南**　吉林省人民政府《吉林省投资指南》编委会编纂。吉林摄影出版社 1994 年 8 月版。28 万字。图片 600 幅。2 册。128.00 元。以文图结合的形式，用汉、英两种文字分册介绍吉林省的资源和建设情况，及招商引资的打算。分 4 部分：一、《投资环境篇》介绍土地、水力、生物、林业、矿藏等资源情况，电力、石油、交通运输、邮电通信等基础条件及市场和旅游环境；二、《对外经济技术合作篇》介绍引进资金和对外经济技术合作的状况；三、《投资领域篇》从农林水、能源、交通、机械、化工、冶金、食品、烟草、科教文卫等产业；长春、吉林、延边、四平、辽源、通化、白山、白城、松原等市(州)；16 个经济开发区等三个方面，介绍他们的发展现状、前景、趋势、开发项目和资金需要；四、《投资管理服务篇》介绍吉林省人民政府鼓励外商投资的优惠办法、审批程序和管理服务机构。(陈学文)

F000104　**太原经济百年史**　许一友、王振华著。山西人民出版社 1994 年 8 月版。44.2 万字。15.00元。叙述太原从 1892 年近代工业创建到 1992 年百年期间的发展变化，重点叙述新中国建立后，社会主义现代化建设的伟大成就；系统总结太原从“一五”计划到“七五”计划时期建设发展的得失，从宏观经济调控和微观经济研究提供一个新例及基本途径，具有理论学术价值，为当地各级领导干部的决策提供参考。（高美然）

F000105 **中国的奇迹：发展战略与经济改革** 林毅夫等著。上海人民出版社 1994 年 8 月版。21.6万字。17.60 元。以诱发性制度变迁理论为框架分析发展战略、经济体制、经济改革和经济发展的关系，成功地描述了渐进式改革如何在中国进行。作者认为，中国传统经济体制形成的逻辑起点是重工业优先发展的战略，由此形成扭曲的宏观政策环境、高度集中的资源计划配置制度和没有自主权的微观经营机制。这种三位一体的传统经济体制是内生的，互相依存，互为条件。在这一理论框架下，作者回答了为什么改革前中国的经济发展困难重重，改革后虽取得高速度但仍摆脱不了“活、乱”循环、寻租现象和地区收入差距扩大等的困扰；探讨了我国深化改革的着力点何在，对其他发展中国家来说，中国经验的普遍意义是什么等问题。（何元龙）

F000106 **城市进步、企业发展和中国现代化** 张仲礼主编。上海社会科学院出版社 1994 年 8 月版。30 万字。11.00 元。中外学者研究中国近代化过程的文集，反映中外学者在该领域所取得的重要研究成果。分 5 个专题，综合论述东南沿海城市与中国近代化关系，涉及上海、广州、福州、厦门和宁波在中国近代化过程中的历史、地位和经济文化特点，以及它对整个东亚地区的影响；详细叙述伴随着城市进步而产生的社会文化一系列的变迁，全面分析了经济发展与城市进步之间的关系，尤其是国内外贸易、城市工业、农村地方工业、金融业、交通运输业和房地产业在城市发展中所起的重要作用，具体探讨了企业家个人性格、文化观念和经营管理在企业发展过程中的影响和作用，剖析了人口、移民、市民意识等一系列影响城市近代化进程的因素。（张广勇）

F000107 **东北渔猎民族现代化道路探索** 杨荆楚、郑信哲等著。民族出版社 1994 年 9 月版。23.2 万字。5.40 元。作者深入黑龙江北部、内蒙古东北部，在赫哲族、鄂温克族、鄂伦春族、达斡尔族生活地区进行经济、文化等方面的调查后所做的总结和思索。对历史上四个渔猎民族生存环境的巨大变化；改革开放市场经济对他们的冲击，以及面临的困难与困惑等作了叙述。并对这些少数民族怎样走出困境，跟上社会发展步伐提出可贵的看法。（图亚）

F000108 **中国经济地理** 刘厚房等主编。山西人民出版社 1994 年 9 月版。28.5 万字。7.50 元。共分 9 章 47 节，主要包括国土资源与人口、经济的发展与布局、农业地理、工业地理、交通运输地理、商贸地理、旅游地理、经济地理分区等内容。（李仁发）

F000109 **浦东信息大全** 浦东信息大全编委会编。上海科学普及出版社 1994 年 9 月版。199 万字。150.00 元。大型资料工具书。包括浦东新区概况、浦东新区管理机构和优惠政策、浦东新区重点开发区域、浦东新区乡镇工业和农业、浦东新区注册工商企业名录、上海市房地产企业名录和浦东新区招商项目七大篇。（王承忠）

F000110 **新加坡与苏州工业园区** 苏简亚主编。苏州大学出版社 1994 年 9 月版。13 万字。12.00 元。经国务院批准，中国与新加坡合作开发建设苏州工业园区。本书详细介绍新加坡的概况，特别是该国裕廊工业镇建设发展的奇迹；叙述中新两国合作建设苏州工业园区项目的由来，并对园区的总体规划及有关内容作系统介绍。（陈长荣）

F000111 **西藏自治区经济地理** 孙尚志主编。新华出版社 1994 年 9 月版。23 万字。9.60 元。共有 10 章：总述，人口和民族，土地利用，种植业，畜牧业，林副业，工业，交通运输业，旅游资源与旅游业，经济区域与城镇。全面评述西藏自治区经济发展的条件，分析了农林牧业、工交、旅游各产业部门的结构状况和地域分布特征，指出了各主要经济区域的地域差异及重点发展方向。收入“中国省市区经济地理丛书”。（周道荣）

F000112 **市场经济中的中央与地方经济关系** 魏礼群、李金早主编。中国经济出版社 1994 年 9 月版。36.4 万字。17.80 元。共分 5 部分。第一部分为主报告——建立中央与地方经济合理分权的新体制。第二部分是专题报告·宏观篇。第三部分为专题报告·地方篇。第四部分是国外体制研究报告·比较借鉴篇。第五部分为国际研讨会·综合篇。（左秀芬）

F000113 **中国社会主义经济学** 黄荫涛著。重庆出版社 1994 年 9 月版。22.1 万字。7.50 元。系统阐述中国社会主义经济的理论专著。在结合中国经济体制改革的实践基础上，对社会主义初级阶段理论及生产力标准问题作了新的阐释。对市场论及社会主义市场经济体制的建立、企业论与转换企业经营机制、产业论与调整优化产业结构、科技论与加速科技进步、区域论与实现全国经济布局合理化、开放论与建立全方位的对外开放格局、分配论与逐步实现共同富裕、调控论与建立社会主义市场经济的宏观调控体系等都从理论和实践的结合上作了阐述。(郑玲)

F000114　**潮汕平原经济**　陈朝辉等著。广东人民出版社 1994 年 10 月版。21 万字。13.00 元(平);23.00 元(精)。"岭南文库丛书"之一。共分 13 章,对广东潮汕地区的地理特征、经济发展、建设成就以及历史文化作系统的描述,着重对潮汕平原经济的发展进行全面的历史回顾,提出未来的走向,对在汕头兴办经济特区的优势,作有说服力的分析,对经济发展过程中的若干重大问题,如人口和土地承载力的问题、农业生产与自然环境问题、文化教育和社会问题、行政分割与宏观调控问题,进行有益的探索。在第十三章中,提出几点有关"出路的思考",对解决该地区经济发展的实际问题具有启发意义和参考价值。(李达强)

F000115　**市场经济与宏观管理体制改革**　余国信等主编。广西人民出版社 1994 年 10 月版。17 万字。5.90 元。从转变政府职能加强宏观调控,财政体制改革,税制改革,金融体制改革,外贸体制改革等方面,介绍社会主义市场经济的基本理论和知识。收入"社会主义市场经济知识丛书"。(邓耘)

F000116　**改革开放与法制**　王峻岩著。海南出版社 1994 年 10 月版。38.2 万字。12.80 元。收入有关论文资料 45 篇,分 3 部分:一、海南经济特区的战略与体制,主要阐述海南经济特区发展战略与立法优势,探讨海南经济特区发展的体制模式、成业开发模式与立法指导思想;二、论公司制度与现代企业制度,主要阐述我国公司制度与公司立法问题,提出建立现代企业制度与进行产权结构改革;三、论社会主义市场经济与法制建设,主要阐述加快建立社会主义市场经济法制,探讨我国经济法及其相关法律制度。作者提出建立公司制度,主张特区不仅要在政策上"特",而且要在体制上"特",主张实行市场经济体制、产权制度改革、政府依法行政,以及"变法改制"等。(黄循伟)

F000117　**经济跳跃研究**　毛健著。陕西人民出版社 1994 年 10 月版。16 万字。5.80 元。共 6 章:第一章导论,主要阐述本书的研究主题、基本思路和研究方法。第二章,通过对客观经济现实的考察和统计学上的认定,论证经济跳跃的客观存在;阐述了一个国家在特定时期发生经济跳跃的条件,即工业生产已具有相当规模、基础设施和基础产业已具有一定基础,国内外经济社会条件比较适宜等。第三章,从客观经济现实中抽象出经济跳跃范畴,并揭示其基本内涵;指出经济跳跃的偶然性和必然性;论述经济跳跃的牵引效应和赶超效应,以及它与经济增长的关系。第四章,系统分析影响经济跳跃的主要决定因素,即资本投入和效率、科技基础和转化能力、对外贸易战略和利益、农业发展、历史机遇等,并对其各自的内涵及其相互关系作了论述。第五章,重点研究经济跳跃与协调发展的关系,第一次阐述不平衡增长只有在协调中才能真正实现,而不平衡增长中的协调,是一种特殊的无序协调;并对经济跳跃的约束界限进行研究,作出规定。第六章,结合中国的实际情况进行比较分析,阐述中国实现经济跳跃的必要性,指出它是摆脱落后状态的必由之路;认为我国正面临多种有利条件交汇的难得的历史机遇,只要在现实经济运动中不断克服不利因素,巧妙地进行决定因素的替代,不断创造有利条件,我国经济跳跃的可能性是存在的;提出了实现经济跳跃的基本对策。收入"青年经济学博士研究丛书"。(朱玉)

F000118　**上海近代经济史(第一卷)(1843～1894 年)**　丁日福主编。上海人民出版社 1994 年 10 月版。59 万字。23.40 元。共 22 章。第一章鸦片战争前的上海;第二章上海开埠初期的对外贸易;第三章上海的洋行和买办;第四章为西方对华贸易服务的外资企业;第五章开埠初期的上海商业与太平天国战争的经济影响;第六章上海对外贸易的发展;第七章外资轮船航运业的兴起;第八章外资金融业;第九章外资工业;第十章房地产业、公用事业等行业的兴起及修筑铁路的尝试;第十一章买办制度和买办商人活动的加强;第十二章传统商业的变化与新行业的兴起;第十三章甲午战争前上海的手工业、农业和内河航运业;第十四章近代金融形成过程中的上海钱庄;第十五章洋务运动在上海的开展和国家资本主义的产生;第十六章江南机器制造总局;第十七章轮船招商局;第十八章中国电报总局;第十九章上海机器织布局;第二十章私人资本主义工业;第二十一章早期的上海资本家与工人阶级;第二十二章近代上海城市的初期发展。全面介绍和评价上海 1843 年至 1894 年的经济发展状况,对于了解和研究上海的近代资本主义发展具有重要的史料价值。(王国平)

F000119　**中国经济难题**　王东京著。中国经济出版社 1994 年 10 月版。21 万字。9.50 元。从 11 个方面论述普遍亏损的国有企业、令人忧虑的物价上涨、宽紧难适的货币供应、急待转轨的就业体制、冷热交替的增长波动、畸形失衡的产业结构、发育迟缓的金融市场、步履维艰的对外开放、怨声载道的分配不公、众说纷纭的消费膨胀、双面效应的宏观调控。(栾建民)

F000120 **'94中国发展报告** 国家统计局编。中国统计出版社1994年10月版。54万字。68.00元。从全球发展的角度看中国,勾勒出1993年中国国民经济和社会发展所取得的突出成就;对1993年中国的国民经济宏观调控实绩和1994年宏观政策取向、政策的深化和扩大的开放作了描述;从涉及国民经济各行业的生产、建设和流通入手,对经济生活中的问题提出对策。该书已出英文版。(徐辉)

F000121 **中国经济特区发展的一个战略选择** 副名:厦门经济特区实施自由港某些政策研究。王洛林等著。鹭江出版社1994年10月版。19.2万字。8.00元(平);16.00元(精)。系统论述厦门进一步实施自由港某些政策的条件优势,应当重点推进的若干领域与方向,以及为实现本阶段的政策目标所必需的配套改革。在内容上,论及设立自由港的一般条件、实施自由港某些政策的海关监管体制、外贸管理体制、金融体制、税收体制、实施自由港某些政策与产业调整和政府职能调整、社会保障体制改革等。对有关设立自由港一般条件的探讨,把分析的视野纳入成本—效益分析的框架,使人们既看到设立自由港带来的好处,又能了解设立自由港的负面效应。书中提出的分析模型,为国家设立自由港的决策提供参考。收入"特区经济丛书"。(甘于黎)

F000122 **重负的大地——人口·资源·环境·经济** 吴传均主编。人民教育出版社1994年11月版。15.8万字。6.40元。分别就资源配置、人口数量和质量、土地资源、矿产资源、水资源、海洋、环境污染、生态平衡、城市发展、持续发展、地缘政治、综合国力等与我国的社会、经济发展休戚相关的问题,进行分析,针对我国改革开放、经济发展取得的巨大成就,以及由于历史原因造成阻碍发展的重负之间的反差,提出思考。(孟白)

F000123 **中国换体的革命** 常修泽等著。天津人民出版社1994年11月版。26万字。9.00元。从中国国情出发,以"换体"为主线,对传统计划经济体制进行剖析批判,对中国确立社会主义市场经济体制从制度角度进行论述。共13章,主要内容有:1.由计划经济向市场经济转型的实质。从"体"和"用"的关系研究资源配置方式,指出:一个社会只能有一个"体",不可能有两个"体",中国体制改革实际上是一场"换体"革命。2.对计划经济体制从经济核算的不可行性、利益一致的非现实性、体制运行的低效率和政治体制的极权化等方面进行理论批判。3.以制度经济学的观点,阐述经济制度的效率评价和效率比较、经济制度创新及市场和企业相互替代等诸多问题,为建立社会主义市场经济体制提供理论依据。4.社会财产重组和国有企业产权制度改革问题。5.通过对世界原实行计划经济体制国家向市场经济过渡的诸种方式的比较分析,指出中国应采取"整体推进与重点突破"相结合的战略及其具体构想。最后对中国未来的改革走势进行分析与展望。(杨素芳)

F000124 **天津通志·商业志·粮食卷** 张志兴主编。天津社会科学院出版社1994年11月版。105万字。66.00元。记述自明代永乐二年(1404年)至1990年间天津粮食行业的历史和现状。全卷8篇31章,首篇介绍天津在新中国成立以前各个朝代每个时期的粮油业概况;第二篇介绍建国后天津市粮食机构;第三篇谈建国后粮油经营管理状况;第四篇记叙天津市粮油工业演变及发展过程;第五篇介绍天津市粮油综合管理情况;第六篇介绍建国以来粮油企业科研成就;第七篇写企业整顿与体制改革;第八篇为名录。篇末附录为优质产品介绍。(许幼珊)

F000125 **中国封建社会经济史** 彭雨新、汤明檖主编。武汉大学出版社1994年11月版。55.2万字。13.00元。高等学校文科教材。是为继李剑龙先生所著3卷本《中国古代经济史稿》而编写。为保持中国古代经济史的全貌,仍将上迄年代定在原始社会,并以"引论"形式对西周以前的情况作简要介绍;下止年代定在1840年,这与通行的古、近代史分期方法一致。关于西周至春秋战国时期,编者定为"封建领主制"经济,这与以前教材中将之称为奴隶制时期稍有不同,但对更好地解释秦汉以后奴隶制长期间歇式地出现有很大作用。秦汉以后,编者将其定为"封建地主制经济"。注重对经济史学界的一些新成果的吸收和评介。(刘爱松)

F000126 **深谷回音——三峡经济开发的历史反思** 蓝勇著。西南师范大学出版社1994年11月版。17.6万字。6.30元。共分8章,对历史上三峡地区人口发展与移民、农业垦殖与水利建设、商业贸易地位、农林副业开发、城镇发展、交通发展、经济开发与生态变迁的关系等作系统总结。书末附有对汉唐时期赤甲山、白盐山及清末以前巫山十二峰位置考证的新结论。作者在大量查阅和爬梳历史文献及多次对该地区进行实地考察的基础上,通过对一系列问题的深层次研究后认为:三峡地区的贫穷是历史性的;目前三峡地区的贫穷与唐宋时期不同,主要是清中叶以来三峡地区人口膨胀下旱地垦殖造成的结构性贫穷;从历史和现实来看,三峡地区的地理环境最适合发展的是林业;在移民外迁后发展大林业是三峡经济开发最合理的选择。由此提出了有别于现在三峡库区开发思路的新构想。这一结论对当前三峡库区移民及经济开发有重要参考价值。(卢渝宁)

F000127 **宋代四川商品经济史研究** 林文勋著。云南大学出版社 1994 年 11 月版。20 万字。8.50 元。通过对宋代四川地区商品经济发展条件及其商品、市场、货币、商人问题,以及四川与中原内地和民族地区的输出入贸易的分析论述,从而对其商品经济发展的总体水平作基本估价。共 6 章,附录分别对北宋四川特殊化政策和宋代四川茶法进行考析。认为四川商品经济发展较早,水平较高,入宋以后,"交子"的出现说明其商品经济的发达程度在全国处于最前列。由于宋五朝长时间在这一地区推行实施商业自由贸易政策和一系列护商政策,使其商品经济得到空前的繁荣和发展。四川与汴京的贸易是全国长距离商业贸易网的一个重要组成部分;茶马贸易作为宋王朝与边疆各民族经济联系的一个重要纽带,不仅促进双方经济的发展,且对统一的多民族封建国家的巩固和发展起到巨大的促进作用。但由于其发展的不平衡性,加之南宋中后期各种因素的影响,这一地区的商品经济发展势头被打断并迅速衰退。(戴抗)

F000128 **宋代经济史研究** 吴晓亮主编。云南大学出版社 1994 年 11 月版。35 万字。10.50 元(平);14.50 元(精)。论文集,收入论文 8 篇,分别为:北宋衙前考述,从宋朝的五等户到元朝的九等户,宋代城市化问题研究,荒漠中的绿洲:两宋农林专业户,宋代四川与中原内地的贸易,宋金时期白银的生产和使用,宋代城乡市场等级网络分析,竹与宋代社会经济。所论问题分为两类:一类是关于土地制度和赋役制度、另一类是探讨商品经济问题。土地制度和商品经济问题是贯穿并影响我国古代社会发展的两条主线。(戴杭)

F000129 **明清佛山经济发展与社会变迁** 罗一星著。广东人民出版社 1994 年 12 月版。30 万字。15.50 元(平);25.50 元(精)。"岭南文库"丛书之一。运用史学理论,对明清佛山经济发展与社会变迁这一历史现象进行多维而深刻的论述。作者认为,对这一题目的研究,有助于我们对传统中国社会内在结构的理解和传统中国城市发展趋向的把握。在对佛山经济发展进行描述的过程中,着重描述了佛山的社会现象和文化现象,使人们对佛山这一时期的社会总体有较完整的认识。(辛朝毅)

F000130 **中国大西南在崛起** 杨基常、刘咸岳主编。广西教育出版社 1994 年 12 月版。34 万字。28.00 元。阐述大西南开发和发展的战略意义,大西南在当前及 21 世纪经济发展的重要地位和作用。共 8 篇。首篇阐述党中央国务院关于发展大西南的总体战略构想、战略步骤和重大方针政策。其余七篇从不同角度阐述开发、共建大通道的重大意义,详细介绍各自的区位优势、资源及投资环境,提出内外结合、增进效益、共享资源、共谋发展的重大举措。(唐永亮)

F000131 **"九七"深港衔接研究** 《深港衔接研究》编委会编。广州出版社 1994 年 12 月版。28 万字。15.00 元。论文集,展示近年来深港衔接研究的最新成果。论述粤港、深港经济合作和衔接的意义、要求和模式,从不同侧面探讨衔接的策略、措施和方法,内容涉及体制、市场、金融、法律、科技、交通、教育、产业结构等方面。全方位、多层次地对"深港衔接"这一历史课题进行探讨。(崔晓峰)

F000132 **香港大辞典·经济卷** 曹淳亮主编。广州出版社 1994 年 12 月版。310 万字。人民币:380.00 元;港币:680.00 元。共分 17 篇,其中包括:香港概况、自由市场经济、金融业、资本与财团、对外贸易、制造业、房地产建筑业、旅游业、商业、信息业、交通运输业、公用事业、劳力市场、渔农矿业、财政、人物、附录共 5 000 余辞条。从经济方面入手,涵盖香港历史、地理、政治、法律、文化、教育等多方面,汇集中外学术界对香港经济的研究成果,勾勒出香港经济的全貌。(杨斌)

F000133 **贵州现代经济史** 副名:第一卷(1949~1965)。石争、刘凤祥著。贵州人民出版社 1994 年 12 月版。28.3 万字。8.50 元。论述贵州现代经济的史书。第一卷共分 4 编 19 章。第一编有 5 章,论述从 1949 年 11 月到 1952 年底贵州经济的"恢复时期"。具体介绍解放前贵州经济概况,稳定经济秩序、克服经济困难的斗争,农村生产关系的初步变革,国民经济的恢复和发展,恢复时期任务的胜利完成及主要经验。第二编含 5 章,主要论述从 1953 年到 1957 年"一五"时期的经济发展,内容有:宣传贯彻党在过渡时期的总路线，第一个五年计划的制订和执行，粮、油、棉实行统购统销，社会主义制度的全面建立，“一五”时期的基本总结等。第三编为5章，论述1958～1960年“大跃进”时期的经济问题，内容有：大跃进的前奏，大跃进和人民公社化运动，纠正错误的开始及新跃进的继续，大办公共食堂，大跃进的恶果及历史教训等。第四编共4章，讲述1961～1965年这段时期国民经济的全面调整与恢复，以及主要成就和经验。（夏昆）

F000134 **海南省产业结构及产业政策研究** 阎善昌等著。海南出版社1994年12月版。22万字。25.00元。由海南省经济信息中心为主完成的第四份海南产业结构研究报告。报告采用定性与定量分析相结合的系统工程研究方法，在对海南省产业发展现状、资源和潜力、经济发展战略比较研究，国外产业发展经验借鉴研究，海南省投资行为和投资效益，发展中的国内及国际环境，国家的产业政策及内外环境条件定性研究基础上，建立了海南省“投放—产出”产业规划模型，对海南省未来30年经济发展和产业结构变化作定量分析，以及利用层次分析法进行定量主导产业选择计算，在上述研究基础上提出海南省产业调整政策。（万胜）

F000135 **社会主义市场经济与唯物辩证法** 任启文等著。河南人民出版社1994年12月版。25.1万字。9.80元。探讨唯物辩证法在指导市场经济运行中的作用，系统地研究和具体地分析在我国社会主义市场经济体制的建立和运行过程中，各种矛盾关系的各个侧面是怎样相互对立和相互依存的，以及如何正确处理这些矛盾，使我国的经济建设高速、健康和稳定地发展。（陈智英）

F000136 **中国小康水平研究** 尹世杰主编。湖南出版社1994年12月版。33.4万字。16.80元。作者通过设置一系列重要指标，力图构成全面反映小康水平的指标体系。并分析了影响小康水平实现的重要因素，如收入分配和人口变化对小康水平的影响，以及人口总量、人口结构、人口位移、人口素质的变化对小康水平的影响。还论述经济运行与小康水平的关系，强调完善市场体系对实现小康水平的作用及如何完善市场体系等问题。还着重研究了建立和完善社会保障体系与社会稳定和实现小康水平的关系。鉴于中国各地经济发展有较大差异，农村、城市发展不均衡，还探讨了农村向小康推进的战略意义和农业的基础作用。（曾赛丰）

F000137 **社会主义市场经济体制研究** 张延乾、牛慧著。南海出版公司1994年12月版。20万字。6.60元。阐述建立社会主义市场经济体制必须具备的条件，分析、论证建立现代企业制度、宏观经济调控、法制建设、对外开放等问题。共分12章，前3章为第一部分，重点阐述基本理论观点；后9章为第二部分，重点讨论建立社会主义市场经济体制的具体措施和途径。沿着商品经济——市场经济——社会主义市场经济的顺序展开讨论；按照党的十四届三中全会《决定》的内容和框架进行论述。（原式溶）

F000138 **内蒙古世纪之交的重大经济选择** 乌日途等著。内蒙古大学出版社1994年12月版。29万字。16.00元。提出并分析1996～2010年内蒙古经济发展中的重大战略性问题。共14章：第一章探讨内蒙古未来15年经济发展道路和增长方式，提出未来实行“双元分离式”和“双元融合式”的发展战略；第二章总结了改革开放以来的经验；第三章对未来15年的国际、国内环境进行研究；第四章对内蒙古产业结构的演进历程进行定性与定量分析；第五章探讨内蒙古农牧业现代化的道路问题；第六章描述未来区域经济战略和产业布局的可能走势；第七章提出解决资金问题的策略；第八章就如何建设开放型经济进行探索；第九章对借用外资的现状和趋势进行分析和测算；第十章论述内蒙古推进市场经济发展的道路及基本思路；第十一章探讨内蒙古加速城镇化的道路；第十二章分析重点建设与内蒙古经济发展的关系，第十三章指出内蒙古未来经济发展的真正困难来自于科技进步的缓慢；第十四章对未来城镇居民的消费趋势进行测算。（恃飞）

F000139 **走向市场（1978～1993）** 周振华等主编。上海人民出版社1994年12月版。21.2万字。17.60元。系列研究报告“中国经济分析”的第一部。该系列报告着重于全局性、宏观性问题，侧重于经济发展过程中的体制因素，以实证分析为主，提供客观而独立的分析。对中国市场化改革中的财税体制、金融宏观调控、对外贸易、区域发展平衡等方面；对建立和完善市场体系，如证券市场、土地市场、产品市场等；对市场行为主体——现代企业的形成等，进行实证分析，并对中国市场化改革的基本特征和主要问题提出独立、客观的见解。（何天龙）

F000140 **昔日延边经济** 吴有森等著。延边人民出版社1994年12月版。38.9万字。11.50元。反映延边地区工商经济历史的专辑资料。收录史料所涉及的年代上溯到渤海时期，下限至1949年中华

人民共和国成立前。收有反映百年来延边地区的工业、商业、交通运输、金融、外贸、人物等方面情况的文章50篇。(赵龙男)

经济计划与管理

F000141　**房地产市场营销学**　张建坤等编著。东南大学出版社1994年版。28.6万字。10.50元。系统阐述房地产市场营销的基本原理、方法和策略,详细介绍房地产市场营销环境,消费者购买动机与行为,房地产市场调查、预测与决策,房地产市场供求关系、定价策略与方法,房地产市场细分、分销渠道和促销策略,以及房地产促销方法与技巧等内容。(刘庆楚)

F000142　**现代企业会计学**　马国贤等著。杭州大学出版社1994年版。55万字。16.00元。大学财经类专业本科、研究生教材。以社会主义市场经济和现代企业制度为背景,以财政部颁布的《企业财务通则》、《企业会计准则》、《各行业会计制度》及有关"会计制度的补充规定"为依据,全面介绍我国会计改革后实施的新会计制度的基本理论、体系和操作方法。全书分上、下两篇。上篇"资产、负债、所有者权益"为综述部分,有7章,介绍会计基本概念、原理与原则,流动资产、长期资产、负债以及所有者权益的核算。下篇"费用、成本、利润和会计报表"为分述部分,有12章,先分别介绍费用的核算,工业、商业、施工业、交通运输业、饮服企业的成本费用的核算,销售收入、利润及其分配的核算,会计报表及合并会计报表的编制与分析;最后专列2章,介绍电算化会计及股份制试点企业和外商投资企业财务会计的特点。(袁亚春)

F000143　**现代审计学**　管锦康著。立信会计出版社1994年版。39万字。18.80元。根据审计学的理论和方法,对我国财政、金融、基建、工业、商贸等五个行业的审计作详尽阐述。分6篇,28章。首篇为基本理论和方法,五个行业的审计按序各成一篇。(赵宏裔)

F000144　**成本会计**　陈守文主编。辽宁人民出版社1994年版。27万字。15.00元。厦门大学会计系列教材之一。以国际成本会计惯例为基本框架,着眼于我国当前的企业会计准则与成本管理实践,注重与国际惯例接轨,建立了新型的成本会计理论和方法体系。共分11章,前8章对成本作总的概括,论述成本和成本会计的基本概念、特征、基础工作、分类与核算原则等,并以工业企业为例说明了生产费用的核算(包括直接费用的核算和间接费用的核算)和生产成本核算方法,专门讲述期间费用的核算,并简要介绍其他主要行业的成本核算,既介绍一般原理,又阐述各行业的主要特点。在后3章,全面阐述成本预测、决策、计划和控制的基本原理,介绍工业企业和主要行业实际成本核算和标准成本核算方法。还介绍成本报表的编制和成本分析,以期为企业成本管理提供较全面系统的成本信息。(蔡文祥)

F000145　**会计现代化实用大全**　《本书编委会》编。辽宁人民出版社1994年版。123万字。46.00元。共分16章。第一章,会计现代化的必要性;第二章,会计模式;第三章,会计现代化目标;第四章,会计现代化的过程;第五章,会计人才的现代化;第六章,会计核算方法的现代化;第七章,会计管理方法现代化;第八章,会计手段现代化;第九章,会计组织现代化;第十章,实现会计现代化的条件;第十一章,工业企业会计现代化实例;第十二章,农业企业会计现代化实例;第十三章,交通运输企业会计现代化实例;第十四章,商业企业会计现代化实例;第十五章,外国来华投资企业会计现代化实例;第十六章,其他会计现代化实例。附录有:股份制企业会计现代化。(霍世荣)

F000146　**外商投资企业会计操作规程**　贾守仁主编。辽宁人民出版社1994年版。47.9万字。10.00元。根据《企业财务通则》、《企业会计准则》、《中华人民共和国外商投资企业财务管理规定》、《中华人民共和国外商投资企业会计制度》等而编写。全书共16章,包括流动资产的核算,存货的核算,长期投资的核算,固定资产和在建工程的核算,无形资产和其他资产的核算,负债的核算,所有者权益的核算,收入利润及利润分配的核算,外币业务的核算,成本与费用的核算;清算业务的核算,会计科目和会计报告,合营中方的会计核算,会计报表分析,会计档案的管理等。其特点是,着力于运作实务,突出将制度要求与具体操作方法融为一体;对一些新业务的核算(如投入资本与资本公积、股票与债券投资、汇兑损益、进口业务的核算等),作详细阐述。(霍世荣)

F000147　**新编会计操作方法全书**　于玉林主编。辽宁人民出版社1994年版。196万字。69.00元。全面介绍会计领域各方面的方法与技巧。共20篇,包括会计方法概论、会计基础、工业、农业、乡镇企业会计核算,基本建设,交通运输会计核算,商业会计核算，涉外企业旅游业会计核算，股份制企业会计核算，私营企业及个体工商业者会计核算，金融机构会计核算，预算会计核算和纳税计算，会计管理，会计查帐，会计咨询，会计数学，会计电算化，会计珠算与计算器，会计常用文体写作，会计工作，会计研究，会计教学等行业的会计方法技巧。（霍世荣）

F000148 **高级会计学教程** 于玉林编。辽宁人民出版社1994年版。30万字。8.50元。共分19章。前四章论述会计学的意义方法、历史发展、科学属性和会计学的理论结构；第五章是会计学的理论基础；从第六章开始阐述会计系统论；第七至十九章分别论述会计客体论、会计行为论、会计方法论、会计计量论、会计信息论、会计时空论、会计管理论、会计控制论、会计规范论、会计模式论、会计国际协调论、会计学科体系论、会计学发展论等专题。进行探索性的研究，对各会计系统的论证，以辩证唯物主义的观点，剖析各会计论的意义、性质、结构、特征、体制、运动规律、价值观念、方法论等。收入“会计专业资格考试学习丛书”。（于海寰）

F000149 **会计学原理** 吴水澎主编。辽宁人民出版社1994年版。26.4万字。15.00元。厦门大学会计系列教材之一。主要内容有：会计的定义及其产生与发展，会计的内容、职能与目标；会计的基本程序、方法与技术以及会计学与会计学原理；账户与复式记账；会计凭证与账簿；会计循环；利润表与资产负债表；内部控制与财产清查；电子计算机在会计中的应用以及会计规范体系与工作组织等。本教材从国际惯例出发，参照我国会计准则的要求，以介绍会计的基本原理为立足点，使教材内容具有一定的稳定性；从认识规律出发，分别以服务业，商业和制造业为例，由易而难，先浅后深，设计三次会计循环，有利学生理解、掌握会计的基本原理；会计信息处理过程包括了确认，记录，计量和报告，本书重点介绍记录环节，并兼顾到确认，计量与报告等内容。有些章节附有复习思考题。（王峰）

F000150 **中级财务会计** 葛家澍主编。辽宁人民出版社1994年版。43.5万字。15.00元。厦门大学会计系列教材之一。共分3篇19章，主要从国内外财务会计的基本理论和基本概念等方面阐述和分析财务会计核算与报告的有关问题，着重研究财务报表要素及其组成项目的确认、计量与报告。在《会计学原理》所涉及的问题基础上专门论述市场经济与财务会计之间的联系，探讨市场经济下财务会计信息加工、处理及其形成与使用的全过程，并系统阐述用来指导财务会计与报告的概念结构。全书的内容既着眼于我国当前的企业会计准则，又立足于与国际会计惯例的接轨，并尽可能反映财务会计学科的最新研究成果和学术动态，如在无形资产会计部分，说明了有关国外近年来对商誉处理的各种有新意的观点和设想。（蔡文祥）

F000152 **中国城市房地产业史论（1840～1949）** 赵津著。南开大学出版社1994年版。20.4万字。11.60元。共10章，分3部分。第一部分，记述从1840～1949年中国城市房地产业的主要史实，对百年行业史的起始阶段、黄金阶段和衰落阶段进行尝试性划分；第二部分，侧重于对房地产业发展史中的几个重要问题进行专题论述，着重研究房地产业的经营方式、房租及租赁关系、金融业与房地产业的关系和政府行政干预的手段及作用等；第三部分，对城市土地价格问题进行评价与研究。这是对房地产业史及有关问题探讨的深化。（纪益员）

F000153 **经济周期与预警研究——理论、方法、应用** 王小波等著。冶金出版社1994年版。23.8万字。8.50元。在经济周期描述方法上，系统地讨论参照循环测定方法论问题；在增长循环分析中，区分了阶梯循环和离差循环的概念，分析了两者的差异，并用实际资料作了短期分析；介绍单序列循环分量分解方法的国际最新进展；对如何从经济理论出发寻找宏观经济波动的先行指标作了尝试。作者认为，宏观经济的周期性波动，即经济周期，是现代以工商业为主体的经济总体发展过程不可避免的现象，是经济系统存在和发展的表现形式。（刘珊）

F000154 **中国企业筹资与投资全书** 朱元梁、吴晓求主编。中国统计出版社1994年版。400万字。共2册。158.00元。全面系统地阐述中国企业筹资和投资的基本知识、基本技巧和基本规则的实用大型业务工具书、分筹资卷、投资卷和管理卷三部分。筹资卷主要论述长期投资贷款、中短期贷款、专项贷款、证券筹资、基金筹资、租赁承包筹资、对外筹资和特权出售等筹资方式；投资卷主要论述流动资产投资、固定资产投资、证券投资、期货与期权投资、房地产投资、横向投资、跨国投资和无形资产投资等投资方式；管理卷主要有中国企业筹资与投资的主要法律法规。（蒋克毅）

F000155 **中国总会计师实用大全** 朱德惠、薛任福主编。东北大学出版社1994年1月版。340万字。99.00元。为推行厂长（经理）领导下的三总师（总工程师、总会计师、总经济师）体制，适应建立和发展社会主义市场经济、及企业转换经营机制、发展外向型经济，同国外市场接轨的需要而编写。由30篇组成，即：1. 总论；2. 战略；3. 规划；4. 经济；5. 市场；6. 价格；7. 经营；8. 预测；9. 决策；10. 核算；11. 理财；12. 成本；13. 分析；14. 效益；15. 管理；16. 方法；17. 电算；18. 监督；19. 评估；20. 财政；21. 金融；22. 税务；23. 股份；24. 证券；25. 涉外；26. 人才；27. 素质；28. 谋略；29. 法规；30. 行业。辑录《中华人民共和国经济合同法》等18个法规。选用资料的时间，截止于1993年9月。(李毓兴)

F000156 **外国和台港澳企业常驻代表机构名录大全** 对外贸易经济合作部经贸政策和发展司编。河海大学出版社1994年1月版。132万字。268.00元。随着中国对外开放政策的日益深化和发展，外国和台港澳企业在中国大陆的投资也与日俱增。在1980年至1993年的14年间，经中华人民共和国对外贸易经济合作部批准，在中国境内近125个城市，就有89个国家和台湾、香港、澳门等地区的企业设立了常驻代表机构近13 500家。本书收录上述13 500家常驻代表机构，内容包括：常驻代表机构名称、首席代表、代表机构、办公地址、邮政编码、电话、传真、业务范围，并简要介绍部分外国和台、港、澳企业的历史、业务规模、经营范围、成就和展望。(吴劭文)

F000157 **中国三资企业博览** 《中国三资企业博览》编委会编。京华出版社1994年1月版。1400万字。5册。480.00元。全面系统汇集有关三资企业资料的工具书，内容包括：国家有关三资企业的法令、法规和政策；各省、市、自治区投资环境及优惠政策介绍，各地三资企业发展综述，各投资开发区、高新技术产业开发区介绍，三资企业研究文论，三资企业发展大事记，全国3万多家三资企业简介，优秀三资企业报道选萃等。(孙建庆)

F000158 **中国少数民族地区城镇经济研究** 黄万纶主编。民族出版社1994年1月版。23万字。4.80元。论述民族地区城镇经济的专著。共3篇17章。总论篇2章，介绍城镇经济在民族地区经济中的地位和作用，以及少数民族地区城镇经济的形成和发展。还介绍民族地区城镇经济研究的内容和意义。经济管理篇7章，论述少数民族地区城镇经济的所有制结构、产业结构、效益及其收益与分配；分析少数民族地区城镇经济的环境、管理体制，以及少数民族地区城镇经济发展的特点和规律。地区篇8章，分别对内蒙古、新疆、西藏、广西、宁夏、云南、青海、贵州等地的城镇经济现状作了介绍，并提出城镇经济发展的设想、条件以及发展对策。(黄敦朴)

F000159 **沈阳城乡建设** 许竞贤等主编。沈阳出版社1994年1月版。56.6万字。40.00元(精)；38.00元(平)。记载城市的起源与演变，反映建国后40多年来沈阳城市建设、发展、变化，集区域性、思想性、科学性、资料性于一体，对于了解城乡建设的历史和现状，探索城市工作的规律，促进城市建设的蓬勃发展，有借鉴之处。附有彩色、黑白照片100余幅。(冯传玺)

F000160 **应用经济统计学** 戴世光著。中国人民大学出版社1994年1月版。32.3万字。9.25元。共分4篇。第一篇为总论；第二篇为描述统计方法；第三篇为统计推论；第四篇为全部统计方法的实际应用。介绍在大量观察下的调查研究，以及探索经济活动数量特征和数量变化、数量关系的统计方法，如平均法，指数法，动态分析法，相关回归分析法等。(徐晓梅)

F000161 **投资项目经济效益的评估与决策方法** 吴世农著。江西人民出版社1994年2月版。15.3万字。5.80元。对投资效益评估理论和方法的发展进行动态考察，探索各个历史阶段的主要研究成果及其局限性，把现代投资效益评估的理论和方法视为历史发展的产物。并从非风险型投资项目到风险型投资项目的效益评估，从投资项目的单期效益到多期效益评估，从单个投资项目到多个投资项目组合的效益评估等方面作系统分析。(蔼新民)

F000162 **中日企业技术创新比较** 远德玉等著。东北大学出版社1994年3月版。41万字。17.80元。全方位、多角度地对中日企业的技术创新进行比较研究。分为4部分：导论、总论、分论和结语。导论概述对中日企业技术创新进行比较的原则、方法和基本观点；总论在分析中日企业技术差距的基础上，论述技术的差距与企业技术创新的关系，以及产生差距的历史基础和社会的现实原因；分论从技术创新的模式、动力、能力以及创新管理等诸多方面，进行更为具体的分析比较；结语则指出中日企业技术创新差距的实质以及缩小这种差距的必由之路。(刘振军)

F000163 **NPS的奇迹** [日]篠原勳著。中国经济出版社1994年3月版。15.1万字。5.90元。丰田的汽车全世界跑，丰田的生产方式养育了一代企业家。80年代，从丰田出来的一批企业家，悄悄地在别的企业开始改造丰田生产方式，进行赶超丰田业绩的秘密活动，因而诞生了 NPS(New Production System 新生产体系)。NPS 创造了一个奇迹，它风靡于日本，也影响到中国的上海。这是一种全新的经营思想、生产方式。它主张企业的小型化，产品的快速更新，资金的快速周转，库存量趋向于零，以及企业的个性化。作者详细介绍 NPS 创造奇迹的“内幕”。(张晓甜)

F000164 **厂长经理书屋(丛书)** 袁晓勇著。宇航出版社 1994 年 4 月版。106 万字。3 册。35.40 元。丛书首期推出三本。《厂长经理查帐方法与技巧》的主要内容包括：企业错弊剖析，作弊手法揭秘，查帐方法技巧，防弊纠错对策，典型案例分析，经济案件调查。力图使厂长经理能够掌握一些查错纠弊的方法与技巧。《现代企业理财韬略》介绍了八大理财韬略，包括合理筹集使用资金、有效配置与调度资金、优化资金结构、巧妙转化风险、提高资金使用效益的最佳方法。《新税制下的企业与税收》根据《税收征管法》和最新税收制度编写，介绍了税制大变革的基本内容和新税种的纳税程序与技法。(战葆红)

F000165 **厂长经理查帐方法与技巧** 袁晓勇著。宇航出版社 1994 年 4 月版。33.6 万字。11.80 元。为“厂长经理书屋丛书”之一。论述厂长经理应具备的财经、税收、金融、市场等方面的基本知识，主要内容包括：查帐基础知识、帐目错弊剖析、作弊手法揭秘、查帐方法技巧、防弊纠错对策、典型案例分析、经济案件调查。附有大量的实际案例，分析与提示了查证要点。告诉企业的厂长经理和财务人员如何发现，并及时消除企业可能存在的各种违纪隐患，研究对策，采取措施，以期减少损失。(战葆红)

F000166 **CI 战略** 副名：企业形象革命。周绍强等著。云南美术出版社 1994 年 4 月版。20 万字。24.80 元。企业形象战略简称“CI 战略”，它是企业对内改变精神面貌，对外提高整体竞争实力的必然选择。共 8 章，主要内容有：企业形象战略的起源及发展概况，企业竞争力的构成要素分析，视觉传达设计与企业识别系统，推进 CI 的方法和步骤，企业形象战略与市场经济条件下的中国企业，中国 CI 和海外 CI 的典型实例等。配有 74 幅彩图。(黄云松)

F000167 **中国技术监督年鉴(1993)** 国家技术监督局编。中国标准出版社 1994 年 4 月版。180 万字。80.00 元。为中国技术监督年鉴创始卷。收集从 1988 年国家技术监督局成立到 1992 年底所涉及标准化计量、质量监督、认证和质量管理等各项事业方面的行政、科技、法律、宣教、技术基础设施、人事、政治思想等建设成果和经验的资料，总结和反映了从技术监督局成立以来，贯彻“以质量为中心，标准化、计量为基础”的工作方针所取得的进步和经验。(袁晓玲)

F000168 **质量减损活动指南** 朱建平、骆培兴著。中国计量出版社 1994 年 4 月版。6.6 万字。4.00元。着重介绍取得企业经济效益的两个重要环节，即在市场上，主要是以质量为中心进行与市场价格的应对；在现场中，主要是以质量为核心进行与产品成本的斟酌。在一个公平的竞争下，要取得较大的经济效益，企业就要不断向市场提供新产品，这需要较强的开发能力，而这个能力又需要较多的资金才能培养出来。相反，在现场中降低成本以取得经济效益是并不需要多少资金，需要的是对这一工作的正确认识和认真努力。(廖集赋)

F000169 **实用出版社财务管理** 包闻天、包卫国著。中国书籍出版社 1994 年 4 月版。22 万字。7.80 元。根据财政部颁发的《企业财务通则》、《电影、新闻出版企业财务制度》，运用出版业务知识阐述出版企业的财务管理，内容包括流动资产管理、长期资产管理、稿酬管理、纸张材料管理、书刊成本管理、销售收入管理、利润管理以及财务报表的阅读和使用等。各章节有举例、分析，并运用图解来阐明管理与核算的内在关系，目的是使没有学过财会专业知识的一般出版管理人员也能理解和掌握使用。(章宏伟)

F000170 **现代企业制度原理** 张承耀著。中国铁道出版社 1994 年 4 月版。18 万字。7.50 元。介绍现代企业制度的各个方面，包括它的形成过程，某些发达国家企业制度下的不同特色，这种企业制度存在的矛盾和发展趋势；论述我国建立现代企业制度的必要性、紧迫性；分析国营企业体制转换过程的难点问题，并提出相应的对策。附有近百幅图表。(罗桂英)

F000171 **经济预测与决策技术** 冯文权编著。武汉大学出版社 1994 年 4 月第三版。43.9 万字。17.50 元。高等院校文科教材。分为经济预测的基本技术、经济预测的高级技术、经济决策的基本技术 3 篇，共 28 章。着重介绍中西方研究或广泛应用的预测与决策技术。既有定性预测，又有定量预测和决策。以定量预决策为主，介绍了大量的技术和模型，并有实例分析。概要介绍经济预测与决策技术的发展。经济预测与决策技术有严密的数理逻辑基础，它是一门艺术、一种管理过程。书中强调了多方法预

测与决策、综合预决策的重要性。(刘爱松)

F000172　**跨国公司管理与运作**　贺执中著。贵州人民出版社 1994 年 5 月版。22 万字。7.30 元。对跨国公司普遍采用的经营管理方法及运作程序作客观介绍。叙述跨国公司在复杂多变的国际经营环境中,如何开展各种经营活动,怎样组织、指挥、协调和控制这些活动,以实现公司的既定目标。其主要内容有:跨国公司的经营决策、经营战略、组织管理、经营活动管理、技术管理、资金融通管理、人事管理、财务管理、风险管理。收入"国际经济惯例丛书"。(姚必强)

F000173　**招标投标国际惯例**　舒福荣著。贵州人民出版社 1994 年 5 月版。16.2 万字。5.89 元。招标与投标是一种特殊的交易方式,是订立买卖合同的一种特殊程序。作者介绍了招标与投标的具体程序和过程,以及应遵循的国际惯例。收入"国际经济惯例丛书"。(姚必强)

F000174　**乡镇工商企业审计**　严岩等著。河北大学出版社 1994 年 5 月版。34 万字。12.00 元。以改革后的行业会计制度、新的税收法规和新的审计法规为依据,全面、系统地探讨乡镇企业审计工作的实施要领和操作方式。在结构层次上,对审计过程应审些什么、为什么要审、如何得到审计结论等作了详细描述。(邹卫)

F000175　**股份公司全书**　蒋一苇主编。经济管理出版社 1994 年 5 月版。205 万字。90.00 元。共设 9 篇:第一篇公司,主要阐述公司概论、公司历史、公司形式、公司组织、公司资金、公司财务、公司监督与审计;第二篇跨国公司,主要阐述跨国公司概论、跨国公司在东道国的参与、跨国公司对外直接投资与技术转让;第三篇证券市场,主要阐述证券与证券市场概论、证券发行市场、证券流通市场、证券市场组织管理;第四篇国有资产管理,主要阐述国有资产管理理论与实务;第五篇企业集团,主要阐述企业集团基本知识、企业集团的组建、股份制与企业集团、企业集团的规模与法律地位、企业集团的内外部关系、企业集团与市场结构;第六篇股份有限公司的文件起草与写作,主要介绍股份有限公司筹备期间的文件起草与写作、股份公司运营期间的文件起草与写作、股份有限公司股票上市前的文件起草与写作;第七篇其他相关问题,主要阐述董事的权利、责任与义务,母子公司关系;第八篇国外公司简介;第九篇政策与法规,主要有企业集团的法规与政策,股份公司的法规与政策等。最后附有中国企业集团要览,证券交易所与证券公司要览。是一部涵盖有关公司与企业集团的基本理论、实务、政策法规的大型工具书。(苏全义)

F000176　**中级财务会计**　娄尔行等主编。上海三联书店 1994 年 5 月版。60 万字。17.80 元。根据我国最新颁布的"会计学教学大纲"和"企业会计准则"而编写的会计学教材。共 22 章。介绍财务会计的基本理论和基本方法。其主要内容有:确认、计量、报告各种经济业务对资产、负债、所有者权益、营业收入、费用、利润等会计要素影响的原理和方法,详细论述各种财务报告的作用、内容、编制方法以及相互关系,并讲授财务报告的分析技巧和方法。配有大量实用的练习题、思考题以及案例。(阿培)

F000177　**中国公司大辞典**　曹青阳等编著。四川辞书出版社 1994 年 5 月版。210 万字。95.00 元。介绍公司及公司化的企业由申请创立到合并、分立、终止、清算全过程所必备的知识。收词条 6 000 余条,提供公司化企业的财务、劳动人事、生产、供销、后勤等各个方面的管理知识。具体内容包括:公司概述;公司的设立;公司的内部管理系统和日常管理;公司的金融和保险业务;公司的财务和会计业务;公司的法律和律师事务;市场经济的理论与实务;国家经济行政管理;各行业公司、部门公司基础知识;中外公司发展史;公司的终止;中国公司、企业概览。附录有:公司常用的协议、章程、规划、报告等文件范例;国际长途直拨电话代号;世界主要城市时间对照表;计量单位及换算表;对外经贸常用英汉词汇对照表;中国现行的主要公司组织法规。(黄勤)

F000178　**企业财务会计**　庄瑞澄主编。天津大学出版社 1994 年 5 月版。51.5 万字。15.80 元。为适应我国 1993 年间实行的财务会计的战略性改革和 1994 年实行的税制和外汇管理体制的重大改革而编写。总论部分叙述企业财务会计的涵义及基本要素、职能、目标、原则和企业会计工作的组织等内容;分章概述了现金及其他形式货币、应收及预付款项、存货、固定资产及其建造工程、无形资产、递延及其它资产、短期投资和长期投资、流动负债、长期负债、营业收入、费用和利润、资本和公积金、财务报表、财务报表分析等内容。力求规范性、实践性与科学性、理论性相结合,国际惯例与我国实际相结合。(陈家修)

F000179　**会计研究方法论**　周忠惠著。西南财经大学出版社 1994 年 5 月版。18.2 万字。5.00 元。从我国会计理论面临的挑战出发,通过分析评价当代西方会计实证——经验研究方法，对我国会计理论研究的新方法进行探讨、提出了规范——实践研究方法的基本框架。通过对会计研究方法的哲学反思，提出会计研究坚持马克思主义科学发展观的思想。共5章。主要观点有：(1)会计研究方法论是会计理论发展和演进的重要基础和必要的评价尺度；(2)我国会计研究比较善于从意识形态的层次和政治经济学的范畴演绎出会计的规范性概念，难以满足新形势下会计理论研究的需要；(3)西方实证——经验研究方法，是建立在经验的基础上，以决定论的思维模式规范会计研究，遵循由经验向理论推演的逻辑——实证过程，因此在会计目的确认和理论的评价上具有方法论意义，但这种方法忽视了理性思维的力量；(4)规范——实践研究方法是对我国传统会计研究方法和西方实证——经验研究方法再创造的结果，有助于发挥会计理论的功能；(5)会计理论是以相对稳定和显著变化两个阶段交替发展的，这种发展需要吸收科学哲学的合理内核和其他理论并不断创新。

F000180　**四大体制改革与建立现代企业制度**　副名：全国企业管理干部培训专题教材。国家经贸委培训司编。中国经济出版社 1994 年 5 月版。26 万字。10.00 元。论述我国的财税、金融、外贸、投资四大体制改革和建立现代企业制度的意义、目标、主要内容、特点，与企业的关系及影响等。(李晓岚)

F000181　**当代企业家888经营致胜韬略(第一卷)**　张维胜编著。中国经济出版社 1994 年 5 月版。50 万字。25.00 元。运用我国古代《孙子兵法》、《三十六计》等军事谋略，对厂长经理企业决策、管理、生产、开发、营销和发展的谋略进行探讨，融军事战争、企业竞争、哲学理论、社会科学知识和自然科学知识为一体，介绍古今中外的实例，分析和论证企业家经营致胜的良策。(刘一玲)

F000182　**地产价格评估**　国家土地管理局科技宣教司编。中国农业出版社 1994 年 5 月版。21 万字。6.80 元。系统阐述我国城镇土地估价的理论与方法。共分 12 章。第一、二章介绍地产估价的基础理论与基本知识；第三至七章介绍国际上通行的地产估价方法，包括收益还原法、市场比较法、剩余法、成本逼近法和贱线价估价法；第八至十一章介绍我国的地价体系与地价评估和地价管理政策，包括基准地价评估的程序、方法等；第十二章选编一部分土地估价实例。(毛志强)

F000183　**工商行政管理专业知识与实务(初、中级)**　国家工商行政管理局人事司、人事部人事考试中心编。工商出版社 1994 年 6 月版。41.3 万字。2 册。19.50 元。力求反映我国改革开放和社会主义市场经济的要求和内容。其中初级本着重介绍工商行政管理基本知识和基本职能，并按照工商行政管理系统内部分工分别进行阐述，包括：企业登记管理，个体、私营经济监督管理，市场监督管理，商标管理，广告管理，公平交易监督管理等。中级本侧重从社会主义市场经济与工商行政管理的关系入手，进行深入的探讨和论述，包括：工商行政管理目标，工商行政管理职能，工商行政管理体制，市场经营主体监督管理，市场体系的组织与管理，市场行为监督管理，商标的注册与保护，消费者权益保护，工商行政管理法规体系与法制建设，国外市场监督管理体制等。(李富明)

F000184　**土地与市场知识问答**　广西科学技术出版社 1994 年 6 月版。15 万字。4.90 元。系统地回答土地管理与使用方面的问题，涉及土地使用权如何进入市场流通领域的热点问题等。附录收入现行的土地法律法规。(马如海)

F000185　**企业办公室实用手册**　黄志宇主编。经济管理出版社 1994 年 6 月版。159.6 万字。65.00 元。共分 24 篇，即总论——工商企业办公室的历史起源、机构设置、工作特点、地位作用、工作职能、工作内容、工作原则及发展趋势；工业企业管理；商业企业管理；工商企业会计；工商企业统计；经济法；企业办公室主任工作；企业公共关系；会议组织与管理；文书处理工作；组织协调；印信管理；信访处理；值班接待；办公室自动化；缮印工作；调查研究；实用写作；企业档案室工作；企业情报室工作；企业图书馆(室)工作；外事工作；办公室实用技能等。是集知识性、政策性和可操作性为一体的实用大型工具书。(苏全义)

F000186　**企业社会学**　朱文光著。山东人民出版社 1994 年 6 月版。24 万字。8.50 元。系统研究企业社会学的理论著作，共 7 章 29 节。内容包括企业社会学的对象、性质、任务、研究方法、企业体制、企业组织、企业中的人际关系、企业家的社会角色、企业与其它社会因素的互动等。重点从社会学的角度，对企业运行过程中与社会诸多因素的相互联系、相互影响进行论述。(葛玉荣)

F000187　**企业管理的计算机化**　[德]奥古斯特·威廉·谢尔著，陈戎译。上海科学技术文献出版社 1994 年 6 月版。58 万字。22.00 元。译自德国著名企业管理信息学教授 August-Wilhelm Scheer 所著，由 Springer 出版社 1900 年出版的《Wirtschaftsinformatik-Informationssysteme in Industriebetried》一书。它以企业整体化数据处理为主导思想，系统论述怎样根据生产经营活动建立全企业数据模型。共分 3 篇。第一篇从企业的普通过程处理出发，对信息系统建模的概念作简明表述，并从功能、数据、组织以及流程控制四个视角介绍描述信息系统的方法；第二篇以工业企业中典型的生产经营活动为主线，叙述如何建立生产、技术采购、销售、人事、财会以及管理(办公自动化)等主要职能部门的数据模型，并论述各主要功能之间的数据关联，还讨论了相应的电子数据处理方式以及流程控制问题；所建立的各职能部门数据模型在第三篇中被整合成全企业数据模型，该篇在讨论建立模型的进行方式、规模以及项目组织等问题时，还详细介绍建立具体企业数据模型以及使用软件工具等方面的经验。(蔡平)

F000188 **会计学概论** 张为国主编。上海三联书店 1994 年 6 月版。70 万字。18.70 元。系国家财政部指定推荐的非会计学专业的公共课教材。根据我国最新颁布的《企业会计准则》和国际会计的准则编写。介绍会计学的基本原理、预测分析、成本核算，以及财务管理等方法和技能。附有大量习题和案例。(阿培)

F000189 **境外企业研究** 黄复真等著。天津人民出版社 1994 年 6 月版。25 万字。8.50 元。阐述发展境外企业是世界经济发展的必然趋势，发展境外企业的意义和作用，以及我国境外企业的现状和展望。论述了我国境外企业的宏观和微观管理问题，包括对境外企业的管理体制研究，对境外企业的投资政策、产业政策、金融政策和税收政策的研究，对境外企业外汇管理问题的研究，还包括对兴办境外企业首先要解决的可行性研究问题，资金筹集和财务改革问题，合同和章程签订问题，经营机制和营销战略问题，信息、公共关系、人事管理和人事制度等问题。还介绍美国、西欧、日本的跨国公司和亚洲“四小龙”的境外企业情况。(张素梅)

F000190 **现代企业制度理论与实践** 陈清泰主编。中国国际广播出版社 1994 年 6 月版。30.2 万字。15.00 元。对建立现代企业制度的理论问题与实践问题，以及与其密切相关的政策、法律及法规问题进行阐述，分理论篇、运作篇、立法篇。其宗旨是为深化企业改革，建立现代企业制度提供一种系统的理论指导、政策措施和法律依据。作者认为，现代企业制度有着丰富的内涵，每个企业都要按照这些内涵不断深化企业改革。国有企业的改革是一个前无古人极其深刻的历史过程。现代企业制度的建立将为社会主义市场经济创造微观基础，实现公有制与市场经济的有效结合。这是中国共产党在建立社会主义市场经济过程中的一项伟大创举。当国有企业稳步地建立起现代企业制度之时，就是社会主义市场经济走向成熟之日。(何宗思)

F000191 **企业体制改革与企业管理** 孙效良主编。中国经济出版社 1994 年 6 月版。20.2 万字。6.50 元。分上、下篇两部分。上篇为企业改革，论述企业改革的历史轨迹、企业和政府关系的改革、企业和职工关系的改革、企业所有制结构调整与改革、企业组织结构调整与改革、企业产权制度的改革、企业改革的前景展望。下篇为企业管理，论述企业管理的基本理论、企业现代化管理的基本方法、企业现代化管理的基本手段、我国企业管理的现状及展望。收入“宣传·教育·行政·管理干部经济知识系列教材”。(栾建民)

F000192 **市场经济体制宏观调控的国际比较** 林兆木等著。中国经济出版社 1994 年 6 月版。24.8万字。12.00 元。在理论与实践相结合的基础上，全面阐述现代市场经济的宏观调控问题，重点分析三种不同市场经济类型国家的政府宏观调控体系和政策及其对我国宏观调控的启示和借鉴作用。共分 6 个部分：一、当代宏观经济理论的形成与发展；二、市场经济宏观调控的形式与特点；三、发达型市场经济的宏观调控；四、发展型市场经济的宏观调控；五、转轨型市场经济的宏观调控；六、我国社会主义市场经济的宏观调控体制。(苏耀彬)

F000193 **现代企业制度与企业公司化** 武永靖著。中国矿业大学出版社 1994 年 6 月版。26.5 万字。8.80 元。全面阐述现代企业制度的内容、表现形态及我国现阶段推行现代企业制度的一系列影响，并以企业公司化为研究重点，探讨公司类型、特点及组建方式，提出我国各类企业向公司制转化的方法及途径。论述了市场主体、现行企业出路的选择、微观规制、建立现代企业制度的基础与前提、企业公司化的途径及资产重组等。还分析了国有企业面临改革的难点，实施现代企业制度的必然性，以及改革中可能存在的问题。(周主钢)

F000194 **数理簿记与电脑簿记** 李兴让著。中国铁道出版社 1994 年 6 月版。13.7 万字。5.95

元。对古今中外各种单式、复式、半复式和三式簿记等做了广泛深入和开拓性探讨。揭示的"复式三定律",为创立一门新的边缘学科——数理簿记学奠定基础。其主要内容包括:无机财富与有机财富;有生命的财富;企业的所有权与经营权;复式簿记的记账中心;会计账户和账户模型图;账项的资金流向和流向值;账项的基本类型;经营资金循环的基本环节——业务交易和会计分录;复式簿记第一定律——会计分录的对应平衡定律和"会计方程式";账项方向或效果——"借"和"贷";账户体系、记账规则、记账符号及各式簿记的分录种类;复式簿记第二定律——账户性位、资金流向和账项效果之间的关系及其表达式;复式簿记第三定律——会计分录的负号守奇定律;资金流向法的资金流量公式;簿记数轴和簿记坐标图;运动与平衡;会计方法与统计方法的判别标准和复式记账法的定义;复式记账法的特征实质及其与单式记账法的对比;关于收付记账法;对几种主要复式记账法的评价及几类设想等。(于淑荣)

F000195 **企业科普概论** 韩忠等著。黑龙江科学技术出版社 1994 年 7 月版。14 万字。6.60 元。从历史发展的角度和我国企业的现实需要出发,以建设有中国特色的社会主义理论和中国科协"四大"精神为指导,从理论到实践对我国企业特别是厂矿企业的科普作了论述。共分 10 章:企业科普的界说和分类;企业科普的产生和发展;企业科普的本质和特征;企业科普的地位和作用;企业科普的任务和原则;企业科普的内容和形式;企业科普的对象和层次;企业科普的领导和管理;企业科普效果的机制和评价;企业科普的改革和发展。总结了我国企业科普工作的经验;分析了企业科普在改革大潮中遇到的问题和挑战。从理论的高度肯定企业科普在企业两个文明建设中的地位和作用,有利于在企业中加速智力开发、推动科技进步和提高经济效益。(刘秉谦)

F000196 **现代企业制度** 高尚全主编。湖北人民出版社 1994 年 7 月版。28.2 万字。7.70 元。共分 5 部分:代序、导论篇、制度篇、改革篇、比较篇。导论篇包括 2 章:一、传统企业制度的回顾;二、现代企业制度的概说。制度篇包括 4 章;一、企业与企业形态;二、产权与产权制度;三、公司及其运行机制;四、企业家与现代企业制度。改革篇包括 4 章:一、国有企业与政府的关系;二、现代企业制度与国有资产管理;三、宏观经济调控与现代企业制度;四、建立与现代企业制度相适应的社会保障制度。比较篇包括 2 章:一、国外的企业组织形式和公司管理模式比较;二、从发达国家国有企业改革中得到的启发。(曾凡国)

F000197 **工商企业经营管理** 彭好荣主编。经济管理出版社 1994 年 7 月版。24.6 万字。12.00 元。系统阐述在社会主义市场经济条件下工商企业经营管理原理,重点讲解工商企业经营环境分析;企业经营战略及其选择;市场信息与市场预测;企业经营决策;产品策略与商品购存策略;市场经营策略;国际市场开发策略;企业发展与投资策略;经营活动诊断与分析等。(苏全义)

F000198 **企业哲学** 张伍峰、朱德厚著。陕西人民出版社 1994 年 7 月版。20 万字。7.60 元。以马克思主义哲学基本原理为指导,以国有大中型企业为对象,揭示企业的一般规律、共同本质和运行机制,为企业领导者、工作者的实践行为提供一种科学的企业观和方法论。分析了企业与哲学的关系、企业的构成与本质、企业的基本矛盾与运行机制、企业生产与科学技术、企业与市场、企业与人、企业与文化、企业与领导决策、企业领导与现代化管理方法论等方面的课题;并强调主体在企业发展中的作用,从企业领导、管理人员、科技人员、营销人员和企业职工等不同层次,论述提高企业主体素质的重要性及其途径和方法。(李丽菊)

F000199 **中国房地产经营管理大全** 王占祥等编。西南财经大学出版社 1994 年 7 月版。138 万字。60.00 元。共有 10 篇。房地产业是我国的新兴产业。它涉及投资(金融)、生产、消费和流通等各个领域,几乎与全社会各行各业、各单位、各企业、每个家庭息息相关。该书介绍了有关房地产的转让、买卖、购房建设资金的筹措、住房信贷的办理、房地产价格的评估、房地产投资决策与操作、房地产市场交易程序、房地产纠纷的处理、房地产管理法规、房地产经营机构等方面的知识。

F000200 **中国企业文化概论** 郝明道等著。中国经济出版社 1994 年 7 月版。18 万字。12.00 元。论述有中国特色的企业文化建设的理论与实践问题。作者认为,企业文化建设必须坚持社会主义的正确方向,反对僵化和保守,不断更新观念,吸取新经验;必须重视包括价值观、企业精神、道德规范、心理状态、厂风厂貌、规章制度等内容的企业文化形式和价值体系的塑造。(杨岗)

F000201 **投资项目评估** 秦富、乔光华主编。中国农业出版社 1994 年 7 月版。16.9 万字。10.00 元。内容包括:投资项目评估概论、项目周期、项目市场分析、项目建设条件评估、项目技术评估、投资估算与资金筹措、项目财务数据测算、项目财务评价、项目国民经济评价、项目不确定性分析与项目比较、改扩建项目与中外合资项目评估、项目总评估及评估报告设计等12章。(柯斌)

F000202 **现代人力资源管理** 余凯成等编著。东北大学出版社1994年8月版。23万字。7.50元。系统阐述现代人力资源管理的基本理论和基本知识。共9章。第一章人力资源管理概述,介绍人力资源管理的职能及执行者、政策及演进趋势。第二章职务分析,介绍职务分析的基本概念及述语、用途与内容、方法、程序和执行者等。第三章人力资源规划,介绍人力资源规划的意义和作用、制定的程序与过程,人力资源的预测,人力资源规划信息系统,人力资源的供应来源等。第四章职工招募与选拔,介绍招募与选拔的方法与计划的制定、选拔的过程、录用选拔中的效度与信度问题。第五章管理干部的评估,介绍评估的有关理论、心理测量和工作情景模拟测试等。第六章绩效考评与控制,介绍考评的方法和实施过程等。第七章企业人力资源的开发。第八章奖酬管理。第九章职工纪律与惩戒。可作高校管理专业教材。(刘振军)

F000203 **赚钱的点子——畅销商品开发创意实例精选** 邱绍雄编著。广东人民出版社1994年8月版。18万字。6.90元。着重介绍"用智慧赚钱"的精神和魅力,书中的每个实例都是生动的有关赚钱的故事。例如有人在方糖纸上开了一个小孔,可以防止方糖回潮溶化,这项不起眼的专利竟被一家公司以100万美元的高价买走……出点子的人动动脑筋就得到了高额报酬。这些实例能够启发人们的创造性思维。收入"现代经商与理财系列丛书"。(翁少敏)

F000204 **股东与股份公司理财** 曾凯生编著。广东人民出版社1994年8月版。16万字。6.60元。反映股份公司投资、融资与盈利的著作。内容涉及:个人投资者对投资股份公司股票的选择决策、股份公司经营业绩评价、投资与投资风险评定、股份公司融资、股份公司盈利分配办法等内容。收入"现代经商与理财系列丛书"。(翁少敏)

F000205 **海外企业管理方略丛书** 周开年等著。湖北人民出版社1994年8月版。161.2万字。69.90元。共8本:《企业的法律环境》、《成功营销书》、《财富黑洞》、《政府与企业:角色如何安排》、《经营金言嘉行录》、《卓越的管理》、《我是企业家》、《飘向海外》。结合中国企业的实际需要,系统地介绍国外成功的企业管理方略、经验和理论,实用性强。既介绍企业管理的技巧,又论述企业经营的法律环境、政府应当如何管理企业等内容。(陈冬新)

F000206 **股份制与现代市场经济** 厉以宁著。江苏人民出版社1994年8月版。36万字。20.00元。研究股份制问题的学术专著。作者认为,我国现代市场经济体制的核心问题是产权制度的重新构造与市场主体行为的规范。在分析当前中国经济形势和经济改革总的走向时,特别强调要先从理论上对计划经济体制给中国经济发展所造成的障碍进行拨乱反正。(王田)

F000207 **公司制与现代企业制度** 副名:理论、操作、实例。赵景华主编。南海出版公司1994年8月版。40万字。12.80元。针对我国深化企业改革、建立现代企业制度的需要,重点介绍法人地位、产权关系、组织形式、管理体制和政企关系。介绍现代企业制度的概念、我国企业制度的改革现状,以及如何建立现代企业制度,股份有限公司的设立、基本要素、领导制度、组织结构的设计与优化、会计制度、以及股份有限公司的重整、合并、分立、解散与清算。介绍有限责任公司的组织与管理、股份合作制企业的组织与管理、股份制与企业集团等。对每个问题的阐述,采取从理论——操作——实例的方式进行。(原式溶)

F000208 **跨世纪的难题——中国农业劳动力转移** 韩俊著。山西经济出版社1994年8月版。25.7万字。13.80元。系统介绍国外劳动力转移的各种理论,对若干个典型国家和地区农业劳动力转移进行系统比较研究,对新中国成立以来农业劳动力转移的阶段性演变和特点作系统描述和分析。紧紧抓住农户兼业化、农村工业化和农村人口城市化这三个核心问题,刻画出中国农业劳动力转移的道路,并对20世纪末我国农业劳动力转移前景进行了预测。农业劳动力转移理论是发展经济学理论的重要组成部分,本书揭示了中国农业劳动力转移规律,为发展经济学注入新内容。(赵建廷)

F000209 **审计理论结构研究** 蔡春著。西南财经大学出版社1994年8月版。19万字。7.00元。共7章。在博士论文基础上完成的审计理论著作。作者认为,审计理论作为一个系统必有其内在结构,研究与发展审计理论应当首先揭示这种结构。并提出了以"审计本质论"、"审计假设论"、"审计目标论"、"审计信息论"和"审计控制论"这样六个要素组成的审计理论结构模式。

F000210 **投资项目概预算** 韩双林等著。西南财经大学出版社1994年8月版。34万字。13.20元。共分5篇15章。投资项目概预算是研究投资项目工程造价的确定方法及其管理制度的一门科学。本书从理论上阐明投资项目概预算制度的构成和变动规律,总结和研究工程造价的确定方法和管理经验,为合理确定投资项目工程造价,搞好概预算管理提供理论依据。论述在建设领域建立投资项目概预算制度、编制概预算文件、正确确定基本建设产品和建筑安装产品的价格,对搞好基本建设管理有重要意义;掌握编制概预算基础资料和编审概预算文件的理论和方法,能提高分析和解决概预算工作问题的能力。适合金融类专业本科学生使用。

F000211 **现代企业财务预测** 王庆成等著。西南财经大学出版社1994年8月版。22.6万字。8.50元。共分8章,有6个附录。从财务管理的特点出发,分析财务预测的基本要素,探讨财务预测的原则和方法;在全书结构上,以企业资金运动的内容为基本框架,分别阐述筹资预测、投资预测、成本预测、销售收入预测和利润预测,而以财务状况预测为其总论。此外,对预测误差的分析和提高预测质量的途径也作了介绍。充分吸收西方企业行之有效的财务预测方法,认真总结了我国企业开展财务预测的实践经验,并充分考虑了我国的现实条件,对某些预测模型则作深入浅出的解说。

F000212 **经济应用数学学习指导** 曹进德主编。云南大学出版社1994年8月版。20.5万字。9.80元。主要内容包括:一元函数微积分,多元函数微积分和微分,差分方程等。列出各章的基本要求和内容提要;为迅速提高读者计算能力及分析问题、解决问题的能力,通过一些典型例题进行综合讲解和分析,对各章的重点、难点和基本方法和技巧进行系统的总结和归纳。各章末设置了基本练习题,供读者自我查用。(李继毛)

F000213 **国有企业财产监督管理条例学习辅导教材** 国家经贸委企业司、培训司编。中国经济出版社1994年8月版。13万字。5.00元。共9章,从两个方面阐述学习《管理条例》的体会。第一方面,说明制定《监督管理条例》的过程、意义、体现的指导思想,阐述《监督管理条例》的重要性和原则;第二方面,讲解条例本身的内容,即:加强国有企业财产监督管理的原则、分级管理、分工监督、监事会、企业法人财产权、法律责任等。(李晓岚)

F000214 **流域管理信息系统** 王礼先等著。中国林业出版社1994年8月版。10.2万字。8.50元。根据信息系统的理论,对流域管理信息系统开发的可行性、必要性进行分析。流域管理信息系统由属性数据管理子系统、图形数据管理子系统、数字地形模型子系统、一般分析模型子系统和应用模型子系统构成,各子系统有机地结合为一个完整的系统。属性数据管理子系统具有对属性数据进行输入、存贮、检索、统计的功能;图形数据管理子系统具有对图形进行输入、存贮、查询、显示、输出及数据格式转换的功能;数字地形模型子系统具有三维显示及计算坡度、坡向和阴影的功能;应用模型开发了计算土壤侵蚀量、进行土地资源评价、土地利用规划、荒漠分类和山洪、泥石流危险区绘制辅助模型。本系统提供一个对流域内的各种资源与信息进行输入、存贮、处理、分析、评价及辅助决策的工具,它的开发对于我国流域综合治理向科学化、模型化和决策化方向发展提供了理论基础。(牛玉莲)

F000215 **公司经济学** 毛蕴诗、王三银著。中山大学出版社1994年8月版。33万字。12.80元。吸取现代决策科学中的分析技术与方法,将其与经济管理理论相结合,系统阐述我国企业经营管理的理论,并联系实际分析企业经营管理的环境与目标;列举大量的企业经营管理经验,其中包括"金利来"等企业的成功管理模式进行比较分析。(蔡浩然)

F000216 **电算化会计基础教程** 广州市财政局本书编写组。中山大学出版社1994年8月版。28.8万字。15.00元。电算化会计操作员培训教材。简要介绍国内外电算化会计的发展状况和趋势,讲解计算机最基本最常用的使用知识,阐述DOS操作系统的基础内容,介绍中文文字处理软件WPS和中文字表处理软件CCED的实际应用,重点阐述电算化会计系统的基本结构及其安全维护。(谭广洪)

F000217 **成本会计学** 金永利等主编。东北大学出版社1994年9月版。36万字。13.00元。共5篇17章。第一篇成本会计总论,介绍成本会计的意义和任务、成本与成本核算。第二篇生产费用核算,介绍工资费用的核算、材料费用的核算、折旧费用的核算、跨期费用与期间费用的核算和部门共同费用的核算等。第三篇实际成本计算,介绍工业企业成本计算、运输企业成本计算、施工企业成本计算、农业企业成本计算、商品流通企业成本计算和旅游、饮食、服务业的成本计算等。第四篇成本报表与成本分析,介绍成本报表和成本分析。第五篇成本计算方

法专论,介绍变动成本计算和标准成本计算等。(刘振军)

F000218 **企业新财会制度与信贷分析技巧** 谭运财编著。广西人民出版社1994年9月版。18万字。5.80元。主要内容有:企业财会制度改革的主要内容,分析企业新财务报表的一般方法,长、短期贷款;信托投资需分析的主要财务指标,新财会制度运用中的一些政策问题,新会计制度下的会计模型等。书末附有银行信贷工作常用的企业新财务制度。(邓耘)

F000219 **现代企业制度和产权制度改革** 饶栋贤等主编。广西人民出版社1994年9月版。10.3万字。4.20元。结合广西的具体情况以及深化改革的实际,从建立现代企业制度,推进产权制度改革,实行股份制等方面,深入浅出地介绍社会主义市场经济的基本理论和知识。收入"社会主义市场经济知识丛书"。(邓耘)

F000220 **区域系统模型及其应用** 秦耀辰编著。河南大学出版社1994年9月版。39万字。7.90元。系统论述区域系统模拟的基本理论、方法、技术和应用问题。主要内容包括:人地相互作用潜力理论,区域开发模型体系方法,区域开发信息系统技术以及区域系统的部门结构模型、空间结构模型、潜力模型、动力学模型、规划模型、决策模型等。在区域开发理论模型与操作模型,区域开发模型体系,持续发展潜力模型和动力模型等方面提出新见解。可作为地理学、资源学、经济数学、系统工程和信息系统等专业的高年级本科生和研究生的教学用书,也可供从事资源开发、国土管理、区域持续发展规划和信息系统设计的人员参考。(董庆超)

F000221 **国情研究第3号报告:城市与乡村** 副名:中国城乡矛盾与协调发展研究。中国科学院国情分析研究小组编。科学出版社1994年9月版。21.6万字。14.90元。主要分析我国城乡矛盾运动特征和发展规律,探讨城乡发展的途径和对策。内容包括:我国城乡矛盾及其特征、工业化过程与城乡关系演变、城乡关系不协调的原因、城乡关系发展趋势与总体战略、根本出路在于加速城市化进程、城乡互助加速农村工业化和农业现代化、关于深化城乡体制改革的建议等。(王伟济)

F000222 **个人电脑与电算化财务应用** 王慧苓等著。科学普及出版社1994年9月版。15.1万字。6.00元。系"个人电脑实用丛书"之七。介绍财会人员利用个人电脑进行财务电算化管理的各方面知识,包括计算机的基本知识、操作方法、录入技术;财务软件的设计方法;财务系统的安装、初始设置、期初数据处理、日常账务管理及报表打印等内容。书中附有会计账务模拟题,可供读者上机实习使用。(赵兰慧)

F000223 **中国特色现代企业制度的培育与运作** 石军著。山东人民出版社1994年9月版。27万字。12.00元。对在建立现代企业制度试点过程中遇到的问题进行探索。在回顾我国企业制度改革取得的巨大成就的基础上,作了三点概括:(1)认识到高度集中的计划经济体制必须改革是思想观念上的重大飞跃,仅在计划经济体制的框架内进行"分权"式改革,不能根治计划经济的弊病;(2)确定企业改革是经济体制改革的中心环节是正确的,仅在放权让利上做文章,不能克服传统企业制度固有的弊端;(3)确定转换企业经营机制为企业改革的目标是可行的,要真正转换企业经营机制,就必须理顺产权关系。作者认为,我国的现代企业制度是与社会化大生产联系在一起的,这同西方的现代企业制度具有共同性。我国的现代企业制度是以生产资料公有制为主体和以按劳分配为主体的,这同西方的现代企业制度有着本质的区别。根据党和国家的政策法规以及当前在实践中涌现出的新经验,论述了六个方面的对策和方法:正确处理改革、发展、稳定的关系;围绕建立现代企业制度,树立正确的思想观念;精心组织现代企业制度的试点;培养和选就一支宏大的企业家队伍;努力减轻企业负担;同步推进市场体系、宏观调控体系、社会保障体系、市场经济法律体系的建设。(李旭茂)

F000224 **市场经济与劳动制度改革** 段兴民等著。陕西人民出版社1994年9月版。49万字。14.30元。关于劳动经济理论和劳动制度改革研究的论文集。其内容分为8篇。第一篇论述劳动计划体制改革、劳动人事制度改革、市场经济与职工当家作主、劳动经济学建设等劳动经济和制度改革方面的基本理论;第二篇劳动力市场与就业部分,主要研究市场经济条件下劳动力市场资源配置问题,其中《关于劳动力市场问题研究报告》一文,对如何建立中国有计划劳动力市场在理论和模式上作了详细论证;第三篇即工资分配篇,探讨社会分配不公、分配中应处理好的几个基本关系及工资分配的不同形式等;第四、五篇从社会和企业两个角度,探讨劳动用工管理的理论和实践问题;第六篇探讨市场经济条件下的社会保障和劳动安全。第七篇主要研究新形势下劳动服务企业的功能、现状和发展。第八篇包括劳动立法和劳动仲裁部分，其中关于“残疾人劳动立法”和试行劳动争议仲裁两篇文章，对完善我国的劳动立法和提高劳动仲裁的合理性、准确性有重要参考意义。（马来）

F000225 **现代城市管理** 王毅捷主编。上海交通大学出版社 1994 年 9 月版。24.7 万字。13.50 元。系“金马城市研究文库”之一。分为社会篇与经济篇。概述现代城市管理中有关社会、经济的诸多热点问题，如旧城区的改造、新城区的发展、新闻媒体的开发与利用、企业的现代化管理与股份制、中国贸易如何直接打入欧美市场、城市社会的就业与分配、医疗保健与环境保护等。（戴晓荣）

F000226 **会计电算化** 庄明来、傅元略著。天津大学出版社 1994 年 9 月版。42.1 万字。14.60 元。概述会计电算化的概念、意义与任务、电算化会计信息系统的基本特点、会计电算化的发展进程和管理，介绍会计电算化系统分析和设计的一般方法，账务处理子系统的数据输入、数据处理、数据输出，材料核算、工资核算、固定资产核算、成本核算、销售和利润核算、往来款核算与管理、会计报表等子系统，会计电算化的内部控制，计算机审计等内容。5 个附录收有总账明细库文件内容，会计电算化管理办法，商品化会计核算软件评审规则，会计核算软件基本功能规范和汉字 FOXBASE 命令、函数一览表。（陈家修）

F000227 **企业改革与股份制（二）** 马宾著。中国国际广播出版社 1994 年 9 月版。16.7 万字。9.20元。《企业改革与股份制》的续集。收文章 44 篇，分二部分研究如何建立适合我国国情的现代企业制度，如何对待股份制等。现实行的是规范化的股份制。规范化的股份制是 1984 年世界银行首先介绍，从非社会主义国家引入的。它的本质特征是为适应生产资料的私人占有与社会化大生产矛盾而实行的；一方面保持股东的私有，另一方面便于社会化大生产集资；一方面不能抽股保证资金长期稳定，另一方面有股票市场可灵活转让；一方面股东有选举权，另一方面持股多者选票多，有利于资本控股垄断。（何宗思）

F000228 **岗位规范** 中国船舶总公司沪东造船厂编。百家出版社 1994 年 10 月版。68 万字。35.00元。阐明岗位任务职责的手册性读物。分“管理和技术岗位篇”及“生产、辅助、后勤岗位篇”两部分。书后附有“通用岗位职责”。岗位规范的主要内容为基本任务、主要职责、上岗条件三部分。其中基本任务是指岗位所承担的基本工作或生产任务；主要职责是指为确保该岗位基本工作或生产任务的完成，所应当履行的岗位责任或必须做好的具体工作；上岗条件是指上岗人员为履行该岗位职责所应具备的资历、知识、能力、体能等方面的条件。是企业建立和完善内部主要岗位职责规范和培训、考核制度，开展岗位劳动评价、测评岗位等级的依据。（柏嘉）

F000229 **无形资产评估方法** 吴贵生等著。广州出版社 1994 年 10 月版。20 万字。13.80 元。论述无形资产评估理论和实务的专著。简述无形资产的基本理论和基本概念，深入分析专利、专有技术、版权、计算机软件、商标等具体评估及企业无形资产整体评估和商誉评估。并结合中国实际提出新的评估方法。论述无形资产在经济生产领域中的巨大价值，以及推动我国国有资产评估与国际企业评估惯例接轨的重要意义。（王家声）

F000230 **企业生产组织的均衡性与弹性** 李必强著。华中理工大学出版社 1994 年 10 月版。12 万字。3.50 元。探讨现代生产管理科学理论的专著，包括均衡生产理论和生产系统弹性理论两大部分。共 9 章：企业生产组织的均衡性原理；企业生产均衡性的评价与考核；企业均衡生产的影响因素及其分析方法；企业均衡生产工作质量保证体系；企业均衡生产的预警系统；企业生产组织的弹性原理；弹性生产组织；弹性计划方法；生产缓冲。其中生产组织的均衡性原理和弹性原理、均衡生产的预警系统、生产缓冲的经济性分析方法等是在国内外首次提出。均衡生产的相对性原理和时空相关原理、生产弹性的经济性原理，是现代系统理论在企业生产组织中的拓展和创新应用，提高了企业生产管理学的理论水平。（李必强）

F000231 **技术监督管理全书** 任永俭等主编。机械工业出版社 1994 年 10 月版。191 万字。95.00元。以技术监督为体系，内容包括标准化管理、计量管理、质量管理与质量监督等方面的理论的实践。全书内容广泛完整，有基础知识、管理工作、技术监督法制、国际技术监督等。（贡克勤）

F000232 **国际工程投标报价方法与参数** 王贵新编著。科学技术文献出版社 1994 年 10 月版。177.5 万字。138.00 元。论述国际工程报价原则、方法及各项费用计算。内容共分 6 篇：第一篇国际工程投标报价；第二篇国际工程快速报价；第三篇国际工程费用控制和管理；第四篇国际工程投标报价有关参数;第五篇国际工程管理惯例;第六篇中国关于国际工程承包劳务的有关文件规定。详尽提供国际工程报价所需的各项参数和费率,并通过实际范例的介绍,使读者全面系统地掌握报价的基本程序、计算方法,以及各项参数和费率选定原则。(吴秀珍)

F000233 **管理会计研究** 李天民著。立信会计出版社 1994 年 10 月版。21.9 万字。20.00 元(精);11.50 元(平)。管理会计学科教材。主要内容包括:西方管理会计近年来的新动向与我们的对策;管理会计基本理论问题的研究;管理会计理论基础的研究;管理会计基本内容的研究;基本财务报表信息在管理会计中利用的研究;现金流量表的编制和分析的研究;预测分析的深层次研究;跨世纪的管理会计研究专题等。(张立年)

F000234 **房地产开发与新型建材商品房** 秦华虎主编。中国建材工业出版社 1994 年 10 月版。52.5 万字。25.00 元。全面、系统地论述和介绍房地产综合开发、房地产开发的前期工作、房地产经营与管理及涉外房地产开发经营的必备知识和相关内容。从大力推广和应用新型建材、贯彻国家关于墙体材料改革和建筑节能的需要出发,详尽论述和介绍新型建材商品房的建筑体系、开发新型建材商品房的意义、作用、基本条件和方法。书中附录我国房地产产业的政策和法规、有关框架轻型住宅设计与施工的若干技术规定等实用资料。(赵从旭)

F000235 **公司收购战略** 副名:产权交易最高形式的操作。孙黎等编著。中国经济出版社 1994 年 10 月版。39 万字。18.00 元。以现代企业制度为基础,探索一条具备中国特色的收购之路。讲述收购的渊源与历史、效应、意义、理论等;研究了收购的战略规划,并进行了目标企业分析、收购价格分析、收购技术、收购后的整合发展、反收购的策略等。还介绍了股民在收购中的战术、收购的相关法律问题、控股与股权投资、跨国收购等相关问题。(邵岩)

F000236 **港台企业家经营管理文化** 郑学益主编。北京出版社 1994 年 11 月版。32.6 万字。16.50元。选择香港、台湾地区的 13 位华人企业家:包玉刚、陈玉书、郭鹤年、永安公司的郭氏二兄弟(郭乐、郭泉)、蒋震、李嘉诚、王永庆、吴火狮、吴舜文、曾宪梓、张国安、张敏钰、庄永竞为研究对象。从经济与文化互动的角度,来研究这些卓有成效的企业家的经营管理思想,探讨他们成功的奥秘。分析了他们的共同特点:即受中华民族的传统文化的影响,在商战及经营管理经验中都饱含着中华民族的精神、气质和智慧。他们提出:“精益求精,科技为本,人和为贵”;“顾客至上,品质第一,诚信为本”;“审时度势,筹谋方略,诚待天下事”;“天时、地利还在人谋”;“知勇仁强塑造企业形象”,都具有民族的个性与特色。他们把商场作战场运用古代兵书中的韬略、战术而获得成功。(何画舫)

F000237 **中国厂长经理手册** 沙叶等主编。东北大学出版社 1994 年 11 月版。224.6 万字。99.00元。由 18 篇组成,篇目如下:总论篇、组织篇、领导篇、人力资源管理篇、战略篇、决策篇、管理信息系统篇、有效的管理方法篇、工业工程及管理技法篇、市场营销篇、生产管理篇、财务管理篇、国际经济技术合作篇,企业经营诊断篇、事务管理篇、公共关系篇,企业文化篇。(李毓兴)

F000238 **农村剩余劳动力研究** 牛银虎著。山西人民出版社 1994 年 11 月版。14 万字。7.50 元。重点研究农村非农产业发展,小城镇建设,农村剩余劳动力以及与之密切相关的农村社会保障制度的改革、农村流动人口管理等问题。认真分析研究了山西农村剩余劳动力转移的历史、现状及其发展趋势,从不同角度探索农村剩余劳动力转移的有效途径,为领导决策提供参考资料。(牛银虎)

F000239 **企业成功荟萃** 马江生等编著。陕西人民出版社 1994 年 11 月版。145 万字。52.00 元。为《企业成功辞林》姊妹篇。以马克思主义为指导,从坚持社会主义公有制为主体出发,大力发展社会主义国有经济,在认真总结我国现代企业管理经验的同时,有分析、有选择地总结和借鉴我国古代经济管理和工商业经营的历史经验,借鉴国外企业的管理经验。共 13 篇:思想荟萃、文化荟萃、科技荟萃、管理荟萃、经营荟萃、改革荟萃、开放荟萃、诀窍荟萃、精英荟萃、明星荟萃、趋势荟萃、锦言荟萃、宝典荟萃。纵贯古今、兼通中外,为我国企业经营管理人员拓宽知识、走向成功提范例。介绍我国大中型先进企业的经营管理的经验,以及优秀企业家的先进事迹。(常平阳)

F000240 **现代企业创新论** 副名:中国企业制度创新研究。常修泽著。天津人民出版社 1994 年 11 月版。37 万字。13.00 元。提出以产权重组来实现企业制度创新,以产权转让实现部分国有企业的非国有化,通过“财产关系大裂变”形成新的产权基础,将国有企业改革从“政策调整”阶段推向“制度创新”阶段。提出按“资本化”规则重塑国有资产运营体系,探讨了国家层次、中介层次的国有资产重组及其管理职能，以及占用国有资产的基层法人化实体公司的组织、权力、责任及其与投资者的关系。还提出企业市场创新的若干见解，包括新市场的开拓与新组合的创造，市场创新的内容、特征、功能、效应；探讨了市场创新的引力、动力、压力、支撑力。研究了企业管理创新的若干问题，包括企业决策、激励、发展、约束机制的转换，企业内部组织与内在机理，企业家形成机制及其在创新中的主导作用等。（王镜德）

F000241　**中国债权债务实用范本系列丛书**　姚梅炎等著。天津社会科学院出版社 1994 年 11 月版。149 万字。4 册。69.40 元。为适应向现代企业制度转轨的需要，构造社会主义市场经济条件下崭新的债权债务关系，丛书参照债权债务的国际惯例，以《公司法》、《经济合同法》等最新法规、制度、规程及技术操作方法为依据，全面、系统地介绍我国各行业债权债务的基础知识。提出企业处理债权债务关系的原则和方法，应注意的问题及解决措施。丛书包括《工业企业债权债务实用范本》、《商业企业债权债务实用范本》、《商业银行债权债务实用范本》和《施工与房地产企业债权债务实用范本》4 册。（李民）

F000242　**工业企业债权债务实用范本**　杨家友等著。天津社会科学院出版社 1994 年 11 月版。35 万字。17.50 元。“中国债权债务实用范本系列丛书”之一。根据新税法、公司法、经济合同法及新财会制度的要求，阐述工业企业债权债务的基础知识、现状与纠纷；工业企业如何依法签约，有效履约，防范与解决企业违约，工业企业债权债务的财会、统计、税务处理；工业企业合理负债经营与债权权益保护；工业企业债权债务的资产评估与转让；工业企业债权债务的国际惯例。（李民）

F000243　**中国城市发展史**　宁越敏等著。安徽科学技术出版社 1994 年 12 月版。56 万字。26.00 元。系统分析中国城市发展历史的学术专著，共分 10 章。作者运用历史学、地理学、经济学等多学科的研究方法，对中国城市发展中的各个方面，如萌芽成长、空间分布、功能演变、经学发展、内部结构与格局、建筑形态、文化特征和典型城市等作了科学、翔实的分析。具有五个特点：第一，城市是滋生和发展于地表的一种人文现象。作者从历史和地理亦即从时间和空间相结合的角度，论述中国城市的动态发展。第二，城市是人类活动的政治、经济和文化中心，其中经济活动又是最重要的。第三，自然、经济、政治、科技文化是促进或制约城市发展的因素，作者从各个方面探讨了它们的作用。第四，城市是人类创造的一种高度文明的形式，在它的发展中，必然要融会全人类创造的物质文明和精神文明的精华。作者研究了各地、各民族文化相互交流与融会对中国城市发展的影响。第五，中国是世界公认的全球少数几个城市发源地之一，城市的发展有着悠久的历史，并具有多元性。作者对各个历史时期不同类型的城市都选取具有代表性的予以介绍。（奚正新）

F000244　**城市的崛起与对策**　袁曙宏、陶宇咸著。安徽人民出版社 1994 年 12 月版。16 万字。6.00元。论述了从古代城市的形成到未来城市的雏形，涉及当代社会科学和自然科学领域的许多方面：市政学、城市经济学、城市社会学、城市人口学、城市生态学、城市规划学、城市地理学、城市心理学、城市历史学、城市未来学等。重点论述现代城市发展的三大阶段：城市化、市郊化、反城市化或城乡一体化。阐述我国近现代城市发展的历史与现状、城市化的主要特点和基本途径，并对城市的性质、市政机构、城市管理法律制度、城市定位和发展、城市规划、城市经济体制改革、城市住宅问题和城市生活方式的变革都作了研究。作者在吸收各门学科研究成果的基础上，将城市看作一个有机整体进行综合研究，为制定管理城市和发展城市的对策提供参考。（杜国新）

F000245　**计算机在经营管理中的应用——新系统构成**　王众托著。大连理工大学出版社 1994 年 12 月版。32 万字。14.80 元。论述在经营管理领域，如何利用计算机与通信技术相结合的信息技术最新成就开发新型信息系统。评述计算机辅助经营管理的历史发展与得失，分析当前全球经济发展与信息化向计算机辅助经营管理提出的挑战。并对有关的问题，如信息与知识的有效利用，建模方法，人机接口设计与计算机支持协同工作等作了讨论。最后强调对管理过程本身的改造——再造工程的重要性及其与信息化的结合。写作本书的旨意，是向与信息系统开发的有关企业领导、信息技术人员和各方面的经营管理业务人员与高校师生阐述一些系统开发的新思路和新方法，从而为计算机在经营管理中的应用拓开一个新的途径。（刘杰）

F000246　**会计事前反映与控制**　戴德明著。东北财经大学出版社 1994 年 12 月版。20.6 万字。8.10 元。著者在其博士论文基础上修改而成。论述会计事前反映与控制的 4 个环节，即会计预测、会计决策、会计计划与会计预报。通过剖析管理会计和财务管理的产生与发展情况，指出现行会计学科体系存在的问题，并提出改进与完善的设想。作者从我国的具体情况出发,紧紧抓住会计对象与职能这样两个会计理论研究中的根本问题进行分析,确立"会计(工作)的对象是资金运动,但现代会计的对象应包括过去、现在和未来的资金运动;会计的职能是反映与控制,结合会计对象的扩展,现代会计的反映与控制应包括事前、事中与事后3个方面。作者运用系统论的研究方法,分析会计事前管理子系统在会计管理系统中的地位与作用,以及该子系统本身的结构及其所具有的功能。随后通过对企业资金运动规律的研究,进一步明确了开展会计事前反映与控制的客观基础。文中将会计计量的理论运用到事前领域,对会计事前计量原理进行探讨。收入"中国当代经济前沿科学文库'94卷"。(许景行)

F000247 **现代企业制度实用大全** 潘洪萱等主编。复旦大学出版社1994年12月版。120万字。180.00元。为全面推行现代企业制度和准确地贯彻实施《公司法》而编撰的工具书。分概论、公司产权制度、股份公司、集团公司、跨国公司、公司战略、公司经营机制、公司组织制度、公司人事制度、公司生产组织运作制度、公司统计、公司财务、公司会计、公司审计、公司税收、公司工资制度、要素市场、公司营销、公司信息制度、企业家、公司文化、公司员工社会保障制度、公司资产与信用评估、公司股票、公司债券、公司重整、公司法制化运作、外国公司制度、港台公司制度、公司法规与政策等30篇,以企业法人为核心,其内容涵盖了现代企业制度产生、发展、演变的过程;现代企业制度的基本理论、特征、组织形式以及我国企业改制操作的程序与方式。(盛寿云)

F000248 **亚洲成功企业经营与管理经典** 刘永瑞、杨南芳等编著。河北人民出版社1994年12月版。30万字。10.50元。分3编9章,收编亚洲13个国家、地区74个著名企业集团发展和崛起的事迹。(郭明义)

F000249 **现代企业经营谋略库(西方卷)** 尹继佐主编。黑龙江人民出版社1994年12月版。250万字。120.00元。共17篇。对企业应具有哪些规范的企业行为,企业的生产经营为何应与国际接轨,怎样进一步提高企业的生产经营管理水平,作详尽探讨。主要内容有:企业启动,战略计划,资本筹措,市场竞争战略,企业组织结构,生产管理,营销组合,广告,推销策略,公共关系,谈判技巧,企业财务,企业文化,企业创新等。通过大量实例,介绍现代西方企业经历的漫长的发展历史及在生产经营管理方面积累的经验。进而说明中国建立现代企业制度,应善于借鉴西方企业的实践经验。(安晓峰)

F000250 **谁是国有资产的真正所有者** 秦贤正著。华中理工大学出版社1994年12月版。15.5万字。5.60元。在总结社会主义国家全民所有制的经验教训的前提下,抓住我国产权问题中的最关键问题——全民所有制的基本特征和内在矛盾,进行理论探讨和实证分析。分析论证了全民所有制的几个内在矛盾,如理论上人人都是所有者,实际上人人都是非所有的;人人都是生产过程的主人,但人人都无生产自主权;人人都不受剥削,但人人都吃大锅饭等。从实证的角度分析了我国自建国以来的经济发展及改革实践,提出解决矛盾的制约条件和基本途径——在加强经济民主的基础上实行公有制的内部四权分离,建立分权式股份制企业,并探讨了建立分权式股份制企业的程序、运行机制及相应的外部环境,为建立现代企业制度提供一种可操作的理论框架。(叶见欣)

F000251 **市场经济与现代企业制度** 周叔莲、陈佳贵主编。经济管理出版社1994年12月版。19.2万字。7.60元。从对中外企业的分析中,对比中外股份公司的产权结构、法人治理结构的特点和优点,提出我国国有企业产权制度的方向、原则。还力求将企业改革的历史、现状和发展趋势相结合进行分析。作者认为,通过这种分析,对于全面认识公司制度,提高我国国有企业公司化改革的自觉性,对于我国发展跨国公司,积极参与国际竞争,增强国际竞争能力有着重要的现实意义。(苏全义)

F000252 **财务会计** 丁元霖著。立信会计出版社1994年12月版。26.6万字。13.50元。概括介绍财务会计学科的基本情况。阐述现代会计的定义、产生和发展,财务会计的特点,会计假设、原则、要素和科目等。对各种具体的核算方法作了介绍。(蔡莉萍)

F000253 **立信英汉财会大词典** 陈今池编。立信会计出版社1994年12月版。123.1万字。66.00元。财会工具书。共收财会词目1万余条。收有英语系国家近20年新出现的财务与会计词条,对传统的财务与会计词条以现代新概念加以说明解释。词条的中文解释简明清晰,附有英文索引,详细注明美国和英国会计词语的不同含义和拼写方法。书末的附录内容包括:国外财务和会计团体,国外财务和会计文献,国外财务和会计专家以及缩略语词汇等。(张立年)

F000254 **财富理论的数学原理的研究** [法]

奥古斯丹·古诺著,陈尚霖译。商务印书馆 1994 年 12 月版。10.2 万字。4.30 元。作者是法国数学家、数理经济学派最重要的先驱者和奠基者。他用数学方法阐明需求法则的性质,集中考察了交换价值和价格;最先用函数形式表述需求规律,实际上提出了总收益函数和边际收益函数的概念。根据需求法则论述垄断者如何决定其商品的价格及对垄断者征税时的价格变化以及在无限竞争情况下的价格决定理论。他还运用局部均衡分析方法,从数学上对"垄断"、"双头垄断"直到"无限竞争"等不同市场条件下的价格决定问题作了解答。又通过对不同的生产要素由不同的生产者供给时其生产要素的价值是如何决定的分析,即商品成本状况的分析,提出边际成本的概念。本书在数理经济学的发展史上占有重要地位。(王淑荣)

F000255 **房地产实务手册** 戴如法主编。上海远东出版社 1994 年 12 月版。158.1 万字。132.00 元。分五编:一、导论;二、房地产实务运作;三、房地产实务文书;四、房地产政策法规;五、房地产企业名录。具体内容包括:房地产企业的组建、审批和管理;项目的评估、可行性分析、投资策略、决策;地块的取得、勘察设计与配套征询;项目的概预算、招投标、建设监理、质量控制与验收;商品房的经营、销售、产权登记、房地产融资、使用权交换、拍卖;中介服务的规范操作、房地产经纪人、买卖代理、价格评估及法律服务;纠纷调处、仲裁及收费标准;各类物业管理及全套规范的实务文书。(戴群利)

F000256 **非均衡计量经济模型研究** 王少平著。武汉出版社 1994 年 12 月版。17 万字。7.50 元。系统介绍非均衡经济计量学及其各不同的分支,其中均衡与非均衡状态的内生转换、劳动力市场、投资品市场的非均衡模型等问题系在国内首次提出。特别是多市场非均衡模型是该领域中的前沿研究方向,是研究全局经济问题的必要途径,具有重要的理论意义和实用价值。书中研究了多市场非均衡模型的微观基础、模型设定、内在逻辑的一致性、可解性和估计方法、发展前景和存在的问题等内容。领域的研究与应用起到良好的推动作用。(张平)

F000257 **现代商战与古兵法** 刘凡编著。武汉出版社 1994 年 12 月版。46 万字。18.00 元。现代商战涵盖了古兵法的全部精华,古兵法给现代人以一种新的启迪和智慧。作者从古兵法瑰宝之中,选出自宋代就被列为考武状元必修的"武经七书",即孙子兵法、司马兵法、尉缭子兵法、六韬兵法、吴子兵法、三略兵法、唐李问对兵法,加上 1972 年出土的孙膑兵法共 8 部,运用现代工商管理学教学中的"实例法",对应剖析约 40 个国际商战的实例,揭示出当今市场经济下现代商业行为的要旨和规律。为解除古文阅读中的各种障碍,在体例上采用兵法简介、原文、简译、赏析、商战纵横等 5 个部分,使科学性与普及性有机结合,以让人们了解现代商战与古兵法的精华。(南平)

F000258 **企业投资与融资经济学** 刘学愚、张洪主编。云南大学出版社 1994 年 12 月版。37 万字。15.00 元。分战略篇、投资篇和融资篇三部分,共 18 章。战略篇着重探讨与企业经营发展战略,新产品开发战略,多种经营战略,向国外发展战略相适应的投资策略的选择与评价,还介绍国外相关领域的研究新成果或案例。投资篇讲述企业生产经营项目投资分析的原理、投资决策的方法,以及企业在直接经营、房地产、股票与债券、期货、储蓄与贷放、保险等领域的投资运作方法及政策规定,启发作为基本投资主体的企业如何把"鸡蛋"放在几个"篮子"里,使资金在运动中生出"金蛋",不致使资金的时间价值受到损失。融资篇讲述企业如何以发展战略和投资策略为依据,选取最佳的投资时机、筹资渠道和筹资规模;并介绍国外可供借鉴的一些筹资手段。其特点有:(1)将企业发展战略——企业投资——企业融资作为企业投资与融资经济学中三个相互影响的循环链来展开论述。(2)全书内容切合经济体制改革的方向。(3)采用定量分析的研究方法。(4)兼顾企业投资与融资的理论和实务。(蔡红华)

F000259 **企业集团** 编委会编。中国经济出版社 1994 年 12 月版。21 万字。9.20 元。企业管理干部学历教育系列教材之一。系统介绍企业集团的概念、特征、作用、产生与发展、类型及选择,集团的组建、集团与股份制的关系、集团的领导制度及发展战略、集团的组织结构与内部关系、内部的利益分配及外部关系以及外向型经济、跨国经营等。从我国国情出发,紧密结合企业实际;借鉴、吸收国外企业管理的先进经验和方法;有较强的针对性和实用性,并突出成人教育的特点。(苏耀彬)

F000260 **长春城市建设回顾与研究** 长春城市建设档案馆编。中国科学技术出版社 1994 年 12 月版。56 万字。18.80 元。探索和总结长春市各个历史阶段城市规划、建设、管理的规律和经验。分 7 篇,包括城市总体规划研究、城市建设回顾与研究、城市建设研究、城市建设管理研究、城市重点工程回顾与研究、人文保护研究。书后附有长春市城市建设大事记。其特点是既有城市规划、城市建设、城市管理、环境保护和旅游业等学科的精辟论述，又有多项专业工作实践经验的总结；既有方针政策的研究，又有城市发展目标和改革方向的探讨。(吕鸣)

F000261　**会计核算规则与实务**　陈丰澄编。中国铁道出版社 1994 年 12 月版。23.7 万字。10.80 元。以我国《企业财务通则》、《企业会计准则》和行业会计制度为基础，围绕讲解会计核算规则，全面、系统地论述会计核算的一般原则和会计要素，流动资产、长期投资、固定资产、无形资产、递延资产、其他资产、流动负债、长期负债、所有者权益、营业收入和费用、利润和利润分配等的核算规则及其在会计实务中的应用和会计报表的编制方法等。有关会计核算的基本前提、会计要素、会计报表项目及会计科目名称的概念，都在各章节开头作简要叙述；有关会计核算的原则、规定、方法，从会计核算的一般原则到各行业会计制度带有共性的核算方法和要求，按章节分类集中起来整理成划分条目的会计核算规则，逐条加以说明；有关账务处理的会计分录举例，单独整理放在各章节叙述规则之后，供查考使用。(于淑荣)

F000262　**现代流通企业运作全书**　张皓若主编。中国统计出版社 1994 年 12 月版。200 万字。128.00 元。从多方面论述流通企业运作过程中的各个环节，并介绍部分大型流通企业和重要的政策法规。分 7 卷，分别是：现代流通企业制度基本框架；现代流通企业管理经营；现代流通企业市场运作；现代流通企业的宏观管理；现代流通企业集团与跨国公司；中国部分著名流通企业介绍；现代企业制度政策法规等。(蒋克毅)

F000263　**现代企业制度丛书**　张道根、芮明杰等。上海译文出版社 1994 年 12 月版。96 万字。共 8 册。64.00 元。其内容涵盖现代企业制度的各主要方面。《多姿的企业世界》从总体上概括阐述现代企业制度的基本涵义、历史演进过程；《透过流行看趋势》侧重描述现代市场经济国家中国有企业的形成、发展过程，比较了各主要国家国有企业的不同类型、管理架构的差异和趋势；《步履艰难的转换》描述中国现代企业制度的目标模式，指出转换机制的难点与关键以及如何转换的对策思路与方案设想；《神秘王国的透视》对现代公司的理论与实践作系统深入的分析；《跳出所有制禁区》则专门分析现代企业制度的所有制结构和产权基础问题，并提出重构产权制度结构和重塑产权机制的基本思路；《精巧的组织艺术》概括介绍现代企业组织架构及其设计的基本理论和最新趋势；《超越一流的智慧》系统描述现代企业中的管理创新，着重分析现代企业管理创新的若干重要突破和发展趋势；《现代企业的灵魂》论述企业家在现代企业中的灵魂和核心作用，分析现代企业家生存、发展的条件与机制，并对中国如何培育现代企业家阶层提出一些建议。(张宇宏)

F000264　**现代公司与企业改革**　吴敬琏著。天津人民出版社 1994 年 12 月第二版。25 万字。11.80元。讨论国有大中型企业公司化改革的学术著作。共 11 章。第一章对半个世纪以来企业理论的发展作概括说明。第二章对传统国有企业制度的根本缺陷进行剖析。第三至六章分别论述国有企业改革的 4 种基本形式。第七章用历史与逻辑相结合的方法论述现代公司制度的基本特征、主要类型以及主要市场经济国家公司制度的特点。第八章总结十四届三中全会以前“股份制试点”的经验，分析试点中的认识误区和工作缺陷。第九章讨论了在我国条件下公司化改革的目标模式，特别是其中的产权制度安排问题。第十章提出如何进行公司化改革的具体设想，重点研究了公司领导成员的产生、逾期债务处理、富余人员安置、“企业办社会”机构的分离等疑难问题和解决办法。第十一章讨论公司的内部组织和外部经营环境等。作者提出的问题针对性强；运用现代企业理论对企业性质、组织结构、激励机制以及影响因素等进行研究，分析方法独特；把中国企业改革的理论与实践放到社会主义国家改革历程的大背景中进行比较研究；紧密结合我国企业改革实践，通过多角度理论分析，提出一整套国有大中型企业改革的方案和建议，具有较强的现实性和可操作性。(王镜德)

农业经济

F000265　**西藏农业概论**　胡颂杰主编。四川科技出版社 1994 年版。110.00 万字。48.00 元。共 21 章，分 3 部分：1～4 章分别叙述西藏农业的自然、社会经济条件及特点；西藏农业发展的历程、成就及基本经验；西藏传统农业及其发展；农业生态原理及其在西藏的实践 。5～20 章分别介绍西藏的土壤肥料、作物种质资源、种植业区划、农作制度、作物良种选育、种子管理与经营、主要作物的生产与栽培、植物保护、农田水利、农业机械化、农垦、农区畜牧业以及农村能源开发利用等。21 章是对西藏农业的展望，即西藏农业发展战略设想。其特点有：把西藏农业科技和生产的发展，放在西藏社会发展的大环境中来论述；农业的发展又推动了西藏社会的进步。抓住西藏独特的自然条件，来阐述发展西藏农业的必由之路。（郭俊铨）

F000266 **农村致富实用技术丛书** 《农村致富实用技术丛书》编委会编。海南出版社 1994 年 1 月版。61.5 万字。6 册。15.00 元。根据湖南省的自然条件、经济状况、发展前景选取经济价值高、市场背景好，能因地制宜，广为栽培的各类粮、林、果、菜、药品种，讲解其生产技术和产品的简易加工方法，包括良种品种、特征特性、病虫防治等，吸收了农民在实践中创造的经验。（唐亦安）

F000267 **土地利用系统工程** 宋兆鸿等著。广东省地图出版社 1994 年 2 月版。60 万字。53.00 元(平)；68.00 元(精)。将系统工程的理论和方法运用到土地利用领域，围绕“土地合理利用”的主题，以系统工程为指导，以建模、仿真技术为手段，将土地经济学、土地利用学、土地管理学、土地生态学联为一个有机整体，揭示土地利用的一般规律，提高土地利用的综合效益。全书分 7 篇 19 章。阐述土地利用系统工程基本原理、建模与仿真技术；介绍土地利用的宏观调控、微观管理以及土地利用效益评价；以《番禺市土地利用总体规划》的编制为例进行分析。该案例将土地详查工作取得的数据，采用系统的定性与定量分析，传统方法与现代方法分析，开发了一个以优化土地利用结构、土地适宜性评价和土地审批、控制、监测相结合的支持优化决策的应用软件系统，具有创造性和商品化前景。（胡安宇）

F000268 **农业地域类型研究** 姚建衢著。青岛出版社 1994 年 2 月版。18 万字。7.40 元。系统、全面地分析评介国内外农业地域类型研究的理论方法，构建了中国农业地域类型研究的方法论体系，并以地处太行山麓的河北石家庄地区为例，进行农业地域类型问题的具体研究。（高继民）

F000269 **农村社会主义市场经济学** 崔继云编著。东北大学出版社 1994 年 3 月版。29.7 万字。12.00 元。共 4 篇 17 章。第一篇总论，包括农村社会主义市场经济学的学科性质，我国农村经济体制改革的目标模式和农村社会主义市场经济中的经济规律等。第二篇塑造市场主体，包括重塑地区性合作经济组织的市场主体地位、重构乡村集体企业的产权制度和强化其他合作经济组织的市场主体地位。第三篇培育市场，包括深化农村市场经济中的商品流通体制改革、农村市场经济中的货币流通、加快培育和发展农村市场、进一步发展农产品市场、加速培育和发展农村金融市场、加速培育和发展农村劳动力市场、加速培育和发展农村土地市场、加速培育我国农业技术市场及培育和发展农村信息市场等。第四篇宏观调控，包括农村市场经济的宏观调控和强化宏观调控的措施等。（刘振军）

F000270 **西藏畜牧业：走向市场的问题与对策** 肖怀远主编。西藏人民出版社 1994 年 3 月版。17 万字。4.00 元。总结西藏畜牧业 14 年改革和发展的经验，根据建立社会主义市场经济的目标，指出今后西藏畜牧业发展的路子。（刘金华）

F000271 **《中国农业年鉴 1993》CHINA AGRICULTURE YEARBOOK 1993** 中国农业年鉴编委会编。中国农业出版社 1994 年 4 月英文版。40 万字。60.00 元。内容精选自《中国农业年鉴 1993》中文版，全部资料和数据均由国务院各部委和国家统计局提供。全面系统地报道 1992 年我国农业、林业、畜牧业、渔业、乡镇企业、农垦、农机、水利、气象、饲料工业、农用化学工业、农村商业和金融等方面的发展情况。共设 9 个专栏：农业概况、农村经济政策、农村外向型经济、农业科技、农业教育、农业经济技术合作与交流、农业自然灾害、农业大事记和农业经济统计。其中，农业经济统计专栏包括 69 个各类统计表，均为当年首次发表。农业教育专栏除中文版内容外，增加了沈阳农业大学等 6 所农业部重点院校介绍。（王蔚青）

F000272 **吉林省土地资源** 吉林省土地管理局编。地质出版社 1994 年 5 月版。40 万字。28.00 元。对吉林省土地资源研究工作的阶段性总结。其中有人民群众对土地合理利用的经验，以及因急功近利不合理使用土地导致土地退化的教训，并提出科学的防治建议。为各业用地的合理布局，进行宏观的经济决策及发展规划提供科学依据。（高愉）

F000273 **内蒙古自治区农业区域开发总体规划农业后备资源及评价** 编委会编著。内蒙古人民出版社 1994 年 5 月版。222 万字。50.00 元。在内蒙古自治区农业后备资源调查成果的基础上，通过定性分析，综合研究与专题研究、宏观规划的制定与微观具体项目论证相结合等方法，客观地制定出规划目标、任务及措施。对种植业、畜牧业和林业，以及乡镇企业、渔业、土地资源和水资源的合理开发利用等进行合理规划。（田建群）

F000274 **农业投资项目监测与评价的理论与实践** 副名:操作者指南。刘丽敏编。中国农业出版社 1994 年 5 月版。22.2 万字。9.15 元。在总结监评工作经验的基础上,结合国内外的一些最新研究成果,针对监评操作者的实际需要编写。主要内容包括:农业项目经济、社会、环境评价的基本概念,监评操作要领、要点、难点和问题提示,以及农业项目环境影响评价分类、经济评价方法体系的比较和项目获利能力的判断标准等。(贺宏善)

F000275 **中国农民与农村经济发展** 张红宇著。贵州人民出版社 1994 年 6 月版。17.3 万字。5.80元。论述农民与农村经济发展在改革中面临的各种问题。作者认为,改革的发展导致对农民、农业、农村和整个国民经济成长的宏观效应令人关注。农民的成长促进了经济发展,而经济发展又使农民获得新生。经济发展绝非仅仅是简单的经济增长,它还包括土地制度、组织制度、产业结构优化、市场发展、社会化服务、农民生活等诸因素。(姚必强)

F000276 **黑龙江省农村改革与发展(1991~1993)** 黑龙江省人民政府农研中心编。黑龙江人民出版社 1994 年 6 月版。60 万字。31.80 元。为研究黑龙江省 1991 年至 1993 年农村改革与发展的论文集。分 3 集,按不同年度分别研究探讨了农村如何脱贫致富,如何实现贸工农一体化,农产品价格改革问题,农村旅游经济,农村村级组织建设等一系列问题。(安晓峰)

F000277 **中国农村经济学** 严瑞珍著。中国经济出版社 1994 年 6 月版。16 万字。6.50 元。共有 11 章。论述了农村社会主义市场经济的形成、农村市场经济的运行、农户是农村经济的主体、农村产业结构、农民的收入分配、高产优质高效农业、农村的市场、农村的社会化服务、农村外向型经济、农村综合发展、农村经济的宏观调控。收入"宣传·教育·行政·管理干部经济知识系列教材"。(栾建民)

F000278 **蜂业经济管理** 杨玉华、曾志将等编著。江西科学技术出版社 1994 年 7 月版。10 万字。3.60 元。结合我国蜂业生产实际,系统论述蜂业经济管理的基本理论,蜂业经济预测与决策的方法,蜂业计划管理与经济合同,蜂业劳动力利用与管理,蜂业生产技术经济效果,蜂产品成本与价格,蜂产品市场等内容。(涂水香)

F000279 **以工代赈与缓解贫困** 朱玲、蒋中一著。上海人民出版社 1994 年 7 月版。15.8 万字。13.60 元。研究贫困问题的专著。从缓解贫困的角度对以工代赈政策的制订和实施过程进行系统的专题研究,展示社会经济抽样调查和数据处理的国际规范方法和中国独到的操作经验。其特点有:将宏观层次与微观层次的研究相结合,并在抽样调查中开拓一个经济学、社会学和营养学的交叉领域,引入一系列长期被忽略的乡村社会发展指标;专题研究和总体背景讨论相结合,将专题论述与考察全国范围内的整体扶贫行动结合起来,集中探讨贫困人口的经济活动和生活状况,预测他们在新的形势下参与并受益于经济增长的可能性;对中国贫困人口产生的原因、特点和扶贫政策进行系统探讨,通过国际比较指出中国的贫困问题与发达国家和其他发展中国家的区别;运用规范的概念和术语,既易于为本国读者理解,又便于国际交流。(何元新)

F000280 **中国农业投入问题研究** 邹树林著。武汉出版社 1994 年 7 月版。16 万字。8.00 元。由 1 个总体研究报告,10 个分题研究报告组成。从不同侧面回答几个理论与实践的重大问题。即:中国农业投入主体的职责界定;中国农业投入积累模式的选择;现阶段中国农业投入方式的选择;投资主体的行为研究等。作者对中国农业投入问题的历史和现状作全面分析,揭示其中存在的根本性问题,并提出解决问题的对策与措施。在定性分析的基础上,进行定量研究,把规范研究与实证研究相结合,具有可操作性。(谭绮)

F000281 **改革与发展中的黑龙江农村** 黑龙江省人民政府农研中心编。黑龙江人民出版社 1994 年 8 月版。24 万字。6.90 元。介绍黑龙江省农村固定观察点的工作,真实地描绘了黑龙江省农村经济和社会发展变化的轨迹,按地域介绍农村固定观察点的兴农致富的经验,并从中寻求发展壮大农村集体经济的方法。(安晓峰)

F000282 **土地资源学** 苏璧耀著。江苏教育出版社 1994 年 8 月版。39.36 万字。6.70 元。运用科学方法对土地资源学的基本理论和方法进行全面、系统的论述。共分 11 章:绪论,土地评价的概念和类型,土地质量评价,一般目的的土地质量评价,特定目的的土地质量评价,土地经济评价,土地定等评估,土地适宜性评价,土地生产能力预测方法,土地资源的人口承载能力,地球陆地上的土地资源,土地资源的合理利用和整治。(褚庆林)

F000283 **国土资源行政管理** 郝思恭、赵命柱主编。山西人民出版社 1994 年 8 月版。24 万字。8.80 元。从国土资源的概念、特点入手,系统论述我国国土资源行政管理的历史发展、开发利用现状以及应注意的问题，探索了我国的土地资源、矿产资源、煤炭资源、水资源、森林资源等国土资源诸要素方面行政管理的政策和方法。国土资源行政管理是国家行政管理的重要组成部分。作者从行政管理的角度来研究国土资源管理，旨在为国土资源的管理更为科学化、现代化、系统化提供参考。收入“专业行政管理丛书”。（来普亮）

F000284 **中国农村基层社会组织体系研究** 李守经、邱馨主编。中国农业出版社1994年8月版。21.8万字。8.05元。分3部分：第一部分总论，除绪论外，包括对社会组织理论的概括和评述；第二部分，研究农村各类社会组织的结构、功能、演变及未来的发展；第三部分着重从组织体系的角度进行综合研究，将中国农村社会组织的发育纳入农村社会改革和发展的大背景下考察。作者主要从三个层面对农村社会组织系统进行研究：一是研究各类的组织内部结构的优化；二是研究各种组织之间相互关系的互助与协调；三是研究组织与其所处的环境之间的正常沟通与调适，从而形成促使组织结构优化和功能强化的客观环境条件和促使社会环境优化的社会组织体系。该书还纵向地阐明各类不同组织的历史过程，力求根据组织社会学的理论来剖析各类社会组织发展的自然历史过程，探寻农村社会组织自身发展的内在规律，以期引导农村社会组织有计划的变迁。（穆祥桐）

F000285 **农业企业管理学** 何绍唐、梁义主编。中国农业出版社1994年8月版。33.1万字。9.80元。高等院校专业课程教材。内容包括绪论及18章，即农业企业管理概述，农业企业的管理体制，农业企业经营预测，农业企业经营决策，农业企业经营方针与经营规模，农业企业计划与合同，农业企业劳动管理，农业企业土地管理、物资管理，农业科学技术管理，农机具管理，种植业生产经营和管理，畜牧业生产的组织与管理，营销管理，财务管理，农业企业成本(费用)管理、收入与利润分配、经济活动分析等。（柯斌）

F000286 **农业结构调整** 陶久铭主编。中国农业出版社1994年8月版。16.40万字。8.00元。阐述安徽省1985～1994年种植业结构调整取得的成效、存在的问题，以及深入调整的途径；总结了先进典型的经验，介绍高效种植的技术操作规程和实例，为各地农业结构的调整提供参考。（赵立山）

F000287 **广西乡镇改革开放与发展** 陈立生、周毅主编。广西人民出版社1994年9月版。100万字。36.00元。共2辑。从200多个乡镇的调查材料中整理、编辑出85篇典型材料。反映广西乡镇改革开放与发展所取得的成就，探讨广西乡镇新的发展途径，为各级领导制订深化农村改革的政策措施提供决策依据。（邓耘）

F000288 **生产函数与农业经济分析** 吕火明著。西南财经大学出版社1994年9月版。16万字。7.00元。共10章，是关于农业生产函数理论与应用的系统论著。从理论分析到实际应用，有一个比较完整的体系，特别是对生产函数在我国现行经济体制下的新问题、新特点作了比较分析；在应用方面能结合我国、我省实际进行具体的定量分析，概括了我国当前生产函数在农业经济分析领域的应用范围。系统地对生产函数发展的来龙去脉进行论述，对定义和特征进行分析和研究，对生产函数研究的现状作了概述；在理论上分析了生产函数的理论基础和方法论基础，分析了生产函数应用的有关前提条件，并提出自己的见解；收集大量的实例以展示基本原理。

F000289 **中国农业自然资源与区域发展** 孙颔、沈煜清等著。江苏科学技术出版社1994年10月版。68万字。50.00元。共分3部分。一、中国农业自然资源。包括中国的自然地理环境；农业自然资源的基本特征与评价；农业自然资源及利用状况分析。二、中国农业发展战略。包括：农业发展的基本战略；农业发展中几个主要问题的对策。三、中国农业区域发展。包括：农业的地域分异和农业区划；9个一级农业区的农业生产基本特征和发展方向；发展农业的重点类型区。正文分3篇、21章，附地图30余幅，其中彩图13幅，以及20余张全国9个一级农业区的典型农业景观照片。还有英文扉页和目录。第一篇：总论，共5章。阐述中国农业发展简史，分别从原始、粗放、精耕细作农业的奠基和深入发展，北方旱作、南方水田，以及近代农业的萌芽等七个时期，论述其农业生产的特点。综合评价全国农业自然资源和农业社会经济条件，分析农业的地域分异规律和农业区的划分。对农业发展的基本战略和若干主要问题的对策进行探讨。第二篇：农业自然资源，共7章。分别就气象、水、土地、森林、草地、野生动植物等资源，阐明其类型、分布、特点和数量，对其质量和潜力作出评价，并提出合理利用、开发、保护和治理的对策。第三篇：农业区域发展，共9章。分别对全国9个一级农业区分析其生产特点，提出发展方向与途径，以及开发或治理方针。（陆宝珠）

F000290　**席承藩与我国土壤地理**　中国科学院南京土壤研究所编。陕西人民出版社 1994 年 10 月版。42 万字。19.00 元。席承藩是我国著名的土壤地理学家，在土壤资源调查、土壤详测制图、土壤改良、土壤普查和土壤系统分类方面造诣精深，在黄淮海平原的综合治理、南方山地丘陵的深度开发以及长江三峡的环境评价方面为国家做出了重大贡献，并因此获得了中科院特等奖和国家科技进步奖。本书收集席承藩和曾经与他一起工作过的一些土壤科学工作者的论文 40 多篇，内容涉及席承藩对中国土壤地理科学的诸多重要贡献、土壤调查制图、发生分类、土壤资源的特点与开发利用途径、水土保持以及土壤遥感与信息系统，反映我国土壤地理学的最新研究成果。就地区而言，除全国性的论文外，还涉及黄淮海平原、江南山地丘陵和长江三峡等地区。书后附有席承藩简历、席承藩主要论文著作目录等。（贺治波）

F000291　**中国农业投资与农业发展**　罗剑朝著。陕西人民出版社 1994 年 10 月版。19.4 万字。8.90元。除导论外，分上、下两篇。上篇为理论研究，下篇为现实研究。在理论研究部分，首先对农业投资的内涵进行界定，分析了农业投资的类型和现实特点，阐述农业发展与农业投资的关系，揭示农业发展进程中投资变动的国际趋势和规律，实证描述了中国工业化初期农业作为工业原始积累主渠道对工业化基础形成的作用及其对农业发展的不利影响。在现实研究部分，分阶段考察中国农业投资变动的宏观条件、投资体制和投资的数量特点以及农业投资供求总量趋向均衡的战略；实证分析了农业投资结构方面的偏差及调整投资结构的基本原则取向和对策，并提出增加中西部农业投资、优化区域投资结构的设想；系统提出并论证现阶段中国农业投资主体应该是“农户＋农村社区组织＋政府”的三元结构新论点；还针对中国农业投资体制面临的困境，提出并设计了农业投资体制改革的目标模式和阶段，以期通过协同配套改革，逐步建立起适合中国国情、农情和农业投资特点的政策性投资和经营性投资并存、市场调节与宏观调控有机结合的农业投资体制。（朱小平）

F000292　**农业生态经济决策支持系统**　郑建华著。西南师范大学出版社 1994 年 10 月版。29.5 万字。10.50 元。在博士论文的基础上加工整理而成。全书从农业生态经济决策科学化的必要性，决策支持系统的概念、构成、方法、设计原则，农业生态经济数据库、农业生态经济模型库和农业生态经济对话管理系统等方面，以内地农业大县为例，建立了人口、资源、环境和经济等方面的数据库和 11 个农业生态经济系统动态仿真模型，体现作者对决策支持系统理论的深刻理解和理论联系实际的技能。由于该研究属开拓性工作，农业生态经济是个复杂的综合体，因而存在不完善之处，如农村农技人员的数量和质量、科技推广和农村社会化服务体系等内容没有反映出来。（米加德）

F000293　**市场经济与农业和第三产业**　李则庄、吴国华主编。广西人民出版社 1994 年 11 月版。8 万字。3.30 元。结合广西的实际情况，从市场经济与农业，市场经济与第三产业两方面，深入浅出地介绍社会主义市场经济的基本理想和知识。收入“社会主义市场经济知识丛书”。（邓耘）

F000294　**共有制初论**　潘强恩、鲍光前著。海天出版社 1994 年 11 月版。15 万字。7.60 元。在邓小平建设有中国特色的社会主义理论指导下，从实际出发，总结农村经济体制改革的经验，特别是股份合作制的经验，深入探讨建设有中国特色社会主义过程中出现的新情况、新问题，提出一个全新的概念——共有制理论。作者认为，共有制是以财产社会化为特征，具有多元产权主体的一种新型公有制模式，是公有制的一种新发展。它以股份合作制为手段，以公有制为目的，人人占有生产资料，人人是股东，通过积极劳动，实现社会主义共同富裕。（陈敏宜）

F000295　**国有林场与苗圃财务会计制度（暂行）**　中华人民共和国财政部编。东北林业大学出版社 1994 年 12 月版。15.7 万字。11.00 元。为适应社会主义市场经济发展的需要，规范和加强国有林场与苗圃财务管理和会计核算工作，根据国家有关规定，结合林业生产的特点，财政部修订了《国有林场与苗圃财务制度》（暂行），内容包括：总则、资金筹集、流动资产、固定资产、林木资产、无形资产、递延资产和其他资产、对外投资、成本和费用、营业收入、利润及其分配、外币业务、承包经营、财务报告与财务评价等。《国有林场与苗圃会计制度》（暂行），内容包括：总说明、会计科目、会计报表、主要会计事项分录举例等。（郭郢）

F000296　**全国林业统计资料（1994）**　中华人民共和国林业部编。中国林业出版社 1994 年 12 月版。44 万字。30.00 元。根据各省、自治区、直辖市林业管理部门及林业部直属单位上报的林业统计年报和其他有关资料编辑而成。分营林生产、工业生产、劳动工资、固定资产投资、林业系统产业总产值、林业重点工程建设情况、林区多种经营、林业教育 8 部分，并附有主要统计指标解释、国有林区 135 个木材采运企业主要统计指标、全国乡村林场基本情况（台湾省的资料暂缺）。《全国林业统计资料》从 1978 年开始公开出版，每年出一册，是研究林业经济问题的参考资料。（张敏）

F000297 **中国农业年鉴 1994** 中国农业年鉴编辑委员会编。中国农业出版社 1994 年 12 月版。160 万字。70.00 元。反映 1993 年我国农村经济发展的全面情况；记载党中央国务院有关农村工作的各项政策；报道 1993 年我国农业、林业、畜牧业、渔业、乡镇企业、农垦、农机、水利、气象、饲料工业、农用化学工业、农村商业和金融等方面的发展情况。共设 18 个专栏，即“特载”、“农村发展概况”、“各地农业”、“农村政策”、“农村社会主义市场经济体制建设”、“农村外向型经济”、“农业科技”、“农业教育”、“农业经济统计”、“农业和农村基层单位介绍”、“农业自然灾害”、“农业经济论文选介”、“农村专题介绍”、“农业经济技术国际合作与交流”、“农业文献、法律与法规”、“农业大事记”等栏目。书中有插图近 100 幅，彩色插页 28 面。书末有分析索引。（张玉珍）

F000298 **水产经济工作手册** 农业部水产司主编。中国农业出版社 1994 年 12 月版。56 万字。29.50 元。系统介绍水产经济管理知识的大型专业性工具书。以条目的形式介绍水产经济管理工作的基本知识、管理程序及现行的一些基本政策、制度和有关资料。全书分基础理论、技术经济、经济管理、渔政管理、政策法规和参考资料六部分。（张国庆）

工业经济

F000299 **全国建材·建筑·设计·装饰·装修单位业务信息手册** 之先、言敬编。中国建材工业出版社 1994 年 1 月版。250 万字。128.00 元。汇集国内建材建筑业 1 万多个单位的信息，内容包括地址、邮政编码、电话、电报挂号、图文传真、产品介绍、经营项目等。在体例排列中，按各省、市、自治区分列，并将内容按产品类型分 15 个序列编排，对科研院所、建筑施工、安装及物资流通企业也作了介绍。（闫竞）

F000300 **中国工业化经济分析** 金碚著。中国人民大学出版社 1994 年 2 月版。25.2 万字。9.80 元。对中国工业化进行实证分析的专著。以世界经济发展为大背景，对中国工业化进行实证分析，揭示了一系列内在的经济关系及其与政策选择、制度演进的因果关系。作者认为，中国所走的是一条十分独特的工业化道路，但中国工业化过程中也包含了具有世界性意义的普遍规律。该书在大量统计数据的支持下，运用种种分析模型，在较高的逻辑抽象度上刻划了中国工业化的历史轨迹和主要特征，从而使纷繁复杂的具体现实获得了经济理论上较完整的再现，丰富了工业化理论，充实了工业化研究的方法，也为研究其他各国工业化提供一个可以借鉴的分析框架。该书描述和论证了我国工业化的历史道路、主要特征和成败得失，分析了各种经济现象的因果关系，具有很强的历史感和现实感。收入中国人民大学出版社“经济科学文库”。（陈莹）

F000301 **建筑经济与管理** 李惠强著。华中理工大学出版社 1994 年 4 月版。31 万字。7.80 元。系统阐述建筑经济、工程管理、企业管理的基本理论和方法。在经济部分：突出讲述与基本建筑经济有关的建设项目可行性研究，投资效果评价分析，技术经济分析与评价，工程概算等。如介绍多目标决策与多目标规则法；多参数敏感性分析，模糊数字综合评价法；效用函数理论在评标决策中的应用等内容。在管理部分：以现行工程管理模式为主体，增讲建设监理与项目管理，工程建设合同管理，建设项目竣工管理等。为适应建筑业发展的要求，增讲了国际工程承包投标报价等。（佟文珍）

F000302 **化工工程建设概预算手册（上、下卷）** 中国石化总公司预算中心站等编著。化学工业出版社 1994 年 5 月版。300 万字。2 册。150.00 元。结合化工工程建设特点，系统介绍工程建设的一般概念、建设工程的造价构成、安装工程预算定额和单位估价、施工图预算、可行性研究的投资估算、建筑安装工程承包制及招标、投标制、经济合同、微型计算机应用、各类定额的基本概念、工程量计算规则和方法、各项费用的计算方法以及相关的工程、材料基本知识等。（吴立新）

F000303 **工业企业经济活动分析** 陈友邦、张先治编著。东北财经大学出版社 1994 年 6 月版。21.6 万字。10.00 元。系统介绍工业企业经济活动分析的基本理论、基本内容和基本方法。共 10 章：第一章总论，主要介绍经济活动分析的对象、内容和作用；经济活动分析的依据和原则；经济活动分析的方法、形式和工作组织。第二章生产成果分析，包括生产成果分析的意义和内容、产品的产量分析、品种分析、质量分析。第三章生产条件分析,包括生产条件分析的意义和内容、劳动力、生产设备和原材料等利用情况分析。第四章成本费用分析,包括成本费用计划执行情况分析、可比产品成本分析、百元商品产值成本分析、主要产品单位成本分析、成本技术经济成本分析。第五章成本预算和决策分析,包括成本预测和成本决策分析。第六章销售和利润完成情况分析。第七章销售和利润预测分析,包括产品销售、目标利润和利润计划完成情况预测分析。第八章资金筹措与运用分析,包括资金筹措、资金运用状况分析、企业财务状况一般分析。第九章资金使用经济效益分析,包括固定资金、流动资金使用经济效益分析、资金使用经济效益综合分析。第十章,企业经济活动综合分析。(李春明)

F000304 **工业经济管理基础知识** 何建章等编著。中国经济出版社 1994 年 6 月版。16 万字。6.50元。共 7 章。系统介绍工业经济管理基础知识,主要内容包括:工业生产要素,工业生产组织形式,工业部门结构,工业布局,工业经济体制和工业管理,工业品市场,工业现代化和工业发展。附有西方工业经济学评介。收入“宣传·教育·行政·管理干部经济知识系列教材丛书”。(毛增余)

F000305 **新中国工业经济史(1949.10—1957)** 汪海波著。经济管理出版社 1994 年 7 月版。以马列主义、毛泽东思想和邓小平有中国特色社会主义理论为指导,在总结 80 年代以来我国出版的大量典型实例和数据的基础上,详细叙述 1949 年 10 月到 1957 年我国工业经济发展的历史过程,并在新中国工业经济史这门新的学科领域内,在历史分期、典型实例与统计资料相结合、质的分析与量的分析相结合、客观评价重大事件以及总结有现实意义的经验教训等方面,都作了有益的探索。(苏全义)

F000306 **资源倾斜配置研究** 副名:中国产业结构转变过程。李昌宇著。陕西人民出版社 1994 年 7 月版。23.7 万字。8.20 元。为“青年经济学博士研究丛书”之一。从建立资源倾斜配置的基本概念入手,以中国经济 40 年发展的过程为背景,以现代数学模型为方法,对资源倾斜状态及其变动规律进行定性和定量分析,探讨资源倾斜的各种决定因素,提出一些有关经济长期发展的重要结论。共分 9 章。第一、二章,采用对比方法论证和阐明资源倾斜配置的概念,建立倾斜度的模型,在此基础上对若干范畴作明确的界定,推进了资源配置理论的研究。第三、四章,对中国 1949～1990 年各个产业各种资源的倾斜度进行实际测算,并对测算结果进行细致的截面分析,揭示各时期资源倾斜配置的状态及其变动特征。第五章,划分了倾斜度组合的四种类型,明确指出有效倾斜是我国资源配置的要害和经济发展的必由之路。第六章,阐明决定倾斜趋势的三大客观因素,指出各时期倾斜状态的具体特征则取决于产业间技术进步率的差别以及需要结构变动对不同产业拉力的差别。第七章,指出我国作为后起工业化国家,实际上存在的是一种自觉倾斜,并通过分析经济发展战略对倾斜的影响,阐述自觉倾斜的实践性特征,揭示倾斜过程的主观动因。第八章,提出“资源倾斜配置是联结经济发展和经济体制的媒介”这一观点,分析不同体制下资源倾斜配置实现过程的区别,指出只有深化改革才能实现有效倾斜。第九章,针对我国重点产业方面的复杂状况,提出“分层动员”资源和把产业政策与市场导向相结合的对策性意见。(曾宣传)

F000307 **中国天然碱工业** 李武主编。化学工业出版社 1994 年 8 月版。62.2 万字。20.00 元。全面概述中国天然碱工业的发展;阐述中国天然碱矿物资源、矿床地质、开采和加工技术;选编 40 年来中国天然碱方面的科技论文;介绍中国天然碱工业机构和大事记。(叶铁林)

F000308 **工业项目可行性研究** 中国化工咨询服务公司编。化学工业出版社 1994 年 8 月修订版。27.9 万字。9.00 元。对 1982 年初版作了修改,其中对“市场调查和生产规模的确定”、“原料和技术路线的选择”等有关章节作了补充修定,重新编写了“建设投资和生产成本的估算”、“资金规划”和“经济效益评价”等章,增加了国民经济评价方面的内容,并更换了经济效益评价的新实例,使之更切合当前的实际。(林晨虹)

F000309 **石油工业计量管理** 关卫国编著。石油工业出版社 1994 年 9 月版。16.2 万字。9.80 元。共 10 章。主要介绍石油工业计量基础知识、计量管理体系、计量法制管理、石油企业计量管理、石油专用计量器具管理、计量检定管理等内容。(崔淑红)

F000310 **中药 GMP 管理实用手册** 赵林主编。首都师范大学出版社 1994 年 9 月版。52.2 万字。30.00 元。共 12 章。“GMP”是国际通行的药业生产管理软件、硬件规程的英文缩写。作者参考了国内外有关 GMP 的资料,就中药实施 GMP 管理的各个环节进行详细论述,包括人员、厂房、设备、卫生、原料、辅料及包装材料，生产管理、包装和贴签、质量保证、生产管理和质量管理文件、自检、销售管理、用户意见和不良反应报告等内容，具有实用性和操作性的特点。对中药企业集约化经营，并使中药产品顺利通过国际 GMP 的认证，有重要的作用。（宋焕起）

F000311 **建筑经济学** 金敏求著。中国建筑工业出版社 1994 年 9 月版。37.4 万字。11.00 元。共 5 篇 21 章。以社会主义市场经济理论为主要依据，从世界经济国际化和一般规律出发，把建筑业纳入市场经济的总轨道，结合建筑业的特点和实际，论述建筑经济原理和经济运行规律。其主要内容包括导论、建筑经济的宏观分析、建筑微观经济运行供给主体——建筑企业、建筑微观经济运行中枢（基础）——建筑市场、建筑业的发展。对改革中的某些焦点和热点问题，如建筑产品价格改革、建筑企业的产权制度、建立现代化建筑企业制度、健全市场体系等作了探索性研究。（徐焰珍）

F000312 **施工与房地产企业债权债务实用范本** 杨家友、姚梅炎著。天津社会科学院出版社 1994 年 11 月版。39 万字。17.60 元。按照新税法、公司法、新财会制度的要求，阐述施工与房地产企业债权债务的基础知识、业务分类；施工与房地产企业在房屋拆迁、房屋营销、土地使用方面债权债务的现状与纠纷；施工与房地产企业如何依法签约、有效履约、防范与解决企业违约；施工与房地产企业债权债务的财会、税务、统计与资产转让，评估等实际业务，以及建筑承包商和房地产企业债权债务的国际惯例等。收入“中国债权债务实用范本系列丛书”。（李民）

F000313 **电业职业道德** 中华人民共和国电力部编。广西人民出版社 1994 年 12 月版。11 万字。4.40 元。阐述加强电业职业道德建设的重要意义和加强电业职业道德建设的途径；重点阐述电力工业与电业职业道德，以及电力施工企业职工，发电企业职工，供电企业职工，电力规划、设计、科试人员的职业道德，以提高职工道德修养。为“中华职业道德教育丛书”之一。（邓耘）

F000314 **工业企业管理** 本书编委会编。中国经济出版社 1994 年 12 月版。46 万字。19.50 元。工业经济管理专业（大专）系列教材之一。按照现代企业管理的要求，对工业企业的生产过程、生产组织，生产系统设计与生产能力，生产计划、生产作业计划和生产控制，劳动管理、物资管理、现场管理及网络计划技术，进行全面系统的介绍，并强调了生产管理人员应掌握的操作方法和技巧。（苏耀彬）

F000315 **工业企业科学技术管理** 《本书编委会》编。中国经济出版社 1994 年 12 月版。23 万字。10.10 元。系“工业经济管理专业系列教材”之一。根据《关于建立社会主义市场经济体制若干问题的决定》，以及财税、金融、外贸投资等重大改革的基本原则为指导，围绕工业企业科学技术管理的基本原理、内容和方法，作系统全面的阐述。（苏耀彬）

F000316 **矿产资源经济研究** 沈通生、刘金平著。中国矿业大学出版社 1994 年 12 月版。15 万字。9.60 元。分 4 章。第一章涉及矿产资源经济评价的系统思想、矿产资源经济评价中诸如贴现率选取、矿山工程投资评估、矿山折旧、评价年限确定、资源分布不均匀性的定量度量以及煤炭资源勘查的经济评价方法等内容；第二章针对矿床勘查工作的核心问题——勘查程度，围绕具体矿体实际决策，讨论经济合理的矿床勘查程度的概念及其定量确定；第三章对我国实行矿产资源国有资产管理的意义、理论与方法等进行论述；第四章汇总作者在矿产资源经济中应用近代数学方法的实践。（陈玉和）

交通运输经济、邮电经济

F000317 **交通运输财务会计实用大全** 俞澄等主编。辽宁人民出版社 1994 年版。281.7 万字。76.00元。系统总结新中国成立以来，特别是改革开放以来交通运输企业财会管理经验，介绍社会主义市场经济模式下会计改革的最新内容。共分 20 篇，115 章。内容包括：铁路、公路、海运、民航、邮电通信等各种交通运输企业与基本建设财务会计管理与核算，财会管理基础知识，会计电算化，经济核算，经济活动分析，外商投资会计，股份公司会计，管理会计，西方会计，国有资产管理和计划，统计、财政、金融、税收、保险、价格、租赁、审计等与财会相关的知识，以及铁路运输企业主要财会法规、交通运输企业主要财会法规、水路运输企业主要财会法规、邮电企业主要财会法规及民航运输企业财务会计法规等。（王峰）

F000318 **中国古代道路交通史** 编委会编。人民交通出版社 1994 年 1 月版。63 万字。记述从先秦至清末道路交通演变的历程，探索道路交通兴衰起伏的发展规律，反映历代道路交通对社会政治、军事、经济、文化诸方面所起的重要作用。对古代道路的开拓，驿运的兴起，桥梁建筑的成就作了考证。（王

应荣)

F000319　**新编现代旅游企业会计学**　张政、卢恩建等编著。广东旅游出版社1994年2月版。31万字。9.80元。共分13篇,分别为:概论、旅游企业会计核算方法、货币资金和国内结算业务的核算、外汇业务和外汇账款结算的核算、投入资本和资金筹集的核算、存货的核算、酒店业务的核算、旅游业务经营的核算、酒店其它业务的核算、固定资产和无形资产的核算、长期投资的核算、利润和利润分配的核算、会计报表。以新颁布的企业会计准则、企业财务通则和新的会计制度为理论基础。利用大量的实际数据、图表资料对会计基本理论进行分析说明,选用一些实际业务问题作示范讲解。(胡开祥)

F000320　**中国旅游资源地理**　宋德明等主编。陕西人民出版社1994年2月版。66万字。16.10元。从区域地理的角度对旅游资源进行研究,探讨中国旅游资源的突出特征、分布状况、地域分布规律及开发利用发展规划,为旅游的发展提供依据。其特点是:(1)旅游资源类别齐全。收集的自然旅游资源有山岳风光,河湖泉瀑,海岸、海滩、岛屿风景,风沙、戈壁风景,气象气候风光,生物景观等六大类300多种;人文旅游资源有古遗迹遗址,古建筑,古都名城,历史纪念地,民族风情,文化艺术,名优特产,大中型现代工程设施等八大类500多种,对每一种旅游资源的形成条件、具体特点和开发利用前景进行探讨。(2)旅游资源区划新颖。提出旅游区划的科学理论。新区划把中国旅游资源划分为十大区,每一大区又划分为许多亚区,详尽地展现中国旅游资源丰富多彩、开发利用前景广阔的宏大场面。(贺治波)

F000321　**江西省交通志**　编委会编。人民交通出版社1994年3月版。93.4万字。分类记述江西省地方交通(不包括铁路、民用航空)的历史和现状,包括古道交通、苏区交通、公路、公路运输、航道、港口、水路运输、搬运装卸、交通规划测设、交通工业、交通科技、交通教育、交通管理、机构组织、职工、人物等。描绘了江西交通发展的历史,侧重近现代,特别是对中共十一届三中全会以后交通运输的改革开放、昌盛发达记叙尤详。收入“江西省志丛书”。(王应荣)

F000322　**国际贸易海运地理**　朱国兴主编。南海出版公司1994年4月版。28万字。9.50元。以海洋航线、航区为基础,阐述各沿海国家和地区的经济贸易和海运概况。介绍贸易和海运是国家在国际经贸活动中的一个重要问题,没有发达的海运,国际贸易就不能顺利发展。(田大军)

F000323　**华北解放区交通邮政史料汇编·邮票史卷**　华北交通邮政史料整理组编。人民邮电出版社1994年5月版。18万字。19.00元。本书是《华北解放区交通邮政史料汇编》中的一卷。抗战时期,我国华北地区先后建立了晋察冀、晋冀鲁豫、晋绥边区抗日根据地。各边区先后发行邮票及各种邮资凭证,实行有资寄递,经历了由战时交通,实行免费寄递到实行邮政,有资寄递的过程。本书回顾华北交通邮政发行邮资凭证的历史,将其作为革命斗争历史的组成部分真实地记录下来,为研究华北解放区邮票发行史提供可靠的根据。(苏欣)

F000324　**旅游经济学**　林南枝、陶汉军主编。南开大学出版社1994年9月版。27.2万字。9.90元。共12章。借鉴发达国家市场经济的理论和经验,立足于中国社会主义市场经济建设的实际,对旅游经济活动中的经济现象、经济关系和经济发展规律,进行探讨。主要内容包括:旅游经济学的研究对象,旅游经济活动的历史、特点及作用,旅游产品,旅游需求与供给,旅游市场,旅游价格,旅游消费,旅游收入及其分配,旅游经济效益,旅游投资决策,旅游经济结构,旅游经济发展战略与计划。介绍中国旅游经济及旅游经济学的发展现状及其特点,旅游经济学的基本知识、基本研究技能方法及研究领域,以及旅游经济管理的主要内容。收入“旅游经济与管理丛书”。(胡晓清)

F000325　**新编中国旅游必读**　上海春秋国际旅行社编。百家出版社1994年10月版。35.8万字。16.00元。为全国导游培训指定教材之一。共19章,主要内容有:旅游概念、经营业务、旅游管理、职业道德、旅游地理;还介绍旅游文史知识、艺术知识、心理学知识等。(姜逸青)

F000326　**公路财务管理学**　张秉刚编著。人民交通出版社1994年10月版。22.6万字。根据财政部新颁的《企业会计准则》、《企业财务通则》和《施工、房地产开发企业财务制度》的规定和要求,结合工程实践与教学经验编写而成。共14章,其中包括:总论、资金筹集、流动资产、固定资产、无形资产、递延资产和其他资产、长期投资、公路工程成本与费用、公路工程造价、公路工程价款结算收入、利润及利润分配、所有者权益、外币业务、企业清算、财务报告与财务分析、附录等内容。可作财经院校财务会计专业教材,也可作为公路施工、养护、建设等单位的财会人员的培训教材及自学参考书。(王应荣)

F000327 **中国铁路史(1876～1949)** 李占才主编。汕头大学出版社 1994 年 10 月版。51.1 万字。20.00 元。系统介绍 1876～1949 年这一时期中国铁路事业的发展状况和数据资料。根据旧中国铁路事业的特点,按照传统修史方法,全书分为绪论、史、志、传、表、附录等几个部分。绪论以"铁路与中国近代化"为题,论述铁路对中国近代社会经济、文化等方面的影响。史部着重叙述旧中国铁路起步、发展的基本状况,探讨铁路运行机制中的经验和教训。细分为清末、民初、南京政府、抗日战争和新中国成立几个历史时期。志部包括铁路运行中诸如工务、机务、运输等方面和历史上的重大事件以及铁路与社会各方的关系。传部主要选择对中国铁路事业产生过重大影响及在中央铁路主管部门担任长官的历史人物,分别为之立传、记述其与铁路有关的活动和思想。表部主要汇录旧中国铁路里程、客货运量、营业收支、债务等数据资料。附录部分按事典体例,以路段为单位、以铁路线路名称的首字笔划为序,把各线路性质、起讫站、线名沿革、通车里程、修筑年代等编为辞条,以便查阅。(段文勇)

F000328 **中国邮电百科全书** 副名:邮政卷。刘平源、张志和等编著。人民邮电出版社 1994 年 11 月版。140 万字。130.00 元。内容包括:(1)邮政通信网及其装备;(2)邮政生产过程、组织和管理;(3)邮政业务、资费和经营;(4)邮政法规;(5)邮政史;(6)集邮、国际邮政组织及活动。共选收条目 1 200 多个,索引词 2 000 多个。为便于读者检索查阅,有专业分类目录、汉字笔画内容索引、汉语拼音内容索引、条目英文索引 4 种检索系统。(贾玉明)

F000329 **中原铁道** 郑州铁路局宣传部供稿。海风出版社 1994 年 12 月版。50.00 元。综合类画册。以图为主,图文并茂,中、英文字对照,分 5 部分反映中原铁路分布在河南、湖北、陕西省境内的铁路建设规模、现代化设施、科技兴路成果、铁路职工优质服务和生活保障,以及铁路沿线著名的风光、名胜、古迹等。(沈维章)

F000330 **中国西南的古代交通与文化** 四川大学历史系编。四川大学出版社 1994 年 12 月版。29 万字。7.50 元。该书是四川大学历史系、日本国立茨城大学教养部、复旦大学中国历史地理研究所组成的"中国古代的西南交通"课题考察队,在中国西南地区进行考古、历史、地理、民族学以及文化人类学等多学科的调查和研究上的成果。全书从三方面进行探讨和论述:一、有关中国西南的云、贵、川地区的古代交通、移民与早期的区域性开发;二、中国西藏地区的交通与民族文化;三、西南地区的文化人类学与地理学的考察研究。其中探讨了"西南丝绸之路"的开通与形成的时代、历史作用,与中原和北方的古代交通之比较等问题;对西藏地区的古代交通、民族和文化的研究,利用有关汉藏文献和近年来新发现的考古资料,提出新的见解。(李慧宇)

F000331 **交通贸易与西南开发** 黎小龙等著。西南师范大学出版社 1994 年 12 月版。17.9 万字。7.00 元。西南的开发与开放,在很大程度上取决于西南交通的开发状况;西南的开发,首要的是交通的开发。分 7 章,对西南古代交通路线的开拓,西南交通与边疆开发,南方丝绸之路的丝绸贸易,西南茶业与茶马互市,西南矿产资源开发,移民与西南的开发高潮,西南古代城镇发展进行专题研究。(卢流宁)

F000332 **现代旅游学导论** 田里著。云南大学出版社 1994 年 12 月版。21.9 万字。12.00 元。系统论述旅游学的理论著作。主要内容有:旅游的基本概念,旅游的产生与发展,旅游的主体、客体、媒体,旅游客源市场,旅游区建设,旅游的作用与影响,旅游宣传,旅游发展趋势展望等。收入"现代旅游经济·文化丛书"。(张丽华)

F000333 **旅游导游学** 吕宛青、仇学琴编著。云南大学出版社 1994 年 12 月版。20.9 万字。15.00 元。高等院校旅游专业基础理论课教材。对导游工作的基本概念、基本要素、基本方法以及艺术技巧、导游活动中特殊问题的处理、导游与多学科知识、导游人才培训、导游管理体制改革等问题进行多方位的探讨。收入"现代旅游经济·文化丛书"。(龙宝珍)

F000334 **旅游资源学** 杨桂华编著。云南大学出版社 1994 年 12 月版。26 万字。13.80 元。分旅游资源的认识研究和旅游资源的实践研究两大篇。在理论篇中,从旅游资源的核心——吸引功能出发,阐述自然资源(包括地质、地貌、水文、气象、气候、生物、宇宙等)和人文资源(包括历史古迹类、民俗风情类、文学艺术类、建筑园林类、娱乐购物类等)的形成、特点、分类及其美学鉴赏价值。在实践篇中,围绕旅游资源的效益功能,从旅游资源的调查、评价到旅游资源开发规划的方法和程序都作了详尽阐述。应用"持续发展"理论和"人与自然共生"理论,把资源及其环境保护提到一个更高的理论层次,提出在规划开发旅游资源的同时,对旅游资源及其环境采取保护措施,以保证旅游资源的持续利用,走旅游生态发展的道路。收入"现代旅游经济·文化丛书"。(熊

晓霞)

F000335　**现代旅游经济**　罗明义主编。云南大学出版社1994年12月第1版。26万字。12.80元。运用现代经济学理论,融汇旅游学、文化学、心理学及其它学科的理论和方法,研究和阐述旅游经济活动中的经济现象、经济关系的本质和发展规律。具体内容有:旅游产品及开发,旅游供求规律及平衡,旅游市场及开拓,旅游价格及定价策略,旅游消费及发展趋势,旅游经济结构及合理化,旅游收入和分配,旅游经济效益等。从不同层面分析和揭示现代旅游经济的本质,对近几年国际旅游业和中国旅游业进行比较研究和理论探索。收入"现代旅游经济·文化丛书"。(熊晓霞)

贸易经济

F000336　**现代广告全书**　杨荣刚等主编。辽宁人民出版社1994年版。26.5万字。18.00元。共13编。内容包括:现代广告学科体系,现代广告信息,现代广告传播,现代广告定位,现代广告策划,现代广告创意,现代广告写作,现代广告设计,现代广告心理学,现代广告经营,现代广告管理,中外广告的发展与演变。(霍世荣)

F000337　**清代商业史**　郭蕴静著。辽宁人民出版社1994年版。31.4万字。15.00元。分国内商业和对外贸易上、下两编,共14章。上编第一章着重叙述我国古代商业的产生和清代前的秦汉、唐、宋、明时期商业的三次大发展;第二章侧重介绍清代的商业政策和主要的制度措施;第三至第五章,着重介绍我国古代商人的不同类型及其地位以及清代时期的市场价格,税制和商品流通的扩大及其条件;第六章主要介绍清代时期商业比较发达的北京、承德、苏州、汉口和佛山等城市的商业情况;第七章介绍广州、厦门、上海、宁波等沿海城市的贸易情况及其在全国贸易中的重要作用;第八至第十章,主要介绍村镇市场的发展,内地与边疆的贸易,大陆与台湾的贸易情况以及我国古代商业发展的整体水平。下编共4章,主要介绍我国清代对外贸易情况,内容是:对外贸易政策的演变;对外贸易制度,以及对日本、朝鲜、暹罗、柬埔寨等亚洲国家贸易情况和对荷兰、葡萄牙、意大利、英、法、俄等欧洲国家的贸易情况。收入"清史研究丛书"。(王峰)

F000338　**期货交易操作丛书**　卢健主编。辽宁人民出版社1994年版。45万字。10册。42.00元。共分10册:1.期货交易入门(王行业编著);2.期货期权交易技巧(郭晓利编著);3.期货与期权套利交易实务(熊军编著);4.期货交易欺诈行为的识别与防范(卢健、王刚编著);5.国际国内主要交易所(崔若编著);6.欧美盘国际期货交易(范江编著);7.远东地区国际期货交易(张玲编著);8.香港恒生指数期货交易(蔡炜编著);9.路透卫星报价与图表技术分析系统使用手册(范骏、江晖编著);10.中外期货人物传奇(郑勇编著)。丛书从期货交易基本知识入门,结合中国期货市场的最新信息,生动介绍期货与股票的异同;期货交易所的组织机构;期货交易的运作;回避市场价格风险的技巧;期货界商业欺诈行为的识别与防范和中外期货传奇人物在期货市场交易中的传奇经历等。(于海寰)

F000339　**宁夏第三产业——彩色画页卷、名录卷**　宁夏社会科学院广告开发研究所编。宁夏人民出版社1994年版。134万字。1423幅彩图。216.00元。第三产业作为现代经济发展的重要特征,已在宁夏社会经济格局中占有举足轻重的地位。全书由《名录卷》和《彩色画页卷》两部构成。以县、市、区为单位,分金融保险业、邮电通讯、交通运输、旅游餐饮服务业、房地产开发及市政公用业、劳动就业、科学研究、卫生、社会福利、教育、文化、新闻出版及广播影视业、地质勘查、军队兴办的第三产业及乡镇企业等为生产和生活服务的部门,为提高科学文化水平和居民素质服务的部门及为管理国家、管理社会服务的部门共1万多个。并编录这些经济实体的隶属关系、经济类型、通讯地址、邮政编码、电话号码及法人代表、从业人员数等简明材料。全面真实地反映了宁夏第三产业的风貌。(许家麟)

F000340　**现代宾馆管理原理与实务**　何建民著。上海外语教育出版社1994年版。56.3万字。15.00元。关于宾馆管理的专著。现代宾馆业是我国对外开放以来发展迅速、国际化程度较高的新兴产业。作者运用国际经济管理与方法,结合留学奥地利国际旅游管理学院所掌握的先进专业知识与经验,阐明我国新兴宾馆经营管理的原理与实务。其特点有:针对宾馆管理中遇到的实际问题,以当代世界宾馆管理理论为指导,将现代宾馆管理的原理、方法与案例这三者结合在一起,论述现代宾馆的建筑、设施、设备、服务标准和计划、组织、人事、督导、沟通、控制、财务、产品、价格、推销、管理合同等管理,并附有大量图表与案例。(金蕴华)

F000341　**营销实务**　龚国琏、莫国元主编。中国纺织出版社 1994 年版。29.7 万字。11.80 元。其主要内容有:一、营销基础知识,介绍营销人员应当树立的现代营销观念,推销的技巧和方法;二、营销结算,介绍商品价格的构成,内、外销商品的不同订价,怎样使用票据等结算工具和回避外汇汇率风险的办法;三、营销法规,介绍怎样才能保证营销合同有效,订立涉外合同应作的准备和怎样才能保护商标权等。(李秀英)

F000342 **国际贸易** 余波、王衡生主编。中山大学出版社 1994 年版。22 万字。8.50 元。共 11 章。论述的主要内容有:国际贸易学科研究的主要内容、基本概念、分类,国际贸易的产生和发展;国际分工、世界市场、国际市场价格;西方国际贸易理论论述重商主义的国际贸易学说、古典贸易学说、现代国际贸易学说;国际贸易政策概要阐述自由贸易政策、保护贸易政策、超保护贸易政策和贸易自由化与新贸易保护主义;经济一体化迅速发展的原因、形式、主要理论及其对国际贸易的影响;关税壁垒与非关税壁垒的主要种类及其作用;鼓励出口措施和经济特区的特点作用;介绍贸易条约与协定和关税与贸易总协定;国际技术贸易、国际承包劳务合作、国际旅游业等。(章伟)

F000343 **美学与市场经销** 副名:泛美学丛书。王旭晓著。1994 年 1 月版。17.9 万字。6.60 元。为"泛美学丛书"第二卷。分 5 章论证和阐发 5 方面的内容,即市场与审美需要、产品与产品的美、创造美的产品、促销中的美学、审美与国际市场的开发。作者从泛美学的新视角入手,用市场经销方面的实例论证市场经销的成败与泛美学有着密不可分的联系。指出商品价值的决定因素是人的需要,离开人的需要所有商品都谈不上价值。而人的需要则是包括人的生存需要与审美需要两大内容的。以此新视角研究美学与市场,探讨美学与市场营销的内在联系。(鲁野)

F000344 **国际市场预测与决策** 赖明勇等著。电子科技大学出版社 1994 年 1 月版。29 万字。7.50 元。系统阐述各种国际市场预测与决策的原理和应用算例。共分五章。第一章主要介绍国际市场预测概论及常用的各种预测方法;第三至四章主要介绍国际市场研究中几类实用的决策技术:单目标决策技术,多目标决策技术,多元统计分析技术以及国际市场经营决策技术。各章的重点不是理论方法的数学推导和证明,而是研究国际市场中的一些问题和处理方法。每章附有实际应用的案例。(谢晓辉)

F000345 **关贸总协定与走向开放的中国经济** 黄卫平等著。西南财经大学出版社 1994 年 1 月版。27 万字。8.90 元。有 11 章及 3 个附录。分别阐述关贸总协定的创始、发展,它的组织机构、协定文本、重要条款的解释;关贸总协定与南北经济的关系,关贸总协定与我国的关系,特别是与我国纺织服装行业、化学工业、航空工业、服务业等的关系;还阐述了我国重返关贸总协定的利弊。从知识性、实用性的角度,对关贸总协定及对我国经济的影响、如何利用关贸总协定作了初步的介绍和探讨。收入"国际经济实用丛书"。

F000346 **新疆区域市场** 彭成武、巫子彬主编。新疆人民出版社 1994 年 1 月版。22 万字。9.80 元。对新疆区域市场的形成、发展进行客观论证,分析新疆区域市场的现状、特点以及该区域市场发育滞后的原因,描述了新疆区域市场与区外市场的联系,指出新疆区域市场的调节趋向,提出发展新疆区域市场的总对策以及发展新疆区域各类市场的具体对策。揭示新疆经济发展的主要矛盾是巨大的资源潜力和有限的市场容量之间的矛盾;指出经济发展的指导思想应从资源为核心转向以市场为核心;提出客观经济调节的重心应由调节供给为主转向调节需求为主等一系列新的观点,为新疆经济宏观调控提供科学依据。(林丽)

F000347 **关税与贸易总协定辞典** 苏永青著。福建人民出版社 1994 年 2 月版。34.6 万字。11.00元。收词 700 多条。内容以关税与贸易总协定为主,涉及国际贸易活动的各个领域。分 10 个部分:关税与贸易总协定常识、关贸税则、关贸市场、关贸投资、关贸知识产权、关贸法则、关贸航运、关贸协约、关贸商务机构、附录。大部分词目直接介绍关税与贸易总协定的有关知识,主要包括关税与贸易总协定的概况、基本法律原则与例外、组织机构、运作方式、历次多边贸易谈判、乌拉圭回合的谈判进程,并以乌拉圭回合的几个重点议题为主线,介绍非关税措施、补贴与反补贴、倾销与反倾销、服务贸易、农产品贸易、争端解决机制与保障措施等。还介绍了关税与贸易总协定据以成立的经济理论范畴。附录收录关税与贸易总协定英文本及中文译本。(许宝强)

F000348 **从一到无限** 副名:连锁店的经营与管理。李晋源编著。中国经济出版社 1994 年 2 月版。30 万字。15.80 元。对连锁体系进行探索。纵向地考察它的历史发展和形态演变,深刻地剖析其经营管理的特色。介绍国外加盟连锁的步骤和经验,有

针对性地分析我国如何借鉴和利用这种先进的经营管理方法,并对连锁店的发展趋势作出初步预测。(邵岩)

F000349 **中国企业国际贸易惯例知识全书** 肖学文主编。中国经济出版社1994年2月版。322万字。180.00元。主要内容有:国际贸易法总论,国际贸易法分论,国际贸易结算,国际贸易谈判,国际贸易地理与法律规定,国际贸易文书写作,国际贸易管制,国际贸易争端的解决,国际经济组织,国际贸易惯例指南等10部分。(毛增余)

F000350 **国际贸易与金融** 吴西梅、杨欢亮编著。东北财经大学出版社1994年3月版。21万字。8.40元。高等院校经济类非国际贸易专业教材。共分3篇16章。第一篇阐述国际贸易,包括国际贸易理论、政策与措施、条约与协定,以及世界各国的对外贸易;第二篇阐述国际金融,包括国际收支、外汇与汇率、外汇市场与外汇业务、外汇风险和外汇管制、国际金融市场及资金融通方式;第三篇阐述贸易实务,包括国际贸易谈判与贸易合同,商品的品名、数量、品质、包装和价格,国际货物运输与保险,国际贸易贷款的结算,以及商检、索赔、不可抗力和仲裁。(许景行)

F000351 **跻入技术市场的谋略** 罗志保编著。广西科学技术出版社1994年3月版。1.55万字。4.50元。针对我国技术市场的兴起和发展现状,介绍跻入技术市场、进行科技成果贸易的策略和实施办法,以及对技术贸易效益的评估方法。(马如海)

F000352 **关贸总协定实用大全** 成希瑛主编。青岛海洋大学出版社1994年3月版。114万字。39.00元。共6编:关贸总协定基本知识;关贸总协定详解与应用;中国的复关问题及海外入关的经验;复关后对我国宏观经济的影响与对策;复关后对我国行业经济的影响与对策;关贸总协定有关文件汇编,如关税与贸易总协定全文、中国"复关"的有关文件等。(木青)

F000353 **最新国际贸易实务指南5000例** 罗锐韧编著。中国经济出版社1994年3月版。246万字。168.00元。收集有关国际贸易的最新资料,例如跟单信用证500号,1993~1994年国务院与外贸部对进出口业务的全部最新规定等。并介绍有关方面的知识,例如:进出口业务、经济地理、国际市场营销、国际商法、国际金融、国际贸易理论等。采用问答的形式进行介绍,每个问题都有案例分析。(卫南平)

F000354 **技术贸易经济学** 孙巍、金华斌等著。中国科学技术出版社1994年3月版。20万字。9.00元。系统论述技术商品理论和技术产品商品化的规律与条件,介绍技术贸易的发展过程,阐述单纯技术贸易方式和综合技术贸易方式的基本形式,深入探讨技术商品的价格理论、价格模型和定价策略,分析技术价款的支付方式及其对技术价格的影响,研究国际技术贸易的税费问题以及适用法律和解决争议的问题,通过综合案例,研究主要技术贸易方式的技术经济分析原理和评价方法。(陆宝英)

F000355 **芜湖海关** 王鹤鸣著。黄山书社1994年4月版。12.6万字。4.30元。在广泛收集近代芜湖海关资料的基础上,分12节着重介绍19世纪《中英烟台条约》签定后,芜湖正式对外开埠在中国近代经济发展中所占有的地位。其中涉及海关税收,进出口品种、数量等方面。总结和分析了芜湖海关对外贸易的特点和趋势:它的地位由升趋降,转口贸易占有重大比重,贸易关系国发生嬗变;它的对外贸易在19世纪后期迅速发展,20世纪初期曲折发展,并对安徽省近代经济发展有重要影响。书内附大事记和海关贸易统计资料。收入"皖情文库丛书"。(陈珏文)

F000356 **期货交易方略和技巧** 李位谋、徐柏园主编。农业出版社1994年4月版。12万字。5.40元。对国外期货市场的发展历史和现状以及期货交易的基本概念作详尽介绍。还结合国内外期货交易的实践,重点介绍期货交易的方略和技巧。(贺宏善)

F000357 **汉英经济贸易实用大全** 王艾芬、李天舒编著。陕西旅游出版社1994年4月版。80万字。32.00元。分汉英经济贸易应用文和汉英经济贸易分类词汇两部分及附录。第一部分包括对外经济贸易和进出口业务中各种常用的应用文:信函、合同、电传、单证和广告共5个单元、分别介绍各类应用文的使用范围、格式特点、语言风格,并附有典型实例和常用语;第二部分主要是对外经济贸易活动中所涉及的词汇和专门用语。范围广,词意新,分类排列,便于查阅。(冯冰)

F000358 **现代商务谈判** 李品媛主编。东北财经大学出版社1994年5月版。25.7万字。12.80元。阐述谈判的一些基本理论和原则,介绍谈判活动的内涵、要素及一般程序,并结合大量实例进行谈判战术及策略的研究,介绍谈判所需的基本技巧。每章后选编有自我评估测验试题。(朱艳)

F000359 **关贸总协定的国际规则与适用惯例**

范健、孙南申著。贵州人民出版社1994年5月版。22万字。8.46元。全面介绍关贸总协定的性质、制度、基本规则等诸方面。是了解关贸总协定知识的参考书。(姚必强)

F000360 **贸易结算国际惯例** 吴百福著。贵州人民出版社1994年5月版。19.5万字。6.89元。介绍在国际贸易结算中的各种票据、汇款、托收知识;各种信用证的使用和各种结算方式结合运用的知识。系“国际经济惯例丛书”之一。(姚必强)

F000361 **贸易价格国际惯例** 郭忠言、王一鸣著。贵州人民出版社1994年5月版。10.1万字。4.00元。对贸易价格国际通行惯例作具体介绍。作者指出,贸易实务活动包括发盘、接受、签订合同、履行合同四个方面。其中决定交易是否成功的关键是合同,合同的关键在贸易条件的洽谈,而确定贸易条件的关键又在价格条件洽谈。系“国际经济惯例丛书”之一。(姚必强)

F000362 **技术转让国际惯例** 徐明贵等著。贵州人民出版社1994年5月版。15.7万字。5.70元。介绍在国际交往中,技术转让的途径、形式、合同、价格和支付、转让程序和谈判、税收、法律及国际规章等内容。收入“国际经济惯例丛书”。(姚必强)

F000363 **边贸实用手册** 副名:怎样和独联体各国做买卖。温厉等主编。科学普及出版社1994年5月版。13.5万字。8.00元。随着我国经济的迅速发展和对外贸易的增长,边境贸易在改革开放的大潮中也迅猛发展。本书主要介绍我国怎样和独联体各国做买卖。介绍前苏联的自然资源、工业、经济和对外贸易情况,重点分析独联体各国的市场情况及特点,边贸、地贸的发展情况及消费热点、存在问题,独联体各国最需要中国的哪些商品以及现汇贸易、易货贸易等。(古立志)

F000364 **现代商学通论** 黄国雄、曹厚昌著。人民日报出版社1994年5月版。31.5万字。10.50元。共分15章,论述商业与市场,商业的社会职能,商业主体与商业行为,商业客体,商业活动的载体,商业经营机制,商业结构,商业规模,商业经营形式,商业竞争,商业风险,投机和商业秘密,商业价值观念,道德和信誉,商业投资与筹资,商业的调控与管理,现代商业革新等。以研究社会主义市场经济条件下商务活动的性质、特点、形式、过程和运行机制,来代替传统的计划体制下的商业经济学,探讨建立具有中国特色、反映市场经济本质要求的社会主义商业经济学。(陈伟光)

F000365 **上海对外经济贸易(1949～1990)** 上海《中国对外经济贸易丛书》编写组编。上海科学技术文献出版社1994年5月版。25.8万字。150.00元。系大型历史文献性书籍。系统记述建国以后上海对外经济贸易之历史沿革,反映41年来,特别是党的十一届三中全会以来上海对外经济贸易战线的发展新貌,展望上海外经贸深化改革、扩大开放的前景。卷首设总论,全面介绍上海外经贸的背景、发展成就和展望;下分10篇,内容包括:上海对外贸易;上海主要对外贸易企业及出口名牌商品;上海国际经济合作;金融、外向型经济区;涉外经济法规简介;上海外经贸直属单位人物简介;上海外经贸教育与科技;上海外经贸社会团体;上海外经贸大事记及附录。附录篇收入上海外经贸的主要统计资料;主要出口商品录;涉外经济法规以及上海外经贸的管理机关、企事业单位、海外机构、社会团体和外商驻沪机构名录等。该书涉及内容时间跨度长(达41年),资料丰富,其中有介绍270个单位的文章,大事记1 400余件,涉外法规56种,出口名牌商品87种,出口商品8 000余个,单位名录2 300家,统计图表200余种,图片400余幅。展示41年来整个上海经济的腾飞和巨大变化。(何兰林)

F000366 **现代经济人实务** 朱维慈、尹茂生编。天津人民出版社1994年5月版。21.7万字。8.00元。全面介绍经济人的概念、特征、分类,以及他们所起的作用和应具备的资格、条件、基本素质、必备知识、活动分类及对经济人的管理等,附录收有国家的有关文件。有助于在从计划经济转为市场经济的过程中,规范与发展商品交易市场的中介组织、经济人行为,更好地发挥其服务、沟通、公证、监督的作用。(薛应智)

F000367 **近代天津对外贸易(1861～1948年)** 姚洪卓主编。天津社会科学院出版社1994年5月版。25万字。7.50元(平);9.50元(精)。以大量的史实和数据勾画出近代天津外贸发展概貌,揭示近代天津外贸发展规律和性质;阐述影响近代天津外贸的诸多因素及英、日、美等国对天津外贸的控制。还介绍天津近代外贸进出口商品结构及其变化等内容。(赵荣)

F000368 **新疆与俄苏商业贸易档案史料** 新疆维吾尔自治区档案馆编。新疆人民出版社1994年5月版。54万字。19.80元。汇集1896～1949年间中国新疆与沙皇俄国及原苏联在开展商业贸易活动中形成的有关档案史料,主要有信函、电文、呈文、批文、命令、照会、帐目、报告等,内容涉及商业政策、贸易法令、商贸合同、贸易纠纷及其他一些相关问题。提供了研究近代新疆与俄、苏商贸活动的第一手资料,明晰地勾勒出该时期新疆与俄、苏间的商业贸易的发展轮廓。是研究中国与俄、苏贸易发展史的重要资料。(李春华)

F000369 **最新国际贸易港口手册** 王垂芳主编。中国经济出版社 1994 年 5 月版。137.4 万字。69.00 元。分 4 部分:1. 世界主要贸易港口介绍,介绍 2 000 多个贸易港口,其内容有贸易港口的功能和设施,相对和绝对地理位置,港口进出口货物和吞吐量,港市的经济状态和交通运输等;2. 世界其他港口一览表,简略列出 3 000 多个港口的中英文名称及经纬度;3. 国际贸易海运法规,收集国内外最新、最主要的 20 几个法规文本;4. 附录,有世界时区,中国沿岸主要港口至世界主要港口里程表,中国沿岸主要港口至世界洋区主要连接点间里程表和计量单位换算表等资料。按照国际贸易的实际需要编排体例,如海运是以大洋航线来开展业务活动,故对世界 2 000 多个主要港口以洋区及相连的洲区来分类,而对其他 3 000 多个港口则以洲区来分类;所在区域的国家及其港口均按英文字母顺序排列。(李晓岚)

F000370 **国际金融学** 刘军善、李健元主编。东北财经大学出版社 1994 年 6 月版。42.6 万字。16.80 元。对外汇与汇率、外汇交易与风险、国际货币体系、人民币汇率制度、国际收支、国际储备、利用外资、国际金融市场等诸多的国际金融理论与实务问题进行阐释。在研究外汇、汇率与外汇交易时,作者分析了我国人民币汇率制度的形成和发展,分析了我国外汇管理的历史演变和发展趋势,为实现人民币的自由兑换提出设想。在论述国际收支、国际储备、利用外资等问题时,结合国情,提醒人们注意国际收支平衡问题,要谨慎和充分地利用外资,关注国家的对外债务等。还将我国的金融问题放在国际大环境中去考察,分析国际金融领域相关协议协定等对我国的影响。(郭洁)

F000371 **古玉翡翠价格目录及鉴赏** 岳高等编著。四川大学出版社 1994 年 6 月版。9.5 万字。20.00 元。收录古玉翡翠图片 190 幅,其中包括有上至宫廷、下至黎民百姓曾经使用和拥有过的古玉翡翠。图片中的每件器物一般都标明名称、朝代、尺寸等。器物的价格标明估价和成交价两种。(陈克坚)

F000372 **现代平面广告设计·CIS 企业战略** 门德来、伍胜编著。西安交通大学出版社 1994 年 6 月版。29 万字。43.00 元。以大量的实例给专业设计人员一些启示和参照。用精炼的语言从构思、原理、图形、色彩、文字及形式、工艺和效果等方面集中概括总结;以相当的篇幅介绍广告创意的战略思想——CIS(企业形象整体设计)。附有设计实例,并从 CIS 战略的意义、目的和实施步骤方面作介绍,对提升企业精神和创建名牌的理论进行探讨。(刘影)

F000373 **国际贸易理论与实务** 程惠芳主编。浙江大学出版社 1994 年 6 月版。40.8 万字。15.00元。分上、中、下三篇。上篇为国际贸易理论与政策篇,系统阐述国际贸易理论与政策、关税与贸易总协定、国际技术贸易、国际直接投资与国际贸易等。中篇为国际贸易实务篇,以货物买卖合同为中心,重点介绍货物品质、数量、包装、价格、交货、支付等交易条款,交易蹉商,合同履行,贸易方式等。下篇为 GATT 与国际贸易惯例篇,附有《关税与贸易总协定》、《1990 年国际贸易术语解释通则》、《跟单信用证统一惯例》第 500 号出版物等。重视国际经济形势的变化,结合教学经验,将国际贸易的理论、政策、实务、惯例集为一体。(周庆元)

F000374 **中国保税区** 顾钰民等著。中国经济出版社 1994 年 6 月版。14.8 万字。8.00 元。兴办保税区是我国实施全方位对外开放战略的一项重大举措。保税区作为"境内关外"的一个特殊经济区域,其发展目标是要把它建设成为中国的自由贸易区。书中全面系统介绍兴办中国保税区的目的意义、优惠政策、功能与开发、管理体制、发展战略与目标、发展概论以及国外保税区的类型和特点。(苏耀彬)

F000375 **第三产业基础知识** 倪小庭等著。中国经济出版社 1994 年 6 月版。13.1 万字。6.50 元。共有 7 章。主要内容有:简述第三产业的由来、发展和现状,加快发展我国第三产业的目标,加快发展流通部门,加快发展为生产生活服务的部门,发展为提高居民素质服务的部门,加快发展第三产业的指导思想和主要政策措施,国外第三产业发展简介。收入"宣传·教育·行政·管理干部经济知识系列教材"。(栾建民)

F000376 **商业经济基础知识** 李金轩主编。中国经济出版社 1994 年 6 月版。11.7 万字。6.50 元。系统介绍商业经济基础知识,主要内容有:商业产生和发展,商业地位和作用,商业基本职能,商业基本活动,商品人才开发,商业价格,商业竞争,商业风险,商业文化,商业经济效益。收入"宣传·教育·

行政·管理干部经济知识系列教材丛书”。(毛增余)

F000377 **市场营销学教程** 李强主编。东北财经大学出版社 1994 年 7 月版。37.3 万字。13.80 元。从我国的市场实际出发，研究适用于我国企业的营销规律、策略、方法与技巧。内容分为 4 篇，15 章。第一篇市场营销原理，主要介绍市场与市场类型、市场观念、市场环境、市场调查与预测、消费者需求研究，以及企业目标市场的选择。第二篇市场营销策略，内容包括企业的产品、定价、渠道、促销四大策略。第三篇市场营销管理，叙述市场营销组合与市场营销战略、市场营销组织、对企业市场营销活动的分析与评价。第四篇国际市场营销，介绍企业进入国际市场的策略与方法。在系统阐述市场营销理论与实务的前提下，突出应用性强的营销实务与方法。每章后编有教学案例。(朱艳)

F000378 **中国地区间市场封锁问题研究** 陈甬军著。福建人民出版社 1994 年 7 月版。21 万字。7.80 元。以我国经济改革和发展过程中遇到的地区间市场封锁问题为研究对象。分 3 篇 10 章。上篇“现象考察”，共 3 章。第一、二章分别论述中国地区间市场封锁现象的表现和类型、定义和度量。通过对地区间市场封锁现象的归纳和分类，抽象出关于地区间市场封锁的一个基本定义和度量体系。第三章扼要描述地区间市场封锁产生的客观背景，以了解市场封锁产生的宏观条件。中篇“理论分析”，共 5 章，重点分析市场封锁的生成机制。第四章通过公有制市场经济若干利益矛盾的分析，从经济利益关系及其矛盾运动的角度，提供分析地区间市场封锁生成机制的一个基本理论框架和若干理论结论。第五章通过分析影响和导致市场封锁的诸因素，得出市场封锁生成的一个基本理论公式。第六章通过设立理论模型和实证，进一步分析形成市场封锁的三大主导因素。第七章运用理论模型和公式具体说明工业品和农产品市场封锁生成机制的差别。第八章讨论市场封锁对宏观经济、地区和产业经济以及企业经济的影响效应。下篇“对策研究”，共 2 章。第九章比较和借鉴国际经验。第十章提出在社会主义市场经济条件下，特别是 90 年代打破 市场封锁，促使各地区从封锁走向开放的基本对策思路。(刘进社)

F000379 **国际贸易概论** 上海广播电视中专组编。高等教育出版社 1994 年 7 月版。14 万字。4.65元。由全国广播电视中专协作组组织编写的财经类专业教材之一。对国际贸易的基本理论、政策、措施以及有关内容进行阐述，并根据我国贸易的特点对有关问题进行探讨。(沈秀兰)

F000380 **第三产业投资经营经要** 叶连松主编。河北科学技术出版社 1994 年 7 月版。92 万字。68.00 元。以邓小平建设有中国特色的社会主义理论为指导，结合我国第三产业发展的实际，借鉴国外的有关经验，吸收国内外有关第三产业的新知识，概述我国第三产业发展的现状和取得的新经验，预测今后发展的趋势，介绍第三产业中的各个行业投资、经营的思路、办法和应遵循的政策法规、应掌握的原则和应注意的问题等。共分 29 章，156 节。第一章至第六章分别介绍我国第三产业的现状与发达国家的比较，我国发展第三产业的战略意义、目标和重点、政策措施和宏观调控及统计标准和统计指标体系；第七章至第二十九章分别阐述交通运输业、邮电通信业、商品流通及商品市场、公共饮食居民服务业、对外贸易、对外经济合作和技术交流、金融业和金融市场、保险业、房地产业、劳动就业服务业及劳务市场、市政公用事业、地质勘查业、环境保护业、旅游业、科学研究事业、教育事业、知识、信息、广告和咨询服务业、综合技术服务业、文化事业、卫生事业、社会福利业和社会救济业、农村社会化综合服务业和农村市场及其他新兴第三产业的投资经营。(王浩荧)

F000381 **客房服务** 张立柱著。科学普及出版社 1994 年 7 月版。19.2 万字。6.00 元。对饭店及客房部的概况、前厅部、客房预定、大厅服务、问讯结账、客房基础知识、客房服务、清扫及管理等各个方面作详细具体的介绍。(陆宝英)

F000382 **国际经济贸易英汉、汉英双向辞典** 马迎军编。天津科技翻译出版公司 1994 年 7 月版。350 万字。77.00 元。共收单词、词组 20 余万条目(英汉、汉英累计)，内容围绕国际经济贸易各个环节，词汇涉及财政金融、股票证券交易、独资、合资、投标、招商、统计、会计、审计、租凭、海关、商检、包装、理货、仓储、货运、邮电、计算机、广告、保险、索赔、税务、进出口管理、经济法、贸易法、仲裁等多方面用语。还收录有关机构组织法规协议等专用名称、常用缩略语、英美经济贸易用语对照、货币名称表、度量衡表、商业符号及有关的拉丁语、法语、德语等外来语，内容非常广泛。参考了美、英、中最新的文献资料。以英汉辞典为主体，备有汉英检词索引。(马迎军)

F000383 **期货市场理论与实务** 生柳荣著。厦门大学出版社 1994 年 7 月版。22 万字。6.50 元。

系统阐述期货市场构成、金融期货、期权交易、期货市场投资、期货市场分析、期货市场管理及我国期货市场的历史、现状和发展思路等内容。理论介绍和实务分析,加以举例说明,通俗易懂。并从三个层面(期货市场的基本理论和基本操作技巧、国际期货市场比较、我国成长中的期货市场)、一条主线(期货市场的构成、运作和管理)作介绍。对期货市场诸现象的特征作了概括与总结。对西方国家及亚洲一些新兴工业化国家和地区(如新加坡、香港)期货市场组织与运作的比较、期货市场管理机构和体系的比较、会员制度的比较等,可为发展我国的期货市场提供参考。作者提出"先商品,后金融"、"先立法,后建设"的观点,对有步骤地发展期货市场、稳定规范期货市场都具有现实意义。(许红兵)

F000384　**市场营销学**　吴健安主编。安徽人民出版社 1994 年 8 月版。45 万字。12.80 元。以中国高等院校市场学研究会推荐试用的《市场营销学教学大纲》为基础联合编写。共 14 章,分别阐述市场营销学及其研究对象、市场及市场营销观念、市场竞争与营销组合、市场营销的战略规划、市场营销调研、市场预测、市场分类及市场细分化、消费者市场需求、产品策略、产品包装与商标策略、分销渠道策略、定价策略、促销策略、国际市场营销等。(李道平)

F000385　**营销心理与谋略**　窦胜功编著。东北大学出版社 1994 年 8 月版。36 万字。11.80 元。系统介绍营销心理与谋略的有关理论和知识。分为 4 篇 15 章。原理篇主要介绍营销心理学的研究对象、研究任务、学习营销心理学的目的和意义,介绍营销心理学的基本理论;购买者心理活动过程,购买行为的类型及其影响因素。经营篇主要介绍商品设计心理,商品名称、款式、商标、包装与心理,商品价格与心理。促销篇主要介绍商品广告与心理,增强广告效果的心理方法;人员推销心理,排除购买的心理障碍,商店(场)环境心理,柜台营销心理,营销谈判心理,营销人员的心理素质。谋略篇主要介绍营销活动的技巧与艺术,国际市场营销策略;选编了营销艺术 30 法、营销技巧 20 例,和营销策略口诀 80 条。(郝蕴卿)

F000386　**山西票商**　安介生编著。福建人民出版社 1994 年 8 月版。11.6 万字。3.80 元。"区域人群文化丛书"之一。通过对山西票商发展过程的分析,阐述山西票商对清代社会所产生的多方面影响,包括经济、政治、文化等。(林斌)

F000387　**当代热门生意**　梁育民等编。广东人民出版社 1994 年 8 月版。17.5 万字。6.80 元。主要介绍在日本、美国及港台地区近年流行的热门生意,也叙述较早以前的新发明和生意经。其中既有投资较大的生意,也有小本经营的生意。收入"现代经商与理财系列丛书"。(翁少敏)

F000388　**经济贸易地理**　陈承伟等著。广西民族出版社 1994 年 8 月版。30 万字。8.60 元。在传统经济地理基础上,着重研究贸易地理,将经济生产布局与贸易、流通有机地结合起来。(韦启福)

F000389　**21 世纪市场战略**　史自力著。河南人民出版社 1994 年 8 月版。23.2 万字。12.60 元。运用现代市场经济理论,分析国际国内市场,从复杂多变的市场行为中总结、归纳出一系列的市场营销策略和商品流通规律。具体内容包括:市场理论与战略构造,流通系统战略,物流的理论与实践,产品战略,价格战略,人员推销战略,促销战略,消费者行为,市场调查,市场营销组织、分析、决策、控制,市场与消费者问题,营销活动与法律,广告战略,国际市场营销战略。(王锦)

F000390　**中国物价史**　谭文熙著。湖北人民出版社 1994 年 8 月版。35.8 万字。15.70 元。记叙从西周起到 1949 年间中国历代价格思想、价格变化以及有关价格政策和措施的史实,研究中国历代统治阶级治理经济、管理物价的政策和措施。其特点有:在研究价值理论与价格思想方面,客观介绍各家之言。对历史上一些有争议的问题,明确表明自己的见地。如春秋时期子贡的"稀少价值论"、战国时期墨翟的价值概念、管子以来货币"数量决定价格高低",供求影响价格的思想等等。作者更多地是从历史条件与发展上考察这些理论。作者介绍了李悝、商鞅、王安石等历史人物在各自时代的理财治价之术。对其理论观点的评价客观公允。批驳了历史上祸国殃民的统治者实行通货膨胀政策并导致物价波动。作者认为,如果遇到非人力所能抗拒的天灾或安史之乱类的人祸,即使政府不搞通货膨胀,物价亦会上涨。(喻华伟)

F000391　**畜产市场运行与发展**　徐恩波等著。陕西人民出版社 1994 年 8 月版。25.3 万字。7.00元。分 13 章,其内容有:市场概述,畜产市场的演变与改革,畜产品市场需求,畜产品市场供给,畜产品供求关系,畜产品市场价格,市场对畜产食品的要求,畜产品市场营销策略,畜产市场调整与预测,畜产市场建设与管理,畜产市场经营效益评价,畜产品国际市场等。介绍国内外畜产市场的基本情况和历史经验，论述畜产品参与市场的基本策略，从理论和实践的结合上阐述我国发展畜产市场的必要性。作者认为，在社会主义市场经济条件下，我国的畜产业应从畜产市场建设和畜产经济两大方面展开，一是把畜产的生产和经营要作为一个独立的产业，二是畜产市场不仅指畜产品市场，还包括生产畜产品的生产要素的市场。(常平阳)

F000392 **价格理论** [美]米尔顿·弗里德曼著，鲁晓龙等译，过庚吉等校。商务印书馆 1994 年 8 月版。30.1 万字。10.20 元。作者是货币主义的创始人，1976 年诺贝尔经济学奖获得者，现任期坦福大学胡佛研究所高级研究员。1980 年和 1988 年曾来我国访问，并对我国的通货膨胀问题和价格改革发表了看法。本书是论述价格理论的专著，涉及商品价格形成、工资形成、税收对价格的效应以及资本和利息等内容。作者把宏观经济的货币理论引入价格理论，将宏观经济理论应用于微观分析。其研究对象主要是发达的资本主义经济。在剖析西方商品经济的价格形成后，找出了规律性的东西并加以理论化，对我国发展商品经济有参考价值。(程秋珍)

F000393 **销售策略和技巧** 李薇辉著。上海教育出版社 1994 年 8 月版。17 万字。4.80 元。从分析顾客的消费心理入手，对商业销售进行全方位、多视角、多层次的考察，对销售的市场策略、经营方式、操作技巧、决策艺术、价格策略、服务技巧、信息谋划、环境策划、管理诀窍等，均结合国内外市场实例作了介绍。作者认为，在社会主义市场经济中，人们可以通过各种手段、各种“武器”来打开商品的销路，促进销售。销售的策略和技巧各异，销售的结果也各异，销售是一门学问。促销包括广告、宣传报道、人员推销和销售促进四个方面。“销售促进”可通过赠奖、送样等诱导手段，使消费者直接从中得到实惠，从而加强销售，达到占领市场、扩大市场覆盖面的目的。(耿坚)

F000394 **国际经济贸易知识全书** 本书编委会编。中国经济出版社 1994 年 8 月版。350 万字。2 册。258.00 元。主要内容有：国际经济合作；国际贸易理论与实务；国际经济法；国际金融和国际结算；国际经济组织和会议；跨国公司及跨国公司财务管理；关贸总协定知识；世界主要国家和地区经济贸易概况；国际商检、运输和海关；中国对外经济贸易。(王振岭)

F000395 **现代市场经济学** 徐从才主编。中国科学技术出版社 1994 年 8 月版。30 万字。12.00 元。高等学校经济学专业教材。按照规范分析和实证分析相结合、历史与逻辑相统一的原则，沿着资源配置这条主线，对市场经济的历史发展、市场结构、市场体系、市场机制、市场均衡、市场发育、市场管理等进行详细论述。借鉴国外市场经济发达国家的成功经验，构建市场经济理论的基本框架，提出深化改革，加速我国社会主义市场经济发展的对策思路。(张秀智)

F000396 **国际市场营销管理** 薛求知、沈伟家著。复旦大学出版社 1994 年 9 月版。36.8 万字。15.00 元。为“大学管理类教材丛书”之一，适用于管理类、经济类及相关专业本科阶段的教学。以企业面向国际市场为出发点，共设置国际市场营销导论、海外市场机会分析与开拓等描述性章节。重点讨论国际营销环境分析，鉴于总体上我国的企业还处于初涉国际市场的现状，书中设有经济、技术与物质、政治与法律、社会文化、金融与财务四章阐述国际市场营销环境对企业营销战略和策略的影响。从第六章起，分别介绍国际营销信息系统管理与市场调研、国际营销产品策略、国际营销渠道策略、国际营销定价策略、国际市场促销策略、国际市场营销组织、计划与控制等内容。书后，编有“记中国卷烟打进世界市场”、“海欧方镜照相机在国际市场的夹缝中拓展”、“东柴厂小型发电机组出口冈比亚的教训”、“以合资方式建立海外销售渠道”、“白猫洗衣粉在香港市场的广告营销”等专题性案例 12 篇。在每章的结尾还附有复习讨论题。(刘子馨)

F000397 **国际贸易实务** 邵继勇主编。高等教育出版社 1994 年 9 月版。20 万字。6.40 元。由全国广播电视中专协作组组织编写的专业教材。内容包括：国际贸易市场，商品品名、品质、数量、包装和价格，国际贸易术语，国际货物运输，国际货物运输保险，国际货物结算，商品检验、索赔、仲裁与货物通关，国际贸易程序，国际贸易方式，国际贸易谈判技术与世界各地商人的谈判风格等。每章前有学习指导，适合自学。(李承孝)

F000398 **国际企业营销** 副名：理念·战略·技巧·案例。蒋青云等著。华东理工大学出版社 1994 年 9 月版。39.1 万字。17.50 元。在总结国际企业营销管理最新实践与理论的基础上，把企业理念、战略经营和技巧组合等融合一体，构造了市场营销的理论和策略体系。全新的企业营销管理将以企业形象策划为中心。书中用系统的观点分析现代企业竞争与营销活动，指出国际企业竞争与营销必须在技巧层次、战略层次和理念层次上全面展开。还将营销基本原理与国际营销理论综合论述。书末附有15个国内外企业的营销案例。(徐惠娟)

F000399　**建设市场交易与管理**　张检身编著。经济管理出版社1994年9月版。118.4万字。55.00元。共有8章:建设产品与建设市场概论;建设项目招标;建设项目投标;进度计划与合理工期;工程价格与经营决策;技术进步与科技政策;管理与监督;国外工程承包企业经营管理等。系统地总结和论述我国建设市场开放以来建设产品的生产、经营与交易全过程的理论与实践。从建设产品交易——建设项目招标与投标的特征出发,论述建设产品生产过程中质量、工期、效益之间的相互关系和控制程序与方法,并运用典型建设项目实例,介绍建设招标文件、招标标底的制定和招标报价的策略与技巧;结合我国工业、交通、城镇建设等方面的技术政策,将国内工程建设中所取得的重大技术成果及其转化为现实生产力的途径作了剖析和介绍,为工程设计和施工单位在建设市场竞争中向社会提供优质产品、加快建设速度、节省原材料与燃料、降低工程成本、提高企业效益提供了经验;对国家科技奖励政策、申报程序以及工程建设科技成果奖励范围作了介绍;还从分析国内外建设项目管理方式入手,对我国工程监理、合同管理和项目后评价等方面进行深入讨论,总结了国内项目管理经验等。(苏全义)

F000400　**国际商务谈判**　副名:原则、方法和艺术。张祥著。生活·读书·新知三联书店(上海)1994年9月版。20万字。10.80元(平);27.00元(精)。关于商务谈判的专著。从中国的国情出发,通过大量真实的谈判案例,以生动的语言,叙述谈判理论的新观点、新方法。分7章,主要内容有:阐述国际商务谈判的原则:增加整体利益,进行公平竞争,善于适时妥协。指出,国际商务谈判是一个周而复始的过程,并不因双方达成协议而终止 。在国际商务谈判的价格问题上,提倡"一分钱一分货"、"货真价实"的原则,认为片面强调"价廉物美"会使谈判结果走向反面。还分析了国际商务谈判存在各种风险的原因、发生条件;国际商务谈判的僵局等。特别强调,人在谈判过程中的重要因素。(阿培)

F000401　**直销战略与策划**　王行业、韩俊红编译。石油工业出版社1994年9月版。9.5万字。4.80元。从企业销售的总体战略入手,引进先进的销售观念,如战略行销、销售漏斗和双赢策略等;以直销实例证明:选择正确、有效的销售策略,是保证销售成功的关键。(黎明)

F000402　**谈判与推销技巧**　张照禄等著。西南财经大学出版社1994年9月版。20万字。10.80元。以大量实际事例为基础,深刻阐述商品推销方面的知识,论述商业推销战略、策略及商业谈判技巧;提出一些需要由经济学或技术经济学来研究的课题,如"零的原理"、"商品市场寿命周期"等;作者认为,实用经济学需要理论经济学的指导,它的建立和发展需要相关的经济学的配套。引用了自古今中外的实例。

F000403　**宋代广州的海外贸易**　关履权著。广东人民出版社1994年10月版。16万字。8.00元(平);18.00元(精)。论述宋代岭南地区的政治、经济、文化中心——广州海外贸易的基本情况,及其特点、作用、影响和局限性。分9部分:一、广东历史文明的走向和特点;二、宋代以前广州的海外贸易;三、10世纪至13世纪外国与中国的海外贸易的关系;四、宋代广州海外贸易的依据;五、经济思想、商业政策与海外贸易;六、宋代海外贸易的经营管理;七、宋代广州的海外商品在国内的运销;八、宋代广州海外贸易发展中的局限及其影响;九、广州的海外贸易与宋代中外友好往来及文化交流。书中重点论述如下问题:宋代广州海外贸易兴起的原因及发展的道路;宋代政治的专制与经济开发的放松之间的矛盾对海外贸易的影响;宋代广州海外贸易是怎样在封建专制主义和官僚营商的强控制以及其他种种干预的夹缝中艰难曲折地进行的?这种在夹缝中成长起来的商品经济对封建自然经济起了多大的分解作用?收入"岭南文库丛书"。(曾宪志)

F000404　**培育和发展市场体系**　陈章进等主编。广西人民出版社1994年10月版。7万字。3.50元。结合广西深化改革的实际情况,从社会主义市场体系、金融市场、劳动力市场、房地产市场等方面,阐述社会主义市场经济的基本理论和知识。收入"社会主义市场经济知识丛书"。(邓耘)

F000405　**国际市场经营辞典**　赵旻主编。南开大学出版社1994年10月版。134.4万字。39.50元。收集与国际企业经营业务有关的3 000余条实用辞目,从国际市场的基本知识、基本理论、经营环境、市场研究、经营战略策略、营销组织与管理、经营实务、专项市场及国际经营组织等方面,介绍有关国际市场经营的知识。其中市场研究、经营战略策略及经营实务与营销组织管理的内容,为人们识别、进入各类国际市场并在其中运作及其"后方"的管理提供具体指导;专项市场(包括外汇市场、证券市场、农产品、纺织品及机电品市场、旅游市场等现代国际市场)及国际经营主要组织则提供全方位认识国际市场的形象视图。有3种索引。分类索引、英文索引分置于正文的前后;正文词条按音序排列。(胡晓清)

F000406 **期货致胜韬略** 王海滨著。山西人民出版社1994年10月版。30万字。15.80元。共分3篇15章。"基础篇"纵览期货交易全貌;"谋略篇"详细剖析商品期货、金融期货、期权交易的保值策略和投机技巧;"致胜篇"系统归纳总结了当代期货交易权威理论的精华。融期货理论与实际操作于一体,立足国内实际,重点阐述期货交易转移风险、实现保值这一最基本的功能。(高美然)

F000407 **对外贸易谈判基础与技巧** 吴静潮著。天津教育出版社1994年10月版。10.2万字。5.00元。以邓小平建设有中国特色的社会主义理论为指导,为企业员工参与对外贸易谈判提供实用的基础教材。分3部分:第一部分论述对外贸易谈判的地位和作用;第二部分具体讲述谈判的组织、过程和策略,如:怎样进行价格谈判,外商在谈判中的心理、思想动向和惯用手法,如何防止不法外商的诈骗手段,在谈判中的策略和技巧,如何签订合同等;第三部分为谈判中的基本礼节。(冯今声)

F000408 **中国期货大典** 田源主编。石油工业出版社1994年11月版。320万字。258.00元。分7篇,全面系统地介绍期货交易的理论和实务,各种期货商品的产需情况及影响价格的因素,各种金融工具的特性及影响价格变动的因素,期货交易的综合技巧及技术分析手段等。还介绍国际期货市场管理,世界各国期货交易所及结算所概况、国际期货交易计算原则及方法。附录列出芝加哥期货交易所期货合约规格、远东盘期货概况、美国NFA期货经纪人资格考试资料及期货术语解释等。(黎明)

F000409 **商业企业债权债务实用范本** 姚青琪、陈炎顺著。天津社会科学院出版社1994年11月版。38万字。17.00元。"中国债权债务实用范本系列丛书"之一。根据新税法、公司法、新财会制度的要求,阐述商业企业债权债务的基础知识;商业企业债权债务纠纷防范与解决;商业企业依法签约,有效履约的办法;商业企业合理负债经营;商业企业债权债务的财务、税务、统计处理;商业企业债权权益保护与债务清偿;商业企业债权债务的资产评估与资产转让等。(李民)

F000410 **宋代东南市场研究** 龙登高著。云南大学出版社1994年11月版。18万字。8.00元(平);12.00元(精)。选取宋代东南地区为考察区域,对中国古代市场的发展及其结构作探讨,分6章:第一章农村市场,第二章城乡市场等级网络,第三章东南地区的商品流通,第四章货币流通与市场价格,第五章市场营销与商人资本,第六章封建市场比较研究。运用中外市场理论,对宋代东南市场作定性分析及定量分析,认为宋代东南市场比国内其他市场发展程度更高,单就市场的繁荣而言,也超过同期的西欧市场。宋代东南市场取得的成就在中国封建市场史上居于重要地位。(戴杭)

F000411 **推销原理与技巧** 侯铁珊著。大连理工大学出版社1994年12月版。30万字。11.00元。由4部分组成:第一篇理论篇,包括整体销售观念与体系、推销的基本范畴、销售方式的比较;第二、三篇是工具篇,其中包括:顾客购买的基本心理活动、顾客的个性心理特征、市场需求与购买动机、购买行为分析、组织购买行为等;第四篇是策略与技巧篇,介绍有效沟通的理论与方法,克服异议、谈判与成效的程序与策略。(刘晓晶)

F000412 **能源价格理论研究** 于立著。东北财大出版社1994年12月版。16万字。8.10元。集中探讨我国的能源价格理论。全书的核心是第四章"能源价格新论Ⅰ:基本理论模型"。作者首次在国内提出:石油、天然气、煤炭等常规一次性能源属于耗竭性资源,不可再生,因此在其价格构成中,必须包括绝对地租性质的资源补偿费,即"能源价格构成=边际开采成本(包括正常利润)+资源补偿费",并作全面论证。还阐述耗竭性能源价格特有的变化规律,即:资源补偿费在扣除通货膨胀因素之后,必须以市场利率的速度上涨,才能实现能源资源的动态最优配置。这对于能源价格的制定和调整,很有意义。还对能源价格理论模型在应用中遇到的若干实际问题,如能源的接替问题、新探明储量问题、边际成本变化等,作深入分析。作者以电力行业为例,评述边际成本定价有关理论与政策问题,研究了能源价格有关的其他理论问题,如"行业价格扭曲率"的计算公式和"纵向价格双轨制"问题等。(杨跃先)

F000413 **广东对外经济贸易史** 徐德志等著。广东人民出版社1994年12月版。27.7万字。13.80元(平);23.80元(精)。"岭南文库"丛书之一。叙述广东从古至今两千多年来对外贸易、对外经济事业的发展历程;展示外经贸工作在促进全省社会经济进步,提高全省在国家社会经济中的地位等方面的巨大作用;充分论述并肯定广东对外经济贸易事业的地位;总结了广东对外经济贸易史的经验教训,提出今后搞好广东对外经济贸易工作的对策和建议。其特点如下:一、是第一本比较系统、全面地研究广东对外经济贸易史的专著。二、在叙史的基础上,着意探索广东对外经济贸易工作的经验教训。各篇有专章作思辩性探讨。如通过对中国古代贸易史的考察,阐述“中国的发展离不开世界”的道理;通过总结广东近代百年来外贸事业备受帝国主义摧残的惨痛历史,指出“广东近代对外贸易史是中国百年屈辱史的缩影”等。三、学术研究为经济建设服务,书中提出的对外经济贸易工作的对策和建议,对搞好广东今后的外经贸工作不乏指导意义。(曾宪志)

F000414 **社会主义商品流通问题研究** 詹宏松著。广西人民出版社 1994 年 12 月版。19 万字。11.00 元。以马克思主义经济学理论和建设有中国特色的社会主义理论为指导,系统研究和探索社会主义市场经济条件下商品流通理论和实践的理论专著。共 13 章,第一至第三章集中探讨社会主义市场经济体制的建立过程,商品流通在经济生活中的地位;第四至第九章探讨商品流通本身的几个重要问题,如流通渠道、流通秩序、流通壁垒、流通与竞争、农产品流通与农村市场、边境贸易;第十至十三章,对当前商品流通中存在的几个问题,如工农产品比价、通货膨胀、加入关贸世界组织、深化流通体制改革等作深入探讨,并提出相应的对策。第一次提出“流通也是产业”的论断。(邓耘)

F000415 **中国专业市场指南** 柳随年、吴敬琏主编。山西人民出版社 1994 年 12 月版。200 万字。95.00 元。有关专业市场的大型工具书。收入全国有影响的一千多家专业市场的资料介绍,反映我国专业市场发展的基本状况。包括工业消费品市场、农副产品市场、生产资料市场、金融市场、技术市场、信息市场、拍卖市场等若干类。分别介绍每家市场的名称、地理位置、交通情况、交易品种和规模、辐射范围、管理机构、管理办法、历史沿革、管理机构、联系方式等内容。(水天生)

F000416 **宏观市场营销研究** 甘碧群著。武汉大学出版社 1994 年 12 月版。22.4 万字。8.50 元。宏观市场营销,是从总体或从社会的角度来考察的市场营销活动。本书共分 10 章,分别对宏观市场营销的涵义,及其与微观市场营销、政府调控的关系,宏观市场营销机构及其职能,宏观市场营销系统与营销效率分析,产品策略、价格策略、分销策略、广告策略在社会中的总体作用,政府职能部门对企业营销活动的调控,保卫消费者权益运动与企业营销活动等问题进行了分析和评介。收入“中国社会主义市场研究丛书”。(刘爱松)

财政、金融

F000417 **国际金融理论与实务** 万鸿义主编。天津大学出版社 1994 年版。26 万字。9.90 元。主要内容包括:国际收支、国际储备、外汇汇率、外汇业务实务、西方国家的外汇汇率理论、外汇汇率制度与外汇管制、国际金融市场、国际货币体系、国际结算、我国利用外资问题等。在利用外资问题上,运用系统动力学等知识,结合我国利用外资的情况,通过定量方法提出利用外资的适度规模,预测我国今后可能的利用外资数量。(刘铁)

F000418 **中国投资指南(第五版)** 外贸部外国投资管理司、中信出版社编。中信出版社 1994 年版。102.2 万字。120.00 元。介绍中国投资环境、吸收和利用外资的大型工具书。第一版于 80 年代初面世。前四版除了中文版外(包括繁体字版),还出版了英文版、日文版。第五版共计 21 章,以指导外商来华投资和引导吸收外资为重心,以在华投资的必备业务和运作程序为主线。主要内容为:中国利用外资概况,中国的投资环境,中国利用外资的政策,中国产业概貌与投资重点,各地区投资环境与投资重点,外商投资的主要方式与特点,吸收外商投资的目标与优先领域,管理外商投资的政府机构与审批程序,外商投资企业的物资供应和产品销售,政府部门涉外机构与服务单位,中国经济和利用外资的主要统计数据等。第五版与前四版的衔接具有继承性,又适应了抓住机遇加速发展的新形势,具有创新性。(李德宝)

F000419 **新税制指南** 王连清著。河南人民出版社 1994 年 1 月版。37.1 万字。12.50 元。采用问答的方式,从理论和实际的结合上解答了增值税、消费税、营业税、资源税、外商投资企业和外国企业所得税、企业所得税、个人所得税、房产税、车船使用税、城镇土地使用税、城乡建设维护税、印花税、投资方向调节税、屠宰税、土地增值税、遗产和赠与税、证券交易税所涉及的主要问题,并对征管基本法规、税务行政复议、发票管理等问题进行论述。(张素秋)

F000420 **金融辞海** 尚明主编。吉林人民出版社 1994 年 1 月版。520 万字。180.00 元。主要内容包括：金融基础理论；货币与货币流通；信用关系；工商信贷；银行出纳；国际金融；租赁与房地产；保险；金融稽核；资产评估；金融机构；金融法规；金融著作；金融管理等。（关静）

F000421 **新编财政与金融** 李海波主编。立信会计出版社 1994 年 1 月版。42 万字。11.30 元。系普通高校及成人高校“财政与金融”课程的教材。分为“财政篇”和“金融篇”。联系实际阐述国有资产评估管理、预算外资金管理、财政调控等内容。（朱肖鼎）

F000422 **境外投资实务手册** 李月升主编。上海远东出版社 1994 年 1 月版。181.8 万字。98.00 元。共 8 章。主要内容为阐述对外投资的理论、政策、法规、投资环境、投资战略、投资实践以及具体投资案例。其特点是与国际经济接轨，有很实用性和可操作性。（戴群利）

F000423 **新税制学习手册** 陈鸿捷、蒋戈主编。中国书籍出版社 1994 年 1 月版。23.7 万字。8.20元。以“税收基本知识讲座”为主线，展示新税制下税收征收管理的全貌；以学习参考和法规附录的形式，介绍 1994 年税制改革的主要内容，如增值税、发票等。（章宏伟）

F000424 **西方市场经济财政学集萃** 潘心城主编。鹭江出版社 1994 年 1 月版。17.2 万字。6.50 元。将西方著名经济学家和财政学家有关财政学说的精萃汇集成册，按人立篇予以介绍。共介绍 26 名西方经济、财政学家的学说思想，包括古典经济学派、凯恩斯学派、后凯恩斯主流派、货币学派等西方各个时期主要经济学派代表人物的理论体系和政策主张。（甘于黎）

F000425 **英日汉金融词汇** 徐士敏编。北京理工大学出版社 1994 年 2 月版。66.1 万字。18.50 元。选编金融专业词汇万余条，内容包括金融基础、货币、信用、银行实务、国际金融、金融机构、外汇、会计结算、投资信托、证券以及保险等各个方面。词汇正文用英日汉三种文字对照编排，中文释义简明扼要，符合专业规范。为便于读者检索，增编日语索引和汉语索引。（徐传斌）

F000426 **社会保险大全** 傅华中等著。河南人民出版社 1994 年 2 月版。125.5 万字。30.00 元。介绍我国社会保障的工具书。收集 3 000 个辞条，200 个问题解答，近千个汉英对照的社会保险常用词汇，还有大量有实用价值的国家法规国际公约和建议书，以及国内外典型资料，还有我国 40 年的社会保险工作大事记。辞条除介绍有关生育、疾病、医疗、老年、遗嘱、残疾、工伤、失业等社会保险知识外，还介绍经济学、社会学、法学医学、人口学等相关学科的基础知识。书中名词解释和问题解答，都有文件依据；有关国家法规、国际文献、典型材料均有参考价值。（刘成斌）

F000427 **企业纳税实务指导** 于中一著。中国经济出版社 1994 年 2 月版。35 万字。12.20 元。以新税收制度和财会制度为依据，用问答形式介绍我国新颁布的各种税种、税收的政策界限，分行业解答各类企业在其经济活动过程中遇到的各种税收问题，包括具体的税额计算和账务处理方法。第一篇现行税制篇，介绍增值税、消费税、营业税、关税、企业所得税等 16 项税收内容；第二篇为企业纳税篇，介绍工业企业、商品流通企业、交通运输企业、建筑安装企业、文化教育、金融保险等 12 个行业的纳税税种及优惠条件；第三篇是纳税制度篇，介绍包括税务登记、纳税申报、税款缴纳、账簿凭证管理等 7 个方面的内容。（马晓玲）

F000428 **实用税收计算手册** 薛亚松、李钦编著。中国经济出版社 1994 年 2 月版。32 万字。11.80元。根据行业特点选择 200 多个实例，对现行各税种的税收制度、税款的计算、缴纳和会计处理方法，进行系统分析讲解，分行业介绍各种应纳税额的特殊计算方法。还对企业在其经济活动中可能遇到的各种税收问题特别是税收争议的解决程序作了介绍。共分 4 篇 17 章。第一篇流转税类的计算；第二篇所得税类的计算；第三篇其他税类的计算；第四篇税务行政争议审理。附件有：资源税税目税额明细表；几个主要品种的矿山资源等级表；固定资产投资方向调节税税目税率表。（马晓玲）

F000429 **纳税检查** 王诚尧著。中国经济出版社 1994 年 2 月版。30 万字。11.80 元。针对《企业财务通财》、《企业会计准则》实施后会计核算的特点，详细介绍纳税检查的作用、要求、内容；纳税检查的方法、形式和步骤，并通过案例系统介绍新税制出台后各种税的计算、缴纳和会计处理方法，以及税收检查的技巧和检查后的账务处理。共分 6 篇 16 章。第一篇纳税检查概念；第二篇流转税的检查；第三篇所得税的检查；第四篇其他各种税的检查；第五篇纳税检查的终结；第六篇税务行政复议、诉讼。每章后还附有思考题和练习。（马晓玲）

F000430 **美国税收政策** [美]约瑟夫 A·佩契曼著，李冀凯、蒋黔贵译。北京出版社 1994 年 3 月版。25万字。9.30元。全面、系统地阐述美国税收制度的理论基础、立法及演变过程、主要税种的特征以及联邦、州、地方政府税收结构等有关美国税制的基本问题。同时针对80年代以来美国税收制度的“戏剧性”变化，在前四版的基础上，重点补充和强调了1983～1987年税收制度所碰到的新问题，如全面所得税制，税收对经济的激励作用，按照通货膨胀率调整所得税等。作者从1962年至1983年在布鲁金斯研究所任经济课题负责人，同时兼任政府和公共机构的顾问，并在斯坦佛、麻省理工学院、耶鲁等著名大学执教税收政策，是美国税收政策方面的权威。此书已被译成多种文字出版。(阎华)

F000431 **财税改革百题问答** 财政部办公厅编。新华出版社1994年3月版。12万字。4.80元。为配合开展财税体制的改革，本书选择100个人们普遍关心的问题作通俗性的解答，着重阐述财税改革的背景和主要内容，对一些有关政策作详细宣讲。(徐光)

F000432 **金融市场操作全书** 刘鸿儒、郑家亨主编。中国统计出版社1994年3月版。290万字。148.00元。系统介绍金融市场的知识、实务、投资技巧、政策法规和案例。分为金融理论卷、金融机构卷、战略技术卷、金融市场卷、金融工具卷、企业投资卷、会计审计卷、法规案例卷等8卷。(蒋克毅)

F000433 **现代投资理论分析** 程希骏等著。安徽教育出版社1994年4月版。40.5万字。9.40元。吸收国内外关于投资理论研究的最新成果，系统阐述工程投资理论和证券投资理论。内容包括：工程投资敏感性分析，风险分析，Porefolio理论概述，最小方差集，资本资产定价模型，利率的期限结构和债券定价、期权与期货的定价等。(童奇道)

F000434 **中国新税制指导** 许永现、余功斌主编。长春出版社1994年4月版。32.3万字。9.80元。主要内容有：第一章中国原有税制的基本格局；第二章90年代中国税制大变革的背景；第三章90年代中国税制大变革的总体思路；第四章增值税制度；第五章消费税制度和营业税制度；第六章企业所得税制度；第七章个人所得税制度；第八章资源税制度；第九章土地资源税制度；第十章财产、行为税收制度；第十一章农业税收制度；第十二章关税制度；第十三章落实配套措施，全面推行新税收制度。附录收有国家有关税收的条例和规定。(张耀民)

F000435 **炒金炒汇100击** [香港]黄荣灿著。广州出版社1994年4月版。26.8万字。18.00元。透彻地讲解金、汇、股市场与经济增长率、通货膨胀率、利率，各国货币政策、财政政策以及世界政治发展的关系，辩证地解释变幻莫测的金汇市场中利好利淡因素，作出技术分析，掌握波谲云诡中的规律。(甘谦)

F000436 **金融实际问题探索** 曾康霖著。西南财经大学出版社1994年4月版。20万字。8.50元。共21个课题。每一课题都冠以“怎样看待”提出问题，并作出回答。其主要内容有：什么是真正的银行，怎样看待我国的货币银行，我国的货币供给，货币的多少，流通是否正常，“体外循环”，通货膨胀，现实积累，金融形势等。

F000437 **中外股票大王——股市最精彩的搏击** 何学林、马冬梅著。中国经济出版社1994年4月版。15万字。9.80元。分析与总结股票投资实践经验的通俗读物。有14篇。考察和分析了13位中外股票大王，并选择最典型的实例，总结了最成功的经验和最有益的启迪。阐述了股票投资的实质，即：股票投资不像商业那样买卖商品，也不像工业那样生产商品，股票投资抽去一切中介，直接以钱“炒”钱。介绍的实例蕴含高超谋略和深邃的哲理。(苗青)

F000438 **中华人民共和国新税制通释** 国家税务总局编。中国经济出版社1994年4月版。53.8万字。98.00元。分别对增值税、营业税、消费税、资源税、进出口税、土地增值税、企业所得税、个人所得税进行阐释。附录有新税制法规。(卫南平)

F000439 **炒股大王秘笈100** 北京美怡证券咨询公司编。广州出版社1994年5月版。13万字。8.80元。为新兴中国股市的9位投资者、股评家、经纪人合撰。共分9篇100则，叙述他们的传奇经历、赢家策略、实战诀窍、炒秘招。作者有新兴中国股市最早的成功者“杨百万”(杨怀定)，学者型投资专家、博士总经理王师勤，人称“杨浦一怪”的上海股民李双成等，多为当今股市的传奇人物。本书生动地介绍股市风云中的典型问题。例如，如何运用学到的金融知识果断入市，完成“百万”历程；如何从股市一天的开市到收市各个时间段的升跌规律中寻求短线买卖的时间诀窍；如何运用几何轨迹，回避股市暴跌等。(王家声)

F000440 **外商投资国际惯例** 孙南申著。贵州人民出版社1994年5月版。14.3万字。5.29元。论述有关外商投资的一套国际通行惯例，使人们了解外资项目成功与三资企业盈利的一般规则与习惯做法。内容包括：外商投资的可行性研究、合同谈判、企业设立、资金筹措、组织管理、技术引进、经营管理和财务管理等方面的国际惯例与做法，并结合我国举办外商投资企业的实际情况，介绍按国际惯例运作的成功例子与经验教训。收入"国际经济惯例丛书"。（夏昆）

F000441 **国际收支与国际结算** 任劲编著。贵州人民出版社 1994 年 5 月版。12.2 万字。4.69 元。国际收支和国际结算，经过数百年的实践，已形成一整套系统的、为各国银行、贸易和法律界公认的国际惯例。该书从国际收支，货币汇率，国际储备，外汇管制，国际结算与支付协定，国际结算方式，国际结算中的票据，国际结算中的单据，各国银行间资金清算系统等方面，介绍这一国际通行惯例。收入"国际经济惯例丛书"。（夏昆）

F000442 **各国中央银行管理与运作** 王大伟等著。贵州人民出版社 1994 年 5 月版。15.1 万字。5.55 元。介绍世界各国特别是市场经济发达国家的中央银行的管理概况，并进行实例分析，以帮助读者从实践的角度了解中央银行管理的惯例和主要运作方式，为我国的改革与实践提供借鉴。（姚必强）

F000443 **外商投资企业会计与纳税实务指南** 古少龙、杨龙主编。海天出版社 1994 年 5 月版。33 万字。20.00 元。财会税收类工具书。由上下两篇组成。在上篇"外商投资企业会计实务指南"中，把外商投资企业会计处理中遇到的问题，诸如外商投资企业如何进行内部往来的核算，什么是外商投资企业的其他资产，应如何作价入帐，如何进行摊销等，归纳为 177 个问题，并作明确的回答。下篇为"外商投资企业纳税实务指南"，根据不同的税种及管理办法提出 304 个问题，并作分析与解答。（来小乔）

F000444 **外汇市场与外汇业务** 杨玉川、段文斌主编。经济管理出版社 1994 年 5 月版。30 万字。9.80 元。根据 1993 年 12 月 28 日中国人民银行《关于进一步改革外汇体制的公告》编写。设前言、11 章正文和 2 个附录，主要内容是：外汇基本知识；外汇市场；外汇买卖实务；外汇汇率走势预测；外汇风险管理；外汇融资；外汇会计；外汇管制；人民币汇率和外汇市场；我国外汇管理法规；外汇常用术语、机构和协定中英文对照等。（苏全义）

F000445 **国际金融学** 裴平、于润著。南京大学出版社 1994 年 5 月版。43.5 万字。19.50 元。国际金融学是研究货币资本在国际间周转与流通的规律、渠道和方式的一门理论与实务相结合的学科。它的研究对象随着世界经济贸易的发展和国际经济关系的演变不断充实、扩大。本书对国际金融学研究对象的研究，主要把握三个方面：1. 揭示国际间货币资本周转与流通的规律；2. 反映国际金融领域出现的重大变化与创新；3. 指导各国乃至国际社会的具体实践。（张红波）

F000446 **中国股份经济与证券市场考察** 李树桂著。四川科技出版社 1994 年 5 月版。22.4 万字。9.50 元。研讨企业改制工作的专著。多角度审视社会主义股份经济及由其所带动起来的股票、证券市场，并给予历史的、哲学的、经济学的思考与评价。主张逐步建立适应市场变化与发展的领导体制、决策体制、约束体制和企业组织框架，形成"企业围着市场转，产品随着市场变，效益在市场竞争中实现"的新管理格局。在揭示经济结构深层矛盾与摩擦的基础上，描绘出一幅股份经济与证券市场协调、健康发育的全景式画面。（赵健）

F000447 **新编国家税收** 张晓华等著。远方出版社 1994 年 5 月版。23 万字。12.00 元。遵循税收科学的一般规律和特点，系统阐述税收的基本理论和我国现行税制的主要内容。对税收的本质及特征、税收的职能与作用、我国税制构成及建立的原则、税收负担、税负转嫁等基本理论问题进行分析；依据我国税制改革的政策精神和颁布的税收法规、条例等，对 1994 年实施的新税制进行全面的介绍，并从理论上进行论证。（张晓华）

F000448 **新兴的市场——中国证券市场的兴起与发展** 高尚全、迟福林主编。海南出版社 1994 年 6 月版。16 万字。9.80 元。共分 7 个专题：一、中国证券市场的发展及面临的问题，主要阐述我国证券市场发展过程、现状及面临的问题，上海、深圳证券市场的回顾及发展对策；二、证券发行市场，阐述我国股票发行市场面临的问题，股票发行模式及股票公开发行价格的确定；三、证券交易市场及其监管，主要阐述我国证券交易市场层次和布局、监管系统及反欺诈交易；四、公股流通问题，阐述公股进入市场的必要性与难点、流通的模式及若干配套措施；五、政府在证券市场中的作用，阐述政府在证券市场中的职能、政策抉择及证券市场的规范化和法制建设；六、证券市场国际化，主要阐述我国 B 股市场的发展与完善，证券市场国际化的障碍与对策；七、证券市场的国际比较，阐述股票市场发展演变的模式及其国际比较，探讨世界证券市场的发展趋势。（黄循伟）

F000449 **中国救灾保险通论** 郑功成著。湖南出版社 1994 年 6 月版。32.3 万字。12.40 元。论述救灾改革与救灾保险的专著。简要回顾中国传统救灾体制的形成、作用和局限。提出并着重论述了三维救灾机制论，这种新的体制是“包括国家紧急救济、灾害社会保险、灾害商业保险在内的，相互协调的三维救灾体制。”书中初步勾勒了救灾保险的灾观理论体系，探讨了如救灾保险的本质、原则和特征，救灾保险的地位和功能，救灾保险与社会保障及农村商业保险，救灾保险法律制度等问题；并详细阐述农作物救灾保险、养殖业救灾保险、农民家庭财产救灾保险、劳动力意外伤害保险的方法和程序。(胡如虹)

F000450 **中国银行业史** 黄鉴晖著。山西经济出版社 1994 年 6 月版。31.6 万字。12.00 元。以时间为经，以事件为纬，分 4 篇 15 章系统阐述中国银行业产生、发展的过程，描绘了帐局、票号、钱庄相继转化为银行业的历史进程及中国银行制度发展的三个阶段。在总结评价历代政府对银行业管理的政策措施时，不以政治制度简单划线，而是从商品经济发展的客观要求出发，根据其是否促进当时的商品经济的发展来评价其功过得失。对中国银行业史的一些问题提出独到见解，对票号消亡的原因作了深入探讨。根据历史资料编制和引用了 135 幅图表，以方便查阅。(郝建军)

F000451 **金融资本** 副名：资本主义最新发展的研究。[德]鲁道夫·希法亭著，福民等译，王辅民校。商务印书馆 1994 年 6 月版。35.2 万字。12.70 元。对资本主义进入帝国主义阶段以后的新现象进行系统研究的专著。主要论述金融资本的形成、职能和规律，探讨流通信用和资本信用的区别，指出在股份公司组织的形式下银行利用动员来的资本，可以获得一种属于特殊经济范畴的“创业者利润”，阐明金融资本的概念就是在“实际上变成了工业资本的银行资本即货币形式的资本”，分析了在金融资本支配下作为资本的现实运动形式的危机以及周期运动的结构变化，指出垄断组织的卡特尔不能阻止危机发生，也不能回避其影响。最后着重说明金融资本对整个社会关系所产生的影响。由此可见，作者在货币问题上犯有错误，其货币理论实质是资产阶级唯名主义和货币数量论的变种；他的借贷资本、社会资本再生产和经济危机的学说曲解了马克思主义；他对生产集中在垄断形成中的作用、帝国主义的腐朽性和寄生性、机会主义产生的经济根源、帝国主义列强分割和再分割世界领土的必然性等问题没有阐明或没有揭露；他甚至曲解帝国主义的本质，宣扬垄断资本主义是有组织的资本主义，可以“和平长入”社会主义，因而表现出“某种把马克思主义同机会主义调和起来的倾向。”本书的重要贡献是最早提出帝国主义理论。列宁和布哈林也受到作者对帝国主义分析的影响，列宁认为“此书‘对资本主义发展的最新阶段’作了一个极有价值的理论分析。”(王涌泉)

F000452 **国际通行投资分析** 黄卫平等著。西南财经大学出版社 1994 年 6 月版。20 万字。7.20 元。分 3 编，分别介绍投资的报酬与风险，现行的国际资信评估体系，各种主要投资对象的信用风险分析方法。

F000453 **财政基础知识** 安体富主编。中国经济出版社 1994 年 6 月版。19.5 万字。6.50 元。系统介绍财政基础知识，主要内容有：财政导论，财政收入概述，国家税收，国有企业利润分配制度和国有资产管理，财政支出概述，经济建设支出，文教行政国防和其他支出，国债，国家预算和预算管理体制，财政的宏观调控等 10 章。收入“宣传·教育·行政·管理干部经济知识系列教材丛书”。(毛增余)

F000454 **金融基础知识** 刘鸿儒主编。中国经济出版社 1994 年 6 月版。23.2 万字。6.50 元。介绍金融基础知识，主要内容有：货币原理，货币制度，金融体系，中央银行制度，商业银行，利息与利率，金融市场，货币需求，货币供给，通货膨胀，宏观金融调控与货币政策，国际收支，外汇与汇率。收入“宣传·教育·行政·管理干部经济知识系列教材丛书”。(毛增余)

F000455 **税务检查** 《税务检查》编写组编著。东北财经大学出版社 1994 年 7 月版。34.5 万字。16.50 元。全国税务系统公务员岗位培训教材。包括下述内容：一般原理及税务检查的方法与终结，增值税、消费税、出口货物退(免)税、营业税、企业所得税、个人所得税及其他各税的检查，涉外税务检查方法与终结及外商投资企业和外国企业流转税，所得税等的检查。(张剑宇)

F000456 **证券管理与证券违规违法** 顾肖荣主编。福建人民出版社 1994 年 7 月版。28.8 万字。9.75 元。分证券管理、证券违规违法两部分。证券管理部分阐述证券市场与社会经济发展的关系、证券管理与证券立法的关系，着重探讨证券发行管理、证券商管理、证券交易市场管理、证券投资信托及其管理等有关问题，并分析世界上证券发达国家(地区)以及我国在上述诸项管理上的不同做法，阐明我国证券主管机构所应有的职权。证券违规违法部分以证券犯罪行为、违法犯罪行为、违规违法行为为对象,分别对这3种行为进行界定,并介绍世界各国对这些行为的外罚办法和一些国外判例;对证券违规违法犯罪行为的法律责任,包括民事责任、刑事责任和行政责任,根据国外的经验及我国的实际情况,提出处罚标准(我国尚未有证券法);为建立、完善管理监督制度,防治和打击证券违法犯罪,提出合理的建议。(许宝强)

F000457 **新编国际金融学** 吴开祺编著。立信会计出版社1994年7月版。31.8万字。14.50元。根据国际金融领域的一系列重要事态发展,在《国际金融学》的基础上改编。对国际收支、外汇和汇率、外汇交易和外汇风险、汇率制度和外汇管制、国际结算、国际储备、国际金融市场、国际资本流动和利用外资、国际货币体系、国际银行体系和国际金融组织,作全面、深入的阐述。(张立年)

F000458 **三晋货币** 副名:山西省出土刀布圜钱丛考。朱华著。山西人民出版社1994年7月版。5万字。963幅图。18.00元。"三晋"是指春秋时晋国被赵、魏、韩三家三分其地,自立三个国家而言的。故山西有"三晋"之称。晋与三晋的金属铸币形式多样,铸量大,币文内容丰富,在春秋战国时期,为诸侯国之冠。该书所集实物资料皆经山西考古工作者在山西境内科学发掘所得,并依布币形制演进过程一一罗列。主要包括:空首布、平首布、稀世珍品"三孔"布等,同时对魏、赵在行用布币的同时尚铸行的圆形圆孔圜钱和形似刀削的刀币等也进行详细介绍。为说明三晋货币的原委,该书按考古报告的体例就分型分式、币文厘定、古今地名注释、三晋货币流通范围、时代的推断等方面皆作出较翔实的考释。并从历年来山西出土的三万余枚晋和三晋货币中精选出960枚,以原大拓片列出。(朱华)

F000459 **市场经济与金融改革研究** 江其务等著。陕西人民出版社1994年7月版。15万字。6.00元。共8章。第一章从商品经济运动过程揭示金融的市场特性、金融改革的市场取向,指出新金融体制和运行机制的基本规定性。第二至六章对金融体制构成的诸要素进行分析,指出:金融组织体系重组是深化金融改革的主线选择;应建立以市场机制为依托和导向的宏观金融调控体制;国有专业银行必须商业化改革;市场化的金融机制对资源的有效配置有不可替代的作用;实现利率市场化和进行利率制度改革。第七章根据金融国际化的要求,分析"巴塞尔协议"与我国银行业的风险管理的关系,提出信贷资产风险管理的对策建议。第八、九章分析论述中国金融改革的战略选择,指出:90年代应以提高金融体系的资金积累和配置效率、增强金融对经济运行的导向功能为价值标准,围绕建立新金融体制和运行机制来选择和安排金融发展战略。(马来)

F000460 **海上保险学** 李继熊等著。西南财经大学出版社1994年7月版。37万字。9.80元。高校金融类本科教材。研究海上保险关系的产生、发展和变化的规律。海上保险具有国际性,它的立法、适用条款在国际范围内有趋于统一的倾向。作者着重介绍海上保险的基本理论,我国海上保险条款以及实务知识和操作技能,国际海上保险市场涉及的国际惯例和有关公约等。

F000461 **投资财务信用学** 郭长禄等著。西南财经大学出版社1994年7月版。34.8万字。15.80元。分15章,就投资财务信用学的科学内涵作深入剖析。分析研究"投资财务信用"的矛盾,并提出或阐述解决这些矛盾的途径和方法。为金融类专业本科生教材。

F000462 **现代财政学** 邱华炳著。厦门大学出版社1994年7月版。32.9万字。13.80元。从社会主义市场经济出发,研究市场经济条件下财政的职能、作用、地位,并进而论述我国社会主义市场经济条件下国家税收、公债、国有资产收入、财政投资、财政消费性支出、财政补贴、国家预算和预算管理体制的运行机制及改革情况。其特点有:(1)结合"分税制"的财政体制、1994年颁发的新税制和新的国有资产管理体制而编写,既反映历史的连续性,又突出当前财政、税收、投资、国有资产管理体制改革的内容。(2)简要阐述财政的概念、性质、特征和职能,还介绍税收原理和税收制度、公债和国有资产收入等的理论和业务,财政投资、财政消费性支出和财政补贴等的理论和业务,国家预算和财政平衡理论,并进行一定的评说。(3)抛弃陈旧的财政理论,把重点放在吸收新的理论研究成果,介绍在新财政体制、税收制度下的业务,有较强的实用性。(许红兵)

F000463 **亚洲"四小龙"证券市场的运作理论与实务** 张加伦等主编。中国国际广播出版社1994年7月版。13.1万字。8.00元。客观介绍亚洲"四小龙"证券市场的形成与发展,亚洲"四小龙"证券市场的结构、运作机理、管理的情况,亚洲"四小龙"证券市场的理论与实务,及其对我国发展证券市场的借鉴意义。(吴绪彬)

F000464 **日本证券市场的运作理论与实务** 张加伦等主编。中国国际广播出版社 1994 年 7 月版。13.7 万字。8.70 元。客观介绍日本证券市场的形成与发展,日本证券市场的结构,运作机理,日本证券市场的管理,日本公债市场的理论与运作机制,并结合我国证券市场实际进行阐述。(吴绪彬)

F000465 **美国证券市场的运作理论与实务** 张加伦等主编。中国国际广播出版社 1994 年 7 月版。20.2 万字。14.00 元。客观介绍美国证券市场的形成与发展,美国的股票市场、债券市场、国债和国债市场,美国的证券交易所和证券市场的管理,以及证券业中介机构及交易投资者结构、证券税制,最后一章论述其对我国发展证券市场,尤其是国债市场的借鉴意义。(吴绪彬)

F000466 **证券投资学** 罗兴著。安徽人民出版社 1994 年 8 月版。34 万字。9.00 元。系财经院校基础教材。主要阐述证券与证券市场、证券投资、债券、股票、证券机构、证券发行市场、证券流通市场、证券投资的收益与风险、证券管理体制等等内容。(白明)

F000467 **建设银行会计** 本书编写组编。东北财经大学出版社 1994 年 8 月版。38 万字。12.80 元。根据马克思主义政治经济学的原理和邓小平建设有中国特色社会主义的基本理论,依照中华人民共和国财政部制定的《企业财务通则》、《企业会计准则》以及行业财务会计制度的规定编写。力求体现我国会计制度改革,以适应建立、完善社会主义市场经济体制的有关精神和建设银行逐步向商业银行转轨的客观要求。本书其内容的特点有:(1)将原核算中实行的"收付实现制"改为"权责发生制";(2)将"收付记账法"改为国际上通用的"借贷记账法";(3)改变会计核算的基本平衡公式;(4)实行资本保全原则;(5)对会计科目、会计凭证、账簿、报表等重新进行设置和组合。主要包括建设银行会计基本理论、主要业务核算方法以及会计报表、会计决算、会计分析和会计检查等内容。(谭焕忠)

F000468 **国际税收概论** 黄衍电主编。东北财经大学出版社 1994 年 8 月版。18.9 万字。8.00 元。全国财经类通用大专教材。阐述国际税收的一般概念、两种税收管辖权、国际双重征税的产生和免除、国际间收入与费用的分配、国际税收协定以及国际避税与反避税等理论与实际问题。(许景行)

F000469 **增值税与管理** 周福生著。福建人民出版社 1994 年 8 月版。20 万字。7.90 元。共 5 章,以国务院 1993 年 12 月 13 日发布、1994 年 1 月 1 日施行的《中华人民共和国增值税暂行条例》为写作依据。第一章阐述增值税的产生及其在世界各国的运用情况,重点阐述我国增值税的历史沿革以及新税制下增值税的改革内容。第二、三章着重介绍增值税制度各要素、税款计算及其会计处理,主要包括增值税的纳税人、征税范围、税率、纳税地点和纳税时间、免税和出口退税、增值税计算方法的选择、税额的计算、税制过渡时期的几项政策调整以及会计处理规定。第四、五章着重介绍增值税的征收管理和纳税检查,主要包括增值税税务登记和一般纳税人的认定,账簿、凭证管理,纳税申报,税款征收,违法行为的处理,行政复议以及纳税检查的各项内容。(许宝强)

F000470 **华尔街股票证券英汉双解词典** 林婉佳编译。广东旅游出版社 1994 年 8 月版。46 万字。15.00 元。介绍外国股票市场术语的实用参考辞书。收词 3 000 余条,内容包括股票、证券、投资、期货、金融等领域,着重术语的中英文释义。其中,英文释义以简单英语阐释,不超出 2 000 基本词汇范围,全部介绍相关词语,如同义词、反义词、比较、参照、辨异、注意事项等,部分有惯用法的术语附有例句,为深入理解提供系统资料。(胡开祥)

F000471 **股市三十六计** 梁育民编著。广东人民出版社 1994 年 8 月版。14.7 万字。6.30 元。将中国传统的兵家科研成果的三十六计与当代的股票投资策略、技巧融为一体,介绍有关股票交易的基本知识,投资者的成功秘诀,中外股市中的著名战例。收入"现代经商与理财系列丛书"。(翁少敏)

F000472 **税务职业道德** 中华人民共和国国家税务总局编。广西人民出版社 1994 年 8 月版。14 万字。5.20 元。根据税务职业的特点,阐述税务职业的基本要求,依法治税是税务职业道德的核心内容,廉洁奉公是税务职业道德的重要规范,文明征收是税务职业道德的直接表现,并提出税务职业道德的评价、税务职业道德教育、税务职业道德修养的方法和要求。收入"中华职业道德教育丛书"。(邓耘)

F000473 **社会主义市场经济条件下税收理论与实务** 罗毅等主编。沈阳出版社 1994 年 8 月版。95 万字。50.00 元。针对我国社会主义市场经济机制运行之后,广大税务、财会及经贸人员对税收制度的关注热点,从七个方面系统阐述中国现代税收制度的理论与实务。第一篇,市场经济与中国税制,重点分析和研究市场经济对中国传统税收理论和原有税收制度的冲击,阐述 1994 年中国税制改革的总体思路和构想，详细介绍新税制主要税种的运作要点；第二篇，关贸总协定与中国经济；第三篇，涉外税收理论与实务；第四篇，关税理论与实务；第五篇，投资理论与优惠政策。第六篇，税收会计核算，重点介绍新税制颁布后，我国税收会计核算方面的操作实务。第七篇，市场经济条件下的税务管理，主要阐述中国现代税收制度管理体系的基本内容，为建立正常的税收秩序，保证税收的贯彻实施服务。（信群）

F000474　**中国赋役制度史**　郑学檬等著。厦门大学出版社1994年8月版。58万字。15.00元。根据赋役制度本身演变的三个阶段，分为三编：第一编为三代至唐建中元年以前的租赋力役和租调力役；第二编为唐建中元年(A.D.780)至清鸦片战争以前的两税法下的赋役制度；第三编为晚清至1949年的近代赋役制度。其范畴属狭义的赋役制度史，有关财政、经济的背景情况仅作简要交代。对主要税目、役目的演变则广泛收集资料详加考证。如田亩税，历叙从比例税率到定额税率，由按亩→按户→按床、丁→按丁→按亩的种种变化。又如役法的变化，不是罗列历代役使民丁的具体事例，而是历叙历代有关丁年、役期的法律规定及其实施情况，对于民丁正役、杂役的诸多变化，如徭役、戍役的分合；由服现役到输钱物代役的变化；由按丁到主要按资产，到按田亩的变化等，都论述甚详，且多有新意。（杨际平）

F000475　**世界1000家大银行手册**　石召奎译著。中国经济出版社1994年8月版。68万字。28.00元。本书为中国农业银行与英国《银行家》杂志合作项目。介绍的1000家大银行，是由英国伦敦《银行家》杂志根据总部设在瑞士巴塞尔的国际清算银行规定的一级资本的标准进行排列的。全书有5部分：世界1000家大银行排名顺序（英国《银行家》杂志1993年7月公布）；第一家至第1000家大银行简介；按国家排列的世界1000家大银行的六项经营与考核指标表格；“巴塞尔协议”中译文；中国工商银行、中国银行、中国人民建设银行、中国农业银行、交通银行和中国投资银行境外代理行一览表。（鲁文霞）

F000476　**金融交易卡信息交换规范应用指南**　张一平等编。电子工业出版社1994年9月版。40万字。28.00元。分3部分：第一部分，国家标准《产生报文的银行卡、交换报文规范、金融交易内容》，该标准完全等同采用国际标准ISO8583—1987；第二部分，标准应用实例，介绍瑞柏系统公司为香港金融业设计的S9000 ISO8583交换报文格式和为国内金融业销售点终端系统提供的交换报文格式建议，以及香港银通公司为广东省金融交易卡网络系统提供的报文交换格式等；第三部分，最新国际标准，介绍ISO8583—1993国际标准的全部内容。（史明生）

F000477　**新税制操作指南**　王福重编著。广西科学技术出版社1994年9月版。18万字。5.90元。依据我国税制改革的最新内容，对增值税、消费税、营业税、企业所得税、个人所得税、资源税、财产行为税、农业税、关税等的征收范围，纳税人、税率、减免税、会计处理、纳税期限、征税管理、新老税制的衔接问题，进行详细阐释，并有各税种的计算方法和计算案例。（马如海）

F000478　**商业银行资产负债管理实务**　中国农业银行深圳市分行编。海天出版社1994年9月版。22万字。13.20元。探索金融改革的专著。研究和分析了专业银行和商业银行存在的差别：(1)信用基础不同；(2)组织方式不同；(3)决定经营方向的因素不同；(4)经营目标存在差异；(5)分配机制不同。尽管专业银行在业务种类、业务方式、操作手段等方面已与商业银行无显著差别，但在管理体制和经营机制上仍与商业银行存在较大差距。作者认为，管理体制和经营机制的转换是一项系统工程，既要与国际商业银行的运作接轨，又要符合我国国情。并提出“商业银行资产负债风险管理系统”的观点，其内容有：(1)银行资产风险度；(2)银行负债稳定度；(3)银行经营结果的总评价。并对这三方面作了详尽介绍。（祝匡之）

F000479　**新编纳税指南**　周有道主编。生活·读书·新知三联书店(上海)1994年9月版。30万字。14.80元。共5部分：第一部分税收知识；第二部分税制改革的内容；第三部分税收征管；第四部分会计处理；第五部分税收法规。讲解新税法的有关规定，专门阐述实施新税制后有关财务、会计处理问题。并附列最新的有关税收法规，以及实施新税制后的发票、各种申报表、各类税收缴款书样式，具体辅导填写方法。（周宇芬）

F000480　**湖北近代货币史稿**　张通宝著。湖北人民出版社1994年10月版。17.8万字。20.00元。系统阐述1840～1949年湖北货币的状况和币制演进的轨迹，亦反映了在这百年间湖北的社会政治风云和历史发展的趋势。全书分绪论和上下两编。上编：旧政权统治下的湖北货币，共5章。详述近百年湖北金融市场极其紊乱的多元化货币和混合流通的历史。揭示了旧政权统治下货币流通的半封建半殖民地性质和必然消亡的规律。下编:湖北革命根据地货币,共5章。论述中国共产党领导下的各历史时期,革命根据地的货币建设及其有关政策。内容涉及革命根据地货币的产生、印刷、发行、流通诸方面。在深入研究革命根据地货币的重大作用和历史意义的同时,揭示革命政权对金融货币领域认识逐步深化过程中的正反两方面经验,和百川归海的历史必然。(王惠玲)

F000481 **中国金融文库** 秦池江等编著。警官教育出版社1994年10月版。2285万字。600.00元。反映改革开放以来至1994年上半年我国金融理论界重要研究成果的大型资料工具书,是我国金融学术研究的历史备忘录。在宏观层次上,有反映金融基础理论、货币政策、金融改革和金融法规建设等方面的研究成果;在微观层次和实务操作层次上,有对金融改革发展起指导作用的调查报告、理论研究成果等内容。(周佩荣)

F000482 **中国深圳证券大全** 夏斌主编。新华出版社1994年10月版。581万字。2册。360.00元。全面反映深圳证券市场的发展现状,展示深圳证券业自1988年创办至1994年所取得的成就和良好前景,对中国证券业的起源和发展、国外及港台地区证券业的情况作扼要介绍。主要内容由证券基础知识、证券法规、上市公司概况、证券商、证券登记机构和服务机构名录6部分构成。附有深圳证券交易所历年大事记和深圳证券交易所上市公司1994年度中期业绩一览表。(许新)

F000483 **当代西方国际投资学** 李东阳编著。东北财经大学出版社1994年11月版。26.3万字。11.50元。全面反映20世纪60年代以来西方国际投资领域科学研究的重大成果。其理论体系如下:第一部分为导论,主要介绍西方国际投资学所研究的基本问题,国际投资的产生和发展的过程,国际投资的目的或直接目标,国际投资的方式,当代西方国际投资学与相邻学科的关系等;第二部分为理论篇,主要介绍当代西方国际投资学中具有较大影响的几种理论及主要流派,如国际直接投资理论中的垄断优势论、产品周期理论、内部化理论、边际产业扩张论、国际生产折衷理论及产业内双向直接投资理论、纵向一体化直接投资理论、横向一体化直接投资理论、曼德尔国际资本流动理论、麦克杜格尔国际资本流动理论、托宾——马克卫兹国际资本流动理论、“两缺口”理论、债务周期理论及其他国际间接投资理论。第三部分为实务篇,论述国际投资的主体——跨国公司、跨国银行的运行机制,国际投资环境评价与国际投资风险管理,国际投资与投资国、东道国的经济发展,投资国、东道国参与国际投资的基本政策。(杨跃先)

F000484 **商业银行债权债务实用范本** 王建民等著。天津社会科学院出版社1994年11月版。37万字。17.30元。系“中国债权债务实用范本系列丛书”之一。阐述商业银行债权债务的基础知识;商业银行债权债务的现状与矛盾;商业银行债权债务纠纷的防范与处理;商业银行债权权益的保护与债务清偿;商业银行债权债务的财会、统计、资产评估与资产转让,商业银行债权债务的国际惯例等。(李民)

F000485 **货币数量研究** 艾洪德著。东北财经大学出版社1994年12月版。26万字。81.00元。《中国当代经济前沿科学文库'94卷》之一分册。从决定、运行、均衡与控制四个方面对货币数量问题进行阐述:一、货币数量的决定机制,主要是从经济运行决定货币数量的角度分析货币数量的决定因素和决定机制;二、货币数量的运行机制,从货币对经济的反作用、货币数量变动影响经济运行的角度,分析货币数量变动怎样影响主要宏观经济变量及其运行机制;三、货币供求均衡机制,从经济均衡决定货币均衡,货币均衡推动经济发展,货币失衡加剧经济失衡的角度,分析货币均衡的基础与条件,货币数量失衡的原因及其对经济运行的影响,从而总结货币数量均衡与失衡机制;四、货币数量控制机制,主要分析货币数量控制机制、控制方式和控制手段,以及如何完善货币数量控制体系及其运行基础的问题。各部分之间相互衔接,形成一个框架合理、前后呼应的完整体系。(张剑宇)

F000486 **政府间财政关系研究** 孙开著。东北财经大学出版社1994年12月版。16.6万字。8.10元。通过对“公共产品的层次与引申”、“政府间财政关系的承载体”、“政府间的税收分割”、“政府间的转移支付”、“体制变动与利益格局的调整”、“财政联邦制的理论与实践”、“财政体制的创新”7个方面的研究,揭示公共产品的层次性,分析税收分割和转移支付等理论问题,深入探讨我国以及西方财政体制运行的实践和经验,并对理顺政府间财政关系和建立有效的财政体制问题作了分析。例如,提出并论证了应科学地确定支出范围,合理地进行税收的分割,加强地方财源建设,建立规范化的政府间转移支付制度,规范政府与企业的分配关系,加强财政法制建设,实现财政体制的规范化运转等观点。(宋玉平)

F000487 **国外个人所得税概况** 财政部外事局等编。东北财经大学出版社 1994 年 12 月版。36 万字。15.00 元。系统介绍 1988 年以后,包括亚洲、非洲、美洲、欧洲、大洋洲近 90 个国家和地区的个人所得税制度,在每个国家之后,附有纳税计算实例说明。(谭焕忠)

F000488 **财政效率论** 李俊生著。东北财经大学出版社 1994 年 12 月版。15.6 万字。共分 5 章:第一章,"财政效率内涵",阐述财政效率的基本内容,认为财政效率就是财政资源分配效率和财政资源运用效率的有机统一体;从财政运行过程、政权级次等不同角度分析财政效率的基本特征,认为财政效率具有层次性、外部性等特点,从而将财政效率同一般经济效率区分开来。第二章,"财政规模效率",主要论述"财政外在合比例性及其实现问题",认为"外在合比例限量"是一种在社会再生产中形成的客观标准,同时它又是由一个国家在一定时期的经济发展水平、财政经济管理体制等因素决定的。第三章,"财政配置效率",也是优化财政资源配置问题,主要阐述"财政内在合比例结构及其实现问题"。第四章,"财政耗用效率",阐述"财政耗用效率的实现特点及其评价方法问题"。它主要表现在财政"投入"与财政"产出"之间的对比关系上。第五章,"税收效率",主要阐述"税收效率的内容、形式及其制约因素等问题"。还分析了税收经济效率、税收行政效率及其制约因素等问题。收入"中国当代经济前沿科学文库'94 卷"。(李春明)

F000489 **人民币自由兑换论** 姜波克著。立信会计出版社 1994 年 12 月版。10.5 万字。7.20 元。系"经济新论文丛"之一。以马克思主义为指导,借鉴西方经济学的有关理论,比较研究某些国家货币自由兑换的经验教训,结合中国的实际情况,把人民币自由兑换作为中国整体经济改革的有机环节来展开论述和分析。研讨的主要内容有:人民币自由兑换后汇率变动的宏观经济影响,汇率政策的目标选择,人民币自由兑换后外汇市场稳定与短期利率政策和短期货币市场发育的关系,人民币内部兑换的风险,人民币自由兑换的基础准备(即条件)等等。(王美鸿)

F000490 **税收理论与制度** 副名:兼论中国新税制。刘小川著。南京大学出版社 1994 年 12 月版。29.2 万字。9.00 元。主要内容包括 3 方面:(1)税收及税收学的基础理论;(2)税收的种类及其征收的过程、方式与作用;(3)税收的征管制度。作者联系税收工作实际,结合自己对税收制度变化方面的研究,提出见解,使之对实际工作具针对性及指导性。(张红波)

F000491 **金融期货市场** 胡怀邦、俞海著。陕西人民出版社 1994 年 12 月版。23.9 万字。9.00 元。系统论述金融期货市场的产生、发展和运行机制的专著。阐述金融期货市场的基础知识、运行机制、外汇期货、利润期货、黄金期货、股票指数期货,金融期货价格基础及其运行;期货市场、金融期货在商业银行经营管理中的运用,在证券中介活动中的应用、在公司财务管理中的应用。还对世界主要的金融期货市场(美、英)进行介绍,并对金融期货市场的国际化趋势进行探讨。(常平阳)

F000492 **税利分流研究** 邓子基等著。厦门大学出版社 1994 年 12 月版。18.3 万字。5.50 元。共 9 章。以马克思主义的财政理论为指导,结合我国现阶段的国情,从分析政府双重职能与财政的关系出发,探索处理国家与国有企业分配关系的规律性和有效模式;提出了社会主义国家的"一个主体,两种身份、两种权力、两种职能、两种分配方式和两种分配关系"的理论;强调国家参与国有企业纯收入分配所凭借的两种权力和履行两种职能的观点,这是税利分流的基本理论依据;论证了税利分流是理顺国家与企业分配关系的方向性选择;提出税利分流的框架及配套措施。作者指出,社会主义国家具有双重身份:它既是政权行使者,具有政治权力,执行社会管理职能;又是全民所有制的代表者,行使财产所有权,执行资产管理职能。财政是以国家为主体的分配,它既要凭借政治权力取得税收,又要凭借财产所有权取得资产收益,因此,国家对国有企业的纯收入,必须实行税收和利润分流,分别取得,并且要实行税后还贷、税后分利,采取多种的利润上缴形式。作者主张,实行税利分流的同时,要实行财税体制、金融体制、价格体制和企业财务制度等的配套改革,并提出一系列独到见解。还对税利分流的实践及前景作了分析。(陈丽贞)

G　文化、科学、教育、体育

文化理论

G000001　**文化撞击与文化战略**　副名:中西比较文化原理。樊浩著。河北人民出版社1994年6月版。23.6万字。11.80元。比较文化学专著,收入"中外比较文化丛书"。共6章。第一章论人性,从善与恶的角度比较中西不同的人性认同历程和人性观,论述人性的整合与重建。第二章论自我,从个体与整体的关系比较中国人的人情主义、西方人的个人主义及日本人的集团主义及其各自的自我设计。第三章论价值,比较中西价值观中的真、善和美。第四章论性格,比较中西不同的思维方式、情感设计和意志品格。第五章论实体,对中国的伦理政治与西方的民主政治进行比较研究。第六章论模式,比较中国的天人合一的文化精神模式和西方文化的神人合一的心理形态。书中创造性地提出论点:中国文化的重建,既不能因循守旧,也不能削足适履,必须从文化整合的高度,在对中西文化贯通把握的基础上实现其文化精神的融合。中国文化的出路是现代化,而现代化的源头活水与根源动力是民族化,其最高目的是世界化。现代化、民族化、世界化,这是中国文化重建的必由之路与理想之路。通过文化体认、文化比较、文化反思和文化重建的四部曲模式,解答了中国现代文化建设的一系列重大战略和战术问题。这一切构成了其理论与实践的双重价值。(张晨光)

G000002　**民族文化学**　潘定智著。贵州民族出版社1994年7月版。21万字。6.90元。分8章,即"导论"、"民族文化的基本要素"、"文化的起源和发展"、"文化生态"、"文化传播与文化符号"、"文化系统与文化结构"、"文化性质"、"文化功能与文化价值"。在大量占有民族文化学资料的基础上,运用马克思主义立场、观点和方法,消化吸收现代西方文化人类学理论,对民族文化学诸多理论问题进行了系统的研究。著者把民族文化学定义为"研究中国少数民族文化的科学",以民族学、文化人类学作为基础理论,其研究对象虽仅限于中国少数民族,但其对象确定为民族文化,则与上述两个学科有渊源关系。研究方法,著者归纳为三点:一为描写研究法,二为历史研究法,三为比较研究法。在分析论述有关问题时,也运用了民族学和人类学理论。但本书并非民族学和文化人类学的简单翻版。一是著者把研究对象和范围确定为中国少数民族文化;二是在对民族文化基本要素的归纳方面突破传统的"物质文化"、"社会文化"和"精神文化"三分法,归纳为"物质文化"、"社会文化"、"语言文字文化"、"宗教文化"和"文学艺术文化"5个方面;第三,著者把文化生态列为专章,论述了文化的产生、演变、特点的形成等都与特定环境分不开,对文化生态的研究具有重要理论价值。对诸多问题作理论阐述后,都附上事例分析,使读者能加深对基本理论的理解,并能运用基本理论对具体文化事象进行分析。这是本书又一突出特点。(周国茂)

G000003　**中国之欧洲**　[法]艾田蒲著,许钧、钱林森译。河南人民出版社1994年10月版。78.9万字。2册。35.60元。比较文化著作。原拟名《哲学之东方》,1988年由法国伽利玛出版社收入"思想文库"正式出版时,定名为《中国之欧洲》,用作者的话说,这样做的目的是要"给陷入高卢中心论、欧洲中心论而难以自拔的比较学科注入一点活力,指出一个方向"。全书分上、下两卷,上卷主要考察从罗马帝国到莱布尼茨欧洲得益于中国的一切,如丝绸之路对西方文明的开发作用、中国的四大发明给欧洲带来的益处、中国传统文化尤其是哲学思想对欧洲艺术的深远影响等;下卷主要论述欧洲从对中国的仰慕到对中国的排斥,考察了中国哲学和政治对启蒙运动的启示,分析了启蒙思想家对中国态度转变的原因,为西方世界重塑了一个真实的中国形象:既非伏尔泰式的神奇的理想国,也非欧洲中心论者甚至个别启蒙思想家曲解的中国。作者指出,人类文明是一个有机体,是一个相互依存、互为补充的整体。他认为,无论是欧洲文化,还是中国文化,都是人类共同的精神财富,每一个民族的文化都是独特的,都为整个人类文化发展作出了自己的贡献,都应得到同样的重视。为此，作者高度评价了莱布尼茨和伏尔泰等文化巨匠对中国文化独特性的重视和对中国哲学思想的传播，并以强烈的批评精神对西方有关中国的一些代表性著作进行了批评和审视。本书的价值已经远远超过了她为比较学科甚至西方学术界带来的方法论上的启示以及大量丰富的第一手资料。（刘玉军）

G000004 **文化哲学的当代视野** 邹广文著。山东大学出版社 1994 年 10 月版。22 万字。7.50 元。文化哲学专著。面对现实的人类文化发展反思和建构当代人文精神，始终把理论运思重心放在 20 世纪世界文化背景下的中国文化发展上，这是本书的基本价值追求，也是其突出特色。全书首先从文化哲学的理论建构着手，围绕文化哲学关注现实人类生存和发展的时代性内涵和独特品格，对文化哲学兴起的背景、发展走向以及当代文化哲学发展的贡献和不足，哲学与文化的亲缘等问题进行了分析考察，并提出了一系列富有时代气息的当代文化哲学的“建构原则”。从文化哲学的这种时代视野出发，作者从现实人类文化创造的诸多层面中，提炼出人与社会、人与自然及人的自我完善与发展等基本领域，对当代社会发展的文化选择、现代人对自然的文化意识、审美文化与审美人生、文化自觉与人的全面发展等问题作了较为深入的阐述。（牟文华）

G000005 **中国传统文化** 张岂之主编。高等教育出版社 1994 年 11 月版。23 万字。11.55 元。首先介绍中国传统文化的基本精神，其次介绍观念文化，包括中国哲学、传统伦理道德与人文文化、佛教与道教，接着介绍历史文物，包括玉器、铜器、金银器、青铜器、陶器、瓷器等等以及中国古代的建筑，再介绍中国古代的教育、书法、绘画、中医药学和养生学、饮食文化等等，最后分析了中国传统文化在近现代遇到的挑战，并展望了 21 世纪中国传统文化的发展趋向。同时，对中国传统文化的精髓——“人文”精神、“自然”精神、“奇偶”精神、“会通”精神作了重点描述，将此作为主线贯穿于全书。比如，对“人文”精神的揭示，并不仅仅在哲学、历史、宗教、文学等观念文化方面有所涉及，而且渗透于文物、育才、养生等传统文化的各个方面，自始至终体现着人文精神的基本特征：重视人的道德修养，主张人们通过自身的修养和学习，成为高尚的人、有理想的人。书中还将中国优秀传统文化善于学习各种文化体系的长处，又能加以消化吸收，用以丰富发展自已的特点概之为“会通”精神，这种精神表现在传统文化中的哲学、宗教、文物、建筑、绘画等各个方面，书中有关章节都有论述。其史料的运用准确完整，分析历史又能结合现代，使人通过读史反观现在，从而使历史上流传至今的思想文化体现出了现代价值，对一些今日的问题也有了历史感。（汤悦）

G000006 **文化忧思录** 李振纲著。河北大学出版社 1994 年 12 月版。40 万字。12.00 元。作为一面反省历史、透析现实、放眼未来的一面镜子，本书再现了中国文化的历史过程，揭示了现代中国人文化心灵的分裂与矛盾，展示了中国人文传统沟通与重建的未来前景。读者将在书中省悟中国人文的伟大与崇高，矛盾与平庸，雄迈与困境，发现包括自己在内的现代人文化心灵的独白与袒露。20 世纪末叶的哲学与人文学科，要真正成为“时代精神的精华”，就必须正视过渡时代的文化冲突，同时自觉研究传统文化与现代文化逆向互补、综合创新的具体途径，走以中国的民族主体性为根本，以社会主义精神文明为主导方向的中西文化综合创新之路。（任文京）

世界各国文化事业概况

G000007 **中国饮食文化辞典** 汪福宝、庄华峰主编。安徽人民出版社 1994 年 3 月版。100 万字。29.50 元。分总类、文献、人物、食器、食料、技艺、食点、菜、酒、茶、食疗药膳、食店、宴会筵席、礼俗、掌故、诗歌等 16 个部分，共选辞目 4 000 余条。基本上涵盖了中国饮食文化的方方面面。（李道平）

G000008 **龙与中国文化** 刘志雄、杨静荣著。人民出版社 1994 年 4 月版。25.3 万字。18.00 元。中国龙的课题曾被认为是中国历史文化中隐藏得最深的谜之一。本书以考古学、文物学及古文献资料为基础，从发生学、形态学、宗教学、社会学、美学等诸方面对中国龙进行了全面、系统的研究，对龙的起源、形成和发展提出了自己的见解，对历代文物上龙纹的含义作了深入的探讨。在分析研究中国龙这一世界性文化之谜的同时，对中国上古文化中的很多难题进行了大胆的探索，并提出了某些独到的见解。比如，书中对中国龙的内涵与含义进行了厘定与剖析，否定了龙为中华民族的图腾或祖先的说法。书中附有大量插图。（张润生）

G000009 **中国文化新体系** 闵清、涂可国主编。广西人民出版社 1994 年 5 月版。22 万字。7.40 元。分“弘扬篇”、“吸取篇”、“建构篇”3 部分。对建设有中国特色社会主义文化新体系进行了探讨和研究。介绍中外文化的历史及特点;分析如何处理传统文化与现代文化的关系,如何处理中西文化的关系等等;说明传统文化在批判继承上要解决的深层次问题;探讨我国在经济、政治改革的伟大社会变革中,建设一种有中国特色的社会主义文化新体系的历史必然性,阐明这种文化新体系的建构方向、建构内容以及建构方法。书后附有中国古代文化大事记。收入"当代哲学丛书"。(邓耘)

G000010 **日本茶道文化概论** 滕军著。东方出版社 1994 年 6 月版。22.7 万字。22.00 元。介绍了日本茶道的历史、内容、建筑、道具、礼法、思想和美学。配有 400 多幅黑白和彩色照片、多幅绘图和表格。书中揭示古代日本并无原生茶树,饮茶习惯和茶文化都是在 7、8 世纪时由中国传入,日本茶道史的三个时期分别受中国唐、宋、明三朝茶文化的影响;介绍了有突出贡献的日本茶人;交待了近现代日本著名的茶道流派。中国茶文化是由来华学习佛教的日本僧人带回国的,初期的饮茶活动都以寺院、僧人为中心展开。村田珠光将禅的思想导入茶文化而创立了日本茶道,茶道的美学也以禅为内核。对这种特殊的思想和美学内容,书中作了较详尽的介绍,除了作者的理论论述,还介绍了日本茶道专家学者的权威论点,并借助禅宗公案、茶道的历史典故来说明,使玄奥的理论变得有趣易懂。作者是中国留日学生,获神户大学博士学位,曾加入里千家绿会,亲自学习茶道。里千家是日本众多茶道流派中影响最大的一派,绿会是其专为外国人学习茶道而设的组织,直属其家元(即掌门人)领导。(王一禾)

G000011 **河南文化艺术年鉴(1993)** 周鸿俊主编。河南人民出版社 1994 年 6 月版。94.1 万字。36.00 元。设概况、专文、法规、理论研究、文化交流、戏剧、曲艺·杂技、音乐·舞蹈、美术·书法·摄影、图书馆、电影·电视、教育·科技、群众文化、文化市场、文化节日、文化旅游、风采录、报刊·著作、大事记、附录等专栏。记载并反映了 1992 年河南全省文化艺术事业的新情况、新资料、新进展、新成果。书前附有 16 页彩色图片。(任骋)

G000012 **中国竹文化研究** 何明、廖国强著。云南教育出版社 1994 年 7 月版。28 万字。11.50 元。分导论、竹文化景观、竹文化符号、结语 4 大部分,共 12 章。阐述了竹在中华民族的衣食住行、生产、书写、宗教、艺术、哲学等各个领域所构成的事象,并运用文化学、价值学和符号学等理论分析其中蕴含的中国传统文化意蕴和特征,指出竹在中华文化中远非一般的纯生物意义上的植物,而是人化了的自然,积淀着中华民族的情感、观念、思维和理想等深层次的文化底蕴,构成一种体现中华民族内在精神的外化形式的文化景观,一种传达中华民族的审美趣味、宗教精神、人格理想的文化符号,也就是说,中国人生活中的竹,既具有文化普泛及人类生活诸领域的普泛性特质,又具有文化内化到以价值观念为轴心的精神世界的内化性特质。本书开创了以微观的文化质点为研究基础、以中观的文化结丛为研究中心、以宏观的中华文化为参照背景的多视角系统研究方法即"全焦距的变焦"研究方法。(高伟)

G000013 **沂蒙文化发展研究** 刘英华主编。山东人民出版社 1994 年 11 月版。31 万字。24.00 元。以沂蒙文化发展为主线,采用纵横结合、史论结合的写作手法,详细论证了沂蒙文化的产生与发展,沂蒙文化的历史地位和作用,沂蒙文化各构成主体的相互作用和内在联系,沂蒙经济、文化发展的相互关系,沂蒙精神的产生和确立等,既有宏观的把握,又有微观的分析,既有对历史规律的探讨,又有对未来的展望。本书认为,沂蒙文化的外延是指以沂蒙山区为中心,以原沂源地区为主体,包括日照市、泰安市、莱芜市以及江苏省的北部,淄博、潍坊、青岛三市的东南部和济宁市的东部地区的区域文化;从内涵上看,包括史前文化、古代文化和近现代文化 3 个阶段,涉及了自沂源猿人起沂蒙地区的历史沿革、经济状况、科技教育、文学艺术、军事、风俗、宗教信仰和典章制度等十分广泛的文化现象。本书十分强调"东夷文化"在中华民族文化发展史上的历史地位,指出了"东夷文化"和"中原文化"是各具特点的中国古代两大文化系统。通过对历史文献和考古资料的认真考证,指出距今 50 万年前的、在沂蒙山区鲁山深处发现的沂源猿人化石是沂蒙文化发展的源头,沂蒙史前文化是"东夷文化"的母体和摇篮。发祥于沂蒙地区的"东夷文化"和早期"中原文化"是各具特色、自成体系的两大古代文化,经过漫长岁月的交融、互渐,终于在秦代以后形成大一统的中华民族文化。本书指出,中国共产党的领导是"沂蒙文化"发展到"沂蒙精神"的决定力量。在沂蒙文化的自身发展过程中,曾出现过两个辉煌的时期:一是春秋战国和秦汉时期,当时沂蒙地区的经济、文化繁荣,在政治、经济、文化领域中出现了众多独领风骚的杰出人物;一是在抗日战争和解放战争时期,沂蒙人民在中国共产党领导下,继承优秀的传统文化美德,形成了闻名中外的"沂蒙精神",从而把沂蒙文化推进到一个崭新阶段。本书描绘了90年代沂蒙经济文化发展的战略构想,以及实现这些构想相应举措,为沂蒙文化发展勾勒出美好的蓝图。(牛其友)

G000014 **云南文化资源研究与开发** 张保华主编。云南民族出版社 1994 年 11 月版。26 万字。10.00 元。紧扣云南民族历史文化资源研究和开发的主题,分别介绍近几年云南省各地州市县对于云南民族的文化资源,历史文化资源,民俗资源,服饰资源,饮食文化资源,名人资源,古迹资源,企业文化资源,旅游文化资源等研究和开发的经验、规划和科研成果。在促进云南民族文化、历史文化研究和开发方面,既总结了过去,又开拓了未来,具有一定的现实意义和指导作用。(杨羊就)

G000015 **世纪之交的中国文化** 赵剑英主编。广西人民出版社 1994 年 12 月版。40 万字。19.00元。收入"当代哲学丛书"。介绍中国学者对世纪之交和社会转型期文化建设问题中,对社会转型、文化转型、文化建设,以及如何在传统与现代、中西文化之间保持一种综合的、合理的"张力",重塑新时代条件下的价值原则和生活哲学,以摆脱和解救世纪之交人们信仰的动摇及迷失之苦等问题的思考和探索。(邓耘)

信息与知识传播

G000016 **中国文献学新编** 洪湛侯著。杭州大学出版社 1994 年版。40 万字。15.00 元。由形体、方法、历史、理论 4 编构成,表达了探索中国文献学完整体系的设想。书中提供了文献学的大量的基本知识,订正了不少旧时的误说。(何明春)

G000017 **陕西历史博物馆** 尹盛平主编。陕西人民美术出版社 1994 年版。3 万字。80.00 元。以图片为主,展示了中国第一座现代化设施完备的大型博物馆——陕西历史博物馆的概况,介绍该馆以唐风格馆舍轴线对称形式的建筑特色。展馆以陕西古代史陈列为主,重点突出周秦汉唐光辉灿烂的物质文明,展区布置科学性与艺术性相统一,古朴典雅,格调高,是三秦大地古代文化和中国古代艺术珍品长廊,是了解陕西历史博物馆各方面情况指南。(叶岐生)

G000018 **应用索引学** 黄恩祝著。上海书店 1994 年版。25 万字。10.00 元。研究索引理论与实践的专著。作者以索引的基本结构为全书论著的基础,详细介绍了索引的各种类型,包括逐字索引、姓名索引、书名索引、地名索引、主题索引、关键词索引、相关索引、句子索引、数字索引、分子式索引、书后索引、题录索引、引文索引、媒介索引等;还介绍了报刊索引、文摘索引、百科全书索引、古籍索引等各类索引具体的编纂方法。全面回顾了中外索引史的发展历程,对索引学理论作了深入细致的研究。书末附有公元 32—1990 年索引文献编年要目及责任者索引。(罗伟国)

G000019 **民族古籍学** 马谷编著。云南民族出版社 1994 年版。35 万字。15.00 元。民族古籍学系一门新兴学科,具有独特的研究范围及特征。其范围主要是:一、建立民族古籍学的学科理论体系,研究对象及时代特点等关系。二、探索各民族古籍形成及发展规律。三、进行民族古籍学方法论的研究。四、探讨民族古籍及其相关学科的关系。本书对民族古籍载体;民族古籍同其他学科的关系;民族古籍学的方法论;民族古籍的开发利用等进行了论述。(邓立木)

G000020 **论村落文化** 高占祥主编。河南人民出版社 1994 年 1 月版。21.8 万字。6.00 元。收录全国村落文化研讨会的优秀论文 28 篇,典型经验 3 篇。文章集中论述了村落文化的源流、特征、结构、功能;分析了村落文化在我国历史新时期的发展状况与趋势,探讨了建设有中国特色的社会主义村落文化的思路与具体对策,对群众文化、民俗文化今后如何适应农村经济和社会发展具有现实的指导意义和理论参考价值。作品涉及全国各地的农村文化现状,理论分析比较客观、透彻,有较高的学术性。(任骋)

G000021 **新闻写作研究** 周立方著。新华出版社 1994 年 1 月版。19 万字。6.80 元。以一些实际稿件为例,分析了我们新闻报道中的成败得失,以期后来者有所遵循和借鉴。(黄春峰)

G000022 **公关传播** 程曼丽著。中国国际广播出版社 1994 年 1 月版。14 万字。5.00 元。首次提出了"公共关系传播"的概念,对其传播过程及其规律作了系统的研究。作者结合中西方公共实践提出了公共关系传播模式,同时对模式的各个组成部分——公关传播者、公关传播内容、公关传播媒介、公关传播中的人际交往等进行了论述,并对模式的运行过程进行了形象具体的描述和细致的分析。(何宗思)

G000023 **近现代中国出版优良传统研究** 中国出版科研所科研办公室编。中国书籍出版社 1994 年 1 月版。35 万字。13.50 元。第七届全国出版科学学术讨论会部分论文集。所收论文主要从坚持进步的或革命的正确方向;以传播人类先进的文明成果为己任;竭诚地为人民大众和各种层次的读者服务;热情地团结、发现和支持广大作者;组织和取舍书稿,坚持凭质不凭名的原则;培养和造就一批批具有献身精神和开拓、创新精神出版人才;实行符合出版特点的经营方针等7个方面进行较为深入的发掘和研究。以商务、中华、三联等在国内外享有盛名的出版单位为研究对象,还有一大批为我国出版事业作出了杰出贡献的著名历史人物如鲁迅、邹韬奋、张元济、叶圣陶等。通过对出版优良传统的研究和总结,使我们看到当前出版工作存在的差距和问题,更加认识到加快出版改革的必要性。(周建新)

G000024 **边春光出版文集** 边春光著。中国书籍出版社1994年1月版。34万字。8.50元。收录作者担任文化部党组成员、出版局局长、国家出版局局长等领导工作时撰写的有关文章、讲话稿以及图书评论等。对研究中国的出版工作,揭示社会主义出版工作的规律,对推进出版科研工作,从理论上总结出版实践经验,对加快出版改革开放、发展和繁荣有中国特色社会主义出版事业,都是有一定意义的。本文集共6部分:"出版总论"、"出版改革"、"编辑工作"、"印刷发行"、"出版科研"、"队伍建设"、"读书评论"、"序·函·其他"。内容涉及:出版方针、政策;出版改革实践;出版管理与提高出书质量;提供又多又好的精神食粮;缩短印刷周期,提高印刷质量;搞好发行体制改革;出版工作与出版科研;加强编辑修养,积极培训干部等。收入"中国出版论丛"。(丘淙)

G000025 **编辑启示录** 全国少儿知识读物研究会编。河北少儿出版社1994年2月版。18万字。6.50元。1989年成立的全国少年儿童知识读物编辑工作研究会,主要研究探讨少儿知识读物编辑出版工作规律,交流全国各出版社少儿知识读物编辑工作经验,切磋少儿出版工作如何面对未来多方面的挑战。本书就是从研究会历届年会汇总的论文中精选而成。这些论文有理论探讨性质的,也有经验交流性质的;有编辑工作的经验和教训,也有通过具体事例说明观点,给人以启发的。如论文中提到的编辑的"主体意识"、"合作意识"、"成材意识"、"超前意识"等,对编辑工作都有着参考、借鉴的作用。每篇论文的后面附有作者简介。(冯铁军)

G000026 **主体与喉舌** 副名:共和国新闻传播轨迹审视。童兵著。河南人民出版社1994年2月版。18.3万字。6.80元。收入"当代中国国是反思丛书"。记叙了中国社会主义新闻事业在创立与发展过程中取得的重要成就,及其对政治、经济、文化及社会生活各个方面产生的积极影响。书中对"反右"扩大化、"大跃进"运动中新闻工作出现的偏差,对"文革"中江、林反革命集团把持新闻舆论进行篡党夺权的严重恶果,作了深刻的剖析。作者以热情的笔触描绘了十一届三中全会以来中国新闻界的可喜变化,记录了10年新闻改革的曲折历程,论证了有中国特色的社会主义新闻事业的特点,展望了21世纪新闻事业的前景。(胡茵)

G000027 **王仿子出版文集** 副名:中国出版论丛。王仿子著。中国书籍出版社1994年2月版。35万字。9.00元。收录作者在新华书店总店、文化部出版局、中国印刷公司等领导岗位上撰写的文章、讲话稿。根据内容分为出版篇、印刷篇、发行篇、纪念与回忆篇。其中有对出版某个方面的比较全面的论述,但更多是针对出版中某些具体重大问题的阐述。(张清雅)

G000028 **中国古文献学史** 孙钦善著。中华书局1994年2月版。93.3万字。2册。42.00元。探讨了历代古文献学的状况,勾勒了它的发展历史。全书共7章,从先秦、两汉,历经魏晋南北朝、隋唐五代、宋辽金、元明清,一直写到近代国学大师章炳麟和王国维。本书每一章都有概述,叙述当时的历史背景及在这一背景下古文献学的特点,然后,重点介绍了当时著名的古文献学家及其成果。(崔文印)

G000029 **新主题文献分类指南** 陆宗城等编著。书目文献出版社1994年3月版。36万字。15.00元。收新主题词目1 297条,均为《中国图书馆图书分类法》三版和《资料法》三版的类目及注释中未反映的,80年代以后出现或有了新发展的学科、事物、问题等。每一词目包括释文及此类文献在《中国法》中应如何分类标引的意见。(卢玉荣)

G000030 **六十年出版风云散记** 赵晓恩著。中国书籍出版社1994年4月版。15万字。7.00元。作者根据亲自经历和见闻,结合有关文史资料整理、研究、编著的回忆录。对30年代以来出版战线上的一些重要人物和重大事件,以及新中国出版事业的建设等,进行实事求是的记叙和评述。回忆录从不同的角度介绍了邹韬奋、胡愈之、陈翰伯、黄洛峰等老一辈出版家的革命出版活动,并详尽地记述了生活书店创业过程,桂林文化供应社始末、南下接管上海出版业等重大事件。(苏振才)

G000031 **探索·耕耘·奉献** 副名:庆祝高

等教育出版社成立四十周年论文集。《探索·耕耘·奉献》编辑组编。高等教育出版社1994年5月版。27万字。20.00元。收集从1989年以来由高教社同志撰写的优秀论文，以及为教材建设作出很大贡献的专家、教授、国家教委主管教材建设的同志的论文共43篇。这些论文有的是从教材建设工作的管理角度，论及教学改革、教学规律及教材建设管理体制；有的是从教材编写的角度，论及教材内容、学科发展以及教材编写工作的组织；有的是从教材编辑出版的角度，论及出版社的改革、经营管理、教材选题的策划与规划、编辑加工、印制发行、著作权、教材质量监控等。这些论文从不同侧面从理论和实践两个方面探索、总结了教材建设工作。（张小萍）

G000032 **新闻——就在你身边** 刘燮阳著。人民日报出版社1994年6月版。20万字。从各个侧面用大量的、生动的事实说明，新闻是客观存在，它就在你的身边。关键是要善于捕捉，认真挖掘。全书共34个专题：一、电视里面有文章；二、残疾人刘琦的事迹打动了我；三、戏中有"戏"；四、报纸材料取之不尽；五、你谈我也谈；六、天下文章一大抄；七、衣食住行文章多；八、民以食为天；九、工程质量不抓不得了；十、出门一时难；十一、谈家常侃大山出文章；十二、察地观天；十三、友人逝世有感；十四、出国访问新事多；十五、回家探亲闲不住；十六、边讲课边采访；十七、参加新闻发布会不写新闻；十八、冷门不冷；十九、记者采访天地宽；二十、顺手牵羊；二十一、煤海之光；二十二、抓闪光的语言；二十三、死稿复生；二十四、抓细微末节小事；二十五、自己写自己；二十六、秀才不出门也能写文章；二十七、找米下锅；二十八、靠天吃饭；二十九、学会写评论；三十、小评论不可忽视；三十一、自配评论好处多；三十二、评论形式多种多样；三十三、如何写好小评论；三十四、如何才能发现身边的新闻。（鲁瑛）

G000033 **新闻信息概论** 李元授著。武汉大学出版社1994年6月版。28万字。9.80元（平），14.80元（精）。分上下两编，共15章。上编为"新闻与新闻信息"，下编为"新闻信息传播"。运用新闻学、传播学和信息学的原理，借鉴社会学、文化学、心理学、思维学、美学、语言学和公共关系学等相关学科的理论与方法，阐明了新闻信息传播是多极传播、信息是新闻的本质规定、新闻信息的美学特征等诸多新观点；论述了新闻信息传播的全过程，在展示新闻信息传播的理论与模式的基础上，分别考察了新闻信息传播的信源、传播者、信道、信宿及其传播效果；并就新闻与信息、新闻信息的界定、新闻信息量及其度量、新闻信息的质量及新闻信息的社会功能、新闻信息的审美过程、新闻信息的语言特征以及新闻信息传播的社会控制等一些带规律性的问题进行了专题研究。（蔡光保）

G000034 **文人书趣** 王三山著。武汉大学出版社1994年6月版。30.8万字。12.90元。分为"总论篇"、"品藻录"、"片羽集"、"一分田书话选"4个部分。其中"总论篇"，实为一长篇论文，标题为"书卷多情——非功利心态下的中国文人与书"，文章以"书卷是一种审美对象"、"是消闲娱乐的工具"，论述了"书香世界是文人精神复归之所"，并认为尚文崇古的传统文化观念是书卷美的魅力渊源，书香世界是古今文人学士的一片幽雅宁静、自由自在的精神天地，而"书卷多情"的深层结构则在于中国文人对图书的"非功利心态"。"品藻录"以付增湘、刘半农、郑振铎、闻一多、谢国桢、叶录凤、唐弢、孙犁等44位近现代文化名人为标目，具体记载了他们有关读书、买书、藏书、论书的掌故趣闻。"片羽集"撷取了自先秦老子、孔子始至清末的书人书事和书斋名号趣闻，以及张潮等"幽梦四影"的论书清言。"一分田书话选"是作者20篇书话的小集，它们在报刊上发表时初用笔名为"易分田"，这些文章文理并茂、情趣灿然，读来颇富韵味。（何皓）

G000035 **追求与探索** 上海电视台编。百家出版社1994年7月版。51万字。25.00元。论文集。收有论文58篇，是上海电视台的宣传、技术、管理工作者在各自的工作实践中努力探索取得的部分成果。这些论文涉及电视新闻、电视纪录片、电视专题片、电视文艺、电视剧、电视技术、电视广告、电视人才的使用和培养、电视台的管理等领域。（柏嘉）

G000036 **档案编研概论** 刘生宽编著。宁夏人民出版社1994年7月版。16.5万字。7.50元。较全面地介绍了档案编研方面的知识。本书的特点是突出其专业性和实用性，在一些阐述技术方法的章节里，尽可能列举实例或附录一些必要的参考资料，以帮助读者理解其理论、原则和方法。（山蕴栋）

G000037 **博物馆学通论** 马继贤著。四川大学出版社1994年7月版。22.5万字。7.00元。分上下两编，上编共5章，专论博物馆史和博物馆学的基本原理。试图总结博物馆发展的规律，探讨和构建博物馆学的基本理论框架。下编专述博物馆技术和管理问题，具有较强的应用价值。（马继贤）

G000038 **名人序跋** 范桥等选编。贵州人民出版社 1994 年 8 月版。44.37 万字。13.80 元。收录本世纪中国文化名人中 70 余名作者 150 余篇序跋文。以文学艺术为主,兼及哲学、史学等人文科学以及个别自然科学家的文章。从文中可感受到时代的脉博,听到文化人的心声。有蔡元培的《中国古代哲学大纲》序、陈独秀的《每周评论》发刊词、鲁迅的《呐喊》自序、周作人的《语丝》发刊词、胡适的《蕙的风》序、叶圣陶的《倪焕之》作者自记等。是《二十世纪中国文化名人散文精品》之一种。(谢丹华)

G000039 **中国共产党江西出版史** 戴向青、王冶民主编。江西人民出版社 1994 年 8 月版。34 万字。15.00 元。以大量的史实,真实地记载了自五四运动以来,中国共产党领导下江西出版事业的光辉道路和伟大作用,歌颂了在党的领导下,出版事业为传播马列主义、宣传革命真理,唤起工农大众推翻三座大山,建立新中国的伟大业绩,颂扬了新中国成立后江西出版事业在社会主义革命和建设中的伟大成就,真实反映了毛泽东、邓小平、赵醒农、袁玉冰、方志敏等老一辈无产阶级革命家、出版家的出版活动和业绩,展现了新中国江西出版事业的发展道路。书中许多资料弥足珍贵。收入“江西出版史志丛书”。(张德意)

G000040 **江西出版史志丛书** 熊向东主编。江西人民出版社 1994 年 8 月版。350 万字。7 册。约 130.00 元。包括《江西省出版志》、《江西出版纪事》、《江西古今书目》、《江西历代刻书》、《江西期刊综录》、《江西编著人物传略》、《中国共产党江西出版史》7 种。内容上起唐朝,下止 1993 年江西出版事业的历史变革、进步与成就,展示了从雕版印刷至当代江西出版事业的历史进程,涵括了编辑、印刷、发行、教育、科研、管理、音像、人物等诸多方面。(张德意)

G000041 **书评概论** 孟昭晋著。南京大学出版社 1994 年 8 月版。35 万字。9.00 元。“书评”课程教材。共 7 章:书评与书评研究,书评工作者,书评的标准,书评工作中的阅读,书评的方法,书评写作,书评受众与书评传媒等。内容涉及书评入门知识、基本理论、阅读和写作、书评的方法、书评读者和报刊等。把书评置于广阔的文化背景中加以研究,及时地融合了我国书评理论的研究成果和书评活动的生动事例,兼及港台和欧美等地区的书评资料。立论鲜明,资料丰沛,具有很强的指导性和现代感。附录有《中外书评作品选读》,分文艺类书评和非文艺类书评文章两部分,收入了恩格斯、列宁等革命导师,鲁迅、茅盾、萧乾等文学前辈,以及青年一代书评作者的优秀书评作品。而“《文化苦旅》评论选”则集中了近十篇关于《文化苦旅》一书的书评文章,引导学生从各个角度、各个层面对一本书进行不同的思考。(贾舒)

G000042 **宋版书叙录** 李致忠编著。书目文献出版社 1994 年 8 月版。28 万字。11.40 元。宋版书无论在学津讨源上,在版本探始上,还是在书史坐标、装祯艺术、书品风格上,都具有较高的文物价值和学术价值。本书通过对宋版书及流传的介绍,将宋版书的本来状况反映给学林士子,为他们各自的专业研究提供一些可资借鉴的材料。(卢玉荣)

G000043 **中国出版业的发展与经济政策研究** 吴江江等著。湖北人民出版社 1994 年 9 月版。34.1万字。8.50 元(平),12.00 元(精)。以史的形式全面地回顾中国出版业的发展,重点介绍建国后中国出版业所实行的政策以及出版业的发展历程。并对其发展方向以及应该采用的政策作前瞻性的研究。分 4 部分:一、中国的出版业。以 5 个小专题介绍中国出版业发展概貌。二、中国出版经济的发展。分 10 个小专题,逐一介绍自国民经济恢复时期开始,经历第一至第八个五年计划期间中国出版业经济的发展以及九五期间开始的重点转移。三、出版业经济政策的沿革。分 7 个小专题介绍中国出版业税收、价格、财政投资、金融、稿酬、价格补贴、印刷工价和发行折扣等各方面的政策。四、出版经济政策研究。分 6 个专题研究中国出版业的现状及存在的问题,经济政策调整的意义,并提出调整的方向和设想。书中附有大量附录,介绍西方各出版业发达的国家和世界一些国家有特色的出版管理办法,以及世界一些主要国家和地区的出版统计情况。(李尔钢)

G000044 **古籍数学化研究论文集** 内蒙古大学图书馆编。内蒙古大学出版社 1994 年 9 月版。47 万字。16.60 元。古籍数学化研究是由新加坡籍华人林大芽教授倡导并资助的一项交叉学科,它把数学这一揭示自然玄奥的锐器,大胆渗进到博大精深的中国古籍这一洪荒领域,进行别开生面的研究。本论文集分上下两编。上篇为林大芽教授从事古籍数学化研究的论文汇编,它涉及到《诗经》、《道德经》、杜甫诗、《水浒》、《红楼梦》、神话、艺术、绘画等领域。下编为 10 人的论文汇编,涉及到汉族、蒙古族的多种古籍。(陈羽云)

G000045 **现代文献论纲要** 张欣毅著。书目文献出版社 1994 年 9 月版。14.2 万字。7.00 元。文献学理论的学术性著作。在吸收、借鉴已有研究成果的基础上,将广义文献视为相对独立的论域加以系统考察，以现代科学研究方法和知识水平全面地研究古今中外的各类文献及相关的社会现象。并对文献信息论、文献主题论、文献形式论、文献结构论、文献流通论、文献过程论、文献经济论等作了系统、具体的论述。(卢玉荣)

G000046 **市场经济与编辑出版** 孙五川编。天津教育出版社 1994 年 9 月版。31.0 万字。7.00 元。中国编辑学会首届年会论文选，共收入 50 篇论文。分 7 类，即：社会主义市场经济与出版、市场经济条件下的编辑工作、选题、图书质量、图书商品的二重性、编辑出版队伍、编辑出版科研现状等。文章围绕社会主义市场经济条件下的编辑出版工作的理论与实践这一主题，或就整体方面，或从某个侧面，作了广泛而深入的探讨。(耿学明)

G000047 **安平秋古籍整理工作论集** 安平秋著。中国书籍出版社 1994 年 9 月版。13 万字。6.00 元。收录从 1983 年至 1994 年 11 年间作者在全国高等院校古籍整理研究工作委员会秘书处工作中所发表的有关古籍整理与研究工作的报告、讲话和文章的选编，对了解我国高校古籍整理与研究近 11 年的艰难发展历程，对了解古委会何以能在团结、和谐的氛围之中奋发前进，对总结我国古籍整理与研究工作的经验教训，提供了一份基本资料；其中有些看法、想法乃至观点、做法，对我国人文科学、社会科学工作或许有些借鉴作用。(章宏伟)

G000048 **中国期刊面面观** 罗琳主编。中国书籍出版社 1994 年 9 月版。27.6 万字。10.00 元。关于期刊方针业务的综合性文集。反映了当代中国 45 年来期刊事业发展情况、规律、有关方针、政策，以及改革和工作经验等。全书分宏观篇、类观篇、微观篇 3 部分。宏观篇论述或介绍有关全国期刊的情况和工作精神；类观篇介绍诸类期刊的发展情况及有关评述；微观篇介绍了比较有特色的刊物的办刊经验，以典型材料给前两部分做注脚。(苏振才)

G000049 **逛旧书店淘旧书** 茅盾、汪曾祺等著。中国文史出版社 1994 年 9 月版。15 万字。6.80 元。主要由施蛰存、茅盾、汪曾祺、黄裳、萧乾等老一辈学者从不同的角度述及自己逛旧书店、淘旧书的经历，以流畅、深情的笔触记叙旧书业与各自生活、学业的密切关系，对旧书业日渐衰落发自内心的叹息，令人读后掩卷三思。对北京琉璃厂、南京夫子庙、香港旧书业以及日本、法国、英国等地的旧书业也作了详细介绍。(陈海滨)

G000050 **书评学概论** 徐召勋主编。武汉大学出版社 1994 年 10 月版。23.5 万字。5.95 元。高等学校文科教材。概述了作为一门新兴学科的书评学的主要理论问题。在对书评和书评学的概念、书评学的研究对象和内容、书评在出版发行工作中的地位与作用、书评的种类、书评的标准等基本问题进行论述的基础上勾勒出书评学研究体系的概貌。对我国书评事业史进行了分期，分别从先秦两汉时期、魏晋南北朝时期、隋唐宋元时期、明清及近代时期，研究了书评活动及其发展、演变规律。关于书评写作方法，先是就书评写作总的一般性的原则方法等作了系统介绍，进而根据书评写作的具体特点，分别对社会科学类、哲学政治类、文学作品类、少儿读物类、科学技术类、工具书类图书评论的有关技巧和需注意的问题进行了概括总结。该书还以较大的篇幅介绍了国外的书评，论述了欧美及世界各国书评的历史及其发展的趋势。此外，对于我国书评工作，尤其是 1985 年首次全国图书评论工作会议后有关书评会议、书评组织、书评阵地、书评教育、书评队伍等方面作了系统的回顾总结。(何皓)

G000051 **中国年鉴编纂规范化** 李今山等著。中国书籍出版社 1994 年 10 月版。17.5 万字。7.00元。在对年鉴编纂的实践经验进行科学的总结、论证的基础上，论述年鉴的编写要有一个合乎年鉴性质、功能的整体结构、基本内容、编纂工艺、文体文风、检索手段等标准，并依据年鉴的定义、性质和特性，对年鉴框架设计、年鉴选题、年鉴条目、年鉴百科部类、年鉴资料部类、年鉴大事记、年鉴文体语言、年鉴照片、图表、设计、年鉴检索系统的规范化都作了系统的阐述，并论述了年鉴规范化与现代化的关系。最后附以“改革开放以来中国年鉴发展大事记”。(章宏伟)

G000052 **金融类公文主题词标引手册** 金融类公文主题词规范化工作领导小组编。人民邮电出版社 1994 年 11 月版。13 万字。15.00 元。分 3 个部分。第一部分基础知识和使用说明；第二部分词表部分；第三部分标引范例。(潘涛)

G000053 **浙江省图书馆志** 浙江省图书馆志编纂委员会编。中国书籍出版社 1994 年 11 月版。67 万字。50.00 元。记述浙江省图书馆事业的历史和现状。凡各系统图书馆藏书在 5 万册以上的，都分别作历史与现状的记述，记载时限，上限不等，力溯事物之肇始，下限一般截止于 1990 年底。人物编收录在本省从事图书馆工作和浙江人在省外从事图书馆工作的有关人员，对人物记述均侧重其图书馆事业的活动和经历。鉴于藏书楼与近现代图书馆事业的渊源关系，而浙江藏书楼尤有其历史特点和影响，本书特设专编以记述浙江藏书楼的兴衰和现存藏书楼的概况。收入"浙江省志丛书"。(章宏伟)

G000054　**出版史研究(第二辑)**　叶再生主编。中国书籍出版社1994年11月版。20万字。8.80元。出版史研究论文集。本辑中有些内容涉及的时间或地域跨度大，如《晚清西书中译及对中国文化的影响》、《十年内战时期苏维埃区出版简史》、《清代四堡刻书业调查报告》、《西夏雕版印刷概况》、《二十四史的二百五十年版本史》等，都是历来出版史研究较少触及或触及不深的课题。本辑还刊发了两篇研究雕版印刷术起源问题的论文。《杜亚泉的事迹和思想略述》一文介绍了在中西文化论战中的杜亚泉，可认识这位近代出版史上的重要人物。(章宏伟)

G000055　**书刊著编审校知识问答**　郭爱民等编著。东北大学出版社1994年12月版。48万字。18.00元。以书稿和学术论文的撰写及书刊的编辑、出版过程为主线，以问答的形式，系统地阐述了作者和编辑、出版工作者应知、应会和应该具体掌握的一些基本知识、基本技能和主要技术规范。分14章，共编入415个问答题，具体内容包括：著作基础知识，著编基础知识，编辑ABC，选题的提出与论证，组稿工作，审稿工作，编辑加工，编辑应用文，科技期刊稿件的撰写与编辑，书刊装帧设计，图书宣传评介，出版ABC，校对工作，著作权保护。5项附录是：数学、物理学、化学书刊常用符号，常用外文字母，中国地名汉语拼音字母拼写规则，中国省、市、自治区代码，关于出版物上数字用法的试行规定。(郝蕴卿)

G000056　**中文工具书导论**　詹德优著。湖北教育出版社1994年12月版。35万字。19.00元。分3编。上编"工具书总论"，从整体上概述了工具书的一般理论、产生与发展、排检方法、控制与检索、鉴别与选择等内容。中编"工具书分论"，先概述各类工具书的定义特点、类型体例、发展流变及作用；再详细分述每类中有代表性的著作，逐一介绍其作者、版别、体例、内容特点、作用等。下编"工具书应用"简述了工具书综合利用的原理及查找资料的基本方法，并从实用的角度，以专题的形式，详尽地介绍了查找字词诗文、报刊论文、人物地名、历史事件、机构单位、统计资料、法规制度及图像等资料的一般程序与途径。(刘中元)

G000057　**石油报业写踪**　中国石油新闻记者协会编。石油工业出版社1994年12月版。39.2万字。14.20元。值中国石油记协成立10周年之际，从大量专题材料和业务论文中选编的一部文集。共收文90篇，从石油报刊的发展历程、改革开放与经济建设宣传、新闻业务探讨、编校质量机制、新闻队伍建设与多种经营开展、编采体会以及石油院校报刊状态等不同侧面，反映了我国石油新闻事业随同石油工业的发展而日趋繁荣的步履，折射出了石油记协10年耕耘、艰辛和收获的轨迹，是石油新闻工作改革成果的展示，创新经验的结晶。(黎明)

G000058　**新记大公报史稿**　吴廷俊著。武汉出版社1994年12月版。37.6万字。15.00元。包括绪论、4篇共17章。着重叙述和评论1926至1949年新记公司时期的大公报的历史。全书以时代为经，以这一时期新记公司所属津沪汉渝港桂各版大公报的活动为纬，对这一时期大公报的政治倾向、言论主张、它与朝野各方面的关系、它的业务活动的特点以及它的是非功过，作了全面的深刻的剖析。(何小敏)

G000059　**传统文化与古籍整理研究**　刘重来、喻遂生等主编。西南师范大学出版社1994年12月版。26万字。12.50元。西南师大汉语言文献研究所建所十周年纪念论文集。精选古籍整理、历史文献、中国语言、历史学等方面的论文33篇，以传统文化与古代文献研究为主题。该所自1984年建立，十年来完成学术著作《墨子校注》等40余种，发表《纳西东巴古籍整理与研究刍议》等论文300余篇，书中撰文回顾了这些成果和该所发展历程，并在展望前景中探讨了古籍整理工作与社会主义市场经济体制的关系。(李远毅)

G000060　**编辑实用百科全书**　边春光主编。中国书籍出版社1994年12月版。167万字。65.00元。内容包括中国历代特别是当代有关编辑活动的重要经验、知识和技能，以图书编辑为主，兼顾报刊、广播、影视、音像等不同门类。(孙鲁燕)

G000061　**中国出版工作调查报告(1993年)**　石峰主编。中国书籍出版社1994年12月版。25.7万字。12.00元。新闻出版署党组组织的一次全国范围的调查研究成果汇编。是研究出版现状，总结出版改革经验的研究性著作。主要围绕在社会主义市场经济条件下如何进一步做好新闻出版工作这个题目所展开。包括两大内容，综合报告汇集了北京、天津、上海、黑龙江、吉林等19个省市自治区新闻出版局撰写的调查报告。主要围绕："多出好书，繁荣出版"；"加强'扫黄'、'打非'工作"；"禁止买卖书号"；"建立适应社会主义市场经济的出版体制"；"深化图书发行体制改革”;“发展少数民族地区出版事业”等方面的内容。专题报告中,收集了18个省市新闻出版局以及出版单位的调查报告。内容围绕:“加强新闻出版管理,强化宏观调控机制”;“图书发行体制存在的问题与改革的对策”;“严厉打击非法出版活动是当前出版管理工作面临的任务”;“开展新书试销满足读者需要”等。本书总结了1993年度新闻出版界在改革中所取得的成就,对出版界存在的不足,提出了改革的对策。(丘淙)

科学、科学研究

G000062 **中国专利数据库·第二辑(A、B卷)** 中国科学院成都文献情报中心编。四川科技出版社1994年版。450万字。480.00元。收集1991—1993年中国发明专利及中国实用新型专利十万余条,包括了中国全部专利信息。(尧汝英)

G000063 **科学发现论** 杨耀坤著。四川科学技术出版社1994年6月版。44.5万字。20.00元。叙述和总结了国外从古希腊、文艺复兴至近代关于科学发现的归纳、演绎、实验的方法。本书在吸取国内外有关研究成果的基础上,建构起自己的理论框架,它以“起点—突破—确立”的描述性模式为线索,全面探讨了科学发现的理论问题。全书共5部分:导论、起点论、突破论、确立论、理论内涵论。关于科学发现的起点,作者认为问题起点模式和观察起点模式不全面,主张多模式论。关于科学发现的突破,作者不同意流行的“直觉—顿悟说”、“模式发现规范理论”、“试错法”等,提出了“观念孕育说”。关于科学发现的确立,对逻辑经验主义者的唯检验论、逻辑联贯论者的唯逻辑论、历史主义学派的唯评价论都有其可取之处而有局限,对三者应批判吸取。理论内涵论着重从本体论、认识论、方法论三个层面进行分析,也简述了美学、心理学、社会学三个层面的内涵。(喻瑞卿)

G000064 **学科分类研究与应用** 丁雅娴等编。中国标准出版社1994年6月版。23.4万字。6.00元。在国家科委“学科分类研究”软科学课题研究基础上写成。全书内容包括:学科分类的历史概述、现代学科的分类特点、国内外学科分类比较研究、学科分类与代码表编制的方法及其体系结构4大部分。书中探讨了当代学科分类的发展趋势,并对国内外学科分类作了对比研究,从理论和实践方面,探索了中国学科分类的走向及学科分类编制原则、方法等实际问题和若干“热点”问题。特别是书中列有反映3 000多个学科的学科分类与代码表,囊括了当代国内外最新科研成果。书后附有国内外23个常用的“学科分类”表。(王西林)

G000065 **情报数据库系统** 周宁编著。武汉大学出版社1994年7月版。37.3万字。8.15元。系统地论述了情报数据库系统的基本理论、基本知识和基本技能,从信息模型入手深入讨论了数据库的数据模型和数据库系统的体系结构、三级模式、数据库管理系统(DBMS)、数据库管理员(DBA)、数据操纵语言(DML)、数据描述语言(DDL)、数据字典(DD/D),以及RDBS、IMS、DBTG等三大流行数据库系统的数据模型、三级模式、数据库语言等。对于与数据库密切相关的数据压缩理论与技术分章进行了讨论,针对情报数据库的分类的有关国际标准,分别介绍了文献库、数值数据库、事实数据库设计、建立与利用的基本理论与方法。对于发展较快的分布式数据库系统、知识库与智能数据库系统、数据库机等重要领域进行了专题讨论。此外,还介绍了第三代数据库系统、面向对象的数据库、全文数据库、多文种数据库、多媒体数据库等内容。(何皓)

G000066 **科学与非科学分界** 林绍春著。福建科学技术出版社1994年8月版。21.5万字。14.80元。首先分析考察了科学与非科学分界问题上已有的观点及其存在的问题,然后提出了新的分界观点,并且从认识论的高度,紧密结合天文、地质、物理、化学、生物等各科学发展史,多视角多侧面地展开了深入的论证。全书分5章,第一章是分界问题的提出;第二章为分界问题的已有观点及其问题;第三章为可证实性;第四章为可证伪性;第五章为可证实性和可证伪性的统一。在科学与非科学的分界问题上,最有影响、最有代表性的观点,是逻辑实证主义的观点和批判理性主义的观点,而且它们的分界观点又是互相对立的。本书对这两种相互对立的分界观点进行了考察。作者认为,逻辑实证主义提出的科学理论是可证实的观点,批判理性主义所提出的科学理论是可证伪的观点,并对被证实、被证伪的途径进行了详细的分析。本书从科学发展史中,列举了大量的实例,作了精辟的论证,证明这些可证实性和可证伪性相统一的关于科学与非科学的分界原则是符合科学发展史的事实的,是合理的。(胡善美)

G000067 **创造学与创造工程** 宋晋生编著。陕西师范大学出版社1994年9月版。35.6万字。12.00元。分上、下编,共16章。在上编“创造学”中,叙述了创造学的基本概念和原理、创造性心理学、创造性环境学、创造性教育学、创造技法和开发要素等内容。在下编“创造工程”中,不涉及成果本身,主要研究创造发明的过程、原理、技法。书中列举了 9 大类创造技法。(杨雪玲)

G000068　**科学研究艺术**　徐长山、王德胜著。解放军出版社 1994 年 10 月版。48 万字。22.50 元。较系统地介绍了科技发展的历史过程和以往人们关于科学方法论研究的成果,作者在注意到方法论的理论研究的重要性的同时,还大量介绍了中外著名科学家的科研和技术发明的实例,解剖了各种科技成果的产生过程。将科学研究、技术发明视为高超的艺术而探索其中的奥秘,探讨了科学、文学、艺术以及科学家的心灵之间的联系,其中涉及到科学语言的形态与科技成果的表述及其方法论问题;科学的对称、和谐、简单性等美学问题;科学的精确性、逻辑性、完备性等形式化问题,以及科学工作者的心理动机、品质和道德修养与科学研究、技术发明成败的关系问题。另外,本书从虚实结合的角度出发,探讨了科学研究中的一些具体方法,如文献的检索、论文与科技著作的撰写、成果的鉴定与评判,以及科学技术的管理方法等。(张照华)

G000069　**计算机信息检索软件设计原理**　张进著。武汉大学出版社 1994 年 10 月版。32 万字。8.65元。较为详细地介绍了信息检索软件设计的基本过程、原理和技术、侧重于从理论上分析各类检索系统的检索算法以及实用技术,结合我国计算机情报检索的实际情况,综合国内外先进理论,全面地、由浅入深地阐述了信息存贮结构,信息的组织,数据压缩技术,脱机批处理检索系统的构成和处理流程,联机检索系统的构成以及处理流程,汉字信息处理中自由文本的自动切分和汉语词库的自动构造,形式语言自动机理论与信息检索等内容。该书的显著特点是对各类信息检索算法的介绍不仅仅是简单地引入算法的基本流程,同时对各类检索算法的原理作了详细的剖析;对许多核心检索算法的讨论均包含了作者本人与众不同的创新观点。(何皓)

教　育

G000070　**教育辩证法**　刘楚明编著。教育科学出版社 1994 年版。17.8 万字。6.60 元。比较全面、详细论述教育理论中诸种辩证关系的著作。运用唯物辩证法分析了教育的本质、规律、价值、目的,德智体美四育,以及教学过程、教师修养和学校管理等方面的哲学问题,说明教育哲学对教育实践的指导意义。(王兰)

G000071　**学习考试方略**　单宝利等编著。辽宁人民出版社 1994 年版。21.9 万字。7.00 元。针对中学生、大学生和成年人有关学习和应试方面的方略问题的书。共 9 章 48 节,前 5 章着重从学习的主观因素和方法谈起,包括学习心理机制和大脑的潜能以及学习方法指要。着重阐述学习过程即立志,博学,审问,慎思,明辨,时习和笃行,因此要强化注意,有效记忆,科学思维,实施全方位的学习。除了在学校学习,社会生活中学习,还要注意在使用中学习,勇于实践,善于总结才能进步。又从哲学方法论,一般方法论,科学方法论,分科学习方法中的单项学习方法能使人更好地发挥天赋,而拙劣的学习方法可能阻碍才能的发挥,有时甚至削弱以至扼杀人的才能。后 3 章重点阐释各种类型试题的解题思路与技巧,参加考试的方略和关于学习的评价。列举了选择题,判断题,连接题,排列题,论述题,计算题等的解题思路和技巧。考试过程中,要动员视觉,听觉等多种思维感觉器官共同参加,联合行动,把握事物的基本属性、特征,排除无关信息,从而找到科学的答题策略,考出实际水平。最末一章是学海精粹,列举古今中外学者治学经验事例,说明意志和毅力、珍惜时间是重要成功之道。(于海寰)

G000072　**叶圣陶教育文集**　叶圣陶主编。人民教育出版社 1994 年版。236.9 万字。5 册。119.60 元。采用多方位、多品种地突出叶圣陶教育家个性的办法,选编了教育家不同时期的文学作品、教育论集、语文课本,既体现文化巨子——教育家——语文教育家叶圣陶的教育个性,又体现宽广的时代文化内涵。第一卷,选编叶圣陶的关于教育的部分文学作品,有白话短篇小说 24 篇,一部长篇小说《倪焕之》,童话、寓言 12 篇,散文 3 篇,诗歌 6 篇。叶圣陶在用艺术形象反映教育生活的同时,也不同程度地反映了当时的教育制度、教育思想、教育内容、教育方法。第二卷,选编关于教育的论著;第三卷,选编关于语文教育的论著。全面反映了叶圣陶 70 余年间的教育思想及其发展轨迹。第四、五卷,选编叶圣陶的 11 种语文课本的编辑例言、目录和部分实例,其中《开明国语课本》第一册和《国文百八课》第一册全部收入。他以语文教育家和语文教师的身份编著中小学语文课本,使他的约 25 种中小学语文课本成为一个语文教材的宝库。(庄文中)

G000073 **中国近代学校体育史** 苏竞存编。人民教育出版社 1994 年版。18 万字。6.10 元。全面、系统地介绍了我国从西周奴隶社会至新中国成立前的学校体育发展历史。特别是对近代学校体育思想、法令、章程，以及学校体育内容等进行了翔实的介绍与论述，是一部专门研究我国学校体育发展并具有较高学术价值的专著。对全面了解我国学校体育发展历史，研究中国学校体育思想内容发生、发展的脉络，借鉴学校体育发展历史经验与教训，有重要的参考价值。（耿培新）

G000074 **外语教学心理学** 朱纯著。上海外语教育出版社 1994 年版。30 万字。9.00 元。以教育心理学、学习心理学、心理语言学和实验心理学等方面的研究成果为基础，结合信息技术、传播理论的发展和外语教学的实际情况、探索外语教与学的客观规律。系统地论述心理学与外语教学的联系及言语技能的内在联系，并结合词汇、语音、语法、口语、阅读及写作教学等各个环节对外语的感知、理解、表达、记忆进行心理分析，揭示其过程和特点。（郑巧娣）

G000075 **人生大舞台——青少年德育曲谈** 韦琬、艾澄编。北京少年儿童出版社 1994 年 1 月版。12.7 万字。3.50 元。是《人生启蒙录——青少年德育诗选》、《人生面面观——青少年德育文摘》、《人生咏叹调——青少年德育词抄》的姊妹篇。内容包括散曲和剧曲两大部分，收入小令 30 首，套数 9 套，以及《窦娥冤》、《清忠谱》、《西厢记》、《牡丹亭》、《中山狼》等 8 部著名剧曲的节选。不仅介绍了有关曲的基本知识和艺术特点，还以曲为鉴，用谈心的方式，通俗生动地讲述了当今人生处世的热门话题。（石岱峰）

G000076 **教育学** 睢文龙等主编。人民教育出版社 1994 年 1 月版。46.5 万字。9.00 元。第一版于 1989 年出版。修订后，本书的体系基本未变，内容变化很大。全书共 15 章，修订时重新编写了 7 章，其他各章也作了较大的增补删改。本书修订后继续保持了第一版的特点。注重理论联系实际，在理论阐述方面，一方面在宏观上，着重论述教育与社会发展、教育与人的发展的关系，旨在引导学生树立正确的教育观念和牢固的专业思想，另一方面在微观上，主要阐述教师教育、教学工作所必不可少的基础性理论知识、基本技能；在联系实际方面，主要突出我国初中教育改革实际和初中教师的实际需要。（王莉）

G000077 **班级教育的理论与方法（教育改革的理论与实践丛书）** 王炳仁主编。浙江教育出版社 1994 年 1 月版。35 万字。8.00 元。汲取古今中外有关研究成果，总结广大教育工作者的成功经验，对中小学班级教育的重要问题作了研究与全面论述。全书包括总论、班级“五育”、班集体建设、班主任工作及工作方法等 4 大部分，既进行理论探讨，又有实际操作的指导。（佘龙文）

G000078 **陶行知研究集粹** 吴奕宽、方善森等编著。广西师范大学出版社 1994 年 2 月版。38 万字。9.50 元。汇集了几十年来国内外对陶行知教育思想、理论和实践研究的 2 000 余篇论文的篇目索引、论文摘要和论著书目、内容提要的介绍。（莫曲波）

G000079 **中华民族教育思想纂要** 轩辕轲编著。教育科学出版社 1994 年 2 月版。22.9 万字。9.60元。分教育哲学、德育论、教学论及学习论 4 编，涵盖了自先秦至鸦片战争时期 2 500 年间中华民族中 24 位著名思想家、教育家的教育思想。对各种教育思想的产生，适当地叙述了其社会背景、文化背景以及与各种教育思想直接联系的宇宙观、认识论特别是具有民族特色的人性论和社会政治学说；对各种教育思想的发展和演变，则比较客观地论述了其传承关系，以至各种教育思想的异同及融合过程，并作了一些必要的比较、鉴别和评价。（张予滨）

G000080 **毛泽东周恩来刘少奇邓小平论教育** 人民教育出版社编。人民教育出版社 1994 年 3 月版。29.1 万字。9.70 元。按专题分类和按发表的时间顺序编排相结合的方法选辑革命领袖有关教育的最主要、最具有代表性的论著（摘录）。每个专题按毛、周、刘、邓的次序，又分别依照著作的年代时间顺序排序。内容包括 9 个专题：教育与政治经济的关系，社会主义教育为无产阶级政治和社会主义现代化建设服务；培养无产阶级革命事业接班人和社会主义建设者；教育与生产劳动相结合；加强思想政治教育工作；理论联系实际；知识分子和人民教师；古为今用，洋为中用；教育事业的改革和发展；共产党对教育事业的领导。（邱瑾）

G000081 **学校的变革** ［美］克雷明著，单中惠、马晓斌译。上海教育出版社 1994 年 3 月版。26.2 万字。10.30 元。美国教育家、哥伦比亚大学师范学院院长劳伦斯·阿瑟·克雷明（Lawrence Arthur Cremin，1925—1990）的成名作。1962 年获“班克罗夫特美国历史奖”。分为“进步教育的动力”和“进步教育的时代”两部分，共 9 章：公共教育的传统；教育和工业；文化和社区；科学、达尔文主义和教育；教育先驱者;科学家、感伤主义和激进主义者;进步教育协会;变化的教育主流;公共教育中的危机。反映美国现代教育史上重要的教育流派——“进步教育”流派的历史,阐述学校变革与社会变革的关系,明确提出学校变革的必要性、重要性和学校教育必须适应社会变革的需要。(尹亚年)

G000082 **当代教师百科** 黄济主编。浙江教育出版社 1994 年 3 月版。81 万字。24.00 元。内容可概括为 10 个方面:展示中国教育改革和发展的方向,围绕建设有中国特色社会主义教育体制,指出当前和相当长时间内教育改革的任务、目标和途径;阐述教育理论的基本知识,包括马克思、恩格斯、毛泽东、邓小平等的教育理论和思想;介绍教育学科和教育立法的新知识,如教育工艺学、教育未来学、教育法学等;论述人民教师的使命、地位、劳动特点,教师的素养、职业道德以及学生观和教师的基本功等;传播基础教育各方面的成功经验,包括学校德、智、体、美、劳(动)各育的目的要求和实施途径,还逐一介绍中小学各科教学目的、要求和主要经验;传播中外教育的历史和名师之道;推广教育心理学的理论和实践;揭示教育科学研究的原理和方法;附有教师需要遵循和查考的文件和法规;另附中国教育大事录、古今中外教育名言和教师参考日历。(余龙文)

G000083 **中小学教师职业道德(蒙古文)** 阿拉坦巴根等译。新疆人民出版社 1994 年 4 月版。25 万字。6.50 元。根据华龄出版社 1991 年 10 月版翻译出版。主要介绍了什么是教育工作,国家为什么要办教育,教师的工作任务,教师需具备哪些条件,教师职业道德是什么,教师为什么要讲求职业道德等问题。同时介绍了我国现行的教育方针和政策及历代中外著名教育家等。(新德)

G000084 **学校管理学** 萧宗六著。人民教育出版社 1994 年 5 月版。40 万字。8.10 元。高等师范院校教育类专业教材《学校管理学》的增订本,第一版于 1986 年 6 月出版,1994 年进行了重大修定:增写了 7 章,由原来的 15 章扩至 22 章;其他各章均作了不同程度的修改。增写的 7 章是:我国新时期的教育方针(第二章),学校管理体制(下)(第五章),学校管理方法(第九章),美育工作管理(第十六章),学校教育、家庭教育和社会教育的协调(第二十章),中小学的教育科学研究(第二十一章),学校评价(第二十二章)。全书分为 3 部分:第一部分,基本理论;第二部分:管理者与被管理者;第三部分:学校各项具体工作的管理,偏重于中学。(王莉)

G000085 **外国教育思想史** 田本娜主编。人民教育出版社 1994 年 5 月版。45 万字。15.00 元。共 4 编。第一编介绍古代东西方的教学思想,第二编介绍中世纪的教学思想,第三编介绍了近代的教学思想,第四编介绍了现代的教学思想。全书以辩证唯物主义和历史唯物主义为指导,以历史发展为线索,系统论述了各个时期外国教学思想的发展,不同的教育思想流派及重要教育家的教学思想。作者以“古为今用,洋为中用”为原则,有选择地介绍了一些国家和教育家的教学思想,深刻阐述了不同时期外国教学思想的发展及其特点。作者较好地处理了教学思想的发展与社会发展的关系、教学思想的发展与教育思想的发展关系、教学思想的发展与教育家或教育派别之间的关系。(邹海燕)

G000086 **青春发育中非病与病的辨识** 邹丽洁编。希望出版社 1994 年 5 月版。5.4 万字。2.25 元。针对少男少女在青春发育中,遇到的许多自己渴望了解而又难于启齿的性生理方面的问题。从医学科学的角度,进行了解释,说明什么是病,什么不是病,并介绍了自我观察和辨别的方法。(张慕颜)

G000087 **中国教育思想通史** 王炳照等主编。湖南教育出版社 1994 年 6 月版。300 万字。198.00元。以教育思想流派、教育思潮及其代表人物为主线,着重阐述了中国教育思想产生、发展的历史条件和理论渊源,探讨了各思想流派、教育思潮的思想特征,各流派之间的相互论争、相互吸收的关系,各种学术观点及其承先启后的历史地位等等。同时,注重对有关教育基本概念、基本范畴、基本原理和原则等层面的理论和认识成果的挖掘,并阐明不同历史时期各教育思想流派在上述基本理论问题上继承、演变与发展的关系。在阐述民族教育思想发展的过程中,还认真清理和挖掘了外国思想文化对中国教育思想发展的影响,从两汉时期的佛教传入中国,到近代西学东渐及马克思主义教育思想在中国的传播,都给予了较客观的评价。(陈民众)

G000088 **课堂教学中的心理学** 张淑华主编。教育科学出版社 1994 年 6 月版。13 万字。4.30 元。通过对我国教师、特别是许多优秀教师在教育实践中的典型教例的心理分析,说明心理学理论在教育中的重要性。(王兰)

G000089 **学习论** 副名:学习心理学的理论与原理。施良方著。人民教育出版社 1994 年 6 月版。39 万字。13.30 元。以研究“学习”的内在机制为对象的学术专著。旨在解决人类的学习是怎样发生的,是如何进行的，学习的效果取决于什么，以便向人们提供可供选择的学习模式和学习策略，确保真正有效的学习。本书采用历史和逻辑相结合的方法，沿着人类探究“学习”规律的足迹前进。首先介绍了“刺激—反应”、“尝试错误”、“条件反射”等行为主义学派的学习理论；接着介绍了转向大脑内部活动的认知学派的学习理论，如“建构主义”、“认知同化”、“信息加工”等；然后介绍了行为—认知的折中主义学习理论，如“累积学习”、“掌握学习”、“社会学习”以及强调学习中的非认知因素作用的人本主义学习理论等。最后以“学习的基本原理”和“学习的策略”作结。（胡寅生）

G000090 **教师口才学** 柏恕斌、丁振芳主编。中国书籍出版社 1994 年 6 月版。20 万字。9.00 元。分“绪论篇”、“基础篇”、“实践篇”、“训练篇”4 大部分。作者不但强调了现代汉语语音标准，语言规范化的意义和作用，而且密切联系了从课堂教学到课下辅导等各个教学环节上的语言应用实践，提出了教师口才训练和提高的理论、途径和方法。绪论篇总括教师口才的总体特点。基础篇从教师语言艺术的思想基础、知识基础、逻辑基础、思维基础、道德基础、写作基础等几大方面进行展开。实践篇专谈教师的语言艺术，包括演讲术、谈话术、态势语几方面的基本情况。训练篇注重具体的实际训练，有语音训练、对话训练、读诵训练、演讲训练、听力训练、应变训练、思路训练、例证训练 8 个部分。（刘元煌）

G000091 **中国教育大系** 顾明远总主编。湖北教育出版社 1994 年 7 月版。2 200 万字。9 册。900.00 元。分 5 个系列 9 册：《历代教育制度考》（上、下）、《历代教育论著选评》（上、下）、《历代教育名人志》（全一册）、《现代教育理论丛编》（上、下）、《马克思主义与中国教育》（上、下）。各系列另设主编。内容为：《历代教育制度考》辑录有文字记载以来至 1949 年止有关教育制度的原始文献、未全文收录文献的篇目索引、今人有代表性的研究成果、今人未收重要成果索引；《历代教育论著选评》内容与上相仿；《历代教育名人志》收录我国历代重要教育家，介绍其生平与成就；《现代教育理论丛编》介绍 80 至 90 年代初先进教育理论学科成果；《马克思主义与中国教育》辑录从早期马克思主义教育家至 90 年代初的重要教育文献、革命时期的教育史、建国以来教育大事记等。（孙艳魁）

G000092 **教育目的论** 陈佑清著。湖北教育出版社 1994 年 7 月版。19.6 万字。5.75 元。着重讨论了教育目的建构和设计问题，并在对历史上出现的形形色色的教育目的观分析的基础上，提出了自己的建构教育目的方法论，并以培养有效活动的人为立足点详细地分析论证了知识、技能、素质在教育目的中的地位、意义及其内容和结构，最后还讨论了教育目的的具体化问题。作者在该书中提出了不少颇有新意和价值的论点，对人们继续深入地研究教育目的问题有启发和借鉴作用。（陆才坚）

G000093 **教育研究方法导论** 裴娣娜著。安徽教育出版社 1994 年 8 月版。32 万字。9.50 元。在坚持马克思主义辩证唯物论作为教育研究方法的理论基础这一前提下，广泛吸收了当代自然科学、社会科学、思维科学方法论方面的最新科研成果，将数学方法应用于教育科研，把定性分析和定量分析结合起来，从而既提高了教育研究方法的科学性，又具有鲜明的时代特点。对教育研究的发展历史作了较系统的回顾，同时对现实生活中教育科研的实际作了充分的阐述；在进行教育科研理论阐述的同时，对具体科研方法的说明和现代科研手段的运用也有介绍；既从国情出发，广泛收集我国教育科研的成功经验，又注意吸取国外新的科研成果。此外还对教育科研方法方面的几个主要问题作了分析，为今后教育科研方法的发展指明了方向。（殷振群）

G000094 **伴我潇洒生存** 丁少华编。北京少年儿童出版社 1994 年 8 月版。13 万字。4.60 元。收入“当代少年跨世纪方案丛书”。针对跨世纪的时代特征对人们带来的强烈冲击和影响，及当代少年因难以适应而在身心发展上出现了许多问题，通过大量实例进行启发诱导，传授心理保健知识和现代生存策略，促进广大少年轻松愉快、积极奋发地潇洒生存。（刘子君）

G000095 **余明炎教育文选** 《余明炎教育文选》编委会编。广西师范大学出版社 1994 年 8 月版。24.1 万字。6.00 元。收集作者对民族教育、职业教育、成人教育、普通教育和高等教育诸方面的理论阐述，包含了作者数十年来从事教育工作的重要经验。（赵小兵）

G000096 **绝境求存（雏鹰行动系列）** 孙坚编。广州出版社 1994 年 8 月版。11 万字/册。3 册。10.00 元。为配合团中央、全国少工委发起的“跨世纪雏鹰行动”，以“雏鹰行动”的“五自活动”中的“自救”为主题，分为《林莽篇》、《荒漠篇》、《大海篇》3 册，阐发了“自助者天助”这一古今不易之理。对各种绝境求存的原理和具体的技能作了详尽的、科学的

介绍。(崔晓峰)

G000097 **当代青春期教育研究** 姚佩宽等著。河南人民出版社1994年8月版。38万字。16.00元。全面论述我国当代青春期教育的理论与实践问题。通过对我国青春期教育的研究、发展状况进行科学回顾、总结和思考,系统阐述了我国青春期教育的基本理论、具体内容、学科特点、教育方法、实现目标与任务,探讨了青春期的性心理发展,青春期教育与青少年德育、智育、心育、美育、家庭教育等相关教育的关系,中学生的早恋现象,以及青春期问题中"性失误"与"性罪错"的心理成因和心理防范诸方面的问题,介绍了西欧诸国、美国、日本、前苏联、香港地区青春期教育的概况,并在与之进行比较研究的基础上,提出我国当代青春期教育中存在的问题、相应对策与措施。(袁敏)

G000098 **中国近代课程史论** 吕达编。人民教育出版社1994年8月版。39万字。16.50元。以我国近代普通中学课程发展为线索,通过不同时期的纵向比较和不同国别的横向对照,反映出中国教育近代化的一个缩影,从而阐明了学校课程变革与经济和社会发展的辩证关系,进而以史为鉴,对我国当代课程改革提出了探索性的构想。本书引用史料丰富翔实,并发掘了一些新史料,依据历史唯物主义观点,对史料进行了认真的深入的分析研究,探求发展规律,总结历史经验,作出了新的论证,具有独立的新见解。本书通过对我国近代普通中学课程发展规律的研究和历史经验的总结,借鉴现代世界各国课程发展的新趋势,对我国当前普通中学的课程改革提出了新的设想,并在理论上作出了新的论证。本书对我国近代普通中学课程的渊源和沿革,在研究方法上改变了过去单纯列举史实而不加分析的缺点,注重分析研究,史论结合,把近代普通中学的课程变革放到一定的历史条件下进行考察,既注意纵向的比较,也重视横向的比较;并运用辩证的观点,论证近代普通中学课程统整与分化的关系,说明各种课程模式和结构的关系,剖析课程发展与课程理论的关系。(任长松)

G000099 **讲授艺术通论** 王国俊主编。陕西师范大学出版社1994年8月版。23.2万字。7.80元。共11章,分述了讲授艺术的内涵、功能和原则,讲授艺术的特征和境界;讲授艺术的语言和非语言行为;讲授艺术的理性因素和情感因素;讲授艺术的技巧和形象手段;讲授艺术的创造与风格的形成;讲授艺术的评估等。(朱永庚)

G000100 **社会名人谈教育** 陈儒俊主编。上海教育出版社1994年8月版。13.7万字。10.00元。谈教育的文集。请社会各界名人,有政治活动家、科学家、学者、文艺家、企业家等等,为中小学教育切脉,出谋划策。有原上海市副市长仉天增谈人才素质,有苏步青谈建立科学的教材体系,有罗竹风谈提高青年教师的素养,有王元化谈大众文化对学校的影响等。(黄强华)

G000101 **中国教师百科全书** 陶然、赵更群主编。中国国际广播出版社1994年8月版。157万字。49.00元。共13篇。即总论、教育理论、教育改革、教育组织机构、教师、教学方法、教师保健、名人名校、教师应备知识(包括自然科学知识、社会科学知识、经济科学知识、文化科学知识)等。全书共收人题词手迹22幅,重要文件16份,词条3 400余条。词目内容按学科分类。(吴晞)

G000102 **半透明情感世界** 吉瑞香编。北京少年儿童出版社1994年9月版。13万字。4.40元。收入"当代少年跨世纪方案丛书"。一幅展现当代少年情感生活的色彩斑斓的画卷。作者以记实的笔触,描绘了当代少年的喜与忧,困惑与迷惘,并试图以亲切、平等的方式剖析当代少年的情感世界,引导少年走出情感的误区,"走过花季,走向21世纪"。(刘子君)

G000103 **观念腾飞起跑线** 李沧海、李毅编。北京少年儿童出版社1994年9月版。12万字。3.40元。收入"当代少年跨世纪方案丛书"。为少年读者展现了一个21世纪人类社会的精彩世界,并通过与少年对话,渗透了未来学常识和现代观念,引导当代少年在世纪转换的交接点上,眺望21世纪激动人心的前景,激励当代少年认识社会发展,树立现代观念,迎接新世纪挑战。(刘子君)

G000104 **能力训练三级跳** 靳忠良编。北京少年儿童出版社1994年9月版。12万字。4.40元。收入"当代少年跨世纪方案丛书"。针对21世纪人类将面临的挑战和未来社会对人的能力、素质的要求,本书在科学的理论指导下,推出了一系列可操作的能力训练方案。内容包括自理自立能力、交往协作能力、创造开发能力的训练。(刘子君)

G000105 **教育研究的理论与方法** 杨小微、刘卫华著。湖北教育出版社1994年9月版。30万字。14.50元。第一、二、三章为总论,从科学研究的原发点——自然科学的研究方法入手,分析其进入人文学科、社会科学之后,其规范与程序如何发生变化;在整理教育科学研究方法体系的基础上,第四至九章分别对教育研究的主要方法及其运用作了较为详尽的论述。作者力图超越“就教育论方法”的局限,从科研活动的发生上提炼科学方法之共性,从不同学科研究特质的比较上区分科学方法之个性;既着眼于科学方法论体系的构建,又着力于典型方法的剖析,达到“点一面一体”的内在统一;注重方法原理的阐述,并联系研究实例进行分析和介绍。将理论认识还原于实践本源。(陈雅峰)

G000106 **中日两国教师教育之比较** 陈永明著。华东师范大学出版社 1994 年 9 月版。34 万字。15.00 元。运用比较教育学方法撰写的专著,对中日两国教师教育作了纵向和横向的比较研究。其目的是:明确中日两国教师教育的异同;探究产生差异的主要原因;分析两国各自的特征与问题;在比较的基础上对我国现行师范教育体制提出改革的设想。它向人们揭示了不改革封闭型的师范教育制度,就不可能解决师资匮乏之问题,难以提高教师的学术水平,不利于稳定教师队伍,更无法吸引青年人从事教师职业。日本实行让所有符合教师培养条件的高校共同培养教师,辅以完善的教师任用、进修制度,使教师职业受到全社会称羡,给人以深刻启示。(翁春敏)

G000107 **教育学教程** 白冬冰主编。山东教育出版社 1994 年 9 月版。28 万字。8.00 元。共 12 章,分别阐述了教育学的对象和方法、教育的产生与发展、教育目的、方针、制度、教育内容、教师、教学工作、德育工作、班主任工作、课外校外教育工作、学校管理与领导、中小学教育科学研究等方面的内容。教材特点突出,体系结构合理,注重理论与实践的紧密结合,对本学科的最新研究成果也有所吸收和运用。(蒋伟)

G000108 **当代日本教育思想** 堀尾辉久著,王智新译。山西教育出版社 1994 年 9 月版。30.7 万字。10.80 元。教育理论著作。收入“当代日本教育丛书”。从一个崭新的角度,阐述了当代日本教育思想的产生及演变过程。与传统的看法相反,作者在本书中对日本的教育作了有深度的批判。日本现代教育制度从诞生之日起,就成为政治家们实现自己政治、经济抱负的有效工具,教育制度完全在政治家们制定的框架内形成。本书认为,教育应根据人的发展来组织,教育目标应与人的理智和精神自由的目标相互联系。本书对日本教育作了详尽探讨,指出日本教育远不值得仿效,需要进行脱胎换骨的改革,使之最终成为“解放日本公民”的教育,成为“培养日本公民作为人的能力的教育”,在这个意义上,本书具有人类普遍的、基本的价值。(刘立平)

G000109 **共和国前进的脚步——纪念建国 45 周年** 天津教育出版社编。天津教育出版社 1994 年 9 月版。10 万字。2 册。3.50 元。分中学版、小学版两个版本。中学版图文并茂,配有照片 120 余幅,小学版以图为主,共配照片 220 幅。文字部分采取老师带学生参观成就展览的对话形式。两个版本都分为 3 大部分:“蒸蒸日上的农业”、“旧貌换新颜——工交城建”、“芝麻开花节节高——人民生活”,分别介绍了建国后、改革开放后和邓小平南巡谈话后工农业生产及人民生活水平不断提高的事实与数据。并在“比一比,看一看”栏目中依据国家统计局公布的统计数字,对部分重点行业的情况作了建国前、建国初和改革开放后的纵向比较,以及与世界先进国家的横向比较。(张伟)

G000110 **心理咨询原理与方法** 陆根书、许晓雯著。高等教育出版社 1994 年 10 月版。15 万字。7.85 元。阐述心理咨询者应如何帮助当事人全面的发展与成长,重点介绍在学校系统开展心理咨询的现实性与意义,心理咨询的基本范畴、功能、一般思路及组织策略与原则,心理咨询者的素质及培养,心理咨询中心理测验的应用,大学生常见心理问题及咨询对策,西方主要心理咨询理论,本土化心理咨询体系的建设等内容。(傅英宝)

G000111 **教学设计** 乌美娜等编。高等教育出版社 1994 年 10 月版。21 万字。8.15 元。根据国家教委制订的《教学设计课程教学大纲》,编写的教育技术学专业教材。详尽地概述了教学设计学科的理论和方法,即如何发现、分析、解决教学问题,实现教学效果最优化,总结了教学理论应用于教学实践的规律、法则。运用系统的方法对教学全过程进行了剖析,全书共 9 部分,其中绪言阐述了学习教学设计的意义、学习总目标、学习内容和学习方法;第一章综合了教学设计的历史发展、基本概念、基本理论,并分析了教学设计的共同特征要素及其相互联系;第二至第八章分别就教学设计的共同特征要素——学习需要分析、学习内容分析、学习者分析、教学策略的制定、教学媒体的选择和运用以及教学设计成果评价作了详尽的阐述。(徐迎)

G000112 **学校领导艺术** 吴恒山著。辽宁师范大学出版社 1994 年 10 月版。共 5 篇、25 章。第一篇为“领导职能篇”,阐述的主要是领导艺术的含义、研究对象、上任的方法、行使权力的艺术、决策和用人的原则及艺术;第二篇主要论述的是实施素质教育,抓德育、抓校风、抓校办产业、指导教学、组织教改等方面的艺术;第三篇用4章的篇幅谈了领导班子团结、协调人际关系、激励教师积极性及领导公关的艺术;第四篇阐述领导者的工作方法、工作效能、依法治教等方面的艺术;第五篇主要论述如何提高领导者的素质及其艺术。该书透过学校领导活动的多个方面,全面反映了最新的领导理论成果和实践经验。(郭长征)

G000113 **成长的喜悦与烦恼** 副名:中学生青春期教育自读课本。蒋建华主编。中国书籍出版社1994年10月版。16万字。6.00元。详细介绍青春期的生理与心理知识,引导广大中学生了解自身的奥秘,使他们能正确对待和处理青春期出现的各种生理与心理问题,帮助他们顺利地渡过人生这一重要时期。(章宏伟)

G000114 **教育统计方法** 夏小张、王群编。高等教育出版社1994年11月版。18.8万字。5.85元。收入"中学教师继续教育丛书"。介绍中学教育、教学领域中多种常用的统计方法,着重叙述这些方法的运用、操作,并阐明了与此有关的初步统计原理,选用了一定数量的实例。内容包括:数据的收集和描述,参数的点估计和区间估计,总体均值、比例、方差、相关系数的假设检验,成对数据比较检验法,数据的正态性检验,非参数统计方法,一元线性回归分析,单、双因子方差分析,单、双向秩次方差分析等。(高尚华)

G000115 **实用美育** 蒙书翰、袁鼎生著。广西师范大学出版社1994年11月版。32万字。6.80元。论述现代美学的基本概念、美育的意义、任务、美与审美的关系、美育的基本特征,以及科技美育、景观美育、民俗美育、服饰美育、公关美育、商品美育、学科美育、家庭美育等具象美育的发生与演变、特征与效应、功能与价值、途径与方法。(花放)

G000116 **现代美育教程** 金开诚、龙协涛主编。江苏教育出版社1994年11月版。30万字。7.20元。分7大组成部分,即"第一章·美育与精神文明","第二章·社会美育","第三章·自然美育","第四章·艺术美育","第五章·美育的心理机制","附录一·中国的美育传统","附录二·当代世界美育发展趋向"。以美育是精神文明建设的重要组成部分、美育的实施是一项系统工程为主线,以中国的美育传统的梳理和当代世界美育发展趋向的介绍为两大参照系,从社会美育、自然美育、艺术美育、美育的心理机制等4大方面展开论述。(胡新群)

G000117 **当代教育学理论与护理教育** 郑修霞主编。北京医科大学、中国协和医科大学联合出版社1994年12月版。29.9万字。13.60元。根据英、美当代护理教育的部分参考书、美国HOPE民间健康基金会与北京医科大学护理系联合举办各种护理专业研修班、进修班的学习内容及心得编著。详尽地展示现代教育学涉及的相关理论、教育学原理,并结合护理教育实践介绍了各种教学方法、教育评价手段及教学管理等内容。(林双)

G000118 **中国少年五自丛书** 张文彬、张先翱等编。海燕出版社1994年12月版。50余万字。5册。28.00元。为配合"跨世纪中国少年雏鹰行动",深入宣传江泽民总书记"五自"题词精神而编写。包括自学篇《神奇的钥匙》、自理篇《勤巧的双手》、自护篇《生命的盾牌》、自强篇《人生的风帆》、自律篇《闪光的珍珠》5册,每册均以故事形式介绍典型人物的典型事例,并将有关的知识寓于故事之中。(张满弓)

G000119 **美国学校数学课程与评价标准** 全美数学教师理事会著,人民教育出版社数学室译。人民教育出版社1994年12月版。包括一系列北美学校(从幼儿园至12年级)数学课程标准以及课程与学生成绩质量评价的标准。设计了指导今后十年学校数学改革的广阔框架。分析了时代的变化,展望21世纪,对数学特征作了较精辟的描述。将数学内容分为:解决问题、数学交流、数学推理和数学联系。反映了全美数学教师理事会对于90年代对北美幼儿园至12年级的学校数学教学与评价的基本观点,并在一定程度上反映了美国的教育是如何面对下一世纪的社会需要的。(张卫国)

G000120 **圣地红烛** 副名:人民教师王思明。武耀东主编。陕西师范大学出版社1994年12月版。20.6万字。8.50元。王思明是延安地区延长县罗子山乡下西渠村小学教师,扎根山区近30年,荣获省级以上光荣称号和奖励近30次,全国五一劳动奖章获得者,全国教育系统劳动模范,全国勤工俭学先进个人,全国优秀班主任,陕西省劳动模范,陕西省优秀教师,陕西省优秀共产党员等。本书从6个方面记述了王思明不等不靠,勤工俭学,三迁校址,四修校舍的艰苦创业精神。一、向王思明学习的决定及领导讲话;二、王思明的先进事迹;三、王思明的教育教学思想;四、以王思明为原型的电视剧《黄土地》的评介;五、王思明故事17则;六、王思明名言摘录。(刘黎燕)

G000121 **心理学、教育学研究的原理与方法** 方俊明编著。陕西师范大学出版社 1994 年 12 月版。28.9 万字。10.00 元。主要论述了 4 方面的问题：什么是研究?研究有什么共同的特点?社会研究是否要运用一定的原理和方法? 怎样在正确思想的指导下,进行心理学、教育学的研究? 共 12 章。包括研究的概念、原则、专题的选择、资料的收集与处理、研究计划的制定和研究报告的书写等。从研究方法上,采用目前国外通用的宏观与微观相结合、定量分析与定性研究相结合、调查与试验相结合的研究方法。书中通过大量的图、表和实例,说明了怎样选择研究课题,怎样设计研究的步骤等。对从事研究工作的读者,具有理论指导价值和实用价值。(杨雪玲)

G000122 **差生心理与教育** 钟启泉编著。上海教育出版社 1994 年 12 月版。33.3 万字。12.90 元。教育学专著。共 8 章:差生的界定及其成因、差生的心理特征、学业不良的诊断与治疗、学业失能的诊断与治疗、差生的教学论分析、差生的性格学分析、差生的预防教育、更好地理解差生。差生问题的研究是教育科学,尤其是教学论的重要实践课题与理论课题之一。这个课题的解决取决于两个前提:一是从理论上阐明差生现象的本质及其诊治之道,二是从实践上总结推广先进学校的创造性经验。本书即以国外差生研究的理论与实践成果为依据,从不同角度——原因诊断的角度,治疗的角度,教学论和性格学分析的角度,以及预防教育的角度,综合地考察差生问题,藉以揭示现代差生概念的内涵,并提示相应的教育方法。(张瑢)

G000123 **现代教学艺术新论** 吴洪成等编著。西南师范大学出版社 1994 年 12 月版。28 万字。9.00 元。《西南师大博士论丛》之三。作者从现代教学思想的高度特别是从学生思维和智力发展的理论高度,重视借鉴艺术学、现代心理学、社会学、语言学、思维科学等多门学科的研究成果,结合教学实践,系统地论述和探讨学校教学尤其是中小学教学的艺术问题,以推进教学论学科的科学化,从而提高教学质量。在理论上探讨学校教学整个过程各个领域的艺术,总结教学艺术规律,探索教学艺术范畴、特征及性质,研究反映科学教学规律的技能技巧;通过生动具体的教学实例并吸收相关学科的理论及思想方法,阐述教学艺术的理论与实践,深化教学规律、教学原则、教学方法、教学组织、教学管理·课程·教材等教学论问题的科学研究,从而使学校教学在科学性的基础上达到艺术性的高度,并臻至两者的和谐与统一。(黄发仁)

世界各国教育事业

G000124 **中国教育年鉴** 国家教委年鉴编辑部编。人民教育出版社 1993 年 11 月—1994 年 1 月版。共 3 卷。1992 年卷,120 万字,55.30 元;1993 年卷,128 万字,69.80 元;1994 年卷,144 万字,67.00 元。为教育管理决策、科研和教学研究人员汇集的一部资料性工具书。较全面地记录了各级教育行政部门、各级各类学校认真执行党和国家教育方针,努力做好教育工作的经验和我国教育事业不断发展和改革的成就。当年卷号反映上一年工作情况。基本栏目主要有:教育工作重要文件和重要讲话,全国和各省(区、市)的基础教育、高等教育、师范教育、民族教育、成人教育、职业技术教育、干部与师资管理、教育技术装备建设、教育国际交流与合作以及教育大事记等。(张月仙)

G000125 **中国教育史研究·现代分卷** 高奇等编。华东师范大学出版社 1994 年版。38 万字。19.50元(平),23.00 元(精)。《中国教育史研究》中的一个分卷。研究自五四新文化运动至 1985 年《中共中央关于教育体制改革的决定》颁布为止中国教育的发展概况。作者在搜集、选用教会学校、苏区教育、国民党统治区的教育和教育人物,以及建国后许多教育现象等方面的史料上有较大的突破。同时对于这 70 年中的教育制度、人物、教育现象进行了客观、历史的评价。(翁春敏)

G000126 **新的里程碑** 副名:全国教育工作会议文件汇编。国家教育委员会编。教育科学出版社 1994 年版。22.5 万字。11.00 元。1994 年 6 月 17 日党中央、国务院在京召开全国教育工作会议,本书汇编了全部会议文件及《中国教育改革和发展纲要》、《〈中国教育改革和发展纲要〉的实施意见》等文件。(杨晓琳)

G000127 **台湾教育与经济发展** 罗祥喜编著。福建教育出版社 1994 年 1 月版。22.1 万字。7.80元。收入“台湾教育研究丛书”。共 4 章。第一章简述台湾教育与经济发展概况,主要对台湾的教育体系与学制、教育行政管理体制、台湾经济发展历程与特点,作概括性的介绍;第二章论述台湾的人力资源开发的方式、途径与政策,探讨了作为台湾人力资源开发及各级教育的基础的国民教育,作为社会经济活动重要工具的语文教育以及关系各级教育质量高低的师范教育这三大基础教育;还研究了台湾基层技术人才、高级经济人才及科技人才的培育问题;第三章扼要介绍了台湾的人才培育机构:主要的经济类技术职业学校、主要的师范院校和台湾主要的大专院校;第四章综合论述和评估了台湾教育与经济发展的互动关系,主要论述了台湾经济发展对教育的推动作用,教育对台湾经济发展的促进作用,台湾教育与经济发展间的问题与矛盾以及台湾学者论教育、人力与经济的发展。本书的附录部分是台湾教育与经济发展的重要统计数据和参考书目。(朱平)

G000128 **外国教育通史** 滕大春主编。山东教育出版社 1994 年 1 月版。212 万字。59.30 元。共 6 卷,论述了从原始社会到现今人类教育产生和演变的全过程。第一卷为古代教育卷,含 4 编,分别阐述原始社会、古代东方国家、古代希腊和古代罗马的教育。第二卷为中古教育卷,计 5 编,全面叙说西欧中世纪早期、中期的教育,以拜占廷和伊斯兰教国家为代表的东方国家教育,西欧文艺复兴时期和宗教改革时期的教育,以及公元 8 世纪到 19 世纪前半期的日本教育。第三、四卷为近代教育卷,主要介绍和论述自 17 世纪英国资产阶级革命到 20 世纪初第一次世界大战期间英、法、德、美、俄、北欧、印度以及明治维新时期的日本等国家和地区的教育思想和教育状况。第五、六卷为现代教育卷,全面论述了自第一次世界大战后至今的世界各国的教育,包括苏、英、法、美、德、意、日、北欧、印度、韩国、东南亚、南美、北非及澳大利亚等。本书广泛引用原始资料,对各个时期的教育思想和教育制度进行细致的论述,纲举目张,系统整然,其中第五、六两卷篇幅较大,内容充实,对现代各国教育思潮和教育制度的演变作了详尽的阐述,尤具有理论性和现实性的意义。本书突破了以往以欧洲为中心或以欧美为范围的旧框架,强调以文化多元论替代文化一元论,不仅有欧美等国教育发展史的研究,而且增补了亚、非、拉一些有代表性的国家教育史的研究,构成了一个全面完整的教育史框架。书中针对以往教育史的不足作了补充,对过去一些教育史的解说作了更新。采用适当的哲学分析和科学分析方法,揭示了教育发展的规律。(蒋伟)

G000129 **三环论** 副名:构建农村教育新体系。赵家骥著。四川教育出版社 1994 年 1 月版。45 万字。16.00 元。勾勒出农村教育的新体系。作者认为:普通基础教育、职业技术教育和成人教育,是构成农村教育的三个基本元素,即“三元”。所谓“构建农村教育新体系”,不是农村“三教”的简单排列组合,而是将此“三元”,按照内在的联系,通过目标一致的“交叉”、“渗透”、“互补”,发挥其整体优势的“有机组合”。它们围绕提高劳动者素质、民族素质这一共同目标,在教育形式上相互交叉,在教育内容上相互渗透,在教育功能上相互补充,在教育效果上相互促进,从而形成围绕一个中心,“三环”套扣的农村教育新体系结构。作者又指出在构建农村教育新体系的实践中,普通基础教育以“素质教育”为基本模式;职业技术教育以“宽实活”为基本模式,重在培养学生“实际、实用、实效”的、“一专多能”的职业技能;成人教育以“短平快”为基本模式,重在把大量的农业科学技术传递到农民手中,帮助农民脱贫致富。“三环”论,不同于“板块论”的简单组合,也不同于“主体论”、“主导论”的传统的“一元化教育”思维模式,而是从根本上揭示了“三教”之间的内在关系。(杨亚雄)

G000130 **“当今世界教育概览”丛书** 光明日报国际部等编。河南教育出版社 1994 年 2 月版。180 万字。12 册。55.20 元。介绍国外教育概况、传播国外教育信息、研究国外教育动态的丛书。较系统、全面地分别介绍了埃及、芬兰、法国、德国、印度、日本、墨西哥、俄罗斯、新加坡、瑞典、英国、美国 12 个不同类型国家教育的历史发展及其现状,包括其教育理论、教育思想、教育改革、教育制度、教育结构和可资我国借鉴的经验和教训等。(齐畅)

G000131 **青海民族女童教育研究** 本书课题组编。青海人民出版社 1994 年 3 月版。16.9 万字。5.50 元(平),9.00 元(精)。1992 年 3—7 月,青海省教科所对青海省 6 县 9 乡 64 所学校的藏族、回族、土族、撒拉族、蒙古族等少数民族近 2 000 名 7～15 岁男女儿童的受教育情况及影响教育的家庭、社会、学校环境做了抽样调查和定量分析,系统地研究了上述地区女童教育的现状及影响民族女童就学的主要障碍和原因,并提出了改善民族女童教育环境的对策。本书汇编了上述各个方面的调查报告、专题探讨以及有关重要资料,对发展民族女童教育提出了如下建议:一、深入宣传、坚决贯彻《义务教育法》,提高全社会对女童教育重要意义的看法;二、破除陈规陋习、宗教仪式仪规的束缚,提高民族女童的自我教育的重要性;三、支持民族地区的妇女发展生产,拓宽妇女就业和参与社会的渠道;四、加强领导,主动广泛地争取社会力量和民族宗教人士的积极支持,同心协力搞好女童教育;五、端正办学思想,更新教育观念，灵活办学形式，改革教学内容，提高教学质量，增强学校对女童教育的吸引力；六、改变长期封闭式的教育模式，打破对民族女性的传统禁锢，促进基础教育与职业技术教育的早期结合；七、采取特殊优惠的措施，解决农村牧区贫困地区少数民族女童就学困难；八、加强民族女教师的录用、培养、派遣工作，创造有利条件，提供优惠政策，使其在女童教育中发挥积极作用。（安海民）

G000132 **普通教育整体改革的实验与研究** 《普通教育整体改革的实验与研究》课题组编。人民教育出版社 1994 年 3 月版。20 万字。6.40 元。集中反映了本课题进展情况、初步结论和基本认识，对各子课题分别开展的实验与研究也有论述。本书对普通教育整体改革的背景和由来、对"教育整体改革实验"这一概念进行了阐述，并从教育目标、学制、课程、教材、教学、德育、教师培养等方面对实验成果进行了充分的阐述。（任长松）

G000133 **美国教育史** 滕大春编。人民教育出版社 1994 年 4 月版。53 万字。16.70 元。分 4 编。第一编阐述美国在殖民地时期的教育，第二编阐述美国独立后的教育，第三编阐述南北战争以后的美国教育，第四编为结论，指出美国教育发展的特点和存在的问题。本书在分析美国社会历史背景的前提下，依次叙述了各个时期的教育重大变革、各级各类学校教育、家庭教育、社会教育、教育行政领导、教育家及教育思想等，展示了近三百年来美国教育的发展历程，揭示了欧美教育发展的相互联系，指出了美国教育发展的成败得失。全书叙述到第二次世界大战为止。（邹海燕）

G000134 **藏族古代教育史略** 谢佐、何波编著。青海人民出版社 1994 年 5 月版。28 万字。10.00 元(平)，14.00 元(精)。研究藏族古代教育史的一部学术专著。第一章为藏族史前教育概述，作者以大量的考古文物研究藏族史前的文化遗存：西藏卡若、青海卡约、柳湾遗址的族属考略，羌藏、羌汉关系以及古羌人与现代羌人的关系，卡约、卡若和柳湾先民的社会概况、教育概况，柳湾彩陶符号，原始宗教及本教的教育。第二章至第四章分别阐述吐蕃时期、宋元时期、明清时期的藏族教育。第五章专门阐述藏传佛教的经院教育。本书从多角度、多层面对藏族古代教育的产生与演变、形式与内容、各个历史时期藏族教育特点加以总结。（李声）

G000135 **陕甘宁边区教育史** 刘宪曾、刘端棻编。陕西人民出版社 1994 年 5 月版。45 万字。13.50元(平)，16.50 元(精)。共 18 章，分总论、分论、专题 3 个部分。第一—四章是总论，概述了教育的发展历程和基本线索。第五—十章是分论，按照陕甘宁边区的教育结构，分别叙述各级各类教育的产生、发展和基本经验；第十一—十八章为专题，是对陕甘宁边区教育中的一些重大实践活动和主要成就作专题论述。陕甘宁边区教育的发展，经历了土地革命、抗日战争和解放战争 3 个时期，而各个历史时期既有反映一定时期党的基本路线和主要任务的总的教育方针政策问题，又有教育自身发展的特殊性，所以，通过总论、分论系统地反映各级各类教育特别是学校教育的发展线索和实际，给人以完整认识；专题部分则集中列举出边区教育中的重大实践活动及其主要成就，更加突出了陕甘宁边区教育的特色：1. 重视理论建设和理论教育；2. 实行教育与生产劳动相结合；3. 重视思想政治教育；4. 重视自然科学教育和教育科学研究；5. 重视教材建设；6. 重视师范教育；7. 重视教育投资；8. 走群众路线。（魏克忠）

G000136 **加拿大教育研究(第二集)** 李钟善著。陕西师范大学出版社 1994 年 6 月版。19.7 万字。9.80 元。分 4 方面对加拿大教育进行研究。一是比较教育研究方面的，如：高等教育管理、教育评估、大学科学研究、高等法学教育、课程设计、教学方法等；二是多元化主义面面观等；三是教育人物评介，如美籍华人及加籍的教育家 W·C·Tan 博士评介；四是加拿大教育家对中国教育的研究，如：Ruth·HayHoe 博士关于中国西北地区的高等教育和经济改革研究等。（王佰铭）

G000137 **三个面向与深化教育改革** 中国教育学会编。上海教育出版社 1994 年 6 月版。25.1 万字。7.50 元。论文集。从 1993 年 9 月中国教育学会上人选的近百篇论文中精选出 41 篇结集而成。全面阐述了在新形势下必须坚持"三个面向"，深化教育改革，努力实现我国教育的现代化，培养跨世纪人才等重大理论问题。学者们结合"三个面向"，就学校教育体制改革、教学改革、学校的现代化等具体问题进行的研究探索。论文集基本反映了贯彻"三个面向" 10 年来，我国推进教育改革所取得的丰硕成果和宝贵经验。（张文忠）

G000138 **台湾教育简史** 庄明水等编。福建教育出版社 1994 年 7 月版。26.6 万字。8.80 元。共 7 章。导言阐述了台湾的史前文化，以及台湾教育与大陆教育的传承关系。第一章研究荷西占据时期的台湾教育，指出荷兰和西班牙殖民者的殖民教育企图从心性上麻痹台湾人民,但也开了台湾教育之先河。第二章明郑时期的台湾教育,主要论述了明代教育体制的建立及考试制度的创设。第三章清代的台湾教育,主要研究教育宗旨和教育行政体制,府县厅儒学、书院教育、社学、义学和民学,科举考试以及新学的创设。第四章日据时期的台湾教育,主要论述殖民化的教育行政体系,各级各类教育状况和皇民化的社会教育。第五章探讨初步发展期(1945—1955年)的各级各类台湾教育。第六章研究快速发展时期各级各类(50年代中期至70年代中期)的台湾教育。第七章探讨稳步发展时期(70年代中期以来)的各级各类台湾教育。附录部分为台湾教育的有关统计资料。收入"台湾教育研究丛书"。(朱平)

G000139　**近代欧洲对美国教育的影响**　贺国庆著。河北大学出版社 1994 年 7 月版。13 万字。4.80元。主要探讨近代欧洲与美国教育交流的历史,着重阐述美国教育向欧洲学习的历程和经验,在一些重要的史料挖掘上做了有开拓意义的工作。(贺国庆)

G000140　**动荡转型中的民国教育**　申晓云主编。河南人民出版社 1994 年 7 月版。27.2 万字。12.50元。作者从把握研究对象的根本精神和总体脉络入手,把民国阶段的教育与整个中国现代教育的发展走向、大势联系起来,努力去揭示民国教育在整个中国教育近代化过程中的地位和作用,并把民国教育的研究置于中国近代社会结构、思想、文化大变迁的气候氛围之下,根据民国时期统治阶级对教育控制的特点和影响程度的区别,将民国教育分为前、后两期,前者基本为北京政府时期,后者为南京政府时期。在此基础上,该书对民国时期政府的正规学校制度、机构设置以及各级各类教育的发展,进行了系统、全面的论述和客观、精当的评价,并对民国教育研究中的若干问题提出了独到的看法和见解。(张黛)

G000141　**战后拉丁美洲教育研究**　曾昭耀等著。江西教育出版社 1994 年 8 月版。39 万字。12.80元。分 3 部分。一、写战后拉美教育的发展与改革,是纵的个案式的叙述;二、写战后拉美地区的各级各类教育,是横的概括性的陈述;三、写中国教育与拉美教育的比较。收入"战后国际教育研究丛书"。(刘景琳)

G000142　**中国教育热点难点研究丛书**　纪大海等编。四川教育出版社 1994 年 8 月版。85.2 万字。43.17 元。第一辑 8 本。书名是:《从无偿教育到有偿教育》,《学校关系大转型》,《稳定、优化与改革》,《农村教育的困境与出路》,《发展之道:现代化》,《中国基础教育的教学改革》,《普九工程探难》,《多元化办学模式探索》。作者以马克思列宁主义毛泽东思想和建设有中国特色社会主义理论为指导,采用科学的方法,对教育热点难点问题进行了大胆的探索研究。(连真然)

G000143　**中国教会学校史**　高时良著。湖南教育出版社 1994 年 10 月版。29 万字。12.80 元。以教会高等教育为主线,客观展示了始于鸦片战争前后,历经百余年的教会学校在中国产生、发展和消亡的全过程,反映了中国人民反对教会教育和收回教育权运动的全貌。对教会学校的产生,从特定的历史背景中分析,说明教会学校在近代中国,"既是西方资本主义国家对华政治压迫和经济掠夺的产物,又是按照国际社会生活节奏,中西文化进一步交流的产物",从而构成了中国教会学校性质的二重性:"一方面既力图利用宗教影响中国人民;另一方面又在输送近代科学和先进的教育模式。"同时,采用演绎的逻辑方式,从教会初、中等学校,特别是高等学校教育和教学的发展,以及中国人民反对教会学校教育和收回教育权运动的展开,进行了历史的梳理,既揭露了西方资本主义国家企图通过教会学校实现其政治压迫的反动本质,也看到了教会学校在办学模式、教学经验以及师资储备等方面对我国现代教育改革和发展客观上产生的积极作用。(蔺开明)

G000144　**中国教育事典**　《中国教育事典》编辑委员会编。河北教育出版社 1994 年 11 月版。600 万字。3 册。280.20 元。分为初等教育卷、中等教育卷、高等教育卷。系统、全面地反映了中国的教育发展史。将发生于中国教育发展史上具有重要意义和历史作用的事件、重大活动、教育成就、有记载价值的事项和文献资料按编、部、项、条予以记述。全书分 3 个历史时期:古代教育;清末民国初至 1949 年中华人民共和国成立,这一时期的内容分为革命根据地和民国政府两个部分;中华人民共和国成立以来,收至 1990 年。重点记述了中华人民共和国初等教育、中等教育和高等教育。其内容主要包括学校管理、学制与课程、政治思想和品德教育、教学、教材建设、体育、教师、学生、考试、课外活动和校外活动,勤工俭学和教育与生产劳动相结合、教育科学研究等。(李连保)

G000145　**中国教育督导史**　江铭主编。人民教育出版社 1994 年 11 月版。34 万字。10.80 元。研究教育督导的专著。第一部分简明扼要地介绍了中国古代帝王的视学制度和地方官学的视学制度以及清末和民国时期的视学制度,第二部分介绍了中国近代教育督导大事记和近代有关督导的规制、计划、报告等重要资料。(杨以和)

各级教育

G000146　**当代中学生丛书**　《当代中学生丛书》编委会编。福建教育出版社 1988 年—1994 年版。780 万字。共 60 本,分 6 辑出版,每辑 10 本,每本约 10～13 万字。内容有帮助青少年树立理想、端正人生航向的;有为青少年学习和生活指南的;有科技领域知识普及的;有开启认识世界窗口的等。(李南元)

G000147　**九年义务教育三年制初级中学教科书《地理》**　人民教育出版社地理社会室编。人民教育出版社 1992 年 6 月—1994 年 4 月版。39.2 万字。4 册。21.85 元。经国家教委中小学教材审定委员会审查试用。第一、二册供初中一年级,第三、四册供初中二年级使用。按照义务教育初中地理教学大纲的目的、要求、编选教材的原则,以环境、自然资源、人类活动为线索,与小学自然和小学社会课中有关地球科学和地理的内容相衔接,加强科学性、系统性和有序性,注意地理学综合性和区域性特征。初一从地球、地图、世界自然地理和人文地理的初步基础知识开始,然后讲世界各地区和有代表性的主要国家的地理特征。初二深入讲中国地理和乡土地理,使学生能比较全面地认识自然界、认识世界,并且在全球环境中认识祖国和家乡的地理国情。这种知识体系改变了传统初中地理教材先"中"后"外",有"地"少"理",按地志式罗列地理事实材料,中国地理与世界地理缺少联系的编写方法,提高了初中地理教科书的质量和水平。教科书注意了知识教育、能力培养、思想教育三者统一的原则。重视培养学生的全球观念、环境意识和爱国主义思想;并加强对学会阅读和运用常见地图、地理图表技能的训练,以及地理思维能力的培养。教材为加强形象思维,增加了彩色照片、景观素描图、地理过程分解图、地理事物分布图、地理统计图表,以及能启发学生思维的漫画等。课文在重视科学性和思想性的基础上,提高了可读性和趣味性。在课文中还安排了"想一想"、"做一做"、"读一读"的栏目,促进课堂教学中的师生双边活动,调动学生学习的主动性和积极性。(陈尔寿)

G000148　**九年义务教育小学英语教科书(实验本)**　(中国)人民教育出版社、(新加坡)泛太平洋出版有限公司编。人民教育出版社 1992 年 9 月—1994 年 4 月版。32 万字。4 册。12.80 元。根据《九年义务教育全日制小学、初级中学课程计划(试行)》的精神和 1990 年 5 月人民教育出版社制订的《小学英语教学与教材编写纲要》的要求编写的教材。供五年制小学四、五年级或六年制小学的五、六年级开设英语课的班级使用。本套教材分别与九年义务教育三年制和四年制初级中学教科书英语第一册(上)相衔接。学完全套教材的学生进入中学时,可从初中教科书第一册(上)的第九个单元起始学习。(郝建平)

G000149　**九年义务教育四年制初级中学教科书·地理**　人民教育出版社地理社会室编。人民教育出版社 1992 年 10 月—1994 年 4 月版。41.5 万字。17.60 元。共 4 册。第一、二册供初中一年级,第三、四册供初中二年级使用。四年制初中与三年制初中的地理课程都安排在初中一年级和二年级,但是两者每周课时不同:四年制初一和初二上下学期每周各 3 课时;三年制初一上学期每周 3 课时,下学期为每周 2 课时,初二上下学期各每周 2 课时。四年制初中的地理课时比三年制要多一些,但是四年制初一、初二年级的学生年龄一般比三年制的要小一岁,因此教学大纲没有要求四年级初中地理增加必学的知识内容,而是建议将较宽裕的时间,用来加强实践活动或选讲某些内容。这套地理教科书第二册增加了一些供选讲的国家,如南亚地区的巴基斯坦,欧洲西部地区的意大利,北美地区的加拿大等。第三、四册主要是安排了有具体内容的"课堂活动",如阅读和熟记中国政区图,运用历年中国人口统计数字绘制人口增长曲线图,运用当地气象台(站)的气象资料绘制当地气温、降水量变化示意图,以及在填充地图和表格中填注地理事物名称和位置的练习等。(陈尔寿)

G000150　**九年义务教育四年制初级中学教科书·生物**　人民教育出版社生物自然室编。人民教育出版社 1992 年 10 月—1994 年 10 月版。49.4 万字。3 册。17.07 元。根据国家教委颁发的《九年义务教育全日制小学、初级中学课程计划(试行)》和《九年义务教育全日制初级中学生物教学大纲(试用)》编写的教材。编写指导思想是:一、体现义务教育的性质和特点,着眼于加强基础知识,培养学生的能力,提高学生的文化科学素质;二、重视结合生物学基础知识,向学生进行政治思想教育,注意反映现代生物科学新成就;三、认真贯彻理论联系实际的原则,教材内容密切联系工农业生产实际、学生日常生活实际和各地自然资源实际;四、认真按照义务教育生物教学大纲的规定和要求编写,以求达到统一的要求和标准,同时力求适应各地生物种类等不同情况,体现教材的灵活性;五、贯彻启发式教学指导思想,处理好生物学科体系和学生认知规律的关系;六、体现继承、改革和创新的精神,努力增强教材的思想性、科学性、教育性、实用性、统一性和灵活性。这套教材的主要特点是:认真选材,分清主次,突出重点;坚持用辩证唯物主义观点、爱国主义观点、生物进化观点和正确的科学观来阐述;改革编写体例和行文,增加了"看一看,想一想"、"演示实验"、"你知道吗"、"动动脑"、"动动手"、"课外读"等栏目,插图数量多、形式多样;着重培养学生的观察能力、实验能力、思维能力和自学能力;以教科书为基础,编制了教师教学用书、教学挂图、投影片、录像片等系列品种,以利于教师的教学和学生的学习。改为16开本。(刘真)

G000151 **九年义务教育三年制初级中学教科书(试用本)·代数、几何** 人民教育出版社中学数学室编。人民教育出版社1992年10月—1994年10月版。83.7万字。7册。代数4册,几何3册。在研究近些年国内外初中数学课程发展的基础上,根据1992年国家教育委员会制订的《九年义务教育全日制初级中学数学教学大纲(试用)》编写。特点如下:一、突出基本数学思想和教学方法;二、在加强基础知识和基本技能的同时,注意培养能力;三、使数学学科特点与学生认知特点相结合;四、以统一性为主,兼具灵活性。教科书面向全体学生,着力于提高他们的数学素养,并按照大纲的规定,把内容分为必学内容和选学内容,其中标有"*"号的选学内容在中考时要列入命题范围。教科书贯彻因材施教的原则,在保证基本要求的前提下,编进了适量的"读一读"、"写一写"、"做一做"等内容和选做习题,从而增加了弹性,使不同水平的学生都能学有所得。教科书还注意培养学生使用数学语言的能力和使用数学的意识,注意结合教学内容进行思想教育,并配备学习要点、自我测试题和部分习题答案供学生自我评估。以这套教科书为基础,还编(绘)了教师教学用书、课外习题集、学习卡片、课外读物、教学投影片、《教学指导与参考》丛书和教案等一系列配套品种,供各地师生选用。这套教科书是在1989年至1991年出版的实验本的基础上修改而成,修改时认真吸取了全国各地的意见。(蔡上鹤)

G000152 **九年义务教育三年制初级中学教科书·俄语1—3册** 人民教育出版社外语室俄语组编。人民教育出版社1992年10月—1994年10月版。约150万字。13.80元。以教科书为基础,系列化教材同步配套的教材。全套教材由10个品种,17本书组成,内容有:教科书、教师教学用书、教学指导与参考、练习册、阅读课本、书写本、词汇手册、歌曲集、录音带、投影片等。教材的体系、结构、内容安排以及练习的编配比以往教材都有较大的突破,摆脱了"以语法为纲"的框架,吸收了交际性原则。语言知识的讲授和语言材料的安排从视听说入手,教材中设计了大量的图画、表格、示意图等直观感性材料,从感性到理性,使学生在大量的言语实践中掌握语言。为了更好地贯彻交际性原则,把编写教材的着眼点从了解、认识语言转移到掌握并会运用语言,提高学生实际使用语言进行交际的能力,《教材》中增加了以日常交际话题为题材的"交际对话"结构块。同时《教材》中还编进了大量的练习,练习形式多样,内容有趣,可操练性强,并有一定深度。整个练习的编排兼顾了听、说、读、写各项能力训练。为使教材好教易学,《教材》中选用的语言材料尽量接近学生生活实际,生词复现率高。整套教材注意思想教育,选编的课文内容健康、有趣,自然地渗透了思想品德、行为规范等方面教育。除此之外,《教材》中对语言和言语、口语和文字、第二语言和母语、语言与文化、语言与情景、整体与局部、掌握第二语言与发展智力等方方面面的相互关系均处理得比较妥善。(李健伟)

G000153 **义务教育三年制初级中学体育教师用书** 人民教育出版社体育室编。人民教育出版社1992年—1994年版。48.1万字。3册。9.06元。根据国家教委颁发的九年义务教育《全日制初级中学课程计划〔试行〕》的培养目标、有关体育课程设置的要求和《全日制初级中学体育教学大纲〔试行〕》所确定的体育教学目的、任务及教学内容,按年级分册编写。编写指导思想是:坚定社会主义的政治方向,贯彻理论与实践相结合的原则,以现代教育理论和初中学生生理、心理特点为依据,全面而准确地体现体育教学大纲的精神和育人的总目标以及体育教学的"三项基本任务"。强调打好体育理论和基本技术的基础,提高学生的总体素质,促进学生身心的发展。在体例结构上分为"理论教材"和"身体锻炼教材"两大部分,根据各项教学内容的不同特点,注重理论与实践相结合,正确处理了体育学科教学练三个环节

的统一性和灵活性。(陈珂琦)

G000154 **九年义务教育三、四年制初级中学教科书·中国历史** 人民教育出版社历史室编著。人民教育出版社 1992 年—1994 年版。80 万字。4 册。根据国家教委 1992 年制订的《九年义务教育全日制初级中学历史教学大纲(试用)》编写的教材。按九年义务教育学制，每学年讲授两册，供三、四年制初级中学使用。本书着眼于提高学生素质，注重从国情教育入手，向学生进行热爱祖国、热爱中国共产党、热爱社会主义事业、坚持四项基本原则和改革开放政策的教育，树立为把我国建设成富强、民主、文明的社会主义现代化国家而献身的精神。本书的编写，还注意到对学生能力的培养，加强学生的基础知识、拓宽知识面以及减轻学生负担等问题。鉴于我国教育发展不平衡，为适应不同地区学校的不同要求，这套教科书采取不同字体的编写方式，正文部分是学生必须掌握的基本要求的内容，一部分楷体字和图画说明、注释不属于基本要求，可根据各地不同情况而定。这套教科书每册以课为单位，每课讲授 1 课时。为了加强对学生能力的培养和扩大知识面，课文采用了较为多样的结构，课文有总提示，课中配有原始资料摘录和思考题，练习题采用多种题型，供教师和学生在教与学时最大程度地发挥教学特长和学生智能。根据中国历史的特点，这套教科书作了如下分段：第一册叙述从远古到三国两晋南北朝的历史；第二册叙述从隋唐到明朝以至清朝初年的历史；第三册叙述从清朝到国民革命失败时期的历史；第四册叙述从南京国民政府成立到 20 世纪 90 年代的历史。为了适应不同经济发展地区的使用，这两套教科书编印有黑白和双色印刷版两种。(臧嵘)

G000155 **小学图书角丛书** 蒋仲仁等编。福建教育出版社 1993 年 4 月—1994 年 5 月版。36 万字。40 册。以精编、荟萃、集锦等形式，介绍思想品德、史地、文学、艺术、科技、手工制作、课外活动等方面的知识。(郑慰祖)

G000156 **中等师范学校教科书化学(试用本)** 人民教育出版社化学室编。人民教育出版社 1993 年 10 月—1994 年 11 月版。43.4 万字。2 册。21.80 元。根据国家教委 1992 年颁发的《三年制中等师范学校化学教学大纲(试行)》编写的教材，供三年制和四年制中等师范学校第一、第二学年使用。教学内容分为必学和选学两类。必学内容是学生在规定的课时内必须学习的；选学内容主要是供四年制学校和学有余力的三年制学校选用。同时书中还配合教学内容安排了“阅读”、“资料”、“讨论”、“课外实验与制作 ”等栏目，通过多种途径培养学生能力，以期全面达到大纲规定的教学目的和教学要求。此外，书中编排了大量插图，力求图文并茂、语言生动活泼，增加可读性。较好地适应了这一时期中等师范教育发展的需要。(冷燕平)

G000157 **中等师范学校数学教科书(试用本)** 人民教育出版社中学数学室编。人民教育出版社 1993 年 12 月—1994 年 12 月版。71.3 万字。14.30 元。根据国家教委 1992 年制定的《三年制中等师范学校数学教学大纲(试行)》编写的必修课教材，供三年制中师数学必修课教学使用。共 4 册:《代数与初等函数》第一册、《代数与初等函数》第二册、《几何》第一册、《几何》第二册，并配有相应的教学参考书 4 册。《代数与初等函数》第一册(1993 年 12 月版)内容包括幂函数，指数函数和对数函数，三角函数，不等式，不定方程，复数，数集;《代数与初等函数》第二册(1994 年 12 月版)内容包括数列和数学归纳法，极限和导数，排列、组合与二项式定理，概率和统计;《几何》第一册(1993 年 12 月版)内容包括数学中的逻辑初步知识，直线和平面，多面体和旋转体;《几何》第二册(1994 年 12 月版)内容包括直线，圆锥曲线，参数方程和极坐标。(方明一)

G000158 **中等师范学校教科书(试用本)·地理(第一、第二册)** 人民教育出版社地理社会室编。人民教育出版社 1993 年 12 月—1994 年 12 月版。44.3 万字。2 册。15.60 元。根据国家教育委员会 1992 年 6 月颁布的《三年制中等师范学校地理教学大纲》编写的教材，分别供中等师范学校二、三年级使用。内容包括自然地理、人文地理、中国地理、世界地理以及小学地理教学问题 5 个部分。编写以突出师范性为主要原则，并注意以下几点：一、从提高学生素质和师范教育的需求出发选取知识，不强求知识本身的系统性；二、加强基本技能训练；三、有针对性地拓展知识面；四、培养对小学自然、社会等课的教学能力；五、加强热爱地理、热爱小学教育工作的思想教育。为适应不同地区学校教学的需要，教材安排了部分选学课文。教材以丰富的黑白图及彩色插图，与课文紧密配合。每节教材后，安排了思考与练习题。每章课文之后，教材还安排了自学园地。自学园地分为实践活动和阅读材料两部分，供中师生自学和以后在小学教学实际中参考。(高俊昌)

G000159 **中等师范学校教科书(试用本)生物学** 人民教育出版社生物自然室编。人民教育出版社1993年12月—1994年12月版。61.6万字。2册。16.50元。根据国家教委颁发的《三年制中等师范学校教学方案(试行)》和《三年制中等师范学校生物学教学大纲(试行)》编写的教材。编写这套教科书的指导思想是:针对小学教育教学的需要选取有关的生物学基础知识,适当反映生物科学新成就,并且注意与九年义务教育初中生物课教学相衔接;重视培养学生的科学态度、科学方法和从事小学教育教学工作所需要的各种能力;贯彻理论联系实际的原则;贯彻启发式教学思想。教科书对教学内容进行了精选,在主要讲述比较系统的生物学基础知识的前提下,加强了常见动植物的形态、分类和生活习性,儿童少年生理卫生,环境保护等内容,简要讲述了新陈代谢等内容,未讲生物的生殖和发育、生命活动的调节等内容;安排了实验、课外作业和参观等项目;增设了"观察与思考"、"栽花种草"、"小动物饲养"、"小制作"、"小学生的问题"、"课外读"等栏目;增加了图表,加强了启发性、趣味性和可读性。(赵占良)

G000160 **九年义务教育三、四年制初级中学教科书·世界历史** 人民教育出版社历史室编著。人民教育出版社1993年—1994年版。39.2万字。2册。根据国家教委于1992年制订出版的《九年义务教育全日制初级中学历史教学大纲(试用)》编写的教材。编写指导思想是:着眼于提高学生作为社会主义国家公民的基本素质,以"教育要面向现代化,面向世界,面向未来"为指针,以历史唯物主义为指导思想,编写出能体现初中历史教学三项任务的世界历史教材。这套教科书还力求体现中国特色,依据目前我国各地教育发展不平衡的特点,注意精选教学内容,建立合理的教材结构,在教学份量和要求上具有一定弹性,既保证学生对世界历史有一个基本了解,又使程度较高的学生能学到更丰富的知识。全书图文并茂,配有与课文内容密切结合的历史地图,以及大量生动的形象插图。(严志梁)

G000161 **中国近现代学前教育史** 易慧清著。东北师范大学出版社1994年版。27.3万字。4.70元。国家教育委员会推荐教材。研究近代以来人们对学前教育的逐步认识和学前教育在实践中逐步社会化、科学化、规范化的历史过程。讴歌了先进的、爱国的教育家陶行知、陈鹤琴、康有为、梁启超、蔡元培、鲁迅、恽代英等在半殖民地半封建社会里为实现学前教育的现代化,为创建有民族特色的中国式的学前教育而进行的艰辛的、无私的奋斗。本书基本按历史发展顺序编写,但对某些跨时期的教育家,则适当地采取了相对集中的办法,使之较为系统和详尽。(张利辉)

G000162 **跨世纪的关注** 李肇仁主编。贵州教育出版社1994年版。18万字。17.50元。关于贵阳市中小学生德育工作情况的调查与思考。分析了贵阳市中小学德育工作的基本状况,存在的主要问题及其原因,在实事求是作出评价的基础上,提出贵阳市改革和加强中小学德育工作的对策和建议。(梁茂林)

G000163 **初等教育的革新之路——JIP在贵州** 李兴国主编。贵州教育出版社1994年版。28万字。12.00元。贵州省自1989年以来实施JIP计划的探索和总结。既有理论上的探索,又有实践经验的总结;既有指导性的建议,又有从实际工作中总结出来的评价方案。(梁茂林)

G000164 **初中蒙语文(蒙文)** 斯琴、巾都玛等编。内蒙古教育出版社1994年版。28万字。6册。8.85元。在1987年版《初中蒙语文》课本的基础上新编而成。按照教学大纲的要求,各册均安排了15篇讲读课,3—5个语法知识。课文以学习、劳动、生活、历史民族风俗习惯等知识为内容,有故事、短文、诗歌、对话、日记、书信等多种文体。课后练习、课文生词解释均有汉文译文。(斯琴)

G000165 **幼儿园教育活动(教师用书)** 冯晓霞等编。人民教育出版社1994年版。38.7万字。5册。25.70元。幼儿园教育活动教师用书,共5册。分别是:《社会领域》、《自然领域》、《语言领域》、《艺术领域》、《健康领域》。每个领域都是由总论和活动案例两部分组成。还附有本套书的名词解释和使用说明等。(卢尊容)

G000166 **师范群英光耀中华丛书** 李忠善等主编。陕西人民教育出版社1994年版。680万字。21册。215.00元。通过众多师范人物、众多师范院校真实生动的记述,全方位、多角度、多层次地反映了我国师范教育的重要地位和优良传统,老师范生和师范教师在特定的历史条件下,披肝沥胆,献身师范,为教育事业鞠躬尽瘁、奋斗不息的革命精神。其中有革命先辈在师范学习中寻求人生道路,探索救国救民真理,投身革命斗争的光辉足迹和艰难历程;有甘为人梯,终身从教,矢志不改,桃李满天下的优秀园丁;有为祖国教育事业殚精竭虑,辛勤耕耘的先驱;有为培养现代化建设人才呕心沥血,无私奉献的师范新人;有出自师范学校的著名爱国民主人士;有倾资办师范教育的海外侨胞;有为师范教育做出卓越贡献，有口皆碑的名牌学校；有为培养优秀教师建立不朽功勋的后起之秀。共涉及了600余位师范人物和100余所师范院校，从主席、元帅、将军，到学者、教授、诗人，概凡师范毕业、师范教育突出者，无论是叱咤风云，惊天动地的伟人，抑或是勤勤恳恳，默默无闻的学子，字里行间，都有他们的音容笑貌，都有他们的英姿壮举。（傅美琳）

G000167 **小学语文口袋词典** 唐发铙主编。上海辞书出版社1994年版。54万字。5册。17.80元。供小学生使用的语文工具书。因开本小而得名。共5种，分别是《小学生常用字字典》、《小学生字词辨析词典》、《小学生同义反义词典》、《小学生组词词典》、《小学生成语词典》。分别收录了常用汉字2 700字，辨误字词2 200条，同义反义词4 000条，有扩词能力的常用字1 000条，成语1 600条。全套书均以汉语拼音音序排列，书末附有“字词笔画索引”。并依据各书的不同情况，附录有“汉字偏旁名称表”、“常用标点符号表”、“现代汉语词类表”等。（陈崎）

G000168 **跟我画水墨画** 副名：跟我画系列。吴树勋编。北京少年儿童出版社1994年1月版。2.90元。分步骤地示范各种动植物的绘画方法。从一花一木到江南小景，从一个小鸟到情趣盎然的各种飞禽走兽等。由浅入深，循循善诱。（安蓼葭）

G000169 **跟我画色彩画** 副名：跟我画系列。吴树勋编。北京少年儿童出版社1994年1月版。2.5印张。2.90元。分步骤地讲解了色彩基础知识，铅笔淡彩、钢笔淡彩、蜡笔淡彩，以及用色彩勾轮廓、用色彩造型的水粉画及水彩画。由浅入深、循循善诱。书中附有笔墨精当的色彩范画。（安蓼葭）

G000170 **跟我画铅笔画** 副名：跟我画系列。吴树勋编。北京少年儿童出版社1994年1月版。2.5印张。2.00元。由练习简单的线条到掌握具有立体感的素描技巧，分步骤地示范各种静物、动物及风景写生的绘画方法。由浅入深，循循善诱。（安蓼葭）

G000171 **背诵文选（小学篇）（初中篇）（高中篇）** 武振江等编。北岳文艺出版社1994年1月版。35万字。3册。3.00元，3.50元，6.80元。配合中、小学语文教学中要求学生背诵的古文、新诗、散文的选本。收入古今中外适合背诵的名篇佳作，分为“小学篇”、“初中篇”、“高中篇”3种。入选作品大多是历朝历代流传下来的短小隽永的著名诗文。入选作品附有作者简介、写作背景与特点等简明扼要的介绍。（李建华）

G000172 **30秒钟智力开发（图画本）** 刘宇新、刘隆汉编绘。福建少年儿童出版社1994年1月版。4印张。5.30元。通过各种有趣的图画，介绍一些有用的知识，发展孩子们观察、记忆、想象、分析、推理和判断的能力。（吴兆钧）

G000173 **金盒子——幼儿常识画丛** 又青著，刘静画。湖南少年儿童出版社1994年1月版。230幅。15.00元。幼儿图画小丛书，共10本。其中有5本通过介绍眼睛、鼻子、牙齿、手、血液等讲述有关人体生理方面的浅显科学知识。另5本围绕着筷子、衣服、睡觉、走路、书等常见的生活品和生活现象，告诉孩子们一些生活常识。（李丹颖）

G000174 **优秀幼儿教育活动设计及教案选** 胡志高、俞妮亚编。接力出版社1994年1月版。8万字。4.76元。汇集广西1990—1993年期间各幼儿园在半日活动、主题活动、各科教学法中质量较高的教案。其中有各地获奖的新秀课、优质课，也有一些优秀教师在多年实践的基础上新创作的构思新颖、富有创新精神的教案和在改革中进行探索的活动设计。（郭玉婷）

G000175 **市场经济与高等教育改革** 李玉民、秦砖主编。天津社会科学院出版社1994年1月版。32.3万字。9.00元。围绕市场经济与高等教育之间的关系、新形势下高等教育的办学模式、高等教育的体制改革和教育改革、市场经济条件下的人才培养工作以及高等院校的民主管理、民主监督、民主参与等问题进行了研究。其中，市场经济与高等教育改革和高校工会如何发挥民主参与及民主管理的作用等是本书研究的重点。（赵荣）

G000176 **图画剪贴** 迟伟凡编。辽宁画报出版社1994年2月版。0.2万字。9.80元。启发孩子动手、动脑，认识色彩，识别图形，开发儿童智力的图书。把一幅图形中有色彩的部分动手剪下来，贴到没有色彩的对应位置上，使其完成一幅新的图画。（曲盐）

G000177 **雷锋的美德（小学中年级版）** 国家教委基础教育司、抚顺市教育委员会编著。辽宁少年儿童出版社1994年2月版。9.6万字。2.20元。收入“中华传统美德教育丛书”。把雷锋的美德和中华民族传统美德紧密结合起来，力求体现雷锋精神的丰富内涵和时代特征。针对小学中年级学生的特点，分设了尊老爱幼、助人为乐、乐群合作、诚实守信、勤劳节俭、谦虚宽厚、勇敢坚强7个类目，并围绕它选编了37篇雷锋的故事。在每个类目板块内，前面有格言和雷锋的话，中间有故事，后面有提示。（李玲）

G000178 **雷锋的美德(小学高年级版)** 国家教委基础教育司、抚顺市教育委员会编著。辽宁少年儿童出版社 1994 年 2 月版。6 万字。2.40 元。收入"中华传统美德教育丛书"。把雷锋的美德与中华民族传统美德紧密结合起来,力求体现雷锋精神的丰富内涵和时代特征。针对小学高年级学生的特点,分设了报效祖国、忠于人民、大公无私、敬业献身、艰苦奋斗、爱憎分明、自律自强 7 个类目,并围绕它选编了 37 篇雷锋故事。在每个类目板块内,前面有格言和雷锋的话,中间有故事,后面有提示。(李玲)

G000179 **儿童百科知识图典(10 卷)** 副名:文体卫生用品卷。盖壤主编,张凤禾文,李岩选等画。辽宁少年儿童出版社 1994 年 2 月版。120 条。2.80 元。《儿童百科知识图典》(10 卷)中的一卷,主要介绍了文娱和体育方面的有关知识 120 条,对每一条目都作了简要而通俗的介绍,一文一图,每一条目均加有注音。(冯幽君)

G000180 **中学作文解难** 王廷福编。文心出版社 1994 年 2 月版。15.7 万字。4.75 元。中学生作文答疑解难的辅导类图书。将中学生作文中经常出现的疑点难点,归纳为 50 个问题,分总论、记叙文、议论文、说明文、考试作文几部分,联系学生作文实际,分别予以解答。解答时,抓住问题症结,分析作文病例,介绍作文知识,提示作文要领,提供作文范例。(于秀申)

G000181 **儿童创造力开发与儿童游戏** 刘永湖等著。北京科学技术出版社 1994 年 3 月版。18.5 万字。6.60 元。共两部分:一、以创造性理论为指导,针对少年儿童的特点,强调创造教育的必要性和可能性,总结归纳了儿童创造力开发的基本原则、主要途径、测评方法等。例如如何开发右脑;如何激发儿童的兴趣;如何训练发散思维等。二、编选 250 种游戏,融语言、生活常识、音乐、美术、体育于一体,使幼儿在轻松愉快的游戏中,培养观察力、记忆力、反应能力、辨别能力。(王藏)

G000182 **考场作文应试对策(高中用)** 黄向明编。福建少年儿童出版社 1994 年 3 月版。13 万字。3.40 元。具体地阐述考场作文有别于"练习作文"和"竞赛作文"的种种特点,从"心理调适"、"期望控制"、"材料储备"、"模拟建构"、"技法掌握"等方面,结合大量例文进行指导学生认识考场的特点,防止出现偏差,走出诸如心理、技巧、时间等误区。(吴兆钧)

G000183 **考场作文应试对策(初中用)** 王立根、何锦铀编。福建少年儿童出版社 1994 年 3 月版。13.9 万字。3.80 元。针对学生在考场作文时易犯的错误,指导学生掌握考场作文的特殊性与规律性,避开误区,防止偏差。着重对学生临场作文的心理、审题、立意及临场发挥、应变等方面技巧进行指导。还分别讲述各种文体的试题的现场操作及应特别注意的地方。书后附各类文体试题,及历届中考作文 10 篇,并进行评点。(吴兆钧)

G000184 **儿童简笔画入门** 高山、晓雷著。河北美术出版社 1994 年 3 月版。93 幅。3.20 元。包括儿童喜爱和常见的植物、动物、景物和人物。编排由简到繁。每个形象都画有步骤图例,让儿童观察所画对象时,首先应注意整体是个什么形状,然后再去画局部。所画的每个形象都配有汉字标示并加注拼音。(张增木)

G000185 **农村小学复式教学五十问** 武宁县教师进修学校编。江西教育出版社 1994 年 3 月版。4.3 万字。1.35 元。将复式教学的基本理论、基本方法和基本知识归结为 50 个问题,以自问自答的方式通俗地解答。(姚红红)

G000186 **普通高中课程计划问题研究** 马立、潘仲茗主编。教育科学出版社 1994 年 3 月版。60 万字。20.00 元。国家教委有关决策部门、教育科研人员在全国九省市重点进行确定普通高中性质、任务、培养目标、办学模式以及高中课程计划和课程设置调查、研究、分析基础上编写而成。本书对制订新的普通高中教学计划,了解我国当前教育体制改革、教育教学现状具有一定的研究和应用价值。(张予滨)

G000187 **作文题库** 范守纲编。漓江出版社 1994 年 3 月版。69.2 万字。30.40 元。分作文题型导论、作文题型分类评说、基础训练作文题、反映青少年心理作文题、结合教材作文题、课外活动作文题、全国中学语文特级教师作文题、港澳台作文题、1949 年以前作文题、历届高考作文题、外国作文题等 11 大部分,共收各类作文题一万多个,并有简介和评说。(朱新平)

G000188 **雷锋的美德(小学低年级版)** 国家教委基础教育司、抚顺市教育委员会编著。辽宁少年儿童出版社 1994 年 3 月版。3 万字。2.40 元。收入"中华传统美德教育丛书"。把雷锋的美德与中华民族传统美德紧密结合起来,力求体现雷锋精神的丰富内涵和时代特征。针对小学低年级学习的特点,分设了孝敬父母、尊敬师长、友爱同学、和睦邻里、勤奋学习、爱惜物品、文明礼貌 7 个类目，并围绕它选编了 28 篇雷锋故事。在每个类目板块内，前面有格言和雷锋的话，中间有故事，后面有提示。（李玲）

G000189 **教你学作文** 于漪著。山东教育出版社 1994 年 3 月版。26.10 万字。7.75 元。着眼于中学生作文整体水平的提高，着手于学生作文的难点的解疑，从宏观上说“理”，从微观上说“技”，多视角、多方面、多层次给予学生以细致入微的具体指导。全书共 18 篇，每篇由“文心絮语”、“佳作借鉴”、“习作评说”、“要语一束”4 部分组成。“文心絮语”是谈写作的基本规矩，从片段的写作实例引出某些写作道理，再用写作道理剖析写作实例，虚实结合，易于理解。“佳作借鉴”是对寓含丰富多彩高明写作技巧的佳作进行精细的剖析，探幽发微，挑明运用的某些写作方法，写作技巧，以开启习作者思维的门扉。“习作评说”是借某几篇同龄人习作的评析，使读者从中吸收长处，吸取教训。“要语一束”是每个部分教写作文的要领，是每讲的点睛之笔。（王炳英）

G000190 **小学数学 200 例丛书** 顾荣等编。山西教育出版社 1994 年 3 月版。51.3 万字。15.10 元。共 4 册：《小学数学速算诀窍 200 例》，通过 200 道例题的具体分析，介绍了各种有规律可循的速算方法。《小学数学各类题型解题思路 200 例》，通过对 200 道例题的具体分析，介绍了小学数学中各类题型的解题思路。《小学数学典型错误 200 例》，有针对性地选择了学生作业中的 200 例典型错误，逐题进行分析，指出错误所在，教给正确的解题方法。《小学数学应用题巧解 200 例》，选择了 200 例有一定难度的应用题，先给出一般的常规性解法，然后分别给出巧妙的解法。（张大同）

G000191 **幼儿智力训练（上、下）** 潘丽莎、许慧敏编著。上海科技教育出版社 1994 年 3 月版。20 万字。2 册。13.00 元。注重对幼儿的语言能力、观察能力、想象能力、判断能力、逻辑能力和动手能力等方面的培养。遵循图文并茂，条理清晰，难易结合，循序渐进的原则加以编排。（成名强）

G000192 **蒙学助读丛书** 曹光甫等编。上海人民美术出版社 1994 年 3 月版。30 万字。900 幅。3 册。已出版的有 3 种：《绘画三字经》、《绘画千字文》、《绘画百家姓》。从文字的串讲和图画的形象两方面阐述原作的内容。《三字经》向读者传授传统社会中处世为人的伦理，里面的一些话语已成为家喻户晓的名言警句。《百家姓》收录了我国五百多常见姓氏。本书着重介绍二百多姓氏的来源和该姓氏的代表人物。《千字文》是一篇用一千字写成的韵文，它既传授了大量的自然科学和社会科学的知识，也弘扬了中华民族的社会道德、处世哲学。（曹欣渊）

G000193 **百年之功——中国近代大学校长的教育家精神** 周川、黄旭主编。福建教育出版社 1994 年 4 月版。41 万字。14.00 元（平），19.50 元（精）。遴选马相伯、蔡元培、张伯苓等 50 位在创办、管理大学方面富有成就，具有影响和代表性的大学校长，通过对他们的办学思想、办学实践、治学经验和教训，以及其作为教育家的独特品性的考察，揭示出大学管理的一系列有益经验，并折射出中国高等教育近代化的曲折历程。本书在体例上以校长就职时间的先后为序，所录 50 位校长的办学活动又几乎涉及到百年间中国所有的著名大学，清晰地勾勒出那一时期高等教育的发展概貌，汇映出中国近代高等教育在不同时期和不同阶段的不同特征。而在论述每一校长之后附该校两种相关附录：《主要参考资料》和《教育言论要目》。（黄旭）

G000194 **小学生作文金钥匙丛书** 李广增等著。河北少年儿童出版社 1994 年 4 月版。70 万字。20.00 元。共 7 册，包括《小学生作文秘诀》、《小学生作文审题技巧》、《小学生作文描写手册》、《小学生作文词语宝库》、《全国小学生获奖作文选》、《全国小学生升学作文选》、《全国小学生课堂作文选》。从不同的侧面，分别讲述了怎样观察生活，怎样开头结尾，怎样叙述和描写，怎样编列作文提纲等知识；又具体讲述了怎样审理题目，写出一则符合题目要求的文章，并且列举了审题的实例。丛书还汇集了小学生作文常用的各类词语，以及各类优秀获奖作文，供小学生们在作文时参考。常用词语分诗文名句、格言谚语、歇后语、类语等，有注释有例句；各类优秀作文后附有讲评。（李远杰）

G000195 **绘图 0 岁方案** 冯德全著。湖北美术出版社 1994 年 4 月版。1 500 幅。35.40 元。以图文并茂的形式和完整的内容相结合，按年龄顺序和内容不同编写成册，并侧重于表现“0 岁方案”的教育内容和方法。内容分胎教、语言、美育、体育、数学、操作与创造、观察与认识、道德、名人童年故事、智力等。（谢鸿辉）

G000196 **协同教学与素质发展** 郑和钧主编。湖南师范大学出版社 1994 年 4 月版。39.6 万字。12.80 元。是湖南省小学协同教学实验课题组自 1990 年 3 月至 1994 年初关于该项研究的阶段性成果。共 9 章，第一、二章从方法论、心理学、教育学角度对协同教学实验的假设及其操作进行了论证，阐明了实验的理论基础，介绍了围绕假设验证的实验总体构想，以及操作化的目标体系与协同构建的具体策略。第三章具体阐述了分科教学的弊端以及心理教育在教育体系中的核心地位，介绍了专门的心理教育课程的设计及其与学科教学和活动课程连接的有关问题。第四至八章，分别从学科教学及其相互关联的角度，介绍了围绕学生身心素质全面发展进行“协同教学实验”的初步经验及成效。各章附有相关内容的优秀教案或课堂实录。第九章，探讨了与实验配套的教师继续教育、培训问题，并论述了教育管理中的协同。书后附有关于该项实验的研究论文目录及大事记。(罗灵山)

G000197 **中国研究生教育史略** 张晞初著。湖南师范大学出版社 1994 年 4 月版。20.4 万字。6.00元。中国研究生教育研究专著。分 3 部分：第一部分为我国研究生教育概况，并根据我国研究生教育发展的历史特点，将其分为酝酿时期(1902～1916)、萌芽时期(1917～1934)、早期(1935～1966)、全面确立和发展时期(1978～)。这一部分共有 6 章，对各个时期我国的研究生教育及其特征作了简要叙述，同时亦论述了我国研究生教育中指导教师的成长以及指导教师在研究生教育中的地位与作用。第二部分为我国台湾省自 1950 年迄今有关研究生教育的概况，重点介绍台湾大学的研究生教育。第三部分为附录，有选择地辑录了我国有关研究生教育工作文献、史料以及部分高校、指导教师有关研究生教育的研究成果和宝贵的指导经验。(曹爱莲)

G000198 **中国高等教育史(上、下)** 郑登云、余立主编。华东师范大学出版社 1994 年 4 月版。上册 28 万字，5.45 元；下册 30 万字，6.05 元。教育史专著。研究范围：上册从 1840 年鸦片战争至 1949 年中华人民共和国成立百年间的高等教育；下册为 1949 年至 1989 年新中国 40 年的高等教育。近代中国教育处在严重裂变和不断的新旧冲突之中，表现为一种特殊形态的教育。作为其重要组成部分的近代高等教育，经历了起伏而曲折的进程。上册着重探讨中国近代高等教育制度的形成和发展，注重教育思想的嬗变与教育实践发展的联结，尽可能地勾画出中国近代高等教育史发展的轨迹，揭示其发轫、发展的基本因素和规律。以各个教育派别的形成发展分化为线索，对具体的教育制度、教育经验进行剖析和概括。在取材上，鉴于近几年已出版了多套教育史专著及相关文章，故采取详它书之所略、略它书之所详的原则。下册分为建国初期、开始全面建设社会主义时期、“文化大革命”时期和新时期 4 个历史阶段分别研究。对每一时期高等教育发展的研究，都放到当时政治、经济、科学、文化的历史背景下进行，体现了以事实为依据的写作意图。中国高等教育史，理应包括港、澳、台地区在内。由于这几个地区已出版多种专著可资研究参考，所以概未涉及。(金勇)

G000199 **儿童简笔画大王** 汤戈、杨羽编。接力出版社 1994 年 4 月版。4.50 元。由点、线、面及几何图形的组合等基础画法入手，分基础练习、分类练习和综合画法 3 部分，书后附有孩子自己的作品。书中文字以“简笔画大王”直接跟孩子对话的形式出现，生动活泼，易为孩子接受。(郭玉婷)

G000200 **中学生交往与成才丛书** 粟尚正等著。漓江出版社 1994 年 4 月版。50 万字。4 册。16.25 元。包括《中学生口才与演讲》、《中学生赠言技巧》、《中学生礼品艺术》、《中学生获得好感的秘诀》4 册。《中学生口才与演讲》针对青少年特点，介绍了各种训练口才的实用方法；《中学生赠言技巧》是按青少年心理编写的青春活泼赠言妙语，并介绍了 8 种赠言方式，100 种赠言技巧，500 例条目；《中学生礼品艺术》指导青少年花小钱自己动手制作小礼品，介绍了 30 种礼品制作技艺与送礼的时机与方式；《中学生获得好感的秘诀》分析了青少年的心理矛盾、思想问题与外部条件，指导中学生如何调整好与家庭与老师同学的人际关系，使青少年走向成熟。(李海鸣)

G000201 **新编小学图解字典(试用本第二册)** 任晓宇编。辽宁少年儿童出版社 1994 年 4 月版。10 万字。3.00 元。收入新编小学语文教科书第六册(三年级下半年)300 个生字。每个生字配一幅图画，还有拼音、部首、笔画、笔顺、组词和造句。生字、组词和造句都注明拼音。(杨春青)

G000202 **幼儿学习·美术(4—5 岁)** 覃黎东编，志远等绘。辽宁少年儿童出版社 1994 年 4 月版。72 幅。6.60 元。按《幼儿园教育纲要》要求编绘，主要内容是教幼儿照图临摹添色，照图动手制做简单玩具。(冯幽君)

G000203 **幼儿学习·语言(3—4 岁)** 华翎编，毛小榆等绘画。辽宁少年儿童出版社 1994 年 4 月版。80 幅。3.30 元。根据《幼儿园教育纲要》的要求，为 3—4 岁幼儿编绘，有童话故事，儿歌等，文图并茂，适合幼儿园小班全年使用。(冯幽君)

G000204 **幼儿学习·美术(5—6 岁)** 覃黎东编，征虹等绘。辽宁少年儿童出版社 1994 年 4 月版。

72 幅。6.60 元。根据《幼儿园教育纲要》要求编绘，主要内容是进一步巩固前两套学过的知识，主要是学涂色、填画、临摹、动手剪贴、较简单小设计，学折纸、剪纸、泥工等小手工制做。（冯幽君）

G000205 **幼儿学习·语言（4—5 岁）** 华翎编，张中良等绘画。辽宁少年儿童出版社 1994 年 4 月版。80 幅。3.30 元。根据《幼儿园教育纲要》要求，为 4—5 岁幼儿编绘，有童话、故事、儿歌和看图讲述。适合幼儿园中班全年使用。（冯幽君）

G000206 **幼儿学习·语言（5—6 岁）** 华翎编，毛小榆等绘画。辽宁少年儿童出版社 1994 年 4 月版。80 幅。3.30 元。根据《幼儿园教育纲要》要求，为 5—6 岁幼儿编绘，有童话、故事、儿歌和看图讲述，适合幼儿园大班全年使用。（冯幽君）

G000207 **幼儿学习·美术（3—4 岁）** 覃黎东编，小东等绘。辽宁少年儿童出版社 1994 年 4 月版。72 幅。6.60 元。按《幼儿园教育纲要》要求编绘，主要内容为教幼儿认识色彩，学画直线、曲线，认识三角形、圆形、长方形，并指导幼儿动手添色等。（冯幽君）

G000208 **中学生练笔指引** 上海市教师写作研究会编。上海教育出版社 1994 年 4 月版。8.3 万字。2.60 元。学习辅导读物。根据学生生活中经常接触的人、事、物，分为“人物形象”、“家庭琐事”、“学校生活”、“节日纪实”、“社会见闻”、“参观访问”、“日月星辰”、“山川河海”、“花草树木”、“飞禽走兽”等 23 个专题，告诉读者如何观察，怎样练笔，以及写作的重点。每个专题含有若干学生写的练笔实例。（姚芳藩）

G000209 **幼儿保育手册** 谢嗣莲编。上海教育出版社 1994 年 4 月版。21.5 万字。5.00 元。知识性读物。专为年轻父母、幼儿教师编写。心理篇部分分析幼儿心理并提出处理意见；生理篇部分介绍幼儿生理特点及对幼儿常见病、多发病、传染病的防治；饮食篇部分对幼儿饮食的营养和卫生标准作介绍和分析；日常篇部分介绍幼儿日常生活方面的保育工作。（薛培华）

G000210 **育儿的禁忌** 车英妮等编。天津科学技术出版社 1994 年 4 月版。17.2 万字。5.80 元。从婴幼儿的特点和生活实际出发，从家庭教育、饮食营养、生活常识、服饰、医疗保健诸方面较为详细地介绍了婴幼儿护理、养育中的禁忌与不宜。（胡根泰）

G000211 **彩图幼儿好习惯故事** 陆弘编。李全华等绘。希望出版社 1994 年 4 月版。0.5 万字。100 幅。6.60 元。收入“自已玩”、“学会了”、“长大了”、“找东西”、“我的手”、“帮助人”、“星期天”、“玩具箱”、“过生日”、“帮妈妈”、“我还小”等 11 篇幼儿生活中典型精采的故事。每则故事从不同的角度以循循善诱的情节，栩栩如生的童趣和诱人的画面，直接地或间接地教给幼儿协助父母、教师给予幼儿认知、思考、判断、想象、表述、创造、自强、独立、毅力、勤劳、尊敬师长等优良的习惯及其高贵品德的培养。（张连瑞）

G000212 **小学生科学大世界丛书·战争卷** 王行国等主编。新蕾出版社 1994 年 4 月版。51.7 万字。10 册。30.10 元。包括《历史大决战的故事》、《心理战的故事》、《间谍战的故事》、《游击战的故事》、《电子战的故事》、《军事侦察的故事》、《军事谋略的故事》、《战争导火索的故事》、《特种部队的故事》和《关塞的故事》10 册，较为全面地介绍了上述各种战术、战法的特点及作用。（李志明）

G000213 **彩绘本半小时妈妈** 浙江少年儿童出版社编。浙江少年儿童出版社 1994 年 4 月版。55.90元。以儿童家庭智力训练手册为依据编写。经改写、扩充后共分为 5 个部分，分别为《故事篇》、《语言篇》、《常识篇》、《图画篇》、《智力篇》，组成的套书又按年龄段分为 0—2 岁、3—4 岁、5—6 岁 3 套，共 15 册。每则训练后均附有“提示”，对训练的目的、要求及注意事项等作了说明。（高蕾）

G000214 **幼儿启蒙大全（0—2 岁）** 长扬等编文，张跃起等绘画。中国连环画出版社 1994 年 4 月版。480 幅。上下册。30.00 元。故事中选取《小兔乖乖》、《龟兔赛跑》、《小羊和狼》、《萝卜回来了》、《两个好朋友》、《雪花》共 6 篇；计算中引导幼儿认识 3 以内的数、简单的几何图形和时间概念；常识中通过看图和故事认识周围世界，培养良好的道德品质和卫生习惯；智力训练包括观察力、想象力、推理能力、思维能力、记忆力、判断能力、数的概念、空间知觉、时间概念、看图说话等 10 个方面；体育中有儿歌模仿操和体育游戏；游戏中有桌面游戏和娱乐游戏；此外还有儿歌、音乐、美术。（叶曦）

G000215 **幼儿启蒙大全（3—4）岁** 小溪等编文，高宝生等绘画。中国连环画出版社 1994 年 4 月版。720 幅。上中下册。45.00 元。故事中选取了《小猴摘桃》、《猪八戒吃西瓜》、《三只蝴蝶》、《拔萝卜》、《小猫钓鱼》、《熊猫商店》、《小黄莺唱歌》、《小猪盖房子》、《小红帽》、《狼来了》共 10 篇；计算中引导幼儿认识 10 以内的数，学习 5 以内的加减法，认识几何图形和量；常识中通过看图和故事认识周围世界，培养道德品质和卫生习惯；智力训练中培养幼儿的观察力、想象力、分类比较能力、相关概念、判断能力等13个方面；体育中包括模仿操和体育游戏；游戏中包括桌面游戏和娱乐游戏；手工中有橡皮泥手工、火柴盒手工和折纸等17则；此外还有儿歌、音乐、美术。(叶曦)

G000216　**中国高等教育改革与发展**　季明明主编。高等教育出版社1994年5月版。30万字。11.15元。共14章，内容包括：高等教育宏观体制改革、高等教育结构的调整、高校内部管理体制改革、高等教育教学改革、中国职业大学的改革和发展、中国成人高教的改革和发展等。(严蕾)

G000217　**幼儿不宜100例**　王培堃、张尚文等编绘。漓江出版社1994年5月版。3册。1.95元(上)，1.95元(中)，1.95元(下)。上册为思想品德篇，中册为文明礼貌篇，下册为卫生健康篇。每册列举了30多例幼儿在日常生活中最为普遍的通病，引导幼儿懂规矩、明辨是非、免出事故；知道怎样才能成为乖孩子的道理。(黄文魁)

G000218　**你是聪明孩子吗？**　黄碧云编，小东等画。辽宁少年儿童出版社1994年5月版。40幅。3.50元。婴幼儿启蒙画册，共4册，每册10幅，以图为主。主要通过看图，训练和发展幼儿的观察力、理解力、记忆力和语言表达能力。(冯幽君)

G000219　**新编看图识字**　鲁叶编写，余鸟等画。辽宁少年儿童出版社1994年5月版。2.4万字。1.50元。共144幅图，分服装鞋帽类、水果糕点类、蔬菜类、日用家电类、家具厨房用具类、文具类、交通工具类、天体气象类、动物类。每幅图下边标出文字。(冯幽君)

G000220　**刚坚少年知识丛书(藏文版)**　《刚坚少年报》编辑部编。青海民族出版社1994年5月版。55万字。26.10元。以藏族中、小学生为读者对象，以爱国主义教育、基本国情教育、中国革命史教育和传统优秀民族文化教育为主要内容，以培养少年儿童学习兴趣、增长知识、开扩视野，从小树立三热爱思想，造就新一代具有爱国主义、集体主义、社会主义思想和"四有"新人为目的的综合性知识丛书。该丛书共8册：《小学生国情十知道》、《历史小知识》、《地理小知识》、《写作指南》、《学生作文精选》、《金钥匙》、《世界童话名著选编》、《百科知识趣闻》。内容既有思想行为指导，又有国情知识和优秀传统文化知识；既有文学名著介绍，又有学生作文习作范文；既有史、地基本知识，又有百科知识趣闻，体裁多样，图文并茂，具有突出的儿童特点和民族特色。(旦正加)

G000221　**中学语文课文作者辞典**　一夔主编。四川教育出版社1994年5月版。100万字。43.50元。记载有关古今中外两千多名课文作者简介和大量的课文篇名。另有3项附录：一、生平不详的部分作者及其课文篇名；二、部分未署作者名的课文篇名；三、引用中学语文课本代号一览表。书前影印了部分现代、当代课文作者近两百幅珍贵的照片。(李定与)

G000222　**怎样帮助孩子复习小学数学**　甄源、晓唐编。天津教育出版社1994年5月版。16.7万字。3.50元。系统地介绍小学数学教材的内容及编排的特点，并分别说明了整数、小数、分数、百分数、几何形体、比和比例等部分知识的重点和难点及对小学各年级学生数学基本能力的要求；还讲述了小学生在学习数学时经常出现的错误，分析其原因，介绍了防止和纠正错误的方法。本书除了为提高小学生计算能力和解答应用题能力而编排了足够的习题之外，还编选了一定数量的有趣味的发展智力的题目。(翟跃)

G000223　**小学数学难题巧解**　刘长兴等编。天津教育出版社1994年5月版。17.3万字。5.50元。分为数和数的计算、整数和小数应用题、分数和百分数应用题、方程和比例、几何初步知识、其他等6部分，收入有一定难度并能采用巧妙解法的习题300余道。每题都介绍了一般解法和巧妙解法，并对巧妙解法的解题思路进行了较为详尽的阐述。(翟跃)

G000224　**小学数学概念基础训练**　贡耀峰等编。天津教育出版社1994年5月版。18万字。3.75元。将小学阶段的数学基本概念编成填空、判断、选择3种类型的题，指出了应该掌握的基本概念，并设计了一些练习，指出了一些常见的易混易错的概念。(钟启红)

G000225　**小学数学习题智力题精选**　戈明等编。天津教育出版社1994年5月版。13.9万字。4.50元。分基础篇、提高篇和启智篇3部分。书末附有解题和答案。基础篇主要是提供小学数学基础知识的习题；提高篇大多提供有一定难度的竞赛型的智力题；启智篇则包括启迪学生智慧的趣题和逻辑题。(翟跃)

G000226　**小学低年级看图说话写话**　宫汝惠编。文心出版社1994年5月版。11.4万字。4.10元。

根据《九年义务教育小学语文教学大纲》,安排了近40幅看图说话写话的训练项目。每个训练项目都按:看图内容、看图要求、看图提示、看图说话写话举例、训练说写等5项内容编排。在训练说写中还设计了近百道补充练习题,供小学生看图说话写话训练时选用。(吴望平)

G000227 **最新小学多功能词语手册** 黎迪霞主编。武汉出版社1994年5月版。37万字。6.50元。小型语言类辞书。从教材要求和学生实用出发,突出使用功能,在词目下,设拼音、拼音首字大写、部首、结构、笔画、笔顺、例句、同义、反义等要素。(潘长胜)

G000228 **小学数学奥林匹克千题解** 高锺璟等编。希望出版社1994年5月版。28.6万字。7.50元。内容有:计算、数的整除、几何知识、应用题4部分,其中许多习题是作者收集的中外数学奥林匹克竞赛试题,并将这些习题一一作解。(陈旭光)

G000229 **数学解题中的数学思想** 王连笑著。新蕾出版社1994年5月版。28万字。9.65元。关于数学解题思想的著作。作者在介绍每科数学思想时都立足于以例题的解题思想为主,分析在解题中如何运用数学思想,边分析、边解题,通过解题来掌握其中所包含的数学思想,归纳综合,掌握数学的核心本质。书中所举例题为历届全国高考试题及部分数学奥林匹克数学竞赛试题,虽然难度较大,但通过从数学思想的高度去分析便可以化繁为简,理出思路。(胡晓光)

G000230 **幼儿彩色画世界** 屠美如等编。新世纪出版社1994年5月版。10万字。14.00元。以我国幼儿美术教育先行点广州市流水井幼儿园的经验和成果为主体,以创造性的现代幼儿美术教育法为精髓,对幼儿彩色画的培养目标和教学方法作了系统的阐述,并且以彩图(都是幼儿的美术作品)为实例,进行了具体的分析和评介。(王凯波)

G000231 **高中会考制度的实践与研究(教育改革的理论与实践丛书)** 邵宗杰、蔡建民主编。浙江教育出版社1994年5月版。28.2万字。4.60元。共12章,包括会考的提出、会考制度、会考实施技术、会考配套改革4方面。(余龙文)

G000232 **孕儿·育儿·教儿知识手册** 郭秀芝编。中国轻工业出版社1994年5月版。15万字。5.50元。优生、优育、优教知识手册。从结婚、准备怀孕开始,直到孩子上学,按阶段、分类别地指导如何孕、养、育一个身体和心智健康的孩子。(方敏)

G000233 **学位与研究生教育大辞典** 秦惠民主编。北京理工大学出版社1994年6月版。92.2万字。48.00元。比较全面系统地反映学位与研究生教育情况的综合性工具书。共14篇,阐释有关名词概念共1 400余条。对学位与研究生教育学的一些基本概念进行了重要的开拓性的探讨。基本包括了十多年来学位与研究生教育这一工作领域中重要的法规文献、组织机构、工作项目、会议活动、学术研究、国际合作等方面。(潘植田)

G000234 **张雪门幼儿教育文集** 张雪门著。戴百俺主编。北京少年儿童出版社1994年6月版。110万字。上、下册。35.00元。张雪门是我国现代著名的幼儿教育家,他为发展中国幼儿教育事业奋斗了半个多世纪,功绩卓著。收入本书的著作是他长期从事幼教实践经验的总结。上册着重从理论上研究幼稚园组织法、行政管理、课程编制、教育概论等;下册涉及幼儿教育教学原理、原则、教材教法和幼稚园幼儿行为、科学教育、著作、故事、歌舞、音乐等方面的课程设计、教学实例等等。(刘子君)

G000235 **云南省中小学省情教育丛书(小学部分)** 马刚、陈玉翠等编。晨光出版社1994年6月版。15万字。5册。11.00元。将云南的文化、历史、资源、地理环境、经济状况和民族分册进行介绍。(赵强华)

G000236 **中国书院史** 李国钧主编。湖南教育出版社1994年6月版。97万字。38.00元。中国教育史研究专著。按书院发展的不同历史时期分为5编,每编由总论和分论组成。主要内容包括各时期书院制度、书院教育流派及其代表人物的教育思想,并置于当时社会政治、经济和文化背景下,阐述其成因、演变、发展和影响。着重分析了书院教育的特征。如书院教育提倡自由讲学和学术自由,形成了某些历史时期百家争鸣、人才辈出的局面;又如书院为学术渊薮,一些大学问家踞书院传道授业,开宗立派,推动了近千年学术领域的繁荣。并有专章介绍重要学术流派与书院教育的关系,如:周敦颐与濂溪书院,二程与嵩阳、伊川书院,朱熹与白鹿洞书院和考亭学派诸书院,陆九渊与象山精舍,关学中兴与关中书院,颜李学派与漳南书院,乾嘉学派与诂经精舍、学海堂等。(张汉芳)

G000237 **中小学常用倒序词手册** 唐祥贤等编。接力出版社1994年6月版。32.2万字。5.00元。词语工具书。共收入词条680个,以汉语拼音字母及音节的四声顺序进行编排,每个词后都附有汉语拼音、解释、使用例句,正文前有"汉语拼音音节索引",

后有“笔画查词表”,并排有音节书眉。(黄钲)

G000238 **创造性解决问题** 罗玲玲主编。辽宁少年儿童出版社 1994 年 6 月版。9 万字。2.40 元。“中小学创造教育系列丛书”之小学(四)。共 3 个单元 16 课。第一单元安排了创造性解决问题的基本训练,主要训练学生将巧妙解题与科学解题、情境解题相互渗透,掌握发散思维与集中思维的相互结合。第二单元安排了创造性解决问题的各个阶段和环节的训练,使学生了解创造性解决问题的过程和方法。第三单元是利用发明案例,进行综合解题训练,促使学生做出自己的发明。可作为在小学高年级开展创造教育的实验教材。(李玲)

G000239 **动物王国里的作文故事** 王大新编。明天出版社 1994 年 6 月版。3 万字。18.00 元。分 6 册,分别为:《警长教子》、《谁吃亏了》、《失踪的小猪》、《老虎变猫》、《碧水湖两岸》、《开门见山》。针对小学生作文中常常出现的问题,通过童话故事予以指明,并同时予以正确写作方法的示范与指导。全书配以彩色连环漫画。(孟凡明)

G000240 **中学物理实验丛书·高中物理学生实验** 国家教育委员会教学仪器研究所主编。人民教育出版社 1994 年 6 月版。39.6 万字。12.80 元。收入“中学物理实验丛书”。该丛书已经出版的还有《初中物理演示实验》、《初中物理学生实验》、《初中物理自制教具》和《高中物理课外实验》。涉及到中学物理实验的各个方面。本书共编入适合高级中学做的 127 个学生实验。每个实验都编写了目的和要求、仪器和器材、实验原理和实验方法几项内容,大多数实验还编写了参考资料和思考题。(马冬玲)

G000241 **中国古代文学名著欣赏** 张中行等编。人民教育出版社、江苏教育出版社 1994 年 6 月版。21.18 万字。3.70 元。高级中学语文选修课的一种,供高中一年级或二年级使用。旨在指导学生阅读中国古代文学的一些名著,提高理解和欣赏中国古代文学作品的能力,培养健康的审美情趣,养成阅读中国古代文学作品的兴趣和习惯,了解和学习中国古代文学的优良传统,激发学生的民族自豪感。全书分编课内教读课文和课外自读课文,以作品为主体。教读课文按时代顺序和文体分单元编写,共 7 个单元:诗经·楚辞和汉乐府·汉五言诗,汉魏六朝文,李白诗·杜甫诗,唐宋文,宋词·宋散文,元杂剧和明传奇,明清小说。每单元两课,共 14 课。每一单元课文前有题解(作品背景和作者简介)和欣赏提示,课文有较详的注释,课文后有思考和练习。课外自读课文供学生自由选读,不作任何教学要求,不列入测试范围。自读课文依历史顺序逐课编排,共 12 课。每课前有题解和欣赏提示,课文后不设思考和练习。为了使高中学生初步掌握一些文学史知识,在教读课文的有关单元后编写有 4 篇知识短文:《先秦名作简述》、《汉魏六朝名作简述》、《唐宋名作简述》、《元明清名作简述》。(王文英)

G000242 **上海普教科研的发展与管理** 张民生主编。上海教育出版社 1994 年 6 月版。17.4 万字。6.50 元。关于教育科研管理的专著。总结 20 世纪 80 年代以来上海普教系统教育科研发展和管理的基本经验,并以此为基础,对进一步加强和完善普教科研管理进行了探索和研究。共 14 章。第一、二章系统介绍上海普教系统教育科研事业发生、发展以及逐步完善的历程、基本经验;第三、四章对普教科研系统的性质、任务、特点、组织结构和功能等问题进行探讨;第五章概述普教科研的特点、原则、基本内容及一般方法;第六章对普教科研体制作专门讨论;第七至十章阐述普教科研的全过程管理,即研究前期的规划和立项,实施过程中的阶段评价和阶段检查,研究后期的成果鉴定验收和成果评奖推广等;第十一至十三章分别讨论普教科研队伍的建设、课题情报信息的管理以及科研经费、科研档案的计算机管理;第十四章深层次地探讨普教科研的对象、内容、性质及动因等问题。(张文忠)

G000243 **幼儿园环境布置** 李慰宜编。上海教育出版社 1994 年 6 月版。3.50 元。介绍幼儿园师生自己动手布置幼儿园环境的一些方法步骤。书末有 10 多种小制作的制作方法。(薛培华)

G000244 **星级题库丛书** 沈公白等编。上海科技教育出版社 1994 年 6 月版。460.3 万字。12 册。191.90 元。中小学教学参考书。分成《小学三星级题库》(语文、数学)、《初中四星级题库》(语文、数学、英语、物理、化学)、《高中五星级题库》(语文、数学、英语、物理、化学)。书内分单元精心安排了大量习题。每道题都用不同的星级(☆、☆☆、☆☆☆、☆☆☆☆、☆☆☆☆☆)标明其难易程度(小学阶段最高星级为三星级,初中为四星级,高中为五星级),并注明中等程度的学生解题所需的大致时间。书末附有每道习题的答案。(张莉琴)

G000245 **中学数学题巧解妙法** 夏圣亭编著。上海科学普及出版社 1994 年 6 月版。43.3 万字。16.00 元。分发散性思维方法、探索解题途径的方法、数学证明方法、数学求解方法和技巧思维 5 大部分。介绍了观察法、类比法、模拟法、递推法等 16 种发散性思维方法;顺推法、交轨法、倒推法等 5 种探索解题途径的方法;比较法、反证法、穷举法等 5 种数学证明方法;换元法、消元法、待定常数法等 6 种数学求解方法;表格法、符号化、对称等 6 种技巧思维。每节集中研究一种方法,对于方法的意义、特征、如何运用以及注意点都有详细的说明,并辅有适当的例题。本书获全国数学教育图书二等奖。(顾蕙兰)

G000246 **数学奥林匹克丛书** 张广德主编。武汉出版社 1994 年 6 月版。130.9 万字。34.25 元。共 9 册。其中小学四册、初中两册、高中三册。分年级编排,略高于教材。(江汉文)

G000247 **小学生实用作文** 副名:同步、对比、批红。李彤等编。黑龙江少年儿童出版社 1994 年 7 月版。共 35 万字。4 册。4.60 元/册。与六年制小学 3—6 年级《语文》教材中的作文训练同步,通过对作文批红和同类作文之间相互对比的方法,指出哪篇作文的哪个地方好,为什么写得好;哪篇作文的哪个地方不好,为什么写得不好,用具体生动的实例,来引导学生不断地进行作文实践,逐渐地掌握写作方法和技巧。同时,在每类作文之后,还加一"知识讲解",指出对这类作文的基本要求和写作特点。(王少文)

G000248 **英语语法表解手册** 柳葆青、周玉珍编著。金盾出版社 1994 年 7 月版。15.2 万字。4.90元。采用表格形式编写的英语语法工具书。分为两大部分:前一部分 13 章为词法,对各个词类、构词法以及词的分写和移行等分别进行论述;后一部分 8 章为句法,主要对句子的类型、结构和语调进行论述。两部分各有侧重,又互有联系。书中语法内容比中学课本有所增加,尤其对初高中学生需要了解和掌握的难点(如形容词连用时的顺序,反意疑问句的结构等)和重点作了比较详细的论述。此外,还结合近几年的高考试题,选用了一些易错的句子作为例句。(金家麟)

G000249 **小学生作文指南** 孙明符著。辽宁少年儿童出版社 1994 年 7 月版。14 万字。6.00 元。共两部分,第一部分:作文指南。着重论述了记人、记事、写场面、写开头、写结尾、拟标题、修辞运用等写作知识,并以现行教材作阐述说明。第二部分:例文赏评。分写人篇、记事篇、写景篇、状物篇、场面篇 5 种类型。对近年来发表在《小学生优秀作文》上的 70 余篇作文给予点评和总评。(李冰梅)

G000250 **改革·实验·研究** 副名:《中学数学实验教材》科学实验纪实。国家教委中学数学实验教材研究组编。人民教育出版社 1994 年 7 月版。28 万字。14.30 元。记录了《中学数学实验教材》的科学实验研究工作,汇集了原教育部、国家教委的有关文件,会议纪要,讲话,对教材的审查意见,该实验的总结、研究论文。内容涉及数学教育、中学数学课程和教材、数学教学实验与研究等方面。(俞求是)

G000251 **《中学优秀教师的成长与高师教改之探索》的研究报告** 王邦佐主编。人民教育出版社 1994 年 7 月版。46.5 万字。8.10 元。上海师范大学关于《中学优秀教师的成长与高师教改之探索》研究课题的报告集。主要反映了著者基于系统思想和终身教育思想,对上海市近千名优秀中学教师进行调查、分析,从研究一名合格教师成长发展的规律入手,来研究探讨高师本科阶段的培养任务、培养方法及相应的教学计划。在本课题的研究及报告集的写作过程中,著者始终注重理论与实践的紧密结合,即把研究工作与高师的教育改革实践有机结合起来,用研究成果指导改革实践,并通过实践验证研究成果。在研究方法上采用了定性与定量相结合的多种研究方法,并结合课题研究在一些方法的运用上进行了大胆的尝试。(王莉)

G000252 **影视与课文(中学部分)** 中宣部宣教局等编。上海教育出版社 1994 年 7 月版。10.8 万字。4.00 元。影视与中学教学相结合的经验集。中共中央宣传部、国家教委、广电部、文化部联合发出《关于运用优秀影视片在全国中小学开展爱国主义教育的通知》,并推荐 100 部优秀影视片。本书汇集了上海市让影视教育走进课堂,与课文教学相结合的经验。(薛培华)

G000253 **高中地理快速记忆法** 宋永亮、冉梦菊主编。天津教育出版社 1994 年 7 月版。21 万字。3.80 元 。与高中地理教材相配套的辅导读物。归纳了学习地理的几种方法:图示法——即利用生动的图像帮助记忆的方法;比较法——通过比较,达到同中求异、异中求同;纲要法——以简单的符号、关键性的语言或象征性的图示,将丰富的地理知识信息加以分类、提炼、归并总结;专题归类法——按照一定标准,以某种意义关系相联系,将同类知识进行归纳总结,从而使记忆材料由分散的趋于集中、零碎的组成系统、杂乱的构成条理。另外,还包括表解法、歌诀法、浓缩法、联想法、谐音法、变向思维法、态势法、漫画法共计 12 种方法。(耿学明)

G000254 **大学生行为引导** 符士强等著。中南工业大学出版社1994年7月版。24.2万字。8.00元。系统地探讨了大学生行为及其引导的规律和方法,初步构建了大学生行为引导学的基本框架。共14章,主要内容包括:大学生行为引导学的研究对象、任务和方法;大学生行为的基本特征、动机系统和社会影响系统;大学生行为设计;大学生行为引导的基本方式;大学生的学习行为、交往行为、恋爱行为、消费行为、时尚行为、越轨行为的特征及引导方法;大学生行为引导者的人格力量、人格功能效应等。(文援朝)

G000255 **中小学生行为测评与矫治** 胡卫、马光祺编著。安徽少年儿童出版社1994年8月版。18.5万字。4.20元。共3编:第一编概述行为测评的理论和方法;第二编根据中小学生身心发展的特点,介绍各年龄段学生行为测评的指标和方法;第三编探讨了行为矫治的原理和方法,并提供实例分门别类地介绍了一些行为矫治方法的具体运用。全书不仅全面叙述了科学测评中小学生行为的理论、方法和具体指标,而且更注重探讨如何有针对性地采取教育和矫治的措施,对教师和家长都具有较高的参考价值。(徐敏)

G000256 **百科知识故事文库** 印伯伦等编。海南出版社1994年8月版。38万字。30.00元。以故事的形式向中小学生介绍自然科学和社会科学知识。共7册:《奇异自然故事》、《爱鸟赏鸟奇趣故事》、《国家与城市的故事》、《民族民俗故事》、《人物传奇故事》、《中外著名战例故事》和《体育竞技故事》。(贺晓兴)

G000257 **鹅湖书院志** 陈连生主编。黄山书社1994年8月版。15万字。25.00元。新编专志。有自然环境、沿革、建筑、朱(熹)陆(九龄、九渊)"鹅湖之会"、辛(弃疾)陈(亮)"鹅湖之晤"、教学活动、祭祀活动、经费、人物传、文存10章,大事年表一篇。鹅湖书院,我国古代著名的四大书院之一,在江西铅山县。自书院之兴建至20世纪90年代,书院历经800余年。现存书院建筑有书楼、讲堂、仪门、泮池、拱桥、牌坊、头门、义路、礼门以及号舍、碑亭等,是1983年至1991年仿旧式复建。全书内容叙述上限延至书院创办之前,下限为1992年末;只记史实,不作评述;所传人物,皆历代为鹅湖书院的创建和发展作过重要贡献的已故者;比较真实、全面、系统地记载了鹅湖书院的历史和现状。卷首有鹅湖书院位置图、平面图、旧时木刻画、近照等图版。(于志斌)

G000258 **竖笛** 王英奎主编。辽宁少年儿童出版社1994年8月版。10万字。2.50元。收入"中小学兴趣活动教育丛书"。通过有趣的练习曲和中外名曲,由浅入深地传授竖笛各种基本演奏方法。包括竖笛简介、吹奏姿势、呼吸、各种调的练习、常用吹奏技巧、演奏曲目(齐奏、重奏、独奏、合奏)等6部分。演奏曲目附有简要教学提示和乐曲分析。(刘银娜)

G000259 **校园器乐** 李亚丽主编。辽宁少年儿童出版社1994年8月版。16万字。3.80元。收入"中小学兴趣活动教育丛书"。选编由中外著名作曲家创作的名曲和中外著名乐曲,介绍竖笛、口琴、电子琴、手风琴、二胡等乐器演奏知识。对于各种乐器的演奏技巧和有关器乐考级内容也做了简短、精辟的介绍。竖笛和口琴部分的内容亦可作课堂器乐补充教材使用。(刘银娜)

G000260 **口琴** 王英奎主编。辽宁少年儿童出版社1994年8月版。10万字。2.50元。收入"中小学兴趣活动教育丛书"。通过多种调的练习,由浅入深地传授各种基本演奏技能和有关乐理知识,使学生掌握各种不同的演奏方法。选编了许多优美的民歌,对部分曲目也作详细说明。(刘银娜)

G000261 **创造技法训练** 王滨、王信倍主编。辽宁少年儿童出版社1994年8月版。19万字。4.50元。为"中小学创造教育系列丛书"之中学(二)。全书分6章,着重于对学生进行各种实用的创造技法的训练。(李玲)

G000262 **中华民族传统美德读本(小学中、高年级)** 辽宁省教委《中华传统美德读本》编写组编。辽宁少年儿童出版社1994年8月版。10万字。2.60元。以弘扬中华民族传统美德为主旋律。围绕8个方面的内容,精选古代、近代、现代历史上的传统美德事例。8个方面教育重点是:孝——孝敬父母;仁——仁义爱人;忠——精忠报国;勇——勇敢坚毅;勤——勤劳节俭;信——诚实守信;礼——礼仪文明;公——天下为公。(刘银娜)

G000263 **小学奥林匹克数学(中年级用)** 陈明辉主编。辽宁少年儿童出版社1994年8月版。17万字。3.80元。收入"中小学兴趣活动教育丛书"。依据小学数学教学大纲和学生的接受能力,分层次帮助学生学习奥林匹克数学的基本内容。全书分为:数的世界、形的海洋、数学的应用3个部分,并备有参考答案。(刘银娜)

G000264 **书法(上册)** 耿天珏编。辽宁少年儿童出版社1994年8月版。12万字。3.50元。收入

"中小学兴趣活动教育丛书"。共4章。第一章重点讲述书法基础知识;第二章为颜体书法知识;第三章为柳体书法知识;第四章为书法家生平简介等。书中还附有运笔略线图和书写要点的提示。另外还介绍了中国书法发展概况、文房四宝的使用和保管知识。(刘银娜)

G000265 **中学奥林匹克数学(初二用)** 魏超群主编。辽宁少年儿童出版社 1994 年 8 月版。18.6 万字。4.20 元。收入"中小学兴趣活动教育丛书"。以"义务教育全日制初级中学数学教学大纲"为依据,参照"数学竞赛大纲",以义务教育初中二年级代数、几何课本为基础,结合近年来 TMO 和国内数学竞赛涉及的有关内容,进行筛选、修改、补充,形成符合我国中学生实际的辅导材料。内容包括初中二年级数学的全部内容,许多范例是由教科书中习题、例题、复习题、思考题、"想一想"、"读一读"的基础上引申、拓宽、发展而来的。(刘银娜)

G000266 **中学奥林匹克数学(初三用)** 魏超群主编。辽宁少年儿童出版社 1994 年 8 月版。18.6 万字。4.20 元。收入"中小学兴趣活动教育丛书"。以"义务教育全日制初级中学数学教学大纲"为依据,参照"数学竞赛大纲",以义务教育初中三年级代数、几何课本为基础,结合近年来 TMO 和国内数学竞赛涉及的有关内容,进行筛选、修改、补充,形成符合我国中学生实际的辅导材料。通过各类典型范例分析,向学生介绍数学方法、数学思想、基本原理、基本技能与解题技巧,培养学生掌握各种数学竞赛的基本常识,帮助学生利用数学规律、数学模型,使数学问题得到解决。(刘银娜)

G000267 **小学奥林匹克数学(高年级用)** 陈明辉主编。辽宁少年儿童出版社 1994 年 8 月版。18.6万字。3.80 元。收入"中小学兴趣活动教育丛书"。分数的世界、形的海洋、数学的应用 3 个部分。并备有参考答案。(刘银娜)

G000268 **中华民族传统美德读本(小学低年级用)** 辽宁省教委《中华民族传统美德读本》编写组编。辽宁少年儿童出版社 1994 年 8 月版。5 万字。2.80 元。以弘扬中华民族传统美德为主旋律,围绕 8 个方面的内容,精选古代、近代、现代历史上的传统美德事例。8 个方面教育重点是:孝——孝敬父母;仁——仁义爱人;忠——精忠报国;勇——勇敢坚毅;勤——勤劳节俭;信——诚实守信;礼——礼仪文明;公——天下为公。(刘银娜)

G000269 **幼儿园语言教材** 旭仁花编。内蒙古教育出版社 1994 年 8 月版。3 万字。5.10 元。供蒙古族幼儿园使用的教科书。一、二、三册分别供小、中、大三个班级使用,各用一年。编者依据幼儿园教学大纲要求,针对蒙古族学前儿童的心理特点、语言发展、生活环境及考虑蒙古语言特有的规律而编写。第一册主要以形象化的画面安排了幼儿园用语、礼貌用语、卫生知识、服饰名称、果蔬名称、日常用语、记童谣等内容。第二册主要包括用蒙古文字母表顺序排列的词汇,如尊敬师长、词语练习、动物名称、绕口令、看图说话等内容。第三册中编入了适合儿童年龄特征并能接受的具有政治思想教育的如红旗、国徽、北京、天安门、工人、农民、牧民、诗歌、猜谜、谚语等内容。(拉西车日布)

G000270 **外国文学名著欣赏** 庄文中、胡长江编著。人民教育出版社、江苏教育出版社 1994 年 8 月版。22.5 万字。3.05 元。高级中学语文选修课本之一。分编课内教读课文和课外自读课文。课内教读课文按外国文学史序列分编为古代文学,文艺复兴时期文学(第二、三单元),19 世纪浪漫主义文学,19 世纪、20 世纪现实主义文学(第五、六单元),20 世纪现代主义文学等单元。每单元两课,共 14 课。每一单元课文前有作家作品和欣赏提示,课文后有思考和练习、读一读。课外自读课文同课内教读课文对应,编为 7 个单元。本选修课课时为 34 学时。(庄文中)

G000271 **幼儿智能开发丛书** 方芳等编。上海教育出版社 1994 年 8 月版。每本 10.00 元左右。包括:《趣味识字》(2 册),《趣味数学》(1 册),《趣味涂色》(2 册),《趣味折纸》(2 册),《趣味剪纸》(2 册),《趣味手工》(2 册),《趣味绘画》(2 册)。(薛培华)

G000272 **和当代中学生通信** 肖复兴著。少年儿童出版社 1994 年 8 月版。19 万字。6.75 元。共辑作者与全国各地中学生的通信 64 封。作家以通信的形式,与中学生们娓娓交谈,用自己赤诚之心温暖这些初涉人生者的心灵;作品涉及了中学生不少敏感的问题,如早恋、落榜、代沟、辍学、"议价生"等等。此书是作者《和当代中学生对话》的姐妹篇。(洪祖年)

G000273 **中国名句选注** 徐安龙编。文心出版社 1994 年 8 月版。15 万字。3.40 元。分上、中、下 3 编,共选录名句 1 500 条左右。其中上编为课本以外的名句,有 1 000 条左右,按音序排列;中编为现行教材中的诗词名句,有近 400 条,按教材顺序排列;下编为成语式名句,有150余条,亦按音序排列。书中对名句中的生难字都作了注音,注音均以新版《新华字典》或《辞海》为据。稍难理解的句子都有译文,有不少句子还点明了句意。从课本中收录的名句的注译力求与课文注释保持一致。(王镇)

G000274 **小学生自然百科知识大全** 李名慈编。希望出版社1994年8月版。50万字。21.00元。内容涵盖小学自然统编教材,分门别类地介绍了天文、环境、地球、人体、动物、植物、数学、物质与能等9个领域的基础知识。共收条目1 000余条,精美插图400幅。(张任)

G000275 **中学生素质训练丛书** 许祖云等编。北方妇女儿童出版社1994年9月版。177万字。95.20元。共10册。分别是:《烛光·爱》、《希望之星》、《学会雄辩》、《太阳·绿色》、《小荷尖尖》、《送你一支神笔》、《缤纷世界》、《之乎者也》、《说长道短》、《清咖、奶咖、果汁》。着眼中学生的素质培养和训练,侧重于思想、文化的范畴,既有辅助语文学习的快速作文指路,古文阅读指路,又有展示中学生课外天地的社会实践纪实、文学社团巡礼;既有增强思辩能力的演讲训练,又从学识品德、能力等各方面组织内容。(李天舒)

G000276 **育儿难题1000解** 《父母必读》编辑部编。北京出版社1994年9月版。79万字。35.00元。内容包括怀孕前后、哺乳、喂养、睡眠、早期教育、游戏与玩具、语言能力的培养、智力教育、青春期教育、学校与家庭、辅导孩子学习、锻炼与体质、意外事故、残疾儿童教育、保健与医疗近千题。(杜逦芳)

G000277 **北京市高中选修课试用课本中学数学思维概论** 北京市教育局编。北京教育出版社1994年9月版。18万字。5.20元。参照现行的高中数学教材内容,以数学思维为主线,以数学知识为载体,阐述了数学思维的逻辑方法、数学方法、解数学题的思维过程,数学思维品质及培养途径,数学思维能力和它们在解数学题中的主要作用。并结合所述内容配备了一定数量的思维训练题和测试题。(李宝钟)

G000278 **主体教育实验研究** 王家骏著。北京教育出版社1994年9月版。28.4万字。10.50元。从1991年7月至1994年7月,北京市海淀区与山西、陕西共同承担了由联合国教科文组织亚太地区总办事处发起的"提高中学生学习质量联合革新计划"教育改革实验。实验以"主体参与,分层指导;及时反馈,激励评价"的原则贯穿于实验的全过程,并选择课堂教学改革为突破口,构建主体参与型课堂教学模式。本书论述了北京市的"中学JIP"实验,搜集中学JIP北京市实验研究组的论文14篇,北京市农大附中等中学论文16篇。实验的学生人数1 366人,班级35个,教师103人。(金德全)

G000279 **面向21世纪中日美理工大学课程体系人才培养比较** 赫冀成等主编。东北大学出版社1994年9月版。28.4万字。10.40元。系统地论述中日美著名理工大学与著名学府的理工学院本科生"课程体系与人才培养比较"的专著。通过大量的资料,详细分析了课程体系与人才培养现状,专业设置与课程体系设置模式,教学环节与人才培养方法比较,知识结构与能力结构特点;着重探索研究了面向21世纪中日美理工大学课程体系与人才培养改革与发展趋势及人才素质与培养方法模式,并提出中国理工大学面向21世纪的课程体系与人才培养模式。同时研究分析了美日著名理工大学在课程体系与人才培养方面的成功经验,以供我国高等理工院校,尤其是名牌大学与他们比较并借鉴他们的有益之处。还向读者介绍了当代美国麻省理工学院、日本东京大学最新课程设置资料。(刘淑芳)

G000280 **中学生科学向导——科学名家成就轨迹、思维方法、轶闻趣事** 马文蔚等编。东南大学出版社1994年9月版。42万字。9.00元。围绕现行中学教材,共收录151位中外自然科学家的故事。分为:数学、物理、化学、天文和地学、生物学共5个部分。介绍了科学名家成就轨迹、思维方法、轶闻趣事(陈天授)

G000281 **趣味看图游中华** 副名:接力看图世界。夏天编。接力出版社1994年9月版。71幅。10册.3.80元。以百余幅逼真彩照,表现中国各地的自然风光、人文风情,使幼儿了解祖国的概貌,激发民族自尊心和自豪感。收入"接力看图世界丛书"。(莫宁)

G000282 **趣味看图学说话** 王继芬编。接力出版社1994年9月版。68万字。10册。3.80元。根据幼儿期口语发展的基本要求,分"学说词语"、"学说短语"、"学用句式"、"学习讲述"4部分内容,用有趣生动的画面贯穿全书。收入"接力看图世界丛书"。(莫宁)

G000283 **趣味看图游世界** 副名:接力看图世界。夏天等编。接力出版社1994年9月版。71万字。10册。3.80元。通过逼真的彩色风景照片,选择介绍世界五大洲35个国家的名称、首都、国旗、代表

景物，以及一些奇闻逸事。收入“接力看图世界丛书”。（莫宁）

G000284 **趣味看图学成语** 副名：接力看图世界。高原编。接力出版社 1994 年 9 月版。69 幅。10 册。3.80 元。将成语的内容、意义绘成卡通形式的故事画面，帮助学龄儿童领会成语的形成、含义和运用。共收入成语 34 则。收入“接力看图世界丛书”。（莫宁）

G000285 **开学考试最佳复习法** 金明凯著。辽宁少年儿童出版社 1994 年 9 月版。22 万字。10.00 元。指导学生高考、成人高考和中考的综合性参考书。讲述了如何以大幅度提高总分为目标，科学地分配各种复习时间，按计划复习的要领和高效利用时间的方法。具体内容有：怎样高效记忆、怎样解题、怎样作文、怎样利用参考书、怎样提高应试能力、怎样做全方位的努力、复习中应注意的问题及标准分与应考策略等。（崔玉平）

G000286 **美术（低年级用）** 朱淑媛主编。辽宁少年儿童出版社 1994 年 9 月版。8 万字。4.80 元。在小学课堂美术教学的基础上，根据儿童的年龄特点和认识规律编写的教材。包括儿童绘画、国画的基本知识及绘画技巧。（刘银娜）

G000287 **校园歌声** 李亚丽主编。辽宁少年儿童出版社 1994 年 9 月版。16 万字。3.80 元。收入“中小学兴趣活动教育丛书”。选编中外著名音乐家创作的优秀歌曲，中外著名的民歌民曲。对独唱、合唱的训练与表演做了简短精悍的提示。分独唱表演、每周一歌、合唱训练等内容。（刘银娜）

G000288 **自然第二册** 辽宁教育学院编。辽宁少年儿童出版社 1994 年 9 月版。4 万字。1.20 元。根据国家教委制订的《九年义务教育全日制小学自然大纲（试用）》编写的教材。供全国五六年制小学试用。共 15 课：1. 各种各样的声音；2. 声音强弱和高低；3. 传声游戏；4. 春天；5. 鸡；6. 沉和浮；7. 船的故事；8. 磁铁游戏；9. 夏天；10. 夏季卫生；11. 消灭苍蝇；12. 节约用水；13. 金鱼；14. 蜗牛；15. 保护牙齿。（郭守贤）

G000289 **美术（中高年级用）** 朱淑媛主编。辽宁少年儿童出版社 1994 年 9 月版。8 万字。4.80 元。收入“中小学兴趣活动教育丛书”。内容包括素描、速写、色彩画、图画、版画等。（刘银娜）

G000290 **电子琴** 王英奎主编。辽宁少年儿童出版社 1994 年 9 月版。15 万字。4.50 元。收入“中小学兴趣活动教育丛书”。以讲授卡西欧和雅马哈系列电子琴为主，同时也适于国内目前所见其他各类普及型电子琴。全书共 4 部分：一、电子琴简介；二、电子琴演奏要领；三、电子琴演奏技术训练；四、电子琴名曲选。（刘银娜）

G000291 **学前教育评价——理论·方法·实践** 王坚红主编。人民教育出版社 1994 年 9 月版。27 万字。9.10 元。深入浅出地论述评价的概念、观点和理论模式，又详细而清楚地介绍可供选择的评价方法、过程与手段、方式，还提供了对学前教育各个方面加以评价的操作性指南，旨在多方位地、系统地向读者呈现有关学前教育评价的知识信息，以使读者理解并掌握评价工作中最基本的要素。全书内容分为 3 个部分：第一部分论述评价理论，包括解释学前教育评价的概念、类型与功能，分析当代学前教育的发展趋势与特点，介绍学前教育的理论模式。第二部分介绍评价方法，包括学前教育评价的基本方法与一般步骤，评价指标体系的制定。评价资料的收集与处理方法等。第三部分提供实践指南，包括幼儿发展评价、学前教育课程评价、幼儿园管理评价、评价指标内容及其标准以及操作说明等。本书可供高等师范院校学前教育专业本科、专科和幼儿师范学校学生使用，也可作为各类幼儿教育培训班的教材和广大幼教工作者的参考书。（李淑玲）

G000292 **中学化学教师备课资料手册** 《中学化学教师备课资料手册》编写组编。上海教育出版社 1994 年 9 月版。45.4 万字。26.00 元。关于化学教学的工具参考书。共 4 编。第一编是化学应用的资料。以教学大纲为依据，收集了 290 余幅彩色图片，并有较系统简明的文字说明，可作为化学教学涉及到应用方面的补充材料。第二编是化学教学指导方面的资料。列出了 200 余条教学指导意见，撰写原则侧重于教学参考书和指导书中没有涉及到的、但在教学中常感到有疑虑的问题。第三编是化学领域的新学科、新技术的资料。较全面地介绍近年来化学发展的新学科、新技术，有 80 多个条目。能完整地了解化学学科发展的现状、拓宽化学专业的知识面。第四编是化学史料的资料。选择了有代表性的、对化学发展作出重大贡献的化学家，把他们发奋努力的成才过程、艰苦卓绝的创造发明经历、为科学献身的感人事例编写成适合中学化学教学的小故事，供教师在备课时使用。（金德渊）

G000293 **小学数学应用题教学研究与实践** 宋淑持等著。上海教育出版社 1994 年 9 月版。34 万字。11.80 元。研究探索改进小学教学的文集。本书的主要特点是，首次在小学数学应用题教学研究中引进了现代科学方法论——系统科学。任何系统都具有一定的结构和功能，作者从整体上研究应用题的结构着手，采用整体—部分—整体的方式，结合心理学中的认知理论，提出了一整套应用题教学方法，以求取得教学的最大效果。在这一结构教学体系中，本书提供了大量的，包含了前人和作者的先进教学经验和科研成果的具体教学方法，并分别给予必要的评析；对某些教学环节，作者还提出了探索性的教法建议，并设计了专项和能力训练作业，以供训练学生的思维能力和解题能力之用。（周正魁）

G000294　**规范加选择**　副名：建平中学教育经验选编。冯恩洪主编。上海教育出版社1994年9月版。27.1万字。9.90元。上海市建平中学教师的论文汇编。“教育纵论”部分，探讨了建平中学的办学思想与实践，反映了建平中学的发展轨迹。“学校管理”部分实录了该校党政领导的管理思想，以及该校部分规章制度与计划图表，如“班主任工作验收表”、“学生日常行为规范训练计划”。“教学研究”部分系该校教师撰写的各科教学论文和教育经验谈，为全书重头。“德育探索”部分为该校管理人员及班主任教师的思想工作论文。“校园文化”部分反映了该校在校园物质、精神两种环境的建设中所取得的经验。（黄强华）

G000295　**中学数理化公式定理手册**　万中义主编。四川辞书出版社1994年9月版。60万字。11.00元。以现行中学数学、物理、化学等3个学科教学内容体系中的公式、定理、定律和重要的概念为条目，按所属的知识块分类编排。列举了解题的几种方法，比较了易混淆的知识点的差异和注意事项，并适当安排了例题和练习。书中还有大量图示、表格。（谢伟）

G000296　**识字儿歌**　薛卫民等编。北方妇女儿童出版社1994年10月版。240万字。16.00元。运用文字学知识、儿歌、组词、彩图等，教幼儿识记100个常用汉字。每字配以二三个鲜明的画面，直观地显示字义、词义，根据字形字义，每字配儿歌一首，幼儿在吟唱中强化对汉字的印象。（郭克）

G000297　**跟我做剪贴**　副名：跟我做系列。吴树勋编。北京少年儿童出版社1994年10月版。2.5印张。3.40元。由浅入深的介绍了剪纸贴、撕纸贴和布贴的制作方法，读者可以按照书中的提示，由浅人深地学习，并创作出自己的作品。书中附有大量制作范例。（安蓼葭）

G000298　**跟我做剪纸**　副名：跟我做系列。吴树勋编。北京少年儿童出版社1994年10月版。2.5印张。3.40元。由简到繁地介绍了剪纸的制作方法、技巧，读者可以按图剪出各种图案，也可以根据书中提示的原则自己创作出新的作品。书中还附有许多民间剪纸和装饰剪纸。（安蓼葭）

G000299　**数学小博士系列丛书**　徐国钧等编。河北教育出版社1994年10月版。215万字。45.10元。共11本：《小学数学解题思路训练》、《小学数学巧算200例》、《小学数学各类题型1000题详解》、《小学数学标准化试题分析与测试》、《小学数学一题多解》、《小学数学竞赛试题与解答》、《小学数学毕业升学试题解答》、《小学数学解题技巧》、《小学数学应用题解法分析》、《小学数学速算诀窍》、《小学数学疑难问答》。（孙新龙）

G000300　**高中化学竞赛教程**　段康宁主编。江苏教育出版社1994年10月版。32.4万字。10.85元。依据高中化学教学大纲和化学竞赛培训大纲编写的教材。共33讲，其中实验8讲。涉及的知识全部源于高中化学教材（包括甲种本），包括无机、分析、有机、物化、结构等化学分支的内容，采用知识讲解、例题分析、配套练习的编写形式，易于为中学师生所掌握。（王瑞书）

G000301　**幼儿看图识标志**　华盖编。接力出版社1994年10月版。2册。1.75元。选择日常生活中常用的标志符号60多个，按使用场所的不同分类。每一个标志都配一个情景图，帮助幼儿理解该标志所代表的内容含意。该书将标志的识别和幼儿的识字教育有机地结合在一起，每一个标志名称均用较大的正楷字标注，并配注拼音和英语。（郭玉婷）

G000302　**趣味看图讲故事**　副名：接力看图世界。金波等编。接力出版社1994年10月版。69万字。10册。3.80元。分3部分共13个欣赏故事，供3—6岁幼儿在家长及教师指导下进行阅读欣赏活动。所选故事注重时代感、生活化和情趣化，在每部分故事的末尾安排有一个练习故事，供幼儿进行复述、讲述、续编等语言练习。收入“接力看图世界丛书”。（莫宁）

G000303　**义务教育初中数学实验课本**　人民教育出版社中学数学室编。人民教育出版社1994年10月版。120万字。7册。29.70元。根据《九年义务教育全日制初级中学数学教学大纲（试用）》的精神，在现行九年义务教育初中数学教科书的基础上编写的教材，其中包括《代数》第一册（上、下）至第三册和

《几何》第一至第三册共7册书。主要以教学条件较好的学校为实验对象，供对于普通九年义务教育教科书学有余力的初中学生使用。本套书注意了继承和发扬现行义务教育教科书的优点，并适当地和循序渐进地拓宽一些内容和加深一些要求，突出基础知识和基本技能特别是增强数学思想方法的渗透和介绍；注重学生数学能力(特别是思维能力)的培养；进一步联系实际和加强学生应用数学的意识；遵循学生的认知规律，合理安排知识体系。在习题类型上，本套书较原有的义务教育教科书在多样化和针对性方面又有所发展。(田载今)

G000304 **中学物理实验彩图册** 李文河等编。人民教育出版社1994年10月版。17万字。19.30元。与中学物理课程紧密配合的教学参考书，其中有力学、振动与波、热学、分子物理、电磁学、电子技术、光学及原子物理等方面的彩色照片和图片500余幅，着重介绍基础实验现象和常用物理仪器，及难见的物理现象和现代科学技术的新成就。图后附有详细的文字说明，可帮助读者进一步了解图的内容和有关的知识。(窦国兴)

G000305 **九年义务教育三年制初级中学教科书化学(全一册)** 人民教育出版社化学室编。人民教育出版社1994年10月版。25.6万字。8.58元。按照国家教委颁布的《九年义务教育全日制初级中学化学教学大纲(试用)》的内容和要求，结合我国中学化学教学的实际，以及社会主义建设的需要和学生身心发展的需要而编写的教材。编写指导思想是：一、从化学学科的特点出发，贯彻德、智、体、美、劳全面发展的方针，为提高民族素质奠定良好的基础。重视思想政治教育，将政治思想教育寓于本学科的教学之中。二、体现"面向现代化、面向世界、面向未来"的精神，妥善处理传统知识与现代科学知识的关系，适当充实学生能够接受的现代科学知识。三、正确处理知识的逻辑顺序与学生生理、心理发展顺序的关系，处理好教学内容的深广度，重视学生的认知规律同学科知识内容的结合。四、处理好传授知识与培养能力两者相互依存和相互促进的关系，注意启发学生的智力，培养学生的能力。五、遵循理论联系实际的原则，以利于学生理解理论和学以致用。六、充分体现统一性和灵活性相结合的原则，教学内容具有一定的"弹性"，以利于因材施教。七、处理好本学科知识的纵向联系和与其他学科知识间的横向联系。教材从学生生活中须臾不可离开的空气和水等引入，学习元素化合物知识，同时有计划地穿插安排部分基本概念、基本理论和定律，使教学内容中的理论与实际更好地结合，培养学生各方面的能力，减轻学生的学习负担。教材中适当地增加了部分科技新成果，对学生进行思想政治教育和热爱社会主义祖国的教育。重视化学实验的作用，使学生通过化学实验形成概念，理解和巩固化学知识，培养技能和能力，以及科学态度和方法。在教学内容的叙述上力求使学生愿读、易懂、有兴趣，除注意与其他学科知识的联系外，还利用大量的图表调动学生的学习积极性，帮助学生理解概念和记忆所学的化学知识。(戴健)

G000306 **中学生看社会丛书** 夏志芳主编。山西教育出版社1994年10月版。120万字。48.60元。共12册，分别为：《现代公关与礼仪》、《认识社会的一把钥匙》、《都市文化风景线》、《瞬息万变的信息社会》、《"超生游击队"的背后》、《社会职业：人人面临的选择》、《风云变幻的现代世界政治》、《正义与邪恶的较量》、《人类社会的环境与灾害》、《社会心态扫描录》、《成才与机遇》、《眼花缭乱的经济》等。涉及到经济、文化、科技、信息、人口、国际政治、人际关系、社会环境、社会调查等内容。并通过对社会生活的介绍和描述，教育学生要看到主流，看到光明，要认清消极的社会现象并不是社会主义社会本身的必然产物。作者还恳切邀请广大中学生用辩证的观点、正确分析问题的方法来阅读这套丛书，并与作者展开讨论。(王秦伟)

G000307 **课外天地丛书·文学系列** 曹文轩等编。山西教育出版社1994年10月版。107.7万字。6册。44.90元。分数学、物理、化学、生物、文学5个系列，每个系列自成体系。文学系列分中国古代、中国现当代、外国3种，每种包括散文、短篇小说、诗歌各1册。现已出版《现代小说名篇导读》、《现代散文名篇导读》、《现代诗歌名篇导读》、《外国小说名篇导读》、《外国散文名篇导读》、《外国诗歌名篇导读》6册。所收均为著名作家、诗人的代表作品。除作品外，按体裁每册都讲了相关的文学知识，分散在对各篇的分析中。(宋金龙)

G000308 **中学英语阅读技巧** 沈孝南、徐锡甫编。上海教育出版社1994年10月版。19万字。4.90元。英语学习辅助读物。介绍获得英语阅读能力的基本技巧，指导获得这些技巧的方法，并提供有关图文并茂的实例和训练；更有联系升学考试的试卷实例的附录；并附练习答案。内容分控制心理技巧、运用方法技巧、掌握词汇技巧和理解内容技巧4个部分。(吴上元)

G000309 **作家谈——我学作文** 郑秀桂编。天津教育出版社 1994 年 10 月版。23.2 万字。6.00 元。当代作家谈他们小时候学写作文的趣事。书中有大家熟悉的柯云路、韩作黎、蒋子龙等老中青各个层面的作家。他们各自讲述孩提时代他们是如何观察生活环境及周围所发生的一切,并把这些人、事、物、景写成作文;他们又是怎样利用时间搜集美文妙语;如何读书,读哪些书对作文帮助最大,等等。(孙丽业)

G000310 **向着前途的询问和企盼** 金大陆主编。中国青年出版社 1994 年 10 月版。30 万字。12.00元。我国当代中学生自己谈自己的通俗修养读物。收集了北京、上海、重庆等十几个城市数百名中学生,对"怎样做子女"、"明星崇拜"、"个性发展"、"审美情趣"、"阅读世界"、"人际关系"、"喜欢的老师"、"出国潮的思索"、"市场经济的挑战"及"职校生的天地"等 10 个热门论题的不同观点的论争和思想交锋。同时还附 67 位专家、学者对以上问题进行评论的文章。全面、客观、真实地反映了当代中学生的生存状况和精神面貌,对学校教育、家庭教育、社会教育提出了许多令人思考的问题,为研究 90 年代青年,提供了十分珍贵的原始资料。(冈宁)

G000311 **中国精神(中学生读本)** 唐任伍主编。中国青年出版社 1994 年 10 月版。9 万字。2.80 元。针对中学生的阅读特点,从热爱祖国、靖国御侮、心系祖国;人际和谐、助人为乐、民族团结;勤奋好学、求真求实、发明创造;广交朋友、造福世界、学习先进;宗德重义、勤劳俭朴、诚实谦虚;富有理想、变法图强、开拓进取等方面,分别阐述了中华民族关心社稷的爱国精神,"厚德载物"的团结精神,实事求是的科学精神,放眼世界的开放精神,追求崇高的修身精神。书中附有大量阅读材料。(王瑞)

G000312 **小学生文明礼貌养成教育读本** 郭荣辉、马长冰主编。福建教育出版社 1994 年 11 月版。15.1 万字。6 册。5.85 元。分为礼貌用语、礼貌礼节、起居饮食、清洁卫生、待人接物、团结友爱、守时守信、勤劳俭朴、爱护公物、尊师敬长、社会公德、爱国爱民几个专题,根据不同年级由浅入深排列,注重对小学生进行基础文明行为的指导与训练。(朱平)

G000313 **妈妈丛书** 陈帼眉主编。海南国际新闻出版中心 1994 年 11 月版。184 万字。7 册。89.00元。以"素质教育、和谐发展、健全成长"为原则,从现代生理学、心理学、教育学、营养学、卫生保健等观点出发,介绍了一整套优生优育方法。(袁伟)

G000314 **七彩幼儿快乐教育画库** 张中良等编绘。河北教育出版社 1994 年 11 月版。426 万字。16.80 元。共 3 辑。包括自然科普、语言文学、动手动脑,共 426 幅插图。自然科学辑内容包括植物王国、动物世界、天文地理等;语言文学辑包括童谣、童诗、故事、童话等;动脑动手辑包括动手画画、小小制作、小小实验等。(张贻珍)

G000315 **市场大潮中大学生人格重塑** 田保传等著。河南人民出版社 1994 年 11 月版。20 万字。9.80 元。"跨世纪青年"系列之一。在中国传统人格观长河中回溯寻根,在西方人格理论中博采众长,针对市场大潮中大学生人格的特点,分析了这些特点形成的历史渊源和现实原因,并针对大学生的心理矛盾、困惑和人格障碍等提出了相应的教育对策、大学生自我人格调整的方法等。(张继成)

G000316 **小学成语词典** 潘克勤主编。江苏教育出版社 1994 年 11 月版。38.4 万字。14.05 元。工具书。收录小学语文课本中出现的所有成语和日常使用频率较高的成语 2 500 条。每条成语除了注音、解惑、释疑之外,还配有通俗易懂的例句,例句大多采自小学语文课本和现当代的著名儿童文学作品。对难以理解的字、词逐个进行详细解说。对容易读错、写错的字和意义容易混淆的字词一一进行了辨析。(陈凤英)

G000317 **电磁学——问题讨论** 缪钏英等编著。人民教育出版社 1994 年 11 月版。54.3 万字。6 册。17.00 元。中学物理教学参考书。作者结合大学电磁学和中学物理教学的实际,针对教学需要,选择了 100 个电磁学专题,深入探讨了正确理解和应用电磁学基本概念和规律应当注意的问题;分析了电磁学中一些典型实例;阐明了基本电磁学规律及相关物理思想、方法是如何建立的;介绍了有关电磁学基本原理的应用,以及物理学发展前沿有关电磁学的问题。(李福利)

G000318 **小学语文朗读示范与指导** 石佩雯著。人民教育出版社 1994 年 11 月版。15 万字。4.40 元。根据《九年义务教育小学语文教学大纲》朗读训练方面的要求,全面、具体地阐述了小学语文朗读教学的作用、要求和方法。还用较大篇幅就小学语文课本中儿歌、新诗、古诗、散文、故事、小说、回忆录、寓言、童话、说明文、议论文等 11 种不同体裁的课文,具体进行朗读示范与指导。(芊乃珍)

G000319 **365 夜识字故事** 朱彦主编。少年儿童出版社 1994 年 11 月版。1 500 幅。2 册(附 6 盒带)。采用彩色图画本的形式,教幼儿一天识一个字,学几个词组,看一个故事。按字义编写的故事,都录成盒带,供幼儿在接受了视觉教学后,再接受一次听觉教学,予以深化。(洪祖年)

G000320 **幼儿学画大全** 王烈、张玉培等编。希望出版社 1994 年 11 月版。368 幅。10.00 元。根据幼儿的特点,结合基础绘画理论编绘出版的儿童学画工具书。其布局分 3 个学龄段(3—4 岁、4—5 岁、5—6 岁)和 3 个学画栏目(形体、色彩、创作),共 29 个单元 89 课。根据循序渐进的原则,编排由浅入深,由简到繁,且画题明确,绘画对象都是孩子们熟悉的事物。(宋虎立)

G000321 **儿童早期教育与训练(特殊教育丛书)** 徐云主编。浙江教育出版社 1994 年 11 月版。27.7 万字。7.00 元。吸收了国内外大量的“儿童早期教育与训练”问题研究的成果,分结论、使用指南、大肌肉运动训练、精细动作训练、语言理解能力训练、语言表达能力训练、认知能力训练、生活自理能力训练、社会适应能力训练共 9 章进行论述。(余龙文)

G000322 **城市小学科技活动** 郭治、闪冲电主编。中国科学技术出版社 1994 年 11 月版。32 万字。11.00 元。收入“科技活动师资培训丛书”。在对城市小学科技活动进行调查,并且在北京、南京、广州等学校配合下进行小学科技活动的实验基础上的研究成果。主要内容包括小学科技写作训练和阅读指导、小学生的发明活动、小学数学科技活动、小学环境保护活动、小学天文地理气象科技活动、小学模型活动和小制作、小学班队科技活动,以及小学科技活动的管理与评估。详细介绍了城市小学各学科科技活动的意义、特点、方式等。(吕鸣)

G000323 **云南省中小学省情教育丛书(中学部分)** 施荣华、常玲等编。晨光出版社 1994 年 12 月版。30 万字。10 册。18.00 元。将云南的地理状况、水能资源、有关丝绸之路(南方)的知识、云南的体坛名将、红军长征的史迹和马可·波罗在云南的行踪作出具体的介绍。(赵强华)

G000324 **高等教育理论与实践** 周敬思、基俊编。东北师范大学出版社 1994 年 12 月版。23 万字。3.50 元。系统研究高等教育理论与实践的专著。运用马克思主义的认识论和方法论,坚持以建设有中国特色社会主义理论为指导,分析研究了高等教育理论与实践相结合的原则,着重研究普通高等教育的若干重大理论和改革实践问题,以及对这一领域研究的科学途径。还对高等教育的本质和高等学校的基本任务,高等教育的生理、心理特征及教育,高校教师的地位、作用、素质、培养和考核等都做了十分详细的论述,并且真实的反映了历史沿革。(贾国祥)

G000325 **娃娃英语** 李兰英编。海南摄影美术出版社 1994 年 12 月版。4.5 万字。6.80 元。以字、词、句的认读形式编著的学前儿童、低年级小学生学习用的电视业余教育读本。第一部分以看图识字、词为主,第二部分以对话体裁为主,共 25 个章节。内容取之于学生日常生活中所常接触的字、词、句。以旧带新,语言坡度小,配上大量形象生动的图片,易懂易记。(陈居茂)

G000326 **小学教育百科全书** 张健主编。河南教育出版社 1994 年 12 月版。180 万字。33.50 元。分为政策法规、教育概览、教育学、心理学、德育美育劳动教育、语文、数学、历史、地理、自然、音乐、美术、书法、计算机常识、生理卫生、学校卫生、学校管理、校外教育、特殊教育、少先队、外国小学教育、中外著名教育家等部分,阐释了近 6 000 条有关小学教育方面的教育理论、教学方法及基础知识的条目,每一部分后面还附有该部分常用的图表。(韩凤蔼)

G000327 **中学百科全书(教育学心理学卷、外国语卷、历史卷、物理卷、化学卷)** 苏步青等主编。华东师范大学出版社 1994 年 12 月版。2 500 万字。5 册。248.00 元。大型工具书,由华东师范大学出版社和北京师大出版社、东北师大出版社联合编辑出版。三家出版社各出版 5 卷。共 15 卷,分为政治、语文(二卷)、历史、教育学、心理学、外国语、数学、物理、化学、生物、地理、劳动技术、体育卫生、音乐美术、学校管理等各卷,收条目近 4 万条。插图 5 000 余幅。以我国 40 多年积累的教育实践经验和各科教学基本内容为基础,以中学教学大纲和教材为依据,吸收 90 年代科学的新进展、新成就,对中学的课内知识作了必要的拓宽和加深。华东师范大学出版社承担出版教育学心理学卷、外国语卷、历史卷、物理卷、化学卷。教育学心理学卷,邵瑞珍、张人杰主编,收条目约 1 300 条,115 万字。收词范围以我国高等师范院校开设的公共教育学和公共心理学涵盖的知识为主体,兼顾其他。外国语卷,黄源深、虞苏美主编,收条目 2 500 条,140 万字。内容涉及语音、词汇、语法、文体、教学法、语言学、文学等,广度超过一般中学外语教学参考书。历史卷,夏东元主编,收条目约 2 000 条,151 万字。内容加重了现代、当代史分量。物理卷,袁运开主编,收条目约1 500条,135万字。对重点、难点补充了背景材料,还收录了介绍物理学科最新进展和成就的条目。化学卷,方禹之主编,共收条目2 000条,164万字。在化学各分支学科以外,增补了一些与教学重点、难点相关的内容,在教材基础上有所拓展和加深。(阮光页)

G000328　**作文训练导写例话**　石文浩、叶青编。辽宁少年儿童出版社1994年12月版。1.2万字。4.20元。根据新编教学大纲,配合单元作文训练内容、范围、要求编写的辅导作文读物。共4部分,其中包括写人记事,选材立意;写景状物,言情寄意;说明介绍,感人议论;谋篇布局,灵活表达。每单元各有一篇指导文章,附一篇例文,加一段简短的评语,并给予提示。(张凤琴)

G000329　**中等师范学校教科书·小学数学教材教法**　人民教育出版社小学数学室编著。人民教育出版社1994年12月版。2册。根据国家教委1992年制定的《三年制中等师范学校数学教学大纲(试行)》编写的必修教材。第一册内容包括教学小学数学所必须掌握的整数、整数的性质、分数、小数和量的计量等基础理论知识。第二册内容包括小学数学教学的目的、内容、教学过程和组织,以及小学数学各部分内容的教学。编写时,注意精选教学内容:基础理论部分,突出基本定理和基本概念,对于可推出的非基本定理作了删减,对基本定理的证明更为科学和严谨,其他定理作比较简要的证明;教材教法部分,总论中加强小学数学教学目的、教学内容的选择和编排、教学原则、备课和上课等内容;分论中加强小学数学教学内容中重点、关键和难点方面的阐述,并注意理论联系实际。在分量和要求上具有一定弹性,有选学内容和供学生阅读的材料等。(张卫国)

G000330　**中学生新视野丛书**　陈秀编。陕西人民教育出版社1994年12月版。69.4万字。24.10元。中学思想政治教育的辅导学习材料。共6册:《从历史看中国》、《从道德看民族》、《从政策看改革》、《从科技看发展》、《从变化看世界》、《从今天看2000年》。书中向中学生展示了一个全新的世界:锦绣的江山,勤劳的民族,拼搏的人们,发展的中国,变化的世界。使青少年通过回顾历史来认识今天,通过改革发展来看待现在,从认识国情来发扬特色,从对比世界来激励民族,从现实出发来瞩望未来。从而帮助中学生认识社会,认识中国,认识世界;使他们眼界开阔,知识丰富;使他们实际起来,成熟起来,并有助于打下树立正确理想、信念、世界观、价值观、人生观的基础。(廖广洲)

G000331　**儿童辞海**　巢峰主编。上海辞书出版社1994年12月版。161.5万字。108.00元。《辞海》系列词典之一。选收词目2万条,其中单字4 000个,一般词语和成语800条,专科名词术语8 000条。所收词目,以小学教科书为依据,并作适当扩充,包括小学各科课程,课外阅读以及日常生活中遇到的疑难词语。基本能满足小学生查阅的需要。词典功能多而全,单字字头后面附有部首、笔画、笔顺、汉语拼音或繁体字、异体字;词目后面有古今释义、用例或同义词、反义词,并对容易读错、写错、用错的字和词作出提示。附表7种,另配有插图1 800多幅,包括人物、动植物、交通工具、兵器、名胜古迹、历史事件和历史文物等。(杨宝林)

G000332　**中学化学实验大全**　刘正贤等编。上海教育出版社1994年12月版。79.5万字。27.70元。共6篇,前3篇分别介绍"化学实验室的设计和设备"、"实验室的管理"和"化学实验基本操作"。这些是化学教师必须掌握的基础知识和基本技能。第四篇为课内演示实验和学生实验,除收入经典的传统实验外,还编入了各位名师改进后的实验成果。第五篇是课外实验,多为小型的制作和趣味实验,供学生课外活动选用。第六篇是实验教学和仪器制作,主要介绍实验的考查、评估以及一些仪器的制作方法和功能,为边远地区师生因陋就简开展化学实验提供方便。(任楚英)

G000333　**全国初中化学竞赛指导和训练**　洪东府等编。上海教育出版社1994年12月版。15.1万字。4.65元。化学教学辅助读物。分基本概念、元素化合物、化学计算、化学实验、综合应用5个部分,还附有历年来的"竞赛试题"。每一部分包含内容提要、典型例题分析、训练和测试。(任楚英)

G000334　**中学生物学实验大全**　张德永、于运联等编。上海教育出版社1994年12月版。103.2万字。31.40元。中学生物学教师教学用工具书。搜集国内外中学生物学实验的新内容、新方法和新材料,以生命科学为线索,同时兼顾植物学、动物学、生理卫生和高中生物4大块。其中知识点源于教学大纲和课程标准,力求覆盖国内所有教材,含课程演示实验、学生实验和课外实验3大类型,可供普通中学,省、市重点中学必修课、选修课和活动课选用。每个实验除下设"目的"、"材料用品"、"步骤"、"注意事项"和"建议"等传统项目外,还增设"实验前的思考"、"分析和讨论"两项新栏目,旨在实验前让学生

联系科学原理和生产、生活实际,启发思维,引起兴趣,实验后分析实验可能出现的现象和原因,指出正确的结果和结论。(邻弘)

G000335 **小学生智能训练365** 真唯等编著。少年儿童出版社1994年12月版。10万字。9.50元。集有365个智力训练题,一日一题,以智能训练方式让小学生进行自我智力测试。题目的形式有数学运算,逻辑推理,智慧判断,想象记忆,认识辨别,扩散思维,等等。(洪祖年)

G000336 **十万个为什么(小学版)** 姚遐、李名慈等编著。少年儿童出版社1994年12月版。24万字。8册。38.00元。匣装8册,第一册动物知识,第二册植物知识,第三册物理知识,第四册化学知识,第五册人体卫生知识,第六册天文知识,第七册地理知识,第八册气象知识。每册60个"为什么"题目,全书共计480题。这些"为什么"都来自小学生的日常生活,和他们普遍关注的各种自然科学问题。(洪祖年)

G000337 **中国学前教育百科全书** 卢乐山等主编。沈阳出版社1994年12月版。380万字。4册。228.00元。"中国基础教育百科全书系列"之一,大型教学工具书。分为《学科教育卷》、《健康体育卷》、《心理发展卷》、《教育理论卷》。各卷均附有附录、附表及汉语拼音索引,并附有400余幅黑白及彩色插图。《学科教育卷》包括学前儿童语言教育、数学教育、科学教育、音乐教育、美术教育等;《健康体育卷》包括优生与新生儿保健、学前儿童的生理特点、疾病防治与诊断、体育活动与身体锻炼、营养与膳食,心理卫生、集体儿童保健、健康教育、中医儿科、康复等;《心理发展卷》包括学前儿童心理发展特点、基本内容、心理测量、儿童的气质、个性发展、记忆发展、情绪发展、道德发展、异常发展等;《教育理论卷》包括学前教育基本理论、体育、德育、智育、美育和社会化教育、幼儿园教学与组织管理、家庭教育、幼儿园与小学衔接、现代学前教育、国外学前教育、中外学前教育史、学前教育评介等。(李树权)

G000338 **学生成语词典** 徐文编。四川辞书社1994年12月版。11.80元。收集中小学语文统编教材中出现的全部成语共5 127条。释文、引例均围绕教学而展开,紧贴课本。部分条目还增加了近义成语、反义成语或容易误读、误写或误解的字、词的提示等部分。书后附有《条目首字拼音索引》和《条目笔画索引》。(杨斌)

G000339 **婴幼儿启蒙丛书** 王歌风、倪闻等编。浙江少年儿童出版社1994年12月版。7.5印张。15册。19.50元。以3岁左右的婴幼儿为对象的知识读物。分3辑,共15册。第一辑包括《我的出生》、《我的长大》、《我的妈妈》、《我的爸爸》、《我的一家》;第二辑包括《鼻子》、《嘴巴》、《耳朵》、《眼睛》、《手和脚》;第三辑包括《住在哪儿》、《穿衣服》、《走路》、《真好吃》、《睡觉了》,选择了与婴幼儿生活密切相关的内容。

各类教育

G000340 **成人高级中学课本·物理** 人民教育出版社成人教育室编著。人民教育出版社1993年12月—1994年12月版。38.7万字。4.80元(上册),5.00元(下册)。根据《成人高级中学物理教学大纲》编写的教材。分上、下两册,上册包括力学和热学,下册包括电学、光学和原子物理。根据教学大纲的要求,全书除了必修内容,还编写了一些选修内容。必修内容着眼于提高学员的文化素质,使学员较为全面地学到物理学的基础知识;选修内容是在必修内容的基础上进一步深入和拓宽。还选编了一些"阅读材料"、"观察与思考"、"观察与实验"等内容。该书的学员实验编排在相应的章节后面,是为了引起教学的重视;并且采用分条目的叙述方法。(郭连璧)

G000341 **成人高级中学课本语文(上、下册)** 人民教育出版社成人教育室编著。人民教育出版社1993年—1994年版。61.2万字。5.90元(上册),11.60元(下册)。根据国家教育委员会1992年制订的《成人高级中学语文教学大纲》的基本要求,结合成人的学习特点和需要编写的教材。分上下两册,每册由50篇课文组成,其中60篇为基本课文、40篇为自读课文,包括记叙文、说明文、议论文、文言文、应用文、现代诗歌、剧本等文体。全套书共21个单元,每个单元由2—6篇课文组成。有"单元提示"、"课文"、"单元知识与检测"。(朱志勇)

G000342 **成人高级中学数学** 人民教育出版社成人教育室编著。人民教育出版社1993年—1994年版。72.2万字。17.00元(上、下册)。根据国家教委《关于成人高级中学文化教育若干问题的意见》和国家教委成人教育司1992年颁发的《成人高级中学数学教学大纲》编写的成人高级中学数学教材,不分文理科。上册为代数部分,共10章,必学内容为160课时;下册为几何部分,共6章,必学内容为110课时,供两个学年教学用。(鲍珑)

G000343 **文白对照颜氏家训** 管曙光、裴泽仁注译。长春出版社 1994 年 1 月版。22.7 万字。5.80元。原著是中国历史上第一部内容丰富而系统、体制宏大而完备的家训,素享“古今家训,以此为祖”,“篇篇药石,言言龟鉴”的盛誉。全书共 20 篇,即序致第一、教子第二、兄弟第三、后娶第四、治家第五、风操第六、慕贤第七、勉学第八、文章第九、名实第十、涉务第十一、省事第十二、止足第十三、诫兵第十四、养生第十五、归心第十六、书证第十七、音辞第十八、杂艺第十九、终制第二十。书首摘注了《北齐书·文苑传》中的颜之推传。(张耀民)

G000344 **成人高级中学课本化学(上、下)** 人民教育出版社化学室编。人民教育出版社 1994 年 1 月—1994 年 7 月版。36.5 万字。12.20 元。根据国家教育委员会 1992 年颁布的《成人高级中学化学教学大纲》编写的教材,于 1994 年开始,供成人高级中学使用。根据成人的年龄和心理特点,结合成人的实际情况和可接受性,在介绍学员参加社会主义建设中所必需的理论和元素化合物等化学基础知识的同时,注意联系生产和生活实际,并选择一些现代科学技术所必需的化学基础知识和基本技能,力图使学员能解决或解释一些生产和生活中遇到的化学问题。教材安排了联系实际、新科技知识等选学教材,使从事不同工作的学员能根据自己的实际情况进行选择。教材注意培养学员分析和解决问题的能力,并结合化学学科的特点,对学员进行辩证唯物主义和热爱社会主义祖国的教育。(王晶)

G000345 **少年明星沉浮启示录** 孙云晓、姜达雅等编。黑龙江少年儿童出版社 1994 年 3 月版。24.3 万字。4.90 元。当年高高升起的小发明家、小数学家、小画家、小作家、小记者等少年明星,随着时间的推移,他们已渐渐长大,同时,其思想、品格、才智、学业及人生道路也都发生了或发生着变化:有的仍是一颗耀眼的明星;有的平庸度日,隐没在云空;有的则失落沉沦,声消名殒等。本书对 26 颗少年明星进行了追踪报导,将其沉浮的过程和原因如实地记录下来,从中总结出青少年家庭、学校、社会教育的宝贵经验和教训。(姜在心)

G000346 **独生子女教养大全** 张希玉等编。21 世纪出版社 1994 年 4 月版。30 万字。6.50 元。分优生篇、优育篇、优教篇。优生篇主要选择并回答了从择偶、恋爱、结婚到十月怀胎婴儿哇哇坠地所遇到的种种与优生有关的问题。优育篇是按从出生第一天的婴儿开始,分年龄段选择了一些诸如像怎样护理、怎样喂养及怎样预防治疗常见病等问题。优教篇围绕如何对婴幼儿德育、智育、美育、体育和劳动教育,从 5 个方面筛选出一系列的问题并都给予提纲挈领的回答。(辛琴)

G000347 **幼儿假期家庭活动指导 6—7 岁** 欣荣、黎萍编。接力出版社 1994 年 4 月版。5.00 元。以全新的教育观为指导,设计了一系列家庭教育活动,指导家长科学合理地安排幼儿的假期生活。该书为母子共读式读物,通过每个活动前的“家长指导要点”教会家长不是简单地向孩子灌输现成的知识,而是尽量扩大孩子的视野、活跃他们的思维、调动他们的情绪、引导他们通过实际活动去获得经验。(郭玉婷)

G000348 **幼儿假期家庭活动指导 5—6 岁** 欣荣、黎萍编。接力出版社 1994 年 4 月版。5.00 元。以全新的教育观为指导,设计了一系列家庭教育活动,指导家长科学合理地安排幼儿的假期生活。该书为母子共读式读物,通过每个活动前的“家长指导要点”教会家长不是简单地向孩子灌输现成的知识,而是尽量扩大孩子的视野、活跃他们的思维、调动他们的情绪、引导他们通过实际活动去获得经验。(郭玉婷)

G000349 **幼儿假期家庭活动指导 4—5 岁** 欣荣、黎萍编。接力出版社 1994 年 4 月版。5.00 元。以全新的教育观为指导,设计了一系列家庭教育活动,指导家长科学合理地安排幼儿的假期生活。该书为母子共读式读物,通过每个活动前的“家长指导要点”教会家长不是简单地向孩子灌输现成的知识,而是尽量扩大孩子的视野、活跃他们的思维、调动他们的情绪、引导他们通过实际活动去获得经验。(郭玉婷)

G000350 **中国读书大辞典** 王余光、徐雁编。南京大学出版社 1994 年 4 月版。180 万字。36.00 元。以读书为主题的百科型工具书。分名人读书录、读书知识录、读书环境录、读书博闻录、读书门径录、读书品评录、读书解疑录、中国古典名著导读、世界近现代名著导读、汉译世界名著导读等 10 个方面 21 个部类的内容,涉及古今中外的读书名著和杂志、读书理论和方法、名人书斋生活及其读书精神等。其视野不以大陆为限,包括港台两地。(贯舒)

G000351 **文史专家谈治学(文史知识文库)** 张岱年等编。中华书局 1994 年 6 月版。32.2 万字。16.50 元。文史专家为青年指点学术门径、探讨研究方法的文章选编,共收入 59 篇文章,分为“治学门径”、“专题指南”、“当今治学之思考”3部分。“治学门径”部分是老专家介绍自己从学治学的经验体会，现身说法；“专题指南”部分分别对文史哲领域一些研究课题的研究现状、问题、方法作出评价；“当今治学之思考”则对传统治学方法是否仍然适用、与从国外引进的新研究方法关系如何、研究方法的继承与更新等问题展开讨论。收人“文史知识文库丛书”。(冯宝志)

G000352 **学会学习** 副名:中学生学习策略。魏生汉编著。福建教育出版社1994年7月版。14.3万字。3.50元。围绕中小学生学习中普遍存在的问题与困惑，介绍学习策略的知识。每讲均包括如下内容:一、列出问题，二、分析问题产生的原因，三、提供解决问题的措施，四、提供训练或练习材料。本书还把学习指导与心理咨询结合起来，力图解决学生学习中存在的一些深层次问题。(王广存)

G000353 **家庭教育学** 副名:教育子女的科学与艺术。赵忠心著。人民教育出版社1994年7月版。38.7万字。7.60元。共14章，主要包括以下几个方面:家庭教育的地位、作用、特点和发展历史；影响家庭教育的诸因素；家庭教育的目的、任务和内容；家长自身的修养和教养态度；家庭教育的方法和艺术；独生子女的家庭教育；特殊儿童青少年的家庭教育；家庭教育的指导；新形势下的家庭教育等。全书既从宏观上阐释了家庭教育的普遍规律，又从微观上论述了家庭教育的具体技能与艺术。书后附有《义务教育法》、《未成年人保护法》、《推行家庭教育办法》等7篇重要文献。(刘立德)

G000354 **读书与记忆** 周季和著。海潮出版社1994年8月版。5.1万字。3.00元。学习方法指导读物。博引了诸多中外名家的治学经验，以事实说明观点，客观地介绍了读书和记忆方法。主要内容为:读书二十法、记忆二十法、名人与读书等3部分，探索了读书和记忆中的一些规律。(陆羽白)

G000355 **中国成人教育百科全书** 林崇德等主编。南海出版公司1994年8月版。1 200万字。450.00元。共10卷，分别是《政治·法律》(时龙主编)、《社会·历史》(何本文主编)、《经济·管理》(王彬主编)、《文学·艺术》(李德芳主编)、《地理·环境》(刘清泗主编)、《心理·教育》(李春生主编)、《物理·机电》(姜璐主编)、《化学·化工》(王德胜主编)、《生物·医学》(魏群主编)、《数学·电脑》(沈复兴主编)。分为两大类:5卷为哲学社会科学类，对古老的中国文明与西方文艺复兴以来产生的现代思想文明作系统、简洁的介绍；5卷为科学技术类，系统地介绍科学技术的成果，特别强调现代知识和现实应用。(任在齐)

G000356 **中华家训大观** 陆林主编。安徽人民出版社1994年10月版。100万字。18.00元(平)，22.00元(精)。共5大部分:第一部分为人物小传卷，收录了自先秦起，至现当代止，数百名道德事功、文章政业堪称楷模者，介绍其生平简历、事业成就、品质修养、家训思想等。第二部分为书目题解卷，对分成专书或向来被视为专书的历代家训之作的基本原貌进行描述，内容包括作者概况、成书年代、创作背景、文献特征、版本流变、价值影响等。第三部分为诗文评析卷，以名篇评注的方式，介绍历代家训诗文作品。凡是以弟侄子孙为劝戒对象的家训著作、言论、短文、箴铭、家书、诗词等，均在采选之列。其方式为原作、注释、评析3部分。第四部分为成语故事卷，从古代正史、野史、笔记和当代有关专书及杂志中，选取了数十篇涉及家教之事的成语故事，加以介绍。第五部分为嘉言类编卷，按类分编先秦至当代有关家训家教的格言箴言、警句警语，按内容分为治家、教子、修身、处世、为学、从政、养生等7部分。附有中国历代家训书目稿及完整的索引。(周子玚)

G000357 **现代家教疑难解答** 黄敏等编。广西民族出版社1994年10月版。19.2万字。5.90元。针对当前我国家庭教育出现的各种疑难问题，收集了古今中外家庭教育方法之精华，选择典型生动、启发性强的例子，采用89个问答形式，从德、智、体、美、劳诸方面，通俗浅显地同孩子的家长自由漫谈。从而解决了家长们对孩子应“教什么”、“怎样教”和“如何操作”等问题。同时附有诗歌形式的“新编弟子规”和“新编教儿经”。(苏兰清)

G000358 **实业教育 师范教育** 璩鑫圭等编。上海教育出版社1994年11月版。84万字。38.10元。“中国近代教育史资料汇编”之一种。主要收辑1902—1922年前后有关实业教育(含职业教育)和师范教育制度与实况的资料。全书分甲、乙两编。甲编“实业教育”分述清末的实业教育，民国初年的实业教育、职业教育等内容；乙编“师范教育”分述清末的师范教育、民国初年的师范教育等内容。资料主要辑有:关于实业教育和职业教育的章程、议论、办学情况，如钦定、奏定学堂章程和学部、农工商部有关奏议、咨文；实业学堂举例(农林、蚕桑、渔业、工业、交通、矿业、商船、商业学堂)；两级师范学堂举例(优级师范学堂、女子师范学堂)；师范讲习所、教员

养成所举例,等等。书末有征引书目举要。(薛培华)

G000359　**弱智儿童家庭教育咨询(特殊教育丛书)**　汪文鋆主编。浙江教育出版社 1994 年 11 月版。16.5 万字。5.00 元。针对弱智儿童的教育训练这一重要问题,指导弱智儿童家长认识和理解教育弱智儿童的一般原理和方法。分 10 部分,分别阐述了对弱智儿童的识别、对待及预防弱智儿童的发生等问题,介绍了教育训练的具体原理和操作方法、措施、步骤,阐述了家庭教育与社会教育结合的必要性,列举了一些弱智儿童经教育得到康复的典型事例。(余龙文)

G000360　**现代学习学**　李凤岐、王月著。东北林业大学出版社 1994 年 12 月版。18.9 万字。8.00 元。研究怎样开发人的智力的科学。从建立一门新兴学科的产生与发展谈起,结合创造学、人才学、时间学、阅读学、教育学、心理学和思维科学等多种学科的新知识,论述了现代学习学的原理与方法。(戴千)

G000361　**中国自学考试**　中国成人教育理论专著编纂委员会编。教育科学出版社 1994 年 12 月版。22.8 万字。8.80 元。《中国成人教育理论专著》之一。包括:自学考试的创立;自学考试的性质、特点及作用;自学考试的管理;自学考生;社会助学;考试标准;专业设置与考试计划;课程自学考试大纲与用书;命题与题库;考试的实施;考籍管理;考试纪律;自学考试质量的保证和评估等 13 章。对自学考试的性质、特点、产生的历史背景及其在高等教育改革和发展中的作用作了理论阐述,并运用了教育学、心理学、教育测量和统计学的方法研究考试的规律;统篇从自学考试的实际出发,总结了开展高等教育自学考试的各环节,不仅有理论,而且有实例。(王兰)

体　育

G000362　**中国排球、足球、登山、滑雪、马术运动史**　国家体委编。武汉出版社 1993 年 6 月—1994 年 8 月版。133.6 万字。95.00 元。收入"中国体育单项运动史丛书",该丛书共 45 部。《中国排球运动史》、《中国足球运动史》、《中国登山运动史》、《中国滑雪运动史》、《中国马术运动史》是其中 5 部。《排球史》记述了中国近代(1905—1949)、现代(1950—1977)排球运动,记述了走向世界的中国排球运动(1978—1990)。从中可以看到中国排球运动的起源、发展和辉煌。《足球史》上溯春秋战国,下止于本世纪 80 年代末,共 4 编,近 40 万字,图片 221 幅。如实地记述了中国古代足球的起源、特点,现代足球的传入、发展。"新中国足球运动"编是全书重点。记述了这 40 年足球运动所经历的曲折道路,以及其中的酸甜苦辣。《登山史》着重记载了新中国登山运动史。《滑雪史》历史跨度 2 200 余年。作者本着"略古详今"的原则,对每个历史阶段加以客观评说,从中找出规律性的东西,同时指出目前存在的阻碍滑雪运动发展的思想束缚和技术训练及设备上的不足之处。《马术史》阐述了中国马术运动的悠久历史,以及中国马术运动的特色。(谭绮)

G000363　**中国鹤翔庄气功**　赵金香编。北京出版社 1994 年版。23.2 万字。共 12 部分:中国鹤翔庄气功简介,功德篇,练功须知,丹田、脊柱及主要穴位图,中国鹤翔庄气功动功,中国鹤翔庄气功站桩功,常用的辅助功法,气功与"精"、"气"、"神",中国鹤翔庄气功与中医阴阳五行,有关经络学说的基础知识,练功常识问答,附录:坚持练中国鹤翔庄气功治病健身的典型例证。(俞宗元)

G000364　**体育学教程**　胡兴永编。宁夏人民出版社 1994 年 1 月版。40.7 万字。9.80 元。由宁夏医学院、西安医学院、兰州医学院、新疆石河子医学院、延安医学院共同编写,供高等医学院体育课作教材使用。内容包括:基础理论篇(4 章)——概论、高等学校体育、体育锻炼、体质测定与评价;体育卫生篇(3 章)——体育卫生和医务监督、运动损伤的预防与处理、医疗体育;体育手段篇(6 章)——田径运动、球类运动、体操与健美运动、游泳和滑冰运动、武术运动、其他运动。其他运动中包括轮滑、体育舞蹈。体育舞蹈主要介绍了华尔兹舞和慢四步舞。(孙立明)

G000365　**七运盛会**　龙新民主编。北京出版社 1994 年 2 月版。180.00 元。真实、生动地纪录了第七届全运会从火炬接力开始到圆满成功的全过程。展现了一幅幅辉煌壮丽的宏伟场面和一个个激动人心、精彩纷呈的瞬间。(张肇基)

G000366　**意拳气功谭**　东宝著。百花洲文艺出版社 1994 年 3 月版。13.8 万字。5.30 元。共 4 章,从不同侧面叙述意拳气功的功理、功法、应用效果。首章"意拳气功谭",分 40 节,谈意拳气功本门功夫的各方面情形;第二章"武林杂谭",谈与意拳和意拳气功有关的人和事;第三章"王芗斋部分遗著";第四章"王安平文章 4 篇"。(李晃生)

G000367　**田径**　《田径》教材编写组编。高等教育出版社 1994 年 3 月版。25 万字。8.90 元。主要内容有：田径运动技术原理；中学田径运动教学；田径运动锻炼；田径运动竞赛；田径运动场地；走和竞走；短距离跑、接力跑、跨栏跑和中、长距离跑；跳高、跳远、三级跳远；推铅球、掷标枪和掷手榴弹。（张焕玉）

G000368 **中国珍邮** 李东初编。科学普及出版社 1994 年 3 月版。14 万字。8.00 元。精选我国不同年代：清代、中华民国、中国解放区和新中国 4 个历史时期 100 种珍贵邮票，饶有趣味地介绍了每种珍邮产生的背景以及流传的轶事；图文并茂，可以观赏到每种珍邮的风采；同时还介绍了这些珍邮在国内外市场上流传时的拍卖价格。收入“集邮者必备丛书”。（华邮）

G000369 **珍邮大观** 人民邮电出版社编。人民邮电出版社 1994 年 3 月版。22.4 万字。12.00 元。分中国珍邮和外国珍邮两大部分，将 300 枚珍邮，按其产生的时代背景、历史根源、被发现收藏过程以及邮票市场价格的顺序逐一介绍。根据中外邮票的不同特点，中国珍邮按清代、民国、解放区、新中国的排列检索，世界珍邮按英文字母排列检索。（黄建霖）

G000370 **中国邮票鉴赏** 宋晓文编。福建美术出版社 1994 年 5 月版。1.94 万字。10.80 元。对中国各个时期邮票的特点、时代背景以及对邮票图案的主题内容、表现形式、构思设计和印刷、发行等方面，都作了翔实的介绍、赏析和品评。勾勒出中国邮票的历史沿革和艺术发展，附插图和附录。（丁尚南）

G000371 **中国象棋古排局集成** 刘殿中诠订。河北科学技术出版社 1994 年 5 月版。200 万字。160.00 元。收集整理古典排局谱共计 11 册，其中有《梦入神机》、《百变象棋谱》（附《神妙变化象棋谱》）、《适情雅趣》、《韬略元机》、《心武残编》、《百局象棋谱》、《竹香斋象棋谱》、《渊深海阔象棋谱》、《烂柯神机》（附《烂柯真机》）、《棋谱秘录》、《蕉竹斋象棋谱》。以上古谱多为排局，有少量残局；时间以明、清两代为主，清代以后未予录选。对一些富有争议的古排局谱，以及年远代湮、时间不详或无从查考的江湖棋谱均未加收录。诠订者对所收古谱进行研究、整理、汇编、诠释、勘误、校正等。为尊重原著，体现古谱的本来面貌，对原著内容特别是名排局的原有着法一般不作改动；对原书中的序、跋、引之类阐释说明也予以保留。这样便于读者对古谱原有构思、布局、着法有更深刻理解，也利于象棋工作者进一步研究、借鉴和参考。（杜同彦）

G000372 **乒乓球知识手册** 《乒乓球知识手册》编写组编。天津教育出版社 1994 年 5 月版。6.6 万字。2.50 元。内容包括世界及我国乒乓球运动发展趣史，我国世界冠军的故事，打乒乓球的基本技术和方法。书后附有天津教育出版社和天津市教育局联合举行“迎接第 43 届世乒赛中学生有奖知识竞赛”的征答题。（勾真）

G000373 **我爱乒乓球** 《我爱乒乓球》编写组编。天津教育出版社 1994 年 5 月版。7 万字。3 册。5.00 元。为迎接第 43 届世界乒乓球锦标赛在天津举行，宣传和普及乒乓球运动，给小学生编写的课外读物，分高、中、低年级 3 册。三册主题一样，主要内容有用连环画（或连环照片）形式介绍我国世界冠军童年的故事；用图解法介绍打乒乓球的基本技术和方法；有几组精彩摄影作品组成的一些彩色插页；还有珍贵照片和写给小朋友的诗歌，等等。（勾真）

G000374 **实用技击丛书** 严伟编著。中国人民公安大学出版社 1994 年 5 月版。共约 45 万字。各 3.50 元。共 6 册：《神秘的日本忍术》、《空手道摔技》、《梅花桩技法精粹》、《女性防卫秘招》、《镖师绝招》、《自卫抗暴绝技》。较全面、系统而又深入浅出地介绍技击知识，揭示其真谛，在对技击基本理论作概括介绍的同时，重点精选出临场适用且简要易学的技击学练方法，把它们融合到防身自卫、抗暴制凶之中去，辅之以图例示范、解释。（李惠）

G000375 **学校体育学** 金钦昌主编。高等教育出版社 1994 年 6 月版。31.8 万字。11.50 元。在总结我国数十年来学校体育发展和改革经验的基础上，借鉴国外学校体育的先进理论与方法编撰而成。共 17 章，主要内容有：学校体育的地位与目标；我国学校体育的行政法规；体育教学的目标、过程和原则；体育教学内容与手段及其教学过程中的教授法、学练法；体育教学工作计划与考核；课外体育锻炼、课余体育训练与竞赛；学校体育研究及教学研究；体育教师；学校体育工作评估。（张焕玉）

G000376 **董氏太极快拳全书** 董增辰著。河北科学技术出版社 1994 年 6 月版。8 万字。8.00 元。太极快拳是由曾在 1931 年南京国际擂台上击败英国大力士而轰动国内外的董英杰以杨氏太极为基础，辅以技击实用之法而创立的。董英杰之嫡孙、董氏太极的第三代传人董增辰，1947 年生于河北任县，现为美籍华人，美夏威夷太极拳学院院长，常到欧、澳、东南亚等地并回国讲授太极拳。他将所学家传功法心得整理出版。全书分为 3 部分：一、太极拳的源渊脉络;二、太极拳的哲理与内涵;三、太极快拳架子图解;四、快拳与散手用法图解;五、有关太极拳的练法杂论。三个序主要说明宗师董英杰学拳的史略、创立太极快拳的背景和过程,太极拳的精髓与特点。全书图文并茂、功理兼备。(李文杰)

G000377 **运动训练新思路** 茅鹏编。人民体育出版社 1994 年 6 月版。30 万字。13.00 元。共收 29 个论题,对"体育的本义"、"当前世界运动水平是否已接近极限"、"人体有序状态与运动训练控制"、"训练思路与训练学范畴"、"'体力波'与训练安排"、"中国足球要靠系统工程"、"篮球建设的突破口"、"要研究球场战略"、"马特维耶夫讲学述评"等论题都进行了阐述。(赵新华)

G000378 **桥牌技艺全书** 董齐亮等著。蜀蓉棋艺出版社 1994 年 6 月版。49 万字。14.00 元。详尽地介绍了桥牌初学者必备的一般知识和规则,以及桥牌的基本战术和策略。(徐文惠)

G000379 **体育游戏手册** 施达生主编。中国大百科全书出版社上海分社 1994 年 6 月版。33.4 万字。15.00 元。汇集体育类游戏近 800 余则,对体育游戏的目的、对象、场地、器材、方法及规则等作了详细的介绍和描述。其中选编的游戏种类繁多、涉及面广,文字浅显易懂,配有适量的图解,适合各年龄段的读者选择、参照。此外还特别选收根据残疾人特点制作的游戏 50 余则及外国体育游戏介绍 100 余则供参考。(东方)

G000380 **中国自在气功** 赵金香编。北京出版社 1994 年 7 月版。17.7 万字。9.50 元。分 12 部分:中国自在气功简介,修养篇,练功须知,基础理论,自在静卧功,自在头面功,心法六字诀,自在静坐功,鹤游步功,练功常识问答,练功参考用图及后记。基础理论部分涉及气功锻炼的诸多重要问题,如混元气、沁念与源念、静功深化的规律、放松与入静、入定、幻觉、意守、丹田、通舌与吞津、顶通、收功等,均予以明确的阐述;自在静卧功与自在静坐功分别介绍了 9 种卧功与 9 种坐功的练习方法;练功常识问答则回答了练功实践中可能遇到的 48 个问题。(俞宗元)

G000381 **中国革命战争时期邮票目录(1930—1950)** 中国邮票博物馆编。北京燕山出版社 1994 年 7 月版。22 万字。50.00 元。收入解放区 150 个邮票发行单位发行的 2 239 枚邮票(包括包裹印纸、汇兑印纸、邮资明信片、邮资信封、邮简)。(李天喜)

G000382 **现代柔道** 周士彬编著。广西民族出版社 1994 年 7 月版。22 万字。8.00 元。共 4 章。第一章柔道史概述,第二章柔道基本技术,第三章柔道技术分类,第四章国际柔道比赛规则与裁判法。根据国际柔道比赛规则和国际柔联的有关规定,阐述了现代柔道基本理论,讲授了柔道基本技术和各种技法(绝招)等现代柔道内容。并以自己的见解,追述了柔道词源、柔道历史,认为日本柔道起源于中国古代柔术,柔道起源于中国,同时作了充分的考证和论证。在传授现代柔道技术时,既注意结合中国跤术,又注意吸取了国外柔道精华,体现了古为今用,洋为中用的原则,给人以新鲜感。全书共约 200 项柔术,每个柔项均配以详细的技术连环图。(蓝芝同)

G000383 **长城颂——中国人民解放军战斗历程邮票图集** 人民邮电出版社 1994 年 7 月版。12 万字。55.00 元。以邮票形象地反映中国人民解放军光辉战斗历程,热情地歌颂人民军队丰功伟绩的大型图集。以各种邮品为主,并辅以少量的历史文献和图片。其中选用的邮品资料 385 件(枚),包括邮票、邮票原图、草图、印样、印版、明信片、纪念信封、实寄信封、邮简、风景日戳、军邮戳、图片等。如毛泽东修改的关于公布中国人民解放军军徽样式命令(草案);周恩来对公布中国人民解放军军旗式样请示的批示;用毛泽东 1936 年在延安的照片印制的英文明信片;江泽民签名的刘志丹诞辰纪念封等。本书主要内容包括:①武装起义,创建军队;②土地革命,星火燎原;③万里长征,转危为安;④八年烽火,浴血抗战;⑤横扫千军,解放中华;⑥抗美援朝,保家卫国;⑦全面建设,开拓前进;⑧无私奉献,支援国家;⑨英雄辈出,继往开来。(周雁飞)

G000384 **苏联邮票总目录** 朱祖威主编。人民邮电出版社 1994 年 7 月版。60 万字。40.00 元。收录前苏联自 1918 年至 1991 年发行的全部邮票的图样和文字资料。其内容主要包括邮票的顺序号、发行时间、票名、面值、图案说明、印刷量、印刷方式和齿孔等。目录参考国内外邮市价格标明了成套苏联新票的人民币价格。(黄建霖)

G000385 **精妙排局诠注** 傅荣年原著,裘望禹等诠注。未来出版社 1994 年 7 月版。21 万字。7.10元。已故浙江鄞县傅荣年先生是近代著名的排局圣手,其棋艺造诣很深,尤其对残、排局的研究,卓有成就,所做排局大都图势奇巧、着法精妙、棋路深奥、变化多端、富于创新、别具一格。一生著作甚丰,著有《象棋残局新谱》上下集、《象棋七星谱》、《象棋撷英录》等许多象棋排局专集，还在各地报刊和棋刊上发表了数量可观的排局作品，裘望禹、朱鹤洲、王锡浦经过长期收集整理，并深研细析，汲取各家之长，博采众长，从中选择棋局 96 局，并逐局加以诠注。如遇诠注着法最终能推翻原局结论的，他们都尽可能新改图着，以趋使原局的修正、完善。（张中民）

G000386 **七巧板智力世界** 柯渊深编。福建少年儿童出版社 1994 年 8 月版。8.6 万字。2.90 元。汇集了中国传统、外国现代和中国当代流行的七巧板为代表的各种智力游戏的精华。分空间想象、七巧拼板、幻方纵横、九宫调度、明辨是非、数谜猜测和难题巧解 7 类。在各类中，由小学课本中出现过的智力题为线索，先举例，后出题。书中有插图，可用笔在图上练习；书后有答案。（吴兆钧）

G000387 **象棋教材（1—4 卷）** 柳玉栋等编。蜀蓉棋艺出版社 1994 年 8 月版。138 万字。52.70 元。1—3 卷主要介绍象棋文化、象棋技巧、象棋古典名著以及适应实际需要的象棋开、中、残局的知识。第四卷主要介绍有关象棋的最新科技信息，如博弈论、系统论、对策论和电脑象棋及其未来的发展趋向。（黄国俊）

G000388 **象棋基本战术** 副名：象棋基础知识丛书。程明松著。蜀蓉棋艺出版社 1994 年 8 月版。17 万字。5.60 元。以大师和特级大师实战对局资料为主，从中筛选出精彩的范例数百则，以进取、防守、相持、争胜、阻拦为基调分门别类，介绍数十种基本战术，几百个实际局例。（黄国俊）

G000389 **现代体育科学丛书** 胡晓风、周西宽等编。四川教育出版社 1994 年 8 月版。508 万字。96.96 元。共 20 种。反映和吸收了现代体育科学的新成果、新理论、新学科，特别是体育学与社会科学、自然科学的交叉学科、边缘学科。（刘宗训）

G000390 **现代学校体操** 李桂英编。云南大学出版社 1994 年 8 月版。22 万字。6.58 元。集教学、课外活动、竞赛和体育表演内容为一体的综合性图书。共 6 章，分别阐述学校体操的基本理论，介绍徒手健美（韵律）操、艺术体操、团体操和技巧、跳跃、单杠、双杠的基础练习以及趣味性体操游戏。（冯峨）

G000391 **世界球星技术图解** 赵亚平等编著。广西科学技术出版社 1994 年 9 月版。43.9 万字。3 册。99.00 元。分为足球、篮球、排球 3 个分册，分别介绍近百名世界级球星各项技术动作。200 余套动作的连续图解，绝大多数是从比赛实录中筛选编成，忠实准确地记载了人与球的比赛瞬间生动变化的轨迹，使人们清楚地了解绝技动作的关键和要点。（马如海）

G000392 **世界球星技术图解（篮球卷）** 赵亚平等编著。广西科学技术出版社 1994 年 9 月版。13.4万字。33.00 元。介绍 80 年代到 90 年代美国 NBA 职业篮球最著名的球星在比赛中表演的绝技，经过从录像画面上反复筛选及复杂的技术处理，翻印成技术动作系列图片。图片清晰地反映、再现了明星绝技动作的连续性和全过程，详尽地将绝技动作加以分解，使人可以清楚地看到动作的关键和要点，更便于人们观摩、学习、借鉴；同时还在每一位著名球星绝技图片面前，对其在 NBA 职业篮球中的成就、影响、技术等方面作了介绍。（马如海）

G000393 **世界球星技术图解（排球卷）** 赵亚平编。广西科学技术出版社 1994 年 9 月版。16.6 万字。33.00 元。介绍 30 多年来世界排坛 50 余名最佳选手的排球技术图解近千幅，其中绝大部分是比赛的实录。技术图解均是连续技术动作图片，按发球、垫球、传球、扣球、拦网 5 大排球基本技术分类，配以简要的文字介绍和技术分析。（马如海）

G000394 **世界球星技术图解（足球卷）** 赵亚平等编著。广西科学技术出版社 1994 年 9 月版。13.9万字。33.00 元。介绍贝利、马拉多纳、克鲁伊夫等 30 多位世界足球明星的足球技术图解近千幅。其中有球星们快速带球过人、快速插入射门、停球、传球、扑球等基本技术动作，绝大部分是球星在比赛实战中运用基本技术的实录，并配以文字说明和技术分析，同时，对球星的成长过程也作了简介。（马如海）

G000395 **陈微明太极拳遗著汇编** 陈微明编。人民体育出版社 1994 年 9 月版。10 万字。12.00 元。作者是已故的清朝翰林，1917 年从师杨式太极拳宗师杨澄甫。1925—1929 年间，作者曾出版《太极拳术》《太极剑》《太极问答》3 本书。本书将上述 3 本书合编为一册，并对原书作了仔细的校订。本书除有详细的文字叙述外，还有太极前辈名家遗像及他们功法演示照片 250 余幅。（骆勤方）

G000396 **中国邮票精品目录** 人民邮电出版社编。人民邮电出版社 1994 年 10 月版。21.9 万字。12.00 元。分珍罕邮票、邮票之最和最佳邮票 3 大部分，收入自中国正式发行的第一套邮票以来的邮票精品。（黄建霖）

G000397 **集邮爱好者手册（修订版）** 张莘农、李东初主编。人民邮电出版社 1994 年 10 月版。

80.4万字。37.00元。全面、系统地介绍了邮票的历史、邮票的要素、邮票的种类、邮票的生产和发行的知识，还重点介绍了中国发行的各种邮票以及世界各国的珍贵邮票和其他集邮品，本书还从集邮理论和实践两方面介绍了集邮的各种知识，尤其是集邮品的收集方法、邮集的编组和贴片的制作、集邮展览的规定和规则、集邮工具的使用，以及集邮组织、邮苑人物等内容。书中还附有世界各国(地区)的邮徽、生肖邮票相关地邮政局(所)一览表和汉英对照集邮词汇。(项立刚)

G000398 **中华人民共和国首日封目录(1994)** 人民邮电出版社编。人民邮电出版社1994年10月版。140幅。15.00元(平),20.00元(精)。按邮票的类别和志号顺序，收录了1957年至1993年中国集邮总公司、中国邮票出口公司、中国邮票公司等单位印制的首日封的样图及相关文字资料。(周莱)

G000399 **第二届应氏杯世界职业围棋锦标赛特集** 曹志林编。上海教育出版社1994年10月版。23.6万字。18.00元。棋谱集。由棋坛巨星吴清源解说，芮乃伟九段执笔决赛和半决赛。倪林强、赵之云、曹志林分别为复赛、初赛、预赛解说执笔，共全部赛事中的31局棋谱。书开头有24名选手介绍，段位，生长简历，获得各类赛事(包括国内、国际)的名次与称号。结尾有应氏计点制棋规。(季陆生)

G000400 **天煞星——刘小光自战百局** 刘小光著。蜀蓉棋艺出版社1994年10月版。24万字。8.20元。作者自选国内外重大比赛实战对局100盘，分为上下两篇。上篇精选30局作为详细评解，深入浅出阐述对局的战略方针、战术手段，下篇则进行简评。(杜维新)

G000401 **中国象棋大全** 德平等编。东北朝鲜民族教育出版社1994年11月版。210万字。75.00元。从理论到实战技术较为完整系统地介绍了中国象棋的有关知识和技巧及战术方法。分上下编：上编介绍和阐述了中国象棋的起源与发展简史、基础知识、现行象棋竞赛规则、当今棋坛国手以及象棋开、中、残、排局的有关理论与技巧；下编收集整理了中国象棋在其历史发展进程中所保留下来的最具代表性的凝结着棋坛先圣智慧的中国象棋古谱：有全局谱、残局谱、排局谱；有较早的“梦入神机”、“自出洞来无敌手”、“适情雅趣”；有常见的“桔中秘”、“梅花谱”、“梅花泉”，也有清代四大名谱“心武残编”、“百局象棋谱”、“竹香斋”、“渊深海阔”；有正式出书的，也有民间手抄本；有实战的全残局，也有糊口的江湖排局。在古谱的整理中，一方面注意了按历史的本来面目，使之符合古人之原意，另一方面又注意了现代人的阅读习惯，做到了格式统一，让先棋统一、棋图统一，改变了以往棋书一书一样，各书各样的极难读谱的状况。(申明仙)

G000402 **中华武术辞典** 张山、裴锡荣等编。江苏科学技术出版社1994年11月版。140万字。66.00元。大型武术专业辞典，共收载各类武术辞条约7 000条。收载的原则是：古今并重，源流兼收。分总类、人物、称谓、技法、功法、器械、拳种、套路、竞赛规则与裁判、谚诀、书刊、社团组织等12大类。并附有武术大事记，全国历年武术比赛成绩，武术国际交流，以及笔画索引。(孙连民)

G000403 **中国古今鉴藏大观** 章用秀著。青岛出版社1994年12月版。45万字。19.80元。作者透过大量的古今事例，系统全面地介绍、论述了鉴藏文化的内涵，诸如民间鉴藏社会意义、收藏者心态、鉴藏史、鉴藏与人生、鉴藏者素质等，并分别介绍了瓷器、陶器、书画、古铜器、铜镜、古玉、古钱、印章、图书、造像、生活器物、文房四宝、名石的收藏、鉴伪等知识，其中穿插大量古今趣闻、鉴赏诀窍。(高继民)

G000404 **中国木兰拳** 李钢编。上海科学普及出版社1994年12月版。16.9万字。10.50元。汇编6个基本套路，配以详尽的图片和文字说明。书中还专撰《学练中国木兰拳的方法和步骤》一章，把练木兰拳分为“打基础”、“套路学习”、“配乐练习”和“演练提高”等4个阶段，并在“打基础阶段”中着重介绍了基本功的练习方法，如踩莲步、敦煌腿、荷花手等。此外在概述部分对木兰拳的发源与传播的历史过程，对木兰拳的主要特点，对它的保健作用都作了通俗易懂的介绍。(刘绪恒)

G000405 **世界文化名人邮票大观** 张家伦、屠良仪编。上海文化出版社1994年12月版。66.7万字。39.00元。收入33类近2 000位各国文化名人肖像邮票，分哲学家·思想家、教育家·语言学家、经济学家、数学家、物理学家、天文学家·气象学家、化学家、生理学家·医学家、工程学家·发明家、文学家、美术家、音乐家等部，每位文化名人的肖像邮票均附有文字说明，简略介绍生平及成就。肖像邮票画面设计各具特色，或人物照片，或各类画像，或雕塑造像，或人像加发明创造成就作品，或纪念物，千姿百态，独具匠心。收入邮品选自100个国家和地区，邮票发行时间跨度70年，7位外国集邮专家提供了珍稀的邮品。(屠良仪)

G000406 **天津通志·体育志** 谢德龙主编。天津社会科学院出版社 1994 年 12 月版。108 万字。126.00 元。全面反映了天津体育事业的发展历史。共 9 篇 135 节。分别叙述天津各项体育项目活动及竞赛情况。首篇介绍天津的传统体育；次篇写群众团体社会体育活动；三篇重点介绍建国前后天津市各运动项目活动状况；四篇介绍天津开展各运动项目的竞赛活动；五篇介绍天津市体育活动中的国际往来情况；六篇介绍体育活动场地设施及体育用品；七篇介绍有关的体育人材培训、宣传教育及其科研情况；八篇介绍天津市体育组织的概况；九篇介绍天津市体育有突出贡献的人士及当代优秀运动员的事迹。篇前还有对天津市体育活动的综述及“大事记略”。(*许幼姗*)

H 语言、文字

语 言 学

H000001 **著名中年语言学家自选集** 裘锡圭等著。河南教育出版社 1993 年 11 月至 1994 年 7 月版。200 万字。10 册。85.75 元。具有两个鲜明的特点：一、首先挑选有丰富学术成果，在当前我国语言学中发挥中坚作用，有较高知名度的学者的著作为出版对象，意在反映我国语言学的优秀成果和高水平的队伍。这套丛书中的作者徐通锵、邢福义、陆俭明、刘叔新、李新魁、裘锡圭、吕必松、鲁国尧、蒋绍愚、李临定等，都是在我国语言学的各个分支学科中的佼佼者，不少同志还蜚声海外。他们的学术成果，反映了我国当代语言学在各有关学科中已达到的水平，可以代表我国语言学取得的成就和地位。他们的成果不仅在海外各地出版，有的作者还多次被邀请出国讲学，他们的著作甚至被作为学生的教材或必读参考书。二、“自选集”的特色和作用。首先，作者选入的文章都是自己最高水平、最能代表自己学术观点的著作。不是有新的发现，就是有新的研究方法或新的材料的优秀论文。其次，作者选文时，吕叔湘先生一再希望他们按照《吕叔湘自选集》那个模式操作，即除了选自己精品之外，还要求这些文章能代表自己独特的见解，能够按照自己的学术思想和成就的成长足迹来选文，也就是说，每位作者的书，都要能代表他自己。(*李行健*)

H000002 **语篇的衔接与连贯** 胡壮麟著。上海外语教育出版社 1994 年版。17 万字。7.00 元。语言学专著。除介绍关于衔接理论偏重语言内部的词汇、句法层的体现过程这些基本观点外，试图把系统功能语法的及物性理论、主位-述位理论、信息理论、语境理论，以及语用学的一些研究成果包括起来，在更大范围内探索语篇衔接连贯的种种手段和原因。对这些观点作了阐述分析、修正与补充，并通过语境、会话分析、语篇宏观结构提出论证；对英语与汉语语篇不同特点作对比。(*吕佩英*)

H000003 **当代西方语法理论** 俞如珍、金顺德著。上海外语教育出版社 1994 年版。34 万字。15.00元。全面评述当前国外语言学界关于语言内部结构问题的研究和发展趋势。介绍 12 个流派：结构语法、法位学、层次语法、系统语法、转换生成语法、生成语义学、格语法、关系语法、对弧语法、蒙塔古语法、广义短语结构语法、词汇-功能语法。每一流派的叙述包括理论发展的背景、时代、代表人物、代表著作、理论内容及例证分析。(*顾霞君*)

H000004 **俄英汉词典** 周国定、王琨善主编。学苑出版社 1994 年版。200 万字。58.00 元。收录词目约 35 000 条。入选词目以常用通用词为主，以俄语立词目，用英汉双语释义。全部例句包括谚语、成语和习用语，都用 3 语对照列出。采用 3 语对比参照的注释方式。(*周国定*)

H000005 **论辩与智慧** 刘建祥著。湖南出版社 1994 年 1 月版。23.8 万字。10.20 元。从逻辑学和语言学的角度，运用中外古今雄辩家严密精谨、言辞犀利的论辩事例，概括总结出 50 种论辩的方法与技巧，说明论辩过程是一种智慧的角逐，论辩中的巧辩与诡辩，不论是遵循逻辑和语言规则，还是违反逻辑和语法规则，无不闪耀着睿智的光华；论辩能克服求同性、再生性、呆滞性等思维弱点，发展创造性思维能力。(*易和声*)

H000006 **语言和人** 副名:应用社会语言学若干探索。陈原著。上海教育出版社 1994 年 2 月版。16.8 万字。5.10 元。关于社会语言学的专著。全书共 15 章,从第一章到第十三章,探索了应用社会语言学中的若干语言现象或范畴,例如第五章"论语言'马赛克'现象",是作者在香港住了一些日子后,对那里的特定语境所观察研究的成果。"马赛克"是英语 mosaic 的音译,意思为"嵌镶砖",作者对香港的语言环境从口语、书面语的角度作了分析,取"马赛克""五彩杂陈,铺成一幅美妙图画之意",为香港的语言环境起了一个形象的名词:语言马赛克现象,很具独创性。最后两章"论社会语言学在中国"、"对社会语言学若干范畴的再认识"则是对这门学科在当代中国的发展所作的概括性阐述和作者对其学术研究的回顾与思考。(冯战)

H000007 **超越本体——马克思主义意义理论研究** 丁尔苏著。苏州大学出版社 1994 年 3 月版。10 万字。4.00 元。探究西方两千年来意义理论研究的发展轨迹,分析意义实在论、新旧结构主义意义理论以及哈贝马斯的交际实践理论,并把各家学说置于多边对话的一方,辨析错讹,评估得失,对符号意义问题进行新的理论建构,提出放弃对本体存在的假设,以建立主体之间共同认可的话语标准。(程书剑)

H000008 **语言·语用·语法** 张静著。文心出版社 1994 年 3 月版。120 万字。29.00 元。分 4 卷:"语言简论"、"语言运用"、"文学语言"和"语法研究"。在"语言简论"这部分中指出了一个与众不同的关于语言的定义——语言是音义结合的全民交际工具。并从语言是由语言和语义两个互相关联、互相制约的部分组成;语言是由词汇和语法两种成分组成这两个角度论述了语言体系的组成。"语言运用"和"文学语言"这两卷可以说是"实用现代汉语"的主要部分,是这种新的语言教学的一种构想。作者在一些理论知识问题的论述上提出了自己的见解。如词汇、语法知识如何与实践结合,文言词、外来词的范围,成语的定义和分类,修辞的定义,节奏和语言节奏的定义等,都与一般论述不同。"语法研究"是本书的重点部分。围绕着建立科学的汉语语法体系问题,系统比较和研究了我国语法学史的一些有影响的著作中的语法学说,分析了这些学说的来龙去脉,长短利弊,对各种意见分歧、悬而未决的老大难问题,依据语法意义和语法形式相结合的方法论原则提出自己的见解。(牛雅杰)

H000009 **舌战有方——中国古代说辩术** 董业明著。北京出版社 1994 年 4 月版。14 万字。5.00 元。披载了中国古代著名策士、说客们高超的说辩技巧,从语言和逻辑方面对几百个舌战实例进行了详尽透辟的分析和研究,概括总结出 60 多种说辩术。分为"善言"、"雄辩"、"巧劝"、"智驳"、"诡辩"5 部分,既有对正当说辩术的介绍,又有对强辩、狡辩等诡辩伎俩的揭露和解剖。(龙杰)

H000010 **现代语言学系列** 许威汉主编。河南人民出版社 1994 年 4 月版。3 册。13.00 元。侧重从总体上介绍和评价各种研究方法、研究手段、有待探讨的新课题、有待填补的研究空白点。起点高、眼界宽,具有科学的认识价值与实践价值。本系列各分册或广泛借鉴国外语言科学的研究成果,介绍国外新的研究方法、学术流派;或从语言学方法论基础和方法论原则出发,运用分析比较的方法,从共时微观的角度探讨现代语言学各分支学科研究及跨语言研究的主要手段;或对当代中国语言学的历史、现状、存在的危机等作总体评价,指出中国语言学发展的大趋势。(魏亚洲)

H000011 **简明英俄汉词典** 刘长春等编。陕西人民出版社 1994 年 4 月版。82 万字。20.30 元。3 种语言对照的语言工具书。收单词 8 000 余个,采用国际通用的编选法编排和释义,3 种语言合而为一个整体,使用时可以收到触类旁通、举一反三、比较对照等效用。词典正文按英文字母顺序排列,各词条由英语条目、音标、各种标注、俄语释义、汉语释义、例证及注解部分组成。英语条目的选词以基本词汇为主,一般词汇、专业词汇及国内外重要地名、缩略语为辅。每一条目后都注有国际音标,多音节的词标有主重音、次重音符。对多义或多性的词分列义项,并注有语法或修辞用语、专业术语、地名类别等标注。词条目的释义以俄语、汉语的对应词为主,并附有英俄汉 3 种语言的例证。注解部分对各语言的使用范畴、支配关系、成语、俚语、谚语等注释说明或列举。(董全平)

H000012 **文化与语言(论文集)** 王福祥等。外语教学与研究出版社 1994 年 4 月版。30 万字。7.50元。收集论文 40 余篇,内容包括 3 种语言学科的内容:一是文化语言学,主要研究汉语同文化传统、民族心理、民族习俗的关系,这门学科开创于中国,兴起于 80 年代中期;二是语言国情学,主要研究俄语词语文化,这门学科发源于前苏联兴起于 70 年代;三是跨文化交际学,主要研究交际文化,这门学科起始于美国，兴起于60年代。除上述内容外，还研究伴随语言学、文化语言学、语言国情学、跨文化交际学等新兴的交叉学科。论述它们同文化学、社会学、交际学、社会语言学、语言心理学、语用学等密切的关系，以及它们的兴起与发展同语言教学和日益频繁的跨文化交往的直接联系。（王维国）

H000013 **翻译经纬** 张泽乾著。武汉大学出版社 1994 年 4 月版。36.6 万字。9.80 元。全面、深入研讨翻译内部运动形式的规律性及其外部联系的广泛性的学术著作。着力描绘翻译过程，阐明翻译规律，揭示翻译实质，规范翻译活动。其最大特色是将“史”“观”“论”三者融于一体，以哲学观、科学观、艺术观为统帅，从历史的角度把握现实，从中国的立场环视世界，具有鲜明的时代特色与中国特色，系统化、规范化地进行译论研究。在指导思想上，以马克思主义的辨证唯物主义和历史唯物主义为指导，在译论观念上也进行了革新：以翻译观为切入点，以翻译论为落脚点，将译论研究拓展为翻译哲学、翻译科学和翻译艺术。在研究方法上，注重体现立体性、多向性、动态性、对应性特点，立足于宏观角度，既坚持马克思主义方法论，又参照、吸收现代科学诸方法论。（严红）

H000014 **修辞学专题研究** 王培基著。陕西人民教育出版社 1994 年 5 月版。38.2 万字。12.00 元。采用分专题研究的富有特色的体例，共选择了 16 个或是地位重要的、或是成果突出的、或是论争较多的课题，作了深入细致的再探讨、再研究。这些论题既有宏观的诸如关于语法修辞结合的讨论、对于主要修辞学说的几家争鸣、对于修辞学研究方法的探讨以及关于现当代重要修辞学体系的讨论，也有微观的诸如关于修辞学的定义、研究对象和研究范围的讨论以及关于消极修辞和积极修辞的争鸣等，而这些问题大都是修辞学发展的关键问题，可以说基本上反映了当今修辞学研究成果的概貌。大部分专题还就所列举的具有代表性的著作、学说、观点等，或历时地纵谈，或共时地综述，或纵横结合而论，通过比较对照，评判得失，并在此基础上提出自己独到的见解，开拓出新境。在每个专题后还设计了“主要思考题”，并列出了“主要参考文献”。（高安）

H000015 **演说的技巧与艺术** 黄士基、黄鹤飞著。华中理工大学出版社 1994 年 6 月版。15.8 万字。5.00 元。以其广博的知识和丰富的资料在讲述如何提高演说技巧时，不仅给人许多规律性的指点，而且通过许多具体生动的事例来形象地说明这些规律的运用。书中记述了许许多多引人入胜的故事，有外国的演说家林肯、丘吉尔的故事，也有中国的晏子、李燕杰的事例；从魏征著名的“谏词”到王勃流传久远的“滕王阁序”。（郑兆昭）

H000016 **双语词典学研究** 张后尘主编。高等教育出版社 1994 年 7 月版。29.8 万字。18.50 元。分若干专题讨论了双语辞典学的理论与实践，包括双语词典的谱系、宏观结构、微观结构、语义学、语言学与双语辞典编纂、双语词典的书证与释义以及双语词典编纂中如何利用蓝本、计算机和多媒体技术等问题。（尹学义）

H000017 **翻译新论（1983～1992）** 杨自俭、刘学云著。湖北教育出版社 1994 年 7 月版。57.6 万字。17.15 元（平）；33.00 元（精）。“中华翻译研究丛书”之一。收 1983～1992 年间在《翻译通讯》、《中国翻译》、《外国语》、《外语教学研究》与《现代外语》等重要学术刊物上发表的论文 48 篇和专著节选 6 篇。全书分 3 编：1. 各类文体翻译研究。2. 译学（本体论）研究。含总论、翻译标准、翻译单位、翻译美学与风格、翻译批评、翻译教学、翻译史与译论史研究。3. 跨学科研究。涉及语言学、语义学、语用学、文化学、符号学、接受美学等。（唐瑾）

H000018 **语言差异与文化心理** 副名：中外语言的文化学透视。曹志耘著。河北人民出版社 1994 年 8 月版。17 万字。8.60 元。比较文化学专著，系“中外比较文化丛书”之一。共 5 章。第一章论语言与哲学观，揭示中西语言现象中群体主义与个体主义、纵向与横向、内向与外向的哲学观差异。第二章论语言和思维模式的关系，比较中西语言中具象性与抽象性、绘画性与精确性、灵活性与形式主义的思维差别。第三章论语言与文化心理的关系，比较中西不同的吉祥语、语言禁忌和语言迷信。第四章论语言与社会生活的关系，表述中西语言中折射出的不同的生产方式、社会群体、生活观念、生活情调等文化差异。第五章论语言与政治的关系，比较中西语言在政治活动、政治利益和语言冲突等方面的差异。（张晨光）

H000019 **中国手语（续集）** 中国聋人协会编。华夏出版社 1994 年 8 月版。10.00 元（平），14.00元（精）。收词目 2 266 个。目录及正文分类编排，图文对照。附汉语拼音索引及笔画检字索引。（周国芳）

H000020 **文化与交际** 胡文仲等著。外语教学与研究出版社 1994 年 8 月版。45.3 万字。11.80

元。论文集。所收的论文分属7个方面,文化与交际总论;文化因素与外语教学;语言与文化;非语言交际与文化;翻译与文化;语用与文化;理论探讨等。论文集首次将国内社会语言学、文化语言学、语用学、翻译学、对外汉语教学以及外语教学在文化与交际方面的交际成果收于一集,介绍给读者,使其不仅能了解到国内外在跨文化交际方面的研究状况,而且通过具体的语言材料分析,体会到语言与文化的密切关系。(雷航)

H000021　**话语语言学概论**　王福祥著。外语教学与研究出版社1994年10月版。31万字。20.00元。把话语语言学、语篇分析和文章学结合起来,用其所长研究汉语连贯性话语的特点及结构规律。全书分11章:第一章介绍话语语言学及其研究内容;第二章概述话语语言学、语篇分析及文章学的兴起与发展;第三章阐述话语语言学的研究对象;第四章着重介绍句子的实际切分法;第五、六、七章是应用实际切分法分析汉语句子的内部结构;第八章重点探讨句际关系和句际连接手段;第九章从内容与结构两个方面分析句段的特点;第十章分析片断的结构特点;第十一章分析文章的组成部分及结构特点。(王维国)

H000022　**舌辩雄风**　副名:海内外大学生华语辩论赛集锦。刘翔飞编著。湖南文艺出版社1994年12月版。24.8万字。9.80元。介绍自1986年至1993年海内外有较大影响的大学生华语辩论赛实况,以及辩论赛的组织规程与方法。收录的12次辩论赛对抗辩论的双方队是:北京大学队对澳门东亚大学队;香港中文大学队对北京大学队;台湾大学队对复旦大学队;南京大学队对澳门东亚大学队;新加坡工业学院队对南京大学队;台湾大学队对南京大学队;英国剑桥大学队对复旦大学队;澳大利亚悉尼大学队对复旦大学队;台湾大学队对复旦大学队;中国人民大学队对北京大学队;对外经济贸易大学队对北京商学院队;中山大学队对广州外贸学院队。本书抓住了辩论赛的特点,从辩论技巧和技法上加以分析评点。(谢柳青)

H000023　**蒋礼鸿语言文字学论丛**　蒋礼鸿著。浙江古籍出版社1994年12月版。39万字。16.00元。语言文字学论文集。其中有关文字学的,如《读〈说文〉记》、《读〈说文解字注〉》、《读〈说文句读〉》、《读〈说文通训定声〉》、《中国俗文字学研究导言》;有关训诂学的,如《训诂学略说》、《词义释林》、《读变技谈》、《唐语词丛记》;有关于古籍校理的,如《读〈荀子集解〉》、《读〈吕氏春秋〉》、《读〈汉书补注〉》、《读〈文选〉笔记》等。文章对乾嘉以来诸家对《说文》的诠注有所是正,对先秦诸子、文史典籍和唐诗的旧注也多有校释匡补。(郝华)

汉　语

H000024　**汉语大词典**　汉语大词典编委会、编纂处编。汉语大词典出版社1986年1月至1994年1月版。5000万字。13册。1 470.00元。大型语文工具书。正文12卷,另有"附录·索引"1卷。收词目37.5万余条,其中包括单字词目2.2万余条。收词范围包括古今词语、熟语、成语、典故以及古今著作中进入一般语词范围和比较常见的百科词,集古代汉语和近现代汉语语词之大成,是同类汉语词典中收词最多、容量最大的一部。词典单字按部首编排,以字带词,字体取繁体字、简化字兼收并用的原则,兼注古今音,古音取反切,今音用汉语拼音。本词典收词严谨,精心编纂,释义贴切、精当,所引书证,力求确切、合理,具有很高的学术价值。它纠正了某些汉语词典收词过滥、释义不当、引书错误、资料贫乏的缺陷。另外,由于《汉语大词典》是从浩繁的文献中收集数以万计的古今语词,按一定次序编排并详加解释,其本身就形成了一个很有价值的信息库,对研究汉语、探究文史、扩大汉民族在世界文化上的影响,都具有重大的意义。(傅玉芳)

H000025　**文体学**　金振邦著。东北师范大学出版社1994年版。20万字。5.00元。其特点:首先,它显示了卓异的独创性。这主要表现在它初步构建了文体学的理论框架。这个理论框架中,文体研究是介于语言学、文艺学、文章学、美学、心理学、图书分类学、编辑学、翻译学、鉴别学等学科之间的综合性边缘学科。其次,它显示了宝贵的前沿性。注意从理论的层次上进行分析和探索,给人以耳目一新的感觉。例如:用多学科的方法从不同的层面开掘了文体的多维内涵和基本性质;对文体移植对当代文体的变革与文学的发展的意义的探讨。再次,它显示了浓郁的学术性。这主要表现在:第一,自成体系,结构严谨,有较强的逻辑性,呈现出由表层到内质,由静态到动态的层层深入的研究过程。第二,资料丰赡,信息量大。第三,采用了先进的研究方法,诸如系统法、比较法、模糊法、语言学结构分析法、文体移植理论等,从多侧面揭示了文体研究的多维内容。(雷恩选)

H000026　**古汉语同实异名词典**　杨士首、杨北宁编著。吉林教育出版社 1994 年版。102.4 万字。35.00 元。词条分主词目和从词目两部分，收入主词目八百余条，异名词目近万条。主词目是“实”，从词目是它的“异名”，亦称异名词目。主词目主要用现代汉语中的某些名词立目，并以现代意义或观点加以解释，并列举例句。异名词目按音序排列在主词目下，对其的解释，原则上分 4 部分：注音、释义、举例、简释。（徐谦）

H000027 **外事实用文书大全** 潘新明编著。辽宁人民出版社 1994 年版。72.9 万字。28.00 元。主要介绍国家外交、机关、对外经贸部门和其他各机关、团体、企事业单位、法人以及自然人在从事国际事务中形成和使用的一些文书的性质、特点、作用和撰写格式。全书共 9 类：一、外交类。包括国书、颂词和答、建交、复交、联合公报与声明照会、外交、函电、备忘录等；二、国际条约、契约类。包括条约的种类、国际契约、缔结国际条约、国际契约、出席国际会议等有关法律文书；三、领事礼宾类。包括领事文书、外事礼宾文书；四、对外经济合作类。包括中外合资经营企业文书，涉外承包文书、国际贷款文书、国际劳务文书；五、对外进出口贸易文书。包括国际商业函电、商情调研报告、进出口证书、申请书、涉外财会文书、国际贸易单据；六、涉外出证、仲裁和司法诉讼类。包括涉外公证、认证、仲裁、司法诉讼文书；七、国际科、教、文、体各类文书；八、国际旅行、旅游文书；九、外事公告、公报、声明、宣言、以及对外函电等。（霍世荣）

H000028 **古代汉语常用词例释词典** 李忠田编著。辽宁人民出版社 1994 年版。78.8 万字。37.00 元。内容包括读音、词义、例句、译文 4 个部分。从古代汉语中选出约 1300 个常用词加以讲解，每个词条重点解释词的本义，引申义和假借义。词义简明准确，以《说文》释义为根据，书中例证均选自历代古诗文名篇。例句，均附有译文。书中词义辨析部分，着重辨析词义的异同，通过辨析更加准确理解词义、词的发展过程及其感情色彩。书后附有古汉语语法简介。（于海寰）

H000029 **张志公语文教育论集** 张志公著。庄文中编。人民教育出版社 1994 年版。58.9 万字。20.50 元（平）；26.00 元（精）。收编张志公先生 1958 年至 1992 年间关于语文教育的论文、学术讲话稿、序言、贺词等，共 122 篇。论集分为 6 辑：第一辑，语文的内容和形式。总论语文的性质、任务、内容等。还收编了两篇关于中学外语教学的论文。第二辑，探索语文教育改革。反映作者关于语文教育改革的思想和实践。第三辑，读写教学。第四辑，语言教学。第五辑，教法研究。第六辑，贺词、序言。（庄文中）

H000030 **马氏文通及中国语法学** 王海棻著。安徽教育出版社 1994 年 1 月版。18.5 万字。5.00元。分 3 个部分：第一部分，按照现代汉语语法学的体系，对《马氏文通》的内容加以分析、综合与评议，还对《马氏文通》的代字、句读、次等问题作了专题研究。第二部分，将《马氏文通》跟其后的语法名著进行对比，评论得失，阐述《马氏文通》的价值及影响。其中关于建立构词法系统等论述，颇有创见。第三部分，选择了《马氏文通》中近 200 个常用术语加以简明注释。（蔡宏淑）

H000031 **中华成语词海** 姜光辉、于光明主编。长春出版社 1994 年 1 月版。334.5 万字。3 册。65.00 元。收录汉语成语近 4 万条。由释义卷和速查卷两部分构成。释义卷分为上、下册，释义先讲解字面意义或本义，再说明用法或引申、比喻意义。引例一般采用书证一至二例，辅助说明成语的含义、用法及其源流演变。速查卷把所收成语中的全部单字作为字头，使含有同一单字的成语按该单字所处字序分组集中排列在一起，可从任一字序、任一义类的单字入手检索所需成语。编排新颖、多项检索、使用便捷是其特色之一。本词典另收录少量其他熟语，约 3 000条非四字格条目也首次作为成语录入。（成与光）

H000032 **现代汉语多功能词典** 刘振铎主编。东北朝鲜民族教育出版社 1994 年 1 月版。240 万字。29.80 元。收词语 6 万余条。除了具有对字、词的音、形、义注释性能外，还可以查到汉字的部首、笔画数、笔顺、六书分类（形声、象形、指事、会意）、构成的词语、形似字的辨别和词语的词性、逆序词语、同音词、同义词、反义词、虚词、外来词、同义成语、反义成语、惯用语以及词语结构和构成方式等等。（徐文渊）

H000033 **汉语异名辞典** 周方等编著。湖北人民出版社 1994 年 1 月版。70 万字。19.50 元。义类语文词典。选收在古今汉语著作中通行范围广、使用频率高的事物别称 6 000 条，按照同义类聚的原则，分为天体、气象、时令、动物、植物、食物、器物、身体等 8 个门类。以习用常见约定俗成者为正名居前，随列副名。从语言学角度，追溯异名由来，并辨析其感情色彩、形象色彩、语体色彩等具体使用语言环境与特点。异名凡古今通用的，举相应古今用例；只限

于古代或只限于现代使用的,分别列举相应典型用例。附分类词目表、词目笔画索引。(李尔纲)

H000034 **袖珍字海** 赵所生等编。江苏教育出版社1994年1月版。170万字。23.60元。收字范围主要包括:一般中、小型字典已收录的字;国家语委和新闻出版署发布的《现代汉语通用字表》中所收的字;在各种古籍(除古代字书外)中曾出现过的字;各类百科辞书中的字,如地名、姓氏、科学技术、医药、宗教等用字;大方言区中用得比较多的方言字,包括港台书报中经常出现的字。还收录以往字典中从来没有收入过的汉字近百个。在注音方面采用汉语拼音和同音常用字两种方式为字头注音。在对汉字的训释时,义项收列上注意到古义今义兼收,本义转义并重,着重讲清基本义和常用义,并兼顾了读者学习古汉语和阅读古籍的需要。在引用资料时,还注意科学性和准确性,纠正了以往字词典中的一些沿讹。(郑丽佳)

H000035 **训诂学** 郭芹纳著。陕西师范大学出版社1994年1月版。23.2万字。6.80元。主要包括"训诂与训诂学"、"训诂的内容"、"训释词义的方法与原则"、"解释词义的方式"、"训诂学的应用"、"训诂常用术语"、"训诂要籍简介"、"近代汉语的训诂"、"训诂举例"、"思考与练习"。其主要特点是通俗易懂、方便实用。比其他训诂学方面的著作增加了"近代汉语的训诂",又选录了一些训诂名家的大作。(陆三强)

H000036 **当代港台用语辞典** 朱广祁著。上海辞书出版社1994年1月版。41万字。21.40元。语言工具书。以与大陆在语义和情彩上差异较大、影响理解、易生误会的语词为主要收录对象,计收词目5 000余条。内容涉及政治、经济、文化、体育、社会生活等方面,其中包括少量近年已在大陆流行的港台词语。以简化字为词头、以繁体字为对照,并分别注有汉语拼音和注音字母。如系外来语,则注明原文语种,并列出原文。每词条均注明使用地区,以区分港、台之间的词语和语义差别。所有词语,只解释与大陆有歧异的义项。为表明词语的使用环境和感情色彩。释义后尽量举出例句,例句均出自港台原版书刊。本书一大特色为设有说明项,内容包括:语源、感情色彩、使用场合、亦作形式、参见条目等。正文按汉语拼音字母顺序编排、附词目笔画索引和首字音序索引。另附有"港台词语外来语源表"和"台湾与大陆专名译名对照表"。(林申清)

H000037 **郑子瑜学术论著自选集** 郑子瑜著。首都师范大学出版社1994年1月版。49.4万字。26.00元。"学术论著自选集"之一。收有自1936年12月至1991年11月所写专著与论文50余种。其中有对晚清最杰出的新派诗人黄遵宪的研究,对郁达夫旧诗的研究,对鲁迅、周作人的研究,特别是对修辞现象的研究,作者都提出了许多前人所未发的新见解。(胡乃羽)

H000038 **修辞理据探索** 张炼强著。首都师范大学出版社1994年1月版。33.5万字。9.50元(平);12.50元(精)。分5章。第一章绪论:第一节修辞理据概述、第二节"无理而妙"的理据、第三节从逻辑思维本身找修辞现象的理据;第二章修辞在概念中的反映:第一节词语修辞和概念、第二节词语修辞的概念分析;第三章修辞在判断中的反映:第一节语句修辞和判断、第二节言外之意和判断;第四章修辞在推理和论证中的反映:第一节推理的修辞功能、第二节论证的修辞功能、第三节言外之意和推理;第五章话语衔接的逻辑思路。收入"当代中国学者文库"。(胡乃羽)

H000039 **《切韵》综合研究** 黄典诚著。厦门大学出版社1994年1月版。41万字。14.80元。古音韵学研究专著。对《切韵》作共时与历时相结合的综合研究,从体制、声韵母系统、渊源前奏、文本增减、韵图源流、音系性质以及在各方言区的分衍等多方面作了考证研究;其中关于《切韵》四等的由来和关于从"重纽"的出现看汉语音韵在强弱分合的不平衡中发展,都提出了重要观点;进行了新的《切韵》拟音。在研究方法上,除了运用传统的文献研究方法以外,特别注重以方言与文献互证,特别是在闽南方言与文献、闽南方言与其他方言的互证中揭示或佐证其他研究者所忽略或难以解决的某些问题。(王依民)

H000040 **左传范围副词** 何乐士著。岳麓书社1994年1月版。30万字。15.00元。确定《左传》范围副词24个,对其作详尽分析。分析的项目有:一般用法,近似与相关范围副词的比较,特殊用法剖析,疑难语例剖析,争议问题讨论、分类与统计,文化社会背景与现象的阐释等。采用现代归纳法进行研究,即以微观语料的逐一解析为基础进行多维的分类,以穷尽性的统计对语言事实进行定量分析,来确定问题的性质,以联系与比较为基本方法总结客观规律。通过微观分析,对《左传》范围副词的阵容、作用、意义与特点,作了有把握的归纳概括,在定量的基础上达到了多维定性的目的。(梅季坤)

H000041 **厦门方言** 陈荣岚、李熙泰编著。鹭江出版社 1994 年 1 月版。16.2 万字。8.00 元(平);18.00 元(精)。“厦门文化丛书”之一。较系统介绍以厦门话为代表的闽南方言在语言、词汇、语法等方面的特点,展现了闽南方言的概貌。但又不局限于方言本身,而是把方言特点、方言现象与社会、历史、人文、民俗、心理等多方面联系起来分析研究,即一方面从社会、历史、人文、民俗的角度来考察方言特点、方言现象的形成和演变,另一方面又透过方言现象去窥视它所反映的历史和现实的文化现象,把方言作为一个了解地方文化的窗口。(甘于黎)

H000042 **现代汉语语法问题研究** 萧国政著。华中师范大学出版社 1994 年 2 月版。23 万字。7.85 元。语法研究论文集,分为 3 个部分:一、现代汉语语法研究。从结构成份的性质和特征,汉语词类的特点和性质,介于词、句之间的语言片断的构成与功能等方面,运用新视角新方法进行研究,取得新的语法发现。如,对主语的研究,从句法结构构成成份和表义类型的关系入手,提出主谓、动宾等句法结构关系在汉语里形成不同的理解模式,这些不同的理解模式是由不同类型的成份体现的观点,便是一例。在对“名物化”问题上,通过对名词和动词在内层扩展上的对立,揭示了汉语词类组合具有层次性的特点,为句中名、动词的识别定性提供了语法依据。二、“传息语法”研究。集中体现了“传息语法”的基本观点与研究方法。它是对进入交际环节中的句子进行动态的研究。作者提出了“传息语法”概念,指出语法不仅包括组形造句的规则,还包括语言的理解规则,将语形、语义、传息作为观察语言的“内三角”;并选取问与答这种较易显露交际规则的言语形式,提出影响简答式选择的 4 种主观因素。三、语法研究方法的研究。把语料划分为 3 类,对它们在研究中的作用予以定位;还对语法研究者的素质提出要求,对语法研究提出了可供选择的方法与途径。(王文戈)

H000043 **现代汉语用法词典** 闵龙华等编。江苏少年儿童出版社 1994 年 2 月版。250 万字。35.00元。收常用字 1.2 万个,常用词约 4 万条。除具有一般大中型辞书所具有的注音、释义两大功能外,又增加了一般写作、教学、阅读、讲话所不可缺少的其他一些功能:①对每个单词都标明词性,说明使用注意事项。②说明词在句子中的作用和地位。③辨析同义词的褒贬、轻重、宽狭、俗雅区别。④辨析同音形近字以及汉字古今读音、含义的变化。(陈图麟)

H000044 **《古文观止》精华赏析** 孟庆文主编。南海出版公司 1994 年 2 月版。38 万字。14.80 元。以清康熙年间吴楚材、吴调侯编选的《古文观止》为蓝本,从中选出 101 篇思想内容健康、艺术性较高的文章加以赏析。在赏析文字中,注重对费解词句及典故的注解,有原文写作背景的介绍,思想内容的分析和艺术特色的点评,赏析文章力求生动活泼,通俗易懂,以达到雅俗共赏的目的。在正文后附有典籍介绍和作家小传,并附有编后论。编后论中讲述了编写此书的目的及本书的特点,并对所选文章的特色,以及读者可以从中学习的几个方面一一加以介绍。(张桐)

H000045 **语海·秘密语分册** 钟敬文主编。上海文艺出版社 1994 年 2 月版。84.4 万字。24.60 元。共收古今各地各类秘密语两万余条,内容丰富翔实,分类详细精当,注释明晰简要,并选取相当典型例证。正文以笔画为顺序编排,前有笔画索引,文末有拼音索引,以备查阅。(李欣)

H000046 **古汉语句典** 吕庆业主编。海天出版社 1994 年 3 月版。54 万字。16.20 元(平),18.90 元(精)。专门讲解古代汉语句法的工具书。收有句型 435 种,选收例句 5 994 个。例句从先秦至清末的典籍中精选,按选文成书的年代排列。所有例句均标明出处及作者,并均附白话译文。在句型选收上,力求博采并蓄;在句型划分上,尽量采用学术界已基本成为定论的见解,并简析句法结构,比较古今句法的异同,除在每个句型前做简要解说外,一律用符号做标记加以分析。(薛亮)

H000047 **学生字词典** 副名:九年义务教育用。张伟等编著。江苏教育出版社 1994 年 3 月版。93 万字。21.80 元。根据九年义务教育中所确定的学生必须掌握的所有生字、新词,以及国家语委公布的 3 000个常用字和 1 000 个次常用字的收字原则,收集了近 5 000 个汉字字头。其显著特色为:一、将字典、词典的功用汇于一体,以字带词,以词带语。二、充分体现了教育特色,具备了学生在学习字词方面所需要的各种功能,如字形、字音、笔画、部首、结构、释义、辨误、扩词、同义词、反义词、褒贬色彩、短语、造句等等。(沈晓蕾)

H000048 **漫画反义词辨析** 王培堃编绘。接力出版社 1994 年 3 月版。319 幅。6.50 元。选收 642 个反义词,编成 319 组进行辨析。每组反义词配一幅漫画,并对词注音、标明词性、进行解释、说明用法。漫画采用夸张、变形等形式,重点突出词的意义特点和用法特点以及反义词的相互矛盾与对立。(余人)

H000049　**中国民间方言词典**　段开琏编。南海出版公司1994年3月版。148万字。50.00元。除收录了现代汉语方言词汇外，还酌收了具有浓厚地方特色的短语、熟语、习俗语、惯用语、江湖隐语、新旧黑话、行话、俏皮语及建国后出现的新词语。是一部包括我国北部方言、吴方言、粤方言、湘方言、闽方言、赣方言、客家方言等7大方言区及次方言区汉语方言的工具书。其主要特点是：1. 收集条目广泛。共收方言词汇约13 000条。2. 选词标准严格。一是普通话里没有的词。二是普通话里有，但词义与用法不同的。三是为一个地区特有的方言字、词。四是具有一定知识性、故事性、趣味性的方言词。五是建国后出现的新词。六是为对比、强化现代汉语方言的历史性，适当收入了一部分古典文学名著中的方言词语。3. 对词条均用汉语拼音注音，一律标本调不标变调。4. 释文、用例广泛。5. 方言区属明确。所选方言词语，每条都按7大方言区属的理论划分，先大方言区、后次方言区，必要时再注明方言点。(任在齐)

H000050　**标点符号词典**　袁晖等编。山西人民出版社1994年3月版。50.8万字。12.80元。收词目1 400余条。对我国古代、近代、现代的数十种标点符号的作用、写法、用法做了详尽的诠释和规范的例释，在正文之后收录了国家政府历次颁布的"标点、符号使用方案"以及"古今名人论标点"、"英文标点符号的用法"、"使用标点符号常见的错误"、"关于汉语标点符号的著作目录"、"有关汉语标点符号的论文目录"等内容。(杭海路)

H000051　**语苑新论——纪念张世禄先生学术论文集**　《纪念张世禄先生学术论文集》编辑组编。上海教育出版社1994年3月版。42.7万字。15.70元。语言学论文集。按照"古今兼收，源流并重"原则，收国内专家撰写的43篇论文，以纪念他的为人和功绩。分9大类：词汇、训诂、语法、修辞、音韵、方言、文字、诗律及语言理论等。其中词汇类：调整、感染、凝缩是汉语词义演变内因初探；训诂类：西周春秋时代的互训词；语法类：语法的共性和个性；修辞类：修辞学史研究中的系统论方法；音韵类：台语-a:ŋ,-aŋ,-a:k,-ak韵里的汉语"关系字"研究；方言类：上海地区方言的声调系统；文字类：论殷虚卜辞命辞的性质；诗律类：近体诗的正格和拗律；语言理论类：雅言优势论等。正文后附录《张世禄教授传略》、《张世禄先生学术年表》。撰稿作者有姜亮夫、邢公畹、周有光、胡裕树、黄典诚、唐作藩、李新魁、邵荣芬、许威汉、董达武、严修、申小龙等。(李楚华)

H000052　**外事实用文书大全**　潘新明编。世界知识出版社1994年3月版。73万字。28.00元。主要介绍国家外交机关、对外经贸部门和其他各机关、团体、企事业单位、法人及自然人在从事国际事务中使用的各类实用文书，介绍它们的性质、特点、作用和撰写格式。除总述外，将外事文书分为外交类，国际条约、契约类，领事礼宾类，对外进出口贸易类，涉外公证、仲裁和司法诉讼类，宣告、声明、号召、讲演、新闻类以及通用类等10大类，分别做了介绍。(米小平)

H000053　**语法修辞论**　副名：记念陈望道先生诞辰一百周年论文集。复旦大学语文研究所编。浙江教育出版社1994年3月版。28.9万字。550.00元。收录语法修辞论文44篇，其中有吕叔湘、胡裕树、张斌等有关语法的论文多篇，分别就指示词的区分、动词的次范畴、陈望道先生的功能学说与当代功能语言学等理论进行了阐述；倪宝元、吴士文、王铈杰、宗廷虎、袁晖、郑颐寿等先生就修辞理论、语体风格、修辞手法等问题进行了论述，且都有他们自己独到的见地。(佘龙文)

H000054　**中国俏皮话大辞典**　刘广和主编。中国人民大学出版社1994年3月版。81.7万字。24.80元。对汉语中具有活泼、风趣、幽默等修辞色彩的固定短语进行注音、释义和指明正体别体的语言工具书。对汉语中丰富多彩的俏皮话进行了整理综合，将语义相近的俏皮话短语分为本体与别体，并分别加以注音、释义并注明出处，为人们正确地读、写和运用这些语言材料提供依据和方便。辞条的注音准确，释义精确，举例典型，出处详实。(秦桂英)

H000055　**实用成语词典**　常晓帆编。华文出版社1994年4月版。84.5万字。29.00元。收录词语约1万条。其特点是：(1)释义准确通俗。所收入的词目，凡能找到出处的，一律将书证列出；(2)增收的词目，大部分为同类词典中所没有，特别是那些形成不久而广为使用的，如"鞭打快牛"等。(3)除基本做到一词一例外，一条成语有二种解释的则分别举例。正编前面有音序表和条目笔画索引。笔画索引中第一个字画数相同的条目按：一(横)、丨(直)、丿(撇)、丶(点)、乛(折)为先后；第一个字体形和读音相同的条目，按第二个字的汉语拼音字母为序。(王文祥)

H000056　**古诗文修辞艺术概观**　戴锡琦、戴金波著。首都师范大学出版社1994年4月版。20万字。7.00元。从"文学是语言的艺术，语言艺术无限风光的展露是修辞"这一论点出发，依据我国古诗文语言的自然层次，将古诗文修辞艺术分为字法修辞、句法修辞、篇章修辞3大层面。指出这3个层面的有机结合，构成了我国古诗文完整系统的语言修辞系统。而字法修辞、句法修辞、篇章修辞的不同，便体现了由于作家思想、识见、阅历、审美情趣的差异和作品题旨、情感、风格的不同，从而形成我国众多古诗文语言修辞的鲜明个性与多样性，显示了我国古诗文的高妙修辞艺术。（张成水）

H000057 **中国古代写作学概论** 李道荣著。文心出版社1994年4月版。29.7万字。14.00元。分4章：第一章古代写作学的萌芽期（先秦两汉），介绍了“修辞立其诚”的思想；第二章萌芽期写作研究特点综论；第三章古代写作的发展期（隋唐宋金元），更详细阐释了元好问“不诚无物”的论断，这就是中国古代写作学的精萃之一；第四章古代写作学的成熟时期（明清），细致地评述“人品论”，强调全书以古代写作理论发展的历史走向为经，以历史各阶段写作理论的内容为纬，是对各历史阶段写作理论的科学性、系统性、研究范围及研究者的自觉意识，思维特征，研究方法等综合性的考察。从纵横两方面勾勒凸现我国古代写作学发展演进的历史脉络和各历史阶段的理论形态。（牛雅杰）

H000058 **汉字的故事** 施正宇编著。中国友谊出版公司1994年4月版。10万字。25.00元。从古汉人造字意图，或者说字形的选择原则“近取诸身，远取诸物”（《易·系辞》）出发，讲述每一个汉字构形的小故事，将所释汉字分成“人类”、“自然”等篇章，展现了汉字构形的总体画卷。（李丹妮）

H000059 **历代文言名句鉴赏** 刘允声、刘亚丽著。北京出版社1994年5月版。53万字。19.00元。从实用性、知识性、趣味性出发，汇集文言名句约2 100条，上起秦，下至晚清，以先秦、两汉、魏、晋、南北朝时期为主。词条之下分：出处、解释、同义（或反义）语、成语等几项。与词条来源有关的故事，一律用白话写出。词条以散文名句为主，兼收极少量的诗句，凡属四字成语，一概不列入。难读字附有汉语拼音，书前有笔画索引，后有音序索引。是《历代诗词佳句鉴赏》的姊妹篇。（马桂芳）

H000060 **五笔字型汉字输入速查字词典** 赵恒友编。电子科技大学出版社1994年5月版。24万字。12.80元。“电脑汉字编码丛书”之一。分为9部分：一、使用说明。二、字根序检索索引。三、音节序检索索引。四、字根序字典。五、音节序字典。六、五笔字型内部词组词典。七、图形符国标区位码。八、偏旁部首国标区位码。九、五笔字型汉字输入法简明指南。全书从使用者和初学者的实际需要出发，按音节序和字根序（形序）两类编排字典。收录汉字6 763个、图形符500余个、内部词组3 113个。以字根为序，严格按照“王永民五笔字型字根助记词”顺序按字根归类，如字根“亻”，即将所有首字根为“亻”的汉字依序归类。（赵恒友）

H000061 **汉字文化学简论** 刘志基著。贵州教育出版社1994年5月版。13万字。4.80元。对“汉字文化学”这一新兴边缘学科侧重某些具体问题进行微观讨论，如：汉字可以蕴涵传载种种奇特的历史文化信息；汉字的认知特点塑造了中华民族独特的心理意识、思维方式及文化现象等。系统论述汉字文化功能，对汉字文化功能所涉及的主要方面和若干内部规律及其研究方法都作了深入阐释。（卓守忠）

H000062 **说文解字三索** 黄琦著。河北教育出版社1994年5月版。83万字。3册。98.00元。分上、中、下3卷。以许慎《说文解字》原文为依据，将《说文解字》所收530字逐一进行说解。从文字源流、历史文化变迁、语言发展演化的角度详细考证每一个字的字形、字音、字义的历史流变过程。该书由毛笔小楷手钞影印出版，每个字有标准篆书为例。（王鸿雁）

H000063 **虚词历时词典** 何金松编。湖北人民出版社1994年5月版。82.7万字。18.80元。收历代汉语虚词4 600余条，上起先秦，下至明清。按义分类、以时代为序解释词义并呈现各类各个虚词演化发展的形态及其整条脉络，能基本呈露不同义类虚词中各同义词族的全貌及其产生的时代和演变的线索，反映了汉语虚词的总体规模及其演变。本词典取材于中国古籍中的100多种别集、选集和总集。正文前有凡例、目录，有虚词研究介绍性的虚词简论（代前言）；正文后列有词目笔画索引和参考书目等。（易学金）

H000064 **日本学者中国文章学论文选** 王水照、吴鸿春编选。上海古籍出版社1994年5月版。22.3万字。10.00元。中国文章学是日本汉学研究的重要分支，其论著大都采用“文话”的形式。本书选录自江户时代（1603～1867）末至今最有代表性的论著3种：斋藤正谦（1797～1865）《拙堂文话》、海保元备（1798～1866）《渔村文话》和吉川幸次郎（1904～1980）《中国文章论》，可供了解日本学者研究中国古代散文的情况，提供中日文章交流史的生动资料。其

中第一种纯以汉语文言写作，可据之了解作者深厚的汉学功底并与中国本土文言著作进行比较研究。(李祚唐)

H000065　**大学修辞**　倪宝元主编。上海教育出版社1994年5月版。43万字。14.50元。修辞学专著。设引论、选词、炼句、音律、辞格、篇章、风格、语体、修辞学史等章节，全面论述修辞学方面的有关问题。主要特点：一、新。提出许多新问题，并加以论述，有些老的修辞问题也用新的观点、方法，从新的角度加以深化。如把80年代才在修辞学界展开讨论的“风格”、“语体”、“学史”都单独设立章节。又如把80年代以来陆续归纳出的并为大家公认的新辞格(析词、易色、降用、巧缀等)都加以介绍、论述。二、全。涉及修辞学的问题，基本上都设立专章，详加讨论。三、深。各章都注意理论深度。各章附设“思考与练习”。(顾景祥)

H000066　**引用语辞典**　朱祖延著。四川辞书出版社1994年5月版。73.5万字。22.00元(平)，26.00元(精)。所谓“引用语”，是指历代文化典籍中引用别人的意思比较完整的话语。引用又有明引暗引之别，“照引原文，点明出处，是谓明引；照引原文，不示出处，是谓暗引。”本辞典所收条目即是经书、子书、史书或诗文、词曲、小说中的成句被后人引用而未标明出处的暗引。它具有以下特点：①专收文化典籍中本未标明作者及出处的暗引，并一一标明作者及出处。②选目着眼于古为今用，让读者免除了书海泛漫查寻之苦。③对难懂词语和异读音作了准确的注释，对每个条目作了准确的翻译，为一般读者扫除了阅读的障碍，也为过去文籍注释中的许多遗漏和错谬提供了可资匡正的可靠依据。④有简明的用法提示(包括原义、引申义、比喻义等)，便于读者掌握和灵活运用。⑤列举丰富洽切的例证，源流并举，古今兼收，提供了运用范例。⑥按音序编排，前有总目，后附《条目音序索引》和《条目首字笔画索引》，便于检索。(诸定耕)

H000067　**全国中学生一等奖作文精选**　任臻编。文心出版社1994年5月版。25.7万字。7.45元。所选作文，均为全国各类作文竞赛中的一等奖，计100余篇。从不同的角度，用不同的文体，反映了祖国各地、各民族的风俗民情，反映了伟大祖国的巨大变化和人民生活的提高。(王镇)

H000068　**文体与文体的创造**　童庆炳著。云南人民出版社1994年5月版。23.7万字。10.90元。“文体学丛书”之一。从中国古代文体论的历史回顾、西方文体论的历史回顾、文体作为系统、文体的功能以及文体的创造等诸方面，对古今中外各流派的文体论进行梳理，运用马克思主义的基本原理和系统论多层面剖析的方法，对文体问题做了较为系统的考察，把文体问题视为一个系统来研究，赋予“形式”在文体的创造中以重要的地位和作用。(蔡育曙)

H000069　**我和小树一起长大**　副名：全国少年儿童种树种花种草征文获奖作品集。中国少年报社编。中国林业出版社1994年5月版。14.8万字。4.30元。收获奖作品97篇，书后附有获奖单位和个人名单。(喻都尔)

H000070　**家庭礼仪应用文大全**　周文建、史华楠编著。北京出版社1994年6月版。28万字。9.30元。分婚嫁类(婚嫁帖式、贺婚祝嫁、结婚庆典礼文)、丧祭类(治丧、挽悼、墓碑礼文)、寿诞类(寿诞帖式、祝寿、冥寿礼文)、贺喜类(祝贺生活、事业礼文)、家居类(通联、家教、自勉、庆春礼文)、慰勉类(信函式、题赠式、诗歌体礼文)、意愿类(请约、请求、意见、交际礼文)、告谕类(告白、启事、征招礼文)和协议类(契约、合同、协议、条据礼文)9类礼仪文体，囊括了300余种礼仪文书的写法，选录了数以千计的典型实例，以备每个家庭和个人实用，充分体现了“全”的特色。另外，本书还有如下3大特点：一是重视了礼仪文体的知识性、全面性、系统性和实用性；二是突出了礼仪文书选例的规范性、新近性和通俗性；三是所选实例绝大部分为现代生活中使用频率较高的，且贴近日常生活，易懂易学。(于德江)

H000071　**儒道佛名言辞典**　陈启福等编。河南人民出版社1994年6月版。75万字。25.00元。收3家名言佳句7 900余条，正文按儒道佛3家类别排列，类别下按内容分列子目编排，子目内的条目依时序排列。所收条目多为单句或复句，语意不可割裂的句群亦酌收。条目的内容一般包括原文、出处、译文以及是否成语等项目。译文一般采用直译法，不便直译者则采用意译，寓意较深的条目在译文之后还予以适当的说明，难字难词还加有注释，以便于准确地理解原句的意思，而对于个别接近现代言语风貌、明白如话的条目则不注亦不译。正文后设有名言首句首字的笔画索引。(郁诚炜)

H000072　**现代汉语常用文体写作**　耿富主编。黑龙江人民出版社1994年6月版。9.72万字。9.90元。新体系汉语丛书之一。分23课，每课都由范文、生词、写作知识和写作练习4部分组成。(安晓峰)

H000073 **现代汉语日常会话** 耿富主编。黑龙江人民出版社1994年6月版。15.12万字。15.40元。新体系汉语丛书之一。27课，每课都由课文、生词、语法和练习4部分组成。目的使学生能够正确地掌握2 000多个汉语普通话常用词语的读音、书写、意义和用法，并能在日常生活中根据不同环境、场合的需要进行会话、交际。（安晓峰）

H000074 **现代汉语音节及常用字认读** 耿富主编。黑龙江人民出版社1994年6月版。8.64万字。8.80元。新体系汉语丛书之一。共27课，按照汉语普通话音节结构特点进行编写。每课都由音节读写、汉字认读、有关说明和课堂练习4部分组成。目的使学生正确、流畅地念出汉语普通话1 300多个有效音节，并在此基础上尽可能多认读一些常用汉字。（安晓峰）

H000075 **现代汉语基本句型** 耿富主编。黑龙江人民出版社1994年6月版。10.8万字。11.00元。新体系汉语丛书之一。26课，每课都由例句、生词、语法和练习4部分组成，目的是让学生掌握汉语普通话的基本句型，能够按照汉语语法规则正确地组词造句。（安晓峰）

H000076 **文化的结晶——词义** 苏新春著。吉林教育出版社1994年6月版。13万字。5.00元。文化语言学丛书之一。从“文化研究——迫近词义本质研究的新范型”、“词义文化分析的理论建构”、“词义文化内涵的多层次”、“文化因素决定词语的产生和消失”、“词语命名与民族文化”、“词义演变中民族文化的延展”、“基本词汇——民族文化的基本范畴”、“词义系统——民族文化观念的体系”、“词义系统的开放性”、“词义形式的文化内涵”、“类别词的文化考察”等方面对词义与文化进行多方位的研究。（李静）

H000077 **文化的深层选择** 副名：汉语意合语法论。张黎著。吉林教育出版社1994年6月版。16万字。5.00元。文化语言学丛书之一。从“文化和语言的深层沟通”，“文化语言学的核心——文化语法观”、“汉语意合语法论”、“语法的语义内涵”、“语法的语用内涵”、“语法的句法内涵”、“句子分析策略”、“意合语法在人类知识系统中的地位”等方面系统地阐释汉语语法的特点，并从文化的视角探讨汉语语法的结构、关系、特点等。（李静）

H000078 **中国文字学史** 张其昀著。江苏教育出版社1994年6月版。28.5万字。5.30元。创造性地把文字学史分为7个时期：(1)文字学准备时期——先秦至东汉前期；(2)《说文解字》时期——东汉中后期；(3)文字学展开时期——魏晋至唐五代；(4)文字学大发展时期——宋；(5)传统文字学继续时期——元、明；(6)传统文字学极盛时期——清；(7)古文字学最终成立与普通文字学逐步科学化时期——清末至今。全书涉及古今文字学家及有关学人凡五百有余，论列文字学著述近8百种，或详或略，主次分明，井然有序。（王许林）

H000079 **漫画同义词辨析** 王培堃编绘。接力出版社1994年6月版。34.9万字。7.50元。选收749个同义词，编成349组进行辨析。每组同义词配一幅漫画，并对词注音、标明词性、进行解释、说明用法。漫画采用夸张、变形等形式，重在突出词的意义特点和用法特点以及同义词的细微差异，直观形象。（余人）

H000080 **石鼓新响** 李铁华著。三秦出版社1994年6月版。50万字。90.00元。古文字学研究专著。以传世的宋拓本“安国三拓”（“先锋”、“中权”、“后劲”）为蓝本，根据石鼓文结体多左右对称、和而不同的特点，结合对残字墨痕的分辨和文例法则的应用，考辨补缀了石鼓文宋拓本的全部残文，得前代学者未识和书误的铭文30余个；通过对被斥为“伪本”的明杨慎刻“东坡本”详细考证，发现其中有许多“安国三拓”所没有的铭文，从而大胆肯定东坡本的史学价值，并尝试以其中84字补入宋拓本中尚缺的字位，将十首鼓诗译为白话诗，实现了石鼓十诗的通读。在此基础上，参照《史记·秦本纪》有关记载，并借助对石鼓铭文中疑难字的辨识，考定石鼓制作年代为秦文公五十年（前716年），比唐兰所考定的秦献公十一年（前374年）提前342年。关于十面石鼓的排列次第，历来莫衷一是，本书经过反复考辨，重新排出不同前人的十鼓次第。书中还专列“石鼓文研究论著目录”，展示了古今中外200多位学人研究石鼓文的丰硕成果。（赵建黎）

H000081 **俗语词典** 徐宗才等编。商务印书馆1994年6月版。199.2万字。25.00元。收古今常用汉语俗语1.3万余条，包括大部分谚语和小部分歇后语，每条均有简明、易懂的注释。注文一般首先解释难懂的字词，然后指出本条俗语的比喻、形容、说明义。所用例句是从大量古代白话小说、现代文学作品、报刊杂志以及其他一些书籍中选取的，每条俗语至少有1～2条例句。对于一些带有用词略有差异的变体的俗语，例句则酌情略有增加。采用以义归类的方法，即把一些虽然在语句、用法上有或大或小差别,但意思相同或基本相同的俗语归在一起,选取一条较为常用的作为主条,其余均作为副条列在主条下,而没有机械地按某一排序方法排列。例如,在“初生牛犊不怕虎”(“怕”又作“畏”、“惧”)一条下,共收录了“初生犊儿不怕虎”、“初生之犊不惧虎”、“年轻犊儿不怕虎”等俗语。词典主条目按音序排列,正文前有音序目录,后附首字笔画索引。(金欣欣)

H000082　**古代汉语词汇学**　赵克勤著。商务印书馆 1994 年 6 月版。21.2 万字。7.20 元。以古汉语词汇的特殊性为出发点,以现代词汇学理论为指导,从纵横两个方面对古代汉语书面语进行综合研究,探讨古汉语词汇与文字学、音韵学、修辞学、语法学的关系,特别是与训诂学的关系,总结古汉语词汇的词义、结构等演变发展的普遍规律及演进途径。分 14 章:绪论;单音词;复音词;词义;词义的演变;同义词;反义词;同音词、同形词和多音词;因声求义;通假字;同源字;古今字;古书材料及训诂学研究成果的运用;古汉语词汇研究与字词典的编纂等。(许振生)

H000083　**全国小学百所名校获奖作文选**　小学生作文选刊编辑部编。文心出版社 1994 年 6 月版。17.2 万字。4.40 元。收获奖作文 127 篇,分记事(面向社会、爱心一片、成长历程、活动场面)、写人、写景状物(场景参观、山水游览、爱我家乡、写物寓意)等类。书后收录了部分获奖作者的体会文章。(于秀申)

H000084　**李新魁语言学论集**　李新魁著。中华书局 1994 年 6 月版。36 万字。19.00 元。收有音韵学论文共 17 篇,其中研究上古音的 1 篇、中古音的 2 篇、近代音的 6 篇、现代音的 1 篇、等韵学的 5 篇,还有研究音韵学与中国文化关系的和音韵学史的各一篇。对汉语上古音提出“晓、匣”(h 类)归入“见、溪、群”(g、k 类)的观点。对中古汉语提出“床、禅”两种声母不分的主张。提出近代汉语共同语的标准音是河(黄河流域)、洛(洛阳)音,《中原音韵》代表 14 世纪洛阳音系,《中原音韵》尚有入声等观点,对异说有所反驳。阐述了等韵学的起源和发展,对传统等韵学的一些深奥概念进行了解释,对几种有代表性的等韵图做了研究。《韵镜研究》可谓其中的集大成者。(郑仁甲)

H000085　**常见错别字校正字典**　张明一等著。东北朝鲜民族教育出版社 1994 年 7 月版。16.2 万字。12.80 元(平),18.80 元(精)。将常见错别字分为 8 类,均从《现代汉语词典》中筛选分类。第一类是“字形相近、读音相近的易错字”,收字 1 444 个;第二类是“字形相异、读音相近的易错字”,收字 411 个;第三类是“字形相近、读音相异的易错字”,收字 624 个;第四类是“多音多义字”,收字 347 个;第五类是“同义多音字”,收字 48 个;第六类是“容易读错的字”,收字 273 个;第七类是“容易误用的词”,收词条 2 818 个;第八类是“成语中容易用错的字”,收入成语 1 158 个。每个字、词、成语都注有读音,字有例词,词有例句。(林海)

H000086　**扇形结构快速写作法**　刘智祥著。贵州民族出版社 1994 年 7 月版。35.8 万字。13.00 元。写作方法学术专著。分为扇形结构快速写作论、扇形结构快速写作法、扇形结构快速写作例析和附录 4 个部分。该写作法是把审题、立意、拟提纲、打草稿、抄写的写作过程,运用点、线、面的数学法则,融进老子《道德经》中“一生二、二生三、三生万物”的哲理,即以一个点为中心,从一根主线扩展为二根、三根或多根,然后在线上以一个信息点为首推出多个信息点。在这个过程中必须具备人、事、景的信息储备,再从内容和形式方面对点、线、面信息点进行快速连缀,合并成为一个扇形结构图,把扇面张开,就是一篇复杂而新颖、深厚而丰富的文章。(郭堂亮)

H000087　**实用古汉语大词典**　《实用古汉语大词典》编委会编。河南人民出版社 1994 年 7 月版。404 万字。125.00 元。大型的汉语工具书。它的体例是根据陈云同志对整理古籍的指示精神制定的,主要有以下特点:①释义所引用的书证,大都用先秦文献中的语句或者高等、中等专业学校文言教材中的语句,翻译成白话文。难懂的词语,作简明的注解。②标明词性,以利于理解古代语词的用法及其组合的规律,全面地掌握古汉语句子内部结构的规律,准确地理解古汉语词句所表达的意义,也便于吸取古汉语简明的句法,作为我们写作的借鉴。③字目或单音词及词条(包括多音词、词组、成语等)都用汉语拼音注音,使读者能正确发音,具有推广普通话的作用。④字目及所属词条全部使用规范化的字体,不使用淘汰的异体字或繁体字,促进祖国文字的统一和标准化。全书共收字 11 000 余个,词条 65 400 余条,正文前设有汉语拼音音序索引,书后配有笔画索引,正文词目按汉语拼音音序排列,词目一般包括单字和词目两部分,多音字者,均在主读音后注出其他各读音,词性的变化,均在义项中标出。释义亦简洁易懂。(郁诚炜)

H000088　**中华成语辞海**　刘万国、侯文富主编。吉林大学出版社 1994 年 7 月版。500.9 万字。150.00 元。收录古今成语 4 万余条，其中包括少量常用格言、谚语和俗语。每条内容包括注音、释义、溯源、书证、副条目、辨误等内容。主要特点是：收入词目之丰富为同类辞书所罕见；释义准确完备，除整体语义外，还对难解字词加以分释；书证按时代顺序排列，显示该成语在各时代使用情况及发展变化；“辨误”对容易读错、写错、解错的字加以辩正，有利于正确读写和使用成语。副条目 4 500 条，属同义词和近义词，集中起来看则是一部同义近义成语辞典。词目按汉语拼音顺序检索，正文后附条目笔画索引。（仲怀民）

H000089 **机关文书写作大辞典** 刘夏塘主编。漓江出版社 1994 年 7 月版。81.6 万字。35.00 元。内容涉及中国共产党办公机关文书、人大常委会机关文书、计划机关文书等众多领域。在现代文书写作电脑化进程中，为解决机关文书标准化、规范化问题，本书作了三项工作：选录了中共中央办公厅、国务院办公厅及国家标准局等机关发布的机关公文处理办法和各种公文格式；全面介绍了文书的结构程式、语言、表达及文风，并对不规范现象提出改正办法；例文选择高标准、严要求。在介绍古代、现代机关文书的同时，还首次列出专章介绍英、美、日等国家的文书，为机关涉外文书写作提供了参考资料。（刘哲双）

H000090 **修辞精品六十格** 谭永祥著。山西人民出版社 1994 年 7 月版。26 万字。8.60 元。以“辨异指误”为主要特色的修辞学著作。作者以极大的勇气和深厚的功力，对当代辞格研究中的负面予以集中的披露，并细致入微地进行分析。（王晋天）

H000091 **说八股** 启功等著。中华书局 1994 年 7 月版。11.4 万字。7.30 元。收入启功《说八股》、张中行《〈说八股〉补微》和金克木《八股新论》3 篇文章。介绍了八股文的流变及体制格式方面的基本知识，对八股文进行公允且深刻的评论。（戴燕）

H000092 **中华歇后语大辞典** 刘宝成主编。北方妇女儿童出版社 1994 年 8 月版。155.7 万字。42.00 元。收集 1 万多条歇后语。基本包括了现代汉语口语及文艺作品中流行较为广泛、有价值的歇后语，既宏富，又祛除了芜杂之弊。同时本书体式比较完备实用。每条目下，有注音、释义、例句。释义简明准确，对谐音与双关的地方、予以说明、对有出处、典故的，酌情引述，并加以简要解释，每个条目，都有一二个比较典范的例句，同一条目，有几个义项的，都分别列出例句。按音序编排，又另立笔画索引，查检方便。（左振坤）

H000093 **古文观止** 清·吴楚材、吴调侯著。海南出版社 1994 年 8 月版。28.1 万字。8.70 元。依据苹花馆本整理，选取先秦至明末的 222 篇文章，有白话注释。释文简炼，通俗易懂，且每个难字皆注音。收入“人人袖珍文库”。（王朴）

H000094 **湖北常用方言词典** 高进智编。湖北人民出版社 1994 年 8 月版。29.8 万字。12.50 元。收语词近 5 000 条，与普通话词意相同或使用地区过窄的方言词语未收入。注音采用汉语拼音方案，在声调符号上作了特殊处理；排列按音序排列，形同而音义不同的分立条目，形音不同而意思相同的，标出见某某词条，形同音同而释义不同分项处理；字形采用简化字；释义一律用通用语，例句采用方言。正文前附有音节检索表和词目笔画检索表。（易学金）

H000095 **逆序类聚古汉语词典** 安德义主编。湖北人民出版社 1994 年 8 月版。190.9 万字。54.00 元。收古汉语常用字字头 2 500 多个，复词 22 300余条。字头以汉语拼音注音，并标有反切、韵部、声调。释义以古今语对译式为主，义项排列先实词，后虚词；先本义，后引伸义，最末列通假义。复词只注汉语拼音，释义间采定义方式。字头和复词均引书证，书证强调本义与始见义。词目按逆序、类聚编排，在字头释义之后，将以该字为词尾的双音节词集合在一起；已集中的词，又采用以义聚联的方法，据同义、相关义、反义分为若干层次，便于使用者按复词末字查找，亦为研究单字作为词素居于词尾与其他单字结合组词及其词义演变情况提供了便利条件。附有部首检字表、汉语拼音首字索引、笔画检字表。（李尔钢）

H000096 **现代汉语空语类研究** 沈阳著。山东教育出版社 1994 年 8 月版。32 万字。12.75 元。共 6 章，另加一个结束语，主要讨论 3 部分内容。第一部分即第一章，建立了“句位”的概念和句位变体结构中空语类的分析方法，将空语类分成“移位型空语类”“隐含型空语类”和“省略型空语类”3 种类型。第二部分即第二至第五章，具体观察和分析了现代汉语中存在的 3 类空语类的句法特点和语义性质。第三部分即第六章，以实例说明空语类分析的作用，指出这种方法可以更广泛地运用于汉语语法研究。“结束语”部分指出，空语类分析的理论背景是 80 年代以来受到语言学界广泛重视的“管辖与约束理论”。（隋千存）

H000097 **汉语“儿”[ə]音史研究(增订版)** 李思敬著。商务印书馆 1994 年 8 月版。11.4 万字。5.70 元。分 9 章:一、对前人成说的商榷;二、论金元时代汉语北方话儿系列字的音值为[π ʅ];三、论儿系列字的[ə]音值的始生时代;四、汉语音韵学史上最早的儿化音记录;五、从《金瓶梅》的字里行间看儿化音的存在条件;六、论汉语北方话中“儿化音”的始生时代;七、现代汉语北方话儿化音的四大来源;八、现代汉语普通话中儿系列字的实际音值以及儿词尾的形态音位;九、现代汉语普通话儿化音两种构音方式的语音实验。

H000098 **韵语词典** 隗志新著。四川辞书出版社 1994 年 8 月版。61 万字。14.40 元。依照《中华新韵》韵部,收录领韵单字 6 000 多个,词语 11 万余条,其中包括词、词组、成语、俗语、古诗文名句、古今名联等。所收词语,依照《中华新韵》分为 18 个韵部,韵部下再按普通话语音的四声分列,不立韵目。轻声列在四声之后。同韵同调的领韵字及其所领词条按汉语拼音字母顺序排列。所收韵字,全部用汉语拼音字母注音。为满足旧体诗词创作沿用入声韵的需要,特在入声韵实际情况前加“㊅”标明。入声字依《辞源》所注,以《广韵》为准,《广韵》不收的字,采用《集韵》或其他韵书、字书的反切。(杨斌)

H000099 **中国谐趣文字奇观** 陈新、黎东编著。苏州大学出版社 1994 年 8 月版。40 万字。14.50 元。对中国谐趣文字作全面的介绍。将汉字的形、音、义关系,包括象形、象事、象意、象声、转注、假借等等分成多种多样的文字游戏形式。并将这些形式梳理、概括为楹联、酒令、灯谜、诗钟、射覆、联句、斗百草、急口令、杂体诗等类别,进行重点介绍。(浦伯良)

H000100 **中国古代名言名句选** 赵熙天、朴正阳选编。延边人民出版社 1994 年 8 月版。61.7 万字。16.00 元。汉朝对译名言名句词书,收录了从先秦到清末为止的各种书籍中的名言名句 6 000 余条。分 26 类,每条名言名句都加了顺序号。每条目前面有朝鲜文译文,条目后边有著作出处、著作年代、著者、并有必要的注解。书后附录有:①中国古代主要文化典籍,②中国古代主要作者,③汉语拼音索引。(赵熙天)

H000101 **卫拉特方言词汇** 伦图编著。内蒙古大学出版社 1994 年 8 月蒙古文版。11 万字。8.20 元。按旧蒙文的词序排列,方言读音下面用国际音标注音的同时简要解释词义并例举。

H000102 **敦煌文献语言词典** 蒋礼鸿主编。杭州大学出版社 1994 年 9 月版。40 万字。45.00 元。在《敦煌变文字义通释》(蒋礼鸿著)的基础上,对变文、诗词、券契等敦煌通俗文书中的俗语词进行系统的辑录和考释。共收条目 1 526 条。每条目加注拼音、精确释义,列出敦煌文献中的典型用例,并举出其他资料以为助证,或推究词义的来龙去脉。(朱宏达)

H000103 **中国智慧集萃丛书** 冯天瑜主编。湖北教育出版社 1994 年 9 月版。120 万字。5 册。42.25元。汇集了中华民族有关人生、价值、道德、处世、从政、谋略、教育、家庭等方面的智慧,广搜博采于中国历代文献典籍、诗歌词赋、小说笔记、曲艺杂谈、民间谚语,从中精选出脍炙人口、熠熠生辉的至理名言、格言警句,用凝重而清新的笔调勾勒出中国智慧的概貌。全书简注简译,精评精析。(陆才坚)

H000104 **训诂与训诂学** 陆宗达、王宁著。山西教育出版社 1994 年 9 月版。37.6 万字。13.90 元(平),18.50 元(精)。分 3 编。甲编训诂方法论,收入 4 篇理论文章。《训诂学的复生发展与训诂方法的科学化》是一篇纲领性的文章,它从宏观上对训诂学的学科性质、学科地位及其发展方向等一系列重大的理论问题提出了自己的观点。其余 3 篇文章,是一组运用现代语言学对传统训诂学中以形索义、因声求义、比较互证 3 个主要方法进行科学阐释的专论。乙编古、汉语词义答问,收入 45 则词义考据文章,旨在为《训诂方法论》中归纳的词义考据方法的综合应用提供一些实践的例证。实际上是两位先生训诂理论思想的证实之作。丙编训诂学的理论与应用,所收 14 篇论文主要包括训诂学史、字源学、说文学、训诂学原理运用等方面的内容。其中,在说文学研究的一组文章中,《说文解字与本字本义的探求》一文最见功力,论证了《说文》对探求本字本义的重要作用及探求本字本义的一般方法。(宋金龙)

H000105 **古文观止词典** 刘学林、迟铎等编。陕西人民出版社 1994 年 9 月版。200 万字。45.00 元。研究《古文观止》的专书词典,内容包括词典正文和《古文观止》原文及说明两部分。词典正文以汉语拼音顺序排列,正文前有字头音序索引、字头笔画索引。词典对原书中每篇文章出现的词、语,都作了科学的研究和分析,并标明词性、归纳义项、选取例证,用现代汉语作了今译,以期尽可能反映前人和今人的研究成果。词典正文后附有《古文观止》全文,对原文中每篇文章的作者或专书都作简要的介绍,对文章的主旨和艺术特点作了提示性的评论。原编选者随原文所作的评注，本词典不录用，其评注中的精辟见解，在词典释词和说明中予以引用。本词典选用清乾隆年间映雪堂刻本《古文观止》为底本，并比照现行中华书局排印本进行校勘，原用古体字、俗字一律改用现行的规范字。（陈惠云）

H000106 **汉语成语词典** 宋永培等编。四川辞书出版社 1994 年 9 月版。133 万字。36.00 元。收成语 1.4 万条。正文按首字音序排列，词条没有逐字注音，仅在难字下注音。例句古今并举，今例多为造句；没有今例的只举古例（一般为两例）。例句之后列出与词条相应的同义成语、近义成语和反义成语。（冷玉龙）

H000107 **老师的作文** 天津市小语教师范文写作比赛编委会编。天津教育出版社 1994 年 9 月版。17.1 万字。6.00 元。天津市小学语文教师范文写作比赛获奖作品选，收录老师为小学学生写的范文 128 篇。范文的内容多为课堂上常见的作文题目，如：写老师、亲人、动植物、自然景色、校园生活、一件小事，写一次有意义的活动或一件有纪念性的物品，记家乡或学校的新气象，以及书信、日记等等。老师以孩子的身份和笔触写作文，要尝试儿童的生活，揣摩儿童的心理，推敲儿童的语言习惯，扮演一次儿童的角色，这样身临其境写出的作文，能真正起到示范作用，对教学质量的提高非常有益。（冯今声）

H000108 **汉语词法论** 陈光磊著。学林出版社 1994 年 9 月版。21 万字。10.00 元。语言学专著。对汉语词法作系统的研究探讨。对词法在语法中的地位、语素和词、汉语的构词法和构形法、词法的重心，汉语词的功能分类等都作了独具心得的阐释，对于一些特殊的词类如衡词、心理动词、先导动词、惯用语、社会变化中的词语变化情况等着重进行了研究，常有新鲜的见解。如提出构词法与造词法应分开，造词法属词汇学，构词法属语法学中的词法内容，对构词中的类词缀，以大量的实例分析，把复合词分成联合、串合、配合、叠合、缩合、综合等式、各式之中又按其构成语素的类别作更细密的区分。（雷群明）

H000109 **中华字海** 冷玉龙、韦一心等主编。中华书局、中国友谊出版公司 1994 年 9 月版。500 万字。168.00 元。大型汉字字典。其主要特点：1. 收字 85 000 余个，比《康熙字典》所收汉字多近 1 倍，比《汉语大字典》多收汉字 30 000 个。所收字均见于历代文献典籍，填补了历代字典收字方面的遗漏。2. 对所收汉字字形进行了规范化的整理。按照国家语言文字规范化的原则，对入典的近 7 000 个通用汉字以外的全部汉字单字，逐一进行整理，使字形统一而规范。3. 在字形、字音、字义的考证方面，纠正了历代工具书的疏漏、错讹 3 000 多处，特别是对异体字的整理和错讹字的考证方面取得突出成绩，沟通了不少前人没能沟通的异体关系，指出了不少前人没有指出的错讹字。4. 全部用简体字排印，汉语拼音字母注音，常用字标注直音。对字目释义举例简明扼要，一些解释新颖独到，具有较高的学术价值和很大的实用价值。（吴新萍）

H000110 **福州方言词典** 李如龙等著。福建人民出版社 1994 年 10 月版。50.3 万字。16.80 元。主要收录福州城区口语常用的、与普通话有词汇差异或语法差异的方言词，共 6 500 多条。和普通话只有语音差异的词不收。词目按实际词音拼写后的字母顺序排列，首字读音相同的按字头归类，同声韵的字，按声调顺序排列。方言词标音以《福州话拼音方案》为主，加注国际音标。《福州话拼音方案》以《汉语拼音方案》为基础加上必要的闰音符号和改用个别字母制定。方言词义注解，一般以词义、词性、语体都和普通话相同的规范词对译。普通话没有相应的词采用解释性注文。不同义项分别解释。附有例词、例句。正文后编有 5 个颇具特色的附录：福州方言语音系统及拼音方案、福州方言常用字读音表、福州方言本字汇考、本书所用俗字表、福州话动词、形容词的词形变化。书前有"条目拼音索引"，书后有"条目首字笔画索引"。（薛剑秋、张仰望）

H000111 **广东的方言** 李新魁著。广东人民出版社 1994 年 10 月版。35 万字。17.50 元（平），27.50元（精）。"岭南文库"丛书之一。分 6 章，除第一章"广东方言概说"和第六章"广东的方言岛和归属未定的土语"两章以外，其余第二至第五章，分述粤方言、潮州方言、雷州方言和客家方言。其中的叙述，比较侧重于粤方言，这是因为粤方言是广东最主要的方言。对其他几种方言的叙述亦有各自的侧重点，如第三章中关于"潮语的语音分析"、"潮语语法简述"等节，考究甚详。第四章"广东的'闽方言'之二——雷州方言"，既有概括介绍，也有具体分析，对雷州话的语音特点从 15 个方面加以阐述，对语音的内部差异也论之甚详。此外，"广东的方言岛和归属未定的土话"一章，是广东方言研究不可或缺的组成部分。分述分布于各地的重要"方言岛"，粤、客难分的惠州话，身份不明的韶州土话，既吸取有关专家的调查结果，并有著者的研究心得，填补了广东方言研究

的一项空白。(李达强)

H000112 **股份公司文件写作** 辛业江主编。海南国际新闻出版中心1994年10月版。16.1万字。9.80元。通过实例,介绍各种文件应有的内容及写作注意事项,讲解写作股份公司文件的基础知识;同时通过例文及解说,使读者在了解股份公司文件写作格式的同时,参照例文,掌握该种文件的写作技能。(谢军)

H000113 **汉字语言功能论** 苏新春著。江西教育出版社1994年10月版。13万字。5.75元。从汉字的表意性质、汉字与汉语单音词和复音词的关系、汉字表意与字母表意、汉字表意度的制约因素、汉字的语音表达功能等方面论述了汉字的独特的品格和神奇的功能。(席联鑫)

H000114 **新编同义反义词典** 王问渔、饶杰腾主编。金盾出版社1994年10月版。47.4万字。10.50元。以中小学生及中小学语文教师为主要读者对象的小型语文工具书。收常用词语3 085个,分为982组,每组辨析词语2至8个不等。所选词语以双音节词为主,兼收部分单音词及成语。所选的同义词语,包括在词义上相近的一组词语;所选的反义词语,都是词义相反或相对的词语。每一组词语,先对每一词语释义并举出例子;然后作同义辨析,指出它们在词义、色彩、或用法上的异同点,最后对具有反义关系的词语作简要说明。依据《普通话异读词审音表》审订字音,所用的语法术语,基本上采用《中学教学语法系统提要》的提法。(金家麟)

H000116 **古汉语表达例话** 楚永安著。中国青年出版社1994年10月版。31万字。10.60元。从分析古汉语的表达问题入手,密切结合阅读古诗文的实际,贯通语法、修辞和训诂的有关内容,针对阅读中可能遇到的疑难,开列了60个小标题,分为词语运用、词语组织、句子结构、语句关系4个部分,深入浅出地介绍古汉语用词造句等方面的特点和规律,并通过大量例句作为印证。(赵云宗)

H000117 **汉语文字学史** 黄德宽、陈秉新著。安徽教育出版社1994年11月版。31万字。6.90元。以汉语文字学为研究对象,系统地介绍我国历代文字学研究的状况及发展过程,再现了两千多年来汉语文字学研究的历史,揭示文字学发展的原因,总结其发展规律、特点、成就及不足。重视探讨汉字研究的内在规律,溯其根源,明其流变。既从历时的角度,按照时间顺序,梳理出汉语文字学发展的脉络,将整个文字学历史划分4个时期:创立时期、消沉时期、振兴时期和拓展时期,揭示了汉语文字学不同历史阶段的内在联系和演变发展的必然性;又从共时的角度,将不同时代的研究依其性质、学术渊源和流派分别加以归类,证其同,析其异,使得文字学现象条分缕析。并辟了专章,以"理论的探索和体系的建构"为题,对从章黄——传统文字学终结以来的文字学理论的研究作了较细致的分析,考察其得失,对有关汉字的起源、字形的发展演变、汉字结构的方法和类型、汉字的性质等重大理论问题的进展情况作了概括和评述。收入"汉语发展史丛书"。(蔡宏淑)

H000118 **实用经济文体大全** 缑瑞隆著。河南人民出版社1994年11月版。52.8万字。17.60元。分行政公文、事务应用文和经济应用文3编,收入120种应用文体,其中行政公文90种。各编尤其是经济应用文一编的分类具有较强的科学性、实用性。书中所收部分应用文种是全新的,如股份制公司管理所需的"招股说明书"、"股票上市报告书"、"股份制公司年度报告"等。正文介绍各种文种的概念、用途、特点,及写作文本并附典型例文外,结论部分专门论述了经济应用文的语体及语言风格。(刘成斌)

H000119 **左传句法研究** 管燮初著。安徽教育出版社1994年12月版。30万字。9.50元。是《左传》专书的语法研究篇。运用了直接成分分析法和句子成分分析法,对《左传》一书作了定量、定性的分析,将《左传》全书的19 749个句子,作了全数的梳理,分析了其句子、句子成分、构词法等等,并对书中的语法现象作了论证与归纳。全书共12章。第一章简要地说明了著书的宗旨、成书的过程及所用语法体系、术语,由第二章开始,依次对句子(单句、复句),单句的各个成分(谓语、主语、宾语、兼语、补语、修饰语),并列结构,助词以及构词法一一作了分析。还运用了图表的形式,统计了《左传》全书中复合句、连用动词结构、动词谓语主要成分、主要谓语分类、主语分类、代词主语、宾语、修饰语、连词用法、助词等成分及词头词尾出现的频率,统计了《左传》中出现的多音词,列出了12个表格。这12个表格中列举了上千个数据,较为精细地展现了《左传》语言的各个组成部分。(蔡宏淑)

H000120 **学生作文精彩段落丛书** 郑少华、侯仁修主编。北京教育出版社1994年12月版。包括《最新学生作文精彩开头1000例》、《最新学生作文精彩结尾1000例》、《最新学生作文精彩过渡1000例》和《最新学生作文精彩照应1000例》4种。这套书从提高学生的基本写作技巧能力出发，以直接运用为原则，通过给出范文、画龙点睛式的评析，让读者可根据需要随时查阅，通过细读→模仿→揣摸→举一反三，最终达到开阔写作思路、提高写作能力的目的。（黄颖）

H000121 **文言小说词语通释** 段观宋著。广西人民出版社 1994 年 12 月版。27 万字。15.00 元。选取历代文言小说、尤其是魏晋至宋元文言小说中不易理解、而诸辞书又都不载的难词，加以考释。立词目 400 余条，考证严密，引文广博，所用材料上自先秦，下至当代函括文学、历史、科技、释藏经典。书中的词语通释，从解疑入手，以点及面旁通其他文献，讨源纳流、贯通古今，以此勾勒出俗语词的产生、发展、词义消长、词形变幻和用字异同的轮廓。（邓耘）

H000122 **学生实用字典** 赵辛予等编。广州出版社 1994 年 12 月版。140 万字。29.00 元。收入现行六年制小学语文课本规定学生必须学习掌握的全部生字，共 2 560 个。除了给每个汉字以注音、繁异体对照、释义、部首、笔画笔顺、组词、造句、形近辨析、近反义使用等一般的内容外，还给予了每个汉字对应意思的英文单词、其在电脑上输入汉字的五笔字型编码及表形码，并附以每个汉字的释义插图和正楷、行书的规范写法，配以简洁形象的小谜语。全书共 2560 个小谜语，除小部分是常见的外，大部分是作者根据字形、字义而创作的，新颖有趣。（易羊）

H000123 **宜昌方言研究** 刘兴策著。华中师范大学出版社 1994 年 12 月版。25 万字。10.80 元。分 8 章，第一章是“概说”，概括介绍宜昌市的行政区划与人口分布以及宜昌方言的归属与分区；第二、第四、第五章，分析了宜昌方言的声、韵、调及其变化，宜昌音与北京音的比较和宜昌音与中古音的比较；第三章是按不同的韵母分别排列出宜昌方言的同音字表；第六章分类词，收录宜昌方言 2 300 余条；第七章分析了宜昌方言的语法特点，并用大量的语料进行实际举例；第八章用谚语、歇后语、民间俗语、民歌、儿歌、笑话、民间故事等进行标音举例。（洪胜非）

H000124 **古汉语文献导读** 韩峥嵘主编。吉林大学出版社 1994 年 12 月版。46.9 万字。10.90 元。古文选篇绝大部分为秦汉诗文，选篇一律繁体字不加标点，注释均取古注。此外还介绍了传统语言学的必要知识，主要是文字、音韵、训古知识以及词汇、修辞、文体、目录、版本、典章制度、工具书等方面的知识。（仲怀民）

H000125 **音韵学概要** 许绍早著。吉林大学出版社 1994 年 12 月版。17.9 万字。4.15 元。从语音分析入手深入浅出地讲清音韵学基本术语和其他相关术语，在处理音韵学内部几大门类关系上，打破以往孤立隔裂论述的弊病，抓住各门类之间的有机联系加以阐述。特别是把等韵学和今音学融为一体更显示其独特性。本书对古音学论述甚详，驳正了那种轻古音重今音的偏颇。（仲怀民）

H000126 **最新汉字实用字典** 李萍主编。山西人民出版社 1994 年 12 月版。100 万字。28.50 元。选用学生所需的常用字 4 000 多个，次常用字 1 000 多个，组词 40 000 多条，还有相应的繁异体字，附插图 500 多幅。介绍了字的读音、字义、造句等基本知识，用溯源法解释汉字的字形，介绍汉字从甲骨文、金文、大篆、汉隶、楷书、行书、草书直至简化字的演变过程。（周红）

H000127 **中外写作技法大观** 金健人、郑广宜主编。上海教育出版社 1994 年 12 月版。107.7 万字。26.40 元。收各类文体、各种环节的写作技法 430 余条。其编排从运思到结构，到表达，到行文，连缀起来即循写作的全过程：从生活积累到修改成文。精选的例文涉及传统的和现当代的各种流派。（孙爱葆）

H000128 **中国古代文体总揽** 徐兴华等编。沈阳出版社 1994 年 12 月版。42 万字。9.80 元。收入上古至清末出现的各类文体，共立词目 1 330 余条。按内容分 8 大类：文学、艺术、史学、学术、文牍、民俗、宗教、杂散等。每大类又依内容分为若干小类。如文牍类下分公文、法律、文凭、尺牍、科举及其他。每一词目的阐文包括定义、源流、类别、特征、例证等。附“首字音序索引”。（李树权）

H000129 **同义词词典** 张清源等著。四川人民出版社 1994 年 12 月版。43 万字。22.00 元。选收现代汉语同义词约 1 700 组。收词以现代语文词为主，酌收新词、新义以及个别文言词和科技术语，不收成语。所收词语，均具有较强的查考价值。正文以成组方式编排同义词，多数情况一组中只收一对同义词，也有的组中一个词有两个或两个以上的同义词。正文条目按汉语拼音音序排列。书前有音序索引，书后有笔画索引。词语用汉语拼音方案标注普通话读音。注音后标出词性。每组内各个同义词分别释义，重在说明同组词条的意义相近。释义后进行辨析，旨在说明同组词条在词义侧重点、语意轻重、适用范围、感情色彩、语体风格、语法等方面的差异。每个词条一般各举一例。例句简短、贴切，有的还富有

鲜明的时代感。标注词性和辨析是本书的难点,也是主要特点,编者在这两方面作了较为深入的研究。(彭高琳)

H000130 **多功能常用字典** 黄金富等主编。新华出版社1994年12月版。120万字。20.00元。采用香港实业家黄金富先生发明的全新汉字检索法进行编排,全部汉字(包括中日朝汉字文化圈所使用的汉字)通过一张索引表即可以进行检索,查字一步到位,易学易记,简便快捷。使用汉字的电脑编码作为字典的检索码,把电脑输入和汉字检索统一起来,学会了查字也就等于学会了中文电脑输入法。还收入了国家标准区位码和电脑码,为使用者提供了汉字使用的多种重要信息。在每个字的条目下,分别有普通话和粤语两种注音,并附有"直音字";普通汉语拼音和注音字母标注。还收录词语3 000多条,并附有精炼的范例。(白云章)

H000131 **现代汉语新词语词典** 于根元主编。中国青年出版社1994年12月版。110.6万字。60.00元。收录1949年至1992年的新词、新语、新用法共7 600余条。所收条目按汉语拼音字母次序排列。正文前列有词目笔画检字表。笔画数目相同的,按横(一)、竖(丨)、撇(丿)、点(丶)、折(乛)确定先后。阿拉伯数字按相应汉字笔画编排。外文字母以断笔次数确定笔画数,列在该笔画部分末尾。条目后注汉语拼音。依据有关规则分词连写。阿拉伯数字按相应汉字注音。外文不注音。轻声字不标声调。连续变调注单字本调,不注变调。词条的释文部分一般包括释义、例证以及某些必要的分析说明。释文中的例句源自报刊,以及文艺作品、广播电视节目、口语等。引例多用括号标明出处。凡引自报纸的,依次注出报纸名称、年、月、日;引自刊物的,注出刊名、年、期数、页码。某些条目的释义或举例后用括号标注"见某某报刊"等,表示该说法有所凭依。(常成)

中国少数民族语言

H000132 **二十八卷本辞典** 那木吉勒玛整理。内蒙古人民出版社1988年11月蒙古文版。100万字。26.00元。本辞典成书于1940～1943年间,是以康熙四十七～五十六年(1708～1717年)间编写。木版印刷的《二十一卷本辞典》为脊梁,对其进行了大量增改,成本二十八卷,故得此名。辞典收词23 467条。其特点有三:一是在挖掘蒙古语言文字方面有明显地突破,并对所依据的蓝本词条进行了切合实际的增补,对原释义的缺陷进行了确切的修正;二是从蒙汉藏文典籍中直接或间接地引用了相当多的言简意赅的词条,并说明其在该语言中的用意与释义;三是从蒙古语言中吸收了不少新鲜生动的口头语言。(苏日嘎拉图)

H000133 **满汉辞典(锡伯文)** 格吐肯、扎鲁阿编纂。新疆人民出版社1994年3月版。25.00元。以《满和辞典》为蓝本,参照《清文总汇》、《四体清文鉴》、《五体清文鉴》、《五体清文鉴增订本》、《大清全书》、《单清语词典》、《六部成语》、《旧清语辞典》、《御制清文鉴》、《御制增订清文鉴》、《锡、满词典》、《古文观止》、《劝学篇》等编纂而成的。所收条目包括词、词组、熟语、成语等,约3万2千余条。(扎鲁阿)

H000134 **汉维世界民族译名词典(维吾尔文)** 安尼瓦尔·阿布都热合曼等编。新疆人民出版社1994年4月版。45万字。5.50元。收录的近4万条族名中,包括现代各民族的自称、正式名称和非正式名称、现代名称和历史名称、分支名称和部落名称以及一部分古代民族的名称。除个别民族名称采用意译外,一般采取音译。外国民族的维吾尔文译名以字母转写为主,音译为辅。正文前附有《国家和地区名称缩略语表》,正文后有:《世界各国(地区)主要民族成分》和《部分古人类和现代人种译名》等两个附录。(拜合提亚尔)

H000135 **藏文辞典** 索朗降村著。西藏人民出版社1994年5月版。45万字。14.00元。收词目约1.5万条。词条按藏文字母顺序排列。所收词目包括成语、谚语、生活用语、口语、异名词和部分古词语。内容涉及藏文正字学和语法学。(刘金华)

H000136 **新满汉大词典** 胡增益主编。新疆人民出版社1994年7月版。280万字。150.00元。收词条3.5万个。词条分主词条和副词条。主词条的词目有满文和满文转写字符两种书写形式。副词条也有满文转写字符。每一词条均有义项划分,并有众多满汉合璧例句。为了做到科学性与实用性的统一,设置了与正文有关的诸多项目,如《凡例》、《满文字母表》、《本词典的满文转写字符》、《本词典使用的满文文献》、《用满文字母音序检索的词目表》、《用汉语拼音检索的〈简明满汉对照词汇〉》、《用英语检索的〈简明满英对照词汇〉》、《满文十二字头》、《满语常用的附加成份》等。所采撷的满文文献,在诸多满文古籍中,都具有代表性和权威性,如《大清全书》、《增订清文鉴》、《六部成语》、《清语摘抄》、《清文字汇》、《满洲实录》、《八旗满洲氏族通谱》、《满洲祭祀全书》、《三国志演义》、《尼山萨满》、《西厢记》、《水浒传》、《金瓶梅》、《古文》、《御制全韵诗》、《诗经》、《十二重楼》、《清文尺牍》等。(贺灵)

H000137 **学说话(3)** 古丽布斯坦编。新疆青少年出版社1994年7月维吾尔文版。3万字。4.00元。为维吾尔聋哑儿童学习维吾尔文之用。该书图文并茂,从字母、字、词入手,有助于儿童的掌握。(谢梅)

H000138 **汉哈尼新词术语集** 云南省少数民族语文指导工作委员会编。云南民族出版社1994年8月版。14.8万字。4.85元。以汉文、哈尼文对照形式,收集了5 000多条现代哈尼语新词术语,并对汉字注上汉语拼音。条目多属单词,有的属于词义稳固的短语。汉语注音以汉语拼音方案为准,哈尼语以云南省绿春县大寨话为标准音的哈尼文为准,哈尼语中的汉语音译借词以滇南汉语为准。(杨羊就)

H000139 **古傣语词语译释** 刀金祥整理。云南民族出版社1994年8月版。16万字。4.00元。收条目,包括字、词、词组,共3 000余条。它具有以下特点:一、编排得当,查检方便。词语条目按傣语声、韵、调顺序排列的方法编纂而成。二、古语词的释义,准确明了。(刀桂兰)

H000140 **西双版纳旅游会话手册** 李刚著。云南民族出版社1994年9月傣文版。5万字。3.50元。从西双版纳的实际出发,以汉文、西双版纳傣文对照的会话形式,简明扼要地介绍西双版纳民族地区的概况。内容包括:问候、参观游览、问路、探访朋友、饮食、旅馆、购物、交通、邮电、兑换货币、告别等。(岩化)

H000141 **文化透视:蒙古口承语言民俗** 郝苏民著。青海人民出版社1994年10月版。18万字。8.00元。从民间文化的视角,立足于民族学、民俗学领域,对蒙古族口承语言民俗进行了历史纵向和横向的透视与剖析。从蒙汉文化、蒙藏文化、阿尔泰语系诸民族语言文化的比较中揭示相邻民族文化之间的影响、交流、互补的历史和认同的轨迹,从中领悟到狩猎游牧民价值观与伦理观的艺术显现所阐释的哲学趋向,也从农耕文化的窗口看到草原骑马民族文化的景观,把民俗文化视角作了全景式的扫描。书中引证均以国际音标转写原文。(李清)

H000142 **汉维新华字典(维吾尔文)** 安尼瓦尔等编译。新疆人民出版社1994年10月版。46.5万字。18.90元。根据商务印书馆1987年出版的《新华字典》(重排本)翻译出版。在翻译过程中删除了地名专用字和繁体、异体字 。共收汉字1万余,收带注解的复音词,词组3千5百左右,字音依据汉语普通话的语音系统,用汉语拼音字母标音。附录8种。(拜合提亚尔)

H000143 **汉语水语关系词研究** 曾晓渝著。重庆出版社1994年10月版。18万字。5.00元。针对侗台语族是否归属汉藏语系这个重大争论问题,运用历史比较法,构拟出了水语早期声母系统,在此基础上,对约350例汉、水语“关系词”进行论证,系统地展示汉、水语之间的早期声韵对应关系,从而就一个方面证明了侗台语族与汉语的发生学关系,对侗台语族与汉藏语系是否有亲缘关系的问题作了肯定的回答。(朱荣瑚)

H000144 **汉苗新词术语集** 云南省少数民族语文指导工作委员会编。云南民族出版社1994年11月版。17万字。4.80元。收录新词术语3 500余条。其形式为汉语词在前,其次是汉语拼音加括号,最后是苗文对译。其词目按拉丁字母顺序排列,并根据汉语语音特点,参照《现代汉语词典》的编排法进行。在翻译过程中,采用了全借式、意译法、旧词赋新义、半借半译、借音加注以及用本民族固有的语言材料创造新等。(杨凤华)

常用外国语

H000145 **英语录像电影教程** 包家仁主编。广东高等教育出版社1994年版。32万字。8.90元。本书有如下特点:(1)题材多样,体裁丰富。有名著改编的故事片,也有纪录片。思想内容健康,且具有较强的欣赏性。内容涉及英美的政治、文化、艺术等。(2)每部电影除提供有关的语言材料(以对话部分为主)外,还配以自行设计的练习,具有较强的实用性。(3)练习部分既从宏观方面注意到了语法知识和一般的理解能力方面的要求,也从微观方面要求学生提高对某个短语、词组乃至个别单词的听力的准确性;而且练习的编写构思独特,形式多样,使学生可以亲身加入演员的行列,深入角色,练习英语。(朱仲庆)

H000146 **日语汉字读音字典** 翟军等编。河南人民出版社1994年版。15万字。10.00元。收入8 000个日语汉字,囊括所有的日语汉字,同时还收入特殊念法的成语、熟语和难读语。采用从汉语的发音查找日语汉字读音的方式编写。由于附有注音符号索引,不仅可从汉语拼音查找日语汉字,也可从注

音符号查找日语汉字。书后附有《难读日语汉字拼音表》、《日语特殊读音表》等。(宋庭亮)

H000147 **精选汉英词典** 吴景荣等编。商务印书馆、牛津大学出版社 1994 年版。124.3 万字。17.00 元。收汉语常用单字条目和多字条目共约 2 万余个,按汉语拼音顺序排列。简化汉字注出其繁体字。除结构形式和成语词组外,一般注明语法词类。有些条目还加注修辞色彩等用法说明。义项中附必需的例句或例语。为《精选英汉、汉英词典》(1986 年出版)的后半部分。(朱原)

H000148 **精选英汉词典** 朱原等编译。商务印书馆、牛津大学出版社 1994 年版。100 万字。14.20元。根据英国牛津大学出版社的《牛津精选英语词典》(Oxford Keys English Dictionary)增补新词新义和缩略语,编译而成。收词约 2.3 万个。每个词条除提供正确的拼写、发音和释义外,在语法、用法、搭配等方面作必要的说明,同时以醒目的字体列出有关的习语、短语动词、派生词和复合词并作简明的释义和举例。汉语释义注汉语拼音并附有关的繁体字。为《精选英汉、汉英词典》(1986 年出版)的前半部分。(朱原)

H000149 **现代法语词汇学** 曹德明著。上海外语教育出版社 1994 年版。24.4 万字。8.70 元。在词法研究的基础上引进语义学的研究方法,革新研究内容,试图突破传统的词汇学研究框架,反映现代法语词汇学的最新研究成果和精华。在编写过程中,力求做到理论与实例相结合,理论部分不囿于一家之说,阐述简明扼要、由浅入深;实例部分则采用最新的、有依据的语言素材。(程超凡)

H000150 **法学英语** 罗俊明主编。上海外语教育出版社 1994 年版。52.4 万字。11.80 元。"法律学全书"系列教材之一。以国际经济法为重点,涵盖法学主要部分,注重法学英语语言特点的训练,重视对案例、涉外法规、国际公约和涉外合同的学习和理解。在语言教学上,听、说、读、写、译并重,备有相应的课文、阅读和听力理解资料、形式多样的练习和配套录音磁带,打破了专业英语仅限于培养阅读能力的传统。书后附 National Lexicon 索引,按功能意念将学生学过和未学过的词汇分类,并按汉语拼音排列,便于学生查阅,掌握和辨别近义词及其用法。(江雷红)

H000151 **大学英语 3、4、6 级丛书** 林秀英等著。西南师范大学出版社 1994 年版。300 万字。150.00元。共 11 分册,它们是《大学英语 3 级辅导教程》、《大学英语 4 级辅导教程》、《大学英语 6 级与研考辅导教程》、《大学英语 4 级复习考试指南》、《大学英语 3、4、6 级多用辞典》、《大学英语 3、4、6 级语法教程》、《大学英语同步导读与自测》、《大学英语 4 级作文考试指南》、《新编大学英语精读课语言点讲析》、《大学英语 3、4、6 级易混词辨析》、《大学英语同义词反义词寻词辞典》。本丛书以英语教学大纲为指南,以现行教材和过关考试为中心,以提高大学生英语实际运用能力为宗旨进行编写,针对性、实用性较强。(郭昌瑜)

H000152 **大学英语六级模拟试题汇编** 望帆、中梁编。1994 年 1 月版。44.9 万字。上、下册。11.00元。分 8 大部分:听力理解,收录听力练习 12 套;阅读理解,收录短文 60 篇;词汇和结构,收录练习 15 份,计 450 题;综合改错,收录改错练习 20 篇;短文写作,收录练习 10 篇;标准试题,收录练习卷 4 份;六级考试大纲;全书听力原文、答案、注释、参考作文等。(尤建忠)

H000153 **英语姓名读音译名词典** 李成滋主编。江西教育出版社 1994 年 1 月版。82 万字。17.00 元。收录英语姓名约 25 000 个。其主要功能有:一、读音功能,为每个英语姓名标注了国际音标,便于需要时查找;二、识别姓氏、男子名、女子名和昵称的功能,为每个英语姓名标注了类别区分符号和必要的注释;三、汉译名功能,给出英语姓名的汉译名。附录"英美名人录"和"主要参考书目"两项内容。(熊阳)

H000154 **朗文常用英语正误词典** 黄均、林相周编译。上海译文出版社 1994 年 1 月版。32 万字。9.70 元。是针对中国人学英语所遇到的困难和常犯的错误而编译的。词典中列举常见错误所涉及的词 1 500 多个;不同错误 2 000 多个;正误例句近 4 000 条。每个词条有 3 个部分:错句部分,句前打上×号;正句部分,句前打上✓号并用黑体印刷;词条末尾还有针对错误根源所作的简短扼要的解释。倘若一个词或一个短语容易发生两种以上错误,词条就分成几个子词条,每条涉及一个错误,有独立的编号。词典中有互见条目,涉及英美不同用法时,词条下面的两种变体一前一后,分别标上 AmE(美式英语)和 BrE(英式英语),以引起读者注意两种语体的差异,避免写作上犯文体错误。书末附语法术语表。(施伟云)

H000155 **英语准确用词词典(THE RIGHT WORD AT THE RIGHT TIME)** The Reader's Digest Association Limited, Lodon 著,吴国良主译。

安徽科技出版社1994年2月版。188万字。29.00元。词条以字母顺序排列。大部分词条所讨论的是词条本身的词义辨析及用法等,如 although, though;一部分词条则相等于一个标题,所讨论的是它包含的范围,如 American English“美国英语”。涉及范围包括语音、语法、词的结合问题、惯用法问题以及单独的词的正确意义,重点是讨论恰当用词问题。做辨析时采用了纵向、横向的比较,即一方面,根据语言发展的历史,探讨了词义及用法的演变;另一方面,根据地域,分别描述了英语的不同民族变体——美国英语、澳大利亚英语、加拿大英语、爱尔兰英语、新西兰英语、南非英语等——各自所具的特点以及它们之间的差异。某些具行业特色的英语如“报界英语”等也在关注之列。在例子的配置方面,既有正面的范例,也有反面的错例。此外,还引用了不少是可疑的或欠考虑的惯用法的例子。原著系1985年第一版。译本为足译本,仅对原书说明部分中少量夹叙夹议、语义双关的文字作了相应变通处理,译本体例基本遵循原书。对所配置的大量例子,除少数不需翻译或不宜翻译的,均提供了汉译。(王才强)

H000156 **英汉科技搭配大词典** 刘亚义、唐军主编。大连出版社1994年2月版。300万字。98.00元。科技翻译工具书。选择了近10万个科技词汇,以名词为中心词,进行搭配组合。每一中心词下分别设置:短语及难翻译的词组,其中大部分是由介词、副词同中心词组成的词组;动词与中心词组成的搭配;修饰词与中心词组成的词组;包括形容词、名词与中心词组成的搭配,此项首先注意到一词多义,列有总词汇表,然后在每一释义下列出一两个典型难译难查的搭配。书后还附有较全的常用动词和介词词组。在词的释义分类上独辟蹊径,即在每一个中心词项下,形成一个独立的汉义索引,与每个释义相对照,读者按照索引的条目会很快地找到所需查找的词组。这种整体上按英汉顺序排列,而在每一个词的释义处理上又采取汉英索引排列的体系是一大胆尝试,可缩短检索时间,提高查阅效率。本词典所收词条及重组的搭配词组,均为难译难查的词汇,涉及到200多个学科和专业。(许文彦)

H000157 **商场情景英语** 陈显钊等著。复旦大学出版社1994年2月版。24.3万字。8.30元。全书分为两个部分:第一部分含28个单元,每单元有3则情景对话,并有单词表、注释及附加专业词汇、口笔练习。每则对话均具有相对独立性,可根据需要单独或组合使用。第二部分为营业员常用基础英语88句及专业商店店名。书中的重点是购物情景对话,这些对话适应涉外商场员工的工作特点,显示了不同柜组和其他一些员工在对外服务的不同情景中应掌握的语言规范及服务规范,同时,还通过附加专业词汇、注释等,扩大学习者的词汇量,讲解必要的语法知识,以丰富涉外商场员工在对外服务中与外宾语言交流时的表达手段。(范仁梅)

H000158 **剑桥商务英语证书(BEC2)二级考试丛书** [英]利奥·琼斯等著。华夏出版社1994年2月版。98万字。3册。68.00元。英国剑桥大学考试委员会和国家教委考试中心指定的BEC2级考试学习教材、教师用书和自测习题集。内容覆盖商务活动的各个方面、各个层次,特别对各类商务通讯的语言规范给出了清晰实用的范例。此套书的原版是英国剑桥大学专为在非英语国家推广BEC2考试而设置的一套教材。丛书配有两套7盒录音磁带。(陈希米)

H000159 **中级实用英汉词典** 汤柏林主编。江西教育出版社1994年2月版。110.8万字。28.00元。正文分4个部分:基本词汇,短语用法,句型和惯用法正误辨析,汉语英译。“基本词汇”中的单词逾6 000个,分音节排印,以便按音节读音和移行书写。释义可以用中学已学词语解释的,则用英汉双解;否则就直接用汉语释义。“短语用法”收用法较复杂的短语和固定搭配,按中心词的词首字顺序排列,并另编目录。解释以例解法为主,必要时,另加提示。“句型和惯用法正误辨析”用正误对照的方法梳理一些句型和惯用法。“汉语英译”汇集了常用汉语短语和搭配的英语对应语。按字首音序排列,字首相同,则按第二字音排列,余类推。(吴明华)

H000160 **大学英语四级模拟试题汇编** 应惠兰等编。1994年3月版。44.3万字。2册。10.50元。分7大部分:听力,共收录听力练习12套;阅读理解,收录阅读练习短文48篇;词汇和语法,共收录练习400题;完形填空,收录填空练习12篇;写作,收录写作练习16篇;练习试卷,收录练习试卷4份;全书听力原文、答案、注释、参考作文等。(尤建忠)

H000161 **英汉双解英语动词活用词典** 金云法等编。安徽教育出版社1994年3月版。100万字。16.50元。收集英语动词4 500余条,以及由动词组成的大量短语,以常用2 000个左右英语基本词汇释义,详细介绍英语动词的用法,着重介绍常用动词和搭配能力强的动词的灵活多变的用法。对每个动词的每种用法都明确区分该动词是及物[T]或不及物[I]动词，并分别用[＋that]、[＋to－v]、[＋v]、[＋v－ing]等表示该动词之后所跟词语，用[usu. pass]、[not be＋v－ing]表示其常用的和不用的形式。所收入的短语动词，注明组成该短语动词的各词的词性，如：v. adv.；v. prep.；v. adv. prep.，举例说明其用法。在某些词条后设有USAGE栏，进行词汇辨异、介绍习惯用法或古、稀用法等。书中用-see(参见)，-compare(比较)，-opposite(反义词)等标记，对前后内容融会贯通，供读者互相参照。(吴爱华)

H000162　**英语同义词辨析大词典**　王正元主编。国防工业出版社1994年3月版。339.7万字。69.00元。收入10 000余个词条组，其中对20 000余条同义词进行了辨析，并举例说明；同时，又在词条组下列出了近义词、反义词和对义词80 000余条。(林松德)

H000163　**英文书信大全(修订版)**　于干等编。湖南科学技术出版社1994年3月版。51.4万字。16.20元。内容包括概论、社交、科技、商业和家信等5篇27章，各章均分别介绍有关类型英文书信的基本常识及若干范例。如列为重点的商业书信包括推销商品、介绍服务、洽谈贸易、商议价款、要求赔偿等书信的写法及注意要点，并收入范例150篇。所有范例均系中英对照，用中文标题。修订版增加"留学申请书信"和"名人书信拾锦"两篇5章，对原有商业书信部分增补"商业书信常用语句汇编"一章。(王劲松)

H000164　**学生新英汉词典**　张士宏等编。天津科学技术出版社1994年3月版。130.4万字。19.80元。收6 000余词条，其中包括中学英语必修词汇2 000余个，大学英语四级统考必修词汇4 000余个，中学英语习惯用语800余条，中学英语同义词(语)1 100余条，中学英语语法知识要点1 300余条。具体内容有：注明音节的划分和英美两种发音；注明名词的单数和复数，列出名词的复数；注明及物动词和不及物动词，列出动词的四级形式；注明形容词、副词是否有比较等级，列出形容词、副词的比较级和最高级形式；所有义项和短语都用英汉两种文字释义。后附有英语发音简表、英美拼写法对照表、英语拼写规则、不规则动词表、构词法、常用科学教育译名表、标点符号、常见英美姓名表和常用地名译名表。(胡振泰)

H000165　**现代护理英语(1、2、3)**　邹敬彦、刘玲编著。外语教学与研究出版社1994年3月版。60万字。3册。25.50元。以阅读和口语为主的综合性语言教科书。以最新的语言学理论为指导，严格遵循渐进的教材编写原则，选材难易适中、生动有趣，注意了科学性、实用性与趣味性的结合。系统论述现代护理学及其与人类的特殊紧密而直接的联系，其内涵涉及到医学、教育学、心理学、以及社会学等多种学科。本套教材融科技发展与人类健康、医德与伦理、患者与护士、护理专业与语言文化为一体。以众彩纷呈的篇幅献给读者。(王春丽)

H000166　**GRE最新全真试题精解**　吴雷编著。中国书籍出版社1994年3月版。35万字。11.50元。专门是为那些具有一定英语基础、词汇量在10 000左右的有志参加GRE考试的人员或是GRE考试成绩不佳、没有入门的人员编写的，主要目的是在巩固加深他们现有知识的基础上，提供大量有关GRE出题秘诀以及高分诀窍，以提高考生的应变能力和考试素质，使考生可以超常发挥自己的水平。(章宏伟)

H000167　**科技交流英语**　中美Scientists' English项目组编著。高等教育出版社1994年3月至1994年6月版。233万字。5册。51.50元。包括《读写教程》(学生用书)、《读写教程》(教师用书)、《听说教程》(学生用书)、《听说教程》(教师用书)和《活页练习》5册。本套教材有以下特点：以尽快提高中国理工科大学生、研究生英语写与说能力为编写目标。2. 围绕中外科技交流与合作的若干主要环节、场景及场合展开听说和读写训练。从选文到课堂活动都强调内容的真实性。学习本书，就如同身临其境地与外国科学家进行日常和学术交流。3. 经过全国科技英语需求调查，大纲设计，教材编写，小规模实验教学、评估、修改，大规模实验教学、教材总体评估、修改，教材审定，先后历时4年才完成。每一单元、每一课应该达到的教学要求都有明确的规定。4. 由于众多中外专家的参与和密切合作，保证了教材语言的地道和纯正。5. 每单元前的照片和每课前插图的采用使全书版面活泼，精心设计的文字编排体例使全书生气盎然。6. 为了便于教学，教师用书除提供了练习答案和录音脚本以外，还增加了一些必要的文化背景知识，及教师组织课堂使用的参考语言。《读写教程》和《听说教程》都配有录音磁带。(周龙)

H000168　**欢乐美语(TUNING IN THE U.S.A.)**　王维东等注释。长春出版社1994年4月版。83万字。2册。26.00元。原著由美国最大出版公司之一——麦克米伦公司1990年出版，通过美国之音向全世界各国做美语广播教学。其最大特点是以美国的实际生活为题材，围绕美国纽约 Stewart 一家人的活动，展示了他们丰富多采的生活剪影。使学习者深入美国家庭生活，接触美国社会，在学习地道美国语言的同时，领略美国的人文、历史、地理、典故。（毕素香）

H000169 **留日指南与会话** 徐一平编著。高等教育出版社 1994 年 4 月版。21 万字。8.10 元。包括 18 个单元和 9 个附录，每个单元均包括①中文简介；②日文场景会话；③中文参考译文；④单词和短语；⑤简单注释 5 个部分。附录部分提供了有关日语及日本社会的一些常识，还提供了许多咨询、管理单位的通讯地址、电话等。（祝大鸣）

H000170 **最新活用英汉辞典** 海南出版社 1994 年 4 月版。16.80 元。收入英语最常用的单词 1 万个，列出各单词的同音、同义、反义、复合、派生等词和词组，介绍与字词相关的语法、句型及搭配方法。每个单词后附有美式读音的 KK 音标和英式读音的 D.J. 音标，可比较和区分英、美两地的发音差别。对单词发音或拼写容易出错的地方，特别标明注意点。附有 1 064 幅插图，使某些较抽象的字词具体化。书后附有 3 个附录：不规则动词表、基本句型、8 大词类的语法规则。另配有 8 盒录音带。（刘宇）

H000171 **英语分类阅读珍萃** 副名：核心词汇集林。范家材、林璇珠著。上海交通大学出版社 1994 年 4 月版。35.7 万字。15.20 元。分 11 类：美国历史、法律、经济、文化与教育、心理与素养、文学、绘画、雕塑与舞蹈、电影、电视和建筑、宇宙、地质、进化、科学普及，精选 150 篇阅读文章。按阅读难度分为初、中、高三级，以便读者能循序渐进，拾阶而上。每篇阅读短文之后有若干选择题，目的是测试读者阅读能力上辨义的精确性、思维的逻辑性和理解的审慎性。本书的特色是梳理片断信息，扩建知识框架；通过丰富的背景材料、精选的典型篇目和贴切的应试习题，提高读者的阅读能力；把扩大词汇与训练阅读结合起来，帮助读者在语篇情境中活学国内外考试中最常见的核心词汇。书末另附词表，以便相互参照。在 21 篇短文后配有相关背景知识性附录。（张天蔚）

H000172 **彩图学生英汉小词典** 翁照谷、陈达民编。上海科技教育出版社 1994 年 4 月版。16 万字。14.00 元。为小学生和初中生学习英语编写的工具书。在编写过程中，参考了人民教育出版社和上海教育出版社出版的小学和初中英语教材，从中搜集了 1 100 个词条。每个词条的解释力求简单明了，符合学生的使用习惯，学生很容易看懂。每个词条都配有相应的彩图，以引起学生的阅读兴趣。为了帮助学生熟悉单词，扩大词汇量，所列单词后都配有同义词、反义词或扩词等项。考虑到现行音标中元音在书写形式上，与 1993 年秋季起使用的九年制义务教育课本中采用的音标有所不同，所以在书后附录上列有音标对照表。书后还有词性缩略表、人称代词、常见英美姓名、课堂英语 4 个附录。（刘正兴）

H000173 **小学生图解英汉词典** 黎雪主编。南京出版社 1994 年 5 月版。12 万字。12.00 元。根据小学英语教学要求，紧扣小学英语教材内容，精选 1 000 多个最为常用的，必需要掌握的英语单词。每个单词下设国际音标、词性、汉语译义、例句或词组，以及一些同义、反义、同音、同形辨析等内容。此外，还将一些意义相近的单词进行了归类，分成职业、居室、食物、用品、学校、动物、花、鸟、自然等 22 个类，以形成单词记忆的完整性和关联性。该书采用图解的形式，给每个单词都配上了生动的插图，以图解文，以图释义，以图记词，以图助学。（鲍咏梅）

H000174 **中学生实用英汉双解词典** 《中学生实用英汉双解词典》编写组编。陕西人民出版社 1994 年 5 月版。61 万字。9.70 元。共收入 4 000 多个词条，均为中学课本中出现的词汇及其派生的日常用词或词组；所列词条有释义，有例句，对所列词汇都用"·"划分了音节，对容易混淆的同义词、近义词进行对比辨析；对一些变化特殊的词汇和变化后的特殊读音均作详尽的说明；对学生经常碰到的难点、词的搭配都尽可能详尽予以解释。（金义良）

H000175 **成人英语复习应试手册** 许芳梅、杨珠樨著。上海教育出版社 1994 年 5 月版。33.1 万字。10.70 元。英语学习用书。专为报考成人高校（英语及非英语专业）和参加上海市"市民通用英语等级考试"的考生编写。以成人高考大纲为依据，针对大纲中的重点、难点、考生掌握知识的薄弱环节，侧重知识的归纳和比较，内容包括语音、词汇、词法、句法、倒装、阅读理解、补全对话等。针对成人英语学习的特点，多采用图表形式对上述内容予以系统整理、比较，条理清晰，重点突出，便于记忆，以达到帮助成人考生在短时间内得到全面、系统、有效复习的目的。另有考试题型分析，介绍有关解题技巧。每个知识点均配有大量练习，并附历届试题及各类练习的答案。（袁彬）

H000176 **大学俄语（第 1 册）** 叶菱、［俄］

Н.Г. 克雷洛娃编著。外语教学与研究出版社 1994年5月版。19万字。7.90元。供初学俄语的大学生第1学期使用。课文包括两部分:1. 语言导论课,共分9课。主要讲授发音、书写、语音规则、常用调型及一些言语训练。2. 语法、词汇导论课,共分14课。主要是学习词形变化,扩大词汇量,以句型为示例,通过句型展示语法规则。(王维国)

H000177 **大学俄语(第2册)** 丁树杞、[俄]Т.С. 扎尔曼诺娃编著。外语教学与研究出版社 1994年5月版。24.9万字。9.90元。供大学俄语专业第2学期使用。共有12课,主要教学任务是:1. 在日常生活和学校生活题材范围内教授最常用的词语和句式,培养学生的听说读写言语技术,训练学生的对话和表达的交际能力;2. 讲授基础语法内容,打好语法基本功;3. 结合朗读、言语训练及语法教学,提高语言、语音、语调的素质。(王维国)

H000178 **外贸英语函电** 尹小莹编著。西安交通大学出版社 1994年5月版。24.6万字。9.80元。系统介绍了外贸英语函电中常用文体的基本知识,包括各类商务书信和电传、传真的格式和拟写技巧以及常用表达方式,附有外贸业务磋商过程中各个环节——建立业务关系、询盘、报盘、推销、还盘、成交、支付、装运、保险、申诉、索赔等——往来函电的实例,结合实例介绍和讲解函电拟写方法。在支付章节中还列举了信用证的实例。结合销售、购货、代理、包销、寄售、订购成套设备、合资经营、技术援助等合同和协议例文,详细讲解了各类合同、协议的拟写方法和语言文字的应用。对招标通知和广告、单据及单证(如订单、提单、保险单、装箱单、检验证明等)也结合实例作了介绍讲解。书中所有例文后均附有生词及短语注释,并附加一些例词,列举外贸业务中常用的专业词语。每个单元后都安排有精心设计的练习,并汇集了英汉对照的外贸函电常用例句。(尹小莹)

H000179 **俄汉例解词典** 朱震刚、苏仿等编。安徽教育出版社 1994年6月版。70万字。20.00元。汇集了俄语最低常用词汇量,收录了4 000个词条。每个词条内容包括:1)词目;2)该词的语法形式及其构成特点、音的交替、重音变化等等;3)列举词组和句子,说明该词的语义及用法。本词典的鲜明特点是通过语言实例——词组来说明词的语义及其搭配。在词义及词与词的搭配上作了精选,书中出现的所有词组基本上是由词条词组成的。正文后还提供一些分类词汇(如学校课程名称、语言学术语、计量单位、缩略语等)和语法知识。(吴爱华)

H000180 **研究生英语精读** 杨永荟主编。复旦大学出版社 1994年6月版。61.8万字。上、下册。26.00元。根据国家教委1992年颁布的《非英语专业研究生英语教育大纲》的要求,编成的研究生英语精读教材。本教材有如下明显特点:一、起点较高。根据复旦大学研究生的英语水平,编者在大纲的基础上,适当增加教材内涵有的词汇量,课文均有一定的信息量和语言难度;二、题材广泛、语法新颖。所选课文基本上都是80年代英美出版的原著,内容涉及政治、经济、社会、文化和科学普及各个方面;三、练习量大。教材中配备的练习均经过反复挑选,对巩固课文中学到的语言知识和提高语言使用能力均有较大的帮助。(陈锡镖)

H000181 **大学英语意念分类词汇手册** 梁华祥编。广西教育出版社 1994年6月版。29万字。5.60元。根据可利用英语词或词组之间的横向联系可帮助词汇的学习和记忆的理论,把《大学英语教学大纲》所规定的四、六级应掌握的词汇(其中1~4级词汇是经过调整的4 000词)按词义意念分成26大类,以供查阅、学习和记忆。(孙梅)

H000182 **日语读音速查手册** 谢端明编。上海译文出版社 1994年6月版。36.3万字。14.70元。小型工具书。其特点是:通过汉字的中文拼音,速查出该汉字的日语读音以及相关的日语汉字词组和释义,不必"先翻阅汉日辞典查出该汉字的日语读音,再翻阅日汉辞典查其意思";汉字及词组均标明假名音标及罗马字拼音。本书共录日本文部省规定的常用汉字及其他汉字2 000字左右,书后有"日语独有汉字索引"、"日中简体汉字对照表"、"日本主要列车线路站名读音"等3种附录。(沈洵澧)

H000183 **英语写作手册(修订本)** 丁往道等著。外语教学与研究出版社 1994年6月版。25.2万字。14.80元。从原书的8个部分增加到10个部分,原有各部分也增加了不少新的材料,调整了章节的内容,更换了部分范文。如增加了"抄写格式"、把"书信"扩大为"实用写作"等。还对写作课的教学法及写作的学习方法提出了指导性的意见,以期更好地满足英语写作教学的需要。(雷航)

H000184 **高级英语** 巫漪云、黄关福著。复旦大学出版社 1994年7月版。70万字。上、下册。23.30元。根据《高等学校英语专业高年级英语教学大纲》的要求,并结合复旦大学外文系的教学经验编写而成。上下册各12课,选自英美等国各种不同文体的原版作品。每课包括课文、作者简介和注释、练习、文体知识、辅助阅读材料 5 部分。课文内容生动、难度适中，篇幅长度平均为 3 000 词左右；作者简介主要介绍作家的时代、生平与其重要著作；注释部分简要解释有关历史背景知识、专有名词以及外来语等；练习多为问题与提示、词语训练及综合性练习，诸如完形填空、段落翻译、口头讨论以及指导性写作；文体知识包括一般文体知识与一些主要修辞手段；辅助阅读材料附于正式课文后，一般为两篇，长短不等，题材、风格相同或不同，供学生探讨。（计美娟）

H000185 **托福词汇系列丛书** 刘毅编。海南出版社 1994 年 7 月版。70 万字。4 册。47.20 元。台湾学习出版有限公司授权出版。包括《Vocabulary Fundamental》、《Vocabulary 5000》、《Vocabulary 10000》、《Vocabulary 22000》4 部。以“课”为单元安排学习进度，每个单词附有详细的国际音标、词性说明及中文解释。适当列出各单词的衍生词、同义词及反义词。以例句说明单词的用法，例句附有中译。每一部分后有习题，每一课后附有成绩测验。（刘宇）

H000186 **剑桥商务英语证书（BEC1）一级考试丛书** ［英］萨拉·琼斯·麦克佐拉等著。华夏出版社 1994 年 7 月版。68 万字。3 册。33.00 元。英国剑桥 大学考试委员会和国家教委考试中心指定的 BEC1 级考试学习教材、教师用书和自测习题集。内容覆盖商务活动的各个方面，对接待客户、商务洽谈、文件书写体例、各类商务通讯语言规范等都给出了清晰实用的范例。此套书的原版是英国剑桥大学专为在非英语国家推广 BEC1 考试而设置的一套教材。丛书配有两套 4 盒录音带。（陈希米）

H000187 **餐饮服务英语** 崔丽萍、梁根顺著。陕西人民出版社 1994 年 7 月版。12.8 万字。4.90 元。“旅游·商贸专业英语”丛书之一。以餐饮涉外服务的日常业务为中心，详细介绍餐饮业的英语语言特点，基本词汇和句型句式的运用。其内容由饮食服务业、人事结构、菜单设计、餐厅、厨房、采购与贮藏、成本管理与核算、酒水服务、配餐、未来计划等 10 个单元及附录餐饮专业术语构成。（董全平）

H000188 **航空空勤英语** 孙韶华、胡国利著。陕西人民出版社 1994 年 7 月版。15.8 万字。4.90 元。“旅游·商贸专业英语”丛书之一。以航空空勤涉外服务的业务为中心，详细介绍空勤业务活动的情况、空勤业务英语语言的特点及实际运用。其内容包括机组人员、空勤服务人员、培训、飞机和飞行原理、仪容和仪表、任务和时间表、登机和起飞、途中和抵达、饮食服务、特殊任务等 10 个单元，附录部分航空港和航空公司代号。（董全平）

H000189 **航空地勤英语** 胡国利、孙韶华著。陕西人民出版社 1994 年 7 月版。“旅游·商贸专业英语”丛书之一。以航空地勤涉外服务的日常业务为中心，全面介绍地勤业务的简况、地勤业务英语的特点及实际运用。其内容包括航空公司服务、电话预定、电话问讯、售票与收费、机场业务、行李服务、国际乘客服务、包机、空中货运等 9 个单元。附录部分城市及航空港代号、部分航空公司代号。（董全平）

H000190 **今日武汉电视英语** 武汉大学外语学院主编。武汉出版社 1994 年 7 月版。25 万字。15.00元。从内容的选取上看，分古老都市、江河湖泊、四季分明、交通中心、通讯环宇、工业基地、鱼米之乡、豪华商市、开发新区、科技兴市、金融之都、城市新貌、走向世界、友好城市、三资企业、经济黑马、教育、高等学校、楚乐故乡、新闻出版、体育、医疗保健、社会保障、居住环境、潇洒衣着、宾至如归、饮食业、武汉的旅游、把武汉建成国际性城市等 30 个单元。（南平）

H000191 **商业服务业日语** 北京市商业系统岗位培训教材编审委员会编。北京出版社 1994 年 8 月版。32 万字。8.60 元。分 30 课。每课的会话材料是根据实地调查而编写的。每篇课文后附有语法知识、单词、译文、练习等。（吕陡利）

H000192 **高级英语教程** 过小宁等编。东南大学出版社 1994 年 8 月版。37 万字。10.80 元。按国家教委颁发的《非英语专业研究生英语教学大纲》规定要求编写。具有以下特色：(1)体现大纲的教学要求。在选材上注意到课文有一定的深度与难度，在习题上也予以精心安排，通过每个单元练习中的 comprehension 问题设计，引导学生加深对文章总体内容及基本观点的理解，以提高阅读能力。教材的总阅读量（不含副课文）为 35 000 个词，符合教委大纲精读 30 000 个词左右的要求。(2)题材广泛，内容新颖。全教程的 20 篇课文、20 篇副课文和每个单元的英汉互译、练习短文以及完形填空短文，大部分选自国外的刊物和书籍。题材涉及太空探索、材料科学、电脑、激光、工商、管理、社会、文化、教育、传媒、语言、哲学、健康、文艺等等。尽量反映最新科技成就和社会动态，还注意选入了一些思想性好、语言规范地道、趣味性强的传统名篇，如 THREE DAYS TO SEE 等。(3)练习形式多样新颖、注重运用能力的培养。练习中大量的客观题吸收了六级考试、学位英语考试、EPT、TOEFL 等国内外英语测试题中的长处。(4)全书语言材料安排的难易梯度恰当,做到了坡度逐渐加大、循序渐进。(李玉)

H000193 **大学英语教学词典** 赵国杰、刘传骅主编。江西高校出版社 1994 年 8 月版。141 万字。12.95 元。收入大学英语教学大纲规定的所有词汇及《大学英语》、《大学核心英语》、《新英语教程》等系列大学英语教材所涉及的主要词汇,共 12 000 单词(包括复合词和派生词)和 3 000 多常用词组。介绍常用词汇的含义;以大量的例句表现了英语词汇使用的语言环境、常见句型和习惯搭配。词义、例句相辅相成、互相补充,增强读者准确掌握词义和正确使用单词的意识。(魏文清)

H000194 **精选日汉汉日词典** 姜晚成、王郁良编。商务印书馆 1994 年 8 月版。256.9 万字。22.00元。包括日汉词典和汉日词典两部分。选收日语词目 2 万余条,汉语词目和常用单字约 2.2 万余条。汉语词条的汉语释义加注繁体字和汉语拼音。日语释义和日语例句里读音较难的汉字加注假名,并在释义、读音、翻译上适当加注语法、用法、搭配关系、辨析,有些附以成语、熟语。(王淑敏)

H000195 **儿童英语彩图词典** 吴作萍、李雪波等编。四川辞书出版社 1994 年 8 月版。15.7 万字。12.00 元。分词汇、对话、歌曲 3 篇,精选与中国儿童日常生活密切相关的、也是英语中最基础的近 600 个英语单词、26 段情景对话和 3 首英语儿歌,全部采用形象、直观的彩图揭示内容,将枯燥无味的语言知识寓于彩图之中,使儿童在对色彩鲜艳的图片发生兴趣的同时轻松愉快地学习英语,并利用彩图帮助记忆、巩固所学英语。正文前有英语字母表、英语音素表。所有英语词汇均加注国际音标,汉语词汇加注汉语拼音。(雷华)

H000196 **英语简史(英文本)** 朱文振著。四川大学出版社 1994 年 8 月版。0.9 万字。3.50 元。全书共 6 章,分述英语在世界诸语言中的地位;盎格鲁撒克逊之前的不列颠;英语史的分期;古英语;中古英语;现代英语及美国英语。(张晶)

H000197 **现代法汉汉法词典** 徐秀芝等编。外语教学与研究出版社 1994 年 8 月版。150.2 万字。28.80 元。分为法汉、汉法两部分,收约 4 万词条,以普通词汇为主,酌收少量专业词汇和常用短语。书末编有几种实用的附录。(徐秀芝)

H000198 **中学英汉词典** 沙淑兰主编。中国国际广播出版社 1994 年 8 月版。65 万字。14.00 元。收 2 000 多个词条,包括教育部 1990 年颁发的《中学英语教学大纲》要求掌握的全部词汇。每词条下设音标、词类、释义(双解)、词组、派生词、辨析、注意等项。例句体现语法运用,辨析明示用法区别,英解协助教师用英语讲授。学生用英语表达,是全书精华与特色所在。(李佳俊)

H000199 **大学英语重点难点解析与训练** 高玉娟主编。辽宁师范大学出版社 1994 年 9 月版。132 万字。4 册。28.00 元。是配合《大学英语》教材而编制的,由“学习目标”、“目标落实”和“目标训练”3 部分组成。每册后面附有两套针对性较强的综合测试题,第四册中为提高学生英语写作水平,配备了 10 篇作文指导训练。使学生能够扎实地掌握教材中的基本知识,提高英语基本技能,适应各种题型,增强应试能力,逐步提高学生英语水平。(果阳)

H000200 **英语正误语法指南** 曹焰、张春光主编。山西教育出版社 1994 年 9 月版。101.5 万字。28.00 元。从汉英语言的差异及中国人的语言习惯出发,全面系统分析英语语法的正误用法。主要特点是:1. 立意新颖:从正误角度研究学用英语既是已有各类辞书的重要补充,又开拓了新的研究角度和领域,具有一定的学术价值和较强的实用价值。2. 选项全面,知识涵盖面广:凡在教学、测试、阅读、写作、翻译等英语实践中所涉及的语法项目等都尽量收入,内容包括词法、句法、修辞等方面共 32 个语法项目。3. 编著体例独到:第一条目下,从感性语言材料出发,先列出一组 WR 句(即正误句)或 AB 句(即可用句和较好句),其中误句和可用句集中反映了中国人在学用英语中常出现的典型错误和问题,正句和较好句提供了标准范例。下文辅以深入浅出的解析,指出问题所在,之后再配以一组语言道地的例句。(王卫东)

H000201 **英美新流行词语用法** [英]杜念嘉著,胡鹤年、杜苕译注。中国国际广播出版社 1994 年 9 月版。61 万字。15.50 元。收入 1 059 条已在英美社会流行开来的新词语和随着语言语义的发展变化已赋予新义的传统词语,并各以一短文阐明其背景及用法。在本书前言中说著本书意图是“对那些迄今为止犹为那些权威性的词典编辑圈所忽略,以及对现有英汉词典中迄今未充分解释的单词和词语加以说明”,“希望能在这条当代英语词汇的链条上补充少数不可缺乏的新环节。”(李佳俊)

H000202 **袖珍德汉词典** 王正富等著。北京出版社 1994 年 10 月版。29 万字。12.20 元。收27 000余词条，大都是德语常用词汇，同时也收入了一些新词。词义酌量多收，释义准确、简明、通俗。还选收了一些常用的固定词组。附有“国际音标表”、“略语表”、“语法用语缩写表”、“强变化动词表”。（孟重生）

H000203 **英语考试词典** 刁文兴、赵鹏芳编著。四川辞书出版社 1994 年 10 月版。50 万字。16.00元。以硕士生英语入学考试大纲及大学英语教学大纲为依据，侧重研究生入学及大学四、六级英语考试的要求，收入单词和词组共约 7 000 条。对许多考试热点问题，则采取“梳辫子”的办法，把分散的材料加以整理，使之规律化、系列化，以利于掌握。最后以较少的篇幅，提供了一些英语短文写作句式和常用转换词，以期能提高英语写作的档次。与传统的英语词典相比，在内容和形式上都有独特之处。其所举实例和排列方式便于短时间内强化记忆，以利于应考。（谢伟）

H000204 **许国璋电视英语** 许国璋著。外语教学与研究出版社 1994 年 10 月版。98.4 万字。2 册。49.80 元。在外语教学与研究出版社 1992 年出版的《许国璋英语》(1—3)的基础上改编修订而成的。具有以下的特点：一、更具有系统性：课文、对话、练习自成体系；各课之间有机相联，融汇贯通，听、说、读、写、译一应俱全。二、更具有时代性：替换了原书中一些过时的课文、陈旧的对话或练习，补充与丰富了新时期的语言材料。三、更具有实用性：跨出校园，步入社会。四、更适合自学：把电视教学与自学结合起来，增添了“自学辅导”、“练习答案”及“参考译文”等项以方便自学者。（戴涛）

H000205 **生命的驿车** 副名：世界名诗精选。孙蓓编。外语教学与研究出版社 1994 年 10 月版。10.2 万字。4.50 元。英汉对照的世界哲理名诗选集。按内容分为 8 个部分，每部分开头引名句作标题，点出本部分选诗的主题。这些标题连续成一个较完整的思路，体现出从古到今中外诗人们对人生、命运、真理、神冥、永恒等的深刻思考。每首诗附有简短赏析。所选各诗篇幅较短，多在一页之内；文字都为现代英语，没有晦涩难懂的词句。收入“世界名诗精选丛书”。（孙蓓）

H000206 **新英汉袖珍词典** 关山等编。北京出版社 1994 年 11 月版。34.5 万字。18.50 元。共收单词、派生词、复合词、词组 32 000 个左右，凡基本词义都尽量收入，同时还注意选收了常用科技词汇约 5 000 个。注音采用国内普通采用的国际音标，所有词汇均注有词性。列有“注音说明”、“常见后缀发音表”、“中文略语表”、“英文缩略语表”、“国际音标和韦氏音标对照表”，以及 4 个附录。（孟重生）

H000207 **研究生英语泛读·上册** 曾道明主编。复旦大学出版社 1994 年 11 月版。27.6 万字。11.00 元。根据国家教委 1992 年颁布的《非英语专业研究生英语（第一外语）教学大纲》，并结合复旦大学历年来的研究生英语教学经验编写成书。材料选自当代英美原版书刊，内容涉及政治、经济、文化、文学、社会、习俗和科技各个方面，具有知识面广，趣味性强之特点。每篇课文附有注释、词汇和练习。注释基本上以介绍有关背景知识为主，对课文中某些疑难易错的词句作了重点解释；词汇以英语解释为主，少数难点加注了汉语；练习包括选择题、词汇运用和短文中重点句子的翻译，旨在加强语言基本功的训练和提高翻译以及综合运用英语的能力。（计美娟）

H000208 **英语成语典故大辞典** 刘新桂、王国富主编。科学出版社 1994 年 11 月版。150 万字。28.50 元。收录各种类型的英语成语 5 000 条。典故分别出自希腊罗马神话、基督教《圣经》、文学名著、民间传说、历史事件、民风习俗等，涉及政治、经济、宗教信仰等社会生活的各个方面。绝大多数词目按释文、解说和例句 3 个部分表述。对每一成语的来源出处，以及产生年代，作详尽介绍，并简要分析和解释了如何经过含义的转化而运用到不同的文字和口语中的过程。释文生动、幽默，例句译文准确、传神。此外，对一些表面相似，但内涵却大不相同，甚至适得其反的汉、英成语或谚语均作了分析对比。（王人龙）

H000209 **实用德语语法** 张才尧著。外语教学与研究出版社 1994 年 11 月版。35.4 万字。12.50 元。由词法和句法两大部分组成。词法方面主要论述名词、冠词、形容词、数词、代词、副词、介词、连词和感叹词的用法；句法部分包括句子的性质、种类、成分、简单句和复合句等。（王芳）

H000210 **新俄汉双解教学词典** 汪震球主编。北京出版社 1994 年 12 月版。100 万字。28.00 元。收入 3 600 个现代俄语常用词。内容包括学习、日常生活、政治、文化、科技、商贸、旅游等各方面。主要从教学出发，注意词形变化、重音、单复数和接格关系。每个词条除了作双语解释外，还配有大量的词组、例句、成语以及对比词、同义词和参看词条。书后配有 5 个常用附录。（师淑凤）

H000211 **外贸英语阅读** 姜涛著。哈尔滨工业大学出版社 1994 年 12 月版。22.2 万字。8.50 元。共有 7 个单元,每个单元都含有 5 种不同的文体,这 5 种文体从不同的角度来讲述外贸知识,大体上分了 5 种知识类型,即商贸新闻、实业经营、对外贸易、外贸书信、商贸广告。在每篇文章后都配有难易适度的练习和习题答案。(刘英贤)

H000212 **21 世纪辞林** [日]松树明、佐和隆光著。海南出版社 1994 年 12 月版。600 万字。99.00 元。经日本三省堂授权,影印出版。全书共 15 万个条目,内容涉及语言、政治、经济、法律、医学、计算机等各个领域。打破历来辞书专业分类过细,融多种词典用法为一体、一典多用,方便实效,具备以下功能:日语语汇词典准确,释义简明;百科事典,包罗万象,商贸、科技、时事政治尽在其中;片假名语词典,超出普通外来语词典的词汇量;人名辞典,解说置于历史、社会背景下,准确、详实;地名词典,收录日本、外国地名的最新资料和历史沿革;印欧语缩略辞典,收入 5 000 条便于商务活动的缩略语,方便,实用;计算机汉字字典,按部首分例,便于检索;许多词条有形象直观的插图,文图并茂,一目了然。(卫淑霞)

H000213 **图解小学生多用英汉词典** 邓小玲等编。接力出版社 1994 年 12 月版。9 万字。6.50 元。收英语单词、词组约 800 个,适用于小学三年级以上儿童使用。词条按英文字母音序排列,每个词条下有国际音标注音,中文释义,词性、词形变化(包括动词的过去式和过去分词、现在分词形式;名词的单、复数形式;形容词的比较级、最高级形式),并根据词条的不同含义、不同词性分别列例句说明,例句中每个单词均配注国际音标、全句配中文释义。(郭玉婷)

H000214 **英语同义词词典** 朱柏良、顾大僖编。上海教育出版社 1994 年 12 月版。50 万字。15.90元。收入约 3 000 个词语,选词范围包括国内各类中级英语教材、大学英语六级考试大纲词汇、新概念英语第一至第三册词汇、剑桥第一证书词汇和 TOEFL 词汇等。所选词语均是易于混淆或含糊不清的同义词。为便于比较和叙述,将这些同义词归成约 800 个同义词组进行辨析。特别指出各个词语本身的详细解释及与本组其他同义词在用法上的某些细微的相同点和不同点,并配上了具有典型意义的大量例句。这些例句大多出自英美国家出版的词典或书刊。(毛琪毅)

H000215 **迪斯尼彩图英汉儿童词典** 亦玲、罗尼译。上海译文出版社 1994 年 12 月版。30 万字。50.00 元。是用地道的美国英语编写而成的。收录 1 480个词目,1 769 个例句,848 幅精美彩图。书后附有“不规则动词表”、“数词表”、“星期、月份表”、“时态变化表”、“形容词的比较级和最高级表”和“总词汇表”等。(刘玲珍)

H000216 **现代法语短语词典** 王泉水编。天津科学技术出版社 1994 年 12 月版。44.4 万字。14.60元。收现代法语短语词条 14 000 余条,其中包括习惯用语等 3 000 余条。采用按中心词归类编排的方式,并将全部中心词和短语词条按法语字母顺序排列。(胡振泰)

H000217 **英语口译——理论、技巧与实践** 潘能编著。西安交通大学出版社 1994 年 12 月版。25 万字。8.50 元。描述了口译活动中译员应具备的理论知识,介绍了口译技巧并提供了大量实践。其特色是理论简明扼要,技巧实用,实践性强,三者均匀分布于各章。全书 15 章分别讨论了口译的现状与意义、语音要求、口译特点、口译的社会功能、口译与听力理解、口译与文化、口译原则、理解、文体、记忆、译意与译词、应变技巧、口译分类、译员素质与要求等。实践内容覆盖了教育、外事、城建、演说、文艺、通讯、旅游、科技、政治、工农业、经济、商贸、宗教等。段落短,汉英并举;中外兼顾。(潘能)

H000218 **英语惯用法大词典** 吕志士、袁锦兴主编。中国科学技术出版社 1994 年 12 月版。300 万字。150.00 元。从惯用法角度出发,收入当今流行的英语词 6 000 余条,对名词的可数与不可数,其语义范围、语体特征;动词的变化形式、典型的固定搭配及其语义易混的同义词或同义结构等指出了应当注意的地方。对某些多义词语的引申含义及其使用范围加以适当罗致;并相应解释英国英语和美国英语在使用某一词语时,所表示的不同含义及其细致差别。分析了词语在拼写法、读音法、构词法等方面的历史渊源及其演变的形式,最后给出现代英语中其最常用的形式,且提供有关的丰富多样的表达方法。所收入的词条不仅释义精当、简洁且例证取之原文做到了地道可靠,并注意收录一些容易望文生义、造成误解的短语并给予佐证。对常用的同义词和同义结构进行了简要的辨析。(陈莉萍)

其他语系、语言

H000219 **嘉戎语研究** 林向荣著。四川民族出版社 1994 年 2 月版。61.3 万字。17.00 元。对嘉戎语语音、词汇、语法、方言以及嘉戎语言的演变轨迹等进行了研究。详细论述嘉戎语中的藏语借词和同源词的区分问题，嘉戎语中的汉藏语借词情况及其发展趋势和嘉戎语的演变轨迹等。全书收进各方言、土语音系12篇论文。书后附录了方言语词各2 000条左右，长篇故事材料若干篇。对许多例句和长篇材料做了字字对译，后面还附有译文对照。（李培英）

H000220 **汉越词典** 侯寒江、麦伟良等著。商务印书馆1994年8月版。273万字。76.50元。收汉语单字条目6 000多，多字条目近5万。除一般词语外，还收一些常见的文言词语、方言、成语、谚语，以及科学技术的常用词语。在汉语方面，以现代汉语词条为主，尽可能收入近年来，各方面出现的新词汇。在越语方面，则以现代越语为主，兼收若干现在尚通用的汉越语，越南语译文尽可能反映汉语的语体特点。（王淑敏）

H000221 **朝鲜语在中国、朝鲜、韩国使用上的差异之研究** 崔允甲等著。延边人民出版社1994年3月版。30万字。11.60元。共4章。第一章对3个国家在正字法、隔写法、标点符号和外来语标记法上的差异进行比较；第二章对发音法上的差异进行比较；第三章对词汇上的差异进行比较；第四章对规范语法上的差异进行比较。（金哲焕）

H000222 **朝鲜语和汉语关系调查** 崔奉春主编。延边大学出版社1994年8月版。16万字。从历史和现状两个角度调查分析朝鲜语和汉语的关系，着重探讨两种语言在不同历史时期如何具体影响的问题。

H000223 **蒙古语详解词典** 释迦著。民族出版社1994年8月蒙古文版。52万字。18.00元。以收录现代蒙古语常用书面语和口语的一般词汇为主，兼收部分常见的方言词语、旧词语和地名等词条，共16 000多条词目，约54万字。词目以蒙文字母顺序排列，将词条的主要写法列在首位，而后分条解词的本义和引申义，最后对该词的别音别义以及别的写法也作了明确说明，对有些词语还列举例证加以说明。原稿中有些设有解释的词目，这次尽量作了补充，并将这一部分词全部附在书后加以说明，对个别词目未能解释的仍保留其原样。原稿中主要用以拼写汉语借词的满文字均改为蒙文。（那顺）

H000224 **声明学论著注疏** 堪布·才南木编著。民族出版社1994年12月藏文版。50万字。34.00元。收有（转写成藏文的）古印度梵文方面的3部作品：《妙音声明论》本注、《词缀论》本注及《词根论》本注。《妙音声明论》是一部习学梵文的入门语法教材，主要介绍梵语八格为主的初级语法知识；《词缀论》主要介绍梵语中常用的前缀后缀等（句法中）有规律的语法现象；《词根论》主要收集了词的原始形态及其复合演变体，实为一部词汇集。（普日科）

I 文 学

文学理论

I000001 **文学中的历史世界** 副名：历史文学论。吴秀明著。吉林教育出版社1994年版。26万字。10.00元。主要探讨历史文学的个性特征和有关的基本原理。这是近世包括巴尔扎克在内的诸多作家和理论家未能解决的一个重要的理论课题。本书从历史文学的题材属性这一区分于其他类型文艺创作的根本点入手，按事物的内在逻辑展开章节，对历史文学的真实性、历史感与现实感，创作主体在历史向历史文学转化、升华过程中的作用，历史文学的艺术表现与创作方法，历史文学的接受主体、独特的语言媒介，历史文学的虚构和现代化等问题，进行了较为深入的考察、分析与阐述，最后以对历史文学产生与发展的纵向回观与展望结题。书中论点具有一定的理论深度，尤其是对一些鲜有人论及的问题进行了大胆探讨，如社会主义新型历史文学的独特内涵、独特的语言媒介、翻案说、影射问题等。（刘燕）

I000002 **人心可测——小说人物心理探索** 俞汝捷著。中国青年出版社1994年版。17万字。8.10元。形象心理学论著。以心理学为依据，以小说人物为主要研究对象，对该学科的框架、具体内容的设置等提出了独到的见解。著者认为，作家塑造形象，既要从整体上把握人物相对稳定的人格，包括气质和性格；又要从变化的角度把握人物在特殊情境中的情绪和情感。有了这两条，才能获得开启人物心灵的钥匙。本书分两部分。前14篇着重分析欢愉、焦虑、忧悒、悲伤、厌恶、羞涩、内疚、兴趣、惊奇、愤怒、嫉妒、恐惧、敌意、移情等情绪心理及其在小说人物身上的表现，自然也涉及情感。后16篇谈人格，主要通过对活跃、沉静、莽撞、脆弱、犹豫、坚毅、顺从、梦幻、本能、内倾、外倾、自卑、充实、需要等心理现象的剖析，论述小说人物的气质类型和性格类型。孟昭兰在序中认为，著者的研究对文学和心理学都很有意义。该书从古今中外众多文学形象的心理构件上所作的分析，向作家展现了宽广的地带，可使他们在编织人物精神世界的画面时，更加自觉地把创作灵感与作为参照的心理学知识联系起来，从而使所塑造的形象更真实、更接近活生生的人。（陈浩增）

I000003 **微型小说面面观** 江曾培著。百花洲文艺出版社1994年1月版。10万字。4.20元。研究微型小说的理论专著。分“写作十二章”和“理论六探”两部分。前部分对12篇微型小说名作进行剖析，后部分从理论上系统地阐述微型小说的方方面面。其中《微型小说初论》一文是80年代微型小说理论建设的代表作，对微型小说的产生、发展、特征、审美价值作了全面探讨。（李春林）

I000004 **文艺学新论** 狄其骢、王汶成、凌晨光著。山东教育出版社1994年1月版。50万字。18.80元。融会中外文艺理论的研究成果，建构新的理论框架；打破以往文艺理论研究的本质论、作品论、发展论的三块结构，变为增列创作论、作品论、批评论的多块结构；将文学放在人类活动总的发展层面上来审视，揭示文学社会的、文化的、语言的、艺术的性质。分为“文学总论”、“文学作品”、“文学创作”、“文学交流”4编，分别论述文艺学的对象和范围、文学的人学位置、文学的性质和功能、文学的起源、文学作品的存在方式与构成、文学作品的审美类别与涵义、文学语言、文学主体的创作过程与历史类型、文学交流的内涵与价值、文学批评的结构与功能等方面的理论问题。（朱晓晨）

I000005 **诗歌释义学** 王长俊著。河海大学出版社1994年2月版。24.7万字。7.50元。系统研究诗歌释义的理论专著。将诗歌释义作为一门新兴的学科，从诗歌释义的基本理论问题、诗歌文本的阐释以及解读诗歌的途径三个方面入手，汲取西方专家的新观点，继承中国传统的诗歌理论，在对古今中外诗歌进行系统阐释、解读的基础上，提出了一系列诗歌鉴赏与释义的原则与方法，构建了一个较为完整的崭新的理论框架。（吴劭文）

I000006 **文艺与人生** 蒋孔阳著。首都师范大学出版社1994年2月版。38.3万字。13.80元。分为4部分：文艺评论；序和读后感；人生回忆；海外踪影。所选文章，真实地反映了十一届三中全会以来，一个知识分子的点滴感受。书中有许多关于美学的理论和见解，能给读者以有益的启迪。（胡乃羽）

I000007 **世界寓言史** 吴秋林著。辽宁少年儿童出版社1994年3月版。30万字。8.80元。共17章，对5000年间在世界上产生深远影响的主要寓言作家和作品，都进行了中肯的分析和介绍。在世界寓言的远古历史部分，介绍了5000年前的苏美尔人寓言、古埃及绘画式寓言和古希伯来人寓言。在古希腊寓言部分，着重介绍了伊索寓言的思想内容、艺术成就及其对后世的巨大影响。在古印度寓言部分，重点介绍了《五卷书》寓言和佛经中的寓言。在中国古代寓言部分，着重介绍了先秦至清的历代寓言。在阿拉伯—伊斯兰地区寓言部分，介绍了《古兰经》、《卡里来和笛木乃》及《一千零一夜》等典籍中的寓言，同时也介绍了波斯、土耳其及现代伊斯兰地区的寓言。对欧洲地区，介绍了英国、西班牙、意大利、法国、德国、俄苏等各国寓言，并着重论述了拉封丹、莱辛、克雷洛夫等寓言名家作品的思想及艺术成就。对非洲和美洲有影响的寓言，本书也都有详尽论述，并另辟专章介绍了世界民间寓言。（吴庆先）

I000008 **文艺百话** 施蛰存著。华东师范大学出版社1994年4月版。35万字。19.30元。作者以小说、诗歌和散文创作驰誉文坛，被海内外称为“中国新感觉派的大师”。他在词学、唐诗和金石碑刻等方面的研究和外国文学的翻译上，也取得了卓越的成就。本书为其从事文学创作和学术研究六十余年所写文艺论文的选粹，其中以后期所写为主，包括相当一部分未曾发表的作品，内容涉及古典文学、近代文学、现当代文学、外国文学和学术史等。（刘凌）

I000009 **少年文学论稿** 吴继路著。首都师范大学出版社1994年4月版。27.1万字。8.80元。分客体编（少年是独立的人生阶段、少年与文学、少年文学创作综览）、文体编（少年小说、少年诗歌、少年散文、少年报告文学、少年童话、少年戏剧影视文学、少年科学文艺）、主体编（少年文学作者的素养准备、少年文学创作主体构成）。主旨是要揭起“少年文学”的旗帜，把“少年文学”从“儿童文学”中分出来。作者从现代社会学、教育学、人才学等角度出发，从中国有关儿童与少年的创作实践出发，力图较为系统地建立起“少年文学”的理论构架。书中以大量篇幅探讨了少年文学各种文体的创作特征，以寻找少年文学的艺术规律。（胡乃羽）

I000010 **神秘的空间——女性写作心理探索** 韩健敏著。四川文艺出版社1994年4月版。17万字。6.68元。在反思女性文学历史基础上，重点剖析女性独特的观察视野、多姿多彩的女性思维、女性审美情感的生发及变化、女性美文的风格及心理动因，并对现当代若干著名女作家及其创作，进行了具体分析。（朱成蓉）

I000011 **叙事学** 胡亚敏著。华中师范大学出版社1994年5月版。24.5万字。7.00元。从叙述者、叙述接受者、叙述时间、话语模式、非叙事性话语等方面，论述叙事学关于“叙述”的理论；从情节、人物、环境、叙事语法等方面，阐释叙事学中的“故事”及其构成理论；从文本类型、理想读者、叙述阅读、符号阅读、结构阅读等方面，对读者对现存文体的再建构进行研究，即“阅读”研究。从叙事文的叙述模式和结构模式的封闭性研究，到叙事文形式与意义的开放性研究，本书较全面地介绍了源于西方的叙事学理论。后附《金圣叹的叙事理论》一文，从叙事学的角度，对中国17世纪的评点大师在评点中所阐发的叙事理论进行归纳总结，证明金圣叹为中国叙事理论的先驱。（程继松）

I000012 **中西戏剧美学思想比较研究** 彭修银著。武汉出版社1994年5月版。16万字。6.30元。主要从中西方戏剧美学的理论形态、审美理想、艺术特征、演剧体系、范畴系统等层面对中西方戏剧美学思想的形成、演变、理论基础及内在联系作比较研究，并透过中西戏剧美学思想朦胧迷离的外在形态把握其内在本质，揭示中西方戏剧美学思想发展的运动规律。该书试图通过比较，寻求中西戏剧美学思想在理论形态上可能汇通的线路。在对中西方戏剧美学思想的比较研究中，注重中西方两大文化形态对戏剧美学思想的影响，体现出较强的历史感和浓厚的文化意识。作者对中西戏剧美学范畴进行了系统化的尝试，初步建立了一个动态的、开放的戏剧美学范畴系统，勾勒出中西戏剧美学思想发展的运动轨迹。（杨锋）

I000013 **优孟衣冠与酒神祭祀** 副名：中西戏剧文化比较研究。郭英德著。河北人民出版社1994年6月版。18万字。8.50元。“中外比较文化丛书”之一。运用比较研究的方法，全方位考察中西方戏剧的起源、戏剧观念、戏剧文体、戏剧文类、舞台形象，并研究了中西戏剧的交流史。共6章。第一章论述中国戏曲的两起源、中西戏剧起源共同的宗教原动力、中西上古戏剧及其文化背景、中西中古戏剧的复兴及中国现代话剧的起源与发展。第二章对中西戏剧观念进行辨异并考察中西戏剧观念的不同形态。第三章比较中西戏剧文体的本质区别及中西戏剧冲突，戏剧结构和戏剧语言的异同。第四章为舞台形象比较，论述中西戏剧不同的理想人格和形象创造。第五章为文类比较，论述中西戏剧不同的形态、不同的悲剧和喜剧的特征。第六章论述18世纪欧洲剧坛的“中国热”、20世纪中国剧坛的“西方化”和20世纪西方剧坛“朝东看”。作者指出，中国与西方戏剧发展数百年背道而驰，继而出现了双向逆反的运动趋势——中国朝西看，西方朝东看，各自在否定自身的横向借鉴中重造自我。而这种交融汇合，恰恰预示着未来中西文化共同重建新的世界文化的美好前景。（张晨光）

I000014 **结构—符号学文艺学——方法论体系和论争** ［苏］波利亚科夫编，佟景韩译。文化艺术出版社1994年7月版。35万字。11.70元。原名《结构：“赞成”与“反对”》，前苏联进步出版社1975年出版。本书是结构—符号学文艺学论著及有关方法论讨论文章的汇编，介绍了结构—符号学文艺理论的主要观点方法，勾勒了该思潮的发展脉络。上篇“赞成”译作“问题与方法”，其中收入什克洛夫斯基、罗兰·巴尔特、罗曼·雅克布逊、列维·斯特劳斯等结构主义符号学大家的文论力作。下篇“反对”译作“结构主义之争”，选录东西欧学者对结构—符号学文艺理论的分析批评文章八篇。大部分为六七十年代的作品，再现了这一时期由于结构主义思潮活跃，所触发的文艺学方法论的广泛讨论和探索，以及在苏联和东欧文艺理论界引起的极大反响。（蔺鸿静）

I000015 **中西小说比较** 饶芃子等著。安徽教育出版社1994年8月版。28万字。7.50元。在吸收前人成果的基础上，从宏观角度作尝试性的探索，包括中西小说人物观念比较，中西小说人物形象与表现方法比较，中西小说结构叙述模式比较，中西小说创作方法比较等。还选择中西方10部名著，对它们的文化思想和艺术方法、技巧等作具体的比较研究，以探索它们的异同，寻求中西小说创作的某些规律。（黄书权）

I000016 **文艺原理新论** 张达、程玥著。山东文艺出版社 1994 年 8 月版。20.6 万字。6.90 元。坚持用马克思主义为指导,解放思想,以新的视角探索文艺学的基本问题,是本书的第一个特点。作者在指导思想上摈弃了传统的文艺从属于政治的理论,采取马克思关于人类掌握世界的方式的理论并以之为出发点,从探讨文艺与人类的关系入手,全面展开对文艺学一系列基本问题的研究。如具体阐发对马克思关于人类掌握世界的方式的新的理解,进而又从实践—精神方式的特征的论述深入展开,对科学理论活动与文艺活动的区别、宗教活动与文艺活动的区别进行多方面的分析,从而作出了文艺是人的本质力量的审美对象化、文艺的本质特征是审美情感、文艺创作过程是一个审美的思维过程等新的理论概括。博采众家之长,注意吸取国内外文艺学研究的新成果,是本书的第二个特点。如"文艺的产生"一章,吸取法国人类学家布留尔原始思维的观点,探讨了原始思维与艺术思维、巫术与艺术的关系;"文艺鉴赏"一章,吸取了接受美学的观点等。密切结合中国文艺史的丰富实践经验和 20 世纪西方文艺发展的实际,阐明自己的理论观点,是本书的第三个特点。如作者在系统阐述现实主义、浪漫主义和现代主义的特征时,不仅简要地评述了中外理论家的有关论述,而且广泛地联系西方文艺发展的实际,对一些有代表性的现代派作品作了中肯的分析,使论述富有说服力和科学性。(刁鸣琦)

I000017 **文学理论基础** 李鸿然主编。云南教育出版社 1994 年 8 月版。28.5 万字。9.60 元。海南大学等 11 所高等院校协作编写。对文学是一种意识形态、文学的审美特性、文学的社会功能、文学意象、文学意境、文学典型、文学的风格和流派、文学内容和形式、文学语言、文学作品体裁、文学创作方法和流变、文学发生与发展、文学的继承与革新、文学鉴赏、文学批评等作系统阐述。吸收理论界最新的研究成果,对文学基本理论的难点,即文学的意象、文学意境理论作专章论述。(黄敏)

I000018 **马克思主义文艺学大辞典** 陆梅林等主编。河南人民出版社 1994 年 9 月版。135 万字。45.00 元。系统诠释马克思主义文艺学的工具书。包括基础理论,马克思主义文艺学的创立和发展,无产阶级革命文学的产生和发展,马克思主义经典著作家名言释义,文艺思潮、流派、社团和书刊以及中外神话、传说、典故等 6 编,共收辞条 1400 余个。(刘彦钊)

I000019 **钟敬文学术论著自选集** 钟敬文著。首都师范大学出版社 1994 年 9 月版。50 万字。27.00元。"学术论著自选集丛书"之一。精选文章 35 篇,计民间文艺学 16 篇、民俗学 10 篇、一般文艺学 9 篇。所收文章是作者从事学术活动 70 余年大量学术成果中的代表作品,其中以下作品尤具代表性:《民间文艺学的建设》作于 1935 年,是作者关于民间文艺学的奠基作。文中对民间文艺学建立的必要性,民间文艺学研究的对象、特点、内容(范围、分类、样式、形态以及与其他文化部门的关系等)及社会条件都有精到的论述。《把我国民间文艺学提高到新的水平》作于 1979 年,是作者在中国民间文学工作者第二次代表大会上的发言。文中作者明确提出"建立真正马克思主义民间文艺学"的主张,是《民间文艺学的建设》的发展。《加强民间文艺学的研究工作》作于 1981 年。作者在文中强调了民间文艺学的研究对象、领域和内容,明确提出用"辩证唯物主义和唯物辩证法"作为民间文艺学的研究方法。《关于民俗学结构体系的设想》作于 1990 年。文中提出了民俗学构成的六部分:民俗学原理、民俗史、民俗志、民俗学史、民俗学方法论和民俗资料学。为民俗学的建立奠定了理论基础。《民俗文化学发凡》作于 1991 年。对这个新构想的民俗学、文化学的交叉学科,作者倾注的热情是空前的。一则由于民俗学、文化学的发展给民俗文化学的建立提供了条件,另则是作者已年近九十。他企盼民俗文化学在他手中建起,他企盼年轻的有志之士能把这个新学科发扬光大。为此,他在文中不仅精辟地论述了这个新学科的名称由来、概念、性质,民俗文化的概念、范围、特点,民俗文化在民族文化中的位置,而且对新学科体系构想、方法论研究、效用和其他学科的关系等,也进行了深层次的探究。在文章结尾,作者高呼:"希望对这种学问有兴趣和志向的同志(特别是中、青年同志)努力奋进!我这个民俗学界的'老牛',也当竭力以助其成功!"再现了这位民间文艺学、民俗学和民俗文化学的奠基人对所从事的学术研究工作的献身精神。(吴海)

I000020 **中西叙事文学比较研究** [美]丁乃通著。华中师范大学出版社 1994 年 10 月版。22.6 万字。7.00 元。运用芬兰学派的历史地理比较研究方法,对《白蛇传》、《黄粱梦》、《灰姑娘》、《云中落绣鞋》四个著名的故事进行了比较研究,探索其来龙去脉,追寻其故事原型及其流布、演变的情况,勾勒其生活的历史,给予恰当的评价。(赵玉华)

I000021 **文艺社会学·传统与现代** 程正民、童庆炳主编。武汉大学出版社 1994 年10 月版。26.7

万字。9.30元。共8章:第一章论述马克思主义前西方著名的文艺社会学家;第二章论述马克思、恩格斯的文艺社会学思想;第三章专门论述普列汉诺夫的文艺社会学思想;第四章论述前苏联的文艺社会学研究;第五章论述毛泽东文学批评的社会历史维度;第六章论述鲁迅对马克思主义批评传统的选择;第七章论述20年代到30年代中国的马克思主义文学批评;第八章专门讨论西方马克思主义文艺社会学的"语言论转向"。(高璐)

I000022 **涌动的潮汐** 汪政、晓华著。百花文艺出版社1994年11月版。14.9万字。7.60元。分上下两辑。上辑是关于小说艺术论和思潮论的探索;下辑为作家作品论,有对孙犁、陆文夫、史铁生、张承志等人的评论。收入"21世纪文学之星丛书"1994年卷。(刘升盈、甘以雯)

I000023 **大家族的没落——福克纳和巴金家庭小说比较研究** 肖明翰著。广西师范大学出版社1994年11月版。24万字。7.80元。以福克纳和巴金的家庭小说为重点,全面地比较和探讨两位作家以家庭为背景和题材的小说创作中的人物、思想、艺术及其所反映出来的两国历史文化传统。在研究方法上,突破以往比较文学研究中的平行研究与影响研究的一般做法,在对两个毫无影响关系的作家进行平等审视时,没有局限于对两者的相同或相异作简单描述,而是深入其内部,在表面的异同中分析出内在的异同,并将这些异同跟两国的历史、文化等方面的传统联系起来,揭示其原因与规律。在分析比较过程中,运用大量的第一手材料,其中对美国南方的历史、文化、文学传统的分析包含了许多国内学者所没有接触到的材料与观点,对中国传统文化的认识有许多新见解,对作家、作品、人物或社会历史的分析,有独到的发现和见解。(肖启明)

I000024 **儿童文学写作** 潘万辉、张伯方编。文心出版社1994年11月版。27.2万字。9.80元。由三大部分组成。第一部分介绍儿童文学的基本知识和各种儿童文学体裁的写作方法;第二部分是儿童名作赏析;第三部分是著名儿童文学作家答本书编者问。(牛雅杰)

I000025 **文学理论新编** 陈传才、周文柏编著。中国人民大学出版社1994年11月版。37.5万字。11.70元。作者试图建立起一个以马克思主义文艺思想的基本观点为基础,以社会主义文艺为方向,包容中国传统美学遗产以及西方近现代以来的各种文艺理论思潮中的合理因素的开放的理论体系。全书分4编14章:第一编"文学活动论",论述文学活动是由生活、作家、作品、读者诸因素构成的系统;第二编"文学本质论",揭示文学本质随着人类审美实践的展开,呈现出包括意识形态性、审美性、语言艺术等多种命题相关联的完整结构;第三编"文学规律论",论述创作、接受及文学发展的规律;第四编"文学批评论",强调其功能、意义及范式的创新。(陈泽春)

I000026 **罗强烈文学评论选** 罗强烈著。贵州人民出版社1994年12月版。21.7万字。8.80元。选收作者11年的代表性文章36篇。收入"贵州文学丛书"第二辑。(彭建)

I000027 **儿童文学美学** 杨实诚著。山西教育出版社1994年12月版。27.1万字。19.30元。从研究对象的性质、范围,儿童文学美的历史发生、创造、实质、形态,以及童话、儿童小说、儿童诗、寓言等方面分列10个篇章。全书顺着审美关系这条脉络,在儿童文学这块园地内大胆开拓。在美学和儿童文学的契合上,在儿童文学美的本质和种种表现上,论点新颖,阐述精辟。各篇章细目的起始、运转和发展自成一体,充分显示了这门学科作为动态生命系统的有机性、系统性和完整性,并在总体上给人以开创性的启示。本书在论述中涉及到思维学、人类学、儿童心理学、哲学、伦理学、文艺学、语言学等许多相关学科。作者从整体上把握历史文化现象和各学科间的关联和共同之处,将它们合理地融化在儿童文学美学之中,使儿童文学美学得到多层次、多方位、多视角的阐述,充分显示了儿童文学美学在诸学科中的特点和地位。(李之杰)

I000028 **诗美思辨** 艾治平著。学林出版社1994年12月版。30万字。16.00元。试图以对立统一规律探讨中国诗美的规律,将诗美分为人与文、胆与识、真与假、美与丑、通与变、文与质、刚与柔、主与宾、心与物、美与刺、意与境、长与短、隐与显、疏与密、繁与约、情与理、理与趣、意与象、情与景、形与神、虚与实、动与静、比与兴、字与句等24个题目进行阐释。每个题目均结合大量诗作、诗论的实例娓娓而谈,有时插入有趣的典故。(雷群明)

世界文学

I000029 **世界反法西斯文学书系** 刘白羽主编。重庆出版社1992年至1994年陆续出版。3000万字。52册。1500.00元。选编世界60多个国家和地区有代表性的作品，按国家和地区分卷：中国12卷，苏联10卷，法国4卷，德国、奥地利4卷，美国3卷，意大利3卷，日本2卷，西班牙、葡萄牙、拉丁美洲2卷，英国、澳大利亚、加拿大、新西兰2卷，欧洲多国2卷，东南亚1卷，阿尔巴尼亚、罗马尼亚1卷，波兰1卷，保加利亚1卷，南亚、西亚、非洲1卷，南斯拉夫1卷，捷克斯洛伐克、匈牙利1卷，朝鲜1卷。侧重选收30至50年代出版的、产生过较大影响的作品，对个别有代表性的作品，在时限上有上溯或下延。体裁包括小说、诗歌、戏剧、纪实文学，中国卷另收有散文、杂文。所选作品具有认识价值和审美价值，既突出了共产党人中流砥柱的作用，又充分尊重各国国情和文学传统，从历史和现实的高度，艺术地再现了世界反法西斯斗争的全景。编委会数十名成员均系中国著名作家、外国文学研究家、出版家。所收作品的作者600多人，有许多在世界文坛享有盛誉。译者近300人，包括中国当代各语言文学翻译的名家。

I000030 **外国典故故事选** 钱晓骕、王一萍等编。上海教育出版社1994年版。18.6万字。4.75元。收录常见常用的外国典故504则，并加注释义。特点是：一、收录面广。所选典故故事，大部分出自于希腊神话，《一千零一夜》，《圣经》，《伊索寓言》，莎士比亚剧作，安徒生、格林等的童话，托尔斯泰、泰戈尔、海涅、普希金、契诃夫、歌德等的名著，较具典型性、常用性。二、行文生动。每则典故均据原出处敷演成一则小故事，较具可读性，并可使读者从故事的情节了解典故的本义。三、释文简洁。对典故的常用义、比喻义、转义、引申义，脚注于每则故事之后，简洁精当，一目了然。四、检索方便。本书以典故条目第一字的笔画多少顺序排列，目录就是查检表，检索方便。(吴炎昌)

I000031 **中外文学名著通俗本丛书** 霍松林主编。未来出版社1994年版。将中外文学史上成就最高、影响最大的一些著名作品改编成为广大少年儿童易于接受的通俗读物。共40种，其中中国21种，外国19种。以长篇小说为主，兼及诗歌、神话、寓言、戏剧等。每本书都有前言，对原著产生的时代、作者情况、思想内容、艺术成就作扼要评介，并讲阅读方法。(李志钧)

I000032 **英美荒诞派戏剧研究** 郝振益、傅俊、童慎效著。译林出版社1994年版。20.7万字。7.50元。荒诞派戏剧于20世纪50年代发端于法国，后流行于西方各国舞台。作者研究的目光聚焦在英、美荒诞派剧作家及其作品上，通过对英美著名荒诞派剧作家、作品的评介、分析，研究荒诞派戏剧发生、发展的过程和历史轨迹，展现这种以荒诞无稽的形式出现，实则包含深刻社会内涵和心理内涵的戏剧的真正面目，揭示它们产生、发展和流行的哲学基础和文化传统，它们在主题及艺术手法上对20世纪其他文学新流派的兼收并蓄，以及它们对一些文学流派的发展所产生的影响。对于英、美荒诞派剧作家的独特贡献作细致的分析，对他们继承、借鉴欧陆荒诞剧作家的彻悟意识和艺术手法，同时又从现实主义和其他传统戏剧形式中汲取营养以增强作品的现实意义和观赏性，给予了恰当的评价。(施梓云)

I000033 **世界童话名篇** 张绪蒲、刘文刚主编。大连出版社1994年1月版。90万字。6册。33.00元。包括《金色童话》、《银色童话》、《彩色童话》三书。它摆脱了多数童话集偏重"名家、名篇"的编译倾向，尽量多地搜集了"民间童话"，使内容富于生活情趣和乡土气息。本书原作来自于美、英、法、日、俄、阿拉伯等30多个国家和地区，大部分作品都是首次在中国译介。《金色童话》共收童话136篇，内容多为动物故事和反映良善恶丑的道德故事，情节结构较简单，富于故事性。《银色童话》收集欧洲、亚洲、非洲等20多个国家的童话138篇，多是冒险、奋斗、友情的人间故事。《彩色童话》所收的100篇作品中，名家名作占多数，内容更具社会深度和生活广度。(张绪蒲)

I000034 **林纾翻译小说未刊九种** 李家骥主编。李家骥等整理校点。福建人民出版社1994年1月版。40.4万字。17.50元。林纾，福建福州人，中国近代著名翻译家。"林译小说"标志着中国翻译小说的幼年时代，开推介外国文学风气的先河，在中国近代文学史上占有重要的地位。本书由林纾的女婿主编，收辑从未发表过的手稿9种(其中残稿2种)，逐篇作了校订、标点、分段，并附必要的说明或按语。(陈学松)

I000035 **一千零一个侦探故事** 颜煦之主编。沈阳出版社1994年1月版。70万字。16.50元。收古今中外侦探、破案故事1001个，分11类："现场勘查故事"、"周密分析故事"、"跟踪追击故事"、"获取物证故事"、"搜寻人证故事"、"审讯招供故事"、"平冤昭雪故事"、"准确断案故事"、"追寻赃物故事"、"捉拿罪犯故事"、"奇案悬案故事"。这些故事，有的以事实为依据整理，有的以名著为蓝本缩写，有的以传说为素材改编。(李树权)

I000036 **一千零一个动物故事** 颜煦之主编。

沈阳出版社1994年1月版。70万字。16.80元。收动物故事1001个,分11类:"动物与人故事"、"动物互爱故事"、"动物竞争故事"、"动物习性故事"、"动物参战故事"、"动物求生故事"、"动物复仇故事"、"动物义勇故事"、"动物母爱故事"、"动物破案故事"、"动物传奇故事"。所收故事有的以真实事件为依据加以整理,有的以世界名著为蓝本加以缩写,有的以民间故事为素材加以改编。(李树权)

I000037 **一千零一个战争故事** 颜煦之主编。沈阳出版社1994年1月版。70万字。16.80元。收中外古今战争故事1001个,分11类:"运筹帷幄故事"、"神机妙算故事"、"巧布疑阵故事"、"攻城夺地故事"、"出奇制胜故事"、"背水一战故事"、"短兵相接故事"、"声东击西故事"、"孤军奋战故事"、"转败为胜故事"、"解围突围故事"。(李树权)

I000038 **中外文学社团流派词典** 陈安湖主编。浙江教育出版社1994年1月版。59万字。7.70元。广泛介绍中外文学史上出现过的各种社团、流派。对入选的社团流派,不论其政治色彩如何,均基于尊重事实的原则,对其形成时间、主要成员、理论主张、创作倾向、代表作品以及在文学史上的地位和影响等,给以尽可能公正的评价,客观地显示其来龙去脉。(余龙文)

I000039 **当代世界童话选** 薛才康主编。福建少年儿童出版社1994年2月版。10.2万字。3.00元。收美国、英国、法国、加拿大、印度、新西兰、阿尔巴尼亚和前苏联等国家的童话15篇。作品内容丰富,有歌颂真善美、鞭笞假丑恶的《查利和巧克力工厂》、《乌鸦的礼服》等,有展现美丽的自然风光、熔知识性与趣味性于一炉的《太阳的孩子——晚霞》、《虹的传说》等,有寓意深刻、极富哲理的《独眼鸟》,还有生动活泼、充满爱心的《一只绒布兔的故事》等。(吴兆钧)

I000040 **世界散文精华** 冯至主编。江苏文艺出版社1994年2月版。276万字。132.00元(精),87.50元(平)。分为《欧洲卷》(上、下)、《亚洲卷》、《美洲卷》、《澳洲、非洲卷》、《中国卷》。中国散文照理应列于《亚洲卷》,因考虑到中国散文从古到今流长而浩瀚,故专辟一卷,收录上自先秦诸子下迄现当代著名散文家的代表作,当代海外华文作家作品亦酌量收录。外国各卷主要精选"五四"以来所译的外国散文作品,编选宗旨是"名家名译"。其中《澳洲、非洲卷》大多为新译。各卷编排分国别以作者生年先后为序。主编本拟撰写一篇总序,全面地阐述他对散文的理解和对于世界散文状况的认识,可惜序写未半便溘然去世。为纪念冯至,本书保留了他的半篇序。季羡林完成了冯至的未竟之业,撰成总序,使本书终成完璧。(郭济访)

I000041 **大自然美文精萃——春、夏、秋、冬** 牛玉等编。河北教育出版社1994年3月版。64.4万字。24.60元。以春、夏、秋、冬为序,选收散见于各书刊上的四季美文,分为春、夏、秋、冬4册。其中春之美文60篇,夏之美文49篇,秋之美文80篇,冬之美文53篇,既有中国著名作家茅盾、朱自清、丰子恺、林语堂、郁达夫等人的作品,亦兼收了英、日、苏、意、美、法等文学大师的部分佳作。本书意在让自然之美来熏陶心灵,让心灵之美为自然界增辉,使人生四季更加丰富多彩。(张艳茹)

I000042 **外国长篇小说名著精粹** 王智钧、林建初主编。华夏出版社1994年3月版。360万字。8册。163.20元。精选外国16至20世纪优秀长篇小说32部,按1∶3或1∶4的比例缩写。入选作品包括《堂·吉诃德》、《鲁滨孙漂流记》、《傲慢与偏见》、《红与黑》、《巴黎圣母院》、《幻灭》、《死魂灵》、《基度山伯爵》、《简·爱》、《名利场》、《白鲸》、《包法利夫人》、《奥勃洛摩夫》、《双城记》、《罪与罚》、《笑面人》、《斯巴达克斯》、《安娜·卡列尼娜》、《卡拉玛佐夫兄弟》、《娜拉》、《金钱》、《苔丝》、《牛虻》、《沉船》、《约翰·克利斯朵夫》、《好兵帅克》、《西线无战事》、《查太莱夫人的情人》、《丧钟为谁而鸣》、《第二十二条军规》、《蜘蛛女之吻》、《望族》,缩写者有陶正、郑万隆、赵丽宏、母国政、李功达、张抗抗、肖云儒、黄蓓佳、凌力、范小青、陆天明、朱晓平、叶辛、刘登翰、赵长天、毕淑敏、袁和平、陈村、孙绍振、王光明、陆星儿、毛志成、刘庆邦、史铁生、肖复兴、王金陵、孙幼军、刘恒、石钟山、朱苏进、刘毅然、许谋清、陈放等。评论家张炯说:丛书"缩写本身在删繁就简的前提下仍然保持了原著的艺术特色,不但保持了原作的叙事风格和语言韵味,而且保留了原作的精彩描写与对话,使充满生动细节的故事场景和人物性格仍然栩栩如生,仍然不失形象的丰满性和复杂性。甚至有的作品中的人物形象经过缩写的再创作,某些方面更丰满更突出了。这样,就使读者真正既节省了时间,又得到欣赏文学名著佳作所应该得到的审美的快感,包括真的认识、善的启悟和美的愉悦"。(倪友葵)

I000043 **世界传奇故事100篇** 江苏少年儿童出版社编。江苏少年儿童出版社1994年3月版。67.8万字。12.50元。共收古今中外各种传奇故事

100篇。这些故事,有的以历史事实为依据加以整理,有的以世界名著为蓝本加以缩写,有的以民间故事为素材加以改编。为“百篇系列丛书”之一。(颜煦之)

I000044 **中外科幻小说大观** 刘兴诗主编。少年儿童出版社1994年3月版。59万字。23.10元(精)。分四个部分:“中国短篇科幻小说”、“中国中、长篇科幻小说(改写)”、“外国短篇科幻小说”、“外国中、长篇科幻小说”。在中国短篇部分,有选自《列子·汤问》的《偃师造人》;有许地山写于1941年的《铁鱼的鳃》;有创作于50年代的迟叔昌、于止的《割掉鼻子的大象》、赵世洲的《活孙悟空》等;有创作于60年代的肖建亨的《布克的奇遇》、王国忠的《黑龙号失踪》等;有创作于70年代以后的叶永烈的《正负之间》、刘兴诗的《雾山中传奇》等。在中国中长篇部分,有创作于40年代的顾均正的《和平的梦》;有建国后的童恩正的《珊瑚岛上的死光》、郑文光的《飞向人马座》、张之路的《霹雳贝贝》等。在外国短篇部分,有美国杰克·伦敦的《九死一生》、阿西莫夫的《他们那时候多有趣啊》,英国凡塞特的《星孩》,日本星新一的《繁荣花》,前苏联德聂伯洛夫的《电子谋士》等。在外国中长篇部分,有英国威尔斯的《隐身人》,美国的《星球大战》、《来自大西洋的人》,法国凡尔纳的《海底两万里》,前苏联别列亚耶夫的《陶威尔教授的头颅》等。(洪祖年)

I000045 **365夜民间故事(上、下)** 孟烈等编写。少年儿童出版社1994年3月版。63万字。2册。22.20元。共收365篇民间故事。中国各族的105篇;亚洲、非洲、欧洲、拉丁美洲、大洋洲近40个国家的两百多篇。这些故事都根据原作进行改写。(洪祖年)

I000046 **365夜寓言** 汪习麟选编。少年儿童出版社1994年3月版。36万字。11.00元。共收古今中外寓言365则。中国古代传统寓言有出自《吕氏春秋》的《刻舟求剑》,出自《庄子》的《都走失了羊群》,出自《墨子》的《说话要说得有用处》,出自《孟子》的《拔苗助长》,出自《列子》的《疑人偷斧》,出自《韩非子》的《南郭先生》、《自相矛盾》、《愚人买鞋》,出自《战国策》的《不死的药》,出自《晋书》的《杯弓蛇影》,出自《淮南子》的《掩耳盗铃》,出自《归田录》的《只是手法熟练罢了》等;外国传统寓言有希腊伊索的《狮子、驴和狐狸》、《吹牛的运动员》、《开玩笑的牧人》,意大利达·芬奇的《心灵的温暖》、《金翅雀》,德国格林兄弟的《狐狸和猫》、《老祖父和孙子》,德国莱辛的《乌鸦和狐狸》,法国拉封丹的《活的金银》、《猎狗借尾》,俄国克雷洛夫的《青蛙和牯牛》、《猴子小姐和它的眼镜》,俄国列·托尔斯泰的《松鼠和狼》、《老人和苹果》等;占本书主要篇幅的中国当代作家创作的寓言,有郭沫若的《大象和苍蝇》,冯雪峰的《蛇和音乐》,艾青的《蝉的歌》,张天翼的《狐》,严文井的《大卡车上的几粒尘土》,陈伯吹的《粗心大意的小公鸡》,贺宜的《不爱恭维的狮子》,金近的《马的悔恨》,鲁兵的《只认得一盘磨子》等。(洪祖年)

I000047 **外国文学小百科** 陆家齐、孟庆文主编。天津教育出版社1994年3月版。71.5万字。26.50元。以《康普顿百科全书》为主要资料来源,并参考多种国内外同类辞书编译而成。全书收入世界各大洲100多个国家的300多位著名作家及其作品。除名人名著外,儿童文学、寓言、传记、戏剧、随笔、各国文学概况、作家奇闻轶事、作品审美欣赏,无所不及。书中有原版照片400余帧。附有汉语拼音音序索引、英汉对照索引和分类索引。(刘锦华)

I000048 **幽默童话故事** 新蕾出版社编。新蕾出版社1994年3月版。5万字。3.10元。“开心一刻丛书”之一种。精选中外著名幽默童话故事30余篇。其中有《猫先生开店》、《谁生气谁输钱》、《“哎哟”和“哇呀”》、《傻瓜和骗子》、《谁更笨》、《猴子和土地爷》、《一个更比一个傻》、《四根朝天辫》、《妖怪的隐身蓑衣》等。(陆家荣)

I000049 **奇遇与历险故事** 新蕾出版社编。新蕾出版社1994年3月版。7.9万字。3.30元。“开心一刻丛书”之一种。精选世界儿童文学中奇遇与历险的故事10余篇。其中有《伏伦盖尔船长历险记》、《罗姗娜与机器人历险记》、《躺城和乱城奇遇记》、《巧克力27奇遇记》、《吹牛大王历险记》、《爱丽丝漫游记》等。(陆家荣)

I000050 **神怪故事** 新蕾出版社编。新蕾出版社1994年3月版。5万字。3.90元。“开心一刻丛书”之一种。精选世界著名神话故事50余篇。其中有《巨人盘古开天辟地》、《天神女娲造人》、《雷公的葫芦》、《羿射太阳》、《夸父逐日》、《镇守鬼国的神仙》、《八仙过海》、《钟馗捉鬼》、《井底下的仙人国》、《智慧神造人》、《第五个太阳》、《地狱盗人记》等。(陆家荣)

I000051 **少年儿童惊险故事大观** 张锡昌、韦苇编。新蕾出版社1994年3月版。34万字。8.55元。包括60多篇以少年儿童为主人公的冒险故事。其中有狩猎冒险故事、海上冒险故事、科学冒险故事,还有巨人、机器人、淘气鬼、大侦探的冒险故事。(陆家

荣）

I000052 **勇士与大盗的故事** 新蕾出版社编。新蕾出版社1994年3月版。5万字。3.10元。"开心一刻丛书"之一种。精选中外少年儿童惊险故事10余篇。其中有《驼背矮子》、《学习害怕》、《天下无敌的小灰子》、《豆蔻镇的居民和强盗》、《大盗霍震波》、《多立德医生冒险故事》、《小亨利》、《龙子太郎》、《女妖头》等。（陆家荣）

I000053 **开心一刻丛书** 新蕾出版社编。新蕾出版社1994年3月版。30万字。12.60元。共5册：《奇遇与历险故事》、《勇士与大盗的故事》、《巨人与小矮人的故事》、《幽默童话故事》、《神怪故事》。以视角新、篇幅短、内容精彩、形式别致为主要特点。（陆家荣）

I000054 **巨人与小矮人的故事** 新蕾出版社编。新蕾出版社1994年3月版。5万字。3.10元。"开心一刻丛书"之一种。精选描写巨人与小矮人的故事10余篇。其中有《吹梦的巨人》、《酿酒小人》、《巨人的花园》、《偷东西的地下小人》、《好汉杰克智斗巨人》、《小矮人奇遇记》、《咬核桃小人和老鼠国王》、《小裁缝智斗巨人》等。（陆家荣）

I000055 **名家爱情诗分类精品** 岳洪治主编。中国青年出版社1994年3月版。332万字。5册。55.00元。选收中外诗坛上著名诗人的爱情诗精品。入选诗人从古希腊的柏拉图，直至活跃于当代诗坛的中青年诗人，遍及英、法、德、俄、意、西班牙、波兰、罗马尼亚、美、智利、日本、印度和中国等几十个国家。所收作品有的热烈奔放，有的含蓄蕴藉；有的充满欢乐，有的深含哀怨；有的爽朗，有的缠绵。其主旨在于顺应人的尊严与情操，顺应社会的伦理道德，正确导引人的情欲。（林栋）

I000056 **西方文论史** 马新国主编。高等教育出版社1994年4月版。51万字。9.45元。面对浩瀚的西方文论，避免"拼盘"而写出系统性和理论性，这是该书的一大特点。文艺理论有其自身的发展规律，但又与文学实践和社会文化发展有着十分紧密的联系，因此该书在介绍各种文论观念时十分注意把文论发展的历史过程放置在文学实践和社会文化发展的历史中进行。首先，作者十分注意西方社会的演变，特别是政治经济的变化对西方文论产生的影响，但又没有把每一种文学思潮视为社会政治经济的对应物，保持了历史研究的科学态度。其次，本书探讨了西方哲学思潮和科学发展对文论发展的影响，把握了文论发展与人类文明发展的关系。再次，作者善于吸收科研新成果，更注重通过自己的研究补充以往国内研究中的薄弱环节。在介绍每一种文学观念或文学思潮时，有宏观的概括总结，又有具体的分析阐述，并注意从"纵向继承"和"横向影响"的全面观察中完整把握不同时期西方文论的发展状况，并作出较为公正的评价。（吴学先）

I000057 **世界十大史诗画库** 赵沛林主编。吉林摄影出版社1994年4月版。150万字。800幅图。89.50元。共10册。东方5册为中国的《马背英王江格尔》、《雄狮格萨尔王》、《民族英魂玛纳斯》，印度的《伟大的婆罗多》、《罗摩的险遇》；西方5册为古希腊的《决战特洛亚》、《奥德赛海上蒙难》，古罗马的《征服者埃涅阿斯》，德国的《尼伯龙根的惨剧》，英国的《贝奥武甫降妖记》。将难读难懂的诗体改为散文体，用优美的语言，揭开了史诗神秘的雾霭；用黑白素描绘画，再现了史诗的文化精髓。（秦真元）

I000058 **世界寓言故事精选** 章文焙等编。江苏少年儿童出版社1994年4月版。12万字。图近2 000幅。22.00元。收入世界寓言故事近350则。根据有关资料加工改写，文字短小精悍，富有文学性。连环画图画由多位画家分篇绘制，风格多样各呈异彩。（张玉培）

I000059 **蜡笔王国童话** [日]福永令三著，孟英、李景芳译。接力出版社1994年4月版。40万字。9.50元。外国童话集。汇集《蜡笔王国的十二个月》、《蜡笔王国草莓村》、《蜡笔王国的花花兔》、《蜡笔王国眼泪的故事》、《蜡笔王国的七个森林》，有3幅彩色插图。书中有作者的近照和简介，并有作者专为本书写的《致中国读者》。为"接力童话世界"之一。（黄钲）

I000060 **童话故事** 益亮编。未来出版社1994年4月版。13.5万字。6.70元。选取最具代表性的童话名作进行改写，使故事结构更加紧凑，情节更吸引人。有《海的女儿》、《卖火柴的小女孩》、《城里的老鼠和乡下的老鼠》、《睡美人》、《穿靴子的猫》、《忠实的朋友》、《小红帽》、《爱跳舞的公主》、《快乐王子》、《杀巨人的英雄》、《三只小猪》、《守口如瓶的孩子》、《丑小鸭》、《金头鱼》等。故事配有精美插图，加注汉语拼音。（高小雁）

I000061 **外国杂文大观** 姚春树主编。百花文艺出版社1994年5月版。46.2万字。14.00元。选收外国33个国家、115位作家的140篇杂文作品。外国杂文是一个斑斓多姿的世界。外国的一些大作家，常常就是大学者、大思想家，他们那脍炙人口，进行社会批评、文明批评的名篇佳什,都蕴含着很深的人生哲理。书中所选均为外国的名家名作,体裁纷呈,其中有随笔体、演讲体、书信体、日记体、寓言体、故事体和笑话体等。作品有的亲切坦诚、幽默隽永,有的深邃睿智、诙谐风趣,有的构思奇诡、讽刺辛辣,有的细腻委婉、清丽抒情,熔思想、知识、趣味、情韵于一炉,无不给人以美的陶冶和享受。每文之后除作者简介外,还附有导读性的短文。(范希文)

I000062　**中外童话万有文选**　曹文轩主编。漓江出版社 1994 年 5 月版。100.8 万字。2 册。28.00 元。分为八大类:崇高篇、优美篇、惊险篇、纯情篇、谐趣篇、优伤篇、寓理篇、讽刺篇。所收篇目,不仅囊括了已有定评的世界童话名篇,还尽可能广泛选入世界各国的童话代表佳作。中国古代优秀童话,译成浅显优美的白话文,亦收入本书。(李淑娟)

I000063　**世界最新探险小说珍品译丛**　吉恩·布克等著。刘寿康等译。明天出版社 1994 年 5 月版。32 万字。14.50 元。共 3 册。《幽灵出没的日子》讲述一个百年幽灵与现代人接触、交往的荒诞故事,从侧面表现了 16 世纪白种人在北美大陆对土著人的残酷杀戮。《开猎季节》描写弗兰克和乔兄弟俩在一次滑雪旅行中的冒险经历,警示人们保护生态平衡的重要性。《鬼屋》讲述一座被称作巴格特住宅的老房子里发生的一系列闹鬼的怪事,以及主人公为揭开这座房子里隐藏的秘密所进行的种种努力。所收作品有这样几个特点:一是"新",即丛书中的每一部作品与其原文版在出版时间上都只相隔一二年;二是品位高,不仅故事情节引人入胜,可读性强,而且在人物性格描写、心理刻画及故事氛围的构成等方面都具有较强的艺术感染力;三是内容健康,每一部作品在讲述一个精彩紧张、悬念迭出的探险故事的同时,都体现了十分深刻的文化内涵和健康的、积极向上的人文精神以及人类社会所普遍认同的价值观念。(傅大伟)

I000064　**西方文艺理论史**　张秉真、章安祺、杨慧林著。中国人民大学出版社 1994 年 5 月版。44.8万字。12.80 元。高校教材。分 10 章:上古时代古希腊,上古后期古罗马,中古时代神秘主义,中古后期人文主义,17 世纪古典主义,18 世纪启蒙主义,德国古典美学,19 世纪前期浪漫主义,19 世纪中期现实主义,19 世纪后期现代主义。每章第一节"概述"本章文论的历史地位、文化背景、思潮源流和基本特征,以下各节重点探讨代表性文论家的文艺思想。既以"面"来追踪"史"的线索,又以"点"来剖析"论"的内涵,点面结合,史论兼顾。注意吸纳国内外最新的文献资料和研究成果,在完善学科体系和突破理论难点等方面,取得了较大的进展。(章安祺)

I000065　**外国文学简编(欧美部分)**　朱维之、赵澧主编。中国人民大学出版社 1994 年 5 月版。46.5万字。12.60 元。适用于中文系、外文系的高校教材。初版于 1980 年,1986 年第二版,本版为第三版。上篇包括从古代到 19 世纪初期的浪漫主义文学;中篇集中论述欧美文学史最为丰富多彩的批判现实主义文学,同时评述世纪末的非主潮文学;下篇专论 20 世纪文学,分为现实主义文学、社会主义文学和现代主义文学 3 章,对 20 世纪纷繁驳杂的文学现象作条分缕析的梳理,给予实事求是的评价。作者均为长期从事教学工作的专家教授,对全书的谋篇布局,分析详略,都能从教学的实际需要出发加以安排。全书既注意全面系统地介绍文学史、文学思潮的发展过程与基本知识,又着重分析其中的重要作家及其代表性作品,使读者从中获得有益的思想启迪,学习科学的分析方法。(黄晋凯)

I000066　**世界中篇名著精选**　卫茂平、张保庆等译。北岳文艺出版社 1994 年 6 月版。140 万字。10 册。72.90 元。第一辑 10 种:《少年维特之烦恼》,德国歌德著,卫茂平根据 DEUTSCHER TASCHENBUCH VERLAG 1982 年版 HAMBURGER AUSGABE 第六卷译出。作品为书信体小说。描写平民青年维特与贵族姑娘绿蒂之间的爱情悲剧,维特最后以自杀表示了对封建社会制度的抗议。《茶花女》,法国小仲马著,张保庆、高如峰译。描写为生活所迫沦为妓女的玛格丽特与贵族青年阿芒的爱情悲剧,兼具浪漫主义和现实主义的特色。《卡门》,法国梅里美著,王虹译。写吉卜赛姑娘卡门追求自由,宁死不屈,死于丈夫刀下的故事。另一篇《高龙巴》写科西嘉岛一个家族复仇的故事。两部作品均塑造了具有反抗性格和追求个性解放的女性形象。《上尉的女儿》,俄国普希金著,张文郁译。作品取材于 18 世纪普加乔夫农民起义,写贵族青年军官格里尼约夫与炮台上尉司令的女儿玛莎的爱情故事。《罗亭》,俄国屠格涅夫著,刘伦振根据苏联国立文学出版社莫斯科 1954 年版《屠格涅夫文集》12 卷本第二卷译出。描写进步贵族知识分子罗亭与纯洁少女娜达丽亚的爱情悲剧,塑造了"多余人"的形象。《当代英雄》,俄国莱蒙托夫著,郑铮译。描写贵族青年军官毕巧林厌倦上流社会生活,远走高加索寻求冒险刺激,最后在悔恨和幻灭中悲凉地死去。塑造了一个孤傲叛逆的"多余人”的形象。《红字》，美国霍桑著，熊玉鹏译。写农村少妇海丝特·白兰与牧师丁梅斯代尔相爱私通，事情败露，遭到清教徒统治者惩罚的故事。《野性的呼唤》，美国杰克·伦敦著，陆伟民译。描写一只名叫巴克的驯顺的狗，从南方被骗卖到北方，在冷酷无情的生死争斗中野性复发，逃入丛林，变成了狼。另一篇《白牙》是姐妹篇，描写一只狼变成了一条狗。《了不起的盖茨比》，美国菲茨杰拉德著，王晋华译。描写青年富翁盖茨比与旧日情人黛西的爱情悲剧，表现了“美国梦”的破灭。《哥儿》，日本夏目漱石著，包寰、包罗译。描写一个城市大学毕业生到山村学校教书的种种奇特经历。（韩铁马）

I000067 **世界寓言名著金库** 李红等选编。河北教育出版社 1994 年 6 月版。20.4 万字。10.40元。收入各国寓言作品中的古典佳作和部分近、现代优秀作品 300 余篇，基本上囊括了世界寓言的精华。按寓言故事中表演角色的不同，分为上、中、下三编。上编为动物寓言；中编为人物寓言（包括故事角色由人与动物共同担任的寓言）；下编为其他寓言（包括植物和其他无生命物担任角色的寓言及由其他物与人或动物共同担任角色的寓言）。每编内作品按欧洲、亚洲和其他地区三部分编排，各部分作品按国家名称的汉语拼音顺序排列。在作品的选目上，注重思想性、艺术性和可读性。（韩素萍）

I000068 **世界童话名著金库** 孙志成等选编。河北教育出版社 1994 年 6 月版。64.5 万字。19.80 元。收入童话 60 余篇。包括安徒生、格林等世界著名童话家的代表作，中国的叶圣陶、张天翼等著名作家写的童话，以及一些在世界各地民间流传的优秀童话故事。在这些作品中，既有对资本主义社会黑暗的揭露（如《卖火柴的小女孩》），对统治阶级的专横与愚蠢的讽刺（如《皇帝的新装》），又有对诚实、机智和勇敢的赞扬（如《大拇指》、《小红帽》等）。（韩素萍）

I000069 **外国古典戏剧故事** 胡星亮编。未来出版社 1994 年 6 月版。20 万字。选编根据外国著名古典剧作改写的故事 20 个。有希腊的《俄狄浦斯王》，印度的《沙恭达罗》，西班牙的《羊泉村》，英国的《罗密欧与朱丽叶》、《哈姆雷特》，法国的《茶花女》、《伪君子》、《费加罗的婚姻》，意大利的《女店主》，俄国的《钦差大臣》、《大雷雨》，挪威的《玩偶之家》等。每篇故事后附简短的说明文字，包括作家简介、作品主题及其评价和影响等。（杨德新）

I000070 **世界小说名作故事宝库** 俞风、李宗骥等编。安徽文艺出版社 1994 年 6 月再版。185 万字。5 册。65.70 元。从 19 至 20 世纪世界小说名作中，选收不同创作流派及风格的作品，按题材分为推理、历险、科幻、间谍、传记 5 卷。选目厚今薄古，既推崇正统文学的经典名著，又介绍流行文学黄金时代的流派名篇。各卷精编作品 30 余部，每部编成万字左右的完整故事，基本显现原作的风格和文采。“科幻卷”有西方科幻小说先驱儒勒·凡尔纳的《地心游记》，英国科幻小说大师阿瑟·克拉克的《2001 年——太空探险》及各国名篇《仙女座星云》、《人的复制》、《日本沉没》等；“推理卷”有正统推理小说《月亮宝石》、《无人幸免》，悬念推理小说《人性的证明》、硬汉派推理小说《马耳他黑鹰》等；“历险卷”有经典名著《奥德塞》、《唐·吉诃德》、《月亮与六便士》；“传记卷”包括《简爱》、《少年维特的烦恼》、《永别了武器》、《追忆似水年华》；“间谍卷”以英美优秀作品为最。（徐海燕）

I000071 **世界电影精彩对白选** 王野、文韬等选编。辽宁画报出版社 1994 年 7 月版。12.8 万字。47 幅图。7.80 元。选编 54 部影片的对白。作品大多数在人物语言上具有较为突出的特色，就其对白而言，是能够给观众留下深刻印象的。（宋澍）

I000072 **外国女诗人诗精选** 黎华编。百花文艺出版社 1994 年 8 月版。16 万字。9.00 元。精选东西方 28 个国家 80 位著名女诗人的抒情短诗 200 首。这些诗作表现了女性特有的诚挚情感和深刻感受，表现了女性那种执著的企盼、热烈的希冀、近乎痴迷的追求，还有的表现了她们那种自我意识的觉醒和呼唤，将女性委婉细腻的感情、纯洁敏锐的心灵表现得淋漓尽致。这些诗作多阴柔之美，婉约缠绵，犹如清晨绿叶上晶莹的露珠，犹如初春湖面上温煦的微风，给人一种愉悦和真、善、美的艺术享受。收入“域外诗窗”丛书。（张爱乡）

I000073 **诺贝尔文学奖获奖作家精品丛书** 毛信德等编。百花洲文艺出版社 1994 年 8 月版。100 万字。30.50 元。包括短诗精品、散文精品、短篇小说精品 3 册。短诗收获奖诗人 22 位，作品 300 篇；散文收获奖作家 30 位，作品 65 篇；短篇小说收获奖作家 30 位，作品 30 篇。（王志斋）

I000074 **人生随笔精华系列** 湖北人民出版社 1994 年 8 月版。384.4 万字。181.50 元。共 8 本：《人生金言随笔》、《生活妙趣随笔》、《幽默谐趣随笔》、《中国纯情随笔》、《人生况味随笔》、《现代雅致随笔》、《浪漫情感随笔》、《自然美景随笔》。汇集中外名家人生随笔精华一千五百余篇，均是绝妙的文学

之作,可供欣赏;并能透过其对人生兴衰、情感、妙趣、况味等的描述和对生活哲理的深刻阐释,获得丰富的人生感受。(董玮)

I000075 **外国题赠诗精选** 黎华编。百花文艺出版社1994年9月版。18万字。6.60元。精选世界25个国家103位著名诗人的题赠小诗200首。这些诗作蕴含着诚挚、丰富和深沉的情感,表达了人类共同的对友谊和人生的憧憬。收入"域外诗窗"丛书。(张淑芳)

I000076 **外国象征诗精选** 黎华编。百花文艺出版社1994年9月版。15万字。8.60元。精选世界古今46位象征派大师的名篇佳作200首。这些诗作偏爱于抒发诗人的内心隐秘,发掘恶中之美,在意象上运用象征、暗喻和联想,提出"音乐先于一切",万物感应契合,追求扑朔迷离、玄妙朦胧,洞察宇宙深奥,从潜意识中召唤出神秘境界,表达心灵的颤栗和抽象的理性,有着浓厚的颓丧、痛苦、哀怨、孤独和绝望的悲观主义情绪。收入"域外诗窗"丛书。(张爱乡)

I000077 **外国讽刺诗精选** 黎华编。百花文艺出版社1994年9月版。19万字。6.80元。精选外国古今94位著名诗人的讽刺诗200首。有的犀利、尖锐、辛辣,有的幽默风趣、精巧练达,对社会、政治、历史、人生所存在的一些愚昧、邪恶、弊端,虚假的仁义道德,庸人的自我吹嘘,巧妙的政治投机,予以无情的揭露、嘲讽、控诉和抨击,鞭挞假、恶、丑,崇尚真、善、美,富有强烈的现实意义。收入"域外诗窗"丛书。(张淑芳)

I000078 **世界散文宝库** 莫民等编。长春出版社1994年9月版。180万字。63.00元。共六卷,选收20世纪人文思潮中所涌现的散文大师的作品。卷一"自然启示录"表现自然与人的关系,揭示自然给人的启迪,有自然冷静客观的描述,亦有浪漫奔放的抒情,更有神妙别致的哲理阐述;卷二"人生感悟录"包括文学家们对生命、生活、人性、事态、人物、事物等方面的体味,集中展示了对人性百态,人事社会的最直接描绘;卷三"艺术情思录"展示了各国作家对文学、艺术等的探索、寻觅,他们或谈文学语言的独创性,或谈对性、道、神的感悟和理解;卷四"山河咏叹录"为名人名家的著名游记,生动地描绘了风土人情、世道物态;卷五"情爱永恒录"着笔于爱情与亲情;卷六"青春无悔录"是对青春的向往,对似水年华的追忆。(杜菲)

I000079 **世界名诗精选365** 刘雨、尤娣编选。河北人民出版社1994年9月版。32万字。3册。12.90元。收入百余位世界著名文学大师的诗作300余首。文学大师包括莎士比亚、拜伦、雪莱、歌德、海涅、泰戈尔、惠特曼、雨果、叶芝、波特莱尔、高尔基等。许多诗作在世间广为传诵,被多种大中学教材反复选载。编者在选收名家名作时,注意录入每位诗人的处女作、成名作和代表作,并为每位诗人撰有精短小传。(李方)

I000080 **葡语作家丛书** [葡]埃萨等著,范维信等译。花山文艺出版社1994年9月版。200万字。10册。92.50元。由澳门文化司署与花山文艺出版社联合出版,印两种版本。第一辑10种:《巴济里奥表兄》(埃萨著,范维信译)、《新生》(安德拉德著,姚吉明译)、《爱情与小脚趾》(飞历奇著,喻慧娟译)、《索菲娅诗选》(索菲娅著,姚京明译)、《两姐妹的爱情》(迪尼斯著,陈凤君译)、《马亚一家》(盖罗斯著,任吉生、张宝生译)、《痛苦的晚餐》(蒙特洛著,陈凤吾译)、《一个天使的堕落》、《短篇小说范例》、《葡萄牙简史》。(袁殿池)

I000081 **世界文学金库** 朱雯、江曾培主编。上海文艺出版社1994年9月版。600万字。10册。279.00元。分神话史诗、寓言、童话、诗歌、散文、短篇小说、中篇小说、长篇小说一、长篇小说二、戏剧等10卷。中外作品兼收,涉及400余位世界名家,入选的文学精品达3 000余篇。入选的作品,不仅是名篇,而且大都是名译,是选家站在今天的时代高度,遴选出世界文学中"含金量"最高的经典之作、传世之作。长篇小说卷共收作品20部,限于篇幅,只选录部分章节,未选部分均作缩写,并与入选章节相衔接,既保留了原作中精彩的片断,又保持了原作故事的完整性。其他各卷均是全文照录。入选本书的作品,以各地区、各国最具代表性的作品为主,同时也有意识地选了一些内容类似而又各有特色的作品,以利于从细部上进行比较。各卷卷首有彩色插图多幅。(陈朝华)

I000082 **文艺源流辞典** 陆贵山主编。文化艺术出版社1994年9月版。130万字。39.00元。以探求古今中外文学艺术的理论学说、思想潮流、体裁样式、一般知识及名词术语的起源、演变和活化过程为宗旨。内容包括文艺理论、文学、戏剧、电影、美术、建筑、音乐、舞蹈、书法九大门类,共收词目1 398条。(蔡宛若)

I000083 **故事大世界** 中国少年儿童出版社1994年9月版。413万字。50册。180.00元。精选中国少年儿童出版社近几年出版的优秀读物，重新包装，分为5个系列：一、科幻故事和探险故事系列，包括《太空海盗的故事》、《外国少儿科幻电影故事》、《心灵探险的故事》、《探案故事》等10种；二、寓言故事和童话故事系列，包括《中国古代寓言故事》、《伊索寓言故事》、《安徒生童话故事》、《格林童话故事》等10种；三、民间故事和戏剧故事系列，包括《中国古代戏曲故事》、《外国古典戏剧故事》、《中国民间故事》、《外国民间故事》、《传奇故事》等10种；四、爱国故事和名人故事系列，包括《中华好儿女的故事》、《鲁迅的故事》、《中外著名科学家的故事》、《名人的故事》等10种；五、知识故事和生活故事系列，包括《蛇岛的故事》、《成语故事》、《手拉手爱心故事》、《女子足球队的故事》、《战争故事》、《生活故事》等10种。（陈天昌）

I000084　**外国朦胧诗精选**　黎华编。百花文艺出版社1994年10月版。26万字。8.80元。精选法国、美国、英国、爱尔兰、德国、奥地利、意大利、希腊、俄罗斯、西班牙、瑞典、芬兰、瑞士、比利时、波兰、捷克、罗马尼亚、墨西哥、尼加拉瓜、智利、阿根廷、澳大利亚、日本、印度、以色列、摩洛哥等国24位著名诗人的朦胧诗作300首，以法、俄象征派和美、英、意象征派诗人诗作为主。收入“域外诗窗”丛书。（张爱乡）

I000085　**外国唯美诗精选**　黎华编。百花文艺出版社1994年10月版。16万字。8.80元。精选世界唯美主义诗派，诸如法国帕尔纳斯派、俄国纯艺术派和阿克梅派、英国先拉斐尔兄弟会和王尔德唯美派、德国印象主义和格奥尔格派等40位代表性诗人的唯美诗章200首。这些诗作形式精致，技巧高超，文字纤丽，音韵华美，古朴自然，幽雅隽永，多是唯美派大师精雕细镂的珠玉之作。唯美派诗人以自然美、人体美、艺术美为题材，所写诗往往富于绘画美、雕塑美和静穆美，有一种古朴、自然、雅致和“别有天地非人间”的世外桃源意境，在色彩、造型、情思和境界方面都极为幽雅、精巧、含蓄，给人一种和谐的美和绘画的美。收入“域外诗窗”丛书。（张爱乡）

I000086　**外国超短诗精选**　黎华编。百花文艺出版社1994年10月版。15万字。6.80元。“域外诗窗”丛书之一。精选古希腊、古罗马、意大利、英国、法国、西班牙、俄国、美国、日本、印度、波斯等国家和地区著名诗人七行内超短诗300首。这些诗作精致、凝练、清丽、优美，情景交融，内涵丰富，充分显示了超短诗的特殊魅力。书后附有132位诗人简介。（张爱乡）

I000087　**最后的华尔兹**　徐建中编。外语教学与研究出版社1994年10月版。16万字。7.60元。选收世界各国尤其是西方国家诗人以“死亡”为主题的诗作近80首，按“死亡的思考”、“死亡的历程”、“死亡的歌唱”、“死亡的哀悼”和“安魂曲”等编排。为“世界名诗精选”之一。（徐建中）

I000088　**绿色的思忖**　张剑编。外语教学与研究出版社1994年10月版。16.9万字。7.80元。以自然为主题的世界名诗选集。书名取自安德鲁·马弗尔的《花园遐思》。所选诗歌主要写旷野风光和乡间风光，也有一些以城市为背景的现代诗歌。按诗的主题，全书分为以下几部分：季节；清晨和黄昏；星、月和夜；海、湖和溪；云、风和雨；花、草和花园；树、鸟和动物；田园、原野和路；人与自然。为“世界名诗精选”之一。（姚虹）

I000089　**朝圣者的灵魂**　朱云奇编。外语教学与研究出版社1994年10月版。12.5万字。38.80元。选收中外爱情诗60首。诗作从不同侧面反映了人类对爱情进行的思索，表现了爱情给人们带来的欢乐和喜悦、痛苦和悲伤。其中既有数百年来传诵不衰的名篇，如莎士比亚的十四行诗、安德鲁·马维尔的《致羞怯的情人》以及约翰·多恩的《临别慰语：莫悲伤》，也有一些不太知名的诗人如苏珊·怀特、琼·曼斯等的作品。一方面力求做到所选作品在文学史上具有一定的代表性，另一方面考虑到中级程度英语读者的需要，注意收入一些较为浅易和简短的作品，以便于阅读和背诵。每首诗都附有汉语译文和赏析文字，以有助于读者更好地理解和欣赏原诗。为“世界名诗精选”之一。（朱云奇）

I000090　**中外散文名篇精选**　青海人民出版社1994年11月版。75万字。精选中外作家近百人的散文名篇，其中有亚、非、欧、美等洲著名大家，如泰戈尔、川端康成、屠格涅夫等人的代表作品。（班果）

I000091　**杨绛译文集**　杨绛译。译林出版社1994年11月版。132万字。3册。53.00元。包括译者三部主要的翻译小说：西班牙伟大作家塞万提斯的小说《堂吉诃德》、法国18世纪著名作家勒萨日的小说《吉尔·布拉斯》和西班牙16世纪佚名作者的流浪汉小说《小癞子》。这三部小说在欧洲文学史上都有着不平常的地位。《堂吉诃德》是欧洲第一部现实主义的长篇小说，其主题有着深刻的社会意义和历史价值，主人公堂吉诃德和桑丘更成了不朽的典型形象。《吉尔·布拉斯》是法国早期现实主义小说，作品虽以西班牙为背景，但真实反映的是18世纪法国的社会生活。《小癞子》篇幅短小，是欧洲流浪汉小说的鼻祖，对后世的许多重要作家有不可低估的影响。这三部小说都反映了底层人民的痛苦，展现了工业化之前欧洲一角的风情，有着共通的主题；同时这三部市井平民小说有着相近的叙事方式和语言风格。译者巧妙地运用中国通俗小说的语言来迻译这三部作品，获得了形神兼备的效果。(施梓云)

I000092　**世界民间寓言大全**　吴秋林等选编。湖南少年儿童出版社1994年12月版。100万字。2册。32.30元。民间寓言选本。共收中国民间寓言362篇，外国民间寓言1088篇。所收寓言来自民间，历史悠久，流传广泛，体现了不同民族的文化特色，反映了各民族之间的文化交流和渗透。(李丹颖)

I000093　**世界诗库**　飞白主编。花城出版社1994年12月版。约800万字。10册。580.00元。按世界文化区域分为10卷，收入世界100多个国家的优秀诗歌20余万行，力图将世界诗歌的整体风貌展示出来。具有如下特色：一、以世界眼光比较全面地汇集了世界诗歌的优秀成果；二、以诗选为主，以诗史为纲，理出了世界诗歌发展的脉络，使本书兼具学术价值和鉴赏价值；三、填补了我国对世界诗歌译介和研究的大片空白。参与本书翻译、撰稿和编辑工作的专家学者达数百人，体现了我国自五四以来翻译、研究外国诗的成果。(林青华)

I000094　**清园论学集**　王元化著。上海古籍出版社1994年12月版。45万字。43.60元。作者是海内外著名学者，学术视野广阔，纵贯古今，横跨中西，涉及文、史、哲诸多领域。本书从作者的著述中精选文章77篇，展示了作者学术研究的轨迹和主要贡献。其中《金批〈水浒传〉辨正》和小说《舅爷爷》写于40年代，是作者青年时期的著作；《莎士比亚评论译文题记》、《文心雕龙柬释七篇》、《韩非论稿》诸文，代表了作者50至70年代的研究成果；《关于鲁迅研究的若干设想》、《论传统与反传统》诸文则代表了作者近期研究的最新成果。(王兴康)

I000095　**英美桂冠诗人诗选**　方平、李文俊主编。上海文艺出版社1994年12月版。29万字。14.10元(平)，18.20元(精)。"桂冠诗人"是英美独有的文学现象，它在英国已有几百年的历史，在美国也已实行了多年。桂冠诗人虽然不是英美诗歌的主流，可它对英美诗歌的影响却是不容忽视的。本书收入26位英美桂冠诗人的作品。其中有华兹华斯、司各特、塔特、西伯等。每位诗人前有简要介绍。(徐如麒)

I000096　**风景**　副名：陈伯吹儿童文学奖得奖作品集刊(12)。少年儿童出版社编。少年儿童出版社1994年12月版。13万字。4.80元。收辑第十二届陈伯吹儿童文学奖得奖作品21篇，如朱效文的小说《风景》，李心田的小说《分糖》，台湾管家琪的童话《说再见的方式》，加拿大舒兰的诗《童诗》，张锦江的报告文学《一个站着死的男孩》等等。这些作品均发表于1992年。在每篇作品后面，都附有一篇评论。(洪祖年)

I000097　**儿童彩色故事大世界(外国卷)**　余青编。少年儿童出版社1994年12月版。80万字。64.00元。盒装8册："外国故事世界"分红宝卷、绿宝卷2册，共收17篇故事，有加拿大巴克尔·罗特里杰的《小小魔术师》，美国劳利·福斯特的《比利的青蛙》，英国伊妮德·布莱顿的《魔王比尔》，俄罗斯尼·诺索夫的《电话机》、阿·盖达尔的《丘克和盖克》，泰国莬盖珥的《蘑菇的故事》等；"外国童话世界"分红宝卷、绿宝卷、蓝宝卷3册，共26篇外国童话，有丹麦安徒生的《丑小鸭》，英国奥·王尔德的《快乐王子》，德国格林兄弟的《白雪公主》，意大利童话《羽绒姑娘和铅块王子》，法国童话《三只橘子里的爱人》，日本童话《女风神的恶作剧》，美国童话《智斗魔法师》等；"外国寓言世界"红宝卷1册，共收外国寓言97则，有伊索寓言，拉·封丹寓言，克雷洛夫寓言，还有印度、日本、土耳其、阿拉伯、法国、俄罗斯等国家和地区的寓言；"外国动物世界"分红宝卷、绿宝卷2册，共收21篇外国动物故事。(洪祖年)

I000098　**西方小说艺术**　龚翰熊著。四川大学出版社1994年12月版。20万字。8.00元。吸收西方小说理论和当代叙事学的成果，深入研究西方小说艺术。全书6章。首章"西方小说与西方文学"，探讨长篇小说的概念，鸟瞰西方传统小说的兴起、发展和现代小说的挑战，对西方小说批评与小说的艺术研究作了史的回顾，认为对小说艺术的研究仍亟待拓展、深入。从第二章开始，从故事与情节分布、叙事观点和人称、时间与空间、人物与心理描写、结构等方面展开分析。作者论述了所论各小说要素在小说艺术总体构成中的独特意义，从西方小说名著中精心选取大量范例，先传统小说，后现代小说，在所研究的问题之下作细致的文本分析。在这方面，作者不忽视西方传统小说中那些脍炙人口的传世之作，更重视现代小说大家，如阿兰·罗伯—格里耶、克劳德·西蒙、加西亚·马尔克斯等人的艺术经验。(庄

剑）

I000099 **爱国主义教育文库·文学** 陆耀东总主编。武汉大学出版社1994年12月版。96.4万字。5册。25.00元。选录古今中外以爱国为主题、艺术上大多是经过历史沉淀已成为经典的作品，以及少数当代精品。每卷有数千言的序，每位作者的作品前有100字左右的作者简介，中国古代诗词附有简明注释。中国文学按体裁编为《中国历代爱国诗词精品》（王启兴、张虹选注）、《中国现代爱国诗歌精品》（陆耀东编）、《中国现代爱国散文精品》（徐绍建编）、《中国现代爱国小说精品》（孙党伯编）；外国文学合为一卷：《外国爱国文学精品》（江伙生、余启应编）。（蔡先保）

I000100 **杨必译文集** 杨必译。译林出版社1994年12月版。69.2万字。2册。30.00元。分上、下两卷，收录英国小说家萨克雷的成名作《名利场》和英国小说家埃杰窝斯的代表作《剥削世家》。《名利场》主角是个机灵乖巧的漂亮姑娘，尝过贫穷的滋味，一心要掌握自己的命运，摆脱困境。她不择手段，飞上高枝。陪衬人物是她的同窗女友、一个富商的女儿。她懦弱温柔，驯顺地随命运播弄。从贫贱进入富裕的道路很不平稳，富家女的命运亦多坎坷；两人此起彼落的遭遇，构成一个引人关怀又动人情感的故事。《剥削世家》原名《来克仑脱堡》，叙述来克仑脱堡历代的堡主如何用苛捐杂税不择手段地剥削佃户。故事由来克仑脱家里的老仆人叙述。他终身为主人家服务，忠心得像条狗，他对各个主人只有称颂，而读者一眼就能看穿他所揄扬的是些什么恶霸流氓。（章祖德）

中国文学

I000101 **中国文学答问总汇** 《中国文学答问总汇》编委会编。北京十月文艺出版社1994年2月版。191万字。46.20元。收条目7000余个，以问答形式全面介绍中国文学的基本知识。内容包括上自先秦下迄当代的文学史大要，作家作品，文学流派，文学理论，文坛掌故逸闻等。（刘胜旗）

文学评论和研究

I000102 **中国古典文学赏析丛书** 程千帆、周振甫、缪钺等主编。巴蜀书社1988年至1994年陆续出版。550万字。已出版27种，即诗经、汉诗、史记、三曹诗文、陶渊明诗文、李白诗歌、杜甫诗歌、李贺诗歌、刘禹锡诗文、柳宗元诗文、白居易诗歌、李商隐诗歌、李璟李煜词、苏轼词、苏轼散文、欧阳修诗文、黄庭坚诗词、柳永词、周邦彦词、姜夔诗词、杨万里诗歌、范成大诗歌、李清照诗词、陆游诗词、文天祥诗文、关汉卿作品、桐城三家散文赏析集等。丛书沿中国文学史的脉络，以诗词文为主，以唐宋作家作品为重点，兼顾其他各时期作家作品及其他文学体裁，各级各类大专院校文科教材和中小学语文课本所选篇目尽量收入。每集约请对该作家作品较有研究的学者为撰稿人。所有赏析文章全部新撰，不收已发表的旧作。（何锐）

I000103 **文心雕龙全译** 南朝梁·刘勰著。邢建堂、傅锦瑞译。山西人民出版社1994年版。15.6万字。5.50元。《文心雕龙》是中国古代文学理论巨著，内容丰富，体系完整，是中国乃至世界文学理论遗产的瑰宝。它对于研究上古至南齐以前中国文学的发展，是不可缺少的依据；对于文学创作、文艺批评以及建立社会主义的文艺理论体系也有着重要的参考价值。本书译者集多年研究的成果，将《文心雕龙》全书加以今译。译文附在原文每一段的下面，便于对照理解。（侯浩天）

I000104 **李贺资料汇编** 吴企明编。中华书局1994年版。31.6万字。19.05元。辑录从中唐至“五四”300余家有关李贺的评述资料。以评述李贺思想、诗歌创作的资料为主，有关李贺的生平事迹、交游出处、艺术渊源、诗学影响、诗集版本源流以及作品考辨、字义疏证等有助于研究李贺及其诗作的资料亦予收录。资料编排按评述者的年代先后为序。编者在搜集资料的过程中有意识地把侧重点放在不常见也不易得的资料上面，努力扩大资料的取材范围，并对辑得的资料做必要的考辨工作，加编者按语，给读者提供多层次、多视角、便于利用的研究资料。收入“古典文学研究资料汇编”丛书。（宁德伟）

I000105 **金代文学学发凡** 周惠泉著。东北师范大学出版社1994年1月版。20万字。10.00元。力图以集金代文学研究之大成、创立金代文学学为目标，以古往今来金代文学的研究实绩为主干，用多民族的文学观观照和认识金代文学的学术史，为金代文学研究探索新的空间，开辟新的领域。一、提出了民族文化互补说。以往的论者如郭绍虞、夏承焘、范宁等人大多强调金代文学属于汉代文学的余波遗响，本书作者则提出：“金代文学是一种与宋代文学既有联系、又有区别的新质文化。”认为：“伴随着民族融合的进程,汉民族的农业文化和北方民族的草原文化相互影响,相互吸收,形成了金代文学新的特色、新的气象。”这对于用多民族的中国文学观正确认识金代文学具有开创意义。二、进行了立体交叉的全方位研究。以往金代文学研究仅限于少数作家,前人谈论金代文学,一直存在着一种似是而非的观点,即金代文学赖元好问以传,而忽略了其他作家。作者的研究则再现了金代文学众星拱月、辉煌灿烂的整体风貌。三、创立了“金代文学学”。作者以当代意识对有关金代文学的评述作系统发掘整理,建立了金代文学学的理论框架。(吴东范)

I000106 **张爱玲研究资料** 于青、金宏达编。海峡文艺出版社 1994 年 1 月版。42.6 万字。15.90 元。分三辑:第一辑收入有关张爱玲生平的史料、资料;第二辑收入有代表性的论文,反映张爱玲作品研究的现状;第三辑主要收入有关作者和作品的资料及海内外研究论文的索引、年表。(林秀平)

I000107 **龙门丛书** 陈家琪、梁归智、刘毓庆等著。山西教育出版社 1994 年 1 月版。110 万字。41.00 元。第一批 11 种:《人在江湖——〈水浒〉:一个文本和一种解读》(陈家琪著),《神仙意境——道教文化的艺术模特儿》(梁归智著),《泽畔悲吟——屈原:历史峡谷中的永恒回响》(刘毓庆著),《梦幻世界——〈聊斋志异〉的变态心理与变形艺术》(闫勤民著),《邺下风流——英雄、文士、才子与文学革命》(潘啸龙著),《西厢之恋——才子佳人文学的典范》(姚力芸著),《肠断江南——庾信与齐梁文士现象》(牛贵琥著),《笑傲人生——李白的人格与风格》(傅绍良著),《社会良知——杜甫:士人的风范》(刘明华著),《市井新声——三言二拍:人性复归的呼唤》(魏崇新著),《西游东走——〈西游记〉文化探索》(董国炎著)。本丛书从中国文学史上人们所熟悉的经典作家和作品出发,阐扬其文化内涵和意义,是一套文学史、文化史双轨并进的学术专著。在文字方面面向一般读者,将深奥的学术问题以深入浅出、生动活泼的语言形式表现出来。(李健)

I000108 **儿童百科知识图典·中国古代文学人物卷** 盖壤主编。崔玉平文,孙逢春画。辽宁少年儿童出版社 1994 年 2 月版。2.80 元。共 120 条,分别介绍 120 位中国古代文学人物出自哪部作品,人物特征、性格等。一文一图,每一条目均加有注音。(冯幽君)

I000109 **苦恼的叙述者** 赵毅衡著。北京十月文艺出版社 1994 年 3 月版。19.8 万字。5.50 元。将“形式文化论”批评方法应用于中国白话小说从传统到现代演变过程的研究。“形式文化论”认为文学作品的形式研究,可以观察到产生这种形式的文化诸因素。上篇详尽细致地分析了中国白话小说各阶段的叙述学特征,可以视为一本单独的中国小说叙述学著述。下篇分析了这些形式特征的文化制约因素,并试图说明为什么看来只是技巧手法的形式问题,竟具有社会历史意义。书的结尾展望了“形式文化论”批评法在历史分析和文化批判方面可能展开的幅度,并对 20 世纪中国小说的文化作用作了历史重估。为“中国文学与文化研究丛书”之一。(丁宁)

I000110 **沙汀艾芜作品欣赏** 时川编著。广西教育出版社 1994 年 3 月版。17 万字。5.50 元。“中国现代作家作品欣赏”丛书之一。以两位作家的代表作体现他们的创作历程和创作成就。赏析文章角度新颖,观点独到,视野开阔,文笔流畅,有较浓的思辨色彩。(邱方)

I000111 **张爱玲作品欣赏** 李振声、张新颖编著。广西教育出版社 1994 年 3 月版。20 万字。6.00 元。“中国现代作家作品欣赏”丛书之一。所选析的作品代表了张爱玲创作的艺术成就和艺术风格。赏析文章多从文学、文化的角度进行分析,富于独特感受。(邱方)

I000112 **文化视界中的文学** 陈继会著。河南人民出版社 1994 年 3 月版。22.8 万字。6.60 元。传统的“社会学”的批评经过改造、转化、丰富与整合,已显露出一种新的形态。文学批评随着文学转型期的到来正发生着转机。作者敏锐地意识到这一转机,并力图从文化与文学的深层关联中,在更为广阔的理论与文化背景下,寻绎并阐释文学的基本精神与丰厚意蕴,以求建构“文学—文化批评”这一新的文学批评范式。该书是这一批评方式的严肃的实践成果。它通过对中国现当代文学进行文化的、历史的、生命的、形式的、价值的探寻,揭示了中国文学所蕴含的智慧与精神,以及中国文学发展的文化内因。并试图通过文学—文化批评实践,实现对传统的社会政治学批评方法和“纯艺术批评”方法的超越。全书共 5 章:第一章,文学:文化·历史·生命;第二章,形式的重建;第三章,价值的探寻;第四章,鲁迅的文学——文化实践;第五章,东方的文学智慧与西方的艺术精神。(杨吉哲)

I000113 **中国现代文学与民族文化** 吴宏聪主编。首都师范大学出版社 1994 年 3 月版。23.7 万字。7.80 元。学术论文集,共 19 篇。围绕“中国现代文学与民族文化”这一主题，选择若干不同历史时期的文学现象、不同艺术风格的作家作品为研究对象，着重从民族文化的角度审视“五四”以来几十年间，中外文化激烈碰撞中的文学取向和传统民族文化对作家个性、气质、生活、创作等方面的影响，论述民族文化的势态和某些作家对区域文化的认同，进一步探索其发展方向。（林心敏）

I000114　**文心雕龙全译**　梁·刘勰著，龙必锟译注。贵州人民出版社 1994 年 4 月版。50.1 万字。15.00 元。原文用黄叔琳辑注本而删去其文字校注。主要依据是范文澜的《文心雕龙注》和杨明照的《文心雕龙校注拾遗》。是“中国历代名著全译丛书”之一。（谢丹华）

I000115　**古典文艺美学**　张长青著。湖南师范大学出版社 1994 年 4 月版。28 万字。6.50 元。分 18 篇，按时代先后分别论述自孔子至王国维等古代名家名作的美学思想。以儒、道、佛三家文艺美学思想为发展线索，以富有民族特色的中国艺术本体论范畴——意境说的产生、发展和形成为理论核心，探讨文艺创作、文艺作品、文艺欣赏的审美特征和规律。在研究方法上，坚持以马克思主义观点作指导，采取历史和逻辑统一的方法，同时也吸取了当代文艺学、美学研究中的一些新方法。（彭丙成）

I000116　**严文井研究专集**　胡汉祥编。少年儿童出版社 1994 年 4 月版。31 万字。12.00元。“中国当代文学研究资料丛书”之一。包括 4 部分：第一部分“严文井的生平和创作”，收辑文章 32 篇，其中 27 篇为严文井本人的文学论著、作品集的序跋、通信等，如《我是怎样开始为孩子们编故事的》、《对童话写作的探讨——给冉哲彦同志的三封信》、《〈南南和胡子伯伯〉一书的后记》、《〈儿童文学·短篇小说选〉序》、《文学，应当像生活那样丰富多采》等；5 篇为他人撰写的严文井的传、访问记，如胡汉祥的《严文井传略》、刘真的《记严文井老师》、郭晨的《奔腾的小溪流——著名作家严文井的足迹》等。第二部分“评论文章选辑”，收辑评论严文井的创作和作品的文章 24 篇，如中国科学院文学研究所《十年来的新中国文学》编写组的《评严文井新中国时期创作的童话》、浦漫汀的《走自己的路——论严文井的儿童文学创作》、贺宜的《帮助孩子们认识生活——读严文井的童话集〈南南和胡子伯伯〉的感想》、孙幼军的《试谈严文井童话的艺术特色》、茅盾的《序〈一个人的烦恼〉》等。第三部分“严文井著作系年”，按日期先后记述 1932 至 1987 年严文井发表的作品、理论研究文章的篇名、报刊出版社名。第四部分“评论文章目录索引”，记述见诸报刊和图书中的有关严文井创作和作品的文章目录。（洪祖年）

I000117　**《文心雕龙》字义疏证**　吴林伯著。武汉大学出版社 1994 年 4 月版。39.5 万字。11.00 元。对《文心雕龙》中的各重要术语，如文质、奇正、通变、刚柔、神思、情采、风骨等，一一予以详细阐释，考镜其因缘及流变，辨析其异同，借此表达作者的文学批评观点。（陶佳珞）

I000118　**蒲松龄生平著述考辨**　杨海儒著。中国书籍出版社 1994 年 4 月版。23 万字。8.00 元。作者关于聊斋文献辨正文章的结集，既有考论聊斋先生的家世、行迹、交游、作品等方面的文章，也有对一些研究论著失误的考辨。如指出《蒲松龄集》中《重修玉溪庵碑记》一文，是代馆东毕际有撰写的，文中“玉溪庵原先大人之所创建”一句，“先大人”指的是毕际有之父毕自严，而不是如一部蒲松龄传中所说的蒲氏之父蒲槃，《重修玉溪庵碑记》实际上就是署名毕际有的《重修普云寺碑记》底稿；再如，民初石印本《聊斋全集》中窜入了许多伪造的诗文，胡适早就有过专文揭明了这个问题，可是近年来仍有一些论著援引那些伪作，本书在胡适辨伪的基础上又做了一番辨伪考证，以期引起研究者的注意。对《蒲松龄集·诗集》中一些诗的编年上的失误进行了辨正，对重新整理蒲氏的著作，提供了参考依据。作者还利用生活和工作在蒲氏故里的有利条件，就有些问题进行了调查访问，稽考出淄川城里原有过一座蒲氏家祠，《聊斋志异》手稿原来就藏在那里；还从大刘庄找到了两部不尽相同的刘氏谱，经过考察，使人们对与蒲松龄终生相依为命的刘氏的家庭，有了些了解。这些更是一般的研究者所难以获知的。（章宏伟）

I000119　**老舍与中国新文学**　章罗生著。文化艺术出版社 1994 年 5 月版。15 万字。4.40 元。老舍在中国现当代文学史中占有重要的地位。1925 年，老舍在英国伦敦开始了他的创作历程，与中国新文学的发展几乎同步。无论小说还是戏剧，老舍都做出了巨大的贡献，堪称文学巨擘。本书分 12 个论题，从时代风云、改造国民性主题、小说的哲理抒情化倾向、话剧创作、幽默、语言、文学本体论建设以及老舍的代表作《四世同堂》、《茶馆》等方面加以论述。其中对老舍文艺思想的分析，对老舍之死的剖析，尤见作者研究的深入细致。（赵伯陶）

I000120　**现代主义文学研究**　吴昌雄著。武汉大学出版社 1994 年 5 月版。18.9 万字。6.50 元。运用马克思主义理论和方法，采纳社会学、文化学和现代心理学的新成果，在大量占有资料的基础上，组织、梳理、取舍筛汰，从宏观的角度对西方现代主义文学的社会文化背景、哲学理论基础、审美意识和取向、思想和艺术特征，及其与西方传统文化的渊源关系，作深刻的审美观照和论述。对西方现代主义文学形成和发展的来龙去脉、历史和现状，作“言之成理、持之有故”的阐释和深入的剖析。还对西方现代主义文学运动中影响重大而又与中国“五四”以来的新文学运动，特别是改革开放以来的新时期文学关系密切的象征主义、表现主义、意识流文学、荒诞派戏剧和拉美魔幻现实主义等文学流派及其经典性作家作品等，作了阐述和评析。(蔡先保)

I000121 **文学梦寻** 刘思谦著。河南大学出版社1994年6月版。25万字。12.00元。论文集。收入作者70年代末至90年代初撰写的当代文学研究、评论文章38篇，分为小说思潮研究、小说文体研究、作家研究、作品研究、文学随笔、女性文学研究6辑。前有蓝翎《序》，后有作者《后记》，比较详尽地提供了这些文章产生的有关背景材料。作者是新时期以来活跃于当代文坛的中年女评论家，最初以撰写短小精悍的文学随笔引起社会关注；80年代10年间，把主要精力投入中国当代小说研究；进入90年代，兴趣逐渐转移到女性文学上。本书所收是作者不同时期撰写的文章中有代表性的篇什，其中不少文章，如《蒋子龙的“开拓者家族”》、《对建国以来农村题材小说的再认识》、《“改革者文学”之得失及其悲喜剧》、《崇高没有泯灭——论新时期小说的崇高美价值》、《向“人学”攀登——谈刘心武的小说创作》、《谌容和她的〈人到中年〉》等，都在当代文学研究领域产生过广泛影响。这些文章紧扣时代脉搏，追踪新时期文学创作走向，内容扎实，见解新颖，对研究中国当代文学和了解作者追寻文学之梦的足迹，有重要参考价值。作者文笔优美、流畅，于雄健高昂中透出女性特有的委婉细腻，形成了一种独特的艺术风格。(袁喜生)

I000122 **现代文心** 刘业超著。湖南师范大学出版社1994年6月版。51万字。15.00元。运用现代思维科学、接受科学、传播科学、符号科学、形态科学、系统科学的理论，对《文心雕龙》的宏论要旨予以阐释，对文心系统、文心运动中的各种问题进行论证，将“文心”传统与现代写作科学接轨，以求建立具有中国特色和时代特色的写作科学途径。全书13章。前5章讨论文心的系统运动。第一章概括论述文心的系统涵义及其科学依据，文心在写作运动中的系统位置，文心的内在结构，文心运动的阶段形态及基本特征与类型，开发文心活力的途径，文心与文章、文体的关系，各种文体的运心艺术。第二至第五章，分别论述文心的孕育、运思、外化、接受与反馈。后8章讨论文心的体式运动。第六章全面考察文体涵义的历史演变及文体作用，文体世界两大体系的划分(实用性文体体系、审美性文体体系)，文体世界的系统运动，用体的艺术：选体、运体和得体。第七至第十三章分别论述诗歌、散文、戏剧文学、评论、学术论文、新闻等文体艺术。(罗灵山)

I000123 **中国现当代文学一颗耀眼的巨星** 副名：丁玲文学创作国际研讨会文集。《丁玲文学创作国际研讨会文集》编选小组编。湖南文艺出版社1994年6月版。28万字。8.00元。丁玲是中国现当代文学的重要作家之一，从青年时代投身革命起开始文学创作，至1986年3月逝世，从事文学创作活动近60年，创作了数百万字的作品。其中《莎菲女士日记》、《太阳照在桑干河上》等，表达了人民的心声，反映了时代的旋律，受到广大读者的欢迎。本书收入论文、发言稿、信函等80余篇。作者们立足于20世纪文学发展的宏观背景上，结合世界进步文学潮流的发展趋势，考察丁玲文学创作的独特价值，从不同角度探讨了丁玲作品的思想意义和艺术成就，既有共识，也有不同意见的切磋。(张光琮)

I000124 **中国山水艺术精神** 臧维熙主编。学林出版社1994年6月版。42万字。21.75元。中国山水旅游文学研讨会数届年会论文汇编。前半部主要是纪念和研究谢灵运的论文，后半部为山水文学论文。多数论文是古典文学研究中作家、作品研究的新成果，有小部分论文融入了多层次、多角度的研究方法，以期开拓古典文学在山水旅游文学领域中的研究视野。多数文章对古典文学的应用性进行探讨，即学术与旅游业的结合，以期找到最佳的结合点。书末附有历年关于谢灵运研究的书目资料辑录。(曹坚平)

I000125 **李白与唐代文化** 葛景春著。中州古籍出版社1994年6月版。21.2万字。9.90元。将李白诗歌按内容分为14个专题，探讨李白与唐代的儒学、道教、佛教、外来文化、干谒之风、隐逸之风、尚武风尚、漫游风气、音乐、舞蹈、绘画、书法、月文化、酒文化等方面的密切关系，揭示广阔的时代文化背景、深刻的文化意蕴和唐代文化对其诗歌的渗透和影响，以及二者互为因果的关系，反映了诗歌发展与社

会文化大系统之间千丝万缕的联系。(孙宝瑞)

I000126 **沈从文笔下的中国社会和文化** [美]金介甫著,虞建华、邵华强译。华东师范大学出版社 1994 年 7 月版。25 万字。12.00 元。对沈从文年轻时的经历,所处的五四前后的特定历史阶段,他的思想态度及他转变为作家的过程,以及沈从文从事文学创作的历程,他的文学观、社会道德观作了较深入的剖析。沈从文的小说主要反映湘西的独特风俗、民间宗教、婚姻等,在一定程度上反映了中国 20 世纪 20 年代至 40 年代的社会风貌。作者此书的写作宗旨是"提供对沈从文作品以及对湘西的非小说介绍的新理解",理清沈氏作品"社会和思想方面的问题"。本此,作者将沈从文置于当时特定的社会、文化背景下加以审视,使该书反映了较为广阔的社会生活,具有相当高的学术价值。(姜树春)

I000127 **纳兰成德评传** 寇宗基、邸建平著。山西古籍出版社 1994 年 7 月版。25.8 万字。图 2 幅。14.80 元。分"纳兰世家"、"相府公子"、"侍卫生涯"、"万里行"、"纳兰词的成就"、"纳兰诗与词并誉"、"纳兰文论的情与真"7 节,在总结前人研究成果的基础上,分析生平疑点,尽力予以澄清;析评诗词、文论,确认纳兰不仅是满族第一位大词人、大诗人,还以其特殊的地位和成就,推动了满汉文化的交流和融合。(张继红)

I000128 **中国 20 世纪文学思潮论** 黎山峣著。武汉大学出版社 1994 年 7 月版。31.3 万字。6.25 元。系统探讨 20 世纪中国文学思潮发展的历程以及各种文学思潮的主要特征。分为"中国近代文学思潮的形成和发展"、"时代精神和时代潮流"、"人的解放和人道主义"、"鲁迅人的解放的哲学思想"、"中国新文学的文化进程"、"通向民主主义和社会主义的个性解放"、"新文学运动是文学的统一战线"、"真善美文学观念的现代发展"8 章,着重表达对一些贯穿性问题的哲学思考。(陶佳珞)

I000129 **晚明士风与文学** 夏咸淳著。中国社会科学出版社 1994 年 7 月版。27 万字。12.60 元。作者认为,研究一个时代的文学风气、文学潮流,必须了解那个时代的作家群体性格乃至整个士林风习,即研究文风必须了解士风。但作家群体不是孤立的,而是与其所处的社会关系、文化氛围有着密切的关系,故研究士风又须了解世风。士风处于中介环节,世风通过士风而影响文风。抓住士风这个重要环节,有助于文学史研究能立体地透彻观照某一时代的文学现象、特质和潮流。基于以上认识,本书以明代晚期政治、经济、思想、文化等领域的世风变化为时代背景,悉心探讨了当时的士风新变与文风变革的发展关系。共 8 篇。前 4 篇市井、生活、心态、学术,着重讲士风;后 4 篇尊情、贵真、尚今、崇俗,着重讲文学。各篇前后兼顾,各有侧重,作者通过对丰赡史料的精心梳理、条分缕析,独抒心机,为中国文学史研究开启了一个新的探视窗口。收入"宏观文学史丛书"。(季寿荣)

I000130 **李白资料汇编** 裴斐、刘善良著。中华书局 1994 年 7 月版。95.3 万字。55.00 元。从别集、总集、诗文评、诗话、笔记、方志等 865 种书中辑录金元明清时期 916 家有关李白生平、思想、性格和作品的资料。收录范围较广,包括总评、作品评论、作品诠释与辨伪、生平事迹的记述与考证,以及吟咏凭吊之作等。资料的编排以人为单位,人则以时代先后为序。所有资料都经过认真的核对,如果有与事实不符的明显错误,在文末加按语说明;明显的文字错误,径改或删补。本书按作者时代先后列出所有引用书目,便于读者研究利用。收入"古典文学研究资料汇编"丛书。(宁德伟)

I000131 **舒芜文学评论选** 舒芜著。安徽教育出版社 1994 年 8 月版。48 万字。16.00 元。选收作者已发表的(已经结集的和散见于报刊的)文学评论著作 42 篇,分为 7 辑。第一辑为诗歌评论,重点是唐诗,包括陈子昂、李白、杜甫、王维、韩愈等;第二辑为中国近代文学思想史研究;第三辑为《红楼梦》研究,选自作者专著《说梦录》;第四、五辑分论周氏两兄弟——鲁迅与周作人;第六、七辑散论中国当代诗歌散文。另有两篇有关外国文学的文章,作者称是"聊备一格"。作者平时用功最力、收获最著的为《红楼梦》与周氏兄弟研究,所以这三方面文章自然成为本选集的重点。谈到本书的"序",作者借用荒芜的一句诗——"我论文章尊五四"说:"我推崇'五四'以来的中国新文学,尤其推崇新文学的最高峰鲁迅,我经由古今中外文学的一切途程都是为了达到这个高峰,而又站在高峰之上来看古今中外文学的一切,这就是我(这本选集)的凌乱无序之中的有序。"由此引申一步说:这部选集,反映了舒芜一生文学追求的历程。(许振轩)

I000132 **论中国近世文学** 胡适、周作人著。海南出版社 1994 年 8 月版。13.3 万字。4.20 元。收录胡适、周作人论近世文学的论文两篇。胡适的论文《五十年来中国之文学》是 1922 年应申报 50 周年纪念册(一本 8 开的学术论文集)之约而作,原分 10

节,无小标题。书中各节标题为收入本书时编者所加。周作人的论文《中国新文学的源流》是1932年在辅仁大学讲演的记录,记录人是邓广铭,曾由北京人文书店印行,印行时的两篇附录收入本书时照原样保留。胡、周二文论述中国新文学运动的源流、经过和它的意义。胡氏从曾国藩死后的桐城——湘乡派讲起,周氏文章从明末公安、竟陵派讲起。这是他们认为传统文学开始变化的时代,新的思想在旧的体制内发生发展,新的文学在"礼崩乐坏"中孕育形成。这两篇文章概述了他们作为文学家和社会文化学者对这个大变化的看法,既有文学史的意义,又有思想史的意义。本书为"人人袖珍文库"之一。(袁大川)

I000133　**丛林中的玫瑰**　倪鹤琴著。海天出版社1994年8月版。18万字。12.80元。文艺批评文集。分为"磨石林"、"边缘树"、"随感丛"三部分。"磨石林"呼唤真正的文学批评,努力为文学批评在特区文学中寻求恰当的文化定位。这里有对特区文学界脉搏和呼吸的亲切感知,也有对特区文学创作和批评势态的美学思考。"边缘树"相比之下带有较浓的理论色彩,特别是《冲突中的女性:美中文学的共同母题——当代女性的角色及妇女问题探微》在中西女性文学形象比较研究中具有一定的深度和影响。"随感丛"收入杂感和随笔,于感怀中讴歌真情、催生文明。这三部分精神上贯穿一致,透射出女性文艺批评家特有的批评个性和审美品位。(宋城)

I000134　**台湾当代文学理论批评史**　古远清著。武汉出版社1994年8月版。65万字。28.00元。介绍1945年台湾光复至90年代初台湾当代文学理论批评的基本状况,包括文学理论批评发展演变的社会历史环境、台湾当代文学理论批评家的理论主张及其理论作品、重大理论思潮及文学论争、各种文体的评论历史及各类文体评论家。全书分五个部分。导论对"台湾当代文学理论批评"的范围、研究对象和基本内容作了界定,并对海峡两岸当代文学理论批评的特点进行了比较;第一编光复初期到60年代:从"战斗"本位向文学本体的转移,介绍台湾文论在由现代文论向当代文论过渡时的转型期的特征、当局以政工态度对待文艺的倾向,以及60年代后半期现代主义在台湾的兴起;第二编70年代:在论战中蓬勃发展,主要介绍关于乡土文学大论战和台湾文学理论在70年代的一些情况;第三编80年代至90年代初:众声喧哗,多元并存,介绍台湾文学理论批评朝着多元化方向迈进的特征;附录部分辑录台湾当代文学理论批评大事记、40年来台湾当代文学理论批评书目以及本学科的一些研究资料等。本书涉及到的台湾当代著名文学理论批评家有胡适、夏济安、夏志清、徐复观、纪弦、余光中、苏雪林、颜元叔、叶维廉、李欧梵、郑明娳等。全书资料翔实,评述台湾当代文学理论批评现象时尽量做到公允客观、不带偏见,比较清晰地勾勒了台湾当代文学理论批评的历史线索和发展轮廓。(邹德清)

I000135　**中国古代文论教程**　蒋凡、郁沅主编。中国书籍出版社1994年8月版。47.6万字。15.00元。主要为开设"古代文论"的师范类高等院校大学本科学生编写的教材。本书的特点,主要是深浅适中、繁简得当,适合目前高校学生的实际水平和需要。从编写体例看,本《教程》颇具创新意识。解放后,有的院校开设中国文学批评史,以阐述古文论的历史发展为主;有的开设中国历代文论选,以介绍作品和理论发挥为主。各讲各的,似有分割之势。其实,批评史和古文论是有机统一不可分的。本书在体例上以史带论、史中有论、史论结合。在古文论研究中,将历史研究与现代视角辩证地统一,是本书的又一成功之处。一是把古文论纳入特定的历史文化背景和美学思潮中去考察,正确地理解古文论的特殊概念、范畴和种种现象,历史地把握其发展规律。另外,是站在现代意识的高度,"以史为鉴",为建设全新的现代文论提供借鉴。宏观的理论概括与微观的深刻钻研结合。本书的开头,就先从宏观角度讨论了中国古代文学理论的"民族特色"和"表现形态"。后面以时序分章节,各个时代,先有总论,然后是具体章节,最后有原始资料附录。内容完整,层次分明。(刘元煌)

I000136　**宁宗一小说戏剧研究自选集**　宁宗一著。天津古籍出版社1994年9月版。58.5万字。35.00元。该书突破已有的研究格套,开拓新的思路,从艺术哲学、审美心理学和艺术社会学等方面,多视角、多侧面、全方位地深入研究探讨中国古典小说和戏剧的新观念,同时对所涉及作品的人物、情节及思想艺术作了新颖别致的分析展示,深刻揭示作品在文学史上的重要地位和独特价值。全书收入论文39篇,共分3辑。在第一辑中,作者对中国小说史的沿革递嬗进行顺向和逆向两方面考察,阐述了元末明初以来中国古代小说经历的三次小说观念的重大更新。第二辑中阐释了作者独特的戏曲史研究方法,即全身心地投入对象、拥抱对象,与对象融为一体。第三辑收集为他人著作所作的序言,涉及明清小说、武侠怪异、市井文学研究等诸多方面。(唐舰)

I000137　**沈从文论——中国现代文化的反思**

韩立群著。天津人民出版社1994年9月版。32万字。9.80元。全方位、多角度论说沈从文其人及其作品的著作。作者在多年研究的基础上,构筑了这一领域的独特体系。从沈从文湘西乡土小说中,探求文化裂变期城乡文化的对立和乡村在过去、现在和未来三个时代中的历史命运;通过都市文化批判小说,揭示出都市家庭中人际关系的扭曲和女性个性解放与绅士虚伪、泯灭个性的生命形式的对立;通过沈从文军旅人生小说中一系列军人形象,挖掘出具有20年代湘西地域特色的人物品性,以及一个启蒙主义者对人生、对社会的深切感悟;从沈从文充满神奇色彩的佛经寓言新编和悲天悯人的乡土散文中,发现顺乎自然、顺乎人性的生命意识。作者认为,沈从文的大多数作品都贯穿着"生命哲学"这一主线,通过这一主线可进而探索沈从文对中国现代文化的反思,以及他对生命力萎靡的民族重新焕发巨大生命力和意志力的期望。独到的研究视角和新颖的见解,构成了该书的一大特色。(陈益民)

I000138 **冯梦龙·金瓶梅·张竹坡** 陈昌恒著。武汉出版社1994年9月版。33万字。10.00元。分上下两编。上编从文化品格、文学思想、作品风貌等方面论证《金瓶梅》与冯梦龙其人其文的共同特征,得出《金瓶梅》为冯梦龙所作这一结论。下篇梳理评价张竹坡对《金瓶梅》的评点。本书在《金瓶梅》研究和冯梦龙、张竹坡研究方面开拓了新的思路。(潘长胜)

I000139 **海外华文文学名家** 潘亚暾、汪义生著。暨南大学出版社1994年9月版。29万字。24.00元。"华侨华人丛书"之一。严格按照"海外"、"华文"、"文学"、"名家"四大标准,从分散在世界各地的华文作家中精心挑选出111位作家。以适当的篇幅介绍名家简历,重点介绍评析各位名家作品的思想性和艺术特色,全书具有文学家辞典与作品评析的特点。(李成)

I000140 **唐代文学研究(第五辑)** 傅璇琮等著。广西师范大学出版社1994年10月版。73万字。28.50元(平),33.50元(精)。唐代文学学会成立十周年国际学术讨论会暨第六届年会论文集。共收入论文64篇。本书有三个特点:一、作者范围广。中国大陆作者45人,日本、韩国、新加坡、美国、德国、荷兰以及中国台、港、澳地区作者19人。作者地域范围的广泛,使本书在某种程度上具备了"国际性"的特点。二、作者学术品位高。中国大陆作者以中、老年学者为主,其学术成就代表了中国唐代文学研究领域的最高水平。中国港、澳、台地区和海外作者也是本地区、本国的佼佼者。本书可以说在一定程度上反映了1994年海内外研究唐代文学的最新成果。三、论文涉及面广,研究水准高。本书所收入的论文可分为三类:一是考据性文字,二是理论性文字,三是海外研究介绍。其中前二类文章占大部分。考据类包括作家生平考证、作品辨伪、版本源流考析,以及运用新发现的文献材料考订作家行止等。在理论性文字中,作者们的研究角度呈现了多元化的趋向,广泛探讨了唐代文学中一些重要的文学现象及流派。(肖星明)

I000141 **圆形批评论** 王先霈著。华中师范大学出版社1994年10月版。25.2万字。11.00元。针对当代文学批评不景气的现状,从中国哲学和美学中关于圆的观念分析入手,深入考察中国和西方文学批评史上圆的内涵同文学批评之间的关系;紧密联系当代文学批评的实际,首次提出"圆形批评"的理论,即"建设辩证的、感悟与理性融合的、适合文学审美特性的文学批评"——"圆形批评"。"圆形批评论"高度重视审美快感在文学批评中的重要位置,既是"跨世纪文学批评格局"中的一种"新的建设性的主张",又兼容了各种文学批评论的长处。在细析"中国的辨味批评与西方的印象批评"之后,论述了"美感的可分享性"和"美感的可传递性",强调美感既是"圆形批评"的前提,也是其目的,使文学批评具有了鲜明的审美特质与健康发展的方向。全书由"圆形批评论纲"与"文学批评散论"两大部分组成。前者立论,后者实践;前者重在理论务虚,后者重在品评作品;前者以虚涵实,后者以实涵虚。理论与实践交织,虚与实涵盖,理论思维的缜密性与文学批评的精妙性等方面的有机组合,形成了本书互补互谐的新的学术专著格局。(陈昌恒)

I000142 **中国近现代通俗作家评传丛书** 范伯群主编。南京出版社1994年10月版。266万字。120.00元。分12册:《民国武侠小说奠基人——平江不肖生》,《现代通俗文学的无冕之王——包天笑》,《中国侦探小说之宗匠——程小青》,《哀情巨子——鸳蝴派开山祖——徐枕亚》,《现代通俗文学"幽默大师"——程瞻庐》,《演述江湖帮会秘史的说书人——姚民哀》,《交易所真相的探秘者——江红蕉》,《言情圣手、武侠大家——王度庐》,《维扬社会小说泰斗——李涵秋》,《滑稽名家、东方卓别林——徐卓呆》,《挑开宫闱绘春色的画师——张恂子》,《四十年代方型刊物代表作家——王小逸》。每册以评介一位

作家及其代表作为主,兼及其他若干作家及其代表作。丛书评述作家43位,选载他们的中短篇小说代表作119篇。(孔繁麟)

I000143 **浩然研究专集** 孙达佑、梁春水编。百花文艺出版社1994年11月版。49.9万字。25.00元。内容包括:浩然谈自己创作的文章27篇;中外人士评论浩然的文章30篇;浩然作品目录;浩然书目;浩然生活创作评介文章目录索引。这些资料时间跨度大,涵盖面广,是研究浩然创作生涯的重要史料,从中可以看出浩然几十年文学创作的轨迹。(文秉勋)

I000144 **文学薪火的传承与变异** 刘登翰著。海峡文艺出版社1994年11月版。26.3万字。9.40元。"台湾文化研究丛书"之一。收录作者研究台湾文学的论文30篇,分三辑:第一辑从宏观的大视野对台湾文学的母体渊源、文化基因、思潮演变、当代走向等一系列问题作精辟的分析,辩证地阐明台湾文学在中国文学中的位置和意义。第二辑对影响台湾文坛的重要文学流派和文学现象以及一些有代表性的台湾作家和著名作品进行具体、深入的探究。第三辑主要论述台湾诗歌运动的衍变发展和台湾诗坛重要诗人的诗歌创作。(叶恩忠)

I000145 **先秦文献与先秦文学** 董治安著。齐鲁书社1994年11月版。33.2万字。13.00元。论文集。所收文章大体都属于先秦文献与先秦文学方面,约分为两大部分。一部分是关于《诗》、《书》、《易》的文稿,如《〈诗经〉绪说》、《从〈左传〉、〈国语〉看"诗三百"在春秋时期的流传》、《战国文献论〈诗〉、引〈诗〉综录》、《〈书·盘庚〉笺证》、《〈周易〉浅谈》、《孔子与〈周易〉》等。一部分是关于战国诸子和其他文献的论札,如《漫论孔子与"六经"》、《荀卿书若干问题的探讨》、《说〈晏子春秋〉》、《汉赋中所见〈老〉〈庄〉史料述略》、《从上古神话到历史传说》、《先秦文献所见古神话丛记》等。作者从先秦文献中辑录的有关《诗》、《书》、《易》的资料,有关古乐舞、古乐律和古代逸书、逸文的史料,是根据历年治学笔记整理而成,为方便读者参阅,采用表格表述的方式,具有重要的保存和使用价值。(张继溱)

I000146 **京派文学的世界** 许道明著。复旦大学出版社1994年12月版。32万字。14.00元。以马克思主义为指导,在勾勒京派文学演变嬗递的轨迹基础上,历史地、客观地评析了京派文学的是非得失及可供借鉴的经验教训。分为两大部分,总论概述京派文学的特征和基本风貌,分论从小说、诗歌、戏剧、散文、文论等方面,分别论述了沈从文、林徽因、萧乾、卞之琳、李健吾、杨绛、朱光潜等40位作家的创作特色及其相互关系和影响,在整体上把握了京派文学的特征及其在中国现代文学史上的地位。(杜荣根)

I000147 **许浑研究** 李立朴著。贵州人民出版社1994年12月版。13.7万字。5.00元。研究晚唐诗坛代表作家许浑的专著。分上中下三篇。上篇旨在考证作品,包括考述许浑诗集的流传嬗变,可知的诗集版本,考辨许浑诗集中那些与他人重出的作品,补辑许浑遗诗。中篇主要从历史的角度对许浑生平进行考述。下篇为许浑诗歌创作简论。(谢丹华)

I000148 **寒山诗与史** 周琦编。黄山书社1994年12月版。11万字。7.20元。"佛教文化小丛书"之一。寒山是唐代诗僧,其诗充满禅机和仙游理想,亦佛亦道的气氛十分浓厚,在佛教文学领域影响很大。编者自1986年起收集寒山资料,获寒山诗316首、寒山传略史料18则、寒山诗序跋记25则、诗评书录16则、遗迹题咏近60则(首),本书据以汇编。编者撰《论寒山子的生活年代》一文置于序后;又附寒山的诗友拾得诗作54首。卷首有关于寒山、拾得遗迹的书影约10幅。(于志斌)

I000149 **朱熹文学思想论** 吴长庚著。黄山书社1994年12月版。30万字。9.80元。分10章:朱熹的文学生涯;朱熹论文道关系;朱熹论古文家;朱熹的文体论;《韩文考异》与朱熹的文势论;朱熹文章传世思想论;朱熹诗学思想论;朱熹的诗论;朱熹解易解诗思维论;朱熹书画艺术论。论述系统全面,既有宏观研究,又有微观探索,在不少方面提出了新颖而独到的观点。(宋效永)

I000150 **寻找合点** 副名:朱向前军旅文学批评选集。朱向前著。解放军出版社1994年12月版。30万字。9.80元。收录作者1986年至1994年文学批评代表作33篇,分为三辑。第一辑现象论,所谈均是这一时期军事文学发展中的焦点,其中关于军队两类作家群的分析和关于"文化摇篮"、"农民军人"等问题的阐述颇有建树。主张民族性与当代性交融、农民意识与军人意识汇合,已成为作者相当一个时期内切入军事文学批评的理论支点。第二辑作家论,谈相对有代表性的作家,其中《新军旅作家"三剑客"》一文体现了作者达到的学术水准。第三辑作品论,侧重新人新作。作者视该书为他个人文学批评生涯"告别"(昨天)与"开始"(今天)的衔接点。(李鞍明)

I000151 **美国学者论唐代文学** [美]倪豪士编选，黄宝华等译。上海古籍出版社1994年12月版。24万字。11.30元。论文集。收美国著名汉学家傅汉思、高友工、麦大维、宇文所安等论文9篇。这些论文涉及面广，议论精辟新颖，颇多可供参考之处。其中如《律诗的美学》、《李白的道教词汇》、《引喻与唐诗》、《透明度：读唐代抒情诗》、《唐诗中的叙事性》、《新儒家、新法家和唐代知识分子的生活》等文，所论都会引起中国学者的兴趣。（高克勤）

I000152 **隋唐五代文学批评史** 王运熙、杨明主编。上海古籍出版社1994年12月版。48万字。23.10元。七卷本《中国文学批评通史》的第三分卷。系统全面地阐述隋、唐及五代时期文学批评的发展过程，对重要的批评家及其论著，如皎然《诗式》、司空图《二十四诗品》、孟棨《本事诗》、张为《诗人主客图》等，以及这段时期有创新意义的文学批评手法，如以诗论诗、选集论诗、诗句图、诗格等都作了系统的研究和富有开拓性的剖析。同时，作者努力挖掘新的材料，对一些零散的并不引人注意的但又有一定价值或影响的涉及文学批评的人物或言论，也都一一加以介绍，从而展示出中国文学批评理论的丰富多彩和灿烂成就，为古代文论探索开创了一个新空间。（田松青）

I000153 **灵地的缅想** 胡河清著。学林出版社1994年12月版。16万字。8.80元。文学评论集。作者对中国古典文学和传统的佛道文化始终怀着强烈的兴趣，同时，他又把种种领悟和感受贯穿到当代文学批评中，这使他的文章具备了一般人所难得的纵深感和独特性。在论文中，作者把人生、文学和文化传统紧密地联系在一起，把文学作为人生至高境界的一方灵地，把佛道文化作为一种精神的依托，以其生动活泼的文字和深厚的历史和文化修养，将文化、历史的探索与当代作家、作品的评论融合了起来，从而使他的文章具有了一种贴切、灵动、宽广、扎实的特色。（李东）

I000154 **鸡鸣风雨** 陈思和著。学林出版社1994年12月版。18万字。9.50元。文学评论集。作者讨论了中国当代文化与文学的内在联系、外来思潮对中国文化及知识分子的影响等一系列问题，其中，作者着重关心的是中国知识分子在本世纪所留下的历史印痕和体现的精神状态。为此，作者特别关注现当代一些著名的知识分子的代表人物如王国维、鲁迅、胡风、王蒙等人在不同时代各具形态的文学特征和精神面貌，并从文化与文学的关系中揭示了中国知识分子的文化个性和时代性。（李东）

I000155 **栖居于游牧之地** 张新颖著。学林出版社1994年12月版。20万字。9.80元。文学评论集。是作者近几年来关注当代文化和文学创作的心血结晶。作者特别关注一定历史情境中文学所包蕴的新的内涵和可能性，以细读为基础，对中国的当代文学、现代主义时期的台湾文学等，作了切实具体、富有启发性的论述。作者善于透过纷繁复杂的文学现象，抓取具有实质意义的文学与个人的内在联系进行探讨，在众所瞩目的作家身上和作品里，有独具慧眼的发现，文字丝丝入扣又神采飞扬。作者视文学为灵魂的栖居之地、精神游牧的无边草场，书中充满了作者自己的感受和独到思考。（李东）

I000156 **拯救大地** 郜元宝著。学林出版社1994年12月版。20万字。11.00元。文学评论集。作者始终关怀的是世纪末文人的困厄和希望、颓唐和挣扎、忧患和激情、漂泊和落定，以及当代作家们的心灵历程等等。在洞察中国当代文学之余，作者提出了自己的独特见解，尤其是提出了当代文学中的人的课题，挖掘了当代文学中人性的悸动，体现了一位青年批评家真情真性，以及较为深厚的学术理论功底。（李东）

各体文学评论和研究

I000157 **辽金诗史** 张晶著。东北师范大学出版社1994年版。37万字。12.00元。在中国古代文学史研究中，关于辽金文学的研究，一直较为薄弱。近年来关于金代文学出现了一批研究成果，但缺少一部断代文学史专著；辽代文学研究更是有待开垦的荒芜之地。作为一部断代分体文学史专著，本书问世的首要意义就在于填补了这一空白，在辽金文学研究领域中昭示了一个新的开端。作者积多年研究之成果，在作家研究的基础上，形成了对辽金文学的整体性观照。这部著作体现了作者对于辽金两代文化、文学的独立的、深入的思考。它没有停留在作家作品的板块堆积上，而是构成了一气贯通的有机整体，尤其是体现了鲜明的方法论特色，即社会文化视角的切入。作者从辽金文化的连续性和某些共同性质出发，更多地从辽金两代的文化环境来说明辽金诗歌的特质，进行诗史建构。作为一部诗史专著，本书没有止于单纯的作家作品分析，而是将辽金时期的诗歌发展史与诗学思想史紧密地结合在一起加以论述。对于以前无人论列的文论“盲点”，作者第一次

给予了深入的分析。对于某些人们熟悉的重要诗论家,作者不囿成说,予以实事求是的评价。(雷恩选)

I000158 **西厢记论证** 张人和著。东北师范大学出版社1994年版。26万字。15.00元。分9部分,即关于《西厢记》的名称与作者、思想与艺术、篇章选析、体例、流传与影响、评价与论争、续书与改写、版本及附论,书后附有《〈西厢记〉研究资料选编》。本书是在深入研究的基础上撰写而成的,具有较高的学术价值,尤其是在关于作者的几种说法、情节与结构、分本(卷)与分折(出)、模拟与创新、曲论辨误、改编翻改续写增补本、徐本《西厢记》并非孤本及《点鬼簿》与《录鬼簿》等方面有独到见解。(丁冰)

I000159 **吴梅村诗歌创作探析** 裴世唆著。宁夏人民出版社1994年版。20万字。6.50元。吴伟业(1609—1672)号梅村,今江苏太仓人,明清之际中国诗坛上继承唐宋现实主义传统成就最突出的诗人。现存诗作1039首,最为突出的是自创一格的"梅村体"。这类诗作多是篇幅较长的歌行叙事诗。诗人的诗歌创作把中国古典叙事诗推进到一个新的阶段,对当时和后来的叙事诗创作产生了很大的影响。本书以诗人生活经历与诗歌创作的几个重要阶段为线索,剖析其不同时期的代表性七言歌行叙事诗,从文学与审美的背景上探讨诗人以儒为主的心理个性、梅村体的史笔叙事、梅村体的现实内容——以现实感应俯仰人生、梅村体的因创变化、艺术风格的主调与多彩、艺术成就和在文学史上的地位等。作者认为,"梅村体"继承了唐代诗人元稹、白居易诗歌的记事体裁,吸收了初唐四杰的声华格律而有所变革,其记叙明清易代这一特定历史时期天下大事的叙事诗具有较高的史料价值和美学价值。"梅村体"对清代的诗歌创作有很大的影响,后学者摹仿成派,因此研究吴梅村的诗歌创作对缕析明清诗歌的继承和嬗变具有特殊意义,是明清文学史链条上不可忽视的一个重要环节。(张钟和)

I000160 **缘物说诗** 周中堂著。山东友谊出版社1994年版。26.2万字。9.50元。分类评述中国古代咏物诗的学术著作。主要论述咏马诗、咏牛诗、咏钱诗、咏促织诗、咏筷诗、咏酒诗、咏茶诗,从内容、源流、艺术风格等方面作详细的辨析、评述。还对先秦逸诗的遗存情况、社会内容、艺术风格等作了全面论述。附录《鲁迅论嵇康》、《郑板桥家书赏析》等文章。(范希春)

I000161 **中国山水诗论稿** 朱德发主编。山东友谊出版社1994年版。42万字。20.50元。分导论、过程论、本体论三部分,考察描述中国山水诗的历史与现状,史论结合,以论为主。作者认为,先秦为中国山水诗的萌芽期,东晋谢灵运蔚成大家,山水诗兴起;唐宋为山水诗的成熟与辉煌期,元明清山水诗有了拓展与新貌;至"五四"山水诗出现转型,到新时期以孔孚为代表的山水诗出现繁荣。书中探究山水诗流变的原因及变化,揭示其规律,分析了诗人主体心理变化对山水诗的影响。本书在介绍中国山水诗的美学特征的同时,注重理论上的归纳,由赏诗的感性认识升华到理性的高度,从宇宙意识、宗教意识、社会意识、生存意识等方面开掘文化意蕴,从艺术思维的角度归纳山水诗的构思类型及外在的结构形态,对中国山水诗进行了多层面的理论上的透视分析。还对山水审美这一人类永恒的主题进行了探讨。(朱晓云)

I000162 **袁枚《续诗品》详注** 刘衍文、刘永翔注。上海书店1994年版。20万字。9.00元。袁枚是清乾嘉时代的文学巨子,他提倡的"性灵说"对当时与后世都产生了极大影响。《续诗品》三十二则韵文是袁氏"性灵说"比较集中而完整的说明。《续诗品》旧有郭绍虞注本,惜较简略。今刘氏父子对《续诗品》之韵语奥论、用典之出处明之,误用者正之,须推其原者考之,宜释其义者阐之,其不足者补之,有可议者辨之;并运用以袁注袁的方法,广泛搜集袁氏诗文、笔记、诗话等有关诸说予以参证,还辑录古今文论家对同一问题的异同诸说以资比较;同时在"小识"中紧扣原著评价袁说,阐明自己独到的文艺思想。书前两万字长序介绍袁氏生平、思想和创作,并论及当时社会风气与文学思想的发展变化,实际上是清代前中期文学思想和文人审美情趣的变迁史,著名学者傅璇琮对其评价甚高。(刘毅强)

I000163 **武侠小说鉴赏大典** 温子建主编,梅欣等撰稿。漓江出版社1994年1月版。110万字。38.00元。分三大卷。"武侠文学源流卷"分为概论、作家、作品(古代、旧派、新派)等5部分,论述武侠小说与古代神怪小说、志怪小说、公案小说等10余种文学种类的关系,介绍了400余部古今优秀武侠小说作品的艺术特色。"武侠文化探幽卷"分为武侠概述、江湖概述、武侠的身份构成、武侠的文化积淀等7部分,对武侠小说所涉及的中国武侠文化的精义与原则作了精当的论述。"武侠小说语辞卷"分为武林术语、人物、门派、武功等13部分,包容了著名武侠小说所涉及的上述内容。书后附录"兵器大全"、"武功大全"。(刘哲双)

I000164 **五大奇书珍闻大观** 章金萍、于羽等编。浙江文艺出版社 1994 年 1 月版。125 万字。30.00 元(精),27.00 元(平)。《三国演义》、《西游记》、《水浒传》、《金瓶梅》和《红楼梦》等五大古典名著的人物、事件,在民间有各种各样的传闻,本书收有关文字 500 余篇。(严麟书)

I000165 **现代散文史论** 汪文顶著。福建教育出版社 1994 年 2 月版。30 万字。10.80 元。收论文 26 篇,按内容分为 3 辑。第一辑 6 篇,以纵向的历时考察和横向的分期研究,论述现代散文的历史进程和时代特征,开拓了散文流派、散文诗和抒情散文研究课题,是本书的主体部分。第二辑 3 篇,以比较文学的视点考察中国现代散文的外来影响,填补了这方面研究的空白。第三辑作家作品论,评述鲁迅、朱自清、丰子恺、冰心、巴金、梁实秋等名家名作,涉及文体辨析和散文鉴赏问题。俞元桂为本书作序,指出书中"有全景式的中国现代散文和散文诗发展的概观,有横剖面的中国现代散文不同时期的综述,也有中外参照的英国和日本散文对中国现代散文影响的探讨。整体概观、分期综论和国别比较,视野开阔,论述扎实,都属于文学史研究的较高层次"。(任凤生)

I000166 **儿童百科知识图典·中国神话人物卷** 盖壤主编,冬木文,刘丽菲画。辽宁少年儿童出版社 1994 年 2 月版。2.80 元。共 120 条,分别介绍 120 个神话人物(包括神话动物)的特征及本领。一文一图,每一条目均加有注音。(冯幽君)

I000167 **老舍小说艺术心理研究** 谢昭新著。北京十月文艺出版社 1994 年 3 月版。27.6 万字。10.50 元。运用中外最新的心理学成果,对著名作家老舍的个性心理特征、小说艺术的心理蕴涵、艺术创作和艺术接受的心理机制,进行探索性研究。分章论述老舍小说的"记忆"世界、"感觉"世界、无意识迹象、心理结构,以及老舍小说的喜剧心理、悲剧心理、市民形象的心理分析、语言的心理功能等。提出诸如"绿色理论"、"性迟缓理论"、"隐性性爱理论"、"祥子农民意识和虎妞市民意识冲突论"等见解,对老舍小说研究有启发和借鉴意义。(李志强)

I000168 **《诗经》民俗文化论** 周蒙著。黑龙江教育出版社 1994 年 3 月版。20 万字。5.50元。论文集。作者试图探寻新路,专就《诗经》所遗存的民俗文化现象和诸多疑难问题,结合《诗经》有关字、词、句、章,旁征其他古代文献和考古资料等,在先哲和时贤研究成果的基础上,进一步抉幽发微,探赜索隐,考释其显义,还原其本义,力求有新的发现,得到科学的答案。所论民俗文化的范围,涉及宗教观念、原始巫术、远古神话、祭祀礼仪、图腾信仰、生殖崇拜、灵物崇拜、生活禁忌、先兆迷信、天文星象、人生礼俗,以及中国传统的龙凤文化、龟卜文化、酒文化和药文化等。该书问世后,多得赞评。戴昭铭在 1995 年第 12 期《中国图书评论》上以《诗有别解》为题评论说:"周著的可贵和成功除了新颖的解说和独到的结论外,更在于通过方法的创新给人以方法论上的启示。"傅道彬、侯敏在《求实学刊》1995 年第 4 期《从语词走向远古世界》一文中认为:"正是从一个个语词出发,揭示出《诗经》所蕴含的丰富的民俗文化内容的,这是在《诗经》研究方法上的一个新的突破。"(高质慧)

I000169 **西藏史诗与说唱艺人的研究** [法]石泰安著。西藏人民出版社 1994 年 3 月版。72 万字。20.00 元。作者是世界著名藏学家。本书对格萨尔史诗在世界范围内的研究状况,有关该史诗的藏汉文文献、史诗的起源、史诗各部分的概况、史诗涉及的地理,以及各种文本、绘画、格萨尔遗留下的"古迹"等等,作了详尽的考证和精辟的议论。(刘金华)

I000170 **诗品辨读** 陈元胜编著。安徽教育出版社 1994 年 4 月版。30 万字。6.70 元。分 4 部分:今译、诠释;序文、概述;《诗品》辨释;诗人籍贯古今地名辨考。今译部分,注重信、达、雅,以直译为主,力求把握原著精髓。诠释部分兼及典实注解、原文释义,并从文论的角度加以简明扼要的辨析。典实注解,涉及文论术语、文学批评与文学发展史诸方面内容。《诗品》原著历来有疑阙、争议之处,作者力求撰写进个人的研究成果。《诗品》辨释部分,列出辨释条目达百项之多,并详加论述。(黄书权)

I000171 **诗品全译** 梁·钟嵘著,徐达译注。贵州人民出版社 1994 年 4 月版。13 万字。3.50 元。《诗品》是中国最早的一部诗歌理论批评专著。它以诗人成就的高低分为上、中、下三品:上品 11 人,中品 39 人,下品 72 人,共品评汉至梁 122 位五言诗诗人。收入"中国历代名著全译丛书"。(彭建)

I000172 **盛唐诗** [美]斯蒂芬·欧文著,贾晋华译。黑龙江人民出版社 1994 年 4 月版。22 万字。6.70 元。据美国耶鲁大学出版社 1981 年版译出。介绍盛唐诗的风格、流派及形成原因。重点介绍这一时期的文学史及其发展变化过程,介绍李白、杜甫、王维、孟浩然、王昌龄、高适、岑参、韦应物等人诗歌的风格。(安晓峰)

I000173 **从《红楼梦》看中国文化** 成穷著。上海三联书店1994年4月版。21万字。9.80元。“中华本土文化丛书”之一。从一种全新的角度——“价值论”的角度，去透视《红楼梦》与中国文化基本精神的内在关系，试图从这部不朽之作中探究中国文化中积淀得最深因而也是最稳定的部分——我们民族的生存样态及其最根本的依凭。全书分为上下两篇：上篇对中国文化与文化精神，研究《红楼梦》的观点与方法、意义与可能，表明作者的看法；下篇是对《红楼梦》与中国文化精神之内在关系的具体阐释，分为“《葬花词》与中国文人的伤时”、“《好了歌》与中国人的信仰”、“从贾雨村看中国儒生的生存常态”、“从探春持家看中国历史上的改革”、“中国文化中‘家’之意象的透视”、“传统人伦关系中的婚恋冲突”、“从贾宝玉看传统文化中人性设计的缺陷”、“解《红楼梦》的梦”八节，作层层深入的剖析。(杨晓敏)

I000174　**彝族文学史**　李力、李明等编著。四川民族出版社1994年4月版。42万字。彝族分布于中国滇川黔桂四省区，他们所处的自然环境、社会环境和所经历的历史有同有异，因而其文学色彩纷呈。本书既照顾滇川黔桂整个面，又突出重点，基本上写出了它们的共性和个性。作者根据彝族文学自身的特点，把彝族文学史划分为原始社会时期文学(?—前205年)、奴隶社会时期文学(前205—1279年)、封建社会时期文学(1279—1949年)、社会主义时期文学(1949—1986年)等四个历史阶段，全面地描述彝族的历史状况，同时又充分考虑到彝族文学自身的发展规律，使二者有机地结合起来，避免了文学史单向描述的不足。在论述过程中，注重探讨文学作品的艺术价值和社会价值，运用辩证唯物史观对彝族文学历史的演进、作家与作品进行了评论，准确地勾勒出彝族文学发展的轨迹。(胡华)

I000175　**中国古代悲剧史**　杨建文著。武汉出版社1994年4月版。27万字。14.80元。首先在导语中，就亚里士多德至莱辛的悲剧概念，以大量的实例，阐明了中国古代戏剧中“自有悲剧之神的祭坛”。然后用两章的篇幅，通过对原始宗教、远古神话、儒释道的哲学思想以及秦汉时期文学意蕴的开掘，论析了中国古代悲剧形成诸因素的文化、哲学及文学渊源。第三至第七章，勾画了中国古代悲剧从孕育至消亡的演变轨迹及其阶段特征。作者认为，从先秦时期的原始歌舞至唐戏弄与参军戏，是悲剧雏形的孕育，多种悲剧艺术形式在宋杂剧金院本中得以初步整合。宋“南戏”才是中国古代悲剧的“第一道熹微的晨光”。以下元明清三代的戏剧，分别构成悲剧的“青春岁月”、“黄金时代”和“灿烂落霞”。李悔吾在序言中称：“该书论及的悲剧作品，较任何一悲剧论著为多”，“对晚清作品的挖掘尤为可观”，“而更显作者的真知灼见的，则是对学术上众多问题的细微辨析”和融于论析之中的考据。(王远彦)

I000176　**中国现代新诗与古典诗歌传统**　李怡著。西南师范大学出版社1994年4月版。22万字。6.80元。从新诗的文化特征、历史形态、本文结构、个体选择等方面入手，较细致地分析中国古典诗歌作为“原型”对现代新诗的内在影响，并在此基础上提出了“走向新诗本体”的种种设想。作者认为，历来的新诗研究均侧重于西方诗歌如何影响中国，这固然是重要的，但亦有较大的局限性，它没有更深入地思考中国传统自身的种种“应变功能”，“走向新诗本体”就是从中国新诗自身的文化存在出发思考问题。王富仁在为该书撰写的序中指出，该书的“最大贡献就是给中国新诗的研究建立了一个宏大的现代诗学框架”，作者把中国新诗纳入这个框架，使他的研究“有了宏阔的气势，有了博大的胸怀”。该书对中国现代新诗发展脉络的缕述“格外精细，常常发人所未发，见人所未见，很多有才华的论述都建立在这样一个脉络的缕述过程中”。(康莉蓉)

I000177　**新诗大千**　陶堡玺著。安徽文艺出版社1994年5月版。52万字。11.50元。从新格律诗的体式美、自由体诗的结构美及丰富多彩的韵式美三方面，系统地探讨并论证新诗自诞生以来所呈现出的二百二十多种既各自独立又多有联系的艺术体式，阐释了新诗的艺术结构、诗人的感情结构和形象思维结构的种种表现形态，展示出新诗五彩缤纷的大千世界。同时，本书还讨论了新诗发展史上多次激烈争论中的一些悬而未决的问题，用比较文学的研究方法，对中国现、当代诗歌作了大量例析，并兼及中外古今诗歌艺术形式的演变和不同历史时期诗作间艺术体式与艺术规律的比较与剖析，为新诗的创作、鉴赏以及新诗发展史的研究提供了值得珍视的资料和独到的艺术见地。(王玉佩)

I000178　**中国散文鉴赏文库(当代卷)**　王彬等主编。百花文艺出版社1994年5月版。183万字。38.00元。选收1949年至1990年间所创作的散文精品。该书重在作品的艺术鉴赏，选收作品首先注意题材丰富、风格多样、手法新颖、艺术层次高等特点。共收当代286位作家的324篇名篇佳作，台港作家的散文作品，作为下编也一并收入。广纳当代散文创作的各种艺术风格流派，展现了其多姿多彩的艺术风貌。鉴赏文章多为专家、学者撰写，既是精彩的导读，又是可以单独诵赏的美文。作品按创作年代先后排列，每篇作品后附作者小传。(范希文)

I000179　**红楼新辨**　欧阳健著。花城出版社 1994 年 5 月版。33 万字。15.00 元。向"新红学"及其理论基础提出挑战的著作。作者运用版本学、史料学、校勘学、辨伪学的基本方法，从版本鉴定和内容对勘入手，证明 1927 年以后的所谓"脂砚斋重评石头记"，不是《红楼梦》的原本，而是后出的伪本；脂本中有关作者家世和素材来源的批语，都是不可靠的。而程甲本才是《红楼梦》的真本，应该还其应有的崇高地位。本书所阐述的观点，被誉为"震撼红学的新说"、"红学新革命"。

I000180　**杜诗说**　清·黄生著，徐定祥点校。黄山书社 1994 年 5 月版。31 万字。16.70 元。作者是明末清初有影响的学者，在唐诗批评鉴赏方面颇有建树。他研究杜诗三十余年，深为杜甫质朴率直的人格所打动，认为杜甫为人真其诗亦真，所以评说杜诗从"真"字参入，力求揭示杜甫真实的内心世界。作者在小学方面很有造诣，但并不沉泥于文字的训诂考证，而是采用"知人论世"的方法，立足于杜甫的为人原则、处世态度、襟抱情怀和思想性格，结合杜甫所处的社会环境和他所经历的历史事件来抽绎诗意、领会要旨；同时，紧紧把握住忧国爱民这一贯穿杜诗全集的基本精神，"以意逆志"，从一些看似平常的写景咏物诗句中发掘出深刻蕴意。全书分 12 卷，共收杜诗 704 首。前 10 卷按诗体编排，选 492 首，重点为五言律诗；后两卷汇辑多家评论，涉及杜诗 227 首，其中 15 首前 10 卷已收。附录部分收录《杜诗说句法》和《杜诗说俗字俗语》(原均附于《唐诗摘抄》后)，另辑录部分有关作者的资料。此次整理以清康熙三十五年一木堂本为底本，校以仇兆鳌《杜诗详注》，标点精确，校记简当。为"安徽古籍丛书"之一。(张增田)

I000181　**声律启蒙新解**　方汉文、霍耀民编著。三秦出版社 1994 年 5 月版。13 万字。4.98 元。根据清人车万育《声律启蒙》改编而成。汇集古典诗词文赋常用字、词、句式，通过对偶或对仗的形式表现出来，展现了对偶这一特殊语言现象的基本定式，讲解了掌握对偶语句、提高遣词造句能力的途径和技巧。运用意义关联的对偶句将大量自然和社会百科知识与数百条历史典故浑然融为一体，编缀成篇，较好地实现了知识性和趣味性的有机结合。(赵建黎)

I000182　**陈毅的诗词艺术**　张从军编著。山东大学出版社 1994 年 5 月版。16 万字。4.20 元。陈毅一生写下了大量的诗文，现存诗章有 350 余篇。这些诗作以诗记史，以诗记实，是陈毅坚持战斗、辛勤工作的实证，同时在一定程度上反映了在毛泽东的指引下中国革命和建设的历史道路。本书分"元帅的初衷"、"关心渡若飞"、"恶风暴雨住无家"等 14 部分，展示了陈毅诗词的艺术风采。为"陈毅的艺术世界丛书"之一。(孙秀英)

I000183　**红楼梦魅力探秘**　周思源著。文化艺术出版社 1994 年 5 月版。21 万字。8.00 元。从创作论的角度研究《红楼梦》，较为准确地阐释了《红楼梦》写了些什么，研究了曹雪芹是怎样写的，为什么会形成这样的主题、这样的结构、这样的人物、这样的语言，消化和总结了前人的研究成果，提出了自己独到的见解。(沈悦苓)

I000184　**话本小说史**　欧阳代发著。武汉出版社 1994 年 5 月版。36.5 万字。17.70 元。作者在研读迄今所能见到的全部话本和拟话本资料的基础上，充分利用前辈和时贤的研究成果，通过比较研究和个案剖析，揭示了话本小说在不同发展时期的不同特点，勾勒出话本小说的历史演变和发展轨迹。该书将话本小说的发展划分为唐代萌生期、宋元兴盛期、明末清初繁荣期和清中叶后衰落期，并将兴盛期和繁荣期各分为三个阶段。在论述过程中，结合各个时期的时代特点、文化思潮，进行综合性的分析，具体阐明了这些不同特点产生的原因，深入总结了这一文学样式"变迁"的规律，深刻论述了话本在中国小说史上的创新精神和历史贡献。(刘昌钊)

I000185　**意境·典型·比兴编**　陈谦豫、萧华荣编选。中国社会科学出版社 1994 年 5 月版。34 万字。18.00 元。由"意境"、"典型"和"比兴"3 编组成。"意境"分境、境界、情景、意境 4 部分，"典型"分形象塑造和集中、概括以及本事与典型化 3 部分，"比兴"分赋比兴总论、比兴在诗学中的地位、作为诗歌发生论的"感物兴情"说、作为诗歌创作论的"比兴寄托"说、作为诗歌本体论的"寄兴""兴象""兴趣"说、作为诗歌接受论的"可以兴"说、作为诗歌批评论的比兴论诗 7 部分，每一部分又拟题分列若干小节。资料辑自先秦至清末的古代文艺各个领域里的有关理论(包括一般原理、创作经验、批评鉴赏等)，范围涉及诗、文、词、曲、小说、戏剧、绘画、雕塑、音乐、书法等，熔文学和艺术的相关理论于一炉，互补相成，比单科的文学或艺术理论分类摘编更为丰富和完善。意境、典型、比兴是中国古代文艺理论的传统核心内容之一,历来受到重视,对现今的文艺创作和理论建设,仍有重要的借鉴意义。本书为徐中玉、陈谦豫主编的“中国古代文艺理论专题资料丛刊”之一,该丛刊分通变、辩证、本原、情志、神思、文质、意境、典型、比兴、风骨、法度、教化、才性、文气和知音 15 个专题,分册出版,计划在 1998 年出齐。(季寿荣)

I000186　**诗经的文化阐释**　副名:中国诗歌的发生研究。叶舒宪著。湖北人民出版社 1994 年 6 月版。51.3 万字。29.20 元。作者用文化人类学观点方法对中国上古最重要的文学典籍《诗经》的文化蕴含做了前无古人的发掘和理论阐发。把《诗经》放在人类思维、宗教与艺术的系统发生过程中,区分“圣与俗”二重起源,追溯从法术、咒祝到祷歌的演变线索,解析《诗经》中祝词式修辞模式及与猎咒、情咒、医咒、反咒相关的诗歌母题,由咒与祝的分化看“美刺”说的由来。对“诗”的概念进行破解:统计分析《诗经》中“寺人作诗”的内证,通过语源学考察并参照世界性“净身祭司制”,论证了政教合一时代“诗言寺”的原始真相,从巫史与尹寺同源方面发掘作为知识分子原型的祭仪主持者(寺)与“诗”的隐秘关系,“儒”的由来及儒者特别崇诗的奥秘,儒家“温柔敦厚”诗教和“君子”理想、中庸学说共同脱胎于以寺人为本的中人伦理观的迹象,从而把“诗”的破译引向更深层的文化无意识寻根。对瞽矇传诗现象给予跨文化透视:推考远古盲官记诵制与诗、史同源于声教的事实及其对中国文明的深远影响。据乐、卜、医的史前三位一体解说“诗歌神授”之谜,阐发“盲视”与“洞见”(内视)的辩证法、希腊迷狂说与中国妙悟学的实质相关性;又着眼于“汉语的诗歌功能”,剖析摹声与重言、双声叠韵的发生学依存关系,说明汉语复音词孳乳演化与中国诗体历史展开的对应过程。对聚讼千载的“诗六义”给予全新观照:“比兴”及引譬连类推理方式、诗证、谣占、谚判的稽古取向与神话思维的渊源关系,提出诗性智慧与诗国文化的重估课题;揭示“颂”的祭头古礼本相,它同谷灵神话及种子—阳性生殖力信仰间的潜在关联,“风”与“风化”神话,原始的性文化象征系统的纽结,《风诗》的误读与还原方法。全书视野开阔,引证遍及五大洲,见解独创而深邃,剖析毫厘每至无意识底层,于“熟知”背后另觅“真知”,对于中国古典的现代理解多有启迪。(王建槐)

I000187　**中国散文史纲**　刘衍主编。湖南教育出版社 1994 年 6 月版。53 万字。22.00 元。分古代卷、近代卷和现代卷三部分。古代卷论述传统散文的演变和发展轮廓;近代卷着重论述传统散文向现代散文过渡阶段中的流变状况;现代卷主要阐述从“五四”新文化运动始到建国后的散文发展。全书立足于散文艺术史中文学主体意识的发展和变异,并以此为纲对中国散文的艺术流变状况进行概括和剖析。在以古代卷、近代卷、现代卷为大构架的基础上,尊重散文自身发展的规律,每卷采用阶段论与本体品类相结合的原则分编、分章、分节,既兼顾大的发展阶段,又体现散文在各时期发展的特征。对历史背景以及作家生平、著述不作过多考订,以散文文体的发展变化为中心,阐述其自身发展规律。(孟可文)

I000188　**唐诗史**　许总著。江苏教育出版社 1994 年 6 月版。94.8 万字。2 册。27.45 元。作者一改传统的史本位唐诗发展观,打破了以政治盛衰为依据的初、盛、中、晚“四唐”分期法,构建了以作品文本为中心、以作家心态为中介的思路视角以及符合文学史自身发展进程的时序结构,将唐代诗史的演进历程和存在方式归纳为“六朝遗绪——承袭期”、“唐音初建——自立期”、“气象高华——高峰期”、“激荡回旋——扭变期”、“众派争流——繁盛期”、“俗艳余波——衰微期”等六大阶段的递嬗与交接,又附论“颓风流衍——五代时期”。观察视点与理论构架实际上包容着全唐五代诗歌形式、艺术渊源、时代精神、文化特性等多重层面的融会和叠合。在阐述方式上探索和尝试了“史”与“论”的一体化,注重对文学史的历时性与共时性、规律性与偶然性、遗留态与评价态的辩证关系的把握与展示,努力梳理唐诗史既宏远阔大又具体生动、既动态变迁又静态呈示、既总体定向又个性突现的复杂而多绪的进程。(王许林)

I000189　**中国侠文化史**　曹正文著。上海文艺出版社 1994 年 6 月版。28.8 万字。12.30 元。上自先秦,下至明清,浩瀚的古史典籍和笔记杂著中,多有侠客义士的记载;“五四”以降,新崛起的武侠小说绵绵不绝,在香港、台湾地区更蔚为大观。本书以“侠文化与平民意识”为线索,透过刀光剑影来探索中国之侠产生的土壤以及反抗封建统治的战斗性,全面回顾中国侠文化的发展过程,提出了“侠文化”这一新概念,并归纳出“仗义执言,抱打不平,除恶扶善,伸张正义”的基本内核,给武侠小说以应有的文学地位。(赵南荣)

I000190　**名家论名剧**　常丹琦编。首都师范大学出版社 1994 年 6 月版。26.8 万字。8.10 元(平),

9.90元(精)。评析中国古典戏剧作品21部,包括《张协状元》、《窦娥冤》、《西厢记》、《汉宫秋》、《赵氏孤儿》、《陈州粜米》、《琵琶记》、《宝剑记》、《牡丹亭》、《娇红记》、《风筝误》、《长生殿》、《桃花扇》、《清忠谱》、《雷峰塔》、《十五贯》、《连升店》、《天仙配》及《蝴蝶杯》等。评析者均是该领域久负盛名的专家,包括王季思、张庚、郭汉城等。所析作品都是各自研究有成的"看家剧目",如王季思的《〈西厢记〉的历史光波》、郭汉城的《南戏顶峰之作——〈琵琶记〉》、沈尧的《马致远及其〈汉宫秋〉》等。所撰文章均是未曾发表的新作。作者虽然是某一剧目研究上的权威,但都不主故常,超越自我,写出新意。如王季思以五十年悉心研究《西厢记》的心得,为人们再度昭示《西厢记》的"历史光波";徐朔方以学贯中西的深厚功力,对《牡丹亭》作了全新的解说;祝肇年对《浣沙记》、《宝剑记》的诠释,则充满了对历史与现实的深刻反思。(宋焕超)

I000191 **马致远杂剧研究** 余大平著。武汉出版社1994年6月版。17.5万字。6.00元。解放以后,学术界不少人一直认为马致远的《黄粱梦》、《陈抟高卧》、《岳阳楼》和《任风子》属"神仙道化"剧,以致对马致远的杂剧创作持保留态度。该书作者在全面审阅前人研究成果的基础上,按照"神仙道化"剧不应当以剧中是否出现了"神仙",而应当侧重于"道化"评价的标准,全面分析了马致远杂剧的思想内容和艺术特色,对过去人们公认的结论提出了自己的见解:马致远的这类作品在反映不同知识分子心态的同时,揭露了造成这种心态的黑暗现实,抒发了作者在散曲中难以抒发的人生悲愤,寄托了作者对和平生活的憧憬和对自由放逸的追求,具有独特的艺术魅力和鲜明的时代精神。(刘昌钊)

I000192 **宋诗纵横** 赵仁珪著。中华书局1994年6月版。18.8万字。9.80元。分横篇与纵篇两部分:横篇从宋诗和宋代、宋诗和唐诗、宋诗和禅宗、宋诗和理学、宋诗和诗话五个方面论述宋诗与社会政治思想、宗教等方面的关系,总结了宋诗创作及其评论的特点;纵篇则以时代为序,重点介绍宋代诗坛上有代表性的主要诗人的创作内容及风格特色。全书立论精当,脉胳清晰,例证丰富,是一部有创见的普及性学术著作。收入"文史知识文库"。(柴剑虹)

I000193 **诗镜·甘蔗树** 嘎尔玛·泽旺班巴尔著。四川民族出版社1994年6月藏文版。24.7万字。6.80元。《诗镜》出于7世纪印度诗圣持杖论师之手。13世纪译成藏文,经过藏族诗人几百年的培育,到1766年成书问世之时,已在藏文诗坛上开花结果,成为藏族完整的诗词理论。本书首先介绍藏文格律诗的起源和现状,讲述写作诗词的总原则,然后分三部分叙述。第一部分讲诗词的体裁,把诗词分为"诗歌"、"散文诗"和"诗文相间"三种类型、105种体裁。第二部分是该书的主体,详细介绍了藏文诗词的"比喻"、"否定"、"重叠"、"夸张"、"虚拟"、"因果"、"双关"、"衬托"等35种格式和手法。第三部分讲文词修饰,其中又分为"音韵"、"隐语"、"难作诗"三种。本书原文为藏文手抄本,共有诗例600余首。作者继承了前人的成果,修正了不准确的解释和错误。(戴作民)

I000194 **唐宋词典故大辞典** 葛成民、谢亚非主编。广西人民出版社1994年7月版。185万字。45.00元。收词目7000余条,包括唐、五代、宋词中常用的事典、语典以及民俗、典章、宗教、神话、天文等典故,按现代汉语拼音音序排列。每一词目一般包括"用例"、"释典"、"今用"三部分。"用例"选录例句一至数十条不等。"释典"又分"典源"、"释义"两个层次。"典源"尽量征引该典出处最早的原文,并对其本义进行阐释;"释义"则根据该典不同的用法分别予以阐释。"今用"对今人使用较多、又具有一定代表性的典故分设义项。书末有《唐宋词常用词牌》,按平韵格、仄韵格、平仄换韵格分类,对常用词牌作说明介绍。(马丕环)

I000195 **朱自清散文艺术论** 吴周文等著。江苏教育出版社1994年7月版。22.82万字。4.30元。打破传统的社会批评模式,以哲学、美学、文艺学、审美心理学等多重交叉视角去分析、研究散文大家朱自清许多作品中的人性美,以及作家在审美创造中的心理特点和心理活动的全过程,使朱自清散文的研究,回到文学审美创造的自身,回到朱自清所界定的"意在表现自己"的现代散文的美学原则,回到朱自清所笃信和拥抱的美学和诗学。第一章较全面、系统地从宏观方面论述了朱自清的散文创作,其余各章则从各个审美侧面分析阐述了朱自清散文所蕴含的艺术魅力,尤其是最后一章,在分析8篇名作中有独到之见,富有新意。(李树平)

I000196 **中国古代文体丛书** 叶君远等著。人民文学出版社1994年7月版。7册。26.80元。包括《散文》(谢楚发著)、《诗》(叶君远著)、《赋》(袁济喜著)、《骈文》(尹恭弘著)、《小说》(石昌渝著)、《戏剧》(么书仪著)、《词》(王景琳、徐匋著)等七种。每种12万字左右,分别系统、全面地介绍中国古代文学中七类主要体裁的发展演变过程和体制特点。对这些内容的论述,既注意描述一个时代的文学特点,又注意叙述一种文体发展的线索,在对作家作品的介绍中,突出其在文体发展上的独特贡献,使丛书既不同于那些专门介绍古代文学体式特点的纯知识性读物,又不同于一般的文学史著作,而是文学史知识与文体知识有机的结合。丛书的作者都是对不同文体深有研究的学者,他们总结和概括了前人和今人的研究成果,使丛书成为知识性极强的著作。同时,因为是从一个较新的角度来研究古代文体特点,丛书的作者也必然要做一些新的研究,提出一些新的、言之有据的见解,从而使丛书具有了较高的学术价值。

I000197 **人生艺术与艺术人生** 寇养厚著。未来出版社 1994 年 7 月版。14 万字。"少年史通"之一。遵照历史的真实,选取十余位富有成就的诗人,以生动艺术的笔触,再现了他们非凡的人生道路和创作道路。(李立伟)

I000198 **楚辞正解** 雷庆翼著。学林出版社 1994 年 7 月版。44.3 万字。20.00 元。楚辞是中国文人诗歌的源头,由于时代久远,研究难度很大,历来众说纷纭。本书作者纵览历代诸家解说研究著作,对一些疑难问题提出了独到的见解,纠正了前人不少似是而非的说法。如认为《史记·屈原列传》有错简,并为之理清线索;考证屈原生年为公元前 353 年,而不是一般所认为的"约前 340 年";考证《九歌》是当时祭祀用的迎神歌曲,与祭祀的鬼神数目、篇章多少无关,从而使关于《九歌》为什么是"九"而不是"十一"的争论告一段落等。全书分上、下两部,上部为"楚辞精注",下部为"楚辞通论",从纵、横两方面对楚辞作系统的诠释和论述。中国屈原学会副会长聂石樵在"序言"中称本书"是一部很有特色的书","作者既能从宏观上对《楚辞》作整体把握而具有系统性、科学性,又特别注意从微观上进行深入细致的研究而具有深刻性、正确性"。(雷群明)

I000199 **中国词学批评史** 方智范等著。中国社会科学出版社 1994 年 7 月版。40 万字。18.00 元。分上下两编,将中国词学批评的发展进程分为两大阶段。上编 5 章,即唐五代词论、北宋词论、南宋词论、金元词论和明代词论。这第一阶段是以词的本色论为核心的传统派词学观确立期。风雅派词论是其合理延伸,并朝词的规范理论方向深入发展。同时,苏轼的诗化理论昭示了词学发展的新方向。延及金、元,传统派与革新词论的分化,导致两个相反走向,传统派词论渐趋僵化。至明代,词学批评理论缺乏建树而呈凝固状态。下编 5 章,即清代前期(顺治至康熙初)词论、清代中期(康熙中至乾隆末)词论(上)、清代中期(嘉庆初至道光中)词论(下)、清代后期(道光末至清末民初)词论、传统词学批评的终结与新变。以上为第二阶段。清代是词学批评的复兴期,可依次分为前奏、第一、第二、第三三个阶段。这期间词学流派相继而起,进入了全面总结期。王国维的《人间词话》则是在"西学东渐"背景下词学批评的新变。每一历史分期各设若干节,评介该时期主要的词学流派、词学专著和词论家的基本观点,清楚地勾勒出中国词学批评发展的轨迹。(季寿荣)

I000200 **世说新语考释** 吴金华著。安徽教育出版社 1994 年 8 月版。21 万字。6.80 元。从古籍整理、汉语史研究、辞书编纂等角度,对刘义庆《世说新语》及刘孝标《世说新语注》中的一部分内容进行考释,提出自己的新见,不仅解决了《世说新语》研究中的不少难题,而且附带解决了《世说新语》以外的许多古籍或辞书中的某些问题。在标点断句、语词训释、文字校勘、辞书编纂方面都有独到的见解。从附录的引书目录来看,考释不务空言,言必有据;作者朴实严谨,引用他人之说,必定注明来源。从附录的引书目录来看,所引经史子集佛道之书一百多种。(朱智润)

I000201 **长篇的辉煌** 副名:茅盾文学奖获奖小说评论精选。蔡葵、韩瑞亭编。北京十月文艺出版社 1994 年 8 月版。23.3 万字。7.60 元。选收 1977—1988 年第一、二、三届茅盾文学奖获奖小说的评论。第一届获奖小说 6 部:《许茂和他的女儿们》、《东方》、《李自成》、《将军吟》、《冬天里的春天》、《芙蓉镇》;第二届获奖小说 3 部:《黄河东流去》、《沉重的翅膀》、《钟鼓楼》;第三届获奖小说 5 部:《平凡的世界》、《少年天子》、《都市风流》、《第二个太阳》、《穆斯林的葬礼》。文章作者有张炯、茅盾、张光年、曾镇南、陈荒煤等著名评论家,另选收魏巍、李凖、姚雪垠、张洁、刘心武、凌力、霍达、刘白羽等获奖作者的"创作谈"。(吴光华)

I000202 **中国政教文学之起源——先秦诗说论考** 陆晓光著。华东师范大学出版社 1994 年 8 月版。16 万字。8.30 元。分别对孔子、孟子、荀子、墨子、韩非子及屈原等人的诗论和文学主张及其他文学活动作翔实的论证考辨,得出先秦诗学本质上是政教诗学的研究结论。作者认为:两千多年的中国文学史基本上是在强调社会政教功用的批评督导中蜿蜒展伸,并形成渗透文学各领域的传统。这一特点不论就其在历史延伸中对社会的主要作用，还是批评家们的评说要求乃至诗人作家们的期许而言，都是恰如其分的，而这传统的源头就是先秦诗说本身，因此说先秦诗说是中国政教文学的起源。（李惠明）

I000203 **解读周作人** 刘绪源著。上海文艺出版社 1994 年 8 月版。15 万字。7.40 元。剖析周作人散文作品的专著。从对周氏散文中大量作品“无结构”的剖析入手，层层深入地发掘其审美特性，以展示它与诗性的思维、与传统文论中的豪放与婉约、与当时所盛行的浓郁的色彩感和抒情性，以及与种种稍感强硬的技巧之间的格格不人。作者认为，周氏散文是一种以毫不造作的书卷气见长的散文，是真正人格化的散文，它所凭借的是作家自身的魅力。对此，作者还将周氏散文与鲁迅、梁实秋、林语堂、丰子恺等人的作品进行了比较。在“后记”中，作者对本书的成因、结构、写作方法等作了明确的交待；对本书各章节的主要内容也作了简要的概述。（陈朝华）

I000204 **羌族文学史** 李明、林忠亮等编著。四川民族出版社 1994 年 8 月版。57 万字。12.80 元。羌族是中国最古老的民族之一，具有悠久的历史和丰富的文化积累。本书分羌族民间文学和羌族书面文学创作两部分，对羌族文学史进行系统研究。民间文学第一编远古民间文学，有远古神话、《羌戈大战》与《嘎尔都》、《木姐珠与燃比娃》、《人神分居的起源》和远古传说 5 章；第二编古代民间文学，有古代传说、古代民间习俗长歌和古代歌谣 3 章；第三编近、现代民间文学，有民间传说、民间故事、民间歌谣及革命历史传说和歌谣；第四编当代民间文学，有新时政歌、劳动歌和新情歌 3 章。书面文学包括清代至当代羌族书面文学创作，正文后附录古代羌人的书面创作：西晋以前羌人书面创作，后秦时期的羌人书面创作，西夏时期的羌人书面创作和西夏羌人遗民的书面创作。编撰者广泛地积累资料，深入地调查考证，采用多学科的理论，多角度、多层次地对各历史时期产生的文学现象进行审视，并联系各历史时期的社会、宗教、民俗、政治、思想特征、心理状态等，作了较全面系统地论述、剖析，反映出羌族文学发展的基本概貌。收入“中国少数民族文学史丛书”。（李培英）

I000205 **唐宋词纵横谈** 杨海明著。苏州大学出版社 1994 年 8 月版。15 万字。6.00 元。以独特的学术、审美视角，就唐宋词文学现象中的某些具体问题进行深入探讨与分析，阐释其文化心理及审美规律方面的底蕴。（陈长荣）

I000206 **曹雪芹墓石论争集** 冯其庸编。文化艺术出版社 1994 年 8 月版。15 万字。7.50 元。1992 年夏天，通县张家湾发现曹霑墓碑。1992 年 7 月 31 日《北京日报》（郊区版）发表消息：“张家湾镇发现曹霑墓碑，墓碑证明：曹雪芹葬于通县。”很快，这条消息就传遍了全国各地及全世界。同年 8 月 1 日，张家湾镇政府邀请专家们鉴定此碑，会上有两种意见：一种意见认为可信，墓石本身是旧的，文字也是原刻的，所以不是现在伪造的；另一种意见认为墓石是假的，提出了诸种“不合”的质疑。从此，墓石真假的问题就开始论辩起来了。争论是好事，有利于文艺界的活跃和繁荣，于是便有了这本书。（叶红）

I000207 **历史的诗学** 吴秀明著。浙江人民出版社 1994 年 8 月版。24 万字。10.50 元。分理论篇、发展篇、实践篇三大部分。从“错综复杂而又矛盾纷呈的历史长河，蕴含着丰富的诗情魅力”这一前提出发，充分阐述史与诗异质同构的相互关系，并特别阐述了驰骋于广阔历史舞台上的一代风流人物在历史长河中所具有的天然审美效应，如秦皇、汉武、唐宗、宋祖直至毛泽东、周恩来等“诗意地栖居于大地”的“诗意存在”。（郎忆倩）

I000208 **竹窗簃——词学论稿** 沈家庄著。广西师范大学出版社 1994 年 9 月版。26.5 万字。7.20 元。分两部分。上卷收入作者对晏殊、柳永、晏几道、周邦彦、李清照、辛稼轩等词人及其词作、词风的研究论文 12 篇；下卷收入作者对历代词作 104 首的欣赏和品评。作者认为，文学研究者只有把自己摆在历史背景下，摆在人类文化的大范围中，才能对中国的文学现象作全景观的、系统性的直觉和理性把握，欲揭示文学自身发展的规律，必须以人类文化的各项内容、各个环节、各个层面作研究对象。本此，作者选取词学史上有代表性的几位词作家，依自己的思维方式研究、阐述。对于周邦彦，作者对其清真词沉着深美、包孕宏富的艺术风格，从形象性、情感性和结构主义等方面进行了综合考察；对李清照词论、辛弃疾的文化意识、二晏词和柳永词的市民创作倾向等进行较系统的研究，提出一些新颖、独创性的见解。如指出李清照关于词“别是一家”说，是“从文学本体论的角度，强调词作为一种新韵文体裁的独特性”。从理论上澄清了一些论家对李词的误解，把握住了李词论的实质。下卷品词虽为短章，但从唐至清亦成系统。评析往往以三言两语，点出词人写作构思的特点或谋篇布局的章法技巧，并注意了词史纵向的梳理与横向的比较。（桑林佳）

I000209 **说水浒 话权谋** 姚有志等著。解放军出版社 1994 年 9 月版。20.3 万字。7.50 元。“军事谋略丛书”之一。以《水浒传》为依托,撷取若干生动故事情节,采用以事喻理、夹叙夹议的活泼笔法,运用谋略理论略加评点。共 80 篇,各篇相对独立,从各个不同侧面反映谋略思想体系的主要内容。其中直接谈及三十六计的 36 篇,作者作为重点进行了论述,并特意在目录中做了注记。(陈济康)

I000210 **《世说新语》整体研究** 张叔宁著。南京出版社 1994 年 9 月版。15 万字。9.80 元。作者认为,《世说新语》是一本极具文学价值的史料笔记。以此为切入口,本书详尽考察了《世说新语》记述的重点——清谈发展的三个阶段:一、魏晋清谈由汉末清议转变而来,两者的主要区别表现在内容上的不同;二、从曹魏正始年间到西晋八王之乱前的这段时期,险恶的政治环境逼得士人们走进象牙塔里,此时的清谈,求知求真的理性思考已取代了去恶求善的正义呼唤;三、渡江以后,清谈蜕变为一种装饰品,成为一种展示名士风度的方式。(朱新法)

I000211 **中国文言小说史** 吴志达著。齐鲁书社 1994 年 9 月版。56.7 万字。22.20 元。全面、系统地论述文言小说发展史的专著。全书分为 4 编 27 章。所论上起先秦,下讫清季,时运交移,质文代变之迹,历历在目。史料富赡翔实,取精用弘,论述精辟允当,详略得体,多发人所未发。举凡文言小说的方方面面乃至相关问题的探讨,均切中肯綮。作者不是从既定的概念出发,而是从研究对象的实际出发,高屋建瓴,将文言小说作为一个有机的系统进行全方位审视,对其萌生、发展、嬗变作总体的、本质的把握。考察其源流变迁,既注重文体本身的承传演进,更兼顾同其他文体的渗透、交融和影响,进而思考其与赖以生存的文化大背景推移的轨迹何以重叠或不重叠,何时同步或不同步。作者认为,文学发展史不应等同于文体变迁史。宋、元之后虽白话小说渐成主流,而文言小说仍有旺盛的生命力,二者并驾齐驱,均取得重大成就。书中以雄辩的事实,澄清了人们相沿成习的偏见。作者又认为,文言小说如同古代知识分子用来映照社会人生也映照自己内心世界的一面镜子,曾多角度地、较广泛而深刻地展现过他们的精神面貌、心理状态、审美趣味以及传统文化特征。文言小说属于雅文化,以其重表现的审美特征,与山水诗、文人画、书法等共途,而与重再现的白话小说判迹,代表了中华民族审美情趣的主流。(王鲁一)

I000212 **中国当代中青年学者儿童文学论丛** 班马等著。甘肃少年儿童出版社 1994 年 10 月版。73 万字。33.30 元。共 6 册:《游戏精神与文化基因——班马儿童文学文论》,《文化的启蒙与传承——孙建江儿童文学文论》,《人学尺度与美学判断——王泉根儿童文学文论》,《流浪与梦寻——方卫平儿童文学文论》,《酒神的困惑——汤锐儿童文学文论》,《代际冲突与文化选择——吴其南儿童文学文论》。作者都是 80 年代崭露头角的儿童文学批评家、理论家,是活跃在当代儿童文学理论界的代表人物。书中所收论文或在当时引起激烈的争论,或给人以耳目一新的认识,呈现出作者理论思想的发展过程和学术轨迹,对回顾新时期儿童文学的发展脉络,从中寻找一些规律性的东西,以及对儿童文学今后的发展,有可资借鉴的学术意义。(郑洁)

I000213 **台湾当代散文综论** 徐学著。海峡文艺出版社 1994 年 10 月版。20 万字。8.20 元。分三篇。上篇“台湾当代散文大势走向”,着重描述台湾当代散文的总体风貌和文学源流,并对不同散文观念进行阐析。中篇“台湾当代散文谱系解读”,从题材特色、情感形态等方面对台湾当代散文进行审视,比较详细深入地评析了台湾当代散文创作所展现出的忧患意识、家国情怀、生命体验、游戏精神等风格特征。下篇“台湾当代散文技艺探微”,着重从修辞、叙述、象征三个方面,探析台湾当代散文的艺术手法和美学追求。(叶恩忠)

I000214 **诗品辨析** 艾治平著。湖南文艺出版社 1994 年 10 月版。20.5 万字。6.50 元(平),9.80 元(精)。司空图(837—908)的《诗品》是唐代末年最著名、成就最高的诗歌理论专著。共二十四品,每品是一首四言十二句的古体诗,既是一部诗论,也是一部诗集。作者运用比兴手法,描绘出一系列优美、生动的形象,来表现抽象的理论概念,概括并品评唐诗的二十四种风格特征,探讨文学创作和文艺美学的一些普遍规律。为使读者领会《诗品》的丰富内涵,本书除解题诠诗外,还从古代诗苑中采撷符合各品的诗、词、曲佳作各一首作为例释,进行分析、鉴赏,多角度地印证本品,并对每品做出小结。对自宋以后《诗品》研究中有争议的一些问题,作者做了辨析,提出自己的看法,使本书具有一定的学术性。(陈仿麟)

I000215 **中国小说大辞典(先秦至南北朝卷)** 李水海主编。陕西人民出版社 1994 年 10 月版。125 万字。26.00 元。收辞目 1826 条,分“先秦”、“秦汉”、“三国两晋南北朝”三部分。辞目内容包括称谓、撰者、著录书或出处、卷数或册数、版本、故事梗概或基本内容、中心思想、艺术特色、源流以及在文学史上的地位和影响。所收小说有志人、志怪、传志、寓言、笔记等类。按历史朝代顺序编排,每一朝代内的小说以作者生(卒)年月和作品的创作先后为序。对于伪托作者而又不能考知其确出谁人之手的作品,依伪托撰人的年月排列。书后附有小说作者小传、名家论小说要辑、辞目笔画索引、辞目音序索引。(贺治波)

I000216 **诗品集注** 梁·钟嵘著,曹旭集注。上海古籍出版社 1994 年 10 月版。35.6 万字。21.60 元(精)。《诗品》为中国最早的诗论著作,向称"百代诗话之祖"。唯长期以来苦无善本,全书颇多舛误与难解之处,给《诗品》的研究和教学均带来不便。本书集注者遍访有关《诗品》的各种版本,爬梳理董,旁稽博考,历时八年,撰写出"《诗品》研究系列",本书即其中之一种。在校注和研究方面,是一本充分汲取前人研究成果的集大成的著作。统观是书,有以下几个特点:其一,校订精审。《诗品》版本有全本与节本之别,全本以元刊最早,节本以《吟窗杂录》本为先。集注者采用存世最早的元延祐七年圆沙书院《山堂先生群书考索》本为底本,参校明正德元年迟翁书院抄本、明正德十二年《顾氏文房小说》刊本等不下 50 种版本,又充分利用《太平御览》、《诗人玉屑》、《渊鉴类涵》等数十种宋元明清的类书、诗话材料,最大限度地恢复了《诗品》的原貌。其二,注释详赡,本书充分汲取了前人与当今日本、韩国、法国等国《诗品》研究的成果,参考了大量文史资料,旁引曲证,慎重取舍,显隐发呈,多有创获。其三,附录《参考》,以广见闻。本书注释先释语词,征引出处,再汇集历代评语。(聂世美)

I000217 **新时期小说论稿** 戴少瑶著。四川文艺出版社 1994 年 10 月版。20 万字。7.80 元。小说创作是新时期文学创作成绩斐然的一个门类。由于这一时期作品数量大、作者多、流变复杂,加之创作活动尚在进行中,要对它分析梳理、系统研究决非易事。本书特点之一是大量详尽地占有资料。不仅有对作品的悉心搜集、对各家论说的广征博引,而且有作家的创作谈、访问记、文学演讲等,一改传统研究著作"各家论点汇集"的模式,使归纳多于演绎,实证大于推理,而研究者的分析、观点植根深厚,结实有力。特点之二是有独到的见解。如作者谈小说的视角问题,专论社会现实人生的展现,民族文化寻根意识等。"小说的复合模式"一章,认真分析《小鲍庄》、《圣诞》等作品,指出它是一种"明显超越叙述规范的文体"。特点之三是文学论著的文学语言运用。作为一部严谨的学术研究著作,本书不仅在范畴体系的构建上极为规范,而且打破了"文学讲义"的传统写法,行文晓畅生动,章节之间波澜起伏,所涉及的众多语言学术语亦鲜明准确。(金平)

I000218 **中华百年史诗** 任林泉主编。希望出版社 1994 年 10 月版。35.3 万字。15.00 元。精选近百年的重要诗作 100 首,对每首诗作详尽的注释,并配以 100 篇史、诗结合的文章,系统地介绍从鸦片战争到新中国诞生这百余年间的光辉诗篇及其所反映的可歌可泣的人民革命斗争史实。书中有历史图片 31 幅。

I000219 **中国名人胜迹诗文碑联鉴赏辞典** 诸定耕主编。重庆出版社 1994 年 10 月版。116.5 万字。39.80 元。收入上起黄帝下迄孙中山的历代名人 330 余位,胜迹 470 余处,诗文碑联佳作 670 余篇(副),作者自先秦至现代 400 余名。按省、自治区、直辖市、地(市)、县编排,同一地区有几个名人胜迹的按名人时代先后排列。这些名人,包括对中华民族的兴盛、发展作出过重大贡献的政治家、军事家、教育家、哲学家、科学家、医学家、文学家、艺术家,以及一部分有利于人民、有功于民族的英杰志士。历代人民在名人生活过或建功立业的地方建立了纪念性的庙堂祠馆,塑像立碑,世代崇奉。无数名人学者、骚人墨客前往凭吊,创作出许多千古传诵的诗文碑联名作,汇成一宗宝贵的文学遗产。在胜迹条目下,一般包括胜迹概述,名人简介,诗文碑联原作及作者简介和鉴赏文章;在同一条目下,按诗文碑联顺序排列,一般是一篇原作一篇鉴赏文章,也有个别是几篇原作合写一篇鉴赏文章。本书是繁体字本,有名人胜迹彩图 16 幅。(王心富)

I000220 **名人之谈** 艾里西尔·纳瓦依著。新疆人民出版社 1994 年 10 月维吾尔文版。22 万字。6.55 元。详细介绍 14、15 世纪在中亚生活和创作的 450 名文人,集中反映了作者对文学史、文学理论和文学批评的种种见解。本书对研究当时维吾尔文学状况、文学流派、各种文学现象具有很高的参考价值,是维吾尔文学史上最早的和较系统的文学理论书。(买买提明·艾拉)

I000221 **西游记辞典** 曾上炎著。河南人民出版社 1994 年 11 月版。52 万字。26.00 元。收录辞条的范围限于《西游记》,用书底本为 1980 年人民文学出版社出版(第二版)的"中国古典文学读本丛书"本《西游记》。共收辞条 5650 条左右,以辞条首字的汉语拼音音序排列。正文前有辞条音序索引，后有笔画索引以及俗语词表、《西游记》版本简介、历代各家对《西游记》评论选摘等。每个辞条都有注音、释义、例句等，部分辞条还有文献佐证。释义明确简洁，且基本上做到有可稽之处，特别是不少散见于元明小说、杂剧中的词语，都能尽量找出举例，加以对照、佐证。(郁诚炜)

I000222　**传记文学史纲**　杨正润著。江苏教育出版社1994年11月版。48.5万字。10.15元。共7章。第一章“导言”，对传记文学作了界定，探析了传记文学的本质和范畴。以下6章分6个阶段论述东西方主要国家(包括中国、希腊、希伯来、罗马、意大利、英、美、法、德、俄苏等)传记文学的历史，上自公元前12世纪前后的《诗经》、荷马史诗和《圣经·旧约》中的传记发轫，下迄20世纪80年代末、90年代初各国传记的最新发展。作者主要着眼于文学传记，但对于其他各种相关的传记形式，如学术传记、资料传记、传记理论、传记工具书等也给予适当注意。全书为世界各主要国家传记的演进描绘了一个相当完整的轮廓，同时揭示了它们之间纷繁复杂的差异，由此可以看到不同民族文化和社会心态的变革。(徐宗文)

I000223　**宋词流派的美学研究**　陈振濂著。江苏教育出版社1994年11月版。38万字。13.15元。对两宋词的历史演变、审美形式的生成与发展、创作规律以及宋词本体、主体、客体三者之间的关系，进行全面而细致的分析，并以词作分析与词论研究为支柱，提出宋词流派三分说——即清通派、豪放派、婉约派三足鼎立的词派研究新模式。作者努力将其他学科的研究方法引入词学研究，敢于标新立异，且能自圆其说，对包括词学研究在内的中国古代文学艺术研究不无启发作用。(胡新群)

I000224　**丝绸之路民族民间文学研究**　雷茂奎、李竟成著。新疆人民出版社1994年11月版。25万字。18.80元(精)。以丝绸之路的历史文化为背景，对西域各少数民族民间文学进行系统、全面的评介与论述。书中以民间文学的各种体裁，如神话、传说、故事、英雄史诗、叙事诗、歌谣、谚语、谜语等为经线，构筑了严整的框架，对每一体裁的自身特征、发展历史、思想艺术特点、创作规律、社会文化价值等作较全面的介绍和述评，对其代表作品进行了重点分析和评价。为“丝绸之路研究丛书”之一。(李春华)

I000225　**中国诗学通论**　袁行霈、孟二冬、丁放著。安徽教育出版社1994年12月版。85万字。25.00元。以建构具有中国民族特色的诗学理论体系为目标，在充分吸取已有研究成果的基础上，对中国诗歌理论和批评进行较为全面和系统的梳理，对中国诗学的演进过程作准确的描述，对中国诗学的范畴作精当的阐释，清理出中国诗学的发展脉胳，发掘出中国诗学有别于西方诗学的独特的理论个性。书中观点胜义纷呈，如将中国诗学分为功利派和非功利派两大派别，说中国诗学的三大特点是实践性、直观性、趣味性，均有见地；又如对“发愤说”、诗歌与自然、诗歌与情感的意见，对“不平则鸣”与“笔补造化”、苏轼的诗论与辛文房《唐才子传》的理论意义和价值的阐述，对“滋味”、“意境”、“神韵”、“格调”、“性灵”、“肌理”诸范畴的勾勒，对清代词学理论的总结等，也富新意。本书还有以下三个特点：一、采取“以重要的具有划时代意义的著作来分期”的方法，把中国诗学的发展划分为六个时期，既符合历史演进的过程，又符合中国诗学自身发展的特点，同时也避免了简单按朝代沿革来给文学分期的片面性。二、采用“综合”的研究方法，即在把握理论与作品关系的同时，经常引入当时哲学、绘画、雕塑、音乐、戏曲等门类的理论与其时的诗学理论相比较、相印证。三、材料取舍广博精当，除专注于历代诗学著作、文学批评专著和专论外，对诗文集序、跋，诗人的书信，哲学和史学著作中有关诗学的材料以及诗人作品(特别是论诗诗)、诗选批注、诗词纪事等，尤加精心搜求。(朱欣欣)

I000226　**金庸小说艺术论**　陈墨著。百花洲文艺出版社1994年12月版。45.6万字。18.50元。作者所著“金庸小说研究系列丛书”之一。分叙事艺术论、形象塑造论、审美境界论3卷，对金庸所写的15部武侠小说所取得的艺术成就作详尽的论述。作者认为，金庸所以能取得这么高的艺术成就，是与他的艺术天才、艺术修养及由此而形成的艺术个性分不开的。他突破了武侠小说这种通俗文学形式与材料的局限，创造了一个丰富、精美、独特的艺术世界，超越了前人的水准，对武侠小说及其以外的长篇小说创作，都具有普遍的意义和价值。(阿西)

I000227　**孙德民话剧评论集**　马少波、余材等著。花山文艺出版社1994年12月版。17万字。7.50元。剧作家孙德民自1973年后创作了18个话剧，多次获“文华奖”和“五个一工程奖”。本书收集有关评论孙德民话剧的文章43篇，作者大多为评论家和剧作者，也有部分期刊编辑。这些文章从多层次、多侧面道出孙德民话剧主要剧目的得与失，尤其是对孙德民所倡导的“山庄戏剧”，众口一辞地持赞赏意见；对剧作家以燕山热河现实生活为依托，以避暑山庄的历史为源头，创作出一批活生生的各具特色的舞台形象，丰富了话剧艺术的人物画廊，大加褒扬。后附作者创作年表。（刘英民）

I000228 **中国散文通史（上、下卷）** 漆绪邦主编。吉林教育出版社1994年12月版。130万字。51.00元。分为“先秦两汉”、“魏晋南北朝隋唐五代”、“辽宋金元”、“明清至近代”等部分。所论“散文”包括经典之文、诸子之文、史家之文、说理之文、写景之文等从古至今的一切文章。探究中国散文发展的脉络，分析名家名作及其创作技巧，揭示中国散文发展一些具有规律性的特点。全书不作考证性论述，只作纵横比较，说明其高于前人、时人之处，高屋建瓴地从作家创作历程上评析每家作品的社会价值和艺术成就。（杨雁）

I000229 **中国古代散文艺术** 周明著。江苏教育出版社1994年12月版。39.8万字。11.50元。全面系统地研究中国古代散文艺术的学术专著。作者企图在理论上有所建树，从几千年浩如烟海的散文作品中提炼、建构了一套艺术体系，而不取零散的“例话”、“撷英 ”之类文话式写法。第一篇“绪论”，论述古代散文研究的范围、分类及方法；以下6章分别研究了古代记叙描写类散文、议论辩驳类散文、明志抒情类散文、讽谕讥刺类散文的艺术特点。本书以散文艺术规律为研究中心，先分大类，大类之下再分小类，以典范散文为例，条分缕析，归纳总结，揭示了中国3000年散文艺术的发展概貌及其内在机制。（徐宗文）

I000230 **当代回族文学史（上编）** 杨继国、何克俭著。宁夏人民出版社1994年12月版。24万字。9.40元。为宁夏回族文学史编写组、宁夏大学回族文学研究所组织编写的《回族文学史》之一种。较为系统地论述当代回族诗歌、小说创作活动的规律及其特点，并以中国当代社会历史发展为背景，分析了回族诗人、小说家作品的思想艺术特色和民族特色。（何克俭）

I000231 **三国计谋鉴赏** 李衡眉等主编。山东人民出版社1994年12月版。28万字。14.80元。选出《三国志演义》中89个计谋故事进行鉴赏。对书中出现的每个人物、每个故事、每条计谋，都对照《后汉书》、《晋书》和《三国志》等史书，指出哪些是正史中所记载的“实”，哪些是小说中所杜撰的“虚”，并比较其异同与优劣长短。同时，还对每条计谋和故事中的典故的来龙去脉，进行了探本溯源。（葛玉莹）

I000232 **中国禁毁小说百话** 李梦生著。上海古籍出版社1994年12月版。40.3万字。23.20元。禁毁小说是一种特殊的文化现象，其产生的背景、作品的内容及禁毁的原因历来受到人们的关注。作者在主持编辑《古本小说集成》过程中遍览现存禁毁小说，全面掌握第一手资料，立目102种（又附目20种），每目一文，每文均附珍本书影。论述内容为二：一、介绍情节梗概、作者、版本源流、禁毁原因，并注意各篇之间的内在联系，以类相从归纳，揭示某些作品屡遭禁毁却生生不已的创作和流传动力；二、从各类作品特点生发社会性专题漫论，包括民族矛盾、阶级压迫、人文思潮、世俗风情乃至性文化的剖析，向读者展示广阔的社会史画面。作者注重纠正旧说，揭示规律，在具体介绍作品的同时，勾勒出一部新见迭出的禁毁小说史的轮廓。（李祚唐）

I000233 **台湾青年诗人论** 古继堂著。武汉出版社1994年12月版。30万字。10.00元。共9章，比较系统地介绍了台湾青年诗人及其作品，以及这些诗人成长的背景，作品呈现的特征和流派，肯定了那些为实现国家统一而纵情讴歌的诗人的创作成就。（潘长胜）

I000234 **文学思潮与当代小说** 陈美兰著。武汉大学出版社1994年12月版。22.9万字。8.80元。分两篇。思潮篇包括对40至70年代中国文学思潮与文学思想论争特点的探讨，新中国40年文学创作探索与争鸣的历史追寻，以及对新时期以来小说创作思潮的系统辨析。另外，对中西文化思潮的交流与碰撞也进行了思考。创作篇主要是结合具体创作实践，集中对长篇小说的艺术经验、艺术形象的塑造以及作家创作的成败得失等进行总结和研讨。（蔡先保）

I000235 **柳宗元诗歌笺释集评** 温绍堃著。中国国际广播出版社1994年12月版。26万字。9.40元。以笺释、集评的方式对唐代重要诗人柳宗元的诗作进行全面、系统的整理、阐述和研究。从反对割据、爱国主义、以史为鉴、去国怀乡、放情山水等11个方面概括柳诗的内容，从风格独特、诸体皆备、浓淡相宜、情景交融、“外枯中膏、似淡实美”等8个方面概括柳诗的艺术特点。集评方面，广泛搜集唐至清末对柳诗的评论资料，凡评某诗的，按朝代顺序辑于某诗之后；凡总评柳诗的，按朝代顺序置于全书之后。后附“柳宗元简谱”。（李佳俊）

I000236 **词籍序跋萃编** 施哲存主编。中国社会科学出版社 1994 年 12 月版。63 万字。40.00 元。中国古代学者关于词的评论著述非常丰富,其中主要的专著已见唐圭璋编的《词话丛刊》。本书辑集散见于历代词话和各种版本词集的序跋,两书互补,相得益彰。辑录范围为自唐至清的词别集、词总集、选集和词话、词谱、词律及其他词学杂著的序跋。全书分十卷。卷一为唐、五代词别集序跋;卷二为宋词别集序跋(一);卷三为宋词别集序跋(二);卷四为宋词别集序跋(三);卷五为辽、金、元别集序跋(附高丽);卷六为明词别集序跋;卷七为清词别集序跋;卷八为总集、选集序跋(一);卷九为总集、选集序跋(二);卷十为词话、词谱、词律及其他序跋。内容包括不同传本的校勘评骘,源流系统的沿溯论证,对作家作品的评鉴,对词律声韵的辨证校订等。这些都是古代学者对词学研究的重要成果,其中某些平时难见的资料更为宝贵,对词学研究有较重要的参考价值。(季寿荣)

I000237 **《格萨尔》新探** 角巴东珠、恰嘎旦正著。青海民族出版社 1994 年 12 月藏文版。30 万字。14.00 元(精),10.00 元(平)。运用马克思主义唯物辩证法的观点,对有关《格萨尔》的历史文化、宗教信仰、民俗习惯、流传区域、古籍史料、碑文绘画、遗迹传说、部落渊源、版本整理、语言艺术、说唱艺人、人物形象、艺术特色、翻译风格及《格萨尔》的产生和发展等,进行全面系统的研究。(索南才让)

I000238 **蒙古文学发展论** 巴·苏和著。内蒙古人民出版社 1994 年 12 月蒙古文版。16.5 万字。4.50 元。纵观蒙古文学发展过程中曾经出现的诸多文学现象,根据各文学发展阶段的理论高度,从多学科视角,以宏观研究与微观研究相结合的方法,比较系统地探讨蒙古文学发展史上的诸多具有规律性的文学现象,概述各文学流派的"主潮",提出了独到的见解。内容包括:《试谈蒙古民间文学的美的向往》,《论蒙古古典文学的三大流派》,《论蒙古文学的传统艺术模式》,《论蒙古文学"喜剧"结尾的渊源》,《浅谈〈蒙古秘史〉的作者》,《论蒙古文〈格斯尔〉传统文化意识的根源》,《论蒙古文〈格斯尔〉的传说》,《论蒙古文学中的成吉思汗形象》,《试谈蒙古文学的批注及释文》,《论蒙古文学与外国文学的关系》。(珊丹)

I000239 **乌拉与祖拉** 丹碧著。新疆人民出版社 1994 年 12 月蒙古文版。18 万字。3.95 元。蒙古文学研究论文集。选收论文 22 篇,分 4 辑:卫拉特古代文学,卫拉特现代文学,蒙古古代和现代文学,内蒙古当代文学。(达丽玛)

I000240 **中国诗话辞典** 蒋祖怡、陈志椿主编。北京出版社 1995 年 11 月版。72.5 万字。36.00 元。收辞条 1200 余条,内容主要有:诗话理论渊源,介绍中国第一部诗论专著《诗品》出现之前散见于经史子集中的诗歌理论,主要为先秦、两汉及魏晋间诸名家著作中,对古代诗学理论的形成和发展产生过深远影响的有关术语及命题;诗话作家简介,重点介绍诗话作家生平及其在诗论研究方面的突出成就;诗话内容评析,是全书的重点,除介绍每部诗话的体例、版本情况外,重点介绍每部诗话的主要内容及其在诗歌发展史上的理论价值;诗话命题术语解释,以释义为主,兼及其演变史。辞目释文以综合本学科研究成果为主,并参考已出版的有关专著。附有经大量考证与核实的"清代近代未入选诗话书目"404 部,以为进一步深入研究诗话,特别是清代近代诗话提供线索。(韦月珍)

文学史、文学思想史

I000241 **中国解放区文学史** 许怀中主编。海峡文艺出版社 1994 年 1 月版。61.1 万字。28.50 元。系统介绍苏区、抗日战争和解放战争等时期解放区的诗歌、小说、散文、报告文学、戏剧和文艺理论产生、发展的过程,探究中国解放区文学历史发展的轨迹及其规律,并对中国解放区的作家、作品的历史地位作出恰当的评价。全书按文学体裁分为 5 卷:诗歌卷,小说卷,散文、报告文学卷,戏剧卷,文艺理论卷,每卷按时期或专题进行介绍和评述。(林秀平)

I000242 **中国文学史通览** 周扬、钱仲联、王瑶、周振甫等编。中国大百科全书出版社上海分社 1994 年 1 月版。50.8 万字。26.00 元。以《中国大百科全书·中国文学》中骨干条目为基础加工而成。《中国大百科全书》按汉语拼音音序编排,以便于检索;本书则按学科的逻辑结构重新组合编排,以便于阅读。首先概述中国文学总的发展概况和基本特征,以及它与外国文学的关系,接着沿着史的线索按中国文学发展的各个阶段分别介绍各种文学体裁的形成、发展以及相互影响,同时介绍围绕不同体裁创作而形成的文学理论及学术研究状况。全书包容了上自远古下迄 20 世纪 80 年代中国文学的全部内容。书后附有中国文学大事年表。(郝父)

I000243 **中国文学演义** 钱念孙著。上海文艺出版社 1994 年 2 月版。40 万字。15.40 元。用演义形式写成的中国文学史。它上溯古代神话，下迄晚清谴责小说，描绘了中国历史上各个朝代的杰出作家、经典作品和重要文学思潮。作者旁搜远绍，广采博纳，着力从浩瀚的古籍中发掘动人故事和创作佳话，既勾勒出中国文学发展的演进历程，又展示了作家们的才情气概和人生情怀。演义的写法比较自由，可以叙述故事、描绘人物，又可以援引例证、插话评论。作者运用“大事不虚，小事不拘”的原则，将学术的严谨性和演义的生动性相结合，使本书既可读，又可信。（高国平）

I000244 **桂林抗战文学史** 蔡定国、杨益群等著。广西教育出版社1994年7月版。50万字。16.00元。在抗日战争中，桂林曾一度成为国民党统治区主要的文化中心。在这座以风景秀丽著称的名城里，知名文化人云集，文艺社团林立，刊物竞生，佳作迭出，为中国现代文学宝库增添了闪烁生辉的篇章。桂林抗战文学，是融国统区抗战文学、解放区抗战文学和沦陷区抗战文学三者特色为一体的新型文学，开创了中国新文学继“五四”之后又一个创作的盛世时代。本书除绪论外，分为文艺理论、论争及运动，戏剧创作，小说创作，诗歌创作和散文创作五大编。阐述桂林抗战文学的发展过程，其中包括对其概况、特点、地位、影响的探讨，有关史料的挖掘整理，有关思潮、运动、社团、流派是非功过的评价，有关作家作品的研究，以及作家们在桂林活动情况的详尽展示，再现了半个世纪前桂林盛极一时的文学奇观。（邱方）

I000245 **中国当代文学发展综史** 赵俊贤主编。文化艺术出版社1994年7月版。79.9万字。2册。30.00元(平)，48.00元(精)。以一种全方位、多层次的综合性大文学史结构模式，对当代文学(1949—1989)进行系统论述。全书5卷。第一卷“中国当代文学形态发展史”，以叙述角度、狭义结构、文学语言三个因素为主体内容，论述当代文学的外部形态即创作模式的演变及其规律。第二卷“中国当代文学主题发展史”，从题材、形象、思想三个角度，论述当代文学主题的流变及其规律。第三卷“中国当代作家文学观发展史”，从创作观（本质观、发生观、功能观等)、世界观各层面及真、善、美诸因素的相关性，揭示中国当代作家文学观的演化及其规律。第四卷“中国当代文学思潮发展史”，从理论思潮、创作思潮及现实主义与非现实主义的对立互补关系角度，揭示中国当代文学思潮的发展及其规律。第五卷“中国当代文学批评发展史”，从批评目的、批评标准、批评概念、批评方式诸因素及其关系切入，论述中国当代文学批评的发展及其规律。（禹燕）

I000246 **中国文学史(少年配图本)** 黄新光、万萍、雄尉编著。21世纪出版社1994年8月版。36万字。3册。28.00元。以随文附图的形式，勾勒中国古代文学发展的轮廓。有三个显著特点：一是线索清晰，语言浅显；二是经典篇章均附有译文；三是随文附以线描插图，展示出古代文学作品的情节及意境。（彭新元）

I000247 **中国幽默文学史话** 卢斯飞、杨东甫著。广西教育出版社1994年8月版。34.8万字。8.45元。由长篇导言和57篇既相互联系又相对独立的专论组成。从古代到当代，从文学名著到民间口头文学，从大作家到名不见经传的作者，从诗词小说到笔记对联，统统纳入研究视野。用事实说明，中国的幽默文学源远流长。本书既有文学史的性质，又运用了作品欣赏类文章的写法。从纵的方面说，导言按历史时期对整个中国幽默文学作了鸟瞰式的概括描述，以后分章对重要作家作品进行剖面的细致评述。引文保持完整或相对完整，不作割裂，以向读者提供切实有用的材料。对深奥的语句加以解说，同时对文意作画龙点睛的点评。（夏日炎）

I000248 **灵根与情种** 副名：先秦文学思想研究。胡晓明著。百花洲文艺出版社1994年12月版。23万字。10.00元。作者认为，就先秦文学的研究而言，至今仍有种种憾事：一是不够重视中国文化本身的特点，二是有语文障、文学障，只有从思想史的角度去研究，才能真正照明先秦文学里头的活的精神生命。此书分神话传说，《诗经》与《楚辞》，《论语》、《孟子》与《庄子》三篇，重新对这一段文学史最重要的典籍加以分析与描述。以先秦文学典籍中所包含的中国早期的文化性格与思想传统，作为贯穿的内在线索，视先秦文学为一整幅活的生命、活的生命的灵根、活的生命的情种，探索中国人文精神的源头，指出先秦文学的自觉，正是人文创造的自觉。（毛军英）

I000249 **二十世纪中国文学大典** 陈鸣树主编。上海教育出版社1994年12月版。282万字。3册。124.00元。时间上限为1897年，下限为1994年，扩展和延伸中国现代文学史的框架，以反映中国现代文学的史前量变积聚过程以及它的发展径路。在空间上也大大扩展了中国文学量变的性质，从20世纪开始，中国文学介入世界文学，世界文学影响中国文学，已密不可分。这种介入，包括马克思主义的影响，俄罗斯与东欧其他民族的影响，早期苏联革命文学的影响以及西欧、北美、日本、印度文学等的影响,在本书中均有所反映。本书采用编年纪事的形式,逐年分创作、理论批评、译文、作家活动、文坛纪事、文化要录、社会背景七项,凡重要的均有详细提要,以实证性的资料形态勾画出20世纪中国文学发展的内在逻辑。如"译文"部分实际上表明了20世纪中国文学所接受的世界文学的影响,这是为已往文学史所忽略的。"作家活动"和"文坛纪事"部分除择要记述外,还不乏轶事趣闻,以烘托当时的文化氛围。(陈鸣树)

I000250 **大后方文学论稿** 苏光文著。西南师范大学出版社1994年12月版。41万字。22.00元。对中国抗日战争时期西南各省及西北部分省区的抗战文学,作全景式、立体化扫描,归纳出带有规律性的东西,概括出有益社会与文学发展的历史经验与教训。全书分5篇。"评估篇"辨析几十年来海内外抗战文学——大后方文学研究中几个具有代表性的观点;"理论篇"着重论述抗战文学发展过程中的几个现实主义文学理论与文学思潮问题,力图展现抗战文学理论的繁富与现实主义理论的日趋体系化;"创作篇"将抗战文学创作分为八大流派加以评析,呈现出抗战文学创作所取得的成就及其共时性与历时性特征;"交往篇"着重勾勒抗战文学与世界反法西斯文学交往概貌,突出中国抗战文学在世界反法西斯文学中的地位;"延伸篇"概论战时港台文学的特点、成就及其历史意义,其中特别阐释香港文学与抗战文学之关系。(黄发仁)

作 品 集

I000251 **鲁迅诗作鉴赏** 周振甫主编。河北人民出版社1994年版。39.7万字。13.00元。收入鲁迅诗作70余首,分正副两编。正编所收为已确定为鲁迅的作品,副编6首为存疑作品,因此,该书相当于鲁迅诗作全编。对每篇诗作都作了详尽而确当的注释,每篇诗作的鉴赏文章均兼顾到了其艺术性和思想内涵的发掘。书后附有专文《作为诗人的鲁迅》,对鲁迅的诗创作及其成就作了较深入的研究;《鲁迅关于诗的论述》辑入鲁迅著作关于诗的论述;《鲁迅诗歌研究资料索引》辑入自20年代以来有关鲁迅诗研究的文章及专著名称。(李良元)

I000252 **秦牧全集** 秦牧著。人民文学出版社1994年版。500万字。245.00元。共10卷。其中包括作者已出版的61本集子和一部分尚未结集的散文和书信。1—6卷辑入已结集的散文类作品,如《花城》、《潮汐和船》、《长街灯语》、《寻梦者的足印》等;7—8卷辑入小说、儿童文学,如《愤怒的海》、《巨手》;第九卷辑入文学评论、文艺随笔,如《世界文学欣赏初步》、《艺海拾贝》、《语林采英》;第十卷辑入作者生前未结集的散文作品和部分书信,附录《秦牧生平创作年表》、《秦牧著作一览表》、《全集篇目索引》、《编后记》。作者是中国当代杰出的作家。他的作品题材广泛,体裁多样,尤以散文成就著称于世。他的创作风格独树一帜,具有强烈的历史使命感和社会责任感,影响了一代又一代的文学爱好者。(丛培香)

I000253 **春蚕颂——文学家作品集** 汪介培主编。山东友谊出版社1994年版。12.5万字。25.00元。《师魂颂——书法卷·中国画卷》的姊妹篇。收录全国各地百余位著名文学家歌颂人民教师的新作,集中表达了他们对人民教师的无限热爱之情。(夏爱平)

I000254 **徐志摩全集补编** 徐志摩著。上海书店1994年版。180万字。65.00元。按诗、小说、戏剧、书信、日记、散文等体裁及著作年代编次。《全集》正编于30年代由陆小曼、赵家璧主编,由于当时条件所限,遗留甚多。本书由陆耀东、吴宏聪、胡从经主编,经陈从周、赵家璧、徐承烈审校。(林国华)

I000255 **杨绛作品集(一)(二)(三)** 杨绛著。中国社会科学出版社1994年版。84.7万字。35.00元。杨绛为中国著名的散文家、翻译家和外国文学评论家。本作品集汇收杨绛自30年代以来的全部著述,包括小说、散文、戏剧、理论集。其中,第一卷收《小阳春》等7篇短篇小说和长篇小说《洗澡》;第二卷收《干校六纪》、《将饮茶》、《杂忆与杂写》等散文、随笔;第三卷收外国文学评论14篇、戏剧两种。书后附有"杨绛小传"和"杨绛著译书目"。收入作品集的著作,杨绛全部作了订正,有的还增写了附记和说明。(白烨)

I000256 **武侠小说辞典** 童志刚、夏武全等编。长江文艺出版社1994年1月版。42万字。18.80元。分五个部分:名词术语;作家;作品;人物形象;武侠史论。不仅介绍了武侠小说作家及其作品,而且有关武侠小说研究论文也列了专门辞条,对武侠小说中出现的各类专有名词、术语、帮派、武功等,均有注释。(欧阳忠)

I000257 **中国现当代著名作家文库·胡适代表作** 张菊香编。河南人民出版社1994年1月版。36万字。13.35元。精选作者的散文59篇、诗歌25

首，以及戏剧《终身大事》、小说《一个问题》。卷首有前言，对作者的生平、创作道路、创作思想、创作成就等作了较全面的评介；卷末附有作家主要作品目录。（曲哲）

I000258 **鲁迅的诗歌艺术** 叶诚生著。山东大学出版社 1994 年 1 月版。14 万字。5.80 元。"鲁迅的艺术世界"丛书之一。系统、全面地分析、解读鲁迅的旧体诗作。从生活道路、精神经历与诗作的综合角度，将鲁迅的诗歌分为 5 类："少年诗意：从伤离到感奋"；"游戏词章：寓针砭于谐谑"；"哭悼声声：化悲情为长歌"；"有情诗语：爱憎中见性情"；"暮年怀抱：绚烂未归平淡"。在解读诗作过程中，尽量展现诗作背后的人与事，道明有感而发的原委，以使人开阔视野，真切体验、理解、感受原作的魂灵，领略鲁迅的品格与风骨。

I000259 **《野草》的艺术世界** 孟瑞君著。花山文艺出版社 1994 年 2 月版。18 万字。7.95 元。从美学的角度对《野草》进行多层面探讨的专著。其中对《野草》的象征艺术、悲剧艺术、变形艺术等多种美学范畴，进行了深切而独到的审美鉴赏，从美学的角度对《野草》作了较为确切的观照；对《野草》的色彩美、音乐美、朴素美等多种美学特征，也都作了真切而鲜明的展示。（刘桂欣）

I000260 **鲁迅和儿童文学** 子杨、子羽编。少年儿童出版社 1994 年 2 月版。64 万字。22.40 元（精）。"大师和儿童文学丛书"之一。收鲁迅的小说、诗歌、散文、剧本 18 篇，如小说《狂人日记》、《故乡》、《社戏》，散文《风筝》、《我的父亲》、《我的兄弟》、《从百草园到三味书屋》，诗歌《他们的花园》，剧本《过客》等；杂文、论说 52 篇，如杂文《随感录二十五》、《我们现在怎样做父亲》、《流产与断种》、《上海的儿童》、《从孩子的照相说起》、《我们怎样教育儿童的》，论说《拟播布美术意见书》、《儿童艺术展览会旨趣书》、《"连环图画"辩护》、《〈爱罗先珂童话集〉序》、《〈小彼得〉译本序言》等；书信 46 则，如《一九一八年八月二十一日致许寿裳》、《一九二一年八月三十日致周作人》、《一九三一年二月二日致韦素园》、《一九三四年四月二十五日致山本初枝》、《一九三四年十二月六日致萧军、萧红》、《一九三六年一月二十一日致母亲》等；1912 年 6 月至 1936 年 10 月的日记辑录近七百则。书前有编者撰写的前言《鲁迅论儿童和儿童文学》，比较全面地就鲁迅的儿童观、鲁迅论儿童文学和儿童读物、鲁迅所从事的儿童文学活动、鲁迅笔下的儿童形象和儿童生活图景、鲁迅的儿童文学译作等作了叙述。书后附有《鲁迅儿童文学作品著译年表》。（洪祖年）

I000261 **缪俊杰文论选** 缪俊杰著。花山文艺出版社 1994 年 3 月版。23 万字。8.80 元。自选集。所选作品有共同的特点：其一是针对性强，写人状物，评文说事从不无的放矢；其二是真实性强，谈天说地，述古论今，从不说假话、大话和空话；其三是可读性强，讲道理、砭时弊，深入浅出，毫无晦涩之处，更无说教之嫌。（申强）

I000262 **万泉河上的歌** 莫泽安著。海南出版社 1994 年 4 月版。12 万字。3.90 元。分散文、小说、特写三部分。散文大都描写万泉河美丽的景致、迷人的风情和父老乡亲的喜怒哀乐。小说主要写改革开放前，主人公或工或农或兵或学生的生活体验，均带有那个时代的烙印。特写对象都是新时期海南各行业中的佼佼者：海底农场的潜水队女副队长王燕、改造荒坡的符光满、优秀教师王茀周、海南植物通钟义、平凡而伟大的刨床工林芳清……这些海南土地上生长起来的杰出人物，作者写来笔下生情，个个血肉丰满。文风朴实自然，富有激情。由于所选篇什写作年代跨度达三十余年，作品中所表现的时代精神、人物风貌各各不同。（林珂）

I000263 **峻青文集** 峻青著。河北教育出版社 1994 年 4 月版。363.9 万字。6 册。157.50 元。收入中国当代著名作家峻青的全部作品。由峻青的大女儿孙珞珈收集、整理和选编，由作者亲自修订。全书按照小说（短篇小说、中篇小说、长篇小说以及根据小说改编的电影文学剧本）、散文、诗歌、文艺理论、回忆录的顺序分为 6 卷。作者从 1941 年开始从事文学创作，本书集中反映了他文学创作的丰硕收获。（王萍）

I000264 **陈残云文集** 陈残云著。百花文艺出版社 1994 年 5 月版。340 万字。10 册。158.00 元（精），98.80 元（平）。分 10 卷。第一至第五卷是小说；第六卷是电影剧本；第七卷是诗歌；第八、第九卷是散文；第十卷是文论、杂文。陈残云 1933 年在香港发表文章，后投入到抗日救亡运动中，抗日期间流落中南半岛、马来半岛，在刀光剑影下，越过马泰过境，渡过湄公河，穿过封锁线，回到祖国投人抗日。这一曲折的经历为陈残云的文学创作打下了深厚的生活基础。他的《风砂的城》、《新生群》、《热带惊涛录》以及众多的小说、散文、诗歌，便是以此为题材写作的。解放后，陈残云一直从事文艺的领导工作，创作的题材也更广泛。长篇小说《香飘四季》反映了如火如荼的农村生活,《山谷风烟》写作者家乡人民与阶级敌人的斗争,电影《珠江泪》、《柳林曲》、《羊城暗哨》更是以革命思想教育了在新中国成长起来的几代人,而他的散文《深圳河畔》等则以改革开放的思想,反映了特区的变化,歌颂了党的方针政策。文集表现了作者的才华、艺术见地、哲学思想、信念追求,以及作者生活和创作的足迹。(邢凤藻)

I000265 **鲁迅:在中日文化交流的坐标上** 彭定安主编。春风文艺出版社 1994 年 5 月版。93 万字。37.50 元。以鲁迅和日本文化之间的双向接受和影响为研究课题,通过丰富的事实,说明鲁迅在日本留学和归国后的整个文学生涯中,自觉、系统而深刻地接受了日本文化的影响;而作为中国现代的伟大作家,日本又对鲁迅进行了深刻、系统的接受和研究,对日本当代文学也产生了深刻影响。该书探讨中日文化交流中的鲁迅形象及其意义,为鲁迅研究开辟了新的领域,独具重要学术价值。全书 15 章可分 5 个部分。第一部分描述 19、20 世纪交替背景下中日文化各自的状貌和特点,并以专章论述日本文化情境与成就;第二部分讨论鲁迅留学期间逐步接受影响与初试文学锋芒的过程及意义;第三部分将鲁迅的文学创作、社会活动、翻译活动与日本文化作对照研究,并专章讨论鲁迅的日文作品和鲁迅对日本文化各个方面的完整看法;第四部分综论日本的鲁迅研究历程,汇集大量史料,专门研究了鲁迅形象在不同时期的地位和影响;第五部分探讨中国学者对日本鲁迅研究的研究,从资料考察到理论评析作了全面整理。第三、四、五部分是全书重心,其中多有新的资料发现与学术立论。另有《鲁迅与日本大事系年》等 3 个附录,为鲁迅研究提供了有价值的专题资料。(魏西)

I000266 **全唐文补遗(第一辑)** 陕西省古籍整理办公室编。三秦出版社 1994 年 5 月版。60 万字。48.00 元。石刻文献汇编。收录唐及五代石刻文献资料 600 篇,以墓志铭为主,少数为石刻诏书、书札、碑记、经幢、神道碑等。这些碑碣资料大部分是清末至民国时期特别是建国以来陆续发现或出土的,为《全唐文》、《唐文拾遗》、《唐文续拾》等书所未载。除少数篇什流传于世外,相当一部分铭文是首次面世,反映了唐代和五代时期的政治、军事、经济、文化、民族、宗教、外交、民俗等各方面情况。其中不少铭文出自名家之手,是优秀的文学作品。各篇文章来源,或直接录自原石,或转录国内书刊公开发表的拓本。整理过程中尽量保持原有风貌,原碑中衍脱舛误之处一般不改,而在文后按语中加以说明。原碑中俗写字、缺笔避讳字、臆造字等,在照顾原义又不致发生歧义的前提下径改为规范繁体字。铭文撰者明确且《全唐文》、《唐文拾遗》、《唐文续拾》中已有小传者,注明出处;无传者补写小传。书末附有篇名索引和撰者索引。(赵建黎)

I000267 **鲁迅的讽刺艺术** 张学军著。山东大学出版社 1994 年 5 月版。19.8 万字。7.80 元。在鲁迅的艺术世界中,讽刺艺术是最具特色的。它凝聚着鲁迅为人、为文的深刻思想性和独特的美学追求,也反映出他在那个时代的夹缝中求索奋进的独特方式。本书分"秉持公心、指摘时弊"、"戚而能谐,婉而多讽"、"无一贬词而情伪毕露"、"机锋所向,尤在士林"、"砭固弊常取类型"、"于正经事中见滑稽"及"幽默风格"等 7 个方面,将鲁迅的讽刺艺术置于整个 20 世纪中国文学建构与发展的广阔背景中作深入探讨,以寻求、认识、把握鲁迅讽刺艺术的形成规律及其艺术特色。书中运用鲁迅原作中的语句及其生活中的事例,展示鲁迅的讽刺艺术的特点与思想力度,既增加了可读性,又走出了鲁迅研究的小圈子。为"鲁迅的艺术世界"丛书之一。(曲厚芳)

I000268 **戏剧梦断录** 袁文殊著。文津出版社 1994 年 6 月版。31.4 万字。10.40 元。作者是现代中国老一辈的剧作家、戏剧理论家,"左联"的重要成员。本书收录他在三四十年代的主要剧作、《剧作教程》和单篇戏剧论文、苏联文艺理论家诺维茨基《苏联演剧体系》的译文,以及 1949 年以后的零散回忆文章和诗篇。剧本包括 8 部独幕剧和 1 部 4 幕剧,内容表现抗战之前和抗战初期,中国民众(主要是都市百姓)所面临的艰难的生存处境和他们的奋斗挣扎。剧中人物不多,布景简单,情节变化自然合理,适合临时剧场的即兴演出,感染力强但没有说教味。《剧作教程》是作者在"鲁艺"任教期间编撰的关于剧本创作的概论,文字浅显通俗,切合当时的政治形势,同时注重阐释戏剧艺术的一般规律。其中第七章是所见最早的关于秧歌剧的专论。本书收录的 10 篇短文,涉及戏剧创作、训练新的演剧干部、演剧自由和国防戏剧,讨论了托尔斯泰剧作、斯坦尼斯拉夫斯基演剧体系,另有两篇纪念欧阳予倩和延安"鲁艺"。书中收录的少量诗作,多是酬赠、即兴之作,并不讲究诗律,从中可见作者的游踪、交往和情趣。收入本书的诺维茨基所著《苏联演剧体系》,是 30 年代中国左翼文学界关注苏联文学之后介绍到中国的最早最完整的苏联戏剧理论著作。因为许多新名词缺乏确切

的译名，译文句子也留有欧化痕迹，所以这部译著不够准确流畅，至今没有引起文艺理论界的关注。（顾建平）

I000269 **赵树理全集** 赵树理著。北岳文艺出版社 1994 年 7 月版。210.8 万字。5 册。48.90 元。赵树理（1906—1970），山西沁水人，现当代著名作家，中国当代文学流派之一——“山药蛋派”主要代表人物。他的作品紧密配合各个时期的政治斗争和社会变革，注重农民群众的欣赏习惯和趣味，在发扬文艺的民族传统、文艺的大众化方面做出了积极的贡献，被称为“赵树理的方向”。作者被誉为描写农村生活的“铁笔”、“圣手”，“具有新颖独创的大众风格的人民艺术家”，在国内外享有盛誉。80 年代以来，文艺界对赵树理的评价出现分歧，但他在中国当代文学史上的功绩是不可抹煞的。全集由中国作家协会山西分会编辑，收入作者各个时期、各种形式的作品 400 余部（篇），其中百分之六十以上是最近几年收集的。共 5 卷：第一、二卷为小说、故事，第三卷为戏剧和曲艺，第四卷为诗歌、文艺评论，第五卷为政论、杂文、书信及附录。确知写作时间的，按写作时间著录；不明写作时间的，按发表或出版时间著录。全集为校注本。凡有几种版本的，尽量找到各种版本，予以勘校，以作者手定的一种版本为底本，注明与其它版本的不同之处。对词语的注释，仅限于专有名词及读者不易懂的方言词。凡有作者注文的，均保留原注，并予以说明。有些已知而尚未找到的作品，在附录中列表说明；有些尚难肯定作者的作品，编入附录存疑，作为参考。（谢中一）

I000270 **曾卓文集** 曾卓著。长江文艺出版社 1994 年 8 月版。120 万字。3 册。88.00 元（精）。分为诗歌、散文、诗论三卷，收入作者的诗歌、散文、诗论、小说、剧本等作品，集中了作家近 60 年创作生涯的精彩之作。曾卓是诗人，也是战士。50 年代因受“胡风案”的牵连，曾一度失去创作自由，但正是有那段艰辛的人生经历，使他创作出《悬崖边的树》、《老水手的歌》、《凝望》、《海之梦》等脍炙人口的诗作，并荣膺全国诗歌大奖。这是他奉献给人们的歌颂青春与生命的菁华。进入 80 年代后，他倾生命之热忱，讴歌巨变中负重的祖国、咏叹坎坷岁月里瑰丽的人生。这一时期创作的散文作品，清新朴实，真情四溢，充满哲理与诗情，并获新时期全国散文奖。曾卓的诗论，体现了作家对文学的思考。（李正武）

I000271 **荆楚华章** 王先霈等选注。长江文艺出版社 1994 年 8 月版。15.2 万字。5.50 元。收录从魏晋至当代近 100 位文人题咏荆楚（湖北）山川风物名胜的诗词散文 400 篇，按景点集中，以年代先后为序。各景点（地区）前有集中介绍，古诗文有简要注释。本书属“爱我故乡”丛书中的一种，另有《荆楚史话》、《荆楚风云》、《荆楚群星》和《荆楚春潮》4 种。（鲁文忠）

I000272 **香港当代文学精品** 刘以鬯、李碧华等著。长江文艺出版社 1994 年 8 月版。香港当代严肃文学作家作品集。收集香港地区近 40 年 200 余位作家的严肃文学代表作品，分“长篇小说卷”、“中篇小说卷”、“短篇小说卷”、“诗歌卷”、“散文卷”、“儿童文学卷”6 册。比较系统、全面地展示了香港地区当代严肃文学创作的基本概貌。作为香港当代文学的研究资料，丛书具备了系统性和完整性；作为香港历史及风土研究参考，丛书又是一扇不可多得的文学视窗。（吴双）

I000273 **直面人生** 副名：鲁迅的魅力。何世明著。广西人民出版社 1994 年 8 月版。10 万字。4.50 元。从情感、意志、思想、幽默 4 个角度切入，择取鲁迅一生中最精彩、最吸引人之处，显示鲁迅魅力之所在。书中以鲁迅关于“国民性”问题的思想作为其思想魅力的代表，并作为全书的重点和核心，真实地表现鲁迅是伟大的文学家和伟大的革命家而首先是伟大的思想家的特质。为“东方魅力丛书”之一。（邓耘）

I000274 **边贡诗文选** 许金榜、米寿顺选注。济南出版社 1994 年 8 月版。21 万字。13.80 元。编选明代著名诗人边贡的诗歌 137 首、文 21 篇，加以简要评介和注释。所选作品按作者生活的几个时期分为 7 卷。本书的特点，一是所选作品面广，代表性强，基本上反映了边贡各个时期的创作面貌。二是本书填补了边贡诗文研究领域的空白。边贡的诗文自问世以来，还从无人对其作过注释，本书为边贡诗文的第一个校注本。三是注释比较翔实，除注明字词、典故外，尽量对句子加以注解，同时在每篇作品题下，就其写作时间、题目中的人物、地名、词语和作品的思想内容、艺术特色等加以简要说明，以有助于读者对作品的理解。本书为“济南名士丛书”之一，收入山东省“七五”规划项目“明代前后七子研究丛书”。（戴永夏）

I000275 **重辑杜善夫集** 张繁信辑注。济南出版社 1994 年 8 月版。13 万字。7.50 元。杜仁杰，字仲梁，号止轩；原名杜之元，号善夫，济南长清人。宋金元间的著名作家。他的作品涉及诗、词、曲、文等方面,从思想内容到艺术形式,均堪称上乘之作。有人称其诗"牧之风调","樊川气格","气锐而笔健"。其词"如凤池春色";曲通俗流畅,明快大方,嬉笑怒骂皆成文章。他的散曲的历史地位及艺术成就历来备受重视,受到很高评价。杂剧《庄家不识勾栏》,为研究元曲和宋金元戏剧过渡时期提供史料。其作品多已散佚,清人辑《善夫先生遗集》仅收文10篇、诗24首、词2首。重辑本将散见于各书的文13篇、诗28首、曲6首、词2首集于一书,并加以注释,便于人们阅读研究。为"济南名士丛书"之一。(赵钟云)

I000276 **臧克家文集(4、5、6卷)** 臧克家著。山东文艺出版社1994年8月版。176万字。3册。80.00元。文集共6卷。前3卷主要收诗歌词作,于1985年出版。第四卷收散文100篇(1933—1994)、回忆录3篇(1942—1980);第五卷收小说15篇(1933—1947)、通讯报道14篇(1938—1956)、杂文81篇(1925—1993)、古典诗文欣赏39篇(1961—1992);第六卷收诗论28篇(1934—1991)、评论82篇(1943—1993)、文艺随笔31篇(1935—1992),以及1938—1993年间部分自序及跋18篇。卷末附《臧克家生平和文学活动年表》(简编)、《臧克家书目》,以及作者《后记》。文集由作者主持编辑,收录其作品最为完整。作品充分展现了作者热爱生活,热爱人民,光明磊落,豁达乐观的文学人生,为研究作者文学创作道路,乃至中国现代文学的宝贵资料。(于克平)

I000277 **陈洪绶集** 明·陈洪授著,吴敢点校。浙江古籍出版社1994年8月版。30万字。14.00元。陈洪授字章侯,号老莲,晚又号悔迟、老迟、勿迟、云门僧等,浙江诸暨人,为明末清初著名画家。其人物画,前人评为"力量气局,超拔磊薄,在仇(英)、唐(寅)之上,盖明三百年无此笔墨",至今影响不衰,为当代艺术家所推崇。与画艺相比,其诗文流传不广,鲜为人知,仅存清光绪年间董金鉴重刻《宝纶堂集》。本书以重刻本为底本,校以方志、笔记和影印墨迹,对明显谬误之处加以纠正,还收入重刻本未收之诗文,第一次刊行了藏于浙江图书馆的《筮仪象解》。附序跋、传记、轶事及诸家题赠、评论等。(郝华)

I000278 **郑板桥家书诗词(手迹本)** 清·郑板桥著。北岳文艺出版社1994年9月版。14.80元。郑板桥是清代诗人和书画家,扬州八怪之一。被誉为诗、书、画三绝。本书收其家书16封,诗、词、题画480余首。郑板桥的家书,体现了两种内涵:一是人之情、母之爱,真情真意,出于肺腑,体现了尊老爱幼的品德;二是"行有余力,则以学文",劝告人们读书明理,做正直忠厚之人。郑板桥的诗词清新拔俗,浅显通俗,含意深刻。其书法具有"真意、真气、真趣"的神韵,且大小方圆,变化多端,有自然、洒脱之趣。所收家书、诗词全部以其手迹影印,既可阅读,又可观赏。(杨文彬)

I000279 **张清文集** 张清著。大连出版社1994年9月版。30万字。9.80元。分文论、小说、散文和话剧脚本4编。文论编收文章18篇,可析为三类:一类是文艺随笔,有感于新时期文坛现象而发;一类是作品评论,其中多是针对本地作者的作品;另一类是戏剧评论,从荧屏到舞台,都给以充分关注。小说编收短篇16篇,写作时间跨度很大,早期作品有《荞麦》、《素珠》、《秋季里春的故事》等,背景久远,儒气十足;后期的《簪花》、《云》、《桃花水》、《六月六》等,宁静质朴,味道纯正。散文编计10篇,其中《此情绵绵无尽期》、《视角》等可作为纪实小说来读,《抛向长空的呼唤》和《我的一次滥竽充数》属忆旧之作,《苦乐辨》、《求本弃末》等则是短随笔。戏剧编收独幕话剧剧本5部,《三个年轻人》、《一匹枣红马》等主人公是平头百姓,故事是家长里短,着眼是人际关系、是人物心灵的波涛。从没故事处发现故事,表现出作者的慧眼与匠心。(李然)

I000280 **省城轶事** 龙志毅著。贵州人民出版社1994年9月版。17万字。5.29元。小说散文集。其中中篇小说《省城轶事》真实地描写了1949年年底原国民党云南省主席卢汉(小说人物路坚的原型)经过再三权衡,最终率部起义之举。所收散文纷呈异彩,或纪事,或怀旧,或访古,或探胜,情景交融,毫不伪饰,字里行间流淌着对祖国、对友人的深情。是"贵州文学丛书"(第1辑)之一。(夏昆)

I000281 **树上的小鸟** 叶君健著。21世纪出版社1994年10月版。27万字。7.00元。收入作者1993年后所写散文随笔和小说60余篇。作品忆旧记怀、咀嚼历史、面对现实、展望未来,字里行间闪耀着对于精神和道德情操富有启迪意义的思想光辉。其中的4篇小说因以现实主义的手法,再现了当代的生活面貌,充满忧患意识而受到社会关注,评论它的文章被选入大学教材。(肖飞飞)

I000282 **咱们的老三届** 闵云森主编。北岳文艺出版社1994年10月版。47.2万字。19.25元。"老三届"指"文革"爆发时在校的1966、1967、1968三届高、初中学生。"老三届"所经历的年代,正是共和国所经历的步履维艰的时代。"老三届"通过"文化大革命”、“上山下乡”、“知青大返城”、“粉碎四人帮”、“改革开放”，从朦胧走向成熟，在划时代的大变革中担负起了举足轻重的责任。“老三届”的经历可叹、可赞、可歌、可泣。本书收录“老三届”学生撰写的散文、回忆录等作品，这些作品真实感人，将独特的一代人的情感、理想、奋斗融为一体，在酸、辣、苦、甜中展现了特定年代中一代人的人生轨迹和历史风貌。

I000283 **张九龄诗文选** 罗韬选注，刘斯翰审订。广东人民出版社 1994 年 10 月版。23 万字。9.90 元(平)，19.90 元(精)。张九龄是岭南历史上第一位著名诗人，同时又是一位颇有政绩的开明贤相。他是以诗歌创作及其政治地位来影响一代诗歌的发展的。他是继陈子昂之后，力排齐梁颓风，追踪汉魏风骨，打开盛唐局面的重要诗人。他的诗以五古和五律最为突出，造诣很深，深受读者喜爱。本书以刘斯翰校注的《曲江集》(广东人民出版社 1986 年 10 月版)为底本，个别地方参酌《全唐文》本作了校订。与《曲江集》比较，具有如下特色：一、《曲江集》是张九龄诗文的全辑本。校注本《曲江集》仅注诗歌部分，文集不注；而本书诗文并注，并经精选，适合一般读者阅读与欣赏。二、《曲江集》诗歌部分，原诗下有题解，偏重于说明创作背景或考证，缺乏赏析文字；而本书剔去“题解”二字，于原诗之后，着重进行思想或艺术分析，融会选注者的学习心得，帮助读者领略原作的旨趣。为“岭南文库”丛书之一。(李达强)

I000284 **唐代文选** 孙望、郁贤皓主编。江苏古籍出版社 1994 年 10 月版。190 万字。3 册。76.00 元。选入唐文精品 290 多篇，按文章的类别分 33 体编排。所收作品，有许多是脍炙人口的名篇，也有少数是过去未受人们注意而确有历史意义、艺术价值的佳作；就文体而论，入选作品既有骈体文，也有散体文，兼顾到唐代绝大多数文章体裁和类别，力图反映唐代文章的概貌及其发展脉络。每篇文章均有作者和时代背景的介绍、篇中难懂词语的诠释和难译句子的串讲。书后附有《作家姓名索引》和《作品篇目索引》。(吴伟斌)

I000285 **淮海集笺注** 宋・秦观撰，徐培均笺注。上海古籍出版社 1994 年 10 月版。144.3 万字。3 册。57.80 元。北宋词人秦观的诗文集。前集 40 卷，后集 6 卷，补遗 2 卷，存疑之作 2 卷。内容有辞赋、古诗、律诗、绝句、进策、表、启、书、志铭、哀挽等类。秦观词 3 卷，因已由上海古籍出版社收入“宋词别集丛刊”单独出版，不录。此书以宋乾道癸巳高邮军学刻《淮海集》为底本，所用校本有宋乾道原刻、绍熙谢雩重修《淮海集》40 卷本等宋本三种，嘉靖十八年己亥鄂州刻《淮海集》等四种明刻本，黄丕烈、韩应陛校清初抄本等四种清抄、清刻本。笺注重在笺释创作年代、本事、交游，余及释典释辞。前人对各篇的评语以及掌故记载，均作为“汇评”附于相应各篇之末。书后附有年谱、传记资料、序跋、与秦观同时代人的来往书信、祭文、敕及后人总评等资料。(丁如明)

I000286 **文选全译** 梁・萧统编，张启成、徐达译注。贵州人民出版社 1994 年 11 月版。334 万字。110.00 元。梁代萧统编纂的《文选》是中国现存最早、影响最深广的一部总集，选收上起周代下迄南朝梁代作品 700 余篇。本书择要吸收多种旧注，包括题解、原文、注释、译文四个部分。为“中国历代名著全译丛书”之一。(夏昆)

I000287 **叶兆言文集(五卷本)** 叶兆言著。江苏文艺出版社 1994 年 11 月版。160 万字。5 册。63.00元。分为《绿色咖啡馆》、《殇逝的英雄》、《枣树的故事》、《古老话题》、《爱情规则》5 卷，收入作者 80 年代初从事小说创作始到 1993 年发表的全部作品。《绿色咖啡馆》收入长篇小说《死水》及短篇小说《桃花源记》、《五千元》、《儿歌》、《绿了芭蕉》、《八根芦柴花》、《活证》、《雨中花园》，集中反映了作者小说创作的最初轨迹。《殇逝的英雄》收入两部系列小说，其中“夜泊秦淮”系列含《状元境》、《十字铺》、《追月楼》、《半边营》4 个中篇小说；“挽歌”系列含《战火浮生》、《殇逝的英雄》、《殉情》、《奔丧》4 个中篇小说。这两部系列在作者的全部作品中占有重要地位。《枣树的故事》收入作者《悬挂的绿苹果》、《五月的黄昏》、《红房子酒店》、《枣树的故事》、《艳歌》、《去影》、《最后》7 个较有影响的中篇小说。《古老话题》收入《古老话题》、《绿河》、《绿色陷阱》、《今夜星光灿烂》4 个涉及犯罪题材的小说。《爱情规则》收入 1991 年以后发表的现代题材小说《采红菱》、《关于厕所》、《青春无价》、《人类的起源》、《爱情规则》、《五异人传》、《蜜月阴影》、《诗人马革》、《雪地传说》、《结构或开始》、《夏日的最后玫瑰》等 11 篇，展示了作者艺术上的追求与探索。(沈瑞)

I000288 **中国古代文学作品选** 刘继才编。辽宁师范大学出版社 1994 年 11 月版。124 万字。36.00元。教材。共 4 册。第一册为先秦、两汉时期作品。第二册为魏晋南北朝、隋唐五代时期作品。第三册为宋金元时期作品。第四册为明清及近代作品。对在文学史上产生较大影响的优秀作品，尽量多选，如

《史记》等。同时也酌选少数在思想内容上有可议之处,但在文学史上有一定地位的作品,如韦庄的《秦妇吟》等。除选取不同风格的作品外,还选取同一流派作家不同时期、不同风格的篇章。对诗歌中不常见的排律、六言近体诗及三五七言诗等也略有选取。根据国家教委关于教材要体现地方特色的精神,书中增选了古代东北作家较为优秀的作品。本书用力最勤的是在注释上,广泛吸收学术界的新成果,纠正某些旧注的舛误;对本事、典故的注释务求引证最先出处。篇末的提示文字力求准确地阐明作品的写作时间、地点、人事背景,并提示内容要点和艺术特点等。对学术界尚有争议的问题,则博采众长,出以己意,不为一说一见所囿。(邓丽萍)

I000289　**花季丛书**　江倩凤等著。上海教育出版社 1994 年 11 月版。90 万字。30.00 元。青少年读物。含《青春诗选》、《心弦回响》、《成长的烦恼》、《阳光下的故事》、《好莱坞影人影片影事》、《微小的人》6 册。主要编发 16 至 18 岁作者的文章,反映他们成长中的琐事、青春的情愫,以及初识人生时的种种惊讶。丛书中也有由国内外成人作者撰写的反映人类文明、进步的故事,作品以动人心弦的真情实感和启人思索的哲理,表述了作者关于做人的一些真知灼见。各册表现手法各异,有诗歌、散文、故事等。(余鸿源)

I000290　**21 世纪文学之星丛书(1994 年、1995 年卷)**　林和平等著。百花文艺出版社 1994 年 11 月版,1995 年 11 月版。220 万字。27 册。243.00 元。是由中华文学基金会策划,由冯牧、袁鹰主持的编委会负责编选,由有关文学界、出版界人士携手共举的一项文学系统工程。它面对青年文学创作者,致力于培养优秀青年文学家,以年卷的形式为在文学创作方面取得显著成绩、年龄在 45 岁以下的青年作者出版第一本书。1994 年卷总计 15 部作品,包括 10 部小说集:林和平的《乡邻乡亲乡人》、王观胜的《放马天山》、蒋启倩的《花园深处》、姜贻斌 的《窑祭》、袁敏的《深深的大草甸》、傅太平的《小村》、孙华炳的《秦淮半边月》、沈嘉禄的《东边日出西边雨》、常捍江的《古代是兵寨》、石舒清的《苦土》;3 部散文集:先燕云的《黑白人生》、萌娘的《秋天的钟》、王开林的《站在山谷与你对话》;2 部评论集:汪政、晓华的《涌动的潮汐》、纪众的《文学价值与艺术选择》。1995 年卷总计 12 部作品,包括 7 部小说集:徐贵祥的《弹道无痕》、黄薇的《生活像条河》、周忠陵的《不朽的单相思》、廉声的《战争故事》、熊正良的《红锈》、鸽鸽的《清风冷看》、刘春来的《石板路,水竹林》;2 部诗集:辛茹的《寻觅光荣》、沈苇的《在瞬间逗留》;2 部散文集:赵翼如的《倾斜的风暴》、彭学明的《我的湘西》;1 部理论集:胡平的《叙事文学感染力研究》。(甘以雯、李静媛)

I000291　**中国古典文学名著分类集成**　百花文艺出版社 1994 年 12 月版。1 260 万字。1 200.00 元。入选范围起自先秦,迄于清末。举凡思想上、艺术上属于上乘,艺术个性突出,风格独具,富于创造性,在文学史上占有相当地位、影响巨大的各类文学作品均选入列。全书共 30 册,按诗歌、散文、词曲、小说、戏曲、文论分类编排,以时为序。计诗歌卷 6 册,选收古近体各类诗歌及乐府民歌、谣谚等近 9 000 首;散文卷 8 册,包括散文、赋、骈文等 2 000 余篇;词曲卷 3 册,包括词、散曲和套曲计 4 000 余首;小说卷 5 册,包括文言小说、话本小说、白话小说等 1 000 余篇(神话、传说、寓言、故事亦归入此大类);戏曲卷 5 册,包括杂剧、传奇和南戏 100 余出(折);文论卷 3 册,收文论 800 余篇(段)。凡入选的作者均有生平、字号、籍贯、仕历、文学活动、著作等的简介。入选作品后均有说明文字,介绍出处、版本沿革、题旨、本事、思想艺术特色、成就影响等。本书委托中国社会科学院文学研究所古代文学研究室部分专家、学者主持编选。(董运梅)

I000292　**卢照邻集笺注**　唐·卢照邻著,祝尚书笺注。上海古籍出版社 1994 年 12 月版。40 万字。19.00 元(平)。卢照邻是“初唐四杰”之一。他的诗文合集最早者是明崇祯年间张燮所辑《初唐四子集》中收录的《幽忧子集》七卷、附录一卷。本书以《四部丛刊》影印张氏刊本为底本,参照《文苑英华》等本校勘。所收作品除底本和校本所及外,又补入明嘉靖《翼城县志》中的卢氏佚文《去思碑》等,故收录之全,为传世卢氏诗文集之最。在校勘的基础上,笺注者又对原作所涉之史实、典故、疑难词语等作了考证、辨析和诠释。书末附传记资料、著录题跋、诸家评论和“卢照邻年谱”。(曹明纲)

诗歌、韵文

I000293　**少年背诵唐诗三百首**　段占学选注。北京少儿出版社、北京古籍出版社 1994 年版。22.7 万字。6.00 元。本着便于少年儿童背诵的原则,在保存《唐诗三百首》大部分内容的基础上,对选诗作了调整:减少了难懂难记的古体诗,增加了绝句的比重；增加了反映社会矛盾、同情人民疾苦的作品；选诗力求形象鲜明，意境优美，通俗易懂，琅琅上口。全书共选入唐代 98 位诗人的 312 首著名诗篇，按照"五言古诗"、"七言古诗"、"五言律诗"、"七言律诗"、"五言绝句"、"七言绝句"的顺序编排。每首诗后有较详尽的注释，大部分句子有意译。（师小平）

I000294 **郭沫若诗词鉴赏** 林林主编。河北人民出版社 1994 年版。40.40 万字。15.00 元。收入郭沫若各个时期的新旧体诗词作品百余首。对每首作品均作了较详细的注释，注明其写作及发表的时间和处所，并附有风格各异的鉴赏文章。书后附有郭沫若诗论文章及郭沫若诗词创作的研究文章。作者均为郭沫若研究专业人士。（李良元）

I000295 **全唐诗广选新注集评** 袁闾琨主编。辽宁人民出版社 1994 年版。630 万字。320.00 元。选收唐代 652 位诗人的诗作 8444 篇，分 10 卷。除较多地选取了有深远影响的大诗人的作品外，对于二三流甚至更小的诗人的佳作，也适当收入；对在当时或以后产生过一定影响或能代表某种风格流派的作品，也在选取之列；即使有的诗人仅存一篇作品，只要是佳品，也不漏选。鉴于过去选诗往往受到当时历史的局限，面不够广，本书适当地多选了一些具有审美价值或仅具形式美的山水诗和闲适的酬赠诗等；对历史上有争议而又有价值的诗作，也适当选取，以供参考。入选诗既有吟成后即广为流传的名篇，也有近年来新发现，经确考为上乘诗作的作品，力图做到精华荟萃，无遗珠之恨。为了便于读者全面了解唐诗的思想性与艺术性，本书除有简明的注释外，还增加了"集评"。注释博采众长，出以己意，力求反映新的科研成果；集评广阅约取，务求精当贴切。（王峰）

I000296 **迷你哲理诗集** 李建华著。明天出版社 1994 年版。5.8 万字。2.60 元。收格言诗 111 首，分为"不安定的灵魂"、"藏在身边的哲理"、"大自然的启迪"、"大地滋生的诗集"、"动物启示录"、"无标题诗韵"、"心的潜流"等 7 部分。诗作写出了人们对自然界和社会中各种各样的事物，诸如爱情、婚姻、孩子、微笑、眼泪、大山、泥土、黎明、黄昏、闪电、乌云、春水、秋夜、蜜蜂、骆驼等的感受和思索。（张玉梅）

I000297 **中国诗词精典** 杨端志、傅根清、马新等编。山东大学出版社 1994 年版。96 万字。36.00 元。从诗史的角度选收宋代思想家、训诂学家朱熹注释的《诗集传》，清代学者沈德潜选注的《古诗源》，宋代诗人谢枋得编选、明代学者王相注释的《千家诗》，清代诗人孙洙编选、陈婉俊注释的《唐诗三百首》，清代文学家张惠言编选注释的《词选》以及董毅选注的《续词选》等 6 种，诗词共 1776 首。整理认真审慎。首先，将旧版竖排改为横排，将繁体、异体字改为标准规范之简体字，并用新式标点符号重新标点；其次，把原书之夹注、句尾注改为篇末注，并在相应位置加新式注码；再次，纠正了正文、注文中一些明显的错别字，并删除了一般读者所不需要的反切、句读指示字、校勘文字和正文的圈点。（周广璜）

I000298 **中国传统节日诗词鉴赏** 王景科、邹圣因主编。山东友谊出版社 1994 年版。55 万字。38.50元。选收历代最有代表性和最有影响的节日诗词并进行赏析。共收 168 名作者的节日诗词 238 篇，以节日先后为序分为春节、人日节、元宵节、社日、青龙节、寒食节、清明节、上巳节、端午节、七夕节、中秋节、重阳节、腊八节、除夕 14 类。节日诗词以咏叹节日为主要内容，它随着节日的产生而出现，并随着节日的延续而发展，反映了古代人们丰富多彩的节日习俗和文化活动。不同的节日以其独特的内涵激发人们产生不同的情感和想象，同一节日处于不同的时代具有不同的特点。书中选收的节日诗词勾勒了传统节日的发展轨迹，折射出不同时代赋予节日文化的新内涵和新特点。每一节日都有概说，介绍该节日的来源和发展。（张继红）

I000299 **春花秋月** 刘国藏著。百花洲文艺出版社 1994 年 1 月版。12.5 万字。7.00 元(精)，5.15 元(平)。收作者新诗和旧体诗词百余首，分锦绣山河、灿烂阳光、情物理趣、异域风情、旧瓶新酒 5 辑。作品以讴歌祖国山河为主要内容，同时也有对域外风光的描写；抒发作者对党和祖国人民的热爱之情，对改革开放形势的热情赞颂。（李春林）

I000300 **楚辞集解** 明·汪瑗撰，董洪利点校。北京古籍出版社 1994 年 1 月版。34.7 万字。12.70元(平)，17.00 元(精)。约成书于嘉靖二十七年，归有光是年曾为此书作序。作者眼界较为开阔，在全面分析屈原思想的基础上，敢于驳正旧说，提出许多新颖、独到的见解。注释详尽，务尽其说，不留难点，解决了不少悬而未决的疑难问题。据日本上野图书馆藏本并考核国内藏本点校。（师小平）

I000301 **全唐诗精品译注汇典** 杨佐义等译注。长春出版社 1994 年 1 月版。156 万字。60.00 元。收唐代有姓名诗人 315 位及无名氏诗作 1782 首。所收诗人有小传，排列以生(卒)年为序。诗歌译文采取直译法译出，力求把原诗每个字、每个词、每句话的

意思准确表达出来。(孙慧平)

I000302 **注音注解今释插图古诗三百首** 韦凤娟等选注。大连出版社1994年1月版。60万字。12.00元。从《诗经》、《北朝乐府民歌》等书中精选项羽、曹操、曹植、陶渊明、鲍照、谢朓等100余位著名诗人的代表作品300首,字字注音,难点注释,用一句题解概括出全诗的主题,一诗一图。所选诗作,基本上反映出古诗题材广泛、风格多样的特点。从不同时期、不同诗人的代表作品,可以体味到建安诗风的慷慨悲壮、北朝诗歌的豪放雄健和太康诗风的缛丽繁富、南朝诗歌的清丽宛转。

I000303 **雷锋颂歌(诗词专辑)** 丁明堂编。青岛出版社1994年1月版。35万字。5.80元。雷锋是一位平凡而伟大的共产主义战士。本书收集歌唱雷锋的诗词80多首。所收作品或激奋,或慨然,或炽热,充分表现了各个时期人民群众的思想风貌。多数作品出自名家之手。(高继民)

I000304 **中国古典诗歌基础文库** 傅璇琮主编。浙江文艺出版社1994年1月版。247.4万字。62.10元。分8册:《先秦两汉诗卷》(宋红选注)、《魏晋南北朝诗卷》(丁夏选注)、《唐诗卷》(葛兆光选注)、《唐宋词卷》(吴彬、冯统一选注)、《宋诗卷》(张鸣选注)、《元明清诗卷》(叶君远、邓安生选注)、《元明清词卷》(赵秀亭、冯统一选注)、《元明清散曲卷》(李复波选注)。每卷从读者赏读及自学兴趣出发,各选300篇左右,大体上包容了中国古典诗歌中有代表性的作品。除原诗和注释外,凡选入作品的诗人都有选注者撰写的小传。(严麟书)

I000305 **历代抒情诗分类鉴赏集成** 侯健、李世凯、史继中主编。北京十月文艺出版社1994年2月版。150万字。收入先秦至晚清的抒情诗950首,分为思求、缘会、欢爱、盟誓、惜别、喜归、怀恋、离异、敬老、怜子、挚爱、思亲、交友、重逢、言志、游乐、赏景、孤寂、愁苦、述老、悼亡、爱国、思乡、怀古、伤世、斥奸26类。同类作品,按诗人生年排列。本书原则上采用一首诗后附一篇赏析文章的体例,也有同题数诗只有一篇赏析文章的。对诗中的疑难词语,一般在赏析文章中解释,个别的在文末加注。(毋国政)

I000306 **杜甫诗精华** 黄发政、朱建华编。贵州人民出版社1994年2月版。18万字。6.90元。选译唐代诗人杜甫的《三吏》、《三别》、《自京赴奉先县咏怀五百字》等作品。收入"中国古典文学名著选译丛书"。(彭建)

I000307 **噶丹嘉措道歌集** 噶丹嘉措著。青海民族出版社1994年2月藏文版。20万字。7.80元。噶丹嘉措于1607年生于青海黄南同仁地区,是藏传佛教格鲁派的高僧。6岁出家,11岁时随兄到拉萨,在甘丹寺拜见达隆札巴。达隆札巴给他取法号为噶丹嘉措,后拜四世班禅和五世达赖等30多位高僧为师。博学多闻,精通"五明"大论和"三藏"典籍。1627年返回家乡,在河湟两岸和甘南一带讲学修法,著书立说。1630年主持隆务寺,被认为是西绕尼玛的转世,称一世夏日仓活佛。这部道歌内容丰富,记叙作者在各地讲学修法的情景,讲述宗教哲理,批评某些宗教上层的欺诈行为,还赞美藏区的自然风光和家乡的秀丽景色。语言精炼,出语自然,琅琅上口。(卓玛吉)

I000308 **诗粹** 王启兴主编。长江文艺出版社1994年3月版。110万字。2册。42.00元。收录中国先秦至近代优秀诗、词、曲1 047首,全部按作者集中,然后按年代顺序编排。每首作品均有简要注释和赏析文字。书前有近2万字的"前言",较为详尽地介绍了中国古代诗歌(包括诗、词、曲)发生、发展的历史过程,有一定的学术价值。为"中国古典文学四大名粹"之一。(鲁文忠)

I000309 **少读诗、词、曲丛书** 宋诚、刘德璋等编译,陈冬至、辛鹤江等绘画。河北美术出版社1994年3月版。42万字。19.60元。包括《少读唐诗三百首》、《少读唐宋词百首》、《少读元曲三百首》3册。选篇特别注意对少年年龄段的适应性,主要有以下特点:一、思想内容比较健康,格调较高。二、篇幅短小,浅显易懂。三、突出名家名篇,兼顾各种风格。译文准确地表达了诗、词、曲的原意及美的蕴涵。其中《唐宋词百首》、《元曲三百首》的译文为韵文,读起来琅琅上口,更能体现原词曲的韵味。绘画采用线描加黑块的画法,传神地表现了诗词曲的意境和美感。(李新娟)

I000310 **中国历代名诗配画丛书** 韩进廉、崔际银等注译,寒潮、业通等绘画。河北美术出版社1994年3月版。32.7万字。3册。15.00元。选译自魏至清的山水诗、花鸟诗、边塞诗各百篇。选目有三个特点:一、突出文学繁荣时期的名篇力作,兼顾各个历史时期。二、突出名家、大家的作品,兼顾"虽非名家所作,但确有特色"的篇章。三、力选上品、精品,兼顾内容、题材的多样化。比如花鸟诗,尽量多容纳一些所吟花鸟的种类;山水诗尽量包容全国有名的山川河流;边塞诗既注重"报效国家,建功立业"的大主题,也照顾到吟咏"边地风光,怀乡思亲,民族交

往"等内容的篇章。配图采用传统的线描手法，形象地表现了景物的幽深苍劲、花鸟的秀丽多姿、边关的雄浑苍凉等。（李新娟）

I000311 **先秦汉魏晋南北朝诗佳句类典** 竞鸿、陆力主编。南海出版公司1994年3月版。40万字。28.00元。以《诗经》、《先秦汉魏晋南北朝诗》为底本，精选名言佳句。其中既有先民的歌唱，也有圣贤的警句；既有警世功效，又有文学鉴赏价值。所收佳句按内容分类，共设天文、地理、时序、名胜、植物、动物、宫廷、政治、爱国、经济、田园、军事、边塞、民风、人才、读书、艺术、文学、游艺、咏物、人物、人伦、美德、理想、心理、友谊、情恋、肖像、服饰、人生、感时、宴游、庭园、行旅、隐逸、赠贺、悼亡、咏史、宗教、哲理等40个一级类目。对疑难字句有简要注释。（金剑）

I000312 **全明散曲** 谢伯阳编。齐鲁书社1994年3月版。343万字。5册。186.00元。明代散曲总集。共收散曲作者406家，辑录小令10606首，套数2064篇。除取材于曲别集和曲总集外，并从明人诗文集、小说、戏曲、曲谱、曲话、笔记杂著等中作了辑录。对所收作品进行了比较缜密的校勘，并出校记。书后附"作家姓名字号籍贯索引"、"曲牌及使用此曲牌之作品首句索引"、"明人散曲有关作品作者异名表"。（周晶）

I000313 **实用全唐诗词典** 江蓝生、陆樽梧主编。山东教育出版社1994年3月版。105万字。38.00元。词条是从《全唐诗》、《全唐诗外编》以及唐代诗人专集上收录的，共13 000余条。收录的标准是，中等文化的读者阅读《全唐诗》等可能成为障碍的词语。词目索引按词条第一字的笔画数排列，置于正文之前。词条之下，先注音，次释义，后举例。（刘连庚）

I000314 **365诗词名句故事** 苏星编著。少年儿童出版社1994年3月版。20万字。8.50元。共选先秦、汉、三国、晋、南北朝、隋以及唐、宋、元、明、清诗词名句386条。以故事形式介绍名句的作者、写作的背景、意境等。（洪祖年）

I000315 **诗经中的情歌** 段楚英编著。武汉出版社1994年3月版。24万字。14.20元。从《诗经》选录约80首诗作，分为3编。上编为恋爱篇，分为求偶、爱慕、欢聚、幽会、热恋、苦恋、失恋、野合、定情9类；中编为婚姻篇，分为盼婚、贺婚、迎婚、悔婚、拒婚、私奔、悲婚、离婚、喜婚9类；下编为家庭篇，分为恩爱、贤妻、征夫、征妇、思妇、团圆、怨妇、弃妇、丧偶9类。编者意在通过这个选本，让读者"了解远古时代的爱情风貌"和"婚姻习俗"。对所选的每一首诗都作了白话翻译，译文在尊重原文的基础上，表意流畅自然，颇得原诗之民歌风味。另外，还有注释、评述与集评。注释简明，达意而已；评述串讲，注重整体理解；集评则选录从古至今有代表性的论述，见仁见智，透视着各时代不同的思想观念。（王远彦）

I000316 **宋词精华分类品汇** 程自信、许宗元主编。中国青年出版社1994年3月版。120万字。34.60元。以唐圭璋所编《全宋词》为底本，选词近1500首。以题材、内容为标准，分为季节、宴饮、送别、感旧、人物、寿庆、咏梦、咏史怀古、边塞爱国、农村田园、江湖山水、星月风雨、相思离别、羁旅行役、伤逝悼亡、思归隐居、花木等21大类；每类下又分小类，如"季节"分春、夏、秋、冬4小类，"花木"分梅、杨柳、荷、杏梨菊、海棠牡丹其他5小类，共28类。每类入选词作(除"节序"外)均按《全宋词》所收词人先后顺序排列，力图显示此类词发展演变的轨迹。正文由词作、赏析、总评三部分构成。每首词后的"赏析"，不作字词注释及逐句讲解，用文学性语言说明背景，描绘词境，有赏有析。每类词后的"总评"(共28篇)，实际上是宋词的专论，对这类词的诞生及发展、表现内容及选择角度、常用的艺术手法及艺术创新、所呈现出的独特个性风貌、对后代文学的启迪及影响等，作理论上的阐述。正文后附有"词人小传"、"宋词风格流派述评"、"宋名家词评论辑要"及"词人篇目索引"。（周平）

I000317 **李白诗四百首** 张才良主编。安徽文艺出版社1994年4月版。55.5万字。16.00元。以静嘉堂藏本《李太白文集》为底本，共选李白诗407首，加以注释、赏析，每首诗后附有历代名家评笺。赏析文字出自名家之手，短小精悍，深入浅出，文笔优美；历代评笺，不拘一说，读者可以各取所需。（吴迅）

I000318 **宋词三百首全译** 沙灵娜译注。贵州人民出版社1994年4月版。54万字。16.80元。以唐圭璋《宋词三百首笺注》为底本，又参照民国初年刻印的《宋词三百首》及岳麓书社翻印的台湾汪中《宋词三百首注析》的篇目。有宋徽宗的《宴山亭》、张先的《千秋岁》、晏殊的《木兰花》、柳永的《雨霖铃》、晏几道的《虞美人》等。收入"中国历代名著全译丛书"。（谢丹华）

I000319 **元曲三百首详注** 汪少林、严成荣选注。江西高校出版社1994年4月版。44万字。15.00元。从《全元散曲》、《元曲选》、《元曲选外编》中选收元好问、卢挚、关汉卿、白朴、姚燧、马致远、王实甫、乔吉、张可久、宋方壶、钟嗣成、汪元亨、汤式等203位作者和无名氏的作品。所收作品有小令200余首、套数70余套、杂剧近50折，不仅有元曲大家的千古绝唱，也有普通和佚名作者的传世名篇；不仅有集思想性和艺术性于一身的杰作，也有思想性较弱，但艺术性较高的佳作，较为全面地、系统地反映了元曲的艺术精粹。每篇作品后有作者简介、说明、注释，分别介绍作者的生平事迹，叙述作品的创作背景、主要内容、中心思想、写作技巧，注释作品的僻字、难字、短句、俚语、典故、职官、人物、地名等。(周先录)

I000320 **灯花吟草** 林声著。沈阳出版社1994年4月版。14.5万字。7.90元。诗集。作品展现了诗人对社会主义现代化事业和火热的社会生活的积极参与，是对祖国山河、民族文化情深意浓的爱歌。从作者质朴无华的笔端流淌出来的真情实感，倾注了对伟大祖国一山一水、一草一木和新人新事、新风新景的赞美，是作者革命情怀的抒发。收入诗集的诗，风格朴实，健朗清新，节奏明快，意蕴丰厚。有些诗使人感到才华横溢，激情澎湃；有些诗则使人感到词清句秀，构思巧妙，境界悠然，富于哲思内涵。或因人因事、一事一议，或借景抒怀寓情于景，或以诗赠寄怀旧唱新。特别是89首古风和9首“自度曲”，颇具生活的厚重感，也颇具不可多得的美学鉴赏价值和创新意义。诗集分为三大部分：绝句、律诗118首；古风89首；自度曲9首。(葛君)

I000321 **雪山下的情思** 居格桑著。青海民族出版社1994年4月藏文版。7万字。2.50元。诗歌集。所收作品五十多首，以欢快活泼的节奏和语言，从不同的角度，描绘出青藏高原富饶多姿的生活画面，表现出作者对故乡、生活、人民和民族的无比热爱。作者看得深，想得奇，诗的意境曲折幽深，形象千姿百态，能给读者以艺术享受和思想启迪。(侃召才让)

I000322 **多人集** 热合买提等著。民族出版社1994年4月哈萨克文版。20万字。3.20元。诗集。收入老、中、青六位诗人近年的新作品。作品风格不同，但有一个共同的特点，即都是描绘草原和哈萨克人民社会主义新生活的图景，歌颂祖国在改革开放中的深刻变化。如热合买提的《遐想》，表达了对未来幸福生活的向往和追求；赛福拉的《驯马者》，重墨描绘了辽阔草原的自然美和纯朴农民的心灵之美；拉依木别克的《啊，故乡》，深情地表达了对家乡的依恋和热爱，立志把她建设得更美好。作者都在基层工作，对地方上的民情、世态，理解得比较深刻透彻，写出的作品也比较活泼、热烈，笔触敏锐，生动感人。在艺术上，诗人都善于继承和发扬本民族的文学传统，善于运用本民族的语言艺术，如吸取民间文学的营养，运用本民族人民喜闻乐见的比喻和富有哲理的警语。同时，善于学习哈萨克古典诗歌，用以创造自己的新的形式。(木耐)

I000323 **敦煌赋校注** 伏俊连校注。甘肃人民出版社1994年5月版。40万字。13.40元。共收46个卷号、25篇赋作。特点是：一、利用敦煌遗书缩微胶卷认真校勘作品全文，凡缩微胶卷与传抄本、校录本互异之处，均作出校记，然后参考诸家校语，辨其是非，明其正误，最后做出结论。二、注释究根溯源，广征博引，吸取各家研究成果，若有不厌于心者，则下以己意。三、从赋是韵文的特点出发，同时考虑通俗作品不可律以韵书的实际情况，标出各赋的叶韵；回过头来又从叶韵的角度，考辨行文的是非、补充校注，使得断句标点通晓明畅，以除滞碍之嫌。前有2万多字的“前言”，详细论述敦煌赋的整理情况，每篇作品的撰者、写作时代、流传情况及艺术成就。末附“本书征引各家论著目录”。收入“敦煌文献丛书”。(韩惠言)

I000324 **台港澳暨海外华文新诗大辞典** 古继堂主编。沈阳出版社1994年5月版。176.2万字。98.00元。共收辞条2621条，其中诗人、诗评家1005条，诗集、诗论集912条，诗歌报刊111条，诗歌名词术语101条，诗歌社团、流派52条，诗歌名篇、诗歌活动、诗歌论争、诗坛轶事等440条。(未凡)

I000325 **《曲江苑》诗丛** 杨小敏等著。西安出版社1994年5月版。80万字。31.45元。旨在培养、扶持、推出西安地区新人新诗的丛书。共6册：《哭泣的红莲》、《野菊花》、《重放的紫丁香》、《流浪水仙》、《燃烧的石榴花》、《秦中诗稿》。作者有专业作家，也有教师、军人等业余作者。作品内容丰富，有对党和军队的讴歌，有对生命的体味，也有对生活的咏叹。或豪放，或婉约，或沉重，或飘逸，风格多样。(张增至)

I000326 **冰心诗全编** 许正林、傅光明编。浙江文艺出版社1994年5月版。53万字。20.00元。冰心是“五四”时期的著名女诗人，她的“繁星体”、“春水体”小诗，独树一帜，对中国现代文学产生了深刻影响。本书分5部分：“繁星”，作于1919—1921年，计164首；“春水”，作于1921—1922年，计182首；“现代集”收录1949年以前“繁星”、“春水”以外的诗作,计69首;"当代集"收录1949年以后的诗作,计39首,以上均按照写作或最早发表时间编排;"译诗集"按诗人分类,有纪伯伦散文诗、泰戈尔诗、马亨德拉诗抄等,以翻译时间或国别编排。编入本书的诗作有25首为首次发表。为"中国现代经典作家诗文全编系列"之一。(严麟书)

I000327 **全清词(顺康卷)** 南京大学中国语言文学系全清词编纂委员会编。中华书局1994年5月版。95.5万字。2册。62.50元。《全清词》汇辑有清一代词人词作,按各朝次序编为顺康、雍乾、嘉道、咸同、光宣五卷,每卷各分若干册,是为正编。正编收辑成卷词集,兼收辑入各选本者。间有遗漏,则俟续编。本卷收入清初顺治、康熙两朝的词作,现出两册仅为顺康卷之一部分,日后将陆续出齐。本书编订谨严,网罗齐备,具有较高学术价值。(孙通海)

I000328 **中国朝鲜族时调诗选** 延边时调诗社编。民族出版社1994年5月朝鲜文版。19万字。4.30元。时调诗是朝鲜族特有的一种传统格律短诗,富有人生哲理。本书收编20世纪以来,主要是建国以来中国54位朝鲜族作家创作的时调诗500多首。内容丰富多样,有歌颂社会主义祖国美丽风光和新气象的,有赞美新社会新人新事的,还有抒写人生道路上的喜悦、辛酸、教训等人生哲理的。这些诗句犹如格言、警句,启迪人们更积极地对待人生和生活,富有教育意义。(李钟万)

I000329 **呼和浩特当代作家作品精粹** 副名:山丹文学丛书。中共呼和浩特市委宣传部编。远方出版社1994年5月至1994年10月版。120万字。15册。60.00元。包括巴特尔的散文诗集《人生思辩录》、毕力格太的朗诵诗集《从荒原走向绿野》、杜逵的诗集《情人的脚印》、贾勋的诗集《天似穹庐》、周恩广的诗集《八月雨》、郭珠睫的诗集《我的嫁妆》、尚静波的短篇小说集《黑枪》、闫文澜的短篇小说集《生本无奈》、王再平的短篇小说集《骑手的秘密》、王树田的小小说集《怪味人生》、张明馥的散文集《一瓣集》、赵淑芳的散文集《悠远的山道》、魏文平的散文集《雕像还是牌坊》、高培萱的散文集《送你一枚红叶》、宋琪薇的散文集《漂泊的云》。作品均以表现现实生活为主,散发着土默川这个特殊地域的生活气息,歌颂了呼和浩特各族人民在改革开放、建立和发展社会主义市场经济的转型时期开拓奋进的精神风貌。作者除少数从事专业文学创作外,多为业余作者。(王占关)

I000330 **元曲选校注** 王学奇主编。河北教育出版社1994年6月版。335.4万字。8册。145.60元。《元曲选》是明代著名戏曲家臧晋叔选编的元杂剧选集。本书以雕虫馆校定的明万历博古堂刻本和中华书局铅字排印本作为底本,采用《古本戏曲丛刊》第四辑所收的元刊本和明代各刊本作为校本,以近年出版的有影响的校本作为参校本。前贤有未尽或失误处,则补正之。在充分吸收学术界已有成果的基础上,采用以元曲证元曲、以现代方言口语证元曲、穷原竟委、旁搜远绍等注释方法,对书中富有时代特色的单词、短语、较冷僻的成语典故、谚语、歇后语、俚语等进行较简明、准确的注释。对全书100种剧本的作者,如马致远、关汉卿、王实甫等42位作家根据其具体情况,作详略不同的介绍。同时,比较系统地介绍了各个剧本的全名、简名、著录、版本和本事来源以及剧作的评价、影响等。对剧作的评价,尤注意根据历史上公认的说法,客观地加以评介。附录龙庆祥《〈元曲选·音释〉探微》。(张永生)

I000331 **柯原抒情诗精选** 柯原著。花城出版社1994年6月版。23万字。9.50元。选录作者自1946年发表作品以来的诗作167首。所收诗作反映了学生民主运动、抗美援朝、社会主义建设、十年浩劫以及改革开放等各个时期的祖国面貌。作品热情歌颂伟大的祖国、中国共产党、人民和军队,有对军旅生活的刻画,有对南国绮丽风光的细腻描绘,有对十年浩劫的沉痛反思,也有对爱情的忠贞不渝的誓言。作者在诗歌创作上进行了多方面的探索,作品文笔优美,感情深沉,具有中国古典诗词和民歌的意味。

I000332 **中国爱情诗词曲赋鉴赏辞典** 成志伟、赵凤山等主编。重庆出版社1994年6月版。72.8万字。18.95元。精选自《诗经》以来以爱情为题材的诗词曲赋(含民歌)近500篇,对每篇作品进行简明的赏析。(陈兴芜)

I000333 **人海诗区** 清·佚名编。北京图书馆善本组标点,陈高华校订。北京古籍出版社1994年7月版。58.8万字。32.50元(精)。古代吟咏北京诗篇的选集。"人海"出于宋苏轼诗句:"惟有王城最堪隐,万人如海一身藏。"后"人海"一词遂为京师的代称。"区"同"讴",讴歌之意。全书4卷,每卷分4类。卷1为都城、宫殿、桥闸、祠墓;卷2为苑囿、驿馆、园亭、坊市;卷3为畿甸、边障、山峪、水淀;卷4为岁时、风俗、寺观、杂咏。每类之诗分五七言,古近体为次,而以词附之。诗题下多有注释,于地理古迹,皆注明出处而加以考订。共收入自南北朝至清初500余位作者的近2000首诗词，为了解北京历史提供了多方面的宝贵资料。清彭元瑞云：“视《日下旧闻》所收为多。彼志地，此选诗，各有指也。所收元诗为多，亦其胜处。”本书原是一部尚未完工的写稿，其中多有错字、脱句和重出之处，亦有错收、改窜题目者。此次出版，整理标点了全书，进行了认真校订，对书中的错讹和异文采取加校文的办法，校记附在每卷各门诗后；个别明显的笔误则径改，还删去重出诗21首和无诗之题。(一芥)

I000334　**唐诗三百首汇品**　段大林选编。江西人民出版社1994年7月版。33万字。10.00元。清代孙洙编选的《唐诗三百首》，是近两百年来广为流传、最有影响的唐诗选本。本书编选者探求古代诗评家对其所选各首唐诗的评价，搜集唐宋以来各种著名唐诗选本和历代诗话等古籍中所载《唐诗三百首》各篇评语(或眉批，或尾批，或旁批，或题下批，或总批)，上起李唐，下止辛亥革命，共录三百多位著名诗评家的评语约三千条。有的简短，只有一两个字；有的则很长，多至几百字，各尽其妙，颇能诱导读者鉴赏名篇名句。书中“诸家汇品”所引，首列全诗主旨的评语，然后按各句的顺序排列，不以评论家的生平、著述年代先后为序。书后附有诗人小传。(喻致评)

I000335　**元明清诗鉴赏辞典**　钱仲联、章培恒等撰写。上海辞书出版社1994年7月版。219万字。2册。66.60元。分“辽、金、元、明”和“清、近代”两卷，选收430位诗人的佳作1 322篇，其中元好问、杨维桢、高启、吴伟业、钱谦益、王士禛、袁枚、黄仲则、龚自珍等著名诗人杰作收录尤丰。这一时期涌现出一批诗、书、画皆精绝的人物，如倪云林、赵孟頫、唐伯虎、文征明、祝枝山、徐文长、郑板桥等，本书收录其诗作的同时还配以画。此外，本书还收有著名女诗人柳如是、徐灿、席佩兰、顾太清的诗。本书不因人废诗，还选收严嵩、阮大铖、曾国藩、郑孝胥等人的诗。每篇诗作配以一篇由专家学者撰写的赏析文章，阐发作品的意蕴内涵和艺术技巧，供爱好古典文学的读者阅读欣赏。书中附有名画20帧。附录“诗人小传”等。(汤高才)

I000336　**历代词今译**　郭彦全编著。首都师范大学出版社1994年7月版。30万字。21.00元。古典文学普及读物。具有以下特点：一、选译从唐代至清代470多位著名词家的1000余首名篇佳作，按唐五代词、宋词、元词、明词、清词等部分编排。所收较为系统全面，可收到“一册在手，名词尽收”的功效。二、以诗的形式对古词进行今译，这是一种尝试。作者力求语言优美形象，音韵琅琅上口，诗意符合原作。三、对每首词作有简要说明，并对难读难认的字词作了简要注释。(胡乃羽)

I000337　**元曲三百首**　任中敏、卢前编。海南出版社1994年8月版。15万字。4.40元。原书1945年初版，仅有作者姓名及作品原文。此次重版，增加了作家小传及作品简注。原版仅收小令，重版增加了套数20首。对初版时的讹误也尽量改正。每首曲中押韵的字都加着重号，以便读者识别。收入“人人袖珍文库”。(王朴)

I000338　**唐宋全词**　李君、杨永林等编。海天出版社1994年8月版。330万字。238.00元。收入唐宋词作2500余首，包括词人1800位。分7部分：唐词、敦煌词、五代词、宋词、无名氏词、宋人话本小说人物词、神仙鬼怪词。书后附有作者索引。(蒋鸿雁)

I000339　**瀛奎律髓**　元·方回选评，清·纪昀刊误，诸伟奇、胡益民点校。黄山书社1994年8月版。60万字。48.00元。兼选唐宋律诗2992首，合诗选、诗话为一体。分49类、49卷。所选诗皆五、七近体，故名“律髓”。自序谓取十八学士登瀛洲、五星聚奎之义，故名“瀛奎”。方回选诗倡“一祖三宗”说，一祖为杜甫，三宗为黄庭坚、陈师道、陈与义。方回的注释文字，即诗话，对江西诗派从艺术的内部规律方面作了较为系统的理论总结。本书有很高的资料价值，所载佚诗数量较大。宋代诸集不尽传于今日者，赖以保存。有关逸闻旧事，往往见于注释之中。因而它成为后人从事辑佚工作的必备书。厉鹗作《宋诗纪事》，从中采取了许多资料。选宋诗1 800多首，较全面地反映了宋诗面貌，成了研究宋诗者的必读书。清代学者纪昀对此书非常关注，自乾隆辛巳(1761)至辛卯(1771)评阅六七次，“细加批释”，“细加点勘”。整理者以清嘉庆五年(1800)李光垣刻《瀛奎律髓刊误》为底本，校以他本。书后编排诗作者名、字、号对照表。(黄勤堂)

I000340　**古代言情赠友诗词鉴赏大观**　霍松林等编。陕西人民出版社1994年8月版。150万字。45.00元。精选中国古代言情赠友诗词曲谣800余首，分为言情、赠友两大部分。言情部分表现了古代东方人对美好爱情的热烈追求，对美满、幸福的夫妻家庭生活的热情赞美，其中的悼亡、弃妇诗，又从不同侧面表现了这一主题。赠友部分畅叙友谊，依依惜别之情，殷殷关切之意洋溢其中，既有对真挚忠诚的讴歌，也有对忘恩负义的鞭挞。在体例上，全书分为原作与鉴赏两部分。诗的鉴赏者，既有蜚声海内外的专家教授，又有崭露头角的新秀。鉴赏文章或侧重探究原作的艺术奥秘，或揭示原作的深层意蕴，百花齐放，各有特色。（屈奇）

I000341 **清人诗集叙录** 袁行云著。文化艺术出版社 1994 年 8 月版。223 万字。3 册。108.00 元。本书著述发轫于 50 年代中期，积作者 30 余年之力而成。著录清代诗集 2 500 余家，收录“以内容多涉及清代时事与社会生活者为标准”。以集为目，各系作者小传。全书以证明史事并提供有关资料为主，举凡清诗中有关山川、名胜、政治、经济、学术、文化、民俗等史料线索，皆举其要，尤重视中外关系、少数民族、小说戏曲等资料的掇拾搜集，勾稽出他书未见称引之罕见材料尤多。至于纠缪补阙、辑佚钩玄、考证辨误、发微抉隐、纵论诗风、沿波讨源，也时见精思。书后附有四角号码人名索引（附笔画对照表）。（赵伯陶）

I000342 **杨维桢诗集** 元·杨维桢著，邹志芳点校。浙江古籍出版社 1994 年 8 月版。46 万字。18.00元。杨维桢字廉夫，号铁崖、东维子，又号铁笛道人，浙江诸暨人，为元末“文章巨公”，诗名尤高。其诗诸体皆备，独自成家，号称“铁崖体”，乐府诗成就最为突出，时人竞相效仿，世称“铁崖乐府”。其诗作具有反传统、重人情、学古创新的显著特点，直接为明代前后七子所继承，对清代的性灵派和神韵派亦有影响。本书收入杨维桢的全部诗作，包括《铁崖乐府》10 卷、《铁崖咏史》8 卷、《铁崖逸编》8 卷，以及从《东维子集》、《乐府补》、《元诗选》与青照堂本《铁崖咏史》中辑录作品而成的《铁崖乐府补编》。附录有关志传序跋、诸家评论、诸家题咏、时人和作等。（郝华）

I000343 **山中白云词笺** 宋·张炎著，黄畬校笺。浙江古籍出版社 1994 年 8 月版。30 万字。14.00 元。张炎字叔夏，号玉田，南宋著名词人。其词作远祖清真（周邦彦）、近承白石（姜夔），清空明快，雅健雄浑，兼二家之长，咏物词尤体物入微，寄托遥深。因身丁国变，其词多寓禾黍之悲、荆棘之慨，反映了亡国的悲愤痛苦的心情；其文字、声律之美，亦为后来词家激赏和学习，清初浙派词人尤奉为圭臬，“家白石而户玉田”，如朱彝尊即自称“不师秦七（秦观），不师黄九（黄庭坚），倚新声，玉田差近”。本书以龚翔麟《山中白云词》8 卷本为底本，校以多种别本及各选本，参酌有关词籍，复由唐圭璋《全宋词》补 6 篇列为补遗。对所收之词全部加以笺释，并辑录有关本事、佳话或有关评语、词律解说。末附年谱等。（郝华）

I000344 **马万祺诗词选** 马万祺著，谢常青笺释。暨南大学出版社 1994 年 8 月版。42 万字。68.00 元。作者酷爱中国古典诗词，50 多年间不断吟诗填词。1988 年自选诗词 200 首，交由谢常青笺释出版。作者赋诗言志，和他的爱国斗争生涯是分不开的。抗日战争给他以巨大感召和教育，激发起他的诗情。他的诗从一个侧面展现了抗战风云，展现了中国人民奋起战斗的宏伟图景。抗战胜利后，蒋介石挑起内战，作者先是呼吁制止内战，继而支持人民解放战争。新中国诞生后，他欢呼新中国的建立，赞扬新中国的建设成就，歌颂伟大的祖国、伟大的党和伟大英明的领袖。“文革”十年间，他赋诗为老干部申辩，直抒对文革的不满。党的十一届三中全会后，他赞扬平雪冤假错案，歌颂改革开放，赞颂全国人民在党的领导下振兴中华、发展经济、建设社会主义现代化祖国的热情和取得的伟大成就。作者的诗跳动着时代的脉搏，它伴随着时代产生，又伴随着时代发展，是时代的思想火花。作者的诗清新自然，把政治和艺术、个人和时代、思想美和艺术美和谐地统一在一起，具有较高的艺术水平和较强的艺术感染力。（金海）

I000345 **南村草堂诗钞** 清·邓湘皋著，弘征校点。岳麓书社 1994 年 9 月版。52 万字。18.00 元。作者为清末文学家、编辑出版家，湖南新化县举人，知识渊博，极富才情，诗名尤盛。本书 24 卷，收古、今体诗 243 首，序 3 篇，其一为陶澍所作。作者一生遍游名山大川，其诗多有描绘、歌颂祖国山河美景之作，此外还有不少感事抒怀、感时书愤、留别赠友、赏花咏物、忆旧自嘲以及题画、集句、游仙、示子弟等各种诗作，内容十分丰富。以作者家刻本为底本，用繁体字竖排印行。（胡渐逵）

I000346 **阿合提作品选（1）** 阿合提·乌鲁木吉著。新疆人民出版社 1994 年 9 月哈萨克文版。35 万字。8.40 元。收入长诗 5 首、短诗 125 首、叙事诗 4 首。作品反映哈萨克人的生产和生活、人与人以及人与自然的关系，记叙颂扬民族英雄，讥讽黑暗的世道、腐败的社会风气，鞭挞欺压百姓的贪官污吏，表现了光明战胜黑暗、正义战胜邪恶、团结和睦、仁慈爱友、热爱劳动等主题。阿合提（1868—1940）是中国近代著名的哈萨克族诗人，精通伊斯兰文化的学者和社会文化活动家。他一生除了从事文学创作外，还致力于兴办学校，发展教育事业。本书由新疆维吾尔自治区古籍整理办公室收集编纂。（达列里汗）

I000347 **世纪风暴** 朱增泉著。百花文艺出版社 1994 年 10 月版。8.8 万字。6.80 元。收入作者

“世纪风暴”、“我们在雪里行军”、“生命高原”、“感受岁月”四辑短诗和《想念毛泽东》长诗一首。作者以其独特的经历和感受、独特的表达方式,评说伟人,评说战争,评说人生。诗中汇聚着时代的风云,回荡着历史的声音。其犀利的思辩、精辟的哲理、幽默的语言,既能引起人们心灵的震颤,又能发人内在的思索,还能牵动人们潜伏的情怀。(张爱乡)

I000348 **黄遵宪诗选** 钟贤培等选注。广东人民出版社1994年10月版。32万字。16.00元(平),26.00元(精)。“岭南文库”丛书之一。黄遵宪是晚清著名的爱国主义者、政治家、外交家和卓有成就的诗人。他的诗,崛起岭南,蜚声域外。本书从黄遵宪1100多首诗作中精选出不同时期、不同题材、不同风格的诗篇260首,力图反映诗人的创作成就,展现诗人的心路历程。入选的每首诗均有详明的注释和简明扼要的笺。书中的“笺”,对所选作品的版本情况、写作背景予以介绍,对诗作精采之处作简要点评。注释则力图将诗中难以理想的字、词、句、人物、事件、典故等详细注出。书后有两个附录:一是黄遵宪创作的“词曲赋”,这些作品以往不大容易见到,附录于此,有助于全面了解他的文学成就和多方面的艺术才华,而且有助于更深刻地认识他的诗。二是“同时代人对黄遵宪的评论”,既可作为认识黄诗以及当时诗坛状况的有用资料,也可作为深入研究黄诗、探讨黄遵宪在文学史上的地位与影响的基本文献。本书曾作为“广东地方文献丛书”之一,于1985年4月由广东人民出版社出版。收入“岭南文库”丛书时,选注者对笺注作了大幅度的修订,对原书“前言”有关黄诗思想性的评述,也进行了修订。(李达强)

I000349 **千家诗新注** 王启兴、毛治中等编注。湖北人民出版社1994年10月版。28.3万字。13.90元。《千家诗》原为旧时儿童学诗的启蒙读物,亦是家传户晓的普及性诗歌选本。本书对这一选本进行新的注解和说明,以方便广大初学者阅读和理解。新注本在原《千家诗》仅录诗句的基础上,每一诗均增加了“作者介绍”、“注解”、“说明”三部分。其中,“作者介绍”简介诗人生平及艺术特点;“注解”力求浅近,并作了必要的串讲;“说明”则注重准确,并进行分析或评介。为了使读者对近体诗的格律有所了解,书后另编有《近体诗的一些基本知识》一文,对近体诗的由来、平仄及特点作了精要而准确的介绍。(李作君)

I000350 **唐宋词三百首今译赏析** 杨光治编著。江西人民出版社1994年10月版。25万字。8.00元。选唐、五代词86首,宋词216首。今译直译和意译相结合,译文大致押韵。赏析一般100字以内。为“国学精华今译”丛书之一。(刘凯军)

I000351 **康熙诗词集注** 王志民、王则远校注。内蒙古人民出版社1994年10月版。63万字。28.00元。校注诗1135首,词12首。另收录康熙诗论14篇及诗词年谱。康熙诗词题材广泛,内容丰富,举凡平定三藩、统一台湾、筹边固疆、对俄交涉、团结蒙古、亲征噶尔丹、振兴黄教、进兵安藏、南巡北狩、察吏安民、亲理淮黄、奖励垦荒、编定群书、治史崇儒、延揽贤才以及自然科学等都有涉及。康熙诗有两个明显特点,一是表现出进步的民本思想,如《春雪》、《题耕织图》等;二是表现出坚持统一、反对分裂、抵御外侮、维护国家统一完整的爱国主义思想,如《赐抚远大将军图海二首》、《瀚海》等。康熙为诗,“魄力沈雄,能融铸前代名家之长于一冶”,校注者较好地把握了这一要点。(黄滔)

I000352 **熟了的山坡** 密英文著。云南民族出版社1994年10月版。30万字。5.00元。分“傈僳人”、“熟了的山坡”、“有一种声音”3辑,共60首。作者以饱满的热情,讴歌了怒江地区在党的领导下40多年来所取得的建设成就和淳朴的民风民情。诗风淡雅纯朴而富于哲理。本书以傈汉两种文字对照的形式出版,对新时期傈僳族民族文学的发展和推广傈僳文,具有积极的促进作用。系“傈僳族青年诗人丛书”之一。(斯陆益)

I000353 **唐宋词百家全集** 钟叔河主编。广州出版社1994年11月版。197万字。108.00元。收唐宋100名家的全部词作近1万首,分装10册。各册的领袖词人为:温韦、南唐二主和冯延巳;晏殊父子与欧阳修;柳永;苏轼与秦观;周邦彦与李清照;陆游与张孝祥;辛弃疾;刘克庄与刘辰翁;姜夔与史达祖;吴文英与王沂孙。现存唐五代词和全宋词总数约2.1万首,本书所收差不多占了一半,而且是最好的一半。为了方便读者,本书在编辑工作上采取了两个做法:一是每位作家的词作都按词牌归类重编(同一词牌的仍依原来的次序),词牌则以字数多少为序,先小令,再中调,后长调,并将作家姓名和词牌都在每页书眉上标出,极易检阅;二是每首词都按韵脚、词意分行,分片的词并用退两格的方法使上下片明显区分,以显示它的形式美和音乐美。主编为每位词家所写小传,简洁生动,评价中肯。(易羊)

I000354 **中华诗歌精萃** 丁国成、迟乃义主

现代戏为主的阶段）的作品，反映了评戏剧目创作思想或倾向的巨大转折与艺术上的革新及全面开拓。（卢水淹）

I000370 **香港话剧选** 方梓勋、田本相编。文化艺术出版社1994年10月版。28万字。15.00元。收入本书的六部剧作是从数十部当代剧作中选出来的，其中袁立勋、曾昭柱的《逝诲》，杜国威、蔡锡昌的《我系香港人》，陈尹莹的《花近高楼》，大体可说是现实主义作品，比较集中地反映了80年代香港即将回归祖国前夕香港人的心态；而潘惠森的《废墟中环》，陈志桦的《钓鹰》和陈敢权的《星光下的蜕变》等，都带有现代主义的荒诞、象征色彩。（常立胜）

小　说

I000371 **七彩科学幻想故事金库** 余俊雄主编。安徽教育出版社1994年版。90万字。52.00元。选收近5年具有代表性的科学幻想故事94篇，按主题分编为《金色的幻想》、《银色的幻想》、《绿色的幻想》、《蔚蓝色的幻想》、《紫色的幻想》、《玫瑰色的幻想》、《黑色的幻想》7册。所收作品展示了时间和历史、机器和机器人、生物和环境、宇宙生命、噩梦和灾难、海洋和空间等方面的奇思异想，既有深刻的科学性，又有较强的文学性和趣味性，融奇异的幻想色彩、浓郁的儿童情趣、生动曲折的故事情节为一体，并将爱祖国、爱科学、爱人类等思想内容注人故事之中，以使儿童在获得艺术享受的同时，潜移默化地受到思想上的熏陶。（朱智润）

I000372 **乾隆皇帝（第二卷）** 副名：夕照空山。二月河著。河南人民出版社1994年版。42.7万字。4册。18.00元。以大小金川的战事和追捕白莲教徒"一枝花"为两条主线，辅以乾隆东巡、蒙古秋狩、编纂《四库全书》以及曹雪芹的生活遭际，情节交织相互推进。壮年时期的乾隆雄心勃勃。他决心继承祖业，明确提出以宽为政的仁政思想，体恤民苦，关注灾情，同时大力整顿吏治，毫不妥协地同腐败作斗争。他宵旰勤政，并大力培养选拔人才。作品较真实地反映了乾隆在文治武略方面开创清王朝辉煌盛世的才能，同时也暴露了封建皇帝残酷、刚愎自负的本性。书中以乾隆为核心，描绘了诸如傅恒、刘统勋、纪昀等一系列颇具才能的重臣，通过这些人物在不同场景构制的画图里的表现，粗略地从政治、经济、文化、君臣、人伦等方面，剖析了中国18世纪中叶资本主义萌芽初期，在封建统治之下所产生的不可遏制的各种腐败现象，以及由此引发的各种激烈复杂的阶级矛盾和民族矛盾。（焦性德）

I000373 **孔尚任传** 曲春礼著。山东友谊出版社1994年版。50万字。28.00元。"长篇历史小说三部曲"的最后一部（前两部为《孔子传》、《孟子传》）。孔尚任是孔子的后裔，所著《桃花扇》为清代杰出剧作。作者采取七分史实、三分虚构的手法勾画人物、构造情节，写孔尚任少年苦读经书、勃发进取，历宦海风波，饱经人间沧桑，最终将满腔的凛然正气和一身的文采诗思凝于笔端，著成《桃花扇》一书。其间情节穿插错落自然，如学友交游、诗文酬唱、巧对乾隆、勇救孤女等，张弛相间，引人入胜。更值得注意的是，作者对孔尚任的塑造是与孔孟之乡这一独特的人文环境结合在一起的，使人物思想的形成显得源流有自，让人感受到一种浓郁的传统文化的氛围。（王谦）

I000374 **中国近代文学大系·小说集第三卷** 吴组缃、端木蕻良等编。上海书店1994年版。56万字。30.00元。专选近代小说家吴趼人长篇小说《二十年目睹之怪现状》，共108回。据1916年上海新小说社出版的石印本进行校点、排印，有眉批、回批、夹批和注释。书前还有作者像、手迹以及广智版初版书影等图片数幅。（郑晓方）

I000375 **康熙大帝** 二月河著，王瑞人、赵维莉改编。中原农民出版社1994年版。132万字。2册。42.80元。共4卷。小说以历史大事为依据，融入传说轶闻，加以艺术构思，描写了康熙皇帝一生的政绩。改编忠于原著而不拘泥于原著，着力点是人们听觉享受的需求，注重书面文学向口头文学的转化、视觉艺术向听觉艺术的推移。较之原著，本书更精练，更集中，更富形象化，尤其是声的、动的形象，也更有助于人物内在情感的抒发。纵观全书，小到一字一音的改动，大至整个章节的重新安排，或删或增，或略或详，无不体现了改编者的艺术见解、艺术追求和对全书把握的分寸与功力。（韩光玉）

I000376 **无雨之城** 铁凝著。春风文艺出版社1994年1月版。22万字。9.80元。长篇小说。以一座新兴城市为背景，写新任常务副市长普运哲仕途顺利但内心苦闷，于一偶然机遇中相识女记者陶又佳并发生恋情。他的妻子葛佩云发现后偷拍镜头以期要挟，但胶卷不慎丢失被市侩白已贺得到，白已贺不断敲诈葛佩云。普运哲又适逢新的升迁机会，葛佩云为了丈夫的名誉屈服了敲诈，普运哲则为了名利抛弃了爱情。结局是，白已贺意外地死于车祸，普运哲终于甩掉多情的陶又佳。在虚伪与真情、利欲与美

德的较量中,常常是前者占着上风,小说题旨由此得以显示。该书为"布老虎丛书·小说卷"之一。(魏西)

I000377 **义和铁拳英烈** 庄建平、卞修耀编。福建教育出版社1994年1月版。12万字。3.20元。通过对11位义和团运动领导者的描写,展现义和团运动发生、发展及其失败的经过。他们当中既有社会底层的普通民众,也有乡绅富户和清政府官员;有赳赳武夫,也有良家妇女。他们无法忍受列强及其走狗的胡作非为,揭竿而起,举起了反帝反封建的旗帜。为"中国近代爱国人物故事丛书"之一。(林鼎华)

I000378 **戊戌维新志士** 张海鹏、徐辉琪编。福建教育出版社1994年1月版。12.5万字。4.35元。分篇介绍参加戊戌维新变法运动的6位杰出人物:走向世界的维新思想家黄遵宪;启蒙思想家严复;维新变法领袖康有为;为变法而流血的谭嗣同;自立军统帅唐才常;维新宣传大师梁启超。作品描述他们的生平业绩,热情宣扬其可歌可泣的爱国壮举和爱国情怀。为"中国近代爱国人物故事丛书"之一。(李南元)

I000379 **中国小说名家新作丛书——王蒙卷** 王蒙著。海峡文艺出版社1994年1月版。16.6万字。6.50元。收录作家1991至1993年创作的中短篇小说12篇,反映了作家90年代初期的创作成就。作品集中表现了作家惯用的创作手法,以讽刺、幽默甚至寓言式的笔法,对某些社会现象进行善意的针砭批评,喜怒笑骂,皆成文章。(陈锦山)

I000380 **中国小说名家新作丛书——李国文卷** 李国文著。海峡文艺出版社1994年1月版。29.6万字。10.80元。收录作家90年代初期的中短篇小说11篇。其中包括《涅槃》系列的4篇作品。作品贴近现实生活,着力表现社会变革时期各阶层人物的心态、价值观念、道德观念的冲突与转变,具有强烈的感染力。书后附作者小传和主要作品目录。(陈锦山)

I000381 **梦中的河** 谌容著。海峡文艺出版社1994年1月版。20万字。8.70元。描写治理环境污染的艰苦历程,揭示保护生态平衡的艰巨性和复杂性。作品内容深邃,具有强烈的现实意义。(陈爱辉)

I000382 **乾隆皇帝(第一卷)** 副名:风华初露。二月河著。河南人民出版社1994年1月版。39.8万字。4册。12.70元。长篇小说。雍正皇帝死于非命,爱新觉罗·弘历即位,改年号为乾隆。乾隆登基时,年25岁,风华正茂。他心怀大志,一心实现其祖父康熙皇帝开创清王朝盛世的遗愿。他大力推行"以宽为政"的施政方略,革除前朝苛严弊政,纠正雍正时期钦定错案,整顿吏治,连惩几位贪赃大臣。他潇洒飘逸,风流倜傥,是一位多情的帝王。为和有夫之妇私通,把棠儿的丈夫傅恒调离京师。后来,他发现傅恒的治国才能,又毅然与棠儿断绝私情,将傅恒调回京城委以重任。作品写得起伏跌宕,妙趣横生,发人深省,纪晓岚、曹雪芹等历史上的文化名人也写得栩栩如生。(顾仕鹏)

I000383 **中国现当代著名作家文库·刘绍棠代表作** 林三木编。河南人民出版社1994年1月版。31万字。12.05元。刘绍棠是中国当代著名乡土文学作家,是一位有着独特生活经历、走过独特创作道路并形成独特艺术风格的小说家。他继承现实主义传统,积极倡导"乡土文学",创作了大量具有民族风格、充满乡土气息的优秀作品。本书从其大量作品中精选具有代表性的短篇小说8篇、中篇小说5篇。短篇小说多为早期创作的,如《青枝绿叶》、《摆渡口》、《大青骡子》等,真实地表现了运河滩人民战天斗地的景象及父老乡亲悲欢离合的历史,描绘了时代风云的变幻。作品充满青春的活力和泥土的芳香,显示出顽强的生命力。《蛾眉》是文革后的作品,获1981年全国优秀短篇小说奖。所选中篇《蒲柳人家》、《渔火》、《瓜棚柳巷》、《花街》、《小荷才露尖尖角》等,均为80年代后的作品。《蒲柳人家》是作者创作道路上的一个新的里程碑,是探求乡土美的诗篇,获1977—1980年全国优秀中篇小说奖。它标志着作者的小说艺术进入炉火纯青的阶段。卷首有前言,对作者生平、创作道路、创作思想、创作成就作了全面简要的评介;卷末附有作家主要作品目录。(曲哲)

I000384 **中国现当代著名作家文库·马烽代表作** 蔺羡璧、刘景春编。河南人民出版社1994年1月版。30万字。11.60元。马烽是中国现当代文学史上著名的小说家和电影文学作家,是以赵树理为首的"山药蛋"派的重要成员。曾创作了著名长篇小说《吕梁英雄传》,电影剧本《我们村里的年轻人》、《扑不灭的火焰》(与西戎合写)、《咱们的退伍兵》等。本书编选作者不同年代的短篇小说《金宝娘》、《一架弹花机》、《结婚》、《三年早知道》、《我的第一个上级》、《山村医生》等20余篇。在这些作品中,作者遵循现实主义的创作原则,以敏锐的洞察力以及鲜明的现实感和历史感,从不同侧面、不同角度,生动形象地反映了近半个世纪,特别是建国30多年来中国农村历史的变迁,反映了不同时期农村的特定生活,揭示了农民在时代变换和生产斗争中的复杂心态，热情地讴歌新人新事新思想，鞭挞谴责了落后狭隘的小农意识及极左路线。小说故事性强，真实感人，人物形象性格鲜明，语言洗炼流畅，富有地方色彩和浓郁的乡土气息。卷首有前言，对作者的生平、创作道路、创作思想、创作成就作了较全面的评介；卷末附有作家主要作品目录。（曲哲）

I000385 **二十世纪台港及海外华人文学经典** 金宏达主编。花山文艺出版社 1994 年 1 月版。250 万字。8 册。68.00 元。精选 20 世纪生活在台湾、香港以及海外的 63 位华人作家用华语创作的 132 篇中短篇小说佳作，分为 8 卷：《色·戒》（张爱玲著，于青编）、《契阔》（无名氏著，于青编）、《情尽》（白先勇、聂华苓等著，范嵩编）、《杀夫》（李昂、施叔青等著，张矾编）、《佛灭》（三毛、林海音等著，丁鹭编）、《人球》（平路、李乔等著，方中珂、田沙编）、《母鱼》（亦舒、李碧华等著，宁德富编）、《盲猎》（水晶、尤今等著，谭安泰编）。所选作品时间跨度大，从 20 世纪初到 90 年代；地域广，包括台湾、香港、澳门、东南亚以及欧美，不仅选收了著名作家的代表作，而且一些风格各异的新人新作亦有收录，体现了编选者的眼光和匠心。（张采鑫）

I000386 **中华传奇宝典** 萧蠡主编。安徽人民出版社 1994 年 2 月版。58 万字。20.00 元。从上至秦汉、下至晚清的各种神话故事、寓言、笔记、传奇、志怪小说、戏曲故事以及民间传说中筛选 250 余则故事，分为神幻、巫术、精灵、荒诞、公案、侠义英雄、报仇雪恨、阴曹地府 8 篇。所收故事内容健康、想象奇特、情节生动、引人入胜，充满浪漫气息。（杜国新）

I000387 **中华智慧宝典** 萧蠡主编。安徽人民出版社 1994 年 2 月版。41 万字。16.00 元。精选智慧故事 200 余则，分为机敏、睿智、智斗、巧言、巧断、韬略、智勇 7 篇。所收故事意味深长、富于哲理、发人深省，给人以有益的启迪。（杜国新）

I000388 **中华爱情宝典** 萧蠡主编。安徽人民出版社 1994 年 2 月版。41 万字。16.00 元。精选内容健康、情节生动的爱情故事 200 余则，分为情贞、情鬼、情缘、情妖、情灵、情幻、情侠、殉情、艳情、负情 10 篇。所收故事描绘并歌颂真、善、美，揭露并鞭挞假、恶、丑，充满浪漫主义色彩。（杜国新）

I000389 **中华美德宝典** 萧蠡主编。安徽人民出版社 1994 年 2 月版。40 万字。16.00 元。从中华文化遗产中精选脍炙人口的名篇佳作 200 余则，分为发奋图强、尊师敬长、团结友爱、言传身教、知错改错、克己奉公、正气、谦虚、爱国、清廉、节俭、举贤荐能 12 篇。所收故事表现了中华民族善良、正直、勤劳、勇敢的品质。（杜国新）

I000390 **与五指山永存的故事** 文谦受著。海南出版社 1994 年 2 月版。13 万字。4.80 元。在中国共产党的领导下，琼崖党组织从土地革命战争时期开始，就组织领导海南人民开展武装斗争，是全国创建革命根据地较早的地区之一。她经历了土地革命战争、抗日战争、解放战争，坚持革命 23 年红旗不倒，有无数革命先烈为人民解放事业视死如归、英勇奋战。本书真实地记录了他们可歌可泣的事迹。作者是抗日战争初期参加琼崖革命斗争的老前辈，书中有些故事是他的亲身经历，有的是听他的同志讲的，反映的都是真人真事，是琼崖革命斗争历史的写照。（袁大川）

I000391 **蒿里行** 何士光著。海南出版社 1994 年 2 月版。27.6 万字。13.00 元。小说散文集，以中短篇小说为主。内收《草青青》、《青砖的楼房》、《蒿里行》、《薤露行》、《苦寒行》、《梨花屯客店一夜》、《山林恋》、《喜悦》、《种包谷的老人》、《日子》、《城市和孩子》、《雨霖霖》等作品 12 篇。这些作品在内容和艺术风格两方面，都是作者最有价值的代表作。作者深受中国古典文学和俄罗斯现代文学的影响，以细腻的笔触，描绘了黔北乡野的自然风情，抒写了主人公对生命和爱情的种种思绪，再现了底层乡民的人生本色。笔调优雅、清新、明净、淡泊，表现了作者一贯的艺术风格。（洪声）

I000392 **一尊推不倒的铜像——詹天佑** 唐鲁峰著。花山文艺出版社 1994 年 2 月版。24.6万字。7.50 元。“一尊推不倒的铜像”是周恩来对詹天佑的评价。詹天佑是中国铁路之父，是中国科技界一位里程碑式的人物。在晚清非常腐败、国库空虚的恶劣环境中，詹天佑顶住了国内、外各种恶势力，完成京张铁路施工任务。小说写詹天佑带有传奇色彩的一生。朴素而多情趣的童年，留学英国的少年时代，修京张铁路的风风雨雨，写得跌宕有致。（宁宣成）

I000393 **古今奸诲** 李无未、陈维礼等主编。吉林文史出版社 1994 年 2 月版。35.7 万字。11.00 元。选取历代奸人最典型的奸事，注重叙述中的故事性和趣味性。事情有案可稽，根据正史中的记载和当代历史研究中的一些成果，客观展示奸人奸事，并无虚构成分。揭示出作恶多端必自灭亡的历史规律，同时告诉人们，要铲除奸邪，最根本的是要建立一个民主、法制的社会机制，确保社会长治久安。（徐潜）

I000394 **红楼梦** 蔡义江校注。浙江文艺出版社 1994 年 2 月版。120 万字。41.00 元。曹雪芹的《红楼梦》在流传过程中，出现了许多不同的版本。已出版的排印本，大多以一种版本为底本，存在着难以避免的缺陷。本版有三个显著特点：一、以《脂砚斋重评石头记汇校》所列十二种版本为主进行互校，择善而从，博采众长，使其更符合原著面貌。二、注释包含三方面内容，有对回目和内文的简要注释，有参校数种版本的校记说明，有脂砚斋评语的辑录，融注、校、评于一体。三、文字符合现代汉语规范用法，一词有多种写法的以通用写法统一。书前有校注者所撰长篇《前言》，书中有戴敦邦所配彩色插图 16 幅。(严麟书)

I000395 **耳谈类增** 明·王同轨撰，吕友仁、孙顺霖校点。中州古籍出版社 1994 年 2 月版。58.3 万字。11.90 元。文言笔记体小说。作者为明代嘉靖、万历间黄州黄冈人。幼习举业，然仕途乖蹇，靠输资任上林丞和江宁知县，迁南太仆寺主簿。其积郁于中而无路发摅，遂将在任上及友朋间耳闻目睹之异闻，撰辑为《耳谈》一书，意盖为以耳听他人之谈录之，自称“谈本以奇耳者也，不奇不耳”，即不奇不录，以寄托其愤惋玩世之旨。后又分类增订为本书。书成于明万历三十一年(1603)，依内容分为 22 篇，54 卷，共 1331 则。书中既写德行优异之人，也记明察断狱之官；既叙畸人之精技，也谈文士之雅谑；既录神佛鬼狐灵怪之异事，也存僧道丐贼诈骗之奇闻。所记之奇人奇事奇言奇行，从帝王将相到贩夫走卒三教九流，成为一幅描绘明代中后期世俗社会风情的长卷。不仅有珍贵的史料价值，而且成为明清戏曲及“三言”、“二拍”等通俗文学和文言小说创作取材的渊薮。本书自明万历三十一年由金陵书贾刊刻后再没有刊印过，各家书目也未加著录。本书以北京图书馆藏孤本为底本，以 5 卷和 15 卷本《耳谈》及《情史》、《舌华录》等书的有关文字对校，并出校记。为“明清文言小说选刊”之一。(张弦生)

I000396 **春秋战国外交群星** 裴默农编著。重庆出版社 1994 年 2 月版。52.3 万字。13.60元。由绪言、48 个专题故事、两个附录组成。所收故事以中国古籍中关于春秋战国时期各诸侯国间外交和人物活动的记载为依据，以人物活动或事件为单元，勾画各国间外交的状况，探寻当时外交实践发展各阶段、各色人物和各种思想的特点，指出各种外交活动及思想的历史意义和深远影响。“绪言”对体现在 48 个故事里的外交实践与思想中具有规律性的内容作了概括。故事揭示，诸如外交与军事、外交与内政的关系，外交实践中君主与外交人员的地位及其豁免权，缓冲地带，势力范围，托管地，人质外交与政治庇护，联盟，斡旋，联姻，反间，国际法与国际行为准则，言行与礼仪，秘密外交与幕后外交，谈判与妥协，战略与策略，外事纪律和外交人员的素质要求等外交概念与实践，中国早在春秋战国时期已应有尽有，从而以事实否定了西方许多学者认为外交这门学问是欧洲人所创建的偏见。(马振常)

I000397 **中外名人婚恋大观** 程默编。百花洲文艺出版社 1994 年 3 月版。46 万字。20.40元(精)。从近、现代中外名人中筛选出近 200 位名人，分政治、军事、文学、艺体、科技及其它 5 类，撷取他们在恋爱、婚姻和家庭生活等方面的故事，汇编成册。(胡一笙)

I000398 **小说粹** 田中全主编。长江文艺出版社 1994 年 3 月版。90 万字。38.00 元。分为上下册。上册收录从魏晋至清代的文言短篇小说 114 篇，每篇除注释和评点外，另有白话译文。下册收录从宋代至清代的白话短篇小说 32 篇，包括《京本通俗小说》、“三言”、“二拍”和《石点头》、《照世杯》、《十二楼》中的著名篇章，每篇后有评点文字，以帮助读者进行评赏。书前有万字“前言”，勾勒了中国古代短篇小说的发展历史进程，有一定的学术价值。(鲁文忠)

I000399 **朗园** 赵玫著。春风文艺出版社 1994 年 3 月版。27 万字。11.80 元。长篇小说。以一座名为朗园的欧式楼宅为场景，写两代人不同的情爱故事，特别是占居朗园的权贵萧东方儿女们的故事。哥哥萧烈对时代的变迁毫无知觉，全付心力用来压抑对继母 20 多年的暗恋；姐姐萧思生活优越但精神空虚无助，竟至狂热地追逐一位灵魂仍停留在红卫兵时代的红卫兵人物；弟弟萧小阳自幼迷恋异母妹妹萧萍萍，残忍而无赖，陷入泥淖无以自拔。与这些代表现代精神危机的情爱纠葛相对应的，则是朗园女主人与异国情人间持续 50 多年的诚挚爱情。作者将这种专注理智隐忍的爱情作为最高美德倍加赞叹，又以朗园的消失暗示其幻灭。该书为“布老虎丛书·小说卷”之一。(魏西)

I000400 **生命乐园** 何继青著。解放军文艺出版社 1994 年 3 月版。25.6 万字。7.10 元。小说以委婉清丽的文笔，叙写三个纯真少女冲破黎明前的黑暗，分别找到不同的归宿，以及所尝到的各不相同的酸甜苦辣。厂长纪远娶了资本家的女儿章秀竹，后来招致噩运的却不是因为她，而是因为自己旺盛的生

命力和乐观不羁的秉性。作者赋予作品幸福欢乐的主题与希冀，而书中的人物却都让人笑不起来。（蒲韦）

I000401 **蒙蔽之鉴** 周正抒、宋锦华编著。蓝天出版社1994年3月版。18.2万字。6.20元。“韬略智慧系列丛书”之一。从中外历史上的骗局轶闻、案例中摘取和整理出若干故事，勾勒、概括成50余种蒙蔽欺骗手法，归纳为5种类型，即“操纵式”、“逃避式”、“赚取式”、“夸张式”、“炫耀式”。作者的意图不是夸耀欺骗蒙蔽的妙处而教唆人们应用此术，而是旨在以具体、形象、生动的事例，启迪人们怎样识破坏人、敌人的骗术和奸诈；同时，使读者从一些正面事例中，学会运用蒙蔽这一巧妙的对敌斗争艺术。（许志强）

I000402 **中国神话** 王延辉著。明天出版社1994年3月版。21万字。6.90元。小说集。精选作家创作的部分中短篇小说。作家是回族人。作品关注现实，在时代的变化中，真实地反映民族的生存问题和文化问题。在多民族融合的历史中，回族依然保留下来一些不同的风俗习惯和宗教信仰，作品对这些有生动细致的描写。（李蔚红）

I000403 **红尘梦醒** 张漱菡著。宁夏人民出版社1994年3月版。27万字。6.90元。长篇小说。通过孤女吕芩芩的坎坷命运和不幸遭遇，揭露光复前后台湾社会的黑暗，真实地再现了台湾人民为生存而挣扎的历史。吕芩芩的父亲是由大陆去台湾谋生的教师，因不肯给日本军官行三鞠躬礼而遭毒打致死，母亲受骗嫁给一个无赖，被逼去茶室陪客，因气累交加而失明住院。芩芩为治母病辍学替母打工，母亲未能救活，恋人却因误解弃她而去，从此孤身独闯世界。为生存，她到酒吧去陪酒，其间用计让两个日本军官争风吃醋互相残杀。抗战胜利后，她满怀苦难结束的喜悦，憧憬着未来。哪想恋爱遭挫、上学受辱、卧轨自杀未遂，几至神经错乱。无奈，只好嫁作富商妾，谁知又遭大妇妒忌，落得子死夫人狱的下场。天地之大却无立锥之地，她只好又嫁巨富老翁，老翁又死……吕芩芩虽屡遭挫折沉沦，但始终良心未泯，保留着一颗出污泥而不染的纯洁之心。痛定思痛，她决定用老富翁的遗产到乡间办一所孤儿院，使与她一样的孤儿过正常生活，受正规教育，成为有用之材。此举得到世人称赞，昔日的恋人也由大陆回到她身边。小说故事完整，语言细腻委婉，将人物命运扣紧社会现实进行描写，人物个性鲜明，内蕴厚重，有一定的历史感和思想深度。（袁风影）

I000404 **商界** 钱石昌、欧伟雄著。人民文学出版社1994年3月版。35万字。8.90元。反映当代中国社会主义市场经济成长发展的长篇小说。小说选取广州地区分属国营、集体、个体所有的穗光、东喜、银河三个公司为展示人生的舞台，通过公司的兴衰和相关人物命运的浮沉变迁演出了一幕幕震撼人心的悲喜剧，描绘了一个个鲜活丰满的艺术形象。国营、集体、个体三家公司因生意的关系互相依存又互相倾轧，其间又牵涉银行、港商、政府主管部门，他们在错综复杂的商业战场上进行着智慧、谋略的较量，展开了一场惊心动魄的角斗。作品在广阔的社会背景上，直接将笔触深入到改革开放的核心，正面描写商品经济对中国现代化建设的冲击和影响，向人们提供了大量的商品知识信息和社会文化心理信息，包括一些具有启示性和超前性意义的信息。（胡玉萍）

I000405 **不是神童也成才** 副名：我与命运抗争。王志冲著。少年儿童出版社1994年3月版。12万字。3.60元。自传体小说。作者50年代读中学时，因患骨结核，致使下肢瘫痪，辍学卧床在家。他以顽强的意志战胜病楚、自学外文，最终成为一名专业的作者和译者，出书30本，200余万字，同时发表各类创作和译作700多篇（首）。（洪祖年）

I000406 **世纪贵族** 彭名燕著。中国青年出版社1994年3月版。38万字。22.70元。长篇小说。以特区国营大中型企业的改革为描写对象，再现了一批时代弄潮儿从艰苦创基业到挺进国际大市场的风雨征程。男主人公于松涛在大学期间曾与同窗好友胡鹏同爱着女同学段怡芹。当发觉段在对胡与自己的选择上陷入难以解脱的徘徊时，他毅然出走，把爱的空间留给胡与段。20年后，已成领导干部的胡鹏力邀于松涛与之南下深圳，以图在改革开放的大潮中共创大业。于胡二人都珍惜多年的友情，但面对改革开放，一个锐进，一个保守，终于从分歧到对立到相互“绞杀”。友爱的链条断裂了，但不为个人的杯水权益，更不为往日的恩恩怨怨，而是因为胡鹏的旧观念始终使他连同他的企业难以自拔，于松涛却合着时代的步伐阔步前行。于此其间，年轻的研究生黎少荣出现在于松涛面前。于欣赏他又抑制他，重用他又对其时时牵制防范。这不独因为于深爱的少妻常常下意识地流露出对黎的才气魄力的欣羡，更出于他对黎会以更大的雄心与胆魄取代自己的忧虑。众多人物在亲情、爱情、友情和旧观念的纠葛中演出了一幕幕揪人心魄的悲喜剧。作品通过人物命运的起落

跌宕昭示:只有摒弃旧观念张扬新观念,改革才能一步步向前;否则,不独改革步履维艰,个人的命运也只能是场悲剧。(李硕儒)

I000407 **中国大众小说大系** 吴宗蕙、林友光、周兆新主编。北岳文艺出版社1994年4月版。400万字。10册。175.50元。共10卷。1—3卷为古代部分,包括侠义怪异、唐传奇、宋评话及明代小说;4—5卷为近代部分,选录清代及清末民初著名作家的作品;6—7卷为现代卷,可窥现代作家承接并致力于大众小说创作的轨迹;8—9卷为当代卷,清晰地显示了当代作家开拓创新大众小说的风貌;10卷为台港澳部分,遴选其各时期大众小说的精品。所选作品尽量突出各代最有代表性的名家名著,突出文学性、故事性,突出民族化、大众化,精华荟萃,雅俗共赏。(张秉正)

I000408 **白话后聊斋** 桃李编译。大连出版社1994年4月版。90万字。38.00元。《后聊斋志异》的标点白话本。《后聊斋志异》又名《淞隐漫录》,是中国近代著名改良主义思想家、政论家、小说家王韬写的一部文言小说。作品采用《聊斋志异》的艺术形式,借妖狐以喻人生社会,托鬼怪以摅积郁忧闷,以虚写实,以幻写真,痛快淋漓,耐人寻味,思想性和艺术性自有与《聊斋志异》可比之处。所不同的是"狐鬼渐稀,而烟花粉黛之事盛矣"(鲁迅《中国小说史略》)。又因王韬有出洋经历,篇中对于异国风土、人物、名物制度亦有所反映,这在当时封闭的中国无疑是透进了一些"新鲜空气"。标点翻译以清光绪十三年(1887)大同书局石印本为底本,光绪二十二年(1896)上海积山书局石印本为校本,除改正少数明显错误外,基本保持原貌。(李然)

I000409 **搜神记全译** 晋·干宝著,黄涤明译注。贵州人民出版社1994年4月版。46.5万字。13.80元。以明末毛晋《津逮秘书》本为底本,以清嘉庆张海鹏《学津讨原》本为主校勘。全译忠实于原著。为"中国历代名著全译丛书"之一。(彭建)

I000410 **当家人** 李木兰著。海南出版社1994年4月版。10万字。3.40元。以80年代中期海南农村改革为背景,讲述横沟村围绕着要不要改造开发群山坡,展开一系列错综复杂的矛盾斗争,最后群山坡改造成功,横沟村由穷变富,实现了村民们梦寐以求过上好日子的愿望的故事。小说充满浓郁的海南乡土气息,其中几位主要人物的形象刻画得较生动。略为不足的是小说的结构,尤其是人物之间的矛盾冲突显得比较陈旧,正反面人物和中间人物的性格、作风等方面,也有新时期以前农村题材小说的一些影子。(林珂)

I000411 **奔腾的漳河** 王砂清著。花山文艺出版社1994年4月版。15万字。6.00元。小说描述了发生在北方山村的一段发人深思的故事:在农村联产承包责任制实行之前,山民李石蛋和他的伙伴们为了改变自身的命运和山村一穷二白的面貌,曾经以极大的热情和令人难以想象的顽强精神做出了种种努力。他们书写了山村的历史,他们的奉献以及悲剧性的结局令人从一个特定的角度认识和理解十一届三中全会以来党的农村政策的正确和英明。作者系长期生活在基层的文学青年,这是他的长篇小说处女作,文笔朴实而富有生活气息。(兰小宁)

I000412 **云泥百合** 赵江著。解放军文艺出版社1994年4月版。34.8万字。9.90元。1969年春,16岁的少女夏秋芝应征入伍。通过女友霍铭铭,夏秋芝得以结识军区某首长的三个儿子,从此展开了她与他们之间的感情纠葛。夏秋芝对个人价值的不懈追求,构成了她性格的主线,并由此决定了她在爱情生活方面的一波三折、命运大起大落,然而她总是让自己做精神上的强者,沐社会风雨。作品以不多的人和事反映广阔的社会生活,描写了包括军队中、高级干部,普通青年男女,港商,马仔等一系列人物,细节生动,心理描写较细腻。(蒲韦)

I000413 **此夜漫长** 周梅森著。上海文艺出版社1994年4月版。14.8万字。7.50元。长篇小说。以银行行长周国镇的即将退休和副行长白金明的力图晋升这种间接矛盾为背景,描述了三名持枪歹徒劫持周国镇的住宅并图谋抢劫金库,周国镇一家和楼里其他几户人家在一夜之间的种种表现,以及他们之间平常而又不平常的关系。故事从周国镇一家被劫持写起,到全楼住户奋起与歹徒搏斗收笔,前后不过十二个小时,串连了男女老少十几个人物之间的关系,勾画出楼内几户人家在突发事件中的种种心态,塑造了干部、知识分子、工人等群像,表现出正义必将战胜邪恶的气概。作品情节紧凑,蕴涵深邃,文笔畅达,读来耐人寻味。(张森)

I000414 **中国古典戏剧故事** 吴新雷编。未来出版社1994年4月版。21.5万字。选收古典戏剧北曲、南曲、明清传奇三大体式中具有代表性的20个剧目,如《窦娥冤》、《墙头马上》、《汉宫秋》、《西厢记》、《赵氏孤儿》、《荆钗记》、《琵琶记》、《牡丹亭》、《清忠谱》、《十五贯》、《长生殿》、《桃花扇》等。改编的故事剧情完整,轮廓清楚,通俗有趣,深入浅出。每篇

故事之后，都附有简短的《说明》，包括作家简介、作品主题及其评价和影响等。（杨德新）

I000415 **父亲** 左尔东·沙比尔著。新疆青少年出版社 1994 年 4 月维吾尔文版。18 万字。4.20 元。长篇小说。描写在不同的历史时期，一家三代人的不同的生活经历，反映了解放前后以及改革开放的不同时期的社会风貌和人的精神风貌。（谢梅）

I000416 **苏醒的大地** 阿不都热依木·吾提库尔著。新疆人民出版社 1994 年 4 月维吾尔文版。45 万字。2 册。13.60 元（精），9.15 元（平）。长篇历史小说。以 30 年代至 40 年代初的历史为背景，描写新疆各族人民为争取平等、自由和民主而进行的反对军阀独裁统治的革命斗争。第一、第二部主要反映 1931 年以霍吉尼亚孜为首的哈密农民起义的一系列活动。不堪忍受反动、腐败当局欺压的哈密山区农牧民，在霍吉尼亚孜的带领下举行起义。起义队伍不断壮大，迅速扩展到整个哈密地区。当时的金树仁政府急忙派兵镇压起义，但派去的军队敌不过起义队伍而溃败，当局又派重兵镇压。为了对付金树仁的重兵，以霍吉尼亚孜为首的起义领导人，前往甘肃向马仲英求援。但马仲英进疆后独吞战利品，极力扩充自己的势力。以霍吉尼亚孜为首的起义队伍，制订周密的计划，采用灵活的战术，接连不断地沉重打击腐败无能的政府军，并占领接管了南疆地区。后经苏联大使亚甫林茨耶夫（音译）从中斡旋，霍吉尼亚孜与盛世才达成协议，霍吉尼亚孜被任命为省政府副主席。但是没过多久，盛世才充分暴露了自己的豺狼本性，把霍吉尼亚孜投进大牢，接着残杀了一大批参加起义的勇士。1943 年，起义首领霍吉尼亚孜被杀害，在新疆历史上产生重大影响的哈密农民起义宣告失败。作品真实生动地塑造了霍吉尼亚孜、马合木提·木黑提、杨增新、金树仁、盛世才、马仲英、沙比提·大毛拉等在新疆历史上具有重要影响的许多著名人物。（巴力江）

I000417 **女人寨** 袁汝学著。长春出版社 1994 年 5 月版。22 万字。7.50 元。长篇小说。讲述发生在 50 年代大别山腹地的一个悲壮故事。小说在特定地域环境、特定历史背景下，多侧面地表现了文明同愚昧、正同邪、善同恶、美同丑，宗法势力的男性统治和女性为自身命运抗争的画面，鲜明地塑造了这些女人和这些男人的形象。（张樱）

I000418 **纸项链** 崔京生著。春风文艺出版社 1994 年 5 月版。28 万字。12.70 元。少女王颢为筹措婚费，犯挪用公款罪住狱 8 年。传说：监狱里的人，在漫长的服刑生涯里，会把蒐集到手的巧克力包装纸、烟盒里的锡箔都攒起来，然后穿在铁丝上用锤子砸，直砸得像金属一样结实再也不能缩小为止，将这些"珠子"一粒一粒地串起来。随着岁月的流失，她们脖子上增添一条项链，凝结着对光明的渴望。王颢怎么会料到，她出狱后便被卷入经济大潮的浊浪中，在欺诈、陷阱和权钱交易中周旋，损人，也在害己。作者在题词中说："是心口的创伤给了一个孤独的人思想和力量。"（于雷）

I000419 **东方风云** 董志正著。大连出版社 1994 年 5 月版。65 万字。19.80 元。19 世纪末期，帝国主义列强之间争夺殖民地的斗争愈演愈烈，中国成为列强争夺的主要对象。腐败的清王朝为了维护其反动统治制度，对内实行残酷的镇压政策，对外推行媚外的妥协路线。1894 年中日甲午一战，中国军队遭到惨败。本书所叙述的就是在这一历史背景下甲午败绩的历史故事。作者选取旅顺、京津、威海为三个支点，在这三点构成的历史截面上展示国家之间、民族之间、宫廷内部以及家族内部的种种矛盾和人们的文化心态，使之交织在一起。小说描写的人物颇多，尤其是塑造了北洋水师爱国将领的群体形象，如北洋海军提督丁汝昌、致远舰管带邓世昌、定远舰管带刘步蟾、镇远舰管带林泰曾等。小说把他们放到半岛海战、易帅之争、黄海海战及拒绝诱降等重大事件中，调动一切艺术手段刻画他们报效国家的赤胆忠心和英勇杀敌、刚毅顽强的品格。小说中最重要的、作者着重刻画的人物是李鸿章。作者在刻画这个人物时并不脸谱化漫画式地把他写成摇尾乞怜的卖国贼，而是以细腻的笔触开启他丰富而矛盾的内心世界，揭示他在宫廷斗争中进退维谷的心态，不仅刻画他老谋深算、乖巧自保及投降卖国的一面，而且也透出他此时内心的痛苦与无奈。（李升民）

I000420 **Tales from Ten Chinese Classical Comedies** 刘云波改编。河南人民出版社 1994 年 5 月版。40 万字。16.70 元。Tales from Ten Chinese Classical Tragedies（《中国十大古典悲剧故事》）的姊妹篇。以王季思主编、上海文艺出版社版《中国十大古典喜剧集》为蓝本，采用英国人查尔斯·兰姆和玛丽·兰姆编写的《莎士比亚戏剧故事集》的形式，将《救风尘》、《墙头马上》、《西厢记》、《李逵负荆》、《看钱奴》、《幽闺记》、《中山狼》、《玉簪记》、《绿牡丹》及《风筝误》改写成 10 个英语中、短篇小说。小说保留原剧的主要故事情节，又根据小说的要求融人景物描写、人物肖像描写和人物心理活动描写，增加了

趣味性和可读性,以便国外读者了解中国古代的优秀文化遗产。(刘云波)

I000421　**名人的母亲**　郑焱编著。湖南出版社1994年5月版。16万字。5.50元。通俗知识读物。集中讲述中外近现代史上许多名人的母亲的故事,包括安徒生、牛顿、莫泊桑、罗斯福、丘吉尔、肯尼迪、蓬皮杜、甘地夫人、撒切尔夫人,以及蔡畅、茅盾、宋庆龄、胡适、李宗仁、钱穆、溥仪等人的母亲。这些母亲个性各异,文化有高低,贫富也不一,但都热爱、关心儿女,对其成长产生过特殊的影响。(穆陵宁)

I000422　**红军演义**　沈顺根、张鸣著。农村读物出版社1994年5月版。62万字。20.50元。章回小说。以红白两军生死决斗及红军上层领导之间的思想斗争为主线,多角度、多层次、全方位地描绘了红军十年历史中的重大事件。作品揭示了红军广大指战员勇敢、坚毅、百折不挠的精神,刻画了老一辈革命家的性格,并描写了他们不同的遭遇、个人的爱与恨、喜与怒。故事新奇、情节惊险、脉络清晰、人物形象鲜明、传奇色彩浓,具有中国古典章回小说的风格。(邵凤初)

I000423　**东方商人**　毕四海著。山东文艺出版社1994年5月版。27万字。10.80元。清末民初,亚圣公六十八代嫡孙孟洛川在济南府创办瑞蚨祥绸缎庄,由此展开了一场中国民族商业与日本经济侵略集团的角逐;同时,由孔孟文化培植出来的孟洛川与袁世凯为代表的封建官僚结成为一对长达几十年的割不断、恨绵绵的冤家。故事围绕三条线索铺展进行:第一条,东方商人孟洛川与日本巨商太野一郎的苦斗;第二条,孟洛川与袁世凯之间又依附又矛盾的恩恩怨怨;第三条,孟洛川与小芙蓉、幸枝子、丑才女之间的悲欢离合。作品在整体构架和具体布局上,采用梳辫式的结构方法,几条线索彼此纠缠着铺设、伸展;在语言上颇具地方特色。该书是一部描写中国民族商业的近代史,一部反映民族灵魂的蜕变史,也是一部再现近代齐鲁文化的风俗史。(牛明通)

I000424　**新潮女性系列**　郑建华著。山东文艺出版社1994年5月版。64.9万字。5册。29.00元。包括长篇小说5部:《痴吻》、《月有圆缺》、《爱情快车》、《灯红酒绿》、《情人的池塘》。《痴吻》的主人公子枫是位公关小姐,她爱上已婚的总经理伍天朔,使伍天朔陷入窘境。后来伍天朔的弟弟又闯入子枫的情感世界,故事变得更加曲折复杂。《月有圆缺》描写一位由农村来城里打工的女青年的坎坷经历。女青年陈月亮初到城市时,沦于生活的最底层,后来踏上了人生的坦途。《爱情快车》讲述一个十分尴尬的爱情故事。香港富婆敏子来到大陆,被青年记者高博文所爱,谁知敏子的女儿乔依娜从美国回大陆探母,竟也爱上了高博文。敏子面对亲情和爱情,不知所措。《灯红酒绿》和《情人的池塘》,前者塑造一个酒店女老板的人物形象,后者再现了一个京剧女演员的生活。(姚焕吉)

I000425　**寡妇客店**　陈光登、韩晋蓉著。上海文艺出版社1994年5月版。26万字。11.50元。长篇小说。作品构思独特,着力描绘川东风俗人情。主要写在地肥水美世代相传的朱田村30年代初发生的一场血战。原因是一个军阀的二小姐从日本留学归来,决心走“实业救国”之路,看中了朱田村这块依山傍水的好地方,决定征地盖一座纺纱厂。朱田村人不干,军阀派部队强夺,发生大战,兵死九十九,民死一百几,土地保住了,朱田村却成了寡妇村。为使朱田两姓子孙用鲜血和生命保住的祖业后继有人,两氏族长逼迫寡妇们“借种”接代,制造了一幕幕人间悲剧。作品以诗情画意、深沉痛苦的笔触探索川东那块充满封建愚昧,充满神秘色彩的土地,描绘了那块土地上变化着的光怪陆离的人和事,揭露了封建礼教的虚伪。作者满怀悲愤将原生态的生活和盘托出,使读者能仔细品味揣摩这一幕幕人间悲剧,让人深思。(张贺琴)

I000426　**胡景芳儿童中篇小说选**　胡景芳著。沈阳出版社1994年5月版。40万字。10.00元。编入著名作家胡景芳的《苦牛》等7个中篇儿童小说及著名儿童文学作家陈伯吹为这本书写的序言。其中的《苦牛》是胡景芳儿童小说的代表作,创作于1964年,写一个历尽旧社会苦难的孩子,在解放战争血与火的洗礼中成长、成熟的曲折过程。其他诸篇也在儿童中产生较广泛的影响。(李树权)

I000427　**日本轮王寺秘藏水浒**　盛瑞裕点注。武汉出版社1994年5月版。52.5万字。18.80元。《水浒》版本很多,有繁本、简本两类。简本是书贾为节省市民阅读时间、降低售价而请人整理的,以文简事繁见长。本书这个简本是从国内流传到日本的,1956年文学古籍刊行社依据日本轮王寺日光慈眼堂藏本内部印制线装本1 000册,经过三十多年,已成凤毛麟角。此次整理的本子由张国光作序,他对繁本、简本孰先孰后之争的历史作了较为全面的介绍,并作了“繁先简后”的结论,同时肯定了这个简本问世最早,具有版本研究价值和阅读评赏价值。(何小敏)

I000428 **风流殇** 李镜著。敦煌文艺出版社 1994 年 6 月版。35 万字。9.80 元。中篇小说集。收入《明天，还有一个太阳》、《风流殇》、《我们这样告别》和《半个城无故事》等 7 部作品。作者以军人和作家的双重身份和目光，冷静地观察和分析生活，大处着眼，小处落笔，通过几个看似平淡无奇的生活片断和故事，借一斑而窥全豹，艺术地再现了我军战士在不同历史时期和不同生活环境中的思想境界与精神风貌。《明天，还有一个太阳》描写一位与部队失散数十年的西路军老战士平凡的一生。他虽然被迫离开了部队，但却一直保持着红军战士的优良传统和高尚品质，用无私的行为赢得了藏族同胞的敬重和爱戴。《风流殇》记述几位西路军女战士的坎坷经历和不幸遭遇，在爱情、婚姻和革命事业中表现出的坚定信念和生活态度。《我们这样告别》和《半个城无故事》则反映我军战士戍边保国的艰苦生活。他们扎根在自然环境十分恶劣的大漠戈壁之中，用自己的青春、血汗甚至生命，捍卫着祖国的疆土和安宁。作品深沉、凝重、冷峻、粗犷，较好地体现了作者的创作态度和风格。（李民发）

I000429 **清代笔记小说类编** 陆林主编。黄山书社 1994 年 6 月版。320 万字。10 册。240.80元。从 150 余部清代笔记小说中，精选 1900 余篇作品，分世相、案狱、言情、计骗、奇异、神鬼、精怪、武侠、烟粉、劝惩 10 卷。对所收作品作校勘标点，并于语词、人物、本事等作简要注释。（项纯文）

I000430 **中国古典小说四大名著珍藏本** 曹雪芹等原著，刘世德等整理。江苏古籍出版社 1994 年 6 月版。350 万字。5 册。122.00 元。选择最佳版本为底本，并吸收其他版本的长处，进行认真校勘整理。对书中涉及的风俗、服饰、官制、科举、军事等百科知识，以及难懂的词语，均加有准确简明的注释。另附有精妙的评语，或选择前人的权威批评，或由当代名家作系统评价。其中，《红楼梦》前 80 回以甲戌本、庚辰本为底本，后 40 回以程甲本为底本，由刘世德校注整理；《三国演义》以毛本系统中芥子园刊本为底本，由沈伯俊校理；《水浒传》以容与堂本为底本，由李灵年、陈敏杰校点，陈新审定；《西游记》以世德堂本为底本，由刘兴汉校点，苏兴批评。（卞岐）

I000431 **法网情仇** 夏长达著。南海出版公司 1994 年 6 月版。32 万字。9.60 元。以民国年间为背景，以北京发生的一起轰动大江南北的绑架杀人案为主要故事情节的长篇小说。主人翁夏秋心是一个私生女，因战乱而被养母收养，后进入了孤儿院。一次偶然的机会，盐业银行的经理查良骥疯狂地爱上了她，并娶她为妻。但夏秋心最初恋人萨奇的出现以及查良骥的生理缺陷，使夏秋心走上了一条危险之路。待查良骥死于非命后，新华银行的经理孙鹤舫以要挟手段使夏秋心就范，不仅控制了夏秋心，并霸占了查良骥死后留下的巨额遗产。当夏秋心为孙鹤舫生下一子后，夏秋心最初的恋人萨奇从监狱中脱逃，胁迫她参与了绑架亲生子、勒索巨款的绑架案。当事情败露、夏秋心被送上法庭之时，律师凌霄揭开了夏秋心的身世之谜，她的亲生父亲正是法庭上对她提出公诉的大检察官席鸿飞，将犯罪的起源追溯到 29 年前……全书情节曲折跌宕，官场、商场、情场、赌场一一收入笔下，亲人、情人、仇人个个粉墨登场，令人荡气回肠。（张桐）

I000432 **痴恋** 陈昌本著。山东文艺出版社 1994 年 6 月版。16.5 万字。6.70 元。描写山村教师献身教育事业的长篇小说。“驴走嘴啃地，人爬脖子酸”的脊梁山，山高路险，山村教师钟劲夫却痴恋着这片山林，痴恋着山村父老和好学上进的娃儿们。为改变山村的贫困面貌，为了孩子们美好的明天，他带着孩子们开苗圃，种药材，引进良种栗树，力图把农林技术教育带进山村小学教育中来。为办林果技艺补习班，他豁出了一切，惹出许多有口难辩的是非，甚而惊动了县城、市府和中央，演成一出感天动地的悲喜剧。他九死不悔的痴情赢得了年轻漂亮的女教师祝彩云的痴恋，也赢得了山村父老及孩子们的挚爱。然而，在他事业成功之际，积劳成疾的他却永远离开了他所痴恋的一切。作品真实地反映了山(农)村小学教育的现状。主人公钟劲夫是山(农)村教师的优秀代表，是当前教育改革的主导力量。该书出版后，引起广泛的社会反响。（于克平）

I000433 **故园暮色** 黎汝清著。上海文艺出版社 1994 年 6 月版。45.4 万字。20.20 元。长篇历史小说《浮沉》三部曲之一。以 19 世纪初叶为背景，以景氏家族和三大军阀的关系为主线描写各系军阀的惨烈搏斗。作品侧重描述了景氏三兄弟的四妹景家贞，这个贫家女一跃而成为八千亩土地四大田庄的大土豪后，她家族中的一些成员也由此陷入灾难迭起的政治漩涡，战场上兄弟间刀枪相向，父子间短兵相接，在特定的历史时期走上不同的人生道路。同时也描述了一些仁人志士、忠勇军人、热血青年以及挣扎在死亡线上的普通民众，在这民族危亡、人民苦难深重之时，寻求报国之门、振兴中华之路的风采。小说以大开大合的艺术结构，采用大写意和细刻画的表现手法,把看似互不相关却有着深切内在联系的种种事件和众多形象鲜明的人物,连结成一个浑然的艺术整体,比较生动形象地展示出一幅波澜壮阔的历史画卷。是作者继《皖南事变》、《湘江之战》等作品出版后创作的又一部有探求精神的长篇小说。(张森)

I000434 **匪首** 田中禾著。上海文艺出版社1994年6月版。23.3万字。10.80元。长篇小说。通过对土匪天虫军司令姬有申一家奇特曲折经历的描写,展现了民国时期广阔的生活画面。姬有申自幼是一个十分可怜的孤儿,垂危之际被一位非常善良的农妇收养,与活泼可爱的荞麦"以兄妹"相称。后来姬有申渐渐爱上荞麦,因难以圆梦,便怀着深深的遗憾浪迹天涯,与匪为伍。其实荞麦深深爱着表兄杨季之,但这不过是南柯一梦。母亲硬是把荞麦许配给杨季之的哥哥杨蒹之,婚后两人同床异梦。荞麦长期被土匪头目画匠李五霸占。几年后,成了天虫军司令的姬有申打回老家,面对大富豪杨蒹之和县长杨季之,面对他深深爱着的荞麦,演出了一出令人难以置信的人生话剧。最后姬有申和杨蒹之都受到了应有的惩罚。他俩死后,杨季之离开家乡去寻找新生活。怪异的人生历程,栩栩如生的人物形象,特色鲜明的民俗,散文式的语言,童话般的意境,神秘的氛围,构成了这本人生小说。(丁元昌)

I000435 **醉太平** 朱苏进著。上海文艺出版社1994年6月版。23.7万字。13.00元。长篇小说。作品描述了军区大院一些军官为官和升官的种种心态以及他们的爱情纠葛。军区某部部长季墨阳本和司令员刘达的爱女刘亦冰情投意合,但他却和他并不爱的女军医莎莎结了婚。促使他作出这一选择的内因是为了在职务上得到晋升,继而再上调总参,又能避开司令员刘达将成为自己丈人这种裙带关系。后来刘亦冰患了乳腺癌,生命垂危,季墨阳不得不了却他欠刘亦冰的感情债。这场风波给季墨阳的仕途擢升带来了阻力。小说以季墨阳和刘亦冰的复杂感情的演变为情节主线向军区大院四面辐射,并与季墨阳等人为官升官的线索融合,相互影响着上至司令员、政委,下至科长、小干事的二三十个人物的命运,编织起一首军区大院奏鸣曲,从较深的层次揭示了大军区领导机关平凡而又不平凡的生活底蕴,比较典型地反映了现实社会生活给部队的建设训练所带来的利弊互存的影响。作品对中心事件的处置比较独特,对由季墨阳和刘亦冰的感情纠葛牵扯出的众多人物关系和事件,作者的把握和处置都较有分寸,且不落俗套,取得了较强的艺术效果。在众多的人物中,有的是落笔有较大难度的高级将领,大都写得形象丰满,显示出作者在分寸的把握上颇具功力。本书并不是一部靠情节取胜的作品,但由于人物关系设置的复杂性,生发和引伸出不少生动的情节,由此衍变出一种耐人寻味的可读性。语言精致,也染上一层独具特色的军人气韵。全书内蕴丰厚,结构完整,描写细腻,达到了思想内容和艺术形式在较高程度上的统一,是军事题材文学创作上一个有力的突破。(张森)

I000436 **文白对照太平广记** 宋·李昉等编。天津古籍出版社1994年6月版。900万字。5册。300.00元。《太平广记》是宋初学者李昉、扈蒙、李穆、汤悦、徐铉等人奉敕编修的一部大型类书,集汉至宋的小说、传奇、野史、笔记之大成。共500卷,分神仙、道术、方士、铨选、职官、豪侠、博物、算术、卜筮、交友等92类。全书共引用475种古籍,其中不少古籍已散佚,全赖此书得以保留。后来的宋元话本、杂剧、诸宫调多采用此书中的故事,明清小说亦多有取材于此者。本书以中华书局1961年版《太平广记》为底本,订正了个别明显错误,全文译成白话。译者30余人,皆古典文学方面的学者。(韩嘉祥)

I000437 **东周列国故事** 高志华改编。未来出版社1994年6月版。16.2万字。6.30元。"中外文学名著通俗本"丛书之一。根据《东周列国志》改编。改编剔除了原作宣扬封建迷信思想或封建伦理观念的一些糟粕,克服了原作主题浅露、描写手法单一、雷同,人物性格不够鲜明的缺点。在以下三方面有新的进展:第一,提供丰富准确的历史知识,重要的历史事件、历史人物都有较翔实的记载;第二,强化故事情节,增加了可读性;第三,突出了文学色彩,不仅重视故事的完整曲折,更重视各个阶层的历史人物的性格刻画、心灵的剖析和命运的展示,注重人物语言行动、肖像的描绘,语言做到了规范、准确、流畅、生动传神,以使少儿读者能更多地受到文学的熏陶。(李志钧)

I000438 **中国古代著名地方官** 赵炎森等主编。中国人民公安大学出版社1994年6月版。30万字。7.50元。编写介绍中国古代有政绩、得到广大人民群众颂扬或为官行政有特色的著名地方官的故事近60个。这些著名的地方官,如范仲淹、林则徐、郑板桥、包拯、柳宗元等等,在不同历史时期建树了卓著的政绩,而且还留下了许多宝贵的精神财富,这是后人应该珍视的。本书着重介绍这些著名地方官宽广的襟怀、爱民的情怀、廉洁的风范、崇高的气节、革新的勇气、为政的智谋、爱国的精神,揭示了“害民者民必非之,爱民者民必爱之”的真理。本书在继承优秀传统的同时,采取历史唯物主义的科学态度,对由于阶级和时代的局限古代著名地方官中有些人的错误言行进行了客观的评判。(李惠)

I000439 **我的菩提树** 张贤亮著。作家出版社 1994年6月版。21.4万字。9.90元。这不是一部严格意义上的长篇小说,从内容到形式都别具一格。它由两大部分构成:一是作者1960年在某农场劳动改造时期的数十则日记,一是作者在1993年对这些日记内容的注释与思考。每抄录一则日记,作者就根据回忆和想象将其扩充、放大,展示一幕生活场景、一幅劳动画面,或者一个小故事。日记内容十分简略、枯燥,比如“7月12日,运土坯,拣莱,誊写《永放红光》。”而注释洋洋洒洒,相当丰富生动。日记是纪实性的,注释是虚构性的,并且夹叙夹议,富于思辩性。日记透出一种逼真的历史感,而注释却有强烈的现实精神。两种文体和谐地融为一体,交错穿插,互为印证,记录下一个特殊的年代、一个非常的生存空间,描绘出一大批从肉体到灵魂均扭曲成非人的人物,深刻地展现了知识分子的心灵历程。(水舟)

I000440 **麻赫穆德·喀什噶里** 帕尔哈提·吉郎著。新疆青少年出版社 1994年6月维吾尔文版。30万字。13.00元。长篇小说。描写著名学者、语言学家麻赫穆德·喀什噶里光辉的一生。写他的勤奋、追求,写他的成绩与成功。(谢梅)

I000441 **复仇** 卡哈尔·吉力力著。新疆青少年出版社 1994年6月维吾尔文版。30万字。7.50元。长篇小说。以农村生活为背景,描写一对农民青年的纯真爱情。赞扬他们敢于反抗封建势力的束缚和压迫,去寻求解放和自由的精神。(谢梅)

I000442 **中国苗族文学丛书·现当代小说选** 苗青主编。贵州民族出版社 1994年7月版。58万字。16.20元。苗族作家现当代中短篇小说选集。收入40位苗族作家的中短篇小说48篇,分为6组编排。第一组为老作家的作品,收入沈从文的《边城》和《柏子》、紫沫的《旅伴》和《在绥东》、陈靖的《初逢》和《普渡》、姜穆的《招仰户儿》和《二五七次列车》8篇。第二组为湖南作家的作品,收入吴雪恼的《船家》和《山里葡萄甜蜜蜜》、贺晓彤的《人生,一支灿烂的歌》、向秀清的《安静些吧,我的心》、韩棕树的《淡淡的乡愁》等12篇。第三组为黔东北、川西南、鄂西片区作家的作品,收入吴恩泽的《热乡热土》、龙岳洲的《芭蕉姑娘》、安邦的《山中日月长》、第代着冬的《蛇》等7篇。第四组为黔东南、黔中片区作家的作品,收入伍略的《绿色的箭囊》、梁国斌的《门前树上鸟》、韦文扬的《龙脉》等8篇。第五组为桂北作家的作品,收入梁彬的《老母鲤的故事》和《芦笙头选亲》、何文丹的《无形的丰碑》等6篇。第六组为黔西、川南、桂西、云南片区作家的作品,收入石定的《水妖》和《天凉好个秋》、李必雨的《逼婚》、杨文升的《春心》等7篇。所收作品基本上体现了苗族现当代小说创作的分布局面以及层次、地域特点,展现了苗族现当代小说发展的水平。(胡廷夺)

I000443 **阿Q后传** 林礼明著。海风出版社 1994年7月版。26万字。8.80元。长篇小说。是为鲁迅名著《阿Q正传》作续篇的尝试。该书的主题是对封建主义思想展开鲜明的批判。主要故事情节:阿Q被判死刑,行刑队长枪下留命。阿Q由吴妈装进棺材运到外地后与吴妈结婚。阿Q因偷盗被拘,获释后参加“革命”,并因得到阴间阎罗王的指授而左右逢源,成了威压四方的“Q庄家”。阿Q率军攻占未庄、欲杀赵太爷泄愤逞威,赵太爷则跪地求饶。阿Q在遭遇战中被困,古文把他装进棺材假扮乡民送葬脱险,并在续战中获胜。阿Q与赵太爷的孙女结婚,赵太爷复为未庄主宰。阿Q觉得自己实现了“革命”理想——威福、玉帛、女人……遂命古文等人为其写传记、修“守迹馆”,以彰其功。续书的艺术手法是在深沉凝重中有诙谐、幽默、漫画式的夸张和魔幻般的荒诞色彩,也有作者个人的理想评述。“Q庄家”是阿Q历任官职的代称,环境描写、背景交代、人物设计等均不具确定性,以与鲁迅的《阿Q正传》相承。(段祺仁)

I000444 **雾海椰岛** 林鸿君著。南海出版公司 1994年7月版。69万字。2册。23.00元。分2集。叙述椰岛人斗智斗勇的英雄故事和纯真感人的爱情生活。《六连岭传奇》反映椰岛人奋勇捍卫家园的大无畏精神;《母瑞山婚歌》讲述一对相爱的革命战士为革命牺牲爱情的动人故事。作品情节生动,人物形象鲜明,富有浓郁的椰岛生活色彩。(梁晓亮)

I000445 **杨家将演义** 兰宇、王相成改编。未来出版社 1994年7月版。15.4万字。“中外文学名著通俗本丛书”之一。根据同名古典长篇小说改编。原作通过杨继业一门忠烈前赴后继抵抗外族入侵的故事,赞扬了中华民族高昂的爱国情怀和坚韧不拔的斗争精神。但原作也有严重的思想局限性,败笔较多。改编本剔除了原作中的忠君思想和美化封建贵族的内容,突出了爱国主义思想倾向,以引导少年儿童正确认识历史,正确理解爱国主义的涵义。在艺术方面,改编本尽量克服了原作结构松散、故事情节前后矛盾和时空的随意性,增强了结构的严谨性、情节的逻辑性和时空概念的连贯性。(李志钧)

I000446 **爱我中华** 副名:著名学者爱国故事。杨清海主编。未来出版社 1994 年 7 月版。13 万字。介绍詹天佑、蔡元培、竺可桢、童第周、李四光、缪云台、华罗庚、钱学森等 49 位近现代著名学者的爱国事迹,反映出中国知识分子与民族同呼吸、共命运,无私奉献,不屈不挠,报效祖国的赤胆忠心和爱国之志。(杨德新)

I000447 **石门夜话** 尤凤伟著。作家出版社 1994 年 7 月版。16.1 万字。6.50 元。中篇小说集。收入 4 部中篇小说:《石门夜话》、《石门呓语》、《金龟》和《泱泱水》。《石门夜话》的主人公二爷原是个文静的白面书生,他凭三寸不烂之舌,经一番曲折的周旋,竟力挫群匪,当上了占山为王的寨主。《石门呓语》系《石门夜话》的续篇,描写风云突变后,二爷与土匪七爷的一场复杂斗争。《金龟》叙述旧社会一名良家妇女玉珠平时积德行善,却不幸被土匪劫掠上山,被迫做了压寨夫人的故事。《泱泱水》写赵氏家族自感"人种退化",族长赵三爷设计企图"借种"振兴赵氏宗族的一场风波。所收作品选材立意奇特,情节奇峰迭起,并常有意想不到的奇特结局。(王增如)

I000448 **妻盼** 张怀甫著。安徽文艺出版社 1994 年 8 月版。29 万字。9.20 元。以当代皖西农村生活为背景,描写淠河之滨美丽、善良、对生活充满美好憧憬的农村姑娘王艳新婚不久,在乡镇企业工作的爱人因触犯法律入狱,她在经受生活变故之后,以女性柔软的双肩,掮起生活的重担,顶住了社会偏见的沉重压力,为社会、为他人奉献自己的一片真诚,并以正直、端庄的品行,赢得了人们的尊重。作品取材新颖,具有浓厚的现代乡村生活气息,细节描写委婉动人,成功地塑造了一位新时期农村青年妇女的典型形象。(王谦元)

I000449 **混沌初开** 骆宾基著。北京十月文艺出版社 1994 年 8 月版。自传体长篇小说"姜步畏家史"第一部《混沌》和第二部《少年》的合集。小说通过主人公姜步畏的幼年和少年生活,真实地展现了"九一八"前,一个汉满俄朝四个民族杂居共处的边境地区的地域风貌,展示了半封建半殖民地社会独特的民情、民风和民俗。小说没有刻意追求惊心动魄的故事、曲折离奇的情节,它以主人公日常的平凡琐事,描绘了社会的人情世态。作家以清新、恬淡、抒情的笔墨,奏响了一曲优美的田园交响乐,显示了作家丰富的生活阅历和雄厚的艺术功底。(吴立华)

I000450 **儒林外史** 吴敬梓著。海南出版社 1994 年 8 月版。38 万字。8.50 元。选用建国前亚东图书馆本,以简体字横排。保留原书胡适的《吴敬梓传》和钱玄同等所作的序。收入"人人袖珍文库"。书前有文库主编钟叔河等写的缘起及前言。(李升召)

I000451 **三国演义(李国文评点本)** 罗贯中著。漓江出版社 1994 年 8 月版。82.2 万字。2 册。28.00 元。长篇历史小说。从政治、军事、外交——权谋、韬略、智慧这一角度入手评点《三国演义》。评点有如下特色:一、政治学评价与社会学评价、历史评价与现实评价相结合,从而加大了小说阐释的深广度。二、对历史现象的评点与对文学现象的评点相结合:对交融于小说之内乃至其外(戏曲表演、口头传说等)的相关的历史现象与文艺现象每每既分而析之又熔于一炉。三、总体阐释与局部阐释、局部阐释与细部阐释相结合:以序言概述全书,每回正文之前冠以数百上千字的总批,正文再参以或长或短的侧批,庶几弥补了传统评点方法的不足。四、因事论人的分析方法与寓情于理的语言表述相结合:因事论人,又由人推事,还常常将相类或相异的人事相互比照,从而在较高的层次上和广阔的视野中将文本内外的情与理揭示出来。(朱寿兴)

I000452 **白毛女和她的儿孙** 杨润身著。农村读物出版社 1994 年 8 月版。22.5 万字。7.20元。白毛女及其儿子王四秃把土改分到的胜利果实——黄家大院,卖给了黄世仁的儿子黄金川,又将争取到的贷款宣布为个人贷款,办起了白毛女养殖品开发公司。对此,当年爬冰卧雪的"老三八"们不满,没争到承包权的黄金川也不满。在商品经济大潮中,由于利益分配的调整,使许多不理解的群众也与他们发生了摩擦。白毛女已鹤发染霜,为革命献出了三个儿子,两眼也几近失明,但仍与自己的儿子背着馍馍上北京,"老虎口上"掌钢钎,和身为村支部书记的儿子一心一意带着大家共同致富。作品以现实主义的笔触,细腻地描写了当代农民创办乡镇企业的艰难历程,揭示了改革开放后农村政治思想、伦理习俗等各方面所发生的深刻变化,塑造了不畏艰难曲折、忍辱负重埋头拉车的农村基层带头人的形象。在审美视角滑向媚俗的时候,白毛女及其儿孙带有悲剧色彩的美学形象,具有独特的价值。作者 1948 年即从事专业文艺创作,曾创作过多部中长篇小说及电影剧本，是电影剧本《白毛女》改编者之一。

I000453　**人走形势**　刘玉堂著。山东文艺出版社1994年8月版。26万字。9.80元。中篇小说集。其中，《人走形势》是新创作的一篇，展现了现代中国五六十年的历史变化，留给读者耐人寻味的思考和想象。书中还选了被誉为新乡土小说代表作并荣获上海市第二届优秀长中篇小说奖的《最后一个生产队》，和获《中国作家》优秀中篇小说奖的《县城意识》等。作者是山东籍乡土作家，他的作品通过世俗烟尘揭示民族精神，将改革和新现实主义相结合，既有历史的厚重感，又具有独特的民间艺术特色。上海评论界认为作家深得赵树理神韵，其作品为群众喜闻乐见；北京评论界认为他的作品是对现在缺少的文学样式的补充。（郇玉华）

I000454　**你无法真实**　刘玉堂著。山东文艺出版社1994年8月版。23万字。8.75元。收短篇小说18篇。其中包括广获读者好评的《师生两三个》、《老三届们的歌》、《除夕夜·中秋夜》，引起较大反响的《你无法真实》，以及作者创作中的长篇小说《乡间别墅》第一章等。作品或忆旧事，或录近闻，或写寻常日子，或描风土人情，真切自然，轻松自如。作家以独特的话语世界，呼唤人际间的真情与温暖，显示了作家的语言功底和坦荡真诚的人格力量。（郇玉华）

I000455　**朝鲜战争演义**　王志俊著。山西人民出版社1994年8月版。28.2万字。8.98元。以章回体的形式，从“美苏划定‘三八线’”始，到“朝鲜人民欢送中华儿女凯旋”止，生动地再现了朝鲜战争的真实画面，讴歌了中国共产党及其领袖们高瞻远瞩的英明决策和朝中军民不畏强暴、不怕流血牺牲的革命英雄主义精神。（秦继华）

I000456　**九皇之恋**　周策主编。时代文艺出版社1994年8月版。180万字。9册。68.00元。长篇历史小说丛书。作品揭示了古代九位帝王——大禹、句践、李隆基、赵光义、宋徽宗、朱元璋、康熙、乾隆、顺治的感情世界。（姚家余）

I000457　**月亮的雨**　艾海提·吐尔地著。新疆人民出版社1994年8月维吾尔文版。20万字。7.50元（精）。作品反映60年代维吾尔族青年大学生的生活，详细叙述他们的追求、理想和命运，揭示了新一代维吾尔族知识分子的成长道路。（买买提明·艾拉）

I000458　**后十日谈**　多人著，王惟廷、罗芙译。百花洲文艺出版社1994年9月版。32万字。16.80元（精）。所收短篇小说，被后世称为是《十日谈》的续编。作者都生活在文艺复兴时期，并尊奉卜迦丘为导师，继承他在《十日谈》中开创的“人性解放”的事业，特别是尊重妇女婚姻自由的基本权利。但他们的作品又具有一些超越《十日谈》的某些特点，如班德洛、钦蒂奥和布拉乔里尼笔下的人间世态，就不止于对中世纪遗留下来的“神权”的揭露、对教会黑暗面的鞭挞，还写出了15—16世纪意大利市民社会的种种风情。其中既有对早期市民阶层虚伪的揭露，还有对当时佛罗伦萨、威尼斯等城市民风民俗的描绘，情节生动，人物性格鲜明，在不同程度上表现了文艺复兴时期昂扬奋发的精神。（王志斋）

I000459　**三言（新注全本）**　明·冯梦龙编，陈曦钟、吴书荫、张明高校注。北京十月文艺出版社1994年9月版。173万字。3册。67.70元（平），81.20元（精）。“三言”是明末冯梦龙纂辑的古代白话小说集，包括《喻世明言》（《古今小说》）、《警世通言》、《醒世恒言》三种，共收入话本小说120篇，代表了中国古代白话短篇小说的最高成就。本书为不加删节之校注本，以上海古籍出版社影印善本为底本，并保留原书的眉批，标明〔眉批〕字样，分别移至正文中有关地方，用小号字排印。原书的错字、漏字等，属于误刻、漏刻者，据其它版本和选本进行校补；凡明显错漏，径行补正。对难词、俗语、典故、史实以及职官、人名、地名等，均有详尽注释。不少地方在吸收前人研究成果的基础上，有所突破。吴小如用“譬如积薪，后来居上”来评价本书的校勘、注释工作。（韩敬群）

I000460　**刘军手谈**　刘军著。大连出版社1994年9月版。26万字。8.80元。选收短篇小说30篇。其中引起评论界瞩目的《手谈》，讲述一个败棋的日本军官由于承受不了耻辱而自杀的故事，让读者看到，优秀的人格自尊一旦服务于侵略，将会变异出令人心寒和可怕的力量。作者艰难的生活经历，使他的小说创作敷上了或浓或淡的忧伤悲凉的色调。《小镇人》刘树德的二子忠利，改邪归正后本来可以恢复正常的生活，作者偏要让他在车祸中丧生；《远山》的主人公老谢最终也筑不成情感之巢；《无韵也无歌》的大头，在作者悲沉情绪的构思中，不得不用水果刀结果了自己；《细雨如歌》中利子的忧伤结尾令人难以卒睹。作者仿佛在充满希望地编织花环，结果却又无可奈何地将它扯碎。这是刘军作品的特点，也是其稍欠亮色之处。作者善于使用语言，他吃透了辽南方言，具有招之即来的手段，不仅仅是人物对话、细节描写，就是总体叙述的进程，也挟裹着辽南淳厚的韵味。这也是刘军小说的魅力所在。（李然）

I000461 **中国古代传奇故事精选** 刘健屏主编。湖南少年儿童出版社 1994 年 9 月版。119 万字。34.00 元。从六朝志怪小说、唐宋传奇、宋元话本、元杂剧、明清小说中选收故事 304 个,基本上囊括了中国古代传奇故事的精华。本书融传奇、神话和故事于一体,突出了真善美的主题。附有精美插图 40 幅。(向民胜)

I000462 **《红楼梦》评点本** 曹雪芹著,王蒙评点。漓江出版社 1994 年 9 月版。132.7 万字。40.00 元(平)。版本采用程甲本,由红学版本专家冯统一校勘加注,并选辑程伟元、高鹗的序文及 24 幅绣像。王蒙积多年对《红楼梦》的研读心得,以小说家的视野,对《红楼梦》的结构、手法、思想艺术特色、曹雪芹的创作心态及后 40 回高鹗续书的得失,一一进行了精评妙点,评点文字近 30 万。如第五回,王蒙评说:"从纯小说阅读的角度来看,这一回的最大作用是先把悲剧的结局告诉读者,底下怎么写,都处在一种过来人的追忆的色调之中……终将灭亡的阴影笼罩着全书,盖第一回与第五回之功也。"给读者提供了解读《红楼梦》的钥匙。再如对高鹗续写的林黛玉魂归离恨天、贾宝玉泪洒相思地,王蒙叹道:"连续几回写宝黛爱情悲剧和玉钗婚姻悲剧,熙熙攘攘,大喜大悲,甚见功力。实是续作的奇迹。古今中外,有这样的续作,令人难以置信。"对高鹗续作的精华部分予以充分肯定。在评点中,王蒙作品风格的理趣特色得到了淋漓尽致的表现。或只言半语,或洒洒千言,无不透出作家对《红楼梦》的独特领悟:"文学本体,常常比文学理论更丰富。《红楼梦》比'红学','阔多啦!'"本书策划、组稿、责任编辑聂震宁所撰写的总序《再倡中国传统评点方法》一文,对评点这一中国古代文学批评的特有方法,其产生、兴盛、衰落的历史演化过程及评点方法的理论基础,其在中国文学发展史上的重要作用进行系统的论述,并指出了再倡中国传统评点方法的必要性。(刘哲双)

I000463 **饥饿的山村** 王智量著。漓江出版社 1994 年 9 月版。31 万字。12.50 元。长篇小说。以 60 年代西北某地李家沟为背景,塑造了一批有血有肉的人物形象:被划成"右派"下放劳动的某大学教师王良,李家沟小学教师李江玉,淳朴美丽的张秋眉,独立不羁的李七姑以及利用职权为非作歹的工作组长薛永革、大队办公室主任冯万利等,描写了爱与恨,美与丑的斗争。作品近似实录地描写饥饿年代令人触目惊心的场景,展示勤劳淳朴的农民们为求生存、求富足而进行的努力,表现了作者对美好人性的追求和对历史人生的深刻思索。(庞俭克)

I000464 **'92 中国小说精萃** 舒楠、兴安选编。农村读物出版社 1994 年 9 月版。45 万字。11.50 元。"九十年代中国小说佳作"丛书第三辑。共收 1992 年度中短篇小说 18 部(篇)。其中余华的《活着》、阎连科的《夏日落》、王朔的《过把瘾就死》、刘醒龙的《凤凰琴》、铁凝的《孕妇和牛》、尤凤伟的《石门夜话》、李国文的《涅槃》、乔典运的《问天》、陈染的《嘴唇里的阳光》等,或以冷峻客观的创作态度关注现实生活中人的命运,或以独特的审美视角去把握历史与人性、塑造出生动感人的形象,或在小说创作的表现方式上有所创新突破。所选作品反映出 1992 年中国小说创作的多样化态势。每篇作品前有作者小传及选编者对作品的简要论述。书后附有"当年度小说推荐篇目"。(马春辉)

I000465 **没有鸟的谷地** 刘玉峰著。青海人民出版社 1994 年 9 月版。19.8 万字。7.00 元。中短篇小说集。收十几篇描写柴达木神奇生活的中短篇小说。作品内容深刻,文笔粗犷有力,风格独特,充满现实主义色彩。(辛茜)

I000466 **太平广记(足本·普及本)** 宋·李昉等编,华飞等校点。团结出版社 1994 年 9 月版。250 万字。96.00 元。古代小说总集。成书于宋太平兴国三年,又因其规模浩大、内容丰赡,故称为"太平广记"。全书 500 卷,按题材分为 92 大类、150 余小类。引书 470 余种,保存了大量的古小说资料。校点以明谈恺刻本为底本,用清陈鳣校宋本、明沈氏野竹斋钞本校勘,并参酌明许自昌刻本和清黄晟本,另参照上海古籍出版社影印"四库"本进行补缺,简体横排,现代标点。校勘择善而从,标点纠正了一些原书断句不妥之处。(华飞)

I000467 **太行英雄传** 王孔文著。希望出版社 1994 年 9 月版。35 万字。9.80 元。长篇小说。分 79 章,主要描写抗日战争中,为保证八路军总部的安全,太行军民在中国共产党的领导下,克服三八二十四个困难,经历九九八十一件大事,与敌人浴血奋战的两千多个日日夜夜。(侯天祥)

I000468 **敦煌遗梦** 徐小斌著。北京出版社 1994 年 10 月版。15 万字。6.00 元。敦煌莫高窟以独特的历史、文化、艺术与宗教的深厚底蕴,向后世的人们展示着永远的魅力。美术学院的女才子肖星星,在这里先后邂逅了某研究所的实验员张恕和医学院大学生向无晔,本是萍水相逢,却有了一段难以忘怀的感情经历。莽莽沙海,晓风残月,在那些历经几个世纪风沙侵蚀的神秘洞窟中，三个北京人被一幅幅艺术珍品深深打动，心灵受到奇异的启示。在浑然不觉中，他们被卷入73窟巨型壁画《吉祥天女沐浴图》的失窃案中，并最终有人成了大漠冤魂。三危山多少个神秘之夜，酷似观音的管理处长、神机妙算的大叶住持、忠于职守的灰衣女人、美丽娇艳的裕固姑娘，善恶难辨，吉凶莫测……那些历经千百年的民间传说，又透着古老的悲凉。唐代于阗公主与画家的暗恋，成就了一幅幅惊世之作，却注定他们的后代永远背负着一份沉重踽踽前行。作者对艺术与宗教文化有独特的见解，对现代人的生活方式和理性追求也有较深层次的思考，因此使这部情节性很强的长篇小说，不仅具有可读性，也具有较强的哲理性。（陈晓敏）

I000469 **济公全传** 佚名著，瘦吟山石校点。春风文艺出版社1994年10月版。86万字。3册。54.00元。“中国古典名著珍藏本”丛书之一。共242回。叙南宋时浙江省天台县李员外之子李修缘，乃降龙罗汉转世。少年时与刘千户之女订亲。父母先后去世，他看破红尘，立志出家。18岁时到杭州西湖灵隐寺拜长空长老为师，当了和尚，法名道济。因不守佛规，吃肉喝酒，疯疯颠颠，人称济颠和尚。他到处济困扶危，度化众生。书中有大闹秦相府、重修大碑楼、白狗闹洞房、济公斗蟋蟀、八魔炼济公等故事。其中，描写济公及其弟子雷鸣、陈亮追拿山贼华云龙的故事最长，多达70余回。济公是一个集圣僧、侠士、游民于一身的喜剧人物。作品反映了正义战胜邪恶，也宣扬了佛家的虚无思想，是一部神怪侠士合流的长篇小说。（耿瑛）

I000470 **说岳全传** 钱彩著。春风文艺出版社1994年10月版。49万字。2册。30.00元。“中国古典名著珍藏本”丛书之一。共80回。记述南宋抗金名将岳飞父子事迹的讲史演义小说。北宋末年，河南相州人岳和娶妻姚氏，中年得子，取名岳飞，字鹏举。出生三日，黄河发水淹死岳和，姚氏母子被内黄县王员外所救。岳飞与王贵等兄弟五人从小拜周侗为师习武，后来金兵犯宋，岳飞投军保国，从先锋升至元帅，屡立战功。岳家军在朱仙镇大捷，朝廷连发十二道金牌，调他回京。不久被奸相秦桧以“莫须有”罪名杀害于风波亭。其子岳雷等人立志为父报仇，为国除奸，经战数年，打败金兵。到孝宗时，岳飞冤案终于昭雪。书中写岳飞为金翅大鹏转世，牛皋为黑虎临凡，金兀术为赤须龙下凡，秦桧为铁背虬龙转世，把忠奸善恶斗争写成了因果报应。（耿瑛）

I000471 **聊斋志异** 蒲松龄著。春风文艺出版社1994年10月版。55万字。2册。35.00元。文言短篇小说集。共12卷，近500篇。正文前有紫霞道人高珩序、豹岩樵史唐梦赉序、作者自序及渔洋老人等5人的题辞。书中有一半作品为鬼狐神怪故事，如《画壁》、《捉狐》、《王六郎》、《偷桃》、《劳山道士》、《青凤》、《画皮》、《婴宁》、《红玉》、《连琐》、《荷花三娘子》、《窦氏》、《马介甫》、《翠云仙》、《梅女》、《席方平》等；也有公案侠义故事，如《新郎》、《冤狱》、《商妇》、《单父宰》、《于中丞》、《胭脂》、《石清虚》、《太原狱》、《伍秋月》、《侠女》、《商三官》等，爱情故事《王桂庵》、《姊妹易嫁》、《瑞云》等；此外还有一些奇闻异事录，如《地震》、《赵城虎》、《鼠戏》、《义犬》、《龙肉》、《车夫》、《水灾》等。为“中国古典名著珍藏本”丛书之一。（耿瑛）

I000472 **醒世姻缘传** 西周生著。春风文艺出版社1994年10月版。90万字。3册。53.00元。“中国古典名著珍藏本”丛书之一。共百回。叙明代正统年间山东武城县的晁源，先娶妻计氏，后买小妾珍哥。因晁源打猎，射死一千年狐仙，结下冤仇，从此家宅不安。珍哥与人私通，反诬计氏不贞，伙同丈夫，逼死计氏。案发后，珍哥判绞刑下狱，晁源则逍遥法外，寻花问柳，奸人妻子，被其夫所杀。不久，晁源托生狄希陈，狐仙托生薛素姐，计氏托生童寄姐，珍哥托生韩珍珠。狄希陈娶薛素姐为妻，素姐过门后，打骂丈夫，气死公婆。成化初年，狄希陈进京为官，又娶寄姐为妾，买珍珠为婢。寄姐视珍珠如仇敌，逼其自尽。素姐为报前世一箭之仇，箭伤丈夫，被高僧所救，并说明两世姻缘，冤仇因果。从此狄希陈信佛念经，福至祸消，冤除恨解，全家平安。此书反映了善恶斗争，贯穿了因果报应观念。（耿瑛）

I000473 **儿女英雄传** 文康著。春风文艺出版社1994年10月版。59万字。2册。37.00元。“中国古典名著珍藏本”丛书之一。加缘起首回在内共41回。叙述清康熙末年，淮安知县安学海为人正直，被人陷害入狱。其子安骥携银救父，路经能仁寺，巧遇侠女十三妹。安骥的脚夫与能仁寺恶僧都欲图财害命，十三妹杀死强贼，救出安公子及民女张金凤，赠送二人银两，并促成姻缘。安学海出狱后，寻访十三妹，得知其本名何玉凤，因其父被权臣纪献唐所害，乃携寡母避难山中，立志报仇。安学海得江湖豪侠邓九公相助，找到十三妹，其母已故。安告知纪贼已伏法，十三妹欲出家为尼，被安劝止，许嫁安骥。安公子娶金、玉二凤，称作“金玉缘”。后来安骥得中探花，为山东钦差观风整俗使。此书别名《侠女奇缘》，为满族文学名著。

I000474　**二十年目睹之怪现状**　吴研人著。春风文艺出版社1994年10月版。62万字。2册。38.00元。"中国古典名著珍藏本"丛书之一。共108回。书中的我，自称为"九死一生"。他15岁时，去杭州给经商的父亲办丧事，谁知父亲的朋友尤某在其中大捞一笔，余下五千两银子又被伯父带走存入南京钱庄。母亲生活困难，命他去南京要钱。到南京没见到伯父，幸亏遇到了同窗好友、在此做官的吴继之，他到吴公馆帮忙。从此，耳闻目睹了黑暗社会的种种怪事。有的人一边做官一边做贼，有的官兵一手拿火炮，一手拿烟枪。他去上海办事，听说制造局中许多贪污腐败之事。回南京后，时值科举，他在科场中见到种种舞弊行为。后到广州，又听说一骗子经营西药将股东资本骗到香港，一女子与乡绅通奸被本夫杀死，反而立了牌坊。在天津见到水师营将一条小蛇当作河神大王供奉。在北京见到满口仁义的京官却虐待年迈的祖父。后来伯父病故，他去奔丧，有人却怀疑他是来争夺遗产。"九死一生"将20年目睹怪事写成笔记，交给友人，编成了这部谴责小说。(耿瑛)

I000475　**暗杀——3322**　王蒙著。春风文艺出版社1994年10月版。20万字。10.80元。小说勾画几名经历不同的大学同学，半个世纪以来在政治风云中的周旋与角斗，在谎言世界里的苦笑与凄泪。又红又专的李门，童年曾与弟弟玩玩具枪，将枪口指向过路的一位高级首长，不料成为后来历次运动中伤害命运的"暗杀革命首长"罪行；又与女同学有过一度金风玉露，不料成为终生还不完的情债。女同学冯满满体态丰盈，聪明俊逸，但为躲过反革命父亲留下的灾难，她喜怒失常，却又啼笑自如，为自己与恶棍丈夫的钱权好梦而巧取豪夺。丈夫侯志谨是个利欲熏心、以整人为快的阴谋家。还有一名巧扮"神童"的"诗人"，甘作流氓的"作家"。李门虔诚地追求理想，逆来顺受，他的妻子红云则不畏权势，不媚低俗，独具慧眼，淡于名利。四名同学在各次"运动"中攻守沉浮，那些加害者同时也是被害者。小说对中国半个世纪以来在极左思潮控制下的政治风云与社会心态，都有淋漓尽致的描叙和剖析。(于雷)

I000476　**镜花缘**　李汝珍著。春风文艺出版社1994年10月版。48万字。2册。32.00元。"中国古典名著珍藏本"丛书之一。共百回。武则天篡唐改周称帝时，唐室旧臣徐敬业起兵反周失败。秀才唐敖进京应试，得中探花。不料被人告发，说他当年与徐敬业结拜为异姓兄弟，因此被革去探花。唐敖看破红尘，便随其妻舅林之洋到海外漫游经商，一路上，经过君子国、大人国、劳民国、智佳国、两面国、女儿国等20余国，见识许多奇人奇事。唐敖收歧舌国的枝兰音为义女，林之洋收女儿国的阴若花为义女。后因船遇风暴，被困小蓬莱，唐敖独自上山不归，留诗谢绝世人。其女小山得知父亲失踪，出海寻父，见一樵夫，得到父亲亲笔书信，嘱其改名闺臣，考中才女，方能相聚。闺臣回国后参加女科考试，得入"百名才女"之列，二次出海寻父，入山登仙。后有武则天归政，中宗复位等情节。此书前半部为海外奇谈，后半部有百科知识。(耿瑛)

I000477　**孽海花**　曾朴著。春风文艺出版社1994年10月版。27万字。20.00元。"中国古典名著珍藏本"丛书之一。共35回。叙清同治年间，状元金沟回家省亲，在家乡江苏吴县，见到不少同乡，都说当今为官，必须精通西学。从此，他也读了许多介绍西洋之书，渐渐博通洋务。后在苏州结识名妓傅彩云。不久，补授内阁学士，又派为俄、德、荷、奥四国出使大臣。他纳傅彩云为妾，迎入府中。其妻张氏不愿随夫出国，将公使夫人的诰命权给彩云，由彩云随同择日出洋。航行途中，彩云向俄国姑娘夏雅丽学习了德文。到柏林后，夫妻结识许多德国军人，傅彩云被称为中国第一美人。他们到俄国后，金沟忙于外交，彩云巧遇旧相识德国军人瓦德西，经常去叶尔丹园幽会。金沟归国后，几经变故，饮恨而死。彩云重抄旧业，改名曹梦兰，成为上海滩红极一时的名妓。此书穿插了戊戌变法前30年的历史事件，是在真人真事的基础上加工而成的历史小说。全书未终。(耿瑛)

I000478　**中国古代珍稀本小说**　侯忠义等主编。春风文艺出版社1994年10月版。500万字。10册。300.00元。分10卷，共收入中国古代珍稀小说50种。包括历史小说、世情小说、神怪小说、公案小说四类。有长篇，也有中短篇，都为明清两代作品。其中，第一卷收入《章台柳》、《东坡诗话》等5种；第二卷收入《比目鱼》、《欢喜冤家》等5种；第三卷收入《春秋配》、《于公案》等5种；第四卷收入《八段锦》、《顺治过江》等5种；第五卷收入《五鼠闹东京》、《仙侠五花剑》等5种；第六卷收入《醒名花》等5种；第七卷收入《梦中缘》等5种；第八卷收入《天妃娘妈传》等5种；第九卷收入《人中画》等5种；第十卷收入《绣鞋记》等5种。首卷有侯忠义序、校点凡例，每篇前有前言，简介作者生平、版本源流与故事内容。(耿瑛)

I000479 **中国古典名著珍藏本** 马达骐等编辑。春风文艺出版社1994年10月版。20册。456.00元。共收入中国古典小说名著10种,有《镜花缘》(上、下)、《老残游记》、《聊斋志异》(上、下)、《孽海花》、《济公全传》(上、中、下)、《隋唐演义》(上、下)、《醒世姻缘传》(上、中、下)、《儿女英雄传》(上、下)、《二十年目睹之怪现状》(上、下)、《说岳全传》(上、下)。包括了讲史、侠义、神怪、世情等各类代表作品。

I000480 **隋唐演义** 褚人获著。春风文艺出版社1994年10月版。70万字。2册。44.00元。"中国古典名著珍藏本"丛书之一。共百回,记述隋文帝至唐代宗二百年间的历史故事。主要有:隋文帝杨坚伐陈,隋炀帝杨广篡位,秦琼救李渊,程咬金劫皇杠,瓦岗山群英聚义,李渊反隋兴唐,玄武门之变,唐太宗李世民继位,武则天改周当女皇,唐中宗李显复唐,韦后乱宫,李隆基夺寿王妃,杨玉环得宠,安史之乱,郭子仪平叛等情节。书中说唐明皇乃朱贵儿转世,杨贵妃乃隋炀帝转世,把隋唐两代写成因果关系。此书既有两军争战,又有宫廷斗争,还穿插了少数神话传说。故事多源于《隋史遗文》等书,对后来的《说唐》一书有很大影响。是一部流传极广的讲史演义小说。(耿瑛)

I000481 **老残游记** 刘鹗著。春风文艺出版社1994年10月版。19万字。15.00元。"中国古典名著珍藏本"丛书之一。正集20回,续集9回,书前各有自叙与自序。书叙铁英,号老残,为人治病,来到山东,同友人在登州观赏海景,被人打入海底,醒来原是一梦。老残在济南大明湖听王小玉说唱梨花大鼓,妙境难言。他因为一女子治好病而得见山东抚台,献上治河良策。复到曹州访察知府玉贤的政绩,眼见酷吏害人,非常气愤,写信向抚台大人报告实情。他又到城武县向县令献出了治县济民方略。回省城后,又访明月饼一案,去泰山讨来解药,救活13人,了结一桩奇案。续集写老残南下的经历及夜梦阎王审案等情节。他在地府,巧遇表妹及其丈夫折礼思,他们说老残在阳世结得佛缘,不久即可登西方极乐世界。书中对清末"南革北拳"的评论,受历史局限,反映了作者的错误观点。(耿瑛)

I000482 **冰心的故事** 朱犁编。福建少年儿童出版社1994年10月版。16.2万字。7.00元(平),11.00元(精)。以故事的形式,叙述冰心青少年时代的生活经历,讲述冰心小时候在家庭的影响下如何勤奋学习,如何培养起对文学的爱好,如何在动荡的社会里坚定了人生的信念和追求,怎样从一个单纯、幼稚的女孩成为一个成熟的、有崇高信仰和人生目标的青年。(吴兆钧)

I000483 **丘吉尔与他钟爱的女性** 朱磊、朱湄著。海南出版社1994年10月版。22万字。9.80元。丘吉尔曾两次任英国首相,是英国政坛的历史巨人。本书以丘吉尔半个世纪的宦海沉浮为主线,讲述了对丘吉尔一生有重要影响的三位女性——母亲、夫人和女儿的故事。她们是同一个家庭而性格迥异的女性。她们以各自的方式给丘吉尔以最热烈、最亲切的爱。丘吉尔所以成为成功的历史巨人,与他夫人的贤雅温存、通达有识及一生的鼎力相助有着密切的关系。正如丘吉尔向朋友们表述的,没有克莱曼蒂娜,我可能不会有任何成就。通过本书,人们可以更多地了解这位世界政坛人物鲜为人知的家庭生活和感情世界。(黄宪萍)

I000484 **五大才女传奇** 吴文华等著。湖南文艺出版社1994年10月版。12万字。4.50元。收入《半边铜镜售千金》、《含恨怀诗卧血泊》、《愁肠泪眼留与君》、《离恨绵绵心已碎》和《冤沉辽宫终未白》五部中篇历史小说。作品再现了中国古代封建社会五位大才女的生活遭遇,描写了她们充满辛酸血泪、富有悲剧色彩的人生经历和哀婉动人、离奇曲折的爱情故事。主人公是:国破家亡后,夫妻失散,沿街乞讨叫卖半边铜镜,历尽艰辛,终与丈夫合镜重圆的陈朝的乐昌公主;才思敏捷,善文工诗,为人妒不能容,终被权贵所害,沃血法场的唐代女道士鱼玄机;为追求自由婚姻,对爱情忠贞不渝,终因鞭笞含恨而死的唐代女诗人步非烟;本为后蜀之主宠妃,善作宫词,沦为亡国之妇后,不甘屈辱,怀念故国,终为赵光义射杀的后蜀王妃花蕊夫人;工于音律,因制作新词劝谏皇帝不要荒废朝政,而横遭陷害致死的辽代爱国皇后萧观音。(陈仿麟)

I000485 **正是高三时** 许旭文著。花城出版社1994年10月版。19万字。7.50元。描写90年代中学生生活的长篇小说。写90年代初,广东省汕头市××县第二中学高三(6)班的一群学生——班长洪学范、学习委员许凌云、文艺委员李丹妮、"业余记者"李达明、"诗人"李思中、后进生范勤才等和班主任张老师、陈校长、庄主任等,如何为了一个共同目的——使大多数同学都能考上大学而努力奋斗。小说写了高三学生的学习、高考、生活、友谊、爱情、努力、挣扎,也写了他们之间的矛盾以及和校长、老师之间的冲突;既写了他们纯真、幼稚、可爱的一面,也写了社会影响带给他们的世故、圆滑的一面,不管是优点还是缺点,都写得很真实自然,写出了90年代中学生的特点。作者动笔写这本书时,就是一个高三学生,写的也基本上是他周围的人物和身边发生的事,因此,这部小说有很浓的纪实色彩。(谢日新)

I000486 **张资平小说选** 张资平著。花城出版社1994年10月版。58万字。2册。38.80元。张资平是现代文学史上重要的文学社团创造社的发起人之一,也是创造社的主要小说作者之一。他的著作和翻译作品共七八十种。其产量之多,在现代作家中是不多见的。张资平的短篇小说,从题材可分为三类。留学生生活是他初期小说的主要内容,处女作《约檀河之水》便是写留学生与日本姑娘恋爱悲剧的。《她怅望着祖国的田野》谴责留学生欺骗有一半中国血统的日本少女的卑鄙行为。《银踯躅》、《一班冗员的生活》表现青年们在异邦蒙受的"弱国子民"的屈辱和他们对祖国的深沉热爱之情。《雪的除夕》、《小兄妹》、《冰河时代》等一组作品为第二类,因其有作者自叙传性质,被称为"身边小说",描写的是20年代中期一个大学教授一家艰辛的生活。第三类是恋爱小说,《爱之焦点》、《梅岭之春》、《蔻拉梭》等十几篇作品,都写知识青年男女的恋爱。张资平的二十几部中长篇小说,除《冲积期化石》和《脱了轨道的星球》之外,都是描写恋爱的作品,其中《苔莉》、《最后的幸福》影响最大。由此,张资平成为公认的"恋爱小说家"。本书由中国社科院文学所李葆琰选编。所选作品既注意了作品的思想艺术特点,也照顾到作者创作发展道路。(刘钦伟)

I000487 **女人韵歌** 慰慈著。花山文艺出版社1994年10月版。25万字。7.80元。20年代,富家少爷柳弗达看中聪颖、贤惠、美貌的村女程端琦,婚娶为妻。后柳到英国留学又钟情女留学生夏叔倩,遂休弃发妻。抗日战争时期,女八路军李霞经常宿居柳家,程端琦以姊妹相待。不久李霞牺牲,遗下儿子小刺猬,程冒着生命危险将其收留并尽心抚育,后被柳家女佣张嫂带走,流落他乡。日寇投降后,残废军人张景森到柳家落户,与程端琦相爱。原来张景森是李霞的丈夫,小刺猬的生父。"文革"中,夏叔倩将年迈的父母寄养到程端琦、张景森家中,程不计前嫌,竭诚照顾。作者用细腻的笔触,以大跨度的历时性结构、强烈的对比手法,叙述了柳弗达、程端琦、张景森的婚姻风波及他们儿女之间的爱情纠葛,颂扬了程端琦无私、勤劳、忍让、奉献的崇高精神,对柳弗达的无情无义、夏叔倩的自私自利,作了严峻的剖析和批判。(苏建民)

I000488 **皋鹤堂批评第一奇书金瓶梅** 明·兰陵笑笑生著。王汝梅校注。吉林大学出版社1994年10月版。127.7万字。2册。200.00元。以清康熙年间张竹坡评点乙种本(吉林大学图书馆藏)为底本,参以张竹坡评点甲本(大连图书馆藏)和其他重要版本加以校勘、整理而成。以往研究者以张评甲本和张评乙本为同一版本,此次校勘则发现并指出两者的诸多相异之处,断定大连图书馆藏本为张竹坡1695年刊刻的初刻本,吉大图书馆藏本则是据初刻本的覆刻,两者在评语、正文等方面都有差异。这是《金瓶梅》版本研究的重要发现。校记简明扼要,一般只就重要异文出校。注释内容广泛,包括难解字词、方言俗语、典章制度、风土民俗等,是作者多年从事《金瓶梅》文本研究成果的集中体现。前言对《金瓶梅》研究历史和研究成果作概括和总结,指出"金学"研究的坎坷历程、突破性进展、学者的共识以及尚存在的问题,同时也对一些重要学术问题提出了见解,如根据充分的材料指出张评乙本的加工刊刻者是张竹坡的弟弟张道渊;又如对书中性描写问题也提出了富有启发意义的观点。本书的排印力求保留张评本原貌,正文之外有眉批、双行小批,旁批则采取双行小字形式,前加"旁批"二字,以别于双行小批。(仲怀民)

I000489 **足本鸳鸯蝴蝶派小说** 蔡茂友、夏天阳主编。京华出版社1994年10月版。190万字。6册。72.00元。鸳鸯蝴蝶派中长篇小说集。鸳鸯蝴蝶派受西方唯美主义文学思潮的影响,以擅写风花雪月、才子佳人的爱情故事区别于其他文学流派,但其题材也涉及了社会的各个方面。本书按题材分为6卷:言情小说《鸳鸯结》、社会小说《人间地狱》、宫闱小说《最后的金黄色》、武侠小说《风雨双龙剑》、侦探小说《窗前魅影》、黑幕小说《古都秘录》。所选作品均是鸳鸯蝴蝶派的代表作,基本反映了鸳鸯蝴蝶派的创作全貌。(孙建庆)

I000490 **青青的群山** 布和德力格尔著。内蒙古人民出版社1994年10月版。80万字。2册。18.00元。长篇小说。分两部,共68章。上部《故乡的爱恋》以1968—1969年间内蒙古大地发生的特大错案——"挖新内人党"运动为背景,描写旗长吉博呼朗等蒙汉共产党员、城乡群众,与旗革委会主任吴辛为首的一群阴谋家、社会渣滓之间展开的角逐与斗争。吉博呼朗借歹徒们策划的"假枪决"之机,在群众掩护下逃入荒山老林,"卧棺"、"巧装"、"闯旗府"……一次次度过了险境,抵制并揭露了豺狼们"挖新内人党”的倒行逆施给草原人民带来的巨大灾难。下部《故乡的召唤》讲述的故事一下子跳跃到十一届三中全会以后。主人公吉博呼朗接受乡亲们的召唤，毅然从盟领导岗位回到旗里担任党委书记，正本清源，首先彻底否定“挖肃”运动、否定“文化大革命”，全面落实党在农村、牧区的各项政策，给受害群众、干部平反昭雪，极大地调动起广大人民群众的热情。他长期深入基层，组织并领导农、牧民调整生产结构和经营体制，使当地的农、牧、林经济沿着改革、开放的路线，飞快地发展繁荣起来，为人民又立新功。（荣竹林）

I000491 **失态的季节** 王蒙著。人民文学出版社1994年10月版。32.8万字。12.15元。长篇小说。通过青年诗人钱文1957年至1960年的经历，反映那个特殊的年代。1957年“反右”政治运动使许多知识分子罹祸。作家用轻松幽默的笔调，讲述了那场灾难。有人病死狱中，有人赴海自杀，有的家庭发生变故……他们成批地被赶到农村劳动改造，真诚地怀疑自己、出卖自己，也真诚地怀疑别人、出卖别人，人格和尊严荡涤一空；重压之下，有的人良知被泯灭。作者对不同知识分子的不同遭遇进行描写，表现他们不同的心理活动，并对人在困境中的灵魂裂变进行了剖析。同时，作者对“三年自然灾害”时期也作了真实、生动的描摹。该书出版后，引起评论家的注意，认为此书具有强烈的批判精神，是“对历史微笑的批评”。它细节真实，刻画人物成功，人物的语言很传神，视角独特，表现逼真，平淡中见真实，写出人性的扭曲。尤其作者运用大量的排比句，以快捷的语言节奏，形成特有的语势，达到了调侃戏谑的语言效果，表现了事物的不同层面，形成了这部作品艺术上的特点。（李丹妮）

I000492 **战争与命运** 杨大群著。沈阳出版社1994年10月版。240万字。8册。78.00元。长篇纪实小说。分四部八卷：《大决战》（上下卷）、《大对抗》（上下卷）、《大反攻》（上下卷）、《大较量》（上下卷）。以宏伟的气魄，全景式推出了新中国建国前后的三场战争，即反法西斯战争、解放战争和抗美援朝战争。以中国东北地区人物和故事为主线贯穿全书，描写了欧洲、亚洲、大西洋及太平洋地区诸多战场，细腻地刻画了战争中领袖、总统、天皇、将军、教授等正反面人物，形象地描述了黎民百姓、下级军官、地下工作者、士兵等人物的命运和战争观。（李应福）

I000493 **走下金銮殿的皇帝** 完颜绍元著。天津教育出版社1994年10月版。11.8万字。4.75元。以一则则故事为主，旁及相类似的史实，展现了一幅幅走下金銮殿的皇帝的生活画面。在世俗生活中，他们或主持学术会议，爱好自然科学；或舞文弄墨，游乐于琴棋书画之中，不知老之将至；还有的迷恋马球，喜欢杂耍。书中还写了太上皇的遭遇及其无奈，末代小皇帝“愿今生不再生帝王家”的哀号。作品从一个新的角度让人去认识封建社会及其统治者。（孙丽亚）

I000494 **十大元帅轶闻趣事** 胡家模著。河南人民出版社1994年10月第2版。29.6万字。11.50元。以小故事的形式，生动地描述朱德、彭德怀、刘伯承、贺龙、陈毅、罗荣桓、徐向前、聂荣臻、叶剑英在革命斗争和建设中所表现出来的远大理想、宏伟抱负，不怕艰难险阻、不怕自我牺牲、待士兵如子弟的崇高品质和共产主义精神；同时收入林彪若干趣闻轶事。（蔡瑛）

I000495 **花园深处** 蒋启倩著。百花文艺出版社1994年11月版。16.6万字。8.30元。作者的第一本小说集。收入“21世纪文学之星”丛书1994年卷。收入书中的四个中篇（《花园深处》、《梦醒时分》、《初民》、《位置》）、一个短篇（《半生婚姻》），题材各异，叙述形式有着不同的探索和追求，均着力展示人的生存状态，即人在自己特定的生活位置上怎样活着。作者的这种切入生活的独特视角，和其属于自己的感悟与发现，以及由此生出的对生命价值的判断和对生活理想的呼唤，构成了小说集突出的情感蕴涵和统一贯之的思想主线。各篇中所刻画的诸多人物，时代背景不同，性格迥异，作者所着色彩浓淡不一，都给人留下了深刻的印象。

I000496 **窑祭** 姜贻斌著。百花文艺出版社1994年11月版。15.6万字。7.80元。收入中篇小说《窑祭》及短篇小说《媛秀》等13篇。作者长期生活和工作在湖南的矿山，对矿区的生活极为熟悉，且充满感情。他的这些小说，有反映旧社会矿工悲惨遭遇的（《窑祭》），但更多的是刻画当代矿山的各色人物。为“21世纪文学之星”丛书1994年卷之一。（文秉勋）

I000497 **乡邻乡亲乡人** 林和平著。百花文艺出版社1994年11月版。16.5万字。8.30元。辽宁满族青年作家林和平的第一部中短篇小说集。收入“21世纪文学之星”丛书1994年卷。作品用现实主义的创作方法，描绘了关东农村中物质致富与道德力量、传统观念与现代意识、文明与愚昧、新风与旧俗的冲突，构成了一幅斑驳陆离、丰富多彩的现实生活图景。其特点为:一、洋溢着时代气息和关东农村的生活气息,真实地反映了变革中的乡村的物质生活和精神风貌。二、人物形象自然生动,人物命运曲折多变,情节起伏迭宕。(甘以雯)

I000498 **放马天山** 王观胜著。百花文艺出版社1994年11月版。19.1万字。9.60元。陕西青年作家王观胜的中短篇小说集,是一部可称作中国西部小说的小说集。收入"21世纪文学之星"丛书1994年卷。其特点为:一、成功地塑造了刚毅不阿的硬汉子的形象。作品主人公所面对的艰苦与险恶的人生和自然环境育就了他们桀骜不驯的性格和不屈的魂灵,使他们的人生闪烁出光华。二、苍凉博大的自然景观,大起大落的人生命运和不屈不挠的魂灵,起伏迭宕的情节结构,流畅自然的语言,形成了作品苍凉悲壮的基调与风格。(甘以雯)

I000499 **红房子** 张廷竹著。北岳文艺出版社1994年11月版。26万字。10.80元。在美景如画的西湖边,有栋漂亮的红房子。解放前,它曾是一个国民党将军的别墅。四十年后,将军的遗孀与儿女从海外归来,围绕这红房子,一幕幕人间喜剧推演开来。当初仆人的儿子,如今为将军的女儿所爱;原本花花公子的少爷忽然坠入情网,誓与其父当年对头的女儿结为连理。作者由此感叹:爱恨皆有因,四十年波滔阻隔不断;生死皆有缘,两代人原本同根而生、一脉相沿。(郭天印)

I000500 **中国小说名家新作丛书——刘心武卷** 刘心武著。海峡文艺出版社1994年11月版。23万字。9.50元。收入中篇小说4篇、短篇小说8篇。作品题材内容、文字风格,以及作品结构、表现手法等,都较作者前期作品有了新的开拓。末附刘心武著作目录。(施群)

I000501 **中国当代短篇小说选** 。青海人民出版社1994年11月版。75万字。中小学辅助读物。内容大多系反映现实生活的,如赵树理等人的小说。这些小说大多内容生动,情节感很强,语言明白易懂,便于广大中小学生学习和鉴赏。(班果)

I000502 **边缘** 格非著。浙江文艺出版社1994年11月版。13万字。7.80元。作者是当代"先锋派"作家之一。小说通过一个饱经风霜的老人对自己一生经历的追忆,展示了20世纪中国社会的历史进程。通过对生存与死亡、理智与情感、战争与和平等一系列基本母题的探讨,表达了作者对生命与存在的哲学思考。收入"收获丛书"。(严麟书)

I000503 **中国十六皇后传奇** 李玉洁主编。中国人事出版社1994年11月版。16万字。8.80元。记述上自西汉、下至清朝16位皇后传奇的一生。穿插有趣的故事情节,对人物形象进行了自然、生动的刻画。(石中元)

I000504 **威风凛凛** 刘醒龙著。作家出版社1994年11月版。24.9万字。10.80元。长篇小说。在南方山区小镇一个漆黑的夏夜,几十年来教会全镇人识字的民办教师赵长子被人杀害。刑警队花了一年时间认真调查,不仅没有任何进展,而且被调查到的每个人,都不相信善良得从没做过一件坏事的赵老师,会比自己更有理由被人谋杀。"我"是赵老师一生中最得意的学生之一,跟着80岁尚且风流的爷爷艰难度日。捡了半辈子破烂的金福儿,一夜之间成了小镇上举足轻重的人物;而风光了一世的杀猪佬五驼子,转瞬间却成了疯子。作品以颇为独特的叙述方式,演绎了一系列具有传奇色彩的故事,通过小镇历经磨难的历史,映射出国家民族巨大的时代变迁。(刘方)

I000505 **心之门** 储福金著。作家出版社1994年11月版。21.1万字。9.50元。长篇小说。采取环扣式结构,通过7个故事,表现当代人复杂的内心世界。宗教之门、愿望之门、爱情之门、社会之门、成功之门、幻想之门、幸福之门,一重门套着一重门,总起来便是人生之门。所谓"环扣"结构是指互相联系,又各自独立成篇,如第一章写陈菁和冯曾高的故事,第二章写冯曾高和苏艳红的故事,第三章写苏艳红和林育平的故事……章节之间,文风各异,有的冷清,有的热烈,有的低沉,有的奔放。(杨葵)

I000506 **逐鹿金陵** 庞瑞垠著。百花文艺出版社1994年12月版。47万字。16.60元。长篇小说。反映抗日战争胜利后,国、共、美三方围绕中国的命运和前途展开的惊心动魄的斗争,展示了一幅奇瑰斑斓的历史画卷。作品从马歇尔使华写起,直到调停失败返回美国为止,基本上记叙和描绘了1946年国共谈判的全过程。马歇尔是带着在中国建立美国式"民主"国家的蓝图坐在国共对弈的棋盘边上充当仲裁人的角色的。然而,他遇到的是蒋介石的独裁专横、刚愎自用,他也领略了共产党谈判代表周恩来柔中有刚、机敏灵活的斗争艺术。他在夹缝中挣扎苦斗,显示出他倔强、执拗的性格。但是,他失败了,这不是他个人的悲剧,而是美国对华政策的必然结局。作品写国共谈判,不是流水账似的记录,而是以缜密的结构、跌宕的情节和真实的细节,将唇枪舌剑的谈判桌与烽烟滚滚的作战场相互穿插,将人物的历史行为与现实风采乃至内心世界一并呈现于读者面前，从而生动地塑造出周恩来、邓颖超、董必武、王若飞、马歇尔、司徒雷登、蒋介石、陈布雷、张治中等一系列人物形象，尤其对周恩来、马歇尔的刻画尤细腻、生动、传神。作者为重现这段历史，十几年遍访当年有关人员，获得大量第一手资料，从而增加了这部书稿的历史分量。（颜廷奎）

I000507 **陶渊明** 陈俊山著。百花洲文艺出版社1994年12月版。32万字。14.60元。长篇历史小说。以恢宏的背景，铺展了陶渊明所处的那个战乱纷起、民不聊生的时代。陶渊明也有过匡时济世的抱负，这大约可以解释他之为彭泽令，但他终因"不为五斗米向乡里小儿折腰"弃官而去。他是"魏晋风骨"的集大成者，看来却又无怒、无愤、无怨、无悔，索性只是饮酒采菊，寻找自己的本真。他也有金刚怒目而形于言表的时刻，不过偶一为之罢了。总之，他是以出世之姿入世，以与世无争抗争。本书的价值，在于写出了中国文化史上的那个特定时期，那文化氛围的展示，性格的塑造，以及清丽的文字。以作者的经历，写文人时落笔洒脱，写政事则多少有点艰涩。（洪宜宾）

I000508 **柏慧** 张炜著。北京十月文艺出版社1994年12月版。28.5万字。16.00元。作者继《古船》、《九月寓言》之后创作的又一部长篇小说。写一个出身于革命世家的赤诚的中年知识分子，在极左年代受尽磨难，但仍忠于人民和土地，决意为理想和信仰而献身，始终燃烧着抗争的、奋进的激情，给人以向上的力量。小说形象地描述了本应是"胜利者"的革命知识分子在胜利后的厄运，描述了假知识分子对真知识分子的摧残，描述了拜金主义对大自然、对人性的摧残。小说采用第一人称，以"我"的现实生活为主线，糅以家族秘史和古代传说，描摹了几代知识分子的坎坷命运，刻画了"我"及一系列栩栩如生、感人至深的艺术形象，从而展现了纷繁尖锐、发人深省的社会矛盾。小说在批判极左思潮的同时呼唤理想主义的献身精神，在讴歌改革大潮的同时痛斥拜金主义的丑恶没落，表达了作家对国家对人民的责任感及维护人类美德、保护自然环境的强烈愿望。小说有散文之精美、杂文之犀利，既可以看成是主人公写给过去恋人及老师的三束信札，也可以看成是三组日记或内心独白，表现出作家在长篇创作艺术上的新探索。（隋丽君）

I000509 **世界五千年智谋总集** 唐麒主编。广州出版社1994年12月版。90万字。2册。72.00元。集世界5000年智谋故事之大成，反映人类在政治、外交、军事、经济、司法、科技、文化等活动中表现出的聪明才干。含两种，"中国卷"按朝代排列，"外国卷"按世界各大洲排列。（王家声）

I000510 **洪荒** 吴恩泽著。贵州人民出版社1994年12月版。23.5万字。9.10元。中篇小说集。收6部中篇小说。作品以凝重的笔触，浓墨重彩地描绘了梵净山区苗、汉人民的生活，具有浓郁的生活气息和民族民间风情特色。书中如召、野花、罗芙、阳春等人的形象栩栩如生，呼之欲出，令人难忘；作品通过一组组生动的人物形象，凸现特定的时代，反映了生活的历程。是"贵州文学丛书"之一。（谢丹华）

I000511 **卡领传奇** 伍略著。贵州人民出版社1994年12月版。25万字。9.80元。收《呵，枫叶》、《老人》、《潘老岩》等中长篇小说13篇。作者是苗族作家。作品以其对自己民族性格的深刻理解和深沉感情、对现实世界深邃的思索和细腻的观察，描写苗家人中的传闻、神话、轶事及源远流长的风习人情，风貌独特，透露出对养育自己的民族和边寨生活的眷恋。收入"贵州文学丛书"第二辑。（彭建）

I000512 **文天祥** 杨友今著。湖南文艺出版社1994年12月版。46万字。16.50元。长篇历史小说。文天祥是南宋末年杰出的民族英雄和爱国诗人，一生坎坷。宝祐年间及进士第后，在宦海中浮沉。他受命于危难之时，匡扶社稷，募兵勤王，捐家财，抗侵略，卫国家，任丞相，出使元营，折冲樽俎，最后被俘幽禁，威武不屈，为国捐躯。小说再现了文天祥战斗的一生，浓墨重彩地描写了恭帝德祐元年(1275)元蒙军队大举东下，进逼南宋京城临安(今杭州)后，他招募率领义军，奋起抗击侵略的可歌可泣的业绩。还反映了统治集团内主战派和主和派的斗争，揭露了元军对南宋人民的蹂躏。作品塑造了文天祥爱国、忧民、爱将、恤兵、赏罚严明的形象，同时刻画了张世杰、陆秀夫、曾凤、巩信、赵时赏、杜浒和宋理宗、董宋臣、贾似道等帝王将相、文武朝臣的人物形象，以及元世祖忽必烈、郝经、伯颜、张弘范等历史人物。（陈仿麟）

I000513 **红楼梦** 曹雪芹、高鹗原著，刘心武缩写。接力出版社1994年12月版。32万字。16.50元。"古典文学名著缩写插图本"之一。以120回本为蓝本缩写而成。回目重新设计，将原来的"甄士隐梦幻识通灵，贾雨村风尘怀闺秀"等120回改为"无材补天，幻形人世"等25回。其中前21回取自曹雪芹原著的前80回，主要以庚辰本为依据；高鹗的40回

只缩成4回。书内有青年画家于水的彩色插图10幅。(黄钲)

I000514　**三国演义**　罗贯中原著,李国文缩写。接力出版社1994年12月版。32万字。16.50元。"古典文学名著缩写插图本"之一。保留原著的精华。回目重新设置,将原来的"宴桃园豪杰三结义;斩黄巾英雄首立功"等120回改为"汉末天下乱"等50回。以清朝初年毛纶、毛宗岗父子的修订本为蓝本,将冗杂紊乱、重复叙述部分以及宣扬封建道德、鬼神迷信等内容尽量删掉。书内有青年画家刘进安的彩色插图10幅。(黄钲)

I000515　**西游记**　吴承恩原著,叶楠缩写。接力出版社1994年12月版。30万字。15.50元。"古典文学名著缩写插图本"之一。缩写中尽量保留原著的叙述方式和语言风格,回目不减、不删、不变,不作结构上的变动。删节的是重复的事件、情节交待、在艺术性和人物刻画方面影响不大的韵文,以及显得千篇一律的描写文字。另外,原著中的附录《陈光蕊赴任逢灾　江流僧复仇报本》与取经主线关系不大,全部删去。书内有青年画家钟孺乾的彩色插图10幅。(黄钲)

I000516　**水浒传**　施耐庵、罗贯中原著,林斤澜缩写。接力出版社1994年12月版。21万字。12.00元。"古典文学名著缩写插图本"之一。从100回本中,选前70回缩写。不用原来的回目,而以主要人物为主干,编成"鲁智深"、"林冲"、"宋江"、"武松"、"李逵"、"卢俊义"、"尾声"7章25节。删去一些次要人物的故事,但脉络仍清晰,叙述风格仍旧保留。书内有青年画家李老十的彩色插图10幅。(黄钲)

I000517　**清代四大小说**　黄霖、翟冰、王申、袁健等校点。齐鲁书社1994年12月版。7册。186.00元。包括《脂砚斋评批〈红楼梦〉》、《葛受之批评〈醒世姻缘传〉》、《闲斋老人序评〈儒林外史〉》、《但明伦批评〈聊斋志异〉》,均系前代名家评点本。其评语在中国文学批评史上均占有重要地位,向为研究者所重视,亦可予一般读者以深刻启迪。以其中《红楼梦》为例,脂砚斋(含畸笏叟、棠村等与曹氏生活和创作关系甚密者)评语的价值不亚于曹雪芹原著本身,这已成为学界共识,然上百家出版社排印的《红楼梦》均不带脂评,实为一大憾事。但带脂评又确实不是件容易事,须做大量艰苦细致的校理工作,对校理者学术水平的要求亦极高。存世九个版本中只有庚辰抄本正文最全(间亦有缺回和缺页),而许多条重要脂评却没有;各本(其中半为残本)正文及与之对应的脂评情况又极为复杂,校理难度和工作量甚大。著名专家黄霖身膺此任,许多疑难问题得以妥善解决,包括厘清那些前辈红学大师们辗转因袭的讹误。所用九种版本的脂评均加了甄别标记,并依原本所在位置如眉批、旁批、夹批等一一校准所对应正文的位置,俾读者一目了然。其他三种书,亦大率异曲同工。(王鲁一)

I000518　**好色一代男**　[日]井原西鹤著,王启元、李正伦译。山东文艺出版社1994年12月版。27万字。18.80元。包括3部小说。《好色一代男》描写商人出身的世之介历访名妓、寻欢无度的放诞一生,把批判的矛头直接指向了封建的男女观。《好色一代女》描绘一位风尘女子置封建道德于不顾,执著追求纯真的爱情,却以悲剧而告终。《好色五人女》描写五位普通女性追求爱情幸福,但最终都成了封建道德的牺牲品。译者在《译后记》中指出,这三部小说"既不是纯粹的社会小说,也并非单纯的好色文学,而是二者兼有之的社会言情小说。说它们有社会性的一面,是因为它们反映了三百余年前日本资本主义萌芽壮大时期,城市商人(町人)的生活百态;说它们是言情小说,是因为它们描写了世间男男女女对爱情的如醉如痴的追求"。(路英勇)

I000519　**大上海漂浮**　俞天白著。上海文艺出版社1994年12月版。37.4万字。18.00元。长篇小说。以浦东开发前夕为背景,全景式地描绘了上海所发生的变化。原来的那种所谓成功经验、坚冰一块的模式业已打破,碎成大小不同的板块,在漂浮着、冲撞着、摩擦着,寻找自己应有的本位。作品以"海都商厦"为舞台,着力塑造环球证券公司总经理沈笑澜的形象。他留学美国,依靠的是具有广泛国际关系的太太的社会力量,然而他不愿受太太家族的控制寄人篱下,要回大上海来开创自己的新天地。他在上下左右种种势力的干预面前,准备即使人们将自己作为罪犯撕成碎片,也要硬挤开一条路,让历史车轮滚滚向前。小说由此辐射到上海的方方面面,银行家、纺织厂厂长、跨国公司董事、政府官员、商店经理等众多鲜活丰满的现代都市人形象,以及色彩斑斓的生活画面,构成了当代经济中心上海的强烈流动感,展现了正在更新的这个世界级大都市的特有活力和灿烂的曙光。(施浩祥)

I000520　**透视灵魂的世界**　石英著。文化艺术出版社1994年12月版。13万字。11.50元。长篇小说。故事背景为50年代后期至60年代前期的一所名牌大学。在这样的背景中,共产党员大学生鲁芝阳不可避免地要参与到反右斗争及大跃进等历史事件中。正直、忠厚的鲁芝阳为人处事凭党性、凭良心，但却遭到某些人的猜忌，处处受刁难，受打击；值得庆幸的是，身边总有善良的人们为他主持公道，伸张正义。坎坎坷坷，风风雨雨，鲁芝阳终于成熟了，踏上了人生又一个旅程。作品描写重点不在事件，而是写大背景下人的心灵世界和复杂的人际关系，并通过这些以期对人在真善美与假丑恶的本质上有所启悟。小说结构比较新颖，以5个中篇联缀成长篇，紧张时惊心动魄，徐缓时诗情浓郁。（仲江）

I000521 **新时期争鸣作品丛书** 中国作家协会创作研究部编选。时代文艺出版社1994年12月第2版。约600万字。18册。262.00元。新时期以来的文坛，充满了朝气和活力。一些文学作品特别是中短篇小说往往仁者见仁、智者见智，存在着争议。“丛书”编选的原则是，在全国报刊上已经发表的中短篇小说中，精选出在社会各界反响较为强烈、确有争鸣价值，即从作品的讨论中能够反映出一些较为重要的文学问题和社会问题的作品，按照时间的先后顺序分册编选出版。编选的体例是，从1979年开始到本世纪末，根据文学创作实际情况，每年编选1至2部或每1至3年编选1部，每部收入中短篇小说若干篇，每篇原作后附上2至4篇持不同看法、有代表性的评论文章，有的还附上作家本人对自己作品的阐析文章或创作经验谈，以便读者在纵观比较之后，能更好地得出自己的认识。到1996年，“丛书”已出版了《公开的情书》、《女俘》、《晚霞消失的时候》、《鲁班的子孙》、《感情危机》、《黑玫瑰》、《公开的“内参”》、《一个女人和一个半男人的故事》、《男人的一半是女人》、《贞女》、《小城之恋》、《五色土》、《棉花垛》、《美神之囚》、《生为女人》、《黑雾英魂》、《预约死亡》等18部。（张秀枫）

I000522 **黑雾英魂** 中国作家协会创作研究部编选。时代文艺出版社1994年12月第2版。38.7万字。19.00元。“新时期争鸣作品丛书”之一。选收1992和1993年有重大争议的中短篇小说9篇。中篇小说《寻找故事》（邢少利著）围绕“颓废表现的意义”展开了讨论；中篇小说《刘惠芳》（王朔著）争论的焦点集中在“城市文化的样式”上；中篇小说《重阳风雨》（胡正著）和《黑雾英魂》（王炳辉著）的争论涉及如何表现革命历史题材以及如何把握时代特征等问题；《女人之约》（毕淑敏著）是“新写实小说”的力作之一，它对现实生活的独特表现和新提出的问题，引起了热烈的争论；《白极》（胡燕怀著）和《热在三伏》（鼠其震著）围绕作家的情感和理智以及如何再现“生活的原色原味”等问题展开了争论；《村支书》（刘醒龙著）和《最后一个生产队》（刘玉堂著）围绕如何才能不停滞于生活的表层而深入开掘生活的深层矛盾并对人物的复杂性进行入木三分的刻画，以及如何对“农民文化心态深层反思”等问题展开了争论。（张秀枫）

I000523 **凤凰琴** 刘醒龙著。中国青年出版社1994年第2版。20万字。7.90元。中篇小说集。收《威风凛凛》、《村支书》、《凤凰琴》、《农民作家》和《秋风醉了》等5部作品。这些作品，反映了中国农村尤其是中国贫困地区在改革开放时期的精神状态和社会风貌，体现出作者对底层生活的理解和感受，具有细腻、深婉的创作风格。其中，《村支书》通过一位贫困地区的村支书在洪水来临之前的所作所为，塑造了一位善良、负责并有一定谋略的基层干部的形象，对贫困地区在摆脱贫困的过程中的矛盾和冲突有所揭示。《凤凰琴》则围绕一所山村小学的几位民办教师为争取转正指标引起的风波，客观地反映了中国山村教育的现状，对乡村教师在极其艰辛的处境里坚持教书育人的敬业精神和思想品质给予了高度的肯定。这部作品改编成电影后，曾在全国产生广泛反响。（李师东）

报告文学

I000524 **八桂俊杰丛书** 黄继树、潘荣才等著。接力出版社1994年版。368万字。29册。传记文学丛书。从广西历代有代表性的杰出的政治、军事、科学、文化名人中精选出30人，每人一本。已出版的有《中华英魂韦拔群》、《一代战将李天佑》、《大略雄才周子昆》、《铁血将军李明瑞》、《爱国名将李济深》、《末代总统李宗仁》、《民主斗士李任仁》、《语言大师王力》、《现代儒家梁漱溟》、《旷世师表雷沛鸿》、《法坛巨擘白鹏飞》、《一代宗师马君武》、《辛亥元勋黄明堂》、《辛亥名宿王和顺》、《九州名豪李德山》、《国门砥柱冯子材》、《南国屏藩苏元春》、《黑旗军魂刘永福》、《名士风范唐景崧》、《天朝骁将陈玉成》、《旷代人杰石达开》、《天国一柱李秀成》、《天朝基石杨秀清》、《岭南俊义郑献甫》、《大清名臣陈宏谋》、《中国画圣石涛》、《千古奇雄袁崇焕》、《壮族英雄侬智高》、《抗倭女杰氏瓦夫人》。（李仕强）

I000525 **海南之战** 刘振华著。辽宁人民出版社1994年版。51.6万字。17.90元。长篇革命回忆录。生动地记述了1950年春我军渡海解放海南岛的战斗历程，热情地讴歌了我军指战员的英雄业绩。全书分17章，内容包括：向海南岛进军、广州二月会议前后、海上大练兵、木船参军、海南军民备战忙、薛岳垂死挣扎、南涠洲解放渔船、四十军先锋营首渡成功、四十三军先锋营旗开得胜、四十军加强团强渡琼州海峡、四十三军加强团跨海南征、大军登陆前夕、政治和秘密斗争、总攻开始了、浴血琼血、美亭决战、天涯海角追穷寇等。根据读者的意见，这次出版时，作者作了认真修改，并补充了10万多字的历史文献选编和4份作战态势图；还增加了广东省军委书记李硕勋烈士和创建琼崖革命根据地、领导海南人民坚持长期艰苦武装斗争的著名领导人的部分照片。书后附有《忆硕勋》、《忆白驹》两篇文章。(王峰)

I000526 **未婚女性群落 走出围城的女人们 她们在晚霞中** 副名：都市独身女性三部曲。朱晓征、原静等著。中原农民出版社1994年版。3册。14.85元。以中国都市的大龄未婚、离婚、老年寡居的单身女性为对象，以纪实文学的方式，以女性作者特有的内心体验和细腻、柔婉的笔调，表现不同年龄、不同层次、不同生活环境、不同存在方式的单身女性们在爱情、婚姻、人生、事业等问题上所特有的或潇洒无悔、或窘迫无奈、或如梦如诗、或爱恨交织、或自信自强、或孤苦悲哀等多彩而复杂的内心世界。着力于替她们说出平时想对人说，又无法对人说的内心感受和心里话；让更多的人们去正视和关注她们的存在，去了解和理解她们，也为社会学家、心理学家提供可供参考的个案。(周果钧)

I000527 **航母·航母** 副名：世界航空母舰大写意。陈永平、李忠效著。海潮出版社1994年1月版。20万字。6.00元。纪实文学。以历史为序，介绍世界航母自诞生之日起，至今80年来的发展过程。重点描写了第一次世界大战、第二次世界大战和漫长的冷战时期，航母的作战过程、使命和作用，从政治、军事和历史角度确认航母的历史角色。(陆羽白)

I000528 **蔚兰色的启迪** 郑国贤著。海潮摄影艺术出版社1994年1月版。19.1万字。5.80元。通讯报告文学集。所收文章54篇，题材广泛，其中人物通讯占绝大部分。书中所宣传的主人公没有惊天动地之举或慷慨激昂的言论，写的都是普通事，用的都是平常语，如离休老专员为莆田建市从奔走呼吁至筹建成立不辞辛劳的事迹等，朴素感人。(黄兆荣)

I000529 **李白传(新版)** 安旗著。三秦出版社1994年1月版。19万字。5.50元。历史人物文学传记。作者摒弃了一般就史论史的学术性传记写法，而是在尊重历史事实的基础上，经过合理的构思想象，进行艺术再创作，对李白坎坷的一生及其诗歌创作的伟大成就，进行了生动细致、有声有色的描述。对于李白生平研究中的一些问题，作者在采用他人研究成果的同时，大胆融进了自己的创获，时有新意。如改"二入长安"说为"三入长安"；李白《上李邕》一诗，旧说系天宝四年李邕为北海太守时所作，作者详考史籍，认为当作于开元七年后李邕在渝州刺史任上，等等。全书以作者擅长的散文诗般的语言写成，文笔优美，一气贯通，可读性强。(高立民)

I000530 **少女的风采** 沈碧娟著。少年儿童出版社1994年1月版。11万字。3.00元。辑报告文学《小马腾飞——记徐敏》、《梦中的女孩——记田怡中》、《漫游在数学王国里——记朱敏》、《冠军的道路——记樊迪》、《她的艺术世界——记胡朝闻》、《跨世纪的接班人——记贾佩琳》等14篇。每篇后附有主人公写的"说说我自己"。(洪祖年)

I000531 **气之魂——意拳气功大师王安平传奇** 熹葆、东宝著。百花洲文艺出版社1994年3月版。18万字。6.70元。形象生动地描绘意拳气功大师王安平的武德、武技和尚武精神，展现中华传统武功和气功的神奇魅力，叙述了高级气功、武功修炼的艰苦曲折的历程。(李晃生)

I000532 **我在美国当律师** 张晓武、李忠效著。北京出版社1994年3月版。23万字。10.80元。记述33岁的中国留学生张晓武成为美国大律师的曲折经历。书中以许多案例连串，深入地剖析美国社会的结构，并揭示华人在美国成功与失败的内在原因，以及怎样才能立足于这个国家。(伊丽霞)

I000533 **现代儒家梁漱溟** 潘荣才著。接力出版社1994年3月版。12万字。4.10元。梁漱溟(1893—1988)，广西桂林市人。本书叙述了梁漱溟不寻常的童年及后来出任两广建设委员会主任、山东乡村建设研究院院长、中国人民政治协商会议常务委员的经历，侧重突出了梁漱溟忧国忧民和仗义执言的性格特征。为"八桂俊杰丛书"之一。(李仕强)

I000534 **一代宗师马君武** 王咏著。接力出版社1994年3月版。11万字。3.80元。马君武(1881—1940)，广西桂林市人。柏林大学工学博士，历任孙中山临时政府实业部次长，非常大总统孙中山政府秘书长，广西省长，大夏大学、北京工业大学、广西大学、中国公学校长等。本书描写青年马君武为推翻清朝的反动统治，追随孙中山从海外归来，投身革命，直至后来献身祖国的高等教育事业的曲折经历，生动地展示了老一辈高级知识分子忧国忧民的情怀。为“八桂俊杰丛书”之一。（李仕强）

I000535 **辛亥元勋黄明堂** 肖定吉著。接力出版社 1994 年 3 月版。10 万字。3.20 元。黄明堂(1868—1939)，广西钦州市人。本书描写黄明堂被孙中山委为革命军都督后，组织、指挥名震中外的镇南关起义、云南河口起义，辛亥年入广东，组织明字顺军，光复江门、新会，后来任粤军第四路军司令、讨贼军南路总司令、中央直属第四军军长，为维护孙中山的领导而奋起抗击叛军等富有传奇色彩的一生。为“八桂俊杰丛书”之一。（李仕强）

I000536 **天国一柱李秀成** 潘大林著。接力出版社 1994 年 3 月版。9.5 万字。3.30 元。李秀成(1823—1864)，广西藤县人。本书描写李秀成参加金田起义后逐步成长为太平天国重要将领的经历，特别通过对数解天京之围、大败华尔洋枪队等的描写，展示了他的智慧和胆略。为“八桂俊杰丛书”之一。（李仕强）

I000537 **旷世师表雷沛鸿** 黎浩邦著。接力出版社 1994 年 3 月版。11 万字。3.65 元。雷沛鸿(1888—1967)，广西南宁市人。参加过广州黄花岗起义，1913 年留学英、美，获哈佛大学文科硕士学位。历任广西教育厅长，暨南大学、浙江大学、中山大学研究院、南京中央大学教授，广西大学校长，广西监察委员会副主任，广西侨联主席等。本书描写雷沛鸿从海外学成归来之后献身于祖国的教育事业特别是平民教育事业的不平凡的经历。为“八桂俊杰丛书”之一。（李仕强）

I000538 **中国画圣石涛** 牛建农著。接力出版社 1994 年 3 月版。14 万字。4.40 元。石涛(1630—1707)，广西桂林人，靖江王后裔。本书描绘了少年石涛出家之后刻苦习画，最终成为画圣的经历。为“八桂俊杰丛书”之一。（李仕强）

I000539 **天朝骁将陈玉成** 孙步康著。接力出版社 1994 年 3 月版。11 万字。3.50 元。陈玉成(1836—1862)，广西藤县人。本书叙述少年陈玉成参加金田起义，后成长为太平天国后期的重要将领，最后大义凛然以身殉国的经历，着重通过破江南大营、创三河大捷等重要战役来展示这位年轻将领的风采。为“八桂俊杰丛书”之一。（李仕强）

I000540 **爱国名将李济深** 李宝靖著。接力出版社 1994 年 3 月版。11 万字。3.50 元。李济深(1885—1959)，原名李锦江，字任潮，广西苍梧县人。历任黄埔军校副校长，国民革命军总参谋长兼第四军军长，中国国民党革命委员会主席，中华人民共和国中央人民政府副主席，全国人民代表大会常务委员会副委员长。本书以翔实的史料，生动地描绘了李济深将军少年时代的生活，在北伐中的战斗经历，在抗日战争中力主抗战、和以蒋介石为代表的国民党顽固派的针锋相对的斗争，为社会进步而与中国共产党长期友好合作等曲折历程。为“八桂俊杰丛书”之一。（李仕强）

I000541 **末代总统李宗仁** 黄继树著。接力出版社 1994 年 3 月版。14 万字。4.40 元。李宗仁(1891—1969)，广西临桂县人，历任国民革命军第七军军长，国民革命军第四集团军总司令，第五战区司令长官，中华民国副总统、代总统。本书侧重描写李宗仁竞选中华民国副总统、任代总统及从海外回归的经历。为“八桂俊杰丛书”之一。（李仕强）

I000542 **抗倭女杰瓦氏夫人** 黄佩华著。接力出版社 1994 年 3 月版。8 万字。2.90 元。瓦氏夫人(1498—1557)原名岑氏，广西靖西县人。本书叙述瓦氏夫人的生平，侧重描述瓦氏夫人在东南沿海惨遭倭寇蹂躏，朝廷官兵屡战屡败的情况下，毅然应征，率部离乡开赴东南前线抗击入侵之敌，获抗倭首次大捷的斗争历程。为“八桂俊杰丛书”之一。（李仕强）

I000543 **壮族英雄侬智高** 韦一凡著。接力出版社 1994 年 3 月版。10.5 万字。3.65 元。侬智高(1024—1055)，广西靖西县人。本书描绘壮族首领、壮族英雄侬智高为祖国的安宁而抗击交趾入侵，为争取本民族的生存与各民族的融合而起兵反抗腐败的宋王朝统治的斗争。为“八桂俊杰丛书”之一。（李仕强）

I000544 **旷代人杰石达开** 陈霭坚著。接力出版社 1994 年 3 月版。10 万字。3.65 元。石达开(1831—1863)，广西贵县(今贵港市)人。本书描写石达开从参加金田起义的准备工作到举行起义、被封翼王、率部陷武昌、克金陵及最后饮恨大渡河的斗争生活。为“八桂俊杰丛书”之一。（李仕强）

I000545 **名士风范唐景崧** 马玉成著。接力出版社 1994 年 3 月版。11 万字。3.80 元。唐景崧(1841—1903)，广西灌阳县人，清咸丰进士。本书描写了身为吏部候补主事的唐景崧在法军进犯我境、边关告急的危难之际，自动请缨，赴边关与刘永福一道同心协力抗击法国侵略者以及任台湾道员之后，在清政府放弃保卫台湾的情况下仍设法抗倭的壮

举。为“八桂俊杰丛书”之一。(李仕强)

I000546 **广州城外城** 张波著。文化艺术出版社1994年3月版。16万字。9.80元。广州开发区是中国成立最早、办得较好的一个开发区,至1992年,风风雨雨已过了8周年。本书真实地描写广州开发区人这8年走过的历程。他们的成就、业绩向人们充分展现了开发区这一片年轻、多彩的天地;其实践证明,改革开放势在必行;他们所遇到的挫折、困难与困惑又给人以启迪,使人思考,供人们借鉴。收入“中国经济特区开发区纪实丛书”。(叶红)

I000547 **一斑集** 冯健著。新华出版社1994年3月版。16.8万字。5.80元。作为一名老新闻工作者,作者置身于仪态万方的大千世界,耳闻目睹,写的是真事,说的是真话,是历史的真实纪录。他的“笔锋常带感情”,这是他作品的内在特色。好像融进了一种“理性的思考”,把正确的理论同对生活的深入细致的观察结合起来,同对典型事件的叙述结合起来,从而使新闻作品有了一种逻辑力量。(陈洁)

I000548 **郭沫若和他的三位夫人** 桑逢康著。海南出版社1994年4月版。21.6万字。8.50元。记述郭沫若和他的三位夫人的婚姻、爱情生活的传记文学作品。郭沫若与原配妻子张琼华的婚姻是父母做主的包办婚姻,郭沫若一生都没有与她一起生活,但张琼华恪守封建妇道,红颜变为白发。日本籍妻子安娜不顾家庭的阻挠,与在异国求学的郭沫若相恋、相爱,共同养育了五个子女;由于战争他们失去了联系,安娜含辛茹苦,把孩子们养育成人,她一生都保留着对郭沫若深深的爱恋。于立群是一位才华横溢的知识女性,她与郭沫若如婵娟之于屈原,他们相爱始终、白头偕老。郭沫若所以成为中国现代史上的革命家、历史学家、一代文学巨子、诗人,从一定程度上也得益于她们爱的滋润。(黄宪平)

I000549 **昨天的回响** 黄平著。海南出版社1994年4月版。16万字。4.30元。“海南名记者新闻作品系列”之一。收新闻通讯特写数十篇。文章以反映海南农业经济为主,着眼点无论是水稻一类的粮食产品,还是芒果、橡胶等热带作物;无论是家庭农场承包户,还是国营农场大企业,都将国家的改革开放政策与海南农业的实情相结合,反映情况,提出问题,总结经验,以在一定程度上,对海南热带农业开发等有借鉴和启迪作用(林珂)

I000550 **徐洪刚的故事** 郝传更著。黄河出版社1994年4月版。5.8万字。2.00元。“见义勇为青年英雄”徐洪刚的故事专辑。通过58个生动感人的故事,再现了徐洪刚的英雄行为和军爱民、民拥军的生动场面。分8个部分:再现了徐洪刚在公共汽车上挺身而出、勇斗歹徒的光辉形象;介绍了人民群众全力抢救徐洪刚的感人事迹;记叙了公安干警追捕歹徒的事迹;回顾人民群众关心负伤住院的徐洪刚;记叙江泽民等党和国家、军队领导人亲切接见徐洪刚的感人场面;回忆徐洪刚入伍前后,在毛泽东思想哺育下茁壮成长的事迹;全国各地开展学习徐洪刚活动的片断;徐洪刚命名后谦虚谨慎、戒骄戒躁、努力工作的事迹。书中附有江泽民等党和国家、军队领导人为徐洪刚题词的手迹及亲切接见徐洪刚的彩色照片。写作中牢牢把握了真实这个环节,对所涉事例进行了反复核实。(李景荣)

I000551 **黄正清与五世嘉木样** 黄正清口述,道周译写。民族出版社1994年4月藏文版。13万字。6.50元。黄正清生于1903年,是藏族著名民主人士。他十几岁便投入社会政治生活,历经北洋政府时期、民国时期和社会主义时期。青年时代的黄正清为了民族平等、进步,呼天唤地、浪迹江湖、上衙门告状、进南京泣诉,尝尽人间辛酸。后与中共地下党员宣侠父相识,参加了进步组织少年会,悟出了许多革命道理,继而创建藏民化促进会、兴办学校、抗马匪,抗战中爱国热情很高,先后两次组织致敬团,分赴抗日前线慰问。五世嘉木样活佛1916年生,是一位著名的学者和宗教领袖。他在修学佛法的同时,积极支持哥哥黄正清从事各项正义事业,在建设边疆、兴学育才、支援前线等方面,厥德懋昭、声誉丕张。国民政府颁令褒扬,并著加“辅国阐化呼图克图”名号。1947年圆寂。(普日科)

I000552 **沂蒙丰碑** 朱兆彬、李敬堂主编。黄河出版社1994年5月版。22万字。10.00元。报告文学集。作品描述沂蒙老区广大干部群众,在改革开放,社会主义建设新时期,为改变贫穷落后的面貌,发扬革命传统,艰苦奋斗、自力更生,大力加强交通建设,促进沂蒙经济快速发展的历程。热情讴歌交通战线职工和广大人民群众,在交通建设中所表现出的高昂热情和无私奉献的精神。(耿龙武)

I000553 **刘少奇在山东** 中共临沂地委党史委等编。山东人民出版社1994年5月版。17万字。6.20元。1942年,刘少奇受党中央、毛泽东的委托,在由华中返延安途中,到山东检查指导工作。他帮助中共山东分局总结了抗战4年来的工作,针对山东实际,作了一系列重要指示。这对于扭转当时山东抗战的被动局面,巩固发展山东抗日根据地,直至夺取抗日战争的胜利，起了决定性作用。本书主要收集当时山东党政军负责人、刘少奇身边工作人员的回忆文章与有关报刊的部分报道，介绍了刘少奇在山东的工作以及中共山东分局贯彻刘少奇指示所作的重大决策及实施情况。（冷西宏）

I000554 **外面的世界很精彩** 葛松著。沈阳出版社 1994 年 5 月版。8.2 万字。3.50 元。西方世界遥远而又神秘，国门打开之后，许多中国人到了那个世界，目睹了那里的“精彩”，亲历了那里的无奈，开始了被称为“洋插队”的奋斗史。有的获得了耀眼的成功，也有的在挣扎后滑向堕落。本书以纪实之笔，描写了这个“外面的世界”的种种奇闻轶事和异域情调。为“三十以后才明白”丛书第二辑之五。（赵敏）

I000555 **敢问路在何方** 王冬梅著。沈阳出版社 1994 年 5 月版。7.2 万字。3.50 元。“三十以后才明白”丛书第二辑之三。70 年代初，当美国青年开始研究计算机的时候，太平洋彼岸的中国青年却在“上山下乡”。十几年过去了，当西方电脑公司林立的时候，满手老茧的中国青年在改革大潮的冲击下，一面为失去大好时光痛惜不止，一面披荆斩棘开拓向前。他们摒弃一切旧观念、旧意识，办实业、开公司，辞职下海者有之，经商办厂者有之，做着以前想也不敢想的事。其中，既有成功的欢笑，也有失败的泪水。本书从一个侧面反映了当代人改革创新的新风采。（赵敏）

I000556 **从延安到中南海** 副名：中共中央部分机要人员的回忆。杨复沛、吴一虹主编。北京出版社 1994 年 6 月版。41 万字。13.6 元。由数十位长期工作、生活在中共中央领导人身边的老机要人员共同撰写。所收文章写作者的亲身经历和真实感受，生动地再现了我党我军机要工作从无到有、从草创到科学的历史进程。其中百分之七十以上的文章，细腻描写体现革命领袖高尚品德的“伟人小事”；百分之二十以上的文章记述中央机要人员的学习生活和全国机要战线英雄模范人物的事迹，以及基层机要人员艰苦的战斗、生活场面。该书从一个侧面记录了毛泽东、周恩来、刘少奇、朱德、彭德怀、刘伯承、邓小平、陈毅、罗荣桓、徐向前、聂荣臻、叶剑英、李先念、李富春、李克农、张闻天、王稼祥、粟裕、黄克诚、邓颖超、郭沫若等二十余位老一辈无产阶级革命家的足迹，涉及一些重大历史事件的幕后情节。时间跨度自延安革命时期至六七十年代建设时期，史料、文学价值兼具。（陈飞）

I000557 **女囚** 王于畊等著。福建教育出版社 1994 年 6 月版。22 万字。7.00 元。“皖南事变”中，一大批新四军干部被国民党关进了上饶集中营。在“皖南事变”前后，国民党在未沦陷的闽、浙、赣地区大肆搜捕共产党人和进步青年，将他们关进上饶集中营。上饶集中营有 40 余名年轻女囚，她们被组成一个女囚队。她们成立了秘密党支部，与国民党特务进行了英勇无畏而又机智的斗争。她们经受了常人难以想象的折磨、凌辱，有 8 人被杀，1 人被活埋，但她们维护了真理、正义和妇女的尊严，伸张了人间正气。“女囚”中的幸存者们用亲身经历记下了中国历史上这一幕真实的悲剧，旨在教育后人，以史为鉴。（孙汉生）

I000558 **庐山会议实录（增订本）** 李锐著。河南人民出版社 1994 年 6 月版。30.1 万字。12.50 元。在原春秋出版社和湖南教育出版社联合出版、内部发行的《庐山会议实录》的基础上增补修订六万余字，主要是毛泽东在会上的几次重要讲话，包括 7 月 23 日的讲话和对所谓“军事俱乐部”以及“斯大林晚年”等问题的“揭发批判”。作为当事人，作者依据自己当时的日记，并参阅有关原始档案材料，按会议进程客观地记叙了这次会议的全貌：从“神仙会”到彭德怀的信，从毛泽东的对事也要对人到中共八届八中全会对彭德怀、黄克诚、张闻天、周小舟等所谓“反党集团”的错误批判。作者分析指出了造成这一冤案的原因、特点，总结了这次庐山会议的教训。同时，歌颂了彭、黄、张、周心地无私、光明磊落的高贵品格。（张志林）

I000559 **死囚车上的采访** 张兴海著。西安出版社 1994 年 6 月版。13.9 万字。5.20 元。以新时期 10 年为背景，以一个轰动川陕的特大抢劫杀人案为素材，以一个具有传奇色彩的首犯为重点，用细致流畅的笔触，勾画出一个从有奇伟之志到有奇恶之举的特殊角色的心灵历程。在人生的价值取向，自我实现的途径，人格正负向发展的规律，黑社会层面的特点等方面，能给人以认识和启迪。（王莹）

I000560 **中国冠军录** 海飞、岑传理主编。中国少年儿童出版社 1994 年 6 月版。23.5 万字。8.20 元。人物特写集。通过 24 位体育冠军的业绩，反映了建国 45 年来中国体育战线的光辉成就，表现了体育健儿为祖国拼搏的革命精神。收入本书的运动员有：容国团、庄则栋、丘钟惠、徐寅生、林慧卿、郑敏芝、张燮林、王志良、李富荣（乒乓球）；陈镜开、黄强辉（举重）；穆祥雄、戚烈云（游泳）；张铉、李淑兰、巫兰英（射击）；罗致焕（冰上运动）；王富洲、屈银华、贡布、

潘多(登山);陈家全、郑凤荣、倪志钦(田径)。(胡建中)

I000561 **毛泽东用兵录(一、二)** 黄颇编著。黑龙江人民出版社1994年7月版。80万字。32.00元。一边讲述毛泽东用兵打仗的故事,一边研究毛泽东战略战术思想的纪实作品。共46章,每章实录并研究一个或几个毛泽东亲自参与指挥或指导的战役战斗。每一章引言介绍背景,概述战况;结语进行战略战术分析和军事理论总结。各章主体部分以毛泽东的活动为轴心,对战役战斗作实录性、历史性和艺术性评述。以时间先后为顺序,以战役战斗为线索,从湘赣边界秋收起义到井冈山斗争,从转战赣南闽西到5次反"围剿",从二万五千里长征到东渡黄河北上抗日,直至与蒋家王朝进行战略决战,最后出兵抗美援朝保家卫国,以翔实的资料,精湛的笔法和恢宏的气势,历史而艺术地再现了毛泽东一生的用兵打仗活动,深入细致地研究了毛泽东的军事思想、战略战术和用兵原则。(安晓峰)

I000562 **半个世纪的中国** 关鸿等编。湖南文艺出版社1994年7月版。53万字。21.00元。收入1900年至1949年散见于中国报刊的报告文学代表作62篇。作品记述作者亲身经历或耳闻目睹的重要事件、社会奇闻、著名人物等,真实性强,具有历史价值。有何香凝的《孙中山广州蒙难记》、朱自清的《执政府大屠杀记》、蒋梦麟的《北京大学学生运动》、彭子岗的《李宗仁将军访问记》、巴金的《游了佛国》、丰子恺的《蜀道遇险记》、美籍华人陈香梅的《我与陈纳德》、黄钢的《开麦拉前的汪精卫》等。(余开伟)

I000563 **天下第一山** 毛秉华著。江西人民出版社1994年7月版。14万字。6.50元。以新颖的文体、流畅的语言,介绍毛泽东、朱德、彭德怀、陈毅等老一辈无产阶级革命家和广大红军官兵在井冈山斗争时期的战斗业绩和革命风范。作者通过拜访老红军本人及其亲属和长期的实地调查,在掌握大量第一手材料的基础上,用重笔浓墨深入浅出地说明坚定理想信念的历史意义和现实意义;运用历史与现实、理论与实际相结合的方法,说明毛泽东、邓小平这两位历史巨人的最大共同点在于坚持马列主义普遍真理与中国国情的结合,坚持解放思想与实事求是的统一。口语化的叙述笔调,丰富生动的历史画面,通俗易懂的理论阐述,使本书具有极强的教育性和可读性。(陈世象)

I000564 **中国蓝盔——中国赴柬埔寨工程兵大队维和行动纪实** 许正凤著。解放军出版社1994年7月版。16万字。9.20元。1992年4月,中国军队第一次以联合国维和部队的身份开赴柬埔寨。作者以亲身的经历,从陆海空立体开进、工作、生活、国际交往等侧面,详实记载了中国军人维和行动的感人事迹,披露了国际军事外交活动的种种内情,勾画了柬埔寨的风土人情。配有100幅彩色照片。(谢钢)

I000565 **虎穴殊勋** 赵勇田著。军事科学出版社1994年7月版。21.6万字。7.50元。纪实文学。从抗日战争时期八路军前方总部情报机关直接领导的潜入日、伪巢穴的几十个情报网点中,选出十个具有代表性的战斗集体,以真实情节为脉络,以写人叙事为主线,以故事形式行文,再现当年惊心动魄的雄伟场景。作品热情讴歌那些"不入虎穴,焉得虎子"、与日伪军作殊死斗争的无名英雄、革命志士、忠贞儿女们,为中华民族解放献身的光辉业绩和与日月同辉、与天地共存的雄风军魂。书中有打入日、伪军司令部获取战略情报、策反要员、发展地下军、带兵起义的八路军高级干部;有活跃在敌占区经商理财、办学从艺、交通联络的男女军人;还有隐姓埋名、长期潜伏、忍辱负重,或战伤、或致残、或献出宝贵生命的无名英雄。作者本人当年从事地下情报工作。(王耀甫)

I000566 **丝路散花** 李振东著。海潮摄影艺术出版社1994年8月版。18万字。4.80元。1993年春夏间,作者作为中国少年儿童艺术代表团的负责人,带领17位小艺术家应邀访问土耳其、希腊、罗马尼亚、保加利亚和俄罗斯。通过这些小小的文化使节,与亚欧五国进行了一次独特的文化艺术交流活动。本书对这次出访作了介绍。作者的笔墨主要描绘17位小艺术家在出访旅程中所表现出来的各自不同的性情、个性,以及共同的品质。这便是从幼小的、天真的心灵中自然流露出来的对于艺术创造的探索和刻苦锻练的精神,以自己的艺术对祖国人民作出奉献的信念和为国家争光的精神,以及在访问过程中处处表现出的自觉遵守纪律和对友邦人民亲善、友好的精神。同时,书中也描绘了土耳其、希腊、罗马尼亚、保加利亚、俄罗斯等五个友邦的古文化遗迹、风光、人情、民俗、历史、当代文化设施,以及当地人民对中国人民和华侨、华人对祖国的情意。(黄兆荣)

I000567 **彭雪枫将军** 郑彦英著。河南文艺出版社1994年8月版。23万字。12.60元。真实地记述彭雪枫为中华民族与日本帝国主义血战和为民众争自由、平等而出生入死,奋斗20年的经历。(蓝纪

先）

I000568 **不沉的英伦岛** 副名：英伦之战。吴穹等著。蓝天出版社 1994 年 8 月版。14.4 万字。6.90元。“第二次世界大战纪实丛书”之三。展示了法国投降之后，英国为争取民族生存而进行的殊死搏斗，详尽描述了德国空军机群越过英吉利海峡轰炸英国的场面和英国空军出奇制胜、挫败德军势头的情景。（许志强）

I000569 **天昏海暗** 副名：太平洋战争。苏虹著。蓝天出版社 1994 年 8 月版。16.8 万字。6.90 元。“第二次世界大战纪实丛书”之七。描述日本法西斯经过精心策划，偷袭美国珍珠港海军基地，点燃太平洋战争的导火索，以及此后美日双方经过一系列海上角逐，使不可一世的日本海军转入被动，最后全线崩溃的战争画面，对太平洋战争的起因和重大战役作了较深入的分析。（许志强）

I000570 **越过马其诺** 副名：德军攻击法国。李妙根等著。蓝天出版社 1994 年 8 月版。14 万字。6.90 元。“第二次世界大战纪实丛书”之二。描述 1940 年 5 月德国集中主力突破法国阿登山口，直逼英吉利海峡，把法国军队引入口袋，用飞机、坦克快速切断，很快越过了法国耗资 2000 亿法郎修筑的“固若金汤”的马其诺防线，并直逼巴黎，迫使法国签订城下之盟的过程，并分析了英法联军失败的原因。（许志强）

I000571 **鹰爪下的羔羊** 副名：德军闪击波兰。朱少华著。蓝天出版社 1994 年 8 月版。15 万字。6.90 元。“第二次世界大战纪实丛书”之一。记述德国这个第一次世界大战的战败国，何以在 20 年后又一次发动新的世界大战；德国法西斯的战争机器是如何启动的；波兰为什么在 20 天内灭亡；当希特勒侵略波兰时其他大国又在做什么，揭示了第二次世界大战全面爆发的缘由、性质，鞭挞了德国法西斯的暴行和英法推行的绥靖主义政策。（许志强）

I000572 **喋血黄沙** 副名：北非争夺战。过亦林著。蓝天出版社 1994 年 8 月版。15.5 万字。6.90 元。“第二次世界大战纪实丛书”之六。以整个反法西斯战争为背景，以意军侵入非洲为开端，详尽展示了在第二次世界大战非洲战场，盟军经过三年浴血奋战，最终将德国隆美尔非洲军团逐出北非的整个历程。北非战役的胜利，与斯大林格勒战役一起，成为第二次世界大战的转折点。（许志强）

I000573 **黄河在咆哮** 副名：中国的抗战。杨一民著。蓝天出版社 1994 年 8 月版。15.7 万字。6.90元。“第二次世界大战纪实丛书”之十。从“九·一八”事变写起，揭露日本军国主义企图霸占中国的野心和犯下的法西斯暴行，记述抗日统一战线的建立和中国共产党为此作出的贡献，再现了中国共产党领导的敌后抗战、国民党正面战场和民间抗日斗争的历史画面，讴歌中国人民坚持八年抗战为世界反法西斯战争的胜利建立的不朽功勋。（许志强）

I000574 **血染的冬天** 副名：斯大林格勒大会战。张国浩著。蓝天出版社 1994 年 8 月版。16 万字。6.90 元。“第二次世界大战纪实丛书”之五。从顿河草原的序战写起，描述了德军进攻顿河、兵临城下、斯大林格勒保御战直至苏联红军反击，取得会战最终胜利的壮烈场景，阐述了苏联红军取得会战胜利的意义：斯大林格勒战役是苏德战争的转折点，也是同盟国反法西斯侵略战争的转折点，从此，苏联红军由战略防御转入战略进攻。（许志强）

I000575 **第二次世界大战纪实丛书** 唐彦生、周正抒主编。蓝天出版社 1994 年 8 月版。153.2 万字。10 册。69.00 元（平）。共 10 卷，即《鹰爪下的羔羊》、《越过马其诺》、《不沉的英伦岛》、《犁不开的冻土》、《血染的冬天》、《喋血黄沙》、《天昏海暗》、《英吉利海峡的狂飚》、《“卐”字旗的陨落》、《黄河在咆哮》。以文学纪实体的写法，分别记叙了德军闪击波兰、德国攻击法国、英伦之战、莫斯科保卫战、斯大林格勒大会战、北非争夺战、太平洋战争、攻击柏林、中国的抗战，再现了第二次世界大战波澜壮阔的历史画面，讴歌浴血奋战的正义之师，鞭挞法西斯的罪恶暴行。各卷既注意严格区分，又注意相互映照，以体现整个大战的整体性、全局性。各卷在忠实于历史事实的基础上，对当时的国际政治关系、军事斗争和外交活动等，进行了生动形象的描述和深刻的剖析，并突出了“前事不忘、后事之师”的意旨，通过对正义与邪恶的揭示，战争双方胜败原因的分析，给读者以多方面的启迪和思考，从而起到知往而鉴今的作用。（许志强）

I000576 **“卐”字旗的陨落** 副名：攻克柏林。田漪新著。蓝天出版社 1994 年 8 月版。14.3 万字。6.90 元。“第二次世界大战纪实丛书”之九。围绕世界反法西斯统一战线与德国法西斯集团、斯大林统帅的苏联红军与英美法盟军、希特勒核心集团与其内部反叛势力的矛盾，描述了第二次世界大战欧洲战场的最后一役——攻克柏林，第三帝国的一朝覆亡和法西斯罪魁祸首的可耻下场。（许志强）

I000577 **犁不开的冻土** 副名：莫斯科保卫战。周正抒著。蓝天出版社 1994 年 8 月版。16 万字。

6.90元。“第二次世界大战纪实丛书”之四。循着历史的脉络,描述了德军闪击苏联至莫斯科城下锋芒受挫的过程,重点展示了莫斯科保卫战的演化转换的复杂情节;客观地分析了苏德战争初期红军遭受惨重损失的原因,歌颂了苏联红军和人民在斯大林领导下与法西斯浴血奋战的英雄业绩。(许志强)

I000578 **英吉利海峡的狂飚** 副名:诺曼底登陆战。刘源沥著。蓝天出版社1994年8月版。15.5万字。6.90元。“第二次世界大战纪实丛书”之八。描述第二战场经过漫长的路终于再辟的经过,再现了盟军经过长期谋划、精心准备,出兵英伦岛,登陆诺曼底,打了一场最具现代意义的陆、海、空总体战的场景。既有波澜壮阔的战争演进过程,又有战争幕后的运筹帷幄。(许志强)

I000579 **夜沙龙丛书** 崔文良主编。宁夏人民出版社1994年8月版。149.8万字。49.70元。包括《撒旦的哀歌》、《金钱大追逐》、《国脉之忧》、《孤注一掷》、《疯狂的假冒》、《有本事玩股票》、《搞关系有学问》、《官不打送礼的》八种。丛书集社会热点于一体,选择当前社会上有关治安、反腐、打假、税收、戒赌、下海、公关、股票等方面能够让人感觉到疼痛的、人人关心的内容,以纪实笔法加以描述。(李秀冬)

I000580 **中学生的情感世界** 秦文君著。少年儿童出版社1994年8月版。11.4万字。4.55元。作者的第一本报告文学集。收入报告文学17篇。其中《中学生的情感世界》、《母亲的受难日·关于父亲》、《失群的中学生》等篇,在发表后就获各种儿童文学奖。本书具有亲切、思辩的特色,用翔实的材料分析当前中学生的生活状态,剖析少年人内心的困惑,并以过来人的身份讲叙少年这一特殊阶段的心态、情态。风格敏锐、细腻,富有激情和哲理。(洪祖年)

I000581 **改革没有浪漫曲** 胡舒立著。新华出版社1994年8月版。24.5万字。8.00元。新闻报道选。分经济观察、热点追踪、专家访谈三部分,记述在中国建立市场经济和对外开放进程中,知识分子深层思考的轨迹和部分重大事件。写作上客观、冷静、切近,无夸张之辞,无宣传之态。(黄青峰)

I000582 **“鬼才”贾平凹** 孙见喜著。北岳文艺出版社1994年9月版。58万字。2册。28.00元(精),22.60元(平)。贾平凹是当代著名作家,海内外学者赞誉他为中国文坛的“鬼才”、“独行侠”。他的“商州系列”中短篇小说以及长篇小说《商州》、《浮躁》等问世后,都引起了热烈反响。本书以贾平凹的生平经历为主线,以时间为序,描述贾平凹从出生到1993年间的生活、创作、爱情等。作者与贾平凹是同乡,又是多年相知的好友。书中披露了大量鲜为人知的材料和故事,并首次发表了贾平凹的十余幅书画真迹。书末附有《贾平凹工作年表》、《贾平凹著作目录》、《贾平凹研究资料目录索引》等。(李建华)

I000583 **故事发生在天安门城楼** 董保存著。河南人民出版社1994年9月版。23.3万字。7.50元。反映中国高层领导人战斗、工作和生活的纪实文学作品。其中,有毛泽东和英国元帅蒙哥马利握手的纪实,有毛泽东、朱德、陈毅等人在大革命时期“八月失败”中的心灵展示,有谭震林在文革“二月抗争”中拍案而起的记述等,真实的再现了老一辈无产阶级革命家的优秀品质。(牛亚和)

I000584 **黑旗军魂刘永福** 于峪著。接力出版社1994年9月版。11万字。8.00元。刘永福(1837—1917),广西钦州市人。本书描写民族英雄刘永福少年投奔黑旗军,后来成了黑旗军的领袖,在逆境中坚持抗击法国侵略者,在纸桥大战中痛歼人侵之敌,令敌闻风丧胆以及后来出任台湾抗日统帅,在清政府放弃台湾、敌强我弱的情况下孤军奋战、力敌外侮的悲壮历程。为“八桂俊杰丛书”之一。(李仕强)

I000585 **辛亥名宿王和顺** 韦纬组、谢汉俊著。接力出版社1994年9月版。11万字。8.00元。王和顺(1871—1934),广西南宁市郊区人。1889年他领导南宁市郊区农民举行反清起义,屡败清军;1907年加入同盟会后被孙中山委为南军都督,领导著名的防城起义;1908年再次受孙中山的委托协助黄明堂发动云南河口起义;1911年组织惠军光复广州。本书以生动的文字,勾画了王和顺可歌可泣的经历。为“八桂俊杰丛书”之一。(李仕强)

I000586 **中华英魂韦拔群** 杨军著。接力出版社1994年9月版。11万字。8.50元。叙述革命烈士韦拔群(1894—1932,广西东兰县人)领导广西东兰县农民自卫军三打东兰县城及后来担任广西省农民协会副主席,和邓小平一道组织、领导著名的百色起义,任红军第二十一师师长,红七军北上后带领红军右江独立师坚持白区斗争直至壮烈牺牲的悲壮历程。为“八桂俊杰丛书”之一。(李仕强)

I000587 **岭南俊乂郑献甫** 叶玉生著。接力出版社1994年9月版。11万字。8.00元。郑献甫(1801—1872),广西象州县人,清道光进士,刑部主事。本书以细腻的笔触叙述了郑献甫因憎恨官场腐败而弃京官还乡之后历任象州、顺德、广州、桂林等书院主讲,致力于传播知识和著述的平凡生活及其

高尚的道德情操。为“八桂俊杰丛书”之一。（李仕强）

I000588 **国门砥柱冯子材** 廖宗麟著。接力出版社 1994 年 9 月版。7 万字。6.50 元。冯子材（1818—1903），广西钦州市人，历任广西提督、贵州提督。本书描写冯子材以七旬高龄率军出关，痛歼法国侵略者，取得镇南关大捷的经历。为“八桂俊杰丛书”之一。（李仕强）

I000589 **大清名臣陈宏谋** 黄继树著。接力出版社 1994 年 9 月版。13 万字。9.50 元。陈宏谋（1696—1771），广西临桂县人，清雍正进士，历任布政使、巡抚、大学士等。本书从陈宏谋赴京赶考、考取进士写起，描绘他为官之后，在云南、陕西、天津、江苏、福建、湖南等地大力发展生产、抗洪赈灾以及惩治贪官等为后人所传颂的业绩。为“八桂俊杰丛书”之一。（李仕强）

I000590 **九州名豪李德山** 凌崇征著。接力出版社 1994 年 9 月版。7 万字。6.50 元。李德山（1868—1911），广西桂林县人。孙中山领导的同盟会会员。广州黄花岗七十二烈士之一。本书叙述了李德山从一般的热血青年觉醒为革命战士，为推翻清朝反动统治，在孙中山、黄兴的直接领导下，自动请缨，亲率广西先锋队参加著名的广州起义，直至不幸被捕、壮烈牺牲的不平凡经历。为“八桂俊杰丛书”之一。（李仕强）

I000591 **天朝基石杨秀清** 麦展穗著。接力出版社 1994 年 9 月版。10 万字。7.50 元。杨秀清（1820—1856），广西桂平县人。1851 年参加金田起义、建立太平天国，任左辅正军师，领中军主将。同年 12 月在永安（今蒙山县）被封为东王、九千岁，主朝政，统率全军。本书叙述杨秀清在起义前夕进行的大量准备活动以及起义后率军出广西、进两湖、最后定鼎金陵的艰难历程。为“八桂俊杰丛书”之一。（李仕强）

I000592 **民主斗士李任仁** 李时新著。接力出版社 1994 年 9 月版。11 万字。8.50 元。李任仁（1887—1968），广西临桂县人。北伐时任国民革命军第四集团军顾问。1947 年参与筹建中国国民党革命委员会。建国后历任中央人民政府华侨事务委员会副主任，政务院政法委员会委员，民革中央常委，广西省人民政府副主席、副省长。本书叙写青年李任仁投身时代的革命洪流，抗战中力促桂系抗日，解放战争中以国家、民族利益为重力促桂系和中国共产党和谈，最后响应中国共产党号召，毅然离桂赴京等经历，淋漓尽致地写出了李任仁为追求民主、进步而奋斗的一生。为“八桂俊杰丛书”之一。（李仕强）

I000593 **空中体坛风云录** 胡敏华、顾陆丰著。上海教育出版社 1994 年 9 月版。19.1 万字。9.00元。选收上海人民广播电台“空中体坛午间直播”节目稿，分两篇。上篇“话筒前的名星”，介绍王军霞、马俊仁、杨文意、庄泳、聂卫平、马晓春、胡荣华、郎平、李国君、沈富麟、郭跃华、张德英、张德培等 26 位世界体育名将在赛场外的一面。下篇“赛场风云录”，介绍第一届东亚运动会、全国第七届运动会等大型运动会的有关情况。附录第一届东亚运动会开幕词、申办奥运、1993 年十大体育新闻等。书中有著名体育人士的照片 30 幅。（季陆生）

I000594 **长江口大潮** 卢庆平、李军、王子和著。文化艺术出版社 1994 年 9 月版。16.2 万字。10.20元。以诗化语言讴歌南通市经济开发区广大职工创业的艰难和开发区发展的速度。介绍了南通市在改革开放的新形势下，以国营大企业为依托，以新型港口为突破点，以港兴市、面向海洋而形成的三位一体的特区经济发展大趋势。收入“中国经济特区开发区纪实丛书”。（仲江）

I000595 **血铸丰碑** 81065 部队编。白山出版社 1994 年 10 月版。46 万字。13.70 元。以纪实手法按时间顺序，描写某集团军的前身部队在第二次国内革命战争、抗日战争、解放战争和抗美援朝战争时期参加的重要战役、战斗，以及在这些战役、战斗中所涌现出的英雄、模范人物和集体。共收入 11 篇回忆录和 50 篇报告文学，有《高虎垴战斗》、《娄山关前后》、《五台烽火》、《古城兵变》、《浴血清风店》、《新保安阻击战》、《大刀王香印》、《激战马良山》、《痛歼飞贼》、《英雄本色》等。（耿树新）

I000596 **挥戈疆场** 宋玉琳著。百花洲文艺出版社 1994 年 10 月版。17 万字。9.00 元。一个穷苦出身的放牛娃参加革命后，跟随毛主席南征北战，出生入死，屡立战功，成长为人民军队的一名高级将领。他指挥的营参加了击毙日“蒙疆驻屯军”最高司令官阿部规秀中将的战斗；他指挥的团里涌现了闻名全国的狼牙山五壮士；他指挥的军里出现了真正的“奇袭白虎团”。该回忆录是作者戎马生涯的真实写照，也是研究党史、军史的参考资料。（李鸿）

I000597 **军嫂** 岳献甫、黄炳富著。济南出版社 1994 年 10 月版。9 万字。2.80 元。报告文学。以纪实手法描写军人妻子韩素云为支持丈夫安心服役，以坚强的毅力忍受病痛折磨，含辛茹苦地挑起家庭重担,将满腔爱心倾注到祖国边防事业上的事迹。韩素云是山东省梁山县人,初中文化。其夫倪效武是汶上县人,为广西南宁军分区某部教员。1985 年,韩素云为支持倪效武安心戍边,在订婚不久就冲破世俗偏见,搬到倪效武家。从此,她精心护理常年卧床的奶奶,照顾多病的公婆和严重残疾的弟弟,抚养一对年幼的双胞胎妹妹,并耕种倪家 12 亩地。1988 年与倪结婚后,她一人承担着全家的重任,终于积劳成疾,患了股骨头缺血性坏死症,但她一直瞒着丈夫和家人,以超常的毅力与病魔搏斗。由于韩素云的全力支持,倪效武成为一名优秀边防军人,多次被评为优秀党员、标兵,受到嘉奖。本书及时报道了韩素云这一社会主义精神文明典型的感人事迹,引起社会的普遍关注,反响强烈。(朱向泓)

I000598 **华夏英才** 丁世儒等著。军事谊文出版社 1994 年 10 月版。32 万字。9.80 元。收报道文章 88 篇。作品讴歌神州大地哺育的英杰——政界要人、科学家、医学家、文学家、艺术家、企业家等,他们都是在某一领域里卓有成就、享有盛誉之人。如《朴实无华的本色——记彭真同志的几件家事》、《中南海里的寻常百姓家——记全国人大常委会副委员长彭冲》、《我是一个兵——访全国政协副主席洪学智》等专访,介绍了党政要人的工作学习情况、朴素近人的生活作风;《女科学家"下海"——访南极考察队员金庆民》、《文坛父女情——著名剧作家曹禺和他的女儿》、《多彩的人生》、《国际化经营的探索者——记中国化工进出口总公司总裁郑敦训》等报道,则介绍了当代科学家、文学艺术家、企业家们在事业上的追求、进取以及他们在人生道路上的坎坷与拼搏。本书作者数十人,他们深入采访,写作各有千秋,努力刻画了一群"华夏英才",展示了中华英才的人生价值。不求华丽而重质朴是所收文章的一大特色。(张丽)

I000599 **千秋家国梦(上、下部)** 副名:广州高第街许氏家族。伊妮著。广东人民出版社 1994 年 11 月版。70 万字。2 册。78.00 元。许氏家族是近代岭南地区的名门望族,崛起于清代乾、嘉年间,其祖上以经营盐业发家致富。该家族定居于广州市高第街之后,为了提高本身的政治地位和社会地位,刻意鼓励和培养子弟读书求仕进,后辈得以科第蝉联,不少人成了达官显宦。其家族的杰出成员如许祥光、许应骙、许应锵、许崇智、许崇灏、许济、许卓、许崇清、许广平等,分别活跃于政治、经济、军事、文化各个领域,在近、现代各个历史时期或重大历史事件中,担当重要角色或起过不容忽视的作用,并与林则徐、康有为、光绪帝、慈禧太后、孙中山、廖仲恺、蒋介石、鲁迅等历史名人有着错综复杂的关系和非比寻常的交往。这个家族从崛起、鼎盛到式微的过程,充满了传奇色彩,不啻是中国近、现代历史的一个缩影。作品以富于文学色彩的笔触,引人入胜地记述了许氏家族不同时代的际遇和命运,形象地揭示了历史发展的规律,生动地展现了大变革时代波澜壮阔的真实图景。既是内容翔实、见解鲜明的历史纪实著作,也是内涵丰富、有很强历史感的文学作品。(冯伯秋)

I000600 **不残的人生** 李超洪编著。河南教育出版社 1994 年 11 月版。28 万字。8.30 元。湖北籍残疾青年李超洪历经十余年,在外国驻华大使馆、海内外残疾人组织和社会各界人士的支持下,克服重重困难,收集整理有关资料,编著了这部反映海外 100 位残疾名人奋斗足迹的书籍。书中以生动的事例、流畅的文笔,展示了世界残疾人自强不息、向命运挑战的精神风貌,具有深刻的启迪和教育意义。(李亚娜)

I000601 **南国屏藩苏元春** 江建文著。接力出版社 1994 年 11 月版。12 万字。8.00 元。苏元春(1844—1908),广西蒙山县人,历任广西提督等。本书描写苏元春率部赴边关抗击法国侵略者,和老将冯子材一道同心协力,取得中国近代史上抗击外侮的重大胜利——镇南关大捷及其停战后率军民修建边防工事的经历。为"八桂俊杰丛书"之一。(李仕强)

I000602 **千古奇雄袁崇焕** 梁奇才、莫争春著。接力出版社 1994 年 11 月版。10 万字。7.50 元。袁崇焕(1584—1630),广西藤县人,明万历年进士。历任知县、兵部主事、兵部尚书兼右副都御史等职。该书通过袁崇焕在北疆受外侵、戍边部队连连战败、朝廷人心浮动的情形下单骑出关、坚守孤城、获宁锦大捷、含冤还乡后又应诏重返边关、孤军卫戍京师反而蒙冤遇害等的描写,展示了袁崇焕悲壮的一生。为"八桂俊杰丛书"之一。(李仕强)

I000603 **一代战将李天佑** 蓝怀昌著。接力出版社 1994 年 11 月版。13 万字。8.25 元。李天佑(1914—1970),广西临桂县人。1929 年参加百色起义,历任红军师长,八路军代旅长,中国人民解放军纵队司令员、军长,广西军区司令员,广州军区第一副司令员、代司令员,中国人民解放军副总参谋长等。本书描写李天佑将军从少年参加百色起义到井冈山时期的战斗生活,以及长征中率部突破湘江封锁线、参加平型关大战及辽沈战役、指挥广西剿匪等

重大斗争的经历。为“八桂俊杰丛书”之一。(李仕强)

I000604 **记巴金及其他** 副名:感想·印象·回忆。纪申著。宁夏人民出版社 1994 年 11 月版。19.9 万字。8.20 元。作者原名李济生,是巴金的胞弟,是编辑、作家,与文学和巴金打了一辈子交道。本书分 4 部分:第一辑“记巴金”,“胞弟”眼中的巴金,既是文学巨匠,又是人情味十足的“哥哥”;第二辑“阅读偶拾”,除个别短文外,谈的全是与巴金作品有关的,既有个人的感受与看法,又有局外人无法了解的背景介绍,可说是读巴金作品的引航标;第三辑“情系家乡”,有对故乡的怀恋,有手足亲情,同时也是对巴金及其作品中的某些特定情感的注释;第四辑“景仰与怀念”,记述叶圣陶、艾芜、沙汀、沈从文、萧乾、柯灵、张天翼等文学巨匠与作者和巴金的交往。(王雄)

I000605 **一个老记者的经历** 张西洛著。人民日报出版社 1994 年 11 月版。12.1 万字。4.20 元。作者是抗日战争时期的老记者,一生从事新闻工作,先后在新民报、中央日报、江津日报、立言报、工商导报、人民政协报任职。作者将其经历的主要片段汇编成书,从中可以看出一个新闻记者的成长过程,品尝其酸甜苦辣。(颜景政)

I000606· **中国改革风云人物(一)** 章荣高主编。山西人民出版社 1994 年 11 月版。17.5 万字。9.00 元。纪实文学作品集。所收作品 26 篇,描写 1994 年度“中国改革风云人物评选活动”推出的 26 位在改革中做出突出贡献的实干家的创业历程和改革业绩。所写人物有周冠五、史玉柱、张果喜、马俊才、柳佳志、刘志华、刘永好、赵希友、王云峰、姜伟、王权、陈章良、蔡光天、牟其中、王恩学、陈世增等。(来普亮)

I000607 **深圳传奇** 倪振良著。海天出版社 1994 年 12 月版。50 万字。68.00 元。全方位记录深圳特区的辉煌业绩、坎坷历程及宝贵经验。作品从力挽狂澜的最高决策层,写到锐意改革的省市各届、各级负责人;从经营有方的总裁、总经理写到兢兢业业的广大市民、打工仔、打工妹。通过大量鲜为人知的真实故事,揭示了“一夜城”崛起的真谛,剖析了“试验场”的深层律动,是一部深圳创业史。(李青)

I000608 **中国农村大写意** 李超贵著。湖南文艺出版社 1994 年 12 月版。27.2 万字。14.80 元(精)。反映改革开放后中国农民、农村、农业问题的长篇报告文学。采用从大处落笔的手法,通过对安徽凤阳,江苏华西村,天津大邱庄,河南七里营、兰考,北京窦店,广东顺德,山西大寨,陕西延安等全国新老农业先进典型的描写,歌颂在中国共产党的领导下,中国农村改革取得的伟大成就,真实地反映了中国农业迅速发展的情况,展现出改革带给农村面貌和农民思想上的巨大变化,展示出九亿农民向贫困宣战、向小康迈进的大趋势。同时,以对国家对人民负责的精神,坦诚地议论了农村改革中存在的一些问题,并提出了解决这些问题和进一步发展农业的建议。(古方)

I000609 **我的回忆** 程思远著。华艺出版社 1994 年 12 月版。25.8 万字。12.80 元。主要记述从北伐战争至新中国成立以来的历史时期内,作者亲身经历的一系列鲜为人知的重大历史事件及其对过去的顿悟和反思。重点描写作者跟随李宗仁几十年的经历,以及建国后李宗仁以民族大义为重,毅然荣归祖国大陆的事实,同时也记述了作者一生所走过的曲折、复杂、艰辛的路程;抒发了作者对李宗仁的深切怀念和对新中国的热爱、感激之情。作品材料翔实,叙述平实;作者有感而发,直抒胸臆,其中许多史料有重要价值。(梅雨)

I000610 **当代英魂(上)** 山东省民政厅编。黄河出版社 1994 年 12 月版。27 万字。8.00 元。通讯、报告文学集。所收文稿 30 余篇,记述了 37 位烈士的模范事迹。这些烈士均系党的十一届三中全会以后牺牲的,包括原籍山东、牺牲在山东或外地,或原籍外地、牺牲在山东的军队和地方的英模人物。他们的职业不同,有科学家、企业家、干部、工人、农民、教师、学生、警察、战士,等等;文章的风格也不完全相同,或白描追记,或慷慨悲歌,或深情追忆,或悼祭评赞,展现了烈士可歌可泣的事迹、感人肺腑的品格和光辉照人的风采。董凤基为本书作序,认为该书的出版,是“一件很有意义的事情,值得祝贺”,“在开展爱国主义教育的实践中,我们要用好这一生动教材”。(肖洪林)

I000611 **法坛巨擘白鹏飞** 王咏著。接力出版社 1994 年 12 月版。13 万字。8.00 元。白鹏飞(1889—1948),广西桂林人。毕业于日本东京帝国大学,历任上海暨南大学校长,清华大学、北京大学教授,北平大学法学院院长,北平大学法商学院院长,广西大学校长,国民党监察委员,国民党军委会军风纪第四巡察团副团长等职。本书描写白鹏飞海外求学归来之后献身于中国法学事业的生活,生动地叙述了白鹏飞在皖南事变中上书蒋介石下诏罪己、任国民党监察委员怒斩国民党贪官的经历。为“八桂俊

杰丛书”之一。(李仕强)

I000612 **铁血将军李明瑞** 林仕亿、刘波著。接力出版社1994年12月版。12万字。8.00元。李明瑞(1890—1931),广西北流县人,历任国民革命军第七军旅长、师长、副军长,广西绥靖司令兼国民党整编第十五师师长,红七军、红八军总指挥,湘赣革命根据地河西总指挥部总指挥,红军第七军军长。本书描写李明瑞参加北伐及后来和邓小平一道组织龙州起义、百色起义、北上井冈山等战斗历程。为“八桂俊杰丛书”之一。(李仕强)

I000613 **大略雄才周子昆** 牛建农、徐强著。接力出版社1994年12月版。11万字。11.00元。周子昆(1901—1941),广西桂林市人。历任红三军参谋长,红三军军长,红五军团参谋长,红军总部第一局局长,新四军副参谋长兼教导总队队长。本书叙述周子昆从旧军队转到共产党领导的革命军队之后参加井冈山斗争、长征及后来被毛泽东亲自派遣从延安到江南组建新四军、任新四军副参谋长直至在皖南事变中牺牲的战斗历程。为“八桂俊杰丛书”之一。(李仕强)

I000614 **我的父亲袁殊** 曾龙著。接力出版社1994年12月版。17.5万字。10.00元。“名人子女写名人丛书”之一。描写袁殊青少年时代的生活,后来参加左翼文化活动,在上海创办《文艺新闻》及抗战时的生活、抗战后到解放区的经历,1955年入狱后漫长的劳改生活,后来平反、病逝等。(李仕强)

I000615 **语言大师王力** 刘兴华著。接力出版社1994年12月版。12万字。8.00元。王力(1900—1986),广西博白县人,1927年获法国巴黎大学博士学位,历任清华大学、西南联合大学、中山大学、北京大学教授,中国文字改革委员会副主任,中国科学院哲学社会科学部委员,中国人民政治协商会议第五、六届常务委员。本书描写少年王力在艰难困境中刻苦求学,在海外学成归来至生命的最后一刻这漫长的岁月中的治学、奋斗、生活历程。为“八桂俊杰丛书”之一。(李仕强)

I000616 **我的父亲李广田** 李岫著。接力出版社1994年12月版。16万字。9.50元。“名人子女写名人丛书”之一。描写李广田少年求学及其一生的文学活动,叙述李广田的婚姻及其在云南大学“一二·一”运动、清华园“八·一九”反搜捕斗争中的经历和解放后献身祖国教育事业直至含冤去世的人生旅程。(李仕强)

I000617 **名人子女写名人丛书** 冯建男、李岫等著。接力出版社1994年12月版。75.7万字。5册。由名人的子女从子女的视角叙写自己的先辈,描述子女所见所闻的名人们的生活、斗争和业绩,每人一本。第一辑收入的是文化界的名人子女写的文化名人,包括《我的父亲陈企霞》、《我的父亲郑振铎》、《我的父亲袁殊》、《我的父亲李广田》、《我的叔父废名》等。(李仕强)

I000618 **我的父亲郑振铎** 郑尔康著。接力出版社1994年12月版。13万字。7.00元。“名人子女写名人丛书”之一。写郑振铎少年时代的生活,成年后到商务印书馆创办我国第一个儿童文艺刊物《儿童世界》,在上海主编《文学周报》,与胡愈之、叶圣陶共同创办《公理日报》,在欧洲“游学”,与鲁迅的交往,抗战时在“孤岛”上海的生活,解放后的文化活动及和毛泽东的交往等。(李仕强)

I000619 **我的父亲陈企霞** 陈恭怀著。接力出版社1994年12月版。18万字。7.50元。“名人子女写名人丛书”之一。描写陈企霞青少年时期的生活,后参加左联、30年代的创作活动,投身革命、身陷图圄,参加延安整风运动,创办《文艺报》,肃反和反右及十年浩劫的遭遇,晚年重返北京等。(李仕强)

I000620 **风雨情** 章含之著。上海文艺出版社1994年12月版。1万字。12.00元。回忆录。作者回忆的三个人物,一位是当年被鲁迅当作落水狗痛打过而以后被毛泽东看重的大学问家章士钊;一位是儒雅潇洒、赫赫闻名的大外交家乔冠华;还有一位是新中国的奠基者、党和国家的领导人毛泽东。作者写的虽是父女之情、夫妻之爱和师生之谊,但由于其特殊身份、特殊经历,使本书平添了不少史料的份量。作者站在世纪之交的边缘,回首过往烟云:理想——追求——幻灭,但不后悔,真实地显现了新中国成长起来的一代知识分子的心路历程。(郑宗培)

I000621 **健美之源** 副名:优秀体育音乐美术教师事迹报告文学集。李原主编。天津教育出版社1994年12月版。31.5万字。13.50元。介绍天津市40名中小学体育、音乐、美术教师的先进事迹。集中反映他们的工作、生活和情感,讴歌他们艰苦创业、顽强拼搏、呕心沥血、甘为人梯的奉献精神和崇高思想境界,认真总结了他们多年积累的高超精湛的育人和教学艺术。(戴正兴)

I000622 **跨世纪的一代——中国少年“五自”丛书** 孙云晓、刘希亮等著。未来出版社1994年12月版。82万字。5册。60.00元。以报告文学的形式,描写95个孩子可歌可泣的动人事迹。其中有自理能力极强的"中国好少年"何雷和宋涛等；有战胜各种困难刻苦学习而获得美国第八届数学邀请赛特等奖的上海"双十佳少年"刘翔；有研究发明"汉字全息码"，解决困扰人类近一个世纪的"世界难题"，使中国补回了一个电脑时代的15岁少女杜冰蟾；有凭着"我要回家"的坚定信念，在被拐卖105天以后机智勇敢地逃出来，终于回到爸爸、妈妈身边的10岁男孩龚昊；有"不畏强暴，勇擒歹徒"的好少年田淑娟，以及学会保护自己，用蚊帐当武器的女孩子王宁等。（孙忠多）

I000623　**印象与领悟**　张雪扬著。学林出版社1994年12月版。12.9万字。8.50元。文化名人访问记。由18篇专访组成。所访叶浅予、伍蠡甫、黄佐临、刘海粟、华君武、匡亚明、常任侠、刘开渠、冰心、常书鸿、夏衍、启功、张仃、赵朴初、杨宪益、戴乃迭、谢稚柳、钱君匋、王朝闻等19位年逾古稀的前辈，都是当代中国文化界的名宿。作者从历史过程的全局着眼，既不一味追述往昔，也不单纯议论现况，而是将昨天、今天和明天联系在一起。就文章而论，18篇专访在统一的风格中又颇富变化，有的抒情，有的论理，有的轻松，有的凝重；或发挥，或实录，量体裁衣，不拘定式。作者将交谈过程编织为颇有生活情趣的场景，夹叙夹议，有人有己，状人叙事时见生动，并有许多引而未发、启人深思之处。（周清霖）

I000624　**生命之歌**　夏真著。浙江文艺出版社1994年12月版。14.8万字。7.20元(精)，6.80元(平)。报告文学。真实地描述浙江省云和县农村信用社女工刘玲英的英雄事迹。她在国家和人民财产遭到歹徒抢劫的紧要关头，挺身而出，不畏强暴，身负31刀，誓死保护了金库。她的英雄事迹，震动了浙江大地。中共浙江省委作出开展向刘玲英同志学习活动的决定，全省掀起了学习刘玲英，弘扬"敬业奉献、无私无畏"精神的热潮。（严麟书）

I000625　**太阳、大地、人**　阿里木江·热加甫著。新疆青少年出版社1994年12月维吾尔文版。25万字。4.00元。描写企业家克力木的创业经历。他白手起家，广收人才，敢作敢为，虚心好学，最后走上成功之路。（谢梅）

散　文

I000626　**伊斯兰和穆斯林**　潘梦阴著。宁夏人民出版社1994年版。9.9万字。3.50元。收作者近年所写的参观访问信仰伊斯兰教的少数民族地区的游记和介绍穆斯林的风俗习惯和历史人物的散文27篇。作者是一位长期生活在少数民族地区的职业新闻工作者，本书所收作品以马克思主义的民族观和宗教观，介绍了伊斯兰教、伊斯兰教的经典、六大信仰和五功、节日和纪念日；结合介绍文物古迹评述了对中华民族的文明做出过杰出贡献的穆斯林历史人物，介绍了世界和中国的著明清真寺，中国信仰伊斯兰教的十个少数民族的风俗习惯及少数民族地区的风土人情，较全面地介绍了穆斯林之乡——新疆、回族之乡——宁夏、独具特色的穆斯林城——临夏市。书中的每篇文章都像是向读者打开的一扇展示穆斯林的窗户。有的篇章用对话形式把分散的知识有序地糅在一起，有的以参观顺序为线索描写景物，有的直接引用名人言论或直录少数民族的民间歌谣借以抒情。（张钟和）

I000627　**白话幽梦影**　清·张潮著，李安纲述论。山西人民出版社1994年版。19万字。7.80元。《幽梦影》是一部随笔小品。原作篇幅不长，共两万多字，但内容丰富，包括了人生的各个方面。其形式短小精悍，以格言的形式谈论人生。《幽梦影》问世后，在当时的文人学者中引起了共鸣，冒辟疆、孔尚任、张竹坡等一百多位名士在每句格言下加上一些轻松而清逸的注释，共达五百多则，更加丰富了原作的内容。本书以张潮所编《昭代丛书》本为底本，参考其他版本校勘标点，在每则正文前编以序号，以便翻检。清代各家的评点附于每则正文之下，存其原貌。评点后有简要的"述论"，译释文字，推原大意，略加述评，融会贯通，有助于读者更好地理解原作。（李广洁）

I000628　**中国现代名家散文分类品汇**　曾庆瑞、赵遐秋编选。中国青年出版社1994年版。135万字。9册。71.00元。选编9种:《心随山水》(旅情卷)、《情思缕缕》(友情卷)、《爱河奔流》(爱情卷)、《血浓于水》(亲情卷)、《故乡的梦》(乡情卷)、《人生驿站》(往事卷)、《心的历程》(自剖卷)、《旅人萍踪》(风情卷)、《品书絮语》(品书卷)。选篇着眼于文学会社、流派集群的风格色彩及代表性，取兼容兼顾、取宽舍窄的态度。每篇文章后附作家小传及点评文章。点评文字不拘一格，随心信笔，力求使读者开卷有益。（周平）

I000629　**巴山鬼话**　魏明伦著。海天出版社1994年1月版。15万字。28.30元。剧作家魏明伦业余创作的杂文散文合集。关于其由来产生、主题思想、形式特点，魏氏在自序中说："前几年编剧之余，洒了些剩墨，凑成些闲文。写戏是有心栽花，作文是无意插柳，偶尔到文学界客串几场，数量甚微，就那么几板斧。只求少而不粗，短而不浅，从内涵到形式皆斗胆独树一面鬼帜。虽是江山易改，鬼性难移，但鬼话离不开人间烟火；鬼眼心盯住多灾多难的中国；鬼胎里怀着一片责任心，几分使命感；鬼头鬼脑思考人的价值……现将连篇鬼话收为一集，杂文与散文拼盘，白话与文言骈骊，思辨与抒情对照，麻辣与清淡兼容。”全书分为3辑。第一辑“神坛鬼辩”收入15篇杂文，探索做人做文做事的道理；第二辑“人间鬼情”收入10篇散文，赞美文坛艺苑间可贵的友情；第三辑“戏海鬼恋”收入9篇创作札记，记录了创作中的艰难曲折和甜酸苦辣。(宋城)

I000630　**立存此照**　林斤澜著。陕西人民出版社1994年1月版。28万字。12.20元。随笔集。分三部分：上篇人；下篇天；三篇文。作者是个有特色的作家，特色之一就是含蓄。上篇“人”自是记人之作，篇名却多看不出。《画师小事》记齐白石，《圆满》记梅兰芳，《名著选读》记焦菊隐，《微笑的失落》记沈从文，所记之人是要读了作品才看得出，看出之后又要赞叹那篇名一语中的的恰切。特色之二是深沉。三篇“文”谈创作是不可多得的作品。《闲话藏猫》、《小说的头尾》、《管见》、《论武松没有绰号》中的真知灼见，就决非从理论到理论的空头评论家所能及。比如《读〈卡门〉杂感》一文谈卡门，就一破卡门是骇世惊俗的“化外之民”的通论，揭示出她灵魂里亦有着极不自由的宿命观念。下篇“天”里，写《云雀》，写《春风》，写《衣》、《食》、《住》、《行》，写《蓝色湖》，写《野人脚》，则可见作者敏锐的生活洞察力及广泛的生活情趣。语言亦含蓄、深沉，含蓄深沉到冷、涩，细读去，却能品出隽永的滋味。(李玉皓)

I000631　**中国古今对联大观**　钱剑夫主编。上海文化出版社1994年1月版。80万字。29.30元(平)，35.70元(精)。汇集古今对联1938副，按性质、用途分编成巧对、谐讽、名胜、令节、祝贺、哀挽、题赠、行业等八大类。对难解的词语用浅近的文言作了注释，凡有典故之处，均注明出处；在每副对联的后面，都由主编写上精辟、独到的评语。(何国栋)

I000632　**荒芜英雄路**　副名：张承志随笔。张承志著。知识出版社(沪)1994年1月版。18万字。10.00元。“当代中国作家随笔”丛书之一。辑入作家近年创作的随笔作品40余篇，分3部分：第一部分是心事和随感，包括《荒芜英雄路》、《芳草野草》等篇，是作家历经生活磨难和心灵煎熬的真实写照；第二部分为“大地散步”，有《起荦谷祭》、《枯水孟达峡》等篇，是作家游历各地所记自己对人生、对历史、对文化的感悟；第三部分涉及学术、宗教及国际社会，《心灵模式》、《神不在异国》等篇，是作家对自然、对生命的感应及其内心迸发出的强烈呼唤。作家毅然走出世俗，走出虚荣，走入茫茫的黄土和广阔的天地间，在理性和情感的冲撞下，寻找生命的真谛，洗涤自己的灵魂，对时代、国家、民族、宗教、教育、真的学问、心的历史，以及人与它们发生冲突后的境遇等问题进行了探究，反映了作家近几年的生活状况和创作背景。(东方)

I000633　**仰望苍天**　副名：刘心武随笔。刘心武著。知识出版社(沪)1994年1月版。20万字。10.50元。“当代中国作家随笔”丛书之一。收作品80篇，分5辑。第一辑“人生感悟”和第二辑“品味生活”都为青年人而写，表现青年人的清纯、活力，青春的步伐和生命的跃动；第三辑“多味煎饼”多属生活随笔，在充满紧张竞争的喧嚣氛围中，与读者一起寻觅一片温馨和宁静；第四辑“灯下拾豆”涉及社会生活的方方面面，力图透过社会浓重的帷幕，直视人间的风雨世事；第五辑“仰望苍天”是全书的精华，集中地表现了作者年过50后对世界、社会、生活、自我、人性等的顿悟。人生路上经历的坎坷，使作家着意悟世，并将自己的体悟呈现给读者，以期与读者在文章中相会时，撞击出心灵的火花。

I000634　**夜行者梦语**　副名：韩少功随笔。韩少功著。知识出版社(沪)1994年1月版。15万字。9.00元。“当代中国作家随笔”丛书之一。分为两辑，共36篇。第一辑“我思篇”包括《灵魂的声音》、《文学的“根”》、《记忆的价值》等22篇，追寻小说的灵魂和文学的“根”，探索精神空间的圣战和人生价值观；第二辑“我闻篇”由《笑的遗产》、《海念》等14篇构成，洋溢着人间的温情和真挚的友谊，充满了生活气息和人生哲理。面对变化万端的世界和正在走向现代化的生活方式，作家以为，中国还是中国，尤其是在文学艺术方面，在民族的深层精神和文化特质方面，我们有民族的自我。我们的责任是释放现代观念的热能，来重铸和镀亮这种自我。(东方)

I000635　**禅理散文**　林新居、李英棣、方杞等著。中国青年出版社1994年1月版。64万字。53.90元。台湾作家禅理散文集。共8册：《禅语人生・坐看云起》、《禅语人生・满溪流水香》(林新居著)、《一味禅・风之卷》(李英棣著)、《一味禅・花之卷》(黄靖雅著)、《一味禅・雪之卷》(王静蓉著)、《一味禅・月之卷》(林新居著)、《人生禅》(上、下,方杞著)。作者力图用禅理的启示来回答现代人生的种种困惑,解开生活道路上的各种难题,引导人们学习禅典中的智慧和修养方法,帮助人们走出现代生活中的种种误区。作者认为,禅就是告诉人们如何去认识自己,禅具有直觉自悟的特性,禅具有超越性,禅又是人生的体验。针对现代生活太重物欲,作者呼唤人心的单纯,引导人回归自然,回归本心。针对现代文明发展的负面效应,作者引导人注重人生因果,劝人向善,提倡"无私的爱加助人等于快乐","善良心等于受人爱戴,万事如意"。全书文章清新脱俗,寓意深刻,故事生动,文情并茂。作为佛理文学作品又力图联系现实生活,其局限性亦是明显的。既要看透人生,又要奋进人生。书中过多强调前者,对后者所言极少,读时应有分析。(郑一奇)

I000636 **神圣的珊瑚礁** 副名:南沙纪行。凌行正著。海潮出版社1994年2月版。10.8万字。4.20元。长篇纪实散文。记录了1992年1月间,海南省人民政府组织巡视慰问团赴南沙群岛进行慰问活动的全过程。一方面叙述了海南省人民政府和海南省人民,对驻守在南沙群岛的官兵的关心、爱护与支援,另一方面歌颂了驻守在南沙群岛珊瑚礁上的官兵,在长年远离陆地、身处大海孤礁、缺乏淡水、缺乏新鲜蔬菜的艰苦环境中,为祖国的社会主义建设和改革开放大业而守卫国门的无私奉献精神。(陆羽白)

I000637 **今文观止** 刘国辉等编。沈阳出版社1994年2月版。220万字。2册。58.00元。分上、下两卷,共收1919至1989年优秀散文(含杂文、小品文、游记、书信、序跋等)617篇,是承接《古文观止》的现代散文选集。选目在思想性和艺术性的总原则下,侧重于欣赏。所选文章短小精炼,生动活泼,幽默风趣,文字优美,意境深邃,熔艺术、闲适、情趣、生活于一炉,不同风格、流派各臻其美,其中有鲁迅、林语堂、胡适、周作人、梁实秋、冰心、巴金等现当代散文大师的名著。(曹福志)

I000638 **杨绛散文** 副名:杂忆与杂写。杨绛著。生活·读书·新知三联书店1994年2月版。15.8万字。9.80元。收录作者1936年至1991年所写散文、小说及序跋等35篇,分两部分。第一部分"忆旧",收1984年至1991年的怀人忆旧之作20篇,"怀念的人,从极亲到极疏;追忆的事,从感我之深到漠不关心。"(杨绛自序)怀念的对象从普通的车夫老王、保姆林奶奶到外国友人温德先生、才气横溢的妹妹杨必,乃至可爱的猫"花花儿",写来无不深情一片,真挚感人。第二部分"拾遗",如作者所说,"从遗弃的旧稿里拾取",其中有写于三四十年代抒发性灵的小品文《阳》、《流浪儿》、《风》、《喝茶》、《听话的艺术》和《窗帘》等,有两篇清丽灵动的小说旧作《ROMANESQUE》、《小阳春》,还有几篇序跋和谈及翻译问题的学术杂感。作者是著名的翻译家,又是知名的学者和作家。她的散文,向以不怨不怒、宽厚严正而又充满幽默与智慧闻名。本书与她的另两本脍炙人口的散文名作《将饮茶》、《干校六记》一样,以其一贯朴实、从容的文字,论事忆人,显示了温情与智慧兼容的独特魅力。(冯金江)

I000639 **芳草梦** 杜宣著。学林出版社1994年2月版。31.6万字。16.80元(精),12.80元(平)。散文集。包括出访游记、创作心得和体会、往事追忆、友人追思及抒情小品等。用作书名的《芳草梦》为作者追忆妻子的长篇散文,感情真挚,催人泪下。书后附有作者简介及作品简目。(雷群明)

I000640 **中国杂文大观** 张华、姚春树等编。百花文艺出版社1994年3月版。161.8万字。4册。49.60元。分为4卷:第一卷(1918—1937)收作家113位,作品210篇;第二卷(1937—1949)收作家92位,作品182篇;第三卷(1949—1966)收作家131位,作品198篇;第四卷(1976—1989)收作家152位,作品186篇。编选主要以艺术杂文为主,除名家名篇外,还充分注意了各个风格流派的作家作品。每卷首由编者撰写长篇序言,阐述该时期的杂文创作概况和艺术特色。(范希文)

I000641 **苍狗白云** 韩蔼丽著。北京十月文艺出版社1994年3月版。16万字。作者第一部散文集。收录作品38篇。文风坦荡、爽快、明丽,并时有犀利不羁的笔致,使文章平添异趣。无论写人、记事、绘景、发议论、抒感慨,都栩栩如生,历历在目,真意充盈,让读者觉得生动、亲切、痛快淋漓。(毋国政)

I000642 **文粹** 温洪隆、黄清泉等编。长江文艺出版社1994年3月版。100万字。2册。38.00元。收录属于古代大散文范畴的序跋、游记、辞赋、书信、公文等260篇。上册为先秦、两汉、魏晋南北朝的散文,下册为唐、宋、元、明、清散文。入选作品,大多全文收录,除一律加注释和评赏文字外,均附优美畅达的白话译文。书前有长篇"前言",概括描述了中国古代散文发展的历史。撰写者为全国知名的中国古代散文史研究专家,"前言"极有权威性和学术价值。为"中国古典文学四大名粹"之一。(鲁文忠)

I000643 **河里子集** 黄裳著。百花文艺出版社1994年4月版。25.2万字。8.20元。黄裳是当代散文家，其作品以精悍、辛辣、富有文化内涵而著称。本书是他80年代中期以来所写72篇散文的结集。其中，写名胜山水的游记，有自然风光的摄取描绘，有作者深沉感受的抒发。写亲朋故旧人物的小品，别有韵致。不论是写老舍、巴金、俞平伯、钱钟书，还是胡适、周作人，抑或是盖叫天、许传姬，都有其亲身经历过的掌故，或是彼此间的诗文传递，并有与众不同的个人的评析。此外，写各种文化艺术现象、品类的赏析与见解的，有两组随笔，更是琳琅满目丰富多彩，令人目不暇接。(董延梅)

I000644 **湾流集** 冯亦代著。百花文艺出版社1994年4月版。20万字。7.40元。收作者80年代初至90年代初所写散文《老家》、《街车》、《记听风楼》、《"后市街"的童年》、《品茗与饮牛》、《祭戴望舒》、《忆乔冠华》、《记王安娜》等66篇。其中有即兴抒情之作，有伤逝怀旧之篇，有读余所感之章，均为作者人生际遇的感怀与记载，充分展示了作者斑斓多彩的生活经历。(董延梅)

I000645 **小说名家散文百题** 冰心等著。长江文艺出版社1994年4月版。38万字。15.90元。当代著名小说家自荐散文集。收有冰心、巴金、孙犁等老作家的散文以及新时期活跃在文坛的小说家的作品。作者多达55位。所收散文记人叙事、写景状物、谈天说地，或犀利、或清淡、或潇洒、或凝重、或幽默、或华丽，无不表露出作者真知、真情、真性灵。在各家散文之后，附有作者的"散文观"。各家自陈，各抒己见；几十种表述，几十种见解，言简意赅。55位作者事先并无约定，更没共同商议，有些见解竟不约而同，惊人相似。(简定宇)

I000646 **草屋情** 田樱著。大连出版社1994年4月版。24万字。6.80元。散文集。收作者赴世界各地进行贸易洽谈和经济考察时所写的散文，是作者商旅文心的记载。作者用流畅生动的文笔，形象地展现了五光十色的域外风情，有古色古香的英伦三岛、风云变幻的非洲大地、美不胜收的卢浮宫、举世瞩目的金字塔、充满古典艺术魅力的佛罗伦萨、洋溢着中古气氛的波恩小巷，还有塞万提斯、马可·波罗、毕加索、伽利略、丘吉尔等世界名人的故乡。当今世界的一些著名人物，如泰国正大集团总裁谢国民、由好莱坞童星到女大使的秀兰·邓波儿、《英语九百句》的作者柯灵思等，也一一出现在书中。(李然)

I000647 **岁月的跋涉** 陈人波著。海南出版社1994年4月版。13万字。3.80元。收入散文50余篇。作品写海边渔村景致，写渔人们的故事；写一个文学青年艰苦的生活之路、写作之路、思想之路；写海南建省办大特区后三亚各方面的变化。文风朴素，亲切感人，表现了作者对真善美的追求，对人生和文学的思索。(林珂)

I000648 **森林水滴** 秦牧著。花城出版社1994年4月版。35万字。15.00元。作者建国后出版的第十六本散文集，也是最后一本散文集。收入作者1989、1990、1991年的散文作品，作者为这一部分写有"后记"；其余是紫风收集的作者遗作。第一辑游记、生活随笔、名物漫话；第二辑杂文；第三辑记叙人物和艺文；第四辑序跋。作者善于选取大千世界的一鳞半爪加以描绘，凸现对生活的热爱和高尚情趣。其名篇如《青史留芳究是谁》、《思想大道上的陷阱》等曾引起广泛注意。本书在风格上与作者早年的代表作《艺海拾贝》一脉相承，而笔法更见圆熟。(林青华)

I000649 **超越自己** 刘墉著。漓江出版社1994年4月版。8.20万字。3.85元。与《创造自己》、《肯定自己》为一系列。是作者在独生子考上美国著名的史岱文森高中以及提前升入哈佛大学之后，以随笔形式写给儿子的一系列信件，教导年轻人怎样面对艰险的环境和未来的挑战，以及如何发挥潜能，超越自己。共48章，内容涉及面广，如亲人之情、尊老爱幼、学习的方法、寻找灵感等等。(李海鸣)

I000650 **肯定自己** 刘墉著。漓江出版社1994年4月版。8.5万字。3.65元。与《超越自己》、《创造自己》为一系列。是作者在独生子考上美国著名的史岱文森高中以及提前升入哈佛大学之后，以随笔形式写给儿子的一系列信件，教导年轻人如何肯定自己，超越先天的弱点，调整自己的理想并对前程与困难充满自信。共36章，内容涉及面广，如怎样才是爱、如何避免错误、灵活的战术、辛苦的假象、选择牺牲等等。书末附有作者年表。(李海鸣)

I000651 **创造自己** 刘墉著。漓江出版社1994年4月版。8.3万字。3.65元。与《超越自己》、《肯定自己》为一系列。是作者在独生子考上美国著名的史岱文森高中以及提前升入哈佛大学之后，以随笔形式写给儿子的一系列信件，教导年轻人如何创造自己，在年轻时就发出璀璨的光芒。共38章，内容涉及面广，如如何送礼、如何拒绝、怎样与人相比、说话的技巧、生理的周期等等。书末附有作者年表。(李海鸣)

I000652 **台湾散文精品鉴赏** 林焕彰、柳溪主编。辽宁少年儿童出版社1994年4月版。18万字。5.50元。收台湾散文作家于敏、三毛、艾雯、王禄松、白辛、许达然、余光中、张秀亚、张腾蛟、张晓风、罗兰、季薇、林海音、胡品清、钟晓阳、梁实秋、席慕荣等47人的作品55篇。这是一些以叙事抒情、叙事说理见长的美文。如梁实秋的《谈时间》,将日历喻为生命,将时间的珍贵讲得维妙剔透。再如于敏的《"纯真"好》,以白描的手法写"我"到一个有4个孩子的女教师家亲眼目睹的情形,一方面是家的杂乱、窘迫,一方面是女教师从容、真实的笑容。(崔玉平)

I000653 **九十年代女性散文11家** 刘思谦主编。中原农民出版社1994年4月版。150万字。11册。包括散文集《燕园拾痕》(宗璞著)、《女性之一种》(铁凝著)、《风里的女人》(叶梦著)、《理想的荒凉》(筱敏著)、《给梦一把梯子》(斯婷著)、《家的感觉》(李佩芝著)、《乡关何处》(王英琦著)、《垂帘不卷留香久》(素素著)、《裙上的花朵》(陈丹燕著)、《一日佛门》(郭淑敏著)、《蓝蓝的秋空》(廖华歌著)。这批活跃于当代文坛的女作家通过散文这种形式,抒写了她们对理想的执著,对独立、自由、尊严的渴望,对亲情、爱情、友情的独特体验,特别是现代女性生命意识的体验,于平凡庸常的世俗生活的描述中闪烁出澄明的女性性灵之光。同时也写出了她们对于爱和美的追求,对动物、大自然性灵之美的感悟。(李明性)

I000654 **文明的碎片** 余秋雨著。春风文艺出版社1994年5月版。22万字。14.80元。散文集。收入以中国文明的建造和失落为题旨的散文33篇(含"题叙""附录"8篇)。其中《一个王朝的背影》通过对避暑山庄的描绘肯定了清王朝对汉文化的承继与化合;《千年庭院》以岳麓书院为题材写出了中国古代教育机构的功绩和合理性;《抱愧山西》、《乡关何处》和《上海人》等篇由地域文化的鲜明特色入手,呈现某种文化失而复得或得而复失的复杂历程。总之这部散文集的主题,即要从各个方面远远近近地为文明呼喊几声,尽管在文明与蒙昧、野蛮的搏斗中,文明常常不是胜者,尽管文明常常被撕成碎片,但依然是光亮得令人神往又让人心酸的文明。为"布老虎丛书·散文卷"之一。(魏西)

I000655 **河之女** 铁凝著。春风文艺出版社1994年5月版。20万字。13.90元。"布老虎丛书·散文卷"之一。收入作者自80年代以来的散文、随笔47篇。作者以小说创作的成就饮誉全国,其散文作品则因为散文的"不可制作性"而更有魅力。《河之女》描写居住于拒马河畔的男男女女到河中洗浴的心态与风情,所说"河里没规矩"是冲破封建束缚的一种宣言。其余篇章流露了作者怀念别人别人又怀念她的真情实感,是女散文家的中心情结。感到不足的是此散文集时代色彩较淡薄,缺点社会深度。(岳舒)

I000656 **中国现代小品经典——散文** 钟敬文主编。河北教育出版社1994年5月版。474万字。48册。230.50元。收录许地山、周作人、俞平伯、鲁迅、陈源、刘复、冰心、钟敬文、朱自清、丰子恺、谢六逸、叶绍钧、梁实秋、徐志摩、梁遇春、味橄、卢隐、悄吟、章衣萍、叶灵凤、朱湘、田汉、袁昌英、许杰、白薇、杨骚、艾芜、何其芳、李健吾、李广田、王统照、郑振铎、林语堂、郁达夫、靳以、茅盾、巴金、陈衡哲、冯至、秦牧、唐弢、穆木天、聂绀弩、钱钟书、冯雪峰、萧乾46位作家在1919至1949年间创作发表的小品散文作品。由于这些作家当时身处一个复杂动荡的历史时代,因此其作品或激进、热烈,或凄婉、闲适,成为长期以来众多读者深为喜爱的佳作。本丛书所收正是这些作品中的佼佼者。在选编中,编委会充分尊重、保持作品的历史原貌与时代风格,同时仔细校勘订正,对排、印错误予以改正或注明。(潘海鸥)

I000657 **山川风月集** 李从军著。花山文艺出版社1994年5月版。17万字。5.00元。作者10年游历记述的合集。分"山水篇"、"风情篇"和"怀思篇"3部分,共40篇。作品描摹了祖国山川古迹瑰丽奇特的风貌,记述了天南海北浓郁迷人的乡风民情,抒发了作者对自然、社会、历史和人生的感慨。篇章之中洋溢着一个现代人对自然的炽烈之爱,特别是《狩猎在故乡的大沙河畔》、《故乡七月的垂钓》等乡情、童趣相结合的作品,情思与景物结合得天衣无缝,感染力极强。爱自然、爱亲人、爱故土、爱祖国,这是每篇或大或小的游记的核心内容。(梁东方)

I000658 **12种颜色的彩虹** 陈丹燕著。上海教育出版社1994年5月版。28.9万字。12.40元。作者为上海东方广播电台同名节目主持人。本书分《话筒前面的彩虹》、《青春心事》、《人像》、《故事》、《我在这里》5册,内容为主持人自述、与听众的通信、采访录、凡人故事和作者的生活故事。书中吐露作者从事广播工作的心理路程、电台主持人的甘苦,介绍每档节目的诞生和作者追求的主持风格;坦陈关于青春的烦恼和痛苦、迷惘和困惑,呈现出渴求理解和帮助的真实、透明的内心世界。在所涉及的青少年热点问题上,如高考的压力、代沟、早恋、知青回沪子女的生活等,作者的复信独具智慧,充满真诚和理解。丛书中以采访录《人像》和刻画描述凡人心绪的《故事》最具特色。前者收录5位曾在节目中接受采访的中外人物,虽然他们不具很高的知名度,但不同的国籍、年龄、生活环境和经历,形成了他们极富个性的人生态度,各具魅力。后者以女性细腻、独特的视角表达对自然和生活的体味,充分展现了作者对生活的艺术感受力。(袁彬)

I000659 **评剧皇后与作家丈夫** 新凤霞著。北岳文艺出版社1994年6月版。70万字。2册。22.50元。著名评剧艺术家新凤霞的散文集。收入作者照片26幅,文章110多篇。这些作品,通过生活中的一些小镜头、小故事、小事件或几个人物的关系,反映了作者的思想情操和时代风貌。内容非常丰富:有她从一个穷小丫成长为名演员的从艺历程;有她与名作家吴祖光相恋相依、恩恩爱爱的趣事佳话;有受吴祖光"莫须有"罪名牵连,横遭政治迫害而致病的冤屈;有福不双至、祸不单行,因庸医误诊而致残的苦痛折磨;有因瘫痪在床,被迫退出文艺舞台而失去用武之地的悲愤;有与命运作斗争,不屈不挠,学文化,学写作,终以生花之笔,回忆往事,纵横捭阖,写尽人情世态,而且自成一格,挺身走进作家行列,获得成功的庆幸和喜悦;有与名人名家交往交心,感人至深的真情和高尚的友谊;还有吴祖光被推上法庭,新凤霞慷慨陈词,赢得海内外的关注和同情。在时间上跨度也较大,从30年代新凤霞儿时取名写起,到1992年吴祖光吃官司为止,前后长达五六十年。这一系列生活小故事、小镜头,就像一颗颗璀璨耀眼的明珠,贯穿在新凤霞夫妇崎岖坎坷的人生旅程中,展现了他们在不同时代、不同历史时期的不同的命运和不同的遭遇。(谢中一)

I000660 **海念** 韩少功著。海南出版社1994年6月版。18.9万字。10.00元。散文集。收《看透与宽容》、《仍有人仰望星空》、《灵魂的声音》、《夜行者梦语》、《海念》等作品50篇。(洪声)

I000661 **和谷散文精选** 和谷著。海南出版社1994年6月版。46万字。16.00元。选收作者1980年至1993年创作的散文作品148篇,分"无忧树"、"原野集"、"独旅"、"野生地"、"长安梦寻"、"客岛札记"6辑。其中《王维的辋川》、《觅石记》、《又是潼关夜》、《无忧树》、《听泉》、《延安的声音》、《秋的乡野》、《苦丁茶》、《驿站》、《捡回的片羽》、《长安梦寻》、《远行人独语》等都是获得读者与专家好评的作品。所收作品以心灵拥抱现代生活,平淡中有一种淳厚,与高原传统文化相融汇,立意独特,感情渗透力强。作者把自己心灵的挣扎和震颤坦露给读者,示人以一种突兀的惊讶和畅酣的痛快。前期的作品深厚凝重,对祖国,对家乡和亲人的情爱像黄土地里渗出的水,既浓又炽;近期作品是南下漂泊的郁结,是生存挤压的迸射,是心灵焦虑的告白。(刘国尧)

I000662 **林海小镇——朗乡** 陈丛礼、闫泰友著。花山文艺出版社1994年6月版。7万字。4.00元。朗乡是小兴安岭脚下一座风光绮丽、神奇迷人的小镇,这个红松的故乡是我国开发较早的林业基地之一。在抗日战争年代,这里是抗日英雄们与日寇殊死搏斗的战场,英雄的业绩至今仍鼓舞着一代新人。两位作者在小镇工作多年,他们对这里的山川、沃野、溪水、星空、风物、沿革乃至风土人情、风俗习惯,特别是中共十一届三中全会以来林区的巨变都了如指掌。激情的驱动,使他们不得不拿起笔来,状物、抒情,表明心态,倾吐对小镇一草一木、一人一事乃至林业工人的丰功伟绩的深情厚意。北方林区所特有的场景,林业工人勇悍狂侠、无坚不摧的特质,北方人豪爽、风趣、泼辣的个性在作者的笔下均闪出诱人的光彩。(袁殿池)

I000663 **怀念远山** 陈曦著。云南民族出版社1994年6月版。17万字。4.80元。汉文、哈尼文对照。收入作者1994年前发表的散文27篇。作品大部分取材于哈尼山乡,用村民一样朴实的语言记叙作者在农村教书时的所见所闻,反映出哈尼人民的生活愿望和追求。(杨羊就)

I000664 **一本打开的书** 赵玫著。春风文艺出版社1994年7月版。20万字。14.60元。女作家赵玫的散文集。共收散文48篇,有《午夜钟声》、《和他在雨中》、《望尽天涯路》、《走进往事》、《黄昏的原则》、《你的绿茵》、《我的星》、《四十岁女人的新梦想》、《关于〈朗园〉》等。散文大多抒发魂牵梦绕的情结,倾吐隐秘与心曲。特色是作者始终用心灵在审视、在思考、在议论,心灵在情溪中流淌。赵玫的散文是诗的小说化。例如《以爱心,以沉静》,差不多写了7万字。《关于〈朗园〉》,是了解赵玫写长篇小说《朗园》的创作心态的珍贵资料。(于雷)

I000665 **铁箫人语** 宗璞著。春风文艺出版社1994年7月版。20万字。14.60元。散文集。收入作者90年代初期所作散文67篇,分为纪念亲友、写景记事、游记访问记和评议序跋等部分。其中《心的嘱托》、《三松堂断记》等篇述念其父著名哲学家冯友兰佚事,笔端景仰怀念之情感人至深;《花朝节的纪念》、《哭小弟》是纪念母亲和弟弟的文字，言少而泪多；《水仙辞》等悼念亡友的文字，幽怨有深意；《湖光塔影》等篇以简朴清丽的笔墨描画所居燕园的各类景致；《西湖漫笔》等篇系游览、访问国内风光和异国胜地的游记；最后是言简意赅的评议序跋之文。全书文字质朴，风格别具。为“布老虎丛书·散文卷”之一。（魏西）

I000666 **郁离子译注** 刘基著，向一尊、赵家明译注。湖北人民出版社1994年7月版。24万字。8.00元。《郁离子》是元末明初著名政治家和谋略家刘基（字伯温）的一部寓言兼议论性质的杂文集。系刘基协助朱元璋打天下、建功立业的思想基础和理论依据。此书各篇独立成章，但均统摄在“矫元室之弊”、探讨“救世之政”的主旨下。不少篇章寄寓着深刻的哲理和大量朴素的辩证观点，能开人心窍，长人智慧。译注本以《四库全书》所辑《诚意伯文集》为底本，参以《学津讨原》本及魏建猷、肖善卿校勘本，对原文进行了注释、今译等整理工作。书后另附有明人吴从善、徐一夔《郁离子序》及《明史·刘基传》。（李作君）

I000667 **萤窗小语** 刘墉著。漓江出版社1994年7月版。39.48万字。15.95元。随笔集。共4册，每册约120篇。内容涉及人生、社会、奋斗、学习、教育、创作、文艺、哲理、世态、人情、家庭、婚恋、社交以及地理山川等。（李海鸣）

I000668 **自嘲** 韩小蕙著。四川文艺出版社1994年7月版。14.7万字。6.60元。作者是《光明日报》的记者和编辑。她对女性的问题十分关注。她说：“我力图通过一己的悲欢离合，真情实感，来关注和思考形而上的女性命运问题，从而对我所有的女同胞有所裨益。”本书所收其关于女性问题的散文作品，女人写、写女人，用冷静的理性思索作文章的骨架与灵魂，一般女性的清婉缠绵文字却不多见，充满阳刚之气。（吴鸿）

I000669 **命运所赐** 周佩红著。四川文艺出版社1994年7月版。13.5万字。6.15元。收入作品23篇（包括后记）。作者认为真正的、艺术的散文，也许就该是一种“独唱”，平实、朴素，也不排斥高昂和低徊，把心的感动、难受、欢畅、沉郁、向往，连同引起这种震颤的具体事件，用最自然的方式宣叙出来。本书是她这种散文观的集中体现。作品较平实朴素，多记叙记忆中的生活和人及事，抒发独特的人生感悟、生命体验与女性细腻的心曲。（吴鸿）

I000670 **女人书简** 副名：生命的感觉。素素著。四川文艺出版社1994年7月版。11.7万字。5.45元。以书简的形式叙说女性独特的人生体验。作品用第二人称叙述，有促膝谈心之感，显得亲切真挚。（吴鸿）

I000671 **斑驳人生** 斯妤著。四川文艺出版社1994年7月版。6.5万字。4.30元。作者在《后记》中说：“本书收入的是关于我的故土、关于我的父老乡亲的一组散文。这些文字曾经是我对于真实人生，复杂人性的探寻，如今又成了我对于故乡的一抹回忆、一份留恋，因为我生于斯、长于斯的那片土地，正在匆匆告别它的古宅，安静与单调，日益向轰鸣作响、五光十色的工业社会迈进。”（吴鸿）

I000672 **百家散文名作鉴赏** 马连儒、王凤海等编著。北京出版社1994年8月版。54.4万字。23.00元。由京津两地专门从事中国现代文学研究和教学的专家教授，经过精心分析、对比，选辑中国从20年代到80年代期间各种风格流派代表作家的代表作品100篇。所收作品或描山画水，或状物写人，或写实纪事，或咏史怀古，各具特色，不拘一格。其笔法，有的精雕细刻，笔底波澜；有的淡墨如洒，点目传神。每篇作品都有作家小传和鉴赏文字，突出每位作家的写作风格、成就及入选作品的写作特点。鉴赏文字深入浅出，知人论作，对作家的匠心、运笔、布局、起伏之处讲清点透；对作品的含蓄、曲折、隐喻、比附之处，尽力阐释；对作品的思想性与艺术性分析并重。（于德江）

I000673 **周莹情愫** 周莹著。大连出版社1994年8月版。16万字。8.00元。散文集。分6辑：“童年梦”、“上海情”、“再回首”、“家庭絮语”、“潇洒人生”和“窗外风景”。所收58篇散文按作者的人生足迹编排，构成了有机的整体。作者的童年是悲戚的，她经历过战乱和贫穷，也经历过动乱和浩劫，有过生母早逝和爱女夭折的伤悲，也有与老伴相濡以沫和与儿孙欢聚一堂的温馨。书中所展示的悲欢离合和苦辣酸甜，都是作者亲身经历的。由于作者内心深处的杯水波澜，是置身于一个大时代背景下的感情涟漪，所以作品具有强烈的时代意识，表现了作者的社会责任感。从这些散文中，读者还可以感受到中华民族女性那种坚强的美、善良的美，那羸弱中所包含的钢性，悲戚中所蕴藏的烈性，不幸中所具有的韧性。作者善于用白描手法勾勒出人物性格的某些特征，注重把感情融注到叙述和描写之中，抓住突出的场景、片断和典型细节，因而作品具有震撼心灵的力量。（李然）

I000674 **舔犊情** 赵宏丽著。福建少年儿童出版社 1994 年 8 月版。10.2 万字。5.90 元。“拳拳亲情”丛书之一。表现父子间的关爱:既诉说为父者的快乐与烦恼,也表达了为子者的幸福与不满。情感深沉、恳挚,不少地方令人深思。(吴兆钧)

I000675 **“拳拳亲情”丛书** 肖复兴等著。福建少年儿童出版社 1994 年 8 月版。含《父亲手记》、《我是母亲》、《大眼睛·小眼睛》和《舔犊情》4 册。作品记叙孩子生活中生动有趣的事情,捕捉五光十色的片断或独特的细节,展示父母与孩子的两个世界,抒发感情或作哲理的思索。4 位作家在题材的选择和意义的挖掘上,显示出某种一致性,都以大量笔墨描绘孩子的天性:聪明、机智、好奇;描绘出晶莹又灿烂、天真又稚气的儿童世界所带给父母的欢乐。但每位作家面前的孩子,也充斥着生活矛盾和牴牾的声音,折射出种种世俗文化的阴影,诸如任性、顽皮、固执、贪玩、怕苦、好斗等等。为父母者对孩子这些缺陷,并不以消极不管、埋怨、或责骂或惩罚来对待,而是表现出宽容、信任和理解;以启发、期待、引导等方式教育孩子。作者在字里行间向为父母者提出令人警醒的观点:必须保护孩子童话般的心智,绝不能用成人的陈旧生活观念扼杀孩子的想象力。4 位作家的创作风格和写作视角各异,却共同抒发父爱或母爱之情,有共同的主题,即“我与孩子”。(吴兆钧)

I000676 **走神女孩** 韦伶著。福建少年儿童出版社 1994 年 8 月版。12 万字。4.20 元。散文集。作者以女性特有的敏感,捕捉即将步入青春期的少女的内心感受及其周围的一切:园林中郁郁的林木和青藤所呼出的声音,远远的大山里寂静的夜空所隐没的秘密,大江边苍苍卧石和岸边小屋的欢歌……作者用细腻的笔触,抒写少女所感受到的欢乐、柔情、惆怅和激动,抒发了对自己、对亲人、对友人的解悟和怀想。(吴兆钧)

I000677 **父亲手记** 肖复兴著。福建少年儿童出版社 1994 年 8 月版。12 万字。6.70 元。“拳拳亲情”丛书之一。写父子之情,写儿童世界,写儿童小世界与周围大世界的微妙与斑驳,写父亲对孩子的爱与理解、期待和引导,以及父子间的冲突与矛盾。文字虽平实,却富炽热的情感。(吴兆钧)

I000678 **我是母亲** 陆星儿著。福建少年儿童出版社 1994 年 8 月版。8.6 万字。5.40 元。“拳拳亲情”丛书之一。实录作者陪伴儿子成长的酸甜苦辣,体现了作者作为作家和作为母亲的冲突,也交织着生活和事业的和谐。作者在书中说:“本书不但是关于儿子的,也关于自己,关于社会,关于今天的忧虑和对明天的思索。”(吴兆钧)

I000679 **大眼睛·小眼睛** 斯妤著。福建少年儿童出版社 1994 年 8 月版。4.6 万字。3.80 元。“拳拳亲情”丛书之一。写母子间的龃龉,更写家庭中的欢愉,舔犊之情溢于言表。(吴兆钧)

I000680 **名人小品** 范桥、张明高、章真选编。贵州人民出版社 1994 年 8 月版。15.14 万字。13.80 元。小品文集。编辑近现代 85 名著名作家的作品 170 篇,内容写草木虫鱼博物以及民俗等。有钱钟书的《魔鬼夜访钱钟书先生》、《论文人》,鲁迅的《隐士》、《风筝》,林语堂的《我的戒烟》,以及梁实秋、周作人、徐志摩、朱自清、冰心、三毛、贾平凹的作品。是“二十世纪中国文化名人散文精品”丛书之一。(彭建)

I000681 **名人杂文** 范桥、张明高、章真选编。贵州人民出版社 1994 年 8 月版。51.5 万字。14.50 元。收录 80 余名作者的杂文约 200 篇,反映了“五四”至今杂文创作的基本面貌。有蔡元培的《洪水与猛兽》、陈独秀的《偶像破坏论》、周作人的《闭户读书论》、柳亚子的《我的儿童教育观》、林语堂的《中国人之聪明》、郁达夫的《一文一武的教训》等。是“二十世纪中国文化名人散文精品”丛书之一。(谢丹华)

I000682 **名人叙事与抒情** 范桥、张明高、章真选编。贵州人民出版社 1994 年 8 月版。98.29万字。2 册。27.00 元。叙事与抒情散文选编。收朱自清的《背影》,冰心的《往事》、《小桔灯》,郁达夫的《故都的秋》,三毛的《这样的人生》,贾平凹的《月迹》,以及老舍、何其芳、魏巍等 148 位作家的作品,编为上下两集,以作者年资先后为序。是“二十世纪中国文化名人散文精品”丛书之一。(彭建)

I000683 **爱情笔记** 副名:杜十三散文选。杜十三著。中国友谊出版公司 1994 年 8 月版。10 万字。9.80 元。收入作者散文 100 篇。这些文章,虽取材人们经验世界中的平凡事物与人生百态,但在内涵和表现上却有多样而复杂的变化。前 20 篇以绮丽的男女恋情为主要着墨处,其余则透过作者直觉的心灵感应、多角度的观察,映现出时而亮丽、时而灰暗、时而热闹、时而悲凉的人间烟火。台湾诗人洛夫认为,杜十三的散文艺术创造了一种崭新的散文文体。(徐国庆)

I000684 **闲雅小品集观** 副名:明清文人小品五十家。黄卓越辑注。百花洲文艺出版社 1994 年 9 月版。80 万字。2 册。38.00 元。较全面地展示明清小品的总貌，重点突出那些高峰作家的特异成就。书中选择五十家作为高峰作家，附编中辑入五十家以外的上百名作家的作品，以作为对高峰作家的陪衬。作品的入选标准，首先要求其文合于“闲雅”之意，即具有一定的性灵风采，并兼备较高的艺术性与可赏性。入选作品多据明清诸坊间的刊本，少量采自民国年间版本，然后加以校勘与句读。五十家的版本均依照现存个人文集。五十家以外的选篇有三分之一采自个人文集，余则参见明清多种选本。(阿西)

I000685 **笑话集锦** 阎恒宝选注。北岳文艺出版社1994年9月版。50万字。2册。21.60元。从春秋至明清的古典文学作品中收入笑话故事676则，分为原文、注释和译文三部分。原文短小精悍、富于哲理；注文详尽明了，便于阅读；译文幽默风趣，不失原文特色。所参阅的典籍有汉司马迁撰写的《史记·滑稽列传》、三国魏邯郸淳撰写的《笑林》及明冯梦龙所辑的《广笑府》和《古今谭概》等，所选篇目如《执长竿入城门》、《晏子使楚》、《舍命陪君子》等，有的被收入学生课本，有的已成尽人皆知的警世恒言。(冀拴生)

I000686 **杂烩集** 副名：韩羽幽默漫画小品精粹。韩羽著。湖南文艺出版社1994年9月版。16.4万字。6.50元。“中国当代著名杂文家漫画家幽默小品丛书”之一。选入幽默小品文86篇，分为“画、话水浒”和“半橱书屋杂记”两辑。前辑收评议《水浒》人物的百字文50则和漫画像50幅。后辑收入杂文小品文36篇，多是千字文。内容包括作者的童年生活琐忆，画坛名家的趣闻逸事，评书品画，谈艺论画，异域纪游等。作者自配插图漫画，文画相生，互为增色，韵味悠长，耐人咀嚼。(陈仿麟)

I000687 **我的另一半——台湾作家的伴侣情** 徐学编选。花城出版社1994年9月版。20万字。5.80元。收入台湾三十多位作家描写自己“另一半”的作品。所收作品是当代台湾散文艺术风貌和发展状况的一个侧影，从中可领略台湾文坛种种趣闻掌故轶事，亦可作为剖析台湾家庭观念、婚恋意识的社会学资料。编选者为专攻台湾当代文学的青年教授，著有《隔海说文》、《80年代的台湾》、《台湾新文学概观》等，并编选有《台湾幽默散文选》、《台湾爱情散文选》等。(詹秀敏)

I000688 **海夫文存** 郑朝宗著。厦门大学出版社1994年9月版。27.4万字。8.20元。学术散文集。精选作者代表作49篇，依内容性质分为七辑。第一辑为研究钱钟书学术思想、创作兼及生平的论文，这些论文开创了被学术界称为“钱学”的学术领域。第二至第四辑研究古今中外的作家作品，其中对陈衍诗话的研究可能是迄今最全面深入的；对茅盾的《子夜》、莎士比亚的《裘力斯·凯撒》等的研究均提出了独到的见解。第五辑为纪游文字，第六辑为议论文，其共同特点是“学人散文”，在风光流连、世事洞明之间透出浓重的书卷气。第七辑为怀人之作，品鉴公允而又深情激荡。(王依民)

I000689 **油灯夜话** 段培东著。云南大学出版社1994年9月版。11.7万字。5.00元。选收作者在云南《保山报》为其开辟的专栏“老段茶座”上发表的作品85篇，分为风情录、感遇篇、谐趣集三辑。作品以散文、故事等形式写农家事、赞农家人、抒农家情，反映了滇西农村在党的改革开放政策指引下，所发生的巨大变化。收入“腾冲文化系列丛书”。(蔡红华)

I000690 **蹒跚的脚步** 李乔著。云南民族出版社1994年9月版。23.2万字。8.00元。彝族著名老作家李乔的散文集。分6个部分：一、沧桑岁月，为30年代的作品，主要反映当时云南红河地区劳动人民生活的艰辛；二、铁血征程，是抗日战争期间的一些真实记录；三、人间真情，回忆与一些著名人物如袁嘉谷、丁玲、艾芜、刘尧汉、朱光潜等人相处的片断；四、神州风物，为涉足云南各地的山水游记；五、海外鸿羽，为作者到南斯拉夫、罗马尼亚访问的观感；六、书斋偶得，是读《诗经》和云南历史的几篇随笔。全书反映出作者历来的创作风格，朴实而厚重，爱憎透于纸背。对祖国的热爱，对人民的深厚感情，充溢于篇篇作品之中。(李安泰)

I000691 **历代山水小品** 蒋松源主编。湖北辞书出版社1994年10月版。35万字。9.80元。“小品精华系列”丛书之一。收录两晋至清代讴咏山水的精短佳作240余篇，分为寻幽、揽秀、穷奇、竞雄、挹趣、流韵、怡情、绎理、骋怀、风世10类。每篇作品后有详尽的注释和简短赏析。对于吟哦山水一类的作品，“赏析”主要发掘所蕴涵的山水之美，以使读者从中获得审美的愉悦感；对于怡情、骋怀一类的作品，“赏析”则主要体悟和领略作家作品所表现的静观世事、淡泊逸远、悠然忘我的超凡情韵。各篇不设“解题”，有关文章写作的背景资料，或在注释中说明，或在赏析时一并交代。附录有全书125位原文作家的生平简介。(丁渝)

I000692 **真假荒诞** 邵燕祥文，江有生画。湖南文艺出版社1994年10月版。14万字。5.80元。

“中国当代著名杂文家漫画家幽默小品丛书”之一。收入邵燕祥1980年至1992年创作的杂文61篇。作品直面人生，对现实生活中诸如“胁肩谄笑”、“钱通官”、“变脸”、“看眼色”、“匿名信”、“死人压活人”、“醉后掉进粪坑淹死是因公死亡”等世相百态，荒诞不经之事，假、恶、丑的东西，进行无情的抨击。与此同时，也热情地赞扬真、善、美的事物。出语冷峻，议论深刻，说理透辟，见解独到，发人深省。江有生为每篇作品配的漫画，穷形写相，有画龙点睛之妙，拓展和丰富了作品的意蕴。(陈仿麟)

I000693　**古经新说**　牧惠文，方成画。湖南文艺出版社1994年10月版。15.6万字。6.50元。“中国当代著名杂文家漫画家幽默小品丛书”之一。收入牧惠1993—1994年写作的杂文84篇。作品古为今用，对《论语》、《孟子》作出新说。其中《远怨之道》借用《论语》“躬自厚，而薄责于人，则远怨矣”之句生发开去，抨击现实生活中明哲保身的思想；《不得罪巨室》以孟子“为政不难，不得罪巨室”之言借题发挥，对权钱交易、以权谋私的社会现象进行辛辣的讽刺和鞭挞；《三思出国》、《道听途说》和《处世准则》等篇连类比引，对官僚主义、不正之风，给予无情的揭露。方成配的漫画妙趣横生，形神毕肖，为作品锦上添花。(欧阳强)

I000694　**落花人独立**　王开林著。湖南文艺出版社1994年10月版。16.6万字。6.50元。“潇湘散文精品丛书”之一。作者是近年崭露头角的青年作家。本书选入他的散文59篇。作品以才情见长，充满对人生的哲学玄思，思辨深刻，抒情颇具个性，展示出作者的“学人素养，智者思索和才子风华”。(陈仿麟)

I000695　**画碟余墨**　马得著。湖南文艺出版社1994年10月版。15万字。5.80元。“中国当代著名杂文家漫画家幽默小品丛书”之一。收入随笔、小品66篇。作者长期从事报刊美编工作，由于工作的需要，常受命深入剧院看戏，为报刊画舞台人物速写，成了一个戏迷，所以说戏评戏、谈论绘画的心得体会，乃成为他作品的主要内容。此外，农村生活速写、个人生活杂忆杂感、记画坛中的人和事、文史小品、民族风情记趣、旅港琐记等，也是他作品的内容。作者为每篇作品配了少则一幅、多则数幅的漫画，丰富了作品的内涵，增加了作品的活气和情趣。本书里的人物插画，将漫画和国画融为一体，把漫画夸张变形的特点和国画传统水墨写意的技法有机地结合起来，往往几笔就把人物形象活灵活现勾画了出来，笔法简练，传神而有情趣。(陈仿麟)

I000696　**调侃集**　舒展文，方成等画。湖南文艺出版社1994年10月版。15.3万字。6.20元。“中国当代著名杂文家漫画家幽默小品丛书”之一。收入舒展1986—1994年创作的杂文48篇；方成、王复羊、朱根华为每篇作品配了漫画。其中《论无耻》、《官德ABC》、《拍马新论》、《小报告的才情与行情》等，运用春秋笔法，针砭吹牛、拍马、整人、官迷等世态百相；《喜剧的生产与难产》、《琐谈丑角》和《喜剧、名丑与小品》诸篇，探讨中国喜剧难产的原因，学术性、思想性和趣味性熔于一炉；《打白条的回想》、《闲侃狗的价值》、《新闻质量足下行》等，紧贴生活，指陈时弊。文图并茂，相得益彰。(欧阳强)

I000697　**创造美的世界**　浪波主编。花山文艺出版社1994年10月版。26万字。10.00元。汇编河北新时期散文佳作86篇，根据内容分为4类：一、赞美祖国和人民，讴歌时代精神，如韦野的《长城梦影》、李瑞昌的《党心　民心　良心》、郑熙亭的《改革中的苦恼和欢乐》、梅洁的《通往格尔木之路》、刘向东的《燕山幽幽》等，皆有感于沸腾的社会生活，与人民的心声和弦；二、反映亲情、乡情等民族文化情感，如郭淑敏的《祭外祖母》、刘章的《归家忆》、铁凝的《河之女》、李淑娟的《小妹》等，融进对乡情伦理的深切缅怀，在艺术上都有新的开掘；三、描写祖国山川名胜或异域风光，抒发情思，如郭秋良的《金山岭长城》、李文珊的《访朱丽叶之家》、张志春的《顿悟悬空寺》、王玉民的《娲皇宫里说娲皇》等；四、思索宇宙、人生、艺术以及对个体存在的内省，如朱增泉的《剪削人生》、傅剑红的《自古平凡写春秋》、韩羽的《草色遥看近却无》、奚学瑶的《鹰鸽夜话》等。作品出自河北文坛36位老中青作家之手，题材广泛，风格多样，底蕴丰富。综观全书可发现，燕赵大地独特的文化精神和审美价值取向是这些散文的“根”，即切近现实，呼应时代。(李津生)

I000698　**海外漫游**　李文珊著。花山文艺出版社1994年10月版。8万字。6.00元。散文家李文珊的域外见闻散文集。记叙了作者游历海外的诸多感受，其中不乏令人耳目一新的异乡风情与奇人奇事，字里行间体现了作者精深独到的思想以及博学睿智的长者风度。读者既可领略水城威尼斯的绮丽风光，亦可在罗密欧、朱丽叶的故乡重新品味莎士比亚笔下那令人断肠的爱情故事，还可以随着作者的叙述走进巴黎圣母院，寻访雨果笔下那敲钟人卡西莫多的踪影。作品启人心智，发人深思。(兰小宁)

I000699　**秋禾书话**　徐雁著。书目文献出版社1994年10月版。30万字。19.00元。书话随笔集。分“书山零岩”和“书城礼记”两部分，共收书话、书评、序论和随笔68篇。作者凭借其丰富的积累、艺文的情趣、活泼的思想、生动的文笔，介绍了近年中国出版的文学和学术名著的编辑风貌及其学理艺文价值，批评了中国历史藏书事业的成败得失，探讨了中国文献史著作在中国学术史上的地位。（卢玉荣）

I000700　**家书**　副名：巴金、萧珊书信集。李小林编。浙江文艺出版社1994年10月版。37.6万字。21.10元。收辑巴金与萧珊自1949年7月16日至1966年7月17日的书信385封。这些家书在十年浩劫中被造反派全部抄没，后失而复得，尤为珍贵。这些家书充分表现了巴金与萧珊之间真挚而纯洁、深厚而崇高的爱情和他们温馨和谐的家庭生活，广泛反映了建国17年来巴金频繁的社会活动、勤奋的创作生活和与亲朋好友的往来，也反映了萧珊这个“贤内助”体贴、照料亲人，悉心培育子女，对巴金事业和创作的支持。为研究巴金的思想、生活和创作，提供了珍贵的第一手材料。书前以巴金撰写的《怀念萧珊》、《再忆萧珊》作为代序，并配有巴金与家人的照片18帧。书后有编者、巴金女儿李小林写的《后记》。1995年3月重印时，又增补巴金于1937年春写给萧珊的一页残简。（严麟书）

I000701　**秋雨散文**　余秋雨著。浙江文艺出版社1994年10月版。30.7万字。16.00元。除收入《文化苦旅》（知识出版社）、《文明的碎片》（春风文艺出版社）中的精华部分外，又新增了《山居笔记》，计42篇。作者对这个选本特别偏爱。在《文明的碎片》序文中他说：因为谢绝了一些出版社的出书要求，已经得罪了不少人，“我只同意我家乡的浙江文艺出版社出我的一个较为完整的散文选本。”在本书后记中他再次强调：“文章我还会写下去，当然也会出版其他选本，但我特别看重浙江这个属于交作业、存私房的选本，则是毫无疑问的，我的文章常会有不少改动，至少到目前为止，以这个选本为准。”作者的这个新选本，不仅收入多篇新作，而且对已出版的散文作品进行了一次严格的筛选，采取了一种新的选编角度。（严麟书）

I000702　**僧道小品**　陈建宪主编。珠海出版社1994年10月版。28万字。8.80元。从中国古典文献中精选有关僧道的小品文206篇。收录上至先秦，下至近代，有的出自僧人道士著作，有的选自历代文人墨客的野史笔记。作品以道士、僧人及其他宗教职业者（如算命先生、巫婆神汉等）为主人公，或描写其修行持诵，或叙述其谈禅念佛；或摹其妙语机锋，或状其行为举止；有的记叙奇僧异道的种种神奇事迹，有的反映宗教信徒对于社会历史的基本看法；有的歌颂高僧老道如何济世度人、解危扶困，有的谴责少数恶徒借宗教迷信欺世盗名、诈财宣淫。作品篇幅都很短小，但收罗成书后，反映了中国历代宗教徒生活与思想的各个侧面，再现了中国古代社会宗教发展的基本状况。（雷良波）

I000703　**站在山谷与你对话**　王开林著。百花文艺出版社1994年11月版。14.4万字。7.80元。作者的第一本散文集。收入“21世纪文学之星”丛书1994年卷。书中所收《我站在山谷与你对话》、《无歌的歌手》、《夜籁》、《穿越生命的河流》等42篇，不论是对于生活的感受，还是对大自然的领悟，均落笔从容，充分显示了作者开阔的视野、雄厚的知识积累，以及他在散文创作上的追求；特别是长于以诗人般的深沉和遐想，抒发内心的情思与独白，这构成了他散文特有的风韵。（董迎梅）

I000704　**黑白人生**　先燕云著。百花文艺出版社1994年11月版。15.8万字。8.60元。云南青年女作家先燕云的第一本散文集。收入“21世纪文学之星”丛书1994年卷。分为三辑：第一辑为“黑白人生”，主要写作者的人生感悟；第二辑为“那方山水”，可视为山水游记；第三辑为“有情人间”，抒写亲情友情。其特点为：一、作者虽说是一位女性，但她当过兵上过前线，经历过生与死、血与火的冶炼，广阔的阅历、深刻的人生体验，使她的作品有一种苍凉感、悲壮感。二、北方人的血脉赋予了她爽朗的性格，南方的秀山丽水又赋予了她水样的性灵，她的作品既有豪爽洒脱的一面，又有细腻、委婉、富有灵性的一面。三、爽快的性格、记者的生涯和对于通俗小说的喜爱，形成了语言流畅、自然、洒脱的特色。（甘以雯）

I000705　**秋天的钟**　萌娘著。百花文艺出版社1994年11月版。13.1万字。7.30元。作者的第一本散文集。收入“21世纪文学之星”丛书1994年卷。所收散文28篇，约略可分为三类：童年生活的回忆、亲情的温馨、知青生活等的一些感受。无论是记人、写景、叙事还是抒情，都能显示出作者独特的视角和艺术感受。其中写亲情的篇章尤见功力：敏锐、细腻、准确的感受能力加上情致盎然、韵味悠长的表现能力，使作者的散文颇具特色。《秋天的钟》是一篇用意识流手法写的佳作，新意迭出，颇具代表性。这是1989年作者在北京鲁迅文学院学习告一段落时所交的作品,曾受到教课老师汪曾祺的赞赏。

I000706 **月出之光** 乌力吉著。北京出版社 1994年11月版。13.5万字。12.80元。散文集。选收作者1976—1993年的散文82篇,分为4部分。“智慧之光”25篇,大到时空,小到一花一木,表现了作者对世间万物的真知灼见;“故乡之情”13篇,描写作者美丽的故乡,抒发对故乡的赤子之情;“建设者之歌”16篇,歌颂祖国各地的劳动者及其在经济建设中取得的伟大成就;“天涯之旅”28篇,记叙作者在国内外考察参观途中的所见所闻所感,饱含着作者对社会主义祖国的热爱之情。(岳民英)

I000707 **名家品书** 冯亦代、吴泰昌主编。海天出版社 1994年11月版。66万字。2册。49.00元。收入巴金、茅盾、老舍、胡适、郑振铎和叶圣陶6位文学大家读书、品书、谈书及论作者的文章,分别由各作家的亲属及研究者编辑。所收作品内容广泛,涉及古今中外的文学、艺术、思想等众多著作和作者。由于经历不同、性格迥异,6位作家的文章风格多样,品书论作家亦有其各自独特的感受。出生在封建大家庭、早年游历西欧、深受西方文化影响的巴金,品书篇章真诚、坦率、充满激情。名重一时的大学者胡适是中西文化大冲撞中典型的知识分子,本书选编的品书文章大都与他所倡导的社会观念有联系,从中能约略窥见他的文风、治学态度和社会理想。茅盾的文章学识渊博而不卖弄、见解独特而不偏执、文采飞扬而不造作。郑振铎的文章体现了这位融汇古今、兼及中外的杰出文化名人正直耿介的丰采。老舍论书幽默生动,使人在启悟中忍不住哑然失笑。叶圣陶的品书文章亲切自然。本书从读书品书的角度展现了这6位著名作家学者的思考和感悟。(周海彦)

I000708 **绝妙人生** 刘鸿伏著。湖南文艺出版社 1994年11月版。20.3万字。7.75元。“潇湘散文精品丛书”之一。选录作者近年创作的散文73篇。作品表现人生的种种况味和感悟,抒情真挚,富有哲理。风格多样,或苍凉悲壮,或飘逸空灵,或诙谐幽默,或瑰奇睿智。题材广泛,山、水、草、木、船棹均是描写的对象,韵味清纯,表现出对自然的亲近。(陈仿麟)

I000709 **江畔放歌** 门瑞瑜著。花山文艺出版社 1994年11月版。20万字。9.00元。分5辑。“风光一隅”收散记13篇,大多记述作家在北国大地上的观感。山川、沃野、油田、森林在他的笔下跃然纸上,熠熠生辉,令读者赏心悦目。“亲情之歌”收录文章7篇,作家把母子情、父女情、爷孙情写得维妙维肖,感人肺腑,把人情美、人性美、亲情美,恰到好处地糅在一起,编织了一幅幅令人回味再三的风俗画。“访俄散记”11篇,作家带人们到异国他乡转了一大圈,俄罗斯的今昔对比令人无限深思。“人物写真”是作家拜访名人的实录,这13篇文章写得情真意切。名人们的奇闻逸事、懿言嘉行令读者肃然起敬。最后一辑“序跋随笔”,是作家对新人新作的赏析之笔,表现了一个老作家奖掖后进的殷殷之情。门瑞瑜的散文已形成了质朴、清新的格调,他喜欢用直抒胸臆的方式道出心中所想,洋洋洒洒,慷慨激昂,闪烁着难得的阳刚之风。本书诸多篇什中除雄浑壮阔之美外,尚有个别篇中闪出绚丽、柔情之美,为读者留下思索的余地。(袁殿池)

I000710 **人生韵味——赵丽宏散文150篇** 赵丽宏著。华东师范大学出版社 1994年11月版。45万字。28.20元。收赵丽宏1988至1994年的散文作品,分6辑。第一辑青春回声,收《悠长的回声》等作品21篇,记录了作者孩提时代的故事和插队农村的青春足迹。第二辑七色人生,所收《同情》、《站起来,父亲!》等作品22篇,描绘了色彩斑斓的人生片断和令人怦然心动的感情波澜。第三辑文人背影,收作品24篇,《黑色的沉默》等作品穿过历史的尘封,透露出作者对中外文学大师的追思之情,《和平包容着我》等作品则叙写了作者与当代文化人的交往和友谊。第四辑天涯寻梦,收作者的国内外游记作品35篇。第五辑艺林徜徉,收《致音乐》、《古陶》等作品30篇,留下了文学家的心灵与丰富多采的艺术相碰撞的思想火花。第六辑心窗一隅,收作品18篇,记录了作者生活中的感悟。(阮光页)

I000711 **袁枚散文选集** 清·袁枚著,李梦生选注。百花文艺出版社 1994年12月版。16.8万字。8.80元。袁枚是清代一位极有才情、极有创新特色的诗人和散文作家。他的散文清新明畅,率真自然,各类文章都有独到的建树,最大的特点是直抒胸臆,突出个人的情趣,且文笔丰富多变。本书所选均为文学性散文。入选的传记文,刻画人物,生动鲜明;游记文,于写景中注入主观情感,韵味深远;随笔、尺牍,信腕挥洒,饶有意趣,充分体现了袁枚散文创作的特点,代表了他散文的艺术高度。本书是“百花散文书系·古代散文丛书”之一。(曾永辰)

I000712 **苏轼散文选集** 苏轼著,崔承远选注。百花文艺出版社 1994年12月版。18.5万字。9.50元。苏轼是唐宋散文八大家之一,他以扎实的功力和奔放的才情为散文创作开拓了新天地,对后世有极大的影响。他的传记文以生动的细节描写使人物跃然纸上;他的记叙体散文熔议论、描写和抒情于一炉,因物赋形,汪洋恣肆;他的写景游记,即地兴感,借景抒情,借景寓理,达到诗情画意和理趣的和谐统一;他的书札、题记,随笔挥洒,不假雕饰,使人洞见肺腑。本书选取苏轼艺术散文的精华,共计 92 篇。是"百花散文书系·古代散文丛书"。之一。(曾永辰)

I000713 **万千说法** 副名:梁晓声精美散文选。梁晓声著。贵州人民出版社 1994 年 12 月版。22 万字。15.80 元。收录作家 1991 年至 1994 年所作散文、杂文、随笔 60 余篇。内容从亲情到爱情到友情,从社会到家庭到饮食文化,从经济到艺术到文学,林林总总,包罗万象。或批判或赞美,或温馨或尖刻,或感伤或激愤,无遮无掩,坦坦荡荡,显示出作家为文的鲜明个性。锦言妙语跃然纸上,冥思幽想隐于行间。最难能可贵之处,在于作家对自我的种种反省、剖析,以及对自己情爱经历的回忆。(夏昆)

I000714 **历代笔记小品** 范军、阮忠编著。湖北辞书出版社 1994 年 12 月版。32 万字。9.80 元。选录上自魏晋、下迄近代的笔记小品 350 余则,按内容分为宫廷掌故、官场掌故、世情掌故、名流掌故、艺苑掌故、禅道掌故等 8 类。从宫廷到市井,从名流到百姓,从尘俗凡间到禅道境界,林林总总,涵盖广博。所选篇目质朴自然,富有情趣。(刘丹)

I000715 **历代禅语小品** 许苏民编著。湖北辞书出版社 1994 年 12 月版。32 万字。12.00 元。将数百条禅语分为十种境界,即家常境界、平等境界、顿悟境界、闲适境界、自然境界、旷达境界、风流境界、自由境界、无言境界、审美境界,基本上能大致反映禅宗的本来面目。每一部分前有导读,正文后有注释及译文,以帮助理解。(刘丹)

I000716 **没有绣花的手帕** 周大新著。黄河出版社 1994 年 12 月版。15.3 万字。6.80 元。收散文、随笔作品 83 篇。作者以热情奔放的笔触,歌颂了火热的部队生活和社会主义的精神文明;叙说了对人生的感悟及对人类、大自然的深情;讲述了人性的纯朴、亲情的温婉和故土的美好。分三类。第一类是记事篇,如《夏夜听书》、《在乡间》、《滇南战地见闻》、《桐柏行散记》等,记述了当时的所见所闻,描写的乡村气息非常浓厚,记述的军营生活既紧张艰苦又其乐无穷,还反映了情深似海的官兵关系;第二类是人物篇,如《没有绣花的手帕》、《岳父》、《忘年交》、《新星徐帆》等,写出了一群活脱脱的人物众生相,尽管这些人身份不同,性格各异,但人们之间那种互敬互爱的民族传统美德令人难以忘怀;第三类是感悟篇,如《奋斗与享受》、《预言》、《面对希望》等,写出了发自心底的一些想法和感触。(于仁和)

I000717 **古代中国寓言大系** 仇春霖主编。山西教育出版社 1994 年 12 月版。161.1 万字。3 册。74.00 元。中国古代寓言选本。收寓言 1500 余篇,分先秦两汉、魏晋南北朝隋唐五代宋、元明清 3 卷。中国古代寓言诙谐机智,言近旨远。书中所收作品照录原文,作详细的注释和白话翻译,并注明出处,解释寓意。本书由中国寓言研究会组织编写,与前此出版的《当代中国寓言大系》构成一个系列,体现了中国寓言的发展历程及其在不同时期的风貌。书前有仇春霖序,概述了中国古代寓言的历史和特点。(刘立平)

I000718 **中国当代散文精粹类编** 俞元桂主编。上海文艺出版社 1994 年 12 月版。130 万字。按主题或题材分类选辑而成的散文丛书。时间期限起于 1949 年 10 月,迄于 1990 年年底。入选的标准是有较大影响的佳作,入选范围以中国大陆作品为主,适当选入一些台湾和香港地区的优秀作品,原则上是每个作家选取一篇。分 10 册:《创业篇》(汪文顶选编)、《世相篇》(汪文顶选编)、《心态篇》(黄科安选编)、《情爱篇》(薛晨曦选编)、《人物篇》(袁勇麟选编)、《山水篇》(辜也平选编)、《乡土篇》(曾焕鹏选编)、《域外篇》(曾焕鹏选编)、《闲适篇》(辜也平选编)、《理趣篇》(袁勇麟选编)。每册后附有选编者撰写的具有导读性质的后记。每册前有主编撰写的总序。(王聿祥)

I000719 **中国人(全译本)** 林语堂著,沈益洪等译。学林出版社 1994 年 12 月版。32 万字。18.00 元。剖析中国人并与西方人作比较研究的著作。旧译《吾土吾民》,是林语堂(1895—1976)在西方文坛的成名作与代表作。由于该书将中国人的性格、心灵、理想、生活、政治、社会、艺术、文化、宗教、哲学、历史等等方面,写得相当中肯、真实,并与西方人的性格、心灵、理想、生活、艺术、文化、宗教、历史等作了相应的广泛深入的比较、分析、研究,所以自 1935 年由美国纽约约翰·戴公司出版后,在海内外引起了轰动。全译本补上原著第十章第六节"蒋介石其人其谋"、译者附记,又增添了 1935 年版的"收场语"和索引。(徐智明)

I000720 **杨绛散文** 杨绛著。浙江文艺出版社 1994 年 12 月版。24.7 万字。14.00 元。分"干校六记"、"回忆两篇"、"记钱钟书与《围城》"、"丙午丁未年纪事"、"杂忆与杂写"和"集外作品拾零"、"序(跋)"七辑。作品以细腻、传神、幽默、风趣、洗练的文笔,记人、叙事、品书、作序,貌似恬然轻松,却具有深刻隽永的意蕴以及史料价值,展现了作者半个多世纪以来散文创作的全貌。书前刊有杨绛和钱钟书的照片三帧,书后附录《杨绛著译书目》。(严麟书)

I000721　**中年苦短**　副名:谌容随笔。谌容著。知识出版社(沪)1994年12月版。15万字。10.00元。"当代中国作家随笔"丛书之一。辑入随笔58篇,分5辑。第一辑有《痛苦中的抉择》、《并非有趣的自述》、《病中》等,主要展现作家自身生活状况和坎坷曲折的人生之路,并从中提炼出充满哲理的人生思考;第二辑由《国在山河破》、《永久的稀粥》、《从绿色的梦中醒来》等篇构成,叙述的视角落在人类生存的外部环境上,旨在唤醒人们对自身生存加以关怀的理性意识;第三辑以《中年苦短》、《原谅他们吧》等篇为代表,表现了作家对文学艺术现状的沉重思绪和感受。作家认为,世界上的事常常不尽人意,事与愿违,生活如此,文学创作亦如此。文学创作是一项累人的劳动,然人生苦短,只要去努力,去争取,去斗争,倾注自己的真情和心血,一定会有收获。(东方)

I000722　**一个中国人看世界**　吴季松著。中国铁道出版社1994年12月版。26万字。9.20元。作者怀着一片丹心,走访了许多国家。本书集纳了他在意大利、瑞典、埃及、塞浦路斯、巴基斯坦、巴林、约旦、科威特、印尼、泰国等国家的见闻,内容涉及历史渊源、社会现状、民族风情、名胜古迹的方方面面。观察细微,感受深刻,思如泉涌,文若行云。(罗桂英)

I000723　**走过西藏**　马丽华著。作家出版社1994年12月版。51万字。20.50元。长篇散文。分"藏北游历"、"西行阿里"、"灵魂像风"三部分,以作者18年西藏生活的丰富积累,以对那块高大陆的深厚感情、对藏民族的充分理解和尊重及对人类生存现状和未来命运的热切关注,以严肃深沉的思辩和充满激情、优雅朴实的文笔,展示了西藏独特的自然、历史和文化风貌:神山圣湖的奇异风姿和优美传说,历史典故的源远流长和深奥神秘,宗教信仰的执著虔诚和无处不在,藏族人民在严酷生存环境下的无畏与祥和,他们的风俗人情,他们的忧戚欢乐,他们的梦想追求,他们的生死观、灵魂观、家庭伦理观等等。作品既具有游记的生动文采,又呈现出文化人类学的质泽,文学价值和学术价值并重。(林金荣)

杂　著

I000724　**中国楹联大典**　谷向阳主编。吉林教育出版社1994年版。460万字。105.00元。始自先秦终于当代,收联10万余副,分警世格言、道德人伦、婚寿贺赠、缅亡悼挽、书院学堂、厅堂居寝、名胜园林、地理联话、政务衙署、岁次纪年、行业商肆、姓氏联珠、集字集句、岁齿衔华、征联求偶、春联撷英等20余类。介绍楹联的出处、作者、年代、典故,解释名词、术语。附有"楹联学名词解释"和"联书一览"。刘叶秋为本书撰写了万余言的《楹联学概论》(代序)。(刘燕)

I000725　**中国格言对联**　田耀南编。山西教育出版社1994年6月版。9万字。4.80元。选收格言对联近2400副,按内容分作立志、惜时、笃学、修身、责己等21类。(梁平)

I000726　**江西名胜楹联**　汪少林选注。江西高校出版社1994年7月版。40万字。14.00元。收录江西省境内的古迹、园林、庙宇、宫观、祠堂、故居、书院、会馆、衙署、戏台、纪念馆等近500个景点的古今对联1 400余副。以景点为轴心,以对联为主体,对有关景点和对联作者加以简介,对联文词句作出注释,着重剖释对联含义。作者花了十几年时间,或从数百册(卷)方志、游记、对联专著和大量报刊中摘录,或直接到近70个市、县的百余个景点实地抄录,因而对联出处明确;有的对联多次核实,有的对联尽可能用数种联书核校,因而对联文字准确。(周先录)

I000727　**宗教对联**　饶明奇、蔡万进选注。广西人民出版社1994年8月版。10万字。4.30元。精选古今有关佛教、道教、伊斯兰教、基督教以及龙王、土地、城隍、财神、风师、雨伯等中国民间神灵的对联一千多副,按内容分为21类,包括"破译"深奥宗教教义、揭示因果报应的轮回规律、劝人向善、描绘天堂美景、赞美古刹名寺风景、感叹遁入空门的红粉佳人等内容。书中录有日本、新加坡、美国的部分宗教名胜对联,对联语中的宗教术语作了通俗的注释。(邓耘)

I000728　**中华对联丛集**　黄毅荃编。黄山书社1994年8月版。15万字。6.80元。选收对联3000副左右,分为春节用联和婚迁寿丧用联两大类。其中春节用联分为通用春联、农村春联、山村春联、水乡春联、内宅春联、各行业专用春联、学校春联,并收录春节时所用的部分通用横披、农村用横披、工商业用横披。婚迁寿丧用联分为新婚联(附喜幛)、建房联(附贺幛)、迁居联(附贺幛)、祝寿联(附寿幛)、丧挽联(附挽幛)。入选各联来源有三:作者在祖国各地数十年采集的占大部分,其中多有未见书籍报刊者;从若干已出版的对联书中精选一部分;作者自创一小部分,其中多有被人采用者,也有报刊上发表过的。本书特色有三:传统对联多,生命力强,长期可用;采集范围广,不受地域限制;雅俗共赏,以俗联居多,尤宜民间采用。(沙宗复)

I000729 **中国行业对联大观** 谷向阳主编。北方妇女儿童出版社 1994 年 11 月版。68 万字。23.50 元。辑对联近万副,内容涉及古今 300 余种行业,大都具有较鲜明的艺术特色,有的表现行业的发展,有的反映经营者的情怀。对联中的难字僻典,所涉掌故轶事作了必要的注释。书中尚收集整理有部分新老店堂牌号嵌字联。(刘子义)

I000730 **千家行业实用对联大全** 昭远编。陕西人民美术出版社 1994 年 11 月版。19.5 万字。6.60元。编入党政机关、厅局部委、人大政协、民主党派、公安消防、股票证券、信托期货、信息科技、公司集团、人才劳务、集贸市场、美容假发等行业实用联。把门类分为五十大项计五百余家,从古今数万副对联中精选近五千副。(胡耀辉)

I000731 **绝妙好联赏析辞典** 苏渊雷主编。上海辞书出版社 1994 年 11 月版。73.8 万字。31.00 元。选录古今对联精品 1 300 副,按题材分名胜、题赠、喜庆、哀挽、行业、谐巧等六大部分。特点是选联严谨,大多具有较高的文学性;不少入选之作是编者实地采得,十分珍贵。本书解释精到,深入浅出,释文雅俗共赏;注意串讲及关键语词、典故说明的融为一体。有对联书法作品插页 20 多幅。附录"对联知识介绍"等。(卢润祥)

I000732 **云南名胜楹联大观** 郭鑫铨选注。云南大学出版社 1994 年 12 月版。45 万字。15.00 元。选收云南各地名胜楹联 262 副、滇人其他优秀联语 34 副。楹联按地区景点分别列出,其他联语按人名列出。介绍联语的文字一般由原作、背景及作者介绍、大意解释、内容和艺术特点分析等部分组成。各部分相连而下,成为一篇文章。注释力求详明,以帮助读者对联语有真切的理解,同时增加文化、历史等方面的知识。今译根据不同对联,采取直译、意译等不同方法,准确、通达地表明联语的基本意思。评价通过具体分析,言之有据地对史迹和前人作出适当的评价和艺术特点的分析。本书同时收入今人拟撰的云南名胜楹联 287 副。对这部分只录不析。故本书收录联语 583 副,加上引过的作品,总数近 600,是云南名胜楹联收录最全,解释较详的一部著作。(张世寓)

民间文学

I000733 **注音注解今释插图寓言典故三百篇** 李玫等选注。大连出版社 1994 年 1 月版。60 万字。12.00 元。从《周易》、《诗经》、《左传》、《史记》、《汉书》等先秦至明清的 104 种典籍中筛选出 300 篇寓言与典故,字字注音,难点注释,并用一句高度概括的注解揭示全篇主题。所选篇目或富含深刻的哲理和复杂的心绪,或反映丰富的生活经验和细致的人生体会,或讽刺自私贪婪、保守愚昧的社会现实,或针砭虚荣浮夸的时弊,思想深邃,情感健康,具有积极的社会意义和审美价值。

I000734 **美妙传说** 戴女编。黑龙江少年儿童出版社 1994 年 1 月版。22.8 万字。4.80 元。收入水仙、牡丹、夜来香、并蒂莲、含羞草、湘妃竹等花草的传说故事 100 篇。(宣森)

I000735 **神妙故事** 林子文编。黑龙江少年儿童出版社 1994 年 1 月版。21 万字。4.50 元。收入"苏东坡名砚"、"乾隆出世"、"西湖醋鱼"和"赵匡胤输华山"等民间故事 94 篇。故事亦真亦幻,有浓郁的地方色彩。(宣森)

I000736 **婻海发** 岩温玛、康郎庄等整理。云南民族出版社 1994 年 1 月版。15.4 万字。3.50 元。叙述一个孤儿遵其父遗嘱,去深山老林开荒种地。一天他在地边拾到一个鸡蛋,把它拿回自己的竹棚。一日,当他劳动回来踏进屋里时,香喷喷的饭菜扑鼻而来,屋内也收拾得井井有条。为了弄清是何人所助,第二天他和往日一样去劳动,但出门后又悄悄地返回,躲在竹棚暗处观察。不久,一个美丽的姑娘从蛋里出来,梳妆打扮后,为他收拾打扫屋子。他突然进屋抓住姑娘的手,姑娘讲出了自己的身世,并与其订了终身。该地国王是一个荒淫无度、凶狠残暴的君主,当得知孤儿娶了美丽姑娘为妻后垂涎三尺。为了霸占孤儿之妻,他设下种种陷阱加害于孤儿。在妻子的帮助下,孤儿用天国赐给的武器战胜国王,并取代了王位。从此,过上了美满幸福的生活。作品歌颂孤儿纯朴、忠厚、善良及其为民除害等美德,揭露国王贪婪、荒淫的丑恶面目。故事曲折,人物描写细腻、生动,唱词流畅。(岩三龙)

I000737　**古今怪海**　刘玉瑛主编。吉林文史出版社 1994 年 2 月版。44.6 万字。12.80 元。民国初年周敎甫编辑《古今怪异集成》一书,取材于经史子集、名人笔录或近人稗乘,内容包罗万象,天文地理,鬼神人世,禽兽草木,有奇必取,有异必录。本着去粗取精的原则,本书以该书为蓝本遴选部分篇章,并从其他典籍中辑录若干珍闻异事,用白话改编。对原文出处一概保留,以供有意者查核。(徐潽)

I000738　**古今情海**　刘玉瑛、梅敬忠主编。吉林文史出版社 1994 年 2 月版。88 万字。2 册。23.00 元。民国初年曹绣君编辑《古今情海》一书,从周秦以讫前清的正史、野乘、稗官杂记中选取一千多则有关婚姻、家庭以及形形色色的言情说爱的故事,分成三十余类,包括侠女烈妇传记,各地风俗、婚俗,风物名胜中与爱情有关的传说,各地的风流韵事佳话,上至王公贵族,下至里巷百姓。对了解中国古代社会的伦理道德、婚俗习惯、市井生活乃至各种性爱观念等,提供了宝贵的资料。改编者对原书进行了翻译整理,对少数积极意义不大的内容作了删节,又编入《历代声色志》中有关的一些有价值的内容,分类和顺序基本保持了原书面貌。(徐潽)

I000739　**中国神仙传**　马清福、杨爱群主编。北岳文艺出版社 1994 年 3 月版。48.85 元。介绍中国历代神仙的丛书。集宗教文化、民俗文化于一体,从神的不同类属,概括了诸位神仙的来龙去脉,叙述了他们成仙得道的经过,描绘了他们的威力以及被尊奉赐封的情况。共 5 册,根据有关古籍资料编写而成,每册都有总序及一篇介绍和论述本册内容的序言。《远古之神》(任洪杰、刘刚等编著,20 万字)共收神仙 58 位,有华夏始祖之神黄帝、文字之神苍颉等。《道教列神》(李之亮、徐飞编著,27 万字)共收神仙 73 位,有彭祖、韩湘子等。《佛门诸神》(初旭编著,21 万字)共收神仙 44 位(种),有三身佛、托塔李天王等。《民间俗神》(马冀、宋文坤编著,22 万字)共收神仙 122 位,有土地神、财神比干等。《华夏女仙》(宋今、王宇等编著,21 万字)共收神仙 133 位,有九天玄女、黄道婆等。每篇传后附有参考书目。(韩铁马)

I000740　**黎族创世歌**　王月圣编著。海南出版社 1994 年 3 月版。37 万字。10.30 元。编著者为黎族民歌手。本书收其收集、整理、创作的黎族民歌,共分颂歌、生产歌、风情歌、苦闷歌、快乐歌、相逢相送歌、猜对歌、旅游歌八个部分。其中以生产歌、风情歌、苦闷歌、猜对歌最为重要。生产歌表现了黎族人民古老而独特的生产方式,如“砍山栏”等。风情歌情最浓、艺术价值最高,抒发最质朴、最原始、最热烈、最纯真的男女之情。苦闷歌诉说黎族人民穷苦的生活状况。猜对歌是民间谜语与山歌的结合,机警而智慧。系统、集中地展现黎族民歌的丰富性,是本书的一大特色。书中的不少篇章,可称之为优秀的民间歌谣。不足之处是一些创作歌谣,风格和艺术水准与原汁原味的民歌有较明显的差距。(林珂)

I000741　**绝妙趣谈**　伊人编。黑龙江少年儿童出版社 1994 年 3 月版。25 万字。4.80 元。收入从春秋战国至现代各个历史时期名人雅士的趣谈逸闻 200 多篇,其中有刘邦、项羽的趣闻,有郁达夫、胡适的逸事等。(宣森)

I000742　**告别三峡之旅**　副名:三峡风物传说选萃。李华章著。少年儿童出版社 1994 年 3 月版。8 万字。3.20 元。辑有关三峡的传说故事 60 篇,如有关涪陵与万县的《石画鱼》、《太白酒》、《流杯池》、《张飞庙》等;有关瞿塘峡的《白鹤井》、《八阵图》、《渔王洞》、《偷水孔》等;有关巫峡与大宁河的《神女峰》、《望夫石》、《孔明碑》、《白鹿盐泉》、《金鸡对石鼓》等;有关西陵峡的《九龙奔江》、《兵书宝剑峡》、《香溪桃花鱼》、《妃台晓日》、《斋公石与美人沱》;有关宜昌的《夜明珠》、《玉泉铁塔》、《玛瑙河》等。书后附有长江三峡游览示意图。(洪祖年)

I000743　**三个小宝贝**　李萍等编。未来出版社 1994 年 3 月版。4.45 元。汇集优秀的中国民间故事《抬大鼓》、《卖驴》、《巧儿姑娘》等十多篇。(李延新)

I000744　**白曲精选**　段伶、杨应新选译。云南民族出版社 1994 年 3 月版。20 万字。9.80 元。白族民间长诗选。白文、汉文对照。收有《鸿雁带书》、《出门调》、《十二属曲》、《秧鸡曲》、《放鹰赶雀》、《解放曲》、《月里桂花》、《妇女翻身曲》、《金鸡三唱》等 9 首“本子曲”长诗。“本子曲”是白族民间源远流长、独具艺术特色的供民间艺人演唱的长诗。所收长诗内容广泛,是不同时代白族地区社会历史和白族人民人生观、世界观、价值观和白族青年男女爱情观的真实写照,在白族地区广为流传,深受群众的喜爱。语言通俗易懂、明白如话,适合各层次读者。白文部分体现了白族诗歌韵律的主要特征,汉语诗文则根据云南汉语方言音韵韵类较宽的特点而多有采用。(奚寿鼎)

I000745　**山海经全译**　袁珂译注。贵州人民出版社 1994 年 4 月版。35 万字。9.20 元。以郝懿行的《山海经笺疏》作底本译注。是“中国历代名著全译丛书”之一。(彭建)

I000746 **笑话故事** 景翰编。未来出版社1994年4月版。13.5万字。6.30元。搜集、整理流传于民间的笑话,改编成故事100余篇。所收故事有表现劳动人民聪明才智、对统治阶级进行无情讽刺的,有对吝啬、懒惰等品行进行嘲讽的,如阿凡提捉弄财主、巴拉根仓戏弄王爷等。文字加注汉语拼音,配有插图。(高小雁)

I000747 **民间故事** 王欣彦、兰羽编。未来出版社1994年4月版。18.7万字。7.40元。收入民间故事53篇。作者用讲故事的形式对这些民间文学进行加工,润色文字,丰富情节,使这些民间故事焕发出夺目的光彩。在这些民间故事里,劳动人民通过幻想塑造出了他们心目中的一个又一个英雄:机智幽默的阿凡提,美丽善良的神鸟,聪明勇敢的渔童等等。这些情节曲折、引人入胜的故事,表达了劳动人民征服自然、战胜邪恶、追求幸福美好生活的愿望,透射出深厚的思想内容,反映出社会生活的方方面面。这本民间故事里,既有汉族民间故事,又有维吾尔族的民间故事,还有蒙古族、傣族的民间故事。文字部分加注汉语拼音,配有插图。(高小雁)

I000748 **谜语故事** 闻迅、梦娟编。未来出版社1994年4月版。8万字。6.50元。收录谜语故事95篇。以讲故事的方式,将谜语隐于故事情节中。有苏小妹三难新郎、苏东坡独创神智诗、唐伯虎画中藏谜、苏小妹和佛印互嘲等。文字加注汉语拼音,配有插图,后附谜底。

I000749 **木马(维吾尔民间故事)** 安尼瓦尔·阿西木编绘。新疆青少年出版社1994年4月维吾尔文版。3万字。1.20元。描写小王子热爱祖国,善待百姓,以及他在处理国事上的聪明和反击外来侵略时的勇敢。(谢梅)

I000750 **武陵苗族古歌** 龙岳洲、罗正铭、欧秀昌编。贵州民族出版社1994年6月版。16万字。4.50元。苗族民间英雄史诗集。根据武陵山地区的苗族口头流传整理翻译而成。共收长诗5首,约4000行。《板东辰》(汉译"启明星")塑造了一个名叫明那雄的英雄形象,歌颂他箭射八个假太阳、战胜凶恶的火鸟,自己却化作启明星站在东方迎接日月,不争光夺艳的高尚品格。《天灵相公》叙述天灵得神赐飞马、神弓神箭,与欺压百姓的官兵展开殊死搏斗最后壮烈牺牲的惨烈场面。《六月六》叙述吴妹奴眼见朝廷大造皇宫、抓绑苗家匠人和美女而义愤填膺并发誓造反,练就本领后与官兵展开死战最后壮烈牺牲。《石柳邓》是一首以反清英雄石柳邓的名字命名的史诗,叙述清朝乾嘉年间武陵山地区爆发的以石柳邓等为首的苗族农民大起义的原因、经过和结果。《阿贵与雅莲》描述聪明勇敢的阿贵赢得了螺蛳姑娘雅莲的爱情,并得雅莲赐予神猪,造福苗山;土王闻知,派兵进犯,阿贵率众抵抗,战胜土王,苗山太平。是研究苗族起义斗争史的参考资料。(胡廷夺)

I000751 **实用分类谜语精选** 林随喜编著。三秦出版社1994年6月版。31万字。8.00元。分"谜法丛谈"、"谜格分说"、"谜类新编"3部分。"谜法丛谈"和"谜格分说"主要介绍30多种谜语的制法、猜法及100多种谜格的应用,点出制谜、猜谜的思路和诀窍。"谜类新编"收谜1万余条,包括字词,成语,诗文,节令,医药卫生,生活用具,古今人名、地名等类,随谜附底。(高立民)

I000752 **山南民间谚语集成** 克珠编著。西藏人民出版社1994年6月版。16万字。6.70元。共选录2397条,忠实地记录了讲述者的口头讲述。选用了流传较广且颇具地方特色的谚语,同时尽可能地保持了藏语的特点。(刘金华)

I000753 **哈萨克民间故事集** 乌拉孜别克、再努拉整理。新疆人民出版社1994年6月哈萨克文版。20万字。3.50元。收《格甫沙》、《聪明的美人》、《可汗的三个儿子》、《善与恶》、《湖中金鱼》、《阿凡提的故事》、《三个出门人》等民间故事78篇。其中部分曾在哈文报刊上发表过,绝大部分为搜集整理。产生流传在富于幻想的游牧民族之中的这些故事,题材丰富,内容广泛,有的宣扬团结友爱,有的教育后代勤劳勇敢,有的讽刺贪得无厌的可汗和残暴的财主,有的歌颂劳动人民的智慧,有的表达人民对未来的向往,还有部分故事以动物人格化的方式揭露和鞭挞人生中的丑恶现象。(那衣满)

I000754 **安王与祖王** 黄荣昌、周国炎等搜集整理。贵州民族出版社1994年7月版。20.6万字。5.50元。布依族长篇古歌。主要叙述远古时期布依族祖先盘果王的两个儿子、同父异母兄弟安王和祖王争权夺利的斗争过程。安王系嫡母所生,祖王系继母所生,祖王在其生母唆使之下,企图害死大哥安王,夺权掌印,独占家产。但阴谋未遂,却引起一场激烈的斗争。先是唇枪舌剑,后则大动干戈,势均力敌,不分胜负。最后,安王借助巫术制服祖王,祖王甘拜下风,只好交权还印,在安王管辖下,贡献鸡鸭、交纳租税。从此以后,人间才得安宁。书中以布依族五言体诗歌为主要形式,采用比喻、复沓、重叠等表现手法,生动地反映了布依族原始社会末期由母系氏族

向父系氏族社会过渡的历史状况，对研究布依族的起源和发展以及布依族古歌的艺术特点，是很有意义的。(郭堂亮)

I000755 **旦艳与夏策** 中央民族大学 1962 年实习队搜集，白祖额、段贶乐、杨锃翻译。云南民族出版社 1994 年 7 月哈尼文汉文对照版。10.8 万字。4.50元。哈尼族叙事长诗。叙述一个人从呱呱坠地到青年的成长过程，描写父母养育儿女的爱心和艰辛，儿童生活的情趣，青年男女的劳动和爱情生活等。其中描述了哈尼人的风俗习惯以及反对不平等、争取自由民主思想的萌芽。诗中还有哈尼妇女出嫁所唱的“哭嫁歌”和青年谈情说爱时唱的情歌。富有浓烈的乡土气息，充分显示出哈尼族文学的特点。(段贶乐)

I000756 **赞歌** 栋金整理编注。贵州民族出版社 1994 年 7 月苗文版。10 万字。3.50 元。苗族民间系列抒情诗。千百年来，贵州省黔东南的苗族中流行着男女青年“游方”对歌寻找终身伴侣的习俗。农闲时节或节日期间，小伙子们便结伴前往他乡，与姑娘对歌，互相赞美，倾吐爱慕之情，名曰“游方”。夜幕降临，小伙子们即亲临姑娘家门口，先唱“呼唤歌”通报自己的身份和此行的目的，接着唱“邀请歌”。姑娘乐意即唱起“摆谈歌”，小伙子们也唱“摆谈歌”以示对歌正式开始。夜深人静之后，小伙子们进屋与姑娘一起围坐火坑边，男女双方相互交替对唱“智慧歌”、“陪伴歌”、“告状歌”、“成亲歌”、“青春歌”、“青春别”。这些歌，有的赞美对方聪明能干或年轻漂亮，有的自谦呆板笨拙或年老丑陋而难以得到对方爱情，有的表达爱慕之情欲求为终身伴侣，等等。天亮后，对唱“离别歌”，双方依依挥手离别，招呼再会。本书按照以上对唱实况整理编排，共收诗 128 首、3000 余行。(胡廷夺)

I000757 **支嘎阿鲁王** 阿洛兴德整理翻译。贵州民族出版社 1994 年 8 月版。15 万字。4.80 元。彝族英雄史诗。由《支嘎阿鲁王》和《俄索折怒王》两篇组成，原本为彝文。首篇用神话般的语言叙述了支嘎阿鲁这位古代彝族英雄人物的传奇故事，赞美其丰功业绩。支嘎阿鲁在古代彝族历史上确有其人，他集王、布摩、天文家、历算家于一身，曾统一过大部分彝族地区，为彝族历史的发展和社会进步作出了突出的贡献。折怒是彝族六祖第五支(毕)米克克的 46 代孙，约当汉史唐宋时期黔西北彝族乌撒部由衰到盛的关键性人物，史称其“用兵四邻，光复乌撒土宇”，“拓地千里，统治他人”。(陈光明)

I000758 **中国著名神话人物传奇** 王瑞起等编。湖南少年儿童出版社 1994 年 9 月版。63.3 万字。5 册。19.15 元。包括《癫和尚济公》、《剑仙吕洞宾》、《捉鬼大王钟馗》、《神相姜子牙》和《丑仙铁拐李》五种神话人物传奇。作者在史料真实的基础上进行了大胆创作或改编，既保留了这些神话人物原有的个性，又对他们进行了再塑造。采用了传统的章回体写作方法，语言通俗易懂。(向民胜)

I000759 **哈萨克风俗歌谣选** 阿合买都拉·哈力编。新疆人民出版社 1994 年 9 月哈萨克文版。16 万字。4.60 元。哈萨克族民歌大致可分为三种：习俗歌，抒情歌，史诗。本书主要收入其中的习俗歌，分为“揭面纱歌”、“阔尔斯”(离别歌)、“森斯马”(哭诉歌)、“萨仁”(序曲)、“加尔，加尔”(劝慰歌)、“加拉帕赞”(斋月歌)、“巴塔”(祝词)、“卓合套”(唱挽歌)、“安慰歌”等九个部分。习俗歌是哈萨克民间文学的先驱，因为生活传统歌谣随着哈萨克生活传统而产生。生活传统歌谣一般有一至几支较固定的民间曲子相辅。这些曲子与生活传统歌谣十分和谐地融合在一起。例如婚礼喜宴歌谣和节日歌谣的曲子大都是活泼欢乐的曲调；丧事、离别歌谣的曲子大都是悲哀深沉的曲调。这些歌谣唱出了哈萨克人民的心声，反映了人们内心的喜怒哀乐。(阿布都海木)

I000760 **中国梦话** 吴绍釚、郑淑慧编。东北朝鲜民族教育出版社 1994 年 10 月版。50 万字。15.80 元。收梦话故事 405 则，上起先秦、下迄清代。全书共分 20 卷，分门别类地介绍了一个神秘的梦的世界。代前言《中国梦文化探幽》，对中国历史上各家研究梦的成果作了评介，并对中国古代梦小说的类型、审美价值及其在中国古代文化中的地位作了探讨。在每卷前，有对该卷梦话特点、价值的评介；在每则梦话故事后都附作者和出处。(申明仙)

I000761 **鬼谷子与云梦山** 房立中主编。中国人事出版社 1994 年 10 月版。12 万字。7.80元。介绍鬼谷子在云梦山的一些民间传说以及作为旅游胜地的云梦山的奇特风光。鬼谷子在河南淇县云梦山被传为奇人，据说孙膑、庞涓、苏秦、张仪、茅濛、徐福等人都是他的学生。在当地的民间传说中他大智大勇、助弱济贫、扬善抑恶，为民间做了许多好事。而云梦山为太行余脉，距古都朝歌 30 华里，海拔不足 600 米，几个主峰的九道山脊和山谷交汇于中部，形成一小盆地，山中有溶洞、巨泉，景色怡人。(谭东琪)

I000762 **花色谜大观** 方永光编著。海峡文艺出版社 1994 年 11 月版。60.5 万字。26.80 元。收画

谜、书法谜、印章谜、剪纸谜、棋谜、彩字谜、扑克谜、邮票谜、图案谜等花色谜101种，配有各类插图1400余幅。（叶恩忠）

I000763 **曲谷走谷选** 阿洛兴德等整理翻译。贵州民族出版社1994年12月版。26万字。7.00元。曲谷走谷是彝族传统文学形式之一，可译作情歌、恋歌等。本书由4篇彝族叙事长诗（走谷）组成，内容都是反映彝族宗法制度下的婚姻悲剧。主人公有的为爱情付出了生命；有的美满婚姻被拆散；有的只好借助神的力量与不合理的制度抗争。长诗揭露了彝族宗法制度对人性的摧残。本书是译者行程数百公里，走访20余个乡镇的彝族民间老艺人和布摩，将说唱资料与彝文原本对照修复还原的，其文学价值可与同类的《阿诗玛》媲美。整理采用彝文和汉文意译对照、彝文注音加注释的方法，便于多层次读者阅读和对比研究。译文通俗流畅，不乏传神之笔。收入“贵州彝族咪谷丛书”。（陈光明）

I000764 **文化名人逸闻隽语丛书** 于青等编著。中国青年出版社1994年12月版。约150万字。10册。包括《文化泰斗鲁迅》、《国学宗师胡适》、《浪漫的情旅郁达夫》、《雅舍风流梁实秋》、《闲适渡沧桑周作人》、《佛性文心丰子恺》、《边城圣手沈从文》、《幽默大师林语堂》、《东方圣哲梁漱溟》、《天才奇女张爱玲》等十大文化名人的逸闻趣事和隽语。编著者大都是这些名人的研究者。作品通过大师们的生活际遇、友情亲情、逸闻趣事、著述学问描摹出他们的心态情操、学术造诣及其多彩人生。编著者从诸大师的一生中提炼出有代表性的细节，追根溯源，有的化作他们性格的“眼睛”，有的铸成他们一生著述风骨的转折。如梁漱溟当年曾被蒋介石邀为座上宾，可当他看出蒋的虚伪做作后，还是先去延安后往北京选择了毛泽东。像这样鲜为人知又足见这些大家的气质灵性与独特情怀的逸闻随处可见。这就铸成了这套丛书深入浅出、于可读性中见学术性、于艺术性中见思想性的特点。（李硕儒）

儿童文学

I000765 **“童话列车”丛书（第五辑）** 。福建少年儿童出版社1994年版。含《阿铁林的故事》、《怪尾狐智斗喷嚏大王》、《画家与小鸟》、《小燕子捡来的童话》、《月光下的小精灵》5册，荟萃近20篇长短不一、题材各异、风格多样的童话作品：有的简洁精悍数千言，有的洋洋洒洒几万字；有的抒情宁静、细腻委婉，有的夸张变形、活泼粗放；有的以动物世界折射社会现实，含蓄曲折；有的以科幻色彩描绘宇宙与人生，荒诞中透出哲理的光芒。（吴兆钧）

I000766 **巨人丛书（第二辑）** 崔晓勇等著。少年儿童出版社1994年版。80万字。8册。中国当代儿童文学创作丛书。辑有8部中长篇小说、童话。《半个太阳爬上来》（中篇小说）写一群山里的苦孩子，艰难地努力读书、劳动，最后成了山寨里第一批进城读书的高中生；《梦回芳草地》（中篇小说）写一个曾有过屈辱童年的15岁少女，在乡亲们的慰藉下，终于挺起身走向生活；《少年状元郎》（历史传奇小说）写神童司马俊舞文弄墨，几番波折终于获得成功；《魔鬼城》（历险小说）写少年人闯荡大戈壁寻父的故事；《残狼灰满》（动物小说）写狼群世界争夺狼酋宝座的惊心动魄的故事；《无规则游戏》（长篇小说）写四个从未出过远门的中学生，利用暑假到北京打工，各自经历了不同遭遇的故事；《鸟王》（动物小说）写英武的大雕斗大蛇、战豺狼、驱野猪，最后却凄惨地投火自尽；《树怪巴克夏》（中篇童话）包括两个中篇童话《树怪巴克夏》和《特比巴8972先生的礼物》。（洪祖年）

I000767 **故事树** 副名：家庭故事会·妈妈讲童话故事。易华编。北京少年儿童出版社1994年1月版。17万字。4.50元。收入适合幼儿欣赏的中外童话故事90余个，按内容分为4类。每类故事有内容提要，每个故事后面有简明的提示。（徐莉萍）

I000768 **梦中的绿云** 王晓晴著。北京少年儿童出版社1994年1月版。12万字。4.30元。童话故事集。选收童话作品五十余篇。作品内容积极健康，有益于幼儿身心的健康发展；语言优美，有助于培养幼儿的语言能力；想象丰富，有利于幼儿性情的陶冶。（徐莉萍）

I000769 **奇妙童话** 似田著。黑龙江少年儿童出版社1994年1月版。20万字。4.20元。收入《增寿丸》、《飞帽服务中心》、《矮个冠军》和《魔犬复仇》等童话38篇。所收作品想象离奇、具有现代生活气息，在当代同类童话新作中形式比较新颖。（宣森）

I000770 **中华少年英才丛书第一辑** 谭元亨、钟白伊、陈本俊等编。黑龙江少年儿童出版社1994年1月版。48万字。12.60元。包括《少年天子》、《少年巾帼》、《少年才子》、《少年音乐家》、《少年书法家》5册，分别讲述汉武帝刘彻、康熙帝玄烨等著名帝王，缇萦、荀灌等杰出少女，曹植、王勃等文学艺术家，伯牙、嵇康等音乐家，王羲之、颜真卿等书法家共

35位少年时代的真实故事。(姜在心)

I000771　**将军们的童年(续集)**　詹成文、张涛著。湖北少年儿童出版社1994年1月版。17万字。5.00元。描写大别山地区以红安籍为主的19位将军参加红军前的生活经历,通过典型的画面,形象地展示了将军们走上革命道路,坚定共产主义信念,成长为人民共和国将军的过程。(刘春霞)

I000772　**世界最新少年小说精品书系**　莫尼克·休斯等著,王启明等译。明天出版社1994年1月版。31万字。13.70元。所收作品从不同的角度反映了当代外国少年儿童的家庭、学校及社会生活。共3册。《春天即将来临》描写一位女中学生在圣诞节前后的一段经历,情节曲折,故事感人,令人深思。《黑暗中的狩猎者》描述主人公迈克·兰金在阳光灿烂的生命旅途中突遇黑暗,历经坎坷,最终顽强地战胜黑暗、认识黑暗的过程,表现了主人公强烈的生命意识和对光明孜孜以求的坚定信念。《牛仔不哭》讲述沙恩·摩根——一位昔日牧人竞技明星的儿子,在母亲因车祸死去后,与父亲单独相处、生活时所发生的事情。作者以质朴诙谐的笔触,把一幅当代美国牛仔的家庭生活图景展现在读者面前,使人在一种田园牧歌式的生活氛围中,与主人公一道去领略那一件件痛苦与欢乐、孤独与迷茫相交织的往事。(傅大伟)

I000773　**人类探险史故事丛书**　赵丹涯等编。浙江少年儿童出版社1994年1月版。162.5万字。47.60元。分《撩开北美的面纱》、《南美洲之谜》、《神秘的非洲》、《探寻神秘的东方》、《迟醒的南方大陆》、《极地寻踪》、《沙漠挑战者》、《开辟海上航道》、《海洋的诱惑》、《踏破冰峰万年雪》和《飞向太空的历程》11册,以人类探险史为主线,以探险故事为主要内容,介绍人类从古到今在地域、海洋、高原、江河、沙漠、太空等领域的探险活动。描述探险家们踏荒漠、溯河源、穿峡谷、临深渊,向世界高峰攀援,向南北极"冲刺",与自然的一次次惊心动魄的搏斗,表现他们勇敢、不怕挫折、不怕艰难困苦以及集体主义的精神。(周虹)

I000774　**吕氏春秋(图画本)**　龚汝枢、穆一衡、丁世弼等改编。21世纪出版社1994年2月版。20万字。2610幅图。55.00元。分立国之道、为君之道、从政之道、处世之道4部分,每部分独立成册,每册精选20余个历史小故事。故事短小精悍,含意深刻,生动地展示了中国古代的治国谋略。文字通俗流畅,符合人物个性;图画在写实的基础上,兼具漫画特色,人物形象十分生动。(史俊)

I000775　**典故故事500图画本**　福建少年儿童出版社编绘。福建少年儿童出版社1994年2月版。19.00元。选收古代典故500条,用现代汉语通俗浅显地阐述这些典故的源流、内容。配有生动的图画,全书约3000幅。(吴兆钧)

I000776　**小燕子捡来的童话**　绍禹著。福建少年儿童出版社1994年2月版。6.5万字。2.80元。"童话列车"丛书第五辑之一。小燕子南飞北闯,见多识广,捡来了许多童话:有写在云朵上的,也有由一个哈贝引出来的。似是平淡,但细细咀嚼以后,却让小读者有种美的享受。书中另两篇《巧克力先生与外星人》、《泡泡糖先生传奇》,也以构思奇特、情节跌宕见长。(吴兆钧)

I000777　**成语故事365**　黄遂编著。福建少年儿童出版社1994年2月版。24.8万字。6.50元。按成语故事性质(或相似之处),按月分为:志向篇、言行篇、才德篇、挚爱篇、邪僻篇、滑稽篇、褒扬篇、针砭篇、虚幻篇、心理篇、物性篇和谋略篇,共365个故事。在说明成语出处和含义的同时,着意于故事生动、形象的描述,在细节上作了某些虚构。(吴兆钧)

I000778　**幼儿文摘画库(2)**　辽宁少年儿童出版社低幼编辑室编。辽宁少年儿童出版社1994年2月版。1万字。1.50元。针对3—6岁幼儿学习和游戏的需要,选编国内外幼儿读物精品,包括天文故事、生活常识故事、计算故事、童话、寓言故事、儿歌、玩玩做做、智力训练、动物知识、幼儿美术、宝宝的歌和一分钟妈妈等内容。画面生动,色彩鲜艳,语言清新浅显。(李玲)

I000779　**幼儿文摘画库(1)**　辽宁少年儿童出版社低幼编辑室编。辽宁少年儿童出版社1994年2月版。1万字。1.50元。选收全国幼儿报刊的精品,有儿歌、散文、童话故事、智力训练、幼儿歌曲、幼儿作品等。(冯幽君)

I000780　**婴幼儿歌谣**　岸冈等诗。徐鹤等画。辽宁少年儿童出版社1994年2月版。4册。1.60元。收儿歌100首,一诗一图。作品短小,通俗有趣,易记易背;插图形象突出,生动有趣,色彩艳丽,幼儿特点强。(冯幽君)

I000781　**绘画历史故事词典**　庄葳、吴慈生等编。上海辞书出版社1994年2月至3月版。135万字。86.30元。"绘画故事系列词典"中的历史故事部分。共6册:中国历史故事4册,选收中国自远古以来的故事319则,彩色配画810幅,以通俗、生动的文字展示中国历史的进程，举凡重要的历史人物、传说和知名的历史事件，包括政治、军事、文学等都有所涉及；外国历史故事2册，选收故事157则，配以插图近500幅，沿着人类历史发展的主要脉络，展示了波澜壮阔的人类历史画卷。（吴稚汕）

I000782 **滕毓旭儿童诗** 滕毓旭著。大连出版社1994年3月版。15万字。5.50元。收选儿童诗110首，分“春天的谣曲”、“闪光的日历”、“童年的相册”、“森林的童话”、“彩色的音符”5辑。既有儿童抒情诗、儿童叙事诗、童话诗、寓言诗，也有文学性较强的创作儿歌。从作者的儿童抒情诗中，读者可以体察到他有一颗孩子易感的心，他的笔触着眼于明朗与欢乐，有一种把平淡的事物写得有趣的本领。从作者的儿童叙事诗中，读者感受到的是戏剧性的快乐和亲情的温馨，他往往以速写的笔法简略地勾勒情节，再以饱蘸诗情的彩笔为它着色。作者创作的童话诗和寓言诗，虽然抱有明确的教育目的，但绝无训戒说教。他编织的是充满欢乐和想象的故事，小读者只需去感受那鲜明的人物形象和有趣的故事情节，在韵律的流动中，在不知不觉中，自己引导自己，在心智上获得教益。（李然）

I000783 **当代儿童文学名作赏析** 张学正等主编。海峡文艺出版社1994年3月版。56.8万字。20.95元。“中国当代文学名作赏析丛书”之一。选析建国以来的优秀儿童文学作品86篇(部)，分6辑：小说；童话、寓言；诗歌；散文；电影、戏剧；科幻小说、科学小品。（陈公正）

I000784 **幼儿文摘画库(3)** 辽宁少年儿童出版社低幼编辑室编。辽宁少年儿童出版社1994年3月版。1万字。1.50元。选收全国各有关幼儿报刊的精品，有散文、童话故事、智能训练、手工、幼儿歌曲、幼儿美术作品等。文字简洁，绘画生动，幼儿特点很突出。（冯幽君）

I000785 **儿童礼品丛书** 裘树平等编。上海科技教育出版社1994年3月版。40万字。29.00元。分《会说话的鸡蛋》、《豆孩子约翰》、《会流泪的树》、《活动的天梯》、《发给外星人的名片》、《空中的巴黎城》、《神秘的水下幽灵》、《会唱歌的沙子》、《奇特的海底世界》、《被拍卖的小行星》10册，以讲故事的形式，让孩子们在欣赏神话、童话和名人趣事的同时得到天文、地理、动物、植物、宇航、交通工具等方面的知识。（李正强）

I000786 **新编幼儿知识童话200篇** 戴可霁编。上海科技教育出版社1994年3月版。37万字。25.40元。选收中国童话作家为低幼儿童写的知识童话200多篇，其中有许多篇目曾得过奖。这些作品的文学性较强，故事较生动，语言活泼、精炼，可作为幼儿的语言教材。（刘正兴）

I000787 **世界成语故事** 王国荣著。少年儿童出版社1994年3月版。30万字。7.30元。选收阿拉伯语、波斯(伊朗)语、朝鲜语、丹麦语、德语、俄语、法语、拉丁语、尼泊尔语、挪威语、普什图(阿富汗)语、日语、僧伽罗(斯里兰卡)语、土耳其语、西班牙语、希腊语、匈牙利语、意大利语、印地语、英语、越南语，以及《圣经》、希腊神话的成语故事218则。其中有的可谓各民族语言的“精品”，如《阿波罗的桂冠》(希腊神话故事)、《与风车搏斗》(西班牙语)、《当心乔治的黑皮本》(英语)、《燃烧的心》(俄语)等；有的记述某民族的重大历史事件，如《让火药保持干燥》(英语)、《碰见滑铁卢》(法语)等；有的是各民族文化积累的精华，如《莫娜·丽莎的微笑》(意大利语)、《先行菩萨能成佛》(僧伽罗语)等；有的闪耀着哲理的光辉，如《墙壁里的金子》(尼泊尔语)、《皇帝的新装》(丹麦语)等；有的表达爱祖国、爱人民，对真善美的追求、对假恶丑的鞭挞，如《赤裸裸的真实》(英语)、《海格立斯的选择》(希腊语)、《看见了红帆》(俄语)等。（洪祖年）

I000788 **精编儿歌300首** 崔济民、屈达编著。未来出版社1994年3月版。8.3万字。5.70元。针对孩子们的年龄特征和心理特征，创作和选编儿歌近300首。在内容和形式上注重分类编选和宜念宜教，注重实用性、趣味性和知识性。每首儿歌配有一幅与内容相符的插图。（李志钧）

I000789 **三国演义故事** 阎保平等改编。未来出版社1994年3月版。31.1万字。2册。9.10元。根据中国古典文学名著《三国演义》改编。保留了原作的主要事件和主要人物，对原作半文半白的语言进行了翻译、疏通。为“中外文学名著通俗本”丛书之一。（李志钧）

I000790 **动物小说丛书** 沈石溪、金曾豪等著。新蕾出版社1994年3月版。55.6万字。4册。16.20元。收《红奶羊》(沈石溪著)、《独狼》(金曾豪著)、《大拼搏》(方敏著)、《最后的野马》(梁泊著)等四部小说。书中以各种动物的生活习性、生长特点为基点，通过文学手法，塑造出一批有血有肉、有思想、有性格的动物艺术形象。故事情节曲折，动物形象生动，读者在欣赏文学作品的同时，可以了解到各种动物的生活特点，以及它们为了生存与自然抗争的情

景。(王东)

I000791 **成功者的故事** 衣国华主编。北方妇女儿童出版社 1994 年 4 月版。65.4 万字。18.50 元。收录国内外近 300 位革命家、科学家的故事,用生动的事例向少年儿童展示他们在成长过程中所表现出来的积极、努力、勤奋、向上的精神,教育青少年要从小养成踏实勤奋的良好习惯,培养高尚的道德情操,成为社会主义的有用人才。(刘玉林)

I000792 **中国当代儿童文学精品·小说卷** 陈美兰、张明主编。长江文艺出版社 1994 年 4 月版。20 万字。7.20 元。选入建国以来冰心、张天翼等儿童文学作家所著的短篇小说 26 篇。作品均取材于少年儿童生活,展现不同历史时期中国少年儿童的生活状貌和精神世界。为套书“中国当代儿童文学精品”之一种。该套书尚有诗歌卷、散文卷、童话卷、寓言故事卷等 4 种。(张明)

I000793 **十四岁的森林** 董宏猷著。江苏少年儿童出版社 1994 年 4 月版。25 万字。6.20 元。反映 60 年代初期城市“知识少年”上山到原始森林创办国营林场生活的长篇小说。作者怀着满腔激情,讲述一批十四五岁的少年登上昔日土匪盘踞的深山老林后,面对狼群猛虎巨蛇毒蜂的围困袭击,面对艰苦的野外宿营、繁重的体力劳动以及“血统论”对人的异化和摧残所发生的一系列动人心魄的故事,着力刻画了黑皮、幺妹、土匪儿子、烈士女儿等一批个性鲜明的少年形象;同时,在生动感人的故事情节中有机穿插了散文诗般的“森林故事”,使作品在宏阔的大自然背景中更具历史的纵深感。为“中华当代少年小说丛书”之一。(刘健屏)

I000794 **益智趣味故事 500 则(紫叶集)** 蒋星五收集改编。江苏少年儿童出版社 1994 年 4 月版。55 万字。8.50 元。本书的特色,已体现在书名上。它古今中外,广泛涉及:历史故事,自然探索,军事斗争,领袖风范,惊险推理,社会生活,诗赋对联,商业竞争,异国趣闻,动物故事,多姿多采,引人入胜。每篇独立成篇,篇幅不长,内容轻松愉快,故事性强,可使读者在潜移默化中,受到热爱祖国、勤劳朴实、勇敢正直、珍重友谊、乐于助人、坚毅顽强、不怕困难、自力更生等良好思想品德的熏陶。除本集外,本书先后还出了《红叶集》、《青叶集》、《蓝叶集》,收各种趣味故事两千则。(石永昌)

I000795 **365 科学童话(下)** 邓小秋编。辽宁少年儿童出版社 1994 年 4 月版。33 万字。9.00 元。以拓宽少年儿童的科学知识视野、丰富他们的生活为目的,从国内外有关图书、报纸、刊物中广泛收集素材,按一年 365 天、一天一个小童话的形式编写科学童话 184 篇。本书从不同的角度,用不同的表现手法,反映了当代科学技术领域各方面的进展。有太平洋底的新发现、“小恶魔”变成“小宝贝”的原由、吃铁钉的小偷的疑案、死而复活的小奇鱼的奥秘等。(杨宁松)

I000796 **幼儿文摘画库(4)** 辽宁少年儿童出版社低幼编辑室编。辽宁少年儿童出版社 1994 年 4 月版。1 万字。1.50 元。选收全国各有关幼儿报刊上的精品,有散文、童话、天文故事、玩玩做做、智能训练、幼儿歌曲等。语言简洁,绘画生动,幼儿特点突出。(冯幽君)

I000797 **绘画品德故事词典** 辛子牛等文,俞晓夫等绘。上海辞书出版社 1994 年 4 月版。88.00 元。绘画故事系列词典之一。精选古今中外展示人类美德的故事 600 余则,每则故事配彩图一至两幅。按内容分 6 册:《为公为民故事》(25 万字)赞颂热血忠心、为公爱国、为民谋福、爱护集体的优秀品质;《勤奋好学故事》(22 万字)展示勤学不倦、严谨求实、追求知识、惜时如金的风貌;《尊长爱友故事》(19.4 万字)用尊敬老师、孝敬长辈、友爱同学、帮助邻里等故事,娓娓道出处世做人的道理;《诚实勇敢故事》(19 万字)讴歌坚持真理的大无畏精神和信守诺言的优良品行;《遵纪守法故事》(20 万字)用严守法纪、廉洁奉公的故事,启迪少年儿童在日常学习生活中自觉培养遵纪守法意识;《勤劳节俭故事》(18 万字)使人明白:勤俭建国、勤俭持家,能陶冶品行、磨砺意志。故事题材广泛,注重发掘,角度新颖。

I000798 **小作家丛书** 胡晓梦等著。四川少年儿童出版社 1994 年 4 月版。200 万字。20 册。88.00 元。始编于 1987 年。两本为合集,18 本为单人集。包括小说、散文、报告文学、童话、寓言、诗歌等多种体裁。作者覆盖四川、云南、青海、新疆、河南、山东、江苏、浙江、福建、广东、上海、北京等省、市、自治区。其中有的是作家协会年龄最小的会员,有的在国内外文学竞赛中多次获奖。他们以诚实的眼睛,表现同龄人的思想情怀,反映改革开放中的多彩生活。作品饶有童趣,不乏奇思妙想。(王吉亭)

I000799 **典故故事** 文信、梦娟编。未来出版社 1994 年 4 月版。11.8 万字。5.60 元。收入典故 52 篇。作者在尊重历史真实的基础上,对这些典故进行翻译和改写,使之成为通俗易懂的小故事。其中有“和氏璧”的故事、“庖丁解牛”的故事、“孟母教子”的故事、“萧何追韩信”的故事、贾岛做诗“推敲”的故事、“姜太公钓鱼”的故事等。这些典故故事篇幅短小，语言通俗，故事生动，寓教于乐，在阅读中能感受到古代圣贤卓越的智慧和深刻的思想。书内文字加注汉语拼音，配有插图。（高小雁）

I000800 **大脚姑娘** 韦苇等著。未来出版社1994年4月版。5.90元。收入儿童故事29篇。作品突出主人翁鲜明的个性特点：小棉绒兔单纯可爱；小老鼠好动，爱惹麻烦；小巴列不喜欢和人相处；萨尔十分贪吃；巴纳斯喜欢依赖妈妈；绿耳朵姑娘好强、倔强；大脚姑娘心地善良……人物刻画绘声绘色，充满幻想色彩。（李延新）

I000801 **注音精华故事丛书** 王翼成等编。未来出版社1994年4月版。100万字。67.50元。盒装10册：《神话故事》、《传奇故事》、《谜语故事》、《成语故事》、《风俗故事》、《民间故事》、《寓言故事》、《童话故事》、《典故故事》、《笑话故事》，每册10万字。其中，有女娲补天、鲧禹治水等神话故事，有田螺姑娘、李寄斩蛇等传奇故事，有端午节、腊八粥、祭灶和守岁等风俗故事，有渔童、神鸟等民间故事，有井底之蛙、叶公好龙、世外桃源等成语故事，有和氏璧、孟母教子等典故故事，有睡美人、三只小猪等童话故事，有刻舟求剑、揠苗助长、龟兔赛跑等寓言故事，以及古代的笑话故事和谜语故事。所收故事根据经典名作改编而成。文字部分加注汉语拼音，配有插图。（高小雁）

I000802 **彩绘本新幼儿故事大王** 周锐、郑春华等编绘。浙江少年儿童出版社1994年4月版。18.50元。收以勤劳、诚实、友爱为主题的故事63篇。由国内著名童话作家撰写文稿，由著名儿童画家绘画。作品风格多样，如《冠军餐厅》情节荒诞可笑，立意较高，《金花和狗尾巴草》则优美抒情，富有诗意。（赵冰波）

I000803 **红星丛书** 周瑞明、朱鹰等编。浙江少年儿童出版社1994年4月版。35万字。12.00元。共4册：《革命故事选》讲述解放战争时期和社会主义建设时期刘胡兰、邱少云、雷锋等10位英雄模范成长、战斗的故事；《革命诗歌选》收李大钊、叶挺、杨靖宇等50位革命烈士的近70首遗诗，是记录烈士们前仆后继的足迹、激励后人勇往直前的壮丽篇章；《革命回忆录·游记选》精选回忆录19篇、现代游记9篇，展示老一辈革命家叱咤风云的戎马生涯，再现悲壮、令人难忘的历史片断，抒写当代人游革命胜地时的所见、所感；《革命书信·日记选》收57位先烈、英雄人物的书信和日记，是英雄们高风亮节、无私无畏品格的记录。（顾尧庐）

I000804 **小儿郎·小儿狼** 黄一辉著。重庆出版社1994年4月版。7.6万字。2.50元。收入短篇童话18篇。作品共同的主题是呼唤善良、真诚、美好的人性。《小儿郎·小儿狼》写一个前爪受了伤的小狼，变成一个小男孩到老猎人那里治伤，被猎人识破真相，打算将他和母狼一起逮住，但在相处中，小狼以真诚和善良感动了老猎人，最终使他们成为难舍难分的朋友。《山那边，有一个巨魔》写一个爱恶作剧干坏事的巨魔，感受到自己的孤独，向往人类和平、友好的生活，终于弃恶从善，他自己也得到了快乐的故事。《花儿选美》则写一群其貌不扬、自惭形秽的小小花儿开始不敢参加选美，后来依靠集体的力量夺魁的故事。（梁子高）

I000805 **铜锅（维吾尔民间故事）** 安尼瓦尔·阿西木编绘。新疆青少年出版社1994年4月维吾尔文版。3万字。1.20元。讲述一个锅匠因经常欺骗他人而遭报应的故事，教育少年儿童从小要做一个诚实的好孩子。（谢梅）

I000806 **下宝蛋的鸡（维吾尔民间故事）** 合力力·阿布都哈迪尔编绘。新疆青少年出版社1994年4月维吾尔文版。3万字。1.20元。描写一个下宝蛋的鸡，在穷人家里为穷人下宝蛋；富人财主将它抢去，它就失去了下宝蛋的功能。（谢梅）

I000807 **不孝之子（维吾尔民间故事）** 苏帕洪编绘。新疆青少年出版社1994年4月维吾尔文版。3万字。1.20元。讲述三个儿子不孝敬父母的故事，教育少年儿童要尊老爱幼。（谢梅）

I000808 **神棍（维吾尔民间故事）** 安尼瓦尔·阿西木编绘。新疆青少年出版社1994年4月维吾尔文版。3万字。1.20元。讲述“神棍”用它的魔力接济穷人，帮助弱者，痛打惩罚恶霸地主的故事，教育少年儿童要分清善恶，分清好坏，从小做一个正直的人。（谢梅）

I000809 **优秀童话故事百篇** 张沪、常瑞编。21世纪出版社1994年5月版。15万字。4.50元。从中国作家协会北京分会儿童文学委员会和北京日报《小苗》专刊联合举办的征文中精选作品100篇，包括童话故事和儿童生活故事两部分。

I000810 **中国古代通俗小说少年文库** 叶至善等改写。中国少年儿童出版社1994年5月版。6册。30.00元。适合少年阅读的通俗小说改写本。包括《岳飞传》、《杨家将》、《封神演义故事》、《海外奇游记》、《后西游记》、《济公故事》6种。按照现代少年的接受水平压缩改写,并删去一些明显带有封建意识以及不宜介绍给小读者的有关内容。(谷斯涌)

I000811 **徐洪刚的故事** 全国少工委办公室主编。中国少年儿童出版社1994年5月版。5.1万字。2.40元。少年儿童读物。介绍中国人民解放军济南军区某团通信连班长徐洪刚,于1993年8月17日在探家归队途中见义勇为、不畏强暴、与歹徒英勇搏斗的事迹,以及他在党的教育下茁壮成长的历程。书中附有徐洪刚致全国青少年朋友的一封信。(胡建中)

I000812 **Hi中学生** 孙云晓、陈传敏、程赤兵著。接力出版社1994年6月版。30万字。8.00元。长篇小说。描写住在同一个四合院里的中学生秦乐天、鲁珊、江啸、林翠及外籍学生艾丽丝生动有趣的生活。背景是改革开放之后,时代感较强,反映了当代中学生的精神风貌。全书分上、中、下三卷,由三位青年作者分开写成。(黄钲)

I000813 **动物王国迷案大侦破** 刘文嫡著。明天出版社1994年6月版。6万字。15.00元。共5册,分别讲述5个发生在动物王国中的侦破故事。主人公均为动物。作者在故事的叙述过程中巧妙地留下破案的线索,谜底则留待小读者去勘破。书中还适当穿插有关的小游戏,以增强娱乐性。尤值得一提的是,有关动物的诸多知识,渗透于故事之中,可令小读者开阔眼界。(孟凡明)

I000814 **中华人物故事全书(古代部分彩图本)** 中国少年儿童出版社主编。中国少年儿童出版社1994年6月版。140万字。40册。252.00元。大型丛书,共40集。其特点为:一、收入的人物众多,包括中国古代各个时期各个方面最有代表性的杰出人物共284位,有政治家、军事家、外交家、思想家、科学家、文学家、艺术家,还有农民、妇女和儿童的代表人物,较全面地展示中华民族的伟大文明成就和优良传统。二、故事生动,可读性强。本书包括两千个故事。每个人物都用故事的形式完整地介绍他们一生的经历、成就和贡献。既讲人物的业绩,也讲人物的优良品质,某些人物还讲了缺点和失误,使读者对名人有全面的了解。本书在尊重史实的基础上,运用文学笔法。三、本书的彩色插图,大约占到近一半的篇幅。四、本书规模宏大,由几十位专家学者参加编写,数十位中青年画家绘图,历时近十年,是一项少儿读物的基本建设工程。(胡建中)

I000815 **科学发现小故事——化学** 杨巴雅尔编。内蒙古少年儿童出版社1994年7月版。9万字。4.00元。包括《古代猜想和火的传说》、《古代原子说》、《从燃素说到燃烧理论》、《电流下的奇事》、《核燃料——铀的发现》、《惰性气体的发现》、《一个伟大的女性》、《从一碗海带得到的启示》、《化学反应的魔术师——催化剂》、《第一个原子弹》、《雾城的悲惨事件》、《探索生命的秘密》、《未来的化学——设计新材料和分子》等45个小故事。围绕化学科学的重大发现发明,生动有趣地讲述了有关化学的知识和波伊尔、道尔顿、拉瓦锡、舍勒、居里夫人等化学家的动人故事。(白音)

I000816 **科学发现小故事——数学** 张瀛仙、齐格奇编。内蒙古少年儿童出版社1994年7月版。10万字。4.00元。从阿拉伯数字的产生谈起,随着数学发展的脚步谈到无理数的发现和虚数的发现;从有限数学谈到无限数学的发展;从常量数学谈到变量数学。叙述了"费马大定理"、"哥德巴赫猜想"等困惑人类几百年的难题对数学发展所起的积极作用及无数数学家为此做出的贡献。用较多的笔墨介绍了科学的鼻祖泰勒斯、数学王子高斯、数学奇才费马、数学天才阿贝尔和伽罗瓦等外国数学家和祖冲之、孙子、蒙古族数学家明安图等中国数学家的感人故事。(白音)

I000817 **铁骨铮铮的脊梁——贬臣故事** 潘啸龙著。未来出版社1994年7月版。15.7万字。6.80元。"少年史通"之一。所谓贬臣,是指在封建社会里,由于种种原因,曾经被降职、流放或罢黜免官的臣子。这种臣子大体可分为忠贞正直之臣和邪恶之臣二类。本书所选为前者。他们由于关心社稷命运、同情百姓疾苦、憎恶黑暗势力,终于触犯君上、得罪权奸而遭贬斥。作者精心选择了屈原、范仲淹、林则徐等数十位在中国古代历史上颇有影响的贤臣,以生动的笔触和感人的故事,表现了他们"片心除众弊,独手遇豺狼"、革新求治、孤身抗恶、身处逆境不坠壮志的精神风貌。(李立伟)

I000818 **智慧在这里闪耀——谋士故事** 高凌等著。未来出版社1994年7月版。15.9万字。7.45元。"少年史通"之一。收集春秋至明清10位著名谋士的故事,在基本依据史实的前提下,用通俗活泼的语言和形式把它们再现出来。(李立伟)

I000819 **人间苦行与极乐世界——高僧故事** 张弘著。未来出版社1994年7月版。16.5万字。7.35元。"少年史通"之一。遴选历史上数十位高僧的事迹,展开生动描写,反映出中国佛教史的大略。

这些故事，基本依据历史记载，以文学描写的笔法和语言介绍高僧的佛学思想。（李立伟）

I000820 **大头儿子和小头爸爸** 郑春华撰文，沈苑苑绘画。新蕾出版社1994年7月版。48万字。3.30元。通过12个小故事，描写父亲与儿子的亲情。书中的人物只有两个，故事大多发生在他们生活的小屋中。其中表现父子之间美好亲情的《两个人的小屋》、《两个人出门去》、《游戏》、《好鬼》等，表现小头爸爸懂得儿童心理，善于引导、启发、教育孩子的《不怕真老虎》、《大灰狼》、《写信和读信》、《开心事》等，人物个性鲜明，情节感人。作者熟悉生活，具有敏锐的观察力，在平凡的生活中开掘出具有典型意义的事件，使整部作品读来别具特色。作品还注意语言的凝炼、朴实。书中巧用儿童化的语言俯拾皆是，极富儿童情趣。（李春芬）

I000821 **少年英雄故事丛书** 马光复编写。中国少年儿童出版社1994年7月版。14.20元。汉语拼音读物。介绍中国革命各历史时期的18位少年英雄。共5册：《第一代红领巾》（大革命和土地革命时期：罗志群、邓金娣、张锦辉、欧阳主安、郭滴海）；《他们都是儿童团长》（抗日战争时期：李克元、王樸、李爱民）；《神威的红缨枪》（解放战争时期：刘胡兰、谢荣策、林森火）；《少年先锋队》（建国到1966年：刘文学、张高谦、龙梅、玉荣）；《少先队的骄傲》（新时期：努尔古丽、韩余娟、赖宁）。（胡建中）

I000822 **鞠萍给宝宝讲故事** 黄碧云等著文，吴带生等绘画。中国少年儿童出版社1994年7月版。39.20元。婴儿图画故事。与“鞠萍讲故事”录音带相配的图书。分《三个好朋友》、《小熊怎么啦》、《妈妈见了哈哈笑》和《小猫咪咪过生日》4册，每册含8个故事。（胡建中）

I000823 **月光下的小精灵** 田犁著。福建少年儿童出版社1994年8月版。8.6万字。3.30元。“童话列车”丛书第五辑之一。达雅和森林里的小精灵是好朋友。有天，小精灵告诉达雅：他和森林里的所有动物都将失去住所，他不得不离开这里到遥远的有森林的地方去。达雅非常伤心，但小精灵却安慰说：“不要难过，也许会有一天，人们不再砍树木，又重新植树造林，那时我们还会回来的。”书里专门描述森林里的种种神秘童话，展示丰富多彩的森林世界，启发读者热爱大自然的感情。（吴兆钧）

I000824 **阿铁林的故事** 魏滨海著。福建少年儿童出版社1994年8月版。8.8万字。3.50元。“童话列车”丛书第五辑之一。阿铁林感到胸口疼痛，找医生拍了彩色胸透片。片子冲洗出来时，却是极美丽的春天风景。因此，这胸透片被作为风景照挂在各地书摊上出售，成为高档次的装饰品。可是当阿铁林心中愿望实现时，照片上的风景全都消失，出现了肋骨与心肺。诸如此类的故事还有多篇，是本“组合童话”。每篇故事既独立又通过阿铁林这个童话形象串连起来，形成整体。作品想象十分奇特，荒诞而又幽默，耐人寻味。（吴兆钧）

I000825 **画家与小鸟** 寄华著。福建少年儿童出版社1994年8月版。8.4万字。3.40元。“童话列车”丛书第五辑之一。一个患了绝症的画家远离故乡和亲人，独自来到树林中的一座小房子居住，打算在这里度过最后的日子。到这里后，创作的欲望比以往更加强烈，他在房间的上上下下都画满了图画。有天，飞来了一只仅有一条腿的相思鸟，也只有它在欣赏着这奇妙的艺术。不久，小鸟成了画家的朋友，成了他生命的慰藉。小鸟把画家最后的信送到他母亲的手中，最后他在玫瑰花下安详地死去。热爱生命，热爱生活，热爱大自然，是这本童话集的基调，每篇童话都能把读者带进美妙的境界。（吴兆钧）

I000826 **怪尾狐智斗喷嚏大王** 忻趵著。福建少年儿童出版社1994年8月版。6.5万字。3.10元。“童话列车”丛书第五辑之一。在浩瀚的南太平洋上，有座神奇的岛屿。岛上盛开五颜六色的野花，争奇斗艳。然而这片仙境般的地方，却是岛上黑社会首领河马博士的匪巢。怪尾狐、海龟、企鹅、海狮等在这个动物世界中敌敌我我，斗智斗勇，演出了一场与人类世界相似的活剧。（吴兆钧）

I000827 **小精灵科学童话** 盛利等著，冯伟等画。湖南少年儿童出版社1994年8月版。2400幅。5册。19.75元（盒装）。以小精灵和胖丫两位卡通人物为主角，通过他们乘坐钢笔飞船，游历天空、海洋、森林、草原、沙漠，介绍自然界中有趣的知识。在高山雪原，他们见到了千奇百怪的动物和植物，登上了千年积雪的高山，发现了沉睡冰下的千年雪城；他们到热带原始森林探险，和那里的印第安人一起，保护了森林中的珍稀动物；他们去深海探秘，经历了各种险境，发现了深海中的秘密；在沙漠中，他们见识了那里的动物和植物高超的抗旱本领；他们乘“天马”飞上太空，看到了太阳系里的九大行星，还在银河系外的水球上做客。（徐烈军）

I000828 **古代少年美德小故事** 凌爱媛、曹剑尘主编。少年儿童出版社1994年8月版。11万字。4.50元。从中华民族五千多年历史中精选88个历史名人青少年时代的小故事。有爱国爱民的《大禹治水》、《岳飞精忠报国》、《郑成功为国学本领》;胸怀大志的《张衡童年数星星》、《王羲之墨染池水》、《李白以"铁杵磨针"自勉》;明辨美丑善恶的《汉昭帝明辨真假》、《孙亮智断诬谄案》;为他人着想的《裴度庙前等失主》、《张贵生拾金追失主》;宽厚谦让的《孔融让梨》、《朱冲得理让人》、《张家兄弟让举》;尊老爱幼的《张良进履》、《蔡顺分桑椹》;孝顺父母的《郯子采鹿奶》、《黄香为父扇席温被》、《王祥卧冰》;艰苦朴素的《郑均劝兄清廉》;勤奋学习的《扁鹊勤苦学医》、《范仲淹划粥苦读》;机智勇敢的《文彦博灌水取球》、《司马光砸缸救人》;团结互助的《羊角哀和左伯桃生死相交》、《王祥王览手足情深》;乐于助人的《孟尝君说服父亲》、《窦建德送牛》;诚实谦虚的《晏殊事事诚实》等。(洪祖年)

I000829 **周锐童话选** 周锐著。少年儿童出版社1994年8月版。28万字。11.20元。收童话《勇敢的理发店》、《小猪和十二只蚊子》、《拿苍蝇拍的红桃王子》、《爸爸妈妈吵架俱乐部》、《两个王子和一千头大象》、《明星和他的四个替身》、《电影在十年后开映》、《请忙警察抓笨小偷》等55篇。周锐是80年代成长起来的青年童话作家,创作有大量的童话;他的童话有其独特的风格,想象力强、富有幽默感和抒情味。(洪祖年)

I000830 **动物国** 陈秋影、曹留夫等编绘。新蕾出版社1994年8月版。1060万字。34.00元。分《山谷篇》、《田园篇》、《蓝天篇》、《丛林篇》、《原野篇》、《白云篇》、《花草篇》、《绿水篇》8册,介绍几十种动物的习性,如大雁为什么列队而行,仙鹤为什么一条腿站着,丑小鸭是如何变成了美丽的白天鹅等。故事生动,趣味盎然。卡通绘画色彩斑斓,造型可爱。(赵千红)

I000831 **刁狐狸和傻狐狸** 金近著。中国少年儿童出版社1994年8月版。2.8万字。9.50元。中篇童话。是作者最后的作品,写成于1987年4月22日。同年5月作者患病,于1989年7月9日逝世。出版时,在腰封上印有"谨以此书纪念著名儿童文学作家金近逝世5周年"字样。本书是作者继《狐狸打猎人的故事》、《狐狸送葡萄》之后,又一篇以狐狸为主人翁的童话。但在这篇作品里,狐狸并不都是反面形象。书中两个主要人物之一的傻狐狸虽有些傻气,但善良、勤劳,而且"傻有傻福"。在一系列"刁"与"傻"的相斗中,"刁"并未全部得手,如刁狐狸给傻狐狸介绍了一个妻子,本想靠她拐骗走傻狐狸的财物,没想到这位狐狸小姐真爱上了傻狐狸,小两口过上了幸福生活。(胡建中)

I000832 **中国古代十子丛书** 尹世霖编写,扬永青等绘画。中国少年儿童出版社1994年8月版。10册。31.00元。少年儿童读物。用图画故事的形式,介绍春秋战国时期十位思想家孔子、孟子、荀子、韩非子、老子、庄子、墨子、管子、吴孙子、齐孙子的生平业绩和学说。(胡建中)

I000833 **长翅膀的孩子** 姜华著。安徽少年儿童出版社1994年9月版。5万字。2.20元。儿童散文诗集。作品构思精巧,文笔优美,饱含诗意和童话般的迷人色彩。阳光的明朗,雨雾的含蓄,鸟雀的歌唱,鲜花的芬芳,乃至妈妈的一颦一笑,老师的一言半语,在作者笔下无不充满童趣,充满爱心。(韩进)

I000834 **中华传统美德故事(2)** 王信倍、李桂芝主编。辽宁少年儿童出版社1994年9月版。9.8万字。2.70元。依据中华民族传统美德的基本内容,分设敬父母、讲仁爱、立大志、勤学习、尊师长、有礼貌 、宽待人、尚勤俭、守信义、善创造、爱祖国、怀天下等12个德目,从古代至现代历史中选编61篇富有典型性的人物故事分列在各个德目中。每德目下附有导语、语录或格言;每篇故事后附有评语。(李玲)

I000835 **中华传统美德故事(1)** 田嘉薇、杨槐等编。辽宁少年儿童出版社1994年9月版。8万字。5.00元。根据中华民族传统美德的基本内容编写,分12个德目,共44篇故事。具体德目是:敬父母、讲仁爱、立大志、勤学习、尊师长、有礼貌、宽待人、尚勤俭、守信义、善创造、爱祖国、怀天下。每个德目以古人名言为引并配以三字歌谣,概述本德目要旨。为适合儿童阅读,本书故事以彩色连环画形式出现,语言也较简洁。(冯幽君)

I000836 **巴金童话故事集** 巴金著。宁夏人民出版社1994年9月版。14.5万字。9.00元。收作者30至50年代写的童话4篇,其余为故事。所收童话强烈地抨击黑暗的旧社会,以生动的文笔勾勒了统治者贪婪、愚蠢和丑恶的面目,同时反映了广大人民反抗压迫,要求过平等、自由、幸福、美好生活的愿望。如《长生塔》刻画一个愚蠢而又凶残的皇帝,梦想长生不死,可是塔刚刚修成,他登上最高的一级,整座塔就崩塌下来,他的尸首被埋在塔的下面。《塔的秘密》是《长生塔》的姐妹篇,通过新奇而又合乎逻辑的情节,塑造了一个为了大多数人的生存,敢于牺牲个人生命的孩子形象。《隐身珠》笔调抒情,字里行间洋溢着对龙的正义行动的赞美。《能言树》通过一对年轻兄妹的遭遇，揭露了当时社会的黑暗。故事《还魂草》通过两个女孩的友谊，揭露侵略战争的罪行。《爱的故事》、《活命草》、《明珠和玉姬》主要描写朝鲜儿童在战争中的遭遇和他们同中国人民志愿军的深厚友情。《最初的回忆》则写作者孩提时的一个生活片断。巴金的这些童话、故事，文笔清新俊逸，布局谋篇独具匠心，极富艺术魅力。（杨旭红）

I000837 **醉生梦死的昏君——帝王故事之二** 魏崇新著。未来出版社1994年9月版。15.5万字。4.20元。“少年史通”之一。选取十余名在中国历史上具有代表性的昏君典型，以生动通俗的语言加以描述，意在使少年儿童从他们身上看到中国古代历史的一个侧影。（李立伟）

I000838 **囚猴脱险记** 彭伦乎著。希望出版社1994年9月版。8万字。4.20元。描写当代农村儿童生活的长篇小说。满喜被他爹逼迫在家看蜂箱，颜小春又为了家庭生活逃学去学养蜂。在生活的磨炼中，他们和家长都明白了一个道理——无论做什么都离不开知识。作品主要反映了农村儿童的辍学现象。（陈炜）

I000839 **叶圣陶童话** 叶圣陶著。谢志高绘图。中国少年儿童出版社1994年9月版。2.1万字。26.00元。精装彩色绘图本，为纪念作者诞辰100周年出版。收作者创作于1921年11月至1922年6月间的短篇童话《一粒种子》、《富翁》、《画眉》、《破乞丐》、《稻草人》等5篇。作品以反映当时的社会生活为主要内容，赞颂善良的劳苦民众。均选自童话集《稻草人》。原书共23篇，于1923年11月由商务印书馆出版，是作者的第一本童话集，也是我国最早的创作童话集。1935年鲁迅在《表》的“译者的话”中说：“《稻草人》是给中国的童话开了一条自己创作的路的。”肯定了这一本现实主义童话作品的首创精神。（谷斯涌）

I000840 **叶圣陶儿歌** 叶圣陶著。谢志高绘图。中国少年儿童出版社1994年9月版。27幅。19.60元。精装彩色绘画本，为纪念作者诞辰100周年出版。收儿歌13首。《国旗》、《团体操》等5首反映儿童学校生活，《燕子》、《云》等5首抒写小动物及自然景色，《一只野兔》、《蜗牛看花》是儿歌体的寓言，《北方冷地方》以歌谣形式介绍了爱斯基摩人的生活。作者通过升旗、做操、种树等日常生活中的画面，写出了少年儿童爱祖国、爱劳动和热爱大自然的美好心灵，充满儿童情趣。语言平易、顺畅，多采用儿童口语写成，读来上口。作者自1920年当小学教员起，直至建国以后，创作了数百首儿童诗歌，倾注了对孩子的一片爱心，有的发表在《儿童世界》、《开明少年》等报刊上，有的收在由他主编的12本《开明国语课本》中，这13首就是从他创作的全部儿歌中挑选出来的，适合现在的少年儿童诵读。（谷斯涌）

I000841 **父亲的水手帽** 东瑞著。安徽少年儿童出版社1994年10月版。14万字。6.20元。儿童小说集。共选作者近年创作的部分优秀作品37篇。东瑞的儿童小说无论是故事情节、人物形象还是艺术描写，都稚趣浓郁、真切感人。本书所选的儿童小说，能够从社会出发，真切地反映孩子的生活，描绘出儿童世界中的真善美，表现出儿童真实的思想感情、言语行为和美好的理想。篇篇充满了童真，洋溢着爱心，散发着温情。（王玲）

I000842 **儿童益智相声** 王金玉著。北岳文艺出版社1994年10月版。8万字。5.80元。收录50个相声段子，均为小段子，最小的不足200字。内容以学知识讲科学为主，涉及生活、学习、劳动、健康、品德等，或培养少年儿童的爱国主义思想，或陶冶高尚的道德情操，或增长知识开启智慧，最适合3—14岁少年儿童阅读和表演。（华敏）

I000843 **怪眼麒麟奇遇记** 葛冰著。湖南少年儿童出版社1994年10月版。9万字。4.00元。“长篇童话系列”之一。怪眼麒麟是个神仙，利用自己的怪眼，做出许多意想不到的事。他心地善良，一心为他人服务：驮着送子娘娘下凡送子，又驮着福神去各家送福。他为了主持正义，和种种恶势力斗争，斗得天翻地覆，倒海翻江。怪眼麒麟的形象虽怪诞却不离奇，是神仙又像凡人，可敬又可笑。书中还塑造了许多神话人物，如送子娘娘、托塔天王、玉皇大帝、哪吒等。这些人物组成的神仙世界充满人间烟火、人情世故，给人以艺术的真实感、诙谐感、亲切感。（杨实诚）

I000844 **好猫咪呜** 王晓晴著。湖南少年儿童出版社1994年10月版。11万字。4.60元。咪呜曾是一只快要冻死的野猫，被双胞胎姐妹叮叮和咚咚收留，受到两姐妹及其母亲的百般疼爱，而咪呜也给这个家庭带来很多乐趣。后来它被寄养到一个父母离异的家庭，承受着父女俩的冷漠甚至误解，终于出走。几经曲折之后，它又回到叮叮和咚咚的怀抱。作品塑造的咪呜心地善良，渴望友谊，乐于助人，勇于反省自己，是一只叫人怜爱的好猫。透过咪呜的眼睛，作品还展示了城市家庭生活的波澜，褒扬同情、仁爱、互助，贬斥父母离异给孩子造成的伤害。为“长

篇童话系列”之一。(杨实诚)

I000845　**神秘的红蝴蝶**　夏挚生著。湖南少年儿童出版社1994年10月版。18万字。6.30元。红蝴蝶是一种罕见的病毒、一种神秘之光,它的出现使整个城市笼罩着十分紧张的气氛。人们奔走相告,惶恐不安。主人公是长着四个脑袋的电脑“一通博士”,他也同样受到病毒的侵袭。他决心寻找红蝴蝶,探索其中的奥秘。一路上,他的四个脑袋轮流值班,遇到许多稀奇古怪的情景。贯穿始终的红蝴蝶悬念,推动情节进入超常规境界,奇特乃至于荒诞,但又将科学逻辑寓于其中。作品将现代科学意识和东方神秘色彩融为一体,表现了东方传统文化中深藏的奥秘。为“长篇童话系列”之一。(杨实诚)

I000846　**中华传统美德故事(3)**　王信倍主编。辽宁少年儿童出版社1994年10月版。10万字。2.70元。依据中华传统美德的基本内容,分设敬父母、讲仁爱、立大志、勤学习、尊师长、有礼貌、宽待人、尚勤俭、守信义、善创造、爱祖国、怀天下等12个德目,从古代至现代历史中选编60篇富有典型性的人物故事分列在各个德目中。每个德目下附有导语、语录或格言;每篇故事后附有评语。导语和评语的内容较《中华传统美德故事》(2)有了进一步的深化。(李玲)

I000847　**哼哈二将**　周锐著。安徽少年儿童出版社1994年12月版。8万字。3.80元。收入中篇童话《哼哈二将》和《千年梦》。“哼哈二将”本是《封神演义》里的人物。在作者的笔下,哼哈二将被赋予了新的艺术生命:他俩不仅有着奇特的外貌、怪异的本领和鲜明的个性,更具备了团结友爱、助人为乐的优秀品质和种种滑稽可爱、噱头十足的言行举止。《千年梦》讲述古代一家姓西郭的父子三人因躲避官府压迫、喝下父亲酿制的一醉千年的酒而来到当代,同当代人所发生的一连串奇特而又有趣的瓜葛纠纷。(王笑非)

I000848　**黑眼睛丛书(幼儿文学画库)**　孙幼军、林焕彰、俞理等编绘。海南出版社、湖南少儿出版社1994年12月版。10册。68.00元。以4至8岁儿童为读者对象。特色是:一、追求幼儿读物的儿童化,强调贴近幼儿的生活。如《梦里的小汽车》从一个侧面表现孩子对游戏与欢乐的渴求;《三百个小朋友》表现对友谊、平等的理解与需要。二、追求幼儿读物的民族性,用“黑眼睛”孩子的眼光看世界,为“黑眼睛”孩子打开一扇扇美与幻想之窗。如《梅花鹿的角树》中的梅花鹿是一个聪明善良孩子的化身,作品中浸润着民族的传统美德;《踢托踢托小红鞋》的节奏与音乐感、《小懒猪的故事》的幽默与夸张,都有着非常鲜明的民族民间文学的特色。三、追求幼儿文学的时代感。如《红房子红房子红房子》、《城堡上的三尊大炮》和《地图上的绿房子》表现了“婚姻与家庭”、“战争与和平”、“环境保护”等当今重大主题。本书在绘画上准确地把握了作品的内在特性,在绘画性与文学性、风格追求与儿童认同之间开拓了一片洋溢着东方气息的艺术天地。(贺晓兴)

I000849　**彩图科学知识启蒙故事100篇**　关美华等编绘。河北教育出版社1994年12月版。400万字。4册。72.00元。分“红树集”、“绿树集”、“黄树集”、“蓝树集”4集。通过一个个生动有趣的故事,向儿童介绍一些浅显的自然常识和生活常识,启发儿童的思维,培养儿童的求知欲。(杨子江)

I000850　**伟大的爱丛书**　朱敏等著。湖南少年儿童出版社1994年12月版。23万字。25.30元。包括《宋庆龄与孩子们》、《康克清与孩子们》、《冰心与孩子们》3册。分别记述宋庆龄、康克清、冰心三位杰出女性在孩子们身上倾注心血的件件往事:以博大的胸怀施爱于广大劳苦大众特别是她们的儿女;战争年代,无私地救助苦难儿童,教会孩子们如何在白色恐怖下保护自己,战胜敌人;在极其艰苦的条件下抚养革命烈士遗孤和战友后代,以各种方式,尽最大的可能为下一代办好事、办实事,从政治上、生活上关心爱护他们,使之树立革命的人生观、世界观,成长为共产主义事业的接班人。透过这三位杰出女性对孩子们的爱,体现出人类对美好前途的坚定信心,颂扬了中华民族的传统美德。(刘莹)

I000851　**金本童话诗选**　金本著。青岛出版社1994年12月版。6万字。4.60元。所收46篇童话诗既是神奇的童话,又是优美的诗歌。如果把这本童话诗比作一部交响乐的话,爱的主题就是它最鲜明最动听的旋律。以爱施于人,必然能得到真实的爱,这是《画在玻璃窗上的眼睛》丰富的内涵。用这样的眼睛看人生,看世界,人生就会变得充实,世界就会变得美好。《老渔翁》因“想起自己的童年”,便“折断鱼竿抛向水面”,以他最独特的爱的方式回报了生活。《枪祭》描绘了一次惊心动魄的打猎,母鹿中弹身亡前的诉说,比子弹更有震撼人心的力量。热爱生命,这是永恒的主题。人生的价值就在于奉献。作者在诗中用美好的形象加以显示。《老树和烛光》让人们体会到生命何以永恒。《音乐心》又使人们感受到艺术的魅力就在于爱的表达和艺术家的献身精神。

作者不仅以幻想的彩笔描绘一个个有趣的故事，还尽可能地在每首诗的结尾留给读者一些想象的空间。（金波）

I000852 **儿童彩色故事大世界（中国卷）** 孟昭禹等编。少年儿童出版社1994年12月版。80万字。68.00元。盒装8册："童话世界"分红宝卷、黄宝卷、蓝宝卷、绿宝卷、紫宝卷5册，共收中国当代独篇童话60篇，有严文井的《蚯蚓和蜜蜂的故事》、陈伯吹的《一只想飞的猫》、秦兆阳的《小燕子万里飞行记》、贺宜的《像蜜蜂那样的苍蝇》、金近的《小鸭子学游水》、包蕾的《小金鱼拔牙齿》、任溶溶的《"没头脑"和"不高兴"》、葛翠林的《野葡萄》、孙幼军的《小狗的小房子》等；"动物世界"分红宝卷、绿宝卷2册，共收中国当代动物故事19篇，有梁泊的《白蹄儿》、陈岩来和舒喜春的《猴子王国》、王跃清的《侦探"啰啰"》、蔡振兴的《珍珠斑鸠》、王建清的《五鼠斗巨蛇》等；"寓言世界"红宝卷1册，共收中国当代寓言78则，有林植峰的《歪身人的袍子》、戎林的《太阳公公羞红了脸》、方崇智的《雁寻天堂》、彭万洲的《闹笑话的小花狗》等。（洪祖年）

I000853 **中国儿童风俗散文选** 郭风、汪曾祺等著。浙江少年儿童出版社1994年12月版。16万字。5.20元。从"年节的孩子"、"民间儿童游戏"、"民间儿童玩具"、"民间摇篮曲"等四个方面，选收郭风、汪曾祺等25位作家撰写的散文66篇。作品以儿童为主体，描写了作者童年时代的所见所闻，反映了全国各地汉民族和少数民族的风俗习惯、丰富多彩的传统文化。（范成玮）

亚洲文学

I000854 **岛崎藤村散文选** ［日］岛崎藤村著，陈德文译。百花文艺出版社1994年1月版。22.1万字。7.30元。岛崎藤村是日本现代著名作家，其散文精深厚重，用语讲究，表达了作者对大自然的眷恋之情，富有浓郁的田园生活情趣。本书包括"千曲川风情"和"静远的草屋"两部分，收选作品90余篇。"千曲川风情"是作者的写生文字，他尝试着将诗所不能传达的内容用散文加以表现。在这些作品中作者描述了千曲川两岸的自然景色和风土人物，表达了他对山乡的热爱与眷恋，标志着岛崎藤村由诗人向小说家的转变。"静静的草屋"所包含的随笔和游记，也同样具有魅力。这些作品有的近似童话，有的来自民间故事，有的描述社会风俗，题材广泛，然而其基本内容却以藤村独特的哲学思想为核心，表现方法像松尾芭蕉的诗一般，用语讲究，发挥了日语所具有的精深、优美、厚重和暧昧的特色。收入"外国名家散文丛书"。（蒋华）

I000855 **泰戈尔散文选** ［印］泰戈尔著，白开元译。百花文艺出版社1994年1月版。16.5万字。6.80元。泰戈尔是世界闻名的文坛巨匠。他的散文内容丰富，蕴含深刻，气魄宏大，意韵悠长。无论是对于邪恶势力的鞭挞，还是对生活在社会最底层的贫苦弱者的深切同情；无论是对社会革命和进步事业的积极支持与热情讴歌，还是对纯净自然与美好人生的挚爱与向往，都无不因其披肝沥胆、倾心以注而给人以心灵的震撼与感染；在语言的运用上，泰戈尔更是为追求一种诗的简洁、诗的意象、诗的韵律而洗练词句，惜墨如金。本书精选泰戈尔创作于不同时期的散文代表作60篇，系"外国名家散文丛书"之一。（李家文）

I000856 **尤今看世界** 副名：旅游小品精粹。［新加坡］尤今著。北岳文艺出版社1994年1月版。18.3万字。5.95元。游记散文集。作者为新加坡当代著名华文女作家。她酷爱旅游，几乎走遍世界五大洲的大多数国家。本书收其旅游小品，分为"人物篇"、"食物篇"、"事物篇"、"景物篇"四大部分，记述了作家在各地旅游的所见所闻、旅途奇遇、人生感想，描绘了各国的风土人情、民俗景物等。书中附有尤今小传、尤今新加坡著作目录表、尤今海外著作目录表等。（李建华）

I000857 **尤今看人生** 副名：人生小品精粹。［新加坡］尤今著。北岳文艺出版社1994年1月版。16.5万字。5.50元。作者为新加坡当代著名华文女作家。本书所收散文124篇，多以身边凡人琐事、所见所闻为素材；透过对生活小事的描写，诉说作者的感受，折射出某种人生哲理。文笔随意流畅，亲切朴实，可读性强。本书以每篇散文标题的首字用汉语拼音编目，附录有珍尔所写《新加坡夜访尤今》一文，还附有尤今小传、尤今新加坡著作目录表及海外著作目录表。（李建华）

I000858 **大宛姑娘** ［黎］乔治·辛丹著，买买提·帕拉提译。新疆人民出版社1994年1月维吾尔文版。16万字。6.00元。根据乌孜别克斯坦吾甫尔·吾拉木文艺出版社1971年版翻译。讲述阿拉伯哈力发的儿子孜儿阿与大宛统治者的女儿加汗结婚的故事。当加汗去未婚夫孜儿阿的故乡时，被艾代贝尔统治者巴拜的人抢走。这一对情人经过千辛万苦，终于

结为夫妻。作品通过几对情人悲欢离合的经历，展示了19世纪发生在阿拉伯哈力发国的历史事件。(玛丽亚木·买买提明)

I000859　**德富芦花散文选**　[日]德富芦花著，陈德文译。百花文艺出版社1994年2月版。21.1万字。7.20元。德富芦花是日本近代著名作家。他的散文曾在日本文坛产生过深远影响，被誉为进行美感教育的范文。本书分“自然与人生”、“巡礼纪行”、“蚯蚓的戏言”、“红叶之旅及其他”四部分。所收作品代表了作家散文创作的最高水准。德富芦花的散文文字精湛，富有色彩感，于细微处深含作者的独特感受，具有很高的文学价值和史学价值。本书系“外国名家散文丛书”之一种。(蒋华)

I000860　**东方文学史通论**　王向远著。上海文艺出版社1994年2月版。33.5万字。13.90元。运用史与论相结合的手法，按历史演进的线索，描述东方文学几千年独特的发展历程。其中《信仰的文学时代》剖析东方文学的基本内核；《贵族化的文学时代》和《世俗化的文学时代》着重阐释东方文学中“雅”与“俗”两种文学的形成和演变；《近代化的文学时代》叙述东方文学对西方文学的接受、扬弃和更新；《世界性的文学时代》论述东西方文学的相互融合和包容。在对具体作家作品的分析研究中，力避单一的社会学批评模式，灵活运用各种批评方法，从哲学、文化学、美学、宗教学、心理学诸角度考察文学现象，论及的作品多达200余种，许多内容是以前同类著作未曾涉及的。(林爱莲)

I000861　**万叶和歌新探**　副名:汉文虚词在万叶和歌中的受容及其训读意义。梁继国著。苏州大学出版社1994年3月版。30万字。18.50元。《万叶集》是日本文学中的《诗经》，收集5至7世纪日本社会各阶层的诗歌作品4000多首。由于当时日本无文字，故借用汉字表记，为后人的注释、阅读、欣赏造成诸多不便，被称为一部“谜书”。本书作者详细考察万叶时代日本接受中国文化影响的状况和过程，发现万叶诗歌不仅借用汉字为语言表记符号，且原封不动地大量使用古代汉语的语法和修辞，而着重表现在汉文虚词的借用上。由此入手，作者解读了很多日本学者多年研究而仍悬而未决的问题，并对韩国学者否定中国文化对《万叶集》影响的观点提出不同意见，澄清了若干历史事实。(程书剑)

I000862　**死刑犯**　[日]加贺乙彦著，包容译。群众出版社1994年4月版。71.3万字。2册。27.00元(平)，35.00元(精)。作者是日本当代著名作家，战后派文学代表人物。本书曾获日本最高文学奖——日本文学大奖。作品通过对形形色色死刑犯的犯罪堕落及狱中生活的真实描写，深入细致地发掘了犯罪心理和囚禁心理，再现了日本监狱和社会的众生相。(戴西维)

I000863　**日本儿童文学面面观**　张锡昌等著。湖南少年儿童出版社1994年5月版。20万字。5.40元。“世界儿童文学研究丛书”之一。分上下两卷。上卷侧重史的评述，共6章：后来居上的日本儿童文学，战后日本儿童文学的重大论争，给人带来新启示的大众儿童文学，日本少年小说沿革，一个永恒的主题——日本战争儿童文学概览，蓬勃兴起的日本图画书。下卷20章，评介一个世纪以来日本儿童文学界20位最有成就的作家及其作品，其中包括横空出世的小川未明、坪田让治，动物故事的开拓者标鸠十，集创作、翻译、评论为一体的石井桃子，善于将现实和幻想奇妙合成的乾富子和给儿童文学界带来震惊的女作家中川李枝子等。(刘英杰)

I000864　**纪伯伦全集**　[黎巴嫩]纪伯伦著，钱满素等译。河北教育出版社1994年6月版。81.6万字。5册。69.80元。“世界文豪书系”之一。收入20世纪黎巴嫩诗人、画家纪伯伦各个时期的文学作品，按发表年代分为5卷。纪伯伦是用阿拉伯语和英语两种语言创作的作家，其作品熔东西方文化于一炉，文笔轻柔、凝练、优美，词语清新、奇异、俏丽，寓意非凡、深刻、睿智，构成了举世公认的同时兼备诗美、散文美、绘画美和音乐美的“水晶般的奇异风格”。全集1—3卷为作家创作前期的阿拉伯文作品译文，收入处女作《音乐》，小说《草原新娘》、《叛逆的灵魂》、《被折断的翅膀》，散文诗《泪珠和欢笑》、《行列圣歌》、《暴风雨》、《奇珍异宝》；4—5卷为作家创作后期的英文作品译文，收入《狂人》、《先驱》、《先知》、《沙与沫》、《人子耶稣》、《大地神》、《游子》、《先知图》一系列散文诗。其中《先知》为其代表作，它为作家赢得了国际声誉，被译成几十种文字，至今为世人推崇。(颜达)

I000865　**叛逆的灵魂**　[黎巴嫩]纪伯伦著，关偶译。河北教育出版社1994年9月版。15.3万字。9.20。“世界小说书系”之一。收入纪伯伦的全部小说创作，包括两个短篇小说集《草原新娘》、《叛逆的灵魂》和一部中篇《被折断的翅膀》，此外还收入作家的处女作散文诗《音乐》。这些小说的基调是反对封建压迫，谴责宗教的虚伪、残酷和权势，反映了当时女性所处的低下地位以及充满屈辱的悲惨生活。作家笔下的女主人公个个具有反抗精神,她们敢于冲破束缚、追求幸福。作品文笔清丽、气质不凡,字里行间情浓意深,体现了作家集诗歌美、绘画美、音乐美、散文美于一身的独特的艺术风格,体现了作家不畏强权、爱民众、爱祖国、独立不屈的思想品格。(颜达)

I000866 **泪珠和欢笑** [黎巴嫩]纪伯伦著,韦玉兰等译。河北教育出版社 1994 年 9 月版。11.6 万字。7.50 元。“世界散文书系”之一。收入作家早期的抒情散文诗集《泪珠和欢笑》及散文诗《行列圣歌》。前者由 55 篇散文诗组成,发表于 1903 年至 1908 年。在这些精美的散文诗中,作家的思想、智慧和丰富的想象如灿烂的火花,闪烁出夺目的光彩。作家最为崇尚的“爱”和“美”,在这些作品中表现得最为集中。纪伯伦的“美”是通过对比来展现的,如泪珠与欢笑、善良与邪恶、虚伪与真诚、智慧与愚昧、战争与和平、生与死、爱与恨、贫与富、得与失、今与昔等等,都是相形之下讴歌“美”。纪伯伦的“爱”是对人的爱、对故乡的爱、对祖国的爱乃至对全人类的爱。作品文笔流畅、色彩艳丽、节奏轻快,加之立意的真诚、感受的深刻和比喻的创新,展现出作家超众的才华和不凡的气质。(颜达)

I000867 **暴风雨** [黎巴嫩]纪伯伦著,刘新泉等译。河北教育出版社 1994 年 9 月版。18 万字。10.30 元。“世界散文书系”之一。收《暴风雨》和《奇珍异宝》两部散文诗集。前者收入散文诗 31 篇,后者收入散文诗 36 篇。这些作品反映了作家因激愤而痛苦的种种感受,体现了作家欲唤醒世人,用智慧之剑武装世人的深思和使命感。与以前的作品相比,这些作品所描绘的更多的是人生的哲理、人类的前途和人类精神的升华,对腐朽、黑暗、愚昧和暴虐等种种社会弊病和丑恶现象,进行了深刻的批判和鞭挞。作品语言辛辣,构思奇妙,蕴含深广,颇富哲理。(颜达)

I000868 **纪伯伦全集** 伊宏主编。甘肃人民出版社 1994 年 10 月版。130 万字。3 册。84.00 元。纪伯伦(1883—1931)是黎巴嫩著名诗人、作家和画家。他的创作不仅在近现代阿拉伯文学史上占有重要地位,而且在全世界都有着广泛的影响。在中国,最早向读者介绍纪伯伦作品的首推茅盾和冰心,他们分别于 1923 年 9 月和 1931 年 9 月将纪伯伦的散文诗《批评家》、《一张雪白的纸说……》、《价值》、《别的海》、《圣的愚者》和散文诗集《先知》翻译出版。本书分上、中、下三卷。上卷收入纪伯伦用阿拉伯文写的作品,其中包括长篇散文《音乐短章》(1905)、短篇小说集《草原新娘》(1906)、短篇小说集《叛逆的灵魂》(1907)、中篇小说《折断的翅膀》(1911)、散文诗集《泪与笑》(1913)、长诗《行列》(1919)、散文诗集《暴风集》(1920)、散文诗集《珍趣篇》(1923)和剧本《国王与牧人》(未单独出版)。中卷收入纪伯伦用英文写的作品,其中包括散文诗集《疯人》(1918)、散文诗集《先驱者》、散文诗集《先知》(1923)、散文诗集《沙与沫》(1926)、散文诗集《人子耶稣》(1928)、诗剧《大地之神》(1931)、散文诗集《流浪者》(1932)和散文诗集《先知园》(1933)。下卷收入纪伯伦的书信以及作品拾遗、锦言辑录、遗嘱和年谱等。与以前的各种译本相比,有两个明显的特点:一是所收作品比较齐全,二是绝大多数作品译自原文。主编撰写的长达 3 万字的序言,从纪伯伦的“文学世界”、“艺术世界”和“情感世界”谈到“世界的纪伯伦”,还介绍了纪伯伦作品在中国流传的情况。(魏宏泽)

I000869 **朝鲜文学史(近现代部分)** 金柄珉著。延边大学出版社 1994 年 10 月版。31.8万字。高校朝文专业及相关专业朝鲜文学史专业课教材。包括五大篇:19 世纪末至 20 世纪初的朝鲜文学;20 世纪 10 年代朝鲜文学;20 世纪 20 年代朝鲜文学;20 世纪 20 年代后期至 30 年代前期的朝鲜文学;20 世纪 30 年代后期至 40 年代前期(光复止)朝鲜文学。每篇分为文学界状况及文学发展特点,小说创作,诗歌创作,文学批评。

I000870 **王后的项链** [法]大仲马著,王振孙、韩沪麟译。百花洲文艺出版社 1994 年 12 月版。46 万字。18.50 元。描写 18 世纪末法国路易十六时期所发生的一件宫廷丑闻——项链事件:法国国王路易十六的王后玛丽一安托瓦内特夜访旧王室落魄失意的后裔拉莫特夫人,对她慷慨解囊,好意相助。拉莫特夫人阴险毒辣,野心勃勃,恩将仇报。她怂恿王后买下一串价值连城的钻石项链,又利用罗昂主教对王后的痴情,费尽心机,骗取了项链。最后真相大白,拉莫特夫人被打上烙印后锒铛入狱。作品情节曲折,场面惊险,是法国大革命前夕风雨飘摇中的路易十六王朝的真实写照。(王志秀)

I000871 **东方文学名著鉴赏大辞典** 陶德臻主编。河南人民出版社 1994 年 12 月版。124.7 万字。55.00 元。精选东方各国文学名著 236 部,进行评析鉴赏。在编排上,按汉语拼音音序排列。书末附有按国别排列的索引。(方亚平)

I000872 **新加坡当代小说精选** 黄孟文主编。沈阳出版社 1994 年 12 月版。27 万字。20.00 元。选收新加坡当代著名作家黄孟文、林锦、尤今、王润华等创作的中短篇小说。作品主要描写官员、教师、职员、工人、学生等各类人物的生活，塑造了一大批有血有肉的人物形象，充分展示了新加坡的社会风貌。《我们的时代》、《魔术师的晚餐》等触及了社会矛盾，反映了社会生活，揭示了新旧思想的碰撞。《官椅》、《徐勤丽这女孩》等表现了不同人的思想情趣及道德观念，抨击了权势观念和旧的价值观。《追云月》、《红鬃劣马》、《宠物》反映了现实社会中的实际问题。(邓继红)

I000873　**高丽文学美意识研究**　蔡美花著。延边人民出版社1994年12月版。20万字。6.80元。全面地探讨朝鲜民族文化深层心理结构的特征，高丽文学审美意识与其前后时期审美意识的关联，中国美学理论和审美意识对高丽文学美意识的影响，高丽文学审美意识——审美心理结构、审美思维方式、审美理想与追求的特征以及高丽文学审美意识表现形态——审美创造手法等。(赵龙男)

非洲文学

I000874　**猎骄昆弥**　苏丹·张波拉托夫著。伊犁人民出版社1994年8月哈萨克文版。48.7万字。2册。11.00元(上)，8.00元(下)。长篇小说。以公元前2—1世纪乌孙王国的首领猎骄昆弥为主人公，讲述乌孙国与汉朝和匈奴之间建立的友谊。乌孙国在漫长的历史岁月里，与相邻的汉朝和匈奴以及西方邻国保持了密切的关系。特别是对哈萨克民族的形成、发展、定居等作出了不朽的贡献。作者参考大量的历史资料，在小说里以乌孙国为主体，对乌孙国与其他王朝的政治关系以及乌孙国当时的制度、生活习惯、宗教信仰等进行了细致的描述，对与乌孙国共存的汉朝这个在中国历史上有较大影响的王朝的形成、兴旺、发达，它与匈奴长期存在的矛盾，以及汉武帝时期为了和乌孙国建立关系，多次派大使，并许配姑娘给乌孙国王等历史进行了生动的描述。本书还反映出汉族人民与哈萨克人民初次接触、来往的历史背景，并运用科学幻想的手法通过外星来客的口述，对人类特别是乌孙国的发展和进步进行了描绘。(萨吾丽)

I000875　**罪恶的心**　[埃及]伊·阿·库都斯著，热合曼·马木提译。新疆人民出版社1994年8月维吾尔文版。32.7万字。5.05元。以1922年至1952年的埃及历史为背景，通过商人巨头侯赛因·沙杰尔帕夏罪恶的一生，反映了当时埃及的社会生活。沙杰尔帕夏是贪得无厌的阴谋家。他背叛人民，不择手段地牟取暴利，过着奢华的生活。他当年的一个老同学是个进取心强，不为名，不为利的正派人。但沙杰尔帕夏对他无比仇恨，得知他死后，就对他的妻子和女儿进行无情的报复。虽然他无所不能，但精神空虚，生活并不幸福。原以为有了钱财就可以得到一切，受到人们的尊敬，但最终得到的是历史公正的审判。据江苏人民出版社1981年12月版翻译。(玛丽亚木·买买提明)

欧洲文学

I000876　**中国莎学简史**　孟宪强著。东北师范大学出版社1994年版。40万字。15.00元。分三大部分：综述、分述和附录。综述部分重点总结了中国莎学的发展历程，共分为六个时期，即发轫期(1856～1920)、探索期(1921～1936)、苦斗期(1936～1948)、繁荣期(1949～1965)、崛起期(1978～1988)、过渡期(1989～　)；分述部分内容丰富：莎士比亚作品中文翻译、莎士比亚在中国舞台上、首届中国莎士比亚戏剧节、中国莎士比亚评论论纲、中国学校中的莎士比亚教学与研究和中国莎学机构与团体的建立与活动；附录部分共有三项：中国莎学人物小传、中国莎学评论400篇及中国莎学年表。书后附有参考书目、目录索引和后记。(丁冰)

I000877　**英国古代诗歌**　陈才宇著。杭州大学出版社1994年版。20万字。8.00元。致力于介绍乔叟以前的英国诗歌，对英国古代诗歌进行多角度的考察，如民俗学和比较文学的研究方法都得以运用。比如，作者在论述盎格鲁·撒克逊时期的诀术歌时，运用弗雷泽提出的“相似律”与“接触律”的巫术原理来阐述这类诗歌的巫术性质。在讨论《布伦纳堡之战》和《莫尔顿之战》这两篇不成熟的史诗时，提出史诗“先有人后有神”的主张。对于当时的宗教诗，作者认为只是出于宣传基督教义和排斥异教的需要，一旦这个使命完成，宗教诗必然走向衰亡。在论及浪漫斯的思想艺术时，着重指出象征法是其主要特征。从时间上看，民间谣曲比以莎士比亚为代表的人文主义作家文学提前问世一个多世纪，由此可以相信，人文主义运动在英国不完全是借外来之力推动起来的，而是在自己内部早已造就了一个坚实的民众基础。比较文学研究方法的成功运用是这部著作的另一特色，作者把罗宾汉等绿林好汉与《水浒》中的英雄人物特别是宋江作了比较研究，认为要与各自的

文化背景联系起来考察。(张文浩)

I000878 **英国散文的流变** 王佐良著。商务印书馆 1994 年版。28 万字。14.50 元。从 16 世纪汤玛斯·莫尔的史书开始,以 20 世纪下半叶各种文体的英国散文作为终结。按照时代先后,古略今详。作者引用原作,把语言分析同文学阐释结合起来。作者认为,英国散文经历三个语言时期,即古英语、中古英语和近代英语。在古英语、中古英语时期,英国散文似乎不及韵文,而散文中的重要著作是用拉丁文写的。近代英语时期,培根在他的《随笔》里才用了英语。莫尔的《乌托邦》虽然是用拉丁文写的,但他在英国散文史上功不可没。英国散文有平易散文传统,其代表者是莫尔、德莱顿、班扬、笛福、斯威夫特、科贝特、萧伯纳、奥威尔。做到平易而不平淡,从英国散文的发展来看,有一个比艺术更重要的因素,就是散文所传达的内容。作者指出,英国散文是在不断适应新情况的过程中得到扩充和发展的。16 世纪意识形态方面的论战,18 世纪报刊文学和写实小说的兴起,19 世纪浪漫主义的泛滥,小说中现实主义的深化,政治经济学的革新,科学著作的普及等,都使散文得到了发展。在 20 世纪,现代主义增进了散文的敏感,随着大众传播工具的发展,又出现了广播和电视散文的新品种,出现了口语、音乐和图像组成的新的艺术形式。(王良碧)

I000879 **莎士比亚新论** 阮珅主编。武汉大学出版社 1994 年版。38.4 万字。11.00 元。1993 年武汉国际莎学研讨会论文集。选收论文 44 篇,展示了国内外学者在莎学各个领域的研究成果。主要特色是:一、国内作者运用马克思主义的文艺观点,对莎士比亚戏剧作出了自己的评价。如许汝祉的《还莎剧民主特色的本来面目》,提出中国学者对 21 世纪莎学革新的展望;方平的《人性的探索者》一文,阐明悲剧时期的莎士比亚并非悲观主义者。二、从外为中用的观点出发,介绍国外莎学专家如美国的戴维·佩里和默里·莱维斯的最新研究成果,以扩大人们的视野。三、发表了戏剧工作者关于莎剧改编和演出实践的力作,把中国舞台上的探索和案头的研究结合起来,通过对舞台剧的深层透视,架设了一座沟通莎剧名著和中国现代观众心灵的桥梁。四、从比较文学的角度对莎剧与古今中外的文学作品进行比较研究,如杜甫与莎士比亚在王道与人道、君主与民主、忧与乐等方面的异同,曹禺与莎士比亚在性格描绘、戏剧结构、语言运用与塑造人物方面的异同。《中国莎学年鉴》(孟宪强编,东北师范大学出版社 1995 年版)等书刊载文评介本书,认为本书"对形成具有中国特色的莎学有着重要作用","吹响了中国莎学向 21 世纪进军的号角","将被载入世界莎学发展的史册"。(蔡先保)

I000880 **苏联文学史(一)(二)(三)** 叶水夫主编。中国社会科学出版社 1994 年版。114.8 万字。68.00 元。第一、第二卷以时间为序,系统而全面地论述 1917 年至 1981 年苏联文学的文学运动、文学思潮、文学创作(包括小说、诗歌、散文和戏剧)、文学理论等方面的重要现象、重要成果和基本发展,其中"绪论"部分对苏联文学的产生与发展、苏联文学的主要特点和多民族性、苏共文艺政策及其对文学的影响等问题进行了概要的总结与评述。第三卷为作家专论,以传、论结合的形式,就 50 位著名作家的创作历程和创作成就等进行深入的评说。全书资料翔实,结构恢宏,全面而客观地展示了苏联文学近 70 年纷繁而辉煌的历史演进,以及它所蕴含的丰富经验和有益启示。(白烨)

I000881 **史密斯散文选** [英]史密斯著,主万译。百花文艺出版社 1994 年 1 月版。15 万字。5.80 元。洛根·皮尔索尔·史密斯是英国现代杰出的散文作家,在英国现代文坛上极有影响。本书所收的《琐事集》及《琐事集续编》是使作者蜚声世界文坛的散文名著。这些文字简洁的小品,是作者对生活与文学所作的精辟、机智、峭拔而诙谐的评论。作品表现的虽为一些微不足道的小事,然而在诙谐幽默的语趣中,却充满了使人深思的意义。正如作者所说:"把我们性格中的种种丑恶行为钉在精练的短语形式上。"史密斯的散文篇幅短小,处处蕴含着敏锐的观察力和尖刻的嘲讽,同时还显示出作者对英语语言出色的驾驭能力和精深的写作技巧。本书系"外国名家散文丛书"之一种。(蒋华)

I000882 **小泉八云散文选** [英]小泉八云著,孟修译。百花文艺出版社 1994 年 1 月版。17 万字。6.20 元。小泉八云,英文名为拉甫卡迪沃·赫恩。作为英国人的赫恩一直向往着神秘的东方文化,他在 19 世纪末来到日本,一边从事英语教学,一边写作了大量关于日本生活的散文随笔。本书收录他不同时期的散文随笔 27 篇。这些作品反映了作者渊博的学识和细腻的审美境界,有的将日本山海的雄浑瑰丽形诸文字;有的把自然描写和神话传说糅合在一起,似幻似真,迷离恍惚;有的用比较文学的方法阐释欧洲名诗,娓娓而谈,亲切平易。全书呈现出东西方文化交融的美学境界,具有较高的欣赏价值和认

识价值。本书系“外国名家散文丛书”之一种。(蒋华)

I000883 **福斯特散文选** [英]福斯特著,李辉译。百花文艺出版社 1994 年 1 月版。16.5 万字。6.30元。福斯特是英国现代著名作家。他的小说《一间看风景的房间》、《印度之行》、《霍华德别墅》曾令文坛瞩目,至今影响不衰。本书分“阿宾格收获集”、“备忘录”两部分,精选福斯特有代表性的散文作品。福斯特的散文同其小说一样有着独特的风格,他用理智的思维、理性的文字,探讨社会、历史、文化乃至文学,他的每一处着笔以及他所选用的场景、故事、对话,都表现了他对人的理解。其作品所叙述的核心是揭示由于人的文化背景所造成的性格的差异,同时,流露出他对某种文化的理解。附录中收选了一些福斯特致萧乾的书信,反映了中英作家的友好往来。系“外国名家散文丛书”之一。(蒋华)

I000884 **列那尔散文选** [法]儒勒·列那尔著,徐知免译。百花文艺出版社 1994 年 1 月版。16.7 万字。6.00 元。儒勒·列那尔是法国现代小说家、散文家、戏剧作家,在法国文学史上被称为别具一格的作家。他爱好观察事物,注意窥探大自然的秘密,因此,他对自然的描写有其独到之处,文字精致、凝炼、犀利,冷隽之中含着热情,质朴而富有幽默感。本书选收他的散文作品,分为“自然记事”、“胡萝卜须”、“日记”三部分。“自然记事”是以描写自然界动植物为主的散文;“胡萝卜须”以许多独立成篇的故事记述了一个饱受虐待的儿童;“日记”记述了作家 1887 年至 1910 年间的交往、见闻、杂感、读书心得及家庭琐事等等。本书系“外国名家散文丛书”之一种。(蒋华)

I000885 **海涅散文选** [德]海涅著,钱春绮译。百花文艺出版社 1994 年 1 月版。19.1 万字。6.60元。海涅是 19 世纪德国伟大诗人、政治家和思想家。本书选收海涅 9 篇散文。海涅的散文优美潇洒,清新隽永。他的游记风格独特,在体裁上,他把散文和诗交织在一起;在内容上,他把对美丽大自然的描写和对德国丑恶现实的揭露互相衬托而进行对比,所以既是游记,又是讽刺随感。海涅的作品思想深刻,笔锋犀利,内容广泛触及当时德国乃至欧洲的社会现实,鞭挞封建贵族的专制统治,抨击资产阶级的市侩习气,洋溢着战斗的豪情,显示了卓越的讽刺才能。本书系“外国名家散文丛书”之一种。(蒋华)

I000886 **都德散文选** [法]都德著,朱梵、贾芝等译。百花文艺出版社 1994 年 1 月版。17.9 万字。6.70 元。都德是法国著名的散文作家。他的散文语言生动,风格清新,文采郁丽,意韵醇厚。本书主要收入他的散文代表作《磨房文札》以及《巴黎三十年》。《磨房文札》是法国人民家喻户晓的经典之作。在这个由 24 篇精致短章联缀而成的艺术天地中,作者充满深情地为读者描绘出一幅幅令人惊叹的奇妙境界:无论是宁静的自然风光,纯朴的古风乡俗,还是充满梦幻色彩的海岛历险与传说,无不令人浮想联翩,心驰神往。《巴黎三十年》则较多地反映了作者早期的创作生涯和艺术交往,明显地带有一些自传色彩,对于研究者而言,无疑也具有一定的史料价值。收入“外国名家散文丛书”。(李家文)

I000887 **茶花女** [法]小仲马著,王振孙译。上海译文出版社 1994 年 1 月版。29.8 万字。12.70 元。法国小说家和戏剧家小仲马是大仲马的私生子,在贫困屈辱的生活环境中长大。1848 年,小仲马发表了根据亲身经历创作的代表作《茶花女》,引起了读者的强烈反响,次年又据此写成了同名话剧。小说以作者自述的口气开始。在巴黎名妓玛格丽特的遗物拍卖现场,小仲马买得了一本签有阿尔芒名字的小说。三四天后,阿尔芒找来,欲以高价购回此书。小仲马慷慨相赠,于是阿尔芒向小仲马叙述了他与茶花女玛格丽特相亲相爱的往事:阿尔芒爱上了玛格丽特以后,他的父亲以玛格丽特是妓女会葬送他的前程为由,逼他与玛格丽特断绝往来,但阿尔芒坚决不从。可是,第二天玛格丽特却突然跟一个她平时讨厌的伯爵不辞而别。阿尔芒气愤地寻机羞辱了她,并出国旅行。等他回来,玛格丽特已经病逝。小说以玛格丽特的日记结尾。读了日记,阿尔芒这才明白,她的离去是他父亲威逼的结果。本书集《茶花女》小说、话剧和歌剧这三种文艺形式的译本为一体。歌剧为皮阿威所写。书中收有小仲马生平和创作年表。(符锦勇)

I000888 **鲁滨逊漂流记** 丹尼尔·笛福著,延玲玉改编。未来出版社 1994 年 1 月版。14.2 万字。“中外文学名著通俗本”丛书之一。改编本突出了主人公鲁滨逊勤勉、热爱劳动的品质以及他的勇气、毅力和奋斗精神;突出了原作细节描写真实细腻、情节曲折难测的艺术特色。同时,对重复的内容进行了删减,对一些与主要情节关系不大的文字进行了压缩。(李志钧)

I000889 **雪莱抒情诗全集** 吴笛译。浙江文艺出版社 1994 年 1 月版。42 万字。14.00 元(精),11.00元(平)。雪莱(1792—1822)是英国杰出的浪漫主义诗人。他的诗具有强烈的政治性、哲理性和抒情性。他热爱大自然，从大自然中汲取了百灵光怪的幻想，他的诗句清新优美，充满自信和乐观主义精神。本书收录其全部抒情诗作260余首，是根据英国牛津版《雪莱诗歌全集》中的抒情诗部分翻译的，除少数几首残缺过多而无法理解和译介的诗作片断外，全部照原文译出，并增加了一些长诗以及诗剧中可以独立成篇的短诗或抒情插曲。此外还参考纽约1965年版《雪莱全集》，增补了后期发现的雪莱诗作。后附《雪莱年表》。（严麟书）

I000890 **新天方夜谭** ［英］罗·史蒂文生著，万紫、汤真译。百花洲文艺出版社1994年2月版。26万字。8.75元。19世纪英国新浪漫主义文学有代表性的作品。收《自杀俱乐部》、《印度王的钻石》、《沙汀上的孤阁》、《投宿一宵》、《马莱特罗伊老爷的门》及《天意和吉他》6部中篇小说。作品描写精神空虚的上流社会人士玩弄人生，追求刺激；罪犯们为诈骗财宝而杀人越货；神秘人物为惩恶而黑夜寻仇；赌徒之间在酒店里突然残杀等光怪陆离、荒诞可笑的资本主义社会现实。（汤匡时）

I000891 **普希金长诗全集** 余振、智量译。浙江文艺出版社1994年2月版。70.5万字。22.30元（精），19.30元（平）。亚历山大·谢尔盖维奇·普希金（1799—1837）是俄罗斯文学史上最伟大的诗人。他的诗作中，长诗占有很重要的地位。他一生共写过15篇长诗，依次为《鲁斯兰与柳德米拉》、《高加索的俘虏》、《加百列颂》、《强盗兄弟》、《巴赫奇萨拉伊的喷泉》、《茨冈人》、《叶甫盖尼·奥涅金》、《努林伯爵》、《波尔塔瓦》、《塔齐特》、《科隆纳的小房》、《安哲鲁》、《铜骑士》、《瓦吉姆》、《叶泽尔斯基》（后两部未完成）。其中《叶甫盖尼·奥涅金》是普希金的代表作，全诗以青年贵族奥涅金与达吉雅娜的恋爱故事为主线，展示了俄国文学史上第一个“多余人”的典型，被别林斯基誉为“俄国生活的百科全书”。本书收录这15部长诗，并附录《长诗的提纲和草稿》、《别稿》和《各种格律翻译举例》。（严麟书）

I000892 **莱蒙托夫抒情诗全集** 余振译。浙江文艺出版社1994年2月版。63万字。19.50元（精），16.70元（平）。收入莱蒙托夫全部抒情诗455首，其中300多首以前没有翻译过。译者从事莱蒙托夫诗歌翻译和研究达40多年，在本书翻译过程中对原诗格律的传达作了可贵的尝试，译诗形式上严整是本书的一大特点。译者还广泛采用国内外对莱蒙托夫的研究成果，为每一首诗写了题解，介绍作品创作的时间、背景，抒情的对象，有关的史实或掌故及原诗的格律。书前有译者《前言》，着重论述莱蒙托夫早期和后期诗篇的特点。书后附录莱蒙托夫年表，并系统地介绍了莱蒙托夫抒情诗常用的几种格律。（严麟书）

I000893 **曾经男人的三少女** ［丹麦］克尔恺郭尔著，江辛夷译。作家出版社1994年2月版。21.2万字。8.05元。克尔恺郭尔是19世纪丹麦哲学家，后世公认的存在主义哲学始祖。本书共收入他的四部作品。《酒宴记》通过几位青年哲学家之口，带有明显辩论色彩地探讨了克氏那个时代，人们所普遍困惑、面临的思想难题。《曾经男人的三少女》通过三位文学名著中的女性形象，揭示了人们反思自己命运时的困境。《我看婚姻》中，作者以已婚男人的口吻酸溜溜地言不由衷地颂扬着婚姻，言外之意则要揭穿人们的幻觉，棒喝人们谨防它的陷阱。《日记选》撷取了克氏日记中的精彩片断以及几则短小精妙的演讲辞，它们以轻骑兵般的敏捷机警，短促而有力地叩击着人生和哲学的命脉。作者既是一位存在主义大师，也是一位卓绝的文体家。将高深莫测的哲理思辩与精彩绝伦的隽言妙语有机地结合为一体，形成了克尔恺郭尔的独特魅力。本书很突出地体现了克氏作品的这一特色。（邢耘）

I000894 **棕色童话** ［英］安德鲁·朗格编，陈泽加译。海南出版社1994年3月版。23.5万字。7.80元。12集《彩色童话集》（亦称《朗格童话集》）中的一种。《彩色童话集》广泛收集世界各地的童话和民间故事，被认为是时间跨度最大、包含地域最广、内容最丰富的世界童话集，先后被译成30多种文字。本书收入澳大利亚、波斯、非洲、巴西、新苏格兰等国家和地区的童话故事32个。所收故事充满当地的风土人情和乡村气息，小读者从中可领略到许多乐趣，懂得什么是正义，什么是邪恶，什么值得爱，什么值得恨，并对这些地区的人文历史和地理概貌有所了解，更加热爱生活。（袁大川）

I000895 **德温特夫人——《蝴蝶梦》续集** ［英］苏珊·希尔著，郑大民等译。上海译文出版社1994年3月版。24.4万字。11.40元。长篇小说。沿用《蝴蝶梦》第一人称的手法，叙述“我”与德温特先生在海外漂泊十年后，为参加德温特姐姐的葬礼返回英国。在墓地“我”赫然看见以已故的吕蓓卡名义送的花圈，可怕的往事又历历如在眼前。不久与吕蓓卡生前有染的费弗斯、老管家丹费尔太太先后找上门来，要为吕蓓卡之死讨个说法。我们耳边似乎时时回响着人们关于吕蓓卡死因真相的议论。德温特整天魂不守舍,终于在一个风雨交加的夜晚驾车外出后再也没有回来。作品与《蝴蝶梦》同样悬念迭起,对人物的心理作了洞察入微的描写。(张建平)

I000896 **礼拜五** 副名:太平洋上的灵薄狱。米歇尔·图尼埃著,王道乾译。上海译文出版社1994年3月版。19.8万字。10.50元。长篇小说。图尼埃的代表作。小说1967年问世后,当年即膺获法兰西学院小说大奖。小说的主人公鲁滨孙和他的混血种仆人礼拜五,都取材于笛福的《鲁滨孙历险记》,但图尼埃选取了两种文明的对抗与交融这样一个视角来观察、描述这主仆二人在荒岛上的生活。富有喜剧色彩——或许毋宁说更富有哲理色彩的结局是鲁滨孙留在了他命名为希望岛的荒岛上,礼拜五却随船去了遥远的英国。米歇尔·图尼埃是当今法国文坛上非常引人瞩目的一位作家。他不仅是才华横溢的小说家,而且是睿智深刻的哲学家。西方评论界对他的小说以及融会在小说中的现代哲学思想评价很高,认为他以自己独特的风格为法国小说开创了新局面。这个译本是王道乾的遗译。书末的一个附录选译自图尼埃的自传体散文作品《圣灵之风》,其中谈了本书的创作动机和主题。(周克希)

I000897 **约翰·克利斯朵夫(上、下)** 罗曼·罗兰著,李炜改编。未来出版社1994年3月版。31.1万字。9.00元。"中外文学名著通俗本"丛书之一。将原作缩编成通俗本。突出了主人公约翰·克利斯朵夫这位贫民出身的音乐家奋斗一生、最终成名的命运主线,突出了他不畏强暴、执著追求、自强不息的奋斗精神,保持了原作音乐小说的特点和行云流水般的心理描写,删除了情节枝蔓、不必要的议论和一些不健康的内容,增强了小说的形象画面,让作者的思想倾向都通过情节自然流露出来,从而增强可读性。(李志钧)

I000898 **基度山恩仇记(上、下)** [法]大仲马著,李凤杰改编。未来出版社1994年3月版。35.4万字。"中外文学名著通俗本"丛书之一种。原作通过水手邓蒂斯遭人诬陷、被囚死牢、奇异获救、荒岛得宝、重重谢恩、狠狠复仇这一过程的描写,颂扬真善美、鞭挞假恶丑。改编本保留了原作情节曲折、悬念丛生、高潮迭起,以及人物命运富有传奇色彩的特点,突出了原作积极的思想意义。同时,对原作进行了重大删削,除了剔除明显有害的章节和描写,还将冗长的心理、对话描写,啰嗦的场景描写,重复的叙述作了压缩,使语言变得简洁、明快、晓畅。(李志钧)

I000899 **普希金抒情诗全集** 戈宝权等译。高莽主编。浙江文艺出版社1994年3月版。82.6万字。29.00元(精),26.00元(平)。亚历山大·谢尔盖维奇·普希金(1799—1837)是俄罗斯文学史上最伟大的诗人。本书以苏联科学院俄罗斯文学研究所(普希金之家)编纂的《普希金全集》(10卷本)第三版为蓝本,译编诗人的全部短诗(包括阿那克里翁、斯坦司、十四行诗、颂诗、哀歌、浪漫司、讽刺诗)800余首,其中将近半数在中国是第一次被译成汉语。普希金的抒情诗洋溢着热爱祖国的诗情,充满了对人民大众的同情,表现了对专制农奴制度的不满和反抗,具有强烈的艺术感染力。在他的抒情诗中,爱情诗占有很大比重。爱情是诗人精神世界的组成部分,也是诗人诗歌创作的重要源泉。诗人通过自己对爱情的复杂感情的抒写,表达了对真、善、美的向往和追求。(严麟书)

I000900 **伯尔作品精粹** 倪成恩选编。河北教育出版社1994年4月版。33.4万字。9.20元。选收20世纪德国伟大作家海因里希·伯尔最具代表性的作品18篇(其中或为节选),并附简短评介。伯尔的早期创作多为短篇,主要以第二次世界大战为题材,深刻揭露了法西斯战争的罪恶、荒唐,反映了德国人民在侵略战争中蒙受的灾难。从1953年到1963年,伯尔的文学成就主要体现在中、长篇小说的创作上,作品的主题已从批判战争转为批判战后的西德社会。70年代,他的文学成就达到了新的高峰,其中以《莱尼和他们》和《丧失了名誉的卡塔琳娜·勃罗姆》最为著称。纵观伯尔一生的创作,不难看出,他的作品无一不潜藏着深厚的、震撼人心的道德力量;在创作手法上不拘一格,锐意创新,多用夸张的手法表达鲜明的主题,酷似中国画中写意画,虚中有实。本书收入"世界文学博览"。(韩素萍)

I000901 **并非舞文弄墨** 副名:英国散文名篇新选。王佐良主编。三联书店1994年4月版。13.8万字。7.60元。收入30位英国作家的作品85篇,按时代顺序排列以反映每个时代英国散文的特点。以体裁论,收有17世纪的随笔、人物特写、席上谈,18世纪的期刊议论文和政论文,19世纪的小品文和历史著作,20世纪勃朗的巴罗克体,18世纪约翰逊的对仗体,19世纪的浪漫派和20世纪中期后兴起的广播体等,体现了体裁多、风格各异的散文特点。编者强调散文的实用性,认为实干家与文学家都能写出好文章,而前者的文章有时更具可读性和感染力。本书收集的文章多出自狄福、萧伯纳这些实干家兼文学家之手，这是本书与同类书的不尽同之处。对每个作者以及作者名下的数篇作品，编者都有长短不一的介绍性文字，介绍作者的生平、代表作及其在文学界的影响。（倪乐）

I000902　**法国20世纪文学丛书(第九辑)**　柳鸣九编。安徽文艺出版社1994年5月版。141万字。7册。46.50元。所选7部小说为杜拉斯的《抵挡太平洋的堤坝》，图尔尼埃的《桤木王》，波伏瓦的《女客》，维昂的《岁月的泡沫》，吉奥诺的《庞神三部曲》和《人世之歌》，皮埃尔·布尔的《桂河桥》。每部冠以独具见地之序，译品均出自名家之手。《抵挡太平洋的堤坝》写一位在法属殖民地生活的年轻母亲，为了保住全家赖以生存的土地，想方设法甚至掠夺女儿的定情钻石，来修建一座抵挡太平洋潮汐的堤坝而最终失败的故事。《桤木王》既有出色的画面，又有深邃的思想和隽永的寓意，获龚古尔文学奖。小说描写一个在二战中被激发出嗜血魔力的原汽车库老板，像瘟疫一样把健康、无辜、美丽的生灵拉进战争，最后凭借这种超然之力，成为纳粹政训学校的“吃人魔王”。《女客》是一部特殊的、描写三个男女共同平等的“三重奏”性爱生活的小说。爱情由柏拉图式到排他式，决定了他们最终以自毁毁人的形式解决心灵的痛苦。《岁月的泡沫》叙述三对有情人难成眷属的故事。小说一反传统的叙述手法，语言瑰丽，想象奇异，凄婉地揭示了“生活的泡沫(荒谬)”日积月累、扼杀生命的世界。《庞神三部曲》、《人世之歌》以不同的引人入胜的情节，全新的视觉、感觉和听觉，宣扬人与自然的依存与共。《桂河桥》获1959年圣伯夫文学奖，并被改编成电影，叙述英军战俘建桥炸桥的经过。创造出战争条件下行为举止非常规范化的尼科尔森上校的形象，证明了文明与野蛮的对立。（徐海燕）

I000903　**世界心理小说名著选英国部分②**　柳鸣九主编。贵州人民出版社1994年5月版。31万字。9.70元。收录本世纪20年代后在英国文学史上具有代表性的5位作家的5部心理小说名著。或整部或节选，其中部分为国内首译，并对5位作家的生平、创作思想作简要评介。这些作品大致可分为包括书信体、笔记体、自述体在内的，以主观倾诉和尽情宣泄为特征的“心理浪漫主义”作品；包括政治心理、伦理心理、爱情心理、犯罪心理、妇女心理、更年期心理等题材在内的，以冷静客观的分析揭示人物内心世界变化规律与逻辑的“心理现实主义”作品；包括意识流、潜意识、潜对话、“物”主义等手法在内的，实现作者“隐退”而以客观呈现为特征的“心理现代主义”作品。它们分别为：凯瑟琳·曼斯菲尔德的《已故上校的女儿》、弗吉尼亚·吴尔夫的《海浪》、伊丽莎白·鲍恩的《日中》(节选)、爱伦·西利托的《长跑少年犯的孤寂》、多丽丝·莱辛的《黑暗前夏天》(节选)。另外，还对伊丽莎白·盖斯凯尔等8位英国作家及其作品作了简要介绍。（夏昆）

I000904　**俄罗斯儿童文学论谭**　韦苇著。湖南少年儿童出版社1994年5月版。24万字。6.20元。“世界儿童文学研究丛书”之一。分5编：俄罗斯儿童文学源流；俄罗斯丰卓的儿童小说；俄罗斯居世界前列的大自然文学读物；俄罗斯童话从相对贫弱到开始振兴；俄罗斯的低龄儿童读物。作者广泛深入地收集整理研究了大量俄罗斯儿童文学的汉文与俄文资料，从世界儿童文学角度，提出了“俄罗斯是一个少年儿童小说的大国，大自然文学的强国，儿童诗歌和幼儿文学的富国，童话中的小国”的观点。（刘杰英）

I000905　**追忆似水年华**　[法]普鲁斯特著，李恒基等译。译林出版社1994年5月版。220万字。3册。50.00元。由七卷小说组成，分别是《在斯万家那边》、《在少女们身旁》、《盖尔芒特家那边》、《索多姆和戈摩尔》、《女囚》、《失踪了的阿尔贝蒂娜》和《重新获得的时光》。小说以回忆的形式对往事作了回顾，有童年的回忆、家庭生活、初恋与失恋、对历史事件的观察，以及对艺术的见解和对时空的认识等等。作者以艺术的形式展现自己的内心世界和对生活的种种感受，认为这才是无形的时空中的真实感受，乞望以艺术手段再现无意识中流逝的真实；他认为只有感性的回忆才能赋予人们认为已消失的东西以某种生命力，时间是这部小说真正的主人公。本书不仅是一个时代的记录，也是一部思想史，它是文学创作上的一次新的尝试，开作者身后流派繁多的新的小说形式之先河。作者生于1871年，卒于1922年。他出生在一个富有的家庭里，自幼体质虚弱，生性敏感且富有幻想，早年曾发表过一些评论，自1913年始，直至1922年，在长达九年的时间里，深居简出，辛勤笔耕，终于完成了这部宏伟的稀世之作。（韩沪麟）

I000906　**死者为王**　[西班牙]伊巴涅斯著，王宏等译。重庆出版社1994年5月版。18.7万字。12.00元。小说以地中海的马略尔卡和伊维萨岛为背景，描写主人公海姆·费勃罗在事业、爱情和婚姻上的坎坷经历。海姆出生于世袭贵族家庭，他游手好闲，挥霍无度，使早已衰败的家业濒临破产。为摆脱贫困，海姆准备与富有的犹太姑娘卡特琳娜订婚，企图借助其经济实力重振家业。然而，千百年的世俗偏见,祖辈阴魂的阻挠使他的婚姻之梦化为泡影。海姆决定到远离大陆的伊维萨岛过苦行僧生活。在岛上,他坠入爱河,爱上了美丽纯朴的农家少女玛加莉达。然而,两人年龄、种族和社会地位上的差异使他犹豫不决。经历了激烈的思想斗争之后,海姆终于勇敢地向世俗偏见和祖辈戒律发起挑战,从而赢得了爱情,也赢得了新生。(张敏生)

I000907 **简·爱** [英]夏洛蒂·勃朗特著。中国盲文书社1994年5月盲文版。43.20万字。5册。258.00元。英国著名女作家夏洛蒂的代表作。主人公简·爱是一个出身贫寒的孤儿,从小遭受虐待,在寄宿学校里饱尝苛刻的管束,受尽了精神上的屈辱。后她到一个地主家里当家庭教师,以自己的"清高"和"独立"的个性博取了庄园主人罗切斯特的爱情,并和他结了婚。小说揭露了当时英国慈善事业的真相,批判了资产阶级社会的金钱万能,讽刺了以金钱为基础的爱情和婚姻,成功地塑造了一个敢于反抗、敢于争取自由和平等地位的妇女形象。简·爱的个人奋斗,在一定程度上反映了当时英国妇女在政治上无权、在就业方面受歧视的社会现象。(宋涛)

I000908 **尤利西斯** [爱尔兰]乔伊斯著,萧乾、文洁若译。译林出版社1994年5月至11月版。85万字。3册。49.00元。本书系意识流小说的开山之作,被西方文学批评家誉为"二十世纪最伟大的英语文学"。乔伊斯一反长期文学创作的传统,在本书中大量采用心理独白、时空交叉、人物变性,以及夸张、模拟、暗喻、跳跃等各种现代派的手法,还运用了舞台剧和电影的声响效果,使本书成为一部构思奇异、写法怪诞、争议多年、影响极大的世界文学名著。特别是本书尚未正式出版,1921年刚在美国《小评论》杂志连载时,就因所谓"有伤风化"被当局查禁,此后两度上法院,在西方文坛争议了11年,直到1933年才由美国法院以"并不淫秽"正式宣判解禁。这一来,这部旷世之作的影响越来越大。本书的故事很平常,主要写广告推销商布卢姆在6月16日这一天,在都柏林从早上8时至深夜2时这18小时的奇特经历。全书分3部18章,正好每1章反映1小时中的事情。其中包括主人公同青年学生斯蒂芬的交往,化名弗罗尔给女友写情书,同妻子莫莉的姘夫在街头邂逅,去医院探视产妇,同报社主编对话,夜间逛酒吧找妓女,在街上同英国兵争吵等许多场景的描写。作品夹叙夹议,形象地反映出当时在英国统治下爱尔兰的社会面貌。(李景端)

I000909 **意大利二十世纪文学丛书** 吕同六主编。安徽文艺出版社1994年6月版。200万字。10册。选收意大利当代文学中最具代表性的作品,其中有莫拉维亚的长篇小说《罗马女人》、皮兰德娄的短篇小说集《忘却的面具》、卡尔维诺的《寒冬夜行人》、斯韦沃的长篇小说《泽诺的意识》、夏侠的《千方百计》、布扎蒂的《魔服》,以及收入39位诗人121首诗作的《意大利二十世纪诗歌》等。(张磊 林敏)

I000910 **外国奇案故事(上、下)** 柯南道尔著,杨林科等改编。未来出版社1994年6月版。32.3万字。"中外文学名著通俗本"丛书之一。从《福尔摩斯探案集》中精选近20个故事,对每个故事进行不同程度的删改,一些篇目作了较大程度的改写,力求更加严谨、精练,适合一般读者阅读。精选的故事注意兼顾不同的题材内容,对原作中欧化的长句式进行了改写,既保持了原作语言幽默轻松的风格,又照顾到中国读者的阅读习惯。(李志钧)

I000911 **法国20世纪文学丛书(第十辑)** 柳鸣九编。安徽文艺出版社1994年7月版。129万字。7册。41.40元。辑录20世纪法国优秀作品7种。居尔蒂斯著的《夜深沉》,描写了二战期间巴朗森伯爵一家遭受的种种厄运:儿子被人出卖暴尸郊外;女儿被无赖纠缠绝望而堕落;女婿空中阵亡;伯爵本人对一切茫然无知,当胜利到来,他快乐地期盼全家团圆。小说栩栩如生地刻画了战争阴影下的众生相,获1947年龚古尔文学奖。《美男子》是罗歇·瓦扬的代表作,描写意大利籍失业工人"美男子"放荡不羁的生活经历,以及他与女主人公、工人社会活动家皮埃勒特带有罗曼蒂克情味的爱情波折。作品具有超现实主义的特点。柯莱特的《锁链》,是她描写爱情纠葛的最富思考的自传体小说:独身女人勒内因曾爱过但被抛弃,便立下"不隶属于任何人"的人生信条。当她最后真爱让时,已将爱情变为锁链,既锁住自己又锁住对方。《家庭三部曲》由三部中篇小说《太太学堂》、《丈夫学堂》、《没有讲完的悄悄话》组成,纪德将同一件生活中无可争议的事件,通过太太、丈夫、孩子的角度,表达出绝然不同的看法和感受。罗伯·葛利叶的《幽灵城市·金姑娘》,用现代派新小说的笔法,隐晦曲折地反映社会使人产生的不可知、不安全感和窒息感。《金姑娘》获1983年意大利蒙德洛文学奖。《恋情篇》是马克·阿兰的诗歌选集,作者获得过法国所有重要的诗歌奖。《公共的玫瑰》是超现实主义大师艾吕雅的诗歌集,作品具有意象奇隽、朦胧惝恍、意境悠远、情意缠绵的风格。(徐海燕)

I000912 **英国二十世纪文学史** 副名:英国文

学史。王佐良等主编。外语教学与研究出版社 1994 年 7 月版。69.80 万字。33.80 元。书的内容和写法符合八条原则:一、书是中国学者为中国读者所写,读者对象是大学高年级程度的青年和一般文学爱好者。二、以叙述文学事实为主,要把文学现象和作家作品交代清楚,而不是假定读者已经大体知道事实,以批评、评价为主。三、包含较多信息,对某些贯通全时期的重要现象或品种单章集中叙述。四、指导思想是历史唯物主义,尊重实情,但又放在总体历史的变化中来看。五、要着重作品本身,通过研究作品来讨论问题。因此要描述作品本身的内容和写法,要从中引用若干段落加以翻译阐释,使读者能接触到原作风貌。六、写法讲究文学格调,注意文字写得清楚、简洁。七、尽量吸收国内外新材料新发现。八、规格尽量照当代国际通行方式,参考书目和索引力求准确。全书的总体骨架在时间上始于 1880 年,在脉络上大体保持事件的顺序,但加强文学本身的历史叙述,主要在二点上,一是文学潮流或运动的兴衰,一是体裁或品种的变化,如小说体裁的发展脉络是:传统现实主义→现代主义→新现实主义→后现代主义。该书以叙述为主,但不是纯粹的叙述,而是包含评价的。对于理论的东西,作者的态度是:有不少流行理论是我们所不了解的,不必急着去联系;有的略有了解,要有取舍。作者力图开创一种新的文学史模式,即通过全盘的文化研究来勾画文学史的大脉络;通过对文学体裁的深入研究来确定文学演化的特殊形式和一代文学递接另一代文学的明显轨迹;中国的文学史家简练、富有文采的写法示范;从史学家学来的如何吸收外来的新思想的精华和做学问的新方法。(刘展鹏)

I000913 **屠格涅夫全集** [俄]屠格涅夫著,刘硕良主编。河北教育出版社 1994 年 8 月版。443 万字。12 册。266.00 元。“世界文豪书系”之一。共 12 卷。凡属屠格涅夫发表过的长、中、短篇小说,剧作,诗和散文诗,已全部译出,无一遗漏。前苏联 12 卷本的文论、文学回忆录和书信部分,也都译了过来。书信卷共收书信 297 封,比国内已有的译本篇幅大增。第一卷是《猎人笔记》,第二、三、四卷是 6 部长篇小说(每卷两部),第五、六、七、八卷是中短篇小说,第九卷是戏剧,第十卷是诗和散文集,第十一卷是文论和回忆录,第十二卷是书信。各个部分的作品,依发表年代顺次编排。本全集有如下几个特色:一、在已出版的屠格涅夫译本中,这套全集更为完备,是迄今为止最全的屠氏译本。二、译文均系新译,有较高的质量。三、编译法新:除了总的序言外,每种体裁的作品前还各有分序,每篇作品都有题解,注释详尽,图片丰富。四、书信卷后附有索引,凡书中提到的人和作品,一看这份索引就可以很快查到原信。(孙新龙)

I000914 **伊利亚特** [希]荷马著,陈中梅译。花城出版社 1994 年 8 月版。53 万字。18.20 元。在西方文学史上,荷马史诗《伊利亚特》和《奥德赛》是现存最早的精品,其历史背景是旷时十年、规模宏伟、给交战双方造成重大创伤的特洛伊战争。像许多重大事件一样,这场战争,用它的血和火,给文学和艺术提供了取之不尽的素材。《伊利亚特》描述了一场轰轰烈烈的战争中最悲壮的一页。它展示了战争的暴烈,和平的可贵;抒表了胜利的喜悦,失败的痛苦;描述了英雄的业绩,征战的艰难。它阐释人和神的关系,审视人的属性和价值;它评估人在战争中的得失,探索催使人们行动的内外因素;对在一个神人汇杂、事实和想象并存、过去和现在交融的文学平面上影响人的生活、决定人的思想、制导人的行为的一系列重大问题,进行了严肃的、认真的、有深度的探讨。

I000915 **茶花女** [法]小仲马著,郎维忠译。花城出版社 1994 年 8 月版。17 万字。6.80 元。描写外省青年阿尔芒·迪瓦尔与巴黎名妓玛格丽特·戈蒂埃(人称“茶花女”)的一段真挚爱情。一般来说,妓女与情人之间是没有什么真正的爱情可言的,有的只是逢场作戏的交易。但是作者把这爱情作了艺术加工,使之诗意化,指出受侮辱与受损害的妇女身上也有纯贞的一面。玛格丽特愿意抛弃已经过惯了的豪华生活,要跟情人同甘共苦,不愿意他去借债;她替情人的前途着想,替他的妹妹的婚事考虑,甘愿牺牲自己的幸福。而阿尔芒则富于情心,对身患重病的玛格丽特一见钟情,要设法减轻她的痛苦,不怕倾家荡产,暗中把母亲留下的遗产转赠给她。他俩的爱情有可靠的基础,真实可信。但是,由于阿尔芒的父亲的阻挠,玛格丽特默默地离开了“心爱的情人”,终于在重病与负债中去世。阿尔芒未能赶上她的葬礼与财产拍卖,深感遗憾。这场纯贞的爱情还是抵挡不住保守的旧势力的压力,最后以悲剧告终。为“世界女性题材经典名著系列”之一。

I000916 **初恋** [俄]屠格涅夫著,沈念驹等译。河北教育出版社 1994 年 9 月版。27.4 万字。11.70元。“世界小说书系”之一。收编俄国著名著名作家屠格涅夫 1854 至 1860 年间发表的中短篇小说《僻静的角落》(顾惠生译)、《往来书信》(冯昭玙译)、

《亚科夫·帕森科夫》(顾惠生译)、《浮士德》(冯昭玙译)、《波列西耶之行》(冯昭玙译)、《阿霞》(沈念驹译)、《初恋》(沈念驹译)7篇。(李连保)

I000917 **春潮** [俄]屠格涅夫著,沈念驹等译。河北教育出版社1994年9月版。33万字。13.70元。"世界小说书系"之一。收入19世纪俄罗斯著名作家伊·谢·屠格涅夫1872年至1883年创作的中短篇小说《春潮》、《普宁与巴布林》、《表——一位老人的自述》、《梦》、《阿立克赛神父的故事》、《我的和别人的回忆片断》、《爱的凯歌》和《死后》。《春潮》是作者中篇小说中规模最大的作品,篇幅和他的几部长篇小说如《罗亭》、《贵族之家》大致相当,但作者从未把它称为长篇小说,而只说它是一部中篇。《普宁与巴布林》写的是作者青年时代亲身经历过的事情,带有某种自传性质。作者的中篇大多以一种与他的长篇迥然不同的方式和格调,从距当时社会较远的角度来反映生活,这也许是它们当年没能像作者的长篇一样产生太大的"轰动效应"的主要原因之一,然而它们所表现的一些"永恒的主题",仍能使当今读者获得深刻的印象和美的艺术享受。(张静莉)

I000918 **烟 处女地** [俄]屠格涅夫著,徐振亚等译。河北教育出版社1994年9月版。38万字。15.50元。长篇小说集。收长篇小说《烟》和《处女地》。《烟》反映了农奴制改革后的俄罗斯的社会状况,其中渗透了作家对社会前途的思考。小说结构精巧,心理刻画细腻,特别是运用讽刺手法给作品带来不少精彩的描写。《处女地》试图通过主人公涅日达诺夫这个在作家看来远非是英雄的人物,反映俄罗斯民粹派"到民间去"运动的某些侧面,表现了作家对俄罗斯社会运动的看法。收入"世界小说书系"。(王萍)

I000919 **猎人笔记** [俄]屠格涅夫著,力冈译。河北教育出版社1994年9月版。38.4万字。13.70元。屠格涅夫的成名之作。在这一举成功的作品中,屠格涅夫在民主精神、人道感情和真诚善良的天性的驱使下,以其诗人的天才和"猎人"的阅历,真实地描绘出一幅幅俄罗斯农村生活的画卷,显示出生活的发展趋势,否定了违反人道、违反自然的社会制度。与此同时,作为反映这一生活内容的载体,作品也成为一种屠格涅夫式的"随笔"。它以"数学般精确"的描写和浓郁的抒情色彩拓展了一般随笔的范围、功能和意义,甚至随笔这一体裁,也因作品的问世而提高了它在各类文学体裁中的地位。系"世界散文书系"之一。(孙新龙)

I000920 **罗亭 贵族之家** [俄]屠格涅夫著,林纳等译。河北教育出版社1994年9月版。27.5万字。11.70元。"世界小说书系"之一。包括《罗亭》与《贵族之家》两部长篇小说。在《罗亭》中,屠格涅夫塑造了一个40年代俄罗斯进步贵族知识分子的典型。40年代是俄罗斯社会最黑暗的时期,同时又是继十二月党人之后的第二代革命家和进步贵族知识分子成长的时期。小说以罗亭为男主人公,通过罗亭与贵族少女娜塔里娅的爱情故事以及罗亭言语与行动的矛盾,展现了一幅俄罗斯40年代的社会画面。在《贵族之家》中,屠格涅夫塑造了一个少女丽莎的形象,在她身上集中表现了俄罗斯女性纯洁、善良、忠诚和忍耐等美好品格。小说男主人公拉夫列茨基在和放浪妻子的关系破裂后回到俄罗斯,对爱情和幸福完全失去了信心。但是,和这个美好纯洁的少女丽莎的接近,复活了他从前追求幸福的信念。(孙新龙)

I000921 **前夜 父与子** [俄]屠格涅夫著,智星等译。河北教育出版社1994年9月版。31万字。13.30元。"世界小说书系"之一。收入19世纪俄罗斯著名作家伊·谢·屠格涅夫的长篇小说《前夜》和《父与子》。《前夜》作者于1859年6月开始动笔,同年10月完成;《父与子》构思于1860年,次年完成。这两部作品面世后,皆引起批评界的巨大反响和激烈争论,这显然是与作者对俄罗斯迫切问题的密切关注和敏锐反映相联系的。从思想和艺术的统一来说,一般都把这两部作品视为作者长篇小说的代表作品,而把这一时期视为作者创作的高峰时期。(张静莉)

I000922 **黄昏** [俄]屠格涅夫著,朱宪生等译。河北教育出版社1994年9月版。37万字。16.00元。"世界诗歌书系"之一。包括抒情诗、长诗与散文诗三部分。抒情诗有42首。和许多浪漫主义诗人一样,屠格涅夫的抒情诗主要描绘大自然风光,抒写个人内心感受和对生活、爱情、美的看法。此外还有一些诗作嘲讽了生活中庸俗猥琐的现象。长诗有4部:《帕拉莎》、《交谈》、《地主》、《安德烈》。比起抒情诗来,这4部长诗在屠格涅夫的创作中占有更为重要的地位。作为俄罗斯诗歌"入睡"时期的作品,作为俄罗斯诗歌醒来所讲述的"美梦",他的这些诗作起了一定的填补空白和承上启下的作用。散文诗有83篇,是诗人奉献给俄罗斯文学和世界文学的最后一份珍贵的礼品,是他生活和艺术的绝唱,是一支撩人心弦、感人肺腑、又深沉又哀伤的"天鹅之歌"。(孙新龙)

I000923 **幽灵** [俄]屠格涅夫著，张会森译。河北教育出版社1994年9月版。29万字。12.20元。"世界小说书系"中的一种。收入俄罗斯文豪屠格涅夫的中短篇小说《幽灵》、《够了》、《狗》、《叶尔古诺夫中尉的故事》、《旅长》、《不幸的姑娘》、《奇怪的故事》、《草原上的李尔王》、《笃……笃……笃……》9篇。这些作品产生于1861年至1871年间，表现了屠格涅夫处于波动时期的思想感情，有很高的写作技巧，是屠氏小说创作中艺术水平较高的佳作。（潘海鸥）

I000924 **木木** [俄]屠格涅夫著，南江等译。河北教育出版社1994年9月版。34.7万字。14.20元。俄罗斯著名作家屠格涅夫的中短篇小说集(1844—1853)。共收10篇和1个附录。屠格涅夫的中短篇小说，以一种与他的长篇小说迥然不同的方式和格调，从距离当时社会较近的角度反映了生活。小说里面充满着淡淡的哀愁、哲学的沉思与感伤、未成功的恋爱、不能实现的愿望……小说所表现的一些"永恒的主题"，使当今的读者可以获得深刻的印象和优美的艺术享受。该书收入"世界小说书系"。（王萍）

I000925 **钢铁是怎样炼成的** [苏]奥斯特洛夫斯基著，黄树南等译。漓江出版社1994年9月版。40万字。12.85元。以史诗般的手笔描写了苏联革命战争时期英雄保尔·柯察金的动人形象，带有自传色彩。主人公执著于信念的崇高人格和勇敢形象，振动了世界各国数代人的心弦，成为革命英雄主义的象征。据作者去世前确认原貌的文本译出，较以往中译本增加了近四万字的篇幅，均为因历史原因而一直难见天日的内容，如少年保尔与冬妮亚、红军战士谢廖莎与丽达、保尔与达雅等几对年轻人的友谊与爱情，托洛茨基派对红军队伍的影响，残酷的战事和小市民的心态等等。

I000926 **莎剧论纲** 薛迪之著。西北大学出版社1994年9月版。25万字。8.00元。教材。从莎翁的时代切入，以历史唯物主义的观点探求莎剧思想艺术成就的根由。运用社会学、心理学、人类学等学科理论探求莎剧对人自身奥秘的揭示。全面地分析介绍莎剧创作的时代、四种体裁、重要作品及莎剧的艺术成就，并在具体分析中介绍历代莎学家的基本观点。书中对历史剧、丑角的论述，填补了中国莎学的空缺；在关于喜剧、悲剧及结构、语言的论述中也多有创新之处。在写作方式上，借比较研究与审美鉴赏的方法，以增加教材的可读性，简约含蓄，文笔优美。（黄伟敏）

I000927 **露西** [英]夏洛蒂·勃朗特著，自信、自立等译。北岳文艺出版社1994年10月版。46万字。16.80元。一译《维莱特》(Villette)。女主人公露西·斯诺是一位面色苍白、身体羸弱的乡下姑娘。她身世飘零，举目无亲，起初寄居在教母布莱顿太太家中，后屡遭困厄，辗转来到欧洲大陆的小城维莱特，在贝克太太开办的寄宿学校中做保姆，后又担任英文教员，得以邂逅男主人保罗·伊曼纽尔。伊曼纽尔喜怒无常的性格招致内心倔犟的露西的不满，与此同时，另外一位男主人公、布莱顿太太的儿子格雷厄姆·布莱顿医生也闯入了露西的生活。他与女伯爵波琳娜陷入热恋，这给已对格雷厄姆产生朦胧恋情的露西以很大打击。在她失意彷徨的时候，伊曼纽尔以独特的方式关爱她，并逐渐以正直善良的人格和纯净的心灵吸引了露西，二人共涉爱河。然而，信奉天主教的伊曼纽尔受到当地保守势力的控制，不得不离开信奉新教的露西，二人约好三年后重逢。但伊曼纽尔在归来的途中遇难而死，露西重又陷入孤独无助、爱情破灭的境地。作品所描写的，实际上就是作者本人的经历。（余超英）

I000928 **简·爱** [英]夏洛蒂·勃朗特著，贾文渊译。北岳文艺出版社1994年10月版。42万字。13.00元。长篇小说。作于1847年。孤女简·爱被寄养在舅妈家里，受到歧视；后因不服管教被送进一所寄宿学校，又受到道貌岸然的伪君子、一位学校主管的迫害。后来她到罗契斯特的府邸当家庭教师，同主人产生了爱情。她的感情是真诚而炽烈的，但丝毫没有忘记平等的要求。在他俩的结婚仪式上，她发现罗契斯特有个疯妻子，便毅然出走。在经历了一番周折重新返回后，得知罗契斯特的府邸被其疯妻焚毁。她找到了双目失明的罗契斯特，终于与他幸福地结合。作品塑造了一个敢于反抗、敢于争取自由和平等地位的妇女形象，在英国文学史上是个创举。（韩铁马）

I000929 **童年·少年·青年** [俄]列夫·托尔斯泰著，文秉勋译。花城出版社1994年10月版。33万字。13.95元。自传体小说。其中的人物和事件大部分是实有的，稍有虚构并进行了艺术加工。主人公尼古连卡生长在大地主家庭，作品通过他的自述，描写了这个家庭生活的方方面面：严格的家庭教育、丰盛的筵席、热闹的舞会、壮观的行猎、主仆的关系、母亲的慈爱、奶妈的爱心、少男少女对爱情的幻想和追求，以及大学生活等。一方面作品表现出主人公不满于自己、醉心于反省和自我分析的心态,另一方面发掘了贵族家庭生活的诗意美。作品文笔优美细腻,格调清新,洋溢着田园牧歌的情调。为"世界文学名著新译丛书"之一。

I000930 **董贝父子** [英]狄更斯著,祝庆英译。上海译文出版社 1994 年 10 月版。74 万字。29.10元。狄更斯发表于 1847 至 1848 年的长篇小说。董贝是一家航运公司老板,为人孤傲古板,一心指望他幼小而孱弱的儿子保罗快快长大接管家业,对之备加宠爱,但对其体贴孝顺的女儿弗洛伦丝却冷漠无情,丝毫也不放在心上。儿子在其揠苗助长式的培育之下终于夭折,他伤心之余,对女儿更是冷若冰霜。在得知自己的雇员爱上女儿后,硬是把小伙子派往西印度群岛,而女儿也因受不了他的冷酷对待,逃出了家门,最终同遇险归来的情人结合。董贝的妻子早在生育保罗时就已去世,后来他娶了一位自尊心很强却又贫寒的年轻孀妇为妻,但始终以居高临下的态度对待她,致使她与丈夫手下一名为人卑劣的经理私奔法国。这时,董贝事业失败,财产荡然无存,落到悲凉凄苦的境地。幸而女儿不计前嫌,接去老父,让他度过了安定而充满痛苦回忆的晚年。收入"外国文学名著丛书"。(黄采炘)

I000931 **法国小说论** 江伙生、萧厚德著。武汉大学出版社 1994 年 10 月版。37.4 万字。14.60元。集中论述 19 世纪和 20 世纪法国现代小说中的浪漫主义、现实主义和现代主义所具有的独创性、丰富性和代表性。在对法国现代小说诸多流派和作家的作品进行分析时,实事求是地将这些流派和作家的作品置于当时的具体的社会历史条件下进行分析,肯定其积极向上的因素,否定其消极反动的东西。在评述现实主义大师巴尔扎克时,没有重复"他的世界观是反动的,作品是伟大的"陈旧观点,而是通过具体分析,明确指出,巴尔扎克世界观主导方面是积极的、向上的,在政治上坚持阶级斗争的观点和保留对保皇党人发难的权力,在哲学上其主导方面是唯物主义,在创作方法上,坚持"真实"和"典型"的文学创作的根本原则,并指出,巴尔扎克之所以能对"现实主义具有深刻的理解",就在于他能比较清醒地认识他生活的那个时代的现存阶级关系,看到了金融巨头的倒行逆施和封建贵族必然灭亡的命运,从而达到深刻剖析和描绘资本主义社会现实的艺术高峰。对于那些政治倾向不好的作家的作品,也在指出其政治思想上的局限性的同时,更多地把注意力集中到作品本身,注意从艺术审美功能的角度,对文学艺术内部的客观规律展开研究,从而探索其在现代法国小说史上应有的地位和艺术上的贡献。(杨小岩)

I000932 **奥德赛** [希腊]荷马著,陈中梅译。花城出版社 1994 年 11 月版。39 万字。18.80元。古希腊诗人荷马的两大史诗之一。描写特洛伊战争之后,俄底修斯历尽千辛万苦回到家乡,杀死众多无赖般的求婚者,夺回自己的家产。史诗分两条主线进行:一条是俄底修斯在女神雅典娜的帮助下,凭着他过人的机智以及对家乡和亲人的热爱,逃脱了巨人的禁锢,拒绝了女妖的诱惑,战胜了海神波塞冬设下的种种困难障碍,回到家与儿子相认;二条是俄底修斯的妻子在家,面对众多的求婚者的纠缠骚扰而始终坚贞不屈地等待丈夫回来。史诗歌颂了俄底修斯的聪明才智,他妻子对爱情的忠贞,表达了私有财产不可侵犯的观念。《奥德赛》早有中译本,但都是从其他语种的译本上转译过来,采用散文体翻译。本书是第一次由希腊原文翻译的,采用的是诗体翻译,译文准确、典雅。(谢日新)

I000933 **克莱芙王妃** [法]拉法耶特夫人著,林秀清译。漓江出版社 1994 年 11 月版。21.1 万字。8.65 元。以 16 世纪法国宫廷中的一个三角恋爱故事为题材,描写宫廷与上流社会的生活,着力描绘了贵族男女缠绵悱恻的爱情心理。女主人公年轻貌美,遵从母命,出于敬慕与感激,嫁给克莱芙亲王为妻。她在舞会上偶遇风流潇洒的奈穆尔公爵,一见钟情。她努力克制感情,亲王赞赏妻子的忠贞与纯洁,却控制不住内心的妒嫉,终于郁郁而死。王妃拒绝了公爵的求爱,远离宫廷,隐居修道院,了却余生。(金龙格)

I000934 **现代英国文学教程** 张伯香编著。武汉大学出版社 1994 年 11 月英文版。40.2 万字。8.75元。从诗歌、戏剧、小说等方面介绍、分析英国20 世纪初至 60 年代的文学作家及作品。主要内容包括作者生平、创作思想、作家主要作品和艺术特色的介绍,以及重要作家代表作的选读和分析。(游经海)

I000935 **苔丝** [英]托马斯·哈代著,孙致礼等译。北岳文艺出版社 1994 年 12 月版。35 万字。长篇小说。作于 1891 年。农村姑娘苔丝自幼担负起家庭生活的重担,刚一踏上社会,就被富家子弟亚历克奸污。后来去一个牛奶场当工人,与克莱尔相爱。成婚之夜,纯洁的苔丝向克莱尔讲了不幸失身的遭遇,却被认为不贞而被遗弃。从此她更受歧视,以至家破人亡、流离失所,后被迫又与亚历克同居。不久,悔恨交加的克莱尔出现在她面前，于是她杀死了亚历克，与克莱尔度过了几天短暂的幸福生活，遂被逮捕判处绞刑。作品出版后因对当时的社会习俗公开发出挑战，并揭露和抨击了资产阶级道德的虚伪和法律的不公，而受到强烈的攻击，被斥之为“不道德”的爱情悲剧小说。（席铁马）

I000936　**莫泊桑短篇小说选**　[法]莫泊桑著，李青崖译。湖南文艺出版社 1994 年 12 月版。32 万字。9.70 元。收入短篇小说 29 篇，按题材分为 4 类：一是描写普法战争的作品，有《羊脂球》、《两个朋友》、《一场决斗》和《俘虏》等；二是描写小资产阶级生活的作品，有《遗产》、《珠宝》、《首饰》和《骑马》等；三是描写诺曼底乡村生活的作品，有《一个诺曼底人》、《比埃洛》和《真的故事》等；四是描写妓女生活的作品，有《戴家楼》和《海港》等。所收作品反映的社会生活面十分广阔，各种社会事件、各阶层的生活、各种各样的人物，都有淋漓尽致的表现。（管筱明）

I000937　**司汤达短篇小说选**　[法]司汤达著，黄建昆等译。湖南文艺出版社 1994 年 12 月版。29 万字。8.00 元。收《媚药》、《岸边的方济各教堂》、《血染风情》等作品 13 篇。作者善于描写 19 世纪法国大革命至复辟王朝这一历史时期的社会风俗，如《往事连篇》写拿破仑军队占领意大利时期的世态人情，《箱子与鬼》揭露封建复辟势力的凶残和霸道等。有些作品是描写爱情的，如《瓦妮娜·瓦尼尼》描写民族解放事业与个人爱情的矛盾，是一首高尚的正义之歌；《艾雷》则表现自由恋爱所受到的强大阻力，是一出催人泪下的爱情悲剧。（管筱明）

I000938　**巴尔扎克短篇小说选**　[法]巴尔扎克著，郑克鲁译。湖南文艺出版社 1994 年 12 月版。27 万字。8.70 元。收入短篇小说 14 篇。作品有描写资本主义社会金钱支配人间一切的《戈布塞克》，有写儿子为争夺遗产、不惜扼杀父亲的《长寿药水》，有反映银行家靠谋财害命发家的《红房子旅馆》，有表现贪婪追求金钱反被金钱所害的《法西诺·卡纳》，有写有钱人附庸风雅的《皮埃尔·格拉苏》，有描写贵族家庭感情冷漠的《大望楼》，有显示劳动者善良、富有同情心的《无神论者望弥撒》，有写正直渔民亲手惩毙不肖子的《海滨惨剧》，有歌颂纯真爱情的《沙漠里的爱情》，有表现民众英勇抗击侵略者的《刽子手》，有反映彷徨苦闷、怀才不遇的青年一代的《泽·马尔卡斯》等。题材多样，表现了 19 世纪法国不同阶层的生活，比较全面地体现出巴尔扎克短篇小说创作上的现实主义特点。（管筱明）

I000939　**左拉短篇小说选**　[法]左拉著，刘自强等译。湖南文艺出版社 1994 年 12 月版。33 万字。10.00 元。选收作品 54 篇，包括作者早期的创作和最后的几篇作品，也包括他的代表作《给妮侬的故事》和表现小人物的作品如《擦皮鞋的女子》、《蓝眼睛的老太太》等。作品写的多是各种各样的小人物，成功地刻画和剖析了他们的心理，反映了作者对自由平等的渴望，对爱情与幸福的向往。比较集中地反映了左拉短篇小说创作的成就，体现出他创作上的浪漫主义、现实主义和自然主义的多种风格。（管筱明）

I000940　**莫斯科——1941**　[苏]伊万·斯塔德纽克著。花山文艺出版社 1994 年 12 月版。46.9 万字。15.00 元。1941 年，德国军队疯狂进攻斯摩棱斯克，企图打开莫斯科的西大门，一举攻占莫斯科。苏联军民面临严峻的挑战，红军几个军团在斯摩棱斯克与敌人激战，空军、莫斯科市民也为保卫莫斯科谱写了一首首动人之曲。本书从多方位、多角度、多侧面描写了苏联军民抗击德国法西斯的英勇斗争场面，歌颂了苏联军民的爱国主义与革命英雄主义精神。故事震撼人心，读来格外引人入胜。收入“苏联当代文学名著丛书”。（于怀新）

I000941　**多雪的冬天**　[苏]伊凡·沙米亚金著。花山文艺出版社 1994 年 12 月版。34.7 万字。16.00 元。曾任游击支队长、纵队长，后任农业部门高级干部的伊凡·瓦·安东纽克是一个有能力、有思想、为人正直的优秀干部，由于工作中坚持原则冒犯了重要人物，所以在正能干的时候提前退休。这一决定无疑对他本人是个致命打击。有人觉得让这么一个能干又有专长的高级干部这么不明不白地退休不大好，打算再任用他。如何任用，是官复原职，还是降职使用？正在举棋不定之间，安东纽克的政敌们展开了阴谋活动：造谣、诽谤、诬蔑……这一切都进行的乖巧、自然、不露声色。安东纽克不愿意看那些他非常了解的卑鄙小人们在他上头指手划脚，便没有接受降职这一任命，而是利用闲暇去看望过去无暇顾及的儿子和旧时曾爱慕过的女友。没想到这也没能摆脱政敌们的追踪和迫害，直到他被搞得力疲神伤、万念俱灰为止。收入“苏联当代文学名著丛书”。（于怀新）

I000942　**风雪小站**　[苏]艾特玛托夫著。花山文艺出版社 1994 年 12 月版。26 万字。13.00 元。铁路工人叶吉盖的好友卡赞加普在寂寞、孤独中死去。在为他办理丧事的一天一夜里，叶吉盖的见闻和回忆纵横延伸扩展:从他本人的生活、命运、追求、恋爱到人世间、自然界、地球、宇宙;从远古的传说到当今的现实、幻想的未来,一幅幅表面看起来互不关联的生活画面,一个个不同时代的人物活动,组成一张密密麻麻的生活之网,呈现出不同时空的人生悲剧。作品以"全球性思维"和现代艺术表现手段,探讨了人类的命运。作品一出版便引起苏联广大读者和评论界的瞩目,被誉为80年代苏联文学的"指路牌"和"方向标"。收入"苏联当代文学名著丛书"。(于怀新)

I000943　**你到底要什么**　[苏]弗·阿·柯切托夫著。花山文艺出版社1994年12月版。46.1万字。18.80元。西方间谍克劳贝格一行四人,到苏联搞颠覆活动。他们披着艺术家的外衣,在挖空心思盗窃苏联古玩珍宝的同时,又利用西方的所谓"民主"、"自由"和美酒、色情,引诱苏联一些无知青年,煽动对社会主义制度的敌对情绪,其中一个女间谍布朗小姐甚至亲做示范,跳脱衣舞,组织下流的"夜总会",致使伊娅、甘卡姐弟等年轻人不知不觉间走入了危险的歧途。作者向苏联广大青年提出了一个震聋发聩的问题:朋友,你到底要什么?收入"苏联当代文学名著丛书"。(于怀新)

I000944　**岸**　[苏]尤里·邦达列夫著。花山文艺出版社1994年12月版。36万字。15.50元。1945年春天,排长尼基金中尉在离柏林50公里的德国小镇和爱玛小姐有一段复杂独特的恋情,但由于历史的原因他们不可能结合。26年后,当年的尼基金排长成了苏联著名作家。生意兴隆的富商赫伯特夫人在西方出版的书里发现了尼基金,便以汉堡文学俱乐部的名义邀请他前来访问。旧地重游,使尼基金又记起了当年的战争生活。当他知道贵妇人赫伯特太太就是26年前的爱玛时,更是心绪万千激动不已,往事不堪回首。尼基金和赫伯特太太心里都非常明白,在汉堡,他们很有可能重新燃起爱情的火焰,然而,他们克制了自己。当时的情况和1945年战争年代一样,他们站在不可逾越的两岸上,永远也不可能走在一起。心绪郁结、耽于内省、疲劳不堪、日夜不得安宁的尼基金,终于没有抵过这一切而在归途中死去。就在他弥留之际,也没有忘记那绿色的、阳光灿烂的充满希望的彼岸。收入"苏联当代文学名著丛书"。(于怀新)

I000945　**人世间**　[苏]谢苗·巴巴耶夫斯基著。花山文艺出版社1994年12月版。64.1万字。18.50元。正当57岁的霍尔莫夫雄心勃勃地准备在州委书记的岗位上再立新功时,上头一纸命令,让他"提前退休"、"安度晚年",理由是他头颅中残存着弹片,健康不佳。这意想不到的打击,使他百思不得其解,精神颇失平衡。霍尔莫夫年轻时打过游击,参加过卫国战争,为苏联人民立下战功,是谁给他这个报应?离职后,儿子安冬不惊不怪;旧情人普罗霍罗娃不期而遇又突然病故;年轻貌美的女芳邻维拉笑容迷人;穿着花裙子、办公室摆着鲜花的女区委书记由他的下级变成了他的上级;退休干部组成的"甜的蜜养蜂合作社"拉他入社……这一个个活生生的人与他直接交谈会晤,似乎是"第一次"鼓舞着他去走访"人世间"。他沿着故土库班河旅行,一些不尽人意、甚至丑恶的人与事加深了他内心的痛苦与不安。直到这时,也只有到这时,他才看清楚了"人世间"的一切真伪。收入"苏联当代文学名著丛书"。(于怀新)

I000946　**白俄罗斯童话**　肖伦、陈君华等译。接力出版社1994年12月版。30万字。9.00元。"接力童话世界"丛书之一。收入白俄罗斯童话78篇,其中动物故事26篇,神话故事23篇,生活故事29篇。书中除了有8幅彩色插图外,每篇故事前都有题图。(黄钲)

I000947　**吉卜赛姑娘**　[西班牙]塞万提斯著,张云义译。漓江出版社1994年12月版。9万字。4.80元。塞万提斯在创作宏篇巨制《堂吉诃德》的同时,还写过一些中短篇"警世小说",本篇便是其中之一。小说描写贵族子弟安德列斯深深爱上了美丽的吉卜赛姑娘普烈西奥莎,在与恶人的搏斗中失手杀死对手,被判处极刑。眼看一对有情人就要生离死别,这时却出现了转机……小说开"早期流浪汉小说"之先河,同时辅以西班牙民间谣曲,烘托了15世纪西班牙人文主义景观。(沈东子)

I000948　**爱情与荣誉**　[西班牙]洛贝·德·维加著,徐曾惠译。漓江出版社1994年12月版。32.8万字。13.40元。西班牙文学的"黄金世纪"在世界文学史上占有重要的地位,作者(1562—1635)是最杰出的代表之一。其作品有抒情诗、史诗、小说,但数量最大、成就最高的是诗剧,达到了1800部之多,传世约470部。学者赞誉他为"天才中的凤凰",小说巨匠塞万提斯说他是"天生奇才"。本书收入他的三部重要剧作。《爱情与荣誉》原题《佩里巴涅斯与奥卡尼亚的领主》,描述农民佩里巴涅斯杀死企图霸占他新婚妻子的领主,为维护自己的尊严向荒淫无耻的贵族进行坚决的斗争。《最好的法官是国王》描述牧工桑乔向国王控告领主抢走了他的新娘,一次无效,二次再告，直至领主受到了严厉惩罚，人头落地。《奥尔梅多的骑士》描述一对男女青年相互爱慕，可是遭到宵小之徒的破坏，男主人公堂阿隆索被情敌暗杀，女主人公堂娜伊内斯出家当修女，故事以悲剧告终。书中配有若干插图。（吴裕康）

I000949　**都兰趣话**　［法］巴尔扎克著，施康强译。内蒙古人民出版社 1994 年 12 月版。38 万字。15.80 元。《十日谈》式的短篇故事集。作者利用 14 至 16 世纪的背景和题材，模仿 16 世纪的语言和拉伯雷的文笔，写了几组轻松调侃的故事，既为自己开心，也为博得读者一笑。该书内容多涉及人间风月、男女私情，然在种种轻浮的玩笑和粗鄙俚俗的言词掩盖下，却不乏鞭挞人间丑恶和对人类美好情感的颂扬。（李承业）

I000950　**十日谈**　［意］薄伽丘著，王永年译。人民文学出版社 1994 年 12 月版。51.2 万字。15.50 元。欧洲文学史上第一部现实主义巨著，写于 1349—1353 年。14 世纪中叶，一场鼠疫使佛罗伦萨全城惨雾密布，一片凄凉。有七女三男携仆人逃至城外一座别墅住了 10 天。为消磨时光，每人每天讲一个故事。故事内容包罗万象，取材于历史事件、中世纪传说、东方民间故事（如《一千零一夜》、《七哲人书》）等，塑造了王公贵族、骑士僧侣、市井平民、贩夫走卒等不同阶层、职业的人物。文艺复兴时期的人文主义思想贯穿全书。100 个故事中，有的讽刺天主教的罪恶与黑暗，抨击僧侣的伪善与奸诈，暴露和鞭挞贵族的腐化堕落；有的谴责禁欲主义、赞美爱情是高尚情操的源泉，称颂平民商人、新兴资产阶级的机智，宣扬社会平等、男女平等；也有的渲染情欲，格调不高；有些故事又宣扬宽容顺从，进行封建说教，表现了作家世界观的矛盾。作品结构紧凑，情节多姿多彩，语言诙谐，在心理刻画和性格塑造上有独到之处，开辟了短篇小说艺术形式之先河。中译本文笔流畅，忠实原著并传达了原著神韵，是我国第一部从意大利文译出的版本。（任吉生）

I000951　**莫泊桑社会小说**　郭宏安编选。上海文艺出版社 1994 年 12 月版。10 万字。7.00 元。“世界文学大师小说名作典藏本”之一。收莫泊桑的社会小说《羊脂球》、《项链》、《模特儿》等 10 篇。（徐如麒）

I000952　**屠格涅夫爱情小说**　智量编选。上海文艺出版社 1994 年 12 月版。10 万字。7.10 元。“世界文学大师小说名作典藏本”之一。收入屠格涅夫著名的爱情小说《阿霞》和《初恋》2 篇。（徐如麟）

I000953　**詹姆斯心理小说**　瞿世镜编选。上海文艺出版社 1994 年 12 月版。11 万字。7.30 元。“世界文学大师小说名作典藏本”之一。收詹姆斯的心理小说《黛茜·密勒》、《学生》和《四次会见》3 篇。（徐如麒）

I000954　**卡夫卡荒诞小说**　余匡复编选。上海文艺出版社 1994 年 12 月版。12 万字。7.50 元。“世界文学大师小说名作典藏本”之一。收卡夫卡的荒诞小说《变形记》、《骑桶者》、《地洞》等 9 篇。（徐如麒）

I000955　**吉卜林动物小说**　文美惠编选。上海文艺出版社 1994 年 12 月版。10 万字。7.00 元。“世界文学大师小说名作典藏本”之一。收吉卜林的动物小说《莫格里的兄弟们》、《老虎！老虎！》、《在丛林里》等 6 篇。（徐如麒）

美洲文学、大洋洲文学

I000956　**新西兰文学史**　虞建华著。上海外语教育出版社 1994 年版。29 万字。15.00 元。全面阐述新西兰文学发展史的专著。具有以下特点：一、以时间为序，以社会变化、思潮变革为背景，来划分新西兰文学发展的阶段，从纵与横两个方面勾勒出新西兰文学发展的历史轨迹。二、以尊重历史的科学态度纠正了一种误解，即以为新西兰文学只是英国文学在海外的延伸，而忽略了新西兰土著毛利人丰富久远的文化传统。以翔实的材料和周密的叙述充分肯定了毛利民间文学在新西兰文学史上的地位，证明正是由于欧洲文学传统与毛利文化传统相互的渗透交融，才构成了新西兰文学多姿多采、别具一格的特色。三、覆盖面广，新西兰文学史上有影响的文学家及其作品基本上都有涉及，且分析评论也较深刻，其中对凯塞琳·曼斯菲尔德和弗兰克·萨克森的讨论尤为突出。（张以文）

I000957　**美国文学名著精选**　钱青主编。商务印书馆 1994 年版。100.3 万字。16.90 元（上），16.10 元（下）。分上、下两册。各册均有绪论，主要介绍时代背景、各种文学流派的兴起和发展。全书选收 25 位作家的作品，包括中长篇小说的片断、短篇小说、诗歌、散文、文论等。上册为 19 世纪美国作家的作品，下册为 20 世纪美国作家的作品。各章包括作家简介和选篇分析、作品选篇和中文注释三大部分。（常瑾芬）

I000958　**凶宅七角楼**　［美］霍桑著，贾文浩、贾文渊译。北岳文艺出版社 1994 年 1 月版。20 万字。5.00 元。长篇小说。作于 1851 年。北美殖民地开发时期，平琼上校在其霸占的一块土地上盖起了一座七角楼，并把该土地的主人处死。主人在死前诅咒："上帝定会叫他饱尝血的滋味。"后来诅咒果然应验，上校和其家族的后代在一百多年里一个个死于非命。到了19世纪中叶，破败的七角楼内仅住着家族中的一个老处女和她的侄女，以及一位年轻的房客。然而恐怖的阴影并未消失，财产的争夺仍在继续，一桩桩令人毛骨悚然的血腥事件，使这座古老的七角楼成为远近闻名的凶宅。本书是作者继《红字》之后的又一部佳作，具有很高的艺术水平。(席铁马)

I000959　**马丁·伊登**　[美]杰克·伦敦著，贾文浩等译。北岳文艺出版社1994年1月版。30万字。7.50元。长篇小说。发表于1909年。水手出身的青年马丁·伊登向往成为大作家。一个偶然的机会他认识了银行家之女罗丝，两人坠入爱河。马丁在爱情的激励下，一边打工一边读书写作，但稿子屡屡被退回，罗丝也在父母的反对下与他断绝了来往。马丁忍着痛苦，顶住社会的奚落，经过艰苦奋斗，终于功成名就。这时过去看不起他的人都来拉拢他，罗丝也想和他恢复关系。他爬上了社会的"顶峰"，却领略了社会的世态炎凉，感到生活空虚，理想破灭，终于精神崩溃，以自杀结束了生命。作品带有自传性质，真实地描写了资本主义社会里一个作家个人奋斗的悲剧，有较强的艺术感染力。(席铁马)

I000960　**一个女人——陈香梅**　王樟生、屈毓秀编。北岳文艺出版社1994年3月版。60万字。2册。19.50元。美籍华人陈香梅的散文集。作者年轻时嫁给美国将军陈纳德，丈夫死后，她凭个人才干跻身于美国上流社会，在繁忙工作的同时，创作了许多散文。本书选收其部分作品，分上下两卷。上卷分为"往事知多少"、"半个美国人"二编，下卷分为"留云借月"、"陈纳德将军和我"二编。特点是把动人的爱情婚姻家庭生活和事业结合起来，把辛酸苦辣和个人成就的欢悦交织在一起，用亲切、白描的艺术手法，把童年、青年和在美国的生活，呈现在读者面前。附有30幅照片和"陈香梅年表"，对作者的生平和创作作了简要介绍。(林支光)

I000961　**马克·吐温未发表作品集**　[美]马克·吐温著，王迈迈译。河南人民出版社1994年4月版。21.2万字。8.50元。收入作者创作于1868年至1902年的作品11篇，其中包括小说8篇、自传3篇。所收作品有的只是雏形，有的尚未完成，有的则因各种各样或许后人无法知道的原因——或某一忌讳，或某一隐私，作者不准备将其发表。其中最值得注意的当属《哈克贝里·费恩历险记》的两个续集《哈克·费恩和汤姆·索亚闯荡印第安部落》、《汤姆·索亚的密谋》以及《神秘的陌生人》初稿《校舍山》。在这些文字中，作者的幽默、机智和对现实主义创作手法的执著追求处处可见，许多地方可与其最优秀的代表作相媲美。(刘玉军)

I000962　**加拿大文学史**　[加]威廉·赫伯特·纽著，古特哲译。人民文学出版社1994年4月版。39.9万字。15.00元。加拿大文学最早可上溯到印第安英纽特神话，历经开拓时期(1867以前)的记述和报告、殖民时期(1867—1922)的虚构故事，后进入具有本民族特色的发展时期(1922—1959)的叙事文学和与世界潮流相应的现代时期(1959年以后)的编码的文学。加拿大作为一个政治上独立、经济上发达的国家，必然有文学滋生的潜力，但由于长期受英国的殖民统治和美国的影响，加拿大文学在世界文坛上尚未占有一席之地。本书作者系加拿大不列颠哥伦比亚大学教授、加拿大文学专家。本书从承认加拿大文化及文学的多元化出发，系统地总结了该国文学发展的历史，在当代部分运用了符号学的观点。译者是中国研究加拿大文学的学者之一，翻译中曾赴加与作者切磋，译文可靠、严谨。(胡允桓)

I000963　**珍妮姑娘**　德莱塞著。新疆人民出版社1994年4月维吾尔文版。27万字。6.60元。据上海译文出版社1990年8月版翻译。善良、质朴、可爱的珍妮姑娘是一个贫穷的吹玻璃工人的女儿。她成了上了年纪的、真诚地喜欢她的参议员的情妇。可是参议员突然患病死了，没有来得及实现和珍妮结婚的诺言。后来商人雷斯脱和她接近。他为了取得合法权利去爱一个"没有地位的"穷人家的女人，与周围的人展开了痛苦的斗争。干涉他们关系的不仅有雷斯脱的家庭，还有整个上层社会、报界等。雷斯脱虽然真诚地爱着珍妮，但还是服从公司的利益，和一个富孀结了婚。珍妮失去与参议员所生的女儿以后，为了排遣生活的孤独，就把精神寄托在教育收养的孩子们身上。(玛丽亚木·买买提明)

I000964　**廊桥遗梦**　[美]罗伯特·詹姆斯·沃勒著，梅嘉译。外国文学出版社1994年6月版。8万字。8.00元。原名《麦迪逊县的桥》。自1992年在美国出版后，一直是最受欢迎的畅销书，并获美国书商协会评选的1993年度最佳成人图书奖。据其拍摄的影片成为1995年上座率最高的好莱坞巨片之一。该书描写两个中年人刻骨铭心、旷日持久的生死恋情。一个是漂泊四海、孜孜追求艺术之美的摄影"牛仔”，一个是在乡村相夫教子、内心却存有梦幻的有夫之妇。在八月的廊桥下，他们由相遇、相识、相知到相爱，激情似火，难分难舍，但是家庭的责任和道德的力量使女主人公选择了分离。从此，一对恋人在天涯海角彼此思念，直到生命的最后一刻。作品除表现一般言情小说里的男欢女爱、心心相印外，更蕴含着理智的光辉和道德的作用，使这则现代爱情故事闪现着古典的悲剧色彩，催人泪下，发人深省。译文忠实、流畅，较好地传达了原著细腻、婉约的风格。（马爱农）

I000965　**加拿大后现代主义——加拿大现代英语小说研究**　[加拿大]琳达·哈切恩著，赵伐等译。重庆出版社1994年6月版。24万字。12.50元。针对70年代和80年代加拿大小说领域出现的后现代主义英语小说，包括加拿大著名作家如奥德丽·托马斯、迈克尔·翁达杰、罗伯特·克罗厄等人的作品，结合西方最新文学理论如读者中心论和女权主义理论，全面、深刻地阐明了后现代主义英语小说发展的早期形式、内容性质、特殊形态和表现范畴。对西方文学批评和理论的发展，尤其是小说理论的阐释与探索，产生过影响。（张敏生）

I000966　**汤姆大伯的小屋**　伊丽莎白·斯陀著，孟学君等改编。未来出版社1994年7月版。17.8万字。“中外文学名著通俗本”丛书之一。根据世界文学名著《黑奴吁天录》缩编，突出了原作积极的思想倾向，并增强其可读性；对原作中欧化的句子进行了改写，以适合中国少年儿童的阅读习惯。（李志钧）

I000967　**美国悲剧**　[美]西奥多·德莱塞著，潘庆舲译。上海译文出版社1994年10月版。78.5万字。22.70元。长篇小说。描写的内容是：克莱德·格里菲斯家境贫寒，渴望争取财富和社会地位。他与女工罗伯达·奥尔登交往并发生了性关系，但不久又爱上了年轻、漂亮的富家小姐桑德拉·芬奇利，希望与她结婚以进入上流社会。当罗伯达告诉克莱德自己有了身孕并要求嫁给他时，他在疯狂中产生了谋害罗伯达的念头。他把她带到一个偏僻的湖上划船，小船倾覆后，他自己游泳逃离现场，听凭罗伯达淹死。最后他以谋杀罪被判处死刑。一个性格和思想不稳定的年轻人在环境的诱惑下走上了犯罪和灭亡的道路。作者是美国杰出的现实主义小说家，也是美国现代小说的先驱和重要代表。他第一个在小说中真实而有力地描写了进入垄断资本主义阶段的美国，形象地展现了那个社会人与人之间冷酷的金钱关系和尔虞我诈。译文忠实流畅，较好地反映了原作的本来面貌。（郑大民）

I000968　**自由女神俱乐部**　[美]纪虹著。北京出版社1994年12月版。24万字。9.40元。几名由中国大陆赴美的女青年组成一个联谊会，戏称为“自由女神俱乐部”。作品记述其中5名成员如何靠自己的聪明智慧和中国女性坚韧、勤劳的品质在美国社会中安身立命，以及她们的婚爱生活和无尽的思乡之情。（伊丽霞）

I000969　**爱伦·坡短篇小说选**　[美]爱伦·坡著，唐荫荪等译。湖南文艺出版社1994年12月版。30万字。9.30元。选入作品31篇，其中最著名的有《莉姬娅》、《尼谢府邸的倒塌》、《红死鬼面具》、《威廉·威尔逊》、《黑猫》、《一桶白葡萄酒》等。作品可分为两大类，即恐怖小说和侦探小说。前者大多描写死亡、惊险、鬼怪，带有异国色彩，笼罩着浓厚的恐怖气氛，常常使读者如临其境，毛骨悚然。后者数量不多，但对西方侦探小说的发展有明显的影响。（管筱明）

J 艺术

艺术理论

J000001　**中国现代艺术品评丛书**　水天中等主编。广西美术出版社1994年版。288幅。336.00元(平)，456.00元(精)。从80年代活跃于中国画坛的画家中选出具有代表性的人物，分册编选他们的代表性作品，由画家本人提供创作自述，并请对该画家有较深入了解的评论家撰写专文，对画家的创作活动、艺术风貌作较全面的评介。丛书每一分册均由评论家撰写的画家专论、画家代表作品、画家自述及创作年表几大部分组成，力求从画家的生活背景、艺术主张、风格流变、技巧探索、社会反响等不同方面展示艺术家的完整形象,为20世纪末的中国画坛提供较为翔实和完整的个案研究资料。首批入选的画家共12位,他们是:杨飞云、孙为民、刘小东、朝戈、陈钧德、戴士和、丁方、尚扬、谢东明、宫立龙、许江、曹力。(伍先华)

J000002 **徐悲鸿艺术文集** 王震、徐伯阳编。宁夏人民出版社1994年版。62.7万字。68.00元。展现徐悲鸿艺术生活和理论的文论集。收入徐悲鸿1918年到1953年间在海内外发表的演讲、论文及为李可染、尹瘦石、叶浅予、黄养辉等人画展所作序文175篇,写给亲友及师生的书信175封。有关于中国画的改良的文章,有美术教学理论及介绍和引进西方艺术绘画的文章,针对我国自清朝以来中国画坛守旧、衰落"陈陈相因"、"颓败已极"失去学术上独立地位的局面,大声疾呼对中国画进行改良,主张:"古法之佳者守之,垂绝者继之,不佳者改之,未足者增之,西方画之采人者融之。"以此立论并身体力行,促进了我国现代绘画艺术发展的历史进程。部分文章和书信是首次在国内发表,附有悲鸿画论、题记选录及较详尽的徐悲鸿年表,采用了徐氏素描、油画、国画、书法题词及历史照片190余帧作为插页、插图,以便于比较和研究论文发表时的历史背景、创作作品的风格特征。论文按发表的年代顺序编排,作品按创作时间的先后插入。(许家麟)

J000003 **造型基础** 张福昌主编。北京理工大学出版社1994年1月版。29.6万字。6.45元。高等工业院校工业造型设计专业的通用教材之一。较为系统地介绍了造型基础的形态理论、常用的视觉技法和表现手法,以及三大构成(平面造型、色彩构成和立体空间造型)等知识。附有丰富插图。(倪福卿)

J000004 **艺术变相论** 杜文园、陶伯华著。文化艺术出版社1994年3月版。19.5万字。7.80元。从马克思提出的"艺术掌握世界"的形象思维的特点出发,吸收中国传统文艺理论中的"艺术变相说",引用接受美学、符号学美学等新学科观点和系统论、控制论等研究方法,通过对艺术形象运动过程的考察,提出了"艺术即是审美变相"这一命题,揭示了艺术形象的魅力之源和生成之谜。作者指出,在社会生活对象世界、创作者主体世界、鉴赏者接受世界的相互作用下,艺术形象的诞生经历了从生活现象到心理表象、到审美意象、到艺术表现形象、到艺术观赏形象的四次变相转化。与此对应,艺术创造活动经历了从艺术感受到艺术构思、到艺术表现、到艺术鉴赏与信息反馈等四个阶段。其间,从生活到创作,是变相;从创作到作品是相对定相;从作品到鉴赏、到反作用于生活,是再变相。四次艺术变相从低级到高级、从简单到复杂的发展过程,正是肯定与否定相结合、形象变异律与审美价值律相统一的过程。(蔺鸿静)

J000005 **傅译丹纳集·艺术哲学** [法]丹纳著,傅雷译。敦煌文艺出版社1994年5月版。54万字。12.80元。"傅译名作集"之一。以独特的哲学视角提出艺术品的本质及其产生规律,把艺术品表现事物特征的重要程度、有益程度、效果的集中作为衡量艺术品价值的尺度,并以意大利文艺复兴时期的绘画、尼德兰的绘画、希腊的雕塑等大量丰富的史料作证明。(邓争旗)

J000006 **艺术创造心理学** 周冠生著。重庆出版社1994年5月版。29.6万字。9.20元。文艺理论专著,共5编18章。第一编"绪论"重点阐述"艺术创造心理学"、"艺术创造的起源"、"艺术创作的基本原理"等有关文艺的本质论的问题。第二编"个性与艺术创造"重点分析艺术家的"个性"、"活动"、"需要"、"情感"与艺术创造的重要关系。第三编"无意识与艺术创造"主要谈"梦"、"灵感"、"直觉"等无意识活动在艺术创造中的巨大作用。第四编"意识与艺术创造"阐明了"感觉与知觉"、"表象与记忆"、"想像与思维"等意识活动与艺术创造的关系。第五编"艺术家的个性心理特点"重点分析了艺术家的"能力"、"气质"和"性格",并说明艺术家的气质、性格与艺术创造的密切联系。(杨希之)

J000007 **色彩构成设计** 李槐清著。河北美术出版社1994年6月版。6万字。14.00元。作者着力于设计色彩的应用,在书中融人美学原理,阐释艺术视觉的审美沿袭、演变、发展的脉络,从设计功能性等出发,深入到色彩心理剖析,以揭示计划构成的应用法则。全书共8章:一、概述;二、色彩性质;三、色彩体系;四、色彩对比;五、色彩调和;六、色彩心理;七、色彩美的创造;八、流行色;附部分国家的色彩爱好和使用习惯,并有大量训练课题。书中配有大量的国内外优秀作品,以供专业及业余设计工作者参考。(郭涌)

J000008 **美术概论** 王宏建、袁宝林主编。高等教育出版社1994年7月版。50万字。18.35元。分上、下两编。上编为美术的基本原理,阐释了美术的本质论、创作论和接受论,力图对人类广泛的美术创作实践作出科学的概括和总结;下编为美术的历史发展,包括美术的发生论、发展论和门类论,从历史发展的角度探寻美术的客观规律，解释美术不断发展的创作实践和不断出现的新现象。编写方法上，上编原理部分不是从纯粹思维出发，而是从事实出发；下编着意从具体的历史形态对美术发展的客观规律作系统的动态的研究。注重理论结合实践的意识。本书建基于认识论美学的理论构架，却力避机械反映论的缺陷；"接受论"的设置是对艺术本质问题及美术作品存在和实现过程在认识和理论上的开拓，这在市场经济条件下富有实践意义；"发生论"吸收了国内学者对此课题研究的创见，但对美术发生的历史过程的阐释则更为辩证；鉴于在现代科技条件下许多新的美术门类的迅速发展，"门类论"中特设了"艺术的综合发展和门类的开放性"一节，对创作实践所呈示的新现象加以论述展望，也显示了编者对发展着的美术实践活动认识的开放性；"发展论"是从不同层面，特别是从中国和西方美术形态流变为线索来探讨美术发展的客观规律性。其中关于美术发展的"社会制约性"和"自律性"，以及美术的"民族性"与"世界性"的讨论都是力求对新时期美术提出的重要问题加以概括。(刘建)

J000009 **视觉设计教育丛书** 高中羽等编。黑龙江美术出版社 1994 年 8 月版。150 万字。15 册。600.00 元。已出版 11 本，其中包括《视觉表现 28 谈》、《色彩构成》、《立体构成》、《空间构成》、《字体·编排设计》、《素描——具象研究》、《现代装饰色彩》、《现代装饰艺术》、《CI——企业形象塑造》、《商业插图技法 73 例》、《展示设计学》。(原守俭)

J000010 **大英视觉艺术百科全书** 苏伦斯·高文等编著，蒋勋等译。台湾大英百科股份有限公司、广西美术出版社 1994 年 9 月版。共 10 册。1 350.00元。分为艺术史、艺术家传记辞典、艺术辞汇 3 部分。第一至五卷为艺术史，描述自旧石器时代至本世纪 80 年代世界五大洲造型艺术的发展概况。各卷的主要章节为：第一卷：旧石器时代艺术，新石器时代艺术，埃及艺术，古代近东艺术，青铜与铁器时代艺术，爱琴海艺术，古代希腊艺术，古典希腊艺术，希腊风格化的艺术，意特斯堪艺术；第二卷：罗马艺术，塞尔特艺术，安息族与萨珊族艺术，欧洲草原艺术，印度艺术，东南亚艺术，中韩艺术，日本艺术，早期基督教艺术；第三卷：拜占庭艺术，爱尔兰艺术，盎格鲁—撒克逊艺术，维京艺术，伊斯兰艺术，前哥伦布艺术，北美印第安艺术及爱斯基摩艺术，非洲艺术，大洋洲艺术，卡洛林时期艺术，奥图时期艺术；第四卷：罗马风格的艺术，哥德艺术，古希腊罗马遗风，文艺复兴，北方文艺复兴，风格主义，巴洛克，洛可可，新古典主义，浪漫主义；第五卷：写实主义，印象主义，后印象主义，象征主义及新艺术，野兽主义与表现主义，立体主义与未来主义，抽象主义，达达及超现实主义，国际样式，拉丁美洲艺术，现代美国艺术，战后欧洲艺术，澳洲艺术，南非艺术。除一般性史实叙述外，在各章节中还插入 74 篇专题研究文章，对某一特定的艺术现象或艺术家、艺术作品进行个别解剖。第六至九卷为艺术家传记，按字母顺序列入传记条目 2 300 多条，内容包括艺术家生平、创作活动、艺术主张、重要作品等。第十卷为艺术辞汇，以专题研究、比较研究、媒体研究的形式，论述视觉艺术的本体特征、视觉艺术与社会及各姊妹艺术间的相互关系、视觉艺术各个类型的不同特点，介绍各种媒体材料的特性与使用方法。最后部分是世界各地 1 000 多座博物馆和艺术陈列馆的简介及全书的索引，索引中包含了许多在传记辞典中未及记载的艺术家的简单资料。附插图 2 200 多幅，绝大部分为彩色。(伍先华)

J000011 **艺术论纲** 彭启华著。武汉出版社 1994 年 11 月版。22 万字。6.80 元。对"艺术"问题进行提纲挈领式论述的专著。从艺术的由来，到艺术是什么，到艺术演变的历史形态、艺术门类、艺术品构成、艺术创作过程、艺术鉴赏与批评、艺术市场与管理，构成了一个关于艺术的"论纲"，贯穿其中的一个主题是人的活动、人的本质、人的创造。在《篇末余论》部分，作者对社会主义初级阶段艺术的特征和规律进行了探讨，并就新时期艺术在发展过程中所出现的一些问题和现象发表了自己的看法。(杨建文)

J000012 **大学生现代艺术鉴赏与修养** 英若诚等主编。沈阳出版社 1994 年 12 月版。6 万字。17.50元。普及性读物。按照美术、书法、戏剧、舞蹈、音乐、摄影等门类划分，介绍了一些基本的艺术知识，进行了现代艺术分析和探讨，采取按"专题"写作方法，分题展开，各专题既有内在联系又有相对的独立意义。(孙世同)

世界各国艺术概况

J000013 **宗教礼仪与古代艺术** 陈荣富著。江西高校出版社 1994 年版。13.8 万字。6.40 元。收入"中华文化通俗丛书"，研究宗教的产生、形成过程中的种种礼仪活动，以及它们对古代艺术，如音乐、舞蹈、绘画、建筑等等的影响。(陈易怡)

J000014 **剑桥艺术史** 苏珊·伍德福特等编著。中国青年出版社1994年5月1版。67.7万字。3册。70.00元。介绍西方艺术史入门知识的经典之作。原版为英国剑桥大学1982年开始出版,分为8卷,分别介绍西方美术史上希腊罗马、中世纪、文艺复兴、17、18、19、20世纪等7个时期,还附有绘画欣赏1卷。中文版合为3卷:《希腊和罗马、中世纪、文艺复兴·绘画欣赏》、《17—18世纪·绘画欣赏》、《19—20世纪·绘画欣赏》。本书由于侧重简明而不求全备,对各时代作家的介绍尚嫌不足,虽然书末附有艺术家小传、小词典可作些弥补,但必竟只是"入门"书。(郑一奇)

J000015 **艺术史** 北京大学朝鲜文化研究所编。民族出版社1994年5月朝鲜文版。69万字。19.00元。《中国朝鲜族文化史大系》之第三卷。内容包括音乐史、舞蹈史、美术史、戏剧史、曲艺史、电影史。每篇均采取断代叙述的形式,用丰富的史料连贯起来,层次分明,条理清楚,可读性强,对各自学科的研究有一定的史料价值和研究价值。尤以音乐史、舞蹈史为好。主要记述了朝鲜族移民来中国定居之初自发状态的劳动音乐、舞蹈;抗日时期、解放战争时期及新中国成立后的建设时期各种音乐舞蹈活动、系统的音乐舞蹈教育及其作用,并对各个时期的著名音乐舞蹈活动家一一做了介绍。(朴文喆)

J000016 **太平天国艺术(上、下册)(中英文对照)** 罗尔纲主编。江苏人民出版社1994年8月版。3万字。400余幅。2册。260.00元。太平天国文献4种(即印书、文书、文物、艺术)之一,根据1959年版《太平天国艺术》增补修订而成。共收入作品370件,比1959年版增加172件。分为壁画、板画、彩画、雕刻、缂丝·刺绣、书法·印章6大部分,其中壁画84幅,彩画156幅,年画11幅,书籍封面图案和文书边饰、封套图案15件,雕刻品30件,缂丝、刺绣品12件,书法品12件,印章42方。缂丝、刺绣则反映出集体生产下的艺术劳动成果。(包建明)

J000017 **20世纪世界美术大系·东欧卷** 朱伯雄主编。黑龙江美术出版社1994年10月版。20万字。722幅。196.00元。总论20世纪俄苏、东欧美术思潮、流派、艺术特色、重要艺术家和代表作、艺术成就及对世界艺术的影响和贡献。分述1900年至1920年的俄罗斯美术;20、30年代苏联美术——"罂粟"联合会、"俄罗斯革命美术家协会"、"架上绘画美术家协会"、"四艺社"、"美术家小组"、"分析艺术大师"集团、"十三人画会"、"乌诺维斯画派"、"生存派"、"罗斯塔之窗"等;40、50年代苏联美术——伟大卫国战争以及战后年代;60年代苏联美术"严肃风格"时期;"70年代人"的创作风格;80年代苏联美术;南斯拉夫现代美术;匈牙利现代美术;保加利亚现代美术;罗马尼亚现代美术;捷克斯洛伐克现代美术;阿尔巴尼亚现代美术;波兰现代美术;原民主德国画家克勒姆克。附有1900年至1991年俄苏、东欧各时期代表作722幅,还附有主要美术家简介。(张甬仁)

J000018 **中国新疆古代艺术** 穆舜英等编。新疆美术摄影出版社1994年10月版。2万字。450幅。175.00元。新疆古称西域,地处我国西北边陲,位当亚细亚洲腹地,自古以来就是我国西北少数民族聚居地区,联接世界东方和西方的陆路商贸大道——丝绸之路从这里通过,古代世界四大文明在这里交汇交流,从而形成了绚丽多彩而又独具特色的西域文化艺术。经过19世纪中叶以来百余年的考古发掘,在天山南北丝绸之路沿线的古城遗址、墓葬、寺院、烽燧和千佛洞中,陆续出土了大量异彩纷呈、风格各异的艺术作品,反映了历史上新疆各族人民的艺术创造和东西方文化交流,既是丝绸之路和中外经济文化联系的实物见证,也是中华民族古代文化宝库的重要组成部分。本书集百余年来新疆考古之大成,从艺术的角度选取最具代表性的西域艺术精品450件,分为石器、陶器、铜器(附金银器)、岩画、绘画、编织、木器、石雕、泥塑、玉琢、古建11大类。书中每件艺术品除精美照片外,并附汉英文说明,便于中外学人之研究。(柳用能)

J000019 **世界美术名作二十讲** 傅雷著。海南出版社1994年11月版。6.80元。介绍、赏鉴世界美术名作的著作。分20个专题,有的是评介名家。有的是品评名作。评述的名家,以古典派为主,兼及浪漫派。主要有乔托、多纳太罗、波提切利、达·芬奇、米开朗基罗、拉斐尔、贝尼尼、伦勃朗、鲁本斯、委拉斯贵支、普桑、格勒兹、雷诺兹、庚斯博罗等人。着重评述了意大利文艺复兴时期的几位大师。作者认为多纳太罗与传统决绝,在自然中探求美,并在作品中表现内心生活和性格,为后来者开辟了新的道路。在专论波提切利的一章里,着重指出其绘画作品的装饰性。在论达·芬奇的章节中,重点分析了作品《瑶公特》与《最后之晚餐》。作者认为:15世纪的清明的理智,美底爱好,温婉的心情,由达·芬奇达到了登峰造极的表现。关于米开朗基罗和拉斐尔,作者共用6讲专评他们的下列名作:西施庭教堂天顶画和壁画、美第奇墓、摩西像、美丽的女园丁、圣母与圣西施德、圣体争辩、毡幕图稿。书中另附35幅美术名作。收入“人人袖珍文库”。

J000020 **中亚古代艺术** [苏]普加琴科娃、列穆佩著。新疆美术摄影出版社1994年11月版。14万字。9.80元。为两位苏联学者对中亚古代艺术的研究成果,分壁画、雕塑、细密画、陶器、金属工艺、建筑装饰、艺术织物、骨雕8个方面,详尽论述了中亚古代艺术的起源、发展及特点等,并配有70余幅图片,都是丝绸之路上的古代艺术遗存。(何汉民)

J000021 **世界美术大图典** 胡德智、毛君炎主编。广西美术出版社1994年12月版。30万字。5 400幅。398.00元。大型图录式工具书。所收资料的年代上起3万年前的旧石器时代,下至1992年。作品编排大体分为3部分,即西方艺术、东方艺术以及与上述两大艺术体系联系较少的非洲、中南美洲、大洋洲艺术。对西方艺术的介绍大体上以时间为序,其古代艺术基本上按地域归类组织;由于19—20世纪的西方近现代美术发展愈来愈表现出明显的国际化倾向,因此,新古典主义以后西方(尤其是欧洲大陆)的艺术资料主要以风格、流派为主干来归类组织;东方艺术和非洲、中南美洲、大洋洲的艺术,因地域系统性较为突出,则主要以地区划分,其中中国艺术部分所占篇幅较大,并划分为若干历史时期。每幅图片均有相应的文字说明,介绍作者、创作年代、媒体材质及藏处等情况。书末有长篇专题论文《世界艺术概述》,按图版的分类概述各地区、各时期艺术的发展脉络、主要形式、基本特点、重要作品和艺术家,及其在艺术发展史上的地位和贡献。(伍先华)

J000022 **湖南民间美术全集** 左汉中主编。湖南美术出版社1994年12月版。28万字。8册。2 004.00元。收入湖南省范围内自汉唐特别是明清以来的民间美术作品2 000余件,分民间印染花布、民间刺绣挑花、民间织锦、民间剪纸木版画、民间雕刻、民间陶瓷、民间绘画、民间美术拾零8卷。卷首由张仃作总序,文论部分阐叙了各民间美术门类的历史渊源、发展脉络、工艺制作、民俗应用、造型特征及其艺术风格等。图版前辟有民俗部分,展现了民间美术在民间应用的广阔生存空间和丰富多彩的面貌。选入作品中,一部分是从未发表过的民间美术精品,充分体现了古老湘楚文化的薰染和湖南劳动人民的创造智慧。(左汉中)

J000023 **美术文献** 湖北美术出版社编。湖北美术出版社1994年开始出版。4印张16开。专题性中国当代美术丛书。每辑确立一个专题(按艺术种类、风格技法、地域流派、内容主题、艺术活动、画家个人等分类),特聘在全国有影响的艺术批评家,对国内外有特色、有潜力的优秀中青年画家及其代表作品予以推介,对其创作成果予以学术定位。丛书在体例上保持统一性,每辑以“画家档案”篇目推介艺术家4～6名,内容包括批评家的推介词、艺术家与批评家的答问录、艺术家的自述、作品(重要时期的代表作及近作)、图式背景(草图、手稿、速写、照片、对其有影响的名家及作品等)、艺术年表等;同时以“新作陈列”篇目介绍有独创性的艺术家6～8名,内容为其新作和简历。已陆续推出《中国流专辑》、《后具象画专辑》、《乡土油画专辑》、《周韶华专集》(增卷)、《雕塑专辑》、《想象性油画专辑》、《旅美华人画家专辑》等。(刘明、抑征)

J000024 **云南民族博物馆藏品选** 云南民族博物馆编。云南美术出版社1995年10月版。2万字。304幅。88.00元。重点介绍民族服饰、工艺美术两大类馆藏精品。服饰艺术除介绍白、纳西、佤、傣等25个兄弟民族的特色服装外,还分设鞋帽、围腰、挎包、背被等栏目,以148幅图版作了深入介绍;工艺美术部分共156图,分设器皿用具、首饰佩物、瑞兽偶像、雕刻、香包玩具、甲马剪纸、绘画、织绣等栏目,对全省各民族具有浓郁乡土特色的工艺美术品作了全面系统的介绍。高宗裕的序,对民族文物的界定分野提出了新论点。他认为民族民间仍在使用的实物,如服装、手工艺品、传统生产工具等,理应划入文物。另外两篇《云南少数民族服饰概说》、《异彩纷呈的云南民间工艺美术》简明扼要,增强了画册的学术品位。因该馆无法提供藏品的质地、相应尺寸、重量、征集地点,不能更准确地反映藏品的珍贵价值,是成书后的遗憾。(柯德恩)

绘　画

J000025 **元明清名家绘画系列** 天津人民美术出版社编。天津人民美术出版社1990年至1994年版。4万字。5册。元、明、清三代在中国美术史上是辉煌的发展时期,高峰迭起,画家辈出。元代以黄公望、吴镇、倪瓒、王蒙为代表,开创了传统山水画的一代新风。明代在继承宋元传统山水画方面,成就突出者当属沈周、文徵明、唐寅、仇英。弘仁、髡残、八大、石涛四位高僧,是清初画坛上杰出画家,他们在艺术上表现为个性强烈,以各自不同的艺术风貌独树于画坛。清代的山水画没有显著的革新与发展。但是以王时敏、王鉴、王翚、王原祁为代表，则全面继承了宋元以来的传统山水画的优秀技法，成为影响于清代的正统派山水画的领袖。到了清代中期，活跃于扬州的画家群有汪士慎、李鲜、黄慎、金农、高翔、郑燮、李方膺、罗聘等，他们反对摹古，提倡艺术个性，从而各自创造了独特的艺术风格。本套书包括由以上画家分别组成的《元四家画集》、《明四家画集》、《四僧画集》、《四王画集》、《扬州八家画集》共5册。作品选自中国历史博物馆、故宫博物院、台北故宫博物院等14家博物馆。按历史时期、按当时最具代表性的画家群体，系统地、科学地展现了我国优秀传统绘画的面貌，具有较高的收藏、审美价值，同时为研究传统绘画，继承借鉴、发展优秀传统艺术提供了可贵的资料。(张万夫)

J000026 **云南民族风情白描集** 赵宋生作。云南美术出版社1991年版。150万字。6.30元。云南省画家赵宋生的黑白线描画专集。他擅长中国画，作品较真实生动地展示了云南少数民族生活的风貌。(林维东)

J000027 **章又新建筑画与技法** 章又新著。黑龙江科学技术出版社1992年10月版。208幅。54.00元。收入“当代中国名家建筑创作与表现丛书”。分4部分，即：画论与技法；技法图例；建筑画创作和建筑水彩写生。在画论部分，介绍了写生与建筑画、建筑画的评价标准、建筑画的技法表现、建筑画的方法与步骤；在技法图例中，重点介绍了天空、地面、水面、树木、人物与车辆、建筑材料、光与影的不同表现方法；在建筑画创作和水彩写生部分收录了作者76幅代表性的作品，并对这些作品的创作进行了介绍和分析。(曲家东)

J000028 **大理石天然画精粹** 云南省对外文化交流协会、大理白族自治州人民政府编。大理市人民政府、云南新闻图片社1993年版。3万字。128.00元。从观赏的角度，从大理石的神韵入手，以山水、人物、动物、抽象来分类。带人们去鉴赏、体会大理石的天然之美。(徐芸)

J000029 **中国书画装裱修复技法** 张宝善著。云南美术出版社1993年版。5万字。4.00元。从装裱设备、工具和材料讲起，详细地讲述了以上几个环节的具体操作技法；并配以较为详细的插图说明。(吴国城)

J000030 **日本当代插图集** 吕敬人编。安徽美术出版社1994年版。35.00元。遴选300多位日本当代插图画家的近千幅作品，包括具有代表性的当代著名插图艺术家和崭露头角的新一代插图画家的新作。(宋子龙)

J000031 **伍必端作品选** 伍必端画。安徽美术出版社1994年版。104幅。65.00元。收集著名版画家伍必端的104部作品。《血的仇恨》发表于1941年，作品在技巧上固然幼稚，但体现在作品中的爱憎情感却是鲜明强烈。50年代中期，伍必端赴苏联列宾美术学院深造，极大地开阔了自己的艺术视野和丰富了个人的艺术素养，从而使自己的创作发生了明显的变化。发掘生活底蕴，揭示人心的淳美成为他着意的艺术追求。《伏尔加河边》、《悲剧演员》等就是这一追求的具体体现。善于在特定环境中刻画人物的内心情感，是伍必端人物画创作的又一特色。1973年为中国历史博物馆绘制的巨幅工笔重彩《李自成进北京》就是一例。这一点也体现在他为许多文学作品所创作的插图中。长篇小说《恰巴耶夫》的木刻插图便是具有代表性的优秀作品。除人物画外，还创作了大量的风景画。从这些作品中更能看到他在艺术上的广泛探索和风格演变的过程。60、70年代的风景写生创作是以对自然景致的仔细观察和真实表现为主旨的，如《春雨》、《万码头》等，这种忠实于感受的精细描绘，可看作是画家在风景创作中的“人象”阶段。80年代，伍必端先后赴内蒙、东北和西北写生，那宏阔苍茫的北国景色，给了画家截然不同的感受，从而使他的创作发生了巨大的变化，从《晚霞》、《火山坑》、《静静的火山灰》等作品中明显地感受到画家强化了个人感受，尤其是《神话移植》、《幻觉》，画中神秘的气氛，使人感受到画家神驰环宇、俯视大千的创作心境。(武忠平)

J000032 **现代建筑画与技法** 赵兴斌著。黑龙江科学技术出版社1994年版。20万字。66.00元。实用现代建筑画表现技法书。由建筑写生(60幅)、徒手室内建筑画(7幅)、马克笔硫酸纸室内建筑画技法(24幅)、室内建筑画创作(16幅)、室内设计工程实例(16幅)等5部分组成，共精选彩图123幅。所收作品包括作者在巴黎、莫斯科、香港、深圳等地的建筑写生、徒手室内建筑画、马克笔硫酸纸画、透明水彩、喷绘等室内建筑画及部分室内设计工程实例图。(阴志清)

J000033 **荣宝斋画谱·现代编** 荣宝斋出版社编。荣宝斋出版社1994年版。4 500幅。100册。2 180.00元。中国绘画技法、范本丛书。以注重实用价值，普及中国画技法，弘扬民族文化艺术为目的，以现代中国画坛为背景，分山水、人物、花鸟入门科，选择89位在这一段历史上有重要地位、个人风格强烈、艺术成就突出、兼有技法研习价值的画家。诸如：齐白石、张大千、潘天寿、李可染、黄宾虹、徐悲鸿、吴作人、林风眠、于非闇、陈之佛、丰子恺、傅抱石、关良、刘奎龄、吴冠中、钱松嵒、何海霞、石鲁、黄胄、刘继卣、董寿平、启功、宋文治、亚明、叶浅予、张仃、赵少昂、田世光、白雪石、陆俨少、唐云、谢稚柳、崔子范、潘絜兹、刘凌沧、陈子庄、黄秋园、梁树年、朱屺瞻等等。精选他们的作品，辅以画家简历，技艺评介，技法范示编辑成谱。从整体上看，丛书基本反映了这一段绘画史的面貌和技艺风范。同时，每一本都有其独立的范本使用价值。（焦明）

J000034 **三国演义画本** 白宇等改编。岳海波等绘画。山东美术出版社1994年版。2 500条。5册。76.50元。采用长文字脚本的形式，强调脚本的文学色彩，使文学脚本保持原著的文学风格和语言特色。在绘画方面，采用每页一文一图的大画面版式，使画面层次更丰富，精美耐看。（马济民）

J000035 **艺海珍藏** 崔子范等作。山东美术出版社1994年版。200幅。123.00元。为庆祝山东美术出版社建社十周年出版的一本中国画、书法作品集。其中有当代著名画家崔子范、周韶华、许麟庐、郑乃珖、张朋、魏启后、于希宁等人的作品，也有一些卓有成就的中青年书画家的作品。绘画题材广泛，有花鸟、山水，也有人物。艺术风格多样，既有功力深厚的传统式样，也有颇富新意的现代画风。书法作品的题材和书体也较为多样丰富。（阳生华）

J000036 **崔子范精品集** 董玉龙主编。山东美术出版社1994年版。120幅。368.00元。崔子范是近十几年来我国画坛上新升起的一颗璀璨的巨星。他的作品其笔墨具有中国传统绘画的功力，在造型和设色上汲取了中国民间艺术的精华，在构图上又吸收了西方现代绘画流派中构成主义的形式美感，结合自己丰富的生活体验与对生活的深刻认识和理解，融会贯通，形成了自己独特的艺术风格。本集子收入崔子范1977至1994年这一时期创作的大批优秀作品中之精品，共计120幅。作品均按年代编排，标题附有创作年代及尺寸。书后还附有崔子范先生年表。（肖灿）

J000037 **孙增弟速写集** 孙增弟作。山东友谊出版社1994年版。36.00元。辑作者速写作品近200幅。分舞台速写、工厂速写、农村速写、风景速写、人体速写和其他速写6部分。他的舞台人物速写生动简练，活泼流畅，几根线条，几笔涂抹，就勾勒出极有韵味的艺术形象。舞台速写部分中的《追鱼》、《西班牙舞》、《西土情韵》、《欢乐的乡村姑娘》等，或饶有情趣，或节奏激昂，或载歌载舞，都各有特色，栩栩传神。画集中的20余幅人体速写，是画中的画，诗中的诗。画家以深厚的造型能力表现了女性人体的柔美婀娜，丰满而神奇的起伏曲线，充满韵律感的生动姿态，给人以美的享受。（夏爱平）

J000038 **建筑壁画艺术** 副名：张立旗作品选。张立旗作。天津科学技术出版社1994年版。78.00元。通过100余幅彩色图片和130余幅黑白图画，介绍了青年壁画艺术家张立旗的代表作品，包括涂料壁画、陶瓷壁画、金属壁雕及室内装饰壁画。主要有：组画“童话大世界”——采春、丰收的欢乐、冬日的七色花、太阳鸟、正午的风、魔方世界等；“五彩城商业街组画”——盛世图、古币的传说、阿拉伯盛会、升华、梦幻、图腾等；还有作者大量的实施图稿，如大连体育中心壁画长卷、溪流、彼岸、诗源、花仙、宴乐图、盛京图，以及宗教画飞天、护法、神曲和部分习作小品。通过“建筑艺术随笔(十则)”、“塑造一种思维的灵魂——现代城市雕塑漫谈”和“人类理想的色彩与灵光——试论艺术创作中的思维灵魂”3篇文章，阐明了作者对壁画艺术的审美观、风格尺度与环境特点的把握、主观意向与宏观因素的协调、神秘主义与象征主义潜在意识的发挥以及壁画的设计制作过程和材料选择等心得体会。（杨岳霖）

J000039 **中南海珍藏画集(第二卷)** 中南海画册编辑委员会编。西苑出版社1994年版。215幅。480.00元。共收绘画作品215幅，是从毛泽东故居、周恩来故居和中南海收藏的绘画作品中遴选出来的，其中有山水、人物、花鸟、虫鱼等不同绘画门类，是各时期绘画名家赠送给党和国家领导人的。这些作品表现出不同的艺术风格，或疏阔旷远，或凝重肃穆，或雄强拙横，或仙气飘逸，百花竞艳，南北争奇。齐白石92岁时画的《和平万世图》、刘海粟画的《乔松参天万古青图》、陈半丁画的《春满乾坤图》、何香凝画的《梅花图》是中国绘画史上的传世之作。画集中的其他作品，也无不各具艺术特色，展现了中国现代画坛的艺术成就。（陈玉刚）

J000040 **孙建东中国画集** 孙建东作。云南美术出版社1994年版。0.3万字。50.00元。国画作品专集，其题材广泛，技巧高超，充满了热爱大自然的感情色彩；钟情于描绘云南植物王国和动物王国。孙建东师承袁晓岑尽得画孔雀的奥秘，他笔下的孔雀，外形用墨大胆、洗练、飘逸，而其孔雀的羽毛却精勾细描，具有立体感，这种粗细结合，刚柔并重的画风是“思索于天地之间，成卷于刹那之时”，下苦功追求到的艺术境界。作者还塑造了许多具有时代气息的人物画，增强了作品的思想性和力度感，在继承和发扬、创新中国的传统艺术方面，作出了可喜的探索；如他笔下的人物，无论是傣族姑娘、佤佤妇女、独龙汉子、彝寨山民，无不笔墨苍秀，个性鲜明，尽得风流，尽传精神，使人如闻其声、如见其人，达到出神入化的美妙境地。(杨接)

J000041 **陈崇平画集** 陈崇平作。云南美术出版社1994年版。0.2万字。70.00元。收云南画家陈崇平绘画作品78幅，画集全部彩印，有47幅重彩画和31幅水彩画。作者采用平面布局、现代构成的方式，充分利用高丽纸的特点，用东方传统的笔墨线条，又将西洋画的色彩和水彩、油画技法融贯其中，使作品真实与幻想并存，平面与立体空间交错，写实与装饰互融，具有浓重的云南民族特色。所画作品大都是以一种唯美主义的“人类语言”，把大自然与东方女性的清新、纯美糅为一体，把人类与自然的一种永恒的美宣泄纸上，在浓郁的抒情中表现她们的心态和情感及画家对生命温馨和诗意美的礼赞。(杨接)

J000042 **李忠翔版画** 李忠翔作。云南美术出版社1994年版。20幅。88.00元。辑李忠翔1990年—1994年的作品20幅。作者以中国传统的木版水印为自己的表现语言，并在运用传统语言的同时，溶进了许多西方的形式法则，现代人的意识和自己娴熟的艺术技巧。从而使每一幅作品精致，生动，具有独特的艺术风格和强烈的个性。(徐芸)

J000043 **共和国领袖的故事丛书** 徐肖冰、侯波等编。浙江人民美术出版社1994年版。300幅。6册。84.00元。收故事300个，记录了毛泽东、周恩来、刘少奇、朱德、邓小平、陈云6位共和国领导人革命生涯中的一个又一个真实的历史瞬间，以及每一个历史瞬间凝结的故事。通过一系列生动的历史照片和一个个小故事，再现了共和国领袖们为中华民族叱咤风云的画面，也有充满生活情趣的故事；有光明磊落严谨无私的往事，也有和人民群众同甘共苦的真情。(骆根龙)

J000044 **欧洲绘画大师技法和材料** 马克斯·多奈尔著。杨鸿晏、杨红太译。重庆出版社1994年版。32.2万字。9.50元。述及油画、壁画、丹配拉等画种。对油画、丹配拉的各种画底制作，颜色研磨、粘结剂的调配，对古代绘画的修复和保护，对古代大师技法(如：钦尼尼的丹配拉技法和凡·代克的混和技法)等诸多方面进行分析和描述；还将本世纪初物理和化学的研究方法合理的引入绘画技法及材料学领域，从技术和工艺上破译了西方古代大师在绘画制作上的秘诀。同时为绘画作品的修复和保护提供了切实可行的办法。(涂国洪)

J000045 **辰生画集** 董辰生画。大连出版社1994年1月版。65幅。60.00元。董辰生是著名的人物画家，他以笔简形具、粗豪奔放、充满活力、风格鲜明的人物画而蜚声当代中国画坛。辰生笔下的人物不以精整密致取胜，而以潇洒流利见长；不徒写其貌，而重传其神。他循古人之规矩，开自己之生面，画出的是一种发展了的全新的中国人物画。本画集主要收选辰生创作的少数民族舞蹈和京剧彩墨人物画50幅。其中，表现舞蹈的《踏歌行》、《泼水节》、《阿细跳月》等，抓住了那最本质的瞬间，流淌出形象独具的优美节奏和韵律。表现京剧的《空城记》、《汾河湾》、《大闹天宫》等，用最简练的笔触捕捉到人物一刹那的身姿，把寸丝流动之美变为永恒凝固之美。无论是舞蹈人物画，还是京剧人物画，都绝不是对其原型的摹写，而是画家在深刻揣摩人物内涵的过程中进行再度创作。画集还收入辰生一部分人物速写。(李然)

J000046 **齐白石绘画精萃(8开精装)** 齐白石作。吉林美术出版社1994年1月版。208幅。380.00元。画册编选北京市文物商店所藏齐白石绘画作品208幅，除部分作品在人民美术出版社于1986年出版的《齐白石书画集》(32开)中发表外，其余均未曾发表过。作品内容包括花鸟鱼虫、山水、人物等，所跨时间自1902年齐白石39岁始一直到1957年他逝世前。书后附录齐白石年表。(王兴吉)

J000047 **林若熙工笔画集** 林若熙著。岭南美术出版社1994年1月版。39幅。53.00元。林若熙花鸟画属于“工笔重彩”一体，但与传统的工笔重彩花鸟画却是大异其趣的。在他的花鸟画中，虽然都是以南方常见的花木禽鸟为题材，而在剪裁、章法、色彩处理上却往往是传统花鸟所不经见的，甚至是前人所避忌的，经他独具匠心的处理，形成他的花鸟画崭新艺术风貌和独特艺术魅力。本书选编39幅作品，画面既真切又奇异，既熟悉而又陌生，既亲切而又有某种距离的感觉，给读者一种梦幻般的美。(李惠卿)

J000048 **马莲装饰画作品选** 马莲作。内蒙古教育出版社1994年1月版。39万字。17.00元。入选画家1977年至1990年共39幅装饰画作品。其作品创作分为几个阶段:第一阶段为较注意客观对象的再现(如参加全国美展《银针传深情》、《北疆雏鹰》)。第二阶段更注重于主观形式的创造(如参加七届全国美展的《草原·洁白的乳汁》、《女体·骏马系列》作品)。第三阶段将这种形式的创造进一步凝炼、简化,使其更富有抽象意味、更整体、更具有几何组合的秩序感,(如参加八届全国美展的《花儿朵朵》装饰画)。三种类型相互渗溶,并在递进中有交叉,使其作品更富有装饰风采。(马莲)

J000049 **刘旷画集** 刘旷作。陕西人民美术出版社1994年1月版。收入作者早期的作品《云梯》、《滚木檑石》、《破击战》、《前战宣传员》等,着重表现战争年代的战斗生活。建国后的作品则表现人民在和平时期的新生活、新建设和祖国的锦绣山河。作品有《找水源》、《长城内外》、《高原景色》、《望黄河滚滚》等。其作品刀法豪放、黑白沉雄、色调明快。作者尤善画盘根错节的榕树,代表作有《浓荫》、《根深叶茂》,这些雄伟高耸的大自然形象,充分表现了作者的顽强精神和气魄。(刘晓华)

J000050 **动物大战** 齐林等编。浙江少年儿童出版社1994年1月版。约2 500幅。5册。26.00元。讲述动物之间争斗故事的丛书。分"食物争夺之战"、"克星围猎之战"、"智力角逐之战"、"领土骚扰之战"、"御敌求生之战"5册。编者将动物之间形形色色的战斗编成一个个情节生动、惊险曲折的卡通故事,巧妙地将故事性、知识性和栩栩如生的画面融为一体。丛书中色彩丰富的画面清晰、逼真、准确地描绘出动物各自的形态特征以及生活环境。同时,编者又运用拟人的手法和恰如其分的夸张,赋予动物鲜明的性格特点和情感,使读者产生身临其境的真实感,仿佛亲身经历了这一场场战斗,感受到了动物的喜怒哀乐。读者在阅读故事的同时,还能走入亚洲的热带雨林、南美洲的亚马逊河、非洲的大沙漠以及南极的冰雪天地,去领略世界各地的风光,去探索大自然的奥秘。(丛燕)

J000051 **绘画本世界名人传记** 浙江少年儿童出版社编。浙江少年儿童出版社1994年1月版。112印张。74.00元。向少年读者全面、系统介绍世界古今名人的图书。全书分政治家卷、思想家卷、军事家卷、文学家卷、艺术家卷、科学家卷、发明家卷和综合卷,共8卷。按所收入人物的主要活动进行归类,一些难以确切归类的人物归入综合卷。以每位人物出生时间的先后为各卷篇名的排列顺序。共收入世界名人170余位。尚健在的世界名人未予收入。本书采用文图对照形式向读者全面、系统地介绍世界名人。每位人物的传记均由辑封(刊有人物头像和人物简介)、图片资料、连环画3部分组成。本书所涉及的人物、地点、时间、事件等力求真实准确,有史料依据。如有数种说法,取其中一主要的即已被公认的说法。涉及的译名以约定俗成的译法为准。(赵立昕)

J000052 **近代中国演义连环画(上、下)** 朱羽编文,思陶等绘。福建少年儿童出版社1994年2月版。22印张。2册。20.00元。由禁烟风云、天国悲歌、慈禧揽权、南疆硝烟、甲午海战、百日维新、义和团壮举、变革风潮、辛亥革命、帝梦覆灭、五四曙光11个大故事组成,勾出整个中国近代历史的线索。画面均采用白描勾勒手法,不夸张、不变形,力求准确而生动地再现中国近代历史舞台上的各种人物与场面。(吴兆钧)

J000053 **中国当代作家书画集** 鲁岩、张黎洲主编。海峡文艺出版社1994年2月版。105幅。150.00元。主要收尚健在的98位中国当代著名作家作品,也兼收少数已作古的作家的作品,共105幅。原则上一位作家选一幅作品,但如有画作,又有书法作品的,则各取一幅。每幅作品后面都附上作家的近照及其创作简历。(林秀平)

J000054 **王玉辉画集** 王玉辉作。云南美术出版社1994年2月版。60幅。49.50元。收录作者重彩画60幅。作品多以云南少数民族妇女、儿童为题材,着力表现人与自然间相互依存的关系,以及大自然——母亲的不朽主题。部分作品则表现了少数民族青年男女间无拘无束的爱情生活。(方绍忠)

J000055 **三希堂画宝** 九思斋主编。中国青年出版社1994年2月版。2 000幅。6册。150.00元。中国历代名画的撷粹。分为山水、人物、仕女、竹谱、兰谱、草虫花卉等6册。(邓中和)

J000056 **蜡墨画新技法** 朱墨著。安徽美术出版社1994年3月版。15.00元。用文字和图例表达蜡墨画作画之步骤,对纸、蜡、墨、笔、刀等工具和用线、赋彩、整理等画理也作详尽介绍。附有40余幅彩图,可作范画,供赏析、临摹。(张世刚)

J000057 **第二届中国油画展作品集** 杨悦浦、申少君主编。广西美术出版社、接力出版社、广西教育出版社1994年3月版。364幅。580.00元。大型艺术画册。配合由中国美术家协会油画艺术委员会主办、于1994年4月在中国美术馆开幕的"第二届中国油画展"而出版,共收入该次展览作品364件,其中获奖作品20件,评委作品和特邀作品48件,参展作品296件。这些作品体现中国画坛几代画家上下求索、八方撷取的艺术实践,反映他们在艺术主张、形式表现、语言探索等方面的不同价值取向和审美取向。(伍先华)

J000058　**影视片连环画册(中小学卷)**　国家教委基础教育司编。明天出版社1994年3月版。1 300幅。2册。14.50元。以少年儿童为对象,根据中小学生必看的34部爱国主义教育影视片目进行编绘,内容涉及"抗击帝国主义侵略"、"革命传统与社会主义教育"、"人物传记"等多个侧面。既有反映鸦片战争、中日甲午战争等历史故事,也有反映第二次国内革命战争、红军长征、抗日战争、解放战争和中华人民共和国成立以及抗美援朝等方面的革命故事,还有反映老一辈无产阶级革命家毛泽东、彭德怀小时候的故事以及聂耳、董存瑞和雷锋等人物传记故事。(孙继班)

J000059　**潘晓玲作品集**　潘晓玲作。陕西人民美术出版社1994年3月版。潘晓玲是一位农民女画家。她的整个作品写实与装饰性并融,构图饱满,色彩明快,协调统一。我们从《秋获》、《荷塘鸭群》、《庆丰收》、《连年有余》、《看戏》、《赶集》等作品中,可以看出它保持内涵深邃的西部风情民俗与黄土文化风采。(刘晓华)

J000060　**郭金洲版画选**　郭金洲作。陕西人民美术出版社1994年3月版。0.2万字。6.30元。收作者1960年至1993年间作品48幅,按作品发表时间编排顺序。作者初期师承老画家刘蒙天的创作风格,后又受赵望云、刘旷等人的启发和影响,继而在实践中摸索并有所创新,形成了朴实无华、黑白节律明快酣畅,整体气势较恢宏、局部看又细针密线的个人风格,作品既有民族传统,又有时代气息,既保持了版画特色,又融入了不少中国画的创作特点。代表作品有《华山玉泉院》、《大雁塔》。(周政王)

J000061　**山水画法**　胡振郎著。上海人民美术出版社1994年3月版。300余幅。18.80元。美术技法书籍。分2编:上编包括基本常识和技法,强调笔法和墨法,四季山水景物的描绘和用笔用墨特点。下篇为作者在饱览海天山色、黄山松石、漓江烟雨、绍兴水乡、富春秋色、华山雪霁、普陀佛国等等之后,融情于笔墨,对祖国大好河山之四时变化的描绘。(沈一草)

J000062　**爱的教育**　德华等改编,李清白等绘画。新蕾出版社1994年3月版。720幅。9.80元。收入"世界儿童文学名著连环画丛"。根据意大利优秀儿童文学作家亚米契斯的著名儿童小说《爱的教育》改编而成。共有19篇故事,其中有《万里寻母记》、《小抄写员》、《少年鼓手》、《爸爸的看护者》等。(段纪夫)

J000063　**中国物产传说故事**　齐丽、晓春等改编,丁时弼等绘画。新蕾出版社1994年3月版。240幅。10册。9.45元。作者从我国流传的民间故事中选取了不同地域、不同门类的10种著名物产传说故事改编成为连环画。它们是《安徽宣纸》、《景德镇玲珑瓷》、《宜兴紫砂壶》、《天津杨柳青年画》、《苏州真丝被面》、《贵州茅台酒》、《山西竹叶青酒》、《天津狗不理包子》、《长白山人参》、《兴化桂元》。这些故事有的表现了古代先人为研制发明物产而付出的艰辛努力;有的如泣如诉向读者讲述了传说中的人物为捍卫劳动成果所做的牺牲;有的表现了劳动人民不畏权贵、敢于向恶势力斗争的大无畏精神;还有的寄予了人们美好的愿望和理想,使这些故事更富传奇色彩。(李春芬)

J000064　**中国当代儿童寓言选**　杨向红等著,朱成梁等绘画。新蕾出版社1994年3月版。200幅。13.20元。精选杨向红、仇春霖、韶华、陈模、黄瑞云、马达、吕德华、柯玉生、徐慎贵、金江10位寓言作家的52篇寓言,并配有精美图画,通过生动的形象,机智而隽永的语言,揭示出一个个生活哲理。(段纪夫)

J000065　**张乐平连环漫画全集**　张乐平绘。中国连环画出版社1994年3月版。564幅。48.00元。收入作者从1946年到1986年创作的《三毛从军记》、《三毛流浪记》、《三毛外传》、《三毛日记》、《父子春秋》、《三毛今昔》、《二娃子》、《三毛学雷锋》、《人到老年》全部连环画作品。作者的艺术创作,从一个侧面反映了近代中国社会的历史变迁,表达了人民在一定历史时期的思想感情。本书附有作者小传,作者社会生活掠影,作者创作年表大事记等文字和历史照片资料,对研究张乐平的艺术创作思想亦具有参考价值。(张阳)

J000066　**中国新兴版画发展史**　齐凤阁著。吉林美术出版社1994年4月版。250万字。19.80元。以历史唯物主义的观点,以版画创作为主体,对我国各个历史时期的版画创作进行详尽、精辟的分析和论述,同时,对版画运动的史料,也作详尽的介绍,并从艺术和审美的视角对版画作品进行分析,在互相

联系和对比中，整体而准确地反映我国新兴版画的内部发展规律。（赵淑珍）

J000067 **彩图动物智慧故事 365** 杨森、王振海等编绘。济南出版社 1994 年 4 月版。12 册。23.40 元。以彩图的形式，拟人化的手法，每天向儿童介绍一则生动有趣的动物故事。这些故事都是古往今来流传于民间的佳作，它们是人类以自己的理想，以自己的爱憎，以自己的聪明才智将动物人格化的一种表现方式。在故事中，老虎、狮子、狼、狐狸等是凶残、专横、狡诈的化身，无论它们怎样作恶多端，最终都落得可悲下场；而以兔子、山羊、黄牛、青蛙为代表的动物则代表着善良、勤劳、机智，它们团结互助，齐心协力，和恶势力作斗争，最后取得了胜利。（朱向泓）

J000068 **中国神话童话故事选** 石磊等编。江苏少年儿童出版社 1994 年 4 月版。12 万字。近2 000 幅。22.00 元。彩色连环画儿童读物。收入中国神话童话名作 78 篇，根据多种资料进行艺术加工，改写成连环画文学脚本。内容有中国上古神话、民间神话传说、民间流传的童话故事及少部分创作童话，侧重于古代题材。（张玉培）

J000069 **中国美术学院附中学生习作·素描** 中国美术学院编。陕西人民美术出版社 1994 年 4 月版。1 万字。12.00 元。收入中国美术学院附中学生素描习作 100 幅。有静物素描、石膏像素描、肖像素描、人像素描、人体素描等，基本展示了美术学院附中素描教学的全过程。书后附有该校基础教研室撰写的关于附中基础素描教学的体会及基础素描教学改革的思路论文。（储子平）

J000070 **上海美术馆藏品选集中国画(1)** 干树海主编。上海人民美术出版社 1994 年 4 月版。102 幅。120.00 元(平)，165.00(精)。集中既有成就的老画家的作品，也有当代中青年画家的作品，风格各异、形式多样。（钱欣明）

J000071 **梁崎书画作品选** 梁崎作。天津杨柳青画社 1994 年 4 月版。精装 8 开，92 幅。120.00 元。我国已故著名回族书画家梁崎作品造诣精深。擅画写意花鸟、人物、走兽，山水尤工，兼攻指画、指书。其作品气势磅礴，笔墨雄健淋漓，造型简括，纵情放逸，浑然天成。作品在艺术表现上古拙别致，具有法度。画家以深厚的动力和广博的学识融诗文书画于自己的创作中，使作品充盈着中华民族特有的艺术精神和文化物质。画集中收入山水、花鸟、走兽、人物、指书、指画、书法作品计 92 幅，更有多种表现形式：团扇、折扇、斗方、中堂、横竖多品。（韩祖云）

J000072 **露金丝和米法尔历险记** 古特瓦·韦尔比著，黄莹译。武汉大学出版社 1994 年 4 月版。10 万字。12.80 元。正倒都能看的卡通画册，每页独立成章，叙述一个风趣幽默的童话小故事。每页 6 幅画倒过来又成了另外的 6 幅，而故事情节完全连贯，尽管原先的第一幅变成了最后一幅，第六幅变成了第七幅。全书想象力丰富，妙趣横生：如小女孩露金丝，倒过来便成了她的爷爷米法尔，她的大裙子和小小的腿便变成了米法尔的帽子；木筏变成了棚子；树变成了冒烟的柱子，变成子草地、雨；猫头鹰变成了小丑，等等。（陈东华）

J000073 **中央美术学院陈列馆馆藏欧洲油画原作** 中央美术学院陈列馆编。新华出版社 1994 年 4 月版。44 幅。50.00 元。中央美术学院陈列馆欧洲油画藏画品精选集。作品均为欧洲 19 世纪绘画作品，其中有各种静物花卉，各种人物肖像，反映欧洲市景、村镇、港口等风光的作品以及汲水、收获、狩猎等劳动场面的作品。由于历史久远，多数作品的作者、创作年代已无从查证，它的出版可成为我们学习借鉴欧洲绘画的“他山之石”。（陈卫东）

J000074 **清·张子祥花鸟写生画谱** 孟莹编。安徽美术出版社 1994 年 5 月版。200 幅。12.00 元。张子祥，又名张熊，别号鸳湖外史，浙江嘉兴人，寓上海，清代著名花鸟画家。工花卉翎毛，兼能人物山水及篆刻，尝写大幅牡丹，功力深厚，设色浓丽，论者谓其纵逸近似周之冕，与任熊、朱熊合称“沪上三熊”。该画谱是张氏花鸟写生课徒画稿。画谱共有 4 个分册：第一册为春季花卉；第二册为夏季花卉和秋季花卉；第三册为冬季花卉，包括果菇和草树芝石；第四册为鱼鸟昆虫、翎毛花卉等。均分别形态，各为单元，其构图极为简约，略示布局之法。学者可创意配合，或增或减，自成新制。部首还附有着色要旨，以便初学者参考。（马世云）

J000075 **中国古代乐器百图** 金家翔编。安徽美术出版社 1994 年 5 月版。6.80 元。从大量的实物、出土文物和各个时期遗留下来的墓壁画、壁画、绘画、雕塑作品中收集并整理绘制而成。尽量使其形象与文献记载相符合，并注出它们的渊源、流行年代、地域及发展衍革，以及造型结构和作用。其中还选用了部分少数民族专用的代表性乐器。本书为说明乐器的演奏方法，图例中配画了奏乐人物，并标有年代，尽量使人物服饰、道具有一定的依据和时代特色。（宋子龙）

J000076 **世界儿童文学名著精选连环画(第 2**

辑) 卡洛·科洛迪等著,张健民等绘画。晨光出版社 1994 年 5 月版。1 627 幅。10 册。27.60 元。包括《木偶奇遇记》、《陶气包艾米尔》、《王子与贫儿》、《汤姆·索亚出国旅行记》、《噼啪——打出一个国王》、《小熊温尼·菩》、《假话国历险记》、《小老鼠比克》、《时间之谜》、《旅行奇遇》等 10 篇故事。10 篇连环画,采用了幅与幅之间不用分隔框线的办法,根据情节需要,幅面可大可小,既有大场面,也有特写。(李志祥)

J000077 **精彩童话小屋** 安徒生等著。明天出版社 1994 年 5 月版。864 幅。2 册。13.00 元。从古今中外的童话作品中,选出部分名篇佳作,根据幼儿的心理特点和接受能力,进行适当改编,以连环画的形式出版。全书分"雪糕卷"、"菠萝卷"两册 ,脚本语言通俗、浅显;绘画者根据文本进行艺术再创作,形象稚拙,色彩鲜艳,意境优美。代表作品有:《吹风笛的人》、《泰莱莎》、《破耳朵兔子》、《崂山道士》、《马兰花》、《坚定的锡兵》等。(建元)

J000078 **中国典故故事连环画** 金文明等绘画。上海人民美术出版社 1994 年 5 月版。40 万字。2 册。74.10 元。连环画辞典。全书收入典故条目近 400 条,画幅 4 000 余幅。用连环画的形式图解典故,通过典源、释文及故事 3 部分来介绍一个典故,使典故更通俗、更形象、更易普及。(曹欣渊)

J000079 **儿童美术辅导丛书** 易利森等著。湖南美术出版社 1994 年 5 月至 1995 年 9 月版。3 万字。5 册。39.70 元。分《素描》、《水彩、水粉》、《中国画》、《工艺美术》、《版画》5 个分册。(彭本人)

J000080 **何多苓人体素描** 何多苓画。广西美术出版社 1994 年 6 月版。58 万字。29.80 元(平),39.80 元(精)。画册。收入何多苓创作的人体素描作品 56 幅,书前有钟鸣撰写的《雨夜观何多苓素描图(代序)》。何多苓是当代中国画坛上颇有影响的中青年艺术家,他把素描当作一种极具独立性的表现形式,以女人体为主要表现对象,倾注激情,潜心探索,以柔和细腻的笔调捕捉人体构成中的微妙变化,刻意追求每一幅作品间的细微差异,形成一种重原形与写实、典雅秀逸、唯美而抒情的艺术风格。(伍先华)

J000081 **黑白情韵** 副名:姬俊尧装饰画集。姬俊尧著。河北美术出版社 1994 年 6 月版。110 幅。9.90 元。选取黑白装饰画 110 幅。作者运用点、线、面的变化,抓住景物主要特征,采取夸张、概括和黑白对比的艺术手法,创造出简洁、鲜明的装饰艺术形象。着意从内涵上表现出江南水乡、海岛渔村独特情趣和风韵,具有朴实无华的艺术特色。表达了作者对祖国大好河山的赞颂和美好事物的追求。该书在创作手法上具有装饰画的特点,又吸收了木刻方法,创作出一个形式和内容趋向完美统一的黑白世界。(马志实)

J000082 **图画书创作的 ABC** 周宪彻著。湖北少年儿童出版社 1994 年 6 月版。5 万字。240 幅图。78.00 元。介绍儿童图画书的艺术理论、编创程序、表现手法、成功经验。(周伟)

J000083 **明清扇画选** 苏兴钧编著。吉林美术出版社 1994 年 6 月版。5 万字。154 幅。250.00 元。辑吉林省博物馆收藏的明清 105 位著名画家的 154 件作品。除个别的几件在刊物上发表过,都是首次公开面世的绘画精品。明清两际的主要画派、画家的作品都有收录。题材有山水、花鸟、人物、肖像、走兽、虫鱼等。囊括了中国画的所有画科;表现方法有工笔、写意、半工半写、青绿、浅绛、水墨、白描及指头画等,中国画的各种艺术表现手法也都尽有。同时也收录了一些冷僻、传世甚少的画家的作品,如"金陵八家"的胡糙的《范双玉小像图》;康熙年间的宫庭画家陈尔粺的《洗象图》、《跳鼠图》;张城的《人物肖像图》等。每幅作品都附有作者简介和评析文章。(朱孝达)

J000084 **陈望版画五十年** 罗宗海等编著。岭南美术版 1994 年 6 月版。2 万字。251 幅。50.00 元。陈望版画创作 50 年的艺术、生活经历及成就记载。第一部分为评论文章,评论人从生活、艺术实践及艺术观诸方面,对陈望版画的"批判现实主义"、"革命现实主义"及形式主义创作方法开展批评。辑论文共 40 篇,作者为罗宗海、黄亦生、赵克标、蔡仰颜等;第二部分为版画作品图录,130 幅作品按 40 年代至 90 年代顺序安排,显示风格演变及艺术成就。其中 40 年代作品原大编印,体现陈望青年时期深厚的黑白语言功力及批判、表现的力度。50 年代作品以成名作《农民诵诗》等作大幅面编排,重点介绍。50 年代至 70 年代作品体现作者在特定历史时期的"现实主义"创作模式。80 年代至 90 年代作品体现形式主义倾向及诗意、寓言、内敛、静观的观念风格;第三部分为版画创作的背景素材——速写与素描;第四部分为陈望自撰评论,体现其艺术观及相应的人生态度;第五部分为艺术活动年表。(赵克标)

J000085 **中国书画鉴定基础** 陈德富著。四川大学出版社 1994 年 6 月版。22 万字。19.50 元。全面、系统地阐述了书画鉴定的意义;鉴定书画的基本方法;鉴定书画的基本修养;明、清重要书画家的艺术特点;书画作伪的主要形式;书画名迹鉴定精例;八九十年代中国书画在海内外的行情。书中附36幅彩图,106幅黑白图,图文对照。(陈克坚)

J000086 **卡通故事大王** 朱叶、敏艺芝编绘。浙江少年儿童出版社1994年6月版。16印张。4册。14.40元。包括《卡通智斗故事大王》、《卡通历险故事大王》、《卡通破案故事大王》、《卡通传奇故事大王》4种。《卡通智斗故事大王》选入了“鹿之谋”、“舍牛救国”、“口技伏贼”等30则智斗故事;《卡通历险故事大王》选入了“被扣匈奴”、“收伏群盗”等28则历险故事;《卡通破案故事大王》选入了“放驴缉贼”、“黄金之谜”、“蜂蜜里的秘密”等31则破案故事;《卡通传奇故事大王》选入了“张飞认输”、“杨柳青的故事”、“东方朔与龟蛇酒”等30余则传奇故事。作者抓住这些故事的主要情节,剔除了不适合于绘画的成份,改编成卡通形式的故事。绘画作者根据这些故事,用线描形式将其表现出来。(李肖波)

J000087 **动画小天地——动画制作** 孝延忠、尤枫编。中国计量出版社1994年6月版。17万字。6.50元。收入“家用电脑金钥匙丛书”。介绍电脑动画制作软件AA的使用方法,同时还提供和演示许多有趣的动画画面,通过学习这本小册子,用户不但可以学作一般动画,甚至还可学作动画广告,使读者能充分领略电脑动画的魅力。(杨唐生)

J000088 **卢延光武侠小说插图集** 卢延光绘。安徽美术出版社1994年7月版。241幅。12.00元。选收作者为海外著名写武侠小说大家梁羽生36部作品241幅插画。这些插画,构图新、立意新、造型新、表现手法新。画家在继承中国传统绘画的基础上,融入英国插图大师比亚兹莱及奥地利分离派大师克雷姆特的风采,以针笔勾勒,又吸收明清古版画刻本的特色,加之纹饰上的刻意追求,其作品丰富而不繁琐,细腻而不花哨,变形而不失真,具有强烈的现代审美意蕴。(贾德江)

J000089 **关山月画梅** 徐中敏编。湖南美术出版社1994年7月版。0.95万字。59图。19.80元。“著名国画家专题绘画”套书之一。分4部分:第一部分是关山月的画传“我喜爱画梅”,记述了他童年时期受父亲影响就开始种梅、爱梅、画梅、吟梅,尤其喜欢“梅花香自苦寒来”的性格。强调文学修养与人品修养是画好梅花的关键,传统题材要结合时代精神创新。第二部分“画梅十例”,是关山月的10幅课徒式斗方,对工笔及写意白梅、红梅、月梅、雪梅等的表现技法,作了关键性文图对照解说。第三部分是编者拍摄的关山月画梅程序照片28幅,加以用笔用墨的文字说明,并简述对关山月画梅艺术的感悟。第四部分是作品欣赏,精选关山月画梅的完整作品19件。(徐中敏)

J000090 **陈佩秋书画集** 陈佩秋作。上海人民美术出版社1994年7月版。96幅。185.00元。选收我国著名书画家陈佩秋作品96件,其中山水画51件、花鸟画37件、书法8件,大多是1987年以后的新作。山水画有《夏日山居》、《晚霞长亭》、《林园策杖》、《早春二月》、《瑞雪丰年》、《曙光》、《峡谷之晨》、《海港落日》、《空山新雨》、《松窗读书》、《一帆风顺》、《雪山古树》、《山对寒流》、《山中一夜雨》等;花鸟画有《摹钱选八花卷》、《出水芙蓉》、《蛱蝶图卷》、《柳荫白鹭》、《神仙鱼》、《香远益清》、《竹石蝴蝶》、《竹分青霭》、《翠叶冰花》、《双鱼吉庆》、《幽阴竹禽》、《绿塘摇艳》等;书法有《书唐人诗》、《书明人诗》、《草书对联》等,均是代表作品,能反映作者的绘画风格和艺术成就。画集中有作者“自序”和美术史论家徐建融论陈佩秋的绘画艺术的文章。(袁春荣)

J000091 **东方小故事(上、下)** 凌霖等改编。胡博综等绘画。少年儿童出版社1994年7月版。1 500幅。2册。15.80元。选自中华民族五千年历史的树正风、扬美德、显智慧、鉴善恶的传统小故事100个,以彩色连环图画的形式表现。有“孔子求教”、“孟母断杼”、“卧薪尝胆”、“完璧归赵”、“田忌赛马”、“华佗治贪”、“羲之墨池”、“包拯拒砚”、“东坡三养”、“岳母刺字”、“板桥让轿”,等等。(洪祖年)

J000092 **宋定伯捉鬼** 王东斌等编绘。未来出版社1994年7月版。32幅。4.00元。相传,河南胆识过人的宋定伯,酒醉夜遇吊死鬼。他毫不畏惧,背鬼过河,直奔南阳集市,卖鬼得了银子。故事弘扬了人民不信邪恶的大无畏精神。绘画作者采用国画手法,细腻、形象、生动。此书为中、英文对照。(李延新)

J000093 **漫画成语·智慧篇·品德篇·痴愚篇** 西莹编,张乃成绘。未来出版社1994年7月版。3.00元。用漫画的形式把成语的含义表现出来,既增强了漫画的表现效果,又使成语的深刻含义得以简明直观的再现。(李立伟)

J000094 **黑小丁在交响乐团** 陈秋影等编。浙江少年儿童出版社1994年7月版。28幅。2.05元。通过蚂蚁黑小丁在“动物爱乐之团”的冒险经历,介绍了交响乐团的主要乐器,如:小号、大提琴、竖琴等的构造、性能等,以及一些极为简单的音乐常识。画面采用卡通形式表现,并配有简单的文字说明。(高蕾)

J000095 **艾中信画集** 艾中信作。北京美术摄影出版社 1994 年 8 月版。260 幅。110.00 元(平),125.00 元(精)。艾中信属于徐悲鸿为代表的写实主义一派。但是他所服膺的写实主义不是自然主义,这一点突出地见于他的风景画。无论雪山大河、村野庭院、云天林木,他都凝神、巧妙地捕捉住那身临其境的生动感,渗透着他对乡土的爱,对人化的自然的礼赞,因而也成了诗。艾中信视野广阔。他南下海疆,北走兴安岭,西去河西走廊,东到渔岛。他接触的人有甘南牧女、井岗山老赤卫队员和铁路工人等。他的作品丰富,尤其突出的是境界壮阔的全景式创作。如史诗一般展开的《红军过雪山》、《东渡黄河》和《夜渡黄河》等巨作。本集子辑入作者各时期作品 260 余幅,并附其撰写的畅述多年经验心得的《绘事散记》。从中可窥视作者艺术创作的甘苦和艺术理论。(于福庚)

J000096 **中国漫画书系** 丰子恺等著。河北教育出版社 1994 年 8 月版。18 册。995.00 元。漫画专辑。系统地介绍了我国著名漫画家的作品。共 18 卷,它们是《丰子恺卷》、《廖冰兄卷》、《张光宇卷》、《米谷卷》、《叶浅予卷》、《张乐平》、《华君武卷》、《丁聪卷》、《张仃卷》、《方成卷》、《韩羽卷》、《韦启美卷》、《江帆卷》、《詹同卷》、《方唐卷》、《王复羊卷》、《苗地卷》、《于化鲤卷》。每卷收入漫画家作品 130—150 幅不等,其中有 15—20 幅彩色插页。全书以画为主,有一定文字介绍。每卷都有漫画家的自画像、个人简历、序言以及亲笔签名,充分展示了漫画家的个性特点、生活履历、作品创作的艺术特色。各卷收集的作品,均系漫画家一生中的精华之作,基本上反映出漫画家的最高水平。所收入作品均以原始画稿或最好的版本作为底本,并考虑其资料价值,编辑之时未作任何改动。(刘峥)

J000097 **静物素描** 副名:全国美术院校考生范画。武明中等著。河北美术出版社 1994 年 8 月版。32 幅。9.80 元。"范画丛书"之一。选用的作品均是从中央美术学院、中国美术学院、天津美术学院、广州美术学院、河北师范大学美术系等院校师生的优秀作品中精选。(郭涌)

J000098 **虚谷画集** 潘深亮主编。河北美术出版社、亚洲艺术出版社(香港)1994 年 8 月版。170 幅。760.00 元。虚谷(1823—1896),清代画家,僧人。俗姓朱,名怀仁,安徽新安(今歙县)人,移居江苏广陵(今扬州)。出家后,名虚白,字虚谷,号倦鹤、紫阳山民。常往来于上海、苏州、扬州一带,卖画为业。与任伯年、高邕之、顾鹤逸、吴昌硕、倪田等书画家友善。早年学界画,后以擅绘花果、禽鱼、山水著名。运用干笔偏锋、逆锋、敷色以淡彩为主,偶尔亦用强烈对比色,风格冷峭新奇,隽雅鲜活,无一笔滞相,匠心独运,别具一格。本画集收入故宫博物院、中央美术学院、天津艺术博物馆、天津人民美术出版社、上海博物馆、上海中国画院、上海朵云轩、南京博物馆、苏州博物馆等 10 余家所珍藏的书画作品 109 件,计 170 幅。形式包括:条幅、中堂、横幅、册页、手卷、扇面、纨扇等;内容包括:花果、禽鱼、动物、山水、人物、书法。本书附专家论文"十指参成香色味——代序"、"虚谷及其艺术成就"两篇,每幅作品前均附 300 字左右的文字说明。书后附"虚谷年表",并采用中英两种文字对照。为便于读者研究,图版部分精选出 20 幅作品局部放大。画集采取单面彩印,8 开精装。(贺宝银)

J000099 **世界童话之树(彩图本)** 星灿译,何骏等改编。接力出版社 1994 年 8 月版。736 幅。12.00元。根据同名译作改编的彩图连环画故事精装本,收入世界著名童话故事 56 个,适合 3—6 岁幼儿在成人帮助下阅读欣赏。(莫宁)

J000100 **花鸟画构图详解** 刘绍勇著。农村读物出版社 1994 年 8 月版。93 万字。13.60 元。介绍花鸟画中常用的 10 种构图方法,包括选好定位、墨色对比、形体对比、妙用空间、动静相衬等。书中配以作品图示分析构图的得失和变化图。(李家玉)

J000101 **写意花鸟画笔墨技法详解** 刘绍勇著。农村读物出版社 1994 年 8 月版。81 幅。13.60 元。写意花鸟画的笔墨技法在表现内容时起着重要作用。不同笔墨的应用和构成,会产生不同的艺术效果。作者正是抓住这个关键性问题,讲述了修练笔墨技法的重要性,阐明"画有法而无定法",只有不断磨练,才能修成"正果"的道理。作者首先从笔法讲起。介绍了起笔、行笔、收笔,然后较详尽地讲述了笔锋的使用,如中锋、侧锋、裹锋、顺锋、逆锋、散锋、滚锋;继而又较详尽地介绍了揉笔、点笔、擦笔等 15 种笔法。次之介绍墨法。讲述了五墨六彩,分蘸墨法和用墨法两部分。先介绍了醮墨法中笔端、笔腹、笔侧等的方法和使用,又介绍了用墨法的破墨、积墨、泼墨等 7 种方法及使用。(李家玉)

J000102 **中等师范学校教科书(试用本)美术第二册** 国家教委师范教育司组编。人民美术出版社1994年8月版。6万字。18.00元。根据国家教委1989年颁发的《三年制中等师范学校教学方案(试行)》和1992年颁发的《三年制中等师范学校美术教学大纲(试行)》编写。供全国三年制中等师范学校试用,也可以作为在职小学美术教师的进修教材。本套教科书分3册,按学年分册编写。本教科书第一册为第一学年使用,主要是给学生打基础,培养他们的学习兴趣,使他们掌握正确的学习方法。在美术知识与技能方面,使学生初步掌握造型的基础知识和基本技能,培养他们正确的审美观点以及鉴赏美的能力。课程设置主要有美术欣赏、图案、素描、美术字、黑板报、节日环境布置、广告、标志、简笔画等。(张桦)

J000103 **李超速写艺术** 李超作。陕西人民美术出版社1994年8月版。13.50元。收作者速写作品150幅。内容分:头像速写;人体速写;单人速写;场面速写;风景速写5个部分。这些作品均是画家在从事美术教学和美术创作30多年的速写画之精品,作者以写实的手法充分表现了人的内在精神之美和大自然之美及自己对生活的强烈感受。造型准确,描写生动,生活气息浓厚。同时,作者还阐述了怎样画好速写、速写的表现技法特征及如何反映生活感受等。(李丹)

J000104 **陆俨少作品精粹** 陆俨少作。西泠印社编。西泠印社1994年8月版。350.00元。大型个人画册。收集陆俨少的轴画、长卷、册页、扇面及少量书法精品,为其早、中、晚各个时期的未曾面市的作品133件,精采部分作局部放大,总彩图158幅。该书将散藏于各地如中国美术馆、上海博物馆、北京人民大会堂、中南海紫光阁及大量海内外私人珍藏的陆俨少精品萃集于一册。较全面地反映了中国画大师陆俨少各个时期的艺术成就、艺术风貌及演变过程。为中国画专业人员、研究人员、收藏家提供了有益的资料。陆俨少(1903—1993),毕生献身于中国画,在深厚的传统功力基础上,力求艺术创新,自辟蹊径,创立为时人所重的"俨派画风"。其早期作品风格清新婉约,晚年作品气势突兀、个性强烈。陆俨少早年师从冯超然,从"四王"入手,立追宋元诸家,他提出"四分读书,三分写字,三分作画",主张"来自传统又无悖于创新",他历尽三峡之险,行万里路,不断地从生活中寻找新方法,从而创"留白"、"钩云"、"墨块"技法。其作品有"留白"、"解索"以及"钩、点、泼"互用的精到技法,以"钩云"充其实,又以"烘染"使其"虚",如此虚实相生,巧变无穷。(叶向英)

J000105 **吴昌硕作品集(续编)** 吴昌硕作。王辛大主编。西泠印社1994年8月版。302幅。498.00元。为纪念吴昌硕诞生150周年(1844年—1994年)而编辑出版。西泠印社曾与上海人民美术出版社共同编辑出版过《吴昌硕作品选》(分绘画与书法2册),故名。本续编以绘画为主,按创作年代先后为序编排,以便让读者对他绘画风格的演变过程有个直观的认识。并兼收了少部分书法精品,刊于绘画作品之后。绘画作品中的某些特别精彩部分作了局部放大。最后还附有题款、书法、印章的释文和吴昌硕年表,可供读者欣赏、研究时参考。本续编收有条幅、中堂、四屏条、册页、扇面共176件(其中书法21种),共有彩图302幅,全部是上述2册中未收入的作品。吴昌硕是西泠印社首任社长,是我国近代史上以诗、书、画、印四绝称雄一世的宗师。影响最大的是画与印,工夫最深的是书。作画特别强调以气势为主,布局用笔,大气磅礴,突兀触手。外貌粗疏,内蕴醇厚。他还善以《石鼓》、《散盘》篆法入画,有时还参用张旭、怀素的狂草笔法。这是吴昌硕绘画的一个最显著特点。这种画法,为大写意花卉开了新生面,同时又把文人画对笔墨的追求推到了一个更高的阶段。画风震撼当时,影响后世。吴昌硕的书法笔力雄健,气度恢宏。早年专学钟繇,中年以后楷法倾向黄山谷。行草书纯任自然。晚年行草书转多藏锋,遒劲凝炼,不涩不疾。他的书法以篆书、石鼓文最为著名,恣肆烂熳,独步一时。(王辛大、朱春秧)

J000106 **兵法三十六计** 艾文等改编,刘建平等绘画。中国连环画出版社1994年8月版。728幅。6册。15.00元。根据蒋国维蒋永康《三十六计的故事》一书改编绘画。结构按序数排列,三十六计每六计为一套,共6套:第一套胜战计,第二套敌战计,第三套攻战计,第四套混战计,第五套并战计,第六套败战计。先出计名,次作解语,再加按语。以古代战例编绘成连环画,形象阐明每一战计的战略战术等思想。(张阳)

J000107 **陈永乐画集** 陈永乐作。1994年9月版。65.00元。辑云南画家陈永乐绘画作品62幅。其作品偏重于装饰情趣,充满了乐天的感情色彩,画面淳静、热情。(徐芸)

J000108 **天安门珍藏书画集续集** 天安门地区管理委员会编。北京出版社1994年9月版。8开精装,19.5印张。300幅。《天安门珍藏书画集》的姊妹篇。为庆祝中华人民共和国成立45周年而编。精选了书画作品300幅(书法作品16幅,绘画作品284幅)。其中有侯德昌、柳青、罗工柳、沈鹏、刘炳森等人的书法手迹16幅和周韶华的《江山恋》、郑岩的《碧水丹山武夷之楼》、杜滋龄的《王维谓川田园诗意图》、周石松的《富贵图》、黎振欧的《春韵图》及王成喜的《铁骨生春》等136位名书画家的巨幅珍品。(长:3 650毫米,高:1 700毫米或1 100毫米),其余均为2 650×1 400尺寸以下作品。(胡维林)

J000109　**结构素描**　甘正伦、王庆明著。河北美术出版社1994年9月版。4万字。205幅。26.00元。"结构素描"是以结构研究为中心,以线为主要表现手段的素描方法。本书从我国美术教育现状出发,所触及的仅为素描领域中的一部分,其范围从属于具像领域和现实主义范畴,所研究的对象是人物,训练方法是从结构出发。在大多数情况下,将明暗视作从属因素。浙江美术学院在几十年的教学实践中,对结构素描的训练有一套比较完整而系统的理论。书中重点结合教学理论与实践,阐述结构素描的方法并附有历届师生的优秀素描范例。全书分8个章节。(曹宝泉)

J000110　**世界幽默画精选365**　丁坤编。河北人民出版社1994年9月版。20万字。7.30元。收入世界第一流幽默大师的杰作300余幅,其艺术手法简约朴拙,极具喜剧色彩;其涉猎题材五花八门,包括日常生活,恋爱交友,育儿游乐,社会问题等。(李方)

J000111　**圣迹图**　龚发达、肖玉编。湖北教育出版社1994年9月版。100幅。48.00元。反映孔子一生事迹故事的木刻版画。画的内容情节前后连贯,有如今天连环画的形式。本画的原作者不详,但从画面上看,刻镂精致、刀法遒劲而熟练、印工精美,无不让人惊叹。该本是现今发现的同类"圣迹图"中最精致的一种,也是中国大陆唯一的一本。此画册以图为主,图中题有少量文字。初步鉴定为明代木刻珍本。(覃建钦)

J000112　**江湖百业图**　查家伍、蒋敬生作。湖北美术出版社1994年9月版。主要内容是中国历史上社会底层(所谓"江湖")的人们藉以谋生的各种行业的劳作图景,涉及纤夫、篾匠、猎户、斗鸡、相声、裁缝、弹棉花、纸坊等三教九流及其生活百态,表达方式为写实工笔白描,略带夸张变形,艺术风格质朴淳厚。每幅线描作品均配以七绝诗歌和简练的文言间带散骈的短文进行咏叹、描述。整体设计上采用古典中文籍的右开本,文字直行排版,对图画某些传神细节应用局部放大处理。全书图、诗、文相互唱和,风格协调,古典的内容中穿插入现代的设计,亦庄亦谐,极富意趣,除具有较高的人文研究价值和艺术价值外,还蕴含了浓郁的艺术情趣。(刘明)

J000113　**当代中国画家素描集**　靳尚谊等绘。吉林美术出版社1994年9月版。536幅。8册。36.00元/册。分别是:《靳尚谊素描集》,作品72幅,风格写实;《朱乃正素描集》,作品72幅,风格写实;《刘巨德素描集》,作品70幅,风格夸张、变型;《蔡亮素描集》,作品80幅,风格写实;《徐芒耀素描集》,作品70幅,风格写实细腻;《张翔素描集》,作品56幅,风格写实;《颜铁良素描集》,作品64幅,风格有写实也有狂放写意;《许荣初素描集》,作品52幅,风格写实。(王兴吉)

J000114　**连环漫画精品4000例**　王培堃编。漓江出版社1994年9月版。18.50元。分三格漫画、四格漫画、多格漫画介绍外国连环漫画大师的著名作品,所涉及的漫画家均有文字简介。(沙淇、宋安群)

J000115　**余本画集**　余本作。岭南美术出版社1994年9月版。140幅。280.00元。从作者1930年到1985年创作逾千幅的作品中精心挑选出来的各时期代表作。包括早年享誉国际的《奏出人间的辛酸》和侨居海外20多年的优秀作品,以及从1956年到1978年走遍祖国南北而作的油画佳作。画册内容有风景画、人物画、花卉静物共130多幅,充分体现了作者现实主义和中国传统民族艺术相结合的手法。(李惠卿)

J000116　**中国书画鉴赏辞典**　郎绍君等主编。中国青年出版社1994年9月版。80万字。165.00元。本书编于80年代中期,1994年改为16开豪华本。在撰写过程中,编写者着眼于传统文化高质量的普及,重视书稿的科学性。所选1 346件作品在书画史上都是可靠真迹并具有代表性。它们依时代顺序排列,可以大体了解中国书画在风格体制上发展的脉络。每个条目都附1图,图文并茂。条目的内容分两部分,第一部分按辞典要求说明作品的类别、时代、出土时间、收藏、质地、尺寸等;第二部分是作品内容、形式及作者情况的介绍,以及简要的艺术分析。条目虽以古代艺术品为主,但也收入了相当多近当代著名书画家的作品。(刘艳丽)

J000117　**鲍加油画集**　副名:自然流韵。鲍加作。安徽美术出版社1994年10月版。87万字。180.00元。收作者油画作品87幅。代表作品有《淮海大捷》、《在共青团九大》、《激流》、《大漠千里》等。其绘画功力深厚，技法娴熟，造型生动活泼，构图新颖别致，色彩明快典雅。既继承了古典油画的传统技法，又吸收了欧洲印象派大师的光和色，深得其精髓，形成了自己的鲜明的艺术风格。从他的油画作品中流露出一种纯朴、温馨宁静的乡土气息，挚爱含蓄而气度平和、响亮而富有韵味、绚丽而不失淡雅的色彩语言。他找到一种属于自己的艺术语言和形式——借助大自然抒发内在情感和审美情趣，展示出抒情的明快和清新的风景画创作风格。（傅强）

J000118 **素描** 魏诗国主编。高等教育出版社1994年10月版。30万字。11.75元。中等职业技术学校工艺美术类专业教材。主要阐述石膏几何体写生、静物写生、风景写生、石膏头像写生、半身人像写生和速写等内容。各章采用基础知识、技能训练、方法要点"三段式"结构进行编写，充分体现专业教学注重技能训练，发展能力的教学要求，并以结构造型和明暗造型等多种训练方法贯穿始终，由浅入深，循序渐进，具有较广泛的适应性。（刘晓红）

J000119 **基础素描探索** 宫六朝著。河北美术出版社1994年10月版。1.6万字。79幅。11.00元。针对学生在素描学习过程中所存在的实际问题，精辟地阐述了造型的基本知识和基本规律，详尽描述了基础素描作画步骤和表现技法。内容直接来源于课堂教学实践，为作者多年教学经验和艺术探索的结晶。（阮观东）

J000120 **建筑水彩画写生与分析** 高冬著编著。黑龙江科学技术出版社1994年10月版。20万字。54.00元。对建筑水彩画的写生与创作，从理论观点到绘画技法均给予了详尽介绍。分两部分：第一部分——基本理论，介绍了写生的选景、构图与构图原则、写生的色彩、画面空间的对比效果、写生的技巧和写生的创造等内容；第二部分——作品分析，作者对其近年来创作的55幅作品，从写生技巧和技法方面进行了详尽的分析和阐述。（曲家东）

J000121 **中国历代艺术（绘画编·上）** 陈允鹤主编。人民美术出版社1994年10月版。13万字。是大型图集《中国历代艺术》（6卷本）的首卷。编选从史前新石器时代到南宋历时6 000年的各类绘画作品271件。其中包括早期的岩画、彩陶画，战国秦汉时期的帛画，汉代的画像石、画像砖，敦煌及其他重要的石窟的壁画，各个时期的墓室壁画以及晋代以后各时期的卷轴画等等。各类绘画大致按时期编排，同一类的画作则相对集中，以兼顾纵向（年代）和横向（门类）的关系，能展示从史前以迄南宋中国绘画艺术发展的总体面貌，又能概观各类画品的主要成就。其中一些长卷形式的传世名作，如《女史箴图》（晋·顾恺之）、《簪花仕女图卷》（唐·周昉）、《捣练图卷》（唐·张萱）、《韩熙载夜宴图卷》（五代·顾闳中）、《清明上河图卷》（宋·张择端）等，都选印了多幅分段图和局部图，以便较清晰地再现原作的真实效果。书中收美术史论家李松教授撰写的《中国传统绘画的萌生与发展》专文，对宋代以前中国绘画的发展概况及各类绘画的艺术成就作了系统的论述。书后附有"图版说明"，包括作品的作者介绍、内容介绍、流传等情况资料。（田珊）

J000122 **近百年中国书画精品集** 荣宝斋出版社编。荣宝斋出版社1994年10月版。247幅。256.00元。选编荣宝斋珍藏近百年书画两部分78位著名书画家包括虚谷、赵之谦、吴昌硕、任伯年、齐白石、郭沫若等247幅作品。其中绘画作品212幅、书法作品35幅。绝大多数作品为首次公开发表。（焦明）

J000123 **中国名书画选** 畅广元、康万武主编。陕西师范大学出版社1994年10月版。360.00元。所选书画为陕西师范大学图书馆馆藏，入选的作品或笔法峻洁紧收，瘦劲有力；或纵逸飘丽，宛丽多姿；或凌厉跳荡，有不可遏之势；或浓淡枯湿极尽其妙；或提按顿挫丝丝入扣，淡雅安闲超越尘寰。画山水画者，有的行笔生动劲挺，用墨秀润，布局精允，如闻其声，如见其色；有的笔墨老辣浑厚；有的笔墨轻重适宜，明暗空间表现得体，宛然进入理想化的意境。画花鸟者，或描写细腻，画风清新；或体物传神，表现奇特；或老干屈曲横斜，圈花点蒂如玉。画人物者，神气清妙，态貌如生者有之；儒雅倜傥，神清气秀者亦有之。（王佰铭）

J000124 **可扬藏书票** 杨可扬作。上海人民美术出版社1994年10月版。100幅。32.00元。著名版画家杨可扬于1984年开始藏书票创作，积累颇丰，从中选出百幅编印成本书。这些作品风格上与画家版画的强烈明快的个人特色一脉相承，在表现方法上或寄情寓意，或幽默有趣，在方寸之间耐人寻味。（邵黎阳）

J000125 **博古斋藏书画集** 上海书店1994年10月版。151幅。360.00元。博古斋所藏书画的选集。遴选150余件古今书画名迹。所收作品，除沈周、文徵明、董其昌、"四王"、"四僧"等的煊赫杰构外，以"海派"或与"海派"有关的书画家的翰墨为最多。如虚谷、赵之谦、任伯年、吴昌硕、蒲华、王震、黄宾虹、张大千、林风眠、潘天寿、吴湖帆、徐悲鸿、傅抱石、钱瘦铁、谢稚柳、唐云、关良、张大壮、江寒汀、来楚生、程十发、刘旦宅等。(柯国富)

J000126　**海上中国画选**　韩碧池编。上海书画出版社 1994 年 10 月版。300.00 元。画集。上海书画出版社《海上十五家中国画集》的姐妹篇。前者是当代上海中青年画家(60 岁以下)作品的结集,本书则为 60 岁以上(含 60 岁)健在的老一辈画家的结集。前后两书相衔,基本上展现了"海上画派"后期到 90 年代的上海中国画坛的演绎轨迹和神采风貌。入选的老画家有朱屺瞻、曹简楼、唐云、钱君匋、乔木、谢稚柳、程十发、陈佩秋、沈柔坚、顾炳鑫、韩敏、林曦明、徐昌酩、陆一飞、方增先等,作品凡 200 余幅。美术评论家毛时安撰写了长序。对海上画派的产生、发展、成熟的政治、经济、文化、地理、风俗诸多方面的原因,以及新的形势下,上海的中国画的发展趋向,提出了独特的见解。(王中秀)

J000127　**林风眠全集上下卷**　林风眠著。天津人民美术出版社 1994 年 10 月版。1 万字。400 幅。2 册。720.00 元。林风眠是中国现代绘画的开拓者、先驱者,是我国现代美术教育的奠基人之一。他立足于中国画传统,广泛吸收民间艺术滋养和西方艺术的精髓,创造了自己独特的艺术风格。他所创作的油画和国画中的人物、静物、风景、花鸟,题材广阔,在色彩和光感相交织的画面中流溢着不息的生命韵律,尤其难能可贵的是从 20 年代起直至生命的最后,始终不倦地开拓着自己新的艺术境界,是现代绘画史上,最有特色的艺术家之一。本画集编入了大师各个时期的代表性作品,其中包括他在 20 年代在法国创作的巨幅油画(200 公分×400 公分)《摸索》和大师辞世前不久的作品,跨度长达 70 余年,许多作品首次与读者见面。林风眠全集有很高的艺术欣赏价值和学术价值,它的出版对于推动林风眠艺术研究,对于祖国文化积累,对于国际文化交流必将起到积极的影响。(顾祝君)

J000128　**王雪涛教学画稿**　王雪涛著。天津人民美术出版社 1994 年 10 月版。194 幅。48.80 元。王雪涛(1903—1982)是我国当代杰出的花鸟画家,早年从学于王梦白、陈师曾、萧谦中、汤定之,注重观察生活,反对陈陈相因、泥古不化。又广泛学习徐青藤、吴昌硕的笔墨,并长期追随齐白石、陈半丁。在绘画艺术上逐渐形成了题材广泛,画风清新、隽秀,自然而富机趣的个人风格,树立了小写意花鸟画一代新风。本书收集了王雪涛在花卉、草虫、禽鸟诸方面的教学手稿 190 多幅。(王之海)

J000129　**克孜尔石窟线描集**　张爱红、史晓明作。安徽美术出版社 1994 年 11 月版。141 幅。7.50 元。克孜尔石窟是我国最西最大的石窟群,其壁画早期受古印度犍陀罗艺术的影响,佛教造像带有浓厚的印度、希腊等西方艺术的风格。到了公元 4 世纪,由于受到本地文化的熏陶,壁画便逐渐摆脱犍陀罗艺术的影响,形成了独具特色的"龟兹风壁画",不仅是人物造型和服饰已基本本地化,还创造或发展了"屈铁盘丝"、"凹凸晕染"、"曹衣出水"等我国古代绘画技法,从而丰富了我国壁画艺术。作者根据石窟中现时残存的壁画,用线描手法,将其内容和人物造型较为准确地描摹下来,虽不能完整地反映克孜尔石窟壁画的内容,但对其主要特征亦可从中略窥一斑。(王景琨)

J000130　**画说聊斋**　李俊琪等人绘画。北京美术摄影出版社 1994 年 11 月版。786 幅。13.00 元。精选古典文学名著《聊斋》中 52 篇优秀佳作,改编绘制而成。(韩双东)

J000131　**宋玉麟作品选(1990—1994)**　宋玉麟作。古吴轩出版社 1994 年 11 月版。48 幅。48.00 元。个人画集。汇集宋玉麟山水精品册页、扇面计 48 帧。体现了作者"用传统的技法来表达自己对传统的理解"的中国画艺术观念:强调整体,打破陈式,截断取景,细勾水纹。在表现功能、抒情功能和形式美功能上达到有机统一,形成一整套从传统中"化"来的细笔山水完整体系。作品高古秀劲,典雅蕴藉。(冯豪)

J000132　**靳尚谊画集**　靳尚谊绘。人民美术出版社 1994 年 11 月版。148.00 元。汇编靳尚谊自 70 年代末到近年的优秀作品 53 幅(包括一部分局部图),以人物、肖像画为主。其中如《塔吉克新娘》、《青年女歌手》(彭丽媛像)、《双人体》、《小提琴手》、《藏女》等画,都是经过精心构思、在形象构图、色彩等各方面都臻于完美的堪称为靳尚谊油画艺术的代表作。还有一些人像作品如《中学生》、《山东老大娘》、《维族老人》、《捻毛线的老人》等,运笔较为轻捷,笔触奔放色调也较明快,都能很好的抓住所画人物的形象特征和瞬间的神态,显示了画家敏锐的观察力和纯熟的表现技巧。画册的版面设计采用了把画面适当缩小而加上较大的黑色衬底的崭新款式,使作品看起来更精致、更集中。书前有张祖英撰写的《论靳尚谊的艺术成就》序文;书后附有"靳尚谊生平及

艺术活动年表”。(王裕安)

J000133 **工笔花鸟画的特技与肌理** 袁牧著。上海人民美术出版社1994年11月版。4万字。22.50元。美术技法著作。紧紧抓住中国绘画的独特工具——纸、笔、墨,将其融入新的表现手法——肌理(一种表现物体质感、一种视觉图式的感情式、一种绘画表现语言),详细介绍15种表现肌理的特技、手法,并附有大量图例,以技法的分解图,说明作品的完成过程。(周峰)

J000134 **意趣与机杼——明清绘画透析国际学术讨论会特展图录** 文以诚等主编。上海书画出版社1994年11月版。104幅。240.00元。明清绘画图录。以中英文对照的方式,详细著录104件明清绘画佳作的名称、创作年代、质材、尺寸以及作者等情况。这些画作均收藏于中央美术学院及其附属中学。对每件作品的图像内涵、艺术特征和社会学意义进行简明扼要的阐释。(李维琨)

J000135 **中国典故故事精选彩图本①②** 赵能仁等编文,倪绍勇绘画。少年儿童出版社1994年11月版。1 500幅。2册。14.00元。以彩色连环图画的形式,介绍124个中国典故的知识,如夸父逐日、苏武牧羊、七擒七纵、愚公移山、荆轲易水歌、孙康映雪、韦编三绝、田横五百士,等等。(洪祖年)

J000136 **中央美术学院、浙江美术学院素描作品选集** 天津人民美术出版社编。天津人民美术出版社1994年11月版。0.2万字。147幅。62.00元。中央美术学院和中国美术学院(原浙江美术学院)在北京、杭州、上海等地举办了学生素描习作展,并多次召开素描教学研讨会。本画册以这几次画展作品为基础,又增选入两院教师的作品,共147幅。(姚重庆)

J000137 **中华五千年(彩图本)** 雪岗等编绘。中国少年儿童出版社1994年11月版。10印张。38.00元。彩图本中国历史故事。根据40集系列历史故事《中华五千年》改编的连环画。(胡建中)

J000138 **九华山水诗书画集** 饶永编。安徽美术出版社1994年12月版。182幅。48.00元。择自晋、唐以来历代文人诗家陶渊明、李白、杜牧、白居易、岳飞、王安石、司马光、文天祥、苏轼、朱熹、李清照、董其昌、解缙、汤显祖、姚鼐、袁枚、康有为、黄宾虹等66人有关九华山水的精美诗篇,遍请我国当代书画名家为其进行书画创作。其中除已故著名书画家李苦禅、陆俨少、黄叶村、苏局仙、张恺帆、王板哉的作品外,还有孙其峰、沈鹏、王学仲、闫丽川、王伯敏、黄独峰、杨仁恺、许麟庐、于希宁、汤文选、周韶华、王天一、王兰若、郭仲选、赵梅生、郑震、葛介屏、李铎等以及台湾的陈立夫、谢宗安、鲍士鎏,新加坡的陈声桂等大名家的力作。(王景琨)

J000139 **百花百变** 李元志作。安徽美术出版社1994年12月版。19.80元。把百花的自然形态通过国画白描方式表现出来,再加上扼要的文字说明,以线条为主勾勒物象,供初学者临摹学习、参考。每种花卉品种都附数十幅变化后的图案纹样。(宋子龙)

J000140 **王木兰画集** 王木兰绘。王步贵主编。北岳文艺出版社1994年12月版。72万字。98.00元。收入作者工笔重彩仕女画72幅。其内容多取材于我国古典文学作品和流传民间的传说。如《李清照》、《杨贵妃》、《苏小妹》、《卓文君》等,人物造型上既体现了传统技法的娴熟运用,又巧妙溶进明暗、透视等西化手法,使人物造型由平面到立体,精细传情,端庄秀丽,形神兼备,给古代女性注入了现代女性的神韵和美感。在画面着色上,把现代年画鲜艳明快的色彩和传统工笔重彩的凝重典雅有机地结合起来,表现了东方女性之美,具有鲜明的艺术风格和独特的审美价值。(任丽凤)

J000141 **陈钧德** 水天中等主编。广西美术出版社1994年12月版。24幅。28.00元(平),38.00元(精)。画册。收入陈钧德的油画作品24幅,创作年代为1980—1994年,代表性作品有《江南古寺》、《梦中水乡》、《帝王之陵》、《人·沙滩·大海》、《秋晨》、《山村秋色》等。收录徐虹《陈钧德艺术风格论》及其附录《陈钧德作品点评》、王邦雄《融于心田,喷以笔端——观陈钧德油画随想》两篇画家专论,附画家自叙和创作年表。收入“中国现代艺术品评丛书”。(伍先华)

J000142 **丁方** 水天中等主编。广西美术出版社1994年12月版。24幅。28.00元(平),38.00元(精)。画册。收入丁方于1984—1993年间所作油画作品24幅,其中《收获》、《纤夫》、《呼唤与诞生》系列、《城》系列、《剑形的意志》系列、《走向信仰》系列、《悼歌与颂歌》系列等被评论家认为是丁方在各个不同艺术探索时期的代表性作品。书前有贺奕撰写的画家专论《为分崩离析的时代重新立轴——丁方和他的艺术》。书后附丁方自述及创作年表。收入“中国现代艺术品评丛书”。(伍先华)

J000143 **尚扬** 水天中等主编。广西美术出版社1994年12月版。24幅。28.00元(平),38.00元

(精)。画册。收入尚扬的油画及综合材料作品24幅,创作年代为1983～1994年,代表性作品有《状态》系列、《大风景》系列、《黄土高原素描》系列及装置作品《早茶》等。书前有彭德撰写的画家专论《尚扬索隐》,书后附画家自述和创作年表。收入"中国现代艺术品评丛书"。(伍先华)

J000144 **戴士和** 水天中等主编。广西美术出版社1994年12月版。24幅。28.00元(平),38.00元(精)。画册。收入戴士和于1985—1991年间所作油画作品24幅,包括《室内》、《上午》、《小运河》、《傍晚》、《窗外有雪》、《画架》、《红背景绿沙发》、《阳台窗下》、《炎热的傍晚》、《书房》等代表性作品,它们反映了画家对绘画中各种基本元素(点、线、面、黑、白、灰、形、光、色等)的组合和构成的关注,体现了画家"最重要的不在于画什么,而在于怎么画"的绘画思想,呈现出一种宽广博雅、富于修养的艺术风格。书前有水天中撰写的专论《现代艺术潮流中的戴士和》及戴士和的《答水天中先生问》,书后附画家创作年表。收入"现代艺术品评丛书"。(伍先华)

J000145 **中日乡土玩具——田原画集** 田原画。湖南少年儿童出版社1994年12月版。195幅。88.00元。收集田原的国画作品194幅,其中中国民间玩具作品102幅,日本乡土玩具作品92幅。作者长期从事民间美术研究和艺术创作,将中日玩具互相比较,悟出其中的渊源关系,通过精心构思,采用中国传统绘画的写意手法,创作出精美的中日乡土玩具国画作品。(郦渊)

J000146 **木刻刀下的版艺术** 黄唯理、张思燕编绘。岭南美术出版社1994年12月版。1万字。96幅。5.80元。"少儿版画技法丛书"之一。介绍了木刻的起源、趣味特点、工具材料及基础技法。对阴刻法、阳刻法、反阴刻法、反阳刻法、非木版画及彩色木刻作了详尽的介绍。(黄穗中)

J000147 **金陵画家梅花集** 沈颐富主编。南京出版社1994年12月版。75幅。48.00元。画册。共收入72位画家75幅梅花作品,其中不乏名流佳作。论内容,或传梅之神韵意志,或绘与梅有关的人物故事,或写疏烟淡影,或作繁密梅林;论手法,或水墨写意,或工笔重彩,或兼工带写;论风格,或豪放雄劲,或清隽优雅,或冷艳端庄。蔚为壮观。(杨晓岗)

J000148 **三国演义(全画本)** 副名:全画本连环画。孟庆江主编,白宇、徐淦等改编,史殿生、赵明钧等绘画。人民美术出版社1994年12月版。5 983幅。4册。48.00元。据人民文学出版社1979年9月版《三国演义》改编的全画本连环画。共4卷60集,一页多幅。内容忠实于原著,画法为传统的白描手法。第一卷包括第一至十七集,内容从"破黄巾桃园结义"至"袁曹官渡大鏖兵";第二卷包括第十八至第三十四集,内容从"弟兄争锋丧基业"至"赵云截江夺阿斗";第三卷从第三十五集至第四十九集,内容为"刘备反目取西蜀"至"诸葛亮七擒孟获";第四卷为第五十集至第六十集,内容从"诸葛亮计收姜维"至"魏蜀吴三国归晋"。(徐桂敏)

J000149 **艾生黑白版画作品集** 艾生作。陕西人民美术出版社1994年12月版。10.00元。收录中年版画家艾生的版画作品48幅。其中《陕北畅想组画》、《山风》、《清清的小河》、《阳春三月》、《蛇盘兔》、《三面人》等,展现了浓郁的陕北风土民情,特别是《为著名三弦大师韩起祥造像》生动地刻画了革命的民间老艺人精神风貌,是作者近年来众多作品中的优秀之作。这些作品,刀法娴熟多变,风格粗犷质朴,显示出艺术家的深厚艺术功底。(桑勤志)

J000150 **中国古代版画丛刊二编** 上海古籍出版社编。上海古籍出版社1994年12月版。4 300页。10册。782.80元。古代版画16开影印本。选择20种版画精品,其中有宋刻《梅花喜神谱》、元刻《饮膳正要》(残卷)、明刻《释氏源流》、《古今列女传评林》、《青楼韵语》、《元曲选图》、《名山图》以及程氏滋兰堂刻彩色套印本《程氏墨苑》、清刻《太平山水图画》、《古歙山川图》等等,分成9辑。书中包含的版画题材多样,有人物、山水、花卉等,流派纷呈,有徽派、金陵派、武林派以及北方版画,充分展示了中国古代版画的成就。(袁啸波)

J000151 **谢之光画集** 谢之光画。上海人民美术出版社1994年12月版。88幅图。125.00元。中国画专集画册,收入作者花鸟、山水、人物作品88幅。谢之光画风博采众长,早年师从张聿光,而后效法任伯年,又吸取八大、石涛、吴昌硕、齐白石的艺术特点,并融入西画基础,经过数十年的浸淫修炼,终于形成造型简括、笔墨雄浑、色彩浓重、意境空灵的风格。画集中作者74岁至77岁时的作品,体现了他在海上画派之林中独具的风格个性和艺术价值。所作大写意花鸟,笔姿洒脱,色浓墨重,如《牡丹》、《翠羽红荷》、《老少年》、《颗颗珠玑》,厚重而拙朴,天真又自然。谢之光在山水画创作上变化出新,以造化为师,胸中自有立壑,笔端悟发情趣。如《削壁飞泉》、《烟江轻舟》、《山城暖翠》、《云山变幻》等,水、墨、色的冲撞,空灵与凝重的意境,充分反映了他独创的艺

术胆识。(吴光华)

J000152 **朵云轩藏书画精品集** (明)文徵明等绘。上海书画出版社1994年12月版。561幅。398.00元。精选朵云轩近百年收藏精品561幅,其中174幅彩色版,余为黑白版。时代跨度上自唐代,下迄现代,不录存者。彩色版按时间、黑白版以类别排次序。每图配以文字,说明年代、作者、标题、尺寸、质地,有根据者还列出创作年代。后附有书中所录书画作者167人的姓名、字号、生卒年份及其作品在本书中的页码。根据朵云轩以明清及近现代作品收藏为主的特点,突出了清末、近现代画家作品的地位,尤其是收录了这些作者逸出常格的作品,为全面了解其画风提供了有益实例。重要近现代书画家一般都有多幅入选。至于作品形制方面,立轴、横卷、册页、镜片、扇面、屏条、对联甚至经卷皆有入选。如人物、山水、花卉、走兽、翎毛、篆隶、行草、正楷等也一应俱全。(陈翔)

J000153 **元四家画集** 天津人民美术出版社编。天津人民美术出版社1994年12月版。1万字。139幅。268.00元。元朝产生了不少杰出的画家。以黄公望、吴镇、倪瓒、王蒙为代表,他们在中国传统山水画领域里,开创了有元一代新风,尤其对近古山水画的发展,取得了卓越的成就,横扫了南宋以来以院体风格为归依的陈陈相因的流弊,成为山水画创作上承前启后的一代宗匠。绘画史上称为“元季四大家”。他们的画迹和画学思想,领挈了元、明、清三代的山水画坛,影响至今。在画学思想上,他们一方面吸收传统技法,上追北宋、五代,继承董源、巨然,意在取法高古;一方面师法造化,饱览山川胜景,所谓“卧青山,望白云”,画出千岩“太古静”;同时又溶入了各自深厚的文学修养和书法造诣,形成了鲜明的个人风格。王鉴说:“元季四大家,皆宗董、巨,各有所得,梅道人(吴镇)得其势,王叔明(王蒙)得其厚,倪云镇(倪瓒)得其韵,黄子久(黄公望)得其神。”作品选自故宫博物院、中国历史博物馆、上海博物馆、台北故宫博物院等11家博物馆,共56件,139幅图版。由著名学者、美术史研究员单国霖先生撰文,全面介绍“元四家”的生平和艺术成就。(张万夫)

J000154 **光辉的历程** 天津人民美术出版社编。天津人民美术出版社1994年12月版。0.1万字。169幅。340.00元。大型美术画册。所选作品展现了中国共产党建党以来,尤其是新民主主义革命时期的重大事件、重要战役以及革命领袖、英烈、战士的风采和情怀。如党的“一大”会议、长征途中的遵义会议、刘胡兰英勇就义、永世难忘的开国大典等等,都有真实生动的描绘。画作有油画、国画、雕塑,以油画为主。其中有许多传世之作。如:油画《占领总统府》、《红星照耀中国》等,内容与形式较完美地结合在一起,产生了震撼人心的力量。该画册是对全国人民,尤其是青少年,进行爱国主义、英雄主义、共产主义教育的形象教材。(郑士金)

J000155 **中国神话** 丁枚改编。李志国等绘画。新蕾出版社1994年12月版。60幅。8.00元。精选中国古代神话8篇,有《女娲补天》、《后羿射日》、《嫦娥奔月》、《精卫填海》、《大禹治水》、《夸父追日》、《牛郎织女》、《愚公移山》。这些千古流传的神话,体现了中华民族祖先们艰苦卓绝的劳动和斗争,歌颂了他们的辉煌功绩,是我们民族传统文化的艺术瑰宝。为了适合儿童阅读,编写者做了精心的改写加工,语言洗炼生动,并配有精美图画。(段纪夫)

J000156 **中国童谣** 金波编选,胡永凯绘画。新蕾出版社1994年12月版。60幅。8.00元。精选中国传统儿歌《小老鼠》、《放风筝》、《不倒翁》、《开城门》等60首。较全面较集中地表现了中国传统儿歌的艺术特色,表达了中国劳动人民的纯朴感情和幽默性格。活泼简炼、韵律明快、宜于传唱。绘画作者吸收中国民间绘画特点,又溶入现代装饰画的表现手法,使形式与内容达到较完美的统一。(段纪夫)

J000157 **中国笑话** 段虹改编,曹留夫、金荣、大朋绘画。新蕾出版社1994年12月版。60幅。8.00元。精选适合少年儿童阅读的中国古代笑话《高帽子》、《医驼背》、《刮地皮》、《隐身术》等60篇。这些来自中国各民族传统的民间笑话,短小精悍、语言精湛、寓意深刻、讽刺性强,富有喜剧性色彩,是我国民间文学宝库中一份闪烁着劳动人民幽默小智慧之光的珍贵财富。画册由著名画家曹留夫等采用中国传统的民间木版年画的绘画形式,进行精心绘制,并加以变形与夸张,使文图相得益彰,形式与内容完美统一。(段纪夫)

J000158 **何永坤画集** 何永坤作。云南美术出版社1994年12月版。58幅图。65.00元。选编云南画家何永坤创作的版画、重彩画作品50余幅,他的作品主要以写实为主,追求的是一种和谐自然的美,从中透射出他对生活的热爱,对故土风情的眷念,对人与人之间的诚挚和善愿,对生命的赞颂及其顽强意志的膜拜;他不断地尝试着用不同的表现形式和手法来充实自己的绘画语言,尽量避免重复原有的格式,勇于探索更适合表达他对艺术性和绘画性认识的路子，力图追求在对美的见解上从一种直观朴实的表露升华到带有哲理性的内涵和寓意，为此而付出了艰难的辛劳和汗水，同时也从中受益匪浅。(彭晓)

J000159　**中学生文言故事连环画**　吴稷曾等选注，廖先悟等绘画。湖南美术出版社 1995 年 3 月版。1540 幅。4 册。55.00 元。共选编 64 篇文言故事。选材上起先秦，下迄晚清，从历代名著名篇中精心挑选，延伸和发展了课堂教学；篇目按古代文学史的发展顺序排列，便于学习者掌握我国古代文学发展的基本脉络；故事内容颂扬爱国主义精神、传统美德和弘扬民族正气，具有启迪性；注释除了对词句意义作了通俗明白的解释外，还对典型的文言词法、句法作了分析；绘画全部用传统的白描勾线，建筑、服饰、道具符合时代特征。(郑世俊)

J000160　**美术及其教育**　尹少淳著。湖南美术出版社 1995 年 6 月版。27.3 万字。77 幅图。17.00 元。美术教育专著。运用和借鉴教育学、心理学、社会学和美术学的优秀成果，对基础美术教育的本质、特征、规律、历史、内容和方法进行了深入的研究。重新划分了基础美术教育的内容系统，提出了具象、意象和抽象美术教育的新构成。(尹少淳)

书法、篆刻

J000161　**明清名家书法大成**　上海书画出版社 1993 年日文版、1994 年中文版。40 万字。700 幅。500.00 元。共 8 册，其中 1 至 2 册为明代书法分册；3 至 6 册为清代书法分册；7 至 8 册为明、清篆刻分册。全书以书法作品和作品考释及其他文字著录两大部分组成。入选作品从全国各大博物馆和私人藏品中严格遴选，以明、清两代书画家的作品为主，兼收当时著名的政治家、文学家、史学家、科学家、军事家等其他著名人物的书作，入选书法绝大部分是首次面世的代表作或精品。文字考释部分除详尽地著录每件书作的书体、质地、尺寸、收藏者、作者小传外，所有书作除极个别外，一概予以释文，以便辩识。全书以年代先后为序编排；作品部分以彩色、黑白照片精印，力求尽可能地还原原作的艺术风貌和精微处。(沈培方)

J000162　**郑板桥书法三种**　(清)郑板桥书。北京出版社 1994 年版。60 页。郑板桥为清代书画家，其书法得力于汉魏碑碣，融合诸家各体，用隶体参入行楷，且加绘兰竹之法，独创一体，被称为“六分半书”。本帖选取了郑氏书写的楷书《城隍庙记》、行书《重修文昌祠记》、行书《田游岩传》。所书字体以“怪”为其特性，书法结构奇特挺拔、狂怪而有异趣，极尽变化而不失法度，傅抱石称之“新书体”，并且说是几千年来未见过的“自我创造形成一派”，可见其实为前无古人之罕品。(魏小薇)

J000163　**于植元书法作品集**　于植元作。青岛出版社 1994 年版。141 幅。269.00 元。于植元是我国著名的学者、教育家、书法家，现任大连大学师范学院名誉院长、古代文史教授。其书法重传统，具有较深厚的基本功。作品古淡高雅，书卷气颇浓，是典型的学者型书家。本作品集收入于植元先生近年的书法力作及临作计 140 余幅，对原作的表现精微细致，较好地反映了原作的风貌和精神。(刘永贵)

J000164　**鲁屋楮墨编**　徐寿嶂作。山东友谊出版社 1994 年版。130 幅。80.00 元。收入徐寿嶂创作的书法精品 130 余件。徐寿嶂为山东孔子故里书画院书学教授，自幼习书，于篆、隶、真、行草诸体皆具功力。其篆书溯源殷契，兼取钟鼎、汉篆之别趣；隶书宗法汉碑、简隶，借鉴桂馥笔意；楷书以颜为基础，参以欧体及隶意；行书重点汲取宋人创意精神，草书入手于孙过庭，又博取诸家之长。本集子正编部分选印徐氏甲骨、金文、砖篆、隶书、行书诸体作品，书后附录“徐氏先父伯良公遗墨”、“徐氏艺海交游选编”两部分。(王谦)

J000165　**高小岩书孔子事迹图解**　高小岩著。山东友谊出版社 1994 年版。168 幅。39.60 元。书法集子。所书内容系介绍孔子生平行事的文章。从孔子的出生，到孔子一生的生活、教学、周游，乃至其取得的成就、对后世的影响，都作了较为详细的叙述。主要包括：儒家宗师、孔子家世、孔子诞生、父丧徙居、俎豆礼容、母父合葬、阳虎阻宴、娶亓官氏、职司委吏、学于郯子、学琴师襄、三十而立、有教无类、朝周问礼、离鲁适齐、齐王问政、在齐闻韶、退修诗书、仕鲁、夹谷会齐、弃官去鲁、周游列国、自卫归鲁、杏坛讲学、高山仰止等。本书的特点是将书艺与古代文化结合起来，既具观赏临摹价值，又可了解孔子生平，学习古代文化。(范希春)

J000166　**明清书法论文选**　崔尔平选编点校。上海书店 1994 年版。64 万字。2 册。35.00 元。选明清两代论及书法之文 55 家，计 62 篇，其中明代 19 家、24 篇，清代 36 家、38 篇。内容以书学理论及品评鉴赏为主。以作者出生年代先后编次，并加标点。所选各家均有提要一篇，介绍作者生平、论书要旨、版本源流、选辑依据等。尽可能选用珍善之本，并以数种版本加以校勘。两代名家书论中，有的向无专书，散见各处，如黄道周、翁方纲、曾国藩、何绍基等，编者穷搜博采，分类汇集成篇，加订篇名，各成一家之说。（陆国强）

J000167　**高等书法教程**　陈振濂著。上海书画出版社 1994 年版。25 万字。40.00 元。以详实的内容与严格的体例，编排成切实可行的教学程序。由浅入深、循序渐进，既有课时安排、课堂教学内容，又有课余练习的范本、临帖要领和范本分析等内容。注重科学与逻辑的分析，使高等书法教学带有鲜明的理性思辨的色彩。书中还特地设置了书法以及与之相关的文物古迹的实地考察的教程，在一个阶段教学完成之后，制定了多种切合教学需要和适用于考查教学结果的多种试卷以及思考题或考察报告等。（沈培方）

J000168　**中南海珍藏书法集（第一卷）**　中南海画册编辑委员会编。西苑出版社 1994 年版。279 幅。380.00 元。共收书法作品 279 幅，多是近现代书法艺术中的精品，有一代书法名家章太炎、柳亚子、沈尹默、章士钊、郭沫若、沙孟海等的传世墨宝，也有现当代书法家的得力之作。这些书法杰作，有的如高人胜士，望之令人敬叹，字迹风神荟萃，真、草、隶、篆各体具备，争奇斗势，仪态万方；有的遒逸深古，苍劲浑厚，朴实茂美，气魄宏伟；有的圆融流动，刚柔并济，舒展峭拔，烂漫多姿，充分表现了中国书法艺术的成就。（陈玉刚）

J000169　**尚文书法选集**　尚文作。云南美术出版社 1994 年版。20.00 元。收录尚文各种风格的书法佳作 69 幅，以行书、隶书等多种形式书写了不同时代脍炙人口的名篇佳句、名联，也有尚文创作的歌颂祖国和人民军队的诗词楹联，从内容到形式都充分体现了作者运笔苍劲、浑古，书法结构疏密、疾徐、横直等方法贴切地安排在不同作品中，给人以美的质感，耐人玩味的联想及其深厚的文化素养和创作风格。（张刘）

J000170　**广告美术字体设计大典**　左乾等编。长春出版社 1994 年 1 月版。1 866 幅。98.80 元。所收字体包括：宋体、宋繁体、黑体、黑繁体、手书宋体、手书黑体、宋空心立体、圆头空心体、水柱体、琥珀体、姚体、棣书、综艺体、彩云体、魏碑体、变体、装饰体、创意体、手绘 POP 字体、日本中文字体等。同时还编入广告设计语 1 600 余条，阿拉伯字体设计 1 100余例，设计字体 8 000 余例，英、日等外文字体 1 500余例。（王国擎）

J000171　**敦煌书法库（第一辑）**　敦煌研究院编。甘肃人民美术出版社 1994 年 1 月版。260 幅。58.00 元。选编西凉至北周时期的写经 6 卷和两篇学术论文。卷首“敦煌书法概述”一文，全面介绍了敦煌书法内涵及各时期的特点。“南北朝写经书法”一文，专门探讨了魏晋南北朝时期写经书法的艺术风格与特色。书法作品有敦煌最早的写经“十诵比丘成本”结字自由率意，古朴自然，有强烈的民间书法的稚拙姿态。“大般涅槃经”现藏英国大英博物馆，书法工整平实，体现了成熟的楷书风貌。“成实论”、“大方等陀罗尼经”具有浓厚的隶书风格，笔致流利洒脱。“东都发愿文”行书飘逸、流畅、灵动、活泼。北周的“大般涅槃经”楷书工整，结构严谨，行笔刚劲，平和处时露险峻之势，具有隶风遗风。（刘江）

J000172　**王铎墨迹大观**　胡传海编。上海人民美术出版社 1994 年 2 月版。8.6 万字。293 幅。14.30 元。“墨迹大观”系列之一。分 3 个部分。一、序言，阐述王铎的生平、艺术渊源、艺术特色和艺术影响；二、图版，收集王铎传世墨迹 100 余种，全面反映了王铎早、中、晚期的书法品貌，是该书的主要部分；三、释文，该部分文字依图版排列，可帮助读者释解个别难识之字。（孙国彬）

J000173　**印章边款艺术**　赵海明著。书目文献出版社 1994 年 2 月版。480 页。55.00 元。全面、系统地汇总和论述印章边款艺术的开创性之作。全书以年代为序，收录明、清及现代 400 年间 120 余位著名篆刻家的作品 700 余件，并附作者传记与作品简单说明。依其内容分为 4 大类：一、记述类；二、议论类；三、诗词、文赋类；四、综合类，并按类附笔顺索引。书中还附有《边款的刻制法》、《边款的传拓法》二文，并附刻边款图解。为读者全面了解边款刻制方法，掌握传拓手法提供了方便，为研究明、清以来艺术家的生平及文学艺术造诣提供了资料，具有重要的文献价值。（卢玉荣）

J000174　**书法美学思想史**　陈方既、雷志雄著。河南美术出版社 1994 年 3 月版。55.3 万字。30.00元。书法艺术思想史类学术专著。收入“中国书学丛书”。根据历代书法实践，历代具有代表性的书学论著，对其所反映出的书法美学思想及其形成发展的内部规律，作为一个系统进行考察，把社会对书法的需要，书契的物质条件对书法美学思想发展的影响，民族的政治状况，哲学思想观念，民族文化心理乃至伦理道德观念对书法美学思想的直接影响，书法美学思想对书法创造规律、艺术原理认识的互补进行了系统的论述，同时作者对中国书法各个历史时期的美学思想特征，各个书法流派代表人物、代表书风所反映的美学思想，及不同书法美学思想之间的斗争进行了深入的阐述。该书结构严密完整，在论述中以中国书法美学思想发展的脉络为主线，又结合中国社会历史分期，史料翔实，自成系统。作者是湖北省文学艺术联合会文艺理论研究员，中国书法家协会学术委员会委员，著有《书法艺术论》等学术专著。(王朝宾)

J000175　**中国书法思想史**　姜澄清著。河南美术出版社 1994 年 3 月版。16.3 万字。15.00 元。书法艺术思想史类学术专著。收入“中国书学丛书”。它从汉民族人文历史的大范畴，从早期人类社会的图腾崇拜、文字神圣，论述中国汉字、书法的产生，以及各个历史时期儒家的伦理观、道家法自然的观念、佛家的禅宗思想对书法艺术的审美意识的影响，和书法艺术思想的特征、书法艺术现象及发展的轨迹；它以汉文化为背境，从中国汉民族独特的心理构成、民族精神和美学思想，阐述了中国书法这种独特的艺术的超稳定现象和书体、书风变化的依据及其艺术规律。作者以史料为依据，关于八卦为书法形质之祖，关于我国先民的图腾崇拜、神灵崇拜、文字崇拜及陶纹的装饰性、卦爻的玄辩精神兼容并包积淀为书法艺术精神的论述，对书法艺术的发生的阐释多有创见，作为一家之言，有较高的学术价值。作者为贵州大学文学研究所教授，中国书法家协会学术委员会委员，从事本土文化研究，出版有《易经与中国艺术精神》等专著。(王朝宾)

J000176　**白石遗朱**　副名：聚石楼藏印。王文甫编。上海人民美术出版社 1994 年 3 月版。138 幅。19.80 元(平)，27.80 元(精)。印谱。齐白石的印章，在明清以降的流派中独树一枝，既别于丁敬的切刀传意，又别于邓石如的婀娜多姿；既无同于赵之谦的面目多样，又不类于黄牧甫的秀丽俊挺，也有异于吴昌硕的雄挺古拙。他的印自有一种势，看似漫不经心之作，玩味良久，却能体会到其中有一泻千里的力量。本书从编者收藏中选出百方齐印，其制作年代具连续性和代表性，又是各印边款全列，内容有谈艺论趣或叹苦经的，可见白石艺术思想之一斑。又附部分原石照片，可见印材之多样。(沈一草)

J000177　**王羲之圣教序及其笔法**　骆恒光编著。西泠印社 1994 年 3 月版。130 幅。7.80 元。讲解王羲之《圣教序》用笔结体的技法书。开篇为《圣教序》拓本，其后按基本笔画、偏旁部首、用笔结体几个部分讲解，最后是同字异形表。编者把用笔方法归纳为点、横、竖、撇、捺、钩、挑、折 8 种，以帖中范字显示其运笔过程，注意其细处。同时又集范字中同一偏旁部首的不同写法加以对照说明，并把用笔结体提出牵丝联结、布白变化等十二式加以分析，以观其大处。王羲之《圣教序》系唐僧人怀仁奉诏以灯影缩小、放大和剪裁拼接等方法集王字而成。怀仁是书家，精通书理，他集书时尽量揣摹其笔势，注意布局用笔的映常呼应关系，整篇井然有序，如星光灿烂。通常学王书，先临摹《兰亭序》，后临《圣教序》。因前者为手书原文，易见起止、提按、转折等处用笔变化，然全篇只有 320 余字。《圣教序》是集字拓本，行款章法，难及自运。然此碑有 2 400 余字，可为结字布白方法提供较多借鉴。本书中的《圣教序》据日本二玄社以宋拓未断本出版的《中国书法选》影印本编排。(王辛大)

J000178　**黄绮书法论文选**　黄绮著。河北大学出版社 1994 年 4 月版。14.8 万字。18.00 元。收入黄绮有关书法方面的论文 13 篇。即：关于笔的执使；结构与破体；书法造型说；释“书画同源”；书中五要：观、临、养、悟、创；书法艺术与书法欣赏；论书法之力的美；论中国书法意象的高纯度与雅俗问题；书法史鉴；中国书法在复兴时代中前进；谈谈书德与时代精神；中国书法的历史走向不能迷惘；略论欧阳询的楷法。各篇论文均围绕以下两个观点展开：一、书法要遵循“守法——破法——立法”的法则。这个法则辩证指出继承与创新的关系，既能指导书法实践，也适用于对书法理论的研究。二、要运用与书法有关的边缘科学对书法进行研究。包括文字学、文学、美学、哲学、心理学、力学、光学等等。如《论书法之力的美》一文，借用自然科学的力学理论来分析书法之力，用文学、美学的观点讲书法之力的美，推断出力是书法的灵魂。(夏杏芝)

J000179　**黄若舟快写法**　黄若舟著。上海人民美术出版社 1994 年 4 月版。220 余幅。8.50 元。关于书写法的著作。提出快写法应以“楷书为体，行草为用”的观点，以“易识、易写、易学”为选字原则。并介绍学习方法。作者在深入研究汉字书法传统行草书与常用简化字基础上，通过教学实践的反复检验，于 1939 年出版了第一部汉字通用书写体的《通书》。而后又经过不断的努力探索，由汉字的快写法发展到汉语(词)的快写法，成为日常书写规范的“黄体”。(沈一草)

J000180 **钱刻文艺家印谱** 钱君匋著。胥智芬编。上海人民美术出版社1994年4月版。177方。23.00元。收集我国著名书画家、篆刻家钱君匋各时期所刻的代表作品177方，其中有不少印章放大，能体现出他篆刻的艺术成就。这是一本有独特意味的印谱，它是钱氏为文学艺术家所治的印章，内容有名章、闲章、室名、雅号和他们所喜爱的诗文名句，方寸之地丰富了并体现了中国知识分子的雅趣和情操。这些文艺家中有鲁迅、茅盾、郭沫若、巴金、叶圣陶、黄宾虹、刘海粟、张大千、吴湖帆、潘天寿、李可染、丰子恺、沈尹默、沙孟海、李一氓等100余人。印谱所收印章大都有边款，以真行草隶各体刻之，风格多样。（袁春荣）

J000181 **王羲之圣教序** （唐）怀仁集字。北京出版社1994年5月版。2.00元。《圣教序》为唐太宗李世民所作，记述玄奘到印度取佛经、返回后翻译佛经的事。其后长安弘福寺僧人怀仁集王羲之行书真迹，于唐高宗咸亨三年（公元672年），刻石立碑，故世称《集右军圣教序》。现据宋拓本制版印刷，其中绝大多数字体完整，笔画清晰，体现出王氏行书的神韵。（师小平）

J000182 **成吉思汗箴言蒙汉合璧书法集** 江川编。内蒙古文化出版社1994年5月版。124页。30.00元。以成吉思汗箴言为书写内容，采用蒙汉合璧的书写形式，章法独特新颖，系全国30个省市、自治区书法家之力作。书中除作品图录外，还有成吉思汗箴言文稿（蒙汉文）和《略论蒙古文书法》、《蒙汉合璧书法艺术初探》两篇论文。其中后一篇论文的作者江川据其多方考证，澄清了“成吉思汗是中国不识字的皇帝”这一误传。（占柱）

J000183 **书法教程** 欧阳中石、徐无闻主编。高等教育出版社1994年6月版。43万字。6.95元。高等院校“书法”选修课教材。主要阐述了各种理论问题，以及书法各要素之间的联系。全面介绍了篆隶草行楷等各种字体、颜柳欧赵等各种书体、笔墨纸砚等各种工具、执笔运笔、楷书行书的临写、各体书法的欣赏、碑帖知识、书法史、书论史、书法美学、书法创作、书法教学等方面的基础知识。另编有《书法教学参考资料》与之配套，精选了各种字体各种书体的古代碑帖170余件。（袁晓波）

J000184 **林散之笔谈书法** 陆衡整理。古吴轩出版社1994年6月版。7万字。5.80元。收集林散之有关书法艺术的笔谈资料330余则，加以整理，分为谈品格、谈门径、谈工具、谈笔法、谈墨法、谈布白、谈学古创新、谈读书医俗、谈楷书、谈隶书、谈行草、谈书家、谈本人、谈印章、杂谈等15大类，绝大部分内容为首次面世。为全面反映林散之的书学理论，书中特附录了他的论书诗和有关书法的题跋。书后还刊出其部分笔谈手迹。林散之（1898—1989），生于江苏江浦，擅诗、书、画，尤擅狂草，有“当代草圣”之誉。有《江上诗存》、《林散之书画集》、《林散之书法选集》等问世。林先生生前没有留下有关书法艺术的论著，本书是系统地反映其书学主张和艺术思想的专著。书中对书法艺术的诸方面均有论及，同时对书法基础知识也有深入浅出的阐述。由于林先生在当代书坛的崇高地位，其成功实践和书学理论对当今书坛具有深刻的启发和指导意义。所以，该书不仅对研究林散之，而且对研究当代书法，都有重要价值。（陆衡）

J000185 **中国汉字书法教程** 耿富主编。黑龙江人民出版社1994年6月版。15.12万字。17.90元。收入“新体系汉语丛书”。37课，每课都由汉字认读、汉字知识、汉字书法、汉字练写、形似字辨析、选字组词6部分构成。重点讲解汉字的书写方法，以汉字的笔画为序，从简到繁，从易到难进行编写。（安晓峰）

J000186 **硬笔书画古代诗词** 李岩选等书，李钟禄画。辽宁少年儿童出版社1994年6月版。78幅。4.30元。遴选375首脍炙人口的古代诗词，每首配一幅精致的插图，又用硬笔以楷书、行书、草书3种字体原文抄录诗词。（冯幽君）

J000187 **中国古代印论史** 黄惇著。上海书画出版社1994年6月版。25万字。18.00元。分3大章，26节。从元代赵孟頫、吾衍，明代周应愿、甘旸、徐上达、沈野、杨士修、朱简，清代周亮工、秦爨公、赵之谦、魏稼孙等人的印章专著、印谱序跋、笔记随感、书札、论印诗等印论中，对古代印论发生、发展的历史作了一次全面清理。揭示出中国古代印论中所蕴含的丰富的美学思想，对印章艺术史，特别是宋以后的文人印章流派史的研究，有了许多重要突破。同时纠正了这个领域中长期存在的一些讹误。（吴瓯）

J000188 **古代名家草字汇** （清）石梁编。北京古籍出版社1994年7月版。738面。47.20元。草书字典，12卷。摹集者仿明代梅应祚《字汇》偏旁属部体例，分为214部，每部按笔画多少排列。所选草字，从汉代到明代，共87位书法家之作品。《字汇》中艰难不适于用而帖中所无者不录；各家书皆从真迹精摩而来；字有重出而兼收者，取其变化，不同字画有增有减。即无增减，其字势让左让右，俯仰倾侧，精神所注，各有意趣，故愈多愈妙。每字旁各注书法家名、字或号。若同字叠见则以时代为先后。正文后附有补遗。此书因选字众多，初刻本摹印精良，自清乾隆五十一年(1786)刊刻以来，复刻、翻印多种，后来又出现缩印本，不免形神俱失。这次出版，则径选取乾隆五十二年(1787)敬义斋善本，按原大影印。(一芥)

J000189 **岭南书法史** 陈永正著。广东人民出版社1994年8月版。22.3万字。13.60元(平)，19.60元(精)。收入"岭南文库丛书"。分上、下两编：上编共8章，系统地叙述岭南地区书法艺术发展的历程，评介岭南历代书法名家的创作风格、艺术成就及现存墨迹的艺术价值，并对岭南历代书法的不同特色加以探讨；下编共5章，全面介绍岭南历代的石刻(碑碣及摩崖石刻)、篆刻、丛帖、书法理论及书坛组织与活动情况，深入分析传世的石刻、碑帖的书法水平、艺术源流及史料价值，对岭南历代篆刻名家的艺术造诣与创作风格、岭南书法家的创作理论及传世论著，均有较详尽的论述，对近代和现代岭南书法的有关活动记叙尤详。作者还对在明代以前岭南书法发展缓慢、成就不高的原因，明代岭南书法与哲学学术的关系，清代岭南书家在创作上力求改变书风、提倡"碑帖合流"而形成新的特色，岭南书法在中国书法史上未能得到应有的地位等方面，均有鲜明而独到的见解。其阐述较为系统和全面，真实地反映了岭南书法艺术的历史和现状、本质和特性，是岭南文化研究的新成果。(冯伯秋)

J000190 **中国行草大字典** 路振平主编。海南国际新闻出版中心1994年8月版。98.00元。集中国古今59位著名书法家的252部行书和草书碑帖，上起王羲之，下至现代郭沫若，其中包括欧阳洵、怀素、颜真卿、柳公权、苏东坡、黄庭坚、米芾、赵孟頫、王铎、于右任等久负盛名的大书法家。全书共收首文3 292字，按重文计算则达12 529字。较集中地反映了我国行草书书法艺术的精华。本书按新辞海笔画查字法的顺序排列。为保留名家行草书的风格和神韵，从名家名作的最佳版本中精选美观、规范的字，剪贴影印成书。并首次采用数字标注法，即将名家碑帖依次编号，在正文的每个字下标出该字所出碑帖的号码，读者可据此在附录部分"历代名家碑帖"中查到该字的出处。(袁伟)

J000191 **六名家书心经** 欧阳询、张旭等著。河北美术出版社1994年8月版。70幅。13.00元。选有历代名家书写的心经6种。其中有唐欧阳询楷书心经2页，唐张旭草书心经29页，宋苏东波楷书心经7页，元赵孟頫为日林和尚所书行书心经5页，明董其昌为李公夙植所书行书心经9页，清刘墉为纪晓岚所书行草心经18页。心经是佛经中文字最少的一部经典，全经267字。心经是佛教经典中含义最深，内容最精辟的一部经典。此次出版附有太虚大师的"般若波罗蜜多心经释义"。读者可以在欣赏和练习书法的同时了解经意。(季酉辰)

J000192 **书法速查工具丛书** 樊中岳编。湖北美术出版社1994年8月版。49.00元。共5册。包括《金文速查手册》、《常用草书速查手册》、《常用篆书速查手册》、《常用隶书速查手册》、《常用章草速查手册》。采用"四角号码查字法"、笔画查字法，另附《四角号码查字法》。《金文册》还按"四角号码"编排了《繁体、简体、异体与规范字对照表》，并在《笔画查字表》中不仅将金书辞书中众多旧笔形的字按笔形、笔划排列，还将繁体字、异体字、简体字同时编入，只要知道某字的其中任何一种字体，均可迅速查到相应金文。除《金文册》外，四书正文选字均以《现代汉语常用字表》的3 500个汉字为限。体例多以楷体简化字为字体(有繁体者附繁体字)，其后注以拼音，再排列篆、隶、行、草等书体，一字一条。《金文册》字头下列有小篆，与金文形体对照。各体选字上均讲求出处：《篆书册》选字多取于《说文》，《草书册》每字均标器各序号。所选书体样字多为历代名家代表性作品或近代名家的优秀摹本，字体较大，可作字帖。(刘明)

J000193 **当代著名书法家手书邓小平名言** 张旭光等主编。华文出版社1994年8月版。120.00元。为纪念邓小平90诞辰，当代著名书法家一百多人书写了邓小平建设有中国特色社会主义理论中的名言。选有书法大师赵朴初、舒同、启功、王遐举，著名书法家沈鹏、欧阳中石、康殷、黄琦等人的作品。其风格各异，或沉浑苍劲，或飘逸潇洒，或酣畅淋漓，或古丽秀雅。还特邀国画大师董寿平、亚明、赖少奇、白雪石、崔子范等人15幅名作，或泼墨抒意，或缘物寄情，显示了书法家、画家对一代伟人的敬重。(王文祥)

J000194 **中国书法美学** 金学智著。江苏文艺出版社1994年8月版。92万字。上下册。55.40元。书法美学专著。分5编阐述中国书法美学的性态。第一编"中国书法艺术的多质性"，着重结合西方和中国哲学史以及中国古典书论，讨论和阐释"事物的多质性和观照的多视角"，从艺术社会学、创作美学、接受美学、形式美学、主体论美学、符号论美学等一系列视角对中国书法的多质性本质进行考察和观照，给出复合的、多判断和多向度的、立体交叉的逻辑定义。第二编“比较：书法在艺术群族的关系网络中”，通过书法与其他有关艺术的系列比较，揭示中国书法与中国艺术及中国美学相互沟通的关系。第三编“书艺风格美与鉴赏品评”，对书体、时代、地域的群体风格美和多种个体风格美予以广泛的概括、论析，并结构出范畴系列。第四编“中国书法美学思想史概观”，对中国书学批评史上的理论片断加以综合，将有机发展中的一个个主要的思想环节联结成简明的思想史。附编“印章文化的系统构成”则对印章文化的系统研究作出开垦性的尝试。作为一部相当规模的学术著作，在思辨中融合感性材料，爬梳丰富的史料和碑帖，以纳入美学理论的构架之中，于思辨与事象之间生发出互证、互融、互补的有机性，使得论点、论据、论证过程联缩成自洽的整体存在是该书的特色所在。（朱建华）

J000195 **蓝玉崧书法集** 蓝玉崧书。农村读物出版社 1994 年 8 月版。34 万字。41.60 元。编选蓝玉崧 1974—1994 年的书法精品 150 余件，按照他擅长的书体顺序即草书、小楷、大楷、行书、隶书、篆书编列。部分作品有局部放大图，以充分显示其笔墨的精妙。草书作品附有释文。另外收有作者简介及三篇评介文章。（宋丽华）

J000196 **宋拓本颜真卿书忠义堂帖** 颜真卿书。西泠印社 1994 年 8 月版。487 幅。上下两册。98.00元。颜真卿（公元 709—785 年）字清臣，是唐代一位承前启后的书法大师。他开创了雄伟刚健、大气磅礴的新风格。此影印本为浙江省博物馆的一级藏品；是南宋嘉定八年（公元 1215 年）留元刚编集颜真卿墨迹付工摹勒上石的一部汇帖。共收帖 45 种，全帖分为 8 册，尺寸为 35.5×16.3 厘米。今原大影印出版分为上下两册。此帖为清初孙承泽海云阁旧藏。因宋拓汇帖传世极少，而完整流传至今的更是不多见，所以更显此帖弥足珍贵。它所收集的颜真卿书迹都属精本，稀见本。其中常见各帖经专家取他刻本校观，楷书刚健有力、草书豪放洒脱，无不神采奕奕，无世人所说“蚕头燕尾之笔”，传真程度较高，实属难得一见的孤本。（徐彬）

J000197 **中国书法艺术** 刘炳森主编。中国人民大学出版社 1994 年 8 月版。102 万字。69.00 元。分上、下两篇。上篇“理论与鉴赏”吸收了当代书法理论研究的新成果，从近代美学和视觉艺术心理学的角度，对中国书法艺术的本质、起源、一般创作规律以及书法学习与创作进行了新维度的探讨。在论述中国书法艺术的本质时既涉及了古代的自然本体论、心灵本体论、抒情说，又涉及到现代的再现说、表现说、汉字书写说。下篇“技法与实践”，详细剖析了篆、隶、行、楷、篆刻等各种书体的艺术风格流派、基本线条、笔法、结构。书法家多年临池之心得，均在图文对照中一一缕述，并对如何鉴别、欣赏、学习古今书法提出了有价值的看法。书中收集了大量珍贵的古今书法艺术珍品。（郑伯平）

J000198 **邓石如书法篆刻全集** 邓石如书。安徽美术出版社 1994 年 9 月版。152.00 元。收已经发现并已征集到的邓石如书法、篆刻作品，分为 3 卷：第一卷收书法墨迹；第二卷收书法拓本（含双钩本）。凡墨迹、拓本俱有的，仅收墨迹；墨迹已佚，只有拓本的，收拓本；某一内容、某一书体既有墨迹又有拓本，然拓本另有所本者，墨迹拓本俱收。墨迹、拓本署有年月者，分别按书写年代先后顺序排列。仅有姓名未署年月者，凡署邓琰者则列乾隆乙卯作品之后；凡署邓石如者则列嘉庆乙丑作品之后；既未署年月也未署姓名而确系邓石如的作品，则根据作品风格适当安排。第三卷收篆刻作品，并附金杏村编订的《邓石如年谱》。同过去文物出版社和黄山书社出版的两本《邓石如书法选集》相比，本书一是资料较全，二是按年代先后编排，对邓石如研究有较高的参考价值。（宋子龙）

J000199 **李真书法作品集——纪念毛泽东诞辰 100 周年** 李真作。长城出版社 1994 年 9 月版。1 万字。87.50 元。汇集老将军李真为纪念毛泽东诞辰 100 周年而举行书法展览的精品。分为书法作品和书画合璧作品两类，共 90 件。在书法作品中，长卷工程浩大，气势不凡。他临写的《中国革命战争的战略问题》、《实践论》、《矛盾论》等，均系毛主席的经典著作，洋洋 10 万余言，都是蝇头小字。尤其是《在延安文艺座谈会上的讲话》，卷长 33.91 米，2 万多字。李真通过书法艺术，表达了对毛泽东思想的信仰，同时也宣传了毛泽东思想。李真临写的毛主席诗词 33 首，使用了金墨和深兰色的绢底，书写难度加大，作品更显庄重、高雅。在书画合璧作品中，李真的合作者大都是当代中国的著名画家，使绘画艺术和书法艺术有机结合在一起 ，相互衬映，更体现中国书画的艺术魅力。如《卜算子·咏梅》是李真的书法与朱屺瞻、应野革的画合璧；《熊猫图》，是李真的书法与吴作人的画合璧；白居易《琵琶行》，是李真的书法与

潘洁兹的画合璧,《忆秦娥·娄山关》是李真的书法与周韶华的画合璧等等,都可称为精品。(吴锦生)

J000200 **舒展军旅书法作品选** 舒展作。军事谊文出版社1994年9月版。100幅。20.00元。收入作者书法百幅。他的字,兼容篆隶之法,熔诸家于一炉,形成了自己独特的风格。在诸多书法中,他尤擅长行草。每一幅作品,运笔着墨简洁凝炼,刚柔相济,气韵高雅,乱中求衡,大中有法度,小处见功力。逐步形成了豪放飘逸、清秀俊丽的风格。(张丽)

J000201 **赵冷月八旬书法** 赵冷月书。上海古籍出版社1994年9月版。130.00元。赵冷月是当今老一辈的著名书法家,他的书法由唐宋上溯汉魏六朝,晚年尤嗜碑版造像,形成了清新脱俗,天真稚拙的风格,在当今书坛独具一格,声名远扬海内外。近年来他的书风又有较大突破和创新,喜作巨幅大字,气韵酣畅淋漓,强调笔墨对比,讲究构成关系,引人注目。本集收录赵氏亲自遴选的力作近百件,全面反映了他在真草隶篆各种书体、各种形式方面的创作成就,体现了他浸淫于传统而不为传统所囿的创新精神。(王立翔)

J000202 **宋拓·潭帖** 郭湖等整理。四川辞书出版社1994年9月版。270幅。295.00元。北宋名帖,收唐以前36位著名书法家的作品,包括极为罕见的诗圣李白等人的竹书等。本帖原石碑于北宋末年毁于战火,历来被认为无传世之本。从宋代以来,各种文献关于本帖的记载皆语焉不详,而且互相矛盾,故而本帖成为中国书法史上千古疑案。80年代初,我国著名碑帖鉴定专家、故宫博物馆研究员马小云先生在四川省博物馆发现了此帖,经鉴定,结论为“以宋拓潭帖是法帖中稀有珍品”。(杨斌)

J000203 **红楼梦诗词书法艺术** 石东华书。吉林摄影出版社1994年10月版。108幅。12.00元。从古典名著《红楼梦》中选取100多首诗、词、歌、赋,分为“梦”、“金陵十二钗”、“红楼梦十二支曲”、“大观园题诗”和“解红楼梦偈”5个部分。以真、草、隶、篆四体书写成章,其中,尤以魏碑独树一帜,集晋爨宝子碑和南北朝爨龙颜碑之长,自出新意,具有古拙、刚劲、浑厚的金石韵味,对《红楼梦》诗词歌赋意境的理解见之笔端。(严代玲)

J000204 **席殊3SFM实用硬笔字60小时训练** 席殊编著。江西美术出版社1994年10月版。25.2万字。12.80元。著名书法家席殊在第一代教材基础上,编撰的新一代教材。该教程在训练内容的编排上非常严格,教学要求、练习方法都交待得很清楚,吸收了现代心理学、教育学的最新科研成果。教程共8单元,60课,每课主要由“范字训练”、“摹帖训练”、“作业”3部分组成,学完一课约需45—75分钟,全部学完教程约需60小时。(李砚冰)

J000205 **书法自修导读** 陈祖范、吴圣麟编著。上海教育出版社1994年10月版。27.5万字。10.50元。按“书学理论”、“书道技艺”、“书法应用”、“书作析赏”4个范畴分编,每编又分若干章节。首编“书学理论”,阐述了书学理论中的一些基本概念。二编“书道技艺”,除对书法执、使、转、用和对“入帖”与“出帖”的临池方法加以概述外,还选择颜书、赵书、米书3帖作具体解剖,既重技法讲授,又强调古人融情入书的神味机趣。三编“书法应用”,诠释100多个书法名词术语外,对书件幅式和题、跋、款、识的应用作详备的证引、论述。四编“书作析赏”,选当代具有典型意义的12位书家的作品加以述评。这些赏析文章,也是全书的总结和归纳。(张建忠)

J000206 **21世纪新潮美术字体设计** 左乾等编著。时代文艺出版社1994年10月版。9.80元。大陆及港、澳、台的美术字体编绘。收入“21世纪新潮美术丛书”。从字体的外形变化、笔画变化、结构变化方面编辑例字500余条,从装饰、形象、立体和新字体设计方面绘制例字200余条。是在汉语文字传统美术字系的标准宋体、黑体、正楷的基础上演变形成,其特点和艺术性从笔划上解析有粗与细的对比,刚与柔的兼顾,虚与实的效果,连与断的结合,从整体上解析有对称与均衡、稳定与倾斜。(何武)

J000207 **书法字海** 张又栋主编。新时代出版社1994年11月版。2 504页。198.00元。书法艺术和文字学方面的大型工具书。分上下卷。共收入中国历代和日本等10个国家与地区的各种书体的书法单字65 709个,汉字首字6 517个,选收古今书法家870人(其所书碑帖2 000余部),无书法家姓名的碑刻316种。选用历代碑刻与名家的法书,比较集中地收入了甲骨文、金文、简帛书法、汉魏碑刻和晋唐法帖等;同时注重书法艺术的发展与延伸,选收了近代和现代及海外书法家的墨迹,增加了其历史价值与艺术价值。采用《辞海》部首分类和排检方法,加设汉语拼音索引和难字注音注解。(张又栋)

J000208 **中国书法与线条艺术** 丁梦周著。安徽教育出版社1994年12月版。22万字。由3大部分构建理论体系:一、玄想编。重点阐述线条与书法关系。二、本体编。着重从书法艺术自身变化规律去探索线条的基本属性及书法艺术美的构成因素。这

用性，并且这种实用性同中国传统思想文化有密切关系。作者认为中国古代雕塑的艺术特色不以再现取胜，而以表现见长，把意境视为雕塑的艺术生命；综合运用圆雕、透雕、浮雕的塑造手法，辅以线条造型，并采取塑绘结合。（明华）

J000224 **中国雕塑史** 孙振华著。中国美术学院出版社1994年10月版。12万字。107幅。中国雕塑发展史的入门书。勾勒了民族哲学、美学、宗教、伦理、风俗人情等的发展脉络。（陈平）

J000225 **中国历代艺术·雕塑编** 刘玉山主编。人民美术出版社1994年11月版。250幅。收选作品250余件，前有序文一篇，概述了中国古代雕塑艺术的流程演变，后附诸图的简要说明。（刘玉山）

摄影艺术

J000226 **创意摄影丛书** 许小平等编著。浙江摄影出版社1994年版。27万字。6册。36.20元。分6个专题阐述了摄影的创意方法。涉及摄影的几个主要方面——摄影观察、取景构图、光影控制、瞬间捕捉、暗房特技和摄影创意手段等。作者在各自的专题中，有的着重介绍和借鉴了国外新潮的摄影观念和创意方法；有的总结了自己多年来行之有效的创作技巧；有的还将自己宝贵的创作心得毫无保留地提供给读者。作者在阐明观点的同时还注意加强文章的可读性和实用性，选配了大量精彩的图片作例子。有的作者在书中还设计了一整套摄影创意的练习方法，使读者在阅读中有了更强的操作性和实践性。（余谦）

J000227 **实用摄影手册** 顾亡兴等摄。上海画报出版社1994年3月版。19万字。6.00元。收条目1 060条。分7个部分：设备的种类及购买指南、拍摄技术、拍摄题材、暗房技术、照相设备及照片的保存、拍摄特技与小窍门、摄影常见病解答。每个条目以短小精悍的文字点出要点。（刘育文）

J000228 **新编业余摄影实用手册** 徐光春编著。安徽科学技术出版社1994年4月版。26.1万字。8.80元。共16章。系统、全面地介绍摄影知识和摄影操作技术。从“照相机的构造与使用“到摄影构图”、“几种专门摄影”等均有阐述。（孙述庆）

J000229 **世界之桥** 夏克强主编。新华出版社1994年5月版。370幅照片。158.00元。大型摄影画册。记录了南浦、杨浦两座大桥建设的历史过程，形象地再现激动人心、催人奋进的宝贵瞬间，讴歌了工人阶级无私奉献的崇高精神，展示了开发浦东、振兴上海的美好远景。（白云章）

J000230 **魂系雪域** 副名：罗锦辉迪庆摄影作品集。罗锦辉摄。云南美术出版社1994年5月版。0.5万字。68.00元。作者在云南迪庆的摄影专集。收录作品110余幅。迪庆境内巍峨的群山，辽阔的草原，晶莹的雪岭，险峻的峡谷和多姿多彩的民俗风情，在画册中都得到了美的表现，全面的反映。（林维东）

J000231 **突发事件——1906—1972美联社新闻摄影作品集** 李志昭编。上海画报出版社1994年6月版。7万字。80.00元。从原著中选编部分具有典型意义和价值的图片，对所摄图片的历史背景、过程以及摄影师的动机、目的和现场感受等进行同步记述。所收图片的时间跨度中包括第二次世界大战。我们通过一个个记录下来的静止的画面，看到这些关系到人类命运的突出事件的瞬间，也可通过介绍文字了解到作为一名优秀新闻摄影师的意志、品格和素质。（朱忆雯）

J000232 **百莲图** 马元浩摄。上海古籍出版社1994年7月版。140幅彩色图版。60.00元。摄影画册。马元浩是中国摄影家协会会员、英国皇家摄影家学会高级会士。他的莲花作品既包容丰富，又神韵独胜，无论是红莲还是白莲，群莲还是独莲；也无论是晨间清风中含苞待放的菡萏，还是秋雨晚照里伶俜招怜的残荷，都能在自然与人的冥合中，营构起各具特色且耐人寻味的意境，既富画理，又含哲理。本书以古诗词中的名联隽句为马先生的百莲图一一品题，使诗情画意，相得益彰。品题的诗句除了从大量歌咏莲花、莲叶、莲子的诗词中摘取外，还有意选用了一些其他题材的作品，或借用某一意象；或撷取某一情境；或通感于歌舞，或寄迹于美人。在图片的编排上，根据结构主义美学的原则，采用了以相类或相反归组的方法，形成各自有机理联系的图群，使作品经编排后得到更美的显示。（顾美华）

J000233 **家庭摄像实用技术问答** 徐桂珍主编。京华出版社1994年8月版。27.4万字。10.00元。介绍市场上常见的家用摄录像机的种类，重点说明家用摄录像机的摄录、编辑技术及技巧，家庭生活、旅游摄像技巧，磁带的使用和保管知识。并对日本各大电器公司生产的摄录放一体机的基本性能和参数指标分别作了介绍。书后附有名词解释和中英对照一般词汇。（孙建庆）

J000234 **黄山奇观** 凌军等摄。安徽美术出版社1994年9月版。18.00元。风光艺术摄影画集。从大量的优秀摄影佳作中遴选出百幅，依据游山路线、突出景区重点景观及黄山松、石、云、泉四绝特色而编辑。文字表述以诗歌、散文形式，尽量使之诗情画意交融，神话传说渲染其间，熔文学性、趣味性、知识性于一炉。(宋子龙)

J000235　**上海精神文明**　陈至立主编。上海人民美术出版社1994年9月版。202幅。80.00元。摄影画册。从一个侧面生动地记录和反映了上海在中央的直接关怀下，在市委领导下所进行的两个文明建设，特别是精神文明建设的丰硕成果。分为"春潮滚滚"、"春光融融"、"春申风采"、"春水滋心"、"春华秋实"、"春笋破土"6个部分，生动展现了上海精神文明建设的方方面面，深入体现了上海精神文明建设的经验，颂扬了一批精神文明建设的先进单位和个人，以及精神文明的新气象、新景观等等。画册以照片为主，配以文字说明。

J000236　**中国黄山**　周道明编。中国美术学院出版社1994年9月版。88幅。选编当代12位摄影家的近作88幅，充分展示了黄山的秀美景色。(陈平)

J000237　**中国蓝盔**　车夫等编。长城出版社1994年10月版。238幅。120.00元。画册。1992年，应联合国秘书长加利之邀，我国政府派遣工程兵大队赴柬埔寨参加维和行动。该画册就是我国政府首次派遣部队参加联合国维持和平行动的真实写照。分4个部分："不畏艰险的开路先锋"；"严守纪律的文明之师"；"播种友谊的和平之旅"；"历史的丰碑"。共选入照片238幅。在内容上，一是反映我蓝盔部队吃苦耐劳、勇挑重担，在柬埔寨战乱的废墟上修复和修建机场、桥梁、公路所表现出来的特别能战斗的英姿。二是反映这支部队面临武装分子的袭击，处变不惊，沉稳自若的英雄风采，展现在读者面前的是一支威武之师、文明之师、仁义之师的整体形象。(张董芬)

J000238　**中国美术社团漫录**　许志浩著。上海书画出版社1994年10月版。20万字。20.00元。研究近现代中国美术史的参考书。收入的美术社团期限为清初至1949年9月。共收录全国各地及中国留学生在海外组织的美术社团34个。其中有中国画、金石书法、油画、水彩画、木刻、漫画、工艺美术、年画、雕塑、应用美术和综合美术等社团。按各美术社团成立先后次序编排。介绍每个社团的成立时间、地点、发起人、负责人和主要成员。对部分影响较大的美术团体，尽量作详细评述。还摘录了一些团体的章程、宣言等原始资料。(周卫)

J000239　**中国新闻摄影获奖作品选集**　中国新闻摄影学会编。福建美术出版社1994年12月版。127幅。78.00元。反映改革开放以来中国新闻摄影的新面貌。选材广泛，内容丰富多采，有国内外重大事件、社会热点、风流人物、军事司法、科技教育、体育文化、日常生活和自然景观等。它以摄影形象新闻的优势，纪录了中国人民进行的社会主义改革开放建设事业的光辉历程和伟大成就。(丁尚南)

J000240　**卡希人像摄影选集**　卡希摄。上海画报出版社1994年12月版。5万字。188幅照片。128.00元。卡希，这位世界第一流的肖像摄影艺术家凭直觉和灵感摄下了那些塑造我们外在生活和内心世界的政治家、艺术家、文学家和科学家的形象，以致这些形象往往成了被摄者的永恒写照。收188幅人物肖像作品，从罗斯福、里根到教皇保罗二世；从毕加索到肖伯纳；从阿兰·德隆到索菲亚·罗兰。这些作品捕捉了著名人物在众目睽睽之下难以见到的姿态，也包括了在各自工作环境中的劳动者形象以及摄影家的早期尝试和实践。影集还首次收集了卡希在彩色摄影领域里的惊人之作。画册最引人注目的内容之一是首次问世的系列肖像摄影。作品展现了人物在相同或不同的背景里的一系列形象。摄影家在其人物肖像的旁注中也夹带了大量有关他本人的叙述。通过他的导言和对作品的注释，可以领会到卡希对其摄影对象的强烈兴趣和诚挚友谊。(刘育文)

工艺美术

J000241　**福建工艺美术**　郑礼阔编。鹭江出版社1994年1月版。576幅。360.00元。福建第一部全面展示工艺美术行业发展概貌和丰硕成果，具有较高观赏和收藏价值的大型精美画册。收入"福建大观丛书"。书中采用的彩色照片，介绍福建各种工艺美术作品，既吸取了中华民族共有的文化精华，又体现福建地方特色，饱含着人民大众健康活泼的审美情趣。福建工艺美术，历史悠久，技艺精湛，品种繁多，具有独特的民族风格和浓厚的地方色彩。画册按雕刻工艺、漆器工艺、陶瓷工艺、工艺画、民间工艺和其他工艺等，分别展示了陶瓷、漆器、雕刻、刺绣、藤编、灯彩、剪纸、木版年画等作品。(高虹)

J000242　**锡伯族民间图案集**　《锡伯族民间图

案集》编纂委员会编。新疆美术摄影出版社 1994 年 2 月版。8 万字。260 幅。70.00 元。锡伯族民间图案荟萃。锡伯族民间图案，以它悠久的历史和丰富的内涵，朴质的纹样和生动的形象，成为当前锡伯族民间文化艺术开发的一个富饶而有潜力的世界。锡伯族民间图案大多为花卉、果实、禽鸟、昆虫等造型的精美图案所装饰，其种类繁多，色彩艳丽，内容丰富。这些图案多用在衣物、首饰、家俱、居室等生活的各个方面。锡伯族西迁后，在民间图案中也吸收了其他民族的图案精华，使锡伯族图案更加丰富多彩。（吴文龄、段离）

J000243 **少数民族用品资料集** 王琨、张安吾编。安徽美术出版社 1994 年 3 月版。1 280 幅。4.80 元。内容囊括我国少数民族日常衣食住行用品 30 多类，包括马具、刀、箭、首饰、头饰、腰带、背包、餐具、酒具、容器、炊具、灶具、头巾、帽、鞋、手套、衣饰、烟具、桌、櫈、柜、橱、筐、篓、生产工具、运输工具等约计 1 200 多种。（傅强）

J000244 **王敏剪纸** 王敏作。北方妇女儿童出版社 1994 年 4 月版。195 面。15.00 元。剪纸作品专集。共收入作者从 30 年代以来各个不同历史时期、不同风格的剪纸作品 195 件，其中不仅有强烈民间特色的“八仙”等传统题材作品，也有“百鱼竞游”、“百蝶争春”、“百花争妍”等颇有现代意识的大型系列作品。（李之舒）

J000245 **贵州传统蜡染** 张炳德主编。贵州人民出版社 1994 年 4 月版。210 幅。44.80 元。贵州民间传统蜡染作品集。收入贵州少数民族传统蜡染作品 200 余幅。收集整理的蜡染床单、被面，向人们展示了传统蜡染的精彩纹样，传统的图案布局以及传统蜡染的真面目。所收蜡染作品主要由“镇宁型蜡染”、“纳雍型蜡染”、“重安江型蜡染”、“丹寨型蜡染”等 4 大类组成。是从作者三十年来收集的传统蜡染实物中精选部分摄影而成。同时用较详细的文字对“丹寨型蜡染”作了重点介绍。对于抢救、研究学习传统蜡染具有价值。（夏昆）

J000246 **庄玉君标徽设计集** 庄玉君著。岭南美术出版社 1994 年 4 月版。0.6 万字。48 幅。38.00 元。收集庄玉君的标徽（标志、徽志）设计精品 48 个，每个标徽均有简介及设计意念，作品构思新颖、立意匠心独具。表现手法融书法、装饰绘画、篆刻为一体，风格多样，有的体现了浓郁的民族风格；有的吸收了国外标徽的设计意念和表现方法，简明形象地表现出各行业的内涵和特征。（彭石根）

J000247 **POP 广告设计艺术** 林华著。河北美术出版社 1994 年 6 月版。15 万字。25.00 元。POP 广告是英文 Point of Purchase Advertising 的缩写，意思是“购买点广告”。POP 广告是三维空间广告，即立体形式广告。本书是专门论述三维立体空间艺术的设计问题。本书分广告概论、POP 广告概述、POP 广告的制作方法、结语 4 章。第一章介绍了广告的属性，广告的分类，商业广告的定义，广告的构成要素和商业广告的功能；第二章介绍了 POP 广告的功能及分类；第三章详细介绍了悬挂式 POP 广告，商品价目卡、展示卡式 POP 广告，与商品结合式 POP 广告，大型 POP 展示台架的制作方法；第四章结语论述了 POP 广告的制作程序与重点，分析了 POP 广告的发展趋势：POP 广告将从单一形式向系列化发展，并将声、光、电、激光、电脑、自动控制等技术与 POP 广告相结合，产生出一批全新的 POP 广告形式。此外手绘式 POP 广告将得到广泛采用。（吴守明）

J000248 **世界广告商标标志大全** 东山等编。长春出版社 1994 年 7 月版。1 800 幅。6 册。68.80 元。精选世界各国现代商标和公司、企业、集团的标志，共计 20 000 余幅。在图形中又分成：字母卷①②③卷，图形卷①②③卷。根据商标标志的特点，分为具象形、抽象形、字母形、符号形、几何形等。每一个标志都配有详尽的文字说明，包括商标的国籍、名称、用途、设计者、尺寸、颜色等。（王国擎）

J000249 **现代黑白装饰画设计** 梁士骥等绘。长春出版社 1994 年 8 月版。6.80 元。收黑白作品 263 幅。（庄宝仁）

J000250 **中国折纸大全** 杨达三编。湖南科学技术出版社 1994 年 8 月版。35 万字。46.00 元。作者创作和收集、整理的折纸作品的总汇，按玩具、装饰物、文具日用品、服装鞋帽、房屋家具、车船、飞机、花草、蔬果树木、昆虫、鱼类、鸟类、家禽、人物等分类，汇集作品近千种。（王劲松）

J000251 **中国民间美术** 王伯敏著。福建美术出版社 1994 年 12 月版。25 万字。228.00 元。论述民间美术产生、发展的历史，再现历代民间美术与宗教及宫廷的关系，并对民间美术的传统性与地方性、民间美术的审美要求和独具的表现形式等艺术特点进行了分析。评介数十种美术形式，包括民间绘画、民间雕塑、民间编札、民间剪纸等几大类，大类中又分为若干品种，如：彩绘、年画、纸马、画像、脸谱、扇面等。介绍历代的民间美术家及民间画业同行会，记

载民间画工的口诀。并附有全国民间美术的分布地和中国民间美术参考书目。(丁尚南)

J000252 **中国工艺美术史图录(上、下)** 田自秉、吴淑生著。上海人民美术出版社1994年12月版。1 160幅图。2册。98.00元。精选1 100余件发掘出土的实物,有祭祀器皿、生活用品、观赏工艺品等等。按历史年代分门别类,汇编成上下2册。全面地反映出各时代的工艺水平、艺术特色、人文风情等等。(沈一草)

J000253 **中国吉祥图案实用大全** 王瑛编。天津教育出版社1994年12月版。8万字。1 400幅图。68.00元(平),88.00元(精)。按鸿福、长寿、吉祥和喜庆4大类,将传统的吉祥图案、吉祥语、吉祥典故、传说等汇为一册。通过广大群众喜闻乐见的人物、花卉、飞禽、走兽、器物和花字体等形象,用借喻、比拟、双关、象征、及谐音等表现手法,创造出图案与吉祥的完美结合。(秦呈瑞)

J000254 **CIS导入第一步** 陶济、朱伟编。浙江人民美术出版社1994年12月版。24.00元。CIS即企业形象识别系统的简称。本书共编配300多幅(组)图片,加上浅显的阐述,其中有太阳神集团公司、正大青春宝药业、金义集团等国内成功案例。(方关贤)

J000255 **世界平面广告创意精粹** 梁中国著。湖南美术出版社1995年1月版。200幅。148.00元。收集世界各地创意性广告200余幅,按衣、食、住、行、交通、金融、办公、戏剧、公益等类分别介绍。其中不少是获国际奖作品,大部分是国际专业杂志推荐作品。每幅作品均附有译成中文的标题,客观和简明扼要的评论。如法国名酒、德国啤酒、美国棉花杀虫剂等一批寓意新颖、别出心裁的商品广告。(章小林)

J000256 **黑白设计** 陈雅丹著。云南人民出版社1995年12月版。5万字。350幅图。30.00元。阐述了黑白的艺术规律,黑白的表现手段,以及黑白设计在各行业的运用。(徐芸)

音乐、舞蹈

J000257 **音乐学文集** 中国艺术研究院音乐研究所编。山东友谊出版社1994年版。100万字。29.50元。为纪念中国艺术研究院音乐研究所建所40周年而编选、出版,收入1984年到1993年间全所研究人员发表的论文及专为所庆而撰写的文章78篇,内容涉及音乐社会学、音乐考古学、音乐民俗学、音乐文化人类学以及地域音乐、宗教音乐研究等范畴。上编收入李纯一的《中国音乐考古学研究的对象和方法》、《殷庸纹饰断代》,黄翔鹏的《舞阳贾湖骨笛的测音研究》,乔建中的《曲牌论》,吴毓清的《中国古代音乐思想与哲学中的"天人合一"观念》等;下编收入魏廷格的《再议杨荫浏的国乐观》,韩钟恩的《[3R]/[2+1]音乐文化发生的不同方式志》,曾遂今的《大众音乐价值考析》以及《作为符号学现象的音乐作品》、《埙的形制》等国外专业论文。该书反映了音乐研究所的整体研究风貌。(王谦)

J000258 **中国艺术研究院音乐研究所所藏中国音乐音响目录** 音乐研究所资料室编。山东友谊出版社1994年版。112万字。16开。35.00元。由古代歌曲、民间歌曲、曲艺音乐、戏曲音乐、综合类传统乐种、宗教音乐、歌舞及舞蹈音乐、民族器乐曲、现代创作歌曲、西洋乐器演奏的中国作品、歌剧及舞剧音乐、有关音乐的其他音响资料组成。其中有瞎子阿炳亲自演奏的琵琶、二胡曲,张老五的小三弦曲,安来绪演奏并带领下的西安鼓乐,吐尔地阿洪演奏并带领下的十二木卡姆等传世绝唱。(张映辉)

J000259 **遵义地区花灯音乐** 贵州省遵义地区文化局编。贵州民族出版社1994年1月版。22万字。12.00元。分7个部分,详细介绍贵州省遵义地区花灯音乐。一、概述,简述遵义地区人文地理,建制沿革,花灯的源流,活动方式,分布状况,艺术特征,花灯的发展等;二、音乐简介,简述花灯语音声调和花灯音乐的关系,花灯唱腔结构的类型,数板与唱相结合的类型,调式与转调的运用,演唱特点,伴奏形式等;三、唱腔选段,分为灯戏曲调,歌舞曲调,小唱曲调,创作剧目唱腔选段等4部分进行介绍;四、文场曲牌、锣鼓曲牌,文场曲牌着重介绍加官调、出台调、阳雀啼、倒啼、四季相思等,锣鼓曲牌着重介绍长路引、扑灯蛾、剪刀架、五配等;五、花灯歌舞,主要介绍《红军灯》和《红军送我一把壶》;六、花灯剧选,主要介绍花灯剧《浪子审妻》;七、人物简介,主要介绍遵义地区花灯剧艺人。(郭堂亮)

J000260 **祖国三部曲 交响大合唱 钢琴伴奏谱** 刘炽曲作。人民音乐出版社1994年1月版。114页。11.80元。我国著名作曲家刘炽所作的三部同一主题的交响大合唱(钢琴伴奏谱)的合集。包括《祖国颂》、《大地颂》、《太阳颂》。(童道锦)

J000261 **中国古筝名曲荟萃(上)** 上海音乐出版社编。上海音乐出版社1994年1月版。乐谱(含文字)300面。18.80元。乐曲集。包括古筝独奏曲计

130余首，是从我国传统筝艺9大流派——即山东筝、河南筝、潮州筝、客家筝、浙江筝、福建筝、陕西筝、内蒙古筝、朝鲜族的延边筝中遴选出的优秀乐曲，每个流派的代表曲目均已收进，并择用了各筝艺流派中老一辈著名演奏家的传谱。书中还选有10多篇文章。对9大流派中每个流派的形成、沿革、著名筝家的艺术生涯、演奏风格及繁复的技法特点等等均作详细介绍。（阎黎雯）

J000262 **中小学爱国主义教育影视片歌曲集** 人民音乐出版社编辑部编。人民音乐出版社1994年2月版。164页。3.55元。收爱国主义影视片歌曲74首。曲目以影视片名的汉语拼音顺序编排，正文后附有按影视片内容分类的《中小学爱国主义教育影视片目》。（王建卫）

J000263 **秦腔打击乐** 马凌元编著。三秦出版社1994年3月版。45.3万字。16.80元。收入418首（套）曲牌，按照秦腔打击乐谱的用途及结构性质，分为单独动作锣鼓（简称动作锣鼓）、板歌锣鼓、唱腔板头锣鼓（简称板头锣鼓）、开场锣鼓、管弦乐曲牌锣鼓（简称曲牌锣鼓）5个部分。其中板歌锣鼓、曲牌锣鼓两大类，为作者首次将其作为一个独立的单元，专门另列。板歌锣鼓原从属于动作锣鼓中，经过作者多年的实践、探索，总结出“板歌”是一个完整的艺术表现形式，有着鲜明的自身个性，属于一种独立体。这种新观点、新立项，突破了秦腔音乐史上固有的模式。全书418首（套）曲牌，每套既有乐谱，又有文字论说；既有武乐（即打击乐谱），又有文乐（即管弦乐谱）。在总结前人经验的基础上，创新和完善了记谱符号和方法，既有汉字谐音谱，又有乐器代表符号谱，还有鼓师敲奏鼓点分谱。每类乐谱前冠有文字简述，各首锣鼓曲后还附有用途与演奏说明。（靳疆）

J000264 **沈知白音乐论文集** 姜椿芳、赵佳梓编。上海音乐出版社1994年3月版。42万字。25.30元。收著名音乐学家、音乐教育家沈知白生前留下的一些音乐论著和译著。这些文章从不同时期、不同角度忠实地记录了沈先生对民族音乐、戏曲音乐、歌舞音乐的研究成果以及对民族音乐的发展提出的独特见解。此外沈先生在1930—1940年就积极推广和宣传西洋音乐，并在青年会等场所经常举办西洋音乐知识和西洋名曲赏析讲座，为此他翻译了大量有关介绍西洋音乐的文章，这些文章对建国后的音乐译文事业的发展起了很大的推动作用，本书也一并收入。文集的第二部分是沈知白先生的学生与亲友写的有关回忆录，特别是他的学生从不同侧面追忆了沈先生建国后在音乐教育方面的贡献以及他还没来得及写出的有关音乐理论方面的见解。（王春雁）

J000265 **西方音乐史** 黄腾鹏编。敦煌文艺出版社1994年5月版。25万字。7.80元。从音乐起源研究、古希腊罗马音乐、中世纪基督教音乐一直到20世纪上半叶的西方音乐文化通史性专著。共8章，包括时代概况、文化背景、艺术风格、音乐流派、作曲家与作品、音乐体裁形式、音乐传播交流、音乐理论与批评、乐器、音乐教育等内容。该书通过全面、综合、系统的阐述，基本勾勒出2 400多年来西方音乐发展的轮廓。（马林楠）

J000266 **交响叙事曲《乌江恨》总谱** 杨立青作曲。人民音乐出版社1994年5月版。138面成谱。5.45元。以民族乐器琵琶与交响乐队合奏的形式创作的这首叙事曲，是一部大型的管弦乐曲作品。乐曲采用了我国古曲《霸王卸甲》的部分素材，加以交响化展开，记述了公元前楚汉逐鹿、楚霸王兵败垓下、四面楚歌、痛别爱姬、饮恨乌江的这一悲壮历史事件。分为：引子、列营、鏖战、楚歌、别姬、尾声六个段落。全曲一气呵成，连续演奏。（聂希玲）

J000267 **青少年活动礼仪曲集** 郑路、陈膺编。中国青年出版社1994年5月版。230幅。26.00元。音乐曲谱，五线谱记谱。收入管乐队总谱19首。均为青少年活动礼仪用曲。主要曲目有：《光荣啊！中国共青团》、《红领巾之歌》、《雏鹰之歌》、《少先队进行曲》、《体育进行曲》、《青年进行曲》、《升旗敬礼曲》、《中国少年先锋队队歌》等。（石钢）

J000268 **世界钢琴名曲集** 巴赫等作。安徽文艺出版社1994年6月版。106万字。40.00元。汇集古典派、浪漫派、印象派著名音乐家：巴赫、贝多芬、肖邦、柴可夫斯基、格里格、鲁宾斯坦、李斯特、华格纳、德彪西等创作的优秀钢琴作品，如《月光》、《饮酒歌》、《乡村骑士》、《少女的祈祷》、《茶花女》、《金婚曲》、《爱之梦》、《军队进行曲》、《女神之舞》、《鸽子》等共200多首。（蔡正菁）

J000269 **中国民族音乐欣赏（修订版）** 江明惇编著。高等教育出版社1994年6月版。44万字。8.70元。卫星电视教育师专学历培训音乐教育专业教材。根据国家教育委员会1991年颁布的中学教师进修高等师范专科《音乐教育专业教学大纲》编写，由文字和曲谱两部分组成。文字部分共4章，分别介绍了民歌与歌舞、民族器乐、曲艺音乐、戏曲音乐的主要品种及其代表性曲目，概括了中国传统音乐的基本特点与学习方法。曲谱部分与文字部分相对应，提供了各类代表曲目的实例。该书在初版的基础上，主要充实了对曲艺音乐中南、北方主要曲种的介绍，重记了曲艺音乐与戏曲音乐的绝大部分曲谱。(张丽娜)

J000270　**音乐美学**　王次炤主编。高等教育出版社1994年6月版。18万字。3.85元。卫星电视教育师专学历培训音乐教育专业教材。根据国家教育委员会1991年颁布的中学教师进修高等师范专科《音乐教育专业教学大纲》编写。是第一本面向全国师范教育的音乐美学教材。运用哲学、心理学、社会学的方法，从具体实践出发，以历史的眼光阐述了音乐美学的基础课题。在关于音乐本体的研究方面，主要介绍了音乐的材料、形式、内容、表现对象等知识；在关于音乐实践的研究方面，主要介绍了音乐创作、表演、欣赏等内容；在关于音乐功能的研究方面，主要介绍了音乐的教育、认识、娱乐、审美等功能及其社会倾向性、历史持续性、变异性等。该书内容涉及到的音乐美学界普遍关注的问题，对于深入了解音乐艺术的规律，引导音乐实践有一定的理论意义和实践意义。(张丽娜)

J000271　**初级和声教程**　杨通八编著。高等教育出版社1994年6月版。38万字。11.05元。卫星电视教育师专学历培训音乐教育专业教材。根据国家教育委员会1991年颁布的中学教师进修高等师范专科《音乐教育专业教学大纲》，采取理论、分析、写作、键盘实践相结合的方式编写，其中特别强调了写作练习与键盘实践同步并重的原则。该书主要从大小调的调式与调性、和弦与和弦外音、和声节奏、终止式、个性化和声语言、音乐织体、音乐风格等方面，阐述了初级和声学的基础理论知识、初步的和声写作与分析以及初步的键盘弹奏方法。与同类书相比，其中的"副属和弦"、"近关系转调"、"中国调式和声基础"等内容更接近国内基础和声教学的习惯，有利于发展和声听觉，提高对多声部音乐的理解和表达能力。(张丽娜)

J000272　**中国钢琴作品选**　中央音乐学院钢琴系编。人民音乐出版社1994年6月版。189页。20.90元。钢琴文献作品集。辑录50、60、70年代一些中、老年作曲家的优秀作品，也收入了80年代一批年轻作曲家的创作，共21首，含民歌、古曲的创作曲、改编曲、现代技法作品等。(童道锦)

J000273　**昆曲曲牌及套数范例集(南套)**　王守泰主编。上海文艺出版社1994年7月版。177万字。2册。93.80元。以研究昆曲声律为重点的大型工具书。从昆曲大量的传统曲牌中去粗取精，遴选了近三百个南套曲调(尚有北套曲牌部分另行撰写结集)，进行科学的排比分析，寻找其组合、成套以及和唱词关系的规律，分8集16卷，规模宏大，论述系统，言之成理。其中所揭示的"三体"——集折体、联曲体、曲牌体；"三式"——词式、乐式、套式，作了充分的阐释论证，提出"以腔成套，以套为纲"，又主张"管而不死，活而不乱"，尊古不泥古，继承谋发展，符合推陈出新精神。这为昆剧专业人员的选牌、联套、填词、谱曲打开了方便之门，既有学术性，又有实用价值。(邰德爱)

J000274　**男高音咏叹调**　副名：外国歌剧选曲集(1)。周枫、朱小强编。上海音乐出版社1994年7月版。194面乐谱。29.00元。共汇集了40首不同时期、不同作曲家、不同风格流派歌剧中脍炙人口的咏叹调选曲，其中有威尔弟《茶花女》的阿尔弗雷多咏叹调：《沸腾的激动心灵》、普契尼《托斯卡》的卡伐拉多西咏叹调：《星光灿烂》、莫扎特《魔笛》的塔米诺咏叹调：《哦，多美丽的形象》等。每首选曲的原文歌词均配有译得贴切且讲究腔词关系的中译文；除此之外，每首选曲还配有钢琴伴奏。(郭燕红)

J000275　**中外音乐欣赏概论**　陈建国编著。天津人民出版社1994年7月版。33万字。7.90元。普通大中专院校音乐欣赏选修教材，分上、下两篇。上篇"中国音乐"在简要介绍了中国音乐发展的历史概况及中国民族音乐的风格特征之后，分别介绍了民族声乐艺术及民族器乐艺术。其中"民族器乐"部分，按乐器分类对各种乐器的代表曲目进行了赏析，并对这些乐器的演奏技巧、表现特色做了较为精辟的介绍。下篇"西方音乐"则按西方音乐的历史分期，先后介绍了各个时期具有代表性的音乐家及其作品。(庞明星)

J000276　**手风琴教程**　姜光勋著。东北朝鲜民族教育出版社1994年8月版。26.25印张。30.00元。由"预备知识篇"、"教材篇"、"作品篇"、"附录篇"4大部分组成。"预备知识篇"介绍有关手风琴的基本知识，手风琴乐谱与音乐知识。"教材篇"介绍手风琴左右手的基本练习，大、小调、音程、和弦、半音阶、同音换指法、分散和弦以及对位旋律的基本练习和综合练习。"作品篇"介绍中外优秀的手风琴独奏曲、合奏曲。"附录篇"介绍每天技能训练8条，常用音阶20条，技能技巧训练10条等。(金得振)

J000277　**哈密木卡姆**　新疆维吾尔自治区哈密地区文化处编。人民音乐出版社1994年8月版。

752面线谱。200.00元,配磁带288.00元。哈密木卡姆,是新疆十二木卡姆四种风格中的一种,是古代伊州乐的继续和在一定的历史条件下的发展。本书有两个版本:一是纯书,二是附8盒磁带的音谱同步的书。共12套,19分章,第一、三、四、五、六、七、八套都有两个分章,258首曲子。该书有序言、曲谱(五线谱)、符号说明、歌词、民间艺人简介、后记。除五线谱曲谱外,所有文字都用维吾尔文和汉文两种文字表述。(常树远)

J000278 **中国竹笛名曲荟萃** 上海音乐出版社编。上海音乐出版社1994年8月版。乐谱(含文字)510面。22.50元(平),30.00元(精)。乐曲集。包括笛曲计167首(独奏曲157首,竹笛二重奏曲10首),是从我国建国以来各个历史时期、各地区大量的笛曲中筛选出的精曲。其中有笛艺南北派中老一辈竹笛名家的代表作,兼括后起之秀的创编佳曲。作者以不同的视角,从不同的生活侧面,热情讴歌了各族人民热爱祖国、奋发图进的乐观情操,展现了祖国大地生机盎然、繁荣昌盛的风貌。书中收有6篇文章,对南、北派笛艺历史的沿革以及老一辈竹笛名家的艺术生涯、演奏风格、技巧特点等,分别作详细论述,并附有一篇简述江南丝竹笛技法特征的短文。每首乐曲均附有创编年代及曲情简介。(阎黎雯)

J000279 **《青少年学音乐》丛书** 王永德等编著。上海音乐出版社1994年8月版。谱文1 378面。7册。41.30元。包括《青少年学口琴》、《青少年学吉他》、《青少年学作曲》、《青少年学二胡》、《青少年学古筝》、《青少年学琵琶》、《青少年学竹笛》7种。每册书的知识,均采用循序渐进、由浅人深的写法,使广大青少年能在较短的时间内迅速掌握音乐的各种知识和基本技能。书中的图片尽量简明形象,使青少年一看即懂;书中的练习曲和乐曲尽量选用广大青少年平时所熟悉的歌曲改编曲,便于掌握。(王春雁)

J000280 **滚滚长江东逝水** 副名:电视连续剧《三国演义》歌曲集。谷建芬曲,王健词。中国国际广播出版社1994年8月版。2.90元。收入电视连续剧《三国演义》的片头歌《滚滚长江东逝水》,片尾歌《历史的天空》、《这一拜》等13首插曲和5首吟诵歌曲。(王先豫)

J000281 **贝多芬钢琴奏鸣曲研究** 郑兴三著。厦门大学出版社1994年9月版。41万字。15.80元。贝多芬创作的32首钢琴奏鸣曲在西方音乐史上占有极其重要的地位。本书对这32首钢琴奏鸣曲逐曲进行曲体分析,对每个乐章进行演奏注释。在曲体分析中,作者对每首奏鸣曲产生的时代背景,曲式结构,形成的风格及与传统手法之比较等方面作了详细的介绍;演奏注释则对每一乐章中的情感、技巧、节奏等作深入的探讨、提示。(蒋东明)

J000282 **萨依卡丽(柯尔克孜文)** 玉素甫·玛玛依演唱。新疆人民出版社1994年9月版。4.7万字。4.05元。主要描述古代柯尔克孜族少女英雄萨依卡丽的英雄事迹。萨依卡丽是中国三大史诗之一《玛纳斯》主人公玛纳斯的亲戚,她为捍卫柯尔克孜族人民的利益,反抗压迫,反对卡勒玛克统治者,一生不嫁而作斗争的感人事迹。另外还讲述古代柯尔克孜人民的历史、文化、地理、宗教、军事、艺术等内容。(阿不都拉依)

J000283 **先秦音乐史** 李纯一著。人民音乐出版社1994年10月版。15万字。21.70元。音乐方面的断代史。在拥有大量文献资料的基础上,对上迄远古、夏代,下至战国时期的我国音乐发展的概貌作了详实的描述,包括:乐器的种类、形制、应用场合以及在人民生活中的作用;乐舞;礼乐制度;音乐思想、音乐理论著述;民间音乐、宫廷音乐等,勾勒出先秦音乐的概貌。作者注重对文献的进一步开掘、整理和丰富,如:在音乐思想方面,西周幽王时期太史史伯的"五行音乐观",战国中期杨朱后学的"节乐说"与"纵乐说";孟子的"乐仁义"音乐观;战国后期宋尹学派的"音乐修身养生说";老庄学派的"虚无主义音乐观";邹衍学派的"神秘主义"音乐思想等,都是学术界先前未有提及或鲜为人知的重要音乐思想理论,作者在书中都作了介绍和评价,从而使先秦时期音乐思想的研究思路大为拓展。书中所附99帧图片,基本上是近年音乐考古方面的成果,这些材料与文献记载互为印证,且弥补了文献记载的不足。作者通过对考古发掘出土殷埙的研究,得出如下结论:"从殷埙可以看出,殷人具有多种音程、调式和调性等观念。这就为发明十二律准备了一定的必要前提条件。目前无法证明殷人是否真的从理论上进行了这方面的探索,但是可以比较有把握的认为,我国古代十二律及其学说的产生是有其独自历史基础的,而这一基础的初步奠定可能就在商代晚期。这一结论的提出,是我国古代音乐史学研究方面的重大突破。另外在史学研究中,打破文献记载的局限,注重考古研究成果的方法,也是值得学术界同仁借鉴的。(刘玲)

J000284 **献给伟大祖国的赞歌** 河北省教委普教处编。河北少年儿童出版社1994年11月版。2印张。共收入歌曲39首。以优秀影视片为主,内容有歌颂党、歌颂社会主义的，有反映中国人民同日寇进行反侵略战争事实的，还有热情讴歌祖国大好河山和勤劳勇敢的中国人民在共产党、毛主席的领导下建立起来的新中国。(贾志江)

J000285　**中国歌星成名金曲**　黄新华等编。百花洲文艺出版社 1994 年 12 月版。44 万字。16.50 元。介绍了刘欢、毛阿敏、韦唯、张学友、孟庭苇等 106 位当代中国(包括港、台地区)红歌星的成名歌曲。每位歌星辑入成名金曲和流行金曲各一首，并附小传一篇。(陈钟敏)

J000286　**黔南州戏曲音乐**　黔南州文化局、黔南州民委编。贵州民族出版社 1994 年 12 月版。25 万字。12.00 元。收入“贵州地方戏曲音乐丛书”。搜集整理贵州省黔南布依族苗族自治州的 3 个主要地方戏曲剧种，其中精选了花灯、傩戏、阳戏的曲谱 200 余首。分 3 部分。第一部分为“黔南花灯”，有黔南花灯概况，黔南花灯音乐简析，花灯曲目 133 首，花灯剧《七妹与蛇郎》选场。第二部分为“黔南傩戏”，介绍了黔南傩戏的流布及其特征、法事程序及剧目、表演和造型、傩事活动等，其中有傩戏曲目 60 首。第三部分为“黔南阳戏”，叙述了黔南阳戏的源流、艺术形态、特征和阳戏音乐的组成、艺术特征等，另有阳戏曲目 28 首和传统阳戏《二郎降龙》选场。(谭良洲)

J000287　**犹如滚石**　副名：美欧主流摇滚乐菁华录。弓枚编。西安交通大学出版社 1994 年 12 月版。31.1 万字。12.00 元。文艺评介著作。以欧美实力派歌手介绍为线索，重点分析了 60 年代以来对西方社会和文化产生过重大影响的著名作品。如 60 年代抗议运动中的桂冠诗人，主流摇滚的泰斗人物鲍勃·迪伦，他的抗议主题歌“时代在变”和嬉痞运动主题歌“手鼓先生”；60 年代青年的代言人甲壳虫乐队的里程碑“胡佩中士”；反映 70 年代西方迷惘一代心态的作品，平克·佛罗依德的“墙”和大卫·鲍维的“英雄”；80 年代蓝领摇滚 英雄布鲁斯·斯普林斯廷的力作“生来奔命”和“生在美国”等。编者尤其注重歌词内容评析，书中大量涉及他对西方文化现象和文化心态的剖析，也有他对中西方文化的比较和他对国内流行音乐及诗歌发展的看法。(刘影)

J000288　**回首百年——20 世纪华人音乐经典论文集**　中华民族文化促进会编。重庆出版社 1994 年 12 月版。42 万字。18.00 元。选辑我国大陆、香港、台湾 17 位音乐专家撰写的 19 篇论文，从声乐、歌曲、器乐、交响乐、歌剧创作等各个领域，对近百年来华人音乐创作的发展作了深情的回顾，严肃的总结，充分肯定了 20 世纪华人音乐创作的丰硕成果和宝贵经验。(夏树人)

J000289　**全国二胡考级(业余)作品集**　中国音协全国乐器演奏考级委员会二胡专家委员会编。人民音乐出版社 1994 年 4 月版。270 页。5.50 元(一)，5.70 元(二)。分两册，第一册为第一级至第六级；第二册为第七级至第十级，每一级又分别由练习曲和乐曲组成，共收入练习曲 75 首，乐曲 59 首，包含了考级规定的全部曲目。(侯波)

戏剧艺术

J000290　**秦腔唱法研究**　张伦著。三秦出版社 1994 年 4 月版。4.7 万字。3.50 元。作者在前人基础上，通过教学实践，将秦腔这一地方剧种的声乐技巧，诸如呼吸的控制方法、行当声型与共鸣调节、念白的方法及要求、“笑”的基本形态和方法等方面，予以科学系统的归纳总结。同时对秦腔唱法上的一些误区、嗓子的训练与保护等，也作了有益的探索。(高立民)

J000291　**品戏斋神游录**　徐城北编。上海文艺出版社 1994 年 4 月版。19.8 万字。6.70 元。以探讨京剧文化为主的文集。从探求京剧大文化诸问题着眼，作者试图把古今风景、古今器物、古今书籍、古今习俗、古今科学、古今人物、古今文艺、古今学术等来个“一勺烩”，既给人以广泛知识，更给人以美感和创造欲。全书分“梨园算术”、“风神遥感”、“品戏杂说”、“人生剪影”、“游丝遐迩”、“云光谈美”、“艺苑通则”、“闲侃优游”8 个栏目，各十来篇文章，或就一出戏阐释一个美学问题，或从一个剧中人物闲侃一番京剧文化，或就一种文化现象抒发一通人生哲理，或从艺术的这一门类触发到另一门类。作者着力探索如何通过重建京剧文化的途径，以求在合乎京剧自身发展轨迹的道路上，去实现古典京剧和现代化社会的契合；同时启迪读者认识中国传统文化的精髓，领悟戏曲艺术的某些真谛和意蕴。(陆稼林)

J000292　**余叔岩研究**　翁思再编。上海文艺出版社 1994 年 5 月版。23.1 万字。11.70 元。京剧研究著作。以新的视角，选汇了上至 40 年代、下迄 90 年代研究余叔岩之艺文精华，着眼于挖掘蕴含在余派艺术中的传统京剧的重要经验、法则和美学思想，既探讨了“余学”的来龙去脉，又撷取了该领域最新的理论成果；书中还有余氏艺事生平及菊坛珍闻的实录，以及余派唱工艺术的赏析。其中如《余叔岩艺事年谱》等篇目为首次披露，系作者积数年心血所撰就；另有余氏次女余慧清撰写的回忆文章，并提供了前曾未见的有关乃父的多幅珍贵照片资料。（陆稼林）

J000293 **戏曲舞台美术概论** 栾冠桦著。文化艺术出版社1994年6月版。20.4万字。8.50元。系统论述戏曲舞台美术理论的专著。共4部分：一、原理篇：论述戏曲、话剧、歌剧、舞剧等舞台美术的范畴、特性和功能。二、系统篇：从空间、装扮两方面论述传统戏曲舞台美术理论。三、发展篇：概述现代戏曲舞台美术对传统戏曲舞台美术的继承和发展。四、创作篇：论述戏曲舞台美术创作的一般规律。（冯京丽）

J000294 **中国京剧脸谱大观** 高立根绘。广西民族出版社1994年8月版。258幅。150.00元。收入京剧脸谱258幅。其夸张的形态，丰富的色彩，变形的图案及各种形象符号以及自成一格的艺术风格有它独到的艺术魅力。书中人物勾画细腻，用笔讲究、色彩鲜明较有个性特征。（朱俊杰）

J000295 **秦腔优秀折子戏·小戏·唱段选编** 赵梦姣编。三秦出版社1994年8月版。28万字。9.00元。收入"陕西振兴秦腔艺术丛书"。选取了秦腔优秀传统折子戏25种，秦腔小戏6种，折子戏唱段20段(曲文合编)。这些多是秦腔中传统的经典性作品，具有较高的艺术价值和欣赏价值。（高立民）

J000296 **古代戏曲美学史** 吴毓华著。文化艺术出版社1994年8月版。21万字。8.60元。收入"戏曲史论丛书"。作者以历史唯物主义和辩证唯物主义的观点和方法，从哲学、文艺社会学、民族心理学诸多方面系统探讨了中国古代戏曲美学的形式与发展。理清了以儒家思想为主导，重视道德与美的结合，以"中和之美"为核心的审美取向；突出了历代民间戏曲艺术，反映人民群众的审美情趣、审美理想与统治阶级所推崇维护的礼乐传统观念的矛盾，贯穿着古代戏曲美学发展历程的始终这一研究轴线。（张梦瑞）

J000297 **惊世奇功揭秘** 傅起凤、杨虹编著。人民体育出版社1994年9月版。15万字。5.00元。介绍与社会上流传的"特异功能"相近的魔术技法，包括魔术与特异功能的历史渊源、天目开、他心通与心理魔术、意念控制与搬运法等75种魔术技法。（骆节方）

J000298 **戏曲理论史述要** 傅晓航著。文化艺术出版社1994年9月版。24万字。10.00元。收入"戏曲史论丛书"。作者分析了我国古代和现代戏曲理论家，以他们所论述过的主要戏曲理论题为历史框架，分16个专题进行系统的爬梳探讨，从而构成了戏曲理论史发展的主要脉络。在分题阐发，旁征博引时，力求提出新的材料和新的观点，重点突出，涉猎广泛，给人以完整的戏曲理论史概念，虽为述要，却不失丰满。观点中肯，论述严谨，阐发深刻，行文流畅，是一部有学术价值的戏曲理论专著。（张梦瑞）

J000299 **中国戏曲表演艺术辞典** 余汉东编。湖北辞书出版社1994年10月版。50万字。32.00元。记录中国戏曲表演艺术的工具书。收录中国戏曲表演艺术方面的各种名词术语约1 500余条，配有精美插图上千幅。全书辞目按戏曲表演艺术的"行当"、"形体部位"及各类表演程式系统进行归类，各辞目均按"释名"、"动作程序"、"艺术作用与范例"、"注意事项"等进行解释。辅以舞台表演分解图。（蔡夏初）

J000300 **中国傩** 张子伟主编。湖南师范大学出版社1994年10月版。44.3万字。12.00元。1991年10月在湘西召开中国少数民族傩戏傩文化国际学术研讨会，本书即为该研讨会的论文集。分为"沿流变革"、"地方分类"、"祭祀仪式"、"剧目赏析"、"舞乐演艺"、"习俗巫术"等6篇，涉及了中原傩文化、北方萨满文化、江南荆楚文化、西藏笨佛文化等几大傩文化圈的诸种形态。许多论文，如冯其庸的《试释良渚文化玉器上神人兽面图形的内涵及其衍变》、石光生的《傩戏的巫教根源》等，就傩文化的某一方面，阐幽发微，提出了新见解，展示了学术界对中国傩文化研究的最新成果。（徐新平）

J000301 **陕西省戏剧志·渭南地区卷** 鱼讯主编。三秦出版社1994年10月版。45.4万字。45.00元。收入"陕西省戏剧志丛书"。该丛书共11卷，按陕西省现行之行政区划分区成卷。本卷包括以下4个部类：综述，以历史时期为序，简述渭南地区戏剧发展的历史和现状；图表，包括大事年表、剧种表及有关图表；志略，含剧种、剧目、音乐、舞台美术、机构和演出场所等；传记，本着"生不立传"的原则，对已故的代表人物立传，对在世的重要人物活动，则以艺带人分别记载。渭南地区是我国梆子声腔（秦腔）剧种的发源地之一，现有戏曲剧种16个，其中本地剧种11个。本地剧种滥觞于唐代以前的秦声。随着革命历史的进程，尤其新中国诞生后，渭南地区的戏剧事业进入了一个新的阶段，涌现出了一大批优秀人才和优秀作品，他们先后得到过老一辈无产阶

级革命家毛泽东、刘少奇、朱德、周恩来等同志的接见与鼓励。并获得了广大观众和专家学者的盛赞与好评。(冯慧福)

J000302 **中国京剧史图录** 金耀章主编。河北教育出版社1994年11月版。47万字。68.80元。分4个阶段:1790—1850年;1851—1911年;1912—1948年;1949—1990年,采用图录的形式,通过539幅极为珍贵的图片、书影、演员剧照,依历史发展时序,以演员为主线展示京剧发展的进程。各个时期的著名演员都有小传(包括生平、籍贯、师承、艺术特色、成就等);著名琴师、鼓师、作家、导演、票房、票友、科班、戏校等也都有图文。既忠实地反映了京剧作为一门高度综合艺术发展的连续性,又如实地反映了历史发展的整体感。(刘克琦)

J000303 **陕西省戏剧志·安康地区卷** 鱼讯主编。三秦出版社1994年12月版。37.8万字。46.00元。收入"陕西省戏剧志丛书",该丛书共计11卷。本卷记述了安康地区的各个历史时期戏剧艺术演进的历程,班社院团的兴衰变化,戏剧市场体制规俗,戏剧教育的经验和规律等。基本上比较全面系统、客观求实地记述了安康地区有关的人文史实和近三百年间特别是建国40年间以汉调二黄为主体的各类戏剧活动的历史及现状。(冯慧福)

J000304 **陕西省戏剧志·咸阳市卷** 鱼讯主编。三秦出版社1994年12月版。48.4万字。55.00元。收入"陕西省戏剧志丛书",该丛书总计11卷。比较全面系统地记述了咸阳戏剧的历史与现状,反映了咸阳市各剧种的艺术风貌及繁衍流变的轨迹。(冯慧福)

J000305 **中国戏曲史编年(元明卷)** 王永宽、王钢著。中州古籍出版社1994年12月版。52万字。17.80元。我国第一部编年体戏曲史。从蒙古中统元年(1260)始,至明崇祯十七年(1644)终,以时代先后为序,记述了元明两代近400年间诸戏曲家的生平和创作背景,著名优人的事迹、戏曲演出情况及有关活动,各朝重大事件、朝廷有关戏曲的政令法规和与戏曲有关的乡情民俗等,立体地展现了元明两代戏曲活动的全貌。书中所列举的每条事实,均引史籍为证,加以说明和辨析,对诸事实之间的前因后果各种联系给予提示。由于本书叙事是严格按照年代排列,因而对作家的活动、作品的创作、戏目的演出以及剧本的刊布都做了严密的定位考察,并放入当时的社会历史背景中加以观照,从而提高了本书的科学性。书中的引证不仅涉及诸多典籍,还使用了许多地上、地下戏曲文物,在此基础上提出作者的学术见解。本书不仅是一部戏曲作品诞生史的研究著作,还是一部戏曲流传演出史的研究著作;不仅包含了元明两代的戏曲作品,还对前代作品在这两个时代的流传和影响做了记录和论述。(张弦生)

J000306 **论北京人艺演剧学派** 于是之、王宏韬等著。北京十月文艺出版社1994年11月版。233万字。15.80元。艺术专著。从理论上阐述北京人艺演剧学派的形式、发展及其具有鲜明特征的艺术风格、现实主义的美学特色,以及融汇民族艺术审美精神的演剧方法等等。揭示了北京人艺演剧学派形成和发展的原因,并对不同发展阶段的内涵和特点加以描述,展现了人艺发展的历程。(丁宁)

电影、电视艺术

J000307 **世界电影鉴赏辞典(1—3卷)** 郑雪来主编。福建教育出版社1991年3月—1994年版。330万字。105.00元。收录世界电影诞生百年来世界各国各时期有代表性的故事影片550余部。每部分"片头介绍"、"剧情梗概"、"鉴赏"3大部分加以介绍。每部附有一幅剧照。(何强)

J000308 **百部优秀爱国主义影片观赏指南** 陈坚主编。杭州大学出版社1994年版。16.2万字。4.00元。由杭州大学影视戏剧研究所和浙江省电影总公司联合编写,共介绍了一百部优秀爱国主义影片。每部影片分故事梗概、思想意义、艺术鉴赏和思考题4部分,对影片的时代背景、主要内容、思想内蕴和艺术特色等,作了深入浅出的分析和精要评价。书后还附有优秀影评习作和电影插曲。(钟仲南)

J000309 **钟惦棐文集** 钟惦棐著。华夏出版社1994年7月版。110万字。两册。66.00元。以时间为顺序,收录中国已故的著名文艺理论家、电影美学家和评论家钟惦棐对中国电影发展历史的研究、对中国电影作品的科学评价、对中国电影美学理论的构建、对中国电影批评科学的阐述等方面的文章数百篇,具有珍贵的历史价值和重要的学术价值。(王炳旸)

J000310 **中国电视艺术发展史** 钟艺兵、黄望南编著。浙江人民出版社1994年12月版。48万字。25.00元。描述中国电视艺术发展的书籍,涵盖了中国电视艺术1958年至1993年从起步到大发展阶段的特殊过程,主要有中国电视剧发展史和中国电视文艺发展史两大部分内容。中国电视艺术发展的历史在这本书里被描述为一系列过程和一个个段落，这种分割为具体探讨电视艺术发展中的演变规律提供了方便，能够深入到每一个的内部，发现其中有价值的东西。书中无论是对电视剧还是电视文艺，及两者所包含的不同节目样式，都作了比较充分全面的介绍，对中国电视艺术以及其体裁、风格、手法、精神风貌上的演变亦有系统化的论述。（石英飞）

K 历史、地理

史学理论

K000002 **中国近代史学史概要** 高国抗、杨燕起主编。广东高等教育出版社 1994 年 1 月版。33 万字。9.80 元。由暨南大学、北京师范大学等 17 所高等院校和科研单位的有关人员合力编成的中国近代史学史专著。系统地阐述了鸦片战争至新中国成立中国近代史学的发展过程。将中国近代史学史下限写到新中国成立，这是头一本。本书分上、中、下三篇，共 13 章，将纷繁复杂的中国近代史学梳理为三条线索。上编写封建旧史学的分化、延续及没落，中编写资产阶级史学的兴起和发展，下编写中国马克思主义史学的诞生和成长，同时论述了三者之间的关系。每编之首皆作一“概说”，以简练精到的文字勾画出该史学流派发展的概貌和特点，然后分章详述。在具体分析史家和史著时，注意将其置于当时史学的整体发展中，实事求是地评价其地位和作用。全书点、线、面相结合，条理分明，层次清晰，重点突出，自成体系。虽书成于众手，却前后贯通，相互照应，融成一体。篇幅分量也较适中，是一部富有新意的著作，也是一部适用的专业教材。（詹家享）

K000003 **中国近代史学的历程** 陈其泰著。河南人民出版社 1994 年 1 月版。33.2 万字。13.50 元。论述 1840 至 1949 年间中国史学演进历程的著作。作者以宏观概括与个案相结合、横向观察与纵向观察相比较的方法，紧密结合中国历史近代化中文化思潮的特点，对龚自珍、魏源、王韬、黄遵宪、梁启超、王国维、陈寅恪、陈垣、郭沫若、范文澜等名家及其名作进行了细致的考察，分析了他们对史学发展的贡献，还对他们在哲学、文学等方面的成就作了论述。（陆树庆）

K000004 **历史主义思潮的历史命运** 王学典著。天津人民出版社 1994 年 3 月版。33.7 万字。11.80 元。当代中国史坛上历史主义思潮酝酿、起源、发展与结局的历史，构成了本书的主题。这一思潮的对立面也是本书的重要研究内容。作者以历史唯物论作为指导思想贯串全书，按照历史顺序，分阶段纵向考察了历史主义的来龙去脉，对 1949 年中华人民共和国成立后史学理论一波三折、崎岖险峣的发展历程作了评述；对和这一思潮密切相关的史学论战、史学事件，如“史学革命”、农民战争史研究、历史人物评价、清官问题、“让步政策”与“反攻倒算”等问题的内容进行了横向考察，将这一持续多年、涉及面广、与政治形势变化紧密联系的史论问题层次分明地展现给读者。（张佩卿）

K000005 **怎样读历史古籍** 程千帆等著。中华书局 1994 年 3 月版。20 万字。9.50 元。“文史知识文库”之一。所收专家学者的评介文章 40 篇，对中国古代比较重要的史籍作了详略得当的介绍，并重点阐述了应该如何阅读和利用这些书籍及其中的史料。所收史籍有《史记》、《逸周书》等史书，有《史通》等史学理论名著，亦有“三通”、《元典章》等典籍，对史料笔记和野史、宫廷档案等也多有涉及。另外，对《四库全书总目》和《历代职官表》等工具书的利用作了详尽的介绍。（黄松）

K000006 **历史教育学** 金相成主编。浙江教育出版社 1994 年 4 月版。20.5 万字。4.05 元。以教育学、心理学等为理论指导，主要研究历史教育过程中的规律、方法。全书内容包括历史学课程理论、教法理论、学习理论以及历史教师的科研进修、学生的学业考核和评价等。紧紧围绕“研究历史教育理论和教学规律及其应用”这一中心，从历史学和教育学的联系入手，挖掘历史学科自身的教育发展规律，注重理论性和应用性，以及教学规律及其应用的研究。收入“学科教育学丛书”。（余龙文）

K000007 **历史理性批判散论** 何兆武著。湖南教育出版社1994年5月版。28万字。11.50元。探讨西方近现代历史哲学和史学理论由思辩走向分析的发展过程，重点研究了伽赛特、康德、梅茵、柯林武德、梅尼克、孔多赛、克罗齐等人的思想及其影响。还探讨明清以来西方思想在中国的传播以及传统思维和近代科学的关系等问题。作者认为，一切历史和人们对历史的体验(历史学)都要用历史学家的人文价值的理想加以统一。在这个意义上，每个历史学家首先是一个历史哲学家。历史学的对象是一堆史实，历史学家则是用自己的哲学按照自己心目中的宏图把这一堆材料构成一座大厦。历史学家的哲学思想比史料的积累更为重要。史学理论的首要任务就是批判其自身的历史认识的本性，即进行历史性批判。(聂乐和)

K000008 **中国古代史学批评纵横** 瞿林东著。中华书局1994年6月版。18.3万字。9.50元。中国古代史学批评是中国史学史的一个极其重要的方面。作者一反过去这类专著总是以年代为序的结构，独辟蹊径，以问题为经、时代为纬，对古代影响深远的史学理论批评的几个重大问题的发展过程作了深入浅出的评述，读者可清楚地了解古人对这些问题的认识、深化过程。书中将《中国史学发展概说》作为附录，二者互相参照，更为完整。(胡友鸣)

K000009 **中国历史文献研究** 副名：纪念中国历史文献研究会成立十五周年专辑。刘乃和主编。广西人民出版社1994年10月版。28万字。10.00元。回顾了中国历史文献研究会1979年至1994年艰苦创建和发展的历程，展示了研究成果，总结了工作经验和体会，还收录了多篇关于历史文献学研究的重要论文。(邓耘)

K000010 **长水集续编** 谭其骧著。人民出版社1994年12月版。38万字。20.00元。继《长水集》上下册之后作者的又一重要论集。全书内容分两大类。第一类包括文章、演讲稿、书信，主要讨论中国历史地理研究中的若干重大原则问题，中国历史上的疆域沿革，政区概况及州、郡、县的建置、演变、合分，历史地理学家的贡献等。第二类是《中国历史地图集》释文辑录，涉及山东、山西、河北、云南、甘肃、四川、宁夏、辽宁、安徽、江西、江苏、河南、青海、陕西、贵州、浙江、湖北、湖南以及今国境外的一些州县和地区的历史沿革。上述两类，内容均较丰富。作者引述多种史籍，结合今人的实地调查，吸收他人研究的新成果，进行比较、互校，对一些已成定论的或流行的说法重新审核论证，发现和揭示了新问题。(张维训)

世 界 史

K000011 **世界史** 吴于廑、齐世荣主编。高等教育出版社1992年7月至1994年12月版。228万字。6册。77.75元。综合性世界历史著作。以马克思主义唯物史观为指导，借鉴当代史学理论和方法，揭示自人类起源至本世纪90年代历史长河的源流和走向，考察世界如何由相互闭塞发展为密切联系、由分散变为整体的全部历程。全书分为“古代史编”(上下)、“近代史编”(上下)、“现代史编”(上下)，对历史分期作了新的断限，既依据历史唯物主义关于社会经济形态发展的理论，又从历史实际出发，作了超越社会经济形态的划分。在肯定阶级斗争推动历史进步的同时，注重探索人类和平交往的重要作用，对各个时期重要的思想文化、宗教、科学技术的传播、发展与经济、政治的发展状况作了有机联系。将各地区、各国历史的纵向发展和横向发展相联系和比较，强调这种纵、横发展的相互促进，从而使世界由相对分散走向一体。将中国史纳入世界史体系，简述中国历代兴替基本史实，重点发掘中国与世界发生联系的主要史实及其意义，从中外历史比较中确定中国在世界历史中的地位。有选择地增写社会史内容，展示古今各国、各民族复杂的社会现象，提供物质文明和精神文明的历史借鉴。在考察历史真相、发掘新材料的同时，重视立论稳妥而有创见，如对民族迁徙、近代东方的落后、国际关系和中东问题等的评述多有新的见解。总主编之一吴于廑在为全书所撰总序中阐明的全局史观在国内外产生广泛影响。哥本哈根大学历史学家李来福(Leif Litrup)于1989年发表在《文化与历史》杂志上的《具有中国特色的世界史》一文，评介了正在编写中的本书。中国的《世界历史》等学术刊物也发表文章对本书作了评介。(王方宪)

K000012 **二十世纪要事概览** 高明振、肖德才主编。湖北人民出版社1994年1月版。85万字。18.75元。本书共分八大类：国际政治、世界经济、军事、科技、教育、哲学社会科学理论、文艺、社会及其他。比较系统地介绍了20世纪发生的重大事件。该书特点是信息量大，覆盖面广，熔学术性、知识性于一炉。20世纪是一个大发展的世纪，它在人类历史上树立了一座又一座闪光的丰碑，创造了生物技术、信息工程、电子计算机等现代科技文化，造就了一大批杰出人才；同时，20 世纪又是一个大动荡的世纪，世界上各种政治力量一次又一次地分化、改组，尤其是人类经受了两次世界大战的磨难。前车之覆，后车之鉴。因此，很有必要对这段历史作一番回顾。这就是编写本书的动因。本书不同于一般的辞典，它不求全面，只求突出要事，凡在 20 世纪各个领域发生的具有重大影响的事件均有收录，并对其发生的历史背景、发展进程以及后果影响进行评述，夹叙夹议，寓论于史，使其兼有学术性知识读物与工具书的双重价值。为广大读者提供一幅比较完整的 20 世纪历史行程的图景，加深人们对当代世界广阔背景的理解，从而开拓人们观察国际问题的视野。（雷振清）

K000013　**世界文化辞典**　裘克安、洪永珊主编。江西教育出版社 1994 年 2 月版。220 万字。35.60元。共撰写 8 000 多个词条，广收博采，反映世界文化的精萃。时间跨度从远古到 20 世纪 90 年代。内容涉及世界上（中国除外）各种文化领域，包括经济、政治、法律、社会、科学、哲学、宗教、文学、美术、音乐、传播、旅游、体育等各个方面，覆盖面广，视野宽阔。本书以“文化社会”作为第一类，以文化模式、文化结构、文化传统、社会思潮和学术流派为脉络，力图以此来贯穿文化领域各种千变万化的现象。这是本书的总纲和核心，也是为读者提示理解世界文化的要旨。本书以文化人物、文化成果、文化景观、文化动态为线索，着重介绍精神文化，以哲学思潮、学术流派的演变作为精神文化的变化核心，同时观照社会生活方式、传统习俗、文化娱乐等方面，对居住、饮食、家用、服饰打扮等，都有饶有情趣的介绍。本书虽不以中国文化立目，但书中的内容却十分注意中国文化在世界历史中的地位和作用，注意其在世界文化中的影响、冲突和包容性。词条释义准确、简明，且内涵深广，不少词条既说明其本义，又说明其延伸意义。本书按内容分类、笔画和拉丁化拼音顺序编排三套索引，而分类在类下又以汉语拼音为序，实为四种索引，查找极为便捷。（席联鑫）

K000014　**罗马史纲要**　杨共乐著。东方出版社 1994 年 3 月版。24.1 万字。10.00 元。研究古罗马历史的专著。“导言”讨论罗马历史的分期，罗马国家的起源，古代所有制形态，罗马奴隶制断限及其特征等问题。正文分为上篇、中篇、下篇三大部分。上篇“罗马公民社会的形成和发展”，论述上古意大利的自然环境及文化遗迹，罗马国家的形成，罗马公民国家的发展，罗马在意大利、地中海世界的战争征服及胜利。中篇“由公民社会向奴隶制社会的过渡”，论述罗马共和国的政治、经济，共和国危机及其灭亡，包括西西里奴隶起义、格拉古兄弟改革、马略军事政变、斯巴达克起义等。下篇“罗马奴隶制社会的繁荣和消亡”，论述罗马奴隶制社会的繁荣、衰落和西罗马帝国的灭亡及辉煌的罗马文化等。最后一章论述古罗马史的史料及其研究状况。作者就此专题研究多年，书中多所发明，其中以古罗马材料证《汉书》，以考究中西文化交流史，获得中外史学界许多专家的赞许。（黄金山）

K000015　**第二次世界大战百科词典**　李巨廉、金重远主编。上海辞书出版社 1994 年 7 月版。159 万字。70.00 元。共收条目 4 875 条，内容涉及政治、经济、军事、外交、文化、科学技术等领域。从历史纵向发展这个角度，抓住法西斯主义与战争、反法西斯战争与人民抵抗运动这两个方面，全面系统地反映这场战争的来龙去脉和前因后果。选词的时限以 1939 年至 1945 年第二次世界大战本身为主体，上溯到第一次世界大战结束后的“凡尔赛和约”和 1919 年后法西斯主义从滋生、泛滥到建立极权统治时期的重大事件，尤其包括了从 1931 年“九一八事变”所开始的局部战争和各种有关重大国际事变，充分反映了大战从局部战争发展到全面战争的历史全过程；下迄 1946、1948、1949 年纽伦堡、东京、伯力国际法庭对德、日战争罪犯的审判，以及沈阳、太原审判，克虏伯、法本审判等，全面揭示了发动这场世界大战战犯的累累罪行及其可耻下场。词典不轻信西方大国片面宣扬美、英等国在战胜法西斯轴心国方面起了主导作用的偏向，挖掘有关史料，如实地反映世界各国人民，尤其是中国人民对于争取世界反法西斯战争的胜利，特别是在打败日本法西斯方面所作出的重要贡献。词典所列的史事，资料丰富翔实，查证严密。在编写中，广泛查证了中国以及美、英、法、苏、日、德、意等国的原文资料，吸收并反映了国内外最新的研究成果，从而提高了释文内容的科学性和知识性。在编纂上，为了扩大词典的知识信息，书后列有大战的主要战役表、主要海上战役表、主要战略轰炸战役表、主要国际会议表、主要作战计划和行动代号表、主要参战国战斗序列表以及外国人名译名对照表等附录，并配置 34 幅战役简图，以及照片 381 帧。（林益明）

K000016　**丝绸古道上的文化**　［德］克林凯特著。新疆美术摄影出版社 1994 年 9 月版。20 万字。9.80 元。系统介绍古代丝绸之路上的民族、宗教、文化状况的通俗著作。对西方近年研究中的重要成果加以总结,颇有新意。书中配有70余幅插图,都是丝绸之路上的艺术遗存。(何汉民)

K000017 **人类纵览丛书** 李庆山、宫少明等编著。中国青年出版社1994年9月至1996年4月版。278.9万字。172.70元。共9本:《文明的毁灭与孕育——深刻影响人类社会的76次重大战争》、《实力与智慧的较量——轰动人类社会的78次外交活动》、《文化与社会的进程——影响人类社会的81次文化活动》、《创造历史奇迹的人——影响人类历史的81个男人》、《不甘居第二性的人——文明人类社会的74个女人》、《人间正道历尽沧桑——影响人类生活的102次灾难》、《地球村里的困惑——人类面临的47道难题》、《人类长河的九道湾——影响人类发展的93个政治事件》、《人类社会活动中心——享誉人类社会的84座名城》。(吴方泽)

K000018 **第二次世界大战百幕风云** 王君书编著。蓝天出版社1994年11月版。75万字。2册。28.50元。历史通俗读物。记述了自1919年6月第一次世界大战结束、签订《凡尔赛和约》,至第二次世界大战结束后1949年12月的伯力审判,这30年间发生的与二战有关的主要政治事件和二战中近90个重大战役,揭示了第二次世界大战的起因、性质,全方位、多侧面地展示了大战的曲折进程和最终结局,以及法西斯罪魁的可耻下场。短小的序幕,能引发读者对两次世界大战的联系及其性质的思考。在尔后的百幕中,生动描写和分析了德、意、日法西斯的兴起,英、法等国绥靖主义和美国孤立主义所造成的恶果,苏联在卫国战争初期失利的教训,错综复杂的政治、军事、外交斗争,以及二战后形成的国际政治格局。其中,有近20幕是写中国抗战的,对"九·一八"事变后日本军国主义的侵略给中国人民带来的深重灾难,中华民族英勇抗击侵略者并取得全面胜利的过程,均有详尽的记述。此外,本书对二战中重大战役发生的时间地点、敌我双方态势、投入的兵力装备、将领的情况、采用的战略战术,也有翔实的记述,并对其中许多战役的胜败原因作了分析。(许志强)

K000019 **草原丝绸之路与中亚文明** 张志尧主编。新疆美术摄影出版社1994年11月版。34万字。13.60元。汇编国内外20余位学者的30余篇力作,论述了驰骋欧亚草原的斯基泰、月氏、匈奴、突厥、蒙古和哈萨克等部族和民族的文化和艺术,对此地区的草原丝路、岩画、原始宗教及民俗等进行了广泛的研究,探讨了汉文明对中亚地区的影响等。时间跨度从远古迄于近代。(何汉民)

K000020 **20世纪环球热点事件** 孙丽霜等编译。黑龙江人民出版社1994年12月版。29万字。9.50元。据中外资料,精选20世纪环球发生的对历史较有影响的热点事件63个。对每一热点事件,从发生的起因、背景入手,叙述其发展过程,以纪实手法,作全景式扫描。记载的事件截止到1993年底。(安晓峰)

中国史

K000021 **新潮文史书系** 张研等著。中州古籍出版社1989年4月至1994年2月版。约200万字。60.00元。分5辑10册:第一辑《历史的顿挫·古中国的悲剧·人物卷》、《历史的疯狂·古中国的悲剧·事变卷》;第二辑《历史的疯狂·嗜血的年代》、《历史的回旋·神秘的律动》;第三辑《历史的呜咽·最后的悲壮》、《历史的祭品·凄怨的忠魂》;第四辑《历史的迷惘·寻觅治世之门》、《历史的冲融·马上帝国的兴衰》;第五辑《历史的苦涩·举子们的命运》、《历史的分野·天威与人力》。以纪实和历史哲思的形式,记述了重大的历史悲剧、重要悲剧人物、灾变、屠杀、酷刑、自戕、宦官干政、外戚专权、皇朝更迭、经济怪圈、文化怪圈、擅杀功臣、农民起义喋血、古代名将的荣与悲、忠臣、帝王、少数民族的文明发展、古代读书人的无奈和悲哀、人类与自然的分野和合等。(孙宝瑞)

K000022 **中华人民共和国风云实录** 中国革命博物馆编著。河北人民出版社1994年版。550万字。2册。180.00元。从政治、经济、教育、文化、科技、民族、宗教、国防、外交、体育、卫生等方面记述中华人民共和国40多年的风雨历程。上限起于1949年10月1日,下限止于1993年3月31日。共收大事3万多条,要事专题报道2000多条。在编写体例上采用特殊结构,既有日志又有要事专题报道。日志采用编年体,一事一条,以月为单元,一般每月不少于30条、不多于60条;要事专题报道采用纪事本末体,视情况每月三五篇不等。通过日志,读者可以了解逐日大事,通过要事专题报道,读者可以了解一些要事的前因后果,具体经过。在资料选用上,主要以《人民日报》、《新华月报》及有关档案材料为基本素材,并广泛地参考了各种版本的大事记。(荆彦周)

K000023 **黄河文化** 侯仁之主编。华艺出版社 1994 年版。116.8 万字。95.00 元。科普读物。分 6 编：第一编黄河流域的自然环境；第二编黄河流域文化的萌芽；第三编黄河流域的古代文明；第四编以长安为中心的黄河文化；第五编重心转移时期的黄河文化；第六编以北京为中心的黄河文化。各编下设章、节。城市是重要的文化载体，尤以各时期的首都为最。故此书以各时期的首都为"点"、以发生的各方面典型事例为"面"进行全面叙述。黄河文化从秦统一到清末发生了"点"、"面"转移情况，即由以长安为中心的黄河文化转移到以开封、洛阳为中心，又转移到以北京为中心。黄河流域的文化有如下特征：源远流长，经久不衰；不断地利用、改造、适应并有创新；多方接触与融合，不断吸收与传播；植根深厚，前进不息。（郑治清）

K000024 **中华民国史档案资料汇编（第五辑第一编）** 中国第二历史档案馆编。江苏古籍出版社 1994 年版。1 000 万字。25 册。496.20 元。《中华民国史档案资料汇编》是为了适应民国史研究的需要，选择具有重要史料价值的资料编辑而成的。《汇编》共分 5 辑。第一辑《辛亥革命》（1911）；第二辑《南京临时政府》（1912）；第三辑《北京政府》（1912—1927）；第四辑《从广州军政府至武汉国民政府》（1917—1927）；第五辑《南京国民政府》（1927—1949）。本书为第五辑中的第一编《南京国民政府的建立与十年内战》（1927.4—1937.7），包括政治 5 分册，军事 5 分册，外交 2 分册，财政经济 9 分册，文化 2 分册，教育 2 分册。所辑资料皆为中国第二历史档案馆馆藏原始资料，全面反映了南京国民政府在 1927—1937 年间各项活动内容。（尹亚伟）

K000025 **中华文化通俗丛书** 安平秋主编。江西高校出版社 1994 年版。130 万字。53.10 元。共 10 册，分别从不同侧面，探讨历史上某一类文化现象的生成与发展历史，探讨俗文化现象与社会环境、社会发展的关系。特点是通俗性与学术性相结合，内容有一定学术水平，又通俗易懂，适合高中以上文化层次的读者阅读。（陈昌怡）

K000026 **清前史论丛** 傅波主编。辽宁人民出版社 1994 年版。31.7 万字。14.80 元。收入抚顺社会科学院及地方历史研究人员撰写的论文 55 篇，内容大体可分为 6 个方面：一、努尔哈赤起兵前后的政治、军事、经济、法治、农耕、宗教、儒家文化等；二、满族入关前女真人的经济生活、社会变革、建州女真兴起等；三、后金时期的政治方略，八旗制的建立；四、"萨尔浒战役"的前前后后；五、关于历史人物李永芳其人其事的争论；六、关于满族姓氏、婚姻、祖谱、共同体的形式与研究等。抚顺地区有着悠久的历史，特别是明清之际，建州女真在抚顺地区崛起，并发展壮大，形成强大的满族共同体，成为清王朝的发祥地。努尔哈赤崛起之后，经过无数次争战，统一建州女真，破哈达、灭辉发、伐乌拉、鲸吞叶赫等许多战事发生在抚顺，遗留下大量的古迹、战场和"龙兴大业基地"——永陵。这些遗迹为今人研究清前史提供了佐证和实物。收入"清史研究丛书"。（于海寰）

K000027 **国史大纲** 钱穆著。商务印书馆 1994 年版。53 万字。2 册。35.70 元。中国通史。内容包括王朝更替、政治制度、经济制度、学术思想以及宗教、兵制等方面。1940 年商务印书馆初版，1974 年台湾商务印书馆修订再版。本书根据台湾商务印书馆 1994 年第二次修订本印刷。（任雪芳）

K000028 **中国文化史导论** 钱穆著。商务印书馆 1994 年版。15 万字。10.70 元。作者认为，中国文化，表现在中国已往全部历史过程中，除却历史，无从谈文化。我们应该从全部历史之客观方面来指陈中国文化之真相。全书分 10 章，全面、概括地论述了中国文化的起源、发展和特色，又兼论及中西文化的异同问题。（任雪芳）

K000029 **中华帝国的文明** ［英］莱芒·道逊著。上海古籍出版社 1994 年版。24 万字。11.70 元。研究中国古文明的学术著作。原名 The Chinese Experience，直译应为《中国之经验》，但英语 experience 一词涵义比汉语"经验"广，径直译出不能确切地表达本书的内容。考虑到本书探讨的是中国清以前帝制时代的文明，故汉译作《中华帝国的文明》。本书从一个西方汉学家的视角，全面宏观地介绍了中国古代的政治体制、思想文化、宗教伦理、社会结构、经济生活、文学艺术等，并与西方的社会历史作了某些比较。观点新颖独到，发人深省，评价也较客观公允。该书原为帮助西方读者了解中国而写，但亦能帮助中国读者了解西方人怎样看中国，了解两种文化的异同，从而打开思路，开拓眼界，更客观地认识、评价中国文化。（郑明宝）

K000030 **中国革命史论** 郭太风、杨勇刚主编。上海书店 1994 年版。26 万字。14.00 元。依据毛泽东《中国革命和中国共产党》一文的创意，将中国革命的性质、对象、任务、动力、理论、道路及内外关系等一系列重大问题作为构建革命史研究体系的基本内涵及分篇依据。全书史论结合，以论为主，以篇为块，横向组合，每篇又分若干专题，按历史时序展开,做到纵横结合,前后连贯。以《中国革命史研究的若干思辨》一文代导论,加强了理论体系的纵向联系和整体性。本书拓宽了"革命"一词的涵义,把改革纳入了革命的范畴,并加大了革命史研究时间上的跨度,从1840年写到1992年。(陆坚心)

K000031　**寻找中国金字塔**　郑重著。上海书店1994年版。30万字。25.00元。关于中华民族起源和中国文明形成发展的通俗性学术著作。作者是《文汇报》著名记者,他以广博的知识、生动的文笔、神奇的故事讲述人类是怎样从地球的灾变中诞生的;人类的发源地到底在哪里;中华民族的摇篮在哪里;在与西方文明的对比中,中华民族又是一种怎样的特殊模式等。作者历时12年,访遍全国各主要考古遗址,通过对考古发现以及彩陶、玉器、宗教、墓葬、美术、巫术、文字等的分析与论述,对上述问题提出了独特的见解。作者认为,中国文明就是中国的,也只能是中国的。西方经典文献中有关文明起源的假说与定律不适合于中国。绿斑上的文化遗迹告诉我们:中华文明起源不是从一个中心开始,并由一个中心向外传播、辐射或扩散,而是萌发于多中心。黄河流域是中华文明的摇篮,长江流域亦是中华文明的摇篮。绿斑的文化遗迹又让我们看到距今八千多年前中华文明曙光吐露的光点。将中华文明史推到距今8000年前是一种新的构思,有其特定的考古依据。(罗伟国)

K000032　**历史在推陈出新中延伸——中国历代改革与社会发展研究**　李瑞兰主编。天津人民出版社1994年版。42万字。13.60元。共6编23章85节,记述中国从先秦至清代历朝历代有关改革的起因、状况、结果及代表人物等。作者用历史唯物主义和辩证唯物主义的观点,对中国历代的社会改革者给予了赞扬,对所采取的改革措施进行了阐述,对取得的成绩予以肯定,对改革中存在的问题及经验教训作了总结,以从中找出规律性的东西,促进社会的进步。(王征文)

K000033　**明代藩封及靖江王史料萃编**　张子模主编。广西师范大学出版社1994年1月版。29.5万字。8.50元。靖江王是明朝的一个规制特别的藩王。历代史籍中有关靖江王的记载十分零散,对系统研究靖江王颇为不便。作者将明、清史籍中有关靖江王及明朝藩封制度的记载和桂林石刻中有关靖江王的资料汇集成此书。共分为六大类:名封婚禄、礼制、官属护卫、宫殿宗社、丧葬陵寝、活动事迹。每类条目按时间顺序、记录先后排列。(覃丽梅)

K000034　**辛亥革命与中国社会发展道路**　章开沅、罗福惠主编。湖北人民出版社1994年1月版。28.3万字。7.30元。共5节:辛亥革命在中国社会发展过程中的地位;辛亥前后中国社会发展的前提条件问题;资产阶级与中国资本主义;社会心态的演进和孙中山先生的继续探索;辛亥革命与新民主主义革命。论证辛亥革命是从鸦片战争直至清末各种"应变"方针中的最佳选择,进而讨论由辛亥革命提出、应该完成而又未能完成的各种问题,诸如统一问题、独立问题、土地问题、社会安定和发展问题等等,指出其根本原因在于中国资产阶级力量不足。由于辛亥革命未能解决上述问题,接踵而来的民族危机和十月革命的影响,就使得中国社会很快把希望转向社会主义。而在这一过程中,除了无产阶级和共产党人的斗争之外,辛亥革命以后的政治经济生活局面、孙中山先生把旧三民主义改造为新三民主义的努力,都为中国的新民主主义革命和社会主义前途创造了一定条件。(胡东)

K000035　**画说近代中国**　方向明等编文,杨宏富等绘画。湖北少年儿童出版社1994年1月版。2 400幅。14.85元。以图文并茂的形式,展现出从鸦片战争到辛亥革命波澜起伏的历史场景:虎门销烟、金田易帜、公车上书、武昌首义、机器轰鸣、学堂兴建、报馆竞起、学子东渡,可以使人们体味到前辈深切的忧患、创榛辟莽的艰辛、前赴后继的执著,从而鼓舞人们去完成现代化的未竟之业。(陈立人)

K000036　**古国启示录**　副名:中国历史资政故事三百篇。夏吉平编。漓江出版社1994年1月版。25万字。6.70元。精选历代杰出人物资政的故事300篇。主要选于《史记》、《后汉书》、《三国志》、《晋书》、《宋书》、《南齐书》、《梁书》、《北齐书》、《南史》、《北史》、《隋书》、《旧唐书》、《新唐书》、《宋史》、《元史》、《明史》、《国语》、《吕氏春秋》、《战国策》、《太平广记》、《资治通鉴》等。每一篇都有原文和译文。对原文注明了详细的出处。对文中出现的人物、典故等都作了条目式的注释。所收有关为政清廉、奉公守法、勤勉节约、谦虚谨慎、自强不息、励精图治等方面的内容,体现了中华民族的传统美德和生活哲理。(赵涛)

K000037　**甲午战争国际关系史**　戚其章著。人民出版社1994年1月版。36.3万字。14.50元。从日本蓄谋发动侵略战争与挑起战端的外交策略、清政府乞保和局与列强调停、战争爆发后的国际外交、清政府加紧乞和与美国居间以及马关和议前后的国际关系五个方面加以论述，尽可能从复杂纷繁的线索中，理清此间国际关系发展演变的基本脉络，填补了甲午战争史研究领域的一大空白。本书尤以史料丰富见长，除了大量引用清政府及日、俄、美、德等国的外交档案，中外重要当事人的电文、日记、文集、回忆录以外，特别值得注意的是引用了国内外鲜见的此间英国外交部的有关档案材料。在充分占有第一手资料的基础之上，书中披露许多鲜为人知的历史“机密”，澄清了一些所谓“百年之谜”的历史真相，得出若干令人耳目一新的客观结论。本书是作者《甲午战争史》的补苴之作，在写法上采取了详略互见、相互补充的方法，使重点更加突出。（张润生）

K000038　**中国资产阶级的黄金时代（1911—1937）**　［法］白吉尔著，张富强、许世芬译。上海人民出版社 1994 年 1 月版。29.3 万字。13.75 元。作者是法国著名汉学家，是名著《剑桥中华民国史》撰稿人之一。本书积作者十多年努力而成。作者依据上海企业家的个案材料，对中国资产阶级的社会结构进行了分析，认为同乡、家族关系网是新兴资产阶级发展的基础，构成了中国资产阶级发展的特点。本书对中国资产阶级发展的历史地位作了不同于他人的论述。认为中国资产阶级的黄金时期是在 1910 年中至 1920 年中的十年间，这是因为此时资产阶级的经济获得了迅速发展，国家作用严重削弱，资产阶级在政治上也表现得十分活跃。1923 年后，尤其是 1927 年南京政府成立后，从资产阶级手中夺回了政治主动权，资产阶级受到了排挤，成为蒋介石的附庸，它的发展开始下滑，从而否定了人们往往将南京政府的十年（1927—1937）视作中国资产阶级鼎盛发展时期的说法。此外，书中对中国资产阶级的观念形态和政治轨迹亦作了较细致的考察，认为中国资产阶级是以发展实业为目的并意识到自己历史使命的阶级。书中有明显的不足，如对资产阶级的民族主义精神估计不足等。（朱重之）

K000039　**中国历史通览**　周一良、邓广铭等编。中国大百科全书出版社上海分社 1994 年 1 月版。76.5 万字。36.00 元。简明中国通史。以《中国大百科全书·中国历史》中骨干条目为基础加工而成。《中国大百科全书》按汉语拼音顺序编排，以便于检索；本书则按学科的逻辑结构重新组合编排，以便于阅读。本书着重于中国历史的纵向联系，开篇“中国历史概述”作全景式的介绍后，即从传说时期开始，以夏、商、西周、春秋战国、秦、汉、三国、晋、十六国、南朝、北朝、隋、唐、五代十国、宋、辽、西夏、金、元、明、清、中华民国分篇，沿着朝代更迭这条主脉，叙述中国疆域的形成、社会的演变以及政治、经济、文化、科技的种种发展，直至 1949 年中华人民共和国的建立，展现了中国数千年历史发展的概貌。书中各朝代列有帝王世系表，书后附有中国历史大事年表，可与正文对照参阅。（郝父）

K000040　**中华人民共和国历史故事**　国家教委基础教育司主编。中国少年儿童出版社 1994 年 1 月版。18.9 万字。3.80 元。少年儿童读物。共 45 节。通过典型事例，从多方面介绍 1949 至 1992 年建国 43 年社会主义建设的艰苦历程和光辉成就，以及中国各族人民在中国共产党领导下，努力探索有中国特色社会主义道路的历史。（胡建中）

K000041　**剑桥中华民国史**　费正清等编。杨品泉等译。中国社会科学出版社 1994 年 1 月版。100.46 万字。28.00 元（上），31.00 元（下）。“剑桥中国史丛书”之一。在广泛收集中、日、英、法、德、俄、朝鲜及其他文种有关中国的资料的基础上编写而成，在一定程度上代表了西方学者研究民国史的水平和动向。与其他各卷一样，以专题研究突出重点，以若干重点反映全面，避免面面俱到，又有一定深度。各专题皆由该方面素有研究的专家执笔。上卷除必要的背景介绍外，主要论述了该时期的经济趋势（1912—1949 年），外国在华状况，袁世凯政府，北京军阀政府，五四运动及其前后的思想转变，文学趋势（1927 年以前），共产主义运动（1927 年以前），国民革命，中国资产阶级（1937 年以前）。下卷进一步回述了近代中国的社会状况，并重点讨论了中国的国际关系（1911—1931 年），南京十年时期的国民党中国，共产主义运动（1927 年以后），土地制度，农民运动，地方政府的发展，文学趋势（1927 年以后），学术界的成长，抗战时期的国民党中国，国共冲突，毛泽东思想（1949 年以前）。书末有书目介绍，对各章所用资料作了详尽评述。本书在资料取舍、研究视角、观点阐述等方面受到中国学者和读者的重视。（马晓光）

K000042　**古今冤海**　李无未、陈维礼等主编。吉林文史出版社 1994 年 2 月版。37.1 万字。11.50 元。为了把中国蒙冤者的真实内幕大白于天下，编撰者遍览正史、杂史及前人笔记，吸收了大量今人研究古代冤事的成果，本着尊重历史的诚实态度写成本书。本书特点首先是尊重史实，决无虚构之笔。二是照顾到各个历史时期的特点，选取最具代表性的冤情、冤事和冤案。三是采取故事笔法，力求朴实而不

乏生动活泼。(徐潜)

K000043　**纵横权谋新解**　徐克谦主编。三秦出版社1994年2月版。13万字。3.98元。取材于《战国策》等书,讲评了中国战国时代政治舞台上活跃而聪慧的纵横家——策士。他们的活动往往影响那个时代重大事件的结果及历史进程。身挂相印者如苏秦、张仪、公孙衍、陈轸、甘茂、蔡泽;幕后策划的智囊有张孟谈、淳于髡、冯谖、毛遂、郭槐等。通过对他们合纵联横活动的描述,反映了战国那个大变革时代的政治风貌和社会风气,折射出策士们的价值观——进取之道。(贯云)

K000044　**清代的边疆开发**　王戎笙编。西南师范大学出版社1994年2月版。42万字。35.00元。论文集。收录1991年国际清史学术讨论会的论文42篇、报道综述4篇、书评1篇。这些论文探讨总结了清代对东北、蒙古、西北、西南边疆和海疆沿边开发的政策措施、作用成效、经验教训,以及我国各族人民对发展边疆经济文化所作出的重要贡献,充分肯定了清代边疆开发对加速当地经济文化发展及社会进步、促进民族团结、推动内地经济发展、巩固国防、维护多民族国家的统一所起的巨大作用。论文集中以研究清代时西南边疆开发的文章最多,达24篇。(卢渝宁)

K000045　**中国文化史观**　谭元亨著。广东高等教育出版社1994年3月版。30万字。9.20元。从宏观上科学系统地对中国历史进行反思,对中国文化史观的发展和演变过程进行揭示和评价。作者揭示出发达的史学与贫乏的史观的反差现象,把中国史观的历程划分为五个阶段:自然史观阶段、伦理史观阶段、本体论史观阶段、实用理性史观阶段、唯物史观阶段。这种构架,形成了本书的骨干和特色。同时,用较大的篇幅对自古迄今重要人物的史观加以重新审视和阐释,藉助个案把宏观的考察和细部的论证结合起来,使五个阶段的发展论获得丰满的内涵。作者尤其注意文化在社会历史进程中的重要地位和作用,提出文化相互"激活"这一新观点,如春秋战国,中原各国文化相互交融、激活,才有思想史上的伟大一章;盛唐文化,实质是整个亚洲文化的大交融,对中国文化是一次强有力的激活等等,表现了作者的宏观视野。(杨哲)

K000046　**两般秋雨盦随笔**　清·梁绍壬著,常振国等点校,刘叶秋注释。河北教育出版社1994年3月版。32万字。11.60元。丛著杂纂类笔记。内容十分丰富,大致可分为稽古考辨、诗文评述、文坛逸事、风土名物四类。书中资料翔实,尤其对古代名物逸事的考据具有独到见解。(张福堂)

K000047　**百年风云**　陈振江主编。天津教育出版社1994年3月版。19.3万字。6.85元。"百年风云丛书"之一。以爱国主义为主线,较全面、生动、形象地展示了100多年来,中国人民为了国家昌盛、民族独立,立志改革,艰苦奋斗,不屈不挠的革命精神。以确凿的史实说明:从深重灾难中走出来的中国人民,必须牢记国耻,奋发有为,只有社会主义能够救中国,改革开放是祖国繁荣富强的必由之路。作者运用历史唯物主义观点,站在时代的高度,描绘了中国人民高擎爱国主义旗帜,反帝、改革、革命的艰辛历程。从屈辱的鸦片战争到扭转乾坤的三大战役,从天国悲歌到新纪元的开辟,从大革命的洪流到"七七"事变的烽烟……百年风云,尽收眼底。本书注意克服以往的近代史著多侧重于政治斗争而忽视经济变革的不足,在阐述中国人民选择社会主义的历史进程中,十分注重生产力的重大作用,以较多的材料和篇幅叙述了洋务运动中新生产力的引进,及其对传统社会的分解。在考察、总结戊戌变法等历次改革、改良运动的成败得失和经验教训时,也注意分析说明经济变革和政治改革的内在联系。作者注意从现代意识和新的视角,以新的价值观去审视历史,发掘其价值,给人以启迪。如讲述太平天国的失败,以往的著述多归结于没有先进政党的局限,而对其内部的原因却语焉不详。本书则着力剖析太平天国内部腐化和失败的必然联系,发人深思。书的结构,打破了以往的编、章、节的模式,采用编年和专题结合,以专题为主的板块体。既照顾到每部分的完整和特点,又保持了全书的连贯和统一。书中精选部分珍贵的文献图片,增强了直观性和可读性。(秦呈瑞)

K000048　**辛亥革命与近代中国**　副名:纪念辛亥革命80周年国际学术讨论会文集。中华书局编辑部编。中华书局1994年3月版。117.4万字。2册。57.15元(精)。收录1991年10月在武昌举行的"纪念辛亥革命80周年国际学术讨论会"中外学者的论文101篇。围绕"辛亥革命与近代中国"的主题,所收论文的内容包括:辛亥革命综论;辛亥革命时期的社会状况和阶级状况;辛亥革命运动;辛亥革命前后的宪政运动;辛亥革命时期的政党与派系;辛亥革命时期的社会经济与近代化;辛亥革命时期的思想、文化和教育;辛亥革命时期的中外关系;辛亥革命时期的相关人物研究;辛亥革命史研究动向与史料介绍。论文按上述内容分类编排,大体上反映了1981至

1991 年间辛亥革命史研究的状况和水平。(陈铮)

K000049 **贞观政要全译** 叶光大、李万寿等译注。贵州人民出版社 1994 年 4 月版。45.3 万字。13.50 元。《贞观政要》是唐玄宗时史臣吴兢编撰的一部政论性的历史文献,是一部反映当时统治者"治国安邦"之术的书。全译底本为北京图书馆珍藏的明洪武三年王氏勤有堂本。是"中国历代名著全译"丛书之一。(彭建)

K000050 **楚文化研究论集(第 3 集)** 楚文化研究会编。湖北人民出版社 1994 年 4 月版。33.9 万字。12.50 元。收人以研究楚文化的渊源与发展、楚文化与其他文化的关系为主题的论文 36 篇,根据最新考古发掘成果和古文献资料,从大河村类型与楚文化的渊源关系、楚蛮与楚族源、朱家台西周遗存与楚文化的关系、楚都丹阳兴衰诸方面作了探讨,兼及对楚国出土漆器、楚器铭文的研究,反映了楚文化研究的基本进展。(徐德欢)

K000051 **资治通鉴故事丛书** 毛贵民等编写。江苏少年儿童出版社 1994 年 4 月版。150 万字。65.00 元。历史故事读物。所有素材皆取自《资治通鉴》与《续资治通鉴》,并参考了其他正史。全书分为帝王篇、宰相篇、名将篇、文人篇、义侠篇、忠烈篇、战争篇、智谋篇等 8 类 10 册。所选故事以历史上的重大事件与重要人物为主,在忠实于历史的前提下,运用了各种文学手段,收到了情节生动、形象突出、引人入胜的效果。(薛屹峰)

K000052 **明代地方官吏及文官制度——关于陕西和西安府的研究** [法]让·德·米里拜尔著,郭太初、张上赐等译。陕西人民出版社 1994 年 4 月版。28 万字。11.00 元。分明帝国概述、各省行政结构和文官生活、陕西省及西安府的行政、原籍外省的陕西省文官、任职外地的陕西籍文官等 5 章,概述了明王朝行政体制的全貌,其中突出了对陕西地方文官及其行政管理状况的探讨研究。通过实例,对影响中国人思想行为的传统心态和观念,进行客观的比较分析,多角度、多方位地剖析明代地方行政管理及陕西文官的工作、生活、性格、爱好、人际关系和家庭状况,展示了四五百年前中国西北地区文官的风貌。书中有大量的统计数字和多幅图表。作者为法国国家博士、西安外国语学院外籍教师。本书在该学院汉语副教授陆栋等人的协助下,历时 6 年用法文写成。(陈惠云)

K000053 **清王朝的建立、阶层及其他** 南开大学明清史研究室编。天津人民出版社 1994 年 4 月版。23.9 万字。9.80 元。清史论文集。选收郑天挺受国家教委委托编写高校教材《清史》时,限于体例未能纳人的专门材料和论述。首篇为郑天挺《统一黑龙江》,文章探讨唐代开发黑龙江流域与满族经营的经过,考证努尔哈赤统一黑龙江的史实。此外如陈生玺对明清之间的松锦之战,南炳文对清朝统一中国的战略计划与步骤等问题,均有周到论述。其他文章涉及清代社会不同阶层的地位和动向以及清政府的政策等问题,另外也有关于生活习俗等内容。该书从不同侧面补充了一般清史所未有或较少涉及的方面。(殷瑞渊)

K000054 **捻军史研究** 张珊著。文化艺术出版社 1994 年 4 月版。22.8 万字。7.90 元。辑录作者有关捻军研究的重要论文十余篇,从不同的角度对捻军运动的发生、发展进行了深入的剖析和研究,其中许多珍贵材料对于捻军史和太平天国史的研究有重要的意义。(李世琰)

K000055 **爱我中华三部曲** 姚公骞、武树帜等著。百花洲文艺出版社 1994 年 5 月版。65 万字。24.60 元。包括《爱国情》、《辱国恨》、《强国愤》三本。《爱国情》热情歌颂了自炎黄至 1840 年的历史长河中,中华民族共同创造的最辉煌、最值得引以为豪、最需要我们发扬光大的伟大物质文明和精神文明。共 7 章:一统江山英雄情;中华气节高千古;民惟邦本,本固邦宁;变法图强,开放有魄;道德文章,光披四表;古代科技,雄视八方;国门外的中国风。《辱国恨》叙述自 1840 年鸦片战争至 1949 年中华人民共和国成立的百余年间,封建王朝腐败无能,军阀之间连年混战,世界列强对中国的屠戮和极其野蛮的掠夺,以至国力衰竭、生灵涂炭、主权沦丧、山河破碎的悲惨情景;着力表现了中华儿女反帝反封建的革命斗争,如林则徐禁烟,太平天国运动,义和团运动,辛亥革命,抗日战争等。旨在说明:近代中国史,既是一部反动政府腐败无能、丧权辱国,世界列强侵略、瓜分中国的历史,也是一部中华民族不甘屈辱、奋力抗争、前仆后继、流血牺牲的反抗史、奋斗史、革命史。《强国愤》描写自 1949 年中华人民共和国成立后至党的十四届三中全会,中国人民在中国共产党的领导下,为医治战争的创伤,为改变我国一穷二白的面貌所作的不懈努力和取得的巨大成就。纵情讴歌了中华民族在党中央的领导下,从事社会主义革命和社会主义建设,以经济建设为中心,坚持四项基本原则,坚持改革开放,自力更生,艰苦奋斗,为建设有中国特色的社会主义,为把我国建设成为富强、民主、

文明的社会主义现代化强国所创造的辉煌业绩。(邓光东)

K000056　**佳梦轩丛著**　清·奕赓著,雷大受校点。北京古籍出版社 1994 年 5 月版。23.7 万字。15.40 元(精)。全书包括:《东华录缀言》6 卷,《侍卫琐言》2 卷,《管见所及》2 卷,《寄楮备谈》1 卷,《煨柮闲谈》1 卷,《括谈》2 卷,《歌章祝词辑录》2 卷,《清语人名译汉》2 卷,《谥法续考》1 卷,《本朝王公封号》1 卷,《封谥缮清》1 卷。书中记述清代典章制度、官场轶闻、人物生平、民俗习尚、时事民谣、满语汉译、中外关系等,对研究清史具有参考价值,可补蒋良骐《东华录》、昭梿《啸亭杂录》等书之不足。昔人评论此书,认为书中所载"皆寻常记载所不及,而语必有征,足以参史"。作者奕赓,别号爱莲居士、墨香书屋主人、鹤侣主人,又自称"天下第一废物东西",生卒年不详,道光间曾充官侍卫。本书原为钞本,民国 24 年(1935)始有刊本行世。此次出版据民国本考证校刊,订误颇多。(古吉)

K000057　**酌中志**　明·刘若愚著,冯宝琳校点。北京古籍出版社 1994 年 5 月版。15 万字。7.00 元。共 23 卷,附录 1 卷,作者为明朝太监。其人于万历二十九年选入皇宫,崇祯二年魏忠贤案发受到牵连入狱。他受诬蒙冤,有苦难申,于狱中写出这部杂史,进行申冤自明。书中详细地记述了明万历朝至崇祯初年的宫廷史实。作者将自己在宫内多年所耳闻目睹的有关皇帝、后妃及内侍的日常生活、宫中规制、内臣职掌以及饮食、服饰等等,全部分别予以记载下来。还特别着重地叙述了客氏、魏忠贤的擅政肆虐,后妃、太监们的荣辱际遇,宫内形成的"顺客魏者昌,逆客魏则亡"的局面,揭露了神、熹二朝的黑暗政局,可以补正史的遗阙。本书有明、清抄本多种,校点者以清道光二十五年刻《海山仙馆丛书》本为底本,用故宫博物院图书馆藏内府抄本为参校本,对讹脱予以改正、增补,并将校勘情况附于每卷卷末,以便读者查正。(魏小薇)

K000058　**中国第一王朝的崛起——中华文明和国家起源之谜破译**　陈剩勇著。湖南出版社 1994 年 5 月版。33.5 万字。13.30 元。试图通过对夏王朝的分析,破译中华文明起源之谜。作者跳出传统的理论模式,不从文字、城市、金属器和复杂的礼仪中心等角度去探讨文明的起源,而是把注意力集中到古代典籍所载中国历史上第一个王朝即夏王朝的崛起过程上。本书力求把中华文明的生成过程视为一个多元的、历史合力交互作用的整合体,把生态环境、人口压力、经济结构和社会组织的进化、科学技术发展水平和文化、宗教以及中华文明独具的礼与礼制等因素综合起来进行考察。着重研究了夏文化或夏族发祥地及其迁徙变迁、中华文明崛起之际氏族社会内部的继嗣制和礼的起源三个问题。作者在对构成夏文化的几项要素,即作为夏朝立国重器的鼎及其饕餮纹,作为军事统率权之象征的玉钺,宗教礼仪用器"夏后氏之璜",反映夏代律历制度的夏时夏历,"夏后氏社祀"之祭坛,"夏后氏堲周"的埋葬习俗,玉圭、鼎、豆壶、鸡彝等礼祭器,以及稻作农业、蚕桑丝织、习水便舟等夏族的物质文化因子作出全面考察后认为:夏文化萌生崛起于东南史前文化圈,夏民族的原居地在长江下游地区,而不是传统教科书所说的中原。(许久文)

K000059　**二十六史典故辞典**　陈振江主编。天津人民出版社 1994 年 5 月版。122.3 万字。78.00 元。从二十五史和《清史稿》及先秦典籍中采择具有典故意义的有关历史事件、历史人物的典型活动和一些典章制度立为辞条,共 2 023 条。二十六史按史籍的时代顺序及习惯排列;典故条目按在史书中出现的先后编排,先秦文献典故殿后。辞条基本上由释义、出典、例句三部分构成。释义叙述成典背景、基本内容、故事梗概及其含义。出典注明书证及其书名、卷数和篇目;例句以古代著作为主,兼收近代与今人著述,并注明古人所属朝代。从例句中可看出典故在不同时期的发生、发展及变化过程,可称"典中之典"。这些典故辞目涵盖了从黄帝到清末四千多年的史事、人物及经济、文化、政治、军事、教育、典章制度、天文、地理、灾异等内容。书后附二十六史简介、先秦典籍收典说明和索引。(李洁萍)

K000060　**中国皇帝游乐生活**　向斯著。新华出版社 1994 年 5 月版。22.8 万字。9.80 元。由两部分内容组成。第一部分为主体,详尽介绍中国历代皇帝在宫廷内外游乐活动的内容和方式,从娱乐、游乐、健身、围猎、鸟兽、年节和风俗等 7 个方面分别叙述,有历史人物掌故,也有宫廷文化知识,还可见一些游乐活动的发展和变迁。第二部分以中国历史上 13 位皇帝的游乐活动为线索,描述他们异乎常人的游乐趣味,也折射出封建统治者内心的空虚和生活的腐朽。(许新)

K000061　**中华人民共和国通鉴**　龙德、朱红文等主编。学苑出版社 1994 年 5 月版。209.5 万字。84.50 元。记录和评论 1949 年 10 月 1 日至 1994 年 3 月 31 日中华人民共和国政治、经济、军事、科技、教育和外交等大事的工具书。采用逐年、逐月、逐日的方式编辑而成。对时间跨度比较大的事件基本上是逐日记录，少数时间跨度比较小的事件则集中记述。在全面收录的前提下，对某些特别重要的事件和人物，依据中共十一届三中全会以来党的重要文献的精神，作了适当的评论。（孔德龙）

K000062 **中国文化概观** 译林出版社 1994 年5月英文版。12万字。分14章，从政治、哲学、宗教、文化、艺术、科学、民俗等方面扼要介绍具有悠久历史的中国文明及其几千年来的发展和演变。附有主要参考资料以及书中涉及的人物、事件、专有术语的索引。（章祖德）

K000063 **新文化的源流与趋向** 欧阳哲生著。湖南出版社 1994 年6月版。22.5万字。7.70元。分析新文化与传流文化之间的关系，指出新文化运动以蔡元培、陈独秀、胡适、鲁迅、李大钊等人的“疑古”思想为端绪，展开了一系列批儒反孔和“整理国故”的活动，从而形成了一场破旧立新、声势浩大的新文化思想解放运动。认为从“五四”时期的东西文化论战开始，中国的新文化逐渐形成三派。第一派是以康有为、章太炎、刘师培、现代新儒家梁漱溟、熊十力、冯友兰以及史学方面代表王国维、钱穆等组成的保守主义。第二派是以严复、梁启超、蔡元培、胡适、傅斯年等为代表的自由主义。第三派是以孙中山、陈独秀、李大钊、瞿秋白等为代表的激进主义。这三大文化流派的文化成果和历史作用不一，相互之间不可替代。全书共6章：新文化创造者的忧患；新文化主体思想的消长；新文化的传统起源；新文化流派的比较；新文化演进的趋势；附论：胡适——一个“五四”文化人的个案研究。（胡如虹）

K000064 **六朝史稿** 简修炜、庄辉明等著。华东师范大学出版社 1994 年6月版。34万字。20.10元。对六朝时期南方经济发展的逆动性和顺应性，对地权关系、奴役形式和赋税制度，对社会结构诸如门阀世族、豪强地主、佃客制度、奴婢部曲、侨姓大族，对六朝时与日本、朝鲜、天竺、狮子国、波斯、大秦等对外关系以及文化科技的进步等一系列问题进行研究和探讨。在研究大量原始资料基础上，作者指出，六朝社会在农业生产、商品经济、手工艺品、文化科技等方面都是明显向前发展的；六朝的经济“成为长江流域和南方经济发展史上重大转折”，出现了全国经济重心南移的总趋势。六朝社会充分展示了长江流域和黄河流域一样，同是中华民族文化的摇篮。过去史学界普遍认为六朝社会经济倒退、制度落后、文化萎顿的观点是站不住脚的。本书用大量史实和有力论证还六朝社会以本来面目，多有创见。（张哲永）

K000065 **中华人民共和国实录** 徐达深主编。吉林人民出版社 1994 年6月版。622.5万字。10册。240.00元。共5卷10册。第一卷（1、2册，1949年6月至1956年12月）社会主义改造时期；第二卷（3、4册，1957年1月至1965年12月）社会主义建设时期；第三卷（5、6册，1966年1月至1976年12月）十年动乱文化大革命时期；第四卷（7、8、9册，1977年1月至1992年12月）社会主义再建设时期；第五卷（10册）索引，中外中华人民共和国国史研究书籍、论文目录。由中央历史文献研究室、中央党史研究室、当代中国研究所、中央党校、中国社会科学院等单位长期从事国史研究的专家学者编撰。（关静）

K000066 **日落九世纪——大唐帝国的衰亡** 赵益著。江苏人民出版社 1994 年6月版。28万字。14.00元。大唐自安史之乱后逐渐走向衰败，帝国的根基受到日益加剧的藩镇割据、奸臣擅权、阉竖横行的动摇。拯救与衰亡成为9世纪的历史主题。本书以恢宏的气势、生动的史实再现了代宗以降150余年大唐帝国走向衰亡的历史，使秋风斜阳中的长安皇城从历史灰暗的背景中清晰地凸现出来。天子们的百无聊赖、奋发中兴和无可奈何；朝臣们的励精图治、勾心斗角、结党营私；宦官的把持朝政、反奴为主、滥杀忠良；藩镇的各霸一方、分裂疆土、蔑视中央等，都被再现得淋漓尽致，给人以秋风吹渭水、落叶下长安的悲凉之感。书中所涉及的帝都两迁、王叔文变法、元和中兴、甘露之变、牛李党争、宣宗复兴等历史大事件，尤让人惊心动魄，感叹历史的无情。（余江涛）

K000067 **中国通史（第二卷）远古时代** 白寿彝总主编，苏秉琦主编。上海人民出版社 1994 年6月版。38.7万字。25.00元。该书《序言》独立成篇，概述了全书的基本论点，由探讨从猿到人、从氏族到国家这两个与远古历史密切相关的重大理论问题出发，总结了中国史学考古的重要发现，勾勒出中国远古历史的大体轮廓。全书以时代序列为主线，将中国史前时代分为三个时段分别予以论述：旧石器时代（约180万年前至1万多年前）、新石器时代（约1万年前至公元前3500年）、铜石并用时代（约公元前3500年至前2000年），最后将周边地区远古文化的发现单独立章。本书吸收了国内70多年来田野调查、发掘的宏富成果，集中了几代学人的研究成果。

本书具有许多独到的新见解，如农业和家畜萌芽，最早出现在中石器时代；稻作农业的起源，长江中、下游可能独立地经历了起源和发展的道路；仰韶文化后期已进入铜石并用时代等等。(张美娣)

K000068 **中国历史参考图谱** 郑振铎编著。书目文献出版社1994年6月版。500页。150.00元。中国考古图版之书多至千百，卷帙繁重。编著者参阅诸氏之书、诸地发掘报告、古铜器及舟车武器之研究、佛教史迹，以及日本历史参考图谱、故宫书画集、现代诸家关于器物之专著等，化繁为简，取精撷华，纂辑了本书。全书收录中国上古至明清时代有关宝绘墨迹、鼎彝磁皿、石像泥俑、壁画零缣等的图片3 000余幅，可使读者观图而知古人之实际生活，并为研究与教学提供了珍贵的史料。(卢玉荣)

K000069 **谗诬鉴类述** 孙香兰等编著。春风文艺出版社1994年7月版。22.6万字。10.00元。"古史龟鉴系列"之三。根据当事人进行谗诬的性质和手段分12类：歪曲事实、凭空捏造、捕风捉影、落井下石、投鼠及器、危言耸听、流言蜚语、断章取义、借题发挥、栽赃设阱、两面三刀、其他。本书用历史真人说话，揭露了这些历史恶人的肮脏灵魂与丑恶嘴脸，并指出其对当时社会的政治经济所产生的极坏影响，以及对今天现实生活的鉴戒意义。(鲁野)

K000070 **诓诈鉴类述** 吴振清编著。春风文艺出版社1994年7月版。18万字。9.80元。"古史龟鉴系列"之四。分"巧诈篇"、"设阱篇"、"两面篇"、"弄假篇"、"诡辞篇"、"罔上篇"、"矫饰篇"、"权术篇"、"诋诬篇"、"神异篇"等11篇，列举有关诓诈的种种事例，以使令人引以为戒。(鲁野)

K000071 **赃贿鉴类述** 邓安生编著。春风文艺出版社1994年7月版。20万字。9.80元。"古史龟鉴系列"之二。共收贪污受贿等历史资料700余条，分"豪夺篇"、"巧取篇"、"卖官篇"、"勒索篇"、"贪污篇"、"受纳篇"、"行贿篇"等8类。又选取了两章正面史料"拒贿篇"、"惩贪篇"，与前面那些贪官污吏的丑行形成了鲜明的对比。贪官形象令人发指，清官的作为令人感佩。(鲁野)

K000072 **谄谀鉴类述** 赵伯雄编著。春风文艺出版社1994年7月版。17.6万字。8.90元。"古史龟鉴系列"之一。分"巧言篇"、"佞行篇"、"阿顺篇"、"馈赠篇"、"吹捧篇"、"趋附篇"、"巧宦篇"、"左道篇"、"鹰犬篇"、"邀宠篇"等10篇，共532条。史料来源除正史之外，还收入了历代野史笔记中揭露古代政界谄谀现象的有关资料，例如清人编的《宋稗类钞》、《古今图书集成》"趋附部"中有关史料近百条均被收入。读者读到古代政界中这些丑恶的侧面，不能不引起深层次的思考，辨别谄谀者的丑行，剖析谄谀者的心态，进而深思产生这一丑恶现象的历史根源。正文之后附录"挞伐篇"与"守正篇"，集中表现了古人挞伐谄谀、坚守正义的大无畏精神。(鲁野)

K000073 **古史龟鉴系列** 孙香兰等编著。春风文艺出版社1994年7月版。4册。以反面教材为主的历史资料丛书。包括《谄谀鉴类述》、《赃贿鉴类述》、《谗诬鉴类述》、《诓诈鉴类述》四卷。从历史的背面为读者打开一扇窥视历史阴暗面的窗口。它可以启迪读者智慧，增强读者识别假恶丑的能力。主要取材于正史和部分野史。(鲁野)

K000074 **中国古代史史料学** 安作璋主编。福建人民出版社1994年7月版。42.2万字。15.50元。高校文科教材。分三部分：史料学引论；史料概要；史料的搜集整理。系统介绍了中国古代史史料的来源、价值及其在研究中的应用。对史料学理论中一些有较大分歧的问题加以辨析。书中根据史料的体裁和内容性质，分为考古史料、群经史料、诸子史料等15大类，避免按断代史、专业史介绍史料所出现的重复。本书还将目录学、版本学、校勘学、训诂学、考据学以及历史编纂学等基本知识引入史料学。为"大学历史丛书"之一。(林斌)

K000075 **中华人民共和国主要事件人物** 朱宗玉等编。福建人民出版社1994年7月版。39.3万字。14.35元。收集中华人民共和国成立40余年间的主要事件350件，涉及政治、经济、军事、外交、科技、文教、体育、卫生等各个方面；主要人物300个，包括中国共产党、国家、政府、军队的主要领导人及民主党派负责人、著名民主人士、国民党爱国将领、各界著名人士等；各方面的重要资料、统计数据50余条。所收事件以时间为序逐年排列，人物以姓氏笔画为序排列，资料按类别排列。(郑俊琰)

K000076 **中华国耻录** 周山主编。甘肃少年儿童出版社1994年7月版。22.5万字。6.50元。以勿忘国耻、爱我中华为主题，以大量确凿的历史事实为依据，系统地讲述了两次鸦片战争、英法联军火烧圆明园、中法战争、中日甲午海战、海兰泡江东64屯惨案、八国联军侵华、洋人贩卖"黄奴"、华工在美国的血泪史、教案屈辱、中国学子在日本的遭遇、九一八东北三省沦陷、南京大屠杀等帝国主义强盗凌辱中华民族、吞噬中华国土、劫掠中国人民财富、杀戮炎黄子孙等诸多令人发指的罪行。告诫人们，在改革

开放、繁荣经济、建设祖国的今天，千万不可忘记帝国主义强盗的侵略本性，千万不要忘记中华民族的苦难历史。（张春波）

K000077 **中国现代史研究入门** 王桧林主编。河南人民出版社 1994 年 7 月版。40.9 万字。22.00元。国家教委编选的“七五”期间高等学校文科教学参考书“历史研究入门”中的一种。介绍该学科的基本常识和研究方法。其中包括中国现代史研究的对象、范围、目的、意义及研究手段的发展；近几十年来国内外研究的概况，未来的发展趋势；经典著作和著名史学论著，重要的资料和工具书及其使用方法；中国现代史研究的一些问题，及不同观点和争议情况。（张黛）

K000078 **海外学者论中国** 张劲夫主编。华夏出版社 1994 年 7 月版。36 万字。19.50 元。收录陈省身、李政道、杨振宁等数十位自然科学、社会科学等方面世界级大师的数十篇文章。作者以执著的爱国热情，科学、理性的态度，从人类社会的大视角，针对中国现代化过程中面临的实际而具体的问题，提出了许多客观、新颖、可行的建议和解决方案，极具启发性。（华钧）

K000079 **战国策选译** 赵丕杰译注。人民文学出版社 1994 年 7 月版。18 万字。5.05 元。选译《战国策》原文 60 章。所选都是思想内容较好、文学性较强的作品，既包括了历代传诵的名篇，也照顾到了国别和文体。原文以上海古籍出版社《战国策》整理本为底本，凡有所校勘，均于注中说明。译文以直译为主。章前有简短评介文字，章后有简明注释。收入“中国古典文学今译丛书”。（冯伟民）

K000080 **汉书新注** 施丁主编。三秦出版社 1994 年 7 月版。286 万字。4 册。148.00 元。东汉班固所撰《汉书》是继《史记》之后的又一部大型史书，也是中国历史上第一部纪传体断代史。记载了西汉从兴起到衰亡 200 多年的历史，探讨了西汉由兴盛到衰亡的历史教训，认为西汉灭亡主要因为存在“礼教不立”、“刑法不明”、“民多贫穷”、“豪桀务私”、“狱犴不平”五大弊病。班固出身于儒学世家，本身也是当代大儒，故《汉书》不仅文赡事详，语言精练，还强烈体现出班固欲以儒学思想统一社会思想的意图。除继承《史记》的纪传体裁和秉笔直书的史家传统，班固在《汉书》中新增置《刑法志》，专讲刑法史。他认为在国家政治中“礼乐政刑”不可缺一，治国关键在于要让人民安居乐业，并“富而教之”。他强调先礼教后刑法，“以文德为主，以威武为辅”。《汉书》还创设《地理志》，强化皇权，巩固统一，是对郡县制取代分封制的总结。可以说《汉书》是儒家史籍的典范，在古代史学史上有突出的地位和深远的影响。自《汉书》问世以来，研究《汉书》的学者和论著颇多。本书吸收了颜师古、王先谦、陈直等古今专家学者研究《汉书》的真知灼见，又广泛吸收当代国内外（特别是日本）学术界的研究成果和考古新发现，在此基础上对《汉书》作了全面、系统、深入浅出的注释。对《汉书》的人物、事件、战争、官制、礼法刑法、文化风俗、繁难生僻字等作了精确的注释。特别注重对户籍与赋役制度、农政水利、天文律历、财政经济等方面的注释与考证。在校点上还注意纠正了目前流通的《汉书》点校本在校点上的失误，并采用规范简化字横排。在每卷卷首均有“说明”，提示该卷大旨。书后附录《汉书通假字表》、《汉书古今地名对照表》等。（淡懿诚）

K000081 **陕甘宁边区行政区划变迁** 李顺民、赵阿利著。陕西人民出版社 1994 年 7 月版。12.5 万字。11.80 元。陕甘宁边区是革命战争年代中国共产党领导下存在时间最长、面积最大、各级组织建制最完备的一块根据地，曾建立过 24 个省（边区）级、43 个地区（特区）级、335 个县（市）级党、政组织和行政区划建制。本书按不同时期逐级介绍各行政区划设置、变迁和区划内最高党政组织建立、调整、撤并的历史背景情况以及辖区范围、隶属关系、人口分布等情况。由于战争年代根据地行政区划和组织机构变化频繁、档案资料多数散失，建国后也很少有人系统研究、整理这方面的资料，所以陕甘宁边区行政区划研究一直是一项空白。该书将其区划变迁理顺、弄清，确属开创性的一项研究成果，对陕甘宁边区历史的研究，对中国行政区划建制的研究以及政权建设研究，均有较高的史料价值和参考意义。（王敏）

K000082 **中国史论集** 南开大学历史系《中国史论集》编辑组编。天津古籍出版社 1994 年 7 月版。37.7 万字。19.00 元。论文集。为祝贺史学家、南开大学教授杨志玖 80 寿辰而编辑。作者皆为海内外知名学者，亦为杨志玖之友人及历届学生。收文 30 篇，其中魏晋南北朝史 2 篇，唐史 9 篇，元史 13 篇，其他 6 篇。皆为作者精心之作。书后附《杨志玖教授论著系年选录》。（林雄）

K000083 **史记·列传（上）** 南大明、赵熙天等编译。延边人民出版社 1994 年 7 月版。52.9 万字。9.90 元。从司马迁的《史记·列传》中，选出 38 个人物传记译成朝鲜文。（赵熙天）

K000084 **清代三藩研究** 刘风云著。中国人民大学出版社 1994 年 7 月版。28.1 万字。15.00 元。首先探讨分封制在中国封建社会产生的历史必然性,分封制的两种形式(虚封、实封)及其经久不衰的原因,以及分封制在封建制国家中的作用和危害;进而运用丰富的史料,对中国历史上重要而又复杂的清代三藩进行了全面、动态、系统的研究。通过三藩活动的轨迹,探讨清代封藩设镇的起源、作用、影响,对清代政治体制中中央集权和地方分权的矛盾与统一加以剖析,并从中勾画出清初历史发展的脉络。本书列入中国人民大学"博士文库"。(郑伯平)

K000085 **德国的汉学研究** 张国刚著。中华书局 1994 年 7 月版。15.4 万字。8.00 元。在欧洲汉学传统中,德国的汉学研究起步晚、起伏大、发展快,并因其强大的经济实力而显示出规模大、势力雄厚、富有成果的特点。本书以丰富翔实的资料介绍了德国汉学发展的曲折历程,介绍了从 17 世纪传教士时代开始到 20 世纪 80 年代"中国热"时期,各个历史时期有影响的汉学家及其代表性著作,也介绍了 90 年代德国及德语国家关于中国学研究的现状及最新成果。书后附录德语国家中国学家小传、各大学汉学系简介及德国汉学研究丛书简介。全书行文清晰自然,可读性强,信息量大,是一部很有特色的普及性学术读物。收入"文史知识文库"。(柴剑虹)

K000086 **国朝宫史** 清·鄂尔泰、张廷玉等编纂,左步青点校。北京古籍出版社 1994 年 8 月版。40 万字。23.50 元。记述清代顺治至乾隆年间内廷的典章制度、宫苑建置以及重要事件的史书。全书三十六卷,其中第一至第四卷记录顺、康、雍、乾四代皇帝对内廷的训谕;第五至第十卷记录内廷各项重大典礼制度,其中包括宫规、仪卫及内廷等级森严的冠服;第十一至第十六卷记录内外宫苑的建制规模及皇帝题咏各宫苑的匾额诗文;第十七至第十九卷记录内廷的经费开支,其中包括铺宫、年例、日用、恭进、恩赐,及各礼宴钱粮例用;第二十、二十一卷记录内廷官制的条例及职掌、额数;第二十二至第三十六卷记录内廷编纂刊刻的书籍,其中包括有关皇帝的实录、圣训、御制诗文集及方略等,另外还有宫廷典则、经史子集各部图书,及天文、舆地、小学、金石等等。该书清乾隆七年(1742)皇帝命内廷大学士编纂,至乾隆三十四年(1769)底成书,其资料之博洽翔实、可靠,非一般史书及笔记可比。尤其有关内廷太监制度的记录,是官修史书仅存的宝贵资料。此书编成后,仅缮录三册,分贮乾清宫、尚书房、南书房,辛亥革命后才被发现。1925 年天津博爱印刷局出铅印本,本版为首次标点、校勘本。(杨璐)

K000087 **中国历代治国策选粹** 丁守和主编。高等教育出版社 1994 年 8 月版。139 万字。54.40元。从历代臣下对皇上的奏议中选录近 300 篇,对其中生僻的字句、人物、典故、年号、重要史迹及引语出处等作了简注。每篇后撰有评析,着重介绍上奏议者的简历、当时所任官职和性格特点,上该奏议的时代背景和前因后果,并对奏议的主要内容和风格作了评论。选录的标准是名人名篇,特别是名篇;重视奏议的文采,尤其重视其思想内容。(袁晓波)

K000088 **中华人民共和国历史长编** 刘国新等主编。广西人民出版社 1994 年 8 月版。547 万字。268.00 元。分 4 卷:1949—1956 年,1957—1965 年,1966—1976 年,1977—1994 年。每一卷均按重大事件、人物、大事记、附录四大部分安排内容,全面客观地反映共和国 45 年所走过的光辉历程。"重大事件"部分是全书的重点,采用板块式写法,从各个历史年段中,选取最有代表性的事件(包括台湾)进行阐述;"人物"部分选择各个历史年段中逝世的著名人物,通过对他们生平的记述,折射出时代背景、特征及概貌;"大事记"部分按年月日记述共和国发生的各类大事;"附录"部分收集了各时期的文章、著作及党和国家的重大决策、讲话、决议、法规以及党政军任职序列表等,此部分以目录索引形式出现。(邓耘)

K000089 **中国革命史简编(修订本)** 胡庆寅、沈德海编。贵州人民出版社 1994 年 8 月版。30.5 万字。6.90 元。贵州省高等院校马列主义理论课教材。阐述中国革命史是近现代中国各族人民进行反帝反封建的斗争、在中国共产党领导下取得新民主主义革命的胜利、继而又进行社会主义革命与建设的光辉历史,以帮助学生了解马克思列宁主义普遍原理同中国革命的实践相结合的历史过程,掌握中国革命的基本理论、基本规律和基本经验,掌握建设有中国特色社会主义的理论,提高贯彻执行党的基本路线和各项方针政策的自觉性等等。本次修订根据《中国革命史教学大纲》的基本精神和读者的意见,对民主革命时期有关章节的内容作了部分修订,着重充实了社会主义时期有关章节的内容。(谢丹华)

K000090 **中国近代史** 蒋廷黻著。海南出版社 1994 年 8 月版。10 万字。3.70 元。原为"艺文丛书"之一,初版于 1938 年。本书只是一本近代史大纲,论述却颇能融会贯通,作者以自己的认识,抓住重大事件和人物，以点带线，条分缕析，写了从鸦片战争前后到抗日战争前的历史，为近代中国划了个轮廓。作者通过对中国近代社会的研究及对中国文化的比较，提出了中国必须近代化的观点，指出："近百年的中华民族只有一个问题，那就是：中国能近代化吗？能赶上西洋人吗？能废除我们的家族和家乡观念而组织一个近代的民族国家吗？能的话，我们民族的前途是光明的；不能的话，我们这个民族是没有前途的。因为在世界上，一切的国家能接受近代文化必能富强，不能者必遭致惨败，毫无例外。"本书还收入了作者的《评〈清史稿〉邦交志》、《琦善与鸦片战争》及《最近三百年东北外患史》3种。作者以研究中国近代史而著名，尤以辑录《近代中国外交史资料辑要》和撰述本书而受到学术界的注目，其代表作常被近代史专家提及和引用。本书收入"人人袖珍文库"。（袁大川）

K000091 **文白对照通鉴纪事本末** 宋·袁枢撰，杨寄林主编。花山文艺出版社 1994 年 8 月版。608 万字。4 册。300.00 元。有"良史"之称的南宋建州建安人袁枢，对《通鉴》进行改编，另成新书，名曰《通鉴纪事本末》。全书计分 42 卷，共列 305 个正题与附题。上起"三家分晋"，下迄"周世宗征淮南"，分事列题，汇比类纂，纵向上显示了十六代治乱兴衰之轨迹及总体风貌，横向上再现了事件的发展脉络与主体画面，又按朝代顺序纵贯而下，使战国至五代 1362 年的历史进程和社会概貌突兀而立，一目了然。为传史学名著于大众，本书以《四部丛刊》影印宋刻大字本为底本，以"信、达、雅"为基本准则进行整理和今译，以期雅俗共赏，满足社会各阶层读者的需要。（张晓黎）

K000092 **中国王朝兴亡史** 朱诚如著。辽宁师范大学出版社 1994 年 8 月版。53 万字。28.00元。对自禹划九州立夏开基至宣统帝退位的中国历史上所有的王朝、所有的帝王，按照历史先后顺序进行叙述，分析历朝历代兴亡的原因，分析品评列帝的功过是非。作者充分肯定人民群众是历史的创造者，他们创造了物质财富和精神财富，推动了历史的发展。同时，对历代帝王的作用，也给予了历史的品评。认为，中国历史上出现的一些颇有作为的帝王，在他们统治时期，政治清明、社会安定、经济发展、文化繁荣。中国历史上也曾出现过荒淫无道、迂腐无能的帝王，他们把一个个王朝带入坟墓。历史就是这样泾渭分明，或兴或亡，既有其偶然，又有其必然，不可抗拒。每一个王朝的兴亡都有其内在的必然、历史的规律。揭示这种历史的必然和规律，是作者编著这部中国王朝兴亡史的本意。（张玉芬）

K000093 **后汉书辞典** 张舜徽主编。山东教育出版社 1994 年 8 月版。166.6 万字。65.00 元。"二十五史专书辞典丛书"之一。有以下特点：一、收词齐全。全书以中华书局出版的校点本《后汉书》为依据，排查收录了正文中出现的人名（包括字、号、别名）、地名（包括古国、都邑、山川、泽薮、关隘、工程、宫观亭台等）、民族、职官、著作、名物、典制、艺术、历算、科技、医药、动植物等专用名词及历史事件、成语典故、疑难语词等，共计 2.1 万余条。二、释文简明。释文内容以原著为准，不节外生枝，力戒古奥，力求准确。三、内容广博。全书内容涉及东汉及其以前时期的政治、经济、文化、军事、科技等有关中国历史文明的方方面面，是一部关于东汉时期及其以前有关历史文明的百科全书式的辞典。四、学术性强。词目中有相当部分是其他辞典未收释过的，本书在吸取历代研究成果的基础上，对其作出了简明准确的解释。对于学术界已有定论的，按定论诠释；尚在争议的，诠释时以一说为主，兼述他说。五、方便实用。本辞典书前列有"凡例"、"索引检字"、"词目索引"；书末附有"东汉纪年表"、"东汉帝系表"、"东汉时期全图"。书中词目一律采用繁体字，与原文保持一致，并在释文末附原著一个重要页码，便于读者查找出处。释文一律采用标准简化字，词目中异读、难读字加注音，便于读者阅读。（温玉川）

K000094 **西学东渐与晚清社会** 熊月之著。上海人民出版社 1994 年 8 月版。64.3 万字。40.00元。积作者十余年努力而成。有以下特点：一、是海内外迄今为止，最系统、最全面介绍西学东渐历史过程的著作。举凡传播的主体，传播的机构，传播的内容，传播的方式，传播的过程，以及受传播的对象及其反应，都作了详细研究。二、在搜集资料和运用资料的广泛性和完整性上，超过了海内外所有先行问世的著作。这与作者除在国内，还在美国、英国、德国、法国、日本尽心搜集资料有关。三、将晚清西学东渐分成四个阶段，即第一阶段 1811—1842 年；第二阶段 1843—1860 年；第三阶段 1860—1900 年；第四阶段 1900—1911 年，并按各阶段对传播的特点作了综合及个案分析。四、突出地剖析了西学东渐对晚清的影响，尤其是对一般市民即对社会的影响。五、书末的附录颇有价值，表明写作的规范性和科学性。

K000095 **传奇汇考** 佚名撰。书目文献出版社 1994 年 8 月版。700 页。64.80 元。本书作者不详。

著作年代，大约为清末民初。此书对中国古代的260多种传奇资料进行详细考证，所涉及的方面大约为“传奇”的作者、内容、著作过程、历史背景等。该书引用资料翔实、考证精审，是研究中国古代文学不可多得的参考资料。（卢玉荣）

K000096　**我们的母亲叫中国**　苏叔阳编。中国少年儿童出版社1994年8月版。10万字。10.00元(精)。以文学语言、文学手法书写的中国文明史。分12章：我们的母亲叫中国，我们有广阔的疆土，我们有众多的弟兄，我们有悠久灿烂的历史，我们有最古老而又最具生命力的文字，我们有古老而又智慧的宇宙观、优秀的传统伦理和道德，我们向世界奉献了无数的发明创造，我们最懂得美最会创造美，我们有优秀的军事文化，我们有生命力强大的军事文化，我们有自己悠久独特的生活方式，我们有无限光明的未来。（王一地）

K000097　**资治通鉴之通鉴**　伊力主编。中州古籍出版社1994年8月版。188.6万字。2册。98.00元。明代思想家王夫之《读通鉴论》的文白对照本。作者运用朴素的唯物辩证法和进步的社会历史观，对《资治通鉴》进行了全面透彻地分析论证，总结历代成败兴衰经验教训，褒贬人物，通古鉴今。该书既是独立的史学论著，又是《资治通鉴》的导读。在全译时，改名为《资治通鉴之通鉴》。全书共30卷、85目、900个专题。结构体例以历史发展为序，以代分卷，以帝分目，目下设立专题。卷一为秦代，卷二至卷九为汉代，卷十为三国，卷十一至卷十四为晋代，卷十五至卷十八为南北朝，卷十九为隋代，卷二十至卷二十七为唐代，卷二十八至卷三十为五代，卷末附叙论四则。以《四部备要》本为底本，并参校其他版本。采取原文、译文、注释三对照形式，较好地保持古籍原貌。译文以“信、达、雅”为标准，直译与意译相结合，准确通畅。（孙宝瑞）

K000098　**《资治通鉴》妙语选**　杨桂森编。百花文艺出版社1994年9月版。15.8万字。5.60元。精选《资治通鉴》中的名言、警句、故事，按七类归属，并对原文作释义和引申，做到古为今用，便于检索。为“中国古代妙语丛书”之一。（于明夫）

K000099　**史记妙语选**　高成元编。百花文艺出版社1994年9月版。12.5万字。4.70元。精选《史记》中精妙的语句、语段、格言等多条，用浅近的文字表述大意并简要地揭示其深刻内涵。为“中国古代妙语丛书”之一。（王顺来）

K000100　**中国革命史·马克思主义原理学习指导**　王庆海主编。东北大学出版社1994年9月版。22万字。8.20元。系统地阐述中国革命史和马克思主义原理的基本理论和基本知识。中国革命史部分包括：近代中国社会和民族民主革命的酝酿与准备、资产阶级领导的民主革命、新民主主义革命的开端和国民革命高潮、土地革命战争和抗日救亡运动、全民族的抗日战争、全国解放战争、社会主义制度在全国的确立、社会主义建设道路的艰难探索与重大突破等。马克思主义基本原理部分包括：马克思主义是认识世界和改造世界的科学理论体系、唯物主义是马克思主义世界观的基石、辩证法是马克思主义世界观的灵魂、社会形态与人类社会发展的普遍规律、人在社会历史中的地位和作用、人类认识和实践的辩证运动及历史过程、资本主义经济制度的实质、现代资本主义是垄断资本主义、资本主义生产方式的内在矛盾、资本主义社会上层建筑的阶级实质、从资本主义向社会主义的过渡、社会主义的基本特征和民族特色及社会主义制度的自我完善和发展等。（刘振军）

K000101　**简明中国古代文化史**　张崇琛编著。甘肃人民出版社1994年9月版。21万字。8.20元。共13章。第一章从宏观上论述了中国传统文化的起源及特点。书中提出“中国古代文化的来源是多元的，但最终又是归于统一的，即融为以华夏文化为核心的中华文化”的论点，归纳了传统文化的特点，即：天人合一，以人为本；诸家兼容，以儒为主；多神并敬，无神为常；德能统观，以德为重；述作共倡，述为号召。这些论点比较深刻地揭示了中国古代文化的实质。其余12章，分别按照不同的文化领域进行了专门论述，计有天文、历法、地理及行政区划、职官、科举、姓名和称呼、婚姻、宗法、饮食、衣饰以及经学和宗教等。对上述内容的介绍，基本上是依照历史发展的顺序进行的，紧扣本题，不枝不蔓，简明清晰。（潘萍）

K000102　**中国近代史治要**　孙占元著。山东教育出版社1994年9月版。32.8万字。12.00元。研究中国近代史问题的学术著作。全书共列33个研究专题，涵括了中国近代社会发展的基本线索和鸦片战争、太平天国运动、洋务运动、边疆危机与中法战争、中日战争、戊戌变法运动、义和团运动、辛亥革命运动、护国与护法运动等近代史各个时期的主要问题。作者认为，在近代中国，摆在中国人民面前的三项主要任务是：抵抗外国资本主义的侵略以挽救民族危难和争取中国的独立地位；反对清王朝的封建专制腐败统治以改变衰落局面和谋求社会的进步;发展近代化事业以替代落后的封建经济和寻找富强之途。本书以这三项主要任务为重点展开学术研究,认为,中国人民在鸦片战争、边疆危机、中法战争、中日战争、义和团运动中,抵抗外国侵略的活动和思路,对于延缓中国的半殖民地化程度起了重要作用;太平天国、戊戌变法、辛亥革命带有明显地反清王朝封建专制统治的进步意义;洋务运动、戊戌变法、辛亥革命为中国近代化的产生和发展提供了有利的社会环境。反帝反封建斗争与近代化运动相互交叉、相辅相成,实为中国近代社会向前发展的动因与合力。本书在探讨上述问题时,注意了点与面的和谐统一。部分内容还从当代史学史角度入手,对近年来中国近代史研究领域中的成就予以总结和评价。(温玉川)

K000103 **鲍威尔对华回忆录** [美]鲍威尔著,邢建榕等译。上海知识出版社 1994 年 9 月版。31 万字。12.00 元。鲍威尔系旧中国著名的西方报纸《密勒氏评论报》的主编。本书是他在华 25 年生活的回忆录。全书共分 40 章,自他 1917 年初次踏上中国大地始,直到 1943 年日美战俘交换离华返美,较全面、具体地回顾了其间他所经历的一系列重大历史事件及社交活动。出于记者职业的敏感,他对其中不少内幕,诸如日俄在对华问题上的微妙关系、流亡中国的白俄及其活动、中国土匪对外国人的绑票、日军对英美法等同盟国在华人员的迫害、纳粹德国在华的阴谋活动等,都透露了许多鲜为人知的史实。有关他与孙中山、冯玉祥、张作霖、杜月笙等历史名人交往的轶事,书中也作了记述。(褚赣生)

K000104 **文化五千年** 羽人编著。少年儿童出版社 1994 年 9 月版。106 万字。69.40 元(精)。采用故事体形式,描述中国各历史阶段的种种文化现象,主要有学术文献、文学艺术、戏剧曲艺、语言文字、城市建筑、名胜舆地、科技发明、医药卫生、教育科举、婚丧起居、服饰饮食、宗教礼仪、民族习俗、体育娱乐、与各国文化交流等方面内容。共 233 篇。全书分上下两册。上册为史前至战国时期、秦汉时期、魏晋时期;下册为隋唐时期、宋元时期、明清时期。(洪祖年)

K000105 **北洋军阀与日本** 娄向哲著。天津人民出版社 1994 年 9 月版。21 万字。8.80 元。系统研究两次中日战争之间中日关系的学术专著。其研究重点为北洋时期,即甲午战争后日本制定"大陆政策"、加紧对中国侵略之时期。对这一时期的研究,既有益于明了两战之关系,同时也是深化与拓展近代中日关系研究的重要途径。书中着重对此期间中日外交关系进行了较详细的剖视,对不同时期北京中央政权对日纷繁复杂的关系提出了自己的见解,并对涉及到的中日间军事、经济诸方面关系作了深刻分析。作者曾两度作为访问学者赴日,检阅了日本外务省、防卫厅等有关档案文献,同时充分利用国内如第二历史档案馆等处的原始史料,本书在其大量有关论文的基础上写成。作者为南开大学教授,相关专著有《民初中国对日贸易论》(南开大学出版社 1994 年 12 月版)。(解鸿茹)

K000106 **中华人民共和国事典** 陈明显、罗明楷主编。中国青年出版社 1994 年 9 月版。98.5 万字。35.00 元。全面、具体地记述中华人民共和国 45 年历程的编年纪事体史书,具有工具书性质。以年月更替为经、以具体历史事件为纬,将共和国 1949 年 10 月至 1994 年 2 月间政治、经济、文化、军事、外交、社会变迁等诸多领域发生的有历史价值的事件(兼顾人物、文献等)忠实地记录下来,根据事件的轻重大小予以详略不等的论述,再现了历史的真实面貌。对于跨年度、延续时间长的事件,归于起始年或终结年记叙,以增强完整性。对某些特殊时期(如"文化大革命")的事件,根据忠于历史真实的原则,作了必要的说明、补充。书末附有索引。(李丕光)

K000107 **夏商社会生活史** 宋镇豪著。中国社会科学出版社 1994 年 9 月版。41.9 万字。22.80 元。立足于文献、古文字研究和考古发现的最新进展,深入系统地考察了夏商时期社会生活的方方面面。共 8 章:一、环境、居宅、邑聚,考察夏商社会生活的自然人文背景和场所;二、人口,考察夏商时期的人口状况;三、婚姻,考察夏商时期婚姻的自然属性与社会属性;四、交通,勾勒当时社会生活的地域空间关系,以及人们张大这种社会关系和自然关系的手段、方式和作为;五、六两章为饮食、服饰,展示当时人们生产与创造物质生活本身的能力;七、医疗保健,记生老病死与夏商人们的精神面貌、人生态度、逆反心理,以及对改造自身生活的行为规范和社会成俗;八、宗教信仰,述夏商社会鬼神观念、情绪状态、宗教礼仪和社会陋习。(陈宝良)

K000108 **清波杂志校注** 宋·周煇撰,刘永翔校注。中华书局 1994 年 9 月版。31.5 万字。24.00 元。《清波杂志》12 卷,是作者 66 岁时,居住在南宋京城临安(今杭州)清波门所写的一部"纪前言往行及耳目所接"之事的笔记。作者阅历十分丰富,对南宋高宗、孝宗、光宗三朝掌故十分熟悉。本书记载了不少名人轶事,保留了宋人不少佚诗、佚词和佚文,还记载了当时的一些典章制度和风俗习惯,以及当时的一些物产资源。本书校勘以《四部丛刊》所收常熟瞿氏铁琴铜剑楼藏宋本为底本,校以清桐乡金氏文瑞楼钞本及台湾影印的文渊阁《四库全书》本。同时还参考了《说郛》、《永乐大典》残卷诸书,订正了原书在流传中产生的不少讹误。注释本四条原则:一、略者详之,即原书记载简略,用它书较详记载予以补充。二、讹者正之,即原书记载有误,用它书有关记载予以辨正。三、真伪能定则定之,即原书有些记事,后人提出疑问,则引其它资料予以考订。四、数说不同,不能考定,则并存之。本书注释大大丰富了原书的内容、为研究者提供了方便。(崔文印)

K000109　**明皇杂录　东观奏记**　田廷柱点校。中华书局1994年9月版。11.2万字。9.00元。《明皇杂录》2卷,《补遗》1卷,唐郑处诲撰。书中记载了唐玄宗一代杂事,偶尔兼及肃宗、代宗二朝史实。虽所记不完全是实录,但其异闻琐事,也可资参考。点校以《守山阁丛书》本为底本,参校文渊阁本及《太平广记》、《太平御览》,并参考了有关史籍、文集和专著。校勘中参酌吸收了钱熙祚的校勘成果。原书没有目录,点校本将全书80余条逐条拟定标题,新编了目录。《东观奏记》3卷,唐裴庭裕撰。书中专记唐宣宗一朝政事,共89事。因系作者亲历,因此所记颇具首尾,司马光作《通鉴》,曾采摘本书所记32条。点校以缪荃孙《藕香零拾》本为底本,以吴翌凤抄本、《粤雅堂丛书续集》本为通校本,以宛本《说郛》、《小石山房丛书》为参校本,并参考了两《唐书》等史籍及有关文集、专著等,参酌吸收了缪荃孙的校勘成果。原书各条无目,点校本拟定标题,新编了目录。(柳宪)

K000110　**中国历代奏议大典**　丁守和、姜世栋等主编。哈尔滨出版社1994年10月版。930万字。720.00元。精选散见于古籍中的历代奏议,修订了许多旧史料中不准确的地方,并补入了一些新发现的重要资料。所收奏议逐篇都作了分段、标点、注释和评述。共4卷,按上书时间先后顺序编排。(李荣焕)

K000111　**中国通史**　范文澜、蔡美彪等著。人民出版社1994年10月版。310.5万字。10册。490.00元。通史是代表一个国家历史研究总体水平的著作。本书正是可以代表本世纪中国历史研究总体水平的一部力作。早在半个多世纪以前,当代杰出的马克思主义史学家范文澜在延安便已开始了这项艰巨的工作。毛泽东对《中国通史》的编纂极为关注,曾传话给范氏说,中国需要一部通史,在没有新的写法以前,还是按照你的那种体系、观点写下去。范文澜不负众望,在已成的《中国通史简编》的基础之上,主持完成了本书的前4卷。他逝世之后,蔡美彪接替了他的工作,直至90年代终于使这项长达半个世纪的文化工程竣工。本书运用马克思主义历史唯物主义的基本观点和方法,在大量占有第一手史料和充分吸取当时最新研究成果的基础上,真实地再现了鸦片战争以前中华民族及其所创造的举世公认的华夏文明五千年发展的历史轨迹。全书分5编:第一编自原始社会至中央集权封建国家秦朝的统一;第二编秦汉至隋统一时期;第三编隋唐五代时期;第四编宋辽金元时期;第五编明清时期。每编自成章节,分别阐述这一历史阶段中的重大政治史事、经济发展、制度演变、各民族状况及民族关系、文化状况等等。本书能够坚持自己的学术观点而又不排斥百家争鸣;观点鲜明而又不失于偏颇;叙述详密而又不失于琐碎;文笔洗练而又不失于清新流畅。虽是一部严谨的学术专著,但极富可读性,是公认的雅俗共赏之作。(张润生)

K000112　**中华人民共和国史**　秦愉庆主编。陕西人民出版社1994年10月版。37万字。11.00元。西安部分高等工科院校政治理论课教材。全书共分5编:第一编"从新民主主义到社会主义的转变",第二编"社会主义建设的曲折发展",第三编"'文化大革命'",第四编"坚持党的基本路线,建设有中国特色的社会主义",第五编"推进和维护祖国的统一"。以新中国成立以来的历史发展为线,评述了重大历史事件的地位和国家大政方针的价值,评介了重要历史人物的功过是非,总结了历史的经验教训,精选了最能反映历史发展脉络和历史本质的史实,分析了正反两个方面的经验及深层原因,力求探寻历史发展的内在规律,展现新中国所走过的不平凡的道路和深刻变化。(何大凡)

K000113　**太原保卫战**　马仲廉著。沈阳出版社1994年10月版。44万字。14.80元。1937年9月,日本侵略军长驱直入,锋芒直指山西。为抵抗日军侵略,中央军、晋绥军、川军及八路军的37个师又13个旅计28万余兵力,与日军4个师团、约12万余人展开决战。国共两党的首脑及高级将领,为取得战役胜利而运筹帷幄,谋兵布阵。会战历时一个多月,终因中国军队缺乏训练、装备低劣,为日军攻占太原而留下悔恨遗憾。本书再现了太原保卫战的战况,场面恢宏、人物众多。书中附有20余幅历史图片和战役图表。全书共5章：八路军东渡；平型关大捷；忻口防御战；娘子关撤退；太原城沦陷。（郝戈非）

K000114 **唐代长安宫廷史话** 马得志、马洪路编著。新华出版社1994年10月版。25万字。15.00元。唐代都城西京长安是当时全国政治、经济和文化的中心。都城北部的太极宫、大明宫、兴庆宫三大皇宫建筑群，为皇帝起居、办公之处。公元9世纪末10世纪初，经过几次兵火战乱，各处宫室和民房被烧掉了十分之六七。天祐元年(904)朱全忠逼迫唐昭宗李晔迁都洛阳，对长安城进行了一次毁灭性的大破坏。经过这次劫掠，繁华的长安城几乎成了一片废墟。各宫城遗留下来的残垣断壁、碎砖烂瓦掩埋于地下。解放后，考古工作者不断在废墟进行勘查和发掘，所发掘出的遗址和遗物等，再现了唐代宫廷生活和物质文化的面貌。本书以历次考古发掘的实物资料为基础，结合文献典籍、历史文学作品和唐人笔记传说等，展现三座宫城的具体面貌，希望从这非凡的一角，窥见长安城当时的动人风情，以及社会不同阶层的生活画面。（白云章）

K000115 **国共关系70年纪实** 黄修荣编著。重庆出版社1994年10月版。98.5万字。27.65元。采用编年体的形式，全面、详细地记载了中国共产党与中国国民党两党从1921年至1991年的关系史。特点是：一、收录了大量的有关国共双方关系的资料，介绍了大量的鲜为人知的历史文献和史实；二、所收资料大都为国共双方文献档案和中外文资料，真实可信，有据可查；三、客观阐述了两党70年之关系，总结了经验教训，探讨了其发展规律和实现第三次国共合作的可能性。本书是目前国内研究国共关系历史的一部十分重要的资料，亦是第一部系统地阐述1921年至1991年国共关系问题的编年体著作。（钟代福）

K000116 **清宫秘闻** 春林、广建编著。珠海出版社1994年10月版。32万字。12.50元。博采正史、野史、笔记中的有关资料汇集成书，分为“清帝生活百态”、“后妃宫闱轶事”、“宫廷秘闻拾零”三部分。（赵洪林）

K000117 **资治通鉴大辞典** 施丁主编。吉林人民出版社1994年11月版。350万字。2册。180.00元。辞典中的“各卷概要”，是《通鉴》的精华浓缩；“司马光及历代贤哲评论”，是古代史家的名言警论；“民族、职官、语词、典故”对《通鉴》中的古代专用典故作了详尽的诠释；“人物”囊括了1300余年中的各种人物简介；“地理”介绍、考证了《通鉴》中每一地名的古今演变；“通鉴学资料”收录了宋代至1991年的海内外研究专著、论文的目录、作者、版本情况，并予评介；“典籍”罗列了《通鉴》中提及或修撰时参考的大量已佚、现存的珍贵古籍；专门绘制的36幅地图展现了13个朝代的疆域变化、战争地点路线。（关静）

K000118 **商源流史** 何光岳著。江西教育出版社1994年11月版。54万字。26.00元。“中华民族源流史丛书”之一。分39章，内容包括：商族的来源和南迁，商汤建立商朝，太甲复辟与太戊、祖乙中兴，盘庚迁殷与武丁强盛，商朝的衰亡，殷人的迁徙、分布与遗迹，印加(殷家)的来源和迁徙，宋国的兴亡，薄姑和薄人、奄国、潜国、梅国、空桐氏和桐国、钟离和钟吾及钟人、邶国、比国、索国、京夷、铁国、萧国、鲜于国的来源和迁徙，以及权国、黎国、邓国、时国、苑国、戴国、御国、沫国、髦国、施国、瓦国、亘人及桓氏、长勺氏、林氏、孔氏与孔子源流考订，并附商、宋各姓氏。论述商族的来源、迁徙，殷后裔在中国及世界各地的变迁和姓氏的形成。关于商史，已出版的著作有一些，本书在博取众家之长基础上，创源流史通史体例。特点是重点叙述和论证民族流变史，在容量、时空、国度、地域等方面超越了商史研究的其他论著。又引用大量典籍，吸收了历史、考古、历史地理、甲骨文、简牍、铭文、民族、天文、地理等学科研究成果，提出了许多新论。（晏筱梅）

K000119 **中国文明起源的比较研究** 王震中著。陕西人民出版社1994年11月版。30.5万字。11.00元。人类由尚无文字记载的史前走向文明社会时，聚落形态所能提供的有关社会形态的信息量是最大最丰富的。可以说，聚落形态的演进，直接体现了社会生产、社会结构、社会形态的推移和发展，是文明史研究中不可忽视的主线。从社会人类学和文化人类学角度探讨聚落的社会组织结构、生产、消费、分配以及对外交往、权力关系等方面的演进状况，可把中国文明的起源分为三个阶段，即：由内外平等的农耕聚落形态，经过中心聚落即宗邑形态，发展为都邑文明形态。仰韶文化半坡期及其之前，是第一阶段。半坡期之后，到了仰韶后期阶段，出现了中心聚落与半从属聚落相结合的形态即“宗邑”初期形态，是其第二阶段。第三个阶段是都邑文明形态。这一形态是中国由原始村落走向都邑国家的重要一环，文明社会的都邑只不过是史前的宗邑即中心聚落的进一步发展而已。中国文明起源中的连续性最重要的是在宗族——家族结构上的连续性。中国古代的身分、阶层、地位、阶级分化、财富积累的方式和途径等都带有这一结构的特征。中国文明起源的三个阶段,同样适用于世界其他文明,不同之处仅在于表现形式而已。美索不达米亚先后经历了农耕聚落期和神庙聚落期,然后发展为以神庙为中心的政治、经济、文化中心即城市文明,可称之为神庙经济;埃及由农耕聚落经历了发展时间很短、发展很不充分的中心聚落期后,出现了诺姆灌区文明,而其城市文明的特征是很不具备的;中美洲的定居农业虽然出现得很晚,但它一旦进入定居的农耕聚落,经历了一段时间之后,各地也逐渐形成了一个个祭祀中心,先后发展为城市文明。(吴秉辉)

K000120 **宋代史学编年** 林平编。四川大学出版社 1994 年 11 月版。15 万字。6.80 元。宋代史学是中国古代史学的繁荣时期,在中国史学的发展史中占有极其重要的地位。它的繁荣主要体现在史学体裁的完善与创新、修史制度的逐步完善、大规模编修当代史等方面。本书将大量的、分散的宋代史学史资料搜集起来,以编年体的形式进行编排。内容包括史学事件、史学机构、史官、史学家、史学著作,时间限于宋政权建立(960)至南宋灭亡(1279),共 320 年。在所收的每条资料后均注明出处,以便读者进一步查寻;有些资料后以“案语”的形式,将作者对这些资料的考证性意见或心得写出。(林平)

K000121 **中国现代化的历史进程** 胡福明主编。安徽人民出版社 1994 年 12 月版。40 万字。15.80 元。全面阐述中国自 1840 年以来社会现代化发展史的学术专著。作者把现代化理解为以先进科学技术应用于经济生活,从而使整个社会的政治、文化生活发生巨大变迁,改进人的社会生活方式的历史过程;认为现代化具有现代科技的应用、农业社会向工业社会过渡和经济、政治、文化结构变迁三个特征。作者强调,中国社会的现代化是在外力作用下,通过改变社会内部结构以适应外部环境的“回应变革类型”的现代化,这与欧美诸国的现代化不仅类型、形式不同,而且发展道路也不一样。因而,中国的现代化有着特殊的发展历程。作者强调,中国的现代化发展史可以上溯到鸦片战争的爆发。从 1840 年到 1894 年甲午战争,是现代化的回应挑战阶段;从 1894 年到 1949 年新中国建立,是现代化的艰辛探索阶段;建国以后,现代化事业才有了新的起点;80 年代以后,中国的现代化事业在改革开放的方针指导下走上了健康发展的轨道。该书对新中国建立以来在经济、政治、文化诸方面的现代化成就作了充分肯定,认为随着工业化过程的结束,中国的政治生活合理化、文化生活自主化和人的素质的现代化过程必将加快;到下个世纪中叶,中国便会全面步入现代化社会,经济、政治、文化结构都将实现全面变迁,从而实现建设现代化社会的基本目标。(丁怀超)

K000122 **中国的海外移民** 朱国宏著。复旦大学出版社 1994 年 12 月版。30 万字。12.00 元。将中国海外移民的历史分为五个阶段:自秦至隋为发轫阶段;唐宋元明为自发阶段;明末清初为过渡阶段;晚清时期为高潮阶段;民国时期为持续阶段。对各阶段的移民情况,作了深入的历史考证和理论剖析。内容包括:海外移民兴起与发展的原因与历史背景;不同阶段海外移民的类型与特征;海外移民的规模、流向与分布;海外移民对社会、政治、经济、文化、人口等所带来的影响等。(陈士强)

K000123 **苦难的人流** 孙艳魁著。广西师范大学出版社 1994 年 12 月版。29 万字。15.10 元。“抗日战争史丛书”之一。共 11 章:绪论,全面抗战前的难民,全面抗战时期的难民特征,难民群体的人口学分析,流动类型和主要路径,流亡的苦难,国民政府的难民救济,国统区社会各界的难民救济,陕甘宁边区的难民救济,内迁难民和战后难民遣返,难民西迁的社会影响。对难民西迁入内地所带来的社会影响有新颖的论述,分析了难民涌入后对西部物质生活、地区教育、文艺、民风民俗、婚姻、社会心态等的影响,指出其在社会学上有一定积极意义,同时也指出其所带来的一系列社会问题。(赵明节)

K000124 **挽危救亡的史诗——西安事变** 张魁堂著。广西师范大学出版社 1994 年 12 月版。39.5 万字。13.00 元(平),18.00 元(精)。“抗日战争史丛书”之一。分 14 章,对西安事变的全过程,包括西安事变前张学良与蒋介石的关系,杨虎城与蒋介石的关系,张学良、杨虎城与中共的秘密联络,国共双方内外政策的变化,事变后张、杨的态度,英美苏日的态度,南京主和派与主战派间的矛盾,中共对西安事变策略的变化和制定,西安事变和平谈判与国共合作的形成,和平谈判后各方力量的变化等,都作了论述。(何林夏)

K000125 **新中国的雏形——抗日根据地政权** 杨圣清著。广西师范大学出版社 1994 年 12 月版。26.7 万字。9.50 元(平),14.50 元(精)。“抗日战争史丛书”之一。全面论述抗日战争时期根据地建设的专著。内容涉及抗战时期各抗日根据地的建设概况和特点,根据地民主政权的建立与发展,民主政权的机构及其职能，各根据地的法制建设，根据地的民主选举及其意义，“三三制”原则的提出、实施及意义，民主政权与党的领导及民主政权的廉政、简政和整顿政风，民主政权的性质、特点及历史地位等。把对根据地的研究从单纯的政治领域和军事领域推展到经济、财政、文化、教育、思想等各个方面。（何林夏）

K000126 **抵抗与妥协的两重奏** 副名：一二八淞沪抗战。余子道著。广西师范大学出版社 1994 年 12 月版。32 万字。10.20 元（平），15.20 元（精）。“抗日战争史丛书”之一。以爱国军民的民族自卫战争为基本线索，全方位、多侧面地展现了一二八抗战的历史全貌。首先，对淞沪战争的发生、发展、起伏及其成败得失，作了翔实的记叙和精当的分析，既有对战局发展的宏观梳理，又有对战役战斗的微观描述。其次，对这个时期以上海为中心的抗日救亡运动，作了具体而生动的描绘。第三，对以蒋介石、汪精卫为首的国民政府在一二八抗战时的态度及其“一面抵抗、一面交涉”的政策，作出了新的全面的评述。最后，对英、美、法、意等西方列强和国联介入淞沪战争的背景、目的和它们的政策、活动及作用，作了论析。作者不拘于传统定见，而是从历史事实出发，提出了自己的新观点，运用了 70 年代末以来陆续披露的大量新史料。例如，对南京政府在一二八抗战中的作用、十九路军与南京当局的关系、“一面抵抗、一面交涉”政策的历史评价、第五军与一二八抗战、淞沪抗战在战略战役指导上的得失、西方列强和国联介入上海事变的作用，以及蒋介石、汪精卫、何应钦、孙科、陈铭枢、蒋光鼐、蔡廷锴、张治中等在淞沪抗战中的作用，等等，或推翻旧说，另创新见；或排除偏见，还历史以本来面目；或探索新课题，提出新观点，给人以耳目一新之感。（陶征）

K000127 **侵略与自卫** 副名：全面抗战时期的中日关系。曹振威著。广西师范大学出版社 1994 年 12 月版。36 万字。12.30 元（平），17.30 元（精）。“抗日战争史丛书”之一。从中日两国关系史的角度，对日本的侵华战争与中国人民的反侵略战争进行系统的剖析，以揭示这一场战争的侵略与自卫的本质。作者采用抓全局、重战略的方法，重点对两国最高决策机关的立场与态度进行科学的考察与分析。把日本发动侵华战争的全过程，分为若干阶段予以研究考察，同时又把中国政府和人民的自卫抗战，有机地穿插进去，使之与日本的侵略一一对应，突现了日本侵略者阴险狡猾的本质和抗日战争的伟大意义。本书没有受“十分强调中国方面的抵抗，而不太注重对日本侵略方面的研究”的传统模式的限制，而从两国关系的角度来综合研究抗日战争。对抗战史中一些重大问题，如对中日学者之间有明显分歧意见的卢沟桥事变，作者利用一名日本老兵公布的资料，坚持这次事变完全是由日本当局蓄意挑起的结论，有力地批驳了某些日本学者的错误观点。又如对于蒋介石在抗日战争中的地位和作用，在总体上持肯定的态度。书中大量运用最高决策层的原始材料，并及时运用各种最新的资料。尤其对大量日文资料，在忠于原意的前提下多数重新作了翻译。（陶征）

K000128 **二十世纪中国史纲** 丁守和主编。河南人民出版社 1994 年 12 月版。63.4 万字。28.60 元。分“祖国在危机中”、“救国道路的新探索”、“两种命运的较量”、“新中国的历程”等 4 编，全面系统地论述了 20 世纪中国历史的发展过程。既有救亡图存的论述，也有对发展道路和现代化问题的研究，以社会变革为主，兼及经济、军事、外交、思想、文化等，并讲到国民党避台后的情况，联系国际形势，将错综复杂的历史面貌展现了出来。全书横跨旧民主主义革命和社会主义革命与建设三个时期，内容极为丰富。作者以马列主义、毛泽东思想和邓小平建设有中国特色社会主义理论为指导，全面系统地、深入地论述了这一世纪的方方面面，对一系列重大问题都提出了独到的见解，其中对历史经验特别是共和国成立后的经验的总结，尤能给读者以多方面的启迪，有助于从理论和实践的结合上深刻领会建设有中国特色社会主义的理论。（李铁屏）

K000129 **宋代事始考录** 顾吉辰、吴以宁著。黄山书社 1994 年 12 月版。34 万字。15.00 元。宋代在中国封建社会中是创制较多的王朝，它对元、明、清三朝都产生了一定的影响。本书是对宋太祖至宋理宗 250 余年中有关官职仪制、官政治绩、典故名物、词翰书册、学校选举、律令刑罚、典礼音律、军器兵制、军伍名额、安边御敌等方面“事物开始”的辑录。同时对其中的重要制度加以考述。事始辑录，基本上按照时间顺序进行排列，并按内容分列小标题，以期醒目。各书对制度、掌故等“事始”如有多种记载，本书一般只选取其中的一种，而通过按语说明它书也有相似的记载；但对某些有不同侧重点的重复记载，仍予以收录，并在目录的标题中注明条数。本书搜集的资料，主要来自宋代以及元、明、清各家的正史实录、文集笔记、方志野史等书册，书末附有引书目录 117 种。考述内容主要是：制度沿革，内容解释，所引史料辨讹，相同材料注明，材料异同说明等。

(沙宗复)

K000130　**秦、赵源流史**　何光岳著。江西教育出版社 1994 年 12 月版。20 万字。11.00 元。分 15 章,包括先秦的来源和迁徙,秦国西迁与穆、献、孝公称霸,秦国东进,秦始皇统一六国与秦之诸姓,梁国的来源和迁徙,裴姓考,先赵的来源和赵都邯郸,赵姓考,赵姓诸支考,马姓考,菟裘考,葛国的来源和迁徙,谭国的来源和迁徙,郯国考和不羹考。对秦、赵族进行系统的考察,描绘出他们的来源、形成、分流、迁徙、流向、演变、融合的全过程。秦史的论著,在近现代许多史家主编的古代史或秦汉史中都可见到。赵与秦同祖,在诸秦史著作中均已涉及,专著迄今未见。作者紧抓秦、赵的“源”和“流”,略述秦国、赵国、秦朝的政治、经济、军事、文化、民族等,形成一部风格独特的秦史、赵史,与这方面的著作既有联系,又有区别,可谓异工同曲、相得益彰。本书第二个特点是以深、细区别于同类论著。秦、赵之先,总体上不出众论著的范畴,但研究上有超越之处。如大业,“乃编钟和编磬架上的直木……以悬挂乐器。大业或因创作这种乐器架而得名”;“秦之先大廉因发明杵臼舂禾脱粒除壳……故秦人即以此发明为部落氏族之名”等,这些研究都是令人耳目一新的。(晏筱梅)

K000131　**中国抗日战争史**　军事科学院军事历史研究部著。解放军出版社 1994 年 12 月版。158 万字。3 册。分 3 卷 6 编 37 章。上卷是东北沦陷、救亡高潮两编,中卷是举国奋战、转入相持两编,下卷是渡过难关、走向胜利两编。全书附有 91 幅照片,41 幅地图及大事记。该书有如下特色:一、第一次明确将中国抗日战争的历史界定为 14 年,记述了抗日战争的全过程。二、全景式地展示了在中国共产党为中流砥柱的统一战线领导下,中国各阶级、阶层、各民族及海外华侨抗日的历史,全面系统记述全国正面战场和敌后战场的军事斗争行动,以及政治、经济、文化和外交等各方面的情况。三、全面贯彻将中国抗战放在反法西斯的第二次世界大战的大格局中进行叙述的观点,第一次详细阐述了世界的各种因素影响着中国抗战,中国的抗战也极大地影响着世界,突出表现了中国抗日战争对世界反法西斯战争的巨大作用。该书是一部“国修正史”。因为它是根据国务院的指示,在由有关单位于 1982 年 9 月召开的“关于落实第五届全国人民代表大会第四次会议第 5 号提案”的会议上确定编写。“5 号提案”要求理论界能拿出一部真正代表国家水平的抗日战争史。该书作者单位是国内最有权威的军事历史科研机构。他们认真组织科研力量,广泛搜集各种史料,精心进行研究撰写,多次进行学术评审,历时十余年写成此书。(谢钢)

K000132　**南朝史精语　南史札记**　邱敏等点校。南京出版社 1994 年 12 月版。15 万字。5.00 元。《南朝史精语》为南宋人洪迈摘录南朝正史《宋书》、《南齐书》、《梁书》、《陈书》等四史文句而成。内容大多反映贵族士大夫言行心态,集中地体现了当时的社会风貌。洪迈采摘的语言多玄妙华美、言简意赅、清新隽永。宋、齐、梁、陈四史犹存,《精语》对之具有校勘上的价值。此次校点以清人吴照刻本为底本,参校缪荃孙本。《南史札记》为清人李慈铭撰,用宋、齐、梁、陈诸书对《南史》加以校勘考订,指出其删节不当之处,纠正其文字上的舛讹脱衍等。以王重民所辑《南史札记》1930 年北平图书馆铅印本为底本标点。(朱新法)

K000133　**国外关于中国古代史的研究述评**　金应熙编著。内蒙古人民出版社 1994 年 12 月版。41 万字。12.00 元。分各个时代系统地介绍国外有关中国古代史的研究概况和特点。夹叙夹议,重点评述了国外学者一些有名的著作和各自的观点;评述了新的史学研究方法:多学科综合研究、比较研究、地域研究及个案研究等。(李承业)

K000134　**巴渝文化(3)**　中国先秦史学会、重庆巴文化研究会等编。西南师范大学出版社 1994 年 12 月版。32.3 万字。9.80 元。巴渝文化有着悠久的历史和丰富的内涵,是中国古代西南地区极富地方特色的区域文化之一。由于巴蜀文化合称,长期以来学者讨论多侧重于蜀文化而对巴文化的探讨较少。为了促进巴渝文化研究的开展,使其成为一个相对独立的学术研究领域,1993 年重庆市成立了巴渝文化研究会,并组织召开了全国第一次以巴的历史、文化为主题的学术会议,本书即为“首届全国巴渝文化学术讨论会及重庆巴文化研究会成立大会”特辑。书中共收录论文 34 篇。这些文章从历史学、考古学、民族学和文化学的角度,对古代巴人的起源、族属、姓氏、流徙,巴的历史、疆域,巴的社会组织结构,巴文化特征,巴与周边民族的关系,关于巴文化的研究、开发、利用等进行了阐述,体现了国内对这一独特地方性文化研究的成果和水平。(卢渝宁)

K000135　**二十五史三编**　张舜徽主编。岳麓书社 1994 年 12 月版。1 800 万字。9 册。1 480.00 元。二十五史是纪录中国历史的最基本的文献,但有许多漏疏错讹及不完备之处。古今学者相继弥缝补益:或补志传表谱之阙,或补充疏证旧注,或抽出单篇加注,或通读全书而作札记,或考证训诂音读、地理制度,等等。这些著作分别刊布于不同时期、不同地点,且往往散见于丛书、全集之中,利用极为不便。30年代,开明书局曾选辑这些资料中有关表谱书志的一部分,编为《二十五史补编》,但表谱书志以外的大量资料仍付阙如。本书续成《补编》的未竟之业,以正史为属,收辑《补编》未及收入的各史的佚文、辨惑、正误、补注、考证、札记等151种,影印成书。所据底本,多为前代刻本,亦有来后的排印本和少量手稿、抄本。为研究二十五史提供了大量宝贵的资料。(鄢琨)

K000136 **战国策全译** 王守谦、喻芳葵等译注。贵州人民出版社 1994 年 4 月版。84 万字。24.20 元。《战国策》的白话文全译本。《战国策》是战国时期的基本史料,是对当时及后代都有影响的历史散文杰作。经过几番流传散佚,现行的《战国策》共分《东周策》(一卷)、《西周策》(一卷)、《秦策》(五卷)、《齐策》(六卷)、《楚策》(四卷)、《赵策》(四卷)、《魏策》(四卷)、《韩策》(三卷)、《燕策》(三卷)、《宋卫策》(一卷)、《中山策》(一卷),记录了上接春秋、下至秦灭六国而统天下时谋臣策士的谋策。是"中国历代名著全译丛书"之一。(彭建)

K000137 **鲁国史** 郭克煜等著。人民出版社 1994 年 12 月版。35.8 万字。15.00 元。研究鲁国产生、发展以至灭亡历史的学术著作。共 20 章。第一章绪论,分析研究鲁国史的重要意义,指出:"鲁国史研究是研究孔子和儒家思想的切实途径,不但对中国史研究意义重大,对世界史研究也将做出贡献。"以后各章分别论述了鲁国的建立,西周、春秋时期鲁国的政治、外交,三桓专政,家臣执政,宗法贵族政治体制,赋税制度及其变革,礼乐传统,君权衰落,鲁国灭亡等。其中第十七、十八、十九三章,分上、中、下三部分集中论述了以儒家为主体的鲁国思想界,包括臧文仲、柳下惠、孔子、孔门弟子、墨子、孟子等人的思想及其特点。第二十章"鲁国的文化",论述了鲁国的学校,孔子的教育实践与教育思想,孔子与《春秋》,左丘明与《左传》、《国语》,谷梁赤与《谷梁传》,《诗经》与鲁国乐舞和社会生活,墨子、鲁班与鲁国手工艺成就等。书前有著名历史学家杨向奎序,指出:"研究鲁国历史,实际是研究中国古代文化正统派之发生发展史。"本书的出版,标志着该研究领域取得了重大成果,填补了一项学术空白。(黄金山)

K000138 **秦物质文化史** 王学理主编。三秦出版社 1994 年 6 月版。53 万字,147 幅图。42.50 元。研究秦物质文化的专著。第一章分农业、畜牧业和饲养业论述各种农具、水利工程、良种选育、饲养品种、技术和与之相关的制度;第二章重点研究秦朝的手工业,分述铜器制造业、冶铁业、黄金业、制陶业、建材业、玉石雕琢业、漆器制造业、纺织业、制盐业的历史状况;第三章研究秦朝都邑的发展和迁徙情况,以及都邑的建筑特征、商业情况,重点是雍城、栎阳和咸阳;第四章研究军事力量的兴亡、军事制度、装备及军防设施;第五章研究交通设施、交通工具和交通管理;第六章研究生活用器,分为日常饮食器具、日常陈设器具和服饰三个方面;第七章研究陵墓,主要是雍城、芷阳和秦始皇陵园,考察陵墓制度发展的轨迹;第八章研究文字、造型艺术,包括建筑、雕塑、壁画、绘画及工艺品、工艺美术、音乐器具和舞蹈。本书参考了大量的研究论著、历史和考古资料,有彩色和黑白图片 147 幅。有关章节由陕西省考古所王学理、尚志儒、呼林贵、扬亚长、田亚岐、王辉分别撰述。(李郁)

民族史志

K000139 **内蒙古历史文化丛书** 林干主编。内蒙古人民出版社 1993 年至 1994 年 8 月版。130 万字。10 册。44.20 元。包括《中国古代北方民族史新论》、《古代中国的北部边疆》、《内蒙古历史文化遗迹》、《一代天骄和他的继承者》、《内蒙古历史名城》、《民族友好使者——王昭君》、《中国古代北方少数民族历史人物》、《内蒙古少数民族风情》、《内蒙古寺庙》和《蒙文历史文献概述》等 10 种。每种都从某个侧面,反映了内蒙古地区的历史文化是中华民族历史文化的重要组成部分。(王挺栋)

K000140 **蒙古学论文集** 内蒙古师范大学蒙古语言文学研究所编。内蒙古教育出版社 1994 年 3 月版。25 万字。8.50 元 。收入《蒙古秘史》、蒙古语言、蒙古文学、蒙古民俗学等方面的 18 篇论文。有关《蒙古秘史》方面的 5 篇论文,从语音学、词汇学、文化学、文献学角度研究《蒙古秘史》,阐述了 q、k、g 三个辅音产生、发展的语音环境;从历史真实和艺术形象着手,对铁木真与扎木哈的关系进行探讨,客观地评价了《蒙古秘史》中塑造的主要人物。蒙古语言方面的 5 篇论文,研究了不同方言土语的语音、词义和古语成份,并探讨了蒙古语熟语的意义、结构、作用等问题。蒙古文学方面的 5 篇论文,包括蒙古族古近代文学、现当代文学、民间文学及文学评论等内容，阐述了蒙古民族不同时期的文学发展概况，探究了蒙古文学的民族特征和地方特点。蒙古民俗方面的3篇论文，对蒙古民俗事项进行具体分析，探讨了其产生、发展、演变的起因和规律。(扎格尔)

K000141 **中国的民族** 杜若甫、叶傅升编著。科学出版社 1994 年 4 月版。10 万字，图 400 幅。350.00元。中国是一个多民族的大国，现有 56 个民族。本书作者在深入各民族聚居区进行大量调查研究的基础上，结合实验室的科学分析，介绍了各个民族的族名、人口分布、语言与文字、族源、宗教、风俗习惯、服饰、体质特征等。每个民族都附有数张彩色照片。本书分中文版和英文版两种。(王伟济)

K000142 **国外藏学研究译文集(第十一集)** 西藏人民出版社 1994 年 4 月版。30 万字。5.80 元。以对藏传佛教的研究为主，辑有藏学名家山口瑞风、石泰安等人的文章。(刘金华)

K000143 **西北回族与伊斯兰教** 洪清国、马思忠等编。宁夏人民出版社 1994 年 5 月版。41 万字。8.00 元。由宁夏、陕西、甘肃、青海、新疆五省区政协文史资料委员会和西安市政协文史资料委员会合编。共收研究西北回族与伊斯兰教的专题文章 97 篇，分为 8 章。第一章“揭竿而起的反清斗争”，主要介绍清同治年间的陕甘回民起义、肃州回民起义、陇南回民起义、宁夏金积回民起义、青海回族撒拉族反清斗争、光绪二十一年河湟起义、新疆迪化回民起义等，并记述了回族起义将领白彦虎、马文禄、穆生花、马占鳌、李德仓、马化龙、妥明及辛亥革命名将马玉贵等人的事迹；第二章“不屈不挠的反蒋斗争”，主要记述回族英雄马和福、海固回民起义与回民抗日骑兵团、宁夏回汉支队、昌吉县回民起义、马仲英轶事等；第三章“爱国主义的反侵略斗争”，主要记述火烧沙俄贸易圈、新疆回民抗击阿古柏侵略的武装斗争、抗战时期的陕西回民、青海骑兵师抗战、国民党 81 军绥西抗战等；第四章“历史悠久的工商业”，主要介绍临夏、吴忠、平凉回族的工商业，新疆古城的驼运业，甘肃的皮筏运输业，张家川的皮毛业，西安回民古玩业及西安的羊肉泡馍、一间楼、天锡楼、洪家街、天成和商号等的兴衰；第五章“回族的教育事业”，主要介绍经堂教育、回民中小学、经学院等；第六章“风格独特的文化艺术和习俗”、第七章“教派门宦与清真寺”、第八章“历史知名人物和事件”，从文化艺术、习俗、教派、历史等方面对回族和伊斯兰教作了介绍。(毕玉辉)

K000144 **中华民族凝聚力的历史探索** 副名：民族史学理论问题研究。陈育宁主编。云南人民出版社 1994 年 5 月版。30 万字。9.50 元(平)，12.50 元(精)。由绪论发轫，提纲挈领，阐明中华民族的凝聚力是在各民族共同创造中华民族文明的历史过程中，经过长期反复的锤炼而形成的，揭示了中华民族凝聚力形成的特点和规律。书中以中华民族凝聚力的形成、发展为主线，对民族定义、民族史学的对象与任务、民族经济、民族文化、民族社会形态、民族政权、民族交融、民族迁徙、民族和亲、民族战争、民族政策、民族历史人物、民族关系，以及统一的多民族国家的发展历程等中国民族史学理论问题，在归纳、总结、审视前人观点的基础上，作了有创见的论述，并对构建中国民族史学理论体系进行了有益的尝试。(杨公宝)

K000145 **卡尔梅克史评注** [法]伯希和著，耿昇译。中华书局 1994 年 5 月版。15.7 万字。16.00 元。伯希和系 20 世纪法国中国学家。本书是他研究厄鲁特蒙古史(即卡尔梅克史)的重要著作。厄鲁特蒙古人于 17 至 18 世纪在新疆、蒙古、西藏及中亚地区的政治历史舞台上产生过重大影响，尤其是其中的土尔扈特部于 17 世纪上半叶西迁伏尔加河下游地区，后因不堪沙俄压迫剥削，于 18 世纪 70 年代长途跋涉，历尽艰险，毅然决然回归祖国，成为当时举世瞩目的大事。作者凭借其较深的汉学修养和通晓多种民族文字的优势，对《准噶尔全部纪略》、《青海厄鲁特部总传》、《土尔扈特部总传》等文献中有关的历史事件、人物、名物等作了详尽的考释与精彩的评述，廓清了卡尔梅克史研究中的一些迷雾，提出了许多独到的见解。原著的特点是注释多于正文，均集中在全书最后。为便于阅读，翻译时将注释分别附于各章之后，并删去了其他译著已引用过的 5 个世系表。本书翻译难度大，译者在查找有关资料、核对引文上下了相当大的功夫，使译文基本上做到了准确无误、明白通畅，具有较高的翻译水平。本书收入“法国西域敦煌学名著译丛”。(柴剑虹)

K000146 **哈萨克族的渊源与形成** 贾合甫著。伊犁人民出版社 1994 年 5 月哈萨克文版。9.9万字。4.50 元。全面地研究哈萨克族的渊源与形成，以及哈萨克族可汗和他们的机构、法律等。尤其是对哈萨克族中玉孜中的克烈、瓦克、弘吉、哈克、阿尔根、乃蛮六个大部落的乌孙、葛逻禄部落可汗的历史作了记述。(萨吾丽)

K000147 **西南彝志(第七至八卷)** 毕节地区

彝文翻译组王仕举等译注。贵州民族出版社 1994 年 6 月版。36 万字。8.50 元。彝族古籍《西南彝志》的第四册。全书共 26 卷，分 13 册出版。本册内容叙述彝族"六祖"之一慕克克的世系、功绩及黔西北、滇东北古代彝族地方政权的亲缘关系。书中《助孔明南征》、《舍芝（奢香）进京》、《遵义之战》、《奢安反明》、《吴三桂入侵》等是难得的历史资料，可与汉文史书相佐证，有较高的史料价值和民族学研究价值。整理本彝文、汉文对照，并加注释。（陈光明）

K000148 **台湾少数民族** 陈国强、田珏著。江西教育出版社 1994 年 6 月版。35 万字。9.10 元。分 8 章："台湾少数民族的人口和分布"；"传说和石器时代的先民"；"从三国到明代台湾的少数民族"；"清代台湾的少数民族"；"日据时期台湾的少数民族"；"抗战胜利后的台湾少数民族"；"台湾少数民族固有的传统生活"；"台湾少数民族固有的传统文化"。附大事年表和参考书目。论述台湾少数民族的历史和文化，说明台湾是中国不可分割的一部分，台湾少数民族是祖国民族大家庭中的成员。本书广泛利用考古资料、文献记载、台湾学者调查研究，以及作者访问大陆高山族等资料，许多资料为首次披露。在论述中既注重对少数民族历史发展过程的研究，又对相互关联的传统生活和文化进行专题探讨，提出了一些新观点。（晏筱梅）

K000149 **创业** 《中国朝鲜族历史足迹丛书》编委会编。民族出版社 1994 年 6 月朝鲜文版。65 万字。14.90 元。"中国朝鲜族历史足迹丛书"的第六卷。反映中国朝鲜族自建国至 1956 年社会主义改造基本完成这一段历史时期，在中国共产党的领导下，同全国各兄弟民族一道积极参加经济建设、政权建设、抗美援朝、社会主义改造等系列工作和斗争，所取得的伟大胜利，同时反映了这一时期在各条战线涌现出来的朝鲜族先进模范人物的创业事迹。（李钟万）

K000150 **近代武陵苗族斗争史** 龙伯亚著。贵州民族出版社 1994 年 7 月版。23 万字。7.50 元。叙述近代黔、湘、川边区武陵山地区苗族人民的斗争历史。分 6 个阶段进行叙述。第一阶段 1797 年至 1821 年，苗族人民反抗清政府在苗疆建立"苗防屯政"制度。第二阶段 1821 年至 1851 年，石观保、杨正富、孙文明等领导苗族人民进行抗租斗争，响应和参加徐廷杰、包茅山、刘义顺领导的号军起义。第三阶段 1886 年至 1918 年，苗族人民参加资产阶级民主革命和"护国运动"与"护法运动"。第四阶段 1919 年至 1935 年，为苗族人民进行民主革命斗争的初始阶段，较早地在武陵苗族地区建立了中国共产党的组织，并在湘西麻阳晃山建立革命根据地。第五阶段 1935 年至 1938 年，苗族人民反对湖南军阀何健与湘西军阀陈渠珍为争夺屯政控制权而加剧苗族人民屯租剥削的斗争。第六阶段 1938 年至 1949 年，苗族人民反对国民党反动派苛政的斗争并从湘西延至贵州松桃县的"布将帅"运动，在中国共产党领导下获得彻底解放。（谭良洲）

K000151 **《蒙古秘史》历史人物** 苏日戗拉图。内蒙古少年儿童出版社 1994 年 7 月蒙古文版。以条目形式介绍蒙古族古典名著《蒙古秘史》中出现的 159 名主要历史人物的知识读物。作者结合人物传记和人物词典写法，使得每个词条具有传记色彩和词典味道。每一条目扼要介绍了蒙古各部落、阶层、各种势力的不同历史人物的出身、在各个历史阶段的不同表现及互相兼并、消亡过程中的历史功过。（萨仁格日乐）

K000152 **蒙文历史文献概述** 包文汉、乔吉等著。内蒙古人民出版社 1994 年 8 月版。12 万字。4.10 元。"内蒙古历史文化丛书"之一。介绍在蒙古族文化史上富有影响的 15 种图书文献。最早的图书为成书于 13 世纪的《蒙古秘史》(《元朝秘史》)，该书分 10 卷、续集 2 卷，记述了蒙古族的古代社会和成吉思汗的先祖谱系，成吉思汗和窝阔台汗的历史活动等，是蒙古族历史、文学的典籍。其他如《白史》、《黄金史纲》、《黄史》、《蒙古源流》、《黄金史》、《恒河之流》、《阿勒坦汗传》、《金轮千辐》等，都是记述蒙古族历史的。但这些图书在蒙古族源的论述上，有的受到藏传佛教的影响，是违背历史唯物主义观点的。（王挺栋）

K000153 **彝史精编** 王正贤、张和平编著。贵州民族出版社 1994 年 10 月版。33 万字。13.00 元。彝族历史文献资料选编。分为 8 章。从彝族哲学的基本观点出发，以历史唯物史观为指导，从浩繁的彝族历史文献中，选编撒（清气）与额（浊气）、天与地、人类与彝人、上六祖（哎哺、尼能、采舍、实勺、鲁朵、斯里）、中六祖（策举祖、恒度府、姑色能米祖、布色那米炯、恒色吐米沓、诺色能米府）、下六祖（武、乍、糯、侯、毕、默）、下六祖遗裔、姑则（彝族主体）8 个方面的资料。每章之首用汉文写出内容提要。（陈光明）

K000154 **沙陀李晋王及其后裔** 李永瑜著。民族出版社 1994 年 10 月版。13 万字。7.00 元。民族史研究专著。根据隋唐以来有关正史记载、青海方志资料、近人著作以及沙陀李氏宗谱，对青海沙陀李氏(晋王)土司的历史作了较全面的叙述、研究，对其后裔的现状进行了较深入的考察了解，得出了"沙陀李氏演变发展的史实，雄辩地证明，在我们这个多民族的大家庭中，少数民族离不开汉族，汉族也离不开少数民族。尤其是当代，更是这样"的正确结论。

K000155 **回纥史** 林干、高自厚著。内蒙古人民出版社 1994 年 10 月版。30 万字。10.90 元。回纥是中国古代的一个游牧民族。它于公元 7 世纪中叶兴起于漠北草原，其后活跃于今河西走廊、天山南北和楚河流域各地。回纥自登上中国历史舞台之后，迭经变迁，走过了一千多年的历程，若从其先世丁零、高车(敕勒)、铁勒算起，则长达两千多年，对中国和中亚的历史都曾发生过较大的影响。全书共 15 章，附回纥可汗世系表，回纥、突厥文碑铭译文等。(王挺栋)

K000156 **中国古代少数民族与丝绸之路** 樊保良著。青海人民出版社 1994 年 11 月版。23.4万字。10.00 元。以中国古代北方和西北各少数民族的关系为基本线索，以丝绸之路为纽带，以历史发展的先后为序，全面系统地论述了中国古代少数民族在开发、利用、维护丝绸之路，促进中西方经济文化交流等方面所做出的巨大贡献。书中所涉及的中国古代少数民族，有荤粥、鬼方、塞人、羌人、匈奴、月氏、乌孙、鲜卑、柔然、高车、吐谷浑、突厥、吐蕃、回鹘、党项、蒙古等。最末一章专门论述了中国明代回族航海家郑和七下西洋，为发展海上丝绸之路所做出的历史功绩。本书不仅论述了绿洲丝绸之路，也论述了草原丝绸之路和海上丝绸之路。时间跨度起于公元前 2000 年左右，止于公元 15 世纪上半期。(齐宏亮)

K000157 **云南民族史** 尤中著。云南大学出版社 1994 年 11 月版。45 万字。16.00 元。云南大学教材。上起远古的原始人群时代，下迄于清代。全面系统地叙述了这一历史时期内云南各民族的历史，内容涉及云南各民族的源流、分布区域及社会、政治、经济、文化、宗教、艺术等方面。作者以马克思主义为指导，结合云南民族史的实际，按"先秦时期"、"秦汉时期"、"三国两晋南北朝时期"、"隋唐到唐朝前期"、"南诏统治时期"、"大理国统治时期"、"元朝统治时期"、"明朝统治时期"、"清朝统治时期"九个历史阶段分章叙述。这一划分是符合云南古代民族史与云南地方史实际的。该书的述史，以云南地方政治势力、中央封建王朝对云南统治的变化及内地汉族地区的影响为主线，按不同历史阶段对决定、影响云南社会发展的重大历史事件、历史现象进行全面叙述；以此为背景，分系统、分民族地对各民族的源流、特征、分布地域、社会、政治、经济、文化等进行系统介绍。(李兴和)

K000158 **彝族源流(十七至二十卷)** 毕节地区彝文翻译组王继超等译注。贵州民族出版社 1994 年 12 月版。41 万字。12.50 元。记述乌撒土司兴衰史的叙事长诗，是彝族古文献《彝族源流》的第五册。全书共 27 卷，分 7 册出版。本册为 17 至 20 卷，对彝族六祖"武、乍、糯、侯、毕、默"的世系、源流、历史、政治、经济等作了较详尽的叙述。特别是对六祖第五支毕之后裔乌撒部(位今威宁县盐仓镇)作了专卷叙述，是研究黔西北彝族史不可多得的宝贵资料。整理本彝文、汉文对照，并加注释。(陈光明)

K000159 **嬗变中的抉择** 贵州省民族文化学会编。贵州民族出版社 1994 年 12 月版。25 万字。7.80元。贵州少数民族文化论文集。收集论文 47 篇，其中综合性论文 20 篇，专题性论文 27 篇。在综合性论文中，重点论述了少数民族文化走向世界的问题以及民族文化与现代化、市场经济、旅游事业等方面的关系和如何继承发扬民族传统优秀文化等。在专题性论文中，重点对少数民族传统艺术的市场问题、少数民族织锦和土布的开发与应用、少数民族古歌的哲学思想、楚文化与苗族文化、苗族家庭类型、布依族的宗教文化、布依戏、侗族和苗族文化与两个文明建设的关系、瑶族婚俗、关岭花江岩画、傩文化、侗族大歌、节日文化、居住文化、文化旅游等方面的专题进行了分析和讨论。这些论文可为决策部门制定民族地区的经济文化政策提供现实与理论依据。(胡廷夺)

K000160 **吉林朝鲜族** 金泽等著。延边人民出版社 1994 年 12 月版。64.6 万字。21.00 元(精)，17.00 元(平)。收录文稿 74 篇，所涉及的年代，上溯到朝鲜族人大批迁入吉林省东南部地区的 19 世纪 60 年代，下限至 1949 年中华人民共和国成立前，反映了吉林省朝鲜族人民的历史面貌。本书内容丰富、可读性强，既有吉林省朝鲜族人的祖先迁入和开发这片热土的苦难史，又有开展反帝反封建斗争的历史画卷，也有教育、文化、艺术、宗教、风俗习惯、风土人情、知名人士等。本书突出了朝鲜族人民具有的很强的革命精神和光荣的革命传统，以大量生动、具体的史料，反映朝鲜族人民在各个历史时期，以不屈不挠的革命精神前仆后继的英勇斗争，为求得自身的解放，为反对国内外敌人，为创建中华人民共和国浴

血奋战,做出重大贡献的史实。(赵龙男)

K000161 **云南回族史** 杨兆钧主编。云南民族出版社 1994 年 12 月版。30 万字。10.00 元。循着从元代到当代云南回族历史的发展轨迹,分为 9 章,反映云南回族的源流、形成、发展和各个历史时期的政治、经济、文化状况。对社会主义时期云南回族与其他兄弟民族的关系及新时期云南回族的经济、文化、对外交流等作了充分的阐述和分析,揭示了回族历史发展的规律、特点和在云南民族中的重要地位和作用。(纳文汇)

K000162 **中国朝鲜族文化史大系** 北京大学朝鲜文化研究所编。民族出版社 1994 年朝鲜文版。共 11 卷:第一卷语言史,内容包括中国朝鲜语发展史、中国朝鲜语规范史、中国朝鲜语研究史、中国朝鲜语方言概况;第二卷文学史,内容包括小说史、诗歌史、散文史、民间文学史、儿童文学史、文学评论史;第三卷艺术史,内容包括音乐史、舞蹈史、美术史、戏剧史、曲艺史、电影史;第四卷教育史,内容包括普通教育史、高等教育史、中等专业教育及职业技术教育史、成人教育史、教育行政管理;第五卷思想史,内容包括哲学思想及几种主要社会思潮的产生、发展和社会影响;第六卷宗教史,内容包括佛教史、天主教史、基督教史、民族宗教史;第七卷民俗史,内容包括饮食史、居住史、服饰史、人生仪礼、民间游戏、民间信仰、民间节日;第八卷新闻出版史,内容包括新闻史、广播电视史、出版史;第九卷科学技术史,内容包括农学史、理工学史、自然科学史;第十卷医疗保健史,内容包括医疗教育史、疾病史、卫生史、医疗保健行政管理;第十一卷体育史,内容包括足球运动史、排球运动史、田径运动史、冰上运动史、民间体育史。已出版语言史(1995)、艺术史(1994)。每卷 60 余万字,均用翔实的史料反映每个专题的历史面貌及背景,阐明它们的发展规律和特点,并力求展示它的文化结构;采取断代方法叙述专题,夹叙夹议,以叙为主,并以脚注形式标明史料的出处。(朴文喆)

地方史志

K000163 **神奇富饶的贵州** 刘龙材编著。贵州教育出版社 1994 年版。20 万字。7.60 元。应用经济学、地学和历史唯物主义观点,全面系统阐述贵州省主要自然资源优势和自然灾害的专业性、工具性、娱乐性用书。内容包括历史变迁、民族风情、名优特产、风景名胜、人口气候、岩林洞穴、江河湖潭、瀑布泉水、土壤矿产、动物植物、古人类、古文化、古生物、自然灾害等,分神奇富饶的宝地、丰富多采的矿产和多变的天地三篇。(梁茂林)

K000164 **于阗史丛考** 张广达、荣新江著。上海书店 1994 年版。24 万字。18.00 元。今新疆塔里木盆地西南沿的和田,古称于阗,是丝绸之路上一个神秘的古国。从远古时代起,便有不同肤色、操各种语言的人们在此繁衍生息。中世纪时,其国势强盛,文化繁荣,声誉及于东方和西方,曾在东西文化交往中扮演了极为重要的角色。本世纪初以来,随着中亚各地大量古代文书残卷的出土和古代于阗语文献的发现,国际东方学界掀起了一个研究于阗史的高潮。本书作者努力站在国际学术潮流的最前沿,在充分掌握各种文字的材料和前人研究成果的基础上,广泛利用各种原始资料,特别是敦煌吐鲁番文书(直接大量运用于阗语文献,在国内尚属首次),并遍访英、法、德、俄、瑞典、瑞士、荷兰、日本等国,与各国权威学者反复切磋辩难,对中古于阗史的一些关键性问题进行了深入细致的研究探讨,其成就为国际学术界所公认。本书的出版,填补了中国西北历史研究的大量空白,并大大丰富了对中外文化交流史的认识。人们越来越清醒地认识到,闭关锁国并不是中国文化的本来面目。在东西方两大文明之间,存在着频繁的交往和沟通。这种文化交流对于亚非欧大陆上许多民族的历史,都产生了重大的影响。(罗伟国)

K000165 **走出中世纪的黄土地** 副名:20 世纪初期的陕北农村。陈国庆著。西北大学出版社 1994 年版。18 万字。作者广泛搜集了各类资料,运用历史唯物主义和社会学、经济学、文化学的理论与方法,深入揭示了 20 世纪初期陕北农村的基本状况。本书有以下几个特点:首先,强调陕北农村的地方特色,并把区域社会研究与当时全国和全省的大背景结合起来,确定陕北在全国这个大坐标系中的位置,让读者直观地看出其中的共性和个性(即特色)。其次,着重剖析陕北人的文化心态和价值观念,对他们的心理机制、生活态度、行为模式和价值取向等方面的独特性加以重笔剖析,这是以往社会史研究中经常被忽视的问题。再次,注重经济史、社会史、文化史的多角度、多层面研究,并力图把三者结合起来,开辟新的学术研究领域。本书研究 20 世纪初期的农村,试图在历史与现实、理论与实践的结合点上,寻求陕北文化的精髓、经济振兴的基质和社会发展的轨迹。(黄伟敏)

K000166 **八闽掌故大全** 陈建才主编。福建教育出版社1994年1月版。188万字。69.65元。较全面、系统地介绍福建历史文化的普及读物。内容广博，涉及福建的历史地理、名胜古迹、人物轶事、艺文民俗、地方物产、姓氏源流等方方面面。共分8类10册，包括“地名篇”、“胜迹篇”(上、下)、“人物篇”(上、下)、“民俗篇”、“物产篇”、“轶闻篇”、“艺术篇”、“姓氏篇”。书中内容皆独立成篇，就福建历史上的一事一物说明来龙去脉、前因后果。故事生动，文笔流畅，可读性强，是一部熔史料性、知识性、科学性、趣味性于一炉的福建大百科。(张永钦)

K000167　**《马可波罗行纪》云南史地丛考**　方国瑜、林超民著。民族出版社1994年1月版。11.3万字。2.50元。马可·波罗是中世纪意大利杰出的旅行家。马可·波罗于中国元代曾任朝廷命官，他的中国西南之行，是奉命“处理一件重要国务”，并非寻常旅行。他在《行纪》中对云南、缅国的政治、军事、社会经济、地理交通等作了详细记录，是研究元代西南地区历史的重要资料。本书对《行纪》中涉及的云南行省和缅国的政治，马可·波罗在西南地区旅行的具体路线及元朝征缅、社会经济、宗教习俗等记录，依据1936年11月商务印书馆出版的冯承钧译本，并参照有关版本，作了探索考订与分类纂录，以补马可·波罗研究中的不足，给研究者提供一些线索和资料。(马淑贞)

K000168　**达尔罕茂明安联合旗志**　《达尔罕茂明安联合旗志》编纂委员会编。内蒙古人民出版社1994年3月版。80万字。150.00元。以辩证唯物主义和历史唯物主义观点为指导，以史实为依据，比较系统地记载了该旗政治、经济、地理等多方面的历史和现状，内容翔实、文字简明。在“经济综述篇”中着重介绍了工业、农业、畜牧业、商业、交通、邮电、水利、电力等方面的发展状况，特别是改革开放以来，以团结、务实、创新的精神所取得的巨大成就。“军事篇”中对著名的百灵庙暴动、百灵庙战役的过程以及抵制德王(德穆楚克栋鲁普)投靠日寇、打击日伪反动势力等重大事件作了客观记述和评价，指出“它鼓舞了全国军民抗战的决心……国内外反响极大，在中华民族抗日史上，占据光辉的一页”。对政权、司法、宗教、民俗、人物等方面的发展变化也作了详细客观的介绍。(陈利保)

K000169　**西藏文明东向发展史**　石硕著。四川人民出版社1994年3月版。40万字。19.50元(精)，14.50元(平)。全书9章，以新视角、新思维研究西藏地方与祖国内地的关系。该书首次提出了“西藏文明东向发展”的观点，并从这一观点出发，对历史上西藏与中原政治关系的形成原因作出了全新的解释，从西藏文明自身的特点说明西藏归属中国的内在动因和历史必然性。作者依据大量史实指出：历史上由于地域特点、文化相融性和中原文明的凝聚力诸因素，决定了西藏文明无论在地域空间或种族与文化上都强烈地呈现出东向发展的趋势。它突出表现在公元7世纪以来西藏文明三次大的向东发展过程：第一次是7至9世纪，以吐蕃王朝向唐朝疆域发动的持续200余年的武力扩张为标志的东向发展；第二次是13至14世纪，体现于以“帝师”为首的西藏教派势力向元朝京城(今北京)及元朝统治下的中原地区的大规模发展；第三次是15至16世纪，以藏传佛教向东北部整个蒙古地区的大规模传播为标志的西藏文明在文化上的向东发展。这三次东向发展对西藏与中原政治关系的形成起了决定性作用，而这三次东向发展都由西藏文明及西藏社会自身的客观发展需要所决定，是历史的一种必然选择。西藏成为中国版图的一部分，正是这种历史必然性和不可抗拒性造成的结果。(邛焰美)

K000170　**沽上春秋**　罗澍伟主编。天津教育出版社1994年3月版。15.8万字。5.95元。“百年风云”丛书之一。在中华大地百年风云变幻的背景下，侧重展现天津近百年来的政治、经济、科技和文化景观：天津较早地成为西方资本主义眼中的猎物；它在先进的中国人经过苦苦求索、开始民族觉醒时，又成为最早响应“五四”运动的地方；它经过曲折的历史进程，发展成为北方的经济中心、新式教育的先导、先进科学技术的基地。天津租界的国中之国，火烧望海楼的壮烈之举，共产党人在曙光下的英勇奋斗等等，这些富于地方特色的内容，展示了这座古老而年轻的历史名城的特殊风貌，激励人们热爱家乡，放眼世界，报效祖国。该书文字简明，材料丰富，深入浅出，配有珍贵历史图片10幅。(孙丽业)

K000171　**新编文史笔记丛书第三辑**　萧乾主编。上海书店1994年4月版。117.9万字。60.80元。由中央文史研究馆和山东、广西、内蒙古、辽宁、甘肃、江西、安徽、武汉、陕西、河南、重庆等省市自治区文史研究馆分别编辑。共12册：《史迹文踪》、《山左鸿爪》、《桂海遗珠》、《朔漠前尘》、《辽海鹤鸣》、《陇原鸿迹》、《豫章史撷》、《江淮逸闻》、《江海采风》、《三秦逸事》、《中州钩沉》、《陪都星云录》。共收入短篇笔记1 467篇，内容均为述说近百年史事掌故。其中中央文史研究馆编的《史迹文踪》，收入顾颉刚、尚爱松、吴小如、郁风、翁偶虹、秦瘦鸥等所写的有关文人轶事、菊坛故实、革命传奇以及北京社会风情和清朝宫廷轶闻等，很多是鲜为人知的材料。内蒙古自治区文史研究馆编的《朔漠前尘》，分政海涟漪、戎马烟云、经济琐闻、人物春秋、异闻杂陈等专栏，反映了近百年来我国北部边陲的历史风云变幻和民族风情。重庆市文史研究馆编的《陪都星云录》，着重反映了抗日战争时期在国民政府的“陪都”重庆发生的国共两党又联合又斗争的种种复杂情况，如《毛泽东三访“特园”》、《周恩来与康心之》、《马寅初被禁歌乐山》等。虽大都是点滴轶闻，却从一件小事、一个侧面反映了历史大事件。（俞子林）

K000172　**武汉掌故**　肖志华、严昌洪主编。武汉出版社 1994 年 4 月版。33.5 万字。9.80 元。文艺小品集。收有关武汉史实、典故、传说等 144 篇，介绍了武汉的由来，著名的文化遗址、纪念址，名胜景点，民风习俗，老牌字号，名老艺人，轶闻旧事等，突出反映了武汉人民反帝反封建的斗争。（潘长胜）

K000173　**湖北近 300 年学术文化**　罗福惠著。武汉出版社 1994 年 4 月版。44 万字。20.00 元。共 5 章：引论；清代前期的湖北文化；清代中期的湖北文化；清末和民国初年的湖北文化；“五四”以来的湖北文化。介绍和评价了近 300 年间湖北著名学者熊赐履、熊伯龙、李潢、李元、杨守敬、黄侃、熊十力、汤用彤、李济、李四光、王亚南、闻一多等人的生平、学术思想、著述等。（潘长胜）

K000174　**安吉县志**　安吉县地方志编纂委员会编。浙江人民出版社 1994 年 4 月版。97 万字。65.00 元。详今略古，记述浙江省安吉县自然、社会的历史和现状。首冠“县貌”、“县史述略”，中置 29 编，后殿“大事年表”及“索引”，随文辅以图表照片。具有如下两大特点：第一，体例有所创新。首设图文并茂的“县貌”，形象概括地呈现基本县情；紧接着设“县史述略”，从总体上显示该县历史发展进程。一横一纵，相得益彰。志后设“主题索引”和“图表索引”，方便查索，并增添了现代的著述特点。第二，地方特色鲜明。以浓密幽深的竹林景象作护封画面，展示了竹乡的县情特色；从林业编中升格设置“竹业”篇，加以重点突出，并且在全志的不少编章中均有所记述，使竹子渗透到安吉县历史和现状的方方面面。该志的缺憾是未对邑人著作进行全面完整的整理与记载。（陈巧丽）

K000175　**巴县志**　巴县志编纂委员会编。重庆出版社 1994 年 5 月版。128 万字。55.00 元。由总述、大事记、附录和地理、经济、政治、文化、社会、人物 6 篇 47 章构成。本志坚持马克思主义唯物史观，以详今略古、横分门类、纵述古今的方法，全面、客观地记述了 1911 年至 1985 年间巴县自然环境、地理民情及社会各方面的变迁和发展，充分反映了建国以来巴县经济建设和社会发展方面取得的巨大成就，具有鲜明的地方特色和时代特征。（周定国）

K000176　**河南志**　清·徐松辑，高敏点校。中华书局 1994 年 6 月版。18.6 万字。9.80 元。本书是徐松于嘉庆十四年(1809)纂辑《全唐文》时从《永乐大典》卷 9578 中抄出的，未作任何删改，个别条目曾以《水经注》、《洛阳伽蓝记》、《禁扁》、《金史》等校过。它是研究自西周以来洛阳作为历代都城的最重要的资料，其中保存了久已亡佚的宋敏求《河南志》的大量材料。点校以北京图书馆藏徐松抄本为底本，校以缪氏《藕香零拾》本及其他有关文献。并将《永乐大典》卷 9561 中的河南府图 33 幅印出，还有赵万里藏道光四年庄璟从《永乐大典》卷 9561 中选摹出的 14 幅河南府古迹图及图说、夏鼐的说明文字。附录 4 篇：《河南志》佚文 5 条，辑自《永乐大典》；沈尧与徐星伯中书论《河南志》书、沈尧作《河南志》校记；缪荃孙在《藕香零拾》本《元河南志》书后的跋；本书点校者的跋。为“中国古代都城资料选刊”之一。（金英）

K000177　**中国新疆克孜勒苏**　新疆美术摄影出版社编。新疆美术摄影出版社 1994 年 7 月版。5 万字，350 幅图。80.00 元。居住在中国境内的柯尔克孜族，古称坚昆，是游牧于中国西北的一个古老而又年轻的骑马民族。1954 年，在这个民族集中居住的地区——新疆西南的克孜勒苏，成立了中国唯一的一个柯族自治州——克孜勒苏柯尔克孜自治州。这本大型摄影画册分为克孜勒苏、柯尔克孜、自治州首府阿图什市、雪山绿洲阿克陶、乌恰及其新城、山城阿合奇、经济的发展、文化的繁荣、口岸边贸交通邮电、文物古迹名胜、柯尔克孜风情 11 部分，通过大量精美的摄影照片，较为全面形象地介绍了这个地区和这个民族的自然风光、民俗风情和经济文化的现状。（柳用能）

K000178　**西藏发展史**　郑汕编。云南民族出版社 1994 年 7 月第 2 版。30 万字。9.50 元。共 7 章：一、西藏地方的远古社会；二、西藏的奴隶制吐蕃王朝；三、元代西藏统一于祖国及封建农奴制的确立；四、明朝和清前期的西藏地方；五、西藏军民反对西方列强侵略的斗争；六、民国时期半殖民地状态下的西藏地方；七、西藏地方的和平解放与新生。附有“历代西藏地方略图”6张、“历代达赖喇嘛世系表”和“历代班禅额尔德尼世系表”等有关材料。本书从中华民族整体发展的历史大背景出发,记述了从藏族起源到西藏和平解放数千年的历史。它不仅是一部地域发展史,而且也是一部民族关系、社会经济、宗教文化发展史,涉及西藏的主权归属、人权状况、民族政策、宗教政策等一系列问题。(李安泰)

K000179 **连城鲁土司** 赵鹏翥著。甘肃人民出版社1994年8月版。9.5万字。5.50元。研究甘肃土司史的专著。比较详细地记述了土司的官爵和承袭,土司衙门及职责,土司领地内土地制度、俸禄、经济、文化、宗教信仰,鲁氏家族世系、遗址、遗物等。全书共分7章:什么是土司;鲁土司始祖脱欢;鲁土司在明代的世系;鲁土司在清代及民国的世系;鲁土司的职衔俸禄及辖区;鲁土司的遗迹和遗物;永登的其他土司。另附一部分历史文献:鲁土司世系表;鲁土司大事年表;《明故荣禄大夫靖虏将军总兵官都督鲁公墓志铭》;《明史·鲁鉴传》;《五凉考治六德集·平番县志·土司世系渊源》;《清史稿·甘肃土司传》(节录);宣统《甘肃全省新通志·兵防志·平番县土司》(节录);《永登人民县志·土司世系渊源》。甘肃土司制度起源于元代,发展于明清两代,至中华人民共和国成立后被彻底废除。关于这种特殊的封建统治制度,历代文献虽都有记载,但“自明以来历年久远,又经兵火,册籍散失,其子孙亦不能知其所自,宗图亲供,大都据所传闻,往往错谬”。作者在参阅正史、档案、家谱的基础上,亲自走访知情人,踏勘鲁土司遗址,结合调查所得,重点对管辖甘肃永登连城等地达500多年的鲁土司家族作了详细的介绍。书中所据资料比较丰富,尤其是有关鲁土司家谱的一些资料、照片,都是第一手材料,具有较高的参考价值。(连凌云)

K000180 **土默特右旗志** 《土默特右旗志》编纂委员会编。内蒙古人民出版社1994年8月版。143.6万字。150.00元。以对历史负责、对未来负责的科学态度,从政治、经济、军事、思想、文化等方面,对土默特右旗的历史和现状作了略古详今的记述。对中共十一届三中全会以后广大干部群众以经济建设为中心,坚持四项基本原则,坚持改革开放路线,在农村推行包产到户责任制,在城镇企业实行经济体制改革,积极推动科技进步的过程及各项事业突飞猛进的发展,以及所取得的令人瞩目的成就等作了客观记载。全书共24编,突出了地方特点、民族特点和时代精神。(陈利保)

K000181 **十九世纪的香港** 余绳武、刘存宽主编。中华书局1994年8月版。33.2万字。19.70元。共8章27节。首章论述英国占领前的香港地区(包括香港岛、九龙和新界)自古以来就是中国的固有领土。第二、三、四章记述19世纪英国占领香港地区的过程:第一步,英国发动鸦片战争,迫签中英《江宁条约》(《南京条约》),割占香港岛;第二步,英国发动第二次鸦片战争,于1860年签订中英《北京条约》,割占九龙半岛南端,并归香港;第三步,英国参与瓜分中国,于1898年迫使清政府签订中英《展拓香港界址专条》,强租新界,租期99年。后四章分别考察英国割占香港后,19世纪香港的政治体制、经济地位、文教方针和社会结构的确立与发展,以及华人对香港发展的贡献。所据中外文资料丰富,有助于了解香港今昔重大问题的由来。(陈铮)

K000182 **台湾社会与文化** 汪毅夫著。海峡文艺出版社1994年9月版。23万字。7.70元。“台湾文化研究丛书”之一。收入有关台湾文化的研究论文23篇,分为两大部分。一部分是研究台湾近代文学,重点从对台湾早期文学的考察窥见其大陆文化之根。另一部分是对台湾当代文化的考察,涉及语言、民间文化、宗教信仰、民族等诸多问题,如俚语、俗谚,傩文化,民间信仰的普化现象,以及台湾的闽南人、客家人和高山族的研究等等,注重对台湾当代社会文化的描述。作者从国家和民族的认同最终取决于文化上的认同这一基点出发,揭示了海峡两岸文化上的渊源关系,阐述了闽台之间的文化交流和相互影响。同时,通过描述现代台湾外来文化与传统文化共存的复杂景观,揭示了多样文化共存共荣的可能性,具有一定的现实意义。(叶恩忠)

K000183 **铜陵市志** 铜陵市地方志编纂委员会编。黄山书社1994年9月版。180万字。84.00元。新编“安徽省地方志丛书”之一。由概述、大事记、专志、人物、附录5部分构成。专志25篇,分篇、章、节、目,涉及铜陵市(部分内容含辖县铜陵县)的地理、人口、城市建设、环境保护、铜工业、工业、农业、交通邮电、商业、财政税务、金融、综合经济管理、党派群团、政务、军事、公安司法、劳动人事、科学技术、教育、文化、卫生、体育、社会、人物、铜陵县简况等。铜陵市是工矿业城市,有色金属矿种有近30种,尤以产铜为最(是中国古铜都),已经发展成为全国重要的有色工业基地。有关工矿业的介绍,是这部志书的重要内容,较有特色,如《铜工业》一篇,首先综述铜陵的铜工业起源、发展、现状,接着按铜工业的生产流程分述采铜、选铜、炼铜、铜线材生产，最后介绍铜工业的企业管理情况。内容叙述上限起于事物发端，下限止于 1985 年底，比较好地体现了“详今略古”的修志原则。有文献图片 59 幅，铜陵市行政区划图、市区平面图各 1 帧。（于志斌）

K000184 **交城县志** 燕居谦、田瑞主编。山西古籍出版社 1994 年 9 月版。125 万字。94.00 元。以马克思主义、毛泽东思想为指导，坚持辩证唯物主义与历史唯物主义，以为“两个文明”建设服务为宗旨，在继承旧志优秀传统的基础上，博采众长，通合古今的一部新县志。虽存在一些缺憾和不足，但记述交城县建县以来至 1985 年（人物表下迄 1992 年）的经济、政治、文化、科技、教育、卫生和人文地理、风土人情的历史和现状，其系统性、科学性远迈前代，具有一定的存史、资政、教化作用。（孙安邦）

K000185 **香港事典** 庄义逊主编。上海科学普及出版社 1994 年 9 月版。79.5 万字。52.00 元。介绍香港历史和现状的综合性工具书。收录截至 1993 年 6 月以前有关香港各方面情况的词目 2 600 余条。着重反映香港当代的政治经济情况，包括政治体制、行政区划、行政管理及咨询机构、政策、法律、工业、商业、贸易、金融、财政、渔农业、交通运输、生活设施与社会保障、工商社团、教育及科研机构、学术团体、文化设施与文化活动、宗教，以及重要机构地址、电话号码等。除正文外，还收录有《英皇制诰》（1917 年发布）和《香港基本法》等重要文献。（章志钧）

K000186 **新疆三区革命大事记** 贾那布尔、富文主编。新疆人民出版社 1994 年 9 月版。22.5万字。10.50 元。1944 年秋，新疆省伊犁、塔城、阿山（今阿勒泰）三个地区的维吾尔、哈萨克等族群众，因不堪忍受盛世才、国民党反动派的民族压迫和残暴统治，爆发了一场有组织的大规模的争取民族解放和民主政治的武装斗争，并在三区建立了革命政权。因这场革命发生在上述三个地区，故称三区革命。这次革命是中国人民民主革命运动的一部分。它沉重打击了国民党反动派在新疆的统治，牵制了国民党反动派在新疆的军事力量，配合了西北战场人民解放战争的胜利，为挫败国民党反动派和帝国主义妄图把新疆作为反苏反共基地的阴谋，为新疆的和平解放，为人民民主革命在全国的胜利做出了重要贡献。本书大事分五个阶段记述：第一阶段，新疆三区革命的发生和发展，时间自 1944 年 4 月至 1945 年 9 月；第二阶段，三区革命政府与国民党中央政府的和平谈判，时间自 1945 年 9 月至 1946 年 6 月；第三阶段，新疆省联合政府的成立及其破裂，时间自 1946 年 7 月至 1947 年 8 月；第四阶段，三区内部的整顿与巩固，时间自 1947 年 8 月至 1949 年 8 月；第五阶段，在中国共产党直接领导下，三区革命完全汇入全国人民民主革命的洪流，时间自 1949 年 8 月至 1949 年 12 月。（贺灵）

K000187 **西域考察与研究** 马大正、王嵘等主编。新疆人民出版社 1994 年 9 月版。40 万字。26.00元。收论文 35 篇，分三部分。第一部分：19—20 世纪西域考察及其学术遗产评估，共 11 篇，对 19—20 世纪中外科学家、探险家对西域的探险、考察活动进行了回顾、总结，对考察成果进行了科学评估。第二部分：西域历史研究，共 17 篇，涵盖了西域古代民族、交通、计量制度、巡边制度、经济发展、出土文书等方面的内容，为全书重点。第三部分：西域考古与文化研究，共 7 篇，对西域古城遗址的方位及相关问题进行研究，并介绍了新疆考古工作的现状和收获。（王澍梅）

K000188 **海南及南海诸岛史地论著资料索引** 李国强、寇俊敏编。中州古籍出版社 1994 年 9 月版。32.9 万字。8.00 元。收录清朝末年到 1991 年国内外有关海南及南海诸岛史地方面的论文、资料和译文 4 000 余条，分政治史、经济史、军事史、文化史、民族史、地方史、历史人物、考古与文物、南海诸岛九大类。附录有关海南及南海诸岛史地的古籍、地图及本索引参考书刊。篇目按发表时间先后为序编排，历史人物按笔画顺序排列。（孙宝瑞）

K000189 **西南军阀史（第三卷）** 谢本书、冯祖贻主编。贵州人民出版社 1994 年 10 月版。35 万字。10.80 元。阐述从 1927 年“四·一二”政变到 1949 年西南宣告解放之间西南诸省（云、贵、川、湘、桂、粤）新军阀和地方实力派成长、发展、消亡的史事。（彭建）

K000190 **西南军阀史（第二卷）** 谢本书、冯祖贻主编。贵州人民出版社 1994 年 10 月版。30 万字。9.10 元。阐述 20 世纪初期西南地区各派军阀及其斗争的史实。分八大部分：西南地区的省自治与联省自治活动；西南军阀与第二次护法运动；西南地区战乱频仍；滇桂粤联军讨伐陈炯明和孙中山重建革命政权；旧桂系的覆灭和李黄白统一广西；杨刘陈邓军阀势力的覆灭和两广统一；川滇黔军阀内外交困；北伐战争和西南各派系。（谢丹华）

K000191 **新编文史笔记丛书第四辑** 萧乾主

编。上海书店1994年10月版。148.9万字。107.00元。收入山东、广东、山西、广州、上海、天津、云南、四川、宁夏、沈阳、重庆、湖南、黑龙江等13个省市自治区文史研究馆所编史料笔记集13册:《海岱寻踪》、《岭峤拾遗》、《汾晋遗珠》、《羊城撷采》、《沪滨掠影》、《津沽旧事》、《云岭拾穗》、《益州集粹》、《宁夏述闻》、《沈鸿缀羽》、《巴渝故实录》、《衡岳漫话》、《黑水十三篇》,又《丛书综览——新编文史笔记丛书索引》1册。所收笔记范围较为广泛,从地域看,东南西北中都有涉及;从时代看,自晚清以至民国;从内容看,王公贵族、军政要人、文人雅士、贩夫走卒,党政军民学商无所不有。每册所述以本地区所发生的史事掌故为主,如湖南所编《衡岳漫话》中记述了曾国藩、谭嗣同、杨度、毛泽东、刘少奇、贺龙、彭德怀等重要历史人物的活动;黑龙江、沈阳所编《黑水十三篇》、《沈鸿缀羽》中,着重反映了近百年来东北人民抗击沙俄、日本侵略者的许多可歌可泣的史事和英雄人物。(俞子林)

K000192 **天津通志·大事记** 梁占鳌主编。天津社会科学院出版社1994年10月版。65万字。86.00元。《天津通志》之一种。以略古详今、略远详近、略同详独为原则,上起设卫之时(1404)、下迄1990年,逐年记叙天津各个时期所发生的大事。其中详述了解放后天津人民在共产党的领导下所取得的辉煌成就。(许幼珊)

K000193 **新疆三区革命** 新疆三区革命史编纂委员会编。新疆美术摄影出版社1994年10月版。1万字,260幅图。90.00元。1944年秋,不堪忍受盛世才、国民党反动派的民族压迫和残暴统治的维吾尔、哈萨克等少数民族人民,在新疆省伊犁、塔城、阿山三个地区爆发了一场大规模的争取民族解放和民主政治的武装斗争,被称为三区革命。这场斗争,沉重地打击了国民党反动派在新疆的统治,争取到一些民主权利;牵制了国民党在新疆的军事力量,配合了西北战场人民解放战争的胜利,为新疆和平解放做出了贡献。新中国成立后,特别是八九十年代,随着对三区革命这一重大历史事件的研究工作的深入,已陆续出版了一批有关这一事件的史料集和专门论著,本书则将有关三区革命的各种历史资料照片汇为一集,为广大读者和研究者提供生动形象的史料。(柳用能)

K000194 **中国丝绸之路辞典** 雪犁主编。新疆人民出版社1994年10月版。140万字。88.00元(精)。收入与丝绸之路有关的词目4 000余条、西汉文帝前元四年(前176)至清宣统三年(1911)的历史编年一套。地域跨西北五省区,内容涉及以下七个方面:"历史古迹"部分主要解释丝绸之路沿线的国名、政权名、制度设置名以及西北五省区现存古遗址、古墓葬、古城镇、寺观塔庙、洞窟壁画、碑刻简牍、石雕岩画等;"地理交通"部分主要解释与丝绸之路有关的地理专名、地名、山川河流名、坊肆关隘名、道路桥梁名、郡县府道名、驿站烽燧名等;"古今民族"部分主要解释与丝绸之路有关的古代民族名、部落种族名以及现今聚居在西北各省区的少数民族名、少数民族特有的首领、制度、异称等;"历代人物"部分主要介绍和丝绸之路关系重大的传说人物、帝王将帅、学子文人、僧道尼姑、互访使者、民族首要以及游历、探险、著述、考证等方面的人物;"文化艺术"部分主要解释在丝绸之路上交流传播过的各种宗教名、文字名、著述名、音乐曲牌乐器名、游戏竞技名、部分艺术专称等;"风物习俗"部分主要解释丝绸之路沿线地区流传过和正在流传的各民族节会、游乐、婚俗、葬俗、特产、名产、饮食、服饰等;"建置沿革"部分主要介绍西北五省区省会、市县的位置、人口、历代变迁简况和主要名胜古迹;"历史编年"部分按年辑录我国正史和其他一些主要著作中与丝绸之路有关的重大历史事件。该辞典有四个特色。第一为首部,是填补国内空白的首创之作,也是目前世界上规模最大的一部有关丝绸之路学的著作。第二为紧扣要旨,从条目的设置、筛选到类别的安排、装帧设计都突出丝绸之路这个中心,内容基本涵盖了丝绸之路学研究的有关内容。第三为准确,词目的释文以尊重科学、尊重事实为原则,略去枝节、突出要点、去伪存真、客观叙述。第四为新,不仅汲取了上个世纪末至本世纪二三十年代的国内外研究成果,而且大量吸收了80年代以来最新的调查和研究资料,有些是在该书中首次使用。(晓犁)

K000195 **重返喀什噶尔** 副名:雅林文集。[瑞典]贡纳尔·雅林著,崔延虎、郭颖杰译。新疆人民出版社1994年10月版。18万字。18.00元(精)。作者是瑞典著名突厥语学家、东方学家、外交家,获世界6个国家11个大学名誉博士学位,曾多次著文称赞新中国的成就,两次受到周恩来接见。1929—1930年他在中国新疆喀什噶尔作维吾尔语言、民俗方面的调查、研究,1978年重访新疆喀什噶尔。1979年出版本书后,又于80年代相继出版了研究中国新疆地区语言、文化、民俗等方面的著述。本书中译本分两卷。第一卷"重返喀什噶尔——对中亚的回忆与思考”，记述了作者两次来新疆的观感，以一个东方学家的眼光，对这段历史作了准确的描述，以充满诗意的文笔，表达了对中国的情感，对中国各族人民必有美好未来的坚定信念。第二卷“论新疆历史与文化”，收入论文 5 篇，以独特的角度为东方学研究开拓了新的领域，在历史、民俗、宗教、语言学等方面具有很高的价值。为杨镰主编“瑞典东方学译丛”之一。据美国杜克大学出版社 1986 年英文版，并参考斯德哥尔摩 1979 年瑞典文版翻译。（晓犁）

K000196 **一个美国人难忘的云南印象** ［美］伯特·克拉夫奇克著。云南美术出版社 1994 年 10 月版。20 万字，180 幅图。98.00 元。以一个美国人独特的视角，反映云南 1943—1994 年半个世纪所发生的变化。画册分为三个部分。第一部分以黑白历史图片记述了 1943—1945 年地处抗日大后方的云南的各族人民，在艰难困苦的环境中，以救国为己任，积极投入到支援前线抗日的工作中。同时，从各个方面反映了云南各地不同的民族文化、生活习俗、自然风光。第二部分展示了作者于 1989—1994 年间，三次重返云南所拍摄的彩色图片。作者以对比的手法把跨越了 50 年的昆明呈现于眼前，把各族人民今天的生活细节详细地表现了出来。第三部分是作者 1950—1985 年间根据云南题材创作的水彩画。文字部分分为二部分。第一部分是作者的自叙文章，第二部分是图片的附加解说。全书文字为中、英文对照。作者于 1943 年参加美国援华航空队来到云南，是陈纳德将军领导的“飞虎队”的航空摄影师。他在云南的三年中，拍摄了千余幅反映抗战时期云南的图片。1989 年重返云南寻找当年的记忆；1991 年春，在昆明举办了《跨越了半个世纪的云南印象》的图片展览；1994 年在云南美术出版社出版了这本画册。（张晓源）

K000197 **南陵县志** 南陵县地方志编纂委员会编。黄山书社 1994 年 11 月版。120 万字。80.00 元。“安徽省地方志丛书”之一。南陵县位于安徽省东南部，今隶属于芜湖市。本志书由述、记、志、传、图、表、录组成，主体部分分 30 章：建置区划、自然环境、人口、农业、林业、水利、工业、交通、邮电、电力、城乡建设、商业、粮油、工商管理、财政税务、金融、党政群团、人大政府政协、公安司法、民政、劳动人事、军事、文化、教育、医药卫生、体育、科技、宗教风俗、方言、人物。收入自西汉元封二年（前 109）至 1990 年该县经济、政治、文化等方面的史料。着重记述新民主主义革命时期和新中国成立后，尤其是改革开放以来的社会主义建设新成就。（刘欣）

K000198 **海南文史资料（第九、十辑）** 符和积主编。南海出版公司 1994 年 11 月版。38 万字。2 册。13.90 元。汇集近、现代海南教育、新闻、军政、民族、华侨等方面的史料 23 篇，分为新闻史迹、辛亥前后、峥嵘岁月、民族民俗、华侨侨乡、建国后史料及其他等八个栏目。（刘孝阳）

K000199 **可爱的杭州** 王效乾等主编。浙江人民出版社 1994 年 11 月版。99 万字。38.40 元。共 8 种：《可爱的杭州·城区卷》、《可爱的杭州·淳安卷》、《可爱的杭州·建德卷》、《可爱的杭州·余杭卷》、《可爱的杭州·临安卷》、《可爱的杭州·肖山卷》、《可爱的杭州·桐庐卷》、《可爱的杭州·富阳卷》。采用以点串线、以线带面的方法，通过对杭州地区的历史、名胜古迹、物产资源及两个文明建设的介绍和描述，全面客观地展现了杭州各地区的历史变迁、自然环境、经济建设和社会发展。

K000200 **广州城坊志** 黄佛颐编纂，仇江等点注。广东人民出版社 1994 年 12 月版。42 万字。24.50 元（平），34.50 元（精）。“岭南文库”之一。记述广州城区、坊巷及其发展历史的文献。全书以坊巷为经纬，系统地辑入与之相关的史事、人物、园林府第、坛庙古迹、掌故传说等。所引著作近 300 种，除史志、官牍外，旁及诗文集、笔记、诗话以至族谱家乘。本书点注时，纠正了若干原书抄写的讹误，加以准确的标点。此外加了 2 000 多条注释，对书中提及的年代、人物或词语，加以解说，对巷坊有关的历史事件，扼要阐明，使本书内容更为充实，增强了可读性和参考价值。（李而已）

K000201 **湖南通史** 伍新福等著。湖南出版社 1994 年 12 月版。178.5 万字。3 册。98.00 元。分古代、近代和现代三卷。上起石器时代湖南人类最初遗迹，下迄 1949 年湖南和平解放。全书采用通史体例，从经济、政治、军事、文化、教育、社会生活等方面，系统地论述和再现了湖南地方发展的历史。古代卷将大量的文献资料和文物考古新发现，以及民俗学、历史地理学、语言学资料有机地结合起来，首次从远古传说时代到清朝中期，对湖南古代数千年的历史进行了全面系统地阐述，揭示出湖南历史发展的某些特点和规律，提出了湖南没有经过奴隶制社会，而是由原始社会直接进入到封建社会的论点。近、现代卷通过对大量史料的搜集和考证，阐述了湖南近代百多年间社会经济的发展和兴革变迁，突出了经济发展史的内容。本书突破了过去有关历史论著偏重于政治、军事史的框架,揭示了经济发展与变革是一切社会发展和变革赖以存在的基础。还以大量的篇幅论述了思想史、文化史、教育史,并设专章开拓了社会生活史的研究。(曾祥虎)

K000202 **蒙城县志** 蒙城县地方志编纂委员会编。黄山书社1994年12月版。82万字。55.00元。坚持存史求真、实事求是的原则,立足当代,详近略远,以丰富翔实的资料较为全面系统地记叙了蒙城县自然、地理、人文、社会、政治、经济、文化等方面的状况和发展变化,重点反映了建国以来蒙城人民艰苦奋斗的业绩。在布局谋篇上,横排门类,纵记史实,横不缺项,纵不断线;在行文上,以叙为主,配以图、表,合乎规范。(王筱燕)

K000203 **乌拉特中旗志** 乌拉特中旗地方志编纂委员会编。内蒙古人民出版社1994年12月版。83万字。142.00元。以马列主义、毛泽东思想为指导,以党的方针、政策为准绳,本着详今略古、详近略远、立足当代的原则,实事求是地记述了乌拉特中旗的历史发展和现状。全书21编,史料翔实,图文并茂,地方色彩鲜明,时代气息浓厚。时间跨度虽长而脉络清楚,内容层面虽广而重点明晰。较详细地记载了该旗的区域沿革、政治、经济、军事、文化、教育、风俗等。(陈利保)

K000204 **呼和浩特回族史** 政协呼和浩特市回民区委员会、《呼和浩特回族史》编辑委员会编。内蒙古人民出版社1994年12月版。28万字。12.00元。共6章:第一章呼和浩特回族源流,论述了呼市回族的来源、发展、分布与居住特点;第二章呼和浩特回族经济生活,介绍了工业、交通运输业、商贸业、农牧业及其他经济的发展概况;第三章呼和浩特回族的文化教育科技体育卫生,概述了回族的教育、科技文化、文学艺术、医药卫生与传统体育;第四章呼和浩特回族的宗教信仰,记述了伊斯兰教在呼市的传布,清真寺及其组织形式,经堂教育,清真寺保存的文物、文献资料等;第五章呼和浩特回族风俗习惯,包括礼仪、服饰、饮食、居家、婚姻、丧葬、节庆、语言等习俗;第六章呼和浩特回族人物,介绍了现当代在呼市各条战线作出不同贡献的回族知名人物。正文后附录呼和浩特大事记,记录了自辽代至1994年有文字记载的大事。该书追本溯源,以翔实的史料按历史朝代论述了呼和浩特回族的来源与发展,揭示了其经济生活与文化成就,介绍了宗教信仰与习俗礼仪,展示了呼和浩特回族的概貌。(李可达)

K000205 **香港的昨天、今天和明天** 贺弘景主编。世界知识出版社1994年12月版。33.6万字。11.60元。分上、下两篇。上篇8章,分别介绍香港的自然地理,历史沿革,沦为殖民地的经过,从小村庄发展为大都市的成长历程,日本侵略者占领下的香港,经济腾飞之路,回归祖国的政治历程以及作者对香港未来的展望。下篇6章,介绍香港的现状,内容包括:港口和外贸,政治和法律,社会结构,十大富豪,宗教、文化和风俗,香港社会的世象百态等。(米小平)

K000206 **天津市大港区志** 徐长喜主编。天津社会科学院出版社1994年12月版。140万字。78.00元(平),128.00元(精)。采用志、记、传、图、表、录等体裁,以志为主。内容上限起自1965年,下迄1990年。重点记述1978年党的十一届三中全会以来社会主义精神文明和物质文明方面的成就和历史经验。(许纫珊)

亚 洲 史

K000207 **日本史** 吴廷璆主编。南开大学出版社1994年7月版。103万字。40.00元。时限上自原始社会,下至1992年。以辩证唯物主义和历史唯物主义的立场和方法,客观地记述了日本民族及其政治、经济、文化诸方面产生和发展的全过程。本书共设三卷。第一卷,古代(1868年以前):记述了日本人的起源、邪马台国的出现、大和国统一及其社会经济状况、大陆文化的传人与飞鸟文化和早期封建社会(大化改新、奈良时代、平安时代)、中期封建社会(镰仓时代、室町时代、战国时代)、后期封建社会(安土·桃山时代、德川时代)。第二卷,近代(1868—1945):记述了资本主义形成时期天皇制的确立和日本资本主义形成的特点,帝国主义时期即日俄战争后日本军事封建帝国主义的形成、发展及日本法西斯的灭亡,反映了近代日本在军事帝国主义道路上的畸形发展。第三卷,战后(1945—1992):记述了美国占领时期、独立自主时期、高度增长时期、稳定增长时期的社会状况,比较系统地反映了第二次世界大战后日本的经济起飞并逐渐成为经济大国的过程,着重介绍了日本经济政策和发展的成功经验。参加编写者均为国内有影响的日本史研究专家和学者。书中采用中、外文资料数百种,历时十年而完成,是目前国内资料最丰富、内容最全面、规模最大的日本通史。书后附"日本大事年表",以备检索。(焦静宜)

K000208 **日本论** 戴季陶著。海南出版社 1994年11月版。13.2万字。4.50元。以宗教、种族起源、性爱等为切入点，对日本的政体和社会作了全面深入的评说。作者认为，日本虽是一个总在吸收外来文明的民族，但他们心中却有一个不可撼动的根本，那就是神教。明治后的日本国体就建立在君主神权思想之上。作者阐述了日本民族意识中的岛国性，一方面易于接受先进文明，另一方面由于岛国的狭隘性，日本人小气，贪得无厌，缺乏公道。但它却是一个具有自信心和向上心的民族。书中用大量篇幅论述明治维新，认为主导运动的民族精神滋养于锁国保守的德川时代。作者还以为，西乡隆盛虽兵败被杀，其思想却支配了明治后五十多年内的日本历史进程。作者又从明治维新这个源头出发，论述了日本国家主义、军国主义的形成，二三十年代的中日关系，以及日本的南进北进政策。至于自杀情死是日本民族信仰真实性的表现，日本女人有较高的社会地位和家庭地位，更是作者独有的见解，书中都有详尽的论述。本书收入“人人袖珍文库”。

K000209 **往五天竺国传笺释** 唐·慧超著，张毅笺释。中华书局1994年11月版。11万字。7.40元。唐代中国往印度求法的僧人空前增多，不少人还留下行纪传世，慧超的《往五天竺国传》就是其中之一。作者原为新罗国人，何时入唐不详，约于开元十一年(723)赴天竺(印度)，于开元十五年(727)十一月返抵中国。此书即其归来后所写。全文久已失传，部分仅见于慧琳《一切经音义》中所引，后又发现于敦煌残卷中。书中收入作者赴天竺所经及所闻45国，其中有关突厥各部的情况及西亚大食东侵的记述，是8世纪上半叶印度和中亚诸国历史的珍贵资料。但由于慧超的汉文水平不高，文辞欠工，常有语焉不详和不尽准确的地方。整理者根据敦煌残卷加以断句，另每条加上小标题，并吸取前人研究成果，加以己见，对其中的俗字、误字、错漏作出校正，对文中的史事、地名等作出注释。本书编入“中外交通史籍丛刊”。(谢方)

K000210 **东南亚史纲** 王民同、罗致含等著。云南大学出版社1994年12月版。45万字。20.00元。分为古代中世纪篇、近代篇、现代篇、当代篇和东南亚地区地理、宗教、民族简介五个部分，对东南亚地区十个国家的历史发展和民族解放斗争、现代社会政治的确立、经济的阵痛和发展以及社会的进步，作了较为详尽的描述。(李森)

欧洲史

K000211 **苏联演变的历史思考** 江流、陈之骅主编。中国社会科学出版社1994年1月版。30.5万字。12.00元。苏联演变是20世纪人类历史上的一件大事，对世界震动之强烈，影响之深远，都非同寻常。苏联演变的原因是错综复杂的。该书从政治、经济、民族、党的建设和外交等方面，对导致苏联演变和解体的诸多因素，用历史唯物主义的观点进行了考察与分析，并从中总结出经验教训。该书由前言和以下七章组成，即第一个社会主义国家的基本历程、苏联演变的主要过程、苏联演变的经济根源、政治体制改革的错误导向与苏联演变、民族矛盾与苏联演变、苏共思想政治路线制订及自身建设中的问题与苏联演变、苏联演变的外部因素和苏联对外政策。作者经过冷静观察，深入思考，实事求是地分析了导致苏联演变的直接原因和历史原因，并把二者结合起来加以论证。作者认为，苏联的演变与解体并不是社会主义基本原理已经过时，而是由于苏联领导人长期以来没有以发展的历史的观点来正确认识社会主义；他们把在革命与战争年代形成的一套模式凝固化、教条化，对日益显露出来的理论上的僵化、体制上的弊端和政策的失误视而不见，贻误了纠正错误和锐意改革的时机，造成积重难返的局面。而到80年代中期苏联非改革不可之际，当时的领导人又从一个极端走到另一个极端，逐步背离了社会主义方向，抛弃了社会主义的基本原则，最终导致了苏联的演变与解体。这部专著是中国社会科学院重点研究课题的一项成果，是中国学者用唯物主义观点和方法来研究和总结世界社会主义运动历史经验的初步尝试。(周兴泉)

K000212 **健康与权力——“克里姆林宫医生”回忆录** ［俄］叶·伊·恰佐夫著，丁笃本译。湖南出版社1994年8月版。16.2万字。6.20元。从健康与权力相关的角度，叙述了1967年初至1985年底，一批前苏联等著名的国务活动家患病治疗的情况，以及他们的政治活动和性格特征。其中包括赫鲁晓夫、勃列日涅夫、安德罗波夫、契尔年科、伏罗希洛夫、柯西金、苏斯洛夫、乌期季洛夫等前苏联领导人，还有原东德的乌布利希、蒙古的泽登巴尔、法国的罗歇等一些国家共产党领导人，以及第三世界的一些国家领导人，如埃及的纳赛尔、阿尔及利亚的布迈丁等。作者提供了这一时期许多高层领导人与健康问题密切相关的社会政治内幕、国际共产主义活动情况，并对一些重大的政治事件和人物关系，进行了评述。本书1992年由莫斯科新闻出版社出版。作者是心血管疾病专家，前苏联卫生部第四总局(克里姆林宫医院)局长，后为苏联卫生部部长、苏共中央委员。(李沛诚)

K000213　**道德理想国的覆灭**　副名：从卢梭到罗伯斯庇尔。朱学勤著。上海三联书店1994年9月版。23万字。17.80元(精)，12.60元(平)。研究法国大革命的专著。共9章。通过对法国大革命的批判、扬弃，提醒中国当代人文知识分子：倘若你不愿放弃道德理想，那么应对18世纪末的法国大革命及其影响，持有一份谨慎的批判。因为近代意识形态的起源有一部分来自这场革命所释放的道德灾变。一个真诚的道德理想主义者，不淘洗内在冲动，不确立外部边界，他(她)的理想追求越执著，他的存在方式越危险。他(她)有可能成为一个潜在的罗伯斯庇尔，一个潜在的雅各宾党人。本书既可读为卢梭思想的传记，也可读为作者本人的思想淘洗记录。在经历一场自我批判，道德理想主义者并不气馁，他们将调过头来存在，存在作为意识形态的批判者，存在为后现代文明形态的批判者。本书思想深刻、笔触尖锐、学理严谨，是近年来不多见的一部力作。(阿培)

K000214　**魏玛共和国史(上下卷)**　[瑞士]埃里希·艾克著，上卷高年生、高荣生译，下卷王步涛、钱秀文译。商务印书馆1994年6月版。28.1万字(上)，39万字(下)。10.80元(上)，14.70元(下)。论述德国历史上第一个实行议会民主制的资产阶级共和国魏玛共和国的历史，即从1918年德国在第一次世界大战中失败、魏玛共和国建立到1933年希特勒法西斯上台、魏玛共和国解体这一时期德国的历史。作者详细描述了这一时期德国在政治、外交、经济、社会等方面发生的重大事件，并评述了艾伯特、拉特瑙、施特雷泽曼、兴登堡、泽克特、格勒纳等重要人物。上卷自1918至1925年，即从帝制崩溃到兴登堡当选；下卷自1925至1933年，即从洛迦诺会议到希特勒上台。作者是资产阶级民主主义者，主张资产阶级民主制度，反对军国主义和法西斯主义。他对德帝国主义挑动世界大战持批判态度，对希特勒纳粹党的法西斯主义予以谴责，对魏玛共和国的解体深表惋惜。意图在于从魏玛共和国的存亡中吸取民主制的教训。(李央)

K000215　**法兰西的特性**　副名：空间和历史。[法]费尔南·布罗代尔著，顾良、张泽乾译。商务印书馆1994年10月版。28万字。11.70元。法国年鉴学派集大成的史学家布罗代尔(1902—1985)的遗著。运用历史学、地理学、政治经济学、人口统计学、政治学、人类学、人种学、社会心理学、文化研究、社会学等多学科研究方法，结合运用作者独创的长时段、中时段、短时段及结构、局势、事件等手段，探讨了法兰西民族远古至今的多样性和认同等特征，并藉此对法兰西的全部历史作了总体考察。全书分三册，本书为第一册，以空间、历史和人为主线具体探讨了法兰西民族的特性。作者认为，法国的历史和领土之间存在着多种多样、错综复杂、难以把握的关系，有着形形色色的法兰西，但交换和道路、城市、集镇、行省和国家的发展使法兰西成了一个整体。法兰西统一的真正标志不是圣女贞德，也不完全是法国大革命，而是后来的铁路交通和初等教育的发展。所谓法兰西的特性，是一种至高无上的品性，是事关全局的核心，是法国自己掌握自己的命运，是绵延不绝的往昔慢慢垒积而成的结果，是认同本民族最优秀和最基本的品质、朝着合乎逻辑的演变方向进行自我变革的一种残存、交融、添加、混合的过程。本书在一定程度上揭示了法兰西民族的命运。中译本据巴黎弗拉马里翁出版社1990年版译出。(李央)

美　洲　史

K000216　**美国早期史**　[英]R.C.西蒙斯著，朱绛、常绍民等译。商务印书馆1994年版。49.1万字。14.90元。描写从17世纪前后英国人在北美殖民开始，一直到1776年北美殖民地宣布独立为止的美国早期史。介绍了各个殖民地的建立，社会制度、宗教、文化、思想意识的演变以及经济发展的情况，展现了美国由13个分散的、多民族移民构成的宗教信仰不同、经济和文化上有着许多差异的殖民地，形成在文化和意识上逐渐趋于一致的美洲国家的过程。本书写得比较客观，兼顾到英美双方的资料和观点，如在叙述印花税法危机时，既谈到了殖民地一方对印花税的反应和采取的对策，也叙述了英国当时的政策和议会上下的看法，揭示了英美冲突的内在根源和不可避免性。但对美洲印第安人在美国历史上的作用几乎没有谈及，对殖民者在扩张过程中的诈骗、掠夺和残杀印第安人的暴行着墨不多。(林鲁卿)

K000217　**文化的边疆**　副名：美国印第安人和白人文化关系史论。李剑鸣著。天津人民出版社

1994 年 8 月版。31 万字。11.00 元。美国印第安人和入主北美的盎格鲁白种人在发生接触的时代，各自处于人类文化演进梯级的两端。这两种存在天壤之别的文化系统，自 16 世纪以来发生持续而猛烈的撞击，实属人类历史上一个具有深远影响的重大事件。本书以 8 章篇幅，依据大量的原始材料，从动态和历时性的角度，对美国印第安人和白人文化接触的起源、文化关系的演变及其后果进行了全面、深入的探析，并从中提炼出若干历史的教训和启示。（张晓斌）

K000218 **加拿大通史简编** 张友伦主编。南开大学出版社1994年10月版。30.5万字。12.00 元。全面、系统地记述加拿大的历史，时限自上古至 1989 年，其中着重介绍了 1763 年后加拿大的发展史。全书 12 章：新法兰西的灭亡；1763 至 1815 年的加拿大；通向联邦之路；加拿大自治领的建立；加拿大的统一；麦克唐纳第二次执政；步入成年；加拿大卷入第一次世界大战；寻求自我的艰难历程；加拿大与第二次世界大战；跻身世界强国之列；从特鲁多时代到马尔罗尼当政。全书反映了加拿大的政治、经济、文化、科学技术及民族关系诸方面的概况。附录“加拿大历任总督名单”、“加拿大历任总理名单”、“加拿大历史大事记”等。（焦静宜）

传　记

K000219 **世界富豪传** 车吉心、孔范今主编。山东友谊出版社 1994 年版。170 万字。68.00 元。学术性与实用性兼备的大型人物传记。特点如下：一、选目全面准确，汇集了近百年来全世界最著名最有代表性的 90 位企业家传记。在选目上，不是把传主占有财富的多少作为唯一标准，而是精选某一时期、某一地域或某一行业的代表人物。既收入了享誉全球的富豪大亨，也收入了称雄某一地域、某一行业的工商巨擘。他们的共同特点是：以超群的天赋和胆识，独特的经营艺术和管理才能，为企业同时也为自己赢得了巨大的财富，并因此而驰名全球。二、内容客观公允，依据历史事实，注重实事求是，不溢美，不隐恶，不夸饰，如实地载述了富豪们曲折的人生经历、创业史迹、家庭生活和兴趣爱好。三、重点突出，深入探讨了富豪们卓越的经营策略和管理艺术。（张继红）

K000220 **哲人科学家丛书** 福建教育出版社 1994 年 1 月版。100 万字。7 册。38.20 元。哲人科学家是具有开创性科学贡献的第一流科学家，同时也是对人类思想和文化具有深刻影响的哲学家或思想家。该丛书真实地反映了科学发现的本质，揭示了科学的真正魅力，用具体事实阐明了科学创造思想与哲学、音乐及其他学科或领域的互相作用以及思维在各个方面之间相互联系、相互促进的有机特性；并从这些划时代的科学理论里展示出哲人科学家的工作动机：最大限度地把世界千差万别现象的内在联系揭示出来，最终去接近大自然的和谐。该丛书还刻画了哲人科学家的人格和品德：谦虚、宽容的胸怀，深邃的思想和目光，追求真理的勇敢和执著，以及对人类苦难的忧患之心；并探索了他们人生的意义和奥秘。丛书填补了人文科学和自然科学的裂缝，将智力因素和非智力因素融合在一起，和谐地综合了多科知识。对所涉及到的科学、哲学上的深奥复杂的理论或定律，尽量只挖掘它们深刻的思想底蕴，并以优美、流畅、富于哲理的形式浅化出来，使不具备专业知识，有高中水平的读者都能读懂。已出版第一辑：《寻求和谐的世界——玻尔》、《引起纷争的金苹果——康托尔》、《通才的绝唱——彭加勒》、《徜徉在量子力学——薛定谔》、《倾听天上的音乐——开普勒》、《理性的光华——奥斯特瓦尔德》、《探索数学的生命——希尔伯特》。（任争健）

K000221 **世界著名元首传** 车吉心主编。山东教育出版社 1994 年 4 月版。237 万字。88.00 元。收古今中外 100 名著名的国家元首，着力客观地叙述每个元首一生所经历的重大事件及其功过得失。在编写上，力求通过人物传记的形式，反映出世界历史的概貌。同时，亦不忽视元首的家庭生活、兴趣爱好、性格特征等细节的描述，避免公式化、脸谱化，努力追求真实性、科学性、艺术性与可读性的统一。（邹健）

K000222 **世界华人精英传略丛书** 庄炎林主编。百花洲文艺出版社 1994 年 5 月版。132 万字。7 册。81.60 元。共 10 卷。已出版港澳卷、泰国卷、大洋洲与非洲卷、南美洲与加拿大卷、美国卷、印度尼西亚卷、新加坡与马来西亚卷。7 卷共收入海外华侨、外籍华人、港澳同胞传记 165 篇。传主均为有突出成就和贡献、有较高知名度的杰出人物。传记介绍了他们的身世与生平，记叙了他们在居住国或地区艰苦奋斗、开拓发展、建功立业的过程，展示了他们在政治、经济、科技、文化艺术、教育、体育、社会公益事业等领域取得的成就，讴歌了炎黄子孙自强不息的精神和勤勉睿智的品格，并描述了他们为促进居住国或地区同中国的文化交流与友好合作、支援祖国的经济建设和文化教育事业、造福乡梓所作出的努力和贡献。另3卷为菲律宾卷、欧洲卷和日本卷。(洪安南)

K000223 **几位著名经济思想家的生平、时代和思想** [美]罗伯特·L.海尔布罗纳著,蔡受百等译。商务印书馆1994年7月版。23.2万字。7.90元。原名《世俗哲人——几位著名经济思想家的生平、时代和思想》。着重介绍亚当·斯密、李嘉图、马尔萨斯、欧文、傅立叶、圣西门、马克思、凡勃伦、凯恩斯、熊彼特等经济思想家的生平、时代和思想。对各经济思想家的主要学说,如斯密的市场分析,李嘉图的分配论,凡勃伦的有闲阶级论,马尔萨斯的人口论,马克思的价值论、剩余价值论,熊彼特的创新理论和凯恩斯的有效需求理论等均有详细评述。本书是经济学说史方面的一本很有参考价值的读物,曾被译成多种文字出版。原著初版于1953年,1961年再版。中译本根据1986年第六次修订版译出。(杨宝兰)

K000224 **二十世纪外国社会科学家辞典** 郑开琪主编。湖北人民出版社1994年8月版。144.7万字。45.00元。选收20世纪外国社会科学家5 300余人,包括哲学、政治学、心理学、历史学、文艺学、图书馆学、语言学、法学、经济学、社会学、人类学、教育学等社会科学的各主要方面卓有贡献的人物。较详细地介绍其主要经历、学术观点、学术成就、主要著作及其影响。以外国社会科学家姓氏的中译名为辞目,按汉语拼音音序排列。辞典较全面地展示了20世纪中外国社会科学家及其科研成果,具有较丰富的资料性。书后附有拉丁文字母人名索引和斯拉夫文字母人名索引。(李尔钢)

K000225 **世界名人之林·艺术家系列(外国部分)** 丁宏新、丁纲主编。中国国际广播出版社1994年8月版。53.7万字。25.00元。共包括9位外国艺术家的传记。传主是:与自然争雄的达·芬奇,"创世纪"之手米开朗基罗,交响乐巨子贝多芬,音乐诗人柴可夫斯基,雕塑大师罗丹,绘画天才凡高、毕加索,电影奇才卓别林,表演艺术家劳伦斯·奥立弗。每人附有肖像漫画及生平简表。(李镇)

K000226 **世界名人之林·科学家系列(外国部分)** 邢凯等主编。中国国际广播出版社1994年8月版。45.2万字。21.00元。收入9位外国著名科学家的传记。传主是:力学之父阿基米德,真理的追求者哥白尼,实验物理学的开拓者伽利略,大科学家牛顿,进化论的创立者达尔文,元素周期表的发现者门捷列夫,发明之王爱迪生,科学巨子爱因斯坦,神童天才维纳。每人附肖像漫画和生平简表。(李镇)

K000227 **世界名人之林·政治家系列(外国部分)** 曹宏亮、唐绪军主编。中国国际广播出版社1994年8月版。52万字。23.00元。介绍古罗马杰出政治家凯撒,再造俄罗斯的彼得大帝,美国第一人华盛顿,欧洲战神拿破仑,点燃圣火的列宁,二次大战中叱咤风云的丘吉尔、罗斯福、戴高乐,重整日本河山的吉田茂等外国政治家的生平事迹。每人都附有肖像漫画及生平简表。(李镇)

K000228 **世界著名思想家辞典** [英]伊丽莎白·迪瓦恩等编著。河北人民出版社1994年9月版。110.4万字。64.00元。共收20世纪以来对人类思想作出巨大贡献、对人类思想产生重大影响的思想家411位,包括哲学家、经济学家、法学家、心理学家、政治学家、社会学家、文学家、艺术家、历史学家、教育学家、生物学家、建筑学家、物理学家、化学家、人种学家、人类病理学家等。凡是在各学科领域有重大建树并由此推动人类思想发展的杰出人物均能在本辞典中找到。对每位思想家的介绍,包括生平、著作、后人对之进行研究的文献书目及一篇署名的权威性评论,还特别对每位思想家的著作目录作了英文对照注释。(李剑霞)

K000229 **外国一百个军事家** 许志龙、朱大富主编。江西人民出版社1994年9月版。56万字。21.00元。收自公元前5世纪的波斯大流士一世,至1990年海湾战争中的萨达姆等100个外国军事家的小传。简要客观地介绍各人的生平和成长历程,着力评述他们的军事理论、作战谋略、指挥才能。每位军事家配有肖像素描。(龚平如)

K000230 **二战将帅丛书** 程广中、李德福主编。世界知识出版社1994年9月版。分4部分,共16种:《热血豪胆巴顿》、《桀傲不驯麦克阿瑟》、《胜利象征朱可夫》、《稳打稳扎蒙哥马利》、《骁勇善战崔可夫》、《乱世枭雄戈林》、《沙场斗兽隆美尔》、《战争赌徒山本五十六》、《大智若愚布莱德雷》、《海上骑士尼米兹》、《闪电凶神曼施坦因》、《坦克怪杰古德里安》、《英伦之豹蒙巴顿》、《智勇双全华西列夫斯基》、《刚烈将军史迪威》、《侵华恶魔冈村宁次》。丛书所收的正反两方面共16位人物,均是二战中的著名军事指挥者,包括参战的主要国家及陆、海、空各军兵种。每册均为全传,介绍传主的出身、成长、主要活动、个人生活以及最后结局。书中特别注意将人物活动的叙述与当时的时代背景相结合,与二战的战场形势相结合。对于德、日法西斯将帅，在介绍其生平及其活动的同时，注意揭露其发动战争、扩大战争的反动本质，启发读者正确看待二战的历史和战争的实质。（吴力超）

K000231 **二次大战三巨头** 解力夫著。世界知识出版社 1994 年 9 月版。102 万字。60.00 元。包括《纵横捭阖——斯大林》、《身残志坚——罗斯福》、《临危受命——丘吉尔》三种。以历史唯物主义的观点，以翔实的材料，生动地描述了二次大战三巨头斯大林、罗斯福、丘吉尔为争取反法西斯战争的胜利所进行的艰苦卓绝的斗争和立下的不可磨灭的历史功勋。书中介绍了他们叱咤风云、运筹帷幄的气魄，临危不惧的胆略，同时也客观地描写了他们之间的复杂矛盾和尖锐斗争。（张光勤）

K000232 **二次大战三元凶** 解力夫著。世界知识出版社 1994 年 9 月版。98.4 万字。60.00 元。包括《盗世奸雄——希特勒》、《战争狂人——东条英机》、《专制魔王——墨索里尼》三种。以历史唯物主义观点和翔实的材料，以章回体形式，生动地刻画了发动第二次世界大战的元凶、法西斯头子希特勒、东条英机、墨索里尼罪恶的一生，叙述他们如何发动世界大战并给世界各国人民带来深重灾难，记述了他们走向彻底失败的灭亡过程。（张光勤）

K000233 **将军——总统** 解力夫、州长治著。世界知识出版社 1994 年 9 月版。94.1 万字。56.00 元。包括《坚韧不拔——戴高乐》、《大器晚成——艾森豪威尔》、《如钢似铁——铁托》三种。以章回体形式，生动地描述了二战时是将军、战后成为总统的戴高乐、艾森豪威尔、铁托等具有传奇色彩的一生。内容丰富、材料翔实，既有对他们军事伟业的生动描写，又有对他们政治韬略的详实纪录。（张光勤）

K000234 **十大数学家** 傅钟鹏编著。广西科学技术出版社 1994 年 10 月版。16.5 万字。6.10 元。介绍中外十大数学家欧几里得、刘徽、秦九韶、笛卡儿、费马、莱布尼茨、欧拉、拉格朗日、高斯、希尔伯特的生平事迹和主要成就。为"十大科学家丛书"之一。（马如海）

K000235 **十大化学家** 张学铭编著。广西科学技术出版社 1994 年 10 月版。9.5 万字。3.65 元。介绍世界十大化学家玻义耳、拉瓦锡、道尔顿、戴维、维勒、凯库勒、诺贝尔、门捷列夫、范霍夫、阿累尼乌斯的生平事迹和主要成就。为"十大科学家丛书"之一。（马如海）

K000236 **诺贝尔奖获奖者全书** 唐得阳主编。团结出版社 1994 年 10 月版。108 万字。68.00 元。诺贝尔奖作为世界公认的包括自然科学和人文科学的最高荣誉之一，一向为世人瞩目。该书收录自该奖于 1901 年颁奖以来至 1992 年，共计 626 个获奖者的有关资料，包括获奖者（单位）原文名、汉译名，个人生平简历或单位历史发展活动状况，获奖原因，主要成就和荣誉，以及有关获奖人的主要著作等。分物理学奖、化学奖、医学及生理学奖、文学奖、经济学奖和和平奖六个奖项分类编排，逐年、逐人予以介绍，并配有全部获奖者照片。为方便读者检索查阅，编有和原文人名、单位名相对照的汉译名索引；卷首有介绍有关诺贝尔奖的缘起和颁奖情况的《诺贝尔奖概说》一文。（唐得阳）

K000237 **十大物理学家** 周文斌编著。广西科学技术出版社 1994 年 11 月版。17.48 万字。6.35 元。介绍世界十大物理学家阿基米德、牛顿、伽利略、法拉第、麦克斯韦、玛丽·居里、卢瑟福、爱因斯坦、玻尔、费米的生平事迹和主要成就。为"十大科学家丛书"之一。（马如海）

K000238 **中原寻根——源于河南千家姓** 谢钧祥主编。河南人民出版社 1994 年 12 月版。66.3 万字。39.80 元。河南是中华姓氏的主要发源地之一，在中华姓氏史上占有极其重要的地位。本书根据古代典籍及有关史料，对起源于河南的 1 507 个姓氏进行了考证。全书由总论、上编、下编三大部分组成。总论包括：源远流长的中华姓氏、河南得姓的优越条件、华人祖根大半在河南、中原诸姓先民的外迁、数典敬祖漫话寻根热等；上编为"源（望）于河南的常用姓源流考"，对源（望）于河南的 106 个常用大姓的起源、分支、演变、播迁、名人业绩、现状、宗族文化以及寻根敬祖的盛况，依次进行了详细的论述；下编为"起源于河南的其他姓氏"，对上编所述 106 个常用大姓以外的其他源于河南的 1 401 个姓氏进行概括介绍，指出其起源、分支，征引有关文献资料交代其来历。（刘彦杰）

中国人物传记

K000239 **顾维钧回忆录** 中国社会科学院近代史研究所译。中华书局 1983 年 5 月至 1994 年 6 月版。600 万字。13 册。顾维钧（1888—1985）是近代中国杰出的外交家，自 1912 年担任北京政府总统府及国务院秘书起，历任外交总长，驻英、美、法公使、大使，驻国联及联合国代表，以及海牙国际法庭法官、副庭长等职，是旧中国外交事务的参与者和历史见证人。其回忆录涉及旧中国的外交、政治、军事、经济、文化等各方面的史实，是研究近代中外关系史的第一手资料。按作者经历，回忆录分为童年及求学时代、担任外交官的头十年、回国任职、出使法国、二度使英、第二次出使华盛顿、再度出使华盛顿和海牙国际法院十年8卷。书后附有人名索引、顾维钧生平简介等。(李占领)

K000240 **徐悲鸿书信集** 徐悲鸿著。河南教育出版社1994年版。20万字。5.65元。"名家书信集丛书"之一种。徐悲鸿是中国著名的画家和艺术教育家。早在1928年，他就和田汉一起在上海创办了"南国艺术学院"；建国后，他是新中国第一任中央美术学院的院长，为中国美术教育贡献毕生精力。徐悲鸿的油画享誉海内外，他的《九方皋》、《田横五百士》以及多幅奔马图都被视为稀世珍品。本书收入徐悲鸿从1921年至1953年给他的亲属和友人的书信近200封。这些书信中不仅反映出这位艺术大师的艺术观点和艺术追求，也反映出他对人生的态度，以及他对友人的真挚感情。

K000241 **徐志摩书信集** 徐志摩著。河南教育出版社1994年版。21万字。6.00元。"名家书信集丛书"之一种。徐志摩是现代文学史上的著名诗人、散文家，是"新月派"的主将。他的诗在当时被人称为"开一代诗风"，他的散文更具个性特色，有一种"浓得化不开"的感情色彩。本书所收他给友人和亲人的信函200余封，更是随兴之所至，情之所引，毫不掩饰自己的真实感情。尤其是他写给陆小曼的60余封情书，更是追求爱和美的诗篇。本书总汇了《爱眉小扎》、《爱眉小扎及其续编》、《徐志摩日记、书信精选》、《徐志摩书信》等书的内容，并经编者考订和注释。(宋士杰)

K000242 **何应钦的宦海沉浮** 熊宗仁著。河南人民出版社1994年版。26.7万字。11.80元。何应钦是在中国现代史上曝光多、隐秘也多的一个重要的历史人物。该书将何应钦的一生，概括为一条主线、两对矛盾，即反共的主线，依附性与权势欲之间的矛盾，对社会及官场的普遍适应性与他个人生活作风、个性品格之间的矛盾。何应钦一生，为反共而亲日，对共产党以怨报德、至死不悔，导致抗日力量的削弱，使中国人民付出了不应付出的代价；与蒋介石的关系，虽有波折和断裂，却能善始善终，还延及其接班人蒋经国，其中起决定作用的主观因素是何应钦对权势的崇拜与依附。该书探讨了传统文化在何应钦身上正负两方面的效应，对"何梅协定"和"西安事变"中的何应钦，提出了作者的看法；对他在台湾坚持一个中国，反对台独、"两个中国"、"一中一台"等，作了客观评价。(张黛)

K000243 **宋美龄传** 林家有等著。河南人民出版社1994年版。33.6万字。18.00元。以叙事为主，从宋美龄的家庭和启蒙教育一直写到她到美国隐居。通过写宋美龄来揭示旧中国蒋、孔、宋三大家族的兴起、结合、发展、衰微、分裂和败落的过程。书中未对宋美龄的种种言行轻下结论，只是客观反映传主一生的事迹，凭史料记载去说明。本书吸收了海内外许多学者的研究成果，并力求写得生动活泼，引人入胜。(张黛)

K000244 **任弼时与中国青年** 柳建辉等编著。辽宁人民出版社1994年版。23万字。14.00元。介绍任弼时从16岁参加中国社会主义青年团，直到逝世那天止，在整整30年间里，埋头工作、不计名誉、地位，不顾严重病情，以全部精力从事中国人民革命解放事业的伟大业绩。列举了任弼时为社会主义青年团建设呕心沥血、不被白色恐怖吓倒、抵制"左"倾错误保护革命青年、抗日青年的良师益友、新民主主义青年团的缔造者等史实。介绍了他一生走过的闪光足迹，再现了他作为青年的导师、杰出的共产主义者的风貌。(于海寰)

K000245 **永远的爱心·冰心** 王炳根著。山东画报出版社1994年版。16.1万字。11.80元。冰心是中国家喻户晓的女作家。她生于1900年，在五四时代便已成名，对中国现当代文学产生了不可磨灭的影响。有关冰心的传记已出过数种，但都只写到建国初期。本书是反映冰心94年人生的传记。作者是中国冰心研究会秘书长，对冰心生平、作品有深刻研究，而且多次拜访冰心，与冰心相熟。书中作者以第一人称出现，使整部作品读来亲切、可信。书中收有冰心从童年到94岁的照片56幅。为"名人照相簿"之一。(汪稼明)

K000246 **驿路万里·钟敬文** 山曼著。山东画报出版社1994年版。15万字。9.00元。一位老学人，不到20岁就开始写作诗歌、散文，搜集民间故事与民间歌谣，青年时代就一本一本地出版学术著作和散文集、诗歌集。如今，年过90，仍旧全负荷地工作。日本学者称他是"中国民俗之父"，他的好朋友都叫他寿星。郁达夫曾称赞他的散文"清朗绝俗，可以继周作人、冰心后武"。他便是钟敬文。尽管钟敬文在文化、教育领域成绩很大，但由于他所从事的学科领域比较偏僻，加上多年来一直宣传不够，社会上知道他的人并不多。本书是钟敬文的第一本传记，以凝练的文字，配上 48 幅不同时期的照片，展示了这位“孤独的跋涉者”的生平。（刘瑞琳）

K000247 **天心月圆·弘一大师** 陈星著。山东画报出版社 1994 年版。12.9 万字。9.60 元。弘一大师（李叔同）是中国近代艺术先驱、佛门高僧，1880 年生于天津。出家前，他兼擅书法、篆刻、音乐、戏剧、诗文；1918 年出家后，简苦自持，悉心研佛，弘扬南山戒律，护法护生，成就慧业，被誉为中国近代四大高僧之一。生动的笔调，翔实的资料，传奇的故事是这本书的最大特点。书中对弘一大师生平中的许多疑点进行了慎重的考证。收入的 40 多幅弘一大师照片，尤其珍贵，其中不少是首次发表。为“名人照相簿”之一。（汪稼明）

K000248 **共和国的缔造者** 吕厚民等编。山东美术出版社 1994 年版。0.8 万字。168.00 元。毛泽东、周恩来、刘少奇、朱德、陈云、邓小平等老一辈无产阶级革命家，在各自的革命生涯中，为人民的事业贡献了自己毕生的精力。该画册收集 200 幅图片，真实地展示出伟人们的音容笑貌和精神风采，反映了他们生活、工作的瞬间精彩场景。每幅图片配以文字说明。（任肖黄）

K000249 **中国近代文学大系·书信日记集第二卷** 郑逸梅、陈左高编。上海书店 1994 年版。51 万字。28.00 元。“中国近代文学大系”的第二十四卷。收录近代著名日记 39 家 47 种，包括谭献《复堂日记》、叶昌炽《缘督庐日记》以及张荫桓、文廷式、康有为、梁启超日记等，还发掘整理了一批未曾公开发表过的日记。由于作者原先排日作记，未拟公之于众，故能真率无隐。本卷所选，从一个侧面如实反映了从戊戌变法至辛亥革命时的政治风云、社会现象，以及作者从事创作的心态和见解。从各家作品形式内容的渐变，又可窥见近代文学步入新文学的轨迹。（郑晓方）

K000250 **中国现代水利人物志** 中国水利百科全书编辑委员会、水利电力出版社水百编辑部编。水利电力出版社 1994 年版。101.1 万字。50.00 元。《中国水利百科全书》的副卷。介绍 3 600 余人的经历和成就。收录的水利人物包括：建国前的著名专家和学者；建国后历任水利（水利电力）部长、副部长；中国科学院学部委员、国家学位委员会委员，“有突出贡献的中青年科学、技术、管理专家”，“设计大师”、“勘察大师”；国家发明奖，科技进步奖，国家自然科学奖的特、一、二等奖获得者；资深的司局级领导人；正高级专业技术职务的专家和学者；资深的博士生导师，博士，国家优秀设计金、银质奖项目的主要技术负责人等；全国劳动模范、全国先进生产（工作）者、全国先进科技工作者；水利系统以外的航道与港口、城镇给排水、水文地质及工程地质等方面的著名专家。以人物立条目，释文内容项目有：姓名、生卒年月日、籍贯、性别、别名、民族、主要学历和经历、重要著译。条目按人物姓名的汉语拼音字母顺序排列。（孔令文）

K000251 **中国十元帅** 黄瑶、阎景堂主编。四川人民出版社 1994 年版。68 万字。2 册。26.00 元。朱德、彭德怀、刘伯承、贺龙、陈毅、罗荣桓、徐向前、聂荣臻、叶剑英以及林彪，是中国人民解放军的十位元帅，都是跟随以毛泽东为核心的中国第一代领袖征战南北的开国元勋。林彪前期也是有卓著战功的，但他晚年野心膨胀，最后发展到叛党叛国，彻底走向反面。为尊重历史，本书亦为林彪立传，并按授衔时的顺序排列。十元帅各有不同的经历，各有不同的性格和特点，他们分别参与指挥了我军历史上重大的战役、战斗，对夺取全国的胜利、缔造新中国，以及人民军队的建设等作出了重大贡献。他们在实践中总结出来的军事理论，已成为毛泽东军事思想的组成部分。本书突出重点，既勾画出各元帅生平概貌，又着力写好最能体现其在历史上的作用、最精彩动人的篇章，还力求展现他们不同的性格特征、内心世界和感情生活，使人物栩栩如生，有较强的可读性。（聂运华）

K000252 **梅兰芳与中国文化** 周姬昌著。武汉大学出版社 1994 年版。16.5 万字。10.00元。从文化的视角研究梅兰芳。以梅兰芳热情激越的爱国情怀为经进行理论概括，以梅兰芳博大精深的戏剧技艺为纬进行系统阐述，以使读者对梅兰芳卓越的艺术成就，有一个全面的认识。全书分为三编：第一编论述在中国文化氛围中熏陶成长的梅兰芳；第二编论述梅兰芳的艺术思想及其包孕着的以人文主义为主体的文化内涵；第三编论述了具有中国文化鲜明特色的梅兰芳戏剧技艺品格。（宋玲玲）

K000253 **康熙皇帝一家** 杨珍著。学苑出版社 1994 年版。28 万字。18.80 元（精），14.80 元（平）。对古代帝王家庭进行个案研究的学术专著。全书分 9 章。前 3 章探索康熙帝的尊长，中 3 章述论他的妻妾儿女，后 3 章兼涉他的兄弟、外戚和苏麻喇姑。其中对他的婚姻、生育、抚养教育子女、赡养老人、休息娱乐等都有涉及。书中资料比较丰富,除常见者外,还使用了大量满文档案及部分英文材料,揭示出康熙一家一系列鲜为人知的史实,填补了康熙研究中的一些空白,可深化读者对这位历史名君的认识。书中始终将康熙一家置于清初政治风云中加以考察,注重发掘并剖析人物的内心世界,同时妥善地处理了与政治史、宫廷史、社会史等学科相交叉的问题。(杨珍)

K000254　**乾隆皇帝全传**　郭成康、成崇德等著。学苑出版社1994年版。150万字。123.50元(平),134.50元(精)。分14章。特点是:注重史实,系统完整,运用300多种文献资料,吸收百多篇学术研究成果,以纪传、评论相结合的写法,全面记述了弘历诞生、成长及其称帝后在政治、经济、文化、外交等方面的政绩和失误;叙论得当,评价公允,叙述注意依据,评论不隐恶、不溢美,还对若干传说中把乾隆皇帝描绘成充满传奇色彩的风流天子作了纠正;同时,还围绕传主行事,穿插宫中轶闻与有关人物、事件的生动事例,折射出清王朝最为鼎盛的百多年的历史风貌。书前配有64帧彩色图片,多取材于清廷档案和珍贵文物,为世人所罕见。书后附有传主《年谱简编》、《清朝世系表》和康、雍、乾三朝《皇子、后妃表》,并缀有全书详实的参考书目。唯感不足的是书成于众人之手,难免有写法、风格不尽统一之处,或内容有重复的地方。(一兵)

K000255　**奉献在丝绸**　中国丝绸协会、中国国际名人院编。中国纺织出版社1994年版。51.4万字。45.00元。丝绸业人名录。收录全国大部分省、市、地区在丝绸业的科学技术、经营管理、贸易战略、文化教育、出版等方面作出特殊贡献、获省级以上奖励、一般在丝绸业工作30年以上、有六级工程师及以上职称者(包括相当水平的研究员、农艺师、会计师、经济师),以及有高级职称的处级及以上待遇的领导人员等589人。他们为发展中国悠久的丝绸业辛勤耕耘、奉献一切。本书扼要实录他们的工作经历和实绩。(范森)

K000256　**故宫珍藏人物照片荟萃**　刘北汜、徐启宪主编。紫禁城出版社1994年版。534万字。250.00元(精),180.00元(平)。故宫珍藏的历史照片数量很大,其中人物照片,除少数报刊披露过一小部分外,绝大多数从未公诸于世。本书基本包括了故宫旧藏照片之精华,在清末民初的人物照片中具有很强的代表性。全书尽量依人物身份和时间先后进行编排,共分"着色照片"、"慈禧"、"奕譞"、"光绪后妃"、"载沣"、"溥仪(出宫前)"、"溥仪(出宫后)"、"婉容文绣"、"太监宫女"、"晚清新式军队"、"八国联军"、"清代官员及其他人物"、"戏剧人物"、"社会剪影"、"民国人物"和"故宫博物院早期照片"等部分。每辑前冠以必要的史实说明,以便读者对照片的内容有更好的理解。在编排过程中,对照片中不少人物的姓名、身份、年代,曾请清史专家溥杰、溥任、朱家溍等分别鉴定和识别,以保证所选照片的准确性。(左远波)

K000257　**陶峙岳将军**　胡永阳等著。党建读物出版社1994年1月版。17.5万字。7.60元。叙述了陶峙岳由一个青年学生到国民党的高级将领,由国民党的高级将领又到共产党的军区副司令、生产建设兵团司令、全国政协副主席的全过程。表现了主人公由一个民主爱国主义者成长为一名共产主义战士的思想发展脉络。作品以翔实的史料为基础,加上生动感人的细节描写,既具史实性,又具文学性;既有叱咤风云的历史画面,又有耐人寻味的生活小事。(建萱)

K000258　**侯德榜**　李祉川、陈歆文著。福建科学技术出版社1994年1月版。13.8万字。11.95元。"福建籍科学家传记丛书"之一。介绍中国化工界的科学巨子、闻名于世的制碱专家侯德榜的生平事迹。农家出身的侯德榜从小就立志科学救国,自强不息。他学途坦荡,以优异成绩派送美国麻省理工学院学习化工。学成归国后,他致力于中国化工事业,一生奋斗拼搏,竖立了一座座丰碑,为后人所敬仰。他打破了外国的技术垄断,掌握和完善了索尔维制碱法,发明创造了"侯氏碱法"等,不但使中国化学工业展翅腾飞,还无私地帮助弱小国家发展民族工业。他大力扶持年轻一代,位高权重而不失科学家的本色,博学多才而永远谦虚的风范永存。(唐琪)

K000259　**蒋介石的人际世界**　程舒伟、雷庆主编。吉林人民出版社1994年1月版。56万字。25.00元。从蒋介石与形形色色的各种人之间的关系与交往,反映和揭示蒋介石的性格、处事方法、统治手段、阴谋权术、政治需要与文化心理,再现蒋家王朝怵目惊心的黑幕,阐述了国民党失败的内因。(关静)

K000260　**鲁迅的人际艺术**　解洪祥著。山东大学出版社1994年1月版。17万字。7.60元。"鲁迅的艺术世界"丛书之一。将鲁迅的人际艺术归纳为六个专题:"爱的大纛"、"义不容情"、"略小节而取其大"、"尊师重道"、"党的一名小兵"、"风沙中的大建筑”,全面展现了鲁迅的爱与憎、宽容大度与疾恶如仇。作者认为,鲁迅的爱憎、宽容、疾恶以及情感的变化与其人格特征、思想观点密切联系着。书中以丰富的资料,通过鲁迅与家庭亲子、朋友、师生、各类文人及与共产党人、国民党人之间的错综复杂的人际关系,揭示了其人格特征及其由以进化论为哲学基础的民主主义者转变为马克思主义者的独特经历。作者特别指出,鲁迅与中国不少马克思主义者从传统文化思想直接走向马克思主义不同,而是批判地吸收了现代派文化中有价值的部分,因而鲁迅成为马克思主义思想史上一个罕见的典型。(曲厚芳)

K000261 **“人性的治疗者”——沈从文传** 吴立昌著。上海文艺出版社 1994 年 1 月版。22.6 万字。10.10 元。沈从文是中国杰出的文学家。作者根据多年的观察和思索,发觉沈从文一生的“贯彻动作”就是对人性的执意追求。沈从文曾以“人性的治疗者”自居,因此作者即以此作为本传的书名,同时作为全书写作的中心。作者说:“如果说,沈从文那么多不同文体的创作是‘磨盘’,那么人性则是‘轴心’,离开它,作家的笔就无法转动。他创造的形形色色的故事和人物,都可以说是从人性‘轴心’向四面辐射出来的。”作者详尽论述了沈从文赞颂和忧虑的人性的美与丑、善与恶。与此同步,作者又勾画了沈从文一生的浮沉曲折,并由此深入剖析了围绕沈从文而出现的“文学”与“政治”几十年的纠缠所形成的梦魇般的怪圈。(陈征)

K000262 **萧友梅纪念文集** 戴鹏海、黄旭东编。上海音乐出版社 1994 年 1 月版。38 万字。22.00 元。为纪念中国新音乐运动的先驱、近代音乐教育的开拓者萧友梅诞辰 110 周年而编。全书辑 1940 年以来有关萧友梅的新闻报道、纪念回忆、研究评论等文共 78 篇。这些出自萧友梅的亲朋好友、同事弟子、音乐界知名人士和海内外专家学者之手的篇什,从不同角度折射出萧友梅为开创中国近代专业音乐教育安身立命的一生,含有萧友梅研究的最新成果,兼有史料性、学术性、权威性和相对完整性。系《萧友梅音乐文集》的姊妹篇。(李章)

K000263 **赵树理年谱** 董大中编。北岳文艺出版社 1994 年 2 月版。53.6 万字。17.50 元(平),20.50 元(精)。1982 年初版的增订本,为“中国赵树理研究会丛书”之一。体例和编辑宗旨完全因袭初版,所不同的是:一、材料增加了。当初编这本年谱时,作者由于考虑到全书各编年的平衡,许多材料没有“投入”,这次作了补充,并在一些条目中有意多引用了回忆者的原文,有时引用两文或更多人的文章,从不同角度弄清谱主当时的活动情况,以有助于克服各编年之间的不平衡,使绝大多数年份的材料显得具体、详尽和充实。二、进行再考证。谱主生平事迹留下的文字资料很少,而许多材料(包括谱主自己的回忆和他人文章、著作中的记述)都不够准确。为了弥补这一缺陷,这次重编年谱,作者又作了一番深入的研究和缜密的考证,专门撰写了考证文章,并删去了初版中一些不准确的记载。三、加深理解。作者在引用知情人的回忆材料时,又适当地编入一些有关谱主的轶闻、琐事,力求以小见大,展现谱主的整体形象,进一步帮助读者对谱主人品作品的深入理解。(谢中一)

K000264 **八桂丰碑** 副名:民主革命时期广西烈士传。潘育生编著。广西人民出版社 1994 年 2 月版。6 万字。2.00 元。介绍韦杰三、覃超容、谭寿林、韦拔群、钱兴等 19 位广西籍或在广西牺牲的部分革命烈士在大革命时期、土地革命时期、抗日战争时期和解放战争时期的英雄事迹。(邓耘)

K000265 **古书人物辞典** 庄克华主编。江西教育出版社 1994 年 2 月版。120 万字。20.50 元。从千余种古典书籍中精选出 4 500 余个人物形象构设词条,上起先秦,下至晚清,全面地介绍了中国古代文学作品中的人物形象。所指文学作品不囿于小说体裁,而是覆盖了戏剧、散文、诗辞文赋等;所指人物包括拟人化了的神、仙、鬼、怪等文学形象。所收人物都有较鲜明的性格特征,并系连着一定的故事情节。对于不同书中的同一人物按原著编撰的时序先后排列,沿着中国古代文学史发展的长河追溯渊源,可见人物形象随着社会的前进而不断嬗变。如崔莺莺这个文学形象,从唐元稹的《会真记》(即《莺莺传》),经金代董解元的《西厢记诸宫调》,到元王实甫的《西厢记》,从由别人摆布命运,到成为大胆执著地追求幸福爱情、内心强烈地反抗封建礼教的叛逆女性,人物性格渐趋复杂,人物形象日益丰满。该书可使读者从中窥见中国古典文学的发展轨迹,洞悉各个时代的生活底蕴和众生相。(席联鑫)

K000266 **绿色的开拓者** 副名:中国著名植物学家吴征镒。周鸿、吴玉著。科学普及出版社 1994 年 2 月版。9.9 万字。7.50 元。“中国科技人物丛书”之一。以生动细腻的笔触记录和描述了中国著名植物学家吴征镒的一生。吴征镒素有“植物电脑”之称,他不仅是一位世界级的植物学家,而且是植物学家群体中出色的领导者和组织者。他集中国植物学研究之大成，逐步深化和完善了中国植物区系学的理论，同时以自己的品格和情操教育和影响着后来学子。他的科学生涯和成才之路对青少年尤有教益。(黄爱群)

K000267 **陕西科技新秀** 姚远编。陕西师范大学出版社1994年2月版。25万字。6.00元。为在科技兴国和科技兴陕中涌现出的102名先进青年科技工作者立传。内容可分为两部分：一为包括生平、学术简历和在科学技术方面的主要贡献的事迹介绍；二为所从事专业或学科的科普短文。二者相辅相成，互为补充，形成一种别具风格的传记样式。反映了改革开放以来陕西科技界后继有人的喜人景象，也为新一代青年科技工作者的成才树立了良好的榜样。(王佰铭)

K000268 **无法直面的人生——鲁迅传** 王晓明著。上海文艺出版社1994年2月版。17.4万字。8.60元。鲁迅无可争辩是伟大的，但他不是神，而是人。他一样在深重苦难的时代中挣扎。他虽然有着“我以我血荐轩辕”的大志，但一生到处碰壁，虚无感、幻灭感、孤独感这些“毒气和鬼气”，在他的灵魂中始终挥赶不去。作者从传主对阿Q们的居高临下的批判当中，体会出他有一种深陷愚民重围的不自觉的紧张，一种发现自己的呐喊其实如一箭射入大海并不能激起些微浪花的悲哀；从他对历代专制统治者的轻蔑背后，感觉到他一种无能为力的痛苦，一种意识到思想和文字远远敌不过屠刀和监狱的沮丧；从他那强聒不舍的社会斗士的姿态背后，也看到了他深藏的文人习气。鲁迅的精神创伤与内心痛苦，远比一般常人深广而深刻，这也许正是鲁迅之所以成为鲁迅的一个重要原因。(陈征)

K000269 **营造巴比塔的智者——钱钟书传** 张文江著。上海文艺出版社1994年2月版。14.8万字。7.40元。在生动描绘钱钟书的生活和人生旅途的曲曲折折的同时，着重梳理了钱钟书学术的渊源、知识结构的形成，展示了一代学人求学、求知的精神。(陈征)

K000270 **新月下的夜莺——徐志摩传** 宋炳辉著。上海文艺出版社1994年2月版。21.3万字。9.80元。就传主一生对爱的追求，包括他浪漫的婚恋经历，进行了深入的剖析。作者指出，爱是徐志摩“生命的中心和精华”，并说这是对立于礼法传统的崭新的人生理想。虽然这一理想本身带有强烈的个人主义气息，但在长久处于黑暗、沉闷、窒息之中的20世纪初的中国，则是吹进一缕清风，闪现一缕明亮，因而具有时代的意义。(陈征)

K000271 **中国地质矿业家列传** 中国地质矿业家列传编委会编。新华出版社1994年2月版。67万字。30.00元。以实事求是的态度概略地记述了720余名地质、矿业工作者所走过的人生历程以及他们对社会主义祖国所作出的巨大贡献。他们中间，有老专家、老学者、老领导，有年富力强的中、高级科技英才和企业领导者，还有一些很有发展前途的年轻地质、矿业工作者。他们分布在全国地质、勘探、石油、矿山等部门。(白云章)

K000272 **心路历程** 副名：徐四民从仰光、北京到香港。章梅鹤著。中国工人出版社1994年2月版。24万字。12.80元。介绍爱国华侨徐四民的人生经历。抗战时期他在缅甸积极从事抗日活动，认定“中国的希望在延安”，后参加中国人民政治协商会议筹备会议，是中华人民共和国驻缅甸大使的真诚朋友。他大力推进中缅贸易。60年代中期回北京定居，经历“文革”浩劫。70年代中期携家小定居香港，创办《镜报》月刊，批判极左思潮，竭诚拥护改革开放路线。他旗帜鲜明地支持以“一国两制”的原则解决香港问题，为香港早日回归祖国尽了自己最大的努力。本书为“海外著名华人传记丛书”之一。该丛书以在海外取得非凡成就的华人为描写对象，展示他们非凡的经历和战胜磨难、自强不息的精神，以及对故乡的热爱与奉献。已出版6种，其他5种为《大投资者胡应湘传》、《商旅生涯不是梦》、《吴多泰与我》、《周颖南传》、《杜学魁》。

K000273 **新文化出版家徐伯昕** 江苏省政协文史资料委员会、常州市政协文史资料委员会编。中国文史出版社1994年2月版。37万字。18.00元(精)，14.00元(平)。徐伯昕是中国人民出版事业的开拓者之一，自20年代起即协助邹韬奋主办《生活》周刊，1932年又一起创办生活书店，由小到大，由上海一地发展到全国，以至海外，影响深远。在生活书店受到国民党当局严重摧残的艰难条件下，他百折不挠，锐意经营，通过各种渠道联系广大读者，散播革命文化的种子，表现出献身新文化事业的胆略、勇气和远见。本书以较多篇幅，通过共事者的追忆，总结了徐伯昕在出版工作中的宝贵经验，全面反映了他在这一领域中的辉煌业绩。

K000274 **翁同龢传** 谢俊美著。中华书局1994年2月版。48.4万字。29.00元。翁同龢是中国近代史上有影响的政治家、诗人兼书画家。清末同治、光绪年间所发生的一系列重大历史事件，如中法战争、中日战争、戊戌变法等都与他有关。本书全面记述和评价了翁氏一生的经历。书中以翁氏一生主要活动为线索，依据其著作、日记、与朋僚往来函稿、自定年谱等资料，并参考当时的官方档案、野史笔记，客观公正地记述了翁氏在清末政治漩涡中跌宕曲折的一生，具有较高学术价值。(侯明)

K000275 **梁漱溟与胡适** 副名:文化保守主义与西化思潮的比较。郑大华著。中华书局 1994 年 2 月版。45.4 万字。24.20 元。全书分为:导言，文化保守主义与西方思潮的历史考察，综论，中西文化观，科学与民主观，传统文化的阐释，对中国文化出路的选择，结语等。揭示"五四"时期以梁漱溟和胡适为代表的两种文化思潮的内容、特征和发展历程，比较其文化取向、政治取向和学术思想的异同，分析其长短得失，评价其影响及对其进行研究的意义。本书为"中华近代文化史丛书"之一种。(陈铮)

K000276 **郑作新** 杨群荣著。福建科学技术出版社 1994 年 3 月版。13 万字。13.50 元。郑作新是中国科学院院士，国内外著名的鸟类专家，中国现代鸟类学的奠基人和鸟类地理学的开拓者，中国野生动物保护的积极倡导者和宣传者。本书分 40 节，从不同的角度，记述了郑作新热爱祖国、热爱科学、热爱社会主义、热爱共产党的动人事迹，详细地介绍了他在鸟类科学研究领域里取得的巨大成就。书末附有《郑作新纪事年表》、《郑作新的科普创作》。书中有 20 幅珍贵的照片，大部分是第一次发表的。本书是"福建籍科学家传记"丛书之一。(胡善美)

K000277 **蒋介石政治关系大系** 陈瑞云、朱建华等著。吉林文史出版社 1994 年 3 月版。300 万字。16 册。189.50 元。从国民党重要人物间的关系的角度，反映蒋介石复杂多变的人格，透视国民党兴衰的历程及其历史的必然性。已出版 16 种:《蒋介石和李宗仁》、《蒋介石和冯玉祥》、《蒋介石和汪精卫》、《蒋介石和陈立夫陈果夫》、《蒋介石和张学良》、《蒋介石和戴笠》、《蒋介石和胡适》、《蒋介石和胡汉民》、《蒋介石和阎锡山》、《蒋介石的首席秘书陈布雷》、《蒋介石和蒋经国》、《蒋介石和孙中山》、《蒋介石和宋美龄》、《蒋介石和何应钦》、《蒋介石和李济深》、《蒋介石和陈诚》。(李岩)

K000278 **傅抱石的青少年时代** 沈左尧著。南京出版社 1994 年 3 月版。15.8 万字。9.60 元。傅抱石，现代画家、美术教育家。青年时酷爱绘画、书法、篆刻。留学日本，攻东方美术史学。该书以翔实的资料，生动的笔触，全方位地记述了傅抱石前半生的生活、精神、业绩和艺术成就，活生生地再现了艺术大师青少年时代的形象。(石长安)

K000279 **桑热嘉措传** 刘文璞、刘成刚著。青海人民出版社 1994 年 3 月版。13.4 万字。4.20 元。桑热嘉措是解放后在青海民主改革和社会主义建设中有突出贡献的爱国民主人士。他为民族教育事业的建设与发展和民族文化事业的进一步繁荣做了富有创造性的工作。他的高尚品格和开拓进取、无私奉献的精神成为垂范后人的宝贵遗产。作者历时四年，广泛走访桑热嘉措生前的亲友和同事，查阅大量的档案史料，以传记文学的手法，详尽地记叙了桑热嘉措从早年入寺学经，刻苦钻研，追求知识，获取"格西"学位到解放后投身于革命工作，从一个宗教人士转变为自觉的革命者，全心全意地为党为人民奉献毕生的全部历史。在写法上，全书以桑热嘉措一生中几个主要阶段为线索，脉络清晰、详略得当地概括了他爱国主义的光辉一生和艰苦奋斗、自强不息的光荣历程，记述了他作为民族教育家和解放以来青海藏族文化教育事业的开创者的丰功伟绩，具有很强的可读性。为"西部教育丛书"之一。(安海民)

K000280 **中华英魂** 刘晓武主编。天津教育出版社 1994 年 3 月版。19.9 万字。7.00 元。"百年风云"丛书之一。分为上下两篇。上篇包括鸦片战争至中国共产党成立间的人物林则徐、孙中山等 25 人，下篇包括中国共产党成立到中华人民共和国成立间的人物蔡元培、李大钊、毛泽东、闻一多等 47 人。这 72 位英魂中，有爱国军事家、政治家、思想家、科学家、文学家、艺术家、教育家，也有革命党人、农民首领、工人领袖、抗日名将、民主斗士、爱国侨胞。他们是中国近代以来无数爱国志士的优秀代表。他们的经历，反映了中国革命的历史进程，以及百余年间中国人民为争取民族独立自由、国家繁荣富强而走过的艰难、曲折的道路。各篇既连贯而下，又独立成章。编写者运用评传的笔法，选择主人公人生的闪光点，着意刻画，并辅以恰切的评论，使人物事迹突出，形象丰满，以激励读者的爱国之志，达到对青少年进行爱国主义教育的目的。本书打破了同类读物一般只写政治、军事人物的框框，介绍了一些青少年以往不很熟悉的人物，特别是科学家和文化人，使爱国主义的思想主题显示出其文化底蕴，体现中华民族爱国主义传统产生的基础和发展脉络，表现出一种较新的叙事结构。(贾永来)

K000281 **傅斯年——大气磅礴的一代学人** 岳玉玺、李泉等著。天津人民出版社 1994 年 3 月版。

27万字。9.60元。“史海风流丛书”之一。系统记述中国现代著名的学者和社会活动家傅斯年的生平、思想及其在学术等方面的成就。新文化运动和“五四”运动时，傅斯年曾发表许多有影响的文章。其后，他又潜心古史研究，在先秦史、哲学史和考古学领域均成就斐然。他还主持中央研究院历史语言研究所工作多年，组织力量整理清朝内阁大库档案、发掘殷墟，为抢救和保护濒临散失的文化遗产做出了贡献。三四十年代，他把较大的精力放在社会政治和教育活动中，一心救国，但把救国希望寄托在国民党政权上，以致对共产党存有偏见。该书从学人的角度描写了傅斯年的一生，对他的学术活动、学术思想和成就，作了较高的评价。对他的政治活动，也作了公允客观的评价，侧重从其民族意识和忧国忧民两方面，勾勒出他既具有现代思想又具有浓厚传统名节情操的政治特色。体例上，全书不拘于一般传记作品以生平活动为轴心的写法，始终以“学术”为轴心，从传主的思想观点、学术主张及成果等入手，展示他曲折的一生。(陈益民)

K000282　**我与乔冠华**　章含之等著。中国青年出版社1994年3月版。21万字。17.00元。以章含之回忆为主体，加之冯亦代、徐迟、梁奎峰、崔奇、杜修贤以及乔冠华自述(录音整理)合集而成的书稿。整个书稿浸透了夫妻之爱和朋辈之爱的深情，从不同侧面和不同时期记述了乔冠华的才情秉性：青年时代是个聪明而淘气、富有正义感的高才生；抗日战争时期是才华横溢的国际述评专家；“文化革命”后期是代表中华人民共和国赴联大的外交家……他的温情及粗暴、他的阴郁和无奈连同他的音容笑貌跃然纸上，尤其是那段引起非议又绝非寻常的乔冠华与章含之的爱情，风风雨雨、坎坎坷坷真是催人泪下。他吟诵着文天祥“人生自古谁无死，留取丹心照汗青”的诗句踏赴黄泉之路，使他的人生又罩上了一层悲怨的色彩。(戢遐龄)

K000283　**谭震林传奇**　陈利明著。中国文史出版社1994年3月版。34万字。7.85元。谭震林从印刷工人到中华人民共和国国务院副总理、全国人大副委员长、中共中央顾问委员会副主任，一生艰险曲折，充满传奇色彩。他25岁上井冈山，跟随毛泽东浴血奋战，功勋彪炳；他指挥师旅，运筹帷幄，决胜千里，威震敌胆，驰名中外；在“文革”浩劫中，他置个人生死荣辱于度外，挺身而出，拍案而起，“大闹怀仁堂”，刚正不阿，气贯长虹，使妖魔为之丧胆，被诬为“二月逆流”“黑干将”；晚年壮心不已，宝刀不老，一身正气，两袖清风，丹心尽瘁，战斗到生命的最后一息。他在半个多世纪的坎坷生涯中，几次死里逃生，数度蒙冤受屈，忍辱负重，秉性不移，坚贞不渝。本书描写了他跌宕、峰回路转的人生之旅和非同凡响、鲜明独具的个性特征。(方正)

K000284　**许姬传艺坛漫录**　许姬传著。中华书局1994年3月版。40万字。19.75元。许姬传在梅兰芳身边工作四五十年，熟知梅兰芳其人其事和其他戏剧大师的艺术生涯。本书汇录作者从50年代起撰写的作品163篇，按内容分为文史拾遗、缕缕梅香、砚边留痕、古调徐舒和艺海碎浪等六个栏目。文中记述梅兰芳生平活动，评论梅派舞台艺术，追忆京剧昆曲的言菊朋、尚小云、马连良、孙菊仙等的轶闻逸事，生动可读。书前附有多幅珍贵历史照片。(陈铮)

K000285　**中国近现代音乐家传**　向延生主编。春风文艺出版社1994年4月版。240万字。4册。96.00元。全书4卷，收入19世纪末至20世纪末314位中国音乐家的传略。对他们的生平经历、成长道路、学习工作、音乐活动、艺术成就与历史贡献，作了全面记述与评价。所收传略，按人物出生年代为序编排。其中，第一卷都是清末出世的音乐家，有中国近代音乐的先驱者沈心工、广东音乐名家何柳堂、音乐教育家萧友梅、音乐理论家叶伯和、作曲家黎锦晖、民间音乐家华彦钧(阿炳)等；第二卷多为清末民初出世的音乐家，有作曲家张曙、音乐理论家吕骥、革命音乐家聂耳、音乐艺术家马思聪、民族音乐家王洛宾、《大刀进行曲》的作者麦新、《兄妹开荒》的曲作者安波等；第三卷多为20年代前后出世的音乐家，有女歌唱家唐荣枚、作曲家马可、朝鲜族作曲家郑律成、蒙古族民歌演唱家哈扎布、指挥家尹升山、音乐理论家丁鸣等；第四卷多为30年代至40年代出世的音乐家，有指挥家秋里、作曲家吕远、歌剧演唱家郭兰英、藏族女歌唱家才旦卓玛、男高音歌唱家李双江、现代音乐家施光南等。(耿瑛)

K000286　**才子传**　曹济平主编。河南人民出版社1994年4月版。82.4万字。39.20元。从浩如烟海的典籍中遴选了上自先秦下迄清末不同门类有代表性的55位一流才子。所用史料，既有正史，亦有野史、杂录等。文中叙述传主的生平事迹，并从时代造就、勤奋好学和博采众长等方面探讨了各人具体成才的底蕴。(李铁屏)

K000287　**齐白石研究大全**　刘振涛等主编。湖南师范大学出版社1994年4月版。39万字。

19.80元。包括齐白石小传、齐白石年谱长编、齐白石师友交往选录、齐白石谈画印诗书、齐白石艺术研究辑要、齐白石诗词选、齐白石印文汇编、齐白石研究资料目录索引等。汇编的资料比较完备,其中有一部分资料是首次刊发的。(徐新平)

K000288 **郦道元评传** 陈桥驿著。南京大学出版社 1994 年 4 月版。20.6 万字。13.00 元。郦道元是公元 5 世纪末叶著名的地理学家,其著作《水经注》是中国古代最杰出的地理著作,而且是一部文字生动、内容丰富的不朽历史名著。本书作者通过对传主的深入研究,揭示出郦道元不仅是个地理学家,还是一个渴望祖国统一的爱国主义者,展示了他许多高尚的思想和高贵的品质。在论述中,分析了传主生活的时代与地理大交流,介绍传主生平及其家世,并分别研究作为一个杰出的地理学家和爱国主义者的郦道元。书中用一半以上的篇幅对《水经注》进行深入的研究,揭示其中体现的人定胜天、不信鬼神、反对战争、疾恶扬善等思想,还分析了郦道元的治学方法,《水经注》的贡献信中的错误和学者对它的批评。收入“中国思想家评传丛书”。(贾舒)

K000289 **海瑞评传** 李锦全著。南京大学出版社 1994 年 4 月版。21.9 万字。14.00 元。海瑞(1513—1587)四岁丧父,母亲是他的启蒙教师,除亲口授书外,还有三条:“持家有纪法,教子有义方,律身以正义”。海瑞仕途坎坷,高风亮节,即狷介自守的教谕生涯,不畏上官的强项县令,敢骂皇帝的户部主事,摧折权贵的巡抚御史。他遭受诬陷而被迫引退,在野之身仍关心国事。他古稀之年,东山再起,廉洁爱民,终生不渝。海瑞主张培养立身行教的致用人才,人法兼资的立国政策。为政清廉,居官之本,志行高洁,立德为先。他认为民为邦本,本固邦宁。为官之道是洁己守法,勤政爱民。海瑞哲学思想表现在对孟子与陆、王心学的积极发挥,抑朱扬陆,以心为体,以行为用。重视人民物质生活,承认物质生活制约精神意识。认识方法是内外兼资求真求实,思想路线是言行一致实事求是。海瑞突出的地方是以刚直不阿著称。必为圣贤,不为乡原,是他一生始终尊奉的信条。(陈载玮)

K000290 **郭沫若与儒家文化** 中国郭沫若研究会编。山东人民出版社 1994 年 4 月版。22.6 万字。8.80 元。论文集。收入论文 24 篇,分为六个部分:综论,郭沫若与儒家文化的关系;一、郭沫若与孔子;二、青少年时代郭沫若的尊孔;三、郭沫若的美学、人格学和风格学;四、郭沫若与鲁迅比较研究;五、其他(包括《忆郭老游曲阜》等 3 篇文章)。关于郭沫若尊孔崇儒的倾向,是关系到从什么样的出发点去思考郭沫若与儒家文化的命题的关键,也是文集论文研究的中心问题。郭沫若在新文化运动中一方面表现出强烈的反叛意识和对西方近现代文化思想的巨大热情;另一方面又对孔子和先秦儒家文化思想表现出固执的认同感,并且这种尊孔崇儒的倾向贯穿郭沫若的一生。如何理解这种矛盾现象,是全书的研究中心。论文作者有朱德发、邓牛顿、蔡震、魏建、秦川、周海波、朱寿桐、罗炯光、王骏骥等。(姚梦林)

K000291 **林同骅航空事业奋斗记** 伊犁、伊林著。西南交通大学出版社 1994 年 4 月版。10 万字。6.00 元。记述著名美籍华人科学家林同骅的传奇式战斗历程。林同骅为美国国家工程学院院士,曾以其在力学方面的高深造诣和卓越贡献获得世界土木工程学会颁予的工程力学最高荣誉——冯卡门奖。在三四十年代中国抗日战争时期,和当时许许多多先进分子一样,林同骅渴望报效祖国,他选择了与自己所学专业相符的、航空救国的道路。他积极投入到“实业救国”的行列,无畏地面对战争带来的生命危险,于一无机具设备、二无金属材料的特殊困难条件下,在江南偏远潮湿、蚊蝇无忌的山洞中设计草图,以木代钢,为抗战制造了蝙蝠翼形轰炸机和 C—0101 运输机。林同骅的事迹在美籍华人特别是高级知识分子中传为美谈,产生了较广泛的影响。(刘立)

K000292 **溥杰自传** 爱新觉罗·溥杰著,叶祖孚执笔。中国文史出版社 1994 年 4 月版。21 万字。15.00 元。爱新觉罗·溥杰出生于前清醇亲王府,是中国末代皇帝的胞弟。童年,他作为小皇帝的伴读住进了紫禁城,在宫禁中度过了一段单调枯寂而又充满神奇色彩的岁月。他随溥仪出宫以后,常常耽于复辟的梦想,并为此东渡日本学习军事,与日本华族女子嵯峨浩结了婚。以后回伪满洲国任军官。日本战败,伪满垮台,他作为战俘在苏联度过了 5 年的囚居生活。1950 年,被引渡回国,在抚顺战犯管理所接受改造。10 年后,获特赦。翌年,与他离散 16 年之久的日籍妻子携次女归来,一家人重获团圆。在新中国,他相继担任全国政协文史专员、全国人大常委,尽心为祖国效力,为促进中日友好奔走。在自传中,溥杰如实地记述了他这曲折离奇、颇具传奇色彩的人生历程,热情讴歌了党的统战政策。语言质朴,情真意切。动情处,缠绵悱恻、催人泪下;忆往时,感慨系之,处处流露着“今是昨非”的慨叹,读来发人深

思。(吕长赋)

K000293 **名人自述** 朱正编。东方出版社1994年5月版。38万字。13.00元。选择20世纪前半叶的10位重要活动家作为自述的主人公。这10位是孙中山、梁启超、章炳麟、蔡元培、胡汉民、鲁迅、陈独秀、瞿秋白、胡适、梁漱溟。他们对20世纪前半叶的中国历史和社会发展起过重要的作用。这10位政治和文化名人的自述材料很多,在有限的篇幅内采撷精华确非易事。编者选出了他们的代表名篇,或坦陈政见,或直言经历,或抒发情怀,或臧否人物,从中可以清晰地了解他们的政见、人品、经历,并可从这些第一手材料中认识他们的历史地位,看到中国20世纪前半叶这一重要历史阶段的一些重要侧面。本书共选入29篇。在每个人物作品之前都有编者所写的简要提示,简介自述者生平和书中选用作品的内容。(邓蜀生)

K000294 **江青全传** [美]罗斯·特里尔著,刘路新译。河北人民出版社1994年5月版。26万字。12.80元。罗斯·特里尔是美国《纽约时报》知名记者,美国著名的中国问题研究专家。该传是他继《毛泽东传》之后推出的又一部中国政治人物传记。该书从一个外国人的独特视角,以客观生动的笔触,对江青77年的人生历程进行了深入而详尽的描述,把江青从出生直至自杀身亡等各个时期所扮演的角色及其复杂性格特征,栩栩如生地展现在人们面前,为读者了解这位特殊的中国历史上的反面人物提供了宝贵资料。(李方)

K000295 **传统与现代之间** 副名:寻找胡适。沈卫威著。河南大学出版社1994年5月版。19.4万字。6.50元。作者企图通过对胡适的社会生活环境和与他交往至深的几位历史人物的研究,探索胡适在中国现代史上的重大社会影响和历史价值。书中对胡适在思想方法、研究方法方面坚持实事求是的科学态度和他执著追求自由民主的精神,给予了高度评价。作者在《导论·小引》中引用毛泽东对胡适的看法说:"这个人也真顽固。我们托人带信给他,劝他回来,也不知道他到底贪恋什么?批判嘛,总没有什么好话。说实在话,新文化运动他是有功劳的,不能一笔抹煞,应当实事求是。到了21世纪,那时候,替他恢复名誉吧。"本书可以说是作者希望"抹去历史的尘埃,寻找属于胡适的世界"的一种初步尝试。(孟宪法)

K000296 **陈毅的语言艺术** 卢得志编著。山东大学出版社1994年5月版。16万字。4.20元。"陈毅的艺术世界丛书"之一。以"燕来雁去,相逢路上传春秋"、"把它从肥拖到瘦、从瘦拖到死"、"润之若在,必能阻止部队南行"等陈毅在各种场合所说过的话为题,介绍其时间、地点、来龙去脉等内容,再现了陈毅的语言艺术。(孙秀英)

K000297 **陈毅的军事艺术** 莫文、江南编著。山东大学出版社1994年5月版。15.6万字。3.90元。"陈毅的艺术世界丛书"之一。以陈毅一生中参加过的战斗为主线,突出军事艺术这个主体,展示了他的军事艺术才能。(孙秀英)

K000298 **陈毅的人生艺术** 徐晓曼等著。山东大学出版社1994年5月版。17.5万字。4.35元。"陈毅的艺术世界丛书"之一。以"辉煌人生路"、"风骨篇"、"情趣篇"、"交际篇"、"爱情篇"、"家庭篇"、"流韵篇"为题,再现了陈毅的英姿风采、豪情壮志。(孙秀英)

K000299 **陈毅的外交艺术** 王景科编著。山东大学出版社1994年5月版。20万字。4.95元。"陈毅的艺术世界丛书"之一。以"外交战线,初露锋芒"、"辅助有力,配合默契"、"立场坚定,策略灵活"、"面临高压,针锋相对"、"和睦邻邦,情谊为重"、"一棋对路,全盘皆活"、"非洲之行,求同存异"、"奇正相生莫测,一着风云变色"、"高超的才华,崭新的境界"为题,真实记录了陈毅的外交生涯,展现了他的外交艺术才能。(孙秀英)

K000300 **中共党史人物传(第55卷)** 中共党史人物研究会编。陕西人民出版社1994年5月版。24.8万字。11.00元。收录12篇著名中共党史人物传记。传主是:蔡畅、范鸿劼、倪志亮、严图阁、刘亚雄、孟用潜、吕惠中、宋侃夫、冷云、邓稼先、张奚若、埃德加·斯诺。(郭洛夫)

K000301 **中共党史人物传(第51卷)** 中共党史人物研究会编。陕西人民出版社1994年5月版。25.8万字。11.00元。收录陈独秀、萧人鹄、王平章、李赐凡、常乾坤、屈武、王集成、何穆8位著名中共党史人物的传记。(郭洛夫)

K000302 **中共党史人物传(第52卷)** 中共党史人物研究会编。陕西人民出版社1994年5月版。26.3万字。11.00元。收录12位著名中共党史人物的传记。传主是:张闻天、凯丰(何克全)、彭涛、刘炎、文建武、王其梅、唐际盛、曾国旗、李贞乾、何成湘、范式人、胡厥文。(郭洛夫)

K000303 **中共党史人物传(第54卷)** 中共党史人物研究会编。陕西人民出版社1994年5月版。

版。24.8万字。11.00元。收录11篇著名中共党史人物传记。传主是:李先念、伍中豪、陈东日、刘瑞龙、何克希、黄岩、郭鹏、时传祥、杜斌丞、艾格妮丝·史沫特莱。(郭洛夫)

K000304 **中共党史人物传(第53卷)** 中共党史人物研究会编。陕西人民出版社1994年5月版。25.3万字。11.00元。收录传记10篇。传主是:博古(秦邦宪)、刘亚楼、张国华、张霖之、王立功、林维先、李春亭、尹林平、萧望东、董存瑞。(郭洛夫)

K000305 **中国当代教育名人大辞典** 陈世明编。陕西师范大学出版社1994年5月版。170.2万字。70.00元。所收辞条均为当代成就卓著的专家、杰出的教育工作者和在一定范围内颇有影响的教师。(王佰铭)

K000306 **中国大资本家传** 赵云声主编。时代文艺出版社1994年5月版。400万字。10册。248.00元。大型系列传记文学丛书。所选传主37人均为1949年建国以前在中国资本雄厚、名望甚高、经营有道的大资本家。其中有在南通创办中国最早的民族纺织工业的"状元"张謇,北洋实业的开拓者周学熙和继承者周叔弢,中国化学工业的奠基人范旭东,终生为发展中国水上航运事业奋斗的卢作孚,机器制造工业的前驱严裕棠,火柴大王刘鸿生,猪鬃大王古耕虞,味精大王吴蕴初,金融巨子周作民、陈光甫、杨粲三,专营国货的宋则久,西药业的先行者黄楚九,上海工商界领袖朱葆三、叶澄衷,以及荣氏家族、郭氏家族、唐氏家族企业的创业者和继承者荣宗敬、荣德生、李国伟、郭琳爽、唐星海等。每篇传记都以文学笔法描绘了传主艰难的创业历程,盛衰荣辱,成败得失;记述他们在经营管理上的成功经验,诸如培养选拔人才,注重发展科学技术、提高产品质量、搜集市场信息,讲究管理艺术、推销艺术、广告艺术;在与外国资本、官僚资本的搏斗和竞争中,巧妙地保存自己,发展自己。尤其记述了他们在发展民族工业中所表现出的爱国主义情愫,实业救国是他们大多数人的行为动力。在记述他们创办与发展民族工商业功绩的同时,也不讳言其过,对他们的历史局限性,作为中国民族资本家的软弱性,都力争作出实事求是的评价。(刘明涛)

K000307 **中国大资本家传·荣氏家族卷** 赵云声主编。时代文艺出版社1994年5月版。33万字。24.80元。记述和描写荣氏家族企业集团的创始人荣宗敬、荣德生和继承者李国伟的生平和事业。宗敬、德生是兄弟二人,他们赤手空拳闯到大上海,由钱庄学徒开始,经过艰辛的创业,凭借胆识与魄力,历尽种种险阻,终于成为独占一方的实业家。他们创办钱庄,进而创办面粉厂,树立名牌产品,成为"面粉大王",然后又创立棉纱厂,成为"棉纱大王",由一厂发展到二十余厂。事业巅峰时间,爆发了"八·一三"沪战,荣氏产业几乎毁于战火,荣宗敬在此期间病逝。荣德生只身承担了重任,他与女婿李国伟共同努力,挽救家业,但他又遭绑架。国民党垮台、上海解放后,荣氏开始了新生活,尤其是李国伟,为新中国工业的发展,作出了新的贡献。邓小平说:"荣氏家族对发展我国的民族工业作出了很大贡献,是有功的。"(刘明涛)

K000308 **中国现代社会科学家大辞典** 高增德主编。书海出版社1994年5月版。300万字。95.00元。《中国现代社会科学家传略》(山西人民出版社1982—1987年版)的姐妹篇。收编20世纪著名学者5 000人。有以下特色:一、汇中国大陆和台湾、香港、澳门地区学者,以及外籍华人学者于一典,从中可透视中国学术传统之概略;二、起自五四,迄于当今,不论资排辈,凡在某一学术领域有建树者,尽力入典,从中可窥见不同学派的渊源及其地位;三、注重少数民族学者,兼顾女性学者,破格青年学者,视及多栖学者,涵盖偏僻领域学者,体现包容性。四、材料有据,评价客观,反映学者治学特色,注意吸取最新成果,体现科学性、知识性、稳定性、简明性的统一。(王小珑)

K000309 **心灵的历程** 刘白羽著。中国青年出版社1994年5月版。89.7万字。3册。34.60元。当代著名作家刘白羽的长篇自传。作者回顾了自己一生的坎坷经历和曲折的心路历程:在旧式大家庭里度过了凄凉的童年,在旧军阀部队里经受了炼狱般的磨砺,在大学受到了新文化新思想的熏陶,后投身革命,奔赴延安。在民族解放的洪流中,作者亲身参加了抗日战争、东北解放战争、南下战役以及开国大典,他的精神世界在经过了痛苦的蜕变之后,发生了质的升华。作者始终把个人命运和民族命运联系在一起。书中再现了毛泽东、周恩来、巴金、郭沫若、林彪等政界、军界、文化界的重要人物,记录了新民主主义革命阶段的重大历史事件,写出了整个民族的大欢乐与大悲哀。作为一部文学家的自传,作者还写出了几十年文学生涯的甘苦,深情追忆了前辈作家对他的影响和扶持,与丁玲、巴金等人的真挚友谊,以及他与外国作家的交流和沟通。对于他自己的一些重要作品,如《长江三日》等,也真实地记下了当时的创作动机和创作过程。作者写这部书,从酝酿到完成,花了十年时间。在文体上,他着意创造一种散文式的传记写法,用大量的抒情笔墨,充满激情的语言,较为自由的结构方式,来记述历史的变迁,抒发内心世界的汹涌波澜,这是这部作品在艺术上的突出特点。(彭迎)

K000310 **元和姓纂(附四校记)** 唐·林宝撰,岑仲勉校记,郁贤皓、陶敏整理,孙望审订。中华书局 1994 年 5 月版。198 万字。3 册。120.00 元。《元和姓纂》是唐代谱牒姓氏学专著,详细记载了唐代元和以前的族姓世系及人物。其书久已亡佚,清代修《四库全书》始自《永乐大典》中辑出,但错漏之处甚多,已失林书原貌。经四库馆臣一校,孙星衍、洪莹二校,罗振玉三校,至近人岑仲勉著《四校记》,于《姓纂》校勘所获甚巨,但因只录所校条目,难窥《姓纂》全貌。整理本取长补短,合二书为一书。《姓纂》以光绪六年金陵书局翻刻嘉庆七年孙、洪合校本为底本,《四校记》以原史语所专刊为底本,将《四校记》逐条缀于《姓纂》原文之下,并对全书重加校订。附录部分,除收入岑氏原有附录五种外,新增《四库全书提要》及余嘉锡《四库提要辨证》有关论述。《姓纂》原目为韵目,整理本以姓氏标目为序,新编目录,并增加了各家考订新增姓目。整理本还编有《姓氏索引》及《人名索引》附于全书之末。(柳宪)

K000311 **中国古代十大圣人** 褚赣生、施伟达著。安徽人民出版社 1994 年 6 月版。54.9 万字。16.20 元。以中国传统文化为背景,介绍 10 位对中国古代文明起过继往开来作用的"圣人":文圣孔丘,武圣关羽,史圣司马迁,诗圣杜甫,书圣王羲之,画圣吴道子,医圣张仲景,药圣孙思邈,酒圣杜康,茶圣陆羽。作者以丰富的史料、优美的民间传说,勾勒出这些古代伟人的生活轨迹,展示他们艰辛创业的历程和丰功伟绩。(王世超)

K000312 **中华英模风采录** 国荣洲、张义生主编。安徽人民出版社 1994 年 6 月版。70 万字。22.00元(平),25.00 元(精)。共分八大部分,收录新中国成立后各条战线、各个方面最具有代表性的英模人物 80 余人,以及 6 个英模团体,分别为其立传,共 89 篇文章。第一部分集中介绍为国流血、为国牺牲的战斗英雄,包括黄继光、邱少云、杨根思、安业民等,展示英雄人物勇于献身的高贵品质。第二部分集中介绍共产党人的好带头人的事迹,包括焦裕禄、王进喜、包起帆等,展示出共产党人的风范。第三部分集中介绍在平凡岗位上孜孜不倦地为人民服务的先进模范,包括雷锋、张秉贵、时传祥、张海迪等,生动地描写了这些普通人物不平凡的思想品德。第四部分集中描写了一批为民牺牲自我的英雄模范,包括向秀丽、欧阳海、徐洪刚等。第五部分集中介绍在科教文卫战线上无私奉献的先进人物,包括邓稼先、蒋筑英、黄纬禄等。第六部分集中描写在经济改革大潮中奋勇进取、成就突出的开拓者,包括鲁冠球、史来贺、孙祥烈等,展现了社会主义新一代建设者的风采。第七部分集中介绍了在体坛上为国争光、成绩突出的体育健儿。第八部分介绍了南京路上好八连、硬骨头六连、总参第一测绘大队等 6 个模范团体的先进事迹。书中附有十几幅领导人的题词及近 50 幅英雄模范的照片。(周子瑞)

K000313 **中国当代艺术家大辞典** 郑恩波主编。大连出版社 1994 年 6 月版。68 万字。196.60 元。分类编纂,所收艺术学科有:文学、戏剧、音乐、美术、书法、电影、电视、篆刻、雕塑、根雕、曲艺、舞蹈、杂技等。入典艺术名人共 2 400 人,其中文学 400 人,戏剧 400 人,美术 700 人,书法 400 人,电影、电视 100 人,其他 400 人。入典艺术名人的年龄比例为:老艺术家占 15%;中年艺术家占 70%;青年艺术家占 15%。这部辞典还特辟有"中国当代小艺术家"栏目,入典的"小艺术家"均系荣获省级和国家级奖励的少年儿童,借以显示社会主义艺术事业对人才的发掘和培养。入典的名人艺术家均附有照片和作品剧照等。(李新民)

K000314 **蒋介石和黄埔系** 陈宁生等著。河南人民出版社 1994 年 6 月版。30.2 万字。13.20 元。黄埔系是国民党内以黄埔军人为主体的一个派系。蒋介石是黄埔系的领袖,黄埔系是蒋介石最大的政治资本。蒋介石靠黄埔系起家,黄埔成员靠蒋介石升迁。二者之间,一荣俱荣,一损俱损。由于蒋介石的特别关照,黄埔系成员在升官、装备、后勤、作战各方面均享有种种特权和优惠,因而其势力得到迅猛的发展,在国民党军政界可谓将星闪烁、冠盖云集。黄埔系不仅控制了军界,而且渗透到党政部门,成为国民党内一个势力最大的派系。该书认真、深入探讨了黄埔系的萌芽、形成、发展和覆灭的历史演变过程,对其主要代表人物何应钦、陈诚、胡宗南等人和蒋介石的微妙关系进行了详细的介绍;对黄埔系和黄埔军校师生两个不同概念作了严肃的比较和区别,并对其在民国史上的地位和作用作了周到的分析和恰切的评价。(张黛)

K000315 **傅雷传** 金梅著。湖南文艺出版社

1994 年 6 月版。25.8 万字。7.80 元。传记文学。对傅雷的身世遭遇及其一些鲜为人知的轶事，作了生动而真实的披露，对其人品、节操、治学精神、奋斗经历以及人生悲剧，进行了细致的描绘。其中介绍了青年时代的傅雷留学法国的浪漫恋情，与艺术大师黄宾虹、刘海粟肝胆相照的忘年之交，与法国文学巨匠罗曼·罗兰的不解之缘，以及他的儿子傅聪成为著名钢琴家的艰难历程和傅雷在他身上倾注的心血。（余开伟）

K000316 **司马迁评传** 张大可著。南京大学出版社 1994 年 6 月版。37 万字。21.00 元。司马迁是一位集史学家、文学家和思想家于一身的文化巨人。作者在总结前人和本人以往研究成果的基础上，着重从中国思想文化发展史的角度，深入分析了《史记》赖以产生的历史、社会、家世、师承及个人经历等主客观条件；具体评述了司马迁在其“究天人之际，通古今之变，成一家之言”的治学纲领下所取得的哲学、史学和文学成就，分析这些成就中所体现的哲、政、经、史、战争及人才诸思想，并结合《史记》传播的历史和“史记学”的形成和发展，阐明了《史记》不朽的价值。书末所附司马迁创作系年，将其父司马谈的年谱穿插其中，以体现其对司马迁思想及历史研究方面的影响。收入“中国思想家评传丛书”。（蒋广学）

K000317 **中国当代方志学者辞典** 林桓、李爽编。陕西人民出版社 1994 年 6 月版。120 万字。32.00 元。广泛联系全国方志学者和主编志乘同志，从 3 000 多件自撰稿中，选取 2 500 人入录，其中有少数港、台方志学者。辞条按华北地区、东北地区、西北地区、华东地区、中南地区、西南地区编排，每个地区再按姓氏笔画排列。（常平阳）

K000318 **将军生死录——皮定均传** 张凤雏著。上海文艺出版社 1994 年 6 月版。39.8 万字。14.80元。皮定均是安徽金寨人，从小孤苦伶仃，连自己几岁也不知道，只知道自己属蛇。1928 年参加革命后，在革命的大熔炉里，历任红军排长、指导员、营长、团长，参加过长征。抗日战争时期在刘伯承手下，先后任一二九师特务团长，太行军区第五、第七军分区司令员，豫西抗日独立支队司令员。解放战争时期，任中原军区第一旅旅长、第三野战军二十四军军长等职。在旅长的任期中，皮定均奉命掩护主力部队突围，以 7 000 人的队伍面对 30 万大军的围追堵截，以智谋、勇气和毅力，率领部下历经 24 天，行程 2 000 多里，大大小小打了 21 仗，将队伍完完整整地撤了出来，创造了战史上的奇迹。本书全面详细地介绍了皮定均的戎马一生。对他的骁勇善战、铁面无私、赫赫战功均以浓墨重彩着力描绘，还从夫妻、父子、战友、子弟等各种角度，刻画了皮定均的性格特征，使人们看到一个全面完整生动的我军高级将领形象。（吴金海）

K000319 **记胡愈之** 陈原著。生活·读书·新知三联书店 1994 年 6 月版。12.4 万字。9.80元。收追忆胡愈之的文章 34 篇。作者说：“不是传记，不是评论，不是历史，我只是追记一个伟大的智者在我们中间的往事。”书中通过对胡愈之文化活动、社会活动和国际交流活动的追忆，再现了这位出版家、学者、社会活动家的崇高形象。作者并没有选取胡愈之一生中最显赫的业绩，而是从他们多年的交往中选取了看似平凡的琐事，用平实朴素、充满感情的文字记述出来，反映了胡愈之勇于开拓、献身文化事业和“与人照肝胆，见义轻风浪”的人格。书中所记有许多为作者亲身经历，鲜为人知，很是珍贵。叶籁士生前看过这本书之后说：“文章写得好，把个胡愈老写活了。”（苑兴华）

K000320 **清代新疆流放名人** 周轩、高力著。新疆人民出版社 1994 年 6 月版。21 万字。9.60元。本书为清代乾隆至光绪流放新疆的 15 位历史人物立传，其中既有名重千古的爱国英雄，也有骄奢淫逸的皇亲国戚，既有宦海浮沉的封疆大吏，也有满腹经纶的硕学之士，既有应得之罪，也有枉屈之人，流放背景各有不同，流放经历因人而异，每人都有一段故事。著者研读了大量史料，并进行了钩稽、爬梳、考释，勾画了每个传主在新疆的活动轨迹，同时旁及每个人物的人际交往与时代特色，在一定程度上反映出其所处时代的某一侧面。为历史人物立传，本书较好地处理了三方面的关系。一是历史人物与时代的关系。书中 15 位历史人物的传略，一般都突出了其流放原委、在新疆的经历，涉及传主的主要政绩或学术成就，还兼及与其活动有关联的个人或群体，不仅使人看到一个个真实、立体的人物，同时从传主的遭遇中看到他所处的时代。二是述、考、评三者的关系。书中对传主经历要事的表述、考释及历史功过的评议，时见于字里行间，基本上做到了褒贬切实。三是学术性与知识性的关系。著者在为流放人物立传时，既注重学术性，也顾及了知识性，不时穿插介绍清代的官制、礼制、刑制、科举制及有关人物的传承与社会关系，还特别突出了流放人物在新疆的文化建树。（杨振明）

K000321　**蔡廷锴将军——从淞沪抗战到福建事变**　卞杏英著。福建人民出版社 1994 年 7 月版。13.2 万字。5.80 元。主要叙述蔡廷锴一生中最辉煌的两个片断。蔡廷锴早年投身国民革命，素有爱国之志。1931 年日本侵华的上海战事爆发前，蔡廷锴率十九路军严阵以待，在战事爆发后给日军以重创，迫使日军三易主帅，震惊世界，赢得海内外炎黄子孙的极大赞誉。移师福建后，他曾被迫参与“围剿”中国工农红军，从几次战败及群众支持红军的教训中，看到内战是不得人心的，遂积极倡议一致对外，联络反蒋反内战的民主人士，发动了福建事变，公开反对蒋介石“攘外必先安内”的卖国政策，再次受到海内外爱国人士的拥护和爱戴。(郑俊玟)

K000322　**梁漱溟研究集**　刘定祥等著。广西师范大学出版社 1994 年 7 月版。31.7 万字。10.00 元。从梁漱溟的文化观、教育观、政治思想体系等方面，阐述梁漱溟的学术精华和他忧国忧民、无私奉献的爱国主义精神。(赵文兵)

K000323　**梅兰芳年谱**　王长发、刘华著。河海大学出版社 1994 年 7 月版。22 万字。30.00 元。梅兰芳是中国杰出的京昆表演艺术家和举世闻名的戏曲艺术大师，是中国京剧史上最具有代表性的人物之一。本年谱以梅兰芳的著作、演出戏单、书信手札以及亲朋故友、专家学者的专著、回忆录和报刊的有关报道为依据，将谱主一生分为三个阶段，即清朝时期(1894—1911)、中华民国时期(1912—1948)、中华人民共和国时期(1949—1961)，如实地记录了谱主的生活道路和艺术历程。内容包括：谱主的学艺成名、编演新戏、出国访问、蓄须辍演、重登舞台、电影生活、为民献艺、收徒传艺、参政议政以及主要社会、文化等活动的有关大事。附录部分收入郭沫若在梅兰芳逝世后撰写的悼念文章和田汉创作的《梅兰芳纪事诗》25 首，以及马少波所作的《梅兰芳传略》。马少波和梅绍武分别为本年谱作序。(吴劲文)

K000324　**闻一多年谱长编**　闻黎明、侯菊坤编。湖北人民出版社 1994 年 7 月版。84.4 万字。28.00元。中国著名学者、诗人，伟大的爱国主义战士、民主斗士闻一多的 48 年生平年谱。以年谱长编为体例，客观、完整、系统地记录了闻一多的生平历史。全书由谱前、正谱、谱后三部分组成。谱前包括闻一多的故乡、家世介绍；正谱包括闻一多求学、初期社会活动、文艺创作、文艺理论、学术研究、教学活动、政治活动、思想活动、家庭生活、个人情操、友朋交谊等活动；谱后记述了闻一多殉难后 3 个月内国内外反响、追悼、纪念等活动。书中所收录史料为原始或直接材料，多来自于已出版的《闻一多全集》及其诗集文集，生前撰写的诗文、书信、函电、宣言，以及亲朋好友学生的回忆、日记等。资料翔实、完整。(邹桂芬)

K000325　**板桥家书译注**　郑燮著，华耀祥、顾黄初译注。人民文学出版社 1994 年 7 月版。7 万字。2.55 元。《板桥家书》共收清代著名书画家郑燮(板桥)写给堂弟郑墨的书信 16 封。内容主要是训诫子弟，谈如何为人处世、为文读书。该书由作者于乾隆十四年(1749)亲自订定刊刻后，因其言近旨远、清新自然，曾广泛流传。本书即其译注本。为帮助读者进一步了解郑燮的生平思想和文学见解，书末选收郑燮的书信、序、记 9 篇作为附录。收入“中国古典文学今译丛书”。(冯伟民)

K000326　**华夏百年杰出人物**　黄石市教育科学研究所编著。武汉出版社 1994 年 7 月版。24 万字。4.50 元。人物小传集。汇集中国近现代史上政治、经济、军事、文学等方面杰出人物的小传 90 余篇，记叙了他们的生平，评价了他们的作为和贡献，热情歌颂了他们为中华民族的繁荣昌盛奋斗不已的爱国主义精神。(潘长胜)

K000327　**赵寿山将军**　陕西省户县政协文史资料委员会编。中国文史出版社 1994 年 7 月版。40 万字。11.98 元。收录著名爱国将领赵寿山亲朋故旧的回忆文章、有关历史文献和赵寿山的自传，记述了赵寿山早年跟随杨虎城参加北伐和西安事变，抗日战争爆发后率部坚持抗日救国的方针、在华北战场英勇作战，最后秘密加入中国共产党、率部走入人民革命阵营的战斗经历及其朴素的生活。(杨玉文)

K000328　**清代人物传稿(上编)第七卷**　何龄修、张捷夫主编。中华书局 1994 年 7 月版。30 万字。17.80 元。收入康熙朝时期政治、军事等方面的著名人物及少数抗清复明领袖人物的传记共 61 篇。其中有参加平定三藩之乱、镇压蒙古准噶尔部叛乱和镇守边疆重地的军事将领福全、喇布、鄂札、张勇、赵良栋等，有抗清复明斗争领袖陈子壮、李长祥、张玉乔等，还有三藩之乱魁首吴三桂及侍妾陈圆圆的传记。山西商人亢嗣鼎的传记，反映了当时商业和金融业发展之一斑。隆琦、读体两位高僧的传记，再现了中日两国佛教交流的情况。一些诗人、学者、画家的传记，如方中通、朱彝尊、汪懋麟、吴历等，则表现了当时文化发展的盛况。(朱慧)

K000329　**郑振铎传**　陈福康著。北京十月文艺出版社 1994 年 8 月版。48.7 万字。19.40 元。郑振铎，现代作家、文学评论家、文学史家、考古学家。1898 年 12 月 19 日生于浙江永嘉，1917 年到北京进铁路管理学校学习，其间，与沈雁冰、叶绍钧等发起成立文学研究会，毕业后到上海工作。1923 年 1 月接替沈雁冰主编《小说月报》。1927 年“四一二”政变后，到欧洲避难游学，回国后在燕京大学和清华大学任教。1932 年出版《插图本中国文学史》，此后主编了大型文学丛刊《世界文库》。抗日战争爆发后，参与发起“上海文化界救亡协会”和创办《救亡日报》。上海沦陷前后，他为国家抢救了大量珍贵的文献古籍，编选影印了《中国版画史图录》、《玄览堂丛书》、《明季史料丛书》等，出版了《中国俗文学史》。建国后，他先后担任文物局局长、考古研究所所长、文学研究所所长、文化部副部长等职。1958 年 10 月 18 日率领中国文化代表团出国访问途中，因飞机失事殉难。这部传记以传主经历为中心，不仅描述了传主的生活和创作道路，再现了传主的真实形象，而且广泛涉及了现代文学史上的许多重要人物和重要事件，反映了中国现代文学发展的历史轨迹。（李志强）

K000330 **刘伯温全传** 郝兆矩、刘文峰著。大连出版社 1994 年 8 月版。35 万字。16.90 元。由刘基的 20 世孙和刘基故里的文博专家合撰。全书包括钟灵毓秀、宦海沉浮、帝师王佐、千秋景仰等 4 章，亦庄亦谐地详叙了明朝开国元勋刘基熟读春秋、锋芒初露、居家力学、游学江东、再登仕途、参与戎事、放浪山水、再度从戎、隐逸山林、知遇朱元璋、大战鄱阳湖、赐封诚意伯、功成复归隐、土坟一丘的一生。本书没有回避民间传说中的种种传奇，新辟一真二杂的传记蹊径，以事系义，以理传真，或叙或评，或析或议，多角度立体地再现了又一个诸葛亮的真实形象。全书写刘基是一位廉政名臣，他爱国爱民重法治，反映出他的博学和丰知，从而说明作为“智慧的化身”，后世人们神化他是一件不足为怪的事。本书图文并茂，不但有大量的历史性插图，还在正文前精印了大量彩色图版。书中还有难得一见的刘基的行书墨迹。书末附有《刘基年表》及《刘基至南田十四世后裔世系简表》。（俞慈韵）

K000331 **李鸿章与甲午战争** 刘功成著。大连出版社 1994 年 8 月版。13 万字。7.00 元。以读史札记的形式，分 7 节，把李鸿章放在广阔的社会背景上，通过对其战时的 300 多封电稿、奏稿的引证，记述了李鸿章与甲午清军出兵朝鲜始末，及其在甲午中日海战、辽东及辽阳南路之战、金湾之战、旅顺之战、威海之战、马关和谈中的所作所为。从一个新的角度，单线条地全面地反映了甲午中日战争的重大事件和进程，恢复了李鸿章在这场战争中为清军实际上的最高统帅的本来面目，并对其作为甲午战争中国方面最重要人物的历史地位、作用和影响给予了客观的评价。

K000332 **嵇康评传——汉魏风骨尽 竹林遗恨长** 王晓毅著。广西教育出版社 1994 年 8 月版。13 万字。10.60 元。“中华历史文化名人评传”之一。借助史书上的朱痕墨迹，在细致分析材料的基础上，融入著者对嵇康这一历史人物的深刻理解，勾画了一个活生生的完整的嵇康形象。书中分析了嵇康世界观形成的历史背景——魏晋玄学诞生之际以及汉魏之际的社会大动荡，论述了嵇康从活跃到退隐到再复出直至毁灭的过程，描述了嵇康这个思想性格十分矛盾的人物。著者在书中探讨了这样的问题：尽管包括向秀在内的“竹林七贤”都放弃了嵇康的人生选择，但他们都频频回首，以一种说不出的牵挂遥望被远远留在身后的孤坟。读来令人掩盖沉思。全书分为 6 章：“梦想”，“求索”，“彷徨”，“避世”，“愤起”，“寂灭”。（江淳）

K000333 **名士风流** 副名：胡适的魅力。刘筱红著。广西人民出版社 1994 年 8 月版。7.5万字。3.80 元。从政治文化上的自由主义、学术上的突出成就以及婚恋观的矛盾两难特征等方面探寻和概括胡适特有的魅力：政治上是中国的“自由男神”，文化上具有哲人的范式，情爱上于爱中选择“无爱”。以此充分表现胡适的名士风度、潇洒风流。为“东方魅力丛书”之一。（邓耘）

K000334 **双重智慧** 副名：梁实秋的魅力。许祖华著。广西人民出版社 1994 年 8 月版。12 万字。4.90 元。从学识、心态、风度、情趣、交游、爱情、文本、视角、风格等方面透视梁实秋的一生。作者通过与梁实秋的神交、超越时空的对话，探求其丰富多采的内心世界，揭示其贯穿一生的、饱和情感血肉的思想线索，以及他积淀着中西文化多种因素的真诚、丰富的个性、才情，凸现其双重的智慧。为“东方魅力丛书”之一。（邓耘）

K000335 **幽默人生** 副名：林语堂的魅力。陆扬著。广西人民出版社 1994 年 8 月版。10 万字。4.50元。从矛盾人生、幽默大师、婚恋与妇女、两脚踏东西文化、文学生涯等方面，描述林语堂的一生。为“东方魅力丛书”之一。（邓耘）

K000336 **胡适留学日记** 胡适著。海南国际新闻出版中心1994年8月版。63.4万字。38.00元。记录胡适在美国7年的读书生活。胡适在康南耳大学先学农,后学文,大学4年之后,又到哥伦比亚大学研究,获得哲学博士学位。这些年中,他读什么书,思考什么问题,得到什么答案,都详细记在这部日记里。这几十万字的日记是他"绝好的自传",写的是一个中国青年学生7年私人生活、内心活动、思想演变的历史,记录了一个中国留学生在美国大学里如何成为一个哲学上的实验主义、政治上的民主个人主义者和学问上的doctor的经过。本书曾以"藏晖室札记"为名在《新青年》杂志上连载。这次重加编辑,除把繁体字直排改变为简体字横排外,还将原来用英文写的句、段译成了中文,用小号字排在英文之后。(谢军)

K000337 **林彪的这一生** 少华、游胡著。湖北人民出版社1994年8月版。18.4万字。7.70元。这是一部通俗评介林彪一生的书。林彪的一生既对中国革命作出了重大贡献,也对党和人民犯下了滔天罪行。全书以时间为线索,客观地记录了林彪从一个纯朴的乡村少年,成长为著名的革命军事指挥员的历程,客观地揭示了林彪从优秀的革命者走向深渊,堕落为党和革命的叛徒与破坏者的历史教训。作者以较大的篇幅叙述了林彪的军事生涯,以本真而公正的态度对待林彪对中国革命的贡献,特别是军事贡献,如平型关战役、辽沈战役、消灭白崇禧集团……等,这些史实都不带偏见地被描写得生动耐读。作者还以冷静的笔锋揭露了林彪的罪恶,如在庐山会议上对彭德怀的落井下石,制造对毛泽东的个人崇拜,在文革中对老一辈忠于党和人民的革命家进行残酷迫害,阴谋刺杀毛泽东……等。林彪的一生演绎了"人—神—鬼"的喜悲剧,是由平凡变为伟大再变为耻辱的一生,而促使这个变化的根源就是极端的自私欲和政治野心。该书附录了黄克诚、杨尚昆等人对林彪的评价。(刘冠军)

K000338 **近现代中国少数民族英名录** 王战英、宋学文编著。华夏出版社1994年8月版。54万字。22.00元。收录中国55个少数民族的优秀代表人物1 382人,其中包括农民起义领袖、民族英雄、革命烈士、军政要员及实业界、教育界、科技文化界等领域有突出贡献或知名度较高者。收录时间为1840—1993年。(张海亚)

K000339 **中国现代数学家传(第一卷)** 程民德主编。江苏教育出版社1994年8月版。45万字。9.10元。入传者包括海内外对现代数学的发展有重要贡献的中国数学家、数学教育家和数学普及家。第一卷收入吴在渊、姜立夫、熊庆来、苏步青、江泽涵、华罗庚、李国平、陈省身、关肇直、吴文俊、谷超豪、陆启铿、赖汉卿等36位海内外中国现代数学家的传记。每篇传记反映传主的时代背景、学历、经历、治学态度、治学方法、学术成就以及在教书育人、推动中国数学事业发展等方面所作出的贡献。传末附有传主的主要学术论著目录。传记作者大多是传主的学生、同事、同学或同一领域的专家等。书末有编后记和两个附录。(王建军)

K000340 **从乡童到富豪——刘国钧发家之路** 高进勇著。江苏人民出版社1994年8月版。38万字。12.50元。叙述爱国实业家刘国钧的创业史。刘国钧本是贫家之子,他聪慧过人,以不断开拓进取的精神,终于在经过半个多世纪的奋斗之后,奇迹般地成为常州的首富。到1949年,他拥有三个公司、十多家工厂,他的纺织业遍及常州、上海、武汉、重庆、台湾、香港及古巴等地。为了采用新的纺织技术,改进企业管理,他曾四上日本,并赴印度、加拿大、美国考察。他的创业故事,充满传奇色彩。(杨杰)

K000341 **纪念陈寅恪先生百年诞辰学术论文集** 王永兴等著。江西教育出版社1994年8月版。46万字。27.00元。陈寅恪为一代史学大师,一生治学涉猎范围极广,但又有中心,有重点。从西北史地、蒙藏绝学、佛学义理、天竺影响,进而专心治六朝隋唐历史,晚年又从事明清之际思想之研究。他一向热爱祖国、热爱祖国文化、关心人民疾苦、期望国家富强。随着时间的推移,他的道德文章越来越闪耀出灿烂的光芒。文集收文广泛,内容丰富充实。作者对陈寅恪著作研究多年,素有心得。特别是季羡林洋洋2万言的序言以及陈寅恪两位女儿的回忆文章,对陈寅恪治学的博大精深,为人的刚正不阿进行了全面论述。石泉整理的陈寅恪遗作《寒柳堂记梦未定稿(补)》更为文集分量之所在。(文恒益)

K000342 **一代天骄和他的继承者** 薄音湖著。内蒙古人民出版社1994年8月版。14.9万字。4.80元。"内蒙古历史文化丛书"之一。以主要篇幅介绍成吉思汗在艰难中成长,逐鹿漠北,平克烈、灭乃蛮,建立"大蒙古国",征讨西夏、征服中亚等不平凡的一生。成吉思汗之所以在蒙古史上占有显著地位,除了他本人的功绩之外,还因为他的后裔有不少杰出的继承者:如元世祖忽必烈、达延汗和满都海、俺答汗和三娘子等。他们在中国历史上,特别是在蒙古族发展史上,都做出了卓越的贡献。全书分4章

25 节，叙述了他们的历史功绩。（王挺栋）

K000343 **民族友好使者——王昭君** 林干、马骥著。内蒙古人民出版社 1994 年 8 月版。15.8 万字。5.00 元。“内蒙古历史文化丛书”之一。试图以唯物主义观点，较全面地回顾和研究王昭君以及与她密切相关的史学、文学、艺术、民俗学、民族学、政治学等，从而使人们对王昭君这个历史人物有更广泛、更深刻的了解。全书分昭君出塞的历史、历代昭君题材的文艺作品、社会主义时期的王昭君、昭君的传说和青冢等 4 章，共 33 节。（王挺栋）

K000344 **平凹之路** 副名：贾平凹精神自传。贾平凹、穆涛著。青海人民出版社 1994 年 8 月版。23 万字。8.70 元。反映贾平凹真实思想的作品。是穆涛在同贾平凹的谈话中，感受并总结出的贾平凹本人写作与思想的结晶。本书将贾平凹写作的思考归纳整理为七个方面，约 200 个左右的问题，即：1. 你为谁写作；2. 心灵的根据地：再造商州；3. 散文就是散文；4. 小说——心灵的激情；5. 最后一个士大夫：传统与个人才能；6. 白日的梦想：女性与性问题；7. 快乐的人心。这些问题纯指他的精神生活，纯针对他的写作状态。这本书不是说他这个人是如何如何的，而是研究他是如何写作的。（辛茜）

K000345 **乾隆传** 唐文基、罗庆泗著。人民出版社 1994 年 8 月版。37 万字。21.50 元（精），15.20 元（平）。叙述了乾隆的青少年时代，登位初期对雍正时代所施政策的调整，乾隆盛世及由盛转衰的历史过程，乾隆的退位及晚年生活。其中用较多篇幅介绍了乾隆对蒙古准噶尔部分裂势力的打击和遏制、经营西藏、击退廓尔喀入侵、制止沙俄扩张，充分说明乾隆最大的历史功绩在于他继康熙、雍正之后，稳定了中国西北、西南边疆。作者对乾隆对大、小金川的战争，打安南，对缅甸由防御转为侵略等，持批判态度。谴责了其对人民起义的残酷镇压及大兴文字狱。书中对经济问题叙述甚详，认为乾隆对经济非常重视，采取诸多措施调整发展农业，多次亲自视察水利工程，五次普免田赋，三次蠲免漕粮；同时也分析了他的闭关锁国方针对经济发展产生的消极影响。本书对乾隆在经济上的介绍，弥补了同类著作重政治轻经济的不足，构成了本书的重要特点。（张维训）

K000346 **纪念武伯伦先生文集** 陕西省博物馆学会、陕西省考古学会编。陕西人民出版社 1994 年 8 月版。25 万字。8.60 元。为著名历史学家、教育家、陕西省博物馆名誉馆长武伯伦逝世 3 周年而编辑出版。书中汇集了与武伯伦长期共事、交往过的人及武伯伦家属的回忆诗文 56 篇，从不同的侧面反映了他自强勤奋、建树颇多的一生，对其为陕西文博事业所做的奠基性、开拓性贡献给予高度评价。（何大凡）

K000347 **长夜行人——于伶传** 袁鹰著。上海文艺出版社 1994 年 8 月版。34 万字。10.50 元。于伶是一位硕果累累的剧作家，是一位毕生献身于革命文艺运动的老战士和社会活动家。很多时候，他充当幕后人物、无名英雄的角色。他的一生，伴随着中国现代戏剧运动以至整个革命运动从艰难创业到发展壮大的坎坷曲折的历程。他流过汗，流过泪，追求过，挣扎过，痛苦过，欢乐过。他上下求索，九死不悔，始终朝着既定的目标迈出坚定的步伐。可贵的是，他受“潘杨冤案”株连冤屈达 10 年之久，仍以坦荡的胸怀创作了《聂耳》、《七月流火》。作者以激情饱满的描述和细致的文字，给读者展现了一个栩栩如生的形象。（陈征）

K000348 **血色年华——聂凤智将军传** 松植著。上海文艺出版社 1994 年 8 月版。32.4 万字。13.90元。在中国空军将领中，最能打仗的该数聂凤智。放牛娃出身的他，刚进“抗大”，连姓名的笔画也难写全，不久却成了留校的优秀教员；从未摸过飞机，苦学一月，竟掌握了全套指挥本领，接替苏联空军中将负责保卫上海的空防；在朝鲜战场，他以“近乎游击战”、“毫无规律可见”的特别战法，屡挫敌锋，使强大的美国空军也感到手足无措；在福建前线，他把来犯的蒋机包围起来打，搞了个“口袋战术”，直传到美国和苏联；他成了前线司令官，偏不爱与上级套亲乎，这就成了林彪的一块心病——“这个人一直对我们不服”；“文革”中，他被定为“万恶不赦”的“三反”分子。非常英雄化，彻头彻尾的革命英雄主义，一切都要第一，无论是打仗、求学还是工作，是这部传记的灵魂。作者写聂凤智的种种英雄行为，都有自己非常独特的印记，敢于如实揭示高层领导之间的矛盾，如实揭示人物的内心世界。（吴平文）

K000349 **宋人传记资料索引补编** 李国玲编纂。四川大学出版社 1994 年 8 月版。160 万字。3 册。168.00 元。台湾学者王德毅等编的《宋人传记资料索引》，是已出版宋人传记资料索引中资料最丰富、收人数量最多的一种。为使其更为完善，本书作者根据编纂《全宋文》时查阅的上万种图书、碑刻、法帖，编成索引补编。其特点为：一、资料完备。采用典籍上千种，基本上将原索引未收、遗漏的资料都予补收。其中，广泛地收录方志资料，补录了许多宋代僧人传记资料。二、收录人物众多。原索引收录2.2万余人，补编经过考证去重，新增加14 632人；原索引已有人名，新补资料者达6 317名，共计20 949人，接近原索引收录人数。三、考辨讹误。原索引有将一人而据字号误作二人者，或一些人名的笔画稍有差别而误为二人者，还有误定人物生卒年者。凡此，补编都据材料加以考辨更正。四、检索方便。对原索引已收录的宋人，补编标明原书页码，补录传记资料；新增宋人注明资料出处；附有别名字号索引，查寻十分方便。(陈建明)

K000350 **为人民服务的光辉典范张思德** 北京卫戍区51112部队政治部等编。团结出版社1994年8月版。13万字。5.60元。为纪念张思德牺牲50周年和毛泽东发表《为人民服务》50周年，由张思德生前所在部队及其家乡政协组织编写。内容包括毛泽东的《为人民服务》，张思德光辉一生和他为人民服务事迹的介绍，以及其有关战友、同志的回忆文章。(唐得阳)

K000351 **鲁迅与少数民族文化** 李振坤、黄川著。新疆美术摄影出版社1994年8月版。15.5万字。8.00元。收集国内鲁迅研究有关专家、学者的最新成果，较全面和系统地研究了鲁迅所受的少数民族文化影响，以及鲁迅和鲁迅精神对各兄弟民族现代文化、思想发展的影响。所收文章选材不同，研究视角各异，但对鲁迅和少数民族文化的关系把握准确，研究颇有深度。(许建英)

K000352 **浙江教育名人** 谢恩光主编。浙江教育出版社1994年8月版。214.7万字。45.00元。收录自1840年至1992年初的浙江教育名人3 000余位，分为“教育行政官员、团体负责人”、“普通教育界名人”、“高等教育界名人”三类，文科、理工科、医农科、艺术体育及其他、台港澳地区及国外五个部分。记载了近现代浙江教育发展的光辉历史，反映出浙江教育科研的丰硕成果，以及教育名人的高尚风范。(余龙文)

K000353 **艾青** 艾丹、范达明等编。浙江摄影出版社1994年8月版。6.6万字，392幅图。280.00元。“当代中国文化名人传记画册”系列之一。以图文并茂的摄影画册形式，展示20世纪中国杰出的大诗人艾青(1910—1996)为中华民族与人类命运歌唱的一生及其赢得的世界性声誉。包括“大堰河的恩泽：1910—1935”、“向太阳：1935—1949”、“共和国之初：1949—1958”、“厄运中沉浮：1958—1978”、“归来的歌：1978— ”、“迷人的人生”等6个单元，每个单元又划为3个组段；附有配图的传主大事年表，以及介绍编纂情况的“编后记”。全书所收传主生平图片277幅，文献资料图片115幅，除多半由传主及其家属提供之外，另由编纂者从京、沪、杭等地图书馆及有关部门藏书中翻拍或复印，或赴传主故里实地采风拍摄，基本荟萃了迄今可能找到的传主一生最重要的图片资料，其中传主新旧版本包括初版的各类著作文献图片搜罗尤丰。每幅图片均有编号并配有翔实的文字说明。传记文字(艾丹撰)凝练、抒情，引诗恰当，切合传主的诗人身份；年表文字(海涛汇辑)陈述周详，富于史料性。编纂者引用传主语录、诗作作为全书导语与各单元开篇小引，在最后一个组段将传主肖像照与代表诗作相匹配，并编入评家的相关诗评摘录，为全书带来“形象化评传”的特色。目录与序另附英译文。(范达明)

K000354 **周恩来的决断** 日本NHK采访组著，肖红译。中国青年出版社1994年8月版。7.5万字。7.00元。为纪念中日邦交正常化20周年，日本NHK采访组专程来华，以周恩来对日的外交活动为中心，采访了中国当时参与中日两国关系正常化进程的当事人，最后写出了本书，将中日两国为结束战后不正常状态，实现中日邦交正常化的过程较完整的展示在读者面前。(王维玲)

K000355 **艾芜评传** 谭兴国著。重庆出版社1994年8月版。29.5万字。13.15元。艾芜原名汤道耕，1904年生于四川新繁，中学时代因不满旧的学校教育，反抗包办婚姻，离家出走，流浪到云南、缅甸、新加坡等地，做过杂工、报馆校对等工作。1931年到上海，次年加入“左联”，开始发表小说。其主要作品有《南行记》、《丰饶的原野》、《山野》、《故乡》、《百炼成钢》等。解放后曾任中华全国文联委员和中国作协理事，一生笔耕不辍，是我国创作成果丰盛的老作家之一。1992年病逝于成都。本书记述了艾芜从流浪者到作家的特殊经历，评析了艾芜的整个创作历程和全部作品，辟专章着重分析了艾芜最具特色的作品《南行记》。《南行记》最初出版时仅收入小说8篇，艾芜在长达50年的时间内陆续增补篇什，到1981年定稿时已达31篇。本书对这一传奇性强、地方色彩浓郁、气氛神秘、绮丽多姿的作品的评析独到而精细，极具功力。为“中国现代作家评传”之一。(陈琨)

K000356 **哈斯宝生平研究** 波烈沁·达尔罕著。内蒙古大学出版社1994年8月蒙文版。15万字。7.50元。研究19世纪蒙古族大文学家和翻译家哈斯宝的生平与作品。共 8 章，书后附有关图片资料。绪论论述了研究和证实哈斯宝生平历史的重要性和实际意义，阐明了研究方法和研究思想。书中提出的重要观点有三：一、《新译红楼梦》与《一层楼》是同属一个作者的作品；二、"哈斯宝"就是原卓索图盟西土默特旗协理台吉旺钦巴拉；三、旺钦巴拉从 1805 年到 1841 年间编译或创作的作品共有《今古奇观》、《新译红楼梦》、《一层楼》、《泣红亭》、《唐公异事案》、《镇抚事宜》、《青史演义》前 8 回等。

K000357 **高级记者高级编辑名录** 全国新闻职称改革工作领导小组办公室编辑组编。工商出版社 1994 年 9 月版。111.45 万字。72.00 元。中国新闻界人名传记词典。共收 1992 年底以前经正式评审确认的高级记者、高级编辑 1 385 人。分两个部分：一部分是经全国新闻高级专业职务资格评审委员会评定的高级记者、高级编辑，其中包括全国新闻职称改革工作领导小组审核确认的名单；一部分是由省、自治区、直辖市和中央部委新闻高评委评审确认的高级记者、高级编辑。书中简介他们的新闻工作经历和主要业绩，反映了新闻高级人才资源状况。（李富明）

K000358 **驸马传** 薛虹主编。河南人民出版社 1994 年 9 月版。58.4 万字。30.20 元。从正史所载上起秦汉下至清末存有姓名的驸马中，遴选出有典型意义和史料足以成传的 108 人，撰写 71 篇，按历史年代排列。驸马是君主政治体制中政治婚姻的特定群体，本书通过其生平事迹，介绍了驸马制度，并从这一侧面揭示了中国的封建政治体制。（李铁屏）

K000359 **我与中国 20 世纪** 季羡林、钟敬文等著。河南人民出版社 1994 年 9 月版。31 万字。16.00元。季羡林、钟敬文、张岱年等 16 位学识渊博、阅历深厚的世纪老人亲笔写下的人生传记。书中生动地记述了他们与 20 世纪的祖国共同经历的风雨沧桑，以及一代学人对于 20 世纪的反观与思考。可贵之处是通过一篇篇情真意切的自述，勾出了本世纪中国知识分子生活命运的真实缩影，提供了探索中国知识分子心灵世界的一面镜子。为"中国知识分子丛书"之一。（陈智英）

K000360 **杰出将领聂凤智** 《杰出将领聂凤智》编委会编。江苏人民出版社 1994 年 9 月版。58 万字。23.00 元。聂凤智是我军的杰出将领之一，解放战争时期任华东野战军第 9 纵队司令员，第 27 军军长，他指挥部队攻济南、渡长江、战上海，雄姿英发，英勇善战；抗美援朝时期又任中朝联合空军司令员，指挥年轻的中朝空军与世界上最强大、最现代化的美国空军进行了大规模空中较量，打掉了美空军的嚣张气焰，表现出杰出的军事指挥才华和非凡的胆识。本书作者大多为聂凤智生前战友，他们从各个不同侧面，再现聂凤智在各个革命历史时期的光辉业绩，热情歌颂他的崇高品质和革命精神以及为我军的革命化、现代化、正规化建设所建立的卓越功勋。张震为本书写序，高度评价聂凤智对革命事业的忠诚和智勇双全的军事指挥艺术。（马洪才）

K000361 **苏兆征评传** 叶庆科著。山西人民出版社 1994 年 9 月版。20 万字。6.80 元。苏兆征先后领导了震撼中外的香港海员大罢工和省港大罢工，在民主革命史上占有重要地位。本书记述了苏兆征从一个贫苦农民的儿子、海员工人成长为海员的领袖、中国工人阶级的领袖，从一个爱国主义者转变为共产主义者的革命历程；描述了苏兆征坚持不懈地领导中国工人阶级进行反帝反封建斗争的历史事实；叙述了苏兆征与我党早期的"左"倾冒险主义和右倾机会主义作斗争的史实。对苏兆征光辉的一生作出了比较全面、准确的评价。（蒙莉莉）

K000362 **在教育史册上** 副名：上海当代普教名人传略。姚庄行、袁采主编。上海教育出版社 1994 年 9 月版。45.4 万字。3 册。介绍上海市普教系统 49 位有突出成就的老教育工作者献身教育的业绩。其中，有的是上海解放时随军进入上海或解放前在上海教育战线坚持地下斗争的老同志，有的是解放前后一直在上海从事教育工作的教育家，还有一部分是在解放后成长起来的教育专家。在广泛收集第一手资料的基础上，通过仔细整理，反复核实，较准确地反映了这些教育名人的思想和精神风貌，真实地表现了他们对待事业和生活的态度。除介绍生平和经历之外，着重介绍了他们的教育教学思想和经验，颂扬了他们对祖国社会主义教育事业的崇高使命感和奉献精神。

K000363 **苏轼人格研究** 杨胜宽著。四川大学出版社 1994 年 9 月版。33 万字。10.00 元。从文化人类学和人格心理的角度，对苏轼这一中国传统文化中颇具代表性的人物进行研究。作者选择苏轼作为研究对象，是认为苏轼的性格和风貌最具有典型性。苏轼生活在中国封建社会走向衰退而文化又极度繁荣的时代，文化传统的给养和时代的文化冲突，使苏轼的人生与理想、刚毅与超脱、伟大与平淡，集中代表了中国文化的睿智、透脱与深邃，成为中国传统知识分子的典型形象。作者通过剖析苏轼的人格特征及其成因,力图展示文化对人所产生的广泛而深入的影响,展示文化对人生的创造及在人生中的运用。该书不同于一般的传记,也不同于一般的历史人物研究,它从一个新的角度切入来研究传统文化和历史人物,这是本书的价值所在。(庄剑)

K000364 **孙中山海外生涯** 陈妙英著。文津出版社1994年9月版。12.6万字。5.00元。孙中山是中国伟大的民主革命先行者。他自1894年建立第一个反清革命团体兴中会起,到1925年3月病逝的革命生涯中,除中国本土外,足迹还遍及欧美、日本,以及南洋等。本书记述孙中山在海外的学习、生活、婚姻和革命工作等,分为港澳、欧美、日本和南洋4部分。每部分收有篇幅不等、独立成章又有内在联系的文章,共96篇。(于世斌)

K000365 **林语堂传** 林太乙著。北岳文艺出版社1994年10月版。25万字。10.80元。林语堂(1895—1976),现代著名作家,福建龙溪人。曾就读于厦门导源书院、上海圣约翰大学,留学美国哈佛大学、德国耶那大学莱比锡大学,研究语言学,获哲学博士学位。先后在清华大学、北京大学、北京师范大学以及厦门大学等校任教,也曾任过国民党政府外交部秘书,因蒋介石、汪精卫叛变革命,从而厌恶从政,改以写作为业。早年在《新青年》、《晨报副刊》发表文章,提倡幽默。1924年参加语丝社,成为《语丝》的主要撰稿人之一,对当时的封建军阀政府也有过斗争。1932年创办《论语》半月刊,鼓吹"幽默文学"。1934年创办《人间世》、《宇宙风》,进一步提出"以自我为中心,以闲适为格调"的性灵文学和半文半白的"语录体",受到革命文学家的批评。此后,长期在海外执教和写作。1966年回到台湾,1976年病逝于香港。林语堂一生著作颇为丰富,既有中文、英文著作,还有中译英、英译中的翻译作品。他的长篇小说《京华烟云》以及一些短篇文章都颇有影响。此外,他还编辑过《当代汉英词典》、《国语词典》,还发明创造了中文打字机,对中外文化交流卓有贡献。本书以编年为序,以文学的笔触,描述了传主在80年漫长的生涯中,身心所受的磨炼,钻研学问的努力以及写作的门径和甘苦。同时,也展示了传主鲜为人知的私人生活、罗曼蒂克的婚恋故事,以及骨肉亲情、悲欢离合的种种矛盾心态和剪不断的纠葛。(谢中一)

K000366 **聂荣臻** 国防科工委、《解放军画报》编。长城出版社1994年10月版。3万字。200.00元。传记画册。收录图片330多幅,分10部分,形象生动地介绍了聂荣臻70年的革命生涯。聂荣臻是中国人民解放军缔造者之一,长期担任党、国家和军队的重要职务。1955年被授予元帅军衔。该画册主要概括了聂荣臻一生的两个阶段。第一阶段介绍他参加民主革命进行武装斗争,为推翻压在中国人民头上的三座大山而建立的功勋。特别是他在极其艰难的抗日战争中,开辟了晋察冀抗日模范根据地,受到党中央和毛泽东同志的高度赞扬,在党史、军史上占有重要地位。在这一部分里,还收入了聂荣臻拍摄的红一军团官兵帮助农民收割的照片,聂荣臻和白求恩一起接受记者采访的照片,聂荣臻在平津卫戍区讲话的照片等,极为珍贵。第二阶段主要介绍聂荣臻在新中国成立后,创建和领导科技事业,为壮大国威军威,提高我国的国际地位做出的巨大贡献。画册选用的不少图片为首次发表,如聂荣臻、张劲夫、钱学森视察火箭发动机试车的照片,聂荣臻、钱学森等在中国核导弹升空后鼓掌的照片,聂荣臻在氢弹爆炸后看蘑菇云的照片等等。(吴锦生)

K000367 **孙子评传——一代兵圣的生平与思想** 黄朴民著。广西教育出版社1994年10月版。14.4万字。10.25元。"中华历史文化名人评传"之一。将传主置于春秋时期广阔的历史背景中加以介绍,在历史的真实中探索细节的真实,展现出伟大军事学家孙子的形象。著者抓住孙子一生中最辉煌的两桩业绩:撰兵法十三篇及辅佐吴王阖闾破楚入郢,以人物活动为主线,再现了这段历史的面貌。并对孙子的军事思想作了深刻的分析,既分析了其军事思想产生的历史根源,又对其军事思想体系加以高度的概括和抽象。全书分为"上篇:孙子的生平事迹"及"下篇:孙子的思想与地位"两大部分。(江淳)

K000368 **十大科学家丛书** 周文斌主编。广西科学技术出版社1994年10月版。65.73万字。24.00元。"少年科学文库"丛书之一。分数学、物理、化学、天文、地理、生物、医学、探险、发明和发现家等10册出版,现已出版5册。系统介绍中外100名第一流的科学家和发明家的生平事迹和主要成就,还深入浅出地介绍了当今世界最新的科学技术成就。(马如海)

K000369 **十大发明家** 远德至编著。广西科学技术出版社1994年10月版。10.88万字。3.90元。介绍中外十大发明家张衡、马钧、毕昇、达芬奇、瓦特、富尔顿、史蒂芬逊、贝塞麦、惠特尼、莫兹利的生平事迹和主要成就。为"十大科学家丛书"之一。(马如海)

K000370 **十大医学家** 蔡景峰编著。广西科学技术出版社 1994 年 10 月版。11.37 万字。4.00 元。"十大科学家丛书"之一。介绍中外十大医学家葛洪、李时珍、巴斯德、巴甫洛夫、科赫、梅契尼可夫、艾克曼、兰德斯坦纳、摩尔根、弗莱明的生平事迹和主要成就。(马如海)

K000371 **冤臣传** 张海鹏主编。河南人民出版社 1994 年 10 月版。59.5 万字。31.80 元。本书告诉读者,所谓冤臣,原本就是忠臣,但功高震主,适足以启动自私、猜忌而又专横的帝王的杀心;有的是诤臣,刚直不阿,既不容权臣弄柄,又胆敢犯颜直谏,因而触怒龙颜;有的原本是位大大的忠臣,勤劳王事,但或者由于君主的昏庸、软弱乃至自作聪明,或者由于奸臣的播弄,终于皇天辜负苦心人;有的是位能臣,睿智果断,政声卓著,以致那些窃居高位的尸位素餐之徒因妒生忌,因忌进谗,必欲置之死地而后快;有的是地道的廉吏,不侵公产,不夺民财,清操自守,但在那贪欲横流的年代,不见容于时,遂蒙排斥、冤陷。通读本书,可知众多冤臣的产生,还有更深刻的社会文化和心理原因。儒家帝王哲学的神圣论证,法家铁腕手段的推波助澜,芸芸众生被强制内化的奴才品性,正是专制制度赖以生存的肥沃土壤。(李铁屏)

K000372 **游侠传** 田昌五主编。河南人民出版社 1994 年 10 月版。58.5 万字。30.20 元。除对二十五史作出钩沉爬梳外,还精心地网罗遗文,审慎地杂糅传说,筛选出从先秦的曹沫到清末的霍元甲等 79 位游侠人物为之立传,旨在立足历史,立足时代,揭示历史上游侠这一群体人物本来的面貌,从而让读者透过这一人文现象,加深对中国历史丰富内涵的认识。(李铁屏)

K000373 **心灵原稿** 副名:储瑞耕文二集。储瑞耕著。花山文艺出版社 1994 年 10 月版。70 万字。30.00 元。选收作者 1959—1994 年间12 700余篇、约 700 万字日记中的十分之一。包括了作者的少年、青年和中年时代,是一部当事人个人生活史、心灵史。收入本书的日记,有记事,有抒情,有议论,有思索,有读书的心得,有作文的酝酿,有与友人的通信,也有与人交谈的要点,有对问题的理性意见,也有心血来潮的诗词之类的文学习作。作为一个人,就不免有欢乐也有苦恼,有顺利也有曲折,有进步也有徘徊,有清醒也有迷惘,有正确也有荒唐……所有这些,林林总总,记录下来,反映出来。日记属于广义上的杂文,加之本书收入的日记多为杂感,因此本书实际上又可以说是一本别致的杂文集。(刘桂欣)

K000374 **阮元传** 王章涛著。黄山书社 1994 年 10 月版。25 万字。9.80 元。阮元历清乾、嘉、道三朝,先后任浙江、河南、江西三省巡抚,湖广、两广、云贵三地总督。在治政理事的同时,以振兴文教为务;奖掖士子,兴办学堂,对地方文化、历史文物的保存、研究和传播作出很大贡献;尤以其闳治之才享誉学林,成为"乾嘉学派"承前启后的领袖人物。他是训诂大师、卓越的校勘学家、杰出的出版家、清代碑学的开道者,其《皇清经解》、《十三经注疏校勘记》、《经籍纂诂》、《南北书派论》诸作,不仅独步当时,而且影响后世;而其辑刊并世各家著述的《文选楼丛书》以及他自著的《研经室集》则更为世人所重。阮元生活在清王朝由盛而衰的时期,身为大吏而又主持文教,通过他的一生可折射出中国沦为半殖民地前夜的特殊时期的文化、历史概貌,把握中国传统经学和朴学方法最后的、正统的、完成式的模型。本书作者致力于阮元研究,撰有《阮元年谱》凡 70 万言。根据年谱写就的本书共 22 章,重在文字加工,不作过多文学渲染,平实、扼要地勾勒出传主一生在政治和学术上的贡献以及有关人物、事件;并用对比的方法展示了传主在诸多领域的巨大成就及与所处时代历史人物的差异,为研究阮元、研究清史特别是学术史提供了丰富的资料。(陈珏文)

K000375 **洪秀全评传** 崔之清、胡臣友著。南京大学出版社 1994 年 10 月版。36.7 万字。21.00 元。洪秀全是中国近代农民运动的杰出领袖,也是中国历史上罕见的农民运动思想家。其人生经历坎坷曲折,充满传奇色彩;思想内涵丰富复杂,且变化剧烈,深受学界的关注。本书汲取前人研究的丰硕成果,以唯物史观为理论向导,运用实证研究和结构功能研究等方法,通过对洪秀全生平、思想来源的深入研究,剖析洪秀全思想结构的基本层面(主导层面:反清革命思想;淡化层面:平等平均思想;强化层面:皇权主义;宗教神学层面:拜上帝教;新生层面:爱国和反侵略思想)及其变异脉络,探究其思想发展变迁的复杂动因,并阐述传主思想在太平天国各个历史时期的多元化功能,评估其深远的历史影响。书中附有《洪仁玕评传》。洪仁玕是太平天国后期重要人物,为中国近代化建设的最早设计者,其思想为学界所关注。本书将他的思想层面分为主导层面:儒学观念;次元层面:西学的浸润,并揭示其中体西用的思想本质。收入"中国思想家评传丛书"。(贾舒)

K000376 **一个真正的人——彭德怀** 彭德怀

传记编写组著。人民出版社 1994 年 10 月版。24.7万字。12.80 元。围绕"一个真正的人"的主题，收入文章 36 篇。作品真实地描述了彭德怀少年苦难、十年探索、百战奇功、庐山蒙难、"文革"沉冤、大起大落的曲折一生，形象具体地表现了彭德怀作战勇敢、廉洁奉公、严于律己、关心群众、不怕困难、勇挑重担、从不考虑个人得失、对革命工作勤勤恳恳、极端负责，以及耿直刚正、光明磊落、坚持真理、问心无愧的精神品质。作者在书中提供了许多珍贵史料，便于各界读者加深对彭德怀的了解和研究。这些史料是同他一生沉浮荣辱、功过是非密切相关的，是他固有品德在多方面的折射，决非游离于思想本质之外的趣闻轶事。通过书中各篇章，人们或可更多地触摸到他的灵魂，体察到他立身处世的准则。本书有许多内容是作者亲闻目睹的，有的篇章直接出自当时参与者的手笔，某些采访所得的资料，也是经过认真核实后才选用的。(刘振声)

K000377 **黄克诚自述** 黄克诚著。人民出版社 1994 年 10 月版。21.7 万字。11.80 元。"自述"的资料直接来源于黄克诚晚年的谈话录音、亲笔撰写的部分书稿，原汁原味，真实可信。本书描述了黄克诚一生的经历和人生之旅，也展现了 1921 年以来中国革命的艰苦历程和曲折道路。内容十分丰富，有厚重的历史感。尤其是在"自述"中首次披露了不少珍贵资料，如苏区打"AB 团"问题，庐山会议问题，"文革"问题。作者并没有回避时代给人们带来的惨痛，而能如实客观地写出，人们并不感到黯然，而是能作理性的思考，从中引出对今天有益的东西。"自述"是黄克诚的亲闻亲见，人物、事件、情节是以自己经历为中心展开的。以写自我为主，并涉及了有关的人与事。读来感触颇深，格外亲切。每一个人在历史上都毫无例外地扮演一定的角色，如果以当事人身份把事件的真相以及现在的认识道出，这确实需要学识、品德和勇气。黄克诚是经过缜密思考后，才决定撰写"自述"的。面对历史，面对现实，有一种使命感贯穿全书。因此他能够深刻地自我解剖，同时又能毫不修饰地写出了自己一生中所经历的曲折、复杂过程，写得又是那样真诚、坦率，足见他心地的无私和崇高。能够做到这一点是非常不容易的。"自述"写出了起伏、曲折，有一分事实说一分话，不随意增减。语言简约，质朴，有嚼头。(刘振声)

K000378 **民族英雄左宝贵** 廉成灿、季富强等编著。陕西人民出版社 1994 年 10 月版。25 万字。9.80 元。全书分左宝贵传、今人学术研讨论文、清史列传及故宫馆藏左氏史料刊选等三部分，全面展示了传主的生平业绩和功过是非。左宝贵，山东省费县地方村(今属平邑县)人，回族。清广东高州镇总兵，1894 年 9 月 16 日，在平壤战场中弹身亡，是中日甲午战争中清军殉职疆场的第一位陆军高级将领。左宝贵忧国爱民，建树了为官一任、造福一方的不朽功绩；但身为朝廷命官，他镇压过人民起义，有抹不掉的污点。当国家、民族处于危难之时，他率军开赴朝鲜前线，最终以身殉国，青史留名，无愧于民族英雄的称号。1994 年正值中日甲午战争 100 周年，山东省费县、平邑县政府组织编写了本书。书后附录：建国以来左宝贵研究论文、资料索引，左宝贵年谱，左宝贵世系表等。(陈惠云)

K000379 **陕西历代教育家评传** 李钟善等著。陕西人民教育出版社 1994 年 10 月版。37.8 万字。12.60 元。选收从西周到新中国成立后在历史上有重大影响的、为社会所公认的 36 位著名教育家，如华夏文教事业的开创者周公旦、中国古代第一位女教育家班昭、魏晋博学贤士傅玄、最早向西方学习的教育家王征、现代教育的先驱杨松轩、播火秦皖的革命英杰魏野畴、爱国主义教育家高又宜、平民教育家李敷仁、忠于真理的无产阶级教育家江隆基、把一切献给科学教育事业的著名学者杨钟健等，对他们的生平、教育思想、教育理论、教育实践给予了客观的介绍和科学的评价。作者认为，对每一位教育家，都不能孤立地阐释他们的教育思想和教育实践，而应把他们放在特定的历史背景下，当作"他那个时代的产儿"去评述，去揭示"他们比他们的前辈提供了新的东西"。本书在充分肯定每位传主历史功绩的同时，也恰当地指出了其历史的局限性及其产生的原因。(李崇君)

K000380 **孙越崎传** 孙越崎科技教育基金管委会组织编写。石油工业出版社 1994 年 10 月版。22 万字。10.00 元。孙越崎是著名的社会活动家，现代能源工业的奠基人之一，中国共产党的诤友，中国国民党革命委员会的杰出领导人。本书详细描写孙越崎的百岁生涯，重点写了他在解放前的经历：山村少年，出外读书，穆棱(鸡西)创业；海外求学，陕北探油，整理中福(焦作)煤矿；抗战拆迁设备入川建矿，去西北玉门开发石油，被称为"煤、油大王"；由企入政，担任资源委员会委员长、政务委员兼经济部长，去平津负责战后接收，到东北和苏联人谈判，为全国、尤其是东北工矿业的恢复而奔走。突出写了他率资源委员会全体职工留在大陆、拒去台湾的过程。书

中还写了他和蒋介石、周恩来、陈云、江泽民等的交往。(周笑添)

K000381 **苏金伞评传** 阎豫昌著。文心出版社 1994 年 10 月版。20.3 万字。9.80 元。苏金伞 20 年代登上文坛，是中国最早的新诗人之一，在 68 年的诗歌创作实践中，陆续出版了《地层下》、《窗外》、《入伍》、《鹁鸪鸟》、《苏金伞诗选》等诗集，为中国新诗的发展做出了可贵的贡献。作者以严肃认真的态度，查阅了大量有关资料，分析研究了诗人生活过的整个历史时期，经过实地调查核实写出了该书，并得到了诗人本人的认可。全书寓评于传，真切生动地记述并评介了苏金伞半个多世纪的文学创作生涯及其主要作品，并把人物同时代紧密联系起来，写出了时代的大潮在人物成长过程中所留下的烙印。(吴望平)

K000382 **中国专家人名辞典·新疆卷** 王德祥主编。新疆人民出版社 1994 年 10 月版。172 万字。80.00 元。《中国专家人名辞典》由中国国际文化传播中心所属的"辞典"编委会负责组织编纂，以省市为单位编辑出版。新疆卷选收 27 个专业具有副高级以上专业技术职务的专业人员(含个别成就突出的中级专业人员)。入选辞条约按专业分类编排，有总目录和分类索引。书末附新疆各县概况。(马雄福)

K000383 **翰墨人生** 副名:书法大师沙孟海的前半生。刘新著。浙江文艺出版社 1994 年 10 月版。8 万字。10.00 元。沙孟海(1900—1992)是中国书法界的泰斗，享誉海内外。生前委托作者写传，并对初稿进行了审阅修改和补充。他本想把文稿再看一遍，并撰写前言，却在去宁波出席沙孟海书学院开学典礼前夕病倒，不久逝世。本书客观地再现了他前半生不平凡的生活轨迹和书艺上的精深造诣。书前刊有沙孟海的照片 24 帧及书法印章手迹 10 余幅。(严麟书)

K000384 **曾国藩嘉言录** 曾光炎编。中国国际广播出版社 1994 年 10 月版。17.2 万字。6.90 元。编者系曾国藩裔孙，现为湖南省文史研究馆馆员。本书从曾国藩所著家书、家训、日记中精选嘉言，分为治学、治身、治家、治事、治军等篇。每则视情况加注释和按语。(李镇)

K000385 **司马迁评传——史家绝唱 无韵离骚** 许凌云著。广西教育出版社 1994 年 11 月版。15.6 万字。10.60 元。司马迁为后人留下了传世不朽的文化遗产——《史记》，并树立了一个百折不挠、忠于事业和理想的光辉榜样。著者在书中重温了司马迁的伟大著作，认为《史记》是一部气魄雄伟、包罗万象、博大精深的百科全书式的通史巨著，为历代史家竞相学习、仿效的楷模；用充满感情的笔墨追寻司马迁这位文化巨人的思想脉搏，如实地展现司马迁一生的活动、著述、思想、贡献，揭示司马迁作为伟大的史学家、文学家、思想家的精神风貌。全书分为"龙门灵秀"、"发愤著书"、"千古良史"(上、下)、"旷代奇文"、"贞魂永存"等章。为"中华历史文化名人评传"之一。(江淳)

K000386 **国际柳宗元研究撷英** 副名:'93 柳宗元国际学术讨论会论文选。梁超然、谢汉强主编。广西人民出版社 1994 年 11 月版。37 万字。8.00 元。收入日本、美国、韩国、新加坡以及中国大陆、港、澳、台地区的专家、学者的论文 43 篇。论文从政治思想、哲学思想、经济思想、文学思想、文学创作、历史观、人物性格等方面，对柳宗元及其研究史进行研究。列入"桂苑书林丛书"。(邓耘)

K000387 **中华百年爱国英杰辞典** 陈荷夫主编。广西人民出版社 1994 年 11 月版。53 万字。18.00 元。收录中国 1840 年鸦片战争以来的 1 419 位英烈的事迹，分上(旧民主主义革命时期)、中(新民主主义革命时期)、下(建国后社会主义革命与建设时期)三部分，较全面地展现了一个半世纪以来中国人民为国家、民族的自由、解放、进步、发展和现代化建设所进行的努力和奋斗。不同于一般的人物小传和人物辞典，该书突出英杰人物的爱国史实及情怀，集中于爱国主义精神的阐发。书中有精心绘制的 400 多幅人物肖像。(邓耘)

K000388 **隐士传** 高敏主编。河南人民出版社 1994 年 11 月版。41.9 万字。20.50 元。通过对所选 50 位代表人物生平事迹的叙述，歌颂了廉洁自律、反腐倡廉的社会道德与社会风尚，肯定了不慕名利、守正不阿等高尚品质。(李铁屏)

K000389 **冯友兰先生年谱初编** 蔡仲德著。河南人民出版社 1994 年 11 月版。60.8 万字。29.50 元。本书特点第一是真实、详细。作者蔡仲德，实际上冯友兰的女儿也参与写作，是他们共同完成的。而且在冯友兰生前即进行写作，许多内容是冯友兰的回忆、口述。年谱还引用了冯友兰的不少日记、信函。有些事情，特别是 60 年代以后，作者参与其中，亲见亲闻，所以年谱所记完全是第一手材料。第二，年谱侧重记述冯友兰的学习、写作、研究，对他的重要著作，较为详细地说明了他的写作背景，思虑过程，基本观点。第三，客观地、详细地介绍了冯友兰著作传播、翻译的情况，它在社会上所引起的反响与作用，一一列举国内外的评论，不论肯定与否定、赞扬与批判，均不遗漏。本书的不足之处是过于繁琐，对无关宏旨的生活琐事，一般的送往迎来等也记述下来。(王恩荣)

K000390　**中国遗书精选**　周武选注。华东师范大学出版社 1994 年 11 月版。58 万字。19.00 元。精选中国历代 247 位历史人物的 289 封遗书，既有古人的遗诏、遗训、遗言、自撰墓志，也有今人的遗书、临终语。除一些预立的遗嘱、墓志铭外，绝大部分都是作者在生命的最后时刻写成的。由于每个人的经历、际遇、晚景及心灵负荷的不同，遗书内容也千差万别，但都真情毕露，可读性强。为使读者更好地了解写作背景，在每篇遗书前附有作者小传；在篇后有写作原委的说明以及注释。(陈长华)

K000391　**黄琪翔传**　王大鲁、刘清云著。中国文史出版社 1994 年 11 月版。12 万字。15.50 元。记述了黄琪翔一生的经历。黄琪翔是著名的爱国将领，曾在北伐战争中屡建奇功，给北洋军阀以重创，为国民革命军第四军赢得“铁军”称号。在抗战时期，他指挥大兵团作战，为国御侮，威名赫赫。他又是具有远见卓识的政治活动家，是中国农工民主党的创始人和主要领导人之一，在民主革命和社会主义事业中，为农工民主党的建设，为巩固发展爱国统一战线作出了重要贡献。书中收入珍贵历史照片 32 幅。

K000392　**梁启超未刊书信手迹**　中华书局编辑部编。中华书局 1994 年 11 月版。948 面。2 册。800.00 元。梁启超(1873—1929)是中国近代著名的政治家、思想家和学者。本书所收梁氏书信 394 通(含少量电文)，主要写于 1912 至 1928 年间，大多为写给子女的家书，内容涉及“二次革命”、护国运动、护法运动、五卅运动、第一次国内革命战争等重大历史事件，真实地反映了梁启超对民国初年中国社会与政局的态度和主张，是研究梁启超晚年活动与思想的第一手资料。手迹多为首次公开刊行，有较高史料价值和艺术欣赏价值。

K000393　**上海作家辞典**　上海市作家协会编。百家出版社 1994 年 12 月版。28.8 万字。40.00 元。上海是 30 年代革命文艺运动的大本营，涌现出以鲁迅为代表的一大批杰出的文学大师，曾有文学界的半壁江山之称。中华人民共和国建立后，上海文学工作者为上海乃至全国的文化建设作出了自己独特的贡献。这是第一本为上海作家立传的辞典，是现当代文学史珍贵的资料。(柏也嘉)

K000394　**巴金传**　李存光著。北京十月文艺出版社 1994 年 12 月版。33 万字。11.80 元。记述了巴金从童年到暮年的经历。诞生于本世纪之初的巴金老人献身文学已有 60 多个春秋，他一生追求光明、辛勤写作，为中国与世界奉献了 1500 余万字的创作与译著。他的作品被译成 30 多种文字，在世界上广为流传。巴金有金子般的高贵人格，他一贯主张讲真话，把心交给读者。他说：“人为什么需要文学？需要它来扫除我们心灵中的垃圾，需要它给我们带来希望，带来勇气，带来力量。”这样一位硕果累累、德高望重的老人，他坎坷而充实的一生是如何走过来的？他丰富而多姿的创作又是怎样的？本书在掌握既有和新发掘的大量材料的基础上作了详实的记述。(丁宁)

K000395　**梁启超**　耿云志、崔志海著。广东人民出版社 1994 年 12 月版。34 万字。17.00 元(平)，27.00 元(精)。“岭南文库”丛书之一。梁启超是中国近代著名的思想家、政治家、学者。本书全面、系统地述评了梁启超的一生。梁启超青年时期参与领导戊戌维新运动；中年致力于宣传西学；晚年则潜心著述，讲学育人，成为一代国学大师。本书有如下特点：一、饶有新意。本书除了吸收已有的学术成果之外，还时有作者自己的见解。如对传主与革命党的论战问题，过去论者多对梁启超采取否定的态度，本书则认为在论战中，传主的反对种族革命论基本上是有理有据的，把满族视为异类(当时某些革命党人的看法)而排斥之，实不符合中华民族发展的历史，亦不利于当时列强环伺之下维护国家的统一。二、述评客观、公允。如既对传主领导维新运动、反袁、反君主复辟、维护民主共和等功绩予以充分的肯定，也对他在当时的历史条件下，完全否认暴力革命的合理性，有着“党见”、“派见”的狭隘性，以及依势沉浮、言论屡变、缺乏定见等缺点作了恰如其分的评述。三、适当穿插叙述了晚清、民国间一些与传主有较密切关系的社会趣闻轶事，增加了可读性。(曾宪志)

K000396　**洪秀全**　苏双碧著。广东人民出版社 1994 年 12 月版。40 万字。19.80 元(平)，29.80 元(精)。“岭南文库”丛书之一。全面、系统地述评了洪秀全的一生和业绩，重点论述他从青年时期因科举失意而萌生反清思想，并创立拜上帝教，领导金田起义，永安封王，定都天京，直至太平天国农民革命最后归于失败的经历。书中设专章论述了洪秀全的内政和外交思想、反清反儒思想、宗教思想。本书一个鲜明的特点是对洪秀全、太平天国革命研究中的一

些重大问题，作了专门论述和深入探讨，并提出不少独到的见解。例如：鲜明地提出洪秀全领导的太平天国革命，未能团结广大知识分子，并发挥他们的作用，是这场革命失败的重要原因之一。又如提出在太平军起义之后，洪秀全仍然把政权、国家、军队都纳入拜上帝教的轨道，并一步步神化杨秀清，由此不但大权旁落，而且为政治腐败、内部争权造成了机会，这也是太平天国革命最后归于失败的重要原因之一。（曾宪志）

K000397 **历代入粤名人** 李小松、陈泽泓著。广东人民出版社1994年12月版。38万字。20.50元（平），30.50元（精）。“岭南文库”丛书之一。收入非粤籍历代入粤名人共93位。作者以简练而有文采的笔触描述了上自秦初，下至清末（辛亥革命前）历代入粤名人对岭南地方的开发建设，对岭南文化的发展交流的积极作用和持续影响，以及他们本人的生活、工作足迹，并展现了入粤名人所处时代岭南社会的政治、经济、文化状况及社会矛盾与民俗风情等等。（林秀钰）

K000398 **叶挺** 卢权、禤倩红著。广东人民出版社1994年12月版。41万字。21.30元（平），31.30元（精）。“岭南文库”之一。传主是中国人民解放军创建人之一，杰出的无产阶级革命家、军事家。本书详尽地叙述了他成长的历程和光辉业绩。叶挺在民国初年就积极参加反对袁世凯称帝的斗争，热切追求真理，接着投身孙中山领导的民主革命。第一次国内革命战争时期参加中国共产党。在北伐战争中，率领独立团担任先遣队，屡建战功，被誉为“北伐名将”。1927年大革命失败后，他参与领导南昌起义和广州起义之后流亡海外几达十年之久。全国抗日战争爆发后，他出任新四军军长，参与指挥部队挺进敌后，开辟抗日根据地。1941年1月皖南事变中被国民党军队扣押，在牢狱中坚贞不屈，曾写下著名的《囚歌》。抗日战争胜利后获释，后在赴延安途中因飞机失事遇难。本书以丰富翔实的资料、朴实流畅的文笔，生动地再现了传主光明磊落，坚强刚毅，热爱人民，忠于党，鞠躬尽瘁、死而后已的光辉形象。（曾宪志）

K000399 **胡汉民** 周聿峨、陈红民著。广东人民出版社1994年12月版。24万字。12.50元（平），22.50元（精）。“岭南文库”丛书之一。胡汉民是国民党元老。本书全面系统地述评了他的一生。胡汉民早年投身孙中山领导的辛亥革命，成为同盟会杰出的宣传家，参与创建中华民国和反袁护法等活动；大革命时期从容共到联合蒋介石进行反共清党，之后同蒋介石展开了激烈的权力斗争；晚年从事抗日宣传活动，但仍未放弃反共立场；最后在国民党内部的争斗中忧愤去世。本书有如下特点：一、尊重历史，评价公允。对传主复杂的一生不是像过去通常的评价那样，简单地给戴上“国民党右派”帽子或不加分析地一笔带过，而是既肯定其参加推翻帝制的反封建业绩，也揭露其追随蒋介石反共反人民的面目。对其与蒋介石集团之间的矛盾，晚年参加抗日宣传活动等经历也有如实的反映。二、运用了一些新的研究方法。如：阶段分析法，根据不同的历史阶段，逐段分析评价传主，不以其某一阶段的功过成败涵盖其终生。系统论方法，即从社会母系统与人物子系统以及母子系统中各要素间的相互作用来综合地考察人物。还有个性心理分析方法、比较方法，认为传主的气质、性格、能力等个性心理特征直接影响到其一生的功过成败；通过对传主与其前后左右的人物的比较研究，看出其优劣高下。三、所引史料中的《胡汉民个人全宗》为国内首次披露的有关档案材料。（曾宪志）

K000400 **民国广东将领志** 陈予欢编著。广州出版社1994年12月版。34万字。23.00元。收录民国广东籍少将衔以上将领1 049名，简介各人的生卒年，字、别号，籍贯，毕业或肄业学校，生平主要军职，逝世、阵亡或被俘、特赦时间，著撰传世的作品等。（赵辛予）

K000401 **医国着先鞭** 副名：纪念傅连暲将军。饶作勋、王其森编。海潮摄影艺术出版社1994年12月版。20万字。9.00元。傅连暲是中国共产党的优秀党员，是我党我军医疗卫生工作的创始人之一。1933年加入中国工农红军，1938年加入中国共产党。在民主革命时期，曾任中央红军医院院长，中央陕甘宁边区医院院长，中央总卫生处处长兼中央医院院长，军委总卫生部副部长。全国解放后，历任解放军总后勤部卫生部第一副部长，中央人民政府卫生部副部长，中华医学会会长，全国政协第二、三届常委等职。1955年被授予中将军衔。曾当选为中共“七大”候补代表、“八大”代表。傅连暲有着传奇式的经历。他从一个基督教徒转变为一个忠诚的共产主义战士，从一个救死扶伤的教会医生成长为一个救国救民的爱国主义者，堪称为旧中国知识分子走上革命征途的光辉典范。1994年10月在傅连暲的故乡举行了“纪念傅连暲同志诞辰100周年学术研讨会”。会上，代表们宣读了大量的论文著作，共同回顾了傅连暲在长达半个多世纪的革命历程中，为中国

革命和社会主义事业,特别是医疗卫生事业立下的不朽功勋。书中还刊载了傅连暲撰写的有关医学知识方面的文章15篇。(黄兆荣)

K000402 **民族英雄——杨靖宇传记** 张群良等著。河南人民出版社1994年12月版。50.8万字。25.00元。民族英雄杨靖宇系河南确山人,是中国共产党的优秀战士。这部传记生动地记述了杨靖宇从一个贫民的孩子成长为一个杰出的共产主义战士的曲折道路。再现了他领导确山农民暴动、刘店秋收起义的壮举,惊心动魄的地下斗争场面和指挥东北抗日联军驰骋疆场、英勇杀敌,吃草根、树皮,吞棉絮,视死如归,顽强战斗,壮烈殉国的光辉战斗历程。热情讴歌了他的崇高革命精神和优秀品质。(蔡瑛)

K000403 **中国母亲** 钟起煌主编。江西人民出版社1994年12月版。43万字。35.00元。以强烈的时代使命感和崇高的社会责任感,在中国历史长河中精选出100名伟大母亲,讲述她们可歌可泣、可书可传的英雄事迹。以饱蘸激情的文笔,真实生动地再现了中国母亲勤劳俭朴、追求真理、献身祖国与和平事业的崇高精神与优良品德。(张德意)

K000404 **宋霭龄全传** 陈廷一著。青岛出版社1994年12月版。48万字。19.80元。以文学的笔法,详细描述了宋霭龄充满传奇经历的一生。宋霭龄的人生经历有着闪光的一面,也有着阴暗的一面。该书用大量的笔墨,以生动的语言展示出一位完整、可信的宋霭龄。(高继民)

K000405 **后乐先忧斯世事** 王定国著。人民出版社1994年12月版。30万字。19.00元。王定国是1933年参加中国工农红军的一位女战士。这本回忆录是她革命生涯的忠实记录。她曾经历过三过雪山草地的艰苦长征;曾随西路军远征河西走廊,经受了血与火的考验;曾在永昌被敌人俘虏,受尽了磨难。在被党营救脱险后,到八路军驻兰州办事处工作,在办事处党代表谢觉哉直接帮助下,她的政治和文化水平得到了迅速提高。在此期间她与谢觉哉结婚,从此成为谢觉哉的可靠助手。晚年她仍以一个红军战士对党、对人民的满腔热忱,积极投入到各种社会工作中去,足迹遍布全国各个地区,成为著名的社会活动家。正像她在一首诗中所写的那样,“发白心不老,耕耘时不休。酒尽余年热,无愧报世酬。”书名“后乐先忧斯世事”,是取自她50岁生日时,谢觉哉赠给她的一首诗里的一句。诗意是让她做人处事要“先天下之忧而忧,后天下之乐而乐”。(柏裕江)

K000406 **仁智的山水——张元济传** 吴方著。上海文艺出版社1994年12月版。17.9万字。8.90元。《张元济传》表明,张元济的思想文化态度,有一种“前进中保守”的色彩。他既不选择“全盘西化”,也不坚持“国粹”,以他一贯的开明态度,对不同的思想文化兼容并蓄。他积极推动“新学”的传播,又不遗余力地整理出版传统文化典籍。他积极鼓吹变革许多既有的风俗制度,又谨守传统的道德规范,弘扬人格的价值。他趋新而不躁进,主张渐进的改良有序的变革,张扬中庸与调和。张元济的思想性格和人生走向,有一种重要的启迪意义。(陈征)

K000407 **无地自由——胡适传** 沈卫威著。上海文艺出版社1994年12月版。31.7万字。12.90元。作为“一个不自由的时代的自由主义者”,胡适曾视自己从事学术研究是正途,而谈政治是歧路。本传着重于在胡适的“歧路”上追踪。纵观胡适一生,他虽涉足政治,但未能进入政治的决策层,至多是个参与,或更多的时候搞的是边缘政治。他对政治发生兴趣,但又不希望把学术研究拖入政治的泥淖,追求学术研究中的“价值无涉”。因此他的生活中,常出现政治人格与学术人格的疏离或冲突、矛盾。(陈征)

K000408 **信念的旅程——冯友兰传** 程伟礼著。上海文艺出版社1994年12月版。19.2万字。9.20元。冯友兰是中国著名的哲学家,他的学术思想几十年来在思想界产生了极大的影响。纵观冯友兰的思想发展,信念是他六十年思想旅程的出发点,同时,又是他为之奋斗六十年的思想旅程的归宿。对于祖国的爱,对于中国哲学的爱,正是他精神信念的感情支柱。该传记围绕冯友兰的“信念的旅程”,展示学术上、生活中的冯友兰的形象。冯友兰这位不谙政治权术的学院派哲学家,以光大中国哲学传统为己任。他在“起而行道”失败之后,再一次沉寂下来“坐而论道”,在他最后的学术生涯中,以自己的生命去点燃中国哲学和文化的希望之光。他的自强不息的奋斗精神来自于内心不灭的信念。他有过辉煌,也有过懦弱;有过成功,也有过失误。他的一生几乎与20世纪的中国文化同步,是20世纪中国文化的一个缩影。(陈征)

K000409 **天地间一个读书人——熊十力传** 郭齐勇著。上海文艺出版社1994年12月版。16.6万字。8.40元。熊十力是中国20世纪最独特的哲学家。他桀骜不驯的品行,他苦行僧式的修行生活,他远离尘嚣又密切关注人类、宇宙终极发展的奇思异想等,无不成为后人所迷恋和探究的对象。在传记中,作者充满激情而又有节制地描绘了一个独行孤往的哲人，在思考、治学、交友、授徒等方面独特的方式。把熊十力治学的艰韧不拔以及决不媚俗的品行和态度，作为全书的主题。围绕这个主题，作者展现了熊十力是如何从一个革命者转向一个治学者，如何从一个反对孔孟之道的少年变成一个深研佛学的信徒，如何舍弃佛学成为最终创立自己儒家哲学体系的哲人。作为主题的陪衬和传记不可或缺的一部分，作者也描述作为一个凡人的熊十力的情感生活和人生经历，尤为感人的是，在"文革"那个非常的时代，他终于没能逃脱命运的捉弄，凄惨地悄然而逝，令人唏嘘。（陈征）

K000410 **邹韬奋传** 俞润生著。天津教育出版社 1994 年 12 月版。37.1 万字。16.50 元。传主曾以主编《生活周刊》而闻名于世，他创办的生活书店是中国 30 年代的"文化堡垒"，他在抗日战争中是"七君子之狱"的一员，更受到国内外人民的尊敬。周恩来说："韬奋先生的功业在中国人民心目中永垂不朽，他的名字将永远是引导中国人民前进的旗帜。"本书从政治、历史、文化、出版、编辑等角度多维地考察了邹韬奋的一生，通过邹韬奋这一典型，反映了中国近代社会的诸多历史特点和社会发展的不可阻遏的趋势，以及中国进步知识分子的必由之路。书中还从许多侧面，生动地表现了邹韬奋刚直不阿、嫉恶如仇、爱国爱民、追随共产党等高尚品格和风范，给人以深刻启迪。（远之屾）

K000411 **解说插图中西关系史年表** 黄时鉴主编。浙江人民出版社 1994 年 12 月版。110 万字。41.00 元。反映自秦至鸦片战争两千年间中西关系的演进，突出文化交流的内容。全书按历史进程分为七编，每编由年表、解说、插图三部分组成。年表分列三项：年份、中西大事、中西关系史事。解说分为概述和条目解说，前者概述一个时期中西关系的背景和概貌，指出该时期中西关系的特点和值得深入思考的问题；后者对中西关系中一些重要内容作扼要的陈述和研讨。与解说相配合，还精选和绘制了上百幅图片和地图。书末附表五种：佛经汉译简表、汉文伊斯兰教译著简表、在华耶稣会士简表、中国丝路上文化劫失简表、西域铸币出土汇表。（张宪章）

K000412 **中华民族杰出人物传** 洪焕椿、周良霄等编。中国青年出版社 1994 年 12 月版。244.5 万字。11 册。53.38 元。分古代政治家（洪焕椿主编）、古代民族英雄（朱瑞熙等著）、思想家（唐宇元主编）、农民起义领袖（孙达人主编）、军事家（吴如嵩主编）、文学家（严云受等著）、科学家（陈光荣主编）、资产阶级革命先驱（孟庆远主编）、无产阶级革命家（金再及主编）等 11 卷。全套书贯串了爱国主义教育这个主题，重点介绍这些历史人物对中华民族的发展做出的杰出贡献，对他们的爱国言行作了生动细致的介绍。作为史学家撰写的历史人物传记，作者坚持求新、求实、求深的写作要求，在详细占有史料的基础上，进行深入的分析。对杰出人物不搞神化，将其作为一个有血有肉的人物来考察，不仅写生平事迹，还要写出每个人的思想感情、个性特征、音容笑貌。要综观人物一生，写出其成长发展变化。既把握其总的倾向，也不忽略其思想、行为的矛盾和复杂性。对杰出人物的功过是非、历史局限作具体分析。全书观点明确、内容丰富、史实有据、立论公允、文字通畅，是进行爱国主义教育的优秀历史读物。但因是多人撰写，各篇传记风格不尽一致，作为普及读物，有的还偏深了一些。（郑一奇）

各国人物传记

K000413 **恒河、黄河情丝** 副名：献给爱德华、柯棣华、巴苏华的花环。高粱著。辽宁人民出版社 1994 年版。31 万字。22.00 元。在作者著《柯棣华》一书的基础上扩充改写而成。1938 年，年轻的柯棣华大夫随印度援华医疗队自愿来华支援中国人民抗战。次年到革命圣地延安，任八路军总医院外科主任医生。1940 年到晋察冀边区任白求恩国际和平医院院长，兼白求恩卫生学校外科教员。他不避艰险，不辞辛劳，为抗日军民救死扶伤，积极培养医务人员，1942 年 7 月加入中国共产党，同年 12 月，在河北唐县积劳成疾病逝，把宝贵的青春贡献给中国人民的革命事业。印度援华医疗队成员共五人，本书集中写了柯棣华、爱德华、巴苏华三位大夫的光辉业绩，并详细地介绍了印度援华医疗队在中国的全部情况。（霍世荣）

K000414 **我的朋友帕瓦罗蒂** 坎边多·邦维奇尼著，陈星译。山东画报出版社 1994 年版。14.6 万字。9.80 元。帕瓦罗蒂是意大利著名歌唱家。他演唱的咏叹调《今夜无人入睡》享誉世界。他曾到中国演出，倾倒了东方古国的观众。作者是意大利著名记者、帕瓦罗蒂的朋友，他根据亲身感受和大量采访得来的资料，记述了帕瓦罗蒂从一名谋生艰难的卖保险者到歌坛巨人的经历。其中"帕瓦罗蒂谈帕瓦罗蒂"、"恐惧的因素"等篇章，披露了一些十分珍贵、有

趣的内容。(汪稼明)

K000415 **尼赫鲁家书** [苏]索妮娅·甘地编,庞新华译。河南人民出版社1994年6月版。40万字。14.50元。收入本书的,是印度前总理尼赫鲁在监狱中与女儿英迪拉的著名通信。这些信融贯东西方文化,反映了一个政治家的高尚品质和道德情操,道出了父女之间难以言辞表达的眷眷亲情。如何做人,如何处事,如何选择职业,如何增强体质,如何读书,甚至如何应付考试,几乎面面俱到。动情之处,让人眼噙热泪;诙谐之处,让人捧腹大笑;深刻之处,让人感到一语中的,入木三分,肃然起敬。(刘建生)

K000416 **白凡逸志:金九自叙传** [韩国]金九著,宣德五、张明惠译。民主与建设出版社1994年6月版。21.5万字。15.80元。大韩民国开国元勋金九(1876—1949)的自传。传主幼名昌岩;18岁入东学道时改名昌洙;23岁一次越狱后藏身佛寺为僧,法名圆宗,还俗后改名金斗来,又改为金龟,字莲上,号莲下;37岁时在狱中遇大赦减刑,改名为金九,始号白凡。《逸志》本意是“凡人的自传”,然而金九充满血与火的一生极不平凡。他是韩国爱国志士中杰出的人物,在国内曾组织起义,手刃日寇,三次入狱,受尽酷刑,度过近十年的铁窗生涯;后为抗日复国,流亡中国26年,策划过狙击日皇、上海虹口公园爆炸事件,曾被日宪以60万元大洋赏格通缉,领导过光复军抗日。他任韩国临时政府国务领在上海从事革命活动最艰难的岁月里,处于随时可能为国捐躯的危险境地,在妻亡四年之后的1928年,为教育仁、信二儿,开始以遗书的形式撰写自传的上篇。1937年中国全面抗日烽起,随着抗敌阵线的转移,他经长沙、广州、贵阳辗转到重庆。太平洋战争爆发后的第二年,开始续写下篇。全传于1947年公开发表。自传从少时科举落第、割肉疗母、加入东学党、起事兵败的传奇经历写起,一直写到日本投降重新踏上祖国大地,想圆仁德建国的理想之梦。既是作者为争取祖国独立、民族生存,先国后家,长期颠沛,奋斗到生命最后一息的真实写照,也是大韩民国开国血史的别录。全书倾注了作者一腔心血,深刻而细致地刻画了他的亡国恨、同胞爱、骨肉情,感人至深,催人泪下。原著系用韩汉混合体的文字写成,后译成现代韩文,在韩国曾以多种版本印行100次以上,被列为对青少年进行爱国主义教育的优秀读物。此书在台湾出过中译本。宣德五、张明惠这个译本所据材料,包括使用了原手稿,则超过过去所有译本,是最为齐全完备的。译文得到传主次子金信和其他韩国朋友把关,字斟句酌,信实可靠而完美。书后附有年表。(罗青)

K000417 **一千个春天** 副名:陈香梅婚恋自述。[美]陈香梅著,陈力克、王湄译。书海出版社1994年7月版。16万字。8.80元。自传体爱情故事。作者以真挚的感情、生动的文笔,记述了她与美国空军飞虎队创办人陈纳德将军极富传奇的婚恋故事。作者将自己早年的爱情、婚恋、家庭如实地、细腻地写出,有少女的憧憬、愉快与烦恼,有恋人的甜蜜与苦涩、婚姻的幸福与悲哀、追忆与思念。读者随着故事情节的发展可以了解到:他们婚后的恩恩爱爱;陈纳德卧病不起直到与她永别的经过;飞虎队——十四航空队;作者的祖籍故里和令人尊敬的外祖父,以及难忘的北京、昆明和上海。本书塑造了陈纳德不屈不挠、性格刚毅而又富于情感、果断倔强而又谦虚谨慎的男子汉形象。书前刊有作者和陈纳德的照片4幅。作者是一位具有传奇色彩的东方女性,她长住美国华盛顿,是政治家、企业家、作家、社会活动家。本书英文原著是美国近代畅销书之一,共再版20次。(白小平)

K000418 **生活在迷宫** 副名:博尔赫斯传。埃米尔·罗德里格斯·莫内加尔著,陈舒、李点译,虞苏美校订。知识出版社(沪)1994年7月版。34万字。11.00元。全面介绍阿根廷著名小说家、诗人豪尔赫·路易斯·博尔赫斯(1899—1986)及其作品的文学传记。博尔赫斯出生于一个具有古老英国和阿根廷血统的律师家庭。在父亲的影响下,从小学习英语,并接触了大量欧美文学名著。第一次世界大战期间,在日内瓦求学,并开始写诗。1921年回国,一度成为阿根廷反对颓废的“极端主义”文学运动的领袖。1921至1930年间发表了《布宜诺斯艾利斯的热情》等3本诗集及一些散文。后转向幻想小说的创作,共发表近30个短篇。这些小说以其新奇的构思、幽默讽刺的文笔和深奥的哲理,创造了一个崭新的境界。由此,他获得了“福门托”文学奖、西班牙塞万提斯奖等多种国际文学奖。1955年,任国立图书馆馆长。此后双目失明。传记作者基于对博氏“迷宫般的心灵境地”和“迷宫般创作”的完整把握,描述了一个有无限勇气的跋涉者不屈的命运和被世界文坛赞誉的“迷宫小说”衍生的脉络,并展示了一个成功者从“平凡走向伟大”的性格发展史。(东方)

K000419 **叶利钦** 白成国著。长春出版社1994年8月版。19万字。5.90元。“当今世界政治巨头丛书”之一。简介俄罗斯总统叶利钦的生平,着重探讨他在当今国际政治舞台上所处的位置和所起的作用。叶利钦对国内经济实行“休克疗法”，进行经济转轨，向市场经济过渡。在国内矛盾重重、自顾不暇的情况下，他仍然做着“大俄罗斯之梦”，想恢复大国地位，要参与解决世界事务，波黑问题、中东和平以及独联体事务都有俄罗斯的影响。他多次抱怨美国对俄罗斯重视不够。对此，作者均有评述。(张耀民)

K000420 **梅杰** 唐承运、郑先武著。长春出版社1994年8月版。18.7万字。5.90元。着重评述梅杰在当今世界政治舞台上所处的位置和所起的作用。他面对国内不断恶化的政治经济形势、英国日渐削弱的国际地位以及同欧共体的矛盾等，力图重振英帝国，为此，他继承丘吉尔的方针，推行三环外交，即发展欧洲联合，保持英美的特殊关系，维系英联邦。收入“当今世界政治巨头丛书”。(张耀民)

K000421 **加利** 高英彤著。长春出版社1994年8月版。20.9万字。5.90元。“当今世界政治巨头丛书”之一。着重探讨加利在当今国际政治舞台上所处的位置和所起的作用。由于联合国旧有的原则和机制已不适应冷战后的世界格局，加利入主后便着手改革，对联合国宪章、安理会构成、维和行动、机构改革、财政等都提出了设想甚至进行尝试。同时，在柬埔寨、索马里、波黑、埃塞俄比亚、卢旺达等热点地区，加利都做了许多工作。对此，作者均有评述。(张耀民)

K000422 **密特朗** 宫朴、韩忠富著。长春出版社1994年8月版。19万字。5.90元。“当今世界政治巨头丛书”之一。着重探讨传主在当今国际政治舞台上所处的位置和所起的作用。他既要做美国的盟友，又要独立自主，自行其事，对美国的许多政策提出批评，不断对国际事务提出自己的主张。他是建立欧洲联盟的主要推动者。他的“新东方政策”对苏联解体起了推波助澜的作用。他钟情于非洲，以第三世界的代言人自居，并开了许多空头支票。对此，作者均有评述。(张耀民)

K000423 **克林顿** 李晔著。长春出版社1994年8月版。19万字。5.90元。“当今世界政治巨头丛书”之一。着重探讨克林顿在当今国际政治舞台上所处的位置和所起的作用。苏联解体后美国成为世界上唯一的超级大国，克林顿想要成为世界的领导者，按美国的意志去建立世界新秩序，在政治上、经济上和军事上主宰世界。他到处伸手，充当世界宪兵。在他的斡旋下，巴以两国领导人实现了历史性的握手。在国内，他提出了“重建美国社会”的口号，致力于恢复国内经济增长速度。随着世界格局多元化趋势的发展，美国的地位不断受到削弱。对此，作者均有评述。(张耀民)

K000424 **科尔** 姜德昌著。长春出版社1994年8月版。19万字。5.90元。“当今世界政治巨头丛书”之一。简介德国总理科尔的生平，着重探讨他在当今国际政治舞台上所处的地位和所起的作用。在两德统一的问题上，科尔起了主要的作用。德国统一后，国力大大增强。科尔也是建立欧洲联盟的主要推动者。他不甘心充当经济巨人、政治矮子，要使德国成为政治大国，成为联合国安全理事会的常任理事国，参加维持和平部队。对此，作者均有评述。(张耀民)

K000425 **将帅型企业家松下幸之助——论松下幸之助的企业家素质** 方尔加著。群众出版社1994年8月版。12万字。6.40元。日本松下电器公司是世界瞩目的超一流企业，松下幸之助被尊为日本企业界的巨擘、神仙。本书从人文的角度，从民族心理、人生哲学、价值观念、文化修养、经营道德诸方面论述了松下的企业家素质。作为一个大企业家，他没有只考虑为自己赚钱，而是更多地考虑为国家分忧，为社会服务，与其他企业共存共荣。他以自己的高尚、博大、深厚、善良、至诚和智慧赢得了事业的辉煌、员工的敬爱，他以自己的精神高度，成为超过一般经营者的将帅型企业家。(王健椿)

K000426 **雪恨** 金松竹著。黑龙江朝鲜民族出版社1994年8月朝鲜文版。30万字。10.00元。长篇传记。叙述朝鲜抗日名将金佐镇的生平及可歌可泣的抗日事迹。金佐镇从15岁起参加民主革命运动，后来为了抗日转移到中国东北组织抗日武装队伍。1920年10月18日至10月23日期间，在朝鲜青山里的深沟里，组织了一次对日军的歼灭战。金佐镇率领抗日队伍进行埋伏，经几天的浴血奋战，消灭了日本关东军1 400多名。青山里战斗以后，为了保存有生力量，金佐镇转战到中国黑龙江省的密山、海林等地，进行抗日游击战。1930年金佐镇将军不幸被叛徒暗害身亡，并被误认为是“日本走狗”。作者用大量的史料澄清历史，证明金佐镇不是日本走狗，而是赫赫有名的抗日将领。(金斗孙)

K000427 **骚动的一生** 副名：福克纳传。[美]戴维·明特著，顾连理译。上海知识出版社1994年9月版。23万字。9.50元。因《喧嚣与骚动》等不朽名著而闻名于世的福克纳，是1950年诺贝尔文学奖的得主，是20世纪世界文坛的奇才。福克纳的作品力图展示一幅200年来美国南方的画卷，这里的风土人情、各式人等，都成为他浓墨重彩描写的对象；人物的内心冲突、重大的社会问题、传统和现代物质文明的不尽人意，成为他笔下永恒的主题。在煌煌大著和巨大的艺术成就的背面，是曲折跌宕的成功之路，一个孤寂而又伟大的灵魂，痛苦而又不无污浊的生活。他从小体质孱弱，孤傲又追求好奇，三次退学后进入一个"理想的王国"；为了谋生，不得不"卖身"于好莱坞写剧本，却又一次次逃离那令他厌倦的场所；失意之后长时间的酗酒，几近自戕；喜逐情人，对"比女儿大不了几岁"的琼·威廉尔斯爱得死去活来；热恋后的活跃文思，诞生一部又一部令人震撼的辉煌作品。"酒鬼"、"多情种子"、"美国国务院特使"等看似不容却集于一身的福克纳，经作者的生动记述跃然纸上。同时作者以作家生平诠释其作品又以其作品窥视其内心世界的独特写法，让世界文学研究者和其他读者既了解他的作品，又认识他的人生。(张爱民)

K000428 **狂热的追求** 副名：科学发现之我见。[英]弗朗西斯·克里克著，吕向东、唐孝威译。中国科学技术大学出版社1994年9月版。12.7万字。6.50元。当代著名生物学家、诺贝尔生理学和医学奖获得者弗朗西斯·克里克的自传体著作。主要叙述50年代初和沃森一起发现DNA双螺旋结构前夕至60年代中遗传密码破译期间的一些科研经历和体会，并介绍了他后来在神经生物学领域中所做的研究和看法。可以看到克里克对科学的执着追求和科研方法上的独到见解，特别是从自身的成功和失败中总结出许多宝贵经验，具有很大的启发性。他对生命科学的兴趣集中在两个领域：一是生命和非生命之间的界限；二是脑的活动方式。他认为这两个领域吸引人之处在于它们包含了一个重要的谜——生命之谜与意识之谜。希望能用科学方法解开这两个谜。对神经生物学，他的思路是，选择研究哪种动物、选择研究脑的哪种问题，以及首先选择研究哪个方面。对于视觉、睡眠机制、神经网络和意识等，分别阐述了自己的看法。作为一个从物理领域转向生物领域的巨大成功者，克里克对交叉学科有精辟的见解。他说："在自然界中杂种往往不育，但是在科学中正相反，交叉学科常常惊人地多产。如果一个学科过于单纯，就会枯萎。"另外他说："一个好的理论不但要给出预言，而且要给出惊人的预言，并在以后被证明是正确的。""在我看来，成功部分是靠运气，部分是靠正确的判断、灵感及坚持不懈。"(孔宪惠)

K000429 **陈纳德与陈香梅** 金光耀、石源华著。中国青年出版社1994年10月版。21万字。9.00元。采用穿插的形式，主要记叙了美国退役军人陈纳德在中国的抗日战争中率领赴华美国空军与中国军民并肩战斗，屡次以少胜多，成为"飞虎将军"的传奇，以及与陈纳德有着不同文化背景的中国女性陈香梅投身抗战，与陈纳德由相敬、相识、相交到相恋、结合，在夫君去世后独闯美国政坛并显露头角，为增进中美两国的了解和推动中国大陆与台湾的接触而不懈奔走的不平凡经历。本书对于二陈两人共同世界的描写稍嫌用墨不足。(茅红培)

K000430 **日本军国主义侵华人物** 天津编译中心编。中国文史出版社1994年11月版。58万字。18.00元。甲午战争后，日本军政当局大力推行以鲸吞中国为目的的大陆政策，派出大批间谍、特务潜入中国各地，搜集情报，培植亲日势力，伺机制造事端，为发动武装侵略寻找借口；同时又对中国进行了一系列武装入侵、政治颠覆与经济掠夺等活动；继"九·一八"事变后，占领了中国东北，又以卢沟桥事变为军事突破口，发动全面侵华战争；珍珠港事变后，点燃了太平洋及亚洲中南半岛的战火。书中所涉及的60个日本侵华人物，包括首相大臣、军人、政客、法西斯理论权威，乃至和尚、浪人、间谍、特务以及靠侵略发家的财阀。其资料均取自日本人撰写的传记或回忆录。由于讲述者多站在军国主义立场上，以侵华为"荣"，因此多为不打自招的供状，有助于认清其面目。人物顺序依据历史事件先后及其所扮角色，突出其侵华劣迹而略去一般。书末另附每人简历。此书以人系事，连接起来可成一部真实生动的日本侵华史。(曹振中)

K000431 **尼采传** 丹尼尔·哈列维著，谈蓓芳译。百花洲文艺出版社1994年12月版。27万字。12.00元。记叙19世纪德国哲学家弗里德里希·威廉·尼采的生平事迹和思想历程。尼采(1844—1900)生于萨克森罗肯的一个传教士家庭，早年就读于南堡普弗塔贵族学校。1864至1865年先后在波恩大学和莱比锡大学读神学和古典语言学。后放弃基督教信仰。1869至1879年任巴塞尔大学教授。1879至1888年先后旅居意大利和法国，从事哲学研究和写作。1888年患精神病直至逝世。其哲学思想为主观唯心主义的唯意志论，提倡"自我肯定"和主观战斗精神，宣扬超人哲学，认为"权力意志"在"超人"的生活中起着重要的推动作用，主宰着人类历史进程。其美学主张艺术是对人生的征服，只有肯定人生、积极进取才有美和美学。尼采哲学中的张扬个性、积极进取精神和对强权的鼓吹都对后世产生了深远影响。本书据 1914 年伦敦 T·Fisher Unwin 再版的英译本译出。1991 年中国台湾业强出版社曾出版此书的节译本。此为全译本。(洪安南)

K000432 **戴高乐评传** 周荣耀著。东方出版社 1994 年 12 月版。26.7 万字。12.00 元。戴高乐(1890—1970)参加过第一次世界大战。1940 年法国贝当政府向希特勒德国乞求停战投降,当时他任国防部次长,只身飞往伦敦,播发"六·一八告法国人民书",宣布"自由法国"将战斗到底。1943 年任法兰西民族解放委员会主席,1944 年任法兰西共和国临时政府首脑。他所领导的抵抗运动为法国的独立和复兴作出了贡献。1946 年辞职。1958 年阿尔及尔爆发起义,有引起内战的危险,时势要求他再度出山。1959 年 1 月就任法兰西第五共和国第一任总统,1965 年 12 月连任。任内修改新宪法,加强国家经济地位,让非洲殖民地独立,提倡东西方"缓和与合作",主张与苏联东欧进行贸易和文化交流,奉行独立自主、反对霸权主义的外交政策,退出北大西洋军事"一体化"机构。1964 年与中国建交。1969 年脱离法国政界回乡。本书介绍了戴高乐的一生,对其挽救法国于危难的功绩和他所建立的法兰西第五共和国的政治体制作了评论,以专门一章论述了戴高乐主义,将其概括为"戴高乐维护民族独立和国家主权,力争恢复法国大国地位的思想与实践",并从东西方关系、欧洲建设、第三世界三方面加以详述,还以一章论述戴高乐对中国的看法和中国对他的评价。卷末附戴高乐生平大事记。(王一禾)

K000433 **NB——关于尼耳斯·玻尔的一些回忆** [丹麦]S. 罗森塔耳著,成幼殊、林桦译,戈革译校。江苏教育出版社 1994 年 12 月版。10 万字。3.90 元。丹麦物理学家尼耳斯·玻尔,是一位世界级的科学大师,1922 年 37 岁时即获得诺贝尔物理学奖,第二次世界大战期间参加了英美联合研制原子弹的工作。本书作者是尼·玻尔的助手,所记皆为作者 1938—1960 年间在尼·玻尔身边的亲见、亲闻、亲历。书中记述了第二次世界大战爆发后尼·玻尔留在丹麦对纳粹侵略者进行的各式各样的斗争,以及尼·玻尔在第二次世界大战后为制止原子军备竞赛与和平利用原子能所做的许多努力。还记述了尼·玻尔在科学生活中表现出的性格、意志、品德、情趣,在研究工作中表现出的方式、习惯、态度、爱好等。(喻纬)

文物考古

K000434 **古董鉴赏收藏丛书** 李泽奉、刘如仲主编。吉林科技出版社 1994 年版。271 万字。22 册。317.30 元。共 22 种:《铜器鉴赏与收藏》、《铜镜鉴赏与收藏》、《古钱鉴赏与收藏》、《古玉鉴赏与收藏》、《古画鉴赏与收藏》、《钟表鉴赏与收藏》、《陶瓷器鉴赏与收藏》、《金银器鉴赏与收藏》、《文房四宝鉴赏与收藏》、《宗教艺术鉴赏与收藏》、《玺印鉴赏与收藏》、《书法鉴赏与收藏》、《碑帖鉴赏与收藏》、《唐三彩鉴赏与收藏》、《古灯饰鉴赏与收藏》、《古玻璃鉴赏与收藏》、《古漆器鉴赏与收藏》、《珐琅器鉴赏与收藏》、《紫砂器鉴赏与收藏》、《鼻烟壶鉴赏与收藏》、《竹木牙雕鉴赏与收藏》、《版本古籍鉴赏与收藏》。本丛书为普及古董收藏鉴赏知识而作,写作要求简明易懂,具有知识性、趣味性和可读性的特点。所介绍的各古董门类重在源流演变、工艺流程、鉴赏方法、收藏知识、鉴定真伪的方法以及它们的价值等等。编著者是在中国历史博物馆、北京故宫博物院、南京历史博物馆等文博单位从事文物工作的专家学者。(杨晓蔓)

K000435 **秦俑头像精选** 张占民、杨异同编。陕西人民美术出版社 1994 年版。1.6 万字。30.00 元。收录秦始皇陵兵马俑博物馆收藏的将军俑、武官俑、武士俑、御官俑、跽坐俑的头像 124 幅,并分类加以介绍。秦兵马俑是中国古代雕塑艺术的经典之作,而秦俑头像则集中体现了秦代雕塑艺人高超的技法和艺术上的独创精神。由于条件的限制,绝大多数中外游客和学者都无法在近距离观赏众多的将军、武士及御官俑极富个性的面部表情,使很多人为此感到遗憾。本画册恰好弥补了这个缺憾。作者杨异同长期在秦俑博物馆从事文物摄影及陈列工作,利用得天独厚的条件,经过长期的观察、体验和感受,寻找足以体现俑像神态表情的角度和拍摄点,创作出许多秦俑头像的摄影佳品。本画册所录图片均为其具有代表性的秦俑头像摄影作品。(李星明)

K000436 **俄藏敦煌文献(五)** 俄罗斯科学院东方研究所圣彼得堡分所、俄罗斯科学出版社东方文学部、上海古籍出版社编。上海古籍出版社 1994 年版。1760.00 元。俄罗斯科学院东方研究所圣彼得堡分所是世界敦煌文献四大藏家之一。俄藏敦煌文献近二万号,分别以俄方敦煌学者弗鲁格和敦煌的缩写 Φ 和 Дx 编号。以弗鲁格编号的共 366 号已在

《俄藏敦煌文献》1—5册出版，第五册收录Φ251～Φ366，内容是弗鲁格编号中最精彩的一册。其中收有著名的《王梵志诗》110首，由Φ319、Φ361和Φ342缀合的《十二时普劝四众依教修行》白话诗偈，维摩诘所说经和妙法莲华经讲经文等变文，Φ366为“敦煌县寿昌县户口田籍”社会经济文书，卷子长达十余米。另外还收录未入藏和待考的佛教经典，论释以及用藏文转写的佛教经典和藏文祈祷文。(刘景云)

K000437 **尊古斋金石集拓** 黄濬编。上海古籍出版社1994年版。6册。1450.00元。据清华大学图书馆所藏《尊古斋金石集》、《尊古斋古代瓦当文字》、《尊古斋陶佛留真》、《尊古斋造像集拓》、《尊古斋古兵精拓》、《尊古斋古玉图录》和《尊古斋古镜集景》七种原拓稿本汇集影印。全书收录青铜器、玺印、石刻文字、兵器、瓦当、金铜佛像、陶佛、古玉器等大量文物精品，其中部分文物有的流落海外，有的原物已佚仅存拓片，故弥足珍贵。本书用电子黑白分色，逼真地保持了原拓本的面貌。编者字百川，宛平人，对文物古董有很高的鉴赏力，曾在北京开尊古斋古玩铺，执古玩界之牛耳。编有《邺中片羽》、《衡斋藏印》等十余种金石著作，颇受学术界好评。(吴旭民)

K000438 **古陶字汇** 徐谷甫、王延林编。上海书店1994年版。860幅。68.00元。以作者自藏的几千枚陶片原拓为主体，以近几十年来陶文研究者编著的陶文工具书作为补充。共收录单字1 700余字，重文近8 000，附录1000余字，并对文字进行了考证、注释。最大的优点是摒弃以往用笔钩摹文字的方法，全部用原拓片以及影印件作印刷底本，保留了古陶文淳朴自然的风貌。(童辰翊)

K000439 **古封泥集成** 孙慰祖主编。上海书店1994年版。604面。65.00元。中国古代封泥保留了大量古代官制、地理、文字和印章制度方面的珍贵资料，具有重要的参考价值。本书收录战国、秦、汉魏、晋及唐代官私封泥2 600余方，按时代为经、类别为纬加以编次。所收来自各公藏单位、私人藏家及晚清诸种封泥谱录，并益以新中国成立后考古发掘所得，多为未发表之品。每件封泥均加释文并注明资料来源。把封泥文字按笔画编成文编。另附索引及检字表。(童辰翊)

K000440 **沈氏砚林** 沈汝瑾著。上海书店1994年版。335面。180.00元。作者生前爱砚成癖，吟诗抱砚消磨岁月。殁后其子若怀将其所藏名砚拓印成谱，共4卷100部。本书重新整理出版，收砚158方。其中武虚谷藏杜工部像砚，黄文节公真像砚、李易安藏砚、文衡山篆谦卦砚、傅青主真手砚、阮文达鹅群砚等，多为精雅之作。吴昌硕与作者为知交，为其藏砚所作近百款砚画砚铭，不但切砚、切事，更切人生的生命要义，富有人生哲理。其有浩然之气的石鼓、深厚质朴而潇洒的行书，尽现于砚石之上，可谓前所未有，后无来者。本书已超出了对美石的欣赏范畴，它所透露出来的文化气息，为研究吴昌硕及近代艺术思想史提供了佐证。(朱安邦)

K000441 **战国楚简文字编** 郭若愚著。上海书画出版社1994年版。5.5万字。24.00元。汇集长沙仰天湖与信阳长台关战国楚墓出土竹简中的文字，作比较、研究、考释。全书竹简文字摹本54幅，以楷书领头，分类编排。考释研究5万余字。

K000442 **四川近现代纸币图录** 高文、袁愈高编。四川大学出版社1994年版。90面。34.00元。近代四川钱庄银行林立，各种钞票及变相钞票异彩纷呈，在近代中国纸币发行史上独具特色，占有一定地位。因时间久远，近代四川纸币多已散失湮灭。编者花费大量精力，搜罗纸币图样，整理汇编成册，以供广大纸币收藏者、研究者参考鉴赏。书中收录清代末期至1949年四川地区(包括原西康省、川陕革命根据地)发行的各种纸币161种，另附布币、礼券和储蓄券10余种。所选为编者自藏及部分文博单位和收藏家提供的实物资料，其中大多数系传世孤品，具有鉴赏价值和史料价值。所载纸币一般印正背两面彩色图，少量为黑白图。(陈建明)

K000443 **古玩收藏指南** 龙松、纪平著。河北人民出版社1994年1月版。23万字，120幅图。19.80元。将古玩分成书画、碑帖、玉器、兵器、瓷器、青铜器、文房四宝、古钱币、古书、殷墟甲骨、名石等20余类，对古玩的历史渊源、鉴赏技巧、辨伪知识、国家珍品进行了系统而详细的介绍，以使现代人对古玩的特性和文化价值有所了解。书中附有120幅精美的图片，展示了中国历代各种各样的古玩名品、稀世国宝。(李方)

K000444 **高句丽遗址与遗物研究** 朴真奭等著。东北朝鲜民族教育出版社1994年2月版。19.6万字。4.10元。以吉林、辽宁一带高句丽建筑遗址、高坟、陶器等古迹、文物为研究对象，共收录12篇论文。对高句丽史研究具有参考和资料价值。(金得振)

K000445 **甲骨文虚词词典** 张玉金著。中华书局1994年3月版。26.9万字。9.95元。收甲骨文和商代金文中的虚词近70个，分属代词、副词、介词、连词、语气词、助词、感叹词等词类。全书以音序排列。每个虚词均先列单音虚词,次列相关的复合虚词及固定格式。每个单音虚词均先标举甲骨文字形,然后分词性、分义项进行诠释。每个义项下或注出其词义,或说明其语法功能,并有数量不等的甲骨卜辞或商代金文例句。例句均用现代汉语加以说解,间附考释,以便读者使用。复合虚词和固定格式的诠释大体与单音虚词相同。书后附笔画检字。(刘宗汉)

K000446 **陕西汉画** 张鸿修编。三秦出版社1994年4月版。15万字。66.00元。汉画图集。西汉建都于陕西长安,东汉建都于河南洛阳。两汉历时426年之久,其间有着光辉灿烂的文化,汉画就是重要的文化艺术形式。陕西是两汉经济文化最发达的地区之一,有大量的汉画遗存。汉画主要在建筑所用的材料如墓石、石壁、石板、石头、空砖、瓦当等上得到反映。陕西汉画主要分空砖画、石刻画和瓦当画三部分。空砖画主要分布在咸阳、富平和西安等地。砖为空心,有四方体和长方体,六面,采用模压成形法现出画面,多为四神(青龙、白虎、朱雀、玄武)和装饰图案。石刻画又称画像石,分布于陕北榆林地区和绥德、米脂一带,一般是在石板上雕刻作画,作为墓室的装饰品,表现的内容有狩猎、出行、迎宾、杂技表演、神话故事以及墓门的守护者(兽)等,雕刻巧夺天工,精美绝伦,达到了炉火纯青的地步。瓦当画分布于西汉长安城、咸阳、凤翔等地,有文字瓦当、四神瓦当、图案瓦当,以及人物、龙纹、凤纹、禽兽瓦当等。总的看来,陕西汉画有很高的文化艺术价值和文物价值。(王刚)

K000447 **魏刻龙门造像记一百种** 乐心龙编。上海书画出版社1994年4月版。拓印单片100幅。180.00元。洛阳龙门造像创自北魏太和十八年前后,至宋代已有1 700余种。本书以《伊阙魏刻百品》为底本。原拓本世纪初由时经训、关葆谦督拓,备历艰辛,费时六载,仅50部。计收录北魏造像67种、西魏造像2种、东魏造像4种、无年号造像27种。因旧选《龙门二十品》流传已广,不复选入。采用宣纸整张石印,中式函装,1函10辑,每辑10种。书前刊有凡例、目录以及序言三篇,对魏刻龙门造像的历史渊源、书法美学意义均作了全面的介绍。(乐心龙)

K000448 **语石·语石异同评** 叶昌炽撰,柯昌泗评,陈公柔、张明善点校。中华书局1994年4月版。39.2万字。19.00元。《语石》10卷,以分条举证的方式系统阐述了中国古代石刻的主要内容。第一卷按照自古至今的时代顺序,介绍历代石刻的概况和各个朝代的重要石刻名目,特别是对以往不太重视的短暂朝代如十六国、五代十国、西夏等的石刻作了叙述,还夹有必要的考证和作者的见解。第二卷按照石刻分布的地理区域进行分省论述。第三卷至第五卷是石刻形制研究,作者将石刻形制划分为碑、墓志、塔铭、浮图、经幢、摩崖等三十多种类型,大大扩展了传统石刻研究的范围。第六卷介绍石刻铭文的文例,主要对碑文中的各种文体格式加以归纳。第七卷至第九卷着重分析石刻中的书法、字体、书写格式,并对各个朝代的书法家及其石刻作品加以介绍。第十卷分析碑书写中的一些特殊格式,碑拓的各种形式、工艺、保护方法以及其他一些与石刻有关的杂记。《语石》一书被誉为近代研究中国古代石刻最有学术水平的著作。柯昌泗的《语石异同评》仿照《语石》体例,采取分条立论的形式对叶氏的观点逐条加以补充订正,指出异同,提出自己的新观点,内容丰富准确,学术水平不在《语石》之下。(凌金兰)

K000449 **中国名砚纵横谈** 张国朝编著。湖南文艺出版社1994年5月版。15.1万字。5.20元。介绍中国砚林中近百种奇珍至宝,展示了这些名砚的精美图片,是一部中国名砚图谱。详细地阐述了中国砚的产生、发展及演变过程,全面系统地介绍了各种名砚的产地、特色、技艺、名师、历史和现状。(张光琼)

K000450 **辽宁省博物馆藏宝录** 辽宁省博物馆藏宝录编辑委员会编。上海文艺出版社、三联书店(香港)有限公司1994年5月版。37万字。150.00元。文物图录。"中国珍宝鉴赏丛书"之四。辽宁省博物馆原名东北博物馆,始建于1949年,前身为国立沈阳博物院。馆藏来源有两处值得注意的地方,其一是抗战后从日本经营的正金银行保险柜中取得的一批宋元明清缂丝和刺绣;其二是从溥仪手中接受的一批唐宋元书画。博物馆成立45年间,馆藏不断累增。本书精选介绍了140多件馆藏珍品,分为青铜器、陶瓷、绘画、书法、版画、古地图、丝绣6类。图版部分有彩图144幅,随文插图94幅。文字部分收有文章87篇,其中有资深学者的专稿,也有中青年研究人员的新作。

K000451 **殷墟甲骨断代** 彭裕商著。中国社会科学出版社1994年5月版。27万字。19.60元。自董作宾《甲骨文断代研究例》提出十项标准和五期分法,迄今已几十年。随着考古新发现和甲骨学研究的深入,有关学者对甲骨断代新方案作了有益的探索。首先是李学勤提出殷墟王室卜辞在演进上的"两系"

说，随后林沄在《小屯南地甲骨发掘与殷墟甲骨断代》中对李说加以具体化，从而构筑了断代的新方案。本书运用甲骨分期的新理论与新方法，并充分结合殷墟考古材料，对各类殷墟卜辞作了系统的分期研究，在具体分析各组卜辞的年代上多有创见；在对殷墟卜辞的细分类别方面更属创造性的工作；还用大量排谱的方式讨论了卜辞的相互联系。在对甲骨断代新方案的探索方面是较系统论述"两系"说的力作，能代表90年代甲骨学分期研究的新水平。收入"中国社会科学博士论文文库"。(冯广裕)

K000452　**两周金文虚词集释**　崔永东著。中华书局1994年5月影印版。199页。15.00元。共收周代金文中出现的虚词112个(包括个别双音虚词)，其中包括介词、连词、副词、助词、叹词及词缀。对于传统虚词专著中的代词、助动词等，本书认为其不属虚词范畴，故不予收录。每一词条，均先标出其原字形，然后分别义项，加以集释。每一义项下，均先辨明词性，注明义训，然后标举两周金文中的例句，并参以古代文献中的例句，作为书证。本书分西周、东周两部分，可从中看出从西周到东周虚词演变的轨迹。西周部分后附《西周金文虚词用法释例》，有助于读者对西周金文虚词使用特点的认识。(刘宗汉)

K000453　**北京名人故居**　陈英主编。北京燕山出版社1994年6月版。20万字。11.00元。北京是中华人民共和国的首都，又是辽、金、元、明、清代的故都，名人故居很多。选入此书的以国务院、北京市人民政府已公布的国家级和市级文物保护单位的名人故居为准。撰写中注意了以下特点：一、名人故居的选定，以名人最后居住过的地方为主。从名人最后居住处展开，叙述他们一生的经历、政治活动、著述、贡献和成就。对历次迁居的地点、原因以及故居现状等均有说明和交待。二、文章写得情深意切，并提供了一些鲜为人知的资料。文章出自对名人有很深研究的学者或名人弟子、亲属之手。(陈果)

K000454　**高句丽考古**　魏存成著。吉林大学出版社1994年6月版。18.5万字。8.50元。根据考古发掘和研究，阐述了高句丽族的起源、发展；高句丽政权组织形式、特点及其演进历程；高句丽遗迹分布及其发现与研究。城址建筑址包括：都城、山城、晚期长城、平原城址与建筑址。墓葬形式研究包括：积石墓、无壁画封土石室墓、壁画墓，以及葬俗与墓葬类型的演变。遗物研究包括：建筑础石、砖瓦与瓦当、陶瓷器、金属器、碑刻、石柱及其他。有图片180幅。(李有清)

K000455　**陕南考古报告集**　陕西省考古研究所、陕西省安康水电站库区考古队编。三秦出版社1994年6月版。65万字。65.00元(精)，55.00元(平)。是对陕西省南部汉江上游地区新石器时代仰韶文化遗存发掘考古工作所取得的资料，及其文化内涵类型、分期、发展序列以及与周围地区新石器时代文化的关系等进行研究的成果。资料丰富，图片颇多。(淡懿诚)

K000456　**四川道教、佛教石窟艺术**　胡文和著。四川人民出版社1994年6月版。50万字。75.00元。书中有照片276幅，插图48幅。以四川江河流域为经，以年代顺序为纬，全面、系统地介绍四川境内56处道教、佛教石窟遗址。有许多道教、佛教石窟艺术品，由于诸种原因，现已损灭，这些损灭了的艺术品，在书中用照片保存了下来。(冯学敏)

K000457　**关中秦汉陶录**　陈直撰。天津古籍出版社1994年6月版。8册。3 000.00元。收作者三部著作：一、《关中秦汉陶录》及《续编》6册，分为陶器、瓦当瓦片、砖文、钱范四大类，收拓片495纸，摹本5纸，涉及器物501件，"皆以前人未经著录之品为断"。二、《云纹瓦图录》1册，收拓片55纸，其中秦葵纹瓦6品、汉云纹瓦49品。以上二书撰于1953至1954年。三、《摹庐藏瓦》(附陈直其他藏瓦)1册，收拓片97纸，涉及器物110件。初撰于1947年，后经6次订补，历20余年。所收拓片间有与上二书重复者，然拓本较精，亦有10余品为汉封泥及魏晋至唐佛道造像。三书原稿所收拓片均为原拓，原器大多毁佚不存。其中"粱宫"、"羽阳千秋"、"孝大"、"萧将军府"、"原"字、"杨"字诸瓦，虎纹墓砖、"巧二"钱范等，皆至精之品。每器之后，有撰者手书考释文字，尤是本书精华所在。其辨伪断代、著录源流、考究存佚，此前诸书皆不及其详，而以瓦文订正文献，更是前人之所未道。如以汉代"公羊草隶砖"证明自汉代《春秋》经文就已与传文相联，而非传统所认为的始自晋朝。又如汉制县、乡、亭、里本为一个行政序列，而由于古书中往往有所缺省，遂出现"亭"为另一行政系统之说，聚讼千年不得其解。撰者据"咸里"诸器，使这一悬案得以彻底解决。其他如秦汉时期的社会史、经济史、风俗史、艺术史、建筑史等，皆可从本书中获得有益甚至是关键的帮助。本书所收拓片，为撰者积10余年寻访之功所得，其品类、数量均超过传世诸书。前二书原稿为中国社会科学院考古研究所收藏，后一种为撰者家藏。本书为原大影印，以存原拓之风貌。(林雄)

K000458 **甘肃石窟艺术雕塑编** 张宝玺主编。甘肃人民美术出版社 1994 年 7 月版。190 幅。188.00 元。古丝绸之路贯穿甘肃全境，历史陈迹像颗颗璀璨的珍珠撒落在这千里陇原大地上。众多的佛教石窟及其绚丽夺目的雕塑和壁画艺术以其历史的悠久、艺术的精湛而著称于世。据统计，甘肃境内共有大小石窟群落 50 余处。它不仅数量多，而且跨越的时代长，内容丰富，技艺精深，在中国美术史上占有很重要的地位。中外驰名的敦煌莫高窟藏有彩塑 2 400 余身，造型生动，神态安祥；天水麦积山石窟有泥塑 7 000 余件，除个别的唐窟及部分宋代重修的造像外，大部洞窟为北魏、西魏、北周、隋代所建，故有“北朝雕塑艺术馆”的殊荣。除此之外，河西及陇东诸多石窟中亦有不少造诣精深的雕塑作品，它们展现了 5 至 14 世纪佛教艺术的产生发展延续过程。本书收集包括敦煌石窟在内的各个石窟中最具代表性的雕塑作品，特别注意散见于各中小石窟内艺术价值较高的雕塑形象的收集，以供研究参考。（刘云石）

K000459 **好太王碑新考** 耿铁华著。吉林人民出版社 1994 年 7 月版。25 万字。10.00 元。从好太王碑的建立、镌刻、发现、保护到文字隶定、碑文考证、历史研究、集释集解形成一个整体。由若干独立成章的论文组成，每篇都力争在前人研究的基础之上提出新的看法和意见。（关静）

K000460 **山西考古四十年** 山西省考古研究所编。山西人民出版社 1994 年 7 月版。60 万字。50.00 元。以年代先后为主线，系统全面地介绍了山西考古工作的主要收获。所用资料以 1993 年底以前发表的考古报告、学术论文为主，兼收部分尚在整理阶段的发掘成果，集四十年山西考古研究之大成。该书是有关山西考古研究资料最全面的论著，在诸多方面均有突破：一、众多新材料的发现，填补了各段缺欠，首次比较完整地建立了山西境内的考古学文化序列。二、专题研究更加细致深入，充分运用现代考古学的理论和方法，对每一处遗址墓葬等文化单位的产生、发展及其关系的勾勒更加清晰完整。三、宏观研究力度加大，尤其对旧石器、新石器、夏文化探索及晋文化研究等重大课题均有较深层次的把握。四、书中配有大量的插图和图版，形象地展示了山西四十年来的考古成果。全书分为旧石器、新石器、夏商、西周、秦汉、魏晋南北朝、隋唐、宋辽金元与专题部 9 章。书后附录有 1950 年至 1992 年山西考古文献索引。（赵曙光）

K000461 **李最雄石窟保护论文集** 梁尉英主编。甘肃民族出版社 1994 年 8 月版。45 万字。32.00 元。李最雄是中国第一位文物保护科学博士。他在前人探索的基础上，对石质文物的保护理论和保护方法进行了长期的研究，并且获得了突破性的进展。他发明的 PS—C 粘结剂加固砂岩石雕的技术，取得了很好的效果，荣获了文化部科学技术成果二等奖。他在敦煌壁画颜色变退的科学理论及修复材料方面的研究，取得了国际领先水平的研究成果。本书是李最雄 20 年来，在文物保护研究和实践中取得的科学成果的结晶。（赵源）

K000462 **章丘文物汇考** 章丘市文物保护管理委员会编。济南出版社 1994 年 8 月版。12.5 万字。12.00 元。章丘市是龙山文化的发祥地。30 年代即在龙山镇的城子崖遗址进行发掘，发现了著名的龙山文化。80 年代以来，开展了文物普查和部分考古发掘，取得重要收获，形成西河类型、晚期北辛文化、大汶口文化、龙山文化、岳石文化、商代文化、西周文化和齐文化的先秦文化序列，成为山东地区古文化发展脉络最清晰的古文化中心之一，地下地上文物丰富。本书系统介绍了章丘古文化小区发展概况及主要遗址，重点介绍了地面的古国、都邑、古墓葬、石刻造像和古建筑，分类介绍市博物馆馆藏文物。（赵钟云）

K000463 **小古董大价钱** 廖国一、覃锦清编著。漓江出版社1994年8月版。17.9万字。12.00元。综合前人的研究成果并收集中国大陆及港台文物市场的有关资料，选取中国古代各个朝代最常见的古董，以通俗易懂的语言和精美的图片，从金钱价值、历史价值、科学价值、艺术价值等方面加以叙述。涉及的古董有：陶瓷器、青铜器、玉石器、古钱币、古书画、古碑帖、古文房四宝、古雕塑等。还介绍了港台文物市场、国家有关文物经营的法律、人民币外币真假的鉴别、古代文物年代的鉴定方法等。（韦丹意）

K000464 **内蒙古历史文化遗迹** 丁学芸编著。内蒙古人民出版社 1994 年 8 月版。14 万字。4.50元。介绍了大窑旧石器时代的石器制造场，河套人和萨拉乌苏文化，扎赉诺尔人和草原细石器，内蒙古草原上的青铜器和匈奴文化，秦汉时期的长城、烽火台和秦直道，东汉壁画墓及拓跋鲜卑祖先的石室，隋唐时期的金银器，契丹族的墓葬和宏伟的辽塔，以及西夏、女真、元王朝遗留下来的宝贵历史文物和文化。为“内蒙古历史文化丛书”之一。（王挺栋）

K000465 **北京图书馆藏北京石刻拓片目录**

徐自强主编。书目文献出版社 1994 年 8 月版。614 页。53.70 元。著录北京图书馆所藏北京地区石刻拓片 2.1 万余石，共 6 336 种，较详尽地反映了北京石刻拓片的全貌，具有很高的学术价值。本书特点：一、内容丰富、题材广泛，是研究中国政治、经济、文学、艺术、历史、地理、科技、建筑、宗教、民俗等不可多得的珍贵文献。二、种类齐全，时限长久，书中著录的拓片包括先秦、两汉、魏晋南北朝、隋、唐、宋、辽、金、元、明、清、民国及新中国建立以后的石刻，分墓碑、墓志、庙碑、会馆碑、儒学碑、题名碑、石经、造像画像、艺文、题名题字、杂刻等 11 类。三、检索方便。（卢玉荣）

K000466 **中国青花瓷** 李正中、朱裕平著。天津人民出版社 1994 年 8 月版。9 万字。7.80 元。按历史顺序对唐、宋、元、明、清各朝青花瓷进行了专项分析和介绍，根据作者提出的研究陶瓷的“古瓷还原分析方法论”，对各个时期的典型青花瓷，按胎、釉、装饰、形制和铭文等五要素进行科学的分析和鉴定，并在此基础上进行综合对比，以使读者对青花瓷的来源、种类、命名及其发展过程和鉴定要诀有比较全面系统的了解。全书附有 17 幅彩色插页。（赵艺）

K000467 **秦始皇帝陵兵马俑辞典** 袁仲一主编。文汇出版社 1994 年 8 月版。42.1 万字。48.00 元。收辞目近 2 000 条，分为秦始皇帝陵、秦始皇帝陵兵马俑、秦始皇帝陵铜车马、历史人物、典章制度、重要事件、地理沿革、文物保护、学术研究、主要著述、中外文化交流和名人评价等 12 类编排。辞目以已确定名称的为准。辞目的释文，一辞有几说的，并列各说，并释其一说；有争论的则综述各家观点，不作评论。一辞有几种称呼的，以互见处理。在辞目的解释上，采取追根溯源的方法，以反映该名物的现状及其历史发展。考虑到秦俑二号坑正在发掘之中，在编写本辞典时，将二号坑的有关资料一并收入，使秦俑三坑以系统、完整的面貌出现。辞目后附录有关论述要目、秦陵记事和陵区文物分布示意图。书前附有多页彩照，书中附有数百幅插图。（李益然）

K000468 **浙江七千年——浙江博物馆藏品集** 《浙江七千年》编委会编。浙江美术出版社 1994 年 8 月版。6 万字，图 400 幅。24.00 元。从文化学、艺术学的视角，将浙江的历史文物融于 7000 年的文化背景之中，运用现代意识系统地诠释、介绍浙江历史文化对中华民族文明进程的贡献。对于浙江系统发展的意识形态与文化特点（从河姆渡、良渚文化至宋代的瓷器、明清的书画篆刻），都作出概念清楚、具象明确的表达。（诸庭樵）

K000469 **文房四宝精品鉴赏与价值** 万金丽编著。中国致公出版社 1994 年 8 月版。15.5万字。7.80元。“中华文物精品鉴赏丛书”之一。分中国古笔鉴赏、中国古墨鉴赏、中国古纸鉴赏、中国古砚鉴赏以及与此有关的物品、轶事、市场价格等 7 章，介绍了中国古代笔墨纸砚的源流、制作、品种与分类、艺术特点、地域特征、鉴赏与鉴别。对历代名笔、名墨、名纸、名砚及笔筒、笔架、笔洗等鉴赏要点作了介绍。作者认为，文房四宝是风雅、修养、学识的代表，是中国独具特色的文房工具。文房四宝对记录祖国悠久历史、传播灿烂文化及促进书画艺术发展，起到了重要作用，是世界文化史上不可割舍的一部分。（明华）

K000470 **咸丰泉汇** 马定祥主编。上海人民出版社 1994 年 9 月版。10 万字，4 114 幅图。98.00 元。清代咸丰朝钱币的图谱工具书。包括咸丰铸钱、咸丰银货和咸丰钞票（纸币）三大部分，以咸丰铸钱为主。共有钱图 4 114 种，其中古钱 3 698 种，银货 51 种，纸币 153 种，附伪品 212 种。铸钱钱图均按原拓原大印制。各钱图主要依据版别特征分类编排，并标明铸造钱局、纪值、类别名种、币材、版别特征，以及表示钱币珍稀多寡程度的等级和市场参考价格。所附伪品，一一指明各类作伪手法。主编为中国早期钱币学术团体“中国泉币学社”的创始人之一，以集藏宏富、精于鉴定著称。（王界云）

K000471 **中国考古学：实践·理论·方法** 张忠培著。中州古籍出版社 1994 年 9 月版。15.1 万字。5.40 元。收讨论考古学理论与方法的文章 15 篇，按内容大致可分为三组。一是通过对梁思永、苏秉琦、夏鼐诸前辈的学术著作的评论，从史的角度论述考古学的理论与方法。二是直接谈理论与方法，讨论的范围大致包括：考古学是什么，什么是考古学研究对象，考古学与其它学科的关系，以及层位学与类型学为何是考古学的基本理论、方法等等。第三组只有二篇：《当代考古学问题答问》、《中国考古学的思考与展望——答〈东南文化〉记者》，内容较杂，也涉及理论与方法。（林金保）

K000472 **文物鉴定秘要** 戴南海、张懋镕等著。贵州人民出版社 1994 年 10 月版。274.16 万字。2 册。380.00 元。文物收藏鉴定工具书。分为文字介绍及图录两部分。文字部分主要介绍古陶器、古瓷器、古青铜器、古书画、古碑帖、古玉器、古钱币、古籍版本、古玺印鉴、古文房四宝等十类文物的鉴定。对各类中的各种文物的谱系、源流、特点、价值、鉴别方法等都有较深入的探讨研究;并对所收录的每件文物的具象的意蕴内涵、学术构思、工艺技巧等作了详细介绍。图录部分共收录中国历代有关文物的图片、拓片近 2 000 幅。尽可能比较全面地选取中国历代文物中各主要门类的“标准器”和“典型器”。有一部分图片所摄是日本、美国及欧洲著名博物馆所藏中国文物珍品和国内外个人收藏的文物珍品。图录按古陶器、古瓷器、古青铜器、古书画、古碑帖、古玉器、古钱币、古籍版本、古玺印鉴、古文房四宝等次序排列,每一门类的文物图片按时代先后依次排列,同时还将同一门类、同一时代特征相同或相近的器物图片放在一起,以便读者纵向及横向对比。(夏昆)

K000473 **陈介祺批校古泉汇** 清·李佐贤编。书目文献出版社 1994 年 10 月版。80 万字。150.00 元。收录周至清代各类古钱币 5 000 多种,对每种钱币的铸造年代、钱币之文字及有关事项作了详细考释。此次影印,采用北京图书馆珍藏的陈氏批校手稿本。该书于清同治三年刊印后,著名古泉学者陈介祺对书中内容进行了全面考证,作了大量眉批,对书中一些错误及不足予以订补。原书作者也对本书作了修订,亦将批语写于此本之中。(卢玉荣)

K000474 **漆器型制与装饰鉴赏** 张荣编著。中国致公出版社 1994 年 10 月版。16 万字。7.80 元。“中华文物精品鉴赏丛书”之一。通俗地介绍中国古代漆器的发生、发展历史。对各时代不同地区漆器的制作方法、文化内涵、艺术特点、装饰风格进行了介绍。书中介绍了大量已发现和收藏的漆器精品的特点和鉴赏方法,配了大量插图。作者认为,中国古代漆器是一个完整的文物门类,是博大精深的中国历史文化的有机组成部分。漆器是中国先民的杰出之作,也是中国古代文化史上的一枝奇葩,经过数千年的丰富、完善和发展,成为极其精美的工艺品,这与漆器轻灵、坚固耐用以及极宜装饰的特点是分不开的。(明华)

K000475 **陕西青铜器** 李西兴编。陕西人民美术出版社 1994 年 11 月版。30 万字。280.00 元。收录陕西出土的商周秦汉时期青铜器 353 件(商代 48 件,西周 246 件,东周秦汉 58 件,前凉 1 件),分为烹饪器、食器、酒器、水器、兵器、乐器和其他 7 部分,每部分再按器形分章介绍。1986 年和 1990 年出版的《中国美术全集·青铜器》(上、下)收器 471 件,其中属陕西出土的器物为 84 件;与其相比,本画册除对陕西的商代和东周秦汉青铜器大为充实外,收录的未载于该图集的西周青铜器多达 200 件以上,特别是本画册收录了一批近年来新发现的青铜器。每件器物均用简洁的文字介绍器形特征和纹饰,以及铭文的内容,并附有著名器铭拓本和必要的表格和示意图。还列有陕西出土重要青铜器一览表,陕西青铜珍品发现地示意图,1949 年以来陕西青铜器陈列展览大事记和 1960 年以来陕西青铜器研究出版年鉴。其中陕西青铜器展览大事记为以往诸书所无。(李星明)

K000476 **新疆岩画** 苏北海编。新疆美术摄影出版社 1994 年 11 月版。57 万字。24.00 元。详细介绍新疆岩画的分布地区、现存状况、艺术特征等。分上下两编:上编是新疆岩画考察实录,下编是新疆岩画综合研究。附各类岩画 700 余幅。(何汉民)

K000477 **故宫文物大典** 杨伯达主编。福建人民出版社 1994 年 12 月版。120 万字。4 册。3 000.00 元(精),3 200.00 元(特精)。从故宫博物院现有藏品中遴选 1 700 余件珍品,按故宫展品系列分成绘画、法书墨迹、碑帖、铭刻、雕塑、青铜器、珐琅器、陶瓷器、漆器、傢具、竹木牙角雕刻、织绣品、文房四宝、玻璃器等 17 类。2 400 余幅照片中,绝大多数为彩色照片。全书图文并茂、赏鉴结合,对每一件器物的外形结构、成器年代、艺术特点及其文物价值和流转递藏的经过都作了简要而完整的介绍。绘画类有包括台北故宫博物院收藏在内的作品 266 件,上起东晋、下迄清末,均为历代著名画家的代表作。这些作品囊括了卷轴画发展的各个时代,反映了中国绘画发展衍变的大致脉络。法书类辑入历代书法名帖精品 187 件,这些作品前后连缀,完整地反映出中国书法艺术发展的三大阶段。收入本书的还有雕塑 60 件、青铜器 184 件、玉器 108 件、金银器 31 件、珐琅器 38 件、漆器 49 件、织绣 112 件、竹木牙角器 88 件,以及玻璃、笔墨纸砚、科技用品、时钟、武备、盆景等数百件,这些工艺品均为名家代表作,具有重要的审美价值和工艺研究价值。本书编委均为我国著名的文物、考古学家,其中徐邦达、杨新等负责书画,顾铁符负责青铜器,杨伯达负责玉器、金银器,冯先铭负责瓷器,朱家溍负责竹木牙角器、杂器。(李志)

K000478 **中国农业考古图录** 陈文华编著。江西科学技术出版社 1994 年 12 月版。86 万字。60.00 元。分为农作物、农业工具、农田模型·农作图、畜牧 4 篇。每篇之前有总绪,扼要介绍其历史发展阶段和重要成就。然后按实物列项,每项之前冠以概说,阐明它的源流演变和考古发现的科学价值、学术界在此项研究上的不同看法或论点。接着按时代

首服、衣服、裤裳、鞋袜、首饰、耳饰、项饰、手饰、腰佩、发式、化妆、工艺等12编。凡引用资料和阐明观点,作者或注明出处,或引用史料加以佐证。本书的文字也作了精心安排,或用故事、传说,或用古代诗歌入书,使读者阅读时能在潜移默化中感受到优秀传统文化的魅力。为弥补单纯文字叙述的不足,本书收入线描图300余幅,古代实物和古代艺术品彩色照片145幅。(张仲戈)

K000490 **中国民俗** 俞伯洪文,陈泽新图。福建少年儿童出版社1994年2月版。16.00元(精)。从中国众多的民俗活动中,精选出34个最具代表性并与民众生活息息相关的民俗故事,如:爆竹迎新年、十五闹元宵、端午赛龙舟、重阳登高、腊岁送灶神等,也有少数民族的火把节、泼水节、沐浴节等等。故事表达了人们对美好生活的憧憬和向往,或表现对亲友的祝福和思念。既有对美好事物的热情讴歌,也有对邪恶的无情鞭笞。画册运用中国民间绘画手法,细腻地绘出意韵深长、造型活泼、形象生动、色彩鲜艳的图画,展现了民俗生活的典型场面。(吴兆钧)

K000491 **儿童百科知识图典(人种·民族·民俗卷)** 盖壤主编。辽宁少年儿童出版社1994年2月版。2.80元。共120条。主要介绍世界上的人种、中国各民族及其风俗习惯等。一文一图,每一条目均加有注音。(冯幽君)

K000492 **柯尔克孜民俗** 买买提哈孜著。新疆人民出版社1994年2月柯尔克孜文版。1.5万字。1.90元。新疆柯尔克孜族公认的笑话作者买买提哈孜的遗作。介绍各地柯尔克孜族风土人情、历史文化等。(阿不都拉依)

K000493 **蒙古饰物** 赫德·查胡尔译。内蒙古文化出版社1994年4月版。14万字。10.00元。研究蒙古族饰物的专著。作者对各种饰物进行了分类,并与周边民族饰物加以比较,就蒙古族饰物的产生、发展和演变提出了自己独到的见解。(占柱)

K000494 **哈萨克历史及其民俗概论** 贾合甫·米尔扎汗著。新疆人民出版社1994年5月哈萨克文版。31万字。9.00元。较全面地叙述了哈萨克族的历史、文化、风俗、习惯等。书中概括地介绍了形成哈萨克族的部落、部族和有关哈萨克族起源的古代民族的历史事迹。比较研究了关于哈萨克民族及其族源的历史、出土文物、碑文及各国历史学家的学术著作,特别是中国古代学者的记载与论述。同时分章节介绍哈萨克名称的由来和有关传说,并对哈萨克历史上诸多历史人物按他们所处历史年代给以综合性的论说。此书还较详细地介绍了哈萨克民族的文学、艺术、哲学、医学、教育、宗教信仰,以及包括汉族在内的各民族之间的友好往来。作者为新疆社会科学院研究员,著有《哈萨克族》(1989年汉文版)、《哈萨克历史民俗研究》(1990年版)等。(哈尼帕)

K000495 **民族·民俗·民间** 潘年英著。贵州民族出版社1994年6月版。25万字。15.00元。民族民俗文化艺术研究论文集。共收入论文28篇,内容涉及民族、民俗、民间文化研究领域,从宏观的角度论述了中国南方神话的结构原则及其文化精神、文化扩张与文学影响,以及苗族神话与楚文化的关系;从微观的角度对民俗文化作了深入研究,如水祭——赛舟龙习俗的原始意义考,平正刚边两乡壮族文化习俗的考察,湄潭县抄乐乡傩文化考察,文化构型与环境生成——苗族神话的内在矛盾的发生学诠释等。另外,还着重对侗族文化进行了全方位的研究,如侗族鱼图腾考,侗族大歌的美学境界,侗族鼓楼的社会功能和美学意义,侗族妇女文化,侗族民歌的形式美,侗族民歌中的"长句歌",侗族与侗族文化的保存,侗族的社会结构及组织,侗族傩文化等。(孔燕君)

K000496 **讲故事 习礼仪** 《讲故事 习礼仪》编委会编。新蕾出版社1994年6月版。13万字。4.00元。将发生在中、小学生身边的事情,编写成100个故事,讲述"家庭生活礼仪"、"学校生活礼仪"、"社会生活礼仪"、"国际交往礼仪"等知识。(史志成)

K000497 **古人称谓漫谈** 袁庭栋著。中华书局1994年6月版。13万字。7.50元。全面、系统介绍古人称谓的著作。从一般称谓与特殊称谓两个方面,分作"姓"与"氏"、"名"与"字"、讳称、尊称、谥号、亲属称谓等13节,对古人的称谓作了详尽明了的介绍。材料翔实,叙述简洁,通俗流畅,具有一定的可读性及学术性,是学习古代文化的重要参考书。(张文强)

K000498 **中国少数民族服饰赏析** 杨阳编著。高等教育出版社1994年7月版。43万字。14.50元。精选东北、内蒙古地区,西北地区,中南、东南地区29个有代表性的少数民族的服饰,通过对其民族历史、文化、习俗的阐述,以鲜明的形象,介绍了这些民族服饰的风貌和特点。本书是由中国服装设计师协会和中央工艺美术学院共同组织编写的服装设计专业系列教材之一。(王雨平)

K000499 **神秘的节俗** 副名:传统节日礼俗、

禁忌研究。张君著。广西人民出版社 1994 年 8 月版。21 万字。6.90 元。探索中国古代年节形成、发展、变异的规律与结构上的特点;探索每一个古代大节日是怎样从一般的岁时活动、祭祀日、农事庆典和神话传说,聚合、转型、升华成节日的;探索每一个古代大节日的深层结构与习俗因子的原型;探索每一个古代大节日基本成型后所发生的演化和变异。为“中华神秘文化书系”之一。(邓耘)

K000500 **礼仪常识** 北京市职业技术教育教材编审委员会编。中国科学技术出版社 1994 年 8 月版。15 万字。5.00 元。分 4 章:首章对礼仪的本质、特点、原则、功能从理论上予以解释说明,并介绍了中国礼仪教育中的优良传统;第二章介绍礼仪的表现形式;第三章介绍各种场合的礼仪规范;第四章讲述思想品德、文化艺术修养与礼仪的内在联系。(陆宝英)

K000501 **青海风俗简志** 朱世奎、周生文等编著。青海人民出版社 1994 年 9 月版。36.7 万字。14.00 元(精),10.00 元(平)。综合反映青海省各民族风俗全貌的专著。书前有格桑多杰写的序《异彩纷呈的民俗风情画》,并有导论性文章《青海各民族风俗概述》。接着是“汉族篇”、“藏族篇”(分上下篇,上篇介绍玉树地区,下篇介绍安多地区)、“蒙古族篇”、“土族篇”、“回族篇”、“撒拉族篇”,分别介绍青海省六大主体民族的风俗。书末的跋由许英国写成,题为《从龙凤图腾崇拜看江河源民俗对华夏大文化的传承》。本书有以下特点:一是全方位地展示了各民族风俗的整体面貌。着重从生产习俗、生活习俗、礼仪习俗、岁时习俗、社会习俗等方面系统加以介绍。二是突出了青海省的民族特点。本书按照青海省六大主体民族分篇记述,显得合理、严谨。三是本书融民族性、知识性、学术性于一体,具有民俗学的学术研究价值,又可当工具书使用,具有应用价值、资料价值和收藏价值。(李声)

K000502 **中国民族服饰文化研究** 戴平著。上海人民出版社 1994 年 9 月版。33.5 万字。26.60 元。从文化生态学、符号学、美学等学科的新视角,考察研究了宏博瑰丽的中国民族服饰的生成、演化、发展、传通的过程,搜集了 56 个民族服饰的第一手资料。分析了地理环境对民族服饰的影响,透视了宗教、神话、民间传说、图腾崇拜在各族服饰中的投影,研究了历代民族服饰的跨文化传通,各族人民之间服装样式、发式和各种装饰的多元双向的渗透和影响,提出了作者独到的见解。此书最大的特点在于:将中国民族放在整个文化的大系统中,也就是说,放在民族文化心理、神话、图腾、宗教、地理环境、文化传通、审美意识等多棱镜面的折光的映射中加以观照、审视和思考,从而达到对民族服饰的文化读解。它是在文化层面上研究服饰,也可以说,是聚焦于民族服饰上对文化的研究。书中集纳了 200 多种彩色、黑白图片。著名学者王元化认为,像该书这样从文化学意义上对中国服饰作全方位扫描与论析的著作,还不多见,这不仅是服饰研究,也是近些年中国文化研究中一项很有意义和价值的成果。(曹利群)

K000503 **生日快乐大全** 石体信、合群编著。百花洲文艺出版社 1994 年 10 月版。60 万字。23.50 元(平),27.00 元(精)。内容包括:一、丰富多彩的生日礼俗;二、生日与长寿;三、生日轶闻趣事;四、生日文书;五、生日与文艺创作;六、生日与生肖;七、生日与星座;八、生日与历法。其中有祝福老人长寿、盼望新生儿健康成长、生日礼品和用具、生日礼俗和禁忌、生日传统饮食、与生日有关的节日与纪念日、老寿星、长寿之道、养生歌诀、长寿趣闻、中国年寿别称、领袖和生日、名人和生日、有益的生日庆祝活动、生日趣闻、日历上的名人生日、生日祝辞、贺信、祝寿对联、生日赠言、生日请柬、生日贺电、生日歌曲、生日美术作品、生日纪念邮票、十二生肖的来源与民俗、生肖趣闻、星座的来源与传说、名人的星座、生日与干支五行、农历生日与公历生日对照等等。(李春林)

K000504 **岭南史地与民俗** 曾昭璇著。广东人民出版社 1994 年 12 月版。35 万字。19.00 元(平),29.00 元(精)。“岭南文库”丛书之一。论述了岭南地区历史地理学的地貌与沿革、人类地理学的种族与民俗,并且对改善今后岭南的环境提出了若干建设性的意见。本书是作者 40 余年有关本课题研究成果的总汇,分为两部分。上篇:两广及其边缘地区,收入《广东地名学研究的地理学方法和民族学方法》、《番禺地名考》、《番禺族源与南越国都》、《广州——古代“海上丝绸之路”的起点》、《珠江三角洲唐代堤围历史地貌学研究》、《廿五年来珠江口海平面上升趋势》、《改善广州市海珠区投资环境的设想》、《鼎湖山云溪涅槃台下唐初偈语石刻考》、《几种典型热带动物在岭南灭绝的时期》、《客家“围屋”屋式研究》等 22 篇论文。下篇:南海诸岛及海南岛,收入《中国古代南海诸岛文献分析》、《南海环礁地理表》、《海南省历史地理学诸问题》、《海南岛黎族文身初探》等 9 篇论文。(杨昕)

K000505 **水书(正七卷、壬辰卷)** 王品魁译注。贵州民族出版社 1994 年 12 月版。40 万字。15.00元。《水书》是古代水族先民用水文字记载水族时日、方位、星象、占卜等内容的宗教文化典籍。《水书·正七卷》(张言同藏抄本)是忌戒条目的总览,《水书·壬辰卷》(潘焕文藏抄本)是吉祥条目的总览。本书根据水书先生的讲述整理译注,是学习《水书》基本知识的启蒙读本。内容包括水族的丧葬、嫁娶、营建、出行、占卜、节庆、农事、吉凶、祸福、贵贱、兴衰、生死、疾病等。在译注上有如下特点:一、改原版本的直行竖写为横写横排,并采用水文、国际音标、直译、意译、注释的形式进行译注;水语读音是按照"中国少数民族语言简志丛书"中的《水语简志》的音系和拼写规则进行标音的。二、水语汉语对译;三、原藏本无标题,译注时根据内容给各章加了标题。该书不仅记录了水族古老的语言文字资料,而且还保存了珍贵的水族天文、历法及原始宗教资料,为研究《水书》提供了宝贵的第一手资料。(孔燕君)

K000506 **汉字古俗观奇** 刘志基著。上海文艺出版社 1994 年 12 月版。10 万字。6.50 元。古汉字的形成,凝聚着先民对于自然、人生、社会的多种观念。从对古汉字的解析中,认识古汉字的形成和来历,它与人民生活的密切关联。指出初始的一个个汉字是怎样制作出来的,又是怎样通行开来的,在漫长的历史长河中又是如何涤选演化和调整的。书中按服饰、饮食、民居、行止四个篇题,对与该项有关的汉字,逐个加以解析演绎,让人认识这个字与该项生活有什么样的联系,藉古籍记载、文物考古和已有的研究成果加以论证说明。从古汉字的解析研究,认识汉字的演变轨迹和发展历史,汉字约定俗成的文字定型,汉字的六书辨析原理。从汉字研究和解析演绎中,让人认识社会民俗文化的源远流长,认识博大精深的中国传统文化。(刘东远)

K000507 **胡族习俗与隋唐风韵** 副名:魏晋北朝北方少数民族社会风俗及其对隋唐的影响。吕一飞著。书目文献出版社 1994 年 12 月版。19.5万字。8.50 元。从正史、考古、字书、笔记小说等资料中挖掘很多鲜为人知的史料,深入浅出地阐述了魏晋北朝时期的匈奴、鲜卑、羯、氐、羌等北方少数民族的社会风俗,包括衣食住行、婚丧嫁娶、民歌、音乐、舞蹈、宗教信仰和祭祀、礼俗、节日庆典、社会风气等,以及它们对当世和隋唐的影响。书中附图 18 幅。(卢玉荣)

地　理

K000508 **中国交通旅游图册** 成都地图出版社编制。成都地图出版社 1994 年版。143 幅。6.90 元。由序图、省(区)图、城市图和风景名胜区图四大部分组成。序图供读者了解总貌,总括了国家级风景名胜区、历史文化名城、古都、国家旅游度假区和世界级自然保护区、沿海经济开发区等内容。主体为省(区)图、城市图。省(区)图计 32 幅,较详细地表示了各省(区)的最新行政区划建制、旅游资源、交通状况及各级公路里程,各省(区)政区插图辅以晕渲手法直观地显示了地势概貌。城市区图计 104 幅,详尽地表示了各城区内的著名风景点及食、住、行、购物等服务设施。(黄亚杰)

K000509 **中国贵阳** 沈庆生主编。贵州教育出版社 1994 年版。12 万字。15.00 元。介绍贵阳市的自然地理、建置沿革、城市建设、工业、商业、交通邮电、文化艺术、名胜旅游、风土人情、开放成就等。全书中英文对照,名胜古迹和新兴建筑的译名基本上与国内外已有的固定译名一致。(梁茂林)

K000510 **中国最新公路交通地图集** 哈尔滨地图出版社编制。哈尔滨地图出版社 1994 年版。10 万字。28.00 元。专为中国第一汽车制造厂产品用户和公出、旅游爱好者编辑的专用地图集。通过文字和照片展示了中国第一汽车制造厂的新技术和新产品,中国道路交通标志,道路交通管理条例,交通事故抢救的应急措施等。在地理底图的基础上表示全国各地公路交通网络及其附属设施、道路交通法规、安全常识、旅游景区、一汽服务维修网点等。有 36 幅主导城市图和 34 幅旅游景区图。(杨晓丽)

K000511 **黄山天下奇** 孙波主编。华艺出版社 1994 年版。1 万字,110 幅图。128.00 元(精),50.00元(平)。艺术性画册。收集名家摄影大作。把荟萃奇山珍石、秀水冽泉、古松翠竹、云海雪天的黄山美景,汇聚在一起,突出黄山神奇仙境的美,分晨、松、峰、云、冬、夕六个部分。黄山独有的地貌和气候,使其景色变化无穷,同一景点,早晚景色不同,四季风光各异,阴晴雨雪各有千秋,都会出现不同的艺术效果的画面,这是黄山的神韵和魅力所在,也是画册照片所突出之点。画册增强了可读性,附录部分有沧桑巨变话黄山、咏黄山诗、故事传说等文章。用中、英、日三种文字出版。(林铎)

K000512 **灵岩志** 清·马大相编,孔繁信校点。山东友谊出版社 1994 年版。12 万字。6.80 元。清康熙间长清训导马大相等人据康熙三十五年至四十年竹纸本为底本,以乾隆间棉纸本为参校本编辑而成。全书分六卷:卷一为图引;卷二为灵岩寺的沿革、疆界、山川、风俗;卷三至卷五为艺文志;卷六为杂述志。志中记载名胜一百多处,其中山岩冈崖、溪流泉池四十余处,洞观殿阁、堂龛庵庙、亭榭、桥坊五十余处,奇石珍树、塔林竹林二十余处。还保留了大量的历史文献,其中历代君臣之诏、勅、疏、请等十余通,帝王、名家碑刻四十余处,历代名家游记、辞赋近二十篇,历代名家题咏诗词四百三十余首,奇闻佚事十余则。对佛寺传说和历代圣僧等,也有较详细的记载。为了方便读者阅读,本书对文字进行了标点和勘误,把古体字、异体字一并改为简化字。为了方便读者查找胜迹胜景,书前新增了详细目录。(张映辉)

K000513 **博山风光名胜大观** 张书永、焦波编。山东友谊出版社 1994 年版。100 幅。72.00 元。博山历史悠久,文化遗产丰富,城区人文、自然景观和谐、恢宏,富有浓郁的地方特色。这里山奇洞幽、泉旺林茂,四时景色秀美。古遗址、古建筑依山就势,点缀其间,金碧相映,闪烁着祖国文化的灿烂光辉。画册精选百多幅摄影作品,纪实性、艺术性浑然一体,并附以精练的中英文字介绍,重点介绍博山自然风光的壮美景象,讴歌祖国的锦绣山河,激发人民热爱祖国的思想感情。(徐宝平)

K000514 **中国古都研究** 中国古都学会编。山西人民出版社 1994 年版。27 万字。8.90 元。中国古都学会第十一次年会学术论文集。收入史念海《论中国古都文化与当代文化的融通》、邹逸麟《也谈安阳是否够格列为中国历史上的大古都》、曹尔琴《中国古都与邮驿》等文 19 篇,涉及北京、西安、洛阳、安阳、开封、大同、江陵、高昌等古都的历史变迁、文化特色、城市结构、古城保护。其中史念海一文洋洋七万余言,从都城形势的变迁与文化融通的延续、古都文化的遗存与当代文化的融通、古都文化对于当代文化的作用等三个方面,对中国古都文化作了系统研究。作者认为,古都文化是由三个方面的文化相互融通后形成的:其一是古都固有的文化,其二是汇集全国各地不尽相同的地区文化,其三是吸收域外传入的外来文化。都城的文化不会因都城失去原来的位置而告中断,而是以其旧有的文化和后来的新文化相融通。(李广洁)

K000515 **周代南土历史地理与文化** 徐少华著。武汉大学出版社 1994 年版。32 万字。11.40 元。从历史地理的角度出发,将历史文献、考古材料与实地考察相结合,借鉴前人已有的研究成果、调查报告和地图资料,从不同的角度、分不同的层次,对周代南阳盆地、淮河上中游地区各诸侯国的族属来源、历史发展、地理变化和文化特色进行系统分析,弄清他们各自汇入楚民族的不同时期和为后来楚文化的形成、发展所提供的历史、地理、文化背景,进而探讨这两个地区在楚国历史发展和文化演进中的特殊地位和作用,以及楚国在这两个地区的长期开发、经营中所作出的贡献。对正确认识秦统一前我国民族融合、文化交流的途径和意义,认识楚文化在中华民族历史长河中的地位和影响,深入探讨中华民族及其光辉文化的形成过程和规律,奠立了一块科学的基石。(张俊超)

K000516 **京西名墓** 张宝章等著。北京燕山出版社 1994 年 1 月版。16.4 万字。6.95 元。北京西郊香山海淀一带,向来被称为"风水宝地",为帝王后妃、皇亲勋戚、太监官吏以及名士文人死后丧葬的理想处所。本书介绍耶律楚材、王国维、齐白石、老舍等墓 36 座及他们生前的重要事迹及活动。(李天喜)

K000517 **南岳衡山** 湖南省台湾事务办公室供稿。海风出版社 1994 年 1 月版。87 万字。16.00 元。综合类画册。采用精美图片,中英文对照,全面系统地介绍了南岳衡山的历史、地理、风光、名胜、佛道教文化、宗教生活及海外联谊活动等。还记载了唐宋以来鸿儒巨学云集南岳、讲学著书的场所和胜迹,以及纪念抗日阵亡将士的大型陵园。(罗继五)

K000518 **长城百科全书** 中国长城学会编。吉林人民出版社 1994 年 1 月版。170 万字。148.00 元。这部书总结了考察研究长城的丰硕成果,提供了关于长城的系统的历史知识。新中国成立后,特别是近几年来,实地考察和古籍印证相结合、研古鉴往与指导现实相结合的长城研究工作,有了长足进步,出现了多家争鸣,多学科,多领域进行较深层次探讨的局面,在长城区域的历史、军事、经济、民族、地理、建筑、文学艺术、旅游等方面均获得了新的成果。本书基本上包括了这些成果。(关静)

K000519 **西安导游必备中英文(修订本)** 姚宝荣等编著。陕西旅游出版社 1994 年 1 月版。40 万字。内容根据导游人员讲解的要求编排,分为概况介绍、沿途导游及旅游景点导游三大部分,语言力求浅易、生动、准确,符合导游规范。外语部分专门请美国语言专家进行校勘,以提高文字的幽默性和准确性。书后附有旅游专业术语、西安导游常用词汇以及世

界各城市的交通、气候状况等，对导游人员的管理，旅游行业对客人服务的基本标准都做了详细明确的规定。(赵乐宁)

K000520　**世界主要城市图册**　朱若儿编。中国地图出版社 1994 年 1 月版。6.50 元。分总图、城市图、城市简介及部分城市风光名胜照片 4 部分。以城市图为主，表示了世界 95 个名城的主要街道、车站、机场、政府驻地、著名大学及科研机构、博物馆、名胜景点及娱乐场所等内容。内含 9 万文字说明，中英文对照。(朱若儿)

K000521　**儿童百科知识图典(地理知识卷)**　盖壤主编。辽宁少年儿童出版社 1994 年 2 月版。2.80元。共 120 条。主要介绍世界和中国地理知识。一文一图，每一条目均加有注音。(冯幽君)

K000522　**承德风光**　季增主编。地质出版社 1994 年 3 月版。摄影作品集。共收承德避暑山庄、外八庙及承德市域内著名自然风光及人文景观摄影佳作 141 幅，较全面、直观地反映了全国旅游文化名城承德的风采及优美的自然风光。(龚法忠)

K000523　**中国的三大三角洲**　任美锷主编。高等教育出版社 1994 年 3 月版。27 万字。10.25 元。中国三大三角洲向为中国人口稠密、经济发达的地区，又是中国对外开放的窗口，在加速改革开放的形势下，它们在全国经济和政治上的地位更为重要。本书综述黄河、长江和珠江三大三角洲的自然环境及社会经济条件，内容包括三角洲形成历史、岸线变迁、气候、土壤、人口、工农业、城镇、港口、区域经济发展历史、今后整治意见及将来发展前景等，是一本综合性的地理科学专著。主编为中国科学院院士，1990—1992 年主持国家自然科学基金会资助课题“海平面上升对黄河、长江和珠江三角洲的影响”的研究，曾对这三个三角洲进行了比较详细的实地调查。本书即根据作者长期对三大三角洲的研究，并结合这次实地调查的研究成果编写而成。(徐丽萍)

K000524　**中国旅游图集**　王凌云等编著。湖北教育出版社 1994 年 3 月版。98.00 元。分为“序图”、“省(区)及景点图”、“附录”三大部分。书中有大小地图约千幅，彩色照片 90 幅，文字约 40 万字。采用繁体字排版。(覃建钦)

K000525　**中朝边界史**　杨昭全著。吉林文史出版社 1994 年 3 月版。51 万字。32.00 元。详尽地论述了燕与箕氏朝鲜至清初与李氏朝鲜的边界沿革。其中对高句丽马渤海两政权及其疆域的归属表述了明确的立场，对半岛上的历朝政权自清川江或大同江一再向北拓展疆域，将中朝边界逐渐北推至鸭绿江、图们江的历史过程有明确的表述。作者研究的重点是清朝与李氏朝鲜之间有关东段图们江界的界务交涉，对康熙朝穆克登之勘界，光绪朝界务交涉之起因与两国历次会谈的情况，所谓“问岛问题”的起因、交涉经过及结果等，均有详细论述。(林革华)

K000526　**可爱的陕西**　刘万兴、李润乾编著。三秦出版社 1994 年 3 月版。110.4 万字。65.00 元。从故土风貌、悠久历史、经济振兴、教育奠基、科技兴陕、文体奇葩、文物名胜、名土特产、民俗风情和陕西之最等方面对陕西作较全面系统的介绍。(冯慧福)

K000527　**西安**　陕西省旅游局编。陕西旅游出版社 1994 年 3 月版。160 幅。40.00 元。介绍西安地区旅游的小型画册。分为西安概况、市区旅游、东线旅游、西线旅游、南线旅游、北线旅游、旅游服务七个部分。以图为主，配有中文、英文说明文字，重点反映各名胜景点的精华。(冯冰)

K000528　**世界地图集**　李绍明编。中国地图出版社 1994 年 3 月版。40.00 元。中外文对照世界参考地图集。第一部分为国旗及联合国、国际奥林匹克委员会和国际红十字会的旗帜图，还有 56 帧世界著名风景名胜的彩色照片。第二部分为 58 幅地图，包含总图 4 幅、分洲分国图 50 幅及 4 幅世界大都市平面图。第三部分是文字说明，共 25 万字。本图集具有以下特点：一、在继承世界地图集的优良传统的基础上，对图幅编排及比例尺等作了调整，以适应世界政治、经济的发展变化，如加重欧洲尤其是俄罗斯、德国、英国和法国的分量；非洲的图幅则作了适当的压缩等。二、反映了最新国际政治边界：除了新近独立的帕劳共和国外，原苏联、原南斯拉夫解体后新成立的国家，捷克、斯洛伐克、厄立特里亚等国的国界线、国名、首都首府名均按最新资料作了修订；朝鲜、韩国的政区色也作了调整。三、国名、首都首府名及其他重要地名都重点突出，醒目易读。主要地名加外文对照，实现了外国地名译名标准化和规范化。四、文字说明采用列表形式，简要介绍世界及世界各国家的概况，同时增加了时区说明，各国标准时间分别与格林尼治时间及北京时间相对照。(李绍明)

K000529　**中国地图集**　张武冰等编。中国地图出版社 1994 年 3 月版。45.70 元。由总图、省区图、扩大图、城市图、旅游景点图组和文字说明组成。其中总图 10 幅，较具体地介绍了中国政区、民族、地形、气候、交通、文化古迹、风景名胜、土特产和工艺美术等，各专题图附有统计图表和说明。省区图 32

幅，图中地理要素和社会经济要素都有较详表示。扩大图10幅，对人口密集、经济发达地区作了突出反映。城市图163幅，重点反映首都和省级行政中心城市，并增加了大、中城市地图。旅游景点图54幅，全国著名的名胜古迹和风景旅游点均有较详的表示。文字说明有10多万字。主要特点：一、突破数十年的一贯做法，以图为主，适当配以简介，以更多的图面信息，取代以往的长篇说明文字。二、在总结同类地图的基础上，减少地图主邻区之间重复面过多的现象。三、各类地图和文字简介的编排，均以省区图为主，综合成一个整体。四、为适应人口密集、经济发达地区和经济特区改革开放的需要，增加了扩大图，提高图集的使用价值。五、加重了城市图与旅游景点图的分量，其比重约占整个图集的三分之二。（张武冰）

K000530 **故宫图释** 陈民编。北方妇女儿童出版社 1994年4月版。8万字。4.50元。以游者的旅游线路为线索，用文字介绍和图片说明系统地介绍故宫博物院。采取提问题的方式，用图片辅助说明，将故宫中一些鲜为人知或容易忽略的知识和掌故介绍给读者。（孟勐）

K000531 **中国陕西名胜游览** 陕西省旅游局编。陕西旅游出版社 1994年4月版。118幅。9.80元。基于旅游市场调研的成果，荟萃陕西名胜96处，推出10条黄金旅游线。书中彩色照片、旅游图和生动的文字介绍相辉相映，突出反映各名胜景点的精华，并兼顾"食、宿、行、游、购、娱"六大旅游要素的统一。（冯冰）

K000532 **菲尔德斯半岛地区图** 鄂栋臣等绘。武汉测绘科技大学出版社 1994年4月版。300幅。中国第一幅南极航空摄影测量地形图。中国自1984年首次派出南极考察队，远征西南极建立长城站后，为了尽快满足多学科南极考察的急需，中国南极测绘研究中心在极端恶劣的自然条件下，采用航空摄影测量成图方法，于1986年测绘出覆盖面积达95平方公里的乔治亚岛西南端的菲尔德斯半岛地区地形图。该图采用高斯—克吕格地图投影，比例尺为1∶10000。该图不仅为扩展中国南极野外考察研究范围提供了条件，使其他学科考察有了可靠的依据，而且结束了中国自古以来无自己实测的南极地图的历史，为国际间南极资源的开发和利用提供了重要的依据。同时，中国的南极工作者还在地图上对菲尔德斯半岛无名山川、湖泊等几十处地理特征进行了命名，填补了南极无中国人自己命名的空白。（鄂栋臣、宣东）

K000533 **中国交通图册** 成都地图出版社编制。成都地图出版社 1994年5月版。4.80元。全面反映中国交通现状的综合性图册。设计总图3幅：中国政区、中国交通与旅游、中国民航略图；分省（市、自治区）图31幅，是图册的主体，主要表示各省（市、自治区）主要的居民地、铁路、各级主要公路及里程、内河通航河段，民航示意，主要换乘列车（火车）时刻表等，沿海省区并设计有海运里程。各省（区）内容资料较新，新建和在建的各种主要道路均增加表示。图册另设计有城市图3幅，北京、天津、上海市郊示意图3幅；各铁路局站名略图6幅及全国公路主要城市间里程表、全国铁路主要站间客运里程表、沿海港口间里程表及长江主要港口间里程表等。（黄亚杰）

K000534 **长江三峡** 湖北、四川省台湾事务办公室供稿。海风出版社 1994年5月版。182幅。80.00元。风光类画册。主要介绍雄伟的瞿塘峡、秀丽的巫峡、险峻的西陵峡和三段峡谷中的大宁河、神农溪、三名峡等。还以构图优美、色彩鲜艳的画面反映三峡的陡岩峭壁、急流险滩、奇石、溶洞、珍贵动植物和我国古代遗留下来的许多胜迹。为了增加可读性、知识性，还反映了著名的大溪文化、三国古战场、白帝城、黄陵庙、南津关、屈原故里、王昭君故乡以及历代名人留下的题刻、诗章。画册图文并茂、中英文对照。（黄福坤）

K000535 **青史写在大地上** 副名：中国历代名人墓地记游。范文章著。河南人民出版社 1994年5月版。32万字。12.00元。汇集作者有关中国历代名人墓地77处的记游文章。所收游记，均从古人墓葬胜迹着眼，视墓葬为文化宝库，注重墓葬史料价值的保存与发掘，如用一定的篇幅去关注墓葬的地理风貌、历史沿革，以及墓主的传记材料——文韬武略、才情学识、情爱悲欢、历史功过等；另一方面，又注重从中发掘意蕴深厚的文化精神，以墓写人，纵论古今，情景交融，抑恶扬善，完成历史与现实的对话，抒发对历史的叩问和感悟，表现出对仁人志士、奸佞小人的强烈爱憎之情。文体活泼，语言流畅，感情充沛，史料翔实，无论是状物写景，还是叙事议人，均纵览历史与人生，充满丰富的文化意味，体现出游记散文的美感。（袁敏）

K000536 **徐霞客与山水文化** 郑祖安、蒋明宏主编。上海文化出版社 1994年5月版。43万字。18.70元。徐霞客及其《游记》，是中国旅游文化史上声誉卓著的奇人奇书。本书介绍了徐霞客的故乡、生平、足迹，记述了他在祖国各地的旅游历程及其在自然科学和人文科学上的探索和收获。同时兼及他的旅行方法、旅途生活、探险精神、奋斗意志，并与中国历史上的其他山水文化名流、旅行家、探险家、科学家如陶渊明、郦道元、郑和、徐光启、王士性等作了比较研究。(顾承甫)

K000537　**丝绸之路导游·新疆**　森文、非青等编著。新疆美术摄影出版社1994年5月版。12万字。8.00元。全书配以60余幅图片，对丝绸之路在新疆的景点基本上一一加以介绍。有13个地州旅游线路图、公路里程表、英文图版说明等。(何汉民)

K000538　**澳门总览**　澳门大学澳门研究中心编。中国友谊出版公司1994年5月版。103万字。200.00元。主要由澳门学者和专业人士分工撰写，介绍澳门社会的各个方面，以及它们的过去、现在和未来。书中的资料和分析力求客观，叙述力求科学，以树立澳门的整体形象。按"史地"、"政治"、"经济"、"文化"、"过渡时期"、"对外关系"、"社会"以及"人物"分为8篇。分别介绍了澳门的政治制度；工商、旅游业、对外贸易、交通邮电服务；文体、教育、科技、文学艺术；社会福利、医疗、环保、宗教、习俗；对外关系的权限，等等。附有：澳门大事记、澳门历任总督名表、中葡联合声明、中华人民共和国主席令和澳门基本法。首页是澳门全图，澳门市区图。(杨晓玲)

K000539　**我的游踪**　王朝闻著。福建美术出版社1994年6月版。20万字。9.80元。收王朝闻十多年来写的游记，个别篇章是从王朝闻的论文集中摘出来的片段。这些游记流露出作者与众不同的特殊感受和特殊兴趣，文章短小精悍，有丰富的哲理，给读者以美的享受。(丁尚南)

K000540　**长城春秋**　樊凡著。人民交通出版社1994年6月版。18.8万字。万里长城这一伟大工程是中国古代劳动人民智慧和力量的结晶，是中华民族古代文明的象征，是闻名遐迩的世界八大奇迹之一。本书浓墨重彩地描绘了万里长城的崇闳雄姿，磅礴气势；原原本本地讲述它的成就和来历。同时，书中还对秦代兴建的另一工程奇迹——规模宏大的直道，作了生动的叙述。"栈道春秋"是"长城春秋"的姊妹篇，写的是修建栈道的故事。中国古代沿悬崖陡壁、凿岩架木修建的栈道，工程艰巨，险峻异常，在世界古代道路史上占有重要地位。作者在广泛搜集资料的基础上，进行加工创作，以通俗的文字，述说了修建栈道的起因、工程规模，以及由此引发的动人故事和它在战争中发挥的巨大作用。(王应荣)

K000541　**中国·新疆·博尔塔拉**　《中国·新疆·博尔塔拉》编委会编。新疆美术摄影出版社1994年6月版。1万字，182幅图。45.00元。新疆的博尔塔拉蒙古族自治州，东连塔城，南接伊犁，西北部与哈萨克斯坦共和国毗邻，昔日是古"丝绸之路"的要道，如今境内的阿拉山口又成为中国向西对外开放的第一门户。自治州成立于1954年7月13日，40年来博州的面貌发生了历史性变化，各项事业都取得巨大成就。本画册汉、蒙文对照，以180余幅彩色照片及说明文字，从农牧业、工业、交通、通讯、城建、科技、教育、文化等方面全面介绍了博州40年来的建设和发展，特别突出改革开放以来、尤其是90年代后博州实行全方位开放、全面振兴经济的情况，展示了博州发展国际贸易和经济技术合作的广阔前景。还以一定篇幅介绍了博州的自然风光、旅游资源和蒙古族的习俗风情。(冯中平)

K000542　**哈萨克风情**　阿斯力汉·巴根编。新疆美术摄影出版社1994年6月版。1万字，400幅图。85.00元。表现新疆哈萨克族风土人情的专题画册。作者是知名的哈萨克族摄影家。(刘振)

K000543　**中国城市地图集**　中国城市地图集编辑部编。中国地图出版社1994年6月版。2册。520.00元。以反映全国城市总貌为主题的大型参考地图集。分序图组和城市基本图组。其中城市基本图组编入截至1989年底国务院批准设立的中国市级建制的450个城市，所占比重最大，是核心与精华。它含回顾城市过去、追寻城市演变轨迹的"都邑(城址)变迁图"、"城市建设用地扩展图"和反映城市现状的"市域图"、"市区图"、"城区图"、"城郊图"以及展示城市未来的"城市总体规划图"。图集汇地图、文字、照片于一体，图文并茂，互为补充。文字说明总字数达40万字，并附英文简要说明。每一城市均配有既能反映该城市特点、功能，又能一览城市总貌的大视野彩色鸟瞰照片。本图集成功地反映了中国各城市的自然环境、地理特征、社会经济及其发展演变、远景规划等，集中体现了中国城市科学研究的丰硕成果。(杨守一)

K000544　**北京旅游交通图册**　赵西林编。中国地图出版社1994年6月版。11.40元。采用网格分幅的形式，充分显示北京地区丰富的旅游资源、优美的自然景观、悠久的历史、古老的文化，集中地反映了北京地区的风光和文化特点，着重表示北京国家重点风景名胜和其他主要景点，以及交通、商业、文化娱乐设施、金融及服务设施等。图册表现形式新颖、多样，图文并茂，实用性强。(李启光)

K000545　**中华人民共和国地图集**　傅马利等编。中国地图出版社 1994 年 6 月版。140.00 元。介绍中国地理面貌和经济建设成就的综合性普通地图集。由专题图 30 幅、省(区)图 31 幅、城市图 42 幅组成,并附文字说明 10 多万字,选取地名约 3 万个。本版在 1980 年版基础上进行修订,纠正原版的错漏,并更新、补充了较多的地图内容。图集中的行政区划资料截至 1993 年 12 月底,各省(区)的人口数按中国第四次人口普查资料核改,专题图组部分更换新稿,城市图组全部更换新稿,并增加了部分城市图。(孙洁)

K000546　**传统村镇聚落景观分析**　彭一刚著。中国建筑工业出版社 1994 年 6 月版。47.7万字。25.50 元。以大量的照片和实测图介绍了传统村镇聚落的形成过程,阐明了由于地区的气候、地形环境、生活习俗、民族文化传统和宗教信仰的不同,导致了各地村镇聚落景观的不同。它还表明:村镇聚落的景观不仅具有朴素的自然美,而且还与当地人民群众的生活紧密相关。(吴宇江)

K000547　**商代地理概论**　郑杰祥著。中州古籍出版社 1994 年 6 月版。28.6 万字。13.00 元。主要运用卜辞资料研究商代后期地理。研究方法:一、从辨认地名文字入手;二、构制地名网络;三、运用文献考定地理;四、利用考古发掘的商代遗址与出土遗物,考察其与商朝的地缘关系。全书分 4 章,构架呈放射状,由中心向四面扩散。第一章考证商代的王畿和都邑,第二章商王的主要田猎区,第三章商代的四土和部族方国,第四章关于卜辞所记黄河下游部分河道的探讨和帝辛十年征人方的问题。在考证方面敢于纠偏反正、创立新说,如田猎卜辞中代表地名的“丧”字,罗振玉、郭沫若等皆释为“噩”字,误为今沁阳境内;作者从于省吾释为“丧”,当为今濮阳境内的桑村一带。类似考证,不胜枚举。(孙宝瑞)

K000548　**燕都丛考**　陈宗蕃著,王灿炽、张宗平校点。北京古籍出版社 1994 年 7 月版。41.4 万字。16.60 元(平)。记述北京城区建置沿革、宫殿苑囿、坛庙寺观、街巷胡同、衙署府邸、名人故居、风俗人情等内容的著作。全书分为上、中、下三编。第一编专载沿革、城池、宫室、苑囿、坛庙之属,并附鼓楼和钟楼;第二编专载内城街市;第三编专载外城街市。各编依次附有宫阙图、苑囿图以及内外城分区地图等。关于北京郊区,作者称:“其四郊以外,留俟将来。”本书义例严整,取材广博。全书由正文、附注及按语三部分组成,互为补充,浑然一体,有条不紊。书中共引各类书籍报刊二百余种,包括正史野史、地方志书、私家笔记、档案文牍、碑刻资料、会典事例、诗词杂记、专题论文等。记事约截止于 1934 年。书末附有引用书目。作者(1879—1954)居京近三十年,学识渊博,注重调查研究,对北京数千条街巷胡同的历史掌故、传说轶闻、今昔状况等如数家珍。点校据解放前印本,对书中的引文作了必要的核对,写了《校勘记》,并重绘了书中的附图。(古吉)

K000549　**福建省地图册**　李玉明编制。福建省地图出版社 1994 年 7 月版。91 万字。8.00 元。由省区总图、地(市)图、县(市)地图、城区平面图和市、县政区建制五个方面的内容组成。还包含面积、人口、历史、地形、自然条件、经济状况、名乡、名镇及风景名胜介绍等文字说明。省图及地(市)图用等高线分层设色表示,起到各县(市)定位图的作用。(李玉明)

K000550　**中国历代都城**　李洁萍编著。黑龙江人民出版社 1994 年 7 月版。36.5 万字。12.50 元(平)。按中国历史发展进程,介绍从夏商周至明清历代王朝(包括割据政权)首都的位置、地理环境、营建规模、建筑风格、艺术特色,以及当时首都的政治、经济、文化生活等情况。重点阐述了其作为政治中心、经济文化中心的地位与特征。(安晓峰)

K000551　**洞庭湖**　何林福等编。湖南地图出版社 1994 年 7 月版。16 万字。4.00 元。从史书、诗文集、方志,以及当代的研究报告中广泛钩稽材料,对洞庭湖的名称由来、环境变迁、山水风貌、物产资源、历史文化、名胜古迹、民俗风情、交通运输、水利成就、整治开发等进行了叙述,再现了洞庭湖的变迁史。(韩锡珍)

K000552　**中国古塔**　张志高编著。三秦出版社 1994 年 7 月版。20 万字。188.00 元。中国古塔图集。荟萃全国 25 个省市自治区的古塔 500 余座,有 380 余幅精美的古塔照片,一一说明了塔名、高度、层数、建筑年代、类型、建筑艺术特色和历史沿革等。(王刚)

K000553　**森林的诱惑**　副名:秦岭·菜子坪·大自然的旋律。薛海春、穆云秾等著。陕西人民出版社 1994 年 7 月版。37.3 万字。12.70 元。比较全面地介绍了菜子坪森林公园的自然景观和风土人情。全书分为六个部分:一、日出秦岭,对叠翠的峰峦、逆折的湍流、茫茫的林海、冰川遗迹冰碛和奇特而幽深的溶洞等主要风景点作了介绍。二、黛色森林里的珍珠,介绍了野生动植物,如国家一级珍贵植物银杏、香果树等;国家一级重点保护野生动物大熊猫、金丝猴、羚羊、豹、云豹等。三、竹简·灵芝·松明,讲述了竹简与中国文化、文公庙与白居易、《白蛇传》与灵芝、夜烧松明火等历史传说。四、在历史的画卷里,通过《伐木与呐喊》、《喊山》、《好客的山里人》、《别具一格的方言土语》、《山里人的服饰》、《包谷浆粑》、《山里人喝酒》等,记述了当地的风土人情。五、猎人与采药者,记述了猎人和采药者狩猎、采药的艰辛和逢险化吉的大智大勇,讴歌了他们纯朴、勤劳和果敢的品质。六、附录,包括三部分内容:国家珍贵树种名录;国家重点保护野生动物名录;陕西省重点保护野生动物名录及分布。(朱玉)

K000554 **中国·新疆·昌吉** 副名:丝绸之路黄金道。《中国·新疆·昌吉》编委会编。新疆美术摄影出版社 1994 年 7 月版。20 万字,350 幅图。120.00元(精),100.00 元(平)。昌吉回族自治州地处新疆天山北麓、准噶尔盆地南缘,是古“丝绸之路”新北道通往中亚、欧洲诸国的必经之地,今为黄金通道第二亚欧大陆桥的重要路段。昌吉是新疆较为富庶的地方,素有“北疆粮仓”之称。昌吉的自然资源也很丰富,境内有各种矿藏 50 余种,准噶尔盆地内的第二大油田——准东油田已大规模开采。昌吉地区还是新疆著名的风景旅游胜地,有驰名中外的高山湖泊天池、中国独特的雅丹地貌奇观——魔鬼城、亚洲面积最大的硅化木群等。昌吉境内还有众多的古代遗址及世界罕见的生殖崇拜岩画、古代征战图岩画等。本画册用 350 余幅精美的图片及简洁的文字,对昌吉作了全面的介绍。画册中、英文对照,分为自治州首府概况、物产资源、丝路北道、庭州揽胜、民族风情五个部分,并附昌吉州旅游地图。(冯中平)

K000555 **四川旅游** 成都地图出版社编制。成都地图出版社 1994 年 7 月第 2 版。6.90 元。第一版于 1988 年出版,因其制作精美、内容丰富、实用性强而获 1988 年国家测绘局系统优秀地图作品三等奖、四川省优秀测绘产品奖。出版 6 年后因行政区划调整、旅游风景区(点)等级的变更等原因,编者决定重编,以全新的面貌奉献给读者。本版以成都、乐山—峨眉山、邛悔—螺髻山、九寨沟—黄龙寺、贡嘎山—海螺沟、川南、重庆、长江三峡 8 个大旅游区为主线,展示了各大片区丰富的旅游资源。图册图文并茂,增加了民族风情游等专项旅游项目及国家重点风景名胜、四川省重点风景名胜汇总表。主要内容中英文对照。(黄亚杰)

K000556 **话说前门** 王永斌著。北京燕山出版社 1994 年 8 月版。13 万字。5.80 元。前门是北京的象征,叙述前门的变化及变迁,就是展示北京的历史。前门大街及西河沿等地,聚集了北京最有名的老字号,有饭庄、果店、表店、衣帽店、绸缎庄等。书中详细描述了一些著名老字号的兴衰史,像全聚德烤鸭店、月盛斋马家老铺、张一元茶店、盛锡福帽店、瑞蚨祥绸布店、同仁堂药店等,写尽这些名店铺的经营特色,以昭示后人经营之路。另外,前门一带会馆、戏园也最多,还曾是北京交通的枢纽。(李剑波)

K000557 **北京地图集** 北京测绘院编制。测绘出版社 1994 年 8 月版。7 万字,271 幅图。308.00 元。以直观、形象的地图,结合照片、图表、文字,全面系统地反映首都北京的行政区划、人口民族、城市建设、科教文卫、旅游事业、社会经济、自然资源、历史变迁和总体规划等情况。展现出一个古老的都城向现代化城市迈进的北京,展示了新中国成立 40 多年来,尤其是改革开放以来北京所取得的伟大成就和巨大变化。分中、英文两种版本。包括 10 个图组,59 个选题,271 幅图(地图 212 幅,拓扑图 14 幅,卫星遥感图 10 幅,航空影像图 10 幅,计算机图 3 幅,剖面图 3 幅,模型图 5 幅,形象图 12 幅),133 个图表,346 张照片,7 万多文字。汇集了 140 多个专业部门的统计资料,应用有关学科研究的高新科技成果 10 多项。(俞敦斐)

K000558 **浮山志** 枞阳县方志办《浮山志》编辑室编。黄山书社 1994 年 8 月版。34 万字。22.00 元。浮山又名浮度山,位于枞阳县境内,是安徽省的历史名山。浮山开发较早,在晋梁时期,浮山就建有寺庙;陈隋间,成为佛教天台宗智者大师的道场;宋代以后,是曹洞宗的祖庭——圆鉴大师阐扬佛法的宝地。这块“三宝胜地”,历史上曾得到朝廷的敕赐,因而成为驰名的佛教丛林。浮山奇峰突兀,泉涧幽深,风光秀丽,吸引着许多游人,如唐代诗人孟郊、白居易,宋代的范仲淹、王安石,明清之际的左光斗、方苞等都曾在此流连忘返,或酬唱,或题刻,在浮山石壁上留下了 480 多幅摩崖石刻。这些石刻是研究历史名人、宗教、书法的宝贵资料,已列为省级重点文物保护单位。浮山又是安徽的一个革命根据地,在近代革命史上留下了光辉的一页。作者对浮山的历史作了分析研究,并作了大量的实地考察。本书分 7 章,对浮山的地理环境、自然风光和寺庙石刻遗址等人文景观作了系统的介绍。(王克谦)

K000559 **内蒙古寺庙** 乔吉著。内蒙古人民出版社 1994 年 8 月版。10.7 万字。4.00 元。内蒙古地区自元代藏传佛教传入以来，截至民国为止，先后修建了1200余座寺庙。由于各种历史原因，后来被毁坏了许多，其中在“文化大革命”时期被毁坏的尤为严重。本书所介绍的60座寺庙，大都是在今内蒙古自治区境内幸存下来的。作者依据调查和资料，叙述了藏传佛教在内蒙古地区的流传和发展，内蒙古地区现存的主要寺庙，寺庙建筑及主要神佛，内蒙古藏传佛教发展的特点等。书后附有《蒙汉文对照寺庙名称表》。为“内蒙古历史文化丛书”之一。（王挺栋）

K000560 **玉华宫史话** 蒙憬、贾福义著。三秦出版社1994年8月版。10万字。4.85元。玉华宫是唐代开国皇帝李渊、李世民父子的避暑行宫，位于陕西省铜川市西北42公里的玉华山麓。玉华宫初名仁智宫，由初唐建筑师阎立德设计和督造，规模宏大，是唐初关中四大避暑胜地（九成宫、翠微宫、仙游寺和玉华宫）之一。李世民、房玄龄、唐高宗和玄奘等人曾在此消夏，留下了大量的历史遗迹和文化积淀。本书致力于再现盛唐时期玉华宫的宫殿分布和建筑规模，尤其再现唐代佛教宗师玄奘率众徒在这里设译场译佛经的场面，阐发佛教经典的浩鸿广旨及对后世文化的影响。另外还对这里的历史文物，如金刚佛座、历代碑石及优美动人的历史传说故事和历代咏玉华宫的诗歌等作了较为详尽的介绍。同时，作者还将历史遗迹和这里的秀丽山川结合起来，再现了古代园林风光，为当代旅游资源的开发提供了有益的借鉴。（贾云）

K000561 **浙江省名村志** 魏桥主编。浙江人民出版社1994年8月版。212.5万字。98.00元。选择全省较为著名的604村，编成此志。编纂指导思想上，坚持从微观的记述中，反映浙江各个地域聚落发展的特点，反映各个区域的经济、文化以及风俗民情的不同特色；坚持从各村的实际出发，存真求实；既继承方志的传统，又有创新。形式上，体例只求大致统一，允许不拘一格。专家评述：“《浙江省名村志》是一部很有学术价值的资料书籍，对研究中国社会、历史，特别是研究当前社会经济发展很有参考价值”，“它标志着中国方志学已进入深一层发展阶段。”（王福群）

K000562 **大理** 李一夫等编著。中国建筑工业出版社1994年8月版。16万字，彩图260幅。150.00元。大理自古以来就是以白族为主的多民族聚居地，历史文化源远流长，具有鲜明的特色。大理自然环境优美，物产丰富。大理古城是我国保存较完好的古城之一，1982年被国务院公布为第一批24个历史文化名城之一，也是第一批44个风景名胜区之一。本书从各个侧面综述了大理古城的历史演变、城市发展、文物古迹以及民族风情。内容包括地理形势、苍洱春秋、叶榆古迹、民族文化、历史人物、风物览胜、今日大理等章。书后附有“大理历史大事年表”。收入“中国历史文化名城丛书”。（程里尧）

K000563 **万里长城** 罗哲文、沈百昌等编著。中国建筑工业出版社1994年8月版。10万字。368.00元。分三个单元。第一篇概说，介绍长城自公元前9世纪周宣王时始建，及此后两千多年间历经战国、秦、汉、北魏、东魏、北齐、北周、隋、唐、宋、辽、金以迄明代修筑长城的历史，以及长城在历史上曾经发挥过的重大作用。第二篇长城万里行，按辽东重镇、蓟镇雄关等九段城垣，介绍东起鸭绿江边，往西，越群山，过草原，跨戈壁，直奔天山脚下，总长10万华里的长城走向、分布的状况，包括列城、墙垣、关口、敌台、烽燧，堠寨等共同组成的防卫体系。第三篇专题集粹，分长城的奇特结构、城堡烽堠、防攻守备、艰巨工程、人物故事等五个专题。最后是两则附录：一是中国长城大事纪要，二是中国历代长城示意图。书中有彩色照片435帧，线条图7幅。（乔匀）

K000564 **北京历代建置沿革** 尹钧科著。北京出版社1994年9月版。23万字。6.80元。作者经过多年潜心研究和深入考证，系统全面地阐述了北京地区历代建置沿革的复杂变化，同时总结出重要的特点，弥补了《北京历史地图集》所反映的各历史断面之间北京地区历代建置沿革过程的缺失。该书注重有关北京历史沿革疑难问题的深入探索和考证，为深入研究北京史地和为编修北京市志及各区县志书提供参考。（陶涛）

K000565 **中国分省汽车司机地图册** 任齐俊等编制。测绘出版社1994年9月版。14.00元。包括省（市、区）交通图和主要城市行车指南图。省（市、区）交通图较详细地反映了高速公路、国道、省道、县乡道和地级市以上城市的道路进出口，并简要表示了与交通有关的居民地、河流、湖泊、山峰、境界等。城市行车指南图详细表示了街道交通和交通限制路线，还表示有加油站、停车场、交通管理机关及供司机判别方向的突出方位物。另外还提供了重要城市的1月、7月的极端温度与日出、日没时间，以及交通标志、驾驶员须知等与交通有关的内容。（袁新芳）

K000566 **中国旅游文化大辞典** 吴祚来、陈宏仁主编。江西美术出版社1994年9月版。280万字。138.00元。收辞条7 600个，由三大部分组成：

一、涉及民族、历史、宗教、饮食、服饰、风俗、古都、文学、艺术、建筑、园林等与旅游有关的文化观照式辞条。二、各省区的旅游文化概况、区域文化、革命遗址、宗教文化景观、名人遗址、古战场、关隘、文化古城、古文化遗址、古建筑、博物馆苑、民俗风情、自然景观、土特产等分类辞条。三、包括中国旅游图、中国旅行社、宾馆、饭店、风景名胜区管理机关名录等一批有重要参考价值的附录。(陈政)

K000567 **山西省地理** 姚启明、张纪仲等编。山西教育出版社1994年9月版。29.9万字。16.50元。内容上起远古时代,下迄改革开放的1992年。以历代史料,尤其是近几十年来广大地理工作者考察、研究积累的资料为依据,详细介绍了山西省各地理要素、丰富的自然资源、久享盛名的物产,以及山西人民在社会主义建设中改造自然、发展经济等方面的成就,并指出了山西各类地区经济开发的潜力、途径和前景。(王秦伟)

K000568 **千山大观** 高齐东等编。沈阳出版社1994年9月版。165万字。2册。120.00元。分上、下两卷,内容包括千山导游、千山揽胜、千山弥勒大佛、千山传说、千山风情、千山漫话、千山游记、千山名僧名道录、当代名家咏千山、千山诗词选、千山歌词选、千山楹联选、千山著作序跋选。(曹福志)

K000569 **外国探险家西域游记** 魏长洪、何汉民编。新疆美术摄影出版社1994年9月版。33万字。13.80元。汇编俄、英、德等探险家对中国新疆及周边地区的考察报告及游记9篇(时间跨度为19世纪中叶至20世纪上半叶),附"外国探险家在新疆纪年"。其中俄文译文系首次发表。(何汉民)

K000570 **论地理科学** 钱学森等著。浙江教育出版社1994年9月版。22万字。10.00元。"地理科学"的概念,是钱学森在1986年"第二届全国天、地、生相互关系学术讨论会"上正式提出的。他从系统科学角度对地理科学的研究对象"地理系统"进行了全面、完整地阐述。他与国内一批著名系统科学家,在实践中摸索出了研究"地理系统"的这一被钱学森认为是"开放的复杂巨系统"的最新的科学方法,即"从定性到定量的综合集成法",是中国系统科学研究领域的重大创举;他在论述"地理科学"研究重要性的基础上,提出的"地理建设"的崭新概念,对发展和完善社会主义建设理论具有重大意义。本书分两部分。第一部分为论述上述内容的文章,共25篇,其中15篇为钱学森所撰,其余为国内著名系统科学专家和地理学家围绕"地理科学"这一中心所写。第二部分为钱学森给16位有关人员的书信,共75封,这些书信都涉及"地理科学"这一课题。(余龙文)

K000571 **中国旅游——著名风景名胜导游** 成都地图出版社编制。成都地图出版社1994年10月版。18.00元。将全国的旅游资源分为京津冀、中原、山东半岛、沪宁杭、华中、东南沿海、西南、青藏高原—大西北、塞外草原、东北等10个大旅游片区。各大旅游片区由著名风景点(区)地图(大片区图)、旅游城市图、旅游风景线路图、彩色照片、文字5部分组成。全册选用全国各地有代表性的著名风景照片108幅,生动地展现了各地名胜的独特风采。本册后一部分编排了"新兴旅游专辑"、"专项旅游"和国家重点风景名胜区119处、国家旅游度假区、历史文化名城、自然保护区等资料及中国名土特产、中国工艺美术等内容。(黄亚杰)

K000572 **古都西安** 陕西省台湾事务办公室供稿。海风出版社1994年10月版。126幅。80.00元。综合类画册。以西安的历史文化为背景,采用大量纪实图片,配以详尽的中、英文说明,介绍了西安的名胜古迹、历史文物及今日西安的建设成就。上半部分着重展示秦始皇陵和兵马俑一号坑、西安古城墙、钟楼和鼓楼、大雁塔和小雁塔、兴教寺与唐僧、兴庆宫等重要名胜,还介绍了陶俑、牛首马脑杯、牛觥、金杯和金碗等稀珍文物。下半部分反映今日西安的巨大变化和重展昔日辉煌的雄姿,主要是西安的机械工业、交通、重型机械、电子机械、纺织、教育及当地的民俗文化、风味小吃等。(焦红辉)

K000573 **黄河人文志** 王质彬主编。河南人民出版社1994年10月版。82.5万字。60.00元。大型多卷本《黄河志》的第十一卷,由黄河志编纂委员会统一领导,黄河志总编辑室具体组织编写。本志在黄河志其他各卷记述的水文化基础上,专门记述人物及其他文化现象,包括黄河流域古文化简述、治黄人物、文物胜迹、黄河书刊、黄河诗文等。(张素秋)

K000574 **长江文化旅游** 彭武文、李英铨等编著。漓江出版社1994年10月版。22.2万字。7.70元。从文化的角度出发,采取从长江入海口起直至长江的源头,各个章节独立成体又全书连贯的写法。全面生动和系统地介绍了长江及其流域的文化旅游资源,特别是那些有名的旅游景点、历史名城、名胜古迹、人文景观、自然资源、风味特产、风土民情、气候特征,以及长江两岸许多神奇的神话故事和历史故事。(赵涛)

K000575 **可爱的西安** 李广瑞主编。未来出版社 1994 年 10 月版。12 万字。3.50 元。以爱国主义教育为主线，从地理、历史、科技教育、文化艺术、创业腾飞等方面，展示了西安从古到今的绚丽画卷。(杨德新)

K000576 **黄山旅游文化大辞典** 季家宏等编。中国科学技术大学出版社 1994 年 10 月版。98 万字。32.00 元。收录以世界自然与文化遗产黄山风景区为中心的黄山市辖区暨旧属徽州的绩溪、婺源、淳安、石台、旌德等县的旅游文化资源及相关旅游文化设施辞目约 3 000 条，插图 800 幅。内容包括自然与人文环境、名山秀水、文物胜迹、文学艺术、学术教育、著名人物、民俗风情、掌故谣谚、风味特产和旅游服务 10 卷。附录收入周边旅游景观，文物保护单位名录，风景名胜区、自然保护区名录，景点分布图，行政区划图，对外交通图。书末附笔画索引。(郝诗仙)

K000577 **新疆维吾尔自治区地图册** 新疆维吾尔自治区测绘局编制。成都地图出版社 1994 年 11 月版。10 万字，73 幅图。7.80 元。主体为三部分：总图，编排了中国政区、新疆政区、新疆地势、新疆交通 4 幅；市(县)图，57 幅；街区图，16 幅。分市(县)图详细表示了行政区划、交通与自然地理要素；街区图详细表示了街区街道建设状况、党政机关及企事业单位、公共服务设施等内容。总图、分市(县)图有文字简介，包括位置面积、行政管辖、历史沿革、民族人口、地形概况、水利资源、气候简况、自然资源、农牧副业、工业生产、交通建设、科教文卫、文物胜迹等，各市(县)的侧重点根据各地的具体情况有所不同。(黄亚杰)

K000578 **广西名胜风景大观** 蓝怀昌主编。广西教育出版社 1994 年 11 月版。80 万字。35.00 元。介绍广西各市县 500 多个景点。除了山水甲天下的桂林外，还有堪称史迹奇观的秦代所筑的兴安运河，充满神话般境界的花山崖画，友谊关、金鸡山等名关要隘，太平天国遗址，西山洗石、南山三宝、勾漏丹砂等佛道胜地或千年古刹，南天杰构真武阁，民族风情园地侗族鼓楼和风雨桥等风景名胜。(蒙子良)

K000579 **庐山** 江西省台湾事务办公室供稿。海风出版社 1994 年 11 月版。111 万字。36.00 元。风光类画册。图文并茂地介绍了庐山的奇峰怪石、古树幽林、瀑影流云，以及历代各界名人留下的诸多胜迹。

K000580 **宝岛风姿录** 邢益森主编。南海出版公司 1994 年 11 月版。35 万字。13.00 元。“海南乡情揽胜系列”之一。分“琼州史话”、“历史名人”、“民族风情”、“风景名胜”、“文物古迹”、“风味美食”、“动物记趣”、“热岛植物”等部分，较全面系统地介绍海南旖旎的自然风光和独特的风土人情。(刘孝阳)

K000581 **南京大观** 南京大观编委会编。百花文艺出版社 1994 年 12 月版。60 万字。160.00 元。反映历史文化名城南京的历史渊源、社会发展和壮美现实。融史志性、文学性、趣味性和旅游风光性于一体，既有地理风光的描绘，又有人文典故的揭示。以名家美文为主，兼有彩照、翰墨相衬，图文并茂。(颜廷奎)

K000582 **北京市实用地图册** 测绘出版社编制。测绘出版社 1994 年 12 月版。80.00 元。展示北京的地理、交通、旅游、商业、医疗、电信等方面的内容。在编制过程中有意将改革开放以来变化最大的北京市远郊区县、县域、城关镇等纳入图册。共有地图 53 幅，分为总图部分，专题图部分，城近郊区分幅图部分，郊区县、城关镇图部分。城近郊区分幅图侧重反映北京市规划市区的街道单位分布状况。该图册吸取国内外地图发展特点，发挥文字索引配属地图的辅助功能，收录地名索引约 6 500 条，可按笔画查找该地名所在图上位置。同时还收录了国家机关、北京市机关、院校科研、新闻出版、医疗卫生、旅游、购物、文体娱乐等近 20 万字的实用性文字资料。地图选用较新资料编制，纲目较为清晰。(王瑞平)

K000583 **中国公路地图集** 《中国公路地图集》编辑组编。测绘出版社 1994 年 12 月版。20.00 元。由全国图、大区图、各省(区)图、重要城市图、各省(区)运营里程表等部分组成。地图从宏观到微观，由概略到详细，层次分明，过渡自然，逐级深入地表示出全国各地各级公路的经由地点、走向，各路段的里程、道路等级，以及省会等重要城市的城区道路和行车标志。图集成功地运用了多层平面的设计，主区与邻区、不同级别的道路符号、不同级别的居民点之间都保持了明显的差别。公路分级井然有序，干线突出，图面清晰悦目，美观大方。本图集打破常规，采用 12 开本规格。除城市图外，每幅地图均采用了展开页形式，使图幅幅面扩大至 6 开，从而扩大了地图比例尺，为地图容纳更多的内容和信息，提高地图的清晰性创造了条件，发挥了大开本地图的优势。还利用封面和图中邻区版面介绍了与公路交通和汽车有关的信息，主题知识与相关知识兼容。(赵彬)

K000584 **中国旅行图册** 成都地图出版社编制。成都地图出版社 1994 年 12 月版。210 幅。11.80

元。将全国分为16个片区,片区之间可以接边使用,详细地表示了交通与旅游等内容。图册安排城市图80余幅,详细介绍了省会城市、著名风景城市、历史文化名城、主要侨乡和对外开放城市的交通、商业、风景名胜、公共设施与服务行业和党政机关、企事业单位。设计风景名胜图约110幅,重点介绍了各风景名胜区的面貌,用图与文字相结合的形式突出表现旅游主题。还设计有全国铁路、公路主要城市间客运里程表,城市的公交线路,民航示意,列车班次等内容。(黄亚杰)

K000585　**地理·区域·城市——永无止境的探索**　阎小培、林初升等著。广东高等教育出版社1994年12月版。15.50元。从城市地理角度出发,追溯"地理·区域·城市"的理论研究进程。在探讨地理学思想进展时,着重抓住地理学思想的起源地西欧的地理学和20世纪以来人文地理学研究相当活跃的英美人文地理学的理论进展状况进行探讨;在探讨区域问题时,没有囿于传统的区域地理学,而是围绕着"区域发展"这个主体,对影响最广、为地理学界广为接受的空间极化发展理论展开研究,详细地说明地理学与发展理论研究的关系。城市问题是全书的重点。作者用大量篇幅对城市化这个热门话题进行了论述,否定了第三世界城市化是西方国家城市化过程的重演的观点,但指出广泛出现的跨国资本对第三世界城市化的影响。本书对中国的城市发展和城市化问题给予了热切的关注,并充分地论述了国外学者研究中国城市化的理论状况。同时,对城市地理未来的研究走向作了启发性的提示。(吴海燕)

K000586　**世界地理学史**　杨文衡著。吉林教育出版社1994年12月版。52.9万字。20.00元。"自然科学史丛书"之一。它把有史以来人类认识宇宙的全过程容纳到一部著作当中。在对古代天文学史的介绍中,把中国科学家的研究成果放在世界地理学术研究中应有的位置上,同时对近现代比较新的天文学大事作了介绍。其特有价值是:以上古、古代、中世纪、近代这种断代方法,把中外地理学的产生及其发展容纳在著述当中,对中国人研究世界地理学的贡献作客观描述,还世界地理学史以本来的面目。在断代方法上既考虑中国国情,又不与国际上流行的断代方法有明显差异,既为广大地理学工作者提供科研方面的借鉴,同时也为地理学爱好者提供有价值的参考。作者是中国科学院自然科学史研究所研究员,从事古地理学史研究工作。主要著作有:《中国古代地理学史》、《中国科技史话》、《中国的风水》、《徐霞客及其游记研究》、《徐霞客》等。(邰迪新)

K000587　**区位论**　刘继生等著。江苏教育出版社1994年12月版。21.96万字。4.90元。区位论是人文地理学的重要理论。该理论起源于西方欧美发达的资本主义国家,至今仍活跃于这些国家的人文地理学领域。中国地理学界从80年代始注意这个学术领域的研究,这部著作就是中国学者在这方面的研究成果之一。全书共9章。第一章论述区位论的基本概念、分类、研究意义;第二章论述区位论的产生与发展,包括早期区位论思想,静态区位论研究中的农业区位论、工业区位论、运输区位论、市场区位论、城市区位论研究,动态区位论研究中的40年代动态区位论、50年代后农业区位论、50年代后工业区位论研究和现代区位论的发展;第三至第五章分别论述了西方三大著名区位论理论:杜能的农业区位论,韦伯的工业区位论,帕兰德的经济区位论;第六至第九章分别详述了运输区位论、城市区位论、商业区位论和行为区位论。收入"人文地理学丛书"。(褚庆林)

K000588　**山西山河志**　王铭、孙元巩等编。山西科学技术出版社1994年12月版。30万字。10.00元。分上、下两篇,分述山西省山脉与河流。各篇之前有概述,用精练的语言勾画出山西地貌的基本轮廓与特征、地貌类型及区域组合与分布、河流水系的特征、河川径流等。各篇按不同的山脉、河流分别记述境内的山水,共有1 090条,稍有价值的山、水都囊括无遗。山脉分阴山、恒山、五台山、太行山、太岳山、吕梁山、中条山七类,每类下记具体的山,每座山依次说明其位置、高度、地质地貌、地理意义、资源、交通及古迹。河流按黄河、海河两大水系,先大后小、先干流后支流,记述各条河的源流、河床、水文特征、演变过程、经济价值及开发利用情况等。(孙旭秋)

K000589　**中国历史文化名城旅游大全**　乔林、丁季华主编。上海古籍出版社1994年12月版。171.3万字。48.80元。知识性、实用性兼备的大型旅游工具书。共收国务院分别于1982年和1986年颁布的两批共62座历史文化名城。各城市下,依次置"史地概览"、"名胜古迹"、"风土人情"、"文化设施"、"旅游设施"、"旅游商品"诸大项。本书具有自然风光与人文景观并重、阅读功能与收藏价值兼备的特点。撰写者为各有关城市地方志办公室的专业工作者,

保证了资料的翔实可靠。本书有 62 个城市的目录，还另置“总词目表”。(王根林)

K000590 **昆明山川风物传说** 王定明编。云南民族出版社 1994 年 12 月版。30.1 万字。15.00 元(精)，12.00 元(平)。昆明这片古老的土地上，生活着 360 多万各族人民，其中世居的民族有汉族、彝族、白族、回族、苗族、傈僳族、哈尼族、壮族、傣族 9 个民族。在他们中间流传着许多优美的传说。这些一代接一代创作的口头文学，浩如烟海，灿若繁星，乃至一山一水、一草一木、一花一果、一虫一鱼、一禽一兽，以及地名、风俗、节日、土特产品都有脍炙人口的传说故事。它们赞美昆明的山川风物，描绘昆明的风土人情，记载昆明的古老往事，讲述昆明人祖祖辈辈的生活追求，熏陶着在它的摇篮里一代代成长起来的昆明人。虽然传说不是信史，但它却以特殊方式为古老的昆明留下了一部不可替代的“史记”，告诫昆明的年轻一代热爱他们祖先生活的这片富饶的土地。本书汇集了 152 个传说故事，分为“名胜传说”、“山的传说”、“水的传说”、“地名传说”、“风俗传说”、“土特产传说”6 个部分，并为一些重要的篇目作了附记，以立体地介绍这些风物名胜的沿革与历史演变，以及相关的历史人物、事件和风俗民情。(李安泰)

K000591 **中南公路详图** 徐树楠等编。中国地图出版社 1994 年 12 月版。9.20 元。中国分区公路详图系列之一。共 58 幅，主要由中国交通总图，中南区总图，专题图，六省区和香港、澳门地区图，各地区主要城市和重点旅游地图，插图等组成。以地区行政单位分幅，主要内容包括县市以上各级行政单位名称、交通(主要是各级公路及里程)、车站、港口、机场、旅游点、名胜古迹等。主要城市图反映城市概貌及机关、团体、工商企业单位、生活服务设施的分布等。(孙洁)

N 自然科学总论

N000001 **天天问** 朱铭善著。漓江出版社 1994 年版。29.80 元。图画本儿童读物。共 4 册：《动物世界》、《植物天地》、《生活百态》和《自然景象》。在书中，提出了有关动物、植物、自然界和孩子们日常生活中关心和渴望求得答案的各种知识性问题，并用有趣的故事和精美的图画向小朋友作了解答。(夫觉)

N000002 **青少年科技丛书** 孙元清主编。上海科学普及出版社 1994 年版。86 万字。6 册。39.50 元。一套以青少年为对象的科普读物。由《数学大观园》、《神奇的压力》、《认识我们的身体》、《人类出现前的生命》、《动物王国的贵族——兽类》、《航天——奔向宇宙之路》6 本书组成。内容涉及数学、物理、化学、生物、医学及有关的科学技术知识。附大量插图。(陈英黔)

N000003 **现代科学技术简明教程** 申先甲、李艳平著。首都师范大学出版社 1994 年版。31 万字。10.80 元。阐述现代数学、物理学、化学、生物学、地学和天文学等基础学科的最新知识，介绍能源、空间、激光、电子计算机等现代技术的基本内容和发展前景，还对系统论、信息论、控制论等新兴综合性学科作了扼要论述。论述上注意揭示科学革命、技术革命、经济革命、社会革命的相互关系，阐述有关的管理原理，展望科技发展与社会发展的前景。(张国栋)

N000004 **系统科学大辞典** 许国志主编。云南科学技术出版社 1994 年版。140 万字。98.00 元。收 300 多个辞条，分为 14 篇，分别是系统论、控制论、信息论、运筹学、耗散结构论、协同学、混沌理论、突变论、超循环理论、灰色系统论、泛系理论、系统动力学、人物、著作篇。(史青)

N000005 **科学技术与社会** 于月洁、张玉屏等编著。陕西科学技术出版社 1994 年 1 月版。22 万字。通过各种翔实的材料和生动事实，从科学技术与教育、经济、政治、军事、法制、伦理道德、宗教、思维方式、生活方式、高科技与社会诸方面说明科技与社会之间所存在的密切联系，它们互相作用、彼此依赖、相互交叉共同构成了人类社会错综复杂的有机整体。在论述中充分说明了科学技术与社会的双向作用及其动态过程，全书始终贯穿着科技与社会互动的这条主线，从而揭示了科技与社会协调发展的

规律。(刘可风)

N000006 **近现代技术史简编** 高达声、汪广仁等编著。中国科学技术出版社1994年1月版。66.3万字。15.00元。近现代世界技术发展通史。从18世纪60年代蒸汽机的发明和美国产业革命起笔,历述纺织机器与机具的制造及冶金、交通、电力、电信、内燃机、化工、农业、建筑等工业化的道路,分析了电子技术、计算机、航天工业、生物工程等现代技术及相关的材料、资源、能源、环境等问题。着重探讨重大技术革命的历史背景和对社会各方面的影响,综述世界主要发达国家实现现代化的历程、经验和教训。(郭蕴玉)

N000007 **一般系统论——基本概念和应用** [加]拉波波特著,钱兆华译。福建人民出版社1994年2月版。26万字。9.50元。把系统论、控制论、信息论、非平衡态热力学、组织理论、自创生理论、决策论、博奕论、图论、拓扑学等新兴学科的许多内容结合成一个整体,阐明关于系统的一般理论。(李天兵)

N000008 **儿童百科知识图典·理科知识卷** 盖壤主编,刘银娜文,吴洪画。辽宁少年儿童出版社1994年2月版。2.80元。是《儿童百科知识图典》(10卷)中的一卷。介绍120条理科知识。如声音、色彩、味道、各种图形,有关数学基础知识,以及自然知识等。一文一图,每一条目均有注音。内容比较丰富,文字简洁、通俗、浅显;插图精美,有趣,形象幽默活泼,色彩艳丽,儿童特点很强。(冯幽君)

N000009 **科学发现发明辞典** 王行国编。中国国际广播出版社1994年2月版。31万字。9.50元。按学科(部门)分类,系统选择其发展史上重要的发现发明编纂辞条,计有数、理、化、天、地、生、医、农、工、交、建筑、文体、新兴科技14类,1 080辞条。以科学技术发展史为经,反映了各学科或部门发展进程;以学科(部门)系统为纬,反映其知识结构的主要内涵。(何宗思)

N000010 **现代科学技术基础知识(干部选读)** 宋健主编。科学出版社、中共中央党校出版社1994年3月版。43万字。13.60元。根据江泽民"要在干部、特别是在领导干部中,普及现代科学技术知识"的指示,由国家科委组织中科院、中国科协、国家基金委、国家科委、高等院校等部门的几十位专家、学者编写的干部教材。全书分6章27节,从科学技术发展的客观事实出发,科学地分析现代科学技术发展的基本特点,全面地阐述邓小平关于"科学技术是第一生产力"的思想所蕴含的深刻内涵,对当代自然科学的一些重大基本理论问题(如物质结构、宇宙的起源和演化、地球的起源、演化与地球系统科学、生命与智力起源、非线性科学和复杂性研究)、当代技术发展的重要领域(如微电子与计算机技术、通信技术、生物技术、新材料技术、激光技术、航天技术与空间资源开发),以及如何应用现代科学技术推动传统产业现代化和解决人类社会共同面临的重大问题等,作深入浅出的论述,并探讨了如何应用科学技术促进经济发展和国富民强的方针政策与战略问题。江泽民为本书撰写序言并题写书名。(姚平录)

N000011 **相似系统论** 周美立著。科学技术文献出版社1994年3月版。21万字。8.00元。全面阐述了相似系统理论的基本概念,处理相似性的数学方法,自然界的相似现象与本质,相似性形成原理和演变规律,提出了相似熵的概念,并介绍相似系统分析方法在诸多学科领域中的应用。(罗曼)

N000012 **动态大系统方法** 雷树樑著。西北工业大学出版社1994年3月版。36.3万字。18.00元。从实用角度出发,介绍应用计算机实现对大系统问题处理的方法。重点阐述模型的简化方法,大系统的辨识,在线和离线参数估值,并行处理和用图论解决大系统仿真的问题;研究了用集结法和分级分解法进行模型简化的方法,引入了频率域模型的简化方法。本书有两个特点:1.内容新颖,具有独创。例如,应用计算机并行处理实现对大系统问题的处理,体现其新颖;其独创在于用图论解决大系统问题,将图论的研究与大系统的分解联系在一起,使分解大系统有了理论基础。2.注重实用和通用。对公式及其理论推导,着重说明基本概念和方法依据,由此引出具体的方法,每个实例都具有代表性,从中提供了深化实用的途径;其中主要的实例均取自作者研究工作的结果,而且注重讨论"在线"实施问题,并提供了两个实用又通用的程序。(王璐)

N000013 **世界科技思想论库** 刘大椿主编。华夏出版社1994年4月版。300万字。98.00元。汇集了近千种中外名著中有关科技与科技思想的论述,分科技概观、科技源流、科技活动、科技方法、科技社会、科技文化、科技教育、科技人才等8篇,含59个主题,6 000余条语录。(廖国珍)

N000014 **少年新科技全书** 谈家帧主编。希望出版社1994年4月版。47万字。12.50元。以通俗的语言、流畅的文笔,系统介绍当代最新科技知识。内容涉及微电子技术、信息技术、机器人技术、空间技术、生物技术、材料技术、新能源技术、海洋工程

以及现代建筑;资料翔实,图文并茂,可读性强。(刘凤荣)

N000015 **小博士多多** 戴可霁等著。上海科技教育出版社 1994 年 5 月版。12 万字。6 册。12.00 元。以低幼儿童为对象的图文并茂的科学启蒙读物。内容有“恐龙王国历险记”、“大灰狼用上了大哥大”、“包公审石头”、“十只哈巴狗”、“蚂蚱”、“小八戒打官司”、“自行车王国”、“沙漠探险”等。(刘正兴)

N000016 **学科发展与科技进步** 庄逢甘、刘恕等著。科学普及出版社 1994 年 6 月版。82.8 万字。70.00 元。介绍 1979～1994 年间我国学科发展和科技进步情况,对我国 15 年来在基础理论研究领域,如数学、物理学、力学、光学、声学、天文学、空间科学、地质学、地理学、地球物理学、海洋湖沼、植物学、微生物学、生物学、植物生理学、生态学、环境科学及系统科学等;在工程技术开发应用领域,如机械科技、农业工程科技、机电一体化、水利、水力发电、工程热物理学、仪器仪表工业、计算机科学、通信网技术、测绘学、船舶设计、航海、铁道、公路交通、航天技术、核工业、煤炭、土木工程、造纸工业、印刷技术、消防以及影视科技等;在医科领域,如基础医学、临床医学、护理学、营养学、心理学、免疫学等;在农科领域,如农业的科技进步,土壤学、渔业经济、植物保护、蚕业等方面。与此同时,在交叉学科领域:在自然辩证法研究(自然科学技术与哲学交叉)、技术经济研究(科学技术与经济交叉)、管理现代化研究(科学技术与管理交叉)、科技信息研究(科学技术与信息中介交叉)等方面所取得的成就及同步的发展进行了阐述。(茹勇夫)

N000017 **大连科学技术志** 张世臣主编。大连出版社 1994 年 7 月版。110 万字。120.00 元。全面、系统地记述大连地区科学技术事业发展状况的专业志书。记载了大连市科学技术事业发展的条件、重要活动、成就及人物等方面的情况。具体分为科技机构与队伍,科技管理与服务,科技成果与专利,工业科技,农业科技,港口、交通、邮电技术,城市建设与环境保护科技,医疗卫生科技,气象、地震与计量、标准化科技,广播、电视与教学科技和科技群体活动等 11 篇。记事以时为经,以事为纬,依年、月、日顺序排列。对在大连地区工作时间较长,为科技事业发展作出重大贡献和影响深远者选录入志。(李新新)

N000018 **新科技革命概论** 李春生编。高等教育出版社 1994 年 7 月版。17.3 万字。4.55 元。以马克思主义的基本观点特别是邓小平同志关于“科学技术是第一生产力”的科学论断为指导,深入分析了新科技革命产生的社会历史条件、现代科学技术的发展趋势及新科技革命中的信息技术、新材料和新能源技术、空间技术和海洋开发技术和生物工程技术及其对经济、社会发展的深刻影响,如新科技革命可使劳动生产率大幅度提高,可带来产业结构和劳动方式的根本变化等。还论述了我国发展科学技术的基本方针和迎接新科技革命挑战的主要对策。收入“中学教师继续教育丛书”。(刘啸天)

N000019 **高科技时代——当代领导人与企业家** 副名:面临着又一挑战。黄梦平、蒋东明著。中国经济出版社 1994 年 7 月版。24 万字。12.80 元。分为科学技术的进步、高科技与园区模式种种、高技术产业的培植及其商品化、高科技发展对社会经济的广泛影响、高科技时代的决策意识等。讲述了高科技与高科技时代的形成、发展的一般规律性探索。借助历史的回顾,藉以认识高科技产业的形成及商品化途径,评判高科技时代及其对世界新秩序构架的影响。对发展道路的描述则较集中地评述了发达国家和亚洲新兴工业化国家(地区)历史进程的演示,从而对高科技发展的一般规律,包括基本特征与趋势,作一现时可能的考评。研讨了高科技产业化的运作机制,包括产业培育、人才结构、政策体系与配套服务支撑体系以及经营管理的求新模式;结合对国内外科学园区现状与发展态势的初步考查,希望从中引发有益的借鉴。讨论了中国发展高技术产业的一些问题,包括产业培植的经济社会环境,力求合乎国情又能衔接世界经济的中国模式和加速成长的可行起点、布局与取向的结构性调整,并对中国实施中的火炬计划等略加论述。探讨了中国高技术产业的选择与经济发展的构架关系,揭示了高科技时代领导人决策与企业家经营管理研究的思维世界。(陈骝)

N000020 **少年高新科技大观园** 张启人主编。湖南少年儿童出版社 1994 年 9 月版。112.5 万字。10 册。37.00 元。少年科普丛书。包括《现代烽烟——信息与通讯》、《阿波罗的幻梦——控制论与自动化》、《七巧板启示录——系统工程》、《绿色的追求——人类和环境》、《上帝的事业——生物工程》、《新世纪之火——能源技术》、《人类文明的柱石——材料技术》、《会思维的机器——计算机和人工智能》、《走向太空——航天航空技术》、《蓝色交响乐——海洋工程》等 10 册。通过穿插孩子们喜闻乐见的具体事物和生动例证,介绍了微电子支持下的计算机技术、光电子技术、自动化技术、光纤通信和卫星通信技术。此外，还介绍了材料科学、能源技术、生物技术、航天技术和海洋科学生态环境、系统科学和系统工程等高新科技知识。(谢玉华)

N000021 **现代科技概论** 何作诗主编。云南大学出版社 1994 年 9 月版。17.8 万字。6.80 元。分 14 章，每章后附复习思考题。对整个自然科学及其各重要领域，包括数学、物理学、化学、生物学、天文学、地理学等基础学科，通讯技术、电子计算机技术、激光技术、空间科学技术、材料科技、能源技术等现代新兴的综合性科学技术，以及信息论、系统论、控制论等系统科学，做了整体性、概貌性的介绍，较充分地反映了现代科技的重大成果及其发展动向，并努力将科技发展的历史与重大理论的阐述有机结合。(蔡红华)

N000022 **农家致富实用技术 233** 杨春华等编著。北京出版社 1994 年 10 月版。6.50 元。详细介绍 7 大类 233 种农家致富实用技术。其中有各种食品、农副产品、药补品、日用化工及一些日常商品的加工生产技术，动植物养殖技术，各种干鲜菜蔬、果品的贮藏保鲜技术等。(龙杰)

N000023 **陈宗基论文选** 白武明、傅冰骏选编。福建科学技术出版社 1994 年 10 月版。40 万字。24.50 元。"福建籍科学家论文选集"丛书之一。收集论文共 22 篇，内容涉及地球动力学、流变学、岩土力学与工程等方面。前 9 篇论文是陈先生用英文发表在国内外有关科研杂志上的，其中"粘土层三向固结流变理论"、"粘土结构力学"、"粘土的次时间效应和固结"等都是国际上相关领域的奠基之作，被后辈学者广为引用；《攀西裂谷的构造演化和地球动力学》及《唐山大地震的物理流变模式》则是作者将基础理论结合运用到国计民生的重要问题中去的典范。其余的文章都是用中文发表的，大都反映了作者在研究领域的独特见解，其中《关键在于正确的概念》、《关于中国板块动力学》等都是作者治学经验的总结之谈。(林思明)

N000024 **中国当代科技精华** 卢嘉锡主编。黑龙江教育出版社 1994 年 10 月版。237 万字。8 册。230.40 元。是一套较为全面、系统地介绍我国当代优秀科学家和工程技术专家高新科研成果的大型科技丛书，共 7 卷 8 册。选收中国科学院院士、中国工程院院士、国家级科技大奖的主要获得者及特别优秀的青年科学家共 331 位。每一篇文章都以入选科学家的姓名与他所研究的领域为题，把对当代科技人物与成果精华的介绍有机地结合起来，按人物立篇章，以成就为主线，用简洁、明了、通俗的语言，介绍了入选科学家所在研究领域的过去、现在和未来，介绍了各学科领域前沿的科研概况，着重介绍了入选科学家所取得的高新科研成果及其社会意义。每篇文章的开头简要地介绍入选科学家的简历和主要业绩，文后附有入选科学家的主要论著。(孙怀川)

N000025 **当代中国科学技术发展史** 陈建新等著。湖北教育出版社 1994 年 10 月版。47 万字。18.00 元。以马克思主义的唯物史观为理论基础，运用科学社会学的理论方法，按照历史与逻辑相统一的原则，对当代中国科学技术发展的历史作全面的考察，侧重研究和分析了当代中国科技事业与社会经济互动的关系。充分肯定了建国 40 多年所取得的科技成就，总结经验教训，探讨了当代中国科技发展的特点和规律。(李绍建)

N000026 **复杂巨系统理论·方法·应用** 中国系统工程学会编。科学技术文献出版社 1994 年 10 月版。110 万字。50.00 元。分 5 部分：复杂巨系统理论、决策理论、决策支持系统与专家系统、算法和应用。内容包括：系统科学与系统工程综合评述；复杂系统的行为描述；开放复杂巨系统从定性到定量综合集成方法论；系统工程各类技术和方法；系统工程其他理论；决策理论；决策支持系统和专家系统以及系统工程在各类领域中的应用等。(吴秀珍)

N000027 **青藏高原腹地** 副名：可可西里综合科学考察。可可西里综合科学考察队著。上海科学技术出版社 1994 年 10 月版。7 万字。照片 220 幅。230.00 元。中英文对照彩色科技图册。从考察队员拍摄的照片中精选出 220 幅，配以简洁的文字，真实地纪录了这次考察研究活动的成果，全面、形象地反映了可可西里地区独特的地质演化，自然地理环境，生物的区系特征、形成和演化以及艰难的考察历程。(李维靖)

N000028 **中国青年科学技术论文精选** 俞汝勤等著。科学普及出版社 1994 年 11 月版。21.4 万字。80.00 元。内容包括理学、工学、农学与林学、医学、交叉科学等。(任杏华)

N000029 **动脑筋爷爷(第三辑)** 李名慈等编写。少年儿童出版社 1994 年 11 月版。14 万字。23.00元。盒装 8 册，收有第十七至二十四分册。每册 20 题。第十七册环保知识；第十八册气象知识；第十九册体育运动知识；第二十册电器知识；第二十一册人体卫生知识；第二十二册饮食卫生知识；第二十三册化学知识；第二十四册交通运输知识。以动脑筋爷

爷、小问号、小天真三个人物为贯串，介绍各种自然科学知识。（洪祖年）

N000030 **黔南布依族苗族自治州志·科学技术志·气象志** 黔南布依族苗族自治州史志编纂委员会编。贵州民族出版社 1994 年 12 月版。50 万字。50.00 元。地方性专业志。科学技术志与气象志的合印本。“科学技术志”包括概述、大事记略、正文 10 章 51 节、附录、32 幅照片。着重记述了自新中国成立以来黔南布依族苗族自治州科技机构建立的情况和农业、工业、交通、运输、计量、邮电、广播、电视、医疗卫生等方面的科学技术工作及其成就以及“星火计划”的实施，科技情报与科技服务，科普宣传与青少年科技活动，科技管理等。“气象志”包括概述，大事记略，正文 7 章 31 节、16 幅照片、附录。记述了该州光能资源、热量资源、降水资源、气候分布、气象灾害以及新中国成立以来该州气象机构建立、工作队伍的情况和农业、工业、城市、防汛、水利、水电、航空、交通运输等方面的气象服务，大气探测，天气预报，气象通信，气象业务管理等工作及其成就。（欧阳元华）

N000031 **科技国情小丛书** 刘国雄等主编。湖南少年儿童出版社 1994 年 12 月版。62 万字。5 册。29.80 元。以世界新技术革命浪潮为大背景，以讴歌中华民族为主线，分别从工业科技、农业科技、国防科技、基础科学研究和高新科技 5 个方面，记载了我国科学技术发展的历程，介绍了当今世界科技发展的趋势及国外高新科技的最新成就，对一些高新技术原理作了通俗的讲解。丛书包括《智慧的接力——漫话高技术与中国》、《飞旋的引擎—— 中国的工业科技》、《绿色的翅膀——中国的农业科技》、《东方神剑—— 中国的国防科技》、《象牙塔里的奥秘——中国的基础科学研究》。（萧泰）

N000032 **日汉科技词典** 东北大学《日汉科技词典》编写组编。机械工业出版社 1994 年 12 月版。387 万字。95.00 元。以工程技术为主的综合性双语科技词典。收词 11 万条。涉及机械、动力、电工电子计算机科学、化学化工、材料、轻工、仪器仪表、土木建筑、水利、采矿、冶金、管理工程、能源及原子能、环保、生物工程、交通、公共科技基础等学科。此外还收有日语日常用重要词汇及惯用型。正文中每个词条内的项目按顺序为日语假名标记（读音）、日语规范写法（外来语写出原文、缩略语注出全文）、词性、词义、常用词组及惯用型。某些科技专业词汇在释义后加注专业略语。书后有国际单位表、化学元素名称对照表、日文汉字索引、日文汉字索引检字表等 7 个附录。（郑铉）

N000033 **现代高技术丛书** 中国科学技术协会编。上海科学技术出版社 1994 年 12 月版。约 200 万字。12 册。116.00 元。全面介绍现代高新科学技术领域知识和最新成果的科学普及性丛书。分 12 种，分别为微电子技术、计算机技术、自动化技术、生物技术、信息技术、新材料、新能源、核能与核技术、激光与光电子技术、空间技术、海洋高技术及高技术与国家安全。（钱增美）

N000034 **神奇的压力** 张越著。上海科学普及出版社 1994 年 12 月版。11.2 万字。5.20 元。“青少年科技丛书”之一。通过序言篇、气压篇、液压篇、动压篇、高压篇介绍了人类对压力的认识和利用，进而建造出种种神奇的器具和机械。通过大量生动有趣的插图和简明易懂的介绍使读者认识到压力的种种神奇之处，如覆盖在地球表面的“棉被”——大气层、负压的作用、排气和吸尘器、真空泵、龙卷风和台风、九龙杯、深潜器、液压机、高压水枪、爆炸成型、白矮星等。（陈英黔）

N000035 **全国电力工人公用类培训教材** 尹维邦等主编。水利电力出版社 1994 年 12 月版。233.4万字。是根据 1991 年能源部颁发的《电力工人技术等级标准》，为满足广大电力工人技术定级、上岗、转岗、晋级和技能鉴定等的技术培训和考核工作需要而组织编写的。把火力发电、水力发电、供用电、火电建设、水电建设、电力机械修造和城镇（农村）工矿企业电气等 7 个部分 27 个专业 159 个工种工人必备的共同性知识抽出来独立成书，形成 14 本“公用类”培训教材，其中包括：《电力工人职业道德与修养》《电力生产知识》《电力安全知识》《应用电工基础》《应用电子技术基础》《应用热工基础》《应用钳工基础》《应用机械基础》《应用力学基础》《应用水力学基础》《计算机应用基础》《电力工程识图与绘图》《电力工程常用材料》及《公用类培训教材使用说明》。（朱百祥）

N000036 **南级、北极和湖泊……** 延慧编文。王凤桐等绘画。新蕾出版社 1994 年 12 月版。19.40 元。“小太阳科学画丛”之一。用浅显通俗的文字和生动美丽的画面向孩子们讲述山岭、湖泊、南极、北极等地理方面的科学知识。（邹辉）

N000037 **雾、雨和雪……** 励艺夫等编文。郭振山等绘画。新蕾出版社 1994 年 12 月版。5 印张。19.40 元。“小太阳科学画丛”之一。以浅显的语言，溶入许多 90 年代的新科技知识。雨、雪、雷电等是司空见惯的自然现象,但其中有非常有趣的科学道理。本书通过通俗的讲解,增强了可读性,既使小读者学到了知识,又培养了良好的思维方式。(王公惠)

N000038 **阳光、空气和水……** 顾艺夫编文。陈九如等绘画。新蕾出版社 1994 年 12 月版。19.40 元。“小太阳科学画丛”之一。介绍有关阳光、空气和水的趣味知识。(王公惠)

N000039 **太阳、地球和月亮……** 冯瑞编文。张美玲等绘画。新蕾出版社 1994 年 12 月版。22.20 元。“小太阳科学画丛”之一。包括太阳、地球、月亮、行星、彗星、天体 6 部分内容,主要介绍各类星体的特点,与之相关的自然现象及与人类的关系等科学知识。(毛用华)

N000040 **森林、草原和海洋……** 延慧编文。郝惠芬等绘画。新蕾出版社 1994 年 12 月版。19.40 元。“小太阳科学画丛”之一。以浅显通俗的文字和生动美丽的画面向孩子们讲述了自然界中森林、草原、海洋、沙漠和河流方面的科学知识。(邹辉)

N000041 **小太阳科学画丛** 延慧等编文。王凤桐等绘图。新蕾出版社 1994 年 12 月版。520 幅。5 册。99.80 元。专门为 4～8 岁儿童编写的科普读物。分 5 册:《太阳、地球和月亮……》、《阳光、空气和水……》、《雾、雨和雪……》、《草原、森林和海洋……》、《南极、北极和湖泊……》。从多角度、多方位地讲述了人与自然的关系,揭示出自然中的科学与美。其特点:①融知识的开放性、连续性、趣味性于一体:画丛有 26 个主题,一个主题一个印张,共 26 个印张。一个印张 20 页 20 幅画,连续介绍该主题的方方面面。如:讲述“雨”是从哪里来的之后,又讲“雨是奇妙的催长素”、“雨是空气的清洁师”,“空中‘洒水车’——雨能降温”、“雨常与人类‘捉迷藏’——久旱无雨”等等。②突出环保意识:地球是人类的唯一家园,人类要生存,要发展,就应当保护环境。空气污染、森林减少、草原退化、酸雨增多、土地沙漠化形成的原因,在这套书中均有涉及。③有高新科技知识:社会在日新月异变化,科技发展更是一日千里,也许孩子们不能懂得,不能理解高新科技,但能留下兴趣,留下印象。“太阳能飞船”、“太阳能空间电站”、“气象卫星”、“扫雾机”、“潮汐发电站”等新技术,都会使孩子们时时感到新的气息扑面而来。④传播科学方法:画丛让孩子们站在发现者立场,动手又动脑,通过做生动、有趣、有启发性的实验,促进其观察力、想象力、创造力的发展,如,动手做一片“云”;动手做七色板;做一勺“雨水”;测一测空气的重量;看一看水的表面上有一层膜等等。⑤配以绚丽多彩的图画:根据幼儿认识事物依赖于形象的特点,画丛在画上下了工夫。画家们突破框框,或写实或夸张或变形,绘画了一幅幅极富创造性和想象力的、生气灵动、风格迥异的图画,体现和丰富了科学内容。(顾传菁)

N000042 **新编英汉科技常用词汇** 李若珊等编。宇航出版社 1994 年 12 月版。59 万字。13.50 元。在《英汉科技常用词汇》(1980 年版)的基础上,增补、修订而成。共收集各类词汇 18 000 条,固定词组 3 500 条,专业词组 1 600 条。由 3 类常用词汇组成:普通英语常用词汇;数学、物理、化学、天文、地理等基础科学术语、航空、航天、计算机、系统工程、自动化、遥测、遥感、雷达、通信、激光、信息、半导体、电气、机械、化工等应用科学基本术语。(沈钦顺)

N000043 **钱三强文选** 钱三强著。浙江科学技术出版社 1994 年 12 月版。40.1 万字。60.00 元。选收钱三强先生几十年的科研、治学、育人生涯中所积累的丰富的文史资料,其中包括历史照片、代表性论著、演讲辞、书信、序文,以及主要论著目录和重要活动年表等。系统地反映了他的成才经历、研究成果、科学思想、教育业绩,以及崇高的爱国主义精神和严谨认真的学风品德。收入“中国著名科学家文选”。(边方)

O 数理科学和化学

数 学

O000001 **平面几何新路** 张景中著。四川教育出版社 1994 年 8 月版。28 万字。7.10 元。本书实现了作者在《教育数学探索》一书中提出的观点，提供了第一本引入新方法的平面几何教材。把一般学生深为头痛，无章可循的几何问题，变得简单明了。新体系的解题工具，是以共边定理，共角定理和广义共角定义为依据，应用于教科书中所列举的例题，效果非常。新体系的解题方法，虽不同于欧几里得的传统解题方法，但却保留了经典几何的精华。平面几何新路同时联系了代数、三角、解析几何及高等数学，这一创新，有可能成为数学教育改革新高潮的起点。本书为"教育数学丛书"之二。共 5 章，其特点是以系统面积方法，取代以往传统的几何证题方式。每章后面有提要、有习题。每节后面有小结，有练习。章、节之中，所举例子全面。迄今为止，国内外尚未出版过类似内容的教材和专著。是世界上第一本以面积为中心展开平面几何的教程，突破了初等几何体系定型的传统观念。新的解题方法，放射型的逻辑结构，丰富了几何学这一古老学科，具有学术上的参考价值。（冉崇玉）

O000002 **教育数学丛书** 张景中著。四川教育出版社 1992 年 8 月至 1994 年 8 月版。前 3 本总计 58 万字。19.60 元。包括《教育数学探索》、《平面几何新路》、《平面几何新路解题研究》、《平面几何新路基础研究》4 种，已出 3 种。台湾九章出版社，已购买已出的 3 本图书的版权，于 1995 年开始向海外发行繁体字版本。（冉崇玉）

O000003 **拟线性椭圆型方程的变分方法** 沈尧天、严树森著。华南理工大学出版社 1994 年版。31.2 万字。16.00 元。重点介绍拟线性椭圆型方程和方程组的变分方法与变分理论。这里所考虑的方程组均具有变分结构，即它们是某些泛函所对应的 Euler-Lagrange 方程。具体内容包括：变分方法中的直接方法和椭圆方程(组)的解所满足的 Pohzaev 恒等式；山路引理及其在有界域上次临界增长的拟线性椭圆方程的多解问题中的应用；各种失去紧性的变分问题，这里侧重介绍非凡解，特别是正解存在性的研究成果，对半线性问题和拟线性问题分别给出不同的证明方法；二次泛函次临界增长的约束变分问题、无界域上临界增长的约束变分问题及极小点的正则性等，它们涉及到集中列紧原理、正则性理论中的填洞技巧和反 Holder 不等式等方法；取值 R^3 中的单位球面 S^2 的调和映射及相关的铁磁链、液晶理论等问题，其中侧重于 80 年代以来关于其正则性、多解等问题，而在液晶理论方面仅介绍 Oseen-Frank 模型的极小点的存在性。以上这些内容是从大量的文献中整理出来的，其中包括了作者的部分工作，如关于拟线性椭圆型方程多解问题和二次泛函极值问题等。作者在阐述时引入了一些相关知识或指出参考文献。（江厚祥）

O000004 **线性系统、指数型二分性与双曲结构** 林振声著。福建科学技术出版社 1994 年 2 月版。14 万字。10.80 元。是著者长期研究常微分方程稳定性理论的总结。全书分为 5 章，第一章线性微分方程系，叙述线性系统的若干重要结果和方法，如 Floquet 理论、Schmit 方法等。第二章着重叙述指数重二分性理论，作者的结果自 1963 年首次发表以来成为有用的工具，本章给出了第一近似理论，推广了 Hartman 的局部线性化定理到变系数线性系统；第三章以周期方阵逼近拟周期方阵的方法，解决了 Floguet 理论在拟周期线性系统的推广问题，这是历史上遗留的困难而重要的问题。本章并指出国际上著名的 Millionscikov 例子是错误的；第四章介绍一个重要成果：概周期线性系统仅具有纯点谱，进一步证明了所谓 Millionscikov 例子的错误；第五章改造了双曲点的定义，建立了 C^r 封闭性引理，解决了 Smale 关于向量场的结构稳定的推测，更简单地证明了 Kupka-Smale 的通有性定理。本书把双曲点集的定义与指数型二分型紧密结合起来，在新定义下，双曲点在小摄动下是不变的，因此使许多定理的证明更为简洁。（林思明）

O000005 **相似·速算式三算·链式快速记忆** 张光鉴等著。江苏科学技术出版社 1994 年 2 月版。14.5 万字。5.60 元。速算式三算由陈子镜综合前人有关笔算、珠算和口算速算法,并结合自己教研实践中的新成果而总结出的新方法。作者把加、减、乘、除、乘方、开方速算方法分别编成朗朗上口的要领口诀,以便学者得以轻松愉快地掌握算理、算法。链式快速记忆由邓传珏提出,他恰到好处地利用了人们大脑在记忆时的遗忘曲线原理以及瞬时记忆转化为长期记忆等方面的特点。该法能使儿童快速识字,使成人快速熟记各种符号、图像以及某些事件等。以上两项研究成果引起了国内外有关科学工作者、教育工作者和思维科学工作者的重视。但是,对于速算速记的原理和奥妙以及教法和学法却缺乏系统的论著。作者将此作为自己的科研项目,研究速算速记在心理学、生理学、教育学以及思维科学的原理和依据,融合相似论原理,改进西方有关学习理论中的学习流程图,从原理到教法、学法,形成了较好的体系。本书为"相似论丛书"之一。(贾丽华)

O000006 **强连续线性算子半群** 郑权著。华中理工大学出版社 1994 年 3 月版。25 万字。6.90 元。介绍线性算子半群理论的发展和作者的研究成果。系统整理了抽象函数拉普拉斯变换的近期成果,并用它统贯全书,处理强连续线性算子半群的基本材料。本书在每章之末专辟一节给出有关评注,把正文材料的出处,一些未列入正文的重要定理、相关论题及主要应用进行简短介绍。(龙纯曼)

O000007 **中国历代算学集成(上中下)** 靖玉树编校。山东人民出版社 1994 年 3 月版。800 万字。500.00 元。共收入从西周到清代有影响、有价值的算学典籍 120 部,442 卷。分 4 编。第一编为唐代以前的算学书籍。第二编为宋、金、元时期的算学书籍。第三编为明代的算学书籍。第四编为清代的大批算学著作。在每部古籍的前面,均设一"简述",以介绍成书年代、作者生平、内容提要、历代版本考证及其学术地位。同时,书中编有 66 位古算家人名索引。本书所取版本有宋版、天禄琳琅版、武英殿聚珍版、四库全书版、微波榭版、古今图书集成版、研经室版、江南制造局版等各种版本。其中如《永乐大典·算书》、《盘珠算法》等,明代即已流失国外,国内久无传本;《九章详注比类算法大全》等,是国内外仅存三四部的珍本。(秦志)

O000008 **大众珠算** 郑克俭主编。福建人民出版社 1994 年 4 月版。13.9 万字。3.95 元。介绍珠算的起源、发展,珠算基本知识、技能和算法,包括传统加减法、改革加减法、破头乘、隔位乘、空盘前乘、连乘、简捷乘、归除、商除、挨位商除、剥皮除、简捷除、平方、开平方等。(洪野)

O000009 **世界数学家思想方法** 解恩泽、徐本顺主编。山东教育出版社 1994 年 4 月版。152 万字。47.45 元。选取古今中外 82 位数学家、2 个数学家族、1 个数学学派,阐述他们在数学思想方法上所做出的贡献。本书分以下 6 个方面来论述数学家的思想方法:第一研究数学的思想方法;第二作为数学内容的思想方法;第三学习数学的思想方法;第四传授数学的思想方法;第五应用数学的思想方法;第六研究数学思想方法的思想方法。(孙永大)

O000010 **平面几何的一题多变和应用** 王连福等著。天津教育出版社 1994 年 4 月版。24.5万字。5.20 元。从一道几何题入手,作为基本题型,找到与它类似的同类题,或者由基本题型进行引申而形成相关题组。本书除了体现这个特点之外,另一个特点就是所选取的 35 道基本题型都是几何课本上的例题或习题,以此各自展开而形成系列题组,并且给出了应用的例题。从内容上,又以相似形和圆这两部分知识为主,凡属这两部分的证明题一般采用双箭头推导格式。(陈世伟)

O000011 **珠数学** 副名:现代珠算的理论与实践。郭启庶等著。中南工业大学出版社 1994 年 4 月版。33.4 万字。9.00 元。运用数学方法建立珠算公理化体系。在此体系下,作者提出了一系列珠算命题和算盘命题,由此创立了由珠算术和珠几何组成的珠数学,并将珠数学的理论成功地运用在预测中。还对基础数学提出了一个全新的概念:基础数学=算术+几何+珠数学。并对中国中小学数学教育提出了增加珠算教学的建议。(谢贵良)

O000012 **泛函分析** 江泽坚、孙善利等著。高等教育出版社 1994 年 5 月版。24 万字。4.55 元。包括 5 章和 1 个附录:线性距离空间;Hilbert 空间;Banach 空间上的有界线性算子;有界线性算子谱论;广义函数论大意;拓扑空间。(文小西)

O000013 **数学教学论** 胡炯涛著。广西教育出版社 1994 年 5 月版。31 万字。8.20 元。内容包括:数学教学原则;数学思维;数学能力;数学逻辑;数学思想;数学方法;数学教学方法;数学教师素质。本书为"数学教育丛书"之一。(赵汝明)

O000014 **数学课程论** 张永春著。广西教育出版社 1994 年 5 月版。30 万字。8.00 元。"数学教育丛书”之一。上篇对数学课程的历史发展进行回顾与探讨，阐明了数学教育目的、教学内容、组织结构等的演变和发展规律，并通过对东西方数学课程的历史传统和风格的比较，论述数学课程的共性和特点。下篇则对数学课程的宏观结构和微观结构进行了功能分析，用系统论的观点和方法分析了数学概念子系、数学思想子系、数学语言符号子系，并对数学课程的评价和设计提出独立的见解。（赵汝明）

O000015 **数学考试论** 贺贤孝、杨树林著。广西教育出版社 1994 年 5 月版。23 万字。6.55 元。“数学教育丛书”之一。书中回顾了中国数学考试的历史及发展，介绍了国外数学考试的现状，从中探讨世界数学考试改革的趋势；通过对数学考试的测量特点、质量标准与功能、数学试卷的编制和试题编拟等的研究，建立本学科的基本理论框架；通过对中国数学教育中的平时考试、中考、高考、数学竞赛等考试的探讨，剖析现行数学考试的利弊，提出数学考试的对策。（赵汝明）

O000016 **组合数学** 沙基昌等编著。湖南教育出版社 1994 年 5 月版。25 万字。8.60 元。分 13 章，介绍组合计数与组合设计等组合数学重要分支和基本知识，包括鸽笼原理、复合集的排列与组合、容斥原理、递归关系、母函数、剖分、匹配、组合设计、Polya 定理等。（孟可文）

O000017 **实分析与抽象分析** 副名：现代实变函数论。［美］E. Hewitt、K. R. Stromberg 著，孙广润译。天津大学出版社 1994 年 5 月版。61 万字。23.00 元。根据 Springer 出版社 1978 年出版的由 E. Hewitt 与 K. R. Stromberg 著的《Real and Abstract Analysis》译出。收入现代分析学所依赖的五项系统知识，即抽象集论和数学基础，近世代数，一般拓扑学，拓扑线性空间（泛函分析）以及分析本身的基本训练，在此基础上就经典实变函数论作了现代分析，对 Lebesgue 积分和微分理论进行了阐述。全书分 6 章，分别是集论与集代数、拓扑学与连续函数、Lebesgue 积分、函数空间与 Banach 空间、微分、乘积空间上的积分。（杨季雯）

O000018 **中国数学史（哈萨克文）** 阿米尔编著。新疆科技卫生出版社 1994 年 5 月版。19 万字。6.95 元。介绍中国古代数学、天文学的辉煌成就和历代中国数学家对人类文化的卓越贡献，侧重介绍了中国古代数学与伊斯兰文化和西方数学之间相互影响及融合过程等，书后还附有 140 个古代数学书籍的汉译哈萨克文名称。（荣春兰）

O000019 **模糊数学及其应用** 杨崇瑞主编。中国农业出版社 1994 年 5 月版。26.8 万字。6.10 元。为全国高等农业院校环保、农经、作物类各专业用教材。包括模糊集及其运算、隶属函数确定的基本方法、模糊关系、模糊聚类分析、模糊模式识别、模糊综合评判与模糊关系方程、模糊规划等 7 章，各章配备有习题，书后备有习题答案和参考文献。（柯文武）

O000020 **数学思维论** 任樟辉著。广西教育出版社 1994 年 5 月第二版。25 万字。7.05 元。系统地研究数学思维的特性、形式、方法、过程、规律等。特别是对数学形象思维的形式化问题，数学思维方式的定名、分类和关系，中学数学的重要思维模式及数学思维的辩证策略等问题提出了独到的见解。书中总结出数学思维的 4 种方法：观察与实验；比较、分类与系统化；归纳、演绎与数学归法；分析与综合；抽象与概括；一般化与特殊化；模型化与具体化；类比与映射；联想与猜想，以及中学数学中 8 种重要的思维模式：逼近模式；叠加模式；变换模式；映射模式；方程模式；交轨模式；退化模式；递归模式。本书是“数学教育丛书”之一。（赵汝明）

O000021 **高等数学解题方法** 王学礼编著。东北大学出版社 1994 年 6 月版。50 万字。12.80元。介绍许多方便快捷、行之有效的高等数学解题方法，把纷纭复杂的高等数学问题进行了系统的分类，每讲由内容提要、是非辨析、归类求解、一题多解、释疑解难、复习题、自我检查题和答案等 8 部分组成。涉及极限及其运算、导数与微分的运算、函数的连续性与可微性、中值定理与导数的应用、不定积分及其计算、定积分计算及应用、空间解析几何与向量代数、多元函数微分法及其应用、重积分及其应用、曲线积分和曲面积分及其应用、级数、常微分方程等内容。（刘振军）

O000022 **专家系统中不确定性方法学** 张尧庭等著。广西师范大学出版社 1994 年 6 月版。13.5 万字。3.00 元（平），6.00 元（精）。根据 1990 年德国 Springer 出版社出版的“A Methodology for Uncertainty in Knowledge－Bosed Systems”和美国的 John Wiley & Sons 出版社出版的“Approximate Reasoning Models”编译而成。比原著更清晰、更系统地介绍不确定性推理这一研究方向近期的工作。（余鑫晖）

O000023 **实用珠算** 石家庄市珠算协会教材编审委员会编。河北科学技术出版社 1994 年 6 月版。12.5 万字。3.80 元。分 6 章：一、珠算的基础知定性推理、基于概率的MYCIN类不确定性推理和基于证据理论的不确定性推理,特别以较大篇幅介绍了模糊推理的理论与方法,同时也融汇了作者在不确定性推理方面的许多研究工作。书中部分内容引用了国内外许多专家和学者在不确定性推理方面的一些研究成果。(李彤梅)

O000040 **高等数学(修订本)** 陆庆乐编。西安交通大学出版社1994年10月第二版。35.6万字(上),36.3万字(下)。13.30元(上),13.50元(下)。根据全国高等教育自学考试指导委员会1993年修订的本科段高等数学自学考试大纲编写。教材内容与深广度完全与大纲一致。与1980年制定的原大纲相比,现行大纲的体系和内容有较大变动;因此修订本由原来的18章改为11章。全书分上下两册,上册包括函数、极限、连续,导数与微分,导数应用,不定积分,定积分及其应用;下册包括向量代数与空间解析几何,多元函数微分学,常微分方程和级数等。(蒋潞)

O000041 **泛函微分方程理论** 郑祖庥著。安徽教育出版社1994年12月版。38万字。12.00元。对泛函微分方程有关理论进行概述,并举例说明其应用背景,接着分章论述了线性DDE、线性FDE、RFDE的基本理论、RFDE解映射综析、NFDE的基本理论、稳定性与有界性、FDE的周期解、振动性与渐近性、概周期FDE、无穷时滞FDE、非R.N.A.型FDE等。对国内外专著未涉及或少涉及的内容,如非R.N.A.型FDE、概周期FDE、FDE的分类问题、偏泛函微分方程等给以特别的关注。并指出最具挑战性也最有希望的研究方向应当是:非R.N.A.型FDE、偏FDE以及FDE在空间C中的几何理论与分歧问题。书中收录了作者在上述几个方面的最新研究成果。(严云锦)

O000042 **系统模糊决策理论与应用** 陈守煜著。大连理工大学出版社1994年12月版。26万字。12.00元。80年代初,作者开始系统地进行水文水资源与环境系统模糊集分析理论与应用的研究工作,并逐渐地形成为大连理工大学水力发电工程专业博士学科点的一个研究方向,并已取得了若干有价值的研究成果。本书将有关成果拓广应用于土建工程、化学工程、社会经济等不同的系统。另外在若干系统领域应用研究的基础上,抽象、概括、归纳出一般的系统模糊决策分析的概念、理论、模型与方法,建立起一个比较完整的系统模糊决策理论的新体系,其中关于相对隶属度、相对隶属函数的概念与定义,拓展了模糊数学中关于模糊集合隶属度、隶属函数的唯一性传统概念与定义。并在此基础上,提出了新的概念、理论、模型与方法。(许芳春)

O000043 **分形漫步** [加拿大]B.H.Kaye著,徐新阳等译。东北大学出版社1994年12月版。49万字。19.80元。作者从步入分形这一科学领域的亲身体验出发,全面系统地介绍分形理论的基本概念、原理及分维数的一些计算技巧;论述二维及三维空间上的随机行走问题;详细介绍了分形理论在物理、化学、地质、矿业、材料、环保、生物、石油、计算机模拟等方面的应用;特别对颗粒形貌的表征及粉尘过滤等方面的分形问题作了深刻的探讨;指出了分形应用今后应着重研究的11个大方向。(刘振军)

O000044 **数学教学原则概论** 张楚廷等著。广西师范大学出版社1994年12月版。22.2万字。6.90元(平),10.00元(精)。作者在介绍和讨论现有的几种数学教学原则体系的基础上,形成一种设想:构建一个数学教学原则体系,使之既能体现一般教学原则,又能反映数学教学的特点。本书对这一设想进行了阐述。(余鑫晖)

O000045 **数学物理方程及其应用** 刘蕴华、张乃良编著。河海大学出版社1994年12月版。45.3万字。17.80元。高校研究生教材。内容包括偏微分方程基本知识、双曲型方程、抛物型方程与分离变量法、椭圆型方程与格林函数法、波动方程与行波法、降维法、积分变换法、贝塞尔函数及应用举例、勒让德函数及应用举例、一阶偏微分方程组、拉普拉斯双曲型方程,以及积分方程、傅立叶变换简表、拉普拉斯变换简表等,按方程的类型论述各种定解问题和它的解题技巧,并附有习题答案。(吴劭文)

O000046 **近世代数** 万咸臣等著。华中师范大学出版社1994年12月版。20.3万字。6.30元。分5章,第一章介绍集合、映射、等价关系与集合的分类、代数系和同态与同构等基本概念;第二章是有关群的知识,主要有半群和群、子群、群的同态与同构、循环群、变换群与置换群、子群的陪集、群同态基本定理;第三章是环的知识,有环的概念性质、类型、子环理想与商环、同态与同态基本定理、素理想与极大理想、中国剩余定理、唯一分解环等;第四章介绍域的知识,主要有特征数素域、域的扩张、单扩张、分裂域、几何与代数中两个古典问题;第五章是模的基本知识,内容有模、子模与商模、模的同态、自由模等。(张小新)

O000047 **代数学辞典** 樊恽、钱吉林编著。华中师范大学出版社 1994 年 12 月版。102 万字。50.00元。共收录高等数学与抽象代数(近世代数)辞目 3 000 余条。辞目主要内容为:现行大学里代数学教科书中富有启发性的习题;部分国内外研究生入学试题和大学生数学竞赛试题;由部分典型论文(代数学方面的)分解而来的题目;部分由基本概念与基本定理作为辞条不加证明地列出。正文前刊有按类编制的索引目录;有些辞条的解答末尾酌加注释,标明有关解题规律的总结和题目意义的推广;注重题材的双向归纳:一是对各类问题作了归纳,二是对同一问题的不同解法作了归纳。(杨发明)

O000048 **面向 21 世纪的中国数学教育** 副名:数学家谈数学教育。严士健主编。江苏教育出版社 1994 年 12 月版。24.8 万字。9.25 元。汇集 34 位数学家谈"面向 21 世纪的中国数学教育"的文章 31 篇,并附有每位数学家的简历。在书中,数学家们从数学学科的特点及发展趋势、从数学教育的历史与现状、从自身的学习与工作的经验体会、从国外数学教育的发展等不同角度,审视了中国数学教育,对其发展提出了许多意见和建议,其中不乏长远性和战略性的。书中指出:在 21 世纪,没有相当的数学知识就是没有文化,就是文盲;学数学不再只是升学的需要,它越来越是谋生的需要。数学科学在提高民族的科学和文化素质中处于极为重要的地位,数学给予人们的不只是知识,更重要的是能力,这种能力包括直觉思维、逻辑推理、精确计算和准确判断。数学教育不仅是一种数学技艺的教育,还是一种文化素质的教育,在人们品质形成中有着它不可替代的作用。数学教育的内容题材的取舍与构成,必须反映数学发展的客观规律和要求,要学习解决各种实际问题的数学建模,学会处理各种实际数学问题的方法,要处理好数学的整体性、系统性与应用性之间的关系。在分析了目前的中国数学教育现状后指出:目前的数学教育,其要害问题是为了少数人的升学,教学内容陈旧,不能满足数学的发展和时代的需求,教学方法大多是"填鸭式"和"满堂灌",给中学生造成了"考试地狱",给小学生带来了苦难的童年。我们的数学教育最起码的出发点是面向 95%以上的学生,不能从培养数学家的要求出发。(王建军)

O000049 **图与组合拓扑** 谢力同等著。山东大学出版社 1994 年 12 月版。20 万字。5.60元。介绍图与组合拓扑的基本内容,包括:复形上的规划问题,图、超图与复形,图、逆阵与复形,图的临域同调解,树的组合不变量全组,高维树,图论中的拓扑及代数方法,嵌入闭曲面的图和 Heawood 染色定理。60 年代初,作者用组合拓扑观点把中国当时研究出来的运输问题的图上作业法和奇偶点图上作业法(后来国际上通称为"中国邮递员问题")统一起来处理,简化了有关证明并推广为 n 维复形上的极值问题。80 年代以来,山东大学运筹学讨论班对离散的对象(图、拟阵等)与组合拓扑中的抽象复形的联系、与复形的多面体及其同调群的联系进行了深入地探索,这些都编入了本书。(张秉尧)

O000050 **初等代数研究** 季素月等编著。上海科技教育出版社 1994 年 12 月版。29 万字。11.00 元。阐述初等代数的基础理论,并根据师范教材要求,配置了与中学代数问题、中学数学竞赛题相关的例题与习题,且附有答案。(刘颐康)

O000051 **模形式和三元二次型** 裴定一著。上海科学技术出版社 1994 年 12 月版。22.3万字。22.80 元。收入"现代数学丛书"。介绍作者在权为半整数的模形式理论上的研究成果:证明了权为 3/2 的任一模形式是一个尖形式和一个爱森斯坦(Eisenstein)级数之和,并构造了由爱森斯坦级数所生成的子空间的基底;介绍了上述结果在三元二次型表整数问题上的应用,三元二次型表整数问题在很多数论问题中都遇到。作者所用的方法有创造性,在理论上有一定的难度与深度。国际模形式理论权威——美国普林斯顿大学的 G. Shimura 教授认为作者的研究成果是"近 15 年来在模形式理论方面最重要的成果之一"。作为预备知识,书中也包含了模形式理论方面的一些经典性的基础知识,如模群及其同余子群、Hecke 算子、模形式的 Zeta 函数、整权爱森斯坦级数等经典结果。作者为中国科学院研究生院教授,长期从事研究数论、代数和密码学。在数论方面的研究成果曾获 1989 年国家自然科学三等奖。(赵序明)

O000052 **数学大观园** 夏明德著。上海科学普及出版社 1994 年 12 月版。19.8 万字。7.80 元。是"青少年科技丛书"之一。由 30 个短篇组成,可分成 4 类。一类是本质、危机,主要介绍数学的本质、特点、基础与数学的 3 次危机。第二类是数海撷英,主要介绍在数的海洋里的几朵奇葩,如有关大数、素数、毕达哥拉斯数等的知识。第三类是形洋拾贝,主要介绍在图形的海洋中的历史上著名难题,如三大几何难题——三等分任意角、倍立方问题、圆积求方问题,还有如正多边形的作法问题,四色问题等。第四类是历史、发展,主要介绍数学发展的历史概貌。

混沌理论等。(张美珍)

O000069　**理论力学**　李心宏编。大连理工大学出版社1994年1月版。78.4万字。17.00元。分静力学、运动学与动力学3篇。内容为:静力学基本概念和物体的受力分析;力的投影、力矩和力偶;力的简化理论;力系的平衡条件及平衡方程;摩擦;运动学中的点的运动、刚体的基本运动;点的合成运动;刚体的平面运动;动力学中基本定律和质点运动微分方程;动量定理;动能定理;碰撞;达朗伯原理与动静法;虚位移原理;动力学普遍方程与第二类拉格朗日方程;单自由度系统的振动;质点的相对运动动力学等19章。(刘杰)

O000070　**铁磁流体力学**　池长青等著。北京航空航天出版社1994年3月版。48.8万字。32.00元。分9章:绪论,阐明电磁流体力学的3个分支,即磁流体力学(MHD)、电流体力学(EHD)和铁磁流体力学(FHD);流体力学基本方程;电磁学基本方程,即Maxwell电磁学方程组;铁磁流体胶体热力学,最重要的是铁磁流体的胶体稳定性;铁磁流体的物理性质,这是铁磁流体在各领域内应用的物理基础;铁磁流体动力学方程,与普通流体动力学方程不同,它包含有磁场项以及磁化方程、磁性颗粒的动量矩方程等;铁磁流体的Bernoulli方程和铁磁流体静力学;铁磁流体两相流动力学;铁磁流体的波动运动和界面不稳定性。(陶金福)

O000071　**理论力学问题的数值方法**　唐驾时著。中国科学技术出版社1994年3月版。25万字。6.80元。讲解理论力学问题的数值解法。前3章介绍用计算机求解静力学、运动学和动力学问题,包括基本理论,计算程序,程序说明和例题等内容,每章后面有习题,书后附有答案。第四章介绍本书应用的计算机方法的基本原理。书中所有程序都用BASIC和FORTRAN两种语言分别设计。(陈金凤)

O000072　**流体力学基础**　杨景芳编著。大连理工大学出版社1994年7月版。25万字。7.50元。主要内容包括:流体运动的基本概念,平面势流理论,旋涡运动的基本理论,微幅波理论,粘性流体运动的基本理论,紊流理论与扩散理论,边界层的基本理论。(李汝航)

O000073　**粘弹性断裂力学**　张淳源著。华中理工大学出版社1994年8月版。34万字。9.80元。分7章,包括粘弹性理论和粘弹性断裂力学两大部分内容,前者包括线性、非线性及热粘弹性理论,后者包括线粘弹性、粘弹性及非线性热粘弹性断裂力学,其中不少内容是作者多年来研究实际问题所建立的基本理论的总结。书中给出了计算裂纹延迟失稳临界值、裂纹扩展速度及构件寿命等的公式、图表。(姜新祺)

O000074　**高等弹性理论**　张行主编。方汝瑢等参编。北京航空航天出版社1994年9月版。64.6万字。16.90元。以张量方法推导和阐述基本方程、基本解法与基本定理,并通过坐标变换方法将正交直线坐标系下的张量表达式变换成正交曲线坐标系下的张量表达式。介绍弹性理论问题的三类解法;解析方法、变分方法与主编创立的解析-变分法。特别是,对解析-变分法介绍了含孔洞有限大板应力集中系数与含裂纹有限大板应力强度因子的计算方法。(郭维烈)

O000075　**弹性各向异性体力学及其应用**　樊蔚勋、吴剑国著。江苏科学技术出版社1994年10月版。18.2万字。9.00元。首先阐述弹性各向异性体力学的基本概念和基本理论。以卡氏张量为数学工具、以变形体动量定理和动量矩定理为依据,引出应力张量、应变张量和弹性系数张量等概念,在此基础上讨论了弹性对称、弹性力学的热力学、热弹性等,讨论了互换定理、唯一性定理和哈密顿原理,并阐明了这些原理之间的关系。(程增础)

O000076　**涡运动理论**　童秉纲、尹协远、朱克勤编著。中国科技大学出版社1994年10月版。22万字。18.00元。共9章:第一章是概论,扼要介绍涡运动研究的内容和意义以及必要的预备知识;第二、三章分别讲述涡量场运动学和动力学的总体特征;第四章为涡流动结构的解析解;第五、六、七章分别论述面涡、线涡和点涡动力学;第八章结合地球物理流体力学讲述旋转流体中的涡运动;第九章为涡方法,并介绍了近年来确定性涡方法的进展。内容涉及力学、应用数学、大气、海洋、环境保护和化工等学科领域。(江建名)

O000077　**结构塑性动力学引论**　余同希、华云龙著。中国科学技术大学出版社1994年10月版。21万字。9.00元。系统论述结构塑性动力学问题的特点,介绍了刚塑性结构小变形动力响应的典型解,研究了应变率效应、大变形效应、弹性效应等结构塑性动力响应中的二级效应,进一步讨论了动力响应中的反常现象、结构动力屈曲、动力失效及尺度律等问题,以及极值原理、模态解和界限定理。(戴晓平)

O000078　**摩擦学原理**　郑林庆著。高等教育出版社1994年11月版。37万字。17.85元。阐述润滑力学、摩擦化学、材料磨损等方面的基本原理。全书除绪论外共10章。第一、二章介绍流体动力润滑、数值解法；第三章介绍润滑油的流变性质；第四章表面形貌的摩擦学效应，介绍一维、二维、三维形貌，相关分析与谱分析在摩擦学上的应用；第五章为粗糙表面的接触；第六章介绍边界润滑；第七章润滑状态的转化过程是本书的核心，着重介绍吸附膜的破裂、油膜吸附热、干摩擦理论、粗糙面接触的润滑理论、部分流体动力润滑理论以及混合润滑的研究；第八、九章介绍材料的磨损及其表面的强化；第十章摩擦学试验研究。（李吉蓉）

O000079 **振动模态参数识别及其应用** 林循泓等编。东南大学出版社 1994 年 12 月版。33 万字。9.90 元。主要介绍模态分析理论、测试技术、参数识别方法及其在工程中的应用。全书分 11 章。第一至五章叙述导纳的概念，集中参数系统及分布参数系统的导纳，瞬态和随机激励作用时系统的导纳及实模态与复模态理论。第六章讨论在单点激励下振动信号测量、分析等有关技术。第七、八章介绍参数识别的频域和时域的主要方法。第九章介绍常见的动态子结构方法。第十章介绍物理参数识别及参数修正。第十一章介绍国内外应用参数识别的成果实例及最新进展。（张克）

O000080 **多相流与紊流相干结构** 梁在潮等著。华中理工大学出版社 1994 年 12 月版。20 万字。5.20 元。在阐明多相流理论的基本概念、基本物理现象、基本规律以及处理问题的基本方法基础上，以紊流最新理论为指导，探讨了多相流中各相之间的相互作用和多相流的内部结构，并将理论与实际结合起来，介绍了多相流紊流模式及应用、多相流在挟沙水流和掺气水流等方面的应用，其中相当一部分是作者的科研成果。（姜新祺）

O000081 **管道瞬变流动分析** 张国忠编著。石油大学出版社 1994 年 12 月版。16 万字。4.50元。作者根据多年的科学研究成果，吸收国内外有关资料，编写而成。对管道瞬变流动问题从理论到计算均做了阐述。全书分 8 章：第一章绪论；第二章管道瞬变流动的理论；第三章特征线解法；第四章边界条件；第五章离心泵产生的不稳定流动；第六章长距离管道中的瞬变流动；第七章气体逸出与液柱分离；第八章控制装置与保护措施。（路庆良）

O000082 **高等动力学** 毕学涛著。天津大学出版社 1994 年 12 月版。52.5 万字。14.80 元。以工科理论力学课程为基础，介绍一般力学中分析力学、刚体动力学、多刚体系统动力学、变质量力学、运动稳定性及非线性振动等 6 个分支的主要内容。此外，还列举了 108 个例题，给出了 123 个习题及其答案。（陈家修）

物 理 学

O000083 **矩阵光学原理** 王绍民、赵道木著。杭州大学出版社 1994 年版。33.3 万字。12.00元（平），16.00 元（精）。分两篇，第一篇为基础篇，包括几何光学、物理光学、激光光学和相位共轭，均用变换矩阵来统一处理；第二篇为进展篇，包括失调光学系统、列阵光学进展、非对称时空域和对光阑的再认识。前两章中的几何光学和物理光学是普通光学和现代光学中不可缺少的一部分。该书将其物理图像用变换矩阵元相联系，并作出了简要分析。第三章激光光学，用 ABCD 定律分析了高斯光束的传输和变换、光腔的稳定性条件等。第四章相位共轭，给出了它常用的两种变换矩阵形式，用此统一分析了相位共轭光腔问题，并讨论了板条激光器和第四类反射器的性质。第五章失调光学。给出了失调下的增广矩阵，并用于分析激光测坝变形技术，使其精度提高 10 倍，效率提高 20 倍。第六章列阵光学，介绍和分析了经典光学难以处理的问题，形成了作者所开拓的一个新型光学分支。第七章非对称时空域，利用张量方法成功地处理了任意光束通过非对称光学系统的三维变换和四维变换问题。第八章初步涉及了带光阑的光学系统问题。本书被收入"杭州大学学术丛书"。（蒋保纬）

O000084 **张量光学** 副名：广义光束变换和光束质量。林强、王绍民著。杭州大学出版社 1994 年版。8 万字。6.50 元。主要论述三维空间中高斯光束的传输、变换及应用，在四维时空域中脉冲高斯光束的变换，非高斯光束的光束质量及其传输规律。它奠定了用张量方法来处理光学系统中的光束传输和变换问题的理论基础，从多方面解决了实际光学系统中的光束变换问题，如象散高斯光束的对称化变换，非对称光学谐振腔的模式，脉冲光束的时空耦合，非高斯光束的传输等一系列传统理论难以处理的问题。本书被收入"光学前沿丛书"。（蒋保纬）

O000085 **光学** 高文琦、叶蓉华等编。南京大学出版社 1994 年 1 月版。43 万字。13.20 元。编者在多年讲授光学课程所用讲义的基础上，参阅了国内外有关资料后修订而成。内容主要包括几何光学、

干涉、衍射、偏振,以及光的量子性和近代光学的一些课题,对光度学方面的知识也作了必要的介绍。(李曾沛)

O000086 **量子力学的丰碑** 何祚庥、侯德彭主编。广西师范大学出版社 1994 年 2 月版。25.4 万字。9.00 元。论文集。汇集全国各方面专家、学者为纪念法国伟大的物理学家德布罗意百年诞辰而撰写的 20 多篇研究论文。论文涉及德布罗意的生平和科学思想、量子物理史和量子力学的哲学问题以及量子物理的基础和前沿。还选择了德布罗意的 3 篇著作,并附有历史照片和资料。同时也给出了关于阿哈拉诺夫-玻姆效应的最新研究成果。(唐丹宁)

O000087 **现代物理基础(维吾尔文)** 沙比提·阿木提编著。新疆科技卫生出版社 1994 年 2 月版。35.5 万字。7.90 元。着重阐述相对论基础、电子辐射、量子力学基础、固体物理基础、激光基础、原子核物理基础、高能物理等现代物理学中的重要内容。(荣春兰)

O000088 **物理实验** 许锦培编。中南工业大学出版社 1994 年 2 月版。31.5 万字。8.00 元。根据“高等工业学校物理实验课程教学基本要求”,并在总结多年的教学实践经验基础上编写的。全书分 5 章,安排了 25 个实验。第一章绪论,主要介绍误差的基本概念,系统误差,随机误差,误差的计算、传递和合成,有效数字及数据处理。第二章为力学实验,安排了气轨上运动定律的研究、杨氏弹性模量的测定、三线摆法测定物体的转动惯量、简谐振动的研究、声速的测定等 5 个实验。第三章为电磁学实验,安排了伏安法测量电阻研究、模拟法测绘静电场、万用电表制作、用惠斯登电桥测电阻、电位差计、示波器使用、磁场描绘,用霍耳元件测量磁场、测定铁磁材料的基本磁化曲线、测定铁磁材料的磁滞回线等 10 个实验。第四章为光学实验,安排了透镜焦距的测定、光波波长的测定、用分光光度计测折射率、光的干涉、偏振光的研究等 5 个实验。第五章为近代物理实验,安排了迈克尔逊干涉仪、全息照相、氢原子光谱、夫兰克—赫兹实验、气体导热系数的测定等 5 个实验。(李宗柏)

O000089 **物理学史选讲** 关洪编著。高等教育出版社 1994 年 4 月版。32 万字。6.80 元。主要介绍伽利略以来近代物理学的发展,着重阐明物理学基本概念的形成、发展以及物理学思想的演进和更替,特别是对几次物理学基本理论的重大变革作出说明。书中含有一些与人类感觉机制密切相关而且在认识论上亦有重要意义的物理学课题。(张立)

O000090 **电光源原理概论** 丁有生、郑继雨著。上海科学技术文献出版社 1994 年 4 月版。42.3 万字。12.80 元。详细介绍光源的基本特性、热辐射、真空白炽灯、充气白炽灯、卤钨白炽灯、白炽灯灯丝设计、白炽灯的特性及应用、气体放电光源基础、低压汞灯、低压水银荧光灯、高压汞灯、超高压汞灯、低压钠灯、高压钠灯、金属卤化物灯、氙灯。(戴经维)

O000091 **电磁通论** [英]杰·克·麦克斯韦著。戈革译。武汉出版社 1994 年 4 月版。96 万字。2 册。44.00 元。为“科学名著文库”之一。作者总结前人有关电磁现象的研究结果,创造性地提出了反映电磁规律的麦克斯韦方程组,预言了电磁波的存在并阐明了其本质,创立了电磁波的传输模型。(张建平)

O000092 **弯曲时空量子场论** 黄焕然等编。华中师范大学出版社 1994 年 5 月版。27.2 万字。11.00 元。前 3 章讨论时空结构、场论的拉格朗日及哈密顿体系表示、量子场论中正则量子化方案等基础理论。从第四章起为本书的中心内容——弯曲时空量子场及其应用,即弯曲时空场的量子化;粒子探测器模型和“粒子”概念的意义;绝热态和共形态的性质及分类;接着以路径积分为主介绍几种弯曲时空应力张量重整化的方案。弯曲时空量子场最重要的应用——黑洞的量子特性的描述,则与黑洞的热力学性质放在一起讨论,以表明侧重点。弯曲时空量子场论不要求对引力场量子化,却能使人们得到许多关于引力场量子特性的知识,这就是弯曲时空量子场论发展迅速的动力之一,也是本书的最重要的特点。(杨发明)

O000093 **电磁导弹概论** 阮成礼著。人民邮电出版社 1994 年 5 月版。20.3 万字。13.00 元。从理论和实验上阐明在一定的源谱、辐射器及媒质特性情况下,电磁导弹这种慢衰减电磁波的可实现性,同时也指出了实用中可能存在的一些问题。(王晓丹)

O000094 **时间与空间探索** 申文斌著。武汉测绘科技大学出版社 1994 年 5 月版。9 万字。6.80 元。以空间假设为基础,作了以下几个探索:(1)导出了 Schrodinger 波动方程,证明了 Schrodinger 波动力学与 Heisenberg 矩阵力学等价。这样由空间假说及运动公设出发可以推演出量子力学,从而调和了爱因斯坦与玻尔之争;(2)研究了时间的本质,提出了时间和空间坐标变换,认为时间是人们为了描述事件发生的先后次序而设制的一种“标尺”。从本质上看时间是为了描述众多事件的先后次序而引入的一种度量工具；(3)在新的时间与空间概念的基础上，基于对地球周围的空间所提出的假说，考察并解释了多种物理实验结果；论证了引力质量与运动速度无关。除此之外，作者大胆地对相对论的两个假设提出质疑，并研究了相对论中的每一个论点与结论。作者认为这两个基本假设都有各自成立的条件，但一般情况下，这两个假设不会同时成立。爱因斯坦正好忽略了这一点，也正因为忽略了这一点才能推出狭义相对论，其结果是掩盖了矛盾，使人类的自然观受到了极大的震惊。（何正国）

O000095 **现代光学系统原理** 李志能著。北京理工大学出版社 1994 年 6 月版。48 万字。16.00 元。用线性空间不变系统的分析方法，对现代光学系统作了论述。第一至第四章是现代光学系统的数学及电磁理论等必备基础，包括光波的数学描述、卷积、相关和傅里叶变换，及标量衍射理论和相干现象。第五至第七章是现代光学系统的基本部分，包括普遍的光学系统、传递函数、光学信息处理、模拟计算机系统及全息技术。第八至第十一章是现代光学最新发展的最重要的几个应用领域，包括光波导、光通信系统、光纤传感系统及数字光计算机。本书以线性系统分析方法为基础，将波动光学、傅里叶光学、光信息处理等基本内容有机地联系起来。

O000096 **理论物理导论** 李卫、刘义荣著。北京理工大学出版社 1994 年 7 月版。39.7 万字。12.50元。主要内容为量子力学、热力学与统计物理，另有一章经典力学简介。

O000097 **中国声学史** 戴念祖著。河北教育出版社 1994 年 7 月版。46 万字。27.00 元。从物理学、音乐学、语言文字学等方面论证中国古代的声学知识曾经达到世界先进水平。无论在声学概念、定义或者在声学的理论计算和科学思想上，中国声学都富有许多特点，并且比西方同时期的声学还高明得多。该书涉及到普通声学、音乐声学、语言声学、声学思想以及近代以来西方声学在中国的传播等内容，尤其对古代中国声学知识向西方的传播，作出了严密的考证。书中详细论证了朱载堉的平均律在世界上的地位，论证了中国编钟在近代乐器发展中可能会有的启发，以计算证明《吕氏春秋》和《史记》记载的管律都是先秦的同一体制的管律等等。在附录方面，有“英文目录”、“音乐值与频率对照表”、“音律表”、“中国历史纪年简表”、“中国乐器名称中英文对照”、“图表、谱例目录”、“文献书目”、“事项索引”、“人名索引”等。并配有 25 幅彩色插图。（李连保）

O000098 **论狭义相对论的创立** 李醒民著。四川教育出版社 1994 年 7 月版。19.2 万字。7.62 元。以文献证明的历史为基础，以直觉的历史为主，勾勒出爱因斯坦创立狭义相对论的思想发展过程，并从科学哲学的角度对这一历史事件进行剖析和论述。探讨爱因斯坦的好奇心、惊奇感、离经叛道；怀疑的经验论、理论的实在论、经验约定论；探索性的演绎法，逻辑简单性，美学对称性等在创立这一理论中的作用。（何杨）

O000099 **电磁场数值计算的现代方法** 文舸一等著。河南科学技术出版社 1994 年 8 月版。27.4 万字。11.00 元。是“科学与工程计算丛书”之一，系统介绍计算电磁学的一些新方法。全书共 7 章。第一章用泛函分析的统一观点介绍变分法的基本原理和方法，详细讨论变分逆问题，并总结了建立电磁场变分表达式的各种方法。第二章介绍边界元法，包括边界积分方程的建立、边界元法的方法构造等，同时给出了用此法求解二维与三维电磁边值问题的典型例子。第三章讲述网络模型分解法的一般解题步骤，介绍了网络理论中的撕裂法，给出了两种建立电磁方程网络模型的一般程序，并举例说明了用此法求解传输线与波导不连续问题的一般步骤。第四章系统介绍了时域有限差分法的差分格式，讨论了网格截断与吸收边界条件问题。第五、六章介绍直线法和谱域法，并以典型结构为例，叙述了用这些方法分析微波集成电路的具体过程，并介绍了这两种方法的耦合方法及其在三维边值问题中的应用。第七章讨论了优化中的灵敏度问题，深入阐述了具有容差参数的优化方法及其应用，并介绍了统计优化方法及其在微波电路设计中的应用。（袁元）

O000100 **近代物理科学的形而上学基础** [美]E. A. 伯特著，徐向东译。四川教育出版社 1994 年 8 月版。26 万字。9.72 元。论述从哥白尼到牛顿的近代科学思想的发展。在整个人类思想的背景中来考察和分析科学概念或科学思想的形成、发展和演变。首先揭示和论证新柏拉图主义和毕达哥拉斯主义在近代科学的确立中的重要地位，阐述自然作为数学秩序的概念和数学作为知识钥匙的思想；其次是第一性的性质和第二性的性质的区分以及对它们的关系的理解；第三是详细阐述机械自然观的确立、它的具体涵义和局限性。（何杨）

O000101 **非线性量子力学理论** 庞小峰著。

重庆出版社 1994 年 8 月版。123.5 万字。48.0元。共 12 章,介绍作者所提出的非线性量子力学的物理基础、理论内容及其在生物学、物理学和高分子等学科领域中的运用。其中,第一章阐述线性量子力学的成就及存在的问题;第二、三章研究宏观量子效应的特点及其准粒子的运动规律;第四章阐述非线性量子力学的基本原理和理论;第五章主要研究理论的自给性、正确性,与线性量子力学的关系;第六章介绍此理论的数学基础;第七、八章介绍该理论在生物学中的运用和作者所发展的生物能量与信息传递的新理论;第九章介绍新近发展的非线性自陷理论及其应用;第十章介绍该理论在凝聚态物理的有关领域应用;第十一章简述非线性量子场论和非线性统计物理学的有关问题;第十二章讨论与非线性量子力学方法有关的一些问题。(张镇海)

O000102 **宽电子束聚焦与成像** 副名:周立伟电子光学学术论文选。周立伟著。北京理工大学出版社 1994 年 10 月版。66 万字。30.00 元。是北京理工大学周立伟教授关于宽电子束聚焦成像理论与设计的学术论文选集,共 34 篇文章,是从著者 1978 年以来发表的 80 余篇电子光学学术论文中选出来的。内容涉及宽束电子光学的基本理论、数学方法、系统设计以及技术应用等。分 7 个专题,即同心球系统与倾斜型系统的电子光学,电磁聚焦移像系统的电子光学,曲轴宽电子束聚焦理论,成像系统的电子光学传递函数,阴极透镜与曲轴宽电子束聚焦的像差理论,电子光学系统计算与设计,电子光学成像系统的逆设计。(郝淑英)

O000103 **薄膜物理** 曲喜新、过璧君著。电子工业出版社 1994 年 10 月版。29 万字。7.60元。系按电子工业部的工科电子类专业教材 1991～1995 年编审出版计划,由"电子材料与固体器件"教材编审委员会"电子材料与元件"编审组审定并推荐出版的高校教材。全书分 6 章:薄膜的形成、薄膜的力学性质、金属薄膜的电导、磁性薄膜的磁学性能、介质薄膜的电学性能、压电薄膜的电学性能。(吴金生)

O000104 **表面浸润和浸润相变** 黄祖洽、丁鄂江著。上海科学技术出版社 1994 年 10 月版。15.2 万字。10.50 元。共 6 章。在简短的引言之后,第二章论述表面的热力学和统计力学,作为以后各章的讨论基础。第三章讨论不同条件下各种表面浸润现象的规律性。第四至第六章,则引进近年来引人注目的浸润相变概念,并进行有关浸润相变的理论探讨。1985 年以来,作者主要研究了 Sullivan 模型,发展了一套"动力学方法",把浸润相变的问题在数学形式上等价于经典粒子在势场中的运动,从而得到一些理论结果。本书的特点是,从常见的表面浸润现象出发,通过统计物理的理论分析,深入到表面浸润和浸润相变的理论本质;而在理论分析中,则主要依据作者近年来的研究工作。本书收入"物理学前沿丛书"。(戴雪文)

O000105 **光学** 张振杰编著。西北大学出版社 1994 年 10 月版。65.5 万字。19.80 元。系统地阐述经典光学的基本理论、主要原理和重要应用,并适当介绍了现代光学的成果和最新发展。全书共 13 章,1～4 章系统讲述几何光学;5～7 章重点论述波动光学;8、9 章扼要阐述光与物质的相互作用,量子理论的诞生及光的量子性。后面几章介绍现代光学的最新成就和基本原理。有薄膜光学,傅里叶光学,全息术。(翁锡铃)

O000106 **磁性物理学** 宛德福、马兴隆著。电子科技大学出版社 1994 年 11 月版。44.7 万字。10.30元。介绍磁性物理学的基本概念、原理和方法。全书由 4 部分,共 9 章组成。第一部分,磁性起源和自发磁化;第二部分,磁畴理论和技术磁化;第三部分,磁化过程动力学;第四部分,磁与非磁因素(电、光、热、应力等)的交叉效应。每章均强调物理概念和原理的阐述,对重要数学公式亦有推导,并扼要地讨论了理论的应用。各章列有"学习本章要求",章末列有"本章提要",每章配有习题。(徐守铭)

O000107 **平衡态统计热力学** 傅献彩等编著。高等教育出版社 1994 年 11 月版。38 万字。9.35 元。是"高等物理化学丛书"之一。全书共 14 章,包括绪论、Boltzmann 分布、单原子理想气体和原子晶体的热力学函数、经典统计的若干应用、双原子分子理想集合的热力学函数、多原子分子理想集合的热力学函数、量子统计、光谱熵与量热熵、理想气体和化学平衡、两相平衡体系、化学反应速率理论、正则系综及其应用、巨正则系综、正规溶液等。本书从玻兹曼统计入手,并在此基础上引入量子统计的基础知识和系综理论。全书围绕配分函数这个核心问题展开讨论,内容力求同大学物理化学课程相衔接,着重论述统计力学原理在化学各方面的应用。作者对一些热力学关系式加以推导并用小五号字说明。(夏鲁惠)

O000108 **大学物理解题法诠释** 阮图南等著。安徽教育出版社 1994 年 12 月版。120 万字。25.00元。通过典型例题剖析解题方法,并注意在解题过程中介绍各种方法的含义、功能和特点。全书共9篇，每篇下设若干章。各章内容与现行相关教材内容一致。全书共概括出360多种解题方法，求解了1 390道例题。题目的选择原则是：能反映教材基本内容；能较好地体现解题方法的特征，有典型意义；尽可能体现本学科的最新成就。方法的提炼原则是：能反映物理学知识的本质特征；能揭示出物理学内在规律和内在联系；能启迪学生的解题思路。坚持物理方法和数学方法并重的要求，注意物理方法的科学严密性和数学方法的逻辑性及技巧性。（王宏金）

O000109 **世界物理学史** 董光璧、田昆玉著。吉林教育出版社1994年12月版。39万字。17.00元。以方法为纲重构世界物理学史。作者抓住研究方法与物理学史之间发展的内在联系，并运用这一联系去梳理物理学史。提出物理学史应以思辨的、数学的、实验的、理论的、计算的5个方法作为物理学史的历史分期。充分显示了方法的演变影响或制约着物理学史的研究水平，强化了物理学发展阶段间的联系，突出了物理学各个发展阶段的特点。并对物理学成就出现的文化氛围、社会环境、科学家个人及群体的治学精神等作了充分的描述。（阙家栋）

O000110 **20世纪物理学史** 魏凤文、申先甲著。江西教育出版社1994年12月版。37.6万字。20.55元。在对本世纪初相对论、原子结构理论、量子力学等作了简要的回顾以后，着力对本世纪40年代以来在粒子物理学、场物理学、天体物理学、凝聚态物理学、非线性物理学以及生物物理学等方面的发展，作了系统的论述。（程屹东）

O000111 **大学物理教程** 任兰亭、贾瑞皋主编。石油大学出版社1994年12月版。92.9万字。28.40元。对过去的教学次序作了适当调整。把波动光学纳入波动篇并放在电磁学之前。对中学学过的内容一般不予重复。过去与中学物理重复严重的是力学部分。本书在力学部分加强了矢量代数与微积分方法的应用，注意保持适当的数学高度和处理方法的一致性。以物质运动的时空性质和3条守恒定律为基础构成力学教材体系。加强了近代物理的教学内容，将近代物理学的观点渗透在经典物理教学内容之中。本书还注意增加了联系实际的习题，并请有关专家写了一些帮助学生学习的短文。（耿全喜）

O000112 **大学物理（修订本）** 吴百诗主编。西安交通大学出版社1994年12月版。44.9万字（上），42.6万字（下）。11.80元（上），11.30元（下）。以1993年修订的《高等工业学校大学物理教学基本要求》为依据修订再版。全书分上下两册，上册包括力学、电磁学；下册包括热力学、气体动理论、机械波、波动光学基础、狭义相对论基础、量子物理基础。此外在上下册分别增编了超导电性、非线性光学、激光和固体能带结构等现代工程技术物理基础专题15讲。（刘影）

O000113 **分子结构与色谱保留** 王连生等编。化学工业出版社1994年8月版。29.7万字。15.40元。主要阐述色谱作用的特性、色谱分配过程的理论基础、色谱保留指数的测定、结构—保留定量关系方法学、溶质的理化参数、色谱描述符—拓扑指数、多参数结构—色谱保留相关、因子分子在QSRR中的应用，色谱保留在结构—活性（QSAR）相关中的应用及利用HPLC法测定保留指数及其应用实例。（陈丽）

O000114 **带电粒子束的自场** 罗应雄编著。科学技术文献出版社1994年10月版。22万字。11.30元。分6章：第一章介绍运动电荷产生的场的经典理论。第二章论述的是空间电荷场，在该章的最后，介绍了两种自洽分布与自洽解。第三章介绍尾场理论，这是本书的重点，作者介绍了国际上有关束流尾场方面的最新研究成果。第四章的内容是耦合阻抗，是从另一个角度来论述尾场的效应。第五章的内容是大家熟知的束流负载效应。第六章阐述了束流崩溃的机制和某些结论。（罗曼）

化 学

O000115 **分析化学** 林树昌等编。高等教育出版社1993年5月版（上），1994年4月版（下）。47万字（上），41万字（下）。7.25元（上），7.30元（下）。分化学分析部分和仪器分析部分，共2册。论述分析化学学科中的基础理论知识，阐述分析化学学科有关知识的内在联系。在论述中既突出了传统的分析化学基本理论，又介绍了一些理论性、系统性强的新概念，特别是在酸碱平衡和络合平衡中，摒弃了以往教材中一些陈旧的处理平衡问题的方法，根据学科的发展，重新精选内容组织了教材。（耿承延）

O000116 **分析化学** 宋清主编。华南理工大学出版社1994年版。31.8万字。10.50元。把滴定分析归纳为一类方法，理论上的阐述合为一章，讨论几种滴定分析的共性。把滴定方法的实践另列为一章，反映分析化学的实践性，培养学生对具体问题作具体分析的思维方法。把化学平衡列为一章，在单一推导出配合物的稳定性与配体的酸碱强度之间的直线自由能关系的定量关系式;并从理论上预测配合物的生成热与配体的质子化热之间存在线性关系。全书主要内容包括:直线自由能关系的发展历程及当前国际上在这方面的研究成果;以氨基酸类型为配体生成二元及三元配合物体系的直线自由能;配合物稳定常数与 Hammett 取代常数 σ 值之间的直线自由能;Bronsted 型直线自由能;直线焓与直线熵关系。限于实验条件,作者研究探讨的配体只限于少数系统的有机化合物,所研究分析的金属主要是第一过渡系金属离子;作者预言配位化学中普遍存在直线自由能关系,有待化学研究人员更深入更广泛的进行探讨。(王宏金)

O000134 **化学奥林匹克史话** 吴国庆著。广西教育出版社 1994 年 12 月版。15 万字。10.00 元。介绍化学奥林匹克的历史。书中研究和评价了许多竞赛试题,阐述了化学奥林匹克竞赛的特点和功能,并详细介绍了 ICHO 中国代表队的参赛情况。该书尤其对竞赛与学生能力的培养,以及教师素质对教育质量的影响进行了研究与探讨。(何醒)

O000135 **高分子化学** 韩哲文、杨全兴著。华东理工大学出版社 1994 年 12 月版。33.1 万字。14.00元。高校教材。分 9 章,以高分子化合物的合成、结构和性能三元关系为主线,分别介绍高分子化学的基本概念,发展历史以及逐步聚合反应、自由基聚合、离子型聚合、络合配位聚合、共聚合反应、开环聚合反应、聚合方法、聚合物的化学反应等的反应机理、种类、特征、反应动力学、影响因素等内容。每章均附有习题。本书附录有全国自然科学名词审定委员会高分子化学命名原则及一些重要的聚合物名称、结构、性质和用途。(朱先权)

O000136 **化学哲学** 张嘉同著。江西教育出版社 1994 年 12 月版。31.4 万字。16.00 元。结合化学提供的经验资料和思想资料,从本体论、认识论和逻辑学三个角度对化学哲学作了较全面、系统的阐述;从历史、现状和理论的结合上对化学中的概念、规律和理论做了深入的分析和说明;对化学哲学问题与其他科学哲学问题进行了比较研究;在阐述中提出了一些值得思考的问题,并对这些问题做了尝试性回答。全书共 10 章,第一章对化学哲学作一概括性说明;第二至四章对化学哲学本体论问题进行讨论;第五、六两章讨论化学中的认识论和方法论;第七至九章分别讨论化学中的概念、规律和理论,涉及逻辑学问题;第十章研究了化学符号问题。(段少文)

P 天文学、地球科学

天文学、地球科学

P000001 **谷德振文集** 谷德振著。地震出版社 1994 年 5 月版。60 万字。25.80 元。为纪念中国著名工程地质学家谷德振八十诞辰而编辑出版。系统地选编了谷先生一生的重要讲话、论文和著述共 40 余篇。其中对喀斯特、岩体稳定性分析、工程地质力学、区域工程地质、环境工程地质等领域均有精湛的阐述。(张慧平)

P000002 **翁文波学术论文选集** 翁文波著。石油工业出版社 1994 年 5 月版。80 万字。36.60 元。收集作者 50 多年来有代表性的学术论文 50 篇,包括地球科学、石油科学和预测科学 3 部分内容。地球科学部分,从地球的物理、化学性质及其与天体的相互关系,阐述了地球形态的发展;石油科学部分,详细论述了世界和我国油气田分布规律,作出了中国最早的系统的含油气远景区划图,并对非海相生油、盆地评价以及我国地球物理学和石油地质学的发展进行了探讨;预测科学部分,作者开拓性地将可公度性和浮动频率法扩展到预测领域,获得了很高的成功率,这是预测科学理论和实践上的重大突破。(杨静芬)

P000003 **宇宙灾变** 赵君亮编。上海科技教育出版社 1994 年 11 月版。9 万字。3.20 元。科普读物,收入"当代科学丛书"。系统介绍各类天体灾变事件的发生、表现和后果。(孙肖平)

案的编制，制订了《中国地震烈度表(1980)》，在地震力理论方面进行了深入的研究，提出了确定三维结构对于三向地面运动的反应方法，还主编《唐山大地震震害》一书。本书即刘恢先数十年科研成果的精华。全书共选入论著36篇，内容涉及地震力理论、地震烈度、地震区划、震害经验、抗震规范以及地震工程的发展等6个方面。书中还选入刘恢先的诗作27首。这些论文和诗篇反映出作者在科学研究中的远见卓识和为人处世的高尚品格。(张慧平)

P000018　**槽波地震勘探**　刘天放等编著。中国矿业大学出版社1994年10月版。26万字。16.00元。系统介绍槽波地震勘探技术的专著。共8章，第一章扼要介绍了与槽波密切相关的地震波理论基础，第二章～第八章重点叙述了槽波地震勘探应用的物理前提，讨论了槽波形成的条件、基本类型及其在煤层中的传播规律，槽波的基本特性和数学模拟技术；阐明了槽波地震勘探的数据采集及工作方法、数据的分析和处理技术及其MISS系统；对槽波地震勘探的资料解释及槽波地震勘探的实际应用也做了较细致的介绍。该书反映了英、德、美、澳及原苏联学者的最新资料，采纳了焦作矿业学院、重庆煤科分院和西安煤科分院的一系列最新研究成果。其中，槽波的数学模拟技术，煤层中的瑞利型槽波，槽波地震勘探观测系统和槽波的对比，槽波相对透射系数成图技术、资料解释及地质异常辨别，以及在微机上运行槽波数据分析与处理的MISS系统，是作者的科研成果。(王劲松)

P000019　**大坝抗震特性与抗震计算**　仉汉根、金崇磐著。大连理工大学出版社1994年12月版。43万字。18.00元。收入“大连理工大学教授学术丛书”。主要内容包括与水坝抗震设计有关的地震动特性和地震危险性分析；坝体自振特性和在地震作用下的反应；库水、地基和坝体裂缝对水坝自振与反应的影响；混凝土坝的模型试验与原型观测；典型混凝土坝和土石坝的震害与抗震特性；土石坝筑坝材料的动力特性；土石坝的动力分析方法和分析实例；饱和砂土振动液化的原理和分析判别方法。(李汝船)

P000020　**固体地球物理学论评(1993)**　谢毓寿主编。地震出版社1994年12月版。10.9万字。6.00元。为地震科学联合基金会主办的《固体地球物理学论评》系列文集第三集。本文集每年出版一册，介绍近年来国内外科学工作者在本学科各研究领域所取得的成果和最新进展，以及这些研究的学术意义和重要价值，同时也为广大基金申请者提供有益的选题指南。本集共收入综述性论文9篇，其中地震学方面5篇，大地构造、岩石圈结构、全球定位技术和固体潮等方面各1篇。(张慧平)

P000021　**地震波数值模拟与偏移成像**　范祯祥、郑仙种著。河南科学技术出版社1994年12月版。27.8万字。6.40元。粘弹性介质地震波模拟专著。收入“科学与工程计算丛书”。分为地震波传播理论与运动方程、方程中理论系数与介质参数的计算关系、地震波传播方程的数值模拟、双相介质中地震波的传播方程与数值模拟、地震波数值模拟中的边界处理问题、波动方程偏移成像等6章。应用有限元数值计算模拟任意地质形态与任意岩性组合介质中地震波的传播，以检验地震地质解释模型的正确性。在模拟过程中对波传播范围进行自适应计算和相应的近似算法。适用于油田储集层分布与煤田陷落体预测。作者应用地面、井中录测的地质、地球物理资料，在模拟逼近过程中加以智能干预，在一定程度上克服了地质模型的多解性。(冯英)

P000022　**煤田地球物理导论**　崔若飞等编。中国矿业大学出版社1994年12月版。22.8万字。5.50元。以地球物理学的基本理论和基本方法为重点，系统地介绍了地球物理学中各个分支学科的产生、发展、现状、存在的问题和未来的发展方向，以及将地球物理方法用以研究地球内部状态和结构的新成果。全书由2部分组成。第一部分介绍了太阳系和地球的一般物理、化学、地质性质和地球年龄。第二部分主要介绍了各种地球物理方法，包括地震、重力、地磁、地电与地热等。(李朝雯)

气　象　学

P000023　**中国暴雨洪水及干旱年鉴·1980**　《中国暴雨洪水及干旱年鉴》编委会编。水利电力出版社1994年版。16.4万字。18.00元。以年为单位，记录我国重大暴雨洪水干旱的过程、分布、灾害及防洪抗旱情况。从1980年开始，并以此年为试点年，系统记述了这一年中我国暴雨洪水及干旱的总体分布情况，并对当年全国重点雨区和旱区所发生的、较严重的暴雨洪水和干旱灾害及其成因，作了深入的分析和翔实的记载。另附1980年全国主要代表性控制站水旱情的基本数据。(周燕华)

P000024　**中国气候资源地图集**　中国气象局编。中国地图出版社1994年10月版。380.00元。专题地图集。收入“中国气候丛书”。主要由序图、太阳辐射、日照、气温、地温、降水、云量、湿度、蒸发、风、天气现象、气候灾害、气候区划等13个图组，共330幅图构成。以1951—1980年30年的基本气候资料为基础，比较全面地反映了我国气候资源的状况和气候特征。其中气候资源图部分主要以等值线法表示，分层设色。前后环衬配置了9个城市的历年降水量与气温综合图。(张伟群)

地质学

P000025 **中国矿床** 《中国矿床》编委会编著。地质出版社1989年1月～1994年12月版。252万字。共3册，上册分8章，介绍了中国矿业、矿床地质发展简史和铜、铅、锌、镍、铝、锑、汞、钼8种矿床，列举了99个典型矿床实例；中册分8章，介绍了钨、锡、金、银、铂、稀土、铀、铁、锰、铬等种矿床，列举了140个典型矿床实例；下册分11章，介绍了磷、硼、硫、盐类(石膏、硬石膏、石盐、钾盐、硫酸钠、碳酸钠)、粘土(高岭石、耐火粘土、膨润土、凹凸棒土、海泡石、陶土)、重晶石、萤石、金刚石、水泥灰岩、玻璃硅质原料、石棉、石墨、叶蜡石、滑石、菱镁矿15种矿床，列举了148个典型矿床实例。这些矿床和实例是在专家反复研究的基础上，从已探明储量的149种矿种和2万余处矿产地筛选出来的。对每一种矿种均从3部分论述：一、概述其在我国矿床总貌中的地位、特色、分类，二、详细描述有代表性的重要矿床，三、总结矿床的成矿规律；并以第二部分为重点。附“作者姓名索引”和“矿床名称索引”。另外，本书的英文版分5卷出版。(周继荣)

P000026 **现代冰缘地貌研究** 朱诚著。江苏科学技术出版社1994年版。20万字。20.00元。根据作者多年来对中国天山、南极长城站地区和南美中安第斯山地的冰缘地貌过程野外考察观测以及大量实验分析所获资料撰写而成。全书共10章，第一章阐述现代冰缘地貌研究的意义、内容、方法和手段。第二～七章介绍天山地区冰缘地貌发育的地质地貌背景和区域特征；讨论坡地冰缘地貌的形成及其对寒区交通和建设的危害。第八、九章介绍南极长城站地区和南美中安第斯山地冰缘地貌的特征如石冰川发育的纬度坡降规律。第十章在比较三地区冰缘地貌发育差异及原因的基础上，提出坡地冰缘地貌发育的模式和全球冰缘地貌综合区划，并探讨冰缘研究的努力方向。全书将冰缘研究从局部引向区域比较、从静态引向动态、从定性引向定量、从面上分析引向定位观测、从外部形态引向内部过程和形成机制的探讨，从而构成了本书的特色所在。(沈绍德)

P000027 **水利水电岩溶工程地质** 邹成杰主编。水利电力出版社1994年版。56万字。40.00元。共5篇20章。第一篇岩溶作用与岩溶水动力特征。着重对岩溶发育的基本规律特别是深岩溶发育的基本特征、岩溶地下水运动和汇流理论等问题进行了探讨。第二篇我国碳酸盐岩分布及主要江河流域岩溶发育特征。简要地介绍了我国碳酸盐岩沉积类型及其分布，并结合水利水电建设的特点系统阐述了长江、黄河、珠江三大水系岩溶发育基本规律和岩溶水文工程地质条件。第三篇水库岩溶渗漏及其有关岩溶环境地质问题。详细论述了岩溶水库类型、渗漏判别原则及渗漏计算方法和防渗处理方法等，并附有代表性的工程实例，还论述了水利水电工程水库诱发地震及水库岩溶塌陷等环境地质问题。第四篇碳酸盐岩坝基边坡和地下洞室稳定问题。分别就坝基、边坡及地下洞室遇到的工程地质问题分析评价以及工程处理方法，进行了比较系统的总结。第五篇岩溶区工程地质勘察方法与分析方法。系统地介绍了经实践证明行之有效的岩溶区工程地质勘察、试验和分析计算方法。如岩溶地下水渗流场、地下水化学场、温度场和同位素分析法以及压渗系数、水库岩溶渗漏地质模型分析法等。(王照瑜)

P000028 **油气储集层岩石特殊物理研究方法** 向阳著。四川科学技术出版社1994年版。38.1万字。25.00元。重点阐述了作者多年从事储集层及特殊岩石物理最新研究成果，系统地介绍了特殊岩石物理研究的思路、测定方法、参数处理及软件研制和岩石特殊物理研究方法在天然气容积法储量计算中的典型应用。(任维丽)

P000029 **地球非球对称膨胀(卷一)** 副名：两种地学观。杨槐著。四川科学技术出版社1994年版。23万字。12.00元。以全新观点，系统论述地球的起源与演化。作者依运动观及所使用运动参考系的不同，将当代地球动力学研究划分为两大学说范畴：球面两维运动理论与球体三维运动理论。剖析和论证了以板块说为代表的球面两维运动观地学理论存在的缺陷与困难。(尧汝英)

P000030 **首届全国泥石流滑坡防治学术会议论文集** 中国水土保持学会、云南地理研究所编。云南科学技术出版社1994年版。50万字。22.00元。汇

测 绘 学

P000004 **动态大地测量** 陈鑫连等著。中国铁道出版社 1994 年 4 月版。46.4 万字。35.00 元。根据国际上在这一领域取得的新进展,结合我国在动态大地测量方面的大量实践和理论研究成果,进行了系统的总结和归纳,讨论了它的任务和方向,介绍了我国现阶段动态大地测量实践的基本理论和做法,论述了为获取可靠的地球形变的量化法而所需的监测网布设及其优化、观测数据筛选和评估、形变分析模型和数学方法、观测结果的物理解释的基本理论和方法。在“区域形变测量和近场形变测量”的现状和进展中,介绍了我国在这一领域取得的主要成果和经验,也指出了存在的问题和今后的努力方向。书中“形变场的模拟”一章主要是变形分析。主要涉及如何从正确的观测结果得到描述变形的几何状态参数以及这些参数随时间的变化。叙述中对变形分析模型作了系统的分类和详细介绍。(于文著)

P000005 **地名学基础教程** 褚亚平等编。中国地图出版社 1994 年 10 月版。17 万字。7.00 元。地名学学科基础理论性质专著。地名学概论(通论)的知识内容是地名学的基础部分。因此,本教程以地名学概论知识为主。适用于成人教育系统和大中专阶段的教学。本书科学、简明地阐述了地名学和地名研究、地名系统、地名文献和地名教学等基本概念及基础知识。采取不分章节而作有序性处理的方式,以多侧面、全方位地论述地名为重点,而后论述地名研究、地名管理、地名教学等有关地名学的社会实践诸方面。(孙洁)

P000006 **地图分析** 祝国瑞、张根寿编著。测绘出版社 1994 年 11 月版。53.3 万字。13.00 元。分 4 篇 13 章,系统介绍了地图分析的基本原理和一些重要方法。第一篇介绍了地图分析的基本概念、地图表象的信息特征、地图上的信息采集和“图形变换”在地图分析中的运用;第二篇介绍地图表象空间分布特征的分析和图解解析法在地图表象分析中的运用;第三篇针对系列地图,介绍了进行空间现象联系程度分析和空间现象随时间变化过程分析的方法;第四篇则介绍了模糊数学模型、因子分析和对应分析模型等方法在地图分析中的运用。对于地图质量分析和地图精度分析,也安排专门章节作了精辟介绍。附录中还给出了地图分析用的几种数表和程序。(秦金泉)

P000007 **航空摄影测量外业** 赵中华主编。测绘出版社 1994 年 11 月版。36.4 万字。8.90 元。阐述航测野外作业的基本理论和方法,主要内容有:航测外业的基本概念、航外控制测量的布点方案、控制测量技术计划的拟定、野外控制点的测定、综合法测图、相片判读、相片调绘的基本知识、各类地形元素的调绘、航外测量工作的实施、大比例尺航外测量的特点等。(李建元)

P000008 **物理大地测量学基础** 郭俊义编著。武汉测绘科技大学出版社 1994 年 11 月版。24.9 万字。6.60 元。共 9 章。第一至四章是基础理论,系统介绍了位理论和球函数,对每条定理都作了严格证明;第五章是地球的正常重力场理论,避开椭球函数导出了所有公式的有关理论,相对比较容易掌握;第六至八章是地球重力场的有关理论;第九章讨论实际计算问题。(任翔)

P000009 **PC—E500 综合应用及测量常用程序集** 章登义等编著。武汉测绘科技大学出版社 1994 年 11 月版。43.7 万字。48.80 元。PC—E500 系列丛书之三。1980 年至 1990 年,我国测绘科技人员对 SHARP 公司生产的 PC—1500 机的软、硬件都作了卓有成效的开发,至使该机为测绘事业作出了巨大贡献。1990 年后,SHARP 公司不再生产 PC—1500,我国测绘单位普遍采用 PC—E500 作为其换代机。本书介绍的对 PC—E500 机的软件和硬件的综合开发,解决了两机不完全兼容带来的问题。本书共 6 章。第一、二章介绍 PC—E500 机的硬件开发和综合应用;第三章介绍地形控制测量程序;第四章介绍水准网记录、平差计算程序;第五章介绍平面控制网平差程序;第六章介绍导线测量内外业一体化软件包。附录 A 列举了作者从事 PC—1500 机的开发经验和成果;吴俊昶研制的“微机全汉化菜单操作控制网平差软件包 WCP20”的功能、特点和基本操作列于附录 B。(郭毅)

P000010 **GPS 坐标系统的变换** 朱华统等编著。测绘出版社 1994 年 12 月版。12.3 万字。5.70 元。收入“现代测绘科技丛书”。着重于阐述 GPS 坐标系统变换的基本概念、原理、方法及其应用,充分反映我国现代在这方面的科技水平,并吸收国内外一些行之有效的成果。系统、完整地阐述 GPS 采用的地心坐标系统 WGS—84 和我国参心坐标系统 1980 年国家大地坐标系、1954 年北京坐标系。论述这两类坐标系间的变换理论与方法:相似坐标变换法、回归坐标变换法和抗差坐标变换法。此外,还简要介绍了SLR、VLBI坐标系。附录中列出了124种地球椭球几何参数和97种参心大地坐标系至WGS—84的变换参数。(李建元)

P000011　**GPS卫星导航与精密定位**　许其凤著。解放军出版社1994年12月版。36万字。9.40元。着重对伪随机噪声码、伪距测量技术、伪距导航及精度分析、相位测量的数据处理和精度分析作了较全面、系统的讨论,鉴于美国政府对GPS系统采取的限制政策,及为今后发展我国自己的卫星导航系统,本书还详细地讨论了在局部地区测定卫星轨道和精密轨道计算等问题。为了适应不同专业的读者,本书对必要的基础知识也作了简明的介绍。(乐俊准)

地球物理科学

P000012　**多震区地震研究**　董国胜、张朝方著。云南科学技术出版社1994年版。28万字。15.00元。收集来自多震区的地、县级基层地震工作者的35篇论文,反映云南地方地震工作的成绩,是20年经验的总结。论文按内容的不同分为5个方面:新方法、新思路探讨;地震活动性研究;地震前兆研究;地震与环境因子;地震预报实例。(王韬)

P000013　**重磁异常波谱分析原理及应用**　刘祥重著。重庆出版社1994年3月版。127.8万字。40.00元。"重磁异常波谱分析",是由地震引申过来的一门地球物理学中的新兴分支科学。现已在找矿勘探、石油、地震、气象、海洋及建筑事业中有效的应用。本书是近30年来该学科最新成果的总结。它概括了重磁异常波谱分析的主要方面,解决了前人未曾研究过的以极大、极小和零值为特征值的谱曲线,及不出现特征值的单调型谱曲线等各类波谱现象出现的条件和规律,以及这些规律各自的地质解释系统和较理想的地质效果;指出前人所公认的"厚板模型不能出现单调型"、"脉动型谱曲线只能由薄板型在低缓情况下才能出现"的理论是错误的,提出"厚板型只要测点距大于半宽度,谱曲线永远是单调型"的新理论;人们一直认为"磁化强度J是多解量,无法求得单一解",本书证明J不仅可解,而且可以有亿万种方法求解,这个难题的解决,对于用磁法区分矿与非矿是一重大突破;找出重磁波数域单解和多解的判别方法,提出多解型谱曲线转换成唯一解的新理论,建立了一整套既适用于单解型又适用于多解型的完整地质解释体系;纠正了前人认为重磁相位谱用途不大的错误认识,提出相位谱标准型和非标准型两大类地质解释体系,相位谱与振幅谱一样也有单解型、多解型及无解型地质解释体系,并用大量实验证明相位谱的用途不亚于振幅谱;对于多层密度界面,计算其深度的精确度可以与地震媲美,而费用只有地震的十分之一;重磁垂直叠加异常的分解,是目前尚未解决的难题,本书讨论了其分解问题,并导出5个以上垂直叠加异常分解的通用公式。(王镇寰)

P000014　**中国当代地球物理学的开拓者**　陈洪鹗、许瑛编著。地震出版社1994年4月版。26.2万字。10.00元。记述了竺可桢、李四光、翁文灏、赵九章、李善邦、傅承义等20位老一辈地球物理学开拓者的事迹。本书以生动的文字、大量珍贵的历史照片(60余幅),描写了这些老科学家青少年时期、求学时期,以及科学活动、学术思想和奋斗事迹。本书从一个侧面展现了我国近代、现代地球物理学的发端和发展,详尽介绍了包括固体地球物理学、大气物理学和空间物理学的创建和发展进程,记叙了卫星上天和地震预报等科学探索的历程,具有极强的史料价值。(张慧平)

P000015　**地震小区划的方法**　朱百成编著。地质出版社1994年5月版。5.90元。收入"1∶5万遥感物探化探应用研究丛书"。作者在连云港经济开发区、包头市、潮州市及上海市金山卫地区负责了地震小区划工作,本书是地震小区划理论和实践经验的总结。分4章。第一章介绍地震小区划的实质及原则步骤。第二章介绍地震小区划中的地震地质工作,即地震地质工作范围、内容、地震活动性。第三章介绍地震危险性分析,地震发生概率模型,地震动衰减规律,地震危险性评定。第四章介绍地震影响小区划(地震动小区划和地震破坏小区划)。(陈军中)

P000016　**生命线地震工程**　赵成刚等编著。地震出版社1994年6月版。38.4万字。19.00元。比较全面系统地介绍了生命线地震工程的基本内容,包括:交通、管网、供电、通信等系统的概况,震害,抗震分析与设计,震害预测与对策,研究的现状和存在的问题等。还介绍了生命线地震工程中一些具体技术方法。(张慧平)

P000017　**刘恢先地震工程学论文选集**　国家地震局工程力学研究所编。地震出版社1994年7月版。65.6万字。45.00元。刘恢先是我国著名地震工程学家,亲手创建了我国第一个地震工程研究机构。曾领导并直接参与了我国第一、第二个抗震规范草集 76 篇论文，全面论述了泥石流、滑坡近期研究成果、新的动向和防治理论与实践。全书内容包括泥石流基本规律和防治研究，滑坡理论与防治研究，以及有关山地灾害研究等。（孙琳）

P000031 **中国满洲里—绥芬河地学断面域内岩石圈结构及其演化的地质研究** M—SGT 地质课题组编。地震出版社 1994 年 1 月版。22.8 万字。10.00 元。论文集。中国满洲里—绥芬河地学断面多学科综合研究项目下设的地质课题组主要研究成果。汇集了反映有关专题部分成果的论文 14 篇。系统地论述了满洲里—绥芬河地学断面域内岩石圈结构、构造特征、变质特征、古地层、古生物格局、岩浆及火山活动及同位素特征等。对断面域及邻区长期争议的某些重大地质问题有许多独到的见解。文章以反映各学科获取的事实依据和认识为主，在研究思路和学术观点上不强求一致，以利于发挥各学科专项研究优势。（张慧平）

P000032 **辽北—吉南太古宙地质及成矿** 沈保丰等著。地质出版社 1994 年 1 月版。38.8 万字。12.65 元。辽北—吉南地区位于华北陆台北缘东段，是我国太古宙地质和成矿的典型区域之一。本书采用地层、构造、变质岩、花岗岩、地球化学、同位素地质学、矿床学等多学科的综合研究，提出了本区太古宙地体由高级变质区和花岗岩—绿岩带组成，对高级变质区和绿岩带的产状、花岗质岩石、表壳岩的层序和岩石、构造、同位素学年代等进行了系统的论述；详细地阐述了绿岩带和高级变质区的金矿、块状硫化物矿床、铁矿等成矿特征和成矿作用；并探讨了本区地壳演化和金矿的找矿标志。（白铁）

P000033 **丹河岩溶水系统——中国北方岩溶水系统典型研究** 韩行瑞等著。广西师范大学出版社 1994 年 1 月版。27.9 万字。12.00 元。在《山西晋城丹河岩溶水系统及资源研究》及《山西晋城丹河岩溶水系统可采资源研究》两项科研成果基础上编撰而成。以系统理论和环境科学为指导，以山西丹河岩溶水系统为例，深入探讨了利用地质结构分析、水化学及同位素分析、水动力分析相结合的方法，获得多重信息，相互印证，剖析岩溶水系统的结构与运动特征，建立较为逼真的概念模型和数学评价模型，对岩溶水资源进行评价；在此基础上，建立多种环境约束条件下的优化开发管理模型。该书分以下内容论述：中国北方岩溶水系统模式，丹河岩溶水系统的自然条件，岩溶发育特征，丹河岩溶水系统的组成，岩溶水文地球化学，岩溶水水质评价，岩溶地下水资源的均衡计算，岩溶地下水资源评价的数学模型，岩溶地下水资源评价数学模型的解算，岩溶地下水开采资源的数学模型，岩溶地下水开采资源数学模型的解算，岩溶地下水资源分析及开发策略，结论。（于诗藻）

P000034 **中国地球物理勘探史例** 孟尔盛主编。石油工业出版社 1994 年 1 月版。52 万字。16.15 元。收集 30 篇文章，以勘探史例的形式介绍了我国 40 年来物探技术的发展和成就，总结了我国一些重要油气田、煤田及其他矿田发现的经验。本文集分中、英文两种版本。（王焕弟）

P000035 **地质学基础** 陈昌荣等编。中国矿业大学出版社 1994 年 1 月版。60 万字。12.00 元。煤炭高等院校非地质专业使用的技术基础课教材。共 8 章，插图 382 幅，分别从地球概述、矿物学、岩石学、地史学、构造地质学、煤田地质学、煤田勘探学和矿井地质学等学科，介绍与矿山建设相关的地质学基础知识，着重论述了与探矿工程、煤矿基本建设和煤矿生产过程有关的地质科学知识。书后附有矿物、岩石、地形图基础知识、煤及矿井地质图件等方面的实习指导书计 24 份。（王劲松）

P000036 **江南金矿及其成矿地球化学背景** 刘英俊等著。南京大学出版社 1994 年 2 月版。41.2 万字。17.00 元（平），20.00 元（精）。成矿理论研究成果总结。对江南元古界各区段金矿的成矿地质—地球化学背景、重要类型金矿的成矿特征，以及研究中新发现的有关成矿现象和实验成果进行了系统阐述。并以含金建造和“源—运—储”多阶段成矿作用演化为主线，以新颖的学术观点对项目研究中大量积累的研究资料进行了理论综合，结合研究区的具体成矿特点，提出了有关江南元古界金矿床的成矿机制新认识、综合成矿模式和找矿方向。（刘英俊、孙承辕等）

P000037 **胶东金矿同位素年龄的厘定** 张振海等著。地震出版社 1994 年 3 月版。9 万字。5.80 元。运用同位素年代学理论，以 Rb—Sr 测年方法全面地研究胶东金矿同位素年龄的著作。作者对胶东几个成矿带上有代表性的矿床进行了剖析，首次在乳山金矿完成了一次矿化几个矿化阶段的同位素年龄测定工作，提出了“主矿化期同位素年龄”的概念；首次采用了蚀变矿物组合样品，成功地测定了一批 Rb—Sr 等时线年龄数据；首次用一系列（$^{87}Sr/^{86}Sr$）初始比，给胶东金矿物质来源提供了依据；对胶东玲珑花岗岩、昆俞山花岗岩提出了自己的见解。研究成概括和分析了软泥水化学形成演变的机理和模式；论证了陆坡深水区利于多金属结核的成矿作用和指出了成矿前景海区；以及根据项目研究所得的大量软泥水化学资源的综合分析，提出古河道存在的位置和海平面上升、海岸线北移等学术观点。(吴建)

P000051　**中国黄土高原第四纪古气候与新构造演化**　朱照宇、丁仲礼著。地质出版社1994年5月版。34万字。11.70元。从探讨"全球变化"中的内外地质动力系统的关系出发，通过野外实例的1万多个数据和室内数千个数据的分析，阐述了中国黄土高原及邻区第四纪黄土—古土壤、古水系、古地貌、古气候与新构造演化的周期、年代及其特征，编制了第四纪事件年表、黄土分层厚度图、地层区划图和新构造系列图，建立了可用于国际对比的完整的中国土壤地层标准剖面、黄河阶地系列、水系沉积—古土壤系列、新构造旋回和古气候旋回曲线及轨道调遣时间标尺，提出了古土壤断带、全球第四纪气候的37个冷暖旋回、新构造运动的4个主旋回3个主幕7个活化期，具有中强活动的黄土高原环状构造、黄河诞生与黄土高原主隆起期、黄土的阶段性扩展与周期性演化、新构造活化伴有气候恶化和气候—构造旋回、气候—构造耦合系统等新观点。(蔡卫东)

P000052　**矿床统计预测**　赵鹏大等编著。地质出版社1994年5月版。51万字。9.20元。普通高等教育地质矿产类规划教材。在1983年版《矿床统计预测》的基础上修编而成。共7章，包括基本理论、地质勘探数据的统计分布特征及其意义、地质变量研究、矿床统计预测的基本理论和准则、矿产资源总量估计及潜力评价、成矿远景区定量预测、地质标志的统计分析及含矿性评价。此次修编主要介绍近十年来该学科的最新理论及方法，并使矿产资源定量预测及评价的主要进展得到反映，同时增加部分实例。(陈磊)

P000053　**地层学原理及方法**　吴瑞棠、王治平主编。地质出版社1994年5月版。19.9万字。4.10元。普通高等教育地质矿产类规划教材。论述了对地层学的理论方法有极大影响的地质学三大原理：均变论、进化论、实变论；重点讲述了地层学的各个分支领域的原理与应用：生物地层学、生态地层学、事件地层学、地震地层学、层序地层学、磁性地层学以及地层学的其他方法和原理；最后进行了地层综合分析及地层预测。(王璞)

P000054　**中国粘土矿物**　杨雅秀、张乃娴等著。地质出版社1994年5月版。45万字。17.80元。论述我国粘土矿物较全面的代表性著作。全面、深入地论证了中国粘土矿物的一系列重要问题，其中包括：粘土矿物的分类，不同成因粘土矿物的地质产状与分布，粘土矿物的谱学研究及各类粘土矿物的化学组成、晶体结构、X射线衍射特征、红外吸收光谱、热学性质和电子显微镜研究等。(叶丹)

P000055　**台湾省区域矿产**　福建省地质矿产局编。福建科学技术出版社1994年5月版。39.9万字。21.10元。在广泛收集海内外有关台湾省地质矿产资料和文献的基础上，经过科学的综合分析后编写而成，是一部全面、系统地反映台湾省区域矿产基本特征、区域成矿控制条件和矿床分布规律、矿产开发利用的专著。全书除绪言、结语外，共4篇24章，附录部分包括台湾省矿产图矿产一览表、台湾省温泉一览表及中华人民共和国台湾省矿产图(1∶500 000)。书中根据我国对矿产规模通常的划分标准，结合台湾省的矿床开发利用情况，将台湾省矿产地划分为矿床、矿点、矿化点。根据成矿条件、成矿物资来源、成矿环境，又分为15种矿床类型，为今后台湾省矿床类型划分、对比提供了重要依据；从地层、沉积建造、构造，岩浆岩变质作用等方面，分析了台湾省区域矿产控制条件、地壳构造、板块构造运动与成矿关系，总结了台湾板块构造活动成矿作用的功能特点；按台湾省矿床时空分布规律，将台湾省划分为8个Ⅴ级成矿区。根据对成矿物质来源、迁移过程、富集条件、分布规律、后生变化等成矿过程，提出具有较高价值的"台湾省区域成矿作用概念模式"；最后对台湾省主要矿产的开发、利用及需求的历史、现状、将来，作了总结与预测。(黄宗鋆)

P000056　**青藏高原地质景观摄影图集**　武奇龄等编。河海大学出版社1994年5月版。20万字。430余幅图。300.00美元。大型地质科学专著。精选400余幅典型景观图片和30余幅最新编制的地质剖面、示意图，并撰写了近20万字(中英文对照)的科学论述。分地貌景观、典型地质现象、古生物化石、主要矿产分布、名胜古迹、生态环境、地质科学考察、风俗民情8个部分，通过系列图片、图表的有机组合与简要论述，图文并茂地概括出青藏高原地貌单元与地质构造的基本特点，各地质时代的地层特征及其演化规律，展示了地壳结构及板块运动、高原隆升的地质证据，以及高原不同矿种的矿体特征与成矿规律，高原的民族风情与独具特色的历史文化古迹，从而系统而全面地展现了青藏高原的形成与演化、环境与资源以及民族风情与人文古迹的风貌。(吴劭

文）

P000057 **恒山早前寒武纪地壳演化** 李江海、钱祥麟著。山西科学技术出版社1994年5月版。18万字。10.00元。以区内所获的大量实际资料，特别是1：50 000区域地质调查资料为基础，通过对典型地段更大比例尺的构造岩性填图，应用当前高级变质岩区研究的新理论，识别不同地质单元，解析其构造关系、变形期次，建立地质事件序列，并结合岩石学、地球化学研究，分析了原岩的形成环境及成因过程，建立了地质演化模化，探讨了华北克拉通晚太古代—早元古代的演化历史。（段立新）

P000058 **走向精确勘探的道路** 李庆忠著。石油工业出版社1994年5月版。31.4万字。16.00元。系统地分析了高分辨率地震勘探的各个环节，讨论了从野外采集到室内处理和解释过程中的一系列关键问题，是一本全面评论现代地震勘探技术的专著。书中对许多基本概念和基本问题提出了创新的见解，如："视觉分辨率"及"视觉信噪比"的基本概念；纵波速度与吸收系数之间的经验公式；盆地吸收模型的制作；对砂层追踪的本质的认识；以及如何作好动、静校正和反褶积；如何追求最大有效频宽等一系列问题。在递归波阻抗反演方面，分析了长期困扰人们的"五大难题"，并逐个提出了解决问题的方法。关于其他各种地震反演技术，作者作了客观的评论，并指出多解性的必然存在，以及"真分辨率"、"视分辨率"和"假分辨率"三者的区分。最后，还提出了高分辨率地震资料处理的原则及参考流程，对资料处理人员有重要参考价值。（杨静芬）

P000059 **中国高煤级煤的显微岩石学特征及结构演化** 秦勇著。中国矿业大学出版社1994年5月版。33.5万字。18.00元。系统论述高煤级煤的岩石学特征和结构演化的专著。为作者博士学位论文。作者以我国20余个高煤级煤矿区的样品和地质背景为基础，综合运用显微术及地球化学方法，研究了高煤级煤的显微岩石学特征及结构演化，在书中提出了中国高煤级煤显微组分的划分命名系统，建立了新的显微组分；全面揭示了高煤级煤显微组分反射率的演化途径，讨论了其地质影响因素；深入探讨了高煤级煤物理结构和化学结构演化的阶跃性、差异性及其机理，提出了差异煤化作用的概念；在国内外首次提出并探讨了高煤级煤演化的特有机制——拼叠作用的概念、方式、演化路线及机理；建立了"优于国际上现行分类"的高煤级煤演化阶段的划分系统；同时，还探讨了高煤级煤孔径结构自然分类、中国高煤级煤煤化作用"不平衡"等相关问题。（王劲松）

P000060 **龙门山推覆构造带与景观考察指南** 四川省地质矿产局编。成都科技大学出版社1994年6月版。8.6万字。4.50元。"四川地质路线考察丛书"之六。龙门山最具典型性与代表性的考察内容是内陆推覆造山带，它与欧洲的阿尔卑斯山造山带、美国的科迪勒拉造山带齐名，是当今推覆构造研究的热点。该书以最新研究成果概述了该造山带的地质背景、分带特征、演化历史，以及在此基础上生成的地质科学考察景观、自然观赏景观与人文景观的特色、价值和观赏考察地点。（周兴泰）

P000061 **太平洋中部多金属结核及其形成环境** 许东禹等主编。地质出版社1994年6月版。64.2万字。28.00元。多金属结核是富含铁、锰、镍和钴等有用金属元素的洋底沉积体。为查明多金属结核的分布规律及其经济价值，地矿部开展了以多金属结核为重点的4个航次的调查与研究工作。本书即是这一调查研究的全面系统总结。全书共9章，重点论述了太平洋中部各地貌单元和不同底质类型中多金属结核的分布规律，为今后的详查、勘探及资源评价提供了依据；探讨了大气环流、大洋流系、南极底流、碳酸盐补偿深度、早中新世以来的沉积史、古气候与古海洋事件以及洋底的氧化—还原等与多金属结核形成的内在联系；深入研究了多金属结核的内部构造，进而确定了多金属结核的生长过程；详细分析了结核及洋底沉积物的矿物成分、有用元素和稀土元素的组成及地球化学特征，为探讨多金属结核形成的地质条件及成因类型提供基础资料；介绍了各种条件下的模拟实验，如研究铁细菌及硫酸盐还原菌对多金属结核形成的关系，洋底水—孔隙水中成矿元素的模拟实验等。（郝秀荣）

P000062 **工业分析实验** 谭龙华主编。地质出版社1994年6月版。22.8万字。4.60元。普通高等教育地质矿产类规划教材。根据地质矿产部工业分析专业课程指导委员会制定的工业分析实验课程基本要求编写。内容包括实验预备知识、定量分离法、硅酸盐分析、铁矿石分析、铜矿石分析、贵金属元素分析、煤质分析、化探样品及生物样品分析等8个部分共75个实验。实验的选择以当前生产、科研中常用的分析方法为主，并对其原理、测定条件、干扰及消除等进行了较详细的阐述。每个部分后均附有参考文献。书末附有的10个附录。（周继荣）

P000063 **中天山造山带的形成与演化** 车自

和矿床的研究工作;根据前人资料和作者大量的实测数据对陨石、月岩、火成岩、沉积岩、变质岩、脉石英和硅化岩的硅同位素组成做了全面介绍,探讨了硅同位素平衡分馏和动力学分馏机制以及硅同位素组成在自然界的变化规律(包括地球的原始硅同位素组成、各种地质作用过程硅同位素的演化、海水中的硅循环和硅同位素演化、地热系统中的硅同位素变化)。特别是结合国内外矿床实例(如层状矿床中的铁矿、金矿、稀土矿、铅锌矿、锡矿、石英脉型锡多金属矿、钨矿、金矿、铅锌矿)进行了应用研究,论证了硅的来源,为判断矿床成因提供了新的证据。(谭惠静)

P000078 **中国金矿床表生地球化学** 关广岳等著。东北大学出版社 1994 年 8 月版。37 万字。18.00元。全面系统地介绍了中国金矿床表生地球化学研究的成果。共 4 篇。第一篇介绍表生地球化学的基本理论知识,包括表生地质系统的演化规律及分带性、微生物在表生地质过程中的作用等。第二篇介绍长江中下游铁帽型金矿床表生地球化学,包括铜陵地区成矿地质环境、铁帽型金矿床的地质特征、铁帽型金矿床的成矿规律、金的表生成矿实验研究、铁帽型金矿床的表生成矿过程等。第三篇介绍桂西北微细粒浸染型金矿床氧化带地球化学,包括桂西北成矿环境、桂西北微细粒浸染型金矿床的地质特征、金矿成矿作用实验研究、微细粒浸染型金矿床及氧化带金矿床成矿地球化学研究、微细粒浸染型金矿床氧化机理研究和微细粒浸染型金矿床氧化矿体的成因模式等。第四篇介绍内蒙古赛乌素金矿床表生地球化学,包括西北干旱气候区典型矿床的研究、不同气候区金属矿床氧化带地质特征的比较研究和干旱气候区金属矿床氧化带中金的富集规律机制及实验研究等。(刘振军)

P000079 **油气盆地数值模拟方法** 石广仁编著。石油工业出版社 1994 年 8 月版。28 万字。25.80元。从石油地质机理出发,应用多学科知识,叙述了该领域地质模型及数学模型的建立过程,系统介绍了模拟一个探区的地史、热史、生烃史、排烃史和运移聚集史等 5 大模型的原理、方法及应用。作者以自行研制的、当前较先进的二维盆地模拟软件为例,扼要地叙述了模拟软件技术;简要介绍了盆地模拟技术发展史,探讨了今后的发展动向。除综合应用国内外先进方法和技术外,作者还发展或改进了一些现有模拟技术,如回剥与超压相结合的技术、地球热力学与地球化学相结合的方法等。(王培荫)

P000080 **同位素地球化学研究** 陈好寿主编。浙江大学出版社 1994 年 8 月版。58.2 万字。10.75元。共 18 章,包括 3 方面的内容:一、成矿作用年代学及同位素地球化学;二、岩石、地层和构造演化年代学及同位素地球化学;三、同位素地球化学实验方法及理论研究。(董德耀)

P000081 **时间、穿时及地层的时差对比** 副名:地层学中若干基本问题的开放性研究。庄寿强著。中国矿业大学出版社 1994 年 8 月版。19 万字。15.00 元。专著。对地质时间的实质性特征、穿时的真实含义、生物迁移与灭绝的内涵以及传统地层对比的理论根据等一系列问题进行了系统反思和探究。在详细分析了传统地层对比理论中的种种矛盾之后,作者提出了一套全新的生物时差对比的原则和方法,特别指出了当前普遍使用的传统地层对比只是生物时差对比中的一种特例。作者在著作中还对所涉及到的地层学中若干概念、定义给予了本质上的修正,提出了地层对比的原则、相反关系、生物时差、代表性参数及标志种等新概念。作者从时间的相对性出发,首次提出了"视迁移"、"视灭绝"、"视海侵"等一系列"视地质事件"的观点,为解释地质界若干难解之谜创造了条件。(王劲松)

P000082 **雨花石鉴赏** 刘水著。北京燕山出版社 1994 年 9 月版。15 万字。8.50 元。系统地介绍了雨花石的成因、分布以及雨花石收藏的历史,对雨花石的美学价值、收藏价值、逸闻轶事和历朝的著名收藏者也进行了专题评述。(方彪)

P000083 **推进我国地质科学前沿研究的谋划** 肖庆辉等著。地质出版社 1994 年 9 月版。12.9 万字。6.80 元。首先论述了地质科学的发展已进入建立新一代知识体系的重大转折时期的观点,认为地质科学的社会功能已由"矿产型"扩宽到"社会型"。第二章是全书重点,从以下 6 方面讨论了世界地质科学前沿研究的转移态势:一、地质科学的最核心前沿;二、地学前沿研究的三大主题;三、前沿研究的科学目标;四、地质科学的学科结构变化;五、地学研究从定性静态描述向定量动力学研究的转移;六、地学研究已从纵向深入向横向交叉和渗透的方向发展。第三章分析了我国地质科学前沿研究的基本状况:一、前沿研究体系框架有待建立;二、参与程度高,但前沿研究程度和水平偏低;三、跟踪的多是国际研究热点而不是前沿,且对热点的研究与先进国家相比也滞后了 7—10 年;四、主要学科结构不合理。最后一章根据上述情况提出了发展我国地质科学前沿研

究的7项基本措施。(江晓庆)

P000084 **中国区域地质概论** 程裕淇主编。地质出版社1994年9月版。78.6万字。38.00元。在各省、自治区、直辖市的区域地质志和1∶500万的《中国地质图》等资料基础上编写而成。本书的绪论部分概述了中国的自然地理特征、中国地质科学的发展简史和近年来取得的新进展、中国区域地质的一些基础问题和本书处理的主要思路。全书共9章,1至5章是区域性论述,6至9章是专题讨论。本书将中国分为5大地区,即天山—兴安地区、塔里木—华北地区、昆仑—秦岭地区、川滇青藏地区、华南地区。前5章分别介绍各个地区的区域地质特征,包括:地层分布、沉积环境、岩浆活动、变质作用、构造格局及地质发展简史。第六章环绕沉积作用,论述了沉积区划、地层层序、主要地质事件及沉积地层的基本特征;分析中国的一些主要盆地并提出了中国沉积地壳的时空分布规律。第七章按10个时期论述了中国岩浆岩的时空分布,把中国岩浆岩分为4种构造—岩浆类型,提出了4个构造—岩浆发展阶段。第八章按9个主要变质期论述了它们的变质岩系和变质岩带,对变质作用的演化特征进行了研究。第九章以板块学说结合槽台观点,对中国大地构造的基本格局和演化作了综合讨论。(沈树荣)

P000085 **南海新构造与地壳稳定性** 刘以宣著。科学出版社1994年9月版。42万字。19.50元。对南海及其沿岸的地质、地球物理和新构造进行调查的一部专著。内容涉及到海洋地质、地球物理、地貌及第四纪地质、环境地质、灾害地质、大地构造等学科。作者以"岩石圈动力构造"观点为指导,概述了本区研究历史、岩石圈动力构造学术思想和新构造研究中的若干新认识,全面论述了区域地质与深部构造、构造地貌与第四纪地质、新构造类型及新构造运动分布规律、活动断裂、海平面变化与地壳升降、火山活动与热流分布、地震活动、构造应力场分析、新构造单元基本特征、地壳稳定性分析,它包括对沿岸经济开发区的珠江三角洲、韩江三角洲、琼雷地区和珠江口盆地、南沙海域以及海底不稳定因素等进行分析,最后对新构造在实践上的意义,结合生产实践的体会,分资源勘查与开发利用、工程建设与地壳稳定性评价、减灾防灾与环境保护等3方面进行阐述。(谢洪源)

P000086 **岩石冲击动力学** 李文兵等著。中南工业大学出版社1994年9月版。28.4万字。广泛吸收岩石冲击动力学的最新研究成果,系统阐述岩体介质在冲击载荷下的能量耗散规律与本构特征,以及应力波在不同岩体结构中传播和边界效应建立了岩石冲击力学的学科体系。并介绍了应力波理论在矿岩破碎、高速冲击、打桩、化爆及核爆下的防护等众多岩土工程中的应用实例。(刘汉元)

P000087 **中国油气储层研究图集** 《中国油气储层研究图集》编委会编。北京石油工业出版社1994年10月版。5册。包括:碎屑岩(卷一)、碳酸盐岩(卷二)、岩浆岩变质岩(卷三)、沉积岩构造(卷四)、自生矿物·显微荧光·阴极发光(卷五)5卷。图集以岩石薄片和铸体薄片为基础,采用最新测试鉴定技术,以宏观和微观相结合,沉积与成岩相结合的演化变革的观点为指导,对各类储层及其内部不同沉积构造部位的沉积结构和孔隙特点的非均一性差异,以及表生带次生孔隙和裂隙的形成与展布等各个方面进行了剖析、追索和验证。(谭忠心)

P000088 **龙门山造山带的崛起和四川盆地的形成与演化** 罗志立主编。成都科技大学出版社1994年10月版。93.8万字。50.00元。分4篇,第二篇、第三篇为全书主题,分别论述龙门山造山带的崛起和四川盆地的形成与演化;第一篇总论提出主题研究的基本理论和思想以及在此理论与思想指导下为主题提供的区域地质构造背景;第四篇为第三篇的延续和补充,论述四川盆地的油气藏特征。该书以板块构造理论为指导,联系中国特别是西南地区的实际,采用地质学、地球物理学和地球化学相互渗透的方法,系统地论述了龙门山造山带的崛起、四川盆地的形成与演化以及四川盆地的油气藏特征。本书具有如下特点:一、对龙门山造山带的隆升机制和四川盆地的形成与演化模式进行了深入的综合分析,丰富了大陆地质学的内容。二、在理论上首倡"峨眉地裂运动"和"C型或L型俯冲带"的学术观点,并划分我国三次地裂期,推动了大陆地质学的全新进展。三、在应用上,以板块构造理论为指导,划分出中国含油气盆地的成因类型,提出上二叠统礁块的发育,陆相生油二元论、松辽盆地塌陷成因等,颇具新意,对油气勘探具有重要实际意义。四、在方法论上,采用新技术、新方法,如用磷灰石裂变径迹,揭示龙门山冲断带的特征;采用数值模拟方法,探索龙门山C型俯冲过程中断层性质转移模式,等等。该书通篇贯穿着"峨眉地裂运动"和"C型俯冲"的学术思想,这一崭新的地质概念,既是对板块构造理论的发展,亦是我国地质学家对全球大地构造理论的贡献。(周兴泰)

类构造应力场的规律,适用于各旋转天体结构构造。三、提出了全球构造应力场周期性的规律。作者在本书中设专章阐述了进行准确矿产预测的方法。同时,对地震危险区的圈定与工程安全等涉及国计民生等诸多问题,都进行了科学的论述。(董辅文)

P000103　**青藏高原东部松潘—甘孜印支造山带考察指南**　四川省地质矿产局编。成都科技大学出版社 1994 年 12 月版。8.4 万字。5.00 元。"四川地质路线考察丛书"之七。重点介绍了巴颜喀拉复理石带、义敦岛弧带、金沙江断裂带等极有特色的地质构造单元,并对考察区的地质演化过程和印支造山带的生成作了分析探讨。规划的考察路线从雅安出发,经天全、康定、道孚、雅江、理塘至芒康。主要考察青藏高原东部印支造山带的地质地貌特征。(周兴泰)

P000104　**中国非金属矿床成矿系列—矿床含矿建造　成矿系列　形成模式**　陶维屏等著。地质出版社 1994 年 12 月版。73.8 万字。26.00 元。在归纳分析我国 1950—1992 年以来非金属地质勘查和科学研究资料的基础上,通过实地考察和研究,对中国非金属矿床形成和分布规律的总结。全书共 25 章,以矿床—含矿建造—成矿系列—形成模式为经线,以矿床共生伴生组合关系为纬线,论述了中国目前开发利用的 119 种非金属矿种中主要矿种的矿床成因类型、含矿建造、成矿系列、形成模式及中国非金属矿成矿的构造环境、中国非金属矿床成矿活动与地壳演化的关系,并提供了相应的具体材料。(王永奉)

P000105　**山旺盆地沉积地质学**　张明书等著。地质出版社 1994 年 12 月版。26.5 万字。26.00 元。重新厘定了湖盆的地层层序与划分;提出了两期湖泊的新见解;论述了盆地内的岩石类型和矿物学;发现磷结核不是单一矿物;阐述了湖泊环境条件、沉积作用与沉积相;论证了洪泛触发、块体滑动、纵向阵发性浊流,滑塌体—滑塌构造—浊积层三位一体;证实了季候纹泥的存在;发现了白云石化灰质泥岩并论证了它的意义;论述了事件沉积作用的性质及其与米辛尼亚事件旋回、化石保存的关系;阐述了湖泊的演化阶段及其特征;提出了进一步找矿的方向和远景靶区。(张新元)

P000106　**宝玉石鉴赏指南**　赵松龄、陈康德编著。东方出版社 1994 年 12 月版。43.9 万字。30.00 元。分 3 篇 14 章。第一篇"宝玉石概观"介绍了宝玉石的含义,中国古代和现代及国外宝玉石工业的发展和现状。第二篇"鉴赏须知"属于概论性质,对宝玉石的性状、鉴定、欣赏和宝玉石市场作了原则的、总的介绍。第三篇"常见宝玉石鉴赏"对宝玉石作了分门别类的介绍。分为"天然宝石"、"天然玉石"、"天然彩石"、"生物质宝玉石"、"观赏石"、"人造宝玉石"等 6 大类,每类之下又对每个品种作具体的鉴赏指导。根据每个品种的不同特点,分为"历史文化赏析"、"基本特征"、"质量要求及品种鉴别"(或为"质量要求及分级"、"品种及其鉴别")、"矿藏及分布"等几个部分。(孙涵)

P000107　**中国油气区第三系**　钟筱春等编。石油工业出版社 1994 年 12 月版。250 万字。丛书。依据在全国 246 个有第三系发育的盆地中大量、丰富的古生物和地层资料,在 42 个第三系盆地建立了 47 个标准剖面,提出了全国油气区第三系的综合对比方案,讨论了我国部分海、陆相第三系与欧美标准层序的分统对比;汇总研究了几个主要的生物群;从生物地层学和古环境分析的角度,探讨了我国的第三系生油岩的分布、影响因素和生油期的划分,作出了油气远景预测。(马纪)

P000108　**中国东部中新生代板内变形构造应力场及其应用(英文版)**　万天丰著。中国地质大学出版社 1994 年 12 月版。5.40 元。根据大量的区域地质资料,将中国东部中新生代划分为 6 个构造期,即印支期(250—280Ma)、燕山期(208—23.3Ma)、四川期(135—52Ma)、华北期(52—23.3Ma)、喜马拉雅期(23.3—0.7Ma)及新构造期(0.7Ma 以后),研究了各期古应力值、板内变形速度、板内缩短率、变形时间与应变率;依据古地磁等多方面资料,探讨了板内变形与应力场的形成机制;研究了中新生代构造与内生成矿作用的关系;讨论了现代构造应力场对地震、基岩裂隙水与地热田分布、地块稳定性及局部地貌特征的影响。(赵颖弘)

护区管理站编。山西科学技术出版社 1994 年 6 月版。21 万字。9.50 元。共收录山西省分布的陆栖野生动物 413 种，其中鸟类 316 种、兽类 65 种、两栖爬行类 32 种。包括国家一级重点保护野生动物 14 种，国家二级重点保护野生动物 54 种，省重点保护野生动物 27 种，中日候鸟保护协定中规定在山西分布的 140 种。均按纲、目、科、属、种顺序排列，标有中文名、拉丁学名，并分目、科、种详细介绍生物学特性、形态特征、繁殖习性、经济价值和区域分布等。重点保护野生动物和主要经济动物，附有插图。(张保国)

Q000051 **中国的熊类** 马逸清等著。四川科学技术出版社 1994 年 6 月版。15.5 万字。9.80 元。系统论述中国熊类动物的专著。概论部分综述了熊类动物的一般特征和古今研究历史，各论中重点介绍了大熊猫和我国现有的 3 种熊，对分布在其他国家的几种熊作了简要介绍，第三部分内容较全面地介绍了我国各地区熊类资源的保护和利用状况。(何光)

Q000052 **鱼类世界** 李润潼编著。天津科学技术出版社 1994 年 6 月版。25 万字。8.70 元。详细介绍鱼类的真正成员：鱼是什么样的动物；水族世界的体育盛会：鱼类的运动；四海为家鱼水情深：鱼能离开水吗；"民"以食为天：鱼类的摄食；功在千秋的事业：鱼类的生殖；身怀绝技的水下公民：鱼类的"特异"功能；司令部下的情报机关：鱼类的感觉；大自然的恩赐：鱼类的适应；街坊邻舍间的恩恩怨怨：种内关系和种间关系；一方水养一方鱼：我国的鱼类资源。对鱼类的生长、发育、生殖、生活习性等知识也作了详细介绍。(李馥华)

Q000053 **北京脊椎动物检索表** 高武、陈卫等编。北京出版社 1994 年 7 月版。30.3 万字。11.70 元。录入的动物种类，限于在北京地区野外自然环境中能够正常生活的。有些虽不能在北京地区繁殖，但能在北京地区越冬的动物(如鲢、鳙、大鲵)，生活周期中有一段时间在北京度过的鸟类(如旅鸟、冬候鸟)，根据《中国鸟类区系纲要》等文献记载在北京地区有分布的种类(如朱鹮、杓鹬等)以及重新引回北京的半野生放养的麋鹿，也予收录。根据上述编写原则，本书共收录鱼类 16 科、81 种，两栖类 5 科、10 种，爬行类 8 科、23 种，鸟类 58 科、375 种，哺乳类动物 18 科、53 种，总计收录脊椎动物 105 科、542 种。(韩心丽)

Q000054 **哺乳动物胚胎工程** 冯怀亮著。吉林科学技术出版社 1994 年 10 月版。26 万字。12.00 元。全面系统地阐述哺乳动物胚胎工程领域研究的最新理论和技术。全书分为上下两篇，共 15 章，主要包括：配子和受精生物学、早期胚胎发育、卵子和胚胎冷冻、胚胎分割、体外受精、性别控制、嵌合体、核移植、转基因、胚胎干细胞及胚胎工程新技术等，理论与技术并举，内容多为 80 年代中、后期国际上胚胎学研究的热点。(王宏伟)

Q000055 **北京鱼类和两栖、爬行动物志** 王鸿媛编著。北京出版社 1994 年 12 月版。43.6 万字。23.40 元。作者根据 30 多年对北京地区的鱼类和两栖、爬行动物进行的大量的野外实地调查、考察和研究所采集的大量的标本和科学资料，采取科学的观点和方法，对北京地区的鱼类和两栖动物、爬行动物的地理分布、形态特征、生态习性、经济价值等进行了系统的介绍。(韩心丽)

Q000056 **中国珍稀鸟类的历史变迁** 何业恒著。湖南科学技术出版社 1994 年 12 月版。22.2 万字。8.60 元。野生动物历史专著。我国鸟类资源十分丰富，据统计有野生鸟类 1 100 多种，占世界鸟类种数的 13%左右。由于各种缘故，鸟类数量现已大大减少，且分布范围有所改变。本书总结了我国数千年来鸟类分布区的情况，论述了 31 种珍稀鸟类的变迁，并配有鸟类图和鸟类历史分布图。(王劲松)

Q000057 **动物组织学技术** 王亚鸣著。江西科学技术出版社 1994 年 12 月版。27 万字。9.00 元。分 4 篇，内容有生物切片制作原理和一般技术；细胞、组织和器官的特殊染色；细胞化学和组织化学；免疫组织化学。(温青)

Q000058 **动物王国的贵族——兽类** 陆健身等编。上海科学普及出版社 1994 年 12 月版。12.2 万字。5.20 元。收入"青少年科技丛书"。内容包括：一、天然动物园里谈兽类——兽的特征；二、种类繁多的兽类；三、兽类的利用和保护；四、兽的危害和防范对策；五、兽类的启示。(陈英黔)

Q000059 **昆虫病理学** 蒲蛰龙等著。广东科学技术出版社 1994 年 8 月版。82 万字。40.00 元。昆虫病理方面的科学专著。系统介绍了国内外近 30 年来有关昆虫流行病、昆虫病毒学、昆虫真菌学、昆虫原生动物学、昆虫线虫学、昆虫病原微生物学等的观点、研究成就。(李鸿明)

Q000060 **中国蝶类志** 周尧主编。河南科学技术出版社 1994 年 8 月版。100 万字。5 000 幅彩图。两册。788.00 元。系统记载了中国蝴蝶 12 科，368 属，1 223 种，1 856 亚种的中名、学名、分类特征、分布和经济意义等,并且每种都配有雌雄、正反彩色标本照片。收载了全国已知种类的90%以上,一般从中国采到的蝴蝶种类均可从此书中查到,基本摸清了中国蝴蝶的资源状况,为今后进一步开发利用我国蝴蝶资源和蝴蝶生态学研究奠定了基础。本书是在对中国蝴蝶系统全面地进行分类鉴定研究基础上编纂出版的,首次确立了中国蝴蝶分类系统,考证了中国蝴蝶不少学名的语源,订正了一大批属种的学名,拟订和统一了所有属种的中文名称,完成了我国蝴蝶分类研究这一重大课题,填补了我国昆虫学分类研究的一项空白。在分类鉴定过程中,发现了一批新种和新亚种,有41个新种,43个新亚种,14个新记录属,65个新记录种在该书中首次发表,大大丰富了我国蝴蝶种类资源和基础研究工作。(周本庆)

Q000061　**中国动物志昆虫纲第四卷直翅目蝗总科**　夏凯龄等著。科学出版社1994年9月版。50.4万字。42.00元。分总论与各论两大部分。总论中对我国古代蝗虫研究史、蝗虫的自然地理与分布、蝗虫的生物学特性、经济意义及防治对策、外部形态等作了较详细的介绍,并附有图表等。在各论中包括我国蝗总科中的癞蝗科、瘤锥蝗科及锥头蝗科等3科,迄今已知的22属、67种。对各科、属、种的鉴别特征、形态及地理分布等都分别作了记述,并附特征图168幅,以利读者对照鉴别。书末还附有参考文献、外文摘要、中名索引和拉丁名索引。(王爱琳)

Q000062　**中国蚜小蜂科分类**　副名:膜翅目·小蜂总科。黄建编著。重庆出版社1994年9月版。50.2万字。29.00元。对中国蚜小蜂科作了系统的分类研究,记述我国蚜小蜂科17属93种,其中包括34个新种、1个新组合种,及中国新记录属4个、新记录种12种。全书分总论和各论两大部分。总论阐述了蚜小蜂科的分类历史与沿革、分类系统、形态特征和生物学、生态学特性,以及研究方法;各论详细描述了每个属和种的形态与生物学特性、分布、寄主等,对各属目前世界上分类研究的概况和分类缘系作了综述,并述及与近缘种的主要区别,提出了我国蚜小蜂科已知的18个属的分属检索表和部分属(记述3种以上的属)的分种检索表,附有形态特征图413个,同时列出了较完整的世界蚜小蜂科分类研究的文献目录,及本研究所用的研究标本及资料。(叶麟伟)

Q000063　**中国赤眼蜂分类**　副名:膜翅目:小蜂总科。林乃铨著。福建科学技术出版社1994年12月版。58万字。30.00元。分概论和分类两大部分。概论部分介绍了赤眼蜂的分类研究历史、分类系统及系统发育分析,赤眼蜂的形态特征、生物学、生态学特性、寄生范围及地理分布等。分类部分是全书的核心,记述了我国赤眼蜂41属、142种,其中1新属、68新种和8属、13种中国分布新记录。编制了我国41属赤眼蜂的分类检索表,描述了各属种类的详细形态,并附有形态特征图488幅。每个属均按属名、异名录、属模式种、横式标本产地、分布和属征等先后顺序记述。然后对属的进化缘系、已知种数、寄主范围、生物学特性和我国已发现种数作了介绍。对各个种的中名、学名、文献出处、异名和成虫形态特征也进行描述。书后附有参考文献、英文摘要、中名学名索引、赤眼蜂标本的采集制作与保存方法,以及全世界赤眼蜂种类的分布、寄主名录。(胡善美)

Q000064　**广西昆虫名录**　张永强等编。广西科学技术出版社1994年12月版。71.68万字。20.45元。介绍广西种类繁多的昆虫,共收入29目、331科、2 794属、5 830种(其中470种仅记属名)。每种昆虫记有中名、学名、寄主或猎物、分布4项。附有参考文献和学名、中名索引。(马如海)

Q000065　**青海经济昆虫志**　蔡振声等编著。青海人民出版社1994年12月版。65万字。40.00元(平),48.00元(精)。昆虫学专著。系统全面地记述了青海高原的经济昆虫。种类有昆虫纲17目、214科、1 646种。其中青海省内新记录的238种。共附图806幅,其中文图并述的789种,鉴定至属的42种。附录蜘蛛纲2目、17科、116种。有总的昆虫名录,并按目、科、属顺序排列。对789种昆虫按标本绘图,记述形态,同时说明分布及为害植物等情况。文中注明昆虫标本号,以便查对标本。图文并茂,反映了青海昆虫现状,并具有高原昆虫特色。它对了解青海高原昆虫的种类及种群组成,以及对昆虫的科研和教学工作均有重要的参考和应用价值。(汪家驹)

Q000066　**生态学辞典**　安树青等编。东北林业大学出版社1994年版。62.8万字。48.00元。收录正式词条4 200余条,同义异名词条1 300条,总计5 500余条。涉及生理生态学、种群生态学、群落生态学、生态系统生态学、污染生态学、景观生态学、遗传生态学、进化生态学、经济生态学、数学生态学、资源生态学、理论生态学、生物地理学、行为生态学、城市生态学、农业生态学、森林生态学、化学生态学和普通生态学等主要生态学领域。从本书内容中可以看到作为认识自然因子之间、人与自然之间相互

境、产地和地理分布。附有黑白线条图 149 幅。书末附有中文和拉丁名索引。(王惠君)

Q000033 **植物进化生物学** 陈家宽、杨继主编。武汉大学出版社 1994 年 11 月版。28.7 万字。9.80元。收入“武汉大学学术丛书”。共 11 章，对植物进化的基本概念、原理和方法作了全面系统的探讨，其内容包括：居群生物学与进化生物学，植物的变异，植物种内的生态变异，染色体显带技术及其在植物进化生物学中的应用，同工酶和植物进化生物学研究，限制性片段长度多态性(RFLPs)分析在植物系统与进化研究中的应用，传粉生物学与植物进化，被子植物系统学的原理和方法，早期植物进化史上的主要事件与地质记录，绝灭及其与植物进化的关系，居群概念和方法在植物分类学中的应用。(黄汉平)

Q000034 **植物生态场导论** 副名：青年科学家文库。王德利著。吉林科学技术出版社 1994 年 12 月版。19.7 万字。8.00 元。系统地研究植物生态场理论的专门著作。全面阐述了植物生态场的定义、生态势、生态场强度、生态场梯度、生态场作用范围等概念及其模型构建，详尽分析了植物生态场的场特征参数模型与其二维和三维行为变化规律，以及环境生态因子对植物生态场的不同影响，比较并初步阐述了生态场与生态位之间的关系。同时，作者运用生态场理论对生态学的空间分布格局、密度制约与自然稀疏、竞争与共存等进行了机理性的解释和探讨。(张瑛琳)

Q000035 **中国主要植物热能** 覃尚民、石清峰主编。林业出版社 1994 年 12 月版。32 万字。12.80元。记述了我国 101 个科，590 多种植物的干、枝、叶、皮、根或全株的热值，对各个科的一些代表植物从形态特征、生态环境、区域分布、繁殖方式等方面加以详细描述，并配以插图，以利识别。(张宏潮)

Q000036 **内蒙古植物志** 马毓泉主编。内蒙古人民出版社 1994 年 12 月版。486 万字。5 卷。242.00元。系统地记载内蒙古自治区野生和习见栽培的维管束植物，134 科，751 属，2 464 种，附有每个科、属、种的形态描述和各级检索表，对每种还有生境、产地、分布、经济用途的阐述及插图等。该志分 5 卷出版，各卷末附有新种记载和索引。第一卷：内蒙古植物区系研究史、内蒙古植物区系概况、蕨类植物(收入 17 科，28 属，62 种)，裸子植物(收入 3 科，7 属，26 种)，附图 78 幅，40 万字。第二卷：被子植物的分科检索表、金粟兰科至茅膏菜科，计 25 科，140 属，541 种，附图 296 幅，113 万字。第三卷：被子植物的景天科至山茱萸科，计 40 科，165 属，541 种，其中重要的大科有蔷薇科、豆科、伞形科等，附图 268 幅，106 万字。第四卷：被子植物的鹿蹄草科至菊科，计 30 科，257 属，689 种，其中重要的科有菊科、龙胆科、唇形科、玄参科等，附图 340 幅，130 万字。第五卷：被子植物的单子叶植物，从香蒲科至兰科，计 19 科，93 属，541 种，其中主要的科有禾本科、莎草科、百合科、兰科，附图 250 幅，97 万字。(马毓泉)

Q000037 **中国保护植物** 裘树平、刘仲苓著。上海科技教育出版社 1994 年 12 月版。34.4 万字。23.00 元。科普类图书。根据 1984 年公布的我国珍稀濒危保护植物名录，根据我国植物学家对濒危植物的研究成果，全面、系统、通俗地介绍我国保护植物的种类、价值、形态特征、产地、经济用途，以及如何进行人工培育繁殖的技术方法。每种保护植物都附有插图。(王义炯)

Q000038 **四川鱼类志** 丁瑞华等编著。四川科学技术出版社 1994 年版。92 万字。48.00 元。对四川鱼类进行全面系统科学总结的专著；是对四川鱼类区系生态资源学、鱼类学和水产资源学的归纳和总结；是一部既有科学价值，又有实用价值的工具书。与国内同类书比较，其科学性、创造性、独特性以及在鱼类动物地理区划和鱼类区系、生态资源的归纳总结，具有突出特点。共记述分布于四川境内的鱼类 246 种，其中 4 个为新种和新亚种。每种都有线条图，特有种附有彩图；改正了不少前人分类、记述的错误。书中除对每一种鱼的生物学特性进行准确描述外，对经济价值和科研价值较高的种类的食性、洄游、生殖和栖息环境作了叙述研究，提出了鱼类资源合理利用，繁殖保护和增殖措施。把基础理论与应用研究有机结合。在鱼类动物区划方面有新的突破，第一次提出鱼类区系青藏高原和东洋区的分界线在四川境内，澄清了以往在分界上存在的模糊概念。(张蓉)

Q000039 **天府奇兽** 胡锦矗主编。四川科学技术出版社 1994 年版。14 万字。14.00 元。详尽地介绍了四川现有的属国家保护的珍稀兽类 42 种，有彩图和文字说明，内容包括各种珍奇兽类的生存环境、分布状况、形态特征和生活习性等。(何光)

Q000040 **叶猴生物学** 叶智彰等著。云南科学技术出版社 1994 年版。96 万字。60.00 元。论述了叶猴的分类与进化、分布、野外生态与行为生物学、形态学、生殖生物学、神经生物学、细胞遗传学、血液学、生物化学、饲养管理和疾病防治等,并以表的形式列示了有关灵 长类的测定数据,借以帮助读者了解叶猴及其他灵长类各方面的变化情况,附有插图和图版百余幅,每篇后附有参考文献。(刘康)

Q000041 **红嘴鸥** 王紫江编著。云南科学技术出版社 1994 年版。18 万字。15.00 元。分上下两篇。上篇人鸥情,真实而生动地再现了 1985 年红嘴鸥进昆明以来,人们的亲身感受。下篇鸥的科学,系统、全面地介绍了红嘴鸥的生态生物学习性及对红嘴鸥的研究成果。附 40 余幅照片。(王韬)

Q000042 **大亚湾鱼类及生物学图志(汉英双语版)** 徐恭昭等编。安徽科学技术出版社 1994 年 1 月版。20 万字。彩照 198 帧、图 864 幅。98.00 元。研究大亚湾鱼类的专著。全面、系统、准确地阐述了该海域 198 种鱼的分布、形态、长度和重量关系、生殖力和生殖期等特性。198 帧鱼的彩照、864 幅精细图直观、生动地反映了每种鱼的特征。书中引用的数据和标本均从实地采集,为环境科研者研究其生态积累了极为珍贵的底本资料,也为渔业生产者寻找鱼场,实现海域生产的农牧化奠定了基础。本书为英汉双语版。(王春阳)

Q000043 **中国西北地区珍稀濒危动物志** 郑生武等编著。中国林业出版社 1994 年 1 月版。62 万字。32.00 元。记述了我国西北占国土 1/5 地区的国家重点保护野生动物 143 种。其中属国家Ⅰ级保护的 39 种,Ⅱ级保护的 104 种,囊括鱼类、两栖类、爬行类、鸟类和哺乳类。作者依据多年来在西北地区考察研究中所积累的标本并查对和参考大量的分类文献,同时又根据掌握的一定数量种群标本做形态、量度对比观察,因此,对于种和亚种的鉴定准确、可信,对于珍稀濒危物种,还反映出保护级别划分的精度。书中避免了有些志书中出现的人云亦云的弊病,如对羚牛、黑颈鹤、朱鹮等珍稀种的研究,均为区系调查和个体生态研究的最新成果。而珍稀濒危的金丝猴、雪豹、华南虎、血雉、野马、蒙古野驴、斑尾榛鸡等的研究和记述资料,对于自然保护决策者,从宏观角度采取保护措施,制定行动计划等具有重要参考价值;对于科研工作者也提供了必要的参考。(严丽)

Q000044 **动物世界** 吴岚等编。21 世纪出版社 1994 年 2 月版。31.3 万字。15.00 元。共 3 本:《动物趣话》、《动物与人》、《珍稀动物世界》。分别从三个角度透视了动物世界的基本概貌:有趣的动物现象展示了一个多彩的动物世界,动物与人类自古以来密不可分的关系告诫我们要与动物建立和谐的生存环境,珍贵稀有动物的逐步减少使得我们不能不花费巨大的精力和财富来设法保护它们。(肖心心)

Q000045 **两栖爬行动物学研究(第 3 集)** 中国动物学会两栖爬行动物学分会等编。贵州科学技术出版社 1994 年 2 月版。30 万字。8.40 元。为两栖爬行动物学研究的学术著作。主要由有关两栖爬行动物学研究的论文、科研新成果、新进展及动向报告等文章组成。主要介绍发现的新种,有关两栖爬行动物的形态学、区系与分类学、行为与生态学、生殖发育生物学、生理学及生物化学、古生物学、综述及资源保护与开发等内容。并有黑白插图 100 余幅及图版 30 余页。(夏同珩)

Q000046 **儿童百科知识图典(10 卷)·鸟类卷** 盖壤主编,冬木文,刘丽菲画。辽宁少年儿童出版社 1994 年 2 月版。40 万字。2.80 元。主要介绍了 120 种鸟类,对每种鸟的特点、习性、以及它们与人类和自然的关系等都有简明通俗的介绍。一文一图,每一条目均加有注音。(冯幽君)

Q000047 **儿童百科知识图典(10 卷)·哺乳两栖爬行动物卷** 盖壤主编,冯幽君文,徐鹤等画。辽宁少年儿童出版社 1994 年 2 月版。40 万字。2.80 元。主要介绍了哺乳、两栖和爬行动物 120 种。对每种动物的特征、习性,以及它们与人类和自然的关系等都作了简明通俗的介绍。一文一图,每一词条均加有注音。(冯幽君)

Q000048 **汉维拉动物名称词典(维吾尔文)** 努尔买买提著。新疆人民出版社 1994 年 2 月版。50 万字。12.55 元。收录家畜野兽鸟类鱼类,人畜共有的内外寄生虫、昆虫、单细胞生物名称 1.7 万多条,以汉文、维吾尔文、拉丁文对照形式编写。另适当收录了神话传说中的一些动物名称和家畜品种名称。(拜合提亚尔)

Q000049 **西吉动物寄生虫与寄生虫病研究** 王进香、周生俊等著。宁夏人民出版社 1994 年 6 月版。51.8 万字。18.60 元。研究国内动物寄生虫与寄生虫病的专著。为作者自 1985 至 1992 年对动物寄生虫方面进行大量调查研究和进行防治工作的结晶。本书第三部分记录虫种 207 种;第四部分配以清晰的插图,从宿主、寄生部位、感染率、感染强度、分布区域、虫体形态等方面详细记述虫种 163 种,为防虫灭病提供了第一手资料和可靠的科学依据。(陈泳如)

Q000050 **山西陆栖野生动物** 山西省自然保

关系的核心学科——生态学对自然科学、经济学、社会学及哲学等许多领域的渗透，也可以看到由生态学派生出的许多交叉学科。（倪乃华）

Q000067 **重新把握人类学** 理查德·G·福克斯主编。和少英等译。云南大学出版社 1994 年 9 月版。25 万字。9.00 元。90 年代美国人类学研究所的最新成果，展示了本学科前沿研究的新趋势，涉及到人类学研究的过去、现在和未来，范围涵盖历史、宗教、语言、政治、经济等方面，其中对传统人类学研究的立论基础提出了质疑并寻求重新把握人类学的可能途径。本书具有较高学术价值，其学术观点新颖、广博、精辟、深邃。（施惟达）

Q000068 **人类出现前的生命** 谢万明著。上海科学普及出版社 1994 年 12 月版。13.8 万字。9.00元。收入“青少年科技丛书”。分 4 大部分：消逝了的生物世界——不可磨灭的化石证据；远古海洋里的生物——生命的发生与鱼类的出现；生物由水到陆——裸蕨植物登陆与恐龙统治陆地；陆生生物大展宏图——鸟类、被子植物、哺乳动物昌盛与人类来临。它是根据生物进化学说，把多年来古生物学的有关成果汇集在一起，依照生物由低等向高等进化顺序编著而成的一本古生物学的科普读物。书前的第一幅彩图——生物地球历史分布图是作者译自国外资料在国内第一次发表。彩页中许多化石的彩照也是十分珍贵的。本书从生命的起源（“有机汤”中脱胎出来的原始有机体），到最早的人类（南方古猿），介绍了生命的历史长河中的种种迷人的古植物、古动物，使读者了解人类出现前的生命。（顾蕙兰）

R 医药、卫生

医药、卫生

R000001 **中国科学技术典籍通汇·医学卷** 余瀛鳌主编。河南教育出版社 1994 年版。550 万字。7 册。1 487.00 元。收入中国古代医学典籍 26 部，包括中国医学的几部重要的经典著作和内科、外科、妇科、儿科以及眼科、喉科各方面的专著。另外，又从医药史的角度收入了 3 部本草学著作：《神农本草经》、《证类本草》和《本草纲目》，所收入的典籍都是足本。（宋士杰）

R000002 **中国乡村医生实用手册** 陶意傅等主编。上海科技教育出版社 1994 年 2 月版。94.3 万字。14.45 元。集医、卫、药内容齐全的实用手册。共 47 章，包括卫生保健、社区卫生、诊断治疗技术、中医诊疗技术、农村急救、农村常见病防治、常用基本药物等，另附检验正常值等 6 个表。有关病名、药名、计量单位与方法，都较规范。可作为培训乡村医生与卫生员的教材，也可作为农村初级卫生保健人员晋升考核的自修读物。（方婷嫄）

R000003 **安康百忌（蒙古文）** 乌云达来等编。内蒙古科学技术出版社 1994 年 4 月版。18.3 万字。5.40 元。比较详细地介绍了生活中的各种宜、忌，包括从药物使用，到患者情志调节，并向人们提出忠告。（达来）

R000004 **中国医学文化史** 马伯英著。上海人民出版社 1994 年 5 月版。63.1 万字。52.00 元。中国医学文化史学术专著。它从中医起源的文化背景、哲学、宗教及政治与医学、社会生态、科技及一般文化习俗中的医学等几方面入手，探讨和研究中医的发生期文化及其发展过程中的文化背景、中医在中国文化史中的地位，对中国文化各层面的渗透与影响。（罗湘）

R000005 **现代医学伦理学** 伍天章主编。广东高等教育出版社 1994 年 6 月版。21 万字。6.90 元。高中等医学院校一年级学生的必修课教材。根据国家教委、中央卫生部关于高中等医学院校应把职业道德教育作为思想教育课的内容的指示精神，围绕培养目标和市场经济条件下医德出现的问题编写而成。在内容体系上，坚持以马克思主义、毛泽东思想以及邓小平具有中国特色社会主义理论为指导，坚持理论联系实际的原则，建立以社会主义医德理论、原则规范为主要内容的现代医学伦理学，以义务论为主线，将价值论、公益论贯穿其中。在继承发扬祖国优秀医德传统的同时，吸取国外有益的医德科学成果，同时对临终关怀、安乐死、健康道德等新课

题进行探索。(蒋玉瑛)

R000006 **家庭医生指南丛书** 郭仑、吴宗璘主编。天津科学技术出版社 1994 年 10 月版。210.3 万字。16 册。78.80 元。共 16 册,计有:《发热 300 问》、《头痛 300 问》、《腹痛 300 问》、《咳喘 300 问》、《化验 300 问》、《皮肤病 300 问》、《青春期 300 问》、《关节痛 300 问》、《胸痛心悸 300 问》、《呕吐腹泻 300 问》、《贫血出血 300 问》、《排尿异常 300 问》、《不孕不育 300 问》、《五官肿块 300 问》、《眩晕晕厥 300 问》、《昏迷抽搐 300 问》。(雷彭年)

R000007 **丝绸之路医药学交流研究** 王孝先著。新疆人民出版社 1994 年 12 月版。40 万字。25.80元。"丝绸之路研究丛书"之一。按汉、魏晋南北朝、隋、唐、五代十国辽夏金、宋、元、明、清的朝代顺序,从医药学发展概况、医事制度、中原与西域的医学交流、中外医学交流、医籍的整理、药物学交流、方剂的交流、医疗活动的交往、卫生与预防的交流、临床医学的交流、中外种痘术交流、西洋医学的传入等方面进行论述和研究。还对一些医学家个人在历史上的作用,特别是在医学交流方面的作用给予评介。(王黎明)

预防医学、卫生学

R000008 **农药安全使用及中毒抢救知识问答** 陶炳根主编。化学工业出版社 1994 年版。11.2 万字。4.00 元。在第一版《农药安全使用知识问答》的基础上进行了修改补充。仍采用问答的形式解答了农药在贮藏、运输、配药、喷(撒)药以及施药后等过程中遇到的安全、卫生、急救等方面问题 150 个。以总结群众的实践经验为主,同时也介绍了农药的毒性、残毒、残面与安全使用农药有关的基本知识,对中毒急救的原则、各类农药中毒的诊断与治疗都作了一一回答。书后附有:常见农药中毒诊治一览表;农药安全使用规定;农药安全使用标准。(杨立新)

R000009 **人体抗衰** 汪天异等编著。武汉大学出版社 1994 年版。18.1 万字。7.50 元。强身抗衰的广普读物。内容包括:指导婚龄青年优生,指导青年父母优育;为中老年人开辟抗衰之路,实现老而不衰、老当益壮开创美好的光明前景;为多种慢性病献奇方妙法,顽疾可愈。同时还有益于青少年和儿童。书中介绍的多种慢性病的简易疗法、抗衰 60 韵等内容都具有较广泛的实用价值。着重论述抗衰理论新说:多种不同的衰老观;衰有所苦,老有所乐;老而不衰,人力所及;抗衰与年龄是否有关系;人体衰化的原因;人体衰化的标准。同时还介绍了抗衰方法系列,即抗衰时期的最佳选择——优生优育和心理抗衰等。(钟雄文)

R000010 **妇女卫生保健学** 严仁英主编。学苑出版社 1994 年版。51 万字。18.00 元。分 13 章。着重介绍我国妇女保健的组织结构、管理实践和理论基础。论述妇女保健中有关流行病、青春期、婚育期、更年期的疾病预防,以及妇女的心理卫生、社会因素对健康的影响、职业妇女的劳动保护、孕产期(含胎儿、新生儿)常见病的预防治疗等,还有计划生育方面的技术指导知识。(渠川琰)

R000011 **虫媒病毒与虫媒病毒病** 自登云等著。云南科学技术出版社 1994 年版。83.46 万字。58.00 元。共 3 篇。第一篇总论分 4 章,论述虫媒病毒的分类、病毒感染与免疫,虫媒病毒的分子生物学及流行病学和防治。第二篇各论共 39 章,包括辛德毕病毒病、基孔肯雅病、西门利克森林病、罗斯河病毒病、盖塔病毒感染、马雅罗病毒病等披膜病毒科甲病毒属、黄病毒科、布尼安病毒科、呼肠弧病毒科、弹状病毒科和沙粒病毒科等 50 多种虫媒病毒病。第三篇介绍了虫媒病毒实验诊断技术共 8 章,包括虫媒病毒的分离鉴定一般技术和分子生物学研究的新技术。附录介绍了 535 种虫媒病毒的抗原组和虫媒病毒的传播媒介及宿主的索引等。(陆秀华)

R000012 **露天作业百病自我防治** 张子臻等编著。石油工业出版社 1994 年 1 月版。35 万字。12.80元。分上、下两篇,突出常见病自我防治的特点,上篇主要介绍 21 种常用治法的基本内容,疗效机理、治法优点、注意事项等;下篇详细介绍近百种常见病的病因病机、主要表现、中医辨证、治疗、调护等。(郭建强)

R000013 **三一二经络锻炼法——中老年百岁健康之路** 祝总骧、乔治贵著。北京出版社 1994 年 3 月版。4.5 万字。7.00 元。介绍一种人人可行的、不影响工作和生活的经络锻炼法,即"三一二经络锻炼法":每天只要坚持"按摩三个穴位、作一个腹式呼吸、锻炼二条腿",就能达到祛病强身、百岁健康的效果。(李利军)

R000014 **进出境动植物检疫指南** 倪礼传、黄德聪编著。鹭江出版社 1994 年 3 月版。28.8万字。18.50 元。内容包括:进出境动植物检疫的法律、法规;进出境动植物检疫的范围,检疫工作程序、操作方法,检疫处理方法、要求及标准,检疫单证、种类及使用范围;进出境动植物检疫审批规定、申报办法、禁止进境物;动植物检疫注册登记;进出境货物报检方法及通关手续;有关动植物检疫的法律责任;涉外经济合同的检疫条款和索赔理赔;动植物检疫基本知识。(陈逸君)

R000015 **灾难医学** 华积德主编。上海科技教育出版社 1994 年 4 月版。31.4 万字。12.00 元。介绍灾难医学这一边缘学科的专著。收入“新医学丛书”。由上海第二军医大学根据抗震救灾、战伤救治等亲身实践,并结合国内外有关灾难医学的文献编著而成。详述了灾难定义、种类,灾难医学的研究范围,灾难预防医学和对各种主要灾难的紧急救援组织、救治技术;着重介绍大量伤员的分类、各部位创伤、各种损伤和溺水的救治;化学、放射性损伤,生物制剂的救治,以及大灾后的传染病、流行病控制和监督等。(方婷嫄)

R000016 **现代医院科学管理** 叶政书、卓凯星主编。四川科学技术出版社 1994 年 5 月版。50 万字。16.00 元。分医院现代化结构,医院管理基础、原理、观念,信息论与医院管理,控制论与医院管理,系统工程与医院管理,医院医疗服务质量管理,论医疗市场,住院部改革与管理,医院服务中心,责任制护理及管理,医院后勤管理与改革,现代医院分级管理与创建,医院领导,医院思想政治工作及医德管理,医院培养人才的主要途径,医院人员的配备与管理等章。(杨佛章)

R000017 **实用营养治疗手册(第二版)** 查良锭等编著。中国标准出版社 1994 年 6 月版。34.5 万字。13.50 元。系统介绍营养学在综合治疗中的应用。分两篇 7 章,内容包括治疗膳食的设计、调整食物质地和营养成分的膳食、疾病的营养防治、诊断用试验膳食和代谢膳食、治疗膳食的制备方法、住院病人的营养评价和营养与药物等。依据营养治疗的新观点,对第一版的内容进行全面校正、修改、补充,增加治疗膳食的设计、种类和制备方法新内容,并详细介绍了值得营养工作者重视的“营养与药物”新课题。亦收入治疗膳食,以及一般家庭可参考制作的各种治疗膳食的原料和制作方法。(白德美)

R000018 **中国医学生备忘录** 王镭等编。长春出版社 1994 年 7 月版。20 万字。12.00 元。对医学生进行思想品德教育的读物。内容包括:神经誓言、规矩方圆、倾诉衷情、无尚荣光、法律至上、白衣家园、杏林奇葩、医学博览、学海无涯、生活百科、走向世界、星汉灿烂、百万雄师、展望未来等。(王敬芝)

R000019 **食品卫生检验技术手册** 王叔淳编。化学工业出版社 1994 年 7 月版。108 万字。46.00元。在 1988 年出版的《食品卫生检验技术》一书基础上,增加了微生物检验部分,并更名为《食品卫生检验技术手册》。主要内容有:一、食品卫生理化及微生物检验基础理论;二、以国家颁布的食品卫生检验方法为依据,详细介绍各类食品检验的原理、方法、卫生学意义,并指出检验中常出现的问题及解决方法;三、各类食品国家卫生标准。(谢丰毅)

R000020 **动物性食品药物残留** 朱蓓蕾主编。上海科学技术出版社 1994 年 7 月版。33.3 万字。12.60 元。有关动物性食品中药物残留方面的学术专著。共 11 章。叙述动物性食品中的药物残留,使人类对环境化学致癌源危害人体健康有一个充分的认识;畜牧业生产上常用抗微生物药、抗虫药等毒性及其评价、兽药残留的测定方法及控制动物性食品中药物残留的措施等内容。(李箕康)

R000021 **社区医学** 张枢贤主编。北京医科大学、中国协和医科大学联合出版社 1994 年 8 月版。50.4 万字。20.00 元。社区医学是一门充分发掘利用社区资源,突出社区特点,满足社区卫生需求的医学。社区医学的特点是要求把人群中个体的卫生需求问题回归到群体的高度,与他们生活的家庭、社区和社会联系起来去认识、分析和处理。本书主要讲述社区医学的基础理论和基本技术,突出内容的实用性和可操作性,内容包括社区医学概论、社区保健服务、社区健康教育、社区精神卫生与心理咨询、社区人群保健、社区卫生调查、社区诊断、社区卫生规划与评估、社区全科医生、社区常见疾病的防治策略等。(王凤廷)

R000022 **临床职业病学** 王世俊主编。北京医科大学、中国协和医科大学联合出版社 1994 年 8 月版。44.6 万字。15.00 元。共 6 章,第一章主要介绍职业病的概念、范围、有关法规及管理,以及职业病的发病特点、诊治原则。以后各章则分别对尘肺、职业中毒、物理因素所致疾病及职业病基本调查方法进行了重点讨论。其中第二章着重介绍了共 12 类职业性器官系统疾病的有关理论、临床特点及进展。多为作者数十年来在此领域实践和研究成果的总结,对指导临床实践、开拓研究思路,均有一定的帮助。(许立)

R000023 **人和动物的微量元素营养** 朱莲珍等译。青岛出版社 1994 年 8 月版。60 万字。24.00 元。微量元素营养方面的著作。是继澳大利亚营养学家E·J·Underwood编著的第一～第四版后，由美国的微量元素专家Walter Mertz组织众多国际知名专家集体编写的第五版。详细讲述了铁、钴、锰、铬、镍、钒、铜、氟、汞、钼、锌、碘、硒、铅、镉、砷、硅、锂、铝19种元素；集中讲述了锑、钡、硼、溴、锗、铷、铯、银、锶、锡、钛、锆12种元素；简要讲述了铍、铋、镓、金、铟、铌、钪、碲、铊、钨10种元素在人和动物营养中的生理作用、功能、代谢、食物来源、适宜摄入量和安全量及与疾病的关系。另外还讲述了微量元素的一般特点；研究方法，特别是做人体实验时，实验设计中应考虑的因素；分析方法和提高分析质量问题；微量元素在食物链中的关系。(李茗茗)

R000024 **预防医学** 邵靖方、严启之主编。上海医科大学出版社1994年8月版。48万字。16.90元。卫生学校教材。参照卫生部颁发的社区医学专业的"预防医学教学大纲"，由山西、浙江、天津等省、市部分中等卫生学校从事预防医学教学的教师编写而成。内容包括概论、环境与健康、预防策略和措施、生活饮用水与健康、居住环境与健康、饮食与健康、生产环境与健康、社会环境与健康、社区卫生保健实施、疾病的预防与控制、社区常用医学统计方法、社区卫生保健研究方法等12章。(高敬泉)

R000025 **儿童计划免疫须知** 金顺美、佘玉韶著。新世纪出版社1994年9月版。4.5万字。3.50元。从预防的角度向家长们介绍了从新生儿至7岁(农村儿童至12岁)的儿童进行计划免疫的常识。分别阐明了结核病、小儿麻痹症、白喉、百日咳、破伤风、麻疹、乙型脑炎、乙型病毒性肝炎、风疹、腮腺炎、水痘等10多种传染病的病征、传染途径、预防措施。对如何实施计划免疫程序作了具体的指导。(吴真)

R000026 **百岁老人长寿路** 郭远发编。新华出版社1994年10月版。25.8万字。9.80元。中外老寿星长寿经验集。主要章节有：世界五大长寿区的寿星们；长寿是"运动之神"给人的褒奖；保护好"第二心脏"；手是外部的大脑，多活动手脚健身健脑；肥肉勿近而远之；荤素兼顾，杂食颐养天年；奇特的不衰老和早衰老现象等。书中还有对国内外新的健身理论和抗衰老理论的论述、初探和分析。(崔金玉)

R000027 **卫生职业道德** 中华人民共和国卫生部编。广西人民出版社1994年12月版。23万字。9.20元。收入"中华职业道德教育丛书"。首先介绍了医德的基础理论以及医德与相关学科的关系；叙述了医德的历史背景和医德的基本原则、规范；具体阐述了卫生管理、医疗工作、预防保健、卫生监督、农村卫生工作、医学科研工作、医学教育、药品监督管理、生命科学发展等医疗卫生职业中的职业道德，并阐述了医德的评价与修养，还附录有案例精选和有关的若干历史资料。(邓耘)

R000028 **硒的化学、生物化学及其在生命科学中的应用** 徐辉碧主编。华中理工大学出版社1994年12月版。45万字。18.00元。总结了80年代以来国内外有关硒的最新研究成果，系统而全面地阐述了硒的化学、生物化学基础理论以及在生命科学中的应用，从分子和亚分子层次阐述了硒的作用机理，详细论述了硒在抗癌、防治地方病、防治白内障以及在农牧业、环境科学中的应用等。(姜新祺)

中国医学

R000029 **近代中医珍本集** 陆拯主编。浙江科学技术出版社1987年3月—1994年8月版。800万字。14册。500.00元。中医学分类汇编套书。收选中国近代(1840～1950)有代表性的著名中医著作进行整理校点、排比分类、归纳成医经、伤寒、金匮、温病、内科、外科、妇科、儿科、伤科、五官科、针灸按摩、医案、医话、验方14册，为中国近代中医学著作之精品。凡入选著作，有总结前人经验者，亦有阐发个人学术见解和临证经验者。许多著作乃属手抄孤本，为名医名家的独到之见。在选编过程中尽量避免内容重复，内容相同者则择善而选。若均属名著，内容有同有异，各有特点，则仍入选；凡入选著作，均采用较好的版本作为蓝本，并与其他不同版本对校，以及与有关文献进行旁校。若遇到讹误，又无对校本、旁校本等文献可据者，则以文义理校，即"×××，依文义应作×××"等处理；凡入选著作中所引的医经原文，多数予以注明出处。对于引用前贤名家著作，一般无原则错简，不作校著说明；凡入选著作中，有极冷僻生字或极难解字，在第一次出现时，予以训诂，注明汉语拼音和字的本义及引申义。本书一律加注标点符号，书稿中遇有缺笔残字，予以改正，不加校注说明；本书按分册统一编排目录，安置每册之首，同时每分册之后又附有方剂索引，以便索查。(方华生)

R000030 **中国食疗丛书** 沈家麒著。上海科学技术出版社1991年8月—1994年8月版。7册。已出版的有《食品的营养与食疗》、《眼病食疗》、《肿瘤药膳》、《肾脏病的饮食疗法》、《小儿常见病的饮食疗法》、《伤骨科疾病的食疗》、《肺科疾病的食疗》。从书除注意充分吸取合理的历代有关记载和来自民间的大量经验外，还尽力搜集了有关食品的营养成分、药理实验等方面的研究成果，力图简明地说明每一食品的一般性质、营养作用和治疗功能，并列举了多种食品制成品的应用实例。（吴洁）

R000031 **藏药志** 中国科学院西北高原生物研究所编。青海人民出版社 1991 年 11 月版。99 万字。30.00 元。藏药学是祖国医学宝库的组成部分之一，具有独特的理论体系和浓厚的民族特色。本书作者吸取了历代藏医学研究的精华，在多年实地访问、考察、采集实物标本（1 万多号）的基础上，经过系统地挖掘、考证、研究、整理之后编纂而成。全书记载藏药 431 个品（条目），共 1 152 个物种。其中原植物 957 种，原动物 130 种，原矿物 65 种。每种药物首载其藏文名称，其次分考证、原植物（动物、矿物）、药材、采集加工、性味功用等项记述。并附有植物图 224 幅、动物图 58 幅及解剖图 112 幅。本书具有以下特色：一、经考证之后，吸收已有著作的精华，补收了近百年来蕴藏在民间且行之有效的药物，丰富了藏药品名的物种，为今后的研究提供了依据；二、所载药物大部分是青藏高原的主产种或特有种，且分布在高海拔的寒冷地带，具有显著的高原特色和藏医用药特色；三、初步揭示了藏药物种的秘密，回答了国内外传统药物学家们所关注的藏药物种究竟有多少的疑问，是目前藏医药著作中载种最多的专著；四、反映了科学家野外实地考察的成绩，资料翔实、可靠，去伪存真，正本清源，为用药安全有效提供了依据；五、附有精心绘制的药物图及解剖图，有较高的资料保存及参考价值。（汪家驹）

R000032 **养生与中国文化** 刘松来著。江西高校出版社 1994 年版。11.6 万字。5.60 元。收入“中华文化通俗丛书”，介绍古代养生的内容，养生对增强人体健康与民族素质的意义。（陈易怡）

R000033 **中医方剂大辞典** 彭怀仁主编。人民卫生出版社 1994 年版。1 900 万字。1 000.00 元。方剂学大型工具书。收方剂 96 590 首，分 11 个分册。每个分册有该分册目录，以方名字首笔画为序。第一册方名字首为 1～3 画，第二册为 4 画，第三册为 5 画，第四册为 6 画，第五册为 7 画，第六册为 8 画，第七册为 9 画，第八册为 10 画，第九册为 11 画，第十册为 12 画以上的方剂，第十一册为全书目录和病证索引。每方设方源、异名、组成、用法、功用、主治、宜忌、加减、方论选录、临证举例、现代研究、备考等 12 项内容，义项不足者可缺。（成德水）

R000034 **马氏中医治疗股骨头坏死** 马在山著。人民卫生出版社 1994 年版。41.8 万字。80.40 元。股骨头缺血性坏死，属于中医“骨蚀”范畴，是骨伤科领域中的疑难病症之一，也是当前国内外医学界极为关注的课题。我国著名骨伤科专家马在山，秉承五代祖传治疗“骨蚀”之妙方，历经 50 余年的临床实践，积累总结出一套治疗股骨头缺血性坏死的马氏疗法。本书共 22 章：第一～三章介绍国内外中西医对本病研究治疗的近况。第四～七章分述马氏疗法的特点、内治法、外治法、推拿与功能锻炼法，并在内治法中重点介绍了马氏秘方在各型股骨头坏死中的运用，在外治法中详细介绍了中药洗浴和中药熏熥的秘方及其具体的治疗方法。第八章邀请国内著名的放射科专家，阐述了股骨头坏死及修复演变过程，解答了临床实践中的实际问题，并介绍了 CT、MRI、ECT 的诊断价值。第九章提出了临床疗效评定标准。第十～十九章分别详细论述了激素性、创伤性及其他原因所致股骨头坏死的发病因素、临床特点、治疗效果及防治原则。第二十～二十一章为部分个案治验列举。第二十二章简明扼要地总结了马氏疗法的宝贵经验和独到之处。附图片 542 幅，典型病例 131 例。（郝胜利）

R000035 **临床中药炮制学** 张炳鑫编。人民卫生出版社 1994 年版。24.6 万字。分总论和各论两大部分，总论部分主要介绍中药炮制的临床意义及临床中药炮制学发展史等。各论部分，按中药功效分 20 章分别介绍其中药的临床炮制方法和临床应用不同炮制方法所得炮制品治疗不同病症的情况等，每味药项下还介绍了对不同炮制品的现代研究成果资料。该书涉及临床最常用的中药 200 余味。可作中医临床应用中药炮制品治疗疾病的参考读物。（匡罗场）

R000036 **中华医学望诊大全** 张树生、肖相如主编。山西科学技术出版社 1994 年版。80 万字。35.00 元。从理论基础到临床各科实践，从整体到分部，揭示出望诊知病、望诊分证与治疗的一般与特殊规律。图文并茂。（张延河）

R000037 **家庭妇女病推拿** 刘光瑞等编著。四川科学技术出版社 1994 年版。11.5 万字。6.00 元。收入“家庭保健推拿丛书”。以 292 幅推拿图，直观地介绍了女性生长发育规律、女性的生理变化、妇女病推拿诊断方法、推拿对妇女病的治疗作用、常用推拿手法。介绍了 12 种常见妇女病的推拿方法。在妇女保健推拿中，主要介绍了性欲减退、美容束腰、

健美胸腹。(李迎军)

R000038　**家庭颈肩腰腿痛推拿**　张世明编著。四川科学技术出版社1994年版。8.2万字。5.20元。收入"家庭保健推拿丛书"之一。以157幅推拿图,直观地介绍了常见的颈肩腰腿痛推拿手法,常用的穴位,颈肩腰腿痛推拿的注意事项,如何鉴别骨折脱位损伤,四肢关节急性扭挫伤的局部处理原则,20种常见颈肩腰腿痛疾病的推拿治疗。(李迎军)

R000039　**中药材真伪鉴别彩色图谱大全**　黎跃成主编。四川科学技术出版社1994年版。120万字。235.00元。收载药材市场和各医院、药厂营销、使用的动、植、矿物药材(包括混淆品和伪制品)约1 000多种。运用彩色摄影技术制成原色彩图1 500幅,并配有主要鉴别特征的描述。这些实物标本的图片大多是作者们在长期的工作实践中拍摄的,具有很高的实用价值。书中有相当部分标本十分珍稀,是国内外的资料中第一次所见。对药材鉴别特征的描述参考集中了中外最新研究资料。(张憬)

R000040　**家庭小儿推拿**　张芸之等编著。四川科学技术出版社1994年版。13万字。6.60元。收入"家庭保健推拿丛书"之一。以305幅推拿图,直观地介绍了常见的小儿推拿穴位,几种推拿手法,推拿对小儿疾病的治疗作用,小儿推拿常用的辅助物,小儿保健推拿,小儿常见病的推拿。(李迎军)

R000041　**中医老年病学**　田金洲等著。天津科学技术出版社1994年版。116.4万字。57.00元。针对老年病人的特点,按生理系统及老年人所特有的病种分门别类较系统地阐发老年人所特有的多种疾病。(罗愉光)

R000042　**实用有毒中药临床手册**　高渌纹主编。学苑出版社1994年版。35万字。9.00元。分上下两篇。上篇扼要介绍有毒中药的基本知识,下篇分植物药、动物药、矿物药3类,分别对90多种常用有毒中药作了进一步的论析,对其别名、基原、产地、性味归经、功能主治、临床应用、用法与用量、禁忌、药理作用、毒性与中毒救治等,都作了阐述。其重点是对常用有毒中药的临床应用,并在搜集临床应用验方的基础上,侧重于阐述对疑难病症的救治。(高渌纹)

R000043　**中国舌诊大全**　李乃民主编。学苑出版社1994年版。350万字。175.00元。全书分上、中、下3篇。上篇着重介绍先秦至民国(1949)时期的舌诊医籍,并对其作比较系统的整理与研究;中篇着重介绍中华人民共和国时期的舌诊专著或有关舌诊的论述,资料收集比较周全;下篇着重摘录中华人民共和国时期有关舌诊的研究论文要点,以及国外对舌诊舌病研究的论文目录。书后附有健康人、病人的各色舌象彩图近300帧,舌电镜检查图约20多帧。(陈贵廷)

R000044　**傣族传统医药方剂**　西双版纳州民族医药研究所编。云南科学技术出版社1994年版。44万字。40.00元。根据众多的傣医药文史资料翻译、分类、归纳、研究、整理而成。介绍了傣医药学的发展概况,傣医方剂的起源与发展,傣药与剂型,傣药分类、加工、炮制、组方原则、常用方剂适应范围等。还编列了常用方剂索引、傣药傣汉名对照。本书包括汉文和傣文两部分。(胡平)

R000045　**三七药用集萃**　云南省文山州药品检验所等编。云南科学技术出版社1994年版。11.7万字。7.85元。内容有三七药用简史、药用价值、真伪鉴别及成方制剂。其中重点介绍了180多个处方的膏、丹、丸、散、片、针等的各类剂型的方剂组成、制作工艺、用法用量等。(侯德勋)

R000046　**云南药材精选**　云南省药材公司编。云南科学技术出版社1994年版。22.7万字。25幅。12.00元。收载家种(养)药材24种。内容包括品种来源、分布、形态特征及生物学特性、栽培(饲养)实用技术、商品性状等。着重介绍了产区分布、质量要求,综合分析了40多年的产销情况,指出了今后的发展前景。(李红)

R000047　**李幼昌临床经验选集**　李幼昌著。云南科学技术出版社1994年版。29.8万字。5.80元。作者是云南著名中医世家之后,全国著名老中医之一,从事临床医疗和教学50余载,积累了中医内科、妇科、儿科及外科等各科的丰富临床诊疗经验。本书分医案、医话医论、常用处方3个部分;以科分类,采用中医病名编排顺序(附有西医诊断病名),病案之后附有按语,说明该病案的诊治特点或用药规律。(李红)

R000048　**中药名大典**　刘道清主编。中原农民出版社1994年版。98万字。32.00元。分解表药、清热药、泻下药、祛风湿药、芳香化湿药、利水渗湿药、温里药、理气药、消食药、驱虫药、止血药、活血祛瘀药、化痰止咳平喘药、安神药、平肝息风药、开窍药、补虚药、收涩药、涌吐药、外用及其他药等20个部分,收编常用中药700余种、药名2万余个。包括正名、别名、商品名、处方名。同时,还分别介绍了其性味、归经、功效、主治、慎忌、用量及注意问题等。书

后附有各类名称索引备查。(张新涛)

R000049 **肿瘤良才大全** 张民庆等主编。安徽科学技术出版社 1994 年 1 月版。从上迄东汉,下至 1991 年的抗肿瘤方剂中,精选有效方剂 2 000 余首,编撰而成。全书内容涉及各系统各类肿瘤的预防、治疗、康复,以及现今医学临床化疗、放疗后并发症、继发症、后遗症的治疗等。以瘤癌所发部位及病名为主线编排;各方主要介绍药物组成、加减、配制,以及用法、临床例证、疗效、禁忌等。(储崇华)

R000050 **碧云养生法** 范秀兰著。北京出版社 1994 年 1 月版。1.8 万字。3.60 元。介绍的功法分成 3 个部分:一部基础功:由 10 节动作组成。二部功:①"养形回春法",②"三元归一法"。三部为静功:即"回春站桩功"。书中附详细的图解动作图。(白明)

R000051 **常用中药材品种整理和质量研究(一)** 徐国钧、徐珞珊主编。福建科学技术出版社 1994 年 1 月版。128.8 万字。96 幅图。85.00 元。运用本草学、植物学、生物学、天然药物化学、药理学等学科的现代科学技术,结合祖国药学传统理论,对 30 多类(每类为一专题)常用中药材进行了系统、全面的研究,取得第一手可贵的资料。大多数专题研究成果达到国内先进水平。(陈秀庄)

R000052 **实用中药鉴别** 方石林著。湖南科学技术出版社 1994 年 1 月版。65.5 万字。15.00 元。收载了植物、动物、矿物类中药 126 种及其伪品、混淆品、误用品和习用品共 600 余种。每个品种按药名、考证、使用情况、别名、来源、产地、采收、规格、性状、显微、理化、功效等项予以介绍,同时对正品与伪品、混淆品、地方习用品进行绘图、列表比较鉴别。(王劲松)

R000053 **中国医药大成** 方春阳主编。吉林科学技术出版社 1994 年 1 月版。164 万字。43.00 元。从 500 多部中国医药名著中精心遴选代表作,计有经典 6 部,名篇 500 余篇,新辑专题 8 个,共收文献约 1 500 篇,附方近 1 000 首,囊括了传统中医药学科的所有分支,概括总结了有文字记载以来之中国医药学的重要内容。书中按语部分,揭示了学术渊源与特色、实用价值及对后世产生的影响,并有编写者的研究成果等。该书繁体字本由吉林科学技术出版社授权台湾复文书局在台湾出版并在港台及国外发行。(吴文凯)

R000054 **中药缺换方法** 张衍芳等著。江西高校出版社 1994 年 1 月版。10 万字。2.90 元。根据中药的四气、五味、归经、功效及主治 5 个元素,用模糊数学定量的科学手段编著而成。全书共有 430 余种同类中药换药方法,其中还有 180 余种常用中药习惯换药方法。(徐明华)

R000055 **蒙医对常见病的诊断和治疗** 义日胡编著。内蒙古人民出版社 1994 年 1 月版。14 万字。6.20 元。蒙古医学普及读物。介绍了蒙医基础理论知识,蒙医蒙药对多发病、常见病的病因病理的探讨,蒙医蒙药对多发病、常见病的治疗原则,用药方法及措施。为方便读者更好地了解蒙医蒙药,本书还附有常用药物成分,常用药材和炮制方法。(闫柏珍)

R000056 **通督按摩法** 王中衡主编。山西科学技术出版社 1994 年 1 月版。3.60 元。分两部分,第一部分详细论述通督按摩法,第二部分是对 35 种常见外科病的具体医治。附 123 幅图。(张丽萍)

R000057 **中医治疗疑难杂病秘要** 张镜人主编。文汇出版社 1994 年 1 月版。11.37 万字。上下册。60.00 元。中医学著作。内容主要包括临床上的各种疑难病、各种杂病以及各种常见而难治的病。病因病机主要从中医辨证施治出发,联系临床经验进行分析,强调分型合理,立法严谨,辨证清晰,处方用药有较好疗效。多种治疗有机结合,充分体现中医治疗疑难杂病的特点和"秘要"之所在。本书采取了按分科叙述和治疗各种疑难杂病的方法,使各类疑难杂病条理清晰,叙述全面,减少重复。例如内科和儿科中有些疾病同类,但由于治疗方法不同,只能兼收并蓄。全书体例基本一致,但也注意了不同临床科目的不同特点。(李益然)

R000058 **中药及保健品研究开发技术指南** 胥云主编。中国医药科技出版社 1994 年 1 月版。62 万字。30.00 元。分 4 部分,第一部分为中药新药的研究与开发,主要包括新药研制的选题,处方,工艺,质量标准,药效学及毒理学研究,临床研究的申报、设计、实施、总结以及新药评价,剂型改革,统计学问题等。第二部分为中药保健品的研究与开发,从保健药品、保健食品、保健化妆品和保健用品 4 个方面分别进行阐述。第三部分为中药专利,包括药品专利概况,专利的申请与审批,专利性的体现与保护对象,专利文献的检索等。第四部分为法规与标准,收录有关中药新药及各类保健品管理和专利方面的法规,科研实践中使用的有关标准,以及部颁标准的中药目录等。(赵海宝)

R000059 **敷涂疗法** 刘道清等编著。外文出版社、日本东方书店1994年1月日文版。8万字。收入20种民间疗法。大部分是将药物敷或涂在体表或特定部位治疗疾病，如外敷疗法、敷脐疗法、湿敷疗法、冷敷疗法—敷鸡和敷鸽疗法、鸡罨疗法、膳血疗法、湿泥疗法、热蜡疗法等，还有在民间广泛使用的咽部涂布疗法、耳内吹粉疗法，通过工作劳动、娱乐、放风筝等治疗疾病的作业疗法、娱乐疗法、风筝疗法。收入“中国民间疗法丛书”。（张纬雯）

R000060　**推拿大成**　王之虹、严隽陶编。长春出版社1994年2月版。106.2万字。29.80元。《中国传统医学大系》之一。辑录1950年至1991年国内正式出版发行推拿著作188种的扼要介绍，并摘录258种古代推拿文献。将南北推拿学理论及推拿技法熔为一体，既体现了不同推拿流派的学术风貌，又在不少篇章中拓展了传统理论中的内容，提出了一些新的见解，如现代医学对推拿作用原理的认识、推拿作用原理的实验研究等章节，从现代科学角度对传统推拿疗法进行了阐发。美容推拿内容的设置拓宽了推拿的应用范围。（翟志强）

R000061　**中华自然疗法**　刘炎主编。上海科学技术文献出版社1994年2月版。77.08万字。30.00元。中医学专著。自然疗法就是通过自然环境以调理人和自然之情，以天然药物来清除人的自然之患，用正确的饮食方式以恢复人的自然之习，用健康的心态来调畅人的自然之性，用针灸推拿等法以恢复人的自身气化，用气功体疗以畅达人的自然疗能。自然疗法就是取法自然，道法自然，顺乎自然，效法自然，达于自然。作者总结了中医药典籍和民间医疗验方和秘方，删繁就简，归类整理。全书共18章，包括针刺法、灸法、拔罐、刮痧、推拿、体育疗法、气功体疗、心理疗法、药敷、脐疗、烫敷法、水疗、药膳、食疗、茶酒疗法、生活娱乐疗法、杂治类、养生。每章都含有疗法操作提要、临床应用、注意事项。（方金善）

R000062　**沐浴疗法**　刘道清等编著。外文出版社、日本东方书店1994年2月日文版。8万字。收入民间疗法23种。其中沐浴、田间、矿泉等11种疗法是属于康复疗法的范畴。还有利用药物和机械作用等治疗耳、鼻疾病的捏鼻止血法、鼓膜按摩法、耳内吹气法、吹鼻法、取嚏疗法，以及治疗颈椎病和骨折的牵引疗法，治疗小儿疝气的绑带法和治疗胸、头痛等功能性疾病的胶布固定法。收入“中国民间疗法丛书”。（张纬雯）

R000063　**男女科5000金方**　王旭东等主编。安徽科学技术出版社1994年3月版。200万字。52.00元。收载经精选过的历代中医男科、女科等分支中有关治疗、养生、保健、康复等方面的方剂共5 000余首，按性欲、房事、犯房、嗣育、男病、月经、带下、胎孕、生产、产后、乳病、前阴、性病、虚劳、更年、杂治、美容分归17篇，内容包括性器官病、性机能病、性生理病、性心理病、乳房病、生育病，以及与性有关的更年期疾病，甚至涉及了与性审美紧密相关的美容方药，尤其是将两性合并为一撰写，加强了两者间的联系，体现了性治疗方药的完整性。书中附方剂名称笔画索引、汉语拼音索引、四角号码索引、病证名称索引、实验资料索引。（储崇华）

R000064　**寿星孙思邈摄生精要**　周一谋编著。福建科学技术出版社1994年3月版。21.2万字。5.40元。孙思邈不但是我国唐代著名的医药学家，而且是集中国7世纪以前养生学与气功学之大成者。他的养生理论和经验，是中华民族文化的一份十分珍贵的遗产。本书分上下2篇。上篇孙思邈摄生精要，从居处环境、起居、饮食、劳动和运动、房室生活、情志调节、医德修养、读书学习、养生保健等方面介绍了孙氏的摄生之道；下篇孙思邈养生论著释译，节选了孙氏《千金要方》和《千金翼方》中有关摄生养性的精彩论述并加以详细释译。全书广罗博采，详尽地解答了“人的自然寿命究竟有多长？”“人类如何才能尽享天年”等一系列热门话题。（俞鼎芬）

R000065　**实用中医肝胆病学**　李佃贵等编著。河北科学技术出版社1994年3月版。42.7万字。13.50元。作者总结多年来的临床经验体会及在学术方面的见解，吸取各地医家新的理论建树、研究成果和防治经验编著而成。共3篇：总论篇，着重系统阐述中医肝胆病学的基础理论，包括肝胆的生理解剖、病因病机、诊断、辨证施治、理化检验、预防和调护；各论篇，比较全面地收集了各类肝胆病及与肝胆病有关的常见病证、肝胆急证，按照中医传统的理、法、方、药辨证论治，并较详细地介绍了中医肝胆病的现代研究；附篇，详述了肝胆病的常用方剂、药物。（宋自忠）

R000066　**外科卷**　刘忠德选编。湖南科学技术出版社1994年3月版。161.3万字。上下册。69.80元。“中医古籍临证必读丛书”之一。共选自晋代至清代中医外科古籍30部。每部著作前面，由编者撰写“提要”，简介作者生平、主要内容及特点，译载该书目录。然后根据中医外科的学术特点、临证规律，选择书中部分内容进行校点。选择的原则是：一、存优去复：如《外科全生集》、《卫济宝书》中的痈疽总论与《外科启玄》中的内容大致相同,并无特色,因此仅校点"启玄"的总论;二、突出中医内外兼治的特色。如所选书中有12部叙及"将息法"、"内消法"、"收口法",体现了中医注重调护、治疗与将息并重的特色;三、选方重在实用,重在方便,便于临床查阅。(车平)

R000067 **中医历代名方集成** 裘沛然主编。上海辞书出版社 1994年3月版。121万字。41.50元。集中国传统医学与现代医学之精华的医学工具书。共收载中医历代著名方剂1 600余首。依照方剂功能,分补虚类、解表类、清热类、泻下类、和理类等23大类,方剂名称为词目,释文设方剂来源、组成与用法、功效与主治、现代临床、应用要点等项。书末有"病名病症索引"(包括中医病症、现代医学疾病名称)、"方剂笔画索引"(包括方剂正名、别名、制剂名称、商品名称及附方名称等)几个附录。本书具备多种检索功能。(张颖)

R000068 **金匮要略译释** 李克光编著。上海科学技术出版社 1994年3月版。61.1万字。17.80元。译释中医古籍的著作。《金匮要略》是中医古医籍名著,为我国现存最早的一部诊治杂病的专著,为东汉时期张仲景所著。张仲景继承《内经》等典籍中精华,创立中医临床医学的基本理论,准确而巧妙地运用"法、方、药"创立辨证论治的体系。本书原文采用宋·林亿等诠次,明赵开美校刻的《金匮要略方论》为蓝本。每条原文下设"注释",为难解的字、词、句作精当的注解。"语释"为将原条文直译成现代汉语,浅显易懂、明白晓畅。"提要"点出原文中重要内容和主要精神。"阐析"为本书核心内容,对原文中重点、难点、疑点进行深入阐述、解释、分析或讨论。"按语"对原文进行归纳小结,对历代注家不同的看法进行客观评议,阐明作者见解。"选注"选载两家有代表性的医家论注。(杨菁华)

R000069 **中药调剂手册** 孔增科、陈静岐主编。天津科学技术出版社 1994年3月版。38.9万字。25.00元。共10章,简述了中药调剂的定义、任务、发展简史、有关法规、工具书籍及对合理用药与临床治疗的重要意义,并重点讲述了与调剂技术有关的常用中药、方剂、汤剂制作和药物保管等内容。鉴于医院药房调剂与医药门市部调剂实际情况的不同,分别叙述了医院药房调剂、医药门市部调剂与常见病问病给药的具体内容。(张洪善)

R000070 **气功疗法** 曹钟刚等编著。外文出版社、日本东方书店 1994年3月日文版。4.6万字。共收入8篇文章。6篇为气功疗法,介绍气功的自我控制疗法,及内养功、意功、提肾功、提肚功、铁裆功功法及所治疾病。另外2篇为"气功指针疗法"、"深呼吸疗法"。附有83幅插图。收入"中国民间疗法丛书"。(张纬雯)

R000071 **中国医学气功学** 沈鹤年编著。安徽科学技术出版社 1994年4月版。40.2万字。12.50元。运用现代医学和传统医学理论,对气功的基本理论、基本功法和临床实践作了全面系统的科学论证。书中重点论述气功的基本理论和《内气练养功》(沈鹤年编创)的功法特点、健身作用、锻炼方法及辨证施功应注意的问题。通过多年的临床实践,证明《内气练养功》功法的临床适应范围较广,对多种慢性病和疑难杂症都有效果,尤其对心脑血管病(高血压、心脏病、脑血管硬化、中风后遗症等)、神经系统的各类神经官能症、消化系统胃、肠、肝、胆疾病,以及呼吸系统、运动系统、泌尿生殖系统、内分泌系统等常见病、多发病疗效显著。书中在强调气功应以自我身心锻炼为主以增强调动人体自身的内气的同时,对气功外气的特点、作用和锻炼方法、临床运用,也作了专门的、科学的论述。(奚正新)

R000072 **百病不求人** 副名:中国民间传统疗法。范正祥主编。科学普及出版社 1994年4月版。69.9万字。28.00元。分上、下两篇。上篇为常用民间传统疗法,介绍了按摩、除痧、拔罐、热熨、挑割、针刺、埋针、艾灸、冷热敷、填脐、发泡、熏洗、捏脊、条打、扎贴、药枕、杂治,以及秘验方、食疗等90种疗法。下篇为常见病症的治疗,此篇从常见症状及常见病两个方面,分别介绍了民间传统疗法的具体应用。可使读者在仅有症状而尚未确诊的情况下,分析、判断可能患何种病,采取对症治疗;也可以根据已确诊的病选择具体的施治方法。(胡永洁)

R000073 **背腧理论探索及临床应用** 孙维仁著。内蒙古人民出版社 1994年4月版。8.8万字。4.20元。分两部分,前部分为背腧的经脉考证,背腧穴和内在脏腑间存在通路的理论性探索,"腧"的本质;后部分为腧穴考证,背腧的临床应用。作者认为,背腧之腧穴是以五脏腧为主体,脏与腑互为表里,每一个小区皆可以一个脏腧为主宰,所以脏腧实际上概括了腑腧,其他腧穴都可看作脏腧的附属部分,它们的局部解剖是相近的,其临床使用是相通的。(闰柏珍)

R000074 **折迭式推拿层次解剖图解** 严振国、郑风胡主编。上海科学技术出版社 1994年4月版。5万字。5册。1.50元/册。推拿学与解剖学相结合的图册。以中西医结合及基础与临床相结合的形式，介绍穴位的层次解剖结构，明确表示推拿穴位与形态结构的关系。图解共有上肢、下肢、头颈、躯干、小儿分册5集，以图文对照形式，分别表示推拿穴位或部位的几个方位，以及不同层次结构与推拿穴位的关系，以利于帮助读者在查阅推拿穴位或部位时，进一步了解其形态结构。同时，具有携带方便，可随时翻阅，有利于参考和学习的特点。(侯屹)

R000075　**医方捷径**　(明)何继充著。上海科学技术出版社1994年4月版。1万字。4.30元。中医古籍。分上、中、下3卷，用歌诀形式描述诊病之要和诵记古之汤方，是汤方之有歌诀见存刻本最早者。收方240余首，以伤寒方为最多。何继充为江南何氏自南宋以来第十三世名医，曾隶太医院，有当世医王之称，书中记载了这位名医的惯用之方和心得所在。由何氏第二十八代名医何时希据抄本整理，与明刻本相校后影印。(周瑞芳)

R000076　**推拿手法图谱**　沈国权、严隽陶编著。上海科学技术出版社1994年4月版。35.1万字。18.40元。利用绘图技巧展现推拿手法的实用性著作。以图为主，配以文字说明，对于一些操作较为复杂而临床又较常用的手法，予以动态描绘。全书共收录中外推拿手法近200种，书中采用中英文对照形式。(侯屹)

R000077　**有毒中草药彩色图鉴**　张庆荣、夏光成编。天津科技翻译出版公司1994年4月版。44.8万字。130.00元。收载具有毒性的并能用于治疗疾病的中草药(包括植物、动物、矿物)505种，其中菌类药8种，植物药442种，动物药40种，矿物药15种。全书有毒中草药均采用彩色照片反映其生态环境(活植物、活动物体态)，矿物则拍摄药材形状。每种有毒中草药均附有简要的文字描述，内容包括来源、形态、生境分布、采制、成份、功能主治等项目。本书编排以植物(动物)科为基础，按常用习惯顺序，由低等到高等，其科属内的中草药则按植物(动物)的拉丁学名的字母顺序依次排列，矿物则按药材剂型排列。(郭小兰)

R000078　**中医疑难病方药手册**　黄泰康主编。中国医药科技出版社1994年4月版。187万字。120.00元。重点内容是"方药选介"，特别是方剂的选介。其中有分型治疗的方剂、常用方选、单方验方、中成药、食疗药膳、各家医案、现代报道，共收载针对104种疑难病证的有效方剂3 000余首，有不少是名家的验方、验案。在"辨证施治"中，有辨证要点及辨证分型。(赵海宝)

R000079　**常用中药成分与药理手册**　黄泰康主编。中国医药科技出版社1994年4月版。286万字。150.00元。系统论述常用400多种中药的化学、药理研究成果。分概述、化学成分、药理作用3个方面，主要叙述中药化学成分研究中的不同品种的化学成分分析，不同采收期的成分分析，不同产地药材的成分分析，不同炮制品的成分分析；在药理作用中，介绍药理作用，药代动力学，临床药理，毒性、副作用等问题。在全书介绍时，有些药物研究较深入，是以成分探讨药理作用，如人参等药物；大部分药是不同提取物所进行的药理研究。(赵海宝)

R000080　**中成药学**　黄泰康主编。中国医药科技出版社1994年4月版。251万字。140.00元。在第一版的基础上，增加了许多的内容及成果。分12章，系统论述中成药的发展、开发、制备、装备、管理、应用等方面的问题。在总论中论述中成药的发展及有关概念，国外天然药物研究情况，分章对中成药的前处理(原料选择、炮制与成药疗效)、中成药新药开发的科研与设计、中成药的剂型及研究、中成药制药工业的生产工艺与设备、中成药分析的基本方法及新技术的应用、中成药的生物有效性、中成药制剂的稳定性研究、中药的包装、中成药与临床、中成药的管理、中成药制药厂的设计等方面作较深入的论述。对一些应用性较强的实例也都进行了讨论。(赵海宝)

R000081　**导引疗法**　刘道清等编著。外文出版社、日本东方书店1994年4月日文版。5.2万字。介绍太极拳、八段锦、退步走、易经筋、捏筋拍打等6种疗法。其中太极拳疗法、捏筋拍打疗法所占篇幅较大。太极拳疗法文图并茂，介绍太极拳24种运动姿态，及适应病态。捏筋疗法除介绍操作方法外，还介绍51种疾病的治疗方法。附插图261幅。收入"中国民间疗法丛书"(张纬雯)

R000082　**本草图经**　尚志钧辑校。安徽科学技术出版社1994年5月版。56万字。北宋年间，苏颂等人在当朝政府的支持下，撰成《本草图经》一书。此书是我国第一部版刻药物图谱，对后世本草绘图影响极大，但原书已散佚。本书初稿在1983年曾由安徽皖南医学院油印成册，在此基础上，作者对油印本重作审定，第一次在全国公开出版。共20卷，收罗药物780种，在其中635味药名下绘有933幅药图，图后说明文介绍药物的产地、形态、性状、鉴别、主

治、功用及附方，并详述其炮炙、配制及用法。（储崇华）

R000083 **广东中药志(第一卷)** 广东中药志编辑委员会编。广东科学技术出版社 1994 年 5 月版。125 万字。75.00 元。全面论述了每种药材的各个方面，如正名、别名、来源、原植(动、矿)物、栽培(饲养)、药材、鉴别、成分、药理、炮制、医疗用途等。在品种的收入、药名的确定、来源的考证、栽培的特点、药材的鉴别、中药的炮制、临床用药、民间验方等，都注重突出广东的特色。（邵水生）

R000084 **药酒神功** 张丹红、李应编。广西人民出版社 1994 年 5 月版。16 万字。4.90 元。从古代药酒方的真传中，撷取 500 多个能够治疗 21 种病类的药方，在方下用现代语言说明本处方的炮制、选料、饮用方法以及疗效。专门介绍了古方药酒配制、饮用的常规知识，古今度量的换算，各常用浸药的性能、功用。还附有几十种解酒、治酒病、戒酒的秘方。（邓耘）

R000085 **现代中医诊法** 李和平、丁雪安等著。华中师范大学出版社 1994 年 5 月版。21.2万字。5.00 元。在前人望、闻、问、切四者详情诊察、综合分析病情的基础上，打破望、闻、问、切各自为纲、分割论述、纵向发展的中医诊断格局，提出了以部位、症状为中心的“分部诊察法”。全书分上、下篇，上篇为“问诊”，突出围绕主症展开详而要之的询问，具有较强的鉴别诊断意义；下篇为“检诊”，着重以分部诊察为思路，按一定的逻辑循序讨论，分别与望、闻、问、切有机结合；篇末附录“临床常用诊疗技术”和“临床检验参考值及意义”。（程继松）

R000086 **帝玛·丹增彭措医著选集(藏文版)** 帝玛·丹增彭措著。青海民族出版社 1994 年 5 月版。75 万字。20.00 元(平)，25.00 元(精)。帝玛·丹增彭措，是 18 世纪人，8 岁即听受、攻读藏医学等多门学科，后以帝玛班钦之名，遍传于青、康、藏地区。本书从作者的上百种藏医学著作中精选了 61 篇医学著作编印成册。这些著作系统地讲述了藏医学的基本理论、人体结构、疾病起因、识病要点、诊断方法、用药原则、药物种类等方面的知识。并详细论述了藏药的六味、八性和 17 种效能。介绍了内科病、妇科病、小儿科病、癫痫病、麻风病、中毒病、疮伤病、老年病等多科疾病的发病原因、征状、诊断、治疗方法及预防措施。在重视疾病诊治的同时，重视病从口入的古训，强调起居饮食和卫生保健，提倡锻炼身体，增强体质，有病早治，无病早防，不要延误诊治时机。作者在研究藏医学理论和诊治经验的基础上，不断吸收藏医南北学派和中医的医理要点和成果。（李成文）

R000087 **中国传统医疗绝技大全** 刘智壶主编。山西科学技术出版社 1994 年 5 月版。90 万字。42.00 元。收录古今医籍与刊物、家传秘授、民间流传，以及作者们临床屡用获效的良方妙法共 1 700 余个，所治病近 400 种，包括内、妇、儿、外、皮肤，以及骨科、伤科、眼科、五官科、口腔科等各种疾病，治疗方法有方药、针灸、推拿按摩、气功、心理治疗等。（赵志春）

R000088 **推拿临床与解剖** 严振国主编。上海科学技术文献出版社 1994 年 5 月版。51.8万字。20.00 元。中医专著。系统阐述推拿科常见疾病临床知识及有关的解剖基础。全书共 10 章，内容包括上肢常见疾病、头部常见疾病、颈部常见疾病、胸部常见疾病、腰骶部常见疾病、内科、神经科、妇科、小儿科常见疾病临床与解剖生理以及常见穴位解剖结构。本书内容编排以临床疾病为依据，按人体各个局部常见疾病为中心，叙述每个病变的症状、临床解剖与病因、病理、诊断要点、治疗原则和治疗措施。通过对病因、病理的分析，提出治疗最佳方案。此外，作者总结了长期科研成果和经验，在第十章“常用穴位解剖结构”中共介绍了 52 个常用和“危险”穴位，为临床应用于推拿治疗和取穴提供了穴位解剖基础，具有创新性。本书还配有插图 140 幅，形象直观，便于读者操作。该书对医疗、教学、科研工作者均有参考价值。（何兰林）

R000089 **中医性医学研究与临床** 戚广崇主编。上海科学技术文献出版社 1994 年 5 月版。38.9 万字。19.80 元。中医学论文集。共汇集 150 余篇论文。内容分概论、男子性功能障碍、性传播性疾病、其他等 8 个部分。（虽澄清）

R000090 **调元·体质·食养** 匡调元著。上海科学技术文献出版社 1994 年 5 月版。13.3万字。4.50 元。介绍中医体质学说与饮食的关系的普及读物。以中医体质学说与体质病理学为理论基础，就如何正确认识体质与饮食的相互关系进行探讨。提出辨体质论饮食的理论，根据个人的体质类型，如正常质、晦涩质、腻滞质、燥红质、迟冷质、倦㿠质等，建议选择最适宜的饮食，燥红质用滋阴清热润质法、迟冷质用壮阳祛寒湿质法、倦㿠质用益气生血健质法、腻滞质用除湿化滞利质法、晦涩质用行血消瘀活质法、正常质用平补阴阳强质法，从而达到健康和美容的目的。书中还介绍了美容食谱、年龄与食养的关系、性别与食养的关系、地域、季节与食养的关系,以及常用食物的性味、主要功能及体质宜忌。(陆琦)

R000091 **家用偏方大全** 罗禅、张英编著。四川辞书出版社1994年5月版。38.6万字。12.00元。生活类实用型工具书。收有祖传、佚人秘传、民间、个人验方的偏方4 600方。参照中西医对疾病分类的方法,将偏方分为内、外、骨伤、妇、儿、皮肤、眼、耳鼻喉、口腔、肿瘤10科。(帅初阳)

R000092 **中国食疗大典** 姚海扬编。天津科学技术出版社1994年5月版。115.5万字。32.00元。收载食疗、食养常用中药共734种,食用制作方法1 900种。以每种中药的名称为辞目,下分:异名、基原、成分、药理、性味、归经、功用主治、用法用量、宜忌、选方、按、食用方法计12项。食用方法一项里,酒、茶、羹、饮、粥条款下分:配方、制作、功用3条;面食、菜肴条款下分:原料、制作、注意事项3条。(于伯海)

R000093 **四部医典系列挂图全集** 王镭、强巴赤列编译。西藏人民出版社1994年5月版。18万字。450.00元。以彩色连续画的形式,描绘了藏医药经典著作《四部医典》。系统介绍了医药卫生科学理论及实践技术。(刘金华)

R000094 **中医百家方论荟萃** 金家浚、蒋维宇编。重庆出版社1994年5月版。70.4万字。17.45元。收入"中医百家荟萃丛书"。专以介绍199个中医经典方剂和常用方剂的有关论述。作者从先秦至今的中外方家和现代中医方剂研究者的数百种典籍文献中,广采博收,摈弃重复,摘要选精,尤其着力于搜剔歧论创见。内容按解表剂、泻下剂、和解剂、清热剂、温里剂、补益剂、固涩剂、理气剂、消导剂、理血剂、祛湿剂、祛痰剂、治风剂、治燥剂、驱虫剂、涌吐剂等16种剂型分类介绍。每论一方,皆涉及该方出处、组成、制备、服法、剂量、临证运用、配伍加减、禁忌注意等等,论末详注所论出处。书末附有方剂索引。(谢先)

R000095 **推拿疗法** 刘道清等编著。外文出版社、日本东方书店1994年5月日文版。8.3万字。介绍有关推拿等方面的疗法14种。有医者给患者按摩,也有患者自我按摩;有拿闩、刮背、撮痧等仍在民间广泛使用的疗法;还有以指代针在特定穴位上施术或用特制药棒叩击穴位的方法等。大多疗法配以插图。收入"中国民间疗法丛书"。(张纬雯)

R000096 **甲骨文与中医学** 李良松编著。福建科学技术出版社1994年6月版。11.4万字。4.90元。收入"中华文化与中医学丛书"。介绍了甲骨文中有关中医学的基础知识和临床各科史料,并对甲骨医学研究的历史背景、现状与展望作了阐述。作者还对甲骨文中的疾病收容、甲骨文中的诊疗方法、甲骨文中的预防医学、从甲骨文看医易并非同源以及某种单病的考释等,都提出了一些新的观点和见解。书末附录了与甲骨文有关的文献,如对商周青铜器上的医学铭文探析,对古陶文中的有关医学内容介绍等。(尤廉)

R000097 **中西医结合临床针灸学** 葛书翰等编著。辽宁科学技术出版社1994年6月版。34.5万字。32.00元。中西医结合的临床针灸学专著。共2篇,总论概述了经络的基本理论和基本知识,并较详细地介绍了14经361个腧穴和60个经外奇穴的位置、取穴、主治与针法。同时还介绍了头针疗法、耳针疗法、芒针疗法和三棱针疗法等4种其他针法。各论重点论述了内、外、妇、儿和五官科85种疾病和12个常见病状的针灸方法,每种疾病均采用西医诊断,中医辨证,针灸治疗。并附有临床体会。(李逢秋)

R000098 **藏医实践概论(藏文版)** 康仓·珠嘉著。青海民族出版社1994年6月版。55万字。25.00元。青海果洛地区著名藏医康仓·珠嘉多年潜心研究的藏医著作集。全书分92章、24个独立成章的藏医秘诀。它以《四部医典》等藏医经典为依据,集百家医学之精华,融藏医学和藏药学为一体,对藏医理论、临床经验等作了详尽的阐释。作者经过多年实践、研究发现34例新病,并对治疗这些疾病有独到的见解。它是研究青藏高原药物,高原疾病和藏族传统医学的珍贵资料,也是藏医工作者和藏医研究者必读的书籍。(索南才让)

R000099 **遵生八笺校注** 赵立勋等校注。人民卫生出版社1994年6月版。83.4万字。41.60元。《遵生八笺》为明代著名学者高濂辑纂的一部养生专著。全书依所述内容分为清修妙论、四时调摄、起居安乐、延年却病、饮馔服食、燕闲清赏、灵秘丹药、麈外遐举八笺,故名《遵生八笺》。正文19卷,合目录1卷共20卷。全书征引广博,搜采宏富,涉及儒、释、道籍、医药著述以及经史杂著等众多文献,内容包括医药卫生、气功导引、饮食起居、山川逸游、花鸟鱼虫、琴乐书画、笔墨纸砚与文物鉴赏等多学科知识,从身心调养、性情陶冶、生活调摄、卫生保健、疾病防治、气功修炼和艺术欣赏等诸多方面详细论述了强身却病、延年益寿的丰富知识和科学方法。不但内容斑斓多采，切于实用，而且文笔秀丽隽永，意趣高雅。原书撰成并刊行于明代万历年间，以后刊刻流传甚广，脍炙人口。惟征引博杂，名物典故繁多，现今读者一般难以卒读和理解。兹特选取雅尚斋原刻本，参以众本和诸家著述600余种，加以全面校点和详细注释。（李丽）

R000100　**叶天士医案大全**　潘华信等编。上海中医药大学出版社1994年6月版。80.3万字。41.60元。清代著名医家叶天士之医案的勘校本。书中所搜辑的叶案有《临证指南医案》、《种福堂公选医案》、《叶氏医案存真》、《叶天士先生方案真本》、《眉寿堂方案选存》、《未刻本叶氏医案》、《三家医案合刻·叶天士医案》、《古今医案·叶天士医案》8种。作者以上海中医药大学图书馆所珍藏的乾隆三十三年卫生堂版作底本，以浙江图书馆所藏乾隆二十九年武林文苑堂版为主校本，以文发堂、崇德书院、扫叶山房、经钽堂诸刊本作为参校本。校点工作分两个步骤，先以底本对照参校本进行逐字逐句校阅，发现文字、内容、标点等方面有出入的地方达数百条之多；又以底本对照主校本，在全书通校的基础上又重新校勘前述有出入之处。从而纠正了目前通行本中不少鲁鱼亥豕之误，使叶天士医案本义基本上得以彰明。（马胜英）

R000101　**金元四大家医学全书**　天津科学技术出版社总纂。天津科学技术出版社1994年6月版。253.7万字。上下册。98.00元。收集我国金元时期（公元1115～1386年）刘完素（刘河间）、张从正（张子和）、李杲（李东垣）、朱震亨（朱丹溪）4位著名医学家医学著作38种，凡从各种渠道能收集到的4大家作品，已基本全部收入。其中除一部分于新中国成立后曾有过影印本或点校本出版外，多数并未刊印过，有的则属于海内孤本，如《新刊图解素问要旨论》、《医方便懦》、《医学发明·残本》等；有的则属辑佚钩沉，如各家医案拾遗，系首次与读者见面。另外，还收入了一小部分4大家的衣钵作品或伪托作品，因其能从某一侧面反映4大家的学术思想，尤其是对后世影响较大的朱丹溪、李东垣的作品。（周喜民）

R000102　**中药工程学**　曹光明主编。中国医药科技出版社1994年6月版。178万字。145.00元。分8章：中药工程学总论；药材的预处理工程；粉碎、混合和流体输送；分离过程；蒸发与干燥；洁净技术与灭菌工程；中药工程设计；中药包装过程。（赵海宝）

R000103　**食疗法与药疗法**　刘道清等编著。外文出版社、日本东方书店1994年6月日文版。8.3万字。收入有关食疗和药疗文章19篇。其中《食物疗法》介绍治疗60种疾病的食谱，《药酒疗法》介绍药酒的制作、使用和疗效。其余各篇介绍药疗的方法和处方。收入“中国民间疗法丛书”。（张纬雯）

R000104　**中国家庭保健实用气功**　金策等编著。外文出版社1994年6月英文版。18.2万字。介绍13种家庭保健气功、68种常见病和疑难病的气功疗法，以及9种癌症的气功辅助疗法，附有典型病例。还介绍气功按摩与健美美容。附有130幅插图。（张纬雯）

R000105　**中医药学临床验案范例**　陈可冀主编。外文出版社、新世界出版社1994年6月英文版。35万字。汇集中国当代优秀中西医结合医学家的临床经验专著。全书辑入140篇中医药学临床案例，每例均有中西医双重诊断，对治疗经过和临床疗效作出客观的符合实际的研讨。附有索引。（陈有升）

R000106　**观眼识人——眼睛·心理·识病·保健**　赵庭富等编著。河北科学技术出版社1994年7月版。18万字。6.80元。包括7章。第一章论述眼睛是人全身的缩影，眼诊是历代医家的创举，是唯物的，与“相面”有本质的不同；第二章提出眼睛之所以能反映身体情况，是因为眼为全身经络气血汇集之海，并有全息生物学的佐证；第三章了解眼睛的构造及分类；第四章论述眼睛的各种表现；第五章是自我眼诊的技巧；第六章为望眼识病与治疗方法；第七章为眼睛的自我保健。本书是讨论眼睛与全身病的关系的科普读物，通过观察眼部变化来了解身体状况，及早发现疾病并进行有效的防治。（白世维）

R000107　**神针妙手奇方**　王学良、辜甲林主编。山西科学技术出版社1994年7月版。43万字。17.00元。精选处方1 437首。本书采用以病统方，只要找到病名，便可知用药，一病多法，有针灸、按摩、气功、药物。患者可以根据自己实际情况，选择其中一种治疗方法。（赵志春）

R000108　**实用电脑针灸学**　副名：子午流注·灵龟八法·飞腾八法。张少华著。浙江大学出版社1994年7月版。14.9万字。14.00元。分3篇，分别介绍了子午流注、灵龟八法、飞腾八法的理论、推算方法以及各种数学公式和参数。同时也介绍了如何利用电脑建立专家系统、多媒体模糊专家系统理论和技术以及子午流注仪的结构。（洪保平）

R000109　**抗癌治验本草**　盛展能编。重庆出版社1994年7月版。54万字。18.00元。中草药治疗癌症专著。乃作者在长期搜集和整理中草药治疗癌瘤的基础上,中西结合、溯古参今,联系自己研究成果写成。全书分上下两篇。上篇主要包括两大内容。其一为癌症发病的病理机制。作者针对现代治疗癌瘤失败的三大原因:一、局部治疗不易彻底,常见复发;二、不能阻止扩散转移;三、致机体免疫活力降低,防御机能衰退,难于恢复。提出"抑制癌变与诱导逆转""局部控制与整体调整""诊断检查与辨证施治""祛邪解毒与扶正培本"相结合的治疗原则。其二为对12种常见癌症及其并发症按主症、治则、方药、治验、验方等逐项介绍。下篇就防治癌症的333种中草药按药物、药化、药理、药性、药效、药用及药量等依序阐述。其中,药用项下,将效用与疗疾并论,药物与验方合述,明晰实用。书末附有主要的参考文献。(谢先)

R000110 **实用中医舌诊彩色图谱** 宋天彬著。安徽科学技术出版社1994年8月版。29万字。110.00元。中医四诊之首为望诊,望诊之首为舌诊。舌诊是中医临床一种独特的诊断方法。本书简要介绍望舌方法、注意事项,着重按舌诊程序先后通过观察舌的神、色、形、态,以及苔的色、质等,综合诊察、剖析临床典型的136幅舌图的舌象及主病。(储崇华)

R000111 **名老中医经验全编** 《名老中医经验全编》编委会编。北京出版社1994年8月版。52.00元。分上下册。介绍名老中医各自最拿手的绝活,例如关幼波治疗肝炎的经验、刘春圃治疗尿毒症的经验、姚正平治疗肾病的经验、赵炳南治疗皮肤病的经验、赵松泉治疗妇科病的经验、王鹏飞治疗小儿病的经验,等等,其论述不但总结了多年临床实践的丰富经验和理论探讨,而且多有系统的临床案例佐证。(黄颖)

R000112 **中医治癌大成** 孟琳升编著。北京科学技术出版社1994年8月版。206.6万字。155.00元。分为上、下两编,上编10章总结医癌基础,阐述作者多年的研究成果和治癌"三论"、癌症的病因病机、诊断方法、治癌大法、治癌方剂、治癌专药、摄护防养。下编10章,以病为目,就近40年来期刊公布的14万多病例,选取医案721例,分头颈癌症类、胸胁癌症类、脘腹癌症类、血液癌症类、淋巴瘤肿类、女性癌症类、骨骼癌症类、体表癌症类,逐案研究探析,从中揭示医癌规律。(李可亮)

R000113 **当代名医周鸣岐疑难病临证精华** 周升平等编著。大连出版社1994年8月版。14万字。4.80元。分上下两篇,总结了周鸣岐诊治内科、妇科、皮肤科疑难病的独特经验与成效。上篇为医论辑要,总结了周氏对鱼鳞病、银屑病、脱发、白癜风、天疱疮、荨麻疹、湿疹、痤疮、冠心病、慢性肾炎、尿崩症、泌尿系结石、溃疡性结肠炎、眩晕、崩漏、盆腔炎、不孕症、习惯性流产等疾病的辨治理论与实践。下篇医案选粹,记录了周氏诊治脑血管意外、脊髓空间症、冠心病、再生障碍性贫血、血小板减少性紫癜、糖尿病、低热、血管神经性头痛、脑振荡后遗症、舞蹈病、甲状腺囊肿、不育症、蛇皮癣、银屑病、结节性痒疹、慢性湿疹、丹毒、痛经、子宫内膜异位、不孕症、子宫肌瘤、乳腺导管瘤等典型医案。全书还记录了有关疾病的临床分析、疗效分析及实验研究。(徐事本)

R000114 **福州近代中医流派经验荟萃** 孙坦村、肖诏玮主编。福建科学技术出版社1994年8月版。18.8万字。5.40元。荟萃福州近代中医学术流派经验,集内、外、妇、幼、眼、喉、骨伤、针灸、痔疮、推拿、瘰疬等名医51家。全书分两部分。第一部分介绍医家28位,内容分简介、学术见解与临床经验、医案(话)选介;第二部分介绍医家23位,主要介绍其生平,或略书其学术特点、主要著作,或选附医案。(郑爱今)

R000115 **巧制肉食治百病** 钟以林等编著。广西科学技术出版社1994年8月版。12.4万字。4.80元。从新的角度并结合大量的古今及民间资料介绍人们所熟悉的家禽家畜、飞禽走兽、水产海产、鸟类虫蛇等82种动物的可食部分的四性五味、药用药理、疗疾防病、强身延寿的独特功效。详细叙述各种肉食的药用制作方法、配方及针对不同病症的具体应用情况;讲述不同病症的饮食禁忌和注意事项。选录不少有关肉食补养的文献和最新发现的秘方和验方。(马如海)

R000116 **中国名老中医药专家学术经验1** 邱德文、沙凤桐等著。贵州科学技术出版社1994年8月版。100万字。75.00元。收入"中国名老中医药专家学术经验集丛书"。共收录全国10个省(市、自治区)16位著名中医药专家的学术经验,他们是:滋阴派专家章真如、内科学家许公岩、热病学家万友生、生药本草学家谢宗万、老年病专家李辅仁、金匮专家何任、眼科专家韦玉英、脾胃病专家徐景藩、伤寒学家俞长荣、内经专家周倍友、蒙医学家苏荣扎布、内科学家杨继荪、伤寒学家袁家玑、针灸学家周楣声、中药专家金世元、临床学家路志正。在介绍每位专家的学术经验时,分别独立成篇,各有特色,但又有大致相同的体例规范，分别有编者按、引语、小传、学术精华、临证特色、名案评析、医论医话、经验方等部分。重点反映著名老中医药专家的学术观点、临证思路以及对某种病证的独特见解和诊疗绝招，并通过对其著名医案的评析来相互辉映，再加医论医话反映他们对中医药学各种问题的独特思考和见地。（熊光平）

R000117 **当代中药临床应用** 李希新、苏明廉著。济南出版社 1994 年 8 月版。69 万字。21.80 元。列出 140 味中药的用法，阐述各味中药的用法、用量，并结合实际病例，说明它们的疗效。（于千）

R000118 **吴熙妇科溯洄（第一集）** 吴熙著。厦门大学出版社 1994 年 8 月版。61.1 万字。28.00 元。中医妇科专著。作者在总结临床经验与科研成果的基础上，参阅历代有关文献，根据理论联系实际、古为今用、推陈出新的原则，撰写成本书。分为医史研究、文献探讨、临症经验、医案医话、治验简介、食疗选萃等 6 大部分。（吴天祥）

R000119 **中国民族医药外治大全** 关祥祖主编。云南民族出版社 1994 年 8 月版。86 万字。39.80 元。共收 3 532 首民族医药外治方子、401 个病症，共 8 章：内科、妇产科、儿科、外科、骨伤科、眼科、耳鼻喉口腔科、皮肤科。作者共有 180 多人，均为长期从事民族医药研究和临床实践的专业人员及献方人。该书突出外治疗法，采用内病外治，外病外擦、外敷、外包等措施，从而达到治病救伤的目的。（段观乐）

R000120 **土家族医药学** 田华咏等编著。中医古籍出版社 1994 年 8 月版。41.6 万字。18.00 元。分为 4 章：一、概述：土家族医药发展的历史、现状及土家医药的特点；二、土家医的理论基础：包括土家医对人体结构功能、病因病理的特殊认识及土家医诊法治法的特点；三、土家医的药物：包括命名特点、分类、性能、采制及具有地方和民族医药特色的常用药物 21 类 276 种的具体应用；四、临床证治：按土家族医学的传统方法对疾病进行分类，并列举 18 种地方病、常见病的治疗方案。（徐岩春）

R000121 **中医经典通释** 牛兵占等主编。河北科学技术出版社 1994 年 9 月版。210 万字。4 册。180.00 元。《黄帝内经》、《神农本草经》、《伤寒杂病论》、《温病条辨》4 部著作，统称为中医 4 大经典著作。本书将 4 部著作集于一函，逐一注释并给予评介。《黄帝内经》是将《灵枢》、《素问》合为一篇，《灵枢》以人民卫生出版社 1981 年 4 月出版的明·赵府居敬堂刊本为底本；《素问》以人民卫生出版社 1963 年 1 月整理出版的明·嘉靖年间顾从德本为底本。编写体例，依底本首录原文，次加注释，最后为著者评介。《神农本草经》编写以清·顾观光辑复的《神农本草经》辑本（武陵人的遗书第四册）作为蓝本，以孙星衍、森立之等辑复本作校本。编写体例，首录原文，另加注释、评介，不作语释。《伤寒杂病论》原文部分，《伤寒论》参照上海科学技术出版社 1983 年出版的《伤寒论》而分，《金匮要略》参照人民卫生出版社 1963 年出版的《金匮要略方论》而分，并标明原文的序码。编写体例，首录原文，另加注释、评介，不作语释。《温病条辨》据问心堂刻本为蓝本。编写体例，首录原文，另加注释、评介，不作语释。全书注释，既参照大量其他译本，又结合著者研究、临证的成果与经验，对于一些有争议的问题，提出了自己独到的见解。在评介时，融入现代科学研究成果；据理不切者，不妄加评论。（白世维）

R000122 **中国神农架中药资源** 詹亚华主编。湖北科学技术出版社 1994 年 9 月版。98 万字。55.00 元。介绍中国神农架地区中药资源的学术专著，由 24 位科研人员根据他们参加 1985～1987 年湖北省中药资源普查所得的第一手资料，运用生物分类学、区系学、地理分布学、生态学、药物化学、药理学及保护生物学等学科，对神农架地区的中药资源进行综合研究与评价。附彩色照片和黑白线条图 190 余幅，分 6 章：第一章介绍神农架地区自然地理及社会经济概况；第二章介绍中药资源的地理分布情况；第三、四、五章为重点，共收载神农架现有分布的药用植物 195 科 816 属 1 886 种（含亚种、变种、变型），药用动物 110 科 172 属 211 种（含 80 亚种、1 杂种），药用矿物 14 种和其他来源中药 17 种，并对神农架现有分布的 164 种民间草药，112 种珍稀药用植物（其中国家重点保护植物 33 种）和 36 种珍稀药用动物（其中国家重点保护动物 32 种）进行重点论述；第六章阐述作者对神农架中药资源开发利用与保护的意见和建议。书中药用植物检索表采用定距检索表；药用动物检索表则采用对选并靠式检索表。书末附中名索引和拉丁名索引。（蔡荣春）

R000123 **刮痧疗法** 陈志敏等编著。金盾出版社 1994 年 9 月版。12.2 万字。5.40 元。分上下两篇。上篇为概述，介绍了刮痧疗法的历史、作用机制、常用器具、操作方法、治疗原则及适应证与禁忌证等；下篇为常见病的刮痧疗法，包括感冒等 51 种内科病证、落枕等 20 种外科病证、月经不调等 12 种妇科病证、近视等14种五官科病证及百日咳等9种儿科病证的刮痧治疗。每种病证均设有概述、刮痧部位及方法、注意事项3个栏目。全书共配有插图118幅,每种病证都有示意图。附录列有常用穴位表、取穴法(骨度法和指寸法)及全身经络穴位图。(李占春)

R000124 **蒙医树喻法及秘技诠释** 那木吉拉、巴嘎纳编著。内蒙古教育出版社1994年9月版。28.8万字。14.90元。蒙医药学是祖国医药学宝库中的重要组成部分。蒙医药学在理论和临床方面都具有鲜明的特点。本书分总论和各论两部分。总论部分介绍了蒙医"树喻法"的分类和名称。各论部分对总论所述的内容逐个进行详细的论述,并以图解形式描述了人体脏器及骨骼、肌肉的组成和结构。书末还详细介绍了蒙医的366种秘技,重点突出了蒙医的治疗原则和辨证施治原则。(吉日木图)

R000125 **中医职称考试必读医古文** 刘振民等编。北京古籍出版社1994年10月版。32.1万字。14.70元。分为上编文选、下编基础知识及附编职称考试模拟卷等3部分。每篇课文都有详细注释和参考译文,并且明确列出学习要点。课文后面的阅读材料内容丰富,难度适中,可作泛读和进行标点、注释、语译练习之用。基础知识力求扼要而系统。书末附有职称考试模拟试卷及答案要点。(师小平)

R000126 **黄河医话** 孙继芬主编。北京科学技术出版社1994年10月版。60万字。22.00元。由中华全国中医学会中医理论研究会组织编写的反映我国近代中医学术进展的著述之一。以医话体裁,总结了黄河流域八省区中医同仁在临床实践和理论研究诸方面的成就。(戴皓宁)

R000127 **兵学与中医学** 刘振声编著。福建科学技术出版社1994年10月版。8万字。3.60元。收入"中华文化与中医学丛书"。从兵家文化与中医学的交叉点上,阐述战争对兵学与中医学的影响,并从源到流分析两大学科——兵学与中医学的发展流变及其相容性,运用史论与医论相结合的方法,多侧面地阐明其内在关系,重点论述《内经》、《伤寒论》等经典医著中的兵学内涵。(尤廉)

R000128 **中国民间生草药原色图谱** 黄燮才主编。广西科学技术出版社1994年10月版。19.5万字。75.00元。收载常用生草药500种,验方2 000多条。每种生草药均有一帧形态逼真的彩图,小草本则拍摄其全株;大草本、木本、藤本等,只拍摄有代表性的局部;凡有花和果的植物,其图片均带有花或果。(马如海)

R000129 **中医方库** 贾河先主编。科学技术文献出版社1994年10月版。124.6万字。45.00元。汇集内科、妇科、儿科、外科、皮肤科、眼科、耳鼻喉科、口腔科、肿瘤科1 000种常见病、多发病、地方病及季节性疾病的临床表现、发病机理、治疗原则及治疗方法,详尽介绍了对症治疗的10 000余个效方良药及其用药剂量、服用方法和随证加减。(吴秀珍)

R000130 **中国针灸穴位通鉴** 王德深主编。青岛出版社1994年10月版。300万字。328.00元。分4编:第一编取穴尺寸法,分别讲述了骨度尺寸法、折量及指寸3种方法;第二编十四经穴,是重要的部分,介绍361个穴位,每个穴位又分出处、别名、穴名释义、部位、归经与穴位、主治病症、针法灸法与感传(得气)、局部解剖及简要结语录著;第三编经外奇穴,按人体部位介绍经外标准穴位48个、未标准化穴位186个,每个穴位又分穴名释义、部位、主治病症、针法灸法、定义与配穴、局部解剖及简要结语7个项目介绍;第四编选编古代针灸穴位图310多幅。引用历代针灸专著80多种,全面系统地汇集了历代针灸专著及其他医籍中有关针灸穴位方面的内容。采用分类编年、求同存异的编辑体例,即相同内容的条文,书中只出现一次。条文按年代顺序列出书名。(李茗茗)

R000131 **针灸时间治疗学** 李磊编著。山西科学技术出版社1994年10月版。16万字。4.80元。系统阐述针灸时间治疗的理论原则和具体方法,并吸收国外时间生物学的研究成果,对针灸时间治疗学的研究思路和研究进展进行论述。全书共9章。第一章绪论,第二章针灸时间治疗学的起源和发展,第三章传统针灸时间治疗学的理论基础,第四章干支记时及其推算,第五章五输穴与八脉交会穴,第六章按时刺灸,第七章针灸日时避忌,第八章现代针灸时间治疗学研究进展,第九章针灸时间治疗学的研究思路。最后附有结语和主要参考文献。(张丽萍)

R000132 **何氏伤寒二种** (清)何汝阈、何元长著。上海科学技术出版社1994年10月版。8.6万字。8.50元。中医古籍。何氏医家始于南宋,至今有800年历史,世代名医累出。何氏世以医治伤寒著名,本书即从其历代伤寒著作的藏书中,选出具代表性的2种,合编而成。一为《何氏伤寒家课》,为何氏第十七代世医何汝阈所著,主要为教子课徒而设,阐述了何氏伤寒之学的要旨。一为《伤寒辨类》,为何氏第二十二代世医何元长所著,主要介绍何氏伤寒之

学在临床运用的经验和许多有效良方。(周瑞芳)

R000133 **英汉对照简明中医学** 姚勇等编著。上海中医药大学出版社 1994 年 10 月版。80 万字。48.00 元。中医学著作。分上下两篇。上篇首先阐述中医基础理论和诊断方法,以简练的文字展现中医理论的核心。其次介绍针刺法,灸法,推拿手法,常用气功功法和补益药膳,这些疗法在常见疾病的治疗中广泛运用。下篇介绍 90 余种疾病,编写侧重临床实用和中医特点,根据中医辨证论治规律,推出多种行之有效的疗法。由于许多国家和地区不易购到中药材,故每种疾病除了辨证分型和中药治疗外,重点在于针灸、推拿、药膳、气功等,读者可以因地制宜,选择应用。此外,与现代生活密切相关的减肥、戒烟、美容等措施,亦作适当介绍。(姚勇)

R000134 **中医男科证治类萃** 高继稣编。天津科学技术出版社 1994 年 10 月版。134.2 万字。70.00 元。编辑整理我国历代医籍中有关男科证治之精华,选用自秦汉起,至 1949 年止,具有一定的学术价值和影响的历代医书 352 种。所辑录的资料以其成书的年代(或刊行年代)为序,原文节选,注明篇章、页码出处,类编成书。以男性生理病理为纲,男科证治为目。共 5 篇 12 章。分总论篇、证治篇、方论篇、医案篇、摄生篇。(于伯海)

R000135 **大蒜的医用与加工** 谢周梦主编。中国轻工业出版社 1994 年 10 月版。10 万字。6.20 元。详述了大蒜的品种、化学成分,大蒜对细菌、病毒和寄生虫引起疾病的预防治疗作用,对心血管疾病的预防治疗作用及实验研究,对胃癌等癌症的预防治疗作用及实验研究和对肝脏、糖尿病的治疗作用以及抗衰老、增强机体免疫力和增加性激素的作用;在后几章中,还详细介绍了大蒜制剂,大蒜的脱臭方法 18 种,大蒜罐头、脱水蒜片、蒜粉、蒜泥罐头等 15 种大蒜制品的加工方法,大蒜酒、无臭蒜素饮料等 6 种大蒜饮料的制法。(白洁)

R000136 **精编中医针灸基础** 朱凤山、韩红主编。白山出版社 1994 年 11 月版。27.2 万字。9.90 元。作者结合个人实践,将中医的阴阳、五行、藏象、气血津液学说、经络、腧穴、病因病机、诊法、辨证、治则、取穴、刺灸方法及常见病的针灸治疗等重要基础理论内容融为一体,取其精华实用,重新排序,系统论述。(宋杰)

R000137 **汉英双解实用中药学辞典** 王福云等编。湖南科学技术出版社 1994 年 11 月版。72 万字。32.00 元。以临床常用中药为核心,收集了包括炮制学、制剂学、药理学、药物化学、生药学、中医基础学等专用词 3 500 余条。每一词条分词目、释义两个基本层次,用汉英两种文字表述,中文部分增加了拼音注音。正文提供汉语笔画排序、汉语音序、英文 3 种检词方式。选词偏重于当时已通用的或专业词典少收或未收入者,而现代中药学对外交流和各学科基础学习中所必备的词目。凡一词多名的,以常用或公认者为正名,其余作为别名,列在释义前以“又称”、“简称”、“俗称”等引出。(车平)

R000138 **名老蒙医经验选编(上下、蒙古文)** 内蒙古蒙医学院等编。内蒙古科技出版社 1994 年 11 月版。47.5 万字。15.00 元。从搜集到的 300 多名蒙医资料中,筛选出 203 名名老蒙医的医案、医话、验方、秘方近 400 份,各种杂病简易疗法 100 余种。涉及内、外、妇、儿、皮肤、骨伤、温病、口腔、眼、耳鼻喉等各科。(达来)

R000139 **周榍声脉学** 周榍声著。青岛出版社 1994 年 11 月版。16.3 万字。15.00 元。分上中下 3 篇,上篇论述脉学和中西医的关系,中篇探讨左右寸口分候机理,下篇系统介绍脉象和疾病的关系。通篇以马克思主义哲学和现代逻辑学为主导,辨证地看待脉学和中西医临床各科的关系。书中将经验编为歌诀,好记上口。(高继民)

R000140 **中医病理学史** 朱伟常著。上海科学普及出版社 1994 年 11 月版。24.7 万字。25.00 元。收入“中医病理研究丛书”。分上、下 2 篇,即总论、各论。总论以历代著名医家的病因病机创见为主体,断代论述上自先秦西汉,下迄晚清各历史时期的病理学发展情况。各论分病因学说、发病学说、病机学说及近代研究进度 4 章。通过对大量中医书籍的系统研究,将诸多分散的文献资料联系贯串,梳理了中医病因病机学发展的脉络,客观地反映了历史的轨迹。本书不少资料属新的发现,许多观点为新的认识,如先秦时论精气郁滞,《诊籍》论酒色及肥胖,华佗论伤寒热毒“胃烂斑出”,《小品方》论早嫁早产伤肾与恶阻,《晋书》论肥胖痿疾无子,《千金方》论脏腑温病阴阳毒,都徒子的膜外气论,金元医家的气液病机说、内感阴证论、药邪论,以及针害火邪、酒毒烟害、邪优三焦肠胃、怒复、自复、时复、风涎、热涎、冷涎、虚涎、毒涎诸说,凡此等等,不胜枚举,均是较为重要的补充发现。对中医临床、科研、教学、著述和学习,具有重要参考价值。(朱伟常)

R000141 **武术养生法精粹** 张武生、郑勤编著。武汉出版社 1994 年 11 月版。18.1 万字。

7.80元。关于中华武术、养生、内功方面的著作。作者从普及中国体育文化知识入手,注重系统性、科学性、趣味性、知识性,对中国武术源流、门派与拳种、武术功法要义、武林轶事秘闻;四季养生之道、饮食养生之道、"十戒"养生之道、性生活养生之道、情绪养生之道、文娱养生之道、运动养生之道、气功养生之道,以及内功功法、十四经脉及其穴位等方面,作了深入浅出地阐述,对群众性的武术、养生法在理论与实践的结合上作了较高水平的指导。本书不但介绍了武术、养生和气功知识,而且特别注意讲解武德修养,内在心性的修炼,把心性的修养与形体的锻炼融为一体。本书精选的各种养生法包括气功功法,就是运用意识调节内气,以调身、调息、静坐、放松、守一等方式来完成心性修养,使身心处于最佳状态,以达到强身健体之目的。(何小敏)

R000142　**常见病的针灸疗法**　涂希著。中国盲文书社1994年11月版。24.96万字。2册。200.00元。英语盲文版医学书籍。介绍已存在了两千多年的经络理论。重点列举83种常见疾病的针灸疗法。(宋涛)

R000143　**中国木本药材与广东特产药材**　李锦开等编著。中国医药科技出版社1994年11月版。39万字。23.80元。着重收载中国木本药及广东特产药材21种,其中包括:杜仲、黄柏、厚朴、南肉桂、檀香、阳春砂、化州橘红、黄精、玉竹等。详细论述每一品种的药用价值、经济价值、形态特征、适生环境、栽培管理技术、病虫害防治、采收加工炮制、药材伪品鉴别,及有关中成药品种等内容,并配有形态特征简图和彩图。(李燕)

R000144　**养生十大名著精解**　楼羽刚等诠解。中医古籍出版社1994年11月版。30万字。12.00元。从历代养生文献中,精选出10种具有代表性的名著:《黄帝内经》(节选)、《养生论》、《养生延命录》、《勿药元诠》、《医心方》(节选)、《修龄要旨》、《遵生八笺》(节选)、《丹台玉案》(节选)、《寿世青篇》、《老老恒言》进行注释、评述,并结合现代科学进行诠解。所收文献中的内容涉及到饮食起居、精神情志、导引按摩、食疗食补等。(徐岩春)

R000145　**雷公药对**　徐之才原著,尚志钧辑校。安徽科学技术出版社1994年12月版。13.7万字。4.90元。中国药学七情畏恶相反(配伍宜忌)最早的一部专著。最初题为雷公著,陶弘景作《本草经集注》时曾加以引用,比陶弘景稍迟的北齐徐之才重新加以整理。原书久佚。原著者从《本草经集注》、《千金方》、《证类本草》、《本草纲目》等书中予以辑录,在此书中共辑千余条,归并其重复,尚有413条,汇集成册,分为两卷。卷一为序录,卷二为众药名。所收录药物,分为玉石、草、木、虫兽、果菜、米等部。书中对所辑资料来源,均注明出处。对同一条文,因各书所引,互有出入时,亦进行勘比,作出小注,并附于各条之下。对某些疑点或有争论之处,亦附以考证。全书对各药所述内容,多数是以七情畏恶资料及治病功效为主。(黄和平)

R000146　**临床中医内科学(上、下)**　王永炎等主编。北京出版社1994年12月版。403.7万字。188.00元。分总论、各论、附篇3大部分,深入探讨了中医内科学的学术渊源和发展历史,全面地整理和系统地总结了古今中医内科学的学术成就和经验,充分反映出当代中医内科在理论与实践方面的新技术、新方法、新成就、新进展,对156种中医病证和163种运用中医辨证论治确有疗效的西医病种,从病名、定义、范围、历史沿革、证候学特征、病因病机、临证思路、诊断与鉴别诊断、辨证与治疗、转归与预后、护理与调摄、康复、预防等方面,进行系统的论述。本书具有以下几个特点:①内容丰富、全面、系统;②体例新颖,实用性强;③为中医诊治方法规范化做了有益的尝试,且具有甚高的学术价值;④立足中医,兼顾西医。(李清霞)

R000147　**野菜治百病**　陈仁寿编著。河海大学出版社1994年12月版。11万字。4.00元。介绍96种常见野菜的别名、分布、生长环境、化学成份、药用用法等。同时介绍常见疾病的野菜食疗方法。(朱辉)

R000148　**谷类治百病**　陈正宏编著。河海大学出版社1994年12月版。15万字。5.40元。分上、下篇。上篇详细论述每一种谷物的形态、产地、营养成份、功效等。下篇介绍多种病症的诊断要点及对症谷物食疗方法,并对食疗偏方的制作方法作详尽的介绍。(朱辉)

R000149　**豆类治百病**　盖钧镒等编著。河海大学出版社1994年12月版。11万字。3.60元。分上、下篇。上篇介绍10种豆类的形态、产地、成份、适应症等。下篇介绍常见病、多发病的豆类食疗处方及各种豆类食品的制作方法。(朱辉)

R000150　**蔬菜治百病**　王泳等编著。河海大学出版社1994年12月版。14万字。4.80元。介绍54种常见蔬菜的成份、功效、主要适应症以及常见烹制方法。同时以病症为纲,按内科,外、皮肤科,妇

科，儿科，五官科等分类，列出近百种常见病的以蔬菜为主的食疗处方。（朱辉）

R000151 **百病食疗丛书** 王泳等编著。河海大学出版社 1994 年 12 月版。90 万字。7 册。27.50 元。将食疗中常用的食品原料分为 7 大类，分册予以具体介绍。每分册的体例大致统一，上篇为食疗方剂，介绍某一种原料可以组合成何种食疗处方；下篇为常见病症的食疗办法。上下篇互为映衬，方便查用。（朱辉）

R000152 **食用菌治百病** 周玉林编著。河海大学出版社 1994 年 12 月版。9 万字。3.30 元。重点介绍我国常见的 20 余种食用菌的别名、产地、形态、主要成份和药理功效等。对食用菌所擅长治疗的各种病症，也进行分类详述。书后附录食用菌与毒菌的鉴别办法、毒菌中毒的应急措施等内容。（朱辉）

R000153 **茶类治百病** 陈仁寿等编著。河海大学出版社 1994 年 12 月版。10 万字。3.50 元。介绍 66 类数百种茶剂的疗效和泡制方法，论述常见病症的茶剂疗法。在介绍食疗饮品时，将含茶叶和不含茶叶的"茶剂"一并介绍。（朱辉）

R000154 **果品治百病** 姚光伟编著。河海大学出版社 1994 年 12 月版。16 万字。6.50 元。分上下篇。上篇介绍每种果品的别名、产地、化学成份、功效、偏方及制作方法。下篇论述常见疾病的果品食疗偏方。所述果品凡 60 种，涵括我国主要的果产品。（朱辉）

R000155 **中医手心疗法大全** 高树中等著。济南出版社 1994 年 12 月版。27 万字。7.80 元。"中国传统医学独特疗法丛书"之一。分概论、临床应用、文献选编 3 篇。上篇介绍手心疗法的历史沿革、理论基础、作用机理、常用方法、用药特点及剂型、功用及适应症、优点及注意事项等；中篇按传染病、内、外、妇、儿、皮肤、五官等科分类，介绍 124 种疾病的手疗方剂 1 500 余种；下篇摘编 29 种古文献中有关手疗的论述。（胡瑞成）

R000156 **中医眼疗大全** 高树中等著。济南出版社 1994 年 12 月版。27 万字。7.80 元。"中国传统医学独特疗法丛书"之一。分概论、临床应用、文献选编 3 篇。上篇介绍眼疗的历史沿革、理论基础、作用机理、常用方法、用药特点及剂型、功用及适应症、优点及注意事项等；中篇按传染病、内、外、妇、儿、五官等科分类，介绍 107 种疾病的眼疗方剂 1 400 余种；下篇摘编 29 种古文献中有关眼疗的论述。（胡瑞成）

R000157 **中医肛肠疗法大全** 高树中等著。济南出版社 1994 年 12 月版。27 万字。7.80 元。"中国传统医学独特疗法丛书"之一。分概论、临床应用、文献选编 3 篇。上篇介绍肛肠疗法的历史沿革、理论基础、作用机理、常用方法、用药特点及剂型、功用及适应症、优点及注意事项等；中篇按传染病、内、外、妇、儿、皮肤、五官等科分类，介绍 120 种疾病的肛肠疗方剂 1 300 余种；下篇摘编 6 种古文献中有关肛肠疗的论述。（胡瑞成）

R000158 **中国传统医学独特疗法丛书** 高树中等著。济南出版社 1994 年 12 月版。102 万字。31.20 元。丛书共 2 辑，已出版的第一辑有 4 册。将自秦汉至今的有关中医各独特疗法的古今文献分类汇编，并运用多学科的理论对该疗法进行了详尽而深入的研究和阐发，在各独特疗法的理论方面进行了开创性的研究，提出了许多独到新颖的学术见解和观点。4 册的书名分别是：《中医手心疗法大全》、《中医足心疗法大全》、《中医眼疗大全》、《中医肛肠疗法大全》。每册均分概论、临床应用、古文献选编 3 大部分，详细介绍各疗法的历史沿革、理论基础、作用机理、常用方法、用药特点及剂型、功用及适应症、优点及注意事项等；并按传染病、内、外、妇、儿、五官等各科分门别类介绍各种疾病的外治方法。（胡瑞成）

R000159 **中医足心疗法大全** 高树中等著。济南出版社 1994 年 12 月版。22 万字。7.80 元。"中国传统医学独特疗法丛书"之一。分概论、临床应用、文献选编 3 篇。上篇介绍足心疗法的历史沿革、理论基础、作用机理、常用方法、用药特点及剂型、功用及适应症、优点及注意事项等；中篇按传染病、内、外、妇、儿、皮肤、五官等科分类，介绍 132 种疾病的足疗方剂 1 300 余种；下篇摘编 12 种古文献中有关足疗的论述。（胡瑞成）

R000160 **中医肿瘤防治大全** 李家庚、屈松柏主编。科学技术文献出版社 1994 年 12 月版。132 万字。72.00 元。分上、中、下 3 篇：上篇基础理论，概述中医肿瘤研究源流、肿瘤的命名与分类、肿瘤的病因、病理、诊断、治则、治法、康复与预防措施等。中篇临床证治，论述内、外、妇、儿等各科肿瘤疾病的中医辨治，选编常见肿瘤病症 60 余种，每病按临床表现、诊断要点、鉴别诊断、病因病理、治疗方法、防护措施等。其治疗方法又分中医辨治、西医疗法、单秘验方、其他疗法几个部分。其他疗法中，又有针灸疗法、推拿疗法、气功疗法、外敷药物、理学疗法、饮食疗法等子目。下篇现代研究，重点介绍现代中医防治肿瘤的经验和方法及研究成果，包括中西医结合研究、针灸研究、气功研究、舌诊研究、耳诊研究、方剂研究、中药研究等。书末附有方剂索引，以备查考。(吴秀珍)

R000161　**伤寒论古今研究**　关庆增等著。辽宁科学技术出版社1994年12月版。185万字。200.00元。系统研究《伤寒论》的中医学术巨著。分3篇，上篇为总论，主要内容是张仲景与《伤寒论》版本、《伤寒论》的源流、伤寒的涵义、伤寒与温病学术的论争、六经病、《伤寒论》的辨证方法及《伤寒论》的治法等。中篇为《伤寒论》原文，并列有校勘、词解、释义、选注及讨论等项。下篇为《伤寒论》方药，列有原文、方解、选注、参考用量、煎服法、方用范围、医案选录及实验研究等。(李逢秋)

R000162　**实用中医妇科学**　罗元恺主编。上海科学技术出版社1994年12月版。57万字。32.00元。全面系统地反映从古至今中医妇科学的理论体系和学术研究进展的专著。全书由绪言、妇科理论、临床病证组成，共15章。绪言赅述了中医妇科学的范畴和任务、历史源流和发展、中医妇科工作的展望。妇科理论4章，除对女性生殖器官与生理、病因病机、诊断与辨证、治法的理论进行传统的论述外，融会新知，如“肾气—天癸—冲任—子宫”是女性的生殖轴、月经的藏泻是子宫内阴阳二气交替机理的表现等，充实和丰富了中医妇科学的基础理论，对临床辨证治疗具有重要的指导意义。临床病证10章，除论述了传统的经、带、胎、产、杂病外，还专章论述了乳病、女性性病、妇科常见急症和计划生育，共90余种病证。每病列有致病机理、诊断与鉴别诊断、因证辨治、其他疗法、转归与预后、预防与调护、文献资料。除常见病多发病外，将中医疗效较好的西医疾病如盆腔炎、多囊卵巢综合征、子宫内膜异位症等归入杂病章中，丰富和发展了杂病的内容。而对血、痛、热、厥4大急症的论述则为中医妇科急诊处理拓展了思路。附录包括病历书写、妊娠慎用药和禁忌、方剂索引。(杨海琴)

R000163　**实用中医药浴疗法**　宁泽璞、宋杰等编著。上海远东出版社1994年12月版。33万字。14.20元。家庭养生保健类书。系统全面阐述药浴疗法的定义、源流、种类、特点、作用机理和适用范围，提供了100多种内、外、妇、儿、五官、皮肤等科常见疾病的药浴治疗方法，挖掘整理出药浴疗法在美容、健身方面的独特作用和实用价值。(戴群利)

R000164　**内科名家黄文东学术经验集**　胡建华等编。上海中医药大学出版社1994年12月版。14.1万字。9.80元。医案和论文集。黄文东为现代著名内科名家之一，毕生致力于中医教学事业及临床工作。本书撷取了黄文东毕生的学术精髓和临床经验，分为医案、医论、门人后裔回忆文章及论文3部分，其中重点医案篇列有19个病证，每个病证选择有效病例若干，除扼要介绍各病理法方药的特点外，还加有按语，体现了其辨证精确、用药灵活的特长，以及突出以胃气为本，强调恢复脾胃功能的学术思想特点。(何倩倩)

R000165　**临证防治荟萃**　徐春家等著。沈阳出版社1994年12月版。15万字。6.50元。重点从病因学说出发，详加论述人与自然、病因与发病的关系，分外因所致病证与病机，内因所致病证与病机的病因辨证，以及各种致病因素所引起的病症举隅。所述病证均依次介绍概念、证候类别、临床证候、证候辨析、治法方药以及现代研究成果与进展，活血化瘀的理论探讨与临床应用等专论。(程霸云)

R000166　**医药志(哈萨克文)**　乌太波依达克著。新疆科技卫生出版社1994年12月版。56万字。20.00元。哈萨克文医药古籍。分为序言、前言、综述、药物分类、初诊确诊、药物分析、处方、历代谱系等8部分。其内容包括植物药物728种，动物药物318种，矿物药物60多种，哈萨克语人体术语近450条，其他药物名称1 050种，处方4 577种。(荣春兰)

R000167　**信不信由你，古老而神奇的中华气功**　曾庆南著。中国盲文书社1994年12月版。79.04万字。80.00元。英语盲文译版通俗读物。由浅入深，生动形象地介绍了什么是气功，气功与疾病的关系，气功为什么可以治病，可以医治何病，及气功的练习(包括练习时应注意的问题及练习方法)。尤其是最后部分有关改善人的视力的眼部练习，是全世界盲人及视力障碍者最为关心的内容，对他们有特殊意义。(宋涛)

R000168　**家常食物巧治病**　赵安民主编。中国书籍出版社1994年12月版。35万字。15.00元。集医疗与调养于一体的保健性图书。全书分上下篇。上篇系统讲述了百余种常见疾病的食物调治方法；下篇分类讲述了190多种食物的性能作用及其调治疾病的方法。每类调治方法后都提示了食用禁忌。(苏振才)

R000169　**本草纲目**　(明)李时珍著。陈贵廷等点校。中医古籍出版社1994年12月版。220万字。120.00元。共52卷，收载药物1 892种，其中374

种是李时珍新增加的，并汇集单、验方1万余首。每药标正名为纲，附释名为目，次以集解、主治、正误详其产地 、性状、气味、功用等。此次点校即以金陵本为底本，除明显笔误加以改正并出注外，其余均保持金陵本原貌。（徐岩春）

R000170 **祛风药治疗顽症** 李湘云著。中医古籍出版社1994年12月版。16.9万字。7.20元。以风立论，对各种顽固性疾病的机理，从热极生风、肝阳化风、血热生风、血燥生风、血虚生风、血瘀生风、阴虚生风、液燥生风、痰浊生风、久病生风、食积生风、破伤风入等诸方面进行了深入的探讨；对风邪的产生、分类，风的特性和风的证候等作了系统的阐述；在治疗上，按疏风、熄风、祛风、搜风等不同功用，对20余种具体的祛风方法进行了归类介绍。尤其对应用祛风药治疗顽固性疾病的经验作了系统的、全面的论述，其中以风性轻扬、走窜、鼓动、风邪壅遏及风易兼邪等理论，贯通于有关顽症的病证归类及病机分析；在常用祛风药特异性功效及配伍规律中，对虫类药的使用颇具心得；对人体上部顽症、瘙痒症、震颤、顽痹、血证、杂证等6个方面的30余个病证之辨证施治规律及近百个典型验案采用了实方实录，可察可证，有的还从现代研究的角度加以论证。

R000171 **俞长荣论医集** 俞长荣著。福建科学技术出版社1994年12月初版。25.3万字。16.30元。俞长荣为我国名老中医之一。本书收辑他从1960年至1993年在国内中医期刊上发表的学术论文和临床经验介绍计85篇，分学术探讨、临床研究、诊余随笔、医案掇拾4个部分。“学术探讨”部分既有基础理论研究，也有对临床常见的而前人较少论及的某些观点的阐述，还有对伤寒论的若干问题的探讨，师古而不泥古，立新而有依据。“临床研究”着重于“法”和“方”的应用，作者强调“依证立法，依法遣方”，从中可见作者临证掌握治法的得心应手和遣方用药的技巧。“诊余随笔”类于医话，用通俗、精炼、活泼的文字，将诊疗的心得体会介绍给读者。“医案掇拾”选取作者在治疗某些急重疑难病症，而疗效较好的病案。此外，书中还有一些篇章也反映了作者医风医德和治学精神，以及对有关中医教育、科研的某些问题的意见。（尤廉）

R000172 **百病外贴疗法** 乔模等著。山西科学技术出版社1995年1月版。20万字。6.60元。系统论述外贴疗法的发展历史、理法方药及各科应用。（张延河）

R000173 **百病析梦疗法** 冯明、张文红著。山西科学技术出版社1995年1月版。14.5万字。5.20元。系统论述了祖国医学的梦学成就、现代科学对梦的研究进展、病梦的特征、病梦治疗的理论和方法、常见病梦的治疗、常见神经精神疾病的梦及其治疗、常见病梦梦象辨治、现代解梦的艺术、古代医家梦诊梦疗医案评注、常用梦疗方药选介等。（张延河）

R000174 **汉英中医辞海** 张有寯等编。山西人民出版社1995年3月版。1 000万字。390.00元。具有全、新、精3大特色。一、全：共收录中医基础、针灸方药、各科临床、气功按摩以及与中医有关的天文、历法、乐律等诸多学术领域的词目共26 253条。二、新：不但突出中医传统特色，阐释中医理论精髓及实践奇效，还囊括中医和中西医结合的最新研究成果，包罗今古，融汇中西。三、精：在词条设置上全中求精，释义力求简明扼要、深入浅出、通俗易懂；英译力求规范准确、明白晓畅。（杭海路）

R000175 **中医妇科治验集锦** 王裕民编著。山西科学技术出版社1995年10月版。10.1万字。5.80元。包括两部分：医理明要，主要反映了作者对中医妇科基本理论及其临床应用的独特见解；临床证治，分室女经病、少妇经病、妊娠病、分娩不利、产后病、崩漏、带下病、不孕症及女科杂病的临床经验，并收录了杂证治验随笔。（张丽萍）

R000176 **首都图书馆馆藏善本医书** 傅景华等选编。中医古籍出版社自1994年12月开始出版。以首都图书馆所藏珍、善本古医籍为底本，影印出版的医学类丛书。已出版2辑：第一辑收录清·戴绪安编纂的《验方汇集》、《续验方汇集》；第二辑收录清·谢家福所编《桃坞谢氏汇刻方书》。（徐岩春）

基础医学

R000177 **诊断病理学** 刘彤华主编。人民卫生出版社1994年版。157万字。102.20元。共21章，包括全身各器官组织的炎性和非炎性病变、肿瘤和瘤样病变等。点出了各种疾病病变的临床病理特点、形态诊断依据（包括免疫组化、电镜及其他新技术如核酸分子杂交等）以及与其他病变的鉴别要点。其特点包括：一、根据诊断上的需要，收集疾病的类别比较齐全，栏目清楚。二、病变叙述详细，着重列出光镜、电镜以及免疫组化检查所见的要点和特征，对少数在确诊上需要更深入探讨的病变，着重介绍应用一些特殊染色或分子生物学技术如原位杂交方法所检测的结果。三、以形态叙述为主，重视病征、X线及实验室检查的结果,结合病因学、组织发生学等方面的知识综合分析,理论联系实际。四、重视对主要疾病或疑难病变的分析,注意细胞间或组织结构间的内在联系,归纳其主要特征,列出注意要点,强调鉴别诊断。(赵永昌)

R000178 **病理生理学** 王迪浔主编。人民卫生出版社 1994 年版。112 万字。86.10 元。共 48 章,以国家教委规定的病理生理学作为主要课程的基本要求和卫生部规划,人民卫生出版社出版的《病理生理学》教材第三版为依据,着重编写教学需要参考的内容。与教材相比,除了病因、发病机制和代谢、功能变化等基本内容更充实和深入外,适当补充了有关的基础知识、实验研究方法和临床功能测定方法,并增加了血液系统和消化系统的病理生理、细胞生物学和分子病理学、微量元素与疾病、心血管内分泌和肾内分泌与疾病、动脉粥样硬化、缺血性心脏病、心律紊乱、肺动脉高压、高原适应与高山病、肝肾综合征、结石症和多系统器官功能衰竭等重要的病理生理学内容。为了既避免与教材过多重复,又要照顾章节的系统性,除简化与教材重复的内容外,将少数病理生理过程,如休克和肿瘤等,分成几个专题编写。还着重介绍了 1985 年至 1992 年国内外的研究新进展。本书既适用于作医学本科生的参考书,研究生选用的教材,也可作为病理生理学及其相关学科的教学,科研人员和临床工作者参考的读物。(赵永昌)

R000179 **临床解剖图谱** 郑放主编。中国科学技术出版社 1994 年版。67 万字。60.00 元。分头颈部、胸部、腹部、盆部、四肢部、断面解剖 6 个部分,每一部分先展示局部解剖由浅入深的层次结构和毗邻位置关系,后为主要手术步骤的要点及手术中易误伤部位的注意点。包括脑外科、眼科、耳鼻喉科、颌面外科、心胸外科、普外科、肿瘤科、泌尿科、妇产科、骨科、CT、核磁共振及 B 超,共计 404 幅图,其中配有神经、血管套色图。每图均有中英文同步说明。(胡永洁)

R000180 **内皮素** 汤健、唐朝枢主编。北京医科大学、中国协和医科大学联合出版社 1994 年 4 月版。34.1 万字。15.00 元。作者系统介绍了国际上内皮素研究的现状和进展,并总结了自己近 5 年来内皮素的研究工作。基础部分介绍内皮素结构、种类、合成、分布、释放、调节、受体和对各个系统的作用;临床部分介绍内皮素在心血管、肾脏、呼吸等各个系统疾病发病中的意义。由于内皮素过量分泌和释放是许多急、危、重症发病的一个重要诱因,因此拮抗内皮素的作用具有重要的临床意义,本书特设了内皮素拮抗剂的研究和应用。为推动此项研究工作,还介绍了目前研究内皮素的几个主要研究方法。(许立)

R000181 **人体生理学** 王步校等编著。高等教育出版社 1994 年 5 月版。54 万字。18.40 元。在 1986 年版《人体生理学》和《运动生理学》的基础上,以 1993 年版《普通高等学校体育教育专业十一门课程基本要求》为依据,编撰而成。分 6 篇 20 章。主要内容包括:肌肉的运动及其控制;氧运动系统;新陈代谢;感觉、整合和运动技能;体育教学和训练的生理学分析;年龄、性别、环境与运动。(张焕玉)

R000182 **实用免疫学新技术** 钱玉昆主编。北京医科大学、中国协和医科大学联合出版社 1994 年 9 月版。19.6 万字。8.60 元。共 14 章,内容包括两部分:第一部分简要阐明基础免疫学新技术;第二部分重点放在分子免疫学最新技术,即细胞因子的基因工程、基因工程疫苗及抗体、基因诊断与治疗技术等,并附有中药免疫调节剂的研制与审报程序。(王凤廷)

R000183 **神经组织切片技术指导** 陈钟和、杨宝麟编著。北京医科大学、中国协和医科大学联合出版社 1994 年 10 月版。6.5 万字。4.80 元。北京医科大学解剖学教研室将多年来在教学和科研中曾经使用的若干方法搜集起来,加以筛选,编辑成为初学神经组织切片的研究生、青年教师和从事本专业的技术人员的启蒙教材。共 11 章:第一章是切片制作概论;第二～六章属神经解剖学的经典方法;第七～十章分述荧光组化、乙酰胆碱酯酶、辣根过氧化酶传导和免疫组化方法;第十一章为脑厚片染色法。(许立)

R000184 **现代临床免疫学** 赵武述等。人民军医出版社 1994 年 10 月版。112 万字。60.00 元。共 28 章。前 6 章阐述免疫学的基本理论,第七章介绍免疫学检查的原理及临床应用,后续各章系统介绍了肿瘤免疫、移植免疫、超敏反应、自身免疫病、免疫缺陷病、免疫增生性疾病、感染与免疫、衰老与免疫、生殖与免疫以及创伤与免疫;详细介绍了神经、血液、呼吸、消化、内分泌、心血管系统和皮肤组织的疾病以及肾病和结缔组织病中一些主要与免疫功能异常相关的疾病。对其病因、临床表现、实验室检查、治疗及预防的关键环节进行了系统介绍。(靳纯桥)

R000185 **手术解剖学** 曹献廷主编。人民卫生出版社 1994 年 11 月版。167.8 万字。75.00 元。外科手术学参考书。系统介绍与临床外科手术密切相关的局部解剖学理论，及其实践。分头部、颈部、胸部、腹部、盆部、会阴部、上肢、下肢、脊柱及脊髓和麻醉手术操作等10篇内容，涉及全身各系统、器官和组织的解剖学与手术学内容。在各章节介绍中，分为“应用解剖”和“手术讨论”两部分。“应用解剖”部分，围绕“手术讨论”作重点叙述；除对一般内容介绍外，侧重与临床外科手术有关的解剖内容的深入介绍；尤其重点介绍了局部解剖特点与好发疾病的关系，及与外科手术的关系。“手术讨论”部分，按概述、局解要点、手术要点、提要分析、注意事项等项目介绍。“手术要点”是本书重点之一，扼要介绍手术概况及与解剖特点密切相关的手术关键步骤和手术方法，包括特殊体位及特殊麻醉方法。“提要分析”是本书的另一重点，也是本书的特点之一，内容包括手术经验体会、手术评价及发展趋势预测，并提高到理论高度进行评论、分析。“注意事项”中分析了在手术中可能发生的与解剖有关的危险及并发症，提出了预防和处理措施，同时指出了手术成功的关键所在。(杜贤)

R000186　**医用生物力学**　杨桂通主编。科学出版社1994年12月版。67万字。32.90元。共14章。第一、二章简述医用生物力学的应用、发展与展望，并介绍了运动和力等有关力学基础知识。第三、四章介绍骨的结构及力学特性和骨力学的临床应用，反映了骨伤学的研究水平随生物力学的研究而提高。第五章介绍软组织力学及在皮肤、韧带和腱、肌肉中的应用。第六章介绍颅脑、耳、眼、口腔等器官力学。第七章介绍呼吸力学和肺功能检测。第八至十一章介绍血液流变学、心脏力学、血液动力学、微循环力学等问题。第十二、十三章介绍生物传质及其应用、药物动力学问题。第十四章讲述了机械振动对人体的影响及振动病等。全书在强调必要的理论基础、正确的生物力学概念的前提下，重点放在医学上的应用，而不包括全部生物力学内容。(王爱琳)

R000187　**人体断层解剖学**　副名：矢冠斜断断层。吴德昌主编。科学出版社1994年12月版。56.9万字。120.00元。在《人体断层解剖学(横断断层)》基础上新编著的又一本人体断层解剖学专著。收入“现代临床医学丛书”。书中共列入男女头部斜断断层42个，头部矢断断层26个，头部冠断断层32个，躯干部矢断断层26个，躯干部冠断断层17个。每个断层皆配有标本实物照片，断层结构轮廓简图，头部还增加相应断层的CT图像和MRI图像。每个断层的文字部分除说明相应断层的断层结构外，尚含有断层及断层内结构断面的测量数据。断层图片按编号顺次排列。其中有10个断层尚配有彩色图。(娄朋逊)

R000188　**认识我们的身体**　黄永煌等编。上海科学普及出版社1994年12月版。12.5万字。5.50元。收入“青少年科技丛书”。内容包括：一、我们的身体是由什么组成；二、运动的执行者——运动系统；三、食物加工厂——消化系统；四、气体交换站——呼吸系统；五、输送物质的交通线——循环系统；六、生命的基本条件——新陈代谢；七、人体清洁工——排泄系统；八、人体侦察兵——感觉系统；九、生命运动的调节者和指挥者——内分泌系统、神经系统；十、小宝宝是怎样诞生的——生殖系统等内容。全书插图丰富，内容生动。(陈英黔)

临床医学

R000189　**高级医师参考丛书——临床理论与实践**　孙克武主编。上海科学普及出版社1993～1994年版。370万字。137.00元。医学专著。分内科、外科、妇科和儿科4册。就医学领域中某些常见的重要疾病和疑难杂症的最新进展，从理论到实践以300多个专题予以阐述。本丛书不同于教科书，不按系统分类，而是以各学科有研究成果的课题立目。在内容选择上从实用角度出发，立足于国内情况，使理论与实践紧密结合，并能在临床上解决实际问题。对中级医师提高业务水平能提供有价值的参考。(丁有如)

R000190　**磁共振诊断学**　隋邦森等著。人民卫生出版社1994年版。120万字。2 000幅图。48.00元。系统论述全身疾患的磁共振诊断专著。作者在参考了 Elster AD. Michael Brant-Zawadzki、ValkJ 与 Stark DD 等的有关著作基础上，结合自己临床多年积累的资料及图片编撰而成。主要介绍磁共振物理学原理、脉冲序列、设备及成像技术。并分章详细论述了头颅、五官、脊髓等神经系统疾患及胸、腹、盆腔、四肢关节等各部位疾患。全书收集线条图200余幅，MR照片1 800余帧，均出自超导型高场强扫描仪(1.0T)，某些疾病附有CT与DSA图像做对比，是一部实用性较强的磁共振诊断专著。(姚冰)

R000191　**医学检验英语词汇快记忆**　肖质编。云南科学技术出版社1994年版。24.5万字。8.80元。收有临床化学、微生物学、免疫学及血液学等方面的医学检验词汇近 3 000 条;应用构语规律,其实际词汇量可达 5 000 个以上。从英语构词的基本规律入手,按构词成分的字母顺序编列,并逐一分解词汇的结构及词意。(李红)

R000192　**重点监护临床实践**　王一山主编。上海科学技术文献出版社 1994 年 3 月版。41.7 万字。18.00 元。医学专著。由心脏内科、心脏外科、麻醉科、放射科、护理部以及有关检验、超声心动图、心电图等专家教授各自总结出的临床实践经验和体会编辑而成。重点监护主要应用现代化仪器设备来监察危重病人,及时发现潜在危险,包括可危及生命或导致病人残废的严重变化,防止并发症的发生或监测病情的转变,以便及时纠治以减少并发症和降低死亡率。本书详细介绍了重点监护的重要性、心电图监测的临床实践、心脏术后 X 线检查对监护的重要性,导管插管及其监测法、心脏手术后呼吸衰竭和处理、胸心外科术后注意事项、康复治疗等。(何银莲)

R000193　**家庭自诊自疗自养大全**　王庆国等编。河北科学技术出版社 1994 年 4 月版。75.6 万字。28.80 元。基础篇主要介绍中、西医学的基础理论、自诊自疗自养的基本知识;临床篇介绍了内、外、妇、儿、皮肤、五官、肿瘤、男等科 150 余种常见病的自诊要点、具体的治疗方法、家庭养护的注意事项。全书囊括了中、西医各科基本知识,而且为了适应家庭医疗保健的特殊需要,重点介绍了一些简便实用的治疗方法,如耳穴疗法、刺血疗法、按摩疗法、拔罐疗法、气功疗法、饮食疗法、音乐疗法、体育疗法等。(白世维)

R000194　**诊疗护理技术**　张水华著。宁夏人民出版社 1994 年 5 月版。36 万字。8.10 元。共 29 章,包括铺床法、无菌技术、临床护理、生命体征的观察、口服给药法、各种注射法、各种皮内试验法、静脉输液法、静脉输血法、吸氧法、吸入法、洗胃法、灌肠法与肛管排气法、导尿术及膀胱冲洗法、检验标本采集法、热疗法、冷疗法、隔离技术、各种试验、急救技术、一般诊疗护理技术、特种诊疗护理技术、配合几种穿刺术、常用预防接种法、内科诊疗护理技术、外科诊疗护理技术、妇产科诊疗护理技术、儿科诊疗护理技术、眼、耳、鼻、咽喉科诊疗护理技术。书后附有血液标本采集、类别、正常值和临床意义以及 21 项基础护理技术操作的评分标准。(孙立明)

R000195　**常见病的奇特疗法**　何立人、高一聪主编。上海中医药大学出版社 1994 年 5 月版。20.2万字。13.00 元。介绍疾病治疗的普及读物。为了解决广大乡村缺医少药、临床诊断与治疗实际等问题,以更好地防治乡村常见病和多发病,作者历经两年时间,将散见于祖国医学古文献中方法奇特、用药奇特的宝贵经验,并结合作者的用药经验汇集而成此书。本书以疾病分科、系统为纲,融合了中西医病证,收治各科的常见疾病近 140 种。其方法简单,方药易得,效果肯定。既可供医务工作者选用,也适合患者自疗参考。(王德良)

R000196　**超声医学(第二版)**　周永昌、郭万学主编。科学技术文献出版社 1994 年 6 月版。182 万字。74.00 元。在第一版基础上增添了新技术、新进展。共 4 篇。49 章,附图 1 144 幅(其中彩图 67 幅)。第一篇为超声医学概论,介绍了超声医学的范畴、发展简史和发展趋势。第二篇为超声医学基础,其内容包括声学原理、超声仪器工程及各型超声诊断的概述。第三篇为超声临床诊断学,详细论述了各种疾病实用的,尤其是新兴的探测方法、诊断依据和评价,以及介入性超声和超声组织定征的应用。第四篇是超声治疗学,除一般常用的治疗方法外,对新兴的超声治癌、超声碎石、超声手术刀等也有所介绍。此外,新增加了有关附录、超声医学术语中英文对照和索引。该书以临床实用为目的,理论与实践结合,内容新颖,图文并茂,反映了我国当前先进的技术水平。可作为超声医学专业人员和临床医师的教科书、参考书或工具书。(刘新荣)

R000197　**临床疼痛治疗学**　李仲廉主编。天津科学技术出版社 1994 年 6 月版。64.3 万字。39.40元。共 23 章。前 4 章简述了疼痛治疗的发展史、疼痛的基础理论、疼痛的分类、疼痛的诊断。自第五章至第十九章,详细地介绍了对疼痛的药物治疗、物理治疗、针灸治疗、激光治疗、小刀针治疗、埋线治疗、电疗、枝川注射等 16 种治疗方法、48 种神经(节)阻滞技术、99 种常见痛症的诊断和治疗;尤其着重介绍了各种痛症的病因、体征(疼痛特征)、诊断、鉴别诊断和具体的治疗措施;并对“癌痛治疗”、“小儿疼痛治疗”、“产科、分娩镇痛”、“术后镇痛”等进行了专题讨论。第二十章讨论了非疼痛疾病的疼痛科治疗;第二十一章对疼痛的定性与定量监测进行了讨论;第二十二、二十三章对疼痛治疗中的有关伦理学问题、疼痛治疗科的体制与管理等问题进行了探讨。(周喜民)

R000198　**现代急诊护理学**　王丽华等著。人民军医出版社 1994 年 7 月版。62 万字。39.50 元。系统论述急诊护理学理论与实践的专著,融护理基础、教学、科研和管理于一体。按照急诊医疗体系分为院前急救护理、急诊护理和重症监护3篇，共36章，系统叙述了急诊体系中有关护理方面的问题，突出急救与护理的关系。(靳纯桥)

R000199 **临床疾病最新诊断与治疗** 尚云、张骏主编。天津科学技术出版社1994年7月版。55万字。24.00元。介绍临床各科的常见病、多发病最新的诊断标准、最新药物处方和最新治疗方法，以及最新的仪器诊断手段及其临床数据。并给出每个药品的剂量、用法和配伍药物及液体的处方形式。(马洪)

R000200 **时间药理学与时间治疗学** 何绍雄主编。天津科学技术出版社1994年8月版。62.4万字。35.30元。首先讨论时间生物学的基本概念和方法，然后总结国内外时间药理学和时间治疗学的进展。对临床应用方面的进展，尤为注意。(张洪善)

R000201 **基层医生临床实用指南** 张源茂等编。福建科学技术出版社1994年9月版。101.6万字。25.00元。分上、下两篇，包括临床各科。上篇为现代医学，介绍诊断学基础及内科、儿科、传染科、妇产科、皮肤科、耳鼻咽喉科、眼科和口腔科等380多种疾病的临床诊断与治疗；下篇为祖国医学，介绍基础理论及内科、儿科、妇科、外科、骨伤科、肛肠科、眼科、针灸科、推拿科和草药科180多种疾病的中医辨证施治，同时还介绍了500多种中草药，篇末附针灸穴位简介及耳穴定位；附录为医疗机构管理条例。(陈金良)

R000202 **新编超声显像诊断学** 李泉水、温建中等著。江西科学技术出版社1994年9月版。60万字。22.00元。介绍超声普通的诊断方法，提出超声鉴别诊断的依据，并附有典型的病例声像图和示意图，总结诊断各种疾病的最适断面、探头位置、扫查方向及超声引导下的穿刺操作技术。还介绍一些很少见的特殊病例的临床表现和声像图特点，及其与其他疾病鉴别诊断的方法。(叶乐花)

R000203 **现代医学超声诊断学基础** 金树武、冼棠超编著。浙江大学出版社1994年9月版。62万字。25.00元。采用以临床各科超声诊断为主，结合理工基础的方法编写。全书33章，简要而系统地介绍了超声诊断必须掌握的基本知识，即医学超声物理基础、换能器、仪器基本原理、性能、使用及维护。各种超声诊断共占28章，介绍了颅脑、心脏、腹部脏器、妇产科及计划生育等检查方法和疾病诊断。此外，在附录中还备有复习思考题，精选自测题、常用术语英汉对照、B超选购指南及参考文献。(陈子饶)

R000204 **现代急诊医学诊疗手册** 程义先主编。北京医科大学、中国协和医科大学联合出版社1994年10月版。54.6万字。28.90元。内容包括常见急诊症状学、复苏、常见急诊疾病的诊断与治疗、诊断技术、治疗技术5大部分。编写中结合了近年来国内外在本学科的新进展，如重症监护中的血流动力学监测、呼吸功能监测、血液气体分析与酸碱平衡。本书是《临床医师诊疗全书》的分册。(庄鸿娟)

R000205 **临床介入治疗学** 李麟荪主编。江苏科学技术出版社1994年10月版。87万字。32.80元。分23章，详细介绍脑血栓、脑胶质瘤、颅内动脉瘤、二尖瓣狭窄、肺动脉瓣狭窄、冠状动脉硬化、肺癌、乳癌、肝癌、门脉高压症、肾癌、嗜铬细胞瘤、宫颈癌、卵巢癌、骨肉瘤、动脉粥样硬化、胰腺癌等疾病的介入治疗。(顾志伟)

R000206 **护理学基础** 董慰慈编。东南大学出版社1994年11月版。42.2万字。17.40元。主要介绍护理的基本理论，特别介绍了护理学的概念和理论；同时根据病人的心理生理状况，详细地介绍病人患病期间的需求及如何满足病人的需求，例如，满足清洁卫生和舒适的需要、满足休息和睡眠的需要、满足活动的需要、满足营养的需要、满足知觉的需要、满足呼吸的需要、满足泌尿道排泄的需要、满足肠道排泄需要等；还介绍基础护理的进展，例如给药的护理程序、给药途径和给药的护理；医院内感染的预防、监测和控制；危重病人的抢救、监测和护理；临终病人的护理等。(常凤阁)

R000207 **疑难杂症寻医求药指南** 杨柱星等编著。广西科学技术出版社1994年11月版。39.5万字。12.80元。分内、外、妇、儿、眼、耳鼻喉、口腔、肿瘤等8大方面介绍了相关的疑难杂症及该应诊的专科、专家和具有独特功效的药物等。对有独特医技的专家的成绩、专长、研究成果、详细地址等均作了清楚的说明；对常见难治病的诊治，提供了更多、更广的应诊对象。(马如海)

R000208 **临床治疗学** 朱明德主编。上海科学技术出版社1994年11月版。420万字。180.00元。大型综合性医学临床治疗方面的专著。90年代以来国内医学临床治疗方面的新理论不断出现，同时也进行了许多新的成功实践。在此基础上，由国内著名的治疗学方面的专家共400余人共同组织、编写了该书。本书内容包括内科、外科、妇产科、儿科、皮肤科、眼科、耳鼻咽喉科、口腔科疾病的病因、病理、症状、体征与诊断等，系统阐述各科疾病的临床治疗，包括治疗原则、病因治疗、对症治疗、并发症治疗、各种协作治疗以及特殊治疗等。体现了国内90年代临床治疗的最新进展，收入了我国近年来推广的所有新的治疗技术与方治，并介绍了部分适合我国国情的国外最新诊疗技术。(周皓)

R000209 **高等医学院校护理专业大专系列教材** 张振声主编。东南大学出版社1994年12月版。700万字。252.00元。共17册。其中护理专业医学基础课教材9册，包括人体解剖学、组织胚胎学、生理学、病理学、病理生理学、生物化学、微生物学、药理学、卫生统计学；护理临床课教材8册，包括护理学基础、诊断学基础、内科护理学、外科护理学、儿科护理学、传染病护理学、妇产科护理学、眼耳鼻咽喉科护理学等。本套教材的内容突出护理教学的特点，反映护理学概念的深化、护理职能的扩大及临床护理模式的转变。在基础理论课教材编写上做到注重医学理论及知识的深度和广度，同时突出护理的特点。尤其是临床课教材，编写时根据学用结合的原则，按照护理程序进行编写，使学生能顺利地掌握评估要点，确定护理诊断，制定护理措施。(常凤阁)

R000210 **临床综合征影像学** 陈祖培、杨小庆主编。科学技术文献出版社1994年12月版。57.6万字。18.00元。共收集1 041条与影像学有关的临床综合征。每个综合征按照英文原名、中文原名、同义名、病理、病因、临床表现和影像学表现等加以叙述。尤其在影像学方面，除普通X线表现外，还有CT、MRI、B超和核医学等表现的叙述。书末附有中英文索引。本书可供影像学科、临床各科医师以及医学院校高年级学生作参考。(王大庆)

R000211 **百病睡卧疗法** 毛俊艳等著。山西科学技术出版社1995年1月版。8.9万字。4.00元。提出22种睡卧养生法及8个与睡眠相关的环境因素的治理方法，认为通过科学的睡眠(包括治理睡眠环境)、静卧(包括姿式、意念、呼吸)等就能有效地防止疾病的发生或治疗已生疾病。(张延河)

内 科 学

R000212 **哈里逊内科学(上、中、下)** 赵华月等译。人民卫生出版社1994年版。600万字。3册。世界上有影响的高水平医学内科教科书。原书由美国Mexraw Hrll出版公司于1950年首次出版英文版，以后每四年更新再版。本书根据1991年第十二版翻译。作者J. D. Wrlzon和E. Braunvald等均为当代国际内科学术专家。全书反映了生物学、病理生理学以及疾病诊断和治疗领域中的最新进展，对当今内科医师所必备的知识，诸如细胞生长因子、细胞膜及其受体基础理论，高精的影像学诊断及各种介入治疗实践知识均作了详尽的介绍，在基础学科与临床医学之间建立了有机的联系。全书虽以医学科学的进展为重点，但仍保留了那些虽不是新进展但仍有实用价值的内容。(姬敌)

R000213 **全身性疾病的消化道表现** 郑光礼、李俊华主编。天津科学技术出版社1994年版。20.6万字。8.80元。阐述心血管系统、呼吸系统、泌尿系统、造血系统、内分泌系统、神经系统、营养性疾病等在消化道的表现，并阐述其发生机理和内在联系。此外，还对消化系统中的一些新理论、新技术和新成果也做了全面阐述。(袁向远)

R000214 **实用老年医学小百科** 黄树则等编著。广西科学技术出版社1994年1月版。107.2万字。39.50元。内容包括寿命与保健篇、常见病防治篇、老年人及老年病护理篇、心理卫生篇、营养篇、中医篇、合理用药篇、康复医学篇、老年病诊疗技术篇。汇集了保健养生、防病治病等方面知识的精华，从较新的角度介绍处理中老年人生理心理困扰的措施以及保持身心健康、促进病体康复和防治疾病等方法。(马如海)

R000215 **新编结核病学** 彭卫生等著。中国医药科技出版社1994年2月版。84万字。48.00元。分31章。对肺内肺外结核病的基础理论、临床表现、诊断与鉴别诊断方法、治疗、流行病学、监测及控制对策等作系统阐述。除着力介绍国内外结核病新理论、防治与诊断研究的新进展外，还总结了编著者几十年的临床、教学、科研及防治工作经验。(蔡红)

R000216 **血栓与止血——现代理论与临床实践** 阮长耿著。江苏科学技术出版社1994年3月版。29万字。19.50元。分11章，分别是：血管内皮细胞的结构与功能；巨核细胞的生物学特性；血小板及其膜糖蛋白；血小板代谢；凝血系统的现代概念；纤维蛋白溶解系统的现代概念；血小板的临床免疫学研究；血小板功能异常所致出血性疾病；血友病与血管性血友病；易栓症与弥散性血管内凝血；出血性与血栓性疾病的临床判断与处理；抗血栓药物。(黎雪)

R000217 **现代心脏内科学** 陈国伟等著。湖南科学技术出版社 1994 年 4 月版。224 万字。100.00元。"临床医学高级研修书系"之一。共 26 篇 89 章。第一编绪论,阐述心脏内科学的重大进展;第二—五篇,介绍心脏病的基本物理诊断、心脏电学检查技术和心机械图、心脏影像学检查和介入性心脏诊断、治疗技术;第六—八篇,分别论述心脏电生理和心律失常、心脏骤停和心脏复苏、人工心脏起搏和心电复律的检查方法、诊断与治疗;第九—十八篇介绍心力衰竭、休克等血循环障碍、心肌疾病、高血压和高血压性心脏病、心包疾病、心脏肿瘤及其他心脏病的诊断与治疗。第十九—二十二篇,论述心血管病与遗传、主动脉和大动脉疾病、内分泌疾病、消化系统疾病等的关系,介绍心脏病与妊娠、手术的关系;第二十三篇是辅助循环的临床应用;第二十四—二十六篇,论述分子心脏病学、心脏病的中医治疗和心脏内科药物。(车平)

R000218 **冠心病证治与现代研究** 欧明主编。青岛出版社 1994 年 4 月版。49.8 万字。19.00 元。内容包括:第一篇"基础理论"选择了 14 个与研究有关的专题,反映其研究动态和进展;第二篇"临床研究"讲述冠心病心绞痛、心肌梗塞和慢性充血性心力衰竭的临床研究成果;第三篇"实验研究"主要反映有关的实验研究成果;第四篇"实验方法"介绍研究中所采用的实验技术,包括各种动物模型的制备方法和各项技术指标的测定方法。(李茗茗)

R000219 **临床冠心病学** 陈在嘉等著。人民军医出版社 1994 年 4 月版。93 万字。52.00 元。从冠心病的基础到临床知识,系统阐述了冠心病病因、病理、临床特征及各种诊治措施。内容包括冠状动脉解剖和冠状循环,冠心病的病理生理基础、危害因素和流行病学,脂质代谢异常与冠心病,冠心病心电图、超声心动图、放射性核素及 X 线检查、血液动力学监测,冠心病的临床分型,各种类型的心绞痛及其治疗药物,冠状动脉介入性治疗,冠心病的外科治疗与麻醉等。反映了冠心病防治研究的现代水平。(新纯桥)

R000220 **胃食管返流病** 王其彰主编。天津科学技术出版社 1994 年 4 月版。22.7 万字。10.80 元。分 15 章。前 3 章介绍食管的防御机制和胃食管返流的病理生理、病理学。第四章至第八章介绍该病的临床表现、放射诊断、内镜诊断、食管功能检查、症状指数与分期。最后 7 章介绍内科治疗与外科治疗,以及诸多合并症的治疗,例如食管消化性狭窄、Barrett 食管等。(郝俊利)

R000221 **现代传染病学诊疗手册** 田庚善、傅希贤主编。北京医科大学、中国协和医科大学联合出版社 1994 年 5 月版。37.3 万字。21.60 元。分为常见症候的鉴别诊断、常见疾病的诊断和治疗、诊断技术、治疗技术 4 篇。治疗技术包含抗微生物药物、抗寄生虫药物、免疫治疗。编写中结合国内外在本学科的新进展,如分子生物学诊断技术及新的治疗方法和药物。本书为《临床医师诊疗全书》的分册。(许立)

R000222 **中西医结合治疗糖尿病** 孙明友编著。黑龙江科学技术出版社 1994 年 5 月版。28.75 万字。13.00 元。共 14 章,主要内容有:中西医结合治疗糖尿病的概况;中医辨证施治;口服降糖药和胰岛素的应用;饮食控制、运动疗法、康复疗法;中西医结合治疗糖尿病的方法和特点;糖尿病的中西医结合护理等。(李欣育)

R000223 **实用农药中毒急救** 何仁辉著。上海科学技术文献出版社 1994 年 5 月版。20.5万字。7.20 元。救治农药中毒的专著。介绍农药的种类,农药中毒的诊断、急救原则,农药中毒危重症的抢救,农药引起的皮肤损害;有机磷、有机氮、有机氯、氟类、氨基甲酸酯类、拟除虫菊酯类、有机硫、有机锡类、砷类、有机汞类、无机磷类等农药,以及氰化物、安妥等杀鼠剂、苯氧羧类等除草剂和植物生长调节剂、环氧乙烷等农用熏蒸剂、除虫菊类植物性农药等各种农药的品种、理化性质、毒性作用及代谢、中毒机理和临床表现、诊断和治疗方法;复合农药的成分及其中毒诊治原则,其他农药如无机铜杀菌剂、杀蟑螂丸等的中毒表现和治疗原则;常见农药中毒的鉴定,农药中毒快速鉴定的原则和定性检查方法。(劳贵祥)

R000224 **临床冠心病学** 陈在嘉等主编。人民军医出版社 1994 年 6 月版。100 万字。分 33 章,阐述冠心病的基础与临床。包括冠状动脉解剖和冠状循环、冠心病的病理和病理生理基础、冠心病的危险因素和流行病学、脂质代谢异常与冠心病、冠心病心电图特点及其诊断价值、冠心病超声心动图检查和诊断价值、冠心病放射性核素检查、冠心病 X 线检查、冠状动脉血流的测定和冠状动脉储备、冠心病血液动力学监测、急性心肌梗塞的生物化学诊断、冠心病的临床类型、心绞痛分型、无症状心肌缺血、X 综合征;有关冠心病的治疗包括心绞痛治疗药物、冠状动脉介入性治疗、冠心病抗血小板及抗凝治疗、急性心肌梗塞及其溶栓疗法、急性心肌梗塞并发心力

衰竭的治疗。还介绍急性心肌梗塞并发心源性休克、急性心肌梗塞并发心脏破裂、冠心病猝死等。(张晓宇)

R000225　**心脏性猝死——高危患者的检测与防治**　王湘生著。湖南科学技术出版社1994年7月版。76.5万字。38.00元。"临床医学高级研修书系"之一。本书作者研究成功的体表希氏束电图描记录技术和埋藏心脏起搏器故障的体表检测方法,是早期预测的先进技术。本书以作者在世界卫生组织发表的"心脏性猝死"专题报告为纲,根据近年来世界各国较重要的有关心脏猝死的早期诊断与技术的文献资料,以及作者本人在中国、美国和澳大利亚发表的专利文本编撰而成。共分5章:第一章阐述了心脏猝死流行病学、诱因、病理和病理生理学,叙述了防治药物的选择和用法。第二、三、五章阐述了检查心脏猝死高危倾向的人(室性心律高危病人)的方法。第四章介绍了体表希氏束电图原理和方法。附录中阐述了生物医学信号处理原理与心脏微电势检测方法。(车平)

R000226　**实用心脏起搏与电复律**　朱纯石著。广东科学技术出版社1994年8月版。46.4万字。32.00元。主要介绍人工心脏起搏的安装技术及其在各种心律失常中的应用,特别对人工心脏起搏器在房室传导阻滞、病窦综合征、颈动脉窦综合征、急性心肌梗塞、心脏外科及小儿安装起搏器方面作了重点论述。除了介绍永久性起搏器安置方法外,对临时性心脏起搏器的安置方法也作了精辟的介绍。(雷日开)

R000227　**内科门急诊手册**　张庆怡等著。江西科学技术出版社1994年8月版。39万字。15.00元。内容包括常见症状和体征;常见危重病的诊断与治疗;感染性疾病;呼吸系统疾病;心血管系统疾病;消化系统疾病;泌尿系统疾病;血液系统疾病;内分泌和代谢疾病;结缔组织疾病;急性中毒;内科常用临床检查;内科常用的放射性核素检查;内科门诊常用诊疗操作。附录含常用内科数据及公式,内科常用检验值及临床意义,内科门诊病历记录。(温青)

R000228　**现代内科治疗学**　尉挺主编。人民军医出版社1994年8月版。230万字。118.00元。从病理生理和发病机制的角度系统阐述内科疾病治疗的学术专著。在内容的设置上,突破了传统以人体系统和疾病为主线的格局,根据实际需要采用以治疗方法为主线展开叙述的方式,使读者在不同临床情况下能够正确应用有关治疗技术。全书分总论和各论。总论包括药物治疗、治疗技术操作、脏器衰竭的治疗和急症的救治,共4篇。其中对用药方法和技巧的介绍,体现了作者丰富的临床经验。各论也分为4篇,详细介绍了感染性疾病、过敏性疾病、恶性肿瘤的治疗,以及各种疾病的对症治疗。注重以基础理论为依据,介绍新概念、新技术、新药物和新疗法。(姚磊)

R000229　**现代内科学**　方圻主编。人民军医出版社1994年8月版。500万字。分22篇,180章。根据现代内科学理论与技术的新进展,横向阐述现代内科学有普遍意义的观念、理论和技术;系统阐述各种疾病的概念、病原学、病理生理学、症状与体征、临床检查、诊断、治疗及其预防,反映出本领域中技术的新水平。主要目次:一、绪论,共5章;二、医学遗传学总论,共2章;三、免疫学与内科学,共8章;四、激素与内科疾病,共3章;五、肿瘤学基础,共7章;六、老年病学,共7章;七、临床药理学,共3章;八、临床流行病学,共7章;九、现代内科诊疗技术,共4章;十、现代生物学与内科疾病,共3章;十一、感染性疾病,共9章;十二、循环系统疾病,共13章;十三、呼吸系统疾病,共11章;十四、消化系统疾病,共14章;十五、血液病,共13章;十六、内分泌疾病,共16章;十七、营养与代谢性疾病,共6章;十八、肾脏与内分泌系统疾病,共17章;十九、风湿性疾病,共11章;二十、遗传病,共4章;二十一、神经系统疾病,共16章;二十二、其他,共1章。(姚磊)

R000230　**现代内科诊疗手册**　汪丽蕙等主编。北京医科大学、中国协和医科大学联合出版社1994年9月版。81.2万字。39.00元。内容包括内科常见症状的诊断和鉴别诊断,内科呼吸系、心血管系、消化系、血液系、肾脏病学、内分泌、代谢和老年病的常见病、急重病的诊断治疗,常用诊断技术,常用治疗技术4大部分。本书是《临床医师诊疗全书》的分册。

R000231　**新编传染病诊疗手册**　陈菊梅主编。金盾出版社1994年9月版。52.6万字。28.00元。临床医师工具书。内容包括病毒性疾病、细菌性疾病、螺旋体病、立克次体病、支原体病、衣原体病、真菌病、原虫病、蠕虫病以及传染病常用的防治及抢救方法、传染病临床常用诊断技术等章,论述了130余种常见传染病的防治方法及技术,全书以现代新科技与临床实践相结合的思路,充分介绍了对传染病的新认识、新分型、新的诊断方法、新的治疗措施和新的防治药物、新的预防措施等；紧密结合中国疫病流行的实际情况，重点介绍常见传染病的有效防治措施，也注意介绍已消灭或控制又重新发现或发生流行的传染病，以及国外新传入传染病的防治措施。（钟焕廷）

R000232 **新编传染病诊疗手册** 陈菊梅主编。金盾出版社 1994 年 9 月版。52.6 万字。28.00 元。临床医师工具书。内容包括病毒性疾病、细菌性疾病、螺旋体病、立克次体病、支原体病、衣原体病、真菌病、原虫病、蠕虫病以及传染病常用的防治及抢救方法、传染病临床常用诊断技术等 11 章，论述了 130 余种常见传染病的防治方法及技术。全书以现代新科技与临床实践相结合的思路，充分介绍了对传染病的新认识、新分型、新的诊断方法、新的治疗措施和新的防治药物、新的预防措施等；紧密结合中国疫病流行的实际情况，重点介绍常见传染病的有效防治措施，也注意介绍已消灭或控制又重新发现或发生流行的传染病，以及国外新传入传染病的防治措施。（钟焕廷）

R000233 **临床心律学** 石毓澍著。天津科学技术出版社 1994 年 9 月版。89.2 万字。57.00 元。国内外著名的心血管病专家石毓澍临床经验汇编。全书共 3 篇 22 章。第一篇总论，介绍有关心脏传导系统的基础理论、临床分类、诊断方法、治疗原则。第二篇是本书的重点，突出地介绍各种心律失常的病因、病理、诊断、治疗和预后。第三篇介绍各种特殊情况下的心律失常。书中配有许多图例图解。（郝俊利）

R000234 **心电图题解（第二版）** 朱力华、王开迎主编。安徽科学技术出版社 1994 年 10 月版。37 万字。9.90 元。作者根据多年在运用心电图方面的临床实践和体会，吸取国内外有关研究成果，尤其是心脏电生理学进度资料，编写成本书。分 4 个部分，采用回答形式，共 800 题，包括心脏的解剖和电生理，心电图基础，病理情况下的心电图改变，各类心律失常的诊断和发生机理等；鉴于心电学发展较快，第二版增加了心电学进展的有关内容。书后附有心电图纸小格数与心率对照表，不同年龄正常窦性心率范围，不同心率的 P－R 间期最高限值，不同心率的 Q－T 间期最高限值，几种心律失常时窦性和异位起搏点激动的发放频率，以及根据 Ⅰ、Ⅲ 导联 QRS 波电压的代数和推算心电轴度数。（王颖）

R000235 **艾滋病中西医防治学** 吕维柏编著。人民卫生出版社 1994 年 10 月版。39.9 万字。30.80 元。共 20 章，除引言外（1 章），在总体结构上可分为 4 大部分：一、流行病学和预防（2～5 章），二、基础和西医临床（6～14 章），三、中医的认识和研究（15～18 章），四、预后和期望（19、20 章）。包括了中西医对艾滋病由预防到治疗，由现状到未来的相关内容。附有 7 个重要附录。本书的 17 位作者中，有 12 位是国家预防和控制艾滋病专家委员会成员，有 9 人获得中国环球性病艾滋病基金会的小西奖，有不少人是在国外对艾滋病进行中医治疗研究中积累了临床经验，从而保证了本书的权威性。（梁兆一）

R000236 **内科治疗矛盾** 杨秉辉、张希德主编。上海科技教育出版社 1994 年 10 月版。29.2 万字。20.10 元。医学专著。共 10 章，依次叙述循环、呼吸、消化、泌尿、血液、内分泌各系统以及神经科疾病、老年疾病与其他内科杂病的常见治疗矛盾，并介绍这些矛盾的治疗措施。每章节按“矛盾的认定”、“矛盾机理”和“矛盾处理”专栏阐述。（方婷娓）

R000237 **现代冠心病** 邵耕主编。北京医科大学、中国协和医科大学出版社 1994 年 12 月版。101.3 万字。80.00 元。冠状动脉心脏病的专著。共 20 章。系统地介绍了经典的冠状动脉心脏病的基础理论。由于分子生物学的迅速发展，极大地改变了人们对冠状动脉循环生理、病理生理、冠状动脉粥样硬化的发病机制以及缺血性损伤、缺血——再灌注损伤的认识，所以，作者还重点介绍了 1980 年以来冠心病分子生物理论的重要进展。另外，还根据自己的经验对冠心病的诊断学从常规心电图、超声心动图、核医学检查等无创性方法到冠状动脉造影、床旁血流动力学监测等有创性方法，从方法学到临床应用均做了较为详尽的深入介绍。在各论中，介绍了冠心病各种临床类型的诊断和治疗，其中以心绞痛和心肌梗塞为重点，还包括了 90 年代新出现的诊断，如无症状心肌缺血、Q 波梗塞和非 Q 波梗塞、顿抑心肌和冬眠心肌、冠状小血管和 X 综合征。在治疗学部分，包括介入性治疗和药物治疗。介入性治疗 PTCA 和溶栓疗法被认为是冠心病治疗学方面的革命性进展，作者在这方面作了大量的工作，在国内处于先进行列，故对此作了较深入的介绍。对其导管的选择、操作过程的细节到并发症的预防和处理等均有详尽的阐述可供将开展 PTCA 工作之用。书后有较详尽的中文索引和中英文索引。（许立）

R000238 **心血管疾病的病理生理基础和发病机制** 苏静怡主编。北京医科大学、中国协和医科大学联合出版社 1994 年 12 月版。32.8 万字。16.80 元。介绍了心血管系统常见多发疾病及病理过程的发生机理的新进展，做到既重视基础理论又尽量联系临床实际，以供基础和临床工作者参考。全书分4篇。第一篇为动脉粥样硬化的发病机制，全面概述了近年来对于动脉粥样硬化发病机理的认识进展。脂代谢和动脉粥样硬化发生的关系以及血管内皮功能损伤在动脉粥样硬化发生中的作用。介绍了血管平滑肌细胞的功能和结构改变在动脉粥样斑块发生发展过程中的作用以及有关体液因素参与的观点。第二篇为缺血性心脏病的病理生理基础，主要论述了冠心病的发病机制及心肌缺血、心肌缺血—再灌注损伤的病理生理，以及为理解这些病理过程而写的冠状血流调节及有关内容。第三篇回顾了对休克发病机制研究和探讨过程以及目前的认识。对近年研究报道较多的休克发病中体液因素的作用进行了详细的介绍。第四篇为现代心血管病理生理学中的几个问题。对一些较新的概念，提供了最新的文献资料，综述了目前研究的进展情况。介绍了已在国内兴起的血管生物学以及它与医学的关系、主要研究内容和研究进展。(许立)

R000239　**心血管遗传病学**　李广镰等主编。北京医科大学、中国协和医科大学联合出版社1994年12月版。54.9万字。36.40元。共12章。详细论述了心血管遗传病的研究历史、现状和展望，按遗传和临床两者结合分类，系统地介绍了212种与遗传密切相关的心血管疾病，包括其同义名、发病机理、病理、遗传学特点、临床表现、诊断标准、分型方案、治疗、预防措施及遗传咨询等。附有中、英、日文参考文献及中、英文病名索引。(王凤廷)

R000240　**大肠镜检图谱**　刘胜利编。天津科技翻译出版公司1994年12月版。40万字。94.00元。以实体彩色图片组成的临床医学图谱。分6章41节。第一章正常人大肠各部位内镜表现，包括正常肛门及直肠、直肠乙状结肠交界处及乙状结肠、降结肠乙状结肠交界处及降结肠、结肠脾曲与横结肠、结肠肝曲与升结肠、回盲瓣、盲肠腔及阑尾开口、末端回肠；第二章大肠炎性病变，包括溃疡性结肠炎、克隆氏病、肠结核、细菌性肠炎、慢性结肠炎、放射肠炎、缺血性肠炎、伪膜性肠炎、出血性肠炎、大肠非特异性单纯性溃疡；第三章大肠良性肿瘤，包括大肠息肉、肿瘤性息肉、幼年性息肉、炎性息肉、增生性息肉等；第四章大肠恶性肿瘤、大肠癌、大肠恶性淋巴瘤、类癌；第五章包括大肠憩室、术后吻合口与适瘘口、结肠积血及异物等；第六章大肠疾病的内镜介入治疗及配合X光检查，包括常见结肠镜及其治疗器械、热活检钳电切除息肉术等内容。该书首先列出一些图片描绘正常人结肠镜所见，给读者一个立体概念，构成整体印象，继之，对常见大肠疾患如大肠各类炎性病变，良性和恶性肿瘤及其他一些疾病均通过图片进行描述，展示了部分利用窥镜进行治疗的画面，因此本书具有较强的实用性，对结肠系疾病的诊断与治疗有十分重要的意义。(康清)

R000241　**糖尿病康复之路**　副名：王法祥临床经验览要。王宏才等编著。中医古籍出版社1994年12月版。11.8万字。5.40元。分6部分：一、回顾糖尿病的今昔，提出“全方位防治康复体系”的新概念；二、讨论社会心理、体质、禀赋、内生病邪在糖尿病发生及转归上的机制，提出关于糖尿病的“三因三机”说；三、探讨糖尿病教育的意义及内容；四、糖尿病预防的可能性及三级措施；五、中医治疗糖尿病的优势；六、糖尿病患者自我康复的具体操作。(徐岩春)

R000242　**糖尿病自我防治235问**　白永清著。山西科学技术出版社1995年6月版。11.4万字。6.00元。用问答形式，深入浅出而又全面系统地论述了糖尿病的发病机理、诊断方法等防治保健措施，详细介绍糖尿病防治的现代医学、营养学、养生学和中医药学的研究成果。(张延河)

外科学

R000243　**血管外科学(第二卷)**　副名：'93北京国际血管会议论文集。汪忠镐等著。万国学术出版社1994年版。84.8万字。182.60元。内容包括：21世纪血管外科学的趋向；血管疾病的介入放射学、介入放射学新装置、介入放射学作为先天性动静脉畸形治疗等；各种血管造影术(如皮肤经腔温度力学血管造影术、镭射血管造影术、水喷射血管造影术治疗血管性疾患)、内脏动静脉疾病、颈动脉疾病、胸腹主动脉疾病、腔静及周围动静脉疾患、血管外科领域中的新分支、血管造影术及动物实验尤其是人工移植物腔内细胞种植的研究及应用的国际国内最新进展及成果。此书可作为外科医师、内科医师、心血管外科医师、心内科医师、放射科医师，尤其是专门从事血管外科专业医师的工具书。(王燕春)

R000244　**腹腔镜胆囊切除术**　陈训如、卫仕臣编。云南科学技术出版社1994年版。25.2万字。11.90元。系统论述腹腔镜胆囊切除术的专著。介绍了腹腔镜胆囊切除术的发展史、应用解剖学、气腹对机体的影响、腹腔镜胆囊切除术术前影像学检查、麻醉、腹腔镜手术设备概述、手术器械的保养、消毒与手术配合、腹腔镜胆囊切除术的适应证与禁忌证、术前准备、手术操作过程及方法、术中特殊情况处理、术中胆管造影、其他腹腔镜外科、腹腔镜胆囊切除术术后处理、术前术后护理、腹腔镜手术医师的训练等。(陆秀华)

R000245 **老年骨科全书(1—6册)** 曹建中等编。中国医药科技出版社 1994 年版。300 万字。150.00元。分 6 个分册,《机体衰老概论》,详细阐述了机体衰老的生理与病理,以及抗衰老的防治方法等;《老年骨与关节损伤》,重点阐述老年人骨与关节的特点;《老年骨科并发症》,围绕老年骨科并发症,阐述各类并发症的早期诊断、预防与治疗原则;《老年骨内科与骨疾病》,提出了"骨内科"名词,围绕这一概念,重点论述老年骨代谢性疾病、骨质疏松症研究领域的动态,涉及了老年骨疾病和骨肿瘤等内容;《老年骨科用药指南》,全面综合现代骨科的药物,从药物学,药代动力学的角度阐明老年特别是骨科方面的用药规律。突出中医药特色,阐明中药在老年骨科中的应用;《老年骨科疾病康复》,吸取老年骨科与康复方面的最新学术成果,融汇现代与传统康复医学的精华,形成新的学术体系。(彭泽邦)

R000246 **临床理论与实践外科分册** 张圣道编著。上海科学普及出版社 1994 年 2 月版。92.5万字。35.00 元。收入"高级医师参考丛书"。分 78 个专题阐述了外科学的最新理论知识和治疗技术,内容既是外科的重要研究课题,又是有重大发展的成果。如外科监护、多器官功能衰竭、器官移植、肝、胆、胰外科、胃肠道肿瘤、麻醉技术的进展、小儿畸形、皮肤软组织扩张、美容外科、心脏瓣膜置换、血管外科、人工关节、关节镜以及泌尿科的发展等。(丁有如)

R000247 **骨折、骨骺、软组织损伤治疗学** 顾云五、尚天裕主编。天津科学技术出版社 1994 年 2 月版。48.9 万字。34.00 元。分 10 章,依次介绍上肢、下肢、脊柱等部位的骨折与脱位,以及骨骺与软组织损伤的治疗。书中附 400 余幅插图。本书特点:一是囊括天津医院创伤骨科中西医结合治疗骨折、骨骺与软组织损伤的经验和取得的科研成果。二是集中了中西医治疗骨折之长处,使骨折复位手法简化;固定器材简化;使基础理论研究与临床实践紧密结合,如骨折生物力学的研究,去腐生肌膏的研究等。三是基础理论的介绍紧密结合临床治疗实践。四是反映了我国在中西医结合治疗骨折、骨骺、软组织损伤方面的主要成就和特点。例如对骨干骨折的治疗,在原来小夹板的基础上维持骨折对位,加上外固定器,加强了骨折的稳定,使之避免骨折的旋转;关节内骨折在外固定器的牵引复位的基础上,外加小夹板固定,这些在国际上也是绝无仅有的新方法。(郝俊利)

R000248 **脊柱疾患的临床与研究** 杨克勤主编。北京出版社 1994 年 3 月版。119.5 万字。43.00 元。"北京医学文库"之一。包括脊柱脊髓的解剖及脊柱的生物力学、脊柱脊髓的影像学、脊柱脊髓损伤的诊治、累及脊柱的代谢性骨疾病的诊治、脊柱的显露及患者的康复等 6 篇、36 章。对各种常见的脊柱疾患、脊柱脊髓损伤作了深入研究,总结了北京医科大学第三临床学院的专家们诊治脊柱疾患的临床经验,特别是对颈椎病等常见疾病作重点介绍,并对脊柱疾患的手术操作步骤、正常脊柱及脊柱疾患的影像表现等作详细介绍。插图 640 余幅。(李清霞)

R000249 **美容整形手术并发症** 丁芷林主编。北京出版社 1994 年 3 月版。13.3 万字。25.00 元。着重阐述几十种常见美容整形外科手术如重睑术、眼袋整形术、上睑下垂矫正术、隆鼻术、除皱术、缩乳术、隆乳术、腹壁去脂术、植皮术、皮瓣成形术、皮肤磨削术等手术的并发症的表现、产生原因及防治方法;分析美容整形受术者的心理障碍及其对策,提出了预防美容整形外科手术并发症的整体措施;对一些手术后不满意结果的处理,也归纳到并发症内一起介绍。(刘久平)

R000250 **乳房美容整形外科手术学** 方彰林主编。北京出版社 1994 年 3 月版。28 万字。从美容整形手术的发展历史、手术的基本原则及乳房的生理解剖与美学写起,系统阐述乳房美容整形手术的操作方法及适应症、禁忌症和并发症的防治。在手术方法中着重介绍隆乳术、缩乳术、乳房下垂的美容整形术、异常乳房的美容整形术、乳房缺失的美容整形术及乳头乳晕的美容整形术。附有手术前后对比照片。(袁海)

R000251 **现代美容与整形** 王臻主编。北京出版社 1994 年 3 月版。20.4 万字。30.60 元。分别从皮肤的保养与美容、美容化妆、美发护发、美容整形、口腔医学美容等 5 个方面全面介绍生活美容和医学美容的科学知识。(刘元平)

R000252 **实用骨科手术进路图谱** 孙材江编。湖南科学技术出版社 1994 年 3 月版。28 万字。75.00 元。骨科专业工具书。收彩色照片 341 幅,用简明扼要的文字说明来表达骨科有关手术的显露层次,并从解剖学的观点,说明最为合理的各种进路方法,而不详细论述具体的手术方法和操作步骤。分两部分:第一部分为上肢,包括肩胛带、肩部、上臂、肘部、前臂、腕部、手部、手指部;第二部分为躯干,包括脊柱—颈椎、腰椎、骶尾椎、腰骶关节、骶髂关节、骨盆及坐骨。(车平)

R000253 **遗传性泌尿生殖疾病** 顾静安、邱维勤著。科学出版社 1994 年 4 月版。17.8 万字。11.00元。收入“医学遗传学丛书”。有关泌尿生殖和医学遗传学交叉的著作。系统介绍了遗传性肾小球疾患,以血尿、蛋白尿和高血压为主要表现的遗传性肾脏病,遗传性肾小管疾患,伴有肾脏病变的全身性代谢缺陷病、伴肾脏损害的多系统综合症、遗传性泌尿系统发育异常和肿瘤、其他遗传性肾脏病,以及生殖系统遗传性睾丸疾患、卵巢疾患、性分化异常共 90 余种疾病的临床表现、发病机理、病理、遗传学、诊断、防治方法。书后有参考文献目录和索引。(刘安)

R000254 **当代麻醉与复苏** 杭燕南等著。上海科学技术出版社 1994 年 4 月版。102.8 万字。36.00元。麻醉专业的学术专著。麻醉学是一门新兴学科,在临床麻醉、急救复苏、重症监测及疼痛治疗等方面都有较大的发展,尤其是相关和边缘学科如外科、药理以及分子生物学研究的进展,更充实和丰富了麻醉学的理论,也促进了麻醉技术的进步。作者根据临床需要,包括麻醉与复苏的操作和管理,兼及值得推荐采用的监测,新药的药理和药物的相互作用,以及抢救和镇痛等课题进行编写。全书共 5 部分 78 章,分别叙述了麻醉药理、临床麻醉、临床监测、重症治疗、疼痛治疗及其他麻醉知识。其中特别介绍了一些新药和新技术。(吴洁)

R000255 **胃肠手术图解** 副名:外科手术图解丛书胃肠手册。林言箴主编。上海三联书店 1994 年 5 月版。60 万字。320.00 元。医学图册。包括胃和十二指肠、小肠、结肠、直肠、肛门、肛管等部分,10 章,收录手术 63 个,解剖图 16 幅,彩照 564 幅,插图 753 幅。本书的优点和特点:1. 以手术现状拍摄的彩色照片来说明手术的具体步骤,所有资料均来自我国的临床实际。2. 收录的手术覆盖面广,既有传统的典型手术,又包括新发展起来的手术,明显的例子就是“胃部分切除术”(典型手术)和“迷走神经切断术”(取代典型手术的新手术)。3. 为了保证手术的成功,主刀者必须透彻了解手术部位的解剖关系。本书的每一部分,有精美详尽的解剖图供参考。4. 本书用条文进行叙述,言简意赅,容易掌握要领。书中每个手术有“手术关键及注意事项”一栏;融会了作者的经验和心得体会,是指导手术的重要资料,弥足珍贵。5. 本书的重点是癌的手术根治,书中对胃癌、结肠癌、直肠癌都有较强可操作性的详细叙述。(安立)

R000256 **烧伤创面修复与全身治疗** 北京积水潭医院编。北京出版社 1994 年 6 月版。366 页。47.50 元。“北京医学文库”之一。分 3 篇。第一篇介绍大面积深度烧伤、特殊原因及特殊部位烧伤的创面修复;第二篇介绍烧伤病人的全身治疗方法;第三篇介绍应用中医药学治疗烧伤的经验。书中所介绍的临床修复、治疗方法都是经过实践检验确有实效的,其中有不少创新与探索性的见解与技术。(张宏)

R000257 **中西医结合治疗腰椎间盘突出症** 常瑞祥主编。河北科学技术出版社 1994 年 6 月版。123.7 万字。55.00 元。选收论文 374 篇。分 4 部分:基础理论、检查与诊断、临床治疗、护理。其中,临床治疗占全书篇幅的 2/3 以上。所收论文的内容为:一、腰椎间盘突出症的解剖、生理、病理、药理、流行病学、生物力学等基础理论研究;二、腰椎间盘突出症的临床检验(X 光片、断层、造影、CT、MRI、B 超、肌电图、血流图等)技术研究;三、腰椎间盘突出症的临床分型、治疗(手术治疗、传统治疗、麻醉下的治疗、牵引、推拿、按摩、理疗、体疗、中医中药、针灸等)及其疗效观察;四、腰椎间盘突出症的诊断和疗效评价标准;五、治疗腰椎间盘突出症的新药、新方法、新仪器的研制和使用;六、腰椎间盘突出症的文献综述。(李向海)

R000258 **现代腹部外科学** 黄志强著。湖南科学技术出版社 1994 年 6 月版。110.2 万字。58.00 元。“临床医学高级研修书系”之一。共 9 篇 65 章,系统概述腹壁与腹膜、胃与十二指肠、小肠与大肠、肝脏、肝静脉及门静脉系统、脾脏、胰腺等基础理论和成熟稳定的基本技术,以及腹部外科的一般问题及其处理。重点论述发展比较迅速的有关研究领域,包括肝、胆、胰脏等器官及其移植在内的前沿领域、现代进展较快的特殊诊疗技术和现代手术方式。对于那些比较成熟而进展不大的领域未作详述,对不同学术观点和治疗方法兼收并蓄。并配了 500 余幅插图。(车平)

R000259 **颈椎伤病学** 赵定麟主编。上海科技教育出版社 1994 年 8 月版。56 万字。36.00 元。国际矫形外科与创伤外科知名权威赵定麟教授,邀请美国与日本以及我国脊柱外科专家共同编著本书。共9篇40章,包括颈椎解剖、麻醉与诊断技术;颈椎各种疾病与损伤;手术与非手术处理;康复诊断与治疗。书中配有400余幅线条图与照片。本书以手术操作为重点,介绍各种创新与改良操作技术,可供颈椎外科手术的医师参考。(方婷嫄)

R000260 **临床骨科医师手册** 郭焕春主编。天津科学技术出版社 1994年8月版。152.8万字。60.00元。《临床骨科学》的一个分册。分11篇,108章,3个附录。主要介绍骨科医师应掌握的基础理论知识、基本诊疗技术;骨、关节软组织损伤;骨、关节疾病;骨关节结核、骨肿瘤、小儿骨疾病、手外科疾患;颌面、颅骨、胸肋骨损伤;骨科手术、骨科用药;附录中介绍骨科护理原则、常用实验室检查、常用数据,等等。本书精炼了已出版的《创伤》、《结核》、《肿瘤》、《骨病》、《实用骨科手术学》的内容,综合了骨科学近年新科技与临床新进展的资料,是一部兼顾基础与临床、普及与提高、医疗与教学、理论与应用,以及中西医结合等多个方面骨科工具书。(郝俊利)

R000261 **软组织损伤与脊柱相关疾病** 韦贵康主编。广西科学技术出版社 1994年9月版。33.4万字。9.80元。介绍颈椎病、腰腿病、肩周炎等75种软组织损伤疾病,分别按概念、应用解剖、病因病理、临床表现、诊断与鉴别、治疗与预防保健等项叙述;还专章介绍眩晕、血压异常、心律失常、阳痿等17种脊柱相关疾病的诊治;对糖尿病、便秘、痛经、面瘫等10种杂病也专章介绍了独到有效的治疗手法。(马如海)

R000262 **现代显微外科学** 朱盛修著。湖南科学技术出版社 1994年9月版。166.6万字。75.00元。"临床医学高级研修书系"之一。共3篇45章。一、总论篇:简述显微外科的发展史,组织移植手术统一命名方案,介绍显微外科解剖学、组织学、病理生理学方面的实验研究。二、各论上篇:评述当前人体各部数十种供区的组织移植切取手术,重点介绍其解剖学根据和手术方法,突出介绍陈中伟、张涤生、程国良、陈振光等我国学者的创新设计成就。三、各论下篇:重点叙述显微外科在骨科、手外科、整形外科、颌面外科、神经外科、泌尿外科以及眼科、耳鼻喉科、妇产科中的应用。书中还全面介绍国内外有关显微外科基础理论和手术方法的最新进展,并配有千余幅插图。(车平)

R000263 **现代外科诊疗手册** 才文彦等主编。北京医科大学、中国协和医科大学联合出版社 1994年10月版。62万字。34.00元。内容包括基本外科(外科休克、水电解质和酸碱平衡、创伤、烧伤、外科感染与抗生素的应用、心肺脑复苏、多系统器官衰竭、外科输血、外科营养、肿瘤综合治疗等),普通外科、骨科、胸心外科、泌尿外科的常见病、急重病的诊断与治疗,麻醉,常用诊疗与操作技术。本书为《临床医师诊疗全书》的分册。(王凤廷)

R000264 **胆道外科学** 顾树南等主编。甘肃科学技术出版社 1994年10月版。108万字。50.00元。共32章,概括叙述胆道系统的解剖和生理功能;扼要介绍胆道外科疾病的检查和诊断技术;重点讨论胆道外科疾病的发病机制和治疗方法;特别强调胆道外科疾病围手术期的处理和并发症的防治。对胆道外科的应用解剖和有关病理生理基础知识、各种胆道疾病的诊治要点、胆道疾病与周身其他疾病的关系、老年胆道外科疾病的特点、胆道结石诊治的先进方法(如溶石、碎石和排石的方法)、胆道和再次手术的适应证、操作细节和手术效果等,都作系统的介绍。还特别对纤维内窥镜和介入性诊断和治疗方法的发展作详细的阐述,强调了胆道手术的围手术期处理和预防术后并发症的重要性。附有常用人体检验数值,胆道外科疾病国际分类编码和手术编码。(王郁明)

R000265 **肾内分泌学** 陈孝文等编著。广东科学技术出版社 1994年10月版。70万字。50.00元。肾脏可分泌多种生物活性物质,且有不少肾外内分泌物质的代谢和作用与肾脏有关。理论研究和临床实践表明,肾脏的内分泌功能与人的生命活动、维持人体内环境恒定密切相关。本书系统完整地阐述与肾脏有关的激素和活性细胞因子,及其对肾脏生理、病理的关系。内容除介绍直接来自肾脏的传统生物活性物质外,还涉及内皮素、心钠素、白细胞介素、血管加压素、胰岛素和胰岛素样生长因子、血小板源生长因子、表皮生长因子与肿瘤坏死因子等。作者以细胞生物学和分子生物学为基础,在较深层次上介绍有关激素和活性细胞因子的基因结构、表达及其调控、分泌释放、受体机制、活化途径、生物活性等。还详细介绍了肾内分泌细胞分子生物学研究方法。(朱明德)

R000266 **泌尿男生殖外科手术图谱** 章咏裳等主编。湖北科学技术出版社 1994年10月版。10.2万字。665幅。88.00元。由图解和文字两大部分组成。逼真的线条图形象地介绍了近百种泌尿外科手术的具体操作步骤与方法;文字说明部分则包括手术适应证、麻醉及体位、术前准备和术后处理。其具体内容包括:解剖学基础、肾及输尿管手术入路、肾脏手术、肾移植术、输尿管手术、膀胱手术、前列腺手术、阴茎手术、尿道手术、阴囊内容物手术、肾上腺手术、泌尿外科的淋巴手术等。该书既包括泌尿外科手术新进展,对各种常见手术也进行了系统地介绍。面向基层医务人员,以推动泌尿外科手术的普及和发展。(武又文)

R000267 **手术学全集·神经外科卷** 段国升、朱诚等编。人民军医出版社 1994 年 11 月版。116 万字。86.00 元。全面、系统地介绍了神经外科领域中有关颅脑、脊柱脊髓、交感神经系统和周围神经伤病的各种手术,共 280 项。既介绍了传统手术技术,也介绍了近年来发展的或改进的手术技术。对颅脑闭合伤、火器伤,各部位颅内肿瘤、颅内动脉瘤和脑血管畸形的手术,脊髓损伤,颈、胸、腰椎间盘突出和各类颈椎病手术,以及立体定向、介入神经放射、显微神经外科等许多新开展的手术,均作了详尽阐述,并配有清晰的图解。(杨磊石)

R000268 **手术学全集·泌尿外科卷** 俞天麟、金锡御等编。人民军医出版社 1994 年 11 月版。107 万字。82.00 元。分为泌尿外科手术治疗的进展与基本原则,肾上腺、肾脏、输尿管、膀胱、前列腺、男性尿道、女性尿道、包皮及阴茎、阴囊及其内容物手术方法,并对腔道泌尿外科、肠道和大网膜在泌尿外科的应用作了专篇介绍。既有传统的经典手术方法,又有较成熟的新开展或改进的手术。对手术所涉及的解剖、生理、手术适应证、禁忌证、术前准备、麻醉与体位、手术步骤、术中注意点、主要并发症、术后处理等进行了详尽的描述,并配以清晰的图解,全面地反映了泌尿外科手术学的现代水平。(冯江东)

R000269 **脑血管病及其外科治疗** 王忠诚主编。北京出版社 1994 年 12 月版。34 万字。插页 36 页。40.00 元。以北京神经外科研究所的研究资料为基础,详细介绍各类脑血管病的病理生理、临床症状、诊断以及各种外科手术治疗方法等内容,还针对不同病例,提出不同的手术措施及预后效果。收入"北京医学文库"。(刘京京)

R000270 **急症骨科学** 金鸿宾主编。北京科学技术出版社 1994 年 12 月版。102 万字。48.00 元。打破了以往只以创伤作为骨科急症的传统观念,内容包括创伤、骨病、运动系统感染、手外科、足外科、小儿骨科、骨肿瘤等骨科各专业急症的诊断学和急诊治疗学,其涵盖面既体现了作者的观点,也代表了今后临床急症骨科范围的发展趋势。全书突出临床实用性,全面系统地论述了急症骨科的基本理论,急症骨科常见病的诊断、处理和并发症的防治,急症骨科的基本技能。(徐利明)

R000271 **骨关节创伤 X 线诊断学** 王云钊、李果珍编著。北京医科大学、中国协和医科大学联合出版社 1994 年 12 月版。74.6 万字。75.00 元。从临床实际出发,总结了 45 569 例各大关节创伤类型,并将一些基础研究材料汇集在一起编写而成。分总论和各论,并附有 1 100 余幅图。总论中详细论述了骨的构造、发生和生长。对胚胎期软骨发育论述了软骨内微循环,软骨以血管为中心生长。对成人骨血运与骨内微血管解剖也作了详细讲解。根据骨折愈合的观察,论述了骨痂来自膜内与软骨内成骨两种方式。在骨坏死的实验研究中观察到有缺血性骨坏死和非血管性骨坏死。还重点刊载了李果珍等研究的判断骨发育程度的方法——骨龄百分计数法,是我国最早的唯一准确的骨龄计算法。各论中各大关节所用创伤类型命名均与骨科合拍。对各种创伤类型重点描写骨折解剖。对各大关节都重点介绍了该关节的功能 X 线解剖,以指导识别骨折解剖和判断复位后是否合乎功能要求。(綦海燕)

R000272 **实用精液细胞学彩色图谱** 黄宇烽编著。东南大学出版社 1994 年 12 月版。6.9 万字。216 幅。37.00 元。工具书。对精液细胞的分类、收集和染色技术,以及男性生殖系统常见多发病(不育症)的精液细胞病理学特征等作了较详细的介绍,并附有 200 余幅细胞彩图和文字说明。通过精液细胞分析,研究人的整个健康状况,提高生存质量,并为计划生育工作提供新思路新方法。它所阐述的生物体的基本形态结构(细胞)及其功能规律,有利于相关学科的发展。(田湘)

R000273 **人体疾病与麻醉** 王大柱等编。天津科技翻译出版公司 1994 年 12 月版。180 万字。60.00 元。从特殊视角编写的综合性临床麻醉学参考书,分 6 个系统,包括:循环系统,呼吸系统,消化和泌尿系统,神经、代谢和内分泌系统,输液、输血和血液系统及其他系统。内容以人体疾病及特殊生理阶段(如小儿、妊娠、老年等)与临床麻醉的关系为主线,系统概要地介绍了人体各器官系统疾病的病理生理、临床表现、诊治原则、术前准备、麻醉选择、麻醉期监测及麻醉处理等与临床麻醉密切相关的问题及有关问题的最新研究进展。(王大柱)

R000274 **外科病症的诊断思路与处理程序**

钱礼编著。浙江科学技术出版社 1994 年 12 月版。51 万字。30.00 元。我国著名的外科专家钱礼教授根据自己 50 多年的临床实践经验编写而成。书中针对普通外科领域内常见的急慢性病症，较详细地提出了相应的诊断思路和处理程序，对减少误诊、错诊及不必要的检查，提高临床医师的诊治水平具有现实的指导意义。本书从实际出发，介绍怎样"由症断病"，并在诊断的同时作出恰当的处理。（边方）

妇产科学

R000275　**临床理论与实践妇产科分册**　潘家骧主编。上海科学普及出版社 1994 年 1 月版。72.8 万字。33.00 元。收入"高级医师参考丛书"。分 3 篇，即妇科、产科和计划生育，以 65 个专题阐述了 90 年代医学研究上的较大进展，介绍了围产期孕产妇保健卡、胎儿肺成熟度测定和促肺成熟的方法、在优生及不育方面就显微输卵管再造和促排卵药物的临床应用等。（孙克武）

R000276　**妇产科基本功**　俞霭峰、翟瞻粲主编。天津科学技术出版社 1994 年 4 月版。103.5万字。50.00 元。"临床医学基本功丛书"之一。重点介绍妇产科的基础理论、基本知识和基本技能。全书分 3 篇。第一篇为总论，介绍女性生殖系统解剖学、胚胎学、生理学。第二篇为产科学，介绍妊娠生理、妊娠的诊断、妊娠期异常、正常分娩、分娩异常、新生儿、产褥期及产科手术等。第三篇为妇科学，介绍女性生殖系统炎症、肿瘤、妊娠滋养细胞疾病、子宫内膜异位症、子宫移位、月经失调、更年期综合征、不孕症，最后介绍计划生育、妇科特殊治疗、妇科检查和治疗技术等。（郝俊利）

R000277　**现代妇产科诊疗手册**　董悦、赵瑞琳主编。北京医科大学、中国协和医科大学联合出版社 1994 年 5 月版。37.3 万字。21.60 元。包括产科，妇科常见病、急重病的诊断治疗，计划生育，妇产科诊断技术，妇科特殊治疗 5 大部分。本书是《临床医师诊疗全书》的分册。（庄鸿娟）

R000278　**中国妇产科专家经验文集**　《中国实用妇产科》编辑部编。沈阳出版社 1994 年 5 月版。128 万字。60.00 元。医学经验文集。针对妇产科的多发病、常见病和疑难病症，进行了科学的剖析。由产科、妇科、计划生育、诊断技术及治疗操作 4 大部分组成。主要内容包括：胎儿生物物理学监测、胎膜与羊水、围产期监护、流产与早产、异位妊娠、产前诊断与优生、妊高症、妊娠合并症、臀位、胎儿宫内窘迫与新生儿窒息、引产与催产、妇产科出血；女性外阴疾病、感染、妇科急症、宫颈病变、妇科内分泌病症、女性更年期疾病、妇科肿瘤、放射治疗在外科的应用；不孕与再孕、女性计划生育技术及并发症的防治、无痛技术在妇产科的应用、妇产科合理用药；妇产科内窥镜、声像诊断、剖宫产术、子宫切除术、妇产科手术副损伤的发生与防治。（信群）

R000279　**孕产妇保健 150 问**　张怀民主编。中国青年出版社 1994 年 10 月版。33 万字。15.80 元。针对母子保健，如受孕知识、优生知识、孕期疾病、孕期保健、分娩准备、分娩须知、产妇疾病、产妇保健等孕产妇和家人极其关切的问题，精选出带有普遍性和指导性的 150 个问题，采用书信形式，由妇产科专家分别作较详尽的解答。书中还穿插了上百则有关孕产期保健知识。（姚海夭）

R000280　**实用围产保健**　李克敏、李松主编。北京医科大学、中国协和医科大学联合出版社 1994 年 12 月版。59.6 万字。28.00 元。介绍了国内外围产保健的新进展，以围产保健专业和管理为重点，防治结合，理论联系实际，突出实用性。全书分 6 章，其内容主要包括妇幼保健的组织机构和管理，围产保健监测和质量评估，围产期的母亲、胎儿及新生儿的保健，围产期营养及用药、常见出生缺陷的病因、产前诊断和胎儿宫内监测，母婴常见病的防治、高危妊娠的筛查与管理、婴儿生长发育监测等。（庄鸿娟）

R000281　**临床产科学**　《临床产科学》编委会主编。天津科学技术出版社 1994 年 12 月版。120.8 万字。80.00 元。共 6 篇 39 章。第一—七章为生理妊娠篇，除作一般性专业介绍外，对妊娠中的母—子共存的免疫问题、孕妇的心理问题、心理状况的评估、与产科相关的法规问题作了较充分的介绍。第八—十八章论述妊娠期的病理问题，其中对妊高征做重点和详尽的讨论。此外，还对妊娠的同种免疫、妊娠期骨—肌肉—关节综合征进行了论述。第十九—二十四章为病理性妊娠篇，对既往其他同类书中不多见的内容，如消化系疾病、内分泌及营养性疾病、感染寄生虫病、呼吸系疾病、全身免疫性疾病、精神疾病、五官疾病与妊娠的关系及上述疾病对妊娠的影响等，作了详细讨论。第二十五—三十一章为分娩篇，其中对青少年妊娠与分娩的讨论，是同类书中少见的。第三十二章为产科技术篇。第三十三章介绍与产科有关的其他问题，包括口服避孕药及带节育器妊娠问题、产后避孕及助孕技术等等。第三十四—

三十九章为新生儿学，其中有关新生儿的抢救与转运内容较新颖。(周喜民)

儿 科 学

R000282　**儿科急诊医学**　赵祥文主编。人民卫生出版社1994年版。83万字。53.60元。急诊医学是一门新兴的边缘学科，于1979年才被国际上多数国家承认为一门专门学科。我国正式承认急诊医学是临床上的专门学科至今还不到15年，所以是一门很年轻的学科。全书共6篇，30章。第一篇总论，内容有儿科急诊医学、危重病发病机制研究的进展、小儿常见危重症；第二篇新生儿急救；第三篇系统疾病；第四篇急性中毒，内容包括中毒的诊断及处理原则、食物中毒、有毒植物中毒、有毒动物中毒、农药中毒、常用药物中毒；第五篇意外事故；第六篇诊疗技术，内容包括血气分析与经皮血气分析、临床常用治疗措施、常用仪器的使用、常用操作技术。附录有急救常用药物、器械使用方法及实验室正常值等。(赵永昌)

R000283　**小儿恶性肿瘤诊断与治疗**　孙桂香、李齐岳主编。北京医科大学、中国协和医科大学联合出版社1994年2月版。24.4万字。9.00元。恶性肿瘤是小儿死亡的三大原因之一。全书分总论和各论两部分，共17章，介绍了小儿常见恶性肿瘤的基本知识、国内外先进的诊断和系统治疗管理程序，重点是内科化学治疗的原则、经验和方法。(庄鸿娟)

R000284　**实用儿科急诊医学**　樊寻梅主编。北京出版社1994年3月版。71.9万字。30.70元。"北京医学文库"之一。对儿科常见的各种危急重症进行深入探讨，并对新技术、新理论在儿科急诊中的应用及急救操作技术作详尽介绍。(李清霞)

R000285　**儿童家庭医疗保健丛书**　曹洪欣主编。明天出版社1994年3月版。41.6万字。5册。15.00元。包括《小儿常见病推拿》、《小儿常见病食疗》、《小儿常见病外治法》、《小儿常见病偏方》、《小儿常见病中成药》5册。主要介绍一些保健强身的方法和小儿常见病的治疗方法。简便易行、安全可靠。(谭鸣鸿)

R000286　**儿科诊断治疗学**　副名：诊断治疗学系列丛书。袁承文主编。1994年4月版。168万字。90.00元。在《儿科治疗学》基础上经修订、补充而成。全书20篇，介绍对儿童健康危害较大的新生儿疾病和呼吸道、消化道疾病，以及休克、呼吸衰竭、心力衰竭、肾功能衰竭、营养紊乱、发育障碍、免疫缺陷等影响儿童体质的疾病。(李书祯)

R000287　**现代儿科诊疗手册**　李齐岳主编。北京医科大学、中国协和医科大学联合出版社1994年5月版。61.6万字。31.90元。内容包括儿科常见病、急重病的诊断治疗，常用诊断技术和常用治疗技术3大部分。书末有7个附录，如小儿体格发育衡量标准、小儿心电图正常值、儿科常用药物剂量表等。本书是《临床医师诊疗全书》的分册。(王凤廷)

R000288　**中国儿科专家经验文集**　《中国实用儿科》编辑部编。沈阳出版社1994年5月版。160万字。60.00元。医学经验文集。集《中国实用儿科杂志》精萃之大成，涉及新生儿、循环、呼吸、消化、肾脏、血液、内分泌、神经、传染、免疫、重症急救、儿童保健等各儿科专业疾病的诊断治疗，既有自身经验的回顾，又有各专业学科的发展前瞻，针对儿科的常见病、多发病和疑难病症进行了具体的剖析。(信群)

R000289　**小儿外科手术图谱**　王果、潘少川主编。河南科学技术出版社1994年9月版。70万字。共18章，涵盖了小儿外科各个专业的手术，包括神经外科、胸外科、心血管外科、普通外科、泌尿外科、肝胆外科、肿瘤外科、整形与矫形外科等。所介绍术式，既有传统经典的，也有作者独创或改良的。每种术式均讲述其适应证、禁忌证、麻醉、体位、操作方法、术后处理，对常用术式的优缺点作者也根据自己的体会给予评价。全书共有1 090幅技术插图，对小儿各系统的解剖关系、各术式的主要操作步骤予以形象直观的诠释。本书还辟专章详细介绍小儿麻醉的基本理论和常用麻醉方式、麻醉意外的处理。(李娜娜)

R000290　**儿童、青少年骨龄评分法图谱及应用**　叶义言编。湖南科学技术出版社1994年11月版。41.9万字。35.00元。作者根据英国Fanner创制的TW_2骨龄评分方法，制订了我国儿童、青少年的骨龄评分方法及与之配套的成年身高预测方法，并在此基础上将数年来所积累资料加以整理精选，编成本书。分6章。第一章简介国内外研究骨龄评定方法的历史；第二章介绍小儿体格发育的有关概念，以骨发育概念为重点，说明骨龄生物学基础和生物学含义；第三章介绍国际上衡量小儿体格发育常用方法及其价值，说明骨龄评定与其他检查的密切关系，如何配合使用；第四章介绍我国骨龄评分方法及其标准，列出我国儿童、青少年手腕部骨发育的大量X光片和参数；第五章介绍骨龄的应用及其临床意义;第六章概述小儿生长发育的影响因素,列举了世界各地学者以骨龄评定方法和成年身高预测方法等为重要工具,在生长学即发育学领域所取得的大量最新研究材料和进展。(车平)

R000291 **儿科门急诊手册** 冯泽康等著。江西科学技术出版社 1994 年 12 月版。45 万字。18.00 元。内容包括常见症状和体征的鉴别诊断;常见急重症的诊断与处理;新生儿及其疾病;营养性疾病;消化系统疾病;呼吸系统疾病;循环系统疾病;血液系统疾病;泌尿系统疾病;神经肌肉系统疾病;内分泌系统疾病;遗传性疾病;变态反应性疾病;结缔组织疾病;小儿结核病;感染性疾病;急性中毒;意外事故;其他疾病;常用诊疗操作技术。附儿科常用化验正常值。(温青)

肿 瘤 学

R000292 **听神经瘤及其它岩骨疾病的耳神经外科学** [法]J·M·STERKERS 著,赵全义编译。四川科学技术出版社 1994 年版。34 万字。16.50 元。耳神经外科学经过近 30 年的发展已成为一门独立学科。编译者以法国著名耳神经外科学家 J.M.STERKERS 教授近几年的专著为基础,以实用、可推广普及为原则,重写了大部分章节。重点介绍了目前耳神经外科最常用的几种手术方法(即经迷路进路、经岩骨上进路、经乙状窦后进路、经耳蜗进路、经颞下进路),而成为一独立的耳神经外科学参考书。书中还专门介绍了影像学诊断一章,诊断颞骨、小脑脑桥角区肿瘤。(宋小蓉)

R000293 **室内燃煤空气污染与肺癌** 何光舟、杨儒道著。云南科学技术出版社 1994 年 1 月版。54 万字。28.40 元。中国预防医学科学院环境与卫生工程研究所与云南卫生防疫及肿瘤防治部门密切合作,十余年来在云南省宣威县进行肺癌病因学研究成果的基础上,经过综合分析科学论证撰写此书。分上下两篇:上篇较全面地论述了环境与癌的研究内容、方法和步骤,以及环境流行病学、毒理学、卫生化学、遗传效应等学科领域中的新技术。下篇共 5 部分,选编了有关学科的论文 55 篇。(陆秀华)

R000294 **腹部肿瘤细针吸取细胞病理学彩色图谱** 郑香龄主编。河南科学技术出版社 1994 年 3 月版。49 万字。108.00 元。集腹部肿瘤针吸细胞学、组织学、B 超图像为一体,以 600 余幅彩图,结合简明准确的文字(中英文对照),展示了胆、肝、胰、胃、肠、子宫、卵巢、腹膜后等处原发和继发肿瘤细胞的病理学特征。所有图片,均来自作者的临床典型病例;统计资料说明,其确诊率可达 95%,为国内首创,足以跻身于国际先进行列。(关景明)

R000295 **胸部肿瘤学** 王德元著。天津科学技术出版社 1994 年 3 月版。47 万字。36.00 元。分 3 部分,即肺脏肿瘤、纵隔肿瘤和食管肿瘤。(马洪)

R000296 **肿瘤学临床与基础研究进展** 孙燕等著。原子能出版社 1994 年 4 月版。20 万字。10.00 元。共 10 章。第一章是作者孙燕对肿瘤综合治疗新进展的深入阐述;第二章是放疗进展及新放疗设备与新开发的疗法和作者殷蔚伯的先进经验;第三章热疗创始人李鼎九就热疗新设备与临床使用情况作了全面概述;第四至六章综述了单克隆抗体、激光和造血生长因子等新抗癌技术的应用效果与前景;第七章就乳腺癌的全身药物治疗从基础到临床作了全面分析;最后三章涉及癌基因、肿瘤免疫和多药抗药性的基础研究。(李镁)

R000297 **临床肿瘤细胞学检验** 王其生著。安徽科学技术出版社 1994 年 5 月版。21 万字。7.50 元。较详尽地叙述了人体肿瘤细胞学基本理论和检验知识的普及型医学专著。作者针对肿瘤诊断需突出早诊、早治的特点,对适合于作细胞学检验的人体呼吸、消化、泌尿、生殖、骨与软组织、淋巴结等组织器官肿瘤检验均作了系统的介绍。共 20 章。主要对人体上述系统常见肿瘤的临床特点、细胞学检验、肿瘤细胞形态特征以及有关操作技术作了全面介绍。书中配有大量插图,以使读者进一步了解人体正常细胞及肿瘤细胞的特征,对肿瘤细胞学的临床检验诊断及鉴别诊断具有较强的实用价值。(黄和平)

R000298 **林巧稚妇科肿瘤学** 连利娟主编。人民卫生出版社 1994 年 10 月版。122.4 万字。在林巧稚教授 1982 年主编的《妇科肿瘤》基础上,结合 1982 年至 1994 年十多年来飞跃发展的科学技术在妇科肿瘤学中的应用,及国内外大量临床资料的经验积累和总结,进一步丰富、充实编撰修订而成。为纪念已故的林巧稚教授,第二版更名为现在的书名。全书以专题论述的形式编写,每个专题为一章,共 65 个专题即 65 章。包括了外阴阴道肿瘤、子宫颈癌、子宫肌瘤、子宫内膜癌、子宫肉瘤、卵巢肿瘤、输卵管癌、良性葡萄胎、恶性葡萄胎、绒毛膜上皮癌、子宫内膜异位症等妇科常见肿瘤、少见肿瘤和罕见肿瘤的检查、诊断和治疗。对分子生物学、免疫学、病理学、内分泌学、遗传学等基础学科在妇科肿瘤学中的结合与应用列专章进行讨论;对内窥镜技术、影像技术、放射免疫显像诊断技术及放射治疗学、化学治疗药理学等专题内容也作了深入的介绍。尤其是“绒毛膜上皮癌和恶性葡萄胎的化学药物治疗”一章,全面反映和展示了我国以宋鸿钊教授为首的妇科肿瘤科研工作者所取得的居国际领先水平的化学药物治愈绒癌的巨大成就。本书参考和综合了国内外两千多篇文献,基本上反映了90年代初妇科肿瘤学的国际先进水平。(杜贤)

R000299 **肿瘤外科学** 华积德主编。人民军医出版社1994年12月版。300万字。按肿瘤外科学基础及分科肿瘤外科临床分12篇,计120章。基础部分介绍肿瘤病因学及发病机理、肿瘤的诊断问题。临床分科涉及皮肤肿瘤,软组织肿瘤,中枢神经系统肿瘤包括胶质瘤、脑膜瘤、垂体肿瘤、脊髓肿瘤、颅骨肿瘤等,眼肿瘤包括眼睑、结膜、角膜和巩膜、葡萄膜、视网膜等部位肿瘤,头颈部肿瘤包括耳鼻咽喉、口腔、涎腺、颌骨、甲状腺、甲状旁腺等部位肿瘤,胸部肿瘤包括乳腺、胸壁、支气管、肺、食管、纵隔及胸部大血管等部位的肿瘤,腹部肿瘤是本书的重点,包括腹膜、网膜、肠系膜、腹膜后、胃、脾、小肠、结肠、阑尾、肝脏、胆管、胰腺等部位的肿瘤,泌尿外科及男性生殖系统肿瘤主要包括肾、肾盂、输尿管、膀胱、前列腺、阴茎、肾上腺等部位的肿瘤,也包括女性生殖系统肿瘤,骨肿瘤包括骨形成肿瘤、软骨形成肿瘤、骨髓来源的肿瘤、骨脂肪肿瘤以及骨瘤样变等。(张晓宇)

神经病学与精神病学

R000300 **神经疾病临床剖析** 高立达主编。四川科学技术出版社1994年版。66.5万字。19.00元。通过有代表性的临床实例,用层层分析的方法,将与神经疾病相关的临床和基础问题进行横向联系。主要内容包括:颅脑损伤、颅内肿瘤、颅内感染、癫痫、震颤麻痹、脑缺氧、肌病、多发硬化及痴呆等常见病近50种。(林思聪)

R000301 **小儿神经外科学** 蒋先惠主编。人民卫生出版社1994年2月版。42万字。18.10元。小儿外科全书系列之一。是研究小儿神经系统先天性畸形及后天性疾病的专著。作者根据婴幼儿生长发育的生理特点、神经系统生理特征、病理解剖及病理生理特点、神经系统疾病临床表现特征、诊断与鉴别诊断要点和神经系统疾病防治方面的理论知识与实践经验,参考国内外最新资料,编撰本书。全书包括总论、颅内压增高及脑疝、颅脑与脊髓先天性畸形、脑积水、神经损伤、颅内肿瘤、脑血管疾病、中枢神经系统感染、脑寄生虫病、脑功能性疾病外科治疗及颅骨病变等共11章内容。书中对小儿神经系统解剖特点和生理特点、神经系统检查和辅助性检查、围手术期处理和麻醉选择、小儿神经外科手术基本技术和方法等专题作了深入、全面和系统的介绍,尤其介绍了国外小儿外科诊治技术的最新成就。同时,介绍了小儿外科医师亟需掌握的婴幼儿神经系统先天或后天性疾病的诊断思路和鉴别诊断要点、手术治疗方法及操作要求、各种小儿神经系统急症的诊治要点等。本书在小儿颅内压监测、脑积水手术治疗、小儿颅神经瘤治疗、癫痫外科治疗和小儿脑性瘫痪治疗等章节内容有创新观点,并介绍了我国小儿外科医师在这些领域所取得的突破性进展及成就。(杜贤)

R000302 **现代儿童精神医学** 李雪荣等著。湖南科学技术出版社1994年3月版。70.2万字。35.00元。“临床医学高级研修书系”之一。分4篇33章。第一篇,儿童精神发育与相关因素,概述当代儿童心理发展理论的主要学派、儿童各年龄阶段身心发展的特点以及影响儿童精神发育的生物学因素与社会因素;第二篇,临床检查及诊断,介绍儿童病史的收集与检查、精神障碍症状学的特点、行为评定量表、心理测验、脑电及影像等各种检查技术,精神障碍的分类和发展动态等;第三篇,各类儿童精神障碍的流行病学、发病机理、临床表现、实验室检查以及诊断与治疗;第四篇,治疗与预防,较系统地介绍了各种心理治疗、特殊问题的培训、药物治疗及预防等。(车平)

R000303 **精神病防治学** 何伋主编。天津科学技术出版社1994年4月版。40.7万字。22.50元。着重介绍精神疾病的预防和治疗,对其机理也作了较系统阐明,为照顾基层医务工作者的临床应用方便,也介绍了精神疾病诊断标准和方法。(张洪善)

R000304 **现代神经病诊疗手册** 余宗颐、陈清棠主编。北京医科大学、中国协和医科大学联合出版社1994年5月版。17.5万字。13.50元。分2篇:常见神经内、外科疾病的诊断与治疗,诊断技术与治疗技术。前者按诊断、鉴别诊断、治疗予以叙述;后者包括原理、适应证、方法、结果判断与临床意义等内容。本书是《临床医师诊疗全书》的分册。(梁康)

R000305 **脑卒中康复** 〔日〕中村隆一编。朱裕祥译。华东师范大学出版社1994年5月版。38万字。38.00 元。关于脑卒中功能障碍的治疗康复的临床医学专著。全面论述脑卒中所造成的各种功能障碍的病因、病理、症候、检查诊断、治疗和康复评价等的理论原则、技术措施和操作方法。共 7 章,第一章康复医学的一般概念,强调康复医疗应贯彻于治疗和预后的全过程。第二章脑卒中的原因、病型和诊断方法。第三章脑卒中在身体各部位的功能障碍的种种症状及其检查诊断方法。第四章康复医疗的设施、人员组织和管理。第五章对病人康复状况的评价、检查方法。第六章康复医疗技术及其运作,这是本书的重点,占其篇幅的 1/3。第七章康复资料的处理。本书的主要特点是理论原则和医疗实践密切结合,条分缕析,细致具体,特别是运用大量图片,演习临床操作的全过程,形象直观,易为医务人员和病员所理解和掌握。原作者系日本东北大学医学部康复医学研究所所长,本书是他多年康复医疗实践经验的系统总结。(丑立本)

R000306 **心理治疗:理论与分析** 曾文星、徐静编著。北京医科大学、中国协和医科大学联合出版社 1994 年 6 月版。30.8 万字。16.50 元。介绍心理治疗的基本理论,就各种心理治疗的模式来讨论各个学术理论的演变与发展;讨论治疗各种心理问题与病理的原则与运用;从文化角度介绍与东方文化有关的各种心理治疗,并加以评论,以便阐明文化与心理治疗的相互关系,以及如何施行适合中国人心理结构及文化背景的心理治疗。书中许多病例大多来自大陆或海外华人,这些个案大多以精神动态学的观点来分析解释,以便更有深度地了解病情的要领。作者曾文星、徐静早年就读台湾大学医学院,之后均在美国哈佛大学医学院攻读心理治疗专业。70 年代以来在东西方文化特色有鲜明对照的夏威夷人群进行医疗、教学和研究。80 年代以后,作为学者曾多次往返于海峡两岸、日本等地,进行了较系统的跨文化研究,并在北京等地多次参加心理治疗研讨会和病案的分析和讨论。(林双)

R000307 **实用脑血管病学** 韩仲岩等主编。上海科学技术出版社 1994 年 6 月版。70 万字。40.70元。脑血管病是常见病、多发病,多在中年期后发病。本书从脑血管的应用解剖、脑血循环的临床生理、脑血管疾病的流行病学及危险因素、脑血管疾病的病史采集、神经血管检查以及特殊检查着手,系统而详尽地描述了各类脑血管疾病的临床、先进的诊疗方法;还介绍了同类书中很少提及的脑血管疾病与全身性疾病、脑部微循环及其疾病、脑血管性痴呆、混合性卒中、青年卒中以及儿童脑卒中等;并对脑血管疾病的预防和康复、脑血管疾病的外科治疗以及脑血管病的护理均作了较完整的介绍。故本书对内科、儿科、神经内外科医生,老年医学工作者以及医学院校师生均有实用价值。(滕淑安)

R000308 **癫痫与治疗** 郭同经著。济南出版社 1994 年 7 月版。26 万字。14.50 元。分 14 章。除概述历代医家对癫痫的认识外,并从现代医学的角度,对癫痫的病因、病理、发病机制、分类和临床表现、诊断与鉴别诊断、预后和预防等内容作详尽的论述,并着重介绍治疗各种类型的癫痫病确有疗效的中西医药物。并给出作者自己研制的抗癫痫新药。(于千)

R000309 **星状神经节阻滞** 刘小立、牛爱玲主编。山西科学技术出版社 1994 年 8 月版。6.5万字。4.00 元。共 11 章。主要从解剖学、生理学方面对星状神经节进行了叙述,并详细介绍了阻滞方法、技巧、适应症和临床应用,同时对并发症及预防和病人护理也作了详细介绍。(张丽萍)

R000310 **脑信息与脑障碍** 沈政、林庶芝编著。上海科技教育出版社 1994 年 8 月版。7.8 万字。3.10 元。中级科普读物,收入"当代科学丛书"。它以神经生物学、心理学和医学研究的进展为线索,吸取信息科学和计算机科学的新概念,深入浅出而又有趣地介绍了脑信息舞台上的主角与配角,脑信息舞台外的活跃分子,面孔和嗓音识别的奥秘,维妙维肖的记忆,智能障碍和人工智能,神经分裂症的谜底,捉弄人类情感的分子,使人着迷的化学物质等内容。它的写作特点是,从脑信息舞台上的角色分配和舞台外的活跃分子谈起,将脑信息加工和能量代谢的两大基本知识,贯穿于对各种脑障碍的讨论之中。从面孔和嗓音识别的简单知觉障碍到记忆、智能障碍和复杂的神经分裂症,认识障碍的层次和复杂性逐渐升级;与此并行还讨论了情绪、情感、嗜好、药物依赖等问题。(张莉琴)

R000311 **实用神经病学(第二版)** 史玉泉主编。上海科学技术出版社 1994 年 8 月版。184.8 万字。76.40 元。初版于 1978 年。自 1978 年至今,基础医学领域中出现了分子生物学理论及微量检测技术,形态学上电镜的应用,改变了对许多神经科疾病的认识与概念。CT、正电子发射断层扫描、单光子发射断层扫描、磁共振成像、多普勒超声探查、数字减影脑血管造影等诊断手段的相继问世,外加脑的诱发电位、脑电地形图和肌电图的推广应用,大大提高了诊断的正确率。治疗方面则有显微外科的开展扩大了脑外科治疗的适应证,提高了手术效果。本书第二版尽量地反映了上述进展以及成就。同时仍保存了初版的特色,将神经内、外科两个领域的内容编撰在一起,并尽可能多地介绍一些稀见病种,使从事神经内科的专业人员在考虑治疗时能更全面合理,以免贻误治疗;使从事神经外科的专业人员在考虑诊断时思路能更开阔,以便更好地进行手术抉择。(滕淑安)

R000312　**实用神经病学图谱**　王胜武、高润林主编。中国科学技术出版社 1994 年 8 月版。26 万字。19.80 元。以神经内科为重点,突出临床实用,理论联系实际,较为全面、系统地表现了神经系统各部的解剖生理、病变部位和临床常见的病变综合征,并介绍了某些神经系统的检查方法。把基础医学知识和临床医学知识紧密地结合起来,把复杂抽象难以理解的神经解剖生理病理的知识以图示意,具体化、形象化;把读者难以建立的立体结构跃然纸上,简明易懂,并能与国内许多神经学科书籍配套学习。对临床各学科医师,尤其是神经内外科、小儿神经科、普通内科及医学院校师生,具有很强的实用价值。(高秀英)

R000313　**临床癫痫学**　沈鼎烈主编。上海科学技术出版社 1994 年 9 月版。56.3 万字。27.30 元。癫痫是一种常见病、多发病。本书对癫痫学在流行病学、发病机制、临床发作分类、诊断手段、药物和手术治疗等方面作了系统的、详细的叙述;并分列专章介绍了癫痫的预后、非痫性发作性疾病以及癫痫带来的社会问题。(滕淑安)

R000314　**实用脑电地形图学彩色图谱**　刘名顺等主编。天津科学技术出版社 1994 年 11 月版。26 万字。200 余幅图。98.00 元。系统地介绍了脑电地形图的成像原理、分类及临床应用,共 7 章,附彩图 200 余幅。包括正常人脑电地形图,常见器质性疾病脑电地形图(如脑血管病、脑肿瘤、脑外伤、颅内感染等),功能性疾病的脑电地形图(如癫痫、精神及心理性疾病等),也包括脑电地形图设备、检查和内、外环境等图谱。(袁向远)

R000315　**立体定向放射神经外科学**　陈炳桓主编。北京出版社 1994 年 12 月版。43.8 万字。49.00元。立体定向放射神经外科学专著。从辐射的生物医学原理入手,结合论述与之相关的立体定向技术,对立体定向放射神经外科学进行宏观阐述。重点介绍立体定向放射神经外科两大典型工具即 γ—刀和 χ—刀的结构和工作原理,并比较两者的优缺点。在各论中分别介绍各种功能性的与非功能性的神经外科疾病应用立体定向放射神经外科疗法的手术适应症和具体手术方法。(袁海)

R000316　**神经内科临床新进展**　孟家眉主编。北京出版社 1994 年 12 月版。95.4 万字。49.00 元。"北京医学文库"之一。分 5 篇,40 章,对脑血管疾病、脱髓壳疾病、帕金森氏病、脑囊虫病、癫痫等神经内科多发常见病,从病理学、流行病学、病因学、诊断学、治疗学等多个角度进行研究,总结了北京地区宣武医院、天坛医院、友谊医院等多家医院的丰富经验,详细介绍国内外在这些方面的新进展、新成果。(黄颖)

R000317　**精神医学与心理卫生研究**　张继志主编。北京出版社 1994 年 12 月版。42.3 万字。34.50元。"北京医学文库"之一。分 16 章,以专题的形式,按照相对系统的原则重点突出了精神医学所面临的实际问题,同时,配合医学模式的转变,着重反映精神医学与综合医学各科的密切联系。其中尤以儿童精神病的研究、合理应用精神药物、会诊——联络精神病学、心身疾病的临床研究各具特色。(黄颖)

R000318　**心理障碍的检测诊疗技术**　汪斌编著。厦门大学出版社 1994 年 12 月版。37.5 万字。11.00 元。阐述感知觉、注意、记忆、思维、言语、情绪、人格、意志、行为、智能、意识等各种心理活动过程的基本概念和特点,以及标准化测查评定方法,临床检查要点,病理表现形式与临床诊断意义;对各类精神障碍的诊断标准以及有关的临床心理检测结果进行简要的介绍;对精神药物的使用方法及注意事项进行归纳总结。作者从不同角度把心理学理论与临床精神检查方法和现代心理测量技术以及各种量表与诊断标准同自己的研究成果有机地结合在一起,进行论述,并扼要介绍药物治疗和心理治疗的技术和方法,使理论、检测、诊断、治疗形成一个整体。(黄茂林)

R000319　**神经系统疾病诊断学**　丁铭臣著。山西科学技术出版社 1995 年 2 月版。113.1 万字。68.00 元。分 2 个部分。总论包括病史采集、神经系统体格检查、诊断、神经系统症状学、辅助检查的临床应用等;各论是作者在查房工作中对 200 个疑难病例所作的诊断分析。(张延河)

皮肤病学与性病学

R000320 **现代皮肤病治疗学** 倪容之著。人民军医出版社 1994 年版。100.3 万字。65.00 元。作者在广泛借鉴 90 年代以来皮肤病学新疗法、新药物、新技术研究成果的基础上，分总论和各论两部分详细介绍了现代皮肤病学的最新知识。总论部分阐述了皮肤病的药物治疗、物理治疗、外科治疗、中医辨证论治等；各论部分分病毒性，细菌性，真菌性，性传播性，寄生虫、昆虫、动物性，物理性，变态反应性，职业性等皮肤病，以及皮肤结缔组织病、免疫缺陷病、神经功能障碍病、角化病、遗传病、粘膜病、皮肤肿瘤等 24 章阐述了皮肤病的病因、发病机制、临床表现、诊断技术、治疗方法、预防措施等。（黄栩兵）

R000321 **现代皮肤性病学诊疗手册** 朱学骏主编。北京医科大学、中国协和医科大学联合出版社 1994 年 5 月版。37.3 万字。21.60 元。分为常见皮肤病的诊断和治疗、常见性病的诊断和治疗、皮肤科常用诊断技术、皮肤科常用治疗技术、常见皮肤症状鉴别诊断 5 大部分。书末有附录，如常用外用药处方、常用中药方剂等。本书为《临床医师诊疗全书》的分册。（王凤廷）

R000322 **银屑病的临床和研究** 刘承煌主编。上海科学技术文献出版社 1994 年 9 月版。32.3 万字。18.00 元。医学专著。银屑病是一种常见的多发性皮肤病。是皮肤科重点防治疾病之一。本书主要介绍国内外对本病的病因、发病机制、临床和防治银屑病的最新成果和动态。共 8 章。包括流行病学、病因和发病机制、组织病理、临床表现、局部治疗、系统治疗、预后随访和预防。（王慧娟）

R000323 **性病防治图谱** 乐嘉豫主编。上海科学技术出版社 1994 年 12 月版。20 万字。148.00 元。医学专业性与性传染性疾病的诊断与治疗方面的大型彩色图谱。分性病概述、中国法定性病、其他传染性性疾病、性病实验室诊断与治疗 4 部分。精选彩色图片 600 余幅，全面系统地介绍性与性传播疾病的临床表现、并发症、转归及鉴别诊断等。收入的许多照片属国内外罕见，非常珍贵。本书体例编排合理，便于查阅，可供皮肤科、临床各科及有关人员参考。（周皓）

耳鼻咽喉、眼科学、口腔科学

R000324 **耳鼻部美容外科手术学** 王积恩主编。北京出版社 1994 年 10 月版。44.6 万字。29.90 元。着重介绍耳、鼻部的各种美容外科手术方法、操作技巧、临床经验、新的进展，其中手术方法 30 余种。对美容外科中的一些特殊问题，如医学摄影、影像资料、计算机在耳鼻部美容手术中的应用问题等也作一些探索。全书共有线条图和照片 350 幅，彩色插页 16 面。（刘久平）

R000325 **现代耳鼻咽喉科诊疗手册** 郭敏主编。北京医科大学、中国协和医科大学联合出版社 1994 年 10 月版。27.2 万字。12.60 元。内容包括耳、鼻和鼻窦、咽、喉、气管和食管常见病、急重病及肿瘤的诊断治疗、耳鼻咽喉常规检查及特殊检查、治疗 8 大部分。书末附有耳鼻咽喉科常用药。本书是《临床医师诊疗全书》的分册。（夏家骝）

R000326 **现代耳鼻咽喉科学** 姜泗长、阎承先主编。天津科学技术出版社 1994 年 10 月版。117.7万字。80.00 元。共 3 部分，45 篇。第一部分：现代耳鼻咽喉科进展，共 19 篇，介绍了纯音测听，言语测听，声导抗测试，电反应测听，耳蜗电极植人，小儿听力测试与聋儿康复，耳声发射简介，前庭诱发电层，胎儿诱发反应，内耳体外培养，嗅觉与嗅觉障碍，面神经电图，眼震电图检查法，鼻测压计及其临床应用，鼻咽癌诊断进展，喉肌电图仪及其应用，嗓音的声学检测，喉动态镜及其应用，电声门图和发声的空气动力学测量与分析，耳鼻咽喉科老年医学的发展，梗阻性呼吸困难。第二部分：现代医学进展与耳鼻咽喉科关系，包括 15 篇，重点介绍手术显微镜及其在耳鼻咽喉科的应用，CT 及其在耳鼻咽喉科的应用，核磁共振成像及其在耳鼻咽喉科的应用，激光在耳鼻咽喉科的应用，液氮低温冷冻治疗在耳鼻咽喉科的应用，耳鼻咽喉免疫与变态反应的进展，医学遗传学与耳鼻咽喉疾病，血气及酸碱测定在耳鼻咽喉科的应用，航天航空医学发展与耳鼻咽喉科的关系，潜水医学与耳鼻咽喉科的关系，耳鼻咽喉科麻醉学的进展，电子显微镜及组织化学新技术在耳鼻咽喉—头颈外科的应用，助听器的发展及其进展。第三部分耳鼻咽喉科内窥镜进展，包括 11 篇，耳鼻咽喉科内窥镜进展，鼻内窥镜及其应用，鼻咽部内窥镜检查，喉内窥镜，显微喉镜手术的进展，小儿硬支气管镜及其应用，纤维支气管镜及其应用，纤维支气管镜检查的临床应用等。本书特点是着重于专题的新理论、新成就及新技术,反映了当前国内外该专科的学术动态,基本上概括了国内外耳鼻咽喉科的一些重要的临床、科研专题及有关边缘学科的新进展。(徐玉兰)

R000327 **手术学全集·耳鼻咽喉科卷** 姜泗长编。人民军医出版社1994年11月版。107.5万字。80.00元。分为耳鼻咽喉科局部解剖、术前准备,外耳、中耳、内耳、听神经及面神经、鼻及鼻窦、咽、喉的各种先天性畸形、疾病或外伤的手术,颅底和头颈部肿瘤的手术,纤维鼻咽镜、喉镜、支气管镜与食管镜的检查方法,手术显微镜下手术等10大部分。详细介绍了各种手术的类型,选择方法,手术适应证与禁忌证、术前准备、麻醉与体位、手术步骤、术中注意要点、主要并发症、术后处理等,并配有精细的局部解剖与手术步骤图谱1 400余幅。(李晨)

R000328 **眼科手术学** 吴振中、蒋幼芹主编。人民卫生出版社1994年版。85万字。以美国Spaeth主编的《眼科手术原则与实践》为主要参考书。对疾病的检查、体征、诊断、鉴别诊断、术前准备要点以及有关解剖、麻醉的选择及方法、手术适应证及手术步骤等方面进行详细描述。但由于篇幅所限,书中有些内容论述的不够彻底,手术具体步骤不够详细,有些最新的手术方法未能收入。(郝巨为)

R000329 **角膜病的理论基础与临床** 孙秉基、徐锦堂主编。科学技术文献出版社1994年5月版。94.7万字。30.25元。共4篇55章:第一基础篇,1～11章,讲述生理、生化、病理、药理、免疫、遗传等基础理论。第二检查篇,12～20章,介绍一般检查方法,也介绍近代新兴的角膜内皮反射显微镜、角膜厚度计、角膜地形图等检查方法。第三疾病篇,21～32章,用最新观点分类,既列举常见角膜病,也罗列少见和罕见角膜病。第四治疗篇,33～55章,除介绍角膜病常用药物及手术外,还介绍新药和新的疗法。(吴秀珍)

R000330 **临床基础眼科学** 秦鸿仁主编。天津科学技术出版社1994年6月版。37.4万字。20.00元。共22章,分基础和临床两部分。基础理论部分对眼的胚胎发育、解剖、生理、诊断、护理等基础理论给予了通俗易懂的解释;临床部分对手术室的建设、术前准备、麻醉、手术基本操作、术后处理以及各种眼病均将作者的个人经验写入书中,并提出自己的观点。(赵振忠)

R000331 **现代眼科诊疗手册** 李美玉主编。北京医科大学、中国协和医科大学联合出版社1994年10月版。36.2万字。21.20元。分3篇:常见病急重病的诊断治疗,诊断技术,治疗技术。"诊断技术"篇中有角膜内皮镜检查法、超声波检查法、计算机断层扫描、磁共振检查、视诱发电位等。本书为《临床医师诊疗全书》的分册。(丁心)

R000332 **临床眼底病学** 黄叔仁主编。安徽科学技术出版社1994年11月版。35万字。98.00元。眼底病是眼部疾患中一种严重影响视力的疾病。本书以眼底病临床为重点,辅以必要的理论知识,尤其是科研上的最新成果。全书共10章、89节。系统地介绍了各类眼底病,包括已获公认的新发现的病种。书中附有有关图片,计收入彩色眼底照片220幅、黑白照片110幅。(储崇华)

R000333 **手术学全集·眼科卷** 宋琛主编。人民军医出版社1994年11月版。134.8万字。95.00元。系统、全面、具体介绍眼科手术的学术专著。概述了眼科手术仪器设备、手术前准备、眼科消毒、眼科麻醉等;分别介绍了眼睑、泪器、结膜、眼肌、角膜、晶体、玻璃体等部位各种疾病的手术治疗,包括手术适应证、禁忌证、手术的详细步骤、术中注意要点、术后处理等。对眼球和眼眶肿瘤、眼外伤、青光眼、白内障、视网膜脱离等重要疾病及眼显微外科、眼成形外科、激光手术等新技术,从理论到实践进行了深入透彻的阐述。插图2 000多幅,较好地展示了手术的操作要领。(姚磊)

R000334 **手术学全集·口腔颌面外科卷** 周树夏编。人民军医出版社1994年版。122.3万字。85.00元。在参考国内外口腔颌面外科基础研究和临床研究最新成果的基础上,结合自己长期的科研和临床实践经验,详细阐述了拔牙术、牙槽外科、口腔颌面部感染、损伤、肿瘤手术,以及涎腺、颞下颌关节、正颌、唇裂、腭裂等手术的适应证、禁忌证、术前准备、麻醉方法、手术步骤、术中注意要点、术后处理、并发症等。对近年来开展的牙种植术、正颌外科、部分颅面外科和颅底外科手术、面神经修复术,以及各类游离皮瓣和带蒂组织皮瓣修复术等作了细致的阐述,并介绍了颌面部巨大血管畸形、血管瘤的血管内介入疗法和微波热凝治疗新技术等。插图1 500余幅。反映了现代口腔颌面外科手术学的发展水平。(黄桐兵)

R000335 **涎腺疾病** 俞光岩主编。北京医科大学、中国协和医科大学联合出版社1994年2月出版。55.1万字。46.00元。共19章,内容包括涎腺解剖学及组织学、生理生化、各种检查及诊断方法,病种收集齐全，包括先天发育异常、涎石病、涎腺炎症、舍格伦综合征、各类涎腺肿瘤、面神经的损伤及修复、涎腺手术等，从基础到临床，系统地论述了各种涎腺疾病的病因病理、临床表现、诊断及鉴别诊断、治疗及预后。本书是作者从基础研究到临床实践的总结，以总结自己的经验为主，并参考大量国内外文献，书末附有637条文献。尤其值得提出的是影像诊断部分及涎腺肿瘤章，是作者科学研究的第一手资料，书后附有照片图228幅。（庄鸿娟）

R000336 **口腔医学美学** 孙少宣主编。安徽科学技术出版社1994年3月版。60万字。14.30元。作者将探索多年的口腔医学与美学相结合的研究成果和有关见解，并博采众家学说，系统构成了理论与实践结合、内容上创新、视角上有所转换的“口腔医学美学”这一新兴的边缘学科的体系，推出了这一领域的第一部专著。全书分成“美学基础—医学美学基础—口腔医学美学基础—口腔临床应用美学与美容”4个层次。图文并茂，涉及美学理论、医用人体美学、口腔应用美学及其审美规律等。（任弘毅）

R000337 **口腔病理学** 郑麟蕃、吴奇光著。上海科学技术出版社1994年3月版。51.3万字。52.00元。医学专著。口腔病理学是口腔科临床正确诊断与治疗的基础。本书资料大部来自北京医科大学口腔病理学教研室长年的积累。全书分口、齿、颌、涎4大篇，共35章，各分章不是按照病因学，而是根据病变部位和病征来编写。每种疾病都作为独立标题来叙述，在每一病种项目下，重点介绍病理，并适当联系同义名、临床表现、病因、诊断和组织发生等，每章之后附有参考文献，可供学者进一步查阅资料的源头。（赋声）

R000338 **临床口腔种植学** 赵士杰、韩科编著。中国标准出版社1994年6月版。21.2万字。10.00元。以临床为主线，详细介绍口腔种植的生物学基础、口腔种植材料、口腔种植学的现状、口腔种植病例的选择及方案的设计、牙种植外科手术、种植义齿修复、口腔种植的预后、口腔种植的进展及前景等。书中附有大量的示意图。（段方）

R000339 **口腔医学新探索** 郑知四、林立群主编。福建科学技术出版社1994年12月版。31.7万字。11.00元。介绍口腔医学各个领域新进展的论文集，共收集各大院校、医院学述论文174篇。涉及口腔医学基础、口腔内科学、口腔颌面外科学、口腔矫形科学、医学美学、口腔医学心理学、口腔预防医学、口腔护理学等领域。一方面从细胞水平、分子水平介绍了口腔医学的研究成就，另一方面也注意了口腔材料、口腔新器械及临床操作等实用知识的革新。综合反映了1990年以来口腔医学发展的最新动态。（唐琪）

放射医学

R000340 **腹部CT图谱** 范家栋、谢敬霞编著。北京医科大学、中国协和医科大学联合出版社1994年1月版。59.3万字。82.00元。分9章：肝脏、胆道系统、胰腺、脾脏、肾脏、肾上腺、胃肠道、盆腔、腹腔和后腹膜腔。包括几百种疾病的1 100幅照片，以常见病、多发病为主，辅以少量罕见病变。照片清晰，每一幅照片都有简短的病史、诊断、治疗、预后等叙述，个别者还结合极少量B超、IVP等影像学图，实用性强，既便于初学者学习与入门，又可供临床医师参考使用。（暴海燕）

R000341 **火器伤外科学** 李主一等著。人民军医出版社1994年4月版。80万字。40.00元。共3篇29章，内容包括火器伤外科基础、火器伤外科总论以及全身各部位火器伤的特点和救治原则。对创伤弹道学理论研究及四肢战伤晚期应用显微外科技术修复和功能重建方面的新理论、新技术、新方法作了重点介绍，对高技术条件下的战伤救治工作具有重要参考价值。（靳纯桥）

R000342 **全身CT和MRI** 陈星荣等著。上海医科大学出版社1994年8月版。179万字。220.00元。医学专著。CT和MRI分别于70年代初和80年代初问世以来，在机器设备、技术方法、科学研究和临床应用等方面，均获长足进步，并继续飞速发展。全书计22章，第一章为总论，介绍了CT和MRI结构和原理，磁共振波谱分析，磁共振血管造影，MRI灌注成像和弥散成像，CT和MRI造影剂。从第二章至第二十一章介绍全身各器官正常CT和MRI表现，各病变诊断与鉴别诊断，有照片和线条图1 900余幅。第二十二章介入性CT分别介绍了器械和胸部疾病、腹盆部疾病、骨骼和肌肉疾病、胸部疾病诊断性介入性CT、胸腹部脓肿、腹部囊肿、颅内血肿和脓肿、恶性肿瘤和恶痛、自主神经系统、泌尿系统疾病和骨骼系统疾病治疗性介入性CT。书末有10个附录，分别介绍欧乃派克、优准里建议使用剂量及适应症、禁忌症、过敏反应与副作用等；介绍MRI造影剂分类及CT和MRI机类型。（沈彬源）

R000343 **放射性核素治疗学** 卢倜章、秦明秀主编。天津科学技术出版社 1994 年 8 月版。54.3 万字。38.00 元。共 6 篇 27 章及附录。第一篇放射性核素治疗学基础,讲述了辐射剂量学和防护基础,内辐射、外辐射剂量学,病人管理等。第二篇普通放射性核素治疗,讲述了甲状腺机能亢进、甲状腺癌转移、血液病、骨转移癌等。第三篇放射性核素敷贴治疗,主要讲述部分体表疾病的治疗如皮肤、眼、耳鼻喉、妇科等。第四篇介入核医学治疗,讲述体内脏器疾患的治疗,包括核素、载体、胶体的选择及所有的操作细节,可以治疗的疾病等。第五篇放射性核素导向治疗,讲述了其基本理论和技术及临床应用和治疗中的问题和解决办法。第六篇中子俘获疗法,介绍了治疗原理和中子源等。附录 10 个均是临床需要查阅的数据。本书全面系统地介绍核医学发生发展过程及治疗原理基本操作技能,具有系统性、实用性和内容充实的特点,尤其后 4 篇反映出放射性核素治疗最新进展及发展方向,是临床各科医师和核医学科医师的重要参考书。(袁向远)

R000344 **X 线诊断学** 欧阳志主编。广西科学技术出版社 1994 年元月版。150 万字。除保留传统 X 线诊断学的一般编排方式和内容外,增加了"综合诊断"、"预后及转归"等项内容。在"综合诊断"中,强调疾病的临床、X 线检查、影像技术和实验室检查的诊断价值和客观依据。(马如海)

药 学

R000345 **临床用药指南** 徐叔云主编。安徽科学技术出版社 1994 年 2 月版。195 万字。39.50 元。临床用药工具书。绪论部分简要介绍受体学说与临床应用,药代动力学基本参数及其意义,新药试用与评价,生理条件、病理条件、遗传因素、时间因素对用药的影响,以及药物的相互作用。以下分类介绍以国家基本药物名录所载药物为中心,兼收其他疗效较肯定、国内已生产的药物。对于一线药物,在扼要介绍其制剂规格、临床应用基础理论和药动学外,按临床用途的不同分述其用法、不良反应及其防治、配伍用药注意事项等,特别适合于临床应急时的需要。书后附录了临床常见器官功能衰竭的治疗、运动员禁用药物、药物名称的汉语拼音和外文名索引等。(任弘毅)

R000346 **实用药物手册(第四版)** 上海医科大学儿科医院编。上海科学技术出版社 1994 年 5 月版。92.6 万字。18.00 元。共收载临床上常用药品 1 300余种(其中包括近年来国内研制、投产或已经鉴定即将投产的新药,以及在临床上应用的部分进口药品 400 余种),按药物用途分为内、儿科用药,外科用药,妇产科用药,五官科用药,皮肤科外用药 5 大部分。对于每一种药品,均列出真正名及其常用别名或商品名,并按"剂型规格、用法、剂量、作用、用途、副作用、毒性及注意点"等分门别类予以详述。(李可君)

R000347 **药物临床应用撷萃** 倪根珊编。八一出版社 1994 年 8 月版。248.9 万字。45.00 元。集药物学、药理学、临床医(药)学及文献资料于一体的大型药物临床应用学专著。介绍了 1994 年前国内外临床应用频率最高且在作用、用途、不良反应及联合用药等方面有新进展或新发现的常用药物和一些新上市且倍受医者青睐的新药 300 余种。每种按概述及一般药理、临床应用现状、不良反应及注意事项、药物相互作用 4 个方面依次进行叙述。全书共收集了在一般药物书中未能介绍的老药新用及新药临床使用实例多达 3 000 余则,各药物间的相互作用多达 4 000 余条,对这些药物的新作用机制、新剂型、新给药途径以及对药物的新评价等作了大量介绍。书末列表介绍了国内外较常用的 500 余种药物的药动学参数供临床用药参考。(张照华)

R000348 **家庭用药宝典** 张德财等编。辽宁科学技术出版社 1994 年 9 月版。44 万字。13.80 元。分 3 篇论述:上篇为家庭最常用的中、西药物知识。西药以口服药为主,适当介绍特殊情况下家庭也用得上的注射剂,计 187 种;考虑我国就医用药实际,突出地介绍 409 种中成药。中篇介绍了家庭用药的基本知识,以及近年来国内临床用药中正、反两方面经验,指出用药的正确方法。下篇家庭常见病药物治疗选择,共选择家庭最常见的各种疾病 94 种,逐一进行科学用药分析。(李逢秋)

R000349 **现代药品检验学** 马剑文等著。人民军医出版社 1994 年 10 月版。138 万字。65.00 元。分化学测定法、色谱法和仪器分析法、中药材鉴定法、生物测定法 4 篇,系统全面介绍了药品检验的理论和技术方法。包括经典及常用的技术方法,近几年应用的新仪器、新技术,例如磁共振、质谱、药物的溶出度及均匀度测定、气相色谱与液相色谱质谱的联用、药品卫生学检验、小角激光光散射仪、电子计算机在药品检验中的应用等。注重理论与实际相结合及新技术的介绍,是药品检验所和药厂质量检验科、

医院药检室及各级药学者的重要参考书。(靳纯桥)

R000350 **实用新药特药手册** 戴德银等编。人民军医出版社 1994 年 10 月版。93.5 万字。48.50 元。指导临床用药与研制新药的工具书。收集整理 1985 年以来疗效确切、不良反应少的国内外新药特药 860 余种,从药理学的基本概念、药物作用的基本规律和合理用药入手,介绍了各种药物的作用特点、适应证、禁忌证、用法用量、注意事项及规格包装、贮存条件等。(杨磊石)

R000351 **常用药物临床新用途手册** 黄延祚编著。广西科学技术出版社 1994 年 11 月版。27.79 万字。9.15 元。分 12 章介绍了临床各系统常用的 156 种药物的最新用途。对每一种药物的具体新用法、效果、机理及应用注意事项等均结合不同的临床病症作了必要的说明。附药名索引和参考文献。(马如海)

R000352 **药物化学总论** 郭宗儒著。中国医药科技出版社 1994 年 11 月版。54 万字。26.50 元。从药物的化学结构出发,结合物理化学性质,重点讨论药物的生物活性与化学结构的依存关系。在讨论药物作用的分子基础时,将重点放在药物化学与分子药理学的结合点上,并对酶的各种制剂的作用原理、定量构效关系和新药设计方法进行讨论。(孙小芳)

R000353 **最新英汉药名词典** 李宗友等编。中医古籍出版社 1994 年 12 月版。160 万字。58.00 元。收集 1984 年至 1994 年国内外研究开发的临床新药、化学合成品、植物化学成份以及文献检索词频高的常用药物 5 万余条。其中载录的中药英文名、拉丁名及中成药英文名,弥补了国内一些药名词典不含中药的不足之处。(徐岩春)

S 农业科学

农业科学

S000001 **中国科学技术典籍通汇·农学卷** 范楚玉主编。河南教育出版社 1994 年版。400 万字。5 册。898.00 元。收入中国古代有关农桑、渔牧以及耕作技术方面的典籍 43 部,都是在中国农学史上具有代表性的著作。同时,还收入了 3 部大型农学方面的类书:《农政全书》、《群芳谱》和《授时通考》。(宋士杰)

S000002 **农业技术论** 朱明宽主编。中国农业出版社 1994 年 10 月版。25.1 万字。6.90 元。内容包括:农业技术本质,农业技术的体系与类型,技术与自然、与社会,技术革命,技术预测,技术评价选择与转移,技术人才与市场,技术服务体系等。(姚红)

农业基础科学

S000003 **四川土种志** 四川省农牧厅等编写。四川科学技术出版社 1994 年版。119.9 万字。35.00 元(精),30.00 元(平)。是四川省第二次土壤普查的系列成果之一,是在全国和四川省土壤分类系统的基础上,按照有关的具体规定,经过对四川省地、县两级15 000余个和省统一布点的 400 多个骨干剖面资料进行整理、筛选、归并、补充、统计后编写而成。全四川省共整理编写出 380 个土种,其中农耕地土种 323 个,非耕地土种 57 个。其中,农耕地土种资料较完整,非耕地土种因资料缺乏,仅编写了部分土种,有待进一步完善。对每个土种的名称、代号、归属、分布、面积、主要性状、典型剖面和生产性能等作了描述。(牛小红)

S000004 **贵州省土壤** 贵州省土壤普查办公室编。贵州科学技术出版社 1994 年 3 月版。111 万字。32.00 元。包括前言和正文。前言对贵州省的地理位置、行政区划以及社会经济状况作轮廓性地介绍;正文第一篇阐述了贵州土壤形成条件,主要成土过程和土壤分类,以及土壤分布规律;第二篇为土壤各论,对贵州省土壤类型从分布特点、面积、剖面特征、理化性状、生产性能诸方面给予阐述,并针对农林牧业生产中存在的土、肥问题,提出了改良利用途径和措施;第三篇综合利用土壤化验数据及剖面观察资料，阐明本省土壤基本性质与肥力关系，提出土壤肥力调控措施；第四篇对本省土壤和土肥资源进行评价，阐明土肥利用现状和存在的问题，提出合理开发利用的近期、远期设想，并对土壤进行改良利用分区划片。此外，还论述了本省低产田土的改良和培肥。（苏北建）

S000005　**农业生物技术的原理与方法**　褚启人等编著。上海科学技术出版社 1994 年 3 月版。67.3万字。23.00 元。汇集植物生物技术的理论、实验方法的学术专著。以 80 年代末期国际上重组 DNA 技术的最新研究进展为背景，就植物分子生物学领域诸如基因的克隆与表达、叶绿体基因组的结构与功能、双子叶和单子叶植物的转基因系统、植物组织培养、原生质体培养、植物次生代谢产物及作物改良等领域作了全面概述；并就分子生物学的操作方法，如电泳超离心放射自显影、大肠杆菌质粒和λ噬菌体的使用、各类载体的操作、DNA 和 RNA 分离置备、DNA 的序列分析、基因文库的构建、内切酶和连结酶的使用、转基因植物表达的测定方法等作了系统介绍。（陆文浩）

S000006　**广西土壤**　广西土壤肥料工作站编。广西科学技术出版社 1994 年 4 月版。77.7 万字。36.50 元。介绍广西土壤的基本情况，全书分 4 篇 23 章。第一篇阐述广西自然概况、成土条件和成土特点，土壤分布规律和土壤分类。第二篇分述各土类性态及其发育特点。第三篇论述广西土壤基本性质及肥力特征。第四篇讨论土壤资源利用问题和对策。（马如海）

S000007　**生态农业技术**　全国职业高中种植、畜禽养殖类专业教材编写组编。高等教育出版社 1994 年 6 月版。16.8 万字。3.80 元。根据国家教委制定的种植、畜禽养殖类专业教学计划的要求编写。主要内容包括生态农业概述、生态农业基本原理、生态农业基本技术体系、生态农业技术应用实例以及生态农业设计。本书根据农村的实际需要，在阐述生态农业基本原理和基本技术体系的基础上，介绍了许多省市应用生态农业技术致富的实例，提出了部分地区生态农业技术的设计模式，为各地发展生态农业提供了理论依据和典型范例。（游滨）

S000008　**海南土壤**　海南省农业厅土肥站编著。海南出版社、三环出版社 1994 年 7 月版。31 万字。48.00 元。对全省土壤资源，从数量、质量、类型、分布、评价等方面作了全面的记述。首次建立了海南土壤 6 级分类系统，并对各类土壤的成土特点、理化性状及生产性能作了分析，特别对海南省主要土类砖红壤、水稻土及燥红土的成土条件、性状、养分含量等作了详细的阐述。全书揭示了海南省土壤的发生演变规律，总结了全省土壤资源利用现状中存在的问题和潜力，查清了全省土壤养分状况和水稻低产障碍因素，对各类土壤提出了合理开发与改良措施。（刘志和）

S000009　**土壤——植物——大气连续体水分传输理论及其应用**　康绍忠、刘晓明、熊运章合编。水利电力出版社 1994 年 7 月版。33.4 万字。22.25 元。共 7 章，其内容包括 SPAC 水分传输问题的研究进展、试验研究方法、能量输送与转换、力能关系的分析，植物根系吸水及水分在植物体内的传输，作物蒸发蒸腾量的计算方法，SPAC 水分传输及水热耦合运移的计算机仿真，以及 SPAC 中水分转化效率与提高的途径、缺水对作物的影响及作物缺水诊断方法、作物产量与需水量的关系、田间土壤水分预报等水分管理理论与应用问题。（吕爱华）

S000010　**土壤分类学**　副名：当代科技重要著作·农业领域。席承藩著。中国农业出版社 1994 年 9 月版。42.9 万字。彩照 45 幅。49.25 元。主要内容分 3 部分：一、土壤发生，叙述土壤发生与分类、土壤形态与土壤分层；二、土壤分类的发展，阐叙土壤分类的萌芽、近代土壤分类的奠基与发展，介绍土壤发生学奠基人道库恰耶夫的贡献和他及他人的土壤分类，并介绍了美国、西欧及非洲、澳大利亚、加拿大、原苏联、中国的土壤分类，阐述土壤系统分类的形成和特点与传播、全球性土壤分类的多次尝试；三、土壤分类的理论基础与主要土壤类型，详叙土壤分类的理论基础、土壤的基层分类、土壤分类与命名、主要土壤类型，列举了铁铝土、淋溶土与半淋溶土、灰化土、均腐殖质土、干旱土与漠土、高山土、初育土、潮土与潜育土、盐碱土、人为土特征及其在分类上的差异。（徐蒲生）

S000011　**世界农业气候与作物气候**　崔读昌主编。浙江科学技术出版社 1994 年 10 月版。87 万字。70.00 元。主要内容包括两大部分：第一部分为世界农业气候与作物气候条件及其规律，以及中国与世界其他地区农业气候与作物气候的适宜性分析。第二部分为世界农业气候与作物气候图，共计 249 幅。其学术价值表现在：一、建立了中国大规模世界作物气候与农业气候数据库；二、根据数据库编制出包括 83 个要素共 249 幅世界农业气候作物图集；三、对中国与世界各地农业气候与作物气候条件进行了单项和综合分析比较，评价了世界作物相似性与适宜性，划分了作物适宜性区域；四、全面系统阐述了世界农业气候与作物气候条件及其分布规律，尤其是作物气候分布规律。为世界性的作物引种、育种、栽培提供了科学依据，有利于开展世界农业科技交流。（边方）

S000012 **单克隆抗体在农业上的应用** 刘秀梵主编。安徽科学技术出版社 1994 年 11 月版。32 万字。25.00 元。分两篇。每一篇介绍单抗技术的原理和方法。其中杂交瘤技术的基本方法和单抗试剂的生产，是作者 10 多年来从事单抗研究实验室工作经验的结晶。第二篇系统介绍了 38 种重要的农业用单抗，其中与动物有关的 26 种，与植物有关的 12 种。对每种单抗除介绍有关背景、简述其制备过程和特性鉴定外，还重点讨论了应用的各个方面，并对今后的发展方向进行了评述和展望。（汪卫生）

S000013 **实用肥料手册** 庞承彰编著。广西科学技术出版社 1994 年 11 月版。36.6 万字。7.95 元。内容包括：在肥料方面，介绍化学肥料、有机肥的种类、性质和施用方法以及叶面肥、菌肥、海肥、泥炭、垃圾利用和污水灌溉等；在施肥方面，介绍主要作物的施肥技术、主要营养元素在土壤中的转化、肥料试验的方法和统计分析；在作物营养方面，介绍作物的必需元素、有益元素以及对作物造成毒害的元素等。（马如海）

S000014 **中国肥料** 中国农业科学院土壤肥料研究所主编。上海科学技术出版社 1994 年 11 月版。116.7 万字。52.70 元。共 29 章。具体介绍中国肥料科学研究的成就和肥料资源区划，植物营养与施肥，土壤与施肥，施肥与环境，有机肥料、绿肥、微生物肥料、城市垃圾粪尿、污水处理与利用，氮、磷、钾化肥、复（混）合肥料，中量、微量元素肥料和推荐施肥，粮食作物和经济作物施肥技术，施肥工具与机械化等内容。本书系统、全面地总结了中华人民共和国成立以来的肥料使用技术经验和研究成果。（贾菊芬）

S000015 **贵州土种志** 贵州省土壤普查办公室编。贵州科学技术出版社 1994 年 12 月版。35 万字。23.00 元。以贵州省第二次土壤普查为基础，整理、总结各地州市和省里原有有关土种资料汇编而成，为贵州省第二次土壤普查系列成果之一。介绍了土种在土壤分类系统中的归属、分布、面积、名称，土种的主要性状，典型剖面，生产性能综述，及土种的理化分析数据。（苏北建）

S000016 **化肥施用技术问答** 黑龙江省农科院土肥所化肥室编著。化学工业出版社 1994 年 12 月版。18.3 万字。8.00 元。以问答形式介绍各种化学肥料的性质和施肥技术；国内北方地区各种农作物的施肥方法。第二版增补介绍了新肥料品种的性质、对各种农作物的营养作用和施肥肥效、施肥技术；国内不同地区、不同土壤、一些农作物的营养生理特性、需肥特点和施肥方法等。（王士君）

S000017 **中国内蒙古土种志** 内蒙古自治区土壤普查办公室编。中国农业出版社 1994 年 12 月版。80 万字。60.00 元。内蒙古自治区第二次土壤普查系列成果之一。在自治区第二次土壤普查资料汇总的基础上，经过筛选，编入 245 个具有代表性的土种，每个土种以科学数据为依据，描述了该土种在土壤分类系统中的归属、分布面积、形态特征、理化性状、生产性能和障碍因素，提出了可行性的利用方向和改良措施。编写中不重复土类、亚类、土属的叙述，按土壤类型系列土种描述。土种编排上根据中国土壤分类系统，按土类分别编排。土种排序采用开放式，即每一个土类中的土种作为一个序列。（毛志强）

农业工程

S000018 **灌溉管理手册** 水利部农村水利司编。水利电力出版社 1994 年 6 月版。121.5 万字。53.00元。以中国诸多灌区管理经验为基础，以有关法规和标准为依据，反映了中国灌溉管理应用现代科学技术的成就。全书分 7 篇 44 章：第一篇工程管理，主要分述渠首、水库、泵站、机井和灌排渠系的管理，强调了渠系配套与改造、渠道衬砌与防渗，同时简述了管道排灌、灌区绿化、常用机械等技术管理。第二篇用水管理，主要介绍当前灌区的灌溉制度、计划用水、灌水技术、灌区测水、多种水源利用，以及灌区土地与水环境保护。第三篇灌溉试验，除介绍一般灌溉试验方法外，还专门介绍了近年来发展的作物水分生产函数试验。第四篇灌溉管理现代化技术，分别介绍了现代信息微机技术、自动监测与管理，以及预测方法、优化技术在灌区管理中的应用。第五篇组织管理。第六篇经营管理。第七篇管理质量评估，概述了灌区经济分析与效益评估、评估指标及综合评估方法等。（薛勤）

S000019 **农业机械节能技术** 杨文彬主编。中国农业出版社 1994 年 6 月版。14.4 万字。4.55 元。简单阐述农机节能的意义、农机节能的理论基础，重点对目前应用于农机方面节油效果显著的油料净化、金属清洗剂、胶粘剂堵漏、负压节油、惯性增压节油、磁化节油、油质分析、油料添加剂、小型拖拉机的检测调修和195型柴油机的节能改造等节能技术进行了介绍，最后介绍了农机运用中的节能环节以及国外几种节油技术。(段丽君)

S000020 **拖拉机设计手册** 机械电子工业部洛阳拖拉机研究所主编。机械工业出版社1994年8月版。460万字。上、下册。232.00元。以各类拖拉机的设计为主要内容，包括拖拉机整机、配套发动机及其各部件的专业理论、性能指标、结构特点、设计计算、常用材料、试验方法及其相应的测试设备、专业标准和法规等。还例举了各种工程作业变型及其工作装置的结构和设计实例。(蔡耀辉)

S000021 **中国北方旱地农业技术** 王维敏著。中国农业出版社1994年8月版。42.6万字。33.00元。分7章，论述中国北方旱地农业分区及自然条件、农业发展概况及增产途径，种植制度和种植结构、制度的调整改进，北方旱农地区农田蓄雨保墒耕作、保水保土措施与覆盖技术，旱地农田施肥技术与培肥措施，保水剂、蒸腾抑制剂和土壤结构改良剂在旱地农田的应用，北方旱地主要农作物综合配套栽培技术。(贺志清)

S000022 **中国农业百科全书·农业工程卷** 农业工程卷编辑委员会编。中国农业出版社1994年9月版。137万字。85.00元。选收640余个条目，500余幅随文插图，近百幅彩色插图。分设10个分支，主要有总论、土地利用工程、农村能源、生物环境工程等。总论介绍了农业工程的起源、发展、现状和理论体系，并分别介绍了主要的研究机构、学术刊物、教育机构、群众团体、著名学者等。土地利用工程在总结过去经验的基础上，阐述了工程、生物、农业措施相结合的综合工程技术，并详细介绍了各种具体的技术措施。农村能源工程部分详细阐述了能源的合理分配、高效转换、科学使用的技术和装备，以及解决农村用能短缺问题的多种方法。农业生物环境工程是调节控制生物环境因素的工程技术，本书针对目前的生产条件，介绍了如何充分利用环境条件，提高农业生产效益的具体方法。农产品加工工程是农产品增值的重要手段，书中详细介绍了各种农产品的加工方法和技术。另外，还介绍了农业建筑、农业系统工程的理论体系和实用技术以及遥感和计算机技术在农业工程中的具体应用。(陈江凡)

S000023 **拖拉机驾驶** 韩树清、王君臣主编。辽宁师范大学出版社1994年10月版。15万字。4.90元。包括轮式拖拉机驾驶，小四轮拖拉机驾驶，手扶拖拉机驾驶等。重点介绍轮式拖拉机的场地驾驶和道路驾驶的具体操作步骤和方法，同时增加了农用运输车驾驶方面的内容。(果阳)

S000024 **农用运输车故障诊断与修理** 蔡兴旺、南长根编著。江西科学技术出版社1994年12月版。22万字。7.00元。介绍农用运输车的发动机、底盘及电器设备的故障诊断方法和步骤，零部件的检查、修理、装配、调整及试验，以及常见车型的性能参数和维修数据。(涂水香)

S000025 **波涌灌溉试验研究与应用** 王文焰等著。西北工业大学出版社1994年12月版。26.8万字。15.00元。系国家自然科学基金课题“波涌灌溉理论及技术要素的试验研究”的全面总结。根据波涌灌溉的大田试验研究，论述了波涌灌溉的节水机理，表土质密层的形成与发展，土壤间隙入渗的特性以及不同灌水参数对土壤入渗及田间糙率的影响。在应用方面分析论述了波涌灌溉的适用条件及效益分析与计算；田面水流及土壤入渗的数学模型，波涌灌溉的优化计算模型以及波涌灌溉实用计算与汉字图示系统软件的开发等。(胡梦仙)

农学(农艺学)

S000026 **高产优质高效农业模式** 党泽普主编。山西科学技术出版社1994年1月版。23.5万字。7.00元。汇集近年来农业科技人员开发研究的55种高优高农业技术模式。包括农作物、蔬菜、果树、瓜类、食用菌、畜禽、渔类等。(张旭)

S000027 **作物育种探索** 任正隆、彭俊华主编。四川科学技术出版社1994年1月版。48.3万字。12.00元。收录57篇有关作物育种理论研究和实践经验的论文，系四川省30多年来作物育种方面的成果。包括水稻、麦类、玉米、油菜、荞麦、甘蔗等作物育种方面的新方法、新观点、新思路和新信息。(何光)

S000028 **作物栽培学** 浙江农业大学作物栽培教研室编著。上海科学技术出版社1994年3月版。95万字。36.00元。高等农林院校专业课教材。全书分9篇45章，详尽阐述禾谷类、豆类、薯类、油料类、纤维类、糖料类、特用作物类、绿肥及饲料作物和药用作物9大类共70种作物的生物学特征、对环境条件的要求以及栽培技术等内容。在技术措施方

面，主要面向长江中下游地区，对全国情况亦作一般介绍。（贾菊芬）

S000029 **作物育种学总论** 潘家驹主编。中国农业出版社 1994 年 5 月版。38.7 万字。13.45 元。分总论、各论两册，总论内容包括育种目标、作物的繁殖方式及品种类型、种质资源、引种和选择育种、杂交育种、杂种优势利用、诱变育种、远缘杂交和倍性育种、抗病虫育种、抗逆性育种、群体改良和轮回选择、生物技术在植物育种中的应用、作物育种的试验技术、品种审定和推广、电子计算机在作物育种研究中的应用。其内容包括了国内外沿用的作物育种基本原理和方法，也尽量吸收了新的技术和成就。如新增了抗虫育种，抗逆性育种，生物技术在育种中的应用，作物育种的试验技术及微机应用等。此外，还把原来属于玉米育种各论的群体改良与轮回选择部分扩展为一章列于总论中，使总论与各论相互对应。（张本云）

S000030 **农产品贮藏与加工学** 吴坤等编著。河北科学技术出版社 1994 年 8 月版。46 万字。12.00元。分 8 章，分别介绍粮食的基础知识、原料的清理、小麦加工、稻谷加工、淀粉生产及变性淀粉加工、油料加工、豆制品加工、粮油贮藏技术等内容。各篇章在讲述先进技术的同时，兼顾中国的传统生产工艺和方法，并着重阐述工艺流程与机械设备相配套、操作技术与产品质量相关联、综合利用与经济效益相影响等方面的设计思想和技术。（史林水）

S000031 **“两高一优”立体农业实用技术** 崔根深主编。河北科学技术出版社 1994 年 9 月版。25.7万字。12.00 元。河北省广大农业技术推广人员与农民相结合，对传统的间混套作、立体种植和立体养殖技术进行了研究、实践和创新，遵循农业生产客观规律和商品生产价值规律，广泛利用自然资源、生产条件以及现代农业科学技术与不同的农业生物种类和品种在生长发育过程中的“空间差”、“时间差”，按照市场需求，调整农业生产结构，进行分层立体种养，实现高产、高效益，促进了立体农业向农、林、牧、渔、草、菌等生产领域及农副产品加工等方向的发展，形成了多产业、多部门相互结合，传统技术和现代技术互相渗透的，适应不同地区特点的综合技术。该书就是这些综合技术的总结。（杜小莉）

S000032 **中国作物遗传资源** 中国农学会遗传资源学会编。中国农业出版社 1994 年 9 月版。170 万字。120.00 元。分 7 篇，第一篇绪论，论述作物遗传资源学科的发生与发展，重要性，任务和方法，介绍中国研究的过程和取得的成就与发展，以及国外有关情况。第二至七篇介绍粮食作物、经济作物、蔬菜、果树、花卉、牧草及绿肥，共包括 100 余种作物，分别论述起源演化，植物学特性和品种分类，生态类型，品种的鉴定、评价、研究及利用情况，珍稀资源材料。（张本云）

S000033 **农业良种大全** 舒惠国等编著。江西科学技术出版社 1994 年 10 月版。39 万字。12.00 元。介绍适宜在南方地区种养的农、林、牧、渔、花卉、果蔬等优良品种 500 余个。对每个品种均介绍了其来源、特征特性、栽培或养殖技术要点、产量品质表现、适应地区和供种单位等内容。（曾玉梧）

S000034 **福建冬季农业开发** 郑金贵主编。福建科学技术出版社 1994 年 11 月版。40 万字。16.60元。分总论和各论两大部分。总论部分共 6 章，介绍福建农业气候资源及其利用、冬季农业开发的类型和优高农业典型、冬季作物的营养与施肥、植物生长调节剂的应用，以及冬季作物的寒害及其防御等基本知识和新技术、新成果。各论部分共 8 章，分别介绍冬季粮油经济作物、冬季饲料绿肥作物、冬季中药材、冬季花卉、冬季食用菌、冬季蔬菜等农作物的栽培技术要点。除了介绍传统的冬季栽培作物外，着重介绍近年发展较快的和新引种的作物种类。附录部分介绍了台湾、广东、浙江、江西、广西、江苏等省区较有代表性的优高农业技术典型。本书集中了省内的 20 多位专家编写。书中对福建各地的自然条件和社会经济条件都有介绍，有针对性地提出了各地冬季农业开发的侧重点，并提供成功的典型模式以供参照。（郑建苍）

植物保护

S000035 **中国仓储螨类** 陆联高著。四川科学技术出版社 1994 年版。43 万字。30.00 元。描述中国常见的仓螨 28 科、58 属、90 种，并详细介绍了仓螨研究技术和防治方法。本书按照新的分类系统分类叙述，即将蜱螨目升为蜱螨亚纲，下分 3 目、7 个亚科、69 总科、267 科。本书学名与中名参考《英汉蜱螨学名词》名称。本书附录世界仓螨分类名录。（牛小红）

S000036 **农药安全实用指南** 农业部农药检定所主编。中国农业出版社 1994 年 1 月版。11.6 万字。6.50 元。包括安全合理使用农药、农药中毒症状和急救治疗、正确使用农药标签和中国已公布的农药安全方面管理法规4部分。其中安全使用部分从购买农药开始,介绍了农药的保管、配制、防护、施药及废弃药和容器的处理;中毒急救治疗部分介绍了各类农药中毒症状和急救治疗措施;标签部分介绍了农药标签的基本知识与各种标志。(马静洁)

S000037 **棉铃虫综合治理技术新编** 农业部全国植物保护总站编。中国农业出版社1994年3月版。7.2万字。3.40元。共两篇,技术篇从经济、社会和生态效益出发,遵循经济、有效、安全、简便的原则,阐述综合防治、农业和生物防治、诱杀、化学防治、施药器械、预测预报等技术;专题论述篇,从全国诸多专家有关的论文中,摘选出具有代表性的4篇报告。针对中国棉铃虫常发区各世代的发生特点,本书提出了综合措施压虫口,科学用药抓战机,兼治一代、控制二代、严治三代、挑治四代的策略。(张洪光)

S000038 **蔬菜病虫害诊断与防治** 翁祖信等编。天津科学技术出版社1994年4月版。48.3万字。14.25元。由中国农业科学院蔬菜花卉研究所的植物保护专家和研究员,根据蔬菜生产发展的需要和新病虫害发生的特点,搜集国内外新的有关资料,并结合科研试验和生产实践的防治方法编写而成。全面而系统地介绍53种蔬菜,在生产中常发生的377种病害和68种虫害的形态特征、症状诊断的方法、发生条件、防治措施及注意事项等。(鞠珮华)

S000039 **棉铃虫防治技术** 郭向东主编。河北科学技术出版社1994年5月版。10万字。3.00元。主要介绍棉铃虫为害的严重性、形态识别、生物学特性、预测预报技术;指出了棉铃虫治不住的原因。着重从指导思想、战略战术上介绍了如何因虫、因时、因作物长势,采取哪些措施,治到什么程度才能有效控制棉铃虫为害的技术和方法。(杜小莉)

S000040 **植物医生手册** 农业部全国植物保护总站组织编写。化学工业出版社1994年5月版。109.8万字。30.00元。重点介绍中国大部分粮食作物品种,以及棉花、油料、蔬菜、果树、茶、桑、烟、糖、麻等经济作物共70多种作物的740余种病虫草鼠害。阐述每一种病害的主要症状和病原菌(在常用显微镜下可见的病原菌插图);害虫的危害特性和形态特征;杂草的形态及生物学特性;害鼠的种类和生态特点等。分述各种病虫草鼠害的发生特点和实用的识别方法,并提出了具体防治办法,包括农业措施、生物防治和化学农药防治(包括防治指标、防治时间、农药用量和施药方法等)。其中农药篇,介绍了每种农药的特性、用途、应用范围、用法、用量、混配特性、使用禁忌及安全注意事项等。药械部分,介绍了各种药械的性能、保养和维修知识以及故障排除方法等。书中还介绍了检疫对象及防治方法。书末附有彩图234幅。(杨立新)

S000041 **蔬菜病虫害防治彩色图册** 李明远等编著。江西科学技术出版社1994年5月版。10万字。彩图32页。7.00元。介绍近30种南方蔬菜125种病害与虫害的防治方法,包括症状识别、发病原因与条件、防治技术等。(周喜中)

S000043 **农业鼠害防治指南** 赵桂芝、施大钊编。金盾出版社1994年5月版。12.8万字。4.00元。包括防治鼠害的意义、啮齿动物生物学、鼠类数量的预测预报、鼠类防治的基本策略、鼠害的预防、器械捕鼠法、化学防治法、化学杀鼠剂、灭鼠工作的组织与灭效检查、使用灭鼠剂时的安全防护10章。作者提出了掌握鼠情,大面积连片防治,采取配套措施,保持害鼠低密度水平的防治策略;结合农牧区基本建设、农事活动和耕作制度,因鼠因时因地制宜地预防鼠害,科学地使用杀鼠剂,保护利用天敌资源的综合防治措施。本书被选入"全国'星火计划'丛书"。(张泽黎)

S000044 **新农药手册** 张美良等编著。江西科学技术出版社1994年6月版。21万字。5.00元。介绍6大类125个农药品种,分别叙述其通用名称、化学名称、理化性质、毒性、作用特点、剂型含量、使用方法及注意事项。并且,将一些前些年来广为使用现仍在农业生产上大量应用的效果很好的农药品种也收录了进来。(敖裕立)

S000045 **番茄、茄子、辣椒病害图谱** 袁美丽著。吉林科学技术出版社1994年7月版。4.4万字。8.00元。以田间拍摄的植株发病状态的彩色照片为主,详细介绍番茄、茄子、辣椒在生长期间发生的病害的症状、发病规律、防治措施等内容。(王宏伟)

S000046 **苹果病虫实用原色图谱** 邱强主编。河南科学技术出版社1994年9月版。10万字。101版彩图。16.00元。共介绍苹果产区常发生的害虫73种、病害43种,以大量的彩色图片,直观、真实地展示了苹果病虫的生态和形态特征,同时记述了各病虫发生危害规律及防治新技术等。(周本庆)

S000047 **河南省经济植物病害志** 王守正主编。河南科学技术出版社1994年10月版。73万字。40.00元。是解放以来河南省对农林经济植物病害多次系统全面调查基础上,组织全省植保科技工作集体编写而成。本书记载了河南省496种经济植物发生的1 747种病害，包括粮食作物、经济作物、蔬菜、果树、林木、观赏植物、药用植物和其他植物病害，其中主要是真菌所致病害，也包括细菌、病毒、线虫、寄生性植物、藻类、地衣、螨类等所致病害和生理性病害，每种病害包括病原、分布和症状，重点病害还介绍了防治要点。

S000048 **果园新农药手册** 尹纯寿、张忆青主编。中国农业出版社 1994 年 11 月版。6.4 万字。4.50元。以当前落叶果树常用的新农药为主，按其防治功能分类，分别扼要介绍每种农药的杀伤或毒害病虫的机理与作用，有效防治对象，市场上通用的剂型，正确使用方法及防治关键时期，实用技术和应注意事项等。同时还编辑了部分有关病虫害防治的基本用语、基础知识和计算方法等资料作为附录。（魏丽萍）

S000049 **中国果树病虫志** 中国农业科学院果树、柑桔研究所主编。中国农业出版社 1994 年 12 月版。157.7 万字。80.00 元。第一版于 1960 年 1 月出版。第二版的修订工作由中国农业科学院果树研究所和柑桔研究所共同承担。修订后的第二版较原第一版在结构上作了较大调整。原第一版分“害虫部分”和“病害部分”两部分。每一部分又包括“害虫(病害)名录”和“主要虫(病)害记述”两部分内容。第二版的《中国果树病虫志》则把“主要病(虫)记述”归纳在一起成为第一篇，名为“果树主要病虫害记述”；把“病(虫)名录”合并在一起为第二篇，名曰“果树病虫名录”。书末索引第一版只有“害虫学名索引”和“病原物学名索引”两种，第二版根据读者实际需要增加了“果树害虫中文名称索引”。由于第一版与第二版问世时间相距 30 余年，因此，记述的主要病虫害由原来的 146 种增至 390 种，其中主要病害由 58 种增到 153 种，记述的主要害虫由原来的 88 种增加到 237 种。记述的内容包括病(虫)害症状(形态特征)、病原(习性)、发生规律及防治方法。病害名录按树种记载，由原来的 736 种增至 1 628 种；害虫名录按昆虫分类系统记载，由原来的 867 种增加至2 403种。（杨国栋）

农 作 物

S000050 **云烟生产的土壤地质背景** 曾群望、杨双兰著。云南科学技术出版社 1994 年版。23 万字。15.00 元。运用农业地质学的理论，对云烟产地的土壤地质背景进行论述，揭示了云烟烟叶中 26 个矿质元素和 15 个稀土元素的丰度及其在母岩——土壤——烟叶系统中的迁移富集规律；发现了影响烤烟内在品质的特征元素组合；全面研究了植烟土壤理化性状，发现了土壤风化度、质地、pH 值、阳离子交换量等都与烟叶品质有一定关系；揭示了地质背景对烤烟品质的宏观制约规律。（刘康）

S000051 **中药原色图谱及栽培技术** 谢凤勋、胡廷松主编。金盾出版社 1994 年 2 月版。47.6万字。605 幅彩图。84.00 元。按根类药、根茎类药、茎藤类药、皮类药、叶类药、花类药、果实类药、种子类药、全草类药、菌类药、其他类药顺序介绍常用药用植物 302 种。彩色图谱部分收入彩色图片 603 幅，展现了药用植物和药材的自然形态，其中降香、安息香、巴戟天、檀香、肾茶、鸡血藤、青天葵、冬虫夏草等开花和高寒草地积雪融化时的图片是很难拍摄到的，资料非常宝贵。栽培部分翔实地介绍了每种药用植物的生长习性、繁殖方法、田间管理、病虫防治、采收加工等。（张泽黎）

S000052 **植物育种亲本选配的理论和方法** 张爱民编著。张树榛、郭平仲审订。中国农业出版社 1994 年 2 月版。23.5 万字。12.40 元。以育种目标、性状遗传和亲本间遗传差异为主线，阐明亲本选配的原理、做法、预测和检验。全书分 9 章，除第一章概述研究进展外，其余包括了 8 个方面的内容，依次为：育种目标、亲本性状及其遗传、亲子关系、亲本配合力、亲本间遗传差异、复合杂交的亲本选配、综合种的亲本选配和电子计算机在亲本选配研究中的应用。此外本书还对配合力的遗传组成，配合力与杂种优势的关系，复合杂交中的配合力和亲本顺序效应，综合种的品种力，遗传距离的应用以及综合变量在亲本选配研究中的运用等问题都进行了较详细的讨论。各项参数的计算都附有实例。（张本云）

S000053 **贵州主要药用植物栽培技术** 贵州农民技术培训教材编辑委员会编。贵州科学技术出版社 1994 年 3 月版。18.1 万字。4.80 元。分 7 章，分别为：概论、根及根茎类、皮类、全草类、花类、果实种子类、菌类。介绍了常用的、经济价值较高的 44 种药用植物的形态特征、生长习性、栽培技术、病虫害及其防治、收获与加工。（苏北建）

S000054 **现代化大豆高产栽培** 杨方人、赵淑英等著。黑龙江科学技术出版社 1994 年 5 月版。18 万字。7.50 元。大豆机械化高产栽培综合技术体系，是科技人员根据黑龙江省及北方的自然生态环境条件与大豆生长发育之间相互依存关系总结和创造出的综合性农业技术体系，具有协调性、有序性、完整性等特点。在不同气候年、不同生态区大面积示范推广这项综合技术均表现明显的增产效果，一般每公顷比常规栽培增产大豆300～600千克，增产幅度为20%～30%，有的增产高达50%以上。与常规的大豆机械化栽培相比，这项现代化大豆高产栽培技术有6大改进。一改平翻为翻、耙、松相结合；二改平作为垄上作业；三改表层浅施种肥为分层深施种肥；四改单条平播为垄上双条精量点播；五改单一防治病、虫、草害为病虫草害综合性防治；六改一机单用为一机多架，一架多具，一具多能，一次性完成多项联合作业，具有省时、省工、优质、高产、低耗等效益。本书对这项技术成果进行了详细介绍。(阴志清)

S000055　**金善宝文选**　《金善宝文选》编委会编。中国农业出版社1994年5月版。67.8万字。55.65元。收入金善宝先生1929年以来的作品共43篇，分3部分，第一部分，主要内容是著作、论文、讲话；第二部分，是1943年发表的专著《实用小麦论》；第三部分是金善宝先生编著图书的简介。本书收集的作品大部分是公开发表过的，也有部分是未发表过的作品，如1943年9月写成的《中国近30年小麦改进史》一文，就是解放前写就后来发表过的论文。(张本云)

S000056　**河北玉米栽培**　李伯航等主编。河北科学技术出版社1994年6月版。44万字。23.50元。分16章，即玉米生产概况；玉米种植区的划分；玉米的营养器官；玉米的生殖器官；玉米产量的形成；玉米生长发育与温光的关系；土壤与耕作；需肥与施肥；需水与灌水；合理密植；播种；田间管理；高产综合措施的应用；玉米间混套种；玉米地膜覆盖栽培技术的应用；育苗移栽。作者对河北玉米生产发展的概况和种植区划、玉米生物学特性和生长发育规律，以及玉米栽培技术等方面进行了论述。(黄国芳)

S000057　**水稻生物技术**　Gurdev S. khush and Gary H. Toenniessen著。河北科学技术出版社1994年7月版。29万字。12.00元。回顾了1985至1995年来水稻改良应用中应用生物技术的进展和潜力。全书分13章，对水稻生物技术研究的现状及发展趋势，基础理论与应用实践都进行了阐述和分析。(杜小莉)

S000058　**120例特种经济作物栽培**　张勇著。内蒙古人民出版社1994年8月版。7.7万字。3.00元。从瓜类、蔬菜类、油料作物类、禾谷类、豆类、果类、其他类等方面，对于适合国内各地区种植的120种特种经济作物的品种来源、特征特性、栽培要点等进行了详细介绍。(崔泽仁)

S000059　**稻田资源开发新技术**　黄昭贤等著。四川科学技术出版社1994年8月版。9万字。2.50元。系“中国农村文库”中的一种，以水田垄作、浸润、免耕、连续植被(复种)技术的系统组装为主线，介绍经实践印证的、适宜于平原、丘陵、山区等不同类型地区和不同利用层次的稻田综合开发的新技术和应用实例。(何光)

S000060　**中国荞麦**　林汝法主编。中国农业出版社1994年8月版。38.2万字。15.00元。对中国荞麦的历代记述、荞麦的植物学特征、起源和演化、荞麦的分类、生态特征及栽培生态区划、荞麦的种质资源、荞麦的同工酶与染色体、荞麦的生长发育、荞麦的栽培技术以及荞麦的营养价值及综合利用等，进行了阐述。(张兴瓒)

S000061　**江苏麦作科学**　郭绍铮等主编。江苏科学技术出版社1994年9月版。80万字。30.00元。江苏省40余年来麦作生产经验和科研成果的总结。其内容主要包括：江苏麦作生态与区划，江苏麦作气象，小(大)麦的品种改良与高产栽培理论，小麦叶龄模式栽培原理和技术，小麦营养特性和施肥技术，小麦高产栽培模式，稻茬少(免)耕麦生育特性和配套技术，麦作湿害和抗湿栽培，中低产麦田增产关键等。本书对江苏省在麦作方面的突出科研成果(如叶龄模式，库源关系，群体质量与光能利用等)以及栽培技术的新突破(如稻茬少、免耕栽培，模式化栽培，小麦抗湿害栽培等)都作了介绍。(张湘君)

S000062　**中国古茶树**　中国茶人联谊会、中国茶叶学会编。上海文化出版社1994年9月版。14.6万字。18.80元。中国古茶树遗产保护研讨会论文集。是中国茶叶学会等1993年4月在云南思茅召开的“中国古茶树遗产保护研讨会”论文的结集。论文涉及古茶树的分布状况、形态分类、起源演化、利用价值和保护建议等。(王存礼)

S000063　**中药栽培及加工技术**　谭振球等著。湖南科学技术出版社1994年11月版。19.5万字。5.60元。除介绍中草药种植基本知识外，着重对常用的50种中草药的种植加工技术进行系统介绍。每种中草药的经济价值、生物习性、田间管理、病虫害防治、采收加工和防治疾病的单验方，都有详尽的解说。书后还附有部分药材品种价格波动情况(1992～1993年)、部分药市药材批发成交参考价(1994年6月)、香港药市行情(1994年2月)。(王劲松)

S000064 **枸杞高产栽培与育种** 钟铣元编著。宁夏人民出版社1994年12月版。15.6万字。5.50元。介绍枸杞的育苗、建园、耕作、肥水管理、整形修剪、果实制干、病虫害防治等栽培技术，枸杞的用途、生物学特性、优良品种及育种技术等内容。(山蕴栋)

S000065 **中国马铃薯栽培学** 黑龙江省农业科学院马铃薯研究所主编。中国农业出版社1994年12月版。61.9万字。43.00元。是中国1949年至1991年马铃薯科研成果和生产经验的总结。内容涉及马铃薯的各个方面。全书共18章，总论3章，栽培技术6章，品种和良种繁育2章，病虫害5章，贮藏加工等2章。(张兴瓒)

园 艺

S000066 **兰花栽培及产业开发** 林元洪编著。吴应祥审定。四川科学技术出版社1994年版。23.50万字。20.00元。作者在技术方面，介绍了兰花的分布和种类；兰花的形态特征和生态特性；兰花的繁殖方法；兰花的一般栽培管理技术；几种洋兰的栽培管理；几种国兰的栽培管理；兰花病虫害防治措施；家庭养兰问答等。作者在借鉴前人养兰经验的基础上，系统总结了本人20余年栽培兰花的经验，其中包括培育"金龙戏珠"、"元洪素"、"剑荷"及"蜀蝶"等新品种的成功经验。在人文科学方面，介绍了兰史述略、兰花的观赏及经济价值、兰花产业开发等内容。作者通过对大量典籍的考证，包括从三千年前的儒家经典《诗经》、《易经》，到近现代的《养兰说》、《兰蕙小史》，概述了中国兰花栽培的历史；从《孔子家语》到近人张学良对1993年在京举办的中国花卉博览会的贺词，演绎了中华民族一脉相承的爱兰赏兰，以兰花品格自励的古今名人爱兰史话。书中印有国内外名兰精品彩色照片130余幅。(郭俊铨)

S000067 **油菜新品种及高产栽培技术** 贺兴文等编写。江西科学技术出版社1994年1月版。7.5万字。2.50元。介绍油菜新品种、新技术的应用，油菜的栽培技术及病虫害防治，油菜高产栽培模式。(涂水香)

S000068 **图解山水盆景制作** 仲济南、王志英编。安徽科学技术出版社1994年3月版。6万字。250幅图。27.00元。分两大部分，第一部分总论，概述山水盆景的历史发展进程、地方风格、山水形貌、表现方法、造型形式以及制作技艺等。文中评述各地方风格流派的山水盆景时，配有实物彩照。第二部分图解，例选50件不同类型山水盆景的代表作品，每件作品的制作技术都以分解图示的办法加以详细介绍。图解画稿由著名画家、上海同济大学王志英教授绘制。(刘三珊)

S000069 **中国盆景制作技艺** 徐晓白等著。安徽科学技术出版社1994年4月版。54万字。24.50元。内容分为两大部分。一部分是全面概括盆景发展的历史，另一部分是盆景制作的技艺。首先对盆景的扬、苏、徽、川、岭(南)、海、通及浙等七大流派的各自风格和艺术特点作了详尽的评介，同时又归纳为树木、山水、花草、微型、挂壁、异型等7大类别，分别说明制作方法，从取材、养丕到上盆、管理各个环节均无遗漏，并附有大量照片和图示。(解安华)

S000070 **植物造景** 苏雪痕编著。中国林业出版社1994年4月版。20万字。30.00元。介绍国外植物造景方面的动态及中国的现状；中国植物资源的利用情况；植物造景的艺术原理、意境美；各种环境因子与植物景观的生态关系；从丰富多彩的自然群落组成、结构中发现并遵循其发展的规律，来设计植物景观；植物与其他环境因素的组合，如建筑与植物组合造景，在室内环境以植物造景，水体与植物组合造景，道路与植物造景；岩石园的设计等。书中配有彩图及平面图。(陈英君)

S000071 **矮化苹果树整形修剪图说(挂图)** 王中英、陈克亮编。山西科学技术出版社1994年6月版。对开4张。4.00元。以图说技，以文释图，把矮化苹果树的枝芽名称、冬季修剪方法、夏季修剪方法、不正常树修剪方法等作了形象介绍。(张保国)

S000072 **蔬菜节能日光温室的建造及栽培技术** 安志信等编。天津科学技术出版社1994年6月版。18.3万字。8.00元。由北京农业大学和天津蔬菜研究所的教授和研究员，根据三四十年的科研、教学及生产实践经验、积累的资料融集编写而成。重点介绍节能型日光温室的结构特点、采光增温和蓄热防寒的综合效应，以及选址、选材备料、施工建筑的步骤方法等；详细介绍了瓜类、茄果类、叶菜类等12种主要蔬菜品种，与节能日光温室相应配套的优质高产栽培技术，以及补充二氧化碳、嫁接育苗、环状剥皮、换头再生、病虫害生态防治、光呼吸抑制剂和新型激素的应用等新技术。(鞠珮华)

S000073 **园艺植物繁育学** 林伯年等著。上海科学技术出版社1994年7月版。38.5万字。16.00元。分上下两篇。上篇共15章，内容包括园艺植物繁殖类别及机理；种子繁殖有关的发育成熟，休眠生理，萌发条件、过程及采集和检验；杂种优势种子和多倍体种子生产及利用原理与技术，早熟胚和远缘杂种不育胚的培育以及无融合生殖种子的繁殖；扦插、压条、分株繁殖生根的机理、条件和方法，以及扩大繁殖材料、提高繁殖系数、延长繁殖时期的新设施和新技术；嫁接繁殖亲和性原理、砧穗组合选配原则，嫁接材料选择、各种嫁接方法以及提高嫁接成活率的途径；组织培养在园艺植物上的应用；苗木管理技术等7部分。下篇分成8章，介绍200余种主要园艺植物的各种繁育方法。(周星娣)

S000074　**中国香菇**　何园素主编。上海科学技术出版社1994年7月版。20.5万字。7.80元。叙述香菇的发展史、生物学特性、遗传和良种选育、菌种制作、段木和代料栽培、病虫害防治、采摘加工、营养和药用价值等。(李箕康)

S000075　**浙江蔬菜品种志**　浙江省农科院园艺研究所等著。浙江大学出版社1994年7月版。92.5万字。60.00元。以农业生物学分类为主，在全面、系统调查的基础上对浙江省的蔬菜品种予以分类、编排，共包括14类511个品种。其中包括：本省农家品种；已审定的育成品种；外省或外国引入，已有一定栽培面积及发展前途的品种；作为蔬菜食用的野生蔬菜等。每个品种分别介绍了：品种名称，别名，来源及分布，特征，特性，栽培要点，综合评价。并附上反映本品种特征的照片。(李桂云)

S000076　**室内植物装饰与养护**　唐莉娜编著。广西科学技术出版社1994年8月版。24.7万字。8.40元。介绍室内植物装饰的种类、方式、基本原则、装饰艺术，盆花的栽种与布置，盆景、插花、趣味植物饰品的制作与布置，以及153种室内植物的学名、别名、科属、原产地、形态特征、习性、繁殖方法、栽培养护和室内装饰应用等。书中有插图248幅，附有12版室内花卉植物典型装饰彩图。(马如海)

S000077　**日光温室建造与蔬菜栽培**　孙治强等著。河南科学技术出版社1994年8月版。17.3万字。8.50元。介绍日光温室的建造和室内蔬菜栽培技术；日光温室的设计原理与合理结构，典型类型，建造与施工，室内蔬菜生产的环境条件及调节，茬次安排及立体种植以及室内蔬菜育苗技术及黄瓜、西葫芦、番茄、辣(甜)椒、茄子、韭菜、草莓、香椿等栽培技术。(李玉莲)

S000078　**250例特种蔬菜栽培**　张勇著。内蒙古人民出版社1994年8月版。19万字。6.10元。从根菜类、薯芋类、葱蒜类、白菜、芥菜、甘蓝类、茎叶菜类、瓜类蔬菜、茄果类蔬菜、豆类蔬菜、多年生、水生类等方面，对适合于国内各地种植的250种特种蔬菜的品种来源、特征特性、栽培要点进行了详细介绍。(崔泽仁)

S000079　**世界名叶鉴赏·栽培**　赵心之编著。贵州科学技术出版社1994年9月版。18万字。10.80元。介绍357种观叶植物的学名、别名、科属、产地、习性、形态特征、观赏价值、栽培管理等方面的知识；并介绍了观叶植物与居室绿化的内容。具体介绍中按蕨类植物、裸子植物、被子植物——双子叶植物、被子植物——单子叶植物、凤梨科植物等分类介绍。书末附有中文名索引，并有24页计110幅彩照。作者青年时期即酷爱花卉及园艺活动，进而业余收集研究和栽培观赏植物。曾先后游览考察了东南亚、印度、巴基斯坦及中国华南、西南的植物园。本书是集作者毕生精力写成，书中所介绍的不乏珍贵品种。(聂同珩)

S000080　**蔬菜育苗新技术**　周文惠等编写。江西科学技术出版社1994年10月版。9万字。2.50元。叙述冷床与温床育苗技术，快速育苗(工厂化育苗)技术，矮小双棚育苗技术，营养钵和营养土块育苗技术，遮阳网育苗技术，蔬菜冬春育苗与夏秋育苗技术，育苗中应注意的关键问题。(涂水香)

S000081　**柑桔营养与施肥**　庄伊美主编。中国农业出版社1994年10月版。29.7万字。彩照12幅。11.60元。概述柑桔营养与施肥的研究及应用进展，以及柑桔营养特点；阐述柑桔植株营养元素的生理及营养失调的症状；叙述影响柑桔树体营养状况的内外因素；详述柑桔树体营养诊断的原理及方法；详叙柑桔园土壤营养诊断的原理及方法；着重介绍柑桔营养和施肥的田间试验及调查研究方法；叙述柑桔的合理施肥技术以及营养失调的矫治方法。(徐蒲生)

S000082　**葡萄学**　贺普超、罗国光编著。中国农业出版社1994年10月版。30.7万字。7.95元。除绪论外共17章，分葡萄栽培和品种选育两大部分：绪论和葡萄栽培部分(第1—10章)由北京农业大学罗国光教授编写，详细介绍了葡萄的起源与分类，葡萄器官的形态和结构，葡萄的生长和发育，葡萄的生物学周期，葡萄栽培与环境条件、育苗方法和建园，葡萄的架式、整形和修剪以及葡萄生长期植株管理和葡萄园的土肥水管理等；葡萄品种选育(第11—17章)由西北农业大学贺普超教授编写，具体地叙述了葡萄杂交育种、多倍体育种、抗病育种、抗寒育种和营养系选种等育种方法和技术，葡萄栽培品种包括鲜食品种、酿酒品种、无核与制汁品种和砧木品种。对葡萄的性状进行了描述与评价，最后附录列出葡萄品种、种名中外文对照等内容。（王琦瑢）

S000083 **实用果蔬加工工艺** 张大鹏编。中国轻工业出版社1994年10月版。14.2万字。10.00元。分3章，包括果品加工基础知识，果品加工工艺，其他果蔬的加工工艺。介绍30多种果蔬、150余种产品的原料、配方、工艺技术关键、质量要求和检测、防腐处理等。（方敏）

S000084 **无公害蔬菜生产技术规程与实施** 广东省无公害蔬菜工程技术研究开发中心、广东省农业科学院植物保护研究所、广州市蔬菜领导小组办公室编著。中国农业出版社1994年11月版。14.6万字。128幅彩图。12.80元。共4章，作者在总结多年科研、推广成果的基础上，参考国内、外有关文献，以详实的资料和数据充分说明了农药、化肥、工业"三废"以及病原微生物对蔬菜的污染，提出了无公害蔬菜的标准并指出了无公害蔬菜生产技术规程。其中包括菜地的选择，病虫发生情况及防治重点、策略、方法，施肥策略和方法。系统阐述了无公害蔬菜生产技术，有灾害性病虫害的综合治理、常见病虫害的防治并附有128幅病虫害彩图、科学施肥技术；阐述了无公害蔬菜生产的农药施用技术，包括农药性状简介、安全使用标准、中毒救护等。作者还根据推广无公害蔬菜生产的实践经验阐述了生产技术规程在各种情况下的实施办法，并附有各种文件与实例。（张洪光）

S000085 **果树无病毒育苗技术** 吴力游等编著。江西科学技术出版社1994年12月版。24万字。8.50元。分两篇。上篇介绍无毒育苗的理论与技术方法，下篇介绍柑桔、苹果、草莓、葡萄、香蕉等主要果树的无病毒育苗技术和方法。（曾玉梧）

S000086 **名特果品栽培技术** 罗来水等编。江西科学技术出版社1994年12月版。25万字。介绍梨、水蜜桃、油桃、蟠桃、榛李、猕猴桃、大粒葡萄、板栗、甜柿、枣、枇杷、南方苹果、果梅、银杏、杨梅、无花果、草莓等17种适宜中国南方推广、种植的名特果品的栽培技术，包括优良品种、育苗、建园栽植、土肥水管理、整形修剪、病虫害防治等，并对采收、贮藏和运输也作了扼要介绍。（周喜中）

S000087 **中国香菇栽培学** 黄年来著。上海科学技术文献出版社1994年12月版。82.7万字。38.50元。认真总结10余年来中国大面积香菇生产的实践经验。全书共16章，分别介绍中国香菇栽培的历史、香菇栽培的价值、香菇的生物学、香菇遗传和育种、香菇菌种的生产、菇树资源和菇木营造、香菇的砍木栽培法和段木栽培法、香菇的营养料栽培、香菇的培育和香菇的夏季栽培、台湾省香菇栽培技术、香菇病虫害管理、香菇生产和加工机具、香菇的采收和保鲜、香菇的干制和储藏以及香菇的经营贸易和香菇生产的展望。（葛琴华）

S000088 **福建花卉** 陈榕生编。鹭江出版社1994年12月版。566万字。380.00元。"福建大观"丛书之一。福建原有101科，1 600多种花卉，加上引进的品种，已登记的花卉达到3 000余种。本画册通过600多张彩色照片较全面的反映了中国华南地区花卉的概貌。（高虹）

林 业

S000089 **中国森林生态系统定位研究** 林业部科技司著。东北林业大学出版社1994年版。115.5万字。50.00元。是林业部重点研究项目"森林生态系统定位研究"部分研究成果汇总。是北起大兴安岭，南至海南岛；东起沿海山地，西至青藏高原各主要森林类型中设立的11个森林生态定位站长期定位研究的阶段性成果，包括个体、种群、群落到系统诸水平的定性和定量研究，涉及森林的结构、功能、动态、能量利用、养分循环、水分循环以及经营管理的理论和技术等。反映了中国森林生态系统研究的概貌，更重要的是全面地论述了横跨32个纬度的从寒温带针叶林和落叶阔叶林到亚热带常绿阔叶林、热带雨林及山地雨林等不同地带森林生态系统的自然生产力。（倪乃华）

S000090 **天然次生林** 副名：结构·功能·动态与经营。陈大珂等编著。东北林业大学出版社1994年版。45.5万字。28.00元。从森林立地、次生林结构、种群生态、群落生态、能量流、养分流、水循环、价值流、生长论、效益论、经营论各方面论述天然次生林的现实状况及发展前景。它是东北林业大学森林资源与环境学院生态教研室自1963至1993年30年研究东北东部山地天然次生林的集体研究成果。其特点是以30多年的定位、半定位、普查和长期承担林业部重点课题进行的大量研究为基础资料，用生态学、新经济学及"生态林业"的观点，阐明天然次生林生态系统的系统发育、结构、功能、动态与经营，为受破坏后的原始红松林的恢复，提出了"栽针

保阔——动态经营体系”的经营技术方针。(倪乃华)

S000091 **青海次生林经营** 伍海芳、许重九主编。青海人民出版社1994年版。18.2万字。7.00元。论述青海省次生林经营科研成果的专著。全书分2篇,第一篇介绍青海省次生林经营的科研成果。内容包括次生林的特点及区别、主要类型、综合培育、主要经营技术、作业设计及次生林的保护。第二篇介绍数学模型和电子计算机在次生林经营中的运用。(汪家驹)

S000092 **云南森林病害** 西南林学院等编。云南科学技术出版社1994年版。48万字。34.65元。由中国著名森林植物病理学家任玮主持编写,20多位专家学者应用40多年的科研成果和森林病害大普查成果而编写的学术专著。内容包括用材林、经济林、木本观赏植物及果树等4大类216种病害,其中3种是国际上新发现的病害,13种是中国新发现,43种是云南首次报道。每种都有分布、危害、症状、病原、分类、危害规律和防治措施的介绍,并有根据实物标本和病部切片绘制的病征、病原形态图。(侯德勋)

S000093 **滨海木麻黄林带生态系统** 副名:福建海坛岛试验研究。郑达贤等编著。福建科学技术出版社1994年2月版。26万字。15.80元。台湾海峡西岸北纬25°16′—25°45′、东经119°32′—120°10′之间的海坛岛,是福建省第一大岛,中国第五大岛,在这里进行了为期6年(1984年4月至1990年5月)滨海木麻黄林带生态系统研究。本书是该地长期定位研究的全面总结,介绍了林带木麻黄生长特征、生物量和初级生产力的测定及结果;分析了林带微量元素的生物地球化学循环特征、土壤M_0的耗竭和酸化及其对木麻黄生长的反馈作用;论证了木麻黄迹地更新困难的原因和对策;分析了林网生态系统的农田小气候特征;介绍了林网与作物的关系,提出了滨海木麻黄农田林网的设计并定量估算其效益;分析了林网及其保护下农田人工生态系统的结构功能及各因子之间的联系。(胡善美)

S000094 **拟生造林** 彭德纯著。湖南科学技术出版社1994年3月版。73.9万字。38.00元。分6篇34章。总论部分着重阐述拟生造林的必要性和理论依据,拟生的生态学原理与方法;特别强调作好天然林调查,了解其群落结构、外貌特征、树种组成以及历史演变等,以便进行模拟、仿型、营造混交林。山地拟生造林,提出山地造林必须遵循垂直带谱的规律,并注意水土保持。论述了拟生造林的途径和方法。提出了水蚀地拟生造林必须保护植被,固土保水,分类营造的原则。提倡高效林业,拟生造林应合理利用元性系林业和混农林业。书末附彩照24幅、黑白照片17幅。(车平)

S000095 **世界林业发展概论** 关百钧、魏宝麟主编。中国林业出版社1994年8月版。56万字。28.00元。对世界林业科学技术进展、森林资源、森林培育、森林经理、水土保持、森林保护、自然保护区、林业机械、森林采运、木材加工、林产化工、林业高新技术、林业科技信息、林业经济、林业政策、林业科研、林业教育和国际林业组织机构等30多个学科与专业的发展阶段、现状和趋势,进行了深入系统的分析、研究和论述。(杨长峰)

S000096 **中国竹类植物图志** 朱石麟、马乃训、傅懋毅主编。中国林业出版社1994年9月版。15万字。400余幅图。260.00元。共收集中国竹类植物39个属500余种(加变种变型及栽培种共计671种),对每个竹种的形态特征、国内国外的分布及用途都进行了翔实的描述。书中附有国产主要竹种的31个属、209个种、50个变种和变型的彩色照片400余幅;彩照以在竹种鉴别中有着特殊重要价值的竹笋为主,辅以竹秆、竹叶、竹花、林相等。书后附有各属形态特征简表、主要参考文献、中名及拉丁名索引。(丁宇贞)

S000097 **为了大自然** 副名:中国国家级自然保护区。林业部野生动物和森林保护司著。北京出版社1994年10月版。10万字。125.00元。画册,收入319幅照片,按6大区系统介绍了长白山、贺兰山、武夷山、梵净山等66处国家级自然保护区的生态环境、自然资源、自然保护等概貌。(于福庚)

S000098 **北京古树名木趣谈** 张宝贵编著。北京出版社1994年10月版。6万字。2.70元。北京著名的古老树木具有久远的历史。它们大多种植在辽金时代和明清两代。其树种主要是常绿的柏树、油松、白皮松和落叶的银杏、国槐等。本书详尽地介绍了遍布京城的古树名木的历史现状以及掌故趣闻。(陶涛)

S000099 **甘南树木图志** 冯自成、徐梦龙主编。甘肃科学技术出版社1994年10月版。334万字。40.00元。甘南藏族自治州地处甘肃西南部,是青藏高原东北缘向黄土高原、秦巴山地的过渡地带,隶属于横断山脉植物地区北段,境内高山耸立,森林植物种类极其丰富,植物区系具明显的温带性质和过渡性质,是中国主要木材生产基地之一,本区森林对长江上游及黄河上游具有重要的防护作用。书中收载甘南州境内木本植物74科,166属,555种(含种下等级),其中包括正式发表的1个新种和6个新变种,6个甘肃分布新纪录种,附植物插图465幅。由5部分组成:第一部分概述;第二部分甘南树木分种描述;第三部分各科分属、分种检索表;第四部分中名索引;第五部分拉丁学名索引。本书对树种形态、分布区、生物学生态学特性和树种利用价值做了记载。(黄培武)

S000100 **中国裸子植物材的木材解剖学及超微构造** 周崟、姜笑梅著。中国林业出版社1994年10月版。86.5万字。165.00元。系统地研究裸子植物材的超微构造和其三维构造特征,涉及裸子植物4纲8目12科42属100种,其中包括一些引种栽培和构造特征特殊的属和种类。全面地描述了这些种类在扫描电镜和透射电镜下的木材解剖特征(或三维构造)和超微构造,并对一些构造特征进行了专门的研究和介绍,如管胞瘤状层的形成及有关形态学特征的研究,并确认瘤状层是区分裸子植物材的重要标志之一;细胞壁的形成和纹孔的超微构造和形态发生;中国裸子植物木材具缘纹孔类型的研究和划分及其在植物分类学中的意义;裸子植物木材不同类型交叉场纹孔的形态特征;以及裸子植物木材中径列条的7种异常类型等的建立。(徐小英)

S000101 **中国林业辞典** 南京林业大学编。马大浦主编。上海科学技术出版社1994年11月版。203万字。60.00元。按林学、木材工业、林产化工、森林采伐运输工程及林业机械等5类科学体系编排,共收46门学科的词目约8 000余条。每一词目中,不仅广释词义,而且还包括英文名(生物另附学名)、定义(定性)和应用等。对于词源的考证,编者并不满足于直接词目的求解,而是尽可能探求出词目的间接词源、最终词源的线索。(周星娣)

S000102 **中国主要外来树种引种栽培** 潘志刚、游应天等编著。北京科学技术出版社1994年12月版。120.4万字。150.00元。是对近10多年来(1978~1990年)中国林木引种工作经验的总结。同时参考了大量的国外文献资料,由国内主要从事林木引种的18个单位,52位专家、教授共同编写。全书分总论、各论两部分。总论叙述中国树木引种历史、原理、方法,一般引种原则和引种工作中的重要教训。各论是本书的主要部分,各论对47科200余树种,尤其对其中重要的6个属作全面概括性论述;对以用林树种为主,同时包括重要观赏花木、经济林木和果树(特别是热带果树),分别论述其形态特征、引种历史、生长与适应性、栽培技术、病虫害防治和用途等。(李玉瑛)

S000103 **落叶松的遗传改良** 杨书文等著。东北林业大学出版社1994年12月版。24万字。12.00元。介绍落叶松遗传改良的方法与途径,内容包括:落叶松种的分布和生物学特性,落叶松遗传改良现状与进展,落叶松的国内外引种与种间选择,落叶松种源试验及其最佳种源,落叶松的种间杂交育种和杂种优势利用,落叶松种子园营建技术及经营管理,落叶松遗传测定,落叶松的早期测定及简易实用的落叶松育种程序。(姜中珠)

S000104 **木材科学** 李坚等著。东北林业大学出版社1994年12月版。66.7万字。32.00元。阐述木材的解剖、化学、生物、物理、力学和环境学特性及其与加工利用和人类生活的关系;介绍木材特性、木材与林产品检测、木材科学保存、制造新型木材、现代波谱分析和计算机视觉在木材科学中的应用技术及最新进展;评说木材缺陷、中国的林木资源等。(袁俊琦)

S000105 **乔灌木种子手册** A.G.Gordon等主编,高捍东等译。东南大学出版社1994年12月版。25.6万字。19.00元。原书(英)是国际种子检验协会(ISTA)首次出版专门论述林木种子检验理论和技术的手册,由国际种子检验协会森林乔灌木种子委员会前任主席A.G.Gordon博士等3位专家主编,国际种子检验协会1991年出版。本书系统而全面地阐述林木种子检验的基本原理和方法;详尽地讨论了各检验项目的程序和技术要点;总结了检验实践中常见的问题并提出解决途径或注意事项,对容易混淆不清的问题,还配有清晰的图谱;对有关的检验仪器和设备也从各个侧面反复作了比较。(雷家煜)

S000106 **三北防护林地区再生资源遥感的理论及其技术应用** 徐冠华主编。中国林业出版社1994年12月版。51万字。50.00元。以三北防护林建设为轴线,对该地区的再生资源,利用航空、航天遥感技术及地面考察,进行定位定量的卫星图像处理和地理信息系统的模拟分析,完成了林、农、草的面积、类型、数量、质量、时空分布的综合调查,对三北防护林地区作出了全面系统的科学评价。(李德林)

S000107 **原木材积累计表** 乔进朝、王稳贤编著。山西科学技术出版社1994年第三版。20.6万字。4.50元。汇集原木材积常数表和计算公式。对进口原木长度表列至13米,径级列至120厘米,扩大了使用范围。1989年以32开本初版;为使用方便,1992年二版改64开塑封;1994年吸收读者意见,增订了如下内容:短小原木表;锯材表;国产胶合板规格、面积、体积、张数换算表;纤维板规格、张数换算表。(张旭)

畜牧、兽医、狩猎、蚕、蜂

S000108 **"兽医指南"丛书(蒙古文)** 布仁巴雅尔、菊林花著。内蒙古人民出版社1992年11月版。70万字。15.15元。共5个分册。其中,《病理与临床用药》分册主要介绍家畜病理解剖方法、对症检查方法,以及药物总论和各论;《家禽病,中毒病与繁殖障碍》分册,主要介绍鸡病预防措施,群体和个体诊断,各论,家畜中毒的病因,诊断,治疗和预防,家畜繁殖障碍的原因,如何防治公母畜的繁殖障碍等内容;《传染病,寄生虫病与皮肤病》分册,着重介绍中国北方地区常见的家畜传染病、寄生虫病和皮肤病;《外科与手术》分册,介绍简明家畜外科学总论和各论,以及手术学总论和各论;《内科》分册,讲述诊断治疗家畜内科学的基础理论,以及各系统器官病的诊断治疗等内容。(斯仍诺尔布)

S000109 **仔畜饲养与管理** 宝音达来等编。内蒙古科学技术出版社1994年版。11.4万字。介绍牛、马、骆驼、绵羊、山羊之仔畜的接羔、保育的新措施、新方法和新技术,以及选种、育肥、皮肉的利用、出口等经济内容。与此同时还介绍了仔畜疾病防治方面的传统疗法和新疗法。(那顺巴图)

S000110 **动物卫生病理学** 潘耀谦主编。山西科学技术出版社1994年版。95万字。18.00元。作者将动物卫生病理学的几个主要部分——基础病理、器管病理、肿瘤病理和疾病病理学融为一册,并结合宰后检验的实际,以器管病理和疾病病理为重点分类论述,分15章,研究了屠宰动物各组织、器管及疾病发生原因、发生机理、病理形态学变化、鉴别诊断和卫生评价与处理。附插图360余幅。(张旭)

S000111 **肉品卫生病理学检验** 龙塔、梁宏德主编。四川科学技术出版社1994年版。66.7万字。19.80元。分4篇29章,包容了4方面的内容:动物病理学基础;肉用畜禽屠宰加工过程中的卫生病理学检验;畜禽各类疾病的卫生病理学检验;农贸市场肉品卫生病理学检验。(郭俊铨)

S000112 **福建省畜禽疫病志** 福建省农业厅畜牧局著。福建科学技术出版社1994年1月版。37.6万字。9.40元。第一部分介绍福建的自然地理概况、畜牧业经济情况、兽医组织机构、畜禽疫病防治概况;第二部分介绍多种动物共患传染病以及猪病、禽病、牛羊病、马病、兔猫鸽病、中毒病,还有4种未定性疫病;第三部分附录福建省畜禽传染病名录、福建省家禽主要寄生虫名录。系统地叙述福建省畜禽疫病的历史和现状,着重阐述1949—1989年间畜禽疫病防治的成绩和经验教训。(柯为建)

S000113 **现代养鸡生产** 杨宁主编。北京农业大学出版社1994年3月版。100万字。36.00元。介绍现代养鸡生产的各个环节与工艺流程。全书共22章,分别介绍了鸡的主要品种、育种与繁殖、人工孵化、初生雏鸡的雌雄鉴别、饲养环境、营养需要与日粮配合、雏鸡与育成鸡的饲养管理、产蛋鸡的饲养管理、种鸡的饲养管理、肉用仔鸡生产、养鸡场设备与工程建筑设计、疫病防治、养鸡场的经营管理、微机在养鸡生产中的应用等。(赵中)

S000114 **日汉畜牧词典** 日汉畜牧词典编委会著。中国农业出版社1994年3月版。85.2万字。52.00元。选入畜牧专业,包括畜禽的饲养、繁殖、育种、饲料、兽医等各个学科的词汇3万多条。词目主要来源于日本与畜牧有关的用语集、辞典、大事典等以及日本新近出版的有关畜牧书刊、国内出版的有关学科的词典、书刊等。词典正文按日本五十音图顺序排列,每个词目由本词读音、标注(日本汉字或外来语原文)和译词3项构成。个别词目有注释,加圆括号附于译词之后。书末有附录若干,如日本常用的英语缩写词、日本常用的拉丁短语、日英汉化学元素名称对照表、日文汉字检索表等,最后是17幅畜禽解剖图。(闫芹)

S000115 **实用水牛疾病学** 陈可毅著。湖南科学技术出版社1994年5月版。66.6万字。19.80元。共3部分、23章。第一部分重点论述与水牛疾病及与防治密切相关的生理、生化和临床药理学的基础理论;第二部分论述水牛疾病针灸疗法;第三部分分别论述180种水牛疾病的临床诊断、治疗、预防和控制,包括病毒性传染病、细菌性传染病、原虫性疾病、蠕虫性疾病、昆虫及其所致疾病、消化系统内科疾病、中毒性疾病、代谢障碍性疾病及其他器官内科疾病。外科感染性疾病、骨关节疾病及蹄病、风湿病和其他外科疾病、流产、围产期疾病、产后感染性疾病、乳房疾病、繁殖障碍性疾病和肿瘤、四种麻醉术。

插图 80 幅。(车平)

S000116 **家蚕遗传育种学** 向仲怀主编。中国农业出版社 1994 年 5 月版。42.5 万字。12.20 元(平),19.20 元(精)。重点阐述形态性状的遗传、连锁遗传、性遗传、染色体及染色体变异、发生遗传学、同工酶遗传、分子遗传及遗传工程、数量遗传、实用性状的遗传和选择、近亲交配、育种目标、品种资源与引种、系统育种与杂交育种、诱变育种、抗病遗传及育种、杂种优势、配合力、品种鉴定等。(魏丽萍)

S000117 **蜜蜂产品学** 王贻节主编。中国农业出版社 1994 年 5 月版。44.6 万字。9.95 元。着重介绍国内外蜂蜜产销概况、蜂蜜的形成和分类、蜂蜜的成分和特性、蜂蜜的等级和质量标准;蜂王浆的来源及生产技术、蜂王浆的性质和成分、验收和贮存、成分测定、药理和生理作用、蜂王浆的应用及其制品和再加工等;花粉的一般常识,花粉的理化性质和化学成分、采集、花粉的干燥、灭菌和贮藏、质量检验、制品的加工及花粉的保健作用;蜂蜡的来源和生产、成分和特性、质量标准、检验、加工及蜂蜡的广泛应用;蜂毒的理化性质和化学成分、生物学作用、蜂毒的临床应用、蜂毒疗法和蜂毒药剂及蜂毒的采集、质检和保藏;蜂胶的理化性质和化学成分、生物学作用及蜂胶的其他作用。书末对蜂幼虫、蛹及成蜂躯体的经济作用也作了概要介绍。(刘博浩)

S000118 **兽药手册(第二版)** 中国兽药典委员会编。中国农业出版社 1994 年 5 月版。48.4 万字。14.10 元。共 17 章,除了《中华人民共和国兽药典》所收载的品种外,还收载了中国近年来研制并批准使用的新兽药;国外已在中国注册登记而允许在中国使用的进口兽药;对国内外正在研究,有临床应用前途的新兽药也作了简要的介绍。(顾之春)

S000119 **猪的遗传改良** 彭中镇主编。中国农业出版社 1994 年 5 月版。37.4 万字。7.65 元。分 17 章,内容有猪的染色体、猪的血型与蛋白质多态性、多产性的遗传控制,有关的遗传控制还有:猪的生长速度与饲料效率、猪的应激综合征与肌肉品质、猪蹄结实度等。此后,全书对猪的毛色遗传与选择、猪的遗传疾患、育种目标与选择原则、猪育种值的估计与测定方案的最优化、种猪测定制度、猪新品系的培育、商品猪的遗传改良、遗传进展的传递、遗传资源的保存、基因工程与猪的遗传改良等作了介绍。(刘博浩)

S000120 **草原改良与利用** 陕西省仪祉农业学校主编。中国农业出版社 1994 年 5 月版。16.3 万字。3.45 元。由 9 章及 9 个实习指导两部分组成。内容包括:草原改良与利用的基础知识,人工种草,草原施肥和灌溉、排水,草原有毒有害植物防除,草原自然更新改良,草原的培育改良,草原保护,草原放牧地的合理利用,割草地的合理利用。(李锦明)

S000121 **中华人民共和国兽药规范一九九二年版** 中国兽药典委员会编。中国农业出版社 1994 年 5 月版。14.7 万字(一部),23.00 万字(二部)。15.00元(一部),20.00 元(二部)。分一、二两部。一部收载化学药品、抗生素及生化制品;二部收载中药材及成方制剂。化学药品包含性状、鉴别、检查、含量测定、作用与用途、用法与用量、贮藏、规格等内容;中药材包含性状、鉴别、炮制、性味、功能、主治、用法与用量、贮藏等内容。(顾之春)

S000122 **专业户养鸡实用技术** 李思宇等编。河北科学技术出版社 1994 年 6 月版。15.2 万字。4.50元。介绍鸡的优良品种、鸡场建设、鸡的营养与日粮配合、雏鸡培育、育成鸡饲养管理、产蛋鸡的饲养管理,以及肉用鸡快速育肥措施,鸡常见传染病、寄生虫病、中毒症、营养代谢性疾病的防治等内容。本书还对提高蛋鸡经济效益的途径、从育雏到淘汰出栏整个饲养期的疫病防治措施等进行了重点介绍。(和英布)

S000123 **畜禽疾病防治验方精选** 严伟明等编著。江西科学技术出版社 1994 年 6 月版。18 万字。4.50 元。选编数百个验方,分猪病、牛病、羊病、马病、兔病、鸡病、鸭病、鹅病共 8 章,介绍其病原、症状、验方,其中大多数为一病多方,以供各地因地制宜,对症下药。(敖裕立)

S000124 **中国生物多样性保护行动计划** 国家环境保护局编。中国环境科学出版社 1994 年 6 月版。24 万字。22.00 元。由 4 部分构成。前两部分描述中国生物多样性现状及当前为保护生物多样性所作出的努力。后两部分介绍行动计划的组成,以及中国为保护生物多样性而需要采取的行动。这是由国家环保局牵头,汇同十多个部委组成的专家组历经两年多的研讨,提出的权威性的计划方案,确定了中国最优先保护的对象。该行动计划是中国生物多样性保护行动的纲领性文件,对推动全社会保护中国丰富、繁多、独特的生物多样性具有重要意义。(张维平)

S000125 **实用兽医手册** 项大实主编。北京出版社 1994 年 7 月版。111.2 万字。31.00 元。收集国内外最新的畜牧兽医科技资料和生产实践中比较成熟的经验。主要内容有:一、兽医基础知识。包括家畜、家禽的解剖生理、致病微生物检查方法及适于各科应用的一般诊疗技术和健康检查等。二、各种畜禽疾病的防治。具体介绍了内、外、产科及传染病、寄生虫病等330种畜禽疾病的病原、病因、流行情况、症状、生理解剖、诊断和防治方法。三、兽用药物。共介绍了20类270种药物的性状、作用、用途及使用方法。四、肉品卫生检验及乳制品的卫生检验。(袁海)

S000126　**特种珍禽高效养殖技术**　毛战生编著。湖南科学技术出版社1994年8月版。20.1万字。6.00元。全国"星火计划丛书"之一。阐述肉鸽、鹌鹑、鹧鸪、绿头野鸭、珍珠鸡、火鸡、七彩山鸡等9种特种珍禽和孔雀、锦鸡、石鸡、天鹅、黄腹角雉、丹顶鹤、金丝雀、百灵鸟等11种观赏珍禽的养殖技术、生活习性、外形特征、防病技术。(王劲松)

S000127　**奶牛饲养管理(蒙文)**　孟根乌拉等编著。内蒙古教育出版社1994年8月版。40万字。6.50元(上册),6.30元(下册)。从内蒙古自治区的实际出发,着重介绍有关奶牛饲养管理方面的实用技术和生产实践经验。全书由9部分组成:发展奶牛饲养业的重要意义;国内外奶牛优良品种的介绍;奶牛繁育;奶牛育种;奶牛饲草饲料(各种优良牧草及其栽培技术);奶牛饲养管理措施(有成年母牛、种公牛、青年母牛、犊牛等的饲养管理措施);奶牛棚舍的建设;牛奶的营养价值和加工处理;奶牛常见病的诊治和预防。(萨仁高娃)

S000128　**养兔**　史可公编。山西科学技术出版社1994年8月版。10万字。2.70元。从养兔生产的实际出发,介绍家兔的品种、生物学特性、饲养管理、疫病防治等,有新技术,有土办法。(张保国)

S000129　**养鸡**　马任骝、王瑞琦编。山西科学技术出版社1994年8月第二版。23万字。9.00元。介绍鸡的品种、怎样孵小鸡、怎样分公母、怎样养小鸡、怎样养大鸡、笼养蛋鸡和肉鸡、怎样配鸡料、怎样建鸡舍、怎样防鸡病等内容。书后附有鸡预防注射的疫苗表、鸡常用药物表、怎样检验和贮存蛋。(张保国)

S000130　**草业生态工程**　蒲朝龙、毛凯编著。成都科技大学出版社1994年9月版。36.8万字。10.00元。共8章:草业生态工程概述;草业生态工程在大农业中的地位和作用;粮草生态工程;畜草生态工程;林草生态工程;绿化生态工程;人类活动与草业;草业生态工程在"三元"结构和三峡工程中的应用前景。(王泽彬)

S000131　**现代英汉畜牧兽医大词典**　现代英汉畜牧兽医大词典编纂委员会编。吉林科学技术出版社1994年9月版。631万字。168.00元。由全国有关高等院校、科研单位近百名专业和外语专家,历时7年编纂而成。全书收词23万余条,收词范围涉及生物学、动物学、兽医学、兽医公共卫生学、实验动物学、畜牧学、水产学、分子生物学和遗传学等。(卢光园)

S000132　**珍禽饲养手册**　王春林、徐永根等编著。上海科学技术文献出版社1994年9月版。41.7万字。17.00元。介绍鹌鹑、火鸡、肉鸽、野鸭、珍珠鸡、鹧鸪、乌骨鸡、沙鸡、锦鸡、雉鸡、榛鸡和鸟类等12种野味珍禽的品种特性、饲养繁殖技术以及各种野味珍禽的烹调技术。(胡德仁)

S000133　**配合饲料大全**　李复兴、李希沛主编。青岛海洋大学出版社1994年10月版。277万字。128.00元。全面、系统地介绍国内外配合饲料工业发展概况、饲料营养基础、饲料资源的开发与利用、饲料添加剂及添加剂预混料、多种动物(畜禽、水产、实验动物、经济动物、观赏动物等)的营养需要特点及相应的饲料配制技术、饲料检验与生物评定方法、饲料加工工艺与机器设备、饲料企业的经营管理。共7篇86章。全面总结了中国近十年来,商业、农牧、水产、轻工、化工、医药、林业、地矿、机械、电子、经贸等部门及大专院校的科研人员,在配合饲料研究上取得的成果和最新进展,包括动物营养科学、生物技术、精细化工、医药、检测与分析、电子计算机及现代企业管理与营销等。(陈万青)

S000134　**家畜内科学(第二版)**　云南省畜牧兽医学校主编。中国农业出版社1994年10月版。19万字。5.00元。在原黑龙江省双城农业学校主编的《家畜内科及临床诊断学》内容的基础上,去掉临床诊断学部分,删去临床不常见疾病和国家公布淘汰的兽药品种等内容,通过修订和重新编写而成。包括消化系统疾病、呼吸系统疾病、心血管系统及血液疾病、泌尿系统疾病、神经系统疾病、营养代谢疾病、皮肤病和中毒性疾病等内容。(江社平)

S000135　**兽医临床鉴别诊断学**　王民桢主编。中国农业出版社1994年10月版。46.7万字。15.80元。通过对牛、羊、猪、马、禽、犬、猫等各种动物700余种疾病进行分析,总结归纳出50多种常见症状,重点讲述发热、消瘦、黄疸、淋巴结肿胀、脱水、皮肤损害、脱毛、瘙痒、毛色与出汗异常、食欲与采食异常、吞咽困难、异食癖、流涎、呕吐、腹痛、便秘、腹泻、便血、鼻液异常、咳嗽、呼吸困难、胸腔积液、胸廓异常、心脏杂音、心律失常、血压和中心静脉压异常、心力衰竭、休克、贫血、出血、尿量异常、尿液异常、排尿异常、感觉障碍、共济失调、瘫痪、昏迷、不育、跛行等。通过对这些症状进行分析,找出病因和机理,以求根据各个疾病的不同特征,逐个进行鉴别,排除可能性较少的疾病,从中识别出最有可能的疾病,为治疗疾病指出方向。(江社平)

S000136 **经济动物疾病学** 张振兴主编。中国农业出版社 1994 年 10 月版。38.8 万字。10.25 元。分总论和各论,共 6 章,并附实习指导。总论部分包括绪言,论述鹿、兔、貂、艾虎、狐、貉、犬、猫、灵猫、毛丝鼠、麝鼠等 11 种经济动物和鸽、雉、乌骨鸡、鹌鹑等 4 种特种经济禽的生物学特性,以及经济动物疾病的诊疗技术和兽医卫生防疫措施。各论部分系统地阐述了 54 种普通病、102 种传染病和 18 种寄生虫病。实习指导共包括 11 个实习,其中总论部分 7 个,各论部分 4 个,均以经济动物特有的实习内容为主。(颜景辰)

S000137 **养猪学(第二版)** 山东省畜牧兽医学校主编。中国农业出版社 1994 年 10 月版。17.5 万字。4.55 元。根据农业部宣传教育司颁发的全国中等农业学校畜牧专业(四年制)教学计划与养猪学教学大纲修订、编写。1980 年 5 月第一版。修订版是按仔猪生产与肉猪生产两条线来写的。加强了学生实践技能的训练,实验实习占总学时的 31%。基本知识与基本理论密切联系生产实际,突出了实用技术与应用技术。(刘振生)

S000138 **家禽育雏与防病方法** 周勤宣、刘文奎主编。中国农业出版社 1994 年 10 月版。16.6 万字。5.45 元。主要介绍蛋鸡、肉鸡、鸭、鹅育雏方面的生产技术。收集整理了国内外家禽管理和疾病防治的有关资料,结合生产实践,对雏鸡、雏鸭、仔鹅的生产管理、鸡舍建筑和设备的基本要求和隔离与消毒、免疫接种与药物使用等防病措施,以及饲料的加工、配制和公母家禽分开饲喂等实用技术都作了详细阐述。(马静洁)

S000139 **兽医中草药彩色图谱** 广西兽医研究所编著。广西科学技术出版社 1994 年 11 月版。16.36 万字。36.00 元。针对畜禽和宠物(猫、狗、鸟)的常见病,介绍兽医秘方 510 条。为便于读者识别和采集,对秘方中的 219 种中草药逐个按新鲜标本绘制彩图,介绍每种中草药的名称、别名、识别、生长环境、药用部分、性味功效。附有中草药正名、别名索引和学名索引。(马如海)

S000140 **特种药用动物养殖与加工技术** 彭孟德著。湖南科学技术出版社 1994 年 11 月版。16.1 万字。4.80 元。在总结传统养殖经验的基础上,吸取国内外的新经验与新成果编辑而成。全书按类分 5 章,即药用哺乳类、药用珍禽类、药用爬行类和药用水产两栖类和药用无脊椎类 5 大类,重点介绍药用价值高、市场前景好、便于人工养殖的药用动物 33 种,如麝、水獭、中华竹鼠、乌龟、甲鱼、乌鱼、珍珠蚌和蜗牛等。对每种药用动物的药用价值、外部形态、生活习性、饲养与管理、采收与加工、药用等方面都作了解说,并附有相应的图表。(王劲松)

S000141 **草地调查规划学** 许鹏主编。中国农业出版社 1994 年 11 月版。46.7 万字。11.65 元。由 3 部分组成。第一部分草地调查规划理论基础,讲述天然草地形成的基本原理,草地植物经济类群,草地分类、分布和评价的基本理论与方法以及中国草地类型与资源的基本特征。第二部分草地资源调查,讲述草地资源调查的基本原理、程序、草地自然和社会环境、草地植物,草地类型,草地生产力,草地利用现状等调查方法,包括遥感技术的应用,有关图件编制的技术原理与方法。第三部分草地区划与规划,讲述草地区划的原理和方法,并介绍中国草地区划方案,区域草地生产总体规划的原理、技能和优化方法,以及草地适度规模经营规划的原理和方法。(李锦明)

S000142 **北京鸭解剖** 林大诚等著。北京农业大学出版社 1994 年 12 月版。41 万字。13.00 元。系统地论述北京鸭的骨骼、骨的连结、肌肉、浆膜与浆膜腔、消化系统、呼吸系统、泌尿系统、生殖系统、心血管系统、淋巴系统、内分泌腺、神经系统、感觉器官、皮肤及其衍生物等各部位的解剖形态、基础数据、资料,并配有精细的图版。(朱长玉)

S000143 **禽类寄生虫学** 陈淑玉、汪溥钦著。广东科学技术出版社 1994 年 12 月版。53.5 万字。32.00 元。以大量的调查研究资料,按吸虫、绦虫、线虫、棘头虫、原虫和蜱螨昆虫 6 大类分别阐述寄生于鸡、鸭、鹅等禽类的各种寄生虫的生物学和防制学。全书记述的各种禽类寄生虫达 250 多种,分隶于 50 多个科,100 多个属。内容包括学名、定名人及年份、宿主及寄生部位、地理分布、形态特征、生活史等,其中配有 270 多幅手描的虫体形态图。本书记述禽类寄生虫较多,其中不少虫种是近年发现的新种或新纪录,如广州前殖吸虫、广利支囊吸虫等。在生物学方面,着重描述各虫种的形态特征和生活史,其中采用了扫描电镜、透射电镜观察虫体超微结构,用生化、酶学等方法研究虫体多糖、胸腺嘧啶等物质代谢等先进研究手段。在防制学方面,以科为对象,着重介绍各科寄生虫对养禽生产的危害性及流行特点,对一些危害性较大的寄生虫,则结合生产实际,介绍了药物防治、生态控制等的具体方法和措施,对养禽生产有实用价值。本书按类别分别列出了国内外有关禽类寄生虫学的参考文献135篇。书末还附有各虫种拉丁名和中文名的检索表。(崔坚志)

S000144 **蚕病防治技术100问** 蒋华堂、黄隆德等编著。江西科学技术出版社1994年12月版。7万字。2.20元。介绍蚕病防治的基本知识,传染性蚕病的识别与防治,养蚕期间蚕病的防治,消毒防病与消毒药剂配制使用。书末附录了消毒标准和农药残效期查对表。(曾玉梧)

S000145 **兽药制剂生产与应用手册** 简载华编著。江西科学技术出版社1994年12月版。44万字。18.00元。分概论、散剂、丸剂、胶囊剂、软膏剂、舐剂、注射剂、液体药剂、长效制剂、生化制剂、中药炮制、配伍禁忌、新药临床前试验等12章。对兽药制剂生产的基本知识、法规、工艺流程、操作规范作了详细介绍。共介绍了广泛应用的188种药品的配方、生产工艺、作用与用途、用法、用量。(沈德廉)

S000146 **肉狗快速饲养技术** 舒邓群、吴华东著。江西科学技术出版社1994年12月版。14万字。5.00元。主要内容包括:肉狗狗种的选择与狗的生活习性;狗舍建筑与养狗设备;肉狗的饲养技术;肉狗的管理技术;肉狗的繁殖技术;肉狗疾病防治技术。(周喜中)

S000147 **新编快速养猪200问** 亢霞生等编著。江西科学技术出版社1994年12月版。19万字。6.00元。内容包括:快速养猪的基本知识、猪的营养与饲料、新型饲粮、高效饲料添加剂、育肥前的准备、微量元素育肥法、中草药育肥法、生长促进剂育肥法、“一根笋”养猪法、百日出栏养猪法、配合饲料育肥法、农业废物育肥法、十日催肥法、养猪能手育肥诀窍、瘦用型猪快速育肥技术、猪的疾病防治。(敖裕立)

S000148 **鸭鹅病防治新技术** 明心中等编。江西科学技术出版社1994年12月版。9万字。3.00元。内容包括:防治鸭鹅病的基本常识;对每种鸭鹅病分别从病原(病因)、流行病学、症状、剖检变化等方面加以描述;并归纳了诊断要点;提出了预防措施和鸭鹅4大疫病新的免疫接种程序;介绍了一些新药和新的治疗方法。(涂水香)

S000149 **中国柞蚕品种志** 辽宁省蚕业科学研究所编。辽宁科学技术出版社1994年12月版。18万字。190.00元。汇编至1994年8月搜集到的中国柞蚕品种和品种材料共130份,图片344幅。书中各品种的编排顺序是:首先,按品种的不同化性,由一化到二化排序;同一化性,按品种原产地,由南至北排序;同一产地,按品种育成时间排序;同年育成的品种,按名称首字笔画排序。至于品种特征特性的时空依据,均按各品种在保存单位所在地条件下的性状表现描述。历史上的一些品种(包括杂交种),现在无法收集到照片,仅能靠文字描述,排列于各化性的后面,排序同前。本书在全面、系统地展示中国柞蚕品种研究成果的同时,着重体现了中国柞蚕业的特点,既有继承,又有创新,相当一部分技术内容来自最新的专业研究成果;特别是在第二届国际野蚕学会议在日本召开之际,承蒙海峡彼岸的研究员林洋三先生向编者提供了台湾省野柞蚕的资料和照片,使本书的内容更趋完整。(李逢秋)

S000150 **新疆畜禽寄生虫形态鉴别(哈萨克文)** 托留根、贝克木哈迈提编著。新疆科技卫生出版社1994年12月版。27.6万字。12.10元。按畜禽寄生虫分类系统介绍寄生虫学的基本概念、分类方法、命名法、基础知识和每一种寄生虫的特征及形态鉴别等。本书描述了畜禽寄生虫280种,附图约300幅,另外,附有所列畜禽寄生虫(吸虫、绦虫、线虫)哈、汉、拉丁文对照表,并附有全书所列名词术语哈、汉文对照表。(荣春兰)

S000151 **高效养猪大全** 张永泰等主编。中国农业出版社1994年12月版。34.3万字。10.50元。从种猪、营养、环境、疫病防治和经营管理角度揭示了养猪生产水平与经济效益的基本关系。介绍养好种猪的基本条件,养好猪的物质条件,养好猪的必备环境条件。说明经营管理的方法、市场信息、经济核算是体现养猪水平的必要环节。(林新华)

S000152 **中国梅花鹿** 秦荣前主编。中国农业出版社1994年12月版。39.9万字。30.00元。共9章,对中国梅花鹿的种类分布、生物学特性、形态特征、骨骼及体内各器官系统解剖构造特征、消化生理和生殖生理等作了系统的阐述;结合指导生产,作者从如何选种、配种、驯化,根据鹿的习性特点进行饲养管理,建造鹿场;如何防治鹿病,以及鹿茸种类和采收加工、鹿产品加工和贮藏及其质量评价等,都作了叙述。本书融进了作者1983—1994年的研究成果，如获得省部级重大科技成果奖的“控光促进鹿茸生长发育研究”，获得发明专利的“鹿茸增产新方法”和“鹿茸加工技术”等。(刘振生)

S000153 **家畜繁殖原理及其应用(第二版)** 谢成侠、刘铁铮编著。江苏科学技术出版社1994年第二版。74万字。25.00元。是在1983年第一版《家畜繁殖原理》的基础上修订的。在修订过程中对初版的全文进行了较大范围的改动，增加了近10年来最新科研成果。在第二章增加了“松果腺激素”、“抑制素”两部分内容；在第三章增加了“综合因素的影响”的内容；在第五章增加了“卵母细胞体外培养”、“顶体反应”、“体外受精”等内容；在第七章增加了“胎儿分泌的激素”、“胎儿和母体对发动分娩的机制”等内容；在第九章则增加了“胚胎性别鉴定”等内容；在第十章又增加了“家兔、家禽的人工授精和冷冻精液”、“家兔的胚移”、“胚胎分割技术”、“早期妊娠诊断”、“免疫学在提高繁殖力上的应用”等内容，在本章的最后作者还就生物技术和生物工程方面谈了自己的见解和展望。(郗宝平)

水产、渔业

S000154 **鱼病学** 上海水产学校主编。中国农业出版社1994年5月版。25.4万字。6.30元。分11章。系统地阐述鱼病病理学、寄生虫学、药理学的基本概念；由微生物、原生动物、后生动物、环境变化、机械损伤等而引起鱼病的病原、症状、诊断、流行情况等，以及如何对各种类型的鱼病进行预防和治疗。此外还介绍了几种常见淡水养殖经济动物的疾病。(林维芳)

S000155 **淡水生物学** 山东省水产学校主编。中国农业出版社1994年5月版。45.4万字。11.00元。分3篇。“淡水植物”篇讲述淡水藻类植物概论及蓝藻门、隐藻门、甲藻门、金藻门、黄藻门、硅藻门、裸藻门、绿藻门、轮藻门分论，以及水生维管束植物的生态、分类及经济意义；“淡水无脊椎动物”篇主要论述原生动物、轮虫类、淡水枝角类、淡水桡足类、环节动物、蛭纲、淡水软体动物、淡水底栖甲壳动物、水生昆虫等的生物学特性、分类、发育、生态分布及与渔业的关系；“淡水生态学”篇涉及生态学的基本原理、光和温度的生态作用、溶解盐类与溶解气体与水生生物的相互关系，水生生物之间的食物关系，水体渔业生产力及估算以及水域污染。书末附有淡水生物的调查研究方法。(张志)

S000156 **稻田高产养鱼实用新技术** 杨金通编著。湖南科学技术出版社1994年6月版。6.9万字。2.80元。“快速致富丛书”之一。阐述稻鱼共生的条件和原理(包括“食物链”原理、物质利用与能量转换良性循环的原理)；介绍稻田养鱼的新模式及其生产技术、稻田培育草鱼种的新技术，并着重介绍了速生、高产、高效的稻田养鱼方法；还对稻田养泥鳅、养鳖的高产技术作了专门叙述。(王劲松)

S000157 **海藻生物技术** 王素娟主编。上海科学技术出版社1994年6月版。23.8万字。14.00元。分绪论、基础篇、应用篇。介绍国内外海藻生物技术方面的最新科研成果和进展及研究方法，总结了中国利用细胞工程组织培养技术在养殖主要经济海藻中所取得的经验。(张雪娟)

S000158 **南海渔场作业图集** 农业部南海区渔政局、广东省地图出版社编。广东省地图出版社1994年8月版。13万字。31幅图。230.00元。由4幅总图、24幅分幅渔场图、3幅附图及文字说明等内容组成，范围覆盖整个南海海区，是反映南海地理景观、渔业资源和渔场作业环境的海洋专题地图集。总图包括南海渔区图、南海海底地貌图、南海渔场环境图和南海区水产资源保护区示意图，全面介绍各渔区区号、水深线、海底地貌、台风路径、海流、禁渔区线和渔业保护区。分幅渔场图主要反映渔区区号、水深点、障碍物、底质、海流、磁方位图等渔场要素。附图介绍世界沿海国家(地区)国旗、国际航海通信规则和船舶号灯、号型示意图。文字介绍主要渔业法规、南海地理环境、渔业资源状况、各渔场概况、水文气象、海底地貌、渔场渔期、作业须知、主要港湾锚地情况及外海渔船作业须知、渔船避让航运大船注意事项等。(张志丹)

S000159 **珍稀热带鱼世界——品种·习性·养殖·欣赏** 王大庄等编著。中国林业出版社1994年8月版。图文120幅。38.00元。画册。介绍100种淡水热带鱼的品种、生活习性、饲养方法、鱼病防治及繁殖方法。(马爱锦)

S000160 **海水鱼虾类养殖** 山东省水产学校主编。中国农业出版社1994年10月版。24.9万字。6.30元。分3篇。主要介绍对虾类养殖，包括对虾人工育苗、对虾养成、疾病防治以及对虾的收获、保鲜和加工等；海水鱼类养殖有鲻鱼、梭鱼、罗非鱼、海马、真鲷、遮目鱼、石斑鱼；蟹类增养殖有河蟹、梭子蟹、青蟹等。(林维芳)

S000161 **中华鳖养殖技术** 张幼敏、李茵明编著。武汉出版社1994年11月版。13万字。8.80元。是"淡水名、优、特、新品种养殖技术丛书"之一。介绍中华鳖的生物学特性,其习性与生态,养鳖场的规划与建设,中华鳖的繁殖技术,稚、幼鳖的培育技术、成鳖的养殖技术,中华鳖的营养需求与饲料,中华鳖的常见疾病及防治方法,中华鳖的捕捉与运输以及鳖的综合利用等。重点在详细介绍增、养殖各环节的生产技术要求及操作规范,较全面地反映了国内外的新成果、新技术。书中配有大量图表。(杨帆)

S000162 **罗氏沼虾养殖技术** 谢家燊、张汉茜著。武汉出版社1994年12月版。12万字。7.60元。介绍罗氏沼虾的生物学特征、生态习性,增养殖各个环节的生产技术要求、操作规范、疾病防治和综合利用及养殖实例等。(何小敏)

S000163 **中国农业百科全书·水产业卷** 水产业卷编辑委员会编。中国农业出版社1994年12月版。200万字。150.00元。选收条目1 033条,配有插图520幅,彩图410幅,分上下册,16开。卷首设有条目分类目录,卷末设有汉字笔画索引、外文索引和内容索引。主要内容为:水产总论、水产资源和水产经济动植物、渔业环境与保护、水产捕捞、水产养殖、水产加工、渔业管理等,共10个分支。其中:总论,介绍水产业的起源、发展、现状、水产科学的理论体系,水产管理机构、科研机构、教育机构、学术团体和国际组织、学术刊物以及著名学者等。水产资源,包括渔业生物学基础、渔业资源调查方法、资源评估、渔业预报等,详细介绍了水产经济动植物的形态特征、生物学特性、种类与分布、渔业利用等。渔业环境与保护,从理论上阐述了对环境污染等问题的保护措施及管理办法。水产捕捞,详细介绍了各种捕鱼作业方式的渔具、渔法,以及网具装配工艺、渔具属具、渔具模型试验和鱼类趋性等。水产养殖,包括海水养殖和淡水养殖两部分,叙述了各种养殖对象的品种选育、动物饵料、病害、增养殖工程设施及增养殖方法,还介绍了珍稀水产动物的保护与增殖。水产品保藏与加工,包括水产品性质、水产品保鲜、水产食品加工、水产品综合利用和水产品饲料等内容。渔业机械设备与仪器,介绍了捕捞作业渔船和渔业辅助船,捕捞、加工、养殖等机械,助渔仪器和其他渔用仪器。渔业经济管理,介绍了宏观和微观管理知识以及管理的技术经济指标。渔业法规与渔政管理,包括资源管理,渔船、渔港管理,渔业通信、安全管理,主要渔业国家渔业管理,中国渔业法规和国际渔业公约、协定等内容。(林珠英)

T 工业技术

工 业 技 术

T000001 **农村青年职业技术手册** 邹天幸等主编。福建教育出版社1994年3月版。72万字。15.70元(平),20.00元(精)。由国家教委职教司、农业部教育司、共青团中央学校部联合组织编写的。参加编写工作的有北京、上海、江苏、浙江、广东、山东、安徽、辽宁、河北、福建等省市农业、科技和教育部门科技人员。本书内容包括种植业、养殖业、加工业和经营管理4类,共收362条。(李南元)

T000002 **简明德汉技术词典** 辛健成主编。兵器工业出版社1994年4月版。47.5万字。29.00元。共收词汇近40000条,在照顾普通性的基础上,着重收集近年来出现的新的科技词汇,以适应当代科学技术的发展。选词的原则是,尽量选择实际应用中出现频率较高的基本技术词汇以及与技术活动相关的普通词汇。其技术专业范围包括:机械、电子、光学、加工工艺、计算机、通信、雷达、火控、车辆、兵器、外贸及相关的边缘学科。编排上以德文字母顺序排列,其中名词的第一个字母大写,其他词类的第一个字母均小写。在每个词条后面都采用相应的符号注明词类,并且对中文释义中的解释性文字用圆括号加以区别。(周延民)

T000003 **质量体系文件编制及审核** 叶柏林、陈志田等编。中国计量出版社1994年4月版。24.4万字。13.00元。是GB/T 19000—ISO 9000《质量管理和质量保证》系列标准的电视教材,讲述质量

体系文件的构成和编制方法，阐述质量体系审核的概念、审核实施步骤和技巧、审核员的基本条件等。(何伟仁)

T000004　**中国常用机电产品型号规格辨识手册**　周柴荣编。机械工业出版社 1994 年 6 月版。94.7万字。48.50 元。分两大部分。第一部分机械类，共收集了 65 大类产品。除机械部归口的机械产品和仪器仪表产品外，还收集了部分冶金部、建设部、原轻工部和原纺织部的产品。第二部分为电工电子类，共收集了 49 大类产品，包括机械部的电工类和原电子工业部的电子类产品。本书主要介绍机电产品的型号规格是怎样编制的，各种符号的含义及组成示例，编写中参照了有关国家标准、国家专业标准及部颁标准。(汪小星)

T000005　**机电工程师手册**　邱国庆等编。湖南科学技术出版社 1994 年 7 月版。135 万字。50.00 元。主要内容包括：常用资料及数据、机械制图、公差配合与形位公差、工程材料及金属材料热处理、机械设计、机械制造工艺、机床及设备、液压传动与气动、常用电气设备、联接件与通用件、农业机械技术参数及标准等资料。在编写体系上，考虑了大中专院校教学的特点和要求，编入了机械、电气、农机及其相近专业的课程设计和毕业设计所需要的技术资料。(李遂平)

T000006　**机电技术常用标准实用手册**　《机电技术常用标准实用手册》编写组编。北京理工大学出版社 1994 年 9 月版。256.3 万字。138.00 元。涉及近 600 个机电技术常用标准，综合地介绍标准的编号方法、标准化法、常用符号、量和单位、优先数系、标准尺寸、标准角度、黑色金属材料、粉末冶金材料、非金属材料、电工材料、图形符号、机械制图、一般规范和结构要素、公差与配合、形状和位置公差、表面粗糙度、螺纹、键与花键、齿轮精度、电气图用图形符号和文字符号、电气制图、电工基本参数等常用标准的主要内容。手册中还提供了有关标准的应用实例、新旧标准对照、中国与国际标准以及国外主要工业发达国家有关标准的对照及关系等内容。(倪福卿)

T000007　**中国大中型工业企业生产技术难题要览汇编**　国家科学技术委员会综合计划司编。河海大学出版社 1994 年 9 月版。100 万字。168.00 元。选编技术含量高、影响面广的 1000 余项生产技术难题，内容涉及电子、机械、材料、化工、医药、食品、轻工、交通、纺织、环保等重要领域，包括产品零部件加工、材料、新产品开发、配套设备等各个方面，分别介绍了生产技术难题的名称、内容、解决难题后应达到的主要经济技术指标、开发的社会经济意义、预计投入费用、预期开发方式以及提出生产技术难题企业的名称、地址、邮编、电话和可转让的技术成果等。(吴劭文)

T000008　**装配、试验及其他检验**　李在田主编。国防工业出版社 1994 年 10 月版。67 万字。29.50元。为《检验技术手册》第五分册。内容为第六篇钣金冲压、铆接、装配、试验、试车、试飞检验和第七篇橡胶、塑料制品、有机玻璃、复合材料及胶接检验。(杜豪年)

T000009　**外购器材检验、无损检验**　李在田主编。国防工业出版社 1994 年 10 月版。45 万字。20.50 元。为《检验技术手册》第四分册，内容为第四篇外购器材检验和第五篇无损检验。其中第四篇下分 5 章(第二十一章至第二十五章)，分别为外购金属材料检验，外购非金属材料检验，电子元器件入厂检验，轴承入厂检验，机载设备和外协件进厂验收。第五篇下分 6 章(第二十六章至第三十一章)，分别为射线检验，超声波检验，渗透检验，磁粉检验，涡流检验，其他无损检验方法。(杜豪年)

T000010　**检验常用资料**　李在田主编。国防工业出版社 1994 年 10 月版。71 万字。31.00 元。为《检验技术手册》第一分册。内容为第一篇检验常用资料，下分 6 章，分别为常用字母、代号、符号，法定计量单位及换算，互换性基础标准公差表，常用技术标准，通用量具选择及计量检定，检验制度和管理的基本要求。其中第六章检验制度和管理的基本要求，系作者根据《航空航天工业部产品质量检验制度》及其他有关文件和标准编写。(杜豪年)

T000011　**检验技术手册**　李在田主编。国防工业出版社 1994 年 10 月版。314 万字。138.80元。分 7 篇 41 章，以 5 个分册的形式出版，分别为检验常用资料；冷加工检验；特种工艺检验；外购器材检验、无损检验；装配、试验及其他检验。各章内容有基本知识、检验标准、检验方法、常见缺陷分析，许多资料系多年经验积累，所列标准均为现行新的国家标准和行业标准。(杜豪年)

T000012　**技术学手册**　钱学成、乔宽元著。上海科学技术文献出版社 1994 年 10 月版。41.48 万字。12.80 元。从世界新的技术革命的高度，对现代技术理论作了阐述，并对技术创造和技术发明过程中常用的行之有效的实用方法作了较为系统的介绍。分4篇23个类目。第一篇“序篇——历史的画卷”。内容包括:①技术史,②基本技术,③学派和组织,④学者。第二篇“理论篇——智慧之果”。内容包括:①基本概念,②技术类型,③技术体系,④技术进步,⑤技术与社会,⑥技术观。第三篇“应用篇——财富的源泉”。内容包括:①技术管理,②技术开发,③技术评估,④技术转移。第四篇“方法论——成功之路”。内容包括:①技术方法,②技术预测方法,③课题规划方法,④技术原理构思方法,⑤技术设计方法,⑥技术评估方法,⑦技术决策方法,⑧技术试验方法,⑨技术实施方法。(王林珍)

T000013　**高技术百科辞典**　卢嘉锡主编。福建人民出版社1994年11月版。470万字。106.00元。分智能计算机、超导、微电子、自动化、红外技术、海洋技术、新能源、光纤通信、生物技术、激光、航空航天11个分卷,共收词条12238条。收词范围以高技术各学科所涉及的名词、定理、定律、仪器、设备、制造工艺、检测技术和应用为主,着重选收高技术各领域中基本定型、较常用的条目。全书配有1000多幅插图及一些表格。词条按学科编排,各学科按知识体系排列。各分卷前有词条编排目录,书后有按音序排列的词目总索引。(陈力凡)

T000014　**实用汉英机电词典**　周湘寅主编。人民交通出版社1994年12月版。141.1万字。共收5万余词条。本词典选取词汇以一般机械和通用动力机械包括柴油机、燃气轮机、蒸汽轮机、汽油机等以及强电、弱电和电子计算机为主,同时也收集了一些油田开采机械、热管等专业词汇。(陈民扬)

一般工业技术

T000015　**形状记忆材料’94国际会议论文集**　褚幼义、屠海令编。万国学术出版社1994年版。716幅图。250.00元。分5部分:在“形状记忆效应原理”中,既有微观机制探讨又有动力学及热力学分析;在最常用的“钛镍形状记忆合金”中包括了单晶和多晶二元合金的深入研究结果,各主要类型的三元合金的发展,薄膜、快速凝固及自蔓延高温合成等新工艺的应用等;在“铜基形状记忆合金”中涉及铜锌铝和铜铝镍系合金中的相变、稳定性、时效、晶粒细化、织构和超塑成形等热点问题;在“铁基合金及新形状记忆材料”中提供了在铁基合金、锰铜合金、镍铝金属间化合物、陶瓷和高分子材料中发展形状记忆材料的新动向;最后,在人们最关心的“形状记忆合金的工程和医学应用”中,报导了应力应变的本构分析、生物和力学相容性和表面效应等基础研究结果,以及在工程和医学领域中利用该材料的形状记忆效应、超弹性和阻尼效应的众多成功事例。(褚幼义)

T000016　**工程教育基础——工程教育理念和实践的研究**　王沛民等著。浙江大学出版社1994年版。42万字。14.00元。内容涉及工程教育的来龙去脉、周边环境以及工程教育系统的目标设计、课程规划、教学运行和管理控制,从专业和教育两个角度,剖析了高等教育中的工程专业教育的若干基本问题。(杜希武)

T000017　**工业设计纵横谈**　上海市经济委员会科技处组织编写。上海科学技术文献出版社1994年2月版。12.7万字。4.80元。分10章,主要内容为:工业设计的沿革;工业设计与科学技术;工业设计与经济效益;工业设计与新产品开发;工业设计与市场营销;工业设计与创新;工业设计与人材培养;工业设计与企业形象设计;工业设计与生活及工业设计的发展趋势与展望等。(沈美新)

T000018　**英汉腐蚀与防护词汇**　孟宪级等编。石油工业出版社1994年2月版。50.8万字。13.90元。以原苏联出版的《英俄腐蚀与电化学词汇》和原西德出版的《英德腐蚀与控制词汇》为蓝本,并从国外出版的腐蚀专著、手册、标准和出版物中选择大量词条和缩略语,共收词条约23000余条。此外,本书还精选了与腐蚀工程密切相关的数据资料作附录列于书后。(曾昭懿)

T000019　**高强材料学**　陈志源、林江著。同济大学出版社1994年2月版。20万字。4.20元。学术专著。分7章,内容包括:材料的理论强度;高强金属;高强混凝土;高强纤维与纤维束;纤维增强塑料;纤维增强水泥基复合材料;纤维增强金属基复合材料。着重阐述了固体材料强度的理论、破坏的原因以及获得高强材料的方法。本书还介绍了改进复合材料两相界面结构、采用高强纤维或晶须对低强材料进行加固增强而成的新型高强材料。此外,还对现今广泛应用的高强材料作了必要的论述。(解明芳)

T000020　**工科概率统计**　杨德保著。北京理工大学出版社1994年3月版。27.9万字。5.90元。内容有:随机事件及其概率,随机变量及其概率分布,多维随机变量及其概率分布,随机变量的数字特征,大数定律与中心极限定理,样本及其分布,参数估计,假设检验,回归分析方法简介。每章除有习题

外,还有练习题和学习指导。(郑锡琏)

T000021 **激光散射原理及在高分子科学中的应用** 左榘编著。河南科学技术出版社 1994 年 3 月版。24 万字。12.00 元。系统地介绍弹性、准弹性及非弹性激光光散射的理论基础、实验和应用技术,对与该技术联系密切的 X 光和中子散射以及一些有趣的领域也作了简单介绍。作者长期致力于激光散射探针技术在分子水平探讨高分子材料结构与性能关系的研究,现在南开大学化学系工作。(韩家显)

T000022 **钢筋混凝土房屋结构设计与实例** 黄兴棣等编。上海科学技术出版社 1994 年 4 月版。119.6 万字。56.00 元。内容包括建筑结构设计计算理论;楼盖、屋盖、楼梯、雨篷、圈梁、过梁、叠合梁(板)、墙梁、排架、刚架、框架——剪力墙、板柱、基础和各种预埋件等构件与结构的设计与计算,书中列有大量实际工程的算例。(魏晓峰)

T000023 **实用制冷工程设计手册** 郭庆堂著。中国建筑工业出版社 1994 年 4 月版。146.9 万字。45.00 元。在原《制冷工程设计手册》基础上修订而成。阐述制冷技术的理论基础,叙述活塞式制冷机、螺杆式制冷机、离心式制冷机、溴化锂吸收式制冷机、氨吸收式制冷机的基本原理、型式、参数、关键结构、热力计算以及换热设备和附属设备等。对选型原则、站房与系统设计、设备绝热等都有详细介绍,并辅以实例。还对制冷领域实际应用方面如空气调节、冷藏库、环境试验室等内容作了详细介绍。并对制冷设备的安装、运行、维护保养等作了简要介绍。(吴文侯)

T000024 **小波变换和反演数学基础** 李世雄、刘家琦编著。地质出版社 1994 年 5 月版。9.40 元。"计算地球物理丛书"之二。分两大部分,第一部分是小波理论及其应用,第二部分为微分方程反演的数学原理与方法。小波变换弥补了 Fourier 变换的某些缺点,符合高频信号的分辨率较高的要求,适当离散化后能构成标准的正交系。小波变换已经得到并会进一步得到广泛的应用。第二部分的微分方程反演,介绍微分方程反演问题基本概念,不适定数学问题的求解方法,求解反演问题中的脉冲谱方法及扰动方法。(陈军中)

T000025 **包装国际惯例** 叶世雄编。贵州人民出版社 1994 年 5 月版。18 万字。5.64 元。在国际贸易中,包装是商品交流中不可分割的组成部分。在贸易流通中,传统的包装存在着诸方面的问题,不适应国际贸易的有关要求,表现在包装材料、包装容器结构、包装标识、包装容量不适等方面。针对这些问题,一些国家相继颁布了有关包装法令,如美国的公平包装标示法、防毒包装条例、零售药物包装防污染新规定等;加拿大的玩具安全法令;日本的包装新指引等等。在以上诸方面,本书均作了较详实的介绍。是"国际经济惯例丛书"之一。(姚必强)

T000026 **化工工程制图 机械制图分册 化工制图分册** 魏崇光、张承翼主编。化学工业出版社 1994 年 5 月版。79 万字。17.00 元。《化工工程制图》是高等学校化工类专业本科用教材。分为"机械制图"和"化工制图"两册。机械制图分册系统地阐述工程制图的基本理论、内容、方法和绘制工程图样的基本技能。书中的示例则是化工中常用件。化工制图分册系统地阐述化工设备图的结构特点和相应表达特点与绘制、阅读,还介绍了化工流程图、设备布置图、管道布置图的阅读与绘制,编写中并注意与机械制图的基本原理融汇贯通。书中所引用标准与规范尽量使用最新资料。此外还介绍了计算机图形学的发展,以及在工程设计上的应用,书中也专章阐述计算机绘图的基本方法,以及 Auto CAD 在化工制图中的应用开发。(孙世斌)

T000027 **包装技术手册** [日]包装技术协会编。机械工业出版社 1994 年 5 月版。274 万字。120.00元。系统介绍现代包装技术所有领域的实用工具书,译自日本日刊工业新闻社 1983 年出版的《包装技术便览》(第 3 版)。主要内容包括:包装概论,各种包装材料、辅料与容器的性质、用途、标准、生产加工方法及加工机械,各种包装方法(包括各种产品的实用包装方法),各种包装材料、辅料与容器的理化性能试验方法和运输包装件试验方法、标准,有关包装的资料信息。(李书气)

T000028 **耐火材料工艺学(第二版)** 鞍山钢铁学院王维邦主编。冶金工业出版社 1994 年 5 月版。38.2 万字。7.55 元。高等学校教材。阐述耐火材料工艺的基础理论,重点论述了材料的性能、组成和结构的概念及其间的内在规律性,介绍并分析了各种耐火材料的工艺特点。第二版在第一版基础上充实了近十多年来新开发的各种耐火材料的内容,对传统耐火材料的内容作了适当压缩。(蔡继乐)

T000029 **包装结构设计** 奚德昌等编著。浙江大学出版社 1994 年 5 月版。36.5 万字。12.00 元。介绍包装结构设计的原理和方法。对现有包装力学原理和设计计算,作了较详尽的论述。同时介绍了目前常用包装容器的结构设计。全书内容包括:包装概述;一些基本参数;单自由度商品包装防震缓冲;两自由度商品包装防震缓冲;多自由度商品包装缓冲;包装防震缓冲设计;纸包装容器;塑料容器;木制包装;玻璃容器;陶瓷制品;集合包装;集装箱。(张明)

T000030 **工程图学** 副名:Engineering Graphics。钟家麒编著。东南大学出版社 1994 年 6 月版。93 万字。17.00 元。英文版。介绍工程图学中的三面投影与辅助投影,轴测投影与正投影,投影特征和投影性质等内容。(黄英萍)

T000031 **英汉复合材料工程词典** 张明轩编。航空工业出版社 1994 年 6 月版。35.6 万字。23.50元。共收入复合材料设计、材料、工艺、性能、分析、质控、应用以及胶接技术方面的词汇 6000 余条。全书分为英汉词语、英文缩略词、中文索引 3 部分。(黄苏桥)

T000032 **高分子材料流变学导论** 吴其晔、巫静安著。化学工业出版社 1994 年 6 月版。21.9 万字。11.00 元。共 7 章,分别叙述流变学概念,奇异流变现象,描述高分子液体的基本物理量,流变性质,各种粘弹性模型,高聚物流变性质对材料分子参数的影响,流变测量学,高分子材料典型加工过程(如混炼、压延、挤出、注塑、纺丝和薄膜吹塑等)的流变分析,多相聚合物体系的流变行为等主题。同时,还对高聚物亚浓溶液流变状态方程分子理论的优化研究、Cox－Merz 关系式的应用、弯毛细管流变仪的测量原理、异径辊筒压延机的流场分析、共混型热塑性弹性体的流变性质研究等科研热点和前沿也作了简单的介绍。(张文虎)

T000033 **最新低温制冷技术** 陈国邦等著。机械工业出版社 1994 年 6 月版。36.5 万字。18.00 元。介绍当代制冷技术的成就和水平;叙述低温制冷技术在现代科学技术、工业和民用等领域的应用前景;对目前正在开发的新型制冷机,例如磁制冷机及磁性材料的应用、分置式斯特林制冷机、低功率塑料制冷机、脉冲管制冷机、吸附式制冷机以及微型节流制冷机的理论和实验,作了全面的论述和深入的讨论,同时也对新型低温制冷机的研究方法、工艺特点和发展规律进行了探索。(蒋有彩)

T000034 **短纤维复合材料理论与应用** 蔡四维著。人民交通出版社 1994 年 6 月版。17.6 万字。在阐述均质材料里含其他材料包容体时的弹性力学理论的同时,对短纤维加强体和有孔穴、裂纹时复合材料的宏观弹性与断裂特性进行分析,揭示了短纤维阻滞基本材料裂纹扩展的效应,并讨论短纤维复合材料抗疲劳、断裂、冲击等一系列问题。书中通过短切钢纤维加强水泥混凝土和短纤维沥青混凝土实例,说明短纤维复合材料在土木工程特别是在路面工程上的应用价值。(王应荣)

T000035 **不定形耐火材料** 韩行禄编著。冶金工业出版社 1994 年 6 月版。39 万字。16.00 元。阐述传统耐火浇注料和新型粘土结合、低水泥系列耐火浇注料的凝结硬化、凝聚机理,高温物理化学变化,配合比,基本性能及其影响因素。同时介绍了耐火可塑料和捣打料、耐火喷涂料和修补料、耐火涂料和不烧砖等新材料的开发和应用。最后叙述了不定形耐火材料的生产和应用技术。(章秀珍)

T000036 **材料试验** 卫锦先编著。宇航出版社 1994 年 6 月版。23 万字。9.50 元。根据《技术工人等级标准》,为配合工人技术培训和考核而编写。包括塑料制品成型、橡胶制品成型、等离子喷涂、焊接、金属力学性能测试、摄影等几类共 14 个工种。在每个工种的相关领域内,结合航天材料,工艺等具体情况,进行了综合概括,并配备了相应的考题和答案。(刘杭)

T000037 **高水速凝材料及其应用** 孙恒虎、宋存义著。中国矿业大学出版社 1994 年 6 月版。20 万字。15.00 元。前 3 章以实验研究为依据,论述高水速凝材料的理化特性、力学特性、水化反应机理、硬化体的物相结构、微观形貌、风化机理及原材料分析;后 3 章阐述高水速凝材料的生产和应用,详细说明了高水速凝材料在煤矿矿井巷旁充填和金属矿采场中的应用,论述了有关巷旁支护设计、充填系统和充填工艺设计的技术原理与方法,应用高水速凝材料的技术经济效果。其中"金属矿山全尾砂速凝固结充填新工艺"解决了胶结充填作业中分级尾砂制浆工艺复杂、高浓度浆料输送困难等工艺上的难题。(陈玉和)

T000038 **工业微生物实验技术手册** 诸葛健、王正祥著。中国轻工业出版社 1994 年 6 月版。60 万字。30.00 元。分 13 章,内容包括显微技术、工业微生物的形态学、纯培养技术、环境对工业微生物生长及发酵的影响、工业微生物的生理学、发酵过程及发酵食品中微生物的检测、选种与育种、工业微生物的保藏技术、固定化技术、工业微生物实验室的设计和实验数据的处理及常见单元操作等,涉及工业微生物实验技术的各个主要方面,共计 202 项实验内容,附插图 166 幅及微生物单元规范实验操作套图 8 组 72 幅。(李炳华)

T000039 **摄影技艺教程** 颜志刚著。复旦大学出版社 1994 年 6 月(修订)版。44.1 万字。17.00 元。高校教材。有关摄影器材的内容有镜头、相机、胶卷、电子闪光灯、滤镜等章。介绍摄影技术的内容有曝光与测光、景深、焦深与超焦距、黑白胶卷冲洗印放、彩色胶卷冲洗、彩色照片制作、彩色幻灯片的复制与放映等章。论述摄影的理论与艺术方法的内容包括彩色摄影实用基础理论、摄影构图、新闻摄影和装裱与标题等章。为满足读者的提高需要,作者还设置了摄影特技与应用、天体摄影与旅游摄影、舞台摄影与体育摄影、广告摄影等章。在书后还附有常用摄影药品的性能与功能表、常见摄影词汇的英汉对照表。在每章的内容后,作者还设计了复习题。在内容的阐述中,考虑到摄影是一门实用性很强的学科,作者注意了实用技术和艺术方法的介绍。(刘子馨)

T000040 **工程流体力学** 于荣宪等编。东南大学出版社 1994 年 8 月版。76 万字。22.00元。高校教材。作者在总结历年教学改革经验,吸收国内外先进教材长处的基础上,采用以 3 种分析方法(积分控制体分析、微分分析、量纲分析)为主体,按主题(粘流和无粘流、可压和不可压、内流和外流等)讨论的体系。不仅课堂教学与教学影片、录像片、幻灯片等电化教学手段相结合,而且引入了计算机辅助教学,安排了流体力学计算内容,以训练和提高学生的计算机数值模拟能力。(施恩)

T000041 **材料大辞典** 师昌绪主编。化学工业出版社 1994 年 8 月版。450 万字。180.00 元。由中国材料研究会组织,中国工程学院副院长、中国著名材料科学家师昌绪教授主编,500 余位从事材料科学的专家、学者参加编写。汇集材料科学方面的词条 8000 余条,涉及材料科学及其基础;金属材料;无机非金属材料;有机高分子材料;复合材料;信息材料;生物医学材料和天然材料等各领域。收词以材料为主,辅以部分材料科学和基础名词;除一般材料词条外,突出收集了近年发展起来的高新技术材料词条。介绍其定义、性能、用途、特点并包括最重要的技术数据。(徐蔓)

T000042 **产品造型设计手册** 程能林主编。机械工业出版社 1994 年 8 月版。59.1 万字。32.00 元。内容包括设计概论、产品形态构成基础、造型设计形式法则、设计表现形式与技法、色彩设计、产品设计构思原理、设计方法及设计程序、视觉传达设计、人体工程学、造型设计材料及产品设计质量评价等。围绕产品形态形成中的各种要素,对产品的外形、功能和使用价值进行优选。(刘小慧)

T000043 **高 Tc 氧化物超导体系的相关系和晶体结构** 梁敬魁等著。科学出版社 1994 年 8 月版。59 万字。30.00 元。共 3 章。第一章主要阐述高 Tc 氧化物超导体的合成,与稀土系、Bi 系、Tl 系、Pb 系高 Tc 超导体相关体系的相关系。在本章中,作者根据自己长期的实践研究,改进了 6 种高 Tc 氧化物超导体的合成方法。另外,本章还配以大量相图,深入研究了与上述相关体系的相关系,为低温物理和固态物质性能的研究揭示了一个新的领域。第二章重点论述超导转变温度高于 10K 的超导体的晶体结构及超导相的结构特征。特别值得指出的是,本章详细研究了超导材料的诸多性能及相互间的关系,从而为提高氧化物超导体的临界电流密度和临界磁场强度提供了准确、可靠的科学依据。第三章介绍了几种主要的高 Tc 超导单晶体的生长方法和相应成果。由于单晶体对研究超导体的超导机制具有重要的意义,因此本章重点介绍了几种超导单晶体的生长机制、条件、方法等。(童安齐)

T000044 **工程应用力学手册** 李建勋等著。陕西人民教育出版社 1994 年 8 月版。35.9 万字。将工程技术中常用的力学原理、方法、公式、常用数据资料及近几年来力学科学的新成果汇编成册。包括 18 个力学学科,即理论力学、分析力学、振动力学、材料力学、弹性力学、结构力学、塑性力学、复合材料力学、断裂力学、实验力学、土力学、岩石力学、爆破力学、散体力学、流体力学、地下水动力学、地质力学及计算力学。(杨益)

T000045 **各向异性材料力学** 罗祖道、李思简著。上海交通大学出版社 1994 年 8 月版。40 万字。10.00 元。学术专著。以复合材料为应用背景,从力学学科的基础理论体系出发,介绍了各向异性材料力学的理论体系和最新发展。其中第一篇为均匀各向异性体弹性理论,包括弹性理论基本方程、均匀各向异性体的平面问题、各向异性棱柱体的扭转、各向异性棱柱体的特殊空间问题和圆柱型各向异性体的弹性平衡问题等;第二篇为均匀各向异性结构理论,包括各向异性梁与薄壁杆的弯曲与扭转、各向异性板的弯曲、各向异性板的振动与稳定性和各向异性壳体的弯曲与振动等;第三篇为非均匀各向异性材料力学,包括复合材料的等效弹性模量、层压物体的弹性性能、复合材料层压结构的层间应力、非均匀各向异性层板的弯曲、非均匀各向异性层梁理论等。(马波)

T000046 **工程设计学** 王希季编著。宇航出版社1994年8月版。44万字。10.20元。共10章:第一章绪论,内容是工程设计学的概念和阐述为什么要开设这门课程。第二章工程设计性质的探讨。第三章工程设计程序。第四章工程设计要求,讨论工程设计的性质,特别是它本身的规律性,以及工程项目在社会环境中所处的地位、项目与外部环境的关系等问题。第五章工程项目整体方案设计。第六章可靠性设计,讨论如何利用可靠性工程进行工程质量控制的问题。第七章工程设计的图表方法。第八章工程项目方案的计算机辅助设计。第九章工程项目经费的估算,从工业工程学的角度介绍几种经费的估算方法。第十章工程项目设计方案的评价,主要讨论如何对工程设计进行评价的问题。(曹英)

T000047 **真空沉积技术** 李学丹等著。浙江大学出版社1994年8月版。38.3万字。7.45元。是在薄膜技术基础上修编而成。主要内容有:真空与低温等离子体物理基础、成膜技术、薄膜的检测与分析和等离子体刻蚀。(李学丹)

T000048 **粉体工程** 张少明等编著。中国建材工业出版社1994年8月版。43万字。22.00元。介绍粉粒体的基本性质、粉碎过程的基本理论和设备、分离的基本理论及单元操作、分级原理及设备、均化机理和装置、储存装置及仓内物料流动理论、粉体的输送以及粒化等内容。(李淑)

T000049 **材料力学** 魏兆正主编。大连理工大学出版社1994年9月版。53.5万字。19.00元。分16章。内容包括:材料力学的基本概念;轴向拉伸和压缩;剪切;扭转;弯曲内力;弯曲应力;弯曲变形;应力状态分析、强度理论;组合变形;压杆稳定;能量法;静不定系统;动荷问题;疲劳;杆件的非弹性问题;材料力学的计算机分析;截面图形的几何性质。(于明珍)

T000050 **家庭摄像** 余武、胡晓霞编著。上海科学技术文献出版社1994年9月版。16.9万字。6.50元。分4章,分别介绍目前市场上常见的家用摄像机、录像机、录像带及附件的型号、性能、特点、选购、保养常识;摄像的基础知识和技巧;家用摄像机的操作使用,以及丰富多彩的家庭娱乐的方法,如婚礼摄像、生日摄像、儿童摄像、旅游摄像等。(沈美新)

T000051 **材料力学** 孙训方等编著,孙训方等修订。高等教育出版社1994年9月(上册)10月(下册)第三版。37万字(上册),34万字(下册)。8.25元(上册),7.50元(下册)。第一版于1979年出版,第二版于1987年出版。第三版是国家教委1991～1995年规划内的教材,根据国家教委颁发的高等学校工科本科“材料力学课程教学基本要求”,适当调整了第二版的章节,对属于教学基本要求的内容单独成章,而对超出基本要求的内容集中起来另立章节,扩展了材料力学的新概念、新内容,如在“材料的力学性能”中增加了玻璃钢等非金属材料,在“应力、应变关系”中增加了各向异性材料的广义胡克定律,在“强度理论”中介绍了中国学者创立的双剪应力强度理论等。严格执行国家新颁布的国家标准及规范,如按新版钢结构设计规范计算疲劳强度,按新版木结构设计规范和钢结构设计规范计算压杆的稳定性;根据教学需要增编了各章的思考题及例、习题。(黄毅)

T000052 **机电工程现代设计方法** 万耀青、阮宝湘主编。北京理工大学出版社1994年10月版。112.8万字。42.00元。着重介绍中国当前重点推广的5种现代设计方法。具体内容包括:机械优化设计、CAD技术、可靠性设计、有限元技术、机电产品造型设计及其在各工程领域中的应用。本书使以经验、试凑、静态、定性为特征的传统设计方法向优化、动态、定量的设计方法转化。(余世芳)

T000053 **工程力学手册** 杜庆华主编。高等教育出版社1994年10月版。629万字。255.00元。分7篇:为工程力学所需备具的工具数学篇;以不可压缩流体为主的工程流体力学篇;一般力学基础内容的现代应用理论力学篇;以杆件工程强度分析为主的现代材料力学篇;反映现代结构分析的结构力学篇;变形固体弹性及非弹性静力、动力学的弹性塑性力学篇;以现代固体力学实验方法为主的实验力学篇。各篇选编了大量有关专门名词、定理、定律、计算公式、方法、步骤、数据、图表等。(余美茵)

T000054 **制图基础** 乔友杰等编。高等教育出版社1994年10月版。32万字。6.80元。根据国家教委于1991年批准试行的“高等学校工程专科制图基础课程教学基本要求(电子、通信工程、计算机等专业适用,参考学时范围:45～63学时)”编写,主要内容有:制图的基本知识,点、直线、平面和立体的投影,组合体的视图,轴测图,机件常用的表达方法,标准件和常用件,零件图,装配图,计算机绘图。(肖银玲)

T000055 **纳米材料学** 张立德等著。辽宁科学技术出版社1994年10月版。27万字。15.00元。包括11章,第一章为绪论,第二至第七章详细地介绍了纳米微粒的制备、表征方法、特性、结构和应用。第八至第十一章比较系统地总结了纳米材料的新进展，特别是关于纳米结构的薄膜和块体材料的物理特性、谱学特征、微结构和制备方法等方面，包括了90年代国内外最新研究成果。（李逢秋）

T000056 **多边界石方爆破工程** 王鸿渠编著。人民交通出版社1994年10月版。100万字。系统地介绍多边界石方爆破理论及设计施工方法，并对当前国内外石方爆破理论和技术也作了简要介绍，书中还附有众多的实例。全书共5篇，其内容包括：多边界石方爆破工程的理论基础，诸如多边界石方工程爆破技术的发展、药包对周围介质的爆破作用、爆破作用的规律特性及物理过程、药量计算公式及药包性质的变化；多边界洞室爆破工程的设计与施工；提高炸药爆炸能量有效利用率的爆破理论与爆破方法；石方综合爆破方法；炸药和爆破器材等。（王应荣）

T000057 **工厂理化测试手册** 高汉文、任颂赞主编。上海科学技术文献出版社1994年10月版。147.9万字。78.00元。论述工厂理化检验的重要性、作用和地位、工厂理化试验室的性质和任务、工厂理化试验室的组织机构、理化室的各项分析技术（包括化学分析技术、金相分析技术、电子金相技术、材料力学性能试验技术、金属材料物理性能测试技术、非金属材料检验技术、无损检验技术等）、材料检测方法与标准目录汇编、理化试验室的环境与平面布置以及理化室的管理等内容。（沈美新）

T000058 **工程数学——变分法** 祝同江、谈天民著。北京理工大学出版社1994年11月版。25.1万字。8.00元。主要介绍古典的变分原理，以及它在分析力学和解微分方程方面的应用，并且简单介绍与近代有限元有关的变分原理和微分方程边值问题的有限元解法。（刘志实）

T000059 **制冷与空调技术** 金国砥编。电子工业出版社1994年11月版。35万字。9.50元。主要内容包括：制冷技术基础知识；制冷剂、载冷剂和润滑油的种类、性质和选用原则；检修器具和操作方法；空调和中小型冷库的结构、原理、选用、安装及常见故障的分析与处理；实训课题等。（王昌喜）

T000060 **现代功能材料应用与发展** 李树尘、陈成澍著。西南交通大学出版社1994年11月版。20万字。6.90元。对新材料在现代技术革命中的重要作用及其自身发展的特点进行了概述；对功能材料的基本原理、类型、制备工艺及应用作了较为全面的介绍。书中按照材料原子键结合特征，分别对金属、陶瓷和高分子功能材料的电、磁、光、热、声、力、化学及生物方面的优异性能，尤其对在能源、信息工程功能器件，以及生物器官中的应用进行了叙述。（徐静云）

T000061 **人类工效学** 朱祖祥主编。浙江教育出版社1994年11月版。66.5万字。15.80元。分6篇27章，分别论述人类工效学的研究对象、基本方法，与人类工效学有关的生理学、人类学和心理学等科学基础知识，人机系统设计与评价的工效学原理和原则，人的作业活动的基本方式和活动原理，人的工作空间安排与工位设计的原则，工作环境中物理因素的生理心理效应及设计的工效学要求等。（余龙文）

T000062 **工业设计全书** 张道一等编。江苏科学技术出版社1994年12月版。171万字。120.00元。由总论篇、设计篇和基础篇3部分组成。总论篇介绍工业设计的概念、意义，以及古、今国内外工业设计的历史、理论和作用，论述工业设计与审美观念、工业设计在商品经济中的地位及工业设计的一般方法。设计篇综合介绍工业产品设计的基础理论，论述纤维织物及日用品设计、家用电器及电子产品设计、机械产品及手工具设计、装潢包装、广告及企业形象设计、环境设计等。基础篇论述了造型设计、图案设计、色彩设计、人机工程学、成型工艺及产品用材料等的理论和实践。（许顺生）

T000063 **材料力学（Ⅰ）（Ⅱ）** 吕英民、陈海亮、仇伟德主编。石油大学出版社1994年12月版。88万字。根据国家教委材料力学编审小组于1980年审订的材料力学教学大纲（120学时）中的基本部分以及国家教委批准于1987年秋季试行的材料力学课程教学基本要求（100～110学时）编写而成。把材料力学课程分成（Ⅰ）和（Ⅱ）。《材料力学》（Ⅰ）是材料力学的基本内容，主要包括：拉伸与缩、剪切、扭转、弯曲内力、弯曲强度、弯曲变形、应力状态理论和强度理论、组合变形、压杆稳定、交变应力、平面图形的几何性质等。《材料力学》（Ⅱ）具有提高和选读的性质，主要内容有：弯曲进一步研究、能量法、静不定系统、实验应力分析基础、厚壁圆筒、杆件的塑性变形等。《材料力学》（Ⅰ）和《材料力学》（Ⅱ）相对独立，可根据各专业对材料力学的不同要求来选用。（路庆良）

T000064 **造型基础与传达设计** 金家琦等编著。天津大学出版社1994年12月版。20.9万字。

10.00元。为“工业设计丛书”之一。侧重探讨和论述在产品的现代设计中的美学艺术原理和方法以及提高产品价值、促进市场销售、扩大企业影响、树立企业新形象的具体实践手段。基础内容包括:平面构成、色彩构成、立体构成;视觉传达设计内容包括:字体设计、标志设计、包装设计及CI设计。(尚丽娜)

T000065 **人机工程设计** 郭青山、汪元辉著。天津大学出版社1994年12月版。是“工业设计丛书”之一。运用系统工程、信息理论和工程技术的观点和方法研究人与机器、人与环境和机器与环境之间的关系,并把人的因素作为系统设计的重要条件和原则,为把机器设计成操作简便、省力、安全、可靠、高效、舒适的人—机—环境系统提供一种新的理论依据和方法。(张金锷)

T000066 **产品造型设计材料与工艺** 王玉林等著。天津大学出版社1994年12月版。34.3万字。16.00元。“工业设计丛书”之一。分概论、金属材料及其加工技术、工程塑料及其加工技术、工业陶瓷及其加工技术、玻璃及其加工技术、木材及其加工技术、涂料及其涂装工艺等9章。(陈家修)

T000067 **产品造型设计表现方法** 谢庆森、陈东祥著。天津大学出版社1994年12月版。16.9万字。11.00元。“工业设计丛书”之一。重点论述产品造型设计过程中的各种表现方法及理论基础。包括透视图基础、阴影作图原理与方法、产品造型设计简图、产品造型设计效果图技法、产品造型设计的模型制作、计算机辅助造型设计与表现。(徐桂英)

T000068 **产品造型设计原理与方法** 陈士俊等著。天津大学出版社1994年12月版。20万字。9.80元。系“工业设计丛书”之一。介绍工业产品造型的发展、概念内涵、影响要素及应遵循的原则,讲述工业产品造型设计的一般程序和步骤,并结合工业产品造型设计的大量实例具体阐述设计原理与方法,最后对工业产品造型设计的质量评定提出了实施方案。本书的特点是不单介绍工业产品造型设计原理与方法,还专辟两章对工业产品造型设计的关键环节,即创造性思维的基本原理和常用技法进行了深入探讨。在创造原理一章中论述了创造性思维及其实质,并分别详细阐述了形象思维与抽象思维、发散思维与集中思维、逻辑思维与非逻辑思维、直达思维与旁通思维的辩证统一关系。在创造技法中简要介绍了群体集智法、系统探求法、联想类比法和组合创新法。(魏秉哲)

T000069 **制冷技术的原理与应用** 孙疏敏著。中国建材工业出版社1994年12月版。80万字。19.80元。参照国内外制冷技术方面的有关资料,结合当前中国制冷行业的实际需求,详细地阐述了制冷循环的基本原理,制冷机器及制冷设备的性能和工作过程,对于制冷技术在食品加工上的应用、空调用冷、冷库的制冷工艺设计、制冷装置的自动控制以及制冷装置的操作管理与空调系统的管理和维护作了介绍。(曹丽娟)

T000070 **农产品加工工程设计** 吴卫华著。中国轻工业出版社1994年12月版。26万字。16.50元。论述如何设计农产品加工工程项目,使所建项目在经济上有利、技术上可能、建设上可行。它包括加工项目可行性论证、农产品加工工艺的确定、加工设备选型、厂区布置、厂房和辅助部门设计、企业及国民经济评价和管理机构设置等,一个项目负责人需要掌握的系统、基本设计知识。本书引入了作者承建3个农产品加工项目的实践经验和数据,及国外较好的农产品加工项目实例。(吴卫华)

T000071 **摄影手册** 徐枫编。四川科学技术出版社1994年修订版。44万字。14.00元。介绍国内外有关摄影的常用名词术语。修订版订正了初版中的错讹之处,删削了一些不必要的内容;新增了近年来摄影领域新出现的技术术语的解释近千条,又增加了一些与内容密切相关的插图以及某些名词术语的外文原名。修订后全书名词术语解释达两千多条。(张憬)

矿业工程

T000072 **浮选剂作用原理及应用** 王淀佐著。冶金工业出版社1982年9月版。60.4万字。22.00元。系统地阐述浮选药剂基本原理,包括各种药剂的作用机理、结构与性能的关系。重点介绍用理论方法预测药剂性能,进行寻找新药剂的分子设计。(黄淦祥)

T000073 **光面爆破新技术** 蔡福广编著。中国铁道出版社1994年2月版。36.6万字。6.80元。论述光面爆破新技术的起源、应用和发展;对国内外光爆机理的理论研究和光爆施工的成就,进行了客观地、辩证地总结和介绍。在光爆机理方面,以实际资料为基础,以现场施工为依据,联系实际进行了阐述,并有作者的独到见解。在光爆最关键的参数选择方面,作者将自己长期从事地下光爆研究和实践的丰富经验加以总结,首次将原来光爆装药量控制靠

经验确定,上升到科学理论计算的全新阶段。(王俊法)

T000074 **磁电选矿学** 刘树贻著。中南工业大学出版社 1994 年 2 月版。26.9 万字。7.20 元。包括“磁选”和“电选”,分 12 章。磁选部分除阐述一般磁选原理外,介绍了场论基础、磁捕获力(含各种磁捕收元的磁捕获力)、磁捕收率和磁性产品等重要理论问题。矿物磁性以磁学理论为基础,兼顾物质磁性与矿物磁性,充实了铁磁性、反铁磁性、亚铁磁性、寄生铁磁性和矿物磁性转变等内容。磁选设备除保留最常用的典型设备外,增加了具有独特结构和高效率的新设备,并将难辨认的复杂图形简化为工作原理图。磁场设计介绍了各种常用、简便可靠的磁系设计计算方法和美国 PEM84 高梯度磁选机磁系的典型计算参数。电选阐明了电泳和介电电泳新概念,增加了均匀电场中带电和非带电颗粒的电场强度分布、镜像电荷和镜像力、稳态荷电电选理论和介电分选原理等理论问题以及形状分选、摩擦电选与加药电选等工艺。(周丽)

T000075 **乡镇采矿指南** 白方贤等编著。地质出版社 1994 年 5 月版。13.80 元。分两部分,第一部分,地质采矿篇。介绍的内容主要有矿物、岩石、地层和构造等基础地质知识;矿山测量知识和方法;地质地形和矿山图件的编制和认读;铁矿的成因特征和勘探方法;煤矿的成因机制,成分特征和成煤标志;铁矿、煤矿的开采方法;矿井通风加固等安全措施;其他矿产资源及其综合利用。第二部分是经营管理篇。内容包括:矿产储量计算与生产地测管理;矿石开采损失和贫化的计算及管理;矿山闭坑管理、矿山企业经营管理以及矿产资源法、采矿登记程序和矿山生产常用数据表等。(王章俊)

T000076 **中国煤矿巷道围岩控制** 陈炎光等编。中国矿业大学出版社 1994 年 5 月版。107.7 万字。85.00 元。是近 20 年来中国煤矿巷道矿压研究及其围岩控制的系统总结。是《中国煤矿采场围岩控制》的姊妹篇。全书按专题和条目的形式全面介绍了巷道矿山压力与围岩控制的理论、行之有效的围岩控制措施、生产经验及工程实例。书中主要内容有:巷道围岩压力及控制原理;巷道布置、护巷方法和卸压技术等围岩控制的主要措施;金属支架、锚喷支护、混凝土碹体等主要支护技术;软岩巷道的围岩压力及控制;巷道围岩和支护测试等 10 章,共 74 个条目。(刘社育)

T000077 **中国煤矿采场围岩控制** 陈炎光等编。中国矿业大学出版社 1994 年 5 月版。129 万字。95.00 元。是近 20 年来中国煤矿采场矿压研究与围岩控制系统的总结。它是《中国煤矿巷道围岩控制》的姊妹篇。全书按专题和条目的形式全面介绍采场矿压与围岩控制方面的基本理论、行之有效的围岩控制措施、生产经验及工程实例,也介绍了近年来发展的新理论、新技术、新方法、新设备和新的观测手段。书中包括采场矿山压力及控制原理,采场顶板事故及冲击地压发生原因及其预防,综采工作面、单体液压支柱工作面和其他支架工作面顶板控制,最新发展的矿山压力监测与支护质量管理等 8 个专题,共 86 个条目,并附有大量彩色插图。(刘社育)

T000078 **地理信息系统技术及其在煤矿水害预测中的应用** 张大顺等著。中国矿业大学出版社 1994 年 6 月版。35 万字。15.00 元。分 3 篇,第一篇介绍地理信息系统的基本概念、内容和方法,第二、第三篇是对应用地理信息系统技术进行煤矿水害预测中的水文地质条件分析、突水和涌水机理研究、数据采集及预处理、拟合、建模和预测分区的方法、步骤进行的科学总结。(王劲松)

T000079 **选矿设计手册** 《选矿设计手册》编委会编。冶金工业出版社 1994 年 7 月版。226 万字。76.00 元。详细论述选矿厂设计的前期工作,选矿厂初步设计和施工图设计内容提要,矿产品质量标准及要求,采样和选矿试验要求,工艺流程的确定与计算,设备的选择与计算,取样、计量、检测与控制,贮矿设施,试验室,化验室及药剂设施,厂房布置与设备配置,技术经济与工程概算,选矿指标及选矿厂实例,选矿设计电算方法等主要内容。(张道锋)

T000080 **顶板灾害防治** 岑传鸿编著。中国矿业大学出版社 1994 年 7 月版。19 万字。7.50 元。主要介绍:用顶底板移近量与治柱缩量的比值作为指标来监测采煤工作面支护质量;用顶底板移近量作为指标,配合断层、悬顶、局部漏顶等情况来监测顶板危险区段;用 PC-1500 袖珍计算机处理数据、绘制图表,预报采煤工作面支护质量与顶板动态等。(朱明华)

T000081 **筛分和重选理论及其应用的新进展** 陈清如著。中国矿业大学出版社 1994 年 8 月版。20 万字。12.00 元。专著。反映了中国在煤炭筛分和重选理论及其应用领域所取得的研究成果。全书内容包括 4 部分:(一)采用现代数理统计与概率论、控制论、振动力学和现代测试技术进行潮湿细粒煤对筛孔粘结和堵孔机理的研究,提出了近似筛分在大筛孔、大倾角情况下,可以防止堵孔并控制透筛粒度的理论;(二)采用气—固两相流态化、颗粒学和测试技术对80～3mm粒级煤炭的干法分选的理论和实践进行探索,提出了浓相高密度流化床均匀、稳定流化的理论,在此基础上建成了世界上第一座空气重介流化床干法选煤工业生产厂;(三)将振动的流化性能引入流化床,采用颗粒学、振动理论以及现代测试技术,使振动床和流化床的流化性能正向叠加,改善了流化床的均匀稳定性。引入的振动机制能有效地抑制和消除流化床中的气泡,对6mm以下细粒级煤的干法分选提供了理论基础;(四)采用现代电子技术、煤岩学及现代测试技术,以高压静电选对物质荷电、放电作用为基础,根据不同煤种、共伴生矿物和矿物质的介电常数的差异,在电晕电场和静电场的作用下对1mm以下粒级的煤炭或粉煤进行了脱硫降灰研究,提出了粉煤洁净化研究的理论基础和实践依据。(黎强)

T000082 **煤矿坚硬顶板控制** 靳钟铭等著。煤炭工业出版社1994年12月版。27.7万字。10.80元。在总结多年煤矿坚硬顶板控制研究成果的基础上,系统地阐述煤矿坚硬顶板控制理论和测试、工艺技术,主要内容包括:坚硬顶板的力学特性、矿山压力及其显现规律、采场来压预测预报、采场支架受力分析、顶板处理方法和顶板控制数值分析等。书中还介绍了有关岩石流变性、分形几何学、微震地音测试、有限元分析、双层网格法等基础知识,以及多种坚硬顶板采场结构力学模型与实例。全书内容贯穿了坚硬顶板下冲击性的矿山压力特点,分析了垂直冲击和水平冲击的机理,以及控制冲击的各种措施和方法。书中也阐述了顶板裂隙分形特征、岩体渗透特性、顶板处理方法适应分类、覆岩移动刚度分类、矿山压力显现频率分布特征、三维板结构和真三维双层网格数值分析等最新研究成果。(孙辅权)

T000083 **综采生产管理手册** 任秉钢等著。煤炭工业出版社1994年12月版。190万字。120.00元。在总结中国煤矿综采生产管理经验和分析研究国外综采生产管理情况的基础上,重点阐述综采地质工作、综采设计、综采生产准备、综采生产工艺、综采区队管理、综采设备管理、综采设备的检修、综采安全管理、综采成本管理、综采技术经济分析方法、高产高效工作面和高产高效矿井等11个方面的内容,并附有5个附录。(刘瑾)

T000084 **低瓦斯矿区深部煤层瓦斯灾害性评价与预测** 副名:——对徐州张小楼煤矿的设例研究。吴俊等著。中国矿业大学出版社1994年12月版。15万字。15.00元。作者揭示:在张小楼煤矿各煤层中,2号煤层含壳质组较多,具有一定的生烃能力,成烃转化率大,有较好的储集条件,是具有煤层瓦斯突出倾向性的煤层,因此是煤矿瓦斯灾害性的重点防范对象。根据煤层有机质生烃与热演化的关系及矿井地温场变化,作者提出了在矿井深部、特别是在地温有明显异常的区段,矿井瓦斯涌出量和瓦斯突出性可能明显增加的论点。该论点已被现场深部瓦斯钻孔实测资料所证实。(王劲松)

石油、天然气工业

T000085 **井眼轨迹控制** 高德利、刘希圣、徐秉业著。石油大学出版社1994年版。22万字。13.00元。主要由3部分组成:第一部分从研究钻柱力学基本方程入手,讨论底部钻具组合的分析方法、管柱整体受力及底部钻具涡动等问题;第二部分讨论钻头与地层相互作用问题,提出有效钻力模型,阐明钻头与地层的各向异性钻井特性;第三部分从分析影响井眼轨迹的诸种因素及其作用机理入手,论述井眼轨迹预测和控制的基本思路、软件技术及发展趋势等。(何峰)

T000086 **有杆抽油设备与技术** 安锦高等著。石油工业出版社1994年版。171.9万字。78.30元(精)。包括《抽油机》、《抽油杆》、《抽油泵》和《有杆抽油系统》4个分册,分精、平两种版本。系统全面地总结了"七五"、"八五"期间在有杆抽油方面的科研成果,同时结合中国实际介绍了一些国外先进技术。(方代煊)

T000087 **改善高含水期油田注水开发效果实例** 中国石油天然气总公司科技发展局、开发生产局编。石油工业出版社1994年版。35万字。15.00元。论述高含水期注水油田改善开发效果的几种主要方法,介绍国内13个油田的具体作法,同时扼要介绍了国外一些油田的作法。(张书芹)

T000088 **石油化工装置工艺管道安装设计手册** 张德姜等主编。中国石油化学工业出版社1994年版。501.6万字。168.00元。共4篇,按篇分册出版。第一篇设计与计算;第二篇管道器材;第三篇阀门;第四篇相关标准。本书在给出大量设计资料的同时,将有关国家及中国石化总公司标准贯穿其中,还适当介绍国外ANSI、JIS、DIN、BS等标准中的内容。(汪霞倩)

T000089 **油气田仪表选用手册** 中国石油天然气总公司规划设计总院编。石油工业出版社 1994 年 1 月版。118 万字。48.00 元。针对油气田生产的特点，精选了中国 1985—1991 年自主开发和与国外合作生产的系列自动化仪表及自控装置，包括各类仪表的选用和选型方法及仪表的型号、规格、性能、技术指标、安装尺寸、参考价格及生产厂家的地址。主要内容包括温度、压力、流量和液位测量仪表，以及油气生产过程分析仪表、显示调节仪表、微处理化仪表、计算机过程控制装置、执行器等。被选入本手册的系列产品主要体现了性能先进、结构新颖、防爆等级高、标准化程度高的常规仪表及部分智能仪表。（阎熙照）

T000090 **牙轮钻头工作力学** 马德坤著。石油工业出版社 1994 年 2 月版。18 万字。7.60 元。从回顾与展望牙轮钻头的发展情况入手，主要介绍牙轮钻头几何学、牙轮钻头运动学、牙轮钻头轴承系统、牙轮钻头实验研究和最新设计方法等。（张镇）

T000091 **有杆抽油系统** 崔振华等编。石油工业出版社 1994 年 2 月版。40.6 万字。13.30元（平），14.30 元（精）。是“有杆抽油设备与技术丛书”之一。主要内容包括 4 个部分：第一部分（第一章）为有杆抽油系统效率，介绍国内外提高有杆抽油系统效率的最新成果；第二部分（第二章）为测试与监控，介绍常用的测试仪器与有杆抽油系统的监测方法；第三部分（第三、四章）为有杆抽油系统的诊断与预测，论述诊断与预测技术的基本原理与方法；第四部分（第五章）为有杆抽油系统的设计，介绍国内外有杆抽油系统设计的基本原理与方法。（方代煊）

T000092 **分层开采工艺管柱** 赵远纲等编。石油大学出版社 1994 年 3 月版。48 万字。25.00元。分 6 章。第一章至第四章包括油田常用封隔器、井下工具与分层开采工艺管柱。主要介绍各种封隔器、配水器、锚、开关及各种开采工艺管柱的用途、结构、工作原理、技术参数、技术要求、存在问题等。第五章是管柱力学计算公式，用于计算各种分层开采工艺管柱的受力与变形，它是指导油田分层开采工艺的理论基础。第六章是常用数据及单位换算，便于现场技术人员查阅。（路庆良）

T000093 **石油之最荟萃** 周珊、王才良编著。石油工业出版社 1994 年 3 月版。17 万字。6.40 元。按国家或地区、油田、气田、油气井、海上石油设施、油气储运、炼油化工、灾害事故分为 8 篇，分别从这些角度论述有关石油天然气工业的各种之最。（崔淑红）

T000094 **世界著名管道工程** 梁翕章、唐智圆编著。石油工业出版社 1994 年 3 月版。69 万字。18.10 元。详细介绍世界上最具代表性的 4 项大型油气管道工程，其中包括著名的阿拉斯加原油管道、科洛尼尔成品油管道、阿意输气管道和乌连戈依—中央输气管道。书中追述了各条管道建设的历史背景和决策规划过程，对管道筹建、前期准备、线路选择、工程设计、施工组织与技术、验收到运行管理等逐一进行了介绍。（曾昭懿）

T000095 **抽油机** 邬亦炯等著。石油工业出版社 1994 年 3 月版。48.8 万字。16.60 元（平），20.00元（精）。是“有杆抽油设备与技术”丛书之一。共 10 章，以常规游梁式抽油机为主线介绍抽油机的结构、基本工作理论、四连杆机构的设计计算、减速传动装置、动力装置及其控制、组装与试验、选择和使用，同时还介绍了旋转驴头、斜直井和带传动游梁式抽油机，最后介绍了 4 种无游梁式抽油机：链条抽油机、曲柄连杆型无游梁式抽油机、滚筒型无游梁式抽油机和液压抽油机。（方代煊）

T000096 **油田区块整体堵水调剖技术论文集** 油田区块整体堵水调剖技术论文集编委会著。石油工业出版社 1994 年 4 月版。43.7 万字。15.00 元。主要汇编国内各主要油田从 80 年代至 90 年代初在油田所进行的区块整体堵水调剖技术的实例，论述有关技术的新发展。从油藏描述、调剖剂性能、工艺技术、参数优化和各项技术在油田所见到的明显效果等方面，总结了已经取得的经验。（贾迎）

T000097 **钻井井架、底座的设计计算** 常玉连、刘玉泉编著。石油工业出版社 1994 年 6 月版。40.4 万字。14.00 元。从结构原理出发，重点介绍结构、构件的设计计算方法。全书分设计计算基础、构件计算、结构整体计算 3 部分。第二至第四章主要讨论设计计算规定、荷载计算、连接计算；第五、六章分别讨论两类主要构件梁、柱的设计计算；第七、八章则分别讨论井架与底座的整体分析计算。各章配有相应的工程实际计算例题，具体说明计算方法。（何莉）

T000098 **复杂断块油田详探与开发** 王平等著。石油工业出版社 1994 年 6 月版。36.5 万字。23.00元。“中国油田开发丛书”之一。从断层对油气封闭作用的广泛性、相对性、易变性以及油气再运移的特征入手，阐述这类油田特殊的形成条件和富集规律，论述这类油田的详探与开发方法和实施要领。

扼要总结了复杂断块油田内常见开发类型的动静态特点和对策，还从特殊性上讨论了认识手段和油藏描述方法。(阎熙照)

T000099 **低渗透油田开发技术** 副名：全国低渗透油田开发技术座谈会论文选。中国石油天然气总公司开发生产局编。石油工业出版社1994年6月版。64.8万字。25.00元。分综述、典型实例、工艺技术和综合研究4部分共计33篇论文，全面展示了中国开发低渗透油田的技术成果和典型经验。(张书芹)

T000100 **抽油泵** 沈迪成等著。石油工业出版社1994年7月版。32.1万字。12.00元(平)，16.00元(精)。是“有杆抽油设备与技术丛书”之一。主要内容包括抽油泵的工作特性、类型与结构、设计计算、失效分析、试验、使用、维护及选用，还详细论述了抽油泵的水力学问题以及介绍了常用有杆泵抽油井井下器具。(方代煊)

T000101 **油气储层评价技术** 裘亦楠、薛叔浩等编著。石油工业出版社1994年7月版。50.1万字。17.00元。总结了近十多年国内外实践经验，结合中国石油地质特点，从地质、地震、测井和测试等多方面，对油气储层进行综合研究和评价。根据油气勘探开发不同阶段储层评价的任务，将储层评价分为单井储层评价、区域储层评价、开发储层评价和储层敏感性评价4大部分。(张书芹)

T000102 **国外小断块油田开发历程及工艺技术系列研究** 戚声范等著。石油大学出版社1994年8月版。33.5万字。30.00元。以“盆地为背景、油田为对象”，以复杂断块背景的苏北盆地真武—曹庄小断块油田为选型的原型油田，针对性地调研了美国保德河盆地陡翼断阶带的苏塞克斯—迈多溪油田18个小断块砂岩油藏勘探与开发历程。同时，又调研了阿塞拜疆4个断块油田7个小断块油藏的开发历程以及钻井、采油和地面建设工程系列研究的实例。研讨了复杂断块背景小断块油藏，边勘探、边开发、边建设、边生产的特点。(陆丽凤)

T000103 **聚合物驱油最佳技术条件优选** 姜言里、纪平、韩培慧等著。石油工业出版社1994年9月版。18.9万字。8.50元。是作者近几年来在这方面所取得的最新科研成果的总结。书中不仅具体地介绍了作者为优选聚合物驱油的最佳技术条件而建立起来的聚合物驱油和注入压力预测两个机理模型，更主要的是以数千个算例结果为依据，以优选步骤为顺序，系统地讨论了聚合物分子量、注入浓度、注入量、单井注入速度、井距、油层条件等各种因素对聚合物的驱油效果及注入能力的影响。(孙培国)

T000104 **碳酸盐岩油藏的开采** 陈宝来、黎发文译。石油工业出版社1994年10月版。19.5万字。13.00元。论述碳酸盐岩油藏的地质结构特征和开发特点，评价碳酸盐岩油藏的开发效果。首次研究了矿场地质特征相近的碳酸盐岩和陆源碎屑岩油藏在开发指标和提高原油采收率方面的显著差别，引用了确定碳酸盐岩油藏的驱油系数和最终原油采收率的统计模型，介绍了提高碳酸盐岩油藏开采效果的方法。(郎东晓)

T000105 **抽油杆** 吴则中等著。石油工业出版社1994年10月版。50.4万字。22.00元(平)，28.00元(精)。是“有杆抽油设备与技术丛书”之一。共11章，详细介绍抽油杆的选材、制造工艺、使用与维护、失效分析、疲劳性能分析；介绍了抽油杆柱的设计和抽油杆柱的附属器具；同时还介绍了一些特种抽油杆的性能、制造、使用中存在的问题等内容。(方代煊)

T000106 **石油工业用爆破技术** 惠宁利、王秀芝编著。石油工业出版社1994年10月版。33.6万字。24.00元。主要介绍石油工业用爆破技术及爆破器材，如点火、起爆器材；传火、传爆器材；燃烧、爆炸做功等特种器材，介绍了它们的设计原理、作用机制、安全事项及事故预防等基本知识。全书分9章。第一章简介地震勘探与射孔技术。第二章为环境危害与事故预防，分析了温度等10种环境因素对爆破器材的危害，探讨了预防“早爆”、“瞎火”等事故的措施。第三章为爆炸装药，重点介绍了击发药、点火药、延期药、起爆药及猛炸药。第四章为撞击类起爆器材，介绍了新结构、新产品。第五、六章为电起爆类起爆器材，探讨了电雷管、电点火器、灼热桥丝雷管、爆炸桥丝雷管、爆炸箔膜雷管、电磁雷管、CP雷管及机械压力式电起爆器的设计原理与作用机制。第七章为起爆装置，介绍了撞击类、电起爆类与电—撞两用起爆装置，提出了有发展前途的遥控起爆装置、激光起爆装置。第八章为传爆器材，介绍了各种导爆索的发展概况，并介绍了新产品。第九章为爆炸与燃烧类做功器材，探讨了射孔弹、震源弹、压裂弹、尾声弹、切割弹与封隔器等产品的设计原理与作用机制，介绍了新产品。(何莉)

T000107 **节能测试与监测** 中国石油天然气总公司管道节能监测中心编。石油工业出版社1994年10月版。35.6万字。16.00元。阐述石油工业生产过程中节能测试与监测的基本原理与方法。共10章:测量误差分析、企业能量平衡、供暖系统能量平衡测试方法、加热炉及输油干线效率测试方法、输油泵及水泵测试方法、机电设备电能利用率测试方法、油田五系统效率测试方法、理化分析、电能利用监测及热能利用监测等。(李丰)

T000108 **中国油气井测试资料解释范例** 本书编写组编。石油工业出版社1994年11月版。150万字。80.00元。总结中国地层测试技术取得的成果。在编写过程中,进行了13个有关课题的研究,筛选出112个能反映中国多种类型油气藏复杂测试情况的典型井范例,所列范例提供了运用试井理论解释测试资料的样板。首先概括介绍了试井技术在中国的发展和应用;接着论述试井资料的图形分析原理与方法,总结了80张直观适用的彩色模式图;继之详述了试井资料定量解释原理与方法,简要介绍了试井解释软件的功能及应用;最后精选了砂岩油气藏、碳酸盐岩油气藏、复杂油气藏和酸化压裂井测试解释范例。还将测试资料解释的一般方法及国内研究成果分别做了介绍。(阎熙照)

T000109 **储层实验测试技术** 陈丽华、姜在兴主编。石油大学出版社1994年12月版。53.1万字。25.00元。展示了储层研究中的主要测试手段及工作方法,包括:样品的选送、铸体薄片鉴定、扫描电镜、电子探针能谱分析、粒度分析、阴极发光、荧光分析、包裹体测定、稳定同位素测定、孔渗饱及孔隙结构测定、X衍射分析、原子吸收光谱无机元素分析、阳离子交换量测定、膨胀率测定、敏感性实验等等。阐述了各种测试方法的原理、样品制备方法,资料解释及地质应用。(王淑珍)

冶金工业

T000110 **铂族金属化学冶金理论与实践** 陈景著。云南科学技术出版社1994年版。20万字。15.00元。介绍作者著述的铂族金属化学冶金过程新理论,如:轻重铂族元素热力学和动力学性质差异,氧化还原反应规律,溶解度规律,两类萃取反应机理以及铂族金属配离子与亲核试剂的反应活性顺序等。并从沉淀反应、置换反应、氢还原、溶剂萃取及铑铱分离等方面介绍了作者的研究成果和理论观点。(王韬)

T000111 **有色金属熔炼与铸锭** 孝云祯等编著。东北大学出版社1994年2月版。30万字。8.50元。共两篇11章。第一篇为有色金属的熔炼,主要内容有有色金属及合金熔炼的基本原理、方法、设备和工艺。分析影响熔体质量的各种因素;讨论气体、夹杂物的形成及去除、防止方法及检测方法;较详尽地介绍了国内外各种先进的熔体炉外连续净化处理新技术、新工艺、装置特点、适用范围及效果。第二篇为有色金属及合金熔锭,着重阐明有色金属及合金熔锭形成的理论基础、工艺方法及设备;讨论影响熔体凝固过程的各种因素;分析铸锭结晶组织、偏析、裂纹等缺陷形成条件及控制方法;以翔实的材料介绍晶粒细化处理新技术的理论及应用实践;较详尽地介绍了新开发的各种连续铸锭技术,尤其是高效节能的连续铸轧、连续铸挤新工艺。(刘振军)

T000112 **连铸坯质量** 卢盛意编著。冶金工业出版社1994年2月版。29.8万字。12.00元。阐述连铸小方坯和板坯的漏钢问题、小方坯菱变理论、连铸板坯纵裂问题、板坯连铸保护渣的选用与钢种和拉速的关系、典型特殊钢连铸坯的质量问题、中间罐水口堵塞等问题。(刘小峰)

T000113 **铁合金冶炼技术操作** 吕俊杰编著。东北大学出版社1994年4月版。20万字。7.00元。由4部分组成:第一部分介绍铁合金生产的基本知识;第二部分介绍各种铁合金产品的技术标准、原材料要求、冶炼技术操作、电极的使用和维护、配料计算;第三部分是有关铁合金冶炼的安全操作规则;第四部分是铁合金电炉参数的选择及计算。附录部分除列有一些主要的原材料性能和电炉参数外,还给出了部分铁合金方面的国家标准、铁合金产品的国际标准以及汉英铁合金常用词汇。(刘振军)

T000114 **有色金属冶炼设备(第1~3卷)** 《有色金属冶炼设备》编委会编。冶金工业出版社1994年4月版。378万字。164.00元。分3卷。第一卷为《火法冶炼设备》,第二卷为《湿法冶炼设备》,第三卷为《电解及物料输送设备》。《火法冶炼设备》主要介绍:备料设备、烧结设备、冶金炉机械设备、回转圆筒设备、浇铸设备、收尘设备及耐热金属材料等;《湿法冶炼设备》主要包括:搅拌设备、沉降设备、过滤设备、换热设备、蒸发与结晶设备、萃取设备等;《电解及物料输送设备》主要介绍:电解极板作业设备、铝电解槽作业机械设备、碳素极块制备设备、铝电解组装设备、加料设备、散料输送设备及泵等。对这些工艺设备,着重叙述了设备的型式、结构、设计计算及选用方法等。(葛志祺)

T000115 **炉外精炼** 武汉钢铁学院徐曾启主

编。冶金工业出版社 1994 年 6 月版。27.1 万字。5.55元。论述炉外精炼所采用的渣洗、真空、搅拌、加热、喷吹 5 种手段的基本理论、工艺及所使用的耐火材料,炉外精炼方法的选择及其发展趋势。每种精炼手段均选用了一些典型的生产方法。(董学经)

T000116 **有色冶金炉** 中南工业大学梅炽主编。冶金工业出版社 1994 年 6 月版。42 万字。8.35 元。分两部分:基础理论部分主要论述气体力学基础、传热学基础、燃料及燃烧、耐火材料等;炉子专论部分重点叙述回转窑、沸腾炉、反射炉、鼓风炉、电阻炉和矿热电炉等常用的有色金属冶金用炉的基本构造、工作原理、热工特性和热工计算。(许广兴)

T000117 **中原古代冶金技术研究** 李京华著。中州古籍出版社 1994 年 6 月版。53 万字。28.00 元。收录论文 32 篇,以中原地区古代矿冶遗址和有色金属遗物为主要研究对象,内容包括铜、铁冶炼与熔化技术、铸造技术、农具冶铸技术、冶铸技术的起源与演变、冶铸业的管理与职官、冶铁技术的传播、彩色金属渣与高温彩色瓷釉起源的关系等。其中《河南汉代冶铁技术研究》篇通过对古荥 1 号高炉及其冶炼水平的实物复原,再现了当年冶炼的实际场景。并运用现代仪器对古代遗渣成分进行数据分析,判断当年所用材料及重量,推算出古荥 1 号高炉日产 0.5 吨到 1 吨左右。书中附有大量的示意图和照片。(孙宝瑞)

T000118 **稀土铸铁** 盛达、郭成会编著。冶金工业出版社 1994 年 7 月版。43.3 万字。18.00 元, 23.00 元(精)。综合国内外研究成果及作者从事研究工作的经验与理论成果,内容包括:稀土在铸铁中应用的理论基础;稀土对铸铁组织性能的影响;制取稀土铸铁的方法;稀土球化剂,稀土蠕化剂,稀土孕育剂;稀土铸铁原铁水的熔化以及稀土在球墨铸铁、蠕墨铸铁、灰口铸铁、白口铸铁、可锻铸铁等铸铁材质中的应用实例和经济效果。此外,还介绍了国内外各种铸铁的标准及所使用的含稀土球化剂、蠕化剂、孕育剂的规格和成分。(刘小峰)

T000119 **筑炉手册** 葛霖主编。冶金工业出版社 1994 年 7 月版。172 万字。60.00 元。介绍各种工业炉、炉子热工、筑炉材料及机具、施工准备、砌筑工艺、施工安全以及工程量计算和工料消耗定额。删去了《筑炉工手册》中已经过时和陈旧的内容,增加和补充了不少新的资料,如增加了国内最新炉种,最新研制的耐火材料、隔热材料等,补充了先进的筑炉机具以及施工方面的先进经验。(马志春)

T000120 **铁合金生产的理论和工艺** M. И. 加西克、Н. П. 拉基舍夫、Б. И. 叶姆叶著。张烽、于忠等译。冶金工业出版社 1994 年 8 月版。60.1 万字。25.00 元。阐述电冶金过程制取铁合金的理论基础,合金元素及其化合物的性质,金属和氧化物系的相图,氧化物还原反应的热力学和动力学。此外,书中介绍了当代铁合金生产过程的分类和铁合金标准化的原则;叙述了硅、锰、铬、钨、钼、钒、铌和稀土金属基铁合金的生产;讨论了综合和合理利用资源问题;阐明了铁合金冶炼的工艺参数和电制度及其出铁和浇注特性。(刘小峰)

T000121 **钢锭浇注与钢锭质量** 孟凡钦编著。冶金工业出版社 1994 年 9 月版。35.4 万字。16.00元。阐述钢锭的浇注设备(包括浇注用耐火材料),浇注的辅助材料(包括保护渣、绝热板和防缩孔剂),钢锭的结构,镇静钢、沸腾钢、半镇静钢与外沸内镇钢的浇注工艺及快速上注新工艺,钢锭的缺陷及其防止措施以及钢包精炼新工艺等内容。(刘小峰)

T000122 **贵金属冶金学** 卢宜源等著。中南工业大学出版社 1994 年 10 月版。38.8 万字。18.00 元。分 3 篇。第一篇为金银冶金,共 16 章,系统地介绍了金银的物理、化学性质、热力学理论、冶金提取原理、工艺流程及设备。其工艺部分论述了金银冶金的传统工艺以及近年来国内外的新工艺、新技术与新设备。第二篇为铂族金属的提取共 5 章,集中地介绍了铂族金属的资源、性质、产品标准、铂族金属的富集提取方法以及精炼(包括湿法萃取)工艺。第三篇为贵金属二次资源的回收、预处理和取样以及提取回收工艺流程。并附有各种图 150 幅,表 77 个,其中有关工艺流程有 83 幅。(秦瑞卿)

T000123 **钢铁厂设计原理(上、下册)** 东北大学张树勋(上册)、北京科技大学李传薪(下册)主编。冶金工业出版社 1994 年 10 月版(上册),1995 年 5 月版(下册)。38.5 万字(上册),48.8 万字(下册)。9.80 元(上册),11.90 元(下册)。高等学校钢铁冶金专业本科教材。上册以高炉炼铁车间设计及车间设备结构、工作原理、设计计算和设备选型为主要内容,还编入了炼铁原料加工车间设计概论、钢铁厂设计概论及钢铁厂厂房建筑概论。下册叙述炼钢车间设计原理,炼钢厂(车间)熔炼及浇注设备和车间工艺布置设计,描述了连铸及炉外精炼设备及设计,强调车间烟气净化系统的设计。(董学经)

T000124 **现代板坯连铸** 曹广畴主编。冶金工业出版社 1994 年 11 月版。74.1 万字。36.00 元。阐述板坯连铸的设备、工艺及有关的辅助工序。全书共 26 章，包括概述，板坯连铸的工艺设计，板坯连铸的钢水供应，板坯的传热和凝固，连铸板坯的缺陷及其预防措施，板坯连铸机的辊列设计，钢包回转台，中间罐车，保护浇注系统，板坯结晶器和振动装置，板坯夹持装置和拉矫机，引锭杆系统，板坯连铸机的火焰切割系统，板坯连铸机的出坯系统，板坯连铸机的液压系统，板坯连铸机的离线设备，板坯连铸机的给排水系统和水处理设施，板坯连铸机的电气自动化控制，板坯连铸的检测、自动控制和电讯，板坯连铸用耐火材料，板坯连铸用覆盖剂和保护渣，板坯连铸用电磁搅拌，板坯连铸机的设备制造、安装和冷调试，板坯连铸机的设备维修，连铸坯直接轧制技术和薄板坯连铸连轧等。(刘小峰)

T000125 **氧气顶底复吹转炉设计参考** 冶金部复吹专家组、宝钢设计研究院编。冶金工业出版社 1994 年 11 月版。35 万字。18.00 元。分 3 部分。第一部分叙述国内外复吹技术的发展；第二部分介绍上海宝山钢铁总厂炼钢厂 300t 氧气顶吹转炉改造成 LD－CB 复吹技术的设计实例及参考资料；第三部分根据国内"七五"期间对复吹技术的实践，并结合宝钢情况总结了一套转炉复吹参考技术规范。(刘小峰)

T000126 **现代钢铁工业技术板坯连铸** 熊毅刚主编。冶金工业出版社 1994 年 12 月版。78.9 万字。40.50 元。结合宝钢的板坯连铸设备，全面深入地介绍了现代大型板坯连铸的设计、工艺和维护技术，介绍了连续铸钢的设计原则、理论计算方法，以及近年来发展起来的新工艺、新设备，反映出了中国及世界上现代大型板坯连铸技术的发展水平。收入"现代钢铁工业技术丛书"。(张维真)

T000127 **锌及锌合金物理冶金学** 孙连超等著。中南工业大学出版社 1994 年 12 月版。360 万字。22.00 元。论述锌及锌合金物理冶金学的基础和技术，重点讨论了涉及锌及锌合金在科研和生产中所遇到的各种问题，如耐蚀性(包括"老化")、超塑性、阻尼特性、固态相变和尺寸稳定性等。同时对其生产应用也作了较深入的论述，特别是在锌合金的腐蚀、防护和锌合金的固态相变方面论述，总结了当前国内外研究成果。(田荣璋)

金属学、金属工艺

T000128 **铸造手册** 中国机械工程学会铸造专业学会编。机械工业出版社 1993 年～1994 年版。609.9 万字。共 6 册。287.00 元。由全国铸造学会及机械工业出版社共同组织 72 个单位，111 名作者参加编写的大型工具书。手册总结了建国 42～43 年国内外铸造生产经验及科研成果。以提高铸件质量为宗旨。6 卷手册既有内在联系，又自成体系。前 3 卷为铸造材质。分别介绍了铸铁、铸钢、铸造非铁合金的发展、材质牌号、化学成分、组织及性能、热处理工艺、熔炼工艺、测试技术、典型生产工艺、各种熔炼炉的结构与选择，由熔炼产生的缺陷原因及防止措施，以及金属过滤、炉外精炼等新技术。并给出了国外主要国家铸造材质牌号，及其与国内牌号对照。后 3 卷为铸造工艺，即造型材料、砂型铸造及特种铸造工艺，分别介绍了它们的发展情况，造型原材料、型(芯)砂、涂料的性能及试验方法，砂型铸造工艺设计、参数选择、典型工艺、常用工装、铸件落砂及后处理工艺、铸件缺陷分析及防止、铸造新工艺等。介绍了熔模铸造、金属型铸造、压力铸造、离心铸造等常用的 12 种特种铸造工艺设计、工艺特点及应用范围、工艺装备及产生铸件缺陷的原因及防止方法。(余茂祚)

T000129 **挤压理论** 吴诗惇著。国防工业出版社 1994 年版。36.5 万字。16.30 元。从主应力法、滑移线法、上限法和有限元法 4 个方面对挤压过程进行全面的理论分析。内容涉及各种挤压过程的变形机理、金属流动、力能参数、缺陷分析和工艺参数确定的理论依据。(蒋怡)

T000130 **纳米科学与技术** 白春礼著。云南科学技术出版社 1994 年版。10 万字。12.00 元。展示了纳米科技所取得的成果及应用前景，以及扫描探针显微技术、纳米表面加工技术。(史青)

T000131 **冲压工艺及模具设计** 万战胜著。中国铁道出版社 1994 年版。67 万字。22.60 元。分 7 章，包括冲压的基本知识(基本工序、变形规律、材料、设备)、冲裁、弯曲、拉深、成形、冲压模具设计实例、模具 CAD/CAM 简介等。书中附有冲压模具常用标准件的设计资料及有关图表。(金勇杰)

T000132 **电阻焊理论与实践** 徐松英、毕惠琴主编。机械工业出版社 1994 年 1 月版。82.7 万字。40.90 元。包括电阻焊基本理论；常用结构钢、不锈钢、高温合金、铝合金和钛合金等材料的焊接工艺;新的电阻焊机、微机控制器和点焊机器人的设计及有关数据;电极设计与材料;电阻焊缺陷形貌和鉴别;电阻焊质量检验和监控技术;电阻焊结构和车间设计等。(武江)

T000133 **金属疲劳的定量理论** 郑修麟著。西北工业大学出版社 1994 年 1 月版。20.1 万字。10.00 元。作者在吸取了前人研究成果中的精华的基础上,建立了新的疲劳损伤力学模型,进而导出了疲劳寿命表达式,包括新的应变疲劳公式、应力疲劳公式、疲劳裂纹起始寿命公式和疲劳裂纹扩展公式等都是作者近年研究的成果。书中还给出了为研究疲劳裂纹起始寿命表达式而设计的局部应变范围的计算模型。有的学者认为不存在没有宏观裂纹的金属件,因而只重视疲劳裂纹的扩展。本书作者却对疲劳裂纹起始寿命进行了深入研究,有独到之处。对某些机、构件而言,疲劳裂纹起始寿命为估计安全寿命和制定安全检修期的主要依据,特别对高强度材料制件,其起裂寿命占总寿命的大部分,其起裂寿命的估算更有重要的实用意义。书中给出的变幅载荷下构件疲劳寿命的估算模型,其估算精度明显高于现有寿命估算模型,这是难能可贵的。另外书中还综合了近两年国内外重要研究成果和冲击疲劳等内容。(王俊轩)

T000134 **球墨铸铁件无冒口铸造** 穆光华等编著。兵器工业出版社 1994 年 2 月版。15.6万字。2.90元。根据中国兵器工业总公司全国高等学校兵工类专业教材规划编写而成,总结作者和国内外学者关于球墨铸铁件无冒口铸造的理论研究成果和实践经验,阐述球墨铸铁的结晶规律:铁-碳及铁-碳-硅相图、球墨石墨的形核、球状石墨的生长、球墨铸铁的孕育理论、球墨铸铁结晶时的元素偏析、球墨的畸变及球墨铸铁的二次结晶。用 61 幅插图和 9 个表格详细展示了国内外各种球墨铸铁件的无冒口铸造工艺,将无冒口与有冒口铸件的质量进行了对比研究。70 年代以来,国内外学者在对产生缩孔、缩松密切相关的球墨铸铁共晶膨胀问题所进行的研究以及所取得的重要成果的基础上进一步探讨了球墨铸铁件产生缩孔及缩松的原因以及利用自身石墨化膨胀消除缩孔及缩松的可能性。(何保武)

T000135 **金属材料及热处理** 单即云等编著。中国矿业大学出版社 1994 年 2 月版。28.2 万字。6.50 元。高校教材。分 7 章,包括金属学基础、铁碳合金、钢的热处理基本原理和工艺方法、在机械设计和制造中常用的合金结构钢及其选用、除结构钢外的其他金属材料。鉴于非金属材料应用日益增多,对非金属材料的性能及应用也加以适当的介绍。在每章后均有思考题和习题。书后附有 9 个实用的资料附表,并备有与本书配套使用的实验指导书。(安乃隽)

T000136 **机床、铸锻机械及工具产品选用手册** 机械工业部编。兵器工业出版社 1994 年 3 月版。385.4 万字。170.00 元。集中介绍机床、工具制造行业各生产单位 1994 年正在生产的新产品,以及质量可靠的传统产品,分为上、下册。上册包括金属切削机床、电加工机床、机床附件、铸造机械、锻压机械,共 45 大类,1300 多种产品;下册包括刀具、量具、量仪,共 26 大类,1000 多种产品。内容上除了产品样本所列的一般型号规格及技术参数外,还增编了产品的结构特点、应用范围、选用原则、外形尺寸及使用、调整、维护要求等,可引导用户正确选择和使用机械产品。为方便用户与各生产单位联系及订货,手册附录中还提供了各生产单位的详细通讯录。(陈剑瓯)

T000137 **铸造工艺学** 曲卫涛等编著。西北工业大学出版社 1994 年 3 月版。56.3 万字。20.00 元。分 4 篇 19 章:第一篇铸型材料;第二篇铸造工艺过程;第三篇铸造工艺设计;第四篇铸造工艺装备设计。(刘红)

T000138 **实用钣金展开图解与计算手册** 唐忠库著。辽宁科学技术出版社 1994 年 4 月版。97.3 万字。56.00 元。分为圆管、棱锥管、长圆管、方口曲面管、圆锥管、异口形管、球体 7 大类。书中全部制件均从立体图、投影图、放样图(包括板厚处理和求结合线)和展开图等 4 过程,详细地介绍了已知投影图尺寸而求出展开图。(李逢秋)

T000139 **常用金属材料购销手册** 上海市金属材料总公司编。上海科学技术文献出版社 1994 年 4 月版。118 万字。40.00 元。分 3 部分:第一部分是金属材料基本知识,介绍金属材料的分类及术语;第二部分是黑色金属,介绍各种黑色金属牌号、成份、性能、用途及型材规格;第三部分是有色金属,介绍了各种有色金属及合金的分类、牌号、成份、性能、用途及型材规格并详细介绍了各种硬质合金的生产、牌号、性能及用途等。(葛康)

T000140 **金属切削机床(上册)** 顾熙棠等主编。上海科学技术出版社 1994 年 4 月版。27.10 万字。3.80 元。高等院校教材。主要内容为机床的基本原理和构造。通过对典型机床的运动分析和结构分析，介绍认识机床的基本知识和分析方法，现代机床发展趋势。它与内容为机床设计的《金属切削机床》(下册)相配套。全书包括：绪论，机床运动分析，车床，齿轮加工机床，数控机床，其他机床等6章。绪论介绍金属切削机床概论，机床在国民经济中的地位，中国机床工业发展状况，机床的分类和机床型号的编制方法。机床运动分析阐述了工件表面形成方法；机床运动的种类与主要要素；机床传动的基本组成，机床的传动联系与传动组及其组合。机床运动分析在其他机床教材中较为少见。从车床到其他机床各章，主要是对各种机床进行较为详细的结构分析，其中第五章还介绍了 JCS-018 型立式加工中心，柔性制造系统、单位(FMS,FMC)和计算机集中制造系统(CIMS)等现代先进制造技术。(史全富)

T000141 **铸造手册，第1卷，铸铁** 陶令桓、陆文华等编。机械工业出版社 1994年5月版。126.4万字。56.00元。有绪论、生产优质铸铁的基础知识、铸铁材质的检测与分析、灰铸铁、球墨铸铁、蠕墨铸铁、可锻铸铁、抗磨铸铁、耐热铸铁、耐蚀铸铁、铸铁熔炼、改善铸铁件性能和质量的若干技术等12章。分别论述了铸铁的简史及其发展趋势；生产优质铸铁所必须掌握的相图、凝固结晶、冷却过程、相变及影响铸态组织的因素等；各种铸铁材质的金相组织，物理、力学、使用等性能的常规及现代测试技术；各种铸铁的金相组织，牌号，化学成分，力学、物理及工艺性能，热处理，标准及其合理选用，典型工艺；冲天炉、电炉、双联熔炼工艺，炉料及修炉材料；铁液过滤技术、双金属铸造、铸铁件的铸渗、水平连铸等现代技术；附录中列有各类铸铁的国际标准及美国、英国、德国、法国、日本、前苏联等国家标准。(余茂祚)

T000142 **铸造手册，第4卷，造型材料** 谢明师、谢方文等编。机械工业出版社 1994年5月版。34.3万字。20.00元。有绪论，造型用材料及其性能，型砂、芯砂、涂料及其性能，造型原材料、型(芯)砂和涂料的试验方法等4章。分别介绍造型材料的重要性及其发展概况；原砂、粘结材料、辅助材料等性状、分类、成分及杂质、牌号及性能等；粘土砂、水玻璃砂、水泥砂、树脂砂、石灰石砂、特种砂、涂料(膏)、修补砂、修补膏、胶合剂等特点、材料选用及配比、混制工艺、质量控制、缺陷防止及典型配比举例等；原材料、型(芯)砂及涂料的试验方法。附录中给出了国内试验筛孔尺寸对照，及有关造型材料国内外一些常用资料。(余茂祚)

T000143 **机床电气控制技术** 齐占庆主编。机械工业出版社 1994年5月版。30万字。8.90元。原名《机床电气自动控制》。全书分6章，主要内容有：机床电气控制线路典型环节及典型机床控制线路分析、一般设计方法及电气元件选择；机床的直流调速系统、交流调速系统；可编程序控制器及其在机床上的应用。考虑到新技术的发展，舍去顺序控制器的内容，增加了交流调速的内容。(林松)

T000144 **热喷涂原理及应用** 胡传炘编著。科学普及出版社 1994年5月版。12万字。10.00元。包括火焰喷涂(氧-乙炔火焰、超音速火焰、爆炸火焰)及电热喷涂(电弧、等离子、线爆)原理、设备及工艺。同时，特别注意到热喷涂技术的实用性。列举了大量工程应用实例，内容涉及机械、石油化工及海洋结构、航空航天、电子、交通工程、建筑、生物医学工程、广播通讯等领域的防腐蚀、抗磨损及特殊功能层制备。许多工艺技术可直接应用于生产。(高纺云)

T000145 **金属烟粒子结晶学** 金寿日、赵新洛译。西南师范大学出版社 1994年5月版。11万字。6.90元。根据日本R·Uyeda(上田良二)的著作《Crystallography of Metal Smoke particles》(Terra Scientific publishing company, Tokyo 1987)译出的。系统地论述了用气体蒸发法生成的 Hcp 金属、fcc 金属、bcc 金属、IV 族元素、VA 族元素、VIA 族元素、具有相变的金属等30多种元素的超微粒子的晶体惯态(crystal Habit)和结构；讨论了微粒子烟中粒子大小、成长方式、晶体特点及平衡形状等问题。书中展示的200多张电子显微镜照片是作者从数万张照片中精心挑选的。该书第二至六各部分即“早期的实验”、“金属烟的宏观特征”、“各种金属的晶体惯态和晶体结构”、“微粒子的洛仑兹显微术和干涉显微术”和“金属烟中晶体的成长”的内容都由引言、插图和插图说明构成。引用大量插图，并对每一插图作出详细的注解和论述。(黄发仁)

T000146 **中国钢铁材料牌号手册** 陈恒庆等编。中国标准出版社 1994年5月版。114万字。45.00元。收入现行中国国家标准所发布的所有钢铁产品牌号，对各牌号钢的化学成分、力学性能、技术条件、产品型式、技术特性以及用途等以列表形式进行了描述，全书按碳素钢、合金钢、不锈和耐热钢、工具钢等16类钢分为16章，并在书后附有中国钢铁牌号与国际和主要工业国家的牌号对照表。(易彤)

T000147 **特种加工** 哈尔滨工业大学刘晋春、赵家齐主编。机械工业出版社 1994年5月第二版。30.3万字。7.70元。主要阐述电火花加工、电火花线切割加工、电化学加工、激光加工、电子束和离子束加工、超声加工以及化学加工、磨料流动加工等特种加工方法的基本原理、基本设备、工艺规律、主要特点和适用范围。第二版在第一版的基础上做了适当的删除和修改,尤其是增设了电火花线切割加工和数控线切割加工一章。(钱飒飒)

T000148　**金属的再结晶与晶粒长大**　毛卫民、赵新兵著。冶金工业出版社1994年6月版。29.1万字。14.20元。包括金属的再结晶行为、初次再结晶、合金的再结晶、再结晶织构分析、现代再结晶理论的进展、动态再结晶、晶粒长大基本概念、晶粒尺寸的测量与计算、正常晶粒长大过程、异常晶粒长大过程、晶粒长大过程的理论研究和再结晶、晶粒长大与材料性能等12章内容。在系统论述金属再结晶与晶粒长大理论基础上,重点介绍了80年代以来国内外在此领域的最新研究理论成果和先进生产工艺。(张卫)

T000149　**铸造手册,第3卷,铸造非铁合金**　黄恢元、刘伯操、蔡宗德等编。机械工业出版社1994年7月版。94.2万字。44.00元。有铸造非铁合金基础知识、铸造铝合金、镁合金、钛合金、铜合金、锌合金、轴承合金、高温合金、金属及非金属原材料、非铁金属熔炼炉等10章。分别介绍元素分类、二元合金图、熔炼过程物理化学基础及性能测试;各种铸造合金的牌号、成分、性能、熔炼和浇注、热处理、铸造缺陷和质量控制等;纯金属、中间合金、非金属及辅助原材料的牌号及化学成分;熔炼炉的分类及选用,电阻熔炼炉、感应熔炼炉、真空电弧炉、火焰炉等结构特点,分类及选用;附录中编入了国外常用几种铸造非铁合金的牌号、成分、性能与国内牌号的对照。(余茂祚)

T000150　**数控加工理论与编程技术**　刘雄伟等编著。机械工业出版社1994年7月版。25.3万字。18.00元。内容涉及数控加工理论与数控编程技术的各个方面,包括现代数控机床、有关曲线曲面几何基础、手工编程、APT语言编程、多坐标数控加工刀具轨迹生成、刀位计算、刀具轨迹编辑、刀位验证、后置处理、图像数控编程系统等。(徐彤)

T000151　**切削用量简明手册(第3版)**　艾兴、肖诗纲编。机械工业出版社1994年7月版。19万字。8.00元。《切削用量手册》的修订本,内容包括车、镗、车螺纹、钻、扩、铰、端铣、圆柱铣、立铣、滚齿轮与蜗轮和插齿等切削用量选择,分为车削、孔加工、铣削和齿轮加工4部分。各部分除有常用的切削用量表供查用外,还有切削用量计算公式及相应的系数和指数供直接计算。车削、孔加工和铣削部分还举例说明切削用量的选择方法和步骤。书中有最常用的高速钢与硬质合金刀具切削用量选择,有涂层硬质合金、陶瓷刀具以及聚晶金刚石等新刀具的切削用量表,还附有几种常用的车床、钻床和铣床资料。修订内容:增加了涂层硬质合金、陶瓷、立方氮化硼和金刚石刀具的切削用量选择;增加了高速钢与硬质合金铰刀铰孔、高速钢立铣刀铣槽、高速钢滚刀与插齿刀滚齿与插齿的切削用量数据表;将车削用量和孔加工用量两部分的修正系数统一列入一个表中;根据《金属切削基本术语》(GB/T12204－90),将刀具耐用度改为刀具寿命;根据中国的法定计量单位和实用的原则,将m/s改为m/min,转速单位改为r/min。(赵爱宁)

T000152　**机夹可转位刀具**　《机夹可转位刀具》编委会编。成都科技大学出版社1994年8月版。64万字。22.00元。总结中国刀具设计、使用、管理的经验。内容包括车、铣、孔加工及数控机夹可转位刀具的设计、结构和使用。对新刀具材料、新型刀片结构、新型刀具、相关技术,如陶瓷合金、碳化硅晶增韧陶瓷、三维断屑槽刀片、不等齿距的优化设计、可转位特形玉米铣刀、工具系统、刀具监控系统、刀片成型、刃磨、检验等都作了详尽的介绍,对一些特殊的机夹可转位刀具,如拉刀、齿轮刀具以及可转位刀片的各种强化方法,如物理涂层、化学涂层、离子注入、脉冲磁化处理等提供了大量信息和资料。(葛人仪)

T000153　**铸造手册,第6卷,特种铸造**　陈金城、林柏年、何光新等编。机械工业出版社1994年8月版。132.6万字。59.00元。有绪论、熔模铸造、陶瓷型铸造、金属型铸造、压力铸造、低压铸造和差压铸造、离心铸造、连续铸造、其他类型特种铸造等9章。分别叙述特种铸造分类、发展及工艺方法比较;各种特种铸造类型、原理、工艺过程、工艺特点及应用范围、工艺参数设计、工装设计、铸件清理及缺陷产生原因与防止等。附录中给出了特种铸造工艺中所需要的一些基本标准及参数。(余茂祚)

T000154　**焊接结构疲劳强度**　(德)D·拉达伊著,郑朝云、张式程译。机械工业出版社1994年9月版。35.1万字。35.00元。论述焊接接头与焊接结构的疲劳强度特性及其在结构、机械、船舶、锅炉与压力容器等应用领域中的设计准则。在研究方法方面除传统的整体分析方法(包括不同设计标准中的名义应力评定方法)外,还介绍了近年发展起来的局部分析方法(即一般熔焊与点焊接头疲劳强度的结构应力、缺口应力及断裂力学评定方法)。本书内容主要涉及疲劳强度降低系数、S-N 曲线、疲劳强度图、载荷谱、疲劳累积损伤、焊接接头疲劳强度的改善措施以及疲劳强度评定(基于有限元、边界元分析)、合于使用评定与残余寿命评定,最后以一车架为例介绍各种方法及有关数据的实际应用。(武江)

T000155 **简明焊工手册** 简明焊工手册编写组编。机械工业出版社 1994 年 9 月第二版。60.9 万字。21.00 元。根据 1986 年版修订,保持了第一版的基本结构,结合焊接技术的新发展,内容上有所调整和增删。全书分 10 章,即:焊接的一般知识、焊缝坡口的形式和焊件清理、焊接方法、焊接材料、焊接设备、金属材料的焊接、堆焊及热喷涂、热切割、焊接质量检验及安全技术,书末对电焊机常用电气元件符号、焊接工艺方法符号等设附录。熔焊、钢的焊接是本手册的重点,对压焊、钎焊和有色金属的焊接等也作了较详细的介绍。所列数据,大多取自最新国家标准、部颁标准。(俞逢英)

T000156 **概率疲劳** 徐灏著。东北大学出版社 1994 年 10 月版。40.8 万字。22.50 元(精),19.50 元(平)。作者多年来在国产钢材的疲劳性能试验数据、表面加工系数的概率统计数据,不同应力集中下平均应力影响系数的变化规律,实测载荷-时间历程的概率统计方法,零件危险区应力响应的处理,短裂纹的形成和扩展以及结构钢试样短裂纹尺寸分布,在随机载荷下确定零件可靠寿命的理论与方法等方面所进行研究工作的基础上,同时汇集了中外学者的研究成果编著而成。分 12 章,包括:概论,概率疲劳的统计分析基础,载荷谱,结构的疲劳应力分析,概率疲劳的材料数据,疲劳强度分布的修正,应力-强度干涉理论,随机载荷下的疲劳可靠性设计,可靠度的置信度和置信区间,系统的可靠性,概率断裂力学,耐久性设计。(刘淑芳)

T000157 **冷加工检验** 李在田主编。国防工业出版社 1994 年 10 月版。49 万字。21.90 元。为《检验技术手册》第二分册。内容为第二篇冷加工检验,下分 7 章(第七章至第十三章),分别为光滑工件尺寸检验,形位公差检验,表面粗糙度检验,角度和锥度的检测,螺纹的检测,齿轮和花键的检测,平台测量。其中第七章尺寸链计算举例,第八章图样上标注识读举例,形位公差检测方案举例,第十二章齿轮加工常见缺陷分析,第十三章平台测量实例均为多年经验之总结。(杜豪年)

T000158 **特种工艺检验** 李在田主编。国防工业出版社 1994 年 10 月版。82 万字。35.90 元。为《检验技术手册》第三分册。内容为第三篇特种工艺检验,下分 7 章(第十四章至第二十章),分别为锻造检验,铸造检验,粉末冶金检验,焊接检验,热处理检验,表面处理检验,涂覆检验。每章都包括基本知识,验收标准,检验项目和方法,常见缺陷分析。其中检验项目和方法及常见缺陷分析均系作者多年生产实际经验的总结。(杜豪年)

T000159 **塑料成型工艺及模具设计** 李德群主编。机械工业出版社 1994 年 10 月版。34.6万字。8.65 元。讲述塑性成型的基本原理、工艺基础、塑料制品的设计原则、塑料模具的基本结构及设计过程。在重点讲述热塑性注射工艺及模具的基础上,扼要地讲述了压缩成型、压注成型、挤出成型、中空成型、真空成型以及压缩空气成型的工艺及模具。此外,书中还介绍了近 20 年来应用越来越广泛的注射模新工艺和新技术,包括热固性塑料注射成型、无流道成型、新型冷却系统、气体辅助成型以及注射模 CAD/CAE/CAM。(杨燕)

T000160 **现代机夹可转位刀具实用手册** 现代机夹可转位刀具实用手册编委会编。机械工业出版社 1994 年 10 月版。63.5 万字。29.5 元(精),26.5 元(平)。介绍可转位刀具发展概况、可转位刀具材料、可转位刀片;并以现场加工工况为主线,以实用型数据为基础,对加工现场中常见的问题提出了解决的措施,其范围覆盖了车、铣、镗、刨、钻、铰等刀具种类。全手册以图表形式展开,并采用了 1993 年内颁布的可转位刀具国家标准和有关国际标准,同时对新老标准作了综合对比介绍。手册汇集了“六五”、“七五”、“八五”期间,中国可转位刀具在生产、推广应用方面的经验及有代表性的实用技术成果,较全面地反映了中国可转位刀具生产与应用的水平。(吴天培)

T000161 **简明金属材料手册** 李世杰主编。山西科学技术出版社 1994 年 10 月版。41.9 万字。14.00 元。分 3 章,第一章为概述,包含了金属材料分类、牌号方法、主要性能及用途简介等内容;第二章为常用黑色金属材料,以国标为依据,介绍了从生铁、铁合金,到常用钢材的成分、性能、交货状态等;第三章为常用有色金属材料,介绍了常用有色金属的成分、性能、表面质量。(谢一兵)

T000162 **组合机床设计(第二版)** 丛凤廷、迟建山主编。上海科学技术出版社1994年10月版。28.3万字。5.70元。阐述组合机床及其自动线设计的基本要求、步骤、方法及应考虑的主要问题。内容包括组合机床及其自动线,组合机床的通用部件,组合机床总体设计,组合机床多轴箱设计,组合机床自动线等5章。书末附录为组合机床通用部件参数及联系尺寸。修订版突出了大型组合机床主线,取消了一版中的小型组合机床设计,将其必要的内容分散在其他章节中,全书采用组合机床新通用部件标准。第二版第一、第二章中增加了组合机床及其自动线的柔性制造技术;总体设计中增加了活动钻模板设计的内容;从实际应用出发改写了多轴设计;附录增加了常用的、品种规格齐全的不同类型的新标准通用部件。(史全富)

T000163 **世界钢号对照手册** 李学富主编。冶金工业出版社1994年10月版。106万字。70.00元。采用中英文对照的形式,将中国碳素结构钢、优质碳素结构钢、不锈钢、耐热钢等45个现行标准中的钢号与日本、美国、德国、英国、法国、前苏联等主要产钢国家和国际标准化组织的最新标准的相应钢号,进行了逐一对照。编写的原则是以中国现行标准中所列的钢号为基准,与国外标准中的钢号进行对比,多数钢种以化学成分相近作为对照的依据。将中国的600多个钢号与国外的进行了对照;对应钢号分别列在同一表格内,书后附有钢号索引,钢号索引是按数字及外文字母顺序编排。此外,本手册还附有美国废钢铁标准(1991年)和日本废钢铁分类标准(JISG2401)。(田绛)

T000164 **钢材大全** 熊中实、倪文杰编著。中国建材工业出版社1994年10月版。286.6万字。130.00元。包括钢材基本知识、钢号和技术条件、钢坯、通用型钢、铁道用钢、冷弯型钢、线材、钢板、钢带、电工用硅钢薄钢板、无缝钢管、焊接钢管、钢丝、钢丝绳等15部分;内容涉及钢材标准常用术语及金属材料使用性能、金属材料工艺性能和试验、金属材料组织、金属热处理等名词术语;中国和国外钢的钢牌号表示方法及各国钢的牌号对照;钢材理论重量计算;常用字母及符号;法定计量单位和常用单位换算;各种钢材的分类、代号、尺寸、牌号和化学成分、力学性能、工艺性能、低倍组织、显微组织、表面质量、包装、标志、质量证明书等。(高峰)

T000165 **塑料模设计手册** 《塑料模设计手册》编写组编。机械工业出版社1994年10月第二版。62.1万字。35.00元。为《模具手册》之二。第二版仍以第一版为基础,删去了已经陈旧的内容和标准,增补了大量的国内外的先进经验、先进技术和数据,从而由第一版的共7章增至10章,并贯彻了新的标准和法定计量单位。在编写结构方面以图表为主。其内容为:塑料成形性能、塑件设计的工艺要求、压缩模具设计、压注模具设计、注射模具设计、成形工艺及模具验证、挤出模具、发泡成形模具、中空成形模具的设计、塑料模具用钢及附录等。(刘彩英)

T000166 **互换性与测量技术基础** 张玉等主编。东北大学出版社1994年12月版。42万字。10.00元。介绍互换性与测量技术的基本理论和基本知识。全书内容包括绪论、光滑圆柱结合的公差与配合、几何量测量基础和测量新技术、形状和位置公差、表面粗糙度、光滑极限量规及光滑工件尺寸的检验、滚动轴承的公差与配合、螺纹的公差及检测、圆锥和角度的公差与检测、键与花键的公差及检测、圆柱齿轮传动公差及检测、尺寸链等12章。本书全部采用中国公差、配合和检测新标准,并在附录中为各章配置了思考题和习题。(刘振军)

T000167 **塑性成形模拟理论** 肖景容、李尚健著。华中理工大学出版社1994年12月版。24.2万字。6.00元。第一章概述金属塑性成形系统和塑性成形的模拟技术;第二至第六章叙述塑性成形模拟理论的主要内容,包括弹性问题的有限元法,小变形弹塑性有限元法,刚塑性变形有限元法,有限应变弹塑性有限元法和边界元法;第七章阐述塑性成形过程的模拟实验。本书内容反映了作者教学和科研成果,例如:变分原理的新形式,相似理论在塑性成形模拟实验中的应用和塑性成形的近似模拟,圆环镦粗、汽车轮胎螺母冷挤压过程的计算机模拟,半珠形刚性冲头胀形成形、有突缘圆筒形件拉延成形的模拟计算等。书的主要章节后附有实例。(叶翠华)

T000168 **最新铸造标准应用手册** 全国铸造标准化技术委员会主编。机械工业出版社1994年12月版。124.8万字。68.00元。分8章,前2章属铸造管理、通用基础与工艺技术标准,后6章为铸钢、铸铁、有色合金铸造、压力铸造、熔模、造型材料等标准。书中每一节介绍一项标准,说明该标准与国外同类标准的比较、制订、修订的经过,主要内容及应用中应注意的问题。每节后均附标准文本。书末附有国际标准化组织和主要工业铸造标准目录,主要工业国标准摘要等。(劳瑞芬)

T000169 **公差与测量技术基础** 陈达秀、李雅琴主编。石油大学出版社 1994 年 12 月版。40 万字。15.50 元。根据全国高等工科学校互换性与测量技术基础课程教学的基本要求，结合石油机械行业的要求而编写的大学教材。全书内容分为 3 篇。第一篇公差与测量技术基础知识，包括互换性、标准化和测量技术基础以及几项技术性较强的公差标准。第二篇常用机械结合与传动件公差标准及应用，包括滚动轴承的公差与配合，圆锥体公差与配合，螺纹公差与配合，单键与花键的公差与配合，圆柱齿轮传动精度。第三篇尺寸链计算与统计公差。本书以附章形式简单介绍了测量技术中较先进的、处于发展阶段的一些技术和仪器。（路庆良）

T000170　**特种冲压技术**　张仲元主编。西北工业大学出版社 1994 年 12 月版。23.7 万字。5.60 元。主要介绍国内外近年来出现的几种特殊的冲压新技术，包括聚氨酯橡胶模、锌基合金模、低熔点合金模、组合模和钢带模的冲压技术，旋压成形、液压成形、金属超塑性成形、高能高速成形（包括爆炸成形、电水成形、电磁成形和燃气成形等）以及激光加工技术等。重点介绍其特点和适用范围，模具结构和设计方法，以及工艺参数和工艺规范等。（胡梦仙）

机械、仪表工业

T000171　**牵引传动行星无级变速器设计**　崔光彩著。河南科学技术出版社 1994 年版。20 万字。8.80 元。分两篇。第一篇设计理论综述，详细地论述了这种变速器的运动学、动力学、机械特性、弹性流体动力润滑计算理论及辅助机构等问题。第二篇重点介绍了 RX 型、BUS 型和 SC 型行星无级变速器的设计计算方法。（孟庆云）

T000172　**机械噪声及其控制**　邵汝椿、黄镇昌著。华南理工大学出版社 1994 年版。24.2万字。8.80元。扼要地介绍声学的基础知识；系统地分析了机械噪声的产生、传播、测量和控制；着重讨论了噪声源控制原理与噪声传播途径的控制方法；并详细介绍了一些典型机电产品如金属切削机床、木工机械和家用电器的噪声控制。全书共 10 章，内容包括噪声控制概论、声学基础知识、噪声测量与噪声源识别、噪声源控制原理、消声器、齿轮与轴承噪声控制、机床噪声控制、木工机械噪声控制、家用电器噪声控制等。（李彩英）

T000173　**叶轮机械的气固两相流基础**　沈天耀、林建忠编著。机械工业出版社 1994 年 2 月版。22 万字。15.00 元。给出了气固两相悬浮体本身及其流动的一些物理概念和数学描述，叙述了处理气固两相流动的几种基本方法、基本模型及相应的基本方程，说明了这些方程在不同情况下的应用。书中还描述了悬浮于真实气体中固粒的运动学特性，处理两相耦合问题的一些基本方法，并阐述了叶轮机械气固两相流中最突出的问题——磨损与沉积。最后给出了为预测磨损必不可少的一些工程基础问题，如磨损机理、磨损率、反弹规律等，同时也提出了相应的减轻磨损和沉积的措施。（林松）

T000174　**通用热电偶分度表手册**　副名：'90 国际温标。凌善康、原遵东编写。中国计量出版社 1994 年 2 月版。38 万字。15.00 元。介绍国际新温标（ITS-90）以及科研和生产中广泛使用的热电偶——铂铑 10-铂（S 型）、铂铑 13-铂（R 型）、铂铑 30-铂铑 6（B 型）、镍铬-镍硅（K 型）、镍铬硅-镍硅（N 型）、镍铬-铜镍合金（康铜）（E 型）、铁-铜镍合金（康铜）（J 型）、铜-铜镍合金（康铜）（T 型）的性能、特点、用途等，列出了以国际新温标为基础的热电偶分度公式、系数以及适用于实际工作的详细分度表〔E(t)、t(E)和 S(t)分度表〕。（陈小林）

T000175　**齿轮精度标准与检验手册**　吴昭同、张鄂等编。中国计量出版社 1994 年 2 月版。49.3 万字。19.80 元。主要介绍中小模数渐开线圆柱齿轮精度、锥齿轮精度、圆柱蜗杆蜗轮精度、齿条精度等国家标准及应用，还详细介绍了齿轮传动链精度计算和 ISO 滚齿机精度验收等国际先进标准。（刘瑞清）

T000176　**机械零部件的现代设计方法**　许尚贤编著。高等教育出版社 1994 年 3 月版。45 万字。10.85 元。综合介绍几种现代设计理论和方法，着重阐述它们在通用机械零部件中的应用。共 9 章，第一章绪论；第二章工程数据库基础，介绍机械设计数据库的建立；第三—五章以机械零部件设计中的例子，简明扼要地介绍一些现代设计理论和方法，包括：常用的设计计算新方法（优化设计、有限元分析、可靠性设计和摩擦学设计等）、参数化绘图和计算机辅助设计以及机械设计专家系统；第六—九章分别讨论这些现代设计方法在轴、齿轮传动、减速器、滚动轴承、滑动轴承、V 带传动、链传动、螺纹联接、弹簧、联轴器、离合器以及箱体等设计中的具体应用。书末附有典型的计算机程序。（李吉蓉）

T000177　**机床颤振研究与控制的新发展**　师汉民等著。华中理工大学出版社 1994 年 3 月版。

18.6万字。5.90元。作者将机床颤振理论研究由线性推进到非线性;由定常模型推进到时变模型;由离线预测,发展为在线监测和实时调控;将过去分别处理的自激振动与强迫振动结合研究,发展了机床的强迫再生振动理论;深入地研究了切削噪声和切削振动的联系,开创了新的研究方向。并以生产应用实例为基础,具体论述了理论分析、监测手段和控制技术。对机床颤振的机理、模型和稳定性判据等理论问题,对颤振的在线控制的理论和实现措施问题,对机床颤振的早期诊断与在线监测的方法问题作了深入的研究。(叶翠华)

T000178　**机械工人应知考核题解丛书**　机械工人应知考核题丛书编审委员会编。机械工业出版社 1994 年 3 月版。总字数 220 万字。23 册。依据机械部颁《工人技术等级标准》和《机械工人技术理论培训计划、培训大纲》,紧扣《机械工人技术理论培训教材》及其配套习题集,并广泛收集了各地工人"应知"考核试题而编写。《题解》采用问答形式。每个工种的《题解》分初级篇、中级篇,以中级篇为重点。每篇第一章为基础理论部分,按培训计划规定的课程分节编写;其他各章为工艺学部分,体现了以专业课为主的原则。本丛书共 23 种,包括 27 个技术工种:《车工应知考核题解》、《镗铣工应知考核题解》、《磨工应知考核题解》、《刨工应知考核题解》、《齿轮工应知考核题解》、《钳工应知考核题解》、《工具钳工应知考核题解》、《维修电工应知考核题解》、《内外线电工应知考核题解》、《电工仪表修理工应知考核题解》、《热工仪表检修工应知考核题解》、《钣金、冷作工应知考核题解》、《热处理工应知考核题解》、《铸造工应知考核题解》、《锻压工应知考核题解》、《电、气焊工应知考核题解》、《油漆工应知考核题解》、《电镀工应知考核题解》、《天车、起重工应知考核题解》、《管道工应知考核题解》、《锅炉工应知考核题解》、《模样工应知考核题解》、《木工应知考核题解》。(董无岸)

T000179　**机械设计常用元器件手册**　刘仁家等编。机械工业出版社 1994 年 3 月版。150.7 万字。66.00 元。汇集目前国内生产的常用新型机电基础产品,主要内容包括:滚动轴承、传动带、传动链、起重件、润滑件、密封件、管接头、阀门、部分风机、压力表;液压元件(液压泵及液压马达、液压缸、液压控制阀)、液压辅件;气动元件(气源处理元件、气阀、气动执行元件、气动管接头);电动机(中小型电动机、微型驱动电动机、力矩电动机);低压控制电器和电表(刀开关和负荷开关、熔断器、低压熔断器、接触器、磁力起动器、组合开关、万能转换开关和主令开关、控制按钮、位置控制元件、控制继电器、声光信号元件、固体继电器、控制变压器、通用辅件、常用电线电缆、电磁离合器)等的有关技术数据和结构安装尺寸及生产厂。(张秀恩)

T000180　**液压传动**　杨砚佣主编。东北大学出版社 1994 年 4 月版。42.4 万字。14.50 元。系统地介绍液压传动的基本理论和基本知识。包括液压传动系统的工作原理和组成、液压传动的优缺点、液压介质和流体力学基础、液压泵和液压马达、液压缸、液压阀、基本回路、典型液压传动系统、插装阀控制技术、液压传动系统的计算等内容。(刘淑芳)

T000181　**实验室仪器使用与维护手册**　《实验室仪器使用与维护手册》编审委员会编。机械工业出版社 1994 年 4 月版。159 万字。56.50 元。介绍实验室仪器的分类、特点、实验室的建设以及实验室及其仪器的管理和使用条件等基础知识,同时也详细地介绍了仪器的用途、结构、原理、性能、技术参数、生产厂家,重点地介绍了仪器的正确安装、使用与维护,仪器产生故障的原因及排除方法等。(高金生)

T000182　**最新光学应用测量技术**　艾勇编著。武汉测绘科技大学出版社 1994 年 4 月版。27 万字。14.00 元。第一部分介绍光学测量方法在长度和距离测量中的应用。主要包括雷达方法、调制法、干涉法、三角测量法、光栅法、莫尔条纹法。第二部分介绍光学方法测量速度、角速度物理量。有多普勒法、相关法、空间格栅法、光陀螺仪法。第三部分介绍形状的测量。有二次曝光全息法、莫尔条纹法、光刀法、三角测量法、雷达法、扫描法、干涉法。其中主要介绍了干涉法,包括正弦位相调制法、位相锁定法、频率调制外差法、双波长移相法等。第四部分对 80 年代以来发展迅速的光纤应用测量思维方法做了详细介绍。包括对电流、磁场、电场、温度、速度、振动、加速度、压力等参量的测量。第五、六部分介绍了温度、振动的光学测量法。(张立福)

T000183　**泵的理论与应用**　赵雪华、朱天霞著。华东理工大学出版社 1994 年 5 月版。37.0 万字。15.00 元。流体机械专业教材。分 11 章,内容包括离心泵的理论、结构、运行、设计,以及其他类型泵和化工特殊用泵的原理、应用和特点。对新型转轴密封,如磁力传动密封,副叶轮密封也作了介绍。各章后附有复习题及习题。(袁明辉)

T000184　**机械零件设计手册(第三版)**　东北大学《机械零件设计手册》编写组编。冶金工业出版社 1994 年 5 月版。530 万字。340.00 元。分上、下册。上册有 18 章。主要包括:常用数据资料,工程材料,机械制图,公差配合、形位公差及表面粗糙度,螺纹及结构要素,螺纹联接,轴毂联接及销联接,铆、焊和胶接,传动总论,带传动,链传动,渐开线圆柱齿轮传动,圆弧齿轮传动,蜗杆传动,行星齿轮传动和摆线针轮行星传动,螺旋传动,减速器。下册有 15 章。主要包括:摩擦轮及无级变速传动,轴及钢丝软轴,滑动轴承,滚动轴承,联轴器,离合器,液力偶合器,飞轮,弹簧,起重、搬运和操作件,润滑和润滑装置、密封、电器设备,有限元法,可靠性设计,优化设计,计算机辅助设计。(葛志祺)

T000185 **机械制造常用资料及新旧标准对照手册** 陆榕林、陆同理编。中国劳动出版社 1994 年 5 月版。81.3 万字。45.00 元。分 10 章,主要内容包括:常用外文字母及代号、计量单位及换算、机械制造常用规范、材料质量及下料利用率等基础资料;结构钢、工具钢及特殊钢、有色金属及合金等工程材料;铸造通用基础标准、铸造工艺、常用铸造合金及铸件、铸造设备;锻造及冲压;焊接材料、工艺及设备;热处理工艺及设备;切削机床型号的编制方法、主要技术参数及机床精度;机械加工工艺规程的编制、切削加工的经济精度及表面粗糙度、机械加工余量的确定;公差及刃具;CAD/CAM 应用技术等。该手册注重新旧标准的对照,或指出某个标准由某个标准代替,或指明新旧标准的区别。(高永新)

T000186 **高速旋转机械轴系动力学设计** 徐龙祥著。国防工业出版社 1994 年 6 月版。22.2万字。8.70 元。主要以作者自 1983 年以来的研究成果写成,分 5 部分:第一部分(第一、二章)辅助性知识,主要介绍滑动轴承的基本知识与特征值的计算方法;第二部分(第三、四章)着重讨论轴系稳定性的计算,介绍典型的失稳现象,分析引起失稳的主要原因,讨论用不同形式轴承支承的转子系统稳定性的计算方法,研究轴系稳定性与支承轴承的关系;第三部分(第五、六章)主要研究临界转速与不平衡响应的计算;第四部分(第七章)以一台离心压缩机的转子-轴承系统为例,介绍动力学设计的全过程;第五部分(第八章)常用滑动轴承的性能数据与动力学设计程序。(周润芬)

T000187 **多杆直线导向机构的设计方法与轨迹图谱** 刘葆旗、黄荣著。机械工业出版社 1994 年 6 月版。28.7 万字。18.50 元。是在历时 18 年的机械部和黑龙江省两项重点课题成果上总结而成。是连杆机构轨迹综合理论和方法研究成果总结的重要部分。它解决了历史上难以解决的 6 杆以上多杆机构的直线轨迹设计问题,同时开创了“类四杆机构”这一重要的机构型式,获得了在一条封闭的连杆曲线中同时取得多段直线轨迹的重要成果,并且绘制了大批典型机构的图谱。(高文龙)

T000188 **机械原理教程** 孙桓、李继庆主编。西北工业大学出版社 1994 年 6 月版。26.4 万字。7.10元。着重讲清有关机械原理的基本概念、基本理论和机构分析与设计的基本方法,在内容选材和体系安排方面作了适当的增删和调整。例如,把原书第五章中有关摩擦力分析方面的内容与原书第七章内容合并为“平面连杆机构及其设计”;把原书第五章中有关构件惯性力平衡部分予以加强增补形成“机械的平衡”一章;把原书第三章内容分到有关传动机构中,结合各章机构分别予以介绍;对原书的第十一、十二章,即其他常用机构(包括万向铰链、螺旋、棘轮、槽轮、不完全齿轮及凸轮式间歇运动机构等)、机构的选型及组合等内容作了适当的加强。(胡梦仙)

T000189 **粘度测量** 陈惠钊编著。中国计量出版社 1994 年 6 月版。27.8 万字。11.00 元。介绍粘度测量的基本知识、理论基础、测量仪器的方法原理、计量标准及仪器检定方法。书中重点是应用最广的毛细管法及旋转法。从原理上,除上述两法外,还包括落体法、振动法、流动杯法等各种原理,从应用上包括实验室及工业流程等各种型式,从流体性质上包括牛顿及非牛顿流体粘度测量,此外还有高温和常温粘度测量,尤其是非牛顿及高温粘度测量根据其复杂性及特殊性而单独列章详述。对粘度基、标准的建立、粘度标准液及各种粘度计检定方法作了专门叙述。书末还编入了流变学基本术语。(陈艳春)

T000190 **新编机械设计与制造禁忌手册** 陈榕林、陆同理主编。科学技术文献出版社 1994 年 7 月版。55.7 万字。29.80 元。以表现在设计与制造中的细节为主,按对象分为 6 章近 800 个问题,叙述了机械设计和制造中的禁忌事项。内容包括:机械制图、金属材料及热处理、机械零件、焊接、锻压、铸造、机械加工、电工与电子等。(吴秀珍)

T000191 **机械设备故障诊断技术** 丁玉兰、石来德编。上海科学技术文献出版社 1994 年 7 月版。121.1 万字。54.00 元。分 3 篇,分别阐述机械设备故障诊断的基础理论、实施方法、仪器设备和工程应用的实例。第一篇基础理论包括:故障规律、故障状态、故障机理、故障模型、故障分析理论与方法、故障信号处理与分析;第二篇实施方法包括:声振诊断、无损诊断、温度诊断、污染诊断、寿命估算和预测、综合诊断和专家系统;第三篇工程应用实例包括:对典型零件、转子系统、液压系统、静止设备的诊断。对动态监测系统和计算机辅助检测与辅助诊断也作了介绍。(方虹)

T000192 **阀门设计计算手册** 洪勉成等编。中国标准出版社1994年7月版。60.2万字。18.00元。分5部分,重点介绍通用阀门及特殊用途阀门的设计计算方法和计算公式;各种参数及数据、材料的选用以及阀门零部件的行业标准等。(段炼)

T000193 **压力容器断裂理论与缺陷评定** 李志安著。大连理工大学出版社1994年8月版。41.7万字。16开本。8.50元。叙述断裂力学的基本原理,介绍近10年来弹塑性断裂理论的新进展,介绍并比较国内外缺陷评定规范及评定方法,并讨论在这一方面的发展,阐述断裂参数的测定方法及其他有关内容。全书分概论,压力容器脆断理论,弹塑性断裂理论,材料断裂性能及测试,弹塑性断裂分析的工程方法,压力容器疲劳裂纹扩展及寿命估算,压力容器评定标准及进展,压力容器缺陷评定典型案例。(王佳玉)

T000194 **现代机械设计方法与制造技术概论** 高航主编。东北大学出版社1994年8月版。24万字。7.90元。简要而系统地介绍现代机械设计方法与制造技术,包括机械设计与制造工程的现状和发展趋势,传统的和现代的机械设计(疲劳、优化、可靠性、有限元、CAD)方法,几种常见的毛坯制造(铸、锻、轧、焊接)方法,常见金属切削(车、铣、钻、拉、磨)方法,特种加工(电火花、电化学、激光、超声波以及磨料水射流加工)技术,机床数控技术及计算机技术在现代制造业和生产管理中的应用(机床的数控、群控、适应控制、CAPP、CAM、CIMS和计算机集成生产管理方法)。(刘振军)

T000195 **整体硬质合金仪表齿轮滚刀及铣刀的设计与制造** 欧阳志喜编著。国防工业出版社1994年8月版。50.2万字。18.90元。以仪表圆弧齿轮刀具为重点,对整体硬质合金仪表齿轮滚刀及铣刀的设计理论、计算方法和制造工艺进行了系统的介绍和讨论。全书分两大部分共12章。设计理论与计算方法部分共7章:简要介绍小模数齿轮铣刀及滚刀的设计;系统讨论了用计算作图法、平面啮合的二元方法和空间啮合的精确计算方法设计仪表圆弧齿轮滚刀理论齿廓。还介绍几种加工异形仪表齿轮用定装滚刀的设计。制造工艺部分共5章:重点介绍了以硬质合金滚刀内孔精密珩磨工艺和齿形"电-机"铲磨工艺为主要特征的,当前国内外最先进的加工工艺流程中的各主要工序,以及二次刀具的设计与制造。介绍了作者在长期从事整体硬质合金仪表齿轮刀具的技革与科研、设计与制造及其实际操作加工中所取得的一些经验和科技成果。对一些齿轮刀具的新设计理论和计算方法作了较详细的阐述,并给出了实例齿轮刀具的设计计算步骤,列出图表、资料和数据及实例。(郭化琴)

T000196 **通风机手册** 商景泰主编。机械工业出版社1994年8月版。138.2万字。49.00元。介绍通风机原理、设计、结构强度、制造工艺、运行调节、选型应用、性能试验、噪声及其控制、使用维护方面的工具书。1—4章介绍通风机的主要性能参数、气动力学设计计算;5—11章介绍典型结构、主要零部件刚度与强度计算、配套件与选用件、制造工艺要求、转子平衡与振动测量;12—19章介绍通风机在管网中的工作及调节、选用原则、常用的技术参数、试验及计算实例、噪声估算与测试方法、消声器的设计及选用、通风机的使用与维护、通风机联接管道的设计。(蒋有新)

T000197 **光学技术手册(下册)** 王之江主编。机械工业出版社1994年8月版。348.5万字。128.00元。主要介绍光学零件制造工艺、光学测量和光学仪器装校、眼镜、显微镜、电子显微镜、望远镜、大地测量仪器、天文仪器、体视仪器、投影仪器、分光仪器、跟踪测量仪器、偏光仪器、照相机、复印机、高速摄影仪器、计量用光学设备、激光仪器、医用光学仪器、印刷工业用光学仪器、电影光学设备、遥感技术及其光学设备、光学仪器的环境摄影、光学信息处理等。(郑姗娥)

T000198 **现代焊接电源及设备** 黄石生著。华南理工大学出版社1994年9月版。34.6万字。13.50元。收录35篇论文,反映了现代焊接电源的新成就。本书介绍的现代焊接电源及设备,主要包括具有更新换代的多种类型的场效应管式、IGBT式弧焊逆变器及其他电子控制的弧焊电源,8种机器人点、弧焊系统,焊接过程的智能控制技术与设备等,并对国内外现代焊接电源及设备发展的现状和发展趋势作了综述和展望。本书是"华南理工大学科学丛书"之一。(赖淑华)

T000199 **新编表面粗糙度应用示例图册** 尤绍权主编。中国标准出版社 1994 年 9 月版。118 幅图。35.00 元。为配合修订的国家标准 GB/T 131—93《机械制图 表面粗糙度符号、代号及其注法》的宣传贯彻和帮助读者正确领会其内容而编绘的。主要内容有：一、表面粗糙度符号、代号标注规则；二、简化标注；三、常用件、传动件表面粗糙度的标注与选用；四、热处理、镀层、表面处理及涂漆的表示法；五、国外图样上加工符号、表面符号的标注。共收集编绘国内各行常用的典型图例与国外图例 118 幅，图文对照，并附有与表面粗糙度密切相关的表格 30 张。（王世纶）

T000200 **测量不确定度的表示方法** 沙定国、刘智敏编。科学普及出版社 1994 年 10 月版。19.6万字。13.00 元。内容包括不确定度的绪论、定义、基本概念、分布和模型、标准不确定度的两类评定、合成标准不确定度、扩展不确定度的报告、实例和总结等 10 章，书末附若干计算机程序以及附表等。（平珍）

T000201 **机械运动方案设计手册** 邹慧君主编。上海交通大学出版社 1994 年 10 月版。37.8 万字。13.80 元。内容主要包括机械中执行机构的协调设计和运动循环图的设计步骤和方法，机械运动方案的构思与拟定有关创造性设计的方法和功能分析，介绍了匀速与非匀速转动机构的常用型式、特点和应用以及往复移动和摆动的常用型式、特点和应用，还介绍了间歇运动机构、刚体导引机构及各种轨迹曲线的常用型式和特点。全书除必要的文字叙述外，以图表为主。书后还附有 9 种特殊用途机构的常用型式，对机构选型的原则、评价体系和评价方法亦作了介绍和阐述。（吴东）

T000202 **机械产品质量与检验标准手册** 机械产品质量与检验标准手册编委会编。机械工业出版社 1994 年 10 月～1996 年 1 月版。1200 万字。676.00 元/套。共 7 卷 8 册。具体内容包括：通用零部件卷（上）：紧固件通用要求，螺钉、螺栓与螺柱，螺母，垫圈和挡圈，销和铆钉、焊钉，紧固件组合件，键与花键，法兰，管接头，可锻铸铁管路连接等质量标准和检验标准。通用零部件卷（下）：滚动轴承，关节轴承，滑动轴承，齿轮与齿轮传动装置，链、链轮、带轮，联轴器、制动器、离合器，阀门，液压与气动装置，润滑与密封装置，弹簧，操作件等质量标准和检验标准。工艺装备卷：刃具，量具与量仪，磨料与磨具，模具，钳工工具和气动工具等质量标准和检验标准。通用加工机械与设备卷：铸造设备，锻压设备，焊接与切割设备，木工机床与设备等质量标准和检验标准。通用机械与设备卷：泵，压缩机、风机，制冷设备，钢制压力设备，分离设备，真空设备，起重机械，输送机械，装卸机械与凿岩机械，印刷机械与环保机械等质量标准和检验标准。动力机械与锅炉卷：内燃机，汽轮机，燃气轮机，水轮机，锅炉及其辅助设备等质量标准和检验标准。汽车及其零部件卷：汽车材料及用油，汽车发动机及其附件，汽车底盘，汽车车身、车箱及附件，汽车仪表、灯光及电器，整车评定，专用汽车等质量标准和检验标准。（蓝伙金）

T000203 **齿轮工程词典** 杨兰春主编。机械工业出版社 1994 年 11 月版。84.9 万字。36.00 元。以齿轮工程中的有关国家标准、部（局）标准为基础，以国内外最新资料中的新技术、新工艺、新方法、新设备为素材、收集了齿轮工程中的啮合原理、几何计算、强度设计、制造工艺、计量等 16 个方面的专用术语 2300 多条，对于部分曾用名在附录中列出了对照表。本书条目采用英汉对照形式。（刘小慧）

T000204 **工程摩擦学** 全永昕主编。浙江大学出版社 1994 年 11 月版。40.3 万字。8.65 元。阐述机械中的摩擦、磨损和润滑问题，介绍作者在该领域的研究成果。分绪论，固体的表面性质和接触，摩擦，磨损，润滑剂与添加剂，流体润滑理论基础，流体动力润滑，流体静压润滑，多孔质轴承润滑，弹性流体动力润滑，边界润滑，润滑状态过渡，减摩、耐磨和摩擦材料，摩擦磨损的试验和检测技术，摩擦学设计等 15 章。（徐宝澍）

T000205 **石英电子钟表修理大全** 沈忠林著。中国轻工业出版社 1994 年 11 月版。73.2 万字。35.00 元。针对石英电子钟表的特点，对基础知识、专业理论、装配维修技能、国内外石英钟表结构特点、使用保养等方面作了系统介绍和分析。（罗佳）

T000206 **机械原理** 华大年主编。高等教育出版社 1994 年 12 月版。41 万字。12.00 元。根据国家教委批准的《高等工业学校机械原理课程基本要求》修订而成，包括平面机构的结构分析、运动分析、动力分析，各种常用机构的分析和设计，机构创新设计法导论等内容。在介绍课程基本内容的同时，特别注意归纳总结机械原理课程的运动倒置法、同性异形机构演化法、当量法、杆组法、速度瞬心法等基本研究方法，并将其贯穿于全书的各章节中。在“机构创新设计法导论”一章中，介绍了再生运动链法、运动副变异法、叠加杆组法等机构创新设计法。（马盛

明)

T000207 **射线检测** 郑世才编著。机械工业出版社1994年12月版。23.6万字。15.00元。是无损检测Ⅱ级培训教材。介绍Ⅱ级射线检测人员所应必备的知识,包括射线检测的原理与影像质量、设备与胶片、检验的基本技术、典型工件的透照技术、评片、其他射线检测方法、辐射防护,并按照培训及资格鉴定考核的要求,安排有实验,设计了复习题及相应标准答案。(武江)

T000208 **机械设计** 唐金松主编。上海科学技术出版社1994年12月版。59.5万字。16.90元。包括:总论,联接,传动,轴,轴承,联轴器和离合器,其他零件等5篇20章。总论讲述了机械设计的基本要求、一般程序,设计机械零件的要求、方法与步骤,同时还介绍了机械零件现代设计方法。在其他各篇中,介绍了联接、传动、轴、轴承、离合器等各类零部件的类型、特点、应用与参数,受力分析计算和强度计算,零部件的结构设计等。(史全富)

T000209 **机械端面密封** 顾永泉著。石油大学出版社1994年12月版。52万字。22.00元。叙述机械端面密封的基本理论、基本类型、基本参数、计算基础、设计方法、典型结构分析、主要零部件及材料、环境控制和故障分析。主要介绍石油化工方面机泵和设备用机械端面密封的技术改进、使用经验和科研成果。提出了比较系统的机械密封理论,如摩擦和润滑理论,相变和空化理论,动力学理论,磨损理论,相似理论等。提出了流动、相变、摩擦和工作4个状态。还提出了机械端面密封的密封性、稳定性、追随性、可靠性和耐久性5个密封特点。本书融进了作者7项国家专利成果,如汽液混相机械密封机理、机械密封热力学分析、流体力学模型的计算和圆弧槽气(液)端面密封的研究等。(路庆良)

T000210 **机械设计教程** 濮良贵、陈庚梅主编。西北工业大学出版社1994年12月版。39.9万字。11.00元。主要内容为5大部分:第一部分为绪论和机械设计基础知识,包括对机械零件的强度、刚度要求,以及常用材料和选材原则;第二部分为可拆和不可拆联接,前者指螺纹联接、键联接及销联接等,后者指焊接和胶接等;第三部分讲述机械传动,包括螺旋、带、链、齿轮及蜗杆传动等;第四、五部分分别介绍轴系零部件及其他零部件如轴承、联轴器、弹簧、减速箱等的结构设计和计算。(胡梦仙)

T000211 **现代实用仪器分析方法** 中国林业科学研究院分析中心编。中国林业出版社1994年12月版。77万字。30.00元。近500个分析实例,都采用菜单式写法,以便使读者针对自己的分析实例"照方抓药"。在分析方法中,每一个实例都是一个完整的分析方法,它包括样品处理、所需仪器和药品、操作步骤和结果的计算等5个部分。书中介绍了原子吸收分光光度法、高效液相色谱法、氨基酸仪分析法、气相色谱分析法。并附有标准溶液的配制、常用指示剂的配制、缓冲溶液的配制等主要内容。(张敏)

T000212 **分析仪器检修指南** 王化正、李玉生编著。中国石化出版社1994年12月版。72.1万字。24.60元。包括原子吸收分光光度计、微机化原子吸收分光光度计、紫外-可见分光光度计、火焰光度计、荧光分光光度计、电导仪和库仑计、极谱仪、常用色相色谱仪、微机化的气相色谱仪等仪器的结构原理、安装和调试、维护、仪器常见故障和排除方法。所选的仪器代表了中国目前常用仪器类型。作者曾著有《常用分析仪器结构、使用与维修》(石油工业出版社,1984年版)和《现代分析仪器维修手册》(航空工业出版社,1988年版)。(孙培玉)

T000213 **德英法汉机械制造术语辞典** 彭晋龄主编。中国标准出版社1994年,1995年版。共138.7万字。9册。77.5元。根据国际生产工程学会(C.I.R.P)的《机械制造术语词典(Dictionary of Production Engineering)》增补了相应的中文词条编写而成。所增补的中文词条是参考原书3种文字并根据中国机械制造方面的现行标准和常用术语而确定的。每分册末还增补了中文索引。9个分册内容如下:第一分册锻造和模锻,第二分册磨削、表面粗糙度,第三分册金属板材成形,第四分册金属切削的基本术语,第五分册冷挤和冷镦,第六分册刨削、插削、拉削、车削,第七分册钻削、锪削、铰削、螺纹制造,第八分册铣削、锯削、齿轮制造,第九分册电解加工、电腐蚀加工、电子束加工、激光加工、化学加工。(易彤)

武器工业

T000214 **兵器测试技术(弹箭部分)** 裴思行编。兵器工业出版社1994年1月版。22万字。5.40元。兵器工业总公司制订的"八五"教材编写规划中的教材之一。主要内容包括弹箭结构特征量测定、内弹道性能测定、外弹道性能测定、终点效应测定及性能测试中的安全技术概要。(丁世用)

T000215 **航炮设计** 邬显达等编著。兵器工业出版社1994年2月版。44.6万字。8.40元。火炮系列教材(9本书)中的一种，主要介绍航炮设计和计算的基本理论及方法，具体内容包括航炮的发展概况、航炮在载机上的安装与使用、总体设计、机构运动学与动力学分析、浮动原理及二自由度机构动力学、主要机构的设计方法、后坐力计算及缓冲装置的设计、转膛炮及转管炮的动力分析以及航炮运动的数学模拟方法等。(李翠兰)

T000216 **防空导弹武器系统软件工程** 陈定昌等编著。宇航出版社1994年3月版。43.4万字。24.50元。根据现代系统工程的原理与方法，在继承已有软件工程基本结论的基础上，介绍了防空导弹武器系统的计算机系统及其软件的体系结构，详细描述了防空导弹武器系统所涉及的主要数学模型及重要软件成分的功能。提出了以四要素(方法与技术、工具与环境、管理与标准和组织与人员)为中心，构造防空导弹武器系统软件工程的理论体系，并从技术和管理两个方面概括防空导弹武器系统软件开发的主要原理、方法和技术。书中还介绍了软件工程的评价体系和评价方法，展望了现代防空导弹武器系统软件工程的几个重要发展方向。(李明观)

T000217 **迫击炮设计** 唐治编著。兵器工业出版社1994年4月版。40.4万字。7.70元。普通高等教育兵工类规划教材，主要作为火炮专业本科生的教材。系统地介绍国内外在迫击炮炮身设计、炮架设计、座钣设计和总体设计理论方面的最新研究成果，各国迫击炮武器系统的新型号、新结构和新概念，以及迫击炮的研究现状与动向，还附有图表和照片。(吴简)

T000218 **引信机构动力学** 彭长青主编。兵器工业出版社1994年4月版。56.7万字。10.80元。介绍建模概论、引信环境力、点火机构、隔爆机构、保险机构、延期解除保险机构、自毁机构、钟表机构和延期机构等内容，并在刚体动力学基础上，分析了物理模型，建立了数学模型。(李翠兰)

T000219 **无后坐炮设计** 吴承鑑、张莺编著。兵器工业出版社1994年5月版。35.2万字。6.70元。火炮系列教材(9本书)中的一本，全书分7章，基本内容包括无后坐炮工作原理与结构原理、无后坐炮弹道设计与合膛设计、喷管设计理论和设计方法以及炮身、炮闩、炮架设计特点，最后还介绍了无后坐炮动力分析的有关理论。(李翠兰)

T000220 **实用弹道学** 王昌明编著。兵器工业出版社1994年5月版。44.3万字。18.00元。为兵器工业弹药专业基础教材，所涉及的内容主要是枪炮武器的弹道学问题，主要介绍枪炮弹道的基础理论、分析计算、一般设计方法及枪炮弹道主要参数的试验技术。本书首次尝试将外弹道学、内弹道学及弹道试验这3部分内容汇集在一起，使学生或专业工作者能够更加系统地了解弹道学的基础理论和实际应用。全书分3篇，第一篇介绍外弹道学的一般概念、分析计算和设计的基本知识；第二篇介绍内弹道学的基本原理、分析计算和设计方法；第三篇介绍枪炮弹道的主要参数的试验方法及测试技术，其中弹药试验中火药气体压力的测量方法，是作者多年潜心研究的成果，此方法中的部分内容获国家级科技进步二等奖，并在教学及科研中得到应用。(张小洁)

T000221 **兵器工业高新技术** 洪昌仪主编。兵器工业出版社1994年6月版。66.8万字。25.00元。结合兵器工业特点和世界兵器装备发展，以现代高新技术常规战争为背景，从新概念兵器、制导兵器技术、兵器火控与指控技术、含能材料技术、兵器材料技术、现代兵器设计与仿真技术、兵器光电技术、兵器微电子技术与计算技术、引信技术、兵器制造技术、兵器高新技术产业化11个技术领域，系统地介绍世界兵器工业主要高新技术的基本概念、应用、发展状况和发展方向等。担任本书各章的撰稿人，都是兵器工业系统相应学科或专业的专家和科研的骨干力量，对所论述专业的国内外水平、发展趋势、存在问题都十分熟悉，其观点具有一定的权威性。(丁世用)

T000222 **自动武器学(自动机设计分册)** 于道文等编著。国防工业出版社1994年11月版。47.6万字。16.50元。共8章：一、绪论；二、闭锁机构；三、枪机加速机构与半自由枪机；四、弹仓式供弹机构；五、弹链式供弹机构；六、退壳机构；七、击发机构与发射机构；八、复进装置与缓冲装置。除系统论述自动机设计的方法、步骤、试验等外，主要特点是融著者的科研、教学、实践成果于全书的理论体系之中，给出了一套有别于国外同类书籍的设计方法。例如：研制自动武器的一般程序部分的内容是根据中国产品研制过程总结出来的。在第二章中，提出了用实际安全系数对比法解决闭锁支撑面的强度校核问题；针对不同支撑面，给出了3种闭锁机构的约束反力公式；从减小能量损耗的角度提出了卡铁摆动式闭锁机构开、闭锁工作面的设计计算公式；对美M60 7.62通用机枪的闭锁机构，推导出理论抛物线方程，等等。在第三章中，编著者提出“滚柱凸轮式枪机加速机构”、“滚柱式和杠杆式半自由枪机”的设计新方法。在第四章中，阐明了侧方压弹的开式弹链弹性试验的机理，增加了用杠杆机构做输弹传动机构时的设计原理与方法，给出了按从动件速度规律来设计机构的新方法，等等。在第六章中，在抽壳机构的设计部分给出了许多新内容，如撞击力的影响、抽壳钩的强度；在抛壳机构设计方面有若干新见解，如抛壳窗、抛壳挺位置的选择，抛壳能量的计算等等。在第七章中，著者对击发机构的可靠性等提出了新的观点，并对该机构做了详细的几何分析。在第八章中，对矩形断面弹簧应力计算公式，考虑到曲率影响后，提出了修正方法。（彭华良）

T000223　**膛内多相燃烧理论及应用**　王升晨等著。兵器工业出版社1994年12月版。26.8万字。12.00元。内容基础是非稳态三维多相燃烧理论，着眼于膛内装药燃烧场高压瞬态过程的物理描述，研究的重点是各种火炮装药点火燃烧中发生的火焰传播、压力波动和反常燃烧现象。书中采用现代两相流燃烧理论的观点和方法，从工程应用角度，论述火炮膛内多相瞬态点火燃烧过程。主要介绍多维两相流内弹道工程背景、基本方程及本构关系式、定解条件和计算方法。结合具体问题给出了多维和特殊装药结构的内弹道问题的理论模型和应用方法以及两相流内弹道软件系统及其应用，最后还提出了“两相流内弹道仿真系统”的设想。为读者提供了一套工程模化、实验模拟及数值求解方法，包括反常高压膛炸事故分析、燃烧转爆轰理论预测及两截装药复杂燃烧场模拟等。（蒋昌群）

动力工程

T000224　**热能系统分析与最优综合**　崔峨、尹洪超著。大连理工大学出版社1994年版。44万字。9.80元。分7章。在介绍热能系统工程的基本概念、必要的基础数学方法和介质热力参数计算的基础上，着重对热能系统工程的核心内容，即热能系统的热力学分析、稳态模拟、最优化的系统综合的理论和方法进行讨论。附录中还介绍了有关的计算机程序。（韩露）

T000225　**脉动燃烧**　程显辰著。中国铁道出版社1994年版。20.8万字。8.90元。介绍脉动燃烧的概念、驱动原理，脉动燃烧器的工作原理、理论模型，以及实验诊断技术；特别突出介绍了脉动燃烧器的应用技术及其在工业生产中应用方面所特有的优点。（薛淳）

T000226　**大型汽轮机运行**　裘烈钧主编。水利电力出版社1994年6月版。23.1万字。4.80元。高等学校教材。根据能源部《1990～1992年高等学校教材编审出版计划》编写，以汽轮机的热力特性及结构特点为基础，全面论述汽轮机运行的基本理论，包括启停、典型事故的处理、正常运行与异常运行等，还阐述了汽轮机运行的有关新技术，包括机组寿命管理、设备可靠性、机炉协调运行、中压缸启动、停机快冷和调峰运行方式等。（马家斌）

T000227　**泵与风机节能技术**　华北电力学院吴民强主编。水利电力出版社1994年6月版。18.8万字。4.00元。高等学校教材。根据能源部《1990～1992年高等学校教材编审出版计划》编写。以泵与风机的运行节能为中心，主要介绍泵与风机的各种调节方式的原理、特性及适用范围；泵与风机及其装置系统的经济运行、优化调度以及选型、改造和求得最经济方案。（张宝茹）

T000228　**热工学**　蒋汉文主编。高等教育出版社1994年6月第二版。41万字。10.80元。分热工理论基础和热工设备两篇，热力循环结合热工设备讨论。热工理论基础部分包括工程热力学和传热学；热工设备部分包括锅炉设备、工业企业蒸汽动力装置、内燃机及燃气轮机装置、压气机及制冷装置。附录部分收入了中国在材料热物性研究方面的一些成果。书末附有索引、热工学常用图表及习题答案。（李心桂）

T000229　**节能控制系统**　任秀珍、王永初著。中国石油化学工业出版社1994年7月版。31.0万字。11.50元。重点阐述通过改变控制方式实现节能的途径。首先介绍节能与节能控制的基本概念；然后着重介绍常用的节能控制的重要方法——利用控制扩大对象时间常数的方法；线性系统的非线性化方法；改变终端部件的节能方法；质量监督控制的节能方法；卡边控制方法；减少谐振能耗的控制系统；优化与自适应控制的节能系统。书中列举了一些节能控制应用实例。（丁纵宇）

T000230　**能源与化学**　杨修造、吾慎之编。高等教育出版社1994年8月版。17万字。4.55元。从化学的角度阐述能源的基本知识和能源开发与利用的化学手段。介绍了石油资源、天然气资源、煤资源、水力资源、核资源，以及新能源。论述了能源与国民经济、能源与人民生活、能源与环境之间的关系。对能源的开发和利用中的若干化学问题作了论述。本书收入“中学教师继续教育从书”。（王蕙烨）

T000231 **动力管道手册** 《动力管道手册》编写组编。机械工业出版社 1994 年 10 月版。188.3 万字。共 15 章,包括常用资料、管道系统及其选择、管道布置及敷设、管道水力计算、管道热补偿、管道跨距及荷载、管道支吊架及支座、管道强度计算及应力验算、管材及其附件的选择、保温及防腐、动力分站、真空管道系统、高纯气体管道、动力管道安装及验收、概算指标等内容。书中管道种类包括热力管道:蒸汽、热水、凝结水、废汽;燃气管道:冷煤气、水煤气、城市煤气、液化石油气;气体管道:压缩空气、氧气、氮气、乙炔气、氢气、二氧化碳、真空系统、高纯气体等,并从设计原则、工艺系统、计算选型及设计实例等方面作了详细阐述。同时还编入了动力管道安装及验收和概算指标等内容。(蓝伙金)

T000232 **燃料手册** 白尚显、唐文俊主编。冶金工业出版社 1994 年 10 月版。156 万字。78.00 元。介绍燃料的性能及其应用,以采纳中国迄今所积累的燃料科学技术成就为主,同时介绍了世界燃料科学技术的新进展;以煤岩、石油为主,兼顾其他门类燃料的介绍;立足于燃料性能的阐述、数据的汇集,同时适当介绍燃料的应用、运输和管理等技术经济的国内外典型资料。本书分固体燃料、液体燃料和气体燃料 3 篇。固体燃料的主要内容包括煤炭的分类、煤炭资源、煤的洗选、煤的燃烧、煤炭的运输及管理,焦炭、核燃料和油页岩、炭沥青、天然焦、木炭等;液体燃料主要包括石油、燃料油品、液体火箭燃料、煤焦油、页岩油等;气体燃料主要包括天然气、气化炉煤气、焦炉煤气、高炉煤气和转炉煤气、液化石油气以及矿井气、煤成气、油制气、沼气等。(许晓海)

T000233 **煤中矿物杂质对锅炉的危害** 西安热工研究所孙亦騄编著。水利电力出版社 1994 年 11 月版。24.5 万字。17.00 元。介绍煤中矿物杂质的构成及其演变过程,煤的碾磨特性和煤灰的磨损特性,炉内灰沉积过程,煤灰的烧结、熔融和粘度特性,煤灰结渣和沾污性能的判别方法,煤粉燃烧锅炉的防渣措施,高低温腐蚀的机制和预防措施等。(方开先)

T000234 **简明日英汉锅炉和压力容器词典** 顾志龙编。上海科学普及出版社 1994 年 12 月版。50 万字。30.00 元。收词近 7000 条,涉及锅炉和压力容器的设计、制造、安装、检修以及管理等。书末附有"日汉字词首索引"和"英文索引"。(顾蕙兰)

电工技术

T000235 **国际电力系统技术会议论文集(英文版)** 电力科学研究院编。万国学术出版社 1994 年版。290 万字。上、下册。340.30 元。国际电力系统技术会议于 1994 年 10 月 18—21 日在北京召开。参加这次会议的有来自中国、美国、法国、德国、英国、俄国等 20 多个国家和地区的 300 多位代表。本文集共收入论文 295 篇,分为 35 个专题,即:三峡工程输电系统研究,电力系统分析,电力系统谐波,高压开关装置和架空线,电力系统经济输送和调度,电厂的控制和电力系统的稳定性,电力系统的动力特性,电力系统的扩大和发电计划,电力系统的计算,配电系统和需求方面的问题,高压直流设备和控制,电力系统控制中心和控制系统,励磁和变感器控制,电力系统动力学延伸等域判据和其他快速计算方法,电力系统计划送电网络和互连,电力系统模拟和模型,电力设备(变压器、发电机和电动机),高压直流系统,电力系统的意外事故和紧急事件,电压和无功补偿,电力系统瞬时稳定性和计算,电力系统规划,电力系统经济学,可变的交流输电系统,高压绝缘、超高压和避雷装置,电力系统故障和修复,电压坍塌和不稳定性,电力系统中间传输,负荷预测,电力系统的瞬变,串连电容器和移相器,高压绝缘器和电刷,电力系统稳定装置和控制装置,电力系统振荡,电力系统继电保护和方法。(刘岐元)

T000236 **交流电动机绕组修理改装技术问答** 赵家礼编著。机械工业出版社 1994 年 1 月版。42.2万字。19.50 元。解答广大电动机修理工作者在修理和改装交流电动机绕组时常碰到的具体问题。全书分 4 章。绕组修理改装基础知识问答、绕组重绕技术问答、绕组改装技术问答、质量检查及标准技术问答。(赵德勤)

T000237 **万用电表检修技巧与实例** 李保宏著。人民邮电出版社 1994 年 1 月版。24 万字。12.00 元。侧重介绍万用电表检修方法和技巧。全书分 3 章。第一章介绍各种模拟型万用电表的测量机构、典型电路及部分电路原理,综述检查万用电表故障、修理万用电表故障的基本方法。第二章介绍常用模拟万用电表典型故障 30 例。示例中有故障表现、故障检查的过程、处理故障的过程和故障原因分析。第三章介绍普及型 LCD 显示数字万用电表的常见故障 23 例。(唐素荣)

T000238　**家用电动电热器具原理与维修技术**　金德初等编。人民邮电出版社1994年1月版。60万字。24.00元。根据国家工人技术等级标准(商业行业)的要求,为家用电热器具与电动器具专业技工等级培训编写的教材。全书分为"电动器具"和"电热器具"两部分,每一部分又分为3篇。"必备知识篇"和"技能篇",分别讲述相应器具的主要部件及其特殊要求、器具的结构及工作原理、常用仪器及专用工具的使用方法以及基本检修程序与步骤;"实践篇"着重介绍器具的元器件、材料的选用、修理技巧和检修实例。(李少民)

T000239　**家用制冷设备原理与维修技术**　吴玉琨等编。人民邮电出版社1994年1月版。56.2万字。22.00元。按必备知识篇、技能篇和实践篇的顺序编写。必备知识篇系统讲述制冷技术基础知识和各系统的工作原理。技能篇和实践篇主要介绍了制冷维修工必须掌握的基本操作技能及仪器仪表和专用工具的使用;家用电冰箱、冷藏柜、空调器及其他中小型制冷装置的结构、特点及其故障检查、判断和维修技术。每章后有复习题。书后附录中还选编了部分制冷维修工必备的技术资料。(赵桂珍)

T000240　**现代家用电器维修技术基础(下)**　孙景琪著。人民邮电出版社1994年1月版。57万字。23.00元。家用电器维修技工等级培训教材。全国家用电器维修行业技能鉴定指定用书。主要内容有:数字电路,如编码器和译码器、触发器、计数器、存储器等;微型计算机的原理;BASIC语言及其有关的程序设计;单片微型计算机及其应用;与家用电器维修有关的机械常识和绘图识图知识;家用电器中常用的电动机结构原理及应用。另外还介绍了光学和色度学基础知识。(孙中臣)

T000241　**现代家用电器维修技术基础**　中国家用电器维修管理中心编。人民邮电出版社1994年1月版。79.4万字。31.00元。全国家用电器维修行业技能鉴定指定用书,家用电器维修技工等级培训教材之一。书中介绍了家电维修专业的公共技术基础,包括电工基础、低频电子电路(模拟)、高频电子电路等内容。每章后有复习题。(唐素荣)

T000242　**简明电工手册**　周文森、陆业铫、郑景山编。机械工业出版社1994年1月第二版。117.8万字。38.00元。根据一般工矿企业、农村和部队维修电气设备和进行技术革新的需要而编写,主要介绍常用电工计算公式,电动机、变压器、高低压电器等选用参数、使用中的注意事项、运行中各类故障的分析及排除方法。这次修订对本书的内容进行了修改、补充和调整,删除了内容已陈旧的章节,如顺序控制器、简易数控机床和感应同步器与数显表,增补了一些新技术和新产品,如Y系列异步电动机、Z3系列直流电动机、交流稳压电源、新型低压电器、半导体器件、硅整流充电机及刷镀电源等。为了适应电工产品标准化的要求,修订时采用了国家新颁布的电气图图形符号和文字符号方面标准,书中列出了新旧符号对照表。(孙流芳)

T000243　**家用洗衣机原理使用与维修**　王冠熙等编著。电子工业出版社1994年2月版。23.1万字。8.50元。介绍家用洗衣机的构造和工作原理、使用和保养知识、常见故障的原因和排除方法。全书共3章:第一章讲解普通双缸、半自动、新水流和全自动洗衣机结构、电控系统和电路原理;第二章介绍选购、使用和保养洗衣机的有关知识;第三章重点分析各类洗衣机常见故障,如洗涤、脱水、进水、排水不正常,漏水、漏电,以及噪音等的产生原因,给出检查和排除故障的实用方法。附录给出了洗衣机的有关标准、故障现象—原因—排除表、30多种洗衣机电气原理图等资料。(史明生)

T000244　**电能计量(第二版)**　水利电力部电力生产司组编。水利电力出版社1994年2月版。41.6万字。14.60元。用电管理培训教材。对电能表的调整、检修、电能计量方式及电能计量装置的综合误差,作了详细介绍。为配合电价改革,还对几种常用的特殊电能表作了简单叙述。对标准电能表和检验装置这次修订还增加了电子技术方面的内容,同时还阐述了感应式和测量用互感器原理、使用和检验的有关技术问题。(施月华)

T000245　**10kv及以下配电线路工程图集——设计、加工、安装**　司策著。水利电力出版社1994年2月版。77.7万字。39.50元。在全面总结多年来配电线路设计、加工、安装、验收、运行维护等实践经验的基础上,结合各地区新技术、新工艺的发展,并根据部颁SDJ206《架空配电线路设计技术规程》和国家标准GB5075《电力金具》的规定要求,用简要的图表形式编写而成。主要内容包括:水泥杆高压瓷横担杆型,水泥杆高低压杆型,分散补偿并联电容器安装,柱上SF_6断路器安装,柱上油断路器安装,跌落式熔断器安装,热缩电缆终端头安装,256型电缆终端盒安装,杆上变台、地上变台及电缆敷设,并备有各种导线安装曲线、部件制造图及大量设备材料技术数据等。(杨元峰)

T000246 **低压电气安全** 傅洪畴、朱德基等著。中国标准出版社 1994 年 2 月版。45.7 万字。11.50元。分 5 章。第一章电气安全基础知识；第二章低压电气安全基本防护技术；第三章电气安全保护装置；第四章电气安全性能的测量与试验；第五章产品的安全认证。书后附有电气安全常用术语和参考标准。本书宜与《工业企业常用安全标准汇编 电气安全部分》配套使用。（袁晓玲）

T000247 **小型发电机可控硅励磁基础知识** 刘芥芬编著。湖南科学技术出版社 1994 年 3 月版。34.2 万字。9.90 元。重点介绍可控硅励磁系统中常用电子元件、半导体器件的结构和工作原理、简易测试和使用维护等方面的基础知识；还介绍了电工基础、整流电路、可控硅励磁系统常见故障及处理方法等。（李遂平）

T000248 **电机与电器** 沈裕康等编。北京理工大学出版社 1994 年 4 月版。32.2 万字。9.35 元。介绍机电控制中常用的各种交直流电机和电器。内容有：直流发电机、直流电动机、直流伺服电动机、直流测速发电机、变压器、单相异步电动机、三相异步电动机、二相交流伺服电动机、交流测速发电机、自整角机、旋转变压器、感应同步器、直线电动机、步进电动机、角位移编码器和各类控制用低压电器。从各类电机、电器的基本电磁关系出发，阐明其物理概念、分析其工作原理和特性，对各种电机、电器的使用和选择作了说明。（赵继香）

T000249 **农电经营管理** 钱国安著。辽宁科学技术出版社 1994 年 4 月版。54.4 万字。15.00 元。分 15 章，主要包括以下几个方面：一、通过计划用电、节约用电、线损管理以及电费、电价管理，减少损耗，降低成本，使有限的电力能源获得最高的经济效益。二、做好报装接电、用电监查、计量以及抄表、核算、收费等日常工作，为用户提供优质服务，减少漏洞，增加收入。三、按市场经济规律指导经营活动，加强财务管理与监督，积极贯彻实施新的财务制度，注重经济核算，积极开展企业经济活动分析。四、深化改革，推行各种经营承包责任制。采用现代化管理手段，提高管理工作的科学性和时效性。五、强化和完善乡（镇）电管站管理，全面提高经营管理水平。此书还系统介绍了农电经营管理的基本知识和方法，注意南北方经营管理工作的不同要求，全面介绍各地的成功经验，并提出一些新的思想和做法。（李逢秋）

T000250 **怎样修理空调器** 邱兴永编著。人民邮电出版社 1994 年 4 月版。31 万字。10.00元。"全国星火计划丛书"之一。书中概括地介绍了热力学基础知识、名词术语、空调设备的分类命名及性能指标；以常见国内外生产的家用空调器为实例，系统地讲述了空调器的工作原理、部件结构、系统组成以及故障检修等实用技术知识；同时，还对空调器的选购、安装、使用及日常保养也作了介绍。书中还收集了大量国内外空调产品的技术资料。（张瑞喜）

T000251 **继电保护与自动装置的相量分析** 王祖蘧、许晋奎著。水利电力出版社 1994 年 4 月版。28.2 万字。11.80 元。着重介绍如何利用相量来分析继电保护和自动装置的一些问题，以达到通过试验判别继电保护和自动装置及其二次回路接线的正确性。全书分 7 章，主要内容有：不对称故障的相量分析；电流互感器和电压互感器的相量分析；如何利用相量分析判别继电保护及其二次接线的正确性；同步发电机自动调节励磁装置及同步装置的相量分析，包括相应的接线正确性判断。（纪素青）

T000252 **电气工程标准规范综合应用手册（上、下）** 本书编写组编。中国建筑工业出版社 1994 年 4 月版。333.3 万字。110.00 元。讲述电气工程技术标准的正确理解和使用。全书划分为设计标准、公共建筑、居住建筑、生产建筑、变电设施、弱电系统、防灾灭火、接地防雷、安全保护、供电配电、启动装置、施工验收等 12 篇。（强十渤）

T000253 **电力系统谐波** ［英］J・Arrillage D. A. Bradley D. S. Bodger 著，容健纲、张文亮译。华中理工大学出版社 1994 年 6 月版。28.4 万字。10.80元。概括现代关于谐波问题研究的成就，论述谐波产生的原因、危害，谐波的分析、测量方法，限制谐波的标准，谐波的消除等。（李德）

T000254 **短路电流计算（不对称短路）** 雷践仁、庄曰平著。水利电力出版社 1994 年 6 月版。13.9 万字。3.00 元。分 8 章，主要介绍电力系统不对称短路电流实用计算的基本理论和方法，包括：短路计算的主要目的、要求及基本方法；三相短路的计算步骤和注意事项；对称分量法及电力系统不对称状态的基本关系式；电力系统元件的各序参数及其等效电路；对各种简单不对称短路及其计算进行了较深入的分析；电压和电流对称分量在网络中的分布及经变压器的变换；不对称短路计算的运算曲线法；电力系统非全相运行的计算的简单介绍。书中编排有相应的例题和习题。（丰兴庆）

T000255 **电力系统自动控制** 浙江大学韩祯祥主编。水利电力出版社 1994 年 6 月版。26.0 万字。5.50元。高等学校教材。根据能源部核定的1990～1992年高等学校教材编审出版计划编写的。全书分7章。第一章根据电力系统的运行特点对电力系统自动控制作了全面概括的介绍；第二章叙述电力系统频率和有功功率控制的原理和方法；第三章介绍电力系统电压和无功功率控制的原理和方法，并重点介绍发电机的励磁调节系统；第四章介绍电力系统的安全控制；第五章讲解电力系统的优化运行；第六章讲解电力系统的自动监视和控制；第七章讲解配电网的控制。(张克让)

T000256　**电工技术与安全**　江苏省电力工业局编。水利电力出版社1994年6月版。67.7万字。28.40元。全国电工培训考核电教片教材。分4篇20章，主要内容有：电力系统知识，电工操作工艺，电气新标准识图，10～35KV一、二次电气设备及运行，400V低压电气设备及运行，以及电气技术安全和管理等。书中电气图形符号全部采用国家新标准，有关规程、规范的内容完全符合部颁规程和国家标准的规定，介绍的电气设备都是目前国家新生产的节能和改进型设备。(纪素青)

T000257　**汉英俄火力发电厂常用词汇**　郝钰林主编。水利电力出版社1994年6月版。47.5万字。23.00元。所有词汇主要选自近年国内外先进火力发电厂的资料及有关文献，经火力发电厂工作经验丰富的专业技术人员精心筛选、对比、收编而成。收词约3500条。全书分"锅炉"、"汽轮机"、"电气(含通信)"、"电厂化学"、"仪表与控制"、"燃料"、"修配"、"综合"等8部分，书末还附有汉、英、俄3种文字检索表。(顾希衍)

T000258　**超声波电动机**　陈永校等编著。浙江大学出版社1994年6月版。20万字。3.70元。系统地论述USM的基本原理、方法，系统地综合和应用了近几年作者的不少研究成果和国内外最新成果。主要内容有：USM的基本原理；摩擦传动的机理及等效方法；压电晶体和压电振子的机电耦合；定子环的强迫振动解析和接触面的数学模型；USM的结构和驱动电源的设计方法。分10章：第一章绪论；第二章超声波电动机摩擦模型等效方法；第三章压电晶体和振子的基础理论；第四章楔形超声波电动机的理论和实验；第五章行波型电动机的理论基础；第六章行波型超声波电动机的等效电路和特性计算；第七章超声波直线电动机；第八章行波型超声波电动机的设计和制造；第九章超声波电动机的控制和变频驱动电源的设计；第十章与电磁型电动机的比较。(龚建勋)

T000259　**电工理论基础(上、中、下)**　周克定、张文灿主编。高等教育出版社1994年6月、11月版。24.9万字(上)，20.5万字(中)，26万字(下)万字。4.70元(上)，3.90元(中)，5.95元(下)。分上、中、下3册。上册为线性电路的稳态分析，包括电路元件和电路定理、电阻电路的分析和网络定理、储能元件，正弦电流电路分析，三相正弦电流电路、非正弦周期电流电路、网络图论及矩阵分析、二端口网络；中册为电路瞬态、磁路及离散系统分析，包括动态电路的时域分析、复频域分析、状态变量法、非线性电路、磁路、离散系统分析；下册为分布参数电路及电磁场，包括分布参数电路、静电场和恒定电流场、恒定磁场、时变电磁场、时变电磁场的边值问题等。(楼史进)

T000260　**中小型电机设计手册**　上海电器科学研究所《中小型电机设计手册》编写组编著。机械工业出版社1994年7月版。60万字。30.00元。内容包括：中小型电机设计基础知识；单相、三相异步电动机，单相、三相小型同步发电机，小型直流电机的设计原理、电磁设计程序和算例；部分派生、专用三相异步电动机的设计特点；电机计算机辅助设计；电机基础标准；电机用材料及零部件标准。(周娟)

T000261　**新编电动机绕组布线接线彩色图集**　潘品英主编。机械工业出版社1994年7月版。70.2万字。59.00元。分6章，内容包括：三相交流电动机定子各种型式绕组、交流电子波绕组、各类型式的单相电动机绕组、交直流两用串励电动机绕组、单绕组变极式多速电动机绕组以及直流电动机实用的电枢绕组等。布线接线图是采用突出表现绕组布线特点和实际接线的、且与电动机实物相接近的新颖画法，绘制成绕组端面模拟彩色图。书中除各章节综合介绍绕组型式的结构特点、嵌线规律、接线要点外，每例还有绕组参数、嵌线顺序、布线特点及实例应用等较详细的技术数据和文字说明。(赵艾苏)

T000262　**农村电气化规划指南**　李荧主编。水利电力出版社1994年7月版。94.1万字。44.00元。内容包括：规划总论，规划编制方法，规划参数与计算方法等。其中规划方法是结合中小水电供电区的特点，从实践中研究出的新方法；在负荷规划及电力电量平衡方面附有实例；在水轮机选择方面附有最新的参数图表；在负荷曲线编制中附有新的典型曲线，可简化编制程序。(陈琦英)

T000263　**大亚湾核电站系统及运行**　陈济东

主编。原子能出版社 1994 年 7 月版(上册)、1994 年 12 月版(中册)、1995 年 6 月版(下册)。370 万字。270.00 元。系统总结大亚湾核电站技术内容的专著。该书总结了中国引进国外资金、人才、先进设备和技术建设的第一座大型核电站。本书的编写以大亚湾核电站建成投产时的实际状况为基础,重点描述各种系统设备的功能,系统流程,设备规范,运行参数,性能保证和安全等方面的内容。为汇集大亚湾核电站的主要系统和设备,本书分 9 个篇章进行描述,其中包括厂址建设概况,核蒸汽供应系统和设备,汽轮机系统和设备,发电机系统和设备,核电站运行控制,全厂配套设施,安全执照审批,土建工程和生产运行等。本书论述了在核电站的设计中采用法国核电站作为参考电站,而且吸取了美国核电站的改进措施,使大亚湾核电站达到了国际先进的核电技术水平。在核电站的安装调试中,吸收了国外核电站的经验教训,严格按国际标准进行土建施工和安装调试,从而保证了核电站的工程质量和安全水平。(张佩文)

T000264 **电力拖动与控制** 翁彪年主编。科学技术文献出版社 1994 年 8 月版。33.6 万字。13.60元。把电力拖动与自动控制结合起来编写,全书分 3 篇:第一篇电力拖动基础,第二篇断续控制系统及其设备,第三篇连续控制系统及其设备。第一篇以直流他励电动机与三相感应电动机为研究对象,讲述电力拖动的基础理论,分析电动机四个象限的运行特性。第二篇对继电器—接触器控制线路的基本环节作了较详细的讨论;通过典型设备举例介绍,对控制电路的设计、安装、调试和维修有一全面的了解。第三篇通过典型举例,介绍了电机放大机控制线路与晶闸管—电动机自动控制系统的基本原理及调试方法,为进一步发展数控技术应用指出了方向。(罗曼)

T000265 **电工实用技术入门** 王兰君著。人民邮电出版社 1994 年 8 月版。22 万字。10.00元。从初级电工人员的实际需要出发,从提高初级电工人员的实际操作水平入手,介绍了电工人员最基本的理论知识,常用工具的使用,低压电器和电气元件的识别、使用和维修,电动机的应用,常用电气设备的维修技巧等知识。还介绍了电工人员的一些小经验、小窍门。在叙述方法上,采用图文并茂的方法,提供各种元部件的实体图和标准图形符号。(贾安坤)

T000266 **高压直流输电系统的谐波分析及滤波** 夏道止、沈赞埙著。水利电力出版社 1994 年 8 月版。13.9 万字。7.00 元。系高压直流输电系列书之一。主要介绍有关交直流系统谐波的规律和分析方法,谐波造成的危害及滤波装置的设计问题。第一章为绪论。第二章介绍换流站交流侧的特征谐波和非特征谐波电流以及直流侧的特征谐波和非特征谐波电压的规律和计算方法。第三章介绍应用谐波电流源和谐波电压源分别进行交直流系统中谐波电流、电压分布的计算方法及对交直流系统的特征谐波和非特征谐波进行统一计算的方法。第四章介绍谐波对系统中的元件、系统本身以及通信所造成的危害和影响。第五章介绍各种滤波器的结构型式和滤波装置的设计方法,并介绍一些其他的谐波抑制方法。以上内容主要以两端直流输电系统为对象,但所介绍的原理和方法亦可推广到多端直流输电系统,以及变频站、非同步联络站等情况。本书系统地论述了国内外研究成果中的有关内容,并介绍了作者所提出的交直流电力系统统一基波和特征谐波潮流算法、非特征谐波潮流统一算法及滤波装置参数的优化设计方法。(陈涛)

T000267 **工业静电** 孙可平、宋广成主编。中国石油化学工业出版社 1994 年 8 月版。44.2 万字。16.30 元。系统论述工业生产中静电对人员生命安全、物资财产和生产技术的重大影响。介绍工业静电基础理论、静电放电和引燃、静电测量等基本知识;对石油、船舶、高压气体和含尘气流、电子、航空航天、纺织和化工等行业的静电现象、原因、所造成的危害及预防措施作了叙述;同时对与工业生产密切相关的人体静电和大气静电作了分析;书中还介绍了静电防尘、涂敷、复印、摄影和分选等应用技术;书后附有与静电领域相关的标准、规定和参考数据。(白桦)

T000268 **化工厂电气手册** 张修正主编。化学工业出版社 1994 年 9 月版。302 万字。82.00元。根据化工厂的生产特点及对电气工程的特殊要求,结合国内外的成功经验编纂而成。针对化工厂用电的特殊要求,介绍电气设备的防腐、防爆及防静电等问题。详细介绍了爆炸危险环境的划分,防爆电气设备及选择、防爆电气设备的安装与线路敷设,火灾危险及防火、防静电、防雷击等。本书除了介绍中国的化工厂电气技术和使用经验外,还收入了中国从美、日等国引进的数十套大型化工装置中的先进电气设备和技术。根据市场经济的需要,编入了技术经济的内容,如可行性研究、经济分析及评价、成本分析、费用计算、化工及石油化工装置电气投资估算等。并对节能技术和节能产品进行了介绍。本书还较完整的收录了一般电气工程技术人员所必备的基本知识和常用资料,如电工基础、电工材料、标准规范、电机及电气设备、工程设计计算等。(陈逢阳)

T000269　**电工1000个怎么办**　张盖楚等编著。金盾出版社1994年9月版。67万字。24.00元。以问答形式较全面地阐述35千伏及以下电气线路和电气设备的使用、维护与故障排除方面的主要问题。内容包括一般电工知识,以及电动机和其他用电设备、电气照明、变压器、变配电装置和高低压电器、电容器、内外线路、电工测量仪表、接地与接地装置、电工安全用具的运行维护和管理。同时还介绍了触电防护、电气防火、防爆防雷等知识。(陈大金)

T000270　**电力设备诊断技术概论**　李常熇著。水利电力出版社1994年9月版。11.6万字。5.80元。是"设备诊断技术丛书"的总论部分。全书分7章,前3章是综合部分,介绍设备诊断技术的基本理论和基本方法,设备诊断和设备检修、故障管理、技术监督等方面的关系;第四～七章分别介绍旋转机械振动、高压电气设备绝缘、热力设备金属部件的监测与寿命管理和红外监测技术等专业诊断技术的概况。(方开先)

T000271　**电子变压器**　朱吉甫、俞丽华编著。电子科技大学出版社1994年11月版。33万字。8.70元。主要内容为电感器件的通性部分,分为两章,即第一章电感器件的基础知识,包括感应系数计算、磁路、变压器工作原理、电磁屏敝原理;第五章电感器件制造工艺,包括线包、铁芯、装配制造工艺等。将电感器件的众多产品按照其典型应用、结构特点又分为第二章电源变压器,第三章其他电子变压器,第四章电感线圈与滤波扼流圈。(杜倩)

T000272　**工程电磁场数值计算的理论方法及应用**　周克定等著。高等教育出版社1994年11月版。64万字。27.75元。共15章。第一至四章介绍电磁场数值计算的理论基础和基本方法;第五、六章讨论汽轮发电机在不同运行工况下端部漏磁场、温度场及突发短路时端部绕组电动力的计算;第七至十三章介绍电力变压器一些专题的研究和三维场数值计算的成果;第十四、十五章分别介绍电磁场数值计算在无损检测和高能物理磁元件设计中的应用。全书以工程应用为主线介绍电磁场数值计算的理论和方法。(楼史进)

T000273　**家电故障快速诊断60法**　陈维编著。广西科学技术出版社1994年11月版。17.9万字。6.40元。介绍60种实用有效的家电故障速诊的方法。(马如海)

T000274　**电器结构、工艺及计算机辅助工艺规程设计**　孟庆龙、金克逵主编。机械工业出版社1994年11月版。96万字。34.00元。介绍中国电器制造工艺发展的新趋势,覆盖了高低压电器、小型继电器、静态电器及高低压开关柜的通用零件与专业制造工艺的主要内容。(贡克勤)

T000275　**电机检修实用手册**　潘成林主编。机械工业出版社1994年11月版。85.3万字。31.50元。全国"星火计划丛书"之一。介绍三相异步电动机、三相同步电机、家用电器用单相异步电动机、直流电机、控制电机、特殊用途电机以及控制电器的结构、常见故障及处理方法;电机绕组、换向器、集电环、轴承等零部件的修理技术;电机绕组的改极、改压和重绕的计算方法;电机的使用维护注意事项,电机修复后的试验方法。手册中列出了多种电机技术数据、绕组接线图和绕组排列方法以及修理电机常用材料。(朱华)

T000276　**火电厂热系统节能理论**　林万超著。西安交通大学出版社1994年11月版。32.6万字。15.00元。主要阐述"等效热降"热工理论、热系统定量分析和热系统节能理论及技术的研究与实践。详尽地分析了火电厂热系统的组成、设备的热经济性与节能技术,以及各类发电机组的局部定量分析方法和数学模型的建立。此外,还系统地介绍了最新的有关科研成果。(朱兆雪)

T000277　**电力工程制图标准DL5028-93**　电力工业部华北电力设计院主编。地震出版社1994年12月版。75.8万字。35.00元。主要内容有:一般规则包括:总则、一般规定、图样画法、尺寸标注方法及其他规定;机务包括:各图种画法、编号、代号和连接符号、系统图设备图形符号、管道图形符号、阀门和管件图形符号、起重和运输工具设备图形符号;电气包括:各种图画法、文字符号和编号、电气基本图形符号、电力系统图形符号、输配电线路图形符号、电力设备和照明图形符号、电气控制、保护、测量图形符号、调度自动化系统图形符号、通信图形符号、热工过程检测和控制系统图形符号;建(构)筑物包括:各图种画法、文字代号、总图图形符号、建筑图形符号、土建结构图形符号、采暖通风系统图形符号、起重运输设备与施工网络逻辑关系图形符号、水工工艺图形符号、水工结构图形符号。(张慧平)

T000278　**计划用电、节约用电、安全用电——**

三电工作手册 李如虎等编著。广西科学技术出版社 1994 年 12 月版。139.45 万字。43.00 元。介绍计划用电、节约用电、安全用电的基础理论、规章规程和操作方法，重点介绍计划用电的分配、各种设备的节能措施与途径、安全用电的规程与操作等内容。(马如海)

T000279 **实用霓虹灯技术** 蔡祖泉、陈大华著。华南理工大学出版社 1994 年 12 月版。58 万字。38.00 元。作者根据多年从事电光源研究和霓虹灯制作积累的经验，对霓虹灯设计制造和安装维修过程中存在的问题进行了深入的调查，并参考和吸收了国内外霓虹灯设计制作和安装方面的先进技术资料，对霓虹灯的理论、实际设计、制作、安装、维修技术作了详尽的介绍。全书内容主要有：霓虹灯的一般基础知识、工作过程与工作参数、工程设计和制造技术、制造材料、安装及维护、使用实例等。书中还对霓虹灯的技术发展进行了探讨，并附录了多种霓虹灯地方标准、霓虹灯专利、霓虹灯材料、霓虹灯术语中英文对照表等。(杨昭茂)

T000280 **大功率柴油机发电厂技术手册** 广东省柴油机发电专业委员会编。华南理工大学出版社 1994 年 12 月版。138.6 万字。100.00 元。分 4 篇共 16 章。第一篇总论，包括柴油机发电厂简介及展望，发电厂的经济性、设备验收，各类发电机的比较；第二篇柴油机发电厂的设计原则，包括总体设计、厂区设计和设备布置、主要辅助系统的设计原则和电气设计；第三篇柴油机发电厂设备，包括柴油机及其附属设备、电气设备、应急发电机组；第四篇柴油机发电厂的管理原则，包括组织管理模式、生产管理和技术管理。(赖淑华)

T000281 **电子材料与元器件测试技术** 周东祥、潘晓光著。华中理工大学出版社 1994 年 12 月版。24.2 万字。5.40 元。在阐述基本理论及基本测试技术的同时，也反映国内外在该领域的新发展和新成就；既介绍了测量系统及测量自动化的基本问题，也介绍了微机在测量中的应用技术，且较全面地介绍了电子材料与元器件基本电参数的测试方法、原理，测试结果的处理方法以及提高测量准确度的途径，对电阻、电容、纯电与压电及电子敏感元件等的测量原理与测试技术、测量系统及自动化问题作了详细介绍。(叶见欣)

T000282 **新编电工电子器材手册** 同华成等编。山西科学技术出版社 1994 年 12 月版。177 万字。80.00 元。介绍电工、电子器材的名称、分类、图形符号、型号命名及标志方法、产品系列、外型及中外型号对照表等内容。搜集的型号以标准产品为主，并适当收入了部分常用的、市场占有率较大的非标准产品及元器件材料。(杜湘岸)

T000283 **工业与民用配电设计手册(第二版)** 中国航空工业规划设计研究院等编。水利电力出版社 1994 年 12 月版。118.7 万字。67.50 元。为配合即将颁发的中国电气设计技术规范的实施，在总结《工厂配电设计手册》长期使用经验的基础上，增加了 35kv 和民用配电设计的有关内容，重新编写了《工业与民用配电设计手册》(第二版)。本手册共 16 章，主要内容包括：负荷设计和无功补偿，供配电系统，变配电所的设计，短路电流计算，高压电器的选择，电能质量的提高，继电保护和自动装置，二次接线，电线电缆选择，线路敷设，低压配电线路保护和低压电器选择，常用用电设备配电，防雷和接地，低压电气装置的防电击保护和医院等特殊环境的电气安全等。为广大电气设计人员提供了 35kv 及以下配电设计所需的基本原则、计算方法和数据、科研成果和实践经验以及常用资料。(施月华)

T000284 **现代电力工程师手册** 李桂中著。天津大学出版社 1994 年 12 月版。92 万字。40.00 元。从新知识、新概念、新技术、新方法、新经验等方面系统介绍现代电力设备设计、安装与运行技术。主要内容有金属材料的物理化学特性，环境保护措施，系统工程方法，优化设计，短路电流计算，配电装置的设计与安装，电气安全技术，低压、中压、高压大电流开关设备，直流输电，地下输配电工程，电子计算机的应用及其辅助设计等。(张金锷)

T000285 **电厂热工过程自动调节** 巨林仓著。西安交通大学出版社 1994 年 12 月版。50.1 万字。16.00 元。自动调节理论部分包括调节系统时域分析、频域分析和根轨迹法分析、调节对象的建模方法、自动调节器的动态特性和组成原理。电厂热工过程自动调节系统部分介绍了锅炉给水调节系统、汽温调节系统、燃烧过程调节系统、汽轮机功频调节系统、单元机组负荷调节系统的组成原理。另外介绍了电厂计算机监控系统的结构和功能。(孙文声)

T000286 **秦山核电厂调试运行论文集** 钱剑秋等著。原子能出版社 1994 年 12 月版。37.6 万字。22.00 元。论述秦山核电厂调试、运行过程中的技术管理和调试、运行的技术问题。内容包括综述与管理，工艺系分析与专项试验，仪表控制，电气装置与试验，辐射监测，设备维修 6 部分。(侯凤旺)

T000287　**恒电位仪电路原理及其应用**　冯业铭编著。中国矿业大学出版社 1994 年 12 月版。36.5 万字。16.00 元。内容包括:与电化学测试仪器有关的电子电路基础,以恒电位仪为主体的电化学测试仪器原理电路,恒电位仪在电化学稳态、暂态、交流阻抗技术及金属腐蚀速度测试中的应用,几种典型的恒电位仪实用电路的分析、测试、维修以及一氧化碳、二氧化氮检测仪和血糖测定仪的工作原理、传感器的制作工艺与仪器构造。(黎强)

无线电电子学、电信技术

T000288　**遥控大屏幕多制式彩色电视机及其检修**　董政武编。电子工业出版社 1994 年版。45 万字。18.80 元。分 5 章。在对遥控彩电进行讲解的基础上以最大篇幅介绍了 3 种大屏幕彩电的工作原理和典型故障检修方法,具体机型有松下 TC-D25C、日立 CMT2518 和东芝 289X6M2 型。其中第一章是讲遥控多制式彩电的理论基础,第二章重点介绍普通的基础电路及典型故障检修,第三章介绍遥控电路的工作原理、典型故障及检修方法,第四章介绍大屏幕多制式彩电的新颖电路和典型故障及检修方法,第五章是前 4 章的综合运用,也是全书的主体。(张新华)

T000289　**多值逻辑电路设计原理**　吴训威著,陈偕雄校。杭州大学出版社 1994 年版。33.3万字。12.00 元(平),16.00 元(精)。从介绍处理多值数字信号的多值逻辑电路的优点及国内外研究情况入手,结合作者十多年来在电子科学领域中的研究成果及研究生课程的教学资料,全面系统地论述多值逻辑电路设计的各个方面。全书分 10 章。在第一章介绍多值逻辑基本概念与研究情况的基础上,以处理三值信号的三值逻辑电路为范例,逐章讨论了代数系统、门电路、函数最小化、组合电路、触发器及时序电路等内容。第九章介绍了多值存储器——四值 ROM,而在第十章则提出了一种新的逻辑电路设计方法,即以开关元件,而不是以门电路为基本单元来设计电路。在本书的附录中,提供了历年来中国作者在国内外刊物上的多值逻辑研究论文总目录。(蒋保纬)

T000290　**实用电视天线手册**　邸元春编著。湖北科学技术出版社 1994 年版。46.8 万字。17.00 元。阐述电视信号的传播特性、天线及馈线原理,具体介绍各种半波振子电视天线、单频道电视天线、双频道电视天线、甚高频电视天线、特高频电视天线、全频道电视天线、室内电视天线、全向电视天线、电视调频共用天线、机内电视天线、有源电视天线、卫星电视接收天线及电视发射天线,并对共用天线电视系统作了详细说明。本手册附有有关天线、馈线、卫星电视系统及共用电视系统等图表及数据。(李海宁)

T000291　**数字电子技术**　张建华主编。机械工业出版社 1994 年版。25.7 万字。7.10 元。以组合逻辑电路和时序逻辑电路的分析方法和设计方法为主线介绍各种逻辑器件的功能及应用。对中规模集成电路的应用、新器件 PAL 和 GAL 进行了重点介绍。(韩雪清)

T000292　**中国国家标准分类汇编　电子与信息技术卷**　中国标准出版社编。中国标准出版社 1994 年版。共 3940.8 万字。26 册。50.00 元/册。汇集至 1992 年底批准发布的全部现行的电子元器件和信息技术类国家标准,按二级类类别排列,共 1356 项。同时,随着中国标准化事业的发展和与国际惯例接轨,1993 年国家技术监督局对现行的国家标准进行了清理整顿:将国家标准的使用性质划分为强制性和推荐性,部分国家标准转为行业标准,少量国家标准废止。本汇编各分册的附录,逐一标明了该分册的每一项标准的使用性质。(周俞斌)

T000293　**国家标准电气制图电气图形符号应用示例图册**　全国电气图形符号标准化技术委员会编。中国标准出版社 1994 年版。共 128 万字。2 册。60.00 元(2 册)。包括电子、电工、电力、电信、建筑电气等分册,每分册均按标准规定的图种分别列出若干示例图,并对图中内容予以说明。1994 年出版电子分册和建筑电气分册。电子分册共有 47 份图例及相应说明,分别介绍了系统图和框图、电路图、逻辑图、接线图、总布置图 5 个图种的基本概念、图形符号的应用、代号的标注以及绘制方法。建筑电气分册共有 91 份图例及相应说明,选取常用的有一定代表性的工业与民用建筑电气工程实例,分别介绍了系统图和框图、电路图、接线图、平面图的基本概念、图形符号的派生和电路图的绘制方法等。(王一力)

T000294　**用万用表检修彩色电视机 500 例**　章长生等编著。人民邮电出版社 1994 年 1 月版。80.6万字。34.00 元。以各种实例讲述怎样用万用表检修彩色电视机的故障。涉及的机型以名优国产彩色电视机为主。在介绍故障检修实例时,以“光栅、图像、彩色、伴音”为序,以电路与故障密切的程度为先后，以故障出现的概率高低来排列。同一个故障现象，以数种或10多种有代表性的，不同机型的彩电或多个故障原因说明。本书在介绍维修实例之前，系统讲解了用万用表检修彩电的方法和技巧。全书最后还介绍了一些初学维修者常犯的错误。(赵桂珍)

T000295 **家用音响设备原理与维修技术** 王履坤等编。人民邮电出版社 1994 年 1 月版。80.8 万字。32.00 元。由中国家用电器维修管理中心主编的全国家用电器维修行业技能鉴定指定用书，家用电器维修技工等级培训教材之一。全书分成 3 篇："必备知识篇"、"技能篇"、"实践篇"。除详细地讲解家用音响设备(收音机、录音机、现代家用组合音响、CD 唱机等)的电路原理外，还以较多篇幅讲解了实际维修技能的培养，其中包括元器件的认读、仪器仪表的使用、电路的测试方法、维修方法、维修实例等。每章后均附有复习思考题。(刘文铎)

T000296 **电视机原理与维修技术** 李福祥等编。人民邮电出版社 1994 年 1 月版。113.8 万字。44.00 元。全国家用电器维修行业技能鉴定指导用书，家用电器维修技工等级培训教材。主要介绍电视信号的发送与接收基本知识；黑白、彩色电视机的基本工作原理及其常见机芯、机型分类与特点分析；怎样看黑白、彩色电视机电路图；电视机的检修方法和测量仪器的应用；黑白、彩色电视机元、器(组)件的特性、特点与代换，以及黑白、彩色电视机大量的故障检修实例。(刘建章)

T000297 **家用录像机原理与维修技术** 宋燕欣等著。人民邮电出版社 1994 年 1 月版。61 万字。24.00 元。全国家用电器维修行业技能鉴定指导用书，家用电器维修技工等级培训教材之一。内容围绕培训大纲的要求安排，并考虑实际培训教学的需要，分成必备知识篇、技能篇、实践篇 3 篇，各部分内容和教学的课时要求相适应，强调技能和实践能力的培训，结合本行业工作的实际需要，着重介绍故障判断和维修方法。内容包括怎样看录像机电路与机械图，电路和机芯的调整方法，仪器仪表和专用工具的使用，维修基本手段和方法，零部件、元器件的代换，整机维修后的性能检验方法等。另外，全书章节安排考虑了维修技工初级、中级、高级 3 个层次培训人员的特点。(贾安坤)

T000298 **移动通信** 邮电部北京设计院编。人民邮电出版社 1994 年 1 月版。124.6 万字。65.00 元。分 13 章，分别介绍移动通信的概念、发展与应用、移动通信系统，可行性研究报告、询价书及技术规范书，移动通信工程设计内容，公用移动电话网的网路设计，无线覆盖区设计，专用移动通信网工程设计，无线电寻呼网设计，频率分配与无线电干扰，移动通信设备的安装设计，移动通信塔桅，移动通信环境中的电波传播、微蜂窝无线覆盖区设计和设计参考资料。全书配有大量图表。本书已收入"电信工程设计手册系列丛书"。(王亚明)

T000299 **英汉程控交换词典** 人民邮电出版社编。人民邮电出版社 1994 年 2 月版。98.9 万字。28.00 元。收词涉及的程控交换机机型有 S1240、F150、NEAX61、AXE10、5ESS、E10B、EWSD 及 DMS10、100、200 等。所收词汇主要有程控交换设备硬件、软件、信号、安装、测试及常用缩略语，词典还适当收入了与程控密切相关的传输、数据处理、ISDN 等方面的词汇。总词汇量约 3.5 万条。(田秀兰)

T000300 **黑白与彩色电视机电路分析与维修技术** 上海市电子电器技术协会、上海市闸北区业余大学编。上海科学普及出版社 1994 年 2 月版。77.1万字。28.00 元。在阐明电视广播和电视接收天线的基本原理之后，着重介绍国内外黑白电视机和彩色电视机的工作原理和维修技术，详细说明常见机种的电路，还介绍电视机的选择和使用知识。在维修技术部分，重点介绍维修方法、技巧和实例。书中还提供多种维修参考资料，如常用元器件替换、常用电视机名词术语英汉对照、主要元器件生产厂家、世界各国彩电制式等。(黄琼志)

T000301 **摄像发烧友大全** 沈瑞勇编著。天津科学技术出版社 1994 年 2 月版。29.9 万字。硬件、软件与 Know－How 是本书 3 个主要方面。硬件，介绍摄录机及其周边设备的选择、挑选、操作、维护、检查、保养等知识与方法，指导读者合理投资，并在购机后正确使用。软件，介绍电视片的拍摄、制作方法。袖珍摄录机不同于专业摄像机。本书立足于讲授不经电子剪辑而直接出作品的摄制方式与方法。Know－How，介绍经验与诀窍，是本书的灵魂所在。作者把个人丰富的体验穿插融合在各章节之中。(徐彤)

T000302 **摄像机投影机调试维修图集** 《电子文摘报》社、《家庭电子》杂志社编。成都科技大学出版社 1994 年 3 月版。118 万字。55.00 元。选编日本松下公司生产的 11 种机型的家用摄像机和日本夏普、索尼、三洋公司生产的 8 种型号的彩色投影机。内容包括：方框图、电路图、印刷板图、机械分解图、零件表、机械拆卸、调试、安装步骤、电路调整、器件更换、检测波形、维修流程等。附录部分选编了部分小型摄录像机特性等资料。(徐丹红)

T000303 **半导体光电子学** 黄德修著。电子科技大学出版社1994年3月版。37万字。9.80元。主要内容为半导体中光子-电子相互作用的基本理论、几种跃迁速率及其相互关系,并由此导出粒子数反转条件、加强电子-光子相互作用的异质结构及由异质结构成的一些半导体光电子学器件、半导体光电子学的某些正在发展的学科前沿课题。(黄礼玲)

T000304 **遥控彩色电视机原理与维修大全** 李耀荣等编著。高等教育出版社1994年3月版。89万字。36.10元。以国家最新部颁的中、高级家用电子产品(家用视频设备)维修工等级标准为依据,讲解遥控彩色电视机基本原理;以三菱、东芝、菲利浦、松下、SGS、夏普、索尼、NEC等国外产品为例,分析了国内市场流行的遥控彩色电视机的常见故障,并详细介绍了检修方法。(王军伟)

T000305 **组合音响昂贵易损件的应急修复与变通代换** 李勇帆编。湖南科学技术出版社1994年3月版。79.7万字。19.80元。分9章,在简要地介绍组合音响的结构原理、实用维修技巧与方法的基础上,系统而详尽地介绍了组合音响中常用的诸如大功率环型变压器、特殊集成块、电子轻触式录音机芯、激光唱盘与唱片、激光拾音器、驱动电机、立体声录放磁头、盒式磁带、高保真传声器、扬声器及组合音箱等昂贵易损器件的结构特性,典型故障的机理原因、检测方法及修复技巧。同时,针对各类进口组合音响特殊易损件规格多、互换性小的情况,给出了其以简代繁、以易代难、以廉代贵的变通代换窍门,并列举了近100个组合音响易损件疑难杂症的巧修实例,涉及的机型有覆盖面广、代表性强的星河、美多、熊猫、钻石、先锋、珠江、三洋、赛格、健伍、夏普、东芝、日立、雅马哈等20多种牌号近50种机型。还收集了各类组合音响易损件的检测数据与维修参数。(李遂平)

T000306 **英汉电信缩略语词典** 刘玉芝、游建青主编。人民邮电出版社1994年3月版。47.1万字。20.00元。收集最新的国内外与电信专业有关的科技文献和书刊杂志中的英文缩写词,并在此基础上把它们译成中文。共收编英文缩略语15000余条,内容涉及通信网、数据通信、移动通信、个人通信、卫星通信、光通信、传输技术、交换技术、终端技术以及电信新业务等各个方面。(马嘉)

T000307 **薄膜电子学** 孔庆升著。电子工业出版社1994年4月版。44万字。9.90元。以薄膜电子器件为中心,从各种薄膜结构成份的分析方法入手,介绍包括金属薄膜、贯穿绝缘薄膜、电介质薄膜等各种薄膜的物理机理、电特性及薄膜制备工艺,并在薄膜在微电子学的应用部分中系统地阐述了电、磁和电磁波方面的器件、集成电路物理性质、工作过程及应用。(陈晓莉)

T000308 **461种彩色电视机供电电路解析及故障检修** 李勇帆著。湖南科学技术出版社1994年4月版。69万字。24.00元。将目前市面上拥有量较大的进口及国产彩色电视机,包括早期投入市场的老机型和最新流行的品种461种,按供电电路的结构特点,归纳成16大机芯系列,详细说明各种机芯系列彩色电视机的供电方式、整机电源电压的形成、高中低压的来龙去脉、供电电路的结构、工作过程及可见元器件在电路中的作用;着重阐述检修注意事项、技巧和方法、典型故障的原因分析、快速检修思路与捷径、易损元器件的应急修复及代换技巧等。书中还收集了彩色电视机供电电路近300个典型特殊故障检修实例,每个实例都给出了故障现象、故障原因分析、检修步骤与方法、排除故障的措施和诀窍。(李遂平)

T000309 **静电复印机高速数码印刷机原理与维修技术** 何新光等编。人民邮电出版社1994年4月版。82万字。35.00元。根据国家工人技术等级标准(商业行业)的要求,为办公(复印)设备维修专业技工等级培训编写的教材,经国内贸易部教育司审定,作为"全国家用电器维修行业技能鉴定指定用书"。本书分为静电复印机和高速数码印刷机(又称一体化速印机)两部分。主要讲述它们的基本工作原理、结构、功能,以及安装、操作、维护保养和常见故障检修方法。(李少民)

T000310 **常用集成电路互换手册** 周仲、夏薇编。上海科学技术文献出版社1994年4月版。27.80万字。7.20元。工具书。作者收集近1000个国内外可以互换的产品型号,包括管脚排列、功能、参数,以及部分暂时设有互换型号产品和维修参考数。著者从CMOS集成电路、TTL集成电路、ECL集成电路、集成稳压器、电视机集成电路、音响集成电路、运算放大器、电子钟与电子琴等家用电器集成电路、磁带录像机集成电路、微处理器存储器电路进行分类,并附有常用集成电路国内外主要生产厂家、型号代号的信息资料。(方金善)

T000311 **高频电路原理与分析** 杜武林主编。西安电子科技大学出版社 1994 年 4 月版。53.8 万字。14.50 元。为了适应 1986 年以来电子技术的进步和教学改革的发展，第二版教材内容与初版相比主要有以下 4 方面的改动：一、将高频电路的有源器件、各种无源网络、电子噪声等共同性基础内容合并、充实为第二章"高频电路基础"，加强了共同性基础内容的分析和讲述；二、进一步删减并挑选了分立元件电路的内容，充实了射频模块放大器，集成振荡，各种调制、解调、混频、锁相等集成电路内容，反映了当前电子技术在高频电路方面的进步状况；三、为了加强理论联系实际，增加了第九章"典型整机线路介绍"，介绍了典型的收发信机和通信机；四、将初版第五、六章改写为新的第五、六章，将理论分析和实际电路分开，加强了调制、解调、混频的共性分析——非线性变换概念，又可以突出各种实际电路的介绍。（李纪澄）

T000312 **模拟电子线路（Ⅰ）** 谢沅清著。电子科技大学出版社 1994 年 5 月版。34.5 万字。9.75 元。内容包括：半导体元器件，放大器基础，放大器的反馈，放大器的频率特性，场效应管及其放大电路，功率输出级，模拟集成电路基础，集成放大器，运算放大器的应用，两种常用的通用集成电路——电压比较器和模拟相乘器，直流电源。（万晓桐）

T000313 **模拟电子线路（Ⅱ）** 谢沅清著。电子科技大学出版社 1994 年 5 月版。32.5 万字。8.65 元。内容包括：小信号选频放大，高频功率放大，电振荡的产生，非线性波形变换，线性频率变换——振幅调制、检波、变频、非线性频率变换——角度调制与解调，反馈控制电路，电子电路中的噪声。（万晓桐）

T000314 **模拟集成电子技术教程** 邓汉馨、郑家龙主编。高等教育出版社 1994 年 5 月版。49 万字。8.55 元。按照国家教委颁布的"高等工业学校电子技术基础教学基本要求"编写。全书 7 章为：常用半导体器件、基本放大电路分析、典型集成运算放大器结构与特性、负反馈应用基础、波形发生与变换电路、功率电子电路及信号检测与处理。（任庆陵）

T000315 **无线电寻呼系统** 许道通等编著。科学技术文献出版社 1994 年 5 月版。33.5 万字。12.00 元。介绍无线电寻呼通信系统各方面的基本技术知识，如寻呼系统的分类、电波传播特点、寻呼通信发射机、寻呼通信接收机（EK-2076、BPR-2000、BRAVO 等）及基地台天线等设备的电路原理、分析、使用和维修知识。为了反映这一领域的最新成果，本书引用了大量的曲线、图表供读者选用。（王大庆）

T000316 **16 种新型进口彩色电视机检修实例** 程兆华主编。人民邮电出版社 1994 年 5 月版。41.6万字。16.00 元。重点介绍由松下、索尼、日立、夏普、胜利等厂家 16 种机芯的新型进口彩色电视机的工作原理以及故障检修实例。介绍每一种机型均包括"电路解说"和"检修实例"两部分内容。书中所介绍的机型，均系 1994 年国内最流行的机型；书中所收集的电路资料，也是 1994 年最新的原版资料。全书共介绍了进口原装彩色电视机故障检修实例 305 例，这些检修实例都是从中侨总公司系统分布在全国各省市的 40 余个维修部所碰到的各种故障检修实例中挑选出来的，是中侨总公司系统各维修部维修人员工作实践经验的总结。（刘君胜）

T000317 **线性电子线路** 戴蓓蒨、钱志远等主编。中国科学技术大学出版社 1994 年 5 月版。62.9万字。12.30 元。参照国家教委颁发的《高等院校工科电子线路课程教学基本要求》，吸取近年来国内、外同类教材的一些长处，以线性系统的复频域分析方法为主线编纂而成。对于各类功能电路的介绍，着眼于基本原理和电路分析，突出电路的构成思想和应用。在内容上，增强了集成运算放大器的讲授，包括集成运算放大器的内部电路构成原理、模型和特性参数，以及集成运算放大器组成的各类应用电路。考虑到当今电子电路的设计强调系统设计的思想，本书除了注意加强读者对系统分析的能力，同时加强了负反馈及稳定性在系统中作用的讨论。鉴于信号处理电路是构成现代电子系统不可缺少的一部分，本书还专门介绍了滤波函数和以集成运放为有源器件的各类有源 RC 滤波电路。各章均选编了习题。（张善金）

T000318 **图像通信与控制系统** 李振玉著。中国铁道出版社 1994 年 5 月版。25.7 万字。15.00 元。介绍图像通信概况、图像通信基本原理、图像信号的产生与恢复、图像信号的传输；图像监控中心的建立；图像监控系统的设计和实例。（黄成士）

T000319 **光纤通信工程** 赵梓森等著。人民邮电出版社 1994 年 5 月第二版。85.4 万字。38.00 元。全面介绍光纤通信系统的技术问题，并侧重于问题的工程性。全书分 19 章，包括：概论、光纤及其制造工艺、光纤传输理论、光纤的特性及测量、通信用光缆、特殊光缆、光源、光检测器、光无源器件、光发送机、光接收机、线路码型、监控系统及公务电路、数字光纤通信设备、光纤通信系统工程设计、光缆线路施工技术、公用通信网中的光纤通信网、图像与数据传输及其光纤专用通信系统、光纤通信中的新技术及其展望。本书第一版于1987年出版发行。第二版修订本重点增加了单模光纤、特种光缆、新型电子器件及光无源器件等的介绍;在系统方面,对常用的新设备和新码型以及同步数字系列(SDH)和设备中的监控系统作了详细介绍,对发展中的公用光纤通信也作了重点介绍。(王晓明)

T000320　**电话机原理、使用与维修**　吴运昌编著。电子工业出版社1994年6月版。32万字。12.70元。系统叙述各类电话机的组成及工作原理,全面介绍了电话机的各种部件和电路结构及原理,介绍了近90种国内外电话机所广泛使用的拨发号、通话、振铃、接收信号处理及控制专用集成电路的原理及引脚功能。详细分析了具有代表性的28种各个类型的电话机整机电路,并对另外22种电话机的部分电路作了剖析。书中,特别对扬声电话机、多功能电脑电话机、录音电话机、无绳电话机、投币式电话机、光卡和磁卡式电话机的组成、工作原理及整机电路作了全面介绍及详尽的分析。书中还介绍了电话机的选购、使用和日常保养方面的知识,叙述了电话机的故障检修步骤和常用检查方法,并以3种用户最广的电话机为例,对电话机常见故障的机理及检修进行了系统分析。(王昌喜)

T000321　**电子电传机原理、使用和维修**　王兆铨等编著。电子工业出版社1994年6月版。44.6万字。15.80元。共7章。前3章介绍电传机的基本知识和主要技术相关的要求和标准、系统结构及一般原理;后4章介绍T-1000型、DCP型、DCJ-1000型及T-1200BS型4种电传机产品。从讲述西文电传机到汉字电传机的概念入手,通过了解电传机的基本知识和一般原理,结合具有不同特点的几种电传机产品的介绍,使读者进一步对电报终端设备的概貌有所认识,并可进一步掌握电传机产品的原理、使用方法和维修技术。(祖振升)

T000322　**微波固态频率源理论·设计·应用**　费元春等编著。国防工业出版社1994年6月版。论述微波固态频率源的理论、设计和应用。全书内容是:第一—二章综述微波固态频率源的发展概况及谐振电路模型;第三、四章阐述固态源振荡器的计算辅助设计及低相位噪声微波晶体管振荡器的设计,还介绍了国外先进的双管平衡型振荡器设计理论;第五、六、七章从理论和实践两方面阐述了微波振荡器所使用的多种类型、多频段微波固态源的设计;第八章阐述了固态源的调测技术,主要是S参数的调测;第九章是单片微波集成电路振荡器问题的研究。(耿新暖)

T000323　**现代微波网络导论**　邓次平著。国防工业出版社1994年6月版。30.7万字。16.80元。以全新的现代微波网络观点,介绍微波电路的新进展,围绕网络参数的引入与计算、测量与模造及其在电路分析与设计中的应用,重点论述有良好应用前景的新理论和新方法。全书分8章,第一章介绍微波网络的发展与新的网络参数;第二、三、四、五章分别讨论新型传输线、简单不均匀性、平面电路和三维微波结构的网络参数计算方法;第六章阐述复杂微波结构的网络参数测量与模造问题;第七章介绍分析无源和有源微波网络的新方法;第八章讨论微波领域新发展的网络综合与优化设计问题。(林秀权)

T000324　**实用电子电气工程图算手册**　刘光启编。机械工业出版社1994年6月版。81.6万字。35.00元。内容包括:电子、电气工程常用资料,电子元器件的参数和性能计算,电子电路及交直流电路计算,电路的热力设计,电波传播计算,仪器和设备计算,电动机、电气传动和电动机重绕计算,电线、电缆和电源计算等12章近500幅算图。本手册的特点是将计算公式图形化,图中列出计算公式,画出求解线,并附有例题。(周娟)

T000325　**彩色电视机检测数据大全**　楼铁军、李茂清著。江西科学技术出版社1994年6月版。63万字。24.00元。作者根据多年检修彩色电视机的经验,经长期实测、积累,整理撰写了本书。本书合并了同类机型,筛选出具有代表性的73种机芯(型)彩色电视机的检测数据,可囊括上千种牌号、机型彩色电视机的检测数据。书中不仅有集成电路电压、电阻数据、用途和引脚功能,而且还有二极管、三极管、行输出变压器、电子调谐器、彩色显像管等元器件的详细数据。为便于检修人员使用本书,列出了彩色电视机机型归类表、彩色电视机机芯(型)集成电路速查表及彩色电视机机芯(型)索引,在附录中还附有彩色电视机主要元器件代换表,以及近300种集成电路字母、数字顺序索引表。(姚建中)

T000326　**S1240程控交换机操作与维护**　上海贝尔电话设备制造有限公司编著。人民邮电出版社1994年6月版。68.2万字。共20章,内容包括:概述,S1240系统总体结构与维护管理、用户管理、小交换机用户及新业务、中继管理、计费管理、文件复制及后备带的制作、磁盘的重建、外部设备、统计、例行测试、诊断测试、中继测试模块、TTM、S1240 No.7公共信道信令系统、时钟与信号音、告警分配系统、数字交换网络的结构与维护、MPTMON与日常维护、SSA与RSU技术以及电源系统。(王晓明)

T000327 **现代光电测试技术** 顾文郁著。上海科学技术文献出版社1994年6月版。64.9万字。35.00元。科技著作。论述当代开拓的光电测试技术。着重介绍以光电子学为中心,特别是光学与电子计算机相结合的最优化测试方法。全书分10章,在内容选择上既注意到基础的理论性,又着重技术上的实用性和先进性。书中选择了大量应用实例,包括图表和数据。(陆中伟)

T000328 **现代通信理论** 上海交通大学王唯一主编。水利电力出版社1994年6月版。39.3万字。8.00元。高等学校教材。主要讲述现代通信理论基础,其中包括随机信号分析、模拟调制方法及抗噪声性能、模拟信号数字技术、基带传输系统中的符号间干扰及自适应均衡、数字调制技术和最佳接收理论。(施月华)

T000329 **控制电机(第二版)** 陈隆昌等编著。西安电子科技大学出版社1994年6月版。46万字。15.00元。分11章,主要阐述自动控制系统中常用的各种控制电机的工作原理、工作特性和使用方法。每章配有思考题、习题。(陈隆昌)

T000330 **标准集成电路数据手册·接口电路** 胡恩蔚等编。电子工业出版社1994年7月版。136.3万字。57.00元(平)。为"电子工程手册系列丛书"之一,标准集成电路数据手册的一分册。在保留有市场的传统电路的同时,选编了国际上先进且有代表性、通用性的电路,并依据全国集成电路标准委员会的规定及国际上惯用的相应型号标准编写。选编的集成电路有:读出放大器、磁芯驱动器、外围驱动器、电平转换器、电压比较器、显示驱动器、线驱动器、A/D、D/A转换器、V/F、F/V转换器等10类226种。重点介绍了电路的构成、特点,工作原理,性能参数,引出端排列及使用方法,部分电路还给出了应用实例及线路图。为便于读者的查找,手册还编写了器件型号和功能的索引及外形尺寸。(陈晓莉)

T000331 **现代移动通信系统** 蒋同泽著。电子工业出版社1994年7月版。46.2万字。21.50元。共4篇,即概述与基础;模拟移动通信;数字移动通信;发展与未来。含18章,叙述各种现代移动通信系统,包括大区制、蜂窝小区制移动电话(大哥大)系统,无线电集群系统,无中心通信系统,无线电寻呼系统(BP机),无绳电话系统直到第二代数字蜂窝电话(GSM及IS-54)系统,以及美国Gualcomm公司将要推出的码分多址系统和包括低轨道卫星通信在内的个人通信系统。对各种移动通信网的组网设计、容量计算予以详细讨论和举例。(徐德霆)

T000332 **模拟电子技术** 王远主编。机械工业出版社1994年7月版。39.7万字。10.00元。以集成电路为主,重点讲述各种基本放大电路及其分析方法、放大电路中的反馈、集成电路运算放大器及其应用电路等。全书共8章,分别为:半导体二极管和电路分析,半导体三极管和基本放大电路,多级放大电路和集成电路运算放大器,放大电路的频率响应,反馈,集成电路运算放大器的线性应用,信号发生电路和功率电路。在章节的划分上,考虑了分散难点和理论联系实际。各章后都有习题。(卢若薇)

T000333 **激光唱机的原理、调试和维修** 何文霖等编著。电子工业出版社1994年8月版。50.4万字。19.50元。作者根据多年研制和生产激光唱机的实践经验和收集的大量资料编著成这本集原理、调试和维修于一体的手册,目的是介绍国外的尤其是日本的音响科技成果。书中对激光唱机的基本原理作了较全面的介绍,并分析了索尼公司的常用电路及基本机型,还介绍了菲利浦公司的常用电路及基本机型。(祖振升)

T000334 **国内外小功率晶体管实用手册(国内分册)** 王长福等主编。电子工业出版社1994年8月版。133.2万字。89.00元。为"电子工程手册系列丛书"之一,其中汇集了国内自行设计生产的耗散功率小于1W的半导体分立器件。对于每种型号的器件,给出了器件型号、名称、用途、主要特点、外型、生产单位、外型示意图、最大额定值、电特性值表和特性曲线图等技术信息,对场效应晶体管还给出了典型应用电路。共收集双极型和场效应两大类,共248个型号的产品的技术数据。(杨富强)

T000335 **微波集成电路仿真** 副名:mwSPICE原理及应用。龙忠琪等编著。国防工业出版社1994年8月版。33.1万字。14.90元。介绍微波集成电路仿真的原理、方法和应用及最新进展。全书分9章。第一章概括介绍微波集成电路仿真的基本概念,微波集成电路仿真程序mwSPICE的仿真功能和仿真原理。第二章论述电路仿真中常用的数学方法及SPICE系列程序中的主要算法,介绍如何根据实际的电路结构建立电路系统方程,然后又如何求解线性电路方程,如何处理非线性问题和瞬态分析问题,如何处理速度、精度、稳定性和有效性等问题。第三～六章详细介绍了 mwSPICE 中的元器件、子电路及源信号的实用模型及表征方法。第七章介绍 mwSPICE 的各种分析功能。第八章介绍电路文件的结构及书写方法。第九章为应用举例,其中多数是编著者实践过的。(徐崇信)

T000336 **相控阵雷达系统** 张光义著。国防工业出版社 1994 年 8 月版。31.6 万字。14.40 元。主要介绍相控阵雷达的特点、系统的组成、工作原理与功能,各个分系统的主要技术指标及其参数选择,并结合相控阵雷达的实例,简要介绍现代相控阵雷达的发展趋势与潜力。作者系电子部第 14 研究所总工程师,他从 1964 年起开始二维相扫战略相控阵总体方案的研究,他是完成中国第一台超远程战略相控阵雷达的负责人之一。80 年代以来,他指导与参加该所多种固态相控阵雷达的研究工作。本书是作者 30 多年科研成果的结晶。(何曼庆)

T000337 **模拟电子技术及其应用** 王彩杰等著。大连理工大学出版社 1994 年 9 月版。27 万字。8.20 元。以集成电路为主,尽量压缩分立元件内容,扩展集成电路内容,并使分立元件为集成电路服务。加强了运放的线性应用和非线性应用,对反馈、振荡、电源等传统内容都改为以集成电路为主线进行讨论。增加了新型器件和新型电路的应用内容。为巩固对基本概念的理解和掌握分析方法,各章都配有例题、习题,对所有习题都附有答案。(王启太)

T000338 **传真机的选购、使用与维修** 严强编著。电子工业出版社 1994 年 9 月版。31 万字。11.50元。通过介绍传真机的工作原理、实际电路、工作信号流程、各项技术指标及其设置参数、故障现象及其测试检修办法等,说明了如何选购、使用和维修传真机。介绍了传真机的基本功能和特殊功能,并给出了各项相应技术指标,传真机各项设置的技术含义及其使用范围。通过剖析目前市场上使用广泛的传真机(日本松下 KX－F90B 等)的信号流程和电路分析,介绍了传真机发生各种故障时查找、排除的流程图。(阎德明)

T000339 **面向 21 世纪现代通信技术** 副名:第四届全国青年通信学术会议论文集。李正茂、楼培德著。电子科技大学出版社 1994 年 9 月版。120 万字。100.00 元。第四届全国青年通信学术会议论文集。(谢晓辉)

T000340 **电视原理** 俞斯乐等编。国防工业出版社 1994 年 9 月版。59.3 万字。14.60 元。以彩色电视为主线,内容分 7 章,其中第一、二两章介绍彩色电视的基础理论知识与电视传像基本原理,包括视觉特性与三基色原理、光度学与色度学,电视系统的组成、扫描与同步以及电视图像的基本参量等;第三章讲述 3 种彩色电视传输制式的基本原理、编解码方法和主要性能;第四、五两章围绕电视系统各主要环节中的摄像、信号校正、视频与射频全电视信号的形成、同步信号形成、特技操作、电视信号的录放、接收与显像等过程,着重讨论彩色图像信息的获取、转换、处理、信号形成与记录的基本原理,以及有关器件与电路的工作原理;第六章讨论电视测量原理,包括非线性失真、线性失真和视频杂波的测量;第七章介绍数字电视、视听信息电视多工广播、卫星电视、有线电视及高清晰度电视等。每章末均附有习题和思考题。在附录中还给出了广播电视方面的几个国家标准以及电视接收机典型电原理图。(李端)

T000341 **流密码学及其应用** 丁存生、肖国镇著。国防工业出版社 1994 年 9 月版。23.1 万字。12.10 元。重点阐述作者们近年来建立的流密码稳定性理论,并对其在抗干扰扩频通信中的应用进行了探讨。主要内容包括四大流密码系统及其组合系统、保密系统的单农理论、密钥流序列的基础理论、流密码系统的稳定性理论、信源码的稳定性问题、流密码的强度问题、序列的局部随机性问题等。本书反映了当代流密码学的研究水平,并对国际上的一些错误研究趋势进行了分析和论证,对某些研究方向提出了质疑(例如二次复杂度问题等),同时向读者提供了 20 个该领域的前沿研究问题。(马征宇)

T000342 **摩托罗拉线性与接口电路手册** 刘仁普等编译。机械工业出版社 1994 年 9 月版。348.8 万字。220.00 元。以摩托罗拉公司 1993 年版手册为依据编译而成。详细介绍了放大器和比较器、电源、马达控制、电压基准、数模转换、接口、通讯、汽车电子等电路,共有 400 余个芯片、几十篇应用报告;还介绍了有关电路的特性参数、使用方法及应用电路等。特别是该书所介绍的若干芯片已为国内外许多半导体厂商所认可并生产,已成为世界通用型的产品。(赵文荪)

T000343 **日汉电信词典** 郑维强主编。人民邮电出版社 1994 年 9 月版。200.2 万字。72.00 元。参考十几种日本最新出版的电信类词典、刊物。共收编词条 6 万余条,内容包括通信网、数字通信、数据通信、程控交换、计算机和计算机网、无线通信、微波

通信、移动通信、卫星通信、光通信、图像通信、综合业务数字网(ISDN)以及多媒体通信等通信新业务方面的词汇。(田秀兰)

T000345 **现代音频、视频(AV)设备实用维修图集(一)** 电子天府实用维修图集编委会编。四川科学技术出版社 1994 年 9 月版。81 万字。33.00 元。系“电子天府实用维修技术丛书”之八,内容包括以下 5 个方面:一、以松下“画王”(TC-29V,R)和“新画王”(TC-29V30H/R)大屏幕彩电、夏普 29N42-E2 大屏幕彩电、东芝 2918KTV/2518KTV 大屏幕彩电为例,介绍它们的电路结构和特点、故障检修和调整方法,还提供了详细的电原理图和维修技术资料;二、松下录像彩电二合一新产品的电路方框图、电原理图和机芯结构图;三、松下 NV-M1000 摄录一体机的电路方框图、电原理图、集成电路数据资料和机芯结构图;四、松下 LX-K500EN 影碟机使用的基本方法和技巧、机械和电路的调整方法、电路详解、方框图、电原理图、集成电路数据参数和机芯结构图;五、松下录像机 NV-HD100 的方框图、电原理图、集成电路数据资料和机芯结构图。(孙特)

T000344 **现代音频、视频(AV)设备实用维修图集(二)** 电子天府实用维修图集编委会编。四川科学技术出版社 1994 年 9 月版。81 万字。33.00 元。系“电子天府实用维修技术丛书”之九,内容包括以下 5 个方面:一、介绍国内最流行的新型直角平面遥控彩电的电路分析、故障检修、调整方法和实用维修技术资料。并附有松下 TC-2185/2185S/2186/2188S、东芝彩电 2118DE 的完整方框图、电路图和机芯结构图;二、松下 NV-M8000 摄录一体机的基本原理、电路详解和故障检修方法。附有 NV-M8000、NV-S700 摄录一体机的方框图、电路图、集成电路数据参数和机芯结构;三、松下 LX-900EN 影碟机的电路详解和故障检修。并附有全套方框图、电路图、集成电路数据参数和机芯结构图;四、松下新型录像机 NV-SD50 的方框图、电路图、集成电路数据资料和机械结构图;五、英汉对照表。(孙特)

T000346 **新一代光纤通信与同步网——原理与发展** 董孝义、王廷尧著。天津科学技术出版社 1994 年 9 月版。52.8 万字。43.00 元。共 9 章分为两篇。第一篇为新一代光纤通信部分,共 6 章,分别阐述现行光纤通信系统的简要原理,光纤的非线性和主动性,以及相干光通信、复用光通信、光孤子通信和量子光通信等新一代光通信的原理与发展;第二篇为光纤同步网部分,分 3 章,分别叙述现行异步复接体制、同步复接体制和自动纠误光缆通信系统的原理、应用和发展。(宋淑萍)

T000347 **实用电子电路大全(四)·电子小产品汇编** 黎涛等编。电子工业出版社 1994 年 10 月版。72.7 万字。25.00 元。共汇编电子小产品电路 400 余种,包括:电源电路,开关电路,控制电路,安全、报警电路,仪器、仪表电路,音响电路,电视机、录像机电路,游戏机、电子玩具电路,电话电路,医疗保健电器电路,汽车电子电路,卫星电视电路,电子照相机电路,维修装置电路等。各种电路在简介其功能、工作原理的基础上,给出了主要元器件的型号、参数、引脚图,以及电路装配后的调试方法。本书重点是电源电路、维修装置电路、音响电路。(邓又强)

T000348 **音响技术与电声工程** 黎烽著。华东理工大学出版社 1994 年 10 月版。20.0 万字。10.00 元。介绍现代电声音响系统及音响工程的基本原理,常用器材设备、设计方法以及电扩声的音控(调音)技术。内容主要有:电声理论基础,室内声学,电声器件,电声设备;电声系统的设计与安装,音响系统的声场设计,音响系统的调试与维护以及拾音、调音技术等。另外,书末附录给出常用专业术语中英文对照和一些实用性数据资料。(徐惠娟)

T000349 **最新电子元器件应用技术手册** 副名:家用与通讯电器集成电路、管脚、特性、代换及典型应用。高海生著。江西科学技术出版社 1994 年 10 月版。61 万字。35.00 元。汇编最新常用的集成电路,对每个集成电路分别给出了电路特点、引出端排列图,主要参数、内部电路及典型应用电路。内容包括无线与移动通讯集成电路、电话机集成电路、收录机、电视机集成电路及通用 TTL、CMOS 集成电路。书末还附录了中外集成电路直接代换表。(曾玉梧)

T000350 **程控电话与话务理论** 陈锡生、陈昌浩编。人民邮电出版社 1994 年 10 月版。49 万字。12.90 元。邮电高等院校教材。内容分两部分:第一部分介绍程控交换技术,包括电话交换技术概论、网路环境、7 号信令、程控交换系统的总体结构与设计和软件技术;第二部分介绍话务理论,包括话务基础理论、多级链路系统和数字交换网络阻塞计算以及话务模拟方法。(胡美霞)

T000351 **用万用表检修黑白电视机 500 例** 邱元春等编。人民邮电出版社 1994 年 10 月版。34.6 万字。15.00 元。从实用角度出发,介绍在业余条件下,用万用表检修黑白电视机各种故障的检修步骤、检修方法与检修实例。书中对国内近年生产的 500

多种机型35、44cm黑白电视机电路特点进行了归类分析，使读者对各种机芯黑白电视机有较详细的了解；然后介绍用万用表检修黑白电视机的各种方法、故障检修关键点和晶体管、集成电路在路实测数据；最后讲述了31、35、44、47cm黑白电视机的常见故障、疑难软故障检修实例500个。(刘建章)

T000352 **光缆通信系统** 纪越峰、顾畹仪等著。人民邮电出版社1994年10月版。30.4万字。11.50元。内容分9章，系统地介绍了光缆通信系统的原理和技术，不仅包括光纤(光缆)、光发射端机和光接收端机等基础知识，还涉及了系统的组成、设计、施工、测试、验收和维护等实用技术。对光纤通信网和新型光纤通信系统也做了简述。(王青玉)

T000353 **90频道彩电加装遥控器技巧大全** 江修波等编。上海交通大学出版社1994年10月版。41.3万字。15.80元。以介绍菲利浦PCA84C641芯片为核心的梦寐M9081G型遥控器，该遥控器装入普通非遥控电视机后，即可改为接收90个频道节目的遥控电视机。书中详细介绍了M9081G型遥控器的构成、电路接口、测试、改装方法及主控板的接收器、屏显板的安装、加装技巧，近50种国内外彩电型号的改装实例以及M9081G型遥控器在彩电以外领域中的应用。书末附有彩电机芯与集成电路对照表，机芯与机型对照表，彩电遥控系统英汉词汇对照表。(陈玉兴)

T000354 **半导体变流技术** 孙树朴等编著。中国矿业大学出版社1994年10月版。50.5万字。12.00元。主要内容包括：变流电路分析基础、电力半导体器件、可控整流电路、相控触发电路、变流电路基础、调压电路及固态开关、谐波及谐波治理、整流电路主电路设计等。(孙树朴)

T000355 **元件物理基础** 熊新强、王丹民著。成都电子科技大学出版社1994年11月版。84万字。19.80元。分18章：第一章介绍运动的基本规律；第二章介绍气体分子运动的特点和规律；第三章介绍统计物理的基本概念和麦克斯韦-玻耳兹曼、费米-狄拉克、玻色-爱因斯坦3种统计规律；第四章介绍热力学中热运动的宏观规律；第五、六章介绍静电场和恒定磁场的基本定律和性质；第七、八章介绍电介质在电场与磁场中的基本物理性质和基本规律；第九章介绍电磁相互作用的基本规律和性质；第十章介绍物质的波粒二象性以及微粒的运动特点和基本规律；第十一、十二、十三、十四章，分别介绍理想晶体、晶体缺陷、金属晶体和离子晶体的结构特点及性质；第十五章介绍固溶体的类型及特点；第十六章介绍原子晶体的结构特点以及能带结构；第十七章简要介绍晶体的力学、热学、压电、热电、半导体、磁学和光学等典型的物理性质；第十八章介绍非晶态物质的结构特点及电子状态。各章均附有习题。(周元勋)

T000356 **传真机使用与维护** 来祖培编著。成都科技大学出版社1994年11月版。13.7万字。6.60元。详细介绍国内销量较大的松下KX-F90/F96/F90B型和佳能FAX-T301型传真机的使用与维护方法。讲述各功能键的作用、安装连接和操作方法，给出了系统编程、错误代码表及故障检修指南等内容。同时，介绍了日常保养维护传真机的方法和常识。(曹琳)

T000357 **微波与光电子学中的电磁理论** 张克潜、李德杰著。电子工业出版社1994年11月版。106万字。23.50元。共10章：第一至第四章概述电磁理论的基本规律及相关的数学知识，即宏观电磁理论基本定律、泊松方程和拉普拉斯方程的边值问题、电磁波基础、亥姆霍兹方程的边值问题；第五至第七章阐述导波的场理论，即有边界限制的电磁波(第五章导体边界、第六章介质边界和第七章周期边界与模式耦合)；第八、九两章讨论无界空间的电磁波(含第八章色散及各向异性媒质中的波和第九章高斯波束)；第十章是标量衍射理论及其应用。(吴金生)

T000358 **微型收录放音机维修指南** 徐存仁等编。电子工业出版社1994年11月版。34.9万字。12.00元。分两部分：第一部分介绍微型收录放音机的特点、电路分析、维修要领与技巧等；第二部分汇集了近年来国内外流行的各种不同档次的微型收录放音机115种机型的电路原理图、印刷线路板、拆装图以及大量必要的维修实用参数及IC内部电路。(贾贺)

T000359 **现代电子学及应用** 童诗白等编。高等教育出版社1994年11月版。44万字。9.65元。分4部分。第一部分为半导体器件(包括分立、集成器件及单片机)简介；第二部分为信号的传输，包括信号的获取、处理及执行；第三部分为电子系统设计举例及调试；第四部分为常用电子元器件的参考资料。书中从最基本的晶体二、三极管讲起，简要介绍了各种电子元器件、传感器、放大器、滤波器、转换器、显示器件、继电器、电动机及单片机等，并尽可能介绍在国内已经流行的先进元器件产品及技术，如可编程模拟和数字集成电路、各种新型的半导体传感器、无刷电机及各种单片机应用系统等。在器件部分，着重介绍其功能、参数、选用原则及相关器件性能的比较，提供实际应用的方案和电路；在系统部分，除了提供设计的全过程以外，还附有进行设计、实验的课题及电子系统调试的步骤。书中提供了有针对性的参考书目和登载在国内杂志上有关单片机应用的课题；部分章后有自学检验题。（任庆陵）

T000360 **信号与系统** 燕庆明、许锡光编。高等教育出版社 1994 年 11 月版。29 万字。6.55 元。是国家教育委员会“八五”规划系列教材之一。全书包括信号与系统概论、连续系统的时域分析、连续系统的 S 域分析、连续信号与系统的频域分析、离散系统的时域分析和离散系统的 Z 域分析 6 章。（刘激扬）

T000361 **现代信号处理理论与技术** 韦岗、邱伟著。华南理工大学出版社 1994 年 11 月版。68 万字。28.00 元。共 10 章，主要内容有：信号分析基础、信号量化与编码、多抽样率信号分析、统计信号分析、谱估计、自适应信号分析、信号高阶谱分析理论、时-频分布理论、小波变换理论、奇异值分解理论与信号处理等。每章有信号分析和检测等信号处理应用实例及计算技术的实践内容。（杨昭茂）

T000362 **信号与线性系统分析** 朱钟霖主编。中国铁道出版社 1994 年 11 月版。54.1 万字。13.95 元。高等学校教材。本书是 1982 年出版的《信号与线性系统分析》试用教材的修订版。全书内容包括：导论，连续时间信号与系统的时域分析，变换域（频域和复频域）分析，系统函数与系统特性，离散时间信号与系统的时域分析，变换域（频域和 Z 域）分析，状态空间分析等 10 章。各章附有思考题及习题，书后附有习题答案。（武玉雯）

T000363 **集成电路兼容技术** 谢世健编。东南大学出版社 1994 年 12 月版。20.3 万字。8.00元。对集成电路兼容技术的诸多方面作了系统介绍，包括在同一芯片上各种器件的工艺兼容，同一芯片上电路功能的兼容，同一芯片上物理效应的兼容以及同一芯片上异质衬底材料的兼容；着重阐述数字和模拟集成电路的优值，双极型与 CMOS 兼容的工艺和电路，数字与模拟兼容的工艺和电路，低/高压兼容的集成电路以及异质衬底材料兼容的器件和电路。（王小然）

T000364 **近代傅里叶变换红外光谱技术及应用** 吴瑾光著。科学技术文献出版社 1994 年 12 月版。200 万字。170.00 元。分上、下两册。上册包括：傅里叶变换光谱基础、仪器及附件，中、远、近红外光谱的测定，制样和光谱处理技术，各种联用技术，反映光谱、显微、偏振、高压及变温光谱技术，遥感及发射红外，动态及时间分辨光谱。下册为傅里叶变换红外光谱技术在国民经济各个部门和各个科学研究领域中的应用，它们是：有机高分子、煤炭、石油及催化剂、矿物地质、化工、半导体及材料科学，农业及生物，医药、生物化学、无机及金属有机化学，法庭科学，环境及气象，染织，原子能，商品检验及海关检测，生产过程及质量控制等部门以及 FIR 红外光谱的最新进展。（庞美珍）

T000365 **光纤通信技术** 李炳炎著。山东大学出版社 1994 年 12 月版。37 万字。11.50元。根据作者近十几年来在山东大学电子工程系开设光纤通信课程的讲稿提炼加工而成。系统地介绍光纤通信的基本原理与基础知识。第一章为绪论，简要介绍光通信的发展简史和光纤通信系统的组成。第二章为介质薄膜波导，第三章为光纤与光缆，这两章主要采用电磁场理论分析薄膜波导和光纤的导波模式及基本传输特性。第四章为光源与光发射机，介绍激光器的基本原理，半导体激光器的工作原理与特性，光发射机中的调制电路和控制电路等。第五章为光电检测器与光接收机，介绍光电检测器的工作原理，光接收机灵敏度的计算以及前端电路的典型形式。第六章为光纤通信系统，主要讨论设计强度调制-直接检波光纤通信系统时应考虑的问题，对光纤通信中使用的码型、无源光器件及蓬勃发展中的波分复用光纤通信系统、相干光纤通信系统和宽带综合业务数字网等也作了简单介绍。（李炳炎）

T000366 **语音处理与识别** 胡光锐著。上海科学技术文献出版社 1994 年 12 月版。29.90 万字。15.00 元。学术专著。共 8 章。第一章简介语音产生的过程与汉语的语音特性并导出语音信号的数字模型。第二章论述语音处理的时域方法，包括短时能量函数、平均幅度函数、短时平均过零率、短时自相关函数和短时平均幅度差函数等。第三～六章分别介绍语音波形的数字编码、短时傅里叶分析以及通道声码器、同态语音处理以及同态声码器、语音的线性预测编码及其在声码器等方面的应用。第七～八章介绍语音识别的基本方法和系统组成，并讨论了语音识别的技术以及其他含噪语音的自适应滤波法、语音的隐马尔柯夫模型等。（方金善）

T000367 **电路辅助设计导论** 高德远等编著。西北工业大学出版社 1994 年 12 月版。27.6 万字。8.45元。主要介绍CAD在电子线路设计领域的应用,包括电路图的绘制、逻辑模拟、优化设计、集成电路板图设计、印刷电路板设计等。同时还介绍了基于PC的几套CAD软件,如电路图绘制软件OR-CAD/SDT,通用电路模拟软件ORCAD/PCB Ⅱ 等。(郑永安)

自动化技术、计算技术

T000368 **微机学习与提高丛书** 匡松主编。电子科技大学出版社1994年版。100万字。44.60元。共5种。一、介绍高级BASIC的启动与操作,其基础知识、各种语句和函数,在数值计算、文字与文件处理、绘图、音乐等各方面的功能,给出了多种技术实例。二、介绍目前最流行、最受微机使用者喜爱的几种MS-DOS版本、MS-DOS3.31的功能、特点、命令以及系统的操作方法及技巧、MS-DOS 5.0与MS-DOS6.0以及6.2升级版本的新命令、新功能及其新特性。详细介绍了升级版本的释放磁盘空间、优化内存、定义多种系统配置、防消病毒、数据备份、删除目录树、建立磁盘高速缓存以及清除磁盘碎片、重组文件,提高文件读写速度等多种实用技术。三、介绍CCDOS2.13系列汉字操作系统、Super-CCDOS汉字操作系统、WPS文字处理系统的操作与使用、中文WORDSTAR、CCED等常用汉字与表格处理软件的使用。四、介绍汉字FoxBASE⁺2.10新型关系数据库管理系统的特点、系统组成、运行环境等。以大量的实例介绍它的数据库操作、程序设计的方法、技巧。五、介绍Turbo C语言的功能及特点,它的编程技巧,主菜单界面、程序接口、图形处理等实际应用方面的高级程序设计技术。(张俊)

T000369 **TURBO PASCAL高级编程技术** 副名:高级科技应用软件开发。王洪涛、杨悦所著。东北师范大学出版社1994年版。225万字。7.00元。分8章:第一章简单介绍计算机基本原理;第二章讨论TURBO PASCAL的常用例程;第三章在介绍程序结构的基础上,讨论将过程作为参数使用的远程调用技术;第四章给出了高级通用单元SCRNU和KBD;第五章讨论了用户界面设计技术;第六章讨论了使用原版TURBO PASCAL进行汉字化编程技术;第七章介绍了图形界面BGI;第八章给出了数学表达式分解单元MATH。详细地论述了使用TUR-BO PSCAL进行高级程序设计的技术方法,提供了实用价值较高的程序设计工具箱和程序。(王忠山)

T000370 **微型计算机绘图与AutoCAD绘图系统** 张文池著。广东高等教育出版社1994年版。55万字。11.90元。分两部分,第一部分以最为普及的BASIC语言为背景,介绍图形显示的原理和方法;而且结合师范院校培养对象的特点,讨论了一些常见的几何图形作图的算法和技巧。第二部分介绍国内外目前较为流行的AutoCAD绘图软件的各种操作技巧和二次开发的常用方法及相关的Au-toLISP语言。(朱仲庆)

T000371 **计算机辅助设计与制造(CAD/CAM)** 孔庆复编著。哈尔滨工业大学出版社1994年版。47.7万字。主要内容:CAD/CAM综述,图形绘制及显示,CAD工作站,AutoCAD软件应用,工程数据库的建立调用,图形坐标变换,几何造型技术及其数据结构,隐藏线、面的处理,自由曲线、曲面理论,有限元分析在结构设计中的应用;计算机辅助工艺过程设计(CAPP),数控机床计算机辅助编程(APT),机械量的数据采集和处理方法;部分实用CAD/CAM程序(上机通过的)。(杨晖)

T000372 **微型计算机操作与应用** 吴海莲编。江西科学技术出版社1994年版。32万字。10.50元。分8章,第一、二章介绍微型计算机的基本知识、硬件基本配置及各设备的简单维护、连接方法。第三、四、五章是微机操作的重点,详尽叙述了DOS的基本操作、中英文输入及文字处理方法,并配有大量的例题。第六章为FOXBASE数据库管理系统,侧重于介绍数据库的操作,并配有简单的程序设计及程序运行过程。第七、八章为计算机病毒问答及微机软故障维修实例。(姚建中)

T000373 **计算机网络** 西南交通大学潘启敬主编。中国铁道出版社1994年版。39.1万字。9.25元。为计算机专业教学用书,适合于70学时左右的教学时数。内容以国际标准化组织公布的OSI/RM参考模型——七层协议为主线,系统地介绍了物理层、数据链路层、网络层、传送层、会话层、表示层及应用层的功能、服务项目、分类、格式、原语。对数据通信、网络体系结构、各层协议分析描述、网络排队模型及性能分析、局域网络和网络设计等方面的基本知识都作了适当的介绍。(倪嘉寒)

T000374 **汉字FOXBASE⁺程序设计教程** 杜玉桥、解正瑞、杜习英等编。安徽科学技术出版社1994年1月版。40万字。12.00元。介绍FOXBASE⁺2.0的各种命令、函数的功能和使用方法。内容包括汉字的几种输入方法;数据库文件的建立和操作；内存变量的操作；数据库文件的复制和多重数据库操作；程序设计和过程文件的使用；屏幕显示和打印格式的设计；FOXBASE 运行环境的设置；软件开发的方法。附录列有 FOXBASE 命令和函数一览表、WPS 文本编辑、全屏幕编辑键及其功能、EDLIN 行编辑、ASCII 码表、第九区区位码字符集等。(田斌)

T000375 **自动控制原理** 张旺、王世鎏编著。北京理工大学出版社 1994 年 1 月版。60.8 万字。11.80 元。包括线性定常系统理论、非线性系统中的描述函数法、采样控制系统、状态空间分析方法基础、计算机辅助教学程序。全书计划总学时为 80～120学时，经典控制理论约占 70%。每章之后有习题。(熊坤莉)

T000376 **计算机操作员培训教程** 贾长隆等编。大连理工大学出版社 1994 年 1 月版。40.6 万字。9.80 元。分 17 章，第一至第二章介绍计算机基础知识，重点是计算机的基本组成和工作原理。第三至第八章介绍 PC-DOS 操作系统、操作命令，以及计算机病毒的防治。主要介绍 DOS 3.30 版本常用 DOS 命令、批处理和行编辑程序 EDLIN。第九章至第十二章介绍汉字操作系统、汉字输入方法及汉字编辑。汉字系统中 UCDOS 2.01 汉字系统，213H 汉字系统和 SPDOS 汉字系统；汉字输入法包括常用的拼音输入法、五笔字型输入法和五十字元输入法；文字处理系统则包括中文字处理软件 WS，WPS 文字处理系统和中文表编辑软件 CCED 4.0。第十三章至第十七章介绍数据库知识和 FOXBASE$^+$数据库命令及应用。每一章均配有习题，书末附有 DOS 命令一览表和 DOS 错误信息。(方延明)

T000377 **Windows 3.1 使用大全** [美]Robert Cowart 著，张良驹等译。电子工业出版社 1994 年 1 月版。95 万字。68.00 元。英文版系美国著名计算机图书公司 Sybex 1994 年推出的版本，是介绍 Windows 3.1 的综合性专著。全书分 4 部分。第一部分介绍一些基本概念、功能及使用方法；第二部分讨论 Windows 的 11 种应用程序；第三部分论述系统优化及高级使用技术；第四部分是出错处理经验及使用诀窍。另外还附有面向问题的速查表及便捷键操作命令表。(王小民)

T000378 **精通 DOS 6** [美]Logical Operations 著，李玲等译。电子工业出版社 1994 年 1 月版。41.5 万字。29.00 元。分 14 章，内容包括 DOS 概览、文件管理、充分开发 DOS 命令的功能、数据传输与备份、DOS 外壳介绍及高级程序管理、DOS 内核、DOS 6 内存管理、高级 DOS 技术、用批处理文件工作，并附有 DOS 6 安装指南和命令速查内容。(王小民)

T000379 **英日汉计算机词汇** 中国科学院计算中心编。电子工业出版社 1994 年 1 月版。19 万字。42.00 元。收编有关计算机技术及其应用方面的实用词汇共 2.9 万余条，其中包括一些最新出现的常用词汇。在词形统一方面，本书对日文外来语词汇作了一致性处理，主要以日本的日立公司及富士通公司的计算机信息处理用语为基准，并请日本方面的计算机专家对全文进行了审校。书末附有中文索引与日文索引。(方大卫)

T000380 **微机绘图与 Auto CAD** 赵月芳主编。电子工业出版社 1994 年 1 月版。56 万字。15.00 元。分两篇，上篇介绍计算机绘图的基本原理，图形处理算法，各种二维、三维图形软件和程序设计方法，常用图形软件和机械图的程序设计方法，裁剪与消隐处理，交互绘图基础等。下篇介绍 Auto CAD 软件及其应用。书中还介绍了大量的程序实例。(武卫东)

T000381 **Windows 疑难详解** [美]Mark Minasi 著，佟金荣、辛毅译。电子工业出版社 1994 年 1 月版。27.5 万字。19.00 元。详细解答 Windows 3.0 和 3.1 中 100 多个常见而又棘手的问题，特别是如何防止和解决在设置和启动时出现的问题、系统和磁盘故障、不能恢复的应用差错和通用程序的设计错误、显示器、鼠标器和键盘问题、打印机、字体和字号的问题、在 Windows 环境下运行 DOS 程序所出现的问题、通讯错误以及如何查找 Windows 环境中网络函数故障等等。(王小民)

T000382 **dBASE 数据库应用系统开发** 史济民等编著。国防工业出版社 1994 年 1 月版。25 万字。10.00 元。是“最流行软件丛书”之一，以 dBASE Ⅲ这一流行软件为工具，结合语言介绍微机数据库的程序设计和系统开发技术。从应用出发，以掌握系统开发技术为目标，通过语言基础、程序设计、系统开发 3 部分内容，逐步地阐明数据库应用系统的开发方法与原理。该书以 dBASE Ⅲ为主，对 dBASE Ⅲ$^+$与 dBASE Ⅳ也专门做了介绍。(阎瑞琪)

T000383 **模糊知识处理的理论与技术** 何新贵著。国防工业出版社 1994 年 1 月版。43.8 万字。18.80 元。分 4 篇，序篇讨论了客观世界的模糊性，记述了研究模糊世界的必要性。第一篇是模糊理论，介绍一些与知识处理密切相关的模糊数学理论，包括模糊集合论、模糊数据表示和运算、模糊图论、模糊概率论、模糊语言和模糊逻辑等。第二篇为模糊技术，介绍处理中常用的各种模糊处理技术与方法。其中包括有模糊数据库技术、模糊知识表示技术、模糊推理技术、模糊匹配和识别技术、模糊控制技术以及模糊决策等等。第三篇为模糊系统，介绍模糊专家系统和其他基于模糊知识的系统的设计和实现问题，以及一般的模糊系统等内容。作者着重论述了对模糊世界的表示和处理问题，收进了一部分作者近年来关于模糊数据库、模糊知识表示以及模糊逻辑等方面的研究成果。(鹿启炳)

T000384 **汉字微机上机操作指南** 张炳炎编著。西北工业大学出版社 1994 年 1 月版。48.67万字。11.00 元。以现在国内外盛行的 IBM PC/XT/AT 及兼容机为背景，以微机上机操作实践为主题，运用边操作边解释的叙述方式，讲述汉字微机上机实用技能和基本操作方法。全书分 6 大部分共 21 章，优选了当今国内最为流行、用户最多的汉字软件，着重介绍了微机汉字操作系统、汉字输入方法及指法、汉字编辑软件、制表软件、印刷排版软件、桌面办公软件、数据库管理软件、维护工具软件、计算机病毒及其防治等。(李珂)

T000385 **微机局部网络原理及实用技术** 杨永高、王宇著。西南交通大学出版社 1994 年 1 月版。37 万字。10.50 元。共 8 章，前两章全面介绍 ALOHA、CSMA、宽带总线、令牌访问、计算机化数字程控交换网络、各种局部网络协议等微机局部网络的基本原理以及组成微机局部网络的软硬件。第三、四章深入分析了 Ethernet、Novell 及 3⁺等目前广为流行的微机局部网络产品的技术原理、安装方法和使用注意事项。第五章对网络的选型方法及建网步骤进行了讨论。第六章特别论述了 MIS 的支撑平台。最后两章介绍远程通信和局部网络实验技术。(丁丽波)

T000386 **8088/8086 汇编语言程序设计** 杨振生、单洪编著。中国科学技术大学出版社 1994 年 1 月版。64 万字。23.00 元。介绍 8088/8086 的寻址方式、指令系统、汇编语言程序设计的方法与技巧，以及高级汇编技术、输入/输出与中断、图形显示、音乐、文件管理技术、模块化程序设计方法等。(黄德)

T000387 **工业大系统控制** 桂卫华等编著。中南工业大学出版社 1994 年 1 月版。26.8 万字。11.20元。分 3 部分。第一部分(二～五章)主要介绍工业大系统的基本理论，重点在递阶控制和分散控制。主要论述在这两个领域中比较成熟的理论成果和实用工程计算方法。第二部分为第六章，主要涉及工业大系统控制实现的基础知识——工业控制计算机局域网络系统知识，它包括工业控制局域网络的有关概念和理论基础知识，也介绍了典型的工业控制局域网络系统产品。第三部分为第七～八章，以一个有色金属冶炼厂的能源管理计算机网络系统为主体的工业能源大系统为例，具体地介绍这个能源工业大系统控制的方案设计、计算机软件、硬件的构成、系统的功能和作用、以及现场调试等工作的全过程。这个系统包括能源计算机网络子系统、煤气车间控制子系统、电力负荷控制子系统、干燥窑车间控制子系统以及全厂能源调度决策子系统等在内的工业能源大系统。(秦瑞卿)

T000388 **DOS 和汉字处理技术实用大全** 黄贤武等编。北京理工大学出版社 1994 年 2 月版。11.97万字。39.00 元。详细介绍西文 DOS3.3、DOS 4.0、DOS5.0 和 OS/2、UNIX、XENIX 等版本的使用技术，并比较了它们的差异；同时介绍了 DOS 在深层次方面的应用技术，如 ROM BIOS、中断、DOS 功能调用、编写输入输出设备驱动程序以及病毒诊断和消除方法。另外系统地介绍了中文操作系统的典型版本，如 CC-DOS4.0，Super-cc DOS5.10 和 2.13H 的使用技术；同时，详细介绍了几种常用汉字输入方法，如拼音、区位码、首尾码、联想、五笔字型等输入法；全面介绍了文字处理系统 WPS6.0，图文编辑系统 SPT 和办公自动化软件系统汉字 WORPSTAR 的应用技术。书后还有附录如 ASCII 码表、DOS 提示信息、允许的停用键组合、2.13H汉字系统 CC 版显示中断调用说明等。(熊坤莉)

T000389 **计算机应用基础** 广西区教委组编。广西师大出版社 1994 年 2 月版。50.9 万字。15.00元。主要介绍计算机的基本知识，PC 机操作和常用 DOS 命令的使用，文字处理初步知识，拼音码、自然码、五笔字型输入法，Wordstar、WPS、CCED 和 Lotus 1-2-3 等常用文字(表格)处理软件的使用法，以及 dBASE-Ⅲ的基本用法和操作。每章都配有思考练习题和上机实验指导。(余鑫晖)

T000390 **高级软件设计与开发技术** 陈镐缨编著。南开大学出版社 1994 年 2 月版。54.8万字。15.00 元。分两篇。应用技术篇包括系统开发环境的组织优化和编码、编辑、调试、检测工具，系统资源和键盘、磁盘、打印机等外设资源及系统环境的利用，用户界面的设计与开发，TSR 程序设计及病毒的原理和防治，以混合语言编程和面向对象程序设计方法为要点的大型程序设计与编制技术。技术资料篇包括系统中断表，Turbo Pascal 的功能和使用，DEBUG 和 PC Tools 等几种工具软件的使用介绍。(裴志明)

T000391 **机电一体化实用技术手册** 周斌等编。兵器工业出版社 1994 年 3 月版。203.4 万字。89.00 元。分 7 篇 44 章，按照工作原理、技术参数、使用方法逐一介绍。收编传感器及测量系统、电力电子技术、电力电子传动系统、可编程序控制器、控制及显示元器件、单片微处理机以及工业微机，国内外已得到实际验证的先进数据、图表、各类新产品的型号、各种装置(设备)的性能和应用场合，并介绍了机电一体化技术的高效、节能、省材的优越性及其研制动向和发展趋势。所介绍的元件或装置都是 90 年代的新型产品；编排方式创新，从技术角度出发，将信息提取和处理机电能量的转换和控制、图形、文字、数据的显示等过去分属于不同学科的内容有机地结合在一起，为实际工作者提供了方便。(聂笃克)

T000392 **计算机初学者指南** 马宁等译。电子工业出版社 1994 年 3 月版。256 幅图。30.00元。以微型计算机为背景，讲近代微机基本知识，特别着重如何选用基本的软硬件及如何使用。从什么是硬件、软件的最基本概念讲起，到键盘输入，窗口菜单、字处理、电子报表直至常用数据库选择使用。(王小民)

T000393 **ORACLE 数据库应用基础** 陈致明等编。电子工业出版社 1994 年 3 月版。32 万字。11.50元。是"计算机应用基础系列丛书"之一。从面向用户的角度介绍 ORACLE 的基本概念，交互式命令语言，数据库系统管理，几种应用开发工具以及 C 语言接口等。书中列举了大量的实例。(王昌铭)

T000394 **Fox Pro2.5 从入门到精通** 刘京志、张红、王凌等译。电子工业出版社 1994 年 3 月版。103.2 万字。75.00 元。详细地介绍 FoxPro for Windows 和 Fox Pro for Dos 中有关窗口、菜单及对话框的结构、功能、使用技术技巧和注意事项，系统地讲解了使用 FoxPro2.5 对关系数据库进行检索、查询及报表生成、对象处理等技术。全书分 3 部分：第一部适于初学者，第二部分针对具有一定能力的用户介绍关系数据库、视图窗口和关系查询，FoxPro 的实用工具、数据的输入和输出，对象的连接和嵌入；第三部分面向利用 FoxPro 进行程序设计的开发人员，介绍创建客户窗口和对话框、建立菜单应用程序等编程技术。(秦梅)

T000395 **PC 维修大全** [美]Mark minasi 著，陈华瑛等译。电子工业出版社 1994 年 3 月版。67.5 万字。48.00 元。围绕 PC 机的各种部件—存储器、电源、硬盘驱动器、软盘驱动器、打印机、显示器、键盘、接口等详细介绍了其安装及拆除、预防性维护和故障检修方法。最后还介绍了 PC 机升级方法及有关多媒体的一些知识。书中提到的 PC 机指各种 XT、AT 原装机及兼容机 286、386、486 机，还有采用微通道的 PS/2 机。(王小民)

T000396 **工厂自动化协议(MAP)宽带技术规范及其应用** 王光兴等编著。东北大学出版社 1994 年 3 月版。26 万字。19.00 元。全面地介绍生产自动化协议(宽带 MAP)技术规范，并结合实际工作进行了讨论。全书分 3 部分，第一部分为宽带计算机网络的基本概念，包括绪论、宽带计算机网络、宽带计算机网络物理层标准等。第二部分为工厂自动化协议(MAP)宽带技术规范，包括概述、宽带技术、系统统计、安装、认证测试、支持与服务、宽带网络信道应用等。第三部分为宽带计算机网络在工厂环境中的应用，介绍北方某钢厂"生产指挥信息处理与过程监控系统"。书后附有词汇表、文件规范汇总、测试设备清单、系统设计参数汇总、宽带电缆系统图用符号。(刘振军)

T000397 **计算机等级考试题解** 刘瑞挺主编。南开大学出版社 1994 年 3 月版。43.4 万字。17.00元。收集 1990 年后若干省市举行等级考试的试题，将其分门别类，加以剖析。内容包括计算机基础知识、操作系统及字表处理软件、数据库原理与编程、高级语言程序设计、汇编语言程序设计、微机原理与接口以及软件工程。它涵盖了一级、二级、三级编硬、三级编软的笔试部分和上机操作的题目。在编程语言上，包括 BASIC、FORTRAN、Pascal、C、dBASE 及 FoxBASE 等。计算机原理及汇编语言部分包括 Intel 8088/8086、80286 及 Z80，同时还给出单片机 51、98 的有关内容。(张蓓)

T000398 **通用加固型计算机** 刘恩德编著。宇航出版社 1994 年 3 月版。70.7 万字。28.50元。介绍加固机的地位和作用，讨论了微、小型加固机系统的特点、体系结构、硬件组成、加固方法和可靠性技术，分析了 M4-S8 操作系统的功能、任务管理、文件系统、系统剖析方法和汉化技术，最后介绍了防信息泄漏型(Tempest)计算机。(廖寿琪)

T000399 **容错控制系统的分析与综合** 葛建华、孙优贤编著。浙江大学出版社1994年3月版。47万字。8.85元。介绍容错控制的基本理论和最新研究成果，提出了结构化不确定系统的鲁棒控制、同时镇定、完整性控制器的综合等方法，重点研究了基于分析冗余的故障诊断、不确定动态系统的故障诊断、基于人工智能的故障诊断等技术和故障补偿方法，介绍了容错控制的应用实例。(王文文)

T000400 **多媒体数据压缩技术** 高文著。电子工业出版社1994年4月版。40万字。13.80元。分11个方面介绍多媒体数据压缩的原理、常用算法和应用实例。所有算法都有程序实现。具体内容有多媒体与数据压缩、信息编码、二值图像编码、彩色静止图像编码、TPEG硬件实现、运动图像编码及语音编码。(张丽华)

T000401 **微机操作基础** 边小凡等主编。河北科学技术出版社1994年4月版。46万字。13.00元。共8章，分别介绍计算机基础知识，DOS基本操作，汉字操作等内容。(杜振杰)

T000402 **计算机辅助工艺设计** 副名:CAPP系统设计。赵良才主编。机械工业出版社1994年4月版。21.8万字。9.00元。阐述与CAPP有关的基本概念:计算机集成制造系统(CLMS)、CAPP原理、开发CAPP系统的效益，CAPP发现现状和方向、传统和数控工艺设计标准化、CAPP输入和特征技术、CAPP支撑环境、逻辑推理技术、人工智能和专家系统、数据管理和数据库管理系统、CAPP/NC和CAD/CAPP/CAM集成、CAPP开发系统和CAPP产品化以及CAPP系统维护。(高文龙)

T000403 **机器人机械学** 金万敏等著。江苏科学技术出版社1994年4月版。36万字。12.00元。从机械学的角度出发，系统阐述机器人的机构组成、运动学、动力学及机构综合等多方面的内容，并以作者多年从事机器人研究的经验为基础，结合介绍了机器人机械学国内、外的最新研究成果。(钱亮)

T000404 **UNXI高级编程技术** 周祖伦等编著。上海科学技术文献出版社1994年4月版。56.8万字。23.60元。高等院校计算机专业教材。重点讨论UNIX系统的程序设计接口——系统调用的应用技术。全书分10章和3个附录。第一章是系统概况；第二章是文件基本操作；第三章是文件高级操作；第四章是设备文件操作；第五章是进程控制；第六章是进程基本通信；第七章是进程高级通信；第八章是STREAMS机制；第九章讨论了系统管理方系统调用的使用；第十章讨论了两个综合实例的设计。附录A:SVR4.0主要系统调用列表；附录B:SVR4.0ioctl控制命令；附录C:UNIX System V系统调用错误号。本书以UNIX诞生地AT&T 1992年推出的UNIX SVR3.2和SVR4.0版为描述背景，注意理论与实践相结合，面向应用、面向实践，提供了近90个完整的应用实例或程序段，可直接在机器上使用。每个应用实例程序都有较强针对性，不是提醒读者在使用中应注意的问题，就是说明在程序设计中使用UNIX系统调用的方法与技巧。(吕梅萍)

T000405 **PC C语言教程** 李文兵著。天津科学技术出版社1994年4月版。66.8万字。16.00元。分12章系统介绍了C语言的词法、语法规则及使用技巧，并配有284个经上机调试的程序。对读者感到困惑的问题，诸如表达式的副作用及序列点问题、函数调用过程中的参数传递问题、递归调用的过程及其参数传递问题、程序控制结构的设计技巧等问题，都作了解答。对指针和结构作了探讨。(刘万年)

T000406 **计算机安全与病毒防治** 殷伟著。安徽科学技术出版社1994年5月版。108万字。26.00元。从系统安全到软件安全；从数据安全到运行安全；从安全软件到安全新产品；从防电磁泄漏到实体安全；从金融部门到军事系统安全；从计算机病毒的特征到具体的检测、解毒方法；从计算机病毒的防范到加以利用；从立法到宣传教育等诸多方面进行全方位介绍。本书既有理论体系的研究，又特别注重对实际应用、操作技巧、具体方法的指导和示范。附录列出了目前世界上流行的612种计算机病毒的特征及其全年活动时间一览表，另外还介绍了解毒常用的软件工具的使用方法。(田斌)

T000407 **8098单片微型计算机应用技术** 李新民、李勋等编著。北京航空航天大学出版社1994年5月版。40万字。15.00元。共11章，一～八章在系统介绍8098片内各功能单元原理的基础上，以丰富的实例详细演示了中断系统、定时器、高速输入单元HSI、高速输出单元HSO、串行口和A/D、D/A模拟接口等各个环节的典型应用等。输入/输出及存储空间扩展一章，除阐述8250、8279、8155、8255和各种存储器的结构及原理外，还给出8098与它们的接口实例。综合应用设计实例一章概括了软、硬件的主要应用技术。另外，还简要地叙述了8098的最新发展以及1992年后某些性能的变动情况。(杨昌竹)

T000408 **微电脑实用操作技术** 苏长龄等

编。长春出版社 1994 年 5 月版。40.1 万字。9.80元。内容编写依据由浅入深，循序渐进的原则。前两章介绍微电脑操作和维护的基本知识和 DOS 常用操作命令，以解决独立操作微电脑进行程序设计。书中还介绍了五笔字型输入汉字的方法，3 种常用的、各具特色的(即中文 WS、WPS 和 CCED4.0)文字编辑及排版软件、PCTOOLS 工具软件和 Windows 常用操作技术。附录有区位码表、五笔字型码表和五笔字型常见非基本字根拆分表。(孙慧平)

T000409 **磁光存储技术原理** 陈小洪、高正平编著。成都电子科技大学出版社 1994 年 5 月版。389 万字。24.50 元。分 4 篇：基础篇介绍磁光盘和磁光驱动器结构以及相关的纠错编码技术；光学篇介绍磁光存储器的光学系统；电路篇介绍磁光存储器的读写系统、伺服系统和接口技术；机械篇介绍磁光驱动器的执行机构和机械结构。(曾艺)

T000410 **数据库系统概论** 王秀坤著。大连理工大学出版社 1994 年 5 月版。25 万字。8.50 元。简要地介绍数据库系统的功能、逻辑结构与组成；关系型数据库的原理与方法；DBASE Ⅲ 的基本概念、函数和命令的语法结构及相应功能。本书力求融理论与实践于一体，在掌握了数据库的基本原理、方法的基础上灵活地运用关系型的 DBMS 解决实际问题。书中对 DBASE Ⅲ 的内容组织上立意求新，按命令的功能兼顾各命令之间的密切程度划分章节，并遵循学生的常规思路编排章节顺序。(李汝船)

T000411 **实用 DOS 详解(修订版)** 徐宝文主编。电子工业出版社 1994 年 5 月版。140 万字。38.00元。收录 MS-DOS、PC-DOS 与 IBM-DOS 各个版本涉及的命令、技术术语等词条近 200 个，主要内容包括各个版本的 DOS 命令、正文编辑命令、DEBUG 调试命令、系统环境配置方法、批文件使用方法、各种内存储器用法与技巧、DOS-Shell 用法等。本书在修订过程中增加了 DOS 的较高版本，它收录了 PC-DOS 1.0 到 3.3 版、IBM-DOS 4.0 版、MS-DOS 2.1 到 5.0 版等各个 DOS 版本中的各个命令及其他有关词条。(崔国荣)

T000412 **微型计算机控制基础** 谢长生等编。电子科技大学出版社 1994 年 5 月版。27.4 万字。8.00 元。围绕电子机械的微机运动控制，论述微机控制系统的组成与分类，并重点介绍电子机械中常用的两种执行电机(步进电机及直流电机)的控制原理、微机控制方法及系统；对顺序控制和程序控制，主要讲述了可编程控制器的工作原理和曲线运动控制中的插补方法；书中还介绍了微机控制过程中常用的 PID 控制技术。全书分 5 章。第一章讨论电子机械微机控制系统的组成及分类，对组成控制系统的检测元件、执行机构作了较详细的介绍，对标准总线、微机控制系统的设计方法也作了分析。第二章讲述步进电机微机控制系统，着重介绍驱动电路原理，并讨论了步进电机微机开环及闭环控制技术。第三章介绍直流电机及交流电机的微机控制技术，重点介绍直流电机原理、驱动电路、位置和速度控制系统及双模控制系统。第四章讨论顺序控制系统及数字程序控制系统。第五章简要介绍微型计算机过程控制技术，其重点是分析 PID 调节方法。(黄礼玲)

T000413 **中文电脑实用操作大全** 陈建军等编著。电子科技大学出版社 1994 年 5 月版。51.4 万字。14.50 元。分两个部分，第一部分是中文电脑的使用基础，介绍电脑的构成及使用常识，DOS 操作系统的命令与操作，常用的几种汉字系统的安装和使用，汉字输入方法及中文编辑软件 WS 和 WPS 的操作。第二部分是中文电脑的实用技术，包括 BASIC 语言和 dBASE 数据库的基本命令和程序设计方法，PCTOOLS 工具软件的使用，电脑病毒的防治与消除，以及电脑常见故障的诊断与排除方法。书后附录还列有 DOS 常见信息的英汉对照说明及 dBASE Ⅲ 数据库命令函数一览表。(罗雅)

T000414 **数据结构** 潘道才、陈一华编著。电子科技大学出版社 1994 年 5 月版。416 万字。14.50 元。主要内容为数据的逻辑结构、物理结构以及对每种结构所定义的运算及应用。其中包括线性表、串、数组、广义表、树、图、文件等数据结构。对于同一种逻辑结构的数据，讨论了不同的存储结构及相应的有关算法和 PASCAL 源程序。本教材偏重于数据结构的应用，所以除在各章节中通过实例介绍数据结构的应用外，还专门讨论了查找和排序的方法，在第十章中举例讨论了综合应用数据结构的例子。在每章中都提供了习题和上机题目。此书为 1989 年的修订版，在保持原书特点和优点的基础上，考虑到本学科的发展及大专教育的特点，增加了“抽象数据类型”、“串的模式匹配”、“三维图形信息的压缩存储”、“构造最小生成树的普里姆算法”、“分块查找”、“递归和回溯”等内容及其他一些应用例子。(张俊)

T000415 **计算机绘图技术基础** 谢培均编。电子科技大学出版社 1994 年 5 月版。42.4 万字。12.50 元。主要介绍计算机绘图技术的基本原理、处理方法和算法程序设计。其内容包括:硬件配置、支撑软件 Turbo pascal 图形接口 Graph 单元的应用,基本图形元素生成算法,窗口与裁剪技术,二维、三维图形几何变换,工程上三面视图、正斜轴测投影和透视线架图的生成,交互技术中徒手画、橡皮筋技术、图段、菜单的生成与处理,自动拟合生成贝齐和B样条曲线,绘制各种饼图、直方图和统计曲线图,微型机通用绘图软件包 Auto CAD 的功能与应用。本书在介绍计算机绘图的基础技术中,详细阐明了开发图形应用程序所需的各种基本处理技术的理论方法和算法设计,并附有彩图,书中的图形实例均在 IBMPC 微机上经过调试、执行过这些程序后打印输出的。(万晓桐)

T000416 **C 语言与程序设计** 夏宽理著。复旦大学出版社 1994 年 5 月版。48 万字。15.00 元。关于计算机语言和程序的专著。详细介绍 C 语言的基本概念和各项设施:基本数据类型(整型、实型和字符型),运算符和表达式,数据输入输出标准函数的使用方法,简单语句和控制结构语句,函数与程序结构,数组、指针、结构和文件等。该书采用程序例子说明指针的概念和使用方法,指针和数组之间的等价关系,函数指针的使用方法等。全书以大量的程序设计实例采用逐步求精的程序的开发过程,提出问题,经详尽地解析和设计,得到求解算法,然后按算法编写出完整程序。(林溪波)

T000417 **并行算法的设计与分析** 陈国良编著。高等教育出版社 1994 年 5 月版。76 万字。12.60 元。分 20 章,大体可分为 3 部分:第一部分讲述并行算法的基础知识及其基本设计技术,包括并行机分类及处理器互连网络,并行计算模型,并行算法的定义、分类、表达和度量以及并行算法的设计方法等;第二部分讨论各种专用和通用并行计算模型上的计算机领域中常用计算问题(诸如排序、选择、归并、搜索、组合运算、模式串匹配、表达式求值、语言识别与算法分析、矩阵运算、数值求解、FFT 变换、计算几何、图论问题、组合搜索等)的确定性并行算法和非确定性并行算法的设计与分析;第三部分主要探讨有关的算法理论,主要包括 VLSI 计算理论和并行计算模型的能力、限制及其等价性以及与并行计算有关的 NC 理论问题。(邹德林)

T000418 **电子游戏机速修 400 例** 张学龙等编著。广西科学技术出版社 1994 年 5 月版。18.7 万字。6.45 元。介绍无光无图无声、有声无图及图像不良、有图无声、伴音失真及图声不良、操作控制失灵、光电枪和游戏卡等故障的速修;以及家用电视游戏机各集成电路的功能及正常对地电阻参考值、集成电路代换及其各脚电压值、有关结点图表等。所举的维修实例具有典型性,直接指出了产生故障的元件及其损坏情况。书中的维修技巧及判断故障的原则适用于其他机型。(马如海)

T000419 **电脑操作与文字处理** 金国鹰等编。河北科学技术出版社 1994 年 5 月版。34.9 万字。8.40 元。内容涉及电脑基础知识,DOS 操作方法,文字处理系统,电脑系统的维护,工具软件的应用等。编写时参考了国家教委高教司 1989 年 12 月颁发的计算机应用基础教学大纲。(杜同彦)

T000420 **最新 Auto CAD 使用指南(Auto CAD 12.0)** 李文明等编著。科学技术文献出版社 1994 年 5 月版。107 万字。60.00 元。分 5 部分,第一部分讲述一些基础知识,并为用 Auto CAD 12.0 开始作图作准备;第二部分介绍基本 2D 作图;第三部分介绍许多新的和改进的 Auto CAD 特性;第四部分介绍新的、先进的 Auto CAD 12.0 特性;第五部分涉及 3D 模型,从平面的 2D 实体,到突起的 2D 实体,再到真正的 3D 表面实体。(吴秀珍)

T000421 **计算机操作系统实验教程** 副名:MINIX 操作系统、分析和实现。黄祥喜著。中山大学出版社 1994 年 5 月版。113 万字。28.00 元。MINIX 是一个教学用分时多用户多任务的操作系统,由美国学者 A.S.Tanebaum 在 1986 年研制成功。作者对其功能加以扩充,研制成功了 MINIX+1.0 版本,并被专家鉴定为“一个良好的用于操作系统教学的实验环境”。本书是这一研究成果的具体表现。使用本书可以完成 3 个层次的实验:操作系统的操作、操作系统的结构分析、操作系统的实现。(张亚拉)

T000422 **现代控制理论及其应用** 周凤岐等编著。电子科技大学出版社 1994 年 6 月版。63.7 万字。12.60 元。包括线性系统、最优控制、最优估计、系统辨识、自适应控制等 5 篇共 16 章。第一篇系统介绍现代线性系统分析与综合的基本内容。主要介绍了定常连续、时变连续、离散系统状态空间数学模型的建立及其解的特性;系统以状态空间描述后内部结构特性的分析方法;用状态反馈实现闭环极点任意配置的系统综合方法;基于单位秩结构的、多变量 PD、PID 输出反馈控制器的设计方法。第二篇最优控制是现代控制理论的一个重要组成部分,它所研究的问题是:对一个控制系统在给定的性能指标要求下,如何选择控制规律,使性能指标达到最优。

第三篇最优估计理论就是对受到随机干扰和随机测量误差作用的物理系统,按照某种性能指标为最优的原则,从具有随机误差的测量数据中提取信息,估计出系统的某些参数或某些状态变量。第四篇系统辨识就是通过试验或运行所得数据,估计出控制对象的数学模型及其参数,也就是说系统辨识是根据对已知输入量的输出响应的观测,在指定的一类系统范围内,确定一个与被辨识系统等价的系统。第五篇自适应控制就是在系统数学模型不确定的条件下,要求设计控制规律,使给定的性能指标尽可能达到及保持最优。(黄礼玲)

T000423 **微机操作与应用** 李敬忱主编。河北科学技术出版社 1994 年 6 月版。41.5 万字。12.80元。分 8 章,系统介绍计算机基础知识、磁盘操作系统、中西文键盘操作技术、编辑排版软件的使用、数据库应用、计算机的购买和日常维护保养等内容。列举了大量实例,对实际工作中遇到的问题进行了较详细的阐述。每一章后还附有相应的习题。在计算机基础知识部分,主要围绕微型电子计算机的基本配置,介绍了计算机的发展过程、特点及应用、分类、软件系统和硬件系统的基本概念;计算机操作系统主要介绍 DOS 操作系统和常用 DOS 命令;汉字处理技术介绍目前最流行的几种汉字输入方法和汉字处理软件;数据库管理系统介绍了汉字 dBASE Ⅲ 的应用方法;最后介绍了计算机病毒及其防范、常用的计算机工作软件的使用方法。(王凤玲)

T000424 **组合最优化** 副名:计算机算法复杂性。张勇传、瞿继恂著。华中理工大学出版社 1994 年 6 月版。12.4 万字。7.50 元。将算法复杂性和组合最优化结合起来。证明了最大改进单纯形算法是多项式算法;讨论了几个有代表性的 NP 难算问题;提出最大改进对偶单纯形算法是多项式算法;提出最大改进割平面算法直接用 ILP 问题时是拟多项式算法;而用于求解可适定性问题时是多项式算法;最后从理论上论证了 NP=P,即各种 NP 问题,包括 NP 完备和强 NP 完备问题都存在多项式算法。(李德)

T000425 **3D STUDIO 3.X 操作手册** 邓伟文、徐瑞珠著。人民邮电出版社 1994 年 6 月版。53 万字。31.00 元。分 24 章,覆盖了 3D STUDIO 3.X 中的各种功能。其中第一章介绍 3DS 的基本配置和基本功能,第二章至第七章介绍了 3D 造型程序的使用方法,第八章至第十三章讲解了 3D 编辑程序的使用方法,第十四章至第十七章介绍了动画编辑程序的使用方法和技巧,第十八章至廿一章描述了动画特殊效果的产生方法,第廿二章以“星球大战”为实例介绍了后期制作处理过程,第廿三章总结了第三版的新特点,第廿四章介绍了 3DS 中的字体变形使用技巧。(顾翀)

T000426 **FoxPro 2.5 for DOS 程序设计——入门篇** 章立民编。人民邮电出版社 1994 年 6 月版。61.3 万字。33.00 元。作者结合长期从事数据库管理系统开发工作的经验,从如何建立一个数据库开始,系统地介绍 FoxPro 2.5 的基本概念和使用方法。书中列举了编程实例和插图,介绍了许多编程的关键技术。(吕晓春)

T000427 **机电控制** 骆涵秀等编著。浙江大学出版社 1994 年 6 月版。51.8 万字。9.60 元。对机电控制所涉及的各种控制元件作了叙述,对计算机控制用的硬、软件及控制系统的静动态设计和系统辨识也作了简要的介绍。着重介绍了机电控制中各种元件的结构原理、性能特点及工程应用。(李海燕)

T000428 **软件万花筒——应用 300 例** 中国计量出版社 1994 年 6 月版。20 万字。7.50 元。从扩大用户知识面的角度出发,介绍可供用户选择的各类电脑硬卡和软件,并逐一介绍了它们的主要工作特点、功能、用法和对电脑软、硬件环境的要求。书中选取了 300 多种应用软件。是“家用电脑金钥匙丛书”的第八分册。(杨庚生)

T000429 **电脑小诊所——常见故障处理** 王路敬、赵励民编。中国计量出版社 1994 年 6 月版。18 万字。7.50 元。作者从长期应用电脑的经验总结中,针对家用电脑使用人员的实际情况,从常见故障入手,列举了大量软、硬件故障实例,分析故障原因,给出排除方法和注意事项。是“家用电脑金钥匙丛书”的第十分册。(杨庚生)

T000430 **电脑总管家——DOS** 王路敬著。中国计量出版社 1994 年 6 月版。20 万字。7.60 元。根据作者长期从事电脑培训教学的丰富实践经验,从大量实例入手,系统地介绍 DOS 使用方法、技巧和经验,并对汉字操作系统的使用作了简明的叙述。是“家用电脑金钥匙丛书”的第二分册。(杨庚生)

T000431 **写字不用笔——汉字输入法** 董小国、程懋泰编。中国计量出版社 1994 年 6 月版。18 万字。6.80 元。重点介绍目前国内最为流行的五笔字型、自然码等汉字输入法。编写上采用问答式。本书是“家用电脑金钥匙丛书”的第四分册。(杨庚生)

T000432 **家庭管理员——数据库软件** 中国

计量出版社 1994 年 6 月版。20 万字。7.50 元。主要以家庭事务管理为内容,介绍电子报表软件 LOTUS1-2-3 和数据库管理系统软件汉字 dBASE Ⅲ 的使用。书中通过家庭水电费报表、家庭图书资料管理实例,系统而又形象生动地向用户介绍软件的操作命令、使用方法和技巧。尤其对汉字 dBASE Ⅲ,由浅入深地介绍了编程方法和经验,并给出一个有实用价值的开发实例。是“家用电脑金钥匙丛书”的第五分册。(杨庚生)

T000433　**电脑的语言——GWBASIC**　李玉敏著。中国计量出版社 1994 年 6 月版。32 万字。8.80元。从中、小学生智力开发和家庭娱乐的目的出发,介绍 GWBASIC 电脑语言的使用方法。在编写方法上将其语言的各种命令和语句的说明及用法贯穿在有趣的实例中,使读者在轻松愉快之中学习电脑语言。是“家用电脑金钥匙丛书”的第六分册。(杨庚生)

T000434　**您的小助手——常见工具软件**　王路敬等编。中国计量出版社 1994 年 6 月版。14.5 万字。5.50 元。主要从对家用电脑易于使用和便于维护的角度出发,介绍一些常用工具软件 Pctools、快速磁盘复制软件 DUP、电脑检测软件 QAPLUS 以及防病毒软件 CPAV、KILL 等的使用方法、经验和注意事项。是“家用电脑金钥匙丛书”的第七分册。(杨庚生)

T000435　**家用电脑金钥匙丛书**　王路敬、许志平等编。中国计量出版社 1994 年 6 月版。200 万字。71.5 元。按电脑知识的结构层和实际应用次序,先后分为 10 个分册,包括:《家电新成员——家用电脑》;《电脑总管家——DOS》;《电脑小编辑——字处理软件》;《写字不用笔——汉字输入法》;《家庭管理员——数据库软件》;《电脑的语言——GWBASIC》;《您的小助手——常用工具软件》;《软件万花筒——应用 300 例》;《动画小天地——动画制作》;《电脑小诊所——常见故障处理》。(杨庚生)

T000436　**电脑小编辑——字处理软件**　董小国、陈寒著。中国计量出版社 1994 年 6 月版。20 万字。7.80 元。重点介绍 3 个优秀的字处理软件 WS、WPS、CCED 的使用方法,从读者易于理解和便于操作入手,通过实例,直观形象地向用户介绍各种字处理软件的操作方法和使用经验。是“家用电脑金钥匙丛书”的第三分册。(杨庚生)

T000437　**家电新成员——家用电脑**　许志平著。中国计量出版社 1994 年 6 月版。14 万字。6.00 元。详细介绍家用电脑的发展历史及现状、市场分析,电脑选购方法、策略及注意事项,并对电脑系统的组成及其基本操作与维护,从使用的角度作了阐述。是“家用电脑金钥匙丛书”的第一分册。(杨庚生)

T000438　**微型计算机原理及应用基础**　曾三槐主编。中南工业大学出版社 1994 年 6 月版。33 万字。14.00 元。参照高等学校工科非计算机专业《微机系统应用基础》课程教学要求及水平等级考试大纲编写。主要内容包括:微型计算机工作原理、常用外部设备的性能与使用特点、DOS 操作系统、汉字输入方法(五笔字型输入法等)、WPS 中文编辑软件、工具软件 PCTOOLS、微机维护和计算机病毒知识、中文 $FoxBASE^+$。(谢贵良)

T000439　**英汉传感技术辞典**　张福学编著。电子工业出版社 1994 年 7 月版。106 万字。33.00 元。根据中国国家标准局《传感器通用术语》和《敏感元件名词术语》,日本出版的《传感器用语词典》和中国出版的《电子工业技术词典》、《航空工业科技词典》,以及编著者新近研究的传感技术成果编纂而成。共收词 3923 条,其内容涉及敏感元件与材料、测量与计算技术、压电学、磁学、声学、医疗电子学、生物电子学、光电子学、微电子技术与集成电路、固体电子学、信号处理、通信、雷达、导航、遥测、遥感和遥控、计算机科学等。(李继东)

T000440　**计算机可靠性理论与实践**　顾子天编著。电子科技大学出版社 1994 年 7 月版。45.6 万字。14.60 元。介绍电子计算机设计、制造和使用过程中有关的可靠性理论、工程实践以及提高系统可靠性的技术。内容包括:可靠性工程的发展概况;可靠性工程的基本特征及其数学描述;失效物理分析;元器件工程;可靠性热设计理论与方法;计算机组装和连接设计;计算机供电设计;计算机的电磁兼容及安全性设计。(吴艳玲)

T000441　**微机实用操作指南**　齐志儒主编。东北大学出版社 1994 年 7 月版。41.8 万字。11.90 元。从实用角度出发,介绍微机基本知识、操作系统命令和常用软件的使用方法,详细讲述五笔字型汉字输入法与桌面印刷系统 WPS 的使用方法,讲述了 BASIC 语言命令、函数及操作、Turbo C、Turbo Pascal 集成环境,高级工具软件 PCTOOLS 的使用方法及微机故障诊断和病毒消除方法。内容包括:微型机基本知识、DOS 命令、汉字操作系统、键盘指法练习、五笔字型输入、文字处理程序 WrodStar、桌面印刷系统 WPS、几个实用程序的用法、BASIC 上机操作、Turbo C 上机操作、Turbo Pascol 上机操作、中文字表编辑软件 CCED、微机工具软件 PC-TOOLS 6.0、微机故障诊断和病毒消除等 14 章，附录给出了常用 DOS 命令提示信息。（郝蕴卿）

T000442 **汇编语言程序设计** 齐志儒等主编。东北大学出版社 1994 年 7 月版。79 万字。22.50 元。以 IBMPC 为背景机系统地介绍了汇编语言程序设计的基本理论和方法。全书正文由 21 章组成。第一章至第九章主要讲述计算机的基础知识、8086/8088 的指令系统、汇编语言、程序的基本控制结构及程序设计理论、方法、技巧和汇编技术。第十章至第十一章介绍汇编语言在数值运算、代码转换、列表处理及字符处理方面的应用，讨论了多种算法并给出了程序实例。第十二章讲述输入输出及中断程序设计的概念、方法和技巧。第十三章至第十八章剖析了 IBMPC 及其兼容机的输入输出接口，详细介绍了磁盘与文件、显示器、键盘、打印机、实时时钟、图形、音响及通信的程序设计方法及应注意的问题。第十九章详细介绍了汉字处理的程序设计。第二十章介绍了 80286、80386 的特点、指令系统及存储管理的有关知识和 80486、Pentium(80586)的特点。第二十一章介绍了 8087/80287/80387 的指令系统及程序设计方法，并给出了应用实例。（刘振军）

T000443 **新编计算机基础** 鲁田喜等著。广州出版社 1994 年 7 月版。36 万字。15.80 元。结合实例介绍微型计算机磁盘操作系统、微型计算机汉字系统、计算机文书处理等方面的基本概念和基本操作。各章配备了适量例题及详尽的操作实例。在介绍计算机有关基本理论时，尽量避免使用不易理解的专业术语，对必须用到的专业术语，均作较详细通俗的解释。对于在计算机操作实践中，初学者常碰到的英文提示信息及出错信息均给出相应的中文注释，使不懂英文的读者也能借助中文注释与计算机对话。对初学者可能常出的操作错误，均给出相应处理方法。（鲁田喜）

T000444 **FoxPro 2.5 for DOS 程序设计—提高篇** 章立民编。人民邮电出版社 1994 年 7 月版。83.2 万字。45.00 元。《FoxPro 2.5 for DOS 程序设计—入门篇》一书的姐妹篇，在入门篇的基础上进一步介绍了 FoxPro 2.5 更深一层的编程方法和使用技巧。书中提供了大量的范例。（吕晓春）

T000445 **新编 DOS 大全 3.0—6.2** 杨世卿、刘振安著。人民邮电出版社 1994 年 7 月版。50.70 万字。18.00 元。分 4 篇。第一篇快速入门篇，介绍 DOS 基础知识、基本的 DOS 命令、磁盘操作命令、系统配置方法与批处理程序。第二篇讲述如何进一步使用 DOS，介绍了磁盘操作高级命令、配置系统和设备驱动程序的功能运用与优化、DOS 重定向技术与 DOS6.0 新增功能。第三篇是索引与 DOS 命令速查表。第四篇介绍了 MS-DOSShell、全屏幕编辑软件 Edit、DOS6.2 的特点和计算机中病毒的防治。全书配有几百个例子。本书已收入“计算机技术丛书”。（王亚明）

T000446 **Windows 3.1 中文版快速入门** 詹凤莲编。人民邮电出版社 1994 年 7 月版。56.4万字。32.00 元。介绍 Microsoft 公司推出的 Windows 3.1 中文版窗口操作环境。全书分 3 篇，分别介绍 Windows 3.1 中文环境的安装和启动方法，Windows 3.1中文版的基本使用技巧和所有应用程序的功能、操作方法，非 Windows 应用程序与 Windows 环境的接口，最后还介绍了由 Windows 环境提供的两个有趣的游戏。本书配合文字说明提供了大量插图。（顾翀）

T000447 **计算机常用命令英汉对照** 邱国华编。上海交通大学出版社 1994 年 7 月版。25 万字。9.50 元。分 4 部分：硬件和软件、DOS、WPS 和 FOXBASE。第一部分简单介绍计算机基本知识，后 3 部分不仅介绍了计算机常用软件的命令与操作，而且还介绍了它们的出错信息及处理办法。（李顺祺）

T000448 **第四代语言程序设计** 刘尊孝等著。上海交通大学出版社 1994 年 7 月版。84.00 万字。38.00 元。主要介绍提高 MAPPER 作业设计与运行效率的方法、MAPPER 作业运行效率的分析方法以及 MAPPER 作业的维护技术。为了提高 MAPPER 作业设计效率，降低 MAPPER 软件的维护费用，美国优利公司推出了 APT 软件包。书中详细介绍了这种软件包的功能和应用技术。（张泉宝）

T000449 **数据库技术名词解释** 马玉书主编。石油工业出版社 1994 年 7 月版。44.5 万字。19.00元（精）。收编有关数据库技术方面的词条及其释文 2000 多条，内容涉及数据库技术的概念、理论、方法及技术、数据库系统、数据库设计和应用等各个方面，其中智能数据库、面向对象数据库、工程数据库等新一代数据库占有较大的篇幅，反映了数据库的现状和最新发展。书的正文按数据库技术的学科内容分章节编排，各词条均有中、英文名称及释文，

书的前后附有词条的中、英文索引。(申若霞)

T000450　**3D STUDIO 三维造型艺术**　马丰宁、宋培琤著。天津大学出版社1994年7月版。31.2万字。16.00元。主要内容有:二维造型的方法及操作步骤;三维放样的方法;三维编辑及材料编辑、着色的使用方法与运行等。每一部分内容均从最简单的例子入手,详细介绍如何启动3D studio,如何设定参数,具体使用的指令,并指出最后的屏幕效果等;当屏幕出现错误信息时如何进行更正,如何根据自己的设计要求来扩展作图功能。(张美珍)

T000451　**离散事件系统理论与柔性制造系统**　杨杨编著。冶金工业出版社1994年7月版。18万字。9.00元。主要针对柔性制造系统,介绍研究柔性制造系统建模与动态调度分析中所使用的离散事件系统的理论和应用。全书分5章。第一章介绍离散事件系统理论的发展和现状,描述了柔性制造系统的分类与构成。第二章阐述了离散事件系统的基础理论,有图与网络系统方法,排队系统和离散事件系统的模型化技术与仿真。第三章介绍离散事件的Petri网建模与分析方法。第四章针对柔性制造系统,介绍近十年来发展的建模与动态调度研究方法,有排队网络方法、极大代数方法和扰动分析方法。最后一章中介绍了在柔性制造系统调度中常用的分支定界和动态规划方法。(戈兰)

T000452　**五笔字型标准教材**　王永民著。中国科学技术出版社1994年7月版。65万字。41.00元。包括《培训教材》、《用户手册》、《编码字典》和《编码练习》4种,系统介绍和讲述五笔字型汉字输入技术。(金维克)

T000453　**计算机应用基础**　樊孝忠、龚元明编著。北京理工大学出版社1994年8月版。49.3万字。15.80元。概述了数据库、管理信息系统、软件工程网络、CAD/CAM、办公自动化和人工智能各个学科的基本内容;从指法练习、DOS命令、文字处理到常用微机软件、形成较实用的使用框架,有利于学生上机能力的提高;反映了80年代末、90年代初国内外的先进成果和当前流行的新技术;注意与全国计算机等级考试(Ⅰ级)的衔接,覆盖了考试大纲规定的内容。(熊坤莉)

T000454　**汉字信息处理**　彭寿全、黄可编著。成都科技大学出版社1994年8月版。56.8万字。15.40元。重点在阐述汉字信息处理的基本理论、基本技术、基本方法和基本部件,并结合当前国内外动态介绍了大、中、小和微型计算机系统及网络系统的配置和汉化技术、方法。(吴艳玲)

T000455　**电脑装配实用技术**　朱存山等编著。大连理工大学出版社1994年8月版。34.6万字。28.00元。从电脑构造角度采用大量图片介绍电脑的基本工作原理、不同档次电脑的结构和配置及其配件的选择、电脑的装配方法和使用维护保养常识等。从CPU发展的各个阶段直至Pentium芯片,从总线结构由ISA向EISA、NESA的发展,从单功能驱动电路向各种多功能卡的发展,直至最新的多媒体技术等各个方面,对国内外的技术发展及有关的散配件均作了详细介绍。(杨泳)

T000456　**汉字 FoxBASE$^+$原理与应用**　彭仲昆、王惠刚主编。电子工业出版社1994年8月版。37万字。15.00元。共11章,讲授数据库基本知识以及FoxBASE$^+$的基本语法、数据库建立、编辑和操作。重点提供FoxBASE$^+$的程序设计方法和应用程序实例以及与高级语言连接的实用工具。(张新华)

T000457　**C^{++}语言大全**　杨长虹等译。电子工业出版社1994年8月版。70万字。49.95元。分3大部分23章1个附录,介绍C和C$_{++}$命令、功能、编程和应用。第一部分为C$_{++}$基础,讨论C和C$_{++}$的共性,含表达式、C语句、数组和串、指针、函数、数据类型、输入输出处理;第二部分介绍C$_{++}$专有特性,讨论类和对象、虚函数和继承性、构造函数和析构函数,面向目标的输入和输出系统以及函数和运算符重载特性;第三部分讨论C$_{++}$软件的开发技术,包括字符串、弹出窗口和链表等应用软件结构技术。本书原著:[美]Herbert Schildt著,Osborne McGrawHill 1991年出版《C$_{++}$:The Complete Reference》,原作者是国际著名C语言专家。(陆孝如)

T000458　**计算机电子线路与数字逻辑**　王魁臣、李新荃主编。东北大学出版社1994年8月版。55.8万字。16.80元。内容包括:半导体二极管和三极管、数字逻辑基础、集成逻辑门、组合逻辑电路、触发器、时序逻辑电路、脉冲电路、半导体存储器与可编程逻辑器件、数字系统的分析与设计、放大电路、计算机电源、数-模与模-数转换等12章,是参照"电子技术基础"和"脉冲与数字电路"的基本要求,按120学时教学计划编写的。(郝蕴卿)

T000459　**计算机组成原理**　朱家铿主编。东北大学出版社1994年8月版。44.9万字。13.50元。详细地介绍计算机的组成原理及相关知识。包括:计算机的基本组织、计算机系统的分级结构、计算机性能指标与分类、计算机的发展简史、计算机的应用、

计算机数据表示及其算法、中央处理器、机器语言级、微程序机器级、存储系统、输入输出系统、操作系统机器级等内容。(刘淑芳)

T000460 **儿童学电脑** 孙力、项正茂著。河北美术出版社 1994 年 8 月版。6 万字。3.00 元。共 8 章。扼要地介绍了有关电脑的基础知识,如电脑的组成,电脑的软件以及磁盘操作系统等。详细地介绍了 BASIC 语言的常用命令及其使用。(戴建慧)

T000461 **微机操作实用指南** 徐冰主编。南海出版公司 1994 年 8 月版。45 万字。18.00 元。主要介绍计算机基础、磁盘操作系统、计算机汉字输入、计算机编辑软件的使用、计算机编程入门、计算机病毒防治、常用操作指令等知识。在汉字输入方法上,介绍了五笔字型、拼音码输入;在编辑软件使用上,介绍了 WS、CCED 和四通 MS-2401。书中还汇编了多种目前最流行的计算机编辑软件使用说明,并将常用操作命令汇集成表,方便读者查询和记忆。(原式溶)

T000462 **精通 Windows 3.1** 郑何编。人民邮电出版社 1994 年 8 月版。58 万字。系统地介绍窗口操作环境——Windows 3.1 及其使用技巧。全书分 4 篇 16 章。第一篇介绍 Windows 的基本知识,Windows 3.1 的系统安装、启动与退出,用户界面及基本操作。第二篇介绍程序管理器与主群组,包括程序管理器和文件管理器的操作,打印机安装及打印管理,如何应用控制面板(Control Panel)调整 Windows 环境设置,如何在 Windows 里运行 DOS 应用程序等。第三篇介绍书写器(Write)、画笔(Paint Brush)等附件及计算器(Caculator)、Character Map 字符映射表、时钟(Clock)等附件应用程序。第四篇为提高篇,介绍 True Type 字体、对象链接与嵌入、Windows 3.1 的内存管理及系统优化等。书后的附录还介绍了大量使用技巧。(刘君胜)

T000463 **微型计算机应用基础** 范贻明主编。人民邮电出版社 1994 年 8 月版。45.9 万字。19.00元。根据国家教委工科计算机基础课程教学指导委员会对"微机系统应用基础"课程的基本要求,并参照国家教委考试中心制定的《计算机等级考试大纲》以及近年来上海、北京、河北、天津、浙江等省市教委对高校非计算机专业学生《计算机应用知识和应用能力等级考试大纲》的要求编写而成。书中介绍了计算机学科及计算机系统的基本知识、DOS 磁盘操作系统、汉字操作系统、常用的汉字输入方法、WS 和 WPS 文字处理软件、数据库管理系统 FoxBASE⁺、电子表格集成软件 LOTUS1-2-3、防治计算机病毒的基本知识及 Windows 3.1 的基本内容。(赵桂珍)

T000464 **计算机应用教程(中级)** 上海市计算机应用能力考核办公室编。上海教育出版社 1994 年 8 月版。63.2 万字。30.00 元。计算机教材。系"九十年代上海紧缺人才培训工程"教学系列丛书之一。介绍计算机网络基础及微机上的磁盘数据维护。(余鸿淳)

T000465 **FORTRAN77 程序设计** 杭必政、龚沛曾、蔡国静著。上海科学技术出版社 1994 年 8 月版。约 38 万字。12.30 元。以结构化程序设计方法为指导思想,介绍 FORTRAN77 的基础知识、基本语句、数组的概念和输入输出方法、字符数据与字符处理、语句函数和函数子程序、程序单位间的数据通信及文件的应用和常用算法等内容。重点突出了 FORTRAN77 语言的特点和其基本设计方法。(杨燕)

T000466 **多维系统辨识 Multidimen-Sional System Identifcation** 赵平亚、余道蓉著。上海科学技术出版社 1994 年 8 月版。24.3 万字。12.00 元。分 7 章:为引言,多维非参数系统辨识,多维参数系统辨识,确定模型邻域集的方法,阶数递归快速算法,空域递归快速算法和结束语。以算式为主,并辅以图表。作者赵平亚博士,华东工学院副教授,兼任美国《多维系统与信息处理》杂志编委。(傅英根)

T000467 **人工智能** 副名:原理·方法·应用。王永庆编著。西安交通大学出版社 1994 年 8 月版。31.5 万字。13.50 元。分 3 部分共 10 章。第一部分包括一至五章,介绍人工智能的基本概念及三大技术:知识表示、推理及搜索,着重讨论各种不精确知识的表示方法及推理模型,引入了模糊处理技术。在第二章中介绍了数理逻辑及模糊逻辑的有关知识。第二部分包括五至九章。分别介绍专家系统、机器学习,自然语言理解、智能决策支持系统等研究领域的有关概念与系统构成技术,每一章都对相应领域的研究现状及发展趋势作了简要的分析。第三部分由第十章构成,介绍了智能计算机的有关概念及当前国外正在研制的几种智能计算机。书中各章都附有习题。(王永庆)

T000468 **英汉计算机技术新辞典** 张祥等编。宇航出版社 1994 年 8 月版。76.5 万字。25.00 元。收编计算机理论、程序设计语言和方法学、人工智能、网络系统、信息处理、计算机辅助技术、数据库及其他应用等方面的词汇约7000条，着重于90年代前后随着五代机、六代机和光计算机的问世而涌现的大量高新技术术语和名词，对长期以来被混淆的一些术语也尽量予以澄清，还介绍了一些著名的应用软件。(刘彤)

T000469 **专家系统的结构和应用** 王申康著。浙江大学出版社1994年8月版。52.3万字。10.20元。论述建立专家系统的基本技术和实用方法，并系统地介绍各类专家系统的结构和其所能求解的问题类型。分4部分，第一部分计5章，介绍专家系统的基本概念、知识表达、推理机制和知识的不确定性。第二部分论述专家系统的一般结构和对各类任务的相应结构选择。第三部分计6章，剖析了各类典型专家系统MYCIN、PROSPECTOR、AM、TEIRLASIA和GAI等的结构及实现方法。第四部分提供了一些专家系统在其他领域中的应用，主要介绍在教学上的应用。(王宇)

T000470 **海峡两岸信息技术术语英汉对照** 乔伟编。中国标准出版社1994年8月版。23.7万字。7.00元。汇集海峡两岸所使用的信息技术术语3000条，其中相当一部分是近年来出现的计算机技术的新术语、新名词。(于茁路)

T000471 **电脑操作基础教程** 牛丽娜编。中南工业大学出版社1994年8月版。32万字。12.00元。以最普及的PC兼容机为操作环境，介绍微机的基本构成和工作原理、键盘使用与指法训练、常用DOS命令、自然码、五笔字型、太极码、表形码，并通过大量实例详细介绍WS、CCED、WPS编辑软件的使用及FoxBASE⁺库文件与库记录操作，简要地介绍了计算机病毒的基本知识与计算机在使用中常遇到的问题和处理方法。书后附有常用词的五笔字型码表和太极字码表。(谢贵良)

T000472 **计算机导论与程序设计** 张志弘等著。大连理工大学出版社1994年9月版。38万字。10.00元。系统地介绍计算机和微机的发展、应用与展望，计算机中数的表示方法，计算机硬、软件基础知识。书中还系统地介绍了结构化程序设计的基本概念，BASIC语言的顺序结构、选择结构、循环结构、子程序结构等4种基本的程序设计结构类型的程序设计方法，还介绍了有关计算机病毒与安全性的基本概念。(王启太)

T000473 **软件开发环境——UNIX操作系统** 施渝萍著。电子科技大学出版社1994年9月版。50万字。16.00元。以UNIX SVR4.2操作环境为平台，介绍UNIX系统的初高级使用和系统的管理维护工具。全书分10章，第一章为UNIX系统概述，描述UNIX的特点、版本问题和标准化问题；第二章为UNIX系统的初级使用；第三章和第四章介绍UNIX的文本编辑和处理工具；第五章介绍Sell程序设计；第六章介绍词法分析程序和语法分析程序自动生成工具；第七章介绍程序自动维护工具和源码控制系统；第八章介绍UNIX的网络通信，包括电子邮件、基本网络通信工具、TCP/IP互联网络操作和文件共享；第九章介绍系统的管理和维护；第十章介绍UNIX SVR4.2的图形用户界面系统。(黄礼玲)

T000474 **计算机操作系统教程** 周长林等编著。高等教育出版社1994年9月版。47万字。14.70元。以理论模型为基础，讲述操作系统核心内容，给出了关于资源、互斥、同步、通信、死锁、进程、作业等重要概念的形式化描述。增加的有关网络操作系统、分布式操作系统的内容，配以UNIX操作系统实例讲授，介绍了操作系统发展的新成果。书中还以图、表及类PASCAL语言给出了大量实例，并配以适量的习题。(席文哲)

T000475 **大系统控制论** 涂序彦著。国防工业出版社1994年9月版。27.5万字。13.80元。采用定性与定量相结合、静态与动态相结合的广义模型化方法描述大系统，研究各种不同领域的大系统控制过程及其共同规律，研究各种大型复杂系统的设计方法和实现技术，探讨了大系统控制的新方法和解决大系统难题的新途径。为了解决大系统分析、设计和模型化方面的难题，作者将人工智能、专家系统等方法，引入到大系统工程中来，提出了大系统广义模型化方法、启发式优化方法以及多层状态空间、多重广义算子等广义模型；研究了大系统结构分析与综合问题，提出了信息结构能通性的概念和分析方法；将多变量协调控制推广到大系统，研究了递阶大系统、分散大系统的协调控制；提出了最经济控制、最经济观测的概念，研究了控制系统最经济结构综合问题。另一方面，也将大系统理论的分解-协调方法等，引入到人工智能与知识工程中，用来研究大型专家系统的设计方法。此外，还研究了人体控制系统的多级结构和协调控制，以便获得有益的启示，用于工程技术和社会经济大系统的设计与控制。(陈洁)

T000476 **离散事件动态系统** 彭永进等著。湖南科学技术出版社1994年9月版。36.9万字。

18.00元。论述离散事件动态系统(DEDS)的逻辑层次、时间层次和统计性能层次的建模方法,并将DEDS理论用于FMS的建模与分析。(李遂平)

T000477 **工程测试与信息处理** 卢文祥、杜润生著。华中理工大学出版社 1994年9月版。40.8万字。10.20元。分上、下两篇。上篇为工程测试与信息处理基础,主要介绍有关的基础理论、基本方法和基本技术;下篇为信息技术的工程应用,集中介绍了几种典型的测试技术,是现代信息处理技术的综合应用。书中的主要内容为:信息、信息论基础知识,信号分析基础,信息转换,信息传输,模拟信号分析,数字信号分析(以上见上篇);振动测试与机械阻抗试验,声测试与声谱分析技术,机械设备故障诊断与工况监测等。(刘继宁)

T000478 **个人电脑入门新途径——Windows使用指南** 王新民著。科学普及出版社 1994年9月版。13万字。6.00元。"个人电脑实用丛书"之四。详细介绍 Windows 的历史和未来,Windows 的组成和各个主要部分的功能和操作方法,以及利用 Windows 的应用软件 write 和 Painthrush 进行文稿编排、图形绘制的基本方法。(赵兰慧)

T000479 **个人电脑的维护与维修** 李平、邓小全编。科学普及出版社 1994年9月版。20.3万字。9.80元。"个人电脑实用丛书"之九。首先介绍个人电脑的系统组成和结构,以及选型问题。然后依次介绍系统的电源、系统板、软盘存储器、硬盘存储器、键盘和鼠标器,显示器系统和打印机的基本结构,主要类型、工作原理、使用和维护方法,以及常见故障和解决方法等。配合系统维护和故障诊断,介绍了两种常用软件:DLAGNOSTICS 和 QAPLUS 的使用方法和功能。最后是系统维修的入门知识,包括个人电脑故障分类、故障诊断常用方法、各个系统部件安装和拆卸方法步骤以及常见典型故障的原因及排除等内容,并提供了一个故障诊断的流程图作为总结。(赵兰慧)

T000480 **C程序设计及其应用** 徐继扬著。科学普及出版社 1994年9月版。18.8万字。6.80元。"个人电脑实用丛书"之五。介绍C语言的基本概念、各种语句的使用、各种数据类型的使用,以及编写高级语言源程序的方法。书中例举了大量的简单、典型、实用的例子以帮助读者掌握C语言的程度设计方法,学会编写实用的程序。本书提供包括 Turbo C2.0 的主要集成软件和书中的全部程序的软盘。对一些较难的或实用程序也提供了相应的执行文件,可直接执行。(赵兰慧)

T000481 **个人电脑数据库应用** 訾秀玲著。科学普及出版社 1994年9月版。19.5万字。9.60元。"个人电脑实用丛书"之六。系统地介绍汉字 FOXBASE⁺各种命令的功能及使用方法、数据库的基本操作、程序设计方法及应用程序实例。各章有小结和操作练习题。本书配有软盘,软件提供了本书全部应用程序。(赵兰慧)

T000482 **精选英汉计算机词典** 俞雪凤、高建华等编。上海科学技术文献出版社 1994年9月版。85.5万字。20.00元。选收计算机及其相关技术词汇和常用普通词汇各约1.5万条。专业词和普通词兼收。专业词按其中心词集中列于对应的词目下。所有词目都加注国际音标。(张秉芬 袁仲江)

T000483 **软件技术基础** 岳丽华、纪金龙、黄刘生编著。中国科技大学出版社 1994年9月版。78万字。20.80元。选择数据结构、操作系统、计算机网络、数据库系数和软件工程5部分内容,系统地介绍计算机软件技术的基础知识。"数据结构"篇介绍了一些最常用的数据结构,阐明了各种数据结构内在的逻辑联系及其在计算机中的存储表示,并讨论了对这些数据结构所施加的各种运算;"操作系统"篇从资源管理的角度出发,全面介绍了操作系统的基本概念、设计原理、实现技术及典型系统 UNIX 的使用;"计算机局域网络"篇从网络使用者的角度介绍了计算机网络的基本概念、拓扑结构与通信协议,并通过对以太网和 Novell 网的介绍,使读者了解计算机网络的实现原理;"数据库系统"篇以关系型数据库系统为例,介绍了数据库系统的基本概念、结构和功能,并详细介绍了 FOXBASE⁺微机数据库系统;"软件工程"篇从软件生命周期的角度出发,全面讨论了软件设计的方法问题。为适合非计算机专业人员的学习,各篇章中都删除了要求计算机专业知识较多且难于理解的有关实现方面的内容,但保留了其系统性和主要精髓。(李攀峰)

T000484 **中小学计算机知识辞典** 国家教委基础教育司等编著。天津科学技术出版社 1994年9月初版。70.9万字。36.00元。收入约2000个词条,内容涉及计算机概论和基本原理、计算机硬件、计算机软件、计算机教育、计算机科学技术的发展等几个方面。每一词条均有中英文对照的词条名称,其诠释包括:定义、归属、来历、应用范围、其他称谓等几个方面。辞典附录还收入了历届国际、国内计算机奥林匹克竞赛的试题及解答、竞赛知识等内容。(王定一)

T000485 **CAD/CAM技术** 唐荣锡编著。北京航空航天大学出版社1994年10月版。42.9万字。16.00元。介绍计算机辅助设计、制造通用基础软件的基本实现技术及其80年代以来的发展概况。内容包括CAD/CAM技术的发展、参数化绘图、三维线框造型、曲面造型、特征造型、数控加工编程、有限元网格自动剖分、几何特性计算、机器人的几何造型与运动模拟以及集成系统的数据管理等11章。反映了有关领域的国内外主要研究成果以及北京航空航天大学飞行器制造教研室1980年以来的在研制CAD/CAM应用软件中的技术积累。(王小青)

T000486 **最新家用电脑实用指南** 副名:选购·操作·应用·保养·娱乐一点通。高崧、康浩主编。地震出版社1994年10月版。42.8万字。14.60元。主要介绍现今市场上流行与各单位的PC系列微机兼容的电脑。将家用电脑的范围限于杂牌、低价、386DX以下(含386DX)微机。在介绍家用电脑的同时,介绍一些常用软件的使用方法,如DOS操作系统、WPS、PCTOOLS等等。还增加了系统检测设置程序、硬盘管理等内容。对硬盘配置不当或病毒破坏引起的一般故障,可以通过硬盘操作重新设置来排除。(张慧平)

T000487 **PC升级大全** [美]Dale Lewallen,王乃康等译。电子工业出版社1994年10月版。71.5万字。55.00元。介绍老PC机的升级问题,其中包括对内存、硬盘、CPU、监视器、视频卡、键盘以及鼠标器等PC机常规部件的升级。此外,对换用激光打印机、增加多媒体部件、联网、通信、增加CD-ROM之类海量外存等PC机面临的新课题进行了探讨。每章后附有购置指南,全书后有美国计算机厂商名录。与书配套的一张软盘上有各种程序,可以探查PC机的现有配置或对某些硬件升级进行有机的配合。(王小民)

T000488 **Windows 3.1大师技巧** [美]Ed Tcley著,沈沉等译。电子工业出版社1994年10月版。98.5万字。68.00元。除了详细说明Windows 3.1的安装和使用外,还介绍了优化Windows的方法以及如何去使用Windows的特征等。书中每一章节都向用户提供了使用Windows的技巧。本书还针对在使用Windows过程中经常出现的问题进行了详细的分析,给出解决这些问题的办法,书中还详细介绍了怎样组织有效的Windows工作平台。介绍了Windows与DOS应用程序之间、与网络以及其他软件之间的关系,还介绍了与Windows配套的其他厂商的工具软件等。(张成全)

T000489 **DOS使用大全(第4版)** 卜照斌等译。电子工业出版社1994年10月版。125万字。68.00元。叙述PC-DOS/MS-DOS操作系统的各种使用技术,包括文件管理、目录管理、磁盘管理、内存管理、网络功能、倍增磁盘存储空间,如何提高系统性能等。附录的命令指南讲解了每条DOS命令的功能、格式、实例及提示信息。本书原版:[美]Kris Jamsa著,Osborne McGraw－Hill 1993年出版《DOS:The Complete Reference》,Fourth Edition。(陆孝如)

T000490 **DOS6使用与解释大全** 阎胜天等译。电子工业出版社1994年10月版。872万字。83.00元。详细介绍DOS6的运行环境、功能、命令与编程,不仅介绍"什么是"、"怎样做",还回答了"为什么",对命令作了透彻的解释和分析,还附上许多经验技巧,尤其是给出了不少实用程序的汇编程序清单,使改进DOS成为可能,这些实用程序复制在配套的软盘上。(王小民)

T000491 **电脑最新实用技术** 陈涛等编。电子工业出版社1994年10月版。63.4万字。22.00元。用实例介绍电脑软件和硬件的新发展和新技术。全书内容包括:DOS操作系统(以DOS6为主)、新一代汉字系统(中国龙)、WPS NT、PCTOOLS工具软件、WINDOWS3.1中文版、FoxBASE关系数据库、多媒体及应用、计算机病毒、汉字录入方法(表形码和自然码)等。(贾贺)

T000492 **程序员疑难问题详解Peter Norton编程宝库** 副名:Peter Norton编程宝典。[美]Robert Jourdain著,郝金川等译。电子工业出版社1994年10月版。54.8万字。42.50元。在作者多年实践经验基础上针对计算机软件人员在程序设计中所遇到的各种疑难问题,全面深入地介绍了微机程序设计涉及的基本知识和各种技术。关于如何编程,本书在3个层次上进行说明:高层,关于编译器库函数的使用;中层,关于操作系统调用;低层,关于串行端口和视频控制卡之类外设芯片的直接访问。本书每个程序设计示例均用4种最常用的语言写成,即BASIC、Pascal、C和8086汇编语言,并提供全部源代码。(张成全)

T000493 **DOS6.2从入门到精通** 姜焕成等译。电子工业出版社1994年10月版。88万字。70.00元。分20章5个附录。讲述DOS6.2使用操作基础、文件管理系统和应用程序、全屏幕编辑系统、打印管理系统、系统设备通信、系统配置优化、信息流向与组织、文件备份与恢复、批文件处理、宏命令工具、QBasic 程序设计、优化 DOS 和 Windows 系统的方法，优化应用程序系统、DOS 命令、Windows 专用功能等，附录介绍 DOS6.2 的安装、硬盘分区及建立不同版本的 DOS。DOS6.2 是 Microsoft 公司于 1994 年宣布正式销售的 PC 机操作系统。本书是根据美国 SYBEX 公司 1994 年出版的《Mastering DOS6.2 Special Edition》翻译的。原作者[美]Judd Robbins。（陆孝如）

T000494 **中英文电脑打字速成** 凌燕编著。广西民族出版社 1994 年 10 月版。21 万字。6.80元。根据国内外键盘打字的教学经验，介绍中英文电脑打字的键盘指法和打字诀窍；重点放在中文打字，主要进行目前最常用的五笔字型的训练，并且采用课程安排的方式，按照循序渐进的教学方法，指导读者有步骤地学习打字技巧。（黄启周）

T000495 **电子制表软件 Lotus1-2-3** 翁瑞琪等编著。国防工业出版社 1994 年 10 月版。26.5 万字。13.00 元。介绍 Lotus1-2-3 使用的普及型读物，收入“最流行软件丛书”。本书概括介绍了 Lotus1-2-3 的特点、组成与使用操作初步，对 Lotus1-2-3 软件所具有的表格处理功能、数据库管理功能、图形处理功能、磁盘管理功能、文件管理功能和文件转换功能以及这些功能的应用作了详细介绍。（余敬春）

T000496 **外行跟我学电脑** 毛明主编。机械工业出版社 1994 年 10 月版。35.1 万字。17.90 元。从初学者的角度出发，按照初学者学习使用微型计算机的过程和步骤，全面而系统地介绍微型计算机的学习、使用方法。全书在讲述有关原理的过程中，以非专业人员易于接受的方式和写作方法通俗地讲解微型计算机中最基本的知识和使用方法。并注重理论与实践相结合的原则，例举了大量的实例和练习。第一部分包括第一、二、三章，主要讲述微型计算机最基本的知识，如微型计算机组成结构，选购、安装与使用维护方法，计算机软件、程序和文件的概念，DOS 的概念、启动方法及 DOS 常用命令的使用方法，键盘的使用方法与打字训练，以及硬盘和子目录的使用方法。第二部分包括第四、五章，主要讲述中西文文字录入、编辑、排版与打印的方法，如 Super-CCDOS 5.1 及其配套的文字编辑软件 WPS 等。第三部分包括第六章，介绍了计算机病毒的概念及其防治方法。（王中玉）

T000497 **数据结构原理** 刘大有、李岳峰著。吉林大学出版社 1994 年 10 月版。42.1 万字。12.00 元。系统介绍数据结构的概念、原理和技术。主要包括：线性表，数组的存储和字符串的运算，树形结构，图，排序与查找操作，内存管理，文件的结构和组织方式。对每一种数据结构以及所采取的运算和操作，都给出了详细的算法和时间复杂性分析，并对其中一些有代表性的算法给出了正确性证明。书中特别采用了 ADL 算法描述语言，增加了许多新内容，如计算有向图强连通分支的快速算法、静态树、重量平衡等。（王瑞金）

T000498 **Turbo Assembler 汇编语言程序设计教程** 潘金贵著。南京大学出版社 1994 年 10 月版。84 万字。27.80 元。系统地介绍用 Borland 公司推出的多趟汇编器 Turbo Assembler 进行汇编语言程序设计的方法与技术，详细地说明了每个 Turbo Assembler 预定义符号、操作符、伪指令和命令行选项，还介绍了 Turbo Assembler 软件中附带的实用工具软件的用法。本书以 Turbo Assembler 的最新版本(V3.0)为主，同时兼顾 1.0 和 2.0 以及2.5版的有关内容。（顾其兵）

T000499 **神经网络技术** 冯天瑾著。青岛海洋大学出版社 1994 年 10 月版。24.7 万字。10.00 元。介绍 80 年后期迅速发展起来的人工神经网络理论与应用。共 3 篇。“概论篇”以历史眼光讲述作为智能理论与技术的人工神经网络的兴起、受挫（分析 Minsky 有关思想）、80 年代后期的高潮。“理论篇”对前馈网络（以多层感知机为重点）、Hopfield 网络、自组织特征网络、Baltʒman 机等主要神经网络进行了简明扼要的理论分析。作者 1990 年在荷兰合作研究的结果，对 BP 算法作了易懂且符合“误差反传”概念的数学推导；还对所涉及模糊数学、统计物理与退火、拓扑学方面基本概念作了浅显的阐述。“应用篇”4 章，介绍一系列成功而有趣的例子，展示了神经网络技术在函数合成、参数估计、模式识别与分类、信息编码与特征提取、时间序列预测、信号与图像处理及专家系统等领域中的应用。并附启发性练习题、英汉对照术语小集和 4 种神经网络模型的 C 语言编译程序。（冯天瑾）

T000500 **最新家用电脑实用操作与保养精编** 程志平编著。山西人民出版社 1994 年 10 月版。28 万字。14.5 元。详细地介绍家用电脑的基础知识、磁盘操作系统、PC-DOS 和 CCDOS 的技术问题、常用的文字编辑软件及实用软件、家用电脑的安装检测和日常维护与保养以及家用电脑使用及维护技巧

25例。(周红)

T000501 **实用C语言程序设计** 向南平等编著。中南工业大学出版社1994年10月版。46万字。13.00元。分上下两篇。上篇系统叙述Turbo C语言程序设计方法及操作。下篇系统叙述用Turbo C进行图形程序设计的基本方法。重点介绍在Turbo C中如何处理点阵汉字的显示,如何制作和使用矢量汉字,如何设计中文下拉式菜单及汉字输入接口模块,以及关于在图形程序设计中如何控制外部设备以完成图形的输入和输出等技术。(谢贵良)

T000502 **半导体传感器的原理及其应用** 牛德芳等著。大连理工大学出版社1994年11月版。44万字。16开本。9.80元。系统地介绍传感器基础理论,光、温度、磁敏、力学量、流体量、气敏、湿敏、离子、生物、光纤传感器的原理、结构、特性及传感器的共性技术、应用实例。书中相当多的内容是作者多年从事半导体传感器科研实践的结晶。作者还对传感器应用中的供电、放大、信号变换、补偿、线性化、数字化等知识进行了介绍,并列举各种传感器实际应用的典型电路。(王启太)

T000503 **Windows 3.1编程圣典** 虞育新、成凯等译。电子工业出版社1994年11月版。125万字。72.00元。分3部分。其中第一部分"精通Windows环境",是针对Windows 3.1的新用户的,该部分提供了有关程序安装、操作和使用的详细指导;第二部分"深入了解Windows",介绍了一些主要的技术焦点,涉及Windows硬件,例如打印、显示系统、数字化仪、网络、通讯以及多媒体;第三部分"Windows高级技术",使高级用户可以细致地调整Windows的效率和兼容性,优化DOS和Windows之间的交互,克服安装中的问题,解决硬件冲突以及诊断系统的毁坏情况。(王世忠)

T000504 **微机操作实用技巧** 李人元编。电子工业出版社1994年11月版。72万字。26.80元。从《计算机世界》报"编程技巧"栏目1992年以来所刊稿件中精选136篇文章,另收录了未发表佳作39篇。全书分10部分:DOS、CCDOS操作使用;多用户系统及网络;数据库编程与使用;设备驱动;病毒分析、预防与消除;C语言及其他高级语言;汉字编码及汉字输入;软、硬盘参数及操作;磁盘工具及加、解密技术;音乐与图像处理。(贯贺)

T000505 **中西文录入技巧与文字编辑** 李玮主编。电子工业出版社1994年11月版。37万字。16.00元。主要内容包括:西文录入法、中文录入法、中文文字处理软件Wordstar、WPS及四通中外文打字机的使用方法。其中,中文录入法重点介绍王码五笔字型,还相应介绍了拼音输入法、区位码与电报码输入法等。(崔国荣)

T000506 **怎样使用WPS进行文字编辑** 赵子江编。电子工业出版社1994年11月版。55万字。18.80元。详尽介绍怎样使用WPS进行文字编辑的知识。书中介绍的Super-CCDOS中文操作系统为5.10版,WPS文字编辑系统是2.10版。本书分3篇,第一篇介绍Super-CCDOS的命令与实际操作;第二篇把WPS系统的各种编辑方法、实际操作展现在读者的面前,是本书的重点;第三篇引导读者使用与WPS系统配套的SPT画图工具来画一幅美丽的图画或者是插图。(武卫东)

T000507 **FoxPro2.5程序员指南** 须德等译。电子工业出版社1994年11月版。80万字。78.00元。内容包括:设计数据表格和屏幕程序。熟悉MBS客户数据库,并讨论一些核心的MBS屏幕程序。建立窗口式接口,探索应用程序的结构。了解控制窗口事件的功能和过程。学会使用Screen Builder建立和使用屏幕程序,获得屏幕程序设计的完整描述,并且学会在一个屏幕程序中使用多屏幕。学会使用Report Writer和Label Writer建立样板商务系统中使用的表。(秦梅)

T000508 **精通Windows NT编程技术** 李成辉等译。电子工业出版社1994年11月版。978幅图。90.00元。分17章。主要涉及:Windows NT的内容结构和其如何工作;建立Windows NT程序的过程;Windows NT编程中的关键成分:线程、进程、同步、管道、异常处理、内存管理等;Windows NT对过去Windows API方面的增强与扩充,包括GDI、宏文件、位图和调色板、动态链接库和文件入/出命令等;Windows NT应用软件之间信息共享问题,包括DDE、剪切板和OLE;各媒体编程技术;Windows NT安全性、网络API、控制台API和UNICODE问题。(王小民)

T000509 **开放式网络和开放系统互连** [美]邓顺安等著,戴浩译。电子工业出版社1994年11月版。96万字。62.00元。共28章,分为5个部分。第一部分(1—4章)介绍开放系统环境和OSI的基本概念,其中包括命名和编址。第二部分(5—9章)介绍OSI参考模型中的3—6层,即从网络层到表示层,其中包括路由、协调。第三部分(10—14章)介绍各种服务元素ASE,其中包括联系控制、可靠传送、提交并发和恢复、远程操作和两种常用的协议定义工具。第四部分(15—24章)介绍8种应用协议和两种交换格式,它们是目录服务(DS)、报文处理系统(MHS)、文件传送访问和管理(FTAM)、公共管理信息协议(CMIP)、虚拟终端(VT)、事务处理(TP)、远程过程调用(RDA)、制造业报文规范(MMS)和电子数据交换(EDI)、办公文档结构(ODA)。第五部分(25—28章)介绍了开放系统的实现、测试及其发展。(陆伯雄)

T000510　**软件开发技术**　倪秉营著。电子科技大学出版社1994年11月版。42万字。14.50元。详细介绍软件开发的常用技术、方法、工具和管理方面的内容。第一章简要介绍软件工程学的基本概念及软件开发的原则和方法;第二章介绍系统可行性研究和软件计划;第三章主要介绍结构化软件分析和步骤;第四章介绍软件总体设计的基础和软件结构化设计方法;第五章介绍数据库的逻辑设计;第六章是数据库设计的结构化方法;第七章介绍软件编码所使用的程序设计语言的分类、选择以及编码风格;第八章介绍软件测试方法、步骤和软件维护;第九章介绍软件项目管理的内容和方法;第十章则通过一个软件开发实例来介绍软件开发的全过程。(李建川)

T000511　**微机病毒防范与杀毒技术**　苏武荣主编。福建科学技术出版社1994年11月版。49万字。15.00元。分“计算机病毒概述”、“微机病毒分析与诊治”、“杀毒、防毒软件原理与使用技巧”、“广谱病毒原理及实例分析”以及“常见3000种病毒特征”等5章。系统全面地阐述微型计算机病毒的传染机理,对病毒进行分类剖析,分析了当今流行的代表性病毒以及它的源程序。列出3000多种PC病毒的特征、感染范围及危害程序。介绍了KILL、SCAN、CPAV、CLEAN、VSAFE、BOOTSAFE、NAV等杀毒、防毒软件原理和使用技巧,以及防病毒卡的原理和使用。系统地论述了广谱防病毒原理及实例分析。(陈仲健)

T000512　**机器人视觉技术**　钟玉琢等编著。国防工业出版社1994年11月版。46.5万字。20.50元。阐述机器人视觉技术6个主要部分:客观景物的感知和图像生成、预处理、分割、描述、识别以及图像的知识表达和解释。书中详细论述了各部分的原理、算法以及实现技术,重点讲述了机器人视觉的体系结构的组成原理和设计以及基于CAD模型的多传感器视觉系统(CMMS)。(何曼庆)

T000513　**XENIX操作系统**　杨惠民等编著。国防工业出版社1994年11月版。43.9万字。18.90元。分4章,第一章基础篇,介绍XENIX操作系统的基本概念,第二章使用篇,从用户的使用角度出发,介绍几个常用的实用工具(如文本编辑器、电子邮件、shell程序以及与其他系统的通信)的使用方法,第三章管理篇,介绍XENIX操作系统的有关管理问题(如系统的安全保护、文件系统的管理、系统性能的调整、网络通信、系统硬件资源的扩充与使用、以及其他问题)。第四章安装篇,介绍XENIX操作系统如何安装。本书主要根据XENIX System V版本编写,参考了国内外流行的XENIX操作系统产品的资料。本书收入“最流行软件丛书”。(陈洁)

T000514　**个人电脑的接口技术和外围设备**　王克义著。科学普及出版社1994年11月版。17.4万字。7.80元。“个人电脑实用丛书”之八。从实用的角度介绍PC机的接口技术与外围设备。接口技术包括微机串行接口和并行接口的基本功能、主要特点以及可编程并行接口片的编程使用方法。外围设备包括键盘、鼠标器、显示器、打印机、磁盘存储器、光盘存储器、扫描仪、绘图机、数字化仪光笔等工作原理、操作使用方法及日常维护注意事项。介绍了数据通信设备调制解调器及远程通信方面的知识。(赵兰慧)

T000515　**个人电脑信息安全—病毒防范与文件保密**　王新民、朱连章著。科学普及出版社1994年11月版。12万字。6.00元。“个人电脑实用丛书”之十。讨论了与计算机信息安全有关的各个方面,详细地介绍了破坏性大、流传广的计算机病毒的基本概念、工作原理、传播与破坏机制。并通过对几个病毒的剖析,阐述了引导区型病毒、可执行文件型病毒、交叉型病毒,以及CMOS病毒的特征、工作原理及基本防治措施。还介绍了各种病毒防治软件的功能及使用方法,防病毒卡的特点等。对于防止私人数据被非法窃取的问题,还介绍了计算机与现代密码技术,加密、解密技术。本书配备软盘。(赵兰慧)

T000516　**国内外最新常用传感器和敏感元器件性能数据手册(一)**　赵负图主编。辽宁科学技术出版社1994年11月版。180万字。70.00元。分34章,全面系统地介绍国内外各类最新和最常用传感器及敏感元件,对有代表性的典型产品的名称、型号、主要技术参数、应用范围等作了较详细的介绍,同时也给出了生产厂家。在《手册》的部分章节和附录中,摘要介绍了通用数语规则、数据换算公式及必

要的说明。(李逢秋)

T000517 **DOS(1.0～6.2)使用技术大全** 周玉龙、朱耀庭等编。南开大学出版社1994年11月版。98.6万字。39.50元。作者详细研究了DOS 1.0至DOS6.2的有关资料并结合微型计算机有关课程的教学和科研实践编写此书,详细叙述了IBM系列微机(PC、XT、286、386、486)及其兼容机的主操作系统DOS1.0至DOS6.2,特别是DOS5.0和DOS6.0的原理及其使用方法。分基础和提高两部分。基础部分包括DOS的发展,运行环境,DOS 5.0、DOS6.0的安装,DOSShell、DOS编辑器、DOSKEY、QBasic的使用方法,DOS6.0硬盘倍密度存储方式的设置及防病毒软件的特点等。提高部分通过对DOS的剖析,阐明作为一个操作系统,它的引导过程、命令解释、出错处理、内存管理、中断处理、程序管理、设备驱动程序的设计和使用方法。(张蓓)

T000518 **知识表示的数学理论** 汪培庄、李洪兴著。天津科学技术出版社1994年11月版。30万字。9.80元。介绍真值流理论以及解决真值流在命题中的流动过程和流动方式的模糊落影理论。(黄立民)

T000519 **集散型计算机控制系统(DCS)** 王树青、赵鹏程著。浙江大学出版社1994年11月版。40.3万字。15.00元。对集散型控制系统作了较全面的介绍。特别是中小型集散型系统UXL和大型集散型系统TDC300,并介绍了集散型控制系统的设计方法以及在工业生产过程控制中的应用。(洪保平)

T000520 **可编程控制器原理及应用** 汪晓光等编著。机械工业出版社1994年11月版,1996年3月版。28.6万字。9.80元。主要介绍松下电工的可编程控制器(PLC)产品——FP1的原理及应用。其中,第一篇介绍了PLC的工作原理及组成、编程语言及方法、FP_1的功能及指令、NPST－GR软件、软件使用方法,以及FP_1应用实例;第二篇介绍了实验的预备知识、上机操作练习、基本实验和综合实验,以及特殊指令和功能的应用实验;第三篇列出了各种实用的速查表。(赵德勤)

T000521 **WINDOWS3.1使用问与答** 曹国均编著。成都科技大学出版社1994年12月版。38.2万字。19.00元。用问与答的方式,详细讲述WINDOWS3.1操作系统在使用的过程中可能出现的错误和问题以及在使用方面的技巧。其主要问题包括:WINDOWS3.1安装、WINDOWS3.1启动、WINDOWS3.1程序管理器、WINDOWS3.1文件管理器、WINDOWS3.1控制面板使用技巧、WINDOWS3.1打印管理器、WINDOWS3.1剪贴板、DOS与WINDOWS切换MSDOS Prompt使用技巧、WINDOWS3.1系统设定SETUP使用技巧、WINDOWS3.1桌面应用软件与工具、任务列表Tastlist、WINDOWS的DDE、OLE,WINDOWS优化与内存管理、WINDOWS3.1的软、硬件配置、网络WINDOWS3.1,WINDOWS3.1中文版、WINDOWS3.1下的应用程序使用技巧与故障、流行WINDOWS中文平台使用技巧、WINDOWS3.1在多媒体使用中的技巧与故障等。(张春燕)

T000522 **WPS故障分析** 曹国均编著。成都科技大学出版社1994年12月版。38.2万字。19.00元。解释在使用WPS文字处理系统,特别是流行的WPS的解密版本时,常常会出现的故障问题,如将用户编辑的文件自动加密而无法再编辑该文件;编辑时因按了某键而出现死机;WPS内部错误而退到DOS状态下,使编辑的文件未存盘;打印时出现内存溢出;在转盘中运行WPS系统出现故障等等。在解决这些问题中,本书除了作文字解释说明外,笔者提供了使用调试程序DEBUG、COM解决这些问题的具体方法。用户若对DEBUG不熟悉或不太熟悉,可按照书中的步骤去做也可解决WPS的故障问题。同时,也为一些问题的解决方法编制了汇编语言或C语言程序。为适应WPS新版本的要求,在对WPS2.0、2.1和WPS2.2版本作了详细的讨论基础上,也提供了WPS3.0F和WPSNT1.0方面的故障分析的许多实例。(张春燕)

T000523 **C语言速成** 何宗琦编著。成都科技大学出版社1994年12月版。43.7万字。12.00元。介绍C语言的基本内容及C语言的程序设计基本方法;Turbo C2.0集成开发环境的使用,并从C语言的特点出发把C语言的基本概念、语法规则、程序设计技巧和上机操作的方法有机地结合起来。(张春燕)

T000524 **QUICK BASIC程序设计及应用** 李刚荣、杨胜著。成都科技大学出版社1994年12月版。43.5万字。12.00元。以Quick Basic 4.0为背景,分14章详细介绍Quick Basic语言开发平台和程序设计。前者包括编辑器、调试器、库管理工具、命令行的编译连接;后者包括语言基础、结构设计、模块化程序设计、设备和文件I/O、事件和错误捕获等内容。同时也介绍了程序开发步骤、模块化设计的分而治之策略、流程图分析等设计方法和经验，以及 Quick Basic 与其他 Basic、C 语言、汇编语言的联系。(张春燕)

T000525 **软件工程简明教程—原理、模型、方法、工具、规范、应用元** 刘润彬、张华著。大连理工大学出版社 1994 年 12 月版。36 万字。12.80 元。非计算机专业系列教材。详述软件工程的开发模型，软件开发，软件维护，软件管理的概念和方法。结合实例介绍了软件项目开发规范标准与文档编写纲要。书中每章配有练习和 CAI 软件。(王佳玉)

T000526 **Auto CAD12 从入门到精通** 王永辉等译。电子工业出版社 1994 年 12 月版。121 万字。70.00 元。分 5 部分 21 章 5 个附录。介绍在 Windows 环境下 Auto CAD 口的启动、绘图；图形编辑、打印、尺寸文字的标注；连接和存储图形数据、成组作业及多个流程；特殊图形实体的绘制、信息提取与交换；Auto CAD 三维造型、使用及动画制作；高级造型技术及与应用程序的交换；Auto Lisp 样板程序及其开发；自行设计菜单、工具栏和线条等技术。附录给出 Auto CAD 的硬件选择、安装配置、变量说明、尺寸标注说明、Auto CAD 命令清单。本书是根据美国 SYBEX 公司 1993 年出版的《Mastering AutoCAD Release 12 for Windows》翻译的，原作者[美]George Omura。(陆孝如)

T000527 **FoxPro 2.5 FOR DOS 应用程序设计** 郑阿奇等编。东南大学出版社 1994 年 12 月版。73.6 万字。28.00 元。共 16 章。前 5 章介绍数据库的基本操作命令，第六章开始分别介绍 FoxPro 2.5 的窗口、菜单、SAY/GET 功能、Ruchmore 技术、SQL 语言、备注字段、低层文件和中断技术，其中第十一章"系统设置"按字母先后顺序进行说明，第十三章"函数"按其功能归类分节介绍。本书从程序设计角度组织内容，突出介绍 FoxPro 的特有功能。主要特点：①章节按功能编排，在讨论命令与函数功能时，着重介绍它们的相互关系和搭配方法；②通过应用实例展示各种程序设计方法和技巧，便于读者学习并尽快掌握程序设计方法；③比较详细地分析了 FoxPro 2.5 FOR DOS 的特有功能；④提供了较多的应用实例，配有教学盘。(冉榴红)

T000528 **微弱信号检测方法及仪器** 戴逸松著。国防工业出版社 1994 年 12 月版。26.9 万字。15.60 元。介绍微弱信号检测原理，包括电路中噪声来源、统计特征、计算方法、电路中噪声性能指标；论述噪声测量中检测信号的基本方法，包括信号波形恢复(滤波)、信号判别、信号参量估计及谱估计；介绍低噪声放大器设计，以及几种典型的微弱信号检测仪器的原理及应用。本书的特点是，不仅介绍已经成熟的先进检测基本方法，而且把这些方法用到实际中去，形成有价值的微弱信号检测技术及仪器；不仅包含本学科的国内外最新研究成果，而且又有作者多年来科研工作中发展和创造的一些微弱信号检测方法和技术。(林松强)

T000529 **多媒体计算机技术及应用** 杨永田等编著。哈尔滨工程大学出版社 1994 年 12 月版。34 万字。18.00 元。概述多媒体计算机技术的基本概念、原理与关键技术。主要包括：光存储技术、音频与视频技术、数据压缩与解压缩技术、多媒体通信与超媒体等；立足多媒体计算机发展的过程，结合具体系统详细讲述从多媒体 PC 机到多媒体工作站等各类多媒体计算机系统；为方便多媒体开发与应用，详细地介绍了多媒体产品的使用并简单介绍了基本原理；最后结合实例，介绍了如何进行多媒体项目开发。(张笑冰)

T000530 **计算机世界看图问答** 归定康等译。河北教育出版社 1994 年 12 月版。35 万字。17.80元。分 2 部分。第一部分包括电子计算机的构造、系统软件的设置、系统是如何工作、输入输出设备如何工作等基础知识的介绍。第二部分则讲解了计算机的应用，内容包括如何设置网络、如何进行数据传送、在机关自动化中的应用及如何保证数据传送系统的可靠性。书中通过 200 多幅画面，回答了关于电子计算机的知识和数据传输网的 251 个问题，展示了电子计算机在国民经济和社会生活各个领域中的广泛应用。(韩素萍)

T000531 **神经网络理论与应用** 徐秉铮等著。华南理工大学出版社 1994 年 12 月版。43.9万字。22.00 元(精)。由 4 部分共 10 章组成。第一部分含第一章，介绍神经网络的研究简史、基本概念、基本组成、研究范畴及常用研究方法。第二部分含第二至第四章，主要以 Hopfield 模型为线索，阐述神经网络实现联想记忆、模式识别和最优化计算的基本原理、方法和模型结构。第三部分含第五至第八章，通过围绕神经网络中最重要的模型之一——多层感知器，介绍有监督学习算法及其相应的理论，如 Madaline 网络，径向基函数网络，递归神经网络等，并给出了一些应用实例。第四部分含第九及第十章，重点阐述无监督学习算法，介绍了几种无监督学习

算法,配有较多应用实例。(杨昭茂)

T000532　**局部网络的安装与使用**　何莉、汪洋著。科学普及出版社 1994 年 12 月版。14.6 万字。6.80 元。"个人电脑实用丛书"之十一。从微机局部网络知识入手,在介绍微机局部网络一般概念的基础上,着重对目前国内外广为流行的 NOVELL 网络的结构、组网技术以及网络安装、操作、使用方法等方面做了较为全面的介绍,是作者多年从事 NOVELL 网络组建、安装工作的经验总结。(赵兰慧)

T000533　**并行程序的设计方法**　李玉茜、杨宗源著。上海科学技术文献出版社 1994 年 12 月版。17.4 万字。16.00 元。从方法学的角度出发,研究并行程序的设计和其构造方法。首先建立并行计算机系统的模型和并行程序的模型;基于该模型,建立逻辑系统,描述程序的规格说明、程序的性质和验证其正确性;给出并行程序设计语言,实现规格说明的抽象程序;讨论抽象程序到并行系统体系的映射等;以并行系统中的进程互斥、进程通讯、程序检测、废品收集为例,说明并行程序的设计、构造、验证和映射的方法,最后给出相应的并行程序。(张秉芬)

T000534　**家用电脑软件的选择和使用**　致达著。中国致公出版社 1994 年 12 月版。40 万字。14.00元。介绍系统管理工具,电脑游戏软件,汉字系统与 UCDOS,家庭事务管理软件与数据库,磁盘优化工具的选择和使用方法。第一部分介绍了 PCTOOLS5.0 及 PCTOOLS6.0 版中 PCSHELL 的使用,并对 PCTOOLS9.0 的使用作了介绍。电脑游戏软件属于应用软件的娱乐部分,第二部分对此作了全面介绍。第三部分重点介绍了 UCDOS 的使用方法等。第四部分介绍了一些较实用、较典型的家庭事务管理数据库应用实例。该书还介绍了内存优化工具 MemMaker,可提高系统执行速度的 SMARTORNV 命令和合并命令 DEFRAG。

化 学 工 业

T000535　**电子陶瓷烧结设备**　黄炳钧、羊淑子编。华南理工大学出版社 1994 年版。27.7 万字。6.90 元。主要内容为热工基础理论及电子陶瓷烧结设备两部分。前者包括气体力学、燃料及燃烧计算和传热学,是设计和使用烧结设备的热工基础。烧结设备包括电阻炉、火焰窑炉及热工测量,并以窑车式电热隧道窑为典型,详细讲述烧结设备的结构特性、设计和选用的方法;对烧结炉常用的耐火材料、隔热材料,常用的热工测量仪表的原理及电阻炉的温度自动控制,进行了介绍。本书各章节均选编了例题、习题和各种图表。(谢树琪)

T000536　**旋窑水泥生产新技术及应用**　苏达根著。华南理工大学出版社 1994 年版。27 万字。12.00元。共 11 章:绪论、原料与生料制备、燃料与燃烧、悬浮预热器与悬浮预热器窑、预分解窑、湿法窑的技术改造、耐火材料、熟料冷却机及其控制、窑系统操作控制、自动化控制、环保技术。(李彩英)

T000537　**联醇生产**　冯元琦主编。化学工业出版社 1994 年版。61.1 万字。28.00 元。除阐述国内以各种原料制取合成氨联产甲醇的生产工艺技术外,增补介绍了合成气净化新技术、双甲净化工艺(甲醇化、甲烷化净化工艺)、联醇合成塔的改进、新型甲醇催化剂、甲醇精馏三塔工艺、年产万吨甲醇精馏工艺设计、甲醇燃料和甲醇加工产品等内容。(王士君)

T000538　**现代无机合成化学**　张启昆、卢峰编著。汕头大学出版社 1994 年版。28 万字。14.00 元。分 8 章,重点介绍化学理论对合成实践的指导作用,合成反应基本原理和反应规律,应用广泛的合成方法及现代合成技术和分离提纯技术。本书讨论了化学的热力学、化学动力学在无机合成中的应用;对无机合成的重要实验技术和实验装置作了较详细的介绍。从合成技术角度看,本书涉及到了高温、低温、真空、非水溶剂、电解、氯化、氢化等实验技术;特别注意到了现代合成方法,如化学气相沉积法、激光应用技术等。(游洋)

T000539　**英汉精细化学品辞典**　樊能廷等编。北京理工大学出版社 1994 年 1 月版。357 万字。128.00 元。搜集的化学品包括至 90 年代初已商品化的无机化学产品、有机化学产品、生物化学产品、矿产化学品和天然化合物等,共有精细化工产品1.8万余种。每种产品列有英文名称、化学文摘登录号、中文名称、别名、结构式、分子式、分子量、理化性质、功能与用途、制造方法、参考文献等项内容。书末附有分子式索引。(郝淑英)

T000540　**工业炸药**　吕春绪等编著。兵器工业出版社 1994 年 1 月版。41 万字。7.70 元。系统阐述工业炸药的基本内容,着重论述工业炸药爆轰理论、工业炸药爆轰参数估算、工业炸药配方设计、性能及制造工艺。同时,结合科研介绍了工业炸药的某些新进展和新成果。(李翠兰)

T000541 **硝胺及硝酸酯炸药化学与工艺学** 任特生编著。兵器工业出版社 1994 年 1 月版。36.86 万字。6.85 元。以硝胺炸药通论、墨索今、奥克托今、其他环硝胺、脂肪族硝胺、特屈儿、硝酸酯炸药通论、硝化甘油、太安、其他硝酸酯等 10 个大问题阐述硝胺和硝酸酯炸药的性能、制备化学原理和制造工艺方法。对在实际应用中最常用的、有特殊价值的墨索今、奥克托今、特屈儿、太安、硝化甘油等作了重点阐述。同时也照顾到了其他有用的和具有潜在意义的最新的爆炸化合物。书中在论述各部分时选择引用了相当数量的有价值的文献资料，并对有关化学物质列附了英文通称及标准命名，部分重要的物质附了 CA 化学物质登记号。(任燕)

T000542 **无机胶粘剂及应用** 贺孝先编著。国防工业出版社 1994 年 4 月版。17 万字。6.20 元。阐述无机胶粘剂的性能、特点、粘接方法，以及在金属切削刀具、量具、模具、辅具、密封补漏、设备维修、废品挽回等方面的应用，并以大量实例介绍了这种胶粘剂在生产中的应用情况。(崔金泰)

T000543 **精细有机化工制备手册** 章思规、辛忠主编。科学技术文献出版社 1994 年 4 月版。306.6 万字。133.00 元。内容分为 2 部分:单元反应(含实例)和附录。单元反应部分共 12 章，分章介绍磺化、硝化、卤化、还原、胺化、烷基化、气化、酰化、羟基化、酯化、成环缩合、重氮化与偶合，从工业实用角度介绍这些单元反应的一般规律和工业应用。实例部分收入约 1200 个条目，按上述单元反应的顺序编排。实例各条目以产品为中心，每条目按标题(中文名称、英文名称)、结构式、分子式和分子量、别名、性状、生产方法、产品规格、原料消耗、用途、危险性质、国内生产、参考文献等顺序作介绍。(吴秀珍)

T000544 **电化学工程导论** 吴辉煌、许书楷著。厦门大学出版社 1994 年 4 月版。22.7 万字。6.80元。内容包括电化学过程的品质因素和过程经济优化，电极反应的热力学与动力学，物料衡算与能量衡算，电化学体系中的传输过程，电流和电位分布以及电化学反应器的工艺设计等等。其取材来自 80 年代以后国际上有影响的出版物以及自己的科研成果；书中在介绍概念和原理的同时，注重阐明它们对电化工艺过程和设备的运行或设计的指导作用。书中选编了例题，用以说明应用理论解决实际问题的步骤与方法。(宋文艳)

T000545 **英汉塑料工业词汇(第三版)** 陈文瑛编。中国轻工业出版社 1994 年 4 月版。87 万字。39.50 元。是原书第二版的修订版，在原来的基础上增补了新出现的专业术语、常见商品名称、计算及控制术语，总词条数由原来的 2 万多条增至 4.6 万余条，对第二版中的错误之处也作了修正。书后还附录了各国国家标准代号、计量单位换算、温度换算、世界各国塑料工业协会名录。(赵红玉)

T000546 **涂料应用科学与工艺学** 刘国杰、耿耀宗著。中国轻工业出版社 1994 年 4 月版。91.2 万字。39.80 元。以涂料合成化学、成膜化学和涂料发展趋势为重点，对十几大类溶剂型合成树脂涂料、油脂与天然树脂涂料、色漆以及水溶性、乳胶、自动沉积乳胶涂料进行叙述，并对大型分析仪器在涂料工业中的应用作了介绍。分 16 章，其中有油脂、天然树脂涂料、酚醛树脂涂料、醇酸树脂涂料、氨基树脂涂料、着色涂料、溶剂型丙烯酸树脂涂料、聚氨酯树脂涂料、环氧树脂涂料、有机硅树脂涂料、特种涂料、水溶性涂料、乳胶漆、自动沉积涂料与涂装等。(安娜)

T000547 **化妆品原料技术标准** 宋国艾等编译。中国轻工业出版社 1994 年 4 月版。115 万字。60.00 元。编译者参考国外有关版本和技术资料，对 586 种原料的规格、技术标准和质量检验方法等进行了详细的介绍。书中列出了 98 种对某些人的皮肤有过敏反应的原料，要求必须在包装上表示出来。为方便读者，本书还增加了化妆品原料品种中英文对照和化妆品原料试验用特种试药中英文对照。附录集编了现行的化妆品行业标准。(劳国强)

T000548 **大型合成氨厂工艺过程分析** 于遵宏、朱炳辰、沈才大等编著。中国石油化学工业出版社 1994 年 4 月版。70 万字。17.50 元。分析生产厂生产工艺及流程的形成，阐述合成氨过程中的化学平衡、化学反应动力学、气体净化、催化反应器的选型及数学模拟、压缩与冷冻及节能途径等，并选有实例。附录列出了常用的物性数据和计算方法。(孙培玉)

T000549 **聚氨酯泡沫塑料** 方禹声、朱吕民等编著。化学工业出版社 1994 年 4 月第二版。69.6 万字。30.00 元。主要涉及:泡沫塑料制造原理，原料的制备，助剂的作用与选择，制备软、半硬、硬质泡沫塑料的配方和成型工艺，特种泡沫塑料制品，生产及加工设备，聚氨酯化学与工艺中的计算，泡沫塑料在各个领域中的应用，废边料的回收，原材料分析及成品性能测试，燃烧及毒性等内容。附有国内外主要生产厂家的原材料牌号及规格。(龚浏澄)

T000550　**硅化合物的生产与应用**　戴志成、刘洪章等编著。成都科技大学出版社 1994 年 5 月版。73 万字。25.00 元。反映了国内无机硅化合物的生产、发展情况和研究动向。阐述硅化合物的品种、物化性质、生产原理、方法、工艺过程,采用的主要设备及三废处理。并介绍了各种硅化合物在各工业部门的应用情况。(杨国文)

T000551　**照相化学**　江逢霖、谢璎编著。复旦大学出版社 1994 年 5 月版。19.5 万字。18.00 元。作者用物理化学、理论化学的观点,参考大量最新感光乳剂制造专利和有关感光科学基础理论文献,结合作者自身参加"新型卤化银乳剂的制备与机理研究"攻关科研项目的经验,编著而成。全书共 6 章:第一章介绍一般乳剂的制备历史、制造过程概况、乳剂品质的评价标准等常识;第二章详细评述卤化银晶体生长的各种物理化学条件、新型卤化银微晶研究进展和一些制备、特种颗粒乳剂的方法示例;第三章全面系统评介了主要的潜影理论;对各主要理论作了中肯的剖析;第四章介绍了显影理论;第五章介绍了彩色感光材料理论;第六章介绍了量子化学理论在照相化学中的应用。(秦金妹)

T000552　**近代化工热力学——应用研究的新进展**　胡英著。上海科学技术文献出版社 1994 年 5 月版。52.1 万字。23.00 元。提出了解决热力学问题的框架,系统地阐述了多组分系统的平衡和稳定性理论,介绍了高压相图和近代的临界现象理论、各种类型的近代的界面现象理论、电解质溶液理论和高分子溶液理论。着重介绍最新进展,并反映作者及其同事的成就。例如:在连续热力学方面,介绍了 80 年代中发展的泛函数,以及作者将连续热力学应用于石油馏分和高分子溶液的成果;缔合热力学反映了 80 年代中得到发展的缔合状态方程,以及作者研究的普遍化框架;无模型法介绍了作者新近才解决的国内外未能解决的难题,多组分系统由 T.P. 液相组成推算气相组成;高分子溶液突出介绍了作者开发的分子热力学模型,它首次成功地定量地描述具有上部会溶温度、下部会溶温度、环形部分互溶区、计时沙漏型相图以及它们随分子量随压力的变化。为了适应化工新技术的发展,本书以超过 2/3 的篇幅,讨论高压临界现象、界面现象、电解质溶液、高分子系统等新领域。(陆琦)

T000553　**现代表面处理新技术**　许强龄、吴以南著。上海科学技术文献出版社 1994 年 5 月版。51.4 万字。16.50 元。汇集国内外自 80 年代后期以来在各表面处理领域中的研究成果和应用技术,以综述、专论或报道等形式,介绍包括电镀、涂装、离子镀、化学镀等工艺的最新成果。其中,有关于功能性电镀、激光电镀、电镀与涂装组合等表面处理新工艺、电镀添加剂的现代剖析技术、PHORP 自控技术在电镀废水处理中的应用等。(戴经维)

T000554　**新型塑料薄膜**　邓舜扬等编著。中国轻工业出版社 1994 年 5 月版。56 万字。30.00元。主要介绍各种新型塑料的原辅材料、加工工艺、性能、用途,以及传统产品的性能改良方法。主要内容包括:一、塑料薄膜用原材料及生产工艺;二、新型农业薄膜;三、新型包装薄膜;四、新型工业薄膜。(赵红玉)

T000555　**化验员读本(上、下册)**　刘珍主编。化学工业出版社 1994 年 5 月第二版。55.5 万字。2 册。18.70 元。系统介绍从事化学分析工作的初、中级化验人员应具备的基本知识、基本技能、化验室工作常识,以及常用仪器分析方法的原理和操作等。上册"化学分析",首先介绍化验室常用玻璃仪器、天平及其他一些器皿的规格、性能、使用与维护保管,再讲述采样、制样、制备纯水、配制溶液以及进行重量分析与滴定分析等基本操作。对于化学分析的基础理论知识——酸碱滴定、络合滴定、沉淀滴定、氧化还原滴定、重量分析的原理,以及分析测试结果的统计处理、误差及消除等,尽量采用通俗易懂的语言讲述,避开冗长的公式推导。新增加的"化验室建设"一章补充了化验员应具备的常识性知识。下册"仪器分析",首先讲述电工基础知识及化验室常用电器——电炉、高温炉、电热恒温水浴、电冰箱、电动离心机的简单结构及使用操作注意事项。重点介绍电位分析法、比色及吸光光度分析法、原子吸收光谱法、气相色谱法、物理常数测定方法等仪器分析方法,突出解决"做什么用"、"怎么用"的问题,对于原理及公式只作介绍不进行推导。(任惠敏)

T000556　**磷化工概论**　熊家林等主编。化学工业出版社 1994 年 6 月版。53.4 万字。22.00元。对中国的磷矿资源及其加工方法、磷化工系列产品的生产和应用领域、三废治理和综合利用等进行了全面的论述。重点阐述磷化工重要产品的组成、结构、性质、制备原理、生产方法、典型工艺流程及设备、产品规格和用途,并对磷化工新材料、新技术、新发展作了相应的介绍。(梁虹)

T000557　**染料化学**　侯毓汾等编著。化学工业出版社 1994 年 6 月版。51 万字。17.50 元。概要介绍染料的分子结构与颜色的关系，颜色的测量，纺织纤维的类型和染料的分类，染料的命名原则和染料索引概况，染料工业发展史，合成染料的重要反应。并详细介绍了酸性染料、酸性络合染料、中性染料、直接染料、冰染染料、活性染料、还原染料、硫化染料、分散染料、阳离子染料、有机颜料和荧光增白剂等各类染料的主要化学结构类型、合成反应原理、染色机理与适用的纤维类型、染料的牢度特性、染色方法和后处理技术。书中还介绍了染料商品化加工过程中常用的助剂类型和主要品种。书末附有染料的染色牢度和评价方法。（潘正安）

T000558 **重油加工技术** 程之光等著。中国石油化学工业出版社 1994 年 6 月版。92 万字。29.80元。总结国内外重油加工技术的进展和成果，系统地介绍炼油工业当前最常用的 4 类重油加工技术，即催化裂化、加氢、热加工和溶剂脱沥青。对每一类技术都介绍了发展历史和现状，论述了有关的基础理论和反应机理、过程的特点和原料特性、工艺流程、主要设备的结构、操作参数、所用催化剂和产品性质等。对当前应用最广泛和发展最迅速的催化裂化和加氢技术作了较详尽的论述。热加工重点介绍了延迟焦化过程。对溶剂脱沥青技术则着重介绍了正在迅速发展中的超临界抽提技术。本书的开头和末尾论述了重油的特性和组成以及各种加工流程，以便根据重油性质来选择重油加工技术和拟定加工流程。（邓春森）

T000559 **特种陶瓷** 王零森著。中南工业大学出版社 1994 年 6 月版。432 万字。19.80 元。论述特种陶瓷的基本原理，粉末和制品的主要制备工艺，应用原理、领域和实例。介绍了结构陶瓷、功能陶瓷、半导体陶瓷、陶瓷纤维和纤维强化陶瓷基复合材料、金属陶瓷等。（田荣璋）

T000560 **精细化学品技术手册** 黄可龙主编。中南工业大学出版社 1994 年 6 月版。93.4 万字。23.00 元。收载的精细化工产品，包括染料和颜料、香料、表面活性剂与洗涤剂、涂料、胶粘剂、感光材料化学品、高分子材料助剂、食品添加剂、润滑油和燃料油添加剂等 9 大类，共约列 1000 个条目。编写方式按用途和性能分类，对每个品种分别介绍了名称、结构式（或分子式）、性能、生产、制备方法、用途、质量指标、生产厂家、参考文献等，书末还附有中、英文品名索引等资料。所选产品主要来源于国内外公开发表的文献资料。（童芳远）

T000561 **中国化工产品大全（上、中、下卷）** 《中国化工产品大全》编委会编。化学工业出版社 1994 年 7 月版。1000 万字。360.00 元。包括 26 大类化工产品，2 万多个品种和规格，共 1000 余万字，分上、中、下 3 卷出版。所收集的产品品种涵盖化工、轻工、石化、医药和纺织染整等各个部门，涉及原料、中间产品、最终产品，并包括新兴的化工高新技术产品；编入的内容均截至 1993 年底的资料；各种产品兼提供技、工、管、贸所需综合信息；备有多种查阅途径。上卷包括化学矿物原料、无机化工产品、化肥、有机化工原料、合成树脂与塑料、农用薄膜和橡胶。中卷包括橡胶制品、合成纤维、医药产品、染料、有机颜料和涂料。下卷包括粘合剂、农药、催化剂、食品添加剂、洗涤用品、化妆品、香精香料、日用化学品、工业表面活性剂、纺织染整助剂、饲料添加剂、水处理剂和皮革化学品等。每个品种包括中文名称、英文名称、别名、结构式、性质、质量标准、制法、用途、消耗定额、毒性与防护、包装和储运，以及生产厂家通讯录等栏目。（欧阳光）

T000562 **实用化工产品配方大全** 张桂秋等编著。江苏科学技术出版社 1994 年 7 月版。90 万字。28.00 元。收集如塑料制品、特种涂料、密封材料、胶乳化学品、包装材料、厨房、卫生间用化学品、民用爆破化学品、工业清洗剂、电子化工、文具及纸用化学品、林产化工、油田及油用化学品、机动车用化学品、化学建材、专用复混肥料、食品添加剂、饲料添加剂等 30 个门类的 1600 多个品种、2300 余个配方。每个配方均给出了原料组成和用量，以及工艺、性能、用途。（黄元森）

T000563 **胶粘剂应用技术手册** 李子东编著。上海科学技术文献出版社 1994 年 7 月版。32.1 万字。14.00 元。工具书。介绍胶粘剂应用技术的诸多问题，其中以结构粘接为重点，非结构粘接也适当涉及，侧重于实际运用，不进行理论探讨。共 12 章，分别介绍胶粘剂的作用、粘接相对于其他连接方式的优缺点、粘接理论、实现良好粘接的条件、粘接破坏机理以及胶粘剂和密封剂的用量统计；粘接文献中常见的 280 条术语及定义；粘接接头的设计与设计的基本原则；表面处理方法；各种胶粘剂的类型、性能与应用；金属、塑料、橡胶等具体被粘物和其他如木材、玻璃、陶瓷等材料的可用的胶粘剂；粘接工艺；热塑性塑料的溶剂粘接；在高温、高湿等不利环境中的粘接耐久性；质量控制；胶粘剂粘接的试验方法；胶粘剂在汽车、电子、建筑、交通、船舶等诸多领域中的应用。（葛琴华）

T000564　**硅酸盐工程测量技术**　沈锦林等编著。浙江大学出版社 1994 年 7 月版。30 万字。5.80 元。主要内容有：粉体测量；粉磨系统的测量；双相流系统测量；动力设备测量；硅酸盐工业窑炉及热工设备的测量与计算；硅酸盐工业窑炉热平衡测量等。(涂红)

T000565　**建筑铝型材的阳极氧化和电解着色**　暨调和等著。湖南科学技术出版社 1994 年 8 月版。31.6 万字。19.50 元。以建筑铝型材的氧化与着色为主要对象，以电解着色技术为重点，介绍了铝的性质和用途，各种前处理方法，铝阳极氧化理论和工艺；系统地介绍了电解着色理论及其工艺技术(包括青铜色系、红色系、金黄色系、烟灰色系和花样着色、仿木纹着色、光干涉着色、复合着色等)，还有铝氧化膜的封闭处理；适当介绍了铝型材厂的生产线设计和产品质量管理。(李遂平)

T000566　**化工百科全书　第 6 卷**　《化工百科全书》编委会、化学工业出版社《化工百科全书》编辑部编。化学工业出版社 1994 年 8 月版。231.4 万字。80.00 元。内容包括：功能性色素、汞、汞化合物、钴和钴合金、钴化合物、固氮、胍和胍基化合物、管道系统及长输管道、光导纤维及其制品、光电检测材料和器件、光化学技术、光盘、光气和双光气、光稳定剂、光学活性药物、硅、硅化合物(1. 无机硅化合物、2. 有机硅化合物)、硅藻土、过程成分分析和物性检测、过程检测和控制、过程节能、过程控制系统、过程控制仪表、过程模拟与设计、过程热力学分析、过程研究和开发、过氧化氢、铪和铪化合物、海水淡化、海洋原料、氦系气体、氦系元素化合物、含硫聚合物、焊接、合成氨、合成浆、合成抗菌药物、合成毛皮、合成气化学，共 40 条。(肖振华)

T000567　**现代橡胶配方设计**　张殿荣等编。化学工业出版社 1994 年 8 月版。30 万字。15.00元。内容包括 5 部分：第一部分介绍橡胶配方设计的基本概念及配方鉴定方法；第二部分讨论橡胶配方设计与硫化橡胶物性和加工性能的关系；第三部分介绍橡胶配方的试验设计与优化方法；第四部分讨论某些特种用途橡胶制品的配方设计原则；第五部分列举了部分橡胶制品的实用配方。书中总结了近年来人们在橡胶配方设计技术方面的丰富经验，试图通过各相关学科的先进技术和理论使橡胶配方设计工作彻底从凭经验出发的落后状态中摆脱出来，向科学化的目标迈进一步。(肖振华)

T000568　**英汉、汉英陶瓷辞典**　吴桂元主编。江西高校出版社 1994 年 8 月版。136 万字。70.00 元。共收词目 11 万条，其中英语词目 5 万条，汉语词目 6 万条。内容包括：日用陶瓷、功能陶瓷、结构陶瓷、建筑陶瓷、卫生陶瓷、陶瓷釉料、陶瓷原料、陶瓷工艺、陶瓷机械、陶瓷产品、陶瓷文化与陶瓷外贸等。(魏文清)

T000569　**工程化学**　陈林根编著。浙江大学出版社 1994 年 8 月版。27 万字。6.25 元。在普通化学的基础上，参考物理化学、高分子化学、结构化学、环境化学、材料学等有关书刊内容和体系，对原有普化教材进行改革。全书保持了第一版的体系和特色，即仍以现代化学基本理论为经，以现代化学原理在工程技术实际中的应用为纬，保持了着重基础、着重知识结构、突出实际应用、突出用能量关系来阐明化学现象的教材内容，在使大学工科基础化学教学和中学化学相衔接，处理科学性、系统性与通俗性、主科与副科、化学与工程技术学科之间的关系等问题上下了较大功夫。此外，在名词和单位制的选用上，尽量采用了“全国自然科学名词审定委员会”公布的化学名词和“全国量和单位标准化技术委员会”会议通过的计量单位和符号。(陈晓嘉)

T000570　**工业芳烃化学**　H.－G. 弗兰克、J. W. 斯达德霍夫著。中国石油化学工业出版社 1994 年 8 月版。34.4 万字。18.20 元。介绍从芳烃原料出发生产基本有机化学产品和医药、染料、颜料、农药等精细化学品的工业过程。内容涉及工业芳烃化学的发展和芳香性的实质；生产芳香族化合物的基本原料；BTX 芳烃的生产过程；稠合芳烃混合物生产炭制品；工业芳烃化合物的毒性、对环境造成的影响和生物降解性；双环、多环和杂环化合物的生产和用途。书中对工业芳烃化学的前景进行了探讨。译自德文 Industrielle Aromatenchemie 一书的英文版。(霍中心)

T000571　**侯德榜论文选**　侯德榜著。福建科学技术出版社 1994 年 9 月版。27 万字。18.60 元。是“福建籍科学家论文选集”丛书之一。从作者 250 万字的著作中挑选出来的，由先生各个时期论文 13 篇以及 3 部专著的精华章节构成，即：《炭化矽之制造——其理化的性质与实业上的应用》(1917)，《铁盐鞣革法》(1921)，《氨法精制卤水》(1933)，《制碱(节选)》(1933)，《碱与氯产品》(1942)，《海洋里的化学工业》(1947)，《合成氨制造通论》(1953)，《合成氨工厂制造中几个较新近的技术数据》(1953)，《中国天然碱工业的前途》(1955)，《聚酰胺纤维“丽绚”的制法与性能》(1956),《印度与日本氯化铵工厂的设备和布置情况以及氯化胺肥效的试验》(1957),《制碱工业发展的新方向及新产品》(1957),《化学肥料工业的大跃进(节选)》(1958),《碱厂用的滤清机与离心机的比较》(1958),《突飞猛进中的化学工业,光辉灿烂的科学技术成就》(1959),《制碱工学(节选)》。(王大达)

T000572 **生活日用化工 800 例** 晏立豪等编著。广西科学技术出版社 1994 年 9 月版。45.8 万字。14.85 元。在《生活日用化工 300 例》一书的基础上修改重印,补充了近几年来国内外的最新资料,增添了当前乡镇企业生产需要的知识。内容包括:食品和食品添加剂、日杂化学用品、化妆品、洁净剂、粘合剂、文化用品、小药品、杀虫灭菌剂、涂料、化学药品等的配方、制法及用途,以及农副产品的加工利用和贵重金属回收的化工知识。(马如海)

T000573 **非银盐感光材料——在印刷、照相、医疗中的应用** 曹维孝、洪啸吟等编。化学工业出版社 1994 年 9 月版。12.2 万字。5.80 元。由 4 位长期从事感光材料教学和科研的教授编写而成。简明介绍非银盐感光材料的发展历史及其分类,光化学的基本概念和定理;光聚合反应体系及其光固化涂料等方面应用及印刷用感光材料和光刻胶;非银盐感光材料在照相、医疗中的应用。(侯鉴荣)

T000574 **化工百科全书 第 7 卷** 《化工百科全书》编委会、化学工业出版社《化工百科全书》编辑部编。化学工业出版社 1994 年 9 月版。234.1 万字。80.00 元。内容包括:核能技术、痕量与残留物分析、红外技术、滑石、化工单元控制、化工基础数据、化工计算、化工热力学、化工系统工程、化学镀、化学发光、化学反应工程、化学工程、化学灌浆材料、化学战剂、化妆品、还原染料、环己醇和环己酮、环境管理、环境监测和分析、环境污染、环烷酸、环戊二烯和双环戊二烯、环辛二烯和环十二碳三烯、环氧丙烷、环氧化、环氧氯丙烷、环氧树脂、环氧乙烷、缓蚀剂、黄原酸盐、磺化与硫酸盐化、磺酸、混合、火柴、基因工程、激素、集成电路、己二酸、已内酰胺、计划技术、计划生育药物、计算机辅助管理、计算机辅助设计、计算机技术,共 45 条。(肖振华)

T000575 **溶剂手册** 程能林编著。化学工业出版社 1994 年 9 月版。161 万字。75.00 元。概论部分介绍溶剂的一般知识、主要性能指标、纯度与精制方法、安全使用与回收处理,以及溶剂在各行业的应用情况。各论部分按溶剂的官能团分类介绍了 570 种溶剂,包括烃类(70 种)、卤代烃(65 种)、醇类(62 种)、酚类(6 种)、醚类(44 种)、酮类(24 种)、酸及酸酐类(16 种)、酯类(85 种)、含氮溶剂(84 种)、含硫溶剂(10 种)、多官能团溶剂(91 种),以及无机溶剂(13 种)。每种溶剂都介绍了其理化性质、溶解性能、精制方法、用途及使用注意事项等,并附有相关的文献和技术标准。(潘正安)

T000576 **化工百科全书 第 8 卷** 《化工百科全书》编委会、化学工业出版社《化工百科全书》编辑部编。化学工业出版社 1994 年 9 月版。232.3 万字。80.00 元。内容包括:计算机控制系统、计算机软件、记忆增强剂和防衰老药、技术服务、技术经济评价、技术预测、季铵化合物、寄生虫感染化疗药物、加氢和脱氢、镓和镓化合物、甲苯、甲醇、甲基丙烯酸及其衍生物、甲基丙烯酸系聚合物、甲基叔丁基醚、甲醛、甲酸及其衍生物、甲乙酮、甲状腺和抗甲状腺制剂、钾、钾化合物、建筑防水材料、交联剂和固化剂、胶、胶粘剂、胶乳、胶乳配合、胶体、焦油砂、酵母、结晶、金和金化合物、金属表面处理、金属基层压板材料、金属加工、金属涂层、金属纤维、金属阳极、金属有机聚合物、金属皂、腈、精神病治疗药物、精细化学品、肼及其衍生物、静电复印、聚氨酯、聚醋酸乙烯、聚电解质、聚硅氧烷,共 49 条。(肖振华)

T000577 **精细化工产品配方与制造(第一册)** 朱洪法编著。金盾出版社 1994 年 10 月版。15.5 万字。4.90 元。收载化妆品、保健化学品、农副产化学品、清洗剂、胶粘剂、涂料、造纸添加剂、建材化学制品、阻燃剂等 10 类共 100 种精细化工产品。每一种产品均对其用途、原材料、配方、制备及使用方法作了较详细的介绍,且均有原材料易得、生产工艺简单、实用性强、见效快等特点。(金家麟)

T000578 **化学反应工程** M. 贝伦斯、H. 霍夫曼、A. 林肯著。中国石油化学工业出版社 1994 年 10 月版。45.8 万字。17.00 元。以化学反应计量学、化学热力学、化学反应动力学及传热和传质动力学为基础,从理论和实验的角度,阐述化学反应工程学的重要原理和方法;并由微观动力学出发,讨论了宏观动力学,叙述了动力学数据的测定和处理方法。其特色在于讨论了化学反应器的类型、设计方法和模型化以及反应器的选择和反应工程优化问题。书中列举的重要计算公式和图表,可直接应用于研究和设计工作。译自 Chemische Reaktionstechnik 一书的英文版。(霍中心)

T000579 **聚丙烯树脂的加工与应用** 何叶

尔、李力编著。中国石油化学工业出版社 1994 年 10 月版。48.1 万字。18.50 元。作者在树脂生产和应用研究的基础上,结合中国聚丙烯加工应用现状,从聚丙烯树脂牌号的选择入手,介绍国内外主要聚丙烯树脂牌号、性能指标,同时结合聚丙烯在各个领域中的应用,介绍产品加工工艺实例并讨论了工艺影响因素。如增强、填充改性聚丙烯、聚丙烯包装制品工艺、聚丙烯家具制造工艺、聚丙烯汽车部件生产工艺、聚丙烯簇绒地毯工艺、聚丙烯无纺布工艺、聚丙烯家用电器制造工艺等。(赵怡)

T000580　**塑料特性与选用**　倪德良、张其晖编。华东理工大学出版社 1994 年 11 月版。42.8 万字。18.00 元。介绍塑料的各种实用特性及选用知识。首先介绍塑料基质——聚合物——物理基础,塑料组成与复合材料;然后分章叙述塑料的各种特性,包括日用特性、机械力学特性、电气特性、耐蚀抗垢特性、抗摩减阻特性、渗透与密封特性、隔热保温特性、光学特性、省能特性与若干特种功能,以及赋于这些特性的塑料选用问题;最后介绍塑料应用中的力学破坏、环境老化、简易成形、二次加工、装配修补和回收利用等有关知识。(袁明辉)

T000581　**制药工程与工艺设计**　王恒通、王桂芳著。四川大学出版社 1994 年 11 月版。50 万字。22.00 元。分 3 篇:上篇工程设计概论,包括基本建设程序,可行性研究、建设场地选择和勘察、总平面布置等;下篇制药工艺设计,包括医药工业要求(GMP),工艺流程设计、物料衡算、能量衡算、设备选择、车间布置、工艺管道、非工艺项目、"三废"处理和综合利用、设计说明、概预算等。着重对 GMP 厂房的具体要求、建设实施等作了详细论述;副篇是设计实例和技术资料,有按 GMP 要求的洁净厂房的设计实例,部分药品的制法和流程图。(王恒通)

T000582　**化工设备机械基础**　董大勤主编。化学工业出版社 1994 年 11 月第二版。109 万字。24.20 元。内容包括 4 部分。力学基础:刚体受力与平衡,金属材料受力时的机械性能,杆件受拉(压)的强度计算,剪切、弯曲、扭转、强度理论等;化工容器:化工设备常用的材料,压力容器薄膜应力和弯曲应力及二次应力、强度计算,外压容器,压力容器开孔与补强、附件、焊接结构等;典型化工设备:塔设备、换热器、搅拌反应釜,化工设备图样的阅读与绘制;压力容器的使用与管理:安全使用与监察管理。书中增加了例题和习题,所用的标准都按最新的作了修改与补充。(孙世斌)

T000583　**计算机在硅酸盐工业中的应用**　孙承绪著。华东理工大学出版社 1994 年 12 月版。54.5 万字。20.00 元。统括了本专业应用计算机的几个方面:数值计算、数据处理、数值仿真、辅助设计与绘图、生产控制及企业管理。每章后均附有思考题、习题和参考文献。(欧聿红)

T000584　**化工设计**　倪进方著。华东理工大学出版社 1994 年 12 月版。39.2 万字。20.00 元。从工艺工程师的角度,介绍达到当代先进水平的化工装置设计的内容和设计方法。前者包括设计概论、经济评价和过程控制;后者介绍过程模拟、分析与合成理论在设计中的应用,即怎样进行反应、分离和换热等过程的流程组织与工艺参数的优化。主要内容分为 3 个部分。第一部分是第一、二、七章,介绍达到当代先进水平的化工装置设计的内容。第二部分是第三、四、五、六章,重点介绍流程的组织和参数的选择,即从过程合成和分析的观点出发,用化学工程各学科的知识去进行结构优化和参数优化的工作,并通过案例剖析。第三部分是第八章和附录,介绍设计过程常用的物性数据计算和设计文件的图面表示,以及一些设计规定。(徐汎)

T000585　**化学工业中的吸收操作——气体吸收工艺与工程**　涂晋林、吴志泉著。华东理工大学出版社 1994 年 12 月版。43 万字。20.00 元。化学工业专著。内容包括吸收过程的传质机理,物理吸收、化学吸收、多组分吸收、非等温吸收及其逆过程——解吸等的理论基础,吸收过程的开发研究方法,吸收设备的工艺与工程设计方法,塔填料与塔内件的最新发展,吸收过程在工业上应用的大量实例以及丰富的设计计算案例。(徐汎)

T000586　**应用有机电化学**　王志忠、刘旭光著。化学工业出版社 1994 年 12 月版。24 万字。12.00元。介绍有机电解合成的实验室研究和工业应用方面必须掌握的基本知识与技术。第一章叙述电化学一般概念和基本原理。第二章、第三章介绍实验室中有机电化学的实验技术和研究方法。第四章讨论基本的有机电化学反应。第五章介绍现在已经工业化和有工业化前景的有机电解合成工业状况。第六章综述在煤的电化学转化方面所作的工作。附录中列出了一般有机电化学研究中所必须的电化学数据。(李志清)

T000587　**流态化原理及其应用**　黎强等编写。中国矿业大学出版社 1994 年 12 月版。21 万字。9.80元。介绍流态化技术的发展过程,从流化床的流动特性、传热特性上介绍流化床的构造及基本原理，从煤炭燃烧及其他领域两个方面介绍了流态化技术的应用情况，包括流化床锅炉设计的原则、流化床中燃烧脱硫的机理与过程、增压流化床和循环流化床的基本特性等。（童仁）

T000588 **化学工业标准汇编** 中国标准出版社等编。中国标准出版社 1994 年、1995 年版。1462 万字。8 册。590.00 元（总）。在 1990～1993 年期间国家技术监督局、化工部对现行化工标准进行清理整顿的基础上组织编辑的丛书，汇集化工类全部现行国家标准、行业标准和专业标准，分专业陆续编辑出版后分册。已出版的有：《有机化工 1994》；《无机化工 1994》；《化工综合 1995》；《染料、染料中间体及助剂 1995》；《橡胶原材料 1995（上、下）》；《涂料与颜料 1995（上、下）》。将陆续编辑出版的有：《塑料及塑料制品》；《橡胶制品》；《橡胶物理、化学试验方法》；《农药》；《化肥》；《食品添加剂》；《化学试剂》；《炭黑》；《化学气体》等。汇编时对原标准中技术内容上的错误以及其他明显不妥之处作了订正。（马兆明）

轻工业、手工业

T000589 **饮食与中国文化** 万建中编。江西高校出版社 1994 年版。14.6 万字。6.40 元。“中华文化通俗丛书”之一，介绍中国食俗、食文化的主要内容和特色，中西“食”观念的差异。（陈易怡）

T000590 **职业高中木工专业教材** 潘石峰、苏荣达来等著。内蒙古教育出版社 1994 年版。150 万字。共 6 种 8 册：木制品材料学（上下册）、木材加工工艺学、木工机械（上下册）、木工识图、木制品装饰和木匠作业指南。在阐明必要的基础知识和基本理论的基础上，强调实际应用和操作训练，突出了木工专业技术性强的特点。体现了现代科学的新成果和先进的生产经验。不仅阐述了传统的木工工具的构造、用途和使用方法，着重介绍了现代木工机械知识；在介绍一般房屋门窗的制作方法时，又介绍了木制品装饰及房屋装修等的新工艺、新技术。（毛治林）

T000591 **青岛风味小吃** 刘华亭、黄宏伟著。山东友谊出版社 1994 年版。15 万字。6.50 元。从饮食文化的视角，介绍上百种风味小吃的历史渊源、特色、口味，及与之有关的传说、故事；还详细介绍了配料和制作过程。（单虹）

T000592 **大众药酒** 晓野、陈华英等著。四川科学技术出版社 1994 年版。31 万字。13.00 元。从家庭保健角度出发，系统地介绍药酒知识。全书分为 31 大类，每一类别前均简述疾病症候的特点、病因病机、辨证施治原则。所载药酒均从配方、功效、制作、服法、出处、及注意事项等方面作了详细的阐述。每一配方都有严格的配伍剂量，取材于历代医家传统的药酒配方，都载有出处，以供家庭配制药酒和选购时辨证施治，对症选用。（宋小蓉）

T000593 **棉纺织工厂设计** 钱鸿彬主编。中国纺织出版社 1994 年版。49.6 万字。20.00 元。内容以棉纺织工厂的工艺设计为主。包括产品方案、工艺流程、设备选型、工艺计算、车间布置、机器排列等。设备中将近年发展很快的转杯纺、喷气、喷水、剑杆、片梭织机等已包括在内。还介绍了色织厂设计概要、纺织企业技术改造的原则、改造的内容与方法。还扼要介绍了有关基本建设程序、厂址选择、总平面布置及公用工程专业的设计基础知识。（马涟）

T000594 **棉纺织设备使用须知** 《棉纺织设备使用须知》编写组编。中国纺织出版社 1994 年版。50.39 万字。27.60 元。共 15 本，是根据国产棉纺织设备使用规划的要求进行编写的。主要介绍工人及管理人员在使用设备时，为保持设备完好状态必须掌握的基本技能和实用的知识。内容包括设备的机构、作用与技术特征；正常运转的要求；机械故障产生原因和排除方法；设备维护保养；机台的看管；疵品产生原因和消防方法以及安全技术、消防和劳动保护等。（张福龙）

T000595 **现代纺织品的开发** 薛迪庚编著。中国纺织出版社 1994 年版。18.8 万字。9.90 元。对现代纺织品开发的理论和实践作了全面阐述，从传统纺织品的功能局限性指出中国纺织品开发的方向、方法和规律等。书中详细介绍了 20 多类 30 多种现代纺织品如牛仔布、桃皮绒、砂洗绸、水洗布、涂层织物、仿丝绸以及具有消痒、止血、卫生、防污等功能的产品开发技术；同时还介绍了国内外市场对某些纺织品的需求以及作者对国外市场调研信息。（黄崇芬）

T000596 **染整工业词典** 陆钟钰主编。中国纺织出版社 1994 年版。67.2 万字。39.50 元。收集漂染印整加工过程中所用的染化料、产品、工艺、设备、测试、易产生的疵病，以及测色配色、三废处理等词目，同时还收集了有关基础学科，如高分子化学、高分子物理、色谱分析、图案设计及自控等方面的词条 3000 余条。其中染化料和产品类词目主要说明其结构、物化性质或特点、用途和简明制法，生产方法和工艺的主要内容或原理及应用范围。生产设备和专业代表类词目主要说明其结构、特点、使用方法及应用范围。测试类词目除扼要介绍其原理外,还附有评定测试结果的方法或简明的计算公式。结合染整加工的特点,列入了一定数量的生产中经常出现的疵病词条,介绍了疵病形态、疵病产生的原因及防止办法。有关三废处理方面的词目主要说明其作用原理、处理过程及适用范围。电脑测色配色的主要内容或原理、过程。每条词目附有相应的英文专业名词,书末附有词目英文索引,部分词目配有插图。书末还附有有关机构的英文缩写词、国外主要染料厂商的英文缩写词、污水综合排放标准及印染行业常用参数查找表等。(黄崇芬)

T000597　**IE与标准化在服装工业中的应用**　曹文、李春田、贾风永编著。中国纺织出版社1994年版。35.5万字。18.00元。系统地介绍工业工程(简称IE)的基础理论、方法以及工作标准,其中包括方法研究和作业测定;同时,还介绍了工业工程在服装工业中应用的实例,其中包括作业标准化和企业管理制度;书末附录有关于质量方面的6个国家标准。(姜娜琳)

T000598　**新女装(14)**　副名:日本登丽美时装。中国轻工业出版社、日本镰仓书房合作编著。中国轻工业出版社1994年版。20.4万字。11.00元。中日两国合作出版的系列服装服饰丛书,从1988年至1994年的7年间共出版14辑。每年分两辑出版,其中一辑为春夏女装、一辑为秋冬女装。第14辑为秋冬专辑,内容主要包括:冬季大衣、婚庆礼服、秋季连衣裙、日本设计师的女性礼服、秋游穿着的外出套装等等,共计100个新款式。在款式照片的后一部分还配有与之相应的裁剪制作图。(王恒忠)

T000599　**精品男装工艺缝制实例**　孟祥和编。中国轻工业出版社1994年版。23.6万字。18.30元。系统地讲述男装工艺缝制的技巧和方法。全书分4大章节:一是服装量裁基本知识、二是各种男服裁剪法、三是男服的套板法、四是男服缝制工艺。在男服裁剪法中主要讲解了9个品种的男服裁剪,如:中山服、军便服、西服大衣、青年裤、西服背心等。在男服套板法中主要介绍了4个品种的套板法,即:西服、插肩袖男大衣、中山服和长裤。在缝制工艺方面重点讲授了3个品种的男服缝制工艺,包括:中山服、男西服和男长大衣。(王恒忠)

T000600　**中国鸭肴**　许骅著。安徽科学技术出版社1994年1月版。32.4万字。12.90元。作者根据自己从厨多年的经验,总结民间流传的鸭肴技艺,把它的烹制方法归纳为"油传热为主法"、"辐射传热为主法"、"水传热为主法"、"汽传热为主法"、"油水传热为主法"和"其他方法"6大类。(孙述庆)

T000601　**酸奶和乳酸菌饮料加工**　许本发等著。中国轻工业出版社1994年1月版。26.1万字。10.00元。分8章。主要内容包括酸奶和乳酸菌饮料的营养保健作用,发酵剂、原料乳、稳定剂,乳发酵过程中的变化和凝固型酸奶、搅拌型酸奶、克菲尔、非发酵性和发酵性乳饮料的生产工艺流程,主要环节的工艺管理,产品质量评定,生产车间的布置及原料中残存青霉素的检测,成品中乳酸菌数、酵母菌数、霉菌数的测定方法。(袁幼南)

T000602　**山西面食**　王长信、亚飞著。山西科学技术出版社1994年1月第二版。23.2万字。9.80元。分为面饭、面类小吃、面点3类,其中以面饭为主,从面饭品种的制法、浇头和食法以及菜码、小料等方面进行了介绍,对山西一部分地区的食俗风情也作了概括介绍。(孙旭秋)

T000603　**卷烟包装设备**　国家烟草专卖局编写组编。北京出版社1994年2月版。54.5万字。27.00元。从机械原理、结构、设计、传动和电气控制系统以及操作、维修等方面,介绍卷烟包装生产过程中的各种专业设备,突出新引进的先进设备。每章结束都附有思考题。(李利军)

T000604　**披肩款式与编织技巧**　庄静芬编著。金盾出版社1994年2月版。1.7万字。彩图104幅。8.80元。计有长条披肩16款,三角形披肩16款,圆盘形披肩6款,四边形披肩6款,开襟披肩8款,方形、套头形披肩各2款,共计56款。每款披肩都由模特穿着的彩色照片展示,并有编结工艺图和针法图。作者对每件款式的使用原料、工具、编织密度、完成尺寸以及编结要点都作了说明。(苏益中)

T000605　**制盐工业手册**　《制盐工业手册》编辑委员会编。中国轻工业出版社1994年2月版。269.4万字。145.00元。由39位盐业专家集体编写而成。书中收入国内外盐业的最新技术和设备,既总结了中国盐业生产的经验,又反映了当前国际盐业的技术水平。内容包括:盐和主要盐化工产品的性质、用途和标准,国内外的制盐工业情况,海盐、湖盐、井矿盐、加工盐、盐化工等的工艺理论、工艺技术、机械设备和理化分析方法,盐业基本建设和经济评估,以及海盐、湖盐、井矿盐的建场(厂)设计等,内容涉及到化工、气象、地质、水利、环保、生物技术等学科。书中所收集资料和图表都来自于生产实践,通过提炼和升华,又回到生产中去指导生产,特别是许多经验公式都是多年实践的科学总结,并在生产中反复论证是确实可行的。(唐是雯)

T000606 **彩色校样检查与修改** [英]大卫·巴恩、约翰·嘉根著。岭南美术出版社 1994 年 3 月版。6.00 万字。200 幅图。98.00 元。着重解决设计师对彩色校样的检查及作修改指示时与制版公司沟通的专业规范问题。以大量图片实例详尽讨论从原稿、复制、扫描分色到改错纠偏等行业标准和规格问题;并介绍了印刷方式、纸张油墨、网屏网点和批样符号等。(杨石友)

T000607 **可爱的童装(94 年春夏)** 中国轻工业出版社、日本镰仓书房编。中国轻工业出版社 1994 年 3 月版。14.5 万字。8.60 元。汇集不同年龄的各式儿童服装百余款,有校园装、游戏装、家庭情调装。服装突出简洁、舒适。书中介绍了童装面料的选择、式样的搭配,以及色彩在儿童服装上的运用。每款配有剪裁图和详细制作说明。(白晶)

T000608 **木制品装饰** 高志悦、王喜明著。内蒙古教育出版社 1994 年 4 月版。20.1 万字。2.40 元。内容包括木制品装饰材料、装饰方法、装饰工具与设备、装饰工艺质量检验 4 部分。第一部分主要讲述各种木制品装饰材料的组成、物理机械性能和用途,并着重介绍了常用的十余种涂料;第二部分主要介绍了木制品装饰所采用的各种方法,具体操作技术;第三部分阐述各种装饰方法所使用的工具和设备;第四部分介绍各种装饰方法的生产工艺过程以及装饰材料的质量检验和装饰质量的检验方法。(刘萃英)

T000609 **静电复印机的原理与设计** 包学诚等著。上海交通大学出版社 1994 年 4 月版。39.2 万字。17.20 元。论述静电复印机的基本原理和过程,静电复印过程的理论基础,静电复印机的基本结构、总体设计方法、光学系统设计、电子控制系统的原理与设计、机械系统设计,静电复印系统的优化设计,静电复印机系统的试验设计,数字式静电复印机和彩色静电复印机的结构原理等。此外,还介绍了静电复印机的质量评定和检测方法。(戴柏诚)

T000610 **童装款式与裁剪** 李嘉祥主编。金盾出版社 1994 年 5 月版。1.68 万字。彩图 101 幅。12.50元。介绍 1994~1995 年 1、2 岁至 14、15 岁四季童装流行的新款式 104 种。其中夏装有马甲裙、连肩裙、背带裙、直身裙、中腰裙、低腰裙及长、短套装等 50 种;春秋装有外衣、套裙、衣裤套装及各类茄克等共 42 种;冬装有棉衣、防寒服、大衣、连帽茄克及滑冰服、防寒服等 12 种。每款服装都有穿着年龄、制作特点的文字介绍,附有成衣规格尺寸和裁剪工艺图。并有小模特穿着的彩色照片展示。书中还有本书主编李嘉祥的文章:“关于童装设计中的几个问题”。该文章包括:一、儿童体型特点与成长变化,二、童装设计与美术技法相结合,三、造型变化、式样与结构变化,四、装饰点缀方面的应用变化,五、童装的色彩与运用,六、刺绣图案的应用变化。此外,书中还有童体测量示意图、儿童测体部位均值参考表、童体与服装的比例关系、儿童测体部位及测量方法等内容。(苏益中)

T000611 **木工机械** 潘石峰等著。内蒙古教育出版社 1994 年 5 月版。40 万字。4.05 元(上册),3.35 元(下册)。分上下两册。上册主要介绍木工机械的动力系统如电工基础、传动、各种构件、结构的最基本知识;下册介绍液压传动的基本知识,常用木工机械的名称、用途、结构组成、工作原理以及调整、使用操作方法等。(毛治林)

T000612 **水果拼盆集** 上海市烹饪协会组编。上海科学普及出版社 1994 年 5 月版。6 万字。10.00 元。生活用书。先叙述水果拼盆制作的基本知识,包括刀具的选用、保藏;操作卫生;各种水果的营养成份、质量的鉴别和盆具的选择。然后根据不同的场合、规格、时令,设计了一百多种水果拼盆范例。全书由简至繁编排,分成装饰部件、简易水果拼盆、中小型水果拼盆、大型水果拼盆、调味水果拼盆 5 类。每个作品有彩色照片和简单的文字说明对照。(方晴)

T000613 **中国服饰史略** 黄士龙著。上海文化出版社 1994 年 5 月版。19.8 万字。11.20 元。叙述中国服饰的发生发展,介绍各朝代典型服饰以及与之相关的政治、经济、文化、艺术、染织、民俗等内容。(余桂英)

T000614 **中国名菜词典** 邱永生、文放主编。新华出版社 1994 年 5 月版。80 万字。39.80 元。汇集全国各省市著名菜品的制法,从操作程序的细枝末节,到具体用料的精斟细琢,旁及历史典故,并记名店名师。全书共包括全国各地著名菜点 3000 多条,名店名师 1000 多条,其材料来自全国各省市饮食服务公司。(丁克实)

T000615 **空气变形纱加工技术** 王悌义等著。中国石油化学工业出版社 1994 年 5 月版。10.7

万字。"差别化纤维丛书"之一。作者在多年空气变形纱加工技术研究的基础上，主要介绍空气变形机理、变形工艺、压缩空气设备、空气变形机与喷嘴、空气变形纱质量与产品开发应用等。(赵怡)

T000616　**小绝招丛书**　陶炼等编。河北科学技术出版社 1994 年 6 月版。120 万字。10 册。38.00 元。包括《为人处世小绝招》、《留住青春小绝招》、《夫妻和睦小绝招》、《家庭消费小绝招》、《美化居室小绝招》、《养花观赏小绝招》、《养生保健小绝招》、《防病治病小绝招》、《家电养护小绝招》、《家庭饮食小绝招》10 册。全套书以小、以绝为特色，介绍的内容均为与人们日常生活息息相关的小常识、小绝招，涉及到待人接物、美容化妆、夫妻关系、购物窍门、居室美化、花草养植、健康长寿、医疗保健、家用电器、饮食制作等诸多方面。(白世维)

T000617　**木工识图**　王风鸣编著。内蒙古教育出版社 1994 年 6 月版。11 万字。2.00 元。以木制品的图样为核心，介绍识图的基础知识，包括视图、三视图以及立体的尺寸在视图上的标准，还有常用的轴测图与方体的透视图。对木制品的图样表达方法主要介绍了视图、剖视图、剖面图、局部详图及简化画法、常用连接的画法及标准。最后就本制品图样，包括设计图、零件图、部件图、结构装配图分别予以阐述。(王文云)

T000618　**服装机械原理与设计**　孙苏榕著。中国纺织大学出版社 1994 年 6 月版。40.6 万字。7.80元。主要介绍裁剪、粘合、熨烫和缝纫设备的基本工作原理，并重点以缝纫设备的 4 个主要机构，即刺料机构、勾线机构、挑线机构、送料机构为研究对象，叙述其工作原理、结构特点、设计要求和设计计算方法。最后以缝纫设备中最基本、最典型的机种——工业平缝机为例，介绍了该机的总体设计方法。(龚文灏)

T000619　**食品添加剂基础**　刘志皋、高彦祥著。中国轻工业出版社 1994 年 6 月版。23.9 万字。13.80 元。论述食品添加剂的基本概念、食品添加剂的管理及使用原则、食品添加剂的标准化和国际化。重点对国内外许可使用的一些主要食品添加剂类别和常用品种的性状、使用方法及安全性等作了阐述。(朱玲)

T000620　**中国古代家具**　胡德生编著。上海文化出版社 1994 年 7 月版。14 万字。18.70 元。分床榻、几案、茵席、箱柜、屏风、架子、椅凳、高足桌案、清宫家具、故宫珍品、木材辨析 11 章，154 幅图片。(邵德鑫)

T000621　**中国印刷术的起源**　曹之著。武汉大学出版社 1994 年 7 月版。43 万字。从社会需求、物质基础、技术基础诸方面论述雕版印刷、活字印刷、套版印刷的起源和发展，并对论者时代、文物发现、装订形式、时间周期、宋代图书生产以及国外早期印刷品等作了旁征博引。作者从正史、野史、文集中征引了大量的资料，批判地继承了前人的研究成果，提出并论证了"唐初说"。(赵捷)

T000622　**食品标签通用标准实施指南**　国家技术监督局标准化司、全国食品工业标准化技术委员会合编。中国标准出版社 1994 年 7 月版。11.5万字。10.00 元。是国家技术监督局指定宣贯 GB7718-94《食品标签通用标准》的统一教材。介绍了 GB7718 的修订概况，新标准的条文释义，各类预包装食品标签必须标注内容详解和参考示例，国际上食品标签法规的现状和发展趋势。(白德美)

T000623　**最新上海男装毛衣编结**　张富荣、卢月琴编。中国纺织大学出版社 1994 年 7 月版。11.5万字。插页 12 页。14.80 元。精选 60 多款男士毛衣，通过各种款式和图型的变化，力求表现现代男士崇尚自然，追求柔和、简洁和舒适的着装效果。(龚文灏)

T000624　**木制品材料学**　张恭等著。内蒙古教育出版社 1994 年 8 月版。30 万字。5.35 元。分上下两册。上册介绍木制品的结构材料，包括木材、人造板、竹材、藤材等；下册除介绍结构材料玻璃、金属外，还有配件材料、饰面材料、弹性材料、粘接材料以及石材、陶瓷等其他材料。(王文云)

T000625　**木工作业指南**　苏荣达来著。内蒙古教育出版社 1994 年 8 月版。13 万字。2.60 元。由 4 部分内容组成：一、木料的选用。历来对木料规格的选用是先计算好零件合计材料后，除以经验出材率，得出木料的大概需要材积，而该书介绍的木料材积计算，是由零件材积、毛料材积，推算到需要木料的规格、数量和材积。二、木匠工具的使用和维修。除介绍各种木匠工具的用途外，配合图示，重点讲述了工具的使用操作和维修技术。三、家具制作。介绍几十种横向、竖向线型件。四、房屋建造。介绍木料以外的其他材料的配合应用，并介绍了房屋装修技术。(苏荣达来)

T000626　**家用编织机用户指南**　姚新谋等著。湖南科学技术出版社 1994 年 9 月版。32.6 万字。12.50 元。主要内容包括：(一)家用编织机的编织原理、结构和性能、操作方法和花型编织示例；(二)毛衫时装选解，成衣设计、成衣后整理和修补；(三)家用编织机的保养和维修。(李遂平)

T000627 **蔗糖工业化学** 陈树功编著。华南理工大学出版社 1994 年 9 月版。19.5 万字。10.50 元(半精)，15.50 元(精)。为“华南理工大学科学丛书”之一。全书分 7 章，首先介绍蔗糖的源传和开发以及糖类物质与人类生活，使人们看到了糖类物质与生命科学的关系。然后介绍蔗糖精加工原理和处理、蔗糖深加工的生化和化学处理，并对蔗糖化学制品工艺作了专门论述，包括糖蜜制酒精、糖蜜制丙酮丁醇、蔗糖多酯、糖蜜发酵制柠檬酸、糖蜜制 L-谷氨酸钠、蔗糖水解制结晶果糖、糖类电化学加氢制糖醇、天然果蔬糖制加工品等生产工艺。最后针对当前糖业存在的问题，提出了复兴糖业的综合治理措施。(潘宜玲)

T000628 **最新职业女装 100 例** 刘晓刚、刘咏梅著。上海科学技术出版社 1994 年 9 月版。15 万字。9.10 元。精选作者的 100 款女装，并用彩照和裁剪图详细介绍。(上官消波)

T000629 **少女装(3)** 日本镰仓书房编。中国轻工业出版社 1994 年 9 月版。20 万字。12.00 元。中国轻工业出版社与日本镰仓书房合作出版，内容是根据日本镰仓书房出版的“JUNE”服装杂志精心选编的，以四季少女时装的最新款式为主，配以百余幅精美的彩色图片和裁剪图及制作程序图，并且每辑供以 1∶1 时装大纸样多款，同时介绍少女喜爱的服装饰品，包括各种书包、帽子玩物等。(邱衍庆)

T000630 **矿泉水和瓶装水生产技术手册** 李正明编。中国轻工业出版社 1994 年 9 月版。36.4 万字。46.90 元。分 5 章，主要介绍矿泉水和瓶装水的定义、分类、生产工艺及设备、检测方法、标准、法规、矿泉水的评价工作、合理开发利用及微量元素对人体的作用，并对国外瓶装饮用矿泉水的市场动态及最新发展状况进行了分析。(李亦兵)

T000631 **调酒师手册** 陈浩编著。中国轻工业出版社 1994 年 9 月版。9.2 万字。35.00 元。系统地介绍酒吧和洋酒知识，鸡尾酒与国际调酒组织，调酒师用具及酒杯，国际调酒师协会指定比赛用鸡尾酒及配方，鸡尾酒系列精选等。(唐是雯)

T000632 **天然宝石的改善及鉴定方法** 吴瑞华等著。地质出版社 1994 年 10 月版。35 万字。介绍天然宝石人工改善的概念、意义、分类、历史和各种改善方法的原理、设备及改善技术，包括热处理、辐照处理染色、着色、扩散、镀膜、填充、漂白等技术。对改善宝石的鉴定仪器和测试技术也进行了介绍。在各论中重点阐述了 10 种常见宝石的各种改善方法鉴别特征，一些研究成果是首次公开发表。书中还介绍了宝石矿物颜色的成因机理。(白铁)

T000633 **服装材料学** 杨静编著。高等教育出版社 1994 年 10 月版。32 万字。10.10 元。阐述服装材料的原料、生产、品种、特性、用途、鉴识及选择和运用等方面内容。在编写时注重感性知识与理性知识的有机结合，注重服装材料与服装设计、制作、穿着的相互联系。(王雨平)

T000634 **日汉纺织时装服饰辞典** 罗义德、晁萍著。河南科学技术出版社 1994 年 10 月版。94.5 万字。68.00 元。收集有关棉、毛、麻、丝、针织、印染、时装、服饰、外贸等方面的词汇近 2 万条，并有日文汉字索引。本辞典还附有服饰设计与制作的图、表及数据，中日贸易词汇对照表，外贸业务中常用计量单位表和世界各国(地区)及首都(首府)名称一览表等。(刘嘉)

T000635 **厨师培训教材** 张仁庆主编。金盾出版社 1994 年 10 月版。49.1 万字。18.00 元。分为烹饪知识和实际操作两大部分，共 4 编。第一、二、三编分别为烹饪知识的初级部分、中级部分和高级部分，以适应培训不同对象及不同培训目标的需要。第四编为示教菜例，从鲁、粤、川、苏四大菜系中精选具代表性的名菜各 15 款，面点及汤菜各 10 款，分别介绍了该菜的原料选配、制作过程、菜肴特点及营养成分。本书还附录了原商业部颁发的饮食业中餐业务技术等级标准。(周叔仲)

T000636 **木材加工工艺学** 张海升等著。内蒙古教育出版社 1994 年 10 月版。29 万字。5.25 元。内容包括制材、木材干燥、木家具制作和人造板 4 部分。全书共 13 章。制材部分讲述原木和锯材的国家标准、原木的合理下锯方法以及将原木加工成锯材的生产工艺等；木材干燥部分讲述木材加热和干燥介质、水分移动和应力变形的基本规律、木材干燥设备和工艺；木家具制作部分讲述家具类型与结构、零部件的加工方法以及框架式家具、板式家具、曲木家具的制作工艺过程；人造板部分介绍了胶合板、刨花板、纤维板的结构特点、原料选择与制备及 3 种板的生产工艺过程等。(刘苹英)

T000637 **新编五金材料手册** 高宗仁主编。山西科学技术出版社 1994 年 10 月版。24.7 万字。9.00 元。以表格形式介绍较常见的五金材料的规格、成份、性能及其有关的基础知识。且编入了商品条码方面的知识。列出了公制、英制、市制单位换算，俄文字母所表示的钢类及化学成分元素，还选编了世界上影响较大的几个先进国家的钢号对比，以及中国标准中钢号变化大的新、旧牌号对比。(谢一兵)

T000638 **服装裁缝全书** 包昌法等著。天津科学技术出版社 1994 年 10 月版。21 万字。11.60 元。包括 8 部分内容：一、服装的测量。讲述服装测量的用具、方法，体型分析与放松度确定。二、服装的制图基础。讲述基型制图法及其应用，胸省的定位与移位。三、服装裁剪制图实例。绘出男、女、童装裁剪制图各 20 例。四、服装的裁剪。讲述衣料的识别与处理，服装的算料知识，服装的放缝与排料。五、服装的缝纫。讲述服装的基础、部件、组合 3 种缝纫技术。六、服装的熨烫。讲述服装熨烫的工具、基本技法、缝制过程中的加工熨烫、成品的整理熨烫。七、服装的弊病修正。讲述男女各类服装常见弊病的修正。八、服装的修旧翻新。讲述服装的小改大、大改小、旧翻新。插图约 600 幅。(李啟华)

T000639 **石屏豆腐** 佘孟良、强英良编。云南人民出版社 1994 年 10 月版。15 万字。6.00 元。由石屏豆腐古今谈；石屏豆腐溯源(石屏豆腐品种及特点、石屏豆腐的生产、石屏豆腐的起源)；石屏豆腐制品及生产厂家(豆制品、豆制品产家)；豆腐佳肴(石屏传统豆腐名菜 84 种和外地豆腐菜谱 150 种)；文学作品及专题文献中的石屏豆腐(作家笔下的石屏豆腐、专题文献中的石屏豆腐)；1994 年石屏豆腐节征集对联、诗歌选等部分组成。(文永清)

T000640 **服装面料及其判别** 郑佩芳编。中国纺织大学出版社 1994 年 10 月版。13.6 万字。6.90元。作者结合多年教学实践，简要地论述构成服装面料的各种纤维的物理和化学性能，以及不同种类纤维的多种简便判别方法。全书按棉、毛、丝、麻等各种纤维纺织品，阐述服装面料的原料成分、结构特征和作用性能，以及不同面料的判别方法。同时介绍了服装制作中，选用面料同服装款式、缝制工艺间的一般关系。(龚文灏)

T000641 **西式糕点制作新技术精选** 肖崇俊著。中国轻工业出版社 1994 年10 月版。13 万字。彩图 150 幅。16.80 元。内容包括各类西点的原料、配方、制作方法，代表品种近 130 例(彩图对应)，以及 20 例常用馅料及装饰料；并根据中国国民的口味以及原料来源的实际情况，对传统西点加工工艺作了某些调整。(方敏)

T000642 **现代服饰图案** 张树新编著。高等教育出版社 1994 年 11 月版。39 万字。7.80元。从现代图案设计的抽象形和具象形两方面入手，阐述服装设计及服饰图案的基本知识。作者通过多年的教学实践，在本书中提出一些新的观念，诸如服装设计中对“负空间”的认识问题、造型中“开形、闭形、开闭形”的视觉感受问题、设计中的“张力问题”、“束力性”问题及内力的“意念贯通”等。(王雨平)

T000643 **新派鲁菜** 张仁庆主编。中国轻工业出版社 1994 年 11 月版。162 万字。23.80 元。选出 180 道有代表性的菜肴。所选菜肴均一图一菜。(彭倍勤)

T000644 **现代家庭生活实用百科全书** 孙伟华、马国仓主编。武汉出版社 1994 年 12 月版。80 万字。88.00 元。包括爱情婚姻卷、吃穿住用卷、优生优育卷、医疗卫生卷、美容健美卷、掌家理财卷、社交礼仪卷、家用电器卷 8 大卷。(万忠)

T000645 **中国造纸技术简史** 戴家璋主编。中国轻工业出版社 1994 年 12 月版。280 万字。28.50元。所涉及的历史上自东汉蔡伦发明造纸术之前，下至清末。对于植物纤维造纸的原料，各历史时期的纸张及纸制品，纸张生产工艺的革新进步等作了实事求是论述。编写中特别对否定蔡伦发明造纸术的“西汉已有植物纤维纸”之说，做了深入考证，并借助最新的科学手段对古纸作了反复检测和鉴定终于予以否定，继而充分肯定了蔡伦发明造纸术的历史事实。(张松培)

建筑科学

T000646 **莫伯治集** 岭南建筑丛书编辑委员会编。华南理工大学出版社 1994 年版。50 万字。188.00元。内容分 4 个部分。第一部分，是建筑大师莫伯治论述建筑创作的文章，是作者多年实践的经验总结。第二部分，是莫伯治部分建筑作品的实录。书中列出作品 18 个，并附“建筑作品分类目录”，记录了莫伯治从 50 年代至 90 年代这个时期内的绝大部分作品。第三部分，是莫伯治文选，按文章内容分为 4 个专题，有一部分文章是莫伯治与别人合著的，其中有当代岭南建筑先驱夏昌世教授与莫伯治在 50 年代末期到 60 年代初期合著的关于岭南园林的 3 篇论文。第四部分，是对莫伯治建筑创作与思想的研究、评论。本书为“岭南建筑丛书”之一。(罗月花)

T000647 **民居史论与文化** 陆元鼎主编。华南理工大学出版社 1994 年版。35 万字。30.00 元。为 1993 年 8 月在广州召开的"中国传统民居国际学术研讨会"论文集，它是研究人员对中国传统民居进行大量的考察、调查和研究的结晶。内容包括：民居理论·历史；民居与文化·艺术；各地区各民族民居；民间建筑与营造；民居保护与发展 5 个方面。(张树元)

T000648 **建筑结构设计手册** 陈载赋主编。四川科学技术出版社 1994 年版。265 万字。69.00 元。分别对钢筋混凝土结构、多层及高层建筑结构、砌体结构、钢结构、木结构、抗震设计、地基与基础的各种构件、结构的计算简图、内力分析、截面计算、构造规定以及施工详图等作了介绍，含公式 1800 余个，插图 1400 余幅，表格 480 余个，典型算例 220 余种。(刘阳青)

T000649 **西南民族民间建筑写生** 欧阳桦编绘。云南美术出版社 1994 年版。0.5 万字。17.80 元。是作者自 1982 年以来逐渐收集绘制的，其中许多极具特色的建筑已在旧城改造中消失。画册所收作品 150 多幅，反映了西南地区的民族民间建筑风貌：如云南傣族的"干栏式"传统竹楼、塔井，造型颇与日本建筑相似的傣族佛寺、极具东南亚风光的傣族曼飞龙"笋塔"等。再有云南其他民族的民居，如哈尼族的"蘑菇房"，拉祜族的月亮和太阳祭房，白族的"三坊一照壁"和"四合五天井"等等。(杨接)

T000650 **新型纺织空调和除尘** 潘大绅等编著。中国纺织出版社 1994 年版。38.3 万字。15.00 元。从介绍新型纺织空调和除尘设备的工作原理、性能和特点入手，介绍了工程设计的内容，列举了工程设计实例，对设备运行情况、安装管理情况、实测数据也作了介绍。另外，还对新型纺织空调和除尘技术的一些问题进行了探讨，提出了独到的见解。(唐小兰)

T000651 **化纤厂空气调节** 林福海主编。中国纺织工业出版社 1994 年版。43.2 万字。20.00 元。介绍化纤厂空气调节的基本原理；化纤厂空气调节过程；空调车间冷、热、湿负荷的计算；空气的热湿处理设备、热工计算及空气输送；水系统与制冷；空调系统的运行调节、自动控制及常用检测设施；熔纺生产丝束冷却系统的设计原理、系统控制以及化纤厂空调系统设计实例等。书末还附有化纤厂空调系统设计资料。(蔡秀卿)

T000652 **钢管混凝土结构(修订版)** 钟善桐著。黑龙江科学技术出版社 1994 年 1 月版。63.5 万字。18.00 元。采用内时理论描述核心混凝土在复杂应力状态下的本构关系，更全面地解决了运用有限元法求解钢管混凝土在各种荷载作用下的工作性能全曲线，例如压、弯、扭、剪等。据此，率先提出钢管混凝土的统一理论，把所有的钢管混凝土构件，从单项荷载状态到最复杂的多项荷载状态用一个统一计算公式表达其极限状态。在理论上完成新的突破，使对钢管混凝土结构的研究进入了一个新的阶段。(徐晓飞)

T000653 **现代住宅室内装饰设计大观** 阮长江编著。江苏科学技术出版社 1994 年 1 月版。计 519 面。75.00×2 元。根据一般家庭居室不同功能需要，指导读者从整体到局部、从家具造型到陈设挂件、从色彩到采光照明等来进行空间系统设计。分上、下两册。上册将标准住宅的门厅、客厅、卧室、儿童房、餐厅、书房、厨房、卫生间，按居室不同的功能形式划分成 8 大类。每类篇首冠以简要的文字介绍，解述各类空间的基本条件与作用，以及地面、壁面、天花的装饰选材，家具的设计，色彩、照明，采光和通风等方面的要求。下册根据现代家庭室内装饰设计的特点与共性，按细节分项，编列了艺术壁面、视听空间、艺术隔断、壁炉、楼梯、门廊、吧台、大门、内门、艺术窗、摆设品、防盗门、花格阳台封窗、玻璃屋、案台镜饰、艺术玻璃、园艺造景、浴室推拉门和家具等 17 项，简要介绍其作用、形式和用材。(李纯)

T000654 **福建传统民居** 黄汉民著。鹭江出版社 1994 年 1 月版。638 万字。320.00 元。"福建大观"丛书之一。画册。收集福建传统民居彩色照片 550 幅，其中有被称为世界奇观的福建土楼和被赞为中国民居中独树一帜的"红砖文化区"以及金门、马祖民居的宝贵照片。从画册里表现了蕴含在福建传统民居中的历史文化内涵。(高虹)

T000655 **纺织工厂通风与除尘** 戴元熙、甘长德编著。中国纺织大学出版社 1994 年 2 月版。64.6万字。18.00 元。高校教材。根据高等院校暖通专业教材委员会制定的基本要求编写。着重介绍 80 年代后发展起来的通风除尘新型材料、新型风机、新型除尘设备的性能、规格及其测试方法，并介绍了间歇吸落棉、程序控制器、串级调速电路原理等新知识。此外，还列举均匀送吸风实例和多种新型除尘设备设计实例。各章附有习题或实验指示；书后有 6 个附录。(龚文灏)

T000656 **建设监理工程师手册** 刘伊生著。中国建材工业出版社 1994 年 2 月版。55 万字。

19.50元。分4部分。第一部分介绍基本建设程序和建设工程招标投标方法;第二部分阐述建设监理的基本概念、监理工程师的素质要求及监理费的计算方法;第三部分从实用角度有针对性地介绍建设监理规划内容、建设监理组织和监理工作基本程序;第四部分介绍工程项目监理的方法和手段,包括工程项目进度控制、质量控制、投资控制、合同管理及建设监理信息系统。(高峰)

T000657 **高等学校建筑·规划与环境设计** 周逸湖等著。中国建筑工业出版社1994年2月版。53.2万字。15.80元。是作者30余年从事高等院校规划设计及科学研究的成果。内容包括两大部分。一、规划与环境设计。着重论述现代大学校园总体形态的构成机理,校园中心空间的形态环境规划及建筑艺术设计。并运用现代城市规划理论,结合大量实例,对大学建筑群体规划的功能、艺术、技术、经济及人文科学等方面进行综合剖析及论述。二、建筑单体设计。着重结合现代科学技术及高等教育的发展特点,对大学教室、实验室、图书馆、学生中心、体育馆及学生宿舍的建筑设计进行论述。(王玉容)

T000658 **屋顶花园设计与营造** 黄金锜著。中国林业出版社1994年2月版。15万字。26.00元。介绍城市生态环境与绿化的关系;屋顶花园的历史与发展,特点与效能;如何开拓城市绿色空间。重点论述屋顶花园造园设计原则、类型、工程、防水与排水;植物的选择与种植方式;建筑物屋顶承重能力与屋顶花园的荷载;屋顶花园的设计、建造与管理等。(陈英君)

T000659 **现代建筑照明设计手册** 戴瑜兴编著。湖南科学技术出版社1994年3月版。70.6万字。36.00元。根据国家近年来颁发的有关建筑电气设计、施工的规程、规范和标准编写而成。详细地介绍光度量、光与视觉、颜色、材料的光学性质、电光源、灯具、电气照明设备与材料、标志设备、照明计算方法、照度标准、建筑装饰照明装置、电气照明设计。并结合工程实例全面系统地讲述了住宅、学校、图书馆、美术馆、博物馆、商店、剧场、礼堂、宾馆、饭店、舞厅、医院、工厂、体育馆、建筑立面以及交通等各种电气照明设计的特点、要求、设计要点和设计方法。书中还收入了电气照明设计所必须遵循的主要规程、规范、标准和必须贯彻的设计原则、技术政策以及电气图中所标注的符号等。(李遂平)

T000660 **钢筋混凝土结构非线性有限元分析** 副名:当代土木建筑丛书。江见鲸著。陕西科学技术出版社1994年3月版。27万字。15.40元。对目前较广泛应用的非线性弹性理论和弹塑性理论作了重点介绍;对用有限元法分析钢筋混凝土结构作了系统、深入的论述;探讨了各种混凝土破坏准则;针对混凝土结构的特点,介绍了多种有限元分析方法应用技术;详述了国内外该领域的最新学术成果,特别是中国学者的贡献;指出该领域需要深入研究、探讨的问题,并将应用计算机程序分析钢筋混凝土结构的有关理论、概念和数值计算方法结合起来。(陈诺)

T000661 **村镇规划与住宅设计图集** 中国城市规划设计研究院等编。中国建筑工业出版社1994年3月版。32.5万字。10.05元。第一部分为村镇规划,选择有代表性的实例30个,每例除有反映规划主要内容的文字说明和规划总平面图外,还根据村镇的特点,增配了乡域规划图、道路规划图、风景旅游规划图、详细规划图。第二部分为农村住宅设计方案,精选了110例。有平房的、楼房的;有保暖的、防暑的;有的适于经商,安排了营业室;有的适于养花,设计了暖房;有的养鸡,配备了鸡舍;有的住宅设计还做了院落平面布置设计。(朱首明)

T000662 **建筑工程质量控制与事故分析** 王济川编著。中南工业大学出版社1994年3月版。16.5万字。7.50元。旨在介绍社会监理机构对工程项目实施质量目标监督及控制的标准、方法。主要内容有:建筑工程产品的质量概念,建筑工程产品质量的形成与影响因素,工程项目的质量管理与控制,建筑工程项目设计阶段的控制内容,建筑安装工程的质量检验与评定标准,地基基础工程的质量检验与控制,钢筋混凝土工程质量检验与控制,砌体工程质量检验与控制,钢结构工程的质量检验与控制,工程倒塌事故的统计调查和基本分析等。(李宗柏)

T000663 **房屋卫生设备** 杨爱华主编。高等教育出版社1994年4月版。22万字。8.60元。重点阐述给水排水、采暖、通风与空气调节及燃气供应系统组成、主要设备的作用原理、简单的计算方法和安装知识。(李爱华)

T000664 **中国园林艺术辞典** 张承安主编。湖北人民出版社1994年4月版。59.4万字。14.80元。收词2100余条,分为总论、园林史志、园林规划设计、园林建筑、观赏植物、著作人物、园林文化、风景名胜、盆景艺术等9大类48小类。书前列分类目录,书后附有词目笔画索引。编写的原则是:以介绍中国古典园林为主,也收入现代园林常用的词目,以保持本学科之系统性和完整性;各部分基本上按其自身的传统词目排列,但自然景观与人文景观难以截然划分,故合二为一。(魏世弟)

T000665 **电气装饰工程手册** 李恩林编著。辽宁科学技术出版社 1994 年 4 月版。156 万字。79.00元。包括装饰照明,灯光控制器与设备、声控、光控、电控、程控和电气装饰工程等理论知识,又具体介绍了影剧院、舞厅、酒吧、体育场(馆)、图书馆、展览馆以及公园、广场、道路、住宅等室内外彩灯、喷泉、音响、照明的电气装饰设计,设施的安装、调试与安全、保护等技术。(李逢秋)

T000666 **《国内优秀室内室外设计作品图集》第一辑** 庞恩昌等著。天津大学出版社 1994 年 4 月版。26.4 万字。68.00 元。集中展示了国内 77 位设计师在 1991～1994 年之间创作的各类建筑室内外设计表现图 303 幅,其中包括一部分已经竣工的实地照片。其内容涉及各种大中型公共建筑,如酒店、商场、银行、医院、机场、车站、别墅、游乐场等。从建筑功能分类,全书分 5 大部分即:大厅·门厅·过厅设计,餐厅·酒吧·舞厅设计,办公室·休息区·客房设计,商场·会议室·展示厅设计,建筑外观·规划·环境设计。(庞恩昌)

T000667 **建筑施工常用数据手册** 王庆春等编。中国建筑工业出版社 1994 年 4 月版。54.3万字。17.00 元。汇编建筑施工中常用常见的一些数据资料,内容包括:施工准备阶段所需参考资料,基本的结构计算数据,编制施工组织设计的有关参数,以及主体工程、装饰工程、楼地面工程、防水工程、特殊建筑物和水、暖、电等工程的材料要求、施工或安装工艺、质量标准等基本数据和资料。(袁孝敏)

T000668 **混凝土结构构造手册** 周起敬著。中国建筑工业出版社 1994 年 4 月版。71.8 万字。35.00 元。为配合 1989 年前后颁布的有关建筑结构设计规范及 1993 年发布的上述规范的局部修订的贯彻实施,编制人员根据多年编制规范取得的经验,以及进行调查、试验、研究的成果,以所颁布的混凝土结构规范构造部分为基础,进行说明、补充、延伸和扩展,汇编而成。全书章节编排紧扣规范中的构造规定及结构构件规定,补充新颁布的国家材料标准,并把抗震与非抗震构造结合一起,补充插图、计算分析及例题,有些还附上构造机理分析。对于一般梁、板、柱、基础,除规范规定内容以外,还编入了开板、大开洞板、开洞梁、缺口梁、管柱、门式钢架等应用日广的结构。对于结构构造,编入了柱与柱插入式连接、叠压浆锚式连接、无粘结预应力混凝土楼板等新构造形式,反映了中国 1990 年以来新的土建技术成就。(黎钟)

T000669 **城市节水技术与管理** 汪光焘著。中国建筑工业出版社 1994 年 4 月版。52.9 万字。14.30 元。主要介绍国内外水资源情况;地下水开发、水资源利用与保护;城镇供水及供水企业的节约用水;节水法规建设;城镇节水管理体制与节水型企业考核指标;节水基础工作、企业水量平衡测试、用水定额;微机在节水工作中的应用;工业节约用水技术、水质指标及工业废水排放标准、工业废水及冷却水处理技术;节水型卫生洁具、公共浴室淋浴装置、清洗装置、循环水冷却装置;节水科研管理的任务、内容、课题管理、科研合同、经费与科研成果管理;海水利用概况、利用范围、海水腐蚀、海生物防治和海水利用实例等。(俞辉群)

T000670 **工程估价师手册** 唐连珏编。中国建筑工业出版社 1994 年 4 月版。96.7 万字。33.00 元。主要内容有:基本知识与概念,民用建筑投资估算,可行性研究和民用建筑概(预)算,建筑工程招标文件与标底,装饰工程概预算与报价,房地产评估,商品房价格的确定,投资监理,国际承包工程的招投标与经营管理,建筑工程技术经济指标等。作者在第二章中系统地介绍了由他本人独创的造价指标快速估算法。(徐焰珍)

T000671 **室内设计经典集** 张绮曼、郑曙旸编著。中国建筑工业出版社 1994 年 4 月版。104.6 万字。100.00 元。是中央工艺美术学院环境艺术设计系编著的《室内设计资料集》的续编。对室内设计的历史和发展,做了系统的论述,着重分析了近现代室内设计风格和派的设计思想,并全面回顾了中国室内设计专业的历史进程,提出了存在的问题及发展的前景。全书选录了国外近现代室内设计经典作品以及中国古代、近代及当代优秀室内设计作品。在选例上注意了典型性以及地域性。此外,还收录了中央工艺美术学院环境艺术设计系的部分作品及设计方案。(曲士蕴)

T000672 **江南园林论** 副名:中国古典造园艺术研究。杨鸿勋著。上海人民出版社 1994 年 4 月版,(台湾)南天书局 1994 年 4 月版。20 万字。1000 余幅图。220.00 元。以具有代表意义的江南古典园林为研究对象,揭示了中国传统造园艺术的基本特征和规律,并突破了以往古典园林研究中的直观性或欣赏性的描述,对古典园林艺术理论作了梳理、建构。内容包括3大部分:其一为“艺术论”,是基本理论的研讨。指出景象为园林艺术的基本单元;景象由造园的基本要素与导引的对立统一而构成;导引是园林构成中最活跃的因素。这些剖析,有助于对中国传统园林的理性认识和园林艺术涵养的提高。其二为“创作论”,分别阐述了自然和人工的各种造园要素,以及诗文协作的构成原理,对园林创作有直接的指导作用。其三为“典型园林评介”,通过对园林作品实例的整体评析,深化对古典园林艺术规律的阐述和体验,并可作为游园鉴赏的向导。共收图一千余幅,包括黑白、彩色照片,实景工笔素描,以及园林布局的平面图或剖面图。另附有英文目录及英文内容摘要。(王冥雲)

T000673 **国外建筑装修构造图集** 钟训正编绘。东南大学出版社1994年5月版。608万字。50.00元(精),38.00元(平)。收集国外八九百幅装修构造大样图,从中精选600余幅出版。内容包括:各种门、窗,门窗组合,外墙,门廊与雨篷,墙体天然饰面材料的锚固,混凝土墙板和窗框套,屋盖,天窗,遮阳板等;还有各种楼梯,扶手以及吊顶,灯具,各种展具,柜台,凳椅,电话间,过街廊,喷水池等等。图中既有外观造型设计,同时标注有详尽的施工做法,部分图还加了简要按语。本书作者钟训正教授,是中国著名建筑师,又擅长建筑绘画,每幅图都用墨线徒手绘制,线条生动流畅。本书资料都是六七十年代收集的,缺乏现今流行的无框玻璃门、不锈钢饰面及各种铝、铜合金异型材等高档材料和构造方法,这是本书的一点遗憾。(晏隆余)

T000674 **建筑电气与照明** 姚建刚著。高等教育出版社1994年5月版。17万字。3.80元。内容包括:输电网络、照明网络、建筑电气识图、建筑电气施工、高层建筑电气常识、电气安全接地和防雷、照明技术、建筑照明、建筑照明设计的程序和实例。(李爱华)

T000675 **上海八十年代高层建筑结构设计** 上海市建设委员会科学技术委员会编著。上海科学普及出版社1994年5月版。120万字。110.00元。建筑业科技读物。系“上海80年代高层建筑系列丛书”之一,主要介绍和总结80年代高层建筑结构设计所取得的成就。本书选择了具有代表性的高层建筑结构设计实例44项,包括宾馆、旅馆、招待所,办公综合楼,住宅、公寓,科教文卫,工业及其他共5大类,着重从结构设计技术方面作了阐述,并配有主要结构设计平面图、构造节点、抗震分析等图纸、图表共450余幅和照片近50帧。书中还配有上海80年代建造的部分高层建筑结构设计主要技术指标一览表。(钟海谷)

T000676 **中国江南古建筑装修装饰图典** 中国建筑中心建筑历史研究所编。中国工人出版社1994年5月版。1500幅图。588.00元。古建筑艺术图集。将江南园林、皖南豪宅、浙江民居等古典建筑分解为若干建筑元素,如装修元素(门窗、栏杆、挂落、门罩、隔断等)和装饰元素(厅楼墀头、屋脊、梁架的雕刻等),以及漏窗、洞门、空窗、铺地、家具、陈设、园中小品、匾联等。其中每一元素都有专门图集,共绘制实测图纸和照片1500多幅,并有10万字的文字论述。

T000677 **建设工程监理工程师知识手册** 蔡金墀、温兆民著。中国计划出版社1994年5月版。56万字。30.00元。在理论联系实际的基础上,就广大监理工程师、承包商、项目业主以及项目管理人员在建设工程实际工作中常遇到的问题,以问答形式有针对性地作了介绍。分11个部分、300多个问题,包括概述,建设监理法规,建设前期的监理,招标、投标、承包合同,施工阶段质量控制,施工阶段投资控制,索赔等内容。(郭连庄)

T000678 **世界最新建筑室内设计佳作选集(1—5)** 曹惠裕等译。中国建筑工业出版社1994年5月版。100万字。300.00元。介绍酒吧、餐馆、舞厅、服装店、商店、购物中心等中小型公共建筑的改建或重新装修。在这些设计实例中都注意了同原有的建筑环境和结构系统相协调,注意了室内空间的组织与布置,介绍了如何利用普通材料的性能、质感、色彩和灯光、设备来提高室内建筑艺术的表现力,注重运用巧思奇想发挥创造性。本书收入的均为欧洲国家的设计实例。书中对每项实例介绍其构思意图,空间的布置与组合,家具及设备的选型,材料与色彩的运用等等,并配有不同角度的建筑室内彩色照片。(张惠珍)

T000679 **钢筋混凝土构件实用施工计算手册** 傅钟鹏编著。中国建筑工业出版社1994年5月版。91.4万字。25.80元。介绍钢筋混凝土构件施工中常见的各类计算问题,诸如构件的受力机理、钢筋和混凝土材质评选和质量控制、预应力混凝土构件特征、预埋件作用及理论性能、构件起吊及堆放、荷载试验等若干理论和实践问题,并对概率论、优化方法等某些实用数学领域的应用性做出必要的阐述。(林婉华)

T000680 **地震区的场地与地基基础** 刘惠珊、张在明编著。中国建筑工业出版社 1994 年 5 月版。60.2 万字。15.50 元。共 12 章，包括 3 部分内容：工程地震、土动力学与地基抗震。汇集了丰富的震害经验与工程实例；反映新的科技成果；以建筑工程为主，兼顾水工、道路、桥梁与地下管线。书末有中英对照的内容索引。（石振华）

T000681 **结构力学** 龙驭球、包世华主编。高等教育出版社 1994 年 5 月版(上册)，1996 年 12 月版(下册)。85 万字(上册)，72 万字(下册)。26.00 元(上册)，21.00 元(下册)。除保持第一版的特色外，对部分内容作了更新，如系统介绍了“计算结构力学”的学科新进展，编入了作者的某些科研成果，如“分区混合能量原理”，“势能、余能、混合能量偏导数定理”，“常微分方法求解器解法”等。上册 8 章，主要介绍传统方法的基本内容，重于基本概念、基本原理、基本方法的系统训练；下册 5 章，介绍现代方法和专题内容，重于对大型、复杂结构分析能力的培养。（余美茵）

T000682 **钢筋混凝土结构分析中的有限单元法** 宋玉普、赵国藩编著。大连理工大学出版社 1994 年 6 月版。17 万字。5.30 元。作者对钢筋混凝土结构分析中的有限单元法的基本理论和应用做了较详细的介绍。主要内容包括：钢筋混凝土的有限单元模型；材料模式；平面线性问题；基本的非线性问题及其解法；几何非线性问题；材料非线性问题。（李汝船）

T000683 **砖瓦工抹灰工木工钢筋工技能训练** 全国建筑类专业教材编写组编。高等教育出版社 1994 年 6 月版。49 万字。9.55 元。是砖瓦工、抹灰工、木工、钢筋工等专业工种进行技能训练与工艺操作的实训教材。全书以部颁初、中级建筑工人等级标准为依据，以职业技能训练为课题，对这些工种的职业技能训练进行了系统讲解。（杨述先）

T000684 **建筑施工技术** 全国建筑类专业教材编写组编。高等教育出版社 1994 年 6 月版。50 万字。14.50 元。内容包括土石方工程、桩基工程、砖石工程、钢筋混凝土工程、预应力混凝土工程、结构安装工程、层面与地下防水工程、冬雨季施工及高层建筑施工等。本书采用了国家最新部颁标准与规范，系统地介绍了建筑施工技术方面的基本知识、基本理论和基本施工方法。（杨述先）

T000685 **建筑施工组织** 朱嬿、丛培经编。科学技术文献出版社 1994 年 6 月版。37.0 万字。14.00元。阐述施工组织的一般理论和实践意义，管理原则、内容和应用程序；施工组织流水作业原理的基本理论、应用和工程实例；网络计划原理的基本理论、技术规程应用和工程实例；施工组织总设计的基本理论、实施部署和主要工程施工方案的编制，施工总进度计划的编制，施工总平面图的编制，工程施工总设计案例；单位工程施工组织设计的基本理论，施工方案的编制，施工进度计划的编制，施工平面图的编制等。还附有施工组织设计必备的参考资料。（王大庆）

T000686 **邵逸夫先生赠款建筑工程项目论文选集** 《选集》编辑委员会编。天津大学出版社 1994 年 6 月版。31 万字。98.00 元。香港邵逸夫先生于 1986～1992 年，先后向内地赠款 6.6 亿港元，兴建 250 幢教育建筑设施。其中涉及高等学校的各类建筑工程项目，连同政府和学校配套投资，总计建筑面积 60 余万平方米。这些教育建筑设施，在规划设计、功能布局、工程质量、环境布置、运行管理和投资效益等方面都达到中国当代教育建筑的较高水平。本书收录的是关于第一至第四批邵先生对高等学校赠款建筑工程项目的学术论文，内容涉及规划设计、项目管理和使用效益诸方面。其中规划设计部分的 17 篇论文，总结了逸夫楼在选址、总体规划和建造方式等方面所取得的成功经验；论述了如何采用国内外先进技术，结合具体国情，进行创造性构思，设计出满足功能需求更新、技术设备更新以及科学管理方式更新要求的新建筑；同时，对室内环境的创造、室外环境与建筑本身完善的配合，也做了有益的探讨。项目管理和使用效益部分，介绍了建设单位如何搞好项目的建设和管理工作的具体措施和经验，以及项目建设过程中和建成后所产生的良好综合效益。（魏秉哲）

T000687 **地下工程特殊施工** 东北大学刘斌主编。冶金工业出版社 1994 年 6 月版。31.9 万字。6.45 元。按照矿井建设专业的教学要求进行编写，以注浆法、冻结法、钻井法 3 种特殊施工方法为重点；根据冶金矿山具有涌水量大、坚硬岩石的地质条件较多的特点，对注浆法的阐述更加详尽；在编写份量的安排上，以竖井(地下工程出入口)为主，其他地下工程为辅；从培养人才的适应性方面考虑，内容不局限于矿山建设，还向广义的地下工程方面有所扩展。（丁成勋）

T000688 **室内装饰丛书** 乐嘉龙主编。浙江科学技术出版社 1994 年 6 月版。22.25印张。44.00

元。共3册,分别介绍一室一厅布置、二室一厅布置、三室一厅布置。3册介绍各有一些侧重,第一册以介绍小居室为主,着重介绍结婚新房的布置与装饰。第二册着重介绍居室的装修施工工艺。第三册着重介绍居室的功能设计和布置要点。本丛书系统地介绍了如何美化居室、住宅整体布置和室内装修技术等方面的实用知识,同时还提供了经济指标参考,以便读者估算出基本费用的支出。(边方)

T000689 **混凝土结构(上、下)** 于庆荣等著。中国建筑工业出版社 1994 年 6 月版。957 万字。18.50元。阐述混凝土结构的基本原理及设计方法,介绍国内外的科学试验研究成果。全书分上、下两册,上册基本原理与基本构件,下册整体结构分析和设计。在基本原理中,阐述正截面和斜截面的承载力计算、偏心构件计算、变形及裂缝验算、预应力计算等。整体结构以单层厂房、多层框架、高层建筑为主,每种设计都有细节详述,并有相关例题或工程实例。(黎钟)

T000690 **建筑设计资料集(1—7)** 本书编委会编。中国建筑工业出版社 1994 年 6 月版。420 万字。256.00 元。1～2 集为建筑设计必备知识与基本资料数据,3～7 集为各类建筑的设计原理与方法。以图表为主,将建筑设计工作所需的资料进行了提炼整理,集中反映了 80 年代以来中国建筑理论和设计实践方面的成果。(许顺法)

T000691 **钢结构** 陈绍蕃著。中国建筑工业出版社 1994 年 6 月版。47.8 万字。9.35 元。着重介绍钢结构基本性能和钢结构实际设计基本知识。强调了钢结构的组成,并在最后编入单层与多层框架计算长度,以及柱与桁架或柱与屋架的连接等内容。对钢材疲劳、残余应力、稳定问题等有论述,特别对保证梁整体稳定的支座构造、变截对梁整体稳定的不利效应等有详细介绍,避免局限于只谈稳定计算知识。书中提出了开口薄壁构件不适于抗扭等观点。(黎钟)

T000692 **建筑结构的腐蚀及防护方法** 秦庚仁等著。河北科学技术出版社 1994 年 7 月版。14 万字。7.50 元。系统阐述关于建筑结构生产与防护用的金属、混凝土、聚合材料的腐蚀机理,并采用化学热力学方法,以腐蚀过程理化研究的最新成果为基础,从物理化学、力学的观点出发,对腐蚀进行了分析研究,列举了大量的实验、计算及参考数据。同时分析了材料的老化和腐蚀问题,综合评估了液态和气态介质对不同结构材料的侵蚀程度,提出了对不同结构、不同材料的耐腐防护、保证结构寿命长久的建议和方法。分 5 章,分别为:建筑结构工作情况分析、建筑结构材料及防腐材料、工作介质的物理化学性质、金属结构的腐蚀及防护方法、混凝土和钢筋混凝土结构的腐蚀及防护方法。(王浩荧)

T000693 **绿化装饰艺术** 郭锡昌等著。辽宁科学技术出版社 1994 年 7 月版。16.4 万字。39.00 元。分 7 部分,分别为:绿化装饰的基本原理、室外绿化装饰、室内绿化装饰、绿化装饰植物材料、草坪及地被植物、绿化装饰的施工与管理、附录等。全书有 230 幅彩色照片,主要是各地园林绿化的范例和常用的绿化装饰材料。有 62 幅黑白线条设计图。(李逢秋)

T000694 **上海八十年代高层建筑设备设计与安装** 上海市建设委员会科学技术委员会编著。上海科学普及出版社 1994 年 7 月版。108 万字。100.00元。主要介绍和总结了上海自 1980～1989 年 10 年间高层建筑设备设计与安装所取得的进步和经验。书中选编了有代表性的高层建筑设备设计与安装的实例 27 项,包括宾馆、旅馆、招待所,办公综合楼,住宅、公寓,科教文卫,工业及其他等 5 大类工程。着重对设备设计和安装技术作了详细介绍,每个工程都分类进行描述:采暖、通风、空调,给水、排水,供配电和自动控制,弱电,锅炉房和煤气,消防、电梯等;并配有图纸 230 余幅,照片 28 帧,最后附有 300 余幢各类高层建筑设备设计技术资料一览表。本书系"上海 80 年代高层建筑系列丛书"之一。(钟海谷)

T000695 **建筑抗震设计手册** 龚思礼主编。中国建筑工业出版社 1994 年 7 月版。142.7 万字。40.00 元。系统地介绍工程建设中各类建筑的抗震设计,包括多层砌体房屋、多层与高层钢筋混凝土房屋、单层厂房、框架砖房、空旷房屋、烟囱、水塔等建筑物及构筑物的抗震设计原则、计算方法、构造措施,列举了较多的典型例题、实用图表及有关设计文件和资料。鉴于新颁布的抗震规范,在内容上较原规范有了较大的发展和改动,为便于读者熟习和实施新规范,书中特别对规范中的新原则和要求,以及设计中可能遇到的疑难问题等都作了阐述。如对强度和变形验算的两阶段要求,地震波的选用(时程分析用的地震波、典型实际地震波和人工地震波),地震作用的取值,液化的判别方法、沉降计算及抗液化措施,结构的抗震概念设计,抗震分析方法,多遇及罕遇地震的弹性和弹塑性变形验算等。本书反映了当代建筑抗震设计的经验和成果,是对中国新抗震规

范的系统阐述、补充和引伸。(夏英超)

T000696 **高浊度给水工程** 傅文德著。中国建筑工业出版社 1994 年 7 月版。61.3 万字。22.10 元。主要内容有:黄河的自然情况、泥沙、冰凌、地质条件等;高浊度水系取水特点、取水构筑物设计;高浊度水的输送;高浊度水净化工艺流程的选择;高浊度水的自然沉淀、混凝沉淀和沉淀构筑物的设计、计算;长江高浊度水处理技术;高浊度水的基本特性试验和模拟实验。(俞辉群)

T000697 **建设监理工程师实用手册** 杜训主编。东南大学出版社 1994 年 8 月版。143.8 万字。55.00 元。共 4 篇,分 16 章和案例并有附录。第一篇建设监理概论,介绍建设监理的基本概念、中国的建设监理制度及境外一些国家和地区的建设监理概况。第二篇社会建设监理运作,讲述社会建设监理的组织、业务承接及工程项目的建设监理。第三篇建设监理实务,是该手册的重点,分别陈述了建设项目准备阶段、项目实施准备阶段及项目竣工验收阶段的监理实施方法和手段;详细介绍了建设监理中的三项管理——招标投标管理、建设工程合同及索赔管理、信息管理,还介绍了计算机辅助监理的具体内容及工程项目管理软件功能;讲述了三大控制——工程进度控制(包括网络技术的应用)、投资控制和质量控制的要点、制度及方法。第四篇案例,详细介绍了京津塘高速公路工程、广州抽水蓄能电站工程、常州红梅西村小区建设工程等三项工程的建设监理工作实况及经验总结,并给出了施工阶段监理实用表式。在附录中,列出了建设部有关建设监理的 6 种主要文件及 FIDIC 编国际通用的土木工程施工合同文本和中国的建设工程合同文本以及合同管理涉及的有关法规、文件,并列出了工程建设国家技术标准目录。手册中除注意对建设监理的基本理论阐述外,着重对建设监理业务的开展、监理程序、监理实施方法、监理手段以及建设监理的政策法规、合同条例、规范标准、案例等作了系统介绍,并尽量采用表格形式表述。(刘柱升)

T000698 **内蒙古太阳房** 巴特尔编著。内蒙古人民出版社 1994 年 8 月版。15 万字。6.50 元。共收集 1979—1994 年 15 年来内蒙古自治区已建成的有地方特色,发明创造的 39 栋各类太阳房的设计平、立、剖面及外墙、节点大样图、构造措施、工程作法、使用效果及主要经济技术指标。同时,结合典型示范项目对太阳房发展过程,发展趋势及关键技术作了系统介绍。(王琳)

T000699 **中国城市史纲** 何一民著。四川大学出版社 1994 年 8 月版。30 万字。8.00 元。是全国哲学社会科学"八五"规划重点课题"中国近代不同类型城市综合研究"成果之一,全书 8 章 20 节,时间跨度自先秦至民国,著者运用系统分析法、比较研究方法、计量研究方法对各个历史阶段城市的不同特色进行了研究。(陈丽莉)

T000700 **住宅建筑文化论** 陈凯峰著。厦门大学出版社 1994 年 8 月版。31 万字。9.80 元。通过对人类居住建筑以及相关的文化形态的分析和论证,提出了支配人类居住建筑发展演变的重大问题,即"住宅文化"。书中对世界各文化区传统民居、近现代住宅、当代住宅、未来住宅以及住宅文化的不同阶段的讨论,推出了一些新的看法。认为世界各国文化的融合,对建筑文化意识的影响是一种发展趋势,并已转变为一种物质形态而出现和存在。而且居住建筑又融合了其他建筑类型的功能,体现了当代住宅建筑中的广泛的包容性。该书配有大量的插图及丰富的史料,并渗入了有关艺术、哲学、宗教、历史、语言、地理等方面的知识。(蒋东明)

T000701 **建筑材料学** 副名:概要·思考题与习题·题解。张宝生、葛勇编著。中国建材工业出版社 1994 年 8 月版。26.5 万字。12.00 元。由建筑材料概要、思考题与习题、题解和模拟试题等部分组成。"概要"部分以材料基本性质为主线,论述天然石材、烧结制品及熔融制品、气硬性胶凝材料、水泥、混凝土和砂浆、金属材料、装饰材料等各类建材,着重于对重点、难点的分析和对各类材料基本知识的归纳。"思考题与习题"共纳入 350 题,其中有为巩固基础理论、概念和一般应用的"基本题";也有综合应用、解决复杂问题和拓宽知识面的例题。书中所有例题均给出题解,并给出有代表性的模拟题及答案。(赵从旭)

T000702 **建筑监理工程师手册** 简玉强等著。中国建筑工业出版社 1994 年 8 月版。210.7 万字。72.55 元。主要介绍建设监理的基本理论;国家有关政策法规;建设监理程序、实施方法和手段;合同条例、索赔策略等。在介绍建设监理全过程中,重点介绍了项目的投资、质量和工期控制,对其理论、方法和操作等做了详细的论述。此外,作者还介绍了国际上,尤其是世界银行进行建设监理的做法、经验,有关法规、标准、实例、通则,有利于中国进行国际工程承包和管理外资工程的需要。(徐焰珍)

T000703 **徽州牌坊艺术** 晋元靠著。安徽美术出版社 1994 年 9 月版。“徽州艺术系列丛书”之五。其编摄范围包括现在安徽省的歙县、绩溪、休宁、黟县、祁门和江西省的婺源等县。徽州原有牌坊一千多座,经过历代人为的、自然的变迁,尚存 118 座。其数量在全国都是不多见的,所以文化界誉它为“牌坊之乡”。牌坊一般用木、砖、石等材料建筑。徽州的牌坊,从历史文献和现存实物看,几乎都是用石料建筑,如坐落在歙县城内的“许国牌坊”;位于歙县城西 6 公里的棠樾牌坊群;以及位于黟县西递村口,建于明万历六年(1578 年)的“荆藩首相坊”用的是黟青石料。极少数的牌坊虽用了砖料或木料,如歙县昌溪木牌坊、歙县城内的“孝贞节烈坊”(砖砌),但其主要部件还是用石料的。所以说,徽州牌坊为石坊,属于石雕范畴,它是徽州石雕的重要组成部分。本书从历史、建筑、艺术风格等方面对徽州牌坊进行了详细介绍。(宋子龙)

T000704　**混凝土结构工程施工及验收手册**　莫鲁、符萍芳主编。地震出版社 1994 年 9 月版。85.8 万字。35.00 元。根据新修订的《混凝土结构工程施工及验收规范 GB50204-92》及新的相关规范、标准编制的。书中全面介绍了混凝土结构工程的施工技术、质量要求和工艺措施,其内容包括模板工程、钢筋工程、混凝土工程、装配式混凝土结构工程、预应力混凝土工程、混凝土冬期施工、材料试验与结构检验以及质量检验评定与验收方面的主要内容。(张慧平)

T000705　**创意与表现**　彭一刚著。黑龙江科学技术出版社 1994 年 9 月版。46 万字。68.00 元。系“当代中国名家建筑创作与表现丛书”之一。书中收录作者 80 年代至 90 年代中期的学术论文 13 篇,重大设计方案和实例 26 个。重点介绍了作者在建筑创作与表现方面的学术观点,在建筑学方面的教学思想,在建筑设计方面的构思与设计方法及钢笔画的表现技法等内容。(曲家东)

T000706　**钢结构稳定理论与应用**　陈骥著。科学技术文献出版社 1994 年 9 月版。55 万字。25.00元。系统地阐述钢结构中轴心受压、压弯和受弯构件、刚架、薄板与圆柱壳的弹性和弹塑性稳定理论。考察了构件的几何缺陷和残余应力对稳定性能的影响。结合钢结构设计规范(GBJ17-88)中有关稳定计算的问题,介绍了应用弹塑性稳定理论在解决工程结构设计中的方法。各章都编写了例题和习题,其中不少弹性稳定方面的例题和习题都是为研究生教学编写的。(刘新荣)

T000707　**美国当代建筑(丛书)**　薛光弼、邹鸿良编著。天津科学技术出版社 1994 年 9 月版。共 110 万字。共 354.00 元。包括《美国当代环境艺术》、《美国当代建筑造型》和《美国当代室内设计》3 册。所用资料是作者实地拍摄的。书中有闻名世界的建筑大师莱特、贝聿铭、波得曼的杰作,也有年轻一代建筑师的佳品;有与华盛顿国家美术东馆齐名的纽约摩天姐妹大厦,也有偏僻山村的别致小屋;有宏伟壮观的世界最大的购物中心,也有多彩多姿的旅游小品。丛书真实地展示了美国当代的建筑艺术。(赵虎)

T000708　**云南大理白族建筑**　云南工学院建筑学系编。云南大学出版社 1994 年 9 月版。45 万字。80.00 元。通过到大理白族聚居的村寨、城镇对白族民居和古建筑的考察,搜集了大量的资料,从地理学、历史学、人类学以及民族文化的角度,对白族古建筑、村镇、民居及传统工艺作了探讨。(周永坤)

T000709　**新型建筑材料**　陈雅福编著。中国建材工业出版社 1994 年 9 月版。50.5 万字。25.00 元。内容包括轻质混凝土、建筑装饰涂料、新型防水涂料与卷材、装饰壁纸、饰面石材、玻璃幕墙材料等。详细介绍了这些新型建筑材料的生产工艺、配合比设计、施工工艺。(宋彬)

T000710　**杰出科学家钱学森论城市学与山水城市**　鲍世行、顾孟潮编。中国建筑工业出版社 1994 年 9 月版。33.6 万字。11.55 元。文集,反映了 20 世纪 90 年代中国处在城市化加速发展的进程中,对城市科学理论的迫切需求,以及相应的城市科学研究与实践的初步成果。分上、中、下篇及附录。上篇收录钱学森有关城市学和山水城市的论述,同时还有有关专家和钱学森来往信件;中篇是各方专家关于城市学的著述;下篇是各方专家关于山水城市的著述;附录收入海内外有关报导。(鲍世行)

T000711　**室内装饰工程手册**　王海平编著。中国建筑工业出版社 1994 年 9 月版。60.4 万字。21.80 元。介绍宾馆、饭店、商场、住宅等现代建筑的室内装饰施工技术。如当前流行的巴洛克、洛可可装饰风格和造型,精致美观装饰玻璃,多彩和幻彩涂料施工,波音软片等。(袁孝敏)

T000712　**建筑工程事故处理手册**　王赫编著。中国建筑工业出版社 1994 年 9 月版。110.3万字。36.80 元。总结有关资料和工程事故实例;从近千项事故实例中进行综合分析、归类整理;参阅了近 200 种参考文献,介绍建筑工程事故的类别、性质、原因和处理方法。抓住影响工程使用功能的结构问题,重点阐述结构工程和地基基础工程中容易发生的工程事故,分析其性质原因,给出处理方法,并进行必要的结构验算,有的还附有事故处理实例。(袁孝敏)

T000713 **安装工程施工组织设计实例应用手册** 吴小莎等编著。中国建筑工业出版社 1994 年 9 月版。146 万字。46.30 元。收集 28 例安装工程施工组织设计和 20 例施工方案,覆盖了冶金、石油、轻工、机械、纺织和高层写字楼、体育中心、大型商场等各类工业与民用建筑安装工程,涉及有管道、通风、电气、电梯、机械、焊接等十几类专项安装技术。(刘江)

T000714 **上海 CBD 地区全景** 上海外滩房屋置换有限公司编。百家出版社 1994 年 10 月版。4 印张。200.00 元。图集。选收 48 幢风格各异的大楼,介绍所在位置、占地面积、建筑面积、层次、建筑年代及原来名称等资料。(柏嘉)

T000715 **混凝土与砌体结构设计** 石裕翔等编著。地震出版社 1994 年 10 月版。46 万字。18.00 元。是《钢筋混凝土基本结构设计》的续篇。全书分 4 章,包括单层厂房结构、多层框架结构、砌体结构和房屋结构抗震设计,概括了中国目前最常用的、量大面广的房屋结构设计问题。每章末附有习题和思考题。(张慧平)

T000716 **新型装饰材料手册** 许炯等著。江苏科学技术出版社 1994 年 10 月版。90 万字。47.50 元。收集近千家装饰材料厂商生产、经销的产品,包括墙面装饰材料、地面装饰材料、顶面装饰材料、玻璃、铝型材及门窗、涂料、胶粘剂、防水材料、保温材料、卫生洁具、建筑装饰灯具、专业灯光、专业音响、家具、装饰工艺品等种类,比较全面系统地介绍了各类主要新型装饰材料的名称、型号、规格、性能、用途和生产单位,同时还简要介绍了它的贮存、运输和使用的常识。(王剑钊)

T000717 **建筑物火灾后诊断与处理** 闵明保、李延和等编著。江苏科学技术出版社 1994 年 10 月版。24 万字。9.60 元。分 9 章,系统分析火灾对混凝土梁、板、柱和砖砌体力学性能的影响,具体介绍了火灾后建筑物受损诊断的科学方法、步骤,火灾温度的判定,受损结构的现场检测,火灾后建筑构件残余承载能力的计算和受损结构的修复加固设计与施工,以及这些方法在火灾事故工程中的应用。(王剑钊)

T000718 **中国厅堂·江南篇** 陈从周主编,金宝源等摄影。上海画报出版社 1994 年 10 月版。4 万字。400 幅图。350.00 元。画册。再现了苏州、杭州、上海、无锡、扬州等地 12 处园林以及苏州、平湖、东阳、常熟、吴江等地 6 座第宅中名闻遐迩的典型厅堂的风采。卷首有"概论"一篇,论及对厅堂的历史考察、厅堂的结构与分类、宅园厅堂的总体布局和内外陈设。然后以图文并茂的形式,逐一展现典型的宅园厅堂。最后有 3 篇专论:《江南厅堂的家具陈设》、《江南厅堂的内外装修》、《江南厅堂的植物配置》。并附部分园林、第宅平面图,以及"中国厅堂建筑、装修、家具名词简释"。本画册为上海画报出版社与香港三联书店合作出版。(朱忆雯)

T000719 **建筑装饰材料** 符芳主编。东南大学出版社 1994 年 11 月版。43.9 万字。15.50 元。主要讲述现代建筑工程常用建筑装饰材料的基本成分、生产工艺、技术性质、选配应用、材料检验等基本理论及实用技术。内容包括:石材、建筑石膏、建筑陶瓷、水泥、混凝土、砂浆、金属材料、建筑玻璃、木材、建筑塑料、建筑涂料、装饰织物、胶粘剂等。该书既讲天然材料,又讲述人造材料,在讲述传统装饰材料的基础上,着重介绍了新近发展起来的新型装饰材料,如多彩涂料、仿石陶瓷面砖、人造花岗岩、劈裂砖、铝合金花纹板、彩色不锈钢板、幕墙镀膜玻璃、中空玻璃、镭射玻璃等。该书在讲述材料性能、特点的同时,还介绍了材料的品种、规格和主要产地。全书均按国家新颁标准、规范编写。(刘柱升)

T000720 **建筑构造** 全国建筑类专业教材编写组编。高等教育出版社 1994 年 11 月版。60 万字。17.50 元。以民用建筑为主,阐述建筑的组成、构造原理及作法。全书由绪论、基础与地下室、墙体、楼板层与地面、垂直交通设施、屋顶、窗与门、民用建筑生产的工业化、单层工业厂房构造及建筑工程图例等 10 章组成。(杨述先)

T000721 **板壳力学中的加权残值法** 夏永旭等编著。西北工业大学出版社 1994 年 11 月版。63.2 万字。19.70 元。系统介绍加权残值法用于板壳分析中的专著。分 17 章,包括加权残值法的基本原理及方法、离散型加权残值法、矩形薄板的小挠度弯曲、圆形薄板的小挠度弯曲、薄板的非线性振动和稳定、薄板的弹塑性弯曲、杂交加权残值法、杂交形板的弯曲、中厚板的弯曲、复合材料板的弯曲、薄板的振动、薄板的稳定、薄板的大挠度弯曲、壳体的小挠度弯曲、薄壳的振动和稳定、壳体的几何非线性问题、壳

体的弹塑性问题。(刘红)

T000722 **空气调节** 赵荣义等著。中国建筑工业出版社1994年11月版。46.8万字。11.05元。以各种形式的空调系统为主线,讲授人工环境控制工程的基本原理及具体实施方式;反映了本领域国内外最新前沿动态,如空气质量研究、液体与固体除湿技术等;系统地介绍了空调工程知识。(姚荣华)

T000723 **建筑结构预制与吊装手册** 江正荣著。中国建筑工业出版社1994年11月版。96.6万字。35.50元。介绍构件的预制(包括生产设施及工艺、构件的制作、构件的检验与评定);构件的运输、堆放与拼装;结构的吊装(包括钢筋混凝土单层和多层厂房、钢结构单层工业厂房、高层建筑,轻型钢结构及民用建筑结构的吊装);特殊工程结构的吊装(包括装配式大板结构、升板结构、大跨度网架、钢结构容器等的吊装);土法吊装;结构预制与吊装质量通病的原因分析及防治措施;结构预制与吊装的冬期施工、质量控制、安全技术等内容。(朱首明)

T000724 **建筑师力学与结构选型(续)** 熊华复著。华中理工大学出版社1994年12月版。25.2万字。7.30元。为《建筑师力学与结构选型》的续集。共7章,从第八章开始至第十四章,系统讲述了桁架结构、拱结构、板柱和墙板结构、薄壁空间结构、网架结构、悬索结构、高层建筑结构。文中列举了许多建筑实例;在每章后多附有思考、练习题。(佟文珍)

T000725 **建筑电气安装工程图集(第一集)(第二版)** 副名:设计·施工·材料。吕光大著。水利电力出版社1994年12月版。1140幅图。35.00元。增加了建筑电气安装工程常用汉英技术词汇部分,共收录词条3000余条。对第一版中"液位自动控制装置传感器"、"长效接地降阻剂"、"开关插座电气装置及安装工程配套系列"等内容进行了更新。对第一集、第二集的内容作了统一调整。书中全部图形、文字符号均执行了现行国家标准,并列出了新旧符号对照表。(丁雁)

T000726 **土工的若干新理论研究与应用** 何广讷著。水利电力出版社1994年12月版。25.3万字。25.00元。从土动力学中的能量分析原理与应用、模糊数学在土工中的应用、土工问题突变理论分析的探索3方面论述处理土工问题的新方法。主要内容有土的振动能量、土的振动耗损比能与振动孔隙水压力、排水条件下饱和砂土振动性态的能量关系、判别砂土液化势的能量法、海底地基的振动孔隙水压力及动力稳定性的能量分析法、粉土动态问题的能量分析法、模糊聚类分析及其应用、模糊综合评判及其应用、模糊概率分析、土本构关系的尖点突变模式、尖点突变模型判别场地砂土的地震孔隙水压力。(王永法)

T000727 **西安古城墙研究** 副名:建筑结构和抗震。俞茂宏等著。西安交通大学出版社1994年12月版。22.5万字。20.00元。作者用自己创立的强度理论(被国家科委确认为国家级重大科研成果)和现代振动测量设备,采用新的计算程序,分别从理论分析、电脑模拟计算、结构模型试验和现场测试等方面对西安古城墙在不同条件下的稳定性,北城门箭楼的不均匀沉陷引起的险情,箭楼和钟楼的抗震性能、古城墙的科学保护、开发利用等方面进行了10余年系统研究。本书即是作者研究的结集。书中附有近百幅宝贵图片。(房向群)

T000728 **现代家庭居室装饰装修实用技术365题** 易彬编。中国建材工业出版社1994年12月版。45万字。25.00元。分总体布局、风格美学、环境艺术、色彩效果、家具陈设、照明灯具、饰品陈设、家庭绿化、安全健康、综合技术等20章,对居室的各个厅房的设计和材料使用及具体操作都做了简明扼要的叙述。(闫竞)

T000729 **中国石材** 杨杰、严荣荫主编。中国建材工业出版社1994年12月版。59.04万字。48.00元。介绍中国石材工业现状及今后发展趋势;阐述各种石材的性质及其形成机理;对中国石材矿床按成因进行了分类,介绍了中国各类型石材的分布规律概况;结合市场经济的特点对石材资源的地质勘查方法、矿产评价与投资决策提出了有别于计划经济体制下的具体办法;详细地介绍了石材矿山各种开采方法与开采设备的适用条件,并比较了它们的优缺点;对各种石材加工工艺与加工设备作了全面介绍,并结合中国石材加工工业当前的实际情况进行了经济分析。对石材工矿企业在市场经济中有效地使用资金、选择石材矿山、确定矿山开采与石材加工方法及设备,以尽可能小的投入取得较大的收益,均作了介绍。(韩翠瀛)

T000730 **混凝土外加剂产品及应用手册** 张云理、卞葆芝著。中国铁道出版社1994年12月第二版。44.7万字。25.60元。以丰富的资料及科技成果为依据,从实用角度出发,论述各类外加剂的质量指标、试验方法、主要成分、作用机理、选用方法及应用技术,还列举了国内外众多重要工程建设应用外加剂的实例。作者张云理、卞葆芝60年代初毕业于清

华大学建材与混凝土制品专业，长期从事混凝土的研究与科技工作，80年代初开始主攻外加剂开发及应用。（傅希刚）

水利工程

T000731 **黄河三门峡水利枢纽运用研究文集** 杨庆安主编。河南人民出版社 1994 年版。98.8 万字。65.00 元。收集论文 40 篇，内容包括：工程的规划和决策，黄河泥沙运动规律的认识，水库调度和河道演变，泄水建筑物和水电站的建设，金属结构的设计和运用，移民、环境影响和国民经济评价等。（张素秋）

T000732 **中国河口演变概论** 乔彭年等著。科学出版社 1994 年版。28.2 万字。16.00 元。共 14 章。第一章绪论，阐述河口演变学的基本性质及研究意义，回顾了中国河口演变的研究历史。第二至第五章，为河口演变综述，亦为河口演变的基本理论。阐述和分析影响河口发育的各种要素，包括地质地貌基础，径流、潮流、盐水异重流、近岸流、波浪、风暴潮和科里奥利力等动力条件，以及对河口演变起着重要作用的河口泥沙运动问题。综述了河口演变的一些基本问题，着重讨论了与现代过程密切相关的河口三角洲演变的一般规律、侵蚀基准面、河口形态、纵剖面及河口冲淤等问题。同时对潮汐河口分类作了深入的探讨，并通过对河口水流、泥沙和河口形态的分析，以河口段河床演变特性为依据，提出了潮汐河口分类方案。第六至第十四章，为具体实例分析。按照潮汐河口分类体系，对中国具有一定代表性的钱塘江河口、瓯江河口、闽江河口和长江三角洲、珠江三角洲、韩江三角洲、黄河三角洲、滦河三角洲的演变，作了概括性的阐述与介绍。（吴三保）

T000733 **水工建筑物** 张光斗、王光纶著。水利电力出版社 1994 年版。840 万字(上册)，892 万字(下册)。31.80 元(上册)，52.50 元(下册)。分上下两册、10 章，包括：重力坝、水闸、支墩坝、拱坝、土坝、堆石坝、河岸泄洪及泄水建筑物、取水建筑物、明流输水建筑物、压力输水建筑物。本书重视水工建筑物的布置和构造，从理论上说明其机理；反映了中国当前在水工建筑物设计方面的水平和成就以及世界各国的先进经验和工程实例。（穆励生）

T000734 **水流边界层理论** 李建中、宁利中编著。水利电力出版社 1994 年 2 月版。20.6 万字。9.00 元。分 3 部分，系统地总结和介绍了水流边界层理论的基础知识，明流的边界层理论与计算，管流的边界层理论与计算。（金炎）

T000735 **现代水科学不确定性研究与进展** 夏军等编著。成都科技大学出版社 1994 年 3 月版。58 万字。24.00 元。包含回顾与展望，随机理论统计分析及其应用，模糊数学及其应用，灰色系统理论及其应用，工程实践及应用等内容，涉及三峡水利工程，南水北调工程，淮河流域和长江流域等。（王宗年）

T000736 **小型水库管理丛书** 水利部水利管理司、中国水利学会水利管理专业委员会编。水利电力出版社 1994 年 3 月版。82.5 万字。39.00 元。包括 5 个分册，即：水文与水利计算复核、安全检查与加固、运行管理、防汛与抢险、小水库养鱼。各个分册分别介绍了水库的抗洪能力和供水能力的复核方法；大坝、溢洪道、放水设备的安全检查与加固措施；水库运行期间的调度操作方法；保证安全度汛的措施与紧急事故的抢救；提高水产养殖效益的科学方法与先进经验。（郑哲仁）

T000737 **历史时期黄河下游河道变迁图** 钮仲勋等编。测绘出版社 1994 年 6 月版。15.00 元。主要表示了先秦至明清时期黄河下游干流的故道 23 条。在编绘过程中采用了文献资料与实地考察相结合的方法，并采用了一些沉积分析和遥感技术手段。图上地名均为县以上今地名。因河口及海岸线与下游河道变迁关系密切，故一并绘及。为了使读者进一步了解黄河变迁的大势及各时期黄河下游干流的经流情况，特配有大约 1.5 万字的图说，作为图的补充。（赵彬）

T000738 **水利水电规划、设计与施工** 余锡光、吴康宁等主编。科学技术文献出版社 1994 年 6 月版。126.5 万字。58.50 元。分规划、设计、施工 3 部分。在规划方面：详述防洪、发电、航运、灌溉、治涝、旅游、环保等工程的规划指导方针、原则、内容和方法。在设计篇内，详细论述了工程地质和各种水工建筑物的设计，着重介绍水电站的厂房设计，电气安装和水轮机选型设计等。在施工组织设计方面，在概述水利水电工程的施工特点、任务和要求后，主要介绍工程的施工导流、土石方工程施工、混凝土工程施工及其砂石骨料生产系统。并叙述了施工总进度、总布置和工程概算编制等。（吴秀珍）

T000739 **中国江河防洪丛书·松花江卷** 松辽水利委员会编。水利电力出版社 1994 年 6 月版。39.3 万字。25.60 元。总结新中国成立后 40 多年来松花江流域防洪工作的成就经验、存在问题和远景规划,分10章叙述:流域概况;第二松花江和嫩江及其支流、松花江干流等的基本情况;洪水与洪灾方面,介绍汛期和洪水种类,暴雨、洪水、洪灾记实及分析;防洪规划方面,论述其指导思想与原则、防洪标准与设计洪水,介绍防洪规划方案与成果,以及主要城市防洪规划与防洪应急措施;在防洪工程建设方面,总结水库工程、堤防工程和主要城市防洪工程建设及经验;在运用与管理方面,着重介绍水库工程防洪调度,特别是丰满水库、白山水库的防洪调度和洪水联合调度,介绍河道堤防管理和水库管理,并附案例分析;在防洪工程效益方面,论述防洪经济分析的特点、步骤与计算原则,致灾洪水和淹没范围的确定,洪灾区致灾年国民经济价值量的确定,以及防洪经济效益计算;在非工程防洪措施方面,介绍嫩江及齐齐哈尔市非工程防洪措施、三顶台分洪、哈尔滨市和佳木斯市非工程防洪措施及其作用;此外,还介绍了松花江流域的防汛抢险的组织机构、汛前检查、防洪抢险技术、水情测报通讯等,列入1957年松花江干流及哈尔滨市和1969年嫩江干流及齐齐哈尔市的防汛纪实;最后,对流域防洪前景作了展望。本丛书为"八五"期间全国科技重点图书。(陈琦英)

T000740 **水工闸门事故实例分析** 夏念凌编著。水利电力出版社1994年6月版。15.4万字。10.70元。收集国内外闸门(或阀)事故实例70余则,分别按枢纽布置、水力设计、结构设计、零部件设计、制造安装、管理运行等方面,详尽介绍事故发生的经过;对事故发生的原因及其处理措施,作了分析和评述。(陈琦英)

T000741 **水电规划与管理** 上海电力学院余铭正、孟宪生著。水利电力出版社1994年6月版。36万字。7.40元。介绍水电规划、设计与管理的基本理论与方法,并侧重于从电力系统的整体效益出发,分析研究水电在电力系统中的作用及水电规划与管理的方法。全书分12章,包括径流调节、参数选择、水库调度与管理、河流综合利用、梯级规划、地区选点、抽水蓄能电站、水工建筑物等内容。本书主要介绍以下规划内容的分析计算方法:①根据水能资源的客观条件,进行水电群的水量平衡、电力系统的电力平衡,提出河流规划,力求使整个水能资源得到经济合理的利用;②结合地区经济发展及电力系统的需求,进行水电的布局、选点、开发顺序、装机容量、调度运行方式的分析论证;③从电力系统发展的过程分析研究水电站在电力系统中作用的变化及选择水电站参数和运行方式。(陈涛)

T000742 **水利词典** 严恺主编。上海辞书出版社1994年10月版。116.5万字。98.00元。由100余位水利工程方面的专家、学者经10年努力、几经易稿编纂而成。收录总类,水文、测量、地质,力学与结构,水利工程,水工建筑5大类23个专业基本的、重要的、常见的词汇,以及同水利学科密切相关的其他学科的名词术语共4431条,按专业体系分类编排。为帮助理解释义,还选配了544幅插图。所收名词术语,除水利史专业外,其他均附有英译。书前有"分类词目表",书后有"中国水利史略年表"、"国外主要港口简表"、"国外水利及有关机构简表"、"国外水利及有关刊物简表"等11个附录,以及"词目英汉对照索引"、"词目笔画索引"。(乐嘉民)

T000743 **南盘江治理与开发研究** 林文勋等编。云南大学出版社1994年11月版。20.8万字。10.50元。从历史的角度,对明清至今的南盘江治理与开发作一系统而全面的探讨,进而在此基础上提出今后治理与开发的战略措施。(李继毛)

T000744 **环境水利学** 范逢源主编。中国农业出版社1994年11月版。31.2万字。7.55元。阐述水体环境、水资源保护、污染物在水体中的迁移转化过程、水质管理与规划、水利工程对环境的影响等方面的基本原理与分析计算方法。并编入较多的科学技术资料和算例。(何致莹)

T000745 **电力系统中水电厂群日优化运行** 张芙贵著。华中理工大学出版社1994年12月版。24万字。是关于电力系统中水电厂群日优化运行的基础理论运用。数学模型建立与求解、模型中各组成环节的计算方法和实际生产问题系列研究成果的汇集与总结。全书共11章,内容包括:对以往常用解法的概述与简述,电力系统日优化运行问题的简略解法,运用微增解系统中各电厂间及水电厂各机组间负荷优化分配问题,水电厂日运行的水力计算和水力发电机组的工况计算,水电厂梯级的日优化运行,水电厂群日优化运行算例及综合分析以及抽水蓄能电站的优化适行等。并对火电厂经济运行作了简述,附录中汇集了水电厂群日优化运行通用的和可引用借鉴的电算程序。(卢金锋)

U 交通运输

U000001 **油船总体设计** 纪卓尚等著。大连理工大学出版社 1994 年版。26 万字。大 32 开本。12.80元。介绍现代油船的船型及设计特点，给出了初期设计阶段使用的范围广泛的尺度及技术经济计算的各种数学模型。还阐述了计算机辅助油船设计系统的功能、结构、计算原理、设计方法及其程序系统的实现。（韩露）

U000002 **汽车与人类社会的协调** 中国汽车工程学会编。万国学术出版社 1994 年版。300 万字。400.00 元。国际汽车工程师学会第二十五届年会论文集。收集 195 篇学术论文，重点突出了"汽车与人类协调发展"的主题，反映了世界汽车工业发展中的最新研究成果和应用技术。论文涉及的技术领域和主要内容如下：一、整车和零部件——分发动机和底盘两部分，其内容以降低油耗和节省能源为研究重点，并提出了未来发动机技术。二、汽车动力学——通过动态模拟，预测并优化汽车的操纵稳定性。轮胎模型和驾驶员模型是研究动力学的两个重要模型。三、汽车与环境——着重对汽车排放污染进行综合性概述。除了对汽油车、柴油车的排放和噪音控制进行论述外，对混合动力汽车的开发，以及代用燃料也作了研究。四、安全——主动安全和被动安全是研究的两个方向。以计算机模拟碰撞为研究的重点，并涉及有关安全的法规等问题。五、设计和制造——论文中先进的制造技术占主导地位，另外还有同时工程，以及金属和非金属材料的研究和应用。六、用户工程——强调人与车辆的协调，满足人们对目前及未来的需求，同时论述了对汽车电子化的迅速发展应重视其诊断、维护和服务的观点。（彭伟）

U000003 **8K 型电力机车** 郑树选主编。中国铁道出版社 1994 年版。79 万字。20.90 元。对 8K 型电力机车的诸多特点和先进技术作了详细介绍。其中有牵引力大，电气制动采用再生制动，主整流电路采用大容量原件，装有强大的功率因素补偿装置，辅助电源采用单——三相静止变流器，逆变器采用 GTO 原件，牵引电机采用绝缘等级为 C 级使额定功率高达 1000KW，主变压器采用蕊式结构，空气制动采用 PBL_2 电——空制动系统，机车牵引装置采用低牵引拉杆，机车还装有灵敏的防空转与防滑系统等。（张贵珍）

U000004 **机车乘务员通用知识** 方佩春主编。中国铁道出版社 1994 年版。19.8 万字。6.05元。铁路职工岗位培训统编教材。系按照蒸汽、内燃、电力机车乘务员技术标准中通用的应知应会要求，采用问答形式编写。全书分 6 章。第一章规章制度包括安全作业、机车信号的显示、行车闭塞、列车运行、调车作业、事故处理；第二章机车操纵与保养包括机车牵引与操纵、机车检查与给油、车辆制动装置；第三章钳工与电工基础知识；第四章机车运用知识及指标计算；第五章机车三项设备；第六章全面质量管理。（杨宾华）

U000005 **热力机车牵引热工应用技术** 黄问盈、孙振声等编著。中国铁道出版社 1994 年版。62.4 万字。28.30 元。主要内容包括：燃料与燃烧计算、热力机车（内燃及蒸汽机车）工作进程及牵引热工特性、列车运行阻力和制动力、列车运动方程及其解法、牵引质量计算、能耗计算与指标的制定原则、热力机车牵引热工试验等。本书特点有：一、全面提供中国热力机车牵引热工特性曲线及数据。通用部分涉及电力牵引内容，并将电力机车牵引特性曲线列入附录。二、统一了固体、液体和气体燃料的燃烧计算方法。三、建立计入列车长度的牵引计算方法，汇集国外主要高速列车阻力公式，并将计算推荐的高速与重载列车比功率的要求以及国外高速列车的牵引参数列入附录，以适应中国高速、重载的发展。四、提供热力机车牵引热工计算试验与数据处理方法，推荐了预期牵引热工性能的方法与公式。五、提供基本阻力分项的定性与定量分析，推荐附加阻力中大风与低温阻力数据。六、建立能耗标准计算原则与方法，推荐建立机车复合特性曲线。七、建立列车牵引计算系统概念，介绍其他可供选用的方式方法。八、采用法定计量单位（SI 制）中单位重力的作用力（N/KN）为单位力的表达形式。因列车牵引计算规程正拟修订，有关单位及名词有待审定统一。（黄问盈）

U000006　**汽车工程**　沈权编著。西南交通大学出版社 1994 年 1 月版。22.4 万字。9.80 元。阐述常用汽车的构造及工作原理。由于汽车种类繁杂，结构型式又多，书中精选了典型实例，用以阐明汽车的基本结构及性能。所选典型结构，以国产汽车为主，便于结合实际。同时，对汽车的运用基础知识及汽车公害——排气污染及噪声，进行了论述。(任继英)

U000007　**进口汽车维修实用手册**　丁鸣朝等编。北京理工大学出版社 1994 年 2 月版。40.1 万字。17.00 元。详细介绍 46 种进口汽车维修规范，按车型分别介绍发动机维修规范、底盘维修规范、电气设备维修规范、主要螺栓和螺母拧紧力矩以及汽车配件互换资料等。(丁鸣朝)

U000008　**城市交通管理工作研究**　卢凌著。广西科学技术出版社 1994 年 2 月版。9.2 万字。4.60元。对城市交通管理中出现的新问题、新情况作出评价，并提出可行的对策。(马如海)

U000009　**1993 两岸港口及海岸开发研讨会论文集**　河海大学、(台湾)成功大学主编。河海大学出版社 1994 年 3 月版。84 万字。50.00 元。首届“两岸港口及海岸开发研讨会”论文专集。内容包括海洋环境及其对港口与海岸作用、海岸开发与保护、港口规划与管理、港口及海工工程设计施工与研究等 4 个专题，全面反映了两岸有关高等学校、科研单位以及港口及海岸界的学者、专家在港口及海岸工程建设方面所取得的科学成果。(吴劭文)

U000010　**中国城市交通**　郑祖武编著。人民交通出版社 1994 年 3 月版。35.2 万字。结合中国现有城市道路交通的实际情况，从城市道路、公共汽车、城市铁路枢纽、轻型有轨交通和地下铁道等 5 个方面论述城市道路交通规划、设计理论和有关施工方法。(王应荣)

U000011　**汽车维修工具典型结构(上、下册)**　蒋学羽、蒋崴编著。人民交通出版社 1994 年 3 月版(上)，1994 年 7 月版(下)。58.2 万字(上)，51.2 万字(下)。以汽车维修作业内容分类，汇集和精选了中国建国以来汽车和机械维修行业中所创造和使用的大量的专用和通用机工具的典型结构，吸收了部分国外先进实用的汽车维修机工具结构，不仅介绍了各种机工具的构造、原理、调整和使用，而且通过对这些典型结构的分析比较，提炼和展示了各种具体的巧妙的结构设计思路。全书插图 850 余幅。(陈民扬)

U000012　**斜拉桥**　林元培编著。人民交通出版社 1994 年 4 月版。44.0 万字。论述斜拉桥的发展历史和方向，斜拉桥的构造体系、设计理论、施工工艺和荷载试验，总结了上海南浦大桥、杨浦大桥等国内外几十座大跨径斜拉桥的建造经验。全书共 9 章：斜拉桥的发展；空间结构稳定理论；斜拉桥概论；主梁；主塔设计；拉索；下部构造；施工控制；结构荷载试验。(王应荣)

U000013　**汽车轮胎维修工初级技术培训教材**　汽车运输职工教育研究会主编。上海科学技术出版社 1994 年 4 月版。15.7 万字。3.50 元。分两篇。第一篇为应知内容，分为 4 章，系统地介绍了有关轮胎维修的钳工基础知识，以及胎工常用量具、汽车基本知识和轮胎基本知识；第二篇为应会内容，介绍了初级轮胎工考核试题、考核方法、技术要求、操作步骤及要点。(张满鸿)

U000014　**摩托车应急维修**　于曰桂、李淑霞编。天津大学出版社 1994 年 4 月版。8.7 万字。3.60 元。介绍摩托车在起动、行驶、制动过程中可能发生的各种故障现象，分析了故障产生的原因及排除故障的应急措施。(尚丽娜)

U000015　**危险货物运输安全技术手册**　中国航海学会危险货物运输专业委员会编。中国标准出版社 1994 年 4 月版。123.6 万字。28.00 元。根据 GB12268-90《危险货物品名表》，汇集 6 000 余种危险品及其主要技术资料，包括其中、英文名称，分子式，国内外有关法规和标准编号，危险性类别，理化特性及注意事项，标志，包装类别，积载，灭火剂、应急措施，医疗急救等内容。其中包括了联合国危险货物专家委员会《关于危险货物运输的建议书》、《国际海上危险货物运输规则》最新版本的内容。本手册按照国家标准的分类编号方法，将 6 000 余种危险品分为 9 大类，每一类按品名编号排序，采用辞书的编排形式，以危险品的中文名称为词条，分项(15 项)列出其主要技术指标。手册还编排了“危险货物中文品名首字汉语拼音索引”和“危险货物中文品名首字笔画索引”。(王西林)

U000016　**桥梁**　胡匡璋主编。中国铁道出版社 1994 年 4 月版。51.9 万字。10.20 元。高等学校专修科教材。重点阐述常用的钢筋混凝土和预应力混凝土桥梁，并配以算例说明其应用。对其他类型的混凝土桥(如拱桥、斜拉桥、地道桥)、钢桥(如钢板梁桥、结合梁桥、钢桁梁桥)、支座、涵洞等也分别分章进行叙述，讲清原理和构造要点。书中讲述了桥涵水文及桥渡设计、桥梁墩台及桥梁施工与养护等内容，反映了国内外铁路和公路桥梁的理论、设计、施工、养护等各方面的先进成果。作者胡匡璋于1987年曾经编写了《槽形梁》等有关桥梁专业的书籍，对桥梁建造很有研究。（刘桂华）

U000017 **台湾渔船航行大陆沿海指南** 雷祥雄、林毅编著。科学普及出版社1994年5月版。15.8万字。6.80元。介绍台湾渔船在大陆沿海航行、作业、停泊、避风、补给、修船、求医、探亲访友和旅游观光的有关知识，以及有关法律、规章。（许炎）

U000018 **国际航运及外贸运输实务** 陈学文等编。人民交通出版社1994年5月版。19.5万字。系统地介绍国际航运所涉及的主要业务。内容包括：船舶概论、船舶建造及买卖、船舶人员配备、海关及船舶文件与航运有关的主要国际组织、运价理论、班轮公会、船舶营运、提单、货物、航运公司组织结构、租船合同、集装箱运输、国际托付、船舶管理及影响国际航运的各种政治因素。结合有关章节，对国际铁路运输、公路运输、外贸运输合同、进出口报关业务等也作了阐述。（陈民扬）

U000019 **混凝土弯梁桥** 邵容光等编著。人民交通出版社1994年5月版。39.2万字。根据高等学校公路、桥梁及交通工程专业教材编委会审定通过的教学大纲编写。分11章，有概论、弯梁桥特点、弯梁桥总体布置与构造、弯梁桥的支承布置和平面内变形、曲线梁基本微分方程及其解答、弯梁桥纵向分析、弯梁桥的横向分布、弯梁桥分析的其他方法、弯梁桥设计荷载与内力计算、弯梁桥预应力筋束的配置和混凝土结构在弯扭剪复合受力下的截面强度计算和配筋计算。（王应荣）

U000020 **汽车轮胎维修工中级技术培训教材** 汽车运输职工教育研究会主编。上海科学技术出版社1994年5月版。26万字。6.70元。分两篇。第一篇为应知内容，系统介绍汽车底盘结构及工作原理；轮辋；轮胎原材料及其加工；轮胎的制造；轮胎的使用、修补和翻新。第二篇为应会考核内容，介绍四～六级汽车轮胎维修工的考核试题、考核方法、操作步骤及要点。（张满鸿）

U000021 **幸福XF125型五羊WY125型嘉陵JH125型济南GS125型南方NF125型摩托车的结构特点与故障诊断** 兰星平著。广西科学技术出版社1994年6月版。38.5万字。13.80元。介绍国产幸福、五羊、嘉陵、济南、南方125型系列摩托车的结构特点、使用、维护和常见故障的分析及排除方法。其特点是对各种车型的结构特点按总成或部件进行分解，以轴测图的形式描绘出各组成零件的形状、装配位置和相互关系，并用文字标注零件的名称及代号。（马如海）

U000022 **公路桥涵设计手册·拱桥（下册）** 顾懋清等主编。人民交通出版社1994年6月版。98.7万字。《公路桥涵设计手册》，共11分册，本书是其中的一个分册。本书以拱桥设计的实际应用为主，重点介绍拱桥的结构、构造、设计程序，设计方法，给出必要的理论计算式，进行查表计算。对常用的中、小跨径的圆弧拱桥上、下部构造，给出大量的图表；对大跨径拱桥连拱作用等，则辅以算例，并对其进行经济、技术分析。（王应荣）

U000023 **运输布局学** 蔡庆麟等编著。人民交通出版社1994年6月版。21.8万字。以系统论的思想和方法，对运输和国民经济的相关关系，运输需求与运输布局的相关关系进行了分析研究，提出了运输布局的一般原则和方法。（王应荣）

U000024 **交通调查与分析** 严宝杰主编。人民交通出版社1994年6月版。35.5万字。共9章，详细介绍国内外目前常用的各种交通调查方法，如交通量、车速、密度、通行能力调查等等。对各种调查方法具体讲述了其意义和实际操作方法，并着重于交通调查方案的拟订、方法的选择、有关仪具的优缺点分析等内容。本书结合中国国情和交通特点，总结国内近10多年来交通调查的经验，使所介绍的各种交通调查方法更切合中国的实际情况。为了使学生能更好地对交通调查资料进行分析，本书还注意对所搜集资料数据的数理统计分析的介绍。同时书中附有计算实例和大量调查用表格。（陈民扬）

U000025 **汽车设计标准资料手册（非金属篇）** 李尹熙主编。天津科学技术出版社1994年6月版。1284万字。68.00元。以最新国家、行业标准为依据，对具有行业特点的、通用的非金属材料和制品进行选编，适当配置使用说明和选用注意事项。内容包括：塑料、纤维增强复合材料、橡胶、粘接剂与密封胶、玻璃、陶瓷、纤维织物与皮革、石棉摩阻材料及其制品、木材、竹材、衬垫与纸、涂料、汽车用油料、特种液。（鞠珮华）

U000026 **运输安全环境概论** 孟宪珠主编。中国铁道出版社1994年6月版。23.9万字。7.00元。作者通过广泛深入的调查、严谨科学的论证，努力揭示运输安全基础环境中各种关系运行的规律、各种因素变化的机制。书中重点阐述：研究铁路运输安全环境的意义；国外铁路改善运输安全基础环境概况;如何营造人的安全环境;如何营造物的安全环境;如何改善安全管理环境;如何营造对铁路运输安全有利的社会环境等等。书中列举了大量的正反两方面的例子,对实际工作也作了较为系统的总结,并提炼出具有一定指导意义的经验或规律。(林瑞耕)

U000027　**高速铁路概论**　钱仲侯主编。中国铁道出版社1994年6月版。24.2万字。8.15元。阐述高速铁路的基本知识、基本概念和基本原理。最后对具有发展前途的磁悬浮铁路也作了简单的介绍。(黄燕)

U000028　**公路路基稳定设计原理**　吴承志等编著。人民交通出版社1994年7月版。3.1万字。主要论述公路路基的稳定性原理,着重论述季节性冻土、多年冻土、湿陷性黄土、戈壁及盐渍土等地区和软土地基上的路基稳定设计原理。(王应荣)

U000029　**桑塔纳轿车构造、使用与维修**　丁鸣朝等编。北京理工大学出版社1994年8月版。19.4万字。9.00元。详细介绍桑塔纳小轿车的结构特点、操作步骤、故障原因与排除方法、维修规范和调整数据等。(丁鸣朝)

U000030　**弯斜桥计算理论与实用计算**　邢志成著。人民交通出版社1994年8月版。20.6万字。详尽介绍弯斜桥计算理论与实用计算。内容包括:曲梁的内力分析、曲线梁桥荷载的横向分布、我国第一座连续曲梁桥的设计与施工、单梁式曲线梁桥与直线梁桥的分析比较,斜梁的计算方法、斜梁桥荷载的横向分布和梁式桥扭转中心。(王应荣)

U000031　**中外摩托车电路图集2**　《摩托车》编辑部编。人民邮电出版社1994年8月版。151幅图。26.00元。收集各摩托车生产厂家生产的新车型的电路图及未被收入1988年《摩托车》编辑部汇编的《中外摩托车电路图集》中的其他车型的电路图共151种。(李育民)

U000032　**车辆系统动力学**　上海铁道大学王福天主编。中国铁道出版社1994年8月版。32.8万字。7.90元。高等学校教材。分8章,内容包括有总论、轮轨接触几何关系、轮轨滚动接触理论、车辆横向运动稳定性、车辆随机振动、车辆曲线通过、列车纵向作用力、建立和求解系统运动方程的现代方法等。(吴桂萍)

U000033　**汽车安全检测与典型故障诊断**　陈建学编著。广西科学技术出版社1994年9月版。41万字。16.60元。汽车检测部分包括:检测站设计、建立的要求和技术条件,人工、检测设备的检测内容与操作;故障诊断部分包括:汽油和柴油发动机、离合器、变速器、传动轴与后桥、转向系、气压与液压制动系、行驶系、交流和直流发电机等方面的近90个典型故障的诊断与排除。故障诊断采用方框流程图表述。故障部分内容以解放CA10B、CA141及东风140等车型故障为例。(马如海)

U000034　**城市道路规划与美学**　赵晶夫著。江苏科学技术出版社1994年9月版。33万字。19.00元。用美学的观点对道路网络、线形、横断面、交叉口、绿化、道路小品及设施的规划进行了研究,使道路在平面空间构图,网络形态,几何要素,线型组合,立面的配置,封闭式、半封闭式与敞开式布局,绿化的树种、形式、层次高低及设施的选用等体现美的要求。同时,对当前中国城市规划设计中的理论与实践中尚不明确或者有争议的若干问题,也提出了一些自己的见解。(高志一)

U000035　**道路立交的规划与设计**　贺栓海等编著。人民交通出版社1994年9月版。44.0万字。主要内容包括:分离式立体交叉;互通式立体交叉;立体交叉的规划与设计;交通量及通行能力;立体交叉的技术经济指标及线形设计计算;匝道设计;立交桥及人行立交的规则,造型与结构设计的原理和方法等。同时还通过设计实例演示了公路远景交通量预测,立体交叉方案设计,公路互通式立体交叉线形及立交结构设计的方法和步骤。(王应荣)

U000036　**汽车滚动轴承手册**　俞崇廉编。人民交通出版社1994年9月版。50万字。在1983年出版的《汽车滚动轴承手册》的基础上,补充汇编了1980年以后主要定型国产汽车和进口汽车的滚动轴承资料。全书分4章,详细介绍了5种国产厂牌、47种进口厂牌,计157种车型、321种变型汽车的滚动轴承的类型、规格、安装部位及其互换性。(陈民扬)

U000037　**港口工程施工手册(上、下册)**　交通部第一航务工程局编。人民交通出版社1994年9月版。113.4万字(上),112.9万字(下)。在总结中国港口工程施工经验的基础上,从材料、基本作业、松软土地基加固、混凝土搅拌和混凝土预制构件,直至高桩码头等工程的施工,以及大型装卸机械设备的安装、船舶和船舶作业等方面,对照现行或正在修订的规范、规程、标准,参考有关文献、手册,系统介绍其技术规定、施工方法、施工要点,以及常用船舶、机械设备的技术性能和使用要求。全书分13篇53章,分上、下两册同时出版。上册包括建筑材料、基本作业、松软土地基加固、混凝土搅拌和混凝土预制构件、高桩码头、板桩码头、重力式码头、防波堤、滑道；下册包括沉井、码头后方堆场、大型装卸机械设备安装和施工船舶和船舶作业。（陈民扬）

U000038 **路基石** 铁道部安监司编。中国铁道出版社 1994 年 9 月版。43.1 万字。12.50 元。1993 年底，部党组决定在全路开展安全基础整顿。为此，全路各铁路局长、分局长深入现场，深入群众，蹲点调研，针对长期以来制约安全稳定、影响安全生产的关键问题进行分析，提出了具有可操作性的对策，从而汇集成了这本专题调研报告集。共收集了 69 篇调研报告。（荆志文）

U000039 **中国铁路运输** 苗秋林主编。中国铁道出版社 1994 年 9 月版。71.4 万字。图 100 幅。50.00 元。以运输为中心，以运输能力与运量这对矛盾为主线来进行历史回顾。全书以翔实的资料，科学地、实事求是地阐述了中国铁路(1876—1990)114 年的发展历程，特别是新中国成立以来的铁路运输发展历程。主要内容包括：旧中国铁路运输发展的坎坷历程；新中国铁路运输事业发展综述、铁路旅客运输、货物运输、装卸作业组织、运价管理、行车组织、牵引动力、车辆、线路与桥隧、通信与信号，以及行车安全等方面的发展史要。（褚书铭）

U000040 **现代汽车构造·原理·使用·维修** 徐逢源主编。湖北科学技术出版社 1994 年 10 月版。66.46 万字。25.00 元。以轿车为主要对象，介绍现代汽车的基本构造、性能和主要技术参数；组成汽车底盘的传动系、行驶系、转向系、制动系等的构造与工作原理；汽车中的摩擦与润滑以及有关汽车的正确使用与维修基础知识。书中介绍的膜片式离合器、自动变速器、动力转向器、充气式减振器等内容都是现代汽车中最新的结构和先进技术。（曾凡亮）

U000041 **汽车检测与诊断技术** 杨德华、刘家声主编。江苏科学技术出版社 1994 年 10 月版。82 万字。22.40 元。分 7 章，内容包括：汽车诊断理论基础；汽车安全性、可靠性、动力性、经济性；噪声与废气排放检测诊断和汽车诊断站设计基础；介绍检测诊断机理和方法；检测诊断设备的构造、使用、维护、现行检测标准和故障排除方法等。同时对新车(或改装车)的动力性、经济性、可靠性等的试验方法也作了详尽介绍。书后附有主要检测设备检定规程(交通部标准)。（孙广能）

U000042 **城市交通网络平衡分析——理论与实践** 黄海军著。人民交通出版社 1994 年 10 月版。33.9 万字。介绍和研究城市交通运输网络平衡分析理论与实践的国内外前沿课题与最新成果，集纳了包括作者近期成果在内的先进模型、算法和软件。主要内容有：城市交通网络分析、交通运量配流与数学模型、标准平衡配流问题的求解、需求变动的平衡配流模型、组合模型与算法、非对称阻抗矩阵的平衡配流问题、超级网络和超级模型、离散选择模型、网络随机加载使用的交通规划计算机软件与实践效果。每章后面都有推荐读物。（王应荣）

U000043 **汽车维修** 交通部人劳司组织编写。人民交通出版社 1994 年 10 月版。24.5 万字。13.00 元。系“交通行业工人技术考核问答丛书”。内容紧扣交通部最新颁布的 JT/T27.1～27.55—93 中关于 24 个汽车维修工种初、中、高 3 个等级的标准，以问答形式解答了各工种互为通用的应知应会基础知识。丛书一为汽车维修工种通用基础知识；二为汽车发动机维修工、汽车喷油泵调试工(U·01251，1994.12)；三为汽车底盘维修工(U·01291，1994.10)；四为汽车维修检验工(U·01257，1994.10)；五为汽车维修电工、汽车空调维修工、汽车蓄电池维修工(U·01264，1994.10)；六为汽车维修漆工、汽车维修缝工(U·01350，1995.5)；七为汽车维修轮胎工(U·01292，1994.10)；八为汽车维修钣金工、汽车维修铁工、汽车维修散热器工(U·00289，1994.10)；九为汽车维修焊工(U·01290，1994.10)；十一为汽车液压装置维修工(U·01312，1994.11)；十二为汽车维修粘接工、汽车维修材料工、汽车零件清洗工(U·01268，1994.9)；十三为汽车检测工、汽车检测设备维修工(U·01339，1995.1)。其中第十还未出书。（陈民扬）

U000044 **高等级公路路基路面施工技术** 胡长顺等编著。人民交通出版社 1994 年 10 月版。40.6 万字。内容包括施工组织管理与质量控制、施工机械、恢复定线技术、路基施工技术、基层(底基层)施工技术、沥青路面施工技术、水泥混凝土路面施工技术。（王应荣）

U000045 **汽车疑难故障分析与处理** 惠东杰等编。人民交通出版社 1994 年 10 月版。13 万字。对发动机、底盘、电气 3 个部分，共举出了 150 种汽车疑难故障的分析和处理方法。（陈民扬）

U000046 **公路桥涵设计手册·墩台与基础** 江祖铭等主编。人民交通出版社 1994 年 10 月版。79.2 万字。主要介绍桥涵下部结构的设计程序、计算方法和各种参数的取用原则。书中介绍了常见桥

涵墩台、基础的结构型式,各部尺寸、强度和稳定计算方法及构造配筋详图,并附有计算图表和设计实例。(王应荣)

U000047 **公路桥涵设计手册·拱桥(下)** 顾安邦等编。人民交通出版社 1994 年 10 月版。66.1 万字。主要介绍钢筋混凝土和预应力混凝土桁架拱桥,钢筋混凝土刚架拱桥,钢筋混凝土中、下承式拱桥,预应力混凝土桁式组合拱桥和钢筋混凝土拱式组合体系桥的设计。各种桥型均列有构造实例,有的桥型还附有计算示例。(王应荣)

U000048 **汽车燃料、润滑油及其应用** 王毓民主编。人民交通出版社 1994 年 10 月版。43 万字。主要内容包括汽车用汽油、柴油、代用燃料、发动机润滑油、齿轮润滑油、润滑脂、自动变速器油、制动液的基本知识与性能特点,同时着重介绍了燃料与润滑剂的标准规格、分类分级、质量评定、正确选用等方法。(陈民扬)

U000049 **船舶与海洋结构运动的随机理论** 黄祥鹿著。上海交通大学出版社 1994 年 10 月版。18.9 万字。4.90 元。前 3 章主要介绍随机波浪理论,船舶与海洋结构在随机波浪上运动的线性理论。后 4 章是本书的重点,介绍近十年来非线性波浪理论在国际上的研究成果。本书介绍的主要理论有:非线性波浪理论,非线性系统随机响应,二阶系统响应理论,随机平均法在船舶与海洋结构运动问题上的应用。(程锡林)

U000050 **杨浦大桥** 杨小林主编。上海科技教育出版社 1994 年 10 月版。13.5 万字。90.00 元。全面反映杨浦大桥建设全过程的大型画册。本书真实地记录了在杨浦大桥设计、施工、制造和建设中所采用的大量最新的先进技术。例如,208 米高的大桥主塔采用钻石型结构,并配以空间立体布索来增强抗风能力的设计,大桥建造中采用的箱型钢主梁、锚固箱构造、拉索锚固结构等新技术。本书有 100 余幅照片。(王福康)

U000051 **汽车运用与修理** 廖佩金等编。石油工业出版社 1994 年 10 月版。96 万字。2 册。22.05 元。上册论述汽车故障、合理使用的基本理论;分析了汽车使用过程中技术状况变化规律,故障产生的原因、诊断及调整方法;介绍了汽车保养、修理企业的工艺设计方法。下册阐述了汽车修理的基本理论、典型零件的修理方法及修理工艺,汽车主要总成和主要零件的拆卸、检修、装配、调校、试验等方法。(王大志)

U000052 **摩托车竞技与特技驾驶** 黄友宁等编著。广西科学技术出版社 1994 年 11 月版。18.5 万字。14.50 元。从摩托车运动概况、竞赛驾驶技术、惊险特技驾驶技术、运动员身体训练 4 个方面,介绍职业摩托车运动员的训练内容、规范操作姿势等。诸如节流急转向、制动急转向、180 度紧急掉头、提把飞轮、隐蔽驾驶、360 度以上陀螺转向等高难技巧。(马如海)

U000053 **桥林漫话** 王展意著。人民交通出版社 1994 年 11 月版。9.8 万字。内容包括桥的发展历程,结构形式,一百多座著名桥梁的修建经过,地理环境,建筑特点,装饰艺术,诗词楹联,轶事趣闻等。对桥名来源、邮票与桥和古今中外桥梁在战争中的作用也作了简要叙述。(王应荣)

U000054 **汽车电控汽油喷射检修图册** 许顺锭编。上海交通大学出版社 1994 年 11 月版。31 万字。20.00 元。“汽车维修配件丛书”之一。辑录了日本丰田汽车公司生产的常见电控汽油喷射系统的检修方法以及相关的内容和资料。采用图片以及文字说明的方式,着重介绍电控汽油喷射系统的结构原理,应用较简便的检修方法,正确选用常见的与部分专用的检修工量具,进行故障诊断、零部件拆装,通过零部件的外形测量和使用万用表对其检定,帮助确定故障,直到排除。(宋永明)

U000055 **大瑶山隧道——20 世纪隧道修建新技术** 王梦恕主编。广东科学技术出版社 1994 年 12 月版。106 万字。80.00 元。介绍修建大瑶山隧道所取得的 10 项关键配套技术和解决了的 42 项技术难题以及所应吸取的教训。(黄衍辉)

U000056 **公路工程技术标准 JTJ01—88(附条文说明)** 人民交通出版社编。人民交通出版社 1994 年 12 月版。9.5 万字。系中华人民共和国交通部部标准。这次对原《公路工程技术标准》修订的主要内容为:公路根据交通量及使用任务和性质划分为“汽车专用公路”和“一般公路”两类;高速公路的计算行车速度增加了两个档次,其地形划分为平原微丘、重丘、山岭 3 种;一级公路改为专供汽车行驶;增加了汽车专用二级公路;规定了远景交通量的年限及分期修建的原则和要求,并对各章内容作了修改和补充。新标准分 10 章 73 条:总则计 4 条;一般规定计 5 条;路线计 22 条;路基计 10 条;路面计 6 条;桥涵计 6 条;车辆及人群荷载计 3 条;隧道计 5 条;路线交叉计 6 条;沿线设施计 6 条。(王应荣)

U000057 **道路交通事故的预防和处理** 公安

部交通管理局事故对策处编。人民交通出版社 1994 年 12 月版。18 万字。分 3 个部分，一是道路交通事故的预防，二是道路交通事故的处理，三是有关配套的交通法规、标准。本书通过问答形式介绍机动车驾驶员平时预防事故和一旦发生事故后处理事故的方法、步骤和有关规定知识。（陈民扬）

U000058 **中华人民共和国行业标准 JTJ012-94·公路水泥混凝土路面设计规范（附条文说明）** 交通部公路规划设计院、水泥混凝土路面技术委员会主编。人民交通出版社 1994 年 12 月版。14.1 万字。内容包括：总则；术语、符号；结构构造和组合设计；普通混凝土路面；特殊部位混凝土路面的处理；其他混凝土路面；复合式混凝土路面；旧混凝土路面上加铺层设计。（王应荣）

U000059 **中华人民共和国行业标准 JTJ011-94——公路路线设计规范** 交通部第一公路勘察设计院主编。人民交通出版社 1994 年 12 月版。11.2 万字。由中华人民共和国交通部批准并发布，自 1995 年 1 月 1 日起施行。对部 1984 年发布的《公路路线设计规范》（JTJ011-84）同时废止。本规范由交通部第一公路勘察设计院为主编单位的编制组对《公路路线设计规范》（JTJ011-84）进行修订。在修订工作中，编制组进行了广泛的调查研究，认真总结了中国多年来公路勘察设计，特别是近年来汽车专用公路路线设计的经验，注意吸收了有关科研课题成果及发达国家有关线形设计的先进技术。本规范内容有：总则；公路分级与等级的选用；公路设计通行能力；控制出入；总体设计与选线原则；公路横断面；公路平面；公路纵断面；线形设计；公路与公路平面交叉；公路与公路立体交叉；公路与铁路、乡村道路、管线交叉；分期修建。修订的主要内容是：编入了高速公路的有关条文；引入了设计小时交通量、设计通行能力、控制出入、总体设计、分期修建等概念与规定，增补了平面交叉、互通式立体交叉等方面的内容。（王应荣）

U000060 **摩托车维护手册** 副名：邮政设备维护手册。邮电部邮政总局编。人民邮电出版社 1994 年 12 月版。35.2 万字。15.00 元。系邮政设备维护手册系列丛书的一种，主要介绍如何正确使用、维护、修理摩托车，充分发挥车辆性能，用最小的消耗、最经济的支出，发挥车辆的最大作用，延长车辆的使用寿命。全书分 6 章，第一、二、三章介绍摩托车的技术特性、基本原理和驾驶技巧；第四、五、六章重点讲述摩托车的保养、故障排除和修理等技术知识。（刘兴航）

U000061 **助动自行车——原理、构造、维修及管理规定** 陆中和、宋卫国编著。上海交通大学出版社 1994 年 12 月版。25 万字。11.00 元。详细介绍助动自行车的原理和构造、二冲程汽油发动机的原理和构造，以及各系统的检查步骤、故障诊断、故障原因剖析、故障排除方法等，配以大量零部件的图表和装配关系图。书后附录有关助动自行车的最新交通管理规定，助动自行车的人身保险、申办牌照、业务联系等方面的资料。（吴东）

U000062 **铁路钢桥——设计和制造** 钱冬生、夏建国著。西南交通大学出版社 1994 年 12 月版。22 万字。7.80 元。详细叙述单线铁路下承栓焊桁架梁桥的构造和设计，论述连续桁架梁桥特点、杆力分析（简捷手算法）、上拱度计算；介绍钢桥制造工艺，总结了铁路钢桥历史经验和教训（特别是事故）及当代成就。对于桁架梁桥各共同作用和二次应力，不拘囿于算式推导，而是采用逐步逼近法。特别是“我国在 1937 年建成的钱塘江桥的历史功绩和建桥人茅以升”一节，以具体事实说明这是由我们中国人主持并且高速度地建成的第一座现代桥梁；介绍了该桥在抗日战争中的历史功绩、沦陷前忍痛炸毁、抗战胜利后修复等史实。扼要介绍了该桥的建桥人茅以升求学及青年时即为国争光、国际成名的历程。（毛文义）

U000063 **大跨悬索桥理论** 陈仁福著。西南交通大学出版社 1994 年 12 月版。29.1 万字。9.90 元。全面而系统地总结了既往悬索桥理论研究的成果，并利用计算力学随机振动、地震工程学和风工程学等方面的知识对大跨悬索桥面临的理论问题进行了大量的计算推导，提出了新的见解。主要内容有：大跨悬索桥的静力分析、振动性态分析、地震响应理论分析和风致振动效应分析。（丁丽波）

U000064 **中国铁路集装箱运输** 郭文超主编。中国铁道出版社 1994 年 12 月版。39.6 万字。19.50 元（平），22.50 元（精）。回顾了铁路几十年来集装箱运输的发展历程，总结了历史的经验和教训；汇集了铁路集装箱运输的各项统计数据及历史上重要会议资料；结合铁路实际，具体阐述了集装箱的办理条件，组织方法，费用构成及集装箱、机械、货场的设计、制造、修理等技术要求；系统地讲解了国际铁路联运和大陆桥运输的规定、方法；指出了铁路集装箱运输存在的问题，论述了发展方向和应采用的技术政策。（黄燕）

U000065 **高速铁路** 张国宝、徐行方主编。西南交通大学出版社 1995 年 3 月版。18 万字。8.50 元。在简要介绍了日本、法国、德国和意大利、西班牙、英国、瑞典、俄罗斯、美国、韩国等国高速铁路的线路、机车车辆、通信信号与牵引供电等技术设备、运输组织与行车安全、经济分析与环境保护的同时，还介绍了筹建中的京沪高速铁路技术方案研究，及日本、德国正在研究开发的高速磁悬浮铁路的概况。(李英明)

U000066 **铁路测量** 张延寿编著。西南交通大学出版社 1995 年 4 月版。37 万字。11.50 元。着重介绍测量基本理论、基础知识和实践操作。本书删除了一些类似教材中较陈旧的内容，如游标经纬仪、视距计算盘和视距计算表的使用，钭丝视距仪、光学楔镜视距仪、视差法测距及控制测量中对数的使用等；同时增补了一些较新、较先进的内容，如对自动安平水准仪、竖盘自动补偿、电子经纬仪、陀螺经纬仪、光电测距仪及 GPS 全球定位系统等测绘新技术及其应用等作了较详细的介绍。并系统地介绍了光电测距仪在曲线测设和控制测量中的应用及平差方法。本书主要讲述铁路新线定线测量、曲线测设、铁路桥梁、铁路线路、隧道等的测设及施工测量，此外还介绍了既有铁路的工程技术测量。(李英明)

U000067 **路桥钢筋混凝土结构** 龚尚龙主编。成都科技大学出版社 1995 年 12 月版。43 万字。17.50 元。重点介绍钢筋混凝土结构、预应力混凝土结构、概率极限状态设计法基本概念、受弯、受压、受拉、受扭构件承载能力设计、构件挠度和裂缝宽度计算以及预应力混凝土构件设计。列出了专业性较强的例题，给出了相应的电算源程序。每章后附有解题框图和简要的小结，点出了该章应掌握的基本概念和基本技能。(周树琴)

V 航空、航天

V000001 **飞行器控制系统概论** 王宗学编著。北京航空航天大学出版社 1994 年 5 月版。28.2 万字。5.45 元。着重叙述飞行器的分类和特点，飞行控制与制导系统的基本原理和组成，飞行器姿态系统仪表及惯性导航系统，大气数据仪表及综合显示系统，飞行控制系统的执行机构以及飞行器的供电系统。(王小青)

V000002 **各国民用飞机的发展道路** 魏志祥主编。航空工业出版社 1994 年 5 月版。15.3 万字。6.50 元。分两篇：系统篇介绍西欧各国、巴西、加拿大和日本发展民用飞机所走过的艰难曲折的道路及其经验和教训；专题篇从不同侧面介绍美国、俄罗斯、西欧各国以及世界上其他国家民用飞机制造业的发展情况，分析各自的成败及其影响因素，还全面介绍大型民用飞机的一些典型机种的发展和民用飞机采用的部分最新技术。(黄苏桥)

V000003 **人造地球卫星与地球重力场** 陆仲连、吴晓平编著。测绘出版社 1994 年 6 月版。28 万字。5.90 元。主要内容有地球重力场的基础知识和基本特征，利用地面测量数据研究地球重力场的经典理论，卫星的摄动运动，利用卫星研究地球重力场的技术和方法，包括卫星测高、卫星跟踪卫星和卫星重力梯度测量等。(马秀琴)

V000004 **飞行控制系统** 张明廉主编。航空工业出版社 1994 年 7 月版。63.3 万字。12.30 元。主要内容有：飞行动力学、陀螺及其他敏感元件、舵机与舵回路、典型飞行控制系统工作原理、典型飞行控制系统实例、飞行控制系统设计、现代飞行控制技术、飞行器结构挠性的影响。同时介绍了综合控制系统。(黄苏桥)

V000005 **世界飞机手册(1994)** 卢成文主编。航空工业出版社 1994 年 8 月版。220 万字。78.00元。收编世界各国的战斗机(歼击机)、攻击机(强击机)、轰炸机、反潜机、作战支援(预警、电子干扰、侦察、空中加油机等)、军民用运输机、通用航空飞机、直升机、研究机、航空航天飞机和飞艇等 20 多类 450 多个型号(含国产的近 30 个)的各类飞机和航空器。包括了世界各国所有正在使用和研制的飞机和直升机。介绍它们的用途、研制过程、生产数量和装备使用情况；概括地叙述飞机的气动外形和总体布局、结构和材料、分系统及机载设备的主要特点；给出飞机外形和内部尺寸、重量和性能数据。书

后附有航空发动机、机载雷达和导弹性能及各国(或地区)空军装备等10个附录。(黄苏桥)

V000006 **非定常旋涡空气动力学理论及其应用** 黄国创等著。上海交通大学出版社1994年8月版。30.7万字。18.50元。从流体动力学的基本理论出发,阐述可压缩粘性流动中力和力矩的一般公式,进而导出产生流体作用力的机理和非定常涡系理论;并系统介绍非定常空气动力计算中的理论和方法,详细讨论非定常线性理论在工程实践中的应用;最后介绍作者在研究非定常非线性空气动力计算方法上的最新进展。(陈克俭)

V000007 **空间模拟器设计** 黄本诚等编著。宇航出版社1994年9月版。41.8万字。9.80元。分10章:概论,模拟室真空容器设计,真空获得与检测系统设计,热沉设计,液氮与气氮系统设计,氦低温系统设计,太阳模拟器与运动模拟器设计,载人试验系统设计,控制、测试、试验管理系统设计,国内外空间模拟器设计方案。书后附有有关英文缩写的中文注释。(崔素言)

V000008 **迈向21世纪的航空科学技术** 王道荫主编。航空工业出版社1994年10月版。68万字。48.00元。内容以介绍国外情况为主,力图从多个侧面反映正在迈向21世纪的航空科学技术的全貌,并探讨其发展的规律性。(黄苏桥)

V000009 **航天故障手册** 张宗美等编著。宇航出版社1994年11月版。47.3万字。29.50元。收集1957年至1994年美、苏、中、法、日、德、印等国在运载火箭、卫星、飞船、空间站、航天飞机和导弹武器的设计、制造、地面试验、飞行试验、运转与使用中所出现的异常、故障及事故。对异常、故障及事故的情况、原因、造成的损失及采取的改进措施与对策作详细介绍。附有"型号分类目录"、"故障模式分类目录"和"英文目录"。(张国瑞)

V000010 **航空制造工程手册** 副名:飞机工艺装备。易志斌主编。航空工业出版社1994年12月版。177.8万字。115.00元。分8篇:第1篇,飞机制造的互换协调准确度;第2篇,标准工艺装备;第3篇,装配工艺装备;第4篇,钣金零件工艺装备;第5篇,机械加工夹具;第6篇,特种工艺装备;第7篇,塑制技术在工艺装备上的应用;第8篇,地面设备等。(黄苏桥)

V000011 **世界直升机手册** 施永立主编。航空工业出版社1994年12月版。147万字。68.00元。收录世界上22个国家70个公司生产的227种型号的直升机,其中包括中国自行研制和生产的,以及与其他国家合作研制的4个型号直升机。书中翔实地介绍这些直升机的用途、研制过程、生产数量和使用情况,概括地叙述了直升机总体布局、结构、各个主要分系统和机载设备的特点,给出了内外形尺寸、重量和性能数据。重点型号直升机附有各种性能曲线和结构图。后附有直升机机载武器、雷达、瞄准系统、通信和导航系统,以及电子设备等9个附录。(黄苏桥)

V000012 **航天——奔向宇宙之路** 石水荣著。上海科学普及出版社1994年12月版。16.5万字。6.80元。"青少年科技丛书"之一。收集大量国内外航天科技的最新信息,以问答形式,通俗、生动地介绍航天科技的进展和成果。主要内容有空间技术30年巡礼;载人航天技术;人在太空;航天科技造福人类;太阳系行星探测;未来航天一瞥等6部分。(陈泽加)

V000013 **固体火箭发动机系统可靠性分析与设计** 方国尧等编著。宇航出版社1994年12月版。42.7万字。10.00元。从系统可靠性的基本概念讲起,全面介绍系统可靠性设计的理论基础、系统可靠性分析与设计、网络系统可靠性分析、数据统计分析与寿命评估、故障模式分析(FMEA)及致命性分析(FMECA)与故障树分析(FTA),最后介绍固体火箭发动机可靠设计。书内附有适当的例题,每章后附有习题,重要内容附有FORTRAN程序及说明。(李振刚)

V000014 **载人航天器仪表显示与监测系统** 黄俊钦编。宇航出版社1994年12月版。42.4万字。9.60元。对载人航天器的监测系统与仪表显示作了介绍,第一章载人航天器,第二章空间飞行器中应用的传感器,第三章空间飞行器多传感器监测系统,第四章空间飞行器导航系统,第五章典型载人飞船仪表显示与监测系统,第六章航天飞机仪表显示与监测系统,第七章先进综合电子显示仪表在载人航天器中的应用,第八章智能仪表与监测系统。(卫迁)

V000015 **航天型号研制管理概论** 曾庆来编。宇航出版社1994年12月版。14.3万字。12.00元。以现代管理理论为基础,从管理过程和管理方法上,总结了中国航天型号管理理论、方法、内容、特色、经验与教训。第一章重点论述航天型号管理的基本概念和型号管理现代化问题,第二章介绍型号的研制程序与管理,第三章至第七章分别介绍型号计划管理、质量管理、大型试验管理、物资管理与财务

管理。(卫迁)

X 环境科学、劳动保护科学

X000001 **生态伦理学** 叶平著。东北林业大学出版社 1994 年版。22.8 万字。9.80 元。为了确立人与自然协同进化的生态伦理学,作者在分析人类中心主义和非人类中心主义生态伦理的基础上,对人与自然协同进化的概念,从整体性的角度进行了科学的修正,作出新的界定。由此提出人与自然协同进化的生态伦理,并从自然观、价值观、权力观和利益观方面,展开讨论。确证了人类野外生态活动的生态伦理规范,进而,对一些人与自然协同进化的生态伦理问题,进行了分析和讨论。构建了一种新的伦理学——人与自然协同进化的伦理学,确证了它的概念框架、理论和实践体系。(卢伟)

X000002 **给水与废水处理(二卷本)(英文版)** 中国土木工程学会编著。万国学术出版社 1994 年版。179 万字。431.60 元。收集会议论文 144 篇。内容有:给水与污水工程的研究及设计,水处理,节水与节能,污物处理,给水与废水处理自动化,新式处理设备及项目规划。(柴云龙)

X000003 **困境与选择——中国环境与发展战略研究** 曲格平著。云南科学技术出版社 1994 年版。15 万字。15.00 元。"现代科学思想库"之一。作者在总结国外环境保护经验,分析各种发展模式的基础上,深入研究中国的社会经济条件和环境状况,提出了符合中国国情的包括环境保护体系、环境保护目标体系、环境管理制度体系在内的环境保护理论。他运用系统科学提出了经济建设与环境保护协调发展的理论;运用一般系统论和系统工程原理和方法建立和完善了中国环境管理的理论体系和政策体系。(史青)

X000004 **水和废水监测分析方法指南(中册)** 魏复盛等著。中国环境科学出版社 1994 年 3 月版。75 万字。25.50 元。分 4 部分。前 3 部分共 25 章,第一部分是原子吸收、离子选择性电极、阳极溶出法、离子色谱、气相色谱、液相色谱有关的测试技术及在环境监测中的应用;第二部分是环境标样及应用,实验室分析误差及其控制;第三部分包括了约 15 个项目的监测分析方法介绍,包括新的发展和新的经验。第四部分是新增加的"水和废水监测分析方法"项目,是近年由中国环境监测总站组织全国监测站、科研单位进行研究和验证的,并已通过专家会议鉴定,作为《水和废水监测分析方法》(第三版)的补充。(朱丹琪)

X000005 **大气固定源的采样和分析** 《大气固定源的采样和分析》编委会。中国环境科学出版社 1994 年 3 月版。75.6 万字。26.80 元。曾发表在美国联邦管理法规中,属美国国家环保局(EPA)的标准方法,这些方法被美国政府和工业部门用于固定源污染物排放的测量、监测和强制管理。该译本共 16 章,专题讨论了颗粒物、二氧化硫、氮氧化物、一氧化碳、硫酸雾与二氧化硫及氮氧化物、硫化物、氟化物、砷、汞、铍、铅、氯乙烯、有机化合物、放射性物质等,包括采样和分析技术及 EPA 在管理和强制限定固定源排放的政策。是美国污染监测成功经验的总结。(朱丹琪)

X000006 **灾害学** 申曙光主编。中国农业出版社 1994 年 3 月版。30 万字。13.00 元。作者力图综合运用系统论、生态学、经济学等理论与方法分析和研究各具特征的不同灾害的共同性质与运动规律,并在此基础上提出灾害防治的基本原理与方法,以构建灾害学的基本理论体系。主要内容有:灾害的基本概念与分类;现代灾害与灾害研究;灾害学学科体系;当今世界各类主要灾害(地质、地貌、气象、生物、天文灾害,资源衰竭,环境污染,火灾,交通灾害,人口过剩,核灾害)的基本性质、特征、分布与危害状况;中国灾害的分布与危害;灾害共性;灾害规律(主要包括灾害系统运动规律,灾害与人类、社会协同进化规律);灾害成因;灾害过程;灾害后果;灾害防治;灾害的社会化防治体系。(宛秀兰)

X000007 **有害废物的安全处置** 副名:发展中国家的特殊需要和问题。罗杰·巴斯顿等著。中国环境科学出版社 1994 年 4 月版。67.6 万字。23.50 元。为世界银行第 93 号技术报告。由世界银行、世界卫生组织和联合国环境规划署合作编写出版，适用于发展中国家负责废物管理、公共卫生和环境保护的管理人员和技术人员。全书分 3 卷。第一卷共 5 章，内容为有害废物的分类、有害废物对人类健康和环境的影响、有害废物管理规划的制订和实施。第二卷分 2 章论述了有害废物处理和处置技术，包括经济上和制度上的问题。第三卷为附录。将发展中国家的实例研究与本书的主要内容相结合，提供了有害废物管理规划的各种方案，或预可行性评价的充分资料。特别有有害废物处理和处置的各种操作系统的实例，废物调查问题表格和技术，填埋场的设计和管理实践供读者参考。（朱丹琪）

X000008 **噪声控制工程** 马菊元编著。中南工业大学出版社 1994 年 4 月版。30 万字。11.00 元。介绍声波的基础知识，声波的传播方程，声波传播的声压、密度变化规律，声速公式，噪声污染和噪声控制，噪声的评价和噪声的国内外标准，噪声测量仪表和测量方法，吸声原理与吸声材料，隔声结构及其性能的测量，振动的利用和危害，振动的考核评价和容许标准，阻尼材料及其应用，消声器的要求、评价方法及常用消声器，常见噪声源，机电设备噪声控制方法等。（李宗柏）

X000009 **自然环境价值的发现** 郇庆治著。广西人民出版社 1994 年 5 月版。30 万字。8.50 元。以人与自然的关系作为主线，把环境哲学的理论探讨与马克思主义自然观联系起来，论述中国生态环境问题的各个方面；把环境哲学的理论研究与世界范围的生态环境危机结合起来，概括和分析人与自然关系的现代困境，论证自然价值、环境意识、环境发展等基本范畴；提出马克思自然观是人化自然观，恩格斯自然观是辩证自然观，马克思自然观形成于 19 世纪 40 年代而不是 70 年代，环境发展是社会发展理论的新拓展等等。本书收入“当代哲学丛书”。（邓耘）

X000010 **喀斯特环境质量变异** 杨汉奎等著。贵州科学技术出版社 1994 年 5 月版。18 万字。15.00 元。是作者多年从事喀斯特环境结构和功能特殊性以及喀斯特大系统运动有关问题研究的总结和成果。书中从喀斯特环境结构和功能特殊性角度以及喀斯特大系统运动的观点出发，全面讨论了喀斯特环境特征、类型、环境容量及其与 PRED（人口、资源、环境、发展）之间的相互关系。主要内容有地球演变与人类进化，喀斯特环境概况，人与喀斯特耦合，喀斯特森林生态系统，喀斯特地区的农业环境，喀斯特地区的城市环境等。书末为英文摘要。（夏同珩）

X000011 **环境保护及其管理** 刘社著。河南人民出版社 1994 年 5 月版。26.6 万字。8.70 元。对环境问题、环境科学、自然资源的利用与保护、环境法、环境管理、环境经济及其相关知识作了重点阐述，而且对各种环境污染的综合防治技术作了扼要介绍，并且尽可能地反映当时有关环境科学的最新理论与实践成果。（段宪文）

X000012 **中国 21 世纪议程** 副名：中国 21 世纪人口、环境与发展白皮书。环境科学出版社 1994 年 5 月版。29.8 万字。27.00 元。该文件是由国家计委和科委牵头、组织 52 部委和 300 余名专家编制的中国可持续发展的战略目标、战略重点与行动计划，是制定中国国民经济和社会发展中长期计划的一个指导性文件，也为中国参与国际环境与发展合作确定了原则立场和基本政策。该议程共 20 章，78 个方案领域，主要内容分 4 部分：一、可持续发展总体战略与政策。论述中国可持续发展战略提出的背景、必要性，实施的战略目标、战略重点和重大行动，参与国际环境与发展合作的意义、原则立场和主要行动领域。特别强调了可持续发展能力建设，包括建立健全管理体系、加强教育建设、开发人力资源、发展科学技术、建立信息系统及促使公众参与等。二、社会可持续发展。重在实行计划生育、控制人口数量和提高人口素质。三、经济可持续发展。促进经济快速增长，不断优化结构、增进效益并提高发展质量，将农业与农村、工业和交通及通讯业、能源生产与消费作为最优先领域。四、资源的合理利用与环境保护。将水资源和土地、森林、海洋、矿产、草地资源列为重点领域，论述如何促进资源的合理开发利用、保护管理和培育增殖，保护其可持续利用性。还包括保护生物多样性、防治土地荒漠化、防灾减灾、保护大气层、固体废物无害化管理等。（朱丹琪）

X000013 **环境科学词典** 曲格平主编。上海辞书出版社 1994 年 5 月版。147 万字。70.00 元。精选环境科学方面 4 868 条词目，包括总类、环境地学、环境生物学、环境化学、环境物理学、环境医学、环境工程学、环境管理学、环境经济学、环境法学等 10 个门类。由中国科学院、中国环境科学研究院等 10 余个单位的 60 余名专家学者撰写释文。词头中英文并列。所收附录“环境保护科研工作大事记”反映了国内环境保护工作的概况及和国外的交往。书前列有“分类词目表”，书末附有“词目英汉对照索

引"、"词目笔画索引"。(傅伯诚)

X000014 **水库及其环境影响** [原苏]Г.В.沃洛巴耶夫、A.B.阿瓦克扬著,李砚阁等译。中国环境科学出版社 1994 年 5 月版。47.5 万字。21.00 元。根据全世界已有水库的大量翔实资料,总结了自第一座水库建成以来,伴随之产生的社会和经济效益与危害;阐述了目前世界上不同国家水库状况,展望了今后的发展方向和存在的问题。另外,作者提出了水库建设致使陆地水交换减缓的观点。(周煜)

X000015 **环境监测** 何增耀主编。中国农业出版社 1994 年 5 月版。55.9 万字。19.55 元。全国高等农业院校教材。介绍环境监测学科的基本知识、基本原理和基础技术。全书分理论和实验两大部分。理论部分共 10 章:第一章绪论,介绍环境监测学科的发展概况、目的、分类、原则和环境质量标准;第二—六、八—九章分别介绍水体、大气、土壤、固体、生物体、噪声、放射性污染的监测技术方法、仪器设备和监测指标;第七章介绍生物监测方法,主要是植物、微生物和水生生物对各类污染的监测;第十章介绍监测数据的处理和质量保证。实验部分共 22 个实验。每章或每个实验后附有复习思考题和参考文献。书末附有有关的数学工具表格和中华人民共和国国家环境标准。(陈岳书)

X000016 **有色冶金环境保护** 昆明工学院陈佛顺主编。冶金工业出版社 1994 年 5 月第二版。20 万字。3.70 元。高等学校有色金属冶金专业教材。第二版的主要内容,除保留了原版所论述的环境科学基本知识外,增加了生态学内容的介绍。进一步论述了有色金属冶金工业与环境保护、维护生态平衡的关系。此外,对中国的环境保护政策及有关规定,以及环境管理作了简要的介绍。(许广兴)

X000017 **青少年环境知识丛书** 环境科学出版社 1994 年 6 月版。200 万字。19 册。99.00 元。环境保护是全球瞩目的重大问题。像中国这样的发展中国家,如何抓好这方面的教育,提高全民的环境保护意识,避免重蹈西方发达国家"先污染,后治理"、困境重重的复辙,确实是一个很重要的课题。正如邓小平同志指出的那样,提高全民族的素质,重要的是抓教育。环境问题也是如此,只有全社会各个阶层都懂得环境知识,了解人类共同面临的威胁,唤醒全民对世界环境问题的危机感和紧迫感,才能人人从我做起,齐心协力,携手合作,认真拯救地球以及这个星球上的居民。青少年是祖国的未来,人类的希望,自然应成为环境保护大军中一支主力军。然而,由于环境保护涉及到许多学科,专业性很强,如何对青少年进行系统的环境教育,一直是一个迫切而又十分重要的课题。这套丛书的编撰原则是:以在校中小学生和社会初中以上文化程度的青少年为主要对象,以环境科学的具体门类分科,通过浅显明了、通俗易懂的语言,比较生动形象的事例,贯穿起中外环境知识的主要内容,引起少年朋友对环境保护工作的重视,形成一套知识性、科学性、趣味性、普及性兼备的少年环境知识丛书。(陈光辉)

X000018 **环境地质学** 闵茂中等著。南京大学出版社 1994 年 6 月版。45.5 万字。介绍环境地质学的基本原理和理论,以及国内外在该领域中的研究现状。全书分 11 章。第一章概论;第二章地下水资源开发利用的地质环境;第三章矿产资源生成和开发的地质环境;第四章土地资源生成和利用的地质环境;第五章海岸地质环境;第六章城市地质环境;第七章人体健康与地质环境;第八章废物处理的地质环境;第九章自然地质灾害及其防治;第十章受人类活动影响的地质灾害及其防治;第十一章地质环境法。(闵茂中等)

X000019 **当代全球问题** 蔡拓著。天津人民出版社 1994 年 6 月版。45 万字。20.00 元。对全球问题研究的由来和历史做了概括的交代,全面地介绍和阐述了南北关系、战争与和平、环境污染与生态失衡、资源枯竭与能源危机、人口爆炸与粮食短缺、海洋利用与宇宙开发、国际人权与民族主义、国际恐怖主义、毒品与艾滋病等全球问题的基本内容,设专章论述了中国的全球问题,包括人口、资源、生态、环境、粮食、生存与发展的双重压力等。作者认为,人类文明的进步开辟了一个崭新的时代,各国日益紧密地互相依存,世界不可遏制的全球化趋势不可逆转,人们必须用一种全球的、整体的眼光分析和处理现代事务,这就要求人们必须树立全球意识;当前生态环境问题成为发展新文明的关键,这就要求人们必须树立生态环境意识;全球化不等于抹杀不同社会制度的差异,也不等于消灭民族界限,这就要求人们改变对抗性思维,树立求同存异共处竞争意识。作者提出,应该用这 3 个现代意识来塑造新文明的建设者,只有这样,才能建设一个持续发展的社会。(盛家林)

X000020 **水文工程地质与环境保护** 晏同珍著。中国地质大学出版社 1994 年 6 月版。15.00 元。系水文工程地质及环境保护领域的科学研究成果。作者集多年科研与实践于一体,反映了该学科与相邻学科互相渗透的现代方法和原理。主要论述了该学科科学方法论,包括类比法则、确定性数学物理模型与非确定性统计模型及其互补模式的研究方法,以及前沿热点研究进展。进而按几个部分展开,分别讨论工程地质作用过程的机理、规律,时空预测原理、预测方法及全球环境变化与环境保护。最后讨论了以研究系统网络工程体系中工程地质作用为目标的地下建筑与铁道工程地质问题。(贾晓青)

X000021 **中国环境保护行动计划(1991—2000年)** 国家环境保护局、国家计划委员会编。中国环境科学出版社 1994 年 6 月版。13 万字。40.00 元。中、英文各 1 册。介绍中国 90 年代环境保护目标和为实现该目标所采取的政策与措施。重点介绍了中国的工业、城市环境、森林、草原、土壤、水及野生动物保护等方面的 2000 年环境目标;实现以上目标所需的政策及措施;各部门的环境问题、重点领域及优先项目(以及实施机构、机构建设、培训与教育计划等);总的资金需求及可能的资金来源;中国优先考虑的环境问题;中国寻求国际合作的环境领域等 6 个方面。(陈菁华)

X000022 **只有地球这个家** 周鸿编著。晨光出版社 1994 年 8 月版。10 万字。10.00 元。以故事形式介绍生态环境、地球和人的知识。内容分为 10 部分:一、我们周围的自然环境。二、我们周围的社会环境。三、地球、生命、人。四、河流、森林—人类文明的摇篮。五、生态学、生态系统。六、趣话生态平衡。七、环境在向人类挑战。八、认识我国的环境国情。九、智能圈时代。十、只有一个地球。(刘卫华)

X000023 **能源与环境** 李君慧主编。东北大学出版社 1994 年 8 月版。33.1 万字。6.52 元。介绍有关环境科学的基础知识,阐述人口、环境与能源的关系。论述能源,特别是化石能源与环境的关系,强调节能对改善环境的作用,并对燃烧等造成的大气污染治理措施进行了系统的阐述,最后叙述了节能与环境的密切关系及工业节能途径。(刘淑芳)

X000024 **劳动安全卫生国家标准技术手册** 王凤江主编。上海科学技术出版社 1994 年 8 月版。145.2 万字。69.00 元。对现有的劳动安全卫生国家标准(下限至 1990 年底止)的主要技术内容进行了归纳和精选。内容有通用安全、电气安全、机械安全、防火防爆、建筑安全、防尘、防毒、劳动防护用品及用具和物理因素危害防护等。(乐守琪)

X000025 **中国环境与发展国际合作委员会文件汇编丛书** 国家环境保护局、国际合作委员会秘书处编。中国环境科学出版社 1994 年 8 月版。每分册 30 万字。每分册 35.00 元。分别收集了 1992 年～1995 年,每年一次中国环境与发展国际合作委员会全体会议的文件和资料。这些资料反映了中国政府及国内外高层人士、专家对中国环境保护工作的认识,提出了在快速发展经济的同时,必须要加强对环境、资源的保护,以实现可持续发展的建议。(刘大溦)

X000026 **环境水质监测质量保证手册** 中国环境监测总站组织编写。化学工业出版社 1994 年 8 月第二版。78.3 万字。27.80 元。以质量保证为中心,介绍水质监测质量保证工作过程的 3 个步骤,即采样、实验室基础和实验室质量保证。书中对各阶段的工作提出了处理方法,规定了质量指标,并大量收集了有关数据资料。第二版与第一版相比仍保留了原结构,主要是加强了水质采样和实验室监测的 QA/QC 技术和程序。(袁珊堂)

X000027 **儿童知识小百科** 副名:儿童安全教育与家长救急行为指南。高惠琦、孟明编。哈尔滨出版社 1994 年 9 月版。20 万字。9.40 元。针对 15 岁以下孩子的安全编写。作者在参考了大量有关儿童意外事故报道后,经过周密地科学分析,指出了儿童安全问题的关键所在。介绍如何警惕、防止和处理各种意外事故。(李效男)

X000028 **中国灾情论** 郑功成著。湖南出版社 1994 年 9 月版。31.7 万字。14.00 元。分 4 篇。第一篇灾害问题总论,详细论述灾害分类、灾害成因、灾害特征、灾害趋势和灾害影响。第二篇自然灾害分论,分别阐述水灾、旱灾、地震灾害、台风灾害、龙卷风灾、冰雹灾害、雷电灾害、风沙灾害、雪灾、冷冻灾害等 20 种自然灾害的成因、特征、影响,并设计了防御灾害和减轻灾害影响的办法。第三篇人为事故灾害分论,分别阐述爆炸灾害、交通事故、工伤事故、医疗事故、假冒伪劣产品灾害、中毒事故、采矿事故等 15 种由于人的原因直接引起的灾害以及虽由自然原因引起但取决于人的行为的事故灾害,提出防灾减灾的办法。第四篇科技风险分论,具体分析了航天事故、核事故、计算机事故等灾害,提出了正视科技风险、研究科技风险、减轻科技风险的思路。(胡如虹)

X000029 **环境生物学** 刘家尧等编著。石油大学出版社 1994 年 9 月版。32 万字。7.90元。着重从生物学角度来探讨环境污染治理、环境保护和监测等问题,内容包括:环境与环境科学、环境生态学、环境污染、环境污染的生态作用、微生物与环境保护、微型生物与环境保护、植物与环境保护、自然保护、环境生物学研究方法、现代生物技术在环境保护中的应用等。(胡登峰)

X000030　**废水处理工艺设计计算**　崔玉川等著。水利电力出版社 1994 年 10 月版。38.1 万字。16.40 元。以例题形式,对废水处理的基本构筑物及设备的主要工艺设计计算进行介绍,编写了城市污水和工业废水的物理处理、生物处理、化学处理及污泥处理和处置的工艺设计计算例题 104 个,其中不少是在实际工程设计计算的基础上整理而成。内容包括:污(废)水的筛滤、沉淀(沉砂)、好氧及厌氧生物处理(活性污泥法、生物膜法、湖塘法),工业废水的均和、调节、除油、离心分离、过滤、中和、混凝、化学沉淀、电解、吹脱、吸附;污泥的输送、浓缩、脱水、干化及最终处置等。对计算过程中所用的公式和图表,采用边计算边引出的方法简要介绍;例题的内容组成一般分"已知条件"和"设计计算";对某些处理设施,还在"设计概述"中就其构造组成、工作原理和设计参数进行简要介绍。本书系《水处理工艺设计计算》的姊妹篇。(刘广峰)

X000031　**国内外环境标志文集**　国家环保局科技司编。中国环境科学出版社 1994 年 10 月版。29.6 万字。13.00 元。从"首届中国国际环境标志学术交流会"众多论文中精选出 22 篇论文,从理论和实践上阐明了环境标志的意义和作用,介绍了中国开展环境标志的现状,反映了国际上环境标志的进展状况。(张维平)

X000032　**农业生物环境工程**　崔引安主编。中国农业出版社 1994 年 10 月版。46.1 万字。11.55 元。论述现代畜禽饲养、温室作物及果蔬贮藏保鲜与环境因素及环境工程间相互作用的基本规律。重点介绍现代农业建筑,如畜禽舍、温室及果蔬贮藏保鲜工程设施的光照、采暖、通风、制冷空调、蒸发降温及废弃物处理等环境调节与控制的基本原理、工程设计方法等。(何致莹)

X000033　**中国环境统计资料汇编(1981—1990)**　国家环境保护局编。中国环境科学出版社 1994 年 11 月版。69 万字。60.00 元。汇编中国 1981—1990 年 10 年环境统计数据,经过反复筛选,反映了中国 80 年代环境污染演化的趋势和环境保护事业的发展。书中辅以统计图形,并附有环境统计主要指标解释和计算方法。(李静华)

X000034　**控制危险废物越境转移及其处置文件和技术准则汇编**　国家环境保护局污染控制司编。中国环境科学出版社 1994 年 11 月版。24.7 万字。11.00 元。详细介绍为加强对危险废物管理,控制危险废物越境转移及其处置而制定的国际公约——《巴塞尔公约》的缔结、内容、实施保障,并重点介绍了某些专项危险废物治理的技术准则,及中国在控制危险废物越境转移及其处置工作方面的成绩。(张于嫣)

X000035　**森林环境持续发展学术讨论会文集**　盛伟彤、徐孝庆主编。中国林业出版社 1994 年 11 月版。50.2 万字。20.00 元。收集论文 59 篇,内容包括:森林环境、持续发展综述;森林生物多样性;养水循环;天然林生态学;人工林生态学;农用林业;生态林业和防护林生态学等 8 个方面。(哈郃尔)

X000036　**安全生产管理学**　黄国栋编著。兵器工业出版社 1994 年 12 月版。79.4 万字。30.00 元。阐明安全生产管理这门新兴交叉学科的特殊研究内核及发展、变化规律。在研究国内外安全生产管理的理论、经验和事故教训的基础上,深刻揭示了生产过程中决定安全或事故的七大基本因素,即人员、机器、能量、物料与成品、环境(时间与空间)、科学与技术、管理。经过归纳,综合提出了加强安全生产管理的原理、原则、对策与方法。(李翠兰)

X000037　**贡嘎山高山生态环境研究**　陈富斌、高生淮著。成都科学技术出版社 1994 年 12 月版。30 万字。34.00 元。贡嘎山站最初是由陈富斌提出建议,在中国科学院成都分院资助下,成都山地灾害与环境研究所于 1987 年立项,组建海螺沟 3000m 气象站开始的。接着,中国科学院给予项目特别支持等费用,成都山地所给予所长基金资助,使建站与相应的研究工作得以完成。这本文集重点反映建站初期的研究成果。汇编于文集内的第一—四篇属项目预研报告与建站规划;第五—十二篇属环境本底研究论文;第十三—十五篇属资源开发与防灾研究报告;第十六篇为已经发表的论著题录。该文集是中国科学院贡嘎山高山生态系统观测试验站成果专辑的首卷。围绕高山山地的生态环境、资源开发与保护问题,汇集了建站总体规划和贡嘎山的第四纪冰川、山地环境演化、山地气候、海洋性冰川区河流水文、自然景观生态、峨嵋冷杉天然林的生长模型、冰雪融水与雨水泥石流、海螺沟旅游资源评价等以及反映该山地自然生态与冰川景观特征彩照 25 幅。书中还汇编了中科院 5 位学部委员评审《泸定县海螺沟旅游资源考察评价报告》的书面意见。(赖晓霞)

X000038 **冀京津区自然灾害及其防治** 王景明主编。地震出版社 1994 年 12 月版。56 万字。20.00元。在“河北省地质灾害及其对策研究”成果报告的基础上主要论述岩石圈自然灾害，并增加水圈的自然灾害与对策内容编纂而成的。书中介绍了冀京津与渤海湾区的自然灾害和人为自然灾害的古今状况，未来趋势和防治对策。其内容涉及该区岩石圈和水圈灾害的多个方面，诸如地震灾害、地裂缝危害、岩溶地质灾害、矿井灾害、山地灾害、土地资源退化问题、旱涝洪灾、海洋灾害以及灾害的人为社会科学等问题。（张慧平）

X000039 **超载的环境** 副名：困境与抉择。姜凤兰等编著。吉林大学出版社 1994 年 12 月版。19.1 万字。12.80 元。介绍中国环境污染和生态破坏的现状及发展趋势。指出了防治环境污染、改善生态环境质量、合理利用各种资源、控制人口增长已成为中国社会经济发展的当务之急。并提出了加速中国经济发展，解决环境问题的具体方针政策。（李卓彦）

X000040 **持续发展与环境教育** 蔡亚娜等编著。新世纪出版社 1994 年 12 月版。4 万字。3.50 元。阐明持续发展产生的背景，持续发展的概念、特征以及怎样才能实现持续发展，中国的持续发展道路，持续发展与环境教育等方面问题。本书论文是 3 个国际学术会议：“21 世纪国际环境教育研讨会”、“亚太地区环境保护国际研讨会”和“中英环境意识研讨会”的会议正式资料。（吴真）

X000041 **中国环境保护行政 20 年** 张坤民主编。中国环境科学出版社 1994 年 12 月版。65.7万字。48.00 元。对中国环境保护行政的孕育、起步和发展进行了全面、系统的回顾和总结，客观地记录了中国环境保护事业发展的历史足迹，记载了国家对环境保护所作的一些重大政策，记述了各个阶段环境保护的重大事件和主要活动。全书由总论和分论两大部分组成。总论包括前 5 章，对中国环境保护行政进行了回首和展望。分论包括后 16 章，分别对中国环境保护行政所涉及的各个领域的发展历程、重大事件和主要进展进行了较详细的论述。（张维平）

X000042 **农业环境学** 买永彬等著。中国农业出版社 1994 年 12 月版。79.1 万字。41.25 元。是对中国 20 多年来进行农业环境研究、监测和管理的经验的总结。内容有 10 章，包括：农业环境学导论；环境土壤学；农用水资源污染与保护；农田大气污染与防治；农药污染与控制对策；生态农业原理与实践；固体废气物的农业利用；畜禽饲养与农业环境；农业环境监测与管理和生物多样性保护。（刘存）

X000043 **中国农业环境保护技术政策** 《中国农业环境保护技术政策》编写组编。中国农业出版社 1994 年 12 月版。27.8 万字。30.00 元。主要内容包括：防治乡镇企业污染的技术政策、农业废弃物污染治理及综合利用的技术政策、城市及工业废弃物的农业利用及污染防治技术政策、农业化学物质污染防治的技术政策、自然资源和农业生态环境保护的技术政策、农业环境保护相关技术政策以及技术政策的要点说明和技术政策的背景材料。（何致莹）

Z 综合性图书

Z000001 **中国名著大辞典** 中外名人研究中心编。黄山书社 1994 年版。211 万字。98.00 元。收录的名著上起先秦，下迄当代。计收中国学术名著近万种。举凡在思想学术、宗教哲学、科学技术、语言文字等各领域中有独到见解，自成一家之言者，均酌情收录。通俗类读物及纯技术类读物一般不收，但对中国社会发生重大影响者例外。除收录中国学者（包括台湾、香港和澳门）的著作外，对海外华裔学者及外国学者研究中国历史及文化的著作也酌情收录。释文的范围和程序，一般包括：A. 著者或编者；B. 卷数、版本及主要校勘修订情况；如系孤本或珍本，尽可能标明所藏处；C. 基本内容。辞典的结构及其顺序为：前言、凡例、目录（以笔画为序编排）、正文。（赵国华）

Z000002 **采西学议** 副名：冯桂芬、马建忠集。冯桂芬、马建忠著，郑大华点校。辽宁人民出版社 1994 年版。15 万字。8.20 元。分两篇。上篇收录冯桂芬的代表作《校邠庐抗议》。内容涉及政治、经济、军事、文化各个方面，对诸如选拔官吏、办理外交、保甲团练、财政金融、土地赋税、盐政水利、对外贸易、改革科举、采用西学、发展工农业生产等问题,提出己见和建议。最能反映他的思想特色,具有启蒙意义的是“采西学议”,提出向西方学习的主张。此时,他已认识到资本主义在政治、经济、军事、文化各个方面都比中国封建制度先进,并找出具体差距。同时提出改革措施。但冯桂芬也有他的历史和阶级的局限性。所谓“以中国之伦常名教为原本,辅以诸国富强之本”,这是贯穿于《校邠庐抗议》的思想核心。下篇收录马建忠的《适可斋记言》,分四卷及自记。他在其《铁道论》、《借债以开铁道说》、《巴黎致支人书》等文章中,阐述关于保护中国关税,借债修筑铁路,“用洋人之本,谋华民之生”,以及培养外交人材等主张。在《富民说》里开宗明义写道:“治国以富强为本,而求强以致富为先”。《适可斋记言》是马建忠一生中所发的议论,提出的建议的大集合,在中国近代史上影响较大。收入“中国启蒙思想文库”。(陈淑艳)

Z000003 **砭旧危言** 副名:唐才常、宋恕集。唐才常、宋恕著,郑大华等选注。辽宁人民出版社1994年版。19.2万字。10.60元。分两篇:上篇为唐才常启蒙思想文选,共收文章29篇。代表作有:《古之学者为己今学者为人说》、《历代高政与欧洲各国同异考》、《孟子言之宝为当今治国要务说》,《辨惑》,《时文流毒中国论》,《砭旧危言》等。唐才常在短暂的一生中积极从事维新变法运动,发表大量文章鼓吹维新变法,宣传资产阶级民主民权学说,企图“以文字改良主义”启蒙民众。他对统治中国两千余年的封建制度进行猛烈的抨击。揭露政变后“至愚极悍”的满清政府的种种倒行逆施。他的言论,在万马齐喑的年代,犹如投枪匕首,给清王朝以沉重的打击。下篇为宋恕启蒙思想文选,共收文章10篇。主要有《书张经甫〈救世刍言〉后》,《上李鸿章书》,《六字课斋卑议》、《六字课斋津谈》,《代陈侍御清广学校摺》等。在文章中系统阐述维新变法主张、抨击旧文化,揭露秦汉礼法和程朱理学的反动本质,进而论证维新变法之必要性和合理性。在经济方面,提出振农,振工和振商的主张;在伦理道德方面,反对重男轻女和包办婚姻;在文化教育方面,主张广兴学校,创办报馆,尽废旧取士之法,专行新取士之法。还反对清王朝和历代统治者对少数民族的高压政策。收入“中国启蒙思想文库”。(陈淑艳)

Z000004 **筹洋刍议** 副名:薛福成集。薛福成著,徐素华选注。辽宁人民出版社1994年版。11万字。6.10元。从薛福成著作中挑选出有代表性的12篇文章结集而成,集中反映薛福成思想变化发展的内容和特点。这些文章,在一定范围和程度上反映了1865年至1892年这20多年间世界各国发展的大势和中国社会发展的客观要求。书中《上曾侯相书》,《应诏陈言疏》是薛福成前期思想的代表作,其思想倾向是:维护当时现有各项制度的前提下,通过适当的改良来增强国力,使国家富强起来。从这点出发,提出许多具体的改良主张。《筹洋刍议》,《出使日记》及其续《振百工说》,《论工司不举之损》等,则是他后期思想的代表作。这个阶段,他的思想在与时俱进,君民共主,变法图强,大力发展民族工商业逐渐成为他的思想主流。具体表现在以下几方面:一、第一次提出“变法”口号,得出不变法我将处处不如人的结论;二、赞赏军民共主的政治制度;三、从多方面学习西方国家,而不仅仅是船坚炮利;四、商握四民之纲,必须大力振兴商务;五、工为商之基,工居商之先,振兴百工为兴邦立国之要端。收入“中国启蒙思想文库”。(陈淑艳)

Z000005 **盛世危言** 郑观应著,陈志良选注。辽宁人民出版社1994年版。14.8万字。9.70元。从经郑观应本人审定加序的3种版本中精选出64篇,包括《盛世危言》自序,增订新编后序,道器、学校、西学、女教、考试、藏书、议院、公举、原君、自强论、吏治、公法、典礼、游历、通使、传教、交涉、条约、入籍、书吏、阉宦、廉俸、限仕、汰冗、革弊、建都、教养、刑法、狱囚、罚赎、巡捕、医道、善举、僧道、税则、厘捐、停漕、度支、国债、商战、商务以及头品顶戴江苏布政司布政使臣邓华熙跪奏等。反映以下几种思想:一、富强救国论,其实质是实业救国,他认为要富国先要富民,富民是富国之本;二、“重商论”和“商战重于兵战论”,这是郑观应“重商论”中的重要思想;三、设议院实现政治体制改革,他力主中国应实现“君民共主制”,在对洋务派的“中体西用”观点,郑认为,不仅在于“用”,而且“体”也必须予以改革;四、提倡习西学仿效西人之法,他主张把“西学”引入选拔人才的考试内容,效仿西人之法办企业等,五、改革学校科举制不拘一格培养人才。收入“中国启蒙思想文库”。(陈淑艳)

Z000006 **陈元赟集** 明·陈元赟著,衷尔钜辑注。辽宁人民出版社1994年版。36万字。16.50元。详细地介绍了陈元赟的生平业绩,并收入他的作品:《元元唱和集》、《升庵诗话》、《卡门国志》、《老子经通考》以及他的杂诗杂文。书后附录陈元赟年谱简编。(王峰)

Z000007 **弢园文录外编** 王韬著。辽宁人民出版社 1994 年版。26.6 万字。14.70 元。分 12 卷，前 7 卷系王韬专评时政的论文，后 5 卷多为“序”、“跋”、“纪”、“传”，只选择了与王韬的生平和思想关系最为密切的部分篇章。这是王韬自编的文集，“其中多言洋务”，大部分是他旅居香港时所写的宣传变法自强的论文，比较集中和系统地反映他的政治态度和政治思想。王韬所要求的社会变革是深刻的和多方面的。在政治制度上，他批判腐朽的封建君主专制制度，在中国近代史上第一次明确提出了君主立宪制的政治主张；在社会经济方面，他批评“重农轻商”的传统思想，在不轻视农业生产的前提下，积极主张发展资本主义工商业；在军事方面，他不满足于洋务派狭隘的“船坚炮利”论，而主张造械制器与练兵方法的全面革新；在文化教育方面，他坚决主张废除愚昧落后的科举取士制度；而代之以经世致用的器艺实学；在外交方面，他强调，在对外交往上不能一味地委曲求全，而要不卑不亢，坚持原则等。收入“中国启蒙思想文库”。（陈淑艳）

Z000008　**使西纪行**　副名：郭嵩焘集。郭嵩焘著，陆玉林选注。辽宁人民出版社 1994 年版。10.3 万字。5.70 元。收录郭嵩焘《使西纪行》附录：上海至伦敦日记，附录：《泰晤士报》论郭嵩焘离任及《言论选辑》16 篇。《使西纪行》是郭嵩焘从上海到伦敦 50 天的日记，经由他自己整理后而成。他据其所见所闻，而申言西洋也有两千年的文明。书中指出，并不是中国政教优于西洋，而是西洋政教优于中国；只有民主之国才能强盛；拒夷狄于国门之外，让天朝和夷狄完全隔绝是靠不住也不可能的，因此不但要敞开大门，而且要学习其立国之本，强兵之术，尚学求艺之方；西洋人才辈出，实赖教育；西洋以基督教为核心的伦理观念虽然不足为师道，但较之中国还要好一些。他的这些“西洋富国强盛的根本在于朝廷政教，而因人民与国家同其利病，故国运长久”的言论，打破了当时所谓天朝帝国尽善尽美之谈，更让愚昧的士大夫所切齿，终使《使西纪行》难逃毁版之厄，他本人也因之被查办销差。《言论选集》，也基本上反映了上述思想。他在具有代表性的《条仪海防事宜》中，一再强调；国家富强根本在于政治，经济体制，而办理洋务，杜绝洋患也应从这一根本入手，单是从用兵制器着眼，是举其末而忘其本。他希望中国能以西洋为鉴而改变积贫积弱，任人宰割的局面。收入“中国启蒙思想文库”。（陈淑艳）

Z000009　**新政真诠**　副名：何启、胡礼垣集。何启、胡礼垣著，郑大华点校。辽宁人民出版社 1994 年版。32 万字。17.60 元。由初编：《曾论书后》，二编：《新政论仪》，三编：《新政始基》，四编：新政变通，五编：《劝学篇书后》，六编：新政变通以及“前总序”，“后总序”9 篇文章组成。《曾论书后》写于 1887 年夏，就中国弊政大端以及亟宜改革事项等问题向曾纪泽的《中国先睡后醒论》提出质疑。《新政论议》写于 1894 年冬，阐述变革主张。《新政始基》作于 1898 年春，阐发变法理论及其主张。《康说书后》写于 1898 年春，对康有为“中国之不能保民、养民、教民，以其所为与吾经义不含之故”的说法提出批评。《新征安行》刊行于戊戍变法后不到三个月，该文对“中体西用”论作进一步的理论批评。《劝学篇书后》刊于 1899 年春。分为内 9 篇，外 15 篇，其宗旨，在于反对维新派提出的“兴民权”，“设议院”实行君主立宪的主张，重弹洋务派的“中学为体，西学为用”的老调。《政变通议》一文对汉字宋学予以了严厉批判。《新政真诠》是一部很有思想性的理论著作，在中国近代资产阶级维新思想和启蒙思想史上占有重要位置。收入“中国启蒙思想文库”。（陈淑艳）

Z000010　**出国要览**　山东省外事办公室编。山东友谊出版社 1994 年版。12 万字。6.00 元。全面、详细地介绍出国人员应该掌握的各项法律、法规、知识、常识，以及主要国家的风俗人情、礼仪习惯等。书后附有国际航班时刻表、我国驻各国领事馆的联系地址、电话等。（姚文瑞）

Z000011　**钱伟长学术论著自选集**　钱伟长著。首都师范大学出版社 1994 年版。43 万字。24.00 元。由作者自选、自序、自传。系统而概括地反映了作者 57 年间（1935～1993 年）从事教学、科研工作和活动的成绩和贡献。文选内容重点集中在解放后的时期。包括关于科学技术和四个现代化，关于力学和应用数学，关于教学、教育和科研问题，关于汉字研究问题，关于系统工程、地区规划和地方经济建设问题的论文 31 篇；以及科学论文自介两篇。书后附有详尽的主要著作目录。作者还专为本书撰写了 5 万字的自传：“八十自述”，弥为珍贵。（张国栋）

Z000012　**炎黄文化精品丛书**　郭预衡、冀勤主编。学苑出版社 1994 年版。170 万字。10 册。55.00 元。含《诗歌精品》（徐俊、曲江）、《雅词精品》（刘石、刘翠）、《俗曲精品》（冀勤）、《美文精品》（顾青、张连成）、《小说精品》（张力伟、冯瑞生）、《妙语精品》（赵伯陶）、《艺事精品》（王学太、郭英德）、《权谋精品》（孙道海、赵伯陶）、《幽默精品》（王振华、王屹宇）、《科技精品》（王屹宇、王振华）10 种。内容基本上囊括了我国古代文化从先秦到清末上述10种学科的精华。其诗词曲3种韵文分册,由入选原作、注释、评赏3个部分组成,后附作者小传;其他7个散文分册,由入选原作、译文、评点3个部分组成。选目严谨,均标有原作出处,比较注意思想内容的代表性与艺术形式的多样性的统一;注译精当,行文明白易懂;评析无固定套路,忌面面俱到,多是言简意赅的一得之见。各册均按其学科内容概括分类,标名立目,以原作时代先后顺序排列。(一兵)

Z000013 **中国文化的基本文献** 陈丕显、张友渔主编。湖北人民出版社1994年1月版。400万字。198.00元。分5卷从哲学、政治、历史、文学、科技5个方面,全面反映至1949年为止的中华五千年文明的基本遗产的面貌。这套书精心构建了一个中国文化的宏大的整体框架,在各卷之内又充分展现了该文化门类的内部结构,大小两个框架有机地提供了一个认识中国文化基本特征的高水平的逻辑审视点,从而科学地反映了中国文化的总体面貌,合理地囊括了各个学科的基本资料,而搭建起这样一个框架是充满理论学术难度的。采取选编、题解、注释三者连环的严肃的编纂形式,将中华文化的有思想性、代表性和重要性的最基本原典文献,分门别类,以每卷80万字的较大篇幅,整体推出,做到谨严、庄重而又通俗,形成学术性、资料性、普及性三结合的鲜明特色。(邓宁辛)

Z000014 **中华古文献大辞典·文学卷** 史实著。吉林文史出版社1994年1月版。200万字。50.00元。收辞上起殷周下至辛亥革命之中国古代文学,包括与文学有关,文史交叉的部分文献,均在选收范围,那些思想内容、艺术价值皆佳,在历史上发挥过重要作用的经典著作自当首选,同时还收录了受阶级、历史局限较大的著作,作为批判、比较的资料,还广泛参照前人编目成果及古籍著录要籍,去伪存真、综合归纳,收辞比《四库全书总目提要》多出一倍以上,全书分总集、诗经、楚辞、文集、诗集、小说、传奇、笔记、戏曲、弹词、民歌、诗文评注、文论、诗论、词论、曲论、工具书等近30类,著录门类齐全。辞目分作者介绍、著作缘起、成书时间、全书内容、文献价值、版本流传及参考文献等。(林革华)

Z000015 **白话十三经** 关永礼等译。济南出版社1994年1月版。240万字。110.00元。对《周易》、《尚书》、《诗经》、《周礼》、《仪礼》、《礼记》、《左传》、《春秋公羊传》、《春秋谷梁传》、《论语》、《孝经》、《尔雅》、《孟子》等经书的注疏加以甄别选择,择善而从,并译成标准的现代语体文。以文白对照的形式,主要采用直译,间采意译。不出注。(孙凤文)

Z000016 **中国小百科全书** 于光远主编。团结出版社1994年1月版。2236万字。8册。660.00元。普及型的综合性工具书,分8卷:一、物质·宇宙·地球;二、地球上的生命;三、人类历史;四、人类社会;五、技术科学;六、文学与艺术;七、思想与学术;八、图表、附录与索引。内附插图400幅和大型图表60幅,其中15幅为国内外大型工具书所未见。本书具有自己的特点:一、它的总体设计、框架安排采用国际上最新的人类知识圈的分类体系,以人为本,以理论为中心,以具体知识循环往复为特征。二、信息量大。是当时我国收取条目最多,涉及学科最广的小百科性辞书之一,收条截至1993年底,近10万条目,囊括了自然界和人类社会100多个学科和知识领域。三、编写客观。对中外人物、事件的释文坚持摒除政治和情感色彩左右的弊端;对世界各地区、民族、国家,不论其大小和政治制度如何,均适当介绍;对有争论的问题,则反映各家之说。四、突出中国特点。在广收博取的基础上,注重对中国历史文化、科学技术成就及各方面情况的介绍,有关中国的知识和内容相对其他各国百科全书要多。五、使用方便。索引系统除设立知识分类目录和一般工具书固有的音序索引外,还设置了内容索引,包括隐含主题、隐含条目、参见系统。

Z000017 **泉贤著作述评** 傅金星著。鹭江出版社1994年1月版。13.8万字。6.00元。"泉州历史文化丛书"之一。以"其为人也,刚正不阿,扬善嫉恶,高风卓识;其为文也,气骨雄健,关键紧严,波澜浩荡,切当世务"的"泉州风骨"为主干,从泉州自唐至清名贤的著作2 400多部中,酌酌取舍,选其要籍,分:琅嬛骋目、泉州风骨、文章开气运、致用经邦、禅道争辉、海国交流、易学风靡、离经叛道、铁笔春秋、九畹争芳、朴学始倡、河洛余韵、古代雕版辑轶凡十三章,加以归类述评。书中提到的书目约300多部,专篇评述的约50多部;所有述评,既有采用前人研究成果,亦有作者独抒己见;较系统全面描述了泉州名贤自唐至清各时代各类别主要著作的概貌。(裴慎勤)

Z000018 **古今中外的阴差阳错** 曹殿举等编著。大连出版社1994年2月版。29.3万字。6.80元。集古今中外的各种差误成大全,编成500余个故事,以正历史之误。内容包括词语中的阴差阳错、服饰、姓名与婚育、诗词与美术、医药与生理、饮食、小说与万言”作品中选出 48 篇而成，分为上、下两编。上编收专论 10 种，其中《宋代吉金书籍评述》及《清代吉金书籍评述》对宋、清两代有关铜器铭文的著作做了全面系统的论述和评价，是我国金石学的权威性总结。《周金文中所见代名词释例》比较金文代名词与典籍用法的异同，为利用古文字资料研究上古汉语开一创例。《鸟书考》与《飞白考》分别考述我国史书上两种特殊而罕见的书体，是列国金文和书法研究中别具一格的佳作。下编收作者为自己及他人著作所写的序跋多篇，保存着不少难得的背景资料，弥足珍贵。(成其圣)

Z000035 **秘书集成** 《秘书集成》编委会编。团结出版社 1994 年 6 月版。25 册。3 500.00 元。大型古籍类书。全部采用古籍原本影印，分为教法、占筮、养生、技击、医术 5 类，凡 122 种，每种均附版本与内容说明。其中教法类 32 种，占筮类 32 种，养生类 4 种，技击类 10 种，医术类 44 种。所有版本均为建国后首次出版。(郭强)

Z000036 **太平御览** 宋·李昉等纂修，夏剑清等校点。河北教育出版社 1994 年 7 月版。630 万字。8 册。280.00 元。1 000 卷。分 50 部，每部又分类，共 4 558 类，按时代先后摘引的古书约 1 690 种。内容分为天文、地理、方志、居处、职官、军事、伦理、民俗等中国文化的各个方面，是囊括宋以前中国文化遗产的“百科全书”。以《四部丛刊三编》张元济本为底本，校以鲍本，《四库全书》钞本以及相关典籍，重新校勘、标点，用简体字横排出版。(王鸿雁)

Z000037 **中华小百科全书** 中华小百科全书编辑委员会编。四川辞书出版社、四川教育出版社 1994 年 7 月版。1 083 万字。20 册。499.00 元。中型综合性百科全书。按学科分卷，计有语言学卷、文学卷、艺术卷、史学卷、哲学卷、经济学卷、政治学卷、法学卷、管理学卷、教育学卷、数学卷、物理学卷、化学卷、生物学卷、计算机卷、工学卷、农学卷、医学卷、天文地理学卷和军事卷，各卷在统一规划下，按学科的体系、层次以条目的形式编写。条目的选择注重与工业、农业、科学技术和国防现代化建设结合紧密的新学科、新体系、新流派和新事物，所选条目力求既反映人类文化的共同成就，又注重体现中国特色和中国风格。对书中所涵盖的各学科的基本理论、基本知识和基本技能及其近年来的新发展进行了系统而扼要的介绍。(杨斌)

Z000038 **中国高等学校学报大全** 国家教育委员会条件装备司编。高等教育出版社 1994 年 8 月

版。10
学校及
包括各
党校系
院校学
院校学
校学报
映，包括
部门、出
期、开本
号、国外
码、电话
(尹洪)

Z00
卷) 陈
165 万字
收录 197
科学译著
排。马克
学、宗教
585 种；军
育、体育 5
术 221 种
容：1. 基本
日期、页数
历、职称、
本依据、内

Z0000
江西人民出
元。江西出
年间江西境
图书的角度
和图书出版
153 卷、《容
图书目录。
学。(张德

Z00004
江西人民出
江西出版史
在江西境内
发展的角度
许多史料弥
期国统区出
按创刊的时

戏剧、历史与宗教等 13 类。其中有“无毒不丈夫”是误了字，应为“无度不丈夫”；还有如“千金”最初并非指未婚女子，“小姐”的称呼原非美称，新中国邮票上的阴差阳错；又如“欲穷千里目，更上一层楼”的作者原不是王之涣，是《文苑英华》的编者失责，误丢了原作者朱斌；孙中山的遗体并不在台湾等。(俞慈韵)

Z000019 **启明星丛书** 黄飞等编。沈阳出版社 1994 年 2 月版。48 万字。13.80 元(全套)。分 6 册：《放眼天地之间》，由 68 个短文组成，记述了少年读者渴求探知其奥秘的大量天文、地理知识和见闻。《漫步生命王国》由 76 个短文组成，记述了动物世界、植物王国中种种生动趣闻和知识。《叩开创造之门》由 72 个短文组成，记述了众多在人类进步过程中具有重大作用的科技发明与创造的故事。《踏上艺术之旅》由 92 个短篇组成，介绍了世界和中国在雕塑、美术、音乐、舞蹈、电影等方面最精美的艺术作品及优秀艺术家。《泛舟文学长河》由 72 个短文组成，介绍了古今中外著名的文学作品和文学家。《讲述昨天故事》由 94 篇短文组成，记述了几千年来发生在世界和中国的最有影响的历史事件和代表人物。(李玫玫)

Z000020 **少儿熟读丛书** 上海辞书出版社编。上海辞书出版社 1994 年 2 月至 1994 年 4 月版。108.4 万字。84.00 元。共有 5 册：《熟读古文一百篇》(21.7 万字)，有谈培养品德修养、保持民族气节、胸怀大志、勤奋读书、尊敬长辈、珍惜友情等方面的文章，编者为原文作了文意串讲、熟读指点等。《熟读古诗二百首》(24.9 万字)，选收《诗经》、《古诗十九首》、《汉乐府诗》、《北朝民歌》等诗集中的佳作及古代著名诗人名篇，有诗意串讲、背诵指导等。《熟读名言三百句》(24.8 万字)，每句名言警句均交代出处、背景和可以生发开去理解或引用的指点。《熟读国史五千年》(18.8 万字)，以诗歌引出中国历史上 197 件大事，通俗的叙述兼有讲故事的口味，便于熟记。《熟读江山万里图》(18.2 万字)，用 45 首诗歌介绍了祖国 343 个城市、江河、山脉、名胜和交通运输、物产资源等地理常识。(陆福庆)

Z000021 **中国老年百科全书** 北京师范大学交叉学科研究会编。宁夏人民出版社 1994 年 3 月版。385 万字。180.00 元。分 4 卷，其中《保健、医疗、强身卷》、《生理、心理、长寿卷》，从身体健康、抗病治疾、预防保健、增强体质的角度，阐述了老年人的生理心理特征、心理与生理健康的相互制约与影响、心理、生理功能的老化等基础理论知识；老年病理学及相应的中医中药学知识，老年常见病的诊断和治疗、护理和保养；老年人适宜的体育锻炼项目、方法原则及注意事项；中国古代养生术、气功导引武术等方法。《家庭生活社交卷》、《文化教育修养卷》，从增长退休后的社会适应能力、老有所乐、老有所为的角度，介绍了老年人的权利义务、社会保险、应知的法律法规等知识；讲述了如何适应角色的转变，安排好退休生活，如何进行自我精神调解能力、搞好家庭关系、保持愉快的心态。还阐述了各种文学艺术门类的欣赏方法，学书法学绘画培养养花养鸟兴趣及饲养方法等。(袁风彩)

Z000022 **中国古代书目词典** 卢正言、姜方昆主编。广西教育出版社 1994 年 4 月版。70 万字。介绍我国自西汉至晚清时期各种类型书目 2 686 种，包括少量已佚书目；现存书目含各种稿本、抄本、单刊本、附刊本、影印本、重排本，还选收目录学名词 286 条，历代目录学家 125 人及目录学著作；简略介绍书目作者生平事迹，注重指明书目体例、编纂特点、书目用途及参考使用价值；按书目类型分为综合目录，类书目录，书目研究论著，史志书目、地方文献书目、公私收藏书目、著述目录、特编书目、专科专题书目、研究书目、报刊目录、外国编藏汉籍书目；类型书目之下依目分类，再分书目，如综合书目中又分历代古籍总目、宫廷书目、书目丛书、丛书目录等，同时收录目录学名词、目录学家，书后所附书目之四角号码索引和笔画笔顺索引，均含书目之异名。(郑妙昌)

Z000023 **陶渊明全译** 晋·陶潜著，郭维森、包景诚译注。贵州人民出版社 1994 年 4 月版。30 万字。9.50 元。白话文全译本。以李公焕笺注本，四部丛刊所收，宋刊巾箱本为底本。搜集了陶渊明的诗、赋、记传、祭文，有反映他的理想社会的《桃花源记并诗》、体现他朴、真、淡、旷风格的《归园田居五首》、《庚戌岁九月中于西田获早稻》、《丙辰岁八月中于下潠田舍获》、《移居二首》。另有疏祭文 4 篇，其中《自祭文》是他人生观和生死观的集中表现。收入“中国历代名著全译丛书”。(彭建)

Z000024 **两汉经学与政治** 汤志钧等撰。上海古籍出版社 1994 年 4 月版。22 万字。13.20 元。研究西汉经学的学术著作。以西汉王朝初创、强盛、衰亡的政治背景为依托，以“黄老之治和儒家独尊”、“董仲舒和尊儒崇经”、“经学的传授及其特点”、“儒经博士的递嬗及其选拔”、“从盐铁到论石渠”、“西汉礼制建设之一——庙议”、“西汉末年的经学与政治——刘向、刘歆父子”、“西汉的终结和今古文学的

消替”诸章为具体论述内容，深入地剖析研讨西汉经学的发展脉络和走向。(江建忠)

Z000025 **中华文化典籍指要** 朱林宝主编。山东人民出版社 1994 年 5 月版。150 万字。48.00 元。筛选了上自先秦、下至晚清的古籍中最有代表性的图书计 1 024 部，包括历史、语言、文学、哲学、科学技术 5 个方面。每部分再分若干类，各类书籍按成书年代顺序排列。以典籍为条目，每条一般介绍作者、成书年代、典籍主要内容，并考察了各种版本优劣，今注今译本以及珍本收藏情况，汇选历代名家对这些著作的学术评价，以及某一著作在社会历史发展中产生的重大影响。在介绍每一典籍时，评价占了相当大的篇幅，并从不同角度客观地汇选历代名人各不相同的认识和分析，也有些评价是作者阐述个人多年研读的见解。(尹铭)

Z000026 **中华元典精神** 冯天瑜著。上海人民出版社 1994 年 5 月版。42 万字。19.65 元(平)；25.60 元(精)。阐述中华文化的学术专著。首先介绍部分域外元典和中华元典，分析元典竞相涌现的“轴心时代”的历史特征，阐述中华元典的创制过程。随后，花大量的笔墨，对中华元典的“天人之辨”、发展观、政治论、君子之辨作详尽而生动的阐释，对中华元典精神的近代转换和对现世的启示作了有益的探讨。(华雄宏)

Z000027 **傅振伦文录类选** 傅振伦选编。学苑出版社 1994 年 5 月版。72.7 万字。40.00 元。收有作者自选的 139 篇文章，内容包括史学和方志学研究、志品、文献研究、民谚研究、游记、人物论述、文物和考古研究、古代科学技艺研究、博物馆学、谱牒、杂俎，以及作者已刊书目和书稿、教材目录。(孟白)

Z000028 **阶梯新世纪百科全书** [英]安·克拉默主编。中国友谊出版公司 1994 年 5 月版。80 万字。350.00 元。以少年儿童为主要读者对象的百科全书。正文部分有 450 个主条和 1 500 个附条，内容涵括动物、植物、天文、地理、气象、数学、物理、化学、医学、航空航天、工程技术、政治、军事、社会、文学艺术、体育、历史、宗教、民族等各个方面的知识。配有 3 500 多幅彩色插图，包括实物剖面图、历史事件重现图、彩色照片，说明性图表及地图。“知识宝库”部分涵括有历史比较年表、地理统计数据、世界人口图表、动、植物分类以及行星，太空探索的重要图表。为英国 Dorling Kindersley Limited 1994 版 Children's Illustrated Encyclopedia(儿童图解百科全书)之中文版。编译对原书中涉及中国和意识形态方面的内

(张德意)

Z000042 **农村年书(1995 年)** 《农村年书》编辑组编。人民出版社 1994 年 8 月版。25 万字。4.10 元。自该套书 1990 年恢复出版后的第六本。分历书、今日农村、致富之道、青年之家、法制园地、科普天地、文化之窗、卫生顾问、生活百科 9 大栏目。各栏目内容以版块形式推出。(李春林)

Z000043 **农村少年文库** 贾鸿鸣、宋玉岫等主编。希望出版社 1994 年 8 月版。600 万字。100 册。164.00 元。专为广大农村少年儿童编辑的一套丛书，共 100 种。分品德篇、文艺篇、教育篇、知识篇 4 大类。品德篇包括《做人格言》、《处世之道》、《名人家书》、《烈士诗抄》、《从泥土里走出来的革命领袖》、《从泥土里走出来的科学家》等 20 种；文艺篇包括《古诗精华》、《新诗精华》、《散文精华》、《笑话精华》、《谜语精华》、《中国童话精华》、《外国童话精华》、《中外名曲欣赏》等 20 种；教育篇包括《汉字知识趣谈》、《语法常识》、《学点修辞》、《怎样修改病句》、《作文病例分析》、《农村常用应用文》、《怎样写好钢笔字》、《怎样写好毛笔字》等 30 种；知识篇包括《农谚集锦》、《益虫知识》、《害虫知识》、《少年心理》、《少年生理》、《小农艺师》、《小园艺师》、《小畜牧师》、《小农机师》等 30 种。(任天祥)

Z000044 **简明日本百科全书** 《简明日本百科全书》编委会编。中国社会科学出版社 1994 年 8 月版。159 万字。128.00 元。《简明国际百科全书》的第一卷。内容包括 16 编：国土与人民，历史，社会政治结构和法律制度，经济，对外贸易与对外经济合作，人民生活与社会保障，防卫力量，教育，科学技术，哲学社会科学(人文・社会科学)，医疗卫生，体育，文学、电影与传统文化，广播、电视、新闻与出版，宗教信仰与民间习俗，外交政策与对外关系，以及附录；还有彩图、黑白图 450 余幅和大量图表资料。(曹宏举)

Z000045 **白虎通疏证** 清・陈立、吴则虞点校。中华书局 1994 年 8 月版。46.2 万字。2 册。30.00 元。《白虎通》，又称《白虎通义》、《白虎通德论》，东汉班固等撰集，是汉章帝在白虎观集儒讲论五经异同、统一今文经义的重要著作，详细记述了古代社会政治制度、经济生活和伦理道德等方面的内容。清代陈立对之逐篇作详细校释，尤其是在疏通文字、版本校勘、朔源释例等方面下了不少功夫，并注意吸收前人研究成果。书中还收入 8 篇有参考价值的资料作为附录。(陈雅)

Z000046 **张居正集(全四册)** 张舜徽主编，吴量恺副主编。湖北人民出版社 1994 年 9 月版。260 万字。198.00 元。分为奏疏，书牍，文，诗、女诫直解及附录四个分册。著名历史学家张舜徽为该书作序。奏疏册中收集了张居正的重要著述，集中反映了他的改革思想、改革主张和改革举措，是研究张居正以及明代隆庆、万历年间社会的重要文献资料。以清光绪田(桢)刻本为底本，同时参考了明刻本、邓(江陵邓氏)刻本、陶(澍)刻本与其他有关史书、经书、文集、方志等大量资料，以及近世、当代的研究成果，作了一些整理与删定工作，校勘精审，每篇大都写有扼要的题解，注文畅达。同以前各种版本相比较，变化较为显著：1. 全书大部分论著的写作时间与背景大体上弄清。2. 订正了许多姓名、字号以及担任官职中的错误。3. 查清了底本中有的人名音同而字不同究竟是否为一人等以前未搞清楚的问题。4. 对涉及到的典章制度、典故、征引的文字和难词僻句作了概要注释和说明。5. 订正了一些文字上的讹误。此外，附录中增收了《明史・张居正传》等文章。(李燕芝)

Z000047 **近三百年古籍目录举要** 严佐之编。华东师范大学出版社 1994 年 9 月版。20 万字。8.10 元。以近三百年来私家藏书目录为研究对象，取私家目录之各类代表作，融考据与义理为一体，既对翔实的史料予以辨析，又作严谨考订。(刘凌)

Z000048 **新编魏征集** 吕效祖编。三秦出版社 1994 年 9 月版。116 万字。58.00 元。将公认出自唐代政治家魏征之手的有关论著以及散见于其他文献中的魏征言论，还有魏征主编的资政名典《群书治要》等全部汇为一编，包括 7 个部分：1.“魏征谏言”，系从唐吴兢《贞观政要》中精选魏征著名讽谏言论 60 余则。2.“魏征史论录”，收入魏征散见于《隋书》、《北齐书》、《陈书》、《梁书》中的序、论、史评文章 72 篇。3.《魏郑公文集》3 卷，原为清光绪年间王灏主编《畿辅丛书》之一，收入魏征政论文、奏议、表章及书信、序跋、碑铭等共 24 篇。4.《魏郑公诗集》1 卷，亦为《畿辅丛书》之一，原附刊于《魏郑公谏录》之后，内容主要是歌颂贞观盛世，多为郊祀乐章及奉和应诏之作。5.《魏郑公谏录》5 卷，唐王方庆撰，详记魏征与唐太宗策问奏对故事。6.《魏郑公谏续录》2 卷，元翟思忠摭采众说而成。7.《群书治要》50 卷，节录经史百家典籍 63 种，取其有益于资政鉴戒内容缀辑成帙。编者对以上各部分原文做了详细校注，每篇文章前备有提要，书后附有魏征年表。(赵建黎)

Z000049 **逊志堂杂钞** 清・吴翌凤撰，吴格

出版社1994年版。26.6万字。14.70元。分12卷，前7卷系王韬专评时政的论文，后5卷多为“序”、“跋”、“纪”、“传”，只选择了与王韬的生平和思想关系最为密切的部分篇章。这是王韬自编的文集，“其中多言洋务”，大部分是他旅居香港时所写的宣传变法自强的论文，比较集中和系统地反映他的政治态度和政治思想。王韬所要求的社会变革是深刻的和多方面的。在政治制度上，他批判腐朽的封建君主专制制度，在中国近代史上第一次明确提出了君主立宪制的政治主张；在社会经济方面，他批评“重农轻商”的传统思想，在不轻视农业生产的前提下，积极主张发展资本主义工商业；在军事方面，他不满足于洋务派狭隘的“船坚炮利”论，而主张造械制器与练兵方法的全面革新；在文化教育方面，他坚决主张废除愚昧落后的科举取士制度；而代之以经世致用的器艺实学；在外交方面，他强调，在对外交往上不能一味地委曲求全，而要不卑不亢，坚持原则等。收入“中国启蒙思想文库”。（陈淑艳）

Z000008 **使西纪行** 副名：郭嵩焘集。郭嵩焘著，陆玉林选注。辽宁人民出版社1994年版。10.3万字。5.70元。收录郭嵩焘《使西纪行》附录：上海至伦敦日记，附录：《泰晤士报》论郭嵩焘离任及《言论选辑》16篇。《使西纪行》是郭嵩焘从上海到伦敦50天的日记，经由他自己整理后而成。他据其所见所闻，而申言西洋也有两千年的文明。书中指出，并不是中国政教优于西洋，而是西洋政教优于中国；只有民主之国才能强盛；拒夷狄于国门之外，让天朝和夷狄完全隔绝是靠不住也不可能的，因此不但要敞开大门，而且要学习其立国之本，强兵之术，尚学求艺之方；西洋人才辈出，实赖教育；西洋以基督教为核心的伦理观念虽然不足为师道，但较之中国还要好一些。他的这些“西洋富国强盛的根本在于朝廷政教，而因人民与国家同其利病，故国运长久”的言论，打破了当时所谓天朝帝国尽善尽美之谈，更让愚昧的士大夫所切齿，终使《使西纪行》难逃毁版之厄，他本人也因之被查办销差。《言论选集》，也基本上反映了上述思想。他在具有代表性的《条仪海防事宜》中，一再强调；国家富强根本在于政治，经济体制，而办理洋务，杜绝洋患也应从这一根本入手，单是从用兵制器着眼，是举其末而忘其本。他希望中国能以西洋为鉴而改变积贫积弱，任人宰割的局面。收入“中国启蒙思想文库”。（陈淑艳）

Z000009 **新政真诠** 副名：何启、胡礼垣集。何启、胡礼垣著，郑大华点校。辽宁人民出版社1994年版。32万字。17.60元。由初编：《曾论书后》，二编：《新政论仪》，三编：《新政始基》，四编：新政变通，五编：《劝学篇书后》，六编：新政变通以及“前总序”，“后总序”9篇文章组成。《曾论书后》写于1887年夏，就中国弊政大端以及亟宜改革事项等问题向曾纪泽的《中国先睡后醒论》提出质疑。《新政论议》写于1894年冬，阐述变革主张。《新政始基》作于1898年春，阐发变法理论及其主张。《康说书后》写于1898年春，对康有为“中国之不能保民、养民、教民，以其所为与吾经义不含之故”的说法提出批评。《新征安行》刊行于戊戌变法后不到三个月，该文对“中体西用”论作进一步的理论批评。《劝学篇书后》刊于1899年春。分为内9篇，外15篇，其宗旨，在于反对维新派提出的“兴民权”，“设议院”实行君主立宪的主张，重弹洋务派的“中学为体，西学为用”的老调。《政变通议》一文对汉字宋学予以了严厉批判。《新政真诠》是一部很有思想性的理论著作，在中国近代资产阶级维新思想和启蒙思想史上占有重要位置。收入“中国启蒙思想文库”。（陈淑艳）

Z000010 **出国要览** 山东省外事办公室编。山东友谊出版社1994年版。12万字。6.00元。全面、详细地介绍出国人员应该掌握的各项法律、法规、知识、常识，以及主要国家的风俗人情、礼仪习惯等。书后附有国际航班时刻表、我国驻各国领事馆的联系地址、电话等。（姚文瑞）

Z000011 **钱伟长学术论著自选集** 钱伟长著。首都师范大学出版社1994年版。43万字。24.00元。由作者自选、自序、自传。系统而概括地反映了作者57年间（1935～1993年）从事教学、科研工作和活动的成绩和贡献。文选内容重点集中在解放后的时期。包括关于科学技术和四个现代化，关于力学和应用数学，关于教学、教育和科研问题，关于汉字研究问题，关于系统工程、地区规划和地方经济建设问题的论文31篇；以及科学论文自介两篇。书后附有详尽的主要著作目录。作者还专为本书撰写了5万字的自传：“八十自述”，弥为珍贵。（张国栋）

Z000012 **炎黄文化精品丛书** 郭预衡、冀勤主编。学苑出版社1994年版。170万字。10册。55.00元。含《诗歌精品》（徐俊、曲江）、《雅词精品》（刘石、刘翠）、《俗曲精品》（冀勤）、《美文精品》（顾青、张连成）、《小说精品》（张力伟、冯瑞生）、《妙语精品》（赵伯陶）、《艺事精品》（王学太、郭英德）、《权谋精品》（孙道海、赵伯陶）、《幽默精品》（王振华、王屹宇）、《科技精品》（王屹宇、王振华）10种。内容基本上囊括了我国古代文化从先秦到清末上述10种学科的精华。其诗词曲3种韵文分册,由人选原作、注释、评赏3个部分组成,后附作者小传;其他7个散文分册,由人选原作、译文、评点3个部分组成。选目严谨,均标有原作出处,比较注意思想内容的代表性与艺术形式的多样性的统一;注译精当,行文明白易懂;评析无固定套路,忌面面俱到,多是言简意赅的一得之见。各册均按其学科内容概括分类,标名立目,以原作时代先后顺序排列。(一兵)

Z000013 **中国文化的基本文献** 陈丕显、张友渔主编。湖北人民出版社1994年1月版。400万字。198.00元。分5卷从哲学、政治、历史、文学、科技5个方面,全面反映至1949年为止的中华五千年文明的基本遗产的面貌。这套书精心构建了一个中国文化的宏大的整体框架,在各卷之内又充分展现了该文化门类的内部结构,大小两个框架有机地提供了一个认识中国文化基本特征的高水平的逻辑审视点,从而科学地反映了中国文化的总体面貌,合理地囊括了各个学科的基本资料,而搭建起这样一个框架是充满理论学术难度的。采取选编、题解、注释三者连环的严肃的编纂形式,将中华文化的有思想性、代表性和重要性的最基本原典文献,分门别类,以每卷80万字的较大篇幅,整体推出,做到谨严、庄重而又通俗,形成学术性、资料性、普及性三结合的鲜明特色。(邓宁辛)

Z000014 **中华古文献大辞典·文学卷** 史实著。吉林文史出版社1994年1月版。200万字。50.00元。收辞上起殷周下至辛亥革命之中国古代文学,包括与文学有关,文史交叉的部分文献,均在选收范围,那些思想内容、艺术价值皆佳,在历史上发挥过重要作用的经典著作自当首选,同时还收录了受阶级、历史局限较大的著作,作为批判、比较的资料,还广泛参照前人编目成果及古籍著录要籍,去伪存真、综合归纳,收辞比《四库全书总目提要》多出一倍以上,全书分总集、诗经、楚辞、文集、诗集、小说、传奇、笔记、戏曲、弹词、民歌、诗文评注、文论、诗论、词论、曲论、工具书等近30类,著录门类齐全。辞目分作者介绍、著作缘起、成书时间、全书内容、文献价值、版本流传及参考文献等。(林革华)

Z000015 **白话十三经** 关永礼等译。济南出版社1994年1月版。240万字。110.00元。对《周易》、《尚书》、《诗经》、《周礼》、《仪礼》、《礼记》、《左传》、《春秋公羊传》、《春秋谷梁传》、《论语》、《孝经》、《尔雅》、《孟子》等经书的注疏加以甄别选择,择善而从,并译成标准的现代语体文。以文白对照的形式,主要采用直译,间采意译。不出注。(孙凤文)

Z000016 **中国小百科全书** 于光远主编。团结出版社1994年1月版。2236万字。8册。660.00元。普及型的综合性工具书,分8卷:一、物质·宇宙·地球;二、地球上的生命;三、人类历史;四、人类社会;五、技术科学;六、文学与艺术;七、思想与学术;八、图表、附录与索引。内附插图400幅和大型图表60幅,其中15幅为国内外大型工具书所未见。本书具有自己的特点:一、它的总体设计、框架安排采用国际上最新的人类知识圈的分类体系,以人为本,以理论为中心,以具体知识循环往复为特征。二、信息量大。是当时我国收取条目最多,涉及学科最广的小百科性辞书之一,收条截至1993年底,近10万条目,囊括了自然界和人类社会100多个学科和知识领域。三、编写客观。对中外人物、事件的释文坚持摒除政治和情感色彩左右的弊端;对世界各地区、民族、国家,不论其大小和政治制度如何,均适当介绍;对有争论的问题,则反映各家之说。四、突出中国特点。在广收博取的基础上,注重对中国历史文化、科学技术成就及各方面情况的介绍,有关中国的知识和内容相对其他各国百科全书要多。五、使用方便。索引系统除设立知识分类目录和一般工具书固有的音序索引外,还设置了内容索引,包括隐含主题、隐含条目、参见系统。

Z000017 **泉贤著作述评** 傅金星著。鹭江出版社1994年1月版。13.8万字。6.00元。"泉州历史文化丛书"之一。以"其为人也,刚正不阿,扬善嫉恶,高风卓识;其为文也,气骨雄健,关键紧严,波澜浩荡,切当世务"的"泉州风骨"为主干,从泉州自唐至清名贤的著作2 400多部中,酙酌取舍,选其要籍,分:琅嬛骋目、泉州风骨、文章开气运、致用经邦、禅道争辉、海国交流、易学风靡、离经叛道、铁笔春秋、九畹争芳、朴学始倡、河洛余韵、古代雕版辑轶凡十三章,加以归类述评。书中提到的书目约300多部,专篇评述的约50多部;所有述评,既有采用前人研究成果,亦有作者独抒己见;较系统全面描述了泉州名贤自唐至清各时代各类别主要著作的概貌。(裘慎勤)

Z000018 **古今中外的阴差阳错** 曹殿举等编著。大连出版社1994年2月版。29.3万字。6.80元。集古今中外的各种差误成大全,编成500余个故事,以正历史之误。内容包括词语中的阴差阳错、服饰、姓名与婚育、诗词与美术、医药与生理、饮食、小说与戏剧、历史与宗教等 13 类。其中有“无毒不丈夫”是误了字，应为“无度不丈夫”；还有如“千金”最初并非指未婚女子，“小姐”的称呼原非美称，新中国邮票上的阴差阳错；又如“欲穷千里目，更上一层楼”的作者原不是王之涣，是《文苑英华》的编者失责，误丢了原作者朱斌；孙中山的遗体并不在台湾等。（俞懋韵）

Z000019 **启明星丛书** 黄飞等编。沈阳出版社 1994 年 2 月版。48 万字。13.80 元（全套）。分 6 册：《放眼天地之间》，由 68 个短文组成，记述了少年读者渴求探知其奥秘的大量天文、地理知识和见闻。《漫步生命王国》由 76 个短文组成，记述了动物世界、植物王国中种种生动趣闻和知识。《叩开创造之门》由 72 个短文组成，记述了众多在人类进步过程中具有重大作用的科技发明与创造的故事。《踏上艺术之旅》由 92 个短篇组成，介绍了世界和中国在雕塑、美术、音乐、舞蹈、电影等方面最精美的艺术作品及优秀艺术家。《泛舟文学长河》由 72 个短文组成，介绍了古今中外著名的文学作品和文学家。《讲述昨天故事》由 94 篇短文组成，记述了几千年来发生在世界和中国的最有影响的历史事件和代表人物。（李玫玫）

Z000020 **少儿熟读丛书** 上海辞书出版社编。上海辞书出版社 1994 年 2 月至 1994 年 4 月版。108.4 万字。84.00 元。共有 5 册：《熟读古文一百篇》（21.7 万字），有谈培养品德修养、保持民族气节、胸怀大志、勤奋读书、尊敬长辈、珍惜友情等方面的文章，编者为原文作了文意串讲、熟读指点等。《熟读古诗二百首》（24.9 万字），选收《诗经》、《古诗十九首》、《汉乐府诗》、《北朝民歌》等诗集中的佳作及古代著名诗人名篇，有诗意串讲、背诵指导等。《熟读名言三百句》（24.8 万字），每句名言警句均交代出处、背景和可以生发开去理解或引用的指点。《熟读国史五千年》（18.8 万字），以诗歌引出中国历史上 197 件大事，通俗的叙述兼有讲故事的口味，便于熟记。《熟读江山万里图》（18.2 万字），用 45 首诗歌介绍了祖国 343 个城市、江河、山脉、名胜和交通运输、物产资源等地理常识。（陆福庆）

Z000021 **中国老年百科全书** 北京师范大学交叉学科研究会编。宁夏人民出版社 1994 年 3 月版。385 万字。180.00 元。分 4 卷，其中《保健、医疗、强身卷》、《生理、心理、长寿卷》，从身体健康、抗病治疾、预防保健、增强体质的角度，阐述了老年人的生理心理特征、心理与生理健康的相互制约与影响、心理、生理功能的老化等基础理论知识；老年病理学及相应的中医中药学知识，老年常见病的诊断和治疗、护理和保养；老年人适宜的体育锻炼项目、方法原则及注意事项；中国古代养生术、气功导引武术等方法。《家庭生活社交卷》、《文化教育修养卷》，从增长退休后的社会适应能力、老有所乐、老有所为的角度，介绍了老年人的权利义务、社会保险、应知的法律法规等知识；讲述了如何适应角色的转变，安排好退休生活，如何进行自我精神调解能力、搞好家庭关系、保持愉快的心态。还阐述了各种文学艺术门类的欣赏方法，学书法学绘画培养养花养鸟兴趣及饲养方法等。（袁风影）

Z000022 **中国古代书目词典** 卢正言、姜方昆主编。广西教育出版社 1994 年 4 月版。70 万字。介绍我国自西汉至 晚清时期各种类型书目 2 686 种，包括少量已佚书目；现存书目含各种稿本、抄本、单刊本、附刊本、影印本、重排本，还选收目录学名词 286 条，历代目录学家 125 人及目录学著作；简略介绍书目作者生平事迹，注重指明书目体例、编纂特点、书目用途及参考使用价值；按书目类型分为综合目录，类书目录，书目研究论著，史志书目、地方文献书目、公私收藏书目、著述目录、特编书目、专科专题书目、研究书目、报刊目录、外国编藏汉籍书目；类型书目之下依目分类，再分书目，如综合书目中又分历代古籍总目、宫廷书目、书目丛书、丛书目录等，同时收录目录学名词、目录学家，书后所附书目之四角号码索引和笔画笔顺索引，均含书目之异名。（郑妙昌）

Z000023 **陶渊明全译** 晋·陶潜著，郭维森、包景诚译注。贵州人民出版社 1994 年 4 月版。30 万字。9.50 元。白话文全译本。以李公焕笺注本，四部丛刊所收，宋刊巾箱本为底本。搜集了陶渊明的诗、赋、记传、祭文，有反映他的理想社会的《桃花源记并诗》、体现他朴、真、淡、旷风格的《归园田居五首》、《庚戌岁九月中于西田获早稻》、《丙辰岁八月中于下潠田舍获》、《移居二首》。另有疏祭文 4 篇，其中《自祭文》是他人生观和生死观的集中表现。收入“中国历代名著全译丛书”。（彭建）

Z000024 **两汉经学与政治** 汤志钧等撰。上海古籍出版社 1994 年 4 月版。22 万字。13.20 元。研究西汉经学的学术著作。以西汉王朝初创、强盛、衰亡的政治背景为依托，以“黄老之治和儒家独尊”、“董仲舒和尊儒崇经”、“经学的传授及其特点”、“儒经博士的递嬗及其选拔”、“从罢盐铁到论石渠”、“西汉礼制建设之一——庙议”、“西汉末年的经学与政治——刘向、刘歆父子”、“西汉的终结和今古文学的

消替"诸章为具体论述内容，深入地剖析研讨西汉经学的发展脉络和走向。(江建忠)

Z000025 **中华文化典籍指要** 朱林宝主编。山东人民出版社1994年5月版。150万字。48.00元。筛选了上自先秦、下至晚清的古籍中最有代表性的图书计1 024部，包括历史、语言、文学、哲学、科学技术5个方面。每部分再分若干类，各类书籍按成书年代顺序排列。以典籍为条目，每条一般介绍作者、成书年代、典籍主要内容，并考察了各种版本优劣，今注今译本以及珍本收藏情况，汇选历代名家对这些著作的学术评价，以及某一著作在社会历史发展中产生的重大影响。在介绍每一典籍时，评价占了相当大的篇幅，并从不同角度客观地汇选历代名人各不相同的认识和分析，也有些评价是作者阐述个人多年研读的见解。(尹铭)

Z000026 **中华元典精神** 冯天瑜著。上海人民出版社1994年5月版。42万字。19.65元(平)；25.60元(精)。阐述中华文化的学术专著。首先介绍部分域外元典和中华元典，分析元典竞相涌现的"轴心时代"的历史特征，阐述中华元典的创制过程。随后，花大量的笔墨，对中华元典的"天人之辨"、发展观、政治论、君子之辨作详尽而生动的阐释，对中华元典精神的近代转换和对现世的启示作了有益的探讨。(华雄宏)

Z000027 **傅振伦文录类选** 傅振伦选编。学苑出版社1994年5月版。72.7万字。40.00元。收有作者自选的139篇文章，内容包括史学和方志学研究、志品、文献研究、民谚研究、游记、人物论述、文物和考古研究、古代科学技艺研究、博物馆学、谱牒、杂俎，以及作者已刊书目和书稿、教材目录。(孟白)

Z000028 **阶梯新世纪百科全书** [英]安·克拉默主编。中国友谊出版公司1994年5月版。80万字。350.00元。以少年儿童为主要读者对象的百科全书。正文部分有450个主条和1 500个附条，内容涵括动物、植物、天文、地理、气象、数学、物理、化学、医学、航空航天、工程技术、政治、军事、社会、文学艺术、体育、历史、宗教、民族等各个方面的知识。配有3 500多幅彩色插图，包括实物剖面图、历史事件重现图、彩色照片，说明性图表及地图。"知识宝库"部分涵括有历史比较年表、地理统计数据、世界人口图表、动、植物分类以及行星，太空探索的重要图表。为英国Dorling Kindersley Limited 1994版Children's Illustrated Encyclopedia(儿童图解百科全书)之中文版。编译对原书中涉及中国和意识形态方面的内容依照中国已出版的权威工具书做了符合国情及读者阅读习惯的修改和删节。(张纯)

Z000029 **丘逢甲文集** 丘晨波主编。花城出版社1994年6月版。32万字。20.00元(精)。文集收录丘逢甲部分诗作和遗文共47篇，并以体裁分辑。收入"近代岭南文学名家书系"。

Z000030 **朱书集** 清·朱书撰。蔡昌荣、石钟扬点校。黄山书社1994年6月版。34.5万字。12.50元。共14卷：赋颂1卷，诗3卷，序1卷，书1卷，记、碑记1卷，传1卷，论、辩、跋1卷，杂著1卷，时文4卷。并收有戴名世、方苞、方东树等人撰写的墓表、序跋等10余篇；还附有今人蔡心寰编著的《朱书年谱》。(胡士萼)

Z000031 **'91中国化学化工期刊文献总录** 吴嘉敏主编。上海科学技术文献出版社1994年6月版。143.6万字。77.00元。收录1991年度在中国(包括部分台、港、澳地区)出版的化学化工及相关学科的专业期刊、大学学报文献17 720篇，期刊435种。以题名、作者(译者、发明人)、期刊名称、卷(期)、所在页码等国家标准的期刊检索方式著录。包括各类论文、科研考察报告、专利、专题研讨、综述和有实质性的科研通报等文献载体。按学科内容分类编排，以化学化工学科为主题，报道化工经济，化工数理科学，天文地球化学，生物化学，医学化学，农业化学，石油天然气化学，冶金化学和金属、金属工艺化学，轻工、手工业及环境科学，劳动保护中的化工文献。对跨学科文献增设检索点，便于各专业学科相互参照。(储文瑞)

Z000032 **韬奋选集** 吉少甫等编。上海三联书店1994年6月版。38.5万字。29.50元。个人文集。从1956年出版的《韬奋文集》(3卷本)中选出20篇，又增选了韬奋以杂志编者身份与读者通讯、为读者解答疑难的"信箱"文字33篇，分为工作、学习、思想和恋爱、婚姻、家庭两组。(俞文)

Z000033 **明代书目题跋丛刊(上、下)** 书目文献出版社编。书目文献出版社1994年6月版。168万字。264.00元。汇辑了明代书目30种，有官藏书目、私藏书目、专科书目及题跋，基本包括了现存有明一代的书目著作。这些书目自新中国成立以来，大多从未印行过。(卢玉荣)

Z000034 **容庚选集** 曾宪通选编。天津人民出版社1994年6月版。34.3万字。16.00元。"中国现代社会科学家选集丛书"之一。从我国著名古文字学家、考古学家、书法篆刻家和收藏家容庚"数十百万言”作品中选出48篇而成，分为上、下两编。上编收专论10种，其中《宋代吉金书籍评述》及《清代吉金书籍评述》对宋、清两代有关铜器铭文的著作做了全面系统的论述和评价，是我国金石学的权威性总结。《周金文中所见代名词释例》比较金文代名词与典籍用法的异同，为利用古文字资料研究上古汉语开一创例。《鸟书考》与《飞白考》分别考述我国史书上两种特殊而罕见的书体，是列国金文和书法研究中别具一格的佳作。下编收作者为自己及他人著作所写的序跋多篇，保存着不少难得的背景资料，弥足珍贵。（戚其圣）

Z000035 **秘书集成** 《秘书集成》编委会编。团结出版社1994年6月版。25册。3 500.00元。大型古籍类书。全部采用古籍原本影印，分为教法、占筮、养生、技击、医术5类，凡122种，每种均附版本与内容说明。其中教法类32种，占筮类32种，养生类4种，技击类10种，医术类44种。所有版本均为建国后首次出版。（郭强）

Z000036 **太平御览** 宋·李昉等纂修，夏剑清等校点。河北教育出版社1994年7月版。630万字。8册。280.00元。1 000卷。分50部，每部又分类，共4 558类，按时代先后摘引的古书约1 690种。内容分为天文、地理、方志、居处、职官、军事、伦理、民俗等中国文化的各个方面，是囊括宋以前中国文化遗产的“百科全书”。以《四部丛刊三编》张元济本为底本，校以鲍本，《四库全书》钞本以及相关典籍，重新校勘、标点，用简体字横排出版。（王鸿雁）

Z000037 **中华小百科全书** 中华小百科全书编辑委员会编。四川辞书出版社、四川教育出版社1994年7月版。1 083万字。20册。499.00元。中型综合性百科全书。按学科分卷，计有语言学卷、文学卷、艺术卷、史学卷、哲学卷、经济学卷、政治学卷、法学卷、管理学卷、教育学卷、数学卷、物理学卷、化学卷、生物学卷、计算机卷、工学卷、农学卷、医学卷、天文地理学卷和军事卷，各卷在统一规划下，按学科的体系、层次以条目的形式编写。条目的选择注重与工业、农业、科学技术和国防现代化建设结合紧密的新学科、新体系、新流派和新事物，所选条目力求既反映人类文化的共同成就，又注重体现中国特色和中国风格。对书中所涵盖的各学科的基本理论、基本知识和基本技能及其近年来的新发展进行了系统而扼要的介绍。（杨斌）

Z000038 **中国高等学校学报大全** 国家教育委员会条件装备司编。高等教育出版社1994年8月版。106万字。40.00元。收录国家审定的普通高等学校及成人高等学校主办的大学学报1 265种（不包括各学校主办的非学报性连续出版物，军队院校、党校系统的学报，港、澳、台地区暂缺）。其中综合性院校学报119种，理工农医类院校学报448种，文科院校学报172种，师范院校学报309种，各类成人高校学报217种。对每种学报的基本情况给予充分反映，包括：中文刊名、版别、外文刊名、主办单位、主管部门、出版单位、主编、创刊日期、发行方式、出版周期、开本、国内统一刊号、国际标准刊号、国内邮发代号、国外发行代号、内刊登记证号、通讯地址、邮政编码、电话、期刊沿革等，并附有各学报的文字简介。（尹洪）

Z000039 **中国学术译著总目提要（社会科学卷）** 陈久仁主编。吉林教育出版社1994年8月版。165万字。60.00元。反映国外学术发展的图书提要。收录1978～1987年间出版的具有学术价值的社会科学译著4 798种。依《中国图书馆图书分类法》编排。马克思主义、列宁主义、毛泽东思想169种；哲学、宗教525种；社会科学总论166种；政治、法律585种；军事125种；经济1 163种；文化、科学、教育、体育553种；语言、文字197种；文学262种；艺术221种；历史、地理832种。每条目包括3部分内容：1. 基本著录：书名、著者、出版地、出版者、出版日期、页数；2. 著者介绍：汉译者、生卒年、籍贯、学历、职称、职务、专业、事业、著作等；3. 内容提要：版本依据、内容概述、篇章结构、学术价值等。（房海滨）

Z000040 **江西历代刻书** 杜信孚、漆身起编。江西人民出版社1994年8月版。31.2万字。14.50元。江西出版史志丛书之一。收录了自宋朝至1949年间江西境内官、私、坊及民间刻书2 840余种，从图书的角度反映了江西古代至近现代出版史的面貌和图书出版情况。书中收录了诸如《欧阳文忠公集》153卷、《容斋随笔》16卷、《豫章丛书》等一大批珍贵图书目录。内容涉及版本学、目录学、文献学及出版学。（张德意）

Z000041 **江西期刊综录** 黄日星、张德意编。江西人民出版社1994年8月版。15万字。8.00元。江西出版史志丛书之一。收录1890年至1993年间在江西境内创办的各种期刊共1 300多种，从期刊发展的角度反映出江西出版事业的一个方面。书中许多史料弥足珍贵，如江西苏区出版的期刊，民国时期国统区出版的期刊等。全书对期刊进行科学分类，按创刊的时间先后为序排列，又列有刊名索引表。

(张德意)

Z000042　**农村年书(1995年)**　《农村年书》编辑组编。人民出版社1994年8月版。25万字。4.10元。自该套书1990年恢复出版后的第六本。分历书、今日农村、致富之道、青年之家、法制园地、科普天地、文化之窗、卫生顾问、生活百科9大栏目。各栏目内容以版块形式推出。(李春林)

Z000043　**农村少年文库**　贾鸿鸣、宋玉岫等主编。希望出版社1994年8月版。600万字。100册。164.00元。专为广大农村少年儿童编辑的一套丛书,共100种。分品德篇、文艺篇、教育篇、知识篇4大类。品德篇包括《做人格言》、《处世之道》、《名人家书》、《烈士诗抄》、《从泥土里走出来的革命领袖》、《从泥土里走出来的科学家》等20种;文艺篇包括《古诗精华》、《新诗精华》、《散文精华》、《笑话精华》、《谜语精华》、《中国童话精华》、《外国童话精华》、《中外名曲欣赏》等20种;教育篇包括《汉字知识趣谈》、《语法常识》、《学点修辞》、《怎样修改病句》、《作文病例分析》、《农村常用应用文》、《怎样写好钢笔字》、《怎样写好毛笔字》等30种;知识篇包括《农谚集锦》、《益虫知识》、《害虫知识》、《少年心理》、《少年生理》、《小农艺师》、《小园艺师》、《小畜牧师》、《小农机师》等30种。(任天祥)

Z000044　**简明日本百科全书**　《简明日本百科全书》编委会编。中国社会科学出版社1994年8月版。159万字。128.00元。《简明国际百科全书》的第一卷。内容包括16编:国土与人民,历史,社会政治结构和法律制度,经济,对外贸易与对外经济合作,人民生活与社会保障,防卫力量,教育,科学技术,哲学社会科学(人文·社会科学),医疗卫生,体育,文学、电影与传统文化,广播、电视、新闻与出版,宗教信仰与民间习俗,外交政策与对外关系,以及附录;还有彩图、黑白图450余幅和大量图表资料。(曹宏举)

Z000045　**白虎通疏证**　清·陈立、吴则虞点校。中华书局1994年8月版。46.2万字。2册。30.00元。《白虎通》,又称《白虎通义》、《白虎通德论》,东汉班固等撰集,是汉章帝在白虎观集儒讲论五经异同、统一今文经义的重要著作,详细记述了古代社会政治制度、经济生活和伦理道德等方面的内容。清代陈立对之逐篇作详细校释,尤其是在疏通文字、版本校勘、朔源释例等方面下了不少功夫,并注意吸收前人研究成果。书中还收入8篇有参考价值的资料作为附录。(陈雅)

Z000046　**张居正集(全四册)**　张舜徽主编,吴量恺副主编。湖北人民出版社1994年9月版。260万字。198.00元。分为奏疏,书牍,文,诗、女诫直解及附录四个分册。著名历史学家张舜徽为该书作序。奏疏册中收集了张居正的重要著述,集中反映了他的改革思想、改革主张和改革举措,是研究张居正以及明代隆庆、万历年间社会的重要文献资料。以清光绪田(桢)刻本为底本,同时参考了明刻本、邓(江陵邓氏)刻本、陶(澍)刻本与其他有关史书、经书、文集、方志等大量资料,以及近世、当代的研究成果,作了一些整理与删定工作,校勘精审,每篇大都写有扼要的题解,注文畅达。同以前各种版本相比较,变化较为显著:1.全书大部分论著的写作时间与背景大体上弄清。2.订正了许多姓名、字号以及担任官职中的错误。3.查清了底本中有的人名音同而字不同究竟是否为一人等以前未搞清楚的问题。4.对涉及到的典章制度、典故、征引的文字和难词僻句作了概要注释和说明。5.订正了一些文字上的讹误。此外,附录中增收了《明史·张居正传》等文章。(李燕芝)

Z000047　**近三百年古籍目录举要**　严佐之编。华东师范大学出版社1994年9月版。20万字。8.10元。以近三百年来私家藏书目录为研究对象,取私家目录之各类代表作,融考据与义理为一体,既对翔实的史料予以辨析,又作严谨考订。(刘凌)

Z000048　**新编魏征集**　吕效祖编。三秦出版社1994年9月版。116万字。58.00元。将公认出自唐代政治家魏征之手的有关论著以及散见于其他文献中的魏征言论,还有魏征主编的资政名典《群书治要》等全部汇为一编,包括7个部分:1."魏征谏言",系从唐吴兢《贞观政要》中精选魏征著名讽谏言论60余则。2."魏征史论录",收入魏征散见于《隋书》、《北齐书》、《陈书》、《梁书》中的序、论、史评文章72篇。3.《魏郑公文集》3卷,原为清光绪年间王灏主编《畿辅丛书》之一,收入魏征政论文、奏议、表章及书信、序跋、碑铭等共24篇。4.《魏郑公诗集》1卷,亦为《畿辅丛书》之一,原附刊于《魏郑公谏录》之后,内容主要是歌颂贞观盛世,多为郊祀乐章及奉和应诏之作。5.《魏郑公谏录》5卷,唐王方庆撰,详记魏征与唐太宗策问奏对故事。6.《魏郑公谏续录》2卷,元翟思忠摭采众说而成。7.《群书治要》50卷,节录经史百家典籍63种,取其有益于资政鉴戒内容缀辑成帙。编者对以上各部分原文做了详细校注,每篇文章前备有提要,书后附有魏征年表。(赵建黎)

Z000049　**逊志堂杂钞**　清·吴翌凤撰,吴格点校。中华书局 1994 年 9 月版。10.1 万字。7.20 元。共 10 集。作者是乾嘉时期著名学者和藏书家，本书是他讲学南台书院时所撰，书中抄辑群书中的辨证经史文字，记述地方掌故、方言风俗及藏书家轶事等，且附以已见，研讨辨证。收入“学术笔记丛刊”。(赵东)

Z000050 **江淹集校注** 南朝梁·江淹著，俞绍初等校注。中州古籍出版社 1994 年 9 月版。41.3 万字。13.50 元。《中州名家集》之一。分上下两编。上编是创作，收诗 140 多首、赋 27 篇、文 20 篇；下编是章、表、诏令一类的应用文。编次以写作时间为序。以明人胡之骥《江文通汇注》本为底本，并参照其他版本和资料。(孙宝瑞)

Z000051 **郑珍集·文集** 王锳等点校。贵州人民出版社 1994 年 10 月版。21 万字。12.00 元。汇编了郑珍的《巢经巢文集》、《母教录》、《樗茧谱》、《田室蚕居录辑逸》。《巢经巢文集》5 卷，是郑珍所撰散文集，分为文艺性、学术性、应用性散文 3 类；《母教录》是郑珍关于母亲生前言谈举止的回忆录，共 68 条。是在郑母病逝，守墓期间写下的；《樗茧谱》是一部养蚕农业科技著作，记录了遵义在百余年前种植槲树、饲养柞蚕，以及缫丝织绸的工作过程和技术操作。《田居蚕室录辑逸》按其性质分为“物产篇”、“风俗篇”、“杂记”3 类。收入“贵州古籍集粹丛书”。(彭建)

Z000052 **张謇全集** 张謇研究中心、南通市图书馆编。江苏古籍出版社 1994 年 10 月版。414 万字。6 卷 7 册。220.00 元。以张謇生前亲自编定的《张季子九录》为底本，并在此基础上广泛搜集散见于报章上的遗文佚著和档案馆、图书馆收藏的未刊稿，由编纂者精心整理、标点而成。分为 6 卷 7 册，依次为政治卷、经济卷、实业卷、事业卷、艺文卷和日记年谱卷(其中艺文卷分上下两册)。(胡多佳)

Z000053 **浦东新区年鉴(1994)** 《浦东新区年鉴》编委会编。上海三联书店 1994 年 10 月版。60 万字。88.00 元。介绍浦东新貌的大型综合性资料工具书。采取分类编辑法，由部类、栏目、条目组成，以条目为主要载体。分大事记，概况，开发小区概况，街、镇、乡，新区建设，环境、市容，财政、税收，金融、保险，工、农、商等 21 个部类，下列 70 余栏目，600 余条目。书内刊有地图 2 幅，彩页 72 张，随文照片 33 幅。(周宇芬)

Z000054 **可爱的家乡丛书** 于友先主编。海燕出版社 1994 年 11 月版。190 万字。80.00 元。分 10 册，以古老文明、群星璀璨、光荣、灿烂、繁荣、富饶、锦绣、多彩、飞跃、开放 10 个主题分别立卷，全面、通俗、生动地反映了河南的历史文化、杰出人物、地理物产、名胜山川、乡土风情以及经济发展和对外开放等情况。丛书有 3 个特点：一是有十足的“河南味”，二是在素材处理上，突出一个“真”字。三是刻意在“家乡可爱”上下功夫。(余鞠华)

Z000055 **中国现代文学书目汇要(全二册)** 郭志刚主编。书目文献出版社 1994 年 11 月版。50 万字。20.00 元。分两卷：①诗歌卷，收现代诗集近 300 余条，每条下列版本情况、诗歌具体篇目和短小精悍的作品评价，指出诗集的创作特色及其在中国现代文学史上的地位。②小说卷，收现代中长篇小说及小说集 500 余条，每条下列版本情况、具体篇目和短小精悍的作品评价。(卢玉荣)

Z000056 **新学科辞海** 金哲等编。四川人民出版社、四川教育出版社 1994 年 11 月版。700 万字。198.00 元。收录哲学、社会科学和有关高科技的新学科、新术语、新思潮流派、新理论、新方法以及新学科代表人物、代表著作、研究机构、团体、刊物、会议等条目 11 000 余条。其介绍的新学科大致可分为 3 类：一是国外在第二次世界大战前所创立、战后有重大发展，对国内来说又是研究空白的学科；二是第二次世界大战以来创建的学科，特别是 1980 年以后问世的学科；三是已提出开创新学科建议，尚处于孕育和探索之中的学科。主要目录采用学科分类目录。正文以音序排列，并附有新学科发展线索提示、笔画目录和英汉对照目录。(韩波)

Z000057 **世界禁书大观** 余悦主编。百花洲文艺出版社 1994 年 12 月版。65.5 万字。33.00 元。由 3 大部分组成。上篇“世界禁书概说”，全面勾勒世界图书禁毁概况，对禁书现象进行分析和探讨；中篇“世界禁书举要”，择取世界上影响重大、具有典型意义的遭禁图书近 300 种，对作者简况、作品内容、遭禁情况及其影响，进行详细介绍；下篇“世界禁书大事记”，载录数千年世界禁书史上重大事件、重要作家和作品。鉴于另有介绍中国禁书的专著出版，故中篇部分对相同内容从略。(萧亮)

Z000058 **澳大利亚工商年鉴'94 版** 张王纲主编。海南国际新闻出版中心 1994 年 12 月版。150 万字。260.00 元。全面介绍澳大利亚国土、居民、历史、政治、经济、国际关系、贸易、教育、科学技术、初级产业、矿业和能源、制造业交通与通信等诸方面，其中收录了截至 1994 年底的澳大利亚 8 000 家工

商企业公司的名录。(谢军)

Z000059　**韩国研究中文文献目录**　杭州大学图书馆、韩国研究所编。杭州大学出版社 1994 年 12 月版。25 万字。8.00 元(平);12.00 元(精)。收入 1912 年至 1993 年在大陆、台湾、香港发表的有关韩国哲学、社会科学方面的研究论著 3 000 余条。分为专著、论文两部分。原则上按《中国图书馆图书分类法》体系编排,大类下列出若干小类,书多详列,书少简列。同类条目按年代顺序编排。著录格式与标引形式均采用国家批准的文献标准。正文后附有"主要引用报刊、论文集一览表"和"作者姓名索引"。(张节末)

Z000060　**中国学术译著总目提要(自然科学卷)**　陈久仁主编。吉林教育出版社 1994 年 12 月版。298 万字。100.00 元。分上、下册。反映国外学术发展的图书提要。收录中国 1978～1987 年间出版的具有学术价值的自然科学译著 10 274 种。其中,自然科学总论 201 种;数理科学和化学 1 619 种;天文学、地球科学 906 种;生物科学 571 种;医药卫生 818 种;交通运输 357 种;航空、航天 123 种;环境科学 241 种;综合性图书 14 种。每种译著分 3 部分介绍:1. 基本著录,记述了学术译著的形式特征,即著者、出版地、出版者、出版日期和页数;2. 著者介绍,包括生卒年、职称职务、从事专业、学术著作、主要成就等内容;3. 内容提要,主要介绍版本依据、内容概述、篇章结构、学术价值、读者对象等。所收译著按《中国图书馆图书分类法》分类编排。(房海滨)

Z000061　**宋蜀刻本唐人集丛刊**　上海古籍出版社编。上海古籍出版社 1994 年 12 月版。4 586 页。48 册。2 450.00 元。古代刻本的影印本。包括现存海内宋蜀刻本唐人集共 23 种,分为 3 个系统:一、北宋或南北宋之际的刻本 3 种;二、南宋中期刻十二行本 18 种;三、南宋中期刻大字本 2 种。这些书由我国四川成都、眉山地区刊刻,校勘精审,板式疏朗,字体遒劲,楮墨精良,纸张莹洁,均为中国古籍藏品中的瑰宝。所收 23 种的书名为:1. 骆宾王文集;2. 李太白文集;3. 王摩诘文集;4. 孟浩然诗集;5. 孟东野文集;6. 刘文房文集;7. 刘梦得文集;8. 陆宣公文集;9. 新刊权载之文集;10. 新刊元微之文集;11. 张文昌文集;12. 张承吉文集;13. 姚少监诗集;14. 皇甫持正文集;15. 李长吉文集;16. 许用晦文集;17. 孙可之文集;18. 司空表圣文集;19. 杜荀鹤文集;20. 郑守愚文集;21. 昌黎先生文集;22. 新刊经进详注昌黎先生文;23. 新刊增广百家译补注唐柳先生文。这些唐人集元明时大多藏于翰林国史院,钤有官书书印。从官府流落民间后,亦分别被当时的有识之士和著名藏家觅获宝藏,有题识和藏印可证。本书采用大 16 开影印,保留全部原书面貌,板框尺寸悉准原书,印章据原书套红。各书后新附的专家跋文和卷首影印说明,介绍宋蜀刻本各书的流传情况和宋代蜀刻唐人集的存佚和价值。(顾美华)

Z000062　**中国古籍善本书目·子部**　《中国古籍善本书目》编委会编。上海古籍出版社 1994 年 12 月版。120 万字。8 册。400.00 元。全面、系统反映我国传世子部善本的大型目录工具书。收哲学、政治、科技、艺术等类古籍善本 12 280 种,分 20 类。本书目为八开本,毛边纸线装。(罗颢)

Z000063　**中国一绝**　李维琨主编。上海文化出版社 1994 年 12 月版。64 万字。20.00 元。介绍中国文化奇观的普及读物。"五角丛书"豪华本之一。以"哲学篇"、"宗教篇"、"文学篇"、"舞乐篇"、"戏曲篇"、"书画篇"、"建艺篇"、"养生篇"、"科技篇"、"山川篇"10 大部分、200 篇文章,全面展示中国文化之精英,诸如"舞乐篇"中的"中国独特的音乐思维:戏曲音乐","华夏古乐的百科全书:《乐书》";"书画篇"中的"名满天下的山水画:《富春山居图》","名满天下的风俗画:《清明上河图》";"科技篇"中的"世界科苑的重大贡献:中国剩余定律","世界医界绝技:针灸"等。以通俗的文字精解华夏文化之奇观,以丰富的图片展示华夏文明之风采。(戴俊)

Z000064　**彝文典籍目录(贵州卷)**　贵州省毕节地区彝文翻译组编。四川民族出版社 1994 年 12 月版。25 万字。35.00 元。从贵州毕节彝族地区搜集到的近五千种彝文典籍中精选出 1 270 种,整理翻译成。每种目录按原文书名(彝文)、注音、汉译、字数、类别、原藏书者、搜集地点、时间、搜集整理者、现藏书单位及书的内容提要(译文)等分列,并说明原著版本的可靠性和研究价值。译文保留了彝文原著的特点,简要介绍了各书内容。全书包括政治、军事、哲学、历史、教育、辞书、文艺、民俗、医药、天文、历法、经济等 40 类。(阿克克的)

获奖书目

1993年度“五个一工程·一本好书”获奖图书

〔书　名〕	〔作　者〕	〔出 版 者〕
“中华五千年美德”丛书(共6册)	温克勤、顾传菁主编	天津新蕾出版社
《中国有个毛泽东》(青年版、少年版)	钟起煌等著	江西人民出版社
《邓小平文艺思想研究》	中共陕西省委宣传部组织撰写	陕西太白文艺出版社
《国有企业总体改革论》	张文彬主编	河南人民出版社
《广西经济发展战略总体构想》	何异煌主编	广西人民出版社
《中国国家能力报告》	王绍光、胡鞍钢著	辽宁人民出版社
《山西经济上新台阶对策研究》	崔光祖等著	山西人民出版社
《社会主义市场经济条件下的精神文明建设》	刘枫等著	浙江人民出版社
《二十六史大辞典》(三卷)	戴逸主编	吉林人民出版社
《中国民间美术全集》(14卷)	王朝闻等主编	山东教育出版社、山东友谊出版社
《高科技知识丛书》(共9册)	吴锡军等著	江苏科技出版社
《跨世纪的丰碑——中国希望工程纪实》	刘奇葆等著	安徽少年儿童出版社
《中华英烈大辞典》(上下卷)	范宝俊等著	黑龙江人民出版社
“北京教育丛书”(共55册)	北京地区优秀中小学、幼儿园教师	北京教育出版社
“雷锋精神在福建丛书”(共5集)	中共福建省委宣传部主编	海峡文艺出版社
《中国古代北方民族史新论》	林干著	内蒙古人民出版社
《英汉大辞典》(缩印本)	陆谷孙编著	上海译文出版社
《农业社会化服务体系建设与管理》	陈可文著	青海人民出版社
《敦煌艺术之最》	谢德保、凌元编著	甘肃人民美术出版社
“中国历代名著全译”丛书	余冠英、程千帆、罗尔纲等主编	贵州人民出版社

第八届中国图书奖获奖图书

〔书　名〕	〔出版社〕
毛泽东之路	中国青年出版社
毛泽东与中国传统文化	安徽人民出版社
中国的一个小康市——太仓小康社会实录	江苏人民出版社
社会主义传统模式及其改革	黄河出版社
高技术战争论	军事科学出版社
中国状元全书	山东美术出版社
中国农业综合生产能力研究	农业出版社
建设有中国特色社会主义理论论丛	青岛出版社
全国生育节育抽样调查报告集	中国人口出版社
黄埔军校史图册	广东人民出版社
中国近代爱国人物故事丛书	福建教育出版社
中国 100 系列丛书	广西人民出版社
中国的主旋律——改革与发展	辽宁大学出版社
开创农村图书发行事业新局面	中央党校出版社
儿童青少年心理学丛书	浙江教育出版社
世界文化丛书	浙江人民出版社
三星堆文化	四川人民出版社
文化语言学	江西教育出版社
藏族教育的改革与发展	青海人民出版社
世界历史通俗演义系列	成都出版社
英语口语教程	外语教学与研究出版社
丝绸之路岩画艺术	新疆人民出版社
什么是社会主义市场经济	中国发展出版社
走向市场经济丛书	中国人民大学出版社
改革:面向新世纪丛书	天津人民出版社
向市场经济体制转轨丛书	中国财政经济出版社
走向新世纪——中国财政经济理论丛书	经济科学出版社
青年经济学博士研究丛书	陕西人民出版社
中国货币政策研究	中国金融出版社
市场经济学普及丛书	上海人民出版社
关贸总协定与中国民族工业	中国大百科全书出版社
现代点石成金术——价值转化工程	湖南出版社
非线性经济学的理论与方法	四川大学出版社
马尔科夫振荡问题	广东科技出版社
宽束电子光学	北京理工大学出版社
太空·地球·人类	广西科技出版社

两系杂交小麦理论与实践	湖南科技出版社
中华人民共和国国家经济地图集	中国地图出版社
热带西太平洋海气相互作用研究调查图集	海洋出版社
选择性分子间引力和集团结合适应性	杭州大学出版社
颗粒间相互作用与细粒浮选	中南工业大学出版社
中国东部煤田推覆、滑脱构造与找煤研究	中国矿业大学出版社
计算固体物理学	武汉大学出版社
超音速燃烧与超音速燃烧冲压发动机	西北工业大学出版社
中国典型石油测井解释图集	石油工业出版社
神经网络的应用与实践	西安电子科大出版社
经典和量子约束系统及其对称性质	北京工业大学出版社
石油化工技术裂解原理	中信出版社
神奇的塔克拉玛干	科学出版社
中国稻种资源	中国农业科学出版社
航空发动机典型故障分析	航空航天大学出版社
中国主要竹材微观构造	大连出版社
新疆古生态地理群的新发现及其研究	新疆科技卫生出版社
山羊绒组织结构变化研究电镜图集	宁夏人民出版社
我的父亲邓小平	中央文献出版社
闻一多全集	湖北人民出版社
台湾文学史	海峡文艺出版社
朱光潜全集	安徽教育出版社
百花当代散文丛书	百花文艺出版社
中国近代文学发展史	山东教育出版社
邓颖超传	人民出版社
一只红气球	中国少年儿童出版社
知识童话300篇	福建少年儿童出版社
人类探险史	浙江少儿出版社
中国婴幼儿百科	海燕出版社
中华历史名人	新蕾出版社
我们的父辈丛书	河北少儿出版社
幼儿画库	少年儿童出版社
印典	国际文化出版社
金陵古版画	江苏美术出版社
中国玉器全集	河北美术出版社
毛泽东手书选集	北京出版社
中国民居	学林出版社
中国戏曲脸谱艺术	江西美术出版社
毛泽东在延安	陕西旅游出版社
当代中国画技法·赏析	接力出版社
现代临床医学辞典	人民军医出版社
灾难医学	北京医大协和医大出版社
现代肿瘤学	上海医科大学出版社
中华药海	哈尔滨出版社

泌尿外科	山东科技出版社
中国伦理学百科全书	吉林人民出版社
新中国大博览	广东旅游出版社
中国读书大辞典	南京大学出版社
港澳大百科全书	花城出版社
藏族传统文化辞典	甘肃人民出版社
中国古代名物大辞典	济南出版社
中国近现代人物名号大辞典	浙江古籍出版社
汉英大辞典	上海交大出版社
清代全史	辽宁人民出版社
袁枚全集	江苏古籍出版社
晚明曲家年谱	浙江古籍出版社

统计资料

1994年图书出版情况

表一

	总数（种）	总印数（亿册）	总印张（亿印张）	折合用纸量（万吨）	与上年相比种数	与上年相比总印数	与上年相比总印张
图书	103836（其中新版69779）	60.08	297.16	70.19	＋7.31％（新版＋5.23％）	＋1.25％	＋5.28％
书籍	84237（其中新版60801）	29.68	153.88	36.16	＋7.41％（新版＋6.33％）	＋0.27％	－2.45％
课本	16714（其中新版6515）	29.77	140.77	33.08	＋14.9％（新版＋14.94％）	＋2.83％	＋16.23％
图片	2885（其中新版2463）	0.63	2.51	0.95	－23.86％（新版－28.92％）	－20.25％	－25.96％

*“－”表示下降，“＋”表示增长。

1994年使用《中国标准书号》22类图书出版情况

表二

类别	种数（种）	总印数（万册）	总印张（千印张）	占种数的百分数	占总印数的百分数	占总印张的百分数	与上年相比种数	与上年相比总印数	与上年相比总印张
马克思主义、列宁主义、毛泽东思想	193（新版178）	253	33925	0.19％（新版占0.26％）	0.04％	0.12％	－13.1％（新版－12.7％）	－24.9％	－17.7％
哲学	963（新版734）	735	85923	0.95％（新版占1.09％）	0.12％	0.29％	－3.7％（新版－1.9％）	－1.2％	－13.8％
社会科学总论	987（新版890）	672	71955	0.98％（新版占1.32％）	0.11％	0.24％	－0.9％（新版＋3％）	－15.2％	－12.5％

续表

政治、法律	3583 (新版 3039)	7123	660588	3.55% (新版占 4.51%)	1.21%	2.25%	+5.1% (新版+3.4%)	−1.5%	+0.7%
军事	510 (新版 490)	365	43684	0.51% (新版占 0.73%)	0.06%	0.15%	+62.9% (新版+70.1%)	+8.3%	+24.2%
经济	7252 (新版 6096)	8217	981828	7.19% (新版占 9.05%)	1.38%	3.34%	+16.9% (新版+16.6%)	+3.8%	+8.1%
文化、科学、教育、体育	42376 (新版 23870)	512493	20124260	41.98% (新版占 35.46%)	86.21%	68.46%	+13.1% (新版+8.6%)	+2.4%	+6%
语言、文字	3176 (新版 1916)	7657	1050471	3.15% (新版占 2.85%)	1.29%	3.57%	+16.6% (新版+17.8%)	+17.7%	+27.5%
文学	9735 (新版 7531)	12247	1355491	9.64% (新版占 11.19%)	2.06%	4.61%	+2.6% (新版−1.5%)	+5.6%	+4.1%
艺术	5350 (新版 3551)	7809	427083	5.3% (新版占 5.28%)	1.31%	1.45%	−3.8% (新版−3.7%)	−27.9%	+1.8%
历史、地理	3686 (新版 3141)	5612	387858	3.65% (新版占 4.67%)	0.94%	1.32%	+4.6% (新版+5.7%)	−13.9%	−1.2%
自然科学总论	321 (新版 230)	1002	73282	0.32% (新版占 0.34%)	0.17%	0.25%	+8.8% (新版+16.2%)	−2.2%	+49.1%
数理科学、化学	1810 (新版 1079)	2962	327123	1.79% (新版占 1.6%)	0.5%	1.11%	10% (新版+3.5%)	+5.6%	+17.5%
天文学、地球科学	799 (新版 760)	393	26976	0.79% (新版占 1.13%)	0.07%	0.09%	14.1% (新版+17.8%)	−36.2%	−13.7%
生物科学	394 (新版 275)	186	24596	0.39% (新版占 0.41%)	0.03%	0.08%	−1% (新版−6.1%)	−3.1%	+5.4%
医药、卫生	3844 (新版 2659)	3688	579158	3.81% (新版占 3.95%)	0.62%	1.97%	11.3% (新版+13.9%)	+1.2%	+10.3%
农业科学	2052 (新版 1411)	1628	131065	2.03% (新版占 2.1%)	0.27%	0.45%	−12.2% (新版−5.2%)	−26.3%	−21.6%
工业技术	9887 (新版 6156)	17270	2410000	9.79% (新版占 9.14%)	2.9%	8.2%	+5.1% (新版+12.5%)	−0.5%	−0.1%
交通运输	672 (新版 422)	960	116580	0.67% (新版占 0.63%)	0.16%	0.4%	62.3% (新版+62.3%)	+5.1%	+21.3%
航空、航天	122 (新版 114)	32	6113	0.12% (新版占 0.17%)	0.01%	0.02%	9.9% (新版+7.5%)	−20%	+43.5%
环境科学	227 (新版 210)	126	14207	0.22% (新版占 0.31%)	0.02%	0.05%	8.6% (新版+8.2%)	+14.5%	−13.1%
综合	3013 (新版 2564)	3102	464195	2.98% (新版占 3.81%)	0.52%	1.58%	−2.7% (新版−2.2%)	−1.2%	+6.6%

*"−"表示下降,"+"表示增长。

1994年各类课本及少年儿童读物出版情况

表三

类别	总数（种）	总印数（万册）	总印张（千印张）	与上年相比种数	与上年相比总印数	与上年相比总印张
大专课本	6503（新版2972）	17875	2343932	＋37.51％（新版＋42.88％）	＋161.22％	＋146.77％
中专课本	2333（新版776）	7492	823087	＋6.05％（新版＋34.96％）	＋7.83％	＋8.48％
中学课本	2434（新版727）	103867	6080770	－1.46％（新版－28.3％）	－1.71％	＋8.26％
小学课本	3127（新版1033）	162830	4428104	＋11.52％（新版＋8.39％）	＋1.1％	＋4.02％
业余教育课本	317（新版146）	476	57608	－18.3％（新版－5.81％）	－33.8％	－32.26％
扫盲课本	4（新版1）	9	534	－95.74％（新版－80％）	－98.45％	－97.18％
教学用书	1996（新版860）	5151	343461	＋7.25％（新版－2.93％）	－33.27％	－19.28％
少年儿童读物	3064（新版1664）	13173	439115	－25.01％（新版－23.81％）	－29.54％	－6.84％

*“－”表示下降，“＋”表示增长。

资料来源：新闻出版署计划财务司公布，原载《新闻出版报》1995年7月12日。

图书出版纪事

1994年图书出版纪事

1　月

5日　《陈毅诗词全集》出版座谈会在北京举行。

6日　由新闻出版署举办的《诗琳通公主诗文画集》首发式在北京举行。

8～24日　由中国出版对外贸易总公司与澳大利亚满江红出版公司联合举办的《首届中国图书展览会》在澳大利亚悉尼市举行。共展出中文图书5000余种。

9～11日　由上海38家出版社和新华书店上海发行所联合举办的"第八届沪版图书看样订货会"在上海举行。汇集沪版图书近万种。

14日　国家教委、新闻出版署联合发出《关于同意增补徐福生、张黎洲、薛剑秋为〈汉语大词典〉工作委员会成员的通知》。

14～19日　"第四届台北国际书展"在台北世贸中心举行。来自22个国家和地区的13万册图书参展。

14日　由新闻出版署召开的《邓小平文选》第三卷出版印刷发行工作总结表彰会在北京举行。人民出版社等13家出版印刷发行单位受到表彰。截至1月14日全国已发行2130万册。

△新闻出版署向各省、自治区、直辖市新闻出版局发出《关于继续做好〈邓小平文选〉第三卷出版印刷、发行工作的通知》。

△新闻出版署发出《关于对〈邓小平文选〉第三卷出版、印刷、发行单位进行表彰的决定》。

19日　新闻出版署向各省、自治区、直辖市新闻出版局、各有关中央级出版社发出《关于第一届国家图书奖获奖图书再版重印、供货发行的通知》。

20日　《邓小平文选》第三卷蒙古文、藏文、维吾尔文、哈萨克文、朝鲜文五种民族文版出版发行。

21日～2月9日　由北京市新闻出版局、北京市教育局、北京市新华书店首都发行所联合举办的"优秀读物展销"在北京市新华书店所属书店同时展销。

24～29日　"全国新闻出版局局长会议"在北京举行。来自各省、自治区、直辖市新闻出版局局长以及在京部分中央级出版社的负责人140余人出席会议。

27～30日　由日本图书出版协会等7个团体联合主办的"94东京国际书展"在日本东京举行。"国际电子出版展览会"同时举行。

29日　由新闻出版署主办的"第一届国家图书奖"在北京颁奖。《中国大百科全书》、《中国美术全集》、《中国经济体制改革的模式研究》、《宋庆龄——二十世纪的伟大女性》、《随想录》、《西藏简明通史》(藏文)等135种图书获奖。其中8种获国家图书奖荣誉奖，45种获国家图书奖，82种获国家图书奖提名奖。

2　月

1日　《邓颖超文集》、《忆邓大姐》出版发行。江泽民、李鹏、陈云、薄一波、陈慕华等题词，赵朴初题写书名。

4日　国家版权局、新闻版署联合发出《关于立即停止销售未经授权而复制的外国作品复制本的紧急通知》。

5日　由人民出版社和北京大学火星人公司联合研制的《邓小平文选》第三卷电子版全文检索系统演示会在北京举行。

15～28日 应中国出版对外贸易总公司的邀请，韩国图书公司权赫八等三人来华访问并与中国出版对外贸易总公司进行业务洽谈。

16日 中国共产党优秀党员、忠诚的共产主义战士、著名编辑家、出版家、评论家和翻译家，国家出版委员会主任，中国出版工作者协会名誉主席，原国家出版局副局长，全国政协第二、三、四、七届委员，第五、六届全国人大代表王子野同志因患癌症在北京逝世。

17日 由中国史学会、吉林人民出版社联合召开的《二十六史大辞典》出版座谈会在北京举行。李瑞环同志对辞书出版表示祝贺与鼓励。吴阶平、谷牧、李德生等出席座谈会。

17～19日 由新华书店天津发行所主办的“94图书、年货看样订货会”在天津举行。来自本市及部分省市的42家出版社150余个销售店400余人参加订货会。订货码洋达600万元。

17～21日 由中国版协经营管理研究委员会举办的“第七届首都图书交易会”在北京举行。来自首都及全国各地的270余家出版社的5万余种各类图书参展。500余家新华书店、外文书店、古籍书店和其他国营、集体书店参加看样订货。

18日 新闻出版署向各省、自治区、直辖市新闻出版局发出《关于报送图书出版信息的通知》。

21～25日 世界知识产权组织召开的“关于解决国家间知识产权领域争端第六次专家会议和缔结解决国家间知识产权领域争端协议外交会议第二次预备会议”在日内瓦举行。我国派员参加该次会议。

25日—3月6日 由语文出版社语文书店与马来西亚学林书局联合举办的“中国语文工具书展”在吉隆坡举行。共展出5000余种图书。

3　月

1日 《中华英烈大辞典》出版座谈会在北京举行。李沛瑶、王光英、李德生等与中宣部、新闻出版署负责同志出席座谈会。

3日 经新闻出版署批准，辽宁师范大学出版社成立。

3～6日 由全国大学版协主办的“全国大学出版社94图书看样订货会”在桂林举行。来自全国80余家大学出版社、200余家新华书店参加订货会。

4日 新闻出版署召开部分中央一级出版社及上级主管单位负责人会议。公布对20家中央级出版社出版的23种图书编校质量的检查结果，并对18家出版社出版不合格图书作出处理决定。

7日 新闻出版署发出《关于今后出版、印刷日历、挂历等应标明各周休息日的通知》。

7～9日 由中国大学出版社协会主办的“高校出版社发行系统会议”在桂林举行。

8日 “中国出版科研奖励基金”设立。这是由杭州大学出版社经营部、中国书籍出版社共同捐资20万元而设立的。

10～25日 由中国出版对外贸易总公司组织国内出版社和新华书店举办的“柔佛——中国图书展览”在马来西亚新山市举行。9000余种各类图书参展。

11日 《当代中国的上海》首发式在上海举行。江泽民题词：“以史为鉴别，继往开来，建设新上海。”朱镕基同志为该书作序。

12日 新闻出版署发出《关于国际文化出版公司等18家出版社出版20种编校质量不合格图书的处理决定》。

△新闻出版署发出《关于防止在出版物中泄露国家秘密的通知》。

△经新闻出版署批准，黄河水利出版社成立。

△《王震》大型画册、纪念专辑《尊师重教的典范——王震同志》发行座谈会在北京举行。江泽民题写书名。李岚清、李铁映、宋任穷、雷洁琼等出席座谈会。

15日 经新闻出版署批准，宁夏少年儿童出版社成立。

20日 《谢子长》出版发行座谈会在北京举行。江泽民题写书名。邹家华出席座谈会。

20～22日 由中国出版工作者协会、中国出版工作者协会美术出版研究委员会主办的“94全国图书交易会”在上海举行。来自全国250余家新华书店、专业美术书店、古籍书店、外文书店和全国美术出版社自营的专业书店参加。

21日 《好主任钟期光上将》出版发行。江泽民为该书题词：“学习钟期光同志，继承和发扬我军政治工作优良传统。”刘华清、张震题词、作序。

21～25、28至4月1日 由新闻出版署举办的“合作出版研讨班”在南京分两批举行。

22日 新闻出版署批复解放军总政治部，同意恢复解放军出版社、解放军文艺出版社建制。

24～26日　由国家版权局与世界知识产权组织联合举办的“著作权保护与经济文化发展地区研讨会”在昆明举行。来自亚洲9个国家和地区的代表100余人参加研讨会。世界知识产权组织总干事鲍格胥博士出席研讨会并主持了开幕式。

25日　由新闻出版报、中国出版、博览群书、文汇读书周报等9家报刊联合主办的“第七届全国图书‘金钥匙’奖”在北京揭晓。160种优秀图书获奖。《邓小平思想论》等10种获一等奖;《中国共产党的七十年》(简本)等20种获二等奖;《周恩来—智慧·勇气·忠诚的化身》等30种获三等奖;《演讲学十讲》等100种获优胜奖。

26～29日　由文化部举办的“中国文化艺术出版品展览”在美国洛杉矶市举行。来自全国各省市的20余家音像出版单位及两家大型综合图书出版社的数千个品种的音像制品和图书参展。

27日　由河南人民出版社、中原农民出版社承办的“’94全国文艺图书集团订货会”在河南郑州举行。

29～4月4日　由中国图书进出口总公司举办的“’94大陆图书展览”在台北市举行。大陆180余家出版社的1.8万余种图书参展。

4　月

1～10日　由北京市新华书店主办的“’94春季科技图书展销”在北京20余家新华书店同时举行。市新华书店组织了本市及外埠近百家专业出版社的万余种科技类图书参展。

△“’94年春季北京降价书市”在北京图书馆举行。50余家在京出版社的1.5万余种图书参展。

7～10日　“意大利波洛尼亚儿童书展”在意大利举行。我国有4家少儿出版社参展。

8日　《现代科学技术基础知识》(干部选读)出版发行。江泽民为该教材撰写序言并题写了书名。

14日　由山东教育出版社出资设立的全国首家“教师出版基金”座谈会在北京举行。山东教育出版社每年将出资60万元,为大、中小学教师出版学术专著和多人论文合集。

14～17日　由新闻出版署组织召开的“全国图书审读工作会议”在浙江宁波举行。会议交流了图书审读工作的经验,对建立全国图书审读网络、图书审读制度等进行研究讨论。来自各省、自治区、直辖市、计划单列市主管图书审读工作的负责同志60余人出席会议。

15日　由香港图书文具业商会、香港出版人发行人协会、教育图书零售业商会、中英文教出版事业协会、香港书刊业商会、香港出版学会、香港教育出版商会、联合出版(集团)有限公司、朗文出版(亚洲)有限公司、中文大学出版社、现代教育研究社有限公司、联邦出版社有限公司、商务印书馆、宣道出版社、博益出版集团有限公司、养德堂等出版社团及企业组成的“香港出版总会”在香港成立。

15—21日　由中国对外经济贸易出版社、中国财政经济出版社、中国物价出版社等20家出版社联合举办的“最新经济类图书展销”在北京市新华书店举行。共展销经济类图书3000余种。

19日　由中国和平出版社和埃及驻华使馆新闻处联合举办的《穆巴拉克传》中文版首发式在北京举行。全国政协副主席赛福鼎·艾则孜为首发式题词祝贺。

23日　《任弼时传》、《任弼时年谱》出版发行暨任弼时同志诞辰90周年纪念座谈会在北京举行。江泽民、李瑞环、朱镕基、王汉斌等党和国家领导人出席座谈会,江泽民同志发表讲话。

△由荣宝斋与荣宝斋(香港)有限公司联合举办的“荣宝斋百年纪念——近代书画珍品展览会”在香港举行。共展出了近代书画作品232件。

28—5月6日　由北京市新闻出版局主办的“94北京书展”在新加坡举行。北京市属出版社和部分期刊社、在京中央出版社30余家的图书、期刊参展。同时进行了图书交流与版权贸易洽谈活动。

5　月

3～7日　“94年第八届日内瓦国际图书沙龙”在瑞士日内瓦举行。来自40多个国家和地区的近千个单位参展。我国15年省市、51家图书和期刊出版单位组团参展。

5日　由中国书刊发行业协会主办的“第六批全国优秀畅销书”在北京揭晓,共评出包括理、工、农医等各类图书97种。

5～8日　由北京市新闻出版局、团市委、北京青少年服务中心联合主办的“第九届特价书市”在北京举行。100多家出版社、书店的数万种各类优秀图书及音像制品参展。

6～10日 “全国人民出版社第二届年会”在广西南宁举行。来自各省、自治区、直辖市人民出版社的社长或总编辑出席会议。

9～13日 由联合国教科文组织和新闻出版署在北京联合举办“国际图书发行高级培训班”。

10日 《汉语大词典》编纂出版庆功会在北京举行.江泽民、李鹏会见有关专家学者.江泽民题词:“弘扬中华民族优秀文化,建设社会主义精神文明。”李鹏题词:“继往开来,源远流长。”

10～20日 由江苏省图书进出口公司、加拿大星光影视与文化艺术馆联合主办的“江苏版图书展”在加拿大多伦多举行。

14日 由上海市新华书店举办的“纪念上海解放45周年图书展销”在上海举行。

15日 《四库全书存目丛书》编纂工作启动座谈会在北京举行。

16～19日 新闻出版署委托新华书店总店召开的“全国新华书店、城市发行工作研讨会”在上海举行。200余人出席研讨会。

18日～6月2日 由北京医药卫生书店主办的“第九届全国医药卫生图书展销会”在北京举行。来自全国60余家出版社的各类医药卫生图书5000余种参展。

△由全国最大的建筑专业书店——北京建筑书店举办的“首届全国建筑图书展销会”在北京举行。来自全国中央级出版社、地方出版社和大学出版社的各类建筑图书2000余种参展。

20～22日 “94北京知识产权保护国际研讨会”在北京举行。

28日～6月5日 由中国对外贸易总公司与墨尔本华人艺术节组委会联合举办的“墨尔本首届中国图书文化展览会”在澳大利亚墨尔本市举行。

6　月

6日 新闻出版署向各省、自治区、直辖市新闻出版局发出《关于印发〈对台出版交流管理暂行规定〉的通知》。

9～12日 由中国出版工作者协会经营管理研究委员会主办的“第八届首都社科书市、第九届科技书市”在北京举行。150余家社科、科技出版社的4万余种图书及音像制品参展。

11～19日 “94世界华文书展”在新加坡吉隆坡举行。我国2500余种图书参展。

13日 新闻出版署向各省、自治区、直辖市新闻出版局、全国各出版社发出《请立即缴送样书的通知》。

16日 新闻出版署向各省、自治区、直辖市新闻出版局、中央各出版社发出《关于加强图书审读工作的通知》。

△国务院新闻办公室发表《中国知识产权保护状况》白皮书。白皮书详细阐述了中国保护知识产权的基本立场和态度,系统地介绍了中国知识产权立法和执行的现状以及中国积极承担知识产权保护国际义务等方面的情况。

18日 由国家版权局召开的“知识产权保护座谈会”在北京举行。

21日 国家版权局向各省、自治区、直辖市及计划单列市版权局(处)发出《关于〈对侵犯著作权行为行政处罚的实施办法〉的通知》。

△由中国出版工作者协会和中国地理学会联合主办的“全国首届优秀地理图书”颁奖大会在北京举行。共有136种图书获奖。其中学术著作:一等奖7种,二等奖9种,三等奖18种;教材:一等奖7种,二等奖8种,三等奖9种;科普读物;一等奖3种,二等奖7种,三等奖13种;工具书:一等奖3种,二等奖4种,三等奖7种;地图:一等奖7种,二等奖10种,三等奖18种;以及各类优秀奖6种。

△“第七届华东地区科技出版社优秀科技图书评选”在上海揭晓。经过评选,《高科技知识丛书》(共9册)、《现代焊接技术手册》等10种获一等奖;二等奖31种。

23日 上海哲学社会科学优秀成果(1986.1—1993.12)评奖颁奖会在上海举行。共评出特等奖、一、二、三等奖项目443项。其中《汉语大辞典》、《英汉大辞典》获特等奖;《辞海(1989年修订版)》、《哲学大辞典》、《毛泽东思想研究大系》、《上海史》、《当代中国村落家族文化》等17种获著作类一等奖;《邓小平的管理思想和领导艺术》、《论社会主义市场经济模式》等30篇论文获论文类一等奖。获二等奖的著作38部,论文57篇;获三等奖的著作99部,论文200篇。

23～30日 由江苏出版总社与台湾人类文化图书公司联合举办的“94南京台湾图书展览”在南

京举行。共展出台湾出版的少儿、教育、古籍、美术等类图书一万余种，海峡两岸中国语文教学与出版经验研讨会同时举行。

24日 “国家版权局指定香港影业协会为香港地区影视作品的著作权认证机构备忘录签字仪式”在北京举行。

7 月

2日 新闻出版署发出《关于调整、充实编辑、出版教材领导小组及编审委员会成员的通知》。桂晓风任编辑、出版教材领导小组组长，阙道隆任编辑学专业高等教材编审委员会主任。

4日 国务院新闻办公室、国家科委、外经贸部、国家工商行政管理局、国家版权局、中国专利局联合发出《关于结合学习〈中国知识产权保护状况〉白皮书 加强保护知识产权宣传教育工作的通知》。

4～5日 《续修四库全书》开始编纂工作会议在北京举行。该书由上海图书馆名誉馆长、著名目录版本学家顾廷龙任主编，中国出版工作者协会主席宋木文任工作委员会主任。

5日 八届全国人大常委会第八次会议通过了《全国人民代表大会常务委员会关于惩治侵犯著作权的犯罪的决定》，江泽民主席发布主席令。

6日 国家科委、国家工商行政管理局、国家版权局、广播电影电视部联合发出《关于加强科技系统知识产权法律贯彻实施和监督管理工作的通知》。

△新闻出版署发出《关于印发〈编辑、出版教材领导小组会议纪要〉的通知》。

△由河南省新闻出版局主办的“93河南省优秀图书、期刊、音像制品”颁奖大会在郑州举行。《黄河水土保持》、《国有企业总体改革论》等10种获一等奖；《毛泽东和他的将帅们》等20种获二等奖。另21种期刊、12种优秀音像制品、11种优秀录音带获奖。

7日 由中国知识产权研究会、中国版权研究会联合组织的“《中国知识产权保护状况》白皮书座谈会”在北京举行。

7～8日 由中宣部召开的1993年度精神文明建设“五个一工程”工作会议在北京举行。入选作品揭晓，《北京教育丛书》等20部图书入选。

10～16日 由中国福利会、上海宋庆龄基金会、上海文化发展基金会等联合举办的“’94上海国际儿童文化艺术节及’94国际少年儿童读物展”在上海举行。

10～8月15日 “荣宝斋书画精品展”在美国洛杉矶市举行。

11日 新闻出版署向所直属的出版社发出《关于举办第二届署直属出版社优秀图书奖评选活动的通知》。

11～13日 首届教育版图书暑期订货会在北戴河举行。来自全国20余家教育出版社精选的4000余种图书参展。

11～15日 由新闻出版署、国家教委联合举办的“高校编辑学专业联席会议暨全国编辑、出版高等教材编审委员会座谈会”在合肥举行。来自清华大学等十几所高等院校以及中国出版工作者协会、中国出版科学研究所、中国编辑学会等有关单位负责人30余人出席会议。

14日 新闻出版署向各省、自治区、直辖市新闻出版局、各中央级出版社发出《关于禁止“收费约稿”的通知》。

21～25日 由香港发展贸易局主办的“第五届香港书展”在香港举行。来自中国大陆、台湾、香港、澳门以及美国、法国、英国、日本、越南、马来西亚等11个国家地区的400多家出版商参展。

22日 由国家语委、新闻出版署联合召开的《出版物上数字用法》和《标点符号用法》国家标准审定会在北京举行。

27日 新闻出版署发出《关于实行〈出版社年检登记制度(试行)的通知》。

29日 新闻出版署发出《关于转发杨牧之同志在全国审读工作会议上的讲话的通知》。

△国务院召开电话会议，动员和部署全国各地方、各部门加大知识产权执法力度，加强知识产权保护工作。国家版权局局长于友先做了“进一步加强著作权保护”的讲话。

30～8月1日 由全国美术出版社联合发行集团和广东岭南美术出版社、广东省中山图书馆主办的“中国美术图书展”在广州举行。来自全国20多家美术出版社的400余种图书参展。

8 月

1～5日 由中宣部出版局、新闻出版署联合举办的“全国少儿读物出版工作座谈会”在天津举行。来自全国28家少儿出版社和部分少儿报刊社的负责人参加会议。

11日　新闻出版署发出《关于印发于友先同志〈总结经验,深化改革,促进图书发行事业健康发展〉讲话的通知》。

16～23日　由甘肃省新闻出版局主办的“全国性大型图书展销订货会”在兰州举行。

18～24日　由宁夏新闻出版局主办的“塞上江南图书节”在银川市举行。1.5万余种优秀图书、期刊和音像制品参展。全国地方人民出版社发行联合体年会同时举行。

19日　新闻出版署发出《关于开展图书发行企业效益指标评价工作的通知》。

21日　《邓小平治军方法研究》出版发行。刘华清题写书名。张震题词:“学习邓小平治军方法,加强军队革命化现代化正规化建设。”

26日　新闻出版署发出《关于举办第二届全国优秀外国文学图书奖评奖活动的通知》。

31～9月6日　由中国国际图书贸易总公司主办的“’94国际财政金融经济图书展览”在北京举行。来自美、英、日本等国及港台地区的近百家出版社的3000余种各类图书参展。

9　月

1～6日　由中国图书进出口总公司主办的“第五届北京国际图书博览会”在北京举行。来自英国、美国、法国、日本以及香港、台湾等国家和地区的1500余家中外出版社9万余种各类图书参展。

1～11日　由北京市新华书店主办的“北京市图书报刊博览会暨’94金秋北京书市、首都图书交易会”在北京举行。6万余种各类图书、报纸、杂志参展。

2日　“海峡两岸和香港地区出版座谈会”在北京举行。100余人出席座谈会。

△全国首届“奋发文明进步图书奖”颁奖大会在北京举行。《中国手语》、《把一切献给党》等15种图书获一等奖;《中国残疾名人辞典》等25种获二等奖;37种获提名奖。

3～12日　由中国出版对外贸易总公司与澳大利亚满江红出版公司联合举办的“首届中国图书展览会”在澳大利亚悉尼举行。我国5000余种各类图书参展。

3～9日　由第六届远东及南太平洋地区残疾人运动会举办的“中国残疾人出版成就暨获奖图书展”在北京举行。

5日　《李硕勋》画册出版座谈会在北京举行。邓小平题词:“李硕勋烈士永垂不朽”;江泽民题词:“李硕勋烈士革命精神永存”;李瑞环题词:“浩气长存”;刘华清题词:“伟业千秋存,英名万古留。”

6日　新闻出版署发出《关于核发1994年新书使用书号总量的通知》。

第五届冰心儿童图书奖、第二届冰心儿童图书新作奖、首届冰心艺术奖在北京颁奖。《人类探险史故事》、《世界儿童传记文学全集》等19种图书获奖。《梦之树》等4种获第二届冰心儿童图书新作奖大奖。

6～19日　“第八届图书订货会”分别在上海、西安、北京、辽宁四地举行。

7日　新闻出版署发出“关于对中央民族大学出版社等9家出版社出版9种质量不合格图书的处理决定”。

10～20日　由西安市新华书店主办的“西安第五届古文化艺术节大型书市”在西安举行。来自全国100多家图书出版社、数十家音像出版社的1.5万种图书、音像制品千余种参展。

11日　由胡绳任总顾问、季羡林任总编纂,国内外近百位古籍整理专家和版本目录学者组成的编纂《四库全书存目丛书》委员会成立。李鹏题词:“编纂四库存目丛书,保护中华历史文化”;乔石题词:“弘扬民族优秀文化传统,使中华历史遗产在人类文明宝库中永放异彩”。

14～19日　第八届华东地区优秀政治理论读物评奖在山东举行。华东地区7家人民出版社、2家综合出版社及有关部门负责人27人出席会议。《毛泽东思想研究大系》等15种图书获一等奖。

15日　第三届电子图书大联展在全国75个大中城市新华书店、148家基层书店同时展出。800余种各类图书参展。

15～20日　’94全国职工书市在天津举行。20多个省市文化宫及厂矿企业图书馆提供科技、文学艺术等书刊和音像制品参展。

24～29日　“中国社会发展成就展览会”在北京举行。新闻出版署组织优秀出版物参展。中央及北京地区的54家出版社的图书销售同时举行。

27～10 月 7 日 "首届四川书市"在成都举行。来自海内外 500 多家出版社 5 万余种图书参展。

30 日 新闻出版署发出《关于印发图书发行体制改革调研提纲的通知》。

10 月

5～10 日 "第 46 届法兰克福国际书展"在德国法兰克福市举行。

6～17 日 由新闻出版署主办的"第六届全国书市"在湖北武汉市举行。来自全国 800 余家出版社、期刊社及 2500 家书刊发行单位的 7 万多种图书、音像制品参展。同时,来自美国、新加坡、马来西亚等国和港台地区的 50 余家出版机构派团参加版权贸易洽谈。

8～11 日 由中国音像协会等几家单位联合举办的"'94 中国音像博览会"在北京举行。来自全国的 150 余家音像出版单位参展。

11 日 由解放军报社主办的全军第三届"当代军人喜爱的军版图书"评选在京颁奖。军内 13 家出版社出版的《一代战将》、《红墙里的瞬间》、《谋略论》、《孙子兵法词典》、《高科技与现代军事》等 45 种图书分别获一、二、三等奖。

17 日 荣宝斋建店 100 周年庆典在北京中国美术馆举行。江泽民、李鹏、乔石等分别为荣宝斋百龄庆典题词。江泽民题词:"弘扬祖国优秀传统文化,建设社会主义精神文明。"李鹏题词:"繁荣书画瑰宝,弘扬中华文化。"乔石题词:"荟萃祖国艺术瑰宝,弘扬中华传统文化。"题词祝贺的还有荣毅仁、李铁映、陈希同、薄一波、宋任穷、王光英、程思远、卢嘉锡、赵朴初等。

17～27 日 由北京市新闻出版局举办的"北京第 10 届特价书市"在首都体育馆举行。来自 150 家中央及北京市的出版社、国有及集体书店的各类图书及音像制品数万种参展。

18 日 《北京正负电子对撞机工程画册》首发式在北京举行。邓小平为该画册题写书名。聂荣臻生前作序。

19 日 国家版权局向各省、自治区、直辖市版权局(处)发出《关于计算机软件著作权管理的通知》。

21 日 全国人大常委会八届第十次会议首次审议《中华人民共和国出版法(草案)》。受国务院委托,新闻出版署署长于友先对《出版法(草案)》进行了说明。

22～24 日 "邓小平大型图书展"在香港举行。

23 日 由国家民委和新闻出版署联合主办的"第三届中国民族图书奖"在北京颁奖。全国 25 家出版社的 19 个文种共 77 种图书获奖。《蒙古部族舞蹈之发展》等 10 种获一等奖;《中国回族》等 15 种获二等奖;《西藏王臣记》等 25 种获三等奖;另有 27 种获提名奖。

24～27 日 由新闻出版署主办的"'94 北京国际电子出版研讨会及展览"在北京举行。来自中国、日本、奥地利、德国、英国、荷兰、美国、加拿大以及香港、台湾地区的厂家参展。新闻出版署副署长于永湛和日本电子出版协会主席前田完治先生分别作了题为《中国电子出版物的发展现状与前景》和《多媒体时代与出版》的专题报告。

25 日 新闻出版署向各省、自治区、直辖市新闻出版局及各出版社发出《关于加强挂历出版、销售管理的通知》。

11 月

1 日 《发展中国家的环境与贫困危机》中文版首发式在北京举行。

2 日 《邓小平文选》第一卷、第二卷第二版出版发行。第一卷增补了 4 篇文章,第二卷增补了 14 篇文章。

2～4 日 由中国书刊发行协会科技发行委员会和中国版协科技出版委员会联合举办的'94 科技教育图书交易会在北京举行。来自中央和地方科技出版社 60 家的 6000 余种图书参加交易会。各地新华书店和社会各界办的书店 90 余家订货,订货码洋近 4000 万元。

5 日 "万村书库"工程座谈会在北京举行。新加坡驻华大使代表内阁资政李光耀将其在中国出版图书的版权费 10 万元人民币捐给"万村书店"工程;亚洲农业研究发展基金捐资 200 万元;小霸王公司提供 100 台电脑学习机;杨育东捐赠 30 万元人民币。

7 日 中央宣传部、新闻出版署联合发出《关于表彰第二批优秀出版单位的决定》,被表彰的 15 家优秀出版单位是：人民文学出版社、文物出版社、机械工业出版社、金盾出版社、清华大学出版社、人民邮电出版社、天津人民美术出版社、百花文艺出版社、上海辞书出版社、浙江少年儿童出版社、广东科技出版社、岳麓书社、辽宁人民出版社、山东教育出版社、江苏教育出版社。表彰会于11日在北京举行。

10日 由人民出版社和北京大学联合开发制作的电子版《邓小平文选》第一、二、三卷合订本演示会在北京举行。

13日 《续修四库全书》顾问会议在北京举行。顾廷龙、张岱年、张政烺、刘起玗等来自海内外知名的古文献学术界著名专家学者20余人参加会议。

14日 新闻出版署向各省、自治区、直辖市新闻出版局、全国各出版社发出《关于禁止中国标准书号"一号多用"的规定》。

15日 新闻出版署向各省、自治区、直辖市新闻出版局、各出版社发出《印发〈关于出版少年儿童读物的若干规定〉的通知》。

18日 中国辞书学会常务理事会和中国辞书资格评审委员会在北京举行。经新闻出版署批准，决定从1995年起设立中国辞书工具书专业最高奖、中国辞书奖。同时，中国辞书首届评审委员会成立。

20～12月3日 由中国出版对外贸易公司与美国海德集团联合举办的"中国百家出版社图书展销会"在美国洛杉矶举行。18万余种图书参展。

22日 新闻出版署、国务院宗教事务局、海关总署联合发出《关于承接〈圣经〉印件的管理规定》。

23～12月4日 由广州市委宣传部、市新闻出版局、市新华书店联合主办的'94南国书香节和第二届羊城书市在广州举行。来自全国各地和港澳台地区的出版、发行单位的6万多种各类图书及音像制品参展。

12　月

3日 新闻出版署聘请7位出版物评议员。他们是：全国人大张书义、全国政协张西洛、国家教委周思、全国总工会郈先福、团中央胡伟、全国妇联关涛、全国关心下一代工作委员会王立文。第一次评议员座谈会6日举行。

5日 中国科学技术协会、新闻出版署联合发出《关于举办第四届"科蕾奖"评奖活动的通知》。

7～8日 由国家版权局、电子工业部、IBM中国有限公司联合主办的"'94中美知识产权研讨会"在京举行。近百名中美专家参加研讨会。

12日 由全国党建研究会、求是杂志社等联合举办的第五届"本钢杯"全国优秀党建读物评选颁奖座谈会在北京举行。《毛泽东建党思想》等10种获一等奖；《工人阶级与中国共产党》等20种获二等奖。

15日 新闻出版署、国家版权局联合发出《关于认真贯彻〈国务院办公厅关于加强知识产权保护，查处侵权盗版活动〉的紧急通知》。

16日 《风雨四十年》首发式在福建漳州举行。杨尚昆作序，陈云题写书名。

△新闻出版署向中央和国务院各部、委、办、局（出版社主管部门），各省、自治区、直辖市新闻出版局、总政宣传部、全国出版社发出《关于1995年出版社年检登记的通知》。

△由人民文学出版社、广东炎黄文化研究会联合设立的炎黄杯"人民文学奖（1986～1994年长篇小说、长篇纪实文学）"和"《当代》文学奖"颁奖会在北京举行。《中国知青梦》、《失态的季节》获特别奖；《长城万里图》等14部长篇获奖；《纪实与虚构》等获提名奖。

17日 由团中央、文化部、广电部、新闻出版署联合举办的"中国青年优秀图书奖"颁奖会在北京举行。《我的父亲邓小平》等100种获奖；《世界之瑰宝》等60种获提名奖。

△由中国出版工作者协会、中国编辑学会主办的"首届全国优秀中青年图书编辑奖"颁奖会在北京举行。105名优秀中青年编辑受表彰。

18日 中国编辑学会青年编辑研究委员会在北京成立。中国青年出版社社长胡守文任主任，上海人民出版社社长兼总编辑陈昕等四位任副主任。

19日 新闻出版署发出《关于加强电子出版物管理的通知》。

19～20日 由中宣部、新闻出版署、中国出版工作者协会等联合召开的"金盾出版社出版发行改革经验研讨会"在北京举行。

20日 《聂荣臻传》出版发行暨纪念聂荣臻诞辰95周年座谈会在北京举行。江泽民同志讲话，邓小平同志为该书题写书名。

21日 由中国图书评论学会承办的"第八届中国图书奖"揭晓。《毛泽东之路书系》、《走向市场经济丛书》等91种获奖。

（何秀珍整理）

索　引

辞目分类索引

A　马克思主义、列宁主义、毛泽东思想、邓小平理论

邓小平文选(第1—3卷) …………………… A000001
中国第二次革命的伟大开端——邓小平在1978 …………………… A000002
毛泽东诗词艺术 …………………… A000003
我眼中的邓小平 …………………… A000004
鲲鹏之梦 …………………… A000005
毛泽东和他的将帅们 …………………… A000006
毛泽东名联趣话 …………………… A000007
邓小平的改革思想研究 …………………… A000008
毛泽东手书选集·古诗词卷(上下) …… A000009
光辉的旗帜　行动的指南 …………………… A000010
中国军事第一人毛泽东 …………………… A000011
毛泽东邓小平思想政治教育理论与实践 …………………… A000012
邓小平著作选读(青年读本) …………………… A000013
毛泽东与近代中国 …………………… A000014
毛泽东建党思想史记 …………………… A000015
毛泽东和中国文学 …………………… A000016
邓小平教育思想研究文集 …………………… A000017
毛泽东选集索引 …………………… A000018
毛泽东读古书实录 …………………… A000019
《剩余价值理论》研究 …………………… A000020
当代中国的精神支柱 …………………… A000021
时代的圣火 …………………… A000022
毛泽东诗词、对联心解 …………………… A000023
总设计师和他的工程 …………………… A000024
走出战争迷宫 …………………… A000025
邓小平经济思想的渊源与发展 …………………… A000026
毛泽东的世界丛书 …………………… A000027
毛泽东军事年谱(1927～1958) …………………… A000028
邓小平战略思想论 …………………… A000029
邓小平理论与海南特区实践 …………………… A000030
毛泽东新闻思想研究 …………………… A000031
邓小平:在历史的天平上 …………………… A000032
邓小平法学思想论 …………………… A000033
邓小平理论与广东实践 …………………… A000034
邓小平与广西 …………………… A000035
邓小平治国韬略 …………………… A000036
邓小平与中国 …………………… A000037
当代伟人的思维 …………………… A000038
胡乔木回忆毛泽东 …………………… A000039
邓小平管理思想研究 …………………… A000040
毛泽东的探索——中国的1956～1976 …………………… A000041
当代中国的马克思主义 …………………… A000042
毛泽东财经思想研究 …………………… A000043
邓小平新时期军事理论研究 …………………… A000044
论邓小平人民民主专政思想 …………………… A000045
邓小平理论与实践研究丛书 …………………… A000046
毛泽东诗词白话全译 …………………… A000047
邓小平建设有中国特色社会主义重要言论 …………………… A000048
大战略——邓小平军队现代化建设思想研究 …………………… A000049
毛泽东诗词鉴赏 …………………… A000050
当代中国的马克思主义 …………………… A000051
人的世界与世界的人 …………………… A000052
书家毛泽东 …………………… A000053
马克思恩格斯文艺学体系 …………………… A000054
毛泽东诗词鉴赏大全 …………………… A000055
邓小平在太行拾录 …………………… A000056
邓小平思想理论大辞典 …………………… A000057
毛泽东外交思想研究 …………………… A000058
巴蜀情 …………………… A000059

邓小平青年思想研究 …… A000060
毛泽东经济思想与当代中国 …… A000061
马克思东方社会理论 …… A000062
邓小平思想通览 …… A000063

B 哲 学

哲学理论

哲学热点新论 …… B000001
智慧的探索 …… B000002
中国的个人崇拜 …… B000003
虚假论 …… B000004
衰落论 …… B000005
超前认识论 …… B000006
分析哲学基础 …… B000007
观念 …… B000008
马克思主义哲学前史 …… B000009
马克思主义哲学的新视野 …… B000010
当代哲学主流研究 …… B000011
马克思主义哲学原理 …… B000012
文明精神结构论 …… B000013
马赫思想研究 …… B000014
哲学方法论纲 …… B000015
哲学解释学 …… B000016
唯物辩证法的理论与方法 …… B000017
论真假 …… B000018
对人的哲学理解 …… B000019
西方智慧通典——对多维世界的一百种眼光 …… B000020
东西方哲学比较研究 …… B000021
马克思主义哲学史(第四卷) …… B000022
理性的历史沉思 …… B000023

中国哲学

天人·人际·身心 …… B000024
周易的数学原理 …… B000025
老子考辨 …… B000026
大同书 …… B000027
仁学 …… B000028
尊隐 …… B000029
默觚 …… B000030
訄书 …… B000031
论世变之亟 …… B000032
新民说 …… B000033
强学戊戌时论选 …… B000034
蒙古族哲学思想史 …… B000035
中国传统思维方式研究 …… B000036
中国哲学大辞典 …… B000037
淮南子校注译 …… B000038
三松堂全集(第13卷) …… B000039
梁启超哲学思想新论 …… B000040
宋明理学 …… B000041
唐君毅思想研究 …… B000042
孔子思想及其现代意义 …… B000043
中国哲学史通览 …… B000044
体用论 …… B000045
中国文化 …… B000046
清儒学案新编 …… B000047
周易六十四卦新探 …… B000048
善的历程 …… B000049
周易集解纂疏 …… B000050
老子指归 …… B000051
老学新探 …… B000052
周易的思维与逻辑 …… B000053
道德经注译与析解 …… B000054
庄子全译 …… B000055
老子注三种 …… B000056
实践与超越 …… B000057
论衡索引 …… B000058
中国唯物论史 …… B000059
老子的文化解读 …… B000060
儒学与东方文化 …… B000061
中国哲学发展史(隋唐) …… B000062
一本万殊 …… B000063
金岳霖哲学思想 …… B000064
论语解注合编 …… B000065
顾炎武论考 …… B000066
理学与中国文化 …… B000067
我的哲学思想 …… B000068
晏子春秋选译 …… B000069
中国哲学史论文索引(第5册) …… B000070
三松堂全集(第14卷) …… B000071
中国近代哲学的宏观透视 …… B000072
中国实学思想史(上、中、下) …… B000073
明代思想与中国文化 …… B000074

韩非子妙语选 …………………………… B000075
新序全译 ………………………………… B000076
虚实之辨 ………………………………… B000077
论衡选译 ………………………………… B000078
存斋随笔 ………………………………… B000079
陆王学述 ………………………………… B000080
中国古代人学思想概要 ……………… B000081
叶适评传 ………………………………… B000082
白话四书 ………………………………… B000083
先秦数学与诸子哲学 ………………… B000084
冯友兰选集 ……………………………… B000085
当代中国哲学热点透视 ……………… B000086

外国哲学

东方思想宝库 …………………………… B000087
西方的智慧 ……………………………… B000088
南斯拉夫“实践派”的历史和理论 ……… B000089
哲学的改造 ……………………………… B000090
马克思恩格斯同时代的西方哲学 ……… B000091
亚里士多德全集(第九卷) ……………… B000092
现代欧洲大陆语言哲学 ……………… B000093
西方智慧之路 …………………………… B000094
希腊空间概念的发展 ………………… B000095
走向封闭的美国精神 ………………… B000096
美国社会生活与思想史 ……………… B000097

思维科学

心之旅初探 ……………………………… B000098
实用逻辑教程 …………………………… B000099
逻辑百科辞典 …………………………… B000100
诡辩之谬 ………………………………… B000101
逻辑研究　第一卷 …………………… B000102
普通逻辑简明教程 …………………… B000103
欧美逻辑学说史 ……………………… B000104
罪恶论 …………………………………… B000105
价值·价值观的冲突 ………………… B000106
伦理学新论 ……………………………… B000107
当代中国道德价值导向 ……………… B000108
中日价值哲学新论 …………………… B000109
伦理精神与中国社会现代化 ………… B000110
名人处世家书 …………………………… B000111
左宗棠处世箴言 ……………………… B000112
冯玉祥处世明言 ……………………… B000113
仁山智水论人生 ……………………… B000114
蛮性的遗留(外一种:两条腿) ………… B000115
良心论——传统良知的社会转化 ……… B000116
当代人生哲学 …………………………… B000117
走向开放的道德 ……………………… B000118
八面来风——人的价值和物的价值 …… B000119
丑陋论 …………………………………… B000120
反理性思潮的反思 …………………… B000121
美学与电子文化 ……………………… B000122
泛美学丛书 ……………………………… B000123
思辨的美学与自由的艺术 …………… B000124
科学美与艺术美 ……………………… B000125
现代西方美学史 ……………………… B000126
东方既白 ………………………………… B000127
二十世纪西方美学精神 ……………… B000128
创造时髦 ………………………………… B000129
人类困境中的审美精神 ……………… B000130
哲人与诗——西方当代一些美学问题
　的哲学根源 …………………………… B000131
禅宗美学史稿 …………………………… B000132
效应形态论—审美世界的特质 ……… B000133
嵇康美学 ………………………………… B000134
能力原理与测量 ……………………… B000135
现代心理学 ……………………………… B000136
妇女心理学 ……………………………… B000137
现代西方心灵哲学 …………………… B000138
超常儿童心理发展与教育 …………… B000139
发现自由意志与个人责任 …………… B000140
恐惧与颤栗 ……………………………… B000141
小学生心理健康丛书 ………………… B000142
中学生心理健康丛书 ………………… B000143
死亡默想 ………………………………… B000144
智慧的发展 ……………………………… B000145
歪打正着——生活中的反常思维 ……… B000146
中国心理学思想史 …………………… B000147
记忆心理学 ……………………………… B000148
社会生活与青年心理 ………………… B000149
跨文化智力心理学研究 ……………… B000150
认知发展心理学导论 ………………… B000151

无神论、宗教

中国佛教思想史 ……………………… B000152

风水与中国社会 …………………… B000153
中国穆斯林朝觐纪实 …………………… B000154
禅宗词典 …………………… B000155
中国道教(1～4) …………………… B000156
止观坐禅法要译释 …………………… B000157
中国民众宗教意识 …………………… B000158
释迦牟尼大传(藏文版) …………………… B000159
佛藏要籍选刊 …………………… B000160
道佛儒思想与中国传统文化 …………………… B000161
中国伊斯兰百科全书 …………………… B000162
中国的佛寺 …………………… B000163
传统佛教与中国近代化 …………………… B000164
中华道学通典 …………………… B000165
叹异抄 …………………… B000166
阿弥陀经·大乘密严经 …………………… B000167
维摩诘所说经·圆觉经 …………………… B000168
中国神话学 …………………… B000169
中国禅学思想史 …………………… B000170
古尊宿语录 …………………… B000171
三教慧海 …………………… B000172
白话天方性理 …………………… B000173
天国大智慧 …………………… B000174
道教大辞典 …………………… B000175
道教文化辞典 …………………… B000176
阿底峡传(藏文版) …………………… B000177
犹太的思想 …………………… B000178
禅宗名著选编 …………………… B000179
佛教生活风情 …………………… B000180
中国雕塑观音 …………………… B000181
英国清教 …………………… B000182
神秘的八字 …………………… B000183
神秘的五行 …………………… B000184
神秘的符箓咒语 …………………… B000185
神秘的占候 …………………… B000186
中国佛教大观 …………………… B000187
文白对照佛教十三经 …………………… B000188
禅宗灯录译解 …………………… B000189
基督教与近代中国 …………………… B000190
后藏志 …………………… B000191
中国神秘文化辞典 …………………… B000192
文白对照道教十三经 …………………… B000193
中国禅学思想史纲 …………………… B000194
宗教学基本理论 …………………… B000195
中华太极图与太极文化 …………………… B000196
汉魏两晋南北朝道教史研究 …………………… B000197
妙法莲华经 …………………… B000198
首楞严经 …………………… B000199
正教箴言 …………………… B000200
宗镜录 …………………… B000201
马克思主义宗教观简明读本 …………………… B000202
西方宗教学说史 …………………… B000203
古代寺院生活探秘 …………………… B000204
苏州道教史略 …………………… B000205
佛学辞汇 …………………… B000206
净宗法语大观 …………………… B000207
苏州佛教文化 …………………… B000208
神秘的术数 …………………… B000209
纬书集成 …………………… B000210
初民的宗教与审美迷狂 …………………… B000211
伊斯兰教与西北穆斯林社会生活 …………………… B000212
中国大佛 …………………… B000213
颠倒丛书 …………………… B000214
中国寺庙文化 …………………… B000215

C 社会科学总论

济南名士丛书 …………………… C000001
中国家政大典 …………………… C000002
中国心——华夏民族性格的历史形成 …… C000003
交往行为理论(2)—论功能主义理性批判 …………………… C000004
现代能力导向 …………………… C000005
秘书学 …………………… C000006
美学与两性文化 …………………… C000007
谋事之基·成事之道 …………………… C000008
领导班子配备艺术 …………………… C000009
中国谋略事典 …………………… C000010
人口质量的经济分析 …………………… C000011
社会学概论新修 …………………… C000012
新编秘书学 …………………… C000013
办公室的学问 …………………… C000014
仿真决策引论 …………………… C000015
中华人民共和国人口与发展报告 …………………… C000016
十大公关谋略 …………………… C000017
交际之方 …………………… C000018
韬略智慧系列丛书 …………………… C000019
统御之道 …………………… C000020
应变之谋 …………………… C000021

中国近代社会思潮史 …………………… C000022
贵州省人口地图集 …………………… C000023
文书学理论与文书工作(修订本) ……… C000024
婚姻家庭关系要论 …………………… C000025
“两史一情”丛书 …………………… C000026
无助——从无助到自助的哲学 ………… C000027
孔子与现代管理 …………………… C000028
刘铮人口论文选 …………………… C000029
资本主义管理大辞典 ………………… C000030
黄镇文集 ………………………… C000031
新编智谋大全 …………………… C000032
公关警策200谈 …………………… C000033
决策案例文库 …………………… C000034
只要你过得比我好 ………………… C000035
特别的爱给特别的你 ………………… C000036
澳大利亚丛书 …………………… C000037
少儿生日礼品珍藏 ………………… C000038
实用秘书学 ……………………… C000039
评价活动论 ……………………… C000040
管理决策的理论与实践 ……………… C000041
相似·预测·决策 ………………… C000042
人口—经济增长的理论研究 …………… C000043
给领导者的100个思路 ……………… C000044
当代人口与社会 …………………… C000045
当代青年社会学 …………………… C000046
马克思主义与当代社会思潮 …………… C000047
公关心理学 ……………………… C000048
决策与科学 ……………………… C000049
人口与优生 ……………………… C000050
办公自动化 ……………………… C000051
中国常用人口数据集 ………………… C000052
微机在办公自动化中的应用 …………… C000053
中外诡谋全书 …………………… C000054
中国社会经济统计百科全书 …………… C000055
中国现代社团辞典 ………………… C000056
中国古代人才鉴识术 ………………… C000057
内蒙古少数民族人口素质研究 ………… C000058
早期中国“人”的观念 ……………… C000059
科学思想史指南 …………………… C000060
’94国际家庭年丛书 ………………… C000061
三国人才对话录 …………………… C000062
七缀集(修订本) …………………… C000063
您好丛书 ………………………… C000064
统计制图 ………………………… C000065
宦乡文集 ………………………… C000066
智谋百科(共5卷) ………………… C000067
中国城镇人口迁移 ………………… C000068
人才资源学导论 …………………… C000069
交往行动理论(1)—行动的合理性和
社会合理化 ……………………… C000070
婚恋生活的自我调试 ………………… C000071
谋略库(续二) …………………… C000072
跨越中的思索 …………………… C000073
河南人口·资源·环境丛书 ………… C000074
古今谋略辞典 …………………… C000075
思辨随笔 ………………………… C000076
谈判学 …………………………… C000077
办公自动化教程 …………………… C000078
中国古代人口史专题研究 …………… C000079
实用文科知识辞典 ………………… C000080
人口政策学 ……………………… C000081
当代大学生择业心理与技巧 …………… C000082
中国农民的社会流动 ………………… C000083
公共关系学教程 …………………… C000084
当代中国人口流动与城镇化 …………… C000085
奔向权力 ………………………… C000086
宗白华全集 ……………………… C000087
中国社团史 ……………………… C000088
统计指标导论 …………………… C000089
社会变迁与社会协调发展理论研究 …… C000090
世界大热点丛书 …………………… C000091
王观澜文集 ……………………… C000092
行为科学辞典 …………………… C000093
德赛二先生与社会主义——陈独秀
文选 …………………………… C000094
芳草天涯——费孝通外访杂文选集 …… C000095
中国人口迁移与发展的长期战略 ……… C000096
青年学专题研究 …………………… C000097
管理干部岗位培训系列教材 …………… C000098
民族心理与民族意识 ………………… C000099
社会科学论丛 …………………… C000100
中国农村人口研究 ………………… C000101

D 政治、法律

政治理论

儒家治国方略 …… D000001
人权问题纵横谈 …… D000002
人权基本文献要览 …… D000003
人事辅助决策信息系统的理论与方法 … D000004
民族问题概论 …… D000005
科学社会主义 …… D000006
西方人权学说(上) …… D000007
马克思主义人权理论 …… D000008
西方人权学说(下) …… D000009
马克思主义党学基础 …… D000010
科学社会主义(修订版) …… D000011
论国家 …… D000012
现代政治概论 …… D000013
当代西方国家理论评析 …… D000014

共产主义运动、中国共产党

国际共产主义运动史(修订版) …… D000015
中共党史专题讲义 …… D000016
刘少奇手迹选 …… D000017
党员管理与发展 …… D000018
邓颖超文集 …… D000019
在中国共产党第十四届中央委员会第三次全体会议上的讲话(1993 年 11 月 24 日) …… D000020
民主集中制理论与实践 …… D000021
在全国宣传思想工作会议上的讲话(1994 年 1 月 24 日) …… D000022
党团务工作规程 …… D000023
中国共产党东北地方组织的活动概述 … D000024
党的建设大典 …… D000025
走向 21 世纪的中国共产党人 …… D000026
来自亿元村党支部的报告 …… D000027
入党教材(新编本) …… D000028
AB 团与富田事变始末 …… D000029
马克思主义中国化的历史进程 …… D000030
党课教材(农村版) …… D000031
新时期军队党员党性修养讲话 …… D000032
聚精会神抓好党的建设 …… D000033
新时期高等学校党的建设概论 …… D000034
中国共产党陕西省组织史资料 …… D000035
中国共产党执政以来廉政建设史 …… D000036
中共广东党史概论 …… D000037
民主革命时期马克思主义在上海的传播 …… D000038
党的基本知识新编 …… D000039
发扬艰苦创业的新时代精神 …… D000040
党务工作知识手册 …… D000041
高扬的旗帜 …… D000042
建设有中国特色社会主义理论和党章学习读本 …… D000043
太岳革命根据地的党的建设 …… D000044
建立社会主义市场经济体制中的党风廉政建设 …… D000045

工人、农民、青年、妇女运动与组织

青年革命传统教育系列丛书 …… D000046
失败论 …… D000047
中国青年发展报告 …… D000048
雏鹰行动宣传挂图 …… D000049
火红的青春 …… D000050
人生宝鉴 …… D000051
少先队活动方案 …… D000052
英雄徐洪刚 …… D000053
100 位作家的回信 …… D000054
少先队手册 …… D000055
人生的偶像崇拜 …… D000056
操纵人生命运的十大因素 …… D000057
中华传统美德读本 …… D000058
东方伦理道德与青少年教育 …… D000059
命运不是辘轳 …… D000060
我的未来不是梦 …… D000061
当代中国青年价值观与教育 …… D000062
农民与城市化 …… D000063
农民与工业化 …… D000064
农民与农村组织建设 …… D000065
《当代中国农民问题研究》丛书 …… D000066
送你一把金钥匙 …… D000067
中国当代农村妇女问题概观 …… D000068
青年与青年文化 …… D000069

金色帝国耕耘人——传统农民与中国社会 …… D000070
第四次世界妇女大会知识手册 …… D000071
少先队的光辉历程 …… D000072
激情与理性 …… D000073
用智慧驾驭机遇 …… D000074
新世纪对农村青年的呼唤 …… D000075
现代哲学思潮与青年思想教育 …… D000076
中华民族传统美德教育丛书 …… D000077
成熟与人生 …… D000078
少年人生宝典 …… D000079
"历史·现实·人生"系列 …… D000080
妇女工作新篇 …… D000081
新三字经 …… D000082
工会组织学 …… D000083
中国现代化进程中的农民问题 …… D000084
妇女解放基础理论 …… D000085

世界各国政治

当代资本主义国家的议会制度 …… D000086
中外政治制度大辞典 …… D000087
世界知识年鉴(1993/94) …… D000088
各国出入境管理 …… D000089
东欧中亚列国志 …… D000090
转换中的世界格局与国际社会 …… D000091
启示与抉择 …… D000092
国际政治百科 …… D000093

中国政治

激扬与蹉跎 …… D000094
唐代名人科举考卷译评 …… D000095
清官启示录 …… D000096
通向繁荣的道路 …… D000097
建国方略 …… D000098
中国百年人权史 …… D000099
猛回头 …… D000100
新潮 …… D000101
民声 …… D000102
当代中国人权状况报告 …… D000103
睡的人醒了 …… D000104
台湾能独立吗——透视台独 …… D000105
性别与中国 …… D000106
现代社会保障制度 …… D000107
改革:社会主义的必由之路 …… D000108
唐方镇文职僚佐考 …… D000109
中外反腐败实用全书 …… D000110
中国的第二次革命 …… D000111
红卫兵狂飙 …… D000112
中国:走向成功之路 …… D000113
国家公务员制度全书 …… D000114
论当代中国民族问题 …… D000115
中国百强县市概览 …… D000116
转型中的中国社会 …… D000117
政府工作报告(1994年3月10日在第八届全国人民代表大会第二次会议上) …… D000118
一得书 …… D000119
国情三字经 …… D000120
中国古代官僚政治——古代行政管理及官僚病剖析 …… D000121
英雄战士徐洪刚 …… D000122
大分化新组合——当代中国社会各阶层分析 …… D000123
新中国建设大辞典 …… D000124
中国社会保障制度 …… D000125
国脉所系——现代化与稳定 …… D000126
建设有中国特色社会主义理论研究丛书 …… D000127
中国人民政治协商会议第八届全国委员会第二次会议文件 …… D000128
中华人民共和国第八届全国人民代表大会第二次会议文件汇编 …… D000129
中国社会保障辞典 …… D000130
向命运挑战丛书 …… D000131
李纯青台湾问题论集 …… D000132
东南亚华侨通史 …… D000133
大潮中的思考 …… D000134
思想政治工作的公关艺术 …… D000135
中国知识分子的人文精神 …… D000136
台港暨海外学界论中国知识分子 …… D000137
海峡两岸关系史 …… D000138
改革开放大典 …… D000139
中国民族自治地方行政学 …… D000140
北京的会馆 …… D000141
华侨华人丛书:世界华侨华人概况(欧洲、美洲卷) …… D000142

公安业务工作指南 …… D000143
中国考绩制度史 …… D000144
戴笠和军统 …… D000145
中华优秀传统文化教育丛书 …… D000146
青海省情知识手册 …… D000147
中国概况 …… D000148
云南民族工作 40 年(上下册) …… D000149
勇攀金山的人们 …… D000150
中国历代选官制度 …… D000151
建设有中国特色社会主义理论与唯物史观的发展 …… D000152
中国历代廉政通观 …… D000153
走向辉煌(少年版、青年版) …… D000154
井冈山精神教育丛书 …… D000155
走自己的路 …… D000156
中国共产党主要领导人论民族问题 …… D000157
论民族问题 …… D000158
从政史鉴(修订本) …… D000159
新世纪的奠基理论 …… D000160
福建省社会发展成就画册 …… D000161
绍兴师爷 …… D000162
福建兴业事典 …… D000163
福建省毕业生就业制度改革研究 …… D000164
历史辩证法和现代社会主义实践 …… D000165
从毛泽东到邓小平 …… D000166
中国人权建设 …… D000167
近代旅日华侨与东亚沿海地区交易圈 …… D000168
建设中的全国模范自治州——延边 …… D000169
中国特色社会主义概论 …… D000170
他山之石——海外反腐肃贪要览 …… D000171
广州(画册) …… D000172
中国社会保障论 …… D000173
上海改革开放风云录 …… D000174
古今中外反腐倡廉要览 …… D000175
走向辉煌 …… D000176
爱国统一战线与社会主义市场经济 …… D000177
清廉曲与警世钟 …… D000178
文献通考研究 …… D000179
中华美德图说 …… D000180
行政学教程 …… D000181
封建衙门探秘 …… D000182
中国国民党百年风云录 …… D000183
中华人民共和国公安规章汇编 …… D000184
中华的魅力 …… D000185
市场经济与精神文明建设 …… D000186
新疆经济社会全书 …… D000187
光辉的中华　伟大的民族 …… D000188
国民党政府政治制度档案史料选编 …… D000189
日本华侨史 …… D000190
论精神生产力 …… D000191
中国古代治安制度史 …… D000192
中国民主党派工作辞典 …… D000193
党政机关事务工作 …… D000194
建设有中国特色社会主义理论形成发展大事记 …… D000195
华侨华人研究文献索引(1980～1990) …… D000196
中国地下社会(清前期秘密社会卷) …… D000197
当代中国的马克思主义 …… D000198

各国政治

当代日本纵横 …… D000199
我当了七天汉城市长 …… D000200
街角社会:一个意大利人贫民区的社会结构 …… D000201

外交、国际关系

中国对外条约辞典 …… D000202
从尼布楚条约到叶利钦访华 …… D000203
蒙古与教廷 …… D000204
中国近代外交内幕 …… D000205
中华人民共和国外交史(1949～1956) …… D000206
新中东 …… D000207
中华民国外交史 …… D000208
中国百年外交风云录 …… D000209
中国外交概览(1994) …… D000210

法　律

犯罪结果论 …… D000211
中华律师实用大全(增补本) …… D000212
中华人民共和国最新公司法释义 …… D000213
《中华人民共和国农业法》普及讲话 …… D000214
社会主义市场经济体制法律集注 …… D000215
知识产权法概论 …… D000216
经济法新编 …… D000217
中国知识产权实用手册 …… D000218

美学与社会犯罪 …… D000219
自然保护区的法律保护 …… D000220
国际环境保护法学 …… D000221
法学大辞典 …… D000222
和平解决国际争端 …… D000223
宪法与民主政治 …… D000224
中华人民共和国消费者权益保护法问题解答 …… D000225
新修改的经济合同法问答 …… D000226
《中华人民共和国公司法》条文要释 …… D000227
法律顾问大全 …… D000228
共和国宪政历程 …… D000229
暴力犯罪论 …… D000230
人民调解制度的理论与实践 …… D000231
中华人民共和国法律汇编 1993 …… D000232
市场经济法律丛书·中国反不正当竞争法实用问答 …… D000233
市场经济法律丛书·新经济合同法实用问答 …… D000234
环境保护法律全书 …… D000235
澳门特别行政区基本法导论 …… D000236
劳动争议处理指南 …… D000237
民商法实务研究·物权卷 …… D000238
中国刑法通论 …… D000239
世界各国人权约法 …… D000240
区际司法协助的理论与实务 …… D000241
著作权法导论 …… D000242
刑法哲学 …… D000243
澳门特别行政区基本法 100 问 …… D000244
西方政治法律思想史 …… D000245
国际民事诉讼与国际商事仲裁 …… D000246
减免刑事责任理论比较研究 …… D000247
红绿灯·图解未成年人法律常识 …… D000248
商标国际惯例 …… D000249
中国商法总论 …… D000250
香港台湾法律述略 …… D000251
市场经济法律丛书·消费者权益保护法实用问答 …… D000252
’93 质量万里行 …… D000253
房地产市场法律常识百题问答 …… D000254
新实用经济法 …… D000255
中国市场经济法 …… D000256
实用经济合同法新编 …… D000257
中国市场经济法 …… D000258
信托法原论 …… D000259
市场经济法律丛书·中国公司法实用问答 …… D000260
民事法律行为 …… D000261
读例存疑点注 …… D000262
中国刑法之最 …… D000263
知识产权法新论 …… D000264
劳动法全书 …… D000265
中国新闻出版法规简明实用手册 …… D000266
民国时期土地法规选编 …… D000267
中国法制史 …… D000268
人格权法新论 …… D000269
渔业水上交通安全管理法规文件选编(第二辑) …… D000270
价值与结构——刑事程序的双重分析 …… D000271
发展中国家与人权 …… D000272
中国公司法与高新技术企业股份制改组实务指南 …… D000273
法理学教程 …… D000274
犯罪本质研究 …… D000275
DNA 在法庭科学中的应用 …… D000276
公安行政法(高等学校法学试用教材) …… D000277
国际贸易法 …… D000278
中国市场经济法律全书 …… D000279
中国刑法教程 …… D000280
中国诉讼法学 …… D000281
涉外合同文书大全 …… D000282
新闻侵权与诉讼 …… D000283
中国民法 …… D000284
《民事诉讼适用意见》释疑 …… D000285
实用合同法 …… D000286
中国商法 …… D000287
关贸总协定与世界贸易组织中的知识产权 …… D000288
个体户私营企业法律顾问 …… D000289
国家公务员法比较研究 …… D000290
检察机关自侦经济犯罪案件办案手册 …… D000291
国际公约与惯例 …… D000292
中国历代刑法志注译 …… D000293
定罪量刑的理论与实践 …… D000294
预防犯罪导论 …… D000295
中国检察官出庭全书 …… D000296
新编实用法学全书 …… D000297
反不正当竞争法概论 …… D000298

民法判解研究与适用 …………………… D000299
妨害司法活动罪研究 …………………… D000300
经济系统多发性案件预防 ……………… D000301
治安管理处罚心理艺术 ………………… D000302
春秋贵族法规研究 ……………………… D000303
中华人民共和国法律全书(增编本) …… D000304
国际渔业法规 …………………………… D000305
社会主义市场经济法律法规选编 ……… D000306
怎样打官司 ……………………………… D000307
职务犯罪的法律对策及治理 …………… D000308
涉外经济法新论 ………………………… D000309
知识产权法学 …………………………… D000310
中国竞争法 ……………………………… D000311
国家赔偿法概论 ………………………… D000312
社会主义市场经济法律知识讲话 ……… D000313
中华人民共和国常用法律选编 ………… D000314
西方五国宪法通论 ……………………… D000315
法学与经济学的探索 …………………… D000316

E 军 事

军事五千年 1—6 ………………………… E000001
二十世纪血战纪实·海战 ……………… E000002
二十世纪化、生、核战争·被禁止的战争
…………………………………………… E000003
二十世纪血战纪实·空战 ……………… E000004
二十世纪血战纪实·陆战 ……………… E000005
军队建设大辞典 ………………………… E000006
高技术条件下的信息战 ………………… E000007
军队后勤改革纵横谈 …………………… E000008
中法战争史热点问题聚焦 ……………… E000009
兵法概论 ………………………………… E000010
军事近代化与中国革命 ………………… E000011
世界军事年鉴(1993～1994) …………… E000012
高技术局部战争研究 …………………… E000013
中国远征军史 …………………………… E000014
自动武器构造 …………………………… E000015
海军财务管理学 ………………………… E000016
近代中国海军 …………………………… E000017
高技术条件下军事斗争的发展与运用
丛书 …………………………………… E000018
军事认识论 ……………………………… E000019
中国军事法学教程 ……………………… E000020
海军战略 ………………………………… E000021
现代指挥控制通信情报(C^3I)互通体系
结构 …………………………………… E000022
战争借口 ………………………………… E000023
军事科学概论 …………………………… E000024
武器系统射击效力 ……………………… E000025
野外生存 ………………………………… E000026
孙子学文献提要 ………………………… E000027
三十六计(秘本兵法) …………………… E000028
三十六计 ………………………………… E000029
太平天国军事史 ………………………… E000030
传统美德与军旅修养 …………………… E000031
绘画本武经七书(上中下) ……………… E000032
20 世纪特殊战·电子战 ………………… E000033
20 世纪特殊战·后勤战 ………………… E000034
20 世纪特殊战丛书 ……………………… E000035
20 世纪特殊战·经济制裁战 …………… E000036
20 世纪特殊战·情报战 ………………… E000037
中国人民解放军工程建设画册 ………… E000038
浴血奋战——抗日英雄八路军 ………… E000039
铁血远征——中国远征军印缅抗战 …… E000040
孙子全译 ………………………………… E000041
遵义市军事志 …………………………… E000042
高技术局部战争研究 …………………… E000043
中华兵林传统武德观览 ………………… E000044
高技术战争与当代青少年丛书 ………… E000045
中国战典 ………………………………… E000046
军事法学 ………………………………… E000047
第一二〇师陕甘宁晋绥联防等抗日
战争史 ………………………………… E000048
孙子兵法大辞典 ………………………… E000049
中国近代海军史事日志(1860～1911) … E000050
白话三十六计 …………………………… E000051

F 经 济

经 济

实务问答系列 …………………………… F000001
国外市场经济的宏观调控模式与借鉴 … F000002
中国经济新名词辞典 …………………… F000003
市场经济大典 …………………………… F000004
市场经济国际惯例 ……………………… F000005
市场经济与管理者丛书 ………………… F000006

36 小时学经济丛书 …………………………… F000007
期货·金融·房地产市场及其管理 …… F000008
河南公路运输史·现代公路运输 ……… F000009
陈岱孙学术论著自选集 ………………… F000010
市场经济大辞海 ………………………… F000011

政治经济学

现代技术经济学 ………………………… F000012
经济头脑生长点 ………………………… F000013
当代资本主义的市场经济 ……………… F000014
中国经济改革理论流派 ………………… F000015
市场经济大辞典 ………………………… F000016
产业结构经济学原理 …………………… F000017
社会主义市场经济学 …………………… F000018
宏观非均衡的微观基础 ………………… F000019
中国共产党经济思想史论 ……………… F000020
信息经济学 ……………………………… F000021
生态经济持续发展的抉择 ……………… F000022
区域经济评估、预警、调控 …………… F000023
计划与市场在东西方结合的理论、比较和运作 ………………………… F000024
新编经济学基础知识 …………………… F000025
市场经济基础知识 ……………………… F000026
西方经济学基础知识 …………………… F000027
科学技术是第一生产力概论 …………… F000028
当代资本主义的收入分配制度 ………… F000029
现代西方经济学原理(上、下) ……… F000030
政治经济学原理 ………………………… F000031
高等学校试用教材·技术经济学 ·F000032
社会主义市场经济学 …………………… F000033
场态经济学 ……………………………… F000034
制度、制度变迁与经济绩效 …………… F000035
经济学大辞典 …………………………… F000036
思想市场 ………………………………… F000037
建立新型的社会保障和分配制度 ……… F000038
社会主义市场经济概论 ………………… F000039
资本理论 ………………………………… F000040
论财富的分配和赋税的来源 …………… F000041
技术创新经济学 ………………………… F000042
新保守主义经济学 ……………………… F000043
巨人的呼唤——科学技术是第一生产力 ……………………………… F000044
公平分配 ………………………………… F000045

世界各国经济概况、经济史、经济地理

南北关系:历史、现状、机遇与挑战 ……… F000046
看不见的战争 …………………………… F000047
现代经济增长理论导引 ………………… F000048
韩国经济的崛起 ………………………… F000049
世界经济学 ……………………………… F000050
美国经济史新编 ………………………… F000051
当代世界政治经济概论 ………………… F000052
当代西方经济分析 ……………………… F000053
当代国际关系与世界经济 ……………… F000054
国家的作用——21 世纪的资本主义前景 ……………………………… F000055
印度经济 ………………………………… F000056
韩国经济——面向 21 世纪 …………… F000057
蒙古国投资、贸易、旅游指南 ………… F000058
外国现代市场经济 ……………………… F000059
日本经济中的信息、激励与谈判 ……… F000060
印度经济发展:经验与教训 …………… F000061
宏观经济决策导向——致总统备忘录 … F000062

中国经济

建立新经济体制的纲领 ………………… F000063
中国经济波动报告 ……………………… F000064
汉唐盐政史 ……………………………… F000065
中国经济面临的危险——国家经济安全论 …………………………… F000066
中国少数民族经济开发概论 …………… F000067
台湾经验与大陆经济改革 ……………… F000068
社会主义微观经济分析 ………………… F000069
当前几项重大经济体制改革电视系列讲座专辑 ………………………… F000070
流域开发论——兼论黄河流域综合开发与治理战略 ………………… F000071
辽夏金经济史 …………………………… F000072
机遇与发展 ……………………………… F000073
《中共中央关于建立社会主义市场经济体制若干问题的决定》名词术语解释 … F000074
机制转换中的宏观经济调控 …………… F000075
《关于建立社会主义市场经济体制若干问题的决定》50 题问答 …………… F000076

中国经济改革的历史考察 …………………… F000077
中国近代经济史 …………………………… F000078
宏观调控论 ………………………………… F000079
海南社会经济发展研究 …………………… F000080
中国·陕西投资导引 ……………………… F000081
中国经济潮 ………………………………… F000082
社会主义市场经济体制的法律问题 …… F000083
走向市场——经济学家的思路 ………… F000084
走出国门——中国沿边沿海省市改革
开放大思路 ……………………………… F000085
从计划经济到市场经济 ………………… F000086
体制选择分析——从制度绩效角度理解
改革 ……………………………………… F000087
国有财产组织论 ………………………… F000088
所有制范畴论 …………………………… F000089
中国现代市场经济研究 ………………… F000090
中国的过渡经济学 ……………………… F000091
社会主义市场经济与计划模式改革 …… F000092
市场经济的宏观经济管理 ……………… F000093
江西重点工程建设(1979～1992) ……… F000094
社会主义所有制结构改革 ……………… F000095
徽州朝奉 ………………………………… F000096
中国少数民族经济问题研究 …………… F000097
市场经济条件下的经济发展 …………… F000098
外商对沪贸易投资指南(中、英文对照)
…………………………………………… F000099
广西区域经济政策与地区发展方略 …… F000100
中日近代化比较研究 …………………… F000101
当代中国的绿色道路 …………………… F000102
吉林省投资指南 ………………………… F000103
太原经济百年史 ………………………… F000104
中国的奇迹:发展战略与经济改革 …… F000105
城市进步、企业发展和中国现代化 …… F000106
东北渔猎民族现代化道路探索 ………… F000107
中国经济地理 …………………………… F000108
浦东信息大全 …………………………… F000109
新加坡与苏州工业园区 ………………… F000110
西藏自治区经济地理 …………………… F000111
市场经济中的中央与地方经济关系 …… F000112
中国社会主义经济学 …………………… F000113
潮汕平原经济 …………………………… F000114
市场经济与宏观管理体制改革 ………… F000115
改革开放与法制 ………………………… F000116
经济跳跃研究 …………………………… F000117
上海近代经济史(第一卷)(1843～
1894年) ……………………………… F000118
中国经济难题 …………………………… F000119
'94中国发展报告 ……………………… F000120
中国经济特区发展的一个战略选择 …… F000121
重负的大地——人口·资源·环境·
经济 ……………………………………… F000122
中国换体的革命 ………………………… F000123
天津通志·商业志·粮食卷 …………… F000124
中国封建社会经济史 …………………… F000125
深谷回音——三峡经济开发的历史反思
…………………………………………… F000126
宋代四川商品经济史研究 ……………… F000127
宋代经济史研究 ………………………… F000128
明清佛山经济发展与社会变迁 ………… F000129
中国大西南在崛起 ……………………… F000130
"九七"深港衔接研究 …………………… F000131
香港大辞典·经济卷 …………………… F000132
贵州现代经济史 ………………………… F000133
海南省产业结构及产业政策研究 ……… F000134
社会主义市场经济与唯物辩证法 ……… F000135
中国小康水平研究 ……………………… F000136
社会主义市场经济体制研究 …………… F000137
内蒙古世纪之交的重大经济选择 ……… F000138
走向市场(1978～1993) ……………… F000139
昔日延边经济 …………………………… F000140

经济计划与管理

房地产市场营销学 ……………………… F000141
现代企业会计学 ………………………… F000142
现代审计学 ……………………………… F000143
成本会计 ………………………………… F000144
会计现代化实用大全 …………………… F000145
外商投资企业会计操作规程 …………… F000146
新编会计操作方法全书 ………………… F000147
高级会计学教程 ………………………… F000148
会计学原理 ……………………………… F000149
中级财务会计 …………………………… F000150
中国城市房地产业史论(1840～1949) … F000152
经济周期与预警研究——理论、方法、
应用 ……………………………………… F000153
中国企业筹资与投资全书 ……………… F000154
中国总会计师实用大全 ………………… F000155

外国和台港澳企业常驻代表机构名录大全 …………………………………… F000156
中国三资企业博览 ………………………… F000157
中国少数民族地区城镇经济研究 ……… F000158
沈阳城乡建设 ……………………………… F000159
应用经济统计学 …………………………… F000160
投资项目经济效益的评估与决策方法 … F000161
中日企业技术创新比较 ………………… F000162
NPS 的奇迹 ………………………………… F000163
厂长经理书屋(丛书) …………………… F000164
厂长经理查帐方法与技巧 ……………… F000165
CI 战略 ……………………………………… F000166
中国技术监督年鉴(1993) ……………… F000167
质量减损活动指南 ………………………… F000168
实用出版社财务管理 …………………… F000169
现代企业制度原理 ………………………… F000170
经济预测与决策技术 …………………… F000171
跨国公司管理与运作 …………………… F000172
招标投标国际惯例 ………………………… F000173
乡镇工商企业审计 ………………………… F000174
股份公司全书 ……………………………… F000175
中级财务会计 ……………………………… F000176
中国公司大辞典 …………………………… F000177
企业财务会计 ……………………………… F000178
会计研究方法论 …………………………… F000179
四大体制改革与建立现代企业制度 …… F000180
当代企业家 888 经营致胜韬略(第一卷) …………………………………………… F000181
地产价格评估 ……………………………… F000182
工商行政管理专业知识与实务(初、中级) …………………………………………… F000183
土地与市场知识问答 …………………… F000184
企业办公室实用手册 …………………… F000185
企业社会学 ………………………………… F000186
企业管理的计算机化 …………………… F000187
会计学概论 ………………………………… F000188
境外企业研究 ……………………………… F000189
现代企业制度理论与实践 ……………… F000190
企业体制改革与企业管理 ……………… F000191
市场经济体制宏观调控的国际比较 …… F000192
现代企业制度与企业公司化 …………… F000193
数理簿记与电脑簿记 …………………… F000194
企业科普概论 ……………………………… F000195
现代企业制度 ……………………………… F000196
工商企业经营管理 ………………………… F000197
企业哲学 …………………………………… F000198
中国房地产经营管理大全 ……………… F000199
中国企业文化概论 ………………………… F000200
投资项目评估 ……………………………… F000201
现代人力资源管理 ………………………… F000202
赚钱的点子——畅销商品开发创意实例精选 ……………………………………… F000203
股东与股份公司理财 …………………… F000204
海外企业管理方略丛书 ………………… F000205
股份制与现代市场经济 ………………… F000206
公司制与现代企业制度 ………………… F000207
跨世纪的难题——中国农业劳动力转移 …………………………………………… F000208
审计理论结构研究 ………………………… F000209
投资项目概预算 …………………………… F000210
现代企业财务预测 ………………………… F000211
经济应用数学学习指导 ………………… F000212
国有企业财产监督管理条例学习辅导教材 ……………………………………… F000213
流域管理信息系统 ………………………… F000214
公司经济学 ………………………………… F000215
电算化会计基础教程 …………………… F000216
成本会计学 ………………………………… F000217
企业新财会制度与信贷分析技巧 ……… F000218
现代企业制度和产权制度改革 ………… F000219
区域系统模型及其应用 ………………… F000220
国情研究第 3 号报告:城市与乡村 ……… F000221
个人电脑与电算化财务应用 …………… F000222
中国特色现代企业制度的培育与运作 … F000223
市场经济与劳动制度改革 ……………… F000224
现代城市管理 ……………………………… F000225
会计电算化 ………………………………… F000226
企业改革与股份制(二) ………………… F000227
岗位规范 …………………………………… F000228
无形资产评估方法 ………………………… F000229
企业生产组织的均衡性与弹性 ………… F000230
技术监督管理全书 ………………………… F000231
国际工程投标报价方法与参数 ………… F000232
管理会计研究 ……………………………… F000233
房地产开发与新型建材商品房 ………… F000234
公司收购战略 ……………………………… F000235
港台企业家经营管理文化 ……………… F000236
中国厂长经理手册 ………………………… F000237

农村剩余劳动力研究 …………………… F000238
企业成功荟萃 ………………………… F000239
现代企业创新论 ……………………… F000240
中国债权债务实用范本系列丛书 ……… F000241
工业企业债权债务实用范本 ………… F000242
中国城市发展史 ……………………… F000243
城市的崛起与对策 …………………… F000244
计算机在经营管理中的应用——新系统构成 ……………………… F000245
会计事前反映与控制 ………………… F000246
现代企业制度实用大全 ……………… F000247
亚洲成功企业经营与管理经典 ……… F000248
现代企业经营谋略库(西方卷) ……… F000249
谁是国有资产的真正所有者 ………… F000250
市场经济与现代企业制度 …………… F000251
财务会计 ……………………………… F000252
立信英汉财会大词典 ………………… F000253
财富理论的数学原理的研究 ………… F000254
房地产实务手册 ……………………… F000255
非均衡计量经济模型研究 …………… F000256
现代商战与古兵法 …………………… F000257
企业投资与融资经济学 ……………… F000258
企业集团 ……………………………… F000259
长春城市建设回顾与研究 …………… F000260
会计核算规则与实务 ………………… F000261
现代流通企业运作全书 ……………… F000262
现代企业制度丛书 …………………… F000263
现代公司与企业改革 ………………… F000264

农业经济

西藏农业概论 ………………………… F000265
农村致富实用技术丛书 ……………… F000266
土地利用系统工程 …………………… F000267
农业地域类型研究 …………………… F000268
农村社会主义市场经济学 …………… F000269
西藏畜牧业:走向市场的问题与对策 …… F000270
《中国农业年鉴 1993》CHINA AGRICULTURE YEARBOOK 1993 … F000271
吉林省土地资源 ……………………… F000272
内蒙古自治区农业区域开发总体规划农业后备资源及评价 ………………… F000273
农业投资项目监测与评价的理论与实践 ……………………………… F000274
中国农民与农村经济发展 …………… F000275
黑龙江省农村改革与发展(1991～1993) ……………………………… F000276
中国农村经济学 ……………………… F000277
蜂业经济管理 ………………………… F000278
以工代赈与缓解贫困 ………………… F000279
中国农业投入问题研究 ……………… F000280
改革与发展中的黑龙江农村 ………… F000281
土地资源学 …………………………… F000282
国土资源行政管理 …………………… F000283
中国农村基层社会组织体系研究 …… F000284
农业企业管理学 ……………………… F000285
农业结构调整 ………………………… F000286
广西乡镇改革开放与发展 …………… F000287
生产函数与农业经济分析 …………… F000288
中国农业自然资源与区域发展 ……… F000289
席承藩与我国土壤地理 ……………… F000290
中国农业投资与农业发展 …………… F000291
农业生态经济决策支持系统 ………… F000292
市场经济与农业和第三产业 ………… F000293
共有制初论 …………………………… F000294
国有林场与苗圃财务会计制度(暂行) … F000295
全国林业统计资料(1994) …………… F000296
中国农业年鉴 1994 ………………… F000297
水产经济工作手册 …………………… F000298

工业经济

全国建材·建筑·设计·装饰·装修单位业务信息手册 ………………… F000299
中国工业化经济分析 ………………… F000300
建筑经济与管理 ……………………… F000301
化工工程建设概预算手册(上、下卷) …… F000302
工业企业经济活动分析 ……………… F000303
工业经济管理基础知识 ……………… F000304
新中国工业经济史(1949.10—1957) …… F000305
资源倾斜配置研究 …………………… F000306
中国天然碱工业 ……………………… F000307
工业项目可行性研究 ………………… F000308
石油工业计量管理 …………………… F000309
中药 GMP 管理实用手册 …………… F000310
建筑经济学 …………………………… F000311
施工与房地产企业债权债务实用范本 … F000312
电业职业道德 ………………………… F000313

工业企业管理 …………………………… F000314
工业企业科学技术管理 ………………… F000315
矿产资源经济研究 ……………………… F000316

交通运输经济、邮电经济

交通运输财务会计实用大全 …………… F000317
中国古代道路交通史 …………………… F000318
新编现代旅游企业会计学 ……………… F000319
中国旅游资源地理 ……………………… F000320
江西省交通志 …………………………… F000321
国际贸易海运地理 ……………………… F000322
华北解放区交通邮政史料汇编·邮票史卷 …………………………………… F000323
旅游经济学 ……………………………… F000324
新编中国旅游必读 ……………………… F000325
公路财务管理学 ………………………… F000326
中国铁路史(1876～1949) …………… F000327
中国邮电百科全书 ……………………… F000328
中原铁道 ………………………………… F000329
中国西南的古代交通与文化 …………… F000330
交通贸易与西南开发 …………………… F000331
现代旅游学导论 ………………………… F000332
旅游导游学 ……………………………… F000333
旅游资源学 ……………………………… F000334
现代旅游经济 …………………………… F000335

贸易经济

现代广告全书 …………………………… F000336
清代商业史 ……………………………… F000337
期货交易操作丛书 ……………………… F000338
宁夏第三产业——彩色画页卷、名录卷 …………………………………… F000339
现代宾馆管理原理与实务 ……………… F000340
营销实务 ………………………………… F000341
国际贸易 ………………………………… F000342
美学与市场经销 ………………………… F000343
国际市场预测与决策 …………………… F000344
关贸总协定与走向开放的中国经济 …… F000345
新疆区域市场 …………………………… F000346
关税与贸易总协定辞典 ………………… F000347
从一到无限 ……………………………… F000348
中国企业国际贸易惯例知识全书 ……… F000349
国际贸易与金融 ………………………… F000350
跻入技术市场的谋略 …………………… F000351
关贸总协定实用大全 …………………… F000352
最新国际贸易实务指南 5000 例 ……… F000353
技术贸易经济学 ………………………… F000354
芜湖海关 ………………………………… F000355
期货交易方略和技巧 …………………… F000356
汉英经济贸易实用大全 ………………… F000357
现代商务谈判 …………………………… F000358
关贸总协定的国际规则与适用惯例 …… F000359
贸易结算国际惯例 ……………………… F000360
贸易价格国际惯例 ……………………… F000361
技术转让国际惯例 ……………………… F000362
边贸实用手册 …………………………… F000363
现代商学通论 …………………………… F000364
上海对外经济贸易(1949～1990) …… F000365
现代经济人实务 ………………………… F000366
近代天津对外贸易(1861～1948 年) … F000367
新疆与俄苏商业贸易档案史料 ………… F000368
最新国际贸易港口手册 ………………… F000369
国际金融学 ……………………………… F000370
古玉翡翠价格目录及鉴赏 ……………… F000371
现代平面广告设计·CIS 企业战略 …… F000372
国际贸易理论与实务 …………………… F000373
中国保税区 ……………………………… F000374
第三产业基础知识 ……………………… F000375
商业经济基础知识 ……………………… F000376
市场营销学教程 ………………………… F000377
中国地区间市场封锁问题研究 ………… F000378
国际贸易概论 …………………………… F000379
第三产业投资经营经要 ………………… F000380
客房服务 ………………………………… F000381
国际经济贸易英汉、汉英双向辞典 …… F000382
期货市场理论与实务 …………………… F000383
市场营销学 ……………………………… F000384
营销心理与谋略 ………………………… F000385
山西票商 ………………………………… F000386
当代热门生意 …………………………… F000387
经济贸易地理 …………………………… F000388
21 世纪市场战略 ……………………… F000389
中国物价史 ……………………………… F000390
畜产市场运行与发展 …………………… F000391
价格理论 ………………………………… F000392
销售策略和技巧 ………………………… F000393

国际经济贸易知识全书 …………………… F000394
现代市场经济学 ………………………… F000395
国际市场营销管理 ……………………… F000396
国际贸易实务 …………………………… F000397
国际企业营销 …………………………… F000398
建设市场交易与管理 …………………… F000399
国际商务谈判 …………………………… F000400
直销战略与策划 ………………………… F000401
谈判与推销技巧 ………………………… F000402
宋代广州的海外贸易 …………………… F000403
培育和发展市场体系 …………………… F000404
国际市场经营辞典 ……………………… F000405
期货致胜韬略 …………………………… F000406
对外贸易谈判基础与技巧 ……………… F000407
中国期货大典 …………………………… F000408
商业企业债权债务实用范本 …………… F000409
宋代东南市场研究 ……………………… F000410
推销原理与技巧 ………………………… F000411
能源价格理论研究 ……………………… F000412
广东对外经济贸易史 …………………… F000413
社会主义商品流通问题研究 …………… F000414
中国专业市场指南 ……………………… F000415
宏观市场营销研究 ……………………… F000416

财政、金融

国际金融理论与实务 …………………… F000417
中国投资指南(第五版) ………………… F000418
新税制指南 ……………………………… F000419
金融辞海 ………………………………… F000420
新编财政与金融 ………………………… F000421
境外投资实务手册 ……………………… F000422
新税制学习手册 ………………………… F000423
西方市场经济财政学集萃 ……………… F000424
英日汉金融词汇 ………………………… F000425
社会保险大全 …………………………… F000426
企业纳税实务指导 ……………………… F000427
实用税收计算手册 ……………………… F000428
纳税检查 ………………………………… F000429
美国税收政策 …………………………… F000430
财税改革百题问答 ……………………… F000431
金融市场操作全书 ……………………… F000432
现代投资理论分析 ……………………… F000433
中国新税制指导 ………………………… F000434
炒金炒汇 100 击 ……………………… F000435
金融实际问题探索 ……………………… F000436
中外股票大王——股市最精彩的搏击 … F000437
中华人民共和国新税制通释 …………… F000438
炒股大王秘笈 100 ……………………… F000439
外商投资国际惯例 ……………………… F000440
国际收支与国际结算 …………………… F000441
各国中央银行管理与运作 ……………… F000442
外商投资企业会计与纳税实务指南 …… F000443
外汇市场与外汇业务 …………………… F000444
国际金融学 ……………………………… F000445
中国股份经济与证券市场考察 ………… F000446
新编国家税收 …………………………… F000447
新兴的市场——中国证券市场的兴起与
发展 ……………………………………… F000448
中国救灾保险通论 ……………………… F000449
中国银行业史 …………………………… F000450
金融资本 ………………………………… F000451
国际通行投资分析 ……………………… F000452
财政基础知识 …………………………… F000453
金融基础知识 …………………………… F000454
税务检查 ………………………………… F000455
证券管理与证券违规违法 ……………… F000456
新编国际金融学 ………………………… F000457
三晋货币 ………………………………… F000458
市场经济与金融改革研究 ……………… F000459
海上保险学 ……………………………… F000460
投资财务信用学 ………………………… F000461
现代财政学 ……………………………… F000462
亚洲“四小龙”证券市场的运作理论与
实务 ……………………………………… F000463
日本证券市场的运作理论与实务 ……… F000464
美国证券市场的运作理论与实务 ……… F000465
证券投资学 ……………………………… F000466
建设银行会计 …………………………… F000467
国际税收概论 …………………………… F000468
增值税与管理 …………………………… F000469
华尔街股票证券英汉双解词典 ………… F000470
股市三十六计 …………………………… F000471
税务职业道德 …………………………… F000472
社会主义市场经济条件下税收理论与
实务 ……………………………………… F000473
中国赋役制度史 ………………………… F000474
世界 1000 家大银行手册 ……………… F000475

金融交易卡信息交换规范应用指南 …… F000476
新税制操作指南 …… F000477
商业银行资产负债管理实务 …… F000478
新编纳税指南 …… F000479
湖北近代货币史稿 …… F000480
中国金融文库 …… F000481
中国深圳证券大全 …… F000482
当代西方国际投资学 …… F000483
商业银行债权债务实用范本 …… F000484
货币数量研究 …… F000485
政府间财政关系研究 …… F000486
国外个人所得税概况 …… F000487
财政效率论 …… F000488
人民币自由兑换论 …… F000489
税收理论与制度 …… F000490
金融期货市场 …… F000491
税利分流研究 …… F000492

G　文化、科学、教育、体育

文 化 理 论

文化撞击与文化战略 …… G000001
民族文化学 …… G000002
中国之欧洲 …… G000003
文化哲学的当代视野 …… G000004
中国传统文化 …… G000005
文化忧思录 …… G000006

世界各国文化事业概况

中国饮食文化辞典 …… G000007
龙与中国文化 …… G000008
中国文化新体系 …… G000009
日本茶道文化概论 …… G000010
河南文化艺术年鉴(1993) …… G000011
中国竹文化研究 …… G000012
沂蒙文化发展研究 …… G000013
云南文化资源研究与开发 …… G000014
世纪之交的中国文化 …… G000015

信息与知识传播

中国文献学新编 …… G000016
陕西历史博物馆 …… G000017
应用索引学 …… G000018
民族古籍学 …… G000019
论村落文化 …… G000020
新闻写作研究 …… G000021
公关传播 …… G000022
近现代中国出版优良传统研究 …… G000023
边春光出版文集 …… G000024
编辑启示录 …… G000025
主体与喉舌 …… G000026
王仿子出版文集 …… G000027
中国古文献学史 …… G000028
新主题文献分类指南 …… G000029
六十年出版风云散记 …… G000030
探索·耕耘·奉献 …… G000031
新闻—就在你身边 …… G000032
新闻信息概论 …… G000033
文人书趣 …… G000034
追求与探索 …… G000035
档案编研概论 …… G000036
博物馆学通论 …… G000037
名人序跋 …… G000038
中国共产党江西出版史 …… G000039
江西出版史志丛书 …… G000040
书评概论 …… G000041
宋版书叙录 …… G000042
中国出版业的发展与经济政策研究 …… G000043
古籍数学化研究论文集 …… G000044
现代文献论纲要 …… G000045
市场经济与编辑出版 …… G000046
安平秋古籍整理工作论集 …… G000047
中国期刊面面观 …… G000048
逛旧书店淘旧书 …… G000049
书评学概论 …… G000050
中国年鉴编纂规范化 …… G000051
金融类公文主题词标引手册 …… G000052
浙江省图书馆志 …… G000053
出版史研究(第二辑) …… G000054
书刊著编审校知识问答 …… G000055
中文工具书导论 …… G000056

石油报业写踪 …… G000057
新记大公报史稿 …… G000058
传统文化与古籍整理研究 …… G000059
编辑实用百科全书 …… G000060
中国出版工作调查报告(1993 年) …… G000061

科学、科学研究

中国专利数据库·第二辑(A、B 卷) …… G000062
科学发现论 …… G000063
学科分类研究与应用 …… G000064
情报数据库系统 …… G000065
科学与非科学分界 …… G000066
创造学与创造工程 …… G000067
科学研究艺术 …… G000068
计算机信息检索软件设计原理 …… G000069

教　育

教育辩证法 …… G000070
学习考试方略 …… G000071
叶圣陶教育文集 …… G000072
中国近代学校体育史 …… G000073
外语教学心理学 …… G000074
人生大舞台——青少年德育曲谈 …… G000075
教育学 …… G000076
班级教育的理论与方法(教育改革的理论与实践丛书) …… G000077
陶行知研究集粹 …… G000078
中华民族教育思想纂要 …… G000079
毛泽东周恩来刘少奇邓小平论教育 …… G000080
学校的变革 …… G000081
当代教师百科 …… G000082
中小学教师职业道德(蒙古文) …… G000083
学校管理学 …… G000084
外国教育思想史 …… G000085
青春发育中非病与病的辨识 …… G000086
中国教育思想通史 …… G000087
课堂教学中的心理学 …… G000088
学习论 …… G000089
教师口才学 …… G000090
中国教育大系 …… G000091
教育目的论 …… G000092
教育研究方法导论 …… G000093
伴我潇洒生存 …… G000094
余明炎教育文选 …… G000095
绝境求存(雏鹰行动系列) …… G000096
当代青春期教育研究 …… G000097
中国近代课程史论 …… G000098
讲授艺术通论 …… G000099
社会名人谈教育 …… G000100
中国教师百科全书 …… G000101
半透明情感世界 …… G000102
观念腾飞起跑线 …… G000103
能力训练三级跳 …… G000104
教育研究的理论与方法 …… G000105
中日两国教师教育之比较 …… G000106
教育学教程 …… G000107
当代日本教育思想 …… G000108
共和国前进的脚步——纪念建国 45 周年 …… G000109
心理咨询原理与方法 …… G000110
教学设计 …… G000111
学校领导艺术 …… G000112
成长的喜悦与烦恼 …… G000113
教育统计方法 …… G000114
实用美育 …… G000115
现代美育教程 …… G000116
当代教育学理论与护理教育 …… G000117
中国少年五自丛书 …… G000118
美国学校数学课程与评价标准 …… G000119
圣地红烛 …… G000120
心理学、教育学研究的原理与方法 …… G000121
差生心理与教育 …… G000122
现代教学艺术新论 …… G000123

世界各国教育事业

中国教育年鉴 …… G000124
中国教育史研究·现代分卷 …… G000125
新的里程碑 …… G000126
台湾教育与经济发展 …… G000127
外国教育通史 …… G000128
三环论 …… G000129
“当今世界教育概览”丛书 …… G000130
青海民族女童教育研究 …… G000131
普通教育整体改革的实验与研究 …… G000132
美国教育史 …… G000133

藏族古代教育史略 …………………… G000134
陕甘宁边区教育史 …………………… G000135
加拿大教育研究(第二集) ……………… G000136
三个面向与深化教育改革 …………… G000137
台湾教育简史 ………………………… G000138
近代欧洲对美国教育的影响 ………… G000139
动荡转型中的民国教育 ……………… G000140
战后拉丁美洲教育研究 ……………… G000141
中国教育热点难点研究丛书 ………… G000142
中国教会学校史 ……………………… G000143
中国教育事典 ………………………… G000144
中国教育督导史 ……………………… G000145

各级教育

当代中学生丛书 ……………………… G000146
九年义务教育三年制初级中学教科书《地理》 ……………………………… G000147
九年义务教育小学英语教科书(实验本) …………………………………… G000148
九年义务教育四年制初级中学教科书·地理 ……………………………… G000149
九年义务教育四年制初级中学教科书·生物 ……………………………… G000150
九年义务教育三年制初级中学教科书(试用本)·代数、几何 ……………… G000151
九年义务教育三年制初级中学教科书·俄语1—3册 ……………………… G000152
义务教育三年制初级中学体育教师用书 …………………………………… G000153
九年义务教育三、四年制初级中学教科书·中国历史 ……………………… G000154
小学图书角丛书 ……………………… G000155
中等师范学校教科书化学(试用本) …… G000156
中等师范学校数学教科书(试用本) …… G000157
中等师范学校教科书(试用本)·地理(第一、第二册) ………………… G000158
中等师范学校教科书(试用本)生物学 …………………………………… G000159
九年义务教育三、四年制初级中学教科书·世界历史 ……………………… G000160
中国近现代学前教育史 ……………… G000161
跨世纪的关注 ………………………… G000162
初等教育的革新之路——JIP在贵州 …… G000163
初中蒙语文(蒙文) …………………… G000164
幼儿园教育活动(教师用书) ………… G000165
师范群英光耀中华丛书 ……………… G000166
小学语文口袋词典 …………………… G000167
跟我画水墨画 ………………………… G000168
跟我画色彩画 ………………………… G000169
跟我画铅笔画 ………………………… G000170
背诵文选(小学篇)(初中篇)(高中篇) … G000171
30秒钟智力开发(图画本) …………… G000172
金盒子——幼儿常识画丛 …………… G000173
优秀幼儿教育活动设计及教案选 …… G000174
市场经济与高等教育改革 …………… G000175
图画剪贴 ……………………………… G000176
雷锋的美德(小学中年级版) ………… G000177
雷锋的美德(小学高年级版) ………… G000178
儿童百科知识图典(10卷) …………… G000179
中学作文解难 ………………………… G000180
儿童创造力开发与儿童游戏 ………… G000181
考场作文应试对策(高中用) ………… G000182
考场作文应试对策(初中用) ………… G000183
儿童简笔画入门 ……………………… G000184
农村小学复式教学五十问 …………… G000185
普通高中课程计划问题研究 ………… G000186
作文题库 ……………………………… G000187
雷锋的美德(小学低年级版) ………… G000188
教你学作文 …………………………… G000189
小学数学200例丛书 ………………… G000190
幼儿智力训练(上、下) ……………… G000191
蒙学助读丛书 ………………………… G000192
百年之功——中国近代大学校长的教育家精神 ……………………………… G000193
小学生作文金钥匙丛书 ……………… G000194
绘图0岁方案 ………………………… G000195
协同教学与素质发展 ………………… G000196
中国研究生教育史略 ………………… G000197
中国高等教育史(上、下) …………… G000198
儿童简笔画大王 ……………………… G000199
中学生交往与成才丛书 ……………… G000200
新编小学图解字典(试用本第二册) …… G000201
幼儿学习·美术(4—5岁) …………… G000202
幼儿学习·语言(3—4岁) …………… G000203
幼儿学习·美术(5—6岁) …………… G000204
幼儿学习·语言(4—5岁) …………… G000205
幼儿学习·语言(5—6岁) …………… G000206

幼儿学习·美术(3—4岁) …………………… G000207
中学生练笔指引 ……………………………… G000208
幼儿保育手册 ………………………………… G000209
育儿的禁忌 …………………………………… G000210
彩图幼儿好习惯故事 ………………………… G000211
小学生科学大世界丛书·战争卷 …………… G000212
彩绘本半小时妈妈 …………………………… G000213
幼儿启蒙大全(0—2岁) …………………… G000214
幼儿启蒙大全(3—4)岁 …………………… G000215
中国高等教育改革与发展 …………………… G000216
幼儿不宜100例 ……………………………… G000217
你是聪明孩子吗? …………………………… G000218
新编看图识字 ………………………………… G000219
刚坚少年知识丛书(藏文版) ……………… G000220
中学语文课文作者辞典 ……………………… G000221
怎样帮助孩子复习小学数学 ………………… G000222
小学数学难题巧解 …………………………… G000223
小学数学概念基础训练 ……………………… G000224
小学数学习题智力题精选 …………………… G000225
小学低年级看图说话写话 …………………… G000226
最新小学多功能词语手册 …………………… G000227
小学数学奥林匹克千题解 …………………… G000228
数学解题中的数学思想 ……………………… G000229
幼儿彩色画世界 ……………………………… G000230
高中会考制度的实践与研究(教育改革的理论与实践丛书 …………………… G000231
孕儿·育儿·教儿知识手册 ………………… G000232
学位与研究生教育大辞典 …………………… G000233
张雪门幼儿教育文集 ………………………… G000234
云南省中小学省情教育丛书(小学部分) …………………………………………… G000235
中国书院史 …………………………………… G000236
中小学常用倒序词手册 ……………………… G000237
创造性解决问题 ……………………………… G000238
动物王国里的作文故事 ……………………… G000239
中学物理实验丛书·高中物理学生实验 …………………………………………… G000240
中国古代文学名著欣赏 ……………………… G000241
上海普教科研的发展与管理 ………………… G000242
幼儿园环境布置 ……………………………… G000243
星级题库丛书 ………………………………… G000244
中学数学题巧解妙法 ………………………… G000245
数学奥林匹克丛书 …………………………… G000246
小学生实用作文 ……………………………… G000247
英语语法表解手册 …………………………… G000248
小学生作文指南 ……………………………… G000249
改革·实验·研究 …………………………… G000250
《中学优秀教师的成长与高师教改之探索》的研究报告 ………………………… G000251
影视与课文(中学部分) …………………… G000252
高中地理快速记忆法 ………………………… G000253
大学生行为引导 ……………………………… G000254
中小学生行为测评与矫治 …………………… G000255
百科知识故事文库 …………………………… G000256
鹅湖书院志 …………………………………… G000257
竖笛 …………………………………………… G000258
校园器乐 ……………………………………… G000259
口琴 …………………………………………… G000260
创造技法训练 ………………………………… G000261
中华民族传统美德读本(小学中、高年级) …………………………………………… G000262
小学奥林匹克数学(中年级用) …………… G000263
书法(上册) ………………………………… G000264
中学奥林匹克数学(初二用) ……………… G000265
中学奥林匹克数学(初三用) ……………… G000266
小学奥林匹克数学(高年级用) …………… G000267
中华民族传统美德读本(小学低年级用) …………………………………………… G000268
幼儿园语言教材 ……………………………… G000269
外国文学名著欣赏 …………………………… G000270
幼儿智能开发丛书 …………………………… G000271
和当代中学生通信 …………………………… G000272
中国名句选注 ………………………………… G000273
小学生自然百科知识大全 …………………… G000274
中学生素质训练丛书 ………………………… G000275
育儿难题1000解 …………………………… G000276
北京市高中选修课试用课本中学数学思维概论 ……………………………… G000277
主体教育实验研究 …………………………… G000278
面向21世纪中日美理工大学课程体系人才培养比较 ……………………… G000279
中学生科学向导——科学名家成就轨迹、思维方法、轶闻趣事 …………… G000280
趣味看图游中华 ……………………………… G000281
趣味看图学说话 ……………………………… G000282
趣味看图游世界 ……………………………… G000283
趣味看图学成语 ……………………………… G000284
开学考试最佳复习法 ………………………… G000285

美术(低年级用) ………………………… G000286
校园歌声 ………………………………… G000287
自然第二册 ……………………………… G000288
美术(中高年级用) ……………………… G000289
电子琴 …………………………………… G000290
学前教育评价——理论·方法·实践
…………………………………………… G000291
中学化学教师备课资料手册 …………… G000292
小学数学应用题教学研究与实践 ……… G000293
规范加选择 ……………………………… G000294
中学数理化公式定理手册 ……………… G000295
识字儿歌 ………………………………… G000296
跟我做剪贴 ……………………………… G000297
跟我做剪纸 ……………………………… G000298
数学小博士系列丛书 …………………… G000299
高中化学竞赛教程 ……………………… G000300
幼儿看图识标志 ………………………… G000301
趣味看图讲故事 ………………………… G000302
义务教育初中数学实验课本 …………… G000303
中学物理实验彩图册 …………………… G000304
九年义务教育三年制初级中学教科书
化学(全一册) ………………………… G000305
中学生看社会丛书 ……………………… G000306
课外天地丛书·文学系列 ……………… G000307
中学英语阅读技巧 ……………………… G000308
作家谈——我学作文 …………………… G000309
向着前途的询问和企盼 ………………… G000310
中国精神(中学生读本) ………………… G000311
小学生文明礼貌养成教育读本 ………… G000312
妈妈丛书 ………………………………… G000313
七彩幼儿快乐教育画库 ………………… G000314
市场大潮中大学生人格重塑 …………… G000315
小学成语词典 …………………………… G000316
电磁学——问题讨论 …………………… G000317
小学语文朗读示范与指导 ……………… G000318
365夜识字故事…………………………… G000319
幼儿学画大全 …………………………… G000320
儿童早期教育与训练(特殊教育丛书)
…………………………………………… G000321
城市小学科技活动 ……………………… G000322
云南省中小学省情教育丛书(中学部分)
…………………………………………… G000323
高等教育理论与实践 …………………… G000324
娃娃英语 ………………………………… G000325
小学教育百科全书 ……………………… G000326
中学百科全书(教育学心理学卷、外国
语卷、历史卷、物理卷、化学卷) ……… G000327
作文训练导写例话 ……………………… G000328
中等师范学校教科书·小学数学教材
教法 ……………………………………… G000329
中学生新视野丛书 ……………………… G000330
儿童辞海 ………………………………… G000331
中学化学实验大全 ……………………… G000332
全国初中化学竞赛指导和训练 ………… G000333
中学生物学实验大全 …………………… G000334
小学生智能训练365 …………………… G000335
十万个为什么(小学版) ………………… G000336
中国学前教育百科全书 ………………… G000337
学生成语词典 …………………………… G000338
婴幼儿启蒙丛书 ………………………… G000339

各类教育

成人高级中学课本·物理 ……………… G000340
成人高级中学课本语文(上、下册) …… G000341
成人高级中学数学 ……………………… G000342
文白对照颜氏家训 ……………………… G000343
成人高级中学课本化学(上、下) ……… G000344
少年明星沉浮启示录 …………………… G000345
独生子女教养大全 ……………………… G000346
幼儿假期家庭活动指导6—7岁 ……… G000347
幼儿假期家庭活动指导5—6岁 ……… G000348
幼儿假期家庭活动指导4—5岁 ……… G000349
中国读书大辞典 ………………………… G000350
文史专家谈治学(文史知识文库) ……… G000351
学会学习 ………………………………… G000352
家庭教育学 ……………………………… G000353
读书与记忆 ……………………………… G000354
中国成人教育百科全书 ………………… G000355
中华家训大观 …………………………… G000356
现代家教疑难解答 ……………………… G000357
实业教育　师范教育 …………………… G000358
弱智儿童家庭教育咨询(特殊教育丛书)
…………………………………………… G000359
现代学习学 ……………………………… G000360
中国自学考试 …………………………… G000361

体　育

中国排球、足球、登山、滑雪、马术运动史 …… G000362
中国鹤翔庄气功 …… G000363
体育学教程 …… G000364
七运盛会 …… G000365
意拳气功谭 …… G000366
田径 …… G000367
中国珍邮 …… G000368
珍邮大观 …… G000369
中国邮票鉴赏 …… G000370
中国象棋古排局集成 …… G000371
乒乓球知识手册 …… G000372
我爱乒乓球 …… G000373
实用技击丛书 …… G000374
学校体育学 …… G000375
董氏太极快拳全书 …… G000376
运动训练新思路 …… G000377
桥牌技艺全书 …… G000378
体育游戏手册 …… G000379
中国自在气功 …… G000380
中国革命战争时期邮票目录(1930—1950) …… G000381
现代柔道 …… G000382
长城颂——中国人民解放军战斗历程邮票图集 …… G000383
苏联邮票总目录 …… G000384
精妙排局诠注 …… G000385
七巧板智力世界 …… G000386
象棋教材(1—4卷) …… G000387
象棋基本战术 …… G000388
现代体育科学丛书 …… G000389
现代学校体操 …… G000390
世界球星技术图解 …… G000391
世界球星技术图解(篮球卷) …… G000392
世界球星技术图解(排球卷) …… G000393
世界球星技术图解(足球卷) …… G000394
陈微明太极拳遗著汇编 …… G000395
中国邮票精品目录 …… G000396
集邮爱好者手册(修订版) …… G000397
中华人民共和国首日封目录(1994) …… G000398
第二届应氏杯世界职业围棋锦标赛特集 …… G000399
天煞星——刘小光自战百局 …… G000400
中国象棋大全 …… G000401
中华武术辞典 …… G000402
中国古今鉴藏大观 …… G000403
中国木兰拳 …… G000404
世界文化名人邮票大观 …… G000405
天津通志·体育志 …… G000406

H　语言、文字

语　言　学

著名中年语言学家自选集 …… H000001
语篇的衔接与连贯 …… H000002
当代西方语法理论 …… H000003
俄英汉词典 …… H000004
论辩与智慧 …… H000005
语言和人 …… H000006
超越本体——马克思主义意义理论研究 …… H000007
语言·语用·语法 …… H000008
舌战有方——中国古代说辩术 …… H000009
现代语言学系列 …… H000010
简明英俄汉词典 …… H000011
文化与语言(论文集) …… H000012
翻译经纬 …… H000013
修辞学专题研究 …… H000014
演说的技巧与艺术 …… H000015
双语词典学研究 …… H000016
翻译新论(1983—1992) …… H000017
语言差异与文化心理 …… H000018
中国手语(续集) …… H000019
文化与交际 …… H000020
话语语言学概论 …… H000021
舌辩雄风 …… H000022
蒋礼鸿语言文字学论丛 …… H000023

汉　语

汉语大词典 …… H000024
文体学 …… H000025

古汉语同实异名词典 …………………… H000026
外事实用文书大全 …………………… H000027
古代汉语常用词例释词典 ……………… H000028
张志公语文教育论集 ………………… H000029
马氏文通及中国语法学 ……………… H000030
中华成语词海 ………………………… H000031
现代汉语多功能词典 ………………… H000032
汉语异名辞典 ………………………… H000033
袖珍字海 ……………………………… H000034
训诂学 ………………………………… H000035
当代港台用语辞典 …………………… H000036
郑子瑜学术论著自选集 ……………… H000037
修辞理据探索 ………………………… H000038
《切韵》综合研究 …………………… H000039
左传范围副词 ………………………… H000040
厦门方言 ……………………………… H000041
现代汉语语法问题研究 ……………… H000042
现代汉语用法词典 …………………… H000043
《古文观止》精华赏析 ……………… H000044
语海·秘密语分册 …………………… H000045
古汉语句典 …………………………… H000046
学生字词典 …………………………… H000047
漫画反义词辨析 ……………………… H000048
中国民间方言词典 …………………… H000049
标点符号词典 ………………………… H000050
语苑新论——纪念张世禄先生学术论
文集 …………………………………… H000051
外事实用文书大全 …………………… H000052
语法修辞论 …………………………… H000053
中国俏皮话大辞典 …………………… H000054
实用成语词典 ………………………… H000055
古诗文修辞艺术概观 ………………… H000056
中国古代写作学概论 ………………… H000057
汉字的故事 …………………………… H000058
历代文言名句鉴赏 …………………… H000059
五笔字型汉字输入速查字词典 ……… H000060
汉字文化学简论 ……………………… H000061
说文解字三索 ………………………… H000062
虚词历时词典 ………………………… H000063
日本学者中国文章学论文选 ………… H000064
大学修辞 ……………………………… H000065
引用语辞典 …………………………… H000066
全国中学生一等奖作文精选 ………… H000067
文体与文体的创造 …………………… H000068
我和小树一起长大 …………………… H000069
家庭礼仪应用文大全 ………………… H000070
儒道佛名言辞典 ……………………… H000071
现代汉语常用文体写作 ……………… H000072
现代汉语日常会话 …………………… H000073
现代汉语音节及常用字认读 ………… H000074
现代汉语基本句型 …………………… H000075
文化的结晶——词义 ………………… H000076
文化的深层选择 ……………………… H000077
中国文字学史 ………………………… H000078
漫画同义词辨析 ……………………… H000079
石鼓新响 ……………………………… H000080
俗语词典 ……………………………… H000081
古代汉语词汇学 ……………………… H000082
全国小学百所名校获奖作文选 ……… H000083
李新魁语言学论集 …………………… H000084
常见错别字校正字典 ………………… H000085
扇形结构快速写作法 ………………… H000086
实用古汉语大词典 …………………… H000087
中华成语辞海 ………………………… H000088
机关文书写作大辞典 ………………… H000089
修辞精品六十格 ……………………… H000090
说八股 ………………………………… H000091
中华歇后语大辞典 …………………… H000092
古文观止 ……………………………… H000093
湖北常用方言词典 …………………… H000094
逆序类聚古汉语词典 ………………… H000095
现代汉语空语类研究 ………………… H000096
汉语“儿”[ə]音史研究(增订版) ………… H000097
韵语词典 ……………………………… H000098
中国谐趣文字奇观 …………………… H000099
中国古代名言名句选 ………………… H000100
卫拉特方言词汇 ……………………… H000101
敦煌文献语言词典 …………………… H000102
中国智慧集萃丛书 …………………… H000103
训诂与训诂学 ………………………… H000104
古文观止词典 ………………………… H000105
汉语成语词典 ………………………… H000106
老师的作文 …………………………… H000107
汉语词法论 …………………………… H000108
中华字海 ……………………………… H000109
福州方言词典 ………………………… H000110
广东的方言 …………………………… H000111
股份公司文件写作 …………………… H000112

汉字语言功能论 …………………………… H000113
新编同义反义词典 ………………………… H000114
古汉语表达例话 …………………………… H000116
汉语文字学史 ……………………………… H000117
实用经济文体大全 ………………………… H000118
左传句法研究 ……………………………… H000119
学生作文精彩段落丛书 …………………… H000120
文言小说词语通释 ………………………… H000121
学生实用字典 ……………………………… H000122
宜昌方言研究 ……………………………… H000123
古汉语文献导读 …………………………… H000124
音韵学概要 ………………………………… H000125
最新汉字实用字典 ………………………… H000126
中外写作技法大观 ………………………… H000127
中国古代文体总揽 ………………………… H000128
同义词词典 ………………………………… H000129
多功能常用字典 …………………………… H000130
现代汉语新词语词典 ……………………… H000131

中国少数民族语言

二十八卷本辞典 …………………………… H000132
满汉辞典(锡伯文) ………………………… H000133
汉维世界民族译名词典(维吾尔文) …… H000134
藏文辞典 …………………………………… H000135
新满汉大词典 ……………………………… H000136
学说话(3) ………………………………… H000137
汉哈尼新词术语集 ………………………… H000138
古傣语词语译释 …………………………… H000139
西双版纳旅游会话手册 …………………… H000140
文化透视:蒙古口承语言民俗 …………… H000141
汉维新华字典(维吾尔文) ……………… H000142
汉语水语关系词研究 ……………………… H000143
汉苗新词术语集 …………………………… H000144

常用外国语

英语录像电影教程 ………………………… H000145
日语汉字读音字典 ………………………… H000146
精选汉英词典 ……………………………… H000147
精选英汉词典 ……………………………… H000148
现代法语词汇学 …………………………… H000149
法学英语 …………………………………… H000150
大学英语 3、4、6 级丛书 ………………… H000151
大学英语六级模拟试题汇编 ……………… H000152
英语姓名读音译名词典 …………………… H000153
朗文常用英语正误词典 …………………… H000154
英语准确用词词典(THE RIGHT WORD AT THE RIGHT TIME) …… H000155
英汉科技搭配大词典 ……………………… H000156
商场情景英语 ……………………………… H000157
剑桥商务英语证书(BEC2)二级考试丛书 ………………………… H000158
中级实用英汉词典 ………………………… H000159
大学英语四级模拟试题汇编 ……………… H000160
英汉双解英语动词活用词典 ……………… H000161
英语同义词辨析大词典 …………………… H000162
英文书信大全(修订版) ………………… H000163
学生新英汉词典 …………………………… H000164
现代护理英语(1、2、3) ………………… H000165
GRE 最新全真试题精解 …………………… H000166
科技交流英语 ……………………………… H000167
欢乐美语(TUNING IN THE U. S. A.) ……………………………………… H000168
留日指南与会话 …………………………… H000169
最新活用英汉辞典 ………………………… H000170
英语分类阅读珍萃 ………………………… H000171
彩图学生英汉小词典 ……………………… H000172
小学生图解英汉词典 ……………………… H000173
中学生实用英汉双解词典 ………………… H000174
成人英语复习应试手册 …………………… H000175
大学俄语(第 1 册) ……………………… H000176
大学俄语(第 2 册) ……………………… H000177
外贸英语函电 ……………………………… H000178
俄汉例解词典 ……………………………… H000179
研究生英语精读 …………………………… H000180
大学英语意念分类词汇手册 ……………… H000181
日语读音速查手册 ………………………… H000182
英语写作手册(修订本) ………………… H000183
高级英语 …………………………………… H000184
托福词汇系列丛书 ………………………… H000185
剑桥商务英语证书(BEC1)一级考试丛书 ………………………… H000186
餐饮服务英语 ……………………………… H000187
航空空勤英语 ……………………………… H000188
航空地勤英语 ……………………………… H000189
今日武汉电视英语 ………………………… H000190
商业服务业日语 …………………………… H000191

高级英语教程 …… H000192
大学英语教学词典 …… H000193
精选日汉汉日词典 …… H000194
儿童英语彩图词典 …… H000195
英语简史(英文本) …… H000196
现代法汉汉法词典 …… H000197
中学英汉词典 …… H000198
大学英语重点难点解析与训练 …… H000199
英语正误语法指南 …… H000200
英美新流行词语用法 …… H000201
袖珍德汉词典 …… H000202
英语考试词典 …… H000203
许国璋电视英语 …… H000204
生命的驿车 …… H000205
新英汉袖珍词典 …… H000206
研究生英语泛读·上册 …… H000207
英语成语典故大辞典 …… H000208
实用德语语法 …… H000209
新俄汉双解教学词典 …… H000210
外贸英语阅读 …… H000211
21世纪辞林 …… H000212
图解小学生多用英汉词典 …… H000213
英语同义词词典 …… H000214
迪斯尼彩图英汉儿童词典 …… H000215
现代法语短语词典 …… H000216
英语口译——理论、技巧与实践 …… H000217
英语惯用法大词典 …… H000218

其他语言

嘉戎语研究 …… H000219
汉越词典 …… H000220
朝鲜语在中国、朝鲜、韩国使用上的差异之研究 …… H000221
朝鲜语和汉语关系调查 …… H000222
蒙古语详解词典 …… H000223
声明学论著注疏 …… H000224

I 文学

文学理论

文学中的历史世界 …… I000001
人心可测——小说人物心理探索 …… I000002
微型小说面面观 …… I000003
文艺学新论 …… I000004
诗歌释义学 …… I000005
文艺与人生 …… I000006
世界寓言史 …… I000007
文艺百话 …… I000008
少年文学论稿 …… I000009
神秘的空间——女性写作心理探索 …… I000010
叙事学 …… I000011
中西戏剧美学思想比较研究 …… I000012
优孟衣冠与酒神祭祀 …… I000013
结构—符号学文艺学——方法论体系和论争 …… I000014
中西小说比较 …… I000015
文艺原理新论 …… I000016
文学理论基础 …… I000017
马克思主义文艺学大辞典 …… I000018
钟敬文学术论著自选集 …… I000019
中西叙事文学比较研究 …… I000020
文艺社会学·传统与现代 …… I000021
涌动的潮汐 …… I000022
大家族的没落——福克纳和巴金家庭小说比较研究 …… I000023
儿童文学写作 …… I000024
文学理论新编 …… I000025
罗强烈文学评论选 …… I000026
儿童文学美学 …… I000027
诗美思辨 …… I000028

世界文学

世界反法西斯文学书系 …… I000029
外国典故故事选 …… I000030
中外文学名著通俗本丛书 …… I000031
英美荒诞派戏剧研究 …… I000032
世界童话名篇 …… I000033
林纾翻译小说未刊九种 …… I000034
一千零一个侦探故事 …… I000035
一千零一个动物故事 …… I000036
一千零一个战争故事 …… I000037
中外文学社团流派词典 …… I000038
当代世界童话选 …… I000039
世界散文精华 …… I000040

大自然美文精萃——春、夏、秋、冬 …… I000041
外国长篇小说名著精粹 …… I000042
世界传奇故事100篇 …… I000043
中外科幻小说大观 …… I000044
365夜民间故事(上、下) …… I000045
365夜寓言 …… I000046
外国文学小百科 …… I000047
幽默童话故事 …… I000048
奇遇与历险故事 …… I000049
神怪故事 …… I000050
少年儿童惊险故事大观 …… I000051
勇士与大盗的故事 …… I000052
开心一刻丛书 …… I000053
巨人与小矮人的故事 …… I000054
名家爱情诗分类精品 …… I000055
西方文论史 …… I000056
世界十大史诗画库 …… I000057
世界寓言故事精选 …… I000058
蜡笔王国童话 …… I000059
童话故事 …… I000060
外国杂文大观 …… I000061
中外童话万有文选 …… I000062
世界最新探险小说珍品译丛 …… I000063
西方文艺理论史 …… I000064
外国文学简编(欧美部分) …… I000065
世界中篇名著精选 …… I000066
世界寓言名著金库 …… I000067
世界童话名著金库 …… I000068
外国古典戏剧故事 …… I000069
世界小说名作故事宝库 …… I000070
世界电影精彩对白选 …… I000071
外国女诗人诗精选 …… I000072
诺贝尔文学奖获奖作家精品丛书 …… I000073
人生随笔精华系列 …… I000074
外国题赠诗精选 …… I000075
外国象征诗精选 …… I000076
外国讽刺诗精选 …… I000077
世界散文宝库 …… I000078
世界名诗精选365 …… I000079
葡语作家丛书 …… I000080
世界文学金库 …… I000081
文艺源流辞典 …… I000082
故事大世界 …… I000083
外国朦胧诗精选 …… I000084
外国唯美诗精选 …… I000085
外国超短诗精选 …… I000086
最后的华尔兹 …… I000087
绿色的思忖 …… I000088
朝圣者的灵魂 …… I000089
中外散文名篇精选 …… I000090
杨绛译文集 …… I000091
世界民间寓言大全 …… I000092
世界诗库 …… I000093
清园论学集 …… I000094
英美桂冠诗人诗选 …… I000095
风景 …… I000096
儿童彩色故事大世界(外国卷) …… I000097
西方小说艺术 …… I000098
爱国主义教育文库·文学 …… I000099
杨必译文集 …… I000100

中国文学

文学评论和研究

中国文学答问总汇 …… I000101
中国古典文学赏析丛书 …… I000102
文心雕龙全译 …… I000103
李贺资料汇编 …… I000104
金代文学学发凡 …… I000105
张爱玲研究资料 …… I000106
龙门丛书 …… I000107
儿童百科知识图典·中国古代文学人物卷 …… I000108
苦恼的叙述者 …… I000109
沙汀艾芜作品欣赏 …… I000110
张爱玲作品欣赏 …… I000111
文化视界中的文学 …… I000112
中国现代文学与民族文化 …… I000113
文心雕龙全译 …… I000114
古典文艺美学 …… I000115
严文井研究专集 …… I000116
《文心雕龙》字义疏证 …… I000117
蒲松龄生平著述考辨 …… I000118
老舍与中国新文学 …… I000119
现代主义文学研究 …… I000120
文学梦寻 …… I000121

现代文心 …… I000122
中国现当代文学一颗耀眼的巨星 …… I000123
中国山水艺术精神 …… I000124
李白与唐代文化 …… I000125
沈从文笔下的中国社会和文化 …… I000126
纳兰成德评传 …… I000127
中国20世纪文学思潮论 …… I000128
晚明士风与文学 …… I000129
李白资料汇编 …… I000130
舒芜文学评论选 …… I000131
论中国近世文学 …… I000132
丛林中的玫瑰 …… I000133
台湾当代文学理论批评史 …… I000134
中国古代文论教程 …… I000135
宁宗一小说戏剧研究自选集 …… I000136
沈从文论——中国现代文化的反思 …… I000137
冯梦龙·金瓶梅·张竹坡 …… I000138
海外华文文学名家 …… I000139
唐代文学研究(第五辑) …… I000140
圆形批评论 …… I000141
中国近现代通俗作家评传丛书 …… I000142
浩然研究专集 …… I000143
文学薪火的传承与变异 …… I000144
先秦文献与先秦文学 …… I000145
京派文学的世界 …… I000146
许浑研究 …… I000147
寒山诗与史 …… I000148
朱熹文学思想论 …… I000149
寻找合点 …… I000150
美国学者论唐代文学 …… I000151
隋唐五代文学批评史 …… I000152
灵地的缅想 …… I000153
鸡鸣风雨 …… I000154
栖居于游牧之地 …… I000155
拯救大地 …… I000156

各体文学评论和研究

辽金诗史 …… I000157
西厢记论证 …… I000158
吴梅村诗歌创作探析 …… I000159
缘物说诗 …… I000160
中国山水诗论稿 …… I000161
袁枚《续诗品》详注 …… I000162
武侠小说鉴赏大典 …… I000163
五大奇书珍闻大观 …… I000164
现代散文史论 …… I000165
儿童百科知识图典·中国神话人物卷 …… I000166
老舍小说艺术心理研究 …… I000167
《诗经》民俗文化论 …… I000168
西藏史诗与说唱艺人的研究 …… I000169
诗品辨读 …… I000170
诗品全译 …… I000171
盛唐诗 …… I000172
从《红楼梦》看中国文化 …… I000173
彝族文学史 …… I000174
中国古代悲剧史 …… I000175
中国现代新诗与古典诗歌传统 …… I000176
新诗大千 …… I000177
中国散文鉴赏文库(当代卷) …… I000178
红楼新辨 …… I000179
杜诗说 …… I000180
声律启蒙新解 …… I000181
陈毅的诗词艺术 …… I000182
红楼梦魅力探秘 …… I000183
话本小说史 …… I000184
意境·典型·比兴编 …… I000185
诗经的文化阐释 …… I000186
中国散文史纲 …… I000187
唐诗史 …… I000188
中国侠文化史 …… I000189
名家论名剧 …… I000190
马致远杂剧研究 …… I000191
宋诗纵横 …… I000192
诗镜·甘蔗树 …… I000193
唐宋词典故大辞典 …… I000194
朱自清散文艺术论 …… I000195
中国古代文体丛书 …… I000196
人生艺术与艺术人生 …… I000197
楚辞正解 …… I000198
中国词学批评史 …… I000199
世说新语考释 …… I000200
长篇的辉煌 …… I000201
中国政教文学之起源——先秦诗说论考 …… I000202
解读周作人 …… I000203
羌族文学史 …… I000204
唐宋词纵横谈 …… I000205

曹雪芹墓石论争集 …………………… I000206
历史的诗学 …………………… I000207
竹窗簃——词学论稿 …………………… I000208
说水浒　话权谋 …………………… I000209
《世说新语》整体研究 …………………… I000210
中国文言小说史 …………………… I000211
中国当代中青年学者儿童文学论丛 …… I000212
台湾当代散文综论 …………………… I000213
诗品辨析 …………………… I000214
中国小说大辞典(先秦至南北朝卷) …… I000215
诗品集注 …………………… I000216
新时期小说论稿 …………………… I000217
中华百年史诗 …………………… I000218
中国名人胜迹诗文碑联鉴赏辞典 ……… I000219
名人之谈 …………………… I000220
西游记辞典 …………………… I000221
传记文学史纲 …………………… I000222
宋词流派的美学研究 …………………… I000223
丝绸之路民族民间文学研究 …………… I000224
中国诗学通论 …………………… I000225
金庸小说艺术论 …………………… I000226
孙德民话剧评论集 …………………… I000227
中国散文通史(上、下卷) …………… I000228
中国古代散文艺术 …………………… I000229
当代回族文学史(上编) …………… I000230
三国计谋鉴赏 …………………… I000231
中国禁毁小说百话 …………………… I000232
台湾青年诗人论 …………………… I000233
文学思潮与当代小说 …………………… I000234
柳宗元诗歌笺释集评 …………………… I000235
词籍序跋萃编 …………………… I000236
《格萨尔》新探 …………………… I000237
蒙古文学发展论 …………………… I000238
乌拉与祖拉 …………………… I000239
中国诗话辞典 …………………… I000240

文学史、文学思想史

中国解放区文学史 …………………… I000241
中国文学史通览 …………………… I000242
中国文学演义 …………………… I000243
桂林抗战文学史 …………………… I000244
中国当代文学发展综史 …………………… I000245
中国文学史(少年配图本) …………… I000246
中国幽默文学史话 …………………… I000247
灵根与情种 …………………… I000248
二十世纪中国文学大典 …………………… I000249
大后方文学论稿 …………………… I000250

作品集

鲁迅诗作鉴赏 …………………… I000251
秦牧全集 …………………… I000252
春蚕颂——文学家作品集 …………… I000253
徐志摩全集补编 …………………… I000254
杨绛作品集(一)(二)(三) …………… I000255
武侠小说辞典 …………………… I000256
中国现当代著名作家文库·胡适代表作
…………………… I000257
鲁迅的诗歌艺术 …………………… I000258
《野草》的艺术世界 …………………… I000259
鲁迅和儿童文学 …………………… I000260
缪俊杰文论选 …………………… I000261
万泉河上的歌 …………………… I000262
峻青文集 …………………… I000263
陈残云文集 …………………… I000264
鲁迅:在中日文化交流的坐标上 ……… I000265
全唐文补遗(第一辑) …………… I000266
鲁迅的讽刺艺术 …………………… I000267
戏剧梦断录 …………………… I000268
赵树理全集 …………………… I000269
曾卓文集 …………………… I000270
荆楚华章 …………………… I000271
香港当代文学精品 …………………… I000272
直面人生 …………………… I000273
边贡诗文选 …………………… I000274
重辑杜善夫集 …………………… I000275
臧克家文集(4、5、6卷) …………… I000276
陈洪绶集 …………………… I000277
郑板桥家书诗词(手迹本) …………… I000278
张清文集 …………………… I000279
省城轶事 …………………… I000280
树上的小鸟 …………………… I000281
咱们的老三届 …………………… I000282
张九龄诗文选 …………………… I000283
唐代文选 …………………… I000284
淮海集笺注 …………………… I000285
文选全译 …………………… I000286

叶兆言文集(五卷本) …… I000287
中国古代文学作品选 …… I000288
花季丛书 …… I000289
21世纪文学之星丛书(1994年、1995年卷) …… I000290
中国古典文学名著分类集成 …… I000291
卢照邻集笺注 …… I000292

诗歌、韵文

少年背诵唐诗三百首 …… I000293
郭沫若诗词鉴赏 …… I000294
全唐诗广选新注集评 …… I000295
迷你哲理诗集 …… I000296
中国诗词精典 …… I000297
中国传统节日诗词鉴赏 …… I000298
春花秋月 …… I000299
楚辞集解 …… I000300
全唐诗精品译注汇典 …… I000301
注音注解今释插图古诗三百首 …… I000302
雷锋颂歌(诗词专辑) …… I000303
中国古典诗歌基础文库 …… I000304
历代抒情诗分类鉴赏集成 …… I000305
杜甫诗精华 …… I000306
噶丹嘉措道歌集 …… I000307
诗粹 …… I000308
少读诗、词、曲丛书 …… I000309
中国历代名诗配画丛书 …… I000310
先秦汉魏晋南北朝诗佳句类典 …… I000311
全明散曲 …… I000312
实用全唐诗词典 …… I000313
365诗词名句故事 …… I000314
诗经中的情歌 …… I000315
宋词精华分类品汇 …… I000316
李白诗四百首 …… I000317
宋词三百首全译 …… I000318
元曲三百首详注 …… I000319
灯花吟草 …… I000320
雪山下的情思 …… I000321
多人集 …… I000322
敦煌赋校注 …… I000323
台港澳暨海外华文新诗大辞典 …… I000324
《曲江苑》诗丛 …… I000325
冰心诗全编 …… I000326
全清词(顺康卷) …… I000327
中国朝鲜族时调诗选 …… I000328
呼和浩特当代作家作品精粹 …… I000329
元曲选校注 …… I000330
柯原抒情诗精选 …… I000331
中国爱情诗词曲赋鉴赏辞典 …… I000332
人海诗区 …… I000333
唐诗三百首汇品 …… I000334
元明清诗鉴赏辞典 …… I000335
历代词今译 …… I000336
元曲三百首 …… I000337
唐宋全词 …… I000338
瀛奎律髓 …… I000339
古代言情赠友诗词鉴赏大观 …… I000340
清人诗集叙录 …… I000341
杨维桢诗集 …… I000342
山中白云词笺 …… I000343
马万祺诗词选 …… I000344
南村草堂诗钞 …… I000345
阿合提作品选(1) …… I000346
世纪风暴 …… I000347
黄遵宪诗选 …… I000348
千家诗新注 …… I000349
唐宋词三百首今译赏析 …… I000350
康熙诗词集注 …… I000351
熟了的山坡 …… I000352
唐宋词百家全集 …… I000353
中华诗歌精萃 …… I000354
楚辞佳句辞典 …… I000355
唐诗三百首全译 …… I000356
中国古今题画诗词全璧 …… I000357
杜诗赵次公先后解辑校 …… I000358
韵文三百首系列 …… I000359
杜甫诗选 …… I000360
乐章集校注 …… I000361
历代蜀词全辑续编 …… I000362

戏　剧

中国近代文学大系·俗文学集第二卷 …… I000363
古代包公戏选 …… I000364
戏曲粹 …… I000365
羽人集 …… I000366
耕耘集 …… I000367

王昌言剧作选 …… I000368
成兆才全集 …… I000369
香港话剧选 …… I000370

小　说

七彩科学幻想故事金库 …… I000371
乾隆皇帝(第二卷) …… I000372
孔尚任传 …… I000373
中国近代文学大系·小说集第三卷 …… I000374
康熙大帝 …… I000375
无雨之城 …… I000376
义和铁拳英烈 …… I000377
戊戌维新志士 …… I000378
中国小说名家新作丛书——王蒙卷 …… I000379
中国小说名家新作丛书——李国文卷 … I000380
梦中的河 …… I000381
乾隆皇帝(第一卷) …… I000382
中国现当代著名作家文库·刘绍棠代表作 …… I000383
中国现当代著名作家文库·马烽代表作 …… I000384
二十世纪台港及海外华人文学经典 …… I000385
中华传奇宝典 …… I000386
中华智慧宝典 …… I000387
中华爱情宝典 …… I000388
中华美德宝典 …… I000389
与五指山永存的故事 …… I000390
蒿里行 …… I000391
一尊推不倒的铜像——詹天佑 …… I000392
古今奸诲 …… I000393
红楼梦 …… I000394
耳谈类增 …… I000395
春秋战国外交群星 …… I000396
中外名人婚恋大观 …… I000397
小说粹 …… I000398
朗园 …… I000399
生命乐园 …… I000400
蒙蔽之鉴 …… I000401
中国神话 …… I000402
红尘梦醒 …… I000403
商界 …… I000404
不是神童也成才 …… I000405
世纪贵族 …… I000406
中国大众小说大系 …… I000407
白话后聊斋 …… I000408
搜神记全译 …… I000409
当家人 …… I000410
奔腾的漳河 …… I000411
云泥百合 …… I000412
此夜漫长 …… I000413
中国古典戏剧故事 …… I000414
父亲 …… I000415
苏醒的大地 …… I000416
女人寨 …… I000417
纸项链 …… I000418
东方风云 …… I000419
Tales from Ten Chinese Classical Comedies …… I000420
名人的母亲 …… I000421
红军演义 …… I000422
东方商人 …… I000423
新潮女性系列 …… I000424
寡妇客店 …… I000425
胡景芳儿童中篇小说选 …… I000426
日本轮王寺秘藏水浒 …… I000427
风流殇 …… I000428
清代笔记小说类编 …… I000429
中国古典小说四大名著珍藏本 …… I000430
法网情仇 …… I000431
痴恋 …… I000432
故园暮色 …… I000433
匪首 …… I000434
醉太平 …… I000435
文白对照太平广记 …… I000436
东周列国故事 …… I000437
中国古代著名地方官 …… I000438
我的菩提树 …… I000439
麻赫穆德·喀什噶里 …… I000440
复仇 …… I000441
中国苗族文学丛书·现当代小说选 …… I000442
阿Q后传 …… I000443
雾海椰岛 …… I000444
杨家将演义 …… I000445
爱我中华 …… I000446
石门夜话 …… I000447
妻盼 …… I000448
混沌初开 …… I000449

儒林外史 …………………………… I000450
三国演义(李国文评点本) ………… I000451
白毛女和她的儿孙 ………………… I000452
人走形势 …………………………… I000453
你无法真实 ………………………… I000454
朝鲜战争演义 ……………………… I000455
九皇之恋 …………………………… I000456
月亮的雨 …………………………… I000457
后十日谈 …………………………… I000458
三言(新注全本) ………………… I000459
刘军手谈 …………………………… I000460
中国古代传奇故事精选 …………… I000461
《红楼梦》评点本 ………………… I000462
饥饿的山村 ………………………… I000463
'92 中国小说精萃 ………………… I000464
没有鸟的谷地 ……………………… I000465
太平广记(足本·普及本) ……… I000466
太行英雄传 ………………………… I000467
敦煌遗梦 …………………………… I000468
济公全传 …………………………… I000469
说岳全传 …………………………… I000470
聊斋志异 …………………………… I000471
醒世姻缘传 ………………………… I000472
儿女英雄传 ………………………… I000473
二十年目睹之怪现状 ……………… I000474
暗杀——3322 ……………………… I000475
镜花缘 ……………………………… I000476
孽海花 ……………………………… I000477
中国古代珍稀本小说 ……………… I000478
中国古典名著珍藏本 ……………… I000479
隋唐演义 …………………………… I000480
老残游记 …………………………… I000481
冰心的故事 ………………………… I000482
丘吉尔与他钟爱的女性 …………… I000483
五大才女传奇 ……………………… I000484
正是高三时 ………………………… I000485
张资平小说选 ……………………… I000486
女人韵歌 …………………………… I000487
皋鹤堂批评第一奇书金瓶梅 ……… I000488
足本鸳鸯蝴蝶派小说 ……………… I000489
青青的群山 ………………………… I000490
失态的季节 ………………………… I000491
战争与命运 ………………………… I000492
走下金銮殿的皇帝 ………………… I000493
十大元帅轶闻趣事 ………………… I000494
花园深处 …………………………… I000495
窑祭 ………………………………… I000496
乡邻乡亲乡人 ……………………… I000497
放马天山 …………………………… I000498
红房子 ……………………………… I000499
中国小说名家新作丛书——刘心武卷 … I000500
中国当代短篇小说选 ……………… I000501
边缘 ………………………………… I000502
中国十六皇后传奇 ………………… I000503
威风凛凛 …………………………… I000504
心之门 ……………………………… I000505
逐鹿金陵 …………………………… I000506
陶渊明 ……………………………… I000507
柏慧 ………………………………… I000508
世界五千年智谋总集 ……………… I000509
洪荒 ………………………………… I000510
卡领传奇 …………………………… I000511
文天祥 ……………………………… I000512
红楼梦 ……………………………… I000513
三国演义 …………………………… I000514
西游记 ……………………………… I000515
水浒传 ……………………………… I000516
清代四大小说 ……………………… I000517
好色一代男 ………………………… I000518
大上海漂浮 ………………………… I000519
透视灵魂的世界 …………………… I000520
新时期争鸣作品丛书 ……………… I000521
黑雾英魂 …………………………… I000522
凤凰琴 ……………………………… I000523

报 告 文 学

八桂俊杰丛书 ……………………… I000524
海南之战 …………………………… I000525
未婚女性群落　走出围城的女人们
　她们在晚霞中 …………………… I000526
航母·航母 ………………………… I000527
蔚兰色的启迪 ……………………… I000528
李白传(新版) …………………… I000529
少女的风采 ………………………… I000530
气之魂——意拳气功大师王安平传奇 … I000531
我在美国当律师 …………………… I000532
现代儒家梁漱溟 …………………… I000533

一代宗师马君武 …… I000534
辛亥元勋黄明堂 …… I000535
天国一柱李秀成 …… I000536
旷世师表雷沛鸿 …… I000537
中国画圣石涛 …… I000538
天朝骁将陈玉成 …… I000539
爱国名将李济深 …… I000540
末代总统李宗仁 …… I000541
抗倭女杰瓦氏夫人 …… I000542
壮族英雄侬智高 …… I000543
旷代人杰石达开 …… I000544
名士风范唐景崧 …… I000545
广州城外城 …… I000546
一斑集 …… I000547
郭沫若和他的三位夫人 …… I000548
昨天的回响 …… I000549
徐洪刚的故事 …… I000550
黄正清与五世嘉木样 …… I000551
沂蒙丰碑 …… I000552
刘少奇在山东 …… I000553
外面的世界很精彩 …… I000554
敢问路在何方 …… I000555
从延安到中南海 …… I000556
女囚 …… I000557
庐山会议实录(增订本) …… I000558
死囚车上的采访 …… I000559
中国冠军录 …… I000560
毛泽东用兵录(一、二) …… I000561
半个世纪的中国 …… I000562
天下第一山 …… I000563
中国蓝盔——中国赴柬埔寨工程兵大队维和行动纪实 …… I000564
虎穴殊勋 …… I000565
丝路散花 …… I000566
彭雪枫将军 …… I000567
不沉的英伦岛 …… I000568
天昏海暗 …… I000569
越过马其诺 …… I000570
鹰爪下的羔羊 …… I000571
喋血黄沙 …… I000572
黄河在咆哮 …… I000573
血染的冬天 …… I000574
第二次世界大战纪实丛书 …… I000575
“卐”字旗的陨落 …… I000576
犁不开的冻土 …… I000577
英吉利海峡的狂飚 …… I000578
夜沙龙丛书 …… I000579
中学生的情感世界 …… I000580
改革没有浪漫曲 …… I000581
“鬼才”贾平凹 …… I000582
故事发生在天安门城楼 …… I000583
黑旗军魂刘永福 …… I000584
辛亥名宿王和顺 …… I000585
中华英魂韦拔群 …… I000586
岭南俊乂郑献甫 …… I000587
国门砥柱冯子材 …… I000588
大清名臣陈宏谋 …… I000589
九州名豪李德山 …… I000590
天朝基石杨秀清 …… I000591
民主斗士李任仁 …… I000592
空中体坛风云录 …… I000593
长江口大潮 …… I000594
血铸丰碑 …… I000595
挥戈疆场 …… I000596
军嫂 …… I000597
华夏英才 …… I000598
千秋家国梦(上、下部) …… I000599
不残的人生 …… I000600
南国屏藩苏元春 …… I000601
千古奇雄袁崇焕 …… I000602
一代战将李天佑 …… I000603
记巴金及其他 …… I000604
一个老记者的经历 …… I000605
中国改革风云人物(一) …… I000606
深圳传奇 …… I000607
中国农村大写意 …… I000608
我的回忆 …… I000609
当代英魂(上) …… I000610
法坛巨擘白鹏飞 …… I000611
铁血将军李明瑞 …… I000612
大略雄才周子昆 …… I000613
我的父亲袁殊 …… I000614
语言大师王力 …… I000615
我的父亲李广田 …… I000616
名人子女写名人丛书 …… I000617
我的父亲郑振铎 …… I000618
我的父亲陈企霞 …… I000619
风雨情 …… I000620

健美之源 …………………………………… I000621
跨世纪的一代——中国少年“五自”丛书
…………………………………………… I000622
印象与领悟 ………………………………… I000623
生命之歌 …………………………………… I000624
太阳、大地、人 …………………………… I000625

散　文

伊斯兰和穆斯林 …………………………… I000626
白话幽梦影 ………………………………… I000627
中国现代名家散文分类品汇 ……………… I000628
巴山鬼话 …………………………………… I000629
立存此照 …………………………………… I000630
中国古今对联大观 ………………………… I000631
荒芜英雄路 ………………………………… I000632
仰望苍天 …………………………………… I000633
夜行者梦语 ………………………………… I000634
禅理散文 …………………………………… I000635
神圣的珊瑚礁 ……………………………… I000636
今文观止 …………………………………… I000637
杨绛散文 …………………………………… I000638
芳草梦 ……………………………………… I000639
中国杂文大观 ……………………………… I000640
苍狗白云 …………………………………… I000641
文粹 ………………………………………… I000642
河里子集 …………………………………… I000643
湾流集 ……………………………………… I000644
小说名家散文百题 ………………………… I000645
草屋情 ……………………………………… I000646
岁月的跋涉 ………………………………… I000647
森林水滴 …………………………………… I000648
超越自己 …………………………………… I000649
肯定自己 …………………………………… I000650
创造自己 …………………………………… I000651
台湾散文精品鉴赏 ………………………… I000652
九十年代女性散文 11 家 ………………… I000653
文明的碎片 ………………………………… I000654
河之女 ……………………………………… I000655
中国现代小品经典——散文 ……………… I000656
山川风月集 ………………………………… I000657
12 种颜色的彩虹 ………………………… I000658
评剧皇后与作家丈夫 ……………………… I000659
海念 ………………………………………… I000660
和谷散文精选 ……………………………… I000661
林海小镇——朗乡 ………………………… I000662
怀念远山 …………………………………… I000663
一本打开的书 ……………………………… I000664
铁箫人语 …………………………………… I000665
郁离子译注 ………………………………… I000666
萤窗小语 …………………………………… I000667
自嘲 ………………………………………… I000668
命运所赐 …………………………………… I000669
女人书简 …………………………………… I000670
斑驳人生 …………………………………… I000671
百家散文名作鉴赏 ………………………… I000672
周莹情愫 …………………………………… I000673
舔犊情 ……………………………………… I000674
“拳拳亲情”丛书 ………………………… I000675
走神女孩 …………………………………… I000676
父亲手记 …………………………………… I000677
我是母亲 …………………………………… I000678
大眼睛·小眼睛 …………………………… I000679
名人小品 …………………………………… I000680
名人杂文 …………………………………… I000681
名人叙事与抒情 …………………………… I000682
爱情笔记 …………………………………… I000683
闲雅小品集观 ……………………………… I000684
笑话集锦 …………………………………… I000685
杂烩集 ……………………………………… I000686
我的另一半——台湾作家的伴侣情 ……… I000687
海夫文存 …………………………………… I000688
油灯夜话 …………………………………… I000689
蹒跚的脚步 ………………………………… I000690
历代山水小品 ……………………………… I000691
真假荒诞 …………………………………… I000692
古经新说 …………………………………… I000693
落花人独立 ………………………………… I000694
画碟余墨 …………………………………… I000695
调侃集 ……………………………………… I000696
创造美的世界 ……………………………… I000697
海外漫游 …………………………………… I000698
秋禾书话 …………………………………… I000699
家书 ………………………………………… I000700
秋雨散文 …………………………………… I000701
僧道小品 …………………………………… I000702
站在山谷与你对话 ………………………… I000703
黑白人生 …………………………………… I000704

秋天的钟 …… I000705
月出之光 …… I000706
名家品书 …… I000707
绝妙人生 …… I000708
江畔放歌 …… I000709
人生韵味——赵丽宏散文150篇 …… I000710
袁枚散文选集 …… I000711
苏轼散文选集 …… I000712
万千说法 …… I000713
历代笔记小品 …… I000714
历代禅语小品 …… I000715
没有绣花的手帕 …… I000716
古代中国寓言大系 …… I000717
中国当代散文精粹类编 …… I000718
中国人(全译本) …… I000719
杨绛散文 …… I000720
中年苦短 …… I000721
一个中国人看世界 …… I000722
走过西藏 …… I000723

杂　著

中国楹联大典 …… I000724
中国格言对联 …… I000725
江西名胜楹联 …… I000726
宗教对联 …… I000727
中华对联丛集 …… I000728
中国行业对联大观 …… I000729
千家行业实用对联大全 …… I000730
绝妙好联赏析辞典 …… I000731
云南名胜楹联大观 …… I000732

民间文学

注音注解今释插图寓言典故三百篇 …… I000733
美妙传说 …… I000734
神妙故事 …… I000735
婻海发 …… I000736
古今怪海 …… I000737
古今情海 …… I000738
中国神仙传 …… I000739
黎族创世歌 …… I000740
绝妙趣谈 …… I000741
告别三峡之旅 …… I000742
三个小宝贝 …… I000743
白曲精选 …… I000744
山海经全译 …… I000745
笑话故事 …… I000746
民间故事 …… I000747
谜语故事 …… I000748
木马(维吾尔民间故事) …… I000749
武陵苗族古歌 …… I000750
实用分类谜语精选 …… I000751
山南民间谚语集成 …… I000752
哈萨克民间故事集 …… I000753
安王与祖王 …… I000754
旦艳与夏策 …… I000755
赞歌 …… I000756
支嘎阿鲁王 …… I000757
中国著名神话人物传奇 …… I000758
哈萨克风俗歌谣选 …… I000759
中国梦话 …… I000760
鬼谷子与云梦山 …… I000761
花色谜大观 …… I000762
曲谷走谷选 …… I000763
文化名人逸闻隽语丛书 …… I000764

儿童文学

“童话列车”丛书(第五辑) …… I000765
巨人丛书(第二辑) …… I000766
故事树 …… I000767
梦中的绿云 …… I000768
奇妙童话 …… I000769
中华少年英才丛书第一辑 …… I000770
将军们的童年(续集) …… I000771
世界最新少年小说精品书系 …… I000772
人类探险史故事丛书 …… I000773
吕氏春秋(图画本) …… I000774
典故故事500图画本 …… I000775
小燕子捡来的童话 …… I000776
成语故事365 …… I000777
幼儿文摘画库(2) …… I000778
幼儿文摘画库(1) …… I000779
婴幼儿歌谣 …… I000780
绘画历史故事词典 …… I000781
滕毓旭儿童诗 …… I000782
当代儿童文学名作赏析 …… I000783

幼儿文摘画库(3) …………………………… I000784
儿童礼品丛书 …………………………… I000785
新编幼儿知识童话200篇 …………………………… I000786
世界成语故事 …………………………… I000787
精编儿歌300首 …………………………… I000788
三国演义故事 …………………………… I000789
动物小说丛书 …………………………… I000790
成功者的故事 …………………………… I000791
中国当代儿童文学精品·小说卷 ……… I000792
十四岁的森林 …………………………… I000793
益智趣味故事500则(紫叶集) …………… I000794
365科学童话(下) …………………………… I000795
幼儿文摘画库(4) …………………………… I000796
绘画品德故事词典 …………………………… I000797
小作家丛书 …………………………… I000798
典故故事 …………………………… I000799
大脚姑娘 …………………………… I000800
注音精华故事丛书 …………………………… I000801
彩绘本新幼儿故事大王 …………………………… I000802
红星丛书 …………………………… I000803
小儿郎·小儿狼 …………………………… I000804
铜锅(维吾尔民间故事) …………………………… I000805
下宝蛋的鸡(维吾尔民间故事) ………… I000806
不孝之子(维吾尔民间故事) ………… I000807
神棍(维吾尔民间故事) …………………………… I000808
优秀童话故事百篇 …………………………… I000809
中国古代通俗小说少年文库 ………… I000810
徐洪刚的故事 …………………………… I000811
Hi 中学生 …………………………… I000812
动物王国迷案大侦破 …………………………… I000813
中华人物故事全书(古代部分彩图本) … I000814
科学发现小故事——化学 ………… I000815
科学发现小故事——数学 ………… I000816
铁骨铮铮的脊梁——贬臣故事 ………… I000817
智慧在这里闪耀——谋士故事 ………… I000818
人间苦行与极乐世界——高僧故事 …… I000819
大头儿子和小头爸爸 …………………………… I000820
少年英雄故事丛书 …………………………… I000821
鞠萍给宝宝讲故事 …………………………… I000822
月光下的小精灵 …………………………… I000823
阿铁林的故事 …………………………… I000824
画家与小鸟 …………………………… I000825
怪尾狐智斗喷嚏大王 …………………………… I000826
小精灵科学童话 …………………………… I000827
古代少年美德小故事 …………………………… I000828
周锐童话选 …………………………… I000829
动物国 …………………………… I000830
刁狐狸和傻狐狸 …………………………… I000831
中国古代十子丛书 …………………………… I000832
长翅膀的孩子 …………………………… I000833
中华传统美德故事(2) …………………………… I000834
中华传统美德故事(1) …………………………… I000835
巴金童话故事集 …………………………… I000836
醉生梦死的昏君——帝王故事之二 …… I000837
囚猴脱险记 …………………………… I000838
叶圣陶童话 …………………………… I000839
叶圣陶儿歌 …………………………… I000840
父亲的水手帽 …………………………… I000841
儿童益智相声 …………………………… I000842
怪眼麒麟奇遇记 …………………………… I000843
好猫咪呜 …………………………… I000844
神秘的红蝴蝶 …………………………… I000845
中华传统美德故事(3) …………………………… I000846
哼哈二将 …………………………… I000847
黑眼睛丛书(幼儿文学画库) ………… I000848
彩图科学知识启蒙故事100篇 ………… I000849
伟大的爱丛书 …………………………… I000850
金本童话诗选 …………………………… I000851
儿童彩色故事大世界(中国卷) ………… I000852
中国儿童风俗散文选 …………………………… I000853

亚洲文学

岛崎藤村散文选 …………………………… I000854
泰戈尔散文选 …………………………… I000855
尤今看世界 …………………………… I000856
尤今看人生 …………………………… I000857
大宛姑娘 …………………………… I000858
德富芦花散文选 …………………………… I000859
东方文学史通论 …………………………… I000860
万叶和歌新探 …………………………… I000861
死刑犯 …………………………… I000862
日本儿童文学面面观 …………………………… I000863
纪伯伦全集 …………………………… I000864
叛逆的灵魂 …………………………… I000865
泪珠和欢笑 …………………………… I000866
暴风雨 …………………………… I000867
纪伯伦全集 …………………………… I000868

朝鲜文学史(近现代部分) …………… I000869
王后的项链 …………………………… I000870
东方文学名著鉴赏大辞典 …………… I000871
新加坡当代小说精选 ………………… I000872
高丽文学美意识研究 ………………… I000873

非洲文学

猎骄昆弥 ……………………………… I000874
罪恶的心 ……………………………… I000875

欧洲文学

中国莎学简史 ………………………… I000876
英国古代诗歌 ………………………… I000877
英国散文的流变 ……………………… I000878
莎士比亚新论 ………………………… I000879
苏联文学史(一)(二)(三) ………… I000880
史密斯散文选 ………………………… I000881
小泉八云散文选 ……………………… I000882
福斯特散文选 ………………………… I000883
列那尔散文选 ………………………… I000884
海涅散文选 …………………………… I000885
都德散文选 …………………………… I000886
茶花女 ………………………………… I000887
鲁滨逊漂流记 ………………………… I000888
雪莱抒情诗全集 ……………………… I000889
新天方夜谭 …………………………… I000890
普希金长诗全集 ……………………… I000891
莱蒙托夫抒情诗全集 ………………… I000892
曾经男人的三少女 …………………… I000893
棕色童话 ……………………………… I000894
德温特夫人——《蝴蝶梦》续集 …… I000895
礼拜五 ………………………………… I000896
约翰·克利斯朵夫(上、下) ………… I000897
基度山恩仇记(上、下) …………… I000898
普希金抒情诗全集 …………………… I000899
伯尔作品精粹 ………………………… I000900
并非舞文弄墨 ………………………… I000901
法国20世纪文学丛书(第九辑) …… I000902
世界心理小说名著选英国部分② …… I000903
俄罗斯儿童文学论谭 ………………… I000904
追忆似水年华 ………………………… I000905
死者为王 ……………………………… I000906
简·爱 ………………………………… I000907
尤利西斯 ……………………………… I000908
意大利二十世纪文学丛书 …………… I000909
外国奇案故事(上、下) …………… I000910
法国20世纪文学丛书(第十辑) …… I000911
英国二十世纪文学史 ………………… I000912
屠格涅夫全集 ………………………… I000913
伊利亚特 ……………………………… I000914
茶花女 ………………………………… I000915
初恋 …………………………………… I000916
春潮 …………………………………… I000917
烟　处女地 …………………………… I000918
猎人笔记 ……………………………… I000919
罗亭　贵族之家 ……………………… I000920
前夜　父与子 ………………………… I000921
黄昏 …………………………………… I000922
幽灵 …………………………………… I000923
木木 …………………………………… I000924
钢铁是怎样炼成的 …………………… I000925
莎剧论纲 ……………………………… I000926
露西 …………………………………… I000927
简·爱 ………………………………… I000928
童年·少年·青年 …………………… I000929
董贝父子 ……………………………… I000930
法国小说论 …………………………… I000931
奥德赛 ………………………………… I000932
克莱芙王妃 …………………………… I000933
现代英国文学教程 …………………… I000934
苔丝 …………………………………… I000935
莫泊桑短篇小说选 …………………… I000936
司汤达短篇小说选 …………………… I000937
巴尔扎克短篇小说选 ………………… I000938
左拉短篇小说选 ……………………… I000939
莫斯科——1941 ……………………… I000940
多雪的冬天 …………………………… I000941
风雪小站 ……………………………… I000942
你到底要什么 ………………………… I000943
岸 ……………………………………… I000944
人世间 ………………………………… I000945
白俄罗斯童话 ………………………… I000946
吉卜赛姑娘 …………………………… I000947
爱情与荣誉 …………………………… I000948
都兰趣话 ……………………………… I000949
十日谈 ………………………………… I000950

莫泊桑社会小说 ………………………… I000951
屠格涅夫爱情小说 ………………………… I000952
詹姆斯心理小说 ………………………… I000953
卡夫卡荒诞小说 ………………………… I000954
吉卜林动物小说 ………………………… I000955

美洲文学、大洋洲文学

新西兰文学史 ………………………… I000956
美国文学名著精选 ………………………… I000957
凶宅七角楼 ………………………… I000958
马丁·伊登 ………………………… I000959
一个女人——陈香梅 ………………………… I000960
马克·吐温未发表作品集 ………………………… I000961
加拿大文学史 ………………………… I000962
珍妮姑娘 ………………………… I000963
廊桥遗梦 ………………………… I000964
加拿大后现代主义——加拿大现代英语小说研究 ………………………… I000965
汤姆大伯的小屋 ………………………… I000966
美国悲剧 ………………………… I000967
自由女神俱乐部 ………………………… I000968
爱伦·坡短篇小说选 ………………………… I000969

J 艺 术

艺术理论

中国现代艺术品评丛书 ………………………… J000001
徐悲鸿艺术文集 ………………………… J000002
造型基础 ………………………… J000003
艺术变相论 ………………………… J000004
傅译丹纳集·艺术哲学 ………………………… J000005
艺术创造心理学 ………………………… J000006
色彩构成设计 ………………………… J000007
美术概论 ………………………… J000008
视觉设计教育丛书 ………………………… J000009
大英视觉艺术百科全书 ………………………… J000010
艺术论纲 ………………………… J000011
大学生现代艺术鉴赏与修养 ………………………… J000012

世界各国艺术概况

宗教礼仪与古代艺术 ………………………… J000013
剑桥艺术史 ………………………… J000014
艺术史 ………………………… J000015
太平天国艺术(上、下册)(中英文对照) ………………………… J000016
20世纪世界美术大系·东欧卷 ………………………… J000017
中国新疆古代艺术 ………………………… J000018
世界美术名作二十讲 ………………………… J000019
中亚古代艺术 ………………………… J000020
世界美术大图典 ………………………… J000021
湖南民间美术全集 ………………………… J000022
美术文献 ………………………… J000023
云南民族博物馆藏品选 ………………………… J000024

绘 画

元明清名家绘画系列 ………………………… J000025
云南民族风情白描集 ………………………… J000026
章又新建筑画与技法 ………………………… J000027
大理石天然画精粹 ………………………… J000028
中国书画装裱修复技法 ………………………… J000029
日本当代插图集 ………………………… J000030
伍必端作品选 ………………………… J000031
现代建筑画与技法 ………………………… J000032
荣宝斋画谱·现代编 ………………………… J000033
三国演义画本 ………………………… J000034
艺海珍藏 ………………………… J000035
崔子范精品集 ………………………… J000036
孙增弟速写集 ………………………… J000037
建筑壁画艺术 ………………………… J000038
中南海珍藏画集(第二卷) ………………………… J000039
孙建东中国画集 ………………………… J000040
陈崇平画集 ………………………… J000041
李忠翔版画 ………………………… J000042
共和国领袖的故事丛书 ………………………… J000043
欧洲绘画大师技法和材料 ………………………… J000044
辰生画集 ………………………… J000045
齐白石绘画精萃(8开精装) ………………………… J000046
林若熙工笔画集 ………………………… J000047
马莲装饰画作品选 ………………………… J000048
刘旷画集 ………………………… J000049

动物大战 …… J000050
绘画本世界名人传记 …… J000051
近代中国演义连环画(上、下) …… J000052
中国当代作家书画集 …… J000053
王玉辉画集 …… J000054
三希堂画宝 …… J000055
蜡墨画新技法 …… J000056
第二届中国油画展作品集 …… J000057
影视片连环画册(中小学卷) …… J000058
潘晓玲作品集 …… J000059
郭金洲版画选 …… J000060
山水画法 …… J000061
爱的教育 …… J000062
中国物产传说故事 …… J000063
中国当代儿童寓言选 …… J000064
张乐平连环漫画全集 …… J000065
中国新兴版画发展史 …… J000066
彩图动物智慧故事 365 …… J000067
中国神话童话故事选 …… J000068
中国美术学院附中学生习作·素描 …… J000069
上海美术馆藏品选集中国画(1) …… J000070
梁崎书画作品选 …… J000071
露金丝和米法尔历险记 …… J000072
中央美术学院陈列馆馆藏欧洲油画原作 …… J000073
清·张子祥花鸟写生画谱 …… J000074
中国古代乐器百图 …… J000075
世界儿童文学名著精选连环画(第 2 辑) …… J000076
精彩童话小屋 …… J000077
中国典故故事连环画 …… J000078
儿童美术辅导丛书 …… J000079
何多苓人体素描 …… J000080
黑白情韵 …… J000081
图画书创作的 ABC …… J000082
明清扇画选 …… J000083
陈望版画五十年 …… J000084
中国书画鉴定基础 …… J000085
卡通故事大王 …… J000086
动画小天地——动画制作 …… J000087
卢延光武侠小说插图集 …… J000088
关山月画梅 …… J000089
陈佩秋书画集 …… J000090
东方小故事(上、下) …… J000091
宋定伯捉鬼 …… J000092
漫画成语·智慧篇·品德篇·痴愚篇 …… J000093
黑小丁在交响乐团 …… J000094
艾中信画集 …… J000095
中国漫画书系 …… J000096
静物素描 …… J000097
虚谷画集 …… J000098
世界童话之树(彩图本) …… J000099
花鸟画构图详解 …… J000100
写意花鸟画笔墨技法详解 …… J000101
中等师范学校教科书(试用本)美术第二册 …… J000102
李超速写艺术 …… J000103
陆俨少作品精粹 …… J000104
吴昌硕作品集(续编) …… J000105
兵法三十六计 …… J000106
陈永乐画集 …… J000107
天安门珍藏书画集续集 …… J000108
结构素描 …… J000109
世界幽默画精选 365 …… J000110
圣迹图 …… J000111
江湖百业图 …… J000112
当代中国画家素描集 …… J000113
连环漫画精品 4000 例 …… J000114
余本画集 …… J000115
中国书画鉴赏辞典 …… J000116
鲍加油画集 …… J000117
素描 …… J000118
基础素描探索 …… J000119
建筑水彩画写生与分析 …… J000120
中国历代艺术(绘画编·上) …… J000121
近百年中国书画精品集 …… J000122
中国名书画选 …… J000123
可扬藏书票 …… J000124
博古斋藏书画集 …… J000125
海上中国画选 …… J000126
林风眠全集上下卷 …… J000127
王雪涛教学画稿 …… J000128
克孜尔石窟线描集 …… J000129
画说聊斋 …… J000130
宋玉麟作品选(1990—1994) …… J000131
靳尚谊画集 …… J000132
工笔花鸟画的特技与肌理 …… J000133
意趣与机杼——明清绘画透析国际学

术讨论会特展图录 …………………… J000134
中国典故故事精选彩图本①② ………… J000135
中央美术学院、浙江美术学院素描作品
选集 …………………………………… J000136
中华五千年(彩图本) ………………… J000137
九华山水诗书画集 …………………… J000138
百花百变 ……………………………… J000139
王木兰画集 …………………………… J000140
陈钧德 ………………………………… J000141
丁方 …………………………………… J000142
尚扬 …………………………………… J000143
戴士和 ………………………………… J000144
中日乡土玩具——田原画集 ………… J000145
木刻刀下的版艺术 …………………… J000146
金陵画家梅花集 ……………………… J000147
三国演义(全画本) …………………… J000148
艾生黑白版画作品集 ………………… J000149
中国古代版画丛刊二编 ……………… J000150
谢之光画集 …………………………… J000151
朵云轩藏书画精品集 ………………… J000152
元四家画集 …………………………… J000153
光辉的历程 …………………………… J000154
中国神话 ……………………………… J000155
中国童谣 ……………………………… J000156
中国笑话 ……………………………… J000157
何永坤画集 …………………………… J000158
中学生文言故事连环画 ……………… J000159
美术及其教育 ………………………… J000160

书法、篆刻

明清名家书法大成 …………………… J000161
郑板桥书法三种 ……………………… J000162
于植元书法作品集 …………………… J000163
鲁屋楮墨编 …………………………… J000164
高小岩书孔子事迹图解 ……………… J000165
明清书法论文选 ……………………… J000166
高等书法教程 ………………………… J000167
中南海珍藏书法集(第一卷) ………… J000168
尚文书法选集 ………………………… J000169
广告美术字体设计大典 ……………… J000170
敦煌书法库(第一辑) ………………… J000171
王铎墨迹大观 ………………………… J000172
印章边款艺术 ………………………… J000173
书法美学思想史 ……………………… J000174
中国书法思想史 ……………………… J000175
白石遗朱 ……………………………… J000176
王羲之圣教序及其笔法 ……………… J000177
黄绮书法论文选 ……………………… J000178
黄若舟快写法 ………………………… J000179
钱刻文艺家印谱 ……………………… J000180
王羲之圣教序 ………………………… J000181
成吉思汗箴言蒙汉合璧书法集 ……… J000182
书法教程 ……………………………… J000183
林散之笔谈书法 ……………………… J000184
中国汉字书法教程 …………………… J000185
硬笔书画古代诗词 …………………… J000186
中国古代印论史 ……………………… J000187
古代名家草字汇 ……………………… J000188
岭南书法史 …………………………… J000189
中国行草大字典 ……………………… J000190
六名家书心经 ………………………… J000191
书法速查工具丛书 …………………… J000192
当代著名书法家手书邓小平名言 …… J000193
中国书法美学 ………………………… J000194
蓝玉崧书法集 ………………………… J000195
宋拓本颜真卿书忠义堂帖 …………… J000196
中国书法艺术 ………………………… J000197
邓石如书法篆刻全集 ………………… J000198
李真书法作品集——纪念毛泽东诞辰
100周年 ……………………………… J000199
舒展军旅书法作品选 ………………… J000200
赵冷月八旬书法 ……………………… J000201
宋拓·潭帖 …………………………… J000202
红楼梦诗词书法艺术 ………………… J000203
席殊 3SFM 实用硬笔字 60 小时训练 …… J000204
书法自修导读 ………………………… J000205
21 世纪新潮美术字体设计 …………… J000206
书法字海 ……………………………… J000207
中国书法与线条艺术 ………………… J000208
敦煌写卷书法精选 …………………… J000209
万寿图 ………………………………… J000210
陈金纯书法集 ………………………… J000211
荣宝斋珍藏墨迹精选 ………………… J000212
王宠墨迹大观 ………………………… J000213
王羲之·王献之全集 ………………… J000214
爨乡书法作品集 ……………………… J000215
梦雨楼书法篆刻选 …………………… J000216

王白沌书法篆刻选集 …………………… J000217
美术字丛书 …………………… J000218
简明书法教程 …………………… J000219

雕 塑

薄意艺术 …………………… J000220
徐竹初木偶雕刻艺术 …………………… J000221
徽州竹雕艺术 …………………… J000222
雕塑造型与装饰鉴赏 …………………… J000223
中国雕塑史 …………………… J000224
中国历代艺术·雕塑编 …………………… J000225

摄影艺术

创意摄影丛书 …………………… J000226
实用摄影手册 …………………… J000227
新编业余摄影实用手册 …………………… J000228
世界之桥 …………………… J000229
魂系雪域 …………………… J000230
突发事件——1906—1972 美联社新闻摄影作品集 …………………… J000231
百莲图 …………………… J000232
家庭摄像实用技术问答 …………………… J000233
黄山奇观 …………………… J000234
上海精神文明 …………………… J000235
中国黄山 …………………… J000236
中国蓝盔 …………………… J000237
中国美术社团漫录 …………………… J000238
中国新闻摄影获奖作品选集 …………………… J000239
卡希人像摄影选集 …………………… J000240

工艺美术

福建工艺美术 …………………… J000241
锡伯族民间图案集 …………………… J000242
少数民族用品资料集 …………………… J000243
王敏剪纸 …………………… J000244
贵州传统蜡染 …………………… J000245
庄玉君标徽设计集 …………………… J000246
POP 广告设计艺术 …………………… J000247
世界广告商标标志大全 …………………… J000248
现代黑白装饰画设计 …………………… J000249
中国折纸大全 …………………… J000250
中国民间美术 …………………… J000251
中国工艺美术史图录(上、下) …………………… J000252
中国吉祥图案实用大全 …………………… J000253
CIS 导入第一步 …………………… J000254
世界平面广告创意精粹 …………………… J000255
黑白设计 …………………… J000256

音乐、舞蹈

音乐学文集 …………………… J000257
中国艺术研究院音乐研究所所藏中国音乐音响目录 …………………… J000258
遵义地区花灯音乐 …………………… J000259
祖国三部曲 交响大合唱 钢琴伴奏谱 …………………… J000260
中国古筝名曲荟萃(上) …………………… J000261
中小学爱国主义教育影视片歌曲集 …………………… J000262
秦腔打击乐 …………………… J000263
沈知白音乐论文集 …………………… J000264
西方音乐史 …………………… J000265
交响叙事曲《乌江恨》总谱 …………………… J000266
青少年活动礼仪曲集 …………………… J000267
世界钢琴名曲集 …………………… J000268
中国民族音乐欣赏(修订版) …………………… J000269
音乐美学 …………………… J000270
初级和声教程 …………………… J000271
中国钢琴作品选 …………………… J000272
昆曲曲牌及套数范例集(南套) …………………… J000273
男高音咏叹调 …………………… J000274
中外音乐欣赏概论 …………………… J000275
手风琴教程 …………………… J000276
哈密木卡姆 …………………… J000277
中国竹笛名曲荟萃 …………………… J000278
《青少年学音乐》丛书 …………………… J000279
滚滚长江东逝水 …………………… J000280
贝多芬钢琴奏鸣曲研究 …………………… J000281
萨依卡丽(柯尔克孜文) …………………… J000282
先秦音乐史 …………………… J000283
献给伟大祖国的赞歌 …………………… J000284
中国歌星成名金曲 …………………… J000285
黔南州戏曲音乐 …………………… J000286
犹如滚石 …………………… J000287
回首百年——20 世纪华人音乐经典论文集 …………………… J000288

全国二胡考级(业余)作品集 ………………… J000289

戏剧艺术

秦腔唱法研究 ………………………………… J000290
品戏斋神游录 ………………………………… J000291
余叔岩研究 …………………………………… J000292
戏曲舞台美术概论 …………………………… J000293
中国京剧脸谱大观 …………………………… J000294
秦腔优秀折子戏·小戏·唱段选编 …… J000295
古代戏曲美学史 ……………………………… J000296
惊世奇功揭秘 ………………………………… J000297
戏曲理论史述要 ……………………………… J000298
中国戏曲表演艺术辞典 ……………………… J000299
中国傩 ………………………………………… J000300
陕西省戏剧志·渭南地区卷 ………………… J000301
中国京剧史图录 ……………………………… J000302
陕西省戏剧志·安康地区卷 ………………… J000303
陕西省戏剧志·咸阳市卷 …………………… J000304
中国戏曲史编年(元明卷) …………………… J000305
论北京人艺演剧学派 ………………………… J000306

电影、电视艺术

世界电影鉴赏辞典(1—3卷) ……………… J000307
百部优秀爱国主义影片观赏指南 ……… J000308
钟惦棐文集 …………………………………… J000309
中国电视艺术发展史 ………………………… J000310

K 历史、地理

史学理论

中国近代史学史概要 ………………………… K000002
中国近代史学的历程 ………………………… K000003
历史主义思潮的历史命运 …………………… K000004
怎样读历史古籍 ……………………………… K000005
历史教育学 …………………………………… K000006
历史理性批判散论 …………………………… K000007
中国古代史学批评纵横 ……………………… K000008
中国历史文献研究 …………………………… K000009
长水集续编 …………………………………… K000010

世界史

世界史 ………………………………………… K000011
二十世纪要事概览 …………………………… K000012
世界文化辞典 ………………………………… K000013
罗马史纲要 …………………………………… K000014
第二次世界大战百科词典 …………………… K000015
丝绸古道上的文化 …………………………… K000016
人类纵览丛书 ………………………………… K000017
第二次世界大战百幕风云 …………………… K000018
草原丝绸之路与中亚文明 …………………… K000019
20世纪环球热点事件 ………………………… K000020

中国史

新潮文史书系 ………………………………… K000021
中华人民共和国风云实录 …………………… K000022
黄河文化 ……………………………………… K000023
中华民国史档案资料汇编(第五辑
第一编) ……………………………………… K000024
中华文化通俗丛书 …………………………… K000025
清前史论丛 …………………………………… K000026
国史大纲 ……………………………………… K000027
中国文化史导论 ……………………………… K000028
中华帝国的文明 ……………………………… K000029
中国革命史论 ………………………………… K000030
寻找中国金字塔 ……………………………… K000031
历史在推陈出新中延伸——中国历代
改革与社会发展研究 ……………………… K000032
明代藩封及靖江王史料萃编 ……………… K000033
辛亥革命与中国社会发展道路 …………… K000034
画说近代中国 ………………………………… K000035
古国启示录 …………………………………… K000036
甲午战争国际关系史 ………………………… K000037
中国资产阶级的黄金时代(1911—1937)
……………………………………………… K000038
中国历史通览 ………………………………… K000039
中华人民共和国历史故事 …………………… K000040
剑桥中华民国史 ……………………………… K000041
古今冤海 ……………………………………… K000042
纵横权谋新解 ………………………………… K000043
清代的边疆开发 ……………………………… K000044
中国文化史观 ………………………………… K000045

两般秋雨庵随笔 …… K000046
百年风云 …… K000047
辛亥革命与近代中国 …… K000048
贞观政要全译 …… K000049
楚文化研究论集(第3集) …… K000050
资治通鉴故事丛书 …… K000051
明代地方官吏及文官制度——关于陕西和西安府的研究 …… K000052
清王朝的建立、阶层及其他 …… K000053
捻军史研究 …… K000054
爱我中华三部曲 …… K000055
佳梦轩丛著 …… K000056
酌中志 …… K000057
中国第一王朝的崛起——中华文明和国家起源之谜破译 …… K000058
二十六史典故辞典 …… K000059
中国皇帝游乐生活 …… K000060
中华人民共和国通鉴 …… K000061
中国文化概观 …… K000062
新文化的源流与趋向 …… K000063
六朝史稿 …… K000064
中华人民共和国实录 …… K000065
日落九世纪——大唐帝国的衰亡 …… K000066
中国通史(第二卷)远古时代 …… K000067
中国历史参考图谱 …… K000068
谗诬鉴类述 …… K000069
诓诈鉴类述 …… K000070
赃贿鉴类述 …… K000071
谄谀鉴类述 …… K000072
古史龟鉴系列 …… K000073
中国古代史史料学 …… K000074
中华人民共和国主要事件人物 …… K000075
中华国耻录 …… K000076
中国现代史研究入门 …… K000077
海外学者论中国 …… K000078
战国策选译 …… K000079
汉书新注 …… K000080
陕甘宁边区行政区划变迁 …… K000081
中国史论集 …… K000082
史记·列传(上) …… K000083
清代三藩研究 …… K000084
德国的汉学研究 …… K000085
国朝宫史 …… K000086
中国历代治国策选粹 …… K000087
中华人民共和国历史长编 …… K000088
中国革命史简编(修订本) …… K000089
中国近代史 …… K000090
文白对照通鉴纪事本末 …… K000091
中国王朝兴亡史 …… K000092
后汉书辞典 …… K000093
西学东渐与晚清社会 …… K000094
传奇汇考 …… K000095
我们的母亲叫中国 …… K000096
资治通鉴之通鉴 …… K000097
《资治通鉴》妙语选 …… K000098
史记妙语选 …… K000099
中国革命史·马克思主义原理学习指导 …… K000100
简明中国古代文化史 …… K000101
中国近代史治要 …… K000102
鲍威尔对华回忆录 …… K000103
文化五千年 …… K000104
北洋军阀与日本 …… K000105
中华人民共和国事典 …… K000106
夏商社会生活史 …… K000107
清波杂志校注 …… K000108
明皇杂录　东观奏记 …… K000109
中国历代奏议大典 …… K000110
中国通史 …… K000111
中华人民共和国史 …… K000112
太原保卫战 …… K000113
唐代长安宫廷史话 …… K000114
国共关系70年纪实 …… K000115
清宫秘闻 …… K000116
资治通鉴大辞典 …… K000117
商源流史 …… K000118
中国文明起源的比较研究 …… K000119
宋代史学编年 …… K000120
中国现代化的历史进程 …… K000121
中国的海外移民 …… K000122
苦难的人流 …… K000123
挽危救亡的史诗——西安事变 …… K000124
新中国的雏形——抗日根据地政权 …… K000125
抵抗与妥协的两重奏 …… K000126
侵略与自卫 …… K000127
二十世纪中国史纲 …… K000128
宋代事始考录 …… K000129
秦、赵源流史 …… K000130

中国抗日战争史 …… K000131
南朝史精语　南史札记 …… K000132
国外关于中国古代史的研究述评 …… K000133
巴渝文化(3) …… K000134
二十五史三编 …… K000135
战国策 …… K000136
鲁国史 …… K000137
秦物质文化史 …… K000138

民族史志

内蒙古历史文化丛书 …… K000139
蒙古学论文集 …… K000140
中国的民族 …… K000141
国外藏学研究译文集(第十一集) …… K000142
西北回族与伊斯兰教 …… K000143
中华民族凝聚力的历史探索 …… K000144
卡尔梅克史评注 …… K000145
哈萨克族的渊源与形成 …… K000146
西南彝志(第七至八卷) …… K000147
台湾少数民族 …… K000148
创业 …… K000149
近代武陵苗族斗争史 …… K000150
《蒙古秘史》历史人物 …… K000151
蒙文历史文献概述 …… K000152
彝史精编 …… K000153
沙陀李晋王及其后裔 …… K000154
回纥史 …… K000155
中国古代少数民族与丝绸之路 …… K000156
云南民族史 …… K000157
彝族源流(十七至二十卷) …… K000158
嬗变中的抉择 …… K000159
吉林朝鲜族 …… K000160
云南回族史 …… K000161
中国朝鲜族文化史大系 …… K000162

地方史志

神奇富饶的贵州 …… K000163
于阗史丛考 …… K000164
走出中世纪的黄土地 …… K000165
八闽掌故大全 …… K000166
《马可波罗行纪》云南史地丛考 …… K000167
达尔罕茂明安联合旗志 …… K000168
西藏文明东向发展史 …… K000169
沽上春秋 …… K000170
新编文史笔记丛书第三辑 …… K000171
武汉掌故 …… K000172
湖北近 300 年学术文化 …… K000173
安吉县志 …… K000174
巴县志 …… K000175
河南志 …… K000176
中国新疆克孜勒苏 …… K000177
西藏发展史 …… K000178
连城鲁土司 …… K000179
土默特右旗志 …… K000180
十九世纪的香港 …… K000181
台湾社会与文化 …… K000182
铜陵市志 …… K000183
交城县志 …… K000184
香港事典 …… K000185
新疆三区革命大事记 …… K000186
西域考察与研究 …… K000187
海南及南海诸岛史地论著资料索引 …… K000188
西南军阀史(第三卷) …… K000189
西南军阀史(第二卷) …… K000190
新编文史笔记丛书第四辑 …… K000191
天津通志・大事记 …… K000192
新疆三区革命 …… K000193
中国丝绸之路辞典 …… K000194
重返喀什噶尔 …… K000195
一个美国人难忘的云南印象 …… K000196
南陵县志 …… K000197
海南文史资料(第九、十辑) …… K000198
可爱的杭州 …… K000199
广州城坊志 …… K000200
湖南通史 …… K000201
蒙城县志 …… K000202
乌拉特中旗志 …… K000203
呼和浩特回族史 …… K000204
香港的昨天、今天和明天 …… K000205
天津市大港区志 …… K000206

亚洲史

日本史 …… K000207
日本论 …… K000208
往五天竺国传笺释 …… K000209

东南亚史纲 …………………………… K000210

欧 洲 史

苏联演变的历史思考 ………………… K000211
健康与权力——“克里姆林宫医生”回忆录 …………………………… K000212
道德理想国的覆灭 ………………… K000213
魏玛共和国(上下卷) ………………… K000214
法兰西的特性 ……………………… K000215

美 洲 史

美国早期史 ………………………… K000216
文化的边疆 ………………………… K000217
加拿大通史简编 …………………… K000218

传 记

世界富豪传 ………………………… K000219
哲人科学家丛书 …………………… K000220
世界著名元首传 …………………… K000221
世界华人精英传略丛书 …………… K000222
几位著名经济思想家的生平、时代和思想 ………………………… K000223
二十世纪外国社会科学家辞典 …… K000224
世界名人之林·艺术家系列(外国部分) …………………………… K000225
世界名人之林·科学家系列(外国部分) …………………………… K000226
世界名人之林·政治家系列(外国部分) …………………………… K000227
世界著名思想家辞典 ……………… K000228
外国一百个军事家 ………………… K000229
二战将帅丛书 ……………………… K000230
二次大战三巨头 …………………… K000231
二次大战三元凶 …………………… K000232
将军——总统 ……………………… K000233
十大数学家 ………………………… K000234
十大化学家 ………………………… K000235
诺贝尔奖获奖者全书 ……………… K000236
十大物理学家 ……………………… K000237
中原寻根——源于河南千家姓 …… K000238

中国人物传记

顾维钧回忆录 ……………………… K000239
徐悲鸿书信集 ……………………… K000240
徐志摩书信集 ……………………… K000241
何应钦的宦海沉浮 ………………… K000242
宋美龄传 …………………………… K000243
任弼时与中国青年 ………………… K000244
永远的爱心·冰心 ………………… K000245
驿路万里·钟敬文 ………………… K000246
天心月圆·弘一大师 ……………… K000247
共和国的缔造者 …………………… K000248
中国近代文学大系·书信日记集第二卷 …………………………… K000249
中国现代水利人物志 ……………… K000250
中国十元帅 ………………………… K000251
梅兰芳与中国文化 ………………… K000252
康熙皇帝一家 ……………………… K000253
乾隆皇帝全传 ……………………… K000254
奉献在丝绸 ………………………… K000255
故宫珍藏人物照片荟萃 …………… K000256
陶峙岳将军 ………………………… K000257
侯德榜 ……………………………… K000258
蒋介石的人际世界 ………………… K000259
鲁迅的人际艺术 …………………… K000260
“人性的治疗者”——沈从文传 ………… K000261
萧友梅纪念文集 …………………… K000262
赵树理年谱 ………………………… K000263
八桂丰碑 …………………………… K000264
古书人物辞典 ……………………… K000265
绿色的开拓者 ……………………… K000266
陕西科技新秀 ……………………… K000267
无法直面的人生——鲁迅传 ……… K000268
营造巴比塔的智者——钱钟书传 … K000269
新月下的夜莺——徐志摩传 ……… K000270
中国地质矿业家列传 ……………… K000271
心路历程 …………………………… K000272
新文化出版家徐伯昕 ……………… K000273
翁同龢传 …………………………… K000274
梁漱溟与胡适 ……………………… K000275
郑作新 ……………………………… K000276
蒋介石政治关系大系 ……………… K000277
傅抱石的青少年时代 ……………… K000278

桑热嘉措传 …… K000279
中华英魂 …… K000280
傅斯年——大气磅礴的一代学人 …… K000281
我与乔冠华 …… K000282
谭震林传奇 …… K000283
许姬传艺坛漫录 …… K000284
中国近现代音乐家传 …… K000285
才子传 …… K000286
齐白石研究大全 …… K000287
郦道元评传 …… K000288
海瑞评传 …… K000289
郭沫若与儒家文化 …… K000290
林同骅航空事业奋斗记 …… K000291
溥杰自传 …… K000292
名人自述 …… K000293
江青全传 …… K000294
传统与现代之间 …… K000295
陈毅的语言艺术 …… K000296
陈毅的军事艺术 …… K000297
陈毅的人生艺术 …… K000298
陈毅的外交艺术 …… K000299
中共党史人物传(第55卷) …… K000300
中共党史人物传(第51卷) …… K000301
中共党史人物传(第52卷) …… K000302
中共党史人物传(第54卷) …… K000303
中共党史人物传(第53卷) …… K000304
中国当代教育名人大辞典 …… K000305
中国大资本家传 …… K000306
中国大资本家传·荣氏家族卷 …… K000307
中国现代社会科学家大辞典 …… K000308
心灵的历程 …… K000309
元和姓纂(附四校记) …… K000310
中国古代十大圣人 …… K000311
中华英模风采录 …… K000312
中国当代艺术家大辞典 …… K000313
蒋介石和黄埔系 …… K000314
傅雷传 …… K000315
司马迁评传 …… K000316
中国当代方志学者辞典 …… K000317
将军生死录——皮定均传 …… K000318
记胡愈之 …… K000319
清代新疆流放名人 …… K000320
蔡廷锴将军——从淞沪抗战到福建事变 …… K000321
梁漱溟研究集 …… K000322
梅兰芳年谱 …… K000323
闻一多年谱长编 …… K000324
板桥家书译注 …… K000325
华夏百年杰出人物 …… K000326
赵寿山将军 …… K000327
清代人物传稿(上编) 第七卷 …… K000328
郑振铎传 …… K000329
刘伯温全传 …… K000330
李鸿章与甲午战争 …… K000331
嵇康评传——汉魏风骨尽 竹林遗恨长 …… K000332
名士风流 …… K000333
双重智慧 …… K000334
幽默人生 …… K000335
胡适留学日记 …… K000336
林彪的这一生 …… K000337
近现代中国少数民族英名录 …… K000338
中国现代数学家传(第一卷) …… K000339
从乡童到富豪——刘国钧发家之路 …… K000340
纪念陈寅恪先生百年诞辰学术论文集 …… K000341
一代天骄和他的继承者 …… K000342
民族友好使者——王昭君 …… K000343
平凹之路 …… K000344
乾隆传 …… K000345
纪念武伯伦先生文集 …… K000346
长夜行人——于伶传 …… K000347
血色年华——聂凤智将军传 …… K000348
宋人传记资料索引补编 …… K000349
为人民服务的光辉典范张思德 …… K000350
鲁迅与少数民族文化 …… K000351
浙江教育名人 …… K000352
艾青 …… K000353
周恩来的决断 …… K000354
艾芜评传 …… K000355
哈斯宝生平研究 …… K000356
高级记者高级编辑名录 …… K000357
驸马传 …… K000358
我与中国20世纪 …… K000359
杰出将领聂凤智 …… K000360
苏兆征评传 …… K000361
在教育史册上 …… K000362
苏轼人格研究 …… K000363

孙中山海外生涯 …………………… K000364
林语堂传 ………………………… K000365
聂荣臻 …………………………… K000366
孙子评传——一代兵圣的生平与思想 …………………………… K000367
十大科学家丛书 ………………… K000368
十大发明家 ……………………… K000369
十大医学家 ……………………… K000370
冤臣传 …………………………… K000371
游侠传 …………………………… K000372
心灵原稿 ………………………… K000373
阮元传 …………………………… K000374
洪秀全评传 ……………………… K000375
一个真正的人——彭德怀 ……… K000376
黄克诚自述 ……………………… K000377
民族英雄左宝贵 ………………… K000378
陕西历代教育家评传 …………… K000379
孙越崎传 ………………………… K000380
苏金伞评传 ……………………… K000381
中国专家人名辞典·新疆卷 …… K000382
翰墨人生 ………………………… K000383
曾国藩嘉言录 …………………… K000384
司马迁评传——史家绝唱 无韵离骚 …………………………… K000385
国际柳宗元研究撷英 …………… K000386
中华百年爱国英杰辞典 ………… K000387
隐士传 …………………………… K000388
冯友兰先生年谱初编 …………… K000389
中国遗书精选 …………………… K000390
黄琪翔传 ………………………… K000391
梁启超未刊书信手迹 …………… K000392
上海作家辞典 …………………… K000393
巴金传 …………………………… K000394
梁启超 …………………………… K000395
洪秀全 …………………………… K000396
历代入粤名人 …………………… K000397
叶挺 ……………………………… K000398
胡汉民 …………………………… K000399
民国广东将领志 ………………… K000400
医国着先鞭 ……………………… K000401
民族英雄——杨靖宇传记 ……… K000402
中国母亲 ………………………… K000403
宋霭龄全传 ……………………… K000404
后乐先忧斯世事 ………………… K000405
仁智的山水——张元济传 ……… K000406
无地自由——胡适传 …………… K000407
信念的旅程——冯友兰传 ……… K000408
天地间一个读书人——熊十力传 ……… K000409
邹韬奋传 ………………………… K000410
解说插图中西关系史年表 ……… K000411
中华民族杰出人物传 …………… K000412

各国人物传记

恒河、黄河情丝 ………………… K000413
我的朋友帕瓦罗蒂 ……………… K000414
尼赫鲁家书 ……………………… K000415
白凡逸志:金九自叙传 ………… K000416
一千个春天 ……………………… K000417
生活在迷宫 ……………………… K000418
叶利钦 …………………………… K000419
梅杰 ……………………………… K000420
加利 ……………………………… K000421
密特朗 …………………………… K000422
克林顿 …………………………… K000423
科尔 ……………………………… K000424
将帅型企业家松下幸之助——论松下幸之助的企业家素质 ……… K000425
雪根 ……………………………… K000426
骚动的一生 ……………………… K000427
狂热的追求 ……………………… K000428
陈纳德与陈香梅 ………………… K000429
日本军国主义侵华人物 ………… K000430
尼采传 …………………………… K000431
戴高乐评传 ……………………… K000432
NB——关于尼耳斯·玻尔的一些回忆 …………………………… K000433

文 物 考 古

古董鉴赏收藏丛书 ……………… K000434
秦俑头像精选 …………………… K000435
俄藏敦煌文献(五) ……………… K000436
尊古斋金石集拓 ………………… K000437
古陶字汇 ………………………… K000438
古封泥集成 ……………………… K000439
沈氏砚林 ………………………… K000440
战国楚简文字编 ………………… K000441

四川近现代纸币图录 …………………… K000442
古玩收藏指南 …………………… K000443
高句丽遗址与遗物研究 …………………… K000444
甲骨文虚词词典 …………………… K000445
陕西汉画 …………………… K000446
魏刻龙门造像记一百种 …………………… K000447
语石·语石异同评 …………………… K000448
中国名砚纵横谈 …………………… K000449
辽宁省博物馆藏宝录 …………………… K000450
殷墟甲骨断代 …………………… K000451
两周金文虚词集释 …………………… K000452
北京名人故居 …………………… K000453
高句丽考古 …………………… K000454
陕南考古报告集 …………………… K000455
四川道教、佛教石窟艺术 …………………… K000456
关中秦汉陶录 …………………… K000457
甘肃石窟艺术雕塑编 …………………… K000458
好太王碑新考 …………………… K000459
山西考古四十年 …………………… K000460
李最雄石窟保护论文集 …………………… K000461
章丘文物汇考 …………………… K000462
小古董大价钱 …………………… K000463
内蒙古历史文化遗迹 …………………… K000464
北京图书馆藏北京石刻拓片目录 …………………… K000465
中国青花瓷 …………………… K000466
秦始皇帝陵兵马俑辞典 …………………… K000467
浙江七千年——浙江博物馆藏品集 …………………… K000468
文房四宝精品鉴赏与价值 …………………… K000469
咸丰泉汇 …………………… K000470
中国考古学:实践·理论·方法 …………………… K000471
文物鉴定秘要 …………………… K000472
陈介祺批校古泉汇 …………………… K000473
漆器型制与装饰鉴赏 …………………… K000474
陕西青铜器 …………………… K000475
新疆岩画 …………………… K000476
故宫文物大典 …………………… K000477
中国农业考古图录 …………………… K000478
中华现代英烈丰碑大典 …………………… K000479
陕北汉代画像石 …………………… K000480
秦始皇陵研究 …………………… K000481
居延新简——甲渠候官 …………………… K000482
中国民间青花瓷画 …………………… K000483

风俗习惯

中华民俗源流集成 …………………… K000484
礼与传统文化 …………………… K000485
景德镇瓷俗 …………………… K000486
回族民俗学概论 …………………… K000487
中华民俗文丛 …………………… K000488
中国古代服饰大观 …………………… K000489
中国民俗 …………………… K000490
儿童百科知识图典(人种·民族·民俗卷) …………………… K000491
柯尔克孜民俗 …………………… K000492
蒙古饰物 …………………… K000493
哈萨克历史及其民俗概论 …………………… K000494
民族·民俗·民间 …………………… K000495
讲故事　习礼仪 …………………… K000496
古人称谓漫谈 …………………… K000497
中国少数民族服饰赏析 …………………… K000498
神秘的节俗 …………………… K000499
礼仪常识 …………………… K000500
青海风俗简志 …………………… K000501
中国民族服饰文化研究 …………………… K000502
生日快乐大全 …………………… K000503
岭南史地与民俗 …………………… K000504
水书(正七卷、壬辰卷) …………………… K000505
汉字古俗观奇 …………………… K000506
胡族习俗与隋唐风韵 …………………… K000507

地　理

中国交通旅游图册 …………………… K000508
中国贵阳 …………………… K000509
中国最新公路交通地图集 …………………… K000510
黄山天下奇 …………………… K000511
灵岩志 …………………… K000512
博山风光名胜大观 …………………… K000513
中国古都研究 …………………… K000514
周代南土历史地理与文化 …………………… K000515
京西名墓 …………………… K000516
南岳衡山 …………………… K000517
长城百科全书 …………………… K000518
西安导游必备中英文(修订本) …………………… K000519
世界主要城市图册 …………………… K000520

儿童百科知识图典(地理知识卷) ········ K000521
承德风光 ········ K000522
中国的三大三角洲 ········ K000523
中国旅游图集 ········ K000524
中朝边界史 ········ K000525
可爱的陕西 ········ K000526
西安 ········ K000527
世界地图集 ········ K000528
中国地图集 ········ K000529
故宫图释 ········ K000530
中国陕西名胜游览 ········ K000531
菲尔德斯半岛地区图 ········ K000532
中国交通图册 ········ K000533
长江三峡 ········ K000534
青史写在大地上 ········ K000535
徐霞客与山水文化 ········ K000536
丝绸之路导游·新疆 ········ K000537
澳门总览 ········ K000538
我的游踪 ········ K000539
长城春秋 ········ K000540
中国·新疆·博尔塔拉 ········ K000541
哈萨克风情 ········ K000542
中国城市地图集 ········ K000543
北京旅游交通图册 ········ K000544
中华人民共和国地图集 ········ K000545
传统村镇聚落景观分析 ········ K000546
商代地理概论 ········ K000547
燕都丛考 ········ K000548
福建省地图册 ········ K000549
中国历代都城 ········ K000550
洞庭湖 ········ K000551
中国古塔 ········ K000552
森林的诱惑 ········ K000553
中国·新疆·昌吉 ········ K000554
四川旅游 ········ K000555
话说前门 ········ K000556
北京地图集 ········ K000557
浮山志 ········ K000558
内蒙古寺庙 ········ K000559
玉华宫史话 ········ K000560
浙江省名村志 ········ K000561
大理 ········ K000562
万里长城 ········ K000563
北京历代建置沿革 ········ K000564
中国分省汽车司机地图册 ········ K000565
中国旅游文化大辞典 ········ K000566
山西省地理 ········ K000567
千山大观 ········ K000568
外国探险家西域游记 ········ K000569
论地理科学 ········ K000570
中国旅游——著名风景名胜导游 ········ K000571
古都西安 ········ K000572
黄河人文志 ········ K000573
长江文化旅游 ········ K000574
可爱的西安 ········ K000575
黄山旅游文化大辞典 ········ K000576
新疆维吾尔自治区地图册 ········ K000577
广西名胜风景大观 ········ K000578
庐山 ········ K000579
宝岛风姿录 ········ K000580
南京大观 ········ K000581
北京市实用地图册 ········ K000582
中国公路地图集 ········ K000583
中国旅行图册 ········ K000584
地理·区域·城市——永无止境的探索 ········ K000585
世界地理学史 ········ K000586
区位论 ········ K000587
山西山河志 ········ K000588
中国历史文化名城旅游大全 ········ K000589
昆明山川风物传说 ········ K000590
中南公路详图 ········ K000591

N 自然科学总论

天天问 ········ N000001
青少年科技丛书 ········ N000002
现代科学技术简明教程 ········ N000003
系统科学大辞典 ········ N000004
科学技术与社会 ········ N000005
近现代技术史简编 ········ N000006
一般系统论——基本概念和应用 ········ N000007
儿童百科知识图典·理科知识卷 ········ N000008
科学发现发明辞典 ········ N000009
现代科学技术基础知识(干部选读) ········ N000010
相似系统论 ········ N000011
动态大系统方法 ········ N000012
世界科技思想论库 ········ N000013

少年新科技全书 …………………… N000014
小博士多多 …………………… N000015
学科发展与科技进步 …………………… N000016
大连科学技术志 …………………… N000017
新科技革命概论 …………………… N000018
高科技时代——当代领导人与企业家 …………………… N000019
少年高新科技大观园 …………………… N000020
现代科技概论 …………………… N000021
农家致富实用技术 233 …………………… N000022
陈宗基论文选 …………………… N000023
中国当代科技精华 …………………… N000024
当代中国科学技术发展史 …………………… N000025
复杂巨系统理论·方法·应用 …………………… N000026
青藏高原腹地 …………………… N000027
中国青年科学技术论文精选 …………………… N000028
动脑筋爷爷(第三辑) …………………… N000029
黔南布依族苗族自治州志·科学技术志·气象志 …………………… N000030
科技国情小丛书 …………………… N000031
日汉科技词典 …………………… N000032
现代高技术丛书 …………………… N000033
神奇的压力 …………………… N000034
全国电力工人公用类培训教材 …………………… N000035
南级、北极和湖泊 …………………… N000036
雾、雨和雪 …………………… N000037
阳光、空气和水 …………………… N000038
太阳、地球和月亮 …………………… N000039
森林、草原和海洋 …………………… N000040
小太阳科学画丛 …………………… N000041
新编英汉科技常用词汇 …………………… N000042
钱三强文选 …………………… N000043

O　数理科学和化学

数　　学

平面几何新路 …………………… O000001
教育数学丛书 …………………… O000002
拟线性椭圆型方程的变分方法 …………………… O000003
线性系统、指数型二分性与双曲结构 …………………… O000004
相似·速算式三算·链式快速记忆 …………………… O000005
强连续线性算子半群 …………………… O000006
中国历代算学集成(上中下) …………………… O000007
大众珠算 …………………… O000008
世界数学家思想方法 …………………… O000009
平面几何的一题多变和应用 …………………… O000010
珠数学 …………………… O000011
泛函分析 …………………… O000012
数学教学论 …………………… O000013
数学课程论 …………………… O000014
数学考试论 …………………… O000015
组合数学 …………………… O000016
实分析与抽象分析 …………………… O000017
中国数学史(哈萨克文) …………………… O000018
模糊数学及其应用 …………………… O000019
数学思维论 …………………… O000020
高等数学解题方法 …………………… O000021
专家系统中不确定性方法学 …………………… O000022
实用珠算 …………………… O000023
度量空间与勒贝格积分 …………………… O000024
酉群方法的理论和应用 …………………… O000025
Frame 与连续格 …………………… O000026
平面几何新路解题研究 …………………… O000027
矩阵论中不等式 …………………… O000028
线性代数 …………………… O000029
高等数学习题课教程 …………………… O000030
分形信息导论 …………………… O000031
教育数学探索 …………………… O000032
马尔可夫过程的 Q——矩阵问题 …………………… O000033
二次数域的高斯猜想 …………………… O000034
现代实用珠算 …………………… O000035
不定方程的整数解和填数法 …………………… O000036
中国数学发展的若干主攻方向 …………………… O000037
有趣的差分方程 …………………… O000038
不确定性推理 …………………… O000039
高等数学(修订本) …………………… O000040
泛函微分方程理论 …………………… O000041
系统模糊决策理论与应用 …………………… O000042
分形漫步 …………………… O000043
数学教学原则概论 …………………… O000044
数学物理方程及其应用 …………………… O000045
近世代数 …………………… O000046
代数学辞典 …………………… O000047
面向 21 世纪的中国数学教育 …………………… O000048
图与组合拓扑 …………………… O000049
初等代数研究 …………………… O000050

模形式和三元二次型 …………………… O000051
数学大观园 …………………………… O000052
统计渐近论基础(纯粹数学与应用
数学专著第 27 号) …………………… O000053
数值优化中的二次逼近法(《现代应
用数学方法》丛书 1) ……………… O000054
纵横嵌入术 …………………………… O000055
有限元的预处理和后处理理论 ………… O000056
随机过程及其应用 …………………… O000057
熵、信息与交叉科学 ………………… O000058
拟合优度检验 ………………………… O000059
应用数学基础(修订本) …………… O000060
随机模型及其应用 …………………… O000061
熵与信息 ……………………………… O000062
最优化方法 …………………………… O000063
多目标规划有效性理论 ……………… O000064
运筹学原理与方法 …………………… O000065

力　学

非线性动力学与混沌基础 …………… O000066
波浪理论及波浪载荷 ………………… O000067
湍流 …………………………………… O000068
理论力学 ……………………………… O000069
铁磁流体力学 ………………………… O000070
理论力学问题的数值方法 …………… O000071
流体力学基础 ………………………… O000072
粘弹性断裂力学 ……………………… O000073
高等弹性理论 ………………………… O000074
弹性各向异性体力学及其应用 ……… O000075
涡运动理论 …………………………… O000076
结构塑性动力学引论 ………………… O000077
摩擦学原理 …………………………… O000078
振动模态参数识别及其应用 ………… O000079
多相流与紊流相干结构 ……………… O000080
管道瞬变流动分析 …………………… O000081
高等动力学 …………………………… O000082

物　理　学

矩阵光学原理 ………………………… O000083
张量光学 ……………………………… O000084
光学 …………………………………… O000085
量子力学的丰碑 ……………………… O000086
现代物理基础(维吾尔文) ………… O000087
物理实验 ……………………………… O000088
物理学史选讲 ………………………… O000089
电光源原理概论 ……………………… O000090
电磁通论 ……………………………… O000091
弯曲时空量子场论 …………………… O000092
电磁导弹概论 ………………………… O000093
时间与空间探索 ……………………… O000094
现代光学系统原理 …………………… O000095
理论物理导论 ………………………… O000096
中国声学史 …………………………… O000097
论狭义相对论的创立 ………………… O000098
电磁场数值计算的现代方法 ………… O000099
近代物理科学的形而上学基础 ……… O000100
非线性量子力学理论 ………………… O000101
宽电子束聚焦与成像 ………………… O000102
薄膜物理 ……………………………… O000103
表面浸润和浸润相变 ………………… O000104
光学 …………………………………… O000105
磁性物理学 …………………………… O000106
平衡态统计热力学 …………………… O000107
大学物理解题法诠释 ………………… O000108
世界物理学史 ………………………… O000109
20 世纪物理学史 …………………… O000110
大学物理教程 ………………………… O000111
大学物理(修订本) ………………… O000112
分子结构与色谱保留 ………………… O000113
带电粒子束的自场 …………………… O000114

化　学

分析化学 ……………………………… O000115
分析化学 ……………………………… O000116
分离及复杂物质分析 ………………… O000117
有机物定量结构——活性相关 ……… O000118
分析化学 ……………………………… O000119
无机及分析化学 ……………………… O000120
CAI 普通化学教程 …………………… O000121
一万个世界之谜·化学分册 ………… O000122
现代有机分析 ………………………… O000123
大学化学 ……………………………… O000124
应用电化学 …………………………… O000125
离子对高效液相色谱法 ……………… O000126
实验室实用手册 ……………………… O000127

同位素有机化学 …………………………… O000128
复杂反应动力学基础 ………………………… O000129
仪器分析(三)·色谱分析及其它分析法
………………………………………………… O000130
应用量子化学 ………………………………… O000131
无机化学(上) ………………………………… O000132
配位化学中的相关分析 ……………………… O000133
化学奥林匹克史话 …………………………… O000134
高分子化学 …………………………………… O000135
化学哲学 ……………………………………… O000136

P　天文学、地球科学

天文学、地球科学

谷德振文集 …………………………………… P000001
翁文波学术论文选集 ………………………… P000002
宇宙灾变 ……………………………………… P000003

测　绘　学

动态大地测量 ………………………………… P000004
地名学基础教程 ……………………………… P000005
地图分析 ……………………………………… P000006
航空摄影测量外业 …………………………… P000007
物理大地测量学基础 ………………………… P000008
PC—E500 综合应用及测量常用程序集
………………………………………………… P000009
GPS 坐标系统的变换 ………………………… P000010
GPS 卫星导航与精密定位 …………………… P000011

地球物理科学

多震区地震研究 ……………………………… P000012
重磁异常波谱分析原理及应用 ……………… P000013
中国当代地球物理学的开拓者 ……………… P000014
地震小区划的方法 …………………………… P000015
生命线地震工程 ……………………………… P000016
刘恢先地震工程学论文选集 ………………… P000017
槽波地震勘探 ………………………………… P000018
大坝抗震特性与抗震计算 …………………… P000019
固体地球物理学论评(1993) ………………… P000020
地震波数值模拟与偏移成像 ………………… P000021
煤田地球物理导论 …………………………… P000022

气　象　学

中国暴雨洪水及干旱年鉴·1980 ……… P000023
中国气候资源地图集 ………………………… P000024

地　质　学

中国矿床 ……………………………………… P000025
现代冰缘地貌研究 …………………………… P000026
水利水电岩溶工程地质 ……………………… P000027
油气储集层岩石特殊物理研究方法 ……… P000028
地球非球对称膨胀(卷一) …………………… P000029
首届全国泥石流滑坡防治学术会议论
　文集 ………………………………………… P000030
中国满洲里—绥芬河地学断面域内岩
　石圈结构及其演化的地质研究 ………… P000031
辽北—吉南太古宙地质及成矿 …………… P000032
丹河岩溶水系统——中国北方岩溶水
　系统典型研究 ……………………………… P000033
中国地球物理勘探史例 ……………………… P000034
地质学基础 …………………………………… P000035
江南金矿及其成矿地球化学背景 ………… P000036
胶东金矿同位素年龄的厘定 ……………… P000037
遥感地质学 …………………………………… P000038
钾盐矿床 ……………………………………… P000039
工程地质分析原理 …………………………… P000040
中国主要地质构造单位 ……………………… P000041
秦岭显生宙古海盆沉积和演化史 ………… P000042
火山岩型铜多金属矿床 VCPSD 知识
　模型 ………………………………………… P000043
广州国际海洋工程地质讨论会文选 ……… P000044
受控定向钻探技术 …………………………… P000045
中国岩溶学 …………………………………… P000046
秦巴岩石圈、构造及成矿规律地球化学
　研究 ………………………………………… P000047
有机宝石与投资指南 ………………………… P000048
现代成矿分析的思路·途径·方法——
　以胶东金矿为例 …………………………… P000049
南海北部海域软泥水化学及其找矿意义
………………………………………………… P000050
中国黄土高原第四纪古气候与新构造
　演化 ………………………………………… P000051

矿床统计预测 …………………………… P000052
地层学原理及方法 ………………………… P000053
中国粘土矿物 ……………………………… P000054
台湾省区域矿产 …………………………… P000055
青藏高原地质景观摄影图集 ……………… P000056
恒山早前寒武纪地壳演化 ………………… P000057
走向精确勘探的道路 ……………………… P000058
中国高煤级煤的显微岩石学特征及结构演化 …………………………………… P000059
龙门山推覆构造带与景观考察指南 …… P000060
太平洋中部多金属结核及其形成环境 … P000061
工业分析实验 ……………………………… P000062
中天山造山带的形成与演化 …………… P000063
秦巴金属矿产成矿概论 ………………… P000064
湘中锑矿 …………………………………… P000065
中国石油地质:柴达木盆地 …………… P000066
滇黔桂金三角金矿地质 ………………… P000067
定量煤田勘探学(附计算机地质绘图) … P000068
露头层序地层与华南泥盆纪古地理 …… P000069
石玩艺术 …………………………………… P000070
东天山构造格架及地壳演化 …………… P000071
云南地质矿产 ……………………………… P000072
北京周口店新发现的洞穴堆积物研究 … P000073
岩石截割破碎载荷谱的混沌识别与模拟 ……………………………………… P000074
中国金矿床 ………………………………… P000075
滇黔桂地区二叠纪岩相古地理 ………… P000076
硅同位素地球化学 ………………………… P000077
中国金矿床表生地球化学 ……………… P000078
油气盆地数值模拟方法 ………………… P000079
同位素地球化学研究 …………………… P000080
时间、穿时及地层的时差对比 ………… P000081
雨花石鉴赏 ………………………………… P000082
推进我国地质科学前沿研究的谋划 …… P000083
中国区域地质概论 ………………………… P000084
南海新构造与地壳稳定性 ……………… P000085
岩石冲击动力学 …………………………… P000086
中国油气储层研究图集 ………………… P000087
龙门山造山带的崛起和四川盆地的形成与演化 ……………………………… P000088
下泥盆统的动态地层学和生态地层学 … P000089
宝石鉴定法(第三版) …………………… P000090
台湾海峡两岸地质构造与成矿 ………… P000091
中国岩溶型矿床初步研究 ……………… P000092
中国阿尔泰造山带热动力时空演化和造山过程 ……………………………… P000093
中国沉积学 ………………………………… P000094
火山岩油藏描述 …………………………… P000095
石油及天然气地质学 ……………………… P000096
构造动力学系统模拟与油气地质研究 … P000097
古生物地史学简明教程 ………………… P000098
中华奇石 …………………………………… P000099
中国几个典型卡林型金矿床金的赋存状态研究 ……………………………… P000100
脉状矿床成矿构造研究 ………………… P000101
全球构造应力场理论与应用 …………… P000102
青藏高原东部松潘——甘孜印支造山带考察指南 ……………………………… P000103
中国非金属矿床成矿系列——矿床 含矿建造 成矿系列 形成模式 ……… P000104
山旺盆地沉积地质学 …………………… P000105
宝玉石鉴赏指南 …………………………… P000106
中国油气区第三系 ………………………… P000107
中国东部中新生代板内变形构造应力场及其应用(英文版) ……………… P000108

Q 生物科学

昆虫标本采集 ……………………………… Q000001
儿童百科知识图典(10卷)·趣味生物卷 ……………………………………… Q000002
生物电分析化学 …………………………… Q000003
我国生命科学的前沿问题 ……………… Q000004
物质进化论的人本哲学 ………………… Q000005
发育生物学进展 …………………………… Q000006
蛋白质可逆磷酸化对细胞活动的调节 ……………………………………… Q000007
生物矿物学 ………………………………… Q000008
重组DNA的原理和方法 ……………… Q000009
酶工程 ……………………………………… Q000010
应用酶学 …………………………………… Q000011
糖复合物生化研究技术 ………………… Q000012
应用酶学导论 ……………………………… Q000013
生物物理化学 ……………………………… Q000014
分子生物学基础 …………………………… Q000015
英汉分子生物学与生物工程词汇 ……… Q000016
儿童百科知识图典(10卷)·史前生物卷 ……………………………………… Q000017

古生物学教程 …………………………… Q000018
英汉古生物学词汇 ………………………… Q000019
现代微生物培养基和试剂手册 ………… Q000020
浙江植物志 ………………………………… Q000021
独龙江地区植物 …………………………… Q000022
雪胆属的系统与进化 ……………………… Q000023
植物世界 …………………………………… Q000024
浙江珍稀濒危植物 ………………………… Q000025
中国大兴岭植物志 ………………………… Q000026
横断山区维管植物 ………………………… Q000027
植物基因工程学 …………………………… Q000028
云南植被生态景观 ………………………… Q000029
中国种子植物特有属 ……………………… Q000030
植物抗性生理学 …………………………… Q000031
中国苔藓志　第一卷 ……………………… Q000032
植物进化生物学 …………………………… Q000033
植物生态场导论 …………………………… Q000034
中国主要植物热能 ………………………… Q000035
内蒙古植物志 ……………………………… Q000036
中国保护植物 ……………………………… Q000037
四川鱼类志 ………………………………… Q000038
天府奇兽 …………………………………… Q000039
叶猴生物学 ………………………………… Q000040
红嘴鸥 ……………………………………… Q000041
大亚湾鱼类及生物学图志(汉英双语版) …………………………………… Q000042
中国西北地区珍稀濒危动物志 ………… Q000043
动物世界 …………………………………… Q000044
两栖爬行动物学研究(第3集) ………… Q000045
儿童百科知识图典(10卷)·鸟类卷 …… Q000046
儿童百科知识图典(10卷)·哺乳两栖爬行动物卷 ………………………… Q000047
汉维拉动物名称词典(维吾尔文) ……… Q000048
西吉动物寄生虫与寄生虫病研究 ……… Q000049
山西陆栖野生动物 ………………………… Q000050
中国的熊类 ………………………………… Q000051
鱼类世界 …………………………………… Q000052
北京脊椎动物检索表 ……………………… Q000053
哺乳动物胚胎工程 ………………………… Q000054
北京鱼类和两栖、爬行动物志 ………… Q000055
中国珍稀鸟类的历史变迁 ……………… Q000056
动物组织学技术 …………………………… Q000057
动物王国的贵族——兽类 ……………… Q000058
昆虫病理学 ………………………………… Q000059
中国蝶类志 ………………………………… Q000060
中国动物志昆虫纲第四卷直翅目蝗总科 …………………………………… Q000061
中国蚜小蜂科分类 ………………………… Q000062
中国赤眼蜂分类 …………………………… Q000063
广西昆虫名录 ……………………………… Q000064
青海经济昆虫志 …………………………… Q000065
生态学辞典 ………………………………… Q000066
重新把握人类学 …………………………… Q000067
人类出现前的生命 ………………………… Q000068

R　医药、卫生

医药、卫生

中国科学技术典籍通汇·医学卷 ……… R000001
中国乡村医生实用手册 …………………… R000002
安康百忌(蒙古文) ………………………… R000003
中国医学文化史 …………………………… R000004
现代医学伦理学 …………………………… R000005
家庭医生指南丛书 ………………………… R000006
丝绸之路医药学交流研究 ……………… R000007

预防医学、卫生学

农药安全使用及中毒抢救知识问答 …… R000008
人体抗衰 …………………………………… R000009
妇女卫生保健学 …………………………… R000010
虫媒病毒与虫媒病毒病 ………………… R000011
露天作业百病自我防治 ………………… R000012
三一二经络锻炼法——中老年百岁健康之路 ………………………………… R000013
进出境动植物检疫指南 ………………… R000014
灾难医学 …………………………………… R000015
现代医院科学管理 ………………………… R000016
实用营养治疗手册(第二版) …………… R000017
中国医学生备忘录 ………………………… R000018
食品卫生检验技术手册 ………………… R000019
动物性食品药物残留 ……………………… R000020
社区医学 …………………………………… R000021
临床职业病学 ……………………………… R000022
人和动物的微量元素营养 ……………… R000023
预防医学 …………………………………… R000024

儿童计划免疫须知 …………………… R000025
百岁老人长寿路 …………………… R000026
卫生职业道德 …………………… R000027
硒的化学、生物化学及其在生命科学中的应用 …………………… R000028

中国医学

近代中医珍本集 …………………… R000029
中国食疗丛书 …………………… R000030
藏药志 …………………… R000031
养生与中国文化 …………………… R000032
中医方剂大辞典 …………………… R000033
马氏中医治疗股骨头坏死 …………………… R000034
临床中药炮制学 …………………… R000035
中华医学望诊大全 …………………… R000036
家庭妇女病推拿 …………………… R000037
家庭颈肩腰腿痛推拿 …………………… R000038
中药材真伪鉴别彩色图谱大全 …………………… R000039
家庭小儿推拿 …………………… R000040
中医老年病学 …………………… R000041
实用有毒中药临床手册 …………………… R000042
中国舌诊大全 …………………… R000043
傣族传统医药方剂 …………………… R000044
三七药用集萃 …………………… R000045
云南药材精选 …………………… R000046
李幼昌临床经验选集 …………………… R000047
中药名大典 …………………… R000048
肿瘤良才大全 …………………… R000049
碧云养生法 …………………… R000050
常用中药材品种整理和质量研究(一) …………………… R000051
实用中药鉴别 …………………… R000052
中国医药大成 …………………… R000053
中药缺换方法 …………………… R000054
蒙医对常见病的诊断和治疗 …………………… R000055
通督按摩法 …………………… R000056
中医治疗疑难杂病秘要 …………………… R000057
中药及保健品研究开发技术指南 …………………… R000058
敷涂疗法 …………………… R000059
推拿大成 …………………… R000060
中华自然疗法 …………………… R000061
沐浴疗法 …………………… R000062
男女科 5000 金方 …………………… R000063
寿星孙思邈摄生精要 …………………… R000064
实用中医肝胆病学 …………………… R000065
外科卷 …………………… R000066
中医历代名方集成 …………………… R000067
金匮要略译释 …………………… R000068
中药调剂手册 …………………… R000069
气功疗法 …………………… R000070
中国医学气功学 …………………… R000071
百病不求人 …………………… R000072
背腧理论探索及临床应用 …………………… R000073
折迭式推拿层次解剖图解 …………………… R000074
医方捷径 …………………… R000075
推拿手法图谱 …………………… R000076
有毒中草药彩色图鉴 …………………… R000077
中医疑难病方药手册 …………………… R000078
常用中药成分与药理手册 …………………… R000079
中成药学 …………………… R000080
导引疗法 …………………… R000081
本草图经 …………………… R000082
广东中药志(第一卷) …………………… R000083
药酒神功 …………………… R000084
现代中医诊法 …………………… R000085
帝玛·丹增彭措医著选集(藏文版) …………………… R000086
中国传统医疗绝技大全 …………………… R000087
推拿临床与解剖 …………………… R000088
中医性医学研究与临床 …………………… R000089
调元·体质·食养 …………………… R000090
家用偏方大全 …………………… R000091
中国食疗大典 …………………… R000092
四部医典系列挂图全集 …………………… R000093
中医百家方论荟萃 …………………… R000094
推拿疗法 …………………… R000095
甲骨文与中医学 …………………… R000096
中西医结合临床针灸学 …………………… R000097
藏医实践概论(藏文版) …………………… R000098
遵生八笺校注 …………………… R000099
叶天士医案大全 …………………… R000100
金元四大家医学全书 …………………… R000101
中药工程学 …………………… R000102
食疗法与药疗法 …………………… R000103
中国家庭保健实用气功 …………………… R000104
中医药学临床验案范例 …………………… R000105
观眼识人——眼睛·心理·识病·保健 …………………… R000106
神针妙手奇方 …………………… R000107

实用电脑针灸学 …………………………… R000108
抗癌治验本草 …………………………… R000109
实用中医舌诊彩色图谱 ……………………… R000110
名老中医经验全编 ………………………… R000111
中医治癌大成 …………………………… R000112
当代名医周鸣岐疑难病临证精华 ………… R000113
福州近代中医流派经验荟萃 ……………… R000114
巧制肉食治百病 ………………………… R000115
中国名老中医药专家学术经验1 ………… R000116
当代中药临床应用 ……………………… R000117
吴熙妇科溯洄(第一集) ………………… R000118
中国民族医药外治大全 ………………… R000119
土家族医药学 …………………………… R000120
中医经典通释 …………………………… R000121
中国神农架中药资源 …………………… R000122
刮痧疗法 ………………………………… R000123
蒙医树喻法及秘技诠释 ………………… R000124
中医职称考试必读医古文 ……………… R000125
黄河医话 ………………………………… R000126
兵学与中医学 …………………………… R000127
中国民间生草药原色图谱 ……………… R000128
中医方库 ………………………………… R000129
中国针灸穴位通鉴 ……………………… R000130
针灸时间治疗学 ………………………… R000131
何氏伤寒二种 …………………………… R000132
英汉对照简明中医学 …………………… R000133
中医男科证治类萃 ……………………… R000134
大蒜的医用与加工 ……………………… R000135
精编中医针灸基础 ……………………… R000136
汉英双解实用中药学辞典 ……………… R000137
名老蒙医经验选编(上下、蒙古文)……… R000138
周楣声脉学 ……………………………… R000139
中医病理学史 …………………………… R000140
武术养生法精粹 ………………………… R000141
常见病的针灸疗法 ……………………… R000142
中国木本药材与广东特产药材 ………… R000143
养生十大名著精解 ……………………… R000144
雷公药对 ………………………………… R000145
临床中医内科学(上、下)……………… R000146
野菜治百病 ……………………………… R000147
谷类治百病 ……………………………… R000148
豆类治百病 ……………………………… R000149
蔬菜治百病 ……………………………… R000150
百病食疗丛书 …………………………… R000151
食用菌治百病 …………………………… R000152
茶类治百病 ……………………………… R000153
果品治百病 ……………………………… R000154
中医手心疗法大全 ……………………… R000155
中医眼疗大全 …………………………… R000156
中医肛肠疗法大全 ……………………… R000157
中国传统医学独特疗法丛书 …………… R000158
中医足心疗法大全 ……………………… R000159
中医肿瘤防治大全 ……………………… R000160
伤寒论古今研究 ………………………… R000161
实用中医妇科学 ………………………… R000162
实用中医药浴疗法 ……………………… R000163
内科名家黄文东学术经验集 …………… R000164
临证防治荟萃 …………………………… R000165
医药志(哈萨克文) ……………………… R000166
信不信由你,古老而神奇的中华气功 …… R000167
家常食物巧治病 ………………………… R000168
本草纲目 ………………………………… R000169
祛风药治疗顽症 ………………………… R000170
俞长荣论医集 …………………………… R000171
百病外贴疗法 …………………………… R000172
百病析梦疗法 …………………………… R000173
汉英中医辞海 …………………………… R000174
中医妇科治验集锦 ……………………… R000175
首都图书馆馆藏善本医书 ……………… R000176

基础医学

诊断病理学 ……………………………… R000177
病理生理学 ……………………………… R000178
临床解剖图谱 …………………………… R000179
内皮素 …………………………………… R000180
人体生理学 ……………………………… R000181
实用免疫学新技术 ……………………… R000182
神经组织切片技术指导 ………………… R000183
现代临床免疫学 ………………………… R000184
手术解剖学 ……………………………… R000185
医用生物力学 …………………………… R000186
人体断层解剖学 ………………………… R000187
认识我们的身体 ………………………… R000188

临床医学

高级医师参考丛书——临床理论与实践 …… R000189
磁共振诊断学 …… R000190
医学检验英语词汇快记忆 …… R000191
重点监护临床实践 …… R000192
家庭自诊自疗自养大全 …… R000193
诊疗护理技术 …… R000194
常见病的奇特疗法 …… R000195
超声医学(第二版) …… R000196
临床疼痛治疗学 …… R000197
现代急诊护理学 …… R000198
临床疾病最新诊断与治疗 …… R000199
时间药理学与时间治疗学 …… R000200
基层医生临床实用指南 …… R000201
新编超声显像诊断学 …… R000202
现代医学超声诊断学基础 …… R000203
现代急诊医学诊疗手册 …… R000204
临床介入治疗学 …… R000205
护理学基础 …… R000206
疑难杂症寻医求药指南 …… R000207
临床治疗学 …… R000208
高等医学院校护理专业大专系列教材 …… R000209
临床综合征影像学 …… R000210
百病睡卧疗法 …… R000211

内科学

哈里逊内科学(上、中、下) …… R000212
全身性疾病的消化道表现 …… R000213
实用老年医学小百科 …… R000214
新编结核病学 …… R000215
血栓与止血——现代理论与临床实践 …… R000216
现代心脏内科学 …… R000217
冠心病证治与现代研究 …… R000218
临床冠心病学 …… R000219
胃食管返流病 …… R000220
现代传染病学诊疗手册 …… R000221
中西医结合治疗糖尿病 …… R000222
实用农药中毒急救 …… R000223
临床冠心病学 …… R000224
心脏性猝死——高危患者的检测与防治 …… R000225
实用心脏起搏与电复律 …… R000226
内科门急诊手册 …… R000227
现代内科治疗学 …… R000228
现代内科学 …… R000229
现代内科诊疗手册 …… R000230
新编传染病诊疗手册 …… R000231
新编传染病诊疗手册 …… R000232
临床心律学 …… R000233
心电图题解(第二版) …… R000234
艾滋病中西医防治学 …… R000235
内科治疗矛盾 …… R000236
现代冠心病 …… R000237
心血管疾病的病理生理基础和发病机制 …… R000238
心血管遗传病学 …… R000239
大肠镜检图谱 …… R000240
糖尿病康复之路 …… R000241
糖尿病自我防治235问 …… R000242

外科学

血管外科学(第二卷) …… R000243
腹腔镜胆囊切除术 …… R000244
老年骨科全书(1—6册) …… R000245
临床理论与实践外科分册 …… R000246
骨折、骨骺、软组织损伤治疗学 …… R000247
脊柱疾患的临床与研究 …… R000248
美容整形手术并发症 …… R000249
乳房美容整形外科手术学 …… R000250
现代美容与整形 …… R000251
实用骨科手术进路图谱 …… R000252
遗传性泌尿生殖疾病 …… R000253
当代麻醉与复苏 …… R000254
胃肠手术图解 …… R000255
烧伤创面修复与全身治疗 …… R000256
中西医结合治疗腰椎间盘突出症 …… R000257
现代腹部外科学 …… R000258
颈椎伤病学 …… R000259
临床骨科医师手册 …… R000260
软组织损伤与脊柱相关疾病 …… R000261
现代显微外科学 …… R000262
现代外科诊疗手册 …… R000263

胆道外科学 …………………………… R000264
肾内分泌学 …………………………… R000265
泌尿男生殖外科手术图谱 ……………… R000266
手术学全集·神经外科卷 ……………… R000267
手术学全集·泌尿外科卷 ……………… R000268
脑血管病及其外科治疗 ………………… R000269
急症骨科学 …………………………… R000270
骨关节创伤X线诊断学 ………………… R000271
实用精液细胞学彩色图谱 ……………… R000272
人体疾病与麻醉 ……………………… R000273
外科病症的诊断思路与处理程序 ……… R000274

妇 产 科 学

临床理论与实践妇产科分册 …………… R000275
妇产科基本功 ………………………… R000276
现代妇产科诊疗手册 ………………… R000277
中国妇产科专家经验文集 …………… R000278
孕产妇保健150问 …………………… R000279
实用围产保健 ………………………… R000280
临床产科学 …………………………… R000281

儿 科 学

儿科急诊医学 ………………………… R000282
小儿恶性肿瘤诊断与治疗 …………… R000283
实用儿科急诊医学 …………………… R000284
儿童家庭医疗保健丛书 ……………… R000285
儿科诊断治疗学 ……………………… R000286
现代儿科诊疗手册 …………………… R000287
中国儿科专家经验文集 ……………… R000288
小儿外科手术图谱 …………………… R000289
儿童、青少年骨龄评分法图谱及应用 …… R000290
儿科门急诊手册 ……………………… R000291

肿 瘤 学

听神经瘤及其它岩骨疾病的耳神经外科学
…………………………………… R000292
室内燃煤空气污染与肺癌 …………… R000293
腹部肿瘤细针吸取细胞病理学彩色图谱
…………………………………… R000294
胸部肿瘤学 …………………………… R000295
肿瘤学临床与基础研究进展 ………… R000296
临床肿瘤细胞学检验 ………………… R000297
林巧稚妇科肿瘤学 …………………… R000298
肿瘤外科学 …………………………… R000299

神经病学与精神病学

神经疾病临床剖析 …………………… R000300
小儿神经外科学 ……………………… R000301
现代儿童精神医学 …………………… R000302
精神病防治学 ………………………… R000303
现代神经病诊疗手册 ………………… R000304
脑卒中康复 …………………………… R000305
心理治疗:理论与分析 ………………… R000306
实用脑血管病学 ……………………… R000307
癫痫与治疗 …………………………… R000308
星状神经节阻滞 ……………………… R000309
脑信息与脑障碍 ……………………… R000310
实用神经病学(第二版) ……………… R000311
实用神经病学图谱 …………………… R000312
临床癫痫学 …………………………… R000313
实用脑电地形图学彩色图谱 ………… R000314
立体定向放射神经外科学 …………… R000315
神经内科临床新进展 ………………… R000316
精神医学与心理卫生研究 …………… R000317
心理障碍的检测诊疗技术 …………… R000318
神经系统疾病诊断学 ………………… R000319

皮肤病学与性病学

现代皮肤病治疗学 …………………… R000320
现代皮肤性病学诊疗手册 …………… R000321
银屑病的临床和研究 ………………… R000322
性病防治图谱 ………………………… R000323

耳鼻咽喉科学、眼科学、口腔科学

耳鼻部美容外科手术学 ……………… R000324
现代耳鼻咽喉科诊疗手册 …………… R000325
现代耳鼻咽喉科学 …………………… R000326
手术学全集·耳鼻咽喉科卷 ………… R000327
眼科手术学 …………………………… R000328
角膜病的理论基础与临床 …………… R000329
临床基础眼科学 ……………………… R000330

现代眼科诊疗手册 …………………… R000331
临床眼底病学 …………………… R000332
手术学全集·眼科卷 …………………… R000333
手术学全集·口腔颌面外科卷 ………… R000334
涎腺疾病 …………………… R000335
口腔医学美学 …………………… R000336
口腔病理学 …………………… R000337
临床口腔种植学 …………………… R000338
口腔医学新探索 …………………… R000339

放射医学

腹部CT图谱 …………………… R000340
火器伤外科学 …………………… R000341
全身CT和MRI …………………… R000342
放射性核素治疗学 …………………… R000343
X线诊断学 …………………… R000344

药学

临床用药指南 …………………… R000345
实用药物手册(第四版) …………………… R000346
药物临床应用撷萃 …………………… R000347
家庭用药宝典 …………………… R000348
现代药品检验学 …………………… R000349
实用新药特药手册 …………………… R000350
常用药物临床新用途手册 ………… R000351
药物化学总论 …………………… R000352
最新英汉药名词典 …………………… R000353

S 农业科学

农业科学

中国科学技术典籍通汇·农学卷 ……… S000001
农业技术论 …………………… S000002

农业基础科学

四川土种志 …………………… S000003
贵州省土壤 …………………… S000004
农业生物技术的原理与方法 ………… S000005
广西土壤 …………………… S000006
生态农业技术 …………………… S000007
海南土壤 …………………… S000008
土壤——植物——大气连续体水分传输理论及其应用 …………………… S000009
土壤分类学 …………………… S000010
世界农业气候与作物气候 ………… S000011
单克隆抗体在农业上的应用 ………… S000012
实用肥料手册 …………………… S000013
中国肥料 …………………… S000014
贵州土种志 …………………… S000015
化肥施用技术问答 …………………… S000016
中国内蒙古土种志 …………………… S000017

农业工程

灌溉管理手册 …………………… S000018
农业机械节能技术 …………………… S000019
拖拉机设计手册 …………………… S000020
中国北方旱地农业技术 ………… S000021
中国农业百科全书·农业工程卷 ……… S000022
拖拉机驾驶 …………………… S000023
农用运输车故障诊断与修理 ………… S000024
波涌灌溉试验研究与应用 ………… S000025

农学(农艺学)

高产优质高效农业模式 ………… S000026
作物育种探索 …………………… S000027
作物栽培学 …………………… S000028
作物育种学总论 …………………… S000029
农产品贮藏与加工学 …………………… S000030
“两高一优”立体农业实用技术 ……… S000031
中国作物遗传资源 …………………… S000032
农业良种大全 …………………… S000033
福建冬季农业开发 …………………… S000034

植物保护

中国仓储螨类 …………………… S000035
农药安全实用指南 …………………… S000036
棉铃虫综合治理技术新编 ………… S000037
蔬菜病虫害诊断与防治 ………… S000038
棉铃虫防治技术 …………………… S000039
植物医生手册 …………………… S000040

蔬菜病虫害防治彩色图册 …………………… S000041
农业鼠害防治指南 …………………… S000043
新农药手册 …………………… S000044
番茄、茄子、辣椒病害图谱 …………………… S000045
苹果病虫实用原色图谱 …………………… S000046
河南省经济植物病害志 …………………… S000047
果园新农药手册 …………………… S000048
中国果树病虫志 …………………… S000049

农 作 物

云烟生产的土壤地质背景 …………………… S000050
中药原色图谱及栽培技术 …………………… S000051
植物育种亲本选配的理论和方法 ………… S000052
贵州主要药用植物栽培技术 …………………… S000053
现代化大豆高产栽培 …………………… S000054
金善宝文选 …………………… S000055
河北玉米栽培 …………………… S000056
水稻生物技术 …………………… S000057
120例特种经济作物栽培 …………………… S000058
稻田资源开发新技术 …………………… S000059
中国荞麦 …………………… S000060
江苏麦作科学 …………………… S000061
中国古茶树 …………………… S000062
中药栽培及加工技术 …………………… S000063
枸杞高产栽培与育种 …………………… S000064
中国马铃薯栽培学 …………………… S000065

园 艺

兰花栽培及产业开发 …………………… S000066
油菜新品种及高产栽培技术 …………………… S000067
图解山水盆景制作 …………………… S000068
中国盆景制作技艺 …………………… S000069
植物造景 …………………… S000070
矮化苹果树整形修剪图说(挂图) ………… S000071
蔬菜节能日光温室的建造及栽培技术 … S000072
园艺植物繁育学 …………………… S000073
中国香菇 …………………… S000074
浙江蔬菜品种志 …………………… S000075
室内植物装饰与养护 …………………… S000076
日光温室建造与蔬菜栽培 …………………… S000077
250例特种蔬菜栽培 …………………… S000078
世界名叶鉴赏·栽培 …………………… S000079
蔬菜育苗新技术 …………………… S000080
柑桔营养与施肥 …………………… S000081
葡萄学 …………………… S000082
实用果蔬加工工艺 …………………… S000083
无公害蔬菜生产技术规程与实施 ………… S000084
果树无病毒育苗技术 …………………… S000085
名特果品栽培技术 …………………… S000086
中国香菇栽培学 …………………… S000087
福建花卉 …………………… S000088

林 业

中国森林生态系统定位研究 …………………… S000089
天然次生林 …………………… S000090
青海次生林经营 …………………… S000091
云南森林病害 …………………… S000092
滨海木麻黄林带生态系统 …………………… S000093
拟生造林 …………………… S000094
世界林业发展概论 …………………… S000095
中国竹类植物图志 …………………… S000096
为了大自然 …………………… S000097
北京古树名木趣谈 …………………… S000098
甘南树木图志 …………………… S000099
中国裸子植物材的木材解剖学及超微构造 …………………… S000100
中国林业辞典 …………………… S000101
中国主要外来树种引种栽培 …………………… S000102
落叶松的遗传改良 …………………… S000103
木材科学 …………………… S000104
乔灌木种子手册 …………………… S000105
三北防护林地区再生资源遥感的理论及其技术应用 …………………… S000106
原木材积累计表 …………………… S000107

畜牧、兽医、狩猎、蚕、蜂

"兽医指南"丛书(蒙古文) …………………… S000108
仔畜饲养与管理 …………………… S000109
动物卫生病理学 …………………… S000110
肉品卫生病理学检验 …………………… S000111
福建省畜禽疫病志 …………………… S000112
现代养鸡生产 …………………… S000113
日汉畜牧词典 …………………… S000114
实用水牛疾病学 …………………… S000115

家蚕遗传育种学 …………………………… S000116
蜜蜂产品学 …………………………… S000117
兽药手册(第二版) …………………………… S000118
猪的遗传改良 …………………………… S000119
草原改良与利用 …………………………… S000120
中华人民共和国兽药规范一九九二年版 …………………………… S000121
专业户养鸡实用技术 …………………………… S000122
畜禽疾病防治验方精选 …………………………… S000123
中国生物多样性保护行动计划 …………………………… S000124
实用兽医手册 …………………………… S000125
特种珍禽高效养殖技术 …………………………… S000126
奶牛饲养管理(蒙文) …………………………… S000127
养兔 …………………………… S000128
养鸡 …………………………… S000129
草业生态工程 …………………………… S000130
现代英汉畜牧兽医大词典 …………………………… S000131
珍禽饲养手册 …………………………… S000132
配合饲料大全 …………………………… S000133
家畜内科学(第二版) …………………………… S000134
兽医临床鉴别诊断学 …………………………… S000135
经济动物疾病学 …………………………… S000136
养猪学(第二版) …………………………… S000137
家禽育雏与防病方法 …………………………… S000138
兽医中草药彩色图谱 …………………………… S000139
特种药用动物养殖与加工技术 …………………………… S000140
草地调查规划学 …………………………… S000141
北京鸭解剖 …………………………… S000142
禽类寄生虫学 …………………………… S000143
蚕病防治技术100问 …………………………… S000144
兽药制剂生产与应用手册 …………………………… S000145
肉狗快速饲养技术 …………………………… S000146
新编快速养猪200问 …………………………… S000147
鸭鹅病防治新技术 …………………………… S000148
中国柞蚕品种志 …………………………… S000149
新疆畜禽寄生虫形态鉴别(哈萨克文) … S000150
高效养猪大全 …………………………… S000151
中国梅花鹿 …………………………… S000152
家畜繁殖原理及其应用(第二版) ……… S000153

水产、渔业

鱼病学 …………………………… S000154
淡水生物学 …………………………… S000155
稻田高产养鱼实用新技术 …………………………… S000156
海藻生物技术 …………………………… S000157
南海渔场作业图集 …………………………… S000158
珍稀热带鱼世界——品种·习性·养殖·欣赏 …………………………… S000159
海水鱼虾类养殖 …………………………… S000160
中华鳖养殖技术 …………………………… S000161
罗氏沼虾养殖技术 …………………………… S000162
中国农业百科全书·水产业卷 ………… S000163

T 工业技术

工业技术

农村青年职业技术手册 …………………………… T000001
简明德汉技术词典 …………………………… T000002
质量体系文件编制及审核 …………………………… T000003
中国常用机电产品型号规格辨识手册 …………………………… T000004
机电工程师手册 …………………………… T000005
机电技术常用标准实用手册 …………………………… T000006
中国大中型工业企业生产技术难题要览汇编 …………………………… T000007
装配、试验及其他检验 …………………………… T000008
外购器材检验、无损检验 …………………………… T000009
检验常用资料 …………………………… T000010
检验技术手册 …………………………… T000011
技术学手册 …………………………… T000012
高技术百科辞典 …………………………… T000013
实用汉英机电词典 …………………………… T000014

一般工业技术

形状记忆材料'94国际会议论文集 …… T000015
工程教育基础——工程教育理念和实践的研究 …………………………… T000016
工业设计纵横谈 …………………………… T000017
英汉腐蚀与防护词汇 …………………………… T000018
高强材料学 …………………………… T000019
工科概率统计 …………………………… T000020
激光散射原理及在高分子科学中的应用 …………………………… T000021
钢筋混凝土房屋结构设计与实例 ……… T000022

实用制冷工程设计手册 …………………… T000023
小波变换和反演数学基础 ……………… T000024
包装国际惯例 …………………………… T000025
化工工程制图 机械制图分册 化工制图分册 …………………………… T000026
包装技术手册 …………………………… T000027
耐火材料工艺学(第二版) …………… T000028
包装结构设计 …………………………… T000029
工程图学 ………………………………… T000030
英汉复合材料工程词典 ………………… T000031
高分子材料流变学导论 ………………… T000032
最新低温制冷技术 ……………………… T000033
短纤维复合材料理论与应用 …………… T000034
不定形耐火材料 ………………………… T000035
材料试验 ………………………………… T000036
高水速凝材料及其应用 ………………… T000037
工业微生物实验技术手册 ……………… T000038
摄影技艺教程 …………………………… T000039
工程流体力学 …………………………… T000040
材料大辞典 ……………………………… T000041
产品造型设计手册 ……………………… T000042
高 Tc 氧化物超导体系的相关系和晶体结构 ………………………………… T000043
工程应用力学手册 ……………………… T000044
各向异性材料力学 ……………………… T000045
工程设计学 ……………………………… T000046
真空沉积技术 …………………………… T000047
粉体工程 ………………………………… T000048
材料力学 ………………………………… T000049
家庭摄像 ………………………………… T000050
材料力学 ………………………………… T000051
机电工程现代设计方法 ………………… T000052
工程力学手册 …………………………… T000053
制图基础 ………………………………… T000054
纳米材料学 ……………………………… T000055
多边界石方爆破工程 …………………… T000056
工厂理化测试手册 ……………………… T000057
工程数学——变分法 …………………… T000058
制冷与空调技术 ………………………… T000059
现代功能材料应用与发展 ……………… T000060
人类工效学 ……………………………… T000061
工业设计全书 …………………………… T000062
材料力学(Ⅰ)(Ⅱ) ………………… T000063
造型基础与传达设计 …………………… T000064
人机工程设计 …………………………… T000065
产品造型设计材料与工艺 ……………… T000066
产品造型设计表现方法 ………………… T000067
产品造型设计原理与方法 ……………… T000068
制冷技术的原理与应用 ………………… T000069
农产品加工工程设计 …………………… T000070
摄影手册 ………………………………… T000071

矿 业 工 程

浮选剂作用原理及应用 ………………… T000072
光面爆破新技术 ………………………… T000073
磁电选矿学 ……………………………… T000074
乡镇采矿指南 …………………………… T000075
中国煤矿巷道围岩控制 ………………… T000076
中国煤矿采场围岩控制 ………………… T000077
地理信息系统技术及其在煤矿水害预测中的应用 ………………………… T000078
选矿设计手册 …………………………… T000079
顶板灾害防治 …………………………… T000080
筛分和重选理论及其应用的新进展 …… T000081
煤矿坚硬顶板控制 ……………………… T000082
综采生产管理手册 ……………………… T000083
低瓦斯矿区深部煤层瓦斯灾害性评价与预测 ……………………………… T000084

石油、天然气工业

井眼轨迹控制 …………………………… T000085
有杆抽油设备与技术 …………………… T000086
改善高含水期油田注水开发效果实例 ………………………………………… T000087
石油化工装置工艺管道安装设计手册 ………………………………………… T000088
油气田仪表选用手册 …………………… T000089
牙轮钻头工作力学 ……………………… T000090
有杆抽油系统 …………………………… T000091
分层开采工艺管柱 ……………………… T000092
石油之最荟萃 …………………………… T000093
世界著名管道工程 ……………………… T000094
抽油机 …………………………………… T000095
油田区块整体堵水调剖技术论文集 …… T000096
钻井井架、底座的设计计算 …………… T000097
复杂断块油田详探与开发 ……………… T000098

低渗透油田开发技术 …………………… T000099
抽油泵 ……………………………… T000100
油气储层评价技术 …………………… T000101
国外小断块油田开发历程及工艺技术
系列研究 …………………………… T000102
聚合物驱油最佳技术条件优选 ………… T000103
碳酸盐岩油藏的开采 ………………… T000104
抽油杆 ……………………………… T000105
石油工业用爆破技术 ………………… T000106
节能测试与监测 ……………………… T000107
中国油气井测试资料解释范例 ………… T000108
储层实验测试技术 …………………… T000109

冶金工业

铂族金属化学冶金理论与实践 ………… T000110
有色金属熔炼与铸锭 ………………… T000111
连铸坯质量 …………………………… T000112
铁合金冶炼技术操作 ………………… T000113
有色金属冶炼设备(第1～3卷) ……… T000114
炉外精炼 ……………………………… T000115
有色冶金炉 …………………………… T000116
中原古代冶金技术研究 ……………… T000117
稀土铸铁 ……………………………… T000118
筑炉手册 ……………………………… T000119
铁合金生产的理论和工艺 …………… T000120
钢锭浇注与钢锭质量 ………………… T000121
贵金属冶金学 ………………………… T000122
钢铁厂设计原理(上、下册) ………… T000123
现代板坯连铸 ………………………… T000124
氧气顶底复吹转炉设计参考 ………… T000125
现代钢铁工业技术板坯连铸 ………… T000126
锌及锌合金物理冶金学 ……………… T000127

金属学、金属工艺

铸造手册 ……………………………… T000128
挤压理论 ……………………………… T000129
纳米科学与技术 ……………………… T000130
冲压工艺及模具设计 ………………… T000131
电阻焊理论与实践 …………………… T000132
金属疲劳的定量理论 ………………… T000133
球墨铸铁件无冒口铸造 ……………… T000134
金属材料及热处理 …………………… T000135
机床、铸锻机械及工具产品选用手册 …… T000136
铸造工艺学 …………………………… T000137
实用钣金展开图解与计算手册 ………… T000138
常用金属材料购销手册 ……………… T000139
金属切削机床(上册) ……………… T000140
铸造手册,第1卷,铸铁 ……………… T000141
铸造手册,第4卷,造型材料 ………… T000142
机床电气控制技术 …………………… T000143
热喷涂原理及应用 …………………… T000144
金属烟粒子结晶学 …………………… T000145
中国钢铁材料牌号手册 ……………… T000146
特种加工 ……………………………… T000147
金属的再结晶与晶粒长大 …………… T000148
铸造手册,第3卷,铸造非铁合金 …… T000149
数控加工理论与编程技术 …………… T000150
切削用量简明手册(第3版) ………… T000151
机夹可转位刀具 ……………………… T000152
铸造手册,第6卷,特种铸造 ………… T000153
焊接结构疲劳强度 …………………… T000154
简明焊工手册 ………………………… T000155
概率疲劳 ……………………………… T000156
冷加工检验 …………………………… T000157
特种工艺检验 ………………………… T000158
塑料成型工艺及模具设计 …………… T000159
现代机夹可转位刀具实用手册 ……… T000160
简明金属材料手册 …………………… T000161
组合机床设计(第二版) …………… T000162
世界钢号对照手册 …………………… T000163
钢材大全 ……………………………… T000164
塑料模设计手册 ……………………… T000165
互换性与测量技术基础 ……………… T000166
塑性成形模拟理论 …………………… T000167
最新铸造标准应用手册 ……………… T000168
公差与测量技术基础 ………………… T000169
特种冲压技术 ………………………… T000170

机械、仪表工业

牵引传动行星无级变速器设计 ………… T000171
机械噪声及其控制 …………………… T000172
叶轮机械的气固两相流基础 ………… T000173
通用热电偶分度表手册 ……………… T000174
齿轮精度标准与检验手册 …………… T000175
机械零部件的现代设计方法 ………… T000176

机床颤振研究与控制的新发展 …………… T000177
机械工人应知考核题解丛书 …………… T000178
机械设计常用元器件手册 …………… T000179
液压传动 …………… T000180
实验室仪器使用与维护手册 …………… T000181
最新光学应用测量技术 …………… T000182
泵的理论与应用 …………… T000183
机械零件设计手册(第三版) …………… T000184
机械制造常用资料及新旧标准对照手册 …………… T000185
高速旋转机械轴系动力学设计 …………… T000186
多杆直线导向机构的设计方法与轨迹图谱 …………… T000187
机械原理教程 …………… T000188
粘度测量 …………… T000189
新编机械设计与制造禁忌手册 …………… T000190
机械设备故障诊断技术 …………… T000191
阀门设计计算手册 …………… T000192
压力容器断裂理论与缺陷评定 …………… T000193
现代机械设计方法与制造技术概论 …… T000194
整体硬质合金仪表齿轮滚刀及铣刀的设计与制造 …………… T000195
通风机手册 …………… T000196
光学技术手册(下册) …………… T000197
现代焊接电源及设备 …………… T000198
新编表面粗糙度应用示例图册 …………… T000199
测量不确定度的表示方法 …………… T000200
机械运动方案设计手册 …………… T000201
机械产品质量与检验标准手册 …………… T000202
齿轮工程词典 …………… T000203
工程摩擦学 …………… T000204
石英电子钟表修理大全 …………… T000205
机械原理 …………… T000206
射线检测 …………… T000207
机械设计 …………… T000208
机械端面密封 …………… T000209
机械设计教程 …………… T000210
现代实用仪器分析方法 …………… T000211
分析仪器检修指南 …………… T000212
德英法汉机械制造术语辞典 …………… T000213

武器工业

兵器测试技术(弹箭部分) …………… T000214
航炮设计 …………… T000215
防空导弹武器系统软件工程 …………… T000216
迫击炮设计 …………… T000217
引信机构动力学 …………… T000218
无后坐炮设计 …………… T000219
实用弹道学 …………… T000220
兵器工业高新技术 …………… T000221
自动武器学(自动机设计分册) …………… T000222
膛内多相燃烧理论及应用 …………… T000223

动力工程

热能系统分析与最优综合 …………… T000224
脉动燃烧 …………… T000225
大型汽轮机运行 …………… T000226
泵与风机节能技术 …………… T000227
热工学 …………… T000228
节能控制系统 …………… T000229
能源与化学 …………… T000230
动力管道手册 …………… T000231
燃料手册 …………… T000232
煤中矿物杂质对锅炉的危害 …………… T000233
简明日英汉锅炉和压力容器词典 …………… T000234

电工技术

国际电力系统技术会议论文集(英文版) …………… T000235
交流电动机绕组修理改装技术问答 …… T000236
万用电表检修技巧与实例 …………… T000237
家用电动电热器具原理与维修技术 …… T000238
家用制冷设备原理与维修技术 …………… T000239
现代家用电器维修技术基础(下) …………… T000240
现代家用电器维修技术基础 …………… T000241
简明电工手册 …………… T000242
家用洗衣机原理使用与维修 …………… T000243
电能计量(第二版) …………… T000244
10kv及以下配电线路工程图集——设计、加工、安装 …………… T000245
低压电气安全 …………… T000246
小型发电机可控硅励磁基础知识 …………… T000247
电机与电器 …………… T000248
农电经营管理 …………… T000249
怎样修理空调器 …………… T000250

继电保护与自动装置的相量分析 ········ T000251
电气工程标准规范综合应用手册(上、下) ········ T000252
电力系统谐波 ········ T000253
短路电流计算(不对称短路) ········ T000254
电力系统自动控制 ········ T000255
电工技术与安全 ········ T000256
汉英俄火力发电厂常用词汇 ········ T000257
超声波电动机 ········ T000258
电工理论基础(上、中、下) ········ T000259
中小型电机设计手册 ········ T000260
新编电动机绕组布线接线彩色图集 ········ T000261
农村电气化规划指南 ········ T000262
大亚湾核电站系统及运行 ········ T000263
电力拖动与控制 ········ T000264
电工实用技术入门 ········ T000265
高压直流输电系统的谐波分析及滤波 ········ T000266
工业静电 ········ T000267
化工厂电气手册 ········ T000268
电工 1000 个怎么办 ········ T000269
电力设备诊断技术概论 ········ T000270
电子变压器 ········ T000271
工程电磁场数值计算的理论方法及应用 ········ T000272
家电故障快速诊断 60 法 ········ T000273
电器结构、工艺及计算机辅助工艺规程设计 ········ T000274
电机检修实用手册 ········ T000275
火电厂热系统节能理论 ········ T000276
电力工程制图标准 DL5028-93 ········ T000277
计划用电、节约用电、安全用电——三电工作手册 ········ T000278
实用霓虹灯技术 ········ T000279
大功率柴油机发电厂技术手册 ········ T000280
电子材料与元器件测试技术 ········ T000281
新编电工电子器材手册 ········ T000282
工业与民用配电设计手册(第二版) ········ T000283
现代电力工程师手册 ········ T000284
电厂热工过程自动调节 ········ T000285
秦山核电厂调试运行论文集 ········ T000286
恒电位仪电路原理及其应用 ········ T000287

无线电电子学、电信技术

遥控大屏幕多制式彩色电视机及其检修 ········ T000288
多值逻辑电路设计原理 ········ T000289
实用电视天线手册 ········ T000290
数字电子技术 ········ T000291
中国国家标准分类汇编　电子与信息技术卷 ········ T000292
国家标准电气制图电气图形符号应用示例图册 ········ T000293
用万用表检修彩色电视机 500 例 ········ T000294
家用音响设备原理与维修技术 ········ T000295
电视机原理与维修技术 ········ T000296
家用录像机原理与维修技术 ········ T000297
移动通信 ········ T000298
英汉程控交换词典 ········ T000299
黑白与彩色电视机电路分析与维修技术 ········ T000300
摄像发烧友大全 ········ T000301
摄像机投影机调试维修图集 ········ T000302
半导体光电子学 ········ T000303
遥控彩色电视机原理与维修大全 ········ T000304
组合音响昂贵易损件的应急修复与变通代换 ········ T000305
英汉电信缩略语词典 ········ T000306
薄膜电子学 ········ T000307
461 种彩色电视机供电电路解析及故障检修 ········ T000308
静电复印机高速数码印刷机原理与维修技术 ········ T000309
常用集成电路互换手册 ········ T000310
高频电路原理与分析 ········ T000311
模拟电子线路(Ⅰ) ········ T000312
模拟电子线路(Ⅱ) ········ T000313
模拟集成电子技术教程 ········ T000314
无线电寻呼系统 ········ T000315
16 种新型进口彩色电视机检修实例 ········ T000316
线性电子线路 ········ T000317
图像通信与控制系统 ········ T000318
光纤通信工程 ········ T000319
电话机原理、使用与维修 ········ T000320
电子电传机原理、使用和维修 ········ T000321

微波固态频率源理论·设计·应用 …… T000322
现代微波网络导论 …… T000323
实用电子电气工程图算手册 …… T000324
彩色电视机检测数据大全 …… T000325
S1240程控交换机操作与维护 …… T000326
现代光电测试技术 …… T000327
现代通信理论 …… T000328
控制电机(第二版) …… T000329
标准集成电路数据手册·接口电路 …… T000330
现代移动通信系统 …… T000331
模拟电子技术 …… T000332
激光唱机的原理、调试和维修 …… T000333
国内外小功率晶体管实用手册(国内分册) …… T000334
微波集成电路仿真 …… T000335
相控阵雷达系统 …… T000336
模拟电子技术及其应用 …… T000337
传真机的选购、使用与维修 …… T000338
面向21世纪现代通信技术 …… T000339
电视原理 …… T000340
流密码学及其应用 …… T000341
摩托罗拉线性与接口电路手册 …… T000342
日汉电信词典 …… T000343
现代音频、视频(AV)设备实用维修图集(二) …… T000344
现代音频、视频(AV)设备实用维修图集(一) …… T000345
新一代光纤通信与同步网——原理与发展 …… T000346
实用电子电路大全(四)·电子小产品汇编 …… T000347
音响技术与电声工程 …… T000348
最新电子元器件应用技术手册 …… T000349
程控电话与话务理论 …… T000350
用万用表检修黑白电视机500例 …… T000351
光缆通信系统 …… T000352
90频道彩电加装遥控器技巧大全 …… T000353
半导体变流技术 …… T000354
元件物理基础 …… T000355
传真机使用与维护 …… T000356
微波与光电子学中的电磁理论 …… T000357
微型收录放音机维修指南 …… T000358
现代电子学及应用 …… T000359
信号与系统 …… T000360
现代信号处理理论与技术 …… T000361
信号与线性系统分析 …… T000362
集成电路兼容技术 …… T000363
近代傅里叶变换红外光谱技术及应用 …… T000364
光纤通信技术 …… T000365
语音处理与识别 …… T000366
电路辅助设计导论 …… T000367

自动化技术、计算技术

微机学习与提高丛书 …… T000368
TURBO PASCAL　高级编程技术 …… T000369
微型计算机绘图与AutoCAD绘图系统 …… T000370
计算机辅助设计与制造(CAD/CAM) … T000371
微型计算机操作与应用 …… T000372
计算机网络 …… T000373
汉字FOXBASE+程序设计教程 …… T000374
自动控制原理 …… T000375
计算机操作员培训教程 …… T000376
Windows 3.1使用大全 …… T000377
精通DOS 6 …… T000378
英日汉计算机词汇 …… T000379
微机绘图与Auto CAD …… T000380
Windows疑难详解 …… T000381
dBASE数据库应用系统开发 …… T000382
模糊知识处理的理论与技术 …… T000383
汉字微机上机操作指南 …… T000384
微机局部网络原理及实用技术 …… T000385
8088/8086汇编语言程序设计 …… T000386
工业大系统控制 …… T000387
DOS和汉字处理技术实用大全 …… T000388
计算机应用基础 …… T000389
高级软件设计与开发技术 …… T000390
机电一体化实用技术手册 …… T000391
计算机初学者指南 …… T000392
ORACLE数据库应用基础 …… T000393
Fox　Pro2.5从入门到精通 …… T000394
PC维修大全 …… T000395
工厂自动化协议(MAP)宽带技术规范及其应用 …… T000396
计算机等级考试题解 …… T000397
通用加固型计算机 …… T000398

容错控制系统的分析与综合 …………… T000399
多媒体数据压缩技术 ………………… T000400
微机操作基础 ……………………… T000401
计算机辅助工艺设计 ………………… T000402
机器人机械学 ……………………… T000403
UNXI 高级编程技术 ………………… T000404
PC C 语言教程 …………………… T000405
计算机安全与病毒防治 ……………… T000406
8098 单片微型计算机应用技术 ………… T000407
微电脑实用操作技术 ………………… T000408
磁光存储技术原理 …………………… T000409
数据库系统概论 …………………… T000410
实用 DOS 详解(修订版) …………… T000411
微型计算机控制基础 ………………… T000412
中文电脑实用操作大全 ……………… T000413
数据结构 ………………………… T000414
计算机绘图技术基础 ………………… T000415
C 语言与程序设计 …………………… T000416
并行算法的设计与分析 ……………… T000417
电子游戏机速修 400 例 ……………… T000418
电脑操作与文字处理 ………………… T000419
最新 Auto CAD 使用指南(Auto CAD 12.0) ……………………………… T000420
计算机操作系统实验教程 …………… T000421
现代控制理论及其应用 ……………… T000422
微机操作与应用 …………………… T000423
组合最优化 ……………………… T000424
3D STUDIO 3.X 操作手册 ………… T000425
FoxPro 2.5 for DOS 程序设计—入门篇 ……………………………… T000426
机电控制 ………………………… T000427
软件万花筒——应用 300 例 ………… T000428
电脑小诊所——常见故障处理 ……… T000429
电脑总管家——DOS ……………… T000430
写字不用笔——汉字输入法 ………… T000431
家庭管理员——数据库软件 ………… T000432
电脑的语言——GWBASIC ………… T000433
您的小助手——常见工具软件 ……… T000434
家用电脑金钥匙丛书 ………………… T000435
电脑小编辑——字处理软件 ………… T000436
家电新成员——家用电脑 …………… T000437
微型计算机原理及应用基础 ………… T000438
英汉传感技术辞典 ………………… T000439
计算机可靠性理论与实践 …………… T000440
微机实用操作指南 ………………… T000441
汇编语言程序设计 ………………… T000442
新编计算机基础 …………………… T000443
FoxPro 2.5 for DOS 程序设计—提高篇 ……………………………… T000444
新编 DOS 大全 3.0—6.2 ………… T000445
Windows 3.1 中文版快速入门 ……… T000446
计算机常用命令英汉对照 …………… T000447
第四代语言程序设计 ………………… T000448
数据库技术名词解释 ………………… T000449
3D STUDIO 三维造型艺术 ………… T000450
离散事件系统理论与柔性制造系统 …… T000451
五笔字型标准教材 ………………… T000452
计算机应用基础 …………………… T000453
汉字信息处理 ……………………… T000454
电脑装配实用技术 ………………… T000455
汉字 FoxBASE⁺原理与应用 ………… T000456
C⁺⁺语言大全 ……………………… T000457
计算机电子线路与数字逻辑 ………… T000458
计算机组成原理 …………………… T000459
儿童学电脑 ……………………… T000460
微机操作实用指南 ………………… T000461
精通 Windows 3.1 ………………… T000462
微型计算机应用基础 ………………… T000463
计算机应用教程(中级) ……………… T000464
FORTRAN77 程序设计 …………… T000465
多维系统辨识 Multidimen-Sional System Identifcation ……………… T000466
人工智能 ………………………… T000467
英汉计算机技术新辞典 ……………… T000468
专家系统的结构和应用 ……………… T000469
海峡两岸信息技术术语英汉对照 …… T000470
电脑操作基础教程 ………………… T000471
计算机导论与程序设计 ……………… T000472
软件开发环境——UNIX 操作系统 …… T000473
计算机操作系统教程 ………………… T000474
大系统控制论 ……………………… T000475
离散事件动态系统 ………………… T000476
工程测试与信息处理 ………………… T000477
个人电脑入门新途径——Windows 使用指南 ……………………………… T000478
个人电脑的维护与维修 ……………… T000479
C 程序设计及其应用 ………………… T000480
个人电脑数据库应用 ………………… T000481

精选英汉计算机词典 …………………… T000482
软件技术基础 …………………………… T000483
中小学计算机知识辞典 ………………… T000484
CAD/CAM 技术 ………………………… T000485
最新家用电脑实用指南 ………………… T000486
PC 升级大全 …………………………… T000487
Windows 3.1 大师技巧 ………………… T000488
DOS 使用大全(第 4 版) ……………… T000489
DOS6 使用与解释大全 ………………… T000490
电脑最新实用技术 ……………………… T000491
程序员疑难问题详解 Peter Norton 编程宝库 …………………………… T000492
DOS6.2 从入门到精通 ………………… T000493
中英文电脑打字速成 …………………… T000494
电子制表软件 Lotus1-2-3 …………… T000495
外行跟我学电脑 ………………………… T000496
数据结构原理 …………………………… T000497
Turbo Assembler 汇编语言程序设计教程 ………………………………… T000498
神经网络技术 …………………………… T000499
最新家用电脑实用操作与保养精编 …… T000500
实用 C 语言程序设计 ………………… T000501
半导体传感器的原理及其应用 ………… T000502
Windows 3.1 编程圣典 ……………… T000503
微机操作实用技巧 ……………………… T000504
中西文录入技巧与文字编辑 …………… T000505
怎样使用 WPS 进行文字编辑 ………… T000506
FoxPro2.5 程序员指南 ……………… T000507
精通 Windows NT 编程技术 ………… T000508
开放式网络和开放系统互连 …………… T000509
软件开发技术 …………………………… T000510
微机病毒防范与杀毒技术 ……………… T000511
机器人视觉技术 ………………………… T000512
XENIX 操作系统 ……………………… T000513
个人电脑的接口技术和外围设备 ……… T000514
个人电脑信息安全—病毒防范与文件保密 …………………………………… T000515
国内外最新常用传感器和敏感元器件性能数据手册(一) ………………… T000516
DOS(1.0～6.2)使用技术大全 ……… T000517
知识表示的数学理论 …………………… T000518
集散型计算机控制系统(DCS) ……… T000519
可编程控制器原理及应用 ……………… T000520
WINDOWS3.1 使用问与答 …………… T000521
WPS 故障分析 ………………………… T000522
C 语言速成 …………………………… T000523
QUICK BASIC 程序设计及应用………… T000524
软件工程简明教程—原理、模型、方法、工具、规范、应用元 ……………… T000525
Auto CAD12 从入门到精通 ………… T000526
FoxPro 2.5 FOR DOS 应用程序设计 ………………………………………… T000527
微弱信号检测方法及仪器 ……………… T000528
多媒体计算机技术及应用 ……………… T000529
计算机世界看图问答 …………………… T000530
神经网络理论与应用 …………………… T000531
局部网络的安装与使用 ………………… T000532
并行程序的设计方法 …………………… T000533
家用电脑软件的选择和使用 …………… T000534

化 学 工 业

电子陶瓷烧结设备 ……………………… T000535
旋窑水泥生产新技术及应用 …………… T000536
联醇生产 ………………………………… T000537
现代无机合成化学 ……………………… T000538
英汉精细化学品辞典 …………………… T000539
工业炸药 ………………………………… T000540
硝胺及硝酸酯炸药化学与工艺学 ……… T000541
无机胶粘剂及应用 ……………………… T000542
精细有机化工制备手册 ………………… T000543
电化学工程导论 ………………………… T000544
英汉塑料工业词汇(第三版) ………… T000545
涂料应用科学与工艺学 ………………… T000546
化妆品原料技术标准 …………………… T000547
大型合成氨厂工艺过程分析 …………… T000548
聚氨酯泡沫塑料 ………………………… T000549
硅化合物的生产与应用 ………………… T000550
照相化学 ………………………………… T000551
近代化工热力学——应用研究的新进展 ………………………………………… T000552
现代表面处理新技术 …………………… T000553
新型塑料薄膜 …………………………… T000554
化验员读本(上、下册) ……………… T000555
磷化工概论 ……………………………… T000556
染料化学 ………………………………… T000557
重油加工技术 …………………………… T000558
特种陶瓷 ………………………………… T000559

精细化学品技术手册 …………………… T000560
中国化工产品大全(上、中、下卷) ……… T000561
实用化工产品配方大全 ………………… T000562
胶粘剂应用技术手册 …………………… T000563
硅酸盐工程测量技术 …………………… T000564
建筑铝型材的阳极氧化和电解着色 …… T000565
化工百科全书 第6卷 ………………… T000566
现代橡胶配方设计 ……………………… T000567
英汉、汉英陶瓷辞典 …………………… T000568
工程化学 ………………………………… T000569
工业芳烃化学 …………………………… T000570
侯德榜论文选 …………………………… T000571
生活日用化工800例 …………………… T000572
非银盐感光材料——在印刷、照相、医疗中的应用 ………………………… T000573
化工百科全书 第7卷 ………………… T000574
溶剂手册 ………………………………… T000575
化工百科全书 第8卷 ………………… T000576
精细化工产品配方与制造(第一册) …… T000577
化学反应工程 …………………………… T000578
聚丙烯树脂的加工与应用 ……………… T000579
塑料特性与选用 ………………………… T000580
制药工程与工艺设计 …………………… T000581
化工设备机械基础 ……………………… T000582
计算机在硅酸盐工业中的应用 ………… T000583
化工设计 ………………………………… T000584
化学工业中的吸收操作——气体吸收工艺与工程 ………………………… T000585
应用有机电化学 ………………………… T000586
流态化原理及其应用 …………………… T000587
化学工业标准汇编 ……………………… T000588

轻工业、手工业

饮食与中国文化 ………………………… T000589
职业高中木工专业教材 ………………… T000590
青岛风味小吃 …………………………… T000591
大众药酒 ………………………………… T000592
棉纺织工厂设计 ………………………… T000593
棉纺织设备使用须知 …………………… T000594
现代纺织品的开发 ……………………… T000595
染整工业词典 …………………………… T000596
IE与标准化在服装工业中的应用 ……… T000597
新女装(14) …………………………… T000598
精品男装工艺缝制实例 ………………… T000599
中国鸭肴 ………………………………… T000600
酸奶和乳酸菌饮料加工 ………………… T000601
山西面食 ………………………………… T000602
卷烟包装设备 …………………………… T000603
披肩款式与编织技巧 …………………… T000604
制盐工业手册 …………………………… T000605
彩色校样检查与修改 …………………… T000606
可爱的童装(94年春夏) ……………… T000607
木制品装饰 ……………………………… T000608
静电复印机的原理与设计 ……………… T000609
童装款式与裁剪 ………………………… T000610
木工机械 ………………………………… T000611
水果拼盆集 ……………………………… T000612
中国服饰史略 …………………………… T000613
中国名菜词典 …………………………… T000614
空气变形纱加工技术 …………………… T000615
小绝招丛书 ……………………………… T000616
木工识图 ………………………………… T000617
服装机械原理与设计 …………………… T000618
食品添加剂基础 ………………………… T000619
中国古代家具 …………………………… T000620
中国印刷术的起源 ……………………… T000621
食品标签通用标准实施指南 …………… T000622
最新上海男装毛衣编结 ………………… T000623
木制品材料学 …………………………… T000624
木工作业指南 …………………………… T000625
家用编织机用户指南 …………………… T000626
蔗糖工业化学 …………………………… T000627
最新职业女装100例 …………………… T000628
少女装(3) ……………………………… T000629
矿泉水和瓶装水生产技术手册 ………… T000630
调酒师手册 ……………………………… T000631
天然宝石的改善及鉴定方法 …………… T000632
服装材料学 ……………………………… T000633
日汉纺织时装服饰辞典 ………………… T000634
厨师培训教材 …………………………… T000635
木材加工工艺学 ………………………… T000636
新编五金材料手册 ……………………… T000637
服装裁缝全书 …………………………… T000638
石屏豆腐 ………………………………… T000639
服装面料及其判别 ……………………… T000640
西式糕点制作新技术精选 ……………… T000641
现代服饰图案 …………………………… T000642

新派鲁菜 …………………………………… T000643
现代家庭生活实用百科全书 …………… T000644
中国造纸技术简史 ……………………… T000645

建筑科学

莫伯治集 …………………………………… T000646
民居史论与文化 ………………………… T000647
建筑结构设计手册 ……………………… T000648
西南民族民间建筑写生 ………………… T000649
新型纺织空调和除尘 …………………… T000650
化纤厂空气调节 ………………………… T000651
钢管混凝土结构(修订版) ……………… T000652
现代住宅室内装饰设计大观 …………… T000653
福建传统民居 …………………………… T000654
纺织工厂通风与除尘 …………………… T000655
建设监理工程师手册 …………………… T000656
高等学校建筑·规划与环境设计 ……… T000657
屋顶花园设计与营造 …………………… T000658
现代建筑照明设计手册 ………………… T000659
钢筋混凝土结构非线性有限元分析 …… T000660
村镇规划与住宅设计图集 ……………… T000661
建筑工程质量控制与事故分析 ………… T000662
房屋卫生设备 …………………………… T000663
中国园林艺术辞典 ……………………… T000664
电气装饰工程手册 ……………………… T000665
《国内优秀室内室外设计作品图集》第一辑 ……………………………… T000666
建筑施工常用数据手册 ………………… T000667
混凝土结构构造手册 …………………… T000668
城市节水技术与管理 …………………… T000669
工程估价师手册 ………………………… T000670
室内设计经典集 ………………………… T000671
江南园林论 ……………………………… T000672
国外建筑装修构造图集 ………………… T000673
建筑电气与照明 ………………………… T000674
上海八十年代高层建筑结构设计 ……… T000675
中国江南古建筑装修装饰图典 ………… T000676
建设工程监理工程师知识手册 ………… T000677
世界最新建筑室内设计佳作选集(1—5) ……………………………… T000678
钢筋混凝土构件实用施工计算手册 …… T000679
地震区的场地与地基基础 ……………… T000680
结构力学 ………………………………… T000681
钢筋混凝土结构分析中的有限单元法 ……………………………… T000682
砖瓦工抹灰工木工钢筋工技能训练 …… T000683
建筑施工技术 …………………………… T000684
建筑施工组织 …………………………… T000685
邵逸夫先生赠款建筑工程项目论文选集 ……………………………… T000686
地下工程特殊施工 ……………………… T000687
室内装饰丛书 …………………………… T000688
混凝土结构(上、下) …………………… T000689
建筑设计资料集(1—7) ………………… T000690
钢结构 …………………………………… T000691
建筑结构的腐蚀及防护方法 …………… T000692
绿化装饰艺术 …………………………… T000693
上海八十年代高层建筑设备设计与安装 ……………………………… T000694
建筑抗震设计手册 ……………………… T000695
高浊度给水工程 ………………………… T000696
建设监理工程师实用手册 ……………… T000697
内蒙古太阳房 …………………………… T000698
中国城市史纲 …………………………… T000699
住宅建筑文化论 ………………………… T000700
建筑材料学 ……………………………… T000701
建筑监理工程师手册 …………………… T000702
徽州牌坊艺术 …………………………… T000703
混凝土结构工程施工及验收手册 ……… T000704
创意与表现 ……………………………… T000705
钢结构稳定理论与应用 ………………… T000706
美国当代建筑(丛书) …………………… T000707
云南大理白族建筑 ……………………… T000708
新型建筑材料 …………………………… T000709
杰出科学家钱学森论城市学与山水城市 ……………………………… T000710
室内装饰工程手册 ……………………… T000711
建筑工程事故处理手册 ………………… T000712
安装工程施工组织设计实例应用手册 ……………………………… T000713
上海 CBD 地区全景 …………………… T000714
混凝土与砌体结构设计 ………………… T000715
新型装饰材料手册 ……………………… T000716
建筑物火灾后诊断与处理 ……………… T000717
中国厅堂·江南篇 ……………………… T000718
建筑装饰材料 …………………………… T000719
建筑构造 ………………………………… T000720

板壳力学中的加权残值法 …………… T000721
空气调节 ………………………………… T000722
建筑结构预制与吊装手册 …………… T000723
建筑师力学与结构选型(续) ………… T000724
建筑电气安装工程图集(第一集)(第二版) ………………………………… T000725
土工的若干新理论研究与应用 ……… T000726
西安古城墙研究 ……………………… T000727
现代家庭居室装饰装修实用技术 365 题 ……………………………………… T000728
中国石材 ……………………………… T000729
混凝土外加剂产品及应用手册 ……… T000730

水利工程

黄河三门峡水利枢纽运用研究文集 …… T000731
中国河口演变概论 …………………… T000732
水工建筑物 …………………………… T000733
水流边界层理论 ……………………… T000734
现代水科学不确定性研究与进展 …… T000735
小型水库管理丛书 …………………… T000736
历史时期黄河下游河道变迁图 ……… T000737
水利水电规划、设计与施工 ………… T000738
中国江河防洪丛书·松花江卷 ……… T000739
水工闸门事故实例分析 ……………… T000740
水电规划与管理 ……………………… T000741
水利词典 ……………………………… T000742
南盘江治理与开发研究 ……………… T000743
环境水利学 …………………………… T000744
电力系统中水电厂群日优化运行 …… T000745

U 交通运输

油船总体设计 ………………………… U000001
汽车与人类社会的协调 ……………… U000002
8K 型电力机车 ……………………… U000003
机车乘务员通用知识 ………………… U000004
热力机车牵引热工应用技术 ………… U000005
汽车工程 ……………………………… U000006
进口汽车维修实用手册 ……………… U000007
城市交通管理工作研究 ……………… U000008
1993 两岸港口及海岸开发研讨会论文集 ………………………………… U000009
中国城市交通 ………………………… U000010
汽车维修工具典型结构(上、下册) …… U000011
斜拉桥 ………………………………… U000012
汽车轮胎维修工初级技术培训教材 …… U000013
摩托车应急维修 ……………………… U000014
危险货物运输安全技术手册 ………… U000015
桥梁 …………………………………… U000016
台湾渔船航行大陆沿海指南 ………… U000017
国际航运及外贸运输实务 …………… U000018
混凝土弯梁桥 ………………………… U000019
汽车轮胎维修工中级技术培训教材 …… U000020
幸福 XF125 型五羊 WY125 型嘉陵 JH125 型济南 GS125 型南方 NF125 型摩托车的结构特点与故障诊断 …… U000021
公路桥涵设计手册·拱桥(下册) ……… U000022
运输布局学 …………………………… U000023
交通调查与分析 ……………………… U000024
汽车设计标准资料手册(非金属篇) …… U000025
运输安全环境概论 …………………… U000026
高速铁路概论 ………………………… U000027
公路路基稳定设计原理 ……………… U000028
桑塔纳轿车构造、使用与维修 ……… U000029
弯斜桥计算理论与实用计算 ………… U000030
中外摩托车电路图集 2 ……………… U000031
车辆系统动力学 ……………………… U000032
汽车安全检测与典型故障诊断 ……… U000033
城市道路规划与美学 ………………… U000034
道路立交的规划与设计 ……………… U000035
汽车滚动轴承手册 …………………… U000036
港口工程施工手册(上、下册) ……… U000037
路基石 ………………………………… U000038
中国铁路运输 ………………………… U000039
现代汽车构造·原理·使用·维修 …… U000040
汽车检测与诊断技术 ………………… U000041
城市交通网络平衡分析——理论与实践 ………………………………… U000042
汽车维修 ……………………………… U000043
高等级公路路基路面施工技术 ……… U000044
汽车疑难故障分析与处理 …………… U000045
公路桥涵设计手册·墩台与基础 …… U000046
公路桥涵设计手册·拱桥(下) ……… U000047
汽车燃料、润滑油及其应用 ………… U000048
船舶与海洋结构运动的随机理论 …… U000049
杨浦大桥 ……………………………… U000050
汽车运用与修理 ……………………… U000051

摩托车竞技与特技驾驶 ………………… U000052
桥林漫话 ………………………………… U000053
汽车电控汽油喷射检修图册 …………… U000054
大瑶山隧道——20世纪隧道修建新技术 ……………………………………… U000055
公路工程技术标准 JTJ01—88(附条文说明)……………………………………… U000056
道路交通事故的预防和处理 …………… U000057
中华人民共和国行业标准 JTJ012—94·公路水泥混凝土路面设计规范(附条文说明) ……………………… U000058
中华人民共和国行业标准 JTJ011-94——公路路线设计规范 …………… U000059
摩托车维护手册 ………………………… U000060
助动自行车——原理、构造、维修及管理规定 ……………………………… U000061
铁路钢桥——设计和制造 ……………… U000062
大跨悬索桥理论 ………………………… U000063
中国铁路集装箱运输 …………………… U000064
高速铁路 ………………………………… U000065
铁路测量 ………………………………… U000066
路桥钢筋混凝土结构 …………………… U000067

V 航空、航天

飞行器控制系统概论 …………………… V000001
各国民用飞机的发展道路 ……………… V000002
人造地球卫星与地球重力场 …………… V000003
飞行控制系统 …………………………… V000004
世界飞机手册(1994) …………………… V000005
非定常旋涡空气动力学理论及其应用 ……………………………………… V000006
空间模拟器设计 ………………………… V000007
迈向21世纪的航空科学技术 ………… V000008
航天故障手册 …………………………… V000009
航空制造工程手册 ……………………… V000010
世界直升机手册 ………………………… V000011
航天——奔向宇宙之路 ………………… V000012
固体火箭发动机系统可靠性分析与设计 ……………………………………… V000013
载人航天器仪表显示与监测系统 ……… V000014
航天型号研制管理概论 ………………… V000015

X 环境科学、劳动保护科学

生态伦理学 ……………………………… X000001
给水与废水处理(二卷本)(英文版) …… X000002
困境与选择——中国环境与发展战略研究 ……………………………………… X000003
水和废水监测分析方法指南(中册) …… X000004
大气固定源的采样和分析 ……………… X000005
灾害学 …………………………………… X000006
有害废物的安全处置 …………………… X000007
噪声控制工程 …………………………… X000008
自然环境价值的发现 …………………… X000009
喀斯特环境质量变异 …………………… X000010
环境保护及其管理 ……………………… X000011
中国21世纪议程 ……………………… X000012
环境科学词典 …………………………… X000013
水库及其环境影响 ……………………… X000014
环境监测 ………………………………… X000015
有色冶金环境保护 ……………………… X000016
青少年环境知识丛书 …………………… X000017
环境地质学 ……………………………… X000018
当代全球问题 …………………………… X000019
水文工程地质与环境保护 ……………… X000020
中国环境保护行动计划(1991—2000年) ……………………………………… X000021
只有地球这个家 ………………………… X000022
能源与环境 ……………………………… X000023
劳动安全卫生国家标准技术手册 ……… X000024
中国环境与发展国际合作委员会文件汇编丛书 ……………………………… X000025
环境水质监测质量保证手册 …………… X000026
儿童知识小百科 ………………………… X000027
中国灾情论 ……………………………… X000028
环境生物学 ……………………………… X000029
废水处理工艺设计计算 ………………… X000030
国内外环境标志文集 …………………… X000031
农业生物环境工程 ……………………… X000032
中国环境统计资料汇编(1981—1990) … X000033
控制危险废物越境转移及其处置文件和技术准则汇编 ……………………… X000034
森林环境持续发展学术讨论会文集 …… X000035
安全生产管理学 ………………………… X000036
贡嘎山高山生态环境研究 ……………… X000037

冀京津区自然灾害及其防治 …………… X000038
超载的环境 ………………………………… X000039
持续发展与环境教育 ……………………… X000040
中国环境保护行政20年 …………………… X000041
农业环境学 ………………………………… X000042
中国农业环境保护技术政策 ……………… X000043

Z 综合性图书

中国名著大辞典 …………………………… Z000001
采西学议 …………………………………… Z000002
砭旧危言 …………………………………… Z000003
筹洋刍议 …………………………………… Z000004
盛世危言 …………………………………… Z000005
陈元赟集 …………………………………… Z000006
弢园文录外编 ……………………………… Z000007
使西纪行 …………………………………… Z000008
新政真诠 …………………………………… Z000009
出国要览 …………………………………… Z000010
钱伟长学术论著自选集 …………………… Z000011
炎黄文化精品丛书 ………………………… Z000012
中国文化的基本文献 ……………………… Z000013
中华古文献大辞典·文学卷 ……………… Z000014
白话十三经 ………………………………… Z000015
中国小百科全书 …………………………… Z000016
泉贤著作述评 ……………………………… Z000017
古今中外的阴差阳错 ……………………… Z000018
启明星丛书 ………………………………… Z000019
少儿熟读丛书 ……………………………… Z000020
中国老年百科全书 ………………………… Z000021
中国古代书目词典 ………………………… Z000022
陶渊明全译 ………………………………… Z000023
两汉经学与政治 …………………………… Z000024
中华文化典籍指要 ………………………… Z000025
中华元典精神 ……………………………… Z000026
傅振伦文录类选 …………………………… Z000027
阶梯新世纪百科全书 ……………………… Z000028
丘逢甲文集 ………………………………… Z000029
朱书集 ……………………………………… Z000030
’91中国化学化工期刊文献总录 ………… Z000031
韬奋选集 …………………………………… Z000032
明代书目题跋丛刊(上、下) ……………… Z000033
容庚选集 …………………………………… Z000034
秘书集成 …………………………………… Z000035
太平御览 …………………………………… Z000036
中华小百科全书 …………………………… Z000037
中国高等学校学报大全 …………………… Z000038
中国学术译著总目提要(社会科学卷) …… Z000039
江西历代刻书 ……………………………… Z000040
江西期刊综录 ……………………………… Z000041
农村年书(1995年) ………………………… Z000042
农村少年文库 ……………………………… Z000043
简明日本百科全书 ………………………… Z000044
白虎通疏证 ………………………………… Z000045
张居正集(全四册) ………………………… Z000046
近三百年古籍目录举要 …………………… Z000047
新编魏征集 ………………………………… Z000048
逊志堂杂钞 ………………………………… Z000049
江淹集校注 ………………………………… Z000050
郑珍集·文集 ……………………………… Z000051
张謇全集 …………………………………… Z000052
浦东新区年鉴(1994) ……………………… Z000053
可爱的家乡丛书 …………………………… Z000054
中国现代文学书目汇要(全二册) ………… Z000055
新学科辞海 ………………………………… Z000056
世界禁书大观 ……………………………… Z000057
澳大利亚工商年鉴’94版 ………………… Z000058
韩国研究中文文献目录 …………………… Z000059
中国学术译著总目提要(自然科学卷) …… Z000060
宋蜀刻本唐人集丛刊 ……………………… Z000061
中国古籍善本书目·子部 ………………… Z000062
中国一绝 …………………………………… Z000063
彝文典籍目录(贵州卷) …………………… Z000064

辞目笔画索引

Tales from Ten Chinese Classical Comedies …… I000420

一　画

一万个世界之谜·化学分册 …… O000122
一千个春天 …… K000417
一千零一个动物故事 …… I000036
一千零一个侦探故事 …… I000035
一千零一个战争故事 …… I000037
一个女人——陈香梅 …… I000960
一个中国人看世界 …… I000722
一个老记者的经历 …… I000605
一个美国人难忘的云南印象 …… K000196
一个真正的人——彭德怀 …… K000376
一本万殊 …… B000063
一本打开的书 …… I000664
一代天骄和他的继承者 …… K000342
一代宗师马君武 …… I000534
一代战将李天佑 …… I000603
一般系统论——基本概念和应用 …… N000007
一得书 …… D000119
一斑集 …… I000547
一尊推不倒的铜像——詹天佑 …… I000392

二　画

〔一〕

二十八卷本辞典 …… H000132
二十五史三编 …… K000135
二十六史典故辞典 …… K000059
二十世纪中国文学大典 …… I000249
二十世纪中国史纲 …… K000128
二十世纪化、生、核战争·被禁止的战争 …… E000003
二十世纪外国社会科学家辞典 …… K000224
二十世纪台港及海外华人文学经典 …… I000385
二十世纪西方美学精神 …… B000128
二十世纪血战纪实·陆战 …… E000005
二十世纪血战纪实·空战 …… E000004
二十世纪血战纪实·海战 …… E000002
二十世纪要事概览 …… K000012
二十年目睹之怪现状 …… I000474
二次大战三元凶 …… K000232
二次大战三巨头 …… K000231
二次数域的高斯猜想 …… O000034
二战将帅丛书 …… K000230
十九世纪的香港 …… K000181
十大元帅轶闻趣事 …… I000494
十大化学家 …… K000235
十大公关谋略 …… C000017
十大发明家 …… K000369
十大医学家 …… K000370
十大物理学家 …… K000237
十大科学家丛书 …… K000368
十大数学家 …… K000234
十万个为什么(小学版) …… G000336
十日谈 …… I000950
十四岁的森林 …… I000793
厂长经理书屋(丛书) …… F000164
厂长经理查帐方法与技巧 …… F000165
丁方 …… J000142
七巧板智力世界 …… G000386
七运盛会 …… G000365
七彩幼儿快乐教育画库 …… G000314
七彩科学幻想故事金库 …… I000371
七缀集(修订本) …… C000063

〔丿〕

八面来风——人的价值和物的价值 …… B000119
八闽掌故大全 …… K000166
八桂丰碑 …… K000264
八桂俊杰丛书 …… I000524

人工智能 …………………………… T000467
人才资源学导论 …………………… C000069
人口与优生 ………………………… C000050
人口质量的经济分析 ……………… C000011
人口—经济增长的理论研究 ……… C000043
人口政策学 ………………………… C000081
人心可测——小说人物心理探索 ……… I000002
人世间 ……………………………… I000945
人生大舞台——青少年德育曲谈 ……… G000075
人生艺术与艺术人生 ……………… I000197
人生的偶像崇拜 …………………… D000056
人生宝鉴 …………………………… D000051
人生随笔精华系列 ………………… I000074
人生韵味——赵丽宏散文150篇 ……… I000710
人民币自由兑换论 ………………… F000489
人民调解制度的理论与实践 ……… D000231
人机工程设计 ……………………… T000065
人权问题纵横谈 …………………… D000002
人权基本文献要览 ………………… D000003
人走形势 …………………………… I000453
人体生理学 ………………………… R000181
人体抗衰 …………………………… R000009
人体疾病与麻醉 …………………… R000273
人体断层解剖学 …………………… R000187
人间苦行与极乐世界——高僧故事 …… I000819
人事辅助决策信息系统的理论与方法 … D000004
人和动物的微量元素营养 ………… R000023
人的世界与世界的人 ……………… A000052
“人性的治疗者”——沈从文传 ……… K000261
人类工效学 ………………………… T000061
人类出现前的生命 ………………… Q000068
人类困境中的审美精神 …………… B000130
人类纵览丛书 ……………………… K000017
人类探险史故事丛书 ……………… I000773
人格权法新论 ……………………… D000269
人造地球卫星与地球重力场 ……… V000003
人海诗区 …………………………… I000333
入党教材(新编本) ………………… D000028
儿女英雄传 ………………………… I000473
儿科门急诊手册 …………………… R000291
儿科诊断治疗学 …………………… R000286
儿科急诊医学 ……………………… R000282
儿童、青少年骨龄评分法图谱及应用 …… R000290
儿童文学写作 ……………………… I000024
儿童文学美学 ……………………… I000027
儿童计划免疫须知 ………………… R000025
儿童礼品丛书 ……………………… I000785
儿童百科知识图典(人种·民族·民俗卷) …………………………… K000491
儿童百科知识图典(地理知识卷) ……… K000521
儿童百科知识图典(10卷) ………… G000179
儿童百科知识图典(10卷)·史前生物卷 ………………………………… Q000017
儿童百科知识图典(10卷)·鸟类卷 …… Q000046
儿童百科知识图典(10卷)·哺乳两栖爬行动物卷 ………………………… Q000047
儿童百科知识图典(10卷)·趣味生物卷 ………………………………………… Q000002
儿童百科知识图典·中国古代文学人物卷 ………………………………… I000108
儿童百科知识图典·中国神话人物卷 … I000166
儿童百科知识图典·理科知识卷 ……… N000008
儿童早期教育与训练(特殊教育丛书) ………………………………………… G000321
儿童创造力开发与儿童游戏 ……… G000181
儿童英语彩图词典 ………………… H000195
儿童知识小百科 …………………… X000027
儿童学电脑 ………………………… T000460
儿童美术辅导丛书 ………………… J000079
儿童益智相声 ……………………… I000842
儿童家庭医疗保健丛书 …………… R000285
儿童彩色故事大世界(中国卷) …… I000852
儿童彩色故事大世界(外国卷) …… I000097
儿童辞海 …………………………… G000331
儿童简笔画入门 …………………… G000184
儿童简笔画大王 …………………… G000199
几位著名经济思想家的生平、时代和思想 …………………………………… K000223
九十年代女性散文11家 …………… I000653
“九七”深港衔接研究 …………… F000131
九年义务教育三、四年制初级中学教科书·世界历史 ……………………… G000160
九年义务教育三、四年制初级中学教科书·中国历史 ……………………… G000154
九年义务教育三年制初级中学教科书(试用本)·代数、几何 …………… G000151
九年义务教育三年制初级中学教科书·俄语1—3册 ……………………… G000152

九年义务教育三年制初级中学教科书《地理》 …… G000147
九年义务教育三年制初级中学教科书化学(全一册) …… G000305
九年义务教育小学英语教科书(实验本) …… G000148
九年义务教育四年制初级中学教科书·地理 …… G000149
九年义务教育四年制初级中学教科书·生物 …… G000150
九华山水诗书画集 …… J000138
九州名豪李德山 …… I000590
九皇之恋 …… I000456

〔乛〕

刁狐狸和傻狐狸 …… I000831

三　画

〔一〕

三一二经络锻炼法——中老年百岁健康之路 …… R000013
三十六计 …… E000029
三十六计(秘本兵法) …… E000028
三七药用集萃 …… R000045
三个小宝贝 …… I000743
三个面向与深化教育改革 …… G000137
三北防护林地区再生资源遥感的理论及其技术应用 …… S000106
三希堂画宝 …… J000055
三言(新注全本) …… I000459
三环论 …… G000129
三松堂全集(第13卷) …… B000039
三松堂全集(第14卷) …… B000071
三国人才对话录 …… C000062
三国计谋鉴赏 …… I000231
三国演义 …… I000514
三国演义(全画本) …… J000148
三国演义(李国文评点本) …… I000451
三国演义画本 …… J000034
三国演义故事 …… I000789
三晋货币 …… F000458
三教慧海 …… B000172
3D STUDIO 三维造型艺术 …… T000450
于植元书法作品集 …… J000163
于阗史丛考 …… K000164
工厂自动化协议(MAP)宽带技术规范及其应用 …… T000396
工厂理化测试手册 …… T000057
工业大系统控制 …… T000387
工业与民用配电设计手册(第二版) …… T000283
工业分析实验 …… P000062
工业企业经济活动分析 …… F000303
工业企业科学技术管理 …… F000315
工业企业债权债务实用范本 …… F000242
工业企业管理 …… F000314
工业设计全书 …… T000062
工业设计纵横谈 …… T000017
工业芳烃化学 …… T000570
工业经济管理基础知识 …… F000304
工业项目可行性研究 …… F000308
工业炸药 …… T000540
工业微生物实验技术手册 …… T000038
工业静电 …… T000267
工会组织学 …… D000081
工科概率统计 …… T000020
工笔花鸟画的特技与肌理 …… J000133
工商行政管理专业知识与实务(初、中级) …… F000183
工商企业经营管理 …… F000197
工程力学手册 …… T000053
工程化学 …… T000569
工程电磁场数值计算的理论方法及应用 …… T000272
工程地质分析原理 …… P000040
工程设计学 …… T000046
工程估价师手册 …… T000670
工程应用力学手册 …… T000044
工程图学 …… T000030
工程测试与信息处理 …… T000477
工程流体力学 …… T000040
工程教育基础——工程教育理念和实践的研究 …… T000016
工程数学——变分法 …… T000058
工程摩擦学 …… T000204
土工的若干新理论研究与应用 …… T000726
土地与市场知识问答 …… F000184

土地利用系统工程 …………………… F000267
土地资源学 …………………… F000282
土家族医药学 …………………… R000120
土默特右旗志 …………………… K000180
土壤分类学 …………………… S000010
土壤——植物——大气连续体水分传输理论及其应用 …………………… S000009
下泥盆统的动态地层学和生态地层学 … P000089
下宝蛋的鸡(维吾尔民间故事) ………… I000806
大上海漂浮 …………………… I000519
大气固定源的采样和分析 …………… X000005
大分化新组合——当代中国社会各阶层分析 …………………… D000123
大功率柴油机发电厂技术手册 ………… T000280
大头儿子和小头爸爸 …………………… I000820
大亚湾鱼类及生物学图志(汉英双语版) …………………… Q000042
大亚湾核电站系统及运行 …………… T000263
Windows 3.1 大师技巧 …………………… T000488
大同书 …………………… B000027
大自然美文精萃——春、夏、秋、冬 ……… I000041
大后方文学论稿 …………………… I000250
大众药酒 …………………… T000592
大众珠算 …………………… O000008
大坝抗震特性与抗震计算 …………… P000019
大连科学技术志 …………………… N000017
大肠镜检图谱 …………………… R000240
大系统控制论 …………………… T000475
大英视觉艺术百科全书 …………… J000010
大学化学 …………………… O000124
大学生行为引导 …………………… G000254
大学生现代艺术鉴赏与修养 ………… J000012
大学英语六级模拟试题汇编 ………… H000152
大学英语四级模拟试题汇编 ………… H000160
大学英语 3、4、6 级丛书 …………… H000151
大学英语重点难点解析与训练 ………… H000199
大学英语教学词典 …………………… H000193
大学英语意念分类词汇手册 ………… H000181
大学物理(修订本) …………………… O000112
大学物理教程 …………………… O000111
大学物理解题法诠释 …………………… O000108
大学修辞 …………………… H000065
大学俄语(第 1 册) …………………… H000176
大学俄语(第 2 册) …………………… H000177
大宛姑娘 …………………… I000858
大型合成氨厂工艺过程分析 ………… T000548
大型汽轮机运行 …………………… T000226
大战略——邓小平军队现代化建设思想研究 …………………… A000049
大家族的没落——福克纳和巴金家庭小说比较研究 …………………… I000023
大理 …………………… K000562
大理石天然画精粹 …………………… J000028
大眼睛·小眼睛 …………………… I000679
大略雄才周子昆 …………………… I000613
大脚姑娘 …………………… I000800
大清名臣陈宏谋 …………………… I000589
大蒜的医用与加工 …………………… R000135
大跨悬索桥理论 …………………… U000063
大瑶山隧道——20 世纪隧道修建新技术 …………………… U000055
大潮中的思考 …………………… D000134
与五指山永存的故事 …………………… I000390
Frame 与连续格 …………………… O000026
IE 与标准化在服装工业中的应用 ……… T000597
才子传 …………………… K000286
万千说法 …………………… I000713
万叶和歌新探 …………………… I000861
万用电表检修技巧与实例 …………… T000237
万寿图 …………………… J000210
万里长城 …………………… K000563
万泉河上的歌 …………………… I000262

〔丨〕

上海八十年代高层建筑设备设计与安装 …………………… T000694
上海八十年代高层建筑结构设计 ……… T000675
上海对外经济贸易(1949～1990) ……… F000365
上海作家辞典 …………………… K000393
上海近代经济史(第一卷)(1843～1894年) …………………… F000118
上海改革开放风云录 …………………… D000174
上海 CBD 地区全景 …………………… T000714
上海美术馆藏品选集中国画(1) ……… J000070
上海普教科研的发展与管理 ………… G000242
上海精神文明 …………………… J000235
口琴 …………………… G000260
口腔医学美学 …………………… R000336

口腔医学新探索 …………………… R000339
口腔病理学 …………………… R000337
山川风月集 …………………… I000657
山中白云词笺 …………………… I000343
山水画法 …………………… J000061
山西山河志 …………………… K000588
山西考古四十年 …………………… K000460
山西陆栖野生动物 …………………… Q000050
山西面食 …………………… T000602
山西省地理 …………………… K000567
山西票商 …………………… F000386
山旺盆地沉积地质学 …………………… P000105
山南民间谚语集成 …………………… I000752
山海经全译 …………………… I000745

〔丿〕

千山大观 …………………… K000568
千古奇雄袁崇焕 …………………… I000602
千秋家国梦(上、下部) …………………… I000599
千家行业实用对联大全 …………………… I000730
千家诗新注 …………………… I000349
个人电脑入门新途径——Windows 使用指南 …………………… T000478
个人电脑与电算化财务应用 …………………… F000222
个人电脑的接口技术和外围设备 …………………… T000514
个人电脑的维护与维修 …………………… T000479
个人电脑信息安全—病毒防范与文件保密 …………………… T000515
个人电脑数据库应用 …………………… T000481
个体户私营企业法律顾问 …………………… D000289
义务教育三年制初级中学体育教师用书 …………………… G000153
义务教育初中数学实验课本 …………………… G000303
义和铁拳英烈 …………………… I000377
10kv 及以下配电线路工程图集——设计、加工、安装 …………………… T000245

〔丶〕

广东中药志(第一卷) …………………… R000083
广东对外经济贸易史 …………………… F000413
广东的方言 …………………… H000111
广西土壤 …………………… S000006
广西乡镇改革开放与发展 …………………… F000287
广西区域经济政策与地区发展方略 …………………… F000100
广西名胜风景大观 …………………… K000578
广西昆虫名录 …………………… Q000064
广州(画册) …………………… D000172
广州国际海洋工程地质讨论会文选 …………………… P000044
广州城外城 …………………… I000546
广州城坊志 …………………… K000200
POP 广告设计艺术 …………………… J000247
广告美术字体设计大典 …………………… J000170

〔乛〕

卫生职业道德 …………………… R000027
卫拉特方言词汇 …………………… H000101
GPS 卫星导航与精密定位 …………………… P000011
女人书简 …………………… I000670
女人韵歌 …………………… I000487
女人寨 …………………… I000417
女囚 …………………… I000557
飞行控制系统 …………………… V000004
飞行器控制系统概论 …………………… V000001
小儿外科手术图谱 …………………… R000289
小儿郎·小儿狼 …………………… I000804
小儿神经外科学 …………………… R000301
小儿恶性肿瘤诊断与治疗 …………………… R000283
小太阳科学画丛 …………………… N000041
小古董大价钱 …………………… K000463
小作家丛书 …………………… I000798
36 小时学经济丛书 …………………… F000007
小学生文明礼貌养成教育读本 …………………… G000312
小学生心理健康丛书 …………………… B000142
小学生自然百科知识大全 …………………… G000274
小学生作文金钥匙丛书 …………………… G000194
小学生作文指南 …………………… G000249
小学生图解英汉词典 …………………… H000173
小学生实用作文 …………………… G000247
小学生科学大世界丛书·战争卷 …………………… G000212
小学生智能训练 365 …………………… G000335
小学成语词典 …………………… G000316
小学低年级看图说话写话 …………………… G000226
小学图书角丛书 …………………… G000155
小学语文口袋词典 …………………… G000167
小学语文朗读示范与指导 …………………… G000318
小学教育百科全书 …………………… G000326
小学奥林匹克数学(中年级用) …………………… G000263
小学奥林匹克数学(高年级用) …………………… G000267

小学数学习题智力题精选 …………………… G000225
小学数学 200 例丛书 ………………………… G000190
小学数学应用题教学研究与实践 ……… G000293
小学数学难题巧解 ………………………… G000223
小学数学奥林匹克千题解 ……………… G000228
小学数学概念基础训练 ………………… G000224
小波变换和反演数学基础 ……………… T000024
小型水库管理丛书 ………………………… T000736
小型发电机可控硅励磁基础知识 ……… T000247
小泉八云散文选 …………………………… I000882
小说名家散文百题 ………………………… I000645
小说粹 …………………………………………… I000398
小绝招丛书 …………………………………… T000616
小博士多多 …………………………………… N000015
小精灵科学童话 …………………………… I000827
小燕子捡来的童话 ………………………… I000776
马丁·伊登 …………………………………… I000959
马万祺诗词选 ……………………………… I000344
马氏中医治疗股骨头坏死 ……………… R000034
马氏文通及中国语法学 ………………… H000030
《马可波罗行纪》云南史地丛考 ……… K000167
马尔可夫过程的Q——矩阵问题 ……… O000033
马克·吐温未发表作品集 ……………… I000961
马克思东方社会理论 …………………… A000062
马克思主义人权理论 …………………… D000008
马克思主义与当代社会思潮 ………… C000047
马克思主义中国化的历史进程 ……… D000030
马克思主义文艺学大辞典 …………… I000018
马克思主义宗教观简明读本 ………… B000202
马克思主义哲学史(第四卷) ………… B000022
马克思主义哲学的新视野 …………… B000010
马克思主义哲学前史 …………………… B000009
马克思主义哲学原理 …………………… B000012
马克思主义党学基础 …………………… D000010
马克思恩格斯文艺学体系 …………… A000054
马克思恩格斯同时代的西方哲学 …… B000091
马莲装饰画作品选 ……………………… J000048
马致远杂剧研究 ………………………… I000191
马赫思想研究 …………………………… B000014
乡邻乡亲乡人 …………………………… I000497
乡镇工商企业审计 ……………………… F000174
乡镇采矿指南 …………………………… T000075

四 画

〔一〕

王木兰画集 ………………………………… J000140
王玉辉画集 ………………………………… J000054
王白沌书法篆刻选集 …………………… J000217
王仿子出版文集 ………………………… G000027
王后的项链 ………………………………… I000870
王观澜文集 ………………………………… C000092
王昌言剧作选 …………………………… I000368
王宠墨迹大观 …………………………… J000213
王铎墨迹大观 …………………………… J000172
王雪涛教学画稿 ………………………… J000128
王敏剪纸 …………………………………… J000244
王羲之·王献之全集 …………………… J000214
王羲之圣教序 …………………………… J000181
王羲之圣教序及其笔法 ……………… J000177
井冈山精神教育丛书 ………………… D000155
井眼轨迹控制 …………………………… T000085
开心一刻丛书 …………………………… I000053
开放式网络和开放系统互连 ………… T000509
开学考试最佳复习法 ………………… G000285
天人·人际·身心 ……………………… B000024
天下第一山 ……………………………… I000563
天天问 ……………………………………… N000001
天心月圆·弘一大师 …………………… K000247
天地间一个读书人——熊十力传 …… K000409
天安门珍藏书画集续集 ……………… J000108
天国一柱李秀成 ………………………… I000536
天国大智慧 ……………………………… B000174
天昏海暗 ………………………………… I000569
天府奇兽 ………………………………… Q000039
天津市大港区志 ………………………… K000206
天津通志·大事记 ……………………… K000192
天津通志·体育志 ……………………… G000406
天津通志·商业志·粮食卷 ………… F000124
天朝骁将陈玉成 ………………………… I000539
天朝基石杨秀清 ………………………… I000591
天然次生林 ……………………………… S000090
天然宝石的改善及鉴定方法 ………… T000632
天煞星——刘小光自战百局 ………… G000400
无公害蔬菜生产技术规程与实施 …… S000084

无地自由——胡适传 …………………… K000407
无机及分析化学 …………………… O000120
无机化学(上) …………………… O000132
无机胶粘剂及应用 …………………… T000542
无后坐炮设计 …………………… T000219
无形资产评估方法 …………………… F000229
无助——从无助到自助的哲学 ………… C000027
无雨之城 …………………… I000376
无法直面的人生——鲁迅传 ………… K000268
无线电寻呼系统 …………………… T000315
元四家画集 …………………… J000153
元曲三百首 …………………… I000337
元曲三百首详注 …………………… I000319
元曲选校注 …………………… I000330
元件物理基础 …………………… T000355
元明清名家绘画系列 …………………… J000025
元明清诗鉴赏辞典 …………………… I000335
元和姓纂(附四校记) …………………… K000310
云泥百合 …………………… I000412
云南大理白族建筑 …………………… T000708
云南文化资源研究与开发 …………………… G000014
云南民族工作40年(上下册) …………… D000149
云南民族风情白描集 …………………… J000026
云南民族史 …………………… K000157
云南民族博物馆藏品选 …………………… J000024
云南地质矿产 …………………… P000072
云南回族史 …………………… K000161
云南名胜楹联大观 …………………… I000732
云南药材精选 …………………… R000046
云南省中小学省情教育丛书(小学部分)
…………………… G000235
云南省中小学省情教育丛书(中学部分)
…………………… G000323
云南植被生态景观 …………………… Q000029
云南森林病害 …………………… S000092
云烟生产的土壤地质背景 …………………… S000050
专业户养鸡实用技术 …………………… S000122
专家系统中不确定性方法学 …………… O000022
专家系统的结构和应用 …………………… T000469
艺术史 …………………… J000015
艺术创造心理学 …………………… J000006
艺术论纲 …………………… J000011
艺术变相论 …………………… J000004
艺海珍藏 …………………… J000035
木工机械 …………………… T000611
木工作业指南 …………………… T000625
木工识图 …………………… T000617
木马(维吾尔民间故事) …………………… I000749
木木 …………………… I000924
木材加工工艺学 …………………… T000636
木材科学 …………………… S000104
木制品材料学 …………………… T000624
木制品装饰 …………………… T000608
木刻刀下的版艺术 …………………… J000146
五大才女传奇 …………………… I000484
五大奇书珍闻大观 …………………… I000164
五笔字型汉字输入速查字词典 ………… H000060
五笔字型标准教材 …………………… T000452
支嘎阿鲁王 …………………… I000757
不孝之子(维吾尔民间故事) …………… I000807
不沉的英伦岛 …………………… I000568
不定方程的整数解和填数法 …………… O000036
不定形耐火材料 …………………… T000035
不残的人生 …………………… I000600
不是神童也成才 …………………… I000405
不确定性推理 …………………… O000039
太平广记(足本·普及本) …………………… I000466
太平天国艺术(上、下册)(中英文对照)
…………………… J000016
太平天国军事史 …………………… E000030
太平洋中部多金属结核及其形成环境 … P000061
太平御览 …………………… Z000036
太行英雄传 …………………… I000467
太阳、大地、人 …………………… I000625
太阳、地球和月亮…… …………………… N000039
太岳革命根据地的党的建设 …………… D000044
太原经济百年史 …………………… F000104
太原保卫战 …………………… K000113
区位论 …………………… K000587
区际司法协助的理论与实务 …………… D000241
区域系统模型及其应用 …………………… F000220
区域经济评估、预警、调控 …………… F000023
历史主义思潮的历史命运 …………………… K000004
历史在推陈出新中延伸——中国历代
改革与社会发展研究 …………………… K000032
历史时期黄河下游河道变迁图 ………… T000737
“历史·现实·人生”系列 …………………… D000080
历史的诗学 …………………… I000207

历史理性批判散论 …………………… K000007
历史教育学 ………………………… K000006
历史辩证法和现代社会主义实践 ……… D000165
历代入粤名人 ……………………… K000397
历代山水小品 ……………………… I000691
历代文言名句鉴赏 ………………… H000059
历代抒情诗分类鉴赏集成 ………… I000305
历代词今译 ………………………… I000336
历代笔记小品 ……………………… I000714
历代禅语小品 ……………………… I000715
历代蜀词全辑续编 ………………… I000362
尤今看人生 ………………………… I000857
尤今看世界 ………………………… I000856
尤利西斯 …………………………… I000908
车辆系统动力学 …………………… U000032
互换性与测量技术基础 …………… T000166
巨人与小矮人的故事 ……………… I000054
巨人丛书(第二辑) ………………… I000766
巨人的呼唤——科学技术是第一生产力
………………………………………… F000044
切削用量简明手册(第3版) ……… T000151
《切韵》综合研究 ………………… H000039
牙轮钻头工作力学 ………………… T000090

〔丨〕

止观坐禅法要译释 ………………… B000157
少儿生日礼品珍藏 ………………… C000038
少儿熟读丛书 ……………………… Z000020
少女的风采 ………………………… I000530
少女装(3) ………………………… T000629
少年人生宝典 ……………………… D000079
少年儿童惊险故事大观 …………… I000051
少年文学论稿 ……………………… I000009
少年英雄故事丛书 ………………… I000821
少年明星沉浮启示录 ……………… G000345
少年背诵唐诗三百首 ……………… I000293
少年高新科技大观园 ……………… N000020
少年新科技全书 …………………… N000014
少先队手册 ………………………… D000055
少先队的光辉历程 ………………… D000072
少先队活动方案 …………………… D000052
少读诗、词、曲丛书 ……………… I000309
少数民族用品资料集 ……………… J000243
日本儿童文学面面观 ……………… I000863
日本史 ……………………………… K000207
日本当代插图集 …………………… J000030
日本华侨史 ………………………… D000190
日本军国主义侵华人物 …………… K000430
日本论 ……………………………… K000208
日本证券市场的运作理论与实务 …… F000464
日本轮王寺秘藏水浒 ……………… I000427
日本学者中国文章学论文选 ……… H000064
日本经济中的信息、激励与谈判 …… F000060
日本茶道文化概论 ………………… G000010
日汉电信词典 ……………………… T000343
日汉纺织时装服饰辞典 …………… T000634
日汉科技词典 ……………………… N000032
日汉畜牧词典 ……………………… S000114
日光温室建造与蔬菜栽培 ………… S000077
日语汉字读音字典 ………………… H000146
日语读音速查手册 ………………… H000182
日落九世纪——大唐帝国的衰亡 …… K000066
中小学计算机知识辞典 …………… T000484
中小学生行为测评与矫治 ………… G000255
中小学爱国主义教育影视片歌曲集 …… J000262
中小学教师职业道德(蒙古文) …… G000083
中小学常用倒序词手册 …………… G000237
中小型电机设计手册 ……………… T000260
中天山造山带的形成与演化 ……… P000063
中日乡土玩具——田原画集 ……… J000145
中日价值哲学新论 ………………… B000109
中日企业技术创新比较 …………… F000162
中日两国教师教育之比较 ………… G000106
中日近代化比较研究 ……………… F000101
中文工具书导论 …………………… G000056
中文电脑实用操作大全 …………… T000413
Windows 3.1 中文版快速入门 ……… T000446
中央美术学院、浙江美术学院素描作品
选集 ……………………………… J000136
中央美术学院陈列馆馆藏欧洲油画原作
………………………………………… J000073
中外反腐败实用全书 ……………… D000110
中外文学名著通俗本丛书 ………… I000031
中外文学社团流派词典 …………… I000038
中外写作技法大观 ………………… H000127
中外名人婚恋大观 ………………… I000397
中外股票大王——股市最精彩的搏击 … F000437
中外诡谋全书 ……………………… C000054

中外政治制度大辞典 …………………… D000087
中外科幻小说大观 …………………… I000044
中外音乐欣赏概论 …………………… J000275
中外散文名篇精选 …………………… I000090
中外童话万有文选 …………………… I000062
中外摩托车电路图集 2 ……………… U000031
中共广东党史概论 …………………… D000037
《中共中央关于建立社会主义市场经济
　体制若干问题的决定》名词术语解释 … F000074
中共党史人物传(第 51 卷) ………… K000301
中共党史人物传(第 52 卷) ………… K000302
中共党史人物传(第 53 卷) ………… K000304
中共党史人物传(第 54 卷) ………… K000303
中共党史人物传(第 55 卷) ………… K000300
中共党史专题讲义 …………………… D000016
中亚古代艺术 ………………………… J000020
中西小说比较 ………………………… I000015
中西文录入技巧与文字编辑 ………… T000505
中西戏剧美学思想比较研究 ………… I000012
中西医结合治疗腰椎间盘突出症 …… R000257
中西医结合治疗糖尿病 ……………… R000222
中西医结合临床针灸学 ……………… R000097
中西叙事文学比较研究 ……………… I000020
中成药学 ……………………………… R000080
中年苦短 ……………………………… I000721
中华人民共和国人口与发展报告 …… C000016
中华人民共和国历史长编 …………… K000088
中华人民共和国历史故事 …………… K000040
《中华人民共和国公司法》条文要释 …… D000227
中华人民共和国公安规章汇编 ……… D000184
中华人民共和国风云实录 …………… K000022
中华人民共和国史 …………………… K000112
中华人民共和国外交史(1949～1956) … D000206
中华人民共和国主要事件人物 ……… K000075
中华人民共和国地图集 ……………… K000545
中华人民共和国行业标准 JTJ011-
　94——公路路线设计规范 ………… U000059
中华人民共和国行业标准 JTJ012—
　94·公路水泥混凝土路面设计规范
　(附条文说明) …………………… U000058
《中华人民共和国农业法》普及讲话 …… D000214
中华人民共和国事典 ………………… K000106
中华人民共和国法律汇编 1993 …… D000232
中华人民共和国法律全书(增编本) …… D000304
中华人民共和国实录 ………………… K000065
中华人民共和国首日封目录(1994) …… G000398
中华人民共和国消费者权益保护法问
　题解答 …………………………… D000225
中华人民共和国通鉴 ………………… K000061
中华人民共和国常用法律选编 ……… D000314
中华人民共和国第八届全国人民代表
　大会第二次会议文件汇编 ………… D000129
中华人民共和国兽药规范一九九二年版
　……………………………………… S000121
中华人民共和国最新公司法释义 …… D000213
中华人民共和国新税制通释 ………… F000438
中华人物故事全书(古代部分彩图本) … I000814
中华小百科全书 ……………………… Z000037
中华元典精神 ………………………… Z000026
中华五千年(彩图本) ……………… J000137
中华太极图与太极文化 ……………… B000196
中华少年英才丛书第一辑 …………… I000770
中华文化典籍指要 …………………… Z000025
中华文化通俗丛书 …………………… K000025
中华古文献大辞典·文学卷 ………… Z000014
中华民国史档案资料汇编(第五辑第一
　编) ……………………………… K000024
中华民国外交史 ……………………… D000208
中华民俗文丛 ………………………… K000488
中华民俗源流集成 …………………… K000484
中华民族传统美德读本(小学中、高年级)
　……………………………………… G000262
中华民族传统美德读本(小学低年级用)
　……………………………………… G000268
中华民族传统美德教育丛书 ………… D000075
中华民族杰出人物传 ………………… K000412
中华民族教育思想纂要 ……………… G000079
中华民族凝聚力的历史探索 ………… K000144
中华对联丛集 ………………………… I000728
中华百年史诗 ………………………… I000218
中华百年爱国英杰辞典 ……………… K000387
中华成语词海 ………………………… H000031
中华成语辞海 ………………………… H000088
中华传奇宝典 ………………………… I000386
中华传统美德故事(1) ……………… I000835
中华传统美德故事(2) ……………… I000834
中华传统美德故事(3) ……………… I000846
中华传统美德读本 …………………… D000058

中华优秀传统文化教育丛书 …………… D000146
中华自然疗法 ………………………… R000061
中华字海 ……………………………… H000109
中华医学望诊大全 …………………… R000036
中华兵林传统武德观览 ……………… E000044
中华武术辞典 ………………………… G000402
中华现代英烈丰碑大典 ……………… K000479
中华英魂 ……………………………… K000280
中华英魂韦拔群 ……………………… I000586
中华英模风采录 ……………………… K000312
中华奇石 ……………………………… P000099
中华国耻录 …………………………… K000076
中华的魅力 …………………………… D000185
中华诗歌精萃 ………………………… I000354
中华律师实用大全(增补本) ………… D000212
中华帝国的文明 ……………………… K000029
中华美德图说 ………………………… D000180
中华美德宝典 ………………………… I000389
中华爱情宝典 ………………………… I000388
中华家训大观 ………………………… G000356
中华智慧宝典 ………………………… I000387
中华道学通典 ………………………… B000165
中华歇后语大辞典 …………………… H000092
中华鳖养殖技术 ……………………… S000161
中级财务会计 ………………………… F000176
中级财务会计 ………………………… F000150
中级实用英汉词典 …………………… H000159
中医历代名方集成 …………………… R000067
中医手心疗法大全 …………………… R000155
中医方库 ……………………………… R000129
中医方剂大辞典 ……………………… R000033
中医老年病学 ………………………… R000041
中医百家方论荟萃 …………………… R000094
中医妇科治验集锦 …………………… R000175
中医足心疗法大全 …………………… R000159
中医男科证治类萃 …………………… R000134
中医肛肠疗法大全 …………………… R000157
中医肿瘤防治大全 …………………… R000160
中医性医学研究与临床 ……………… R000089
中医治疗疑难杂病秘要 ……………… R000057
中医治癌大成 ………………………… R000112
中医经典通释 ………………………… R000121
中医药学临床验案范例 ……………… R000105
中医病理学史 ………………………… R000140
中医职称考试必读医古文 …………… R000125
中医眼疗大全 ………………………… R000156
中医疑难病方药手册 ………………… R000078
中英文电脑打字速成 ………………… T000494
中国:走向成功之路 ………………… D000113
中国一绝 ……………………………… Z000063
中国十元帅 …………………………… K000251
中国十六皇后传奇 …………………… I000503
中国厂长经理手册 …………………… F000237
中国人(全译本) …………………… I000719
中国人口迁移与发展的长期战略 …… C000096
中国人民政治协商会议第八届全国委员会第二次会议文件 …………… D000128
中国人民解放军工程建设画册 ……… E000038
中国人权建设 ………………………… D000167
中国儿科专家经验文集 ……………… R000288
中国儿童风俗散文选 ………………… I000853
中国几个典型卡林型金矿床金的赋存状态研究 ……………… P000100
中国三资企业博览 …………………… F000157
中国工艺美术史图录(上、下) ……… J000252
中国工业化经济分析 ………………… F000300
中国大中型工业企业生产技术难题要览汇编 ………………… T000007
中国大西南在崛起 …………………… F000130
中国大众小说大系 …………………… I000407
中国大兴岭植物志 …………………… Q000026
中国大佛 ……………………………… B000213
中国大资本家传 ……………………… K000306
中国大资本家传·荣氏家族卷 ……… K000307
中国山水艺术精神 …………………… I000124
中国山水诗论稿 ……………………… I000161
中国之欧洲 …………………………… G000003
中国小百科全书 ……………………… Z000016
中国小说大辞典(先秦至南北朝卷) …… I000215
中国小说名家新作丛书——王蒙卷 …… I000379
中国小说名家新作丛书——刘心武卷 … I000500
中国小说名家新作丛书——李国文卷 … I000380
'92中国小说精萃 …………………… I000464
中国小康水平研究 …………………… F000136
中国马铃薯栽培学 …………………… S000065
中国乡村医生实用手册 ……………… R000002
中国王朝兴亡史 ……………………… K000092
中国天然碱工业 ……………………… F000307

中国专业市场指南 …………………… F000415
中国专利数据库·第二辑(A、B卷) …… G000062
中国专家人名辞典·新疆卷 …………… K000382
中国艺术研究院音乐研究所所藏中国
音乐音响目录 …………………… J000258
中国木本药材与广东特产药材 ………… R000143
中国木兰拳 ……………………… G000404
中国厅堂·江南篇 …………………… T000718
中国区域地质概论 …………………… P000084
中国历史文化名城旅游大全 ………… K000589
中国历史文献研究 …………………… K000009
中国历史参考图谱 …………………… K000068
中国历史通览 ……………………… K000039
中国历代艺术(绘画编·上) ………… J000121
中国历代艺术·雕塑编 ……………… J000225
中国历代刑法志注译 ………………… D000293
中国历代名诗配画丛书 ……………… I000310
中国历代治国策选粹 ………………… K000087
中国历代奏议大典 …………………… K000110
中国历代选官制度 …………………… D000151
中国历代都城 ……………………… K000550
中国历代廉政通观 …………………… D000153
中国历代算学集成(上中下) ………… O000007
中国少年五自丛书 …………………… G000118
中国少数民族地区城镇经济研究 ……… F000158
中国少数民族服饰赏析 ……………… K000498
中国少数民族经济开发概论 ………… F000067
中国少数民族经济问题研究 ………… F000097
中国内蒙古土种志 …………………… S000017
中国气候资源地图集 ………………… P000024
中国手语(续集) …………………… H000019
中国化工产品大全(上、中、下卷) ……… T000561
'91 中国化学化工期刊文献总录 ……… Z000031
中国分省汽车司机地图册 …………… K000565
中国公司大辞典 …………………… F000177
中国公司法与高新技术企业股份制改
组实务指南 ……………………… D000273
中国公路地图集 …………………… K000583
中国仓储螨类 ……………………… S000035
中国文化 ………………………… B000046
中国文化史导论 …………………… K000028
中国文化史观 ……………………… K000045
中国文化的基本文献 ………………… Z000013
中国文化概观 ……………………… K000062
中国文化新体系 …………………… G000009
中国文字学史 ……………………… H000078
中国文言小说史 …………………… I000211
中国文明起源的比较研究 …………… K000119
中国文学史(少年配图本) …………… I000246
中国文学史通览 …………………… I000242
中国文学答问总汇 …………………… I000101
中国文学演义 ……………………… I000243
中国文献学新编 …………………… G000016
中国心——华夏民族性格的历史形成 … C000003
中国心理学思想史 …………………… B000147
中国书画装裱修复技法 ……………… J000029
中国书画鉴定基础 …………………… J000085
中国书画鉴赏辞典 …………………… J000116
中国书法与线条艺术 ………………… J000208
中国书法艺术 ……………………… J000197
中国书法思想史 …………………… J000175
中国书法美学 ……………………… J000194
中国书院史 ………………………… G000236
中国古今对联大观 …………………… I000631
中国古今鉴藏大观 …………………… G000403
中国古今题画诗词全璧 ……………… I000357
中国古文献学史 …………………… G000028
中国古代十大圣人 …………………… K000311
中国古代十子丛书 …………………… I000832
中国古代人才鉴识术 ………………… C000057
中国古代人口史专题研究 …………… C000079
中国古代人学思想概要 ……………… B000081
中国古代少数民族与丝绸之路 ……… K000156
中国古代文论教程 …………………… I000135
中国古代文体丛书 …………………… I000196
中国古代文体总揽 …………………… H000128
中国古代文学名著欣赏 ……………… G000241
中国古代文学作品选 ………………… I000288
中国古代书目词典 …………………… Z000022
中国古代史史料学 …………………… K000074
中国古代史学批评纵横 ……………… K000008
中国古代印论史 …………………… J000187
中国古代乐器百图 …………………… J000075
中国古代写作学概论 ………………… H000057
中国古代传奇故事精选 ……………… I000461
中国古代名言名句选 ………………… H000100
中国古代版画丛刊二编 ……………… J000150
中国古代服饰大观 …………………… K000489

中国古代治安制度史 …………………… D000192
中国古代官僚政治——古代行政管理及官僚病剖析 …………………… D000121
中国古代珍稀本小说 …………………… I000478
中国古代家具 …………………… T000620
中国古代通俗小说少年文库 …………………… I000810
中国古代著名地方官 …………………… I000438
中国古代散文艺术 …………………… I000229
中国古代悲剧史 …………………… I000175
中国古代道路交通史 …………………… F000318
中国古典小说四大名著珍藏本 …………………… I000430
中国古典文学名著分类集成 …………………… I000291
中国古典文学赏析丛书 …………………… I000102
中国古典名著珍藏本 …………………… I000479
中国古典戏剧故事 …………………… I000414
中国古典诗歌基础文库 …………………… I000304
中国古茶树 …………………… S000062
中国古都研究 …………………… K000514
中国古塔 …………………… K000552
中国古筝名曲荟萃(上) …………………… J000261
中国古籍善本书目·子部 …………………… Z000062
中国石材 …………………… T000729
中国石油地质:柴达木盆地 …………………… P000066
中国东部中新生代板内变形构造应力场及其应用(英文版) …………………… P000108
中国北方旱地农业技术 …………………… S000021
中国电视艺术发展史 …………………… J000310
中国史论集 …………………… K000082
中国生物多样性保护行动计划 …………………… S000124
中国印刷术的起源 …………………… T000621
中国外交概览(1994) …………………… D000210
中国主要外来树种引种栽培 …………………… S000102
中国主要地质构造单位 …………………… P000041
中国主要植物热能 …………………… Q000035
中国市场经济法 …………………… D000256
中国市场经济法 …………………… D000258
中国市场经济法律全书 …………………… D000279
中国汉字书法教程 …………………… J000185
中国民主党派工作辞典 …………………… D000193
中国民众宗教意识 …………………… B000158
中国民间方言词典 …………………… H000049
中国民间生草药原色图谱 …………………… R000128
中国民间青花瓷画 …………………… K000483
中国民间美术 …………………… J000251
中国民法 …………………… D000284
中国民俗 …………………… K000490
中国民族自治地方行政学 …………………… D000140
中国民族医药外治大全 …………………… R000119
中国民族服饰文化研究 …………………… K000502
中国民族音乐欣赏(修订版) …………………… J000269
中国出版工作调查报告(1993年) …………………… G000061
中国出版业的发展与经济政策研究 …………………… G000043
'94中国发展报告 …………………… F000120
中国对外条约辞典 …………………… D000202
中国母亲 …………………… K000403
中国丝绸之路辞典 …………………… K000194
中国刑法之最 …………………… D000263
中国刑法通论 …………………… D000239
中国刑法教程 …………………… D000280
中国动物志昆虫纲第四卷直翅目蝗总科 …………………… Q000061
中国寺庙文化 …………………… B000215
中国吉祥图案实用大全 …………………… J000253
中国考古学:实践·理论·方法 …………………… K000471
中国考绩制度史 …………………… D000144
中国老年百科全书 …………………… Z000021
中国地下社会(清前期秘密社会卷) …………………… D000197
中国地区间市场封锁问题研究 …………………… F000378
中国地图集 …………………… K000529
中国地质矿业家列传 …………………… K000271
中国地球物理勘探史例 …………………… P000034
中国共产党东北地方组织的活动概述 …………………… D000024
中国共产党主要领导人论民族问题 …………………… D000157
中国共产党执政以来廉政建设史 …………………… D000036
中国共产党江西出版史 …………………… G000039
中国共产党陕西省组织史资料 …………………… D000035
中国共产党经济思想史论 …………………… F000020
中国西北地区珍稀濒危动物志 …………………… Q000043
中国西南的古代交通与文化 …………………… F000330
中国百年人权史 …………………… D000099
中国百年外交风云录 …………………… D000209
中国百强县市概览 …………………… D000116
中国成人教育百科全书 …………………… G000355
中国当代儿童文学精品·小说卷 …………………… I000792
中国当代儿童寓言选 …………………… J000064
中国当代艺术家大辞典 …………………… K000313
中国当代中青年学者儿童文学论丛 …………………… I000212
中国当代文学发展综史 …………………… I000245

中国当代方志学者辞典 …………………… K000317
中国当代地球物理学的开拓者 ………… P000014
中国当代农村妇女问题概观 …………… D000068
中国当代作家书画集 …………………… J000053
中国当代科技精华 ……………………… N000024
中国当代教育名人大辞典 ……………… K000305
中国当代散文精粹类编 ………………… I000718
中国当代短篇小说选 …………………… I000501
中国年鉴编纂规范化 …………………… G000051
中国舌诊大全 …………………………… R000043
中国竹文化研究 ………………………… G000012
中国竹类植物图志 ……………………… S000096
中国竹笛名曲荟萃 ……………………… J000278
中国传统文化 …………………………… G000005
中国传统节日诗词鉴赏 ………………… I000298
中国传统医疗绝技大全 ………………… R000087
中国传统医学独特疗法丛书 …………… R000158
中国传统思维方式研究 ………………… B000036
中国自在气功 …………………………… G000380
中国自学考试 …………………………… G000361
中国伊斯兰百科全书 …………………… B000162
中国行业对联大观 ……………………… I000729
中国行草大字典 ………………………… J000190
中国企业文化概论 ……………………… F000200
中国企业国际贸易惯例知识全书 ……… F000349
中国企业筹资与投资全书 ……………… F000154
中国杂文大观 …………………………… I000640
中国名人胜迹诗文碑联鉴赏辞典 ……… I000219
中国名书画选 …………………………… J000123
中国名句选注 …………………………… G000273
中国名老中医药专家学术经验 1 ……… R000116
中国名砚纵横谈 ………………………… K000449
中国名著大辞典 ………………………… Z000001
中国名菜词典 …………………………… T000614
中国交通图册 …………………………… K000533
中国交通旅游图册 ……………………… K000508
中国 20 世纪文学思潮论 ……………… I000128
中国 21 世纪议程 ……………………… X000012
中国江河防洪丛书·松花江卷 ………… T000739
中国江南古建筑装修装饰图典 ………… T000676
中国军事法学教程 ……………………… E000020
中国军事第一人毛泽东 ………………… A000011
中国农业考古图录 ……………………… K000478
中国农业百科全书·水产业卷 ………… S000163
中国农业百科全书·农业工程卷 ……… S000022
《中国农业年鉴 1993》CHINA AGRICULTURE YEARBOOK 1993 …………………………… F000271
中国农业年鉴 1994 …………………… F000297
中国农业自然资源与区域发展 ………… F000289
中国农业投入问题研究 ………………… F000280
中国农业投资与农业发展 ……………… F000291
中国农业环境保护技术政策 …………… X000043
中国农民与农村经济发展 ……………… F000275
中国农民的社会流动 …………………… C000083
中国农村人口研究 ……………………… C000101
中国农村大写意 ………………………… I000608
中国农村经济学 ………………………… F000277
中国农村基层社会组织体系研究 ……… F000284
中国妇产科专家经验文集 ……………… R000278
中国戏曲史编年(元明卷) …………… J000305
中国戏曲表演艺术辞典 ………………… J000299
中国远征军史 …………………………… E000014
中国赤眼蜂分类 ………………………… Q000063
中国声学史 ……………………………… O000097
中国医学气功学 ………………………… R000071
中国医学文化史 ………………………… R000004
中国医学生备忘录 ……………………… R000018
中国医药大成 …………………………… R000053
中国技术监督年鉴(1993) …………… F000167
中国折纸大全 …………………………… J000250
中国投资指南(第五版) ……………… F000418
中国抗日战争史 ………………………… K000131
中国园林艺术辞典 ……………………… T000664
中国邮电百科全书 ……………………… F000328
中国邮票鉴赏 …………………………… G000370
中国邮票精品目录 ……………………… G000396
中国针灸穴位通鉴 ……………………… R000130
中国作物遗传资源 ……………………… S000032
中国佛教大观 …………………………… B000187
中国佛教思想史 ………………………… B000152
中国近代文学大系·小说集第三卷 …… I000374
中国近代文学大系·书信日记集第二卷 …………………………… K000249
中国近代文学大系·俗文学集第二卷 … I000363
中国近代史 ……………………………… K000090
中国近代史学史概要 …………………… K000002
中国近代史学的历程 …………………… K000003

中国近代史治要 …………………… K000102
中国近代外交内幕 …………………… D000205
中国近代社会思潮史 …………………… C000022
中国近代学校体育史 …………………… G000073
中国近代经济史 …………………… F000078
中国近代哲学的宏观透视 …………………… B000072
中国近代海军史事日志(1860～1911) … E000050
中国近代课程史论 …………………… G000098
中国近现代学前教育史 …………………… G000161
中国近现代音乐家传 …………………… K000285
中国近现代通俗作家评传丛书 ………… I000142
中国饮食文化辞典 …………………… G000007
中国沉积学 …………………… P000094
中国灾情论 …………………… X000028
中国社团史 …………………… C000088
中国社会主义经济学 …………………… F000113
中国社会经济统计百科全书 …………………… C000055
中国社会保障论 …………………… D000173
中国社会保障制度 …………………… D000125
中国社会保障辞典 …………………… D000130
中国诉讼法学 …………………… D000281
中国词学批评史 …………………… I000199
中国改革风云人物(一) …………………… I000606
中国阿尔泰造山带热动力时空演化和造山过程 …………………… P000093
中国环境与发展国际合作委员会文件汇编丛书 …………………… X000025
中国环境保护行动计划(1991—2000 年) …………………… X000021
中国环境保护行政 20 年 …………………… X000041
中国环境统计资料汇编(1981—1990) … X000033
中国青年发展报告 …………………… D000048
中国青年科学技术论文精选 …………………… N000028
中国青花瓷 …………………… K000466
中国现代小品经典——散文 ………… I000656
中国现代艺术品评丛书 …………………… J000001
中国现代化进程中的农民问题 ………… D000084
中国现代化的历史进程 …………………… K000121
中国现代文学与民族文化 …………………… I000113
中国现代文学书目汇要(全二册) ……… Z000055
中国现代水利人物志 …………………… K000250
中国现代史研究入门 …………………… K000077
中国现代市场经济研究 …………………… F000090
中国现代名家散文分类品汇 ………… I000628
中国现代社团辞典 …………………… C000056
中国现代社会科学家大辞典 ………… K000308
中国现代新诗与古典诗歌传统 ………… I000176
中国现代数学家传(第一卷) ………… K000339
中国现当代文学一颗耀眼的巨星 ……… I000123
中国现当代著名作家文库·马烽代表作 …………………… I000384
中国现当代著名作家文库·刘绍棠代表作 …………………… I000383
中国现当代著名作家文库·胡适代表作 …………………… I000257
中国苗族文学丛书·现当代小说选 …… I000442
中国苔藓志 第一卷 …………………… Q000032
中国林业辞典 …………………… S000101
中国画圣石涛 …………………… I000538
中国矿床 …………………… P000025
中国非金属矿床成矿系列——矿床含矿建造 成矿系列 形成模式 …… P000104
中国果树病虫志 …………………… S000049
中国国民党百年风云录 …………………… D000183
中国国家标准分类汇编 电子与信息技术卷 …………………… T000292
中国典故故事连环画 …………………… J000078
中国典故故事精选彩图本①② ………… J000135
中国岩溶学 …………………… P000046
中国岩溶型矿床初步研究 …………………… P000092
中国知识分子的人文精神 …………………… D000136
中国知识产权实用手册 …………………… D000218
中国物价史 …………………… F000390
中国物产传说故事 …………………… J000063
中国侠文化史 …………………… I000189
中国的三大三角洲 …………………… K000523
中国的个人崇拜 …………………… B000003
中国的民族 …………………… K000141
中国的过渡经济学 …………………… F000091
中国的佛寺 …………………… B000163
中国的奇迹:发展战略与经济改革 ……… F000105
中国的海外移民 …………………… K000122
中国的第二次革命 …………………… D000111
中国的熊类 …………………… Q000051
中国金矿床 …………………… P000075
中国金矿床表生地球化学 …………………… P000078
中国金融文库 …………………… F000481
中国服饰史略 …………………… T000613

中国股份经济与证券市场考察 ………… F000446
中国肥料 ……………………………… S000014
中国京剧史图录 ……………………… J000302
中国京剧脸谱大观 …………………… J000294
中国学术译著总目提要(自然科学卷) … Z000060
中国学术译著总目提要(社会科学卷) … Z000039
中国学前教育百科全书 ……………… G000337
中国法制史 …………………………… D000268
中国河口演变概论 …………………… T000732
中国油气井测试资料解释范例 ……… T000108
中国油气区第三系 …………………… P000107
中国油气储层研究图集 ……………… P000087
中国实学思想史(上、中、下) ………… B000073
中国诗词精典 ………………………… I000297
中国诗学通论 ………………………… I000225
中国诗话辞典 ………………………… I000240
中国房地产经营管理大全 …………… F000199
中国陕西名胜游览 …………………… K000531
中国·陕西投资导引 ………………… F000081
中国经济地理 ………………………… F000108
中国经济改革的历史考察 …………… F000077
中国经济改革理论流派 ……………… F000015
中国经济波动报告 …………………… F000064
中国经济面临的危险——国家经济安全论 ……………………………… F000066
中国经济特区发展的一个战略选择 …… F000121
中国经济难题 ………………………… F000119
中国经济新名词辞典 ………………… F000003
中国经济潮 …………………………… F000082
中国珍邮 ……………………………… G000368
中国珍稀鸟类的历史变迁 …………… Q000056
中国封建社会经济史 ………………… F000125
中国城市史纲 ………………………… T000699
中国城市发展史 ……………………… F000243
中国城市地图集 ……………………… K000543
中国城市交通 ………………………… U000010
中国城市房地产业史论(1840～1949) … F000152
中国城镇人口迁移 …………………… C000068
中国政教文学之起源——先秦诗说论考 ……………………………… I000202
中国革命史·马克思主义原理学习指导 ……………………………… K000100
中国革命史论 ………………………… K000030
中国革命史简编(修订本) …………… K000089
中国革命战争时期邮票目录(1930—1950) ……………………………… G000381
中国荞麦 ……………………………… S000060
中国柞蚕品种志 ……………………… S000149
中国研究生教育史略 ………………… G000197
中国战典 ……………………………… E000046
中国贵阳 ……………………………… K000509
中国幽默文学史话 …………………… I000247
中国钢铁材料牌号手册 ……………… T000146
中国钢琴作品选 ……………………… J000272
中国香菇 ……………………………… S000074
中国香菇栽培学 ……………………… S000087
中国种子植物特有属 ………………… Q000030
中国科学技术典籍通汇·农学卷 ……… S000001
中国科学技术典籍通汇·医学卷 ……… R000001
中国俏皮话大辞典 …………………… H000054
中国保护植物 ………………………… Q000037
中国保税区 …………………………… F000374
中国皇帝游乐生活 …………………… K000060
中国食疗大典 ………………………… R000092
中国食疗丛书 ………………………… R000030
中国盆景制作技艺 …………………… S000069
中国美术社团漫录 …………………… J000238
中国美术学院附中学生习作·素描 …… J000069
中国总会计师实用大全 ……………… F000155
中国冠军录 …………………………… I000560
中国神仙传 …………………………… I000739
中国神农架中药资源 ………………… R000122
中国神话 ……………………………… I000402
中国神话 ……………………………… J000155
中国神话学 …………………………… B000169
中国神话童话故事选 ………………… J000068
中国神秘文化辞典 …………………… B000192
中国莎学简史 ………………………… I000876
中国格言对联 ………………………… I000725
中国哲学大辞典 ……………………… B000037
中国哲学史论文索引(第5册) ………… B000070
中国哲学史通览 ……………………… B000044
中国哲学发展史(隋唐) ……………… B000062
中国换体的革命 ……………………… F000123
中国鸭肴 ……………………………… T000600
中国蚜小蜂科分类 …………………… Q000062
中国铁路史(1876～1949) …………… F000327
中国铁路运输 ………………………… U000039

中国铁路集装箱运输 …………………… U000064
中国特色社会主义概论 …………………… D000170
中国特色现代企业制度的培育与运作 … F000223
中国造纸技术简史 …………………… T000645
中国笑话 …………………… J000157
中国债权债务实用范本系列丛书 ……… F000241
中国爱情诗词曲赋鉴赏辞典 ……… I000332
中国高等学校学报大全 …………………… Z000038
中国高等教育史(上、下) …………………… G000198
中国高等教育改革与发展 …………………… G000216
中国高煤级煤的显微岩石学特征及结构演化 …………………… P000059
中国竞争法 …………………… D000311
中国旅行图册 …………………… K000584
中国旅游文化大辞典 …………………… K000566
中国旅游图集 …………………… K000524
中国旅游资源地理 …………………… F000320
中国旅游——著名风景名胜导游 ……… K000571
中国资产阶级的黄金时代(1911—1937) …………………… K000038
中国家政大典 …………………… C000002
中国家庭保健实用气功 …………………… R000104
中国读书大辞典 …………………… G000350
中国通史 …………………… K000111
中国通史(第二卷)远古时代 …………… K000067
中国教师百科全书 …………………… G000101
中国教会学校史 …………………… G000143
中国教育大系 …………………… G000091
中国教育史研究·现代分卷 …………… G000125
中国教育年鉴 …………………… G000124
中国教育事典 …………………… G000144
中国教育思想通史 …………………… G000087
中国教育热点难点研究丛书 …………… G000142
中国教育督导史 …………………… G000145
中国著名神话人物传奇 …………………… I000758
中国黄土高原第四纪古气候与新构造演化 …………………… P000051
中国黄山 …………………… J000236
中国梦话 …………………… I000760
中国梅花鹿 …………………… S000152
中国检察官出庭全书 …………………… D000296
中国排球、足球、登山、滑雪、马术运动史 …………………… G000362
中国救灾保险通论 …………………… F000449
中国常用人口数据集 …………………… C000052
中国常用机电产品型号规格辨识手册 …………………… T000004
中国唯物论史 …………………… B000059
中国银行业史 …………………… F000450
中国第一王朝的崛起——中华文明和国家起源之谜破译 …………………… K000058
中国第二次革命的伟大开端——邓小平在1978 …………………… A000002
中国象棋大全 …………………… G000401
中国象棋古排局集成 …………………… G000371
中国商法 …………………… D000287
中国商法总论 …………………… D000250
中国粘土矿物 …………………… P000054
中国深圳证券大全 …………………… F000482
中国谋略事典 …………………… C000010
中国谐趣文字奇观 …………………… H000099
中国期刊面面观 …………………… G000048
中国期货大典 …………………… F000408
中国散文史纲 …………………… I000187
中国散文通史(上、下卷) …………… I000228
中国散文鉴赏文库(当代卷) ………… I000178
中国朝鲜族文化史大系 …………………… K000162
中国朝鲜族时调诗选 …………………… I000328
中国森林生态系统定位研究 …………… S000089
中国最新公路交通地图集 …………… K000510
中国遗书精选 …………………… K000390
中国赋役制度史 …………………… F000474
中国智慧集萃丛书 …………………… H000103
中国傩 …………………… J000300
中国童谣 …………………… J000156
中国道教(1～4) …………………… B000156
中国禅学思想史 …………………… B000170
中国禅学思想史纲 …………………… B000194
中国蓝盔 …………………… J000237
中国蓝盔——中国赴柬埔寨工程兵大队维和行动纪实 …………………… I000564
中国禁毁小说百话 …………………… I000232
中国概况 …………………… D000148
中国楹联大典 …………………… I000724
中国解放区文学史 …………………… I000241
中国新兴版画发展史 …………………… J000066
中国新闻出版法规简明实用手册 ……… D000266
中国新闻摄影获奖作品选集 …………… J000239

中国新税制指导 …………………… F000434
中国新疆古代艺术 ………………… J000018
中国新疆克孜勒苏 ………………… K000177
中国·新疆·昌吉 ………………… K000554
中国·新疆·博尔塔拉 …………… K000541
中国数学史(哈萨克文) …………… O000018
中国数学发展的若干主攻方向 ……… O000037
中国煤矿采场围岩控制 …………… T000077
中国煤矿巷道围岩控制 …………… T000076
中国满洲里—绥芬河地学断面域内岩
  石圈结构及其演化 ……………… P000031
中国裸子植物材的木材解剖学及超微
  构造 …………………………… S000100
中国歌星成名金曲 ………………… J000285
中国精神(中学生读本) …………… G000311
中国漫画书系 ……………………… J000096
中国暴雨洪水及干旱年鉴·1980 ……… P000023
中国蝶类志 ………………………… Q000060
中国鹤翔庄气功 …………………… G000363
中国穆斯林朝觐纪实 ……………… B000154
中国雕塑史 ………………………… J000224
中国雕塑观音 ……………………… B000181
中学化学实验大全 ………………… G000332
中学化学教师备课资料手册 ……… G000292
Hi 中学生 ………………………… I000812
中学生文言故事连环画 …………… J000159
中学生心理健康丛书 ……………… B000143
中学生交往与成才丛书 …………… G000200
中学生物学实验大全 ……………… G000334
中学生的情感世界 ………………… I000580
中学生实用英汉双解词典 ………… H000174
中学生练笔指引 …………………… G000208
中学生看社会丛书 ………………… G000306
中学生科学向导——科学名家成就轨
  迹、思维方法、轶闻趣事 ………… G000280
中学生素质训练丛书 ……………… G000275
中学生新视野丛书 ………………… G000330
中学百科全书(教育学心理学卷、外国
  语卷、历史卷、物理卷、化学卷 … G000327
《中学优秀教师的成长与高师教改之
  探索》的研究报告 ……………… G000251
中学作文解难 ……………………… G000180
中学英汉词典 ……………………… H000198
中学英语阅读技巧 ………………… G000308
中学物理实验丛书·高中物理学生实验
  ……………………………………… G000240
中学物理实验彩图册 ……………… G000304
中学语文课文作者辞典 …………… G000221
中学奥林匹克数学(初二用) ……… G000265
中学奥林匹克数学(初三用) ……… G000266
中学数学题巧解妙法 ……………… G000245
中学数理化公式定理手册 ………… G000295
中法战争史热点问题聚焦 ………… E000009
中南公路详图 ……………………… K000591
中南海珍藏书法集(第一卷) ……… J000168
中南海珍藏画集(第二卷) ………… J000039
中药工程学 ………………………… R000102
中药及保健品研究开发技术指南 …… R000058
中药名大典 ………………………… R000048
中药材真伪鉴别彩色图谱大全 …… R000039
中药 GMP 管理实用手册 ………… F000310
中药栽培及加工技术 ……………… S000063
中药原色图谱及栽培技术 ………… S000051
中药缺换方法 ……………………… R000054
中药调剂手册 ……………………… R000069
中原古代冶金技术研究 …………… T000117
中原寻根——源于河南千家姓 …… K000238
中原铁道 …………………………… F000329
中朝边界史 ………………………… K000525
中等师范学校教科书(试用本)生物学
  ……………………………………… G000159
中等师范学校教科书(试用本)·
  地理(第一、第二册) …………… G000158
中等师范学校教科书(试用本)美术
  第二册 ………………………… J000102
中等师范学校教科书·小学数学教材
  教法 …………………………… G000329
中等师范学校教科书化学(试用本) …… G000156
中等师范学校数学教科书(试用本) …… G000157
贝多芬钢琴奏鸣曲研究 …………… J000281
内皮素 ……………………………… R000180
内科门急诊手册 …………………… R000227
内科名家黄文东学术经验集 ……… R000164
内科治疗矛盾 ……………………… R000236
内蒙古太阳房 ……………………… T000698
内蒙古历史文化丛书 ……………… K000139
内蒙古历史文化遗迹 ……………… K000464
内蒙古少数民族人口素质研究 …… C000058

内蒙古世纪之交的重大经济选择 ……… F000138
内蒙古寺庙 ……………………………… K000559
内蒙古自治区农业区域开发总体规划
农业后备资源及评价 ………………… F000273
内蒙古植物志 …………………………… Q000036

〔丿〕

毛泽东与近代中国 ……………………… A000014
毛泽东手书选集·古诗词卷(上下) …… A000009
毛泽东邓小平思想政治教育理论与实践
……………………………………………… A000012
毛泽东用兵录(一、二) ………………… I000561
毛泽东外交思想研究 …………………… A000058
毛泽东名联趣话 ………………………… A000007
毛泽东军事年谱(1927～1958) ………… A000028
毛泽东财经思想研究 …………………… A000043
毛泽东和中国文学 ……………………… A000016
毛泽东和他的将帅们 …………………… A000006
毛泽东的世界丛书 ……………………… A000027
毛泽东的探索——中国的1956～1976
……………………………………………… A000041
毛泽东周恩来刘少奇邓小平论教育 …… G000080
毛泽东诗词、对联心解 ………………… A000023
毛泽东诗词艺术 ………………………… A000003
毛泽东诗词白话全译 …………………… A000047
毛泽东诗词鉴赏 ………………………… A000050
毛泽东诗词鉴赏大全 …………………… A000055
毛泽东建党思想史记 …………………… A000015
毛泽东经济思想与当代中国 …………… A000061
毛泽东选集索引 ………………………… A000018
毛泽东读古书实录 ……………………… A000019
毛泽东新闻思想研究 …………………… A000031
气之魂——意拳气功大师王安平传奇 … I000531
气功疗法 ………………………………… R000070
手风琴教程 ……………………………… J000276
手术学全集·口腔颌面外科卷 ………… R000334
手术学全集·耳鼻咽喉科卷 …………… R000327
手术学全集·泌尿外科卷 ……………… R000268
手术学全集·神经外科卷 ……………… R000267
手术学全集·眼科卷 …………………… R000333
手术解剖学 ……………………………… R000185
PC升级大全 ……………………………… T000487
长水集续编 ……………………………… K000010
长江三峡 ………………………………… K000534
长江口大潮 ……………………………… I000594
长江文化旅游 …………………………… K000574
长夜行人——于伶传 …………………… K000347
长春城市建设回顾与研究 ……………… F000260
长城百科全书 …………………………… K000518
长城春秋 ………………………………… K000540
长城颂——中国人民解放军战斗历程
邮票图集 ………………………………… G000383
长翅膀的孩子 …………………………… I000833
长篇的辉煌 ……………………………… I000201
仁山智水论人生 ………………………… B000114
仁学 ……………………………………… B000028
仁智的山水——张元济传 ……………… K000406
化工厂电气手册 ………………………… T000268
化工工程制图 机械制图分册 化工
制图分册 ………………………………… T000026
化工工程建设概预算手册(上、下卷) …… F000302
化工百科全书 第6卷 ………………… T000566
化工百科全书 第7卷 ………………… T000574
化工百科全书 第8卷 ………………… T000576
化工设计 ………………………………… T000584
化工设备机械基础 ……………………… T000582
化妆品原料技术标准 …………………… T000547
化纤厂空气调节 ………………………… T000651
化肥施用技术问答 ……………………… S000016
化学工业中的吸收操作——气体吸收
工艺与工程 ……………………………… T000585
化学工业标准汇编 ……………………… T000588
化学反应工程 …………………………… T000578
化学哲学 ………………………………… O000136
化学奥林匹克史话 ……………………… O000134
化验员读本(上、下册) ………………… T000555
反不正当竞争法概论 …………………… D000298
反理性思潮的反思 ……………………… B000121
从一到无限 ……………………………… F000348
Auto CAD12从入门到精通 ……………… T000526
DOS 6.2从入门到精通 ………………… T000493
Fox Pro 2.5从入门到精通 …………… T000394
从乡童到富豪——刘国钧发家之路 …… K000340
从毛泽东到邓小平 ……………………… D000166
从计划经济到市场经济 ………………… F000086
从尼布楚条约到叶利钦访华 …………… D000203
从延安到中南海 ………………………… I000556
从《红楼梦》看中国文化 ………………… I000173

从政史鉴(修订本) …………………… D000159
父亲 …………………………………… I000415
父亲手记 …………………………… I000677
父亲的水手帽 ……………………… I000841
今日武汉电视英语 ………………… H000190
今文观止 …………………………… I000637
凶宅七角楼 ………………………… I000958
分子生物学基础 …………………… Q000015
分子结构与色谱保留 ……………… O000113
分形信息导论 ……………………… O000031
分形漫步 …………………………… O000043
分层开采工艺管柱 ………………… T000092
分析化学 …………………………… O000119
分析化学 …………………………… O000116
分析化学 …………………………… O000115
分析仪器检修指南 ………………… T000212
分析哲学基础 ……………………… B000007
分离及复杂物质分析 ……………… O000117
公平分配 …………………………… F000045
公司收购战略 ……………………… F000235
公司制与现代企业制度 …………… F000207
公司经济学 ………………………… F000215
公共关系学教程 …………………… C000084
公关心理学 ………………………… C000048
公关传播 …………………………… G000022
公关警策 200 谈 …………………… C000033
公安业务工作指南 ………………… D000143
公安行政法(高等学校法学试用教材) … D000277
公差与测量技术基础 ……………… T000169
公路工程技术标准 JTJ01—88(附条文说明) …………………………… U000056
公路财务管理学 …………………… F000326
公路桥涵设计手册·拱桥(下) ……… U000047
公路桥涵设计手册·拱桥(下册) …… U000022
公路桥涵设计手册·墩台与基础 …… U000046
公路路基稳定设计原理 …………… U000028
月出之光 …………………………… I000706
月光下的小精灵 …………………… I000823
月亮的雨 …………………………… I000457
风水与中国社会 …………………… B000153
风雨情 ……………………………… I000620
风流殇 ……………………………… I000428
风雪小站 …………………………… I000942
风景 ………………………………… I000096
丹河岩溶水系统——中国北方岩溶水系统典型研究 ……………………… P000033
乌拉与祖拉 ………………………… I000239
乌拉特中旗志 ……………………… K000203
凤凰琴 ……………………………… I000523

〔、〕

六十年出版风云散记 ……………… G000030
六名家书心经 ……………………… J000191
六朝史稿 …………………………… K000064
文人书趣 …………………………… G000034
文天祥 ……………………………… I000512
文艺与人生 ………………………… I000006
文艺百话 …………………………… I000008
文艺社会学·传统与现代 ………… I000021
文艺学新论 ………………………… I000004
文艺原理新论 ……………………… I000016
文艺源流辞典 ……………………… I000082
文化与交际 ………………………… H000020
文化与语言(论文集) ……………… H000012
文化五千年 ………………………… K000104
文化名人逸闻隽语丛书 …………… I000764
文化忧思录 ………………………… G000006
文化的边疆 ………………………… K000217
文化的结晶——词义 ……………… H000076
文化的深层选择 …………………… H000077
文化视界中的文学 ………………… I000112
文化哲学的当代视野 ……………… G000004
文化透视:蒙古口承语言民俗 ……… H000141
文化撞击与文化战略 ……………… G000001
文心雕龙全译 ……………………… I000103
文心雕龙全译 ……………………… I000114
《文心雕龙》字义疏证 ……………… I000117
文书学理论与文书工作(修订本) …… C000024
文史专家谈治学(文史知识文库) …… G000351
文白对照太平广记 ………………… I000436
文白对照佛教十三经 ……………… B000188
文白对照通鉴纪事本末 …………… K000091
文白对照道教十三经 ……………… B000193
文白对照颜氏家训 ………………… G000343
文体与文体的创造 ………………… H000068
文体学 ……………………………… H000025
文言小说词语通释 ………………… H000121
文明的碎片 ………………………… I000654

文明精神结构论 …… B000013
文物鉴定秘要 …… K000472
文学中的历史世界 …… I000001
文学思潮与当代小说 …… I000234
文学理论基础 …… I000017
文学理论新编 …… I000025
文学梦寻 …… I000121
文学薪火的传承与变异 …… I000144
文房四宝精品鉴赏与价值 …… K000469
文选全译 …… I000286
文献通考研究 …… D000179
文粹 …… I000642
火山岩油藏描述 …… P000095
火山岩型铜多金属矿床VCPSD知识模型 …… P000043
火电厂热系统节能理论 …… T000276
火红的青春 …… D000050
火器伤外科学 …… R000341
为人民服务的光辉典范张思德 …… K000350
为了大自然 …… S000097
计划与市场在东西方结合的理论、比较和运作 …… F000024
计划用电、节约用电、安全用电——三电工作手册 …… T000278
计算机世界看图问答 …… T000530
计算机可靠性理论与实践 …… T000440
计算机电子线路与数字逻辑 …… T000458
计算机在经营管理中的应用——新系统构成 …… F000245
计算机在硅酸盐工业中的应用 …… T000583
计算机网络 …… T000373
计算机安全与病毒防治 …… T000406
计算机导论与程序设计 …… T000472
计算机应用教程(中级) …… T000464
计算机应用基础 …… T000453
计算机应用基础 …… T000389
计算机初学者指南 …… T000392
计算机组成原理 …… T000459
计算机信息检索软件设计原理 …… G000069
计算机绘图技术基础 …… T000415
计算机辅助工艺设计 …… T000402
计算机辅助设计与制造(CAD/CAM) …… T000371
计算机常用命令英汉对照 …… T000447
计算机等级考试题解 …… T000397
计算机操作员培训教程 …… T000376
计算机操作系统实验教程 …… T000421
计算机操作系统教程 …… T000474
认识我们的身体 …… R000188
认知发展心理学导论 …… B000151
心之门 …… I000505
心之旅初探 …… B000098
心电图题解(第二版) …… R000234
心血管疾病的病理生理基础和发病机制 …… R000238
心血管遗传病学 …… R000239
心灵的历程 …… K000309
心灵原稿 …… K000373
心脏性猝死——高危患者的检测与防治 …… R000225
心理学、教育学研究的原理与方法 …… G000121
心理治疗:理论与分析 …… R000306
心理咨询原理与方法 …… G000110
心理障碍的检测诊疗技术 …… R000318
心路历程 …… K000272

〔乛〕

引用语辞典 …… H000066
引信机构动力学 …… T000218
"卐"字旗的陨落 …… I000576
丑陋论 …… B000120
巴山鬼话 …… I000629
巴尔扎克短篇小说选 …… I000938
巴县志 …… K000175
巴金传 …… K000394
巴金童话故事集 …… I000836
巴渝文化(3) …… K000134
巴蜀情 …… A000059
办公自动化 …… C000051
办公自动化教程 …… C000078
办公室的学问 …… C000014
以工代赈与缓解贫困 …… F000279
邓小平:在历史的天平上 …… A000032
邓小平与广西 …… A000035
邓小平与中国 …… A000037
邓小平文选(第1—3卷) …… A000001
邓小平在太行拾录 …… A000056
邓小平青年思想研究 …… A000060
邓小平的改革思想研究 …… A000008

邓小平法学思想论 …………………… A000033
邓小平治国韬略 …………………… A000036
邓小平建设有中国特色社会主义重要
言论 …………………… A000048
邓小平经济思想的渊源与发展 ………… A000026
邓小平战略思想论 …………………… A000029
邓小平思想通览 …………………… A000063
邓小平思想理论大辞典 ……………… A000057
邓小平理论与广东实践 ……………… A000034
邓小平理论与实践研究丛书 ………… A000046
邓小平理论与海南特区实践 ………… A000030
邓小平教育思想研究文集 …………… A000017
邓小平著作选读(青年读本) ………… A000013
邓小平新时期军事理论研究 ………… A000044
邓小平管理思想研究 ……………… A000040
邓石如书法篆刻全集 ……………… J000198
邓颖超文集 …………………… D000019
双重智慧 …………………… K000334
双语词典学研究 …………………… H000016
孔子与现代管理 …………………… C000028
孔子思想及其现代意义 ……………… B000043
孔尚任传 …………………… I000373
书刊著编审校知识问答 ……………… G000055
书评学概论 …………………… G000050
书评概论 …………………… G000041
书法(上册) …………………… G000264
书法自修导读 …………………… J000205
书法字海 …………………… J000207
书法美学思想史 …………………… J000174
书法速查工具丛书 ………………… J000192
书法教程 …………………… J000183
书家毛泽东 …………………… A000053
水工闸门事故实例分析 ……………… T000740
水工建筑物 …………………… T000733
水文工程地质与环境保护 …………… X000020
水书(正七卷、壬辰卷) …………… K000505
水电规划与管理 …………………… T000741
水产经济工作手册 ………………… F000298
水利水电规划、设计与施工 ………… T000738
水利水电岩溶工程地质 ……………… P000027
水利词典 …………………… T000742
水库及其环境影响 ………………… X000014
水果拼盆集 …………………… T000612
水和废水监测分析方法指南(中册) …… X000004
水浒传 …………………… I000516
水流边界层理论 …………………… T000734
水稻生物技术 …………………… S000057

五 画

〔一〕

玉华宫史话 …………………… K000560
末代总统李宗仁 …………………… I000541
未婚女性群落 走出围城的女人们
她们在晚霞中 …………………… I000526
巧制肉食治百病 …………………… R000115
正是高三时 …………………… I000485
正教箴言 …………………… B000200
甘肃石窟艺术雕塑编 ……………… K000458
甘南树木图志 …………………… S000099
世纪之交的中国文化 ……………… G000015
世纪风暴 …………………… I000347
21世纪文学之星丛书(1994年、1995
年卷) …………………… I000290
20世纪世界美术大系·东欧卷 ……… J000017
21世纪市场战略 …………………… F000389
20世纪环球热点事件 ……………… K000020
20世纪物理学史 …………………… O000110
世纪贵族 …………………… I000406
20世纪特殊战·电子战 …………… E000033
20世纪特殊战丛书 ………………… E000035
20世纪特殊战·后勤战 …………… E000034
20世纪特殊战·经济制裁战 ……… E000036
20世纪特殊战·情报战 …………… E000037
21世纪辞林 …………………… H000212
21世纪新潮美术字体设计 ………… J000206
世界十大史诗画库 ………………… I000057
世界儿童文学名著精选连环画(第2辑)
…………………… J000076
世界大热点丛书 …………………… C000091
世界广告商标标志大全 ……………… J000248
世界之桥 …………………… J000229
世界飞机手册(1994) ……………… V000005
世界小说名作故事宝库 ……………… I000070
世界五千年智谋总集 ……………… I000509
世界中篇名著精选 ………………… I000066
世界反法西斯文学书系 ……………… I000029

世界文化名人邮票大观 …………………… G000405
世界文化辞典 …………………………… K000013
世界文学金库 …………………………… I000081
世界心理小说名著选英国部分② ……… I000903
世界平面广告创意精粹 ………………… J000255
世界电影鉴赏辞典(1—3卷) ………… J000307
世界电影精彩对白选 …………………… I000071
世界史 …………………………………… K000011
世界主要城市图册 ……………………… K000520
世界民间寓言大全 ……………………… I000092
世界地图集 ……………………………… K000528
世界地理学史 …………………………… K000586
世界成语故事 …………………………… I000787
世界传奇故事100篇 …………………… I000043
世界1000家大银行手册 ……………… F000475
世界华人精英传略丛书 ………………… K000222
世界各国人权约法 ……………………… D000240
世界名人之林·艺术家系列(外国部分)
…………………………………………… K000225
世界名人之林·政治家系列(外国部分)
…………………………………………… K000227
世界名人之林·科学家系列(外国部分)
…………………………………………… K000226
世界名叶鉴赏·栽培 …………………… S000079
世界名诗精选365 ……………………… I000079
世界军事年鉴(1993～1994) ………… E000012
世界农业气候与作物气候 ……………… S000011
世界直升机手册 ………………………… V000011
世界林业发展概论 ……………………… S000095
世界知识年鉴(1993/94) …………… D000088
世界物理学史 …………………………… O000109
世界诗库 ………………………………… I000093
世界经济学 ……………………………… F000050
世界幽默画精选365 …………………… J000110
世界钢号对照手册 ……………………… T000163
世界钢琴名曲集 ………………………… J000268
世界科技思想论库 ……………………… N000013
世界美术大图典 ………………………… J000021
世界美术名作二十讲 …………………… J000019
世界球星技术图解 ……………………… G000391
世界球星技术图解(足球卷) ………… G000394
世界球星技术图解(排球卷) ………… G000393
世界球星技术图解(篮球卷) ………… G000392
世界著名元首传 ………………………… K000221
世界著名思想家辞典 …………………… K000228
世界著名管道工程 ……………………… T000094
世界散文宝库 …………………………… I000078
世界散文精华 …………………………… I000040
世界最新少年小说精品书系 …………… I000772
世界最新建筑室内设计佳作选集(1—5)
…………………………………………… T000678
世界最新探险小说珍品译丛 …………… I000063
世界童话之树(彩图本) ……………… J000099
世界童话名著金库 ……………………… I000068
世界童话名篇 …………………………… I000033
世界富豪传 ……………………………… K000219
世界寓言史 ……………………………… I000007
世界寓言名著金库 ……………………… I000067
世界寓言故事精选 ……………………… I000058
世界禁书大观 …………………………… Z000057
世界数学家思想方法 …………………… O000009
世说新语考释 …………………………… I000200
《世说新语》整体研究 ………………… I000210
艾中信画集 ……………………………… J000095
艾生黑白版画作品集 …………………… J000149
艾芜评传 ………………………………… K000355
艾青 ……………………………………… K000353
艾滋病中西医防治学 …………………… R000235
古人称谓漫谈 …………………………… K000497
古今中外反腐倡廉要览 ………………… D000175
古今中外的阴差阳错 …………………… Z000018
古今奸诲 ………………………………… I000393
古今怪海 ………………………………… I000737
古今冤海 ………………………………… K000042
古今情海 ………………………………… I000738
古今谋略辞典 …………………………… C000075
古文观止 ………………………………… H000093
古文观止词典 …………………………… H000105
《古文观止》精华赏析 ………………… H000044
古书人物辞典 …………………………… K000265
古玉翡翠价格目录及鉴赏 ……………… F000371
古史龟鉴系列 …………………………… K000073
古生物地史学简明教程 ………………… P000098
古生物学教程 …………………………… Q000018
古代少年美德小故事 …………………… I000828
古代中国寓言大系 ……………………… I000717
古代包公戏选 …………………………… I000364
古代汉语词汇学 ………………………… H000082

古代汉语常用词例释词典 …………………… H000028
古代寺院生活探秘 …………………… B000204
古代名家草字汇 …………………… J000188
古代戏曲美学史 …………………… J000296
古代言情赠友诗词鉴赏大观 …………………… I000340
古汉语文献导读 …………………… H000124
古汉语句典 …………………… H000046
古汉语同实异名词典 …………………… H000026
古汉语表达例话 …………………… H000116
古玩收藏指南 …………………… K000443
古国启示录 …………………… K000036
古典文艺美学 …………………… I000115
古诗文修辞艺术概观 …………………… H000056
古经新说 …………………… I000693
古封泥集成 …………………… K000439
古都西安 …………………… K000572
古陶字汇 …………………… K000438
古董鉴赏收藏丛书 …………………… K000434
古傣语词语译释 …………………… H000139
古尊宿语录 …………………… B000171
古籍数学化研究论文集 …………………… G000044
节能测试与监测 …………………… T000107
节能控制系统 …………………… T000229
本草纲目 …………………… R000169
本草图经 …………………… R000082
可扬藏书票 …………………… J000124
可爱的西安 …………………… K000575
可爱的杭州 …………………… K000199
可爱的陕西 …………………… K000526
可爱的家乡丛书 …………………… Z000054
可爱的童装(94年春夏) …………………… T000607
可编程控制器原理及应用 …………………… T000520
左传句法研究 …………………… H000119
左传范围副词 …………………… H000040
左拉短篇小说选 …………………… I000939
左宗棠处世箴言 …………………… B000112
石门夜话 …………………… I000447
石玩艺术 …………………… P000070
石英电子钟表修理大全 …………………… T000205
石油工业计量管理 …………………… F000309
石油工业用爆破技术 …………………… T000106
石油及天然气地质学 …………………… P000096
石油之最荟萃 …………………… T000093
石油化工装置工艺管道安装设计手册 …………………… T000088
石油报业写踪 …………………… G000057
石屏豆腐 …………………… T000639
石鼓新响 …………………… H000080
龙与中国文化 …………………… G000008
龙门山造山带的崛起和四川盆地的形成与演化 …………………… P000088
龙门山推覆构造带与景观考察指南 …………………… P000060
龙门丛书 …………………… I000107
戊戌维新志士 …………………… I000378
平凹之路 …………………… K000344
平面几何的一题多变和应用 …………………… O000010
平面几何新路 …………………… O000001
平面几何新路解题研究 …………………… O000027
平衡态统计热力学 …………………… O000107
东天山构造格架及地壳演化 …………………… P000071
东方小故事(上、下) …………………… J000091
东方风云 …………………… I000419
东方文学史通论 …………………… I000860
东方文学名著鉴赏大辞典 …………………… I000871
东方伦理道德与青少年教育 …………………… D000059
东方思想宝库 …………………… B000087
东方既白 …………………… B000127
东方商人 …………………… I000423
东北渔猎民族现代化道路探索 …………………… F000107
东西方哲学比较研究 …………………… B000021
东欧中亚列国志 …………………… D000090
东周列国故事 …………………… I000437
东南亚史纲 …………………… K000210
东南亚华侨通史 …………………… D000133

〔丨〕

卡夫卡荒诞小说 …………………… I000954
卡尔梅克史评注 …………………… K000145
卡希人像摄影选集 …………………… J000240
卡通故事大王 …………………… J000086
卡领传奇 …………………… I000511
北京历代建置沿革 …………………… K000564
北京古树名木趣谈 …………………… S000098
北京市实用地图册 …………………… K000582
北京市高中选修课试用课本中学数学思维概论 …………………… G000277
北京地图集 …………………… K000557

北京名人故居 …… K000453
北京图书馆藏北京石刻拓片目录 …… K000465
北京的会馆 …… D000141
北京周口店新发现的洞穴堆积物研究 … P000073
北京鱼类和两栖、爬行动物志 …… Q000055
北京鸭解剖 …… S000142
北京旅游交通图册 …… K000544
北京脊椎动物检索表 …… Q000053
北洋军阀与日本 …… K000105
卢延光武侠小说插图集 …… J000088
卢照邻集笺注 …… I000292
旦艳与夏策 …… I000755
甲午战争国际关系史 …… K000037
甲骨文与中医学 …… R000096
甲骨文虚词词典 …… K000445
叶天士医案大全 …… R000100
叶圣陶儿歌 …… I000840
叶圣陶教育文集 …… G000072
叶圣陶童话 …… I000839
叶兆言文集(五卷本) …… I000287
叶利钦 …… K000419
叶轮机械的气固两相流基础 …… T000173
叶挺 …… K000398
叶适评传 …… B000082
叶猴生物学 …… Q000040
电厂热工过程自动调节 …… T000285
电力工程制图标准 DL5028-93 …… T000277
电力设备诊断技术概论 …… T000270
电力系统中水电厂群日优化运行 …… T000745
电力系统自动控制 …… T000255
电力系统谐波 …… T000253
电力拖动与控制 …… T000264
电工 1000 个怎么办 …… T000269
电工技术与安全 …… T000256
电工实用技术入门 …… T000265
电工理论基础(上、中、下) …… T000259
电子电传机原理、使用和维修 …… T000321
电子材料与元器件测试技术 …… T000281
电子制表软件 Lotus1-2-3 …… T000495
电子变压器 …… T000271
电子陶瓷烧结设备 …… T000535
电子琴 …… G000290
电子游戏机速修 400 例 …… T000418
电气工程标准规范综合应用手册(上、下) …… T000252
电气装饰工程手册 …… T000665
电化学工程导论 …… T000544
电业职业道德 …… F000313
电机与电器 …… T000248
电机检修实用手册 …… T000275
电光源原理概论 …… O000090
电阻焊理论与实践 …… T000132
电视机原理与维修技术 …… T000296
电视原理 …… T000340
电话机原理、使用与维修 …… T000320
电脑小诊所——常见故障处理 …… T000429
电脑小编辑——字处理软件 …… T000436
电脑的语言——GWBASIC …… T000433
电脑总管家——DOS …… T000430
电脑最新实用技术 …… T000491
电脑装配实用技术 …… T000455
电脑操作与文字处理 …… T000419
电脑操作基础教程 …… T000471
电能计量(第二版) …… T000244
电路辅助设计导论 …… T000367
电磁场数值计算的现代方法 …… O000099
电磁导弹概论 …… O000093
电磁学——问题讨论 …… G000317
电磁通论 …… O000091
电算化会计基础教程 …… F000216
电器结构、工艺及计算机辅助工艺规程设计 …… T000274
田径 …… G000367
史记·列传(上) …… K000083
史记妙语选 …… K000099
史密斯散文选 …… I000881
只有地球这个家 …… X000022
只要你过得比我好 …… C000035
叹异抄 …… B000166
囚猴脱险记 …… I000838
四大体制改革与建立现代企业制度 …… F000180
四川土种志 …… S000003
四川近现代纸币图录 …… K000442
四川鱼类志 …… Q000038
四川旅游 …… K000555
四川道教、佛教石窟艺术 …… K000456
四部医典系列挂图全集 …… R000093

〔丿〕

生日快乐大全 …… K000503
生产函数与农业经济分析 …… F000288
生态伦理学 …… X000001
生态农业技术 …… S000007
生态学辞典 …… Q000066
生态经济持续发展的抉择 …… F000022
生物电分析化学 …… Q000003
生物矿物学 …… Q000008
生物物理化学 …… Q000014
生命之歌 …… I000624
生命乐园 …… I000400
生命的驿车 …… H000205
生命线地震工程 …… P000016
生活日用化工800例 …… T000572
生活在迷宫 …… K000418
失态的季节 …… I000491
失败论 …… D000047
丘吉尔与他钟爱的女性 …… I000483
丘逢甲文集 …… Z000029
代数学辞典 …… O000047
仪器分析(三)·色谱分析及其它分析法 …… O000130
白凡逸志:金九自叙传 …… K000416
白毛女和她的儿孙 …… I000452
白石遗朱 …… J000176
白曲精选 …… I000744
白虎通疏证 …… Z000045
白话十三经 …… Z000015
白话三十六计 …… E000051
白话天方性理 …… B000173
白话四书 …… B000083
白话后聊斋 …… I000408
白话幽梦影 …… I000627
白俄罗斯童话 …… I000946
他山之石——海外反腐肃贪要览 …… D000171
仔畜饲养与管理 …… S000109
丛林中的玫瑰 …… I000133
用万用表检修彩色电视机500例 …… T000294
用万用表检修黑白电视机500例 …… T000351
用智慧驾驭机遇 …… D000074
印度经济 …… F000056
印度经济发展:经验与教训 …… F000061
印象与领悟 …… I000623
印章边款艺术 …… J000173
犯罪本质研究 …… D000275
犯罪结果论 …… D000211
外汇市场与外汇业务 …… F000444
外行跟我学电脑 …… T000496
外事实用文书大全 …… H000027
外事实用文书大全 …… H000052
外国一百个军事家 …… K000229
外国女诗人诗精选 …… I000072
外国长篇小说名著精粹 …… I000042
外国文学小百科 …… I000047
外国文学名著欣赏 …… G000270
外国文学简编(欧美部分) …… I000065
外国古典戏剧故事 …… I000069
外国杂文大观 …… I000061
外国讽刺诗精选 …… I000077
外国现代市场经济 …… F000059
外国奇案故事(上、下) …… I000910
外国典故故事选 …… I000030
外国和台港澳企业常驻代表机构名录大全 …… F000156
外国教育思想史 …… G000085
外国教育通史 …… G000128
外国探险家西域游记 …… K000569
外国唯美诗精选 …… I000085
外国象征诗精选 …… I000076
外国超短诗精选 …… I000086
外国题赠诗精选 …… I000075
外国朦胧诗精选 …… I000084
外购器材检验、无损检验 …… T000009
外面的世界很精彩 …… I000554
外科卷 …… R000066
外科病症的诊断思路与处理程序 …… R000274
外贸英语函电 …… H000178
外贸英语阅读 …… H000211
外语教学心理学 …… G000074
外商对沪贸易投资指南(中、英文对照) …… F000099
外商投资企业会计与纳税实务指南 …… F000443
外商投资企业会计操作规程 …… F000146
外商投资国际惯例 …… F000440
包装技术手册 …… T000027
包装国际惯例 …… T000025

包装结构设计 …………………………… T000029
乐章集校注 …………………………… I000361
饥饿的山村 …………………………… I000463

〔丶〕

主体与喉舌 …………………………… G000026
主体教育实验研究 …………………… G000278
市场大潮中大学生人格重塑 ………… G000315
市场经济大典 ………………………… F000004
市场经济大辞典 ……………………… F000016
市场经济大辞海 ……………………… F000011
市场经济与农业和第三产业 ………… F000293
市场经济与劳动制度改革 …………… F000224
市场经济与宏观管理体制改革 ……… F000115
市场经济与现代企业制度 …………… F000251
市场经济与金融改革研究 …………… F000459
市场经济与高等教育改革 …………… G000175
市场经济与编辑出版 ………………… G000046
市场经济与管理者丛书 ……………… F000006
市场经济与精神文明建设 …………… D000186
市场经济中的中央与地方经济关系 …… F000112
市场经济体制宏观调控的国际比较 …… F000192
市场经济条件下的经济发展 ………… F000098
市场经济国际惯例 …………………… F000005
市场经济的宏观经济管理 …………… F000093
市场经济法律丛书·中国反不正当竞争法实用问答 …………………… D000233
市场经济法律丛书·中国公司法实用问答 …………………………… D000260
市场经济法律丛书·消费者权益保护法实用问答 …………………… D000252
市场经济法律丛书·新经济合同法实用问答 ………………………… D000234
市场经济基础知识 …………………… F000026
市场营销学 …………………………… F000384
市场营销学教程 ……………………… F000377
立存此照 ……………………………… I000630
立体定向放射神经外科学 …………… R000315
立信英汉财会大词典 ………………… F000253
兰花栽培及产业开发 ………………… S000066
半个世纪的中国 ……………………… I000562
半导体光电子学 ……………………… T000303
半导体传感器的原理及其应用 ……… T000502
半导体变流技术 ……………………… T000354
半透明情感世界 ……………………… G000102
汇编语言程序设计 …………………… T000442
8088/8086 汇编语言程序设计 ……… T000386
Turbo Assembler 汇编语言程序设计教程 ………………………………… T000498
汉书新注 ……………………………… K000080
汉字文化学简论 ……………………… H000061
汉字古俗观奇 ………………………… K000506
汉字的故事 …………………………… H000058
汉字信息处理 ………………………… T000454
汉字 FOXBASE⁺程序设计教程 ……… T000374
汉字 FoxBASE⁺原理与应用 ………… T000456
汉字语言功能论 ……………………… H000113
汉字微机上机操作指南 ……………… T000384
汉苗新词术语集 ……………………… H000144
汉英中医辞海 ………………………… R000174
汉英双解实用中药学辞典 …………… R000137
汉英经济贸易实用大全 ……………… F000357
汉英俄火力发电厂常用词汇 ………… T000257
汉哈尼新词术语集 …………………… H000138
汉语“儿”[ə]音史研究(增订版) ……… H000097
汉语大词典 …………………………… H000024
汉语文字学史 ………………………… H000117
汉语水语关系词研究 ………………… H000143
汉语成语词典 ………………………… H000106
汉语异名辞典 ………………………… H000033
汉语词法论 …………………………… H000108
汉唐盐政史 …………………………… F000065
汉维世界民族译名词典(维吾尔文) …… H000134
汉维拉动物名称词典(维吾尔文) ……… Q000048
汉维新华字典(维吾尔文) …………… H000142
汉越词典 ……………………………… H000220
汉魏两晋南北朝道教史研究 ………… B000197
宁宗一小说戏剧研究自选集 ………… I000136
宁夏第三产业——彩色画页卷、名录卷 ………………………………… F000339
冯友兰先生年谱初编 ………………… K000389
冯友兰选集 …………………………… B000085
冯玉祥处世明言 ……………………… B000113
冯梦龙·金瓶梅·张竹坡 …………… I000138
写字不用笔——汉字输入法 ………… T000431
写意花鸟画笔墨技法详解 …………… J000101
礼与传统文化 ………………………… K000485
礼仪常识 ……………………………… K000500

礼拜五 …………………………………… I000896
训诂与训诂学 ……………………………… H000104
训诂学 …………………………………… H000035
记忆心理学 ………………………………… B000148
记巴金及其他 ……………………………… I000604
记胡愈之 ………………………………… K000319
永远的爱心·冰心 ………………………… K000245

〔乛〕

司马迁评传 ………………………………… K000316
司马迁评传——史家绝唱　无韵离骚
　…………………………………………… K000385
司汤达短篇小说选 ………………………… I000937
尼采传 …………………………………… K000431
尼赫鲁家书 ………………………………… K000415
民主斗士李任仁 …………………………… I000592
民主革命时期马克思主义在上海的传播
　…………………………………………… D000038
民主集中制理论与实践 …………………… D000021
民声 ……………………………………… D000102
民间故事 ………………………………… I000747
《民事诉讼适用意见》释疑 ………………… D000285
民事法律行为 ……………………………… D000261
民国广东将领志 …………………………… K000400
民国时期土地法规选编 …………………… D000267
民法判解研究与适用 ……………………… D000299
民居史论与文化 …………………………… T000647
民商法实务研究·物权卷 ………………… D000238
民族友好使者——王昭君 ………………… K000343
民族文化学 ………………………………… G000002
民族心理与民族意识 ……………………… C000099
民族古籍学 ………………………………… G000019
民族·民俗·民间 ………………………… K000495
民族问题概论 ……………………………… D000005
民族英雄左宝贵 …………………………… K000378
民族英雄——杨靖宇传记 ………………… K000402
出国要览 ………………………………… Z000010
出版史研究(第二辑) ……………………… G000054
奶牛饲养管理(蒙文) ……………………… S000127
加利 ……………………………………… K000421
加拿大文学史 ……………………………… I000962
加拿大后现代主义——加拿大现代英
　语小说研究 ……………………………… I000965
加拿大通史简编 …………………………… K000218
加拿大教育研究(第二集) ………………… G000136
边贡诗文选 ………………………………… I000274
边春光出版文集 …………………………… G000024
边贸实用手册 ……………………………… F000363
边缘 ……………………………………… I000502
发扬艰苦创业的新时代精神 ……………… D000040
发现自由意志与个人责任 ………………… B000140
发育生物学进展 …………………………… Q000006
发展中国家与人权 ………………………… D000272
孕儿·育儿·教儿知识手册 ……………… G000232
孕产妇保健 150 问 ………………………… R000279
圣地红烛 ………………………………… G000120
圣迹图 …………………………………… J000111
对人的哲学理解 …………………………… B000019
对外贸易谈判基础与技巧 ………………… F000407
台港暨海外学界论中国知识分子 ………… D000137
台港澳暨海外华文新诗大辞典 …………… I000324
台湾少数民族 ……………………………… K000148
台湾当代文学理论批评史 ………………… I000134
台湾当代散文综论 ………………………… I000213
台湾社会与文化 …………………………… K000182
台湾青年诗人论 …………………………… I000233
台湾经验与大陆经济改革 ………………… F000068
台湾省区域矿产 …………………………… P000055
台湾海峡两岸地质构造与成矿 …………… P000091
台湾能独立吗——透视台独 ……………… D000105
台湾教育与经济发展 ……………………… G000127
台湾教育简史 ……………………………… G000138
台湾渔船航行大陆沿海指南 ……………… U000017
台湾散文精品鉴赏 ………………………… I000652
幼儿不宜 100 例 …………………………… G000217
幼儿文摘画库(1) ………………………… I000779
幼儿文摘画库(2) ………………………… I000778
幼儿文摘画库(3) ………………………… I000784
幼儿文摘画库(4) ………………………… I000796
幼儿园环境布置 …………………………… G000243
幼儿园语言教材 …………………………… G000269
幼儿园教育活动(教师用书) ……………… G000165
幼儿启蒙大全(0—2 岁) …………………… G000214
幼儿启蒙大全(3—4)岁 …………………… G000215
幼儿学习·美术(3—4 岁) ………………… G000207
幼儿学习·美术(4—5 岁) ………………… G000202
幼儿学习·美术(5—6 岁) ………………… G000204
幼儿学习·语言(3—4 岁) ………………… G000203

幼儿学习·语言(4—5岁) …… G000205
幼儿学习·语言(5—6岁) …… G000206
幼儿学画大全 …… G000320
幼儿看图识标志 …… G000301
幼儿保育手册 …… G000209
幼儿假期家庭活动指导4—5岁 …… G000349
幼儿假期家庭活动指导5—6岁 …… G000348
幼儿假期家庭活动指导6—7岁 …… G000347
幼儿彩色画世界 …… G000230
幼儿智力训练(上、下) …… G000191
幼儿智能开发丛书 …… G000271
辽北—吉南太古宙地质及成矿 …… P000032
辽宁省博物馆藏宝录 …… K000450
辽金诗史 …… I000157
辽夏金经济史 …… F000072
丝绸之路民族民间文学研究 …… I000224
丝绸之路导游·新疆 …… K000537
丝绸之路医药学交流研究 …… R000007
丝绸古道上的文化 …… K000016
丝路散花 …… I000566

六 画

〔一〕

刑法哲学 …… D000243
动力管道手册 …… T000231
动画小天地——动画制作 …… J000087
动态大地测量 …… P000004
动态大系统方法 …… N000012
动物大战 …… J000050
动物卫生病理学 …… S000110
动物小说丛书 …… I000790
动物王国里的作文故事 …… G000239
动物王国的贵族——兽类 …… Q000058
动物王国迷案大侦破 …… I000813
动物世界 …… Q000044
动物国 …… I000830
动物性食品药物残留 …… R000020
动物组织学技术 …… Q000057
动荡转型中的民国教育 …… G000140
动脑筋爷爷(第三辑) …… N000029
吉卜林动物小说 …… I000955
吉卜赛姑娘 …… I000947
吉林省土地资源 …… F000272
吉林省投资指南 …… F000103
吉林朝鲜族 …… K000160
考场作文应试对策(初中用) …… G000183
考场作文应试对策(高中用) …… G000182
老子考辨 …… B000026
老子的文化解读 …… B000060
老子注三种 …… B000056
老子指归 …… B000051
老师的作文 …… H000107
老年骨科全书(1—6册) …… R000245
老舍与中国新文学 …… I000119
老舍小说艺术心理研究 …… I000167
老学新探 …… B000052
老残游记 …… I000481
地下工程特殊施工 …… T000687
地名学基础教程 …… P000005
地产价格评估 …… F000182
地层学原理及方法 …… P000053
地图分析 …… P000006
地质学基础 …… P000035
地球非球对称膨胀(卷一) …… P000029
地理·区域·城市——永无止境的探索 …… K000585
地理信息系统技术及其在煤矿水害预测中的应用 …… T000078
地震小区划的方法 …… P000015
地震区的场地与地基基础 …… T000680
地震波数值模拟与偏移成像 …… P000021
场态经济学 …… F000034
耳谈类增 …… I000395
耳鼻部美容外科手术学 …… R000324
共有制初论 …… F000294
共和国的缔造者 …… K000248
共和国前进的脚步——纪念建国45周年 …… G000109
共和国宪政历程 …… D000229
共和国领袖的故事丛书 …… J000043
亚里士多德全集(第九卷) …… B000092
亚洲“四小龙”证券市场的运作理论与实务 …… F000463
亚洲成功企业经营与管理经典 …… F000248
机车乘务员通用知识 …… U000004
机电一体化实用技术手册 …… T000391

当代热门生意 …………………………… F000387
当代资本主义国家的议会制度 ………… D000086
当代资本主义的市场经济 ……………… F000014
当代资本主义的收入分配制度 ………… F000029
当代教师百科 …………………………… G000082
当代教育学理论与护理教育 …………… G000117
当代著名书法家手书邓小平名言 ……… J000193
当代麻醉与复苏 ………………………… R000254
当代港台用语辞典 ……………………… H000036
当前几项重大经济体制改革电视系列
讲座专辑 ……………………………… F000070
当家人 …………………………………… I000410
早期中国“人”的观念 ………………… C000059
虫媒病毒与虫媒病毒病 ………………… R000011
《曲江苑》诗丛 ………………………… I000325
曲谷走谷选 ……………………………… I000763
吕氏春秋(图画本) …………………… I000774
同义词词典 ……………………………… H000129
同位素地球化学研究 …………………… P000080
同位素有机化学 ………………………… O000128
AB团与富田事变始末 ………………… D000029
岁月的跋涉 ……………………………… I000647
回纥史 …………………………………… K000155
回首百年——20世纪华人音乐经典论
文集 …………………………………… J000288
回族民俗学概论 ………………………… K000487
刚坚少年知识丛书(藏文版) ………… G000220
肉狗快速饲养技术 ……………………… S000146
肉品卫生病理学检验 …………………… S000111

〔丿〕

朱书集 …………………………………… Z000030
朱自清散文艺术论 ……………………… I000195
朱熹文学思想论 ………………………… I000149
先秦文献与先秦文学 …………………… I000145
先秦汉魏晋南北朝诗佳句类典 ………… I000311
先秦音乐史 ……………………………… J000283
先秦数学与诸子哲学 …………………… B000084
舌战有方——中国古代说辩术 ………… H000009
舌辩雄风 ………………………………… H000022
竹窗簃——词学论稿 …………………… I000208
乔灌木种子手册 ………………………… S000105
伟大的爱丛书 …………………………… I000850
传记文学史纲 …………………………… I000222
传奇汇考 ………………………………… K000095
传统与现代之间 ………………………… K000295
传统文化与古籍整理研究 ……………… G000059
传统村镇聚落景观分析 ………………… K000546
传统佛教与中国近代化 ………………… B000164
传统美德与军旅修养 …………………… E000031
传真机使用与维护 ……………………… T000356
传真机的选购、使用与维修 …………… T000338
乒乓球知识手册 ………………………… G000372
伍必端作品选 …………………………… J000031
优秀幼儿教育活动设计及教案选 ……… G000174
优秀童话故事百篇 ……………………… I000809
优孟衣冠与酒神祭祀 …………………… I000013
任弼时与中国青年 ……………………… K000244
伤寒论古今研究 ………………………… R000161
价格理论 ………………………………… F000392
价值与结构——刑事程序的双重分析 … D000271
价值·价值观的冲突 …………………… B000106
伦理学新论 ……………………………… B000107
伦理精神与中国社会现代化 …………… B000110
华北解放区交通邮政史料汇编·邮票
史卷 …………………………………… F000323
华尔街股票证券英汉双解词典 ………… F000470
华侨华人丛书:世界华侨华人概况(欧
洲、美洲卷) ………………………… D000142
华侨华人研究文献索引(1980~1990) … D000196
华夏百年杰出人物 ……………………… K000326
华夏英才 ………………………………… I000598
仰望苍天 ………………………………… I000633
仿真决策引论 …………………………… C000015
自由女神俱乐部 ………………………… I000968
自动武器构造 …………………………… E000015
自动武器学(自动机设计分册) ……… T000222
自动控制原理 …………………………… T000375
自然环境价值的发现 …………………… X000009
自然保护区的法律保护 ………………… D000220
自然第二册 ……………………………… G000288
自嘲 ……………………………………… I000668
伊利亚特 ………………………………… I000914
伊斯兰和穆斯林 ………………………… I000626
伊斯兰教与西北穆斯林社会生活 ……… B000212
血色年华——聂凤智将军传 …………… K000348
血染的冬天 ……………………………… I000574
血栓与止血——现代理论与临床实践 … R000216

血铸丰碑 …… I000595
血管外科学(第二卷) …… R000243
向命运挑战丛书 …… D000131
向着前途的询问和企盼 …… G000310
后十日谈 …… I000458
后乐先忧斯世事 …… K000405
后汉书辞典 …… K000093
后藏志 …… B000191
行为科学辞典 …… C000093
行政学教程 …… D000181
全身性疾病的消化道表现 …… R000213
全身 CT 和 MRI …… R000342
全国二胡考级(业余)作品集 …… J000289
全国小学百所名校获奖作文选 …… H000083
全国中学生一等奖作文精选 …… H000067
全国电力工人公用类培训教材 …… N000035
全国初中化学竞赛指导和训练 …… G000333
全国林业统计资料(1994) …… F000296
全国建材·建筑·设计·装饰·装修单位业务信息手册 …… F000299
全明散曲 …… I000312
全唐文补遗(第一辑) …… I000266
全唐诗广选新注集评 …… I000295
全唐诗精品译注汇典 …… I000301
全球构造应力场理论与应用 …… P000102
全清词(顺康卷) …… I000327
会计电算化 …… F000226
会计现代化实用大全 …… F000145
会计事前反映与控制 …… F000246
会计学原理 …… F000149
会计学概论 …… F000188
会计研究方法论 …… F000179
会计核算规则与实务 …… F000261
企业办公室实用手册 …… F000185
企业生产组织的均衡性与弹性 …… F000230
企业成功荟萃 …… F000239
企业投资与融资经济学 …… F000258
企业财务会计 …… F000178
企业体制改革与企业管理 …… F000191
企业社会学 …… F000186
企业改革与股份制(二) …… F000227
企业纳税实务指导 …… F000427
企业科普概论 …… F000195
企业哲学 …… F000198
企业集团 …… F000259
企业新财会制度与信贷分析技巧 …… F000218
企业管理的计算机化 …… F000187
创业 …… K000149
创造自己 …… I000651
创造技法训练 …… G000261
创造时髦 …… B000129
创造性解决问题 …… G000238
创造学与创造工程 …… G000067
创造美的世界 …… I000697
创意与表现 …… T000705
创意摄影丛书 …… J000226
朵云轩藏书画精品集 …… J000152
危险货物运输安全技术手册 …… U000015
杂烩集 …… I000686
各向异性材料力学 …… T000045
各国中央银行管理与运作 …… F000442
各国民用飞机的发展道路 …… V000002
各国出入境管理 …… D000089
名人之谈 …… I000220
名人小品 …… I000680
名人子女写名人丛书 …… I000617
名人处世家书 …… B000111
名人自述 …… K000293
名人杂文 …… I000681
名人序跋 …… G000038
名人的母亲 …… I000421
名人叙事与抒情 …… I000682
名士风范唐景崧 …… I000545
名士风流 …… K000333
名老中医经验全编 …… R000111
名老蒙医经验选编(上下、蒙古文) …… R000138
名特果品栽培技术 …… S000086
名家论名剧 …… I000190
名家品书 …… I000707
名家爱情诗分类精品 …… I000055
多人集 …… I000322
多功能常用字典 …… H000130
多目标规划有效性理论 …… O000064
多边界石方爆破工程 …… T000056
多杆直线导向机构的设计方法与轨迹图谱 …… T000187
多相流与紊流相干结构 …… O000080
多值逻辑电路设计原理 …… T000289

多雪的冬天 …………………………… I000941
多维系统辨识 Multidimen-Sional System Identifcation ………………… T000466
多媒体计算机技术及应用 ……………… T000529
多媒体数据压缩技术 ………………… T000400
多震区地震研究 ……………………… P000012
色彩构成设计 ………………………… J000007

〔、〕

庄子全译 ……………………………… B000055
庄玉君标徽设计集 …………………… J000246
刘少奇手迹选 ………………………… D000017
刘少奇在山东 ………………………… I000553
刘军手谈 ……………………………… I000460
刘旷画集 ……………………………… J000049
刘伯温全传 …………………………… K000330
刘恢先地震工程学论文选集 ………… P000017
刘铮人口论文选 ……………………… C000029
齐白石研究大全 ……………………… K000287
齐白石绘画精萃(8开精装) ………… J000046
交际之方 ……………………………… C000018
交往行为理论(2)—论功能主义理性批判 ……………………………… C000004
交往行动理论(1)—行动的合理性和社会合理化 ……………………… C000070
交城县志 ……………………………… K000184
交响叙事曲《乌江恨》总谱 ………… J000266
交流电动机绕组修理改装技术问答 … T000236
交通运输财务会计实用大全 ………… F000317
交通贸易与西南开发 ………………… F000331
交通调查与分析 ……………………… U000024
产业结构经济学原理 ………………… F000017
产品造型设计手册 …………………… T000042
产品造型设计材料与工艺 …………… T000066
产品造型设计表现方法 ……………… T000067
产品造型设计原理与方法 …………… T000068
并行程序的设计方法 ………………… T000533
并行算法的设计与分析 ……………… T000417
并非舞文弄墨 ………………………… I000901
NB——关于尼耳斯·玻尔的一些回忆 ……………………………………… K000433
《关于建立社会主义市场经济体制若干问题的决定》50题问答 ………… F000076
关山月画梅 …………………………… J000089
关中秦汉陶录 ………………………… K000457
关贸总协定与世界贸易组织中的知识产权 ……………………………… D000288
关贸总协定与走向开放的中国经济 … F000345
关贸总协定的国际规则与适用惯例 … F000359
关贸总协定实用大全 ………………… F000352
关税与贸易总协定辞典 ……………… F000347
灯花吟草 ……………………………… I000320
壮族英雄侬智高 ……………………… I000543
冲压工艺及模具设计 ………………… T000131
江西历代刻书 ………………………… Z000040
江西出版史志丛书 …………………… G000040
江西名胜楹联 ………………………… I000726
江西省交通志 ………………………… F000321
江西重点工程建设(1979～1992) …… F000094
江西期刊综录 ………………………… Z000041
江苏麦作科学 ………………………… S000061
江青全传 ……………………………… K000294
江南园林论 …………………………… T000672
江南金矿及其成矿地球化学背景 …… P000036
江畔放歌 ……………………………… I000709
江淹集校注 …………………………… Z000050
江湖百业图 …………………………… J000112
汤姆大伯的小屋 ……………………… I000966
宇宙灾变 ……………………………… P000003
决策与科学 …………………………… C000049
决策案例文库 ………………………… C000034
安王与祖王 …………………………… I000754
安平秋古籍整理工作论集 …………… G000047
安吉县志 ……………………………… K000174
安全生产管理学 ……………………… X000036
安康百忌(蒙古文) ………………… R000003
安装工程施工组织设计实例应用手册 ……………………………………… T000713
冰心的故事 …………………………… I000482
冰心诗全编 …………………………… I000326
讲故事 习礼仪 ……………………… K000496
讲授艺术通论 ………………………… G000099
军队后勤改革纵横谈 ………………… E000008
军队建设大辞典 ……………………… E000006
军事五千年 1—6 …………………… E000001
军事认识论 …………………………… E000019
军事近代化与中国革命 ……………… E000011
军事法学 ……………………………… E000047

军事科学概论 …………………………… E000024
军嫂 ………………………………………… I000597
许国璋电视英语 ………………………… H000204
许浑研究 ………………………………… I000147
许姬传艺坛漫录 ………………………… K000284
论中国近世文学 ………………………… I000132
论邓小平人民民主专政思想 …………… A000045
论世变之亟 ……………………………… B000032
论北京人艺演剧学派 …………………… J000306
论民族问题 ……………………………… D000158
论地理科学 ……………………………… K000570
论当代中国民族问题 …………………… D000115
论村落文化 ……………………………… G000020
论财富的分配和赋税的来源 …………… F000041
论国家 …………………………………… D000012
论狭义相对论的创立 …………………… O000098
论语解注合编 …………………………… B000065
论真假 …………………………………… B000018
论精神生产力 …………………………… D000191
论衡选译 ………………………………… B000078
论衡索引 ………………………………… B000058
论辩与智慧 ……………………………… H000005
农业生态经济决策支持系统 …………… F000292
农业生物技术的原理与方法 …………… S000005
农业生物环境工程 ……………………… X000032
农业地域类型研究 ……………………… F000268
农业机械节能技术 ……………………… S000019
农业企业管理学 ………………………… F000285
农业技术论 ……………………………… S000002
农业投资项目监测与评价的理论与实践 …………………………………… F000274
农业良种大全 …………………………… S000033
农业环境学 ……………………………… X000042
农业结构调整 …………………………… F000286
农业鼠害防治指南 ……………………… S000043
农电经营管理 …………………………… T000249
农用运输车故障诊断与修理 …………… S000024
农民与工业化 …………………………… D000064
农民与农村组织建设 …………………… D000065
农民与城市化 …………………………… D000063
农产品加工工程设计 …………………… T000070
农产品贮藏与加工学 …………………… S000030
农村小学复式教学五十问 ……………… G000185
农村少年文库 …………………………… Z000043
农村电气化规划指南 …………………… T000262
农村年书(1995 年) …………………… Z000042
农村社会主义市场经济学 ……………… F000269
农村青年职业技术手册 ………………… T000001
农村致富实用技术丛书 ………………… F000266
农村剩余劳动力研究 …………………… F000238
农药安全使用及中毒抢救知识问答 …… R000008
农药安全实用指南 ……………………… S000036
农家致富实用技术 233 ………………… N000022

〔乛〕

寻找中国金字塔 ………………………… K000031
寻找合点 ………………………………… I000150
CIS 导入第一步 ………………………… J000254
导引疗法 ………………………………… R000081
阮元传 …………………………………… K000374
阳光、空气和水…… …………………… N000038
阶梯新世纪百科全书 …………………… Z000028
防空导弹武器系统软件工程 …………… T000216
妇女工作新篇 …………………………… D000081
妇女卫生保健学 ………………………… R000010
妇女心理学 ……………………………… B000137
妇女解放基础理论 ……………………… D000085
妇产科基本功 …………………………… R000276
好太王碑新考 …………………………… K000459
好色一代男 ……………………………… I000518
好猫咪呜 ………………………………… I000844
妈妈丛书 ………………………………… G000313
戏曲理论史述要 ………………………… J000298
戏曲舞台美术概论 ……………………… J000293
戏曲粹 …………………………………… I000365
戏剧梦断录 ……………………………… I000268
观念 ……………………………………… B000008
观念腾飞起跑线 ………………………… G000103
观眼识人——眼睛·心理·识病·保健 ……………………………………… R000106
欢乐美语(TUNING IN THE U.S.A.) …………………………………… H000168
羽人集 …………………………………… I000366
红卫兵狂飙 ……………………………… D000112
红尘梦醒 ………………………………… I000403
红军演义 ………………………………… I000422
红房子 …………………………………… I000499
红星丛书 ………………………………… I000803

红绿灯·图解未成年人法律常识 ……… D000248
红楼梦 ……… I000394
红楼梦 ……… I000513
《红楼梦》评点本 ……… I000462
红楼梦诗词书法艺术 ……… J000203
红楼梦魅力探秘 ……… I000183
红楼新辨 ……… I000179
红嘴鸥 ……… Q000041
约翰·克利斯朵夫(上、下) ……… I000897
纪伯伦全集 ……… I000864
纪伯伦全集 ……… I000868
纪念陈寅恪先生百年诞辰学术论文集 ……… K000341
纪念武伯伦先生文集 ……… K000346
孙子全译 ……… E000041
孙子兵法大辞典 ……… E000049
孙子评传——一代兵圣的生平与思想 ……… K000367
孙子学文献提要 ……… E000027
孙中山海外生涯 ……… K000364
孙建东中国画集 ……… J000040
孙越崎传 ……… K000380
孙增弟速写集 ……… J000037
孙德民话剧评论集 ……… I000227

七　画

〔一〕

寿星孙思邈摄生精要 ……… R000064
形状记忆材料'94国际会议论文集 ……… T000015
进口汽车维修实用手册 ……… U000007
进出境动植物检疫指南 ……… R000014
运动训练新思路 ……… G000377
运输布局学 ……… U000023
运输安全环境概论 ……… U000026
运筹学原理与方法 ……… O000065
走下金銮殿的皇帝 ……… I000493
走出中世纪的黄土地 ……… K000165
走出国门——中国沿边沿海省市改革开放大思路 ……… F000085
走出战争迷宫 ……… A000025
走过西藏 ……… I000723
走自己的路 ……… D000156
走向开放的道德 ……… B000118
走向市场(1978～1993) ……… F000139
走向市场——经济学家的思路 ……… F000084
走向21世纪的中国共产党人 ……… D000026
走向封闭的美国精神 ……… B000096
走向辉煌 ……… D000176
走向辉煌(少年版、青年版) ……… D000154
走向精确勘探的道路 ……… P000058
走神女孩 ……… I000676
贡嘎山高山生态环境研究 ……… X000037
声明学论著注疏 ……… H000224
声律启蒙新解 ……… I000181
芜湖海关 ……… F000355
花鸟画构图详解 ……… J000100
花色谜大观 ……… I000762
花园深处 ……… I000495
花季丛书 ……… I000289
苍狗白云 ……… I000641
芳草天涯——费孝通外访杂文选集 ……… C000095
芳草梦 ……… I000639
严文井研究专集 ……… I000116
劳动争议处理指南 ……… D000237
劳动安全卫生国家标准技术手册 ……… X000024
劳动法全书 ……… D000265
克孜尔石窟线描集 ……… J000129
克林顿 ……… K000423
克莱芙王妃 ……… I000933
苏兆征评传 ……… K000361
苏州佛教文化 ……… B000208
苏州道教史略 ……… B000205
苏金伞评传 ……… K000381
苏轼人格研究 ……… K000363
苏轼散文选集 ……… I000712
苏联文学史(一)(二)(三) ……… I000880
苏联邮票总目录 ……… G000384
苏联演变的历史思考 ……… K000211
苏醒的大地 ……… I000416
杜甫诗选 ……… I000360
杜甫诗精华 ……… I000306
杜诗赵次公先后解辑校 ……… I000358
杜诗说 ……… I000180
材料力学 ……… T000049
材料力学 ……… T000051
材料力学(Ⅰ)(Ⅱ) ……… T000063

材料大辞典 …………………………… T000041
材料试验 …………………………… T000036
村镇规划与住宅设计图集 ………… T000661
杨必译文集 …………………………… I000100
杨绛作品集(一)(二)(三) ………… I000255
杨绛译文集 …………………………… I000091
杨绛散文 …………………………… I000720
杨绛散文 …………………………… I000638
杨浦大桥 …………………………… U000050
杨家将演义 …………………………… I000445
杨维桢诗集 …………………………… I000342
李白与唐代文化 ……………………… I000125
李白传(新版) ……………………… I000529
李白诗四百首 ……………………… I000317
李白资料汇编 ……………………… I000130
李幼昌临床经验选集 ……………… R000047
李纯青台湾问题论集 ……………… D000132
李忠翔版画 …………………………… J000042
李贺资料汇编 ……………………… I000104
李真书法作品集——纪念毛泽东诞辰
100 周年 …………………………… J000199
李鸿章与甲午战争 ………………… K000331
李超速写艺术 ……………………… J000103
李最雄石窟保护论文集 …………… K000461
李新魁语言学论集 ………………… H000084
豆类治百病 …………………………… R000149
“两史一情”丛书 …………………… C000026
两汉经学与政治 …………………… Z000024
1993 两岸港口及海岸开发研讨会论文
集 …………………………………… U000009
两周金文虚词集释 ………………… K000452
两栖爬行动物学研究(第 3 集) …… Q000045
两般秋雨盦随笔 …………………… K000046
“两高一优”立体农业实用技术 …… S000031
酉群方法的理论和应用 …………… O000025
医方捷径 …………………………… R000075
医用生物力学 ……………………… R000186
医国着先鞭 ………………………… K000401
医学检验英语词汇快记忆 ………… R000191
医药志(哈萨克文) ……………… R000166
辰生画集 …………………………… J000045
来自亿元村党支部的报告 ………… D000027
CAD/CAM 技术 …………………… T000485
技术创新经济学 …………………… F000042
技术转让国际惯例 ………………… F000362
技术学手册 ………………………… T000012
技术贸易经济学 …………………… F000354
技术监督管理全书 ………………… F000231
连环漫画精品 4000 例 …………… J000114
连城鲁土司 ………………………… K000179
连铸坯质量 ………………………… T000112
折迭式推拿层次解剖图解 ………… R000074
投资财务信用学 …………………… F000461
投资项目评估 ……………………… F000201
投资项目经济效益的评估与决策方法 … F000161
投资项目概预算 …………………… F000210
抗倭女杰瓦氏夫人 ………………… I000542
抗癌治验本草 ……………………… R000109
护理学基础 ………………………… R000206
拟生造林 …………………………… S000094
拟合优度检验 ……………………… O000059
拟线性椭圆型方程的变分方法 …… O000003

〔丨〕

吴昌硕作品集(续编) ……………… J000105
吴梅村诗歌创作探析 ……………… I000159
吴熙妇科溯洄(第一集) ………… R000118
助动自行车——原理、构造、维修及管
理规定 …………………………… U000061
时代的圣火 ………………………… A000022
时间、穿时及地层的时差对比 …… P000081
时间与空间探索 …………………… O000094
时间药理学与时间治疗学 ………… R000200
园艺植物繁育学 …………………… S000073
旷世师表雷沛鸿 …………………… I000537
旷代人杰石达开 …………………… I000544
足本鸳鸯蝴蝶派小说 ……………… I000489
男女科 5000 金方 ………………… R000063
男高音咏叹调 ……………………… J000274
困境与选择——中国环境与发展战略
研究 ……………………………… X000003
听神经瘤及其它岩骨疾病的耳神经外
科学 ……………………………… R000292
岗位规范 …………………………… F000228
财务会计 …………………………… F000252
财政效率论 ………………………… F000488
财政基础知识 ……………………… F000453
财税改革百题问答 ………………… F000431

评价活动论 …………………………… C000040
评剧皇后与作家丈夫 ………………… I000659
初中蒙语文(蒙文) …………………… G000164
初民的宗教与审美迷狂 ……………… B000211
初级和声教程 ………………………… J000271
初恋…………………………………… I000916
初等代数研究 ………………………… O000050
初等教育的革新之路——JIP 在贵州 … G000163
社区医学 ……………………………… R000021
社会生活与青年心理 ………………… B000149
社会主义市场经济与计划模式改革 …… F000092
社会主义市场经济与唯物辩证法 ……… F000135
社会主义市场经济体制的法律问题 …… F000083
社会主义市场经济体制法律集注 ……… D000215
社会主义市场经济体制研究 ………… F000137
社会主义市场经济条件下税收理论与实务 …………………………… F000473
社会主义市场经济学 ………………… F000033
社会主义市场经济学 ………………… F000018
社会主义市场经济法律知识讲话 ……… D000313
社会主义市场经济法律法规选编 …… D000306
社会主义市场经济概论 ……………… F000039
社会主义所有制结构改革 …………… F000095
社会主义商品流通问题研究 ………… F000414
社会主义微观经济分析 ……………… F000069
社会名人谈教育 ……………………… G000100
社会变迁与社会协调发展理论研究 …… C000090
社会学概论新修 ……………………… C000012
社会科学论丛 ………………………… C000100
社会保险大全 ………………………… F000426
识字儿歌 ……………………………… G000296
诊疗护理技术 ………………………… R000194
诊断病理学 …………………………… R000177
词籍序跋萃编 ………………………… I000236

〔乛〕

灵地的缅想 …………………………… I000153
灵岩志………………………………… K000512
灵根与情种 …………………………… I000248
局部网络的安装与使用 ……………… T000532
改革:社会主义的必由之路 ………… D000108
改革与发展中的黑龙江农村 ………… F000281
改革开放大典 ………………………… D000139
改革开放与法制 ……………………… F000116
改革没有浪漫曲 ……………………… I000581
改革·实验·研究 ………………… G000250
改善高含水期油田注水开发效果实例 ……………………………………… T000087
张九龄诗文选 ………………………… I000283
张乐平连环漫画全集 ………………… J000065
张志公语文教育论集 ………………… H000029
张居正集(全四册) ………………… Z000046
张爱玲作品欣赏 ……………………… I000111
张爱玲研究资料 ……………………… I000106
张资平小说选 ………………………… I000486
张雪门幼儿教育文集 ………………… G000234
张清文集 ……………………………… I000279
张量光学 ……………………………… O000084
张謇全集 ……………………………… Z000052
陆王学述 ……………………………… B000080
陆俨少作品精粹 ……………………… J000104
阿合提作品选(1) …………………… I000346
阿底峡传(藏文版) ………………… B000177
阿弥陀经·大乘密严经 …………… B000167
阿铁林的故事 ………………………… I000824
阿Q后传 ……………………………… I000443
陈元赟集 ……………………………… Z000006
陈介祺批校古泉汇 …………………… K000473
陈永乐画集 …………………………… J000107
陈纳德与陈香梅 ……………………… K000429
陈岱孙学术论著自选集 ……………… F000010
陈佩秋书画集 ………………………… J000090
陈金纯书法集 ………………………… J000211
陈宗基论文选 ………………………… N000023
陈残云文集 …………………………… I000264
陈钧德 ………………………………… J000141
陈洪绶集 ……………………………… I000277
陈崇平画集 …………………………… J000041
陈望版画五十年 ……………………… J000084
陈微明太极拳遗著汇编 ……………… G000395
陈毅的人生艺术 ……………………… K000298
陈毅的外交艺术 ……………………… K000299
陈毅的军事艺术 ……………………… K000297
陈毅的诗词艺术 ……………………… I000182
陈毅的语言艺术 ……………………… K000296
妙法莲华经 …………………………… B000198
妨害司法活动罪研究 ………………… D000300
邵逸夫先生赠款建筑工程项目论文选集

…… T000686
鸡鸣风雨 …… I000154
纬书集成 …… B000210
纳兰成德评传 …… I000127
纳米材料学 …… T000055
纳米科学与技术 …… T000130
纳税检查 …… F000429
纵横权谋新解 …… K000043
纵横嵌入术 …… O000055
纸项链 …… I000418
纺织工厂通风与除尘 …… T000655

八　画

〔一〕

奉献在丝绸 …… K000255
环境水利学 …… T000744
环境水质监测质量保证手册 …… X000026
环境生物学 …… X000029
环境地质学 …… X000018
环境科学词典 …… X000013
环境保护及其管理 …… X000011
环境保护法律全书 …… D000235
环境监测 …… X000015
武术养生法精粹 …… R000141
武汉掌故 …… K000172
武侠小说鉴赏大典 …… I000163
武侠小说辞典 …… I000256
武陵苗族古歌 …… I000750
武器系统射击效力 …… E000025
青少年环境知识丛书 …… X000017
《青少年学音乐》丛书 …… J000279
青少年科技丛书 …… N000002
青少年活动礼仪曲集 …… J000267
青史写在大地上 …… K000535
青年与青年文化 …… D000069
青年学专题研究 …… C000097
青年革命传统教育系列丛书 …… D000046
青岛风味小吃 …… T000591
青青的群山 …… I000490
青春发育中非病与病的辨识 …… G000086
青海风俗简志 …… K000501
青海民族女童教育研究 …… G000131
青海次生林经营 …… S000091
青海经济昆虫志 …… Q000065
青海省情知识手册 …… D000147
青藏高原东部松潘——甘孜印支造山
带考察指南 …… P000103
青藏高原地质景观摄影图集 …… P000056
青藏高原腹地 …… N000027
现代人力资源管理 …… F000202
现代儿科诊疗手册 …… R000287
现代儿童精神医学 …… R000302
现代广告全书 …… F000336
现代无机合成化学 …… T000538
现代中医诊法 …… R000085
现代内科诊疗手册 …… R000230
现代内科学 …… R000229
现代内科治疗学 …… R000228
现代化大豆高产栽培 …… S000054
现代公司与企业改革 …… F000264
现代文心 …… I000122
现代文献论纲要 …… G000045
现代心脏内科学 …… R000217
现代心理学 …… B000136
现代水科学不确定性研究与进展 …… T000735
现代功能材料应用与发展 …… T000060
现代平面广告设计·CIS企业战略 …… F000372
现代电力工程师手册 …… T000284
现代电子学及应用 …… T000359
现代外科诊疗手册 …… R000263
现代主义文学研究 …… I000120
现代市场经济学 …… F000395
现代汉语日常会话 …… H000073
现代汉语用法词典 …… H000043
现代汉语多功能词典 …… H000032
现代汉语空语类研究 …… H000096
现代汉语音节及常用字认读 …… H000074
现代汉语语法问题研究 …… H000042
现代汉语基本句型 …… H000075
现代汉语常用文体写作 …… H000072
现代汉语新词语词典 …… H000131
现代皮肤性病学诊疗手册 …… R000321
现代皮肤病治疗学 …… R000320
现代耳鼻咽喉科诊疗手册 …… R000325
现代耳鼻咽喉科学 …… R000326
现代机夹可转位刀具实用手册 …… T000160

现代机械设计方法与制造技术概论 …… T000194
现代西方心灵哲学 …… B000138
现代西方经济学原理(上、下) …… F000030
现代西方美学史 …… B000126
现代有机分析 …… O000123
现代成矿分析的思路·途径·方法——以胶东金矿为例 …… P000049
现代光电测试技术 …… T000327
现代光学系统原理 …… O000095
现代传染病学诊疗手册 …… R000221
现代企业会计学 …… F000142
现代企业创新论 …… F000240
现代企业财务预测 …… F000211
现代企业制度 …… F000196
现代企业制度与企业公司化 …… F000193
现代企业制度丛书 …… F000263
现代企业制度和产权制度改革 …… F000219
现代企业制度实用大全 …… F000247
现代企业制度原理 …… F000170
现代企业制度理论与实践 …… F000190
现代企业经营谋略库(西方卷) …… F000249
现代冰缘地貌研究 …… P000026
现代妇产科诊疗手册 …… R000277
现代医学伦理学 …… R000005
现代医学超声诊断学基础 …… R000203
现代医院科学管理 …… R000016
现代技术经济学 …… F000012
现代投资理论分析 …… F000433
现代护理英语(1、2、3) …… H000165
现代财政学 …… F000462
现代体育科学丛书 …… G000389
现代住宅室内装饰设计大观 …… T000653
现代汽车构造·原理·使用·维修 …… U000040
现代社会保障制度 …… D000107
现代纺织品的开发 …… T000595
现代表面处理新技术 …… T000553
现代英汉畜牧兽医大词典 …… S000131
现代英国文学教程 …… I000934
现代板坯连铸 …… T000124
现代欧洲大陆语言哲学 …… B000093
现代物理基础(维吾尔文) …… O000087
现代服饰图案 …… T000642
现代学习学 …… G000360
现代学校体操 …… G000390
现代法汉汉法词典 …… H000197
现代法语词汇学 …… H000149
现代法语短语词典 …… H000216
现代审计学 …… F000143
现代实用仪器分析方法 …… T000211
现代实用珠算 …… O000035
现代建筑画与技法 …… J000032
现代建筑照明设计手册 …… T000659
现代经济人实务 …… F000366
现代经济增长理论导引 …… F000048
现代城市管理 …… F000225
现代政治概论 …… D000013
现代药品检验学 …… R000349
现代指挥控制通信情报(C^3I)互通体系结构 …… E000022
现代临床免疫学 …… R000184
现代显微外科学 …… R000262
现代钢铁工业技术板坯连铸 …… T000126
现代科技概论 …… N000021
现代科学技术基础知识(干部选读) …… N000010
现代科学技术简明教程 …… N000003
现代信号处理理论与技术 …… T000361
现代急诊医学诊疗手册 …… R000204
现代急诊护理学 …… R000198
现代音频、视频(AV)设备实用维修图集(二) …… T000344
现代音频、视频(AV)设备实用维修图集(一) …… T000345
现代养鸡生产 …… S000113
现代美育教程 …… G000116
现代美容与整形 …… R000251
现代冠心病 …… R000237
现代语言学系列 …… H000010
现代神经病诊疗手册 …… R000304
现代柔道 …… G000382
现代哲学思潮与青年思想教育 …… D000076
现代高技术丛书 …… N000033
现代旅游学导论 …… F000332
现代旅游经济 …… F000335
现代流通企业运作全书 …… F000262
现代家用电器维修技术基础 …… T000241
现代家用电器维修技术基础(下) …… T000240
现代家庭生活实用百科全书 …… T000644
现代家庭居室装饰装修实用技术365题

…………………………………… T000728
现代家教疑难解答 …………………… G000357
现代宾馆管理原理与实务 ………… F000340
现代通信理论 ………………………… T000328
现代能力导向 ………………………… C000005
现代教学艺术新论 …………………… G000123
现代控制理论及其应用 …………… T000422
现代眼科诊疗手册 …………………… R000331
现代移动通信系统 …………………… T000331
现代商务谈判 ………………………… F000358
现代商学通论 ………………………… F000364
现代商战与古兵法 …………………… F000257
现代焊接电源及设备 ……………… T000198
现代散文史论 ………………………… I000165
现代黑白装饰画设计 ……………… J000249
现代微生物培养基和试剂手册 ………… Q000020
现代微波网络导论 …………………… T000323
现代腹部外科学 ……………………… R000258
现代橡胶配方设计 …………………… T000567
现代儒家梁漱溟 ……………………… I000533
表面浸润和浸润相变 ……………… O000104
规范加选择 …………………………… G000294
幸福 XF125 型五羊 WY125 型嘉陵 JH125 型济南 GS125 型南方 NF125 型摩托车的结构特点与故障诊断 ………… U000021
苦恼的叙述者 ………………………… I000109
苦难的人流 …………………………… K000123
昔日延边经济 ………………………… F000140
苹果病虫实用原色图谱 …………… S000046
英日汉计算机词汇 …………………… T000379
英日汉金融词汇 ……………………… F000425
英文书信大全(修订版) …………… H000163
英汉、汉英陶瓷辞典 ………………… T000568
英汉分子生物学与生物工程词汇 ……… Q000016
英汉计算机技术新辞典 …………… T000468
英汉双解英语动词活用词典 ……… H000161
英汉古生物学词汇 …………………… Q000019
英汉电信缩略语词典 ……………… T000306
英汉对照简明中医学 ……………… R000133
英汉传感技术辞典 …………………… T000439
英汉科技搭配大词典 ……………… H000156
英汉复合材料工程词典 …………… T000031
英汉程控交换词典 …………………… T000299
英汉塑料工业词汇(第三版) ……… T000545
英汉腐蚀与防护词汇 ……………… T000018
英汉精细化学品辞典 ……………… T000539
英吉利海峡的狂飚 …………………… I000578
英国二十世纪文学史 ……………… I000912
英国古代诗歌 ………………………… I000877
英国清教 ……………………………… B000182
英国散文的流变 ……………………… I000878
英美荒诞派戏剧研究 ……………… I000032
英美桂冠诗人诗选 …………………… I000095
英美新流行词语用法 ……………… H000201
英语口译——理论、技巧与实践 ……… H000217
英语分类阅读珍萃 …………………… H000171
英语正误语法指南 …………………… H000200
英语写作手册(修订本) …………… H000183
英语考试词典 ………………………… H000203
英语成语典故大辞典 ……………… H000208
英语同义词词典 ……………………… H000214
英语同义词辨析大词典 …………… H000162
英语录像电影教程 …………………… H000145
英语姓名读音译名词典 …………… H000153
英语语法表解手册 …………………… G000248
英语准确用词词典(THE RIGHT WORD AT THE RIGHT TIME …… H000155
英语惯用法大词典 …………………… H000218
英语简史(英文本) ………………… H000196
英雄战士徐洪刚 ……………………… D000122
英雄徐洪刚 …………………………… D000053
直面人生 ……………………………… I000273
直销战略与策划 ……………………… F000401
苔丝 …………………………………… I000935
林风眠全集上下卷 …………………… J000127
林巧稚妇科肿瘤学 …………………… R000298
林同骅航空事业奋斗记 …………… K000291
林纾翻译小说未刊九种 …………… I000034
林若熙工笔画集 ……………………… J000047
林语堂传 ……………………………… K000365
林海小镇——朗乡 …………………… I000662
林彪的这一生 ………………………… K000337
林散之笔谈书法 ……………………… J000184
板壳力学中的加权残值法 ………… T000721
板桥家书译注 ………………………… K000325
构造动力学系统模拟与油气地质研究 … P000097
杰出科学家钱学森论城市学与山水城市 …………………………………… T000710

杰出将领聂凤智 …………………………… K000360
画说近代中国 …………………………… K000035
画说聊斋 ………………………………… J000130
画家与小鸟 ……………………………… I000825
画碟余墨 ………………………………… I000695
雨花石鉴赏 ……………………………… P000082
郁离子译注 ……………………………… I000666
矿产资源经济研究 ……………………… F000316
矿床统计预测 …………………………… P000052
矿泉水和瓶装水生产技术手册 ………… T000630
奔向权力 ………………………………… C000086
奔腾的漳河 ……………………………… I000411
奇妙童话 ………………………………… I000769
奇遇与历险故事 ………………………… I000049
欧美逻辑学说史 ………………………… B000104
欧洲绘画大师技法和材料 ……………… J000044
妻盼 ……………………………………… I000448
抽油机 …………………………………… T000095
抽油杆 …………………………………… T000105
抽油泵 …………………………………… T000100
拖拉机设计手册 ………………………… S000020
拖拉机驾驶 ……………………………… S000023
顶板灾害防治 …………………………… T000080
抵抗与妥协的两重奏 …………………… K000126
招标投标国际惯例 ……………………… F000173
披肩款式与编织技巧 …………………… T000604
转型中的中国社会 ……………………… D000117
转换中的世界格局与国际社会 ………… D000091
软件工程简明教程—原理、模型、方法、
工具、规范、应用元 …………………… T000525
软件万花筒——应用 300 例 …………… T000428
软件开发技术 …………………………… T000510
软件开发环境——UNIX 操作系统 …… T000473
软件技术基础 …………………………… T000483
软组织损伤与脊柱相关疾病 …………… R000261

〔丨〕

非均衡计量经济模型研究 ……………… F000256
非定常旋涡空气动力学理论及其应用
……………………………………………… V000006
非线性动力学与混沌基础 ……………… O000066
非线性量子力学理论 …………………… O000101
非银盐感光材料——在印刷、照相、医疗
中的应用 ………………………………… T000573
肯定自己 ………………………………… I000650
齿轮工程词典 …………………………… T000203
齿轮精度标准与检验手册 ……………… T000175
虎穴殊勋 ………………………………… I000565
肾内分泌学 ……………………………… R000265
尚文书法选集 …………………………… J000169
尚扬 ……………………………………… J000143
果园新农药手册 ………………………… S000048
果树无病毒育苗技术 …………………… S000085
果品治百病 ……………………………… R000154
昆虫标本采集 …………………………… Q000001
昆虫病理学 ……………………………… Q000059
昆曲曲牌及套数范例集(南套) ………… J000273
昆明山川风物传说 ……………………… K000590
国土资源行政管理 ……………………… F000283
国门砥柱冯子材 ………………………… I000588
国内外小功率晶体管实用手册(国内分
册) ……………………………………… T000334
国内外环境标志文集 …………………… X000031
国内外最新常用传感器和敏感元器件
性能数据手册(一) ……………………… T000516
《国内优秀室内室外设计作品图集》第
一辑 ……………………………………… T000666
国史大纲 ………………………………… K000027
国外个人所得税概况 …………………… F000487
国外小断块油田开发历程及工艺技术
系列研究 ………………………………… T000102
国外市场经济的宏观调控模式与借鉴 … F000002
国外关于中国古代史的研究述评 ……… K000133
国外建筑装修构造图集 ………………… T000673
国外藏学研究译文集(第十一集) ……… K000142
国民党政府政治制度档案史料选编 …… D000189
国共关系 70 年纪实 …………………… K000115
国有企业财产监督管理条例学习辅导
教材 ……………………………………… F000213
国有财产组织论 ………………………… F000088
国有林场与苗圃财务会计制度(暂行) … F000295
国际工程投标报价方法与参数 ………… F000232
国际公约与惯例 ………………………… D000292
国际电力系统技术会议论文集(英文
版) ……………………………………… T000235
国际市场经营辞典 ……………………… F000405
国际市场预测与决策 …………………… F000344
国际市场营销管理 ……………………… F000396

国际民事诉讼与国际商事仲裁 …………… D000246
国际共产主义运动史(修订版) …………… D000015
国际企业营销 …………… F000398
国际收支与国际结算 …………… F000441
国际环境保护法学 …………… D000221
国际金融学 …………… F000445
国际金融学 …………… F000370
国际金融理论与实务 …………… F000417
国际经济贸易英汉、汉英双向辞典 …………… F000382
国际经济贸易知识全书 …………… F000394
国际政治百科 …………… D000093
国际柳宗元研究撷英 …………… K000386
国际贸易 …………… F000342
国际贸易与金融 …………… F000350
国际贸易法 …………… D000278
国际贸易实务 …………… F000397
国际贸易海运地理 …………… F000322
国际贸易理论与实务 …………… F000373
国际贸易概论 …………… F000379
国际航运及外贸运输实务 …………… U000018
’94国际家庭年丛书 …………… C000061
国际通行投资分析 …………… F000452
国际商务谈判 …………… F000400
国际渔业法规 …………… D000305
国际税收概论 …………… F000468
国脉所系——现代化与稳定 …………… D000126
国家公务员制度全书 …………… D000114
国家公务员法比较研究 …………… D000290
国家的作用——21世纪的资本主义前景 …………… F000055
国家标准电气制图电气图形符号应用示例图册 …………… T000293
国家赔偿法概论 …………… D000312
国情三字经 …………… D000120
国情研究第3号报告:城市与乡村 …………… F000221
国朝宫史 …………… K000086
明代书目题跋丛刊(上、下) …………… Z000033
明代地方官吏及文官制度——关于陕西和西安府的研究 …………… K000052
明代思想与中国文化 …………… B000074
明代藩封及靖江王史料萃编 …………… K000033
明皇杂录　东观奏记 …………… K000109
明清书法论文选 …………… J000166
明清名家书法大成 …………… J000161
明清佛山经济发展与社会变迁 …………… F000129
明清扇画选 …………… J000083
迪斯尼彩图英汉儿童词典 …………… H000215
典故故事 …………… I000799
典故故事500图画本 …………… I000775
固体火箭发动机系统可靠性分析与设计 …………… V000013
固体地球物理学论评(1993) …………… P000020
呼和浩特当代作家作品精粹 …………… I000329
呼和浩特回族史 …………… K000204
岸 …………… I000944
岩石冲击动力学 …………… P000086
岩石截割破碎载荷谱的混沌识别与模拟 …………… P000074
罗马史纲要 …………… K000014
罗氏沼虾养殖技术 …………… S000162
罗亭　贵族之家 …………… I000920
罗强烈文学评论选 …………… I000026
岭南书法史 …………… J000189
岭南史地与民俗 …………… K000504
岭南俊乂郑献甫 …………… I000587
图与组合拓扑 …………… O000049
图画书创作的ABC …………… J000082
图画剪贴 …………… G000176
图像通信与控制系统 …………… T000318
图解山水盆景制作 …………… S000068
图解小学生多用英汉词典 …………… H000213

〔丿〕

制冷与空调技术 …………… T000059
制冷技术的原理与应用 …………… T000069
制图基础 …………… T000054
制药工程与工艺设计 …………… T000581
制度、制度变迁与经济绩效 …………… F000035
制盐工业手册 …………… T000605
知识产权法学 …………… D000310
知识产权法概论 …………… D000216
知识产权法新论 …………… D000264
知识表示的数学理论 …………… T000518
物质进化论的人本哲学 …………… Q000005
物理大地测量学基础 …………… P000008
物理学史选讲 …………… O000089
物理实验 …………… O000088
刮痧疗法 …………… R000123

和平解决国际争端 ………………………… D000223
和当代中学生通信 ………………………… G000272
和谷散文精选 ………………………………… I000661
佳梦轩丛著 ………………………………… K000056
Windows 3.1 使用大全 ……………………… T000377
DOS 使用大全(第 4 版) …………………… T000489
DOS6 使用与解释大全 ……………………… T000490
WINDOWS 3.1 使用问与答 ………………… T000521
DOS(1.0～6.2)使用技术大全 …………… T000517
使西纪行 ……………………………………… Z000008
120 例特种经济作物栽培 ………………… S000058
250 例特种蔬菜栽培 ……………………… S000078
货币数量研究 ……………………………… F000485
NPS 的奇迹 ………………………………… F000163
迫击炮设计 ………………………………… T000217
'93 质量万里行 …………………………… D000253
质量体系文件编制及审核 ………………… T000003
质量减损活动指南 ………………………… F000168
往五天竺国传笺释 ………………………… K000209
所有制范畴论 ……………………………… F000089
金元四大家医学全书 ……………………… R000101
金本童话诗选 ……………………………… I000851
金代文学学发凡 …………………………… I000105
金色帝国耕耘人——传统农民与中国社会 ……………………………… D000070
金岳霖哲学思想 …………………………… B000064
金陵画家梅花集 …………………………… J000147
金匮要略译释 ……………………………… R000068
金盒子——幼儿常识画丛 ………………… G000173
金庸小说艺术论 …………………………… I000226
金善宝文选 ………………………………… S000055
金属切削机床(上册) ……………………… T000140
金属材料及热处理 ………………………… T000135
金属的再结晶与晶粒长大 ………………… T000148
金属疲劳的定量理论 ……………………… T000133
金属烟粒子结晶学 ………………………… T000145
金融市场操作全书 ………………………… F000432
金融交易卡信息交换规范应用指南 …… F000476
金融实际问题探索 ………………………… F000436
金融类公文主题词标引手册 ……………… G000052
金融资本 …………………………………… F000451
金融基础知识 ……………………………… F000454
金融期货市场 ……………………………… F000491
金融辞海 …………………………………… F000420
命运不是辘轳 ……………………………… D000060
命运所赐 …………………………………… I000669
采西学议 …………………………………… Z000002
受控定向钻探技术 ………………………… P000045
乳房美容整形外科手术学 ………………… R000250
肿瘤外科学 ………………………………… R000299
肿瘤良才大全 ……………………………… R000049
肿瘤学临床与基础研究进展 ……………… R000296
服装机械原理与设计 ……………………… T000618
服装材料学 ………………………………… T000633
服装面料及其判别 ………………………… T000640
服装裁缝全书 ……………………………… T000638
股东与股份公司理财 ……………………… F000204
股市三十六计 ……………………………… F000471
股份公司文件写作 ………………………… H000112
股份公司全书 ……………………………… F000175
股份制与现代市场经济 …………………… F000206
周代南土历史地理与文化 ………………… K000515
周易六十四卦新探 ………………………… B000048
周易的思维与逻辑 ………………………… B000053
周易的数学原理 …………………………… B000025
周易集解纂疏 ……………………………… B000050
周莹情愫 …………………………………… I000673
周恩来的决断 ……………………………… K000354
周锐童话选 ………………………………… I000829
周楣声脉学 ………………………………… R000139
鱼类世界 …………………………………… Q000052
鱼病学 ……………………………………… S000154

〔丶〕

京西名墓 …………………………………… K000516
京派文学的世界 …………………………… I000146
365 夜民间故事(上、下) ………………… I000045
夜行者梦语 ………………………………… I000634
夜沙龙丛书 ………………………………… I000579
365 夜识字故事 …………………………… G000319
365 夜寓言 ………………………………… I000046
废水处理工艺设计计算 …………………… X000030
放马天山 …………………………………… I000498
放射性核素治疗学 ………………………… R000343
育儿的禁忌 ………………………………… G000210
育儿难题 1000 解 ………………………… G000276
性别与中国 ………………………………… D000106
性病防治图谱 ……………………………… R000323

怪尾狐智斗喷嚏大王 …………………… I000826
怪眼麒麟奇遇记 …………………… I000843
郑子瑜学术论著自选集 …………………… H000037
郑作新 …………………… K000276
郑板桥书法三种 …………………… J000162
郑板桥家书诗词(手迹本) …………………… I000278
郑珍集·文集 …………………… Z000051
郑振铎传 …………………… K000329
卷烟包装设备 …………………… T000603
8098单片微型计算机应用技术 …………………… T000407
单克隆抗体在农业上的应用 …………………… S000012
炒金炒汇100击 …………………… F000435
炒股大王秘笈100 …………………… F000439
炎黄文化精品丛书 …………………… Z000012
炉外精炼 …………………… T000115
学习考试方略 …………………… G000071
学习论 …………………… G000089
学生成语词典 …………………… G000338
学生字词典 …………………… H000047
学生作文精彩段落丛书 …………………… H000120
学生实用字典 …………………… H000122
学生新英汉词典 …………………… H000164
学会学习 …………………… G000352
学位与研究生教育大辞典 …………………… G000233
学科分类研究与应用 …………………… G000064
学科发展与科技进步 …………………… N000016
学前教育评价——理论·方法·实践 …………………… G000291
学说话(3) …………………… H000137
学校体育学 …………………… G000375
学校的变革 …………………… G000081
学校领导艺术 …………………… G000112
学校管理学 …………………… G000084
净宗法语大观 …………………… B000207
法兰西的特性 …………………… K000215
法网情仇 …………………… I000431
法坛巨擘白鹏飞 …………………… I000611
法国小说论 …………………… I000931
法国20世纪文学丛书(第十辑) …………………… I000911
法国20世纪文学丛书(第九辑) …………………… I000902
法学大辞典 …………………… D000222
法学与经济学的探索 …………………… D000316
法学英语 …………………… H000150
法律顾问大全 …………………… D000228
法理学教程 …………………… D000274
沽上春秋 …………………… K000170
河之女 …………………… I000655
河北玉米栽培 …………………… S000056
河里子集 …………………… I000643
河南人口·资源·环境丛书 …………………… C000074
河南公路运输史·现代公路运输 …………………… F000009
河南文化艺术年鉴(1993) …………………… G000011
河南志 …………………… K000176
河南省经济植物病害志 …………………… S000047
泪珠和欢笑 …………………… I000866
油气田仪表选用手册 …………………… T000089
油气盆地数值模拟方法 …………………… P000079
油气储层评价技术 …………………… T000101
油气储集层岩石特殊物理研究方法 …………………… P000028
油田区块整体堵水调剖技术论文集 …………………… T000096
油灯夜话 …………………… I000689
油菜新品种及高产栽培技术 …………………… S000067
油船总体设计 …………………… U000001
注音注解今释插图古诗三百首 …………………… I000302
注音注解今释插图寓言典故三百篇 …………………… I000733
注音精华故事丛书 …………………… I000801
泌尿男生殖外科手术图谱 …………………… R000266
波浪理论及波浪载荷 …………………… O000067
波涌灌溉试验研究与应用 …………………… S000025
治安管理处罚心理艺术 …………………… D000302
宝玉石鉴赏指南 …………………… P000106
宝石鉴定法(第三版) …………………… P000090
宝岛风姿录 …………………… K000580
宗白华全集 …………………… C000087
宗教礼仪与古代艺术 …………………… J000013
宗教对联 …………………… I000727
宗教学基本理论 …………………… B000195
宗镜录 …………………… B000201
定量煤田勘探学(附计算机地质绘图) …………………… P000068
定罪量刑的理论与实践 …………………… D000294
宜昌方言研究 …………………… H000123
审计理论结构研究 …………………… F000209
空中体坛风云录 …………………… I000593
空气变形纱加工技术 …………………… T000615
空气调节 …………………… T000722
空间模拟器设计 …………………… V000007
实分析与抽象分析 …………………… O000017
实业教育 师范教育 …………………… G000358

实用儿科急诊医学 …………………… R000284
实用中医舌诊彩色图谱 ………………… R000110
实用中医妇科学 ……………………… R000162
实用中医肝胆病学 …………………… R000065
实用中医药浴疗法 …………………… R000163
实用中药鉴别 ………………………… R000052
实用化工产品配方大全 ………………… T000562
实用分类谜语精选 …………………… I000751
实用文科知识辞典 …………………… C000080
实用心脏起搏与电复律 ………………… R000226
实用水牛疾病学 ……………………… S000115
实用古汉语大词典 …………………… H000087
实用电子电气工程图算手册 …………… T000324
实用电子电路大全(四)·电子小产品
　汇编 ………………………………… T000347
实用电视天线手册 …………………… T000290
实用电脑针灸学 ……………………… R000108
实用汉英机电词典 …………………… T000014
实用出版社财务管理 ………………… F000169
实用老年医学小百科 ………………… R000214
实用有毒中药临床手册 ………………… R000042
实用成语词典 ………………………… H000055
实用全唐诗词典 ……………………… I000313
实用合同法 …………………………… D000286
实用农药中毒急救 …………………… R000223
实用技击丛书 ………………………… G000374
实用围产保健 ………………………… R000280
实用免疫学新技术 …………………… R000182
实用果蔬加工工艺 …………………… S000083
实用制冷工程设计手册 ………………… T000023
实用肥料手册 ………………………… S000013
实用经济文体大全 …………………… H000118
实用经济合同法新编 ………………… D000257
实用药物手册(第四版) ………………… R000346
实用C语言程序设计 ………………… T000501
实用骨科手术进路图谱 ………………… R000252
实用钣金展开图解与计算手册 ………… T000138
实用DOS详解(修订版) ……………… T000411
实用美育 ……………………………… G000115
实用神经病学(第二版) ………………… R000311
实用神经病学图谱 …………………… R000312
实用珠算 ……………………………… O000023
实用秘书学 …………………………… C000039
实用脑电地形图学彩色图谱 …………… R000314
实用脑血管病学 ……………………… R000307
实用营养治疗手册(第二版) …………… R000017
实用逻辑教程 ………………………… B000099
实用兽医手册 ………………………… S000125
实用弹道学 …………………………… T000220
实用税收计算手册 …………………… F000428
实用摄影手册 ………………………… J000227
实用新药特药手册 …………………… R000350
实用精液细胞学彩色图谱 ……………… R000272
实用德语语法 ………………………… H000209
实用霓虹灯技术 ……………………… T000279
实务问答系列 ………………………… F000001
实验室仪器使用与维护手册 …………… T000181
实验室实用手册 ……………………… O000127
实践与超越 …………………………… B000057
谎诈鉴类述 …………………………… K000070
365诗词名句故事 …………………… I000314
诗经中的情歌 ………………………… I000315
《诗经》民俗文化论 …………………… I000168
诗经的文化阐释 ……………………… I000186
诗品全译 ……………………………… I000171
诗品集注 ……………………………… I000216
诗品辨析 ……………………………… I000214
诗品辨读 ……………………………… I000170
诗美思辨 ……………………………… I000028
诗歌释义学 …………………………… I000005
诗粹 …………………………………… I000308
诗镜·甘蔗树 ………………………… I000193
房地产开发与新型建材商品房 ………… F000234
房地产市场法律常识百题问答 ………… D000254
房地产市场营销学 …………………… F000141
房地产实务手册 ……………………… F000255
房屋卫生设备 ………………………… T000663
视觉设计教育丛书 …………………… J000009
话本小说史 …………………………… I000184
话语语言学概论 ……………………… H000021
话说前门 ……………………………… K000556
诡辩之谬 ……………………………… B000101

〔乛〕

建立社会主义市场经济体制中的党风
　廉政建设 …………………………… D000045
建立新经济体制的纲领 ………………… F000063
建立新型的社会保障和分配制度 ……… F000038

建设工程监理工程师知识手册 …………T000677
建设中的全国模范自治州——延边 ……D000169
建设市场交易与管理 ……………………F000399
建设有中国特色社会主义理论与唯物
史观的发展 ………………………………D000152
建设有中国特色社会主义理论形成发
展大事记 …………………………………D000195
建设有中国特色社会主义理论和党章
学习读本 …………………………………D000043
建设有中国特色社会主义理论研究
丛书 ………………………………………D000127
建设监理工程师手册 ……………………T000656
建设监理工程师实用手册 ………………T000697
建设银行会计 ……………………………F000467
建国方略 …………………………………D000098
建筑工程事故处理手册 …………………T000712
建筑工程质量控制与事故分析 …………T000662
建筑水彩画写生与分析 …………………J000120
建筑电气与照明 …………………………T000674
建筑电气安装工程图集(第一集)(第
二版) ……………………………………T000725
建筑师力学与结构选型(续) …………T000724
建筑设计资料集(1—7) ………………T000690
建筑材料学 ………………………………T000701
建筑抗震设计手册 ………………………T000695
建筑构造 …………………………………T000720
建筑物火灾后诊断与处理 ………………T000717
建筑经济与管理 …………………………F000301
建筑经济学 ………………………………F000311
建筑施工技术 ……………………………T000684
建筑施工组织 ……………………………T000685
建筑施工常用数据手册 …………………T000667
建筑结构设计手册 ………………………T000648
建筑结构的腐蚀及防护方法 ……………T000692
建筑结构预制与吊装手册 ………………T000723
建筑监理工程师手册 ……………………T000702
建筑铝型材的阳极氧化和电解着色 ……T000565
建筑装饰材料 ……………………………T000719
建筑壁画艺术 ……………………………J000038
居延新简——甲渠候官 …………………K000482
陕甘宁边区行政区划变迁 ………………K000081
陕甘宁边区教育史 ………………………G000135
陕北汉代画像石 …………………………K000480
陕西历史博物馆 …………………………G000017
陕西历代教育家评传 ……………………K000379
陕西汉画 …………………………………K000446
陕西青铜器 ………………………………K000475
陕西省戏剧志·安康地区卷 ……………J000303
陕西省戏剧志·咸阳市卷 ………………J000304
陕西省戏剧志·渭南地区卷 ……………J000301
陕西科技新秀 ……………………………K000267
陕南考古报告集 …………………………K000455
承德风光 …………………………………K000522
X 线诊断学 ………………………………R000344
线性电子线路 ……………………………T000317
线性代数 …………………………………O000029
线性系统、指数型二分性与双曲结构 …O000004
组合机床设计(第二版) ………………T000162
组合音响昂贵易损件的应急修复与变
通代换 ……………………………………T000305
组合最优化 ………………………………T000424
组合数学 …………………………………O000016
驸马传 ……………………………………K000358
绍兴师爷 …………………………………D000162
驿路万里·钟敬文 ………………………K000246
经济头脑生长点 …………………………F000013
经济动物疾病学 …………………………S000136
经济系统多发性案件预防 ………………D000301
经济应用数学学习指导 …………………F000212
经济周期与预警研究——理论、方法、
应用 ………………………………………F000153
经济学大辞典 ……………………………F000036
经济法新编 ………………………………D000217
经济贸易地理 ……………………………F000388
经济预测与决策技术 ……………………F000171
经济跳跃研究 ……………………………F000117

九　画

〔一〕

春花秋月 …………………………………I000299
春秋战国外交群星 ………………………I000396
春秋贵族法规研究 ………………………D000303
春蚕颂——文学家作品集 ………………I000253
春潮 ………………………………………I000917
珍邮大观 …………………………………G000369
珍妮姑娘 …………………………………I000963

珍稀热带鱼世界——品种·习性·养殖·欣赏 …… S000159
珍禽饲养手册 …… S000132
8K 型电力机车 …… U000003
封建衙门探秘 …… D000182
城市小学科技活动 …… G000322
城市节水技术与管理 …… T000669
城市交通网络平衡分析——理论与实践 …… U000042
城市交通管理工作研究 …… U000008
城市进步、企业发展和中国现代化 …… F000106
城市的崛起与对策 …… F000244
城市道路规划与美学 …… U000034
政府工作报告(1994 年 3 月 10 日在第八届全国人民代表大会第二次会议上) …… D000118
政府间财政关系研究 …… F000486
政治经济学原理 …… F000031
赵寿山将军 …… K000327
赵冷月八旬书法 …… J000201
赵树理年谱 …… K000263
赵树理全集 …… I000269
荆楚华章 …… I000271
带电粒子束的自场 …… O000114
草业生态工程 …… S000130
草地调查规划学 …… S000141
草屋情 …… I000646
草原丝绸之路与中亚文明 …… K000019
草原改良与利用 …… S000120
茶花女 …… I000915
茶花女 …… I000887
茶类治百病 …… R000153
荒芜英雄路 …… I000632
荣宝斋画谱·现代编 …… J000033
荣宝斋珍藏墨迹精选 …… J000212
故园暮色 …… I000433
故事大世界 …… I000083
故事发生在天安门城楼 …… I000583
故事树 …… I000767
故宫文物大典 …… K000477
故宫图释 …… K000530
故宫珍藏人物照片荟萃 …… K000256
WPS 故障分析 …… T000522
胡汉民 …… K000399
胡乔木回忆毛泽东 …… A000039
胡适留学日记 …… K000336
胡族习俗与隋唐风韵 …… K000507
胡景芳儿童中篇小说选 …… I000426
南北关系:历史、现状、机遇与挑战 …… F000046
南级、北极和湖泊…… …… N000036
南村草堂诗钞 …… I000345
南国屏藩苏元春 …… I000601
南岳衡山 …… K000517
南京大观 …… K000581
南海北部海域软泥水化学及其找矿意义 …… P000050
南海渔场作业图集 …… S000158
南海新构造与地壳稳定性 …… P000085
南陵县志 …… K000197
南盘江治理与开发研究 …… T000743
南斯拉夫“实践派”的历史和理论 …… B000089
南朝史精语 南史札记 …… K000132
药物化学总论 …… R000352
药物临床应用撷萃 …… R000347
药酒神功 …… R000084
标点符号词典 …… H000050
标准集成电路数据手册·接口电路 …… T000330
柑桔营养与施肥 …… S000081
柯尔克孜民俗 …… K000492
柯原抒情诗精选 …… I000331
相似系统论 …… N000011
相似·速算式三算·链式快速记忆 …… O000005
相似·预测·决策 …… C000042
相控阵雷达系统 …… T000336
柏慧 …… I000508
枸杞高产栽培与育种 …… S000064
柳宗元诗歌笺释集评 …… I000235
树上的小鸟 …… I000281
郦道元评传 …… K000288
咸丰泉汇 …… K000470
威风凛凛 …… I000504
歪打正着——生活中的反常思维 …… B000146
研究生英语泛读·上册 …… H000207
研究生英语精读 …… H000180
砖瓦工抹灰工木工钢筋工技能训练 …… T000683
砭旧危言 …… Z000003
泵与风机节能技术 …… T000227
泵的理论与应用 …… T000183
面向 21 世纪中日美理工大学课程体系

人才培养比较 …………………… G000279
面向21世纪现代通信技术 …………… T000339
面向21世纪的中国数学教育 ………… O000048
耐火材料工艺学(第二版) …………… T000028
牵引传动行星无级变速器设计 ………… T000171
持续发展与环境教育 ……………… X000040
挤压理论 ……………………… T000129
挥戈疆场 ……………………… I000596
拯救大地 ……………………… I000156

〔丨〕

背诵文选(小学篇)(初中篇)(高中篇) … G000171
背腧理论探索及临床应用 …………… R000073
战后拉丁美洲教育研究 …………… G000141
战争与命运 …………………… I000492
战争借口 ……………………… E000023
战国策全译 …………………… K000136
战国策选译 …………………… K000079
战国楚简文字编 ………………… K000441
CI战略 ……………………… F000166
临床口腔种植学 ………………… R000338
临床中医内科学(上、下)………… R000146
临床中药炮制学 ………………… R000035
临床介入治疗学 ………………… R000205
临床心律学 …………………… R000233
临床用药指南 ………………… R000345
临床产科学 …………………… R000281
临床肿瘤细胞学检验 …………… R000297
临床治疗学 …………………… R000208
临床骨科医师手册 ……………… R000260
临床冠心病学 ………………… R000219
临床冠心病学 ………………… R000224
临床疾病最新诊断与治疗 ………… R000199
临床疼痛治疗学 ………………… R000197
临床理论与实践外科分册 ………… R000246
临床理论与实践妇产科分册 ……… R000275
临床职业病学 ………………… R000022
临床基础眼科学 ………………… R000330
临床眼底病学 ………………… R000332
临床综合征影像学 ……………… R000210
临床解剖图谱 ………………… R000179
临床癫痫学 …………………… R000313
临证防治荟萃 ………………… R000165
竖笛 ………………………… G000258
省城轶事 ……………………… I000280
星级题库丛书 ………………… G000244
星状神经节阻滞 ………………… R000309
昨天的回响 …………………… I000549
胃肠手术图解 ………………… R000255
胃食管返流病 ………………… R000220
贵州土种志 …………………… S000015
贵州主要药用植物栽培技术 ……… S000053
贵州传统蜡染 ………………… J000245
贵州现代经济史 ………………… F000133
贵州省人口地图集 ……………… C000023
贵州省土壤 …………………… S000004
贵金属冶金学 ………………… T000122
思想市场 ……………………… F000037
思想政治工作的公关艺术 ………… D000135
思辨的美学与自由的艺术 ………… B000124
思辨随笔 ……………………… C000076
品戏斋神游录 ………………… J000291
咱们的老三届 ………………… I000282
哈里逊内科学(上、中、下) ……… R000212
哈萨克历史及其民俗概论 ………… K000494
哈萨克风俗歌谣选 ……………… I000759
哈萨克风情 …………………… K000542
哈萨克民间故事集 ……………… I000753
哈萨克族的渊源与形成 …………… K000146
哈密木卡姆 …………………… J000277
哈斯宝生平研究 ………………… K000356
骨关节创伤X线诊断学 …………… R000271
骨折、骨骺、软组织损伤治疗学 …… R000247
幽灵 ………………………… I000923
幽默人生 ……………………… K000335
幽默童话故事 ………………… I000048

〔丿〕

钟惦棐文集 …………………… J000309
钟敬文学术论著自选集 …………… I000019
钢材大全 ……………………… T000164
钢结构 ……………………… T000691
钢结构稳定理论与应用 …………… T000706
钢铁厂设计原理(上、下册)……… T000123
钢铁是怎样炼成的 ……………… I000925
钢筋混凝土构件实用施工计算手册 …… T000679
钢筋混凝土房屋结构设计与实例 …… T000022

钢筋混凝土结构分析中的有限单元法 …… T000682
钢筋混凝土结构非线性有限元分析 …… T000660
钢锭浇注与钢锭质量 …… T000121
钢管混凝土结构(修订版) …… T000652
看不见的战争 …… F000047
矩阵光学原理 …… O000083
矩阵论中不等式 …… O000028
怎样打官司 …… D000307
怎样使用 WPS 进行文字编辑 …… T000506
怎样帮助孩子复习小学数学 …… G000222
怎样修理空调器 …… T000250
怎样读历史古籍 …… K000005
选矿设计手册 …… T000079
30 秒钟智力开发(图画本) …… G000172
香港大辞典·经济卷 …… F000132
香港台湾法律述略 …… D000251
香港当代文学精品 …… I000272
香港事典 …… K000185
香港的昨天、今天和明天 …… K000205
香港话剧选 …… I000370
461 种彩色电视机供电电路解析及故障检修 …… T000308
16 种新型进口彩色电视机检修实例 …… T000316
12 种颜色的彩虹 …… I000658
秋天的钟 …… I000705
秋禾书话 …… I000699
秋雨散文 …… I000701
科尔 …… K000424
科技交流英语 …… H000167
科技国情小丛书 …… N000031
科学与非科学分界 …… G000066
科学发现小故事——化学 …… I000815
科学发现小故事——数学 …… I000816
科学发现发明辞典 …… N000009
科学发现论 …… G000063
科学技术与社会 …… N000005
科学技术是第一生产力概论 …… F000028
科学社会主义 …… D000006
科学社会主义(修订版) …… D000011
科学研究艺术 …… G000068
科学思想史指南 …… C000060
科学美与艺术美 …… B000125
365 科学童话(下) …… I000795
重负的大地——人口·资源·环境·经济 …… F000122
重返喀什噶尔 …… K000195
重油加工技术 …… T000558
重组 DNA 的原理和方法 …… Q000009
重点监护临床实践 …… R000192
重辑杜善夫集 …… I000275
重新把握人类学 …… Q000067
重磁异常波谱分析原理及应用 …… P000013
复仇 …… I000441
复杂巨系统理论·方法·应用 …… N000026
复杂反应动力学基础 …… O000129
复杂断块油田详探与开发 …… T000098
修辞学专题研究 …… H000014
修辞理据探索 …… H000038
修辞精品六十格 …… H000090
俄汉例解词典 …… H000179
俄英汉词典 …… H000004
俄罗斯儿童文学论谭 …… I000904
俄藏敦煌文献(五) …… K000436
俗语词典 …… H000081
信不信由你,古老而神奇的中华气功 …… R000167
信号与系统 …… T000360
信号与线性系统分析 …… T000362
信托法原论 …… D000259
信念的旅程——冯友兰传 …… K000408
信息经济学 …… F000021
“鬼才”贾平凹 …… I000582
鬼谷子与云梦山 …… I000761
侵略与自卫 …… K000127
泉贤著作述评 …… Z000017
侯德榜 …… K000258
侯德榜论文选 …… T000571
追忆似水年华 …… I000905
追求与探索 …… G000035
叙事学 …… I000011
俞长荣论医集 …… R000171
剑桥艺术史 …… J000014
剑桥中华民国史 …… K000041
剑桥商务英语证书(BEC1)一级考试丛书 …… H000186
剑桥商务英语证书(BEC2)二级考试丛书 …… H000158
食用菌治百病 …… R000152

食疗法与药疗法 …… R000103
食品卫生检验技术手册 …… R000019
食品标签通用标准实施指南 …… T000622
食品添加剂基础 …… T000619
胆道外科学 …… R000264
脉动燃烧 …… T000225
脉状矿床成矿构造研究 …… P000101
独龙江地区植物 …… Q000022
独生子女教养大全 …… G000346
贸易价格国际惯例 …… F000361
贸易结算国际惯例 …… F000360
急症骨科学 …… R000270

〔丶〕

弯曲时空量子场论 …… O000092
弯斜桥计算理论与实用计算 …… U000030
度量空间与勒贝格积分 …… O000024
音乐学文集 …… J000257
音乐美学 …… J000270
音响技术与电声工程 …… T000348
音韵学概要 …… H000125
帝玛·丹增彭措医著选集(藏文版) …… R000086
施工与房地产企业债权债务实用范本 … F000312
恒山早前寒武纪地壳演化 …… P000057
恒电位仪电路原理及其应用 …… T000287
恒河、黄河情丝 …… K000413
闻一多年谱长编 …… K000324
阀门设计计算手册 …… T000192
差生心理与教育 …… G000122
养生十大名著精解 …… R000144
养生与中国文化 …… R000032
养鸡 …… S000129
养兔 …… S000128
养猪学(第二版) …… S000137
美术(中高年级用) …… G000289
美术(低年级用) …… G000286
美术及其教育 …… J000160
美术文献 …… J000023
美术字丛书 …… J000218
美术概论 …… J000008
美妙传说 …… I000734
美国文学名著精选 …… I000957
美国当代建筑(丛书) …… T000707
美国早期史 …… K000216
美国证券市场的运作理论与实务 …… F000465
美国社会生活与思想史 …… B000097
美国学者论唐代文学 …… I000151
美国学校数学课程与评价标准 …… G000119
美国经济史新编 …… F000051
美国教育史 …… G000133
美国悲剧 …… I000967
美国税收政策 …… F000430
美学与电子文化 …… B000122
美学与市场经销 …… F000343
美学与两性文化 …… C000007
美学与社会犯罪 …… D000219
美容整形手术并发症 …… R000249
叛逆的灵魂 …… I000865
送你一把金钥匙 …… D000067
迷你哲理诗集 …… I000296
前夜 父与子 …… I000921
首届全国泥石流滑坡防治学术会议论文集 …… P000030
首都图书馆馆藏善本医书 …… R000176
首楞严经 …… B000199
逆序类聚古汉语词典 …… H000095
总设计师和他的工程 …… A000024
将帅型企业家松下幸之助——论松下幸之助的企业家素质 …… K000425
将军生死录——皮定均传 …… K000318
将军们的童年(续集) …… I000771
将军——总统 …… K000233
洪秀全 …… K000396
洪秀全评传 …… K000375
洪荒 …… I000510
洞庭湖 …… K000551
测量不确定度的表示方法 …… T000200
涎腺疾病 …… R000335
染料化学 …… T000557
染整工业词典 …… T000596
济公全传 …… I000469
济南名士丛书 …… C000001
宦乡文集 …… C000066
室内设计经典集 …… T000671
室内植物装饰与养护 …… S000076
室内装饰工程手册 …… T000711
室内装饰丛书 …… T000688
室内燃煤空气污染与肺癌 …… R000293

宪法与民主政治 …………………………… D000224
突发事件——1906—1972 美联社新闻摄影作品集 …………………………… J000231
客房服务 …………………………… F000381
冠心病证治与现代研究 …………………………… R000218
语石·语石异同评 …………………………… K000448
C++语言大全 …………………………… T000457
语言大师王力 …………………………… I000615
C 语言与程序设计 …………………………… T000416
语言和人 …………………………… H000006
语言差异与文化心理 …………………………… H000018
语言·语用·语法 …………………………… H000008
C 语言速成 …………………………… T000523
PC C 语言教程 …………………………… T000405
语苑新论——纪念张世禄先生学术论文集 …………………………… H000051
语法修辞论 …………………………… H000053
语音处理与识别 …………………………… T000366
语海·秘密语分册 …………………………… H000045
语篇的衔接与连贯 …………………………… H000002
祛风药治疗顽症 …………………………… R000170
祖国三部曲　交响大合唱　钢琴伴奏谱 …………………………… J000260
神圣的珊瑚礁 …………………………… I000636
神针妙手奇方 …………………………… R000107
神妙故事 …………………………… I000735
神奇的压力 …………………………… N000034
神奇富饶的贵州 …………………………… K000163
神怪故事 …………………………… I000050
神经内科临床新进展 …………………………… R000316
神经网络技术 …………………………… T000499
神经网络理论与应用 …………………………… T000531
神经系统疾病诊断学 …………………………… R000319
神经组织切片技术指导 …………………………… R000183
神经疾病临床剖析 …………………………… R000300
神秘的八字 …………………………… B000183
神秘的五行 …………………………… B000184
神秘的节俗 …………………………… K000499
神秘的术数 …………………………… B000209
神秘的占候 …………………………… B000186
神秘的红蝴蝶 …………………………… I000845
神秘的空间——女性写作心理探索 …… I000010
神秘的符箓咒语 …………………………… B000185
神棍(维吾尔民间故事) …………………………… I000808
说八股 …………………………… H000091
说文解字三索 …………………………… H000062
说水浒　话权谋 …………………………… I000209
说岳全传 …………………………… I000470

〔乛〕

屋顶花园设计与营造 …………………………… T000658
娃娃英语 …………………………… G000325
勇士与大盗的故事 …………………………… I000052
勇攀金山的人们 …………………………… D000150
结构力学 …………………………… T000681
结构素描 …………………………… J000109
结构—符号学文艺学——方法论体系和论争 …………………………… I000014
结构塑性动力学引论 …………………………… O000077
绘画历史故事词典 …………………………… I000781
绘画本世界名人传记 …………………………… J000051
绘画本武经七书(上中下) …………………………… E000032
绘画品德故事词典 …………………………… I000797
绘图 0 岁方案 …………………………… G000195
给水与废水处理(二卷本)(英文版) …… X000002
给领导者的 100 个思路 …………………………… C000044
绝妙人生 …………………………… I000708
绝妙好联赏析辞典 …………………………… I000731
绝妙趣谈 …………………………… I000741
绝境求存(雏鹰行动系列) …………………………… G000096
统计制图 …………………………… C000065
统计指标导论 …………………………… C000089
统计渐近论基础(纯粹数学与应用数学专著第 27 号) …………………………… O000053
统御之道 …………………………… C000020
逊志堂杂钞 …………………………… Z000049

十　画

〔一〕

耕耘集 …………………………… I000367
秦、赵源流史 …………………………… K000130
秦山核电厂调试运行论文集 …………………………… T000286
秦巴岩石圈、构造及成矿规律地球化学研究 …………………………… P000047
秦巴金属矿产成矿概论 …………………………… P000064
秦岭显生宙古海盆沉积和演化史 ……… P000042

秦牧全集 …… I000252
秦物质文化史 …… K000138
秦始皇帝陵兵马俑辞典 …… K000467
秦始皇陵研究 …… K000481
秦俑头像精选 …… K000435
秦腔打击乐 …… J000263
秦腔优秀折子戏·小戏·唱段选编 …… J000295
秦腔唱法研究 …… J000290
泰戈尔散文选 …… I000855
珠数学 …… O000011
班级教育的理论与方法(教育改革的理论与实践丛书) …… G000077
素描 …… J000118
蚕病防治技术100问 …… S000144
匪首 …… I000434
载人航天器仪表显示与监测系统 …… V000014
袁枚《续诗品》详注 …… I000162
袁枚散文选集 …… I000711
都兰趣话 …… I000949
都德散文选 …… I000886
恐惧与颤栗 …… B000141
聂荣臻 …… K000366
莱蒙托夫抒情诗全集 …… I000892
莫伯治集 …… T000646
莫泊桑社会小说 …… I000951
莫泊桑短篇小说选 …… I000936
莫斯科——1941 …… I000940
莎士比亚新论 …… I000879
莎剧论纲 …… I000926
真空沉积技术 …… T000047
真假荒诞 …… I000692
桂林抗战文学史 …… I000244
栖居于游牧之地 …… I000155
档案编研概论 …… G000036
桥林漫话 …… U000053
桥梁 …… U000016
桥牌技艺全书 …… G000378
《格萨尔》新探 …… I000237
校园歌声 …… G000287
校园器乐 …… G000259
酌中志 …… K000057
配合饲料大全 …… S000133
配位化学中的相关分析 …… O000133
夏商社会生活史 …… K000107
原木材积累计表 …… S000107
逐鹿金陵 …… I000506
顾炎武论考 …… B000066
顾维钧回忆录 …… K000239
振动模态参数识别及其应用 …… O000079
哲人与诗——西方当代一些美学问题的哲学根源 …… B000131
哲人科学家丛书 …… K000220
哲学方法论纲 …… B000015
哲学的改造 …… B000090
哲学热点新论 …… B000001
哲学解释学 …… B000016
挽危救亡的史诗——西安事变 …… K000124
热力机车牵引热工应用技术 …… U000005
热工学 …… T000228
热能系统分析与最优综合 …… T000224
热喷涂原理及应用 …… T000144

〔丨〕

党务工作知识手册 …… D000041
党团务工作规程 …… D000023
党员管理与发展 …… D000018
党的建设大典 …… D000025
党的基本知识新编 …… D000039
党政机关事务工作 …… D000194
党课教材(农村版) …… D000031
鸭鹅病防治新技术 …… S000148
哺乳动物胚胎工程 …… Q000054
晏子春秋选译 …… B000069
哼哈二将 …… I000847
圆形批评论 …… I000141
峻青文集 …… I000263
赃贿鉴类述 …… K000071

〔丿〕

钱三强文选 …… N000043
钱伟长学术论著自选集 …… Z000011
钱刻文艺家印谱 …… J000180
钻井井架、底座的设计计算 …… T000097
钾盐矿床 …… P000039
铁血远征——中国远征军印缅抗战 …… E000040
铁血将军李明瑞 …… I000612
铁合金生产的理论和工艺 …… T000120
铁合金冶炼技术操作 …… T000113

铁骨铮铮的脊梁——贬臣故事 …………I000817
铁路钢桥——设计和制造 …………U000062
铁路测量 …………U000066
铁磁流体力学 …………O000070
铁箫人语 …………I000665
铂族金属化学冶金理论与实践 …………T000110
氧气顶底复吹转炉设计参考 …………T000125
特别的爱给特别的你 …………C000036
特种工艺检验 …………T000158
特种加工 …………T000147
特种冲压技术 …………T000170
特种珍禽高效养殖技术 …………S000126
特种药用动物养殖与加工技术 …………S000140
特种陶瓷 …………T000559
造型基础 …………J000003
造型基础与传达设计 …………T000064
秘书学 …………C000006
秘书集成 …………Z000035
透视灵魂的世界 …………I000520
笑话故事 …………I000746
笑话集锦 …………I000685
健美之源 …………I000621
健康与权力——"克里姆林宫医生"回忆录 …………K000212
射线检测 …………T000207
皋鹤堂批评第一奇书金瓶梅 …………I000488
徐竹初木偶雕刻艺术 …………J000221
徐志摩书信集 …………K000241
徐志摩全集补编 …………I000254
徐洪刚的故事 …………I000550
徐洪刚的故事 …………I000811
徐悲鸿艺术文集 …………J000002
徐悲鸿书信集 …………K000240
徐霞客与山水文化 …………K000536
殷墟甲骨断代 …………K000451
航天——奔向宇宙之路 …………V000012
航天型号研制管理概论 …………V000015
航天故障手册 …………V000009
航母·航母 …………I000527
航空地勤英语 …………H000189
航空制造工程手册 …………V000010
航空空勤英语 …………H000188
航空摄影测量外业 …………P000007
航炮设计 …………T000215
爱伦·坡短篇小说选 …………I000969
爱我中华 …………I000446
爱我中华三部曲 …………K000055
爱国主义教育文库·文学 …………I000099
爱国名将李济深 …………I000540
爱国统一战线与社会主义市场经济 …………D000177
爱的教育 …………J000062
爱情与荣誉 …………I000948
爱情笔记 …………I000683
翁文波学术论文选集 …………P000002
翁同龢传 …………K000274
胸部肿瘤学 …………R000295
胶东金矿同位素年龄的厘定 …………P000037
胶粘剂应用技术手册 …………T000563
脑血管病及其外科治疗 …………R000269
脑卒中康复 …………R000305
脑信息与脑障碍 …………R000310
逛旧书店淘旧书 …………G000049
留日指南与会话 …………H000169

〔丶〕

衰落论 …………B000005
高小岩书孔子事迹图解 …………J000165
高中化学竞赛教程 …………G000300
高中地理快速记忆法 …………G000253
高中会考制度的实践与研究(教育改革的理论与实践丛书 …………G000231
高分子化学 …………O000135
高分子材料流变学导论 …………T000032
高水速凝材料及其应用 …………T000037
高句丽考古 …………K000454
高句丽遗址与遗物研究 …………K000444
高压直流输电系统的谐波分析及滤波 …………T000266
高扬的旗帜 …………D000042
高产优质高效农业模式 …………S000026
高级记者高级编辑名录 …………K000357
高级会计学教程 …………F000148
高级医师参考丛书——临床理论与实践 …………R000189
高级英语 …………H000184
高级英语教程 …………H000192
高级软件设计与开发技术 …………T000390
TURBO PASCAL 高级编程技术 …………T000369

UNXI 高级编程技术 …………………… T000404
高丽文学美意识研究 ………………… I000873
高技术百科辞典 ……………………… T000013
高技术条件下军事斗争的发展与运用丛书 ……………………………… E000018
高技术条件下的信息战 ……………… E000007
高技术局部战争研究 ………………… E000043
高技术局部战争研究 ………………… E000013
高技术战争与当代青少年丛书 ……… E000045
高科技时代——当代领导人与企业家 …………………………………… N000019
高浊度给水工程 ……………………… T000696
高速铁路 ……………………………… U000065
高速铁路概论 ………………………… U000027
高速旋转机械轴系动力学设计 ……… T000186
高效养猪大全 ………………………… S000151
高 Tc 氧化物超导体系的相关系和晶体结构 ……………………………… T000043
高等书法教程 ………………………… J000167
高等动力学 …………………………… O000082
高等级公路路基路面施工技术 ……… U000044
高等医学院校护理专业大专系列教材 … R000209
高等学校试用教材·技术经济学 …… F000032
高等学校建筑·规划与环境设计 …… T000657
高等教育理论与实践 ………………… G000324
高等弹性理论 ………………………… O000074
高等数学(修订本) …………………… O000040
高等数学习题课教程 ………………… O000030
高等数学解题方法 …………………… O000021
高强材料学 …………………………… T000019
高频电路原理与分析 ………………… T000311
郭金洲版画选 ………………………… J000060
郭沫若与儒家文化 …………………… K000290
郭沫若和他的三位夫人 ……………… I000548
郭沫若诗词鉴赏 ……………………… I000294
席承藩与我国土壤地理 ……………… F000290
席殊 3SFM 实用硬笔字 60 小时训练 …… J000204
效应形态论—审美世界的特质 ……… B000133
病理生理学 …………………………… R000178
离子对高效液相色谱法 ……………… O000126
离散事件动态系统 …………………… T000476
离散事件系统理论与柔性制造系统 … T000451
唐方镇文职僚佐考 …………………… D000109
唐代长安宫廷史话 …………………… K000114
唐代文学研究(第五辑) ……………… I000140
唐代文选 ……………………………… I000284
唐代名人科举考卷译评 ……………… D000095
唐宋全词 ……………………………… I000338
唐宋词三百首今译赏析 ……………… I000350
唐宋词百家全集 ……………………… I000353
唐宋词纵横谈 ………………………… I000205
唐宋词典故大辞典 …………………… I000194
唐君毅思想研究 ……………………… B000042
唐诗三百首汇品 ……………………… I000334
唐诗三百首全译 ……………………… I000356
唐诗史 ………………………………… I000188
站在山谷与你对话 …………………… I000703
旅游导游学 …………………………… F000333
旅游经济学 …………………………… F000324
旅游资源学 …………………………… F000334
畜产市场运行与发展 ………………… F000391
畜禽疾病防治验方精选 ……………… S000123
“拳拳亲情”丛书 …………………… I000675
粉体工程 ……………………………… T000048
益智趣味故事 500 则(紫叶集) ……… I000794
烧伤创面修复与全身治疗 …………… R000256
烟　处女地 …………………………… I000918
脊柱疾患的临床与研究 ……………… R000248
资本主义管理大辞典 ………………… C000030
资本理论 ……………………………… F000040
资治通鉴大辞典 ……………………… K000117
资治通鉴之通鉴 ……………………… K000097
《资治通鉴》妙语选 ………………… K000098
资治通鉴故事丛书 …………………… K000051
资源倾斜配置研究 …………………… F000306
浦东信息大全 ………………………… F000109
浦东新区年鉴(1994) ………………… Z000053
浙江七千年——浙江博物馆藏品集 … K000468
浙江珍稀濒危植物 …………………… Q000025
浙江省名村志 ………………………… K000561
浙江省图书馆志 ……………………… G000053
浙江教育名人 ………………………… K000352
浙江植物志 …………………………… Q000021
浙江蔬菜品种志 ……………………… S000075
涉外合同文书大全 …………………… D000282
涉外经济法新论 ……………………… D000309
涡运动理论 …………………………… O000076
浩然研究专集 ………………………… I000143

硅化合物的生产与应用 …………………… T000550
硅同位素地球化学 …………………… P000077
硅酸盐工程测量技术 …………………… T000564
硒的化学、生物化学及其在生命科学中
　的应用 …………………… R000028
盛世危言 …………………… Z000005
盛唐诗 …………………… I000172
雪山下的情思 …………………… I000321
雪胆属的系统与进化 …………………… Q000023
雪恨 …………………… K000426
雪莱抒情诗全集 …………………… I000889
推进我国地质科学前沿研究的谋划 …… P000083
推拿大成 …………………… R000060
推拿手法图谱 …………………… R000076
推拿疗法 …………………… R000095
推拿临床与解剖 …………………… R000088
推销原理与技巧 …………………… F000411
捻军史研究 …………………… K000054
控制电机(第二版) …………………… T000329
控制危险废物越境转移及其处置文件
　和技术准则汇编 …………………… X000034
探索·耕耘·奉献 …………………… G000031

〔丨〕

虚谷画集 …………………… J000098
虚词历时词典 …………………… H000063
虚实之辨 …………………… B000077
虚假论 …………………… B000004
常见病的针灸疗法 …………………… R000142
常见病的奇特疗法 …………………… R000195
常见错别字校正字典 …………………… H000085
常用中药成分与药理手册 …………………… R000079
常用中药材品种整理和质量研究(一) …… R000051
常用金属材料购销手册 …………………… T000139
常用药物临床新用途手册 …………………… R000351
常用集成电路互换手册 …………………… T000310
眼科手术学 …………………… R000328
野外生存 …………………… E000026
《野草》的艺术世界 …………………… I000259
野菜治百病 …………………… R000147
晚明士风与文学 …………………… I000129
唯物辩证法的理论与方法 …………………… B000017
逻辑百科辞典 …………………… B000100
逻辑研究　第一卷 …………………… B000102
崔子范精品集 …………………… J000036
婴幼儿启蒙丛书 …………………… G000339
婴幼儿歌谣 …………………… I000780

〔丿〕

铜陵市志 …………………… K000183
铜锅(维吾尔民间故事) …………………… I000805
银屑病的临床和研究 …………………… R000322
犁不开的冻土 …………………… I000577
移动通信 …………………… T000298
第一二〇师陕甘宁晋绥联防等抗日战
　争史 …………………… E000048
第二次世界大战百科词典 …………………… K000015
第二次世界大战百幕风云 …………………… K000018
第二次世界大战纪实丛书 …………………… I000575
第二届中国油画展作品集 …………………… J000057
第二届应氏杯世界职业围棋锦标赛特集
　…………………… G000399
第三产业投资经营经要 …………………… F000380
第三产业基础知识 …………………… F000375
第四代语言程序设计 …………………… T000448
第四次世界妇女大会知识手册 …………………… D000071
您好丛书 …………………… C000064
您的小助手——常见工具软件 …………………… T000434
船舶与海洋结构运动的随机理论 …………………… U000049
斜拉桥 …………………… U000012
彩色电视机检测数据大全 …………………… T000325
彩色校样检查与修改 …………………… T000606
彩图幼儿好习惯故事 …………………… G000211
彩图动物智慧故事 365 …………………… J000067
彩图学生英汉小词典 …………………… H000172
彩图科学知识启蒙故事 100 篇 …………………… I000849
彩绘本半小时妈妈 …………………… G000213
彩绘本新幼儿故事大王 …………………… I000802
领导班子配备艺术 …………………… C000009
象棋教材(1—4 卷) …………………… G000387
象棋基本战术 …………………… G000388
猪的遗传改良 …………………… S000119
猎人笔记 …………………… I000919
猎骄昆弥 …………………… I000874
猛回头 …………………… D000100

〔丶〕

麻赫穆德·喀什噶里 …………………… I000440

廊桥遗梦 …… I000964
康熙大帝 …… I000375
康熙诗词集注 …… I000351
康熙皇帝一家 …… K000253
章又新建筑画与技法 …… J000027
章丘文物汇考 …… K000462
商业企业债权债务实用范本 …… F000409
商业服务业日语 …… H000191
商业经济基础知识 …… F000376
商业银行债权债务实用范本 …… F000484
商业银行资产负债管理实务 …… F000478
商代地理概论 …… K000547
商场情景英语 …… H000157
商标国际惯例 …… D000249
商界 …… I000404
商源流史 …… K000118
旋窑水泥生产新技术及应用 …… T000536
情报数据库系统 …… G000065
惊世奇功揭秘 …… J000297
粘度测量 …… T000189
粘弹性断裂力学 …… O000073
兽医中草药彩色图谱 …… S000139
"兽医指南"丛书(蒙古文) …… S000108
兽医临床鉴别诊断学 …… S000135
兽药手册(第二版) …… S000118
兽药制剂生产与应用手册 …… S000145
焊接结构疲劳强度 …… T000154
减免刑事责任理论比较研究 …… D000247
清人诗集叙录 …… I000341
清王朝的建立、阶层及其他 …… K000053
清代人物传稿(上编) 第七卷 …… K000328
清代三藩研究 …… K000084
清代四大小说 …… I000517
清代的边疆开发 …… K000044
清代笔记小说类编 …… I000429
清代商业史 …… F000337
清代新疆流放名人 …… K000320
清园论学集 …… I000094
清·张子祥花鸟写生画谱 …… J000074
清波杂志校注 …… K000108
清官启示录 …… D000096
清前史论丛 …… K000026
清宫秘闻 …… K000116
清廉曲与警世钟 …… D000178
清儒学案新编 …… B000047
混沌初开 …… I000449
混凝土与砌体结构设计 …… T000715
混凝土外加剂产品及应用手册 …… T000730
混凝土弯梁桥 …… U000019
混凝土结构(上、下) …… T000689
混凝土结构工程施工及验收手册 …… T000704
混凝土结构构造手册 …… T000668
淮南子校注译 …… B000038
淮海集笺注 …… I000285
渔业水上交通安全管理法规文件选编（第二辑） …… D000270
液压传动 …… T000180
淡水生物学 …… S000155
深圳传奇 …… I000607
深谷回音——三峡经济开发的历史反思 …… F000126
梁启超 …… K000395
梁启超未刊书信手迹 …… K000392
梁启超哲学思想新论 …… B000040
梁崎书画作品选 …… J000071
梁漱溟与胡适 …… K000275
梁漱溟研究集 …… K000322
窑祭 …… I000496
密特朗 …… K000422
谋事之基·成事之道 …… C000008
谋略库(续二) …… C000072
谗诬鉴类述 …… K000069
谜语故事 …… I000748

〔乛〕

敢问路在何方 …… I000555
屠格涅夫全集 …… I000913
屠格涅夫爱情小说 …… I000952
弹性各向异性体力学及其应用 …… O000075
隋唐五代文学批评史 …… I000152
隋唐演义 …… I000480
随机过程及其应用 …… O000057
随机模型及其应用 …… O000061
蛋白质可逆磷酸化对细胞活动的调节 …… Q000007
隐士传 …… K000388
婚姻家庭关系要论 …… C000025
婚恋生活的自我调试 …… C000071

颈椎伤病学 …………………………… R000259
PC 维修大全 …………………………… T000395
维摩诘所说经·圆觉经 ……………… B000168
PC—E500 综合应用及测量常用程序集 ……………………………… P000009
综采生产管理手册 ……………………… T000083
绿化装饰艺术 …………………………… T000693
绿色的开拓者 …………………………… K000266
绿色的思忖 ……………………………… I000088

十二画

〔一〕

斑驳人生 ………………………………… I000671
越过马其诺 ……………………………… I000570
超声医学(第二版) ……………………… R000196
超声波电动机 …………………………… T000258
超前认识论 ……………………………… B000006
超载的环境 ……………………………… X000039
超常儿童心理发展与教育 ……………… B000139
超越本体——马克思主义意义理论研究 ……………………………… H000007
超越自己 ………………………………… I000649
博山风光名胜大观 ……………………… K000513
博古斋藏书画集 ………………………… J000125
博物馆学通论 …………………………… G000037
彭雪枫将军 ……………………………… I000567
期货市场理论与实务 …………………… F000383
期货交易方略和技巧 …………………… F000356
期货交易操作丛书 ……………………… F000338
期货·金融·房地产市场及其管理 …… F000008
期货致胜韬略 …………………………… F000406
联醇生产 ………………………………… T000537
董贝父子 ………………………………… I000930
董氏太极快拳全书 ……………………… G000376
葡语作家丛书 …………………………… I000080
葡萄学 …………………………………… S000082
蒋介石和黄埔系 ………………………… K000314
蒋介石的人际世界 ……………………… K000259
蒋介石政治关系大系 …………………… K000277
蒋礼鸿语言文字学论丛 ………………… H000023
落叶松的遗传改良 ……………………… S000103
落花人独立 ……………………………… I000694
韩非子妙语选 …………………………… B000075
韩国经济的崛起 ………………………… F000049
韩国经济——面向 21 世纪 …………… F000057
韩国研究中文文献目录 ………………… Z000059
朝圣者的灵魂 …………………………… I000089
朝鲜文学史(近现代部分) …………… I000869
朝鲜战争演义 …………………………… I000455
朝鲜语在中国、朝鲜、韩国使用上的差异之研究 ……………………………… H000221
朝鲜语和汉语关系调查 ………………… H000222
植物世界 ………………………………… Q000024
植物生态场导论 ………………………… Q000034
植物进化生物学 ………………………… Q000033
植物医生手册 …………………………… S000040
植物抗性生理学 ………………………… Q000031
植物育种亲本选配的理论和方法 ……… S000052
植物造景 ………………………………… S000070
植物基因工程学 ………………………… Q000028
森林、草原和海洋 ……………………… N000040
森林水滴 ………………………………… I000648
森林环境持续发展学术讨论会文集 …… X000035
森林的诱惑 ……………………………… K000553
棉纺织工厂设计 ………………………… T000593
棉纺织设备使用须知 …………………… T000594
棉铃虫防治技术 ………………………… S000039
棉铃虫综合治理技术新编 ……………… S000037
棕色童话 ………………………………… I000894
厨师培训教材 …………………………… T000635
厦门方言 ………………………………… H000041
硬笔书画古代诗词 ……………………… J000186
硝胺及硝酸酯炸药化学与工艺学 ……… T000541
搜神记全译 ……………………………… I000409

〔丨〕

最优化方法 ……………………………… O000063
最后的华尔兹 …………………………… I000087
最新上海男装毛衣编结 ………………… T000623
最新小学多功能词语手册 ……………… G000227
最新电子元器件应用技术手册 ………… T000349
最新汉字实用字典 ……………………… H000126
最新光学应用测量技术 ………………… T000182
GRE 最新全真试题精解 ………………… H000166
最新低温制冷技术 ……………………… T000033
最新英汉药名词典 ……………………… R000353

最新国际贸易实务指南 5000 例 ………… F000353
最新国际贸易港口手册 ………………… F000369
最新 Auto CAD 使用指南(Auto CAD 12.0) ……………………………… T000420
最新活用英汉辞典 ……………………… H000170
最新家用电脑实用指南 ………………… T000486
最新家用电脑实用操作与保养精编 …… T000500
最新职业女装 100 例 ………………… T000628
最新铸造标准应用手册 ………………… T000168
量子力学的丰碑 ………………………… O000086
喋血黄沙 ………………………………… I000572
景德镇瓷俗 ……………………………… K000486
遗传性泌尿生殖疾病 …………………… R000253
喀斯特环境质量变异 …………………… X000010
黑小丁在交响乐团 ……………………… J000094
黑龙江省农村改革与发展(1991～1993) ……………………………… F000276
黑白人生 ………………………………… I000704
黑白与彩色电视机电路分析与维修技术 ……………………………… T000300
黑白设计 ………………………………… J000256
黑白情韵 ………………………………… J000081
黑眼睛丛书(幼儿文学画库) ………… I000848
黑雾英魂 ………………………………… I000522
黑旗军魂刘永福 ………………………… I000584

〔丿〕

铸造工艺学 ……………………………… T000137
铸造手册 ………………………………… T000128
铸造手册,第 1 卷,铸铁 ……………… T000141
铸造手册,第 3 卷,铸造非铁合金 ……… T000149
铸造手册,第 4 卷,造型材料 ………… T000142
铸造手册,第 6 卷,特种铸造 ………… T000153
销售策略和技巧 ………………………… F000393
锌及锌合金物理冶金学 ………………… T000127
短纤维复合材料理论与应用 …………… T000034
短路电流计算(不对称短路) ………… T000254
智谋百科(共 5 卷) …………………… C000067
智慧在这里闪耀——谋士故事 ………… I000818
智慧的发展 ……………………………… B000145
智慧的探索 ……………………………… B000002
《剩余价值理论》研究 ………………… A000020
嵇康评传——汉魏风骨尽 竹林遗恨长 ……………………………… K000332
嵇康美学 ………………………………… B000134
FORTRAN77 程序设计 ……………… T000465
FoxPro 2.5 for DOS 程序设计—入门篇 ……………………………… T000426
C 程序设计及其应用 ………………… T000480
QUICK BASIC 程序设计及应用 ……… T000524
ForPro 2.5 for DOS 程序设计—提高篇 ……………………………… T000444
ForPro 2.5 程序员指南 ……………… T000507
程序员疑难问题详解 Peter Norton 编程宝库 ……………………………… T000492
程控电话与话务理论 …………………… T000350
S1240 程控交换机操作与维护 ……… T000326
稀土铸铁 ………………………………… T000118
税务职业道德 …………………………… F000472
税务检查 ………………………………… F000455
税收理论与制度 ………………………… F000490
税利分流研究 …………………………… F000492
筑炉手册 ………………………………… T000119
筛分和重选理论及其应用的新进展 …… T000081
鹅湖书院志 ……………………………… G000257
傣族传统医药方剂 ……………………… R000044
傅译丹纳集·艺术哲学 ………………… J000005
傅抱石的青少年时代 …………………… K000278
傅振伦文录类选 ………………………… Z000027
傅斯年——大气磅礴的一代学人 ……… K000281
傅雷传 …………………………………… K000315
集成电路兼容技术 ……………………… T000363
集邮爱好者手册(修订版) …………… G000397
集散型计算机控制系统(DCS) ……… T000519
储层实验测试技术 ……………………… T000109
奥德赛 …………………………………… I000932
街角社会:一个意大利人贫民区的社会结构 ……………………………… D000201
舒芜文学评论选 ………………………… I000131
舒展军旅书法作品选 …………………… J000200
番茄、茄子、辣椒病害图谱 …………… S000045
释迦牟尼大传(藏文版) ……………… B000159
禽类寄生虫学 …………………………… S000143
鲁迅:在中日文化交流的坐标上 ……… I000265
鲁迅与少数民族文化 …………………… K000351
鲁迅和儿童文学 ………………………… I000260
鲁迅的人际艺术 ………………………… K000260
鲁迅的讽刺艺术 ………………………… I000267

鲁迅的诗歌艺术 …… I000258
鲁迅诗作鉴赏 …… I000251
鲁国史 …… K000137
鲁屋楮墨编 …… J000164
鲁滨逊漂流记 …… I000888

〔丶〕

装配、试验及其他检验 …… T000008
蛮性的遗留(外一种:两条腿) …… B000115
敦煌文献语言词典 …… H000102
敦煌书法库(第一辑) …… J000171
敦煌写卷书法精选 …… J000209
敦煌遗梦 …… I000468
敦煌赋校注 …… I000323
童年·少年·青年 …… I000929
"童话列车"丛书(第五辑) …… I000765
童话故事 …… I000060
童装款式与裁剪 …… T000610
善的历程 …… B000049
普希金长诗全集 …… I000891
普希金抒情诗全集 …… I000899
CAI 普通化学教程 …… O000121
普通高中课程计划问题研究 …… G000186
普通教育整体改革的实验与研究 …… G000132
普通逻辑简明教程 …… B000103
尊古斋金石集拓 …… K000437
尊隐 …… B000029
道佛儒思想与中国传统文化 …… B000161
道教大辞典 …… B000175
道教文化辞典 …… B000176
道路立交的规划与设计 …… U000035
道路交通事故的预防和处理 …… U000057
道德经注译与析解 …… B000054
道德理想国的覆灭 …… K000213
曾卓文集 …… I000270
曾国藩嘉言录 …… K000384
曾经男人的三少女 …… I000893
港口工程施工手册(上、下册) …… U000037
港台企业家经营管理文化 …… F000236
湖北近代货币史稿 …… F000480
湖北近 300 年学术文化 …… K000173
湖北常用方言词典 …… H000094
湖南民间美术全集 …… J000022
湖南通史 …… K000201
湘中锑矿 …… P000065
湍流 …… O000068
湾流集 …… I000644
游侠传 …… K000372
寒山诗与史 …… I000148
禅宗名著选编 …… B000179
禅宗灯录译解 …… B000189
禅宗词典 …… B000155
禅宗美学史稿 …… B000132
禅理散文 …… I000635
谢之光画集 …… J000151

〔乛〕

强连续线性算子半群 …… O000006
强学戊戌时论选 …… B000034
Windows 3.1 编程圣典 …… T000503
编辑启示录 …… G000025
编辑实用百科全书 …… G000060
骚动的一生 …… K000427
缘物说诗 …… I000160

十三画

〔一〕

魂系雪域 …… J000230
靳尚谊画集 …… J000132
蓝玉崧书法集 …… J000195
蒿里行 …… I000391
蒲松龄生平著述考辨 …… I000118
蒙文历史文献概述 …… K000152
蒙古与教廷 …… D000204
蒙古文学发展论 …… I000238
蒙古国投资、贸易、旅游指南 …… F000058
蒙古饰物 …… K000493
蒙古学论文集 …… K000140
蒙古语详解词典 …… H000223
《蒙古秘史》历史人物 …… K000151
蒙古族哲学思想史 …… B000035
蒙医对常见病的诊断和治疗 …… R000055
蒙医树喻法及秘技诠释 …… R000124
蒙学助读丛书 …… G000192
蒙城县志 …… K000202
蒙蔽之鉴 …… I000401

献给伟大祖国的赞歌 …………………… J000284
楚文化研究论集(第3集) …………………… K000050
楚辞正解 …………………… I000198
楚辞佳句辞典 …………………… I000355
楚辞集解 …………………… I000300
概率疲劳 …………………… T000156
雷公药对 …………………… R000145
雷锋的美德(小学中年级版) …………………… G000177
雷锋的美德(小学低年级版) …………………… G000188
雷锋的美德(小学高年级版) …………………… G000178
雷锋颂歌(诗词专辑) …………………… I000303
雾、雨和雪…… …………………… N000037
雾海椰岛 …………………… I000444
摄像发烧友大全 …………………… T000301
摄像机投影机调试维修图集 …………………… T000302
摄影手册 …………………… T000071
摄影技艺教程 …………………… T000039

〔丨〕

90频道彩电加装遥控器技巧大全 …………………… T000353
睡的人醒了 …………………… D000104
暗杀——3322 …………………… I000475
照相化学 …………………… T000551
跨文化智力心理学研究 …………………… B000150
跨世纪的一代——中国少年“五自”丛书 …………………… I000622
跨世纪的关注 …………………… G000162
跨世纪的难题——中国农业劳动力转移 …………………… F000208
跨国公司管理与运作 …………………… F000172
跨越中的思索 …………………… C000073
路桥钢筋混凝土结构 …………………… U000067
路基石 …………………… U000038
跻入技术市场的谋略 …………………… F000351
跟我画水墨画 …………………… G000168
跟我画色彩画 …………………… G000169
跟我画铅笔画 …………………… G000170
跟我做剪纸 …………………… G000298
跟我做剪贴 …………………… G000297
蜂业经济管理 …………………… F000278
罪恶论 …………………… B000105
罪恶的心 …………………… I000875

〔丿〕

锡伯族民间图案集 …………………… J000242
矮化苹果树整形修剪图说(挂图) …………………… S000071
筹洋刍议 …………………… Z000004
简明日本百科全书 …………………… Z000044
简明日英汉锅炉和压力容器词典 …………………… T000234
简明中国古代文化史 …………………… K000101
简明书法教程 …………………… J000219
简明电工手册 …………………… T000242
简明英俄汉词典 …………………… H000011
简明金属材料手册 …………………… T000161
简明焊工手册 …………………… T000155
简明德汉技术词典 …………………… T000002
简·爱 …………………… I000907
简·爱 …………………… I000928
微电脑实用操作技术 …………………… T000408
微机在办公自动化中的应用 …………………… C000053
微机局部网络原理及实用技术 …………………… T000385
微机学习与提高丛书 …………………… T000368
微机实用操作指南 …………………… T000441
微机绘图与 Auto CAD …………………… T000380
微机病毒防范与杀毒技术 …………………… T000511
微机操作与应用 …………………… T000423
微机操作实用技巧 …………………… T000504
微机操作实用指南 …………………… T000461
微机操作基础 …………………… T000401
微波与光电子学中的电磁理论 …………………… T000357
微波固态频率源理论·设计·应用 …………………… T000322
微波集成电路仿真 …………………… T000335
微型小说面面观 …………………… I000003
微型计算机应用基础 …………………… T000463
微型计算机绘图与AutoCAD绘图系统 …………………… T000370
微型计算机原理及应用基础 …………………… T000438
微型计算机控制基础 …………………… T000412
微型计算机操作与应用 …………………… T000372
微型收录放音机维修指南 …………………… T000358
微弱信号检测方法及仪器 …………………… T000528
遥控大屏幕多制式彩色电视机及其检修 …………………… T000288
遥控彩色电视机原理与维修大全 …………………… T000304
遥感地质学 …………………… P000038

腹部肿瘤细针吸取细胞病理学彩色图谱 ………… R000294
腹部 CT 图谱 ………… R000340
腹腔镜胆囊切除术 ………… R000244
詹姆斯心理小说 ………… I000953
鲍加油画集 ………… J000117
鲍威尔对华回忆录 ………… K000103
解说插图中西关系史年表 ………… K000411
解读周作人 ………… I000203
雏鹰行动宣传挂图 ………… D000049

〔丶〕

痴恋 ………… I000432
新一代光纤通信与同步网——原理与发展 ………… T000346
新三字经 ………… D000082
新女装(14) ………… T000598
新天方夜谭 ………… I000890
新中东 ………… D000207
新中国工业经济史(1949.10—1957) ………… F000305
新中国的雏形——抗日根据地政权 ………… K000125
新中国建设大辞典 ………… D000124
新月下的夜莺——徐志摩传 ………… K000270
新文化出版家徐伯昕 ………… K000273
新文化的源流与趋向 ………… K000063
新世纪对农村青年的呼唤 ………… D000075
新世纪的奠基理论 ………… D000160
新主题文献分类指南 ………… G000029
新记大公报史稿 ………… G000058
新民说 ………… B000033
新加坡与苏州工业园区 ………… F000110
新加坡当代小说精选 ………… I000872
新西兰文学史 ………… I000956
新兴的市场——中国证券市场的兴起与发展 ………… F000448
新农药手册 ………… S000044
新时期小说论稿 ………… I000217
新时期争鸣作品丛书 ………… I000521
新时期军队党员党性修养讲话 ………… D000032
新时期高等学校党的建设概论 ………… D000034
新序全译 ………… B000076
新英汉袖珍词典 ………… H000206
新的里程碑 ………… G000126
新学科辞海 ………… Z000056
新实用经济法 ………… D000255
新诗大千 ………… I000177
新型纺织空调和除尘 ………… T000650
新型建筑材料 ………… T000709
新型装饰材料手册 ………… T000716
新型塑料薄膜 ………… T000554
新政真诠 ………… Z000009
新科技革命概论 ………… N000018
新修改的经济合同法问答 ………… D000226
新保守主义经济学 ………… F000043
新俄汉双解教学词典 ………… H000210
新闻写作研究 ………… G000021
新闻信息概论 ………… G000033
新闻侵权与诉讼 ………… D000283
新闻—就在你身边 ………… G000032
新派鲁菜 ………… T000643
新税制学习手册 ………… F000423
新税制指南 ………… F000419
新税制操作指南 ………… F000477
新编小学图解字典(试用本第二册) ………… G000201
新编五金材料手册 ………… T000637
新编中国旅游必读 ………… F000325
新编文史笔记丛书第三辑 ………… K000171
新编文史笔记丛书第四辑 ………… K000191
新编计算机基础 ………… T000443
新编业余摄影实用手册 ………… J000228
新编电工电子器材手册 ………… T000282
新编电动机绕组布线接线彩色图集 ………… T000261
新编幼儿知识童话 200 篇 ………… I000786
新编机械设计与制造禁忌手册 ………… T000190
新编同义反义词典 ………… H000114
新编传染病诊疗手册 ………… R000231
新编传染病诊疗手册 ………… R000232
新编会计操作方法全书 ………… F000147
新编财政与金融 ………… F000421
新编快速养猪 200 问 ………… S000147
新编纳税指南 ………… F000479
新编现代旅游企业会计学 ………… F000319
新编表面粗糙度应用示例图册 ………… T000199
新编英汉科技常用词汇 ………… N000042
新编国际金融学 ………… F000457
新编国家税收 ………… F000447
新编实用法学全书 ………… D000297
新编经济学基础知识 ………… F000025

新编看图识字 …………………………… G000219
新编 DOS 大全 3.0—6.2 ……………… T000445
新编结核病学 …………………………… R000215
新编秘书学 ……………………………… C000013
新编超声显像诊断学 …………………… R000202
新编智谋大全 …………………………… C000032
新编魏征集 ……………………………… Z000048
新满汉大词典 …………………………… H000136
新潮 ……………………………………… D000101
新潮女性系列 …………………………… I000424
新潮文史书系 …………………………… K000021
新疆三区革命 …………………………… K000193
新疆三区革命大事记 …………………… K000186
新疆与俄苏商业贸易档案史料 ………… F000368
新疆区域市场 …………………………… F000346
新疆岩画 ………………………………… K000476
新疆经济社会全书 ……………………… D000187
新疆畜禽寄生虫形态鉴别(哈萨克文) … S000150
新疆维吾尔自治区地图册 ……………… K000577
韵文三百首系列 ………………………… I000359
韵语词典 ………………………………… H000098
意大利二十世纪文学丛书 ……………… I000909
意拳气功谭 ……………………………… G000366
意境·典型·比兴编 …………………… I000185
意趣与机杼——明清绘画透析国际学术讨论会特展图录 …………………… J000134
数字电子技术 …………………………… T000291
数学大观园 ……………………………… O000052
数学小博士系列丛书 …………………… G000299
数学考试论 ……………………………… O000015
数学物理方程及其应用 ………………… O000045
数学思维论 ……………………………… O000020
数学课程论 ……………………………… O000014
数学教学论 ……………………………… O000013
数学教学原则概论 ……………………… O000044
数学奥林匹克丛书 ……………………… G000246
数学解题中的数学思想 ………………… G000229
数值优化中的二次逼近法(《现代应用数学方法》丛书 1) …………………… O000054
数理簿记与电脑簿记 …………………… F000194
数控加工理论与编程技术 ……………… T000150
数据库技术名词解释 …………………… T000449
数据库系统概论 ………………………… T000410
dBASE 数据库应用系统开发 ………… T000382
ORACLE 数据库应用基础 …………… T000393
数据结构 ………………………………… T000414
数据结构原理 …………………………… T000497
塑性成形模拟理论 ……………………… T000167
塑料成型工艺及模具设计 ……………… T000159
塑料特性与选用 ………………………… T000580
塑料模设计手册 ………………………… T000165
煤中矿物杂质对锅炉的危害 …………… T000233
煤田地球物理导论 ……………………… P000022
煤矿坚硬顶板控制 ……………………… T000082
满汉辞典(锡伯文) ……………………… H000133
滇黔桂地区二叠纪岩相古地理 ………… P000076
滇黔桂金三角金矿地质 ………………… P000067
溥杰自传 ………………………………… K000292
滚滚长江东逝水 ………………………… J000280
滨海木麻黄林带生态系统 ……………… S000093
溶剂手册 ………………………………… T000575
福州方言词典 …………………………… H000110
福州近代中医流派经验荟萃 …………… R000114
福建工艺美术 …………………………… J000241
福建冬季农业开发 ……………………… S000034
福建传统民居 …………………………… T000654
福建兴业事典 …………………………… D000163
福建花卉 ………………………………… S000088
福建省地图册 …………………………… K000549
福建省毕业生就业制度改革研究 ……… D000164
福建省社会发展成就画册 ……………… D000161
福建省畜禽疫病志 ……………………… S000112
福斯特散文选 …………………………… I000883

十四画

〔一〕

静电复印机的原理与设计 ……………… T000609
静电复印机高速数码印刷机原理与维修技术 ……………………………… T000309
静物素描 ………………………………… J000097
碧云养生法 ……………………………… R000050
韬奋选集 ………………………………… Z000032
韬略智慧系列丛书 ……………………… C000019
嘉戎语研究 ……………………………… H000219
境外企业研究 …………………………… F000189
境外投资实务手册 ……………………… F000422

聚丙烯树脂的加工与应用 …………………… T000579
聚合物驱油最佳技术条件优选 ………… T000103
聚氨酯泡沫塑料 ………………………… T000549
聚精会神抓好党的建设 ………………… D000033
蔡廷锴将军——从淞沪抗战到福建事变
…………………………………………… K000321
蔗糖工业化学 ………………………… T000627
蔚兰色的启迪 ………………………… I000528
模形式和三元二次型 …………………… O000051
模拟电子技术 ………………………… T000332
模拟电子技术及其应用 ………………… T000337
模拟电子线路(Ⅰ) …………………… T000312
模拟电子线路(Ⅱ) …………………… T000313
模拟集成电子技术教程 ………………… T000314
模糊知识处理的理论与技术 …………… T000383
模糊数学及其应用 …………………… O000019
酶工程 ……………………………… Q000010
酸奶和乳酸菌饮料加工 ………………… T000601
碳酸盐岩油藏的开采 ………………… T000104
磁电选矿学 ………………………… T000074
磁共振诊断学 ………………………… R000190
磁光存储技术原理 …………………… T000409
磁性物理学 ………………………… O000106
臧克家文集(4、5、6卷) ……………… I000276

〔丨〕

蜡笔王国童话 ………………………… I000059
蜡墨画新技法 ………………………… J000056
赚钱的点子——畅销商品开发创意实
例精选 ……………………………… F000203

〔丿〕

舔犊情 ……………………………… I000674
管理干部岗位培训系列教材 …………… C000098
管理会计研究 ………………………… F000233
管理决策的理论与实践 ………………… C000041
管道瞬变流动分析 …………………… O000081
僧道小品 …………………………… I000702
疑难杂症寻医求药指南 ………………… R000207
Windows 疑难详解 …………………… T000381

〔丶〕

精妙排局诠注 ………………………… G000385
精细化工产品配方与制造(第一册) …… T000577
精细化学品技术手册 ………………… T000560
精细有机化工制备手册 ……………… T000543
精品男装工艺缝制实例 ……………… T000599
精选日汉汉日词典 …………………… H000194
精选汉英词典 ……………………… H000147
精选英汉计算机词典 ………………… T000482
精选英汉词典 ……………………… H000148
精神医学与心理卫生研究 …………… R000317
精神病防治学 ……………………… R000303
精通 DOS 6 ………………………… T000378
精通 Windows 3.1 ………………… T000462
精通 Windows NT 编程技术 ………… T000508
精彩童话小屋 ……………………… J000077
精编儿歌 300 首 …………………… I000788
精编中医针灸基础 ………………… R000136
漆器型制与装饰鉴赏 ……………… K000474
漫画反义词辨析 …………………… H000048
漫画成语·智慧篇·品德篇·痴愚篇 … J000093
漫画同义词辨析 …………………… H000079
演说的技巧与艺术 ………………… H000015
寡妇客店 ………………………… I000425
蜜蜂产品学 ……………………… S000117
谭震林传奇 ……………………… K000283

〔乛〕

缪俊杰文论选 …………………… I000261

十五画

〔一〕

趣味看图讲故事 ………………… G000302
趣味看图学成语 ………………… G000284
趣味看图学说话 ………………… G000282
趣味看图游中华 ………………… G000281
趣味看图游世界 ………………… G000283
增值税与管理 …………………… F000469
蔬菜节能日光温室的建造及栽培技术 … S000072
蔬菜育苗新技术 ………………… S000080
蔬菜治百病 ……………………… R000150
蔬菜病虫害防治彩色图册 ………… S000041
蔬菜病虫害诊断与防治 …………… S000038
横断山区维管植物 ……………… Q000027
槽波地震勘探 …………………… P000018

敷涂疗法 …… R000059
醉太平 …… I000435
醉生梦死的昏君——帝王故事之二 …… I000837

〔丨〕

暴力犯罪论 …… D000230
暴风雨 …… I000867
噶丹嘉措道歌集 …… I000307
影视与课文(中学部分) …… G000252
影视片连环画册(中小学卷) …… J000058

〔丿〕

稻田高产养鱼实用新技术 …… S000156
稻田资源开发新技术 …… S000059
黎族创世歌 …… I000740
德英法汉机械制造术语辞典 …… T000213
德国的汉学研究 …… K000085
德温特夫人——《蝴蝶梦》续集 …… I000895
德富芦花散文选 …… I000859
德赛二先生与社会主义——陈独秀文选 …… C000094
膛内多相燃烧理论及应用 …… T000223
滕毓旭儿童诗 …… I000782

〔丶〕

熟了的山坡 …… I000352
摩托车应急维修 …… U000014
摩托车竞技与特技驾驶 …… U000052
摩托车维护手册 …… U000060
摩托罗拉线性与接口电路手册 …… T000342
摩擦学原理 …… O000078
遵义市军事志 …… E000042
遵义地区花灯音乐 …… J000259
遵生八笺校注 …… R000099
熵、信息与交叉科学 …… O000058
熵与信息 …… O000062
潮汕平原经济 …… F000114
澳大利亚工商年鉴'94 版 …… Z000058
澳大利亚丛书 …… C000037
澳门总览 …… K000538
澳门特别行政区基本法 100 问 …… D000244
澳门特别行政区基本法导论 …… D000236
潘晓玲作品集 …… J000059

十六画

〔一〕

燕都丛考 …… K000548
薄意艺术 …… J000220
薄膜电子学 …… T000307
薄膜物理 …… O000103
颠倒丛书 …… B000214
翰墨人生 …… K000383
整体硬质合金仪表齿轮滚刀及铣刀的设计与制造 …… T000195
醒世姻缘传 …… I000472
3D STUDIO 3.X 操作手册 …… T000425
XENIX 操作系统 …… T000513
操纵人生命运的十大因素 …… D000057

〔丨〕

冀京津区自然灾害及其防治 …… X000038
餐饮服务英语 …… H000187
噪声控制工程 …… X000008
默觚 …… B000030
黔南布依族苗族自治州志·科学技术志·气象志 …… N000030
黔南州戏曲音乐 …… J000286

〔丿〕

镜花缘 …… I000476
赞歌 …… I000756
儒林外史 …… I000450
儒学与东方文化 …… B000061
儒家治国方略 …… D000001
儒道佛名言辞典 …… H000071
雕塑造型与装饰鉴赏 …… J000223
鲲鹏之梦 …… A000005

〔丶〕

糖尿病自我防治 235 问 …… R000242
糖尿病康复之路 …… R000241
糖复合物生化研究技术 …… Q000012
燃料手册 …… T000232
激扬与蹉跎 …… D000094
激光唱机的原理、调试和维修 …… T000333

激光散射原理及在高分子科学中的应用 …… T000021
激情与理性 …… D000073
嬗变中的抉择 …… K000159

十七画以上

戴士和 …… J000144
戴高乐评传 …… K000432
戴笠和军统 …… D000145
鞠萍给宝宝讲故事 …… I000822
藏文辞典 …… H000135
藏医实践概论(藏文版) …… R000098
藏药志 …… R000031
藏族古代教育史略 …… G000134
磷化工概论 …… T000556
蹒跚的脚步 …… I000690
魏玛共和国史(上下卷) …… K000214
魏刻龙门造像记一百种 …… K000447
徽州竹雕艺术 …… J000222
徽州朝奉 …… F000096
徽州牌坊艺术 …… T000703
翻译经纬 …… H000013
翻译新论(1983—1992) …… H000017
鹰爪下的羔羊 …… I000571
彝文典籍目录(贵州卷) …… Z000064
彝史精编 …… K000153
彝族文学史 …… I000174
彝族源流(十七至二十卷) …… K000158
孽海花 …… I000477
瀛奎律髓 …… I000339
灌溉管理手册 …… S000018
露天作业百病自我防治 …… R000012
露头层序地层与华南泥盆纪古地理 …… P000069
露西 …… I000927
露金丝和米法尔历险记 …… J000072
癫痫与治疗 …… R000308
饕乡书法作品集 …… J000215
弢园文录外编 …… Z000007
媸海发 …… I000736
訄书 …… B000031